Gustav Hegi

# Illustrierte Flora von Mitteleuropa

# Gustav Hegi
# Illustrierte Flora
# von
# Mitteleuropa

Band V Teil 3
573 Abbildungen, 18 Farbtafeln

Verlag Paul Parey
Berlin und Hamburg

Schutzumschlag und Einband: Christoph Albrecht, D-8399 Tettenweis

1. Auflage 1925, erschienen im J. F. Lehmanns Verlag, München; 2. Auflage 1966, unveränderter Text-Nachdruck, erschienen im Carl Hanser Verlag, München; am 1. Juli 1975 übernommen vom Verlag Paul Parey, Berlin und Hamburg.

Das Werk ist urheberrechtlich geschützt. Die dadurch begründeten Rechte, insbesondere die der Übersetzung, des Nachdrucks, des Vortrages, der Entnahme von Abbildungen, der Funksendung, der Wiedergabe auf photomechanischem oder ähnlichem Wege und der Speicherung in Datenverarbeitungsanlagen, bleiben, auch bei nur auszugsweiser Verwertung, vorbehalten. Werden einzelne Vervielfältigungsstücke in dem nach § 54 Abs. 1 UrhG zulässigen Umfang für gewerbliche Zwecke hergestellt, ist an den Verlag die nach § 54 Abs. 2 UrhG zu zahlende Vergütung zu entrichten, über deren Höhe der Verlag Auskunft gibt.

© 1975 Verlag Paul Parey, Berlin und Hamburg
Anschriften: D-1000 Berlin 61, Lindenstr. 44-47 — D-2000 Hamburg 1, Spitalerstr. 12

Druck: Text: Offsetdruck Hablitzel, D-8060 Dachau. Tafeln: Kastner & Callway, D-8000 München. — Bindung: Sellier GmbH, D-8050 Freising; Lüderitz & Bauer, D-1000 Berlin.

ISBN 3-489-76021-3 (Sellier); ISBN 3-489-76020-4 (Lüderitz & Bauer) · Printed in Germany

# Zum Neudruck

*Die vier Teilbände von Band V erschienen in 1. Auflage in den Jahren 1923-1928 und sind schon nach den Richtlinien bearbeitet, die auch heute noch im Prinzip für die Bearbeitung maßgebend sind.*

*Bei dem Neudruck wurde daher auf Korrekturen und Änderungen innerhalb des Textes verzichtet und diese in einem besonderen Anhang, der nach Familien gegliedert ist, aufgenommen.*

*Bei der Bearbeitung des Anhangs wurden vor allem folgende Gesichtspunkte berücksichtigt: Die Nomenklatur wurde entsprechend den heute gültigen Regeln auf den neuesten Stand gebracht. Neuere Florenwerke und moderne Bearbeitungen wurden dazu herangezogen. Monographien, Revisionen und cytotaxonomische sowie wichtige floristische Arbeiten über im Gebiet vorkommende Familien, Gattungen und Arten dienten als Unterlagen für kurze Anmerkungen oder Berichtigungen. Weiterhin wurde besonderer Wert auf zahlreiche Literaturangaben gelegt, die hier nur kurz angeführt, zum Selbststudium dienen sollen.*

*Die Zeichnungen, noch aus der Hand der Maler Dr. G. Dunzinger und R. E. Pfenninger, München, blieben unverändert, dagegen konnte ein Großteil der alten Pflanzenbilder durch wesentlich bessere Aufnahmen ersetzt werden.*

*Allen, die uns bei der Beschaffung von neuen Schwarzweiß- Fotos unterstützten, sei an dieser Stelle nochmals gedankt, vor allem den Herren Dr. Th. Arzt, Wetzlar, Dr. Gg. Eberle, Wetzlar, H. Fischer, Sollenau, N. Ö., O. Fröhlich, Jena, E. Günther, Freising, E. Hahn, Kirchheimbolanden, K. Herschel, Leipzig, Dr. P. Michaelis, Köln, W. Schacht, München, Dr. A. Straus, Berlin, K. Tkalcsics, Wr. Neustadt.*

*Die bisherigen Farbtafeln, noch im Steindruckverfahren hergestellt, wurden überarbeitet und teils ergänzt von Herrn Walter Opp und Frau Eva Rössler und nun im Vierfarbdruck neu wiedergeben.*

*Zur Ergänzung des Verzeichnisses der lateinischen Pflanzennamen wurde ein Verzeichnis der deutschen und auch der volkstümlichen Namen beigegeben.*                    Verlag Paul Parey

V. Band, 3. Teil

# Dicotyledones

3. Teil

Pirolaceae – Verbenaceae

Von

## Dr. Gustav Hegi

a. o. Professor an der Universität München

unter Mitarbeit von

Dr. Herbert Beger, Dresden – München

Volkstümliche Pflanzennamen gesammelt und bearbeitet von
Studienprofessor **Dr. Heinrich Marzell** in Gunzenhausen (Bayern)

Mit 18 farbigen Tafeln
und 573 Textabbildungen und Karten

Tafel 205

## Tafel 205.

Fig. 1. *Pirola uniflora* (pag. 1589). Habitus.
„ 1 a. Staubblatt.
„ 1 b. Fruchtknoten mit Griffel.
„ 2. *Pirola secunda* (pag. 1574). Habitus.
„ 2 a. Reife Frucht.
„ 3. *Pirola rotundifolia* (pag. 1585). Habitus.
„ 3 a. Androeceum und Gynaeceum.
„ 3 b. Staubblatt.
„ 3 c. Staubblatt mit Kronblatt.
„ 4. *Pirola chlorantha* (pag. 1580). Habitus.

Fig. 4 a. Blüte (von oben).
„ 4 b. Fruchtknoten.
„ 5. *Chimaphila umbellata* (pag. 1593). Habitus.
„ 5 a. Blüte (von oben).
„ 5 b. Staubblatt.
„ 6. *Monotropa Hypopitys* (pag. 1596). Habitus.
„ 6 a. Fruchtknoten mit Griffel.
„ 6 b. Querschnitt durch den Fruchtknoten.
„ 6 c. Samen.

# Sympetalae.

Die Unterklasse der Sympétalae oder Metachlamýdeae der Dikotyledonen, hie und da auch Monopétalae, Gamopétalae oder Corolliflórae geheissen, umfasst die Zweiblattkeimer oder Netzblättler mit — wenigstens der Anlage nach — stets doppelter Blütenhülle (Kelch und Krone) und mit einer in der Regel verwachsenen „sympetalen" Krone, die im untern Teil eine ± röhrenförmige Bildung darstellt; letztere entsteht entweder durch wirkliches seit= liches Verwachsen der Kronblätter oder durch Heraufwachsen des gesamten Blütengrundes. Die Samenanlage besitzt meistens nur 1 Integument. Sie ist also als „unitegminat" zu bezeichnen und zwar gehört sie dem „tenuinuzellaten" Typus an, bei welchem der Nucellus nur aus wenigen Zellen bezw. Zellreihen besteht. Bei der Entwicklung wird der ganze Nucellus resorbiert. Die Endospermbildung ist fast immer „zellulär" (die Membranbildung erfolgt also sofort, und nicht wie bei den Choripetalen „nukleär", d. h. durch freie Zellbildung). Die Mehrzahl der Sympetalen besitzt mikropylare und chalazale Haustorien (eine Ausnahme machen die Compositen).

Während früher die Unterklasse der Sympetalen als eine entwicklungsgeschichtlich einheitliche „mono= phyletische" Gruppe angesehen wurde, erweist sich diese nach neueren Untersuchungen entschieden als „poly= (oder „pleio"=)phyletischen" Ursprungs. Hiefür spricht einmal der Umstand, dass zwischen den einzelnen Reihen der Sympetalen nur sehr lose Verbindungen bestehen, dass diese jedoch recht deutliche Beziehungen zu ver= schiedenen Reihen der Choripetalen aufweisen; so bestehen solche zwischen den Primulales und den Centro= spermen, zwischen den Ericales und den Celastrales, zwischen den Rubiales und den Umbelliflorae (vgl. den Stammbaum. Bd. IV/3, pag. 1643). Dann gibt es unter den Ericales, Primulales und Plumbaginales einzelne Gattungen mit getrenntblätteriger Krone, umgekehrt unter den Centrospermen, Parietales, Guttiferae, Geraniales und Celastrales solche mit sympetaler Krone. Andererseits zeigen die Samenanlagen verschiedener Familien der Choripetalen (Loasaceae, Limnanthaceae, Umbelliferae, Callitrichaceae, Hippuridaceae, dann die Gattungen Ilex, Salix und Peperomia, ebenso Populus canescens und P. Canadensis) nur 1 Integument. Aus diesen und anderen Gründen werden deshalb verschiedene Familien der Choripetalae neuerdings den Sympetalen beigezählt, so die Loasaceae (den Campanulatae), die Fouquieraceae (den Ebenales), die Callitrichaceae (den Labiatae), die Empetraceae (den Ericales), ebenso die Hippuridaceae und Limnanthaceae. Scharf von den übrigen Sym= petalen unterscheiden sich besonders die Cucurbitales und Plumbaginales; beide besitzen wie die normalen Choripetalen 2 Integumente und eine krassinuzellate (Nucellus kräftig, vielzellig) Samenanlage.

Innerhalb der Sympetalen werden die Reihen mit 5 Blütenkreisen (2 Staminalquirlen), mit vorherrschend 2 Integumenten und mit einem in der Regel oberständigen, aus 4 bis 5 Blättern gebildeten Fruchtknoten (Ericáles, Primuláles, Plumbagináles und Ebenáles) an den Anfang gestellt und als Pentacýclicae bezeichnet. Diese Reihen zeigen auch die klarsten Beziehungen zu den Choripetalen. Die übrigen Reihen mit normal 4 Blütenkreisen (es ist gewöhnlich nur 1 Staubblattkreis ausgebildet, das Androecoeum also haplostemon) und in der Regel nur wenigen (oft 2 oder 3) Fruchtblättern werden als Tetracýclicae zusammengefasst. Sie gliedern sich weiter in die Tetracýclicae hypogýnae mit oberständigem Fruchtknoten (Contórtae, Tubiflórae und Plantagináles) und in die Tetracýclicae epigýnae mit unterständigem Fruchtknoten (Rubiáles, Cucurbitáles, Campanulátae oder Synándrae). Demnach bestehen also die Sympetalen aus 10 Reihen mit 50 Familien, 2980 Gattungen und rund 46 500 Arten, während die Choripetalen deren 29 bezw. 182, 4400 und 63 000 aufweisen. Und zwar gehören zu den Sympetalen die artenreichsten Familien des Pflanzenreiches, so die Compositen mit 14 400 Arten, die Rubiaceen mit 4500, die Labiaten mit 3200, die Scrophulariaceen mit 2600, die Acanthaceae mit 2050 Arten. Zu der ersten Reihe der Ericáles oder Bicórnes zählen die Familien der Clethráceae, Piroláceae (pag. 1568), Empetráceae (pag. 1602), Ericáceae (pag. 1609), Epacridáceae und Diapensiáceae (Näheres über die Reihe siehe am Schluss der Ericaceen). Die nur unvollkommen bekannte, nur wenige echte chlorophyllfreie, braune oder rotbraune Wurzelschmarotzer umfassende Familie der Lennoáceae, die ehedem den Pirolaceen angeschlossen wurde, wird neuerdings von H. Hallier den Tubiflorae zugeteilt. Sie ist mit wenigen Gattungen (Pholísma, Lennóa und Ammobróma) in Südkalifornien und Zentralmexiko zu Hause.

## 101. Fam. **Piroláceae** (Monotropáceae[1])). Wintergrüngewächse[2]).

Meist saprophytisch lebende, ausdauernde, grüne oder bleiche, chlorophyllose Kräuter mit reich verzweigten, kriechenden Grundachsen. Stengel mit ausdauernden, lederartigen und in der Regel am Grunde rosettig gehäuften, winter- bis immergrünen Laubblättern oder zuweilen mit chlorophyllosen (Monotropa) oder chlorophyllarmen, wechselständigen Schuppenblättern. Nebenblätter fehlend. Blüten endständig oder in endständigen Trauben, mit Hoch- und (bei der Unterfamilie der Monotropoideae vielfach) mit Vorblättern, zwitterig, strahlig, 4- bis 5zählig. Kelchblätter 4 bis 5, frei oder (bei vielen Monotropoideae) fehlend. Kronblätter 4 bis 5, frei oder verwachsen, sich deckend, am Rande eines hypogynen Diskus oder ohne solchen. Staubblätter 8 bis 10, frei, in zwei Kreisen, obdiplostemon; Staubbeutel einwärts gewendet, mit 2 Gipfelporen oder mit einer gemeinsamen Querklappe sich öffnend; Pollen in Tetraden oder einfach. Fruchtknoten unvollkommen 4- oder 5fächerig, oberständig, mit dicken, fleischigen Samenleisten und sehr zahlreichen, winzig kleinen, umgewendeten Samenanlagen; Griffel 1; Narbe einfach oder gelappt. Frucht eine fachspaltige Kapsel oder (bei einigen Monotropoideen) Beeren. Samen zahlreich, sehr klein, feilspanförmig (Taf. 205, Fig. 6c), mit lockerer, sackartig erweiterter Schale und rundlichem, wenigzelligem, ungegliedertem Keimling.

Fig. 2603. Pirola secunda L., bei Prägraten (Tauern). Phot. Th. Arzt, Wetzlar.

Die Familie, deren Heimat nach Ad. Engler und H. Andres in Zentral- und Ost-Asien zu suchen ist (Endemismen-Herde), erstreckt sich mit 11 Gattungen und rund 60 Arten über Eurasien und Nordamerika und erreicht ihre Nordgrenze mit Pirola minor L. var. conferta und P. uniflora L. auf Kolgujew und mit P. rotundifolia L. subsp. grandiflora Fern. auf der Taymirhalbinsel und in Alaska, während einzelne Arten (Monótropa austrális Andr. und Wirtgénia Malayána Scort.) Andr. bis hart an den Aequator (2° nördl. Breite) vorstossen. In den subtropischen und tropischen Gebirgen steigen einige Arten zu bedeutenden Höhen, so Pirola secúnda L. bis über 3000 m, P. soróría Andr. bis 3300 m, P. rotundifolia subsp. Indica (Clarke) Andr. bis 5500 m usw. Für die Unterfamilie der Monotropoideen liegt das Massen-

---

[1]) Diese Bezeichnung wird von Rouy (1897) und später auch von Domin (1915) aus Prioritätsgründen vorgezogen. Klotzsch wählte den Namen Hypopityáceae.

[2]) Mit Benützung einer Bearbeitung von Dr. Walter Kupper, München.

zentrum gegenwärtig in Nordamerika; doch besitzt auch Zentralasien eine Reihe eigenartiger, meist monotypischer Gattungen. Die Mehrzahl der Arten sind überwiegend Wald- (bezw. Humus-)Bewohner. Nur die beiden amerikanischen Arten Monótropis odoráta Schwein. und M. Reynóldsiae Heller schmarotzen auf Wiesengräsern. Die in ihrer gegenwärtigen Umgrenzung auf Lindley (1830) zurückgehende und von Drude durch die eigenartige Placentation (bei der Ericaceen-Gattung Bejária wiederkehrend), den einheitlichen Bau der Samen und des Keimlings, das Aufspringen der Staubbeutel durch Poren als einheitlich erkannte Familie hat in ihrer Fassung vielfachen Schwankungen unterlegen, vor allem hinsichtlich ihres Verhältnisses zu den Ericaceen, mit denen besonders ihre Unterfamilie der Piroloideen häufig vereinigt worden ist. Gray hat sie zu den Clethraceen gezogen, die aber durch die 3-armige Narbe und die 3-klappige Frucht abweichen. Für eine Verwandtschaft zu den Diapensiaceen finden sich nach G. Samuelson (Svensk Botanisk Tidskrift. Bd. VII, 1913) keine cytologischen Anhaltspunkte.

Die Familie zerfällt in die beiden Unterfamilien der Piroloideae (mit vor der Blütezeit zurückgebogenen, später aufrechten und durch 2 Gipfelporen sich öffnenden Staubbeuteln und meist in Tetraden vereinigten Pollenkörnern) und der Monotropoideae (mit an der Spitze der Staubblätter aufrechtem, ring- oder hufeisenförmigem Spalte oder mit 2 Längsspalten aufspringenden Staubbeuteln und einfachen Pollenkörnern), die einander zwar nahe stehen, aber physiologisch $\pm$ scharf geschieden sind, indem die Piroloideen in der Regel grüne, assimilationsfähige Laubblätter besitzen, während die Monotropoideen bleiche, chlorophyllose Gewächse sind. Zwischenglieder stellen z. B. Pirola parádoxa Andr. und P. subáphylla Max., sowie besonders P. aphýlla Sm. dar, letztere ein in Amerika heimischer Saprophyt, der zumeist blattlos ist, bisweilen aber auch Laubblätter entwickeln kann. Die Piroloideen werden meist als der ältere Zweig der Familie angesehen, während Domin die entgegengesetzte Ansicht vertritt und sie von den Monotropoideen ableitet. Fossil ist die Familie bisher nur in einem zweifelhaften, von Heer aus Oeningen als Hypopitys microcárpa beschriebenem Funde bekannt, der gewisse Aehnlichkeit mit Monótropa Hypopitys var. glábra aufweist. Zu den Piroloideen gehören die Gattungen Pirola (aus der häufig die Untergattungen Ramischia und Moneses als selbständige Gattungen ausgeschieden werden) und Chimáphila, beide von semisaprophytischer Lebensweise. Zu den Monotropoideen zählt in Europa einzig die Gattung Monótropa, die nach Domin nur mit Allótropa, nach Drude ausserdem mit Peróspora, Sarcódes und Monótropis Schwein. (= Schweinitzia Ell.) näher verwandt ist, während Andres (Pyroleen-Studien, Verhandlungen des Botanischen Vereins der Provinz Brandenburg. Bd. 56, 1914) nähere Beziehungen zu den Gattungen Wirtgénia, Sarcódes und Monotropis sucht.

In anatomischer Hinsicht zeichnen sich die Piroloideen durch den Besitz echter Gefässe aus. Nach W. Rommel (Anatomische Untersuchungen über die Gruppen der Piroleae und Clethraceae. Diss., Heidelberg 1898) entwickelt sich in den oberirdischen Achsen von Pirola media, P. chlorantha und P. rotundifolia unter der allen Pirola-Arten eigenen, 1 bis 4 Zellagen starken Collenchymschicht ein geschlossener Sklerenchymring, der bei P. uniflora und P. minor fehlt und bei P. secunda und P. minor durch ein dickwandiges Gewebe ersetzt ist. Der im primären Teile besonders aus Spiralgefässen gebildete Xylemring schliesst sich frühzeitig und wird nachträglich stark verdickt. Als Eigentümlichkeit besitzt P. secunda eine besondere Gerbstoffschicht, während P. chlorantha durch Kalkoxalatkristalle im Mark ausgezeichnet ist. Die Wurzeln sind stets sehr einfach gebaut und umschliessen unter dem 3 bis 4 Zellreihen starken Rindengewebe ein häufig di-, seltener triarches, namentlich aus Ring- und Spiralgefässen bestehendes Leitbündel. Bei den durch ihre fast oder ganz parasitäre Lebensweise stark abgeänderten Monotropoideen bestehen die Xylemgewebe nur aus Tracheïden; auch fehlt der geschlossene Gefässring und die Fähigkeit eines Dickenwachstums. Ferner entbehren die oberirdischen Organe des Chlorophylls, führen dafür aber reichlich Gerbstoff. Ueber weitere anatomische Einzelheiten vgl. bei den betreffenden Arten, ferner Rommel (l. c.) und auch Kirchner, Löw und Schroeter (Lebensgeschichte der Blütenpflanzen Mitteleuropas. Bd. IV, 1, pag. 181 u. f., dort auch weitere Literatur). Die bei den Piroloideen meist auf der Unterseite der Laubblätter auftretenden und vollständig funktionsfähigen Spaltöffnungen fehlen bei einzelnen Monotropoideen gänzlich (so nach Oliver bei Sarcodes und Monotropis; bedarf der Nachprüfung!); bei anderen sollen sie funktionslos sein (bei den meisten Formen von Monotropa Hypopitys); bei Monotropa uniflora sind sie vielfach stark zurückgebildet. Nur bei Monotropa Hypopytis var. lanuginosa und Pterospora Andromedea Nutt. sind sie sowohl am Stengel als auch auf der Unterseite der Schuppenblätter gut ausgebildet.

Einen gemeinschaftlichen Zug weisen beide Unterfamilien durch den Besitz einer endotrophen Mykorrhiza auf, die im Zusammenhang mit dem Semisaprophytismus der Piroloideen und dem vollkommenen Parasitismus vieler Monotropoideen (nachgewiesen für Monótropis, Peróspora und Pleuricóspora) steht, über dessen Wesen und allgemeine Verbreitung aber noch nicht vollkommene Klarheit herrscht. Namentlich sind die Angaben über ihre Notwendigkeit einander widersprechend. Während z. B. P. Fürth (Biologie einiger Pirola-Arten. Sitzungsberichte der Akademie der Wissenschaften, Wien. Bd. 129, 1920) die Mykorrhiza nach Untersuchungen verschiedener Pirola-Arten als unbedingt notwendig (obligatorisch) erklärt, hält sie H. Christoph (Untersuchungen über die mykotropen Verhältnisse der Ericales und die Keimung der Pirolaceen. Beihefte zum Botan. Centralblatt. Bd. 38, 1921) nur für bedingt erforderlich (fakultativ). Sie soll nur bei jenen Pflanzen in die Erscheinung treten, deren unterirdische Teile in Rhizom und Wurzeln geschieden sind und auch nur dann, wenn die Pflanzen auf sehr humösen Böden leben, die eine reichliche Wurzelverzweigung gestatten. Bei älteren Wurzeln fehlt nach Stahl und R. Ceillier die Verpilzung bisweilen. Der befallende, schnallenbildende und offenbar einer einzigen Art angehörige Pilz durchbohrt nicht wie bei der Mykorrhiza der Erica- und Calluna-Wurzeln fortgesetzt die Epidermis von aussen her, sondern bildet erst ein Interzellularlager, von dem aus (also von innen aus) der Eintritt in die Epidermiszellen erfolgt. Der Befall erstreckt sich über die ganze, etwas knollige (bei Pirola minor nach O. Kramář korallenartig) aufgetriebene Wurzel, bleibt aber auf die Epidermis beschränkt. Erst wenn der Pilz die Zellen vollkommen ausgefüllt und gleichzeitig auch zum Absterben gebracht hat, treten die Hyphen in Form eines Pilzmantels an die Oberfläche. Sie stehen aber auch dann in keinerlei Beziehungen zum Substrat, sondern besitzen immer glatte Oberfläche. Nach einer gewissen Zeit stirbt auch der Pilz in den Zellen unter Knollenbildung ab. Bei der von Christoph bei den Monotropoideen (Monotropa Hypopitys) untersuchten, ebenfalls nur fakultiven Mykorrhiza ist der Hyphenmantel viel lockerer. Er ernährt sich auf Kosten der Inhaltsstoffe der Epidermiszellen, ersetzt späterhin die Kutikula und die äussere Zellwand vollkommen durch ein Hyphengeflecht, lässt aber den Zellkern unberührt. Die weit in das Substrat hineinreichenden, weitlumigen Pilzfäden dürften wie Wurzelhaare wirken und damit eine unmittelbare Verbindung zwischen Wurzel und Boden darstellen. Diese Feststellungen lassen sich besonders bei Exemplaren feststellen, die in typisch humösen Böden wachsen. Ihre Wurzeln sind vollständig von Pilzhyphen umkleidet und dadurch etwas in ihrem Wachstum gehindert, entwickeln aber dafür zahlreiche, kurze Seitenwurzeln. Auf sandigen Böden ist der Pilzmantel viel schwächer, dafür aber das Wurzelnest grösser. Auf lehmigem Untergrund bleibt nach Peklo und Andres die Verpilzung ganz aus.

Im Blütenbau schliesst sich die Familie eng an die Ericaceen an. Am einfachsten sind die Blüten nach Andres bei den Piroloideen gestaltet, bei denen sie 5-gliedrig sind und ein obdiplostemones Androeceum besitzen. Vermehrung oder Verminderung der Glieder eines Kreises kommt bei manchen Arten (z. B. Pirola uniflora und P. media) häufiger vor, aber nicht mit der Regelmässigkeit wie bei den tetrameren Seitenblüten und der pentameren Gipfelblüte von Monotropa Hypopitys. An die Piroloideae schliesst sich von den Montropoideae am nächsten Allotropa an, deren Blüte zwar haplochlamydäisch ist, aber viele Anklänge an Pirola secunda und deren nächste Verwandte P. truncata aufweist. Die übrigen Vertreter dieser Unterfamilie besitzen heterochlamydäische Blüten. Ein tiefgreifender Unterschied zeigt sich gegen die Piroloideae-Blüten in der unvollkommenen Fächerung des Fruchtknotens. Die Oeffnungsweise der Staubbeutel erfolgt auf sehr verschiedene Weise und ist von A. Artopoeus (Ueber den Bau und die Oeffnungsweise der Antheren und die Entwicklung der Samen der Ericaceen. Flora, Bd. 92, 1903) ausführlich behandelt worden. Die Blüten sind teils auf Fremd-, teils auf Selbstbestäubung eingerichtet. Auffällig ist der ausserordentlich schwache Insektenbesuch bei den duftenden und leuchtenden Blüten vieler Pirola-Arten. Die Frucht der Piroloideae und der überwiegenden Zahl der Monotropoideae ist eine Kapsel, die von unten nach oben oder in umgekehrter Richtung in der Mittellinie in 3 bis 6 Fächer aufspringt und am Mittelnerven häufig ein Netzwerk weisser Spiralfäden enthält. Bei Feuchtigkeit schliesst sie sich infolge ihrer Hykroskopizität; anderseits öffnet sie sich aus demselben Grunde zuerst auf der dem Winde zugekehrten Seite. Die ausserordentlich kleinen und leichten Samen (P. uniflora 0,004 $\mu$, Monotropa Hypopitys var. glabra 0,003 $\mu$; nur Orchideensamen sind noch leichter) werden in der Regel durch den Wind verweht („Staubflieger") und sind mit flügelartigen Anhängseln versehen, die bei Pirola (Fig. 2604b) und Monotropa Hypopitys (Fig. 1597d) schlank-länglich sind, während sie bei Pterospora einen einseitigen Saum, bei Sarcodes ein rings um die Samenschale laufendes Häutchen darstellen. Eine Testa ist stets vorhanden und bei der Gattung Pirola als loser Sack gut sichtbar, hingegen bei anderen Pirolaceen bisweilen so eng anliegend, dass sie kaum erkennbar ist. Ueber die Keimung und die ersten Jugendstadien besteht gegenwärtig noch grosse Unsicherheit, da es bisher trotz aller Bemühungen (vgl. Kinzel, W. [Frost und Licht bei der Samenkeimung. Stuttgart, 1913], Fürth [l. c.] für Pirola, Kamiensky, Fr. [Memoires de la Soc. nationale des Sciences naturelles et math. de Cherbourg. Bd. 24, 1882] für Monotropa) bisher nur Christoph (l. c.) gelungen ist, Samen von Pirola rotundifolia zum Austreiben zu bringen. Die besten Erfolge wurden unter Verwendung eines stark gesättigten Mutterbodens, Beigabe von Peptonlösung, durch Aussäen auf Humus vom Standort, Dunkelhalten und mässige Feuchtigkeit erzielt. Auf sterilisierten Unterlagen wurde keine Keimung erreicht; doch scheint nach Christoph die Annahme, dass zur Keimung ein Pilz (ähnlich wie bei den Orchideen) notwendig sei, nicht berechtigt. Das Aufziehen von Keimpflanzen ist ebenfalls bisher noch nie geglückt; doch sind sehr frühe Entwicklungsstadien von Pirola secunda und P. uniflora durch Irmisch (Flora, 1858), sowie durch J. Velenovský (Ueber die Biologie und Morphologie der Gattung Monesis. Tschechische Akademie, Prag, 1892) und P. Fürth (l. c.) bekannt geworden. Nach einer von Velenovský aufgestellten Hypothese entwickelt sich aus dem Samen von P. uniflora zunächst ein unterirdisch lebendes, walzenförmiges Gebilde, das wahrscheinlich mit Pilzen in Symbiose lebt und durch endogene Sprossungen (multipolar) zu einem horizontal liegenden, ausserordentlich feinem, zartem und bleichem Fadenlager heranwächst. Aus diesem gehen durch endogene Knospung die oberirdischen, beblätterten und blühbaren Sprosse hervor, die nach der Fruchtbildung bis zum Grunde absterben, sodass die neuen Lichtsprosse ihren Ausgang wiederum aus dem Fadenlager nehmen müssen. Diese eigenartige Lebensführung, bei welcher das Fadenlager das unterirdisch-saprophytisch-ausdauernde (vegetative) Stadium, das Licht- oder Luftspross das oberirdisch-assimilierend-vergängliche (generative) Stadium darstellt, erinnert einigermassen an das Mycel der Pilze, bezw. an die alljährlich aus dem Boden heraustretenden Fruchtkörper, immerhin mit dem Unterschiede, dass die letzteren überhaupt nicht assimilationsfähig sind, während die Luftsprosse von Pirola uniflora assimilieren und dem Fadenlager höchstwahrscheinlich Umsatzstoffe zuleiten. Velenovský hat, der Eigentümlichkeit des Fadenlagers Rechnung tragend, diesem die Bezeichnung „Procaulom" verliehen, ein Name, der zwar gegenwärtig fast allgemein angenommen worden ist, doch immerhin nur mit gewisser Vorsicht benutzt werden sollte, da es sich, wie bereits Irmisch festgestellt hat und Goebel neuerdings hervorhebt, bei dem Fadenlager zweifellos um ein von der echten Wurzel abgeleitetes Verhalten handelt (anatomischer Aufbau, Anwesenheit von Wurzelhauben an allen Verzweigungen, Fehlen von Blattorganen usw.). Bei Pirola secunda, deren Entwicklung ebenfalls ziemlich gut bekannt ist, entsteht anfangs ebenfalls ein walzenförmiges, kurzes Procaulom, das aber nur an einem Ende ein Wurzelhaube entwickelt, während der andere Pol durch eine endogene Knospung zu einem schneeweissen Rhizom auswächst. Dieses verzweigt sich, bildet Schuppenblätter und treibt die Lichtsprosse. Das Procaulom stellt demnach bei Pirola secunda nur ein kurzlebiges Anfangsstadium dar. Aus den Achseln der spiralig angeordneten Schuppenblätter sprossen Rhizomzweige, an denen Adventivknospen entstehen können, sowie die wenig verzweigten Wurzeln hervor. Ein wichtiger Unterschied zwischen den Wurzeln von Pirola uniflora und denen der anderen Pirola-Arten besteht nach Fürth darin, dass diejenigen der letzteren niemals Wurzelhaare aufweisen, während bei Pirola uniflora an den noch nicht mit dem Pilze in Sym-

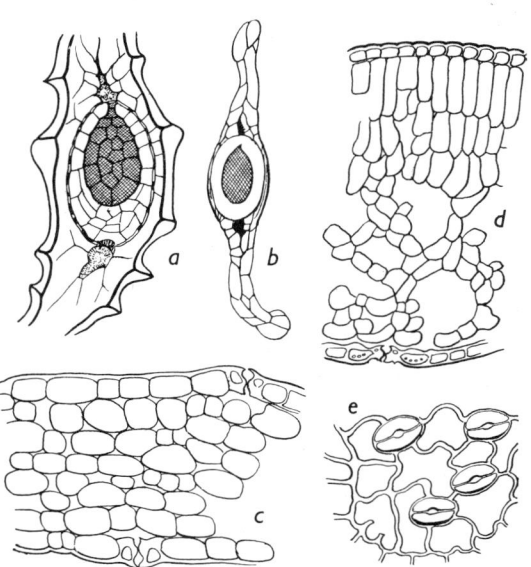

Fig. 2604. *a* Mittlerer Teil eines Pirola-Samens. *b* Ganzer Pirola-Samen, etwas schematisiert. *c* Querschnitt durch das Laubblatt von Pirola minor L. *d* Querschnitt durch das Laubblatt von Chimaphila umbellata (L.) DC. *e* Spaltöffnungen auf der Laubblatt-Unterseite (*a* und *b* nach Peltrisot, *c* bis *e* nach Petersen).

biose getretenen Wurzeln Wurzelhaare bisweilen in reichlicher Menge zu finden sind. Im letzteren Falle dürfte es sich um solche Wurzeln handeln, die im Frühling gebildet werden, längere Zeit steril im Boden leben und erst nach und nach von dem Pilze befallen werden, sodass sie genug Zeit zur Entwicklung von Wurzelhaaren haben. Wurzeln hingegen, die erst im Sommer und im Herbste erscheinen, werden sofort bei ihrem Entstehen vom Pilze befallen und bringen niemals Wurzelhaare hervor. Es scheint demnach, als ob sich Wurzelhaare und Mykorrhiza ausschliessen.

1. Kleine Halbsträucher oder Kräuter mit immergrünen Laubblättern. Blüten weiss oder rötlich. Staubbeutel zurückgebogen, beim Aufblühen aufrecht, mit Gipfelporen aufspringend. Pollen meist in Tetraden (Piroloideae) . . . . . . . . . . . . . . . . . . . . . . . . . . . . . . . . . . . . . . 2.

1*. Bleiche, gelbliche oder rötliche Kräuter ohne grüne Laubblätter, aber mit Schuppenblättern. Staubbeutel aufrecht, mit ring- oder hufeisenförmigem Spalt. Pollen einfach (Monotropoideae). Monotropa DCVII.

2. Blüten in Dolden oder einzeln. Kapsel von der Spitze aus aufspringend. Chimaphila DCVI.

2*. Blüten in Doldentrauben. Kapsel vom Grunde aus aufspringend . . . . . Pirola DCV.

## DLV. Pirola[1]) (= Pýrola) L. Wintergrün. Franz.: Pyrole, verdure d'hiver; engl.: Wintergreen; ital.: Pirola.

Ausdauernde Kräuter, seltener kleine Halbsträucher mit rundlichen, ganzrandigen oder schwachgekerbten, immer- oder wintergrünen Laubblättern. Blüten einzeln oder in endständigen,

---

[1]) Der Name findet sich zuerst bei de l'Ecluse und ist die Verkleinerungsform von pirus = Birnbaum (wegen der Aehnlichkeit der Laubblätter). Die Schreibweise Pýrola ist spätlateinisch.

allseits- oder einseitswendigen, in der Regel vielblütigen, aus von Niederblättern umgebenen, endständigen Knospen hervorgehenden Doldentrauben, mit Tragblättern, zwitterig, strahlig (Fig. 2614 f) oder schwach zygomorph. Kronblätter 5, kugelig zusammengeneigt oder flachglockig. Staubblätter mit oder ohne Hörner, durch Gipfelporen sich öffnend (Fig. 2608 c), kürzer als der Fruchtknoten; Pollen einfach oder in Tetraden. Fruchtknoten auf einem runden Drüsendiskus mit ± langem, oft gebogenem, rundem, glattem, nach oben zu einer 5-höckerigen Narbenscheibe verbreitertem Griffel, seltener ohne Diskus. Kapsel mit 5 tiefen Einschnürungen, vom Grunde aus in der Mitte der Fächer aufspringend; Samenleisten bleibend und mit den Klappen verbunden. Samen sehr klein; Zellen der Samenschale porös oder netzig verdickt (Fig. 2604 a, b).

Die Gattung umfasst etwa 35 Arten und erstreckt sich über die ganze nördliche gemässigte Zone; in Asien und Amerika ist sie auch in den subtropischen und in den hohen Lagen der tropischen Gebirge vertreten. Die europäischen Arten weisen auffällige Verbreitungsgrenzen im Westen, bezw. Nordwesten auf. Bereits K. O. E. Stenström (Flora. Bd. 80, 1895) hat hervorgehoben, dass Pirola rotundifolia im norwegischen Stift Bergen das extrem ozeanische Klima flieht, eine Erscheinung, die deshalb bemerkenswert ist, weil die Pflanze winter- bis immergrüne Laubblätter besitzt und gerade einzelne der charakteristischen europäisch-ozeanischen Arten wie Ilex Aquifolium, Hedera Helix, Arbutus Unedo usw. durch Dauerblätter ausgezeichnet sind. Diese für die Verhältnisse Norwegens hervorgehobene Tatsache lässt sich für alle Pirola-Arten, sowie auch für Chimaphila umbellata verallgemeinern, wenngleich gerade P. rotundifolia am wenigsten als kennzeichnend gelten kann. Dennoch tritt aber auch sie, ähnlich wie P. minor, in Westeuropa ziemlich zurück und fehlt strichweise ganz. Viel auffälliger sind die Westgrenzen von P. secunda, P. media, P. uniflora (Fig. 2605), P. chlorantha, sowie auch die von Chimaphila umbellata (Fig. 2611), die alle in einer z. T. sehr bezeichnenden Linie die Nordwestdeutsche Tiefebene meiden, in Holland und Belgien (wenigstens ursprünglich) völlig fehlen und Frankreich nur in den südlichen Teilen erreichen. Als rein klimatisch bedingt kann dieses Ausweichen aus den ozeanischen Gebieten des europäischen

Fig. 2605. Westliche und nordwestliche Verbreitungsgrenzen einiger Pirola-Arten in Mitteleuropa: P. uniflora L. ----; △ vorgeschobene Punkte. P. media Sw. ——; ■ vorgeschobene Punkte. P. secunda L. ••••. Original von H. Beger.

Kontinentes nicht erklärt werden, da einzelne Arten wieder in England und Irland auftreten und auch im nordwestlichen Tiefland weit vorgeschobene Standorte besitzen (Fig. 2605). Vielmehr spielen noch andere ökologische und höchstwahrscheinlich auch genetische (historische) Faktoren eine bedeutende Rolle in der Ausformung der gegenwärtigen Verbreitungsgebiete. Für P. rotundifolia ist Stenström der Ansicht, dass die Flucht vor dem extrem ozeanischen Klima in einer mangelnden Anpassungsfähigkeit hinsichtlich der veränderten Transpirationsverhältnisse beruht. Trotzdem lässt sich in jüngerer historischer Zeit die Ausbreitung einzelner Arten west- und nordwärts nachweisen, bezw. eine örtliche Mengenzunahme feststellen (letzteres nach F. Buchenau z. B. für P. uniflora auf den Friesischen Inseln). Die Wanderung scheint vielfach im Zusammenhang mit der (künstlichen) Aufforstung, namentlich der Erziehung von Nadelholz zu stehen. So betrachtet Gradmann, von soziologischen Grundlagen ausgehend (viele Pirola-Arten sind ausgeprägte Kiefern- und Fichtenbegleiter), die Siedlungen von P. uniflora, P. secunda, Chimaphila umbellata (auch die von Coralliorrhiza innata) in Württemberg als neueren Datums, da sie in ehemaligen Laubholzgebieten liegen. Klarer liegen die Verhältnisse in Nordwestdeutschland, wo Pirola uniflora, P. rotundifolia, Chimaphila umbellata (auch Goodyera repens, Listera cordata und Lycopodium annotinum) als Neuansiedler in den sog. „Fuhrenkämpen" auftreten, die nach W. O. Focke (Festschrift zur Feier des 70. Geburtstags des Herrn Prof. Paul Ascherson. Leipzig, 1904) erst im Laufe der letzten 100 bis 150 Jahre künstlich entstanden sind. Die genannten Arten stellen sich dort erst ein, wenn die Kiefernwälder das blüh- und fruchtfähige Alter erreichen, während in jungen Pflanzungen von auffälligeren Arten nur Hypnum crista Castrensis, Pirola minor und Vaccinium Vitis idaea zur Ansiedlung gelangen. Vereinzelte Neuansiedlungen sind ferner für Forste in Dänemark (Pirola chlorantha, P. media, P. uniflora, Chimaphila umbellata; wahrscheinlich aus dem westlichen Schweden eingebracht), für Mittelfrankreich (Chimaphila umbellata; auch die eingeschleppte amerikanische Ch. maculata hat sich um Paris neuerdings eingebürgert), für Belgien (Pirola secunda) und für Holland (Pirola uniflora) festgestellt worden. Ueber die Art und Weise der Verfrachtung gehen die Ansichten sehr auseinander. Ein Anfliegen der allerdings winzigen, geflügelten Samen (Staubflieger, Fig. 2604 b) erscheint auf weite Entfernungen unwahrscheinlich. Focke und Warming nehmen daher eine Einschleppung durch nordische Zugvögel an. W. Rytz (Mitteilungen der Naturforschenden Gesellschaft in Bern, 1913) hält auch eine Verschleppung durch Wasser (für P. uniflora auf den Alluvionen der Kander bei Thun) für möglich. In Frage kommt ferner eine Einführung durch die Baumsaat oder aber eine solche mit den Wurzelballen bezw. auch mit dem Verpackungsmaterial gepflanzter Bäume[1]). Eine ev. anthropogene Verfrachtung birgt insofern etwas eigenartiges in sich, als nach K. Linkola (Ueber den Einfluss der Kultur auf die Flora..., Helsingfors, 1921) besonders P. chlorantha und Chimaphila umbellata, ferner auch P. media zu den hemerophoben (kulturflüchtigen) Arten zählen. Für Chimaphila im besonderen lässt sich z. B. der Nachweis erbringen, dass diese Art mehrfach dem Streuerechen und der Abholzung des Waldes gänzlich zum Opfer gefallen ist; nach H. Oberlin (in Waldner, H. Excursionsflora von Elsass-Lothringen) stand dieselbe Art 1799 im Orpeden- oder Chenau-Wald (zwischen Donon und Wangenburg), ist aber später erloschen. Pirola media ist gegenwärtig wahrscheinlich bei Kaiserslautern verschwunden usw. Auch Pirola uniflora, P. rotundifolia und P. secunda sind etwas kulturflüchtig, während die ökologisch sehr anpassungsfähige P. minor durch die Kultur leicht begünstigt wird und sich daher meist auch vor allen anderen Pirolaceen in Forsten ansiedelt.

Die Gattung zerfällt in 3 ziemlich gut geschiedene Untergattungen, die mehrfach auch als selbständige Gattungen betrachtet werden. Am meisten trifft das für die Untergattung Ramischia (Opiz) (= Alsóganum Salisb.) zu, die 2 Arten mit deutlich 10-zähnigem Diskus, ungehörnten Staubblättern und einfachen Pollenkörnern besitzt (ausser der heimischen P. secunda die im Gebiete des Lorenzstromes lebende P. truncáta (Andres) [unter Ramischia]). Die Untergattung Eu-Pirola (= Pirola Salisb. als Gattung) ist die artenreichste Gruppe und zeichnet sich durch traubig angeordneten Blüten ohne Diskus, glockig oder kugelig zusammengeneigte Kronblätter und zu Tetraden vereinigte Pollenkörner aus. Sie zerfällt in folgende 2 Sektionen: Amélia mit kurzem Griffel und ungeröhrten Staubbeuteln (hierzu von den heimischen Arten nur P. minor L.) und Thelaia mit verlängertem Griffel und geröhrten Staubbeuteln (hierzu von den heimischen Arten P. chlorantha Sw., P. media Sw., P. rotundifolia L.). Die Untergattung Monéses (Salisb.) zeigt Blütenschäfte mit einer einzigen, endständigen Blüte und lange, gehörnte Staubbeutel. Ausser der heimischen P. uniflora L. zählt dazu die 1910 von U. Móri auf Formosa entdeckte Pirola rhombifólia (Hayata) (unter Chimáphila, H. Andres unter Moneses). Diese zuletzt genannte Art leitet zu der Gattung Chimaphila über. — Der Bau der staubartig kleinen Samen, an denen man ursprünglich den ganzen Endospermkörper für den Embryo hielt und den Samen daher für endospermlos ansprach, ist in neuerer Zeit von Paula Fürth eingehender untersucht worden. Nach deren Darstellung besteht der Endospermkörper aus einem einfachen Mantel von etwas abgerundeten, unregelmässig prismatischen Zellen, die meist in der Längsrichtung des ganzen Körpers gestreckt sind und ziemlich grosse runde Kerne besitzen. Am oberen und am unteren Ende lagert sich dem Endosperm eine dunkle Masse an, die vermutlich der Rest je einer abgestorbenen und zusammengefallenen Zelle sein dürfte. Das Innere des Endospermkörpers wird von kleinen, dünnwandigeren Zellen erfüllt, die gegen den äusseren Mantel hin scharf abgesetzt sind, dagegen miteinander einen einheitlichen, runden, grosskernigen, wahrscheinlich den Embryo darstellenden Körper bilden. Im ganzen Endosperm findet sich reichlich fettes, bei Verletzungen in Form stark lichtbrechender Kügelchen herausquellendes Oel. Die Samen von P. uniflora zeichnen sich durch ihre länglich-schlanke Form und hellere Färbung aus; die von P. secunda und P. chlorantha besitzen auf der Testa eine feinere Netzstruktur als diejenigen von P. minor und P. uniflora. Die für die Reihe der Bicornes so charakteristischen Staubbeutel schliessen sich in ihrem Bau und in ihrer Entwicklung nach Artopoeus eng an diejenigen der Ericacee Arbutus Unedo und die der Clethracee Clethra arborea an. Sie werden in der Blüte in aufrechter Stellung angelegt, die sie bis zur Zeit der Blütenöffnung beibehalten. Durch diese Stellung unterscheiden sie sich von Erica, Vaccinium und anderen Ericaceen, wo die Einkrümmung bereits in einem früheren Stadium erfolgt. Zufolge des stärkeren Wachstums des unteren Scheitels der Staubbeutel entstehen diejenigen Teile,

---

[1]) Eine analoge Verschleppung trifft z. B. für Aegopodium Podagraria zu, die in Arosa bei 1880 m Höhe mit Acer Pseudoplatanus von Beger festgestellt wurde. In gleicher Weise dürfte Erica Tetralix mit Waldpflanzen in Süddeutschland und Böhmen eingeschleppt worden sein.

in denen die Oeffnungen und Fortsetzungen liegen, aus denen der Pollen entlassen wird. Die Eröffnung dieser Ausgüsse erfolgt wie bei Vaccinium infolge deutlicher Auflösung gewisser Zellstrecken, die noch durch die Schrumpfung der umgrenzenden Gewebeteile vervollständigt wird. Dieser Vorgang setzt zuerst in denjenigen Zellen ein, welche die am Ende des Ausgusses befindliche ursprüngliche Vertiefung bilden und erstreckt sich dann in einem, allerdings nicht immer deutlichen Gewebestreifen bis zu den Pollenfächern. Durch Schrumpfung und allmählichen Schwund der benachbarten Zellen — die in Frage kommenden Stellen sind dabei mit einer weisslichen Masse überkleidet — entsteht der volle Umfang des die Aussenöffnung mit dem Inneren der Pollensäcke verbindenden Kanals. In den fertigen Staubbeuteln zeigen die erste und zweite Wandschicht verschiedene Ausbildung bei den einzelnen Arten: bei Pirola secunda sind die Zellwände beider Schichten durch netzartige Verdickung ausgezeichnet, bei P. minor ist nur die zweite Zellage verdickt; ebenso verhält es sich bei P. rotundifolia, nur ist bei dieser Art in den Ausgüssen die Verdickung auch auf tieferliegende Schichten ausgebreitet. Bei P. uniflora tritt das Aussteifungsgewebe überhaupt nur in der Wand der Röhren auf.

Im landwirtschaftlichen Sinne sind die Pirola-Arten Unkräuter und sollen nach Stebler sogar dem Vieh schädlich sein. Als pflanzliche Parasiten werden auf ihnen nicht selten Chrysomyxa Pirolae (DC.) und Thecospora Pirolae (Gmel.) angetroffen. Einige Arten sind unter gesetzlichen Schutz gestellt worden, so P. uniflora im Regierungsbezirk Cassel seit 1922, im Regierungsbezirk Hildesheim seit 1923, P. media in Bayern, Chimaphila in Preussen, Lübeck und Oldenburg. In Niederbayern und Oberfranken, sowie in Pommern (seit 1925) sind alle Arten geschützt.

1. Stengel mit einer einzigen, grossen, endständigen Blüte. Kronblätter flach tellerförmig ausgebreitet. Staubblätter mit 3-kantigem, auswärts gebogenem Grunde; Staubbeutel mit 2 langen Hörnern. Frucht aufrecht, mit am Rande kahlen Klappen (Moneses) . . . . . . . . . . . . . . . . . P. uniflora nr. 2137.

1*. Blüten in Trauben. Staubfäden lineal-pfriemlich, vom Grunde aus aufsteigend. Frucht abwärts geneigt; Klappen zur Zeit des Aufspringens an den Rändern meist behaart. . . . . . . . . . . . 2.

2. Blüten in einseitswendiger Traube. Kronblätter röhrenförmig-zusammenneigend, von den Staubblättern überragt. Staubbeutel ohne Hörner. Fruchtknoten am Grunde mit einem 10-teiligen Diskus (Ramischia) . . . . . . . . . . . . . . . . . . . . . . . . . . . . . . . . P. secunda nr. 2132.

2*. Blüten in allseitswendiger Traube. Kronblätter weitglockig bis kugelig-zusammengeneigt. Staubblätter die Krone nicht überragend. Staubbeutel mit sehr kurzen Hörnern. Diskusring am Grunde des Fruchtknotens fehlend (Eu-Pirola) . . . . . . . . . . . . . . . . . . . . . . . . . . . 3.

3. Staubblätter den Griffel gleichmässig umschliessend. Griffel kurz, gerade vorgestreckt. Narbenscheibe breiter als der Griffel . . . . . . . . . . . . . . . . . . . . . . . . . . . . . . . 4.

3*. Staubblätter aufwärts-, Griffel abwärts-gebogen, lang, am Ende breiter als die Narbe . . . 5.

4. Kelchblätter 3-eckig, kaum länger als breit. Griffel kürzer oder so lang wie der Fruchtknoten, senkrecht in den Fruchtknoten eingefügt, nicht aus der Krone hervorragend. Scheibe und Narbe doppelt so breit als das Griffelende . . . . . . . . . . . . . . . . . . . . . . . . P. minor nr. 2133.

4*. Kelchblätter breit-lanzettlich, etwa doppelt so lang als breit. Griffel länger als der Fruchtknoten, dem Fruchtknoten schief eingefügt, dann gerade, aus der Krone hervorragend. Narbe so breit als das Griffelende . . . . . . . . . . . . . . . . . . . . . . . . . . . . . . . P. media nr. 2135.

5. Kelchblätter lanzettlich, etwa halb so lang als die bisweilen rötlich überlaufenen, weissen Kronblätter . . . . . . . . . . . . . . . . . . . . . . . . . . . . . . . P. rotundifolia nr. 2136.

5*. Kelchblätter kreisrundlich bis 3-eckig, etwa $1/4$ bis $1/5$ so lang als die grünlichen Kronblätter . . . . . . . . . . . . . . . . . . . . . . . . . . . . . . . . . . . . . . . . . P. chlorantha nr. 2134.

**2132. Pirola secúnda** L. (= Ramischia[1]) secundiflóra Opiz, = R. secunda Garcke)[2]. Nickendes Wintergrün, Birngrün, Bärenkraut. Taf. 205, Fig. 2; Fig. 2603, 2605, 2606 und 2607.

Nach den Blättern (vgl. pag. 1571, Anm. 1) heisst die Pflanze Birnbäumchen (Schnepfenthal). In Kärnten nennt man sie Bergmandl, Waldmandl.

Halbstrauchige, kahle Pflanze mit ± schräger, dünner, zerbrechlicher, weitkriechender, bis 1 m langer, vielverzweigter Grundachse. Stengel aus niederliegendem Grunde aufsteigend, 10 bis 30 cm lang, unterwärts meist verästelt und samt den Aesten mit eiförmig-zugespitzten Schuppenblättern besetzt, 2-schneidig, glatt, braun. Laubblätter immergrün, generationsweise am Grunde

---

[1]) Benannt nach F. A. Ramisch, Professor in Prag, der z. B. über die Apogamie bei Mercurialis annua gearbeitet hat.

[2]) Im Herbar von Vitus Auslasser führt die Pflanze den Namen Spitziger wintergruender chlanz, im Herbar von H. Harder Pyrola Limonium.

gehäuft, eiförmig bis eilänglich und meist spitz, seltener fast kreisrund und ± stumpf, etwa 3,4 cm lang und 2 cm breit, kleinkerbig=gesägt, am Grunde in den meist kürzeren, selten gleichlangen, rinnigen Blattstiel kurz zusammengezogen, lederig=steif, netzförmig geadert, glänzend, oberseits frischgrün (heller als bei den anderen Pirola=Arten), unterseits bleicher. Blüten in dichter, bis 30=blütiger, einseitswendiger, endständiger, anfangs nickender, später aufrechter Traube, mit eiförmig=zugespitzten, die anfangs aufsteigenden, später bogig über= geneigten, 3 bis 4 mm langen Blütenstiele überragenden Tragblättern, glockig, licht gelblich= grün. Kelchblätter eiförmig=3=eckig, zugespitzt, am Rande kurz bewimpert, meist kaum ¹/₄ so lang als die Kronblätter, diesen angedrückt. Kronblätter eiförmig, 4 bis 5 mm lang, gewölbt. Staubblätter im unteren Teile leicht abgeflacht, bogig aufsteigend; Staub= beutel ungehörnt, mit 2 grossen Poren (Fig. 2606 c); Pollenkörner glatt, nicht in Tetraden. Fruchtknoten am Grunde mit 10 sehr kleinen, zahnförmigen, reichlich Nektar abscheidenden Dis= kusdrüsen; Griffel gerade, in der Blüte etwas aufwärts gebogen und die Blüte um etwa ¹/₄ überragend, ohne Ring; Narbe sternförmig aus= gebreitet, doppelt so breit als der Griffel. Kapsel kugelig, 3 bis 4 mm hoch, kürzer als der Griffel, vom Grunde aus aufspringend; Klappen= ränder glatt, nicht mit Faserfilz ver= bunden. — VI, VII, vereinzelt im Herbste nochmals blühend.

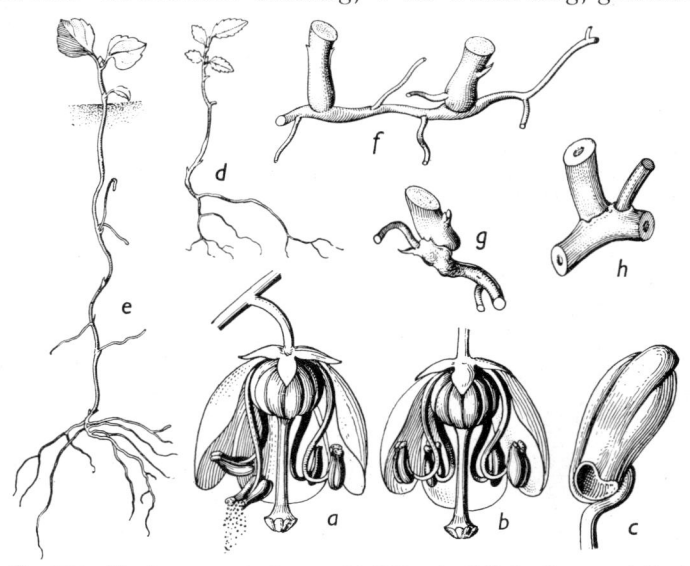

Fig. 2606. Pirola secunda L. *a* und *b* Blüte, ein Teil der Kron- und Staub- blätter entfernt. *c* Staubblatt. *d* und *e* Keimpflänzchen. *f* bis *h* Wurzelstück mit Adventivknospen (*a* und *b* nach Kerner, *e* nach Artopoeus, *d* bis *h* nach Irmisch).

Häufig und meist trupp=, seltener herdenweise auf humosen, gern etwas steinigen Böden in Laub= und vorzugsweise in lichten Nadelwäldern (besonders in Kiefernwäldern), Zwergstrauchheiden, im Legföhren= und Alpenrosengebüsch, auf offenen Schotterhängen, in Lawinenzügen, vereinzelt auch im Bachkies, an Mauern, auf Meilerplätzen oder ausnahmsweise epiphytisch auf Buchen. Von der Ebene bis in die subalpine Stufe; in den Rheinischen Gebirgen bis etwa 400 m, im Erzgebirge bis 1100 m, in den Bayrischen Alpen bis 1800 m, in Tirol bis etwa 1850 m, in den Karnischen Alpen bis 1700 m, in St. Gallen bis 1600 m, im Unterengadin bis 2200 m, im Puschlav und im Wallis bis 2000 m, in der Waadt bis 1500 m, in der Tatra bis 900 m, im Thessalischen Olymp und im Kaukasus (in beiden subalpin) bis über 2000 m, in Mexiko am Citlaltepetl bis 3509 m. Gern auf Kalk, seltener auf Glimmerschiefer, Granit, Porphyr usw.

In Deutschland nur im südlicheren Teile verbreitet, so besonders in Bayern (aber auf Buntsandstein zurücktretend), im Badischen Bodenseegebiet und Jura, in Schlesien und im südlichen Posen, sonst meist nur zerstreut und im Westen und Nordwesten eine vom Sundgau und von den Hochvogesen kommende, über die Pfalz (Kaisers= lautern), Köln, Dillenburg, Frankenberg, Berich, den Balhornerwald, Münster, Osnabrück, Fürstenau, Berser= brück, Delmenhorst, Bassum, Soltau, Stade, Harburg, Ladenbeck, Travetannen und Kiel laufende Grenze nur bei Jever (Oldenburg), überschreitend; selten oder nur strichweise im Elsass (Sundgau, Hochvogesen), in der Pfalz (Schifferstadt, Zweibrücken, Dürkheim, Drachenfels, Kaiserslautern [?]), im Rheinland (Bassenheim, Koblenz, Trier und Köln), im Nordwestdeutschen Flachland (Fürstenau, Jever, Delmenhorst, Bassum, Neukloster, Harburg, Hittfeld, Soltau, Uelzen, Bevensen, Celle, Altensalzkoth, Eschede, Unterlüss); in Schleswig=Holstein (mit Sicherheit nur bei Sachsenwald, Mustin, Ladenbeck, Travetannen, Wesloe, Waldhusen, zwischen Mönchneverstorf und

Schönwalde, früher bei Slethuus [Kreis Hadersleben]), Westpreussen (Nuss=See, Hoch=Palleschken, Debrino, Bartel) und Ostpreussen (Skallischen, Jahnen). — In Oesterreich meist häufig bis verbreitet, nur in den tieferen Tälern der Zentralalpen in der Regel zerstreut bis ganz fehlend, so im Oetztal nicht über den Karkopf bei Tumpen gehend, in Sellrain und im hinteren Gschnitztal ganz fehlend, im hinteren Stubei nur bei Volderau, im Zillertal einzig am Grawander Schinder bei Breitlahner, in den transalpinen Tälern nicht unter 300 m. — In der Schweiz verbreitet, auch in den Zentralalpen, sowie im Jura häufig.

Allgemeine Verbreitung: Europa: nördlich bis Island, Nordost=Irland, Nord= Schottland (bis Ross), Nordskandinavien (71° nördl. Breite), südlich bis Nordspanien, Sizilien, Thessalien, Krim, Sauropol (doch im russischen Steppengebiet fehlend), westlich bis zu den Sevennen, der Auvergne, dem Jura, den Vogesen, der Pfalz, Nordwestdeutschland (in Belgien nur eingeschleppt), Jütland, Schottland; Vorderasien, ganz Sibirien, Dahurien, Indien, Japan, Kurilen; Nordamerika, südlich bis Kalifornien und bis zum Pik von Orizaba in Mexiko.

Die Art ist wenig veränderungsfähig: var. vulgáris Herder. Laubblätter eiförmig bis eilänglich, meist spitz. Die gewöhnlichste Form. — var. obtusáta Turcz. (= Ramischia obtusata Freyn, = var. sub= orbiculáta Thell.). Laub= blätter grösstenteils kreisrundlich, ziemlich stumpf. So z. B. bei Zermatt, Arosa und wahrscheinlich auch hie und da in den Ostalpen. Eine östliche Sippe. — var. hýbrida (Vill.) Lam. et DC. Blütenstand arm= (meist nur 1= bis 3=)blütig. So in den Le= manischen Alpen am Pic de Marcelly.

Pirola secunda ist ein zirkumboreales Element. Gleich Pirola rotundifolia ist die Art wenig fest an eine be= stimmte Pflanzengesell= schaft gebunden; doch kann sie nach Höck für gewisse Gebiete (vor= wiegend in der Ebene),

Fig. 2607. Pirola secunda L., blühend. Phot. Hch. Marzell, Gunzenhausen.

z. B. die Umgebung von Giessen, im nordöstlicheren Deutschland, Russland, sowie in Obersteiermark als Kiefernbegleiter angesprochen werden. Auch im Herzynischen Florenbenbezirk bevorzugt sie Kiefern= (und Birken=)wälder. Ebenso erwähnt sie Preuss aus Kiefernwäldchen der Danziger Nehrung zusammen mit Pteridium aquilinum, Juniperus communis, Hierochloë odorata, Calamagrostis Epigeios, Deschampsia flexuosa, Koeleria glauca, Epipactis latifolia, Goodyera repens, Salix repens var. sericea, Silene nutans, Ranunculus bulbosus, Sedum maximum, Rosa tomentosa, Viola canina, Monotropa Hypopitys, Trientalis Europaea, Hieracium Pilosella und H. umbellata usw. Auf der Kurischen Nehrung finden sich auf kleinen Flächen nicht selten alle deutschen Pirolaceen zusammen vor. Bisweilen ist die Art auch in Mischwäldern anzutreffen. In höheren Lagen erscheint sie vorwiegend in Fichtenwäldern, wo sie gelegentlich in ausgedehnten Herden auftritt. Unter ihren Begleitern findet sich dort häufig Pirola uniflora (pag. 1591). Auch auf offene Kalkschutthänge geht sie in der subalpinen Stufe gern über und findet sich z. B. nach Hegi am Schachen im feinem Geröll des Wettersteinkalkes zusammen mit Thlaspi rotundifolium, Silene alpestris, Viola biflora, Biscutella levigata, Hutchinsia alpina, Saxi= fraga caesia und Sorbus Chamaemespilus. An solchen Orten kann sie als ein Vorläufer oder Zeiger des (zum mindesten theoretisch zu erwartenden) Pinetum Pumilionis oder einer anderen Koniferen=Assoziation angesehen werden, wo sich dann z. B. Pirola rotundifolia (vgl. pag. 1585) und P. minor zu ihr gesellen können. Als Apophyt wurde die Art von Glaab auf Kohlenmeilern gefunden. Auf der westgrönländischen Insel Disko wächst die var. borealis mit P. rotundifolia, P. minor, Luzula parviflora, Listera cordata und Coral=

liorrhiza trifida in Weidengebüschen. Auf der Halbinsel Kanin ist sie nach Pohle in Sumpfwäldern mit Ranunculus repens, Viola epipsila, Chrysosplenium alternifolium, Menyanthes trifoliata usw. anzutreffen. Bisweilen schliesst sie sich der arktischen Zwergstrauchheide von Cassiope hypnoides, Loiseleuria procumbens, Diapensia Lapponica, Empetrum nigrum, Arctostaphylos alpina und Phyllodoce taxifolia an.

Pirola secunda dürfte diejenige Pirola-Art sein, der am ehesten der Name Pirola gebührt, da sie eine bisweilen auffallende Aehnlichkeit mit jungen Birnbäumchen besitzt. Die Blüten sind proterogyn und reifen die Narbe 2 bis 1 Tag vor den Staubbeuteln. Nach Warnstorf überragt in der ersten (weiblichen) Phase der Griffel mit der dicken, klebrigen Narbe die Krone um etwa 2 mm, während die mit S-förmig gebogenen Staubfäden sitzenden, weissen, feinbehaarten Staubbeutel noch geschlossen sind und ihre Porenöffnungen nach innen kehren. Ist deren Reifung eingetreten und wird die Blüte von einem Insekt besucht — als Lockmittel dient nach Kerner die im Grunde der Krone reichlich vor sich gehende Nektarabsonderung — so kippt der sich einschiebende Rüssel die leicht beweglichen Staubbeutel um, wobei die mehlartig weissen, brotförmigen, glatten, etwa 25 $\mu$ langen und 12 $\mu$ breiten Pollenkörner infolge der hängenden Blütenstellung auf den Kopf des Besuchers geschüttet werden, der sie dann bei anderen Blüten auf die Narbe überträgt. Bleibt der Insektenbesuch aus, so strecken sich die Staubfäden gerade, die Staubbeutel treten aus der Blüte hervor, drängen dabei die Kronblätter auseinander und kippen selbständig um, wobei der Pollen höherstehender Blüten auf die tiefer stehenden fallen kann. Nach Andres ist dabei auch der Wind mit tätig. Der Samenansatz ist stets reichlich; hingegen ist es bisher noch nie gelungen, Keimpflanzen aufzufinden. Die Rhizome erreichen oft eine bedeutende Länge. So stellte Christoph ein solches von 50 cm Länge fest, an dem sich 70 Schuppenblätter befanden, F. R. Kjellman in Uppland ein anderes von 1,25 m Länge. Die oberirdischen Sprosse bringen im Jahre 2 bis 8 Knospenschuppen und eine geringe Zahl (2 bis 6) Laubblätter hervor. Beide bleiben mehrere Jahre am Sprosse sitzen, so dass sich das annähernde Alter des Sprosses daraus ablesen lässt. Die Laubblätter stehen generationsweise gehäuft zusammen — gewöhnlich 2 bis 3, bisweilen 4 Generationen — und bleiben mehrere Jahre lebensfähig. Nach der Blüte stirbt der Blütenspross allmählich bis zum nächsten Achselspross ab, der inzwischen in der Achsel eines Laubsprosses des letzten Jahrestriebes entstanden ist. Unterbleibt dessen Bildung, so fällt der ganze oberirdische Trieb dem Untergang anheim. Auf dem Querschnitt lassen sich an älteren Stengelteilen deutlich Jahrringbildungen unterscheiden (sekundäres Wachstum!). Die Laubblätter, die als Herba Pirolae secundae als Ersatz für die Herba Chimaphilae als Wundmittel pharmazeutisch verwendet werden, besitzen unter einer glatten Kutikula fast quadratische Epidermiszellen mit dünnen wellig-buchtigen, netzartig verdickten Seitenwänden und wie bei Chimaphila umbellata verteilte Atemöffnungen. Das Mesophyll ist nicht deutlich in ein Palisaden- und Schwammgewebe geschieden, sondern besteht aus etwa 5 Schichten rundlicher oder würfelförmiger Zellen, die nur in der Nähe der Epidermis enger aneinander schliessen und reichlich Chlorophyll führen. Drusenkristalle treten einzig in den Blattstielen auf. Früher dienten die Laubblätter auch als Tee-Ersatz. Schweine fressen das Kraut (wohl wegen seines Arbutin-Gehaltes) nicht.

**2133. Pirola minor** L. (= Amélia minor Alef.). Kleines Wintergrün. Fig. 2608, 2609 und Fig. 2610.

Ausdauernde, kahle Pflanze mit kriechendem, ästigem, faserigem und brüchigem Wurzelstock. Stengel (2) 7 bis 30 cm hoch, aus bogigem Grunde aufsteigend, scharfkantig, oben fast geflügelt, mit 2 (bis 4) eilanzettlichen Schuppenblättern. Laubblätter überwinternd, grundständig, elliptisch bis breit-eiförmig bis rundlich, bis 6 cm lang und bis 3,5 cm breit, an der Spitze mit kurz 3-eckigem Stachelspitzchen oder abgerundet, am Grunde kurz in den langen Stiel herablaufend, am Rande leicht gekerbt und feindrüsig, gezähnelt, lederig, mattglänzend, oberseits dunkelgrün, unterseits bleicher. Blüten in meist gedrängter, 4- bis 8- bis 16-blütiger, endständiger Traube, allseitswendig, mit breit-eilanzettlichen, schuppenartigen Tragblättern und kurzbogig übergeneigten Stielen, etwa 6 mm im Durchmesser, kugelig, weiss oder etwas rosenrot. Kelchblätter breit-lanzettlich bis eiförmig 3-eckig, zugespitzt, angedrückt, $^{1}/_{4}$ bis $^{1}/_{3}$ so lang als die Kronblätter. Letztere fast kreisrund, 4 bis 5 mm lang, stark gewölbt und zusammenneigend. Staubblätter dünn, über den Fruchtknoten gebogen; Staubbeutel nicht gehörnt, mit schrägen, grossen Poren (Fig. 2608 c). Griffel 4 bis 5 mm lang, gerade, nach oben nicht verdickt und nicht aus der Blüte hervorragend; Narbe 5-knotig-strahlig, doppelt so breit wie der Griffel. Frucht hängend. — VI bis VIII.

Truppweise oder einzeln auf trockenen Böden in Wäldern aller Art (vorzugsweise in Nadelwäldern), in Legföhren= und Alpenrosenbeständen, Zwergstrauchheiden, in Dünentälern, seltener auf moosigen Alpenwiesen, Weiden, zwischen Felsblöcken, auf Mooren usw. Von der Ebene bis in die alpine Stufe: im Sächsischen Bergland bis 1050 m, im Bayerischen Wald bis 840 m, in den Bayerischen Alpen bis 2120 m, in Tirol bis 2700 m (im oberen Seebertal Vintschgau), in Kärnten bis 2100 m, in Friaul und im Tessin bis 2000 m, im Unterengadin bis 2500 m, im Wallis bis 2480 m, in der Waadt bis 2330 m, in der Tatra bis 1900 m, im östlichen Schottland bis 885 m. Bodenvag.

In Deutschland zerstreut bis häufig: in den Alpen in Bayern zerstreut, im Bodenseegebiete nur im Rickenbacher Tobel und bei Hegnau, in dem sich anschliessenden Hügellande, sowie auf der Hochebene und im nordöstlichen Bayern ziemlich verbreitet, im übrigen Nordbayern und in der Rhön zerstreut; in Württemberg und Baden zerstreut, in Elsass-Lothringen ziemlich häufig, aber auf Jurakalk selten; in der Pfalz und im Rheinlande verbreitet, aber im unteren Niederrheingebiet sehr zerstreut, in Westfalen scheinbar selten, so für die Kreise Soest, Hamm, Dortmund und Bochum nicht angegeben, sonst bei Oelde, Liesborn, Witten im Ardey, Hagen, Delstern, Hohenlimburg, Iserlohn, Volkringhausen, Nachrodt, Haltern, Brosthausen; im südlichen Hannover häufig; in Thüringen und Sachsen in tieferen Lagen selten, gegen die montane Stufe zu häufiger werdend, in Schlesien häufig; im Nordwestdeutschen Flachland zerstreut, auch auf den Inseln (neuerdings zunehmend), aber in festländischen Ostfriesland nur bei Kloster Barthe; in Schleswig-Holstein mässig häufig; im Nordostdeutschen Flachland meist zerstreut, doch in West- und Ostpreussen häufig. — In Oesterreich meist zerstreut bis häufig, letzteres z. B. in Böhmen, in Mähren dagegen z. B. in der Umgebung von Znaim und im Ungarisch-Hradischer Kreise selten; im Vorarlberg zerstreut, in Tirol häufiger, aber für das Lech- und Loisachgebiet nicht angegeben; in Salzburg zerstreut, in Oberösterreich verbreitet, in Niederösterreich und in Steiermark stellenweise häufig, in Kärnten zerstreut, in Krain hie und da. — In der Schweiz zerstreut bis häufig.

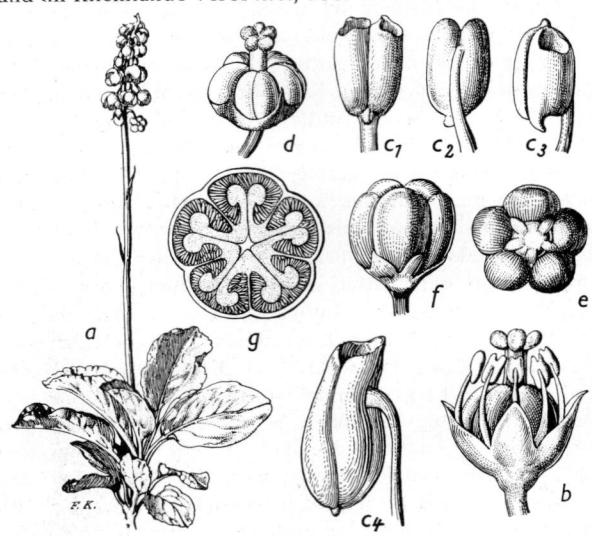

Fig. 2608. Pirola minor L. *a* Habitus. *b* Blüte nach Entfernung der Kronblätter. $c_1$ bis $c_4$ Staubblätter in verschiedener Ansicht. *d* Fruchtknoten mit Griffel. *e* Desgl. von oben gesehen. *f* Junge Frucht. *g* Frucht im Querschnitt (*b* bis *f* nach Warming).

Allgemeine Verbreitung: Europa: nördlich bis Island, bis Irland (selten), bis zu den Fäer Oer (fehlt den Shetland- und Orkney-Inseln), Dänemark und bis zum nördlichsten Norwegen; südlich bis Südspanien, Aragonien, Sardinien, Süditalien (bis zum Monte Vergine bei Neapel), bis zum nördlichen Balkan und Russland; im Westen im westlichen Frankreich fehlend; Kaukasus, gemässigtes und nördliches Asien (nördlich bis Nowaja Semlja) bis Sachalin und Mitteljapan; Nordamerika, auf Grönland bis zum $69.^0$ nördlicher Breite.

Die Art ist hinsichtlich ihrer Grössenmasse, ihrer Blütenfarbe nnd der Weite der Blütenöffnung ziemlich veränderlich, aber vielfach darin von Ernährungs- und klimatischen Verhältnissen abhängig. Grosse, sehr kräftige Pflanzen sind als f. rósea (Sm.) bezeichnet worden. H. Andres unterscheidet: f. pseudorotundifólia Andr. Pflanze zarter, 15 bis 25 cm hoch. Laubblattstiele 2-mal so lang als die länglich-eiförmige, allmählich in den Stiel verlaufende Spreite. Blüten kleiner, weiss. VI. — f. ramósa H. Andr. Ueppige Form. Laubblätter länglich-eiförmig, zugespitzt, krautig. Blütenstand ästig. Blüten gross. So z. B. im Rheinland hie und da. — f. serótina Andr. Laubblätter breit-eiförmig, oft fast kreisrund, bisweilen am Grunde schwach herzförmig, an der Spitze abgerundet oder etwas zugespitzt. Laubblätter zarter und kleiner als beim Typus, runzelig, oberseits mit sehr deutlichen Nerven und hellgrün. Blütenstand 8- bis 12-blütig, durch Verlängerung der unteren Blütenstiele ebensträussig. Blüten aufrecht, geschlossen bleibend, kleistogam (?). VIII bis IX. — f. bélla H. Andr. Niedrige, 2 bis 12 cm hohe Pflanze. Laubblätter eiförmig, hellgrün, oft gelblich, mit kurzem, geflügeltem Blattstiel. Blütenschaft ohne Tragblätter, am Grunde mit Laubblättern. Traube mit wenigen, grossen, weissen Blüten. Blütenstiele kurz und dick, halb so lang wie die breiten Tragblätter. Kelchzipfel breit-eiförmig, oft stumpf. Griffel kürzer und dicker als beim Typus. VII, VIII. So in Laubwaldungen mit grösserer Feuchtigkeit. — Wichtiger sind: var. arenária Nöldeke. Pflanze in allen Teilen gedrungener. Laubblätter kleiner, rundlich, stumpf. Blüten grösser. Kelchblätter breiter als beim Typus. So gern auf sonnigen Dünen der Nordseeinseln. Hierzu gehört f. Henriciána[1]) H. Andr. Laubblätter verkehrt-eirund (ähnlich P. media), oft fein bespitzt, plötzlich in den flachen, breitgeflügelten Blattstiel zusammengezogen, im Alter ledergelb (beim Trocknen braun oder lederfarben). Schuppenblätter im Alter gelblich, mit braunem Grunde. Blütenschaft 10 bis 17 cm hoch, nur am Grunde mit Schuppen, 8- bis 15-blütig. Kelchblätter 3-eckig-eiförmig, an der Spitze etwas abgerundet, mit aufgesetztem Spitzchen. Blüten weiss, mit gelblichem Anflug. Eine hochalpine, anscheinend an sonnigen, trockenen Orten wachsende xerophile Rasse. Im Engadin beobachtet. — var. Vollmanniána H. Andr. Laubblätter klein, bis 2,7 cm lang, eirund bis spatelig, vorn fein gesägt und mit feinem Spitzchen. Blütenschaft 13 bis 15 cm hoch, am Grunde mit gehäuften Schuppen, wenig- und lockerblütig. Blütenstiele stark gekrümmt oder gerade. Tragblätter schmal, so lang wie die Blütenstiele. Blüten weitglockig, weiss, mit kurzem, dickem Griffel. Eine eigenartige, hübsche Form, die auf einer Waldblösse bei Nittendorf (im Jura) bei Regensburg von Vollmann aufgefunden worden ist.

Pirola minor ist ein zirkumpolares und boreales Element, das meist in kleinen Gruppen aufzutreten pflegt und hinsichtlich der Bodenverhältnisse wenig wählerisch ist. Soziologisch ist die Art eurysynusisch, d. h. an keine besondere Pflanzengesellschaft gebunden, wenngleich im allgemeinen eine gewisse Vorliebe für ± humose, nicht zu trockene Nadel- und Laubwälder besteht. Fast stets treten als Begleiter Orchideen auf, häufig auch andere Pirolaceen. In Kiefernheiden mit vorherrschendem Juniperus communis-Gebüsch erscheint Pirola minor nach P. Graebner häufig zusammen mit Deschampsia flexuosa, Festuca ovina, Carex pilulifera, Spergularia vernalis, Teesdalia nudicaulis, Fragaria vesca, Genista pilosa, Pirola secunda, Vaccinium Myrtillus und V. Vitis idaea, Calluna vulgaris und Campanula rotundifolia. In schattigeren Laub- und in moosigen Fichtenwäldern findet sie sich mit zahlreichen anderen saprophytischen Pflanzen wie Neottia Nidus avis, Goodyera repens, anderen Pirola-Arten, Monotropa Hypopitys usw. An der oberen Grenze der subalpinen Stufe hält sie sich gern an die Zwergstrauchheiden vom Rhodoretum-Vaccinietum-Typus, vergesellschaftet mit Deschampsia flexuosa, Potentilla aurea und P. erecta, Geranium silvaticum, Campanula Scheuchzeri, Homogyne alpina, Solidago virga aurea usw. Gegen Lichtstellung ist die Pflanze wenig empfindlich und erhält sich daher als Waldzeiger auch auf Waldlichtungen und auf offenen, aber ungedüngten Alpenmatten, so z. B. auf der Pasterzer Alp, wo sie in 2100 m Höhe zusammen mit Juncus Jacquini, J. castaneus und J. Hostii, Nigritella angustifolia, Chamaeorchis alpinus, Pleurogyna Carinthiaca, Gentiana-, Primula- und Androsace-Arten, sowie mit Leontopodium alpinum zu finden ist. Auch an der Nordseeküste wird sie bisweilen als ehemaliger Waldzeiger in den Dünentälern gedeutet; auf Föhr wurde sie von Buchenau in der Nähe einer Vogelkoje aufgefunden. Da die um diese stehenden Bäume und Sträucher vom Festland eingeführt werden, so glaubt Buchenau eine unbeabsichtigte Einschleppung annehmen zu müssen. D. N. Christiansen (Die Blütenpflanzen und Gefässkryptogamen der Insel Föhr. Föhrer Heimatsbücher, 1925), der die Pflanze 1922 an einem Grabenrand bei der Laurentiuskirche auf

Fig. 2609. Pirola minor L., Buchenwald b. Laubach, Oberhessen. Phot. Th. Arzt, Wetzlar.

jener Insel 1922 entdeckt hat, betrachtet P. minor als Rest der ehemaligen Waldflora wie verschiedene Farnkräuter. Sie besiedelt auf den Inseln, wenn auch weniger zahlreich als Pirola rotundifolia, die dornigen

---

[1]) Benannt nach dem Finder Heinrich Leopold von Strampff, geb. 1800, Präsident des Kammergerichtes zu Berlin, gest. 1879, der in den Alpen eifrig Pflanzen sammelte.

Hippophaë-Salix-Gebüsche der Dünentäler. Mitunter wird sie dort vom Sande fast ganz eingebettet, gelangt aber mit Hilfe neuer Sprosse immer wieder an die Oberfläche. — Die Pflanze bildet in der Regel am Grunde des blühenden Jahrestriebes zunächst eine Anzahl von Schuppenblättern, dann einige (meist 1 bis 4) Laubblätter und dann wiederum einzelne Schuppenblätter, die am Schafte oft weit hinaufrücken. Ausserdem bleiben gewöhnlich am Grunde noch einige vorjährige Laubblätter stehen, die auch im 2. Jahre noch lebensfähig sind. Die honig- und duftlosen Blüten besitzen bei verschiedenen Stöcken verschiedene Form und Weite. Bei den einen schliessen die Kronblätter zu einem kugeligen Glöckchen mit enger Mündung zusammen und ihre Staubblätter reichen in der Blüte höher hinauf; bei den anderen sind die Kronblätter weiter geöffnet und die Staubblätter kürzer. Sie sind nach Warming, Müller, Knuth, Kirchner u. a. homogam, nach Ricca proterandrisch. In der Knospenlage sind die Staubbeutel aufgerichtet, kippen aber dann so zurück, dass die Porenöffnungen nach abwärts gerichtet werden, worauf der Pollen herausfällt und seine Umgebung orangerot färbt. Ein Schütteln des Pollens wie z. B. bei P. rotundifolia findet nicht statt. Zur Fremdbestäubung dürfte die reichliche Absonderung einer kleberigen Flüssigkeit durch die 5 Narbenlappen beitragen. Allerdings stellen sich Besucher (Käfer, Fliegen und Kleinfalter) sehr spärlich ein, sodass gewöhnlich Selbstbestäubung durch Pollenfall auf den gebogenen Narbenrand die Regel sein dürfte. Kleistogame (?) Blüten scheinen nach Andres der f. serotina eigen zu sein. Die Kelchblätter dieser Form sind grün, die Kronblätter breiter, grün mit weissem Rande, kugelig zusammengeneigt und knospenartig geschlossen. Die Staubblätter besitzen kürzere Staubfäden und springen nach oben auf, ohne umkippen zu können. Der Fruchtknoten ist kleiner als bei der typischen Form, der Griffel sehr kurz, mit breiter Scheibe, deren Ränder stark nach unten gebogen sind. Die Staubbeutel überragen den Griffel ein wenig und liegen bogig über der Narbe. Nach Andres werden bei dieser Form keine Samen erzeugt. Die Blüten verharren 5 bis 6 Wochen in geschlossenem Zustande und fallen dann ab. Die Laubblätter zeigen nach W. Rommel unter einer dünnen und glatten Kutikula meist stark gewölbte Epidermiszellen, die auf der Oberseite des Laubblattes im Querschnitt quadratisch oder rechteckig sind, während die der Unterseite im Querschnitt fast Kreisform, im Flächenschnitt eine unregelmässige Form zeigen und durch nicht gerade häufige Spaltöffnungen durchbrochen werden. An die obere Epidermis schliessen sich lückenlos eine Reihe von typischen Palisadenzellen an, denen eine zweite Schicht folgt, die mehr rundliche bis keulenförmige Zellen besitzt und häufig von grossen Interzellularräumen unterbrochen wird. Das darauf folgende Schwammparenchym besitzt unregelmässige Zellen und wie das Palisadenparenchym häufig Oxalatdrüsen. — Zoocecidien werden durch verschiedene Cecidomyiden hervorgerufen. Pflanzen mit umgekehrt nierenförmigen Laubblättern wurden bei Templin und Eisleben aufgefunden; solche mit 3-lappiger Spitze sind selten. Bisweilen treten Blüten mit 4 Kron- und 8 Staubblättern oder solche mit anderen Zahlenunregelmässigkeiten auf.

Fig. 2610. Pirola minor L., Buchenwald am Hoherodskopf, Vogelsberg. Phot. Th. Arzt, Wetzlar.

**2134. Pirola chlorántha**[1]) Sw. (= P. virens Schw., = Thelaía chlorantha Alef.). **Waldglöckchen, Grünblütiges Wintergrün**. Taf. 205 Fig. 4; Fig. 2611 und 2612.

Ausdauernde, kahle Pflanze mit weithin kriechendem, dickem, weisslich oder rosa überlaufenem Wurzelstock. Stengel 5 bis 30 cm hoch, meist einzeln oder — als Achselsprosse — zu 2 bis 4, aufrecht, scharfkantig-geflügelt, etwas gedreht, purpurrot, mit 1 oder wenigen ± lang-3-eckigen Schuppenblättern. Laubblätter überwinternd, grundständig, kreisförmig bis verkehrt-eiförmig, selten länglich, 0,5 bis 2 cm Durchmesser, an der Spitze oft ausgerandet, am Grunde in einen oft 3-mal längeren (bis 6 cm langen), geflügelten, rinnigen, am Grunde

---

[1]) Zusammengesetzt aus χλωρός [chlorós] = gelbgrün und ἄνθος [ánthos] = Blüte.

braunroten Stiel kurz zusammengezogen, ganzrandig oder undeutlich entfernt gezähnt, lederig=
derb, etwas gewölbt, oberseits tiefgrün mit helleren Nerven, unterseits bleicher, dem Boden
± aufliegend. Blüten in sehr lockerer, 1= bis 13=blütiger, endständiger, allseitwendiger Traube,
mit schmal=lanzettlichen, die gegen die Spitze keulig verdickten Blütenstiele an Länge nicht
erreichenden und am Grunde mit ihnen verwachsenen, grünen Tragblättern, am Grunde aus=
gebreitet, dann glockig (enger als bei P. rotundifolia), grünlichweiss oder hellgrün, als Knospen
länglich. Kelchblätter kurz=3=eckig=herzförmig, spitz, weiss berandet, 3= bis 4=mal kürzer als
die Kronblätter, anliegend. Kronblätter kugelig=zusammengeneigt, eiförmig, 6 bis 8 mm lang,
am Rande leicht gewellt und leicht abfallend. Staubblätter kurz, am Grunde verbreitet, auf=
wärts gebogen; Staubbeutel länglich mit 2 stumpfen, orangeroten Hörnern und mit eiförmigen,
schräg abgeschnittenen Porenöffnungen, am entgegengesetzten Ende bespitzt. Griffel schräg
abwärts gebogen, an der Spitze gerade und keulig verdickt, die Krone überragend; Narbe
auf dünner Griffelscheibe, warzenförmig. Kapsel nickend, etwas abgeplattet=kegelig, 4 bis
7 mm hoch, stark gerippt, wenig kürzer oder so lang wie der bleibende Griffel, vom Grunde
aus aufreissend. — VI, VII.

Zerstreut auf trockenen Böden zwischen Nadeln (Fig. 2612) oder Moos, seltener zwischen
kurzem Gras, vorwiegend in lichten, schattenarmen Kiefernwäldern, seltener in Fichten= oder
anderen Koniferenwäldern oder bisweilen auch in Laub=
wäldern und in Grasheiden. Von der Ebene bis in
die montane Stufe, im Rheinland bis etwa 300 m, im
Vogtland bis ca. 500 m, in Bayern bis 650 m,
seltener bis in die subalpine Stufe, so noch bei
Il Pra südlich Zernez im Unterengadin bei 1950 m,
in Tirol bis 1500 m, im Wallis bis 2200 m; in der
Sierra Nevada (Nord=Amerika) bis 3200 m. Kalk=
liebend.

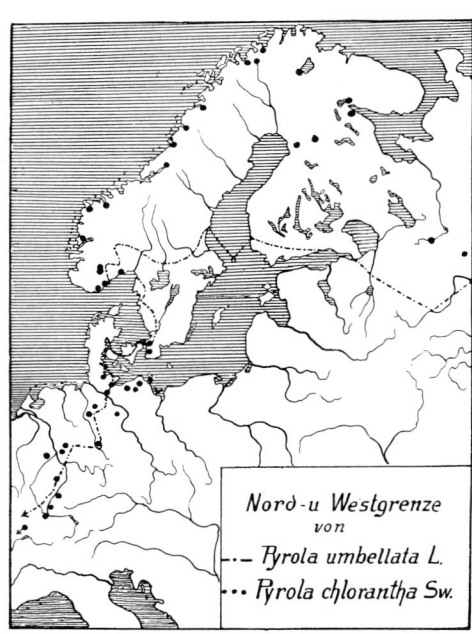

Fig. 2611. Nord- und Westgrenze von Chimaphila umbellata (L.) DC. und Pirola chlorantha Sw. in Mittel- und Nordeuropa (z. T. nach R. Sterner; gez. von H. Beger).

In Deutschland zerstreut und mit einer Nord=
westgrenze vom Sundgau—Baden—Kaiserslautern—Mainz—
Eifel—Hessen=Nassau — Göttingen — Deister — Celle—Wolmir=
stedt — Lauenburg — Geesthacht — Reinbeck (?) — Lübeck —
Ludwigslust—Plau—Krakow—Güstrow—Rügen endigend. In
Bayern im Bodenseegebiet im Bösenreutiner Tobel, zwischen
Hege und Hegnau, auf der oberen Hochebene bei Eisenberg,
Ottobeuern, Kaufbeuren, Schwaige Wall, Grosshesselohe,
Wolfratshausen, Waging, zwischen Neureut und Hadermarkt
ob Burghausen, auf der unteren Hochebene bei Scheyern, im
Unterhausener Forst bei Neuburg a. D., Landshut, Griesbach,
im Bayerischen Wald am Hohen Bogen, Kaitersberg, zwischen
Eddenstetten und Rindberg, am Arber, Althütte bei Zwiesel,
zwischen Spiegelau und den Waldhäusern, im Oberpfälzer=
wald bei Tiefenbach und Charlottental bei Waldmünchen, Neu=
stadt a. W.=N., im Frankenwalde an der Denkerleite bei Stadt=
steinach, im Jura= und Keupergebiet ziemlich verbreitet, auf
Muschelkalk bei Höchberg, Dürrbach, Kulmbach, Döhlau bei
Bayreuth, auf Buntsandstein bei Obernburg, Aschaffenburg und Kulmbach, in der Rhön bei Fuchsstadt und Unter=
eschenbach; in Württemberg im Unterland bei Bergbronn, Geislingen, Mainhardt, Eichelberg, Stuttgart, Frommen=
hausen, Nagold, Schönbronn, in der Alb bei Tuttlingen, Blaubeuren, im Hochstrasswald, Pappelau, Eybach, im
Oberland im Laurental, im Höllwald, bei Zussdorf, Horgenzell, Gerbertshaus bei Hirschlatt, Hiltensweiler, Isny
und Bolsternang; in Baden am Bodensee, in der Rheinebene und in Nordbaden zerstreut, im Jura bei Rändli,
Villingen, Diggingen bis Hüfingen, Schellenberg, Stühlingen, im Schwarzwald bei Bonndorf, am Titisee (?); im
Elsass bei Pfirt und Sondersdorf; in der Pfalz bei Schifferstadt, Dudenhofen bei Speyer, Kaiserslautern, Elm=
stein, Lambrecht, Forsthaus Taubensuhl, Wachenheim und Dürkheim; in Hessen stellenweise verbreitet, mehr=

fach auch im Mainzer Becken (z. B. am Leniaberg, zwischen Algesheim und Ingelheim), im Mombacher Stadtwald, im Mayener Stadtwald (in der Eifel), Montabaurer Höhe bei Hillscheid im Westerwald; in Westfalen fehlend, in Hannover im Regierungsbezirk Hannover nur im Deister bei Springe, im Regierungsbezirk Hildesheim zerstreut, im Regierungsbezirk Lüneburg im Neustädter Holz bei Celle und am Schuttberg bei Wustrow (bei Harburg fehlend), in Holstein mit Sicherheit nur bei Wesloe und Schwartau, früher auch bei Travetannen; im Harz und im Nordostdeutschen Flachland sehr zerstreut, in West- und Ostpreussen häufig, aber streckenweise, z. B. auf tonigen bezw. lehmigen Boden ganz fehlend, im Kreise Pillau nur bei Schonellen; in Posen, Thüringen und Sachsen sehr zerstreut, in Schlesien häufiger. — In Oesterreich in Böhmen und Mähren zerstreut, in Schlesien bei Weidenau und Teschen; im Vorarlberg nicht häufig, in Tirol zerstreut, aber für das Lech- und Loisachgebiet, das Unterinntal, Kitzbühel und das Fassa, Fleims und Primör nicht angegeben, im Oberinntal fehlend; in Salzburg z. B. bei Faistenau, Hintersee, im Höllengebirge, am Attersee, im Abtenauer Gebirge usw.; in Oberösterreich zerstreut bei Linz, im Lambacherforst, um Steyr, Attersee, Pfennigberg, Lichtenberg usw.; in Niederösterreich auf Kalk häufig, seltener auf Schiefer, so im oberen Donautal von Zöbing bis Melk, auf dem Jauerling, bei Langenlois, Dreieichen, Raabs, bei Gross-Russbach, Wolkersdorf, St. Pölten, Weidlingbach, Buchberg, im Leitha- und Rosaliengebirge, in der Weikersdorfer Remise im Marchfeld; in Steiermark ziemlich zerstreut, aber um Judenburg häufig und um Graz verbreitet; in Kärnten zerstreut bei Sattnitz, St. Paul, an der Goding, Flatnitz, Tiffen, Obervellach, Stein im Oberdrautal, Weissbriach, im Kanaltal, bei Deutsch-Bleiberg, Rosegg, Eberndorf am Kolben; in Krain. — In der Schweiz zerstreut. In Graubünden fast ausschliesslich in den zentralalpinen Föhrentälern (besonders im Churer Rheintal, Domleschg, Albulagebiet und im Unterengadin), im Wallis bei Chauményy, zwischen dem Col de Balme und La Petoude, bei Vende, bei Sallanches, Verossaz, Arolla, Finges, Zermatt, Saas, Simplon, über dem Schatzturm im Binntal.

Allgemeine Verbreitung: Europa: westlich von Mittelspanien bis Mittelfrankreich, zum französischen Jura, zum Sundgau, der badischen Rheinebene, Pfalz und Eifel, durch Norddeutschland (s. o.) bis Lübeck, Seeland, Fennoskandinavien bis zum Reisendal (69° 20' nördl. Breite), Enare-Land und Keret-Karelien, südlich von Süd- und Mittel-Spanien bis zu den Pyrenäen, Korsika, Mittel-Italien, Thessalien, Russland (bis zum Steppengebiete); Kleinasien, Kaukasusgebiet, Bithynien, Paphlagonien, Sibirien (Krasnojarsk, Nertschinsk); Nordamerika.

Die Art ändert kaum ab. Beschrieben wurden die beiden monströsen Formen: f. composita H. Andr. Blütenstiel mit 3- bis 5-blütigem Seitentrieb. — f. dichotoma H. Andr. Blütenstiel zweiteilig, etwa bis zur Mitte verwachsen. Weitere teratologische Formen s. u.

Fig. 2612. Pirola chlorantha Sw., Kiefernwald b. Hohenstein Ostpr. Phot. Georg Eberle, Wetzlar.

Pirola chlorantha gehört dem zentraleuropäisch-sarmatischen Elemente an. Ihr Verbreitungsgebiet fällt mit dem von Pinus silvestris ± zusammen, für deren Wälder sie in den meisten Gebieten eine ausgezeichnete Charakterart darstellt. Selten findet sie sich in Fichten- und anderen Koniferenwäldern oder in Laubholz- oder in anderen Pflanzengesellschaften und tritt dort zumeist auch nur sehr spärlich auf. Als ihre bezeichnendsten Begleiter sind dort zu nennen Goodyera repens, Pirola secunda und P. uniflora, Monotropa Hypopitys, Melampyrum pratense var. chrysanthum und Galium rotundifolium. Im östlichen Deutschland ist sie unter Kiefern, bisweilen auch auf trockenem Heideboden zusammen mit Gypsophila fastigiata (Bd. III, pag. 313) oder Dianthus arenarius (Bd. III, pag. 341) anzutreffen. Im unteren Wallis besiedelt sie die heissen Pineten der Talhänge mit Carex humilis, Lychnis coronaria und L. flos Iovis, Ononis rotundifolia, Scutellaria alpina und anderen thermophilen Arten, in Liechtenstein (Schaan) die Erica-Formation. In den aus Erlen, Weiden, Berberis usw. bestehenden Laubgebüschen der ostpreussischen Dünentäler erscheint sie mit Stellaria

Holostea (Bd. III, pag. 355). In Nordamerika steigt sie als Begleiterin der P. uniflora in den Gebirgen von San Franzisco bis 3200 m. In der Arirondack Area begleitet sie den Tsuga=Fagus=Wald mit Rubus odorata, in dem Sand Hill Territorium den Pinus ponderosa=Wald mit Juniperus Virginiana, Pirola secunda und Pterospora andromedea, in Arizona zusammen mit Pirola uniflora den subalpinen Picea Engelmannii=Pinus aristata Wald. In Mitteleuropa besitzt die Art thermophilen Charakter. — Auffallend ist ihr Vegetationszyklus. Die den im folgenden Sommer zur Blüte kommenden Stengel umschliessende Endknospe, die in der Regel die Laubblattrosette abschliesst, bisweilen aber auch aus den Achseln der Laubblätter oder sogar aus denen der tiefer stehenden Niederblätter hervorgehen kann, wird schon frühzeitig im Jahre angelegt und treibt bereits im August bis zu einer Höhe von 9 bis 13 mm aus. Da aus diesem Grunde die Blüten den nur geringen Schutz ihrer locker aufliegenden Tragblätter besitzen, so gehen sie bei ungünstiger Witterung nicht selten vorzeitig zugrunde. Auch während der Blütezeit sind sie sehr empfindlich und deshalb wohl auch sehr kurzlebig. Sie sind proterogyn und entbehren des Nektars. Nach der Bestäubung — besuchende Insekten sind bisher nicht bekannt — fallen die Kronblätter bald ab, während der Kelch erhalten bleibt. Die Ausstreuung der Samen erfolgt nur bei trockenem Wetter, da sich die Kapselspalten bei feuchter Witterung schliessen. Die Vermehrung dürfte aber, wie bei allen Pirola=Arten, fast ausschliesslich durch Ausläufer geschehen, die zahlreich entwickelt werden und bis meterlang sein können. Es ergibt sich daraus einesteils das oft herdenweise Auftreten der Pflanze, anderseits die häufige Gleichalterigkeit der oberirdischen Vegetationsteile. Ein Keimpflänzchen von Pirola chlorantha glaubt P. Fürth gefunden zu haben. Die derben, tiefgrünen Laubblätter dürften eine Lebensdauer von 2, in seltenen Fällen auch 3 Jahren erreichen. Im Querschnitt zeigen sie folgenden Bau: Die Epidermis besteht aus polygonalen Zellen mit getüpfelten, dünnen, geraden oder (auf der Unterseite) gewellten Seitenwänden und verdickten und anscheinend quellungsfähigen Innenwänden. Eigenartig ist, dass in den Zellen ein plasmatischer Wandbeleg nicht nachweisbar ist und dass das Chlorophyll in einer Platte eingelagert ist, die parallel zur Blattfläche liegt. Diese Einlagerung erweckt den Eindruck, als würde sich ein Faden, auf welchem die kleinen, rundlichen Chlorophyllkörner aufgereiht wären, durch sämtliche Zellen ziehen. Schneidet man die Zellen dies= oder jenseits der Platte durch, so ist das gesamte Chlorophyll verschwunden. Eine Verschiebung der Plasmaplatte unter dem Einflusse des Lichtes erfolgt nicht. Spaltöffnungen treten, abgesehen von den auf der oberen Spreitenseite über den Blattzähnen liegenden Gruppen nur auf der Unterseite auf. Das Palisadengewebe ist einschichtig. Im Schwammparenchym finden sich Drusenkristalle. — Die Laubblätter werden als Herba Pirolae chloranthae wie diejenigen von P. minor als Wundmittel verwendet. In Thüringen wurde ein Exemplar mit bis etwa zur Hälfte verwachsenen Stengeln aufgefunden. Bisweilen bleiben die Laubblätter sehr klein oder sind auffallend asymmetrisch. Auch 3=teilige Laubblätter sind festgestellt worden.

**2135. Pirola média** Sw. (= P. convallariaeflóra Genty, = Erxlebénia rósea Opíz, = Amélia media Alef., = Thelaía media Alef.). Grosses Wintergrün. Fig. 2613 und 2605.

Ausdauernde, kahle Pflanze mit fast wagrecht im Boden liegendem, weitkriechendem, brüchigem Wurzelstock. Stengel bis 30 cm hoch, steif aufrecht, kräftig, mit zahlreichen, grünen Schuppenblättern. Laubblätter überwinternd, grundständig, rundlich=eiförmig bis fast kreisförmig, bis 5 cm lang und fast ebenso breit, an der Spitze abgerundet oder leicht zugespitzt, gegen den Grund kurz in den etwa gleichlangen, etwas geflügelten, roten Stiel zusammengezogen, am Rande kaum gekerbt, lederig, oberseits dunkelgrün, unterseits bleicher. Blüten in lockeren, 3= bis 15=blütigen, allseitswendigen, endständigen Trauben, mit ± schmal=lanzettlichen, schuppenartigen Tragblättern und überhängenden Blütenstielen, fast kugelig, weiss, selten rötlich. Kelchblätter 3=eckig=lanzettlich, an der Spitze abstehend, annähernd halb so lang wie die Kronblätter. Letztere breit=verkehrt=eiförmig, 6 bis 8 mm lang, stark gewölbt und zusammenneigend. Staubblätter gleichmässig um den Fruchtknoten angeordnet, im unteren Teile etwas verbreitert; Staubbeutel mit sehr kurzen Hörnchen mit schrägen, engen Poren. Griffel gerade, dick, schief aufsitzend, nach oben verdickt, die Kronblätter überragend; Narbe 5=knotig=strahlig, der tellerartigen Griffelverdickung aufsitzend. Kapsel kugelig, 5 bis 7 mm lang, zuletzt etwas kürzer als der Griffel, vom Grunde her aufreissend, an den Rändern der Spalten mit Fasern. — VI bis VIII.

Meist einzeln und sehr zerstreut in moosigen Wäldern (besonders Nadelwäldern), seltener in Gebüschen (doch gern in Krummholz), an beschatteten Moorrändern, auf Heide=,

Berg- und Waldwiesen. Von der Ebene (selten) bis in die subalpine (im Kaukasus bis in die alpine) Stufe: in den Bayerischen Alpen bis 2000 m, in den Rheinischen Gebirgen von 400 m aufwärts, in Salzburg bis 1600 m, in Tirol bis 1985 m, im Berninagebiete und am Scopi bis 2200 m, im Wallis bis 2000 m, im Tessin bis 1500 m, in der Tatra zwischen 1800 und 1900 m, in Mazedonien am Schairlei Dagh bis 2300 m, im Kaukasus bis 2825 m.

In Deutschland meist sehr zerstreut (wahrscheinlich z. T. nur verkannt!), westwärts eine von den Allgäuer Alpen und dem Bayerischen Mittelstock kommende über Wolfratshausen, München, Weltenburg, Amberg, Weismain, die Rhön, das Hessische Bergland, Lüdenscheid in Westfalen, den Harz, den Böllerich bei Treuenbritzen, Golssen, Müllrose, Kyritz, Swinemünde und Goora auf Rügen gehende Grenzlinie nur vereinzelt überschreitend, so im Elsass (Sulzmatt, Brumat), in Lothringen (Dommartemont), in der Pfalz (Kaiserslautern, vielleicht verschwunden), im linksrheinischen Rheinland (in der Eifel und im Ahrtal, für den Hochwald [Morbach] fraglich) und im Regierungsbezirk Osnabrück (Meppen a. d. Ems) [absolute Westgrenze]; in Bayern in den Allgäuer Alpen am Söllereck, Schlappolt, Untermädelealpe, Stuibenfall, Linkersalpe, Seekopf, Hölle, im Mittelstock bei Ellmau, Karwendelspitze, Heimgarten, Hirschtalalp, bei Kreuth, Enterrottach, auf der Hochebene bei Augsburg, Dillingen, Wolfratshausen, Grosshesselohe, im Schwarzhölzl bei München, zwischen Bannacker und Strassberg, Deuringen, Moosreis, Synsburg, im Vilstal; im Bayerischen Wald bei Mittelberg unweit Regensburg, Dreitannenriegel, im Oberpfälzer Wald im Schwarzachtal bei Hocha, Herzogau, im Jura bei Weltenburg, Regensburg, Weismain, Plech, Amberg, zwischen Adlitz und Hetzles, Lichtenfels, in der Rhön bei Kreuzberg, in den rheinisch-hessisch-westfälischen Gebirgen, im Siebengebirge hinter der Wolkenburg, im Lahngebiet, im Sauerlande mehrfach, am Meissner, an der Hörnekuppe, bei Allendorf, am Hirschberg, Vogelberg, an der Schnappe, am Astenberg, im Wittensteinischen mehrfach usw., im Harz bei Neustadt, Duderstadt, Andreasberg usw., in Thüringen bei Suhl an der Hohen Eller und am Ringberg, bei Grub, am Inselberg, Arnstadt, Kranichfeld, im Hainich usw., am Huy bei Halberstadt, Hoppelnberg; im Nordostdeutschen Flachland sehr zerstreut, doch ostwärts zunehmend und in West- und Ostpreussen häufig, dagegen in Posen ganz fehlend, in Schlesien nur in den Sudeten und deren Vorland (Marklissa, Friedeberg, Jauer, Bolkenhain, Hirschberg, Landeshut, Schmiedeberg, Riesengebirge [mehrfach], Charlottenbrunn, Zobten, Friedland, Eulengebirge, Cudova, Landeck, Proskau); in Sachsen nur im Lausitzer Gebirge an der Lauscha. — In Oesterreich in Böhmen im Erz- und Riesengebirge (noch am Alten Bergwerk im Riesengrund); in Schlesien z. B. bei Freiwaldau, Weidenau, im Grossen Kessel, bei Teschen, Bielitz und Ustron; in Mähren bei Namiest (?), Mährisch-

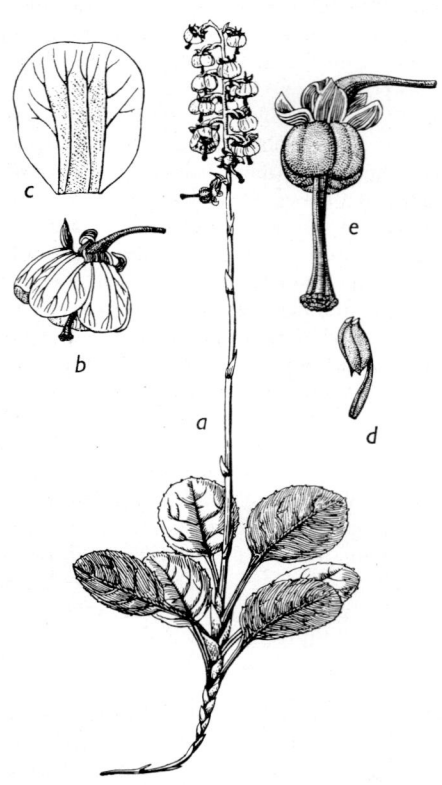

Fig. 2613. Pirola media Sw. *a* Habitus. *b* Blüte. *c* Kronblatt. *d* Staubblatt. *e* Junge Frucht.

Trübau, Brünn, Kunstadt, Oels, Prossnitz, Mährisch-Schönberg, Goldenstein; im Vorarlberg häufig (so an der Saminamündung bei Frastanz), in Liechtenstein ob Schaan, bei Planken; in Tirol häufiger in der Innsbrucker, Bozener und Meraner Umgebung, im Unterinntal bei Brandenberg und Voldöppberg, im oberen Eisacktal bei Spiluck und Schalders, im Pustertal namentlich im Ampezzotal, im Glocknergebiet, bei Sexten, im Tonale bei Castell Cles, in Judikarien im Val Vestino, mehrfach um Trient, bei Folgaria, Serrada, Vallarsa, zwischen Fassa und Campitello; in Salzburg im Schüttale bei Lofer und bei Taxenbach; in Oberösterreich bei Linz, auf der Welser Heide, um Steyr, im Stodergebiet; in Niederösterreich am Feuchtenberg bei Reichenau, beim Bürschhofe auf dem Gans, auf dem Sonnwendstein, im oberen Lainsitztale; in Steiermark sehr zerstreut bei Aussee, Admont, im Flitzengraben bei Gaishorn, Wildalpen, Turrach, Judenburg, Murdorf, Guttenberg, Graz, Söchau, Fürstenfeld, Gross-Florian, Stainz, Hausambacher und Schleinitz, am Wotsch, bei Sulzbach; in Kärnten bei Sattnitz, Rabensteiner Berg, St. Paul, Malnitz, Seisera, Luschariberg, Römertal und Pass bei Tarvis; in Krain fehlend. — In der Schweiz in der Waadt (Chasseron, Aiguilles de Baulmes, Mont d'Or, Mont Tendre, Forêt de Chassagne), im Wallis (Zermatt, Bérisal, Simplon, Oberwald, Barbarine), Tessin (nur strichweise), Neuenburg (Creux du Van), Freiburg, Bern (Meiringen, Oeschinensee, früher bei Schüpfen, an der Bütschelegg und auf dem alten Kandergrien bei Thun, (1839), in den Urkantonen (mehrfach), für den Aargau fraglich, im Kanton Zürich z. B. an der Hohen

Rone im Oberland), im Thurgau, in den Kantonen Appenzell und St. Gallen (Amdener Höhe, Marbach, Berneck, Speicher, Teufen, Hundwiler Höhe), im Kanton Glarus und zerstreut im Kanton Graubünden (nördlich bis Fanas).

Allgemeine Verbreitung: Mittel= und Nord=Europa: nördlich bis Island, bis Nord=Irland, bis zu den Fär=Oer, Schottland, Nord=Jütland, Fennoskandinavien (häufig, nördlich bis Sörö 70° 41′ nördliche Breite, im westlichen Finnland nur bei Satakunta), Westerbotten, Keret=Karelien, Imandraland, Olonetz, Wologda und Perm; westlich von den französischen Westalpen bis zum Jura (vom Département Ain an), bis West= und Nord=Deutschland (s. o.). Jütland, Schottland, Irland; in Süd=Europa nur am Col di Tenda (Seealpen) und Monte Gottero im Toskanischen Apennin (in den Pyrenäen und Spanien ganz fehlend), Sardinien, Montenegro, Mazedonien; ostwärts bis Taurien und bis zum Ural (fehlt aber dem russischen Steppengebiete); Sibirien (Flussgebiet des Jenissei); fehlt in Japan, sowie auf Grönland.

Pirola media ist ein europäisch=nordasiatisches Element, dringt aber kaum in das mediterrane Florengebiet ein. Die Art wird häufig mit Pirola minor und P. rotundifolia verwechselt, ist aber durch die langen, schmalen Kelchblätter, die grossen, glockigen, fast kugeligen Blumen und den langen, dicken Griffel mit der von einem schmalen Ringe der Narbenscheibe umsäumten Narbe gut kenntlich. Bisweilen ist die Art auch als Bastard der beiden genannten Arten erklärt worden; doch hat sich diese Auffassung nicht aufrecht erhalten lassen, da der Bastard andere Merkmale als P. media aufweist. Die verwandtschaftlichen Beziehungen der Pflanze deuten vielmehr auf einen engen Anschluss an die in Yünnan heimische P. soróría H. Andr., die ursprünglichere Merkmale aufweist, sowie an 2 weitere Arten auf Sachalin, bezw. Japan und 1 Art in Nord=amerika (Washington). Die sprunghafte Verteilung der Fundorte innerhalb des Areals lassen nach Andres die Pflanze vielfach in Mittel= und Südeuropa als Glazialrelikt erscheinen (vgl. Andres, H., in Verhandlungen des Botanischen Vereins der Provinz Brandenburg, 1912). Sie besitzt im allgemeinen montanen Charakter und tritt z. B. im Rheinlande nur in Höhenlagen über 400 m auf. Auch für das norddeutsche Flachland wird sie von W. Wangerin wie Carex montana, Lilium Martagon, Trollius Europaeus, Actaea spicata, Ribes alpinum, Rosa glauca, Vicia silvatica, Digitalis ambigua, Myosotis silvatica usw. zu den montanen Einstrahlungen gezählt. Meist erscheint sie vereinzelt oder in kleinen Gruppen und zeigt eine ± ausgesprochene Vorliebe für Nadelwälder, besonders solche der Kiefern, wo sie gern (häufig in Gesellschaft von P. minor) in Moos=polstern wächst. In einem von Laubgehölzen als Unterwuchs begleiteten, feuchten Kiefernhochwald in den Dünen bei Wordel im Kreise Danziger Niederung steht sie nach P. Graebner zusammen mit Lycopodium annotinum, Aspidium Filix mas, Pteridium aquilinum, Calamagrostis arundinacea, Silene Tatarica, Empetrum nigrum, Viola canina, Heracleum Sibiricum, Pirola secunda, P. minor, P. rotundifolia und P. chlorantha, Chimaphila umbellata, Melampyrum pratense, Veronica Chamaedrys, Antennaria dioeca, Hieracium Pilosella usw. Seltener findet sie sich zerstreut in echten Calluna=Heiden. In bergigen Lagen der Alpen hält sie sich vorwiegend in Mischwäldern oder in etwas feuchten Fichtenwäldern mit Geranium silvaticum, Salvia glutinosa, Sanicula Europaea, Centaurea montana, Aposeris foetida, Valeriana montana auf. — Die homogamen Blüten entwickeln einen angenehmen Duft, werden aber gleichwohl kaum (wenigstens in Mitteleuropa) von Insekten aufgesucht. F. Silén beobachtete in Finnland zwei Käfer. Nach A. Kerner ist Selbstbestäubung dadurch möglich, dass sich der Griffel soweit nach unten krümmt, dass er den aus den Staubbeutel auf den Grund der Kronblätter gefallenen Pollen berührt. Die Laubblätter zeigen nach W. Rommel keine Trennung von Palisaden= und Schwammparenchym, sondern ein gleichmässiges, aus nur kleine Interzellularräume zwischen sich lassenden Zellen bestehendes Mesophyll. Die äusseren Zellschichten sind dabei sehr reich an Chlorophyll. Bildungsabweichungen sind selten und beziehen sich auf Unregelmässigkeiten (Vermehrung oder Verminderung) in der Zahl einzelner Blütenkreise.

**2136. Pirola rotundifólia** (L.) Fernald (= Thelaia rotundifolia Alef.)[1]). Rundblättriges Wintergrün. Taf. 205, Fig. 3; Fig. 2614 und 2615.

Nach der Blütezeit heisst die Pflanze (und verwandte Arten) kleine Maiblume (Anhalt), Mai=glöckchen (Ostfriesische Inseln), Wildes Maierisli (Thurgau); vgl. auch Convallaria maialis, Bd. II pag. 274. Zu Waldhaselrausch (Kärnten) vgl. Asarum Europaeum (Bd. III pag. 160), dem diese Pirola=Art einiger=massen in der Gestalt der Blätter gleicht. Immergrea (Schwäbische Alb) geht auf die immergrünen Blätter.

Ausdauernde, kahle Pflanze mit kriechendem, ästigem, brüchigem Wurzelstock. Stengel 6 bis 40 cm hoch, aus niederliegendem Grunde aufsteigend, unterwärts bisweilen verästelt und

---

[1]) Bei Bock heisst die Pflanze Limónium sylvéstre, bei H. Harder Beta sylvestris, bei Clusius Pýrola vulgátior, im Hortus Eystettensis Pyrola Breiter Wald=Mangold, bei Vitus Auslasser (1479) Simbel (= rund) wintergruen der gross.

samt den Aesten mit länglich= oder eiförmig=lanzettlichen Schuppenblättern besetzt, 3=eckig, mit leistenartigen Kanten, leicht spiralig gedreht. Laubblätter grundständig, winter= bis immer=grün[1]), breit=eiförmig bis kreisrund, bis 6 cm lang und 4,5 cm breit, an der Spitze stumpf, am Grunde kurz in den meist längeren (bis 8 cm), oben rinnigen Blattstiel zusammengezogen, am Rande seicht gekerbt=gesägt, lederig=derb, mattglänzend, oberseits dunkelgrün, unterseits bleicher. Blüten in lockerer, meist 8= bis 15= (30=)blütiger, endständiger, allseitwendiger Traube, mit lineal=lanzettlichen, schuppenartigen Tragblättern und kurzbogigen, bis 16 mm langen Blütenstielen, etwa 14 bis 20 mm im Durchmesser, weitglockig, weiss bis schwach rosenrot. Kelchblätter länglich=lanzettlich, zugespitzt, 2= bis 3=mal länger als breit, halb so lang wie die Kronblätter, an der Spitze abstehend, grün bis tiefrot. Kronblätter breit=verkehrt=eiförmig, etwa 6 mm lang. Staubblätter etwas aufwärts gebogen, am Grunde verbreitert; Staubbeutel mit kurzen Hörnchen und 2 schrägen, kleinen etwas nach aussen und oben ge=bogenen Poren. Griffel am Grunde herabgebogen, gegen die Spitze etwas verdickt und wieder aufwärts gekrümmt, die Kronblätter überragend; Narbe ohne Narbenscheibe. Kapsel abgeplattet=kugelig, von dem erhalten bleibenden Griffelgrunde etwas stachel=spitzig. — (VI) VII bis X.

Meist in kleinen Gruppen, seltener herden=weise, auf etwas humosen Böden in vorwiegend schat=tigen Laub= und Laubmisch=wäldern, Nadelwäldern, in Legföhren=, Alpenrosen= und anderen Gebüschen (z. B. massenhaft in den Salix=Hippophaë=Gebüschen der Nordseeinseln), seltener (aber

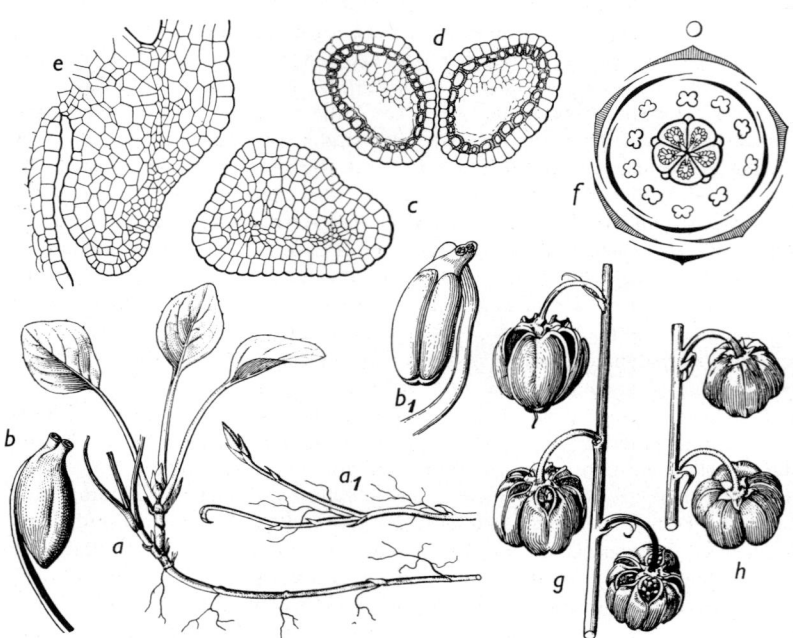

Fig. 2614. Pirola rotundifolia L. *a, a₁* Wurzelläufer. *b, b₁* Staubblätter. *c* Querschnitt durch einen geschlossenen Staubbeutel. *d* Querschnitt durch die Austrittsöffnung eines sich öffnenden Staubbeutels. *e* Desgl.=im Längsschnitt. *f* Blüten-Diagramm. — P. chlorantha Sw. *g* Fruchtstand bei trockenem Wetter, *h* desgl. bei feuchtem Wetter (Fig. *a₁* nach E. Warming, *b, g* und *h* nach A. Kerner, *c, d* und *e* nach A. Artopoeus).

besonders in Norddeutschland) an Moorrändern, in Brüchen, Sümpfen, in den Alpen auch auf steinigen Weiden. Von der Ebene bis in die subalpine Stufe: im Bayerischen Wald bis 780 m, in den Bayerischen Alpen bis 1690 m, in Tirol bis 2187 m, in Steiermark bis 1600 m, in Kärnten bis 2100 m, in Friaul bis 1650 m, im Puschlav bis 2200 m, im Berninagebiet bis 2200 m; in Torne Lappmark bis 690 m, im Kaukasus bis über 2000 m, in Mexiko bis 3300 m. Bodenvag, doch gern auf Kalk.

In Deutschland meist zerstreut, stellenweise aber verbreitet, bisweilen auch selten oder ganz fehlend, letzteres z. B. in Bayern im Bodenseegebiete und auf der unteren Hochebene; im Oberpfälzer Wald nur bei Mähring, im Frankenwald nur an der Radspitze; in Württemberg verbreitet; in Baden zerstreut; auf Vogesensandstein im Unterelsass selten, sonst in Elsass=Lothringen zerstreut; im Rheinland häufig, doch gegen den Niederrhein seltener werdend; in Westfalen westlich der Linie Osnabrück=Münster nur bei Coesfeld, nach

---

[1]) Nach Engel überwintern die Laubblätter in der Göttinger Gegend in der Regel 1=, mitunter aber auch 2=mal. In Grönland bleiben sie bis 4 Jahre lebensfähig.

Süden und Osten häufiger, aber z. B. in den Kreisen Bochum und Altena, sowie bei Siegen fehlend; im südlicheren Hannover meist häufig; in Thüringen und Sachsen zerstreut bis häufig; in Schlesien häufig; in der Nordwestdeutschen Tiefebene ziemlich selten, im festländischen Ostfriesland ganz fehlend, auf den Nordseeinseln dagegen massenhaft (wenigstens früher); in Schleswig-Holstein mit Sicherheit nur bei Göttin, Langenlehsten, Besenhorst, Ladenbeck, Klein-Wesenberg, Wesloe, Oldenburger Bruch, Weinberg (früher), Heidbrook zwischen Oldenburg und Putlos, Plön, Flintbeker und Meimersdorfer Moor, Neuberend, Soller Seen, auf Röm und Föhr (Utersum); im Nordostdeutschen Flachland sehr zerstreut, in West- und Ostpreussen häufig. — In Oesterreich in Böhmen zerstreut, in Mähren und in den Alpentälern meist häufig, doch anscheinend auf Urgesteinböden fehlend; in Steiermark in den nördlichen Kalkalpen und in den Sanntaler Alpen häufig, in den Zentralalpen selten; in Kärnten zerstreut, nur um Raibl häufig; in Krain nicht selten. — In der Schweiz verbreitet.

Allgemeine Verbreitung: In der für Mitteleuropa einzig in Betracht kommenden subsp. rotundifolia (L.) H. Andr. in ganz Europa, nördlich bis Island, Schottland, Nordskandinavien (in Norwegen bis Magerö 71⁰ 7′ nördl. Breite) und Nordrussland, südlich bis Nordspanien, Toskana, bis zu den mittleren Balkangebirgen (dem eigentlichen Mittelmeergebiete fehlend), Südwestrussland, Kursk, Woronesch, Don, Saratow und Orenburg; Vorder- und Nordasien bis Transbaikalien und bis zum Altai; im arktischen Nordamerika bis zum nördlichsten Kanada, in der var. incarnata (Fisch.) DC. auch in den Japanischen Gebirgen, ferner in der subsp. Dahurica Andr. in Dahurien und im Amurgebiete, in der subsp. Tibetana Andr. in Tibet, in der subsp. Indica (Clarke) Andr. in Indien (bis 5500 m), in der subsp. Chinensis Andr. in Indien und China.

Pirola rotundifolia (L.) Fern., ist eine sehr vielgestaltige Art, deren Gliederung viel Schwierigkeiten bereitet und nach H. Andres (Oesterreichische Botanische Zeitschrift, 1913) noch nicht als abgeschlossen betrachtet werden kann. Es werden z. Z. 6 Unterarten unterschieden, von denen in Europa nur die subsp. rotundifólia (L.) H. Andr. auftritt. Diese zeigt im Gebiete folgende bemerkenswerte Formen: var. ovalifólia Beck. Alle Laubblätter eiförmig oder elliptisch, in den Stiel verschmälert; letzterer so lang oder länger als die Spreite. So bisher nur im Engadin im Heutal (2200 m)[1]. — var. microphýlla Genty. Alle Laubblätter klein, elliptisch. Im Rheinland in Waldungen nahe dem Gerolsteiner Bruche. — var. arenária Koch. Pflanze nur 6 bis 15 cm hoch. Laubblätter rundlich-eiförmig, oft etwas zugespitzt, blassgrün. Blütenstand 5- bis 6-blütig, nach Andres geruchlos (?). Kelchblätter schmäler und stumpfer. Griffel die Staubbeutel kaum überragend. So namentlich in den Dünentälern der ostfriesischen Inseln („Maiblume" der Badegäste), aber auch in Hochtälern der Schweiz (z. B. im Unterengadin und in den südlichen Seitentälern des Wallis). Uebergangsformen zum Typus kommen vor. Wahrscheinlich nur ein ökologische (saisondimorphe) Form dieser Varietät ist f. serótina Melic. (= var. serótina P. Junge). Laubblätter spitz. Traube reichblütiger. — (VI) VII bis IX. Auf Mooren. So bei Lauenburg, Oldenburg, Lübeck, Kiel, Mecklenburg; ausserdem in Nordfrankreich und Südengland. — var. orthóstyla Rchb. Blüten grösser, weiss. Kronblätter zurückgeschlagen, bis 9 mm breit. Griffel gerade. So z. B. im Rheinland bei Mückenberg unweit Salm. — Hie und da erscheinende Wuchsformen geringen systematischen Wertes dürften darstellen: f. comósa H. Andr. Blütenstand schopfig. Tragblätter sehr lang und krautig, länger als die Blütenstiele. So z. B. im Rheinland bei Hetzdorf, im Eurener Wald bei Trier und in der Mark bei Driesen. — f. pulchélla H. Andr. Pflanze bis 13 cm hoch. Blattrosette klein. Blütenschaft vom Grunde an mit lanzettlichen, bis 3 mm breiten, häutigen, zugespitzten Tragblättern und arm- und kleinblütiger Traube. Grosshesselohe unweit München. — Monströse Formen sind f. compósita Beck. Traube mit Seitenast. — f. pyramidális H. Andr. Blütenschaft 35 cm hoch. Traube vielästig und vielblütig; Aeste schräg aufrecht, pyramidenförmig. In Vorarlberg im Brandnertal und am Fusse des Kirchlekars bei Mittenwald auf Tiroler Gebiet. — Die „var. asarifólia (Michx.) Beck"[2]) ist eine gelegentlich auftretende Abweichung mit nierenförmigen Laubblättern (f. basi renifórmis Andr.).

Pirola rotundifolia subsp. rotundifolia, die häufigste der mitteleuropäischen Arten dieser Gattung, ist ein zirkumpolares und boreales Element, während die übrigen 5 Unterarten lokale Verbreitung in Asien

---

[1]) Angabe nach den Berichten der Schweizerischen Botanischen Gesellschaft, 1913. H. Andres (Oesterreichische Botanische Zeitschrift, 1913) gibt, wohl mit dem angeführten Standort übereinstimmend, den Piz Alv und die Höhe zwischen 2300 und 2400 m an.

[2]) Der Name ist an und für sich nomenklatorisch nicht haltbar. O. asarifolia Michx. ist eine nordamerikanische, der P. rotundifolia nahestehende, aber spezifisch selbständige Art, deren Verbreitungsgebiet an das der P. rotundifolia anschliesst.

und Nordamerika aufweisen. Eigenartig ist das Auftreten ihrer von Ostrussland ostwärts sich erstreckenden fleisch- bis nelkenroten Varietät incarnáta (Fisch.) DC. in den höheren Lagen von Japan, wo der Typus ganz fehlt und durch die nahverwandte P. Japónica Siebold ersetzt ist. Die Art ist ein fast halbstrauchiger Hemikryptophyt, der mit langen Ausläufern den Boden durchspinnt und dadurch zur Bildung von lockeren Herden Veranlassung gibt. Sie ist ökologisch sehr anpassungsfähig und in Laub- und Nadelwäldern, Gebüschen, Heiden, Torfmooren usw. anzutreffen. In grossen Mengen findet sich die erst Anfang August erblühende var. arenaria in den Dünentälern der Ostfriesischen Inseln in dichten Hippophaë rhamnoides-Salix repens-Gebüschen, wo ihr (als „Maiglöckchen") aber zu Verkaufszwecken stark nachgestellt wird, so dass sie dort an Häufigkeit schon erheblich nachgelassen hat. Ein ähnliches Massenauftreten beobachtete Christoph bei Bayerischzell auf einer spärlich mit Weiden- und Fichtenstämmchen bewachsenen Steinlawine, wo viele Hunderte von Exemplaren zusammenstanden. In der Regel tritt Pirola rotundifolia aber in kleineren Gruppen auf. In rheinischen Kiefern-

Fig. 2615. Pirola rotundifolia L., Birkenhain a. d. Angerapp b. Angerburg.
Phot. Georg Eberle, Wetzlar.

wäldern können ihre Begleiter Carex vulgaris, Orchis maculata, Potentilla erecta, Viola Riviniana, Asperula odorata, Pirola minor und P. uniflora sein. In Eichenwäldern der Eifel steht sie nach Andres zusammen mit Carex hirta, Ophrys apifera und O. muscifera, Astragalus glycyphyllos, Euphorbia Cyparissias. In Fichtenwäldern ist sie mit Anemone Hepatica, Paris quadrifolia, Neottia Nidus avis, Fragaria vesca, Epilobium montanum, Vaccinien, Knautia silvatica, Hieracium murorum usw. anzutreffen. Auch in den Arven-Lärchenwäldern der Alpen fehlt sie selten. Im Legföhrengebüsch wächst sie mit Rhododendron hirsutum, Sorbus Chamaemespilus, Betula Carpatica, Calamagrostis villosa, Sesleria caerulea, Gymnadenia odoratissima, Helleborine atropurpurea, Alchemilla Hoppeana, Biscutella levigata, Helianthemum alpestre, Pirola minor, Galium pumilum, Carduus defloratus. In nordischen Zwergstrauchheiden wird sie von Warming gemeinsam

mit Cerastium alpinum, Silene acaulis, Papaver alpinum, Potentilla-Arten, Rhodiola rosea usw. angegeben. Auf Mooren traf sie H. Laus im Grossen Kessel im Hochgesenke mit Polytrichum- und Sphagnum-Moosen, Carex rigida, C. limosa, C. pauciflora und C. fusca, Molinia caerulea, Eriophorum angustifolium und E. vaginatum, Listera cordata, den 4 Vaccinien, Andromeda poliifolia und Empetrum nigrum an. Am Citlaltepetl in Mexiko, wo die Art bis 3300 m steigt, ist sie an ihrer oberen Grenze an baumartige Ericaceen-Bestände gebunden. — Die weissen, bisweilen zart-rosa überlaufenen Blüten sind nektarlos und schwach-süsssäuerlich duftend. Nach Warnstorf sind sie stark proterandrisch, nach anderen Angaben homogam. Nach Knuth weisen sie anfangs auf Fremdbestäubung, später auf Selbstbestäubung hin, indem während der Blütezeit allmählich eine Aenderung in der Wachstumsrichtung des Griffels eintritt, so dass das anfangs fast senkrecht nach unten gerichtete oder schwachbogig aufwärts gekrümmte, aber ausserhalb der Fallrichtung der Pollen stehende Griffelende sich später aufwärts krümmt und unter die Oeffnungen der Staubbeutel zu stehen kommt. Besucher sind trotz des angenehmen (an Maiglöckchen erinnernden) Duftes und der am Narbenkopfe abgeschiedenen klebrigen Flüssigkeit ausserordentlich selten. Knuth hebt hervor, dass er auf dem Meimersdorfer Moor bei Kiel, wo die Pflanze zusammen mit Parnassia palustris blüht, reichen Insektenbesuch bei der letzteren, aber keinen bei Pirola rotundifolia bemerken konnte. Auch Alfken auf Juist und Verhoeff auf Norderney beobachteten trotz mehrtägiger Beobachtung kein Anfliegen von Insekten. Dieselbe Feststellung machte Andres im Rheinlande. Hingegen bezeichnet sie N. Sylvén in Finnland und Lappland als Hummelblume. Auch Fliegen wurden dort als Bestäuber beobachtet. Dass aber auch in Mitteleuropa Insektenbesuch stattfinden muss, dürfte sich daraus ergeben, dass (namentlich auf den Nordseeinseln) Bastarde mit Pirola minor nicht allzu selten sind. Die Blütenweite beträgt nach Warming 14 bis 30 mm, in Dänemark und Schweden 14 bis 16 mm, auf Novaja Semlja 12 bis 20 mm. Die in norddeutschen Mooren wachsende var. serotina kommt selten zur Fruchtreife. Dieselbe Beobachtung hat Melicocque für eben diese Varietät in Nordfrankreich gemacht. Zur Verbreitung der Samen tragen ausser dem Winde nach J. Jeswiet in den Dünen auch die Feldmäuse bei und zwar dadurch, dass sie beim Frass die Fruchtstengel verschleppen. — Die Anlage der Rhizomzweige und des Wurzelsystems erfolgt reichlich in den Achseln der Niederblattschuppen. Die Wurzeln sind hellgelbbraun und verzweigen sich je nach den Bodenverhältnissen in bald längere, bald kürzere Nebenwurzeln, die bisweilen auf ganz kurze Strecken knöllchenartige Anschwellungen aufweisen. Letztere sind von O. Kramář (Studie über die Mykorrhiza von Pirola rotundifolia. Bulletin de l'Académie des Sciences de Bohême, 1899) als Saugwurzeln bezeichnet worden. Derartige Bildungen scheinen aber selten und nur unter bestimmten Verhältnissen aufzutreten, etwa dann, wenn das Rhizom auf ein verfaultes Holzstück trifft. Die Spitze des Ausläufers ist hakig eingekrümmt, bis sie den Boden durchbricht und zur Bildung einer ziemlich grossen Knospe gelangt. Aus dieser gehen 1 bis 3 Laubblätter hervor, während sich am Grunde einige dünne Schuppenblätter ausbilden. Die Lebensdauer der Laubblätter beträgt 2 bis 4 Jahre. Der Luftspross dürfte vielleicht noch länger am Leben erhalten bleiben, bis sein Wachstum durch den endständigen Blütenschaft abgeschlossen wird. — Die Laubblätter, die als Herba Pirolae rotundifoliae gleich denen von Chimaphila umbellata verwendbar sind, ausserdem im Volksgebrauch innerlich gegen Epilepsie und äusserlich bei Wunden benutzt werden, enthalten neben Arbutin Methylarbutin, Ericolin, Urson, Gallussäure, Zucker, Invertin, Emulsin usw. Bereits z. Zt. von Tabernaemontanus dienten sie als Mittel gegen Blutfluss, Rote Ruhr, Wund= und Kopfkrankheiten, schwärige Nieren. Sie besitzen nach W. Rommel unter der Kutikula von körniger Natur mässig vorgewölbte, dünnwandige Epidermiszellen, an die sich oberseits eine Lage kollenchymatischer Zellen anschliesst. Diese Schicht ist jedoch nicht einheitlich, sondern wird teilweise von Parenchymzellen mit kleinen Interzellularräumen unterbrochen. Das Schwammparenchym ist sehr locker und aus unregelmässigen Zellen zusammengesetzt. Spaltöffnungen finden sich in grosser Menge auf der Unterseite. Die mit Wein übergossenen, gehackten Blüten ergaben im Mittelalter den medizinisch verwendeten „Wintergrünwein".

**2137. Pirola uniflóra** L. (= Monéses[1]) uniflora Gray, = M. reticuláta Nutt.). Einblü=
tiges Wintergrün, Moosauge, Porzellanblümchen, Waldveilchen. Taf. 205, Fig. 1;
Fig. 2605 und Fig. 2616 bis 2619.

Durch Adventivknospen ausdauernde, kahle Pflanze mit fädlich=dünnem, vielfach ver=
ästeltem Wurzellager. Stengel 4 bis 15 cm lang, aufrecht, kantig, mit einer einzigen, selten mit 2 (Fig. 2616) oder ganz ausnahmsweise 3 Blüten abschliessend. Laubblätter meist grundständig, selten etwas heraufgerückt, immergrün, rundlich bis spatelig, etwa 1,4 cm lang, gegen die Spitze leicht zugespitzt oder abgerundet, am Grunde in den 6 bis 10 mm, selten bis 2 cm langen Blattstiel keilig verschmälert, am Rande kleinkerbig gesägt, weichlederig, mit deutlichem Nervennetz, oberseits sattgrün, glänzend, unterseits mattgrün. Blüte gross, 10 bis 25 mm im Durchmesser, nickend, radartig ausgebreitet, aktinomorph bis schwach zygomorph (Fig. 2619a). Kelchblätter eiförmig=rundlich, 2 bis 3 mm lang, am Rande gewimpert, hellgelb. Kronblätter eiförmig, bis 12 mm lang, am vorderen Rande kurz bewimpert, weiss, seltener gerötet. Staub=
blätter meist in Gruppen zu 2 oder 3, $\pm$ S=förmig gebogen, im unteren Teile verdickt, 3=kantig; Staubbeutel mit 3=mal kürzeren Hörnchen, mit einander zugewendeten Poren sich öffnend; Pollen in Tetraden (Fig. 2619f). Griffel gerade, kurz, mit dicker Narbenscheibe und 5 aufgerich=
teten, kurzen Narbenlappen, länger als die Krone. Kapsel aufrecht, 5 bis 8 mm lang, zuerst an der Spitze, später an den Seiten und bis zum Grunde aufspringend; Spalten oben am weitesten klaffend. Samen 0,5 bis 0,7 mm lang. — V bis VIII.

In zerstreuten, kleinen Gruppen in Moospolstern, seltener auf nacktem Boden in moderndem Laub oder Nadeln oder zwischen Gras an feuchtschattigen Waldstellen, auf be=
moosten Felsblöcken in humosen Laub= und Nadelwäldern, im Flachland vielfach an Moorrändern und in beschatteten Morästen, auf sandigem Waldboden bisweilen herdenweise. Von der Ebene (meist nicht häufig) bis in die subalpine Stufe: im Bayrischen Walde bis 920 m, in den Böhmischen Gebirgen bis 950 m, in Salzburg bis 1600 m, in den Bayerischen Alpen bis 1620 m (am Risserkogel, Beger!), in Niederösterreich bis 1945 m (Schneeberg), in Friaul bis 1600 m,

---

[1]) Abgeleitet von μόνος [mónos] = einzeln und ἕσις [hésis], einem Worte, das in der klassischen Literatur nur einmal in der Bedeutung von Streben vorkommt, abzuleiten von ἵημι [hiemi] = schicken, treiben, wegen des einfachen Stengels. Oefter findet sich auch die Schreibweise Monésis (Alef.).

in Vorarlberg bis 1780 m, in Tirol bis 2100 m, in Graubünden bis 2030 m, im Wallis bis 2000 m, in der Nordamerikanischen Sierra Nevada bis 3200 m.

In Deutschland nur in den Gebirgslagen des südlichen Teiles, sowie in West= und Ostpreussen ± häufig bis verbreitet, in den Mittelgebirgen in der Regel nur zerstreut und im Flachland sehr zerstreut bis selten, westlich und nordwestlich bis zu einer vom französischen Wasgenwald (im deutschen Anteil fehlend) kommenden über Kaiserslautern, Butzweiler, Laach, Weilburg, Driedorf, Herborn, Dillendorf, Marburg, Driburg (eingegangen; neuerdings am Ästenberg aufgefunden), Imhausen, den Steinkrug im Deister, Elm, Schönebeck, Burg Arneburg, Grabow, Eschede, Radbruch, Friedrichsruh, Geesthacht, Hamburg, Travetannen nach Alsen reichenden Grenzlinie endigend; ausserdem weit nordwestlich vorgeschobene Punkte in der Nähe der Unter= weser bei Wehnen, Hedenkamp, Stenum (früher), Hasbruch in Oldenburg, bei Stubben und Stodel bei Geestemünde. In Bayern in den Alpen und auf der oberen Hochebene verbreitet, gegen die Donau und im Bodenseegebiet zerstreut, im Oberpfälzer Wald bei Mähring, im Bayerischen= und Frankenwald, sowie im Fichtelgebirge nicht selten, im Jura= und Keupergebiet ziemlich verbreitet, auf Muschelkalk bei Schweinfurt und Würzburg, auf Buntsandstein bei Aschaffenburg und Kulmbach, in der Rhön bei Bischofsgrün und Fladungen; in Württemberg im Unterland zerstreut, auf der mittleren und süd= westlichen Alb ziemlich verbreitet, im Oberland mehrfach; in Baden im Bodenseegebiet bei Konstanz, Salem und Stockach, im Jura und Schwarzwald zer= streut, in der Rheinebene bei Iffezheim, Käfertal, Friedrichsfeld, Walldorf, in Nordbaden bei Gondels= heim, Maisbach, Bödigheim, Oberneudorf, Hardheim, Sonderrieth und Wittbach bei Werthheim; im Elsass fehlend (doch in den französischen Vogesen), in der Pfalz zwischen Speyer und Schifferstadt, im Haardt= gebirge, Hammeltal bei Dürkheim, früher bei Wachen= heim und Kaiserslautern; in der Rheinprovinz nur bei Butzweiler und Gräfenbach im Hundsrück, Idar= bach, Altenhof bei Trier, Oberstein und zwischen Laach und Bell in der Eifel, im Hessischen Bergland zerstreut; in Hannover und Braunschweig im Ober= harz nicht selten und in den Tälern herabgehend, sehr vereinzelt im Flachland (so fast im ganzen Gebiet der Aller fehlend), im Deister nur am Stein=

Fig. 2616. Pirola uniflora L., Bestand. Fichtenwald b. St. Lorenzen im Lesachtal, Kärnten. Phot. Th. Arzt, Wetzlar.

krug, im Elm nur zwischen Schöningen und Warberg; in Schleswig=Holstein mit Sicherheit nur bei Streck= nitz, Travetannen und auf Alsen; im Nordostdeutschen Flachland besonders im Nordwesten sehr zerstreut, gegen Osten zunehmend und in West= und Ostpreussen ziemlich häufig; in Thüringen, Sachsen, Nieder= und Mittelschlesien zerstreut, in Oberschlesien häufig. — In Oesterreich in Böhmen und Mähren namentlich in höher gelegenen Gebieten häufig; in den Alpenländern häufig bis verbreitet. — In der Schweiz im Mittellande zerstreut, im Kanton Schaffhausen fast nur auf dem Randen (vielleicht durch Samengut eingeführt), im Jura sehr zerstreut, so bei Olsberg, an der Schafmatt, zwischen Gänsbrunnen und Crémines, bei Coinsins ob Rolle usw., in den Alpen häufig bis verbreitet.

Allgemeine Verbreitung: Europa: westlich und nördlich bis Katalonien, bis zu den östlichen Pyrenäen, den Départements Gard, Lozère, Haute Loire und Loire, den fran= zösischen Alpen, bis zum französischen Wasgenwald, durch West= und Nordwest=Deutschland bis Alsen, Seeland, Moon, Skandinavien (bis Alten [70° nördl. Breite]), Poranger und Süd= varanger, ausserdem auf Island und in Nordschottland; eingeschleppt in Holland; südlich bis Nordost=Spanien, Korsika, Sizilien, Abruzzen (Majella), Montenegro, Serbien, Südwest=Russland, Saratow und Orenburg; Kaukasus, Kleinasien, Sibirien bis zum Amurgebiete und Japan; Nord= amerika bis Colorado und Mexiko, Grönland.

Die Art ist hinsichtlich der Grösse der Laubblätter, der Länge der Blütenstiele, der Stellung der Tragblätter (selten in oder unter der Mitte des Blütenschaftes), sowie der Blütengrösse veränderlich; doch haben sich bisher keine systematisch wertvollen Formen festlegen lassen. Pflanzen mit gefüllten Blüten (= f. rosiflóra H. Andr.) wurden bei Churwalden (Graubünden) beobachtet, eine Pflanze mit 3-blütigem Blütenschaft (= f. triflóra H. Andr.) am Thörlein am Eibsee bei Partenkirchen.

Pirola uniflora gehört dem zirkumpolaren und borealen Elemente an und besitzt in Mitteleuropa vorwiegend montanen Charakter. In Belgien und Nordfrankreich fehlt die Art ganz, findet sich aber an 2 offenbar durch Verschleppung hervorgerufenen Orten in Holland und erscheint wild wieder in Nordschottland und auf Irland. Sie tritt vorzugsweise in etwas feuchten Nadelwäldern, in der montanen und subalpinen Stufe fast ausschliesslich in schattigen, moosigen Fichtenwäldern auf, wo sie als „Wurzelwanderer" oder als „Geophyt mit Wurzelknospen" öfter gemeinsam mit Lycopodium annotinum, Cystopteris montana, Luzula luzulina, Coralliorrhiza innata, Goodyera repens, Listera cordata, Majanthemum bifolium, Oxalis Acetosella, Pirola secunda, Circaea alpina, Monotropa Hypopitys var. glabra, Melampyrum silvaticum, Galium

Fig. 2617. Pirola uniflora L., Bestand am Katschbergpaß. Phot. Th. Arzt, Wetzlar.

rotundifolium, Homogyne alpina, Hieracium murorum wächst. Im Alpenrosengebüsch ist sie bei weitem seltener und darin am Risserkogel ob Tegernsee z. B. zusammen mit Vaccinien und zahlreichen Flechten zu finden. In der Hügelstufe und in der Ebene bevorzugt sie feuchte bis nasse Böden, findet sich ausser in Nadelwäldern (im Rheinland z. B. gern in Pinus silvestris-Hochwäldern) auch in Laubwäldern und Gebüschen, am Rande von moosigen Waldbächen und schattigen Mulden und selbst in Torfsümpfen. P. Graebner erwähnt sie z. B. aus dem grossen Heidemoor des Grunewalds bei Berlin mit Rhynchospora alba, Eriophorum vaginatum, E. gracile, zahlreichen Carex-Arten, Malaxis paludosa, Salix repens var. rosmarinifolia, Stellaria crassifolia, den 3 Drosera-Arten, Hydrocotyle vulgaris, Andromeda poliifolia, Vaccinium Oxycoccus, Gentiana Pneumonanthe, Senecio paluster usw. Bisweilen steht sie auch in den Erlenbruchwäldern auf den Wurzelbülten zusammen mit Chrysosplenium alternifolium, Adoxa Moschatellina, Coralliorrhiza innata, Circaea alpina, Viola palustris, Geum rivulare, Aspidium cristatum usw.

Nach K. E. Stenström sollen die Siedelungsorte der Pirola uniflora in Abhängigkeit von fliessendem Grundwasser stehen, während die von P. rotundifolia an stehendes Grundwasser gebunden sind. Auf sandigem Waldboden, welcher der Ausbreitung des Fadenlagers nur einen sehr geringen Widerstand entgegensetzt, tritt die Pflanze bisweilen herdenweise auf. Unter den europäischen Pirolaceen nimmt die Pflanze insofern eine Sonderstellung ein, als sie in biologischer Hinsicht die grünblättrigen Arten mit den chlorophyllosen verbindet. Aus dem pag. 1570/71 näher beschriebenen Fadenlager (vgl. auch Fig. 2618) treten die stets unverzweigten Lichtsprosse im ersten Jahre in der Regel nur mit 1 bis 3 Laubblättern über die Erdoberfläche, während im folgenden Jahre noch einige weitere Blätter folgen und dann der abschliessende Blütenschaft erscheint (selten bereits im ersten Jahre). Die endständige Blüte ist zunächst dem Boden

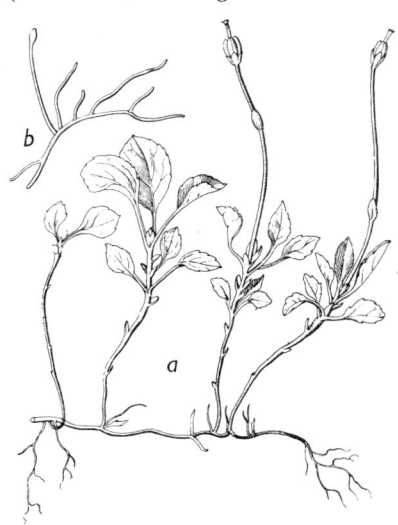

Fig. 2618. Pirola uniflora L. *a* Fadenlager mit 4 (davon 2 fruchtenden) Lichtsprossen. *b* Stück des Fadenlagers mit der Knospe eines Lichtsprosses (nach Th. Irmscher).

zugekehrt, wird aber nach der Befruchtung durch die Streckung des Blütenstiels emporgehoben (Aquilegia-Typus von Hansgirg), so dass die reifende Frucht bereits aufrecht steht und sich später von der Spitze aus öffnet. Etwa gleichzeitig stirbt dann der ganze Lichtspross (einschliesslich der Laubblätter) ab; doch bleibt er häufig den ganzen Winter hindurch stehen (Wintersteher). Da die Keimung der staubleichten Samen sehr schwer vor sich geht, ist die Pflanze also fast ausschliesslich auf das ein selbständiges Dasein führende Fadenlager (Procaulom) angewiesen. Die, wie bereits Jungermann bemerkt, nach Maiglöckchen duftenden Blüten (Kerner vergleicht den Duft mit demjenigen der Cyclamen) sind in ihrem Grössenausmasse sehr veränderlich. Mitteleuropäische

Pflanzen zeigen einen Durchmesser von 10 bis 25 mm; H. Müller stellte in den Alpen eine Breite von 22 mm fest. In Finnland messen die Blüten nach Warming 14 bis 16 mm, in den schwedischen Hochgebirgen nach Lindman und Ekstam 12 bis 20 mm und am Dovrefjeld 13 mm. Blüten von Novaja Semlja waren noch kleiner. Die nordischen Pflanzen zeigen eine ± rote Färbung. Auch in ihrer Biologie scheinen sich die nordischen und mitteleuropäischen, homogamen Blüten zu unterscheiden. Anfliegende Insekten (Fliegen, kleine Käfer, Blattwanzen, Hummeln) lassen sich nach Knuth auf der nassglänzenden Narbe nieder, die sie belecken und, falls der Rüssel bereits mit Pollen behaftet ist, mit diesen belegen. Fremdbestäubung ist also leicht möglich. H. Müller hält infolge der vorragenden Stellung der Narbe spontane Selbstbestäubung sogar für ausgeschlossen. Kerner hingegen erachtet eine Selbstbestäubung nur am Anfang der Blütezeit für ausgeschlossen, da der Blütenstiel dann so gekrümmt steht, dass der Griffel senkrecht nach unten gekehrt ist, während die Staubbeutelöffnungen nach oben liegen, so dass ein Herabfallen von Pollen auf die Narbe unmöglich ist (Fig. 2619 c). Später gelangt die Blüte jedoch infolge der Streckung des Blütenstieles in eine mehr nickende Stellung, so dass der Griffel schräg nach abwärts gerichtet ist und die Narbe unter die Staubbeutel gerät. Gleichzeitig krümmen sich auch die Staubfäden derartig, dass die Löcher der Staubbeutel nach abwärts gerichtet sind und in dieser zweiten Phase leicht selbsttätig wie eine Staubbüchse Pollen auf die Narbe fallen lassen können (Fig. 2619 d). Bei nordischen Pflanzen soll die Selbstbestäubung leichter stattfinden, indem sich der Griffel sogar nach oben krümmt und dadurch die Narbe gerade unter die Staubbeutel bringt. Die Lebensdauer der Blüte kann sich über mehrere, so nach Andres an Pflanzen bei Trier über 5 Wochen erstrecken. Die Laubblätter besitzen unter einer glatten, dünnen Kutikula beidseitig eine einfache Schicht dünnwandiger, im Querschnitt ± quadratischer Epidermiszellen, die nur auf der Unterseite von Spaltöffnungen (mit 2 halbmondförmigen Schliesszellen) durchbrochen ist. Das Mesophyll besteht aus etwa gleich grossen, stark chlorophyllhaltigen, rundlichen oder in der Richtung parallel zur Blattfläche abgeflachten Zellen. Calciumoxalat wurde darin von Henderson nachgewiesen. Ausserdem enthält die Pflanze in sehr geringen Mengen Phloroglucoannoide, die Glykoside Ericolin und Arbutin,

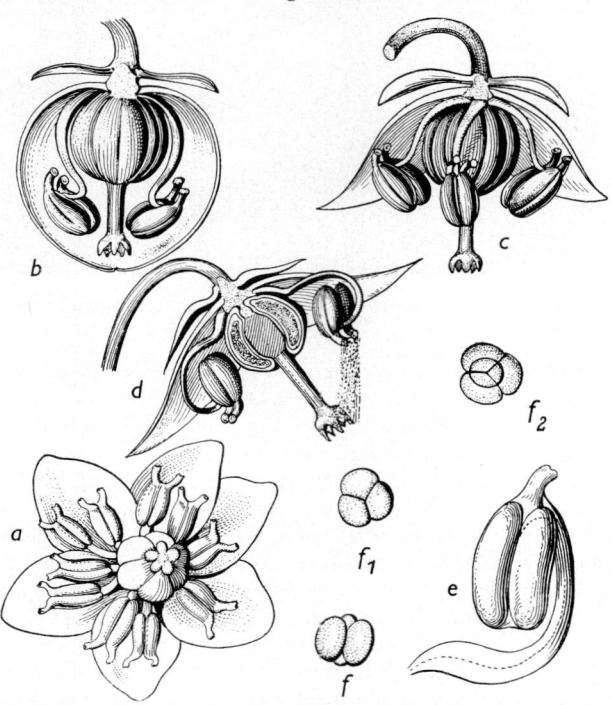

Fig. 2619. Pirola uniflora L. *a* Blüte von oben, *b* desgl. geschlossen im Längsschnitt, *c* desgl. geöffnet, aber noch nicht stäubend, *d* desgl. stäubend. *e* Staubblatt (in der Knospenlage und umgekippt). *f*, *f₁*, *f₂* Pollenkörner (*a* nach Warming, *b* bis *d* und *f*, *f₁* und *f₂* nach Kerner, *e* nach A. Artopoeus).

sowie nach Fürth einen in seiner Zuweisung noch unbekannten, aber bei allen anderen Pirola-Arten fehlenden Stoff, der bei den in destilliertes Wasser eingelegten Schnitten in wenigen Minuten reichlich in Form von gelblichen bis schwarz gefärbten, spiessartigen und zu rutenartigen Büscheln vereinigten Kristalle ausscheidet. — In Schweden (früher auch in Mitteleuropa) dient Pirola uniflora als Volksmittel gegen Augenleiden. Ein Auszug aus der Pflanze wirkt Brechreiz erregend. Rinder sollen die Pflanze des Blütenduftes wegen nicht fressen. Im Hortus Eystettensis wurde die Pflanze unter dem Namen Pirola minima oder kleiner, riechender Wald-Mangold kultiviert. Ein gefährlicher, auf den Laubblättern schmarotzender Pilz, der binnen kurzer Zeit die Lebensfähigkeit der Wirtspflanze in Frage stellen kann, wurde von Christoph in Chrysomyxa Pirolae festgestellt. Beim Aufbewahren der Pflanze in Herbarien wird das Papier (namentlich durch den Stengel) rosenrot gefärbt.

Von **Bastarden** wurden bisher nur Kreuzungen zwischen Pirola minor und P. rotundifolia subsp. rotundifolia festgestellt und zwar: P. minor L. × P. rotundifolia (L.) Fern. subsp. rotundifolia (L.) Andr. in einer der P. minor näher stehenden Form (= f. subminor Andr.) und einer der subsp. rotundifolia genäherten Form (= f. subrotundifolia Andr.). Letztere z. B. im Rheinlande zwischen Mürlenbach und Schönecken in der Eifel. — Ferner P. minor L. var. arenaria Nöld. × P. rotundifolia (L.) Fern. subsp. rotundifolia (L.) Andr. var. arenaria Koch (= P. Graebneriana v. Seemen). So auf Borkum und Norderney.

# DLVI. Chimáphila[1]) Pursh (= Pséva Raf., = Chimáza R. Br.). Winterlieb.

Niedrige Halbsträucher mit schmal=eiförmigen bis keilförmigen, gesägten, ledrigen, 2=farbigen Laubblättern. Blüten in Doldentrauben, selten einzeln. Kronblätter halbkugelig zusammenschliessend, weiss bis rosa. Staubblätter 10; Staubfäden kurz, am Grunde verbreitert und behaart; Staubbeutel gehörnt oder in eine verlängerte Spitze auslaufend; Pollen in Tetraden. Fruchtknoten am Grunde mit einem näpfchenartigen Drüsenring. Griffel sehr kurz, gefurcht, mit kurzer Narbe, die Kronblätter nicht überragend. Kapsel tief 5=furchig, von der Spitze aus in der Fachmitte 5=klappig aufreissend; Ränder der Risse glatt. Zellen der Samenschale nicht netzporig.

Die Gattung umfasst 4 Arten, von denen C. Japónica Miq. aus Ostasien und Japan einzelnstehende Blüten mit langen, in eine Spitze ausgezogenen, lanzettlichen oder fast rhombischen Kelchblättern besitzt und die Sektion Aristáta bildet. Ihr gegenüber steht die Sektion Campanuláta mit in der Regel in Dolden= trauben angeordneten Blüten, mit rundlichen, nie spitzen, oft bedeutend vergrösserten Kelchblättern. Zu ihr gehören C. Menziésii Spr., C. maculáta Pursh und die auch in Mitteleuropa heimische C. umbelláta Pursh. C. rhombifólia Hayata muss nach Andres wegen der Griffel= und Narbenform in die Verwandt= schaft von Pírola uniflora gestellt werden. Anatomisch näher untersucht scheint nur C. umbellata worden zu sein. Neben Eigenarten im Aufbau des Laubblattes (vgl. unten) besitzt diese Art nach W. Rommel im Gegensatz zu den Pirola=Arten in der Achse kein deutlich ausgeprägtes Collenchymgewebe, sondern an dessen Stelle Zellen von fast ganz parenchymatischem Charakter. Auf diese folgt wie bei Pírola media u. a. ein geschlossener Sklerenchymring. Der sich anschliessende Xylemring enthält hingegen im sekundären Holze keine Gefässe, sondern nur spiralig verdickte Tracheiden. Diese Verhältnisse gelten sowohl für die oberirdischen, als auch für die unterirdischen Achsenteile. Die Markstrahlen sind nach Th. Holm ähnlich wie die der Ericaceen=Gattung Cladothámnus Bong. gebaut. Sie sind homogen und besitzen ein sekundäres Wachstum durch Bildung von sekundärem Phloëm und Xylem. Bei C. maculáta tritt ein anscheinend narkotisch wirkender Stoff auf. Hingegen hat sich die oft behauptete Giftigkeit von C. umbellata nicht bestätigt. Erwähnt sei noch, dass sich die erste Art auf ungeklärte Weise in den Wäldern um Paris seit 1902 eingestellt hat und dort gut gedeiht.

### 2138. Chimaphila umbelláta (L.) DC. (= Ch. corymbósa Pursh, = Pírola umbellata L.). Winterlieb, Harn=, Nabel= oder Gichtkraut, Waldmangold. Franz.: Poirier en ombelle, herbe à pisser. Taf. 205, Fig. 5; Fig. 2611, 2620 und 2621.

Bis 25 cm hoher Halbstrauch mit kriechendem, weissem Wurzelstock und aufrechten holzigen, kantigen oberirdischen Stengeln. Laubblätter nach Jahrestrieben gehäuft, immergrün, ledrig, oberseits dunkelgrün, unterseits blassgrün, eiförmig=spatelig bis fast lineal, 2 bis 4,5 cm lang und 1 bis 1,5 cm breit, keilförmig in einen kurzen, 2 bis 5 mm langen Stiel zusammen= gezogen, von der Mitte an bis zur Spitze scharf gesägt; Nerven auf der Oberfläche einge= senkt. Blütenschäfte einzeln oder zu 2 bis 4, bis 10 cm lang, ohne Schuppenblätter, mit 2= bis 7=blütiger Dolde oder Doldentraube. Blüten auf 8 bis 20 mm langen, meist von einem heraufgerückten Tragblatt begleiteten Stielen, nickend, flach=glockenförmig. Kelchblätter ver= kehrt=eiförmig, gezähnelt, so lang als breit, anfangs der unreifen Frucht angedrückt, später zurückgeschlagen, $^1/_3$ so lang als die Kronblätter. Letztere breit=eiförmig, gewölbt, rosa, 5 bis 6 mm lang. Staubblätter am Grunde plötzlich $\pm$ dick=3=eckig, mit etwas geflügelten und ge= wimperten Seitenkanten; Staubbeutel kurz und dick, mit 2 etwas spreizenden Röhren, rot; Pollen schräg=kreisförmig, in Tetraden. Griffel sehr kurz, fast ganz in den Nabel des Fruchtknotens eingesenkt, oben verdickt, gefurcht; Narbe breit, vertieft, die Staubbeutel nicht überragend;

---

[1]) Abgeleitet von χεῖμα [cheima] = Winter und φίλος [phílos] = liebend. Pursh, der Schöpfer des Namens, schrieb in seiner Flora Americana Septentrionalis (London, 1814); „I have given it taken from the common name «Winter=green»". Aehnliche Wortbildungen sind nach Vollmann auch aus dem Altertum bekannt. Bisweilen findet man auch die Schreibweise Chimóphila.

Drüsenring unter dem Fruchtknoten ohne Honigausscheidung. Kapsel 5 bis 6 mm lang, tief 5=furchig, auf aufrechten Stielen. — VI bis VIII.

Meist sehr gesellig, aber immer nur zerstreut in trockenen, sandigen Kiefernwäldern, sehr selten in Misch= und in reinen Laubgehölzen. In Mitteleuropa von der Ebene bis in die Bergstufe: in Westdeutschland bis 400 m, auf der Bayerischen Hochebene bis 390 m; in Mexiko bis in die alpine Stufe (3300 m) steigend.

In Deutschland im Osten am häufigsten, westwärts zerstreut bis selten und mit einer von der Nord= schweiz kommenden über die Badische Rheinebene, Hagenau (?), Bitsch, Kaiserslautern, Mainz, Giessen, Göttingen, Celle, Uelzen, Wiesen a. d. Luhe, Bergedorf, Trittau und Lübeck verlaufenden Westgrenze endigend (Fig. 2611). In Bayern auf der Hochebene bei Planegg unweit München (früher), Abensberg, Deggendorf und Sandsbach, im Bayerischen Wald bei Berg und Deggendorf, im Ober= pfälzerwald bei Herzogau, im Frankenwald bei Kronach, Rothenkirchen, Kupferberg, Seibelsdorf, Stadtsteinach, im Juragebiet bei Altdorf und Bamberg, auf Keuper zer= streut, auf Muschelkalk bei Sommershausen, Rothen= burg und Dürrbach bei Würzburg, auf Bundsandstein bei Amorbach, Kleinostheim und Emmerichshof bei Aschaffenburg, Alzenau, Kulmbach; in Württemberg nur bei Nagold, Sigmaringen, Justingen=Magolsheim und Ulm; in Baden im Rheintal zerstreut, z. B. Iffez= heim zwischen Linkenheim und Graben, Friedrichs= feld, Reilingen — Walldorf — Sandhausen — Oftersheim, Käfertal, Waldhof, früher in Nordbaden bei Wert= heim; im Elsasss bei Hagenau (?); in Lothringen bei Bitsch; in der Pfalz bei Schifferstadt, Göllheim, Hoch= speyer, Kaiserslautern (vielleicht verschwunden); in Hessen stellenweise ziemlich häufig, z. B. an der Berg= strasse, Bickenbach bei Darmstadt, bei Mainz, Eberstadt unweit Giessen; in Westfalen angeblich bei Warendorf (angepflanzt?); in Hannover in der Eilenriede beim Stefansstifte (Hannover), BockenbergerHolz (Hildesheim), Neustädter Holz bei Celle, Uelzen, Radbruch bei Wilsen a. d. Luhe; ferner bei Geesthacht[1]) und Bergedorf

Fig. 2620. Chimaphila umbellata (L.), Gr. Gleisberg b. Jena. Phot. O. Fröhlich, Jena.

unweit Hamburg (an letzterem Orte 1904 von G. Busch entdeckt), in Holstein bei Hasental, Glüsing, Lütauer See (?), Mölln, Hahnheide bei Trittau (früher), Travetannen, Wesloe; im Nordostdeutschen Flachland sehr zerstreut (z. B. in Pommern im Dünengebiet bei Lütow), aber in Posen z. B. bei Hohensalza häufig; in West= und Ostpreussen nicht selten, in Thüringen nur stellenweise, z. B. im oberen Saalegebiete, im Altenburger West= kreis, bei Eisenach, im Werragebiet; in Sachsen sehr zerstreut und mehrfach (so z. B. bei Dresden) verschwunden; in Schlesien in der Niederschlesischen Ebene, sowie in Mittel= und Oberschlesien rechts der Oder häufig, sonst zerstreut. — In Oesterreich in Böhmen zerstreut, in Schlesien und Mähren nicht selten; in Oberösterreich zwischen Viechtwang und Pettenbach a. d. Alm; in Niederösterreich im Granitplateau des Waldviertels bei Krems, Dürrenstein, im Kremstal bei Möddelsdorf, bei Wiedendorf und im Reitgraben nördlich von Langenlois, um Drosendorf, bei Gerolding, angeblich auch bei Gutenbrunn, bei Sebenstein im Nasswalde; in Steiermark um Graz, auf dem Wildoner Berge und auf dem Kollischberge bei Wildon, bei Klech, im Brunndorfer Walde bei Marburg, am Bachergebirge bei Windenau, hinter St. Nikolai bei Bad Neuhaus, bei Sachsenfeld; in Kärnten bei Windisch=Griffen, Wasserhofen und Eberndorf; in den übrigen Ländern fehlend. — In der Schweiz nur im Kanton Zürich bei Fällanden und Andelfingen und im Kanton Thurgau bei Matzingen.

Allgemeine Verbreitung: Nord=, Mittel= und Osteuropa, mit Nordwest= und Westgrenze von Mittelfrankreich (wahrscheinlich nur eingeschleppt) nach der Nordwestschweiz,

---

[1]) Nach P. Junge (Beiträge zur Kenntnis der Gefässpflanzen Schleswig=Holsteins, 1905) ist dieses Vorkommen (Kiefernwald bei Grünhof) vielleicht identisch mit dem holsteinschen Standorte von Hasental.

West- und Nordwestdeutschland, Seeland, Südost-Norwegen (von Tvedestrand und Swinesund bis zum Randsfjord), Schweden (bis Südnorrland), Satakunta — Nortawastehus — Nordsavo, Petersburg, Nowgorod, Kostroma, Vjatka, Perm ($59^0$ nördliche Breite); südlich bis Mittelfrankreich, Norditalien, Kärnten, Ungarn, Transsilvanien, südlicheres Mittelrussland, Krim; Zentralasien vom Altai bis zum Amurgebiet und Japan; Nordamerika vom borealen Kanada und Alaska bis Alabama und bis zur Sierra Nevada, ferner in Mexiko und auf den Antillen (San Domingo) (in letzteren 2 Gebieten in besonderen Rassen).

Chimaphila umbellata gehört dem zirkumborealen Elemente an, besitzt aber in Mitteleuropa einen kontinentalen Charakter und schliesst mit einer sehr charakteristischen westlichen Verbreitungsgrenze ab, die grosse Uebereinstimmung mit derjenigen von P. chlorantha aufweist (Fig. 2611). Die zierliche, entfernt an Vaccinium Vitis idaea erinnernde Art ist ein ausgesprochener Kiefernbegleiter, wenngleich sie ähnlich wie andere ± eng mit der Kiefer verknüpfte Pirolaceen das Verbreitungsgebiet dieses Baumes nach Osten weit überschreitet. Sie erscheint in diesen Wäldern fast immer mit demselben Grundstock von Arten, zu denen vor allem Pteridium aquilinum, Lycopodium Chamaecyparissus, Goodyera repens, Cephalanthera rubra, Potentilla erecta, Pirola chlorantha, Vaccinium Myrtillus und V. Vitis idaea, Arctostaphylos uva ursi, Veronica officinalis, Galium rotundifolium usw. zählen. Die Kiefernwälder der Diluvialsande bei Mainz zeigen dazu noch ihre lokale Färbung durch das Auftreten von Onosma arenarium, ostdeutsche Wälder die ihre durch das Erscheinen von Dianthus arenarius. Die Annäherung an die Alpenkette drückt sich etwa durch das Auftauchen von Erica carnea und Polygala Chamaebuxus aus. In den pannonischen Kiefernwäldern wächst Chimaphila umbellata gemeinsam mit Daphne Cneorum und verschiedenen östlichen Cytisus-Arten. Funde in Buchenwäldern (nach Andres) und in Laubgebüschen (nach Preuss) dürften in Mitteleuropa zu den Ausnahmen gehören. Andererseits hebt aber auch C. v. Hormuzaki (Oesterreichische Botanische Zeitschrift, 1911) ein derartiges Vorkommen von Chicera (Kreis Czernowitz) in der Bukowina hervor, wo Chimaphila umbellata in Juniperus- und Betula-Dickichten im Laubwalde steht. In Nordamerika gehört die Art mit Gaultheria procumbens und Pirola rotundifolia zu den Leitpflanzen der Pinus Strobus-Wälder im Maritim und im North Appalachian-District; in den Tsuga-Wäldern ist sie mit Viola rotundifolia, Kalmia latifolia und Lycopodium-Arten vereint, in der Black Hills Flora findet sie sich unter Laub- und Nadelhölzern (Abies balsamea, Larix Americana), im Southern Park Mts. District mit Pirola chlorantha unter Larix Occidentalis, in der Lowland Formation in Carpinus Caroliniana- und Ostrya virgata-Wäldern. Gegen stärkere Beeinflussung ihrer standörtlichen Verhältnisse, wie sie durch die Forstkultur bedingt sind, ist die Art ziemlich empfindlich und daher auch von einer Reihe von Orten verschwunden, an denen sie früher (vgl. oben) beobachtet worden ist (hemerophobe Art). Vor allem wird der Pflanze durch das Streurechen vielfach der Untergang bereitet. Ausserdem wird sie teils für medizinische Zwecke (siehe unten), teils als Volksmittel gegen Epilepsie oder als Wundmittel gesammelt. Nach Pacher kommt sie in Kärnten zusammen mit den grünen Trieben von Rhododendron hirsutum, Arctostaphylos uva ursi und Pirola secunda zu Allerseelen auf den Markt. In Norddeutschland wird sie bisweilen ihrer immergrünen Blätter wegen in Kränze eingebunden. Blütenbiologische Untersuchungen über Chimaphila umbellata liegen gegenwärtig noch nicht vor. Die xeromorph gebauten Laubblätter, die 3 bis 5 Winter überdauern können, sind bifazial und besitzen unter einer derben und glatten, bisweilen gestrichelten Kutikula Epidermiszellen mit flach vorgewölbten Aussenwänden und wellig verbogenen, derben, knotig getüpfelten Seitenwänden. Die Atemöffnungen finden sich mit Ausnahme einer über den Blattzähnen der Oberseite stehenden Zellgruppe nur auf der unteren Spreitenfläche. Das Palisadengewebe setzt sich aus 2 bis 3 Reihen kurzer Zellen, das Schwammgewebe aus sehr lockeren, ästigen Zellen zusammen. In beiden Geweben ist reichlich ein eisenbläuender Gerbstoff eingelagert. Ausserdem sind in den bitter schmeckenden Laubblättern nachgewiesen worden die Glykoside Ericolin und Arbutin, sowie Chimaphilin (ein gelber, kristalliner, geruch- und

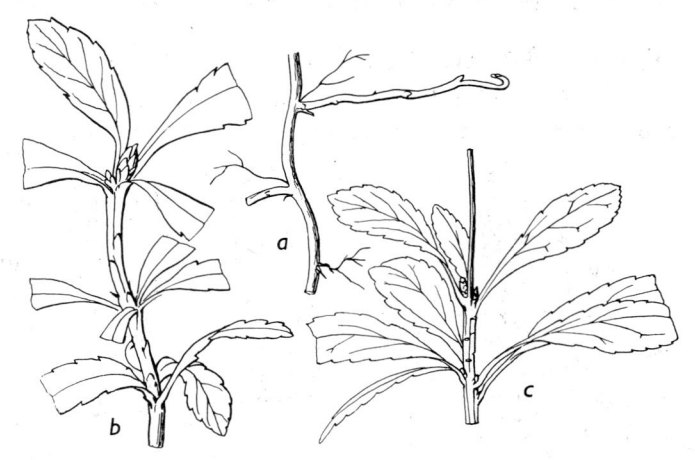

Fig. 2621. Chimaphila umbellata (L.) DC. *a* Grundachse mit Bodenausläufer. *b* Spross mit Gipfelknospe, *c* desgl. im Herbste mit dem unteren Teile des Fruchtstengels (nach E. Warming).

geschmackloser Stoff), Polyterpne, Urson, Tannin, Gallussäure (?). Andromedotoxin und Chinasäure fehlen. Als pharmazeutisches Mittel (Fólia Chimáphilae) sind sie namentlich in Nordamerika in Benützung. In Deutschland werden sie seit 1810 verwendet, neuerdings vielfach aber durch die Laubblätter von P. secunda ersetzt. Die Bedeutung der Folia Chimaphilae beruht besonders in der Beschleunigung der Harnabsonderung und der Auflösung von Harnsteinen (Ersatz für Bärentraubenblätter). Ferner werden sie bei Skrophulose, Rheumatismus, Zuckerkrankheiten, im Volksgebrauch auch gegen Epilepsie, als abführendes Mittel und äusserlich bei Wunden verwendet. Auch ein Extráctum Pírolae umbellátae fluidum wird daraus bereitet. Anfangs schmecken die Laubblätter süsslich, später herb und bitter. Paula Schrank gibt an, dass der Saft der Pflanze gegen Rotzkrankheiten der Pferde wirksam sein könne. Nach Th. Holm (Merk's Repertorium, 1909) sind die Wurzeln nicht verpilzt, während Stahl und andere eine Verpilzung nachgewiesen haben. Die Pflanze ist seit 1920 in ganz Preussen, seit 1925 bei Lübeck und seit 1926 in Oldenburg geschützt.

## DLVII. Monótropa[1]) L. Ohnblatt. Franz.: Monotrope; engl.: Indian pipe.

Ausdauernde, nach Vanille duftende Saprophyten, ohne Laubblätter und ohne Chlorophyll, beim Trocknen sich schwärzend, mit reichlich verästeltem, nestartig verflochtenem, glasig-sprödem Wurzellager. Stengel bleich, meist gelblichbraun, beschuppt. Blüten in endständigen, anfangs nickenden, später aufrechten Trauben, die Gipfelblüte 5-, die Seitenblüten (typisch) 4-zählig (Fig. 2626 k, l). Kelchblätter fehlend, durch Hochblätter ersetzt. Kronblätter glockig zusammenschliessend, am Grund sackartig-höckerig (Fig. 2622 b, c). Staubblätter nieren- oder hufeisenförmig, oben verbunden, mit einer halbmondförmigen Spalte aufspringend. Fruchtknoten unvollkommen 4- bis 5-fächerig, am Grunde mit 10 Diskusdrüsen; Griffel 1, gerade, mit trichterförmiger Narbe. Frucht mit 2 ungleichen Klappen aufspringend. Samen sehr klein, langspindelförmig, mit sehr lockerer, dünnwandiger, an beiden Enden lang ausgezogener Schale (Fig. 2623 d); Testazellen nicht netzig.

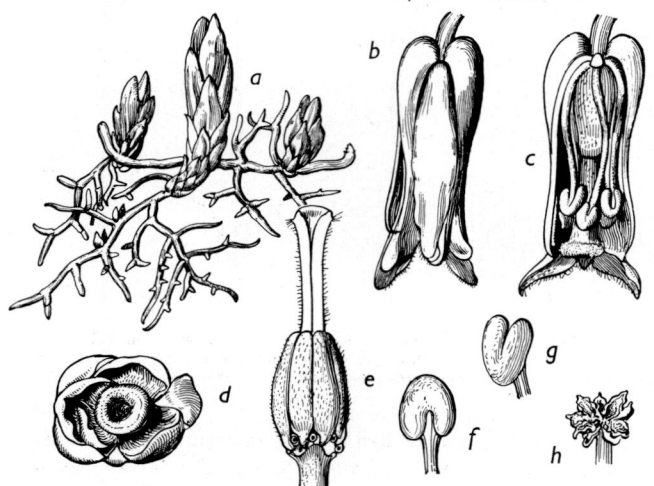

Fig. 2622. Monotropa Hypopitys L. *a* Aus dem Wurzellager austreibende Blütensprosse. *b* Blüte von aussen, *c* desgl. aufgeschnitten. *d* Blüteneingang. *e* Fruchtknoten mit längsdurchschnittenem Griffel. *f* Staubblatt von der Seite, *g* desgl. von aussen, *h* desgl. aufgesprungen (*a* nach Kamienski, *b* bis *h* nach O. Kirchner).

Die Gattung besitzt nach Andres 6, nach Domin 2 Arten. Nach ersterem sind 4 Arten nur in Nordamerika heimisch, während Monotropa uniflora L. und M. Hypopitys L. auch in Asien auftreten und die letztgenannte Art als einzige bis nach Europa reicht. Durch Einbeziehung der 4 amerikanischen Arten zu M. uniflora bezw. M. Hypopitys reicht M. uniflora nach Domin von Nordamerika bis Kolumbien und findet sich in Japan, China und im Himalaya-Gebiete wieder, während M. Hypopitys zirkumboreal ist. Die systematisch eingehendste Arbeit über die Gattung stammt von K. Domin. (Vergleichende Studien über den Fichtenspargel .... Sitzungsberichte der K. Böhmischen Gesellschaft der Wissenschaften, 1915.) Unter anderem beschäftigt sich dieser Forscher darin mit der Frage über die Bewertung der vielfach als Kelch angesprochenen Blütenteile. Dabei wird hervorgehoben, dass in vielen neueren floristischen Werken der Monotropa Hypopitys ein 4- oder 5-blättriger Kelch zugeschrieben wird, obgleich, wie bereits Th. Irmisch (Botanische Zeitung, 1856) hervorgehoben hat, viele seitliche Blüten sehr häufig, ja oft sämtliche einer Traube, nur 3 oder 2 „Kelchblätter" besitzen. Gelegentlich können die „Kelchblätter" auch fehlen. Diese Gebilde haben ausserdem die Eigentümlichkeit, dass sie nicht selten von der Blüte wegrücken und dass aus den Achseln einer oder mehrerer dieser Blättchen Blüten entspringen. Eichler tritt trotzdem für die Kelchnatur ein und betrachtet „die Zerstreuung der Blättchen und ihre gelegentliche Fertilität als eine, anderwärts nur ausnahmsweise, bei

---

[1]) Abgeleitet von μονότροπος [monótropos] = einsam, das aus μόνος [mónos] = allein und τρόπος [trópos] = die Lebensart gebildet ist. Die Bezeichnung ist wohl darauf zurückzuführen, dass die Arten der Gattung in sehr schattigen Wäldern oft die einzigen (phanerogamen) Bewohner sind.

Monotropa hingegen häufige Eigentümlichkeit." H. Baillon (Histoire des Plantes, 1892) bezeichnet den Kelch als „bracteae circa corollam 1 bis 5, dissitae et sepaliformes". Domin hat sich ebenfalls dieser letztgenannten Ansicht angeschlossen, da eine reine Kelchnatur nicht vorliegen kann. Er hält „die Sepalen in Uebereinstimmung mit Baillon für Brakteolen oder Prophylle, die allerdings einige Eigentümlichkeiten aufweisen, indem ihnen eine deutlich progressive Tendenz, Kelchblätter nachzuahmen, inneliegt. An den Seitenblüten sind sie sowohl von den Hochblättern, als auch von den Petalen scharf differenziert; an den Gipfelblüten findet man indessen allmähliche Uebergänge in die Hochblätter". Diese Ansicht gewinnt insofern an Wahrscheinlichkeit, als die nächste Verwandte (M. uniflora) keinen deutlichen Kelch mehr, sondern nur Brakteen entwickeln, deren oberste als Vorblätter bezeichnet werden können, obgleich sie sich kaum von den Schuppenblättern unterscheiden. Auch die nahe verwandte Gattung Allótropa und wahrscheinlich der grössere Teil der übrigen Monotropoiden-Gattungen sind asepal (Näheres vgl. bei Domin). In M. uniflora wurde in allen Teilen das giftige Andromedotoxin nachgewiesen.

**2139. Monotropa Hypopitys**[1]) L. (= Hypopitys Monotropa Crantz). Fichten- oder Buchenspargel, Ohnblatt, Waldwurz, Wurzelsauger, Falsche Schmeerwurzel, Gelbes Vogelnest. Franz.: Monotrope suce-pin; engl.: Birds-nest, pinesap, false beech drops; ital.: Ipopitide. Taf. 205, Fig. 6 und Fig. 2622 bis 2626.

Chlorophyllose Pflanze mit ausdauernder, reich verzweigter, nest-artig verflochtener, glasig-spröder Wurzel, vanilleartig duftend. Stengel 10 bis 30 cm hoch, wie die ganze Pflanze bleich, braun oder wachsgelb, selten rosa bis purpurrot, beim Trocknen leicht dunkelbraun bis schwarz werdend, aufrecht, mit dicht stehenden, eiförmigen, 1 bis 1,5 cm langen, aufgerichteten Schuppenblättern, in einen gewöhnlich zunächst übergeneigten, später aufrech-ten, meist dicht- und reichblütigen, einfachen oder im unteren Teile verzweigten, traubigen, von oben nach unten (zentrifugal) aufblühendem Blütenstand[2]) endigend. Endblüte 5-, Seitenblüte 4-zählig, in den Achseln halbstengelumfassen-der, eilänglicher, gewölbter Tragblätter auf sehr kurzen, bisweilen fast fehlen-den Stielen, zur Blütezeit nickend, später aufrecht. Hochblätter kelchblattartig, keilig-rhombisch, ausgebissen gezähnelt, braun, bleichrandig. Kronblätter verkehrt-eilänglich bis spatelförmig, 12 bis 16 mm lang, am Grunde höckerig, fast gespornt, glockenförmig zusammenneigend. Staubblätter doppelt so viele als Kronblätter, 2-reihig, am Rande wimperig gezähnt. Diskus-drüsen in der Zahl der Staubblätter. Fruchtknoten fast kugelig bis eiförmig, durch zwischen den Samenleisten einspringende Scheidewände unvoll-kommen gefächert, oben ohne Mittelsäule, gelappt und 1-fächerig; Griffel ausdauernd, $^1/_4$ so lang wie der Fruchtknoten, mit deutlichem Griffelkanal und trichterförmiger Narbe. Kapsel fachspaltig, 6 bis 8 mm lang, verkehrt-eiförmig, aufrecht (Fig. 2623b, c). Samen langspindelig, 0,5 bis 1 mm lang, hell-braun. — VI bis VIII (X); in trockenen Jahren häufig fast ganz ausbleibend.

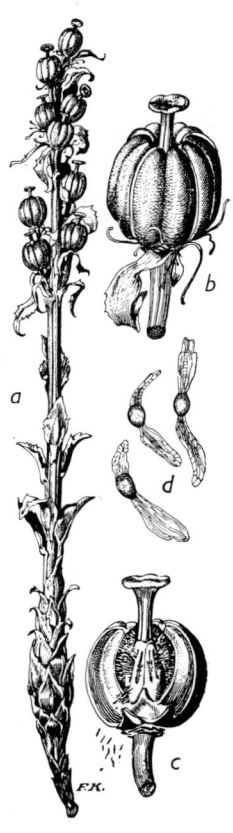

Fig. 2623. Monotropa Hypopitys L. var. glabra Roth. *a* Fruch-tender Stengel. *b* Frucht. *c* Frucht im Längsschnitt. *d* Samen.

Meist truppweise in schattigen, feuchten Laub- und Nadelwäldern als Saprophyt in mildem Humus. Von der Ebene bis in die subalpine Stufe: in den Rheinischen Gebirgen

---

[1]) Zusammengesetzt aus ὑπό [hypó] = unter und πίτυς [pítys] = Fichte. In der vorlinné'schen Nomen-klatur findet sich die Art verzeichnet bei Bauhin (1671) als Orobanche quae hypopithis dici potest, bei Ment-zellius (Mentzel) als Orobanche Hypopitys lutea, bei Plukenet (1691) als Orobanche Verbasculi odore, bei Morison (1715) als Orobanche flore breviore duplici, Verbasculi odore, bei Vaillant (1727) als Orobanchoides nostras flore oblongo flavescente, bei Gmelin (1745) als Monotropa floribus lateralibus octandris, terminali decandro, bei Haller (1768) als Hypopitys spica florida nutante.

[2]) Nach N. Bernard (Études sur la tuberisation. Thèse. Paris, 1901) kommen auch Exemplare mit vollständig unterirdischer Lebensführung vor, die verbogene Blütenstände mit Blüten und sogar reife Samen hervorbringen.

bis 700 m, in Schlesien bis 800 m, im Bayerischen Wald bis 890 m, in den Bayerischen Alpen bis 1100 m, in Tirol bis 1450 m, im nördlichen Graubünden (Schanfigg) bis 1660 m, im Puschlav bis gegen 1700 m, im Maderanertal bis 1800 m; im Himalaya von 1300 bis über 2600 m, in der var. lanuginósa in Nordwest=Yünnan bis über 3500 m.

In Deutschland in Mittel- und Süddeutschland meist häufig, in Norddeutschland zerstreut. — In Oesterreich häufig bis zerstreut. — In der Schweiz verbreitet.

Allgemeine Verbreitung: Europa: nördlich bis Mittelirland, Schottland, Dänemark, Skandinavien (Drontheim [68° 7′ nördl. Breite], Südnorrland), Satakunta, Onega=Karelien, Wologda, Perm, südlich bis Nordspanien, bis zu den Balearen, Korsika, Sardinien, Süditalien, Griechenland, Südrussland, Krim; Asien: südlich bis Kleinasien, bis zum Himalaya=Gebiet, bis zu den Gebirgen von Siam, China, Japan; Nordamerika von Kanada bis Mexiko.

Die Art ist ziemlich veränderlich und zeigt namentlich in bezug auf die Behaarung eine gleitende Reihe von völlig haarlosen Formen bis zu solchen mit dicht weissfilziger (var. tomentósa Velen. in Bulgarien) oder dicht rotflockiger Behaarung (var. lanugínósa Pursh vom Himalaya ostwärts bis mit Nordamerika). Andres hat diese Behaarungsverhältnisse zur Grundlage seiner Einteilung genommen und unterscheidet dabei für Mitteleuropa 3 Varietäten (var. glábra Roth, var. hypopságos [Dum.] Andres und var. hirsúta Roth), deren jede eine ± grosse Reihe von Formen umfasst. Domin legt wohl mit Recht grösseres Gewicht auf die Gestaltung des Fruchtknotens und der Blüte und fasst, wie es auch meist in den mitteleuropäischen Floren geschieht, die var. glabra und var. hypophagos als var. glabra Roth (s. ampl.) zusammen. Unter Aufstellung einer neuen Varietät (var. gracilèscens Domin) kommt er zu folgender Gliederung des mittel= europäischen Formenkreises. 1. var. hirsúta Roth (= M. Hypopitys auct. p. p., = Hypopitys multiflóra var. hirsuta Ledeb., = Monotropa multiflora K. Fritsch). Ganze Pflanze, namentlich im oberen Teile, kurzhaarig, meist kräftig und dichtblütig. Blütenstiele und Blüten weichhaarig. Schuppenblätter entfernt stehend, bis 1 cm breit, am Rande ungleich zerschlitzt. Hochblätter am Rande lang gewimpert. Kronblätter meist zerschlitzt, innen durch lange, weisse Haare langbärtig. Staubblätter und Griffel langhaarig, letzterer wenigstens so lang wie der Fruchtknoten. Narbe trichterförmig, mit langem, dichtem Haarkranz. Frucht länglich. Umfasst zahlreiche, aber systematisch wenig wertvolle Formen, die durch Zwischenglieder (mitunter am selben Standorte) miteinander verbunden sind: f. týpica Domin. Pflanze kräftig, mit mehrblütiger Traube. Blüten gross, etwa 16 bis 18 mm lang, ± lang gestielt. Fruchtknoten länglich=elliptisch bis eiförmig; Griffel lang. — f. mínor Domin. Pflanze zierlicher, weniger saftig. Hochblätter wenignervig. Blüten kleiner, bis 15 mm lang, röhrig. Kronblätter schmäler, bis 5 mm breit. In Böhmen bei Mnichovice. — f. ramósa (Rouy). Untere Blüten sehr lang (bis 7 cm lang gestielt), meist einzeln am Stiele. — f. cylíndrica Andr. Fruchtknoten 6 bis 10 mm lang, so lang wie der Griffel, fast 3=mal so lang als breit. Selten, z. B. im Rheinlande bei Bengel und Siegburg. — f. microcárpa Domin. Kapsel 3=mal kürzer als beim Typus, etwa so lang als breit. In Böhmen im Brdygebirge in Kiefernwäldern bei Příbram. — f. nútans Andr. Sämtliche Blüten und später auch die Früchte nickend. So z. B. im Rheinland bei Rohlandseck, bei Würzburg und in einer Form mit fehlschlagenden Kapseln bei der Piciner Kapelle im Brdygebirge in Böhmen. — f. cárnea Schütz. Ganze Pflanze lebhaft fleischrot. So z. B. bei Fleringen in der Eifel. — f. purpuráscens Schütz. Pflanze purpurrot. Bei Calw in Württemberg. — f. fúsca Andr. Pflanze braun aus dem Boden kommend. In der Tatra festgestellt. Vielleicht auch im Gebiete. — 2. var. glábra Roth s. ampl. (= M. hypopitys auct. pp. m., = M. Hypophégea Wallr., = M. glabra Bernh., = Hypopitys multiflora var. glabra Ledeb., = M. Hypophágos Dum.). Stengel kahl, meist niedrig, in der Regel arm=, bisweilen nur 1=blütig. Blüten kürzer und länger als bei var. hirsuta, glockig=

Fig. 2624. Monotropa Hypopitys L., Buchenwald b. Oberkleen, Kr. Wetzlar. Phot. Th. Arzt, Wetzlar.

röhrig. Kronblätter meist ganz kahl. Griffel kurz, gewöhnlich höchstens so lang wie der Fruchtknoten. Narbe trichterförmig. Kapsel rundlich, mit erhabenen Punkten. Zerfällt in 2 durch die Behaarung unschwer zu trennende Formen: subvar. átricha Domin. Pflanze in allen Teilen völlig kahl. Hierzu gehören: f. týpica Andr. Blütenstiele etwa so lang wie die Schuppe. — f. subuniflóra Domin. Traube 2- bis 3-blütig oder die ganze Pflanze nur 1-blütig. Vielfach mit der vorigen und in der Regel wohl eine Kümmerform. Nach Morière (Bulletin de la Société Botanique de France, 1862) scheint es aber auch eine im Herbste (September, Oktober) blühende (saison-dimorphe) Form (f. serótina [Rouy]) zu geben, die durch Armblütigkeit (1 bis 3 Blüten) ausgezeichnet ist. Eine sehr niedrige Form mit 4 Blüten am Stengel sammelte Schustler in den Vorläufern des Riesengebirges in Böhmen. Die Seitenblüten dieser Form waren sehr klein, sassen fast und waren durch die Brakteen vollständig verdeckt. Die unterste Seitenblüte war 8 mm lang und 4,5 mm breit, ihr Stempel vermutlich rudimentär; die Gipfelblüte war breit offen, fast 1 cm breit und ebenso lang und zeigte neben etwa 7 Hochblättern (Sepalen) 5 Kronblätter. — f. ramósa (Rouy). Pflanze mit stark verlängerten, oft mehrere Schuppen tragenden unteren Blütenstielen; letztere meist 1-, selten 2- bis 3-blütig. — f. glomeráta H. Andres. Blütenstand kolbig. Blütenstiele sehr kurz. Blüten fast sitzend. So z. B. im Rheinland bei Hetzhof und Altenhof bei Trier. — f. sanguínea Hausskn. Ganze Pflanze schön blutrot, nur die Narbe und der Griffel wachsgelb und die Staubblätter dunkelviolett. So am Emberge bei Dermbach und Martinrode in Thüringen. — var. vineósa Andr. Pflanze weinrot. Kaum davon abweichend ist f. rósea Siegel. Pflanze rosarot. Meilschnitz bei Coburg. — subvar. pilígera Domin (= var. glábra Roth s. str., = var. Hypophégos Andr.). Staubblätter, Griffel und bisweilen auch die Kronblätter behaart. Hierzu gehören: f. pauciflóra Hausskn. Pflanze arm- (1- bis 4-)blütig. Nicht selten. — f. ramósa Domin. Pflanze mit stark verlängerten, oft mehrere Schuppen tragenden unteren Blütenstielen, letztere meist 1-, seltener 2- bis 3-blütig. — 3. var. graciléscens Domin. Pflanze völlig kahl und wie var. glabra mit rundlichem Fruchtknoten, aber viel zierlicher. Stengel dünn, steif. Schuppenblätter und Hochblätter schmäler. Blüten kleiner, 11 bis 12 mm lang, röhrig. Kronblätter fast lineal, etwa 3 mm breit, am Grunde etwas sackartig ausgehöhlt, aber die genäherten inneren Ränder der Aushöhlung nicht zu einem Sporn verwachsen, sondern frei. So bisher nur aus einem schattigen Fichtenwalde bei Srbsko unweit Karlstein in Böhmen bekannt. Diese auffallende Varietät stellt nach Domin vielleicht eine an den warmen Silurkalkboden angepasste Rasse dar.

Monotropa Hypopitys besitzt eine zirkumboreale Verbreitung, überschreitet aber nur selten den 60.° nördl. Breite. Ihre ursprüngliche Heimat ist wahrscheinlich in Zentralasien zu suchen, wo sie zusammen mit M. uniflora auftritt. Nach Ad. Engler dürfte sie bereits im Tertiär nach Europa gelangt sein, verschwand aber während der Eiszeit aus Mitteleuropa und wanderte später wieder ein. Die Pflanze ist ein chlorophylloser Humusbewohner und tritt, scheinbar auf Baumwurzeln schmarotzend, meist in schattigen Wäldern auf. Welche Abhängigkeit dabei von der Baumart besteht, ist vielfach untersucht, aber auch in oft völlig widersprechendem Sinne beantwortet worden. Domin, der neben eigenen Beobachtungen auch die Literatur hinsichtlich dieser Frage durchgangen hat, kommt zu dem Schlusse, dass eine strenge Gebundenheit an eine bestimmte Holzart nicht besteht, dass aber immerhin die Varietät hirsuta vorwiegend in Kiefernwäldern (seltener unter Fichten oder Tannen), die Varietät glabra vorwiegend in Buchenwäldern oder mitunter auch unter anderen Laubbäumen vorkommt. Drude aber z. B. (Biologie der Monotropa Hypopitys L. und Neottia Nidus avis L. Göttingen, 1873) vertritt im Gegensatz zu fast allen Autoren die Anschauung, dass die letztgenannte Form für Nadelwälder, die var. hirsuta für Buchenwälder bezeichnend sei. In Nordwest-Deutschland ist die var. glabra bedeutend seltener als die in der Regel viel üppigere var. hirsuta, findet sich aber z. B. auf den Ostfriesischen Inseln in Dickichten von Salix repens und Hippophaë rhamnoides oder auch, bisweilen in grosser Menge, in ganz schattenlosen Dünentälern. Hinsichtlich der Bodenansprüche ist diese Sippe ausserordentlich genügsam und scheint in gewissen Gebieten (Böhmen) sogar lockere, nährstoffarme Unterlagen zu bevorzugen. Auch ihr Wärmebedürfnis ist gering, so dass sie bis in die subalpine Stufe (meist in Fichtenwäldern) steigt und andererseits nordwärts in Norwegen bis zum 68° 7' reicht. In Böhmen z. B. ist sie auch unter Hainbuchen und Eichen anzutreffen. Die var. hirsuta gilt im allgemeinen als eine gut bezeichnende Pflanze der Kiefernwälder und ist zweifellos wärmebedürftiger als die var. glabra. Nordwärts reicht sie in Norwegen bis nur 58° 27' nördlicher Breite. In Böhmen, Baden, Sachsen, Schlesien usw. ist sie bei weitem häufiger als die var. glabra, in den österreichischen Alpenländern und in der Schweiz hingegen viel seltener. — Der eigentliche Vegetationskörper der Pflanze besteht aus einem bald loserem Geflecht dünnerer, längerer Wurzeln, bald aus einem dichteren, korallenstockartigen Wurzelneste, das unter der Erde ein verborgenes Dasein führt und scheinbar den Wurzeln von Bäumen aufsitzt. Drude glaubte daher der Pflanze eine parasitäre Lebensweise[1]) zuschreiben zu müssen; doch haben (wie ursprünglich Graves [um 1820]), P. Duchartre, H. Schacht, Solms-Laubach, Fr. Kamienski, C. Queva u. a. gezeigt, dass die Verbindung

---

[1]) In Dänemark führt die Pflanze aus demselben Grunde den bezeichnenden Namen Snylterod, d. h. parasitisches Wurzelwerk.

zwischen der Pflanze und den Baumwurzeln nur durch ein Pilzgeflecht hergestellt wird. Die Wurzeln können bis 40 cm unter den Erdboden reichen und entbehren jeglicher Wurzelhaare, sind aber dafür in humosen Böden von einem dichten Pilzmantel (endotrophe Mykorrhiza) umhüllt, der der fortwachsenden und von einer Wurzelhaube geschützten Spitze ständig nachrückt. Anatomisch weichen die Wurzeln in ihrem Aufbau von denen der Piroloideae wesentlich ab. Der Zentralzylinder nimmt etwa $^1/_3$ des gesamten Querschnittes in Anspruch; das Rindenparenchym, das bei Pirola nur aus wenigen Reihen langgestreckter Zellen besteht, setzt sich bei Monotropa aus vielen, kleineren Zellreihen zusammen. Auf Längsschnitten sieht man das Plerom bis nahe an die Wurzelhaube herangehen, die aus dem Dermatogen durch Abschnürung von zwei Reihen flacher, länglicher Zellen hervorgegangen ist. Im Gegensatz zu den grossen Epidermiszellen der Piroloideae sind diejenigen der Monotropa-Wurzeln bedeutend kleiner, etwas länger als breit (etwa 32 : 22 bis 25 $\mu$) und mit kuppenförmig vorgewölbten Aussenwänden ausgestattet. Die folgende Schutzscheide ist schwach ausgebildet. Sie umschliesst einen triarchen Gefässbündel-Zylinder mit wenigen Holz- und Bastelementen. Die Gefässe sind durch Tracheïden ersetzt. Die Siebröhren entbehren der Siebplatten. Stärke ist im ganzen Gewebe nicht sichtbar; die Reservestoffe finden sich in flüssiger Form, womit wahrscheinlich eine leichtere Wasseraufnahme der Wurzeln aus dem Boden in Verbindung steht. Nach C. Queva (Mémoires de la société d'histoire naturelle d'Autun, 1909) können die Wurzeln ein sekundäres Dickenwachstum aufweisen, welches am Anfang einen normalen Charakter besitzt. Die ersten sekundären Holzelemente bilden sich hinter jeden „pôle trachéen", ohne Einschaltung von parenchymatischem Gewebe. Erst später treten die rings um das primäre Holz gelagerten kambialen Gewebe in Tätigkeit. Der in humosen Böden lebende Pilz (Monotropomýces nigréscens Cost. et Duf.), der vermutlich nicht derselbe ist, der mit Pirola-Wurzeln in Verbindung tritt — er ist dicker und schnallenlos und wurde von Costantin und Dufour aus Blüten rein gezüchtet —, sendet in die Oberhautzellen Haustorien, die in der Nähe des Zellkerns mit einer Anschwellung endigen und nach Mac Dougal (Symbiotic saprophytism, Annales of Botany, 1899), sowie nach J. Peklo (Bulletin international de l'Académie de Bohême. Bd. 13, 1908) einen innigen Stoffaustausch zwischen den Symbionten ermöglichen. Der Pilz nimmt das auf rein osmotischem Wege von Monotropa aufgenommene Wasser und mit diesem die Kohlehydrate auf und gibt dafür verarbeitete Humusstoffe ab. Eine Verarbeitung der aufgenommenen Bodenstoffe im Fichtenspargel erscheint infolge der Chlorophyllosigkeit und dem Mangel funktionsfähiger Spaltöffnungen an den oberirdischen Trieben äusserst unwahrscheinlich, so dass die Pflanze eines der seltenen Beispiele darstellt, in denen die Lebenserhaltung ganz von einem Pilze abhängig ist, eine Symbiose, die sich nach Fr. W. Neger (Biologie der Pflanzen, 1913) bedenklich dem reinen Parasitismus nähert. Allerdings finden sich an Exemplaren auf lehmigen Böden, bei denen nach Peklo das Wurzelgeflecht viel weitmaschiger wird und sich tiefer in den Boden hineinsenkt, auch andere Verhältnisse. Hier werden die einzelnen Wurzeln viel länger (mitunter bis 10 cm) und sind langgestreckt oder uhrfederartig eingerollt und häufig sehr wenig oder ganz unverzweigt. Sie besitzen dann eine gewisse, obgleich sehr entfernte und rein äusserliche Aehnlichkeit mit den Wurzelträgern von Selaginella. Die Mykorrhiza ist an solchen Exemplaren viel weniger deutlich entwickelt. Häufig sind auch die Mehrzahl der Wurzeln mykorrhizafrei, so dass der Pilz für die Ernährung der betreffenden Pflanze zum mindesten keine wesentliche Bedeutung zu besitzen scheint. Näheres ist darüber nicht bekannt. Die bereits im Herbste vorgebildeten Blütensprosse (Kaulome) entspringen als endogene Adventiv-Bildungen im Pericambium der Wurzeln und legen schon einige Schuppenblätter an, ehe sie aus dem Wurzelgewebe

Fig. 2625. Monotropa Hypopitys L., Rosaliengebirge. Phot. K. Tkalcsics, Wr. Neustadt.

hervorbrechen. Im Frühjahr steigen sie mit hakig zurückgebogener Spitze[1]) über die Bodenoberfläche empor und erheben sich als dicke, fleischige, saftreiche und reichlich mit häutigen, durchscheinenden Schuppen besetzte Stengel, deren Gipfel zunächst noch zurückgeschlagen bleibt und die nach unten geneigten Blüten trägt. „Alles an diesen Pflanzen, ihr Stengel, die Blattschuppen und die Blüten erinnern in der allgemeinen Tracht eher an eine Lathraea oder eine Orobanche (vgl. die vorlinné'schen Namen, pag. 1597 Anm. 1). Die in Verbindung mit dem Saprophytismus stehenden Rückbildungen zeigen sich auch in der Anatomie des Stengels. Das Stranggewebe ist schwach entwickelt und besitzt Tracheïden und Siebröhren ohne Siebplatten, aber keine Gefässe. Die Spaltöffnungen sind, wie oben bereits erwähnt, meist weitgehend zurückgebildet und keiner Tätigkeit mehr fähig. Gegen den Herbst, wenn die Fruchtreife eingetreten ist, streckt sich das bis dahin zurückgekrümmte Stengelende in die Höhe, der ganze oberirdische Teil stirbt ab, bräunt sich, vertrocknet, bleibt aber bisweilen bis in den Sommer des nächsten Jahres stehen (Wintersteher). Die Ausstreuung der staubleichten Samen erfolgt nach dem Aufspringen der Kapseln durch den leichtesten Luftstrom. In der Regel tritt das Oeffnen der Frucht von der Spitze aus ein. Bei der f. nutans der var. hirsuta hingegen erfolgt es n umgekehrter Richtung. Die in botrytischer Anordnung stehenden Blüten sind homogam. Der Nektar

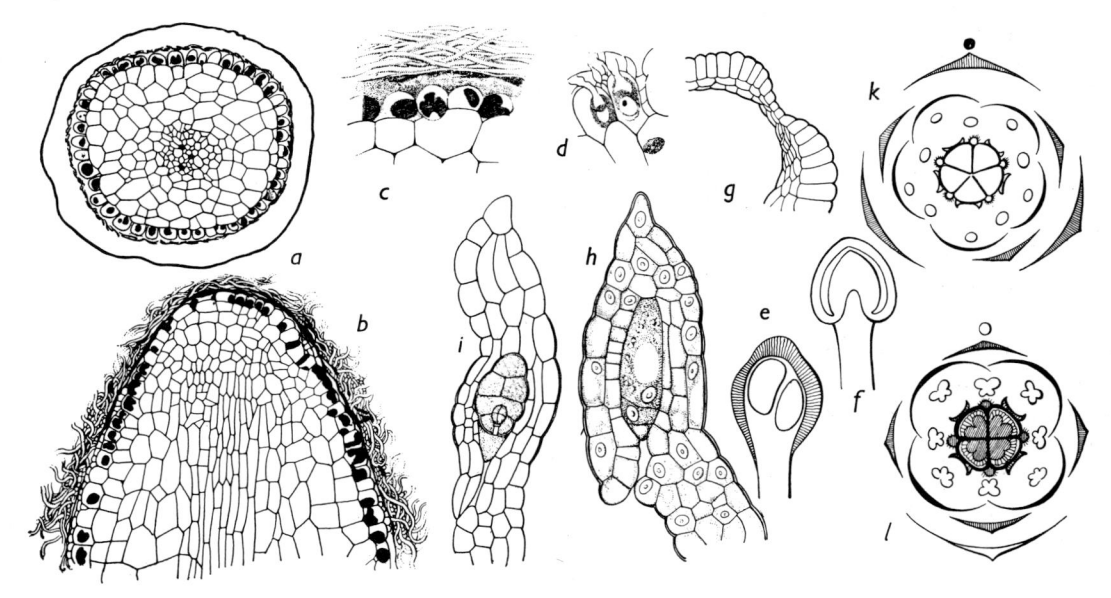

Fig. 2626. Monotropa Hypopitys L. *a* Querschnitt durch die Wurzel. *b* Längsschnitt durch den Vegetationspunkt der Wurzel (aussen die Mykorrhiza). *c* Epidermiszellen und Mykorrhiza *d* desgl. noch stärker vergrössert. *e* und *f* Längsschnitte durch die Staubblätter. *g* Längsschnitt durch den oberen Teil eines Staubbeutels. *h* Längsschnitt durch den Embryosack. *i* Nahezu reifer Samen. *k* Blütendiagramm einer endständigen, *l* desgl. einer seitenständigen Blüte (*a* bis *d* nach Peklo, *e* bis *g* nach Artopoeus, *h* und *i* nach L. Koch, *k* und *l* nach Eichler).

wird von 10 (bei der Gipfelblüte), bezw. 8 (bei den Seitenblüten) kleinen, länglichen Nektarien am Grunde der Fruchtknoten abgeschieden, die in die hohle Aussackung der Kronblätter hineinragen. Die aufrecht stehenden Kronblätter schliessen eng zusammen und bilden am Ausgang eine etwa 4 bis 5 mm breite Oeffnung, die bei den behaarten Varietäten durch die unter dem Narbenkopfe sitzenden Haare, bei der kahlen Form durch den 3 bis 3,5 mm breiten Narbenkopf fast abgeschlossen wird. Dieser zeigt in der Mitte eine grubige, ringsum von den sehr klebrigen Narbenpapillen wallartig umgebene Vertiefung. Besuchende Insekten können also nur zum Nektar gelangen, wenn sie einen Rüssel von mindestens 10 mm Länge besitzen. Die Staubbeutel stehen etwas unter dem Narbenkopf und springen nach aussen auf, so dass spontane Selbstbestäubung als aus-

---

[1]) Die Krümmung der Blütensprosse vor dem Herausbrechen aus dem Boden dürfte nach Schacht vom Grade der Tiefe abhängig sein, in welcher die Wurzeln liegen und somit von der Länge des Blütenschaftes. Bei sehr kurzen Blütenschäften ist die Krümmung stärker als bei langen, bei denen sie unter Umständen ganz unterbleibt. Die Bewegung der Spitze erfolgt nach M. Möbius (Flora, 1918) nicht infolge von negativem Phototropismus, sondern auf Grund der geotropischen Natur der Pflanze. Es findet sich dementsprechend auch eine deutliche Stärkescheide mit Statolithenstärke, während die Rinde und das Mark völlig frei von Stärkekörnern sind.

geschlossen erscheint. Die Fremdbestäubung erfolgt dadurch, dass die Insekten (Hummeln, kleine Käfer usw.) mit dem Kopfe die Narbe berühren, wobei die von anderen Blüten anhaftenden, nach Warnstorf weissen, kugeligen, glatten, etwa 25 μ Durchmesser besitzenden Pollen an der kleberigen Scheibe haften bleiben. Gleichzeitig machen sie sich den Kopf dabei kleberig, so dass der Pollen der besuchten Blüte, den sie unmittelbar nach der Berührung der Narbe streifen, dort haften bleibt. Die Zahl der Blütenglieder zeigt bisweilen auffallende Unregelmässigkeiten, indem neben 4= und 5=gliederigen auch 6=, ausnahmsweise auch 7= oder 3=gliederige vorkommen. Andere Bildungsabweichungen werden von Domin beschrieben. Auch ein Teil der unter den Varietäten beschriebenen Formen gehört sicher zu den teratologischen Abweichungen. Ueber die Keimung der Pflanze ist nichts bekannt; doch dürfte wie bei den anderen Pirolaceen ein Procaulom gebildet werden. Durch Destillation lässt sich aus der Pflanze ein ätherisches, namentlich aus Methylsalicylat bestehendes Oel gewinnen, dass vermutlich als Spaltungsprodukt eines Glykosids (vermutlich Gaultherin) entsteht. Möglicherweise beruht auf der Anwesenheit dieses Oeles der starke vanilleartige Duft, der sich bei der frischen Pflanze findet und sich auch bei getrockneten Exemplaren jahrelang hält (näheres vgl. Gildemeister und Hoffmann, Die ätherischen Oele). In Deutschland, Frankreich und Schweden wurde die Pflanze früher (ob noch gegenwärtig?) von den Bauern gegen den Husten bei Schafen und Rindern angewandt. H. Schacht (Beiträge zur Anatomie und Physiologie der Gewächse, 1854) schlug Monotropa Hypopitys als Gerbmittel und als mutmasslich kräftiges Abführmittel vor. Sie soll auch gekocht als Würze benützt werden. Als Parasit wurde auf der Pflanze Urocýstis Monótropae (Fr.) beobachtet.

## 102. Familie. Empetráceae. Krähenbeergewächse.

Bearbeitet von Dozent Dr. J. Braun=Blanquet, Zürich (1926).

Kleine, immergrüne Sträucher vom ericaähnlichem Aussehen. Laubblätter erikoid, mit tiefer Längsfurche auf der Unterseite (Fig. 2627 i), wechselständig oder fast wirtelig gedrängt, ohne Nebenblätter. Blüten klein, endständig oder an seitlichen Kurztrieben, eingeschlechtig, hie und da mit zwitterigen untermischt, selten alle zwitterig, 3= oder 2= (selten mehr=)zählig, aktinomorph (Fig. 2627 i). Staubblätter frei (in den weiblichen Blüten öfter rudimentär vorhanden), episepal; Antheren extrors, zweifächerig. Weibliche Blüten mit einem dem Diskus aufsitzenden, oberständigen 2= bis 3= oder 6= bis 9=fächerigen Fruchtknoten. Griffel kurz; Narbe ästig zerteilt (Fig. 2627), Abschnitte gestutzt, eingeschnitten oder gelappt. Frucht eine rundliche, beerenartige Steinfrucht mit 2 bis 9 Steinkernen; Steinkerne 1=samig. Samenanlagen aufrecht, apotrop, an zentralwinkelständiger Plazenta, mit ventraler Raphe und einem Integument. Embryo gerade, im reichlichen, fleischigen Nährgewebe. Kotyledonen klein.

Die kleine Familie, umfassend die Gattungen Coréma Don mit 2 Arten, Empetrum L. mit 2 Arten und Ceratíola Michx. mit einer Art, muss nach den grundlegenden Untersuchungen von G. Samuelsson den Ericaceae eng angeschlossen werden. In der Bildung des Endosperms wie im Bau der Samenanlage stimmen die Empetraceen weitgehend mit den Ericaceae überein (siehe dort pag. 1611); von denselben sind sie namentlich durch die eigenartige schildförmige, bei Empetrum tief zerschlitzte Narbe und durch die Dioecie[1]) verschieden. Der Bau des Griffels deutet gegen die Pirolaceen; das Blütendiagramm stimmt nach O. Hagerup völlig mit manchen Ericaceae (z. B. mit Tripetaleia Sieb. et Zucc.) überein. Die Stellung der Empetraceen zwischen den Pirolaceen und den Ericaceen entspricht somit durchaus den natürlichen Verwandtschaftsverhältnissen. Bisher wurde die Familie meistens der Reihe der Sapindales zugezählt und als besondere Unterreihe (Empetrinéae) zwischen die Buxinéae und Coriariariinéae (vgl. Bd. V/1 pag. 213) eingeordnet.

## DLVIII. Émpetrum[2]) L. Krähenbeere. Franz.: Camarine; engl.: Crow berry.

Ausser unserer Art kommt im westlichen Südamerika etwa vom 35¹/₂° südl. Breite südlich bis zum Feuerland und zu den Falkland=Inseln, sowie auf Tristan da Cunha das nahestehende E. rúbrum Willd. vor, das sich nach

---

[1]) Bei Empetrum nigrum kommen allerdings sowohl in den Alpen als im Norden häufig zwitterige Blüten vor.

[2]) Vom griechischen ἐν [en] = am und πέτρα [pétra] = Fels; nach dem felsigen Standort. Der Name ist nur bedingt richtig.

Fritzsche u. a. durch folgende Merkmale unterscheidet: Blattquerschnitt scharf gleichseitig dreieckig (statt elliptisch), junge Laubblätter stärker behaart, Blattkanten von unten an wollhaarig, Kutikula im Querschnitt deutlich messbare runzelig-wellige Faltung zeigend. Hochblätter stumpf gezähnt, selten ein Haar beigemengt (nicht reich bewimpert). Fruchtknoten behaart. Frucht purpurrot, oben vertieft, Griffelreste eingesenkt. Empetrum rubrum gibt der Falkland-Heide ihren Charakter mit Blechnum penna-marina. C. Skottsberg, der die Falkland-Heide eingehend untersucht hat, gibt eine Beschreibung der Empetrum rubrum-Assoziation, die sich durch grossen Artenreichtum auszeichnet. Sie liebt den trockenen, lockeren, steinigen Boden der Berghänge und bezeichnet oft Flächen früheren Erd-fliessens. In der Bodenschicht spielen Moose (namentlich Campylopus) und Flechten eine wichtige Rolle. Begleit-Arten die sich auch in unserer alpinen Empetrum-Heide wieder-finden sind: Deschampsia flexuosa, Polytrichum piliferum, Racomitrium lanuginosum, Cladonia alpestris und C. gracilis, Peltigera rufescens, Thamnolia vermicularis. Physiognomisch dürfte diese Empetrum rubrum-Heide der Empetrum nigrum-Loiseleuria-heide unserer Alpen entsprechen.

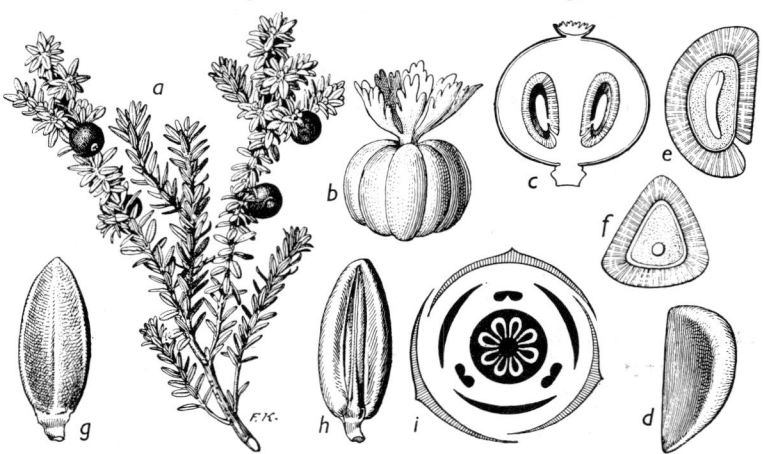

Fig. 2627. Empetrum nigrum L. *a* Zweig mit Früchten. *b* Fruchtknoten mit Narbe. *c* Längs-schnitt durch die Steinfrucht. *d* Steinkern. *e, f* Längs- und Querschnitt durch den-selben. *g, h* Laubblatt von der Ober- und Unterseite. *i* Diagramm einer Zwitterblüte (Fig. *b* bis *f* nach Engler-Prantl).

Das heutige Verbreitungszentrum der Empetraceen liegt im atlantischen Gebiet, einerseits in den Ost- und Südoststaaten der Union, woselbst 3 Arten vorkommen (Ceratiola ericoides Michx., Corema Conradi Torr., Empetrum nigrum L.), anderseits in Südwesteuropa mit Corema album (L.) D. Don (SW-Spanien, Portugal, Azoren) und Empetrum nigrum L. Nur Empetrum rubrum Willd. fehlt diesen Gebieten. Die eigenartigen Verbreitungsverhältnisse der Empetraceae decken sich mit jenen der Sektion Betodendron von Vaccinium, die fast ausschliesslich Nord- und Mittelamerikanisch ist und auf Madeira und den Azoren 4 endemische Arten entwickelt hat. Sie lassen auf eine weit zurückliegende, tertiäre Verbindung Südwest-Europas mit dem südlichen Nordamerika schliessen. Empetrum muss wie Loiseleuria als ein fest fixierter Tertiärtypus aufgefasst werden, der seine Plastizität eingebüsst hat. Hohes Alter, leichte Verbreitung der Samen auf grosse Strecken und Anspruchslosigkeit in bezug auf den Standort machen das heutige ungemein weite Verbreitungsareal erklärlich. Die Frucht von Corema album (L). Don wird in Portugal als kühlendes Mittel und gegen Fieber verwendet.

**2140. Empetrum nigrum** L. Schwarze Krähenbeere, Rauschbeere. Franz.: Camarine noire; engl.: Black crow berry. Taf. 179, Fig. 1 (siehe Bd. V/1, pag. 229); Fig. 2627 bis 2629.

Der Name Krähenbeere rührt daher, dass die Beeren dieser Pflanzen von Krähen gefressen werden; ein Vergleich der Beeren mit den Augen dieser Vögel mag noch mitgewirkt haben. Kreien-beeren (nordwestl. Deutschland), Krahbeer (Kärnten), Kronaugel [Krähenauge] (Böhmerwald). Andere Namen für die Beeren sind [vgl. auch Vaccinium Myrtillus und V. uliginosum!]: Fuul-, Gram-, Heidel-, Strickbeeren (nordwestl. Deutschland), Drunkelbeere (Lüneburger Heide), Dunkelbi(e)r (Erzgebirge), Güdelbeeri (Zermatt), Durstberi (Graubünden), Zimzamberla [aus dem Slavischen?] (Böhmerwald). Im Stanhadach (Kärnten) vgl. Calluna vulgaris (pag. 1690) und Loiseleuria procumbens (pag. 1647)! Im Harz ist die Krähenbeere als Brockenmyrte bekannt. — Rätoromanische Bezeichnungen Graubündens sind: Vineschia, vinegia, frus-cher da vignescha, murettas. In der Westschweiz (Joux-tal) wird die Art „nei" (von noir) genannt.

Reichverästelter, weitkriechender und teppichbildender, mykotropher Zwergstrauch von heidekrautartigem Aussehen. Niederliegender Erdstamm mit graubrauner, schülferiger Borke und mit an der Spitze emporgekrümmten, dichtbeblätterten, fein drüsig-flaumigen Zweigen und kräftiger Hauptwurzel. Laubblätter nadelförmig, wechselständig oder scheinwirtelig, winter-grün, glänzend, sehr kurz gestielt, im Mittel etwa 4 bis 6 mm lang und 1 bis 1,5 mm breit, am Rand gegen die Spitze zu fein gezähnelt, im Querschnitt elliptisch, nach unten umgerollt und mit den Rändern meist zusammenschliessend (Fig. 2627 h), unterseits weiss gekielt erscheinend, oberseits kahl (Fig. 2627 g) oder bewimpert, am Grunde in einen etwa 0,5 mm langen Blattstiel zusammengezogen. Blüten unscheinbar, gegen die Zweigenden gehäuft, einzeln (selten zu 2 bis 3) in den Achseln der Laubblätter auf einblütigen, $\pm$ $^1/_2$ mm langen Kurztrieben; diese unterhalb der Blüte einige dachig sich deckende, länglich=eiförmige, häutige, bewimperte Hochblätter tragend. Blüten regelmässig (Fig. 2627 i), meist zweihäusig mit $\pm$ verkümmerten Resten des fehlenden Geschlechtes, seltener einhäusig oder zwitterig. Kelch und Krone getrennt (2= bis) 3=blätterig. Kelchblätter blassgrün, verkehrteiförmig bis fast kreisrund, fein wimperig. Kron= blätter mit den Kelchblättern abwechselnd, zweimal so lang als diese (2 bis 3 mm), keilförmig, gestutzt, blassrot bis dunkelpurpurn, selten weiss. Staubblätter (2 bis) 3, dunkelpurpurn, den Kelch und die Krone mehrfach überragend, intros, mit Längsspalten sich öffnend. Frucht= knoten auf kleinem, fleischigem Diskus oberständig, 6= bis 9=fächerig mit ebensovielen, zwei= spaltigen, gelappten oder gezähnten schildförmig=angeordneten Narbenstrahlen (Fig. 2627 b) auf kurzem, dickem Griffel, dunkelpurpurn. Frucht eine meist schwarzglänzende, kugelige, vom dürren Griffel gekrönte Steinbeere mit 6 bis 9 einsamigen, rauhen, dreiseitigen Stein= kernen (Fig. 2627 d). Samenanlagen aufrecht, apotrop, mit einem Integument. Samen dünn= häutig, mit reichlichem, fleischigem Nährgewebe. Keimling zentral, rund, mit kleinen Keim= blättern; Würzelchen nach unten gerichtet. Haploide Chromosomenzahl nach Samuelsson (7 bis) 8. — V, VI.

Gesellig mit Vaccinien und mit Calluna oder auch allein ausgedehnte Herden bildend. Im Tiefland im Zwischenmoor, Zwischenmoorwald, auf sandigen Heideböden, in Eichen= gebüschen (Krat), auf Dünensand, im Gebirge auf frischem bis mässig feuchtem, kalkarmem, saurem Boden als ein Glied der Zwergstrauchheide von Bedeutung. Vom Strand der Nord= und Ostsee bis zu 3040 m in den Alpen aufsteigend.

In Norddeutschland namentlich in den Küstengebieten und auf den Mooren des nördlichen Flach= landes vom Niederrhein und Westfalen bis Ostpreussen zerstreut, stellenweise häufig (auch auf den Ostfriesischen Inseln). In der Priegnitz nur am Treptow See bei Redlin mit Ledum palustre und Vaccinium uliginosum, in Brandenburg nur bei Guben (Pinnow), dann wieder in den Mittelgebirgen, in der Eifel, im Hohen Venn, Oden= wald, Harz („Brockenmyrte"), Solling an der Weser, Rhön (Schwarzes, Kleines, Braunes Moor), im Thüringer= wald als seltene Hochmoorpflanze, in der übrigen Hercynia eine der bezeichnendsten Montanarten sowohl in Mooren als auch in der Bergheide und selbst auf trockenem, sonnigem Fels (an den Hopfensäcken im Harz 800 m, am Blöckenstein im Böhmerwald 1360 bis 1380 m, Arber 1300 bis 1400 m), Moore des Fichtel= und Erz= gebirges), Riesengebirge, Sudeten, Gesenke, Glatzer Schneeberg, Böhmisch=Mährischer Höhenzug, Ostbeskiden, Tatra, Karpaten; auf Hochmooren und Felsen des südlichen und nördlichen Schwarzwaldes vom Feldberg bis zum Wilden See bei Wildbad, in den Vogesen und im Hochjura (Joux, Vraconnaz, Creux du Van). Durch die Alpenkette allgemein verbreitet und namentlich in den gneis=, granit= und kalkarmen Schiefergebirgen häufig und gesellig an der oberen Baumgrenze, aber meist nicht unter 1700 m. Tiefer nur im Val Onsernone (Tessin) 900 m, selten, unterhalb Handegg im Berner Oberland 1300 m (Frey briefl.), Lenzerheide 1480 m (Graubünden), Lenggries (Oberbayern 900 m) usw. Fehlt den Mooren des Alpenvorlandes. Herden= bildend mit Loiseleuria und Vaccinium uliginosum bis etwas über die klimatische Baumgrenze ansteigend, vereinzelt bis in die Nivalstufe (bleibt aber an den obersten Standorten stets steril), so vom Bearbeiter (Braun=Bl.) noch bei 3040 m in einer sonnigen Felsnische auf Gneis am Piz Forun (Graubünden), im Berner Oberland bis 2800 m mehrfach (vereinzelt bis 2850 m in der Ewigschneehornkette auf Humusanhäufungen grösserer Felsspalten in Südlage, auf Gneis, Frey briefl.), im Wallis bis 2550 m angegeben (Gagenhaupt bei Zermatt: Br.=Bl.); reicht in der Bernerkette aber wohl höher), im Tessin 1800 bis gegen 2800 m an der Corona di Redorta (Br.=Bl.). In Zentral=Tirol zwischen 1600 und 2600 m, in Südbayern zwischen 1600 und 2050 m angegeben. Das Verbreitungsgebiet in den Alpen deckt sich also so ziemlich mit jenem von Loiseleuria pro= cumbens; die optimale Verbreitung reicht vom oberen Teil der subalpinen Stufe bis zur Grenze der Zwerg= strauchgesellschaften in N, NW und NE=Lage.

Allgemeine Verbreitung: Zirkumpolar, über die ganze nördliche Hemisphäre verbreitet, in den südlicheren Gebieten aber nur auf den höheren Gebirgen. Im gemässigten

Europa auch auf den Britischen Inseln, in Belgien, Holland, Dänemark, in den baltischen Staaten, Polen, Tschechoslowakei, Russland (südlich bis ins Gouvernement Pensa). In Südwesteuropa nur bis in die Pyrenäen bis 2600 m am Pic d'Ardiden (fehlt der Iberischen Halbinsel); in Frankreich nur in den Vogesen, im Hochjura, in den Alpen, in der Auvergne, im Forezgebirge und am Mont Mézenc (Vivarais) an und über der Waldgrenze. In Italien bis zum mittleren (etrurischen) Apennin. Auf dem Balkan in der bulgarischen Rilo Planina, Bosnien, Montenegro (fehlt in Altserbien und Griechenland); Banat, Biharia. Kaukasus 2100 bis 3050 m, Lazistan, Ural, Altai, Nordsibirien (fehlt auf Waigatsch und Novaja Semlja), Kamtschatka, Japan, Korea, Aleuten; boreales Nordamerika, südlich bis zu den Alleghanies nordwärts bis Alaska, im amerikanisch-arktischen Archipel bis 78° 53' nördl. Breite auf Ellesmere Land (Lastraea Valley), in Westgrönland bis 78° 7' (Foulke Fjord), in Ostgrönland bis zirka 77° im Damnarks Havn (hier anscheinend selten die Früchte ausreifend; in der Zwergstrauch-Heide mit Cassiope tetragona und Salix herbacea). In Skandinavien bis 71° 10' nördl. Breite, Faröer, Island, Spitzbergen bis 78° 30' nördl. Breite.

Aendert wenig ab: In Europa und im grössten Teil des Verbreitungsgebietes nur die var. týpicum Koehne mit glänzend schwarzen Beeren und fast kahlen Zweigen; var. leucocárpum Aschers. und Magnus mit weissen Beeren besonders im östlichen Baltikum; var. purpúreum (Raf.) DC., der var. typicum ähnlich, aber mit roter oder purpurner Frucht (Nordamerika); var. Andínum (Philippi) DC. Zweige und junge Laubblätter dicht behaart. Frucht rot, saftiger (Neufundland und Nordoststaaten der Union, Chile). Neuerdings unterscheidet Beauverd die alpigene Pflanze als besondere Varietät unter dem Namen var. alpínum Beauv. Laubblätter der sterilen Zweige wechselständig, jene der blühenden Zweige wirtelig zu 4 (bei der arktischen Pflanze wechselständig); blühende Zweige meist gegenständig oder wirtelig. Blüten beim Aufblühen stets zwitterig. So in den Schweizer- und Savoyeralpen (Diese Form ist weiter zu beobachten!).

Fig. 2628. Empetrum nigrum L., Nordseeinsel Baltrum. Phot. F. Runge, Münster, Westf.

Wie Calluna, so ist auch Empetrum nigrum, wenn wir seine Gesamtverbreitung ins Auge fassen, ± standortsvag. Die Pflanze gedeiht ebensowohl im Hochmoor als im trockenen Dünensand der Küstengebiete, in sonnigen Felsspalten sowohl als im lange schneebedeckten Teppich der arktisch-alpinen Zwergstrauchheide. Auch aus Westgrönland gibt sie Porsild als überall häufig in allen möglichen Pflanzengesellschaften an. Da sie zudem meist gesellig in geschlossenen Herden auftritt und sich vegetativ rasch ausbreitet, ist sie dynamogenetisch von hervorragender Bedeutung. Dieselbe äussert sich in der Ueberführung trockengelegter Zwischenmoore in Heide und Wald, in der Dünenbewachsung (auf den Dünen von Sylt und Amrum an der Nordsee reichen Empetrum-Teppiche im reinen Flugsand bis zur Dünenfirst), in der Besitznahme von offenem Sand-, Schutt- und Moränenboden. Die Genese der Empetrum-Bestände kann demnach ganz verschiedene Wege einschlagen und das Endglied, trotz des Vorherrschens von Empetrum recht abweichenden Assoziatonen angehören, wie das ja auch bei Calluna der Fall ist. Die Bezeichnung „Empetrétum" als genereller Begriff sollte daher vermieden werden. Von soziologisch-ökologischer Uebereinstimmung kann bei Empetrum-reichen Assoziationen nicht gesprochen werden. Nur wenige Züge sind allen Gesellschaften, worin Empetrum dominiert, gemeinsam: der nährstoffarme Boden und das Vorhandensein einer mässigen bis reichlichen Schneedecke, die nur in ozeanischen Küstengebieten fast ganz fehlen kann. Im südlichen Abschnitt des Verbreitungsgebietes sind Empetrumherden fast ausschliesslich auf Schattenlagen beschränkt und erfordern eine ziemlich hohe Luftfeuchtigkeit während der ganzen Vegetationsperiode und mässig bis stark saure Bodenreaktion.

In den Alpen und in den Vogesen, wie auch im französischen Mittelgebirge und in den Pyrenäen tritt Empetrum selten in grossen, reinen Herden, sondern zumeist mit Vaccinium uliginosum, Rhododendron ferrugineum (Fig. 2628) oder Loiseleuria procumbens gemischt auf. Der gesamten Begleitflora nach sind die alpinen Empetrumherden dem Empetreto-Vaccinietum zuzurechnen. Diese Assoziation ist an und wenig über der Waldgrenze an schneereichen und mässig feuchten Standorten, auf lockerem Boden (Moränen, Sturzschutthalden usw.) sehr verbreitet. Sie alterniert mit dem soziologisch nahestehenden Loiseleurietum cetrariosum, das die wintersüber schneefreien windexponierten Kuppen und Gräte besiedelt. In grosser Ausdehnung bedeckt die Empetrum-reiche Vaccinium-Heide z. B. die nordexponierten, reichlich schneebedeckten Hänge an der Waldgrenze oberhalb Cierfs im bündnerischen Münstertal auf Verrucano-Gehängeschutt. Die Zusammensetzung dieser Heiden bei 2200 m ist folgende (Fläche von 4 m²).

Zwergsträucher (Chamaephyten):

| Mengen-verhältnis | Soziabilität | |
|---|---|---|
| 3 | 2—3 | Empetrum nigrum |
| 2 | 2 | Vaccinium uliginosum |
| 2 | 2 | Loiseleuria procumbens |
| 2 | 3 | Arctostaphylos alpina |
| + | 1 | Vaccinium Vitis idaea |
| + | 1 | Vaccinium Myrtillus |
| + | 1 | Pinus cembra (1 Keimling) |

Hemikryptophyten:

| Mengen-verhältnis | Soziabilität | |
|---|---|---|
| 1 | 2 | Deschampsia flexuosa |
| 1 | 1 | Avena versicolor |
| + | 1 | Phyteuma hemisphaericum |
| 1 | 1 | Homogyne alpina |
| 1 | 1 | Leontodon Pyrenaicus |
| + | 1 | Melampyrum pratense (Therophyt) |

Moose und Flechten:

| Mengen-verhältnis | Soziabilität | |
|---|---|---|
| 2 | 1 | Cetraria Islandica |
| 1 | 1 | Cladonia rangiferina |
| 1 | 1 | Cladonia silvatica |
| + | 1 | Cladonia pyxidata |
| + | 1 | Cladonia gracilis |

| Mengen-verhältnis | Soziabilität | |
|---|---|---|
| + | 2 | Peltigera aphtosa |
| 1 | 1 | Lophozia lycopodioides |
| 1 | 2 | Hylocomium splendens |
| 1 | 2 | Hylocomium Schreberi |
| + | 3 | Dicranum spec. |

Auf der etwa 10 m² messenden Fläche des Assoziationsindividuums fanden sich ferner: Rhododendron ferrugineum, Lycopodium Selago, Anthoxanthum, Luzula silvatica, Hylocomium triquetrum, verschiedene Lichenes. Die Baumgrenze liegt an dieser Stelle bei 2410 m.— Auch in der Vaccinium-reichen Fazies der Rhododendron ferrugineum-Assoziation kann Empetrum bisweilen mitdominieren, namentlich auf grobblockigen Gneisböden. Verschiedene Bodenproben aus der Wurzelschicht Empetrum-reicher Zwergstrauchheiden in den Rätischen Alpen ergaben eine stark saure Reaktion (pH 4.9—4.2). In den Kalk- und Dolomitketten ist die Art äusserst spärlich und zerstreut und auf humus-kalkfreie Stellen beschränkt, daher vorwiegend Waldpflanze. Ihre lokalen Standortsansprüche in den trockenen Unterengadiner Bergföhrenwaldungen auf Kalksubstrat sind sehr ausgeprägt. Sie wächst dort mit Vaccinium Myrtillus, Luzula silvatica, Plagiochila asplenioides, Brachythecium intricatum, Encalypta vulgaris nur in feuchteren, humusreichen Vertiefungen und kleinen Mulden, wo der Schnee spät wegschmilzt und wo Regen- und Schmelzwasser sich sammeln, während die Bodendecke des umgebenden Bergföhrenwaldes zur Hauptsache aus Erica carnea und Vaccinium Vitis idaea besteht. Die immer noch kolportierte Angabe, dass Empetrum in der „Formation vom Carex firma" der Kalkalpen vorkomme, ist irrtümlich. Grosse Ausdehnung erreichen die Empetrum-Heiden in subarktischen Gebieten, in Europa auf Island, im nördlichen Fennoskandien und in Nordrussland. Aus Nordschweden werden eine ganze Reihe von Assoziationen (z. T. wohl nur Fazies) beschrieben, worin Empetrum stets vorherrschend ist. Im Sarekgebiet allein unterscheidet Tengwall: 1. den Empetrum-reichen Flechten-Birkenwald, 2. den Empetrum-reichen Moosbirkenwald, 3. die flechtenreiche Empetrum nigrum-Heide, 4. die moosreiche Empetrum nigrum-Heide, 5. das Empetrum nigrum-Zwergstrauchmoor. Die floristischen Unterschiede zwischen den Zwergstrauchtypen mit und ohne Birken sind indes sehr gering; die Birke übt keinen nachweisbaren Einfluss auf die floristische Zusammensetzung der Empetrum-Herden aus. Auch moos- und flechtenreiche Fazies sind wenig verschieden; in beiden kommen oft Vaccinium uliginosum, V. Vitis idaea, Arctostaphylos alpina und die der alpinen Empetrum-Heide fehlenden Betula nana, Calamagrostis Lapponica und Carex rigida vor. Völlig abweichend und entweder als selbständige Assoziation oder als Glied einer Hochmoor-Assoziation zu betrachten ist das Empetrum-Zwergstrauchmoor. Im Sarekgebiet wird es aus Empetrum, Rubus Chamaemorus, Oxycoccus microcarpus, Eriophorum vaginatum, Carices, Sphagna, Dicrana, Polytricha und aus Hepaticae gebildet, denen sich an trockeneren Stellen Strauchflechten beimischen. Die norddeutschen Empetrum-reichen Moore dürften zur gleichen Gesellschaft gehören (vgl. namentlich Wangerin's Arbeiten); auch aus Mecklenburg erwähnt Stahl die Krähenbeere im Sphagnum-Moor mit Oxycoccus, Ledum, Andromeda, Vaccinium uliginosum, V. Vitis idaea und Drosera rotundifolia. In ähnlicher Gesellschaft findet sich die Art auf subalpinen Hochmooren. Alpwirtschaftlich nützt Empetrum nigrum durch seine bodenbindende, berasende Fähigkeit. Anderseits schadet die Pflanze durch Ueberwuchern der Weideflächen und durch Bildung von Trockentorf. Vom Vieh wird sie nicht berührt, ist aber unschädlich. Sie kann durch Ausreissen leicht vertilgt werden; auch verschwindet sie bei Düngung. In einzelnen Teilen Grönlands, wo sie häufig vorkommt, dient sie den Eskimo als Heizmaterial. Die unangenehm bitterlich schmeckenden Beeren sind unschädlich, sollen aber in grösserer Menge genossen, Schwindel und Kopfschmerz erregen. Die Früchte werden im Norden grösser und saftiger als in Mitteleuropa; sie gehören z. B. im nördlichen Skandinavien und in Nordrussland zu den wenigen einheimischen Beerenfrüchten, die in Menge sowohl frisch als zubereitet genossen werden. Die gefrorenen Beeren sind besonders wohlschmeckend. Nach Schübeler werden sie von den Lappländern mit Milch gemischt für den Winter aufbewahrt. Im Winter lässt man die Mischung gefrieren und isst dann das zerriebene Eis mit dem Löffel. „Um ein nach ihrem Geschmack sehr feines Gericht zu bereiten, schlagen die an der Küste wohnenden Lappen Dorschleber zu einer breiartigen Masse, um während des Kochens so viel frische Rauschbeeren als möglich dazwischen zu rühren. — In Island werden die Beeren entweder frisch mit saurer Milch gegessen oder in dieser zum Winterbedarf aufbewahrt; oder man trinkt ein wässeriges Extrakt der Beeren, für sich oder mit saurer Milch als allgemein beliebtes Getränk. Die Rauschbeere wird auch in Grönland in grosser Menge verzehrt, mit Seehundspeck gemischt; es sollen nach Rink jährlich über 139 000 Liter davon gesammelt werden" (Schübeler). — In Norwegen wurde im Mittelalter (in Sibirien und Grönland angeblich noch heute) aus den Beeren von Empetrum auch ein Wein bereitet. König Sverre (12. Jahrh.) suchte durch solchen Rauschbeerwein den eingeführten Traubenwein zu verdrängen. Auf Island soll der Rauschbeerwein sogar beim Abendmahl benützt worden sein. In Mitteleuropa finden die Rauschbeeren keine Verwendung. In Pommern werden aus der Pflanze Besen gebunden. Ascherson sah in den Gebirgsgegenden Norwegens Empetrum (ebenso Rubus Chamaemorus) auf den mit Rasen bedeckten Dächern wachsen.

Die Laubblätter enthalten neben einer Wachsart, die ganz oder doch hauptsächlich aus Ceratinsäure und Cerylester besteht, Urson, Benzoësäure, Gerbstoff, Fruktose (und wahrscheinlich Rutin). Dagegen sind weder Alkaloide, noch Andromedotoxin oder durch Emulsin zerlegbare Glukoside vorhanden. Blätter und Samen (Hérba et Sémen Empetri) wurden früher medizinisch als Antiscorbuticum und Diureticum angewendet. Haller berichtet 1768, dass die Alten die gekochten Empetrumblätter zu heilenden Umschlägen verwendeten; auf der Halbinsel Kamtschatka sind die Beeren gegen Skorbut in Gebrauch. Die gekochten Beeren färben mit Alaun behandelte Lein- und Wollgewebe braunschwarz.

Die Frucht reift gegen den Herbst, in alpinen Lagen im September bis Oktober und selbst unter der Schneedecke; sie wurde öfter, in den Alpen und in der Arktis, als Wintersteher beobachtet. Samen aus den Karpaten keimten nach Kinzel erst nach $3^1/_2$ Jahren mit 17%, frisch geerntete und angesetzte von der Insel Röm dagegen schon nach 4 Monaten, um nach 2 Jahren 50% und nach 4 Jahren 85% zu erreichen. Die Keimversuche fanden am Licht statt; im Dunkel erreichte die Keimfähigkeit nur 33%. Frost bewirkte erst nach 3 Jahren Begünstigung der Keimung.

Die Verbreitung der Samen geschieht durch Vögel und zwar in den Alpen namentlich durch Schneehühner. Das Vorkommen isolierter steriler Sträuchlein noch weit über der klimatischen Schneegrenze in warmen geschützten Felsspalten und auf Gesimsen ist auf die Schneehühner zurückzuführen. Ganz ähnlich verhält es sich mit den äussersten arktischen Vorposten, die nach H. Simmons stets steril bleiben. Im arktisch-amerikanischen Archipel, wo die Pflanze trotzdem sehr verbreitet ist, dürfte der Pta-migan als wichtigster Samenverbreiter zu betrachten sein. Während heute auf Spitzbergen eine Fruchtbildung nicht beobachtet werden kann, sind dort subfossile Fruchtsteine gefunden worden. Auf der Nordseeinsel Röm soll Empetrum neuerdings durch Möven stark verschleppt und verbreitet worden sein. Nach Holmboe fressen viele Vogelarten die Beeren von Empetrum, ausser dem Schneehuhn, dem Birkhuhn und ihrem Bastard z. B. auch Lagopus mutus, Corvus corax, Perisoreus infaustus, Stercorarius crepidatus, S. parasiticus u. a. In Schweden fand Sernander Samen und Früchte reichlich in einem Lemmingnest. Endozoisch können die Früchte auch durch Füchse, Bären, Renntiere, Elche, Eichhörnchen verbreitet werden. Gelegentlich erfolgt die Verbreitung auch durch Schneegestöber (chinochor) oder durch die Meeresdrift.

Blütenbiologisch bildet Empetrum nigrum ein Zwischenglied zwischen Insekten- und Windblütigkeit. Weder die Bestäubungsart noch die Geschlechtsverhältnisse scheinen fest fixiert zu sein. Alle Uebergänge von zwitterigen zu eingeschlechtigen Blüten kommen vor und sind sogar am gleichen Stock zu beobachten. In Uppsala beobachtete Samuelsson an einer Empetrumpflanze 1908 nur männliche Blüten, 1910 blühte sie polygam, die meisten Blüten waren rein weiblich. In manchen Gegenden der Alpen, besonders aber in der Arktis und in Nordskandinavien, ist Empetrum häufiger zwitterig oder polygam als dioezisch. Beauverd fand Empetrum in den Schweizer- und Savoyeralpen ausschliesslich zwitterig. In Schweden überwiegen schon im mittleren Dalarne die polygamen und monoezischen Pflanzen. Die Zwitterblüten sind protandrisch.

In den Alpen fand Müller-Lippstadt auf Empetrumblüten Fliegen, Bienen (besonders Hummeln), Ameisen und Falter als Bestäuber. Der anlockende Nektar wird von dem fleischigen Diskus am Grunde des Fruchtknotens in reichlicher Menge ausgeschieden. Während langrüsselige Schmetterlinge (wie der Distelfalter) den Honig leicht wegsaugen können, ohne dass der Rüssel mit Narbe und Staubgefässen in Berührung kommt, müssen Fliegen und Bienen den Kopf in den honighaltenden Becher stecken und wirken so bestäubungs-vermittelnd. Windbestäubung dürfte aber die Regel sein.

Wie bei den meisten unserer Ericaceen findet auch bei Empetrum nigrum eine weitgehende Vorbereitung der Blütenteile schon im Vorjahr statt und schon kurz nach der Blüte sind die Anlagen der nächstjährigen Blüten nachweisbar. Bereits einen Monat nach der Blüte (am 23. Juni) konnte Samuelsson in Mittelschweden bereits nahezu fertiggebildete Kelch- und Kronblätter fürs nächste Jahr nachweisen. Von den Staub- und Fruchtblättern waren nur die ersten Anlagen sichtbar; doch schreitet die Entwicklung rasch fort, am raschesten in den eingeschlechtigen Blüten. Ende Juni zeigten die Staubblätter bereits abgesetzte Antheren; die Archesporen waren deutlich ausgebildet. Am 23. Juli waren Pollenmutterzellen zu sehen und am 28. Juli hatte in den Antheren einiger Blüten die Tetradenteilung bereits stattgefunden, während schon am 8. Juli alle Teile des Gynäceums in den rein weiblichen Blüten fertig angelegt waren. Schon Anfangs August sind achtkernige Embryosäcke anzutreffen. Die Blüte überwintert also vollständig fertig gebildet, sodass im nächsten Frühjahr nur eine Vergrösserung der vorhandenen Zellen zu erfolgen hat.

Der Zuwachs der Kriech-sprosse von Empetrum beträgt im dänischen Heidegebiet oft 10, seltener 15 cm jährlich, in der Arktis dagegen meist bloss 3 bis 4 cm, oft nur 1 bis 2 cm. Die Kurztriebe zeigen dort jährlich einen Zuwachs von weniger als 1 cm. Der Sprossbau ist race-mös, die Blattstellung ist sehr variabel; denn es kommen sowohl gegenstän-dige (quirlige) als spiralige Anordnung der Blätter vor. Bei letzterer treten Uebergänge von $^2/_5$ zu $^3/_7$ Stellung auf.

Die Empetrum-Sträucher können ein recht beträchtliches Alter erreichen. Kihlman erwähnt ein 80-jähriges Stämmchen von der Halb-insel Kola bei 67° 11′ nördl. Breite, das 0,08 mm mittlere Jahrringbreite besass, ein 73-jähriges Stämmchen zeigte nur 0,05 mm Jahreszuwachs; die Länge der Jahrestriebe betrug

Fig. 2629. Empetrum nigrum L., Früchte. Zirbenwald b. Obergurgl, Tirol. Phot. Th. Arzt, Wetzlar.

meist nur 1 bis 2 cm, selten bis 3 cm. Schröter sammelte an der Bernina bei 2450 m ein Exemplar, dessen Stämmchen bei einem Durchmesser von 5 mm einen grössten Wachstumsradius von 4 mm und auf demselben 50 Jahrringe zählte, also eine mittlere Jahrringbreite von 0,08 mm besass. Die Jahrringe sind deutlich abgegrenzt. Die jüngeren Korkzellen enthalten Stärke, die älteren Gerbstoff.

Mit Loiseleuria gehört Empetrum zu den Arten von ausgeprägt xerophilem Bau. Die nadel-förmigen Laubblätter sind von typischem Rollblattypus mit nach unten umgerollter Spreite, deren Ränder sich nahezu berühren (Taf. 179, Fig. 1 c, d). Während die glänzende, stark kutikularisierte Oberseite keine Spalt-öffnungen aufweist, sind jene der Unterseite in der geschützten Höhlung geborgen und ausserdem noch von braunen Trichomen überdeckt. Da sie nur durch einen schmalen Spalt mit der Aussenluft in Verbindung stehen, muss die Einrichtung als vorzüglicher Verdunstungsschutz gelten. Nach Jungner gehören die Blätter zum Typus der „Kälteblätter". Ausser der starken Verdickung der Epidermisaussenwand sind die Epidermis-zellen der Oberseite durch eine Verschleimung der Innenmembran ausgezeichnet und dienen so als Wasser-

speicher, indem die Wasserabgabe eingeschränkt wird. Bemerkenswert ist die starke Entwicklung des Palisaden=
gewebes der Blätter im Verhältnis zum Schwammparenchym. Nach einer Messung von P. L. L o h r — ausgeführt
an Blättern aus sonniger Höhenlage (2400 m) — entfallen 56 % der Blattdicke auf Palisadenzellen, 32 % auf
Schwammparenchym und 12 % auf Epidermis und Kutikula. Im Herbst sind die Empetrum=Blätter sehr stärke=
reich, Ende Dezember dagegen stärkefrei, aber zuckerreich.

Die ausgesprochen xeromorphe Struktur der Empetrumblätter steht in schärfstem Gegensatz zur
Gesamtökologie der Pflanze in Mitteleuropa. Sie ist hier windfliehend und ein ausgesprochener Schneeschützling
und geniesst in den Alpen während 5 bis 7 Monaten den Schutz einer meist ausgiebigen Schneedecke. Während
der Vegetationsperiode sind ihre Standorte stets ± befeuchtet und halten namentlich Regen= und Schmelz=
wasser lange fest. Eine starke Austrocknung des Wurzelwerks erträgt der Strauch nicht. Seinen Ansprüchen
nach kann somit Empetrum durchaus nicht als Xerophyt betrachtet werden; damit stimmt übrigens auch die
Verbreitung der Art überein, die sich einerseits an die feucht=nebligen Mittelgebirge und die regenreichen
Hochgebirge, anderseits an die ozeanischen Küstengebiete und den schneereichen Norden hält. Nachdem
jüngst auch die Theorie von der „physiologischen Trockenheit" der Moore einen starken Stoss erlitten hat
(vgl. pag. 1614), halten wir uns für berechtigt, Empetrum als Mesophytenstrauch mit alterworbener, fest=
fixierter, „versteinerter" Xerophytenstruktur zu bezeichnen. Wann, wo und unter welchen äusseren Umständen
diese Xeromorphie erworben worden ist, entzieht sich jedoch unserer Beurteilung.

Die Xeromorphie des Empetrumblattes hindert im übrigen die Pflanze nicht an reichlicher Transpiration,
da die grosse Zahl der Blätter eine Vergrösserung der Gesamtfläche zur Folge hat. Nach O. S t o c k e r tran=
spiriert Empetrum 2= bis 3=mal so stark als die sommergrünen Hochmoorpflanzen. Die Erklärung hiefür wird
in einer Anpassung an die Winterstürme gesucht; die Xeromorphie des Empetrum= (und Ericaceen=)Blattes wäre
die Folge einer primär bezweckten, mechanischen Verstärkung. Dass diese Erklärung für einen ausgesprochenen
Wind= und Schneeschützling wie Empetrum versagt, ist einleuchtend.

Benetzung und Salzwasser erträgt Empetrum nigrum schlecht. P o r s i l d berichtet aus West=Grönland,
dass Sträuchlein, die am Rand eines in Senkung begriffenen Fjords wuchsen, verkümmerten, sobald sie bei
Hochwasser gelegentlich von den Wogen erreicht wurden. Die Laubblätter nahmen eine orangerote Färbung
an, und nur jene an den Zweigspitzen waren normal entwickelt.

Die parasitären Pilze auf Empetrum beleuchten die nahe Verwandtschaft der Gattung mit den
Ericaceen. Die wichtigen, hauptsächlich oder fast ausschliesslich Ericaceen bewohnenden Gattungen C h r y s o =
m ý x a, P s e u d o p h a c í d i u m und S p h a e r o p e z í z a haben je auch einen Vertreter auf Empetrum
(C h r y s o m ý x a É m p e t r i [Pers.] Rostr., P s e u d o p h a c í d i u m S m i t h i á n u m Boud., S p h a e r o p e z í z a
É m p e t r i [Fuckel] Rehm). Auf Island wurden ferner auf Empetrumblättern nachgewiesen P h a e r o p e z í z a
E m p e t r i Rostr. und M e t a s p h ǽ r i a E m p e t r i (Fuckel) Saccardo. — Die Gallmilbe E r i ó p h y e s É m p e t r i
Lindroth verursacht hexenbesenartige Wucherungen. Die missbildeten Laubblätter sind blass, kleiner und
glänzender; die Sprossachse ist verkürzt und die Blüten vergrünen.

Empetrum nigrum ist fossil aus den interglazialen Ablagerungen Welte und von Honerdingen in
Nordwest=Deutschland bekannt. Ihre südlichen Vorposten dürfte die Art während der Eiszeit gewonnen haben.
Ueber ihr ursprüngliches Entwicklungszentrum können wir nur Vermutungen hegen; wie bereits erwähnt, liegt
der Entwicklungsherd der ganzen Unterfamilie in den atlantischen Küstengebieten von Europa und Nordamerika.

Die Krähenbeere wird selten zu dekorativen Zwecken kultiviert. Sie liebt schattige Stellen und
Schneedecke. Schon 1565 wird Empetrum von M a t t i o l i aus dem Riesengebirge erwähnt. Auch gibt er von der
Pflanze, die er E r i c a b a c c i f e r a nennt, eine recht gute Abbildung. Empetrum nigrum ist heute im Reg.=
Bezirk Cassel gesetzlich geschützt.

## 103. Fam. Ericáceae (= Vacciniáceae). H e i d e k r a u t g e w ä c h s e.
### Bearbeitet von Dozent Dr. J o s i a s B r a u n =Blanquet, Zürich (1926).

Halbsträucher, Sträucher, seltener Bäume (Arbútus, Erica arbórea, viele Arten in den Sub=
tropen), mit zerstreut stehenden, gegen= oder quirlständigen, ungeteilten Laubblättern von derber,
oft lederiger Konsistenz. Nebenblätter fehlend. Blüten traubig oder rispig angeordnet, seltener schein=
doldig oder einzeln blattachselständig (Cassiope, Chamaedaphne, Vaccinium Myrtillus), zwitterig,
meist regelmässig aktinomorph (Fig. 2630), selten ± zygomorph (Rhododendron), meist 4= oder
5=zählig (ausnahmsweise 2= bis 7=zählig). Knospenlage dachig oder gedreht, selten klappig. Kelchblätter
frei oder verwachsen. Kronblätter verwachsen, selten frei (Rhododendroídeae — Ledéae), röhrig,
becher= oder krugförmig oder glockig, sehr selten offen, radförmig (Rhodothamnus). Staub=

blätter frei, meist doppelt so viele als Kronblätter (bei Findleya 15 in 3 Kreisen), obdiplo=
stemon, am Aussenrande eines hypogynen oder epigynen, nektarabsondernden Diskus ein=
gefügt. Staubbeutel frei, meist am Grunde oder in der Mitte angeheftet, einwärts gewendet,
zweifächerig, an den oft verlängerten Spitzen mit runden oder ovalen Poren oder durch
schiefe oder gerade Längsspalten sich öffnend, oft mit paarigen, horn= oder schwanzartigen
Anhängseln; Antherenwand ohne Endothecium. Pollenkörner zu vier in Tetraden, ausnahms=
weise einfach (bei Erica stricta). Fruchtknoten ober= oder unterständig, 1= bis 12=fächerig (meist
4= bis 5=fächerig). Plazenten zentral, mit 1 bis zahlreichen anatropen oder schief amphitropen
tenuinuzellaten, unitegminaten Samenanlagen von meist epitroper oder heterotroper Orientierung; Endospermhaustorien sehr kräftig entwickelt. Griffel 1, weit vorgestreckt, mit flacher oder kopfiger Narbe. Frucht eine meist vielsamige Kapsel, eine Beere oder eine wenigsamige Steinfrucht; Fruchtkapsel fachspaltig oder scheide=wandspaltig aufspringend. Samen hängend, meist sehr klein mit kurzem, geradem Keimling und reichlichem Eiweiss=Nährgewebe; Samenschale locker oder fest, gerippt oder grubig punktiert.

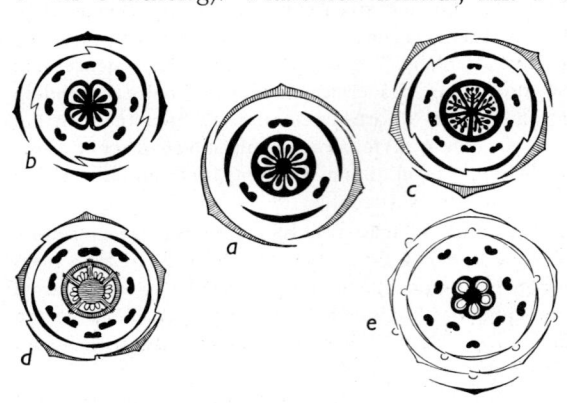

Fig. 2630. Blütendiagramme von: *a* Empetrum nigrum L. (Zwitterblüte), *b* Erica carnea L., *c* Rhododendron hirsutum L., *d* Vaccinium Vitis-Idaea L, *e* Arctostaphylos alpina Spreng.

Uebersichtlich lässt sich die Familie wie folgt gliedern:

1. Unterfamilie **Rhododendroideae.** Fruchtknoten oberständig. Kronblätter frei oder verwachsen, bald ab=fallend. Staubblätter ohne Anhängsel. Frucht eine scheide=wandspaltige Kapsel.

1a. Tribus Ledéae. Kronblätter frei. Samen langgeflügelt. Hierher die Gattungen Elliótia (Südliches atlantisches Nordamerika, Tripetaleia (2 Arten in Japan), Cladothámnus (1 Art im westlichen Nord=amerika), Bejária (15 Arten in den Anden von Peru, in Mexiko und Florida. B. racemósa Vent., die „Anden=Rose", vertritt die dort fehlenden Rhododendren) und Lédum (pag. 1623).

1b. Tribus Rhododendréae. Kronblätter vereinigt. Krone trichterförmig oder glockig, zuweilen ± zygomorph. Samen flach, geflügelt. Keimling zylindrisch. Hierher die Gattungen Rhododéndron (inkl. Azálea und Azaleástrum, pag. 1627), Biltia (B. Vaseyi [A. Gray] Small in Nord=Carolina), Menziésia (7 Arten in Ost=asien, 1 Art auch in Nordamerika) und Tsusiophýllum (T. Tanákae Maxim. in den Bergen von Japan).

1c. Tribus Phyllodocéae. Blüten aktinomorph. Kronblätter vereinigt, selten frei. Samen rundlich oder 3=kantig. Embryo zylindrisch. Hierher die Gattungen Ledothámnus (1 Art in Guiana), Leiophýllum (L. buxifólium Ell. im atlantischen Nordamerika), Loiseleúria (pag. 1647), Diplárche (2 Arten in Sikkim=Himalaya), Rhodothámnus (pag. 1644), Kálmia (8 Arten in Nordamerika), Kalmiélla (K. hirsúta [Walt.] Small) im östlichen Nordamerika), Phyllódoce (7 Arten im Norden), Bryánthus (B. Gmelíni Don an der Ochotskischen Küste und in Kamtschatka) und Dabœcia (D. Cantábrica [pag. 1620] im atlantischen Europa).

2. Unterfamilie **Arbutoideae.** Fruchtknoten oberständig. Frucht eine lokulizide Kapsel, Steinfrucht oder Beere. Krone nach dem Verblühen abfallend.

2a. Tribus Andromedéae. Frucht eine trockene, fachspaltige Kapsel. Kelch klein. Hierher die Gattungen Enkyánthus Lour. (7 Arten in Ostasien), Cassíope mit Harrimanélla und Arctérica (7 Arten hochnordisch=boreal bis zu den Gebirgen von Japan und bis zum Himalaya), Andrómeda (pag. 1651), mit Einschluss der Gattungen Leucóthoë und Lyónia, jedoch ohne Chamaedaphne (etwa 60 Arten in der nördlich gemässigten Zone, besonders in Amerika), Craibiodéndron (1 Art in Birma), Agaúria (5 Arten in den Gebirgen des tropischen Afrika), Oxydéndron (O. arbóreum DC. in Virginien, Pennsylvanien bis Florida), Orphanidésia (O. gaultherioides Boiss. im Orient im Gebüsch von Rhododendron Ponticum) und Epigǽa (E. répens L. im atlantischen Nordamerika und E. Asiática Maxim. in Japan).

2b. Tribus Gaultheriéae. Kelch nach der Befruchtung fleischig auswachsend und eine ± unter=ständige Scheinbeere bildend oder die tief 5=gelappte, fachspaltige Kapsel frei einschliessend. Hierher die Gattungen Gaulthéria (etwa 100 Arten in Nordamerika, in den Anden von Zentral= und Südamerika, in den süd=asiatischen Gebirgen, in Ostasien bis Tasmanien und Neu=Seeland), Diplycósia (10 Arten im tropischen

Ostasien), Pernéttya (26 Arten bis auf eine tasmanisch-neuseeländische Art auf Amerika, besonders auf die Anden, beschränkt), Pernettyópsis (2 Arten im malayischen Gebiet), Chiógenes (je eine Art in Nordamerika und in Nippon) und Wittsteínia (W. vacciniácea F. v. Müll. in den Gebirgen von Viktoria).

2c. Arbutéae. Frucht eine Beere oder Steinfrucht. Staubbeutel mit 2 herabgebogenen, abgegliederten Anhängseln. Hierher die beiden Gattungen Arbútus (pag. 1664) und Arctostáphylos mit Árctous (pag. 1656).

3. Unterfamilie **Vaccinioïdeae**. Fruchtknoten völlig unterständig. Frucht eine Beere.

3a. Tribus Vacciniéae. Krone krug-, glocken- oder radförmig. Staubblätter getrennt. Fruchtknoten vom Blütenstiel scharf abgesetzt. Hierher die Gattungen Rigiolépis (monotypisch auf Borneo), Gaylussácia (40 Arten in Amerika), Vaccinium (pag. 1667), Catanthéra (C. lysipétala F. v. Müll. in Neuguinea), Corallobótrys (1 Art im Khasia-Himalaya) und Disterígma (3 Arten in den Hochanden von Zentralamerika).

3b. Thibaudiéae. Krone röhrig, zylindrisch, unten bauchig. Staubblätter getrennt oder zu einer Säule verwachsen. Hierher zahlreiche Gattungen der Tropen der Alten und Neuen Welt (Pentapterýgium, Agapétes [mit 30 Arten in Südasien], Páphia, Sphyrospérmum, Sophoclésia, Oreánthes, Macleánia, Anthópterus, Notópora, Findlaýa, Cavendíshia, Psammísia, Englerodóxa, Hornemánnia, Thibaúdia [mit etwa 50 Arten in Amerika] und Neojunghúhnia); es sind grossenteils Epiphyten.

4. Unterfamilie **Ericoídeae**. Kronblätter vereint, nach dem Blühen trockenhäutig, bleibend. Staubblätter oft geschwänzt. Frucht eine in der Mitte der Klappen (selten in den Scheidewänden) aufspringende, vieloder wenigsamige Kapsel oder eine 1- bis 2-samige Nuss.

4a. Ericéae. Fruchtblätter mit zahlreichen Samenanlagen. Kapsel vielsamig. Stark verbreitet in Südafrika. Hierher die Gattungen Callúna (pag. 1689), Eríca (pag. 1700), Anisérica, Platýcalyx, Macnábia, Bruckenthália (pag. 1622), Philíppia, Ericiñélla und Blæria.

4b. Karpelle mit je 1 Samenanlage oder Fruchtknoten 1-fächerig mit 1 Samenanlage. Nur im Kapland. Hierher die Gattungen Erémia, Eremiópsis, Simóchilus, Sympiéza, Leptérica, Scyphogýne, Codonostígma und Saláxis.

Die Umgrenzung der Ericaceae und die Erkenntnis ihrer phylogenetischen Verwandtschaftsbeziehungen haben durch die entwicklungsgeschichtlichen Untersuchungen von Artopoeus[1]), Peltrisot[2]) und Samuelsson[3]) neuerdings eine bedeutsame Vertiefung erfahren. In seiner Bearbeitung der Ericaceen für Engler und Prantl's Pflanzenfamilien stellte sie Drude zwischen die Lennoaceae (diese werden neuerdings von H. Hallier und Wettstein zu den Tubiflorae in die Nähe der Hydrophyllaceae und Borraginaceae gebracht) und die Epacridaceae. Die jüngsten Untersuchungen lassen aber keinen Zweifel darüber, dass die früher zu den Tricoccae (Warming) oder Celastrales (Wettstein) gerechneten Empetraceae mit den Ericaceae aufs nächste verwandt sind. Die wichtigsten Gründe, die zur Zusammenführung der Empetraceae und der Ericaceae geführt haben, hat Gunnar Samuelsson in seiner schönen Arbeit von 1913 dargelegt. Seither sind noch weitere Momente hinzugekommen, die für die nahe Verwandtschaft der zwei Familien sprechen. Schon Jussieu (1791) stellte übrigens Empetrum zu den «Genera Ericis affinia», allerdings hauptsächlich auf Grund des ericoiden Aeussern. Aber auch später sind zahlreiche Systematiker von Ruf wie Agardh, Baillon, Solms-Laubach, Hallier für die Verwandtschaft der Empetraceae mit den Ericaceae eingetreten, während die Mehrzahl der modernen Systematiker — unter steter Betonung der unsichern Stellung — die Empetraceae noch bei den Buxaceae einreihen. Die Untersuchungen von Samuelsson über den Blütenbau und die Entwicklungsgeschichte der Blüten haben nun aber gezeigt, dass die Empetraceen entweder mit den Ericaceen zu vereinigen, oder doch ihnen nahe zu stellen sind. Schon Solms-Laubach (1870), der die Struktur der Pollenkörner der Ericaceae und Empetraceae verglichen studiert hatte, fand eine vollständige Uebereinstimmung im feineren Bau der Pollentetraden der beiden Sippen. Hallier wies sodann darauf hin, dass beide tenuinuzellate, unitegminate Samenanlagen besitzen. Eine weitere Uebereinstimmung ergibt sich aus der Struktur der Antheren, die sich durch Längsspalten öffnen und kein Endothecium aufweisen. Diese Verhältnisse treffen wir wieder bei den Ericaceen-Gattungen Loiseleúria und Leiophýllum, während bei den Buxaceen ein normales Endothecium vorkommt. Aehnlich liegen die Verhältnisse beim Studium der Samenanlagen; letztere sind mit denen der Bicornes-Typen vollkommen übereinstimmend gebaut. Während die Samenschale der Empetraceae einschichtig ist und aus der Epidermis der Samenknospe entsteht, entwickelt sie sich bei den in Frage kommenden Vertretern der Geraniales-Sapindales aus 2 Integumentschichten. Das Endosperm von Empetrum wird wie bei

---

[1]) Artopoeus, Albert. Ueber den Bau und die Oeffnungsweise der Antheren und die Entwicklung der Samen der Ericaceen. Flora. Bd. 92 (1903).

[2]) Peltrisot, C. N. Développement et structure de la graine chez les Ericacées. Journ. de Bot. 18, 1904.

[3]) Samuelsson, Gunnar. Studien über die Entwicklungsgeschichte der Blüten einiger Bicornes-Typen. Svensk Bot. Tidskrift. Bd. 7, Heft 2, 1913.

den Ericaceen durch sukzessive Zellteilung gebildet, wobei die terminalen Endospermzellen plasmareicher sind als die übrigen. Sowohl am Chalazaende als am mikropylaren Teil des Embryosackes entstehen Anschwellungen, die sog. „Endospermhaustorien" (Fig. 2692), die sich durch grössere Zellkerne und ein stark färbbares Plasma auszeichnen und die den Inhalt der benachbarten Gewebe rasch aufsaugen. Diese Endospermhaustorien und ihre Entwicklung sind aber ein charakteristisches Familienmerkmal der Ericaceae, das keiner der bisher daraufhin untersuchten Arten fehlt, wogegen es bei Buxus auch nicht in Andeutungen vorhanden ist. Auch bei den anderen Gattungen der Empetraceae (Coréma und Ceratiola) ist das Vorkommen der Endospermhaustorien nachgewiesen. Die Uebereinstimmung in der Endospermbildung bei Empetrum und bei Vaccinium oder Arctostaphylos ist geradezu auffallend. Auch inbezug auf den Blütenbau lassen sich die Empetraceae zwanglos bei den Ericaceae einreihen; denn sie besitzen kein Merkmal, das nicht auch bei Ericaceengattungen zu finden wäre. So hat z. B. Loiseleuria einen einfachen Staubblattkreis, 2- bis 3-zählige Blüten haben Sympíeza und Tripetaleia, eine Steinbeere finden wir bei Arctostaphylos usw. Als beachtenswerter Unterschied bleiben bloss die apotropen, aufrechten Samenanlagen der Empetraceae übrig; aber man darf dieses Merkmal nicht überschätzen, da bei den Bicornes heterotrope Samenanlagen durchaus nicht selten und die Orientierungsverhältnisse öfters schwankend sind. Man kann die Empetraceae als an primitive Bestäubungsverhältnisse angepasste, auf einer tiefen Entwicklungsstufe stehen gebliebene, oder aber wie Samuelsson meint, als windblütige und daher stark umgewandelte Abkömmlinge des Ericaceenstammes auffassen. Eine Analogie hierzu bildet bei

Fig. 2631. Arctostaphylus alpina (L.), Padasterjoch b. Trins, Tirol. Phot. Th. Arzt, Wetzlar.

den Ericaceen Erica scopária. Von biologischen Gründen, die für eine nahe Verwandtschaft der Empetraceae mit den Ericaceae sprechen, ist das jüngst von Van Itallie und A. M. Nooijen nachgewiesene Vorkommen von Benzoësäure und Urson in den Blättern von Empetrum hervorzuheben. Urson ($C_{10}H_{16}O$) ist eine den Bicornes eigentümliche zyklische Verbindung, die bisher namentlich bei Ericaceen (Rhododendron, Epigaea, Gaultheria, Arctostaphylos), bei einigen Pirola-Arten und bei einer Epacridacee gefunden wurde. Auf Blutsverwandtschaft deutet ferner das Verhalten der Empetraceae und Ericaceae gegenüber parasitären Pilzen. Es ist bekannt, dass gewisse Pilzgattungen eine mehr oder minder strenge Abhängigkeit von bestimmten systematischen Gruppen als Wirtspflanzen erkennen lassen. Nun sind aber die meisten (ob alle?) Pilzgattungen, die Empetrum befallen, auch auf Ericaceen zu Hause, ja die Gattungen Pseudophacidium, Sphaeropeziza und Chrysomýxa leben je in einer Art auf Empetrum und ausserdem grösstenteils auf Ericaceen. Von den 16 Chrysomyxa-Arten kommen 13 auf Ericaceen und Pirola, 2 auf Abietineen und 1 auf Empetrum vor. Drei von 8 Sphaeropeziza-Arten sind Ericaceenbewohner, eine vierte Art erscheint auf Empetrum. Die Mehrzahl der Pseudophacidium-Arten schmarotzt ebenfalls auf Ericaceen. Schliesslich sei noch die oekologisch-soziologische Uebereinstimmung von Empetrum mit den Ericaceen, der enge Zusammenschluss der Empetrum- und der sonst sehr exklusiven Ericaceenbestände erwähnt, wenn auch diesem Umstand keine besondere Bedeutung beigelegt werden kann. Schliesslich dürfen wir nicht unterlassen darauf hinzuweisen, dass auch die serodiagnostischen Untersuchungen von Mez auf eine nahe Verwandtschaft der Ericaceen und Empetraceae hindeuten. Auf Grund dieser Tatsachen erscheint die Angliederung der Ericaceen an die Empetraceen unter Einbeziehung letzterer unter die Bicornes eine dringende Forderung der phylogenetischen Forschung.

Vegetationsorgane. Alle Arten der Familie haben einen verholzten Stengel und eine vieljährige Grundachse. Niedrige Sträucher sind vorherrschend. Epiphytische Lebensweise ist zahlreichen Vaccinium-, Rhododendron und Catanthéra-Arten (auf Neu-Guinea) eigen, ferner Vertretern der Gattungen Psammísia

(Anden), Findlaýa (Trinidad), Ceratostigma (Anden), Agapétes (Ostindien, Fidschi-Inseln), Pentapterýgium (Himalaya), Rigiolépis (Borneo), Corallobótrys (Himalaya), Sphyrospérmum und Sophoclésia (Süd-Amerika). Bei den nordischen und hochalpinen Vertretern sind Teppich- und Spalierwuchs (Fig. 2631) nicht selten und dürften als konvergente Auslese durch die besonderen Lebensbedingungen aufzufassen sein. Die Verzweigung ist vorwiegend sympodial bei den Rhododendroideae, Arbutoideae und Vaccinioideae. Die Hauptachse schliesst mit einem Blütenstande ab; aus den Seitenknospen entspringen die Verjüngungssprosse und bilden die scheinbare Fortsetzung des Haupttriebes. Bei den Ericoideae ist dagegen der monopodiale Aufbau die Regel. Schlafende Knospen kommen in den Achseln der unteren Laubblätter oder an den unterirdischen Kriechtrieben mancher Arten vor. Bei den Ericoideae sind die Erneuerungstriebe von den vorjährigen Trieben nicht oder kaum abgegrenzt. Winterknospen fehlen; die schon im Sommer und Herbst weit vorgebildeten Blütenteile überwintern schutzlos und setzen ihre Weiterentwicklung im Winter (Erica multiflora, E. umbellata, E. Australis) oder im ersten Frühjahr fort. Sie besitzen also keine festfixierte Winterruheperiode. Die Mehrzahl der Arten der übrigen Unterfamilien entwickeln schuppige, als Knospenschutz dienende Niederblätter, die während oder nach der Blüte abfallen. Ein allgemeines Charakteristikum der geschützten wie der ungeschützten Knospen scheint ihre weitgehende Vorbereitung während der Vegetationsperiode auf das nächste Frühjahr. Schon im Sommer und Herbst finden wir bei zahlreichen Arten dick angeschwollene Knospen und alle Blütenteile sind meist schon deutlich sichtbar (Fig. 2632). In den Winterknospen von Arctostaphylos Uva ursi fand Samuelsson schon am 16. Juni die ersten Anlagen der Staub- und Fruchtblätter; bei Ledum palustre war am 30. Juni das Gynäceum bereits vollständig entwickelt, mit wohl markierten Plazenten, die Staubblätter mit deutlich abgesetzten Antheren. Aber auch die Entwicklung der Pollensäcke und Samenanlagen ist schon im Herbste sehr weit vorgeschritten. So zeigt der nordamerikanische Bodenlorbeer Epigáea répens im Herbste völlig ausgebildete Embryosäcke. Bei Loiseleuria und Arctostaphylos alpina sind die Pollenmutterzellen resp. die Embryosackmutterzelle gleichfalls schon im Herbst ausgebildet. Die Samenanlagen sind zur selben Zeit bei zahlreichen Arten sichtbar. Unter diesen Umständen brauchen wir uns nicht zu wundern, wenn im südlichen Tessin die Alpenrosen mitten im Winter erblühen und wenn in den Alpentälern nach einigen warmen, schneefressenden Föhntagen Erica carnea im Dezember und Januar am Schneerand ihre zierlichen roten Glöckchen zur Blüte entfaltet. Ueber postflorale Bewegungen an Blütenstielen von Ericaceen vgl. besonders K. Troll (Oeffnung und Samenentleerung an nickenden Kapselfrüchten. Flora. Bd. 116, 3, 1923). Die Laubblätter der Ericaceen sind in der Regel überdauernd zwei- bis mehrjährig; sommergrün sind die Laubblätter von Arctostaphylos alpina, Vaccinium Myrtillus, V. uliginosum usw. Bei den Ericoideae stehen sie in Wirteln, bei den Rhododendroideae, Vaccinioideae und Arbutoideae sind sie meist spiralig angeordnet, bei Loiseleuria aber gegenständig. Bei einzelnen Arten (Fig. 2641, 2647) nehmen die Laubblätter im Winter eine hängende Stellung an. Die Blattanatomie liefert wichtige Merkmale zur Unterscheidung der Sippen. So haben z. B. bei der Gattung Rhododendron die Sektionen Eurhododendron und Vireýa nach Breitfeld[1]) eine mehrschichtige Epidermis, während alle übrigen Sektionen eine einschichtige Epidermis aufweisen. Die Sektion Vireýa ist streng durch den anatomischen Bau charakterisiert.

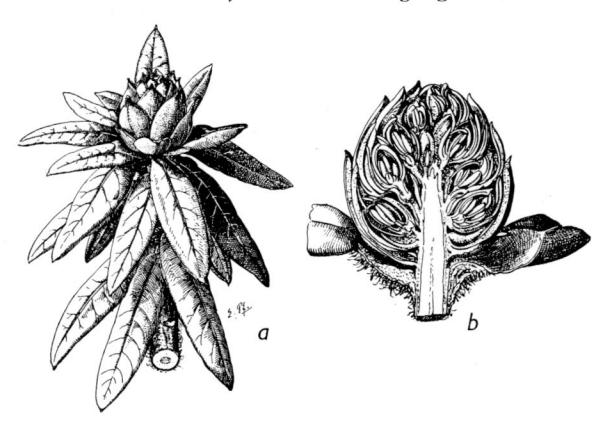

Fig. 2632. Blütenknospe von Ledum palustre L. *a* von aussen, *b* im Längsschnitt.

Es findet sich nämlich bei allen Arten dieser Sektion ausnahmslos unter der eigentlichen kleinzelligen Epidermis eine Schicht grosser, zartwandiger Zellen, die als Wassergewebe dienen. Daher ist auch die Abtrennung dieser Sektion von Eurhododendron gerechtfertigt. Aehnliche Unterscheidungsmerkmale ergeben sich beim Studium der Blattanatomie der Arbutoideae und Vaccinioideae. Niedenzu[2]) hält es nach seinen Untersuchungen für möglich, jedes normale und ganze Blatt dieser Gruppen bis auf die Gattung und Sektion, ja oft bis auf die Art genau nach anatomischen Merkmalen zu bestimmen.

---

[1]) Breitfeld, A. Der anatomische Bau der Blätter der Rhododendroideae in Beziehung zu ihrer systemat. Gruppierung und geogr. Verbreitung. Engler's Botan. Jahrb. Bd. IX, 1888.

[2]) Niedenzu, F. Ueber den anatom. Bau der Laubblätter der Arbutoideae und Vaccinioideae usw. Engler's Botan. Jahrb. Bd. XI, 1890.

Auch die verschiedenen, äusserst mannigfaltigen Haarbildungen sind systematisch, aber auch ökologisch wichtig. Bei den Rhododendren, bei Ledum und Chamaedaphne sind eigentümliche Schilddrüsenhaare (Fig. 2643, 2644, 2659) von schirmförmigem Aussehen häufig, die als Verdunstungs= und Lichtschutz dienen; einfache einzellige Haare finden sich bei Rhododendron selten. Als ursprünglichste Art der Deckhaare bei den Arbutoideae und Vaccinioideae beschreibt Niedenzu (l. c. pag. 142) die Deckhaare von Arbutus. Sie haben einen kurzen, teils in der Epidermis steckenden, aus wenigen, nahezu isodiametrischen Zellen bestehenden Fuss und einen sehr langen, pfriemlichen oberen Teil aus einreihigen, durch dünne, öfters aufgelöste Querwände getrennten und daneben noch aus homogenen, trocken bräunlichen Zellsaft führenden Zellen. Die phylogenetische Entwicklung führte nicht zu einer komplizierteren Weiterbildung, sondern zur Reduktion dieses Typus. Neben dem Typus des oft wachsbereiften Lederblattes mit derber, glänzender, lichtreflektierender Kutikula ist das Rollblatt für alle Vertreter der Ericoideae und für zahlreiche Arten der übrigen Unterfamilien charakteristisch, weshalb auch die Bezeichnung „erikoider" Blatt=Typus auf alle Rollblätter von schmaler, nadelartiger Gestalt ausgedehnt worden ist (Fig. 2634). Die Seitenränder des Rollblattes sind nach unten umgerollt (Fig. 2633), wodurch die Stomata der Blattunterseite in eine Höhlung zu liegen kommen. Manchmal schliessen die beiden Seitenränder unten zusammen, so dass die transpirierende Unterseite in dem windstillen Raum vollständig eingeschlossen ist. Einzelne Arten (so Blaeria glutinosa) zeigen Rollblätter mit dichter Drüsenbekleidung, so dass sie wie lackiert aussehen.

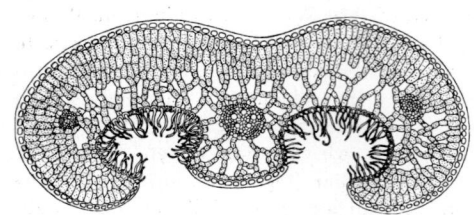

Fig. 2633. Querschnitt durch das Rollblatt von Loiseleuria procumbens (L.) Desv.

Die ökologische Bedeutung des Rollblattes liegt wohl in erster Linie in der Herabsetzung der Transpiration; es sind xerophytische Anpassungen. Damit steht im grossen Ganzen auch ihre geographische Verbreitung im Einklang. Sie sind fast ausschliesslich an Gebiete gebunden, in denen durch Trockenheit oder Kälte die Wasserversorgung während eines längeren Zeitraumes erschwert oder unmöglich gemacht wird (Hochgebirge, Arktis, Winterregengebiete beider Hemisphären). Eine auffällige Ausnahme machen indessen manche Ericaceen, insbesondere diejenigen der Hochmoore, denen ja reichlich genug Wasser zur Verfügung steht und die während der ungünstigen Jahreszeit unter der Schneedecke begraben liegen. Seit A. F. W. Schimper erklärte man dieses Verhalten aus der sog. „physiologischen Trockenheit" der Moore. Obwohl genügend Wasser vorhanden, soll dasselbe doch für die Pflanzen nicht nutzbar sein; die freien Humussäuren machen den Boden „physiologisch" trocken (Schimper). Dieser Erklärung steht aber, wie C. Montfort (Diss. Bonn, 1917) mit Recht hervorhebt, schon der Umstand entgegen, dass neben eigentlichen xeromorphen auch zahlreiche, nachweisbar durchaus hygromorphe Arten auf den Hochmooren wachsen (Viola palustris, Drosera rotundifolia usw.). Ja die Mischung von Xero= und Hygrophyten im Sphagnetum ist geradezu auffällig und legt den Gedanken nahe, dass nicht die Feuchtigkeitsverhältnisse an und für sich die strenge Artenauslese bedingen. In Mitteleuropa sind folgende Ericaceen, ausschliesslich xeromorph gebaute Arten, als charakteristisch für das Sphagnum=Hochmoor zu bezeichnen: Oxycoccus quadripetalus, O. microcarpus, Andromeda polifolia, Chamaedaphne calyculata und Ledum palustre. Dazu kommen eine Reihe verwandter Arten im borealen Nordamerika, woher wohl auch unsere hochmoortreuen Ericaceen stammen und wo sie heute noch unter völlig identischen Bedingungen vorkommen. Wenn man bedenkt, dass die verwandten Sippen der konstitutionell xerophytisch gebauten Gattungen Ledum, Andromeda, Chamaedaphne, Oxycoccus, auch Vaccinium p. p. schon im Tertiär eine reiche Entwicklung erfuhren, so braucht man — bei der Anspruchslosigkeit der Ericaceen und ihrer durchgreifenden Fähigkeit, saure Humusböden zu besiedeln — sich nicht zu wundern, wenn einzelne Glieder der nordwärts ausstrahlenden Formenkreise die im allgemeinen vegetationsfeindlichen, kalten und nährstoffarmen Hochmoorböden in Beschlag nahmen. Das Fehlen der Konkurrenz begünstigte ihre gesellige Ausbreitung; dem Gedeihen der Mykorrhiza ist der Moorboden ja allgemein günstig. So kam im Laufe der Zeit der völlige Ausgleich zwischen dem Standort und den Ansprüchen der Neubesiedler zustande. Die eng umschriebene Gesellschaftstreue wurde bei der einen Art mehr, bei der andern weniger ausgesprochen zur erblich fixierten Eigenschaft, ohne dass die übernommenen konstitutionellen Xerophytenmerkmale dadurch eine nennenswerte Umformung erfahren hätten. Wir hätten in diesem Fall gar keine unbedingte Uebereinstimmung zwischen Morphologie und Standortsverhältnissen zu erwarten. Jedenfalls braucht in der Gegenwart ein kausaler Zusammenhang zwischen Xeromorphie und physiologischer Trockenheit, Nährstoff= oder Sauerstoffmangel der Wurzeln (S. Odén) nicht zu bestehen. Für die Ansicht, dass

Fig. 2634. Calluna vulgaris (L.) Hull. Erikoider Blatt-Typus.

die Xeromorphie der Ericaceen ein altes (tertiäres) konstitutionelles Merkmal sei, sprechen ausser der eigenartigen Verbreitung der Gattung Erica selbst, die im feuchten atlantischen Europa (aber nicht auf Hochmooren) ein sekundäres Verbreitungszentrum besitzt, auch die Untersuchungen Stenströms (Flora. Bd. 80 [1895], pag. 117 bis 240), der gerade Ledum palustre in der Blattxeromorphie ausserordentlich starr fixiert fand. Nun sind allerdings die xeromorphen Ericaceen der Moore wintergrün und man könnte versucht sein zu glauben, sie hätten deshalb eine besonders xeromorphe Ausbildung nötig. Dies ist aber nur in beschränktem Masse der Fall, da die Hochmoore im winterkalten Klima ausreichenden Schneeschutz geniessen; einigermassen kritisch sind nur die Uebergangszeiten, namentlich die Zeit nach der Schneeschmelze, während welcher der Boden noch gefroren bleibt. Doch auch in dieser Beziehung haben die in Betracht fallenden Arten wenig zu befürchten. Gerade Andromeda und Oxycoccus verlegen ja ihre wasseraufnehmenden Adventivwurzeln in die lufthaltigen oberen Schichten der Sphagnumpolster, die rasch auftauen. Montfort ist der Ansicht, dass die Xeromorphie der Hochmoorpflanzen unter anderen ungünstigen Verhältnissen, etwa in der Eiszeit, entstanden sei und sich später erhalten habe. Dem ist entgegen zu halten, dass die betreffenden Pflanzen ihre xeromorphe Struktur höchst wahrscheinlich, bei Andromeda sogar sicher, schon vor der Eiszeit besessen haben.

Die Zweige unserer Ericaceen weisen im Gegensatz zu den Laubblättern keinen besonderen Transpirationsschutz auf; doch finden sich in der Rinde von Ledum, Andromeda, Loiseleuria, Cassiope u. a. durchsichtige Wassergewebe-Zellen. Als Merkmal von systematischem Wert erwähnt H. E. Petersen die äusserst schwache Differenzierung der verschiedenen Elemente des Holzes der Zweige. Bei manchen Arten sind daher die Jahrringe ganz undeutlich und auch die Unterschiede zwischen Frühjahrs- und Herbstholz sind oft verwischt (z. B. bei Oxycoccus, Vaccinium Myrtillus usw.

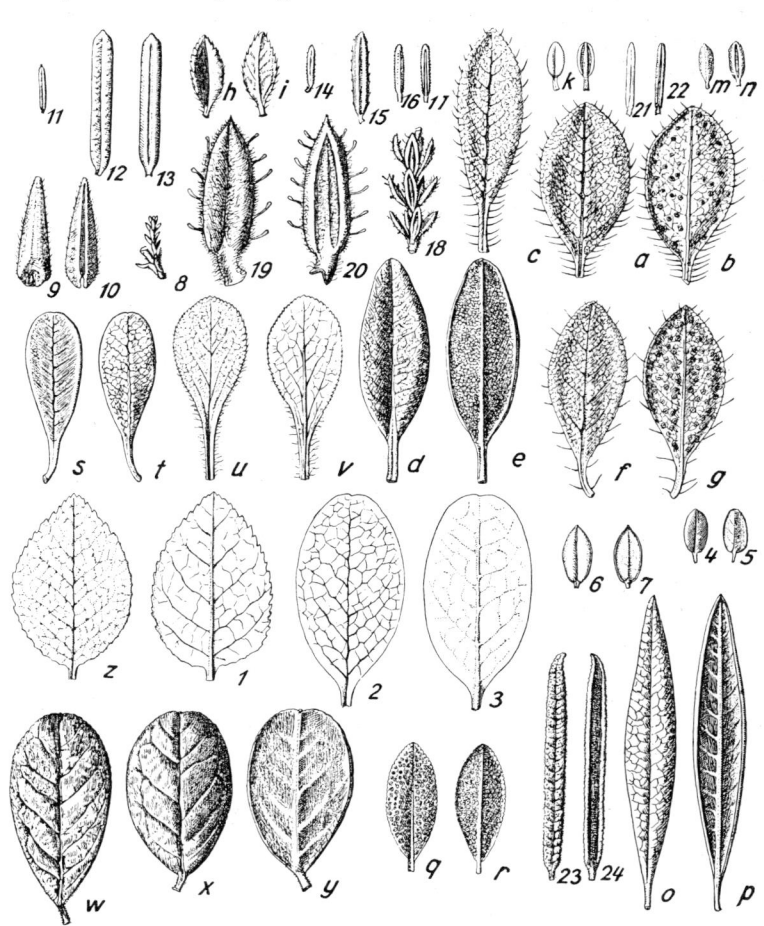

Fig. 2635. Blatt-Typen von Ericaceen a, b, c von Rhododendron hirsutum L. d, e von Rh. ferrugineum L. f, g Rh. intermedium Tausch. h, i Rhodothamnus Chamaecistus Rchb. k Loiseleuria procumbens (L.) Koch. m, n Empetrum nigrum L. o, p Andromeda polifolia L. q, r Chamaedaphne calyculata Mönch. s, t Arctostaphylos Uva-ursi L. u, v Arctostaphylos alpina Spreng. w, x, y Vaccinium Vitis-Idaea L. z und 1 Vaccinium Myrtillus L. 2, 3 Vaccinium uliginosum L. 4, 5 Oxycoccus macrocarpus Pursh. 6, 7 Oxycoccus quadripetalus Gilibert. 8, 9, 10 Calluna vulgaris (L.) Hull. 11, 12, 13 Erica carnea L. 14, 15 Erica vagans L. 16, 17 Erica arborea L. 18, 19, 20 Erica Tetralix L. 21, 22 Erica cinerea L. 23, 24 Ledum palustre L.

Blütenverhältnisse. Die bei den Ericaceen vorherrschenden Blütenstände sind die Doldentraube und die Rispe. Die Anhäufung der meist intensiv gefärbten Blüten am Sprossende verstärkt ihre Farbenwirkung und eignet sie auch zum Schmucke unserer Ziergärten. Einzeln end- oder in den Laubblattachseln ständige Blüten besitzen Cassiope, Vaccinium-Arten, Chamaedaphne. Die Blüten sind meist von einem Trag- und 2 Vorblättern begleitet, die bald an den Kelch hinaufgerückt (Chamaedaphne), bald hinfällig sind (Rhododendron), aber selten fehlen (Vaccinium Myrtillus, V. uliginosum). Die stets vorhandenen Kelch- und Kronblätter sind in der Regel 4- oder 5-zählig, bei Sympieza zweizählig, bei Tripetaleia 3-, bei Bejaria 7-zählig. Meist sind zwei Staubblattkreise ausgebildet, wobei der äussere Kreis epipetal (d. h. den Kronblättern gegenüber), der innere episepal (Fig. 2630 b bis e), den Kelchblättern gegenüber steht, also Obdiplostemonie.

Die episepalen Staubblätter sind meist in tiefen Ausbuchtungen des Fruchtknotens angeordnet. Auch werden sie nach F. Strobl (Botan. Archiv. Bd. 9, 1920) zuerst angelegt und übertreffen anfangs die übrigen an Ausdehnung. Sie dürften mit der Stellung der Carpelle im Zusammenhang stehen. Diese bei den Sympetalen von der Regel abweichende obdiplostemone Stellung haben die Ericaceen mit den Pirolaceen gemeinsam. Die Staubbeutel der meisten Arten sind mit 2 horn= oder schwanzartigen, als Hebelarme wirkenden Anhängseln versehen (Fig. 2636 c), die bei der Insektenbestäubung als Schüttelapparate dienen. Bemerkenswert ist, dass diese Anhängsel gerade den primitiveren, ursprünglicheren Blütenformen (Fig. 2636 a, b) mit offener Krone (Loiseleuria, Rhodothamnus) und dem ganzen Tribus der Rhododendroideae=Ledeae mit freien Kronblättern vollständig abgehen, während sie bei den Sippen mit krug= oder glockenförmiger Krone selten fehlen. Am Grunde des Fruchtknotens oder (bei den Vaccinioideae) am Rande desselben befindet sich stets ein reichlich Honig absondernder Diskus, der zahlreiche Insekten zum Blütenbesuch anlockt. Hierdurch und durch die lebhafte Färbung der meist zu einem dichtstehenden, auffälligen Blütenstand vereinigten Blüten sind die Ericaceen in erster Linie als Insekten= blumen gekennzeichnet. Vorzugsweise sind es Hymenopteren, die die Bestäubung vermitteln. Bei Thibaudia in den Anden sowie bei einer Reihe süd= afrikanischer Erica=Arten vom „Röhrenblütentypus" (Erica Plunkenéti L., E. purpúrea L., E. fasciculáris L., E. mammósa L., E. tubiflóra Willd. usw.) wurde auch Blütenbesuch durch Vögel (Nektarinien) beobachtet. Die Blütenkrone der ornithophilen Erica=Arten besitzt meist in genauer Anpassung an den leichtgekrümmten Schnabel der besuchenden Vögel eine leichte Biegung. Als Rückbildungsstadien zur Windblütigkeit werden einige unscheinbar blühende Erica=Arten mit kleiner, grünlicher oder weisslicher Krone (E. scoparia, E. arborea) aufgefasst. Von Blütenbesuchern kommen in Mitteleuropa hauptsächlich Bienen, Hummeln und Falter in Betracht (weiteres bei den einzelnen Arten).

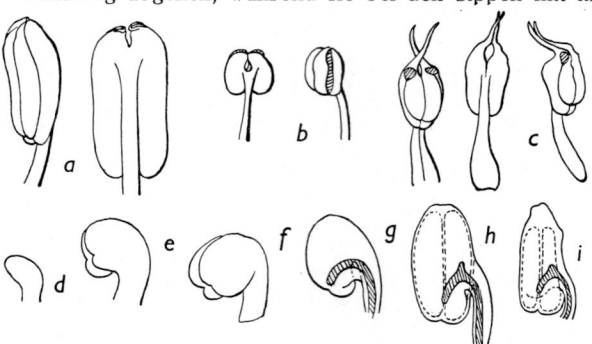

Fig. 2636. *a* Anthere von Rhodothamnus Chamaecistus Rchb. (von der Seite und von hinten). *b* Anthere von Loiseleuria procumbens (L.) Koch. *c* Anthere von Andromeda polifolia L. (von vorn, hinten und von der Seite). *d* bis *i* Verschiedene Stadien der Entwicklung einer Anthere von Vaccinium (das Leitbündel ist schraffiert). Alle Figuren nach Artopoeus.

Verbreitung. Die aus dem unterständigen Fruchtknoten zu Beeren sich entwickelnden Früchte sind meist wohlschmeckend und saftig und werden deshalb durch Vögel weit verbreitet. Dasselbe gilt von den durch Verhärtung des Endokarps entstandenen Steinbeeren (Arctostaphylos spec.). Die Früchte verschiedener Arten zeigen eine auffällige „Kontrastfärbung". Die meist vielsamigen Kapselfrüchte sind entweder scheidewand= spaltig (bei den Rhododendroideae) oder fachspaltig (bei den meisten Ericoideae). Die Verbreitung ihrer Samen geschieht hauptsächlich durch den Wind, wobei die Kleinheit und Flugfähigkeit vieler Samen begünstigend mit= wirken. Vegetative Verbreitung kommt namentlich bei Vaccinium, auch bei Andromeda, durch unterirdische, sich bewurzelnde Kriechsprosse vor. Biologisch von hohem Interesse ist das Vorkommen eines Wurzelpilzes in den Epidermiszellen sämtlicher bisher untersuchten Ericales, der sog. endotrophen Mykorrhiza. Die Mykorrhiza ist auf allen Böden mit der Ericaceenwurzel verbunden; selbst Topfpflanzen von Rhododendron, Clethra, Daboecia, Macleania, Pentapterygium, Psammisia zeigten die charakteristische Verpilzung. In der Wurzel ist sie in der Regel auf die geräumigen Epidermiszellen beschränkt, die mit einem Gewirr feiner Pilzhyphen dicht angefüllt sind. Diese Hyphen durchbrechen die Zellwände und bilden auch an der Aussenseite der Wurzel einer ektotrophen Mykorrhiza ähnliche Anhäufungen. Eine Ausnahme macht Clethra, bei welcher die Epidermis pilzfrei, die Rindenschicht dagegen infiziert ist. Die biologische Bedeutung der Ericaceen=Wurzelpilze ist noch nicht nach jeder Richtung hin erforscht; es ist aber nicht ausgeschlossen, dass sie Stickstoffsammler darstellen, die der Pflanze, die sie beherbergt, Stickstoff zuführen. Diese Tätigkeit wäre umso wichtiger, als die Mehrzahl unserer Ericaceen in nährstoffarmen, sauren Böden vorkommen, auf Torfmooren und Heiden, wo Stickstoff= bakterien wie Azotobácter und Clostridium fehlen. Die Anspruchslosigkeit der meisten unserer Ericaceen würde sich aus der Symbiose mit dem Wurzelpilz gut erklären. Ob und wieweit indessen letzterer zum Gedeihen der Wirtspflanze unentbehrlich ist, bleibt noch genauer zu untersuchen. Während W. Kinzel erwähnt, dass viele Ericaceen nach der Keimung noch wochen= und monatelang auf Fliesspapier gut gedeihen und Christoph (Beihefte zum Botan. Centralblatt. Bd. XXXVIII, 1921) dauernd pilzfreie Pflanzen von Erica und Calluna züchten konnte, vertritt Miss Rayner die Ansicht, dass Calluna ohne die Mykorrhiza nicht gedeihen kann. Es gelang ihr zwar, auch pilzlose Calluna=Pflänzchen zu ziehen; aber dieselben zeigten bald eine Unterbrechung in der Wurzelbildung. Eine auf Bakterienwirkung zurückzuführende Schwächung der Mykorrhiza hatte in ihren Kulturen auch eine kümmerliche Entwicklung der Wirtspflanze zur Folge (Weiteres hierüber siehe unter Erica carnea und Calluna). Der symbiotische Pilz ist nicht auf die Wurzelregion beschränkt. M. Cheveley R a y n e r (Annals of Botany. XXIX, No. 113 pag. 99 bis 133, 1915) fand ihn bei Calluna in allen Geweben der Zweige, Blätter und Blüten und des Fruchtknotens. Die Pilzinfektion geschieht nach Rayner bereits im Fruchtknoten; doch ist noch unaufgeklärt, wie der Pilz dorthin gelangt. Embryo und Endosperm des Samens sind (bei Calluna) noch nicht infiziert; kurz nach der Keimung findet die Infektion durch den Pilz statt, dessen Myzel in der Testa des Samens gefunden wurde. Mehrfach hat man versucht, den symbiotischen Pilz zu isolieren und es ist auch gelungen, ihn in Reinkultur zu züchten. Miss R a y n e r nimmt an, dass jede Ericaceenart ihren besonderen Pilz besitzt. Die bisher gefundenen Arten gehören zur Gattung P h ó m a (Fr.) Desm. der Sphaerioideen (Pyknidien= pilze). Als Subgenus ist hiervon P h y l l o p h ó m a Rayn., die Mykorrhiza von Calluna, abgetrennt worden.

Alle bisher untersuchten Ericaceen zeigen eine ± vom Licht abhängige Keimung; namentlich sind die Rhododendroideae ausschliesslich auf die Lichtentwicklung angewiesen. Durch Frosteinwirkung wird die Keimung der Ericaceen nicht beschleunigt.

Die systematischen und pflanzengeographischen Ergebnisse bei der Untersuchung der Ericaceae führen dazu, der Familie ein hohes Alter zuzusprechen. Arten und auch Gattungen sind im allgemeinen gut umschrieben, abgegrenzt und fixiert. Eigentlich polymorphe, noch in reger Entwicklung befindliche Formenkreise kommen bei den Ericaceen nicht vor. Bastardierung ist im allgemeinen nicht häufig. Dagegen sind zahlreiche Formenkreise ausserordentlich artenarm und wohl z. T. als letzte Reste, als Stammesrelikte früher weit ausgebreiteter Formen= komplexe aufzufassen. Nicht weniger als 24 Gattungen, also mehr als ein Drittel sind mono= oder ditypisch, umfassen also bloss 1 oder 2 Arten. Von europäischen Gattungen zählen hierher: Loiseleuria, Rhodothamnus, Dabœcia, Calluna und Bruckenthalia. Auch die Verbreitung der höheren Sippen weist auf hohes Alter hin; denn wir finden diese fast über den ganzen Erdball zerstreut, von den hocharktischen Polargegenden bis zum Aequator und südwärts bis zu den antarktischen Inseln. Vollständig fehlt die Familie nur im Innern der kon= tinentalen Steppen= und Wüstengebiete, wie in der Sahara, in Arabien, in den Zentralasiatischen Steppen und Wüsten; ferner fehlt sie dem Regenwald der tropischen Niederungen des Amazonenstroms, des Kongo u. a. Während die Unterfamilien der Arbutoideae und Vaccinioideae auf dem afrikanischen Kontinent nur sehr spärlich vertreten sind und die Rhododendroideae dort vollständig fehlen, sind die Ericoideae in Afrika zu mächtiger Entwicklung gelangt und zählen geradezu zu den Charaktergewächsen, namentlich des Kapländischen Florenreiches. Im tropischen Afrika halten sie sich meist an die Gebirge (Agauria, Blaeria), einzelne Vertreter steigen dort bis über 4000 m. Dies trifft namentlich bei Arten der Gattung B l a e r i a zu. Eine Art (B l a ë r i a s p i c á t a Hochst.) wurde von S c h i m p e r in Hochabessinien bei 11 000 bis 13 000 Fuss entdeckt, eine zweite (B. M á n n i i Engl.) geht am Kamerunberg bis 4000 m. Am Mount Aberdare in Ostafrika steigt B l a e r i a t e n u i p i l ó s a Engl. bis 4000 m, am Kilimandschjaro erreichen B. s i l v á t i c a (Engl.) Alm et Th. Fr. jr., B. s a x í c o l a (Engl.) Alm et Th. Fr. jr., B. M e y é r i J o h á n n i s K. Schum. et Engl., B. K i l i m a n d s c h j á r i c a Alm et Th. Fr. jr. 4000 bis 4500 m und B. g l u t i n ó s a K. Schum. et Engl., ein extremer Xerophytenstrauch von 20 bis 30 cm Höhe mit dichter Drüsenbekleidung, geht dort gar bis 4800 m ü. Meer. Europa hat nur 3 Ericoideen=Gattungen erreicht; einige wenige Erica=Arten streifen Asien im mediterranen Teil von Syrien und Klein=Asien. Bruckenthalia reicht bis zum Westrand des Kaukasus (Gebiet von Batum). Anderwärts fehlt die Unterfamilie. Die Angaben von Calluna (1860 festgestellt), Erica cinerea und E. Tetralix aus Nordamerika (in den Staaten Massachussets, Maine, Rhode Island, Neu=Schottland, Neu=Fundland) haben sich nicht bestätigt resp. sie beziehen sich auf eingeführte und verwilderte Pflanzen (vgl. O w e n. The three adventice heaths of Nantucket, Mass. in Rhodora X, 1908 und R i e c h in Rhodora II, 1900).

Obwohl die Ericaceen in Mitteleuropa zu den kleinen, d. h. artenarmen Familien gehören, so erscheinen ihre Vertreter doch in solcher Individuenzahl, dass sie auf weite Strecken vorherrschen und den Vegetations= charakter gewisser Gegenden geradezu bestimmen. Ihr geselliges Wachstum ist schon den „Vätern der Botanik" aufgefallen und hat wesentlich dazu beigetragen, das Erkennen von Pflanzengesellschaften zu fördern. Schon L i n n é spricht von den „Ericeta", Alex. v. H u m b o l d t von „Pflanzenzügen", welche ganze Ländereien bedecken. W i l l d e n o w (1792) hebt hervor, dass Calluna die Lüneburger Heide überziehe.

In Mitteleuropa sind es namentlich 3 Gebiete, die sich durch massenhaftes Auftreten der Ericaceen aus= zeichnen: das nordwestdeutsche Flachland („die Heide"), die Mittelgebirge mit ihren Hochmooren und die sub= alpine Stufe der Alpen; diese haben den ozeanischen Klimacharakter gemeinsam. In den kontinentalen Gebieten nehmen die Ericaceen an Arten und an Individuenzahl rasch ab. Es ist dies umso auffallender, als sie ander= wärts (z. B. in Nordamerika und Südafrika) viel weniger kontinentalscheu sind, und die Vegetationsorgane unserer Arten ja durchwegs ausgesprochen xerophytische Anpassung besitzen. Auch hier müssen wir die Erklärung wohl in der uralten, fest fixierten, konstitutionellen Xeromorphie suchen, die mit den heutigen klimatischen Ansprüchen der Arten nicht in Einklang steht.

Die Zahl der namentlich aus Mitteleuropa beschriebenen „fossilen" Ericaceen ist beträchtlich. Doch stehen die durchwegs auf Laubblätter gegründeten Bestimmungen grösstenteils auf schwachen Füssen, und oft ist nicht nur die Gattungszugehörigkeit, sondern sogar die Familie zweifelhaft. Unbestreitbar ist das Vorhandensein der Ericaceen im Tertiär; im Bernstein des Samlandes sind mehrere mit Chamaedaphne verwandte Andromeda-Arten nachgewiesen. Sicher oder doch höchst wahrscheinlich war auch Vaccinium schon damals vorhanden. Saporta hat aus dem untern Oligozän ein V. micrómerum beschrieben; Heer und Unger geben aus dem Miozän zahlreiche, mit heutigen verwandte Arten an. Namentlich hat die obere Süsswassermolasse von Oeningen eine reiche Ausbeute geliefert; doch lässt die Identifizierung der Arten, ja selbst der Gattung, öfter noch zu wünschen übrig. Die nämlichen Arten wie aus dem Miozän werden teilweise auch aus dem Pliozän angeführt, so V. acherónticum Ung. und V. denticulátum Heer aus dem Oberpliozän des untern Maintales. Das erste Auftreten heute lebender Ericaceen fällt nach vertrauenswürdiger Angabe in das Pliozän. Laurent hat V. uliginosum (sehr gut erhalten) in den Cineriten der Auvergne (Paisancien) nachgewiesen. Im Quaternär erscheinen Rhododendron Ponticum (pag. 1628), Loiseleuria, Andromeda polifolia, Arctostaphylos Uva ursi, und A. alpina, die Vaccinien, Calluna, Ledum (?) in glazialen und interglazialen Ablagerungen von Mitteleuropa. Sollte auch die unsichere Bestimmung des Arbutus eocénica Ettingh. aus dem Eocän von Häring auf einer Verwechslung beruhen, so ist es doch zum Mindesten wahrscheinlich, dass schon im Frühtertiär heute vorkommende Ericaceengattungen existiert haben. Dafür spricht vor allem die weite und z. T. sehr disjunkte Verbreitung einzelner Sippen (z. B. Pernéttya: in Mittel- und Südamerika, eine Art auf Neu-Seeland und Tasmanien; Vaccinium Sect. Batodéndron: Nord- und Mittelamerika, Azoren und Madeira, je eine Art in Kleinasien inkl. Kaukasus und auf Japan, usw.), die nur durch weit zurückliegende früh- oder mitteltertiäre Landverbindungen befriedigend erklärt werden kann.

Fig. 2637. Exobasidium Rhododendri Fuckel. Zweige mit „Alpenrosen- oder Saftäpfelchen", links in Verbindung mit Blattrollung.

Oekologie. In kalten und gemässigten Gebieten, wo die Niederschläge grösser sind als die Verdunstung, werden die Basen der oberen Bodenschicht ausgewaschen und in die Tiefe geführt. Es entstehen dadurch nährstoffarme, saure Böden, die unter dem Namen „Podsol" bekannt sind und namentlich im nördlichen Europa, aber auch im atlantischen Gebiet eine weite Verbreitung besitzen und in jenen Gebieten das klimatisch bedingte Schlussglied der Bodenentwicklung (den „Bodenklimax") bilden. Keine Pflanzensippe zeigt sich in so hohem Masse befähigt, diese mageren, ausgelaugten Böden dauernd zu besiedeln, wie die Vertreter der Ericaceen. Die Hauptverbreitung der Ericaceen in Europa fällt mithin mit der Verbreitung des Podsol-Bodens zusammen. Ausserhalb des Podsol- oder Bleicherdegebietes halten sich die Ericaceen mit Vorliebe an Torfböden und bilden auch auf Torf Massenvegetation. Die Konkurrenz an derartigen Standorten ist gering; denn die meisten Pflanzen stellen höhere Anforderungen an den Nährstoffgehalt des Bodens. Auch der nasse Torfboden der Ericaceenheiden zeigt infolge ungenügenden Sauerstoffzutritts wie der Podsol saure Reaktion; seine löslichen, osmotisch wirksamen Bestandteile sind spärlich. Die Lösungen selbst besitzen nach Gola einen ziemlich geringen osmotischen Druck. Die Mineralarmut des Bodens geht aus folgenden Beispielen von einem Sphagnum-Hochmoor (Standort von Andromeda und Oxycoccus) und einem Heidemoor deutlich hervor (vgl. Ramann, Bodenkunde).

|  | N | K | Ca | Mg | $H_3PO_4$ |
|---|---|---|---|---|---|
| Sphagnum-Hochmoor | 1,38 | 0,02 | 0,12 | 0,02 | 0,09 % |
| Ericaceen-Moor | 1,83 | 0,04 | 0,08 | 0,02 | 0,15 % |

Es sind dies Beispiele für ausgesprochen pergeloide, eustatische Böden, im Sinne von Gola.

Alle diese Böden haben ein Merkmal gemeinsam: sie sind stark sauer, zeigen mithin eine hohe Wasserstoffionen-Konzentration. Es hat sich nämlich gezeigt, dass das optimale Gedeihen jeder Pflanze mit einem bestimmten Wasserstoffionen-Konzentrationsgrad (= pH-Bereich) zusammenfällt. Der pH-Bereich der meisten Ericaceen Mittel- und Nordeuropas liegt im sauren Gebiet zwischen 3,8 und 6 pH., es sind „azidiphile" Arten. Hieraus erklärt sich auch, weshalb die meisten Ericaceen von jeher als „kalkfliehend" bezeichnet werden. Kalkreiche Böden sind nämlich stets alkalisch, für azidiphile Arten daher auf die Dauer nicht besiedelbar. Wenn sich dennoch auf kalkreichen Böden kalkfliehende Pflanzen zeigen („heterotope Kolonien"), so kann dies u. a. daher rühren, dass die Verwitterungserde des steinigen oder felsigen Kalkbodens kalkarm geworden ist. Einzelne ausgeführte Kulturversuche mit azidiphilen Ericaceen unter abweichenden Verhältnissen, in alkalischen Medien, besagen nichts gegen die obenerwähnte Erklärung. Auch der Umstand, dass Andromeda und Calluna — drei Wochen lang mit kalkreichem Wasser begossen — nicht im mindesten darunter litten (Düggeli 1903), gestattet noch nicht über ihre Bodenstetigkeit etwas Positives abzuleiten. Auch die Versuche von Weber, der eine Reihe von Moor-Ericaceen bei starker Düngung mit Kalk, Kali, Phosphorsäure und Nitraten heranzuziehen und mehrere Jahre zur Fruchtreife zu bringen vermochte, berechtigen noch keineswegs dazu, die betreffenden Arten gegenüber der Bodenreaktion als indifferent anzusehen.

Nach unseren bisherigen Untersuchungen können nur folgende mitteleuropäische Ericaceen als neutrophil-basiphil bezeichnet werden: Rhododendron hirsutum und Erica carnea, vorausichtlich auch Rhodothamnus Chamaecistus (doch liegen hierüber noch keine Untersuchungen vor). Die mediterrane Erica multiflora ist gleichfalls basiphil. Als weniger streng lokalisiert können angesehen werden Arctostaphylos Uva ursi, Erica scoparia, E. arborea und Arbutus Unedo. Diese Arten ziehen saure Böden vor, finden sich aber auch auf alkalischen Unterlagen. Möglicherweise zählt auch Arctostaphylos alpina zu dieser Gruppe. Alle übrigen mitteleuropäischen Ericaceen sind azidiphil, zeigen aber immerhin nicht unerhebliche Abweichungen in Bezug auf ihre pH-Amplitude (s. bei den einzelnen Arten).

Die Ericaceen werden von zahlreichen pflanzlichen und tierischen Parasiten heimgesucht. Von parasitären Pilzen verdienen folgende Gruppen und Arten besondere Erwähnung: Chrysomyxa, für die Bicornesreihe besonders charakteristisch. Von den 16 Arten dieser Uredineengattung schmarotzen 13 nur auf den Laubblättern von Ericaceen und Pirola-Arten, 2 auf Abietineen und eine auf Empetrum (pag. 1609). Die Aecidien entwickeln sich meist auf Koniferen und richten dort grossen Schaden an, die Uredo- und Teleutosporen auf den Ericaceen. Bei einigen Arten kommt es nur selten zur Ausbildung der Teleutosporen, wogegen die Uredoform verbreitet ist. Aus der gleichfalls wirtswechselnden Gattung Thecópsora findet sich Th. spársa (Wint.) Magn. auf Arctostaphylos- und Arbutus-Arten in Mittel- und Nordeuropa, Nordamerika und Mexiko. Andere Arten, deren Aecidienwirt unbekannt ist, leben auf Calluna und Vaccinium-Arten. Von den Basidiomyceten ist die Exobasidiaceengattung Exobasídium vorzugsweise auf die Ericaceen beschränkt. Der Pilzreiz erzeugt an Blättern und Stengelteilen Gewebewucherungen; bei Rhododendron entstehen „Saft"- oder „Galläpfelchen" (Fig. 2637, 2645 f, 2658), bei Leucothoë hexenbesenartige Auswüchse. Unter den Ascomyceten und Fungi imperfecti werden eine riesige Anzahl von Ericaceenparasiten beschrieben, bei denen man oft im Unklaren ist, ob sie wirklich parasitisch leben, ohne an der lebenden Pflanze hervorzutreten, oder ob sie sich erst auf dem toten Pflanzenkörper ansiedeln. Manche Arten, die schon auf der lebenden Pflanze vegetieren, schreiten erst auf dem abgestorbenen Substrat zur Fruchtkörperbildung, sind also für die Pflanze ohne sichtbare Bedeutung. Bei manchen Formen ist die systematische Stellung unsicher und die Verbreitung unbekannt. Erwähnung verdienen die Discomycetengattungen Sclerotínia subgen. Stromatínia Boud. und Sphaeropezíza, beide ganz besonders charakteristisch für die Ericaceen. Bei Sclerotinia subg. Stromatinia erfolgt die Bildung der Sporen in den becherartigen Fruchtkörpern, die sich aus dem überwinternden Dauerstadium (Sclerótium) entwickeln. Die infizierten Fruchtknoten der Ericaceen werden von einem weissen, zähen Myzel erfüllt, das die Sclerotien bildet. Diese Sclerotien ziehen Assimilate der Wirtspflanze an sich und speichern dieselben auf. Die ganze von den Sclerotien mumifizierte Frucht (Fig. 2681) fällt ab und schreitet erst Frühjahr zur Ascusbildung. Bei Sclerotinia heteróica Wor. et Naw. (= Sc. Lédi Naw.) entwickeln sich die Sclerotien im Fruchtknoten von Ledum, während die Sporen auf Vaccinium uliginosum gebildet werden. Von dieser heterözischen Art abgesehen, wurden alle Sclerotinia-Arten als autözisch (d. h. ihren Entwicklungsgang auf einer und derselben Wirtspflanze vollendend) betrachtet, bis es E. Fischer neuerdings gelungen ist zu zeigen, dass auch Sclerotinia Rhododéndri sich ähnlich verhält wie Sc. heteroíca, indem sie auch auf Vaccinium Myrtillus übergeht. Sphaeropezíza, eine kleine Gattung, zur Hauptsache auf Ericaceen lebender Pilze, umfasst lauter blattbewohnende Arten, deren linsenförmige Fruchtkörper als kleine dunkle Punkte hervortreten. S. Émpetri Fuck. auf Empetrum nigrum in den Alpen, zeugt für die natürliche Zusammengehörigkeit der Gattung mit den Ericaceen. Von den Pyrenomyceten finden sich zahlreiche Arten von Lophodérmium auch auf Ericaceen; einige Arten dieser Gattung verursachen die gefürchtete „Nadelschütte" der Koniferen. Weitere Bewohner der lebenden und abgestorbenen Laubblätter und Stengel unserer Ericaceen sind Arten der Gattungen Zygnoëlla, Gibbéra, Ventúria (zahlreiche Arten), Metasphǽria, Sphaerélla (zahlreiche Arten), Dothidélla usw., sowie eine ziemliche Anzahl von Perisporíneen-Arten. Unter den Fungi imperfecti müssen die zur Gattung Phóma gehörenden Wurzelpilze (Phóma rádicis Andrómedae Tern., Ph. rádicis Tetrálicis Tern., Ph. rádicis Vaccínii Tern., Ph. rádicis Oxycócci Tern. usw.), sowie Phyllophóma erwähnt werden. Ihre Bedeutung als Mykorrhiza wurde bereits hervorgehoben. Auf lebenden Blättern gedeihen u. a. Arten der Gattungen Ascochýta, Hendersónia, Gloeospórium, Ramulária, Cercóspora u. a. — Auch tierische Parasiten, Gallen und Missbildungen der Blüten- und Laubsprosse hervorrufende Insektenlarven sind nicht selten auf unseren Ericaceen anzutreffen (Näheres bei den einzelnen Arten). Ericaceen als Mistelwirte sind nicht bekannt; v. Tubeuf infizierte erfolglos Vaccinium Myrtillus, V. uliginosum und V. Vitis-Idaea.

Der Nutzen ist ein recht mannigfacher. Die zucker- und säurereichen Früchte der beerentragenden Arten werden vielfach, sowohl frisch als eingemacht bezw. getrocknet genossen. Sie dienen ferner zur Herstellung von Sirupen, Obstweinen und Alkohol. Verschiedene Arten finden als Brennmaterial Verwendung, andere liefern Streue. Als Bienenfutterpflanze und wichtiger Honigspender kommt vor allem Calluna vulgaris, in einzelnen Gegenden auch Erica carnea in Betracht. Zweige, Blätter, Blüten und Früchte verschiedener Arten wirken narkotisch; sie enthalten organische Säuren, ätherische und fette Oele, Bitterstoffe, Gerbstoffe, Enzyme, Glykoside usw. und werden in der Medizin, ebenso als Teesurrogat verwendet. Ausser den einheimischen Arten (siehe dort!) hat im atlantischen Nordamerika Gaulthéria procúmbens L. als Droge Bedeutung. Sie liefert ein wohlriechendes, gewürzhaft-süsslich schmeckendes, flüchtiges Oel (zirka 0,7 %), das unter dem Namen „Wintergreen-Oil" in den Handel gelangt. Es besteht ebenso wie das Oel von Betula lenta fast ganz (zu 96 bis 97, sogar 99 %) aus Salicylsäuremethylester und diente ehedem als Ausgangsprodukt für die Herstellung der Salicylsäure. Das Methylsalicylat entsteht durch Einwirkung der Gaultherase auf das in der Pflanze vorhandene Gaultherin ($C_{14}H_{18}O_8$). Ausserdem sind in dem Oel noch 1 % des Paraffins Triakontan und der Esther $C_{14}H_{24}O_2$, der in Oktylenkohol ($C_8H_{16}O$) und in die Säure $C_6H_{10}O_2$ zerfällt, enthalten. Das Oel (Óleum Gauthériae) wird gegen Gelenk- und gonorrhoischen Rheumatismus, als Antisepticum, als Entlausungsmittel, ebenso in der Parfümerie verwendet. Ausserdem enthält die Pflanze Arbutin, Ericolin, Urson, dagegen weder Terpene, Benzoësäure noch Andromedotoxin, dann Zucker, Gaultherase und einen Gerbstoff. Die Blätter (Fólia [hérba] Gauthériae, boxberry leaves, checkerberry herb), schmecken bitter; sie wirken adstringierend und schwach narkotisch und waren ehedem als aromatischen Stimulans, als Carminativum, Tonicum, Geschmackskorrigens, Emmenagogum und als Antisepticum offizinell. Ihr Aufguss wird in Nordamerika als Thé rouge, Thé du Canada, Berg- oder Salvadortee, Tee von Labrador an Stelle des chinesischen Tees getrunken und soll besonders bei Asthma von heilsamer Wirkung sein.

Von den überaus zahlreichen als Topf- und Freilandspflanzen kultivierten Ericaceen können nur die wichtigeren hier mit Beschreibung angeführt werden (weitere Arten sind bei den Gattungen aufgeführt); für die übrigen muss auf die speziellen Gärtner-Handbücher (besonders auf C. K. Schneider, Illustriertes Handbuch der Laubholzkunde) verwiesen werden. Zudem werden noch fortwährend neue Arten eingeführt. Für Heide- und Moorbeete sehr empfehlenswert, aber Winterschutz bedürftig, ist die atlantische Dabœcia Cantábrica (Huds.) K. Koch (= D. polifólia Don, = Erica Daboecia L., = Borétta Cantábrica O. Kuntze). Fig. 2638. Bis 50 cm hoher, reichverästelter Zwergstrauch. Laubblätter lederig, eiförmig, etwa 1 cm lang, nach unten umgerollt, oben glänzendgrün, unten dicht weissfilzig. Blüten violettrot (in der Kultur auch weiss, dunkelviolett oder gestreift), krugförmig, in endständiger, lockerer

Fig. 2638. Daboecia Cantabrica (Huds.) K. Koch. *a, b* Blühende Zweige. *c* Laubblatt (von oben). *d* Junge Frucht mit Kelch. *e* Reife Frucht. *f* Staubblatt.

Traube. Kelch- und Kronzipfel 4; Staubblätter 8, mit purpurnen Antheren ohne Anhängsel. Fruchtkapsel abstehend-drüsenhaarig, 4-fächerig, scheidewandspaltig. Samen rundlich, dicht warzig. VII bis IX. Heiden der ozeanischen Küstengebiete von Portugal bis Irland. — Aus der Gattung Kálmia[1]) werden im Freien gezogen: Kálmia latifólia L. Amerikanischer Lorbeer, Lorbeerrose; engl.: American Laurel, Calicobush. Hoher Strauch mit immergrünen, lorbeerartigen, eilanzettlichen, spitzen, kahlen Laubblättern; Mittelnerv auf der Blattunterseite stark hervortretend. Blattstiel kurz. Blütenstand zusammengesetzt vielblütig. Blüten rot, weisslich oder purpurbraun bis schokoladefarben (f. fuscáta Rehd. pro var.), einzeln auf langen, drüsenhaarigen Stielen in den Achseln eines Tragblattes und mit 2 seitenständigen, braunen Vorblättern, in der Knospe mit 10 Falten, zuletzt napfförmig ausgebreitet, 2 bis 3 cm breit. Staubblätter 10; Antheren rot, ohne Anhängsel, mit schiefen Löchern aufspringend. Frucht eine aufrechte, kugelige, 5- (bis 7-)fächerige, scheidewandspaltige Kapsel. Griffel bleibend, aufrecht. Samen sehr zahlreich, flach, länglich, 1 mm lang, sehr flugfähig. V bis VI. Stammt aus Nordamerika. Verwandt sind: Kálmia angustifólia L. Lorbeerrose. Engl.: Mountain oder Sheep-Laurel. Fig. 2639. Nur etwa 1 m hoch. Laubblätter eiförmig, stumpf, kleiner als bei voriger Art. Blüten rötlich, 0,8 bis 1 cm breit, in blattachselständigen Scheinwirteln. Fruchtkapsel nickend. Heimisch im östlichen Nordamerika von der Hudsonsbay bis Georgien. VI, VII. In zahlreichen Formen seit 1736 kultiviert. Die Art ist im

---

[1]) Nach Peter Kalm (geb. 1715 zu Oesterbotten in Finnland, gest. 1779 als Professor der Naturwissenschaften in Åbo), bereiste 1747—49 Nordamerika und veröffentlichte 1765 den 1. Teil einer „Flora Fennica".

Kirchhorster (hier bereits 1807) und im Alt-Warmbüchener Moor nördlich von Hannover eingebürgert und hat sich den dortigen Standortsverhältnissen völlig angepasst. Wie sie dorthin gekommen, ist zweifelhaft. Anpflanzung ist wenig wahrscheinlich; am ehesten wäre an eine Verschleppung durch Vögel zu denken. Kálmia polifólia Wangenh. Von den 2 vorigen Arten hauptsächlich durch die 2-kantigen Zweige und die unterseits sehr fein und dicht behaarten Laubblätter verschieden. Bis 60 cm hoher Strauch mit meist gegenständigen, etwa 3 cm langen und 0,8 cm breiten, am Rande umgerollten Laubblättern. Blüten lilapurpurn, 1 bis 1,8 cm breit. V bis VII. Heimisch im borealen Nordamerika von Labrador und Alaska südwärts bis Pennsylvanien und Kalifornien. — Phyllodóce[1]) cærúlea (L.) Salisb. (= Ph. taxifólia Salisb., = Andrómeda caerulea L., = Bryánthus taxifólius Gray). Ausgebreitet-kriechender Zwergstrauch mit Empetrum-ähnlichen, stumpfen, kahlen, sehr dicht stehenden Rollblättern. Blütenstand scheindoldig, endständig, 2- bis 6-blütig. Blütenstiel dichtdrüsig, länger als die eikrugförmige, blauviolette oder rote Krone. Staubblätter 10, eingeschlossen, Staubfäden kahl. Fruchtkapsel kugelig, 5-fächerig, drüsig, so lang oder etwas kürzer als die lanzettlichen, spitzen, drüsig-behaarten Kelchzipfel.
VII bis VIII. Boreales Amerika, Grönland, Nordost-Asien, Japan, arktisches und subarktisches Europa; als Glazialrelikt in Schottland und in den Zentralpyrenäen (am Pic de Crabère bis 2600 m). Seit langem in Kultur. — Enkiánthus campanulátus (Miq.) Nichols. Strauch oder bis 10 m hohes Bäumchen. Laubblätter sommergrün, spiralig angeordnet, am Zweigende gedrängt stehend, lanzettlich bis breitverkehrt-eiförmig, oberseits zerstreut borstig, unterseits auf den Nerven ± borstenhaarig, am Rande fein und ziemlich tief gezähnt, bis 1,5 cm lang gestielt. Blütenstand nickend, doldentraubig, vielblütig. Blütenkrone glockig, breitlappig, trübrot mit dunklen Nerven. Staubblätter 10, eingeschlossen; Staubbeutel mit 2 gehörnten Anhängseln, längsspaltig sich öffnend. Fruchtkapsel 5-klappig. V. Subalpine Art aus Nordjapan; die häufigste der kultivierten Arten. E. subséssilis (Miq.) Mak. unterscheidet sich durch traubigen Blütenstand und weisse, krugförmige Blüten. Frucht aufrecht. V, VI. Aus Japan. E. cérnuus (Miq.) Mak. (= E. Meistéria Max.) hat krugförmig-glockige, spitzzähnige Blütenkrone, zurückgekrümmten Fruchtstiel und gekerbte Laubblätter. V, VI. Aus Japan. — Cassíope[2]) tetrágona (L.) Don (= Andrómeda tetragona L.). Bis 30 cm hoher, immergrüner Zwergstrauch mit dicht dachziegelig-4-zeilig beblätterten Zweigen. Blüten einzeln, weiss oder rötlich, seitenständig, glockenförmig, 5-zählig. Staubblätter 10; Antheren mit geschwänzten Anhängseln. III, IV. Heimisch im subarktischen und arktischen Europa, Asien und Amerika. In Kultur. Wie die verwandte Cassiope hypnoídes Bestandteil der nordischen Zwergstrauchheide. — Gaulthéria Shállon Pursh. Niedriger Strauch mit etwas drüsig behaarten Zweigen. Laubblätter gezähnt, eiförmig, immergrün, sehr kurz gestielt. Blütenstand langtraubig, drüsigzottig. Blüten nickend, weiss oder rosa, krugförmig. Staubblätter 10; Antheren mit 2 gabelförmigen Anhängseln. Frucht eine 5-fächerige Kapsel, vom fleischigen Kelch eingehüllt, blauschwarz, essbar. V, VI. Alaska bis Kalifornien. Winterharter, schon seit langem eingeführter Gartenstrauch. — G. procúmbens L., aus dem nordöstlichen Nordamerika, unterscheidet sich von G. Shállon durch niedrigeren Wuchs, kleinere Laubblätter und einzeln-achselständige Blüten. — Pernéttya[3]) mucronáta (L.) Gaudichaud (= Arbútus mucronatus L.). Myrtenkrüglein. Niedriger, immergrüner Strauch mit breitlanzettlichen oder eiförmigen, dornspitzen, scharfgezähnten Laubblättern. Blüten einzeln, achselständig, nickend, eikugelig, weiss, rötlich überhaucht. Staubblätter 10; Antheren mit 4 kurzen Spitzchen, den Fruchtknoten überragend. Frucht eine kugelige Beere. V, VI. Südliches Chile. — P. rupícola Phil. hat weniger derbe, schwächer gezähnte Laubblätter, kürzere Staubblätter (dieselben höchstens so lang wie der Fruchtknoten), kürzere Blütenstiele und in der Jugend sehr fein behaarte (nicht borstenhaarige) Zweige. V. Chile. — Gaylussácia[4]) dumósa (Andr.) Torr. et Gray (= Vaccinium dumosum Andr.), Huckleberry.

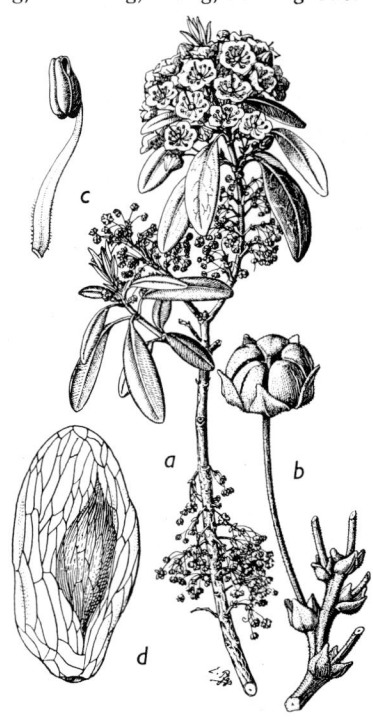

Fig. 2639. Kalmia angustifolia L.
*a* Zweig mit Blüten und Früchten.
*b* Kapsel (vergrössert). *c* Staubblatt.
*d* Samen (stark vergrössert).

---

[1]) Griech. φύλλον [phýllon] = Blatt und δοκέω [dokéo] = scheine.

[2]) Gemahlin des Cepheus und Mutter der Andromeda (vgl. pag. 1651).

[3]) Nach dem französischen Botaniker Ant. Jos. Pernetty, geboren 1716 zu Roanne, gestorben 1801 in Avignon; er begleitete Bougainville auf seiner Weltreise.

[4]) Nach dem berühmten Chemiker und Physiker L. S. Gay-Lussac (geb. 6. Dez. 1778 in Saint-Léonard [Haute-Vienne], gestorben in Paris am 9. Mai 1850).

Bis 50 cm hoher Zwergstrauch mit aufrechten, jung behaarten und drüsigen Zweigen. Laubblätter keilig-verkehrteiförmig, ganzrandig, unterseits gelbdrüsenpunktiert, zuletzt derb, sommergrün. Blütenstand locker-traubig. Blüten 5-zählig, glockig, wachsweiss oder rosa, 5 bis 6 mm lang. Staubblätter 10, drüsenborstig; Antheren zugespitzt. Tragblätter blattartig, bleibend. Fruchtblätter 10, einsamig. Frucht eine schwarze Steinbeere, meist etwas behaart. VI. Nordamerika von Labrador bis Florida. Von Gaylussacia resinósa Torr. et Gray kommen in Amerika die heidelbeerähnlichen Früchte (Huckleberren) auf den Markt. — Bruckenthália spiculiflóra Rchb. Vielästiger, bis 25 cm hoher Kleinstrauch in der Tracht von Erica carnea. Laubblätter linealisch-nadelförmig, zu 3- bis 5-quirlig, etwas drüsig. Blüten klein, in endständigen, nickenden Trauben. Krone glockenförmig, lebhaft rosa, länger als der Kelch. Staubblätter 8, eingeschlossen; Staubfäden am Grunde unter sich und mit der Krone verwachsen. Drüsendiskus verkümmert. Kapsel klein, kugelig, vielsamig. VII bis IX. Siebenbürgen, Banat, Balkan, nordwestliches Kleinasien. Eignet sich für alpine Anlagen. — Nur gelegentlich werden in der Kultur angetroffen: Leiophýllum buxifólium Elliot, eine vielgestaltige, immergrüne Art mit weissen Doldentrauben. Heimisch in Nordkarolina bis Tennessee. Liebt feuchten Sandboden und Halbschatten. — Oxydéndron arbóreum DC. Engl.: Sorrel-tree, sour-wood. 5 bis 12 m hoher Baum mit sauren, im Winter abfallenden Laubblättern und weissen, einseitswendigen, reichblütigen Dolden. VI, VII. Heimisch im wärmeren Nordamerika. Verlangt geschützte Lagen. — Epigaéa répens L. Engl.: Mayflower (Maiblume), trailing Arbutus. Niederliegender, immergrüner, wurzelnder Halbstrauch mit weissen oder rosaroten, duftenden, endständigen Doldentrauben. III bis IV. Heimisch im atlantischen Nordamerika. Verlangt geschützte, halbschattige Lagen. — Chiógenes hispidula Torrey et Gray. Rasenbildender, an Thymus erinnernder, stark aromatischer, immergrüner Halbstrauch mit sehr dünnen, borstlich behaarten Zweigen, mit kleinen (3 bis 13 mm lang) rundlich-eiförmigen Laubblättern, mit unansehnlichen, blattachselständigen, weisslichen, nickenden Blüten und fast unterständigen Beeren. V. Heimisch in Sphagnum-Sümpfen von Nordamerika. Eignet sich für Moorbeete.

1. Laubblätter sehr schmal lineal, nach unten umgerollt oder nadelförmig . . . . . . . . . . 2.
1*. Laubblätter verbreitert, nicht nadelförmig . . . . . . . . . . . . . . . . . . 6.
2. Kronblätter verwachsenblätterig, trockenhäutig; Krone nach dem Verblühen lange stehen bleibend 3.
2*. Kronblätter verwachsenblätterig, nach dem Verblühen abfallend . . . . . . . . . . 4.
3. Kelch länger als die Krone, kronartig gefärbt, mit grünem Aussenkelch. Staubbeutel mit Anhängseln . . . . . . . . . . . . . . . . . . . . . . . . . . . . . . . Calluna DLXIX.
3*. Kelch kürzer als die Krone; Aussenkelch fehlend . . . . . . . . . . . · . . . Erica DLXX.
4. Staubbeutel ohne Anhängsel . . . . . . . . . . . . . . . . . . . . . . . . . . . 5.
4*. Staubbeutel an der Spitze mit schwanzförmigem Anhängsel. Blüten einzeln, achsel- oder endständig. Laubblätter dachziegelig angeordnet . . . . . . . . . . . . . . . Cassiope (pag. 1621).
5. Fruchtkapsel 2 bis 3-klappig. Staubblätter 5. Krone glockig-trichterförmig . Loiseleuria DLXII.
5* (vgl. 5**). Fruchtkapsel 5-klappig aufspringend. Staubblätter 10. Krone glocken- oder krugförmig . . . . . . . . . . . . . . . . . . . . . . . . . . . . . . . . . Phyllodoce (pag. 1621).
5**. Fruchtkapsel 4-klappig aufspringend. Staubblätter 8. Krone glockig-krugförmig . . . . . . . . . . . . . . . . . . . . . . . . . . . . . . . . . . . . . . . . . . . Daboecia (pag. 1620).
6. Krone glockenförmig, ± deutlich zygomorph . . . . . . . . . . Rhododendron DLX.
6*. Krone regelmässig, aktinomorph . . . . . . . . . . . . . . . . . . . . . . . . . 7.
7. Frucht ein trockenhäutige Kapsel . . . . . . . . . . . . . . . . . . . . . . . . 8.
7*. Frucht eine saftige Beere oder mehlige Steinfrucht . . . . . . . . . . . . . . . 12.
8. Krone freiblätterig . . . . . . . . . . . . . . . . . . . . . . . . . Ledum DLIX.
8*. Krone verwachsenblätterig . . . . . . . . . . . . . . . . . . . . . . . . . . . 9.
9. Niederliegend-kriechendes Zwergsträuchlein mit offener, radförmiger Krone. Rhodothamnus DLXI.
9*. Meist aufrechte, höhere Sträucher oder wenn kriechend, Krone nicht radförmig, offen . . . 10.
10. Krone napfförmig, mit 10 hohlen, die Staubbeutel bis zum Verstäuben einschliessenden Gruben . . . . . . . . . . . . . . . . . . . . . . . . . . . . . . . . . . . . . Kalmia (pag. 1620).
10*. Krone anders gestaltet . . . . . . . . . . . . . . . . . . . . . . . . . . . . 11.
11. Blütenstand doldig. Laubblätter meist häutig und immergrün, an den Zweigenden gedrängt, eiförmig bis verkehrteiförmig, gezähnelt. Blüten meist glockig . . . . . . . Enkianthus (pag. 1621).
11*. Blütenstand doldig, traubig oder rispig. Laubblätter meist (bei unserer Art stets) immergrün und ganzrandig. Blüten krugförmig oder kugelig . . . . . . . . . . . Andromeda DLXIII.
11**. Blüten einzeln, blattachselständig . . . . . . . . . . Chamaedaphne DLIV.
12. Kelch zur Fruchtzeit fleischig auswachsend und dann die tief 5-gelappte Kapsel mehr oder weniger fleischig einhüllend . . . . . . . . . . . . . . . . . . Gaultheria (pag. 1620).
12* (vgl. 12**). Frucht eine beerenartige Steinfrucht oder eine mehlige, mehrsamige Beere . . . 13.
12**. Frucht eine saftige Beere . . . . . . . . . (vgl. auch Arctostaphylos alpina) 15.

13. Fruchtknoten unterständig, mit dem Kelch verwachsen. Frucht eine 10-rippige Steinbeere . . . . . . . . . . . . . . . . . . . . . . . . . . . . . . . . . . . . . . . . . . . . . . . . Gaylussacia (pag. 1622).
13*. Fruchtknoten oberständig, frei . . . . . . . . . . . . . . . . . . . . . . . . . . . 14.
14. Hoher Strauch oder Baum. Blütenstand vielblütig. Frucht eine warzige, vielsamige, mehlige Beere . . . . . . . . . . . . . . . . . . . . . . . . . . . . . . . . . . . . . . . . . . . . . . . . Arbutus DLXVI.
14*. Zwergsträucher oder (in anderen Florengebieten) niedrige Sträucher. Frucht eine glatte, trockene (nur bei A. alpina saftige) Steinbeere . . . . . . . . . . . . . . . Arctostaphylos DLXV.
15. Stengel fadenförmig, kriechend. Krone tief 4-teilig, mit zurückgeschlagenen Zipfeln . . . . . . . . . . . . . . . . . . . . . . . . . . . . . . . . . . . . . . . . . . . . . . . . . . . . . . . Oxycoccus DLXVIII.
15*. Stengel ± aufrecht oder aufsteigend. Krone glocken- oder krugförmig . Vaccinium DLXVII.

## DLIX. Lédum¹) L. Porst. Franz.: Lédon; engl.: Wild Rosemary.

Die Gattung umfasst 4 Arten, die sich alle im borealen Nordamerika zusammenfinden. L. glandulósum Nutt. und L. columbiánum Piper sind dem pazifischen Gebiet eigen, von wo erstere bis zu den nördlichen Rocky Mountains ausstrahlt. Ein weites Verbreitungsgebiet besitzt das unserem Ledum palustre nahestehende L. Groenlándicum Oeder (= L. latifólium Ait., = L. palustre β latifolium Hook.). Laubblätter eiförmig-elliptisch, am Grunde schwach-herzförmig, oberseits dicht rauh-höckerig. Blütenknospen kugelig. Labrador, Arktisches Amerika südlich bis zu den Alleghannies, Westgrönland bis ca. 70° nördl. Breite, Nordsibirien. Die Pflanze liefert den Labradortee, Jamestee oder Countrytee, der in Nordamerika Verwendung findet. Alle 4 Arten sind Hochmoorbewohner; nur die arktische var. decúmbens Ait. von L. palustre scheint trockene Standorte vorzuziehen. Die Blätter und jungen Zweige der Ledum-Arten enthalten narkotische Stoffe (Porstöl), ferner Andromedotoxin, Ericolin usw. und finden in der Medizin gelegentlich Verwendung.

**2141. Ledum palústre** L. Sumpf-Porst, Wilder Rosmarin, Motten- oder Wanzenkraut, Gräntze, Brauerkraut, Tannenporst, Moor-Rosmarin, Kienporst. Franz.: Lédon des marais; engl.: Dutch myrthe. Taf. 207, Fig. 6; Fig. 2640 bis 2642 und 2632.

Bis 1,5 m hoher Strauch mit aufrecht-abstehenden Zweigen. Laubblätter lineal-lanzettlich bis breit-lanzettlich, im Mittel etwa 3 cm lang und 0,3 cm breit, derb-lederig, immergrün, ganzrandig, die Ränder nach unten umgerollt, oberseits kahl oder spärlich zerstreut drüsig, glänzend, unterseits wie die jungen Zweige dicht rotbraun-filzig. Blattstiel 2 bis 4 mm lang. Blütenstand doldentraubig, reichblütig. Blütenstiel aufrecht, mehrmals länger als die Blüte, drüsig-bekörnelt, klebrig, am Grunde mit braunroten, bleibenden Knospenhüllen. Kelch 5-zähnig mit abgerundeten Zipfeln; Kelchblätter breit-eiförmig, stumpf, drüsig-klebrig. Krone 5- (selten 4-)blätterig, weiss, sternförmig ausgebreitet, 10 bis 15 mm breit; Kronblätter 5 bis 8 mm lang, verkehrt-eiförmig, stumpf. Staubblätter 10 (oder durch Verkümmern weniger), länger als die Kronblätter, am Grunde behaart, die inneren kürzer als die äusseren; Antheren länglich-rundlich, an der Spitze mit 2 Löchern sich öffnend, ohne Anhängsel, kahl. Griffel etwas kürzer als die Staubblätter, mit verdickter, 5-strahliger Narbe, bleibend; Fruchtknoten drüsig bekörnelt, 5-fächerig. Fruchtstiel zurückgekrümmt. Kapsel überhängend, 3 bis 6 mm lang, eiförmig, 5-klappig von unten aufspringend, scheidewandspaltig; Mittel-Säulchen mit dem Griffel stehenbleibend. Samenanlagen heterotrop. Samen sehr zahlreich, spindelförmig, bis 1,5 mm lang. — V, VI.

Auf Hoch- und Uebergangsmooren, seltener an Hängen und Felsgesimsen; im Gebiet insbesondere in mit Kiefern locker bestandenen Sphagnummooren. Nur im Nordosten häufiger. Im mittleren Deutschland sehr zerstreut, im Süden und Westen jetzt verschwunden. In Oester-

---

¹) Griech. λῆδον [lédon] bei Dioskurides (Mat. med. 1, 97) Bezeichnung für eine Cistus-Art, aus der das „ladanum" (eine Harzart) gewonnen wird. Clusius bezeichnet den Porst als Ledum Silesiacum, Tabernaemontanus als Ledum rorismarini folio.

reich einzig in Böhmen, Mähren, Schlesien, Nieder- und Oberösterreich und (?) Steiermark. In der Schweiz fehlend.

Die Art teilt in Mitteleuropa das Schicksal manch anderer seltenen Moorpflanze; sie ist an nicht wenigen Punkten im Verschwinden begriffen, an anderen bereits erloschen. Hiezu trägt die künstliche Trockenlegung der Moore, ebenso der Torfstich nicht wenig bei. In Süddeutschland wurde sie zu Beginn des 19. Jahrhunderts im Aulendorfer Ried angegeben; sie wurde 1917 von Gertrud Keller im Hagnauer Moor beobachtet und hatte auch bis vor kurzem (1900) einen letzten Fundort am wilden Hornsee bei Kaltenbronn im Schwarzwald (an beiden Orten ist sie neuerdings vergeblich gesucht worden). In Bayern wird sie vor 1854 als „Schabenkraut" vom Fichtelsee, dem Torfmoor Hölle bei Weissenstadt und Heisellohe angeführt, ferner von Sulzbach in der Oberpfalz, aus der Regensburger Gegend (vor 1839), aus dem Keupergebiet im Nürnberger Walde (ums Jahr 1811), aus der Tennenloher Gegend (1847) bei Nürnberg (vielleicht angepflanzt), vom Sebaldiwald, von der Schwaninger Heide und Mörbach zwischen Gunzenhausen und Ornbau. Nach A. Ade (Mitteil. der Bayer. Botan. Gesellschaft. Bd. II nr. 9) hat sich möglicherweise der Porst doch noch irgendwo in den sumpfigen, waldreichen Keupergebieten zwischen Naab und Vils in der mittleren Oberpfalz erhalten, wo u. a. auch Salix myrtilloides und Aspidium cristatum vorkommen. Heute verläuft die Südgrenze der Art in Deutschland von der Lausitz (hier bis Königswartha—Königsbrück südlich) westwärts bis zu den Niederungsmooren Thüringens (selten: Schleiz, Klosterlausnitz, Schleifereisen, Ziegenrück, Jena, Neustadt an der Orla). Aber auch nördlich dieser Linie ist sie noch selten und manche Standorte sind bedroht (so z. B. Tuchheimer Forst und Weidensche Mühle im Fläming) oder erloschen (Falkenstein im Vogtlande). Seine Nordwestgrenze erreicht Ledum an der Weser (in Hannover sehr vereinzelt) und in Schleswig-Holstein (Fehltmoor im Kreis Bordesholm, Sandkaten bei Plön [der Fundort im Schlüsbeker-Moor bei Kiel ist 1915 durch einen Heidebrand zerstört worden] Lübeck, Artenburg, Gifhorn, Mölln, Ratzeburg). Im östlichen und mittleren Norddeutschland ist die Art auf Waldmooren, namentlich auf Kiefernzwischenmooren nicht selten. Sie hat sich noch in unmittelbarer Nähe von Berlin erhalten, wo sie z. B. im Grunewald mit Eriophorum vaginatum, Drosera rotundifolia, Oxycoccus zwischen Sphagnen und Aulacomnium palustre unter Kiefern wächst. Auch in der niederschlesischen Ebene bewohnt sie Waldmoore mit Andromeda, Erica Tetralix, Vaccinium uliginosum und den vorgenannten Arten. In der Nähe der Ostseeküste (in der feuchteren Luft) geht Ledum gelegentlich auch auf trockeneren Sandboden über; in Ostpreussen erscheint sie in den sandigen Strandwäldern. In Sachsen ist sie namentlich in der nördlichen Lausitz verbreitet, in der Dresdner Heide, im Elsterland bei Mittelpöllnitz nächst Weida, im Muldenland bei Eilenburg, im Erzgebirge bei Schneeberg, Johann-Georgenstadt, Frühbuss, Satzung, Marienberg; im Elbsandsteingebirge ist sie besonders östlich der Elbe verbreitet. In den Schluchten dieses Mittelgebirges (Uttewalder Grund, Polenztal, um Herrnskretschen) wächst sie merkwürdigerweise meist an den Gesimsen steiler Felswände (Fig. 2640) mit Moosen, Cladonien und Calluna. Verbreitet erscheint Ledum im angrenzenden Böhmen: Böhmisch-Aicha, Weisswasser Waldmoor zwischen Bösig und Kummer, bei Habstein, bei Wartenberg, Niemes, B.-Kamnitz, Kreibitz, bei Herrnskretschen, bei Neuhaus, bei Karlsbad, Schlaggauwald, Wald Závěsk bei Rožmitál, bei Wittingau, bei Zálší, bei Laběslau, Selau, Katharinenbergermoor bei Franzensbad, Platz, Obecnic bei Příbram, bei Landskron im bömisch-mährischen Gebirge; im Erzgebirge selten (Zinnwald), im Moldautal des Böhmerwaldes, dagegen nicht auf den hochgelegenen Böhmerwaldfilzen. Fehlt auch dem Isergebirge (jedoch bei Neuwiese) und dem Riesengebirge. In den Sudeten noch bei 740 m im Moosebruch bei Reiwiesen. In Niederösterreich bei Erdweiss, bei Julienhain, Heinrichs, Schrems, Brand, Kösslersdorf, Schönau, Litschau, zwischen Gmünd und Platz; in Oberösterreich im Föhrauertorfstich bei Hellmonsödt (nach 1863); soll

Fig. 2640. Ledum palustre L. Phot. O. Jeske, Berlin.

aber auch an anderen Orten im Mühlkreise gefunden worden sein. In Steiermark in Torfmooren bei Aussee und Admont (jetzt anscheinend verschwunden).

Allgemeine Verbreitung: Nördliches Europa (nicht im Westen, fehlt England und Irland, Frankreich, Belgien, Holland, Dänemark, dagegen in Schottland selten), in Skandinavien bis $70°\,10'$ Nyborg am Varangerfiord (auf den Faeröer fehlend), Finnland, Polen bis Podolien südlich, Hohe Tatra und Ostrand der Zentralkarpaten, Nord- und Mittelrussland (südlich bis Kiew), Ural (südwärts bis $55°$), Nord- und Mittel-Asien, an der Lena-Mündung bei $72°$ nördl. Breite, südlich bis zum Amur-Ussurigebiet, Nordkorea und Nordjapan. Boreales Amerika bis Alaska, amerikanisch-arktischer Archipel bis $71°\,30'$ nördl. Breite (Cape Adair), Ost- und Westgrönland bis etwa $74°$ nördl. Breite (meist in der var. decumbens Ait.).

In den norddeutschen Mooren wird Ledum manchmal im Reiser-Zwischenmoor vorherrschend. Für Westpreussen ist dieser Typus die gewöhnlich auf das Sphagnum-Schwingmoor folgende Entwicklungsstufe, die sich besonders charakteristisch am Grünkrug-See, an den Durri-Seen und am Schwingmoor südlich vom Gr. Mausch-See findet. An der erstgenannten Stelle wächst der Stauch in Bülten von Sphagnum recurvum und S. medium mit Drosera rotundifolia, Andromeda, Vaccinium Myrtillus, Oxycoccus, Calluna, Eriophorum vaginatum. — Die Art ist nordamerikanischen Ursprungs und hat ihre weite Verbreitung wohl während des Diluviums erlangt. An ihren mitteleuropäischen Fundorten ist sie als Glazialrelikt aufzufassen. In diluvialen Mergeln (interglazial?) bei Ingramsdorf in Schlesien sind neben Resten von Betula nana Früchte gefunden worden, die vermutlich zu Ledum palustre gehören.

Die Art ist durch einen vorzüglichen Transpirationsschutz der Laubblätter ausgezeichnet. Die Epidermis der Blattoberseite hat verdickte Aussenwände und enthält Chlorophyllkörner; die der Unterseite ist dünner, aber von einer dichten Haarschicht überzogen. Die Haare zeigen vier verschiedene Ausbildungsarten: 1. fast nur auf älteren Blättern finden sich reichlicher einzellige Haare mit dicker, verkorkter Membran; 2. fadenförmige, mehrzellige Haare; 3. zwei Arten von Drüsenhaaren mit breiteren oder schmäleren Köpfchen auf mehrzelligem Fuss. Auf der Blattoberseite kommen nur die breitköpfigen Drüsenhaare vor. Die schwach vortretenden Spaltöffnungen sind auf die Blattunterseite beschränkt. Das Palisadengewebe von Ledum Groenlandicum besteht in der Regel nur aus 2 bis 3 Zellreihen, während L. palustre oft deren 5 bis 6 aufweist. Die Laubblätter ersterer Pflanze sind dünner und breiter als jene von Ledum palustre. Das Schwammparenchym nimmt etwa die Hälfte des Blattdurchschnitts ein; in älteren Blättern ist es in ziemlich regelmässigen Zwischenräumen von Interzellularen unterbrochen. Bei jungen Laubblättern sind die Interzellularräume von einem dichten Gewebe durchsichtiger Zellen angefüllt, die Zellsaft enthalten und als Wasserbehälter dienen. Sie dürften als Schutz gegen übermässige Transpiration aufzufassen sein. Durch Desorganisation dieser Zellen entstehen die breiten Interzellularen der älteren Blätter. Im Winter bezw. bei tiefer Temperatur nehmen die Laubblätter wie bei vielen Rhododendren eine hängende Stellung ein (Fig. 2641).

Fig. 2641. Ledum palustre L. Spross mit herabhängenden Laubblättern (Winteraspekt).

Die Blüte ist vorerst proterogyn, dann homogam. Nach Knuth ist sie homogam; doch sind die Narben noch frisch, wenn die Antheren sich bereits geleert haben. Selbstbestäubung, obwohl sehr erschwert, ist nicht ganz ausgeschlossen; doch scheint Kreuzung die Regel zu sein. Als Besucher sind zahlreiche Insekten, meist Fliegen, beobachtet worden. Der an dem zehnlappigen Grunde des Fruchtknotens reichlich abgesonderte, von den Haaren an der Staubfadenbasis festgehaltene Honig, vielleicht auch der betäubende Geruch, dienen als Anlockungsmittel. Doch nicht alle Besucher naschen ungestraft. Warming fand bei Kopenhagen Individuen verschiedener Fliegen-Arten (Ramphomyia hýbrida Zett., Émpis chióptera Fall., Micróphorus spec.) tot oder sterbend in den Blüten des Porstes. Diese Dipteren dürften von dem starken Geruch betäubt worden sein; die nähere Todesursache ist allerdings nicht bekannt. Auch Knuth beobachtete zahlreiche kleine Fliegen tot an den Griffeln und Fruchtknoten klebend. In Grönland wurde der Falter Argýnnis chariclea Hbst. als Blütenbesucher beobachtet, anderwärts nach Loew auch Argýnnis euphrosýne L., A. ossiánus Hbst., Cólias palæno L., Thécla rúbi L., Oenéis jútta Hb., Anárta cordígera Thunbg., ferner Hummeln, Wespen, vereinzelte Käfer. Die Fruchtkapseln von Ledum palustre und L. Groenlandicum biegen sich, wie schon der alte Gleditsch beobachtete, abwärts und stehen zur Zeit der Reife streng vertikal. Diese Nutation dürfte nach K. Troll auf positivem Geotropismus beruhen. Bei der Kapselöffnung lösen sich die einzelnen Klappen mit den Septen nicht am morphologisch oberen, dem Griffelende, von der Mittelsäule, sondern an der

Basis. Die winzigen, geschwänzten Samen gelangen beim Aufspringen ebenfalls in die Fächer; sie werden anemochor verbreitet. Ledum ist Wintersteher; die Kapseln enthalten bis in den nächsten Sommer hinein noch keimfähige Samen. Doch weisen die Fruchtkapseln oft in Menge taube Samen auf. Die Samenkeimung erfolgt ausschliesslich am Licht. Schon vor dem Austritt des Würzelchens erfolgt im Innern der Samenschale ein lebhaftes Ergrünen der Keimblätter. Samen von Disko keimten nach 7 Monaten mit 97%, solche aus Deutschland dagegen erst nach 20 Monaten mit bloss 33%.

Ledum palustre scheint nicht sehr alt zu werden. Ein von Fr. Kanngiesser untersuchtes Stämmchen zeigte 30 Jahrringe von 0,53 mm mittlerem Durchmesser.

Die Blüten und Jungtriebe der Art waren ehedem offizinell und wurden als Hérba v. Fólia Lédi palústris seu Rosmaríni silvéstris gegen Fieber, Gicht, Keuchhusten, Bronchialkatarrh, Ruhr und Hautkrankheiten, bisweilen auch bei Diabetes, dann als Emmenagogum, Expectorans, Diureticum, Abortivum verschrieben; gepulvert fanden sie als Insektenpulver Verwendung. Als Motten- oder Wanzenkraut wird die Pflanze auf dem Markt (z. B. in Berlin) verkauft. Sie enthält wie Calluna ein amorphes, braungelbes, bitteres Glykosid, das Ericolin (nach anderen handelt es sich um ein Gemenge glykosidartiger harziger Körper), ferner Andromedotoxin, Arbutin und Leditannsäure; letztere ist eine glykoside Gerbsäure, aus der beim Kochen mit verdünnten Mineralsäuren das Ledixanthin, ein gelbes oder rotes Pulver ausgeschieden wird. Das Porstöl, am reichlichsten kurz vor der Blüte enthalten, ist ein stearoptenreiches, flüchtiges, weissgelbes Oel von kristallinisch-fettiger Konsistenz, betäubendem Geruch und brennendem Geschmack. Das ätherische Oel schmeckt bitter, weshalb die frische Pflanze auch gelegentlich zur Bierverfälschung (um dieses berauschender zu machen) als Hopfensurrogat verwendet wird. Ledumkampfer, ein starkes Nervengift, welchen Trapp zuerst in sehr grossen Kristallen aus Porstöl gewann, hat Hjelt als Sesquiterpenalkohol ($C_{15}H_{26}O$) erkannt. Die Auszüge der Pflanze, sowie das ätherische Oel wirken reizend auf die Magen- und Darmschleimhaut; sie verursachen Erbrechen, Leibschmerzen, Schmerzen in der Muskulatur und in den Gelenken, Herzklopfen, Frostschauer, anhaltendes Kältegefühl, Durchfall, Atembeklemmungen, Schweissausbrüche

Fig. 2642. Ledum palustre L. Phot. A. Straus, Berlin.

usw. Von der Landbevölkerung wird der Porst auch als Abortivum angewendet. (Näheres hierüber bei Hugo Schulz. Vorlesungen über deutsche Arzneipflanzen, Leipzig 1919). In Russland will man beobachtet haben, dass die starken Ausdünstungen der Pflanze betäubend wirken und Kopfweh verursachen können. Dort braute man früher in den Klöstern für die gemeinen Leute „Porstbier", das allerdings vielerlei Störungen nach sich gezogen haben soll. Als Véra Córdi Chamaepeúce wird die Pflanze schon 1577 von Thal in seiner Harzflora erwähnt. H. Harder (1576 bis 94) nennt sie Libanótis aúreus oder Gülden Rosmarin. Doch findet sie sich schon im mittelniederdeutschen Gothaer Arzneibuch aus dem XV. Jahrhundert unter dem Namen morose; im dänischen Laegebog aus dem XII. Jahrhundert heisst sie Pors.

Die Art wird von zahlreichen Pilzparasiten heimgesucht. Nicht weniger als 3 Chrysomyxa-Arten sind ihr eigen; die wirtswechselnden: Chr. Lédi (Alb. et Schw.) de Bary, deren Uredo- und Teleutosporen auf Ledum, die Aecidien auf Picea excelsa und anderen Picea-Arten auftreten (Deutschland, Nordeuropa, Sibirien, Nordamerika) und Chr. ledicola Lagerh., deren Aecidienwirte nordamerikanische Fichten sind. Ferner Chr. Woronínia Tranzsch (Russland). Auch ein Exobasidium ist auf Ledum beobachtet worden: E. Lédi Karst. in Finnland. Sclerotinia heteróica Wor. et Naw. entwickelt im Fruchtknoten von Ledum ihre Sclerotien. Godrónia Lédi (Alb. et Schw.) Karst. bildet krugförmige Fruchtkörper an den Zweigen (Deutschland, England, Nordeuropa), Lophodérmium sphaeroídes (Alb. et Schw.) Duby erzeugt schwarze Flecken auf den Laubblättern. — Ein Blattfloh (Psýlla Lédi) ruft Missbildungen der Laubblätter hervor. — Einbürgerungsversuche, die mit dem Strauch im südlichen Teil des Gebietes gemacht wurden, scheinen ohne

Erfolg geblieben zu sein. So vegetierte zwar im Jahre 1890 ein von Woynar bei den Reintalerseen im Unterinntal angepflanzter Stock viele Jahre (bis 1906), erzeugte aber keine Nachkommenschaft. Die Art ist seit langem in Gartenkultur; sie liebt Halbschatten. Sie ist seit 1923 in Sachsen, seit 1925 im Regierungsbezirk Frankfurt a. O. und Potsdam, sowie in Hannover geschützt.

## DLX. **Rhododéndron**[1]) L. Alpenrose. Franz.: Rhododendron; engl.: Rhododendron; ital.: Rododendro.

Niedrige Bäume oder (in Europa ausschliesslich) Sträucher mit lorbeerartigen, wintergrünen, seltener laubwechselnden Laubblättern und meist ansehnlichen, prächtig gefärbten Blüten. Blütenstände meist endständig, reichblütig, doldentraubig (bei unseren Arten), selten auch einblütig (z. B. Sect. Linnaeópsis), wie die Blütenstiele und Laubblätter (wenigstens unterseits) mit harzabsondernden Schilddrüsen (Fig. 2643/4, 2659) besetzt (daher der eigenartige Harzduft der Pflanzen!). Blüten meist schwach zygomorph (Fig. 2630 c). Kelchblätter 5, länglich-lanzettlich, frei oder ± verwachsen. Krone rad-, trichter- oder tellerförmig, abfällig, bei unsern Arten schwach zygomorph, undeutlich, 2-lippig; Oberlippe 3-, Unterlippe 2-zipfelig. Staubblätter meist 8 bis 10, selten 5 oder 12 bis 18; die unteren länger, aufwärtsgekrümmt. Antheren an der Spitze mit 2 Löchern (Poren) sich öffnend, ohne Anhängsel. Fruchtknoten meist (bei unsern Arten stets) 5-fächerig, auf einer runden Scheibe (Diskus) aufsitzend; Narbe 5-lappig. Samenanlagen zahlreich, hängend. Fruchtkapsel eiförmig, hart, 5 bis 7 mm lang, von der Spitze nach unten scheidewandspaltig, 5-klappig, sich öffnend, vielsamig, 5- bis 20-fächerig (bei unsern Arten 5-fächerig). Samen hellbraun, klein (Fig. 2645c bis e), länglich-rundlich, flugfähig, ohne oder (bei manchen tropischen Arten) mit breitgeflügeltem Hautrand.

Die Gattung ist in 7 Untergattungen über Asien, das nördliche Europa, Amerika und Australien verbreitet, fehlt dagegen vollständig in Afrika. Zurzeit sind über 400 Arten beschrieben, weitaus die Mehrzahl aus den Gebirgen von Zentralasien und von den Inseln des Malayischen Archipels mit Neu Guinea. Von letzterer Insel allein sind, grösstenteils erst in jüngster Zeit, 82 Arten bekannt geworden und es ist vorauszusehen, dass diese Zahl bei eingehender Durchforschung noch bedeutend zunehmen wird. Der australische Kontinent hat bloss eine Art, Rh. Lóchae F. v. Müll., aufzuweisen.

Die Rhododendren sind vorzugsweise Gebirgsbewohner. In den Tropen halten sie sich an den Nebelwaldgürtel und die darüber gelegenen alpinen Gebiete; nur ausnahmsweise gehen sie unter 1000 m herab, steigen aber anderseits bis über 3000 m in den Gebirgen des Indischen Archipels und bis 4000 m und darüber in den gewaltigen Ketten von Hinterindien und des Himalaya. Wie in den Alpen, so bilden sie auch in den Tropen und Subtropen stellenweise einen ± geschlossenen Strauchgürtel an der Grenze der Gehölzvegetation. Auch in der gemässigten Zone sind sie in der Hauptsache auf die Gebirge beschränkt; dagegen reichen sie in der subarktischen und arktischen Zone bis zum Meeresspiegel herab. Ihrer morphologischen Struktur nach ist die Gattung an ein ozeanisches bis mittleres Klima angepasst; denn eine Gattung mit vorherrschend immergrünen, aber nicht ausgesprochen hartlaubigen Vertretern kann in Gebieten mit extremen Klimaverhältnissen grössere Ausbreitung nicht gewinnen. So finden wir sie denn auch dort am reichsten entwickelt, wo bei erhöhten Temperaturen regelmässig verteilte, bedeutende Niederschlagsmengen ein ± ausgeglichenes Klima bedingen. Die drei wichtigsten Artzentren sind die regenreichen Ketten des östlichen Himalaya, der südchinesischen Gebirge und der Gebirge des Indischen Archipels. Dann folgt Japan (namentlich Südjapan) mit über 20 Arten. Das atlantische Nordamerika zählt etwa 17, das pazifische 7 Arten. Ausgesprochen kontinentalen Gebieten fehlen die Rhododendren sozusagen vollständig; nur das sommergrüne Rh. flávum aus Vorderasien und dem Kaukasus reicht bis Mittelrussland und Galizien, berührt somit kontinentales Gebiet. Arktisch sind 6 Arten, wovon Rh. Lappónicum Wahlenb. auch in Nordeuropa (Lappland) vorkommt und auf Baffinsland bis 71° 10′ (Scotts Bay), in Westgrönland bis 75° 55′ nördl. Breite (Kap York) vordringt.

Die übrigen 5 europäischen Rhododendron-Arten sind: Rh. flávum Don (= Azálea Póntica L.). Von den pontischen Gebirgsländern (Kaukasus bis 2100 m) bis Wolhynien ausstrahlend, dann noch 285 km weiter westlich reliktartig bei Wola Zarczycka in Galizien im Unterholz eines lichten Kiefernwaldes. In Polen

---

[1]) Von griech. ῥόδον [rhódon] = Rose und δένδρον [déndron] = Baum. Bei Dioskurides (Mat. med. 4, 81) und Plinius (Nat. hist. 16, 79) gleichbedeutend mit rhodaphne, der Bezeichnung des Oleanders. Caesalpinus (16. Jahrh.) bezeichnete Rhododendron ferrugineum als Rhododendron alpinum.

Tertiärrelikt, nach Szafer wahrscheinlich am Schluss des Pliozän aus dem Kaukasus eingewandert. — Rh. Pónticum L. in den südwestiberischen Gebirgen (um Gibraltar, Sierra de Monchique, S. de Algarve, S. Morena usw.) als var. Bǽticum (Boiss. et Reut. pro spec.) und dann wieder am Schwarzen Meer in Kleinasien, im Westkaukasus (bis 2200 m), in Transkaukasien, Syrien. Erst neuerdings wurde eine besondere Form (Rasse?) var. Skorpilii Domin in der östlichen Balkanhalbinsel bei Argas nördlich von Konstantinopel (100 m) entdeckt. Fossile Zwischenvorkommnisse sind die interglazialen Ablagerungen der Höttingerbreccie bei Innsbruck, am Luganersee und bei Pianico Sellere am Iseosee. Die Blattabdrücke von Höttingen wurden schon als Persea, Daphne, Actinodaphne und Cnestis beschrieben. Das bizentrische Areal der Pflanze war also noch im Diluvium durch mitteleuropäische Zwischenstellen verbunden. In Südportugal ist Rh. Ponticum entschieden als montan zu bezeichnen. Sie reicht nur in feuchten, schattigen Schluchten, an Wasserläufen bis etwa 500 m herab, gedeiht aber am besten über 700 m, wo sie an wasserzügigen, quelligen Stellen des Nebelgürtels nach dem Abholzen der ursprünglichen Baumgruppen von Alnus glutinosa stellenweise die führende Rolle übernimmt und Horste und kleinere Herden bildet in Gesellschaft von Erica Lusitanica, Ilex aquifolium, Cistus salvifolius, Pteridium aquilinum, Hedera Helix. In den tiefer gelegenen Bachschluchten gesellen sich ihr Salix atrocinerea, Tamus communis, Carex pendula u. a. meso-hygrophile Arten bei. Die Karpaten und das Siebenbürgische Randgebirge bewohnt Rh. Kótschyi Simk. (= Rh. myrtifólium Schott et Kotschy), dem Rh. ferrugineum nahestehend, aber durch den kürzeren Griffel, die kleineren, unterseits grünlichen, weniger dicht drüsenschuppigen Laubblätter verschieden. Wird von Velenovský auch vom Balkan (Westrhodope) angegeben. Alpigen im weitesten Sinn, d. h. auf das mitteleuropäische Alpensystem beschränkt und wohl auch hier entstanden sind die beiden Arten Rh. ferrugineum L. und Rh. hirsutum L.

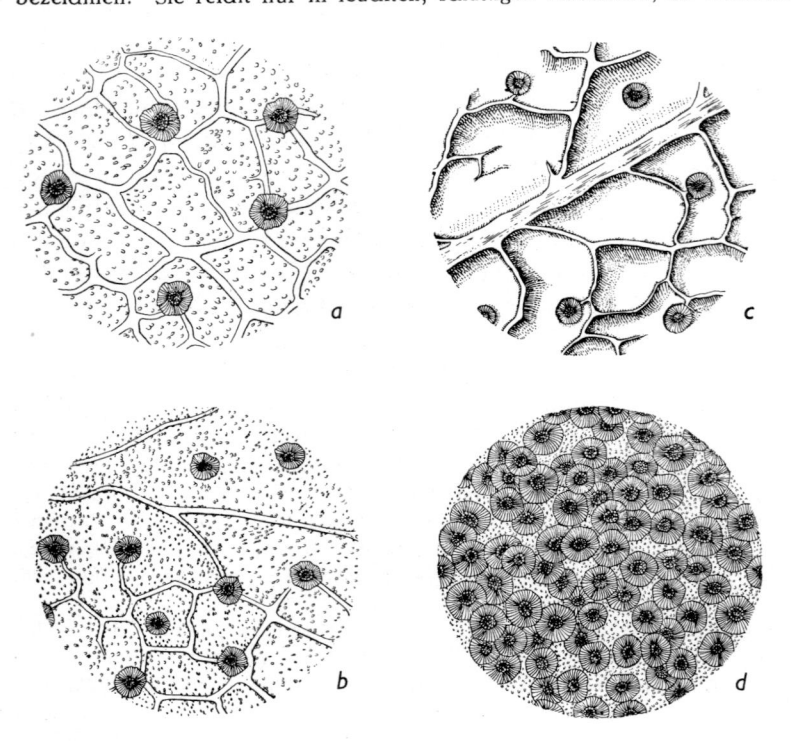

Fig. 2643. Blattunterseite mit Drüsenschuppen: *a* von Rhododendron hirsutum L., *b* und *c* von Rh. intermedium Tausch (*c* in der Nähe des Mittelnerven), *d* von Rh. ferrugineum L.

Die Arten der Gattung sind meist gesellig wachsende Unterholzpflanzen, in den Tropen auch Epiphyten. Sie bleiben auch nach der Entforstung oft herrschend. In den mitteleuropäischen Gebirgen (auch in den Pyrenäen) fällt die obere Grenze der geschlossenen Alpenrosenbestände meist mit der ehemaligen, stellenweise auch mit der heutigen Grenzzone des Waldes zusammen. Im oberen Vorderrheintal hat K. Hager durch eingehende Beobachtungen nachweisen können, dass die geschlossenen Alpenrosenfelder ausschliesslich auf dem Boden des ursprünglichen Nadelwaldes stehen. Im östlichen Graubünden und im angrenzenden Tirol gehen Alpenrosenherden nirgends über die Baumgrenze hinaus. Unsere Alpenrosen sind humusliebend und humusschaffend, namentlich Rh. ferrugineum. Der sauer reagierende Rohhumus dieser Alpenrosenheiden ist nährstoffarm, trockentorfartig und trägt daher die „kalkfliehende" Flora der Böden mit geringer Konzentration der Nährlösungen. Die Ausbreitung unserer Alpenrosen (wir haben in erster Linie Rh. ferrugineum im Auge) bedingt eine andauernde Verunkrautung, sowie eine Verschlechterung der Weiden durch Ueberhandnahme anspruchsloser Rohhumuspflanzen. Rhododendron, die 3 Vaccinien und Empetrum nehmen bald den vorhandenen Raum in Anspruch; ihrer Konkurrenz sind auf dem nährstoffarmen Boden nur wenige Weidepflanzen gewachsen. So werden grosse Weidestrecken fast ertraglos gemacht. Diese Rhododendron-Vaccinium-Dickichte sind deshalb dem Aelpler verhasst und werden energisch bekämpft. Am wirksamsten ist das Ausreuten; die festhaftenden Wurzelstöcke werden mit der Reuthaue oder dem Pickel gelockert und dann von Hand ausgerissen. Dies geschieht am besten nach der Schneeschmelze, während der Boden wasserdurchtränkt und locker ist. Auch Düngung und Bewässerung erträgt die Alpenrose nicht und kann dadurch vertrieben werden. Zumeist jedoch greift man zu dem einfachen Mittel des Abbrennens; mit etwas Petroleum besprengt brennen die grünen Stauden leicht, da die Blätter harzige Bestandteile enthalten. Soll bald ein natürlicher Weiderasen geschaffen werden, so ist aber Umgraben und Düngung nötig und das Ansäen einer geeigneten Grasmischung angezeigt. In der Schweiz fördert staatliche Unterstützung derartige Alpverbesserungen. Das ursprüngliche Areal der Alpenrosenbestände, das zur Hauptsache den Gürtel zwischen Wald- und Baumgrenze eingenommen zu haben scheint, ist durch anthropogene Einflüsse, d. h. durch die gewaltigen Lücken, die der Mensch zur Weidegewinnung von oben in den Waldgürtel geschlagen hat, vergrössert worden. Eine Wiederaufforstung der Alpenwälder müsste deshalb einen Rückgang der Alpenrosen zur Folge haben, da diese im geschlossenen Fichtenwald nur kümmerlich vegetieren. Der Nutzen des Strauches besteht in der Festigung steiler, rutschiger Hänge, in der Ueberwachsung ausgedehnter wirtschaftlich wertloser Blockreviere, Schutt- und Trümmerfelder und ihrer Vorbereitung zur Schaffung einer geschlossenen Boden- und Vegetationsdecke. Dem Aelpler dienen die Sträucher im Notfall zur Feuerung und als Unterlage seiner Schlafstätte. Die bitter schmeckenden Blätter werden vom Grossvieh verschmäht. Weite Alpenrosenfelder und Alnus viridis-Bestände sind der beste Unterschlupf der Alpenhühner; die dick angeschwollenen Alpenrosenknospen bilden einen Hauptteil der schmalen Winterkost des Schneehuhns. — Unsere Alpenrosen sind schon seit langem auch in die Gärten eingeführt. So erwähnt sie bereits Conrad Gesner 1561 als Gartenpflanzen (Rosa alpina, Balsamum alpinum). Ihre Kultur ist aber nicht leicht und er-

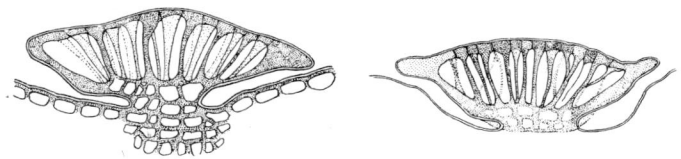

Fig. 2644. Drüsenschuppen im Längsschnitt, links von Rhododendron hirsutum L., rechts von Rh. intermedium Tausch (Orig. von Dr. G. Hegi).

fordert grosse Sorgfalt; namentlich ist Frostschutz nötig, weshalb die Pflanzen in der Kultur im Winter meist mit Reisig und Laub zugedeckt werden müssen. Am besten gedeihen sie in dem ozeanischen Klima der Küstenländer (Belgien, Holland, England). So stammen auch unsere Gartenpflanzen meistens von dort. Die Vorbereitung der nächstjährigen Blütenknospen ist bei den wildwachsenden, wie auch bei eingeführten Kulturarten schon im Herbst und Winter sehr weit vorgeschritten. Zahlreiche dicht dachig zusammenschliessende Knospenhüllblätter umschliessen die gefalteten, noch weisslichen Kronblätter, in deren Innenraum Staubblätter und Antheren, Fruchtknoten und Griffel bereits ± weit vorgebildet sind. Viele Rhododendron-Arten (auch Ledum) besitzen eigentümliche drüsige Schuppenhaare (Fig. 2643, 2659) von heller oder brauner Farbe, die bald ± zerstreut, bald dicht gedrängt stehen und dann (wie bei Rh. ferrugineum) die Blattfarbe bestimmen. Diese sog. „Schildhaare" stehen auf breitem, starkwandigem Fuss (Fig. 2644); der Schild wird bald von einem kugeligen Köpfchen mit polyëdrischen oder auch in der Richtung des Stieles langgestreckten Zellen gebildet, bald (so bei Rh. hirsutum) sind nur die in der Mitte des Schildes gelegenen Zellen polyëdrisch, die sie wie ein Strahlenkranz umgebenden äusseren Zellen aber langgestreckt. Auch becherartige und anders geformte Schildhaare kommen vor. Der Bau und die Bedeutung dieser Schildhaare sind bei den mitteleuropäischen Alpenrosen von E. Kratzmann (Oesterr. Botan. Zeitschrift. Bd. LX, 1910) untersucht worden. Die Schildhaare oder Schilddrüsen entwickeln sich aus einer Epidermiszelle; im Jugendstadium haben sie das Aussehen sog. Köpfchenhaare mit mehrzelligem Stiel, so dass angenommen werden kann, die Schildhaare seien durch Differenzierung aus sezernierenden Köpfchenhaaren entstanden. Sie sondern ein Sekret aus, das in dünnwandigen Schlauchzellen im Drüseninnern gebildet wird und an den Blättern öfters in Form kleiner, lichtgelber Pünktchen wahrnehmbar ist. Es tritt durch Risse in der Kutikula der Schilddrüse an die Blattoberfläche und erstarrt dort. Das Sekret der Schilddrüsen ist nach Kratzmann ein ätherisches Oel; Harz konnte er nicht feststellen. Nach Kerner sollen die Schildhaare wasserfesthaltend wirken und Feuchtigkeit dem Blattinnern einverleiben. Dieser an sich unwahrscheinlichen Deutung wird von Kratzmann widersprochen; derselbe sieht in dem ausgeschiedenen Sekret (wie in den Schildhaaren selbst) einen Transpirationsschutz. Sehr oft finden sich im Schwamm- und Palisadenparenchym Drüsen von oxalsaurem Kalk. Manche Rhododendron-Arten enthalten das giftige Andromedotoxin (Rh. ferrugineum, Rh. Ponticum, Rh. chrysánthum usw.). Nach mehrfachen Angaben soll der Genuss der Laubblätter und jungen Triebe der Alpenrose dem Vieh schädlich sein und bei Schafen und Ziegen sogar den Tod herbeiführen, wenn nicht starke Laxantia (Rizinusöl) gegeben werden; in trockenem Zustand dagegen soll die Pflanze unschädlich sein. Stebler erwähnt, dass im Walliser Lötschental und im Berner Oberland die jungen Zweigspitzen getrocknet und gepulvert in Mischung mit Salz, Krüsch oder zerkleinerten Juniperus-Zweigen dem Vieh als Gewürz oder Arznei verabreicht werden. Ein Teeaufguss von getrockneten Alpenrosenblättern schmeckt nicht übel und hat keinerlei Beschwerden zur Folge. Die Blätter (Fólia et stípites Rhododéndri ferrugínei) wurden ehedem bei gichtig-rheumatischen Leiden und gegen Steinbeschwerden angewendet. Sie sind schweiss- und harntreibend und riechen gerieben schwach kampferartig. Neben Andromedotoxin, Ericolin ($C_{34}H_{56}O_{21}$) und Rhododendrin ($C_{16}H_{22}O$), Zitronensäure und Wachs enthalten sie Rhodotannsäure, d. i. eine Art Gerbsäure, die Eisenchlorid grün färbt. Das bernsteingelbe, säuerlich schmeckende Pulver scheidet in Lösung mit verdünnten Mineralsäuren beim Erwärmen ein rotgelbes Pulver (Rhodoxanthin) ab. Ehedem waren auch die Blätter des nordasiatischen Rh. chrysánthum Pall. (= R. officínale Salisb.) offizinell; Blüten und Blätter von Rh. Ponticum wirken narkotisch. Der von dieser Pflanze stammende Honig soll nach Xenophon Trunkenheit und Raserei verursachen. — Rh. ferrugineum und Rh. hirsutum stimmen in ihren Bestäubungsverhältnissen weitgehend überein. Die Blüten sind proterandrische Hummelblumen. Müller-Lippstadt hat die Bestäubungsweise eingehend untersucht. Der Honig wird vom Grunde der nahezu wagrechten Kronröhre angesammelt und von dicht abstehenden Haaren zurückgehalten, die zugleich kleinen Honigräubern den Eingang verwehren. Hummeln und Bienen müssen, um zum Honig zu gelangen, über Narbe und Staubblätter in den Blütengrund vordringen. Da die Staubblätter vorn etwas aufwärts gebogen sind und die Antheren an der Spitze sich mit 2 Poren öffnen, bleiben die hervorquellenden Pollenkörner an den Füssen und auf der Unterseite des saugenden Insektes haften. Während nun aber die Staubbeutel schon beim Aufblühen geöffnet sind und reifen Pollen entlassen, ist in derselben Blüte die Narbe noch nicht völlig entwickelt, wird also in der Regel nicht befruchtet. Dagegen findet beim Anflug auf eine etwas weiter vorgeschrittene Blüte Kreuzung statt. In einem späteren Stadium kommt der ausgewachsene Griffel mit den Antheren fast in Berührung, liegt aber etwas tiefer als diese. Nun kann Pollen auf die Narbe fallen und Selbstbefruchtung bewirken. Von Blütenbesuchern kommen vornehmlich Hummeln (Bómbus altícola, B. Lappónicus, B. mastrucátus, B. méndax, B. pratórum, B. terréstris u. a.) und Bienen (Apis mellifica) in Betracht. Seltener sind Falterbesuche; daneben findet man im Innern der Blüten nicht selten kleine Dipteren, Käfer und Ameisen. Oefters werden Alpenrosenblüten angetroffen, deren Krone am Grunde, dicht über dem Kelch durchgebissen ist. Es sind kurzrüsselige Hummeln, die auf diese Weise bequemer zum Honig zu gelangen trachten. Dieser illegitime Honigraub beeinflusst die Befruchtung in nachteiliger Weise, da die angebissenen Blüten in der Regel nicht mehr besucht werden.

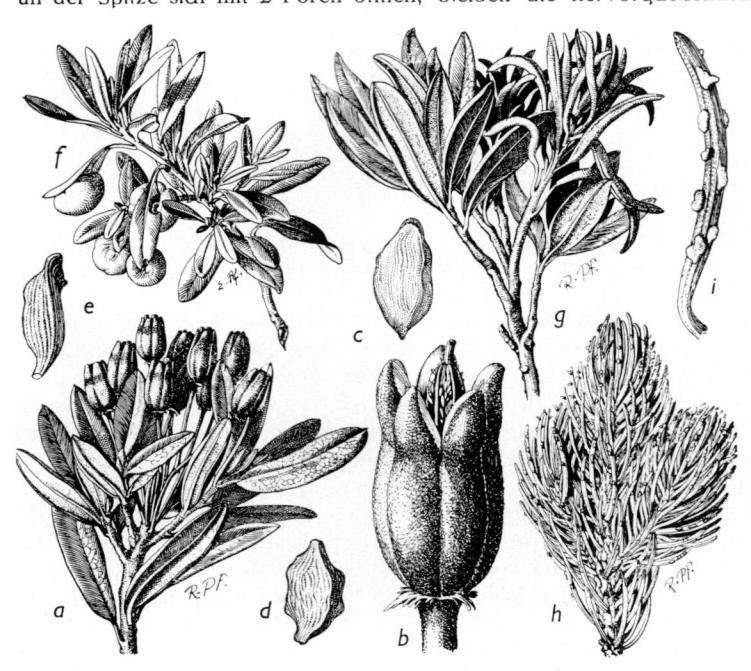

Fig. 2645. Rhododendron ferrugineum L. *a* Zweigspitze mit reifen Früchten. *b* Aufgesprungene Kapsel. *c* bis *e* Samen (stark vergrössert). *f* Zweig mit Galläpfeln, *g* mit eingerollten Blättern. *h* Fichtenzweige von Aecidium abietinum Alb. et Schw. befallen. *i* Einzelne Nadel mit Aecidien.

Von den zirka 25 Arten der Sektion Osmothámnus Maxim., der unsere Alpenrosen angehören, findet sich der grösste Teil in Zentralasien (Himalaya, Yünnan usw.); nur 3 Arten sind nordisch. Zwischen den Karpaten und Afghanistan fehlt die Sektion vollständig. Es steht ausser Zweifel, dass die Einwanderung unserer Arten vom wahrscheinlichen Entwicklungszentrum der ganzen Gruppe in Zentralasien bereits präglazial erfolgt sein muss. Unsere Arten waren wohl schon am Schlusse der Tertiärperiode irgendwo in Mitteleuropa vorhanden. Sie mögen von einer über die nördliche Hemisphäre verbreiteten, heute erloschenen Sippe abstammen, gleichwie die verwandten nordischen Arten. Im Diluvium dürften sie dann ihre heutige Verbreitung erlangt haben. Fossilfunde von Rhododendron ferrugineum sind bisher bloss aus Diluvialablagerungen am Lautaret in der Dauphiné bekannt geworden; auch will man in glazialen Ablagerungen von Freck in den Karpaten ein Rhododendronblatt (Rh. ferrugineum oder Rh. Kotschyi) gefunden haben. Die Annahme von Breitfeld, der die Rhododendren im Tertiär aus dem Norden nach Süden einwandern lässt — wobei sie zu Hochgebirgspflanzen wurden und sich reich differenzierten — wird immer unhaltbarer, je weiter die Erschliessung der an besonderen und ursprünglichen Sippen reichen Gebirge von Hinterindien und der Inseln des Malayischen Archipels fortschreitet. — Unsere Alpenrosen werden von zahlreichen Schmarotzerpilzen heimgesucht, die zwar dem Gedeihen der Pflanze kaum wesentlich Abbruch tun, aber mitunter auffallende Missbildungen an Laub- und Blütensprossen hervorrufen. Auf Rh. ferrugineum, Rh.

hirsutum und mehreren fremden Arten schmarotzt der Rostpilz Chrysomýxa Rhododéndri (DC.) De Bary („Goldschleim"). Der wirtswechselnde Pilz hat schon im Herbst seine Teleutosporen vorgebildet; sie entwickeln sich gleich nach der Schneeschmelze, auf der Unterseite der Winterblätter und Zweige kleine, intensiv orangegelbe Flecken bildend. Die Sporidienkeime befallen junge Fichtennadeln und bringen diese zum Absterben. Die abgefallenen Nadeln sind mit reihenweise angeordneten Fruchtbecherchen besetzt (Aecídium abietínum Alb. et Schw.) und durch die orangefarbenen Aecidiosporen gelb gefärbt (Fig. 2645 h, i). Die Aecidiosporen gehen wieder auf Rhododendron über und erzeugen in den jungen Blättern ein Myzel, das noch im nämlichen Jahr Uredo- und im folgenden Teleutosporen hervorbringt. Das Aecidium tritt auf der Fichte manchmal epidemisch auf und kann dann grossen forstwirtschaftlichen Schaden anrichten. — Exobasí-dium Rhododéndri (Fuck.) Cram. erzeugt auf unsern beiden Alpenrosen und ihrem Bastard die bekannten „Alpenrosen" oder „Saftäpfel", auch „Alperosä-Chäs" (Prättigau) oder „Almsäuling" (Ostalpen) geheissen,

Fig. 2646. Blühende Rhododendronbüsche im Park. Phot. W. Schacht, München.

rundliche, bis 2,3 cm grosse, gelbliche, rotangelaufene Pilzgallen (2637, 2645 f, 2658) an den Blättern, seltener auch an den Blüten. Diese Gallen bestehen im wesentlichen (neben einigen Leitbündeln) aus typischem Wassergewebe. Sie speichern Wasser, Albumin und Zucker in flüssiger Form auf. Ihre eigentümliche Form wird durch die Art der gespeicherten Stoffe bedingt. Das Myzel des Pilzes findet sich fast ausschliesslich unter der Epidermis und zwischen der ersten und zweiten subepidermalen Zellschicht. Beide vorgenannten Parasiten sind ungemein häufig anzutreffen und leicht zu erkennen. Ausser dieser Art sind in der Pilzliteratur noch eine Reihe (etwa 10) Exobasídium-Formen auf fremden Rhododendron- und Azalea-Arten als Schmarotzer beschrieben worden; doch ist ihre systematische Stellung noch recht unsicher. In Deutschland macht sich in jüngster Zeit ein öfter als Exobasidium Japónicum Shir. angesprochener Parasit in höchst unliebsamer Weise bemerkbar. Er wurde in Deutschland zuerst 1908 festgestellt, nachdem er schon 1906 in Holland und 1907 in Italien aufgetreten war. Es bilden sich sog. „Klumpenblätter", deren grösste etwa doppelt so lang und so breit sind wie die grössten gesunden Blätter; ausserdem sind sie stark fleischig verdickt, z. T. helmförmig gekrümmt mit eingebogenen Rändern, grünlich-gelblichweiss und grösstenteils mit kreideweissem Reif bedeckt. Die Behaarung fehlt fast vollständig oder ist doch sehr viel spärlicher als an den normalen Blättern. — Weniger auffällig sind die Scheibenpilze Cenangélla Rhododéndri (Ces.) Rehm und C. Bresádolae Rehm. Sie bilden an den dürren Früchten der Alpenrosen scheibenförmige, braune Fruchtkörper. Gleichfalls unsern beiden Alpenrosen gemeinsam ist Sclerotínia Rhododéndri Fischer (Schweizeralpen). Dass die auf Rhododendron ferrugineum und Rh. hirsutum auftretenden Sclerotinien nicht als biologische Arten auseinander zu halten sind, geht aus den Untersuchungen von Ed. Fischer hervor, der mit den Oidien auf Rh. ferrugineum Früchte von Rh. hirsutum infizieren konnte. (Ueber weitere Pilzparasiten siehe bei den einzelnen Arten.) Eine Gallmilbe (Erióphyes alpéstris Nal.) bewirkt durch ihren Stich ein Einrollen der Laubblätter an der Spross-Spitze (Fig. 2645 g) und die Ausbildung von kleinen, einzelligen Haaren auf beiden Blattseiten. Gelegentlich können sich an diesen stielartigen Blättern auch Alpenrosenäpfelchen ausbilden (Fig. 2637). Dieselbe Gallmilbe veranlasst öfter auch die Bildung gefüllter Blüten. Doch kann diese auch spontan durch Umwandlung des Kelches in Kronblätter erfolgen.

Verschiedene ausländische Arten bilden eine der schönsten Zierden unserer Gärten, Anlagen und Kalthäuser. In der Praxis werden die Pflanzen mit immergrünen, lederartigen Blättern gewöhnlich als „Rhododendren", jene mit sommergrünen als „Azaleen" bezeichnet. Die immergrünen Arten zeigen im Winter die auffallende Erscheinung, dass die Blätter bei tiefer Temperatur senkrecht nach abwärts hängen (Fig. 2647). Als Stammpflanzen der ersteren kommen in erster Linie Rh. máximum L. aus dem östlichen Nordamerika und Rh. arbóreum Sm. aus dem Zentralhimalaya in Betracht. Von diesen sind durch Selektion, sowie durch Bastardierung untereinander und mit anderen Arten (so mit Rh. Catawbiense Michx. [Fig. 2648] und Rh. Ponticum) eine ganze Anzahl von Formen sog. „Hybriden" entstanden, die sich durch prachtvolle Blütenfarben (dunkelrot, rosarot, lila bis reinweiss) auszeichnen (Fig. 2546). Diese sind im allgemeinen winterhart und zeigen in der kalten Jahreszeit die auch für andere Ericaceen bezeichnende hängende Stellung der Blätter (Fig. 2647). Zum guten Gedeihen verlangen sie Moorerde, ein weiches Wasser, feuchte Luft und feuchten Boden mit Halbschatten. Von den Azaleen eignen sich gleichfalls für das Freiland Rh. mólle Miq. (Fig. 2650), Rh. Sinénse Sw. und Rh. flávum Don, von denen durch Kreuzung und Zuchtwahl wiederum eine grosse Zahl von Gartenformen existieren. Diese sind im allgemeinen winterhart, müssen aber in rauheren Gegenden zugedeckt werden; als Topfpflanzen behandelt, müssen sie frostfrei überwintert werden. — Als allgemein beliebte Topfpflanze hat Rh. Indicum Sweet (= Azálea Indica L.) aus China und Japan (Fig. 2651) in der Handelsgärtnerei eine grosse Bedeutung erlangt. Sie dürfte wohl als die erste Rhododendron=Art, ums Jahr 1733, eingeführt worden sein. Auch von ihr gibt es eine erstaunlich grosse Anzahl von Sorten, die sich in der Grösse, Form und Farbe der Blüten, in der Blütezeit und Blühwilligkeit unterscheiden. Fortwährend werden neue Rassen gezüchtet und eingeführt. Diese eignen sich vorzüglich als prächtige Winter= und Frühjahrsblüher für Kalthäuser, Wintergärten und Wohnzimmer. Vielerorts wird die Kultur im Grossen betrieben, so besonders in Dresden, Rathen, in der Niederlausitz und Gent. Die Anzucht erfolgt in der Regel durch Stecklinge oder durch Veredelung auf Rhododendron. — Weitere kultivierte Arten sind in dem nachfolgenden Schlüssel berücksichtigt. Vgl. hierüber auch Schaum, C. L. T. Rhododendron, Kultur und Verwendung. Trowitzsch u. Co. Frankfurt a. O. und Goeze. Ueber Herkunft und Einführungszeit der kultivierten Rhododendren. Oesterr. Garten=Zeitung. III, 1912.

Fig. 2648. Rhododendron catawbiense Michx., Blütenstände. Phot. W. Schacht, München.

Fig. 2647. Winterharter Rhododendron mit Blättern in Froststellung. Phot. W. Schacht, München.

1. Laubblätter unterseits (und meist auch oberseits) mit sitzenden Drüsenschuppen bedeckt . . 2.

1*. Laubblätter ohne sitzende Drüsenschuppen oder Schülfern . . . . . . . . . . . . . . 6.
2. Blüten in endständigen, reichblütigen Doldentrauben . . . . . . . . . . . . . . . . . 3.
2*. Blütenstand blattachselständig oder vor den Blättern erscheinend und dann die Laubblätter ± sommergrün . . . . . . . . . . . . . . . . . . . . . . . . . . . . . . . . . . . . . . . 4.

3. Laubblätter oberseits dunkelgrün, glänzend, unterseits durch dichtstehende Drüsenschuppen rotbraun, stets ohne Wimperhaare, am Rande umgerollt. Rh. ferrugíneum nr. 2143.

3*. Laubblätter beiderseits freudiggrün, wie die Blütenstiele und der Kelch lang bewimpert, unterseits mit wenigen zerstreuten Drüsenschuppen. . . . . . . . . . . . Rh. hirsútum nr. 2142.

4. Laubblätter dünnhäutig, sommergrün oder wenn wintergrün dann die Blütenkrone aussen nicht drüsenschuppig. . . . . . . 5.

4*. Laubblätter immergrün. Blütenkrone aussen zerstreut drüsenschuppig; Blütenknospen oft 2-blütig. Bis 50 cm hoher Strauch mit schwarzpurpurnen, spärlich drüsigen jungen Zweigen. Laubblätter stumpf, elliptisch, unterseits silbergrau. Blüten rosa, 1,5 cm lang und ebenso breit. III. — Aus China . . . Rh. racemósum Franchet.

5. Laubblätter ei-elliptisch, stumpflich, einige meist wintergrün. Blüten rosa (selten weiss), meist zu 1 bis 3, etwa 2,5 bis 3 cm breit. Bis 3 m hoher, aufrecht verästelter Strauch mit etwas schülferigen Zweigen. IV. — Sibirien, Nord-China (= Azálea Dahúrica K. Koch) . . . . . . . . . . . . . . . . Rh. Dahúricum L.

5*. Laubblätter eilänglich, ± spitz, sommergrün. Blüten meist zu 3 bis 6 beisammen, etwa 4 cm breit. Der vorigen Art ähnlich; aber Laubblätter grösser (bis 7:2,5 cm), meist weniger drüsig. Mandschurei, Japan. III, IV. . . . . . . . . . . . . . Rh. mucronulátum Turcz.

Fig. 2649. Rhododendron máximum L. *a* Blühender Zweig. *b* Junge Blütenknospe. *c* Längsschnitt durch dieselbe. *d* Aufbrechende Blütenknospe. *e* Reife Kapsel. *f* Zweig mit Früchten. *g* Samen (vergrössert).

6. Laubblätter immergrün. Knospen vielschuppig, Laub- und Blütentriebe aus getrennten Knospen entspringend . . . . . . . . . . . . . . . . . . . . . . . . . . . . . . . . . . . 7.

6*. Laubblätter sommergrün, falls 2-jährig (Rh. Índicum) Blüten an jungen beblätterten Trieben endständig und Laubblätter und Blüten aus derselben Knospe entspringend . . . . . . . . . . 11.

7. Niedriger Strauch, 10 bis 50 cm hoch. Laubblätter dünn, lederig, oberseits kahl, sattgrün, unterseits ± braunfilzig. Blüten blasslila oder gelblich. VI, VII. Kaukasus, bis 2700 m aufsteigend . . . . . . . . . . . . . . . . . . . . . . . . . . . Rh. Caucásicum Pall.

7*. Hohe, stets aufrechte Sträucher. Blüten meist weiss, rot oder lila . . . . . . . . . . . . . . . . . . . . . . . . . . 8.

8. Laubblätter beiderseits kahl oder verkahlend . . . . 9.
8*. Laubblätter unterseits ± dicht filzig . . . . . . . 10.

9. Kelchzipfel ziemlich gleichlang. Unterseite der Laubblätter weisslich oder leicht gebräunt. Locker verästelter Strauch oder kleiner Baum mit zartfilzigen, bräunlichen Jungtrieben. Laubblätter bis 15 cm lang und 6 bis 7 cm breit. Blüten rosa bis weisslich, mit ± gelblichen Tupfen; Blütenstiele behaart. VI, VII. Nordamerika (Fig. 2649) . . . . . . . . . . . . . . . . . . . . . . . . . . . . . . . . . . . . Rh. máximum L.

Fig. 2650. Rhododendron molle Miq. *a* Blütendolde. *b* Reife Früchte. *c* Knospe.

9*. Kelchzipfel sehr ungleich. Unterseite der Laubblätter hellgrün. Bis 3 m hoher Strauch mit auch anfangs kaum oder fein-hellhaarigen Jungtrieben und Laubblättern. Blüten rosaviolett mit dunklen Tupfen (selten weiss), sonst wie vorige Art. V bis VII. Pontisches Gebiet,

Kleinasien, Libanon, in Südspanien und Portugal die var. Baéticum (Boiss. et Reut. pro spec.) [R. lanci‑
fólium Mönch] . . . . . . . . . . . . . . . . . . . . . . . . . . . . . . . . Rh. Pónticum L.

    10. Haarfilz der Laubblattunterseite weiss oder grau (höchstens schwachbräunlich). Laubblätter lang‑
elliptisch, stumpf. Blüten lilarosa, breit offen, mit sehr kurzer Kronröhre. Kelchzipfel sehr kurz, kürzer als
der halbe Fruchtknoten. Bis 3 (bis 5) m hoher Strauch. VI. Kaukasien . . . . . Rh. Smirnówi Trautv.

    10*. Haarfilz der Laubblattunterseite tiefbraun. Laubblätter derblederig, schmal‑länglich, spitzlich.
Blüten breit offen, hell‑violettrosa. Bis 1 m hoher Strauch mit filzigen Jungtrieben. V bis VI. Japan (= Hyme‑
nánthes Japonicus Bl.) . . . . . . . . . . . . . . . . . . . . . Rh. Japónicum C. Schneider non Gray.

    11. Blüten endständig, aus blattlosen, vielschuppigen Knospen entspringend. Laubblätter sommer‑
grün . . . . . . . . . . . . . . . . . . . . . . . . . . . . . . . . . . . . . . . . . . . . . . . 12.

    11*. Blüten endständig, aber Laubblätter und Blüten aus derselben Knospe entspringend. Laubblätter
sommergrün oder 2‑jährig . . . . . . . . . . . . . . . . . . . . . . . . . . . . . . . . . . . 16.

    12. Kelch undeutlich. Kronröhre kurz, aussen kahl. Staubblätter 10 . . . . . . . . . . . . . . . 13.

    12*. Kelch deutlicher. Krone mit langer, aussen behaarter Röhre. Staubblätter 5 . . . . . . . . . . . . 14.

    13. Laubblätter schmal‑länglich, oberseits sattgrün, kahl oder zerstreut‑behaart, unterseits reichlich kurzhaarig, blaugrau, im Mittel 2,5 bis 7 cm lang und 0,6 bis 1,8 cm breit. Blüten zu 4 bis 6, vor oder mit den Laubblättern erscheinend, rosa, purpurn oder fast weiss. Bis gegen 1 m hoher Strauch mit zerstreut‑borstigen Jungtrieben. IV bis V. Nordamerika (= Azálea Canadénsis O. Ktze. = Rhodóra Canadénsis L.) . . . . . . . . . . . . . . . . . . . . Rh. Canadénse Zabel.

    13*. Laubblätter breitoval, fast rhombisch, beiderseits zugespitzt, oberseits verkahlend, unterseits bleibend behaart; Blattstiel bis 1 cm lang. Blüten fleckenlos, hell‑lilapurpurn. Jung‑triebe, Blütenstiele, Kelch und Fruchtknoten borstlich behaart, drüsenlos. Bis 2,5 m hoher, dünnästiger Strauch. IV bis V. Japan (= Azálea rhómbica O. Ktze.) . . Rh. rhómbicum Miq.

    14. Kronröhre kurz. Staubblätter die Krone nicht über‑ragend. Blütenkrone aussen drüsenlos, orangerot, 4 Kronzipfel länger, der fünfte, kürzere, die benachbarten deckend. Laub‑blätter dünnhäutig, unterseits grünlich, auf der Fläche stets kahl. Blüten zu 6 bis 10, 4 bis 5 cm lang. Sparriger, bis 2 m hoher Strauch. IV bis V. Japan. (= Azálea Japónica Gray, = A. móllis u. A. Sinénsis auct.) . . . . . Rh. mólle Miq.

Fig. 2651. Rhododendron Indicum Sweet. *a* Blü‑
hende Pflanze (stark verkleinert). *b* Blüte. *c* Frucht‑
knoten mit Griffel.

    14*. Kronröhre deutlicher, aussen drüsig. Staubblätter hervorragend . . . . . . . . . . . . . . . . . . . . . . . . . . . 15.

    15. Blüten sattgelb mit orangefarbenem Saftmal. Laubblätter oblong oder elliptisch‑lanzettlich, oft über
8 cm lang, oberseits sattgrün, unterseits hellgraugrün, $\pm$ behaart. Kronblätter bis 6 cm breit. Kelch drüsig.
Staubblätter kürzer als der Griffel und kaum länger als die Krone. Sparriger, bis 1,5 m hoher Strauch. V.
Osteuropa (westlich bis Polen), Westasien (= Azalea Póntica L.) . . . . . . Rh. flávum G. Don.

    15*. Blüten orangefarben oder rotgelb. Laubblätter spitzer, oboval, die grössten kaum über 7 bis 8 cm
lang. Längste Staubblätter so lang wie der Griffel, die Blütenkrone weit überragend. Bis 5 m hoher Strauch. V bis
VI, Nordamerika (= Azálea lútea L.) . . . . . . . . . . . . . . . . . . . Rh. lúteum C. Schneider.

    15**. Blüten weiss, nach den Laubblättern erscheinend, 3,5 bis 5 cm lang, 2,5 bis 3 cm breit. Kelch
0,5 bis 2 cm lang, drüsig. Laubblätter verkehrteiförmig, spitzlich, 2,5 bis 10 cm lang. Bis 3 m hoher Strauch.
VI, VII. Oestliches Nordamerika (= Azalea viscósa L.) . . . . . . . . . . Rh. viscósum Torr.

    16. Laubblätter einjährig, ziemlich gross, etwa 3 bis 6 cm lang und 1 bis 2,5 cm breit, elliptisch bis
rhombisch‑elliptisch, beiderseits spitzlich, oben und unten $\pm$ angedrückt rosthaarig. Blüten hellorangerot oder
rosa, zu 2 bis 4. Kelch oval, stumpf. Bis 4 m hoher Strauch mit dicht rostig behaarten Jungtrieben. IV bis V.
Japan (= Azálea Indica L. var. Kaempferi Rehd.) . . . . . . . . . . . Rh. Kaempféri Planch.

    16*. Laubblätter 2‑jährig, bis etwa 5 cm lang und 1,7 cm breit, oboval, meist stumpf, $\pm$ zweizähnig,
derb. Blüten meist einzeln, rosa, rosapurpurn oder lachsrot, 3,5 bis 5 cm lang. Antheren purpurn. Niedriger
Strauch mit aufrechten oder niederliegenden Zweigen. V bis VI. Japan, China (= Azálea Indica L.) .
. . . . . . . . . . . . . . . . . . . . . . . . . . . . . . . . . . . . . . . . Rh. Indicum Sweet.

Tafel 206

## Tafel 206.

(Entnommen aus Hegi, Alpenflora, 20. Auflage, Tafel 20)

Fig. 1. *Rhododendron ferrugineum* (pag. 1639) Blühender Zweig.
„ 2. *Rhododendron hirsutum* (pag. 1635). Blühender Zweig.
„ 3. *Rhodothamnus Chamaecistus* (pag. 1644). Habitus.
„ 4. *Vaccinium Vitis Idaea* (pag. 1669)
„ 4a. Blühender Zweig.
„ 4b. Zweig mit Früchten.
„ 5 *Vaccinium uliginosum* (pag. 1681).
„ 5a. Blühender Zweig.
„ 5b. Zweig mit Beeren.

Fig. 6 *Erica carnea* (pag. 1701). Blühender Zweig.
„ 7. *Loiseleuria procumbens* (pag. 1647). Blühendes Sprossstück.
„ 8. *Arctostaphylos alpina* (pag. 1661).
„ 8a. Habitus der blühenden Pflanze.
„ 8b. Zweig mit Früchten.
„ 9. *Arctostaphylos Uva-ursi* (pag. 1656).
„ 9a. Blühendes Zweigstück.
„ 9b. Zweig mit einer Frucht.

**2142. Rhododendron hirsútum** L. Behaarte Alpenrose, Steinrose. Franz.: Rhododendron hérissé, rosage cilié; in Savoyen: Brirre, brirret; engl.: Hairy Alpenrose; ital.: Rosa delle Alpi, Rododendro hirsuto. Taf. 206, Fig. 1; Fig. 2630c, 2643a, 2644, 2652 bis 2654 und 2659.

Die beiden Rhododendron-Arten werden in ihren Benennungen meist nicht unterschieden; immerhin wird vielerorts ein Unterschied zwischen der „Steinrose" (Rh. hirsutum) und der eigentlichen „Alpenrose" (Rh. ferrugineum) gemacht. Dem Vergleich mit der Rose liegt die rote Blütenfarbe zugrunde: Alpenrose, Almrose (auch volkstümlich), Schneerösl, Stoanrösl (Salzburg, Tirol), Steirosä (Walenstadt), Steireesli (Pilatus), Sennerrosen (Tirol), Lökerröserl [Lökern = Pinus montana, vgl. Bd. I, pag. 100] (Gmunden), Nebelrosen (Tirol), Bergrose (Bern). Auch ein Vergleich mit Nelken findet statt z. B. Chleb- oder Harznägeli [weil die jungen Knospen harzig sind] (St. Gallen), Druesnägeli, Troosnägeli [vgl. Drusen = Alnus viridis. Bd. II, pag. 87] (Schweiz), Alp-, Bergnägeli (St. Gallen), Ruess-erle-Nägeli (Schwyz: Muotatal), Stockrösle (Liechtenstein; für Rh. hirsutum). In den österreichischen Alpenlanden werden die Alpenrosen häufig mit dem Gewitter (Donner) in Beziehung gebracht (sie sollen z. B. den „Blitz anziehen"): Donner-, Tunderrosen (bayerisch-österreichisch), Donderbluome, Donnerblüeh (Kärnten), Donnerstaude (Steiermark). Bezeichnungen wie Rausch (Kärnten), Almrausch (bayerisch-österreichisch), Rauschkräutel (z. B. Steiermark, Niederösterreich) gehören vielleicht zu Rusch, Brüsch (lat. ruscus; vgl. Calluna vulgaris!), worunter man verschiedene immergrüne heidekrautähnliche Gewächse verstand (z. B. Arctostaphylos, Ledum, Vaccinium Vitis-Idaea). Auch mit dem immergrünen Buchsbaum vergleicht man in Kärnten die Alpenrosen, daher dort grüner Bux, Almbux, Buxbaum genannt. Weil die Pflanzen an steilen Hängen, den „Schindern" des Tirolers wachsen, heissen sie Schinderlatschen [vgl. auch Latschen = Krummholz], in Salzburg Schinderblüh und Schinderblätter. Zu Zetten (Altental), Zuntern (Zillertal) vgl. Pinus montana, Bd. I, pag. 100] Andere Benennungen sind schliesslich Hüehnerbluemä, Hühnerbluest, Hühnerdrosli, Hüehner-Maie [weil sich die Schnee-, Birk- und Steinhühner unter den Sträuchern aufhalten oder wegen der an den Hahnenkamm erinnernden Blütenfarbe] (Schweiz), Jippä, Juppa, Gippe (Uri, Oberwallis), Rafausle oder Trafausle (Glarus; jedoch nur für Rh. hirsutum), Oswaldstaude (Tirol: Hafling; nach dem Wetterherr St. Oswald). — Rätoromanische Bezeichnungen sind in Graubünden rözas d'alp, fluors d'alp, flur alpina, rösa alpina, grusaida, crastas d'chöd, crestas cott (Heinzenberg), brunsinas (Münstertal), im Bündner Oberland striauna, cresta tgiet clara für Rh. ferrugineum, cresta tgiet giupp für Rh. hirsutum, in Gröden täune. In italienischen Dialekten heisst die Alpenrose baghè (Puschlav), slasèrna, scusérla, fluor balla (Bergell), giüpp, gep, droos (Tessin), mosdeni (Südtirol: Tione), im Französischen der Westschweiz arzaley, rosalei, orzalai, antenet, reselin. Im Engadin kommt der Flurname „Roesa" vor; in den Freiburger Alpen heisst eine Alp bei Châtel-St.-Denis „le Rosaly". Die Ortsnamen Rabuschla und Rafuskel in Tirol sollen sich nach Steub von dem rhätischen Rafausle (rubúscula) herleiten.

Bis 1 m hoher, buschiger, vielästiger Strauch mit bogig aufstrebenden, grauberindeten Zweigen. Laubblätter rundlich=eiförmig, von lederiger Konsistenz, wintergrün, oberseits glänzend=hellgrün, unterseits matt, am Rande schwach umgebogen, regelmässig seicht gekerbt, von langen, steifen, weissen Borstenhaaren bewimpert, sonst kahl, im Mittel etwa 2 cm lang und 0,8 bis 1,2 cm breit (Maxima 3,5 und 1,5 cm), kurzgestielt. Blattunterseite mit zahlreichen zerstreuten, Oberseite mit vereinzelten, erst bleichgelben, später braunen Drüsenschuppen besetzt; Nervatur wenig hervortretend. Blütenstand doldentraubig, endständig, 3= bis 10=blütig. Blütenstiele schlank, $1^1/_2$= bis 2=mal so lang als die Blüten, schuppig=höckerig. Kelchzipfel 5, lanzettlich, spitz, lang bewimpert, 0,4 cm lang. Krone schief=aufrecht, trichterförmig=glockig, intensiv hellrosa, selten weiss, etwa 1,3 cm lang, aussen mit zahlreichen, gelblichen Drüsenschuppen, innen kurz=weisshaarig. Kronzipfel 5, so lang als die Kronröhre, rundlich=verkehrt=eiförmig, stumpf. Staubblätter 10, ungleichlang, am Grunde abstehend weisshaarig, oben kahl; Antheren an der Spitze mit 2 runden Löchern sich öffnend. Fruchtknoten eiförmig, beschuppt (Fig. 2652 d), 5=fächerig; Griffel etwas kürzer als die längsten Staubblätter; Narbe verbreitert, flach, mit 5 Papillenhöckern. Fruchtkapsel 5=klappig aufspringend, scheidewand=spaltig. Samen hellbraun komma=förmig, kaum 1 mm lang. — V bis VII, bei gleicher Höhenlage etwas später als folgende Art.

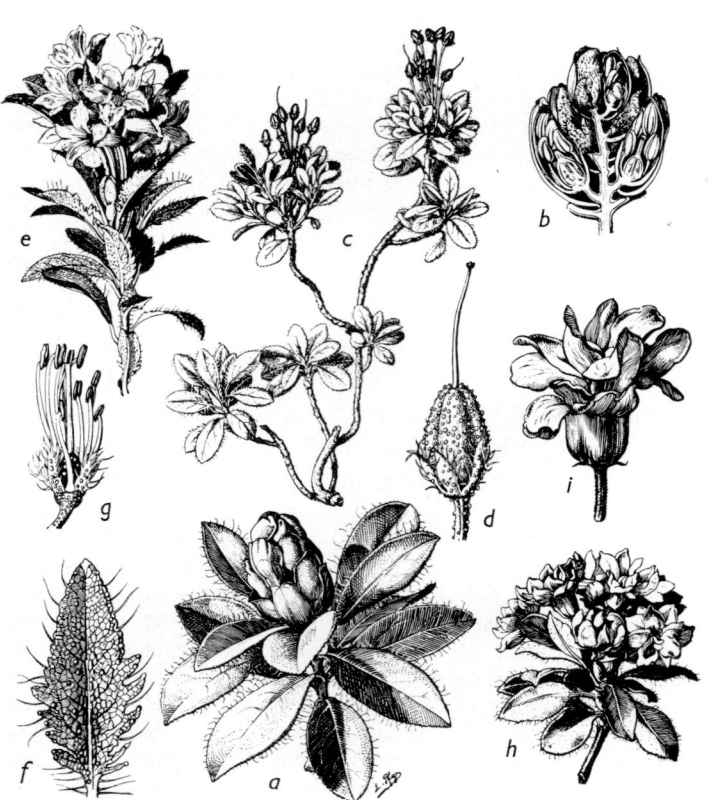

Fig. 2652. Rhododendron hirsutum L. *a* Sprosspitze mit Blütenknospe (vergrössert), *b* Längsschnitt durch die letztere. *c* Zweige mit jungen Früchten. *d* Fruchtknoten mit Griffel. *e, f* und *g* f. laciniatum Schroeter. *h* und *i* Gefüllte Blüten.

Kalksteter Bewohner lichter Wald= und Knieholzbestände, Block=reviere, steiniger, bodenarmer Hänge, in höheren Lagen meist auf geschützten Felsgesimsen, oft grössere Herden bildend; im ganzen viel zerstreuter und spärlicher als Rh. ferrugineum. In den Bayerischen, Oesterreichischen und Schweizer=Alpen vorzugweise in der Nadelwaldstufe zwischen 1200 und 2000 m verbreitet, doch auch schon tiefer und vereinzelt (im Unterengadin) bis 2580 m ansteigend.

Rh. hirsutum erreicht in der Westschweiz (Waadt: Gumfluh, La Larze, La Varaz, Bovonnaz, fehlt westlich der d'Aikette) seine Westgrenze, die das mittlere Wallis schneidet (Simplon; für Anniviers fraglich) und von dort zu den Waadtländeralpen hinüberreicht. Ein westlich vorgeschobener Fundort, der einzige in den Französischen Alpen, liegt am Mont Chauffé bei Abondance in den Lemanischen Alpen. Während die Art in den Kalkgebieten der Nordalpen schon im Berneroberland ziemlich verbreitet ist, findet sie sich in den Süd=ketten des Wallis und des westlichen Tessin noch sehr spärlich (z. B. Binntal, Val Piumogna, Ritom, Pizzo Lucomagno) und wird erst in den Kalkvoralpen des Sotto=Ceneri häufiger. Oestlich des Luganersees ist sie dagegen verbreitet. Ueberhaupt ist sie in den nördlichen und südlichen Kalkalpen viel allgemeiner verbreitet als in den zentralen Urgebirgsketten, wo sie streng auf die Kalkgebiete beschränkt ist und daher auf weite

Strecken völlig fehlt (so z. B. im südwestlichen Tessin, im obersten Bündneroberland, im Silvrettastock, im grössten Teil des engeren Berninagebietes usw.). Ostwärts reicht sie bis an den Alpenrand und ist noch in Niederösterreich häufig. Im Oberengadin (Maloja) tritt Rh. hirsutum ganz isoliert auf einer Kalklinse auf in Gesellschaft von Sesleria caerulea, Salix reticulata, Gypsophila repens, Biscutella levigata, Arabis pumila, Dryas octopetala, Hedysarum obscurum, Helianthemum Chamaecistus, Valeriana montana, Aster Bellidiastrum und A. alpinus, Achillea atrata, Leontopodium alpinum und Hieracium villosum (Hegi). Die Höhenverbreitung der Art ist etwas enger als jene von Rh. ferrugineum. Sie steigt im Berneroberland bis 2420 m (Rudelhorn im Sefinental; Lüdi briefl.), in Nordbünden bis 2400 m (Scesaplana Südwand; Br.-Bl.), im Unterengadin bis 2580 m am Munt della Bes-cha beim Ofenpass, in Tirol am Brandjoch bis 2480 m, in Südbayern bis 2430 m; wird in Steiermark dagegen nur bis 2000 m angegeben. Vereinzelte Kolonien reichen tief herab: bis 560 m bei Krattigen und Interlaken (Lüdi briefl.), 435 m am Vierwaldstättersee, 500 m ob Bergsteig bei St. Margrethen (St. Gallen), 630 m bei Göfis und 540 m am Schmiedberg bei Nüziders (Vorarlberg), im Weissachtobel bei Oberstaufen, bis 500 m mehrfach im Unterinntal (Rattenberg, Wörgl, Kundl, Kufstein), 603 m am Königsseeufer, 620 m am Eidenberg in Oberösterreich, 500 m bei Thormauer und im Klostertal bei Gutenstein, 600 m in der Langnau und im Purbachgraben bei Pernitz in Niederösterreich. Bedeutend tiefer geht sie südlich der Alpen in Steiermark (200 bis 300 m in den Schluchten bei St. Leonhard nächst Miessling, auf dem Hum bei Tüffer usw.), in Südtirol bei Margreid nächst Bozen 400 m, in der Galgenschlucht bei Salurn 390 m, bei Rovereto 200 bis 300 m, in den Dolinen des Ternowanerwaldes. Vorgeschobene Posten im Vorland sind: Schwarzwassertal (Bern) 650 m (Lüdi briefl.), Zürcher Oberland am

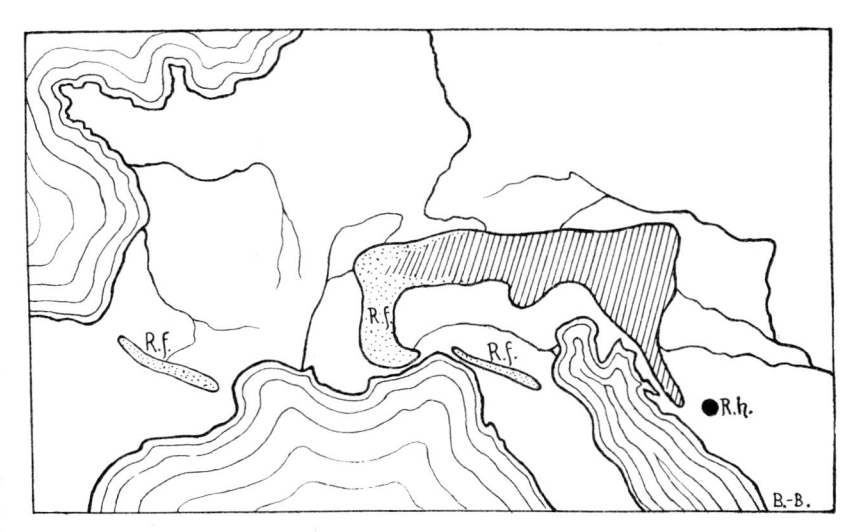

Fig. 2653. Verbreitung von Rhododendron ferrugineum L. und Rh. hirsutum L. ::::: Rh. ferrugineum L. allein, ● Rh. hirsutum L., ||||| beide Arten gemeinsam.

Schnebelhorn und am Hörnli, bei Dussnang im Hinterthurgau 700 m, im Urnäschtobel bei Waldstatt (St. Gallen), Umgebung von St. Gallen; ferner (wohl herabgetragen) am Innufer bei Nussdorf und beim Kloster Gars unweit Wasserburg, auf Isarkies bei Hechenberg und Wolfratshausen, sowie bei Freising (1891), Erlachkapelle bei Weyarn in Oberbayern. A. Süssenguth beobachtete sie im Wolfratshausener Forst an einer quelligen, besonders kühlen Stelle ziemlich entfernt vom heutigen Isarbett; er hält sie für eine Flusstalreliktpflanze. K. Troll fand sie in einem Hochmoor bei Steingaden. Am Arbergipfel ist sie zwischen 1850 und 1860 angepflanzt worden. Sehr tief herab reicht Rhododendron hirsutum in Krain. Von Sagor abwärts findet sie sich stellenweise am rechten Saveufer und reicht fast bis Ratschach nächst Steinbrück. Sie erscheint hier in dem bei Prusnik gegenüber von Sagor ins Savetal mündenden Sklendrovecgraben gesellig mit anderen alpinen und subalpinen Gewächsen wie Botrychium Lunaria, Trisetum distichophyllum, Carex mucronata, Minuartia laricifolia (?), Arabis alpina, Saxifraga cuneifolia und S. tenella, Astrantia Carniolica (Bd. V/2, pag. 971), Campanula thyrsoides usw. in einer Höhe von etwa 400 m vor und ziert die knapp am Ufer sich erhebenden nordöstlichen Gehänge des Dobovec und des dem Nordfusse des Kumberges vorgelagerten Höhenzuges Podkraj. Dieser bei 250 m gelegene Fundort, wo sich die Pflanze kräftig entwickelt und alljährlich zur Blüte gelangt, ist der tiefst gelegene und östlichste. Ein weiterer Fundort liegt in Unterkrain auf dem am linken Kulpaufer sich erhebenden Kositzenberge in einer Höhe von zirka 700 m; es ist dies das südlichste Vorkommen in Krain. Ausserdem steht die Art im Gebiete der Kulpa auch noch in einigen Schluchten zwischen Vozalj und Osilnica, wie z. B. in der vom Sušicabache durchströmten, unweit Fischbach ins Kulpatal mündenden Sušicaschlucht in einer Höhe von etwa 350 m. Die Besiedlung dieser Lokalitäten mag wohl von den benachbarten Kroatischen Alpen aus erfolgt sein. Westwärts dieses Vorkommens finden wir die Alpenrose erst wieder auf dem alpine Vegetation tragenden Schneeberge bei Laas in einer Höhe von 1650 m. In den vom Schneeberge nordwestlich sich erstreckenden Landesteilen, somit im gesamten Karstgebiete, im Reka- und Wippachtale, im Birnbaumerwalde und im Bereiche des Nanos fehlt sie und tritt erst wieder im Idrianer Berggelände auf (Paulin). Schliesslich sei noch erwähnt der Fundort unter St. Katharina bei Topol und das Vorkommen mit Primula Carniolica Jacq. am Nordabhange des Berges Slivnica bei Zirknitz (600 m), sowie in einigen Seitenschluchten des Iška= und Borovnicatales.

Allgemeine Verbreitung: Oestlicher Teil der Alpenkette (ältere Angaben aus dem Jura und aus den Savoyeralpen sind irrig), Hohe Tatra, Illyrische Gebirge (in einer Form mit etwas breiteren, gegen den Stiel schärfer abgesetzten Laubblättern. Vranica 1800 bis 2000 m auf Kalk). In den Zentralkarpaten nach Pax nur angepflanzt. Wird von Adamovic auch vom Balkan (Šar Planina) angegeben (?). Im Schweizer Jura mehrfach angepflanzt, z. B. am Creux=du=Van (1914), am Chasseral, ob Grenchen und am Bilstein bei Langenbruck 900 m.

Aendert ab: var. ciliátum Br.=Bl. Laubblätter bis 3,5 cm lang und 1,5 cm breit (selten grösser, meist 2 : 0,8 cm), mehr oder weniger deutlich gekerbt, am Rande reichlich wimperhaarig, selten verkahlend. Kelch bewimpert. Blütenkrone 1,2 bis 1,8 cm lang. Die allgemein verbreitete Form; scheint in einigen Gebieten der südlichen Kalkalpen zu fehlen. Hieher die Formen: f. glabrátum (Aschers. et Kuhn pro var.). Laub= blätter etwas kleiner als beim Typus, wie der Kelch nur spärlich behaart. Nördliche Kalkalpen; ferner in einem einzigen Exemplar vor vielen Jahren auf dem Giewont (Liptaueralpen, Galizien) beobachtet. Ob angepflanzt? — f. microphýllum [Briquet pro var.] (= var. parvifólium L. Keller). Laubblätter nur halb so gross als bei der Normalform, elliptisch, 6 bis 12 mm lang und 4 bis 8 mm breit. Blüten ebenfalls kleiner, intensiv rot, in kleinen, dichtgedrängten Doldentrauben. Kärnten: Rosengarten bei Ober=Drauburg, zirka 2000 m; Südtirol: Fassa, oberhalb Vigo zirka 1700 m, angenähert auch in Graubünden (Le Gessi). — f. dryadifólium (Murr pro var.). Laubblätter gekerbt=gesägt, am Grunde oft eingeschnitten=gezähnt oder fast gesägt, vorn schwach gekerbt und breit gerundet. Oberösterreich: Abhänge der Ostrowitz gegen die Polsterlücke; Südtirol: Aufstieg von Caldonazzo zum Monte Rovere. — f. latifólium (Hoppe pro var.). Laubblätter gross, breit elliptisch oder verkehrt= eiförmig, sehr stumpf. Nicht selten. — Wichtiger als Rasse ist die var. hispidissimum Schröter. Laubblätter meist deutlich gekerbt, von langen, steifen Haaren dicht abstehend bewimpert. Wimperhaare bis über die Hälfte der Blattbreite erreichend. In den Bergamasker Kalkalpen verbreitet, westlich bis zum Zucco di Campelli und zur Grigna, nördlich noch im Val Biandino bei Introbio. — var. fállax Bornmüller. Laubblätter auffallend schmal, 3= bis 4mal so lang als breit, ohne Wimpern, aber am Rande deutlich gekerbt (Allgäu). — Die weissblühende Spielart (f. albiflórum Goir. pro var.) ist seltener als bei Rh. ferrugineum. Aus der Schweiz wird sie angegeben vom Stanserhorn, von der Hundwilerhöhe und von Palfries (St. Gallen), aus dem Vorarlberg aus dem Lavenatal am Falknis (Br.=Bl.), aus Tirol aus dem Inntal (mehrfach), Piz Lat bei Nauders, Seelandtal und Plätzwiesen, Sexten, Monte Baldo, aus Steiermark aus dem Tarwiestal, am Hochschwab. — Ein lusus laciniátum Schröter, mit am Grunde zerschlitzten Laubblättern (Fig. 2652e), wurde an einem weissblühenden Gartenstrauch festgestellt und kürzlich auch wildwachsend an der Kampenwand in Bayern gefunden. Auch Stöcke mit „gefüllten" Blüten (Fig. 2652h, i) und solche mit korollinischem Kelch können gelegentlich beobachtet werden. Weiterer Beobach= tung bedarf die var. lasiopus Brügger: Blütenstiele und Kelch mit dichtem, rostbraunem Ueberzug aus langen, bandförmigen Haaren. Nur einmal am Fusse des Grossen Mythen bei Schwyz gesammelt (ob Monstrosität?).

Der Blattbau der bewimperten Alpenrose zeigt eine xeromorphe Ausbildung, die aber bei der rostroten Alpenrose noch stärker in Erscheinung tritt. Die Epidermiszellen sind polygonal, ihre Seitenwände schwach wellig, dünn (Fig. 2659e). Die dicke Kutikula übertrifft oft das Zellumen an Höhe. Die Spaltöffnungen finden sich nur auf der Unterseite der Laubblätter und sind ohne Nebenzellen. Auf den Blattnerven zerstreut stehen kurze, einzellige Deckhaare. Der Stiel der Schilddrüsen ist kurz und mehrzellig, der Schild flach, wellenrandig. Das Sekret wird zwischen der Kutikula und allen Wänden der in einer Fläche radial gelagerten Sekretzellen ausgeschieden. Die Palisadenzellen stehen in 2 Reihen. Der unterseits etwas bogig vortretende Hauptnerv ist beiderseits mit getrenntem Sklerenchymbelag versehen. Drusenkristalle finden sich reichlich und sind regellos angeordnet. Für Rhododendron hirsutum konnte negativer Geotropismus durch Horizontalstellung von Zweigen beobachtet werden.

Rhododendron hirsutum besiedelt mineralreiche Kalkböden. Die Pflanze ist namentlich als Unterwuchs lichter Bergföhrenwälder verbreitet, überwächst im Verein mit Weidenarten (Salix hastata, S. glabra, S. arbutifolia, S. retusa usw.) Sturzblockreviere und zur Ruhe gelangte Kalkschutthalden und geht auch, selbst als Erstbesiedler feiner Spalten, auf Fels über. An ihren obersten Standorten besiedelt sie sonnige, windgeschützte, wintersüber schneebedeckte Felsgesimse; ihre Talstandorte liegen fast durchwegs in schattigen, feuchten Fels= schluchten, wo der Schnee lange liegen bleibt. Grössere zusammenhängende Reinbestände der Art sind viel seltener als solche von Rh. ferrugineum und zeigen oft eine bunte Mischung von Schuttpflanzen und ± humusliebenden Arten der Zwergstrauchheide. Häufig finden sich darin: Cetraria Islandica, Cladonia silvatica und C. rangiferina, Sesleria caerulea, Carex ferruginea, Rosa pendulina, Rubus saxatilis, Sorbus Chamaemespilus, Hedysarum obscurum, Daphne striata, Arctostaphylos Uva=ursi und A. alpina, Vaccinium Vitis=Idaea und V. Myrtillus, Erica carnea, Pirola minor, Euphrasia Salisburgensis, Globularia nudicaulis, Lonicera caerulea, Valeriana

montana, Aster Bellidiastrum usw. Auch der seltene Ranunculus Thora sucht etwa den Schutz der Alpenrosen=
büsche, und im Ofengebiet blinken die schneeweissen Aehrchenköpfchen der südostalpinen Carex Baldensis L.
(Bd. II, pag. 59) daraus hervor.

Diese Mischung von basiphilen und ± azidiphilen Arten rührt daher, dass Rhododendron hirsutum
den ursprünglich kalkreichen, basischen Boden durch Humusanreicherung in einen neutralen bis schwach
sauren Boden überzuführen imstande ist. Eine Probeentnahme von Rhododendron hirsutum=Humus über
Dolomitschutt ergab 6,6 pH. — In Gebieten, wo beide Alpenrosenarten zusammen vorkommen, hält sich Rh.
hirsutum an die trockeneren, offenen Fels= und Schuttböden, während Rh. ferrugineum die feuchteren, humus=
reicheren, schattigeren Standorte bevorzugt. Auf den Karrenfeldern der Nordostschweiz trifft man oft beide
Arten nebeneinander, Rh. hirsutum am Fels, Rh. ferrugineum im heideartigen Humusboden der Spalten mit
Vaccinium uliginosum und Juniperus. Aber nicht nur auf kompaktem Kalk und Gips, sondern auch auf
kalkreichen Schiefern (Bündner=
schiefer, Flysch), auf Seewen=
mergel, tertiärer Nagelfluh,
Molasse, auf Serpentin und
selbst auf Verrucano ist Rh.
hirsutum nachgewiesen; da=
gegen scheint sie auf Gneis
und Granit zu fehlen. Syn=
genetisch, d. h. mit Hinsicht
auf den Vegetationswandel,
sind die Rhododendron hir=
sutum=Siedelungen entweder
Regressivstadien, nach unseren
Beobachtungen namentlich auf
Vernichtung des Pinus montana=
Waldes (durch Lawinen, Wind=
bruch, Kahlschlag) folgend; oder
es sind Entwicklungsstadien
ausgehend von Karren oder
vom trockenen Kalkgeröll mit
Dryas octopetala=Teppichen,
die über das Ericetum carneae
zum Rhododendron hirsutum=

Fig. 2654. Rhododendron hirsutum L., auf der Veitschalpe, Steiermark. Phot. R. Fischer, Sollenau, N.Ö.

Gebüsch und oft weiter zum Pinus montana=Wald führen. Der Rhododendron hirsutum=Busch zeigt floristisch
eine grosse Uebereinstimmung mit den genetisch mit ihm verknüpften Gesellschaften; ob er den Wert einer selb=
ständigen Assoziation verdient oder besser als Sub=Assoziation aufgefasst wird, müssen weitere Untersuchungen
entscheiden. Scharf geschieden, sowohl floristisch als auch ökologisch, ist die Gesellschaft von dem kalk=
fliehenden Rhodoreto=Vaccinion.

Von parasitären Pilzen seien ausser den, beiden Alpenrosenarten gemeinsamen, noch angeführt ein
Pyrenomyzet: Gnomónia Rhododéndri Auers. (Deutschland) und die Sphaerioideae: Hendersónia
Rhododéndri Thüm. (auf den lebenden Blättern, Italien). Auch an Rh. hirsutum tritt, obwohl weniger häufig
als auf Rh. ferrugineum die von Exobasídium Rhododéndri verursachte Pilzgalle, der „Alpenrosenapfel"
auf. — Die bewimperte Alpenrose scheint eine viel kürzere Lebensdauer zu besitzen als ihre rostfarbene
Schwester. Stebler fand 12 mm dicke Stämmchen 19 bis 22 Jahre alt; dagegen mass Kanngiesser ein
solches von 63 Jahren, dessen mittlere Jahrringbreite 0,27 mm betrug. Mancherorts, namentlich an den
Grenzen ihres Areals, so z. B. im Kanton Freiburg und in Schwaben, aber auch in Oberbayern ist die Pflanze
gesetzlich geschützt. Die kleinen Samen werden z. B. erst im Winter oder im Frühjahr aus den Behältern
entlassen (also „Wintersteher"). Gelegentlich wurden noch Ende November blühende Stöcke angetroffen, so
1910 von Arnold solche in der Höllentalklamm bei Garmisch.

## 2143. Rhododendron ferrugineum[1]) L. (= Chamaerhododéndron ferrugineum Bubani).
Rostblätterige Alpenrose. Franz.: Laurier rose des alpes, rhododendron ferrugineux;
engl.: Rusty=leaved Alpenrose; ital.: Rosa delle alpi. Taf. 206, Fig. 2; Fig. 2643d, 2644,
2653, 2655 bis 2659.

---

[1]) Lat. ferrúgo = Rost; nach der rostfarbenen Blattunterseite.

Bis über 1 m (selten bis 2 m) hoher, buschiger Strauch mit kräftigen, elastischen, graubraun berindeten Zweigen. Laubblätter an den Zweigenden gehäuft, wintergrün, derb, lederig, eiförmig oder elliptisch=lanzettlich, im Mittel 0,5 bis 1,0 cm breit und 1,5 bis 3,5 cm (Ausnahmsweise bis 5,5 cm) lang, in einen kurzen (im Mittel 0,5 cm langen) Stiel verschmälert, ganzrandig, am Rande umgerollt, oberseits dunkelgrün, kahl und glänzend, unterseits mit rundlichen Drüsenschuppen vollständig besetzt (Fig. 2643 d), zuerst gelbgrün, später rostbraun, mit hervortretendem, dickem, gelblichem Mittelnerv. Blütenstand doldentraubig, bis 20=blütig (meist 6= bis 10=blütig), endständig. Blüten schief aufrecht, gestielt; Stiel etwa so lang wie die Blüte, gelbhöckerig. Kelchzipfel undeutlich, klein, etwa 1,5 mm lang, stumpf=breit=eiförmig, grün, langbewimpert. Krone dunkelrot, selten weiss, trichterförmig=glockig, aussen mit vereinzelten gelblichen Drüsenschuppen, innen kurz=weisshaarig, ohne Drüsenschuppen, 1,5 cm lang, 5=lappig; Kronzipfel eiförmig, stumpf, so lang als die Kronröhre. Staubblätter 10, ungleich lang, etwa $^2/_3$ der Kronlänge erreichend, unten dicht weisshaarig, oben kahl; Antheren 1,2 mm lang, an der Spitze mit 2 runden Löchern aufspringend. Fruchtknoten eiförmig, 5=fächerig; Griffel etwas kürzer als die längsten Staubblätter; Narbe verbreitert, mit 5 Papillenhöckern. Fruchtkapsel scheidewandspaltig. Samen spindelförmig, etwa 1 mm lang, hellbraun, 0.00002 g schwer, zahlreich. — V bis VII, je nach Höhenlage; in den insubrischen Südalpentälern oft 2=mal im Jahr blühend.

Fig. 2655. Rhododendron ferrugineum L., Seiser Alp, Südtirol. Phot. Georg Eberle, Wetzlar.

Durch die ganze Alpenkette zwischen 1500 und 2300 m verbreitet, oft auch tiefer herabsteigend und vereinzelt bis zu 2840 m vordringend; Südwestjura und selten im Alpenvorland.

Als Unterholz in gelichteten Wäldern (Lärchen=, Bergföhren=, Arven=, Fichten=, im Süden auch Buchen= und Kastanienwäldern), im Corylus=Gebüsch, namentlich aber als Waldzeuge an und über der heutigen Waldgrenze auf humosem Boden weitgedehnte Bestände bildend.

Die Art ist sehr wenig veränderlich. Eine Farbenspielart ist f. albiflórum (Thürlings), die weissblühende Alpenrose; sie wächst da und dort unter der rotblühenden Form. Ihr Vorkommen ist den Aelplern meist bekannt, wird aber von ihnen geheim gehalten. Eine f. ecorolláta Murr fanden L. und K. Atzwanger im Vermunttal bei Galtür. Jede Doldentraube besteht aus etwa 25 Blüten mit schwach 3= bis 4=teiliger Narbe und 2, 3 bis 4 Staubblättern ohne jedes Rudiment einer Krone. Den Schutz der Geschlechtsorgane übernehmen z. T. die häutigen, spateligen Deckschuppen der Blüten. Laubblätter schmäler als an der normalen Pflanze. — Pflanzen mit gefüllten Blüten sind auf der Mauthneralpe in Kärnten gefunden worden.

Die Art ist weniger empfindlich als Rh. hirsutum und reicht daher im Mittel etwa 150 bis 250 m höher als jenes. Im Berner Oberland am Schmadrirück (Südexposition, Silikatunterlage) bis 2820 m fand sie Dr. W. Lüdi am 30. Juli 1916 blühend. Im Wallis reicht sie bis 2700 m (Orny und Saleinaz), am Lysgletscher am Südhang des Monte Rosa bis 2815 m, im Tessin bis 2700 m am Pizzo Campolungo und an der Fibbia, in den Bergamaskeralpen bis 2605 m am Legnone (Br.=Bl.), in Graubünden bis 2840 m (Munt Baselgia ob Zernez, steril, Br.=Bl.), in Tirol bis über 2700 m am Hochgrafljoch im Votschertale und angeblich bis 2940 m am Acherkogel im Oetztal; dagegen erreicht sie bloss 2500 m in Steiermark und 2030 m in Südbayern, wo Rh. hirsutum bedeutend höher (bis 2436 m) ansteigt. Mader (Malpighia XIX, 197) beobachtete die rostblätterige Alpenrose am Westhange des Colle dell'Argentera (Seealpen) noch bei 3200 m. An ihren obersten Standorten schmiegt sich der Strauch in sonnige, windgeschützte Felsnischen, die über Winter schneebedeckt sind, aber zeitig schneefrei werden. Er gelangt hier wohl noch zur Blüte, aber kaum je zur Fruchtentwicklung. An lokal begünstigten, schattigen, feuchten Standorten steigt er tief in die Täler herab, namentlich in ozeanischen Gebieten mit reich= lichen Niederschlägen und milden Wintern. Bekannt ist die eigentümliche Vergesellschaftung der rostroten Alpenrosen mit submediterranen und selbst mediterranen Typen am Südhang der Alpen, vor allem an den insubrischen Seen. Hier gefallen sich mannshohe Sträucher im Halbschatten mächtiger Kastanien (so am Monte Ceneri bei 230 m), ja sie reichen bis an die Gestade des Lago Maggiore, so bei Vira=Gambarogno und bei San Nazzaro (200 bis 210 m), ob Brissago, ob Locarno usw. Am oberen Comersee an den Hängen des vorderen Val Varrone wachsen Alpenrosen mit Erica arborea, einem Vertreter der mediterranen Macchie zusammen. Aber auch diesseits der Alpen, im nordalpinen Gebiet steigen vereinzelte Kolonien in die tiefen Täler herab, so am Vierwaldstättersee bei Rotzloch und ehedem gegenüber am Lopper bei 441 m, am Thunersee (mit Asperula Taurina und Fumana procumbens) bei 560 m, am Walensee bei Quinten (unter Nussbäumen) bei 430 m und bei Murg (unter Kastanien) bei 430 m, in St. Gallen bei Berneck 600 m und St. Margarethen 500 m, im Wallis bei Chippis 550 m und St. Gingolph 700 m, im Vorarlberg am Ardetzenberg bei Feldkirch 500 m, bei Schlins 570 m, in Nordtirol bei Kematen nächst Innsbruck 600 m, im Zillertal hinter Zell 590 m, in Kärnten bei Hermagor 615 m, bei Urbani 800 m, bei Vorderberg 580 m. Während Rh. hirsutum in den äusseren Kalkalpenketten überwiegt, herrscht Rh. fer= rugineum in den Zentralalpen bei weitem an Masse und Häufigkeit vor, ist dagegen in den Kalkalpen weniger verbreitet. In Oberösterreich spärlich am Grossen und häufiger am Kleinen Pyrgas, in Nieder= österreich auf dem Wiener Schneeberg zerstreut, nicht selten auf der Raxalpe und der Schneealpe, auf Schiefer am Wechsel selten. Fehlt in Krain. Im Wetterstein= gebirge (Schachen, 1800 m) sind die beiden Alpenrosen scharf geschieden. Auf den mächtigen Schotterfeldern und dem trockenen Gehängeschutt des Wetterstein= kalkes ist Rh. hirsutum anzutreffen, während auf den weichen, schieferigen, sandsteinartigen Raiblerschichten (Gehalt an $SiO_2 = 66{,}27\,\%$, $Al_2O_3 + Fe_2O_3 = 21{,}13\,\%$ $MgO = 11{,}89\,\%$, $CaO = 0{,}82\,\%$) Rh. ferrugineum im Vereine mit anderen kalkfliehenden Arten wie Athyrum alpestre, Lycopodium alpinum, Alnus viridis, Luzula spicata und L. spadicea, Geum montanum, Sibbaldia procumbens, Vaccinium uligi= nosum, Gentiana latifolia, Veronica bellidioides, Cam=

Fig. 2656. Rhododendron ferrugineum L., in den Dolomiten
Phot. W. Schacht, München.

panula barbata, Phyteuma hemisphaericum, Chrysanthemum alpinum, Saussurea alpina usw. auftritt (Hegi). Vom geschlossenen alpinen Hauptareal abgetrennt finden sich einzelne, sicher ursprüngliche Vorkommnisse der Pflanze im Alpenvorland bis 40 Kilometer und mehr von den nächsten Fundstellen entfernt. In der Nordschweiz hat eine solche Alpenrosenkolonie am Ethel (Rütenen) ob Schneisingen im Aargau (606 m) Berühmtheit erlangt; in Jahren, wo die eingefriedigte Strauchgruppe besonders schön blüht, wird hier sogar ein „Alpenrosenfest" veranstaltet. Aehnliche versprengte Vorkommnisse liegen im Thurgau zwischen Neukirch und Buhwil unweit Bischofszell, dann im Schwäbischen Hügelland bei Engerazhofen im Oberamt Leutkirch (der einzige vorhandene Strauch, ein wahrer Riese, war 1912 zu $^1/_3$ völlig abgestorben, ein zweites Drittel war halb verdorrt, ein Rest von 2 m Länge und 1 m Breite vegetierte noch), im Schwendimoos bei Kisslegg (um 1900 ver= nichtet) und an der Kugel bei Grossholzleute (Oberamt Wangen), im Wirlinger Wald bei Kempten, am Schneitberg bei Peiting, bei Rottenbuch in Oberbayern. Bei diesen Aussenposten handelt es sich höchst wahrscheinlich nicht um sprungweise Neueinwanderung, sondern um Arealrelikte aus der Eiszeit, Zeugen einer damals auch im Tiefland zusammenhängenderen Verbreitung. Schröter hält die Alpenrosenkolonie von Schneisingen für wahrscheinlich aus der Zeit der Rückeinwanderung der Alpenflora stammend, da die letzte Vergletscherung bis in die Gegend von Schneisingen reichte und die Alpenrosen, nach ihrem heutigen Vorkommen zu urteilen, kaum dicht am Gletscherrand wuchsen. Auch das Vorkommen des Strauches im Südwestjura zwischen Reculet und Creux-du-Van beruht zweifellos auf frühzeitiger, glazialer Einwanderung. Er ist hier namentlich häufig im Aufstieg zum Reculet unter Legföhren und in humusreichen Vertiefungen, dann weiterhin bis zum Colombier de Gex, ferner in geringer Menge bei der Faucille, an der Dôle, am Montendre, im Jouxtal, am Risoux. Der Fundort am Creux-du-Van, wo A. P. De Candolle den Strauch im Felsschatten bei 970 m entdeckt hatte, ist heute erloschen. Entgegen der allgemeinen Annahme, die Christ, Schröter und neuerdings auch Wirth vertreten, wonach Rh. ferrugineum seine jurassische Kolonie von Südwesten aus der Chartreuse her besiedelt hätte, scheint dem Bearbeiter eine direkte Einwanderung aus den benachbarten Savoyeralpen wahrscheinlicher. Die Art fehlt nämlich dem Südzipfel des Jura, obwohl sie auch dort noch passende Standorte fände. Sie erscheint erst wieder viel weiter südlich in der Chartreuse (Grand Som, Chamchaude usw.) nach einem Unterbruch von etwa 100 Kilometer. Dagegen steigt sie mit anderen kalkscheuen Alpenpflanzen bis zur äussersten Schwelle der Lemanischen Alpen herab (Voirons bei Genf), wo sie bei weniger denn 1200 m auf der Seite gegen Boëge den Nadelwald bewohnt. Die Horizontaldistanz von hier zu den nächstliegenden Jurafundorten beträgt keine 30 Kilometer und es ist anzunehmen, dass sie diesen Raum mit anderen kieselholden Arten, die völlig oder nahezu auf den Genferjura beschränkt sind, im Verlauf des Diluviums überschritten hat. — Angepflanzt ist die Art im Aargauer Jura auf der Ramsfluh (1917) und im Schwäbischen Jura am Rosenstein.

Allgemeine Verbreitung: Alpenkette von den Seealpen bis Niederösterreich (Fig. 2653), Pyrenäen von 1150 bis 2700 m (am Pic d'Estibaoud), Apennin bis Toskana, Illyrien (südkroatische Gebirge; Klek und Velebit). Nach Adamovic auch auf dem Balkan (Šar Planina) (bestätigungsbedürftig). In den Karpaten fehlend; dort das verwandte Rh. Kotschyi Simk.

Die Art ist auf jeder Bodenunterlage an nicht zu trockenen, tiefgründigen, wintersüber schneebedeckten Standorten zu finden; doch scheinen ihr kalkreiche Böden wenig zuträglich und ihre Entwicklung ist über reinem Kalksubstrat nur dann üppig, wenn eine genügend dicke isolierende Humusschicht dem Mineralboden auflagert, oder wenn der Kalk ausgelaugt, d. h. der $CaCO_3$-Gehalt stark herabgesetzt ist. Dermassen sind die Standorte im Jura beschaffen, aber auch in den Alpen; im Mischareal beider Alpenrosenarten finden wir Rh. ferrugineum auf Kalksubstrat, so am Calanda bei Chur über Kreide (Neocom), im Unterengadin und in Südtirol über Dolomit, ebenso am Bernina. Welche pH-Werte diese Böden aufweisen, ist noch nicht untersucht; es handelt sich aber um saure bis ± neutrale Böden. In Schattenlagen und an feuchten Stellen wächst unter den Alpenrosenbüschen auch eine Sphagnum-Art (Sph. Girgensohnii), die sauren Böden anzeigt. In der Bündnerschieferzone, die bekanntlich Kalk- und Kieselflora auf engem Raum, öfter an derselben Stelle vereint, mischen sich die beiden Alpenrosen-Arten fast regelmässig, und mit Sicherheit kann man dann auch auf den Bastard rechnen. Aeusserst empfindlich ist unsere Art, wie übrigens auch Rh. hirsutum, gegen Frostwirkung und man kann nach Spätfrösten, namentlich aber nach schneearmen Wintern, oft schwere Frostschädigungen feststellen. Schon Venetz (1821) berichtet am Col d'Etablon im Wallis die rostrote Alpenrose in einer Zone von 200 Fuss erfroren gefunden zu haben; ähnliches konnte der Bearbeiter in Graubünden mehrfach beobachten. Aber auch tierische Schädigungen sind an schneefreien Alpenrosenzweigen sichtbar; der weisse Alpenhase benagt sie und das Schneehuhn nascht im Hochwinter begierig die dick angeschwollenen Winter-

Fig. 2657. Rhododendron ferrugineum L., im Fichten-Lärchenwald a. d. Seiser Alp, Südtirol. Phot. Georg Eberle, Wetzlar.

knospen, welche etwa über die Schneedecke hinausragen. Die floristische Zusammensetzung der Rhododendron ferrugineum-Bestände ist sehr gleichmässig. Stets vorhanden sind: Vaccinium Myrtillus und V. uliginosum, die auch in einer floristisch abweichenden Fazies die Vorherrschaft erlangen; selten fehlen: Cetraria Islandica, Cladonia silvatica, Musci (Dicranum spec., Polytrichum juniperinum, Hylocomium Schreberi u. a.), Deschampsia flexuosa, Anthoxanthum odoratum, Avena versicolor, Calamagrostis villosa, Poa Chaixii, Nardus stricta, Potentilla aurea, Sieversia montana, Geranium silvaticum, Ligusticum Mutellina, Peucedanum Ostruthium, Empetrum nigrum, Gentiana punctata (Fig. 2655), Veronica bellidioides, Melampyrum silvaticum, Lonicera caerulea, Campanula barbata und C. Scheuchzeri, Solidago virgaurea, Homogyne alpina, Arnica montana, Leontodon Pyrenaicus. Vorzugsweise im Rhododendronbusch wachsen Gentiana purpurea, Gnaphalium Norvegicum, Hieracium alpinum subsp. Halleri, H. nigrescens. In Kärnten (Auernig und Garnitze Alpe) ist die seltene Reliktart Wulfenia Carinthiaca (Bd. VI/1, Fig. 37), ein Begleiter der rostroten Alpenrose.

Die Lücken, die durch Weiden und Reuten (ohne Bodenverbesserung) entstanden sind, werden meist von einem magern Nardus-Rasen eingenommen. Mit Juniperus communis subsp. nana zählt unsere Art zu den wichtigsten Bodenpionieren auf den Blockschuttfeldern der Urgebirgsalpen. Während Juniperus die trockeneren, sonnigeren, früher schneefreien Lokalitäten vorzieht, stellt sich die Alpenrose auch in schattigen, spät schneefreien Karmulden ein, sobald der Verwitterungsgrad des Wurzelbodens genügend fortgeschritten ist. Sie umkleidet und überwächst dann selbst grössere Blöcke, verdeckt auch wohl tiefere Spalten, sodass man beim Ueberschreiten dieser Alpenrosen-umsponnenen Blockfelder sorgfältig aufpassen muss, nicht unversehens ein Bein zu brechen. Unter ebendenselben Verhältnissen erscheint die rostrote Alpenrose auch in den Pyrenäen. In höheren Lagen hält sie sich dort noch mehr an die Schattenlagen; doch reichen ihre geschlossenen Bestände eher noch etwas höher, am Canigou in den Ostpyrenäen bis 2450 m in Nordexposition. Höher oben wird sie nach und nach von der dominierenden Loiseleuria-Zwergstrauchheide abgelöst; hier sind Allosorus, Senecio leucophyllus und S. Tournefortii, nebst Sedum alpestre die ersten Besiedler der Blockreviere (in den Alpen Allosurus, Oxyria, Poa laxa, Sedum alpestre etc.). Weiter folgt Rhododendron ferrugineum und mit ihm wie in den Alpen: Vaccinium Myrtillus und V. uliginosum, Empetrum nigrum, Juniperus nana, Silene rupestris, Sempervivum montanum, Astrantia minor, Primula latifolia, Veronica bellidioides etc., dann aber auch die westlichen Genista purgans und Luzula pediformis. Das anthropo-zoogene Schlussglied bildet auch hier nach der Vernich-

Fig. 2658. „Alpenrosenäpfel" auf Rhododendron ferrugineum. Wank bei Partenkirchen. Phot. Georg Eberle, Wetzlar.

tung der Alpenrosengebüsche (bis 2250 m) der Nardusrasen mit massenhaft Trifolium alpinum. Das Alter der rostroten Alpenrose kann 100 Jahre überschreiten. Kanngiesser fand am Grossen St. Bernhard einen Stock von 42,5 mm Durchmesser 103 Jahre alt. Zwei im Felsschutz gewachsene Exemplare an den Dents de Morcles aus 2200 m Höhe hatten je 14 mm Durchmesser und waren 83 und 93 Jahre alt.

Die Samen reifen erst im Spätherbst, in ungünstigeren Lagen wohl auch erst über Winter aus („Wintersteher"). Sie sind ausserordentlich klein und wiegen bloss 0,000025 g. Viele Fruchtkapseln enthalten teilweise oder durchgehends taube, embryolose Samen. Die Keimung erfolgt sehr langsam und zwar nur am Licht. Eine von Kinzel untersuchte Samenprobe begann erst 8 Monate nach der Saat zu keimen und die Hauptkeimung setzte erst im dritten Keimungsjahr ein; es keimten total 58 % der untersuchten Samen. Ab und zu können noch im November und Dezember blühende Sträucher (auch in Kultur) beobachtet werden.

Gross ist die Zahl der parasitär oder saprophytisch auf der rostroten Alpenrose lebenden Pilze. Ausser den auf Seite 1619 angeführten, beiden Alpenrosen-Arten gemeinsamen, seien noch erwähnt: Puccinia Rhododendri Fuck. (Tirol, selten); Sphaeropeziza Rhododendri, ein Discomyzet mit in die Blätter eingesenkten, linsenförmigen, schwarzen Fruchtkörpern (Südalpen); die Pyrenomyzeten: Lophodermium Rhododendri Ces., an der Unterseite der dürren Laubblätter eingesenkt erscheinen längliche, schwarze Fruchtkörper, die sich durch Längsriss öffnen; Zygnoëlla longispora Rehm, Fruchtkörper oberflächlich kugelig, köhlig, brüchig (Stubai); Amphisphaeria umbrinoidea Pass. var. Rhododendri Rehm (Stubai); Melanomma Rhododendri Rehm, saprophytisch auf dürren Zweigen (Südalpen), auch auf Rh. hirsutum und auf Ledum; M. rhododendrophilum (Rehm) (Tirol); Physalospora Rhododendri (De Not.) Rehm, schwarze, kugelige, eingesenkte Fruchtkörper an dürren Blättern (Tirol). Auf lebenden Blättern entwickelt fleckenweise ein braunes Myzel mit kugeligen Fruchtkörpern: **Dimerospórium oreóphilum** Speg. (Südalpen), während der gleichfalls zu den Perisporineen gehörende „Russtau" (**Apiospórium Rhododéndri** Fuck.) Zweige und Blattunterseite mit einem russartigen, schwarzen Myzelüberzug bedeckt. Letzterer ist ausserordentlich häufig, schädigt aber das Gedeihen der Pflanze nicht. Die Liste der Rhododendron ferrugineum bewohnenden Pilze ist hiermit noch nicht erschöpft. Auf Rhododendronzweigen siedeln sich verschiedene Krustenflechten u. a. auch Lecídea Rhododéndri (Hepp.) Zahlbr. an. — Eine Gallmücke verursacht an der Spross-Spitze einen knopfförmig-verdickten Blütenschopf, während der Blattfloh **Psýlla Rhododéndri** Missbildung der Blattfläche hervorruft.

Der Blattbau von Rhododendron ferrugineum ist dem von Rh. hirsutum ähnlich, aber noch ausgesprochener xeromorph, worauf wohl zum guten Teil die höhere Widerstandskraft der Art gegen Kälte und Austrocknung beruht. Die Wände der Epidermiszellen sind stärker getüpfelt, die Aussenseiten auf der ganzen Blattunterseite (Fig. 2659 d) schwach papillös ausgebuchtet (bei Rh. hirsutum sind sie nur auf den Nerven etwas vorgewölbt). Die Palisadenzellen stehen in 3 Reihen. Der Sklerenchymbelag des Hauptnerven ist nicht selten ringförmig geschlossen.

Wie Rh. hirsutum ist auch Rh. ferrugineum in manchen Randbezirken geschützt, so in Liechtenstein, in Oberbayern, in Schwaben, in den meisten Gebieten des schweizerischen Mittellandes, im französischen Département de l'Isère. Im Neuenburger Jura oberhalb Fleurier 850 m ü. M. und am Lessy 1380 m scheinen Wiedereinbürgerungsversuche gelungen zu sein. — Der **Bastard**, Rh. ferrugineum × Rh. hirsutum (= Rh. intermédium Tausch) ist fast überall anzutreffen, wo die beiden Stammarten nebeneinander wachsen. Stellenweise, so im Oberhasli am Fuss des Wetterhorns, am Pilatus, auf der Sulzfluhganda bei St. Antönien und anderwärts in Graubünden erscheint er häufiger zu

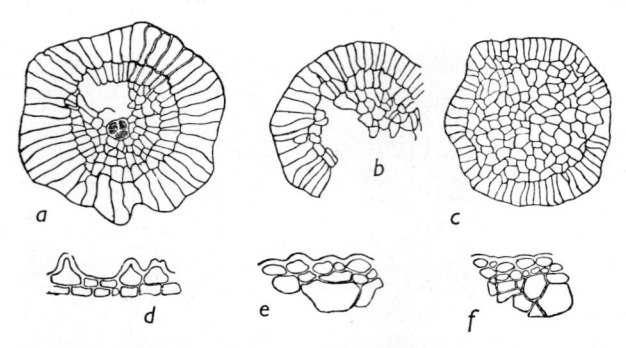

Fig. 2659. *a* bis *c* Drüsenschuppen (stark vergrössert): *a* von Rh. ferrugineum, *b* von Rh. intermedium, *c* von Rh. hirsutum. — Epidermis der Blattunterseite: *d* von Rh. ferrugineum, *e* von Rh. intermedium, *f* von Rh. hirsutum (Original von G. Hegi).

sein als die Eltern. Er ist fortpflanzungsfähig und reift keimfähige Samen. Auch in Gebieten, wo die eine oder die andere Stammart fehlt, wie im Val Bavona (Tessin), am Pizzo dei tre Signori östlich des Comersees, am Bernina ist er beobachtet worden. Die fortwährende Rückkreuzung mit den Stammarten hat eine lückenlose gleitende Reihe von Zwischenformen hervorgebracht. Man kann folgende Formen daraus hervorheben: f. halénse (Grembl. pro spec.) Hayek. Dem Rh. ferrugineum nahe stehend. Laubblätter unterseits mit zahlreichen braunen Drüsenschuppen, am Rande mit abfälligen Wimperhaaren besetzt. Kelchzähne bis 1 mm lang. — f. intermédium (Tausch) (= var. médium Rouy). Die Mitte zwischen den Stammarten haltend. Laubblätter am Rande bewimpert, unterseits schwächer drüsenschuppig. Kelchzipfel 1,5 bis 3 mm lang. — f. hirsutifórme (Grembl. pro spec.) (= var. latifólium [Hoppe] Hay.). Dem Rh. hirsutum genähert und nur durch die zahlreicheren Drüsenschuppen verschieden. Von Savoyen bis Niederösterreich nicht selten. Steigt bis 2550 m am Bernina (Isla Persa), bis 2540 m am Pizzo dei tre Signori (Bergamaskeralpen, Br.-Bl.).

## DLXI. **Rhodothámnus**[1]) Rchb. Zwergalpenrose.

Zu dieser Gattung zählt einzig unsere Art. Sie ist ohne nahe Verwandte. Mit der Gattung Rhododendron, wozu sie von Linné gestellt worden ist, zeigt sie nur habituelle Aehnlichkeit. Systematisch am nächsten steht ihr die nordamerikanische Gattung Kálmia (pag. 1620).

### 2144. Rhodothamnus Chamaecístus (L.) Rchb. (= Rhododéndron Chaemaecistus L.). Zwerg-Alpenrose, Zwergrösel. Taf. 206, Fig. 3; Fig. 2660 bis 2662.

Niedriger, bis 40 cm hoher, reich- und dichtbeblätterter Strauch mit zahlreichen, büschelig aufstrebenden Zweigen. Laubblätter verkehrt-eiförmig bis eilanzettlich, spitz, im Mittel etwa 8 mm lang und 2 bis 4 mm breit, derblederig, undeutlich gekerbt-gezähnt, am Rande von langen,

---

[1]) Griech. ῥόδον [rhódon] = Rose und θάμνος [thámnos] = Strauch, Busch; vgl. Rhododendron, pag. 1627.

weissen, borstenförmig abstehenden Haaren bewimpert, beiderseits meist kahl und glänzend, wintergrün, ohne Drüsenschuppen; Sekundärnerven wenig hervortretend. Blattstiel sehr kurz, ± 1 mm lang. Blüten zu 1 bis 3 endständig, langgestielt; Blütenstiele dicht drüsenhaarig. Kelch tief=5=teilig; Kelchzipfel 6 bis 7 mm lang, lanzettlichspitz, aussen dicht drüsig. Krone mehr als doppelt so lang als der Kelch, regelmässig, radförmig ausgebreitet, 2 bis 2,5 cm breit, bis fast zum Grunde 5=lappig, mit breit=eiförmigen, stumpfen Lappen, hellrosa, selten weiss. Staubblätter 10, fast gleichlang, die Krone überragend, nur ganz am Grunde ver= breitert und kurzhaarig, sonst kahl; Antheren dunkelpurpurn, mit 2 rundlichen Löchern an der Spitze sich öffnend, ohne Anhängsel. Fruchtknoten oberständig, 5=fächerig; Grif= fel die Staubblätter überra= gend. Fruchtkapsel kugelig, von der Spitze abwärts scheidewandspaltig sich öff= nend, die Klappen dann noch fachspaltig sich teilend. Sa= men elliptisch, 0,5 bis 0,6 mm lang, von einer netzig=gru= bigen Schale lose umhüllt, sehr flugfähig. — VI, VII.

Stellenweise in trocke= nen, sonnigen Zwerg= strauchheiden, im Legföhren= gebüsch der subalpinen und alpinen Stufe; auf Kalk und Dolomit. Verbreitet durch die östlichen Kalkalpen von Tirol und vom östlichen All= gäu bis Niederösterreich und Kroatien. Fehlt den Alpen von Vorarlberg und der Schweiz.

Fig. 2660. Rhodothamnus Chamaecistus L., in den Berchtesgadener Alpen (Almbachklamm). Phot. W. Schacht, München.

Die Art teilt ungefähr die Höhenverbreitung von Rhododendron hirsutum und hält sich vorzugsweise an die subalpine Nadelholzstufe; ihre obersten Fundstellen reichen aber etwas über die Krummholzgrenze hinaus. In Tirol hält sie sich meist zwischen 1200 und 2100 m; doch steigt sie vereinzelt bis 2350 m (am Nuvolau im Ampezzo), während sie andererseits bis 700 m herabgeht (Waidring in Nordtirol). In Südbayern reicht sie westlich bis ins Allgäu (Notelend zwischen Notelendkopf und den Sattelköpfen bei 1900 m, Pfannenhölzle am Daumen); sonst ist sie zwischen 1300 und 2100 m (Maximum 2400 m) ziemlich verbreitet; tiefe Fundstellen: Jachenau und Fall 440 m, Seehaus bei Ruhpolding, Reichenhall, Eiskapelle 820 m, Königssee 605 m. Verbreitet in Salz= burg und in den Oberösterreichischen Kalkalpen, im Traunkreis und Salzkammergut (noch bis 630 m an der Polsterlücke und bei 620 m im Eidenberg bei Windisch=Garsten), in Niederösterreich zerstreut, bis 600 m herab am Oetscher; in Kärnten (Pirkach, Garnitzenschlucht, Maria Graben bei Vorderberg 600 m) und Steiermark (Fölz= klamm bei Aflenz 800 m mit Primula Clusiana, Campanula pulla) häufig zwischen 1000 und 2000 m, vereinzelt bis 2200 m, oft ins Tal herabsteigend; in Krain häufig in der subalpin=alpinen Stufe der Steineralpen, der Julischen Alpen, der Karawanken, jedoch nur selten in grösseren Beständen. Ferner im Ternovanerwald, am Zeleni rob und selten im Felsgebiet von Wildensee bei Idria. Selten an schattigen Felsstandorten bis in die tiefen Täler (Belabach bei Karner Vellach 550 m, Saveschlucht bei Zwischenwässern 350 m). Als Eiszeitrelikt nach Paulin am Heiligen Berg bei Watsch 800 m spärlich. — Die Westgrenze der Art in den Alpen verläuft unregelmässig mit weiter Ausbuchtung im Zentrum. Ueberhaupt ist die Pflanze ähnlich wie Saxifraga Burseriana in der Hauptsache auf die südliche und nördliche Kalkalpenzone beschränkt; die zentralalpinen Fundorte sind recht spärlich und zerstreut. Die äussersten westlichen Grenzpunkte liegen im Norden im Bayerischen Allgäu und in Nordtirol bei

Imst, Tarrenz und Nassereit; in der Zentralkette bildet der Peitlerkofel im Eisacktal wie für Saxifraga Burseriana den westlichsten Vorposten. Von charakteristischer Häufigkeit ist sie im Dolomitengebiet, fehlt aber gänzlich im Bereich des Schlern. In Südtirol geht sie bis Paneveggio und bis zur Brentakette; dagegen reicht sie in den anschliessenden Bergamasker Kalkalpen noch bedeutend weiter westlich und erreicht erst am Monte Venturosa (1999 m) zwischen Val Brembana und Val Sassina, also nahe dem Comersee ihre absolute Westgrenze. Die früheren Angaben vom Wormserjoch sind irrig.

Allgemeine Verbreitung: Ostalpen bis zu den Karawanken. Für Südkroatien, die Karpaten und Siebenbürgen fraglich. Von Ledebour für Ostsibirien angegeben (Verwechslung mit Rhododendron Redowskiánum Maxim.).

Das enge Areal der Pflanze in den Ostalpen, ferner der Umstand, dass die monotype Gattung keine näheren Verwandten besitzt, und dass sie ihre Variationsfähigkeit eingebüsst zu haben scheint — sind doch keinerlei Abarten bekannt geworden — dies alles deutet auf ein hohes, sicher tertiäres Alter. Unsere Art ist ein „Stammesrelikt", dessen Ursprungs- oder Entwicklungs-Zentrum nicht näher festgestellt werden kann; auch hinsichtlich der Einwanderung in die Alpen und der Bestimmung des Zeitpunktes dieser Einwanderung sind wir auf Vermutungen angewiesen; sehr wahrscheinlich ist die Art nicht in den Alpen selbst entstanden. Das kalksteste Sträuchlein erscheint öfters im Unterwuchs der Legföhrenbestände mit Erica carnea, Arctostaphylos Uva-ursi usw., ferner mit Rhododendron hirsutum, aber auch im kurzen, steinigen Rasen neben Dryas octopetala, Primula Auricula, Globularia cordifolia, Carex firma usw. als Verfestiger.

Fig. 2661. Rhodothamnus Chamaecistus (L.) Rchb. *a* Habitus. *b, c* Blüte. *d* Staubblatt.

Die Blüten sind proterogyn. Vor dem völligen Aufblühen ragt bereits die fertiggebildete Narbe weit hervor und kann mit Pollen aus anderen, weiter entwickelten Blüten belegt werden. Am Schluss der Blüte ist auch Selbstbestäubung möglich. Im Verlaufe der Blütezeit krümmt sich nämlich der Blütenstiel abwärts und bringt die Blüten in eine nickende Stellung, so dass die Narbe nun in der Fall-Linie des Pollen liegt. Nach Kerner sind die Pollentetraden oft durch klebrige Viscinfäden verkettet und es treten nicht selten ganze Pollenfäden aus den Antherenfächern heraus. Insekten, welche die Blüten besuchen und diese Fäden streifen, kleben sich dieselben an, zerren beim Verlassen der Blüte gewöhnlich noch den ganzen Inhalt des Antherenfaches heraus und übertragen ihn auf andere Blüten. Im Anflug lassen sich die Insekten (meist Hymenopteren) auf den weit vorstehenden Staubfäden nieder, wobei die Unterseite des Körpers mit Blütenstaub bepudert wird. Rhodothamnus reift seine Früchte zeitig im Sommer; doch hält es schwer, gut entwickeltes, keimfähiges Samenmaterial zu bekommen. Die Samen keimen nur am Licht und zwar langsam und schlecht. Eine Probe aus den Bayerischen Alpen ergab nach Kinzel eine Keimfähigkeit von bloss 20%. Die Lebensdauer des Sträuchleins ist kürzer als die der Alpenrosen. Kanngiesser und v. Leiningen fanden ein 42-jähriges Stämmchen, dessen mittlere Jahrringbreite 0,7 mm betrug.

Fig. 2662. Rhodothamnus Chamaecistus L., Karrenfeld auf dem Steinernen Meer. Phot. Georg Eberle, Wetzlar.

Die Art wird da und dort in Alpengärten und auf Steingruppen gezogen und bildet zur Blütezeit eine auserlesene Zierde der Anlage: „Ein Myrtensträuchlein mit zartem rosenrotem Pfirsichblütenkranz im Haar". Wie bei Rhododendron sind auch bei Rhodothamnus die Blütenknospen im Herbst schon weit vorgebildet. Jede Knospe ist von 2 braunen Schuppen umhüllt und birgt nur eine Blüte. Der lange, elastische Fruchtstiel befördert das Ausstreuen der Samen. Die Pflanze ist sowohl in Oberbayern als in Tirol gesetzlich geschützt. — Von Pilzparasiten seien erwähnt: Meliola Niessleána Wint. (Pyrenomyzet), dunkle Flecken auf den Laubblättern bildend (Salzburg, Venetien); Dimerospórium maculósum (Speg.) Sacc., auf lebenden Blättern in den Italienischen Alpen.

## DLXII. Loiseleúria[1]) Desv. Alpenheide, Zwergporst.

Die Gattung umfasst nur unsere Art, ohne nähere Verwandte; sie wird von Drude zwischen die Gattungen Leiophýllum Pers. und Diplárche Hook. et Th., erstere in Nordamerika, letztere im Himalaya heimisch, gestellt.

**2145. Loiseleuria procúmbens** (L.) Desv. (= Azálea[2]) procumbens L., = Chamaelédon procumbens Link, = Chamaecístus serpyllifólius S. F. Gray). **Niederliegende Azalee**, Felsenröschen. Franz.: Azalée couchée; engl.: Trailing azalea; ital.: Bosso alpino. Taf. 206, Fig. 4; Fig. 2663 bis 2665 und 2636b.

Die Pflanze heisst Gamshadach (bayrisch-österreich), Gamskrass [Krass=Erica carnea] (Salzburg), Falderen, Rausch (Tirol), Chrizliberi [Kreuzleinbeere] (Schweiz: Waldstätten); vgl. auch Calluna vulgaris (pag. 1689), Erica carnea (pag. 1701) und Rhododendron (pag. 1635)!

Niederliegender, reichverzweigter, dichte Teppiche bildender Spalierstrauch, mit harten, lederigen, überwinternden Laubblättern. Laubblätter länglich, etwa 5 bis 7 mm lang und 2 mm breit, oberseits seicht gefurcht, stumpflich, ganzrandig, mit stark nach unten eingerollten Rändern (Rollblattypus), gegenständig. Blattstiel 1 bis 2 mm lang, oberseits mit einer Rille, feinflaumig, bei den knospendeckenden Laubblättern am Grunde mit Schleimdrüsenzotten, unterseits kahl. Blüten zu 2 bis 5 in endständigen, doldentraubigen Blütenständen. Blütenstiel am Grunde mit 2 Vorblättern, ± so lang als die Blüten. Kelch dunkelrot, tief 5=spaltig, mit eilanzettlichen, stumpflichen oder spitzlichen Lappen, halb so lang als die hellrosa gefärbte, glockige Krone. Kronsaum 5=zipfelig (Fig. 2665h); Zipfel eilänglich, stumpf, so lang wie die ungeteilte Kronhälfte. Staubblätter 5, eingeschlossen, mit kahlen Staubfäden und mehrmals kürzeren, dunkelpurpurnen, mit einem Längsspalt sich öffnenden, nur in der Mitte zusammenhängenden Antherenhälften. Fruchtknoten 2= bis 3=fächerig (Taf. 206, Fig. 4b); Griffel so lang wie die Staubblätter, an der Spitze kopfig, verbreitert. Fruchtkapsel rötlich, verkürzt, eiförmig=kugelig, 3 bis 4 mm lang, lange erhalten bleibend, von oben herab scheidewandspaltig sich öffnend; Klappen an der Spitze meist nochmals gespalten. Samen zahlreich, hellbraun, oval, glatt, 0,4 bis 0,5 mm lang. — VI, VII.

In Zwergstrauchheiden, auf trockenen, humosen, wintersüber schneebedeckten oder meist schneefreien Kuppen, Jochen und mässig steilen Hängen der Urgebirgs= und Schieferalpen; von der Waldgrenze vereinzelt bis gegen 3000 m. Verbreitet durch die ganze Alpenkette; dem Alpenvorland und den Mittelgebirgen fehlend. Ueber der Waldgrenze öfters grössere, fast reine Bestände bildend.

Die Art zählt zu den wichtigsten Spaliersträuchern der Alpen. Sie vermag sich auch an windexponierten, stets schneefreien Kämmen auszubreiten; ihr dichtes Zweiggeflecht bietet zahlreichen Flechten, Moosen und Blütenpflanzen Schutz, hält den Humus zusammen, wirkt regulierend auf die Bodenfeuchtigkeit und ermöglicht der Vegetation an „Windecken" den Kampf gegen Wind und Schneeschliff. Auch als Beraser und Festiger des lockeren Sturzschuttes und alter Moränen spielt sie eine bedeutende Rolle und ersetzt hier auf

---

[1]) Nach dem Arzt Louis Jean August Loiseleur=Deslongchamps (geb. 24. März 1774 zu St. Denis, gest. 13. Mai 1849 zu Paris), dem Verfasser einer „Flora gallica" (Paris 1828).

[2]) Griech. ἀζαλέος [azaléos] = dürr, trocken; wegen der trockenen, immergrünen Blätter?

sauren Böden die kalkholde Dryas octopetala. Es ist somit nur bedingt richtig, wenn Kerner in ihr das Schlussglied der Berasung sieht; in manchen Fällen stellt sie auch das Anfangsglied dar. Durch allmähliches Anhäufen der schwer verweslichen Laubblätter bildet sie nach und nach eine dicke Schicht Rohhumus, die unter günstigen Verhältnissen nach Kerner bis 45 cm, nach unseren Beobachtungen nur etwa 20 cm Dicke erreichen kann. In der subalpinen Stufe erscheint Loiseleuria vereinzelt, meist in Hochmooranflügen und in Flachmooren. Abänderungen sind nicht bekannt. Als grosse Seltenheit wird eine weissblühende Form aus dem tirolischen Inntal (Patscherkofel) erwähnt.

Gipfelwärts reicht die Art bis etwa 2950 m am Gornergrat (Wallis) (hier neuerdings nicht bestätigt, dagegen bei 2750 m ob dem Riffelsee), bis 2820 m am Lauteraargletscher im Berner-Oberland (Ed. Frey briefl.); in Graubünden findet sie sich zwischen 1680 und 2880 m, in Tirol zwischen 1420 m (Lorleswand in Schmirn) und 3000 m (Ridnaun unter dem Becherhaus), in Südbayern zwischen 1600 und 2400 m, in Steiermark von 1500 bis 2200 m. Aussergewöhnlich tiefe Fundstellen sind nach Hegi: Gindelalpe bei Schliersee in Oberbayern, auf Flyschsandstein, 1240 m und nach E. Fischer: Fuss des Seehorns im Diemtigental, Berner Oberland 1350 m. Selten wird die Pflanze mit den Flüssen herabgeschwemmt angetroffen; so noch an der Sihl hinter Studen (Kanton Schwyz) bei zirka 900 m.

Allgemeine Verbreitung: Zirkumpolar, südlich bis in die Gebirge von Mitteleuropa und der Vereinigten Staaten (White Mountains in New Hampshire), Neu-Fundland, Kanada, Labrador, Baffinsland, Ost-Grönland, West-Grönland zwischen $60^0$ und $74^0$ $18'$ nördl. Breite (die Angabe aus Nordwest-Grönland bei $78^0$ nördl. Breite [Kane] ist nach Simmons nicht genügend sichergestellt), Sachalin, Kamtschatka, Ost-Sibirien, Altai, arktisches Russland, Lappland, Skandinavien ($58^0$ $40'$ bis $71^0$ $10'$ nördl. Breite), Island, Faerör, Schottland. Mitteleuropäische Hochgebirge: Pyrenäen, Corbières, Alpen, Karpaten, Banat, Illyrische Gebirge. Fehlt dem Kaukasus.

Fig. 2663. Loiseleuria procumbens (L.), Truner Joch b. Trins, Tirol. Phot. Th. Arzt, Wetzlar.

Loiseleuria ist, wie die meisten ihrer Familienglieder, eine herdenbildende Art von hohem gesellschaftsbedingendem Wert. Als azidiphile Art ist sie kalkmeidend, stellt sich aber oft auf ausgelaugten oder von einer Vegetationsschicht bedeckten Kalkböden, namentlich an etwas flachen Stellen ein und breitet sich von dort durch Humusanreicherung weiter aus. Der Loiseleuriahumus ist heller oder dunkler braun bis fast schwarz und sehr mürbe. Er kann in den inneren Zentralalpen bis etwa 30 cm mächtig werden, erreicht dagegen in den feuchteren und von der letzten Vergletscherung und den postglazialen Vorstössen weniger in Mitleidenschaft gezogenen südlichen Kalkalpen (Dolomiten) bis 1 m Mächtigkeit. Der Humus ist nur in der alleroberersten Schicht sog. Rohhumus, im übrigen aber ist er gut zersetzt. Podsolierung wurde in den alpinen Loiseleuriaböden nicht beobachtet.

Der Humusgehalt der obersten Schicht ist hoch und beträgt nach unseren Untersuchungen bis 75%. Diese Humusböden sind daher in hohem Masse wasserspeichernd und besitzen eine grosse wasserzurückhaltende Kraft.

Die alpinen Zwergstrauchgesellschaften, worin Loiseleuria zur Herrschaft gelangt, dürften wohl sämtlich zum Verband des Loiseleurieto-Vaccinion gestellt werden, das an und etwas über der obern Baumgrenze seine Hauptverbreitung besitzt. Die wichtigsten Assoziationen des Verbandes, das Empetreto-Vaccinietum und des Loiseleurietum cetrariosum, eine ganze Reihe floristisch nahe verwandter Fazies umfassend, zählen zu den Gesellschaften der extrem sauren Böden mit hoher Wasserstoffionen-Konzentration. Auf Silikatböden in Ostbünden fanden wir Werte von 5 bis 4,1 pH., auf Melaphyr in Süd-Tirol ebenfalls 5 pH. Sager gibt für einen windexponierten Loiseleuriaboden (flechtenreiche Fazies) vom Grossen St. Bernhard 5,3 pH. Die Böden sind stark gepuffert, sodass auch eine beträchtliche Zufuhr äolischen Staubes, der in den Alpen meist stark alkalisch reagiert, keine Veränderung der H-Jonen-Konzentration zur Folge hat. Die Begleitflora der Loiseleuria-Bestände ist denn auch extrem azidiphil. So erscheint Loiseleuria auf dem kalkarmen Flyschboden (Nardetum) der Gindelalm ob Schliersee (1240 m) mit andern kalkfliehenden Arten wie Lycopodium alpinum, Blechnum Spicant, Euphrasia versicolor, Veronica alpina, Gnaphalium Norwegicum usw.

Die Bestände der Alpenazalee finden ihr bestes Gedeihen zwischen 2100 und 2400 m. Sie stellen in manchen Alpengebieten an windexponierten Stellen das lokalklimatische Endstadium der Vegetationsentwicklung (nicht aber den klimatischen Klimax) dar. Die Begleitflora der Azaleenbestände setzt sich aus anderen Zwergsträuchern und aus Arten des Curvuletums zusammen. Strauchflechten sind sehr reichlich eingeflochten und oft mitdominierend (Loiseleurietum cetrariosum), besonders Alectoria ochroleuca, Cetraria Islandica, C. nivalis und C. cucullata, Thamnolia vermicularis usw.); an windgefegten Stellen tritt ab und zu auch Vaccinium uliginosum in grösserer Menge auf, während an windgeschützten Hängen mit längerer Schneedauer oft Empetrum nigrum reichlich erscheint und eine andere Assoziation (Empetreto-Vaccinietum) zur Ausbildung gelangt, worin Loiseleuria ebenfalls häufig ist. Von Begleitarten stellen sich besonders Carex curvula (Bd. II, pag. 70), Sesleria disticha, Avena versicolor, Juncus trifidus (Bd. II, pag. 160) und Luzula lutea (Bd. II, pag. 177) häufiger ein, Arten, die indessen im Curvuletum eine weit bedeutendere Rolle spielen. Dikotyle Kräuter und Stauden, ausser den oben genannten, sind nur höchst spärlich eingestreut (Polygonum viviparum, Minuartia sedoides, Anemone vernalis, Ligusticum simplex, Pedicularis caespitosa Sieb., Phyteuma hemisphaericum, Homogyne alpina, Chrysanthemum alpinum, Leontodon Pyrenaicus, Hieracium alpinum usw.

Wie die meisten alpinen Ericaceen zeigt auch Loiseleuria

Fig. 2664. Loiseleuria procumbens (L.), Rofangebirge. Phot. E. Günther, Freising.

schon im Herbst eine sehr weit vorgeschrittene Knospenbildung, die ihr ermöglicht, im Frühjahr bald nach dem Schneefreiwerden zu blühen und zu fruchten. Rübel fand in den Winterknospen schon im Herbst Kelchblätter, gefärbte Blütenblätter, Staubblätter mit Pollenmutterzellen und Fruchtknoten mit Ovularanlagen ausgebildet und in den Laubknospen 2 bis 6 Laubblätter entwickelt. Die Früchte reifen aber erst im Herbst; die Samen bleiben lange in der durch Anthokyan rotgefärbten Kapsel eingeschlossen und werden zum Teil erst im nächsten Frühjahr versamt (Wintersteher). Samen von Winterstehern, die ich Anfang Juni im Val Minor, Oberengadin (2130 m) sammelte, wiesen eine Keimfähigkeit von 49% auf. Kinzel fand Samen vom Faulhorn zu 48% keimfähig. Im Dunkeln keimen die Samen nicht. Das mittlere Gewicht von Samen aus Disko (Westgrönland) beträgt nach Erling Porsild 0,0134 mg.

Bei der Ueberwinterung unter der Schneedecke behalten die Laubblätter ihre dunkelgrüne Farbe bei; an schneefreien Stellen dagegen verfärben sie sich durch Anreicherung von Anthokyan und weisen den ganzen Winter hindurch eine rostbraune Färbung auf. Gegen die austrocknende Windwirkung ist die Pflanze äusserst widerstandsfähig; doch zeigte sie an windgefegten, schneefreien Gräten öfter Spuren der mechanischen Windwirkung durch schleifende Schneekristalle: Junge Zweige sind abrasiert, einzelne Blättchen manchmal wie mit einer Feile behandelt, bis zur Mitte zurückgestutzt, ältere blossgelegte Aeste angenagt und zum Absterben gebracht. Aber schon der geringste Windschutz (z. B. ein Stein, ein Seggenhorst), reicht hin, um das Polster vor Zerstörung zu bewahren. Dabei ist der Knospenschutz verhältnismässig gering; die Kelchblätter der Winterknospe überragen die umhüllenden Vorblätter. Dagegen sind die Laubblätter ausgesprochen xeromorph gebaut, d. h. an herabgesetzte Verdunstung angepasst. Das derbe Lederblatt, mit verschleimten Epidermiszellen und dicker, glatter Kutikula, ist nach unten umgerollt (Taf. 206, Fig. 4d). Die Spaltöffnungen liegen in 2 Längsrillen unter den umgebogenen Blatträndern und werden zudem von kurzen Kraushaaren überdeckt. Beim Eintauchen in Wasser leuchten die beiden Rillen durch Reflexion der festgehaltenen Luft wie feine Silberstreifen. Die Palisadenzellen stehen in 3 bis 4 Reihen. Das lockere Schwammparenchym besteht aus rundlichen Zellen mit derben und getüpfelten Wänden. Drusenkristalle sind besonders zahlreich im Blattgrund und im Parenchym unter dem Hauptbündel. Die kurzen Drüsenhaare tragen auf mehrzell= reihigen Stielen ein schlecht abgesetztes, gelbes Köpfchen.

Die eigentümliche Lebensform der Pflanze, die Spalierwuchs und extrem xerophytischen Blattbau mit nackten, ungeschützten Winterknospen verbindet, kann schon deshalb nicht als reiner Ausdruck der ökologischen Bedingungen gedeutet werden, weil die Art sowohl an gut geschützten, schneebedeckten und fast stets reichlich durchfeuchteten Standorten, als auch an exponierten, stets schneefreien Windecken bestandbildend auftritt. Es hat den Anschein, als ob die Aussenbedingungen einen nur relativ beschränkten selektiven Einfluss auf die lokale Verteilung eines alten, schon in frühern Erdperioden (Tertiär) fest fixierten, starren Typus ausübten.

Die liegenden, kaum über bleistiftdicken, knorrig=gewundenen, hellbraunen Stämmchen können ein beträchtliches Alter erreichen; doch ist der Jahreszuwachs minimal. Rosenthal mass an einem zirka 35=jährigen Stämmchen von Samaden (2400 m) eine mittlere Jahr= ringbreite von 0,07 mm. (Ueber die Ausbildung der Jahresringe an der Grenze des Baumwuchses in den Alpen. Diss. Berlin, 1904), Schröter an einem 55=jährigen vom Albula 2400 m ü. M. einen Jahres= zuwachs von 0,072 mm. Die mittlere Jahrringbreite dreier von Kihlman in Russisch=Lappland (zirka 67° nördl. Breite) untersuchter Stämmchen von 51 bis 64 Jahren betrug 0,08 mm. An windexponierten Stöcken vom Piz Ot (2500 bis 2600 m) und vom Berninapass (2350 m) vorgenommene Altersbestimmungen ergaben zirka 65 resp. zirka 75 Jahre (Braun=Blanquet, J. Vegetation der Schneestufe, 1913).

Die Blüten von Loiseleuria sind stärker oder schwächer proterogyn, später homogam, in den skandi= navischen Gebirgen sogar durchgehends homogam. Selbstbestäubung kann schon im Innern der Blüten= knospe und während der Blütezeit durch Anschmiegen der Antheren an die Narbe stattfinden und ist auch am Schluss der Blütezeit infolge der Streckung der Staubfäden möglich. Warming fand im nördlichen Skandinavien und in Grönland die Staubbeutel der Narbe soweit genähert, dass häufig eine spontane Selbst= bestäubung erfolgt. In den Alpen dürfte Fremdbestäu=

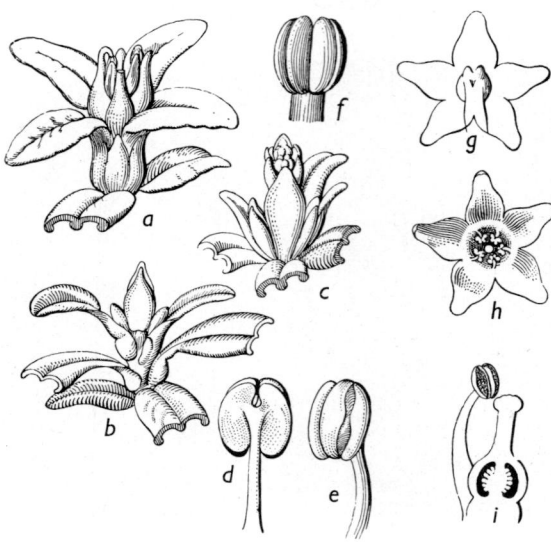

Fig. 2665. Loiseleuria procumbens (L.) Desv. *a, b, c* Blütenknospen. *d, e, f* Staubblätter. *g* Anthere vom Rücken und Umrisslinie der Krone. *h* Krone von oben. *i* Frucht= knoten mit einem Staubblatt (nach Rübel und Warming).

bung die Regel sein. Von Besuchern erwähnt Müller Dipteren, Hummeln und Falter. Der Honig wird von einem unter dem Fruchtknoten liegenden, orangefarbigen Ring abgesondert. Um zum Nektarium zu gelangen, müssen die Insekten Kopf oder Rüssel zwischen Fruchtknoten und Staubblättern einführen. Sie können so einerseits die pollenbehaftete Innenseite der Antheren, anderseits die Narbe berühren und dadurch bei weitern Blütenbesuchen Kreuzung bewirken.

Der Blütenbau von Loiseleuria kennzeichnet die monotype Art als primitiven Typus. Gegenüber den weiter entwickelten und an einen speziellen Besucherkreis angepassten Arten mit glockiger Krone sind ihre Blütenverhältnisse sehr einfach. Der Honig liegt frei am Grunde der offenen Blüte, die Antheren öffnen sich nicht wie bei den meisten anderen Ericaceen mit zwei Poren, sondern mit Längsspalten (Fig. 2665e); sie sind weder gehörnt, noch tragen sie besondere Anhängsel. Auch ist die Zahl der Blütenglieder nicht sehr fest fixiert, indem sich neben 5=zähligen öfters auch 4= oder 6=zählige Blüten finden. Die systematisch völlig isolierte Stellung der Pflanze und ihr trotz der grossen Allgemeinverbreitung morphologisch und biologisch allenthalben übereinstimmendes, kaum veränderungsfähiges Aeussere deuten gleichfalls auf hohes Alter. Sie dürfte von arkto=tertiärem Stamme herzuleiten sein. Dadurch gelangen wir zu einer befriedigenden Erklärung der weiten zirkumpolaren Verbreitung, deren Arme strahlenförmig weit nach Süden ausgreifen. Tatsächlich sind denn auch sowohl in glazialen Ablagerungen Grossbritanniens, als auch auf dem Kontinent sichere Spuren ihrer früheren Verbreitung im Tiefland nachgewiesen. Fliche fand sie in den quaternären Ligniten von Bois=l'Abbé bei Epinal (Vogesen), C. Schröter im Krutzelried bei Schwerzenbach unweit Zürich in den sog. Dryastonen aus dem Züricherstadium der Würmeiszeit stammend; sie ist ferner aus glazialen Ablagerungen Grossbritanniens und Polens bekannt. Die perennierenden Laubblätter der Art dienen dem Schneehasen (Lepus variabilis) zur Winter= nahrung, da sie ihm an schneearmen Windecken stets zugänglich sind; so konnte der Bearbeiter beobachten, wie er sie nach Neuschneefall unter der Schneedecke hervorscharrt. Handschin führt Loiseleuria als Futterpflanze für die Raupen von Anárta melanópa=rubestrális, Zygǽna éxulans, Gnóphos caelibária‚spurcária und Thentrediniden an. — Ein Pyrenomyzet Sphaerélla polýspora (Joh.) Berl. u. Vogl. wurde in Island auf trockenen Früchten und Fruchtstielen von Loiseleuria angetroffen. — Die Art befindet sich seit langem, obschon nicht häufig, in Kultur. C. Gesner erwähnt sie bereits 1561 als Gartenpflanze unter dem Namen Rosa alpina spec. altera foliolis minimis.

## DLXIII. Andrómeda[1]) L. Rosmarinheide, Lavendelheide, Gränke. Franz.: Andromède; engl.: Wild Rosemary; ital.: Andromeda.

Mit Einschluss der Gattungen Leucóthoë Don und Lyónia Nutt. (jedoch ohne Chamaedáphne Mönch) zählt die Gattung etwa 60 über die nördliche Hemisphaere verbreitete Arten, deren Verbreitungsschwerpunkt im gemässigten und nördlichen Nordamerika liegt. In Europa kommt nur A. polifólia wild vor; dagegen werden einige Arten als Ziersträucher in Gärten gezogen.

    1. Antheren mit Anhängseln . . . . . . . . . . . . . . . . . . . . . . . 2.
    1*. Antheren ohne Anhängsel . . . . . . . . . . . . . . . . . . . . . . . 3.
    2. Laubblätter sommergrün, häutig. Ausgebreitet‚verzweigter, 1 bis 3 m hoher Strauch. Blüten 6 bis 8 mm lang, weiss, zylindrisch. Subtropische Südoststaaten der Union . . . . . . . . . . . . . . . . . . . . . . . . . . . . . . . . . A. racemósa L. (= Leucóthoë racemósa Gray).
    2*. Laubblätter immergrün, ledrig, unterseits drüsig, punktiert. Zweige und Blütenstiele feinhaarig und ± anliegend rostborstig. Blütenstand rispentraubig. Blüten weiss, nickend, sehr kurz gestielt, etwa 7 mm lang. Dicht verästelter und beblätterter Strauch von bis 1,6 m Höhe. Schöne, winterharte Art. IV bis VI. Oststaaten der Union. A. floribúnda Pursh (= Leucóthoë floribunda Don, = Píeris floribunda Benth. et Hook.).
    3. Blüten glockig, nicht länger als breit. 1 bis 4 m hoher Strauch mit sommergrünen, ± behaarten Laubblättern und Jungtrieben. Laubblätter oberseits sattgrün, unten heller, ganzrandig oder feingezähnt, 2,5 bis 7 cm lang, 1 bis 3 cm breit, sehr kurz gestielt. Blüten weiss, 3 mm im Durchmesser. VI, VII. Oststaaten der Union . . . . . . . . . . . . . . . . A. ligustrína (L.) Muhl. (= Lyónia ligustrína DC.).
    3*. Blüten eizylindrisch oder glockenzylindrisch, länger als breit . . . . . . . . . . . . 4.
    4. Laubblätter sommergrün, unterseits fein drüsenpunktig. Bis 2 m hoher Strauch mit ganzrandigen, kurzgestielten, 3 bis 8 cm langen und 1,5 bis 3,5 cm breiten Laubblättern. Blüten zu 6 bis 10 büscheltraubig, nickend, weiss oder rosa, 10 bis 12 mm lang. Kelch spitz. IV bis VI. Oststaaten der Union . . . . . . . . . . . . . . . . . . . . . . . . . . . . . . A. Mariána L. (= Píeris Mariána Benth. et Hook.).
    4*. Laubblätter immergrün. Blütenstand steif aufrecht, scheinährig. Blüten meist rötlich, fast sitzend. Laubblätter bis über 14 cm lang und 4 cm breit, in eine lange Spitze vorgezogen, unterseits nicht netznervig. Mark der Zweige dicht. Ueber 1 m hoher, sparriger Strauch. V. Virginia bis Georgia . . . . . . . . . . . . . . . . . . . . . . . . . . . A. Catesbǽi Walt. (= Leucóthoë Catesbæi Gray).
    4**. Blütenstand scheintraubig, etwas nickend, Blütenstiele so lang oder fast so lang wie die Blüten. Mark der Zweige gefächert. Laubblätter unterseits netznervig, meist lang‚feinspitzig, 3 bis 10 cm lang, kahl. Blüten weiss. Ausgebreitet ästiger, bis 4 m hoher Strauch mit kahlen Zweigen. VI, VII. Süd‚Carolina bis Florida . . . . . . . . . . . . . . . . . . . . . . . . A. lúcida Jacq. (= Leucóthoë acumináta Don).

Seltener werden kultiviert: Andromeda pulverulénta Bartr. (Oestl. Nordamerika), A. formósa Wall. (Oestl. Himalaya), A. axilláris Lam. (Virginia bis Florida) und A. nítida Bartr. (Virginia bis Florida).

Die Gattung war schon im Tertiär auf der nördlichen Halbkugel verbreitet. Zahlreiche Arten werden aus Nordamerika, Grönland, Spitzbergen, Mittel‚ und Südeuropa beschrieben; doch sind manche dieser Angaben wegen ungenügender Erhaltung der fossilen Reste zweifelhaft. Die klassische Fundstelle für das mittlere Tertiär (Oligozän) bei Armissan unweit Narbonne in Südfrankreich hat Andromeda Narbonénsis Sap. in Knospe, Frucht und Blattzweig geliefert. Gleichfalls aus dem Oligozän (Braunkohle des Samlandes) wird, neben voriger, A. protogǽa Ung. beschrieben, die auch in den jungtertiären Tuffen Oberungarns mehrfach vorkommt. Aus dem Bernstein des Samlandes wurden mit Sicherheit mehrere Arten (A. primǽva Conw., A. Goeppérti Conw., A. imbricáta Conw.) nachgewiesen. Unsere A. polifólia erscheint zuerst in interglazialen Ablagerungen bei Belzig in Norddeutschland, sodann im Glaziallehm Grossbritanniens und der baltischen Länder.

## 2146. Andromeda polifólia[2]) L. (= Rhododéndron polifolium Scop.). Polei‚Rosmarin‚heide. Franz.: Andromède à feuilles de Polium. Taf. 207, Fig. 2; Fig. 2666 bis 2668.

---

[1]) Von Linné nach der mythischen Andromeda, Tochter des äthiopischen Königs Cepheus und der Cassiopeia benannt, die wegen ihrer Schönheit mit der Juno wetteiferte.

[2]) Wegen der entfernten Aehnlichkeit der Blätter mit denen des südeuropäischen Teucrium polium.

Zu Gränke, das kein Volksname dieser Art ist, vgl. Granten, Granken für die verwandte Preisselbeere! Torfrosmarin (Pommern), wilder Rosmarin (Riesengebirge, Böhmerwald) beziehen sich auf die Aehnlichkeit der Blätter mit denen des Rosmarins.

Niedriges, 10 bis 40 cm hohes Halbsträuchlein mit weitkriechender, sich bewurzelnder Grundachse und mit zahlreichen, zarten, kahlen, bogig aufstrebenden, grauberindeten Zweigen. Laubblätter wechselständig, elliptisch oder lineal=lanzettlich, wintergrün, an den Rändern stark eingerollt, ganzrandig, oberseits dunkelgrün, unterseits hellblaugrün, wachsbereift, mit stark hervortretendem Mittelnerv, fein bespitzt, lederartig, fast sitzend, 1,5 bis 4 cm lang. Blüten doldentraubig, in den Achseln von Tragblättern zu 2 bis 8 (meist 4 bis 5), hellrosa, nickend. Blütenstiele drei= bis viermal länger als die Blüten, rötlich. Untere Tragblätter laubblattartig, grün; die oberen rötlich, kurz und dick, die zwei seitlichen Vorblätter unmittelbar über dem Tragblatt am Blütenstiel entspringend. Kelch tief 5=spaltig, $1/4$ bis $1/5$ so lang als die Krone, rötlich; Kelchzipfel eilanzettlich, zugespitzt, völlig kahl. Krone 4 bis 6,5 mm lang, kugelig=eiförmig, innen behaart, mit 5 kurzen, stumpf=dreieckigen, auswärts gekrümmten Zipfeln, hellrosa, später verblassend. Staubblätter 10, etwa $1/3$ der Kronenlänge erreichend; Staubfäden gegen den Grund etwas verdickt, lang weisshaarig; Antheren bekörnelt (Fig. 2666 d), prismatisch, an der Spitze in zwei lange, grannig=zugespitzte Hörnchen auslaufend. Griffel zylindrisch, $1/3$ kürzer als die Krone, eingeschlossen; Narbe wenig verdickt. Fruchtkapsel kugelig, völlig kahl, dunkel blaugrün, 5=fächerig (Taf. 207, Fig. 2 e), fachspaltig sich öffnend, aufrecht. Samen eiförmig, etwa 1,5 mm lang. — V, VI (in der subalpinen Nadelwaldstufe VI bis VII).

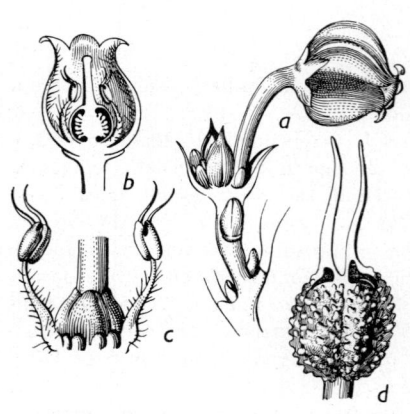

Fig. 2666. Andromeda polifolia L. *a* Blühender Zweig. *b* Längsschnitt durch die Blüte. *c* Fruchtknoten mit Drüsendiskus und 2 Staubblättern. *d* Anthere (stark vergrössert). Nach Warming.

Charakterpflanze der Sphagnummoore und Sphagnummooranflüge, viel weniger zahlreich und selten auch in Uebergangsmooren (kann sich jedoch noch längere Zeit in den vom Menschen aus Hochmoor zu Heidemoor umgewandelten Beständen halten). In ganz Norddeutschland auf Sphagnummooren nicht selten. Weiter südlich spärlicher werdend und mehr auf höhere Lagen beschränkt (über 600 m); nur ausnahmsweise tiefer. In Oesterreich und in der Schweiz zerstreut, fast ausschliesslich auf Sphagnum=Mooren.

Die Verbreitung der Art im Gebiet ist ähnlich jener von Trientalis Europaea. Die Dichtigkeit des Vorkommens nimmt bei beiden Arten von Norden nach Süden ziemlich gleichmässig ab; beide erreichen ihre Südgrenze am Südabfall der Alpen, beide steigen bis zu 2000 m; doch liegen die alpinen und voralpinen Standorte von Andromeda weniger zerstreut als bei Trientalis. Noch im Braunschweigischen ziemlich häufig, im Brockengebiet auf allen Mooren, auch in der Eifel, wird Andromeda selten in Thüringen, im Muldenlande (Eilenberg) und in der Lausitz (hier besonders bei Ruhland und bei Königswartha). Im mitteldeutschen Bergland ist sie vorwiegend montan (800 bis 1000 m ü. M.) und geht ausnahmsweise bis 450 m herab (am Solling). Verbreitet im Riesengebirge, im Erzgebirge (zwischen 570 und 1100 m), im Bayerischen und Böhmerwald, im Schwarzwald, in den Vogesen und im südlichen Alpenvorland. Wie Bertsch gezeigt hat, hält sie sich hier wie Oxycoccus fast ausschliesslich innerhalb des Jungmoränenkranzes der letzten Eiszeit; es sind aus den oberschwäbischen Hochmooren etwa 100 Fundstellen angegeben. Dagegen kommt die Art auf der Schwäbischen Alb nur vereinzelt bis zirka 400 m herab vor (Hondingen—Riedöschingen, Allmendingen, Altheim). In Böhmen fast nur auf den Grenzgebirgen; auch in Oberösterreich in den Gebirgsgegenden: am Dreisesselberg, Hochfichtel, im Schauerwalde bei Kirchschlag usw., dann bei Dambach, Edelbach, Seebach, Zell am Moos, um St. Wolfgang usw. In Niederösterreich häufig im Waldviertel, ferner auf dem Hachtsee=, Mitterbach=, Lassinger- und Ofenauer Moor. Verbreitet in Vorarlberg (bis 2000 m), in Tirol (zerstreut), Salzburg, Kärnten, Steiermark und in Krain. Zahlreiche zerstreute Fundstellen besitzt die Pflanze in den montanen Torfmooren des nördlichen und mittleren Jura südlich bis zum Marais de la Trélasse bei St. Cergues, dagegen fehlt sie dem südlichen Hochjura. Im schweizerischen Mittelland hat sie sich noch mehrfach erhalten (z. B. Katzensee zirka 420 m, Dübendorf 450 m, Burgäschisee, Meyenmoos bei Burgdorf, Ubeschisee, Reutigenmoos, Löhrmoos bei Bern usw.), häufiger wird sie in den Voralpen gefunden, wogegen sie in den zentralen und südlichen Ketten der Alpen nur noch an weitgetrennten Stellen reliktartig auftritt, so im Oberengadin mehrfach bis 2000 m, bei Bormio 1700 m, in Südtirol: Tonale, Val Selva bei Malè, Deutschnoven, Bellamonte bei Paneveggio und nach Parlatore in Judikarien (Visgana über 2000 m). Steigt in Südbayern nur bis 1430 m. Fehlt dem Wallis, Tessin, Südbünden und dem Küstenland.

Allgemeine Verbreitung: Durch ganz Mittel- und Nordeuropa bis zum Nordkap (71° 7′ nördl. Breite); nach Süden immer spärlicher und zerstreuter (Glazialrelikte), südwestlich bis zu den Pyrenäen und zum Aubrac (Département Aveyron), südlich bis Norditalien, südöstlich bis in die Karpaten und das Ostsiebenbürgische Randgebirge, Nord- und Mittel-Russland (isoliert noch Tula und Tambow), Ural, Altai, Sibirien, an der Lena bis 71° nördl. Br. (Küsür Niederung, im Sphagnetum des Lärchwaldes), Baikalgebiet, boreales Amerika von Labrador bis zum Sitka Distrikt und südlich bis zum Alleghaniesplateau, Westgrönland bis zirka 74° nördl. Breite.

Die Blüte ist homogam und an den Besuch langrüsseliger Insekten angepasst. Namentlich Hummeln, Bienen und Falter (Thécla rúbi L.) befliegen sie. Im Norden beobachtete Poppius die Falter Cólias Paléno L., Clúsia microgámma Hb. und die Hummel Bómbus agrórum Fabr. als Blütenbesucher. Kirchner erwähnt auch Bómbus lapidárius, B. muscórum und B. terréster. Unberufene Honigräuber werden durch die reichliche Behaarung von Kronröhre und Staubfäden ferngehalten; die Haare am Grunde der letzteren dienen wahrscheinlich auch dazu, den von dem hypogynen Diskus des Fruchtknotens ausgeschiedenen Honig festzuhalten. Nur den Ameisen gelingt es trotz der Haarsperre in die Blüte einzudringen. Stauffer stellte bei Einsiedeln

Fig. 2667. Andromeda polifolia L., im Rüenberger Venn b. Gronau, Westf. Phot. F. Runge, Münster.

fest, dass die Ameisen in sehr zahlreichen Blüten Griffel und Antheren ganz oder teilweise abgebissen hatten. Die gleichfalls rötlich gefärbten Blütenstiele tragen zur Auffälligkeit der Blüten bei. Neben der Fremdbestäubung scheint auch spontane Selbstbestäubung oft vorzukommen. Sie wird durch den Blütenbau im hohen Masse begünstigt. Die hängende Krone bringt den langen Griffel unter die stäubenden Antheren. Pollenkörner fallen auf die vorstehenden Ränder der Narbenlappen und keimen dort. Die Fruchtkapseln enthalten meist viele taube Körner. Der Same muss jahrelang liegen bleiben, bis er zur Keimung gelangt und auch dann keimen die Samen schlecht. Eine Probe aus Oberbayern keimte erst im vierten Jahr nach der Aussaat mit 19%. Im Dunkeln unterbleibt die Samenentwicklung vollständig. In Skandinavien wird die Pflanze auch durch Schneetreiben verbreitet; sie ist „Wintersteher".

Die Art ist in Mitteleuropa den Gesellschaftstreuen des typischen Sphagnetums beizuzählen und findet sich stets in Gemeinschaft mit Oxycoccus, Carex-Arten (besonders C. stellulata, C. pauciflora, C. dioeca), Vaccinium uliginosum, denen sich oft Drosera rotundifolia, auch Ledum palustre, Betula nana, Calluna vulgaris, seltener Malaxis paludosa, beigesellen. In Westpreussen sind neben Andromeda in den Sphagnummooren (Hoch- und Zwischenmooren) regelmässig auch Drosera rotundifolia, Oxycoccus, Eriophorum vaginatum

u. a. A. vorhanden. Weniger bestandestreu erscheint sie in Nordeuropa, wo sie, allerdings spärlich, auch in Carex-Flachmooren vorkommt. Toll und Kupffer entdeckten ein frühnacheiszeitliches Vorkommen im Ostbalticum (Tittelmünde bei Mitau) und zwar im Dryassande neben 35 verschiedenen Arten, so (mit Andromeda polifolia): Arctostaphylos Uva-ursi und A. alpina, Vaccinium uliginosum, Salix Arbuscula, S. hastata, S. herbacea, S. Myrsinites, S. phylicifolia, S. polaris und S. reticulata, Betula nana und B. pubescens, Polygonum viviparum, Phaca frigida, Myriophyllum spicatum f. squamosum Laest., Potamogeton filiformis und P. praelongus, Carex echinata, C. lasiocarpa und C. rigida usw.

Andromeda polifolia hat ihre nächsten Verwandten im borealen Nordamerika (A. glaucophýlla Link) und dürfte während des Diluviums oder vielleicht schon früher über Nordasien Europa erreicht haben. Von parasitären Pilzen verdienen Erwähnung: Exobasidium Andrómedae Peck., nicht selten auf den lebenden Blättern und Zweigen, Sprossverbildung hervorrufend; Exobasidium Vaccinii-Mýrtilli (Fuck.) Juel.; Rhytisma Andrómedae (Pers.) Fr., auf der Oberseite der grünen Laubblätter schwarze Flecken bildend (Europa, Nordamerika); Sphaeropéziza Andrómedae (Fries) Rehm, auf der Oberseite dürrer Laubblätter als dunkle Flecken erscheinend, in den Alpen; Lophodérmium intermissum Strb. (Schweden); Stigmatéa Andrómedae Rehm, auf lebenden Blättern, im Haspelmoor bei Augsburg; Coleróa Andrómedae (Rehm) Wint., auf welken Blättern, in Bayern; Microsphǽria penicilláta (Wallr.) Lev. Die Gallmilbe Erióphyes Rübsaaméni Nal. verursacht das Einrollen der Laubblattfläche.

In den Laubblättern, jungen Trieben und den Blüten der Pflanze ist Andromedotoxin ($C_{31}H_{51}O_{10}$) enthalten. Der Genuss der Pflanzenteile erzeugt Schwindel, Erbrechen und Krämpfe. Blätter und Zweige werden in Russland zum Gerben und Schwarzfärben verwendet; erstere dienen gelegentlich auch zur Verfälschung der echten Rosmarinblätter. Ihrer Seltenheit wegen ist die Pflanze stellenweise (so z. B. in Oberfranken) gesetzlich geschützt worden. Seit langem befindet sie sich als zierliche Moorbeetpflanze in Kultur. In der botanischen Literatur wird ihr schon frühe Erwähnung getan. Joh. Thal bezeichnet sie in seiner Harzflora (1577) als Mýrtus tenuifólius.

Fig. 2668. Andromeda polifolia L., Kackschen Balis (Ostpr.). Phot. Georg Eberle, Wetzlar.

## DLXIV. Chamaedáphne[1]) Mönch (= Cassándra[2]) D. Don). Torfgränke.

Hierher nur unsere Art, die von Linné zu Andromeda gestellt, später aber als eigene Gattung beschrieben worden ist. Von Andromeda ist sie hauptsächlich durch die einzeln blattachselständigen Blüten, die unterseits schülferig-rostigen Laubblätter und die schwielig berandete Fruchtkapsel verschieden.

**2147. Chamaedaphne calyculáta**[3]) Mönch (= Andrómeda calyculata L., = Lyónia calyculata Rchb., = Cassándra calyculata Don). Hüllblütige Torfgränke. Fig. 2669.

Bis 1 m hoher Strauch mit rutenförmigen, aufrechten Zweigen. Laubblätter derb, ledrig, oberseits dunkelgrün, unterseits weisslichgrün, wintergrün, eilanzettlich, beiderseits verschmälert,

---

[1]) Von griech. χαμαί [chamaí] = am Boden, niedrig und δάφνη [dáphne] = Lorbeer.
[2]) Nach der Tochter des trojanischen Königs Príamos, die das kommende Unheil voraussagte.
[3]) Lat. calýculus = Aussen- oder Nebenkelch; bezieht sich hier auf die den Kelch umgebenden Vorblätter.

stumpf oder spitzlich, etwa 2 bis 3 cm lang und 0,8 bis 1,2 cm breit, undeutlich kerbig=gezähnt, am Rande umgebogen, beiderseits mit zahlreichen, zuletzt rostbraunen, mehrzelligen Schild= haaren besetzt, sehr kurz gestielt; Mittelnerv auf der Blattunterseite stark hervortretend. Blattstiel etwa 1 mm lang. Blütenstand in hängender, einseitswendiger Traube. Blüten glockig, kurzgestielt, mit 2 breiteiförmigen, spitzen Vorblättern, einzeln in den Blattachseln, 5 bis 7 mm lang, weiss, am unteren Ende mit 5 zurückgeschlagenen Zipfeln. Kelch 5=lappig, fast halb so lang als die Krone; Kelchzipfel eiförmig, stumpflich, aussen fein krausflaumig. Krone kugelig=krugförmig, 5=zipfelig, innen kahl; Kronzipfel $1/3$ der Kronlänge erreichend, stumpflich=3=eckig, mehrnervig. Staubblätter 10; Staubfäden kahl, am Grunde verbreitert, so lang wie die gehörnten, an der Spitze mit 2 schiefen Spalten sich öffnenden Antheren, in der Krone eingeschlossen. Fruchtknoten 5=fächerig, auf breitem Diskus aufsitzend; Griffel hellgrünlich, die Kronzipfel überragend. Fruchtkapsel kugelig, 5=klappig aufspringend. Samen rundlich, mit vortretender, im Nährgewebe einen Wulst bildender Raphe. — III bis V (im nördlichen Finnland VI), zuweilen nochmals im Herbst.

Sehr selten in Hoch= und Uebergangsmooren, einzig im östlichsten Zipfel des norddeutschen Flachlandes: Westhälfte des Grossen Moosbruchs bei Nemonien, früher auch unweit davon bei Labiau am Kurischen Haff, Kacksche Balis bei Lasdehnen, Ragnit unweit Tilsit, in Masuren am ehemaligen Soltisseksee bei Grammen im Kreis Ortelsburg (alle Lokali= täten in Ostpreussen). Früher auch bei Königsberg (Spittel= hof) und Preussisch=Eylau.

Allgemeine Verbreitung: Baltische Staaten, Nördliches Polen (selten), Skandinavien, Lappland, Finnland, Oestliches und nördliches Russland, südlich isoliert noch bei Saratow, nördlich bis 68° 30′ nördl. Breite; Nordasien, an der Schiganka bis 67° nördl. Breite, Kamtschatka, Mandschurei, Nord=Japan; boreales Nordamerika bis zum Seendistrikt, bis zu den Alleghannies (Georgia, Illinois, Minnesota) und Britisch= Columbia südlich, nördlich bis Alaska.

Auf dem Grossen Moosbruch geht die Art zwar auch ins eigent= liche Hochmoor über, ist aber namentlich charakteristisch für den trocke= neren Pinus silvestris=Zwischenmoorwald in Gesellschaft von Ledum palustre. Auf den Hochmooren Fennoskandiens ist die Art nicht selten und wächst dort im Teppich von Sphagnum fuscum, Sph. angustifolium, Sph. medium, Sph. rubellum usw. oft zusammen mit Carex pauciflora, Eriophorum vaginatum, Betula nana, Rubus Chamaemorus, Drosera rotundifolia und D. Anglica, Oxycoccus, Andromeda polifolia, Ledum palustre, Vaccinium uliginosum (so bei Wartsilä im nördlichen Karelien 62° nördl. Br. (Br.=Bl.). In Nordsibirien findet sie sich in lichten Picea obovata= und Larix=Dahurica=Wäldern auf Moorboden.

Fig. 2669. Chamaedaphne calyculata Moench. a Habitus. b Blüte, c dieselbe im Längsschnitt.

Die xerophytisch angepassten Laubblätter der Pflanze zeigen einen Uebergang vom dorsiventralen zum isolateralen Bau, wie dies auch bei Arctostaphylos Uva ursi und gelegentlich bei Vaccinium Vitis=Idaea zu beobachten ist. Das Palisadengewebe der Oberseite besteht aus 3 bis 4 ziemlich schmalen Zellreihen, die in ein Schwammparenchym mit grossen Interzellularen übergehen. Dieses Zentralgewebe grenzt nach unten in der Regel an zwei aufrechte Zellreihen, die dem Palisadengewebe der Oberseite entsprechen. Die Epidermis der Blattoberseite ist ziemlich dick; Ober= und Unterseite sind mit Schildhaaren bedeckt. Spalt= öffnungen sind nur auf der Unterseite vorhanden. Während E. N. Transeau und F. C. Gates an Pflanzen aus Torf= mooren in Michigan nur unverpilzte Wurzeln vorfanden, konstatierte Kirchner im Münchener Botanischen Garten in den Epidermiszellen der älteren Wurzeln Pilzhyphen. Die Blüten sind homogam. Schon im Knospenstadium öffnen sich die Antheren und es können Pollenkörner ins Innere der Krone fallen und sich an die Narbe heften. Am Grunde des Fruchtknotens befindet sich ein dunkelgrüner, 10=lappiger Diskus, der Nektar ausscheidet. Ausser der Selbstbestäubung tritt also wohl auch Insektenbestäubung ein. Wenigstens fand Kirchner im Münchner Botanischen Garten Hummeln auf den Blüten saugend. Im Spätsommer ist Chamaedaphne oft in zweiter Blüte anzutreffen.

Das Sträuchlein scheint nicht sehr alt zu werden. Der Durchmesser eines zehnjährigen Stämmchens aus Ostpreussen betrug 7,5 mm. Im Münchner Botanischen Garten stellen sich nach K. Troll die Zweigspitzen von Chamaedaphne calyculata jeweilen im Herbst in auffälliger Weise horizontal und zwar soweit als sie junge, fürs nächste Jahr bestimmte Knospen tragen. Die Horizontalstellung ist auch an den Knospenstielen in feinabgestimmten Krümmungen bemerkbar, ein offenbar durch die Knospen bedingter Diageotropismus. Die Blätter der Pflanze enthalten Andromedotoxin und sind giftig. — Von parasitären Pilzen verdienen Erwähnung: Chrysomýxa Cassándrae Tranzsch, dessen Aecidien auf Pícea-Arten (Pícea Mariána, P. rúbra u. a.) leben (Nordeuropa, Sibirien, Nordamerika); Urédo Cassándrae Cooke et Peck; Ventúria Cassándrae Peck und V. pulchélla Cooke et Peck, Ascochýtia Cassándrae Peck (die letztgenannten alle in Nordamerika beobachtet). — Die Art befindet sich seit langem als hübsche Moorbeetpflanze in Kultur und gedeiht sehr gut.

## DLXV. Arctostáphylos[1]) Adans. Bärentraube. Franz.: Busserole; engl.: Bearberry; ital.: Uva d'orso.

Meist niedrige Holzgewächse, seltener Halbsträucher oder Bäumchen (A. Manzaníta) mit dichtbeblätterten Zweigen. Laubblätter meist derb, lederig, immergrün, selten sommergrün (A. alpina), ungeteilt, meist ganzrandig, seltener mehr oder weniger gezähnt (A. alpina), meist stumpf (bei A. púngens in eine scharfe, stechende Spitze vorgezogen). Blütenstand traubig oder rispig, endständig. Blüten glocken-krugförmig. Kelch 5-blätterig, frei. Krone 5-zipfelig, abfällig. Staubblätter 8 bis 10, eingeschlossen. Fruchtknoten 4- bis 10-fächerig (bei unseren Arten meist 5-fächerig). Samenanlagen anatrop-epitrop. Frucht eine kugelige, steinfruchtartige Beere mit meist 5 einsamigen Steinkernen.

Die Gattung zählt über 50 fast ausschliesslich der Westhälfte des nordamerikanischen Kontinents eigene Arten. Nur zwei Arten reichen südlich bis Mittelamerika; Mexiko hat schon zirka 30 meist eigentümliche Arten, die pazifischen Rand-Staaten der Union aber, namentlich Kalifornien, bilden den Hauptentwicklungsherd der Gattung. Hier sind gegen 40 Arten vertreten, worunter auch unsere A. alpina und A. Úvaúrsi. Ausserhalb Nordamerikas sind nur die zwei letztgenannten, auch in der Arktis weitverbreiteten Arten bekannt. Zweifellos haben wir es hier mit einer alttertiären Gattung amerikanisch-pazifischen Urprungs zu tun, deren letzte, anpassungsfähigste und ± klimavage Arten im Diluvium ihre heutige weite Verbreitung erlangt haben mögen. Fossil sind nur A. alpina und A. Uva-ursi aus dem Diluvium bekannt.

Die Arten der Gattung sind durchwegs (weitgehend an Insektenbesuch angepasst; sie sondern am Grunde des Fruchtknotens Honig ab. Doch kommt auch Selbstbestäubung vor (vgl. A. alpina). Die Früchte werden endozoisch durch Vögel verbreitet.

In Kultur befinden sich im Gebiet: A. Manzaníta Parry. Bis 10 m hohes Bäumchen oder Strauch, mit braunroten letztjährigen Trieben. Laubblätter eiförmig, ganzrandig, 3 bis 6 cm lang, gestielt; Blattstiel etwa 1,5 cm lang. Blütenstand vielblütig, drüsig. Krone weiss oder rosa. Frucht kugelig, zuletzt braunrot. Kalifornien. — A. Nevadénsis Gray. Niederliegend-kriechender Strauch, dem A. Uva-ursi ähnlich, verschieden durch nichtwurzelnde, tief stumpfrote Zweige, üppigeren und sparrigeren Wuchs, stärker feinhaarige Triebe und Laubblätter, die meist zirka 2,5 cm lang und spitzlich sind. Blüten meist zahlreicher, weiss oder gelblichweiss, etwas länger gestielt. Frucht stumpfrot. Pazifische Staaten der Union. — A. tomentósa Dougl. (= Arbútus tomentosa Pursh). Aufrechter, 0,5 bis 3 m hoher Strauch, mit zottenborstigen Zweigen und ± feinfilzigen Laubblättern. IV. Nordamerika. — Die Beeren einiger Arten sind geniessbar; die Laubblätter von A. Uva-ursi sind offizinell (siehe pag. 1661). Aus den Früchten von A. Manzaníta Parry und A. tomentósa Dougl. bereiten die Indianer des Westens ein alkoholisches Getränk.

1. Laubblätter wintergrün, dick, lederartig, ganzrandig. Frucht rot . . . A. Uva-ursi nr. 2148.
1*. Laubblätter sommergrün, am Rande gezähnt. Frucht zuletzt blauschwarz . A. alpina nr. 2149.

### 2148. Arctostaphylos Úva-úrsi L. (= Arbútus uva-ursi L., = Arctostaphylos officinális Wimm. et Grab., = Uva úrsi buxifólia S. F. Gray, = Uva ursi procúmbens Mönch, = Arcto-

---

[1]) Griech. ἄρκτος [árktos] = Bär und σταφυλή [staphylé] = Traube, also Bärentraube. Der Name kommt anscheinend zuerst bei Galenos vor.

staphylos procumbens E. Mey., = Mairánia Uva=ursi Desv.). **Immergrüne Bärentraube.**
Franz.: Busserole officinal, raisin d'ours, bouisserole, arbousier trainant; in Savoyen: Précotze, rozdet; engl.: Common Bearberry; ital.: Uva d'orso, uva ursina. Taf. 206, Fig. 6; Fig. 2670, 2671, 2672 und 2673 g, h.

Der Name Bärentraube ist eine Uebersetzung von Arctostaphylos (vgl. pag. 1656, Fussn. 1). Nach ihrem Standort heisst sie auch Steenbeere [Steinbeere] (z. B. Lüneburger Heide). Zu Rausch, Rauschgranten (Tirol, Graubünden vgl. Almrausch (Rhododendron) pag. 1635, zu Granten, Mehl=, Stangranten die ähnliche Preisselbeere (pag. 1669). Totenmyrte (Schlesien) und Wilder Buchs (Berner Oberland) gehen auf die immergrünen Blätter. Im Wallis (Zermatt) ist die Bezeichnung „Chleckbeere" gebräuchlich. Im romanischen Graubünden heisst die Bärentraube Giaglüdas d'laín, giglüdras d'crap, gaglidras=salvatga, frischer da gigludias d'crap, gaiüda, farinarsa, garveia; im Gröden.=ladín.: rausha.

Niedriger, dem Erdboden anliegender, teppichbildender Spalierstrauch mit weitkriechen=den, zähen, rotbraunen, schülferig=berindeten Aesten und dichtbeblätterten, aufwärtsgebogenen Zweigen. Laubblätter dick, bis 3 cm lang und 6 bis 15 mm breit, derbiederig, immergrün, verkehrt=eiförmig=keilig, vorn stumpf oder schwach ausgerandet, selten spitzlich, beiderseits kahl, glänzend, unterseits vertieft netzaderig; Blattrand flach, ganzrandig, wie die kurzen Blattstiele feinflaumig. Blüten zu 3 bis 12 in kurzen, endständigen, überhängenden Trauben. Blütenstandachse kurz kraushaarig, mit verein=zelten, kurzen Drüsenhaaren. Blütenstiele ± 5 mm lang, kahl, so lang oder wenig länger als der Kelch, am Grunde mit 2 kleinen, ei=förmigen, bewimperten Vorblättern, aus der Achsel eines grösseren, aussen dicht kurzhaari=gen, eilanzettlichen Tragblattes entspringend.

Fig. 2670. Arctostaphylos Uva-ursi L. *a* Zweig mit Früchten. *b, c* Beeren. *d* Querschnitt durch eine Beere. *e* Steinkern.

Kelch 1 mm lang, tief 5=spaltig, mit häutigen, 3=eckig=rundlichen, stumpfen Zipfeln. Krone ei=krugförmig, weiss oder rötlich, 5 bis 6 mm lang, mit 5 kurzen, rundlichen, dachigen, aus=wärtsgekrümmten, rötlichen Zipfeln, innen behaart. Staubblätter 10, $^1/_3$ so lang als die Krone; Staubfäden im unteren Drittel stark verdickt, gegen den Grund wieder verschmälert, auf der Rückseite behaart; Antheren an der Spitze mit zwei Löchern sich öffnend, purpurn, mit langen, peitschenartig gewundenen Anhängseln. Fruchtknoten halbkugelig, meist 5= (selten 6= bis 7=)fächerig (Fig. 2670 d); Griffel die Staubblätter überragend. Frucht kugelig, eine mehlige, am Grunde vom Kelch umgebene, scharlachrote Beere (Fig. 2670 c) mit 5 bis 7 (bis 10) 1=samigen, schwach nierenförmigen, seitlich zusammengedrückten, 3 bis 4 mm langen Steinkernen (Fig. 2670 e). — III, IV, VI, VII je nach der Höhenlage.

Vorzugsweise in lichten, trockenen Föhrenwäldern, oft als Unterwuchs weitgedehnte, ± zusammenhängende Teppiche bildend. Ueber der Baumgrenze im Juniperusgestrüpp und in sonnigen Zwergstrauchbeständen; an den obersten Standorten in warmen, windgeschützten, über Winter schneebedeckten Felsnischen, so noch bei 2780 m am italienischen Monte Vago in der Berninakette. Nahezu indifferent, immerhin mit etwelcher Bevorzugung kalkreicher Unterlage. Verbreitet in der Alpenkette, im Jura, Alpenvorland, Mittelgebirge und in der Norddeutschen Tiefebene.

In Norddeutschland namentlich im östlichen Teil verbreitet, stellenweise häufig (Lüneburgerheide) und eine besondere Fazies der Kiefernheide bildend, gegen Nordwesten seltener werdend (Hohe Geest; bis Fürstenau=Lesum=

Utlede-Hagen an der Weser). In Ober- und Niederschlesien ein typischer Kiefernbegleiter, im Erzgebirge am Greifenstein bei Geyer. Im Lausitzer Hügelland selten (Kiefernwald der Laussnitzer Heide nordwestlich von Dresden bei Klotzsche, Wahnsdorf und Lössnitz). Hier und durch den Unterharz (Tanzplatz, Steinbachtal) verläuft die Südgrenze des norddeutschen Areals der Art (wird auch von Saalfeld in Thüringen angegeben); neuerdings von Drude im Elbsandsteingebirge (Kirnitzschtal) entdeckt. In Süddeutschland an sehr vereinzelten, zerstreuten Fundstellen: In der bayerischen Pfalz, wenigstens früher (noch 1882) in Menge auf dem Vogesias zwischen Kaiserslautern und Hochspeyer, von da über Elmstein bis zum Erlenkopf bei Eusserstal und am Schlamberg bei Dürkheim. In Elsass-Lothringen 1860 bei St. Amarin gefunden, aber später ausgerottet. In Baden nur am Bodensee und in der Baar; fehlt in Württemberg vollständig. Im nordbayerischen Keupergebiet bei Unfinden und Schafhof bei Schweinfurt. Im Bayerischen Wald zwischen Regen und Naab (Bodenwöhr an der Strasse von Taxsöldern im Föhrenwald), im Fränkischen Jura um Gössweinstein. Selten im bayerischen Alpenvorland: Zwischen Putzbrunn und Harthausen, Isarkies und Abhänge von Tölz bis München, Schwaige Wall, Allmannshausen, Valley, Kirchseeon, Lochhausen, Garchingerheide, Eching, Schleissheim (früher auch bei Augsburg). In Böhmen mit Sicherheit nur auf mehreren Basaltbergen des nördlichen Teiles: Milleschauer, Hradischken bei Leitmeritz, Winterberg bei Tschersink, Kreutzberg, am Rollberg bei Niemes, Kamnitzheide gegen Kreibitz, bei Ober-Leutensdorf, Gemeindewald von B.-Leipa, Dreisesselberg im Böhmerwald? Für Oberösterreich nach Duftschmid zweifelhaft; fehlt in Mähren und Schlesien. Im Jura namentlich im Südwesten, östlich zerstreut bis zur Lägern bei Baden (hier ein einziger, mächtiger Stock). Sehr reichlich im Moränen- und Drumlingebiet von Nordzürich auf kalkreichen Böden, meist in Kiefernbeständen mit Carex ericetorum. Im schweizerischen Mittelland sonst höchst vereinzelt (Baar, Gümligenberg bei Bern). In den Alpen meist häufig, aber stellenweise selten oder fehlend. Fehlt z. B. dem Zürcher Oberland, dem Säntis- und dem grössten Teil des Churfirstengebiets, den äusseren Schwyzerbergen (dagegen in den Glarner-, Urner- und Südschwyzeralpen), ebenso dem südwestlichen Tessin. In den Bayerischen Alpen selten und nur bis 2015 m ansteigend, in Tirol bis gegen 2500 m, herab bis 200 bis 300 m bei Rovereto, in Steiermark zerstreut, in Niederösterreich häufig (fehlt aber z. B. im Gebiet des Oetscher und Dürnstein). Erreicht das höchste Vorkommen in den Rätischen Alpen (Monte Vago 2780 m, steril; bis 2600 m mit Früchten [Br.-Bl.]), im Wallis bis 2580 m oberhalb Findelen bei Zermatt (Br.-Bl.), im Berneroberland bis 2250 m (Männlichen; Dr. Lüdi briefl.), im Tessin bis 2300 m, in St. Gallen bis 2400 m ansteigend.

Allgemeine Verbreitung: Fast ganz Europa, südwestlich bis Nord-Portugal und Südspanien[1]), Pyrenäen (häufig im Pinus montana-Wald), Corbières, Sevennen, Alpenkette, Apennin bis Abruzzen, Illyrien, Balkan (oft als Unterwuchs von Pinus montana), Karpaten, Galizien (in Föhrenwäldern), Russland (südlich bis Kiew), Finnland (namentlich im Föhrenwald), Skandinavien (noch bei Nyborg am Varangerfjord 70° 10′ nördl. Breite), Dänemark, Island, Schottland, nördliches Irland und England, fehlt dagegen Nordfrankreich, Belgien und Holland; auf der Halbinsel Kola bis 67° 10′ nördl. Breite, Ural, nördliches Sibirien, an der mittleren Lena bis zirka 64° nördl. Breite. Im Kaukasus bis 3000 m ansteigend, Himalaya, Altai, Gebirge des Baikalgebietes; boreales Amerika: südwärts bis New Jersey, Seengebiet, Nebraska, Kalifornien, nördlich bis Alaska und an die arktischen Küsten. Für den Arktisch-amerikanischen Archipel zweifelhaft, dagegen an wenigen Punkten in Westgrönland bei 66° 40′ nördl. Breite (Porsild).

Die Art ändert nur unbedeutend ab in Bezug auf Blattform, Blattkonsistenz, in der Grösse der Frucht, Behaarung und Dichtigkeit der Belaubung. Auffällig derb und dickblätterig sind die Pflanzen der spanischen Sierren. Schon ein oberflächlicher Vergleich zeigt, dass sie derber und mindestens doppelt so dick sind als Exemplare aus den Alpen, aus Mitteleuropa und Nordamerika. Die Zunahme beruht auf der mächtigen Verdickung der Kutikula bei den spanischen Pflanzen. Mit Niedenzu (Engler's Botan. Jahrbücher. Bd. XI, 137) sind wir der Ansicht, dass es sich hierbei um eine unter dem Einfluss des trockenheissen Klimas selektionierte Anpassung gegen übermässige Transpiration handelt. Die biologisch bemerkenswerte Form scheint verbreitet; ihre Konstanz verdient durch Kulturversuche geprüft zu werden. Blätter aus den Alpen bei 2400 m gesammelt, hatten nach Lohr oberseits eine 11 $\mu$, unterseits eine 6 $\mu$ dicke Kutikula. M. O. Dietrich in Zilly (briefl.) macht darauf aufmerksam, dass die Pflanzen östlich der Elbe stark länglich-eiförmige und meist gestielte Laubblätter, jene westlich der Elbe eiförmig- bis eirunde und fast ungestielte Laubblätter besitzen. Auch in der chemischen Zusammensetzung der Blätter von A. Uva-ursi aus verschiedenen Gebieten scheinen Unter-

---

[1]) M. Gandoger hat verschiedentlich Exemplare aus Nordmarokko (Cap Cotelle usw.) verteilt. In Anbetracht der Unzuverlässigkeit dieses Autors müssen diese Angaben aber vorderhand zum mindesten als äusserst zweifelhaft hingestellt werden. Das Vorkommen der Gattung in Nordafrika ist sehr fraglich.

schiede zu bestehen. Während man z. B. aus Bärentraubenblättern aus Tirol ein stark mit Methylarbutin verunreinigtes Arbutin erhielt, ergaben solche aus Spanien ein viel reineres. Auch von A. Uva-ursi ist eine weissfrüchtige Spielart (f. leucocárpa Aschers. et Magnus pro var.) bekannt (Selten in Tirol am Ritten auf den Abhängen unterhalb Siffian in wohl 100 Stöcken).

Ueber die Bodenansprüche der Art gehen die Ansichten sehr weit auseinander. Es zeigt sich übrigens auch hier, dass die chemische Bodenzusammensetzung nicht ausschlaggebend ist; denn wir finden die Art einerseits auf den mineralreichen, warmen, durchlässigen Verwitterungs- und Felsböden des Jurakalks der Süd-Sevennen (fehlt dort absolut auf Silikatboden), unter ähnlichen Bedingungen im Jura und in den Kalkalpen, anderseits aber auch auf den kalkarmen Sandböden Norddeutschlands, auf kiesigsandigen Moränen der Nordschweiz, auf kalkarmen Silikaten der Zentralalpen und Pyrenäen, um Bormio sogar mit Vorliebe auf Abwitterungshalden des Urgesteins. Dagegen ist sie gegen Bodenfeuchtigkeit sehr empfindlich und flieht — im Gegensatz zu den drei Vaccinien — die Flach- und Sphagnummoore. Sie verlangt einen trockenen, lockeren, warmen Boden, hält sich im Hochgebirge fast ausschliesslich an sonnige Lagen und hat oberhalb der Waldgrenze zum ordentlichen Gedeihen Wind- und winterlichen Schneeschutz nötig. An windexponierten Stellen und in schneearmen Wintern sind „erfrorene" braune Jungtriebe eine häufige Erscheinung. Niemals aber konnten vom Bearbeiter Schädigungen an den Bärentrauben der Krummholzbestände wahrgenommen werden. Diesem Schutz verdankt unsere Pflanze ihre ungemein weite herdenweise Verbreitung neben Erica carnea, als Bodendecke im Krummholzgürtel der Alpen. Dabei greift sie auch als Pionier in vegetationslose Kalkschutthalden (Fig. 2672) und Lawinenzüge über, überdeckt mit ihrem dichten Teppichgeflecht wohl auch ganze Felsblöcke und Sturzblockreviere; sie ist mithin von hohem dynamisch-genetischem Wert. Der von ihr gebildete Humus ist schwarz und pulverig. Die nicht selten mehrere Quadratmeter messenden Bärentraubenteppiche liegen dem

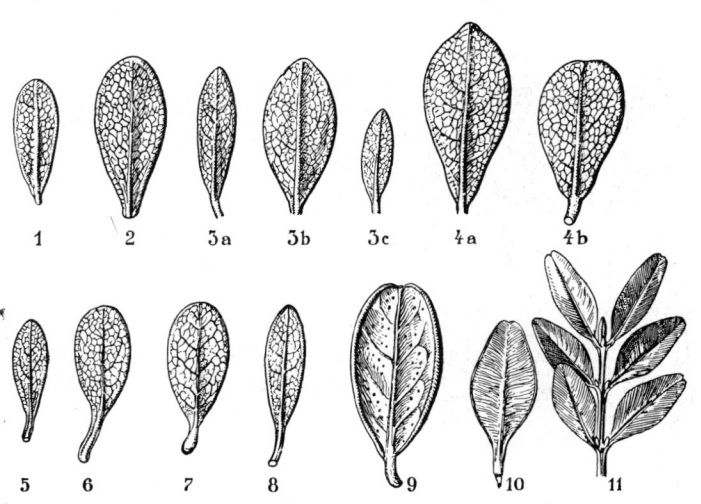

Fig. 2671. Blatt-Typen von Arctostaphylos Uva-ursi L. verschiedener Herkunft: *1* aus Skandinavien, *2* aus den Südsevennen, *3a*, *b* und *c* aus den Schweizeralpen (zirka 2000 m), *4a* und *4b* aus Südspanien, *5* aus dem Gebiet östlich, *6* und *7* westlich der Elbe, *8* aus Schleswig. — *9* Blattunterseite von Vaccinium Vitis-Idaea L., *10* von Buxus sempervirens L., *11* Zweigstück der letzteren Art.

Boden lose an, die kriechenden Stämmchen wurzeln selten an und es hat den Anschein, als ob ihre kurzen Wurzelgebilde Haftorgane und nicht eigentliche Nährwurzeln seien. Die Vernichtung der Hauptwurzel zieht den Tod des ganzen Teppichs nach sich, was z. B. bei Loiseleuria nicht unbedingt der Fall ist. Unser Spalierstrauch kann gegen 100 Jahre alt werden. Kihlman mass in Russisch-Lappland bei Orlow (etwas über 67° nördl. Breite) an der Nordgrenze der Art ein Stämmchen, das mehr als 80 Jahre (80 + X) zählte und einen mittleren Jahreszuwachs von 0,07 mm zeigte. Das jüngste von ihm untersuchte Stämmchen hatte bei 25 Jahren einen mittleren Zuwachs von 0,22 mm. Rascher wachsen alpine Pflanzen. So wies ein 23-jähriges Stämmchen vom Karer-Pass (Tirol), 1900 m üb. M., eine mittlere Jahrringbreite von 0,369 mm auf. Ob die Pflanze in den Alpen ebenso alt wird wie im Norden, ist noch nicht erwiesen. Kanngiesser erwähnt ein Stämmchen von den Dents de Morcles, 2200 m üb. M., das 43 Jahre zählte.

Die Begleitflora der A. Uva-ursi-Bestände ist je nach Bodenart und Lage ungemein verschieden. In der norddeutschen Ebene, wo die Bärentraube kilometerweit den Boden der Kiefernwälder mit einem dichten Teppich überzieht, den feinkörnigen Sandboden einspinnend, finden wir in ihrer Gesellschaft eine ausgesprochen kalkfeindliche Flora mit: Corynephorus canescens, Sieglingia decumbens, Carex pilulifera, C. ericetorum und C. arenaria, Rumex Acetosella, Scleranthus annuus, Calluna etc. Hier wie in Fennoskandien mischt sich ihr nicht selten auch Anemone vernalis bei. Hievon gänzlich verschieden ist die Begleitflora der alpinen Bestände, die sich meist aus kalksteten und kalkliebenden Arten zusammensetzt (z. B. Sesleria caerulea, Carex alba und C. humilis, Epipactis atropurpurea, Gymnadenia odoratissima, Biscutella laevigata, Sorbus Chamaemespilus, Rubus saxatilis, Laserpitium latifolium, Pirola spec., Erica carnea, Vaccinium Vitis-Idaea, Globularia nudicaulis, Crepis alpestris usw. Beiden Gesellschaften gemeinsam ist fast nur Carex ericetorum, welche Segge nach O. Nägeli auch im Alpenvorland (Nordzürich, Thurgau) als stete Begleiterin der Bärentraube auftritt. In den östlichen Bündneralpen bildet A. Uva-ursi mit Erica carnea die lockere Bodendecke der trockensten

Pinus montana- und Pinus silvestris-Bestände an steilen Schutthängen. Im Unterwuchs gut entwickelter, vom Menschen wenig beeinflusster Kiefernwälder finden wir A. Uva-ursi übrigens fast allenthalben mit den charakteristischen Föhrenbegleitern (Pirola-Arten, Goodyera repens, Lycopodium complanatum usw.); so in der Schweiz, in Norddeutschland, in Südfrankreich, in Galizien, in Finnland und wohl auch anderwärts. Auch in Russisch-Lappland hält sie sich mit Vorliebe an die Kiefernwälder und in den Oststaaten der Union (New Yersey, Long Island) dominiert sie, wie in Norddeutschland, eine besondere Fazies der Pinus-Heide. Auf dem sandig-kiesigen Diluvialboden der Insel Nantucket (Massachusetts) bildet sie ausgedehnte, heideartige Zwergstrauchbestände mit anderen Ericaceen (Gaylussácia resinósa, Epigǽa répens), worin Calluna durch die gelbblühende Hudsónia ericoídes ersetzt wird.

Die Verbreitung der Samen geschieht fast ausschliesslich durch beerenfressende Vögel (z. B. Schneehuhn, Tannen- und Nusshäher, Nebelkrähe, Wacholderdrossel, Seidenschwanz). Die Verbreitungsmöglichkeit wird noch dadurch erhöht, dass die auffälligen Beeren lange Zeit (teilweise bis zum nächsten Frühjahr) am Strauch haften bleiben (Wintersteher!), den Vögeln also auch zugänglich sind, wenn diese sonst nicht viel Futterauswahl haben. Gutausgereifte, im Mai gesammelte Samen, die der Bearbeiter der Eidgenössischen Samen-Untersuchungsanstalt zur Keimprobe übersandte, waren nicht zum Keimen zu bringen. Dagegen gelang es Kinzel Arctostaphylos Uva-ursi sowohl im Licht, als im Dunkeln zum Keimen zu bringen und zwar keimten Samen von Zermatt im Licht mit 41 %, im Dunkeln mit 24 %. Allerdings vollzog sich die Keimung sehr langsam und erstreckte sich über 3 Jahre. Die Entwicklung der Keimlinge ist insofern von ganz besonderem Interesse, als der schwellende Innensame die harte Steinschale in 2 Hälften sprengt und dann bis über 2 Jahre, von den Schalen entblösst, feucht liegen muss, bis die Bildung eines Würzelchens und später auch der Blätter erfolgt. Die jungen Pflänzchen wachsen dann ziemlich rasch weiter.

Fig. 2672. Arctostaphylos Uva-ursi L., als Felsbesiedler auf dem Plateau der Schneealpe, Steiermark. Phot. R. Fischer, Sollenau, N.Ö.

Die Blüten von A. Uva-ursi sind nach Warming wahrscheinlich zu Beginn für kurze Zeit proterandrisch und dann homogam. Honig wird am Grunde der Blüte reichlich abgesondert. Die Haare der Staubfäden verhindern sein Ausfliessen; demselben Zweck dienen auch die steifen, ziemlich deutlich in 20 Längslinien angeordneten Haare der Kronröhre. Diese Haare verbieten oder erschweren aber auch kleinen Honigräubern den Zutritt, während die langrüsseligen Kreuzungsvermittler vermöge ihres langen Saugapparates leicht zum Honig gelangen. Die Blüten werden in erster Linie von Hummeln besucht. H. Müller beobachtete in den Alpen saugend: Bómbus altícola, B. Lappónicus und B. terréstris, B. Lindman in Norwegen B. alpínus und B. agrórum. — Die Hummel hängt sich an die auswärtsgekrümmten Kronzipfel. Beim Einführen des Rüssels werden Narbe und Antheren gestreift und das Insekt bepudert sich mit Blütenstaub, den es einige Augenblicke später andern Blüten zuträgt. Auch Falter und kleine gelbe Blasenfusslarven (Thrips) wurden als Blütenbesucher beobachtet. Neben der Fremdbestäubung kann aber auch Selbstbestäubung eintreten, sei es, dass Pollen aus den Antheren direkt auf den vorstehenden Rand der klebrigen Narbenlappen fällt und dort festgehalten wird, sei es, dass der Pollen an den rauhen Haaren der Kronröhre hängen bleibt — was oft der Fall ist — und so in Berührung mit der Narbe kommt. Bei Pflanzen aus den norwegischen Hochgebirgen (Dovrefjeld) fand Lindman die gehörnten Anhängsel der Antheren viel schwächer entwickelt und die Narbe tiefer gelappt, als bei den alpinen Exemplaren. Es wird dies in Zusammenhang gebracht mit dem spärlichen Insektenbesuch; die Selbstbefruchtung wird dadurch erleichtert. Von parasitären Pilzen sind zu nennen: Die mit dem Goldschleim der Alpenrose verwandte Chrysomýxa Arctostáphyli Dietel, bisher in Mitteleuropa nicht nachgewiesen; sie ist aus Nordamerika bekannt, wo auch Exobasídium Karsténi Sacc. et Fr. auf A. Uva-ursi festgestellt wurde. In den Alpen befällt Exobasidium Uvae-ursi (Maire) Juel die Blätter und färbt sie auffallend braunrot (Simplonhospiz 2035 m, Les Pontis und zwischen Sierre und Chippis im Wallis). Zweifelhaft erscheint Gloeospórium? exobasidioídes Juel, das von Fischer zwischen Binn und Imfeld im Wallis gesammelt worden ist. Von parasitären Discomyzeten seien erwähnt Coccomýces quadrátus (Sch. et Kze) Karst. (Berner Oberland, Simplon) und Phácidium Arctostáphyli Karst. (Norditalien), von Perisporíneen Asterína conglobáta B. et C. auf lebenden Blättern in Nordamerika, von Sphaeropsídeen (Fungi imperfecti) Diplódia arbutícola und Sporonéma obturátum (Fr.) Sacc. auf dürren Zweigen, in Schweden. Eine Gallmilbe verursacht Missbildung der Knospen. Israël nennt die Räupchen verschiedener Falter, die an den Pflanzenteilen von Arctostaphylos- und Vaccinium-Arten leben, so jene von Anárta cordígera Thunb. und A. Lappónica Thunb., von Argyroplóce sauciána Hb., A. bipunctáta F., A. mygindána Schiff. und A. arbutélla L. sowie von Olethreútes metallícina Hb.

Die Art ist fossil in Diluvialablagerungen von Grossbritannien (Bovey Tracey), der Schweiz (Krutzelried bei Schwerzenbach (unweit Zürich), von Lothringen, Schweden, Deutschland und der ostbaltischen Küste bekannt. Die meisten dieser Vorkommnisse liegen in den sog. „Dryastonen" und sind glazialen Alters; einige sind interglazial (Ohlsdorf bei Hamburg, letztes Interglazial, Motzen).

Die Bärentraube ist eine alte, nordische Heilpflanze. Im 12. Jahrhundert wird sie in dem englischen Arzneibuch Meddygon Myddffai genannt. In Mitteleuropa gelangte sie jedoch erst verhältnismässig spät zur Beachtung, so dass sie auch volkskundlich wenig hervortritt. Erst im 18. Jahrhundert begannen spanische, italienische und französische Aerzte sie zu verwenden; in Deutschland ist sie seit dem Anfang des 19. Jahrhunderts offizinell. Die sonderbar klingenden, in einzelnen Kräuterbüchern und Drogenlisten sich vorfindenden Bezeichnungen „Jakuspapuk" und „Jakuslapuk" sind nach H. Marzell finnischer Herkunft. Die vom April bis Juni von wildwachsenden Pflanzen gesammelten und getrockneten, immergrünen, brüchigen Blätter (Fólia Uvae úrsi, F. Arctostáphyli, hérba Gayúbae, enthalten 1,6 bis 3,5 % Arbutin, einen Hydrochinon-d-Glukoseäther von der Formel $C_{12}H_{16}O_{17}$) und bisweilen (in braunen Blättern) seine durch Fermente (Emulsin, Arbutase) bedingten Spaltungsprodukte Hydrochinon (p-Dioxybenzol) und Glykose, ferner Methylarbutin ($C_{13}H_{18}O_7$), Urson ($C_{30}H_{48}O_3$), das Enzym Arbutase, 30 bis 34 % „Gerbstoff", zirka 6 % Gallussäure, Gallotannin, Ellagsäure ($C_{14}H_6O_8$) und Ellagitannin, einen gelben Farbstoff ($C_{15}H_{10}O_7$, jedoch kein Quercetin), Zitronensäure, Chinasäure (0,169 %, die bei der Oxydation Hydrochinon liefert), Ameisensäure (Spuren), 0,01 % ätherisches Oel, jedoch kein Ericolin. Die Droge findet allgemein als Extractum Uvae ursi fluidum, als Tee, Pilulae antigonorrhoicae, Uropurin-Trockenextrakt Anwendung als Adstringens und Diureticum, als Spezificum gegen Blasen-, Harn- und Nierenleiden, sowie bei Steinkrankheiten, ganz besonders bei Formen von chronischem Blasenkatarrh (Cystitis). Die therapeutische Wirkung beruht nicht auf der Adstringierung durch die Gerbsäure, sondern ist eher den desinfizierenden und antizymotischen Eigenschaften zweier Spaltungsprodukte, dem Pyrogallol aus der Gerbsäure und dem Hydrochinon aus dem (1852 von Kawallier in den Arctostaphylos-Blättern entdeckten) Glykosid Arbutin zurückzuführen. Beide kommen im Harn als „gepaarte Schwefelsäure" vor und werden bei alkalischer Reaktion (Cystitis!) gespalten und zu grünschwarzen oder braunen Produkten oxydiert. Der auf diese Weise braun gefärbte Harn gibt dem Patienten oft zu unnötiger Beunruhigung Veranlassung. Die alkalische Reaktion des Harnes wird durch die Anwesenheit von Mikroorganismen bedingt, die aus dem Harn Ammoniakverbindungen abspalten. Eine konzentrierte Abkochung aus den Blättern wird als wehenbefördernd empfohlen. Neuerdings gelangt „Uvalysatum Bürger" (Dialysat aus Folia Uvae ursi) als prompt wirkendes, schmerzstillendes und sekretionshemmendes Harnantiseptikum in den Handel. In der Volksmedizin wird der Bärentraubentee auch gegen Enuresis noctúrna (Bettnässen), Pollutionen, bei chronischer Leucorrhoe und bei chronischem Durchfall angewendet. In den Blüten ist der Farbstoff Quercetin ($C_{15}H_{10}O_7$) vorhanden, wahrscheinlich auch Myricetin. Von Verfälschungen kommen bei uns besonders die Blätter von Vaccinium Vitis-Idaea (Blätter jedoch auf der Unterseite punktiert!) und von Buxus sempervirens (Fig. 2671) in Betracht, die durch einfache chemische Reaktionen zu erkennen sind. Die mehligen Beeren werden im Norden (in Norwegen „Melbaer" geheissen) dem Brot beigemischt. Mit Wasser gekocht geben sie einen guten Syrup. Ehedem diente das Kraut auch zum Gerben (namentlich des Saffians), zum Schwarz- und Graufärben der Wolle, von Leder usw. Um Bozen kamen die Blätter ehedem unter dem Namen „Bergrauschlaub" als schlechtes Surrogat des Cotinus Coggygria in den Handel. Gelegentlich werden die Blätter dem Tabak beigemischt. Die roten Früchte unterscheiden sich von den ähnlichen der Preisselbeere durch die am Grunde vorhandenen Kelchreste (Fruchtknoten oberständig!).

**2149. Arctostaphylos alpína** (L.) Sprengel (= Arbútus alpína L., = Uva úrsi alpína Gray, = Mairánia alpina Desv., = Arctous[1]) alpina Niedenzu). Alpen=Bärentraube. Franz.: Busserole alpin; engl.: Alpine Bearberry; ital.: Arbuto alpino, corbezzolo delle Alpi. Taf. 206, Fig. 5; Fig. 2673 und 2674.

---

[1]) Von griech. ἄρκτος [árktos] = Bär bezw. ἀρκτῷος [arktóos] = nördlich [das Sternbild des Bären steht im Norden!].

Weit kriechender, teppichbildender Spalierstrauch, mit kurzen, aufstrebenden Endtrieben. Laubblätter sommergrün, meist 3 bis 4 cm (ausnahmsweise bis 6 cm) lang und 1 cm breit, keilig= verkehrteiförmig, am Grunde lang verschmälert, spitzlich, scharf gezähnt, namentlich am Grunde langbewimpert, beiderseits netznervig, oberseits freudiggrün, unterseits graugrün, im Herbst sich purpurn verfärbend, ihre Reste als brauner Kranz am Grunde der neuen Blattsprosse erhalten bleibend. Blütenstand aufrecht, traubig, 2= bis 5=blütig, kurz vor oder gleichzeitig mit den Laub= blättern erscheinend. Blütenstiel vorblattlos oder mit 1 bis 2 kleinen Vorblättern, etwas länger als die nickende Blüte, am Grunde mit breitem, farblosem Tragblatt. Kelch 5=zipfelig, etwa $^{1}/_{4}$ der Kronlänge erreichend; Kelchzipfel drei= eckig, stumpflich oder spitzlich, schwach be= wimpert. Krone grünlichweiss oder rötlich an= gehaucht, eikrugförmig bis glockig=kugelig, $4^{1}/_{2}$ bis $6^{1}/_{2}$ mm lang, nach vorn verjüngt, mit enger Oeffnung, 5=zipfelig. Kronzipfel zurückgeschlagen, rundlich, stumpf, wie das Innere der Kronröhre reichlich steifhaarig. Staubblätter 10, eingeschlossen; Staubfäden gegen den Grund verbreitert und behaart; Antheren sehr kurz zweihörnig (selten Hörner fehlend), mit spitzen, gebogenen Hörnern (Fig. 2673 c bis e). Fruchtknoten kugelig, 5=fächerig, am Grunde von einem 10=wul= stigen Honigring umgeben; Griffel etwas länger als die Staubblätter. Frucht eine kuge= lige, erst grüne, dann rote, schliesslich glän= zend=blauschwarze, saftige, 5=samige Beere. Samen dunkel=violett, etwa 3 mm lang, seitlich zusammengedrückt, halbrund oder schwach nierenförmig, mit gerader innerer Seite; Samen= schale rauh. — V, VI.

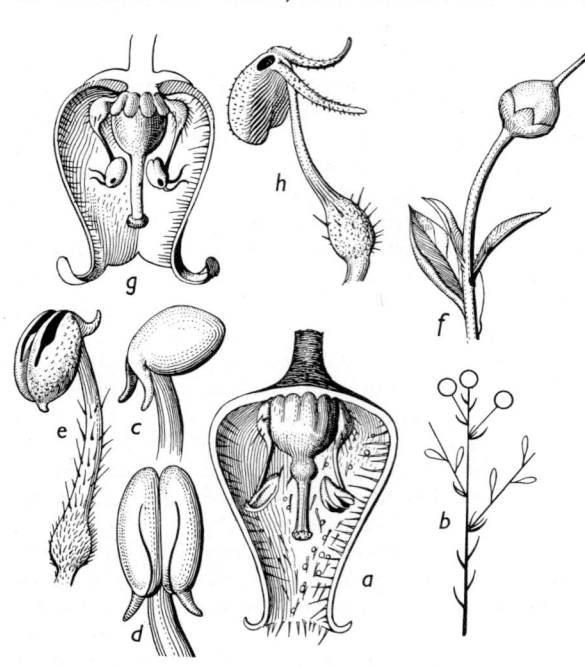

Fig. 2673. Arctostaphylos alpina Spreng. *a* Blüte (geöffnet). *b* Schema eines blühenden Sprosses. *c, d* Junge Antheren. *e* Staub= blatt. *f* Blüte nach der Anthere mit 2 Vorblättern und Tragblatt. — Arctostaphylos Uva-ursi L. *g* Blüte (geöffnet). *h* Staub= blatt (Fig. *a* bis *f* nach K. Amberg, *g* und *h* nach Warming).

In Zwergstrauchheiden, Bergföhren= beständen, im Gesteinsschutt, an Felsen; mässig azidiphil bis neutrophil. Ziemlich verbreitet in der Alpenkette und im südlichen Jura, im Mittel zwischen 1900 und 2500 m.

Die Höhenverbreitung der Art fällt in den obern Teil der subalpinen und in die alpine Stufe. Sie ist aus dem Wallis bis 2410 m angegeben, im Berner Oberland geht sie bis 2500 m (Lüdi briefl.), im Tessin bis 2650 m an der Fibbia (Br.=Bl.); in Graubünden reicht sie von 1660 m (Bargis bis Trins) bis 2660 m am Monte Vago (Br.=Bl.), im Tirol von 1575 m (Sonnenwendjochgebirg) bis 2500 m am Padon Fassano, in Süd= bayern von 1670 bis 2110 m (ab und zu auch tiefer, so: Urschenloch bei Berchtesgaden, Hinterstein 850 m). In den östlichen Alpen bis zum Wiener Schneeberg, dort schon von etwa 1200 m an. Ausserhalb der Alpen= kette in Mitteleuropa nur im südwestlichen Jura (Montagne d'Allemogne über Thoiry; von Thurmann auch vom Chasseral und von der Dôle angegeben; ob hier noch vorhanden?

Allgemeine Verbreitung: Alpenkette, Südwest=Jura, West= und Zentralpyrenäen, Umbrischer Apennin, Illyrische Gebirge (Velebit in Kroatien, Vranica 1800 bis 2000 m), Karpaten (fehlt dem Kaukasus), Jütland, Schottland, Orkney= und Shetland=Inseln, Island, Skan= dinavien bis zum Nordkap, Lappland, Finnland, nördliches Russland; Ural, Altai, Dahurien, Baikalgebiet, nördliches Sibirien (Lena=Mündung bei 72°′ nördl. Breite), Nowaja Semlja, Kamtschatka, Gebirge von Nippon, Thianschan; boreales Nordamerika, südlich bis zu den

White Montains in New Hampshire zirka 44° nördl. Breite, nördlich bis Nord Devon Land (Northumberland Inlet 76° 45´ nördl. Breite), Rocky Mountains, Ostgrönland, Westgrönland.

Niedenzu und nach ihm Drude (in Engler's Pflanzenfamilien) fassen Arctostaphylos alpina als monotypen Vertreter einer eigenen Gattung Arctous auf, nachdem schon A. Gray sie unter diesem Namen als besondere Sektion abgetrennt hatte. Grund zur Trennung gab Niedenzu die von allen anderen Arten der Gattung Arctostaphylos abweichende Blattanatomie. Während nämlich alle übrigen Vertreter dieser Gattung nicht nur unter sich, sondern auch noch mit denen der Gattung Arbutus eine grosse Uebereinstimmung zeigen, weicht A. alpina so sehr von ihnen ab, dass der Gruppencharakter der Arbuteae, der sonst ein sehr ausgeprägter sein würde, erheblich verringert wird. Die Unterschiede liegen einmal im Bau der Spaltöffnungen, die sehr einfach gebaut sind, indem sich die Schliesszellen im Gegensatz zu denen der übrigen Arctostaphylos-Arten kaum von den eigentlichen Epidermiszellen unterscheiden und keine äussere Atemhöhle besitzen. Ferner ist die Epidermis bei A. alpina aus einer Schicht von dünnwandigen, niedrigen, breiten Zellen gebildet; Deckhaare fehlen, die Drüsenhaare stellen den ursprünglichsten Typus dar, die Leitbündel entbehren der mechanischen Zellen.

Fig. 2674. Arctostaphylus alpina (L.), fruchtend in Bestand von Empetrum nigrum. Fjäll b. Storlien, Mittelschweden. Phot. Th. Arzt, Wetzlar.

Wie schon Schröter bemerkt, lassen sich wenigstens einige dieser Merkmale aber auch als Anpassungserscheinungen an die sommergrüne Natur des Blattes, welche keinen besonderen Trockenheitsschutz verlangt, auffassen. Da die Blütenmorphologie der Art keine namhaften Unterschiede gegenüber anderen Arctostaphylos-Arten aufweist, halten wir es für angezeigt, sie bei dieser Gattung zu belassen. Der anatomische Bau der Zweige ist dem von A. Uva-ursi ähnlich.

Wie A. Uva-ursi so ist auch A. alpina als humusschaffende und bodenbindende Art namentlich im Kalkgebirge von Wichtigkeit. Im Gegensatz zu ersterer zieht sie aber Schattenanlagen (N-, W-, O-Exposition) und frischen Boden vor, liebt auch längerdauernde Schneebedeckung. Sie zeigt eine unverkennbare Vorliebe für schwachsaure Böden, ist aber auch auf kalkarmen Schiefern (Casannaschiefer), Gneis und Granit nicht selten anzutreffen. Sie fehlt jedoch streckenweise den reinen Silikatmassiven, so im Tessin dem ganzen Zentralstock der Maggiaalpen südlich des Campo Tencia, den Bergen von Onsernone, Centovalli und Malcantone-Ceneri usw. An mässig steilen, feinerdereichen Hängen kann sie in der Zwergstrauchheide stellenweise die führende Rolle einnehmen. Mit ihr vergesellschaftet finden sich öfter Vaccinium uliginosum und V. Myrtillus, Loiseleuria, Empetrum, Avena versicolor, Deschampsia flexuosa, Leontodon Pyrenaicus, Homogyne alpina, Lycopodium Selago, und von Flechten, Moosen und Lebermoosen: Cetraria Islandica, Cladonia rangiferina, Cl. silvatica, Cl. gracilis, Peltigera aphthosa, Hylocomium splendens und H. Schreberi, Lophozia lycopodioides (so auf Verrucano ob Cierfs). Bei obigem Beispiel handelt es sich um eine Fazies der Empetrum-Loiseleuria Assoziation auf stark saurem Rohhumus-Boden (pH 4.7). Anderwärts, auf alkalischem bis neutralem Boden, wächst die Art mit Rhododendron hirsutum und den Vaccinien oder auch mit Salix retusa und S. arbutifolia.

Ein Bild hinreissenden Farbenzaubers bietet die Herbstfärbung der Zwergstrauchheide an Hängen und Berggräten, wo die Alpen-Bärentraube vorherrscht. Verschwenderisch sind die kräftigen gelben, braunen, violetten und roten Tinten ausgegossen. „Alles aber überstrahlt siegreich die Alpen-Bärentraube durch die innerliche Glut ihrer leuchtend roten Herbstblätter: wie schön gefranste rote Teppiche sind ihre langen schlaffen Triebe über die Felsen hingeworfen; zwischen den Blättern schimmern glänzend schwarz die kirschgrossen Früchte" (Schröter). Das niederliegend-kriechende Sträuchlein bildet Adventivwurzeln, die nach der Lostrennung einzelner Triebe vom Hauptstamm die Funktionen der Hauptwurzel übernehmen. Der Hauptstamm kann ein hohes Alter erreichen; der Jahreszuwachs ist minimal. Kihlman stellte an einem Stämmchen, von bloss zirka 14 mm Durchmesser, gesammelt bei Orlow auf der Halbinsel Kola zirka 67° nördl. Breite mehr als 84 Jahrringe fest; mehrere andere Stämmchen waren 70 und 80 Jahre alt. Die mittlere Jahrringbreite betrug 0,05 bis 0,06 mm. An einem 45jährigen Stämmchen aus den Tiroleralpen 1900 m ü. M. konstatierte Rosenthal 0,093 mm Jahreszuwachs; an einem 41jährigen Stämmchen betrug die mittlere Jahrringbreite 0,17 mm.

Die Blüten sind homogam oder manchmal zuerst für ganz kurze Zeit proterogyn. Im Gegensatz zu A. Uva-ursi, die mit ihren als Schüttelapparat dienenden langen Antherenanhängseln vorzüglich an Insektenbestäubung angepasst ist, scheint bei unserer Pflanze Selbstbestäubung vorzuherrschen. Schon in der Knospe ist die Narbe papillös und stark klebrig, also bestäubungsfähig; man findet sie denn auch schon in der Knospe mit Pollen belegt. Aber auch bei geöffneten Blüten bewirkt jede Erschütterung, dass Pollen auf die tieferstehende Narbe fällt. Schliesslich ist nach K. Amberg (zur Blütenbiologie von A. alpina [L.] Spr. Berichte der Deutschen Botan. Gesellschaft. Bd. XXX, 1912) auch eine dritte Form der Selbstbestäubung möglich: Beim Abfallen der vollerblühten Krone wird durch den Ruck der letzte Pollen aus den auf dem Krongrund stehenden Staubgefässen gerüttelt, und beim Abrutschen der Krone über den Fruchtknoten und den Griffel hin müssen die Haare der Krone und der Staubbeutel über die Narbe streichen, wobei der Pollen, der etwa zwischen den Haaren gefangen war, nun im klebrigen Narbensaft stecken bleibt. Aber auch Fremdbestäubung ist nicht ausgeschlossen und geht in ähnlicher Weise vor sich wie bei A. Uva-ursi. Doch sind die Antherenanhängsel bei A. alpina so klein und stumpf, dass sie als Schüttelapparate nicht in Betracht kommen. Auch fehlen sie nach Warming bei nordischen Exemplaren manchmal vollständig. Es scheint sich hier um Kümmerorgane in Rückbildung zu handeln, die im Verschwinden begriffen sind. A. alpina wäre demnach eine im Uebergang von der Fremdbestäubung zur Selbstbestäubung befindliche Art. Hiefür sprechen auch die wenig auffälligen, oft unter ungünstigen Witterungsverhältnissen blühenden, kleinen und farblosen Blüten; doch ist die Honigabsonderung immer noch reichlich. Im rauhen und unbeständigen Frühsommer 1912 fahndete Amberg am Pilatus mehrmals stundenlang vergeblich nach blütenbesuchenden Insekten; trotzdem trat am nämlichen Standort sehr reichliche Fruchtbildung ein. Anderwärts sind Hummeln (Bómbus Lappónicus, B. niválís) als Blütenbesucher beobachtet worden. Die saftigen Beeren werden von Schneehühnern, Wacholderdrosseln, Krähen (Córvus córnix), Kolkraben (wohl auch von Stein- und Birkhühnern) gefressen und ihre Samen im Kot abgelegt. In Skandinavien sind auch Fels- und Heidepieper Samenverbreiter. Die Samen keimen langsam und sind nur schwer zum Keimen zu bringen. Ueberreife Samen, die der Bearbeiter im Herbst bei 2150 m sammelte, hatten nach mehreren Monaten, bei Abbruch des Versuchs noch nicht gekeimt. — Die Pflanze fehlt heute völlig im Alpenvorland, auf den Deutschen Mittelgebirgen und im Flachland, kommt dagegen als Seltenheit noch an einer Stelle in Westjütland auf einer Heide bei Dejbjerg als Glazialrelikt vor. Ihre fossilen Reste sind wiederholt in Glazialablagerungen von Dänemark, Schweden und der ostbaltischen Küste in Begleitschaft der sog. „Dryasflora" nachgewiesen worden. — Von parasitären Pilzen seien hervorgehoben: Thecóspora spársa (Wint.) Magnus, die Uredo- und Teleutosporen, während die Aecidien des wirtwechselnden Rostpilzes die Rottanne befallen (Alpen: Diemtigtal, Wengernalp, Leistkamm, Ofenberg); Exobasídium Vaccínii-Myrtílli (Fuck.) Juel, als weissmehliger Ueberzug an der Blattunterseite, bewirkt Sprossverlängerung und Absterben der Blätter (Alpen: mehrfach im Engadin usw.); Ventúria alpina Sacc., auf lebenden Blättern in Nordtirol: Asteróma alpínum Sacc. (Norditalien). In Dänemark, wo die Art als Glazialrelikt isoliert vorkommt, ist sie durch Ankauf eines Heidegeländes geschützt.

## DLXVI. **Arbútus**[1]) L. Erdbeerbaum.

Die Gattung umfasst etwa 25 Arten, zumeist Bäume. Fünf Arten finden sich auf Makaronesien, im Mittelmeergebiet und im Orient, die übrigen sind nordamerikanisch; eine Art wird aus Chile beschrieben. Das Artenzentrum liegt in Mexiko. A. Menziésii Pursh, der 20 bis 30 m hohe Madroñabaum aus den pazifischen Staaten der Union, gilt als die härteste und schönste Art und kommt für die wärmsten Lagen Mitteleuropas als Parkbaum in Betracht. Seine Früchte sind glänzend orangerot.

In Europa ausser unserer Art noch der orientalische A. Andráchne L. (= A. integrifólia Lam., = A. Siebéri Klotzsch) in Griechenland, der sich durch meist ganzrandige, am Grund gerundete und meist gestutzte 1,5 bis 3 cm lang gestielte Laubblätter und mehr gewundene, weniger straffe Verzweigung unterscheidet (kultiviert noch in Dürkheim, Pfalz). Der Bastard A. Unedo × A. Andrachne (= A. andrachnóides Link) ist nicht selten anzutreffen; gelegentlich befindet er sich auch in Kultur. In der Kolchis kommt er wild vor, obschon dort die Stammarten fehlen.

---

[1]) Name des Erdbeerbaumes (A. Unedo) bei den Römern (z. B. bei Vergil, Horaz, Columella).

**2150. Arbutus Unédo**[1]) L. (= A. vulgáris Bub., = Unedo edúlis Hoffm. et Link). **Erdbeer= baum, Sandbeere.** Franz.: Arbousier, fraisier en arbre; engl.: Strawberry tree; ital.: Albatro, corbezzolo; an der Adria: Planika. Fig. 2675 und 2676.

Bis 10 m hoher Baum oder Bäumchen mit kahlem, rotbraunem Stamm und eben= solchen Zweigen. Junge Triebe ± drüsigzottig. Laubblätter glänzend, lorbeerähnlich, kahl, derb ledrig, immergrün, breit=eilanzettlich, beiderseits zugespitzt, kurzgestielt; Blattrand etwas nach unten umgebogen, scharf gezähnt. Blütenstand eine reichblütige (bis 40 und mehr Blüten), vielfach zusammengesetzte Traube. Blüten ei=krugförmig, 7 bis 8 mm lang, grünlich=weiss, auf ungefähr gleichlangen Stielen in den Achseln breit=eiförmiger, spitzer, rötlichgefärbter Trag= blätter. Kelch mehrmals kürzer als die Krone; Kelchblätter breit=rundlich=dreieckig, dachig über= einandergreifend, fein bewimpert. Krone innen behaart, mit 5 breiten, stumpfen Zipfeln. Staub= blätter 10, eingeschlossen, am Grunde der Krone angeheftet; Staubfäden am Grunde stark ver= breitert, dicht mit langen, weissen Haaren besetzt; Antheren an der Spitze mit 2 Löchern sich öffnend, mit langgeschwänzten Anhängseln versehen. Frucht= knoten 5=fächerig; Griffel die Staubblätter überragend, so lang wie die Krone. Frucht eine fleischig= mehlige, 1 bis 2 cm breite, höckerige, zuerst grüne, dann zitronen= bis orangegelbe, zuletzt rote, erd= beerähnliche Beere. Samen in jedem Fach 4 bis 5, länglich, braun, 3 mm lang. — (X) I bis II (vereinzelt bis IV). Blüte und Fruchtreife gleichzeitig.

Charakterart der mediterranen Macchie; ein Hauptbestandteil der periodisch kahlgeschlagenen Niederwälder, besonders auf kalkarmen Roterde= Böden. Nordwärts selten und nur vereinzelt in die Quercus sessiliflora=Zone übergreifend. Im

Fig. 2675. Arbutus Unedo L. *a* Blühender Zweig. *b* Blüte (aufgeschnitten). *c* Staubblatt.

Gebiet einzig am Monte Baldo im Valle del Artilone bei Aque negre 1300 bis 1500 m (in einem Exemplare von V. Pellegrini entdeckt; hier schon 1566 von Calzolari angegeben). Kultiviert namentlich in Südtirol (Arco, Toblino, Bozen, Meran) und in der Südschweiz.

Allgemeine Verbreitung: Mediterran=Region von Portugal bis Griechenland und Kleinasien, sowie in Nordafrika, ferner längs der atlantischen Küste bis zur Charenthe inférieure. Isoliert bei Paimpol (Côtes=du=Nord) und im westlichen Irland in Quercus sessili= flora=Wäldern. In Südfrankreich nördlich bis in die mediterranen Sevennentäler. Oester= reichisches Küstenland.

Aendert wenig ab. Nach der Blattform und Berandung werden unterschieden: f. serratifólia (Salisb.) mit feingezähnten Laubblättern; f. integérrima (Sims.) mit völlig ganzrandigen Laubblättern, f. crispa (DC.) Laubblätter gezähnt und zugleich mit wellig-krausem Rand; f. salicifólia (Rouy) Laubblätter schmal, fast ganzrandig. Aus Griechenland ist eine Form mit kreiselförmiger Frucht (var. turbináta Pers.) bekannt.

In der Quercus Ilex=Assoziation der dominierenden Art meist untergeordnet, kann Arbutus Unedo aber auch selbst herrschend werden (Korsische Macchie). Die Begleitflora weist nur lokale Verschiedenheiten auf, bleibt sich aber im grossen und ganzen auf weite Strecken sehr ähnlich und besteht aus zahlreichen

---

[1]) Bei Plinius und Columella Name für die Frucht des Erdbeerbaumes. Nach Plinius des= wegen so benannt, weil man satt ist, wenn man von den vielerorts nur wenig geschätzten Früchten nur „eine" (lat. únus) isst (lat. édo = ich esse).

hartlaubigen Sträuchern wie Rhamnus Alaternus, Myrtus communis, Phillyrea media und Ph. angustifolia, Viburnum Tinus etc., aus Lianen: Smilax aspera, Clematis flammula, Rosa sempervirens, Lonicera implexa, Rubia peregrina etc., aus lichtfliehenden Unterholz- und Bodenpflanzen wie: Ruscus aculeatus, Arisarum vulgare, Cyclamen, Farnen, Moosen und Flechten, welchen sich an offenen Stellen zahlreiche monokarpische Therophyten (Einjährige) zugesellen. Zu ihrer besten Entwicklung gelangt der Arbutus-Niederwald in Gebieten, die bei erhöhter Jahreswärme und milden Wintern reichliche Niederschläge empfangen und wo die Luftfeuchtigkeit während eines Teiles des Jahres hoch ist. Im eigentlichen Mittelmeerbecken ist dies namentlich in der Montanstufe der Fall. In den Trockengebieten von Südostspanien und am südöstlichen Rand des Mittelmeeres fehlen daher Arbutus-Macchien ganz; dagegen sind sie an den Küstengebieten Süd- und Mittelportugals gut entwickelt. Die Art ist mit Bezug auf die Bodenunterlage wenig wählerisch, zieht aber im allgemeinen kalkarme Böden vor. In Südwest-Irland wo der Erdbeerbaum gewaltige Dimensionen annehmen kann (bis 2,4, ja bis 4,2 m Umfang) wächst er auf flachgründigem und tiefgründigem Boden über Sandstein und Kalk. Wie für Laurus nobilis und Olea Europaea dürfte für sein Vorkommen in Südwesteuropa und seine Nordostgrenze die mittlere Minimaltemperatur des Winters ausschlaggebend sein. Bei einem mittleren Minimum von — 6 bis 7° C gedeiht er noch gut; er dringt sogar in Südfrankreich in Gebiete die — 7 bis 8° C mittl. Winterminimum aufweisen. Ausserordentliche Kältegrade von 10 bis 15° unter Null können ihm zwar schaden, töten ihn aber nicht. Seine horizontale und vertikale Verbreitung reicht stellenweise über jene der Quercus Ilex-Macchien hinaus (Westeuropa, insubrisches Gebiet), anderwärts bleibt sie hinter derselben zurück (Sevennen Südfrankreichs, Nordafrika). So erreicht er in den Südsevennen schon bei 600 m seine obere Grenze (Quercus Ilex bei 1200 im Maximum); im hohen Atlas östlich von Marrakesch steigt er bis 1500 m (Quercus Ilex bis 2500 m).

Die mehlige Frucht (franz.: arbouse, an der Adria: maginja) schmeckt ausgereift süss und wird in Süd-Europa gegessen, da und dort auch zu Konfitüre eingekocht; durch Gärung wird aus den Beeren lokal Alkohol, Wein, Branntwein und Likör gewonnen. Rinde und Blüten finden bei Diarrhöen Anwendung; die Rinde enthält Andromedotoxin. Die Chemische Analyse der Beeren ergibt: $H_2O$ = 93,4 bis 74,48 %, Apfelsäure = 0,74 bis 0,97 %, Pektinstoffe = 1,81 bis 1,86 %, Zucker nach der Inversion = 15,71 bis 16,11 %, Stickstoff = 0,81 bis 1,02 %, Asche = 0,65 bis 1,12 %. Der Zucker ist zur Hauptsache Fructose, nur wenig Glukose. Die Samen enthalten 32 bis 39 % fettes Oel (Sandbeeren-Oel) mit Oel-, Palmitin-, Linol- und Isolinolensäure, 3,70 % Stickstoff, 10,08 % Zellulose, 11,39 % Wasser und 2,41 % Asche.

Fig. 2676. Arbutus Unedo L. Phot. Georg Eberle, Wetzlar.

Die Früchte reifen sehr langsam, so dass man sie oft noch an einem Baume vorfindet, der bereits wiederum neue Blüten trägt (Fig. 2676). Es gilt somit Goethes Wort vom Erdbeerbaum: „Alles ist zugleich zu finden: Knospen, Blätter, Blüten, Frucht". Die Art besitzt ein weitgehendes Ausschlagsvermögen und ist befähigt sich nach Kahlschlag oder Brand innerhalb kurzer Zeit durch Wurzelschosse zu erneuern. Sie liefert ein wertvolles Brennholz, das in Südfrankreich mit Quercus Ilex-Holz gemischt in Bündeln samt Zweigen und Laubblättern zur Heizung der Backöfen verwendet wird; es eignet sich auch zum Brennen der Holzkohle. Aus dem Holze sollen dereinst die Griechinnen ihre Webstühle hergestellt haben. Dem römischen Volke dienten die Zweige als Zaubermittel. Dreimal wurden mit ihnen die Pfosten und Schwellen der Türen berührt, um vampirähnlichen Geschöpfen, die des Nachts den Kindern in der Wiege das Herzblut aussaugen sollten, den Eingang zu verwehren. Während der Strauch nördlich der Alpen in Glashäusern überwintert werden muss (Blütezeit im Winter!), ist er in Südtirol und in der Südschweiz vollständig winterhart. In Arco gibt es Bäume mit 66 cm Stammumfang. In Südeuropa (Korsika) wird die Pflanze als Vorlage für dekorative Malereien verwendet.

Die bereits im November sich öffnenden, schneeweissen oder rötlichweissen, an die Maiglöckchen (Convallaria majalis) erinnernden Blüten sind deutlich proterogyn und zeigen in ihren Bestäubungsverhältnissen grosse Aehnlichkeit mit jenen von Arctostaphylos Uva-ursi (pag. 1660). Bei Pola wurde in den Spätherbst- und Wintermonaten Bómbus argilláceus Scop. und eine Erdhummel saugend beobachtet. Elster und Eichelhäher sind als Samenverbreiter nachgewiesen. Die nördlichsten Vorposten der Art auf dem Kontinent, niedrige Büsche, schmiegen sich in warme, südexponierte Felsnischen und wurzeln oft in Spalten. Von den zahlreichen parasitären Pilzen, die auf A. Unedo vorkommen, seien angeführt: Phyllostícta Arbúti-Unédonis (Frankreich), Discósia vágans De Not. (Italien), Ascochýta Unédonis Sacc. (Frankreich), Gloeospórium ánceps Sacc. (Sizilien), Pestalózzia depazaefórmis Auersw. (Südtirol), Fusídium verrucósum (Algier), Cercóspora Moelleriána Wint. (Spanien). Die Mehrzahl der Arten schmarotzen auf den lebenden Blättern; sie zählen zu artenreichen Gattungen der Fungi imperfecti und sind im allgemeinen noch wenig bekannt. Der Stich einer Aphide bewirkt die Krümmung der jungen Blätter nach der Unterseite (Portugal).

## DLXVII. Vaccínium[1]) L. Heidelbeere. Franz.: Airelle; engl.: Bilberry; ital.: Bagole, Baccole.

Halbsträucher oder Sträucher mit wechselständigen Laubblättern. Blüten in ± reichblütigen Trauben (selten einzeln) achsel- oder endständig. Kelch oberständig, 4- bis 5-zähnig, in der Knospenlage dachig, mit dem Fruchtknoten bis oben verwachsen. Krone meist krugförmig bis kugelig-krugförmig oder ± offen, glockig (V. Vitis-Idaea, V. arbóreum, V. stramíneum usw.), selten zylindrisch (V. vacíllans), mit 4 bis 5 Zähnen oder Lappen, abfallend. Staubblätter 8 bis 10, meist doppelt so viele als Kronzipfel, am Rand eines polsterförmigen oder flachen, meist 10-kerbigen Diskus eingefügt, gewöhnlich behaart, frei; Staubbeutel 2-hörnig, mit oder ohne gesporüte Anhängsel, 2-fächerig, an der Spitze mit Poren sich öffnend. Griffel mit vorgestreckter, ± kopfiger Narbe. Fruchtknoten unterständig, vom Achsenbecher umschlossen, 4- bis 5-fächerig (bei unseren Arten), bis 10-fächerig bei den Arten der Sektionen Cyanocóccus und Batodéndron; Fächer mit mehreren anatropen Samenanlagen. Frucht eine weiche, dünnhäutige, meist saftige oder mehlige Beere mit in der Regel 4 bis 5 (selten 2 bis 10) vielsamigen Fächern.

Die Gattung umfasst etwa 200 Arten, wovon etwa 8/8 im südöstlichen Asien (Malayisches Archipel, Neu-Guinea, Vorder- und Hinterindien, Himalaya, China, Japan), gegen 2/8 in Nordamerika, etwa 1/8 in Süd- und Mittelamerika, namentlich in den Anden von Columbien, Ecuador, Peru und Bolivien vorkommen. Das in Ecuador als „mortino" bekannte Vaccínium floribúndum wächst dort in Masse zwischen 3000 und 4000 m; die kleinen Früchte haben einen angenehmen Geschmack. Drei Arten sind von den Sandwich-Inseln, 2 von Samoa bekannt. Einige wenige Arten der Sektionen Eúvaccinium und Neurodésia sind in Nordostsibirien und in den Beringsmeerländern zu finden, eine Art (V. Arctostáphylos) in Kleinasien, Armenien und im Westkaukasus bis 2000 m. V. Arctostáphylos liefert den sogen. „Brussa"- oder „Trapezunttee", der in den Handel kommt. Ferner zählen 2 „Kutais"-Arten der sonst fast ausschliesslich Mittel- und Nordamerikanischen Sektion Batodendron (V. Maderénse und V. cylindráceum) zu den Endemismen der Azoren und Madeiras, während 6 Arten einer besonderen Sektion, Cinctosándra, Madagaskar bewohnen. Nur eine dieser 6 Arten hat das afrikanische Festland (Mozambique) erreicht (V. Emirnénse). Es ist dies die einzige Vaccínium-Art des schwarzen Erdteils. Die Ausnahmestellung Madagaskars beruht auf der vom Lias bis zur oberen Kreide und vielleicht bis ins Alttertiär bestehenden „lemurischen" Landbrücke zwischen dem heutigen Vorderindien und Madagaskar, die ja durch unzählige andere biographische Belege gesichert und auch von den Geologen als feststehend betrachtet wird. Die Sektion Cinctosandra stellt somit einen Zweig der malayischen Urtypen der Gattung dar. Der europäische Kontinent besitzt nur die 3 mitteleuropäischen, zirkumpolar verbreiteten Arten. Sie haben sich, ihren verwandtschaftlichen Beziehungen nach zu schliessen, vom arktotertiären Stamm — am ehesten in Nordamerika — abgetrennt und sind — wenigstens teilweise — schon im Jungtertiär zu uns gekommen. Sehr gut erhaltene Reste von Vaccinium uliginosum finden sich nämlich bereits im Pliozän des französischen Zentralmassivs. Mehrere Vaccinium-Arten wurden nach Blattresten aus dem mittleren Miozän von Europa beschrieben.

---

[1]) Bei Plinius (Nat. hist. 16, 77) Bezeichnung der Heidelbeere. Sollte das Wort ähnlich wie der niederdeutsche Volksname „Kuhteke" (vgl. pag. 1675) zu lat. vácca = Kuh gehören? Auch eine Beziehung zu lat. bácca = Beere ist denkbar.

Ausserordentlich gross ist die Zahl der auf Vaccinien parasitisch lebenden Pilze. Einige derselben sind durch ihr häufiges Erscheinen und die Veränderungen, welche sie an den Nährpflanzen hervorrufen, besonders auffällig. Insbesondere seien hervorgehoben der Rostpilz Calyptóspora Goeppertiána Kühn und Exobasídium Vaccínii (Fuckel). Die Calyptospora wuchert in den Rinden- und Epidermiszellen der Zweige und bewirkt durch ihren Reiz eine Verlängerung und starkes Anschwellen derselben (Taf. 206, Fig. 8 b). Die Teleutosporen werden in der Oberhaut gebildet und infizieren durch ihre Sporidien weitere Vaccinien oder aber Abies alba und andere Abies-Arten. Auf diesen Koniferen entstehen dann die becherförmigen Aecidien. Bei uns auf V. Vitis-Idaea, ferner auf zahlreichen amerikanischen und sibirischen Vaccinium-Arten. Wohl noch häufiger ist Exobasídium, das an zahlreichen Arten auftritt. Statt der Aepfelchen wie bei der Alpenrose, entsteht hier durch den Pilzreiz eine löffelförmige Aufblähung und Verkrümmung der Laubblätter. Stengel und Blattoberseite färben sich leuchtend rot; die Blattunterseite ist durch die Sporen wie mit Mehl bestreut. Auf unseren 3 Vaccinium-Arten, besonders aber auf V. uliginosum und V. Vitis-Idaea schmarotzt Exobasídium Vaccínii uliginósi Boudier, die Laubblätter leuchtend rot färbend, ferner Exobásidium Vaccínii Myrtílli (Fuck.) Juel und E. Vaccínii (Fuck.) Woron. Häufig, namentlich in den Alpen, ist auch der Rostpilz Thecópsora Vacciniórum Karst., dessen Teleuto- und Uredosporen auf unseren 3 Vaccinien schmarotzen, während der Aecidienwirt im Gebiet unbekannt ist. In Nordamerika wird die Konifere Tsúga Canadénsis von Th. Vacciniorum infiziert. Von den Dyscomyzeten sind wichtig die Arten der Gattung Sclerotínia, welche die Mumifizierung, die Verhärtung der Früchte verursachen (vgl. Fig. 2681). Weitere Blattschmarotzer, meist auf lebenden Blättern sind Arten der Gattungen Phacídium, Lophodérmium, Physalóspora, Ventúria, Sphaerélla, Dothidélla, mehrere Perisporíneen, sowie zahlreiche Fungi imperfecti. Jede einzelne Vacciniumart besitzt ferner ihren Wurzelpilz (Mykorrhiza) aus der Gattung Phóma. — Auch von tierischen Schädlingen werden die Vaccinien öfter heimgesucht. An allen unseren einheimischen Arten bewirken Gallmücken und Gallmilben Einrollen, Faltung und Runzelung der Blätter sowie Gallenbildung.

Die Vaccinien sind schwach proterogyne oder homogame Bienenblumen oder Blumen mit verborgenem Honig. Der Nektar wird von einem wulstigen Aufsatz des Fruchtknotens abgesondert.

Die endozoische Samenverbreitung spielt bei der Gattung eine grosse Rolle und hat zur weiten Ausdehnung des Areals mancher Arten beigetragen; die Beeren werden von zahlreichen Vögeln der verschiedensten Ordnungen gefressen (siehe bei den einzelnen Arten). Sie finden vielfach Verwendung zur Herstellung von Kompott, Konfitüren, Fruchtsäften, Beerenwein und andern alkoholischen Getränken; auch frisch oder getrocknet werden sie genossen oder in der Heilkunde verwendet (so ausser den einheimischen Arten die im südlichen Nordamerika heimischen V. arbóreum Marsh., V. crassifólium Andr. u. a.). Als Ziersträucher fanden einige fremde Arten in unsere Gärten Eingang; immerhin sind sie noch nicht sehr verbreitet. Die wichtigsten sind im Artenschlüssel aufgeführt.

1. Antheren mit spornartigem Anhängsel . . . . . . . . . . . . . . 2.
1*. Antheren ohne Anhängsel . . . . . . . . . . . . . . . . . 6.
2. Krone offenglockig, 5-lappig. Staubfäden behaart. Frucht 10-fächerig . . . . . . . . . . . . . . . . . . . . . . . . . . . Sekt. Batodéndron (A. Gray) 3.
2*. Krone elliptisch- oder kugelig-krugförmig. Staubfäden kahl. Frucht 4- bis 5-fächerig . . . . . . . . . . . . . . . . . . . . . . . . . . . Sekt. Euvaccínium (A. Gray) 4.
3. Bis 9 m hoher Strauch oder kleiner Baum mit fein behaarten oder verkahlenden Zweigen. Laubblätter glänzend grün, ganzrandig oder schwach gezähnelt, verkehrt-eiförmig, etwa 2,5 bis 5 cm lang und 1,2 bis 3 cm breit, beim Trocknen mit scharf hervortretender Nervatur. Blüten unter dem Kelch abgegliedert, weiss, selten rosa. Staubfäden nicht hervorragend. Beeren schwarz, 5 bis 6 mm breit. Südoststaaten der Union. V, VI . . . . . . . . . . . . . . . . . . . . V. arbóreum Marsh.
4. Laubblätter eiförmig, fein kerbig-gezähnt. Blüten einzeln, blattachselständig . . . . . . . . . . . . . . . . . . . . . . . . . . V. Myrtíllus L. nr. 2152.
4*. Laubblätter ganzrandig . . . . . . . . . . . . . . . . . . . . 5.
5. Zweige grün oder gelbbraun, kantig. Laubblätter eiförmig, ganzrandig, oberseits satt-, unterseits bleichgrün. Blüten zirka 2 bis 4 cm lang, eikrugförmig. Beeren blauschwarz, säuerlich. Sparriger, bis 1,5 m hoher, kahler Strauch. Nordamerika, Japan. V. . . . . . . . . . . . V. ovalifólium Smith.
5*. Zweige rötlichbraun oder graubraun, stielrund. Laubblätter verkehrteiförmg oder länglich verkehrteiförmig . . . . . . . . . . . . . . . . . . . . . V. uliginósum L. nr. 2153.
6. Blüten glockig bis zylindrisch. Frucht meist 10-fächerig, schwarz oder blau . . . . . . . . . . . . . . . . . . . . . . . . . . . Sekt. Cyanocóccus (A. Gray) 7.
6*. Blüten elliptisch oder kugelig-krugförmig. Frucht 4- bis 5-fächerig, rot. Sekt. Vitis-Idǽa Koch 10.

7. Laubblätter jung beiderseits auf den Nerven und fast stets unterseits auch auf der Fläche behaart . . . . . . . . . . . . . . . . . . . . . . . . . . . . . . . . . . . . . . . . . . . 8.

7*. Laubblätter kahl (vgl. indessen V. Pennsylvánicum var. myrtilloides) . . . . . . 9.

8. Zweige und Laubblätter abstehend borstlich behaart, Zweige dicht-feinwarzig. Bis 0,6 m hoher Zwergstrauch mit kleinen, ganzrandigen, eiförmigen oder lanzettlichen, spitzen Laubblättern. Blüten grünlich-weiss. Frucht schwarzblau, süss. Nördliches Nordamerika VI . . . . V. Canadénse Kalm ap. Rich.

8*. Zweige und Laubblätter nicht borstlich behaart, Zweige nicht dicht feinwarzig. 1 bis 4 m hoher Strauch mit eilanzettlichen zugespitzten Laubblättern, unterseits meist nur auf den Nerven behaart, 2,5 bis 7,5 cm lang. Blütenstand kahl. Blüten weiss oder hellrosa, 6 bis 10 mm lang, breitröhrig. Beeren blau-schwarz, essbar. Vereinigte Staaten: von Minnesota bis Florida und Louisiana. IV bis VI. Harter Zierstrauch. . . . . . . . . . . . . . . . . . . . . . . . . . . . . . . . . . . . . . . . . . . V. corymbósum L.

9. Laubblätter unterseits blaugrau, rundlich-eiförmig oder verkehrteiförmig. Blüten grüngelb, läng-lich zylindrisch. Bis 0,9 m hoher, kahler Strauch mit gelbgrünen, warzigen Zweigen. Beere blaubereift, süss. Oestliche Staaten der Union, südlich bis Georgia und Missouri. V bis VI. V. vacillans Kalm ap. Gray.

9*. Laubblätter beiderseits grün, dünn, eiförmig, spitz, fein kerbig-gesägt. Blüten glockig, 5 bis 8 mm lang, weiss oder rötlich, sehr kurz gestielt. Beeren blauschwarz (selten rot), sehr süss. Bis 60 cm hohes Sträuchlein mit grünen, warzigen, unbehaarten Zweigen (var. myrtilloides Fern. hat unterseits an den Nerven und am Rand behaarte Laubblätter; var. angustifólium Gray Zwergform). Oestliche Staaten der Union. V bis VI . . . . . . . . . . . . . . . . . . . . . . . . . . . . V. Pennsylvánicum Lam.

10. Laubblätter immergrün. Frucht rot . . . . . . . . . . . . V. Vítis-Idǽa L. nr. 2151.

10*. Laubblätter sommergrün. Frucht schwarz. Bis 5 m hoher Strauch mit gelbbraunen Zweigen und länglich-eiförmigen, fein gezähnelten, unterseits graugrünen Laubblättern. Pontisches Gebiet, West-kaukasus bis Nordarmenien . . . . . . . . . . . . . . . . . . . . . . . V. Arctostáphylos L.

## 2151. Vaccinium Vítis-Idǽa[1]) L. (= Vítis Idaea punctáta Moench, = V. Idaea punctifólia Gray, = Vaccinium rúbrum Dulac, = Myrtíllus exígua Bubani). Preisselbeere, Krons-beere. Franz.: Airelle rouge, myrtille rouge, airelle ponctuée, canche; engl.: Red Whortleberry, cowberry, Mountain cranberry (Nord-Amerika); ital.: Vigna d'orso, vite di monte, mirtillo rosso, vite idea, im Veltlin: Gajuda. Taf. 206, Fig. 8; Fig. 2677 bis 2781, 2686 und 2671/9.

Der Name Preiselbeere oder Preisselbeere (auch volkstümlich; bayerisch-österreichisch Preissel-beere) ist erst in neuhochdeutscher Zeit aus dem gleichbedeutenden tschechischen brusnice, brusina entlehnt. In der Nürnberger Gegend ist auch Spreisselbeere zu hören. Dem tschechischen Worte stehen noch eine Anzahl mitteldeutscher Namen nahe z. B. Brunschnetzen, Bruinschnezen, Bruinschlíze, Bru-schnetzen, Braunschnitzer (Thüringen), Brausbûa(r) (Egerland), Preisslitz (Böhmerwald). Auch Graslatzbeer, Graslitzbeer (Egerland, Erzgebirg), sowie Bernitzke, Bernitschke (Westpreussen) dürften slavischen Ursprungs sein. Aelter ist das niederdeutsche Kronsbeere (Kronsbiär), auch Kram-beere (Untere Weser), das vielleicht „Beere des Kranichs" (= niederd. kron) bedeutet. Vielleicht gehören ebenso die oberdeutschen Benennungen Granten, Grandl(beer) (bayerisch-österreichisch), Granken, Kranklbeer (Salzburg, Steiermark, Oberösterreich), Krentenbeer (Vorarlberg), Ranklbeer (Oberösterreich) zu „Kranich" (= mittelhochdeutsch krane). Wahrscheinlich liegt aber das romanische „granáta" (vgl. unten!) zugrunde? Viele Namen der Preisselbeere nehmen auf die immergrünen, buchsähnlichen Blätter bezug, so Wengter-grün (bergisch), Wintagrüan (Niederösterreich), Wengterwolberte [Wolberte-Vaccínium Myrtíllus] (Elberfeld), Immergrüan (Niederösterreich), Wilder Buchsbaum (Hessen), Berg-, Fluehbuchs, Buchsbeeri (Schweiz), Wilder Palmen [„Palm"-Buchs] (Eifel), Marien-, Mädepalm (niederrheinisch), Prowenkel [vgl. Vinca minor] (bergisch), Winterzecken [Preisselbeeren, die den Winter über am Strauch hängen] (obersächsisch). Riffelbeere (Riesengebirge), sowie die schweizerischen Benennungen Riffli und Rifeli (Bern), Griffle, Grüfle, Gryfeln (Graubünden), Grefle (Wallis) gehen wohl darauf zurück, dass man die Beeren mit einer „Riffel" (kammartiges Werkzeug) abstreift, im Riesengebirge daher auch Streffelbeere [Streifbeere] genannt. Klusterbeere (Untere Weser), Klunderbeere (Göttingen) deuten vielleicht an, dass die Beeren in grösseren Mengen „klumpenähnlich" beisammen stehen [vgl. Kluuster-nälken, Dianthus barbatus. Bd. III, pag. 321], die Benennungen wären dann gleichbedeutend mit Schöckel-beere (Steiermark) zu schocken = sich zusammenscharen (mittelhochdeutsch schoc = Haufe). Nach der

---

[1]) Eigentlich „Weinrebe vom Berge Ida" auf Kreta. Den Namen Vitis Idaea für die Preisselbeere scheinen zuerst Dodonaeus und Gesner zu gebrauchen. Bei den antiken Schriftstellern wird unsere Art nicht genannt.

roten Farbe heissen die Beeren **Fuchsbeeri** [fuchsrot?] (Schweiz), nach ihrer Form **Kreinōgen** [vgl. Vaccinium Myrtillus] (Altmark), **Kreuzbeer** (Tirol), **Chrützbeeri** (St. Gallen). Vereinzelte Benennungen sind **Dröppelkes** (Westfalen), **Tūetjebeere** (Untere Weser), **Tūtebeeren** [dänisch tyttebaer=Preiselbeere] (Mecklenburg), **Krōskes, Krosseln** (Westfalen), **Moosjucke, Mostjocke, Musjucken, Moosguckerchen** (Thüringen), **Hōlperle, Hulperli** [= Hohlbeere?] (Thüringen, Unterfranken), **Mardaune** (Eifel), **Napplabeer** (Nordostböhmen), **Jagerbeer** (Oberösterreich), **Pumb'l** (Tirol), **Steinbeere, Luppbeere** (Baden), **Speck-, Schmalzbeeri** [wegen des Glanzes?] (St. Gallen], **Zwengerl(ing)** (Böhmerwald). — Rätoromanische Bezeichnungen sind in Graubünden **Garnédel, granuclas, geanúclas, gigludras, gialūdes, jalūdas, Cagūa garudels, frinna, bassada, garnadel** (Oberland), in Gröden **granāta**, italienische im Tessin: **Perett, peretta, bagola, galiardo**.

Niedriger, (5) 10 bis 30 cm hoher Halbstrauch mit unterirdischen, wurzelnden, schuppig beblätterten Kriechtrieben. Laub- und Blütensprosse aus den Achselknospen der Kriechtriebe

Fig. 2677. Vaccinium Vitis-Idaea L. *a* Blühender Zweig. *b* Blüte. *c* Staubblatt. *d* Kelch mit Griffel. *e* Fruchtender Zweig. *f, g* Reife Frucht. *h* Querschnitt durch dieselbe. *i* Blütendiagramm.

reihenweise entspringend. Zweige büschelig aufstrebend, zart, rundlich; junge Zweige kurz flaumhaarig, ältere verkahlend. Laubblätter öfter zweizeilig angeordnet, wechselständig, eiförmig oder meist verkehrteiförmig, vorn abgerundet, stumpf und öfter etwas ausgerandet, wintergrün, derb-ledrig, $^1/_2$ bis $^3/_4$ mm dick, ganzrandig oder schwach gekerbt, am Rande eingerollt, oberseits dunkelgrün glänzend, unterseits matt bleichgrün, mit zerstreuten, vorragenden, braunen Drüsenzotten, undeutlich nervig, kurzgestielt. Blüten schwach duftend, in gedrängten, mehr- bis vielblütigen hängenden Trauben, weiss, rötlich angelaufen. Kelch 5-lappig, häutig; Lappen dreieckig, bewimpert (Fig. 2677 d). Krone offen und überhängend, 8 bis 10 mm lang, glockig, bis zur Hälfte 5- (seltener 4-)spaltig, mit zugespitzten, auswärts-gekrümmten Lappen. Staubblätter 10, am Grunde behaart; Antheren lang zweispitzig, ohne besondere Anhängsel (Fig. 2677 c). Griffel aus der Blüte hervorragend (Fig. 2677 b). Beeren in $\pm$ einseitswendigen, dichtgedrängten Trauben, zuerst weiss, dann scharlachrot, glänzend, kugelig, etwas bitter schmeckend, mehlig, vielsamig, oben den Rest des Kelches tragend (Fig. 2677f). Samen rotbraun, schwach halbmondförmig, 1,5 bis 1,8 mm lang; Samenschale grubig=netzig. — V, VI (in tiefern Lagen zum zweiten Mal VIII).

Im Unterwuchs trockener Wälder, vorzugsweise Kiefernwälder, auf sandigen, kiesigen, humusreichen, an Nährsalzen armen (sauren) Böden, auf Hoch= und Zwischenmooren; in den höheren Gebirgen in den Zwergstrauchheiden, an wintersüber schneebedeckten Standorten herdenbildend. Durch das ganze Gebiet, namentlich in den gebirgigen Teilen, verbreitet. Steigt in den Schweizeralpen bis 3040 m.

In Norddeutschland bildet die Art einen nicht gerade seltenen Bestandteil der sog. „Waldheide", geht aber auch auf die offene Heide über (auf den Friesischen Inseln nur auf Amrun). Im herzynischen Gebiet vorzugsweise in der montanen und subalpinen Stufe, desgleichen weiter südlich: Südvogesen bis zur Zaberner Steige und nur ausnahmsweise in der Ebene (Bitsch, Hagenauer Wald), Schwarzwald, Schwäbische Alb, Keupergebiet und Vorland des Schwarzwaldes zerstreut (fehlt dem Neckarland und der Rheinebene), mittel= fränkische Keuperlandschaft, Bayerischer= und Böhmerwald, Alpenvorland verbreitet (in Oberschwaben sind über 80 Fundstellen bekannt, die in der Hauptsache im Jungmoränengebiet auf Hochmooren liegen), seltener in Nordbayern, in den Bayerischen Alpen bis 2270 m ansteigend. In Böhmen, Schlesien und Mähren namentlich in den gebirgigen Teilen. Häufig in den Oesterreichischen Alpen. Steigt in Steiermark bis 2700 m. In Tirol von 400 bis 500 m im Etschland, bis zu 2700 m im Grenzgebirge gegen das schweizerische Münstertal und bis 2970 m am Acherkogel bei Oetz (Lechner sec. Murr). Durch die Schweizeralpen allgemein verbreitet zwischen 1000 und 2500 m, oft auch tiefer, so im Churer Rheintal bei 590 m, im Maggiatal bei Cevio 400 m. Reicht anderseits bis 3040 m am Piz Forun in Graubünden, bis 2930 m am Schmadrirück im Berner Oberland. Im schweizerischen Mittelland zerstreut, ebenso im Jura östlich des Passwang (östlich der Isleten bei Rothenfluh überhaupt nicht beobachtet, dann wieder bei Stein), häufiger im Südwestjura und in Nordzürich.

Allgemeine Verbreitung: Nördliches Europa, Asien und Nordamerika. In Skandinavien bis 71° 7′ nördl. Breite, Island, Grossbritannien, Dänemark, Belgien, Holland, Nordfrankreich, Ardennen, Gebirge des französischen Zentralplateau, Sevennen, Pyrenäen (selten) (fehlt den Iberischen Gebirgen), Apennin bis Toskana, Illyrische Gebirge, Karpaten, Balkan (fehlt Griechenland), in Russland nach Köppen südlich ungefähr bis zur Grenze des Kiefernwaldes; im Kaukasus bis 2750 m, Ural, Altai, Himalaya, Nordsibirien (Lena= mündung 72° nördl. Breite), Nowaja Semlja, Kamtschatka, Sachalin, Japan; Arktisches Amerika von Alaska und Labrador bis zu den Vereinigten Staaten (Massachusetts, nordöstliches Minne= sota), Grönland (var. púmilum Horn.), noch von Bushnan Island 75° 59′ nördl. Breite angegeben.

Es wurden zahlreiche Abänderungen von geringem systematischem Wert beschrieben: f. macro= phýllum (Hausm. apud Dalla Torre et Sarnth. pro var.). Laubblätter bis 36 mm lang und 29 mm breit. Tirol: Toblachersee am Aufstieg zur Sarlalpe und wohl auch anderwärts. — Eine der nordischen var. púmilum Horn. nahestehende f. microphýllum nov. f. sammelte Braun=Blanquet am Piz Forun 3040 m und Piz Linard 3020 m (Graubünden). Laubblätter 5 bis 6 mm lang und 2 bis 3 mm breit. — f. longiflórum (Hausm. ap. D. T. et Sarnth. pro var.). Krone eiförmig, fast bis zum Grunde gespalten (Tirol: Altprags). — f. ellípticum (F. Gér.). Laubblätter schmäler, elliptisch=oblong, stärker gekerbt (Vogesen und wohl auch anderwärts). — f. leucocárpum (Ascherson et Magnus pro var.). Beeren ausgereift weiss. Selten: Trachsellauenen im Berneroberland, Saaser Alp in Graubünden, bei Klobenstein und Oberbozen in Tirol. — f. microcárpum (Hausskn. pro var.). Pflanze 5 bis 10 cm hoch. Laubblätter elliptisch, schmäler und kürzer. Beeren kleiner. Zwischen Stein und Gefrees im Fichtelgebirge.

Vaccinium Vitis=Idaea ist weniger trockenscheu und etwas frosthärter als V. Myrtillus, zeigt im Uebrigen ökologisch manche Uebereinstimmung mit der Heidelbeere, deren Begleitflora sie oft gemein hat und mit der sie oft gesellschaftsbildend auftritt. Im Gebirge bedürfen beide Arten des winterlichen Schneeschutzes. Im Tiefland hält sich V. Vitis=Idaea vorwiegend an den trockeneren Kiefernwald und bildet z. B. in Nord= deutschland (auch in Skandinavien und Finnland) im Verein mit Arctostaphylos Uva=ursi ausgedehnte Herden, worin auch V. Myrtillus und Empetrum öfter reichlich eingestreut sind. Daneben finden sich (z. B. im Kiefern= wald auf trockener Moräne bei Punkaharju am Salmisee in Mittelfinnland): Peltigera aphtosa, Cladonia alpestris, C. rangiferina und C. silvatica, Hypnum Schreberi, Dicranum undulatum, Pteridium aquilinum, Melica nutans, Luzula pilosa, Majanthemum bifolium, Polygonum viviparum, Rubus saxatilis, Trientalis Europaea, Veronica officinalis, Linnaea borealis und Föhrenwaldpflanzen wie Lycopodium complanatum, Goodyera repens, Pirola secunda usw. In Oberschwaben hat die Art ihre Hauptverbreitung am Rande der Hochmoore in den dichten Bergkiefer-Wäldchen. Hier tritt sie in grosser Menge und üppigster Fruchtbildung auf. Da und dort geht sie auch in die Fichtenwälder über, zeigt dort aber stets eine herabgesetzte Vitalität und bleibt meist steril.

Auch im Moor, vornehmlich im Sphagnum-Zwischenmoor, erscheint sie stellenweise reichlich, in Norddeutschland oft in Begleitung von Ledum palustre, Vaccinium uliginosum, Oxycoccus, Eriophorum vaginatum, Trientalis Europaea usw. In den Mittelgebirgen und in den Alpen bildet sie einen integrierenden Bestandteil der Zwergstrauchheide (vgl. V. Myrtillus) und steigt darin bis über 2600 m. Ihre höchsten Standorte in der Nivalstufe sind warme, windgeschützte Felsgesimse. Allerdings bleibt sie hier stets steril, breitet sich aber mittels ihrer weitkriechenden, unterirdischen Ausläufer aus. Das verfilzte Wurzelgeflecht der Pflanze hält an plattig abwitternden und spaltendurchsetzten Felshängen organische Reste fest und hindert so die Auswaschung und Verschwemmung des Humus. Gleichzeitig bieten diese Wurzelgeflechte, die ganz ausserordentliche Dimensionen erreichen können, gute Keimplätze für sekundäre Felsbesiedler. Ganz ähnlich verhalten sich übrigens hierin Vaccinium uliginosum und V. Myrtillus. Die Preisselbeere bildet einen schwer veränderlichen, ungünstigen Trockentorf, der kompakter als der Rohhumus der Heidelbeere, meist hell, grau, gelblich bis braun gefärbt ist und stark sauer reagiert (pH. 5,5 bis 4,5 nach Sager). Nicht selten durchwachsen die beschuppten Ausläufer der Pflanze den modernden Mull gefallener Stämme und Baumstrünke. Das Alter der Preisselbeersträucher scheint nicht sehr beträchtlich. Kanngiesser erwähnt ein Stämmchen von 13 Jahren (mit 2,2 mm Durchmesser) vom Grossen St. Bernhard (2000 bis 2400 m), Rosenthal ein solches von 14 Jahren (Innsbruck bei 1900 m). Das xeromorph gebaute Laubblatt besitzt an der Oberseite Epidermiszellen mit reichlich getüpfelten Seitenwänden, deren Lumen niedriger als die mächtige glatte Kutikula hoch ist. Spaltöffnungen sind nur auf der Unterseite reichlich, oberseits dagegen spärlich vorhanden, mit 2 oder 3 zum Spalt parallelen Nebenzellen. Die Deckhaare sind 1-zellig, warzig, kurz, meist auf den Nerven. Die Drüsenzotten der Blattunterseite und am Rande sitzen auf 2-zellreihigem Stiel, der allmählich in das keulige, reichzellige Köpfchen übergeht. Die Palisadenzellen stehen in 3 bis 5 Reihen; das Schwammparenchym besteht aus 6 bis 8 Zellreihen. Der Baststrang direkt unter der Epidermis des Blattrandes schützt gegen das Einreissen. Drusenkristalle sind gross, aber nicht häufig. In schneearmen Wintern werden öfter gebräunte erfrorene Laubblätter besonders an windausgesetzten Stellen angetroffen.

Fig. 2678. Vaccinium Vitis-Idaea L. Phot. A. Straus, Berlin.

Die Preisselbeere blüht und fruchtet in tieferen Lagen meist 2-mal im Jahr. Die Früchte der zweiten Generation, in Bayern „Winterzäcken" genannt, sind gross und von besserer Qualität als die Sommerfrüchte. Sie reifen im Spätherbst. Die Blüte ist meist homogam oder schwach proterandrisch, sodass die Bestäubung sogleich nach Entfaltung der Knospe stattfinden kann. Als Besucher kommen hauptsächlich Hummeln und Bienen, selten Fliegen in Betracht. Beim Einführen des Rüssels in die Blüte kommen sie mit den am Griffel fest anliegenden Antheren in Berührung, Pollentetraden fallen heraus und heften sich an das Insekt, das beim Anfliegen anderer Blüten die Narbe streift und so die Kreuzung zustande bringt. Selbstbestäubung scheint ebenfalls möglich, besonders bei der kurzgriffeligen arktischen Form (var. pumilum Horn.). Warnstorf fand die Blüten in Brandenburg proterogyn. Junger beobachtete an jungen Keimpflanzen 3 Kotyledonen. In der Regel ist die Fruchtbildung eine reichliche; nur im hohen Norden auf den Faer-Oern und in der Nivalstufe der Alpen

bleibt die Pflanze steril. Aus dem dunkelgrünen Laub hervorleuchtend, bilden die glänzendroten Beeren (Kontrastfärbung!) ein wirksames Lockmittel für Vögel. Der Umstand, dass die Früchte lange Zeit, teilweise bis zum Frühjahr hängen bleiben (Wintersteher!), begünstigt noch die Verbreitung. Zahlreiche Vögel fressen die Preisselbeeren, legen die Samenkerne in ihrem Kot ab und können so der Verbreitung dienlich sein. Sicher nachgewiesen ist die Verbreitung durch folgende Vogelarten: Auerhahn, Birkhuhn, Schneehuhn, Steinhuhn, Haselhuhn, Kohlamsel, Wacholderdrossel, Singdrossel, Misteldrossel, Elster, Nebelkrähe, Kolkrabe, Alpendohle, Tannen- und Eichelhäher, Seidenschwanz, Brachvogel, Heidepieper, Glutt, Wasserläufer u. a.

Die schwimmfähigen Beeren können auch hydrochor verbreitet werden. Die Keimung der Samen geschieht im Lichte; sie verläuft aber langsam. Nach Kinzel keimten vom Oktober bis zum Juli 41%; dann folgte eine fast 1-jährige Pause und erst später erhöhte sich in 3 Monaten der Prozentsatz auf 65%. Grevillius, der die Keimung untersuchte, fand, dass am 14. Mai eingelegte Samen im Licht am 2. Juni zum Teil gekeimt hatten. Die Keimblätter sind breit-elliptisch und tragen an der ausgerandeten Spitze eine Hyda-

Fig. 2679. Vaccinium Vitis Idaea L. Bei Wipperfürth. Phot. Th. Arzt, Wetzlar.

thode. Auch die Spitze der Primärblätter ist als Hydathode ausgebildet. Ueber die Anatomie der Vegetationsorgane vgl. namentlich Grevillius (in Kirchner, Löw und Schröter, Lebensgeschichte der Blütenpflanzen Mitteleuropas. Bd. IV, 1). Die Mykorrhiza-Bildung ist reichlich; es wurden endotrophe und ektotrophe Mykorrhiza nachgewiesen und von Ternetz als Phoma radicis vaccini beschrieben. Die Beeren enthalten bis 7% Zucker (die reifen nur Invertzucker, die unreifen auch Rohrzucker), verhältnismässig viel (1,3%) Zitronensäure, zirka 0,3% Apfelsäure (beide nehmen mit fortschreitender Reife ab, der Zuckergehalt dagegen zu), ferner Wein- und freie Benzoësäure, sowie Gerbsäure. Die im Spätsommer oder Frühherbst gesammelten herbsauren Preisselbeeren werden mit Zucker oder Essig zu einem beliebten, haltbaren, gesunden Kompott eingemacht. In den beerenreichen Alpenländern erfuhren sie zwar bis in die neueste Zeit wenig Beachtung; dagegen werden sie in Deutschland (besonders im Nordwesten) und vor allem in Skandinavien, Dänemark und Finnland viel gegessen und bilden eine beliebte Nachspeise oder Zugabe zu Fleischspeisen. Preisselbeerwein ist in seiner Zusammensetzung dem Heidelbeerwein ähnlich, doch bleibt die Erzeugung hinter jener des Heidelbeerweins stark zurück. Gegenüber 245 467 ha heidelbeerbestandenem Waldland bedeckt die Preisselbeere in Bayern nur 53 605 ha. Der Preisselbeerwein enthält im Mittel: Alkohol 10,03%, Extrakt 24,75%, Zucker 18,90%, Apfelsäure 0,85%, Phosphorsäure 0,005% und Mineralstoffe 0,14%. Nach Griebel (Zeitschr. Unters. Nahrungs- u. Genussm. Bd. XIX, pag. 241) ist die lange Haltbarkeit des Preisselbeerkomposts auf den verhältnismässig hohen Gehalt der Frucht an Benzoësäure (0,054 bis 0,144%) zurückzuführen. Der rote Farbstoff der Beeren, von Willstätter und Mallison (Ann. Chem. CCCCVIII, pag. 15 [1915]) „Idaein" genannt, ist ein Glykosid ($C_{21}H_{20}O_{11}$) und besteht aus 1 Molekül Galaktose und derselben Farbstoff-

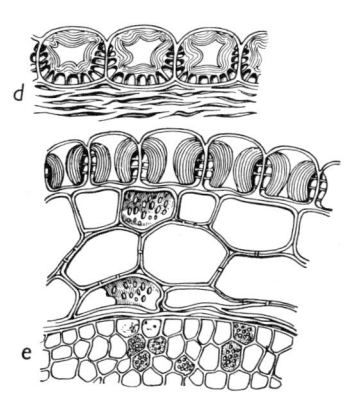

Fig. 2680. Vaccinium Vitis-Idaea L. d, e Querschnitt durch die Samenhaut (die Epidermiszellen sklerotisiert). Nach Koenig.

komponente — dem Cyanidin —, die auch im Anthokyan von Centaurea Cyanus und Rosa Gallica enthalten ist. Er findet sich in der reifen Frucht an Säure gebunden. Die Preisselbeerblätter, früher als Fólia Vítis-Idaéa offizinell, enthalten neben reichlicher Gerbsäure, Chinasäure, Urson und Arbutin auch freies Hydrochinon und zwar am meisten im Spätherbst. Heisse, trockene Sommer befördern die reichliche Bildung dieser Substanzen. Ihre Wirkung als Blutreinigungsmittel und gegen rheumatische Krankheiten und Gicht, gelegentlich auch gegen Steinbeschwerden und Husten, wird gerühmt. Zu diesem Zweck müssen sie im Herbst gesammelt und bei Zimmertemperatur getrocknet werden. Die Preisselbeerblätter setzen die Harnsäureausscheidung herab; wahrscheinlich wird überhaupt unter Einwirkung der Blätter die Harnsäurebildung im Körper verringert. Die Blätter wirken ausgesprochen harnabtreibend; sie besitzen zugleich — durch den Hydrochinongehalt bedingt — antiseptische Eigenschaften. In grösseren Mengen genossen, können die Blätter toxische Erscheinungen hervorrufen. Das sog. Preisselbeerwasser, ein aus den frischen, zerquetschten Beeren bereitetes Getränk, wird als kühlendes Mittel bei Fieber benützt. Im Sauerlande wird der Beerensaft gegen Hämoptise und Metrorrhagie, andernorts gegen Brechruhr empfohlen. Aus den Beeren kann ein Branntwein („Steinbeerwasser") hergestellt werden. Die etwas gerösteten Blätter liefern ein gutes Teesurrogat; ebenso finden sie als Kaffeeersatz Verwendung, ferner die ganze Pflanze zum Gerben und ehedem (mit Eisenvitriol oder Alaun behandelt) zum Färben von Wolle und Leinen. Auch werden die Blätter etwa zur Verfälschung von Bärentraube (Folia Uvae ursi), von Senna und von chinesischem Tee verwendet, sind aber an den, auch bei Bruchstücken leicht erkennbaren Drüsenzotten der Blattunterseite unschwer nachzuweisen (Fig. 2671/9). In der Harzflora des Joh. Thal (1577) wird die Art als Vitis Idaea rubra angeführt. Camerarius (1588) nennt sie Vitis Idaea rubra bavarica.

Von den zahlreichen, parasitisch und saprophytisch auf der Preisselbeere lebenden Pilzen seien (ausser den schon früher [pag. 1668] genannten) noch einige angeführt. Nicht weniger als 3 Sclerotinia-Arten, nämlich S. Urnúla (Weinm.), S. oreóphila Sacc. (Südalpen), S. Vaccínii Woron. (Finnland) entwickeln ihr Myzel auf den Laubblättern der Preisselbeere und bilden dort ihre Chlamydosporen aus. Blätter und ganze Sprossteile sind von dem weissen, schimmelartigen Ueberzug von S. Urnula bedeckt. Ihre Chlamydosporen besitzen einen eigentümlichen, mandelartigen Geruch, der Insekten anlockt. Durch diese oder durch den Wind auf die Narbe gebracht, keimen die Chlamydosporen dort aus und ihre Keimschläuche dringen durch den Griffel in den Fruchtknoten ein. Hier erfüllen sie bald das ganze Innere mit ihrem weissen Myzel, das sich schliesslich zum festen Dauerstadium (Sklerotium) verhärtet. Die zu Sklerotien mumifizierten Beeren (Fig. 2681) erzeugen im nächsten Frühjahr eine trichterartige Schlauchfrucht, deren Sporen („Ascosporen") von neuem die Laubsprosse der Preisselbeere infizieren. Phacídium Vaccínii Fr. und Ph. Arctostáphyli Karst. bilden flache, fast linsenförmige, schwarze Fruchtkörper auf abgestorbenen Blättern, Lophodérmium melaleúcum (Fr.) De Not. ähnliche, aber längliche Fruchtkörper auf der Unterseite der Laubblätter (Nord- und Mitteleuropa). Auf lebenden und abgestorbenen Zweigen gehäufte, kugelige, borstigbehaarte, schwarze Fruchtkörper entwickelt die fast durch ganz Europa verbreitete Gibbéra Vaccínii (Sow.) Fries. Von weiteren Pilzparasiten seien noch erwähnt: Mehrere Physalóspora-Arten mit im Substrat eingesenkten, kugeligen Fruchtkörpern; Gnomónia Vitis Idǽae Feltg. (Luxemburg); Sphaerélla-Arten; die Perisporinee Microthýrium Idǽum Sacc. et R., auf lebenden Blättern als schimmeliger, weisser Ueberzug (Frankreich); Septória stemmátea (Fr.) Berk. (verbreitet); Gloeospórium truncátum (Bon.) Sacc. (Mitteleuropa); Ramulária tuméscens (Fuck.) Sacc., auf lebenden Blättern in Deutschland und Belgien; Meliola Niessleána Wint. kürzlich in Schottland gefunden, usw. Die Beeren werden höchst selten von Pilzen angegriffen; auch Preisselbeerkompott wird sehr schwer von Pilzen befallen, was der konservierenden Tätigkeit der Benzoësäure zugeschrieben werden dürfte.

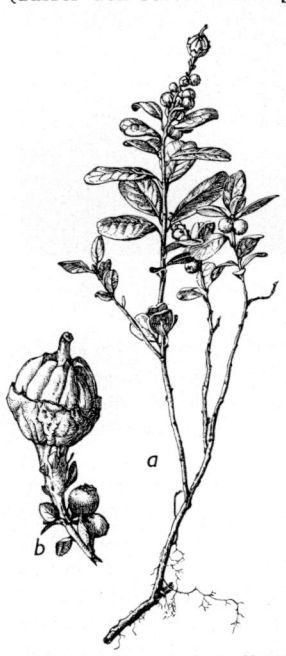

Fig. 2681. Sclerotinia Vaccini Woronin. *a* Zweig mit mumifizierten Früchten. *b* Eine solche Frucht vergrössert.

Vaccinium Vitis-Idaea ist in quatären Ablagerungen Mitteleuropas (interglaziale Schieferkohlen von Dürnten in der Schweiz) und Skandinaviens fossil nachgewiesen.

### 2152. Vaccinium Myrtíllus[1]) L. (= V. montánum Salisb., = V. angulósum Dulac, = Myrtillus níger Gilib, = M. sylvática Bubani). Heidelbeere, Blaubeere. Franz.: Myrtille, raisin des bois, bleuets, maurets, brambelles, ambroche, ambreselle, airelle myrtille, aires boies, in Savoyen: Loutret, in der Westschweiz: Gresala, grossel; engl.: Whortleberry, blue berry, billberry; ital.: Mirtillo, mirtillo nero, baccole, bagole, baggiole. Taf. 207, Fig. 3; Fig. 2682 bis 2685 und 2686 d.

Das Wort Heidelbeere (althochdeutsch heitperi) bedeutet wohl die im Gebüsch, im Buschwald wachsende Beere, da das Wort „Heide" nicht nur „Waldlose Ebene", sondern auch Busch, Strauch bezeichnet (vgl. Heidekraut). Der Name wird hauptsächlich in ober- und mitteldeutschen Mundarten gebraucht und ist

---

[1]) Für die Heidelbeere anscheinend zuerst von Mattioli und Lonitzer (16. Jahrh.) gebraucht wohl wegen der Aehnlichkeit der Früchte und Blätter mit denen der Myrte.

Tafel 207

## Tafel 207.

Fig. 1. *Erica Tetralix* (pag. 1708). Blühender Zweig.
„ 2. *Chamaedaphne calyculata* (pag. 1651). Blühende Pflanze.
„ 3. *Vaccinium Myrtillus* (pag. 1674). Zweig mit Blüte.
„ 3a. Pflanze mit Beeren.

Fig. 4. *Oxycoccus quadripetalus* (pag. 1686). Blühende Pflanze.
„ 4a. Spross mit Früchten.
„ 5. *Calluna vulgaris* (pag. 1689). Habitus.
„ 5a. Blüte (vergrössert).
„ 5b. Staubblätter.
„ 6. *Ledum palustre* (pag. 1623). Habitus.

häufig stark zusammengezogen (vgl. viele Formen von „Erdbeer". Bd. IV/2, pag. 899): H e i l e b ê r e (Göttingen), H e e d e l b e e r e (obersächsisch), H a a r e p i e r (Oberhessen), H ä l l b e e r e (Rheinpfalz), H e i d e l b e e r (i) (alemanisch), H o a b e e r (Oberösterreich), H e i b e e r (Baden), H e i b e r i, H e i p p e r i, H e u b e r i (Schweiz). Eine Reihe hauptsächlich fränkischer Namen sind Zusammenziehungen aus „Waldbeere": W a l b i t e (Westfalen), W o l b e r (ten) (bes. nieder- und rheinfränkisch), W o r b e l n (Eifel, Niederrhein), W a b e l (Nassau). Gehört das rheinpfälzische W e h l e auch zu „Wald"? Auf die Farbe der Beeren gehen S c h w a r z b e e r (bes. bayerisch-österreichisch), B l a u b e e r (z. B. Elsass, Baden, Niederösterreich). Das plattdeutsche B i c k b e e r e, sowie P i c k b i e r (Oberhessen), B i b b e r k e n, B i c k b ä r e (Westfalen) bedeutet wohl „Pechbeere" mit Bezug auf die Farbe. Ebenso wird T a u b e e r e (Altbayern) zu einem altirischen Wort „dub" = schwarz gestellt, A e u g l b e e r, E i g l b e e r (bayerisch-österreichisch), S c h w a r z ä u g e l b e e r (Oberösterreich), K r a i n o g e n [Krähenaugen] (plattdeutsch) beruhen auf einem Vergleich der Heidelbeeren mit Augen. Vereinzelte Benennungen sind B e s i n g [Verkleinerungsform von niederd. bes = Beere] (Pommern), K o h t e k e n [Vergleich mit den Kuhpocken am Euter der Kühe?] (Altmark), S e p b e e r (Oberösterreich), M o m b e e r e (Eifel), M o s t b e e r e (Tirol), M a r g a r e t h e n b e e r e [Reifezeit um den Margarethentag, 20. Juli] (Riesengebirge), G r ä m -, G r a m - b e e r (Elsass), S t a u d e l b e e r (Rheinpfalz). — Rätoromanische Bezeichnungen sind in Graubünden u z u n, i z u n, a z u r s d r e t s, g h i s l u n, g l a s c i o ñ, caglia d'izun, anzolas, im ladinischen Tirol gialvaissa (Gröden), s c a r l a v e z a, s k j a l a v é z e, k a r a v é z e, calveize. Im italienischen Tirol (Trient, Cembratal, Primör, Pinè, Cles usw.) heisst die Pflanze g a s e n a, g a n e s i, g l a s i n a, c a s a r e l a oder aber b a g a r e, b a g j a r in Judicarien grizuneri (die Frucht grizun), grisonere, grazóni, kastroni, ladari, lazari, glastioni, sgádri usw. (vgl. Bertoldi, V., Archivum Romanicum, Vol. IV, 1920), in der Südschweiz m a g i o s t e r, m a d o s t r i, l u d r i o n, g i u s t r u n, n e g r i s e u, c a n e s t r e i, o l z u g a (Bergell).

Bis 50 cm hohes, starkverzweigtes Sträuchlein mit weitkriechender Grundachse und buschig aufstrebenden, grünen, scharfkantigen Zweigen (Fig. 2682). Laubblätter sommergrün, rundlich-eiförmig, zugespitzt, am Grunde stumpf, abgerundet, sehr kurz gestielt (± 1 mm), kahl, am Rande fein gesägt-gezähnt mit teilweise drüsig-begrannten Zähnen. Blüten einzeln in den Blattachseln, auf kurzem, nickendem Stiel hängend, 4 bis 7 mm lang, grünlich, blassrosa angelaufen. Kelch mit dem Fruchtknoten verwachsen, bleibend, undeutlich 5- (seltener 4-)lappig, mit breiten, stumpfen Lappen. Krone kugelig-krugförmig, (4-) bis 5-zipfelig, mit kurzen, zusammenneigenden, stumpflichen Zipfeln. Staubblätter 8 oder 10, eingeschlossen, kürzer als der Griffel, mit kahlen, gegen die Basis verbreiterten Staubfäden und mit zweihörnigen, rauhen, gelbbraunen Antheren, deren gespornte Anhängsel aufwärts gerichtet (Taf. 207, Fig. 3d). Frucht eine kugelige, blauschwarze, meist bereifte, saftige, vielsamige, vom Kelchring gekrönte Beere. Samen braun, etwas halbmondförmig, ca. 1,2 mm lang. Samenschale undeutlich netzig-grubig. — V, VI.

In Zwergstrauchheiden und Gebüschen der alpinen Stufe, sonst herdenbildend als Unterwuchs in nicht zu schattigen Wäldern auf frischem bis feuchtem, humusreichem, lockerem saurem Boden, auf Hochmooren. Durch das ganze Gebiet verbreitet, namentlich hervortretend in den Moor- und montanen Waldgebieten, sowie in der subalpinen und alpinen Stufe der Alpen. Steigt bis 2840 m in den Schweizeralpen.

In Norddeutschland ist die Art ein häufiger Bestandteil der Kiefernwälder und Heiden (fehlt aber den Friesischen Inseln), auch in Mittel- und Süddeutschland und Oesterreich überall vorhanden, nur in den trockensten Talgebieten und über humusarmen Kalkböden fehlend. Im Kettenjura besiedelt sie ohne Unterschied des Bodens humusreiche Stellen, während sie im Tafeljura kalkarme, eugeogene Unterlage (Löss, Glazialschotter) vorzieht. Hier wie auch im schweizerischen Mittelland (Molasse) ist ihre Vitalität eingeschränkt; sie fruchtet nur spärlich. Im Alpengebiet fällt das herdenweise Massenauftreten in die subalpine Nadelholzstufe und den untersten Gürtel der alpinen Stufe (Zwergstrauchgürtel); in den tiefen Tälern ist sie spärlich und fehlt strichweise den Trockengebieten des Föhrenbezirks. Dagegen reicht sie in Menge bis zur Talsohle der subozeanischen Südalpentäler, wo sie den Boden der Kastanienselven oft weithin bedeckt. Auch ihre höchstliegendsten Fundorte fallen meist in die subozeanische Gebiete, ganz im Gegensatz zu den beiden anderen Vaccinien. Im niederschlagsreichen Berner Oberland reicht sie bis 2820 m (Misleggen am Unteraargletscher, E. Frey briefl.), an der Grimsel ganz allgemein bis 2600 m, im Tessin im Maximum bis 2780 m an der Corona di Redorta (Br.-Bl.), in Graubünden bis 2840 m (Munt Baselgia ob Zernez (Br.-Bl.), in den Bergamaskeralpen bis über 2600 m, in Tirol ebenso hoch (Br.-Bl.); dagegen bleibt sie in Südbayern schon bei 2280 m, in Steiermark bei 2200 m zurück. Die obersten Fundstellen sind sonnige, geschützte Felsnischen. Die Art bleibt hier aber stets steril.

Allgemeine Verbreitung: Ganz Mittel- und Nordeuropa bis 71° 10′ nördl. Breite. Gegen Süden mehr und mehr auf die Gebirge beschränkt; so noch im nördlichen Portugal, in Nord- und Zentralspanien (Asturisch-Cantabrisches Gebirge bis Galizien, Sierra de Cuenca, S. de Guadarrama. Für den marokkanischen Atlas zu streichen). Pyrenäen, Südsevennen, Apennin bis zu den Abruzzen, Korsika, Gebirge der Balkanhalbinsel (fehlt aber Griechenland), Kaukasus bis 2750 m, nördliches Kleinasien, Armenien bis Transbaikalien und westl. Mongolei, Nordasien (von Cajander von der Nataramündung zirka 67° nördl. Breite angegeben); Nordamerika von Colorado und Utah (Rocky Mountains) bis Alaska.

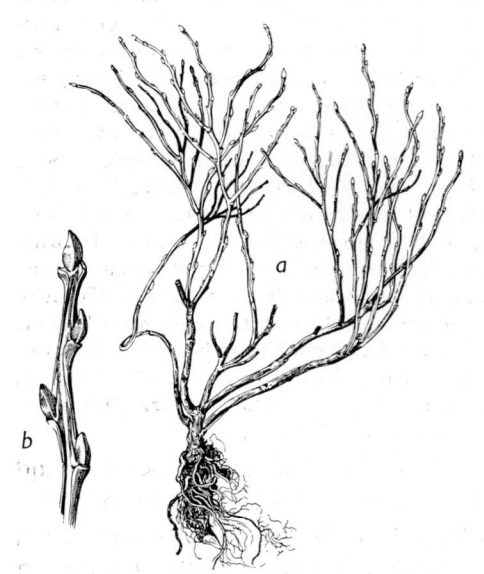

Fig. 2682. Vaccinium Myrtillus L. *a* Strauch im Winterkleid. *b* Sprossstück vergrössert (mit Knospen).

Von Abänderungen werden beschrieben: f. typicum (Beck pro var.). Beeren schwarz, bläulich bereift. — f. leucocárpum (Dum.) Koch. Beeren kugelig, weiss, grünlichweiss, wachsgelb oder rötlich punktiert! Nicht selten: in Sachsen an zahlreichen Fundorten (Höckendorf, Klotzsche und Augustusbad bei Dresden, Königsbrück, bei Zittau usw.), Pförten in der Niederlausitz, im Wesergebiet bei Diepholz, bei Celle, in Westfalen (Ostbevern, Lahnhof, Siegen, Veldrom, Velmerstoit), im Elsass (Kaisersbergertal usw.), in Bayern bei Unterbrunn bei Staffelstein, Neubrunn bei Ebern, Rossdorf bei Bamberg, in Vorarlberg bei Riezlern (Köpfle), in Tirol am Judenstein im Inntal, Kitzbühel, bei Petersberg, um Trient (häufig unter den auf dem Markt feilgebotenen Beeren), in Niederösterreich bei Rekawinkel, im Jakobshof bei Edlitz unweit Wiener Neustadt, bei Lichtenegg, in Steiermark bei Graz, bei Fischbach nächst Krieglach, Zelinger Wald bei St. Josef, nächst Stainz, in der Schweiz: Kirchleerau bei Zofingen, Walenstadtberg, St. Antönien im Prättigau, im Binntal an 3 Stellen[1]). Alp Nova bei Brigels usw. — f. anómalum (Rouy pro var.). Beeren birnförmig, weiss. Selten: Orbey im Elsass. — f. erythrocárpum (Aschers. et Magnus) Koch. Beeren rot. Sehr selten: Rossdorf bei Bamberg. — f. cordifólium A. Schwarz. Laubblätter fast sitzend, aus herzförmigem Grund breit-eiförmig bis rundlich, stumpf; jedes Zähnchen mit gestielter Drüse. Schmausenbrick bei Nürnberg. — f. epruniósum Aschers. et Magnus. Beeren unbereift, schwarz.

---

[1]) Nach Binz sollen die weissen Beeren süsser und angenehmer schmecken als diejenigen der Normalform und deshalb von den Bewohnern des Binntales besonders geschätzt sein.

Die Art ist ein wichtiger Humusbildner und einer der verbreitetsten und in grösster Menge auftretenden Zwergsträucher nicht zu trockener, nährstoffarmer Rohhumusböden der Alpen und Mittelgebirge. Fast rein oder mit anderen Zwergsträuchern vergesellschaftet überziehen die Heidelbeergebüsche stundenweit die etwas schattigeren oder regenreicheren, über Winter schneebedeckten Flanken der Urgebirgs- und Schieferberge. In den Alpen und in den Pyrenäen halten sich die Heidelbeer-Bestände vorzugsweise an etwas bodenfeuchte, nicht zu steile Nord-Ost- und Westhänge. Sie werden an trockenen, steilen Süd-, Süd-Ost- und Süd-Westhängen meist von Beständen der Calluna, der Erica carnea, des Arctostaphylos Uva-ursi und Juniperus abgelöst. Als Unterwuchs sind sie besonders dort von Wert, wo der Boden bei Niederwaldbetrieb und kurzen Schlagperioden Gefahr läuft, ausgewaschen und weggeschwemmt zu werden; denn sie halten den Boden zusammen. Desgleichen dienen sie über der Waldgrenze zur Bodenfestigung vom Weidevieh oft betretener, steiler Hänge.

Dagegen verschlechtern auch sie durch Rohhumusbildung die Alpweide (sie „versauern" den Boden) und werden daher gereutet, sind jedoch ihrer weithin kriechenden unterirdischen Ausläufer wegen schwer auszurotten. Neben V. Myrtillus sind in den Heidelbeer-Zwergstrauchheiden der alpinen Stufe fast stets noch folgende Arten anzutreffen: Lycopodium Selago, Anthoxanthum odoratum, Deschampsia flexuosa, Avena versicolor, Poa Chaixi, Calamagrostis villosa, Nardus stricta, Luzula maxima, Polygonum viviparum, Anemone alpina subsp. sulfurea, Pirola minor, Vaccinium Vitis-Idaea und V. uliginosum, Empetrum nigrum,

Fig. 2683. Vaccinium Myrtillus L., fruchtend, bei Wetzlar. Phot. Th. Arzt, Wetzlar.

Rhododendron ferrugineum, Bartsia alpina, Melampyrum silvaticum, Gentiana punctata, Solidago virga-aurea, Homogyne alpina, Arnica montana, Leontodon Pyrenaicus, Hieracium murorum usw., ferner zahlreiche Moose und Strauchflechten, namentlich Dicranum scoparium, Hylocomium splendens, H. Schreberi, H. triquetrum, Cetraria islandica, Cladonia gracilis, C. rangiferina u. a.

Die floristische und ökologische Uebereinstimmung mancher Myrtillusheiden der subalpinen und untern alpinen Stufe mit den Rhododendron ferrugineum-Beständen ist so gross und Mischungen kommen so häufig vor, dass beide wohl am besten als Subassoziationen einer Rhododendron ferrugineum-Vaccinium Myrtillus Assoziation aufgefasst werden. Diese Assoziation wäre dem Verband des Rhodoreto-Vaccinion der noch weitere alpigene Zwergstrauchassoziationen umfasst, anzugliedern. Verwandt mit diesem Verband ist das Genisteto-Vaccinion der Auvergne, das Assoziationen umfasst, worin stellenweise Vaccinium Myrtillus vorherrscht. Dieses Genisteto-Vaccinion bildet die klimatische Schlussgesellschaft der alpinen Stufe in der Auvergne oberhalb 1500 m. An und unterhalb der heutigen Waldgrenze stellen sich eine Reihe schattenliebender Waldpflanzen (z. T. als „Waldzeugen") in den Myrtillus-Beständen ein: Blechnum spicant, Majanthemum bifolium, Polygonatum verticillatum, Luzula flavescens, Oxalis Acetosella usw.; in den Zentralalpen auch die zierliche Linnaea, in der Auvergne Scilla bifolia, Senecio cacaliaster, ebenso die endemische Phyteuma Gallicum. Im Laubwaldgebiet des Alpenvorlandes und des Jura tritt die Heidelbeere selten aus dem Waldesschatten heraus; die Bestände halten sich auch hier meist an Schattenlagen, wo der Schnee spät wegschmilzt. Zahlreiche Flechten, Moose und Gefässpflanzen des Waldes mischen sich ihnen bei; so namentlich: Peltigera aphtosa, Cladonia pyxidata, Polytrichum formosum, Dicranum scoparium, Hypnum crista-castrensis, Hylocomium splendens, H. triquetrum, und H. squarrosum, Dryopteris filix mas, Luzula nemorosa, Luzula maxima, Anemone nemorosa, Viola silvatica, Oxalis Acetosella, Pirola rotundifolia u. a.

Die Art wird allgemein als kalkfliehend bezeichnet; in der Tat scheint sie über kalkreicher oder allgemeiner über mineralreicher Unterlage nur vorzukommen, wenn eine nährstoffarme saure Deckschicht übergelagert ist, oder wenn die Basen der obersten Bodenschichten ausgelaugt sind. Ist ihr aber einmal die Möglichkeit der Ansiedelung gegeben, so trägt sie selbst durch Humusanreicherung zur Veränderung des Bodens bei. Sie schafft sich den ihr zusagenden sauren Humusboden selbst und breitet sich in dichten, den Wettbewerb anderer Arten erschwerenden, geschlossenen Herden nach allen Seiten hin aus. Nicht nur die Pflanze selbst, sondern auch ihr Wurzelpilz scheint sich mit besonderer Vorliebe im nährstoffarmen Humusboden zu entwickeln und es bleibt noch zu untersuchen, welchen Anteil derselbe an der Kalkfeindlichkeit der Heidelbeere hat (vgl. Mykorrhiza bei Calluna vulgaris). Der Humus von Vaccinium Myrtillus ist von bräunlicher Farbe und lockerfaseriger Konsistenz, während jener von V. Vitis-Idaea etwas kompakter und meist heller gefärbt ist. Stets sind zahlreiche in Verwesung begriffene Blattreste vorhanden.

Kalziumkarbonat ist in den mit Heidelbeerherden bestockten Böden höchstens in Spuren vorhanden. Die Bodenlösung zeigt eine hohe Wasserstoffionen-Zahl die nach den jüngsten Untersuchungen namentlich von S a l i s b u r y in England, zwischen 6.5 und 3.6 pH liegt. Alle Myrtillus-Böden reagieren sauer. Die Untersuchung von 52 Bodenproben aus dem südlichen England ergab, dass die Heidelbeere dort vorzugsweise Böden besiedelt, deren pH-Konzentration zwischen 5.5 und 4.5 pH liegt. S a g e r fand in den Heidelbeerbeständen am Grossen St. Bernhard pH-Werte von 5.2 bis 4.6 pH; wir selbst stellten in der Nordschweiz solche von 5.3 bis 4.9 und in Ostbünden 4.8 bis 4.7 pH. fest.

Viel höher wäre (falls die Resultate keiner Korrektur bedürfen) die Wasserstoffionenkonzentration der Böden, die in der Tatra vom Vaccinietum Myrtilli eingenommen werden; von 20 von W l o d e k und S t r z e m i e n s k i untersuchten Proben zeigten 15 ein pH von 3,9 bis 3,8, 4 pH 3,7, 1 pH 3,4. Die Neigung zur Erhöhung des Säuregrades dürfte z. T. durch Bildung dicker Rohhumusschichten zu erklären sein. Ausserhalb der Assoziation wurde Vaccinium Myrtillus in der Tatra auch auf Böden von bis 6,0 pH, einmal sogar bei 6,4 pH gefunden; aber auf diesen schwächer sauren Böden wuchs die Pflanze nur vereinzelt und sie fruchtete auch fast gar nicht, während sie auf den stark sauren Urgesteins- und Quarzitböden eine bessere Vitalität aufwies und reichlich fruchtete.

Fig. 2684. Vaccinium Myrtillus L., blühend, bei Wetzlar. Phot. Th. Arzt, Wetzlar.

Die starke Rohhumusbildung der Heidelbeere, namentlich im feuchten, kühlen Klima, begünstigt die Podsolierung und trägt stellenweise auch zur Ortsteinbildung bei (so in Skandinavien).

Vaccinium Myrtillus ist die frostempfindlichste unserer Vaccinien und verlangt, namentlich oberhalb der Waldgrenze, den winterlichen Schneeschutz; fehlt derselbe, so frieren die Zweige zurück. An etwas windausgesetzten Hängen, die eine ungenügende Schneebedeckung erfahren, werden die aus dem Schnee hervorragenden Triebe durch Schneeschliff unbarmherzig abrasiert (dasselbe gilt in erhöhtem Masse für das windhärtere V. uliginosum). Derartige Bestände sehen dann aus wie mit der Schere beschnitten und erreichen öfter nicht mehr als 10 bis 15 cm Höhe. Die Lebensdauer der Heidelbeersträucher ist verhältnismässig kurz. K a n n g i e s s e r beobachtete am Grossen St. Bernhard einen Stock von 10 mm Durchmesser, der 29 Jahresringe zählte; ein Stämmchen aus dem Odenwald wies bei 17 mm Durchmesser 28 Jahresringe auf.

Die Heidelbeere besitzt von unseren Vaccinien die dünnsten Laubblätter. Nach Messungen von L o h r erreichen sie im Mittel etwa 160 $\mu$ Durchmesser, während jene von V. uliginosum etwa 230 $\mu$ und V. Vitis-Idaea-Blätter 325 $\mu$ dick sind. Bei letzteren Arten sind die Stomata auf die Blattunterseite beschränkt, V. Myrtillus dagegen hat auch auf der Oberseite eine geringe Anzahl Spaltöffnungen und zeigt also auch hierin weniger xeromorphe Ausbildung. Die grössere Frostempfindlichkeit der Pflanze erklärt sich somit schon aus der Blattanatomie. Auch die assimilierenden Zweige weisen zahlreiche Spaltöffnungen auf (150 bis 160 pro mm²). Die subepidermalen Zellen bilden ein Wassergewebe aus 1 bis 2 Zellschichten, die einerseits Feuchtigkeit speichern, anderseits aber nach Segerstedt auch das darunterliegende Assimilationsgewebe im Winter vor starker Belichtung schützen. Die Korkbildung der vegetativen Sprosse tritt spät, erst im dritten bis fünften Jahre, oder (an feuchten Stellen) noch später ein. Der Holzkörper ist in den jüngeren Trieben ziemlich schwach entwickelt; das mächtige Mark dient als Speichergewebe. Im Spätherbst vor dem Laubfall wird in den Blättern reichlich Anthocyan ausgebildet; doch nehmen dieselben nie die intensiv rote Farbe der Herbstblätter von Arctostaphylos alpina an. Die Drüsenhaare am Rande und an den Blattnerven sind befähigt, Wasser aufzunehmen. — Von unseren Vaccinien erträgt V. Myrtillus die geringsten Lichtintensitäten. Sie dringt in die schattigsten Wälder ein (Lichtgenuss $^1/_{48}$ bis $^1/_{54}$), bleibt aber dann steril und vegetiert kümmerlich.

Die Blüten sind in der Regel vorerst für sehr kurze Zeit proterandrisch, hierauf homogam. Vom Diskus am Grunde der Blüte wird reichlich Honig abgesondert, der als Anlockungsmittel für zahlreiche Insekten, namentlich Hummeln und Bienen, aber auch Falter und Dipteren, dient. Immerhin fördern nicht alle Besucher die Befruchtung. Man beobachtet nämlich öfter die Blütenkrone am Grunde von Hymenopteren durchbissen, ein Mittel des Honigraubes, das auch bei allen ähnlich gebauten Ericaceenblüten Anwendung findet. Neben der Fremdbestäubung kommt auch Autogamie vor. Warming hat festgestellt, dass schon in der Knospe Selbstbestäubung möglich ist. In ozeanischen Gebieten, wie z. B. in Nordwest-Deutschland, gelangt die Heidelbeere ausnahmsweise zweimal im Jahr zur Blüte und es kommt vor, dass um Weihnachten blühende Heidelbeeren gefunden werden (so nach Wiemeyer). Die schwarzblauen, saftigen Früchte absorbieren mehr Wärme als die roten Moosbeeren. An einem sonnigen Julitag stieg die Temperatur im Inneren eines gefüllten Korbes mit Heidelbeeren auf 40° (11 Uhr morgens), während die Luftwärme gleichzeitig nur 31° betrug. Die Ursache der Erwärmung liegt in der Absorption der direkten Sonnenstrahlen durch die dunkelfarbigen Beeren.

Die süss-säuerlichen Früchte sind vielfach offizinell (frúctus Myrtílli, báccae myrtillórum). Sie enthalten Zucker, Gummi, Pektin, Gerbstoff, China-, Aepfel- und Zitronensäure (jedoch keine Benzoësäure). König gibt als Resultat zweier Analysen folgende Zusammensetzung der frischen Beeren: 78,36% Wasser, 0,78% Stickstoff, 1,66% freie Säure, 5,02% Zucker, 0,87% sonstige stickstofffreie Extraktstoffe, 12,29% Holzfaser und 1,02% Asche. Ihr Säuregehalt ist grösser als der der Erd- und Himbeeren. Die Heidelbeeren werden allgemein gesammelt und frisch oder eingekocht — und zwar für sich allein oder mit Zucker, Milch oder Wein — als gesundes und wohlschmeckendes Beerenobst oder aber als Konfitüren, Kompott, Sirup (auch Limonade-Sirup) oder Mus (früher auch als Suppe) genossen. Auch zur Bereitung von allerlei Backwerk (Heidelbeerkuchen), dann durch Gärung von Heidelbeerwein (auch Heidelbeersekt) und durch Brennen bezw. Destillieren von Heidelbeergeist finden sie reichlich Verwendung. Die Bestandteile des Heidelbeerweins sind Alkohol (mit Zuckerzusatz bis 12 g pro 100 ccm), Pektinstoffe, Zucker, Aepfelsäure, Phosphorsäure, Glyzerin, Mineralstoffe. Interessant ist die prozentuale Zusammensetzung der Asche der Heidelbeerfrucht; sie enthält nämlich neben Phosphorsäure, Magnesia usw. einen sehr hohen Prozentsatz von Kali. Die mittlere Zusammensetzung der Heidelbeerasche, in Prozenten ausgedrückt, ist folgende: Reinasche in der Trockensubstanz 2,87, Kali 57,11, Natron 5,16, Kalk 7,96, Magnesia 6,11, Eisenoxyd 1,12, Phosphorsäure 17,38, Schwefelsäure 3,11, Kieselsäure 0,89%.

Th. Omeis (Hilgers Mitt. pharmac. Inst. Erlangen, Heft II, 273) untersuchte die Veränderungen bei der Reife der Heidelbeerfrucht. Er stellte bis zur völligen Rotfärbung der Beeren eine Zunahme aller Bestandteile fest; hierauf erfolgte bis zur Fruchtreife eine Abnahme der Trockensubstanz, Säuren und Mineralstoffe, dagegen eine Zunahme des Zuckers. Der Farbstoff der Heidelbeere, das Myrtillin ($C_{22}H_{22}O_{12}$) hat Aehnlichkeit mit dem Farbstoff der Weintrauben, was denn auch schon frühzeitig Anlass gegeben hat, die Heidelbeeren zur Weinfärbung (Weiss- und Rotwein) zu benützen. So wurden vor 1914 zu diesem Zwecke aus Deutschland ganze Wagen- bezw. Schiffsladungen nach Bozen und nach Frankreich (besonders nach Bordeaux) ausgeführt. Die Heidelbeerweinerzeugung Deutschlands ist überraschend gross. Sie erreichte im Frieden rund 60 000 hl und stellte nicht ganz $^1/_4$ der deutschen Rotweinerzeugung dar. In Bayern gab es 1918 über 100 Heidelbeerwein-Keltereien. Die Fertigstellung des Heidelbeerweins dauert fast ein ganzes Jahr. Hundert kg Beeren geben bei der Pressung 80 bis 90 kg Saft. Um die richtige Gärung zu ermöglichen, muss dem Saft etwa $^1/_3$ seines Gewichtes an Zucker zugesetzt werden. In den deutschen Beerenweinkeltereien dürften 8 bis 10 000 Personen beschäftigt sein.

In manchen Alpengegenden, in den Mittelgebirgen (Schwarzwald, Spessart), aber auch da und dort im Flachland (besonders im Lüneburgischen und bei Harburg), bringen die ausgedehnten Bestände der Pflanze einen so reichen Ertrag, dass in günstigen Jahren grosse Mengen gesammelt und ausgeführt werden können. Hunderte von Beerenlesern (Schwarzbeerleute) ziehen dann zur Fruchtzeit mit Kesseln, Körben und Milchtansen ausgerüstet „in die Beeren"; die Tagesernte einer 5-köpfigen Familie kann 50 kg erreichen. Mancherorts (z. B. in der Ostschweiz und in Deutschland) bedient man sich besonderer Holz- oder Metallkämme, womit die

Beeren abgestreift werden. Die Tagesleistung des Sammlers kann auf diese Weise auf das Dreifache gesteigert werden. Namentlich aus der Südschweiz und auch aus Süddeutschland gelangen grosse Mengen Heidelbeeren auf den Markt von Zürich und anderer Schweizer Städte, ebenso in die Konservenfabriken. In den Schulen der Dörfer in der Brandtsheide bei Belzig (Provinz Brandenburg) werden zur Reifezeit besondere Heidelbeerferien gemacht. In den Kriegsjahren wurden in Deutschland für die Heidelbeeren Höchstpreise angesetzt und zwar für 1918 in Sachsen und Hessen 60 Pfg., in den norddeutschen Sammelbezirken 55 Pfg., in Baden, Unterfranken, der Pfalz 50 Pfg., in Bayern 40 Pfg., in Württemberg 35 Pfg. pro Pfund. Es war jedoch schwierig zu diesen Preisen die Früchte auf dem Markt zu bringen. Wo es anging, reisten die Städter selbst in die Waldbeerengebiete und kauften dort bei den Sammlern weit über dem Höchstpreis. Im Herbst 1918 bezahlte man auf den Münchener Markt für ¹/₁₀ Pfund getrocknete Heidelbeeren Mk. 1.50. In Bayern erntet man in guten Jahren 22 795 t Heidelbeeren; ein Hektar Fläche liefert in guten Jahren etwa 300 kg Beeren. Durch alljährliches Zuschneiden der Pflanze auf den Stock konnte der Ertrag gesteigert werden. Von den rund 14 Millionen Hektaren Wald Deutschlands tragen etwa 10 % Heidelbeeren-Unterwuchs. In Bayern sind 245 467 ha Waldland (= etwa ¹/₁₀ der Gesamtwaldfläche) mit Heidelbeeren bestockt. — Dem Förster ist die Heidelbeere wegen der Verschlechterung des Waldbodens, den sie durch Wucherung und Bildung feuchten, sauren Humus verursacht, verhasst; ihre gründliche Ausrottung soll im allgemeinen eine Steigerung der Holzproduktion bewirken. Volldüngung mit Thomasmehl, Kalisalz und Salpeter, wie auch reine Stickstoffdüngung mit Salpeter wirken nachteilig auf die Heidelbeerbestände. Vom forstwirtschaftlichen Standpunkt aus gehören die Wälder mit Heidelbeer-Unterwuchs in eine untere Bonitätsklasse. Während z. B. nach Björkenheim der mittlere Jahresflächenzuwachs der Fichten pro Jahr und pro Baum im Wald mit Oxalis Acetosella-Unterwuchs 15 cm³, in jenem mit Deschampsia flexuosa 11 cm³ ausmachte, erreichte er in Heidelbeerwäldern bloss 8 cm³. Gleichzeitig betrug der mittlere Durchmesser 36 resp. 41 und 32 m und die mittlere Höhe 29,24 und 19 m. Im Forstrevier Nassau gehörten von 15 heidelbeerreichen Wäldern 12 zur dritten Bonitätsklasse.

Fig. 2685. Vaccinium Myrtillus L., Tatarenberg bei Lyck. Phot. Georg Eberle, Wetzlar.

Die ungemein weite Verbreitung der Heidelbeere ist nicht zum wenigsten auf die häufige endozoische Verbreitung durch Vögel zurückzuführen. Die Beeren werden u. a. von folgenden Vögeln gefressen: Schneehuhn, Steinhuhn, Birkhuhn, Ringamsel, Kohlamsel, Wacholderdrossel, Singdrossel, Misteldrossel, Elster, Nebelkrähe, Kolkrabe, Alpendohle, Tann- und Eichelhäher, Rotkehlchen, Rotschwanz, Mönchsgrasmücke, Seidenschwanz, Brachvogel, Heidepieper, Rohrhuhn.

Während heute die Heidelbeeren in der Heilkunde (bei Mensch und Vieh) bei leichteren Durchfällen (infolge des Gerbstoffgehaltes) ein allgemein beliebtes Volksmittel sind und getrocknet oder in Form eines Muses, Saftes, Weines oder Schnapses in keiner Hausapotheke fehlen sollten, scheinen sie den Alten nicht bekannt gewesen zu sein (übrigens fehlt die Heidelbeere in Griechenland). Immerhin erwähnt sie die heilige Hildegard im 12. Jahrhundert als „Waltbeere", während die Kräuterbücher von ihrer Anwendung in der Heilkunde wenig zu berichten wissen. Thal (Harzflora, 1577) nennt die Heidelbeere Vitis idaea minor. Ausser gegen Diarrhöen werden die Beeren bezw. der Saft (letzterer oft mit Zusatz von Zimmt oder Gewürznelken) kalt oder heiss getrunken bei akutem oder chronischem Bronchialkatarrh, Ruhr, bei verschiedenen ansteckenden Krankheiten, gegen Typhus abdominalis, bei Rachitis, Malaria-Kachexie, Skrofeln, bei Leukoplakie der Zunge, ebenso als Geschmackskorrigens empfohlen. Eine Abkochung (Tee) der Blätter wird bei Atonie der Blase, bei chronischem Bronchialkatarrh, bei Zuckerkrankheit usw. benützt. In Gebirgsgegenden wird der Heidelbeergeist gegen Unterleibsschmerzen und zur inneren Erwärmung getrunken. Ehedem wurden aus dem Beerensaft durch Zusatz von Alaun, Galläpfel, Grünspan, Salmiak usw. schöne violette oder purpurrote Malerfarben gewonnen. Auch als Gerbemittel hat sich das Kraut bewährt. Nach dem Volksglauben darf in der Karlsbader Gegend die künftige Mutter keine Schwarzbeeren pflücken, da das Kind sonst viele schwarze Muttermale bekommt. In Nordböhmen, Oberfranken und in der Oberpfalz gelten die am Jakobitag (25. Juli) gepflückten Beeren gegen Leibweh als besonders wirksam. Nach einem mittelfränkischen Volksglauben „verbrennt" die Schwarzbeerblüte (d. h. die Beeren missraten!), wenn es am St. Urbanstag (25. Mai) donnert und blitzt (nach Marzell, Hrch. Bayerische Volksbotanik, 1926). Um Osnabrück (Westfalen) bezeichnet die Redensart „wenn'n ko'ne Bickbiere schluck" etwas Winziges, Unzulängliches. Jedenfalls lassen sich einzelne Flurnamen wie Heidelbeerholz und Heidelbeerstöckli (Sarnersee) von dem Strauche ableiten, ebenso in der Westschweiz von den Patoisnamen gresala und grossel zahlreiche Lokalitäten wie Gresalays, Gresally, gresallaire usw.

Von speziellen Pilzparasiten der Heidelbeere ist namentlich Sclerotinia baccárum (Schröt.) auffällig durch die Verfärbung und Mumifizierung der Heidelbeerfrucht, die ihr Myzel hervorruft. Die verhärteten, weissen Beeren sind nicht mit der weissfrüchtigen f. leucocárpum zu verwechseln. Auch Sclerotinia Rhododéndri Fischer kann auf V. Myrtillus übergehen und hier ihr Oidium ausbilden. Godrónia urceoliformis Karst. (Discomycet) bildet vereinzelt stehende, krugförmige Fruchtkörper an den Zweigen (Deutschland, England, Nordeuropa). Ferner seien erwähnt: Ventúria elegántula Rehm (Deutschland); Sphaerélla (Mycosphaerélla) Vaccínii Cooke (verbreitet) und Sph. Myrtillína Pass. (Apennin); Melíola nídulans (Schw.) Cooke, dunkle Flecken im Assimilationsgewebe bildend (Mitteleuropäische Gebirge, Vogesen, Pyrenäen, Schottland, Schweden); Podosphǽra Myrtillína Kze. bildet kugelige Fruchtkörper mit aufrechten, verzweigten Anhängseln in einem Luftmyzel sitzend, das die grünen Laubblätter wie mit einem weissen Schimmel überzieht (Europa). Gloeospórium Myrtilli Allesch. auf den lebenden Blättern (Bayern, Sachsen), usw. Die Larve einer Gallmücke (Dasyneúra Vaccínii) ruft Sprossverkürzung und Gallenbildung hervor; eine andere Art verursacht schmale, feste Randrollung der Laubblätter nach unten und knorpelige Verdickung derselben. Durch den Reiz einer Gallmilbe werden die Laubblätter gefaltet oder gerunzelt, ihre Ränder und Spitze $\pm$ aufwärts gebogen. — Das erste sichere Auftreten von V. Myrtillus in Mitteleuropa fällt in das ältere Diluvium. Fossile Reste wurden im Kieselguhr von Ober=Ohe in Norddeutschland (nach Keilhack zur ersten Interglazialzeit gehörig) nachgewiesen.

**2153. Vaccinium uliginósum** L. (= V. ciliátum Gilib., = V. rúbrum Gilib., = Myrtíllus grándis Bubani). Moorbeere, Rauschbeere. Franz.: Airelle uligineuse, airelle des marais, airelle fangueuse; in Savoyen: Orcetta, orcettet; engl.: Bogbilberry; ital.: Mirtillo uliginoso, bugiola (Tessin). Taf. 206, Fig. 9; Fig. 2686e bis h, 2687 und 2688.

Der Genuss der Beeren soll bei manchen Personen rausch= oder schwindelähnliche Zustände hervorrufen, daher Rauschbeer (bayerisch=österreichisch), Trunkelbeere (besonders im Niederdeutschen), Schwindelbeer (z. B. Niederösterreich, Schweiz), Dumm(els)beer (Sachsen; Deutsch=Einsiedel). Nach dem grauen (mehligen, nebelähnlichen) Ueberzug heissen die Beeren Mehlbeere (Steiermark), Mehlberi (Schweiz), Nebelbeer (Osttirol, Steiermark), nach ihrem etwas zähen, schleimigen Saft Schnotz=, Schnuderbeere [Schnuder = Nasenschleim] (Baden), Schnuderbeeri (Schweiz), Pfluderbeeri, Bludertsche, Bludere [„Bluder" = etwas weiches, breiartiges] (Graubünden). Den Standort deuten an Maurbeere [Moorbeere] (Braunschweig), Femmerten [Fennbeere, zu Fenn = Sumpf, Moor] (Westfalen), Filzklobern [Filz = Hochmoor] (Böhmerwald), Moosfakken (Osttirol), zu Kranckeln (Niederösterreich), Kronsbeeren (Mecklenburg) vgl. Vaccinium Vitis=Idaea, zu Kootecken (Untere Weser) V. Myrtillus! Andere Bezeichnungen sind noch Bullgrafen (Pommern), Puttgnaden (Mecklenburg), Duunbeere (Lüneburg), Winnen=, Winnsbeere (Untere Weser), Suurbeen (Bremen), Rissbeten (Westfalen), Glogitzer [aus dem Slavischen?], Zoglbeer (Böhmerwald), Sturlbeer (Tirol), Gugge (Württemberg: Isny), Bergmandln (Kärnten), Butler (Graubünden), Munibeere (Schweiz), Puddelbeeri (Zermatt). — Rätoromanische Bezeichnungen sind in Graubünden uzun(s)chnesters, uschajatschs, ud'squigliat, da pudlas, d'chaun, azun d'luf, budère, bursins, bludérs (Bravougn), mutschin (Oberland), alzun vinač, scagač (Bergell), in Gröden podlouses; die Frucht muše.

Bis 80 (90) cm hohes, sparriges Sträuchlein mit stielrunden, graubraunen, kahlen, aufstrebenden Zweigen und weit kriechendem Wurzelstock. Laubblätter sommergrün, derb, verkehrteiförmig oder länglich, ganzrandig, am Rande schwach umgebogen, unterseits mit stark hervortretender, netziger Nervatur, blaugrün, oberseits hell mattgrün, fast weisslich, meist stumpf, ab und zu vorn ausgerandet, sehr kurz gestielt. Blüten traubig angeordnet, zu 1 bis 4 cm an den Enden kurzer, seitenständiger Zweige, in den Achseln kleiner Laubblätter, weiss oder rötlich, (3,5) 4 bis 5 (8) mm lang, hängend, 5=, 4= (selten auch 3=)zählig. Blütenstiel am Grunde von den braunroten Knospenhüllblättern (Taf. 206, Fig. 96) umgeben, etwa so lang wie die Blüte, kahl. Kelch mit dem Fruchtknoten verwachsen, bleibend; Kelchzipfel 4 bis 5, stumpf=3=eckig, etwa $^1/_3$ der Kronlänge erreichend. Krone eikrugförmig, mit meist 4 bis 5 kurzen, stumpfen, rundlichen, zurückgekrümmten Zipfeln (Fig. 2686 f). Staubblätter 8 bis 10, eingeschlossen; Staubfäden kahl, etwas kürzer als die Antheren; Antheren gelb, lang zweihörnig, an den Spitzen der Hörner mit 2 runden Poren sich öffnend (Fig. 2686 g, h), mit langgeschwänztem Anhängsel. Pollen weiss, bis 44 $\mu$ im Durchmesser. Griffel eingeschlossen, länger als die Staubblätter. Frucht eine kugelige oder birnförmige, blaubereifte, 7 bis 10 mm lange, vielsamige Beere (Saft farblos). Samen hellbraun, schwach halbmondförmig, beidends spitz, etwa 1,3 bis 1,5 mm (bis 1,7 mm) lang, mit grubig=netziger Samenschale. — V, VI.

Fig. 2686. Vaccinium Vitis-I aea L. f. pumilum, *a* Pflanze mit Ausläufern. *b* Laubblatt (von der Oberseite). — Vaccinium Myrtillus L. *c* Ausläufer (im Juni). *d* Ausläufer mit Blattspross. — Vaccinium uliginosum L. *e* Ausläufer mit jungen Trieben und Wurzeln. *f* Blüte (geöffnet). *g, h* Staubblätter (nach Warming).

In moorigen Wäldern und Gebüschen, auf Hoch= und Zwischenmooren der Ebene und der Bergstufe, auf trockenem, nährstoffarmem Rohhumusboden der subalpinen und alpinen Stufe, als Unterwuchs im Nadelwald und für sich allein oder mit anderen Zwergsträuchern ausgedehnte Bestände bildend. Durch das ganze Gebiet verbreitet, aber stellenweise sehr zerstreut und einzelnen Gegenden fehlend. Steigt bis 3100 m am Bernina auf der Gletscherinsel Gemsfreiheit.

In den Alpen und Voralpen auf kalkarmem Boden allgemein verbreitet (doch auch über Kalksubstrat), im Mittel zwischen 1400 und 2500 m, unter 1400 m fast nur auf Hochmooren. Durch Vögel bis über die Schneegrenze hinauf verschleppt, aber in den höchsten Lagen stets steril bleibend. Aus dem Wallis bis 3100 m (Balzeresse) angegeben; im Berner Oberland am Schmadrirück bis 2930 m (W. Lüdi), in der Ewigschneehornkette bis 3000 m (F. Frey), im Tessin bis 2780 m am Sonnenhorn, in Uri bis 2790 m an der Plaunc 'aulta, in Tirol bis 2990 m am Acherkogel und 3080 m beim Ramolhaus im Oetztal, dagegen nur bis 2280 m in Südbayern und bis 2300 m in Steiermark. In den Bergamaskeralpen am Legnone bis 2610 m. In den Torfmooren von Norddeutschland ziemlich verbreitet, oft dichte Bestände bildend und sich auch beim Austrocknen des Moores noch sehr lange erhaltend, auch auf den Nord= und Ostfriesischen Inseln, fehlt in den Moorgebieten des linken Niederrheins. In Mittel= und Süddeutschland fast nur im Mittelgebirge: Harz, Weser Bergland, Rhön, Thüringen, Fichtelgebirge, Isergebirge, Erzgebirge, Riesengebirge, Sudeten, vereinzelt auch tiefer, wie in den Waldmooren der Niederlausitz, im Hochmoor bei Teublitz in der Oberpfalz 360 m, im Hagenauer Wald im Elsass. In den Vogesen im Mittel zwischen 900 und 1400 m und nur im nördlichen Teil unter 550 m, südwestlicher Schweizer Jura, Schwarzwald östlich bis zur Nagold, Baar, Ellwanger Berge, Schwäbische Alb (sehr selten), Schwäbisch=bayerisches Alpenvorland, meist nicht unter 700 m, ausnahmsweise bei Konstanz bis 450 m herab, Bayerischer Wald und Böhmerwald, Bayerisches Jura=, Keuper= und Muschelkalkgebiet (in Bayern nur im Frankenwald gänzlich fehlend); Oberösterreich: Mühlkreisberge und Torfmoore im Traunkreis; Alpengebiet; Böhmen, Mähren, Schlesien zerstreut, namentlich in den Mittelgebirgen, Niederösterreich im Granitplateau des Waldviertels und im Alpengebiet, hier aber stellenweise selten oder fehlend (so im Oetscher= und Dürensteingebiet), dann verbreitet und meist gemein durch die ganze Alpenkette von Kroatien bis zu den Seealpen. Im Schweizerischen Mittelland selten und ausschliesslich auf stark sauren Torfmoorböden (z. B. bei Dübendorf, am Katzensee bei Zürich, Löhrmoos bei Bern, Reutigenmoos, Meyenmoos bei Burgdorf usw.). In Oberschwaben, wo die Zahl der Fundstellen dank der Bemühungen von Bertsch auf 79 (hauptsächlich in den Oberämtern Wangen und Waldsee) angewachsen ist, stimmt die Verbreitung fast genau mit jener von Oxycoccus überein. Das Hauptareal liegt zwischen der äusseren und inneren Jung= (Würm=)Endmoräne. Drei kleine Vorkommnisse finden sich im Gebiet des ersten Rückzugsstadiums am Schluss der Würmeiszeit.

Allgemeine Verbreitung: Boreales Europa, Asien und Amerika. In Skandinavien bis 71° 10′ nördl. Breite, Island, Faeröer, Schottland, England, Dänemark, Mitteleuropa (im Süden nur auf den Gebirgen), Belgien, Holland, Ardennen, französische Vogesen und Jura, französisches Zentralplateau, Sevennen, Pyrenäen (bis 2700 m am Pic d'Estibaoude), Astu= rische Gebirge, Sierra de Demanda bei Burgos, Sierra Nevada (f. nanum [Boiss.]) bis 3080 m, Apennin bis Toskana, Illyrische Gebirge, Karpaten, Balkan, Mittel=Russland, Kaukasus, Ural, Altai, Baikalgebirge, Nordsibirien, Nowaja Semlja bis 73° 19′, Kamtschatka, Korea, Japan, Labrador, Nord=Amerika bis Washington, Nord=Minnesota, Neu=England und Neufundland südlich, nördlich noch auf Victoria=Land, der Melville=Halbinsel, Baffins=Land, North Devon 76° 45′, Ellermereland 78° 52′, Ost= und Westgrönland bis 78° 18′ nördl. Breite.

Aendert wenig ab. Die beschriebenen Abänderungen beziehen sich grösstenteils auf Dimensionen und Form der Laubblätter, die je nach dem Standort ungemein variieren. Erwähnenswert sind: f. grandi= folium (Dalla Torre et Sarnth. pro var.) (= f. latifrons Bornm.). Laubblätter fast so breit als lang, daher im Umriss fast kreisförmig, doppelt so gross als bei der normalen Form. (Klobenstein am Ritten bei Bozen, Kematsrieder Moos bei Oberjoch, 1150 m, in Bayern). — f. frigidum (Schur pro var.). Zwergform hochalpiner Lagen mit kleinen (7 : 4 mm) Laubblättern. Steht der hochnordischen var. microphyllum Lange nahe. — f. longifrons Bornmüller. Laubblätter mindestens 3=mal länger als breit, 10 × 35 mm (Westpreussen: Ziesch= busch). — f. macrocarpum (Drej. pro var.). Frucht birnförmig. — Die Abart mit gelblich oder grünlich= weissen Beeren (f. leucocarpum Zabel pro var.) als Seltenheit beobachtet bei Görlitzen und am Gollimberge bei Radweg in Kärnten; in der Schweiz am Eingang ins Val Puntota bei Cinuskel im Engadin und am Munt La Schera im Ofengebiet.

Vaccinium uliginosum darf — nachdem die Hypothese von der physiologischen Trockenheit der Moore stark ins Wanken gekommen ist — neben Calluna als Musterbeispiel einer Art mit weiter ökologischer Amplitude gelten. Im Tiefland ausschliesslich auf Hochmooren und feuchten Heiden, nur im Norden des Gebietes auch mitunter auf mässig feuchten Sanddünen, findet sich die Art in den Mittelgebirgen und in der subalpinen und alpinen Stufe der Alpen herdenbildend auf trockenen Magerböden an Hängen, ja selbst, als eine der windhärtesten Holzpflanzen, an windgefegten, wintersüber schneefreien Gratrücken, wo sie ganz die Wuchsform der kriechenden Salix herbacea annimmt. Der unterirdische Stammteil kriecht mehrere Meter weit; ihm entspriessen die kaum zollhohen, meist sterilen Blattsprosse, die jeden Stein und jede Bodenrille als Deckung benützen. Sobald sie sich über den Rand des schützenden Gegenstandes hinauswagen, werden sie vom Schneegebläse wegrasiert und erhalten dadurch ein heckenartig zugestutztes, geschorenes Aussehen. Die Vermehrung geschieht in dem nackten, flachgründigen Felsschuttboden durch sich bewurzelnde Kriechsprosse. An ähnlichen Standorten treffen wir die Art auch in der Arktis, z. B. in Grönland. In der Schneestufe der Alpen endlich hält sie sich, wie ihre Gattungsgenossen, an windgeschützte, sonnige, früh schneefreie Felsgesimse und wurzelt in Felsritzen der kalk= armen Gesteine. Sie ist hier durch Vögel eingeschleppt, bringt aber ihre Samen nicht mehr zur Reife. Den verschiedenartigen Standorten entspricht auch die Begleitflora, die keine oder eine nur geringe Uebereinstimmung aufweist. Das norddeutsche Moor (meist Sphagnum=Zwischenmoor) beherbergt sie neben Oxycoccus, Vaccinium Vitis=Idaea, Ledum palustre, Andromeda, Trientalis, Eriophorum vaginatum usw. Aehnlich verhält sie sich in den Mooren des Alpenvorlandes. Im Gebirge bildet sie oft einen Hauptbestandteil des Unterwuchses lichter, trockener Wälder neben Rhododendron, Vaccinien, Calamagrostis villosa usw. und Laubmoosen. In der Ur= wiesenstufe der Alpen wird sie mitherrschend und selbst vorherrschend in der Empetrum=Vaccinium= Zwergstrauchheide (siehe unter Vaccinium Myrtillus). An den flachgründigen, windexponierten Stellen gelangt sie hier öfter zur Vorherrschaft, die ihr nur durch die noch windhärtere Loiseleuria streitig gemacht wird. Diese Windecken=Zwergstrauchheide, eine Fazies des Loiseleurietum cetrariosum, setzt sich zusammen aus den domi= nierenden Vaccinium uliginosum und Loiseleuria procumbens, welchen sich ± reichlich folgende Arten beimischen: Alectoria ochroleuca, Cladonia gracilis, Cetraria nivalis, C. juniperina und C. Islandica, Polytrichum piliferum, Empetrum nigrum (mehr geschützt), Agrostis alpina, Avena versicolor, Sesleria disticha, Festuca Halleri, Luzula lutea, Minuartia recurva, Anemone vernalis, Sieversia montana, Androsace obtusifolia, Phyteuma hemisphaericum, Leontodon Pyrenaicus, Hieracium glanduliferum u. a. A. Die Vaccinium uliginosum = reichen Zwergstrauchheiden der alpinen Stufe gehören zum Verband des Loiseleurieto=Vaccinion.

Auch Vaccinium uliginosum begünstigt die Rohhumusbildung; doch ist sie unter V. uliginosum weniger intensiv als in den Beständen von V. Myrtillus. Immerhin wirkt auch die Blaubeere in ähnlicher Weise azititätserhöhend und dadurch bodenverschlechternd. In den Bündneralpen ergaben verschiedene Proben aus der obersten Humusschicht einen Humusgehalt von 16 bis 48%. Auch die Sumpfbeerenböden ergeben stets stark saure Reaktion. Sager gibt vom St. Bernhard Werte zwischen 5,4 und 5,2 pH. Wir (Br.-Bl.) fanden solche von 5,0 bis 4,2 pH. über Verrucano-Schuttboden und von 5,2 pH. über kalkarmen Schiefern an Stellen mit vorherrschender Sumpfbeeren-Vegetation. Die Art ist ausgesprochen azidiphil. Die Vaccinium uliginosum-Sträucher können ein beträchtliches Alter erreichen. Kihlman erwähnt aus Russisch Lappland mehrere völlig gesunde Pflanzen von 40 bis 59 Jahren, deren mittlere Jahrringbreite 0,04 mm betrug. Ein Stämmchen, vom Bearbeiter am Piz Campascio, Rätische Alpen, bei 2600 m gesammelt, zählte mindestens 50 Jahre, und unter 19 von Kanngiesser in der Westschweiz zwischen 2190 und 2500 m untersuchten Stämmchen wies das älteste zirka 66 Jahrringe auf. Dagegen wurden an einem Stämmchen aus dem Kaiser Franz Josephs Fjord (73½° nördlicher Breite) 93 Jahrringe gezählt bei einem Durchmesser von 6,0 mm und 0,032 mm Jahrringbreite. — Samen von überwinterten Beeren (Wintersteher!) vom Bernina 2340 m fand ich zu 8% keimfähig.

Die matt blaugrünen Laubblätter sind derb, etwa ¼ mm dick, in der Jugend zusammengefaltet und am Rande eingerollt. Die Spaltöffnungen sind zahlreicher, aber kleiner als bei V. Myrtillus und kommen meist nur auf der Blattunterseite vor. Das Palisadengewebe ist 1- bis 2-schichtig, das Mesophyll sehr lose gebaut, eine besondere xerophytische Anpassung ist somit nicht nachweisbar. Im Herbst nehmen die Laubblätter in der alpinen Stufe einen stumpf-

Fig. 2687. Vaccinium uliginosum L., Schönramer Filz, Oberbayern. Phot. Georg Eberle, Wetzlar.

rötlichen Ton an durch Ausbildung von Anthocyan im Palisadenparenchym. Die Transpiration der Blätter ist auf dem Hochmoor relativ gering. Nach Boysen-Jensen beträgt dieselbe 15% der freien Wasserfläche (bei gleichem Oberflächenmass), für V. Vitis-Idaea 13%. — Die Blüte ist vorerst proterandrisch. Die Antheren sind schon geöffnet und der Pollen liegt frei, bevor sich die Blüte entfaltet und bevor die Narbe völlig entwickelt ist. Hierauf folgt ein längeres homogames Stadium (so nach Warming; nach Lindman und Ekstam wäre die Blüte proterogyn-homogam). Der Griffel erreicht ungefähr die Länge der Krone. Die Staubbeutel mit den spreizenden, aufwärts gerichteten (d. h. bei der hängenden Blüte abwärtsgerichteten) Anhängseln sind wenig oberhalb der Narbe und so angeordnet, dass bei jeder Erschütterung Pollen auf den Narbenrand fallen muss. Dadurch ist die Selbstbestäubung sehr erleichtert. Aber auch Kreuzung durch Insekten findet leicht und regelmässig statt, da es ihnen unmöglich ist, zu dem Honig ausscheidenden Diskus zu gelangen, ohne die Antheren zu berühren und sich mit Pollen zu beladen, der dann an den Narben anderer Blüten abgestreift wird. In den Alpen sind Hummeln (Bómbus altícola, B. Lappónicus, B. terréstris usw.) die wichtigsten Besucher, desgleichen im Norden, wogegen in Norddeutschland ausser zahlreichen Bienen auch Schwebfliegen (Erístalis, Rhíngia usw.) und Falter auf den Blüten von V. uliginosum beobachtet wurden. Zahlreiche Vogelarten, worunter Kohlamsel, Wacholderdrossel, Singdrossel, Elster, Brachvogel, Heidepieper, wohl auch Schnee- und Steinhuhn vermitteln die Samenverbreitung.

Die süss-säuerlich, etwas fade schmeckenden Beeren sind grösser als die Heidelbeeren und enthalten einen farblosen Saft. Mit Unrecht gelten sie als giftig oder giftverdächtig. Netolitzky (Oesterr. Botan. Zeitschrift. Bd. LXIV, pag. 43) und andern gelang es nicht, einen Giftstoff zu isolieren. Immerhin scheint es doch nicht ganz unbegründet, dass die Beeren — wenigstens in grösserer Menge genossen — mancherlei schädliche Wirkungen (sie sollen leicht narkotisch wirken) hervorrufen können (vgl. Ascherson, P. Verhandl. des Botan. Vereins Brandenburg Bd. XXXV, 1893). Jedenfalls sind sie im Allgemeinen wenig geschätzt und werden deshalb auch wenig gesammelt. In Wallis (Zermatt) werden die „Budel- oder Puddelbeeri" nach

Christ nur gefroren gegessen. Der mit Branntwein hergestellte Auszug wird gelegentlich gegen katarrhalische Erkrankungen des Magens und Darmes wie auch der Blasenschleimhaut benützt. In Norwegen wird der Saft mit etwas Zuckerzusatz zu Wein vergoren. Nach Nestler ist in den Beeren Benzoësäure enthalten. Zufolge des Gerbstoffgehaltes kann das Kraut zum Gerben verwendet werden. Die Pflanze wird bereits 1577 von Joh. Thal in seiner Harzflora als Vitis idæa nigra májor aufgeführt; Camerarius (1588) erwähnt sie als Vitis Idǽa Gesnéri máior. Im Regierungsbezirk Kassel ist sie seit 1922 gesetzlich geschützt.

Die Art ist schon im Pliozän der Auvergne nachgewiesen. Sie findet sich ferner fossil in zahlreichen Interglazial- und Glazialablagerungen Mittel- und Nordeuropas. Ausser den bereits (vgl. pag. 1668) angeführten Schmarotzern leben auf V. uliginosum u. a. noch folgende parasitäre Pilze: Sclerotínia megalóspora Woron. (Sklerotien in den verhärteten Früchten), Phacídium levigátum Fr. (Schweden), Lophodérmium maculáre (Fr.) De Not., Ventúria Myrtílli Cooke (Nördl. gemässigte Zone), V. atramentária Cooke (England), Dothidélla Vaccínii Rostr. (Grönland); Acanthostígma erysiphoídes (Rehm), auf dürren Zweigen in Tirol. Die Larve einer Gallmücke bewirkt auf der Blattoberfläche längliche, bis 2,5 mm hohe Ausstülpungen, die von einer gelblichen, aussen ± roten, bis 10 mm breiten Zone umgeben sind. Eine andere Art ruft Verkürzung der Sprossachse mit Bildung einer ± blutroten, bis 8 mm langen und 5 mm breiten Galle hervor.

In Norddeutschland kommt stellenweise zahlreich der **Bastard** V. Vitis-Idaea × V. Myrtillus (= V. intermédium Ruthe) vor. Zweige etwas kantig, grün. Laubblätter überdauernd, eiförmig, meist stumpf, kerbig gezähnelt, gegen den Grund meist ganzrandig, am Rand etwas umgerollt, unterseits nicht oder spärlich punktiert. Blüten einzeln achselständig oder in gehäuften, traubigen Büscheln endständig. Krone

Fig. 2688. Vaccinium uliginosum L., Moor der Palinger Heide bei Lübeck. Phot. Georg Eberle, Wetzlar.

glockig, mit tief eingeschnittenen, an der Spitze zurückgekrümmten, stumpflichen Zipfeln. Antheren 2-hörnig, Griffel eingeschlossen. Frucht rot oder blauschwarz. Bei Swinemünde, Misdroy, Anklam, Jungfernheide bei Berlin, Kapornscheheide bei Metgethen unweit Königsberg, Czarnikau, Niesky, Sommerfeld, Naumburg a./B., Kaltdorferheide, Resse bei Hannover, Pausa im Vogtland usw. Auch noch in Bayern: zwischen Loisnitz und Marienthal im Bayer. Wald auf Granit, um Nürnberg (bei Zerzabelshof und Hummelstein), bei Erlangen, Teublitz, zwischen Dobertshof und Speinshardt, Bez. Eschenbach, 460 m, auf Keuper, Schlackenhof unweit Kemnath. Fehlt in den Alpen, wie überhaupt in der Schweiz und in Oesterreich.

## DLXVIII. **Oxycóccus**[1]) Hill. Moosbeere. Franz.: Canneberge; engl. Cranberry.

Von Vaccínium, mit welcher Gattung Oxycoccus öfters vereinigt wird (Vaccinium Untergattung Oxycoccus Hooker, = Unterg. Schollera Dippel), verschieden durch die vier schon in der Knospe tief geteilten, zurückgerollten Kronblätter und die frei hervorragenden, ungespornten Antheren. Blüten auf fädlichen Stielen zu 1 bis 4 in doldigen Blütenständen. Stengel kriechend, fadenförmig (bei unseren Arten) oder aufrecht. Die Gattung ist nordamerikanisch-ostasiatisch. Hierher ausser O. quadripetalus der verwandte O. macrocárpus Pursh (= Vaccínium macrocarpum Ait., = V. Oxycóccus var. oblongifólius Michx.) in Nordamerika von Neufundland bis Wisconsin und Minnesota und südlich bis Nord-Carolina, Ohio, Indiana. Krannbeere (Fig. 2689). In Europa an mehreren Stellen in Deutschland und auf der holländischen Insel Terschelling verwildert. Unterscheidet sich von O. quadripetalus durch grössere, breitere und etwas stumpfere Laubblätter. (6 bis 17 mm lang), üppigeren Wuchs, grössere (6 bis 10 m lange) Blüten, kürzere Staubfäden und 1 bis 2 cm im Durchmesser messende Früchte. Bisweilen, besonders im nördlichen Gebietsteil, aber auch in der Pfalz der

---

[1]) Griech. ὀξύς (oxýs) = sauer und κόκκος (kókkos) = Beere; wegen des saueren Geschmacks der Früchte. Für unsere Art wird der Name zuerst von Cordus und Clusius gebraucht.

Frucht halber angepflanzt und ab und zu verwildert. So seit Jahren in Gräben, Torftümpeln und auf sumpfigen Wiesen zwischen Hagenburg und dem Steinhuder Meer (Schaumburg=Lippe) stellenweise in Menge (jedoch nicht bei Winzlar!) und im Sennelager, in Schleswig=Holstein im Kreis Bordesholm im Dosenmoor (1921 bei Swinemünde, im Haspelmoor bei München). Die Früchte kommen in neuerer Zeit unter dem Namen „Schwedische Preisselbeeren" in den Handel. In Nordamerika noch O. erythrocárpus (Michx.) Pers. mit immergrünen Laubblättern und bis 1,8 m hohen Zweigen (selten in Kultur). In Japan die der vorigen nahestehenden Art O. Japónicus [Miq.] (= Vaccinium Japonicum Miq.) mit längeren Kelchabschnitten und unterseits behaarten Laubblättern. Weitere verwandte Arten sind aus Zentralchina bekannt.

**2154. Oxycoccus quadripétalus** Gilibert (= Oxycoccus palústris Pers., = O. vulgáris Pursh, = O. Europǽus Pers., = Vaccínium Oxycoccos L., = Schóllera oxycoccus Roth). Sumpf= Moosbeere. Franz.: Canneberge des marais, coussinette; engl.: Cranberry, small cranberry (Nord= amerika), mossberry, moorberry; ital.: Mortella di palude. Taf. 207, Fig. 4; Fig. 2690 und 2691.

Nach ihrem Standort im Moor (Moos, Sumpfland) heisst die Pflanze Moorbeen (Untere Weser), Moosbeere (Braunschweig), Moschbeer (Kärnten), Fennbeere [Fenn = Sumpf, Morast] (niederdeutsch), Bultbeeren [Bulten = kleine Bo= denerhebungen im Moore] (Untere Weser), Filzkloben=,=beer [bayer. Filz=Hochmoor] (Böhmerwald). Zu Kram(s)beeren (Schleswig, Hannover), Grammbäre (Eifel) vgl. Vaccinium Vitis=Idaea! Andere Bezeichnungen sind noch roe [rote] Heidbeen (Worpswede), Kröss= kes (Westfalen: Rheine), Gloz= beeri (Eifel), Tüttebeere [vgl. dän. Tuebaer] (Schleswig), Chlepfi= beeri [die Beeren knacken beim Zerdrücken, vgl. Silene inflata Bd. III, pag. 279] (Aargau), Märchen=

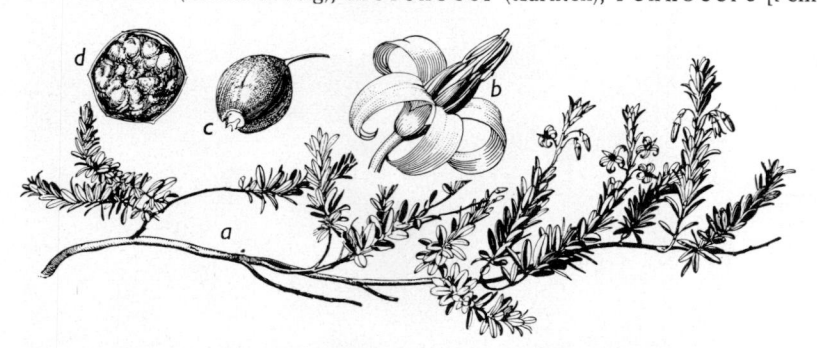

Fig. 2689. Oxycoccus macrocarpus Pursh. *a* Blühende Pflanze. *b* Blüte. *c* Frucht. *d* Reife Frucht (durchschnitten).

äpfel, =birnen (Eifel), Seebock (Schweiz: Wauwil), Kreimken (Osnabrück).

Niederliegendes Halbsträuchlein mit weit kriechendem (bis zirka 80 cm langem), dünnem, verholzendem Stengel und kurzen, aufstrebenden, fädlichen Blütentrieben. Laub= blätter wintergrün, derb ledrig, eiförmig, zugespitzt, ganzrandig, am Rande umgebogen, oberseits dunkelgrün, glänzend, unterseits von bleibender Wachsschicht blaugrün bereift und mit kleinen Drüsenhaaren locker bestreut, etwa 3 bis 7 mm lang und 2 bis 4 mm breit, am Grunde gestutzt oder schwach herzförmig, sehr kurz gestielt; Mittelnerv unterseits stark hervortretend. Blüten seitenständig (scheinbar endständig), zu 1 bis 4, nickend, langgestielt. Blütenstiel fädlich, rötlich, mehrmals länger als die Blüte, unmittelbar unter dem Kelch gelenkig und an dieser Stelle sehr zerbrechlich, in der Mitte mit 2 etwa 1 mm langen, lanzettlichen, spitzen Vorblättern. Kelch 4= (bis 5=)lappig, mit kurzen, breiten und stumpfen, am Rande feinbewimperten Lappen (Fig. 2690b). Krone turbanartig, 6 bis 7 m breit, 4= (bis 5=)teilig, karminrosa. Kronblätter zurückgekrümmt, länglich=lanzett. Staubblätter 8 (bis 10), mit purpurnen, seitlich und auf dem Rücken behaarten Staubfäden und gelben Antheren; letztere so lang oder weniger länger als die Staubfäden. Antheren bekörnelt, ungespornt, mit gerade= aus gerichteten, langen Hörnern, an ihrer Spitze die Poren tragend. Pollen weiss, bis 50 $\mu$ im Durchmesser. Frucht eine saftige, mehrsamige, überwinternde Beere von meist tiefroter Färbung (selten weiss f. leucocarpus [Aschers.]), kugelig, seltener birnförmig, 4 bis 15 mm breit, auf fädlichem, zuletzt niederliegendem Stiel. Samen eilänglich, an der Spitze $\pm$ sichelförmig vor= gezogen 1,5 bis 2,8 mm lang mit netzig=grubiger Samenschale (Taf. 207, Fig. 4c). — V, VI (bis VII).

Zerstreut in Hoch= und Uebergangsmooren durchs ganze Gebiet, im Süden seltener und fast ausschliesslich auf Sphagnum=Hochmooren; in den Alpen so hoch als die zusammen=

hängenden Sumpfmoosteppiche, im Maximum bis 1830 m im Engadin, 1710 m bei Arosa, im Erzgebirge bis 1100 m.

Die Zahl der Fundorte dieser ökologisch eng angepassten und auf Bestandeswechsel scharf reagierenden Hochmoorpflanze vermindert sich zusehends; doch ist sie noch immer in ganz Nord- und Mitteldeutschland, in Böhmen, Mähren, Schlesien, Ober- und Niederösterreich sehr verbreitet, wenn schon strichweise aus Mangel an geeigneten Standorten fehlend.

In den Vogesen namentlich vom Sewensee bis zum Weissen See und dann zwischen Bitsch und Niederbronn; aber auch im Saarkohlenbecken bei Weissenburg und im Hagenauer Wald. In Süddeutschland meist spärlich und meist in höheren Lagen über 600 m. Im Schwarzwald nordwärts bis Herrenalb, nach Osten die Nagold nicht überschreitend; Baar; Schwäbische Alb (selten: Onstmettingen, Schopfloch); Oberschwaben auf Hochmooren verbreitet, meist über 600 m, aber mehrfach bis 400 m herab (Bodenseegebiet). Aus Oberschwaben sind über 100 Fundstellen bekannt (ob hier z. T. nicht auch O. microcarpus?), die mit wenigen Ausnahmen im Bereich der Jungmoränen der Würmvergletscherung liegen; Bayerisches Alpenvorland und Alpengebiet, bis 1250 m ansteigend. Bayerischer- und Böhmerwald, herab bis Regensburg, Nordbayern, Pfalz; fehlt aber im bayerischen Jura- und Muschelkalkgebiet, wie auch im Frankenwald. In Böhmen, Mähren, Schlesien und in den österreichischen Alpenländern ziemlich verbreitet, in Steiermark und Tirol bis 1700 m ansteigend, nur im Süden (Kärnten, Krain, Südtirol) seltener. In der Schweiz namentlich in den voralpinen und jurassischen Mooren, südlich bis la Trélasse im Genferjura. Zerstreut in den Torfmooren des schweizerischen Mittellandes:

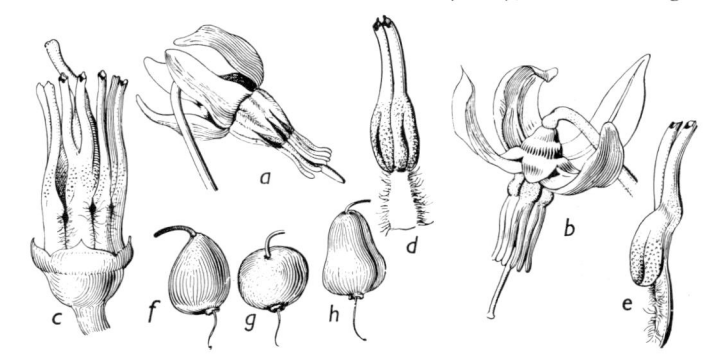

Fig. 2690. Oxycoccus quadripetalus Gilib. *a, b* Blüte (vergrössert). *c* Staubblätter. *d, e* Staubblatt. *f* bis *h* Frucht der subsp. microcarpus. (Turcz.).

Katzensee, Dübendorf usw. bei Zürich 420 bis 450 m, Wauwiler Moos, Burgmoos, Meyenmoos bei Burgdorf, Reutigenmoos, Löhrmoos bei Bern, Moore von Jongny und Gourze im Waadtland usw. Fehlt den Kantonen Basel, Uri und Tessin; im Wallis nur (subsp. microcarpus) am Lac de Champey; in Graubünden selten, aber bis 1710 m bei Arosa.

Allgemeine Verbreitung: Ganz Mittel- und Nordeuropa bis 71° 4′ nördl. Breite in Lappland, südwärts (subsp. vulgaris Blytt) bis zu den Monts d'Aubrac in Zentralfrankreich, aber nicht mehr in den Pyrenäen, auch nicht in Spanien, Norditalien (früher auch in der Toskana am Lago Bientina; jetzt erloschen), Kroatien, Rumänien, in Russland isoliert noch bei Charkow, Saratow und Samara. Fehlt im Kaukasus, dagegen im Ural und durch ganz Sibirien bis zur nördlichen Mandschurei; an der Schiganka nordwärts bis 67° nördl. Breite, Altai, Baikalgebiet, Nord- und Mitteljapan, Kamtschatka, Aleuten. Boreales Amerika, südwärts bis Nord-Carolina, Michigan, Minnesota und Britisch Columbia, Grönland zwischen 60° und 64° 10′ nördl. Breite selten.

Von der Hauptart (subsp. **vulgáris** [Blytt]), nicht immer scharf zu trennen und durch Zwischenformen wohl (ob ausschliesslich?) hybrider Natur mit ihr verbunden ist die subsp. **microcárpus** (Turcz.). Diese unterscheidet sich meist deutlich durch erheblich kleinere Dimensionen der Laubblätter, Blüten und Früchte und den kahlen oder nahezu kahlen Blütenstiel (bei subsp. vulgaris ist er deutlich behaart). Laubblätter nur etwa 4 bis 6 mm lang, schärfer zugespitzt, vom Blattgrunde an verschmälert. Beeren meist deutlich verlängert, 5 bis 7 mm im Durchmesser, birn- oder zitronenförmig. Blüht 1 bis 2 Wochen früher als die subsp. vulgaris.

Bisher vom Typus nicht genügend unterschieden und daher wohl öfters übersehen oder verkannt. Die Verbreitung, soweit sich bisher übersehen lässt, deutet auf eine Glazialreliktpflanze. Sie ist bekannt aus Norddeutschland (Usedom, Löcknitz, Grambow). Hieher wohl auch die kleinfrüchtige Form, die W. Gleisberg (Berichte der Deutschen Bot. Gesellschaft. 1920, Heft 10) von Neuhammer bei Proskau beschreibt. Ueber ihr Vorkommen in den Mittelgebirgen liegen keine Nachrichten vor; dagegen dürfte sie gleich manchen unzweifelhaften Glazialrelikten in den Alpenländern verbreitet sein. Bisher wurde sie im Schweizer Jura an mehreren

Stellen auf kalten Torfmooren zwischen 1000 und 1200 m und in den Walliser- (Lac de Champey 1465 m) und Bündneralpen (mehrfach zwischen 1400 und 1900 m, noch bei St. Moritz und Pontresina) beobachtet. Im Alpenvorland wird sie nur von einer Stelle bei Dübendorf im Kanton Zürich zirka 430 m angegeben, in einem Gebiet, das auch andere Glazialrelikte (Carex chordorrhiza und C. Heleonastes, Andromeda u. a.) beherbergt. — Neuerdings ist sie auch in den Savoyeralpen im subalpinen Hochmoor von Glières (Haute-Savoie) aufgefunden worden. In Skandinavien, Finnland, Nordrussland, Sibirien verbreitet.

In der Schweiz eine Charakterart (Treue) der Sphagnum fuscum-Hochmoore, die Bülten durchspinnend in Gesellschaft von Leptoscyphus anomalus, Cephalozia spec., Polytrichum strictum, Calluna, Empetrum, Vaccinium uliginosum usw. Aehnlich ist ihr soziologisches Verhalten in Schweden und (nach Walo Koch) in Lithauen.

Oxycoccus quadripetalus zeigt in Bezug auf Blattform und -Grösse und hinsichtlich der Fruchtform, der Samenzahl und Grösse beträchtliche Unterschiede. Inwieweit hiebei aber Bastardierung zwischen den 2 Subspezies (und vielleicht mit O. macrocarpus) mitspielt, ist noch nicht näher untersucht. Auf ein- und demselben Moorfleck bei der Proskauer Lehranstalt für Obst- und Gartenbau fand Gleisberg 6 verschiedene konstante Typen, verschieden nach Wuchsform, Beblätterung, Fruchtform und -Grösse. Die einzelnen Typen zeigten auch beträchtliche Unterschiede in der Samenproduktion. Während der kleinfrüchtige myrtenblätterige Typus pro Frucht nur 2,8 Samen hervorbrachte, erzeugte der grosse apfelfrüchtige Typus in jeder Frucht 10,9 Samen. Die Gewichtsverhältnisse der untersuchten Früchte ergaben ähnliche Unterschiede. Die kleinfrüchtigen Beeren wogen im Durchschnitt 0,2434 bis 0,3074 gr, die grossfrüchtigen 0,7824 bis 0,7852 gr. Der dazwischen liegende Mitteltypus trug Beeren von im Mittel 0,5459 gr. Da die ökologischen Bedingungen des kleinen Moorkomplexes überall ungefähr dieselben sind, ist die Annahme, es könnte sich um Sonderanpassungen an verschiedene Lebenslagen handeln, ausgeschlossen. Am ehesten kommt als Ursache der Formenbildung „Aufspaltung" als Folge von Bastardierung in Frage. Die herbstliche Anthocyanbildung der Oxycoccus-Blätter zeigt Unterschiede in der Farbenintensität der einzelnen Typen. Ebenso verhielten sich diese Typen verschieden bei künstlicher Anthocyanerzeugung an abgeschnittenen Zweigen. Gleisberg nimmt an, dass eine verschiedene Befähigung des Plasmas der einzelnen Typen die Ursache der ungleichmässigen Anthocyanbildung sei.

Mit Andromeda polifolia zählt Oxycoccus zu den bezeichnenden Arten der mitteleuropäischen Sphagnum-Moore. In Bezug auf die Bodennährsalze ist die Pflanze äusserst bedürfnislos und erscheint in hohem Masse dem eigenartigen Standort angepasst. Die primäre Rinde der weitkriechenden, zarten Stämmchen besteht aus kompaktem Gewebe parenchymatischer Zellen mit schwach entwickelter Epidermis; das sekundäre Rindengewebe erscheint im Juni und besteht aus regelmässig angeordneten Korkzellen. Die Laubblätter sind unterseits mit einer Wachsschicht bedeckt; die Epidermis der Ober- und Unterseite ist stark kutikularisiert und zeigt unterseits zahlreiche Spaltöffnungen. Dieser Umstand wird von Petersen in Verbindung gebracht mit der geringen Anzahl der Laubblätter im Verhältnis zu der oft beträchtlichen Länge der Stämmchen, die eine reichliche Luftversorgung benötigen. Da sich die Laubblätter in kohlensäurereicher Atmosphäre hart am Erdboden befinden, ist der Sauerstoffbedarf eingeschränkt. Das Palisadengewebe besteht aus 1- bis 2 Zellschichten von je zirka 80 $\mu$ Höhe. Bei nordischen Exemplaren ist die untere Palisadenschicht besser entwickelt als bei solchen aus Dänemark. In den Palisadenzellen der Oberseite fand Petersen im Winter roten Zellsaft (Anthocyan?), auch enthalten dieselben, wie übrigens auch die Mesophyllzellen, Tannin. Wenn sich, durch die natürliche Entwicklung der Vegetation oder durch äussere Eingriffe bedingt, der Sphagnum-Moorcharakter ändert, geht Oxycoccus zurück und verschwindet mit dem Auftreten gesellschaftsvager Blütenpflanzen, die mit ihr in Wettbewerb treten. Nur auf vegetationsfreien Torfausstichen, wo der Wettbewerb ausgeschaltet ist, vermag sich das Pflänzchen ausnahmsweise noch zu halten. Zu ihren getreuesten Begleitern zählen: Carex pauciflora, C. dioica, Eriophorum vaginatum, Viola palustris, Drosera rotundifolia, Andromeda polifolia; aber auch Carex pulicaris und C. stellulata, Rhynchospora spec., Betula nana, Parnassia palustris, Potentilla erecta, Ledum palustre (pag. 1623), Vaccinium uliginosum, Empetrum nigrum, im nördlichen Gebiet auch Rubus Chamaemorus und Chamaedaphne calyculata u. a. Arten gesellen sich ihr öfter bei. Ihr eigentliches Substrat bilden die Polster von Sphagnum angustifolium, Sph. fuscum, Sph. cymbifolium, Sph. medium, Sph. rubellum, Sph. squarrosum u. a. Sphagnum-Arten, seltener der Teppich von Drepanocladus-Arten und von Aulacomnium palustre.

Die Blüten sind proterandrisch. Die Selbstbestäubung ist erschwert, weil der weit vorragende Griffel die Staubblätter weit überragt und weil die kleine Narbe nach abwärts gerichtet ist. Da die Pflanze auch im hohen Norden reichlich fruchtet, dort aber Blütenbesucher nicht festgestellt werden konnten, vermutet Warming, die Selbstbestäubung könnte schon in der Knospe stattfinden, wie dies bei Chamaedaphne calyculata geschieht. Auch H. Müller gelang es nicht, blütenbesuchende Insekten zu beobachten, dagegen fand Knuth Musciden blütenbesuchend und ebenso berichtet Stauffer (Notes sur quatre Éricacées indigènes, La Chaux de Fonds, 1911), am Katzensee bei Zürich mehrfach sowohl Bienen als Hummeln auf Oxycoccus saugend angetroffen zu haben. Die Hymenopteren hängen sich an die Blüte und führen ihren Rüssel zwischen Griffel und Antherentubus ein, um zum Nektar zu gelangen. Dabei bestäuben sie sich mit Pollen, den sie am Stempel einer benachbarten Blüte abstreifen. Unnützer Honigraub ist durch die dicht ineinander verflochtenen Haare der Staubfäden verunmöglicht. Unter den Vaccinioideae zeigt nur Oxycoccus postflorale Bewegungen an den Blütenstielen. Die zur Blütezeit aufgerichteten Sprossspitzen legen sich postfloral nieder und die apikale Krümmung der Blütenstiele gleicht sich aus. Die Samen von Oxycoccus keimen ausschliesslich im Licht; die Keimung beginnt erst nach 15 Monaten; nach 40 Monaten hatten 23 % gekeimt (Kinzel).

Die Beeren absorbieren und speichern Wärme. Stündliche vergleichende Messungen im innern eines besonnten Beerenkorbs ergaben eine die Luftwärme erheblich übersteigende Temperatur. Die grösste Differenz betrug + 6,5° (10 h Morgen im Beerenkorb 24°, an der Luft 17,5°). An bedeckten Tagen und in der Nacht war kein Temperaturunterschied wahrnehmbar.

Die Verbreitung geschieht wie bei unsern Vaccinien vegetativ durch die Kriechsprosse und über grössere Entfernungen durch beerenfressende Vögel. Tannenhäher, Seidenschwanz und Heidepieper sind als Samenverbreiter beobachtet werden. Der auf unsern Vaccinien schmarotzende, wirtwechselnde Rostpilz Thecópsora Vaccinióum Karst., dessen Aecidienwirt man nicht kennt, wurde auch auf Oxycoccus (im Reutigenmoor bei Bern) nachgewiesen. Exobasidium Oxycócci Rostr., aus Nordamerika beschrieben, fand sich auch an mehreren Stellen im Kanton Bern. Vaccinium Oxycoccus wird auch als Wirt von Exobasidium Vaccinii (Fuck.) Wor. angegeben. Von weiteren Pilzparasiten der Art seien genannt: Sclerotinia Oxycócci Woron. (in den Früchten), Phacidium Oxycóccos Fr., Ramulária multiplex Peck. Die Wurzeln beider Subspezies tragen Mykorrhiza. Oxycoccus quadripetalus wurde in Diluvialablagerungen Norddeutschlands, bei Lauenburg an der Elbe (letztes Interglazial) und bei Klinge in Brandenburg fossil nachgewiesen.

Die säuerlich schmeckenden, an Apfel- und Zitronensäure reichen Beeren werden hie und da nach Frosteinwirkung gegessen. In Nordrussland und Finnland, wo die Pflanze in gewaltigen Mengen vorkommt, werden sie gesammelt und zur Herstellung eines angenehm erfrischenden, schwach alkoholischen Getränkes („Kwass") verwendet, das früher in Petersburg überall zu billigem Preise ausgeschenkt wurde. Zur Zubereitung werden Mehl oder Buchweizenmehl verwendet; oft wird noch Zucker oder Obst, wie Aepfel und

Fig. 2691. Oxycoccus quadripetalus, fruchtend. Ipweger Moor bei Oldenburg. Phot. Th. Arzt, Wetzlar.

Himbeeren, zugesetzt. Das spezifische Gewicht des Getränks ist 1,006 bis 1,016, der Alkoholgehalt 0,7 bis 2,2 %, der Milchsäuregehalt 0,1 bis 0,5 %. An der Gärung sind besonders Hefe- und Milchsäurebakterien beteiligt. Der Säuregehalt nimmt mit dem Alter des Getränks, hauptsächlich unter Einwirkung von Essigbakterien stark zu. Unter dem Namen „Báccae Oxycóccos" waren die Beeren früher als Heilmittel gegen Entzündungen und gegen Skorbut offizinell. Die zusammenziehend wirkenden Laubblätter finden als Tee Verwendung. — Die Art wird 1577 aus dem Harz als Oxyccócon Córdi (Thal, Harzflora) angeführt. Camerarius (1588) nennt sie Oxycóccus valérii córdi.

## DLXIX. Callúna[1]) Salisb. Besenheide.

Unsere Calluna vulgaris ist der einzige Vertreter dieser alten, zweifellos schon im Tertiär vom Ericoideenstamm abgetrennten Gattung, die keine nähern Verwandten besitzt. Die Pflanze ist in glazialen Ablagerungen von Norddeutschland und Dänemark fossil nachgewiesen.

**2155. Calluna vulgáris** (L.) Hull (= C. Erica DC., = C. sagittaefólia Gray, = Erica vulgaris L. und schon Thal in Harzflora 1577). Heidekraut, Besenheide. Franz.: Bruyère commune, brande, béruée, béruère, breuvée; engl.: Common Heather, ling; ital.: Erica minore, brughiera, brentoli, grecchia, cecchia, sorcelli, im Tessin: brüg. Taf. 207. Fig. 5; Fig. 2692 bis 2696.

---

[1]) Soll zu griech. καλλύνω [kallýno] = reinige, fege gehören; wegen der Verwendung der Pflanze zu Besen.

Das Wort Heide bezeichnet zunächst die unbebaute, waldlose Ebene, dann aber auch die dort wachsende Pflanze (althochdeutsch heida kommt nur als Pflanzenname vor! Vgl. auch Heidelbeere = Vaccinium Myrtillus!). Mundartliche Formen sind z. B. Hedorn (Anhalt), Haad, Hād, Hādch (fränkisch), Hoaderer, G'hoiderer, Hādach; Hoadn (bayrisch-österreichisch), G'heid (Baden, Schweiz). Als besondere Bezeichnung und zum Unterschied von verwandten Erica-Arten heisst die Art auch Bessen-, Brandheide (Untere Weser), Stock-, Krup- und Riesheide, Kohheid [Kuh-], Kruse Hehe [Krause Heide] (Westfalen), Ramhād (Nahegebiet), Binnheidi (Nordböhmen). Die schweizerischen Bezeichnungen Brüsch, Breusch, Gaissbrūūsch, Prisi, Prig. und Prisch kommen wohl aus dem Romanischen und gehören zu mittellateinisch bruscus-Strauch (vgl. ruscus = Mäusedorn, provenz. brusk, franz. bruyère = Heidekraut), auch Bruch und Rucha-Brug Schweiz) dürfte hieher gehören. Wegen der Aehnlichkeit der Blätter mit denen des Sebenbaums (vgl. Juniperus Sabina, Bd. I, pag. 92) heisst das Heidekraut Wūlda Seīgnbam (Böhmerwald), Seefen (Allgäu), (wilde) Sephi (Schweiz). Weitere Benennungen sind Rinkheiser, Ringheiss, Rink-, Rindsheide (Baden), Bāseries (Schweiz: Werdenberg), Sendel (Niederösterreich), Sendach (Osttirol, Kärnten). Vielerorts wird Calluna fälschlicherweise als Erika bezeichnet. Im romanischen Graubünden nennt man die Art brutg, brui, brucha, bruoch, in Gröden bruèl.

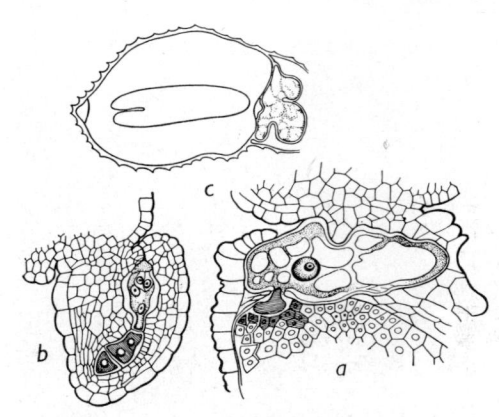

Fig. 2692. Calluna vulgaris (L.) Hull. *a* Längsschnitt durch die Samenanlage. *b* Längsschnitt durch das Haustorium. *c* Längsschnitt durch den Samen (nach Artopoeus).

Zwergstrauch von 0,20 bis 1 m (selten 2,2 m) Höhe, mit niederliegenden, wurzelnden Sprossen und aufstrebenden Zweigen. Stämmchen dünn, graubraun, reichverästelt, mit aufrechten, dichtstehenden Aesten. Laubblätter lineal-lanzettlich, vierzeilig angeordnet, dachig sich deckend, 1 bis 3,5 mm lang, nach oben eingerollt, sitzend, am Grunde mit 2 langen, spitzen, am Rande drüsigen, abwärtsgerichteten Spornen oder Oehrchen. Blütenstand ± einseitswendig, dicht- und reichblütig, traubig. Blüten nickend, hellviolettrosa, selten weiss, an 5 bis 15 cm langen Kurztrieben, kurzgestielt, am Grunde mit 4 kleinen, länglich-rundlichen, am Rande häutigen und langgefransten Hochblättern (einen „Aussenkelch" darstellend). Kelch 4-teilig, glänzend, petaloid, violettrosa, von strohartiger Konsistenz, bleibend, etwa 4 mm lang; Kelchabschnitte eiförmig, stumpflich. Kronblätter halb so lang als die Kelchblätter, 2 bis 3 mm lang, tief 4-lappig; Lappen spitz. Staubblätter 8, mit 8 am Blütengrunde eingefügten dunkeln, rundlichen Drüsen; Antheren an der Spitze mit 2 auswärts gekrümmten Hörnchen, am Grunde mit 2 gezähnten Anhängseln. Pollen weisslich, unregelmässig, dicht warzig gestrichelt, 37 bis 44 $\mu$ im Durchmesser. Fruchtknoten 4-fächerig (Taf. 207, Fig. 5c); Griffel die Kelchblätter überragend, mit dicker, kopfiger, 4-höckeriger Narbe. Fruchtkapsel kugelig, 1,5 mm lang, 4-fächerig, mit steifen, weissen Borstenhaaren besetzt, scheidewandlösend (Scheidewände mit dem Mittelsäulchen verbunden bleibend), vielsamig. Samen hellbraun, sehr klein, wenig über 0,1 mm lang, eilänglich. — VII bis XI.

Häufig auf Mooren, in lichten, trockenen Wäldern, auf mageren, nährstoffarmen Böden mit geringem Kalkgehalt, Sanddünen; öfter in ausgedehnten, fast reinen Herden, so namentlich in Nordwestdeutschland weite Flächen bedeckend. Durch ganz Mitteleuropa verbreitet und häufig. In den Alpen bleibt Calluna unterhalb der Schneegrenze zurück. Die höchsten mit Sicherheit festgestellten Fundorte liegen in den Rätischen Alpen bei 2680 m auf der Alp Manuir am Lenzerhorn, im Tessin zirka bei 2700 m (Fibbia), im Berner Oberland an der Grimsel bestandbildend bis 2450 m, bei 2500 m hört sie plötzlich auf (E. Frey briefl.), im Wallis bei 2460 m am Grat oberhalb Findelen (Br.-Bl.), in Tirol am Rosskogel bei 2500 m, in Steiermark bis 2200 m, dagegen in Südbayern nur bis 1950 m aufsteigend, im Bayerischen Wald bis 1455 m.

Allgemeine Verbreitung: Fast ganz Europa mit Ausnahme der Südspitzen (aber noch auf den südspanischen Sierren), Azoren, Marokko (Rif), fehlt dagegen auf den Balearen, auf Sardinien und Korsika, in Süditalien und Griechenland. In Russland südlich bis Wolhynien, Tula, isoliert im Gouvernement Perm, nördliches Kleinasien, in den Gebirgen des Pontus, ostwärts bis ins westliche Sibirien (Distrikte Tjumen und Jalutorowsk); dem übrigen Asien fehlend. Nordwärts bis 71° 5′ nördl. Breite in Norwegen, auf Island (nicht mehr recht fruchtend), Russisch Lappland, aber nicht in der eigentlichen Tundra, Halbinsel Kanin 67 bis 68° nördl. Breite. Im atlantischen Nordamerika (f. atlántica Seemann) von Massachusetts bis Neufundland nicht ursprünglich.

Aendert wenig ab. Nach der Behaarung werden unterschieden: a) var. genuína Regel (= var. glábra Neilr.). Zweige samtig oder fast kahl. Laubblätter kahl oder am Rande sehr fein kurzwimperig. Die allgemein verbreitete Form. b) var. hirsúta Presl (= var. tomentósa Don, = var. pubéscens Koch, = var. incána Rchb., = var. ciliáris Döll). Junge Zweige und Laubblätter dicht graufilzig. Mit var. a, aber viel seltener und oft nur in Annäherungsformen. — Den besonderen Standortsbedingungen entsprechende Wuchsformen sind: f. pátula (Rouy pro var.). Laubblätter ausgebreitet, entfernt stehend; f. condensáta (Lamotte). Zweige sehr kurz. Laubblätter dicht dachig; f. grácilis (Kirchner pro var.). Pflanze in allen Teilen sehr fein und zierlich; f. nána (Kirchner pro var.). Zwergform. — var. Eríkae[1]) Ascherson. Laubblätter breit, flach, beiderseits rinnig, oft deutlich 4-zeilig gestellt. Zweige dem Boden flachbogig aufliegend, einwurzelnd, zuweilen einen ausgedehnten, dichten Rasen bildend. An der Nordseeküste auf flachen Sandhügeln. — Farbenspielarten sind: f. álba (Don pro var.) (= albiflóra Mich.). Blüten weiss; f. purpúrea (Don pro var.).

Fig. 2693. Calluna vulgaris (L.). Phot. A. Straus, Berlin.

Blüten purpurn. — Gartenformen sind: f. mínima, f. aúrea, fl. pléno (Blüten gefüllt) usw.

Das Heidekraut gilt von jeher als Musterbeispiel für geselliges Auftreten von Pflanzen. Hierin wird es in hohem Masse begünstigt durch die Anspruchslosigkeit der Art hinsichtlich der Nährstoffe des Bodens, wodurch ihr ausgedehnte Flächen nährstoffarmen Heidelandes fast konkurrenzlos zufallen. Wohl kein anderer Strauch kann sich darin mit dem Heidekraut messen. Es ist u. a. befähigt den lockeren, nackten Sand als erstes Holzgewächs zu besiedeln; Gola fand es sogar auf eisenoxyddurchtränktem Boden bei den Pyritminen im Valle d'Ossola nur von Molinia begleitet. Zu der Anspruchslosigkeit kommen noch hinzu die reiche Samenerzeugung, die ungewöhnlich grosse Fortpflanzungsfähigkeit, dann der dicht zusammenschliessende, die Mitbewerber erdrückende Wuchs und eine weitgehende Unempfindlichkeit gegenüber Wärme und Feuchtigkeit. In der feuchtkalten Atmosphäre nahe dem Nordkap, am Rande unserer Alpengletscher, wie in der nordmarokkanischen Cistus ladaniferus-Macchie und an der Mittelmeer-Küste, wo bei glühender Hitze die Sommerdürre monatelang andauert, gedeiht es noch kräftig. Grösste Bedeutung und weiteste Ausbreitung indessen erlangt Calluna wie die meisten unserer Ericoideae in den atlantischen Gebieten mit ozeanischem Klima, von Nordspanien bis Schottland und Skandinavien, wo sich die Callunaheide oft tageweit hinzieht und in ihrer stimmungsvollen Einförmigkeit jenen Gegenden einen eigenen, melancholischen Reiz verleiht. Von Holland her dringt sie ins Nordwestdeutsche Flachland vor und bedeckt hier grosse Strecken grösstenteils waldlosen Weidelandes, das den genügsamen Schafen („Heidschnucken") überlassen wird. Vereinzelte Kiefern

---

[1]) Benannt nach Frau Erika Graebner geb. Stange, geb. 1875 in Schloppe (Kreis Deutsch Krone) in Westpreussen.

und Birken, in der Binnenheide auch prachtvolle, oft baumartige Wacholderbüsche von Zypressenwuchs treten in diesem Landschaftsbild hervor. Die west- und nordwesteuropäischen Heidegebiete stimmen im allgemeinen mit der Verbreitung der Bleicherde (Podsol) überein. Gegen Osten verliert sich die eigentliche Callunaheide mit der Annäherung an die kontinentalen Gebiete. In Nordfrankreich, Belgien, Holland, Deutschland, Jütland und Ostengland erhalten die Heidegebiete etwa 60 bis 100 cm Jahresniederschlag, in Cornwall und dem östlichen schottischen Hochland 100 bis 150 cm; die Bergheide der Südsevennen bekommt 150 bis 200 cm Jahresregen. Im mediterranen Quercus Ilex-Gebiet tritt Calluna zwar nicht mehr für sich allein bestandbildend auf, aber sie kann in der Cistus-Macchie und vor allem im Lavendula Stoechas-Erica scoparia-Busch mitherrschend werden. Hier erträgt sie unbeschadet die mehrmonatliche, oft absolute Trockenzeit bei einem jährlichen Regenfall von 60 bis 80 cm. An ihren südlichsten Vorposten im marokkanischen Rifgebiet fand sie der Bearbeiter in der Cistus ladaniferus-Macchie auf kalkfreiem Roterdeboden bei etwa 50 m Meereshöhe neben Erica umbelláta, Erica arbórea, Pulicária ódora usw. Im Alpengebiet sind es vorzugsweise die niederschlags-reichen Aussenketten und im Innern der subalpine Nebelgürtel, sowie der untere Teil der alpinen Stufe, die ausgedehnte Callunabestände aufweisen. Im Föhrenbezirk der Zentralalpentäler mit subkontinentalem Klima spielt das Heidekraut eine untergeordnete Rolle; grössere Calluna-Herden überschreiten hier nirgends die Baumgrenze.

Die Bodenansprüche der Art bewegen sich innerhalb weiter Grenzen. Sie besiedelt ebensowohl den wasserdurchtränkten sauren Humus des Sphagnummoors, die feuchten Vertiefungen undurchlässiger, toniger Alluvialböden, wie den trockenen, durchlässigen Sand, den feldspatreichen, grobkörnigen Felsschutt und Grus des Granites und den anstehenden Fels. T h u r m a n n nennt sie für seine eugeogenen, d. h. leicht verwitter-baren, psammischen Böden charakteristisch, G o l a für Böden mit geringer Konzentration der Nährlösung (gelische und pergeloide Böden). Darin gehen aber die meisten Forscher einig, dass Calluna reine Kalkböden meidet und auch die Berieselung mit kalkreichem Wasser nicht gut verträgt. In den Alpen wird daher zur Bekämpfung des Heidekrautes auch Bewässerung empfohlen. Im Kalkgebiet der Schwäbischen Alb ist Calluna nur sehr selten und auf kleinen Flächen herdenbildend auf Kiesel- oder ausgelaugtem Dolomitboden und auf dem Sandboden des Eisen-sandsteins anzutreffen. Auch im Jura findet sie sich nur zerstreut auf eugeogenen psammischen Böden, häufiger bloss in den Mooren. Grössere Heidekrautbestände überziehen die flachen Rücken des Hauptkammes der Vogesen, namentlich zwischen dem Weissen See und Schlucht. Im herzynischen Bergland sind ausgedehnte Callunaheiden nicht selten zwischen (300) 400 und 800 m ü. M., ebenso im Erzgebirge. Dagegen ist die Art auf dem Basalt des letzterem vorgelagerten Liesengebirges an der Eger nicht anzutreffen; S t e l z h a m e r (briefl.) hält die Pflanze daher für ausgesprochen basaltfeindlich, was aber nur lokal zutrifft. Weite Strecken deckt sie im Urgebirge des Bayerischen- und Böhmerwaldes, während sie dort nach S e n d t n e r auf Kalk fehlt; auch in Niederösterreich liegen die zusammenhängenden Heidekrautbestände auf den Gneiskuppen des Jauerlings 900 bis 950 m ü. M. Im Alpenvorland ist Calluna ein guter Zeiger der Deckenschotter, meist von Vaccinium Myrtillus, Sieglingia decumbens, Deschampsia flexuosa, Carex pilulifera, Genista Germanica, Teucrium Scorodonia, Lathyrus montanus, Pteridium aquilinum begleitet; in einigen Tälern der Kalkalpen, folgt sie fast ausschliesslich den Moränenablagerungen, die auch Silikatgesteine einschliessen. Ganz ähnlich finden wir sie im Mediterrangebiet Südfrankreichs (insbesondere im Bas-Languedoc) an die diluvialen Kiesablagerungen der Flüsse, besonders der Rhone gebunden; dem zwischenliegenden weiten Kalkgelände fehlt sie ganz. Wo immer Calluna überhaupt auf Kalksubstrat vorkommt, ist diesem entweder eine Ton- oder Humusschicht über-gelagert, oder der Kalkgehalt ist durch Auslaugung herabgesetzt. Doch berichtet K r a u s, die Pflanze im Muschelkalkgebiet bei Würzburg noch auf relativ kalkreichem Boden mit 3,4 % $CaCO_3$-Gehalt gefunden zu haben und in der Auvergne ergab eine Bodenprobe aus dem Callunetum auf vulkanischem Substrat sogar 4,7 % $CaCO_3$ (Luquet). B ü s g e n, der die Besenheide in Böden aus Quarzsand und aus ziemlich tonreichem Muschelkalk züchtete, fand, dass die Pflänzchen des Kalkbeetes im Wachstum zurückblieben und nur spärlich blühten, während sich jene des Quarzsandbeetes normal entwickelten. In Bezug auf den Säuregrad (Wasser-stoffionenkonzentration) des Bodens zeigen sich je nach Standort und Lage erhebliche Unterschiede. Auf Trockenböden im südlichen England fand S a l i s b u r y unter Callunagestrüpp Werte, die zwischen 6,8 und 5,1 pH. schwanken. Unter der Einwirkung von Erdwürmern verringert sich die Azidität um einige Zehntel, indem die Exkremente der Würmer einen etwas erhöhten pH.-Wert als die Erde, der sie entstammten, ergeben. Im Schweizerischen Mittelland ergab typischer Callunahumus aus der obersten 2 bis 5 cm tiefen Schicht 5,5 bis 4,9 pH. Die von Calluna, Erica scoparia und Lavandula Stoechas bestockten Roterdeböden der Diluvial-kiese Südfrankreichs (Umgebung von Montpellier) dagegen zeigen eine wesentlich geringere H-Ionenkonzen-tration, nämlich 6,9 bis 6,1 pH. in der obersten Bodenschicht (2 bis 5 cm tief) und 6,8 bis 6,2 pH. im Wurzel-bereich der Calluna selbst. Die Callunaböden sind nach obigen Untersuchungen weniger sauer als die Vaccinium Myrtillus-, Vaccinium uliginosum- und Loiseleuria procumbens-Böden. Zwei Bodenanalysen aus typischen Callunetum auf vulkanischer Unterlage in der Auvergne bei 1000 bis 1200 m ergaben folgen-des Resultat:

| | Bodenskelett | Feinerde | Stickstoff | Phosphorsäure | Kali | Kalziumkarbonat |
|---|---|---|---|---|---|---|
| Callunetum (a) | 38,0 | 62 % | 6,80 | 3,58 | 1,18 | 0,30 °/oo |
| „ (b) | 27,0 | 73 % | 3,90 | 3,80 | 1,20 | 4,70 °/oo |

| | Magnesium | Eisenoxyd | Aluminium | Magnesia |
|---|---|---|---|---|
| | 0.0 | 28.20 | 61.30 | 0,53 °/oo |
| | 3.90 | 36.20 | 92.40 | 0.36 °/oo |

Eine etwas unerwartete Wendung nahm die Frage der Bodenstetigkeit von Calluna durch die Untersuchungen von Miss Rayner (New Phytologist XII, 2, pag. 59 bis 77 [1913] und Ann. Bot. XXIX Nr. 113 [1915]), welche glaubte nachweisen zu können, dass Calluna ohne Mykorrhiza nicht gedeiht. Ohne den Wurzelpilz herangezüchtete Sämlinge sollen nämlich keine Wurzeln ausbilden. Auch stellte es sich heraus, dass die Mykorrhiza auf Kalkboden stets von Bakterienkolonien infiziert war, was die Entwicklung des Pilzes und schliesslich der

Fig. 2694. Calluna vulgaris (L.) Links Zweigausschnitt mit Kurztrieben, Mitte Ausschnitt aus einem Blütenstand, rechts Einzelblüte; alles vergrößert. Phot. Th. Arzt, Wetzlar.

ganzen Pflanze beeinträchtigte. Experimentelle Versuche mit Kulturen von Calluna auf Kalkboden ergaben eine stark verzögerte Keimung, Wuchshemmung der Wurzeln und der vegetativen Sprosse, Verkleinerung und Rotfärbung der Blätter, sowie eine verminderte Keimfähigkeit der Samen. Die gleichen krankhaften Veränderungen konnten an Callunasämlingen auf Heideboden beim Begiessen mit filtriertem Extrakt des Kalkbodens nachgewiesen werden. Während bei den kümmerlichen Versuchspflanzen des Kalkbodens eine geringe Entwicklung der Mykorrhiza und ein reichliches Vorkommen von Bakterien festzustellen war, zeigten die normal entwickelten, in Heideerde gezogenen Topfpflanzen ein sehr reiches Mykorrhizagewebe, aber keine Bakterien. Wurden unsterilisierte Samen auf Agar=Nährboden gezogen und mit Extrakt der Calluna=Erde behandelt, so überwiegte das Pilzmyzelium, bei Behandlung mit Extrakt des Kalkbodens aber waren Bakterien vorherrschend. Diese Untersuchungen führten zu der Annahme, dass weniger Calluna selbst, als ihr Wurzelpilz als „kalkfliehend" zu bezeichnen sei, und zwar kalkfliehend deshalb, weil die auf Kalkboden erfolgende Bakterieninfekton sein Gedeihen beeinträchtigt. Die Bedeutung des Mykorrhizapilzes sieht Rayner in Uebereinstimmung mit Ternetz und Duggar und Davis in seiner Fähigkeit den Stickstoff der Luft zu binden. Neuerdings hat sich H. Christoph (Beihefte zum Botan. Zentralblatt. Bd. XXXVIII [1921], 1) mit den mykotrophen Verhältnissen der Ericaceen beschäftigt, wobei er zu wesentlich andern Resultaten gelangte. Es gelang ihm dauernd sterile, nicht verpilzte Callunapflanzen zu ziehen, ohne dass ein Unterschied im Wachstum gegenüber den nicht sterilen festzustellen war. Der Wurzelpilz schien für das Gedeihen belanglos zu sein und wird deshalb von Christoph als harmloser Parasit bezeichnet. In der freien Natur fand er Calluna fakultativ mykotroph; an trockenen, nicht humosen Standorten fehlte der Pilz vollständig. Da Christoph über das Verhalten des Wurzelpilzes zu den Bodenbakterien nichts mitteilt, so bleibt diese Frage weiterhin offen.

Bei der weiten Verbreitung und der Anpassungs= und Konkurrenzfähigkeit unserer Pflanze ist es begreiflich, dass die von ihr gebildeten Pflanzengesellschaften floristisch und auch ökologisch recht verschieden=

artig sein können und keinem bestimmten Vegetationstypus entsprechen. Nur wenige Begleitpflanzen finden sich überall mit Calluna vereint, allverbreitete Ubiquisten magerer und schlechter Böden, die, gleichfalls anspruchslos, sich überall auf nährstoffarmen Böden jeder Art zusammenfinden. — Die Frage nach der soziologischen Verwandtschaft und die Assoziationszugehörigkeit der verschiedenen „Calluneten" ist heute wohl noch nicht spruchreif. Dagegen sei hervorgehoben, dass in Mitteleuropa vor allem 2 Haupttypen von abweichender floristischer Zusammensetzung und verschiedener Oekologie zu unterscheiden sind: die Calluna-Moorheide des Sphagnumtorfs und die Callunaheide der Trockenböden. Letztere wiederum lässt sich in die Niederungs- oder Sandheide und in die Bergheide gliedern. Daneben existieren natürlich auch alle möglichen Mischkombinationen; auch lassen sich noch weitere Untertypen aussondern. Nach ihrer Entstehung sind die Calluna-Bestände teils auf Abbau, Degeneration, namentlich von Hochmoor und Wald, teils auf Aufbau aus vegetationsarmen Sandböden zurückzuführen. Die norddeutsche Heide ist in der Hauptsache keine natürliche, ursprüngliche Pflanzengesellschaft, sondern sie fusst meist sekundär auf ehemaligem Waldboden. So ist festgestellt, dass noch im Mittelalter der grösste Teil der Lüneburger Heide bewaldet war, und auch von anderen Heiden weiss man, dass sie früher Waldwuchs trugen. Die Ursachen der Heidebildung sind hier nach den Untersuchungen von P. Graebner (Die Heide Norddeutschlands. Vegetation der Erde. Bd. V, Leipzig 1901) folgende. Durch mehrmals wiederholte Abholzung verlor der ursprüngliche Waldboden mehr und mehr an Nährstoffgehalt; der freiliegende Boden, die reichlichen, die Nährstoffe der Waldkrume aufschliessenden Niederschläge, der durchlässige, sandige Untergrund begünstigten die Auslaugung und so musste schliesslich eine Bodenerschöpfung eintreten. Indessen hätte dies wohl nicht genügt, den Wald vollständig zu verdrängen. Das Haupthindernis der Wiederbewaldung besteht in der Bildung einer 4 bis 10 cm dicken, für Pflanzenwurzeln undurchdringlichen Konkretionsschicht im Boden, dem „Ortstein" (moorpan, alios, entstanden aus der Verkittung der Sandkörner durch Humusverbindungen) oder dem ähnlichen, aber selteneren Raseneisenstein (Eisenoxydhydrat). Hat die Ortsteinbildung einmal grösseren Umfang erreicht, so ist ohne menschlichen Eingriff das Bestehen der Heide gesichert. Die Wiederaufforstung der Heide ist dann nur möglich, wenn — wie dies jetzt oft geschieht — die in meilenweiter Ausdehnung etwa 30 bis 100 cm unter der Erdoberfläche sich hinziehende Ortsteinschicht durch tiefgehendes Umpflügen zertrümmert wird. Geschieht die Zertrümmerung jedoch nur löcherweise, so bildet sich die Konkretionsschicht oft von neuem und schliesst die Löcher ab, bevor die Baumwurzeln hindurchgewachsen sind. Grosse Heidestrecken sind auf diese Weise dem Wald zurückgewonnen worden und in manchen Gegenden (wie bei Orrel und Lopan im Lüneburgischen) ist die offene Heide schon ganz verschwunden. In nicht allzuferner Zeit dürfte daher die Lüneburger Heide das grösste zusammenhängende Waldgebiet Deutschlands sein.

Gleichfalls durch Abbau, meist unter menschlicher Einwirkung sind Callunaheiden auch aus Hochmoor hervorgegangen. Dem Sphagnummoor (aus Sphagnum fuscum, Sph. angustifolium, Sph. medium u. a.) wird durch Entwässerung, durch Torfstich usw. Wasser entzogen, wodurch die Humifizierung beschleunigt, das Gedeihen der Sphagna aber beeinträchtigt wird. Saprophytische Lebermoose (Leptoscyphus, Lophozia, Cephalozia u. a.) breiten sich aus, Aulacomnium palustre und namentlich Polytrichum strictum stellen sich ein und überwachsen und erdrücken die Sphagnumpolster. Eine auffällige Krustenflechte (Bæomyces) mit weissem Thallus und roten Apothezien bildet grosse tellerförmige Flecken im serbelnden Hochmoor. Oxycoccus, Carex pauciflora und die anderen Charakterarten der Sphagneten gehen mehr und mehr zurück, während sich neben Calluna, Vaccinium Myrtillus, Salix aurita, Genista Anglica u. a. Pflanzen der Sandheide nach und nach einfinden. Im grossen Moor bei Einsiedeln (Schweiz) folgt dem Sphagnetum nach künstlicher Entwässerung ein Sphagnum-Calluna-Mischbestand, hierauf in trockener Lage das Calluna-Vaccinium-Moor und schliesslich die Callunaheide mit dominierender Calluna (Düggeli). Geschieht die Entwässerung nur teilweise, so vermag sich das mit eigentlichen Moorpflanzen gemischte Callunetum als Calluna-Moorheide lange Zeit zu behaupten. Solche Uebergangsmoore sind nicht selten. Ein Beispiel ihrer Zusammensetzung sei hier aus Westpreussen (Rhedatal bei Strebelien) nach Wangerin angeführt. Neben dominierender Calluna finden sich Vaccinium Vitis-Idaea und V. uliginosum, Ledum, Andromeda polifolia, Empetrum, Eriophorum vaginatum, Juncus squarrosus, Luzula campestris, Potentilla erecta, Sphagnum sp., Aulacomium palustre, Hylocomium splendens und H. triquetrum, ferner Kiefern und Birken. Im Baumschatten ist Ledum gegenüber der lichtliebenden Calluna im Vorteil. Doch auch ohne menschlichen Eingriff können Heide-Zwischenmoore und daraus echte Callunaheiden entstehen. So ist das Zwischenmoor am Nordende des Zarnowitzersees in Westpreussen mit vorherrschender Calluna und Myrica gale unmittelbar aus einem Flachmoor-Caricetum hervorgegangen. Es besitzt u. a. Ledum palustre, Erica Tetralix, Salix aurita, Vaccinium uliginosum, Aspidium cristatum, Molinia caerulea, Rhynchospora alba, Eriophorum vaginatum, Potentilla erecta, Hydrocotyle vulgaris und von Moosen: Sphagnum recurvum, Sph. medium und Sph. Warnstorfii, Aulacomnium palustre, Hylocomium Schreberi usw. Häufiger ist die natürliche Heidebildung durch Aufbau auf nacktem Sand zu beobachten. Hier erweist sich Calluna als wichtiger Vegetationspionier. Zur ersten Festigung des Sandes tragen Algen (Pleurococcus, Ulothrix, Zygogonium) und Moosprotonema bei. Hierauf erscheinen, wo der Sand etwas fester geworden, Polytrichum piliferum und P. juniperinum, Ceratodon purpureus und Flechten wie Cladonia rangiferina u. a. Sehr frühzeitig schon tritt auch Calluna auf und neben ihr etwa noch Empetrum. Die reiche Entwicklung der Flechten, die oft grosse geschlossene Herden bilden, wirkt auf etwa vorhandene Reste der eigentlichen Dünenvegetation vernichtend, wogegen die Flechtenkruste das Gedeihen der Heide nicht beeinträchtigt. Haben sich Calluna und Empetrum erst reichlicher angesiedelt, so folgen bald auch die übrigen Pflanzen der Sandheide. Dem Aufkommen derartiger Heiden steht allerdings das Sandgebläse feindlich gegenüber, und es kann vorkommen, dass die kaum gebildete Heide wieder ganz oder teilweise verschüttet wird. Beim Abgraben grösserer Sanddünen sind die Heidereste oft als dunkle Schichten erkennbar.

Die Heidekrautbestände der Mittelgebirge und der Alpen werden gleichfalls grossenteils durch den Menschen bedingt. Meist stocken sie auf früherem Waldboden und reichen in den kontinentaleren Gebieten nicht oder doch nur wenig über die heutige oder ehemalige Waldgrenze hinauf. In niederschlagsreichen Gegenden, wie z. B. im Berner Oberland, dagegen stossen sie bis 2400 m vor, also beträchtlich über die klimatische Waldgrenze. Ihr Fortbestehen im Waldgürtel ist wesentlich durch den Weidegang und die Holznutzung bedingt. Wird dieser Eingriff dauernd ausgeschaltet, so gelangt der Wald meist von selbst wieder zur Vorherrschaft; denn zu eigentlicher Ortsteinbildung kommt es hier

Fig. 2695. Hochmoorvegetation Callunetum mit Moortümpel, in Bernauer Moor. Phot. W. Schacht, München.

nicht. Durch strenge Durchführung des Weidebanns sind in den Sevennen grössere Strecken mit und ohne Waldanpflanzung vom Callunetum zum Buchenwald übergeführt worden. Nur an windexponierten Gräten mag Calluna da und dort stets herrschend gewesen sein, obschon sie auch hier des winterlichen Schneeschutzes bedarf und daher an gänzlich schneefreien „Windecken" nicht oder nur kümmerlich gedeiht. An der oberen Waldgrenze fand sie der Bearbeiter in schneearmen Wintern öfter mit abgetöteten Zweigen. Im schneearmen Vorwinter 1924 sind in den Zentralalpen Tirols und der Ostschweiz grosse Callunaflecken durch Frost vernichtet worden. Im Windschutz hält die Besenheide besser aus; sie reichert hier während der kalten Jahreszeit ein rotes Pigment (Anthocyan) in den Laubblättern an, das denselben eine rotbraune Färbung verleiht. In den Urgebirgs- und kalkarmen Schieferalpen, wo die Callunaheide mit Juniperus communis subsp. nana, Arctostaphylos und Vaccinien meist an die unproduktiven, steilen, sonnig-trockenen Hänge zurückgedrängt ist, tritt ihre Expansionskraft oft unliebsam in Erscheinung. Werden nämlich die anstossenden Bergmähder nicht regelmässig — mindestens alle 2 Jahre — gemäht, so dringt das Heidekraut bald in Menge ein und breitet sich nach und nach aus, den Wiesenertrag verringernd und verschlechternd. Bald lohnt es sich kaum mehr, die entlegenen, vielfach schwer zugänglichen Mähder zu nutzen; sie werden deshalb schliesslich sich selbst überlassen, die Bergheide hat gesiegt. Auf diese Weise sind z. B. in den ausgedehnten Heubergen der Hochwangkette in Graubünden im Laufe der letzten 50 Jahre grössere Komplexe der Wiesenkultur verloren gegangen (Hatz). Aber auch in der guten kräuterreichen Alpweide stellt sich Calluna als schlimmes Unkraut ein, sobald die Weide vernachlässigt wird. Wird ihrer Ausbreitung nicht durch rechtzeitiges Reuten ein Ziel gesetzt, so ist die Weide bald nur noch für Kleinvieh (Schafe, Ziegen und Kälber) nutzbar. In den Unterwaldner Alpen nennt daher der Aelpler das Heidekraut bezeichnenderweise „Weidefresser". Das beste Mittel zur Vertilgung der Heidekrautbestände auf nicht zu feuchtem Boden ist der Dünger mit Stalljauche. In den Salzburger-Alpen hat man mit Kunstdünger (Kainit und Thomasmehl) gute Erfahrungen gemacht. Innerhalb wenigen Jahren war auf der gedüngten Fläche das Heidekraut völlig verschwunden. Zur Eindämmung der Calluna-Invasion und zur Verbesserung der Weide wird fast überall das einfache Abbrennen der Bestände versucht. Immerhin ist es mit dem Brennen allein nicht getan; es muss ein Umbrechen des Bodens, Düngung oder Bewässerung hinzukommen, sonst gelingt der Heide binnen weniger Jahren die Wiedereroberung der abgebrannten Fläche. Zwar werden die vorhandenen Calluna-Sträucher durch den Brand in der Regel vollständig abgetötet und Wurzelausschläge sind selten; aber der schwarze Heideboden gibt für die in Unzahl anfliegenden Calluna-Samen ein vorzügliches Keimbeet ab. Kann sich auch in den ersten 5 bis 6 Jahren eine lockere Gras- und Kräutervegetation entwickeln, so gewinnen doch bald die Heidesträucher (Calluna, Vaccinien) wieder die Vorherrschaft und führen im Kampf um Platz und Licht ihre Mitbewerber bald auf die Stufe untergeordneter Begleiter zurück. (So in den Humus-Podsolgebieten der Alpen). In Norddeutschland wird das Heidebrennen vielfach zur Erneuerung und Auffrischung überständiger Heidegebiete ausgeübt. Im Alter von 10 bis 15 Jahren gedeiht hier nämlich Calluna nur noch kümmerlich und blüht spärlich. In diesem Zustand ist sie für die Bienenzucht von geringem Nutzen und der Imker zieht es vor, sie abzubrennen und durch frischen Nachwuchs zu ersetzen. Auch anderwärts wird die Heide periodisch abgebrannt, sei es zur Weideverbesserung, sei es — wie stellenweise in Irland — um für die Moorhühner frisches, zartes Futter zu schaffen.

Die Wiederbesiedelung der abgebrannten Heide hat namentlich F. E. Fritsch im Verein mit M. Parker und E. J. Salisbury in Südostengland aufs eingehendste studiert (vgl. New Phytologist, 1913 Nr. 4 und 5, 1915 Nr. 4 und 5). Das Wiedererscheinen von Calluna erfolgt hier sehr rasch. Eine Kontrollfläche von 25 Quadratfuss zeigte schon 2 Jahre 8 Monate nach dem Brand 4641 Calluna-Sämlinge (dazu noch 11513 Sämlinge von Erica cinerea). Sechs Stadien der Neubesiedlung lassen sich hier erkennen: Das 1. Stadium ist durch Algen (Cystocóccus humícola, Gloeocýstis, Trochíscia, Dactylocóccus) charakterisiert, hiezu kommen der Pilz Ascóbolus atrofúscus und spärliche Wurzelausschläge von Ulex. Im 2. Stadium erscheinen Moose (Cerátodon, Funária) und eine Reihe Gräser und Kräuter (Aira, Carex pilulifera, Rumex acetosella etc.). Das 3. Stadium umfasst die Algen des 1. Stadiums nebst Mesotænium violáscens, zahlreiche Flechten (Cladonia delicata, C. furcata, C. pyxidata, C. squamosa etc.). Die Blütenpflanzen mehren sich. Das 4. und 5. Stadium ist durch die endgültige Vorherrschaft der Heide mit Calluna, Ulex, Erica usw. gekennzeichnet. Im Untersuchungsgebiet (Hindhead Common) folgt als 6. und letztes Stadium die Besiedelung durch Bäume (Pinus, Betula, Pirus usw.), als Beweis dafür, dass hier die Heide ohne menschliches Dazutun sich nicht behaupten würde. Abgesehen von den Konkurrenzverhältnissen spielen die Veränderungen des Humusgehalts und des Wassergehalts der obern Bodenschicht bei der Wiederbesiedelung eine grosse Rolle. Mit der Humusanreicherung parallel geht die Zunahme des Wassergehaltes. So enthielt der nackte Boden einer abgebrannten Fläche nach achttägigem Regen 11,19 % Wasser, während der Boden der Callunaheide 31,39 % und ein solcher aus der Vaccinium Myrtillus-Heide nahezu 70 % Gewichtsprozente Wasser aufwies. Crump fand den Feuchtigkeitskoëffizienten (= Wassergehalt : Humusgehalt) des Callunetum-Moorbodens in West-Yorkshire zwischen 2,1 und 2,8, während jener des Eriophorum vaginatum- Scirpus caespitosus-Moores in Westmoreland 11,4 betrug. Ein drainiertes Calluna-Moor zeigte einen Feuchtigkeitskoëffizienten von 1,57.

Ueber die floristische Zusammensetzung der Sandheide im grössten Teil von Mitteleuropa sowie der Nachbargebiete gibt folgende Liste Aufschluss:

| | Verbreitung im Callunetum der Nachbargebiete |
|---|---|
| Vaccinum Myrtillus | Süd-Alpen, Sevennen, Irland, England, Faer-Oer, Norwegen |
| — Vitis-Idaea | Süd-Alpen, England |
| Empetrum nigrum | Irland, England, Faer-Oer, Norwegen |
| Juniperus communis | Süd-Alpen, Sevennen, England, Faer-Oer, Norwegen |
| Frangula alnus | Süd-Alpen, England |
| Sarothamnus scoparius | Süd-Alpen, Sevennen, England |
| Genista pilosa | (nicht in den Alpen), Sevennen, England |
| — Germanica | Süd-Alpen |
| Pteridium aquilinum | Süd-Alpen, Sevennen, Irland, England |
| Blechnum spicant | Irland, England, Norwegen |
| Lycopodium clavatum | Süd-Alpen, Sevennen, England |
| Anthoxanthum odoratum | Süd-Alpen, Sevennen, England, Faer-Oer, Norwegen |
| Sieglingia decumbens | Süd-Alpen, Irland, England, Norwegen |
| Molinia caerulea | Süd-Alpen, Sevennen, Irland, England |
| Deschampsia flexuosa | Süd-Alpen, Sevennen, Irland, England, Faer-Oer, Norwegen. |
| Nardus stricta | Süd-Alpen, Sevennen, Irland, England, Faer-Oer, Norwegen, |
| Carex pilulifera | Süd-Alpen, Sevennen, Irland, England, Norwegen |
| Carex verna | Süd-Alpen, Sevennen, England |
| Juncus squarrosus | (nicht im alpinen „Callunetum"), Sevennen, Irland, England, Faeroer |
| Luzula campestris (inkl. multiflora) | Süd-Alpen, Sevennen, Irland, England, Faer-Oer, Norwegen, |
| Viola Riviniana | Süd-Alpen, Sevennen, England, Faer-Oer, Norwegen |

| | |
|---|---|
| Polygala vulgaris | Süd-Alpen, Sevennen, England |
| Hypericum pulchrum | England, Faer-Oer |
| Potentilla erecta | Süd-Alpen, Sevennen, Irland, England, Faer-Oer, Norwegen |
| Lotus corniculatus | Süd-Alpen, Sevennen, England, Norwegen |
| Thymus serpyllum | Süd-Alpen, Sevennen, Faer-Oer |
| Stachys(Betonica)officinalis | Süd-Alpen, Sevennen |
| Galium Hercynicum | (nicht in den Alpen), Sevennen, Irland, England, Faer-Oer, Norwegen |
| Succisa pratensis | Süd-Alpen, Sevennen, Irland, England, Faer-Oer, Norwegen |
| Solidago virga-aurea | Süd-Alpen, Sevennen, England |
| Antennaria dioeca | Süd-Alpen, Sevennen, England, Norwegen |
| Arnica montana | Süd-Alpen, Sevennen |
| Achillea Millefolium | Süd-Alpen, Sevennen, England |
| Hypochoeris radicata | Süd-Alpen, England, Norwegen |
| Hieracium pilosella | Süd-Alpen, Sevennen, Norwegen |

Cladonia species div., Cetraria Islandica, Polytrichum juniperinum, Ceratodon purpureus, Dicranum scoparium usw.

Obige Liste gibt einen Begriff von der floristischen Aehnlichkeit der Sandheide in den genannten Gebieten, obgleich nur die stetesten Begleiter zum Vergleich herangezogen werden konnten. Daneben hat die Callunasandheide der einzelnen Gebiete noch ihre Besonderheiten. Am Fusse der Südalpen mischen sich dem Callunetum häufig bei Festuca capillata, Andropogon Gryllus, Viscaria vulgaris, Anthericum liliago, dann auch Erica arborea und Cistus salvifolius. Im westlichen Europa (die britischen Inseln inbegriffen) erscheinen darin: Agrostis setacea, Carex binervis, Genista Anglica, Ulex Europaeus, U. Gallii und U. minor (Grossbritannien), Erica cinerea und E. vagans, Wahlenbergia hederacea. Listera cordata, die in Mitteleuropa fast ausschliesslich den Schatten des Myrtillus-reichen Fichtenwaldes aufsucht, bewohnt in Grossbritannien das Dunkel der Callunaheide. Der Lichtgenuss der Pflanzen unter der dichten Callunadecke beträgt nämlich bloss etwa $^1/_8$ des Lichtgenusses im Freien. Neben manchen der oben angeführten weitverbreiteten Callunabegleitern finden sich in der „Bergheide" an der Waldgrenze oft auch Lycopodium alpinum, Avena versicolor, Coeloglossum viride, Cerastium arvense subsp. strictum, Silene rupestris, Viola Thomasiana, Vaccinium uliginosum (auch im Moor-Callunetum), Leontodon Pyrenaicus, Senecio abrotanifolius und andere subalpin-alpine Rohhumuspflanzen. Am Nordrand der Grüneichenregion des Mittelmeerbeckens (Südfuss der Alpen, Pyrenäen, Sevennen, Apennin) sind ausgedehnte Calluna-Herden verbreitet; innerhalb der eigentlichen Grüneichenregion selbst dagegen tritt die Besenheide wohl nur als Bestandteil eigentlicher mediterraner Assoziationen, besonders der Erica Scoparia-Lavandula Stoechas-Assoziation auf, so im Bois de Lamoure bei Mauguio, Dép. de l'Hérault, bei 10 m ü. M. auf kalkfreiem Kiesboden (pH. 6,6 bis 6,4 in 10 cm Tiefe; 6,8 in 40 bis 50 cm Tiefe). Die Erica scoparia-Lavandula Stoechas-Assoziation, auf früherem Quercus Ilex-Waldboden stockend, ist hier folgendermassen zusammengesetzt. Vorherrschend ist Erica scoparia; dann folgen zu gleichen Teilen Calluna und Cistus salvifolius. Schwächer vertreten sind Cistus Monspeliensis, Lavandula Stoechas, Quercus coccifera, Genista pilosa. Eingestreut sind vorhanden Quercus Ilex (strauchig), Juniperus communis, Osyris alba, Daphne Gnidium, Rosa spinosissima ssp., Dorycnium suffruticosum, Phillyrea angustifolia, Thymus vulgaris, die Liane Rubia peregrina, die perennierenden Kräuter: Anthoxanthum odoratum, Andropogon Gryllus, Brachypodium ramosum, Carex Halleriana, Ranunculus Monspeliacus, Potentilla hirta und P. verna, Polygala vulgaris, Hypericum perforatum, Vincetoxicum officinale, Teucrium Chamaedrys, Betonica (Stachys) officinalis, Plantago lanceolata, Aster acris, Andryala sinuata, Crepis taraxacifolia, Hypochoeris radicata, Hieracium pilosella, ferner einige 1-jährige Therophyten wie Aira caryophyllea, Erophila, Euphorbia exigua, Myosotis versicolor; von Flechten: Cladonia endivaefolia, C. rangiformis, C. furcata, C. pyxidata; von Moosen: Polytrichum juniperinum, Stereodon cupressiforme, Funaria mediterranea, Tortella tortuosa usw. An abgebrannten Stellen kann hier auch Calluna allein vorherrschen; die Gesamtartenliste zeigt dann eine Verarmung. Bemerkenswert ist in dieser Fazies das reichliche Auftreten von Polytrichum juniperinum (Mengenverh. 2, Soziabilität 3 bis 4).

Calluna ist die einzige unserer Ericaceen, deren Blütezeit auf den Spätsommer und Herbst fällt. An der Küste Istriens blüht sie Ende Juli, in den Alpentälern im August und in den obersten Lagen 14 Tage später, in Nord-Norwegen am Varangerfjord 70° 10' nördl. Breite aber erst im Oktober. Aus mehrjährigen Beobachtungen hat man in Giessen die Wärmekonstante für das Aufblühen des Heidekrauts berechnen wollen und erhielt den bedeutenden Wert von 4164°. Aber nicht nur die Methode der Messung, sondern auch das Prinzip der Bestimmung solcher Konstanten sind von problematischem Wert.

Die Lebensdauer der Pflanze hängt offenbar sehr von den Standortsbedingungen ab. Graebner fand in Norddeutschland die ältesten Callunastöcke nur 12 Jahre alt. Ein bedeutend höheres Alter erreicht die Art in den Gebirgen. So wird sie nach Kanngiesser auf Silikatboden bis 42 Jahre alt bei einer mittleren

Jahrringbreite von 0,39 mm. Ein Stämmchen vom Grossen St. Bernhard bei über 2000 m Seehöhe mass im Durchmesser 10 mm und zählte 33 Jahresringe. Auf Jurakalk-Unterlage am Creux-du-Van (1340 m) dagegen, wo die Art kümmerlich gedeiht, werden die Stämmchen bei 3 bis 5,2 mm Dicke nur 5 bis 7 Jahre alt. Der Blattbau ist wie bei Erica ausgesprochen xeromorph. Die gestreckten, stark gebuchteten Epidermiszellen haben eine stellenweise verschleimte Innenwand. Die Spaltöffnungen befinden sich auf den Spornen, auf der Bauchfläche und besonders reichlich in der vertieften Furche etwas emporgehoben; sie entbehren besonderer Nebenzellen. Die Haare am Blattrand sind einzellig, kurz, dick, spitzkegelförmig, in der Furche länger und gekrümmt. Die hinfälligen Drüsenhaare am Rande der Sporne bestehen aus einem Zellfaden mit keuligem, wenigzelligem Köpfchen. Die harte Kutikula ist an den Blattseiten am dicksten. Drusenkristalle finden sich besonders im Blattgrund. Die Xeromorphie der Vegetationsorgane steht im Widerspruch zu der heutigen Verbreitung und den Klima-Ansprüchen der Art und lässt sich auch kaum aus den Standortsansprüchen erklären. Wir müssen auch hier einen übernommenen und fest fixierten Organisationsxerophytismus annehmen.

Das Heidekraut ist bekannt als eine vortreffliche Bienenpflanze, die bei günstiger Witterung zur Blütezeit einen reichen Honigertrag abwirft. Berühmt ist der dunkle „Heidehonig" der Lüneburger Heide. Die Pflanze enthält Quercetin ($C_{15}H_{10}O_7$) und Callutannsäure, das amorphe, braungelbe, bittere Glykosid Ericolin ($C_{10}H_{16}O$), das sich in Glukose und ein farbloses, aromatisches, flüchtiges Oel (Ericinol) spaltet, ferner das Enzym Arbutase und einen alkaloidartigen Körper, vom Entdecker Dr. B o d i n u s als Ericodin bezeichnet. Ein Absud der Zweige färbt rohes Tuch sattbraun, ein mit Alaun behandeltes hochgelb, ein mit Eisenvitriol vorbereitetes dagegen schwarzbraun. Der Reichtum von Calluna an Gerbstoff macht sie zum Gerben geeignet; auch soll sie als Hopfenersatz zur Bierbereitung verwendet worden sein. In den Jahren der Kriegs-Ersatzmittel wurde der Aufguss getrockneten Heidekrautes als Tee-Ersatz empfohlen; er soll besser schmecken als die ähnlich gebrauchten Erdbeerblätter und auch gegen Schlaflosigkeit (weil schwach narkotisch) wirksam sein. Zur Verwendung gelangen die Blüten, die gut getrocknet und verschlossen aufbewahrt, sich jahrelang halten. Ein Kaffeelöffel voll auf ein Halbliter Wasser wird kurz aufgekocht. Die blühende Pflanze war ehedem als Hérba Ericae cum flóribus offizinell und wurde gegen Nierensteinkrankheit (Nephrolithiasis) angewendet. Der Futterwert der Pflanze ist gering; sie wird vom Grossvieh nur ungern genommen und frisch nur im Notfall berührt. Hingegen dient sie zur Herstellung von Futtermehlen. Sie enthält 7 % Rohprotein, 8,7 % Fett, 50 bis 56 % Kohlehydrate und 19,6 % Rohfaser. Diese Zahlen unterliegen aber wohl ziemlichen Schwankungen. Auch die chemische Zusammensetzung der Pflanzenasche zeigt je nach den Standortsverhältnissen grosse Verschiedenheiten. Nach W o l f f enthielt die Asche von

Fig. 2696. Calluna vulgaris (L.), Hull, im Arzbachgraben, Steiermark. Phot. R. Fischer, Sollenau, N.Ö.

|  | $K_2O$ | $N_2O$ | CaO | MgO | $Fe_2O_3$ | $PO_3$ | $SO_3$ | $SiO_3$ | Cl |
|---|---|---|---|---|---|---|---|---|---|
| Calluna auf Dolomit gewachsen | 6,42 | 5,41 | 33,48 | 8,3 | 2,02 | 4,01 | 1,44 | 32,72 | 1,83 % |
| Calluna auf Liassand | 29,98 | | 15,56 | 6,67 | 1,54 | 5,30 | 1,03 | 30,94 | 4,10 % |
| Calluna auf Tonboden | 10,65 | 0,86 | 12,02 | 6,70 | 4,95 | 10,89 | 1,73 | 48,08 | — % |

Werden die Heidekrautbestände regelmässig geschnitten, so liefern sie eine brauchbare, aber schwer zersetzbare Streue. Aeltere Stöcke dienen etwa als Brennmaterial oder auch zur Anfertigung von kleinen oder grossen Besen (Stallbesen, zum Reinigen von Gefässen), Kleiderbürsten, Faschinen bei Wasserbauten u. dergl. In den Heidegebieten von Nordwestdeutschland spielt der sog. „Plaggenhieb" eine wichtige Rolle. Etwa alle 4 bis 8 Jahre wird der Heideteppich in Fladen abgestochen. Die so gewonnenen Fladen (Plaggen) dienen in erster Linie als Stallstreue, dann aber auch zum Decken von Ställen und Heidehütten und, um die Stallwände aufgeschichtet, zur Warmhaltung im Winter. Neuerdings werden die spätblühenden Pflanzen gern für Trockenbuketts und Trauerkränze (Allerheiligen) verwendet. Eine alte, vielerorts verbreitete Bauernregel sagt, dass, wenn das Heidekraut bis oben blüht, ein strenger Winter folgt, so im Bayerischen Wald: „Wenn da Hoidara bis en d' Spitzeln blüaht, wiad a kalta Winta". Auch muss man sich dann beeilen, die Wintersaat auszusäen. Zieht (in Westfalen) ein Gewitter trocken über die Heide, so ist nach der Meinung vieler Imker der Honig „verlöchtet" (verblitzt) und die Ausbeute für das fleissige Honigvölkchen dahin.

Von der in der deutschen Schweiz weit verbreiteten Bezeichnung „Brüsch" (pag. 1690) lassen sich viele Flurnamen, Gehöfte wie Brüschweid, Brüschegg, Brüschalp (ob Richisau, Kt. Glarus), Brüschbühl, Brüsch, Brüschli, Brüscheren usw. ableiten, von dem französisch Bruyère in der Westschweiz les Bruyères (wiederholt), Brugère, Bruvière usw.

Waldwirtschaftlich ist das Heidekraut ein Bodenarmuts-Zeiger. Heidekrautreiche Wälder zeigen die schlechtesten Zuwachsverhältnisse und sind in die unterste Bonitätsklasse zu stellen; heidelbeerreiche Wälder werden erheblich besser eingeschätzt. Calluna ist eine Insektenblütlerin und wird von ausserordentlich zahlreichen Besuchern beflogen, am häufigsten von Hummeln und Bienen, doch auch von Fliegen und Faltern. Wie auf Erica-Blüten so finden sich auch auf Calluna Blasenfuss-Arten (Thrips). Die Blüten sind schwach proterandrisch. Staubblätter und Stempel biegen sich in den oberen Teil der fast wagrecht stehenden Blüten hinauf, so dass ein bequemer Zugang zum Nektarium entsteht. Grössere Insekten hängen sich an die Blüte und saugen von unten, kleinere strecken den Kopf in die Blüte, wobei sie sich mit Pollen bestreuen. Obschon die Narbe in der Regel erst nach Entleerung der sehr frühzeitig (schon in der Knospe) sich öffnenden Antheren völlig entwickelt ist, kann sich schon früher Pollen auf ihr festsetzen. Doch ist nach Knuth spontane Selbstbestäubung ausgeschlossen, Fremdbestäubung dagegen bei Insektenbesuch gesichert. Auch bei Calluna kann Windbestäubung vorkommen. Die Art gilt als eine der besten Fangblumen für Schmetterlinge. Die Verbreitung der Samen geschieht in der Regel durch den Wind. Calluna ist Wintersteher und da die Samen lange haften bleiben, werden öfter ganze Zweigstücke mit Früchten über grössere Strecken hinweggeführt. Nach Warming sind im Winter 1881 Calluna-Früchte durch einen heftigen Nordoststurm von Schweden nach der Jütischen Ostküste (also mindestens 16 Meilen weit) herübergetragen worden. Aber auch Wassertransport kommt vor. In der baltischen Drift wurden sowohl einzelne Früchte, als fruchttragende Zweigstücke nachgewiesen. Als Schwimmapparat dienten die mit Luft angefüllten, einwärtsgekrümmten Fruchtblätter. Samentransport durch Ameisen (Formica exsecta) hat Sernander in Schweden beobachtet. Die Samen keimen rasch und gut, aber fast ausschliesslich am Licht. So keimten solche aus der Umgebung von München innerhalb 8 Monaten mit 83%; nach Verlauf von weiteren 25 Monaten hatten noch 8% gekeimt, total also 91%. Verdunkelte Saat erreichte innerhalb 2 Jahren nur 3%, um dann nach bloss 1-monatlicher Belichtung mit 91% zu keimen. Durch Abort der Staubblätter können rein ♀ Blüten zur Ausbildung gelangen. Als Seltenheit sind vergrünte Blüten beobachtet worden. In der Gartenkultur befindet sich eine Form mit gefüllten Blüten (petaloide Staubblätter).

Zahlreiche Pilzparasiten leben auf unserer Pflanze. Von Rostpilzen wurde bisher bloss eine Art: Thecópsora Fischéri P. Cruchet bei Payerne (Schweiz) nachgewiesen. Der Pilz bildet seine Uredosporen auf der Blattunterseite und bewirkt eine auffällige rötliche Verfärbung der Blätter. Ferner sind zu erwähnen die Discomyceten Cenangélla Ericae (Niessl.) Rehm auf den Zweigen (in Steiermark) und Godrónia Ericae (Fr.) Rehm, gleichfalls auf den Zweigen und dort eigentümlich kelchförmige Fruchtkörper bildend; von Pyrenomyceten: Zygnoélla arthopyrenoídes Rehm (Tirol), Amphisphǽria ericéti B. R. S. (Belgien), Physalóspora dissóspora Feltg. (Luxemburg), Leptosphǽria Ericae Malbr. (Frankreich), Metasphǽria Callúnae Fautr. (auf lebenden Blättern, Frankreich), Plowrightiélla polýspora (Bref. et Tav.) Sacc. an dürren Zweigen (bei Münster i. W.). Hexenbesenartige Bildungen an Calluna, verbunden mit abnorm filziger Behaarung, sind möglicherweise auf die Wirkung einer Gallmilbe zurückzuführen; nach H. Ross jedoch sind sie eher teratologischer Natur.

Das erste sichere Auftreten von Calluna fällt in das Diluvium, aus welchem mehrere Funde nachgewiesen worden sind, u. a. auch aus dem interglazialen Torflager von Lauenburg an der Elbe. Calluna hatte hier während der letzten Interglazialzeit eine führende Rolle bei der Torfbildung übernommen. Zuerst — von unten nach oben gerechnet — nur vereinzelt auftretend, wird sie bald häufig und bildet schliesslich mit Eriophorum vaginatum den ausschliesslichen torfbildenden Bestandteil. Ueber den Entwicklungsherd der Gattung und über ihre Ausbreitung und Wanderung in vorquartärer Zeit fehlen genügende Anhaltspunkte. Ausser Zweifel steht indes ihr tertiäres Alter. Ein von Menge als Calluna primǽva aus dem Bernstein des Samlandes beschriebenes Zweigfragment ist zur Gattung Andromeda zu stellen.

## DLXX. Erica[1]) L. Glockenheide. Franz.: Bruyère, beruée, breuvée; engl.: Heath, heather; ital.: Erica.

Halbsträucher oder Sträucher, selten baumartig (Erica arbórea) mit reichverzweigtem Stämmchen. Laubblätter sehr zahlreich, meist quirlständig und nadelförmig, wintergrün. Blüten einzeln oder in mehr= bis vielblütigen Dolden oder Trauben an den Zweigenden, 4=zählig (Fig. 2697 I), mit 2 oder mehreren Vorblättern. Kelch bleibend, 4=teilig oder tief 4=spaltig, dachig, mit krautigen oder trockenhäutigen, grünen oder gefärbten Abschnitten. Krone glockenförmig, krugförmig, aufgeblasen=röhrenförmig oder zylindrisch, meist länger als der Kelch, mit 4=spaltigem Saum, bleibend, lebhaft gefärbt, selten weiss (E. arborea, E. Lusitanica) oder grünlich (E. scopária). Staubblätter 8 (selten 6 bis 7), frei; Staubbeutel mit oder ohne geschwänzte Anhängsel. Frucht eine vielsamige, 4=fächerige, fachspaltige, 4=klappige Kapsel; Klappen in der Mitte scheidewandtragend, Scheidewände vom Mittelsäulchen sich loslösend; jedes Fruchtfach mit wenigen, hängenden, introrsen, epitropen Samenanlagen. Samen klein, elliptisch, seltener verkehrt=eiförmig oder spindelig, zahlreich; Samenschale meist rauh.

Zu der Gattung zählen etwa 530 Arten im extratropischen Südafrika, vor allem im Winterregengebiet des Kaplandes; einige Arten sind im tropischen Afrika auf den Gebirgen endemisch, etwa ein Dutzend in der Mediterranregion (besonders im Nordwesten), Erica carnea steigt bis ins Hochgebirge. Weitere 10 Arten bewohnen das europäisch=atlantische Gebiet von Portugal bis Skandinavien. Die Gattung ist südafrikanischen Ursprungs und hat im Kapland einen ausserordentlichen Formenreichtum entfaltet. Auch alle verwandten Gattungen der Unterfamilie Ericoideae sind mit Ausnahme zweier monotypen Gattungen (Bruckenthalia und Calluna) afrikanisch; die Tribus der Salaxideae mit etwa 90 bis 100 Arten in den Gattungen Erémia, Simóchilus, Sympíeza, Scyphogýne, Codonostígma und Saláxis bleibt auf Südafrika beschränkt. Die Verbindung des mediterranen und mitteleuropäischen Florengebietes mit Südafrika reicht zweifellos sehr weit zurück, denn die Verwandtschaft beschränkt sich auf höhere Sippen; nicht eine einzige Art ist beiden Gebieten gemeinsam. Auch muss die Entwicklung so eigenartiger europäischer Gattungen wie Calluna und Bruckenthalia notwendigerweise auf eine lange Zeitspanne zurückgehen. Aber auch die Wanderungsbedingungen müssen zur Zeit des Vordringens aus Südafrika günstigere gewesen sein als heute, sei es, dass die klimatischen Verhältnisse des tropischen Afrika den mesothermen Pflanzen zusagender waren, oder aber, was grössere Wahrscheinlichkeit für sich hat, dass die Oberflächengestaltung des afrikanischen Gebirgsrumpfes von der heutigen abwich. Die Gebirgsketten zwischen Südafrika und dem abessynischen Hochland dürften ehedem in näherem Zusammenhang gestanden und stellenweise wohl auch eine grössere Erhebung gehabt haben. Ein sprungweises Vordringen der Kapflora von einem Hochgebirge zum anderen, wie es Hagen (Geogr. Studien über die flor. Beziehungen des mediterranen und orientalischen Gebietes zu Afrika, Asien und Amerika. Mitt. Geogr. Ges. München. Bd. IX, 1 [1914]) auch noch in der Gegenwart für möglich hält, erscheint wenig wahrscheinlich, trotz der gerade bei Erica sehr flugfähigen Samen. Die Sprünge von Natal zu den Matoppo=Bergen und von dort bis zum Lokinga=Gebirge, also je reichlich 500 km, übersteigen denn doch die herrschenden Anschauungen von der Transportmöglichkeit der Samen durch den Wind. Die Zeit der Einwanderung unserer europäischen Erica=Stammarten muss tief ins Tertiär zurückreichen (vgl. Calluna, pag. 1699). Indessen besitzen wir hiefür keine sicheren paläontologischen Beweise. O. Heer beschreibt allerdings einige fossile Erica=Arten aus dem oberen Miozän von Oehningen (Baden); doch ist ihre Zugehörigkeit zu unserer Gattung nicht genügend sichergestellt. Dagegen ist Erica arborea in den quaternären Tuffen von St. Jorge auf Madeira aufgefunden worden, auf welcher Insel sie heute noch spontan vorkommt.

Die Erica=Arten sind vorzugsweise Insektenblumen und als solche an Kreuzung angepasst; doch kommt auch Selbstbestäubung vor. Windblütigkeit ist seltener (E. scoparia, E. arborea, E. carnea). Die unscheinbar grünlich blühende E. scoparia wird als ein zum windblütigen Typus umgewandelter Insektenblütler aufgefasst. Vogelblüten, die von Nektarinien besucht werden, finden sich in Südafrika (siehe pag. 1616). Die Arten der Gattung Erica enthalten wie Calluna das gerbstoffreiche Quercetin ($C_{15}H_{10}O_7$), ferner Callutannsäure und das amorphe, braungelbe Glykosid „Ericolin". Das Kraut kann zum Gerben verwendet werden. Zahlreiche kapländische Erica=Arten werden als Topfpflanzen in vielen Formen und Kreuzungen kultiviert und sind heute beliebte Winter= und Frühjahrsblüher, so Erica hiemális hort. angl., E. blánda Andr., E.

---

[1]) Griech. ἐρείκη [ereíke], lat. erice = Bezeichnung der Baumheide (E. arborea) bei den antiken Schriftstellern. Vielleicht zu griech. ἐρείκω [ereiko] = breche; wegen der brüchigen Aeste.

cylíndrica Andr., E. cyathifórmis Salisb., E. floribúnda Lodd. usw. Fürs Freiland kommen im Gebiet ausser den einheimischen Arten besonders die atlantischen E. ciliáris L. und E. vágans L. in Betracht (siehe Artenschlüssel). E. vagans findet sich auch (eingebürgert?) am Rand eines Wäldchens bei Juvigny unweit Genf (Standort seit 1921 gefährdet). Mit Erica verwandt, durch fehlenden Diskus und am Grunde unter sich und mit der Blütenkrone verwachsene Staubfäden verschieden, ist die habituell an E. carnea erinnernden Bruckenthália spiculifólia (Salisb.) Rchb. (= Erica spiculifolia Salisb., = E. Bruckenthálii Sprengl.). Sie ersetzt E. carnea in Siebenbürgen, im Banat und in dem grössten Teil der Balkanhalbinsel und wurde kürzlich in einer isolierten Kolonie auch an der Ostküste des Schwarzen Meeres (Distrikt Artvine bei Batum) aufgefunden.

1\. Antheren ohne Anhängsel, aus der Kronröhre hervorragend (Fig. 2697 e) . . . . . . . . 2.
1*. Antheren in der Kronröhre eingeschlossen (Fig. 2699 b) . . . . . . . . . . . . . . 3.
2\. Antheren am Grunde angeheftet. Krone länglich-eiförmig . . . . . . E. carnea nr. 2156.
2*. Antheren in der Mitte am Staubfaden angeheftet. Krone fast kugelig. Blütenstiele 3 bis 4 mal so lang wie die rötlichen Blüten. Bis 1 m hoher Zwergstrauch mit kahlen Zweigen. V, VI. Atlantisches Europa von Portugal bis Irland . . . . . . . . . . . . . . . . . . . . . . . . . E. vagans L.
3\. Antheren ohne Anhängsel. Krone purpurn, krugförmig, ca. 10 mm lang. Laubblätter lang-bewimpert. Zweige steif abstehend behaart. Bis 70 cm hoher Zwergstrauch mit zarten Zweigen. VI bis IX. Atlantisches Europa von Portugal bis Grossbritannien . . . . . . . . . . . . . . . . . E. ciliaris L.
3*. Antheren mit Anhängsel . . . . . . . . . . . . . . . . . . . . . . . . . . . . 4.
4\. Laubblätter behaart, lang-bewimpert. Blütenstand wenigblütig, scheindoldig . . . . . . . .
. . . . . . . . . . . . . . . . . . . . . . . . . . . . . . . . . E. Tetralix nr. 2158.
4*. Laubblätter kahl, nicht bewimpert . . . . . . . . . . . . . . . . . . . . . . . 5.
5\. Blüten etwa 6 mm lang, violettrosa, in dichten, quirligen Trauben . . . E. cinerea nr. 2159.
5*. Blüten meist 3 bis 4, höchstens 5 mm lang, weiss oder rötlich. Blütenstand reichverzweigt, pyramidal. Mediterrangebiet . . . . . . . . . . . . . . . . . . . . . . . L. arborea nr. 2157.

**2156. Erica cárnea** L. (= E. herbácea L. pl. autumnális, = E. saxátilis Salisb.). Frühlings-heide, Schneeheide, Alpen-Heiderich. Franz.: Bruyère incarnate, im Waadtländer Rhone-tale: Bruyère d'Ollon; ital.: Scopa carnicina, brughere, scopina, im Tessin: brüg. Taf. 206, Fig. 7; Fig. 2697 und 2698.

Die Pflanze wird in ihren Benennungen vom Heidekraut (Calluna vulgaris vgl. pag. 1690) meist nicht getrennt: Hoaderer, Hoadern (Oberösterreich), Riblehard (Allgäu), Sendl, Senerer, Senden (Oester-reich), Brüschblüemli (Schweiz), Tann-Moos (St. Gallen), Krass [eigentlich „Nadelreisig", vgl. Bd. I, pag. 84] Mariahilfblüemli (Schweiz: Gersau). In der Albisgegend (Zürcher See) heisst die Pflanze nach dem Vorkommen am Ruinenhügel der Schnabelburg Schnabelblüemli. Rätoromanische Bezeichnungen Graubündens sind bröl, bruoi, bruoch, brutg, brui.

Niederliegend-kriechender, reichverzweigter Zwergstrauch mit dünnen, gebogenen, hellbraun berindeten Zweigen. Laubblätter schmallineal, nadelartig, im Mittel etwa 7 mm lang, kurzgestielt, zugespitzt, kahl und glänzend, von einem schmalen Knorpelrand umzogen, meist zu einem 4-gliederigen Scheinwirtel vereinigt, dichtstehend. Nebenblätter fehlend. Blüten-stand vielblütig, traubig, meist einseitswendig. Blüten rosa, fleischfarben oder hellkarmin, selten weiss, mit vortretenden, dunkelpurpurnen Antheren, hängend. Blütenstiel so lang oder etwas kürzer als die Blüte (2 bis 5 mm lang), dunkelrot, in halber Länge mit 3 kleinen, eiförmig-spitzen, rötlichen Vorblättern. Kelchblätter 4 (Fig. 2697 e, f), lanzettlich, zugespitzt, 2,5 bis 3 mm lang, trockenhäutig, wie die fast doppelt so lange Krone rötlich; letztere 4 bis 5 mm lang, schlank-glockenförmig, an der Spitze kurz 4-lappig, mit stumpfen Lappen. Staub-blätter 8, kurz zweispitzig, mit länglichem Spalt seitlich sich öffnend. Griffel die Staub-blätter wenig überragend, dünn. Fruchtknoten zylindrisch, dunkelrot, kahl, bei der Reife mit 4 Klappen aufspringend (lokulizid, d. h. Kapselfach beim Aufspringen sich spaltend; Plazentar-achse mit den anhaftenden Samen in der Mitte stehen bleibend). Fruchtkapsel 2 mm lang, in der Krone eingeschlossen. Samen länglich, runzelig, 0,75 mm lang, flachgedrückt, mit etwas eingerollten Flügeln, 0,3 mg schwer. — III bis VI (bei günstiger Witterung bereits im Dezember und Januar, im Süden fast regelmässig).

Vorzugsweise im montanen und subalpinen Kiefern= und Bergföhrenwald und in dessen Unterwuchs, auf Geröll= und Felsboden oft auf weite Strecken vorherrschend, namentlich an sonnigen, warmen Hängen, stellenweise in Flussauen und auf Heidewiesen. Ueber der Krummholzgrenze nur noch vereinzelt, aber mehrfach (in Graubünden) bis 2600 m ansteigend; anderseits bis zu den nordalpinen und insubrischen Seen herab. Am Parpaner Rothorn (Graubünden) bis 2650 m (Br.=Bl.), im Berner Oberland im Lauterbrunnental bis 2330 m (Lüdi, briefl.); im Wallis nach Christ (briefl.) hauptsächlich in Föhrenwäldern an den Taleingängen der südlichen Täler, steigt bis 2300 m im Binntal. In Südbayern bis 2300 m ansteigend, in Tirol von den Ufern des Gardasees bis 2400 m in der Sellagruppe und gegen 2400 m am Serles in Nordtirol, in Kärnten und Steiermark bis 2000 m, in den Bergamaskeralpen bis 2300 m (Cima di Taeggio auf Gneis, Br.=Bl.). Es sind dies die letzten Vorposten aus dem Krumm= holzgürtel, wo der eigentliche Schwerpunkt der Verbreitung der Art liegt. In horizontaler Rich= tung geht sie wenig über die Alpen und deren Ausläufer hinaus; sie kann deshalb als „alpigen" be= zeichnet werden. Im Südwesten erreicht sie den Salève bei Genf, nicht aber den benachbarten Mont Vuache. Im Norden folgt sie den Alpenflüssen bis weit ins Vorland hinaus, so längs der Isar bis Moos= burg, längs der Ybbs und der Erlaf bis zur Donau; auch geht sie auf die trockenen Heideflächen über. Ausserdem im Jura, im Donauge= biet (zwischen Weltenburg und Re=

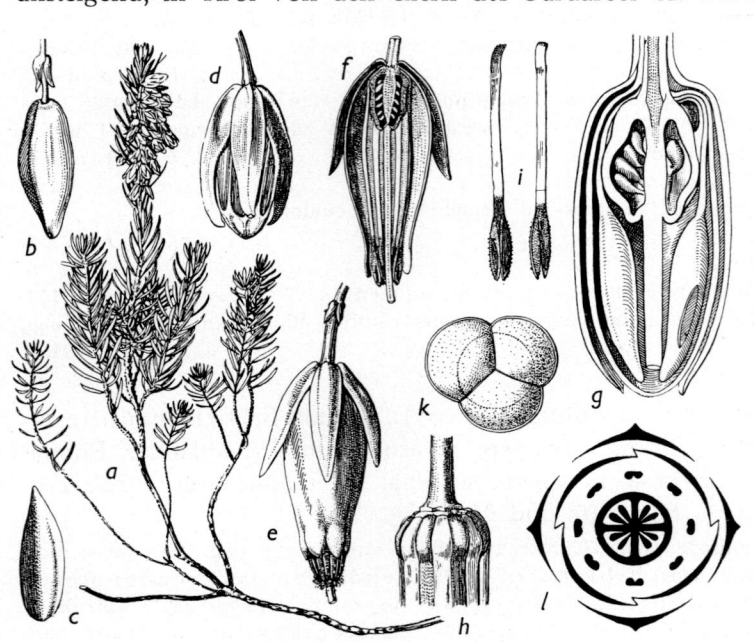

Fig. 2697. Erica carnea L. *a* Pflanze mit Blütenknospen. *b, c, d* Blütenknospen. *e* Blüte, *f* Längsschnitt durch dieselbe. *g* Längsschnitt durch die Blütenknospe. *h* Basis der Staubblätter, den Fruchtknoten einschliessend. *i* Staubblätter. *k* Pollen= tetrade. *l* Blütendiagramm.

gensburg), im Fichtelgebirge zerstreut, im Keupergebiet im östlichen Gebiet von Amberg—Eschenbach—Neustadt a. Kulm—Weiden bis Neustadt a. Waldnaab; fehlt dem Muschelkalk= und Buntsandstein=Gebieten Bayerns. Paul zählt sie in Nordbayern zu den Charakterpflanzen der Wälder der oberpfälzischen Keuperlandschaften; im Vilstal wächst sie überall in Kiefern= wäldern. Ihre absolute Nordgrenze wird im Vogtland erreicht, wo sie nach Drude bei 400 bis 600 m in Kiefern=, Misch= und selbst in Buchenwäldern (?) stellenweise dichten Unterwuchs bildet; sie wird hier zwischen Brambach und Landwüst und zwischen Brambach und Schön= berg bei Aadorf, sowie am Eisenbahndamm bei Hundsgrün angegeben. Im angrenzenden Böhmen im Kaiserwald zwischen Karlsbad und Marienbad, bei Eger, Marienbad usw., fehlt aber Mähren und Schlesien. Ebenso fehlt sie dem ganzen Schweizer Jura, den Vogesen, dem Schwarzwald und der Alb; ihre äussersten Vorposten gegen das Vorland liegen in der Schweiz im Zürcher Oberland, am Albis und im Hügelland bei St. Gallen; in Niederösterreich nördlich der Donau zwischen Grein und Ybbs, auf dem Hutwischberge bei Kirchschlag.

Allgemeine Verbreitung: Oestlicher und mittlerer Teil der Alpenkette, westlich bis Savoien; dann wieder in den Seealpen zwischen 950 und 2200 m; Illyrien, Serbien,

Mährisches Gesenke. Fehlt den eigentlichen Karpaten mit Ausnahme der Kalkvorberge der Liptau=Sohler Alpen, Apennin, in der Toskana bis ans Meeresufer herabsteigend.

Die weissblühende Farbenspielart f. álba (Dipp. pro var.) mit hellgrünen Blättern kommt da und dort unter der rotblühenden Pflanze vor, so mehrfach in Graubünden, in Oberösterreich im Stodertal (häufig) und auf dem Georgenberge bei Michldorf, in Vorarlberg bei Gurtis nächst Feldkirch, in Tirol bei St. Anton, im Paznaun, bei Zirl, Innsbruck, im Hall= und Vompertal, bei Kastelruth, Kampenn bei Bozen, Monte Maranza bei Trient usw.

Den Bodenansprüchen nach ist die Art als kalkhold zu bezeichnen. Nicht nur vermag sie entschie= den kalkreiche Felsböden unabhängig von andern Arten als erster Pionier zu besiedeln, sie erreicht auch ihre grösste Ausbreitung in Gebieten, die grösstenteils aus kompakten Kalken und Dolomiten aufgebaut sind. So spielt sie soziologisch eine wichtige Rolle sowohl in den ostbündnerischen Dolomiten der Triasserie, als auch in den Dolomiten Südtirols und in den nördlichen Kalkalpen. Rhiner bezeichnet sie für die Zentralschweiz als absolut kalkstet, Beck rechnet sie zu den Kalkpflanzen der Illyrischen Hochalpen, Adamović erteilt ihr das Prädikat serpentinstet für Serbien. Ihr Vorkommen auf Gneis und Granitgneis in der Süd= und Ost= schweiz, auf kristallinischen Schottern in Niederösterreich und auf Granit, Gneis und kambrischen Schiefern in Mitteldeutschland beweist indessen, dass sie unter Umständen auch Böden mit geringem $CaCO_3$=Gehalt nicht scheut. Dagegen sind die von uns untersuchten Ericaböden basisch oder doch neutral. Hieraus wird auch verständlich, dass manche Schichten der ostschweizerischen Gneise öfter eine recht gemischte Gesellschaft, worunter manche basiphile Kalkpflanzen beherbergen. Die Asche von Erica carnea enthält stets einen hohen Prozentsatz von Kalk= und Magnesium=Oxyd. Zwei Analysen ergaben nach Wolff folgende Resultate:

| Erica carnea | Asche in %  der Trocken= substanz | $K_2O$ | $Na_2O$ | CaO | MgO | $Fe_2O_3$ | $PO_3$ | $SO_3$ | $SiO_3$ | Cl |
|---|---|---|---|---|---|---|---|---|---|---|
| auf Kalkboden gewachsen | 2,19 | 21,95 | 3,35 | 32,07 | 14,28 | 3,44 | 5,43 | 5,44 | 12,38 | 2,17 |
| auf Mischboden gewachsen | 0,84 | 34,04 | 1,59 | 27,14 | 11,41 | 4,21 | 11,52 | 2,13 | 6,99 | 1,26 |

Die Asche von Pflanzen eines kieselreichen Bodens (Glimmerschiefer) enthielt noch 22,8 % CaO und 15,5 % MgO, ferner 14,13 % $K_2O$ und 11,6 % $Na_2O$.

In phytosoziologischer Hinsicht spielt unsere Pflanze die grösste Rolle im Föhrenwald, vor allem im Bergföhren= und Krummholz=, innerhalb ihres weiteren Verbreitungsbezirks aber auch im Pinus silvestris= und Pinus nigra=Wald. Als vorherrschende Bodendecke lichter Föhrenbestände kann sie stundenweite Ausdehnung gewinnen. Dann tritt sie auch auf Felshänge, Schutthalden und Alluvionen hinaus, als Pionier und Festiger. Sie ist, namentlich in kühlen und schattigen Lagen, stark humusbildend. An der heutigen Waldgrenze ver= bindet sie sich öfters mit Arctostaphylos Uva=ursi und Rhododendron hirsutum, an sonnigen, früh schneefreien Hängen zu Beständen; doch reichen diese kaum über die ehemalige, meist noch durch weitere Waldzeugen gekennzeichnete Grenze der letzten Gehölzvorposten hinaus. Für die östlichen Schweizeralpen zum mindesten steht dieser Zusammenhang ausser Zweifel; der Parallelismus zwischen der klimatischen Grenze des Leg= föhrenbusches und den Erica=Arctostaphylos Uva=ursi=Beständen lässt sich im Unterengadin leicht verfolgen. Aber auch die floristische Zusammensetzung dieser Zwergstrauchvegetation ist nicht wesentlich vom Erica= reichen Unterwuchs des Legföhrenbusches verschieden, wenn auch meist die ausgesprochenen Wald= und Schattenpflanzen fehlen. Neben weitaus vorherrschender Erica carnea und reichlichem Arctostaphylos Uva= ursi sind fast stets vorhanden (in der Ostschweiz): Polygala Chamaebuxus, Daphne striata, Helianthemum alpestre, Carex humilis, Carex ornithopoda), oft gesellen sich bei: Vaccinium Vitis=Idaea, Globularia cordifolia, Sesleria caerulea, Gymnadenia odoratissima, Anthyllis vulneraria var. alpestris, Pirola minor, Globularia nudicaulis, Gentiana Clusii u. a. A. Bemerkenswert ist das Vorherrschen zahlreicher Blattperennen, wie solche sonst keiner andern Pflanzengesellschaft der alpinen Stufe zukommen. Auch dadurch gelangen die genetischen Be= ziehungen des Ericetums zum Pinus montana=Wald zum Ausdruck. Die meisten der genannten winter= grünen Arten sind nämlich frostempfindlich; sie überwintern unbeschadet im Schutze höherer Gebüsche, leiden dagegen an den auch wintersüber oft schneefreien oder doch sehr zeitig schneefrei werdenden Steilhalden, den bevorzugten Standorten der Erica=Arctostaphylosbestände an der Waldgrenze. Insbesondere ist dies der Fall bei Vaccinium Vitis=Idaea, Arctostaphylos Uva=ursi, Daphne striata, Pirola minor, Gentiana Clusii. Erica carnea selbst ist wind= und kältehärter, trotzdem sie die schon im Sommer fürs nächste Jahr fertig entwickelten, aber noch unscheinbar grünlichen Blüten ohne Schutz frei aushängt. Immerhin leidet auch Erica carnea in schneearmen Wintern unter Frost.

Die mykotrophen Verhältnisse der Schneeheide sind von H. Christoph (Beihefte zum Botan. Centralbl. Bd. 38, Abt. 1 1921) untersucht worden. Die Wurzeln sind durchwegs stark verpilzt; es gelingt indessen leicht pilzfreie Pflanzen sowohl aus Stecklingen als auch aus Samen heranzuziehen, ohne dass eine Pilzinfektion stattfinden würde. In sterilisierter Sand- und Heideerde bleiben die Ericapflänzchen stets pilzfrei und zwar unabhängig davon, ob das Samenmaterial sterilisiert worden war oder nicht; selbst absichtlich verpilzte Samen, in sterilem Boden ausgesät, ergaben ein durchaus pilzfreies Wurzelsystem. Christoph schliesst hieraus, dass die auf den Samen sich ansiedelnden Pilzsporen und Hyphen an der Mykorrhizabildung nicht beteiligt sind. Bei Saaten in nicht sterilem Heideboden trat dagegen schon nach 2 Monaten Pilzinfektion ein und nach 8 Monaten waren an allen Versuchspflanzen zahlreiche Infektionsstellen festzustellen. Dagegen war die Verpilzung der Wurzel in keinem einzigen Falle von der Stecklingssprossachse oder vom Samen aus eingetreten. Aus der Art und Weise der Verpilzung und den wahllos zerstreut auftretenden Infektionsstellen kann geschlossen werden, dass die Mykorrhiza bei Erica carnea wie bei Calluna vulgaris durch Bodenpilze hervorgerufen wird. Das Vorhandensein oder Fehlen dieser Wurzelpilze hat indes nach Christoph für die betreffenden Pflanzen keinerlei Bedeutung; der Pilz wäre demnach wie bei Calluna als harmloser Parasit zu betrachten.

Die Bestäubungsverhältnisse von Erica carnea sind namentlich von Müller-Lippstadt und von Kerner untersucht worden. Obschon beide Forscher zu ganz verschiedenen Resultaten gelangten, liegt doch kein Grund vor, ihre Beobachtungen anzuzweifeln. Wie Kerner angibt, ist die Frühlings-Heide zweifellos in erster Linie

Fig. 2698. Erica carnea L., Phot. Grete-Bavaria, Gauting.

Bienenblume, wie dies jeder Bienenzüchter im Ericagebiet bestätigen wird. Darauf beruht z. B. im Churer Rheintal der Ertrag an Frühlingshonig; ebenso werden in Tirol gelegentlich die Bienenkörbe in die Nähe der blühenden Ericasträucher gebracht. Auch ist die Zahl der blütenbesuchenden Lepidopteren im Vorfrühling, wenn in tieferen Lagen das Blühen beginnt, noch keine grosse. Andererseits sind die ausführlich geschilderten Beobachtungen von Müller über den intensiven Blütenbesuch des Distelfalters (Vanessa Cardui) im Val Tuors bei Bergün (also bei 1600 bis 1800 m) und in anderen Alpentälern unzweifelhaft richtig. Freilich ist es auch Müller nicht entgangen, dass er eigentlich dem Blütenbau nach eine typische Bienenblume vor sich hatte; doch legte er sich die Sache so zurecht, dass er annahm, Erica carnea sei als ursprüngliche Bienenblume erst nachträglich durch Anpassung zur Falterblume geworden. Den Tatsachen eher entsprechen dürfte die Auffassung, wonach die Pflanze in tieferen Lagen vorzüglich von Bienen, in höheren Gebirgslagen, wo diese spärlicher vertreten sind oder fehlen, und wo das Sträuchlein später blüht, zumeist von Faltern beflogen wird. Auch Hummeln (z. B. Bombus hortorum) wurden von Müller als Blütenbesucher beobachtet, doch nur an solchen Blüten, die so dicht über dem Boden standen, dass die Hummeln auf dem Rücken liegend, den Rüssel in die Blüte einführen konnten. Hatten letztere auf diese Weise einige Blüten ausgebeutet, so flogen sie suchend weiter, an den schönsten Stöcken mit hochstehenden Blumen vorbei, bis sie wieder nahe dem Boden befindliche vorfanden, worauf die eigentümliche Saugmethode von neuem zur Anwendung kam. Beim Besuch streifen die Bienen im Anflug die Narbe; beim Einführen des Rüssels findet eine Verschiebung der Antheren statt. Die Pollentetraden fallen heraus und heften sich an Kopf, Brust und Rüssel. Besucht die Biene nun andere Blüten, so muss im Anflug die Kreuzung erfolgen. Nach Kerner welkt die Narbe stets, sei sie bestäubt oder nicht, nach ein paar Tagen ab und wird zur Pollenaufnahme unfähig. Dagegen verlängern sich die Staubfäden und schieben die von ihnen getragenen Antheren vor die Mündung der

Blumenkrone. Der Pollen fällt nun bei der leisesten Erschütterung heraus. Die noch belegungsfähigen Narben jüngerer Blüten werden dadurch unvermeidlich befruchtet. Im ersten Stadium ist nach Kerner die Blüte für kurze Zeit proterogyn, später homogam; Aug. Schulz fand sie homogam. Der von den Drüsen am Grunde des Fruchtknotens abgesonderte Honig ist durch die hängende Lage der Blüte gegen Regen geschützt. Unberufene Gäste werden durch die die Kronröhre dicht ausfüllenden Antheren vom Honigraub abgehalten. Einzig die Hummeln wissen sich auf leichte Weise den Honig anzueignen, indem sie die Krone durchbeissen.

Die Samenkeimung erfolgt im Licht ziemlich rasch. Während die Keimkraft belichteter Samen aus den Bayerischen Alpen nach 11 Monaten 52 %  erreichte, keimten im Dunkeln nur 1 %. Die kleinen Samen wiegen bloss 0,3 mg. Erica carnea ist eine namentlich für Steingruppen sehr dekorative, winterharte Pflanze und wird deshalb in Gärten gern kultiviert. Ebenso wird sie gern zu Kränzen verwendet. An der Peripherie ihres Areals ist sie mehrfach gesetzlich geschützt, so in Mittelfranken, in Niederbayern, in Schwaben und in Sachsen (hier seit 1923). In den Alpen dagegen tritt sie öfter in solcher Menge auf, dass sie auf trockenen Weiden die guten Futterpflanzen fast völlig unterdrückt. Durch Rohhumusbildung neutralisiert sie alkalische Böden, sodass dieselben für Calluna besiedelbar werden und damit versauern. Zur Bekämpfung werden wie bei Calluna Düngung, Bewässerung, wiederholtes Mähen und Reuten empfohlen.

Die Art gilt mit Polygala Chamaebuxus (Bd. V/1, pag. 91) als klassischer Beweis für die Existenz eines „altafrikanischen" Florenstammes in den Alpen. Mit gleichem Recht können freilich alle unsere Erica-Arten altafrikanischen Ursprunges bezeichnet werden. Die Verwandtschaft von E. carnea mit den Kapländischen Arten der Gattung ist zwar eine indirekte; ihr am nächsten steht die westmediterran-südatlantische E. mediterránea L. (= E. carnea β Occidentális Benth.), von ähnlichem Aussehen, aber höher (bis 60 cm), mit etwas kleinern Blüten, nur halb vorragenden Antheren, bis oben zusammengewachsenen Antherenhälften und weit vorragendem Griffel. Ob unsere E. carnea von E. mediterranea oder aber von einer heute verschwundenen mediterran-atlantischen Stammart abstammt, bleibt unentschieden; doch ist das letztere wahrscheinlicher. Die Untergattung Ectásis, der E. carnea und E. mediterranea angehören, ist sonst ausschliesslich kapländisch.

Die Erica carnea-Sträuchlein werden in der Regel nicht alt. Kanngiesser und v. Leiningen erwähnen ein 33-jähriges Stämmchen, das eine mittlere Jahrringbreite von 0,21 mm aufwies. Die Blätter enthalten Ericolin und Arbutin. Der Stärkegehalt der Blätter ist im Januar fast Null; nur in milden Wintern ist mehr Stärke vorhanden. Es folgt sodann eine rasche Zunahme, so dass Anfangs April schon das Maximum des Stärkegehalts erreicht ist.

Von pflanzlichen und tierischen Schmarotzern, die auf E. carnea vorkommen, seien hervorgehoben: Hypodérma Erícae Tub., ein Pyrenomycet, auf den alten Blättern kleine schwarze Flecke bildend (Tirol); die Sphaeriineen: Lophostóma insidiósum (Desm.) De Not., auch auf andern abgestorbenen Wirtspflanzen nicht selten, mit kugelig-krugförmigen, eingesenkten Fruchtkörpern (Bayern); Gibbéra Salisburgénsis Niessl., auf den lebenden Blättern kugelige, gehäufte Fruchtkörper von schwarzer Farbe bildend (Salzburg); Didyméllа ericína (Tub.) Rehm., Metasphǽria ericína Tub. und Leptosphǽria subtécta Wint., alle drei in Tirol beobachtet. Ein kleiner Käfer, Nanóphyes níger, verursacht im Larvenstadium eine einseitige, rundliche Anschwellung der Zweige. Die rote Larve der Gallmücke Dasyneúra (Perrísia) ericína ruft eine schopfförmige Verdickung der Blätter an der Spross-Spitze hervor; die rötlich gefärbten Blätter sind am Rande mit kurzen, weissen Haaren dicht besetzt. Eine andere Missbildung und spiraliges Einrollen der Zweigspitze ist auf die Schildlaus Eriocóccus Erícae zurückzuführen.

**2157. Erica arbórea** L. (= E. prócera Salisb., = E. scopária Pieri non L., = E. eláta Bubani). Baumheide. Franz.: Bruyère arborescente; ital.: Scopa. Fig. 2699 bis 2701.

Ein- bis mehrere Meter hoher Strauch oder kleiner Baum mit buschigen, aufrechten Zweigen. Jahrestriebe von dichtstehenden, einfachen und gefransten Haaren weiss-filzig. Laubblätter lineal, nadelförmig, zu 3 bis 4, etwa 5 bis 7 mm lang, kahl, stumpflich, unterseits mit tiefer Rinne, kurzgestielt, abfällig. Blütenstand eine vielfach zusammengesetzte, reichblütige, pyramidenförmige Rispe. Blüten wohlriechend, weiss, (2,5) 3 bis 5 mm lang, auf ebenso langem oder etwas längerem Stiel; letzterer am Grunde mit 2 Vorblättern und 1 Tragblatt. Kelch häutig, kahl, etwa $1^1/_2$ mm lang, tief 4-spaltig (Fig. 2699 b), mit eiförmigen, fein bewimperten, spitzen Lappen. Krone ± glockig, offen, mit 4 stumpfen, eirundlichen Zipfeln und weiter, viereckiger Oeffnung. Staubblätter 8, eingeschlossen, mit 2 kurzen Anhängseln. Griffel eingeschlossen oder vorragend; Narbe breitkopfig. Fruchtknoten am Grunde mit 8 nektarienartigen Wärzchen, kahl. Fruchtkapsel eirundlich, flaumig, 1 bis 1,5 mm lang, 4=fächerig. Samen zahlreich, eiförmig, 0,2 bis 0,3 mm lang, flugfähig. — II bis IV.

Als Unterwuchs in den Quercus Ilex=Wäldern der Mediterranregion und nach der Entwaldung auf weite Strecken ein Hauptbestandteil der niedrigen Buschvegetation bildend. Vereinzelt auch im Unterwuchs der Quercus sessiliflora= und Kastanienwälder einiger nördlich vorgeschobener submediterraner Vegetationsinseln. So noch im südlichsten Zipfel von Judikarien bis zirka 600 m: bei Darzo und Lodrone, insbesondere beim Schlosse Lodrone und gegen Riccomassimo 450 bis 500 m. Ferner an den Grenzen des Gebietes am oberen Comersee im Val Varrone bis 750 m (Br.=Bl.), zwischen Riva und Chiavenna und zwischen Colico und Morbegno (Haller, Hegi).

Allgemeine Verbreitung: Europäisches Mittelmeergebiet, Madeira und Kanaren, Nordafrika, Kleinasien, Pontisches Gebiet, West=Kaukasus (Kolchis), Abessynisches Hochland 3000 bis 4000 m, Kilima= Ndscharo, Ruwenzori.

Die Art ist einigermassen veränderlich, insbesondere in der Blütenform und Grösse, sowie in der Behaarung. Die gewöhnliche Form var. genuina Nicotra zeigt eine dichte, abstehende Behaarung, weisse, kugelig=glockige Blüten in vielblütigem, pyramidenförmigem Blütenstand mit wenig vorragendem Griffel; var. rupéstris Chab. Zweige kahl oder verkahlend, Haare einfach. Blütenstand verkürzt mit spreizenden Aesten; var. álbae Pamp. wie var. genuina, aber Blüten eiförmig; var. Élii Pamp. Blüten zylindrisch=glockig. Eine Farbenspielart mit fleischroten Blüten (f. Clárae [Pamp. pro var.]) ist selten, häufiger eine Form mit weit vorragendem Griffel (f. stylósa [Don pro var.]). Verbreitung und Konstanz dieser Varietäten und Formen sind noch zu prüfen.

Im Mittelmeergebiet zählt die Baumheide zu den bezeichnenden Leitpflanzen der Hartlaubgebüsche („Macchien"), hält sich aber in der Regel an die niederschlagsreicheren Gegenden, also vorzugsweise an die Montanstufe, fehlt auch, oder ist selten in reinen Kalkgebieten (z. B. im Bas=Languedoc). An den unteren und mittleren Hängen der kalkarmen Gebirge spielt

Fig. 2699. Erica arborea L. *a* Blühender Zweig. *b* Blüte.

sie mit Cistus spec. und Sarothamnus physiognomisch und wirtschaftlich durch ihr massenhaftes, geselliges Auftreten eine hervorragende Rolle. Hierin erinnert sie an Calluna, die sie stellenweise ersetzt und an die Alpenrosen. Wie auf Kahlschlag in den Urgebirgsalpen eine Ueberhandnahme der Alpenrosen und Vaccinien folgt, so erobern Cistrosen und Baumheide die kahlgeschlagene Fläche mediterraner Silikatberge, und, einmal herrschend, behaupten sie den Platz, bis sie der Waldesschatten wiederum verdrängt. Die Bestände von Erica arborea beherbergen ausser einigen andern Sträuchern wie: Erica cinerea, Calluna, Cistus salvifolius, C. Monspeliensis und C. laurifolius, Sarothamnus spec., Adenocarpus complicatus, Osyris alba, Daphne Gnidium etc., namentlich zahlreiche einjährige Therophyten wie Aira spec., Corynephorus canescens, Nardurus Lachenalii, Sagina apetala, Teesdalia nudicaulis und T. Lepidium, Helianthemum guttatum, Trifolium div. spec., Ornithopus compressus und O. perpusillus, Vicia gracilis, Veronica Dillenii, Filago spec. div., Senecio lividus, Arnosers minima, Tolpis barbata, Hypochoeris glabra usw. Sie stellen in den meisten Fällen das erste Stadium der Wiederbewaldung dar, die sich ohne Einwirkung des Menschen in der Regel innerhalb 20 bis 30 Jahren vollziehen würde. Auf den Kanaren tritt die Art im Heidewald mit Myrica Faya L. auf. Erica arborea verlangt ausser einer gewissen Luft= und Bodenfeuchtigkeit eine lockern, durchlässigen, tiefgründigen Boden; daher ihr Fehlen auf kompakter, krumearmer Kalkunterlage. In Kalkgebieten ist sie streng an die sandigen, tiefgründigen und etwas feuchten Stellen gebunden. Dagegen ist sie durchaus nicht „kalkfeindlich" wie man bisher annahm. Sie vermag im Gegenteil einen recht hohen Prozentsatz von $CaCO_3$ zu ertragen. L. Laurent (Etude des causes qui déterminent les stations de quelques végétaux etc., Acad. sc., Lettres et Beaux Arts de Marseille, 1915) untersuchte die Zusammensetzung der Wurzelerde von E. arborea bei Pilon-du-Roi nördlich Marseille und fand grobe Gesteinstrümmer 49,06 %, feine Gesteinstrümmer 5,82 %, Feinerde 45,02. Die chemische Analyse der feineren Gesteinstrümmer des Bodens ergab: Kiesel- und Tonerde 0,40 %, Eisenoxyd 0,05 %, Kalk 63,05 %, Magnesia 36,30 %. Die Feinerde enthielt: Kieselsand 2,26 %, Magnesia 18,90 %, Kali 0,30 %, Tonerde 1,39 %, Kalk 44,62 %.

Diese Zahlen sprechen für einen ausserordentlich hohen Kalkgehalt; zudem werden die Sträucher von kalkgesättigtem Rieselwasser befeuchtet. Die Nährlösung, die der Pflanze hier zu Gebote steht, ist zweifellos dauernd hochkonzentriert. Unweit davon fand Laurent Erica arborea auf relativ kalkarmem Boden, dessen Feinerde 50 % Kieselerde, 1,17 % Eisenoxyd, aber nur 0,58 % kohlensauren Kalk enthielt. Die Wasserstoffionen-Konzentration, die hier vielleicht ausschlaggebend ist, wurde nicht untersucht. Ihr bestes Gedeihen findet die Pflanze auf kalkarmen, schwachsauren bis neutralen Silikatböden, daher ihre scheinbare Kalkfeindlichkeit. Die Aschenbestandteile der Pflanze sind reich an Kalk. Sträucher von obigem Standort auf Kalkboden enthielten:

|           | Zweige und Wurzeln | Laubblätter |
|-----------|--------------------|-------------|
| Kieselerde| 17,30 %            | 3,24 %      |
| Kalk      | 33,17 „            | 45,77 „     |
| Kali      | 11,44 „            | 6,29 „      |
| Magnesia  | 6,04 „             | 17,50 „     |

In der weiteren Umgebung von Montpellier kommt die Baumheide nur ganz vereinzelt und nur auf kalkfreiem Diluvialschotterboden vor, der eine schwachsaure Reaktion aufweist.

Während die Pflanze in Südfrankreich selten über 3 bis 4 m hoch wird, erreicht sie in Südspanien eine Höhe von 10 bis 15 m, auf den Kanaren (von den Eingebornen „Brezo" geheissen) sogar 20 m bei einem Stammesumfang von 1 m. Kanngiesser mass in den Pyrenäen bei Cauterets, 1260 m, ein 34-jähriges Stämmchen von 34 mm Durchmesser und einer mittleren Jahrringbreite von 0,51 mm. — Die Samenbildung ist reichlich und die Keimung geschieht rasch und gut. Nach Grevillius keimten am 14. Mai angesetzte Samen an offenem Nordfenster zu 92 %; dagegen keimten gleichzeitig im Dunkeln nur 20 %.

Das rotbraune, feine Maserholz des Wurzelstocks der Baumheide liefert die sog. „racine de Bruyère", die zur Herstellung der „Bruyèrepfeifen" (briarpipes) und anderer Schnitzartikel dient. Das beste Material zu Pfeifenköpfen

Fig. 2700. Erica arborea L. Macchienhang südl. Sparta im Vorland des Taygetosgebirges. Phot. Georg Eberle, Wetzlar.

liefern Spanien, Korsika und Südfrankreich, während die in Dalmatien und Südtirol wachsende Baumheide selten ein brauchbares Maserholz liefert. Seine Eignung für diesen Zweck verdankt das Holz nicht nur dem starken Maserwuchs, sondern vor allem seiner schweren Verbrennbarkeit. Diese schwere Verbrennbarkeit, also der Widerstand gegen die Wirkungen der heissen Tabakasche, beruht vor allem in dem hohen Kieselsäuregehalt des Holzes. Seinem starken Maserwuchs verdankt das Holz noch den anderen wesentlichen Vorzug, dass die aus echtem Bruyèreholz gefertigten Pfeifen in der Hitze äusserst selten springen. Das Holz der stärkeren Stämmchen wird in neuerer Zeit vielfach in der Xylographie als Ersatz für das teure und nur schwer erhältliche Buchsbaumholz verwendet. In den Seidenzucht treibenden Gegenden Südfrankreichs, insbesondere in den Sevennen, werden die Zweige der Baumheide aufrecht in die Zuchtkammern hineingestellt. Die ausgewachsenen Seidenraupen klimmen daran empor, um sich zu verpuppen („ramer les vers à soie"). Die Zweige werden ferner auch, obwohl in viel geringerem Masse als jene von Erica scoparia zu Besen gebunden. Ebenso verwendet man sie zur Herstellung der als „claies de bruyère" an der Riviera bekannten Schutzdecken für Pflanzenkulturen. Erica arborea besitzt ein grosses Ausschlagsvermögen, sowohl nach Schlägen als nach Brand. — Bei Genua wurde der saprophytische Pilz Anthostomella delitéscens (De Not.) Sacc. (Pyrenomyzet) auf der Baumheide nachgewiesen. Die tierischen Parasiten Dasineúra (Perrísia) ericina (Gallmücke) und Diplósis mediterránea F. Loew, die äusserlich an der Stengelspitze leben, rufen eine Verkürzung und Verdickung der Endinternodien und eine Verknäuelung der Endblätter der Zweige hervor (Fig. 2701). Zuweilen treten diese Gallenbildungen so massenhaft auf, dass fast jeder Trieb mit einer solchen abschliesst.

In den südlichen Tälern der kristallinischen Sevennen sind ganze Talgehänge, die ursprünglich von Quercus Ilex-Wald bedeckt waren, mit der Baumheide bekleidet und gewähren zur Blütezeit im April einen wunderbaren Anblick. Beim Durchschreiten der Bestände erheben sich Wolken von Blütenstaub und werden von jedem Windzug fortgeführt. Es hat daher die Annahme von Fritsch (vgl. Sitzber. der Akademie der Wissenschaften Wien. Bd. CXXIII 1. Abt. 1914), der Erica arborea als Uebergangsglied auffasst, das im Begriff steht von der Entomophilie zur Anemophilie überzugehen, manches für sich. Von Blütenbewohnern sind namentlich zahlreich kleine Dipteren und Hymenopteren (gute Bienenpflanze!), auch Lepidopteren und Coleopteren; bei Pola wurden die Bienen Anthréna carbonária L. und A. mório Br., sowie die Vespide Polístes Gállica L. häufig blütenbesuchend beobachtet.

**2158. Erica Tetrálix**[1]) L. (= E. botulifórmis Salisb., = Tetrálix septentrionális E. May.). Glockenheide. Franz.: Bruyère à quatre faces, clarin, clasin; engl.: Cross-leaved heath. Taf. 207, Fig. 1; Fig. 2635/18 bis 20, 2702 und 2703.

In Nordwestdeutschland heisst die Art allgemein Topp-, Doppheide sonst auch noch Boon(d)erheide (Oldenburg), Riisheide (Emsland), Besmenheide (Westfalen: Rheine), Fastheide [First der Dächer oft mit dieser Heide gedeckt] (Oldenburg), Bultheide [Bult = Erdhaufen, kleine Erhebung, vgl. Bd. II, pag. 78], Moorheide (Hannover), Heidklöckskes (Westfalen).

Bis 70 cm hoher, dünnästiger Strauch, mit aufrechten, behaarten, dichtbenadelten Zweigen. Laubblätter zu 3 bis 4 wirtelständig, lineal-lanzettlich, spitzlich, im Mittel etwa 4 bis 5 mm lang, mit stark nach unten umgerollten Rändern (Rollblatt-Typus), oberseits kurz-flaumig, am Rande lang und meist drüsig bewimpert, unten kahl, mit deutlichem Mittelnerv (Fig. 2635/18 bis 20). Blütenstand kopfig-doldig, 5- bis 15-blütig. Blütenstiele etwas kürzer als die Blüten, weiss haarigfilzig. Vor- und Kelchblätter eiförmig, spitz, flaumhaarig-filzig, lang- und meist drüsig-bewimpert. Kelch 4-teilig, etwa $^1/_3$ so lang als die Krone. Krone fleischrot, selten weiss, krug-eiförmig mit 4 kurzen, stumpfen, aussen flaumigen Kelchzipfeln, 6 bis 7 mm lang. Staubblätter 8, eingeschlossen; Staubfäden kahl; Antheren dunkelrot, am Grunde mit geschwänzten Anhängseln; an der Spitze mit schiefem Spalt sich öffnend. Fruchtknoten weiss-filzig, am Grunde von einer schwärzlichen Nektardrüse umschlossen; Griffel länger als die Staubblätter, mit dunklem Narbenkopf. Narbe vorragend, kopfig verbreitert. Fruchtkapsel oben abgeflacht, 8-eckig, weissfilzig, 4-fächerig. Samen zahlreich, hellbraun, eirundlich, 0,3 bis 0,4 mm lang, fein bekörnelt. — VII, VIII.

Fig. 2701. Erica arborea L. *a* Zweig mit Gallen (*b* eine Galle vergrössert).

Auf Torfmooren, in moorigen Wäldern, Zwischenmooren und Heiden oft grosse Flächen bedeckend, im allgemeinen mehr Feuchtigkeit ertragend als Calluna. Nur im atlantischen, nordwestlichen Deutschland und von dort bis Posen und Schlesien ausstrahlend. Fehlt in Oesterreich und in der Schweiz vollständig.

Im Gebiet sind ausgedehnte Tetralixheiden nur in den höher gelegenen Küstengebieten der Nordsee (Ostfriesland) vorhanden. Weiter östlich und binnenlandwärts erscheinen sie meist ± stark mit Calluna oder anderen Heidepflanzen gemischt. Ihre Verbreitung in Norddeutschland zeigt eine ziemliche Uebereinstimmung mit der Verbreitung von Myrica Gale. Beide Arten folgen der Ostseeküste bis zur Danziger Bucht (ehedem auch bei Pasewark auf der Danziger Binnennehrung). Ausserhalb des schmalen Küstenstreifens ist Erica Tetralix im Osten nur noch von Czarnikau und an der Obra in Polen) angegeben. Die Ostgrenze ihres

---

[1]) τετράλιξ [tetrálix] bei Theophrast (Hist. plant. 6, 4, 4) und Plinius (Nat. hist. 21, 94) Name einer offenbar windenden Pflanze, da wohl zu griech. τέτρα [tétra] = vier und ἕλιξ [hélix] = Efeu (vgl. Bd. V/2, pag. 915) gehörig.

Hauptareals verläuft etwa über Sorau—Beeskow an der Spree—Köpenick—Werneuchen—Nauen—Lindow—Strassburg i. U. im südlichen Westpreussen (in Ostpreussen fehlt die Art vollständig). Mit einer Reihe anderer atlantischer Arten erscheint sie in der Lausitz westlich der Bober an zahlreichen Standorten; doch bildet sie hier nach Drude keine eigene Moorfazies wie in Nordwestdeutschland, sondern findet sich auf Plätzen von etwa 1 Ar am Uebergang krüppelhafter Kiefernbestände gegen das Moor. Die südlichsten Fundstellen liegen hier bei Weinböhla, am Niederen Teich bei Würschnitz (51° 15' nördl. Breite) und bei Dippelsdorf. Weitere Vorkommnisse sind zwischen Welxande und Röhrsdorf, bei Grüngräbchen, Königswartha, Königsbrück, Radeburg, Hoyerswerda usw. In Schlesien erscheint sie noch bei Bunzlau, Sagan und Freystadt, im sächsischen Vogtlande bei Obergettengrün, bei Adorf, bei Brambach 570 m, zwischen Rohrbach und Hennebach, bei Landwüst 600 m und ehedem bei Falkenstein, und im nördlichen reussischen Vogtlande im Heinrichsgrüner Revier bei Greiz und im Pöllwitzer Walde. Das herzynische Bergland meidet sie fast ganz; sie wird einzig vom Sollinger Wald am Weserknie zwischen Holzminden und Uslar angegeben.

Dagegen findet sie sich an der mittleren Elbe bei Wittenberg, Coswig, Rosslau und bei Dessau, sowie nördlich dieser Linie. Häufiger wird sie in Norddeutschland, in Westfalen, Hannover, am Niederrhein, in Ostfriesland, auf den Friesischen Inseln, in Schleswig-Holstein und bedeckt dort ausgedehnte Heidemoore. Südlich davon erscheint sie im Westerwald im Ebersbacher Grund und zwischen Altenkirchen und Dierdorf, im Rheingebiet aufwärts bis Neuwied, im Hohen Venn und in der Schneifel (häufig), im Maingebiet im Hengster bei Offenbach und ehedem bei Aschaffenburg im Prischoss und bei Villbach, in der Pfalz bei Kaiserslautern (ob noch?) und im Moosbachtal bei Dahn. Ausserdem in Mittel- und Süddeutschland neuerdings eingeschleppt und z. T. eingebürgert, so bei Hildburghausen im Werratal 1904 bis 1914 vorübergehend im Häselriether Walde eingebürgert, in Coburg zwischen Meilschnitz und Ketschenbach, in Franken am Sophienberg bei Bayreuth (mit Trientalis Europaea), Absberg bei Gunzenhausen 420 m, Urlas bei Ansbach 470 m, bei Pleinfeld (1916 von Erdner entdeckt), Zehntbechhofen, Erlangen (Rathsberg und Eltersdorf, 1919), Wondrel bei

Fig. 2702. Erica Tetralix L., bei Hoort südl. Schwerin (Mecklenburg). Phot. O. Fröhlich, Jena.

Tirschenreuth (1924), im südlichen Bayern zwischen Schlacht und Egmating (1921), im Schwarzwald bei Schramberg und Triberg (Klara Döll, 1914), überall aber nur in einzelnen Stöcken. Hier, wie auch bei den älteren Angaben von Linz und von Cudova in Böhmen und neueren von Friedland, Gablonz a. N. (vgl. Wünsch, E. Lotos. Bd. 69, 1921) und Schasslowitz (briefl. nach Jos. Anders, Leipa) in Böhmen, dürfte es sich aber wohl um Einschleppung mit Waldpflanzen (wohl Kiefern) aus nordwestdeutschen Baumschulen (z. B. aus Halstenbeck bei Hamburg), in einzelnen Fällen vielleicht auch um Anpflanzung handeln.

Ausser der spanischen var. Martinésii Benth. mit dicht-weissfilziger Behaarung werden von Abänderungen erwähnt: f. álba (Ait. pro var.), weissblühend und f. rúbra (Bedf. pro var.) mit tief-stumpfroten Blüten.

Allgemeine Verbreitung: Portugal (Norden und Zentrum); Spanien bis zur Sierra Morena; West- und Zentralpyrenäen, hier im Val d'Aran an den Quellen der Garonne bis 1800 m, in den Bergen oberhalb Gèdres bis 2200 m. Atlantisches West- und Nordfrankreich (östlich bis zur Auvergne), Grossbritannien und Irland, Belgien, Holland, Dänemark, Norwegen bis 65° 2' nördl. Breite, Südschweden nordwärts bis Värmland und Södermannland, Island, Faer-Oer, Kurland, Livland, Estland (bei Hapsal 1854 erloschen), Lettland (Seemuppen), nordwestliches Polen.

Erica Tetralix gedeiht am üppigsten im Podsolgebiet des westlichen Europa. Sie liebt im allgemeinen feuchtere Böden als die Callunaheiden oder wenigstens solche, die zu einer bestimmten Jahreszeit einen höheren Wassergehalt besitzen. Einerseits vermittelt sie den Uebergang von der Heide (Ulex Europaeus- oder Callunaheide) zum Sphagnum-Moor, anderseits kann sie aber auch als Vorstadium desselben auftreten. Auf feuchtem Sand vermag sie sehr bald lockere Bestände zu bilden, zwischen denen sich oft allmählich, gewissermassen erst unter ihrem Schutze die Sphagnen einnisten. Mit dem Erstarken der Sumpfmoosdecke aber geht Erica Tetralix wieder mehr und mehr zurück. Periodisch mit Wasser gefüllte Depressionen und Heidetümpel, wo die längere Wasserbedeckung die Callunaheide fernhält, werden oft von einem Kranz von Erica-Büschen umsäumt, die hier besser fortkommen als die Calluna. Graebner unterscheidet neben der typischen Tetralixheide noch mehrere Entwicklungsstufen oder Uebergangstypen, die er Facies nennt, so eine Facies der Tetralixheide auf Hochmoor, eine andere mit Vorherrschen von Juncus squarrosus und Scirpus caespitosus. Die typische Tetralixheide wurzelt auf stark humosem Boden. Die Oberfläche bildet einen festen Filz von Heidehumus, der sich mit dem Messer leicht in Stücke zerschneiden lässt. Darunter findet rasche Umbildung des Bodens, oft unter Ausscheidung von Ortstein statt. Heidetorf aus Calluna und Erica Tetralix von Ramann untersucht enthielt 70,89 % organische Substanz und 29,11 % Asche. Der Feuchtigkeitsgehalt der Tetralixheide wechselt stark; zu gewissen Zeiten lässt sich der von Wasser vollgesogene Heidefilz wie ein Schwamm auspressen, zu andern Zeiten wieder ist der Humus stark ausgetrocknet; an den trokkensten, etwas höher liegenden Stellen, findet sich dann Calluna ein. Die Sumpfmoose, die das Austrocknen nicht ertragen, sind spärlich vertreten oder fehlen ganz. Die Tetralixheide der atlantischen Küste Frankreichs unterscheidet sich von der norddeutschen durch eine starke Beimischung von Ulex nanus und von Erica ciliaris (pag. 1711). In den Landes schiebt sie sich gürtelartig zwischen das nasse Sphagnummoor und

Fig. 2703. Erica Tetralix L., links Blütenstand, 3,1× nat. Gr., rechts Zweigausschnitt, 5,6× nat Gr. Phot. Th. Arzt, Wetzlar.

die Ulex Europaeus-Heide ein, was namentlich bei wenigstens zeitweilig überschwemmten Bodenvertiefungen deutlich beobachtet werden kann. Auf das Wasserbecken folgt peripherisch ein fast reiner Sphagnumgürtel, hierauf bei immerhin noch bedeutender Bodenfeuchtigkeit ein ± breiter Gürtel von Erica Tetralix und E. ciliaris nebst Ulex nanus (reichl.), Sphagna, Schoenus nigricans und Molinia (spärl.), Calluna (spärl.), Potentilla erecta (spärl.), Carum verticillatum (spärl.). Etwas erhöht daran anschliessend dehnt sich auf unabsehbare Weite die trockenere Ulex Europaeus-Erica cinerea-Heide ohne Erica Tetralix und E. ciliaris, mit viel Pteridium aquilinum, Calluna, Agrostis setacea, wenig Ulex nanus, Erica scoparia, Carex pilulifera usw. und Moosen (Stereodon cupressiforme, Dicrana, Polytricha usw.) in der Bodendecke. Bedingend für die Tetralixheide scheinen auch hier die Azidität und die Feuchtigkeitsverhältnisse, die dem Sphagnum-Moor feindlich sind und die Ulex- und Calluna-Heide, die einen trockeneren, sauerstoffreicheren Boden verlangt, ausschliessen. Nicht zuletzt mögen auch klimatische Faktoren, wie namentlich die Luftfeuchtigkeit, die Verteilung und das Massenvorkommen von Erica Tetralix beeinflussen. Ueber die charakteristische Begleitflora der Tetralixheiden Norddeutschlands geben die pflanzengeographischen Schilderungen wenig Anhaltspunkte. Myrica Gale (Bd. II, pag. 12), Salix repens, Narthecium ossifragum, Juncus squarrosus, Pedicularis silvatica u. a. A. werden als bezeichnende Begleitpflanzen genannt.

Die Bestäubungsverhältnisse sind denen von Vaccinium Myrtillus und V. uliginosum ähnlich. Die besuchenden Insekten müssen einen mindestens 7 mm langen Rüssel besitzen, um zum Honig zu gelangen. Es sind vor allem Bienen und Hummeln, seltener Dipteren und Lepidopteren; auch Thrips wurde in den Blüten gefunden. Beim Einführen des Rüssels in die Blüte streift das Honig suchende Insekt zuerst die Narbe und stösst dann unfehlbar an die gehörnten Staubbeutelfortsätze. Durch die Erschütterung fällt der Pollen aus den Antheren auf das Insekt und haftet an den Stellen die vorher beim Berühren mit der Narbe klebrig geworden sind. Beim Besuch weiterer Blüten findet sodann Kreuzung statt. Bleibt der Insektenbesuch aus, so erfolgt durch Herabfallen des Pollens auf den Narbenrand spontane Selbstbestäubung. Gelegentlich sind einzelne oder alle Kronblätter zu Staubblättern umgebildet; die letzteren (var. anándra) können auch vollständig fehlen oder, wie in gefüllten Blüten, durch kleine petaloide Blättchen ersetzt sein. Endlich ist eine Verwachsung der Staubblätter mit dem Fruchtknoten und deren gleichzeitige Umbildung in Fruchtblätter bekannt. Die Keimung der Samen am Licht erfolgt rasch und gut; aus der Lausitz stammende Samen waren nach 10 Monaten zu 98 %, aufgegangen, während im Dunkel nach 13 Monaten nur 21 % gekeimt hatten. — An Brandstellen erneuert sich die Glockenheide vorzugsweise durch Samenanflug; vegetative Vermehrung durch Wiederausschlagen der abgebrannten Sträucher ist selten. Ein von Kanngiesser untersuchtes Stämmchen von $5^{1}/_{2}$ mm Durchmesser am Wurzelhals zeigte 19 Jahrringe. Die Blätter enthalten Gerbstoff. Im Winter wird besonders in den Palisadenzellen reichlich Anthocyan ausgebildet. Stärke ist im Winter in den Laubblättern wenig vorhanden; dagegen sind diese im Januar sehr zuckerreich.

Die Glockenheide wird als lohnende Moorbeetpflanze seit langem kultiviert. — Sie ist im Regierungsbezirk Kassel und im Kreis Offenbach geschützt.

**2159. Erica cinérea** (= E. víridi=purpúrea Gouan non L., = E. mutábilis Salisb. non Andr., = E. húmilis Necker, = E. tenuifólia Bubani). Graue Glockenheide. Franz.: Bruyère cendrée, bruyère franche, bucane; engl.: Fine=leaved heath. Fig. 2704.

Bis 60 cm hoher, stark verästelter Zwergstrauch mit aufrechten, in der Jugend fein= behaarten Zweigen. Laubblätter meist zu 3 (Fig. 2704b) wirtelig, gehäuft, lineal, nadelförmig, spitz, etwa 5 bis 7 mm lang, kahl und glänzend, oberseits flach, unterseits längsfurchig, von einem schmalen, weissen Rand umzogen, sehr kurz gestielt. Blütenstand vielblütig. Blüten 4= (seltener 5=)zählig, am Ende der Zweige quirlig=traubig angeordnet. Blütenstiele meist aufrecht oder etwas zurückgekrümmt, so lang oder etwas kürzer als die Blüte, dicht feinflaumig. Tragblatt nahe der Blüte, die beiden Vorblätter an den Kelch anschliessend, kleiner als die Kelchblätter, sonst wie diese Kelchblätter grünlich oder rötlich, mit häutigem Rand, fast halb so lang als die Krone, bis zum Grunde 4=spaltig, mit lanzettlichen, spitzen Zipfeln, wie die Vorblätter und das Tragblatt kahl. Krone glockig=eiförmig, 5 bis 7 mm lang, fleisch= oder violettrot, selten weiss oder bleichrosa, mit 4 kurzen (1 bis 1,2 mm langen) und stumpfen Zipfeln, kahl. Staubblätter 8, eingeschlossen, kahl; Staubbeutel dunkelpurpurn, mit schiefem Spalt sich öffnend, am Grunde mit geschwänzten Anhängseln. Griffel die Antheren überragend, eingeschlossen oder vorragend, mit kopfig verdickter Narbe. Fruchtkapsel 4=fächerig, mehrsamig, fast kugelig, kahl und glatt. Samen dunkelbraun, 0,7 bis 0,9 mm lang, eiförmig; Samenschale rauh, grubig punktiert. — VI, VII.

An trockenen, warmen Hängen, in lichten Wäldern, auf trockenen Ulex= und Calluna= heiden; auf eugeogenen, psammischen Böden, kalkfliehend. Nur im äussersten Nordwesten des Rheinlandes.

In der Rheinprovinz auf der Heide bei Wankum, einzeln bis zur Landstrasse Grefrath=Herongen, westwärts häufiger bis zum Venloer Schiessplatz, nordwärts bis zu den Hinsbecker Höhen. Weiter südlich zwischen Haversloh und Amern, bei St. Georg und westlich von Brüggen, bei Diegardtshof, Straelen, Gangelt, Erkelenz, Dahlheim, Wassenberg im Gebiete der Roer. Isoliert in der Dottendorfer Heide bei Bonn. Ferner im angrenzenden Belgien und Holland.

Allgemeine Verbreitung: Atlantisches Europa: von Madeira und Portugal bis Südwest=Norwegen (nur im Bezirk der atlantischen Küstenflora auf den äussersten Inseln der Provinz Bergen), Faer=Oer (fehlt in Dänemark). Mediterranes Europa: Südostfrankreich, Korsika, Ligurisches Küstengebirge (selten), jedoch nur in den Gebirgen (von 200 bis 1550 m), fehlt den tieferen Lagen der Mediterranregion.

Die Art ist im ganzen zentralfranzösischen Bergland sehr verbreitet und tritt auf grössere Strecken als «espèce envahissante» herdenbildend fast rein oder mit Calluna und Sarothamnus gemischt auf, insbesondere in abgeholzten, starkem Weidgang unterworfenen Gebieten. Die Begleitflora der Erica cinerea=Heiden zeigt eine grosse Uebereinstimmung mit jener der trockenen Calluna= und Sarothamnusbestände; es sind floristisch schwach charakterisierte Typen, die aber landschaftlich durch ihre weite Ausdehnung hervortreten. Besonders grosse Verbreitung erlangen die Erica cinerea-Heiden auf sauer reagierenden, nährstoffarmen Silikatböden mit viel Feldspat, so z. B. auf den Verwitterungsböden des Granits in den Südsevennen, wo sich ihnen Calluna, Genista pilosa, Pteridium aquilinum, Arenaria montana, Ornithopus perpusillus, Myosotis versicolor, Jasione montana, Rumex Acetosella usw. beimischen. Diese Bestände bleiben indes fast ganz auf die niederschlagsreiche Buchenstufe und in der Hauptsache auf die atlantische Abdachung des Gebirges beschränkt. In den atlantischen Küstengebieten tritt Erica cinerea sehr zahlreich, mitherrschend in der Ulex Europaeus-Heide auf. Dieselbe bildet stellenweise, z. B. in den Landes, auf trockenem Sandboden eine „edaphische" Dauergesellschaft. Ein Beispiel davon westlich von Morcenx (Landes) zeigte folgende Zusammensetzung: Ulex Europaeus (dom. 5), Erica cinerea (3), Calluna (2), Pteridium aquilinum (2 bis 3), Erica scoparia (1 bis 2), Agrostis setacea (2), Ulex nanus (1), Polygala dunensis (1), Molinia caerulea (†), Carex pilulifera (4), Crataegus (†), Stereodon cupressiforme (1 bis 2), andere Moose (1), Cladoniae (1). Die Ulexheide bietet eine kärgliche Schafweide. In der Wankumer-Heide ist die graue Heide insbesondere mit Calluna, Erica Tetralix und Molinia caerulea vergesellschaftet. In Norwegen ist Erica cinerea (mit Hymenophyllum peltatum) wohl die bezeichnendste Pflanze der äusseren Zone der atlantischen Flora. Die innere (Ilex-) Zone wird durch Ilex Aquifolium, Carex binervis, Vicia Orobus, Bunium flexuosum, Primula acaulis, Digitalis purpurea, Centaurea nigra usw. charakterisiert.

Auffallend ist das gänzlich isolierte Vorkommen von Erica cinerea im Ligurischen Apennin. Die Art dürfte hier mit einer Reihe anderer atlantischer Arten mit völlig disjunktem Areal als Zeuge eines früheren (interglazialen?) Vorstosses des atlantischen Elementes aufzufassen sein; wir hätten es also mit einem Reliktvorkommen zu tun. Die nächstliegenden Fundstellen der Art, durch Alpenkette und Rhonedelta getrennt, liegen mehrere 100 km westlich in den Südsevennen. Auch die vorgeschobenen nordatlantischen Lokalitäten sind eher Reste einer früher zusammenhängenderen Verbreitung, als durch sprungweise Wanderung erworbene Neusiedelungen wie Wille annimmt.

Die Blüte ist sehr honigreich und bietet daher eine gute Bienenweide. Die Bestäubungsverhältnisse sind denen von E. Tetralix ähnlich. Warming fand die Art schwach proterogyn. Besucher sind ausser Apis mehrere Bombus-Arten, kurzrüsselige Bienen, Schwebfliegen und Schmetterlinge. Um mühelos zum Honig zu gelangen, wird die Blüte oft von Hummeln am Grunde angebissen. Bei ausbleibendem Insektenbesuch ist spontane Selbstbestäubung möglich. Nach Hagerup treten bei Erica cinerea wie bei E. Tetralix neben den meist 4-zähligen nicht selten auch 5-zählige Blüten auf. Gewöhnlich liegt dann, wie dies bei 5-zähligen Blüten die Regel ist, das mediane Kelchblatt auf der Rückseite. Es kann aber auch bisweilen auf der Vorderseite der Blüte stehen, wodurch dann ein Diagramm vom Lobelia-Typus zur Ausbildung gelangt. Ausserdem sind vergrünte und gefüllte Blüten sowie solche, bei welchen die Staubblätter und bisweilen auch die Krone (f. anandra) unterdrückt waren, beobachtet worden. Rendle erwähnt auch einen Fall von Bracteomanie (bezw. Petalomanie), bei welchem die Spitzen der Blütenzweige mit dicht gedrängt stehenden petaloiden Blättchen besetzt waren, während die eigentlichen Blüten fehlten.

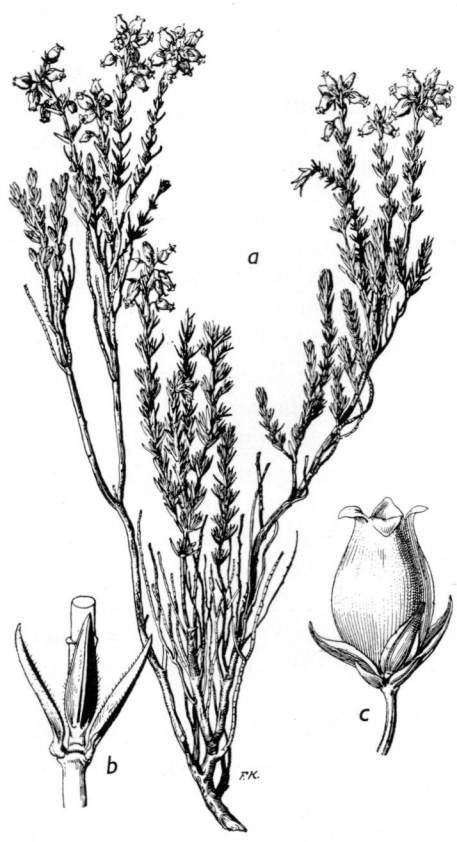

Fig. 2704. Erica cinerea L. *a* Blühender Zweig. *b* Blattquirl. *c* Blüte.

Den Ericaceen steht die etwa 340 Arten umfassende Familie der Epacridáceae ausserordentlich nahe. Der Hauptunterschied besteht in dem Vorhandensein eines einzigen Staubblattkreises (5 episepale) Staubblätter, die dem Innern der Kronröhre entspringen oder am Rande des hypogynen Diskus eingefügt sind. Es sind meistens Sträucher oder Halbsträucher, seltener kleinere Bäume (Richéa pandanifólia auf Tasmanien wird bis 10 m hoch), mit spiralig angeordneten, starren, gewöhnlich ganzrandigen, myrten- oder nadelförmigen, oft spitzen, am Grunde zuweilen scheidig-umfassenden, drazaenenartigen Laubblätter und mit 4- bis 5-zähligen, strahligen, einzeln achselständigen oder zu endständigen Trauben angeordneten, röhren- oder trichterförmigen Blüten. Weitaus die Mehrzahl der 23 Gattungen ist auf Australien (einschliesslich Tasmanien und Neu-Seeland) beschränkt und zwar vor allem auf Westaustralien. Nur wenige Arten dringen bis Neu-Kaledonien, Neu-Guinea, bis zum Malayischen Archipel und Hinterindien (als Bergpflanzen) und den Hawai-Inseln vor. Mit einer einzigen Art der Gattung Lebetánthus ist die Familie in Südamerika (Feuerland und Patagonien) vertreten. Verschiedene Arten werden wegen ihrer zierlichen, bunt gefärbten Blüten im Gebiet in Kalthäusern gezogen, so z. B. E. longiflóra Cav. (Fig. 2705 a, b), E. impréssa Labill., E. obtusifolia Sm. (Fig. 2705 e, f), Styphélia Sondéri F. v. Muell., St. lanceoláta Sm. (Fig. 2705 c, d), Sprengélia incarnáta Sm. usw.

Die nur 12 Arten zählende Familie der Diapensiáceae besitzt teils rasen- oder polsterbildende, kriechende Halbsträucher mit ungestielten, schmalen, ganzrandigen Laubblättern und einzelnstehenden Blüten (Diapénsia, Pyxidanthéra), teils Stauden mit unterirdisch kriechendem Wurzelstock, langgestielten, herzförmigen oder rundlichen, netzaderigen Laubblättern und zu Trauben oder Aehren angeordneten Blüten (Shórtia [= Sherwóodia], Schizocódon, Gálax und Berneúxia). Die strahligen, regelmässig 5-gliederigen Blüten besitzen einen oberständigen, 3-fächerigen Fruchtknoten mit zahlreichen, zentralwinkelständigen Samenanlagen; die Frucht ist eine 3-fächerige, fachspaltig sich öffnende Kapsel. Die Familie, die auch mit den Saxifragaceen und Linaceen (im erweiterten Sinne) in Beziehung gebracht wird, ist im arktischen Gebiet und in den anschliessenden Gebieten der benachbarten Kontinente zu Hause. Diapénsia Lappónica L., eine rasenbildende Pflanze mit einzelnen, langgestielten, milchweissen Blüten, ist arktisch-zirkumpolar und kommt auch in Fennoskandinavien und auf Island vor. Pyxidanthéra barbuláta Michx., ein niederliegender Halbstrauch bewohnt die sandigen Kiefernwälder des östlichen Nordamerika, Shórtia galacifólia Torr. et Gray die Hochgebirge von Nordkarolina, Gálax aphýlla L. mit grundständigen, gestielten Laubblättern und weisser Blütentraube die bewaldeten Gebirge von Virginien und Georgien. Zwei Arten der Gattung Schizocódon mit zierlich gefranstem Kronsaum (ähnlich Soldanella) und Shórtia uniflóra Maxim. kommen in Japan, Berneúxia Thibética Dcene. im östlichen Tibet vor.

Die Familie der Clethráceae mit der einzigen Gattung Cléthra (mit 30 Arten) wird hauptsächlich wegen des 3-fächerigen Fruchtknotens von den Ericaceen abgetrennt und an den Anfang der Ericales gestellt. Es sind Sträucher oder niedrige Bäume mit wechselständigen, immer- oder sommergrünen Laubblättern, die in der Jugend und auf der Unterseite meist mit einem rostroten oder gelblichen Filz von Stern- und Wollhaaren bedeckt sind. Die 5-gliederigen, strahligen Blüten stehen in Trauben oder Rispen; die Kronblätter sind frei (choripetal). Die Gattung ist in den Tropen und Subtropen beider Erdhälften und zwar (besonders in den Hochländern) vertreten. Cléthra alnifólia L. mit 3 Unterarten und C. acumináta L., beide mit sommergrünen Laubblättern und weissen, nach Maiglöckchen duftenden Blüten, bewohnen die atlantischen Staaten von Nordamerika und können wie C. barbinérvis Sieb. et Zucc. aus Japan in der Landschaftsgärtnerei verwendet werden. C. arbórea Ait. ist ein immergrüner, reich rispiger Strauch, eine Charakterpflanze von Madeira, die in Warmhäusern gehalten wird.

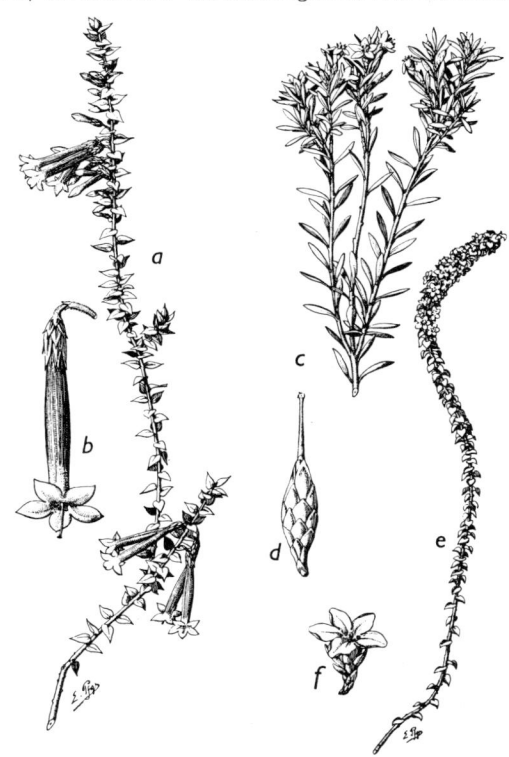

Fig. 2705. Epacris longiflora Cav. *a* Blühender Zweig. *b* Blüte vergrössert. — Styphelia lanceoláta Sm. *c* Blühender Zweig. *d* Knospe. — Epacris obtusifolia Sm. *e* Blühender Zweig. *f* Blüte.

Die besprochenen 6 Familien, die Clethráceae, Piroláceae, Empetráceae, Ericáceae, Epacridáceae und Diapensiáceae bilden die Reihe der **Ericáles** oder **Bicórnes**[1]. Es sind Holzgewächse oder Kräuter mit einfachen Laubblättern und mit zwitterigen, in der Regel strahligen, 5- oder 4-zähligen Blüten. Die Zahl der Staubblätter beträgt (5) 10 oder 15 (die epipetalen sind zuweilen nicht ausgebildet); sie entspringen zumeist im Blütengrunde, seltener an der Krone selbst. Der Pollen ist oft in Form von Tetraden ausgebildet. Der ober- oder unterständige, meist 4- bis 5- (seltener 2- bis viel-)blätterige und ebenso vielfächerige oder im oberen Teil 1-fächerige Fruchtknoten enthält in jedem Fache 1 bis viele, zentralwinkelständige, von einem Integument umgebene Samenanlagen.

Die zweite Reihe, die der **Primuláles,** mit den 3 Familien der Theophrastáceae, Myrsináceae und Primuláceae besitzt 5-, seltener 4- bis mehrzählige, meist radiäre (selten zygomorphe), haplostemone Blüten mit epipetalen, zumeist 5 Staubblättern; ausserdem sind nicht selten episepale Staminodien ausgebildet. Der Fruchtknoten ist in der Regel oberständig, selten unterständig, stets einfächerig und enthält 1 bis viele Samen-

---

[1] Lat. bis = zweimal und lat. córnu = Horn; nach der Ausbildung der Staubblätter vieler Gattungen.

anlagen. Letztere sind tenuinuzellat und werden von 2 Integumenten umgeben; sie sitzen an der basilären oder frei aufsteigenden Plazenta.

Die kleine, nur 5 Gattungen (Theophrásta, Neomézia, Deheraínia, Clavíja und Jacquínia) mit 35 Arten zählende Familie der Theophrastáceae, die früher zu den Myrsinaceae gezogen wurde, umfasst Bäume und Sträucher mit einfachen, lanzettlichen, gewöhnlich an den Enden der Aeste büschelig stehenden Laubblättern. Die meist zwitterigen, seltener eingeschlechtigen, mittelgrossen, strahligen Blüten enthalten ausser den 5 fertilen, epipetalen Staubblättern noch 5 episepale, staminodienähnliche Zähne. Der oberständige, einfächerige Fruchtknoten entwickelt sich zu einer 1- bis 5 samigen Schliessfrucht, Steinfrucht oder Beere. Die 5 Gattungen sind auf das wärmere Amerika (von den Key-Inseln Floridas bis Nord-Paraguay) beschränkt, wo sie im Unterholz tropischer Wälder bezeichnende Schopfbäume darstellen. In grösseren Gewächshäusern werden gelegentlich Theophrásta Jussieúi Lindl. aus Haiti und St. Domingo, Clavíja ornáta Don (= C. longifólia [Jacq.] Mez), Jacqínia aurantíaca Ait. und J. barbásco L. (= J. armilláris Jacq.) gehalten. Die Früchte der letzteren Art werden in Westindien zu Rosenkränzen verarbeitet.

Die Myrsináceae sind vorwiegend Holzpflanzen mit einfachen, häufig immergrünen, lederartigen, abwechselnden Laubblättern, die wie Rinde, Mark und Blüten schizogene Sekretlücken aufweisen. Dadurch, sowie durch das vollständige Fehlen der episepalen Staubblätter, unterscheiden sich die Myrsinaceen von den Theophrastaceen, von den Primulaceen abgesehen von der Tracht durch die Früchte (Steinfrüchte oder Beeren). Die Blüten sind öfters diözisch. Die Myrsinaceen mit 32 Gattungen und etwa 1000 Arten sind über die ganze wärmere Zone verbreitet. Die artenreiche Gattung Ardísia (235 Arten) bewohnt als einzige beide Erdhälften; die Gattung Maésa (104 Arten) ist Asien, Ozeanien und Afrika gemein-

Fig. 2706. Ardisia crispa (Thunb.) DC. *a* Blühender Spross. — Ardisia paniculata Roxb. *b* Zweig mit Beeren. *c* Längsschnitt durch die Frucht.

sam, die Gattungen Embélia (92 Arten), Rápanea (136 Arten), Aegíceras (2 Arten) und Myrsíne (4 Arten) Asien und Afrika. Aegiceras („Ziegenhorn") bildet einen Bestandteil der altweltlichen Mangrovewälder. Ae. corniculátum (L.) Blanco (= Ae. maius Gaertn. ist an den Gestaden des Indischen und Stillen Ozeans verbreitet; Ae. flóridum Roem. et Schult. ist viel seltener und auf einige Inseln des Stillen Ozeans beschränkt (vgl. pag. 769). Die Früchte von Myrsíne Africána L., ein von Mittelchina bis Südafrika, Abessinien und bis zu den Azoren verbreiteter Strauch, sind unter dem Namen „Tatzé" als Bandwurmmittel bekannt und wurden früher auch nach Europa eingeführt. Dem gleichen Zwecke dienen in Abessinien die Früchte („Saora") von Maesá pícta Hochst. und M. lanceoláta Forsk., auf Madagaskar die Frucht („Tanterakala") von Embélia micrántha DC. In Indien haben die Früchte („Vaivarang", „Wawrung", im Sanskrit „Vidanga") von Embelia Ríbes Burm. seit langer Zeit als wirksames Taenifugum, als Tonicum, Stomachicum, Carminativum und Purgativum grössere Bedeutung. Sie werden auch als Verfälschung für Cubeben und Pfeffer angegeben. Seit 1887 kommt die Droge (Frúctus Embéliae ríbes) nach Europa und Nordamerika. Als leicht zu kultivierende Zimmerpflanze wird wegen ihres hübschen Wuchses, des glänzenden, immergrünen Laubes, der weissen Blütentrauben und der erbsengrossen, scharlachroten, im Winter lange am Strauche bleibenden Beeren Ardisia crispa [Thunb.] DC. (Fig. 2706a) aus Ostasien gehalten. Seltener werden auch A. paniculáta Roxb. (Fig. 2706 b) aus Assam und A. japónica (Thunb.) Blume aus Ostasien kultiviert. Bei Ardisia crispa (und einigen anderen Arten) zeigen die Laubblätter am Blattrande deutliche (bereits von blossem Auge sichtbare) längliche, knotenförmige Verdickungen, die zuerst von Hoehnel als „Eiweissdrüsen", später von H. Miehe als „Bakterienknoten" erkannt wurden. Und zwar handelt es sich um eine „zyklische" oder „Knospen=Symbiose" mit Bacillus foliicóla. Beim Fehlen der Bakterien treten an der Pflanze merkwürdige Hemmungserscheinungen (Ausbleiben von normalen Laubblättern, Ausbildung von Achselknollen) auf. Ausserdem ist die Pflanze (wie Aegiceras) durch Viviparie (das Würzelchen des Keimlings durchtreibt die Fruchtschale noch bevor die rote Frucht abfällt) und durch Polyembryonie ausgezeichnet. Fossil sind im baltischen Bernstein Myrsinópsis succínea Conw. und Beréndtia primuloídes Göpp. und B. rotáta Conw. festgestellt worden. Blattreste aus dem europäischen und grönländischen Tertiär werden als Arten von Myrsine, Myrsinites Ett., Pleiomerítes Ett., Ardisia usw. beschrieben.

## 104. Fam. Primuláceae (= Anagallidáceae). Schlüsselblumengewächse.

Bearbeitet von Dr. W. Lüdi, Bern (1926).

Ausdauernde oder 1=jährige, meist 2=achsige Kräuter, selten Halbsträucher. Blätter= tragende Sprosse verkürzt mit Blattrosette und endständigem Schaft oder verlängert. Laubblätter ungeteilt oder gelappt, sehr selten fiederteilig, spiralig oder gegenständig, seltener in Quirlen. Nebenblätter fehlend. Blüten einzeln oder in dol= digen, traubigen, rispigen oder ährigen Blütenständen, in der Achsel von Hüllblättern. Blüten regelmässig 5=zählig (Fig. 2724) mit $^2/_5$ Divergenz oder dachiger oder gedrehter Deckung von Kelch und Kronblättern, radiär (nur bei Coris zygomorph), zwitterig. Kelch ver= wachsenblätterig, meist 5=spaltig (seltener 5=teilig), bleibend. Krone ver= wachsenblätterig mit kur= zer oder verlängerter Röhre und radförmigem oder trichterförmigem, meist 5=lappigem Saum, seltener glockenförmig oder mit zurückgeschlage= nen Zipfeln. Staubblätter meist 5, vor den Kron=

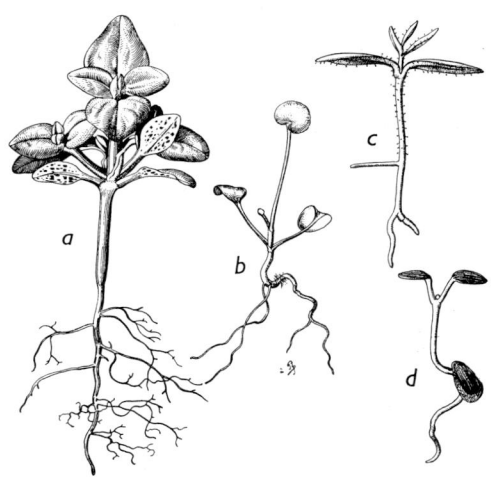

Fig. 2707. Keimpflanzen von: a Anagallis arvensis L., b Soldanella montana Mik., c Hottonia palustris L., d Primula minima L.

blättern stehend, einwärtswendig; selten ausserdem noch mit den Staubblättern abwechselnde Schlundschuppen oder Staminodien. Fruchtknoten oberständig, bei Samolus halbunterständig, 1=fächerig. Plazenta zentral, gestielt oder sitzend, mit gewöhnlich zahlreichen spiralig oder quirlig gestellten Samenanlagen (Fig. 2746 c); letztere hemianatrop oder etwas kampylotrop, mit 2 Integumenten. Griffel 1, meist fadenförmig; Narbe kopfförmig. Frucht kapselig,

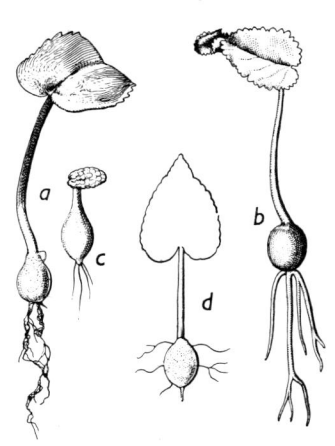

Fig. 2708. Pseudomonokotyle Keimpflanzen von: a bis c Cyclamen Persicum L., d Cyclamen Neapolitanum Ten.

sich mit 5 oder 10 Zähnen oder Klappen oder mit einem Deckel öffnend, viel=, seltener wenig= samig. Samen kantig oder abgeplattet (Fig. 2746 d, e), mit kleinem, dem Nabel parallel gehen= den, in dem fleischigen oder hornigen Nährgewebe liegenden Embryo (Fig. 2746f).

Bei der Keimung entwickelt sich aus dem Samen eine dikotyle Keimpflanze mit Keimblättern von meist elliptischer Form (Fig. 2707). Nur bei Cyclamen und Samolus erscheinen „pseudomonokotyle" Keim= pflanzen (Fig. 2708). Die Hauptwurzel stirbt in der Regel frühzeitig ab und wird durch Adventivwurzeln ersetzt. Erhalten bleibt sie bei den 1=jährigen Arten (Anagallis caerulea, Centunculus, Asterolinum, Androsace= Arten der Sektion Andraspis), ferner Androsace Helvetica, A. multiflora, A. carnea u. a. Die Adventivwurzeln sind entweder dick, fleischig und wenig verzweigt (z. B. Primula Sekt. Auricula und Vernales) oder bilden ein Geflecht dünner, stärker verzweigter Fasern (Primula Sekt. Sinenses u. a., die meisten übrigen Gattungen). Bei Lysimachia Nummularia entstehen die Beiwurzeln zu je 4 in einem Knoten, indem sie an vorbereiteten Stellen der Blattachseln, an denen der Bastzylinder Lücken aufweist, austreten, die Rinde durchdringen und die Epidermis absprengen (vgl. Wettstein, Friedrich. Entwicklung der Beiwurzeln einiger dikotylen Sumpf- und Wasserpflanzen, Diss. Zürich, 1905).

Die grosse Mehrzahl der Arten sind ausdauernd, wobei sich der Aufbau des Sprosses sehr verschiedenartig gestaltet. Gewöhnlich ist er 2-achsig: an der primären Achse sitzen die Blüten in der Achsel von Laubblättern oder reduzierten Hochblättern. In letzterem Fall finden sie sich oft in einem endständigen, doldigen, traubigen oder rispigen Blütenstand vereinigt. Bei Primula, Cortusa, Soldanella ist der Stamm unterirdisch, mit verkürzten Internodien (Rhizom) und endigt mit einer Blattrosette aus der die blattlosen, doldentragenden Blütenstengel oder Einzelblüten entspringen. So erscheint die Trennung der vegetativen und reproduktiven Teile sehr ausgeprägt. Bei der schaftlosen Primula vulgaris ist die Blütenachse verkürzt und die Blüten entspringen scheinbar aus der Blattrosette. Gelegentlich finden sich bei dieser Art und ihren Bastarden mit Primula elatior und P. veris, sowie bei Androsace-Arten der Sektion Andraspis grundständige Blüten neben einem ± entwickelten Schaft. In diesem Fall sitzen

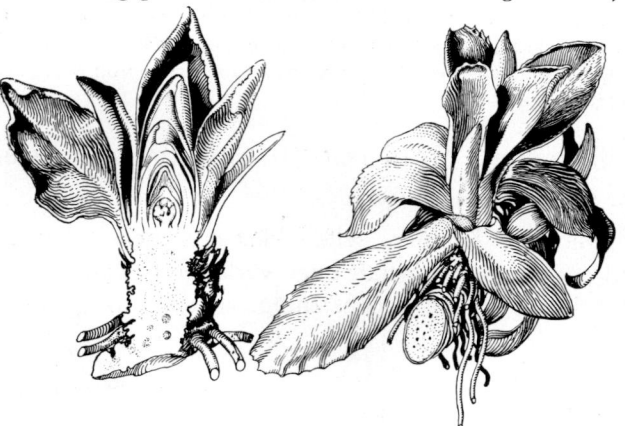

Fig. 2709. Rhizom mit Blattrosette von Primula Auricula L.

die grundständigen Blüten in den Achseln eines Laubblattes, wodurch Infloreszenz und vegetative Teile vermischt erscheinen. Die einblütigen Primeln (z. B. Primula minima) werden von Pax als reduzierte Dolden aufgefasst. Einzelne ostasiatische Arten haben bei diesen Reduktionsvorgängen auch das Hüllblatt verloren, verhalten sich also wie einachsige Gewächse. Bei den einblütigen Androsace-Arten (Sektion Aretia) und Gregoria sind die Blüten nur scheinbar terminal, sondern erscheinen in Wirklichkeit in den Achseln der obersten Laubblätter, was dann besonders deutlich wird, wenn ausnahmsweise 2 oder mehr Blüten auftreten.

Die Erneuerungsknospe bildet sich bei den ausdauernden Arten in der Achsel eines Laubblattes oder Niederblattes und so entsteht eine Sprossfolge von sympodialem Bau, wobei es allerdings in vielen Fällen nicht zur Bildung eines Rhizoms kommt, weil die vorjährigen Sprosstücke gänzlich absterben. In der Unterfamilie der Androsaceae treten grundständige Blattrosetten (Blattdeckung $8/13$, $5/8$, $3/8$ seltener $3/5$) und blattlose Blütenschäfte auf. In den Blattachseln der Rosette entstehen Knospen, die sich in absteigender Folge entwickeln und eine neue Rosette mit terminalem Blütenstand bilden können. Gewöhnlich entwickelt sich nur die Knospe in der Achsel des obersten Laubblattes und erzeugt den Erneuerungsspross, dessen untere, mit

Fig. 2710. Rhizom mit Blattrosette von Primula farinosa L., a von aussen, b im Längsschnitt mit Erneuerungsknospe.

Laubblättern besetzte Teile ein kurzes Rhizomstück bilden, während der Blütenschaft nach der Fruchtreife abstirbt. Das Rhizom[1]) trägt nach oben gewendet die Narben der Blätter und Blütenschäfte (Schraubelwuchs); hinten stirbt es langsam ab; doch kann es bis etwa 10 Glieder umfassen (vgl. Primula viscosa). Bei Primula farinosa (Fig. 2710) und P. longiflora ist es eingliedrig, da das Rhizomstück des vorhergehenden Jahres regel-

---

[1]) Im Sinne von Warming (Om Jordudlöbere. Mém. Acad. Roy. Sc. Danemark, Sér. 8, t. 2, 1918) ist es allerdings kein echtes Rhizom (wie z. B. bei Anemone nemorosa), da es eine aufrechte Stellung einnimmt und oft teilweise oberirdisch ist. Er schlägt dafür die ältere Bezeichnung Mesocormus vor.

mässig abstirbt. Die Erneuerungsknospe entwickelt sich entweder sogleich oder erst in der nächsten Vegetationsperiode. In ersterem Falle wird durch die neue Blattrosette, in deren Zentrum auch der neue Blütensproß schon vorgebildet ist, der erste Blütenstand zur Seite gedrängt, sodass es scheinbar lateral steht (Fig. 2710). Auch der zweite Spross kann bei einzelnen Arten noch in der gleichen Vegetationsperiode zur Blüte kommen; dann stehen die beiden Blütenstände nebeneinander, der erste scheinbar seitlich, der zweite endständig. Entwickeln die Knospen in den Achseln der Laubblätter keine neuen Blattrosetten (dagegen eventuell seitliche Blütenstände), so werden die Pflanzen 1-jährig, was allerdings nur für einige asiatische Primeln und für die Androsace-Arten der Sektion Andraspis zutrifft. Bei einigen asiatischen Primeln und bei Androsace-Arten der Sektion Chamaejasme (z. B. A. Chamaejasme, A. villosa) treiben eine oder mehrere Knospen der Laubblattrosette einen verlängerten Spross, der mit einer Blattrosette abschliesst oder bei Wiederholung des Vorganges auch mehrere Rosetten tragen kann. Durch diese Ausläuferbildung kommt ein sehr lockerrasiger Wuchs zustande (vgl. Fig. 2814). Andere Arten von Androsace (z. B. A. carnea, auch A. villosa) weisen seitliche Erneuerungssprosse von gedrungenem Bau auf, sodass ihr Wuchs dicht-rasig wird. Dies ist am ausgesprochensten bei Androsace Sektion Aretia und bei Gregoria. Bei diesen hochalpinen Arten verbindet sich mit der Verzweigung eine sehr starke Verkürzung von Sprossen und Sprossgliedern, die ausserdem mit kleinen dachziegelartig gestellten Blättchen dicht bedeckt sind. Dadurch entstehen polsterartige Gebilde (Fig. 2711). Tritt die Verzweigung zurück und wird durch ausgesprochenes Spitzenwachstum der seitlich dicht aneinanderstossenden Sprosse ersetzt, so bilden sich Kugelpolster mit annähernd radialer Anordnung der Triebe. Es ist am schönsten ausgeprägt, wenn die älteren Blätter nicht verwesen, sondern lange erhalten bleiben, wodurch die Sprosse eine säulchenartige Gestalt annehmen. Die Gattung Androsace zeigt somit alle Uebergänge vom lockerrasigen Wachstum bis zum dichten Polster. „Die verschiedenen Arten bieten Uebergangsstadien von Pflanzen mit deutlich geschiedenen Rosetten in kleiner Zahl und wenig erhaltenen Blättern bis zu dem eigentlichen Säulenbau mit ganz kontinuierlichem Wachstum an der Spitze" (Hauri, H. und Schröter, C. in Engler's Botan. Jahrb. Bd. 50, 1914, Supplementband). Seinen vollkommensten Ausdruck findet der Polsterwuchs bei Androsace Helvetica und A. multiflora, die von Hauri und Schröter als „Radialvollkugelpolster" (Fig. 2712a) bezeichnet werden. A. alpina und A. pubescens zählen zu den „Vollhorstkugelpolstern" (Fig. 2712b) oder „Flachhorstpolstern" („Horstpolster: keine Säulchen, das Polsterinnere gefüllt mit Humus und mineralischem Detritus.) und bilden den Uebergang zu den übrigen dichtrasigen Arten wie A. Wulfeniana, A. brevis, A. villosa, auch Gregoria, die nicht mehr zu den eigentlichen Polsterpflanzen gerechnet werden können, sondern von den genannten Autoren zu einer besonderen Gruppe, den „Kissenpflanzen" vereinigt werden (vgl. A. alpina). Auch bei älteren Rhizomen einheimischer Primeln, besonders bei luxurierenden Bastarden, beobachtet man häufig Mehr- oder Vielköpfigkeit, hervorgerufen durch das Austreiben mehrerer Achselknospen einer Rosette.

Fig. 2711. Androsace helvetica (L.) All., Phot. B. Othmer, München.

Eine besondere Stellung innerhalb der Androsaceae nimmt die Gattung Hottonia („Wasserfeder") ein. Ihr Sprossbau ist in Anpassung an das Wasserleben stark modifiziert und steht den Lysimachieae näher. Sie besitzt als einzige Primulacee gefiederte Laubblätter (Näheres bei der Gattung).

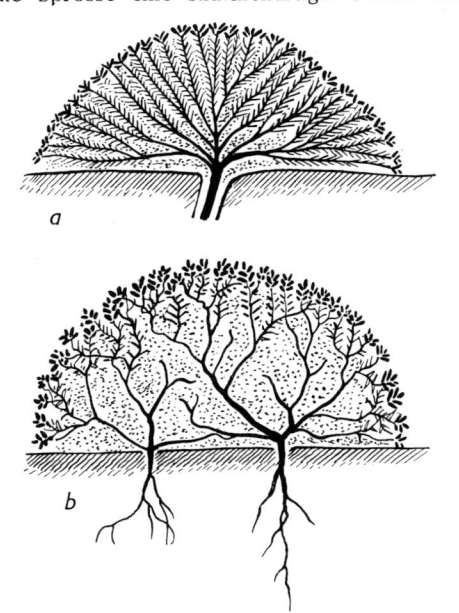

Fig. 2712. a Radialvollkugelpolster von Androsace Helvetica (L.) Gaud. b Flachhorstpolster von Androsace alpina (L.) Lam. (nach Hauri und Schroeter).

Wesentlich verschieden von den Androsaceae erscheinen die Sprossverhältnisse bei den Lysimachieae, indem es hier nicht zur Bildung eines richtigen Rhizoms kommt, wenigstens nicht bei den genauer bekannten einheimischen Arten, dagegen ein oberirdischer, verlängerter und beblätterter Stengel auftritt. Centunculus und

Asterolinum sind einjährig, ebenso viele Anagallis- (siehe dort!) und einige Lysimachia-Arten. Bei manchen fremden Anagallis- und Lysimachia-Arten, sowie bei den einheimischen Anagallis tenella, Lysimachia Nummularia und L. nemorum liegt der oberirdische Spross der Erde auf. Während er an der Spitze weiter wächst und aus den Knoten wurzelt, stirbt er hinten ab, und durch Adventivsprosse, die später frei werden, vermehrt die Pflanze sich vegetativ. Bei Lysimachia punctata, L. vulgaris und L. thyrsiflora, sowie bei Trientalis treibt die blühende Grundachse im Hochsommer einen oder mehrere unterirdische, bewurzelte Seitensprosse aus den Achseln schuppenförmiger Niederblätter und stirbt hierauf ab. Diese Erneuerungssprosse sind kürzer oder länger, oft sehr lang und tragen an dem aufgerichteten Ende die Knospe, aus der der nächstjährige beblätterte Spross hervorgeht (vgl. die Keimlingsentwicklung von Lysimachia vulgaris L.) Als Verbindungsglied von dieser Sprossentwicklung zu derjenigen der Androsaceae kann Primula farinosa betrachtet werden, da bei ihr die unterirdischen Sprosstücke auch jedes Jahr absterben, die Erneuerungssprosse aber sehr kurz bleiben und sogleich zur Bildung einer Blattrosette schreiten. W a r m i n g (loc. cit.) schlägt für die unterirdischen Ausläufer in der Art von Lysimachia die Bezeichnung „Subolen" vor. Bei Trientalis schwillt der Subolus unmittelbar hinter der Knospe knollig an und wurzelt nur im knolligen Teil, der ganz wie bei der Kartoffel zum Nahrungsspeicher für den kommenden Spross wird. Ausserdem finden sich bei Trientalis Europaea gelegentlich oberirdische, beblätterte Ausläufer (Stolonen im Sinne von W a r m i n g), die ihren Ursprung aus den Achseln der unteren Stengelblätter nehmen.

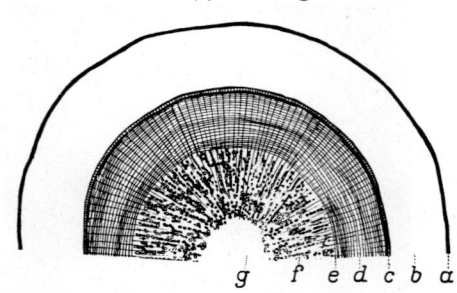

Fig. 2713. Primula obconica Hance. Querschnitt durch das Stämmchen. *a* Epidermis, *b* Rinde (dünnwandig, unverholzt), *c* Endodermis, *d* Bast, *e* Cambium, *f* Holzteil, *g* Mark. Sekundäres Holz und Bast in ziemlich regelmässigen Reihen angeordnet (Orig. von W. Lüdi).

Lysimachia thyrsiflora besitzt einen 3-achsigen Sprossbau. An den Lysimachia vulgaris-Typus schliesst sich Glaux maritima an. Die Erneuerungsknospe sitzt seitlich am unterirdischen Ausläufer (wodurch auch diese Art 3-achsig wird) und besitzt eine besondere, fleischige Ernährungswurzel (siehe dort). Bei Samolus Valerandi erfolgt die Erneuerung ähnlich wie bei einzelnen Primeln (z. B. P. Juliae) durch wurzelnde Sprosse aus den Achseln grundständiger Blätter. In der Gattung Cyclamen entsteht aus dem Hypokotyl des Embryo der knollige Wurzelstock, dessen Dickenwachstum durch die Tätigkeit des Markgewebes bedingt ist und der die meist ebenfalls ausdauernden beblätterten und blühenden Sprosse trägt (siehe die Gattung). Schliesslich hat die Familie der Primulaceen in wärmeren Gebieten auch verholzende Formen hervorgebracht, so strauchige Lysimachia-Arten auf den Hawaii-Inseln, die halbstrauchige L y s i m á c h i a M a u r i t á n i a Lam. an den Küsten des stillen Ozeans, die ebenfalls halbstrauchige P r í m u l a  s u f f r u t é s c e n s A. Gray in der Hochgebirgsregion der Sierra Nevada in Kalifornien.

Der anatomische Bau der Primulaceen ist vielgestaltiger als man nach dem recht einheitlichen Blütenbau, der die Familie in natürlicher Weise begrenzt, erwarten würde, namentlich in der Gattung Primula. Der Stamm weist normalerweise (Fig. 2713) einen einfachen Leitbündelzylinder auf, der von einer Endodermis mit deutlichen Casparyschen Punkten umzogen wird, ferner ein parenchymatisches Mark und eine ebensolche Rinde. Von diesem normalen Bauplan weichen die Stämmchen vieler Primula-Arten ab und zwar in so hohem Masse, dass die Grenzen einer näheren Verwandtschaft weit überschritten werden, um so mehr, als wir nicht, wie etwa bei Hottonia, von Anpassungserscheinungen an besondere Lebensweise sprechen können. Nach Fr. K a m i e n s k i (Vergleichende Anatomie der Primeln. Dissert. Strassburg, 1875) und V a n  T i e g h e m (Groupement des Primevères d'après la structure de leur tige. Bull. Soc. Bot. France 33 [1886]) lassen sich in dieser Gattung 2 Haupttypen (K a m i e n s k i 4 Typen) des Rhizombaues unterscheiden. Der erste Haupttypus weist normalen Bau auf; Mark und Rinde werden getrennt durch die in einem Hohlzylinder angeordneten Leitbündel. Bei einer ersten Gruppe dieses Typus (P. Sinensis u. a., Fig. 2713) bleibt es bei diesem einfachen Bauplan. Das Rhizom besitzt ein bedeutendes Dickenwachstum, wodurch das Rindenparenchym gesprengt und

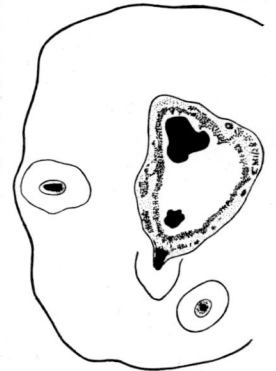

Fig. 2714. Primula elatior (L.) Schreb. Querschnitt durch ein mehrjähriges Stämmchen. Gefässe durch kleine Kreischen bezw. grössere Punkte angedeutet, Bast fein punktiert, Sklerenchym schwarz, Endodermis als schwarze Linie. Rinde und Mark aus dickwandigen, unverholzten Zellen mit Tüpfeln. In der Rinde 2 Nebenwurzeln, eine dritte verlässt den Zentralzylinder (Orig. von W. Lüdi).

abgeworfen wird, sodass die Endodermis oft an die Aussenfläche zu liegen kommt. Eine andere Artengruppe (Primeln der Sektion Vernales, 2. Typ von K a m i e n s k i [Fig. 2714] schliesst sich an den Sinensis-Typ an. Doch entsteht ausserhalb des Leitbündelringes, im Perizykel ein neues Kambium, von dem ein zweites Leitbündelsystem seinen Ursprung nimmt. Dieses umgibt netzförmig das System der Blattspuren und versorgt die zahlreichen Nebenwurzeln mit Leitbündeln. Das Dickenwachstum des Wurzelstockes ist unbedeutend und die primäre Rinde bleibt erhalten. Der zweite Haupttypus, dem die meisten unserer Primeln angehören (Sektion Auricula, Fig. 2715), ist durch den Besitz einer grösseren Zahl von kreisförmigen Leitbündeln (Blattspurstränge) ausgezeichnet, die, jedes von besonderer Endodermis umgeben, regellos in einem parenchymatischen Grundgewebe zerstreut sind und miteinander anastomieren. Dieser Stengelbau schliesst also an den für die Monokotylen charakteristischen an, oder besser gesagt, da jedes Bündel einem kleinen Zentralzylinder entspricht (kein Mark vorhanden), an die Gefässkryptogamen (Polystele). Die Keimpflanze enthält zuerst ein einziges, zentrales Leitbündel (markloser Zentralzylinder), das sich nach oben hin verzweigt. Adventivwurzeln mit besonderem Leitbündelsystem sind vorhanden; die primäre Rinde bleibt erhalten. Weitere Eigentümlichkeiten des Stengelbaues, die bei andern Arten auftreten, lassen sich diesen Haupttypen unterordnen. So besitzt Primula reptans aus dem Westhimalaya ein einziges, zentrales, markloses Leitbündel, und bei Primula farinosa (Fig. 2716) sowie zahlreichen verwandten Arten (4. Typ von Kamienski) ist im untersten Teil des kleinen, nach oben keulig verdickten Stämmchens ein geschlossener Zentralzylinder vorhanden, der sich nach oben in einige hufeisenförmige Bündel mit nach innen gebogenen Rändern auflöst, deren jedes von einer besonderen Endodermis umschlossen ist. Sie verhält sich also zur Hauptsache wie Primula Auricula, nähert sich aber im unteren Stammteil dem Primula Sinensis=Typus. Die übrigen Gattungen der Primulaceen schliessen sich im Bau des Stengels nach den Untersuchungen von Fr. Kamienski (Vergleichende Anatomie der Primulaceen. Abh. Naturf. Ges. Halle Bd. 14, 1880) an den Primula Sinensis=Typ an. Nur Hottonia mit seinem markfreien Stengel macht eine Ausnahme (siehe dort). Betreff Cyclamen siehe die Gattung. Den einjährigen Arten fehlt meist das Kambium, und die Leitbündel vereinigen sich nicht zu einem Ringe, sondern bleiben isoliert. Einfache Leitbündel besitzen auch Soldanella und Lysimachia nemorum. Sie sind aber hier und bei Anagallis arvensis durch eingeschaltete Sklerenchymstücke verbunden. Bei Lysimachia Nummularia plattet sich der kreisrunde Zentralzylinder im Knoten elliptisch ab, und Bast= und Holzteil lösen sich in 4 Partien auf, die sich nicht völlig decken. Aus den Enden der Längsachse treten die Blattstränge aus, an den vier Bastlücken bilden sich im einschichtigen Perizykel die Nebenwurzeln (siehe Fig. 2719) (Wettstein loc. cit.). Das Mark enthält oft Gruppen von Sklerenchymzellen; bei den Primeln der Sektionen Auricula und Vernales gibt es solche auch im Leitbündel. Bemerkenswert ist ein Sklerenchymring in der Rinde, dem die Leitbündel innen direkt anliegen. Er spielt die Rolle eines Festigungsgewebes (mechanisches System im Sinne von Schwendener) und findet sich in den Blütenschäften (nicht aber im Stämmchen) aller Androsaceae (Fig. 2717) und bei den übrigen Unterfamilien im Stengel, soweit derselbe aufrechten Wuchs besitzt. Dieser Bastring wird von Westermaier (cit. nach Pax und Knuth) als charakteristisches anatomisches Merkmal für die ganze Familie der Primulaceen betrachtet. Der Bau der Wurzeln lässt zwei Typen unterscheiden. Im einen Fall stellt sich ein beträchtliches Dickenwachstum mittelst eines Kambiumringes ein (Primula Sinensis und Verwandte, Androsace der Andraspis=Sektion, Cortusa, Asterolinum, Anagallis), während die grosse Mehrzahl der Primulaceen kein Dickenwachstum der Wurzel aufweist, oder doch nur ein sehr unbedeutendes, welches die primäre Struktur nicht verwischt (so z. B. bei Primula minima). Der Bau der Wurzelspitze entspricht dem Helianthustypus von Janczewski. Die Wurzeln der Lysimachien enthalten in zahlreichen Zellen dunkelrote, in Alkohol lösliche Sphaerokristalle. Während Kamienski die Frage, ob die natürliche Verwandtschaft der Primulaceae sich im anatomischen Bau ausdrücke, verneinte, wurde sie von van Tieghem, nach Untersuchung eines viel grösseren Materials für die Gattung Primula bejaht. Er stellte nach dem Bau des Stammes zwei Gattungen auf, Primula (= Typus I) und Auricula (= Typus II) mit einer Anzahl Sektionen. Pax weist aber nach, dass diese Gruppen der natürlichen Verwandtschaft keineswegs entsprechen. Doch können nach ihm gewisse anatomische Merkmale, in geeigneter Kombination mit morphologischen Eigentümlichkeiten für die Diagnose der natürlichen Sektionen Verwendung finden, wobei diese anatomischen Merkmale in verschiedenen Sektionen wiederkehren.

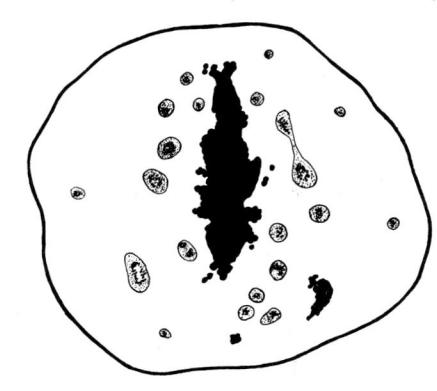

Fig. 2715. Primula hirsuta All. Querschnitt durch das Stämmchen. Sklerenchym schwarz. Gefässe durch kleine Kreise bezw. grössere Punkte angedeutet, Bast durch feine Punkte. Um die einzelnen Leitbündel die Endodermis. Grundgewebe unverholzt mit verdickten Wänden (Orig. von W. Lüdi).

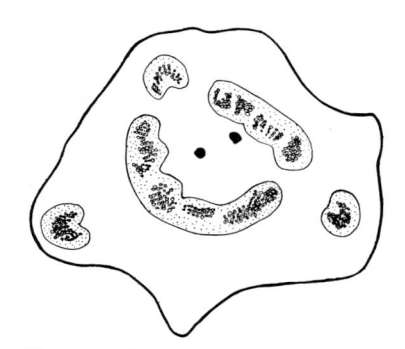

Fig. 2716. Primula farinosa L. Querschnitt durch das Stämmchen. Darstellung wie bei Fig. 2715. (Orig. von W. Lüdi).

Der Bau der **Laubblätter** ist sehr vielgestaltig, vor allem auch innerhalb der grossen Gattung Primula. Hier lassen sich nach der Knospenlage zwei Typen unterscheiden. Beim ersten sind die Laubblätter nach vorwärts eingerollt (Sektion Auricula und Floribundae), beim andern nach rückwärts (alle übrigen Sektionen). Im allgemeinen dauern die Blätter eine Vegetationsperiode und sterben nach derselben ab; bei unsern Primeln (mit Ausnahme der Sektion Vernales), Androsace- und Soldanella-Arten entstehen die neuen Blätter im Sommer und überdauern wie bei immergrünen Pflanzen den Winter, vertrocknen aber meist bald nach Beginn der neuen Vegetationsperiode. Der Blattbau ist bifazial. Bemerkenswert ist die Tatsache, dass die Endodermis bei allen Primulaceen die Leitbündel auch in den Blättern umschliesst. Bei den Arten feuchter Standorte wie Hottonia palustris (Fig. 2720 d), Glaux, Lysimachia thyrsiflora ist das Lüftungsgewebe stark entwickelt; seine Zellen sind verzweigt (Primula Auricula, Soldanella alpina) oder rundlich-polyedrisch (Primula hirsuta und P. minima, Androsace Hausmanni). Die Palisaden sind verschieden stark ausgebildet, doch meist in mehreren Reihen. Für Primula Auricula hat Ad. Wagner (Zur Kenntnis des Blattbaus der Alpenpflanzen und dessen biologische Bedeutung. Sitzungsber. der Akad. Wissensch. Wien. Math. naturw. Kl. 101 [1892]) eine geringe Fähigkeit zur Palisadenbildung festgestellt; die Palisadenzellen sind rundlich; immerhin nahm die Zahl der Lagen mit grösserer Höhe zu (2 bis 4 gegenüber 1 bis 2), wodurch die Blätter dicker werden, während bei Androsace Hausmanni die einzelnen Palisadenzellen an Höhe zunahmen, die Zahl der Reihen dagegen abnahmen (von 5 auf 4 Reihen). Die Rosettenblätter von Androsace Helvetia sind dicht sternförmig aufeinander gepresst und die Palisadenzellen schief gegen die Blattspitze geneigt (Fig. 2720 a, b). Diese Eigentümlichkeit, die auch anderen alpinen Androsace-Arten, sowie der Gregoria Vitaliana, alpinen Draba-Arten und verschiedenen ausseralpinen polsterbildenden Hochgebirgspflanzen zukommt, wird von Witold von Lazniewski (Beiträge zur Biologie der Alpenpflanzen. Flora, 1896) als Anpassung zur Förderung der Ausnutzung des Lichtes erklärt. Je senkrechter das Licht auf die Palisadenzellen einfällt, desto besser kann es durch die von Chloroplasten freie Innenwand in das Blattinnere eintreten, und da bei den dachziegelig übereinanderliegenden Blättern das Licht stark seitlich von der Richtung der Blattspitze her auf das Blatt fällt, so wird durch die schiefe Stellung der Palisaden der günstige Einfallswinkel wieder hergestellt. In Bezug auf die Verteilung der Spaltöffnungen finden sich alle Möglichkeiten verwirklicht. Die Gattung Primula lässt, soweit es unsere einheimischen Arten anbetrifft, gewisse Gesetzmässigkeiten erkennen, indem bei der Sektion Auricula (alpine Arten) die Spaltöffnungen überwiegend oder bei der Mehrzahl der Subsektionen ausschliesslich auf die Oberseite beschränkt sind, bei den Sektionen Farinosae und Vernales (mehr Pflanzen tieferer Standorte) sich vorwiegend auf der Blattunterseite finden (vgl. Widmer l. c.). Androsace Helvetica und A. Hausmanni besitzen sie auf beiden Blattflächen in ungefähr gleicher Verteilung; bei Gregoria Vitaliana sind sie vorwiegend auf der Oberseite, bei Soldanella alpina nur auf der Unterseite ausgebildet. Merkwürdig ist das Verhalten der Soldanella minima, indem bei der nordalpinen Unterart Austriaca die Spaltöffnungen auf beiden Seiten liegen, bei der südalpinen minima dagegen nur unterseits. An den Blattzähnen vieler Primulaceen liegen Wasserspalten (Fig. 2720 b). Gewisse Primeln besitzen Knorpelränder oder Knorpelspitzchen, die durch chlorophyllfreie subepidermale Zellschichten gebildet werden. Lazniewski (l. c.) hat

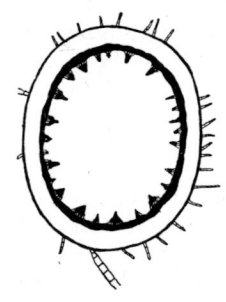

Fig. 2717. Primula obconica Hance. Querschnitt durch den Blütenschaft. Sklerenchymring u. Holzteil der Leitbündel schwarz, Bast gestrichelt (Orig. von W. Lüdi).

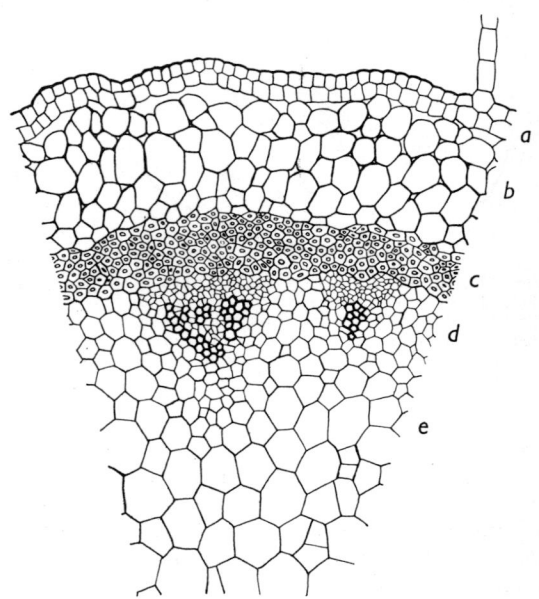

Fig. 2718. Primula obconica Hance. Querschnitt durch den Blütenschaft. *a* Epidermis, *b* Rinde, *c* Sklerenchymring, *d* Leitbündel (Gefässe kräftiger ausgezogen), *e* Mark (Orig. von Dr. W. Lüdi).

Fig. 2719. Schematischer Querschnitt durch den Stengelknoten von Lysimachia Nummularia L. Holz und Bast in je 4 Partien getrennt. An der Längsachse die kleinlumigen Holzteile der Blattbündel. In den Lücken zwischen den Bastteilen treten aus dem Perizykel die Nebenwurzeln aus. Nach Friedrich Wettstein.

im Mesophyll mancher Primeln der Auricula-Gruppe (besonders P. Auricula, P. Clusiana, P. Wulfeniana, P. glutinosa, P. viscosa, P. minima), in geringerem Grade auch bei Primula farinosa Schleimabsonderungen festgestellt, welche die Interzellularräume auskleiden (Fig. 2720 c und 2721). Dieser Schleim ist bei Primula Auricula, das im Mesophyll grosse Interzellularräume besitzt, besonders im Frühling in den überwinterten Blättern in grosser Menge vorhanden. Lazniewski deutet ihn als Transpirationsschutz, Schellenberg (nach Schröter, Pflanzenleben S. 613) als Reservenahrung, wie die Hemizelluloseablagerung im Schwammgewebe der Blätter, da er im Frühling wie diese letztere teilweise aufgelöst wird. Bei den Primeln der Vernalesgruppe, ferner bei Androsace- und Soldanella-Arten, wurde kein solcher Schleim gefunden. Das Innere des Gewebes vieler Primulaceen enthält auch andere Absonderungen, so bei Anagallis und Centunculus Sekretzellen mit rotbraunem Inhalte, bei Lysimachia, Samolus, Coris schizogen entstandene Räume mit ähnlichem Inhalt („innere Drüsen").

Haarbildungen treten auf als Drüsenhaare, Gliederhaare, Sternhaare. Bei Cyclamen und bei der Unterfamilie der Lysimachieae finden sich häufig kurze Köpfchenhaare mit 2- oder 4-zelligen Köpfchen. Insbesondere sind Drüsenhaare sehr charakteristisch und verbreitet. Sie bestehen aus einem 1- bis mehrzelligen Fuss, einer Trägerzelle und einer kugeligen Endzelle (Fig. 2722). Letztere sondert zwischen Membran und Kutikula einen Stoff ab, der schliesslich die Kutikula sprengt und frei wird. Er ist in einem Fall klebrig, farblos oder rötlich gefärbt, häufig balsamisch oder harzig riechend und bei einzelnen Primeln der Sektion Sinenses hautreizend, vor allem bei Primula obconica und in geringerem Grade bei P. cortusoides. P. mollis, P. Sieboldii, P. Sinensis. Ferner gibt Nestler (1912) auch Cortusa Matthioli als stark hautreizend an. Die Empfindlichkeit der Menschen gegen diesen Drüsenstoff ist sehr verschieden; während die meisten unempfindlich sind, ruft er bei einer kleinen Minderzahl lästige und langdauernde Hautentzündungen hervor. Der hautreizende Stoff ist nach den Untersuchungen von Nestler dick-

Fig. 2720. a Längsschnitt durch das Blatt, b durch die Blattspitze mit Wasserspalte von Androsace Helvetica (L.) Gaud. c Querschnitt durch das Blatt von Primula minima L. (schwarz der Schleim in den Interzellularräumen, hier in Form einer Schicht angeordnet), d desgl. von Hottonia palustris L. (Fig. a bis c nach Lazniewski, d nach Schenk).

flüssig und gelblichgrün gefärbt, leicht monokline Kristalle bildend, unlöslich im Wasser und in verdünnter Salzsäure, löslich in Kalilauge (10%), Alkohol (96%), Aether, Chloroform, Terpentinöl, Benzol. Ferner ist er destillierbar. W. Bircher (Experimenteller Beitrag zur Frage des Primelekzems. Diss. med. Zürich, 1925) hat die Frage der Empfänglichkeit an sich selber eingehend geprüft. Er benutzte dazu meist das abdestillierte, gereinigte Sekret. Seine Empfindlichkeit war schon seit früher Jugend vorhanden und so stark, dass eine ganz vorübergehende Berührung genügte, um eine stark juckende,

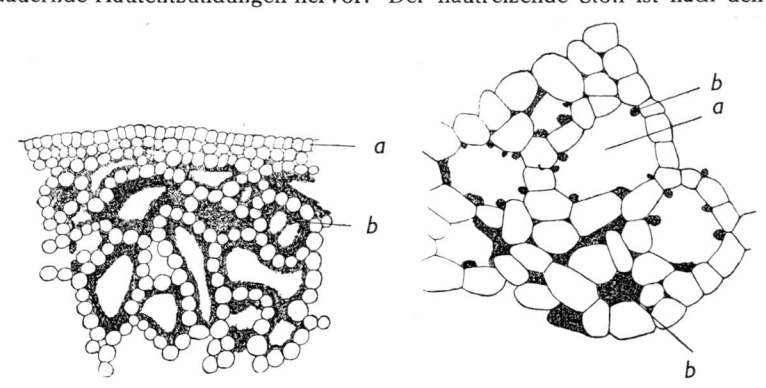

Fig. 2721. Primula Auricula L., links: Querschnitt durch die Blattunterseite nahe der Basis (a Epidermis, b mit Schleim erfüllte Interzellarräume). — rechts: Stück des Blattmesophylls (a Interzellularraum, b Schleimtropfen). Nach Lazniewski.

warzig-blasige Entzündung an der Berührungsstelle hervorzurufen, die zu ihrer Heilung Wochen bedurfte. Von seinem Geschwistern war nur noch ein Bruder mit der gleichen Ueberempfindlichkeit behaftet, während von den Vorfahren nichts derartiges sicher bekannt war. Die Stärke der Entzündung zeigte sich dem Gehalt der aufgetupften Lösung an wirksamem Destillat proportional. Die Latenzzeit betrug zirka 6 Stunden; der Höhepunkt der Entzündung trat am 2. oder 3. Tage auf; aber die entzündete Hautstelle war noch nach 7 Monaten kenntlich. Zarte Hautstellen (Beugeseiten der Extremitäten) zeigten sich stärker empfindlich. In der Regel ging die Entzündung nicht über den Umfang der bestrichenen Hautstelle hinaus. Beim Betupfen der Mundschleimhaut, die auch stark empfindlich war, mit dem Sekret traten dagegen an den Beinen lokalisierte Primelausschläge auf, die sich nur durch den Bluttransport der von der Mundschleimhaut aufgenommenen Gifte erklären lassen. Während des akuten Stadiums des Primelekzems ergab sich eine gesteigerte Ekzemsempfindlichkeit gegen andere hautreizende Stoffe, besonders gegen Heftpflaster. Durch die Anwendung immer stärkerer Giftdosen liess sich eine teilweise Unempfindlichkeit erzeugen (Desensibilisation). Andererseits ist eine erworbene Empfindlichkeit beobachtet und auch experimentell hervorgerufen worden durch eine wiederholte und langandauernde Berührung, eventuell verbunden mit Aufkratzen der Haut an den Stellen, die nachher mit Primelblattstücken oder dem Sekret belegt wurden. Immerhin zeigte sich, dass viele Menschen für die Sensibilisation nicht zugänglich waren; Bloch konnte nur etwa 40% der Versuchspersonen empfindlich machen, erreichte aber in einzelnen Versuchsreihen mit besonders kräftigem Destillat auch höhere Prozentzahlen. Diese Idiosynkrasie gegen Primelgift hat eine grosse Aehnlichkeit mit der Empfindlichkeit gegen das Berühren von Rhus Toxicodendron (Bd.V/1, pag. 220). Kerner gibt an, dass die Drüsenhaare bei Primula hirsuta, P. villosa, P. viscosa u. a. aus angeklebten Kleintierchen stickstoffhaltige Substanz zu resorbieren vermögen, bei P. Sinensis im Wasser gelöstes Ammoniak rasch aufsaugen. Als weitere Form des Drüsensekrets bei den Primulaceen ist der sogenannte Mehlstaub zu nennen, der sich bei mehreren unserer Primel-Arten der Auricula- und Farinosa-Sektion, sowie bei einer grösseren Anzahl ostasiatischer Primeln findet. Er wird von sehr kurzen Drüsenhaaren als kleine, kristallinische Schüppchen von weisslicher oder gelblicher Farbe abgesondert und besteht nach den Untersuchungen von H. Brunswich (Die Mikrochemie der Flavinexkrete bei den Primulinae. Sitzungsber. Akad. Wiss. Wien. Bd. 131, 1922) aus Flavon, $C_{15}H_{10}O_2$ mit etwas Wachs. Dieser Autor stellte Flavonkristalle bei 25 Primula- und 3 Dionysia-Arten fest, ausserdem in flüssiger Form im Drüsensekret von Primula Sinensis und Cortusa Matthioli, während es Primula obconica fehlt. Die Ausscheidung des Flavons findet nur im Jugendzustand des Drüsenhaares statt; das Verschwinden der Bepuderung an älteren Pflanzenteilen, besonders an Blättern, beruht nicht auf Verflüchtigung des Flavons, sondern auf mechanischer Abscheuerung (vor allem durch Regen).

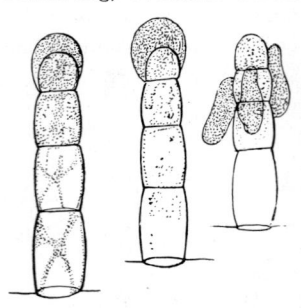

Fig. 2722. Drüsenhaare von Primula obconica Hance.

Die Blüten erscheinen entweder in den Achseln von Laubblättern (Anagallis, Lysimachia z. T., Centunculus, Glaux, schaftlose Androsace-Arten, Gregoria) oder sind in endständigen Blütenständen von razemöser Natur vereint und ± deutlich vom vegetativen Teile getrennt, am besten bei den Formen mit Blütenschaft (vgl. pag. 1716). Sie entspringen in letzterem Fall aus der Achsel von schuppenartigen Hochblättern, die bei Samolus auf die halbe Höhe des Blütenstiels hinaufgerückt sind, bei einzelnen Arten der Primula Sektion Farinosae an der Basis sack- oder spornförmig nach unten ausgezogen erscheinen, am stärksten bei Primula involucrata und P. Sibirica.

Fig. 2723. Hottonia palustris L. Phot. H. Paul, München.

Das Verhalten der schaftlosen Primula vulgaris führt hinüber zu der Gattung Cyclamen, bei welcher die Blüten an kurzer oder verlängerter Laubsprossachse in der Achsel der Laubblätter entspringen. Bei der Gattung Hottonia (Fig. 2723) und bei einigen ostasiatischen Primeln trägt der Blütenschaft mehrere übereinanderliegende Dolden, wobei gelegentlich den oberen Dolden die Hüllblätter fehlen. Bei wenigen ostasiatischen Primeln (z. B. P. Littoniana, P. spicata) treten echte Trauben, resp. Aehren auf. Die Blüten sind stets vorblattlos, normalerweise von 5-zähligem Bau (Fig. 2724 a); doch gibt es in bezug auf letzteres Ausnahmen. So finden wir bei Trientalis 5- bis 9-, in der Regel 7-zählige Blüten; bei Centunculus sind sie oft 4-, bei Lysimachia thyrsiflora (Fig. 2724b) 6-zählig. Als Anomalien gibt es mehrzählige Blüten auch bei andern Arten ziemlich häufig (pag. 1731). Die Deckung der Kelch- wie der Kronblätter

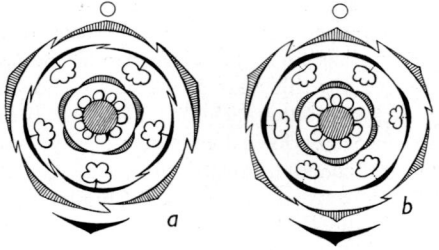

Fig. 2724. Blütendiagramme: *a* von Primula vulgaris Huds., *b* von Lysimachia thyrsiflora L.

in der Knospenlage erfolgt gewöhnlich in der ²/₅-Spirale (quincuncial); doch kommen auch unregelmässig dachige oder rechtsgedrehte Kelchdeckungen vor (Cyclamen, Anagallis); klappig ist sie bei Lysimachia ciliata; bei verschiedenen Arten berühren sich die Kelchzipfel überhaupt nicht. In der Unterfamilie der Androsaceae ist die Knospenlage der Kronabschnitte teilweise cochlear oder dachig, in der Unterfamilie des Lysimachieae nach rechts gedreht (Ausnahme L. thyrsiflora). Bei Glaux fehlt die Krone. In der Blütenanlage entstehen zuerst die Kelchblätter frei untereinander, das erste entweder rechts vom Tragblatte und die übrigen in linksläufiger Spirale folgend oder das erste links vom Tragblatt bei rechtsläufiger Spirale. Dann bildet sich innerhalb des Kelchs ein niedriger Ringwulst, aus dem sich bald die 5 Staubblätter herausdifferenzieren; an ihnen entstehen die 5 Blumenblätter frei untereinander als dorsale Auswüchse. Später werden Krone und Staubblätter, die gewöhnlich der Kronröhre höher oder tiefer eingefügt erscheinen, auf gemeinsamer Basis emporgehoben. In abnormen Fällen können Kelch oder Krone oder beide unverwachsen bleiben (vgl. pag. 1731). Bei einigen Gattungen sind die Staubblätter am Grunde miteinander verwachsen zu einer freien (Lysimachia vulgaris) oder zu einer der Krone angewachsenen Röhre. Für Samolus wird angegeben (Payer), die Blütenentwicklung gehe streng akropetal vor sich, sodass also die Kronblätter sich vor den Staubblättern abgliedern.

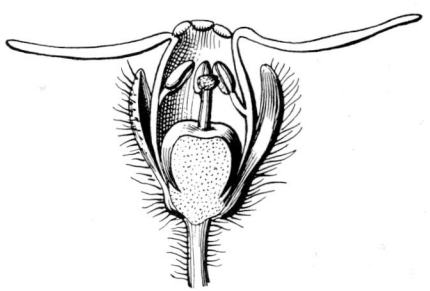

Fig. 2725. Androsace Chamaejasme Host. Längsschnitt durch die Blüte (nach Knuth).

Eine Eigentümlichkeit der Primulaceenblüte besteht darin, dass die Staubblätter vor den Kronblättern stehen. Verschiedene Erklärungen sind im Laufe der Zeit für diese Erscheinung gegeben worden. Die einen Forscher nehmen an, der Urtypus der Primulaceenblüte habe aus 3 Kreisen von Blütenorganen bestanden und der vierte Kreis sei durch reihenweise Verdoppelung eines dieser Kreise (Staubblatt- resp. Blumenblattkreis) hinzugekommen. Hervorzuheben ist hier die Ansicht Pfeffer's (Pringsheims Botan. Jahrb. Bd. VIII, 1872, S. 194), der gestützt auf genaue entwicklungsgeschichtliche Untersuchungen bei Lysimachia u. a. die Blumenblätter als dorsale Auszweigungen der Staubblätter anspricht, also als eine Art Stipularbildungen. Nach ihm sind nur die Staminodien bei Samolus ein besonderer Blattkreis, der nach den Staubblättern an der Blütenachse angelegt wird und sich erst später mit der Korolle verbindet. Er betrachtet infolgedessen die Primulaceen als apetale Gewächse und die blumenblattlose Krone von Glaux als primäres Merkmal (vgl. auch pag. 1730). Franck sucht demgegenüber nachzuweisen (Pringsheims Botan. Jahrb. Bd. X, 1874), dass die Abzweigung der Blumenblätter aus den Staubblättern nur scheinbar sei, bedingt durch die epistaminale Stellung und späte Entwicklung der Kronblätter. Die meisten Morphologen der Gegenwart nehmen an, der Urtypus der Primula-

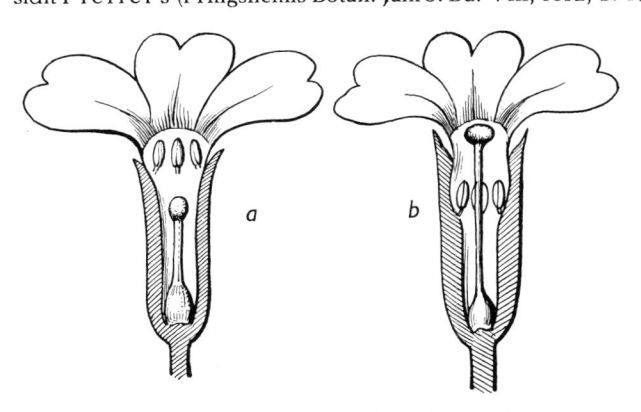

Fig. 2726. Primula vulgaris Huds. *a* Langgriffelige, *b* kurzgriffelige Form im Längsschnitt (nach Knuth).

ceenblüte habe sich aus fünf 5-zähligen Phyllomkreisen zusammengesetzt (1 Kelchblattkreis, 1 Kronblattkreis, 2 Staubblattkreise, 1 Fruchtblattkreis), die miteinander abwechseln, und der äussere Staubblattkreis sei unterdrückt worden. Diese Annahme wird unterstützt durch das Auftreten von Bildungen an Stelle des hypothetischen äusseren Staubblattkreises bei Samolus und Soldanella, sowie in ausgedehnterem Masse bei den nahe verwandten Familien der Sapotaceen und Myrsinaceen, die als Staminodien gedeutet werden. Die ziemlich verbreiteten Schlundschuppen und die früher als Staminodien betrachteten Auswüchse in der Krone einiger Lysimachia-Arten (L. thyrsiflora, L. ciliata, L. lanceolata) sind nur als Emergenzen zu bewerten, da ihnen Leitbündel fehlen. Van Tieghem glaubte nachweisen zu können, dass die zum hypothetischen äusseren Staubblattkreis zugehörigen Leitbündel in der Krone erhalten geblieben seien. Thenen (Zur Phylogenie der Primulaceenblüte. G. Fischer, Jena 1911) lehnt, gestützt auf eingehende Untersuchungen, Van Tieghem's Annahme ab. Die Nerven, die zwischen den Kronblättern aufsteigen (also an der Stelle, wo die Staubblätter des äusseren Kreises gestanden hätten), finden sich nämlich bei den meisten Primulaceen, auf genau die gleiche Weise gesetzmässig entstehend, auch am Kelch. Sie gehen durch Verzweigung aus den von der Achse zuführenden 10 Nerven hervor, von denen der eine Ast sich durch die Mitte des Kelch- (resp. Kronblattes) hinaufzieht als Hauptnerv, der andere an der Grenzlinie der davor stehenden zwei Kron- (resp. Kelchblätter) als Nebennerv. Letzterer teilt sich durch Gabelung in zwei Aeste, die in die seitlichen Teile der beiden anstossenden

Kelch- oder Kronblätter gehen, so dass jedes derselben von 3 Nerven versorgt wird, in der Mitte vom Hauptnerven, in den seitlichen Teilen von den Aesten zweier Nebennerven. Diese Nerven können ± entwickelt, einfach oder verzweigt sein, unabhängig oder in selteneren Fällen miteinander anastomisierend. Die Urform der Primulaceenblüte besass nach Salvator Thenen kräftige Nebennerven und unverzweigte Hauptnerven, welchen Typus die Gattung Dodecatheon und die Unterfamilien der Cyclamineae und Lysimachieae am besten beibehalten haben. Bei der weiteren Entwicklung bildeten sich die Nebennerven des Kelches zurück und fielen sogar teilweise weg, was Thenen als Folge der Anpassung an xerophile Lebensbedingungen erklärt. Am stärksten kommt dies in der Unterfamilie der Androsaceae zum Ausdruck. Der Hauptnerv dagegen entwickelt sich weiter. In den Kronblättern blieben beide Nerven gleichmässig erhalten. Dem supponierten äussern Staubblattkreis würde ein dritter mittlerer Ast des Nebennerven entsprochen haben, der sich auch wirklich in den Staminodien von Samolus und Soldanella (pag. 1821) noch findet. Nach Thenen sind solche Staminodien als kleine Lappen, die vom erhalten gebliebenen Mittelast des Nebennerven versorgt werden, bei Primula verticillata, P. cortusoides, P. Auricula und Cyclamen Persicum beobachtet worden. Der Fruchtknoten wird als einheitlicher Ringwall angelegt und besitzt eine köpfige Narbe. Da aber die reife Frucht bei den meisten Gattungen sich mit 5 oder 10 Zähnen öffnet und bei Vergrünungen an Stelle des Fruchtknotens gelegentlich ein Kreis von 5 freien, mit den Staubblättern abwechselnden, oft am Rande Samenanlagen tragenden Blättchen entsteht, so hat man daraus geschlossen, dass er 5-zähligen Ursprungs sei. In der Mitte des Fruchtknotengrundes erhebt sich ein freier, pilzförmiger Samenträger (Plazenta), der nach oben spitz in den Griffelkanal aus-

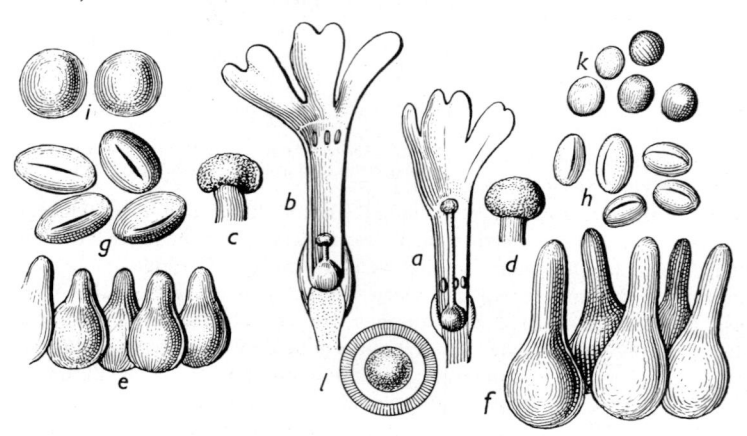

Fig. 2727. Primula viscosa All. *a* Langgriffelige, *b* kurzgriffelige Blüte im Längsschnitt. *c* Narbe einer kurzgriffeligen, *d* einer langgriffeligen Blüte. *e* Narbenpapillen einer kurzgriffeligen, *f* einer langgriffeligen Blüte. *g* Trockene Pollenkörner einer kurzgriffeligen, *h* desgl. einer langgriffeligen Blüte. *i* Feuchte Pollenkörner einer kurzgriffeligen, *k* desgl. einer langgriffeligen Blüte. *l* Querschnitt durch eine langgriffelige Blüte dicht über der Narbe (nach Hermann Müller).

läuft, ohne aber mit diesem zu verwachsen. Er trägt in seinem verbreiterten Teil die meist zahlreichen Samenanlagen (vgl. Taf. 208, Fig. 2 c, Taf. 209, Fig. 3 b und 3 c). Diese besitzen ein doppeltes Integument und einen schwach entwickelten Nucellus, wodurch die Primulaceen und ihre nächst verwandten Familien innerhalb der Sympetalen ziemlich isoliert dastehen. Bei einigen Gattungen werden die Samenlagen später vom Plazentargewebe überwallt. Die älteren Forscher betrachten die Zentralplazenta als ein Achsenorgan; neuerdings nimmt man an, sie werde durch eine Verbindung von Blatt und Achse gebildet, sei also ein Achsenstück, das von Teilen der Fruchtblätter umschlossen wird (siehe pag. 1731).

Sehr grosses Interesse haben seit langem die Bestäubungsverhältnisse der Primulaceen gefunden; doch findet man unter den zahlreichen darüber veröffentlichten Arbeiten auch mancherlei Widerspruch. In ihrer grossen Mehrzahl sind die Primulaceen auf Fremdbestäubung angewiesen. Dabei dienen die lebhaft gefärbten Blumenkronen als Schauapparat; viele Arten besitzen auch einen schwachen, wenige (z. B. Primula Auricula und P. veris) einen starken Duft. Lysimachia (einheimische Arten), Trientalis, Anagallis, Centunculus, Cyclamen entwickeln Pollenblumen; andere sondern Honig ab wie Primula, Androsace, Soldanella, Gregoria, Hottonia, Glaux, Samolus. Doch wird die Honigabsonderung im hohen Masse durch die Witterung beeinflusst und hört bei den Androsace-Arten bei ungünstigem Wetter gänzlich auf. Auch Samolus wird oft honiglos gefunden; bei Glaux enthalten nur die jüngern Blüten Honig. Honig und Pollen werden häufig gegen das Eindringen von Wasser geschützt durch nickende Blüten, durch den verengten Kronschlund oder durch Schlundschuppen, welche den Eingang in die Kronröhre versperren (Fig. 2725). Ein vorzügliches Anpassungsmittel an die Insektenbestäubung ist die Ungleichgriffligkeit oder Heterostylie bei Primula (wenige Ausnahmen; in unserer Flora ist nur P. longiflora homostyl, vgl. pag. 1759), Gregoria, Hottonia palustris und bei den fremden Gattungen Douglasia und Dionysia. Nach Kerner sind auch einige Androsace-Arten heterostyl; doch scheint sich diese Angabe wenigstens für unsere einheimischen Arten nicht zu bestätigen (vgl. pag. 1790). Die Heterostylie wurde 1793 von Sprengel bei Hottonia entdeckt und 1794 von Persoon bei Primula festgestellt. Sie beruht auf einem Dimorphismus der Blüten (Fig. 2726). Die einen Blüten sind kurzgriffelig (brachystyl): der Griffel reicht nur etwa bis in die Mitte der Kronröhre, die Staubbeutel sind höher gestellt, so dass sie am Kronschlund sitzen.

Die andern Blüten sind langgriffelig (dolichostyl): der Griffel reicht bis zum Kronschlund, und die Staubbeutel sitzen in der Mitte der Kronröhre. Staubbeutel und Narbe nehmen also in den lang- und kurzgriffeligen Blüten eine reziproke Lage ein. An der Stelle, wo die Staubbeutel eingefügt sind, ist die Kronröhre erweitert. Zu diesen primären Merkmalen gesellen sich noch sekundäre, indem die langgriffeligen Blüten kleinere Pollenkörner und grössere Narbenpapillen besitzen, die kurzgriffeligen Blüten grössere Pollenkörner und kleinere Narbenpapillen (Fig. 2727). Perriraz (Etude biologique et biométrique de Primula vulgaris. Bull. Soc. Vaud. Sc. Nat. 1908) stellte ferner fest, dass sich bei den kurzgriffeligen Blüten der Griffel relativ früher entwickelt, die Narbe eiförmig ist mit sichtbarer Abplattung, die Pollenkörner mit 7 Längsstreifen versehen sind, während bei den langgriffeligen der Stempel sich mit dem Kelch zugleich entwickelt, die Narbe zuckerbrotähnlich ist mit tiefer, durch die Papillen meist verdeckter Einsenkung an der Spitze und die Pollenkörner 9 bis 11 Längsstreifen aufweisen. Die übrigen Teile der Blüte sind nicht merklich verschieden; doch wirkt die Erweiterung der Kronmündung bei den kurzgriffeligen Blüten meist sehr auffällig (Fig. 2728). Der gleiche Stock trägt nur Blüten der gleichen Art. Nach Bruycker ist für Primula elatior die Zahl der langgriffeligen und kurzgriffeligen Individuen im allgemeinen ungefähr gleich gross; doch ergeben sich an den verschiedenen Standorten bisweilen beträchtliche Unterschiede. Ernst erhielt das gleiche Verhältnis 1:1 in F₂ des künstlich gezogenen Bastards Primula pubescens. Perriraz untersuchte 1177 Pflanzen von Primula vulgaris. Davon waren 37 % kurzgriffelig und 63 % langgriffelig. Eine gewisse Anzahl von Pflanzen zeigte keine Heterostylie, was von dem Autor als Rückkehr zur primitiven Homostylie gedeutet wird. Auch Hottonia zeigt einen Ueberschuss von langgriffeligen Blüten.

Fig. 2728. Primula elatior (L.) Schreb. × P. veris L. *a, b* kurzgriffelig, *c, d* langgriffelig.

Fig. 2729. Primula obconica Hance. Kurzgriffelige Blüte. Kelch.

Die Heterostylie ist verschieden stark ausgeprägt. Während normalerweise die Entfernung zwischen Staubblätter und Narben die halbe Kronlänge beträgt (was im Durchschnitt zirka 5 mm ausmachen dürfte), kann sie auch viel geringere Masse annehmen, bei Primula farinosa nur etwa einen Millimeter (in der Sektion Farinosae ist sie überhaupt klein). Häufig ist die Heterostylie bei den Lang- und Kurzgriffeln nicht gleich stark, so nach den Untersuchungen von Kuhn (berichtet von Loew in Verh. Botan. Ver. Brandenburg. Bd. 48) bei Primula Clusiana. Langgriffel 8 bis 10 mm, Kurzgriffel 5 bis 6 mm, P. spectabilis 9 resp. 6 mm, Primula vulgaris 6 bis 7 resp. 5 bis 6 mm. Dem gegenüber gibt Gain (Soc. Franç. pour l'Avancement d. Sc. C. R. 1907) an, die Heterostylie sei bei Primula veris und P. vulgaris in der kurzgriffeligen Form viel stärker ausgeprägt als bei der langgriffeligen Form. Als homostyl werden neben Primula longiflora angegeben die der P. farinosa sehr nahe stehende Primula Scotica, ferner die ostasiatischen P. mollis Nutt. und P. denticulata Sm., P. imperialis Jungh. aus Java, P. verticillata aus Südarabien und P. Boveana Decn. aus dem Sinai.

Wenn Insekten die Blüten nach dem im Krongrunde liegenden Honig absuchen, so werden sie normalerweise den Blütenstaub der kurzgriffeligen Blüten auf die Narben der langgriffeligen bringen. Da Narben und Pollen zur gleichen Zeit reif sind, so tritt kreuzweise Befruchtung ein (Fig. 2730). Versuche von Darwin und andern Forschern haben gezeigt, dass diese Kreuzbefruchtung die Regel bilden muss. Bei Insektenabschluss haben sich die heterostylen Primeln als in hohem Masse unfruchtbar erwiesen. Die künstliche Bestäubung liefert bei Uebertragung des Pollens auf die Narbe der gleichen Blüte (Selbstbestäubung) die ungünstigsten Ergebnisse; bei Uebertragung auf die Narbe einer Blüte mit gleichhoch stehenden Antheren (illegitime Bestäubung), z. B. langgriffelig auf langgriffelig, ist das Ergebnis meist wenig günstiger. Weitaus am besten ist sie bei der kreuzweisen Bestäubung von der Anthere auf die gleichhoch stehende Narbe (legitime Bestäubung). Abweichend verhält sich Hottonia insofern, als die illegitime Kreuzung zwischen verschiedenen Individuen der langgriffeligen Form die gleiche Fruchtbarkeit ergibt, wie die legitime Kreuzung. Die homostyle Primula longiflora ist nach Ernst in hohem Masse selbstfertil (vgl. pag. 1759). A. Ernst und F. Moser (cit. pag. 1769) betrachten die Selbststerilität nicht als erblich fixirt, sondern als variabel und durch die Umwelt beeinflussbar. Primula Auricula und P. hirsuta waren in Zürich selbststeril, in Hochalpenlage (Muottas Muraigl) dagegen ziemlich selbstfertil. Die Kurzgriffel-Individuen von P. Auricula zeigen mehr Samen pro Frucht als die Langgriffel, was Ernst und Moser auf Selbstbestäubung zurückführen. Sie konnten nachweisen, dass die natürliche Bestäubung durch Insekten hinsichtlich der Pollenerzeugung und Samenbildung kein Optimum schafft.

Bei der illegitimen Bestäubung einiger Primeln der Sektion Vernales ergab die Uebertragung „langgriffelig auf langgriffelig" viel bessere Ergebnisse, als „kurzgriffelig auf kurzgriffelig" (Eva de Vries, Dissert. Univ. Zürich, 1919). Aehnliche Feststellungen veranlassten schon Darwin, als Ausgangspunkt für die Entstehung der Heterostylie langgriffelige Formen anzunehmen. 1905 untersuchte Bateson die Vererbungsweise der Heterostylie bei Primula Sinensis und stellte fest, dass die Langgriffligkeit, als Gesamtmerkmal genommen, rezessiv ist gegenüber der Kurzgriffligkeit. Gregory wies später das gleiche für Primula vulgaris nach. Ganz neue Gesichtspunkte ergaben die Untersuchungen von Alfred Ernst für das Problem der Heterostylie (Archiv Julius Klaus-Stiftung für Vererbungsforschung. Bd. I, 1925). Er fand in seinen Kulturen eine Gartenaurikel mit langem Griffel und hochgestellten Antheren (homostyle Blüten). Diese gab bei Selbstbestäubung kurzgrifflige heterostyle und langgriffelige homostyle Nachkommen. Die gleiche anormale Aufspaltung trat auch nach einer Kreuzung mit Primula hirsuta ein, und zwar sowohl, wenn die homostyle Ausgangsform als Samenträger wie als Pollenträger verwendet wurde. Ernst schloss daraus, die Vererbung der Heterostylie beruhe nicht auf einer Erbeinheit, sondern auf deren mindestens zwei, einer für Griffellänge und einer für Antherenstellung, die für gewöhnlich so aneinander gekoppelt sind, die beiden dominanten Eigenschaften einerseits, die beiden rezessiven anderseits, dass nur die heterostylen Formen sich bilden können, gelegentlich aber die Koppelung sprengen. In diesem Falle mussten auch kurzgriffelige homostyle Blüten auftreten. Und in der Tat kamen bei weiterer Untersuchung auch solche kurzgriffelige homostyle Blüten zum Vorschein. Das Vorkommen homostyler Individuen bei gewöhnlich heterostylen Arten ist in der Vererbungsliteratur aber wiederholt angegeben worden. Darwin hat solche Blüten beobachtet bei P. Auricula, P. vulgaris, P. veris und P. farinosa, neuerdings Bateson bei P. Sinensis und G. v. Ubisch bei P. malacoides. Ernst gelang es bei genauem Suchen auf Muottas Muraigl (Graubünden) in grösserer Zahl homostyle kurzgriffelige und langgriffelige Stöcke von Primula viscosa zerstreut unter den normalen Exemplaren aufzufinden. Diese entziehen sich allerdings leicht der Beobachtung, da bei der Betrachtung von oben die Antheren die Narbe verdecken, so dass dann die Blüten für kurzgrifflig-heterostyl gehalten werden. Die homostylen Blüten erwiesen sich als viel selbstfertiler als die heterostylen. Bei reziproken Kreuzungen einer homostylen Blüte mit einer heterostylen ist die eine fertil, die andere steril und zwar ist dabei die absolute Lage von Narbe und Anthere massgebend: fertil ist die Uebertragung von hochgestellter Anthere auf hochgestellte Narbe, resp. von tiefgestellter Anthere auf tiefgestellte Narbe, steril die Uebertragung auf eine ungleich hoch gestellte Narbe. Ernst hat seine Ergebnisse verwendet, um zur Theorie der Entstehung der Heterostylie Stellung zu nehmen. Er leitet die Heterostylie aus der Homostylie durch mehrfach wiederholte kleine Streckungs- und Kürzungsmutationen ab. Dabei können die jetzigen Formen durch Kreuzung entstanden sein, wobei eine weitgehende Selbststerilität mit der die Fremdbestäubung begünstigenden Anordnung der Sexualorgane zusammentrifft. Es ist nicht notwendig, dass die verschiedenen Eigenschaften, die heute bei Primula im Heterostylie-Komplex verbunden sind, von Anfang an miteinander gekuppelt waren. Die getrennte Vererbung von Griffellänge und Antherenstellung erlaubt den Schluss, dass die beiden Merkmale nicht zugleich entstanden sein müssen. Da bei den heterostylen Formen die Insekten den Weg zum Honig leichter fanden, wurden diese von ihnen bevorzugt, gelangten zur Fremdbestäubung und zur Bildung von kräftigeren

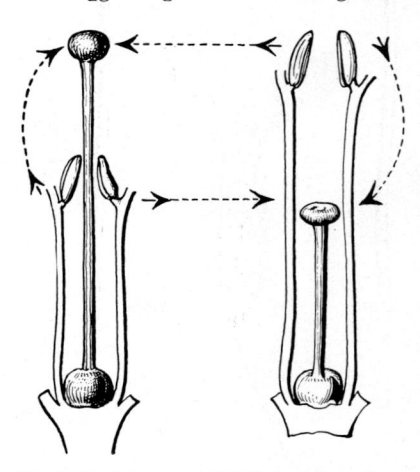

Fig. 2730. Schema der bei Primula möglichen legitimen und illegitimen Verbindungen (nach Charles Darwin). Durch die geraden (wagrechten) Linien werden die legitimen, durch die gekrümmten die illegitimen Verbindungen angedeutet.

Samen und Nachkommen, während die homostylen Formen durch fortdauernde Selbstbestäubung wenig und schwachen Samen erzeugten und nach und nach eingingen.

Im übrigen sind die Bestäubungsverhältnisse innerhalb der Primulaceenfamilie sehr vielgestaltig; wir finden alle Uebergänge bis zur regelmässigen Selbstbestäubung, bei Arten mit kleinen, unscheinbaren Blüten. Bei Primula Sinensis und Hottonia sind auch kleistogame Blüten beobachtet worden. Wir werden bei den einzelnen Gattungen noch auf das Nähere eintreten. Da, wo in der Natur mehrere verwandte Primula- oder Soldanella-, seltener auch Androsace-Arten aufeinandertreffen, kreuzen sich diese leicht miteinander. Solche Bastarde sind in grösserer Zahl aufgefunden und beschrieben worden (vgl. die einzelnen Gattungen!). Meist sind sie steril, in mehreren Fällen aber auch fruchtbar und bilden dann durch Aufspaltung und Rückkreuzung eine grosse Zahl von Formen, die sich in Reihen ordnen lassen, welche mit kleinen, stufenweisen Uebergängen von der einen Art zur andern führen („gleitende Reihen", z. B. P. Auricula × P. hirsuta, P. glutinosa × P. minima). An gewissen Orten sind die Uebergangsformen sogar viel häufiger als die reinen Stammformen. Bei mehreren dieser fruchtbaren Bastarde ist gegenüber den Stammeltern eine erhöhte Blütenpracht eingetreten, so dass sie zu heute weitverbreiteten Zierpflanzen wurden (Primula Auricula × P. hirsuta, P. veris × P. vulgaris). Von älteren Forschern hat sich vor allem Darwin (1862, 1877) experimentell mit den Primula-Bastarden beschäftigt und ist zu grundlegenden Ergebnissen gelangt. In die gleiche Zeit fallen die Untersuchungen von Scott (1865) und Hildebrand (1864). Die Bastarde der Alpenprimeln, insbesondere auch die Gartenaurikel, erfuhren eine eingehende Bearbeitung durch Kerner von Marilaun (Die Primulaceenbastarde der Alpen. Oesterr. Botan. Zeitschrift. Bd. 25, 1875. Die Geschichte der Aurikel. Zeitschr. des deutschösterr. Alpenvereins 1875). Neuerdings hat Eva de Vries diese experimentellen Untersuchungen auf breiterer Grundlage wieder aufgenommen (loc. cit). Sie stellte fest, dass die Kreuzung P. vulgaris mit ihrer var. rubra und reziprok in den legitimen Verbindungen gleich leicht Früchte gibt wie legitime Artbefruchtungen von P. vulgaris. Die legitime Kreuzung P. vulgaris (und var. rubra) × P. elatior gelingt weniger leicht als die legitime Artbefruchtung von P. vulgaris, aber viel leichter als illegitime Artbestäubungen. Das Verhältnis der Früchte zu den bestäubten Blüten war etwa 1 : 2; doch bleiben die Bastardfrüchte im allgemeinen klein, und das Gewicht der Samen erreicht höchstens die Hälfte des Gewichtes von Artsamen, während ihre Zahl sich nicht vermindert. Die illegitime Kreuzung war beinahe unfruchtbar. Reziproke Kreuzungen P. elatior × P. vulgaris gaben entsprechende Ergebnisse; immerhin waren die Früchte normal ausgebildet, enthielten aber neben einigen grossen und schweren Samen zum grösseren Teil schlecht ausgebildete oder leere. Die Kreuzungen von P. vulgaris und P. elatior mit P. Juliae gehen so leicht vor sich, wie die legitime Artbefruchtung und liefern fruchtbare Bastarde. Die Kreuzungen P. Auricula × P. hirsuta und reziprok ergeben sich so leicht wie die Artbefruchtungen, und die Bastardsamen sind von den normalen nicht zu unterscheiden (vgl. pag. 1769). Die Bastarde P. veris × P. vulgaris sind von Ernst weiter verfolgt worden (Verhandl. Schweiz. Nat. Gesellschaft 1925, pag. 149). Das Ausgangsmaterial war P. veris langgriffelig ♀ × P. vulgaris kurzgriffelig ♂. Die F$_2$-Generation zeigte einen unverminderten Fruchtansatz. Die Samenbildung war gegenüber den beiden Elternarten auf ungefähr die Hälfte herabgesetzt, was aber durch luxurierendes Wachstum, reichlichere Blütenbildung, bessere Keimkraft der Samen und erhöhte Selbstfertilität der Lang- und Kurzgriffel wieder ausgeglichen wird. Die auffallendsten Unterschiede der beiden Elternarten verhalten sich bei der Kreuzung wie mendelnde Rassenmerkmale. Dominant sind von P. veris die gestreckte Blütenstandsachse, die blasige Auftreibung und Hellfarbigkeit des Kelches, die Orangefärbung der Saftmale, der Wohlgeruch der Blüten, von P. vulgaris die Langstieligkeit der Blüten, Grossblütigkeit, flache Ausbreitung des Kronsaumes, starke Behaarung, Grundfarbe der Kronblätter, Form des Saftmales, Blütezeit, werden intermediär vererbt. So steht der Bastard intermediär zwischen den Eltern. Die Bastarde sind in ihrer Erscheinung also ziemlich einheitlich und die grosse Vielgestaltigkeit der veris × vulgaris Bastardformen, die zum Namen P. variábilis Goupil geführt hat, beruht vor allem auf dem Verhalten der weiteren Nachkommenschaft, zum Teil auch auf der Tatsache, dass sehr verschiedenartige Rassen von P. veris an diesen Kreuzungen teilnehmen. In F$_2$ zeigte die Nachkommenschaft (53 Pflanzen) eine überraschende Mannigfaltigkeit der Formen, die durchaus dem Aufspalten eines polyhybriden Bastardes entspricht. Die Merkmale der beiden Ausgangsarten kehrten in den verschiedensten Kombinationen wieder, zum Teil in einer Ausprägung, die weit über die Stammarten hinausging. Einige Stöcke zeigten eine weitgehende Uebereinstimmung mit Primula elatior. Besonderes Interesse erweckt der von den Gärtnern gezogene quadruploide Bastard P. Kewenis (pag. 1741).

Der Oeffnungsmechanismus der Fruchtkapsel lässt 2 Typen unterscheiden: Anagallis und Centunculus tragen echte Deckelkapseln (Taf. 211, Fig. 5 e); alle übrigen Glieder der Familie besitzen Klappenkapseln, die gewöhnlich längs der Verwachsungsnähte des Fruchtknotens aufspringen, so dass die Kapselzähne den Kelchzähnen gegenüberstehen. Bei Cyclamen, Hottonia u. a. erfolgt das Aufreissen in der Mitte der Fruchtblätter; die Kapselzähne wechseln also mit den Kelchzähnen ab. Erfolgt das Aufreissen sowohl in der Mittellinie als auch längs der Verwachsungsnähte, so bilden sich die 10-zähnigen Kapseln. Bei Soldanella und ähnlich auch bei Primula japonica fällt zuerst der verbreiterte Griffelgrund als Deckelchen ab, worauf erst die Zähne sichtbar werden. Dieses Verhalten kann als Uebergang zu den Formen mit Deckelkapseln gedeutet werden. Besondere Verbreitungsmittel für die Samen sind meist nicht vorhanden. Die Aussaat geschieht bei vielen Arten durch den Wind, so bei den hochalpinen Androsace-Arten, den hochstengeligen Lysimachien und bei vielen Primeln (vgl. pag. 1736). Die Samen sind nicht besonders leicht (z. B. Primula Auricula 0,26 mg, P. farinosa 0,7 mg, Androsace obtusifolia 0,73 mg). In einigen Fällen kommen Ameisen als Samenverbreiter in Betracht; man hat Myrmekochorie festgestellt bei der Gattung Cyclamen und bei Primula vulgaris (vgl. pag. 1736). Hottonia wird durch das Wasser verbreitet. Die Samen besitzen eine dünne, bräunliche, glatte oder warzige Samenschale, bisweilen mit Kutikularleisten oder kleinen Flügeln (Fig. 2731), und nach Brockschmidt bei Hottonia und Cyclamen mit einer kristallführenden, subepidermalen Schicht. Schott versuchte (1851) die Beschaffenheit der Samenepidermis bei Primula als systematisches Merkmal zur Trennung der Hauptgruppen zu verwenden, was sich aber nicht bewährt hat. Immerhin kommt der Form und Oberflächenbeschaffenheit der Samen ein artdiagnostischer Wert zu (Widmer). Die Samen vieler Primulaceen keimen unter normalen Bedingungen schlecht oder gar nicht; die Untersuchungen von Kinzel haben gezeigt, dass Kälte und Belichtung die Keimung in hohem Masse beschleunigen und fördern (vgl. die einzelnen Gattungen).

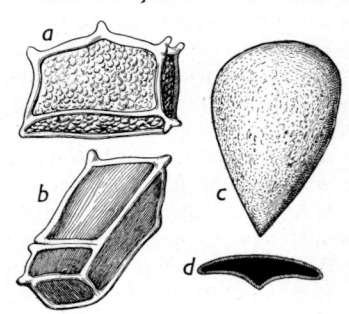

Fig. 2731. Samen (stark vergrössert). *a* von Primula Auricula L., *b* von Primula viscosa All., *c, d* von Androsace obtusifolia All. (*d* im Querschnitt) (nach P. Vogler).

Die Familie, zum erstenmal aufgestellt von Ventenat, umfasst etwas über 600 Arten, die über die ganze Erde zerstreut sind, ihre Hauptverbreitung aber in den gemässigten Teilen der nördlichen Halbkugel haben. In den Tropen finden sich nur wenige Arten. Von den 5 Unterfamilien fehlt in Mitteleuropa nur eine, die der Coridéae mit der mediterranen Gattung Córis (Tourn.) L. (nur 2 Arten): Hierher Coris Monspeliénsis L. Pflanze 2-jährig oder ausdauernd, 10 bis 20 cm hoch, mit zahlreichen, aufsteigenden am Grunde etwas verholzten Stengeln, die mit kleinen, linealisch-stumpfen, abstehenden, kahlen Laubblättern dicht besetzt sind. Blüten in verkürzten Trauben am Ende der Stengel. Kelch glockig mit 5 kurzen, aufrecht stehenden, schwarzgefleckten Zipfeln und einem Kranz von 10 unter den Zipfeln wagrecht abstehenden, pfriemlichen Zähnchen. Krone rötlich-violett, zygomorph, mit länglicher Röhre und 5 aufgerichteten, an der Spitze ausgerandeten Zipfeln, von denen die 2 oberen (Oberlippe) kürzer sind als die 3 unteren (Unterlippe). Staubblätter ungleich lang. Kapsel kugelig, viel kürzer als der Kelch, 5-klappig, 5-samig. Heimisch im westlichen und mittleren Mittelmeergebiet, dort an trockenen, steinigen Oertlichkeiten, auch auf Sanddünen weit verbreitet (geht nach Norden bis Dalmatien).

Unsere einheimischen Gattungen verteilen sich auf die übrigen 4 Unterfamilien wie folgt:

| 1. Androsaceae | Soldanella | 3. Lysimachieae | Anagallis |
|---|---|---|---|
| Primula | Hottonia | Lysimachia | Centunculus |
| Gregoria | 2. Cyclamineae | Trientalis | 4. Samoleae |
| Androsace (inkl. Aretia) | Cyclamen | Glaux | Samolus |
| Cortusa | | | |

Die Androsaceae sind mit wenigen Ausnahmen Bewohner der nördlich gemässigten Zone unter starker Bevorzugung der Gebirge. In den Gebirgen der Tropen der Alten Welt finden sich die monotypische Gattung Ardisiándra Hook. (vom östlichen bis ins westliche äquatoriale Afrika), dazu einige Arten der Gattung Primula, die bis Abessinien, Arabien und Java südwärts gehen. Im Süden von Südamerika tritt Primula farinosa (Fig. 2752) auf, die auf der nördlichen Halbkugel weit verbreitet ist. Im übrigen treten 4 Gebiete durch Artenreichtum als Entwicklungszentren hervor: 1. Himalaya und westchinesische Gebirge mit reichster Entwicklung der Gattungen Primula und Androsace und den endemischen, monotypischen Gattungen Bryocárpum Hook. und Thoms., Pomatosáce Maxim. und Stimpsónia Wright, 2. die vorderasiatischen Hochgebirge mit der endemischen Gattung Dionýsia Fenzl (20 Arten in Persien, von Aretia-ähnlichem Habitus) und zahlreichen Primeln, 3. das europäische Alpengebirge mit den endemischen Gattungen Soldanella, Gregoria und der Sektion Auricula von Primula, sowie reicher Formbildung der Sektion Aretia von Androsace. Arm an Formen ist das arktische und subarktische Gebiet, arm auch Japan, das keine Oreophyten besitzt. In Nordamerika wachsen z. T. die in der Alten Welt weitverbreiteten Arten, doch öfter in besonderen Rassen. Der Formenreichtum ist dort in Anbetracht des grossen Gebietes wenig bedeutend; immerhin sind die Gattungen Douglásia Lindl. (5 Arten) und Dodecátheon L. (30 Arten, vgl. pag. 1732) endemisch. Dabei sind die pazifischen Gebirge auffallend begünstigt gegenüber der atlantischen Seite; sie beherbergen z. B. 29 Dodecatheon- und 4 Douglasia-Arten, so dass wir von einem 4. Entwicklungszentrum sprechen können. Die Cyclamineae sind mediterran mit der einzigen, knollenbildenden Gattung Cyclamen. Dodecátheon wurde früher auch hierher gestellt. Die Lysimachieae sind über die ganze Erde verbreitet. In Europa ist aus der Unterfamilie einzig die Gattung Pelletiéra A. St. Hil. (1 Art im extratropischen Südamerika) nicht vertreten. Die Gattung Asterolínum[1]) Hoffmgg. et Link ist mit Lysimachia nahe verwandt und wurde wiederholt auch mit ihr vereinigt. Ausser A. Adoënse Kunze in Abessinien kommt für das ganze Mittelmeergebiet (von den Kanaren, Portugal und Marokko bis nach Südostpersien) in Betracht: A. Línum stellátum (L.) Duby (= A. stellatum Hoffmgg. et Link, = A. lysimachioídeum St. Lag., = A. mínimum (C. Bauh.) St. Lag., = A. serpyllifólium Ball, = Astrolínon pusíllum Bub., = Lysimáchia Línum stellatum L., = L. linifólia Salisb., = L. serpyllifólia Poir.). Sternlein. Pflanze einjährig, von schmächtigem Wuchs, völlig kahl. Stengel aufrecht, einfach oder verzweigt, 2 bis 7 (10) cm hoch. Laubblätter gegenständig, bis 1 cm lang, lanzettlich, zugespitzt, sitzend, ganzrandig. Blüten einzeln in den Blattachseln, auf 2 mm langem, nach der Blütezeit zurückgekrümmtem Stiel. Kelchzipfel 2 bis 2½ mm lang, lineallanzettlich, lang und scharf zugespitzt. Krone mit sehr kurzer Röhre und ausgebreitetem, tiefgelapptem Saum, von zirka 1½ mm Durchmesser, weisslich; Kronlappen verkehrteirundlich, ½ mm lang. Staubblätter etwas kürzer als die Krone. Fruchtkapsel glänzend-gelbbraun, vom Kelch sternförmig umgeben, kürzer als der Kelch (etwa 1½ mm lang), kugelig, vom erhärteten Griffel gekrönt, 2- bis 3-samig. Samen dunkelbraun, von 1 mm Durchmesser, oberseits gekielt-gewölbt, unterseits kreisrund gehöhlt, mit tiefen, parallelen Furchen, die sich quer über die Seiten vom Kiel zur Höhlung hinziehen. — III bis V. Auf austrocknendem, schwach bewachsenem, unbebautem Boden in Macchien, an kurzgrasigen Stellen. Im südlichen Istrien verbreitet (Peroi, Pola, Altura, Carnizza, Brioni, S. Girolamo usw.). Das Vorkommen in Istrien stellt einen Ausläufer des mediterranen Areals dar und steht über die Quarnerischen Inseln und Dalmatien mit dem Hauptareal in direkter Verbindung. Eine Parallele dazu liefert Cyclamen repandum. Doch liebt Asterolinum im Gegensatz zu dieser Art offene, sonnige, meist humusarme Standorte, die nur im Winter und Frühling feucht sind, während des regenarmen Sommers aber völlig austrocknen. Aber bevor der Sommer beginnt, schon im Monat Mai, hat Asterolinum seine Samen zur Reife gebracht und ist abgestorben. Ganz ebenso verhalten sich seine Begleiter, die eine zwergwüchsige, frühblühende Therophytengesellschaft in der Garigue bilden, in den offenen oder schwach rasigen Partien zwischen dem niedrigen Strauchwerk. Zu dieser Gruppe gehören: Arenaria serpyllifolia, Cerastium-Arten, Medicago minima u. a., Trigonella-Arten, Trifolium-Arten, Erodium Cicutarium, Euphorbia exigua, Helianthemum salicifolium, Scandix australis, Valerianella-Arten, Plantago Psyllium. Von den Samoleae (einzige Gattung Samolus) sind die meisten Arten in den gemässigten Gebieten der südlichen Halbkugel heimisch. Für Mitteleuropa ist die Unterfamilie der Androsaceae bei weitem die interessanteste, da sie in den Alpen eine grosse Formenfülle entwickelt mit zahlreichen endemischen Arten, während die übrigen Unterfamilien keine einzige Art besitzen, deren Verbreitungsgebiet sich auch nur einigermassen auf Mitteleuropa beschränkt. Vielmehr gehören die meisten dieser Arten zum eurasischen oder holarktischen Florenelement; einige sind von engerer Verbreitung (westliches Europa, Mittelmeergebiet).

Wir haben versucht, die interessanten Verbreitungsverhältnisse unserer Primulaceen in einer Anzahl Arealkärtchen darzustellen. Trotzdem in Mitteleuropa die Verbreitung der Arten verhältnismässig gut bekannt ist, boten sich doch einer genauen Darstellung manche Schwierigkeiten, die zum Teil in wirklichen Lücken unserer Kenntnisse oder in unzugänglicher Spezialliteratur ihren Grund haben, zum Teil aber darin, dass infolge zahlreicher Verwechslungen sich von älterer bis in die neueste Zeit eine Menge von falschen oder sehr zweifelhaften Fundortangaben gehäuft haben, denen man auch in neuen Florenwerken wieder begegnet, für einzelne Fälle sogar in der Monographie von Pax und Knuth. So viel uns möglich war, haben wir Spezialkenner einzelner Gebiete um Auskunft angefragt. Gleichwohl dürften Fehler unterlaufen sein. Für die eigentlichen Alpen und das Vorland im Gebiete der Flora wurde eine möglichste Genauigkeit im einzelnen angestrebt, wobei sich allerdings im südlichen Alpengebiet, soweit es in Italien liegt, manche Lücke oder Unsicherheit ergab. Für die Westalpen wurde vor allem die Darstellung von Vidal (Comptes Rendus Soc. Franç. pour l'Avencem. d. Sciences, 1907) zugrunde gelegt, unter Beiziehung der Florenwerke. In den übrigen Arealteilen ist die Darstellung etwas schematisch erfolgt. Folgenden Forschern sind wir für freundliche Auskunft zu Dank verpflichtet: A. Artaria, Blerio; Dr. E. Baumann, Zürich; G. Beauverd, Genf; Dr. J. Braun-Blanquet, Zürich; Hofrat Dr. A. Degen, Budapest; Dr. Ernst Furrer, Zürich; Prof. M. Gortani, Pavia; Prof. S. Hruby, Brünn; Dr. F. Jaquet, Freiburg (Schweiz); Prof. N. Košanin, Belgrad; Prof. K. R. Kupffer, Riga; Dr. R. Leonhardt, Wien; Dr. K. Maly, Serajewo; Dr. F. Markgraf, Berlin; Prof. R. Pampanini, Florenz; Prof. A. Paulin, Laibach; Dr. B. Pawlowski, Krakau; Prof. J. Podpěra, Brünn; Prof. A. Pulle, Utrecht; Direktor H. Sabidussi, Klagenfurt; Prof. W. Szafer, Krakau; Prof. R. Scharfetter, Graz; Dr. E. Schmid, Gams; Prof. A. Thellung, Zürich; Prof. F. Vierhapper, Wien; Prof. H. Wangerin, Danzig.

---

[1]) Griech. ἀστήρ [astér] und λίνον [línon]; wegen der Aehnlichkeit mit einer zwergigen Leinpflanze, bei der die Früchtchen in dem sternartig ausgebreiteten Kelch sitzen.

Verwandtschaft. Nach ihrem ganzen Bau besitzen die Primulaceen sehr nahe Beziehungen zu den tropischen Familien der Myrsinaceae und Theophrastaceae; sie werden daher auch mit ihnen in die Reihe der Primuláles zusammengefasst (vgl. pag. 1713). Neues Licht auf die Verwandtschaftsverhältnisse werfen die serodiagnostischen Untersuchungen von Malligson aus der Schule von Mez (Serodiagn. Unters. über die Verwandtschaften innerhalb des Centrospermenastes des Pflanzenreiches. Archiv für Botanik. I, 1922). Malligson stellte durch schwache, aber deutliche Eiweissfällungen die serodiagnostische Verwandtschaft der Primulaceae zu den Nyctaginaceae und Aizoaceae fest, ferner eine starke Reaktion zu den Sympetalenfamilien der Myrsinaceae, Theophrastaceae, Plumbaginaceae und Lentibulariaceae in absteigender Reihe. Letzteres entspricht ungefähr den bisherigen Ansichten über die Verwandtschaftsverhältnisse; nur die Lentibulariaceen wurden neuerdings nach Kamienski's Untersuchungen den Tubiflorae zugesellt. Mez hat schon vor 20 Jahren, gestützt auf morphologische Befunde, hervorgehoben, dass zwischen den Primulaceen und den Myrsinaceen eine scharf gefasste Grenze schwer zu ziehen sei. Diese serodiagnostisch gefasste Primulaceenreihe weist zu den Sympetalen keine näheren Beziehungen auf und lässt sich natürlicherweise an den Centrospermen-Ast zwischen Nyctaginaceen und Aizoaceen einreihen. In der 14. Auflage (1923) des Botaniklehrbuches für Hochschulen von Strasburger ist dieser Schritt denn auch getan worden. Man wird sich dabei daran erinnern müssen, dass auch blütenmorphologische Eigentümlichkeiten für die Einreihung der Primulaceen unter die Apetalen sprechen (vgl. pag. 1723), und schon früher ihr natürlicher Anschluss dort gesucht worden ist. Die alte Pfeffer'sche Lehre ist so durch Untersuchungen auf ganz anderer Grundlage wieder zu Ehren gekommen. Dem gegenüber vertritt Hallier (Beiträge zur Kenntnis der Linaceen. Beihefte zum botan. Zentralblatt. Bd. 39, 1921) die Ansicht einer nahen Verbindung von Primulaceen und Linaceen. Soldanella und Cyclamen sind nach ihm durch Vermittlung von Primula und Androsace aus Linaceen-artigen Lysimachien mit gestreckten Stengelgliedern entstanden. Eine nähere Verbindung zwischen den Bicornes und den im System neben sie gestellten Primulales besteht nicht, sondern beruht nach Hallier nur auf der Aehnlichkeit der Tracht und der gefransten Blumenkrone zwischen Soldanella und der Diapensiaceen-Gattung Schizocodon (pag. 1713) in Japan.

Fig. 2732. Cyclamen Persicum Mill. Phot. Eugen Hahn, Kirchheimbolanden.

Missbildungen und Unregelmässigkeiten im Baue sind in der Familie der Primulaceen in grosser Zahl beschrieben worden. Eine eingehende Zusammenstellung und Würdigung derselben bringt Penzig (Pflanzen-Teratologie, 2. Aufl. Bd. 3, pag. 11 bis 33). Als gelegentlich auftretende Unregelmässigkeiten der vegetativen Teile sind zu erwähnen Luftwurzeln bei Hottonia und Trientalis, 3- bis 4-zählige Blattquirle bei Anagallis arvensis, unregelmässige Blattstellung bei Lysimachia, Gabelung oder Spaltung der Blattspreite (Lysimachia, Anagallis arvensis, Primula Auricula u. a.), Verlaubung der Blütenhüllblätter, trikotyle Keimpflanzen (Primula, Anagallis arvensis, Lysimachia vulgaris), Fasziation der Blütenschäfte und Blütenstiele (häufig bei Primula; ferner für Androsace elongata, A. maxima und Hottonia beschrieben). Auch die Blüten können miteinander verwachsen. Cyclamen Persicum wird gelegentlich mit Blütenstielen, die ein Laubblatt tragen, beobachtet (Fig. 2732), was durch Verwachsung des Blütenstiels mit dem Blatt, in dessen Achsel er hervorsprosst, zustande kommt, nicht etwa durch einen besonderen Spross 3. Ordnung. Nicht selten findet sich bei Primula Durchwachsung der Blütendolden, so dass 2 oder 3 Dolden übereinander stehen, was bei manchen Arten als normale Erscheinung auftritt (pag. 1739). Bei Primula vulgaris und Cyclamen Persicum treten als Seltenheit kürzer oder länger gestielte Blütendolden auf, bei Arten, deren Blüten normalerweise in gestielten Dolden stehen, sitzende Dolden (Primula elatior und P. Sinensis, Androsace septentrionalis und A. Chamaejasme). Lysimachia thyrsiflora trägt als Seltenheit statt der blattwinkelständigen eine einzige, endständige Blütentraube. Bei Primula veris × P. vulgaris hat man im Blütenstand das Heraussprossen eines jungen Pflänzchens beobachtet. Von Hottonia beschreibt Gertz aus Schweden (Botan. Notiser 1922) eine Pflanze, bei der am untersten Knoten des Blütenstandes neben 4 Blüten ein vegetativer Spross herauswuchs. Der Stengel war geknickt worden, umgefallen und hatte sich am Knoten wieder schräg aufgerichtet. Der Achselspross lag auf der konvexen Seite. Sehr zahlreich sind die Missbildungen im Blütenbau. Sie treten, wie auch die schon erwähnten Bildungsabweichungen der Blütenstände, besonders häufig und vielgestaltig an einigen kultivierten Arten auf, so an Primula Sinensis, P. Auricula × P. hirsuta, P. vulgaris und andern Gartenprimeln der Vernales-Gruppe, sowie an Cyclamen Persicum, sind aber auch an wildlebenden Individuen nicht selten anzutreffen. In erster Linie sind Abweichungen in der Zahl der Blütenorgane zu erwähnen. Bei einzelnen Arten treten sie mit Regelmässigkeit auf (pag. 1722);

doch auch bei Glaux, Lysimachia nemorum und L. ciliata sind die Blüten häufig 4-, bei L. Nummularia 4- bis 6-zählig, bei Hottonia 6-zählig, selten ebenso bei Cyclamen Persicum; bei Primula wurden 3- bis 10-zählige, bei Primula Auricula sogar 25-zählige Blüten beobachtet. Ziemlich verbreitet treten vergrünte und verlaubte Blüten auf, so bei Primula, Cortusa, Lysimachia Ephemerum, Anagallis arvensis. In England wird schon seit alten Zeiten eine Primel mit grosser, grüner, kelchartiger Krone als „Jack-in-the-green" bezeichnet. Sehr oft verlaubt nur der Kelch, wobei die Kelchblätter gewöhnlich bis auf den Grund getrennt sind. Auch die Kronblätter sind in vergrünten Blüten häufig nicht verwachsen (f. dialypetala). In andern Fällen nimmt der Kelch Form und Färbung der Krone an (Calycanthemie): Primula Auricula, P. Sinensis, P. vulgaris u. a., Soldanella pusilla, Cyclamen Persicum, Anagallis arvensis. Dadurch erhalten wir den Eindruck zweier ineinanderstehender Kronen (wenn Petaloidie der Staubblätter hinzukommt sind es sogar drei und die Blüten erscheinen gefüllt („hose-in-hose-" Blüten). Füllung der Blüten durch Umwandlung der Staubblätter in Blumenblätter, mit oder ohne Verwachsung derselben zeigen Primula, Cyclamen, Soldanella minima. Füllung kann auch durch Verdoppelung der Blumenblätter entstehen, indem an Stelle eines Blumenblattes 2 oder 3 schmälere nebeneinander stehen (Primula vulgaris; bei Primula Sinensis nicht selten und meist röhrig zusammengefaltet; Cyclamen), oder indem ausserhalb oder innerhalb des Blumenblattes sich durch Abspaltung ein zweites Blumenblatt gebildet hat (Primula Sinensis, P. Auricula, P. vulgaris, Cyclamen), ferner durch Einschaltung eines Blumenblattquirls, der mit den regulären Blumenblättern abwechselnd steht (Cyclamen). Die Staubblätter können petaloid werden (siehe oben); bei vergrünten Blüten sind sie meist steril, ohne ihre Form wesentlich zu verändern; in mehreren Fällen wurde beobachtet, dass sie am Rande (und auf der Fläche) Samenanlagen trugen, also zu Fruchtblättern umgewandelt waren (Primula vulgaris und P. Sinensis). Bei Primula Auricula wurden von Marchand 6-zählige Blüten mit doppeltem Staubblattkreis beobachtet, wobei der äussere Kreis mit den Kronblättern abwechselte, der innere ihnen gegenüber stand. Bei Primula vulgaris und P. Sinensis hat man sonst normal gebaute Blüten gefunden, deren Staubblätter frei auf dem Blütenboden standen; bei vergrünten Blüten von Lysimachia und Anagallis ist diese Erscheinung nicht selten. Am vielgestaltigsten sind die Missbildungen des Stempels. Bei vergrünten Blüten öffnet sich dieser oft an der Spitze oder löst sich ganz auf; die Fruchtblätter werden frei, blattartig und vergrünen, die Zentralplazenta verschwindet oder löst sich in kleine Blättchen auf, die an ihrem Rande und auf der Innenfläche Samenanlagen tragen können. Auch die petaloiden Fruchtblätter können Samenanlagen tragen (Primula Sinensis und P. veris). Ausserhalb des normalen Fruchtblattkreises ist in einzelnen Fällen ein zweiter Kreis abwechselnd gestellter Fruchtblätter beobachtet worden. Nicht selten (z. B. Primula Auricula u. a., Anagallis arvensis, Lysimachia Ephemerum, Cyclamen Persicum) ist die Blüte zentral durchwachsen. Wydler (loc. cit.) beschreibt proliferierende Blüten von Anagallis arvensis, bei denen die einzelnen Blütenorgane isoliert an der verlängerten Achse standen; der Fruchtknoten war im einen Fall beckenförmig, im andern in drei kleine Blättchen aufgelöst; die Plazenta fehlte gänzlich und an ihrer Stelle standen im Zentrum der Blüte in einem Fall 4, im anderen Fall 1 kleiner Laubspross. Bei Cyclamen Persicum wird in sehr seltenen Fällen beobachtet, dass aus den Achseln der Kelchblätter 5 neue, unvollkommen ausgebildete Blüten entspringen. Mehrfach hat man bei Primula Sinensis Blüten gefunden, bei denen die Glieder von Kelch und Krone nicht wirtelig, sondern spiralig gestellt waren. Bei Soldanella montana wurde eine Doppelkapsel beobachtet als Folge des Auftretens zweier Fruchtknoten in einer Blüte. Diese Blütenmissbildungen, von denen hier nur die wesentlichen erwähnt worden sind, bieten zum Teil unerklärbare Wunderlichkeiten, zum Teil helfen sie aber mit, das Verständnis für die Eigenheiten des Baues der Primulaceenblüte zu eröffnen. So legen sie uns nahe, die Gegenüberstellung von Kronblättern und Staubblättern durch das Wegfallen des äusseren Staubblattkreises zu erklären (pag. 1723) und die Zentralplazenta als die basalen Teile der Fruchtblätter aufzufassen, die an der Spitze der Blütenachse heraufgewachsen sind. Für die letztere Annahme spricht nach den Untersuchungen von Celakovský und Van Tieghem auch die absteigende Entwicklung der Samenanlagen und der umgekehrte Verlauf der Leitbündel im Stiele der Plazenta.

In früheren Zeiten fanden zahlreiche Primulaceen medizinische Verwendung gegen die verschiedenartigsten Krankheiten (näheres bei Primula veris pag. 1753, Anagallis arvensis, Cyclamen Europaeum u. a.). Doch hat sich nur noch die Verwendung der Blüten von Primula-Arten, vor allem von P. veris (pag. 1753) in der Volksmedizin

Fig. 2733. Cyclamen Persicum Mill. Zwei von den 5 Kelchblättern sind laubblattartig ausgebildet.

erhalten. Heute beruht der Hauptwert der Primulaceen auf ihrer Verwertung als Zierpflanzen. Zahlreiche Primula=, Cyclamen=, Androsace=, Lysimachia= und Dodecatheon=Arten sind zu weitverbreiteten und beliebten Topf= und Freilandpflanzen geworden (näheres bei den genannten Gattungen). Die in Nordamerika beheimatete Gattung Dodecátheon[1]), Götterblume, Riesenzyklamen, besitzt wie Cyclamen purpurrote (in der Kultur auch weisse) Blüten mit zurückgeschlagenen Kronzipfeln, die aber zu mehreren (3 bis 20) doldenartig auf dem aufrechten Schafte sitzen; die Laubblätter sind grundständig, eiförmig bis länglich. In Kultur befinden sich D. Meádia L., franz.: Gyroselle de Virginie, doux Dieux, engl.: Virginian Cowslip (1744 in London eingeführt), D. Jeffreýi L., D. Hendersónii A. Gray, D. frígidum Cham. et Schlech., D. integrifólium Michx., D. Clevelándii Greene, D. pauciflórum Greene usw., sowie hybride Formen, ebenso solche mit gefransten Kronzipfeln.

Wichtigste Literatur. Dem systematischen Teil wurde die Monographie von Pax und Knuth zugrunde gelegt: Pax F. und Knuth R., Primulaceae. Das Pflanzenreich, herausgegeben von A. Engler. 1905 (Sammelwerk, das auch weitere Literaturangaben enthält). Einzelne Spezial= literatur wird im Text erwähnt. Ferner sind hervorzuheben: Pax, F. Mono= graphische Uebersicht über die Arten der Gattung Primula. Leipzig 1888. — Widmer, Elise. Die europäischen Arten der Gattung Primula. München und Leipzig 1891. — Hildebrand, F. Die Gattung Cyclamen. Jena 1898. — Wydler, H. Kleinere Beiträge zur Kenntnis einheimischer Gewächse. Primu= laceae. Mitteil. Naturf. Ges. Bern Nr. 509 bis 510, 512 bis 515. — Kamiénski, Fr. Vergleichende Anatomie der Primulaceen. Abh. der Naturf. Ges. Halle, Bd. XIV, 1878 (141 bis 230). — Van Tieghem und Douliot, Groupement des Primevères. Bullet. Soc. bot. France. XXXIII. 1886. — Nestler, A. Hautreizende Primeln. 1904. — Penzig, O. Pflanzenteratologie. Bd. III 2. Auflage, 1920. — Knuth, P. Blütenbiologie II. 1899. — Kinzel, W. Frost und Licht als beeinflussende Kräfte bei der Samenkeimung. Stuttgart, 1913.

Fig. 2734. Primula farinosa L. Monströser Herbstblütenstand(Durch= wachsung und Fasziation).

1. Laubblätter ungeteilt. Land= oder Sumpfpflanzen . . . . 2.
1*. Laubblätter kammförmig=doppelt gefiedert; die oberen quirlig gestellt. Wasserpflanzen mit auftauchendem Blütenschaft. Blüten in überein= ander gestellten Quirlen . . . . . . . . . . . . Hottonia DLXXVI.
2. Laubblätter grundständig, oft rosettig gehäuft. Blüten einzeln, grundständig oder doldig auf einem blattlosen Blütenschaft . . . . . 3.
2*. Laubblätter grund= und stengelständig. Blüten einzeln, blatt= winkelständig oder endständig in Trauben, Rispen oder Aehren . . . . 8.
3. Kronzipfel aufrecht oder $\pm$ abstehend. Wurzelstock nicht knollig . 4.
3*. Kronzipfel zurückgeschlagen. Wurzelstock kugelig=knollig. Blüten einzeln, gross, langgestielt. Laubblätter rundlich=herzförmig. Fruchtstiele meist schraubig eingerollt . . . . . . . . . . . . Cyclamen DLXXVII.
4. Kronzipfel ganzrandig oder ausgerandet. Kapsel 5= oder 10= zähnig . . . . . . . . . . . . . . . . . . . . . . 5.
4*. Krone glockig, mit fransig zerschlitztem Saum. Kapsel walzlich, mit Deckel und Zähnen sich öffnend. Laubblätter rundlich=herzförmig, lederig . . . . . . . . . . . . . Soldanella DLXXV.
5. Blattspreite (bei unseren Arten) gegen den Stiel zu $\pm$ verschmälert oder fast ungestielt. Krone stielteller= oder trichterförmig. Staubbeutel stumpf, in der Kronröhre befestigt . . . . . . . . . . 6.
5*. Blattspreite rundlich=herzförmig, gelappt, mit langem Blattstiel. Krone glockig. Staubbeutel lang zugespitzt, am Grunde der Kronröhre befestigt . . . . . . . . . . . . . . . Cortusa DLXXIV.
6. Krone mit langer Röhre. Griffel (bei der langgriffeligen Form) verlängert. Durchmesser des Kronsaumes meist grösser als 15 mm. Ausdauernde Pflanzen . . . . . . . . . . . . . . . . . 7.
6*. Krone mit kurzer, krugförmiger oder bauchiger Röhre. Griffel verkürzt. Durchmesser des Kron= saumes meist kleiner als 10 mm. Samen wenig zahlreich. Ausdauernd, von meist rasigem oder polsterförmigem Wuchs oder einjährig . . . . . . . . . . . . . . . . . Androsace DLXXIII.
7. Samen wenig zahlreich. Stengel niederliegend, rasenbildend. Laubblätter klein und linealisch, nicht über 1 mm breit, dicht gehäuft. Blüten einzeln auf sehr kurzem Stiel . . . Gregoria DLXXII.
7*. Samen zahlreich. Pflanzen grösser, mit unverzweigtem oder wenig verzweigtem Rhizom. Laub= blätter breiter. Blüten in Dolden auf einem Blütenschaft oder einzeln und langgestielt . . Primula DLXXI.
8. Kapsel mit einem Deckel aufspringend. Blüten einzeln, blattwinkelständig. Meist einjährige Kräuter mit spindeliger Wurzel . . . . . . . . . . . . . . . . . 9.

---

[1]) Bei Plinius (Nat. hist. 25, 28) Name einer besonders heilkräftigen Pflanze („Zwölfgötterblume" von griech. δώδεκα [dódeka] = zwölf und θεός [theós] = Gott), die (jedenfalls mit Unrecht) für eine Primula gehalten wird.

8*. Kapsel mit 5 oder 10 Klappen oder Zähnen aufspringend. Blüten in Trauben oder Rispen, oder einzeln. Ausdauernde Stauden, selten einjährig . . . . . . . . . . . . . . . . . . . . . . . . 10.
9. Blüten langgestielt. Krone radförmig, länger als der Kelch. Staubfäden behaart. Laubblätter gegenständig . . . . . . . . . . . . . . . . . . . . . . . . . . . . . . . . Anagallis DLXXXI.
9*. Blüten sehr kurz gestielt. Krone trichterförmig, kürzer als der Kelch. Staubfäden kahl. Laubblätter wechselständig . . . . . . . . . . . . . . . . . . . . . . . . . Centunculus DLXXXII.
10. Fruchtknoten oberständig. Hüllblätter der Blüten am Grunde des Blütenstiels . . . . . 11.
10*. Fruchtknoten in der unteren Hälfte mit dem Kelch verwachsen. Blüten in Trauben, weiss. Hüllblätter der Blüten auf den Blütenstiel hinaufgerückt. Pflanze graugrün, kahl . . . Samolus DLXXXIII.
11. Blüten gestielt. Krone vorhanden (vgl. auch Asterolinum pag. 1729; Krone weisslich, sehr klein, etwa halb so lang wie die Kelchblätter) . . . . . . . . . . . . . . . . . . . . . . . . . 12.
11*. Blüten einzeln, in den Blattwinkeln sitzend. Krone fehlend. Kelch kronartig, rot gefärbt. Halbsukkulente Salzpflanze . . . . . . . . . . . . . . . . . . . . . . . . . . . . Glaux DLXXX.
12. Blüten gelb. Stengel reich beblättert, niederliegend und Blüten einzeln in den Blattachseln, oder aufrecht mit reichblütigen end- oder seitenständigen Blütenständen. Laubblätter gegenständig oder zu 3 bis 4 quirlständig . . . . . . . . . . . . . . . . . . . . . . . . . . . . . . . Lysimachia DLXXVIII.
12*. Blüten weiss, meist 7-zählig. Stengel unten arm- und kleinblättrig, oben mit einer Rosette von grossen Laubblättern, aus deren Achseln 1 bis 3 langgestielte Blüten entspringen . Trientalis DLXXIX.

## DLXXI. **Prímula**[1]). Schlüsselblume, Primel. Franz.: Primevère; engl.: Primrose; ital.: Primavera.

Ausdauernde Stauden mit walzenförmigem Wurzelstock, sehr selten (im Gebiet nie) 1-jährige Kräuter. Laubblätter in grundständiger Rosette, ungeteilt oder gelappt, gestielt oder sitzend. Blüten gross oder mittelgross, mit wenigen Ausnahmen 2-gestaltig, ungleich griffelig, auf unbeblättertem Blütenstengel (Schaft) doldig oder kopfförmig, selten in übereinanderstehenden Wirteln oder in traubigen oder ährigen Blütenständen oder einzeln aus dem Wurzelstock entspringend. Kelch röhrenförmig, trichterförmig oder glockenförmig, oft aufgeblasen (Fig. 2738 b), 5-spaltig, bleibend. Krone stieltellerförmig oder trichterförmig; Kronröhre verlängert; Schlund weit, nackt; Kronsaum ausgebreitet, selten aufrecht, mit ganzrandigen oder 2-spaltigen Lappen. Staubblätter im Schlund oder in der Kronröhre befestigt; Staubfäden kurz; Staubbeutel stumpf. Fruchtknoten kugelig oder eiförmig; Samenanlagen zahlreich, halbanatrop; Samenträger meist sitzend. Kapsel kugelig, eiförmig oder länglich, vielsamig, mit 5 oder 10 Zähnen aufspringend (Fig. 2746 b). Samen ± schildförmig, unregelmässig polyedrisch (Fig. 2746 d, e), auf der Rückenseite abgeplattet, auf der Bauchseite gewölbt, stumpfkantig bis geflügelt, meist papillös. Keimling querliegend.

Die Gattung umfasst gegen 300 Arten. Von den zahlreichen Untergattungen (Pax und Knuth unterscheiden 21) sind in Mitteleuropa nur 3 vertreten: 1. die Vernáles (P. elatior, P. veris und P. vulgaris) mit insgesamt 8 Arten (in der Fassung nach Pax und Knuth), von denen 3 im mittleren und südlichen Europa und im vorderen Asien (2 reichen bis ins zentrale Sibirien), 4 in Vorderasien endemisch sind, 1 in den Ostkarpaten und in anderer Rasse im Kaukasus und in Armenien vorkommt. 2. die Farinósae (P. farinosa und P. longiflora) mit etwa 24 Arten, von denen 10 auf Hochasien beschränkt sind, 6 auf Vorder- und Zentralasien, 1 auf Vorderasien und das Altaigebiet, 1 auf die Balkanhalbinsel, 1 auf die Alpen, Vorderasien und den Balkan, 2 in der Arktis ein ziemlich ausgedehntes Gebiet besitzen, 2 in Hochasien und in der Arktis und 1 (P. farinosa) in der nördlich gemässigten Zone der Alten und Neuen Welt weit verbreitet ist und an der Südspitze Südamerikas wieder auftritt. 3. Auricula, zu der alle übrigen Primeln Mitteleuropas gehören. Von den 21 Arten der Sektion Auricula sind 10 in den Alpen im engeren Sinne endemisch, davon 3 in den Westalpen (P. Alliónii Loisel., P. margináta Curt., P. Pedemontána Thom.); 3 sind den Pyrenäen und Alpen gemeinsam, 1 den Alpen und den Balkangebirgen, 1 den Ostalpen und Südkarpaten, 1 den Ostalpen, Karpaten und Balkan, 1 den Alpen und dem Apennin mit Ausstrahlungen durch die Karpaten bis nach Nordserbien; 1 (P. deórum Vel.) ist im Balkan endemisch (Rilogebirge), 1 (P. Kitaibeliána Schott) in den Illyrischen Gebirgen, 2 (P. Apennína Widm. und P. Palinúri Petagna) als lokale Endemismen im Apennin. Die durch involute Knospenlage der Blätter

---
[1]) Verkleinerungsform von lat. prímus = der erste, also kleiner Erstling, weil die bekanntesten Arten der Gattung zu den ersten Frühlingsblumen gehören.

scharf begrenzte Sektion Auricula ist also ein spezielles Schöpfungsprodukt der mitteleuropäischen Hochgebirge. Die grosse Mehrzahl der Formenkreise und der Arten der Gattung Primula sind aber auf Hochasien beschränkt. Hier finden sich beinahe 200 endemische Arten, in Japan 8, in Zentral- und Vorderasien zirka 20, im Alpengebiet zirka 20, in Nordamerika 5, in der Arktis 3, in Abessinien und Arabien 4, auf Java 1 (P. imperiális Jungh., vgl. pag. 1741). Den grössten Primel- (und Androsace-)Reichtum beherbergen die Hochgebirge des östlichen Himalaya und Tibet und des anschliessenden Westchina. Jedem Gebirgsstock kommen dort endemische Arten zu, und beinahe alle Sektionen der Gattung sind vertreten. Die Erforschung dieser Gebiete hat uns in den letzten Jahrzehnten mit einer ganz ungeahnten Fülle von Primeln bekannt gemacht; darunter finden sich zum Teil sehr schöne Formen, auch solche von sehr abweichender Beschaffenheit, wie P. Littoniána Forrest (pag. 1740). Seit der monographischen Bearbeitung der Familie durch Pax und Knuth (1905) sind zirka 80 neue Primel-Arten beschrieben worden, und beinahe alle stammen aus diesem Gebiete, das zudem noch lange nicht völlig erschlossen ist. Nach Norden zu nimmt der Reichtum nach einer Mitteilung von Harry Smith ziemlich rasch und ausgesprochen ab und zwar an einer Linie, die nördlich von Tatsien-lu quer durch die Provinz Szeschuan zieht, eine Grenzlinie, mit der auch eine entsprechende Rhododendrongrenze zusammenfällt.

Von den Primeln Mitteleuropas gehören diejenigen der Auricula-Gruppe nach der von Diels (Engler's Botan. Jahrb. 44, 1909, Beiblatt Nr. 102) geschaffenen Nomenklatur zur arktotertiären Flora, d. h., sie haben sich zu Alpenpflanzen entwickelt aus Vorfahren, die im jüngeren Tertiär bereits im Gebiete der heutigen Alpenketten, von den Karpaten zu den Pyrenäen gerechnet, lebten. Der Mangel an Beziehungen zur Mittelmeerflora weist sie zum borealen Zweig des arktotertiären Stämme. Sie sind also im Alpengebiet autochthon. Ganz ähnlich hat sich z. B. im Kaukasus die monotypische Sektion Sredinskya Stein (mit P. grándis

Fig. 2735. Primula hirsuta All., als Typus einer alpinen Spaltenpflanze des Urgebirges. Phot. W. Schacht, München.

Trautv.) gebildet. Von den tertiären Stammarten der Auricula-Gruppe, die wohl in tieferen Lagen gelebt haben, hat sich keine Spur erhalten, ebensowenig wie bei den aus gleicher Wurzel hervorgegangenen Gattungen Soldanella, Androsace und Gregoria, ganz im Gegensatz zu Ostasien, wo neben den aus ihnen entsprossenen Oreophyten die montanen Stammarten in reichster Ausbildung noch jetzt existieren. Dort finden wir auch die Wurzeln für beinahe alle Formenkreise und in der Sektion Sinenses wohl die primitiven Arten, die an die Wurzel des Stammbaumes zu setzen sind und die Verbindung mit der Gattung Androsace (Sekt. Pseudoprimula) herstellen. In den Alpen ist die tertiäre Flora der Waldstufe grösstenteils zerstört worden; der frühzeitigen (zur Hauptsache wohl spättertiären) Ausbildung von Primula-Oreophyten verdanken wir aber die Auricula-Primeln und damit eine der schönsten Zierde des Alpengebirges. Als Hauptbildungszentrum sind die östlichen Alpen zu betrachten; die Pyrenäen besitzen, wie aus obenstehender Aufstellung hervorgeht, nicht eine einzige endemische Primulaart. Keine dieser Arten hat sich jedoch über ein weites Gebiet verbreitet und nur wenige sind in der Eiszeit an einigen Stellen ins Vorgebirge hinabgestiegen und haben sich dort gehalten (P. Auricula, P. minima); in der Mehrzahl sind sie auch heute nur auf kleinere Teile des Alpengebirges beschränkt. Deshalb müssen wir diese Primelgruppe nach ihrer geographischen Verbreitung zum endemisch-alpinen (oder alpin-mitteleuropäischen) Element zählen. Die Arten der Vernalesgruppe können wir als Reste der tertiären Montanflora betrachten; sie gehören genetisch nicht zum Stamm der Flora von Mitteleuropa, sondern sind vermutlich in Vorderasien (und im Balkan) entstanden und in Mitteleuropa eingewandert, vielleicht schon zur Tertiärzeit und dann wieder postglazial z. T. direkt von Osten, z. T. durch Vermittlung der Mittelmeerländer und sogar der atlantischen Küstengebiete, aber ursprünglich zu einer östlichen Wandergenossenschaft gehörend. Geographisch zählen sie für uns zu einem europäisch-vorderasiatischen Element. Primula longiflora, die von Marie Jerosch zum mitteleuropäisch-alpinen Element gerechnet wird, nach Kusznezow aber auch im Kaukasus und in Armenien verbreitet ist, wo die Farinosae-Gruppe mehrere endemische Arten besitzt, ist auch ein tertiärer Oreophyt, der vielleicht in den Alpen, vielleicht in Vorderasien entstanden und in letzterem Falle schon früh in das Alpengebirge eingewandert ist. In Europa liegt jedenfalls das Zentrum ihrer Verbreitung in den östlichen Alpenteilen, in den Karpaten und im Balkan. Ganz sicher ist Primula farinosa, die andere Primel aus der Farinosae-Gruppe, genetisch den Alpen fremd; geographisch ist sie als arkto-altaisches Element zu werten. In Hochasien hat auch diese Primula-Sektion das Zentrum ihrer Verbreitung und findet Anschluss an verwandte Gruppen (Capitatae).

Die Gattung Primula ist mit der Gattung Androsace nahe verwandt. Ursprünglich glaubte man Androsace durch die kleine Krone mit ganzrandigen Abschnitten, die kurze, oben verengte und mit Hohlschuppen versehene, unten bauchig erweiterte Kronröhre (Fig. 2725), die kugelige, von der Kronröhre eingeschlossene, wenigsamige Frucht, die mit 5 Zähnen aufspringt (Primula besitzt 10 Zähne) von Primula scharf trennen zu können. Je mehr neue Arten aus Ostasien aber bekannt wurden, desto mehr zeigten sich Ausnahmen, die in den Merkmalen übereinander greifen, und heute besitzt kein einziges Merkmal mehr durchgreifenden Wert. Aus praktischen Rücksichten empfiehlt es sich aber, die beiden Gattungen getrennt aufrecht zu erhalten. In unserer Flora ist die Unterscheidung leicht durchzuführen, nicht nur durch die Blüten- und Fruchtmerkmale, sondern auch durch den Wuchs. Auch die Beziehungen von Androsace zu Gregoria und Dionysia sind sehr eng, während unsere noch bleibenden Gattungen der Androsaceae-Unterfamilie, Hottonia, Cortusa und Soldanella, von der Primula-Androsace Hauptgruppe durchgreifend verschieden sind.

Unsere einheimischen Schlüsselblumen sind sämtlich Frühblüher. Die meisten Arten blühen, sobald die Frühlingswärme erscheint und während der Boden noch von der Winterfeuchtigkeit getränkt ist. Das Blühen der alpinen Arten folgt ziemlich rasch der Schneeschmelze.

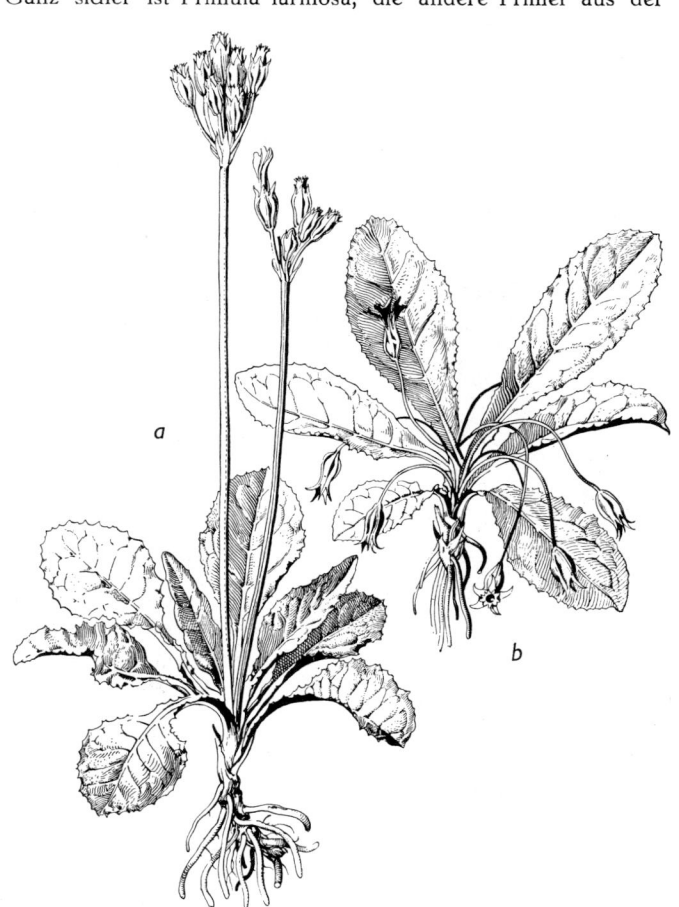

Fig. 2736. *a* Primula elatior (L.) Schreb., im Fruchtzustand (nicht myrmekochor). *b* P. vulgaris Huds. (myrmekochor).

Die Blütezeit ist daher nach Höhenlage und Exposition verschieden. Die hochsteigende Primula elatior blüht in der Niederung schon im März; auf den Alpenhöhen finden wir sie noch im August blühend. Aehnlich verhält sich Primula hirsuta. Gelegentlich blühen Primeln, besonders die Gartenprimeln der Vernales-Gruppe (P. vulgaris), in milden Lagen schon im Herbst auf und überdauern mit halb- oder ganzgeöffneten Blüten den Winter. Stets sind die Blütenknospen im Herbst schon weit vorgebildet. Die Blüten aller unserer Primula-Arten sind mit Ausnahme von P. longiflora heterostyl und homogam (vgl. pag. 1724). Als Bestäuber kommen langrüsslige Hymenopteren, Tag- und Nachtfalter seltener Fliegen (z. B. Bombyliden) in Betracht. Für die Vernales sind es vor allem Hummeln, die Biene Anthophora pilipes und unter den Tagfaltern der Zitronenfalter (Uebereinstimmung der Färbung!) und der kleine Fuchs. Selten werden auch Honigbienen beobachtet. Christy Miller stellte aber, wenigstens für die britischen Inseln, fest, dass der Besuch von tagsüber fliegenden langrüsseligen Insekten zu gering ist, um den guten

Fruchtansatz zu erklären. Miller vermutet, dass auch Nachtfalter als Bestäuber in Betracht kommen (Calocámpa, Phlogóphora und Cucúllia-Arten). Dies würde erleichtert durch die gelbe, des Nachts hell wirkende Blütenfarbe, durch die Färbung und Anordnung der Saftmale, sowie durch den des Abends stärker werdenden Duft. Perriraz beobachtete bei P. vulgaris meist Thrips und Bombýlium médius, nie nächtliche Arten. In den höheren Alpen treten die Falter mehr und mehr hervor; neben ihnen besuchen auch Fliegen die Blüten. Primula farinosa ist nach H. Müller in den Alpen Falterblume, in Vorpommern Bienenblume (pag. 1758). Die homostyle Primula longiflora besitzt proterandrische Blüten, sodass auch bei ihr Fremdbestäubung die Regel bildet. Wegen der langen Kronröhre ist sie auf langrüsselige Schwärmer (Tagschwärmer, z. B. Taubenschwanz) als Bestäuber angewiesen. Doch ist sie auch selbstfertil (pag. 1759). Die gelben Blüten von Primeln der Vernales-Gruppe verfärben sich beim Trocknen häufig grün. Dieser grüne Farbstoff ist nach Lingelsheim (Archiv der Pharmazie, 1925) wasserlöslich und lichtunbeständig und wird durch Säuren gelbgefärbt. Er ist von ausgesprochenem Chlorophyllcharakter, aber weder im Benzin noch im reinen Alkohol löslich.

Die Fruchtstiele richten sich nach der Blütezeit steif auf und erhärten, sodass die Kapsel nach aufwärts gerichtet ist (Fig. 2736a). Letztere öffnet sich mit hygroskopischen Zähnen, welche sich bei trockenem Wetter rückwärts rollen, bei feuchtem Wetter die Kapsel wieder verschliessen. Die Aussaat der Samen erfolgt durch Erschütterung des dürren, elastischen Blütenschaftes, also vor allem durch den Wind (ballistische Samenverbreitung). In den Alpen bleiben die Fruchtstände den ganzen Winter über erhalten („Wintersteher"), was die Nachreife der Samen und oft, namentlich an Felsen und Windecken, ihre Aussaat begünstigt. Das gleiche berichtet Rutger Sernander für Skandinavien. In wärmeren Gebieten mit früherem Frühling ist die Samenausstreuung schon im Hochsommer beendigt. Eine Ausnahme von dieser Regel macht Primula vulgaris (Fig. 2736b), deren Fruchtstiele erschlaffen und auf dem Boden liegen. Das ist nach R. Sernander (Entwurf einer Monographie der europäischen Myrmekochoren. K. Svenska Vetensk. Handl. 41, 1906) durch die schwache Ausbildung des Stereommantels (Bastrings) bedingt. Dieser ist weiter gegen das Zentrum gerückt als bei den verwandten Arten, das Rindenparenchym dagegen ist stärker entwickelt. Da letzteres durch seine Turgeszenz tragen hilft, so genügen die festigenden Elemente wohl zum Aufrechthalten der Blüte; sobald aber nach dem Verblühen die Turgeszenz abnimmt, bleibt als mechanisches Element nur noch der Bastring übrig, der bei Primula vulgaris zum Tragen der Frucht nicht ausreicht, sodass sich die Fruchtstiele auf den Boden niederlegen. Die Samenverbreitung der stengellosen Primel geschieht durch die Ameisen, was Sernander durch Beobachtung und experimentell festgestellt hat. Die eckigen Samen sind auf der Unterseite stumpf pyramidenförmig abgeschrägt und endigen mit dem Samenstrang. Dieser ist klein und unregelmässig geformt, hyalin-weissschimmernd und ölhaltig, also ein Elaiosom. Auch die Samenschale besitzt in ihren grossen, leicht berstenden Zellen einen geringen Oelgehalt. Bei den Versuchen von Sernander wurden die Samen von den Ameisen (Lásius niger, Formíca exsécta) stets rasch verschleppt, sobald sie aber des Samenstranges und der Samenschale beraubt waren, liegen gelassen oder nur langsam und zufälligerweise verschleppt. Prímula elatior besitzt im Samenstrang und in der Samenschale kein oder nur sehr wenig Oel. Ihre Samen wurden von den Ameisen mehr zufällig verschleppt, nachdem diejenigen von Primula vulgaris längst alle fortgetragen worden waren, sodass man bei dieser Art kaum von Myrmekochorie reden kann. Sonst ist Myrmekochorie von keinen anderen Primeln bekannt (siehe auch Ulbrich, E. Deutsche Myrmekochoren. Berlin/Leipzig 1919).

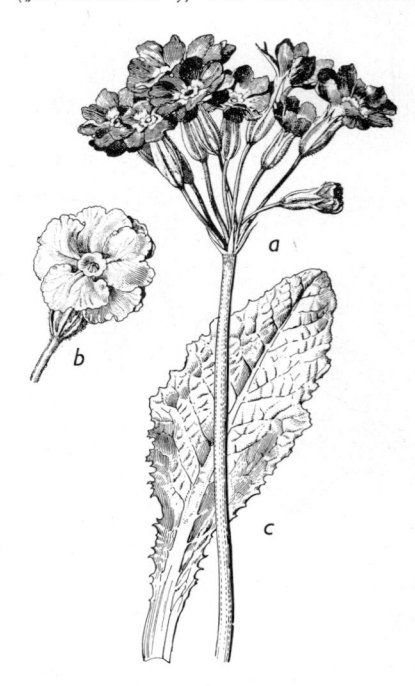

Fig. 2737. Primula elatior Schreb. × P. vulgaris Hudson. Gartenform. *a* Blütenstand. *b* Blüte („gefüllt"). *c* Laubblatt.

Zur Keimung benötigen die meisten Primula-Samen eine starke Belichtung, zum Teil auch eine Temperaturerniedrigung. So haben Primula Auricula und P. hirsuta, sowie ihr Bastard die Gartenaurikel (P. pubescens) ein anhaltendes Durchfrieren notwendig, um zu keimen. Schon Vilmorin schreibt für P. Auricula vor, dass deren Samen auf den Schnee ausgesät werden sollen. W. Kinzel stellte fest, dass P. pubescens-Samen zum vollständigen Auskeimen (87%) einer 4 Winter hindurch wiederholten Frostbehandlung bedürfen; nach dem ersten Winter keimten überhaupt keine Samen. Bei Zimmertemperatur belichtete Samen keimten innerhalb 4 Jahren nur zu 26% aus, im Laufe von 7 Jahren 49%. Es lässt sich also die Frostwirkung durch langdauernde Lichtwirkung ersetzen. Das beste und rascheste Ergebnis liefert Frost verbunden mit Licht. Primula elatior-Samen aus nördlichen Gegenden benötigen einen 2-jährigen Frost. Andere Schlüsselblumen können zum Keimen des Frostes entbehren, werden durch starke Kälte sogar geschädigt (P. longiflora); dafür bedürfen sie aber des Lichtes: P. minima keimte im Licht innerhalb 3 Jahren zu 99%, im Dunkeln 0%. Ebenso verhalten sich P. glutinosa und P. vulgaris, ähnlich, nur dass sie leichter und rascher keimen, P. longiflora, P. farinosa, P. spectabilis und P. veris aus südlichen Gegenden. Frost ist bei dieser Gruppe nur innerhalb gewisser Grenzen imstande, die Wirkung des Lichtes zu ersetzen. Bei P. vulgaris wurde festgestellt, dass die Samen 7 Tage vor der Vollreife noch nicht zu $1/3$ keimfähig waren. Wurden solche Samen innerhalb der Kapseln einer 2 Tage dauernden Nachreife ausgesetzt, so war die Keimung gegenüber den vollreifen Samen ausserordentlich beschleunigt (nach 8 Monaten 60% gegenüber 10%). Interessant ist auch der Nachweis, dass die Keimungszeit oft jahreszeitlich beschränkt ist. So beschränkte sich bei keimenden Samenproben der hoch= alpinen Primula glutinosa die Keimzeit auf die Monate Mai bis August. Die Samen der Primula obconica behalten angeblich ihre Keimfähigkeit nur 8 Monate und galten also bisher nach Jahresfrist als wertlos, und als beste Zeit zur Aussaat wurde 2 bis 4 Monate nach der Ernte angegeben. Nun stellte M. Rivoire fest (Offertenblatt Schweizerischer Handelsgärtner 1924, Nr. 10), dass später die Keimfähigkeit zurückkehrt, vom 2. bis zum 4. Jahr. Primula Auricula soll sich gleich verhalten.

Die Gattung Primula hat uns eine grössere Zahl hervorragender Zierpflanzen geliefert, sowohl Topf= als Freilandpflanzen. Die Freilandprimeln stehen an Bedeutung unter den Stauden, die im Frühling unsere Gärten schmücken, an der Spitze. Die meisten von ihnen blühen im zeitigen Frühling. Da sie nach abgeschlossener Blütezeit unansehnlich werden, eignen sie sich zum Füllen ganzer Beete nur bei nachheriger Verpflanzung, dagegen eher als Beeteinfassung oder zur Belebung von Rasenflächen oder lichten Gebüschen. Die alpinen Primeln, mit Ausnahme der Aurikeln, gehören nur in das Alpinum, wo sie Stein= und Schutt= partien zieren. Anders verhalten sich die hochwüchsigen Schlüsselblumen aus Westchina, die erst im Vor= sommer blühen und im lockeren Stand über die Beete verteilt sehr hübsche Wirkungen erzielen lassen, besonders wenn sie in passenden Farbenmischungen gepflanzt werden.

Man hat wohl alle einheimischen Primeln in Gärten kultiviert; aber die meisten alpinen Arten sind im Tiefland Todeskandidaten, die langsam eingehen, oder bei guter vegetativer Entwicklung doch schlecht blühen. Gutes Gedeihen zeigen eigentlich nur Primula Auricula (pag. 1760), P. marginata (pag. 1766) und P. spec= tabilis (pag. 1773). Die Freilandprimeln lieben im allgemeinen einen freien, leicht sonnigen Standort, vertragen aber den grellen Schein der Mittagssonne nicht gut und bevorzugen einen etwas feuchten, lehmigen oder lehmig=humosen Boden, dem bei den kalkliebenden Arten etwas Kalk beizugeben ist, während kalkfliehende Arten wie Primula viscosa, P. hirsuta, P. glutinosa, P. integrifolia, P. minima für Zusatz von Torfmull dankbar sind. Die meisten Primeln, vor allem die Aurikeln, wachsen durch Verlängerung des Wurzelstockes aus dem Boden heraus und müssen deshalb von Zeit zu Zeit eingedrückt werden. Die Vermehrung geschieht durch Aussaat von Samen (siehe pag. 1736). Da aber mit Ausnahme der Vernales=Gruppe die Keimung oft nur schwierig vor sich geht, so wird häufig das Verfahren der Teilung von ältern Stöcken angewendet, das bei den Kulturformen zudem die Sicherheit bietet, die Sortenmerkmale zu erhalten, bei den gefüllten Formen, die gewöhnlich unfruchtbar sind, sogar die einzige Möglichkeit der Vermehrung darstellt. Für die Gärten sind von den einheimischen Arten wichtig die Aurikeln (P. hortensis = P. Auricula × P. hirsuta, siehe pag. 1769) und noch mehr die leicht kultivierbaren Arten der Vernales=Gruppe, mit zahlreichen Sorten, von denen viele hybriden Ursprungs sind (pag. 1746). Unter ihnen steht an Bedeutung wiederum Primula vulgaris und ihre var. rubra obenan, die sich gleichermassen zur Beet= einfassung und zur Bepflanzung von Rasenflächen eignet und in feuchtem, fettem Boden halbschattig am besten gedeiht. Sehr zahlreich sind die im Freiland kultivierten Primeln aus fremden Ländern. Zu einer bedeutenden Zahl schon seit längerer Zeit bekannter und namentlich in englischen Gärten aus Samen erzogener Arten sind in den letzten 20 Jahren zahlreiche neue hinzugekommen, indem die in Westchina neuaufgefundenen Arten sogleich nach Europa gebracht und in Kultur genommen wurden. Diese sind sämtlich in bezug auf Boden nicht anspruchs= voll und gedeihen in gutem, etwas feuchten Gartenboden. Hingegen ist die grosse Mehrzahl von ihnen für leichten Schnee= und Kälteschutz dankbar (Reisigdecke); wenige sind völlig frosthart. Aus der grossen Zahl der fremden Freilandprimeln wollen wir nur einige der wichtigsten herausgreifen. Die Sektion Vernales hat vor wenigen Jahren in der Primula Júliae Kuszn. aus Transkaukasien eine Art geliefert, die sich als vorzüglicher Frühlingsschmuck zum Bepflanzen von Steinpartien aber auch der Rasen eignet. Sie ist der P. vulgaris verwandt, unterscheidet sich durch die kleinere, tief rötlichviolette Krone mit zitronengelbem Schlund und schmalen, tiefeingeschnittenen Kronzipfeln. Die Krone erhält dadurch ein sternförmiges Aussehen. Blüten= stiele und Kelch sind rötlich (feine Strichzeichnung). Der Kelch ist eng, mit spitzen Zipfeln und wird von der Kronröhre überragt. Die Blätter sind langgestielt; der Blattstiel ist schmal und deutlich abgesetzt, die Blatt= spreite klein, rundlich=herzförmig, glatt, kurzdrüsig behaart, am Rande tiefgekerbt. Nur die Hauptnerven sind sichtbar. Die Pflanze erzeugt durch starke Verzweigung der oberirdisch liegenden, mit lockeren Rosetten besetzten Rhizome einen rasigen Wuchs und überzieht rasch grosse Flächen. Sie nutzt den Boden stark aus und muss von Zeit zu Zeit verpflanzt werden. Das Blühen ist sehr reich; die Vermehrung geschieht leicht durch Teilung der Stöcke. Durch Kreuzung mit unseren Gartenprimeln (P. vulgaris) ist aus ihr eine für die Gärten besonders wertvolle Rasse (Primula Helénae Ar.) gezüchtet worden (pag. 1727). Aus der Sektion Farinósae muss vor allem Primula rósea Royle als schöne und beliebte Frühblüherin erwähnt werden. Sie stammt aus den Gebirgen des westlichen Himalaya (3000 bis 4000 m) und erfordert eine leichte Winterdecke. Im Gegensatz zu P. farinosa sind bei ihr die Laubblätter kahl, ohne Mehlstaub und erscheinen erst nach der Blütezeit; die Blütenhüllblätter sind am Grunde vorgezogen, die dunkelroten Kronen halten zirka 2 cm Durchmesser. In die gleiche Sektion, aber ausgezeichnet durch deutlich gestielte Laubblätter, gehören Primula fróndosa Janka aus Nordthrazien (Laubblätter gezähnt, meist mit Mehlstaub. Blüten langgestielt mit freudig blauer Krone), Primula involucráta Wall. List. aus den Gebirgen des Himalaya, 4000 bis 5000 m (Blätter ganzrandig, ohne Mehlstaub. Blüten langgestielt, mit am Grunde spornartig bis 1 cm vorgezogenen Hüllblättern und weisser oder rötlicher Krone), Primula Sibírica Jacq. aus der Arktis (ähnlich P. involucrata, aber Hüllblätter mit kurzem, breitem Sporn. Krone kleiner, 0,8 bis 1,5 cm Durchmesser, violett oder rosenrot). Diese Arten ersetzen im Garten, namentlich in den Alpenanlagen, vorteilhaft unsere Primula farinosa. Vor allem wird P. frondosa sehr empfohlen; P. involucrata verlangt leichte Winterdecke. Aus der Sektion Capitátae Pax, bei der die Blüten sitzend, in einem kugeligen Köpfchen auf dem Schafte stehen, („Kopfprimeln"), ist die prächtig blaublütige Primula denticuláta Smith als Frühblüher besonders geschätzt. Sie ist schon seit beinahe einem Jahrhundert (1842 eingeführt durch Veitch) in Kultur, wird aber in weiteren Kreisen erst jetzt bekannt. Die Laubblätter erscheinen nach der Blütezeit. Noch empfehlenswerter ist Primula Caschmiriána Munro, da sie einen gedrungeneren Wuchs und grössere Blütenköpfe besitzt. Sie wird als Form von P. denticulata aufgefasst; Pax vermutet, sie sei ein Bastard P. capitata × P. denticulata. P. denticulata wächst im Himalaya von Afghanistan bis Yünnan, in Höhen von 2000 bis 4000 m. Aus dem östlichen Himalaya stammt die nahe verwandte Primula capitáta W. J. Hooker (äussere Blüten nickend oder zurückgeschlagen. Kelch kugelig-glockig. Krone tief blaupurpurn; bei P. denticulata alle Blüten aufrecht. Kelch röhrig-glockig). Sie ist gegen Frost empfindlicher als P. denticulata. Aus der Sektion Niváles Pax wird in Alpenanlagen gelegentlich die purpurn- oder weissblühende Primula nivális Pallas kultiviert, die in den Gebirgen

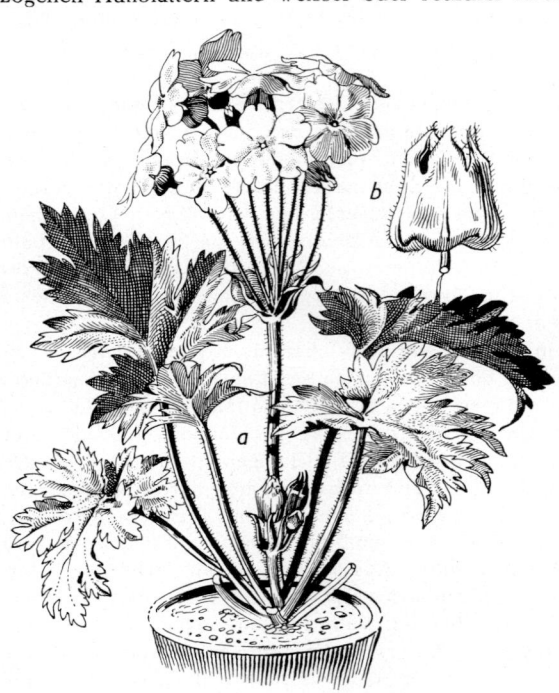

Fig. 2738. Primula Sinensis Lindl. *a* Blühende Pflanze. *b* Kelch.

Asiens an Bachufern und feuchten Wiesen weit verbreitet ist und in der Nähe des schmelzenden Schnees blüht (kahl, oft bepudert, aber Hüllblätter am Grunde nicht gesackt. Laubblätter lanzettlich, ganzrandig, mit breitgeflügeltem, kurzem Stiel. Schaft kräftig. Blüten aufrecht, gestielt). In die gleiche Gruppe gehört Primula Sikkiménsis W. J. Hook, eine der hochwüchsigen und grossblütigen Prachtprimeln (Schaft bis 60 cm hoch, ganze Pflanze kahl. Laubblätter schmallanzettlich, scharf gezähnt. Blüten nickend. Krone 2,5 cm breit, wohlriechend, gelb), die in Mitteleuropa der Winterdecke bedarf, obschon sie in ihrer Heimat, dem Sikkim-Himalaya in 3500 bis 5000 m Höhe vorkommt. Neben den wichtigsten Topfprimeln, von denen wir noch sprechen werden, liefert die Sektion Sinénses Pax einige schöne und stattliche Freilandprimeln, so Primula Siebóldii E. Morren aus Japan und Transbaikalien, P. cortusoídes L. verbreitet von den Westhängen des Ural bis in das Altaigebirge (in Brandenburg, bei Landsberg und Allandsberg verwildert), P. Veitchii Duthie aus Zentralchina, P. Lichiangénsis G. Forrest aus Yünnan. Die beiden ersten sind schon seit langem in Kultur, P. cortusoides seit 1743, die beiden letzten sind Neueinführungen. Allen sind die grossen, breiten, ± gelappten, deutlich gestielten, drüsenhaarigen Blätter gemeinsam. Der Kelch ist bei P. Sieboldii schmal-becherförmig, bei P. cortusoides röhrig und nach der Blüte nicht vergrössert, bei P. Veitchii am Grunde breit und gestutzt, wodurch sie sich in nahe Verwandtschaft zu P. Sinensis stellt, aber durch die unterseits dicht flockig weissfilzigen Blätter und die weit vorragende Fruchtkapsel leicht zu unterscheiden ist. Die Blüten sind prächtig rot, bei P. Veitchii mit gelbem, bei P. Lichiangensis mit gelblich-grünem Auge. P. Sieboldii zeichnet sich durch besonders grosse Blüten aus, die man in allen Farbenschattierungen von weiss bis dunkelrot gezüchtet hat. Eine Kreuzung P. cortusoides

Tafel 208

## Tafel 208.

Fig. 1   *Primula elatior* (pag. 1746). Blühende Pflanze (langgriffelig).
" 2.   *Primula veris* (pag. 1749). Blühende Pflanze (langgriffelig).
" 2 a. Kurzgriffelige Blüte im Längsschnitt.
" 2 b. Langgriffelige Blüte im Längsschnitt.

Fig. 3.  *Primula vulgaris* (pag. 1743). Habitus.
4   *Androsace septentrionalis* (pag. 1814). Blühende Pflanze.
5   *Androsace maxima* (pag. 1810). Blühende Pflanze.

× P. Veitchii kommt unter dem Namen „Lothringen" in den Handel und übertrifft ihre Eltern bei weitem an Wachstumskraft und Blütenreichtum. Diese Primeln lassen sich leicht aus Samen ziehen, sind leicht zu kultivieren und gelten als winterhart. Doch dürfte sich in rauherem Klima eine schwache Winterdecke empfehlen, namentlich für P. Sieboldii. Stattliche und farbenprächtige Arten hat uns die Sektion Cankriénia (De Vriese) Pax gegeben. Zu Primula Japónica A. Gray, die 1871 aus Japan eingeführt und in Chelsea erzogen wurde, sind in den letzten Jahren mehrere Arten aus Westchina, Primula Beesiána G. Forrest, P. Bulleyána G. Forrest, P. pulverulénta Duthie und P. Cockbúrniana Hemsl., hinzugekommen. P. Japonica wurde 1878 in der Schweiz (Beatenberg) gartenflüchtig beobachtet. Bei den genannten Arten trägt der Blütenschaft mehrere übereinanderstehende Blütenquirle („Etagenprimeln"); die Blätter sind kahl, am Rande gesägt oder gezähnt, in den geflügelten Blattstiel verschmälert; der Kelch ist gepudert. Die Blütenfarbe ist bei P. Japonica dunkelrot, in einigen Sorten rosa oder weiss, bei P. pulverulenta dunkelkarmin mit weiss bestäubten Blütenstielen, bei P. Beesiana tiefrosakarmin mit orangefarbenem Auge, bei P. Cockburniana zinnoberrot und bei P. Bulleyana orangefarben. Sie bilden miteinander Blendlinge, wodurch der Farbenreichtum noch gesteigert wird. Die Einzelpflanze ist eine etwas steife Erscheinung; um so besser wirkt sie in dichtem Stand und bei zweckmässiger Farbenmischung als vorsommerlicher Beetschmuck. Die Anzucht aus Samen ist leicht; zum Ueberwintern ist eine Reisigdecke notwendig. Primula Beesiana, P. Bulleyana und P. pulverulenta,

Fig. 2739. Primula obconica Hance. Blühende Pflanze.

die in ihrer Heimat auf feuchten Wiesen wachsen, machen Anspruch auf eine beträchtliche und gleichmässige Bodenfeuchtigkeit und überwintern nur dann gut, wenn sie feucht in die Frostperiode hineinkommen. Zu den Kulturprimeln aus der Sektion Cankrienia gehört endlich auch eine amerikanische Art, Primula Parrýi A. Gray, aus den südlichen Teilen der Rocky Mountains. Bei ihr bilden die Blüten nur eine einzige, reichblütige, einseitswendige Dolde. Die Pflanze ist kahl; nur der Kelch ist drüsig, oft purpurn gefärbt; die Krone ist gross ($2^1/_2$ cm Durchm.), dunkelpurpurn oder karmin mit goldgelbem Auge. Primula Parryi verlangt einen feuchten, halbschattigen Standort. Aus der nahestehenden Sektion Calliánthae wurde P. vittáta Bur. et Fr. aus Szechuan eingeführt, mit einer einzigen oder 2 übereinanderstehenden Dolden. Die Blüten sind kurzgestielt von magentaroter Färbung. Der obere Teile des Schaftes, die Hüllblätter und Blütenstiele sind weiss bestäubt, der Kelch zeigt 5 weisse Streifen. Schliesslich sei noch eine Art erwähnt, die in ihrem Habitus gänzlich aus der Gattung Primula herausfällt und eher an ein Muscari erinnert. Es ist Primula Littoniána G. Forrest, die, vor wenigen Jahren in Westchina entdeckt und sogleich nach Europa gebracht, sich als winterhart erwiesen hat. Die Blütenschäfte sind straff, 30 bis 50 cm hoch, die Blätter 15 bis 20 cm lang, länglich, gezähnt, behaart. Die Blüten stehen, leicht hängend, in dichten, 8 bis 12 cm langen Aehren. Hochblätter und Kelch sind glänzend scharlach- oder blutrot, die Blumenkrone purpurn, beim Abblühen zu lila verblassend. Da das Aufblühen von unten nach oben erfolgt, so erscheint der Blütenstand unten bläulich, darüber purpurn und an der Spitze glänzend rot gefärbt.

Zur Kultur als Topfpflanzen eignen sich auch eine grössere Zahl der gewöhnlich im Freiland kultivierten Arten, so die Aurikeln, Primula capitata, P. denticulata, P. Sieboldii, P. cortusoides, P. Parryi. Viel wichtiger sind die beiden zur Sektion Sinenses gehörenden Arten Primula Sinénsis Lindl. (Fig. 2738) und P. obcónica Hance (Fig. 2739, 2713, 2717, 2718, 2722); weniger Bedeutung hat P. móllis Nutt. aus dem östlichen Himalaya. Sie bilden zusammen mit Cyclamen Persicum die Hauptmenge unseres winterlichen Blütenschmuckes und fehlen im Zimmer oder Kalthause keines Blumenfreundes. Der Wurzelstock trägt eine Rosette grosser, herzförmiger Blätter und treibt viele Blütenschäfte, die gelegentlich mehrere übereinanderstehende Dolden tragen. Die beiden Arten sind an Kelch und Laubblättern leicht zu unterscheiden. Bei P. Sinénsis ist der Kelch blasig aufgetrieben, am Grunde verbreitert (zirka 1 cm breit) und gestutzt, wenig gestreift. Die Laubblätter sind tief gelappt, mit ungleich ein= geschnitten=gezähnten Lappen. Im übrigen sind Blattform, Kelchform, Blütenform und =Farbe sehr veränderlich (vgl. pag. 1730). Die Art wurde 1819 in Europa eingeführt, in der „Sinensis"=Form, mit violetter, kurzgriffliger Krone. Sie ist eine alte chinesische Zierpflanze, die auch seither nicht in wildem Zustande aufgefunden wurde. Das ursprüngliche Exemplar war heterozygot für „stellata" und Langgriffel, in den meisten übrigen Faktoren dominant. Die rezessiven Typen sind in Europa in der Kultur mutativ aufgetreten, ebenso wie das dominante Weiss der Kronblätter und das dominante weisse Auge „Alexandra" (Gregory, Winton, Bateson). Zuweilen sind die Blüten stiellos, so dass an Stelle der Dolden Köpfchen erscheinen. Gefüllte Blüten sind sehr geschätzt. Die Kronfarbe geht von weiss bis rot. Die Blütenfarbe kann nach Bauer durch äussere Einflüsse verändert werden. Stellt man nämlich Exemplare einer rotblühenden Rasse einige Wochen vor dem Blühen in ein Warmhaus von 30 bis 35° Temperatur, so erscheinen nur weisse Blüten. P. obcónica besitzt einen nach oben konisch erweiterten Kelch, der sich nach der Blütezeit vergrössert (Fig. 2729); die Blätter sind gezähnt oder lappig gezähnt; die Krone ist purpurn oder rötlich gefärbt. Sie stammt aus den Gebirgen am Ostabfall des tibetanischen Hochlandes und wurde im Jahre 1880 in Europa (Chelsea in England) zum erstenmal zum Blühen gebracht. Die Geschichte der Einführung und das Auftreten der Variabilität in den einzelnen Merkmalen behandelt Arthur W. Hill in Journal of Genetics II (1912) nr. 1. Infolge der Leichtigkeit der Kultur und des enormen Blütenreichtums (sie blüht das ganze Jahr durch bis zur völligen Erschöpfung) hat sie sich ausserordentlich rasch verbreitet und ihre ältere Schwester an Bedeutung überflügelt. Durch Hochzucht sind Edelsorten entstanden mit dichten, bis 10 cm breiten Dolden, die auf straffen, 30 cm hohen Stielen stehen und schöngefärbte Einzelblüten von 3 bis 5 cm Kronendurchmesser tragen. Die Blumenfarbe der Zuchtrassen umfasst Weiss und alle Schattierungen von Rot, Purpur, Blau. Leider wirken ihre Drüsenhaare auf die Haut mancher Menschen giftig ein (vgl. pag. 1721), so dass bei der Pflege einige Vorsicht geboten ist (Handschuhe oder Einreiben der Hände mit Maschinenöl als Vor= beugungsmittel; Waschung mit 10% Kalilauge, Alkohol, Aether, Terpentinöl, um das zähe haftende Sekret von der Haut zu entfernen; Waschungen mit essigsaurer Tonerde gegen den Ausschlag). Neuer= dings hat man Bastarde Primula megaseaefolia Boiss. × P. obconica (= P. Aréndsii Pax) erzeugt, die sehr empfohlen werden. Die Aufzucht dieser Arten geschieht entweder aus Samen oder durch Stecklinge. Letzteres ist bei den gefüllten Formen die einzige Möglichkeit, während noch die halbgefüllten ziemlich reichlich Samen bilden. Die Samen werden im Frühling in flachen Schalen mit sandiger Lauberde bei mässiger Feuchtigkeit zum Keimen gebracht (schwache Erdbedeckung!). Die Keimung tritt nach zirka 14 Tagen ein. Die Keimlinge werden mehrfach pikiert (lauwarmes Mistbeet) und erstarken bald. Ueber den Sommer kommen sie in ein kaltes Mistbeet und werden im Herbst eingetopft (Mischung von Lauberde und Gartenerde) und bei mässiger Temperatur und Feuchtigkeit überwintert. Die Pflanzen müssen während des Blühens vor starkem Sonnenschein geschützt, sonst aber hell, luftig und kühl (6 bis 8° C genügen) gehalten werden. Die ersten Blütenknospen werden weggeschnitten. Die Blütezeit dauert den ganzen Winter durch und setzt sich bei P. obconica in den Sommer hinein fort, so dass sich die Pflanze zum Besetzen gut halbschattig gelegener Gartenbeete eignet. Beide Arten halten mehrere Jahre lang aus; doch empfiehlt es sich, Primula obconica alle 1 bis 2 Jahre neu heranzuziehen (Aussaat vom Januar an) und die gefüllten Formen von P. Sinensis im 3. Jahr zur Stecklingsvermehrung zu verwenden. Dies geschieht dadurch, dass die zur Vermehrung geeigneten Triebe abgeschnitten und bis zur Bewurzelung in ein geschlossenes, nicht zu warmes Vermehrungsbeet in Sand gesteckt werden oder durch Umwickeln des Wurzelhalses der Pflanzen mit Torfmoos, in dem die jungen Sprosse bald wurzeln oder noch sicherer, indem man die abgeblühten Pflanzen in ein Warmhaus zusammenstellt, so dass sich verlängerte Seitentriebe bilden. Dann werden die Pflanzen im Mai in einen kalten Kasten gestellt und mit gleichmässig feucht gehaltenem Sphagnum umgeben. In diesem tritt innerhalb 6 Wochen Bewurzelung der Seitentriebe ein.

Die übrigen Kalthausprimeln sind viel weniger wichtig. Zu erwähnen wäre aus der Sektion Capitátae Primula erósa Wall. aus der subalpinen Höhenstufe des Himalaya, von P. denticuláta (s. pag. 1738) verschieden durch deutlich gestielte Blüten, die zugleich mit den Blättern erscheinen und purpurne oder violette Krone. Ferner aus der Sektion Cankriénia die Primula imperiális Jungh., aus den Gebirgen Javas, eine stattliche Etagenprimel mit gelben Blüten, die dadurch interessant ist, dass man die Samen vor der Aussaat einige Stunden im heissen Wasser quellen lassen muss. Die Aufzucht erfolgt zunächst im Warmhaus; dann härtet man die Pflanzen nach und nach ab und gewöhnt sie an das Kalthaus. Auch 1-jährige Primeln werden kultiviert (Sektion Monocárpicae Franch.), so Primula malacoides Franch. und P. Forbésii Franch. Beide stammen aus Yünnan und sind zierliche rot- und kleinblütige Etagenprimeln mit bepudertem, sich nach der Blütezeit vergrösserndem Kelch. Bei P. malacoides sind die Blätter langgestielt und gleichen in Form und Lappung denjenigen von Erodium malacoides (L.) Willd. (vgl. Bd. IV, pag. 1717); bei P. Forbesii sind die Blattstiele kurz, die Blattflächen herzeiförmig mit zahlreichen kleinen, unregelmässig gezähnten Lappen. Die Blütenzahl ist sehr gross; bei P. malacoides stehen bis 1400 Blüten an einem Stock. Schliesslich hat noch die Sektion Floribúnda Pax uns schöne Winterblüher gegeben, vor allem Primula floribúnda Wall. aus dem Westhimalaya (800 bis 2300 m) und P. verticilláta Forsk. aus Südarabien. Bei ihnen sind die Blätter in der Knospenlage nach vorwärts eingerollt, durch welches Merkmal sie sich unserer Sektion Auricula nähern; im übrigen sind es aber hochwüchsige Etagenprimeln mit goldgelben, wohlriechenden Blüten und blattartigen Blütenhüllblättern. Primula floribunda ist drüsig behaart, Kelch über die Hälfte geteilt, Kelchzipfel abstehend oder rückwärts gebogen; Primula verticillata ist kahl, Kelch weniger tief geteilt, Kelchzipfel anliegend. Die Anzucht und Behandlung ist ähnlich wie bei Primula Sinensis. Beide Arten blühen den ganzen Winter durch. Von P. floribunda gibt es eine grossblütige Kulturform (var. grandiflora Pax). Die Gärtner haben auch einen Bastard P. floribunda × P. verticillata gezogen, der als Primula Kewénsis Jenk. eine sehr geschätzte Topfpflanze bildet. P. Kewensis war lange Zeit unfruchtbar und hatte 8 Chromosomen wie die Stammeltern. Durch Knospenvariation entstand eine Form mit 32 Chromosomen, die sich nur durch etwas beträchtlichere Grösse unterschied. Diese pflanzt sich apogam fort.

Die Arten der Gattung Primula sind parasitären Schädigungen nur wenig ausgesetzt. Bei unseren mitteleuropäischen Arten sind wichtigere tierische Schädlinge nicht bekannt, von pilzlichen Schmarotzern werden die folgenden angegeben: Uredineae: Uromýces Prímulae Fuck.: Aecidien, Uredo- und Teleutosporen auf Primula hirsuta (Schweiz, Tirol), P. Auricula (selten: Schweiz, Deutschland, Oesterreich), P. viscosa, P. villosa, hierher vielleicht auch auf P. spectabilis in Judikarien; Uromýces Auriculae P. Magnus: Aecidien, Uredo und Teleuto auf Primula Auricula (Tirol: Blaser); Uromýces Prímulae integrifóliae (DC.) Lév.: Aecidien und Teleuto auf Primula integrifolia und P. integrifolia × P. viscosa (in der östlichen Schweiz und im Paznaun in Tirol); Uromýces apiospórus Hazsl. (= U. Primulae minimae Ed. Fisch.): Teleuto auf Primula mínima (in den Ostalpen und Sudeten); Uromýces Ovirénsis Jaap: Aecidien und Teleuto auf Primula Wulfeniana (auf dem Hochobir in den Karawanken, Kärnten); Puccínia Prímulae DC.: Aecidien, Uredo und Teleuto auf Primula elatior, P. veris, P. vulgaris (selten: Schweiz, Deutschland, Oesterreich). Ustilagineae: Urocýstis primulícola Magn.: selten auf Primula veris (Schweiz an der Lägern), P. elatior, P. vulgaris (Schweiz, auf dem Rütli am Urnersee und auf dem San Salvatore im Tessin) und P. farinosa. Ferner werden folgende niedere Pilze angegeben, die teilweise erst auf abgestorbenen Pflanzenteilen zur völligen Entwicklung gelangen (z. T. nach Oudemans): Ascomycetes: Leptosphǽria primulána Allesch. (P. elatior), Leptosphǽria primulǽcola Sacc. (P. viscosa), Ventúria Niésslii Sacc. (P. integrifolia), Sphaerélla Prímulae Wint. (P. viscosa, P. villosa, P. integrifolia, P. minima), Sphaerélla Cassiána de Not. var. Prímulae Rehm (P. glutinosa), Pleóspora chrysóspora Niessl. (P. integrifolia), Sphaerulína callísta Rehm var. Prímulae Ade (Primula minima in Tirol), Pyrenóphora chrysóspora Sacc. var. poláris Karst. (P. viscosa), Pyrenóphora Diánthi (De Not.) Berl. (P. viscosa), Orbília Prímulae Sacc.; Phycomycetes: Synchýtrium aúreum Schroet. (P. veris), Peronóspora Oerteliána Kühn auf Primula vulgaris, P. elatior, P. veris. Das Myzel überwintert im Rhizom und steigt im Frühling in die jungen Blätter hinauf, diese dicht mit den Konidienträger-Rasen überziehend (Brandenburg, Sachsen, Böhmen, Schweiz). Deuteromycetes: Ascochýta Prímulae Trail (P. vulgaris, P. veris), Phyllostícta Prímulǽcola Desm. (P. vulgaris, P. elatior, P. veris), Septória primulícola Rost. (P. vulgaris), Cercosporélla Prímulae Allesch. (P. elatior, P. veris), Ovulária corcellénsis Sacc. (P. vulgaris), Ovulária primulána Karst. (P. vulgaris), Ramulária Prímulae Thüm. (P. vulgaris, P. elatior, P. veris, P. Auricula), Ramulária Tirolénsis Maire (P. elatior subsp. intricata), Cercóspora Prímulae Fautr. (P. elatior), Paepalópsis Irmischiae J. Kühn (P. vulgaris, P. elatior, P. veris, P. farinosa), Heterospórium Auriculae Cooke (P. Auricula), Fumágo vágans Pers. (Primula sp.), Oídium concéntricum B. et Br. (Primula sp.). Auf Primula obconica wurde in deutschen Gewächshäusern eine Blatterkrankung beobachtet (gelbliche, gelblich-grüne oder weissliche Flecken von 0,5 bis 2 mm Durchmesser, unregelmässig über die Blattfläche verteilt, doch so, dass die Blattnerven grün blieben, manchmal auch die zentralen Blatteile und der Blattrand), von der Einwirkung schwefliger Säure ($SO_2$) herrührend, die sich in den Heizöfen entwickelt und bei schlecht schliessenden Türen usw. in das Innere der Gewächshäuser gelangen kann (siehe H. Pape in Angewandte Botanik. Zeitschr. f. Bespr. d. Nutzpflanzen. 6, 1924 (255 bis 275).

1. Laubblätter in der Knospenlage nach rückwärts eingerollt, etwas häutig. Spaltöffnungen meist auf der Blattunterseite. Kelch kantig . . . . . . . . . . . . . . . . . . . . . . . . 2.

1*. Laubblätter in der Knospenlage nach vorwärts eingerollt, etwas lederig oder fleischig. Spaltöffnungen vor allem auf der Blattoberseite. Kelch ohne Kanten, stielrund. Alpen. Sect. Auricula . . 6.

2. Laubblätter glatt oder schwach runzelig, kahl. Blattunterseite meist dicht mit Mehlstaub bepudert. Kelch stumpfkantig. Krone rotlila. Sect. Farinosae . . . . . . . . . . . . . . . . . . . 5.

2*. Laubblätter runzelig, behaart, ohne Mehlstaub. Kelch scharfkantig. Krone gelb, ausnahmsweise purpurn, beim Trocknen oft grünlich werdend. Sect. Vernales . . . . . . . . . . . . . . 3.

3. Blütendolde gestielt. Stiel der Kapsel steif aufrecht (Fig. 2736 a). Laubblätter oberseits behaart, am Grunde meist plötzlich in den Stiel zusammengezogen . . . . . . . . . . . . . . . . . . . . 4.

3*. Blütendolde ungestielt, Blüten grundständig. Stiel der Kapsel schlaff, niederliegend (Fig. 2736 b). Laubblätter oberseits kahl, am Grunde allmählich verschmälert. Krone schwefelgelb . P. vulgaris nr. 2160.

4. Kelch weit, glockenförmig (Fig. 2746). Kronsaum vertieft. Krone dottergelb. Kapsel oval, halb so lang als der Kelch . . . . . . . . . . . . . . . . . . . . . . . . . . P. veris nr. 2162.

4*. Kelch eng anliegend. Kronsaum flach. Krone schwefelgelb. Kapsel zylindrisch, den Kelch meist überragend . . . . . . . . . . . . . . . . . . . . . . . . . . . . P. elatior nr. 2161.

5. Kronröhre ungefähr so lang wie der Kelch. Blüten heterostyl . . . . P. farinosa nr. 2163.

5*. Kronröhre 2- bis 3½-mal so lang wie der Kelch. Blüten homostyl. Alpen . P. longiflora nr. 2164.

6. Hüllblätter schmal, länger als die Blütenstiele. Kelch lang. Drüsen farblos. Mehlstaub fehlend. Dolden 1- oder wenig-blütig . . . . . . . . . . . . . . . . . . . . . . . . . . . 12.

6*. Hüllblätter meist breit und mehrmals kürzer als die Blütenstiele. Kelch kurz. Dolden meist vielblütig 7.

7. Blatt ohne Knorpelrand . . . . . . . . . . . . . . . . . . . . . . . . . . 9.

7*. Blattrand knorpelig . . . . . . . . . . . . . . . . . . . . . . . . . . . 8.

8. Blüten gelb. Pflanzen mit kurzen Drüsenhaaren und gewöhnlich mehlig bestäubt. Kalkpflanze der Alpen, Jura, Schwarzwald . . . . . . . . . . . . . . . . . . . . P. Auricula nr. 2165.

8*. Blüten violett. Pflanzen ohne Drüsenhaare und ohne Mehlstaub auf den grünen Teilen. Nur in Krain und im Küstenland . . . . . . . . . . . . . . . . . . . . . P. Carniolica nr. 2166.

9. Grüne Pflanzenteile dicht mit roten oder beim Trocknen rot abfärbenden Drüsenhaaren bekleidet (bei P. hirsuta die Drüsen meist anscheinend farblos oder gelblich). Staubbeutel der langgriffeligen Blüten unter dem Kronschlund. Kronschlund und Innenfläche der Kronröhre reinweiss. Kein Mehlstaub . . . . . 10.

9*. Grüne Pflanzenteile mit farblosen Drüsen bekleidet. Staubbeutel der langgriffeligen Blüten im Kronschlund (Fig. 2727). Kronschlund und Innenfläche der Kronröhre gleich gefärbt wie der Saum. Kronschlund mit Mehlstaub. Krone ± trichterförmig. Blütenstand einseitswendig. Urgebirgsalpen von Graubünden . . . . . . . . . . . . . . . . . . . . . . . . . . . . . . . . . . . . . . . . . P. viscosa nr. 2167.

10. Schaft länger als die Laubblätter. Kelchzähne anliegend. Kapsel so lang oder etwas länger als der Kelch. Drüsen gross, rot . . . . . . . . . . . . . . . . . . . . . . . . . . . 11.

10*. Schaft kürzer als die Laubblätter. Kelchzähne abstehend. Kapsel kürzer als der Kelch. Drüsen klein, selten rot. Zentrale Alpen . . . . . . . . . . . . . . . . . . . P. hirsuta nr. 2168.

11. Pflanze meist schmächtig. Laubblätter schmal, keilförmig, vorn meist gestutzt und allmählich in den Blattstiel verschmälert. Behaarung kurz ($1/6$ bis $1/8$ mm). Blütendurchmesser 10 bis 20 mm. In der Ortler- und Adamellogruppe . . . . . . . . . . . . . . . . . . . . . . P. Oenensis nr. 2169.

11*. Pflanze meist kräftig. Laubblätter verkehrteiförmig oder oval, in einen kurzen Blattstiel verschmälert. Behaarung etwas länger ($1/3$ bis $3/4$ mm). Blütendurchmesser 16 bis 24 mm. Norische Alpen. . . . . . . . . . . . . . . . . . . . . . . . . . . . . . . . . . . . P. villosa nr. 2170.

12. Laubblätter ganzrandig . . . . . . . . . . . . . . . . . . . . . . . . . 15.

12*. Laubblätter gezähnt . . . . . . . . . . . . . . . . . . . . . . . . . 13.

13. Laubblätter ± keilförmig, kahl, glänzend . . . . . . . . . . . . . . . . . . 14.

13*. Laubblätter klein, rundlich, drüsenhaarig, schwach glänzend. Südtiroler Dolomiten . . . . . . . . . . . . . . . . . . . . . . . . . . . . . . . . . . . . P. Tirolensis nr. 2176.

14. Laubblätter breit-keilförmig, vorn gestutzt und grob gezähnt, nicht klebrig. Hüllblätter schmal. Blüten meist einzeln auf sehr kurzem Schaft. Ostalpen, Sudeten . . . . . . . . . P. minima nr. 2178.

14*. Laubblätter schmal-keilförmig, fein gezähnt, sehr klebrig. Hüllblätter oval, oft die Blüten wie eine Hülle einschliessend. Zentrale Teile der Ostalpen . . . . . . . . . . . . P. glutinosa nr. 2177.

15. Laubblätter steif, mit Knorpelrand, kahl oder mit mikroskopisch kleinen Drüsen besetzt. Blütenstiele 2 bis 8 mm lang, manchmal auch länger . . . . . . . . . . . . . . . . . . . . . . . . 16.

15*. Laubblätter weich, ohne Knorpelrand, mit langen ($^3/_4$ mm), gegliederten Haaren locker bestreut. Blütenstiele 0 bis $1^1/_2$ mm lang. Mittlere Alpenkette . . . . . . . . . . . P. integrifolia nr. 2175.

16. Laubblätter ohne durchsichtige Punkte, nicht klebrig . . . . . . . . . . . . . . . 17.

16*. Laubblätter grösser, breiter, mit durchsichtigen Punkten, klebrig, mit breitem Knorpelrand. Judikarische und Trientiner Alpen . . . . . . . . . . . . . . . . . . . P. spectabilis nr. 2172.

17. Laubblätter am Rand mit sehr kurzen Drüsenhaaren besetzt. Hüllblätter höchstens bis zur Kelchmitte reichend. Kelch auf weniger als zur Hälfte geteilt. Kelchzähne stumpf . . . . . . . . . 18.

17*. Laubblätter vollkommen kahl, blaugrün, mit breitem Knorpelrande. Hüllblätter bisweilen bis zur Kelchspitze reichend. Kelch meist bis zur Mitte geteilt. Kelchzähne spitz oder stumpf (var. Langobarda). Bergamaskeralpen und Judikarien . . . . . . . . . . . . . . . . . P. glaucescens nr. 2171.

18. Laubblätter mit schmalem Knorpelrand, stumpflich, grasgrün. Drüsenhaare am Blattrand und an den übrigen grünen Pflanzenteilen bis $^1/_5$ mm lang und deutlich sichtbar. Nordöstliche Kalkalpen . . . . . . . . . . . . . . . . . . . . . . . . . . . . . . . . . . . . . P. Clusiana nr. 7174.

18*. Laubblätter sehr steif, mit breitem Knorpelrand, spitz, blaugrün. Drüsenhaare nur am Blattrand und am Kelch, äusserst kurz, kaum $^1/_{20}$ mm lang. Südöstliche Kalkalpen . . . P. Wulfeniana nr. 7173.

**2160. Prímula vulgáris** Hudson (= P. acaúlis [L.] Hill., = P. grandiflóra Lam., = P. silvéstris Scop., = P. vernális Salisb., = P. uniflóra Gmel., = P. hýbrida Schrank). Schaftlose Schlüsselblume, Erd-Primel. Franz.: Primevère à grandes fleurs, in der Westschweiz (Waadt): Oliva, Olivetta, Ouveletta; engl.: Primrose, common cowslip., spring cowslip, paigle; ital.: Primavera, occhio di civetta. Taf. 208, Fig. 3; Fig. 2740 bis 2742, 2724a, 2726, 2736b und 2787.

Nach der frühen Blütezeit heisst diese Art Merzbluem, Zitlose, Zitterrösli [vgl. Narcissus poëticus, Bd. II, pag. 313] (Schweiz), Vorwitzcher [die weissblühende Gartenform] (Nahegebiet). Andere Namen sind noch Gelber Sanikel, Gelber Scharnikel (Kärnten), Ringelblümel, Breinröserl (Steiermark), Rosszähne (Marbach, Kt. Luzern), Augä-Schlüsseli (Walenstadt).

Ausdauernd, mit kurzem Wurzelstock, 5 bis 10 cm hoch. Blattunterseite (nur auf den Adern), Blattrand, Blütenstiele und Kanten des Kelches mit bis 2 mm langen, gegliederten Haaren besetzt; Blattoberseite und äussere Teile der Kelchzähne kahl; ausserdem auf der Blattunterseite und vereinzelt auf den

Fig. 2740. Primula vulgaris Huds., bei Kochel, Oberbayern. Phot. P. Michaelis, Köln.

übrigen grünen Pflanzenteilen sehr kurze, helle Drüsenhaare. Laubblätter in der Knospenlage nach rückwärts eingerollt, runzelig, häutig, verkehrteiförmig-länglich oder länglich, vorn

abgerundet, allmählich in den ziemlich kurzen, geflügelten Blattstiel verschmälert, zur Blüte=
zeit 3 bis 6 cm lang, später vergrössert, unregelmässig gezähnt mit meist stumpfen Zähnen.
Blütenschaft äusserst kurz, daher die Blüten zu mehreren (bis 25) grundständig der Mitte
der Blattrosette entspringend. Hüllblätter aus breiterem Grunde lineal, blass, viel kürzer als
die 5 bis 10 cm langen Blütenstiele. Kelch walzenförmig, anliegend, kantig; Kanten grün,
die übrigen Teile gelblich, 12 bis 15 mm lang, auf weniger als die Hälfte eingeschnitten, mit
linealisch=3=eckigen Zähnen. Krone geruchlos, meist schwefelgelb, getrocknet oft grünlich;
Kronröhre etwas länger als der Kelch; Schlund mit 5 3=eckigen, orangefarbenen Flecken;
Kronsaum flach, 2,5 bis 3,5 cm breit, mit verkehrt=herzförmigen Zipfeln. Kapsel oval, bis $^2/_3$ so
lang als der Kelch. Samen zirka 2,5 mm lang, braun, warzig. — III, IV.

Auf frischem, gutem, etwas beschattetem Boden, vor allem an Bachläufen, unter
Gebüsch, in Obstgärten und lichten Laubwäldern, aber auch auf Wiesen; durch Mitteleuropa
sehr lückenhaft verbreitet, an manchen Orten jedenfalls angepflanzt und leicht verwildernd.

In Deutschland im äussersten Nordwesten: häufig im nördlichen Schleswig=Holstein (fehlt auf den
Friesischen Inseln), nach Süden seltener werdend und am Wienberg bei Putlos die Südgrenze erreichend, ferner
an der Nordseeküste bei Aurich und Jever und an der Ostsee im westlichen Mecklenburg in Meeres=
nähe (Wismar, Doberau, Klütz, früher bei Rostock); in Mitteldeutschland nur in der Rheinprovinz zwischen
Mettmann und Neandertal bei Düsseldorf, früher in Gremberg bei Deutz und im Buchhorst bei Mülheim
a. d. Ruhr; in Süddeutsch= land sehr selten in Württem= berg (Prassberg bei Wangen, Ravensburg) und in Bayern
auf der oberen Hochebene (Graswangtal, Kleinweil, Schweiganger, Benedikt= beuern, Frechensee, früher
Grünwald, Nymphenburg (ehedem angepflanzt), in den Alpen nur am Kochel= und Walchensee, dort bis
1000 m ansteigend. — In Oesterreich in Ober= österreich um Weyer und Hornstift; in Niederöster=

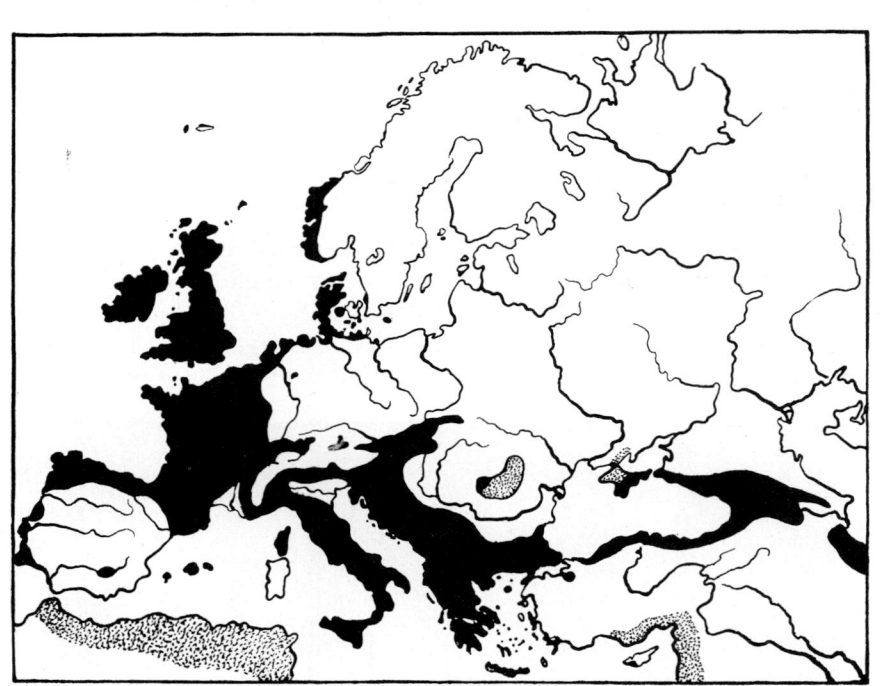

Fig. 2741. Verbreitung von Primula vulgaris Huds. (ein euatlantisch-mediterran-montaner Typus). Nach Karl Troll.

reich südlich der Donau häufig, sonst streckenweise fehlend (z. B. im Granitplateau des Waldviertels); in Steier=
mark bis 1100 m ansteigend, im mittleren und südlichem Teile häufig, in Nordsteiermark nur bei Donawitz
und Admont; in Kärnten stellenweise, z. B. Bleiburg, Loibltal, doch nicht im Lavanttal; in Krain und im Küsten=
land häufig; in Vorarlberg häufig bei Bregenz, Dornbirn, Götzis, in Liechtenstein bei Mauren wohl nur ver=
wildert; in Nordtirol nur bei Thaur, häufig in Südtirol, auch im Draugebiet. — In der Schweiz im südlichen
und mittleren Tessin häufig und bis 1500 m steigend; häufig am Genfersee und von dort ins Wallis bis nach
Leuk ausstrahlend (steigt bis 1280 m) und dem Jurarand folgend bis nach Grenchen; Liestal; Vierwaldstättersee;
vom Buchberg bei Benken durch die Linthebene bis Weesen und Netstall; Chur 650 m; ferner ganz isoliert
im Hilferngraben bei Marbach (Luzern); adventiv am Bahndamm bei Erlenbach (Zürich).

Allgemeine Verbreitung: Westliches Europa vom mittleren Norwegen (in Süd=
schweden früher eine Station auf Schonen) über England, Dänemark, Norddeutschland, Holland,

Belgien, Frankreich (im Pariserbecken seltener) bis Südportugal, durch die südeuropäischen Halbinseln bis in die Krim, nach Syrien, Kleinasien, Armenien; Ausstrahlungen nach Norden in die Alpenländer, in die Karpaten und nach Podolien. Die Art geht auch nach Algerien und ist damit die einzige Primel, die Nordafrika erreicht (eine endemische Art [P. Siménsis Hochst.] findet sich noch in Abessinien).

Aendert ab: var. rúbra Sibth. und Smith (= P. Sibthórpii Hoffm., = P. acaulis var. rósea Boissier, = P. grandiflóra var. orientális C. Koch). Blüten purpurn oder rot. Einheimisch in dem östlichen Mittelmeer= gebiet und seit langem in Kultur. Gelegentlich auch verwildert (Rosenberg bei Graz, bei Stainz in Steiermark, Povo in Südtirol, Neiss, Wemingbund und Gammelmark im Kreis Sonderburg, Kiel [Schrevenborner Mühle], Guberist bei Weiningen Kt. Zürich, Urnersee). — f. albiflóra Evers. Krone gelblichweiss bis fast reinweiss,

Fig. 2742. Primula vulgaris Huds., in Wiesen am Genfersee. Phot. A. Eisenlohr, Aubonne.

mit gelbem Schlund (Sonderburg, Doss Trento, am Urnersee). — f. cauléscens (Koch) Schinz et Thellung. Blütenstengel verlängert, mehrblütig. Hin und wieder mit dem Typus zusammen, oft auf der gleichen Grund= achse 1= und mehrblütige Sprosse. Wohl meist hybrider Natur. — Als Abnormität wird eine unverwachsene Krone beobachtet. So fand J. Murr 1901 in der Nähe vom Doss Trento Primula vulgaris mit völlig freien, langgenagelten Kronblättern, die an Dianthus erinnerten (var. sileniflóra Murr).

Gegenüber einer älteren Ansicht, P. elatior sei ein Bastard von P. vulgaris und P. veris (vgl. auch die Ver= suche von Ernst, pag. 1727), vertritt Sernander die Meinung, P. vulgaris habe sich durch wiederholte Mutation aus der P. elatior oder einer dieser sehr nahe stehenden Form entwickelt, wobei in erster Linie als degenerativer Charakter die Stengellosigkeit sich einstellte und dann in der Folge durch lebenswichtige Mutationen das Elaiosom des Samens und damit die Myrmekochorie erworben wurde (vgl. pag. 1736), zugleich wahrscheinlich auch der längere Blütenstiel und die grössere Blütenkrone, welche die Insektenbestäubung auch bei Stengel= losigkeit sicherstellten. Dabei traten noch weitere degenerative Merkmale auf, wie sich solche bei myrme= kochoren Arten gerne einstellen: die Verminderung der mechanischen Gewebe des Blütenstieles und als Folge die niederliegenden Fruchtstiele, der schwächere Fruchtkelch (die Wände der inneren Epidermis verholzen nicht wie bei P. elatior) und die schwächere Fruchtwand. Primula vulgaris verlangt einen milden Winter und Frühling, was vielleicht damit zusammenhängt, dass die Art ihre Vegetationsperiode schon im Herbst beginnt und mit entwickelten Blütenknospen überwintert, oft sogar während des Winters blüht. So konstatierte K. Amberg 1913 am Pilatus Herbstblüten, die halboffen den Winter überdauerten. Um Weihnachten 1912 wurde P. vulgaris von Hegi am Kochelsee in den bayerischen Alpen blühend gefunden (700 m über Meer), zusammen mit Alnus incana, Anemone Hepatica, Daphne Mezereum, Gentiana verna, Bellis perennis. K. Troll bezeichnet sie nach ihrer Verbreitung als euatlantisch=mediterrane Art. Die Doppelbedeutung des

Begriffes kommt auch in ihrem mitteleuropäischen Areal zum Ausdruck: in Norddeutschland ist sie atlantisch und entfernt sich wenig von der Küste. In den Alpenländern muss sie als mediterrane Einstrahlung angesehen werden und zeigt eine Vorliebe für die tiefen, warmen Täler und die Gestade der Seebecken. Erst am Südhang der Alpen steigt sie in grössere Höhen hinauf. Im Mittelmeergebiet ist Primula vulgaris charakteristisch für feuchte, waldige Gebirgshänge und meidet heisse, trockene Ebenen. So fand Lüdi im zentralen Peloponnes am Chelmos die Pflanze am 17. IV. blühend in 1100 m an einem grasigen, feuchten Grabenhang mit Tuffbildung im Quercus pubescens-Wald zusammen mit Bellis hybrida und Symphytum bulbosum versteckt im Gebüsch von Spartium junceum, Crataegus monogyna, Phlomis fruticosa, dann auch in grösserer Höhe (bis 1700 m = Nähe der Waldgrenze) an feuchten, schattigen Stellen des Apollotannenwaldes (Abies Cephalonica) in Begleitung von Scilla bifolia, Romulaea Bulbocodium, Crocus Sieberi, C. Olivieri, Anemone blanda, Ranunculus psilostachys, R. ficarioides, Corydalis densiflora var. tenuisecta, Viola Thessala, Cyclamen Neapolitanum. Auch in unserem Gebiete sucht sie den feuchten Schatten warmer Lagen auf. Im trockenen Wallis folgt sie den Wässergräben. Häufig treffen wir sie (z. B. am Genfersee) in frühlingsfeuchten Wiesen (Fig. 2742). Besonders charakteristisch ist sie aber für etwas lichte Laubwälder oder Gebüsch. So fand sie Hegi bei Locarno zusammen mit Scilla bifolia, Anemone Hepatica, Pulmonaria, im Buchenwald bei Morschach am Vierwaldstättersee mit Coronilla Emerus, Ilex aquifolium, Daphne Laureola, Evonymus latifolia, Polypodium vulgare, Luzula nivea, Anemone Hepatica, Mercurialis perennis, Origanum vulgare, Veronica latifolia, Asperula odorata, Valeriana tripteris, Solidago Virga aurea, Cicerbita muralis, Prenanthes purpurea. Vgl. auch das Vorkommen im Carpinus-Wald bei Roche zusammen mit Cyclamen Neapolitanum (pag. 1849). Am bewaldeten Geestabhang bei Kuden (Schleswig-Holstein) gibt sie Junge in ganz anderer Gesellschaft an, nämlich mit Silene nutans, Arabis hirsuta und Teucrium Scorodonia. — Die Art wird zuerst von Matthiolus (1558) abgebildet. Kultiviert wird neben dem Typus mit schwefelgelben, einfachen oder gefüllten Blüten vor allem die var. rubra; in alten Bauerngärten Süddeutschlands und der Schweiz nach Christ in einer trübrötlichen Spielart. In neuerer Zeit finden wir alle möglichen Farbenspielarten: weiss, gelb und rot oder braun und rot in allen Abstufungen, ferner dunkelrot, rosarot, lilafarben, purpurn, schwarzbraun, dunkelblau, wobei der Schlund gewöhnlich sattgelb gefärbt bleibt. Sie ist unsere wichtigste Kulturprimel und hat durch Kreuzung mit P. veris (Fig. 2787) und P. elatior auch schafttragende Formen, die jetzt mehr und mehr bevorzugt werden, die grosse Krone und den unendlichen Farbenreichtum gegeben.

### 2161. Primula elátior (L.) Schreber. Hohe Schlüsselblume. Franz.: Printanière; engl.: Oxlip, true cowslip.; ital.: Primavera. im Tessin: Primola inodorifera. Taf. 208, Fig. 1; Fig. 2743 bis 2745, 2714 und 2736a.

Die hohe Schlüsselblume wird in ihren Benennungen meist nicht von der echten unterschieden. Nur im Schwäbischen wird sie ab und zu zum Unterschied von P. officinalis als Bube-Batenke (Schwäbische Alb) oder als Weisse Schlüsselblume (Baden) bezeichnet. Zu den übrigen Volksnamen vgl. das bei Primula officinalis (pag. 1749) angeführte! Aus dem lateinischen betonica leiten sich die folgenden, hauptsächlich alemannischen Namen ab: Battenge (Vorarlberg), Badängeli, Maradendele (Baden), Bakenga, Makenga (Schwäbische Alb), Maginka (Schwaben: Mindelheim), Badönikli (Appenzell, Zürich), Madäneli, Bodäneli, Matengala (St. Gallen), Badenneli, Madennli, Mattedennili, Vadenteli (Thurgau, Schaffhausen). Auf die Blütenform beziehen sich Slöttelblaume (Braunschweig), Schlössli, Schlüsseli

Fig. 2743. Primula elatior (L.) Hill em. Schreber, und Equisetum maximum. Phot. W. Schacht, München.

(Baden), Himmelschlüssel (bayerisch-österreichisch), Karkenslätel (Schleswig), Kirkeschlötel (Niederrhein), Peterschlüssel (Steiermark), Bura-, Bach-, Bettlerschlüsseli (St. Gallen), Fraueschlüssel (Graubünden), Tubachnöpfli (Schweiz), Pfoffahosa [Pfaffenhosen] (Nordböhmen), Radlbleaml (Sonnblickgebiet), Keilhacke (Schlesien), Händscheli, Handschuh-Blüemli (Schweiz). Die frühe Blütezeit zeigen Namen an wie Osterblome (plattdeutsch), Osterblume (Oberösterreich), Märzen (Münsterland), Aprilbloume (Lengerich), Jirglblume [Georg, 24. April] (Gesenke), Kukuksschlössel, -schall, -blom (rheinisch), Zitlosa (St. Gallen). In Oberösterreich und in Oberbayern nennt man die Art auch Gansbleaml, in der Schweiz (Walenstadt) Bättlerruuda (Ruuda = Räude). Woher kommt die obersächsische Bezeichnung Hühnerblind? Im Grödner Ladin heisst die Pflanze tlèves del paravís.

Ausdauernd, mit kräftigem Wurzelstock. Grüne Pflanzenteile mit gegliederten, langen ($^1/_4$ bis $^3/_4$ mm) Haaren bedeckt; letztere am Kelch und an den Laubblättern auf den Rippen besonders lang und dicht stehend; Blattoberseite später oft verkahlend. Laubblätter in der Knospenlage nach rückwärts eingerollt, ± runzelig, in der Jugend unterseits etwas graugrün, häutig, eiförmig oder eiförmig=länglich, vorn abgerundet, am Grunde beim Typus rasch in den geflügelten Blattstiel verschmälert, zur Blütezeit 3 bis 6 cm lang, später vergrössert, mit welligem, durch die vortretenden Blattnervenenden unregelmässig spitz gezähntem Rand; Anastomosen zwischen den Seitennerven 1. Ordnung in ihrem ganzen Verlaufe gleich stark, meist einfach oder wenig verzweigt. Blütenschaft 6 bis 30 cm lang, meist länger als die Laubblätter mit einseitswendiger, vielblütiger Dolde. Hüllblätter etwas trockenhäutig, lanzettlich oder aus eiförmigem Grunde pfriemlich, 4 bis 6 mm lang oder die untersten länger, kürzer als die 0,5 bis 2 cm langen Blütenstiele. Kelch walzenförmig, eng anschliessend, scharfkantig, an den Kanten grün, die übrigen Teile blassgelb, 8 bis 14 mm lang, auf $^1/_3$ bis $^1/_2$ eingeschnitten, mit lanzettlichen, zugespitzten Zähnen. Krone geruchlos, selten etwas wohlriechend, meist schwefelgelb, getrocknet oft grünlich; Kronröhre so lang wie der Kelch oder etwas länger; Schlund mit grünlichgelbem bis hellorangefarbenem Ringe; Kronsaum flach oder weit trichterförmig, von 1,5 bis 2,5 cm Durchmesser, mit verkehrt=herzförmigen Zipfeln. Kapsel zylindrisch oder nach oben etwas verschmälert, 11 bis 15 mm lang, den Kelch ± überragend. Samen zirka 1,5 mm lang, dunkelbraun, stark warzig. — III bis V (bis VIII).

Auf frischem Boden in Wiesen, Gebüschen, Laubwäldern (vor allem Auenwäldern), von der Ebene bis in die alpine

Fig. 2744. Primula elatior (L.) Hill em. Schreber, Hochstengeliges Exemplar im Dunkel eines Fichtenwaldes, Kapellen a. Mürz, Steiermark. Phot. R. Fischer, Sollenau, N.Ö.

Stufe. Im Gebirgsland durch ganz Mitteleuropa häufig, im Tiefland seltener und stellenweise fehlend (z. B. im nordöstlichen Deutschland), vor allem in den Flussauen herabsteigend. Zeigt Vorliebe für feuchte Schattenlagen und Nordhänge.

Deutschland: Fehlt in Ost= und Westpreussen; in Posen nur im Cybinatal (wohl verwildert), in Pommern selten (Köslin [Glötzin], Belgard, Rügen); für Brandenburg zweifelhaft (an den Süd= und Westgrenzen); in der Provinz Sachsen in der Altmark und Magdeburg; in Mecklenburg nur in der Nordwestecke; in Nordwest= und Mitteldeutschland stellenweise verbreitet (in ganz Ostfriesland fehlend); häufig in der Eifel; in Schlesien nur im Bergland. Häufiger in Süddeutschland, besonders in den Gebirgsgegenden (Vogesen, Schwarzwald, Schwäbische Alb, Bayerische Hochebene, Alpen bis 2200 m steigend, aber im Bayerischen Wald, wie im grösseren Teil des nördlichen Bayerns zerstreut). Selten in der Rheinebene. — In Oesterreich in allen Gebirgsgebieten verbreitet, auch im Bergland, im Tiefland fehlend oder selten, besonders in den Flussauen (Donau, March, Mur, Drau). Steigt in Niederösterreich (Schneeberg) bis 1950 m, in Steiermark bis 2200 m, in Nordtirol bis 2250 m (Rofanspitze), in Vorarlberg 2400 m (Tilisuna), in Südtirol (subsp. intricata) bis 2400 m (Schlerngebiet). Fehlt im Küstenlande; in Krain verbreitet in den Voralpen; in Kärnten zerstreut bis 2200 m. — In der Schweiz im Tessin wenig beobachtet von 205 bis 1600 m; selten im Puschlav; fehlt in der trockenen Talebene des inneren Wallis; bevorzugt in Bünden den Buchenbezirk und ist im Föhrengebiet spärlich und nur subalpin bis alpin; sonst durch das ganze Gebiet verbreitet und meist häufig. Steigt im Wallis bis 2280 m, im Berner Oberland (Lauterbrunnental) bis 2600 m, in St. Gallen bis 2200 m, in Graubünden (Aroser Weisshorn) bis 2645 m (Lägerflur).

Allgemeine Verbreitung: Durch das ganze mittlere Europa vom südlichen England (in der Bretagne fehlend) bis nach Südrussland, nach Norden bis ins südliche Schweden (Schonen), doch die Polargrenze der Buche nicht erreichend, auf den südeuropäischen Gebirgen (subsp. intricáta), Kaukasus, Armenien, Nordpersien, Ural, Altai, Sajansk=Gebirge (var. Pallásii [Lehm.] Pax und var. cordifólia [Rupr.] Pax.).

Eigenartig ist die Verbreitung von Primula elatior in England, wo sie sich nur in der Umgebung von Cambridge auf Kalkboden in 2 grösseren und einer Anzahl sehr kleiner Distrikte findet und früher als P. veris × P. vulgaris betrachtet wurde. Innerhalb des Areals ist die Art in Menge vorhanden in Gehölzen und seltener längs der Flüsse in feuchten Wiesen. Die Grenzen des Kalkbodens werden von ihr nirgends überschritten. Ringsum kommt überall Primula vulgaris vor, die aber nicht innerhalb des Verbreitungsgebietes von Primula elatior auftritt. Dagegen finden sich an den Arealgrenzen sehr zahlreich Bastarde der beiden Arten. Nach Chr. Miller (Journ. of Ecology 10, 1922), müssen wir im Areal von Primula elatior Reste eines früheren ausgedehnteren Verbreitungsgebietes erblicken, das eingeengt und zerstückelt worden ist durch die später eingewanderte und sich mächtig ausbreitende Primula vulgaris. Die Ursache dazu erblickt er in den Bastardierungsvorgängen. Die Bastarde sind nach Miller unfruchtbar (vgl. dagegen pag. 1785). Durch ihre Erzeugung wird längs der Arealgrenzen Primula elatior in der Reproduktionskraft geschwächt, geht schliesslich ein, und da sie dadurch keine Ausbreitungskraft besitzt, so verliert sie den Boden Schritt für Schritt an die vorrückende Primula vulgaris; sie wird „ausbastardiert". Uebrigens ist Primula veris im Gebiet der P. elatior auf Wiesen überall verbreitet, bastardiert aber nur sehr selten mit ihr. Nur in den kleineren Enklaven des P. elatior=Areals finden sich merkwürdigerweise auch diese Bastarde sehr häufig, vor allem in den sumpfigen Uferwiesen. Ob Miller's Erklärung richtig ist, muss die weitere Beobachtung lehren; wir verweisen namentlich darauf, dass die neuen Untersuchungen von Ernst (vgl. pag. 1727) die Möglichkeit einer hybridogenen und polytopen Entstehung von P. elatior, die auch schon früher behauptet wurde, als möglich erscheinen lassen.

Aendert ab: 1. subsp. **genuína** Pax. Blattunterseite graugrün, sehr runzelig. Blattrand wenig umgebogen, mit spitzen Zähnchen. Spreite plötzlich in den Stiel zusammengezogen. Blütenschaft länger als die Laubblätter. Kapsel ± aus dem Kelche vortretend. Bildet zahlreiche kleine Abänderungen. — f. týpica Pax. Blüten geruchlos. Ist die allgemein in Mitteleuropa verbreitete Form. In Kultur. Wird bereits im Contrafayt Kräuterbuch von Brunfelsz (1534) abgebildet. Als Primula ueris ist sie im Herbar von Rostius in Lund vorhanden (1610). — f. frágrans (Krause) Pax. Blüten duftend, kräftig gelb (Holstein und Mecklenburg). — f. coloráta Pax. Blüten rot (Kulturform). — f. albiflóra Stelzh. Blüten weisslich (Duppauer Basaltgebirge, Böhmen). — f. mirábilis Čelak. Krone kleiner, kaum von der Grösse der P. veris; blüht im Herbst (Böhmen: Erlengebüsche bei Rovensko, zwischen Jičín und Turnau). — f. calýcida Schube. Kelch bis zum Grunde gespalten (Schlesien). — f. Perreiniána (Flügge) Pax. Kelch bis zum Grunde gespalten. Krone purpurrot (Kulturform; soll in Spanien wild vorkommen). — f. uniflóra Peterm. Schaft einblütig (Holstein: Kiel). — f. acaúlis Peterm. Schaft sehr kurz (hin und wieder unter der Normalform). — f. dialypétala Peterm. Krone tief 5=teilig (Weimar u. a. O.). — f. rotundáta Boas. Kronzipfel halbkreisförmig=abgerundet, ganzrandig. — f. Schusteriána Boas. Kronzipfel tief und schmal ausgerandet. — f. Schoenmanniána Boas. Kronzipfel breit ausgerandet mit einem an der Spitze ausgerandeten Zahn in der Bucht (siehe die Abbildungen in Mitteilungen der Bayer. Botan. Gesellsch. Bd. II [1912] pag. 421). — var. diaphána Domin. Laubblätter (wie der Schaft) kahl, elliptisch=verkehrteiförmig, in einen langen, breit geflügelten Stiel zusammengezogen, zart und durchscheinend. Kelch schmal röhrig=glockig, mit 3=eckigen, spitzen, langen Zipfeln. Kapsel ± so lang als der Kelch. Krone bleich gelb. Im Schatten tiefer Fichtenwälder (Obecnice im Brdygebirge). Zu einer besonderen niedrigwüchsigen, kleinblätterigen, kurzfrüchtigen Rasse gehören die am Weissbirg im Lauterbrunnental in Südlage in Menge bis 2600 steigenden Pflanzen. — 2. subsp. **intricáta** (Godr. und Gren.) Pax. Etwas kleiner, dichter und kürzer behaart. Laubblätter schmäler, langsam in den breiten Stiel verschmälert. Blattunterseite grün, wenig runzelig; Blattrand stark umgebogen, mit stumpfen Zähnchen. Schaft zur Blütezeit so lang wie die Blätter oder wenig länger. Kelch kürzer und breiter. Hochblätter kürzer. Blütenstiele länger. Krone ganz flach. Kapsel so lang wie der Kelch. Form des Mittelmeergebietes. Ersetzt in Südtirol die subsp. genuina, die nur bis Meran und Brixen absteigt.

In den Karpaten reicht der Typus genuina nur bis in die nordwestlichen Teile. Im übrigen ist dort eine besondere Rasse allgemein verbreitet, var. Carpática Griseb. et Schenk, mit breiten, kurzgestielten, fein gekerbten Laubblättern und oft zur Blütezeit etwas bauchigen Kelchen. In den Ostkarpaten findet sich

Primula leucophýlla Pax, gekennzeichnet durch unterseits graufilzige Laubblätter und kürzere Kelche (6 bis 8 mm lang).

Auch diese Art ist ein ausgesprochener Frühblüher, merklich früher als Primula veris (siehe pag. 1751), und da sie hoch ins Gebirge hinaufsteigt, so verlängert sich die Blühperiode vom März bis in den Juni und Juli hinein, am Weissbirg 2400 bis 2600 m längs Schneeflecken bis in den August (Lüdi, 1926). Anderseits beginnt sie unter günstigen Verhältnissen mit dem Blühen schon viel früher. So blühte sie im Winter 1924/25 in Adelboden (Berner Oberland) in 1400 bis 1500 m Meereshöhe um Neujahr reichlich an Sonnenhängen, die infolge einer längeren Föhnperiode wieder schneefrei geworden waren (Lüdi), und Hegi fand sie am Starnbergersee sogar im Herbst blühend (26. X. 1925). — Die aufrechte Stellung der jungen Blätter, die Einrollung und starke Runze. lung werden als Mittel aufgefasst, um die Verdunstung durch die zarte Oberhaut zu vermindern. Später erstarkt das Blatt, breitet sich aus, legt sich wagrecht aus und verliert die Runzelung zum grossen Teil.

Die Standorte von Primula elatior sind sehr mannigfaltig. Stets verlangt sie einen wenigstens im Frühling und Vorsommer frischen Boden, gedeiht sogar im Sumpfboden längs Bächen, in Quellfluren, am Gehänge, solange dieser nicht versauert ist. Im Gegensatz zu Primula vulgaris ist sie aber nicht thermophil und deshalb viel weiter verbreitet. Höck zählt sie zu seinen Buchenbegleitern, was in bezug auf die Ueberein. stimmung der Areale im west. lichen, mittleren und südlichen Europa annähernd zutrifft. Wie die Buche flieht sie den kon. tinentalen Osten, bleibt aber im Norden und zum Teil auch im Osten und Süden hinter der Buchengrenze zurück. Dagegen besitzt sie, zwar in neuen Varie. täten, in Vorder. und Zentral. asien ein zweites Areal. Was die Standorte anbetrifft, so findet sich die Art allerdings in Zentral. europa häufig in lichten Buchen. wäldern (Fig. 2743) mit frischem Boden und krautigem Unter.

Fig. 2745. Primula elatior (L.) Hill em. Schreber, auf feuchtem Waldboden, Neuburg a. d. Mürz, Steiermark. Phot. R. Fischer, Sollenau, N. Ö.

wuchs; aber wie schon angedeutet, ist dies nur ein Standort unter den vielen. Sie ist noch heimischer in Auenwäldern aller Art, in Gebüsch auf etwas feuchtem Boden (z. B. im Weidengebüsch, subalpin vor allem in den Grünerlenbeständen), auch in lichten subalpinen Fichtenwäldern mit krautigem Unterwuchs, ferner in Hochstaudenbeständen (so gibt K. Müller [bei Karsten und Schencks Vegetationsbilder] für den subalpinen Schwarzwald als Begleiter an Caltha palustris, Aconitum Lycoctonum, Ranunculus aconitifolius, Aruncus silvester, Daphne Mezereum, Adenostyles albifrons, Petasites albus, Mulgedium alpinum, Prenanthes purpurea, und in den Alpen können wir gleiche Listen erhalten) und schliesslich in zahlreichen Rasenbeständen in Sumpfwiesen mit unversauertem Boden (Quellfluren, Bachränder, Gehängesümpfe), in Frischwiesen und Fett. wiesen von der Ebene bis weit in die alpine Stufe hinauf.

**2162. Prímula véris** L. em. Huds. (= P. officinális [L.] Hill., = P. odoráta Gilib., = P. coronária Salisb., = P. montána Reut.). Frühlings=Schlüsselblume, Arznei=Primel. Franz.: Primevère, primerolle, coucou; engl.: Cowslip, paigle; ital.: Primavera, im Tessin: primavér, vieul giald, giardinalitt, fior di primavera. Taf. 208, Fig. 2; Fig. 2746 bis 2748.

Der Name Himmelsschlüssel findet sich bereits im Althochdeutschen als himilsluzzil. Schlüssel. blume ist eine jüngere Bildung und erscheint erst im 16. Jahrhundert. Die durch das ganze deutsche Sprach. gebiet verbreiteten Namen beziehen sich auf die schlüsselähnliche Gestalt der Blüten (der Blütenstand erinnert an einen Schlüsselbund): Slätelblöm (plattdeutsch), Karkenslätel (Mecklenburg), Kirchenschlüssl (Eifel), Burgerschlüssel (Kärnten), Burgetschlüsseli (Baden), Peterschlüssel (Tirol, Kärnten). Auf die Blütenform beziehen sich ferner Witbüchsen [Büchsen=Hosen] (Mecklenburg), Pluderhose, Keilhacke (Glatz), Fraueschüeli (Thunersee); auf die Blütenfarbe Schmalz= und Ankeschlüsseli (St. Gallen), Eier=Blueme [auch zum Färben der Ostereier] (Schweiz), Pannkooksblume (Untere Weser), Gelbsuchts=bleameln (Oberösterreich), gelber Scharniggl [vgl. Sanicula Europaea] (Kärnten), Fünfwundenblume [Kronschlund mit 5 orangefarbenen Flecken!] (Westl. Rheinprovinz), Teeblueme, =blüemli, Teevadenteli (Thurgau) geht auf die Verwendung. Die frühe Blütezeit wird angedeutet durch Benennungen wie Merze=blüemli (Schweiz), Fastenblümel, =veigel, Faschingwöferl, Allelujablümel (Steiermark), Auswärtsbleaml [Auswärts = Frühling] (Oberösterreich), Maiblümel (Oberbayern, Riesengebirge). Im Alemannischen (selten auch im Bayerisch=österreichischen) sind Formen, die auf das mittelhochdeutsche batônje (aus lat. betônica) zurückgehen, sehr häufig (siehe auch P. elatior pag. 1746). In den deutschen Kräuterbüchern des 16. Jahrhunderts wird nämlich die Schlüsselblume im Gegensatz zu „Bathonienkraut, braun Bathengen" = Betonica officinalis als „weiss Bathonien" bezeichnet. Der fremde Pflanzenname erfuhr dann im Volksmunde zahlreiche Umdeutungen (z. B. Anlehnungen an Bart, Engel), auch wurde das anlautende „B" von Bathonie nicht selten in ein „M" verwandelt: Butändl (Niederösterreich), Badenke (schwäbisch), Bagenka (Schwäbische Alb), Bodäneli (St. Gallen), Batengel (Baden), Matänneli, Matängeli, Mattedänli (Schweiz), Madäneli, Matenkele, Mattetänneli (Baden). „Verdeutschungen" von „primula veris" sind die ostfriesischen Benennungen Primelweer, Plumerweire. Ab und zu wird auch Primula officinalis von P. elatior ausdrücklich in den Benennungen unterschieden, so in hoamische Badängeli (Baden), Mädlesbagenka (Schwäbische Alb), Meitli badentli (Thurgau), Heerezeicheli (Zürich), Heeraschlösseli (St. Gallen), Gäls Schlüsselblüemli (Waldstätten), Laugeblueme (Bern: Lauterbrunnen), Teeschlüsselblume (Thurgau). — Räto=romanische Benennungen Graubündens sind Gials, Clavs, Papajals, Tschütschlet, im Groedner Ladin Ciampanéles. In den Dialekten der Westschweiz heisst die Pflanze tsandelei (chandelier) und pecoji (von bec = Schnabel und oiseau = Vogel), daher die Flur= und Hausnamen Chandeleys (Waadt), Chandelly (Freiburg) und Pécosire (Freiburg).

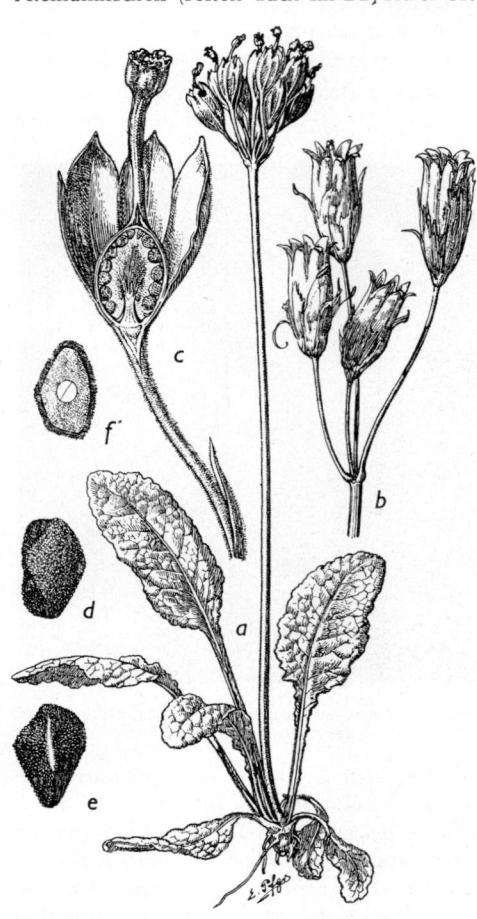

Fig. 2746. Primula veris L. a Pflanze mit abgeblühten Blumen. b Reife Kapseln (geöffnet). c Längsschnitt durch die befruchtete Blüte (Krone vertrocknet). d bis f Samen.

Ausdauernd, mit kurzem Wurzelstock. Oberfläche der grünen Pflanzenteile von gegliederten Haaren kurzhaarig=samtig, selten verkahlend, ausserdem kurze, oft rotköpfige Drüsenhaare. Laubblätter in der Knospenlage nach rückwärts eingerollt, runzelig, mit welligem Rand, sehr verschieden geformt, meist eiförmig oder ei=länglich, vorn abgerundet, plötzlich (seltener allmählich) in den geflügelten Blattstiel verschmälert, zur Blüte=zeit bis 6 cm lang, später vergrössert, unregelmässig geschweift=gezähnelt mit kleinen, stumpfen Zähnchen. Anastomosen, welche die Seitennerven 1. Ordnung des Laubblattes verbinden, im unteren Teil stärker und mehr vortretend, im oberen Teil, wo sie sich an den nächst oberen Seitennerven anlegen, schwächer, wenig vortretend und oft verzweigt. Blütenschaft 2 bis 20 cm lang, länger als die Laubblätter, mit vielblütiger Dolde. Hüllblätter weisslich=gelb, aus eiförmigem Grunde pfriem=lich, 4 bis 6 mm lang oder das unterste länger, kürzer als die 1 bis 2 cm langen Blütenstiele. Kelch glockenförmig, aufgeblasen, geschärft=kantig, weisslich= oder grünlichgelb, 9 bis 20 mm lang, auf $1/5$ bis $1/3$ eingeschnitten, mit breit 3=eckigen, oft mit Stachelspitzchen versehenen Zipfeln. Blumenkrone wohlriechend, selten geruchlos, meist dottergelb; Kronröhre länger oder kürzer als der Kelch; Schlund mit 5 orangefarbenen Flecken, selten mit orangefarbenem Ringe

(f. aurantíaca P. Junge); Kronsaum ± glockig=konkav, von 10 bis 20 (28) mm Durchmesser mit verkehrt=herzförmigen Lappen. Kapsel oval, 6 bis 10 mm lang, dünnwandig, halb so lang als der Kelch. Samen 1,5 bis 2 mm lang, dunkelbraun, stark warzig (Fig. 2746 d, e). — IV, V.

Auf sonnigen Wiesen, in lichten Gebüschen, durch den grössten Teil von Mitteleuropa verbreitet, doch lokal fehlend.

Steigt weniger hoch als P. elatior und blüht etwas später, aber immerhin noch während der Boden von der Winterfeuchtigkeit getränkt ist. Da, wo die beiden Arten vorkommen, verteilen sie sich meistens so, dass Primula elatior die höheren Lagen, die Nordhänge, die frischeren Böden und die beschatteten Stellen besiedelt, Primula veris die tieferen Lagen, die Sonnhänge und die trockenen Raine. Häufig schliesst sich das Verbreitungs= gebiet der beiden Arten aus.

Allgemeine Verbreitung: Vom östlichen Asien (Oberlauf des Amur) durch ganz Zentral= und Vorderasien und Europa mit Ausnahme des hohen Nordens.

Die Art entwickelt einen bedeutenden Formenreichtum, und man hat mehrere wohlcharakterisierte Unterarten unterschieden, die aber gerade in unserem Gebiete durch zahlreiche Zwischenformen verbunden sind. Da die Areale der verschiedenen Unterarten sich berühren und überschneiden, so kann es sich dabei um die Bildung fruchtbarer Bastarde handeln, was um so wahrscheinlicher ist, als die verschiedenen Formen gemischt durcheinander wachsen und gleichzeitig blühen und Primula veris auch mit den weniger verwandten Primula vulgaris und Primula elatior Bastarde bildet. Die Frage der richtigen Wertung der Primula veris=Formen kann nur durch eingehende Kulturversuche gelöst werden. Gegenwärtig sind wir aber von dem Ziel einer befriedigenden Systematik noch entfernt. Noch vor kurzem hat K. Domin aus dem doch seit langem durch= forschten Böhmen mehrere gut unterschiedene Rassen be= schrieben (siehe Beihefte zum Botan. Zentralblatt. Bd. 23, Abt. II 1908). Wir geben folgende Uebersicht:

1. subsp. **genuína** (Pax)Lüdi. Laubblätter eiförmig oder länglich, meist rasch in den geflügelten Blattstiel zusammen= gezogen, weich behaart bis verkahlend, grünlich; Haare $^1/_6$ bis $^1/_3$ mm lang, steiflich und unverzweigt, meist mit einem Drüsen= kopf endigend. Kelch glockig=trichterförmig oder glockig, 8 bis 15 mm lang. Kronröhre meist den Kelch überragend. a) var. typica Pax. Kelch glockig=trichterförmig. Krone goldgelb. Die gewöhnliche Form. Durch ganz Deutschland verbreitet und nur lokal fehlend, mit Ausnahme des Nordwestens, wo sie selten ist oder überhaupt fehlt, so bei Bremen, Lüneburg, Celle (hier ange= pflanzt und etwa verwildernd) und Ostfriesland mit den Inseln. Ebenso ist sie in Mecklenburg, wo sie im allgemeinen selten ist, nach Willebrand vielleicht ursprünglich als Zier= oder Heilpflanze eingeführt worden. In Brandenburg zerstreut. Zerstreut auch durch den Bayerischen Wald und die Alpen, wo sie bis 1700 m steigt. Durch Oesterreich verbreitet, besonders in Berglagen, doch im Osten seltener. In Mähren nur isolierte Standorte bei Iglau, Mährisch Trübau und Stramberg, in Oesterr. Schlesien bei Teschen, in Niederösterreich bis 1200 m steigend, in Steiermark vor allem im nördlichen Teile und wieder bei

Fig. 2747. Primula veris L. em. Hudson, abgeblüht. Phot. Dr. G. Hegi, München.

Marburg, im Bachergebirge usw., in Krain in den Karawanken und Julischen Alpen hin und wieder, zu subsp. canescens neigend, in Tirol bis 1600 m steigend, im südlichen Küstenland nur sehr selten (Ternovanerwald). In der Schweiz überall durch Niederung und Hügelland verbreitet, im Wallis bis 2000 m, im Berner Oberland bis 1700 m, in Graubünden (Puschlav) bis 2100 m steigend, fehlt dem Oberengadin und dem grössten Teil des Vorderrheintales. Allgemeine Verbreitung: Mittleres Europa von England bis an den Ural, im Norden bis Südschweden reichend, im Süden die Alpen nicht überschreitend. — Aendert ab: f. uniflóra Hennings. Schaft einblütig (München, Holstein), f. calýcida Schube. Kelch bis zum Grunde gespalten (Schlesien, wohl mehr als Abnormität zu werten). f. autum= nális Pax. Kleinere Blüten und wenigblütige Infloreszenz (Herbstform der typischen Pflanze). f. horténsis Pax. Blüten rot. Kelch verlängert, bis 2 cm lang (Gartenform, die bisweilen verwildert, z. B. am Kyffhäuser, Lauen= burg, am Elbe=Trave=Kanal zwischen Mölln und Grambeck). f. albiflóra (Evers). Blüten weiss (Trient). f. pállida P. Junge. Blüten blassgelb (Traveufer). — b) var. ampliáta Koch. Kelch weit glockig=offen. Mit der Normalform, doch mehr im Osten des Gebietes (Schlesien [Görlitz], Sachsen [Halle], Mecklenburg [Crivitz],

Salzburg, Tirol [Bozen], Küstenland [Trenta]). — c) var. ascápa Goir. Schaft fehlend (Blütendolde also sitzend), Blütenstiele verkürzt. Dahlgren hat mit einer solchen schaftlosen Form Erblichkeitsuntersuchungen ausgeführt und festgestellt, dass sich das Merkmal vererbt. Bei einer Kreuzung von kurzgriffeliger doldenloser Form mit langgriffeliger Normalform erhielt er in F1 nur normale Dolden mit einem Verhältnis der langgriffeligen und kurzgriffeligen wie 1 : 1, in F2 dagegen aus kurzgriffeliger F1 101 normale Kurzgriffel, 14 normale Langgriffel, 35 schaftlose Kurzgriffel. — d) var. pratícola Domin. Pflanze in allen Teilen kleiner als der Typus. Blütenschaft meist kaum 10 cm hoch. Laubblätter länglich, zur Blütezeit samt dem Stiele nur 4 bis 7 cm lang; Spreite in den sehr kurzen, breitgeflügelten Blattstiel allmählich verschmälert. Kronröhre kaum länger als der Kelch. Scheint auf den schwarzen Urwiesen im mittleren Elbtale Böhmens häufig zu sein (Domin). — e) var. longifólia Lüdi. Laubblätter langgestielt; Spreite in den meist breitgeflügelten Blattstiel langsam verschmälert, klein, bei den ersten Frühlingsblättern breitelliptisch, bei den späteren schmalelliptisch oder lanzettlich, stumpflich. Kelch ziemlich schmal, grünlich, 15 mm lang. Folâterres bei Martigny im Wallis (mit zahlreichen Uebergangsformen zu subsp. Columnae var. Valesiaca), bei Lavey im Kanton Waadt.

2. subsp. **canéscens** (Opiz) Hayek (= P. Pannónica Kern., = P. inflata Rchb. = P. suavéolens β montána Rouy). Blattspreite oval oder länglich, allmählich in den geflügelten Blattstiel verschmälert, unterseits graufilzig; Haare $^1/_2$ bis $^3/_4$ mm lang, etwas geschlängelt und oft verzweigt, miteinander verflochten. Kelch so lang oder länger als die Kronröhre, ± glockig, 16 bis 20 mm lang. Kronsaum meist etwas flacher als beim Typus, von 8 bis 20 mm Durchmesser. Diese Rasse nimmt eine Zwischenstellung ein zwischen subsp. genuina und subsp. Columnae. Sie ist verbreitet in der warmen Niederung mit pannonischer Flora, die von den unteren Donauländern durch Ungarn ausstrahlt nach Steiermark (Murtal von Bruck bis Graz, Kainachtal, Judenburg, Aflenz, Cilli, oft in die subsp. genuina übergehend), Südtirol (Campiglio, Doss Trento, Sardagna-Alpe, Marzola) zusammen mit dem Typus, Niederösterreich, Mähren (geschlossenes Areal von der ungarisch-niederösterreichischen Grenze bis Kremsier, Brünn, Eibenschitz, Fratting, dazu isolierte Standorte bei Olmütz, Tischnowitz, Eichhorn, Trebitzsch), Böhmen (besonders in Mittelböhmen, südliche Umgebung von Prag und im Böhmischen Mittelgebirge nicht selten), bis nach Schlesien (Striegau, Jauer, Neisse), Thüringen (Weimar, Hainleite), Pommern (Lassan); ebenso als pontische Ausstrahlung mit der danubischen Wandergenossenschaft an den Südostrand des Schwäbischen Juras, wo sie in Trockenwiesen an vielen Stellen gefunden wurde (Hohenzollern, Württemberg, Baden); ferner am Isteiner Klotz (Baden) und in den Vogesen. Nach Westen geht die Rasse durch die Westalpen und Südfrankreich sprungweise bis nach Nordspanien. Im Norden hat Lüdi auf Oeland (Schweden) Formen gesammelt, die ihr wohl auch zuzurechnen sind. Sie findet sich dort auf dem trockenen Karstgebiet des Alvar zusammen mit anderen südöstlichen Arten. Ebenso in den Schären von Stockholm mit am Grunde herzförmigen Laubblättern und weitoffenen Kelchen, zu subsp. Columnae neigend. Aendert ab: var. calvéscens (Pax) Lüdi (= f. cética Beck). Blattunterseite verkahlend, grünlich (Annäherungsform an subsp. genuina). Niederösterreich (Wien, Mödling, Kalksburg), Mähren (Eibenschitz), Böhmen (Karlsbad), Schlesien (Breslau, Neisse); var. Hardeggénsis Beck. Blattunterseite dicht weissfilzig. Hardegg in Niederösterreich (ist vielleicht zu subsp. Columnae zu stellen); f. compósita Beck. Blüten in zwei übereinandergestellten Dolden, die obere wenigblütig (Monstrosität).

Fig. 2748. Primula veris L. em. Hudson. Phot. A. Straus, Berlin.

3. subsp. **Colúmnae** (Ten.) Lüdi (= P. suavéolens Bert., = P. Pyrenáica Miègeville, = P. cordifólia Schur, = P. díscolor Schur). Laubblätter derb, eiförmig, selten länglich-oval, am Grunde herzförmig, seltener abgerundet, plötzlich in den schmal-geflügelten oder ungeflügelten Blattstiel zusammengezogen, oberseits dunkler grün, unterseits ± dicht weissfilzig von bis 1 mm langen, geschlängelten, oft verzweigten und dicht verflochtenen Haaren. Kelch glockenförmig, oben sehr weit, 16 bis 20 mm lang, sehr stark behaart. Blüten gross (10 bis 22 mm Durchm.), mit wenig konkavem bis beinahe flachem Saum. Kron-

röhre länger als der Kelch. Eine Rasse der südeuropäischen Halbinseln und von Kleinasien, die Mitteleuropa nur an wenigen Punkten berührt: von Kroatien (Fiume) ausstrahlend ins österreichische Küstenland auf Bergwiesen (in tieferen Lagen kommen dort Formen vor, die schon zur subsp. genuina hinneigen), Mähren (Dřinova bei Tišnov, Evanovice bei Brünn, Rychtařow bei Vyškov, Kostice, Břeclava), Böhmen (Dreikreuzberg bei Žernoseky im Mittelgebirge), sowie in der Schweiz längs des Juras zerstreut vom Salève bis zur Ravellenfluh bei Solothurn, am Randen bei Schaffhausen (z. T. Uebergangsformen zur subsp. canescens), im Kanton Waadt am Genfersee (oberhalb Villeneuve) und Chaine de Cray (1500 bis 2200 m), an den Morteys (Freiburg) 1700 bis 1800 m und im Kanton Tessin (Biasca und Monte Generoso). Aendert ab: var. Valesíaca Lüdi. Pflanze kleiner, Laubblätter kurz gestielt. Blattunterseite grünlich mit stark vortretenden Nerven; Behaarung weniger dicht, neben geschlängelten Haaren zahlreiche kürzere, steife, drüsentragende wie bei subsp. genuina, Oberseite sehr dunkelgrün, von $1/6$ mm langen, steifen Drüsenhärchen fein samtig. Kelch kleiner (zirka 15 mm), oft sehr weit offen. So an trockenen, buschigen Hängen und auf Trockenwiesen im Wallis bei Martigny, Törbel und anderen Orten. Vielleicht ist auch die von Domin beschriebene f. subviréscens von Bučovice bei Klobočky und Evanovice bei Brünn hierher zu stellen.

4. subsp. **macrocályx** (Bunge) C. Koch (= P. officinális var. infláta Ledeb. (= P. Uralénsis Fischer). Laubblätter gross, langgestielt, in den geflügelten Blattstiel verschmälert, selten zusammengezogen, unten ± filzig, grünlich bis graulich. Kelch 15 bis 20 mm lang, nach oben offen, konisch, mit kurzen, 3=eckigen, stachelspitzigen Zipfeln. Krone von 18 bis 28 mm Durchmesser; Kronröhre länger als der Kelch. Diese Form ist verbreitet von der Sungarei, Turkestan und Nordpersien durch den Kaukasus nach der Krim und nach Mittelrussland; sie erreicht Mitteleuropa an der Grenze von Ostpreussen (Waldau, Linken) und zwar in der f. viréscens Pax. Ausserdem findet sich in Böhmen eine nahe verwandte und wohl hierher zu stellende Rasse (im Květnawalde bei Příbram), die var. montána Domin. Sie unterscheidet sich durch grösseren Wuchs (Blütenschäfte bis 4 dm hoch. Laubblätter bis 25 cm lang), die beinahe kahlen Blütenschäfte und Blätter, die tiefer gespaltenen Kelche, die fast flachen und blasseren Kronen.

5. subsp. **Velenóvskyi** Dom. Laubblätter breit=eiförmig, mit schmäleren, länglich=eiförmigen untermischt, samt dem Blattstiel 6 bis 8 cm lang, 3 bis 5 cm breit, am Grunde plötzlich zusammengezogen (nicht herzförmig), unterseits grünlich und beinahe völlig kahl; Blattstiel so lang wie die Spreite oder länger, kaum geflügelt. Blütenschaft kahl oder schwach flaumhaarig. Blütenstiele sehr kurz flaumhaarig. Kelch 8 bis 12 mm lang, kurz und breit offen=glockenförmig, mit breit=dreieckigen, kurz zugespitzten, zur Blüte= und Fruchtzeit abstehenden Zipfeln. Krone kräftig goldgelb, kleiner, Kronröhre den Kelch deutlich überragend. Mittleres Elbetal in Böhmen, im Waldtale zwischen Košátky und Konětopy verbreitet.

Ferner beschreibt Domin eine Form (var. hortícola Domin), die als Mutation aus der subsp. genuina im botanischen Garten der böhmischen Universität Prag auftrat und sich in allen Teilen verkleinert zeigt: Pflanze mehr als 2=mal kleiner, Blätter kahler, schmäler, mehr zugespitzt, Blüten wenig zahlreich, klein, Blütenstiele kürzer, Kelche weniger aufgeblasen, sich gegen das Ende allmählich verbreitend, Kronröhre dünn, aus dem Kelche hervorragend (Beihefte zum Botan. Zentralblatt. Bd. 23, 2. Abt. [1908], pag. 23).

In jüngster Zeit (26. März 1926) ist Prímula veris in der Bezirkshauptmannschaft Mödling bei Wien im Anningergebiet unter Schutz gestellt worden.

Die Primula veris war früher als Flóres Prímulae (s. Flores Paralýseos) und Rádix Prímulae (s. Rádix Verbascúli s. Paradisíaca) offizinell und wird auch heute noch in der Volksmedizin verwendet. Der aus den Blüten bereitete Tee wirkt schweisstreibend und soll bei Brustbeschwerden und Husten, sowie bei Rheumatismen der Gelenke und Gicht Heilung bringen; er wurde auch als Surrogat von Schwarztee benützt. Tee aus getrockneten Blättern gilt als Stärkungsmittel der Nerven und als Mittel gegen Schwindel und Migräne; auch soll er Lähmungen und Schlaganfälle heilen. Die Heilwirkung beruht wohl auf der Anwesenheit des in der Familie weit verbreiteten Primulins (= Cyclamin), eines zu den Saponinen zu zählenden Glykosides, das nach Goris und Mascré bei Primula vulgaris und anderen Arten aus 2 links drehenden Körpern besteht (Primulaverin und Primverin), die bei der Spaltung neben Glykose einen eigenartig riechenden Körper liefern (L. Kofler nennt es ein saures Saponin: Primulasäure). Seit dem Kriege (1914 bis 1918) ist die ärztliche Wissenschaft auf die Heilwirkung der Primeln wieder aufmerksam geworden, und zwar ist es der Gehalt an Saponinen in den fein und stark aromatischen Wurzeln von P. elatior, P. veris, P. vulgaris und wohl auch anderer Arten, der sie geeignet erscheinen lässt, die aus Nordamerika importierte Senega=Wurzel (Rádix Sénegae, vgl. Bd. V/1, pag. 89) zu ersetzen und sie als schleimlösendes und auswurfförderndes Mittel bei Erkrankungen der Atemorgane und ferner zur Beförderung der Harn= und Schweissabsonderung zu verwenden. Die ums Jahr 1920 in Wiener Kliniken auf Empfehlung von R. Wasicky durch R. Joachimowicz mit Abkochung der Primelwurzel durchgeführten Versuche haben den Wert derselben als Expectorans und Diureticum sichergestellt. Die Verwendung der Blüten gegen Gelbsucht (Westfalen) stützt sich auf die Signaturenlehre (gelbe Blüten). Der hohe Gehalt an Saponinen in der Primelwurzel (8 bis 10%; in der Handelsdroge durchschnittlich 5%

legt die technische Verwertung derselben als Zusatz zu Waschmitteln (zur Erhöhung des Wascheffektes und weil sie selbst empfindliche Farben und Stoffe nicht schädigen) und zur Herstellung von Brauselimonade nahe, an Stelle der südamerikanischen Seifenrinde (Cortex Quillaja). Dazu würde jedoch ein Anbau dieser Pflanzen im Grossen notwendig sein. Die gedörrte, angenehm (nach Anis) riechende Wurzel wird zu Pulver gestossen und als Niessmittel verwendet. Ein aus den Blüten bereiteter „weiniger" Auszug, der „Schlüsselblumenwein", soll für alle genannten Leiden gute Dienste leisten. Bereits Tabernaemontanus beschreibt dessen Zubereitung ausführlich. In England werden die Blüten im Aufguss mit Zucker und Zitronensaft zur Bereitung des Cowslip wine benützt. Aus den jungen Blättern wurde ehedem im Frühjahr ein Salat oder eine Kräutersuppe bereitet. In den antiken Schriften wird die echte Schlüsselblume nicht erwähnt. Bei der hl. Hildegard erscheint sie als „Hymelslozel". Brunfels nennt sie herba paralysis, Fuchs verbasculum odoratum, Mattioli primula veris, C. Gesner arthritica (Mittel gegen Gicht); auch als betonica alba tritt sie in den Kräuterbüchern öfters auf. Als Frühjahrsblume spielt Primula veris in der Volkskunde eine nicht unbedeutende Rolle. In der nordwestlichen Pfalz glaubt man, dass eine am Gründonnerstag in den Garten gepflanzte Schlüsselblume eine buntblühende Pflanze ergibt. In Mittelfranken wird die Gerste (in Tuttlingen der Hanf) hoch, wenn die Schlüsselblumen lange Stiele haben, bleiben diese kurz, dann wird auch niedrige Gerste geerntet. Krankes Vieh soll man mit einem Pulver aus Schlüsselblumen, die am St. Walpurgistag (30. April) vor Sonnenaufgang gepflückt wurden, behandeln. In Frankreich sind die „primevères" ein sehr beliebtes Orakel für heiratslustige Mädchen (Weiteres bei Hrch. Marzell, Unsere Heilpflanzen 1922). Da P. veris im allgemeinen etwas später blüht als P. elatior, geht in der Schweiz (Gaster) die Sage, dass jene aus dieser entstehe.

**2163. Primula farinósa** L. (= P. Auricula Hill., nec L., = Primula nivális Turcz., = Aleurítia farinosa Spach, = Andrósace farinosa Spreng.). Mehl=Schlüsselblume, Mehl= Primel. Franz.: Primevère farineuse; engl.: Bird's eye primrose, mealy primrose; ital.: Primola farinacea. Taf. 209, Fig. 6; Fig. 2749 bis 2754, 2710, 2716 und 2734.

Die Namen Kreuzbleaml (bayerisch-österreichisch), Chrüzblüemli, Chrüzerli, Chrützli (Schweiz) dürften sich wohl darauf beziehen, dass die Pflanze um die „Kreuzwoche" (Woche vor Fronleichnam) blüht. Gerne werden die roten, in der Mitte mit einem gelben Fleck versehenen Blüten mit einem Auge verglichen: Frauenäugl (Tirol), Rietäugli (St. Gallen), Feueräuglan (Kärnten), Hennaäugeli (Vorarlberg), Fischäugli (Sigmaringen), Schaf=, Chrottenäugli (St. Gallen), Chriesiäugli, Stieräugli (Thurgau), Rossäugli (Glarus), Chatzenäugli (Graubünden). Auf die fleischrote Blütenfarbe bezieht sich Fleischblüemli (Thurgau), Fürblüemli (Zürich), Regenrösli (Berner Oberland), auf die einem Käsekessel vergleichbare Blütenform Kesseli (St. Gallen). Die wie mit Mehl bestäubt aussehenden Blätter und Stengel veranlassten Namen wie Müller=, Mehl=, Müllerblümli, Mühlerädli (Schweiz). Den Standort deuten an Moosblümel (Tirol), Moosblüemli, Rietnägeli (Schweiz), Riedschlüsseli (Walenstadt). Aus den Waldstätten werden schliesslich die Namen Mariggeli, Massiggeli, aus dem Berner Oberland Kaiserli angegeben.

Fig. 2749. Primula farinosa L. Pflanzen im Aufblühen.

Fig. 2750. Primula farinosa L. *a* Fruchtstand. *b* Reife Frucht von Kelch umschlossen.

Ausdauernd, mit kurzem, kegelförmigem Wurzelstock, kahl, doch normalerweise mit dichtem Mehlstaubbelag auf der Blattunterseite (diese deshalb mit Ausnahme der Nerven weiss), ebenso am oberen Schaftende und am Kelch, vor allem in den Ausschnitten und auf der Innenseite. Laubblätter in der Knospenlage nach rückwärts eingerollt, oberseits dunkelgrün und etwas glänzend, schwach runzelig, aderig, verkehrteiförmig=länglich

Tafel 209

## Tafel 209.

| | |
|---|---|
| Fig. 1. *Primula Auricula* (pag. 1760). Habitus. | Fig. 5a. Drüsenhaar. |
| ,, 1a. Längsschnitt durch die Blüte. | ,, 5b. Frucht (Längsschnitt). |
| ,, 2. *Primula hirsuta* (pag. 1767). Habitus. | ,, 6. *Primula farinosa* (pag. 1754). Habitus. |
| ,, 2a. Reife Frucht, aufgesprungen. | ,, 6a. Fruchtstand. |
| ,, 3. *Primula Clusiana* (pag. 1776). Habitus. | ,, 6b. Längsschnitt durch die Blüte. |
| ,, 3a. Reife Frucht. | ,, 7. *Primula minima* (pag. 1782). Habitus. |
| ,, 3b. Längsschnitt durch dieselbe. | ,, 8. *Primula viscosa* (pag. 1765). Habitus. |
| ,, 3c. Querschnitt. | ,, 8a. Reife Frucht. |
| ,, 4. *Primula integrifolia* (pag. 1778). Habitus. | ,, 9. *Gregoria Vitaliana* (pag. 1787). Habitus. |
| ,, 4a. Frucht mit Kelch. | ,, 9a. Längsschnitt durch die Blüte. |
| ,, 5. *Primula glutinosa* (pag. 1780). Habitus. | ,, 9b. Fruchtknoten. |

bis länglich, allmählich in einen kurzen und breiten oder langen und schmalen Blattstiel verschmälert, vorn abgerundet, 1,5 bis 8 cm lang, 0,3 bis 2 cm breit, fein gezähnt oder fast ganzrandig. Blütenschaft 2 bis 25 cm lang, meist mehrfach länger als die Laubblätter, mit vielblütiger Dolde. Hüllblätter aus breiterem Grunde schmal=linealisch, spitz, oft gezähnelt, am Grunde sackartig verdickt, 3 bis 6 mm lang, zur Blütezeit meist länger, später kürzer als die Blütenstiele. Kelch grün, walzenförmig, stumpfkantig, 3 bis 6 mm lang, auf ungefähr die Hälfte eingeschnitten, mit eiförmigen, spitzen bis abgerundeten Zähnen. Krone rotlila bis hellpurpurn, selten bläulich, dunkelpurpurn oder weiss, im Schlund intensiv gelb; Kronröhre aussen und innen grünlichgelb, 5 bis 8 mm lang, so lang oder etwas länger als der Kelch; Kronsaum flach, von 10 bis 16 mm Durchmesser, mit verkehrt=herzförmigen, spreizenden, auf $^1/_3$ bis $^1/_2$ eingeschnittenen Lappen. Kapsel walzenförmig, 5 bis 9 mm lang, 1= bis 2=mal so lang als der Kelch. — V bis VII.

In sumpfigen Wiesen, im Flach=moor, im Hochgebir=ge auch in Trocken=wiesen. Sehr verbreitet in den Alpen bis an den Fuss der Berge, selten und zerstreut im übrigen Gebiet.

In Deutschland selten in Nord= und Mit=teldeutschland: Holstein im Dithmarschen (bei Hennstedt, 1876 gesammelt), im nordöstlichsten Mecklenburg, in Neuvorpommern bis Rügen und Ahlbeck auf Usedom, in Hinterpommern bei Kolberg, in Westpreussen früher

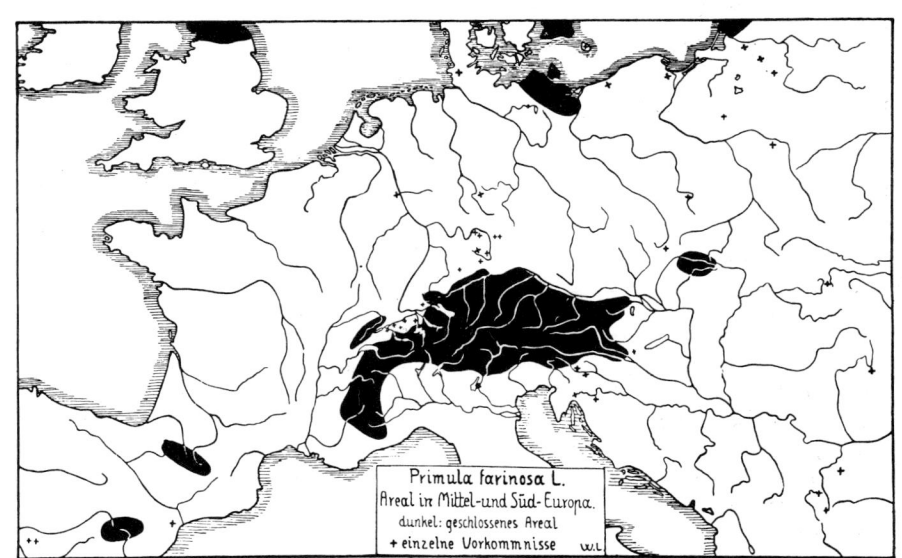

Fig. 2751. Verbreitungsareale von Primula farinosa L. in Mittel- und Süd-Europa (Schwarz geschlossene Areale, + einzelne Vorkommnisse). Orig. von Dr. W. Lüdi, Bern.

bei Danzig, in Ostpreussen bei Memel (reichlich), früher auch bei Stallupönen, Tilsit und Heidekrug, in Brandenburg in der nördlichen Uckermark. Vereinzelt bei Bonn, Eisenach, Weimar und Tröbsdorf (an letzteren beiden Orten ist das Indigenat fraglich); in Süddeutschland häufig in den Bayerischen Alpen, in geschlossenem Areal durch die Hochebene bis an den Bodensee und die Donau (Fig. 2751), von dort in den Schwäbischen Jura vordringend, in Baden westlich bis Stühlingen und in die Baar, aber nicht im Schwarzwald; in Bayern nördlich der Donau häufig im Ries, zerstreut durch den Fränkischen Jura, z. B. bei Gunzenhausen, Ansbach, Schwabach, Ebrach, zwischen Geroldshofen und Schweinfurt, Pegnitz, Pottenstein, Muggendorf, Bamberg. Steigt in den Baye=

rischen Alpen bis 2280 m. — In Oesterreich im ganzen Alpengebiet häufig, gegen Süden seltener werdend und bis in das Quellgebiet der Save reichend. Herabsteigend in die Ebene südlich Wien (Neunkirchen-Himberg), in die Murauen bei Graz, Sumpfwiesen bei Klagenfurt, Saveauen bei Laibach und Littai. In Tirol von 300 m bei Bozen bis 2590 m in Serles. In dem nördlichen Vorland bis gegen die Donau reichend und nördlich der Donau fehlend mit Ausnahme eines Standortes im Satinatal bei Friedland (Schlesien), wo die Art 1903 von Weeber entdeckt wurde (doch ist dieser Fundort bereits als Ausläufer des Areals in den Zentralkarpaten zu betrachten). Bei Zwittau in Mähren (von Schreiber ausgesetzt und wieder verschwunden). — In der Schweiz im ganzen Gebiete der Alpen häufig, nur in den zentralen und kristallinen Teilen stellenweise selten, wie im Aarmassiv. Im Wallis von 375 bis 2750 m, im Graubünden von 510 bis 2770 m (Adula), im Berner Oberland bis 2750 m (Ewigschneehorn), im Kanton Waadt bis 2200 m, in St. Gallen bis 2500 m ansteigend, im Kanton Tessin (hier nur im Urgebirge nördlich der Seen) bis 300 m absteigend. Ferner verbreitet in den Moorgebieten des südlichen und mittleren Jura, nach Norden bis Delsberg. Im westlichen und mittleren Teile des Mittellandes selten und meist in den Alluvionen der Flüsse, so an der Aare und an der Reuss; häufiger östlich vom Zürichsee.

Allgemeine Verbreitung (Fig. 2752): Primula farinosa ist die weitestverbreitete Art der Gattung. Sie findet sich im ganzen gemässigten und subarktischen Gebiet der nördlichen Halbkugel, mit Ausstrahlungen in die Arktis (nach Busch bei Archangelsk, vereinzelt in Nordsibirien und auf Nowaja Semlja; doch gibt Lynge sie für diese Insel nicht an; in Grönland bis 70° nördl. Breite), in Ostasien bis nach Japan und in Nordamerika bis Colorado südwärts. Dann tritt sie als einzige Primelart der südlichen Halbkugel in den Anden Südamerikas vom 39.° an südwärts wieder auf und ist auch im südlichen Patagonien, in Feuerland und auf den Falkland-Inseln verbreitet (subsp. eufarinósa var. Magellánica [Lehm.] Hooker. Sie wird von dort von Dusén als Wiesenpflanze des Steppengebietes und als Sumpfpflanze der mittelfeuchten Zone geschildert.

In Europa hat die Art ein nordisches Areal in Skandinavien, in den Ufergebieten der Ostsee, in Nordengland und Schottland und ein alpines Areal mit Ausstrahlungen einerseits in die Pyrenäen und bis ins zentrale Spanien und andererseits bis in die Karpaten (hier nur im Tatra-

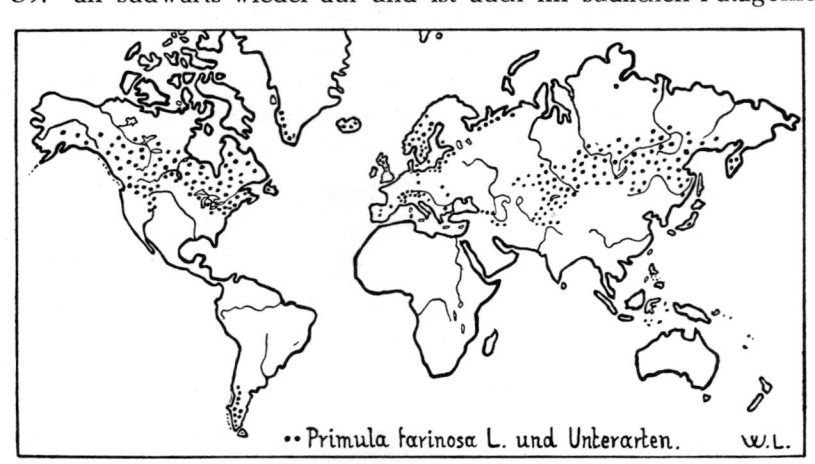

Fig. 2752. Allgemeine Verbreitung von Primula farinosa L. und Unterarten. Orig. von Dr. W. Lüdi, Bern.

gebiet verbreitet, sowie sporadisch in den Rodnaeralpen und bei Kronstadt). In Kroatien geht sie nach Süden bis zur Kulpa. Die echte P. farinosa reicht nicht in den Balkan; doch gibt es im Gebiete des Rilo, Vitoš im Balkan eine nahe verwandte Rasse, Primula exigua Vel., die von Pax als Varietät der asiatischen subsp. Davúrica (Spreng.) Pax zu Primula farinosa gestellt wird. Die beiden norddeutschen Gebiete mit geschlossenem Vorkommen (nordöstliches Mecklenburg, Neuvorpommern, Uckermark einerseits, Memel andererseits) sind noch zum nordeuropäischen Areal zu rechnen. Interessant sind die wenigen Zwischenposten zum alpinen Areal, sowie namentlich das völlige Fehlen in den Mittelgebirgen.

Primula farinosa variiert in ihrem ausgedehnten Verbreitungsbezirk beträchtlich. Pax stellt 4 Unterarten auf, von denen in Mitteleuropa nur die subsp. **eufarinósa** vorkommt mit folgenden Formen:

1. var. genuína Pax. Laubblätter unterseits mehlig bestäubt, gekerbt oder gezähnt. Die verbreitete Normalform — f. albiflóra Pax mit weissen Blüten. Unter der Normalform in Oberschwaben, im Schweizerischen Bodenseegebiet und in allen Teilen der Alpen als Seltenheit.

2. var. Hornemanniána (Lehm.) Pax (= var. denudáta Koch). Laubblätter unterseits ohne Mehlstaub, sehr fein gezähnt-gekerbt oder beinahe ganzrandig. Alpen und Vorberge unter der Normalform, aber selten: Schweiz (nach Pax): Grindelwald, Rigi, Baden. Deutschland: Konstanz, Tuttlingen, Regensburg. Tirol: Nauders, Stilfserjoch, Vette di Feltre, Bondone, Montalone. Kärnten. In Kultur.

3. var. flexicaúlis Beauverd. Stengel schwächer (1½ mm Durchmesser, beim Typus 2½ mm), hin und her gebogen, nach der Blüte sich auf doppelte Länge streckend. Blüten klein, mit schmalen Kron-

lappen. Scheint auch durch Langgriffeligkeit ausgezeichnet zu sein (Typus kurzgriffelig?). Prévon d'Avaux bei Bière (Schweiz) 700 m.

4. var. acaúlis Ahlq. Blütenschaft sehr verkürzt (bis 1 cm lang), Blütenstiele verlängert (bis 2,5 cm lang). Wächst z. B. auf der Insel Oeland (Schweden) neben der Normalform und soll nach Sernander samenbeständig sein. Kurzschaftige oder schaftlose Formen auch in den Alpen (z. B. Gebidem im Wallis).

Primula farinosa gehört zu der Sektion der Farinósae Pax (vgl. pag. 1733 und 1735) mit einem Hauptbildungszentrum in den Gebirgen Vorderasiens und einem andern in Tibet und Westchina (fehlt aber nach Pax in Yünnan und Szechuan). Die Arten gruppieren sich einerseits um P. farinosa, anderseits um die arktisch-hochasiatische P. Sibirica. Nach Europa gelangen aus dieser Gruppe in der Arktis P. Sibirica Jacq., in der Arktis und Subarktis die der farinosa nahestehende P. stricta Hornem., in Mitteleuropa P. longiflora All., in Thrakien ist endemisch P. frondosa Pax (vgl. pag. 1738). Besondere Erwähnung verdient die Form der P. farinosa, die in Nordengland, Schottland und Skandinavien vorwiegend auftritt, P. Scótica Hook.

Der Entstehungsherd von P. farinosa wird kaum im Norden, sondern in den asiatischen Gebirgen zu suchen sein, wo sie sich wohl schon im Spättertiär verbreitet und neue Sippen abgespaltet hat. Das Diluvium brachte ihr die ausgedehnte Arealvergrösserung. Ob ihr Areal in Mitteleuropa in dieser Zeit ein geschlossenes gewesen ist, können wir nicht feststellen. Doch ist anzunehmen, dass sich dieses postglazial im Vorlande sehr verkleinert hat. Heute beschränken sich die Standorte dort ausschliesslich auf Flachmoore, in Bayern nach Paul vor allem auf das Parvocaricetum (vgl. bei Aster Bellidiastrum, Bd. VI, pag. 426) und das Molinietum, mit gelegentlichem Auftreten im Festucetum rubrae commutatae. Im schweizerischen Vorlande und in den unteren Gebirgslagen verhält sich die Pflanze ebenso. Auf Saanenmöser im Berner Oberland (1270 m) steht sie nach Lüdi reichlich im dichten Molinia-Bestand mit Festuca rubra, Briza media, Trichophorum caespitosum, Schoenus ferrugineus, Carex capillaris und C. panicea, Juncus lamprocarpus, Trollius Europaeus, Caltha palustris, Ranunculus acer, Parnassia palustris, Pinguicula vulgaris, Sanguisorba maior, Trifolium montanum, Swertia perennis, Euphrasia montana, Rhinanthus Crista galli, Succisa pratensis, Cirsium rivulare usw. Hochmoorgebiete meidet die Mehlprimel. Das völlige Fehlen in den Mittelgebirgen, die doch geeignete Standorte in genügender Zahl bieten würden, spricht gegen eine frühere Allgemeinverbreitung. In den Alpen dagegen hat die Art eine neue Heimat gefunden. Hier erweist sie sich als sehr lebenskräftig und ausbreitungsfähig, ganz im Gegensatz zu Trientalis Europaea, deren Lebenskraft von Norden nach Süden gleichmässig abnimmt. Sie besiedelt nicht nur Sumpfwiesen, sondern auch feuchte Felsen und Quellfluren. In den höheren Alpen verlässt sie die Sümpfe und geht in frische Rasen und sogar in die Trockenwiesen

Fig. 2753. Primula farinosa L. Phot. W. Heller, Zürich.

Fig. 2754. Primula farinosa L., am Rande eines Entwässerungsgrabens bei Sauerbrunn, Burgenland. Phot. K. Tkalcsics, Wr. Neustadt.

hinein, wobei sie über kalkhaltigem Gestein viel verbreiteter ist als über kalkarmem. Im Allgemeinen werden wir sie aber eher als indifferent und jedenfalls als humusliebend bezeichnen können. In den Treppenrasen von Sesleria caerulea und Carex sempervirens ist sie sehr verbreitet und zwar besiedelt sie mit andern feuchtigkeitsliebenden Pflanzen die etwas feuchten und gegen Austrocknung geschützten Stufen zwischen den Absätzen. Die höchsten Standorte erreicht sie wohl im Elynetum, auf den schwarzen, blossliegenden Humusmengen zwischen den einzelnen Elynahorsten. Selbst Windecken scheut sie hier nicht: „Sie überdauert den Winter mit grünem Zentralspross selbst an schneefreien Windecken" (Braun-Blanquet). — Die Formen der Norddeutschen Tiefebene haben etwas kleinere und blassere Blüten, sowie einen viel grösseren Blüteneingang und eine weitere Kronröhre als die der Alpen und werden wahrscheinlich von Bienen und Hummeln bestäubt, während in den Alpen Falter als normale Bestäuber zu gelten haben (H. Müller). — Camerarius (1588) bezeichnet die Pflanze als Arthritica flore purpureo, E. Harder als Crutiola (= Creutznaegelin, = Sanicula alpina). In Kultur befindet sie sich seit der Mitte des 16. Jahrhunderts; Clusius bildet sie ab. Noch vor wenigen Jahren wurde sie von Schweinfurt (Nordbayern) zum Verkaufe nach Meiningen (Thüringen) gebracht. Heute ist sie in Mittelfranken, Niederbayern und Baden (seit 1925) geschützt; in Wien besteht seit 1910 Verkaufsverbot.

**2164. Primula longiflora** All. (= Aleuritia longiflora Opiz). Langblütige Schlüsselblume. Fig. 2755 und 2756.

Ausdauernd, mit kurzem, kegelförmigem Wurzelstock. Behaarung und Bepuderung wie bei P. farinosa. Laubblätter in der Knospenlage nach rückwärts eingerollt, oberseits dunkelgrün und etwas glänzend, schwach-runzelig, verkehrteiförmig-länglich bis länglich, sehr allmählich in einen kurzen und breiten Blattstiel verschmälert, vorn gerundet oder spitz, 2 bis 7 cm lang, 0,5 bis 3 cm breit, in der obern Hälfte gezähnt oder fast ganzrandig. Blütenschaft kräftig, 10 bis 30 cm lang, meist viel länger als die Laubblätter, mit mehrblütiger Dolde. Hüllblätter aus breiterem Grunde lang pfriemenförmig zugespitzt, am Grunde sackartig verdickt, 4 bis 15 mm lang, ungefähr so lang wie die Blütenstiele. Kelch oft dunkel gefärbt, kantig, walzenförmig, 7 bis 14 mm lang, auf ungefähr die Hälfte eingeschnitten, mit lanzettlichen, spitzen bis stumpfen Zähnen. Krone hell- oder dunkel-violett mit gelbem Schlund; Kronröhre 20 bis 30 mm lang, 1,5 bis 2 mm dick, 2- bis $3^{1}/_{2}$-mal so lang als der Kelch, aussen und innen schmutzigrot oder etwas gelblich; Kronsaum flach, 15 bis 22 mm im Durchmesser, mit etwas spreizenden, auf $^{1}/_{3}$ bis $^{1}/_{2}$ eingeschnittenen Lappen. Staubblätter aller Blüten im Schlund der Krone angewachsen. Narbe aus dem Schlund hervorragend. Kapsel 9 bis 12 mm lang, walzenförmig, etwas länger als der Kelch. — VI, VII.

Auf sonnigen, nicht zu trockenen Matten, auch in etwas feuchten Felsspalten der Alpen, von 1000 bis 2900 m, gewöhnlich von 1800 bis 2400 m. Kalkliebend bis kalkstet.

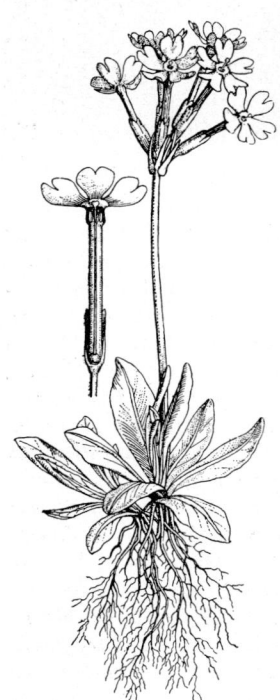

Fig. 2755. **Primula longiflora** All. Habitus und Längsschnitt durch die Blüte.

Fehlt in Deutschland. — In Oesterreich durch das zentrale und südliche Tirol verbreitet in einem von Südwesten nach Nordosten gehenden Band mit den Grenzpunkten: Norden: Tösens, Windachtal, Vennatal, Schwarzsteingrund-Kitzbühel; Süden: Cima Tombéa, Bondone, Gebirge nördlich von Borgo, Vette di Feltre. Steigt am Brunnenkogel (Oetztal) bis 2720 m, um Kitzbühel von 1580 bis 1900 m, am Langtaufererjöchl bei Meran 2908 m, am Stilfserjoch 2844 m, Taufers 1300 bis 2200 m. Nach Westen noch im anschliessenden Süd-Salzburg und im westlichen Kärnten bis zur Linie Kanaltal—Raibl—Villach—Katschtal, stellenweise häufig. Fehlt in Steiermark; in Krain zerstreut in den Karawanken (Loibl, Stol, Golica), Julischen Alpen (Mangart, Triglav) und Sanntaleralpen (Mokrica und Steinersattel). Ein in den Donauauen von Emmersdorf (Niederösterreich) im Jahre 1890 gefundenes Exemplar war offenbar durch die Salzach oder den Inn herabgeschwemmt worden (nächste alpine Standorte in den Hohen Tauern zirka 700 km entfernt). — In der Schweiz in den Penninischen Alpen vom Matterhorn an östlich (1000 bis 2500 m: Zermatt, Saastal, Zwischenbergental,

Simplon, oberes Wallis), in den nördlichen Tessiner Alpen (stellenweise ziemlich häufig) und im südlichen Graubünden sehr zerstreut und spärlich von 1100 m im Mesocco bis 2530 m am Bernina, Scopi 2240 bis 2280 m, am Bernhardin, im Oberengadin, im Puschlav und im Münstertal).

Allgemeine Verbreitung (vgl. Fig. 2756): Westalpen (selten: Mont Couzé in den Seealpen, Cottische Alpen, zweifelhaft für Cogne), Penninische Alpen, Tessiner Alpen, Ostalpen (südlich des Inn vom Oberengadin und den Bergamaskeralpen bis zum Oberlauf der Mur, bis nach Villach und bis in die Sanntaleralpen), Zentral=, Ost= uud Südkarpaten, Risnjak und Velebit in Kroatien, Gebirge von Bosnien, Albanien, Südserbien, Stara Planina in Serbien, Pirin in Bulgarien, ferner nach Kuszenezow im Kleinen Kaukasus und in Armenien.

Das Areal ist also sehr disjunkt. Grössere zusammenhängende Teilareale finden wir in Europa nur in den Ostalpen und in den Transsilvanischen Alpen, und auch dort ist die Art auf grosse Strecken hin sehr spärlich und vereinzelt. Wir haben es mit einer alten Art zu tun, die als oreophytische Bildung eng an Primula farinosa anzuschliessen ist und deren Areal durch die Eiszeit stark zerstückelt wurde (vgl. pag. 1735). Die Pflanze ist an einen beträchtlichen Kalkgehalt des Bodens gebunden (ausgeprägter als Primula farinosa), daneben aber wie diese humusliebend. Die alpinen Standorte der beiden Arten sind sich oft recht ähnlich. Doch ist P. longiflora in stärkerem Masse für die Trockenrasen des Seslerieto=Semperviretums charakteristisch, die stets etwas feuchtere Kleinstandorte beherbergen. In den Silikatalpen finden wir

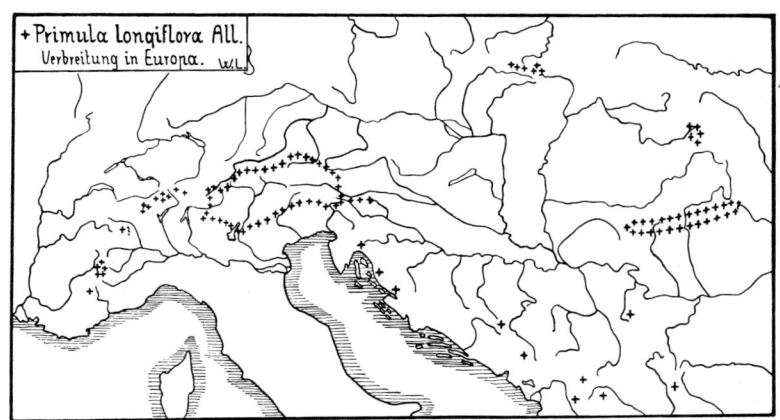

Fig. 2756. Verbreitung von Primula longiflora All. in Europa. Orig. von Dr. W. Lüdi, Bern.

sie an den Stellen, wo kalkhaltige Gesteine auftreten, z. B. serizitische Gneise oder kalkhaltige Schiefer; Vierhapper zählt sie (mit Vorbehalt) zu den Kalkschieferpflanzen. In den Schweizer Alpen bildet sie eine stattliche Erscheinung in dem Seslerieto=Semperviretum der Südhänge bei nicht zu trockenem Boden, so am steilen Südhang bei Mattmark (Saastal im Kanton Wallis) in 2200 m auf kalkhaltigem Kristallin zusammen mit Sesleria caerulea, Carex sempervirens, Elyna myosuroides, Allium senescens, Paradisia liliastrum, Thesium alpinum, Phaca alpina, Oxytropis campestris und O. Lapponica, Euphrasia alpina, Aster alpinus, Erigeron neglectus und E. alpinus, Leontopodium alpinum (Lüdi). Auf der Hochfläche des Schlern (2400 m) findet sie sich auf welligem Grund (Kalk), der stellenweise der Verheidung verfällt, an den frischen Stellen.

Blütenbiologisch erweckt Primula longiflora besonders Interesse als einzige homostyle Primel unserer Flora. Die Bestäubungsverhältnisse wurden von Ernst einer genauen Prüfung unterzogen (Festschrift für Carl Schröter, Zürich 1925, pag. 628). Die Antheren erreichen den Kronschlund in der Regel mit der Spitze; die Narbe ragt 0,5 bis 5 mm (im Mittel etwa 3 mm) über den oberen Antherenrand hinaus. Selten bleibt ihre Länge, wohl unter dem Einfluss äusserer Faktoren, hinter diesen Massen zurück. In der Knospe von 10 mm Länge überragt die Narbe die schon stäubenden Antheren stets um 1 bis 2 mm. Bei einer Kronröhrenlänge von 18 bis 20 mm öffnet sich die Knospe; aber das Wachstum von Kronröhre und Anthere dauert noch 8 bis 14 Tage an, je nach der Witterung. Anzeichen von Kurzgriffligkeit sind nicht vorhanden. (Im Gegensatz dazu gibt Kuhn an [Verh. Botan. Ver. Brandenburg 48], dass in der Knospe die Narbe 0,5 bis 1 mm unterhalb der Anthere steht und die Narbe sich verlängert, während die Krone nach dem Oeffnen der Blüte nicht weiter wächst. Die Narbe kommt bei Längenwachstum des Griffels in Berührung mit dem Blütenstaub. Somit wäre Selbstbestäubung möglich). Die Blüten sind proterandrisch und schräg aufwärts gerichtet. Der oft sehr reichlich abgesonderte Honig am Grunde der Kronröhre ist nur langrüsseligen Faltern zugänglich. Als Hauptbestäuber wird der Taubenschwanz (Macroglossa stellatarum) genannt. So kommt in der Regel Fremdbestäubung zustande; immerhin ist Selbstbestäubung durch kleine, herumkriechende Insekten nicht ausgeschlossen. Bei den Versuchen von Ernst ergab Selbstbestäubung genau gleich gute Ergebnisse wie Bestäubung zwischen den Blüten eines Stockes oder eigentliche Fremdbestäubungen. Die Fruchtbarkeit war sehr gut und die Zahl der Samen ausserordentlich hoch (im Mittel über 200 pro Frucht, im Maximum gegen 350), bei den selbstbestäubten Früchten nur unwesentlich geringer. In Parallelversuchen zeigte sich Primula farinosa in beträchtlichem Grade selbststeril (aus 77 selbstbestäubten Blüten 20 Früchte mit insgesamt 122 Samen), während bei legitimer Fremdbestäubung der Fruchtansatz ebenso gross ist wie bei P. longiflora, die Samenzahl allerdings geringer (im Durchschnitt 67 pro Frucht). Ernst glaubt, die Stellung von Staubbeutel und Narbe in der Blüte von P. longiflora könne nicht dem Urtyp entsprechen, aus dem die Heterostylie von Primula ihren Ursprung genommen hat. Bastardierungen mit nächstverwandten Arten ergeben die Möglichkeit in dieses Problem Einblick zu erhalten. Mit Primula farinosa vorgenommene Kreuzungen erzeugten keimfähigen Samen. Ueber die weiteren Ergebnisse ist noch nichts bekannt. Immerhin ist bemerkenswert, dass hier eine Kreuzung zwischen homostylen und heterostylen Arten gelungen ist. Aehnliche Versuche mit Linum, Fagopyrum und Lythrum schlugen stets fehl.

**2165. Primula Auricula**[1]) L. (= P. lútea Vill., = P. alpina Salisb., = P. crenáta Fuss, = Arétia auriculáta Link, = Auricula lútea Opiz). Alpen=Aurikel, Ohr=Schlüsselblume. Franz.: Auricule, oreille d'ours, in der Westschweiz: Barillon, ganguelin, gangueillon; engl.: Auricula, garden auricula; ital.: Orecchio d'orso, im Tessin: Oreggia d'ors; Romanisch (Samnaun): Flur zatg, Groedner=Ladin: Sa. Katarines. Taf. 209, Fig. 2757 bis 2759, 2709, 2721 und 2731a und 2766.

Der lateinische Name Aurikel ist auch ins Volk gedrungen und z. B. in Orikel, Rickelchen (bergisch), Arikelken (Göttingen), Rikelar, Rikelen (Nordtirol) mundgerecht gemacht. Andere Benennungen teilt die Art mit ihren verbreiteten und bekannten Schwestern (vgl. Primula elatior, P. officinalis, pag. 1749): Patenigl, Platening (Tirol), Badöneli, Padönachli (Schweiz), Häntscheli, Handschäbluemä (Schweiz). Die meisten wirklich volkstümlichen Benennungen weisen (soweit sie sich natürlich nicht auf die Gartenformen beziehen!) auf den alpinen Standort der Pflanze hin, z. B. Bergbluoma, Flüehbluema, Flüehblüemli [schweiz. Fluh = Felswand] (Schweiz), Schrofenblüemlen (Achensee), Alphäntscheli, Schrofmadänge (Vorarlberg), Bergschlösseli, Steischlüsseli (Schweiz), Steinblume (Bayer. Alpen), Stein=Plagente (bayer. Algäu), Gamsbleaml (bayrisch=österreichisch). Nach der frühen Blütezeit heisst die Aurikel ferner Märzblümcher (bergisch), Märzblüemle (Elsass), Osterblume (Achensee), Früehblueme (Zürcher Oberland). Die wie mehlig bestäubten Blätter führten zu den Namen Müllermädeln (Glashütte in Sachsen), Mehlblüemli (Aargau). Auf Heilkräfte weisen Kraftbleaml, Schwindelblüh [weil die Aurikel an steilen, „schwindel=erregenden" Felswänden wächst, soll sie gegen Schwindelanfälle sichern!] (Steiermark). Die Bezeichnungen Peterstamm (Oberösterreich, Kärnten), gelber oder wilder Speik (Tirol), gelber Scharniggel teilt sie mit anderen Alpenpflanzen (vgl. Primula viscosa, P. minima, Sanicula Europaea!). Gartenformen werden z. B. Chrutgarteschlüsseli (Baden), Wältschi Badenetli, Hantscheli, Sammetbadenetli (Thurgau) genannt. Nicht aufgeklärt sind die niederösterreichischen Benennungen Zollitsch, Solanotsch, Dolanotsch.

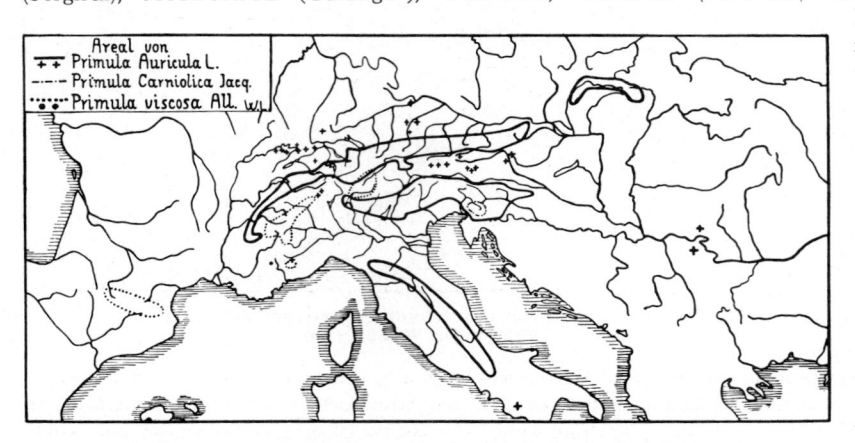

Fig. 2757. Verbreitungs-Areale von Primula Auricula L., P. Carniolica Jacq. und P. viscosa All. Orig. von Dr. W. Lüdi, Bern.

Ausdauernd, 5 bis 25 cm hoch. Wurzelstock kräftig, walzlich, oft verzweigt. Ganze Pflanze mit kurzen ($1/30$ bis $1/3$ mm langen), farblosen Drüsenhaaren bedeckt (besonders dicht im Kronschlund, an den Blatträndern, Hüllblättern, Blütenstielen und am Kelch), gewöhnlich mit Mehlstaub bepudert. Mehlstaubbelag dünn, zuweilen an Blättern und Blütenstengel, seltener auch im Blütenstand fehlend und bei den kahlsten Formen auf die Innenseite der Kelchzipfel oder sogar auf den Kronschlund beschränkt. Laubblätter in der Knospenlage nach vorwärts eingerollt, dick und

---

[1]) Diminitiv von lat. aúris = Ohr; nach der Blattform. — Hieronymus Harder kennt die Pflanze als Auricula ursina (Behren=Ohr).

fleischig, dunkelgrün oder graugrün mit deutlichem Knorpelrand, rundlich oder verkehrteiförmig oder länglichlanzettlich, allmählich bis ziemlich rasch in den Blattstiel verschmälert, an der Spitze abgerundet, stumpf bis spitzlich, 5 bis 12 cm lang, 2,5 bis 6 cm breit, ganzrandig, gezähnelt oder gezähnt. Blütenschaft 5 bis 25 cm hoch, meist länger als die Laubblätter mit einseitswendiger, vielblütiger Dolde. Hüllblätter krautig, breitoval und meist stumpf, 1 bis 4 mm lang, kürzer als die 5 bis 25 mm langen Blütenstiele. Kelch glockenförmig, 2 bis 6,5 mm lang, auf ungefähr die Hälfte eingeschnitten, mit stumpfen oder spitzen, ± anliegenden Zähnen. Krone wohlriechend, seltener geruchlos, hellgelb, seltener dunkelgelb; Kronröhre 7 bis 13 mm lang, den Kelch überragend, aussen und innen gleichgefärbt wie der Saum, im Schlunde mit Mehlstaub; Kronsaum etwas trichterförmig, seltener ganz flach, von 15 bis 25 mm Durchmesser mit etwas ausgerandeten Lappen. Kapsel 4 bis 6 mm lang, kugelig, meist merklich länger als der Kelch. Samen (Fig. 2731 a) von 1 bis 1½ mm Durchmesser, braunschwarz, stark papillös, stumpfkantig. — IV bis VI.

Auf Kalkfels und kalkhaltigem Schieferfels, gelegentlich auch in alpinen Rasen, selten auf Moorwiesen, vom Fuss der Berge bis in die Hochalpen; mit den Alpenflüssen ins Vorland hinabsteigend, von 250 bis 2900 m.

In Deutschland verbreitet in den Bayerischen Alpen (bis 2360 m), absteigend bis Lechbruck, Illasberg bei Rosshaupten, Pählerschlucht, Wolfratshausen, Grünwald (auf Nagelfluh) usw., im Dachauer- und Erdinger Moor nördlich von München, in der Donauschlucht bei Weltenburg (Bayern). Im Schwarzwald auf Gneisfels am Belchen (1300 m) und am Hirschsprung im Höllental (600 m, z. T. an unzugänglichen Felswänden). — In Oesterreich häufig in den nördlichen und südlichen Kalkalpen (nördlich bis zur Drau), selten in den zentralen Alpen auf kalkhaltigem Gestein (Brennergebiet, Hohe Tauern, Lungau, Gurktaleralpen, Graz, Hochlantsch). In Niederösterreich absteigend bis Mödling zirka 250 m (hier beinahe ausgerottet, jetzt geschützt), auf Kalkkonglomerat bei Wöllersdorf (400 m), an der Enns bei Steyr; in Steiermark bis 2200 m steigend, in den Sanntaleralpen seltener, fehlt den Lavantaleralpen; im Küstenland bis an die südlichen Abhänge des Randgebirges und bis in die Dolinen des Karstes an der Reka (subsp. Bauhini: St. Canzian, Unter Ležeče), zusammen mit Saxifraga incrustata; in Krain im ganzen Alpengebiet häufig, zerstreut durch den Karst (Goljakberge, Jelenek bei Idria, Nanos bei Präwald), ferner bei Sagor a. Save und Altenmarkt a. Kulpa (Südgrenze); in Vorarlberg bis 440 m absteigend (Klien), in Liechtenstein auf moorigen Wiesen am Fläscherberg bis 480 m, in Tirol von 500 m (Kufstein) bis 2530 m (Gipfel des Widderstein). — In der Schweiz ebenfalls in den ganzen Kalkalpen verbreitet, dagegen fehlend in den Penninischen Alpen von der Dent du Midi bis nach Saas, dem kristallinen Aar- und Gotthardmassiv, dem nördlichen und mittleren Tessin, dem Engadin und den südlichen Alpentälern Graubündens (merkwürdigerweise auch im Kalk und Dolomit des Unterengadin). Im zentralen Graubünden sehr spärlich. Steigt im Wallis bis 2500 m, im Berner Oberland (Rottalgrat der Jungfrau) 2900 m, in Graubünden von 575 (Marschlins) bis 2650 m (Schiahorn), in St. Gallen von 450 bis 2200 m. Auf Nagelfluh des Napfes, der Rigi und des Zürcher Oberlandes. Im Jura nur im nördlichen Teil, von Aarau (Erlisbach, Ramsfluh), Schafmatt und Eptingen nach Süden bis Weissenstein, Münster, St. Brais, Delsberg (ausstrahlend an den französischen Doubs bis gegen Besançon) und am Salève südlich Genf.

Allgemeine Verbreitung (Fig. 2757): Endemische Art des Alpenzuges. In den Alpen von den Seealpen (Valdieri) und von der Dauphinée bis nach Wien, südlich bis an die Kulpa, fehlt in Istrien und Illyrien; im Apennin bis in die Abruzzen und in den Apennin von Salerno (Monte Cervati, subsp. ciliata); in den Westkarpaten und völlig isoliert im Banat am Domogled bei Herkulesbad und gegenüberliegend südlich der Donau auf dem Stol in Nordserbien in der var. serratifólia Roch. Die Vorkommnisse im Schwarzwald sind vielleicht als Ausstrahlungen des jurassischen Areals zu erklären, die Beschränkung auf den nördlichen Jura als Rest einer durch die Vergletscherung des Südjura unterbrochenen ursprünglichen Verbreitung durch den ganzen Jura. Vgl. die gleichliegenden Verbreitungsverhältnisse von Androsace lactea (pag. 1810). Ebenso liegen die Fundorte auf dem Napf (zirka 1350 m) an typischen Reliktstandorten.

Die Art ist in bezug auf Blattform (und -Grösse), sowie Stärke der Bepuderung und Bedrüsung sehr veränderlich. Die Blattform variiert von kreisrundlich bis länglich und schmallanzettlich, mit rascher oder

langsamer Verschmälerung in den Blattstiel; der Blattrand kann ganzrandig oder gezähnt (sogar buchtig=
gezähnt) oder gesägt sein; Bepuderung und Bedrüsung zeigen alle Uebergänge. Doch gibt es nach A. Ernst
und E. Moser nur einen Haartypus, 3=zellige Drüsenhaare, die den Mehlstaub absondern (vgl. pag. 1722).
Sehr lange Drüsenhaare (subsp. ciliata) scheinen keinen oder sehr wenig Mehlstaub abzusondern, ebenso sehr
kurze Haare, in welch letzterem Fall die Pflanzen kahl erscheinen (f. nuda). Beauverd macht auf die inter=
essante Tatsache aufmerksam, dass die Blätter der Keimpflanzen von Primula Auricula drüsig=gesägt und
behaart sind, sich in keiner Weise von denjenigen der P. hirsuta unterscheiden. Erst die spätern Blätter
nehmen den Auricula=Habitus an. Die extremen Varianten, denen der Wert von guten Rassen zukommt,
wachsen häufig nebeneinander und sind in bezug auf jedes Merkmal durch zahlreiche Zwischenformen ver=
bunden, die den Eindruck von hybriden Reihen machen. Leider fehlen uns experimentelle Untersuchungen,
die erlauben würden, die einzelnen Merkmale sicher zu werten. Wir geben folgenden Ueberblick über
die Formen:

1. subsp. **Bauhíni** (Beck) Lüdi. Laubblätter länglich bis rundlich oder verkehrteiförmig, meist in
den Blattstiel langsam verschmälert, ganzrandig oder stumpf gezähnelt, mit Mehlstaub oder verkahlend.
Drüsenhaare am Blattrand bis $1/10$ mm lang, kürzer als die Breite des Knorpel=
randes. Blütenstiele und Kelch bepudert, mit sehr kurzen Drüsenhaaren. Blü=
ten hellschwefelgelb, wohl=
riechend. Im ganzen Areal der Art verbreitete Form; scheint in der Schweiz und
im Küstenland ausschliess=
lich vorzukommen. —
Aendert ab: f. núda (Widm.). Pflanze mit Aus=
nahme der Innenseite der Kelchzipfel und der Kron=
röhre ohne Mehlstaub.
Drüsenhaare sehr kurz (meist $1/20$ bis $1/30$ mm lang).

Fig. 2758. Primula auricula L., auf Kalkfelsen am Südhang der Schneealpe, Steiermark. Phot. R. Fischer, Sollenau, N.Ö.

Verbreitet in den Südalpen (Südtirol [Sexten, Pordoi], Karawanken [Hochobir]), Schlucht bei Pähl in Ober=
bayern; in Annäherungsformen ziemlich verbreitet, auch in der Schweiz (z. B. Berner Oberland). — f. mar=
gináta (Stein) (= var. albocincta Widmer). Laubblätter dem Rande nach mit dichtem, weissem, scharf=
begrenztem Mehlstaubband versehen, Flächen leicht bestäubt, Drüsenhaare länger. Tirol (Alpen westlich
vom Gardasee, Cima del Frate, Lienz, Kitzbühel), Kärnten (Raibl). — var. Monacénsis Widmer. Blattspreite
schmal, bald kaum breiter, bald 2= bis 3=mal so breit als der sehr breite Blattstiel. Laubblätter mehl=
staubig oder schon in der Jugend grün, in letzterem Fall mit etwas längeren Drüsenhaaren am Blattrand.
Selten und vereinzelt in den Alpen, häufig und in Menge dagegen im Dachauer= und Erdingermoor nördlich
München, 520 m über Meer. — f. exscápa Widm. Blütendolde sitzend. Raibl neben der normalen Form.

2. subsp. **ciliáta** (Moretti) Lüdi (= P. Balbísii Lehm.). Laubblätter meist rundlich, rasch in den Blatt=
stiel zusammengezogen, gezähnt bis ganzrandig. Grüne Pflanzenteile ohne Mehlstaub, aber stark drüsenhaarig.
Blattrand dicht von Drüsenhaaren gewimpert, die bis $1/3$ mm lang sind, so lang oder länger als die Breite des
Knorpelrandes. Blüten meist sattgelb und geruchlos. In Südtirol die verbreitetste Form, vorzugsweise in
tieferen Lagen, wo sie die subsp. Bauhini vertritt, ohne sie jedoch ganz auszuschliessen. Wird ferner angegeben
für Kärnten, Nieder= und Oberösterreich (hier wohlriechend und wohl hauptsächlich in Annäherungsformen,
die zur folgenden Varietät zu rechnen sind). Findet sich ausserdem in den italienischen Südalpen und im Apennin
(neben subsp. Bauhini). Aendert ab: var. Obrístii (Stein) Beck. Drüsen am Blattrand so lang wie die Breite
des Knorpelrandes. Kelch und oft die Blütenstiele mehlig bepudert, sonst kahl. Südtirol (Judikarien, Monte
Frate, Monte Posta, Pordoi Joch), in den nordöstlichen Kalkalpen von Steiermark, Niederösterreich (bis
Mödling absteigend), Oberösterreich, Salzburg in tieferen Lagen vorherrschend, während die subsp. Bauhini die
höheren Lagen besiedelt. Früher bei Grünwald an der Isar in Oberbayern. Diese Varietät nimmt eine
Zwischenstellung zwischen subsp. Bauhini und subsp. ciliata ein und ist vermutlich hybridogen. Doch geht
ihre Verbreitung weit über das heutige Areal der subsp. ciliata hinaus, wobei die Frage offen bleibt, ob es

sich bei den Annäherungsformen an die subsp. ciliata in den nordöstlichen Kalkalpen, um echte ciliata oder um eventuelle Aufspaltungsprodukte von var. Obristii handelt. Hierher ist vermutlich auch zu stellen var. Widmérae Pax. Laubblätter weich, mit undeutlichem Knorpelrand, unbepudert, lang und stark behaart. Im Höllental bei Freiburg (Schwarzwald).

Primula Auricula ist eine Charakterpflanze für den oberflächlich trockenen Kalkfels, vor allem in der subalpinen Höhenstufe. Mit den tiefgehenden schnurartigen Nebenwurzeln hält sie sich in den Felsspalten fest; durch Zusammenziehen der Wurzeln zieht sie nach Kerner den an der Spitze weiterwachsenden Wurzelstock stetsfort wieder in die Spalte hinein, so dass die Blattrosette immer der Felsoberfläche aufliegt. Von anderen Forschern wird diese Kontraktionstheorie bestritten. Auf überrieseltem Fels gedeiht sie nicht gut und vergeilt oft. Das stark entwickelte Schwammparenchym der Laubblätter ist im Winter mit Reservestärke prall gefüllt (wie auch die Rinde); im Sommer dient es als Wasserspeicher (vgl. pag. 1721). Dieser Funktion entsprechend sind die Spaltöffnungen auf die Blattoberseite verlagert. Der Wachsüberzug und der Schleimgehalt der Interzellularen wirken als Transpirationsschutz, so dass die Pflanze imstande ist, langdauernde Trockenheit zu ertragen. In den Versuchen von Oettli, der die Gewichtsabnahme austrocknender Pflanzen verfolgte, hatte Primula Auricula noch nach 33 Tagen kein konstantes Gewicht erlangt und verhielt sich in dieser Beziehung wie sukkulente Arten (Saxifraga und Sempervivum), während andere Spaltenpflanzen, z. B. Potentilla caulescens und Sesleria caerulea schon nach 5 Tagen völlig ausgetrocknet waren. In den nördlichen Kalkalpen finden sich mit ihr vergesellschaftet

Fig. 2759. Primula auricula L. Rax. Phot. K. Tkalcsics, Wr. Neustadt.

1. subalpin: Kernera saxatilis, Potentilla caulescens, Saxifraga Aizoon, Athamanta Cretensis, Laserpitium Siler (= Siler montanum), Teucrium montanum, Veronica fruticans und V. fruticulosa, Euphrasia Salisburgensis, Globularia cordifolia, Hieracium bupleuroides, H. villosum, H. humile, H. amplexicaule u. a. = Bestandestypus des Kerneretum saxatilis. 2. alpin: Festuca alpina, Carex firma, Draba aizoides, D. Carinthiaca, D. tomentosa, Arabis pumila, Saxifraga oppositifolia, S. Aizoon, S. caesia, S. androsacea, Athamanta Cretensis, Androsace Helvetica, Gentiana Clusii, Veronica fruticans, Artemisia laxa u. a. In den nördlichen Kalkalpen geht die Aurikel auch auf Schuttböden und sogar in den Rasen über. Hayek zählt sie unter den Arten der Alpentriften der nordöstlichen Kalkalpen (im Dachsteingebiet) auf und bemerkt, dass diese Bestände teils der Blaugrashalde, teils denen der Polstersegge entsprechen. Die gleiche Angabe finden wir bei Nevole für die Eisenerzeralpen. Nevole stellt sie ferner mit Primula Clusiana und P. minima, Soldanella alpina zu den im Juni an abschmelzenden Schneeflecken und Schneegruben blühenden Pflanzen. Hayek gibt sie auch für Krummholzbestände an. In den feuchteren Kalkgebieten des südwestlichen Berneroberlandes fand auch Lüdi Primula Auricula ausserhalb des Felsens in sehr verschiedenartigen Pflanzengesellschaften der alpinen Höhenstufe, so im Rottal bei Lauenen und an der Gummfluh (Saanen) regelmässig und z. T. häufig im Seslerietum (Stufen der Treppenrasen), 1900 bis 2300 m, ferner häufig im Rottal 2000 bis 2150 m in Spalierteppichen von Dryas octopetala, Salix retusa, Globularia cordifolia, Loiseleuria procumbens, in Polstern von Silene acaulis, in Rasen von Carex sempervirens, Carex firma und Festuca violacea, mehrfach auch unmittelbar neben Arnica montana und Anemone vernalis. Es sind also Trockenrasen neben Frischwiesentypen und solchen, die Vermagerungserscheinungen zeigen. Der Boden war durchwegs schwarzer, humusreicher Mull auf homogenem Kalkschutt, der meist neutral reagierte, was wohl der reichlichen Zufuhr von Kalkstaub durch die Luft von den benachbarten Geröllhalden her zuzuschreiben ist. Die Rasenpflanzen waren im allgemeinen mehlstaubarmen Formen, z. T. der

f. nuda zuzurechnen. Am Tanzboden (Lauterbrunnental), zirka 2100 m, findet sich Primula Auricula regelmässig in den Carex firma=Polstern, nicht selten auch im Sempervireto=Seslerietum und Ericetum carneae, auch auf schwach sauer reagierenden Böden (im Caricetum firmae P.=H. 6.3 = 6,7). In Friaul, am Südrand der Alpen, tritt die Aurikel in den Vorbergen in Berührung mit der mediterranen Flora. In Cavazzo steigt sie bis 275 m ab; in Solkan bei Görz findet sie sich mit Cypresse und Oelbaum und am Valentiniberg bei Görz (500 m) nach Krašan zusammen mit Asphodelus albus, Thesium divaricatum, Medicago Pironae, Linum Narbonense, Osyris alba. (Vgl. ihre Begleiter im Ternowanerwald bei Moehringia muscosa [Bd. III, pag. 417], ferner diesen Band pag. 1774 zusammen mit Primula spectabilis im Val Lorina). Die Moorform, var. Monacensis Widm., ist im Dachauer= und Erdingermoor eine Charakterpflanze des Molinietums und kommt zusammen vor mit Molinia caerulea, Briza media, Trichophorum caespitosum, Galium boreale und G. verum, an anderen Stellen in Begleitung zahlreicher südlicher und alpiner Elemente, besonders auf kalkreichem, trockenem Boden, der an die bayerischen Heidewiesen erinnert. Sie meidet also auch hier sichtlich den versauerten Moorboden und der Begriff Moor= pflanze ist nur relativ richtig. 1920 wurde P. Auricula von F. Morton auch in einer Höhle angetroffen (Holzknechtloch am Dachstein, 1650 m). Von einer Neuansiedlung auf einer Mauer bei Mittenwald (Oberbayern) berichtet Vollmann (in Gesellschaft von Phegopteris und Kernera).

Die Aurikel ist vom Menschen schon frühzeitig in Kultur genommen worden. Wichtiger als Garten= aurikel ist aber der Bastard P. Auricula × P. hirsuta geworden (vgl. pag. 1769). Um die begehrte Pflanze vor Ausrottung zu bewahren (in München gelangten bis vor kurzem blühende Pflanzen auf dem Markt zum Verkauf), ist sie gesetzlich geschützt im Schwarzwald, in Bayern, Liechtenstein, Vorarlberg, Salzburg, Ober= und Niederösterreich, Kärnten und im Kanton St. Gallen. — Bisweilen werden sehr reichblütige Dolden angetroffen, so am Achensee 1881 ein 100=blütiges Exemplar. G. Beauverd (Bull. Soc. Botan. Genève $2^{me}$ sér. 15, 1924) kultiviert seit 1913 in Genf eine Primula Auricula aus Savoyen (1720 m Meereshöhe), die regelmässig im Mai blüht, im Herbste 1920 aber ein zweites Mal mit Blühen einsetzte und 1922/23 im Dezember zu blühen anfing. Der Blütenschaft war anfänglich nicht ent= wickelt; die Blüten des Dezember und Januar waren unfruchtbar; vom Februar an setzten sich Früchte an und zwar wahrscheinlich durch Selbst= befruchtung, da die (langgriffeligen) Blüten hängen. Bei einem anderen auch aus Savoyen, aber von tief gelegenem Fundort (509 m) stammenden langgriffeligen Exemplar streckten sich die Blütenstiele schon bei der Ent= faltung der Blüte, und alle Blüten waren unfruchtbar.

**2166. Primula Carniólica** Jacq. (= P. integrifólia Scop., = P. Freyéri Hladnik, = P. Jellenkiána Freyer, = P. múlticeps Freyer, = Arétia Carniólica Link). Krainer Schlüsselblume. Fig. 2760 und 2757.

Ausdauernd. Wurzelstock oft vielköpfig. Ganze Pflanze kahl, nur Blattrand und Kelch mit vereinzelten, sehr kurzen Drüsenhaaren. Laubblätter in der Knospenlage nach vorwärts eingerollt, glänzend, hellgrün, oft mit etwas welligen Rändern, deutlich knorpelrandig, verkehrteiförmig bis länglich=lanzettlich, allmählich oder ziemlich rasch in den oft sehr langen Stiel ver= schmälert, an der Spitze abgerundet, stumpf bis spitzlich, 3 bis 15 cm lang, 1 bis 4,5 cm breit, ganzrandig oder etwas ausge= schweift, selten mit entferntstehenden, stumpfen Zähnchen. Blüten=

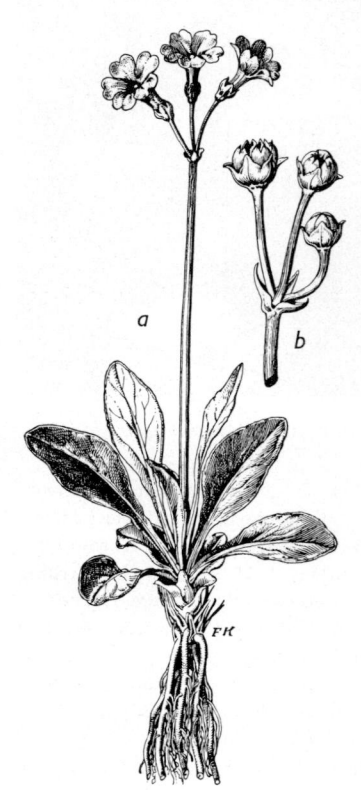

Fig. 2760. Primula Carniolica Jacq. *a* Habitus. *b* Fruchtstand.

schaft die Laubblätter stark überragend, 7 bis 25 cm lang, mit 1= (meist 2= bis 4=) bis 8=blütiger Dolde. Hüllblätter etwas trockenhäutig, breitoval, stumpf oder spitz, 1 bis 4 mm lang, das unterste bisweilen länger, kürzer als die 3 bis 20 (meist 6 bis 12) mm langen Blütenstiele. Kelch glockenförmig, 2 bis 6 mm lang, auf $^1/_3$ bis $^1/_2$ eingeschnitten, mit stumpflich=dreickigen, anliegenden Zähnen. Krone rosa oder lila, trocken violett; Kronröhre 6 bis 10 mm lang, den Kelch weit überragend, nach oben allmählich in den weittrichterförmigen Saum über=

gehend, aussen und innen gleich gefärbt wie der Saum (seltener weisslich), am Schlund mit Drüsenhärchen und durch reichlichen Mehlstaub ± weiss erscheinend; Kronsaum von 14 bis 25 mm Durchmesser, mit auf etwa ¹/₅ ausgerandeten Lappen. Kapsel 3,5 bis 5 mm lang, etwas länger bis doppelt so lang als Kelch. Samen ziemlich glatt, stumpfkantig. — IV, V.

Felsige, feuchte, schattige Stellen, namentlich in Schluchten, in den südlichsten Ausläufern und in den Vorbergen der Julischen Alpen. Nur in Krain und im Küstenland. Vgl. Fig. 2757.

Endemische Art des Karstes mit Hauptverbreitung um Idria. Reicht gegen Westen über den Ternovaner Wald (Goljakberge) bis in die Gegend von Čepovan, ostwärts bis zur Iškaschlucht bei Laibach und bis Rob, nördlich bis zum Jelenek bei Idria, südlich bis zur Slivnica bei Zirknitz. Angaben über das Vorkommen in anderen Gebieten beruhen auf Verwechslung. Die Standorte liegen wohl alle auf Kalkboden. — Selten in Kultur. Begehrter ist der Bastard Primula Auricula × P. Carniolica vom Berg Jelenek, wo die Pflanze von Handelsgärtnern beinahe völlig ausgerottet wurde (A. Paulin in litt.).

**2167. Primula viscósa** All. (= P. hirsúta Vill., = P. latifólia Lapeyr., = P. gravéolens Hegetschw. und Heer, = P. alpína Loisel.). **Klebrige Schlüsselblume.** Taf. 209, Fig. 8; Fig. 2761, 2762, 2757, 2727, 2731 b und 2735.

Ausdauernd. Wurzelstock bis 20 cm lang. Oberfläche der grünen Pflanzenteile ziemlich dicht mit kurzen (¹/₈ bis ¹/₃ mm langen), farblosen, stark riechenden Drüsenhaaren besetzt und etwas klebrig; am Kelch zuweilen Mehlstaubkörnchen. Laubblätter in der Knospenlage nach vorwärts eingerollt, gelblichgrün, schlaff, sehr oft wellig verbogen, oval oder verkehrteilänglich oder lanzettlich-keilförmig, rasch oder allmählich in den meist langen Stiel verschmälert, an der Spitze abgerundet, stumpf oder spitz, 5 bis 8 (18) cm lang, 1 bis 3 (5) cm breit, in der oberen Hälfte oder nur am Scheitel meist kräftig, oft ungleich gezähnt, seltener ganzrandig. Blütenschaft 5 bis 10 (18) cm hoch, meist länger als die Laubblätter mit vielblütiger, einseitswendiger Dolde und nickenden Blüten. Hüllblätter krautig oder etwas trockenhäutig, breitoval, meist stumpf, 1 bis 4 mm lang (das unterste oft länger), kürzer als die 5 bis 10 (18) mm langen Blütenstiele. Kelch schmal-glockenförmig, 3 bis 5 mm lang, auf etwa ¹/₂ eingeschnitten mit 3-eckigen, spitzen oder zugespitzten, seltener stumpfen, anliegenden Zähnen. Krone wohlriechend, violett, beim Welken blauviolett, beim Aufblühen beinahe schwarz; Kronröhre 7 bis 13 mm lang, den Kelch weit überragend, nach oben allmählich in den trichterförmigen Saum erweitert, aussen und innen gleich gefärbt wie der Saum und meist dunkler; Kronsaum von 15 mm Durchmesser, mit auf etwa ¹/₅ ausgerandeten Lappen. Röhre und Schlund mit kurzen Drüsenhaaren; Schlund etwas bestäubt. Kapsel 4 bis 6 mm lang, beinahe kugelig, den Kelch wenig überragend. Samen von 1 mm Durchmesser, braun, scharfkantig, etwas geflügelt, beinahe glatt (Fig. 2731 b). — VI, VII.

Auf kalkarmem Fels (Spaltenpflanze), seltener auf Schutt der alpinen Stufe, von (1880) 2200 bis 2700 (3050) m.

Nur in der Schweiz im südlichen Graubünden: Geschlossenes Gebiet im Engadin, Puschlav, Bergell und von da nach Norden ausstrahlend ins Avers, Oberhalbstein, Albula-, Flüela-Gebiet, Vereina bei Klosters; äusserster Standort: Muchetta ob Jennisberg (Landwassertal) 2360 m. Steigt von 1800 m (Alluvion des Berninabaches) bis 3050 m am Monte Vago. Die Angabe für Paznaun (Schwarzhorn in Westtirol) ist sehr zweifelhaft.

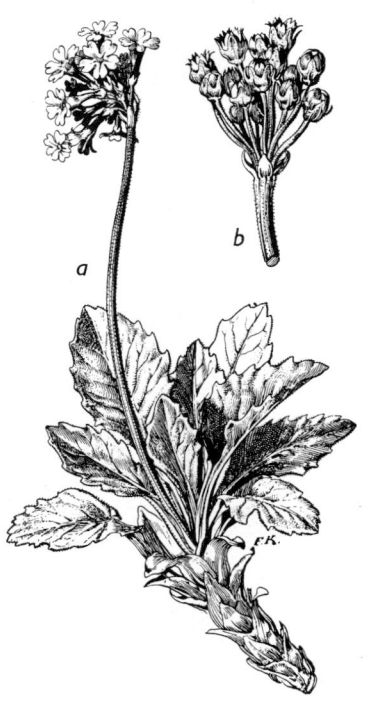

Fig. 2761. Primula viscosa All. *a* Habitus. *b* Fruchtstand.

Nach Osten erreicht in Italien dieses Teilareal seine Grenze in den Bergen von Bormio, nach Süden in der Urgebirgskette des Veltlins südlich der Adda (am Pizzo dei tre Signori z. B. noch häufig).

Allgemeine Verbreitung (Fig. 2757): Bewohnt in 3 nur schwach verschiedenen und durch Mittelformen verbundenen Rassen die Ostpyrenäen (f. Pyrenáica Pax), die Westalpen, im Gebiet des Monte Rosa die Schweizergrenze beinahe erreichend (Col di Turlo, Col d'Ollen) (f. cynoglossifólia Widmer, = β Gaudíni Rouy) und die Bergamasker=, Veltliner= und Rätischen Alpen (f. gravéolens [Hegetschw. et Heer] Pax, = f. cuneáta Widm., = α Villársii Rouy).

Die f. Pyrenaica besitzt grosse, verkehrteiförmige, grobgezähnte Laubblätter, mit stark vortretenden Rippen und sehr reichblütige Dolden; f. cynoglossifolia kleinere, ovale bis verkehrteiförmige, ganzrandige oder schwach gezähnte Laubblätter und weniger reichblütige Dolden; f. graveolens ist letzterer ähnlich, doch sind die Laubblätter noch etwas schmäler, am Grunde keilförmig verschmälert und in der oberen Hälfte gezähnt.

An der Bernina ist P. viscosa ein häufiger Bestandteil der kalkarmen Felsflur (Primulétum hir=sútae), zusammen (Lüdi) mit Asplenium septentrionale, Agrostis alpina und A. rupestris Festuca Halleri, Juncus trifidus, Silene rupestris und S. acaulis, Minuartia verna und M. recurva, Sedum alpestre, Sempervivum montanum, Saxifraga Aizoon, S. bryoides, S. moschata, Bupleurum stellatum, Astrantia minor, Primula hirsuta, Pedicularis Kerneri, Phyteuma Carestiae, Erigeron uniflorus und E. alpinus, Doronicum Clusii u. a. Doch geht sie nicht in senkrechte Spalten, sondern bevorzugt flach=verlaufende Spalten, kleine Bänder, Zenitflächen der Felsköpfe; auf Fels wurzelt sie stets in den Spalten. Häufig geht P. viscosa auf ruhenden, kalkarmen Schutt über, namentlich auf tonigem Boden, selten auch ins Geröll,

Fig. 2762. Primula (latifolia Lapeyr.), im Engadin. Phot. Josef Ostermaier, Dresden.

etwa am Fuss der Geröllhalden zusammen mit Oxyria digyna und Luzula spadicea, und gelegentlich findet man sie in rasigen Vereinen des kalkarmen Bodens, im Curvuletum, Loiseleurietum procumbentis, Luzuletum spadiceae, Caricetum sempervirentis (Vgl. Bd. III, pag. 396 als Begleiter von Minuartia laricifolia). Von der oft mit ihr zusammen=wachsenden P. hirsuta lässt sie sich zur Blütezeit schon von weitem unterscheiden durch die dunklere, mehr blaue Blütenfarbe und die zahlreicheren, nickenden Blüten auf längerem Blütenschaft. Die f. graveolens ist rein hoch=alpin und steigt nicht herab; f. cynoglossifolia geht in den Seealpen (San Dalmazzo) bis auf 650 m. Nach Eugen Hess (Geröllpflanzen, Diss. Zürich 1909) bleibt der häutige, scheidenartig verbreiterte Blattgrund 2 bis 3 Jahre lang erhalten; dann beginnt er zu verfallen, verschwindet aber selten ganz. Die darunter verborgene Knospe entwickelt sich oft, aber gewöhnlich erst nach Jahren. Sehr spät entstehen die Adventivwurzeln und zwar erst an 5= bis 8=jährigen Stammteilen, das heisst, da der jährliche Zuwachs der Stämmchen 2 cm beträgt, 10 bis 15 cm von den untersten lebenden Blättern entfernt. Die einzelnen Sympodialglieder leben aber sehr lange, bei 25 cm langen Stämmchen etwa 12 Jahre.

Nahe verwandt mit P. Carniolica und P. viscosa ist P. margináta Curtis in den Seealpen und Cottischen Alpen, die durch die mehlige Bepuderung (bei ausgewachsenen Laubblättern ist nur noch der Blattrand weiss bepudert) leicht unterschieden werden kann.

**2168. Primula hirsúta** All. (= P. viscósa Vill., = P. villósa Curt., = P. ciliáta Schrank, = P. pubéscens Loiseleur, = P. decóra Sims, = P. pállida Schott, = P. confínis Schott). Behaarte Schlüsselblume. Franz.: Primevère visqueuse; engl.: Viscous primrose. Taf. 209, Fig. 2; Fig. 2763 bis 2765 und 2715.

In der Schweiz heisst diese Art Klebi, Chläbeni (Berner Oberland), im Tessin Primola untuosa oder sassireu; die Pflanze ist klebrig und duftet nach Harz.

Ausdauernd, mit kräftigem, in tieferen Lagen oft verzweigtem Wurzelstock. Oberfläche der grünen Teile dicht mit $^1/_{10}$ bis $^1/_2$ mm langen Drüsenhaaren bedeckt, sehr klebrig; Drüsenköpfe klein, farblos oder gelblich, goldgelb oder rötlich, selten rot. Laubblätter in der Knospenlage nach vorwärts eingerollt, rundlich, verkehrteiförmig oder oval, meist plötzlich in den kürzeren oder längeren Blattstiel verschmälert, vorn abgerundet oder stumpf, 2 bis 6 (13) cm lang, 1 bis 2 (4) cm breit, in der vordern Hälfte, seltener am ganzen Rande gezähnt (Zähne gross oder klein). Blütenschaft bis 7 cm lang, meist kürzer als die Laubblätter, 1- bis 3- (oder mehr-)blütig. Hüllblätter ± trockenhäutig, breiteiförmig, stumpf, 1 bis 3 mm lang, mehrmals kürzer als die 3 bis 7 mm langen Blütenstiele, zuweilen das unterste länger. Kelch weit glockenförmig, 3 bis 7 mm lang, ungefähr bis zur Mitte eingeschnitten, mit 3-eckigen, spitzen oder stumpflichen, abstehenden Zipfeln. Krone rosa, seltener lila, noch seltener rein weiss; Kronröhre 6 bis 12 mm lang, den Kelch 2- bis 3-mal überragend, aussen meist heller gefärbt als der Saum, innen und im Schlund weiss, mit farblosen Drüsenhärchen besetzt; Kronsaum von 15 bis 25 cm Durchmesser, mit verkehrtherzförmigen, auf $^1/_9$ bis $^2/_5$ ausgerandeten Lappen. Kapsel beinahe zylindrisch, 3 bis 5 mm lang, $^1/_2$ bis $^3/_4$ so lang als der Kelch. Samen scharf- oder stumpfkantig, stark papillös. — IV bis VII.

Fig. 2763. Primula hirsuta All. *a, b* Habitus. *c* Fruchtstand.

Auf kalkarmem Fels in allen Höhenlagen der Alpen, besonders von 1200 bis 2800 m, am Lago Maggiore bis 230 m hinabsteigend, an der Monte Rosa bis 3600 m ansteigend. In höheren Lagen auch gelegentlich auf kalkarmem Schutt, in Humuspolstern und in Rasen.

Fehlt in Deutschland. — In Oesterreich häufig in den kristallinen und Schiefer-Gebirgen von Tirol, nach Osten rasch an Häufigkeit abnehmend, doch den Grossglockner und das südwestliche Salzburg erreichend. In Vorarlberg am Arlberg und im Quellgebiet der Ill, bis Parthenen absteigend; im Inntal von 700 m (Silz) bis 2760 m (Brunnenkogel) und 2970 m am Langtauferjöchl, fehlt bei Kitzbühel; am Ortler bis 2840 m; zerstreut durch Südtirol: bei Meran bis 400 m herabsteigend, Brixen häufig 600 bis 2745 m, Tonale, Sarntal (700 m), Schlern, zwischen Durontal und Rosengarten auf Schiefer, Val Sugana. — In der Schweiz im kristallinen Gebiet und auf kalkarmen Sedimenten durch das ganze Alpengebiet meist sehr häufig, in den südlichen Alpentälern weit absteigend (Misox 280 m, Maggiatal 230 m). Im Wallis von 500 bis 3600 m, zwischen Martigny und St. Maurice in zusammenhängender Ausbreitung von alpinen Höhen bis gegen die Rhone absteigend. Im Kanton Waadt an der Dent de Morcles; im Grimsel-Gebiet bis 3000 m; im Kanton St. Gallen nur im südlichen Teil und im Calveis; im Kanton Graubünden bis 3260 m (Piz Julier); fehlt den nördlichen Kalkvoralpen (Ausnahme z. B. Gemmenalphornkette im Berner Oberland), sowie den Berner Kalkhochalpen zwischen Dent de Morcles und Gemmi.

Allgemeine Verbreitung (Fig. 2768): Endemische Art des mittleren Teiles der Alpenkette von den Grajischen Alpen bis zu den Hohentauern und der zentralen und östlichen Pyrenäen.

Die Art variiert sehr stark; die Laubblätter können rasch oder langsam in einen langen oder kurzen Stiel übergehen; der Blattrand schwankt von grobgezähnt bis beinahe glatt; ebenso sind die Länge des Blütenschaftes und der Blütenstiele, die Zahl der Blüten einer Dolde, die Grösse und Farbe der Drüsenbehaarung sehr wechselnd. Trotzdem lassen sich kaum gute Varietäten ausscheiden, da die Extreme durch alle möglichen Uebergänge verbunden sind und sich oft alle diese Formen durcheinander gemischt finden, so in den penninischen und südrätischen Alpen. Gelegentlich ist sogar ein und dieselbe Pflanze nicht einheitlich. Vielleicht haben wir es hier mit einer Anzahl konstanter Formen („Kleinarten") zu tun, die sich miteinander kreuzen und dadurch alle die Uebergangsformen zustande bringen. Für die Annahme spricht die Tatsache, dass in gewissen Gegenden die Variabilität viel geringer ist. Widmer sagt z. B. von den Pflanzen der Pyrenäen, sie seien sehr einförmig.

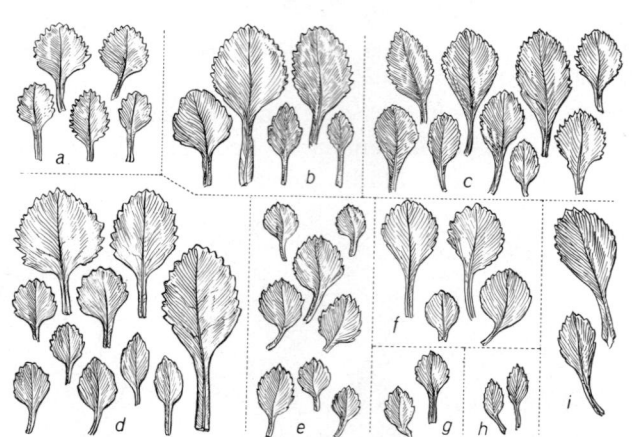

Fig. 2764. **Primula hirsuta** All. Vielgestaltigkeit der Blattform (bestausgebildete Rosettenblätter). *a* bis *e* aus dem Unterwallis bei Martigny: *a* Trétien 1050 m, *b* Marécottes 1030 m, *c* Joux Brûlée 1700 m, *d* Tête noire 1200 m, *e* Salvan 900 m, *f* Obersteinberg im Lauterbrunnental zirka 1500 m, *g* Mürren 2400 m, *h* Patscherkofel bei Innsbruck 2330 m, *i* Pizzo dei tre Signori 2300 bis 2500 m.

Wir führen folgende Formen an, ohne ein Urteil über ihren Wert zu fällen:

1. f. týpica Pax. Laubblätter breit, in den Stiel ± plötzlich zusammengezogen. Ist die verbreitete Hauptform. Hierzu subf. nívea Sims. Blüten weiss. Pax und Knuth geben an, es handle sich um eine Kulturform; man findet aber auch in der Natur nicht selten weissblütige Pflanzen (z. B. im Pflersch- und Gschnitztal in Tirol, Vorarlberg, Berner Oberland und Dent de Morcles in der Westschweiz). Vielleicht spielt hier ein Einfluss von Primula Auricula mit.

2. f. exscápa (Hegetschw. et Heer) Pax. Laubblätter beinahe sitzend. Schaft sehr verkürzt und Blüte sitzend, so gross wie die ganze übrige Pflanze. Hochgebirgsform (z. B. Wallis, Tessin, Graubünden).

3. f. confínis (Schott) Schinz et Thellung. Laubblätter sehr fleischig, dicht braundrüsig, gestreckt. Kelchzipfel sehr kurz. Kronzipfel breit. Hin und wieder im Verbreitungsgebiet der Art z. B. St. Gotthard, Maloja in der Schweiz. Der Originalstandort ist bei Aosta gelegen; aber auch dort fand Widmer alle Uebergänge zur var. typica.

4. f. ciliáta (Schrank) Schott. Laubblätter gröber gezähnt. Kelchzähne grösser als beim Typus. Im Gebiete der Art von Salzburg bis in die Westalpen.

5. f. pállida (Schott). Wie f. ciliáta, aber Laubblätter ungleich sägezähnig. Blüten blasslilafarben mit schmäleren, verkehrteiförmigen Kronzipfeln.

6. f. angustáta (Widmer). Laubblätter allmählich in den Stiel verschmälert (z. B. Maloja in der Schweiz).

7. f. serrátula Beauv. Laubblätter sehr dunkelgrün, klein (40 × 13 mm), elliptisch-zugespitzt, regelmässig kleingezähnt,

Fig. 2765. Primula hirsuta All., Gneisfelsen des Monte Bigorio, bei Lugano. Phot. Georg Eberle, Wetzlar.

mit 6 bis 12 Zähnen. Blütenstiele kurz (8 mm); Schaft so lang oder etwas länger als die Laubblätter (zirka 50 mm). Blüten weiss oder blassrot. Salvan (Wallis), 1000 bis 1500 m, mit dem Typus zusammen und zirka 10 Tage später blühend. Diese Form ist gegen Kalkwasser unempfindlich. Sie hat sich in Genf während vieljähriger Kultur konstant erhalten.

8. f. subalpina Paléz. Pflanze 3 bis 7 cm hoch. Laubblätter fleischig, kreisförmig oder länglich-keilförmig, bis zur Mitte stumpf gekerbt; Stiel lang oder fehlend. Schaft dick, kurz oder fehlend, 4- bis 7-blütig. Kelch kurz mit stumpf-lanzettlichen Zipfeln; Drüsenhaare dick, kurz, aufgerichtet. Rasen und Humus, seltener auf Silikatfels, so am Rhoneknie im Wallis (Salvan, Gueuroz, Folaterres).

9. f. rupícola Paléz. Pflanze 5 bis 16 cm hoch. Laubblätter länglich-lanzettlich, nur an der Spitze gekerbt, von der Mitte an in den ± langen Stiel verschmälert. Schaft dünn, höher, 3 bis 5-blütig, länger als die Laubblätter. Kelch kurz, mit lanzettlich zugespitzten Zipfeln; Drüsenhaare dünn, geneigt oder rückwärts gebogen. Zermatt und Bovernier (Wallis). Die abgestorbenen Blätter bleiben lange haften.

Um ein Bild von der Vielgestaltigkeit der Blattformen zu geben, fügen wir die Photographie einer Serie von Laubblättern bei (Fig. 2764), die von Pflanzen am Rhoneknie im Wallis stammen (Folàterres, Salvan—Finhaut—Châtelard, 900 bis 1700 m). Dabei handelt es sich stets um die bestausgebildeten, grössten Blätter normal entwickelter, blühender Pflanzen, von jedem Stock je ein Blatt. Einige Blätter von Pflanzen anderer Gegenden sollen das Bild ergänzen.

Primula hirsuta ist eine Charakterpflanze des kalkarmen Felsens in Sonnen- und Schattenlage, die innerhalb des Verbreitungsbezirkes sehr konstant und häufig auftritt und zur Bezeichnung eines subalpinen und alpinen Bestandestypus auf kalkarmem Fels Verwendung gefunden hat (Primulétum hirsútae). Mit ihr finden sich vergesellschaftet je nach der Höhenlage: Woodsia Ilvensis, Asplenium septentrionale, Poa laxa, Festuca Halleri, F. intercedens und F. varia, Silene acaulis und S. rupestris, Cerastium uniflorum, Minuartia recurva, Sedum annuum, S. dasyphyllum und S. alpestre, Sempervivum arachnoideum und S. montanum, Saxifraga oppositifolia, S. bryoides, S. Seguieri und S. exarata, Potentilla frigida, Epilobium collinum, Veronica fruticans und V. fruticulosa, Pedicularis Kerneri, Erigeron Schleicheri und E. Atticus, Achillea moschata u. a. Meist wurzelt sie in Spalten, kann sich aber in alpinen Lagen auch in den mageren Rasen erhalten, die bei Ueberwachsung des Felsens sich einstellen; so ist sie den Beständen von Carex sempervirens (Semperviretum) und Carex curvula (Curvuletum) häufig beigemischt. In Tieflagen, wie z. B. am Rhoneknie im Unterwallis, vergesellschaftet sich Primula hirsuta vor allem mit Festuca ovina, auf trockenen und feuchten, sonnig oder schattig exponierten Spalten und Absätzen des Silikatfelsens (in Spalten wurzelnd), aber auch auf Schutt, wobei sie grosse Rohhumusmengen keineswegs scheut. So fand Lüdi sie in den Joux Brûlée am trockenen Südhang, 1700 m, unter einer grossen Lärche auf Silikatfels, der durch die dicke Nadelhumusschicht verdeckt war, zusammen mit Festuca ovina, Polypodium vulgare, Saxifraga aspera, Sempervivum montanum und S. tectorum, Veronica fruticans, in unmittelbarer Nähe auch Saxifraga moschata und S. exarata. Hier erreichen die einzelnen Individuen oft eine phantastische Grösse. Mit vielen Aesten und Köpfen breiten sie sich spalierartig aus und 15- bis 20- und mehrblütige Dolden sind keine Seltenheit, sondern die Regel. Aber die Blütenschäfte bleiben kurz. Das Rhizom wird nach Wetter bis 30 cm lang und trägt häufig eine Menge von abgestorbenen Blättern als lockere Hülle. Diese Blätter werden rostrot und dienen der Pflanze als Wasserbehälter. Die Wurzeln entspringen erst weit unterhalb der lebenden Blätter. — In Locarno (Tessin) gelangen die blühenden Pflanzen im Frühjahr auf den Markt.

Vielerorts in den Alpen, wo sich Kalkfels und kalkarmer Fels berühren, stossen die Standorte von Primula Auricula und P. hirsuta zusammen. Die Verteilung der beiden Arten folgt streng dem Kalkgehalt, so dass gelegentlich P. Auricula auf kalkarmem Fels auftritt, der von Kalkwasser überrieselt oder von Kalkschutt überführt wird und P. hirsuta auf ausgelaugten eugeogenen Kalken (z. B. Bünderschiefer, unterer und mittlerer Dogger, Kieselkalk der Kreide). An solchen Stellen bilden die beiden Arten einen fruchtbaren Bastard (P. pubéscens Jacq.), so in Tirol (Gschnitztal 1740 m, Pflerschtal 1400 bis 2100 m, Geisspitze, St. Anton am Arlberg), in Vorarlberg (Arlberg, Rätikon), in der Schweiz (Graubünden: Arosa, Davos, Marschlins), St. Gallen (Calfeis, Seebenalp ob Terzen), Glarus (Sernftal, Sardona), Uri (Meiental), Obwalden (Engelberg), Berner Oberland (Gemmenalphorn, Lauterbrunnental häufig, Kiental, Gemmi usw.), Waadt (Dent de Morcles), Wallis (Gemmi, Simplon)]. Da der Bastard fruchtbar ist (vgl. pag. 1727), entstehen durch Rückkreuzung mit den Stammeltern und durch Aufspaltung zahlreiche Formen. Prachtvoll ist die Blütenfarbe vieler Bastarde durch ihr sattes, sammetiges Dunkelrot, Violett, Braun oder Schwarzbraun. Wir finden alle Farbenübergänge von Weiss und Gelb bis Feuerrot, Dunkelbraun und Schwarz. Bei Pflanzen, die ganz gegen P. hirsuta neigen und keinen Mehlstaub besitzen, zeigt sich die Bastardnatur durch den gelben Kronschlund; gelegentlich finden sich auch Auriculaformen, bei denen nur die starke Bedrüsung noch auf P. hirsuta hinweist; meist ist hier aber auch die Blütenfarbe noch stark beeinflusst. Da wo der Bastard vorkommt, sind die Zwischenformen oft viel zahlreicher als die Stammeltern, und eine solche Wand bietet ein fremdartig schönes, aber verwirrendes Bild, wenn zur Zeit der Blüte beinahe jedes Primelpflänzchen ein anderes Aussehen zeigt.

Primula pubescens lässt sich leicht kultivieren und wurde früh aus den Alpen in die Ebene hinabgebracht. Clusius, Professor in Wien, schickte sie 1582 an seinen Freund van der Dilft nach Belgien, und von da an wurde sie rasch verbreitet in zahlreichen Sorten, die ihrer Bastardnatur die Entstehung verdankten. Kerner hat 1875 in überzeugender Weise nachgewiesen, dass alle „Gartenaurikeln", soweit sie nicht zur reinen P. Auricula gehören, von dem Bastard P. Auricula × P. hirsuta herstammen. Wettstein hat die Gartenaurikel Primula horténsis benannt (Fig. 2766) und aus ihr wieder die reine P. hirsuta herausgezüchtet. Immerhin vermutet Ernst, dass bei der Bildung dieser Bastardkombination noch eine weitere Art, vielleicht P. viscosa mitgewirkt habe. Nach Wettstein hat P. hortensis 24 bis 84% fertile Pollenkörner und genau so viele Chromosomen wie P. pubescens, aber doppelt so grosse; sie ist eine Gigasform (cit. nach Schröter, Pflanzenleben, pag. 805). Seit Ende des 16. Jahrhunderts wird die Aurikel sehr eifrig und in unzähligen Farbenspielarten gehegt (so z. B. in Basel). Schon Clusius hat sie abgebildet und beschrieben. Christ betrachtet sie als schönste Erwerbung des Bauerngartens aus den Alpen.

Die Blüte der Aurikelzucht fällt ins Ende des 18. und auf den Anfang des 19. Jahrhunderts. Es gab damals Sammlungen, die bei 1000 Nummern führten. In den Aurikelsystemen wurden 4 Hauptgruppen unterschieden: 1. Gewöhnliche Gartenaurikeln, deren Blumen eine einzige Farbe und gewöhnlich ein mattweisses Auge haben. Sie sind am dauerhaftesten und stellen sich unter den Sämlingen am häufigsten ein. 2. Luiker= (= Lütticher=) Aurikeln. Die Blüten besitzen ausser dem meist gelben oder olivfarbenen Auge noch 2 deutliche Hauptfarben, oder eine einzige Hauptfarbe, die dann gegen das Auge zu dunkler, gegen den Rand zu heller ist. Pflanzen meist ungepudert. Die Sorten dieser Klasse werden am häufigsten kultiviert. 3. Englische Aurikeln. Blüten mit weissem Auge, das sich ± gegen den Kronrand ausbreitet, so dass die Krone gestreift erscheint. Oft ist die letztere noch mit einer 3. Farbe regelmässig gerändert. Pflanzen weiss bepudert. 4. Gefülltblütige Aurikeln, die selten auftreten und sich nur durch Teilung der Stöcke fortpflanzen lassen. Zur Verbreitung der Sortenkenntnis gaben viele Züchter kleine, farbige Bilder heraus. Fr. Aug. Kanngiesser in Meissen veröffentlichte 1799 und in den folgenden Jahren eine Aurikelflora mit farbigen Tafeln, von der 6 Hefte mit 144 Sorten erschienen sind. Heute blüht die Aurikelzucht nur noch in England (Lancashires); aber in unseren Alpengegenden finden wir die Aurikeln noch häufig angepflanzt in Bauerngärten oder in Kistchen oder Töpfen, die oft das flache Hausdach zieren.

Fig. 2766. Primula hortensis Wettstein. Garten-Aurikel. *a* Habitus. *b* Blüte (von oben).

**2169. Primula Oenénsis**[1]) Thomas (= P. Daonénsis Leyb., = P. Stelviána Vulp., = P. Pooliána Brügger, = P. Cadinénsis Porta, = P. Plántae Brügger). Inn=taler Schlüsselblume. Fig. 2767 und 2768.

Ausdauernd, mit kurzem Wurzelstock. Ober=fläche der grünen Pflanzenteile dicht mit $^1/_6$ bis $^1/_3$ mm langen Drüsenhaaren besetzt; Drüsen gross, rotgelb bis dunkelrot. Laubblätter in der Knospenlage nach vorwärts eingerollt, länglich=keilförmig oder lanzettlich=keilförmig, allmählich in den Stiel verschmälert oder besonders bei kleinen Pflanzen verkehrt=eiförmig, selten beinahe rund= lich, vorn gerundet oder gestutzt, 1,5 bis 6 cm lang, 0,6 bis 1,7 cm breit, in der vorderen Hälfte fein gezähnt oder gezähnt=gesägt, nie ganzrandig. Blütenschaft bis 8 cm lang, länger als die Laubblätter, mit 1= bis 7=blütiger Dolde. Hüllblätter trockenhäutig, breitoval, 1 bis 3 mm lang, kürzer als die 2 bis 6 mm langen Blütenstiele. Kelch röhrig=glockig, 2,5 bis 3,5 mm lang, auf $^1/_4$ bis $^1/_2$ eingeschnitten mit breiteiförmigen, stumpfen, anliegenden Zipfeln. Krone rosa oder rotlila; Kronröhre 6 bis 11 mm lang, 2 bis $3^1/_2$=mal so lang als der Kelch, innen und im Schlund meist rein weiss; Kronsaum von 10 bis 20 mm Durchmesser, mit verkehrt=herzförmigen, auf $^1/_7$ bis $^1/_4$ aus=gerandeten Lappen. Kronröhre und Schlund mit rötlichen Drüsenhaaren. Kapsel kugelig, so lang als der Kelch. Samen wie bei P. hirsuta. — VI.

---

[1]) Lat. Oénus = Inn (= fluss).

An Felswänden und in felsigen Rasen der Hochalpen, von 1600 bis 2800 m; kalkmeidend.

In Oesterreich nur im südöstlichen Tirol: Geisbleisenkopf bei Nauders 2500 bis 2700 m (nördlichster Fundort; für Paznaun fälschlich angegeben), häufig am Stilfserjoch, Sulden, Tonale, Pejotal, Val Genova, Val di Pelugo, Valle die Fumo, Val Breguzzo, Val Daone, Monte Bondol (1600 bis 2000 m), sowie östlich der Etsch häufig im oberen Val Cadino. — In der Schweiz im Münstertal (Kanton Graubünden) in der südwestlichen Ecke: Piz Umbrail und Val Muranza bis 2750 m.

Allgemeine Verbreitung (Fig. 2768): Endemische Art der Alpen des Ortler- und des Adamellogebietes (hier P. hirsuta vertretend).

Aendert ab: f. breviscápa Widm. Stengel äusserst kurz. — Am Cingolo Rosso im Val Daone (Nordlage, 1900 m) besiedelt Primula Oenensis den kalkarmen Fels, in Begleitung weniger Arten wie Oxyria digyna und Silene rupestris. Sehr instruktiv sind die Verhältnisse am benachbarten Lago di Casinei, wo Granit und metamorphe Kalke und Dolomite zusammentreffen und ineinander verfaltet sind. Stets findet sich auf dem Granit Primula Oenensis, auf dem Sediment Primula glaucescens (Lüdi).

**2170. Primula villósa** Jacq. (= P. hirsúta Rchb., = P. Símsii Sweet, = P. commutáta Schott, = Arétia villósa Link). Zottighaarige Schlüsselblume. Fig. 2769 und 2768.

Ausdauernd, mit kräftigem Wurzelstock. Oberfläche der grünen Pflanzenteile dicht mit $^1/_4$ bis $^3/_4$ mm langen, rotköpfigen Drüsenhaaren besetzt, infolgedessen rötlich schimmernd und sehr klebrig. Laubblätter in der Knospenlage nach vorwärts eingerollt, rundlich-verkehrt-eiförmig bis länglich-oval, selten länglich-lanzettlich, allmählich, selten rasch in den meist sehr kurzen Blattstiel verschmälert, vorn abgerundet 3 bis 10 (bis 17) cm lang, 1 bis 4 cm breit, in der oberen Hälfte schwach gezähnt. Blütenschaft 3 bis 15 cm lang, länger als die Laubblätter, mit (1-) 4- bis 10-blütiger Dolde. Hüllblätter grün oder ± trockenhäutig, breitoval, stumpf, 1 bis 4 mm lang, meist kürzer als die 2 bis 7 mm langen Blütenstiele. Kelch glockenförmig, 3 bis 6,5 cm lang, auf weniger als die Hälfte eingeschnitten, mit kleinen, 3-eckigen, spitzen oder stumpfen, ± anliegenden Zipfeln. Krone lila oder rosa; Kronröhre 8 bis 12 mm lang, den Kelch 2- bis 3-mal überragend, heller gefärbt als der Saum, Innenseite und Schlund meist reinweiss; Kronsaum von 16 bis 28 mm Durchmesser, mit

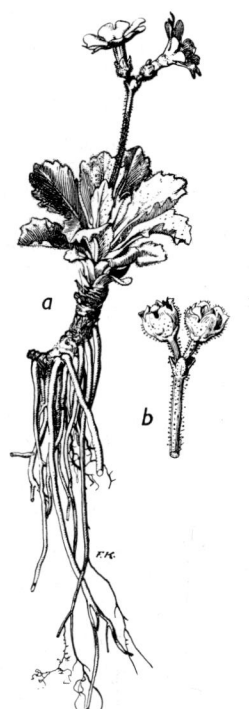

Fig. 2767. Primula Oenensis Thomas. *a* Habitus. *b* Fruchtstand.

verkehrtherzförmigen, auf $^1/_4$ bis $^1/_8$ ausgerandeten Zipfeln. Kronröhre und Schlund mit rötlichen Drüsenhärchen. Fruchtkapsel 5 bis 7 mm lang, so lang oder etwas länger, seltener etwas kürzer als der Kelch. Samen wie bei P. hirsuta. — IV bis VI.

Auf kalkarmem Fels der subalpinen und alpinen Höhenstufe, von 1500 bis 2200 m.

Allgemeine Verbreitung (Fig. 2768): Endemische Art der Norischen Alpen, hier Primula hirsuta ersetzend.

Fig. 2768. Verbreitungsareale von Primula hirsuta All., P. Oenensis Thom. und P. villosa Jacq. Original von Dr. W. Lüdi, Bern.

Zerstreut durch Steiermark und Kärnten: Niedere Tauern (Saukogel, Sekkauerzinken, Marangerkogel, Hochreichert, Ringkogel), Murauer Alpen, Eisenhut, Turracherhöhe, Gurktaleralpen (Rosenock, Reichenauergarten, Falkert usw.), Ameringkogel, Stubalpe (Rappelkogel), Gleinalpe, Rennfeld bei Bruck, ferner in den Sanntaler Alpen auf dem Kameni-Vrh bei Laufen auf Hornfelstrachyt und in den Cottischen Alpen (f. Cottia Widmer). Die Pflanzen aus den Bergen südlich der Mur sollen sich nach Widmer durch schmälere Laubblätter, weniger dichte und weniger lange Behaarung auszeichnen, f. Nórica (Widmer) Lüdi.

Am Rennfeld bei Bruck findet sich nach Lüdi P. villosa auf Gneisfelsköpfen des Südhanges in Spalten und auf Felsbändern in 1550 bis 1600 m Höhe, häufig zusammen mit Asplenium septentrionale und A. Trichomanes, Polypodium vulgare, Lycopodium Selago, Festuca varia, Poa nemoralis, Clematis alpina, Cardamine resedifolia, Sedum annuum, Astrantia minor, Rhododendron ferrugineum, Vaccinium Vitis-Idaea, Thymus Serpyllum, Veronica fruticans, Campanula rotundifolia. Dominierend ist im Bestand Festuca varia.

Aendert ab: var. commutáta (Schott) Lüdi. Laubblätter dünner, grösser, 4 bis 17 cm lang, 1 bis 4 cm breit, verkehrteiförmig-länglich oder länglich spatelig, allmählich in den meist langen Stiel verschmälert, kräftig bis grob gezähnt. Kapsel etwas kürzer als der Kelch. Auf Hornblendegneisfels des Schlosses Herberstein bei Gleisdorf in Mittel-Steiermark, 400 m ü. M.

Die Pflanzen von Herberstein sind ziemlich veränderlich. Keines der unterscheidenden Merkmale gegenüber dem Typus ist konstant, weshalb hier diese Form als Varietät der weiter verbreiteten Rasse aufgefasst wird. Widmer betrachtet die var. commutata als Glazialrelikt, als eine in der Ebene zurückgebliebene Form des Typus, die zu variieren angefangen hat, wobei die einzelnen Pflanzen ungleich stark abgeändert haben.

Hierher ist als f. Cóttia (Widmer) Lüdi zu stellen die von Widmer als besondere Art beschriebene Primel der Cottischen Alpen (Val Germanesco, Clusone, Oulx), die sich nach der Beschreibung von var. commutata kaum unterscheiden lässt („etwas dichter stehende Behaarung, etwas breitere, weniger lang gestielte und weniger grob gezähnte Blätter"), was angesichts der Veränderlichkeit der var. commutata nichts aussagen kann.

In die Subsektion der Erythrodrósum (Schott) (= Rufiglándulae Widm.) gehören ausser P. hirsuta, P. Oenensis und P. villosa noch P. Pedemontána Thomas (Laubblätter oberseits beinahe kahl, glänzend, am Rand dicht und kurz rotdrüsig gewimpert [rotgesäumt], Kapsel so lang wie der Kelch; Cottische und Grajische Alpen) und P. Apennína Widm. (von P. hirsuta durch kürzere, weniger dichte Behaarung, längeren Schaft und kürzere Blütenstiele verschieden. Habituell wie magere P. Pedemontana, doch ohne roten Blattrand und mit behaarten Blattflächen. Im nördlichen Apennin). Alle Arten dieser Subsektion stehen einander so nahe, dass es schwer ist, Diagnosen zu geben, nach denen nicht nur die typischen Exemplare, sondern alle zu der Art zu rechnenden Pflanzen sicher unterschieden werden können. Am leichtesten ist dies für P. Pedemontana möglich, die von Rouy als Unterart zu P. viscosa gestellt wird. Jedenfalls darf zur Unterscheidung nicht nur ein einzelnes Merkmal verwendet werden. Als am beständigsten erweisen

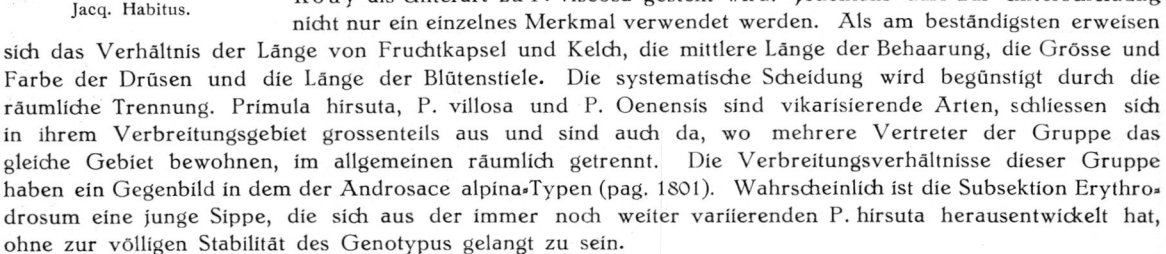

Fig. 2769. Primula villosa Jacq. Habitus.

sich das Verhältnis der Länge von Fruchtkapsel und Kelch, die mittlere Länge der Behaarung, die Grösse und Farbe der Drüsen und die Länge der Blütenstiele. Die systematische Scheidung wird begünstigt durch die räumliche Trennung. Primula hirsuta, P. villosa und P. Oenensis sind vikarisierende Arten, schliessen sich in ihrem Verbreitungsgebiet grossenteils aus und sind auch da, wo mehrere Vertreter der Gruppe das gleiche Gebiet bewohnen, im allgemeinen räumlich getrennt. Die Verbreitungsverhältnisse dieser Gruppe haben ein Gegenbild in dem der Androsace alpina-Typen (pag. 1801). Wahrscheinlich ist die Subsektion Erythrodrosum eine junge Sippe, die sich aus der immer noch weiter variierenden P. hirsuta herausentwickelt hat, ohne zur völligen Stabilität des Genotypus gelangt zu sein.

**2171. Primula glaucéscens** Moretti (= P. calýcina Duby, = P. levigáta Duby). Meergrüne Schlüsselblume. Fig. 2770 und 2775.

Ausdauernd, mit kräftigem Wurzelstock. Pflanze vollkommen kahl mit Ausnahme winzigkleiner Drüsenhaare am Kelch. Laubblätter in der Knospenlage nach vorwärts eingerollt, steif, meergrün, stark glänzend, nicht klebrig, mit breitem, feingezäckeltem, weisslichem Knorpelrand, schmal-lanzettlich oder länglich, spitz, 3 bis 5 (10) cm lang, 0,7 bis 1,5 (2,5) cm breit. Blütenschaft 5 bis 13 cm hoch, die Laubblätter überragend, mit 2- bis 3- (6-)blütiger Dolde. Hüllblätter krautig oder gegen den Grund hin trockenhäutig, oft rot angelaufen, lineal=lanzettlich, spitz, 5 bis 15 (30) mm lang, die 5 bis 10 (20) mm langen Blütenstiele meist überragend. Kelch ganz oder oberwärts rot gefärbt, röhrig, 7 bis 15 (20) mm lang, meist bis zur Mitte oder darüber eingeschnitten, mit linealischen oder lanzettlichen, spitzen oder stumpfen, anliegenden oder abstehenden Zipfeln. Krone rosa, purpurn oder hellviolett; Kronröhre 10 bis 15 mm lang, so lang oder etwas länger als der Kelch, heller gefärbt als der Saum, innen und im Schlunde weisslich; Kronsaum trichterförmig, von 2 bis 3 cm Durch=messer, mit auf $^1/_5$ bis $^2/_5$ ausgerandeten Lappen; Schlund dicht mit sehr kurzen Drüsen=härchen besetzt. Kapsel 6 bis 8 mm lang, $^2/_5$ bis $^3/_5$ so lang als der Kelch. Samen scharfkantig oder etwas geflügelt, beinahe glatt. — V bis VII.

Auf Kalkfels und auf steinigen Matten, feuchtschattige Lagen bevorzugend; von der montanen bis in die alpine Stufe, von 450 bis 2400 m.

Nur in Südtirol in Judikarien, dort aber häufig auf den Kalkbergen der südwestlichen Ecke bis zur Haupttalfurche.

Allgemeine Verbreitung (Fig. 2775): Endemische Art der Bergamaskeralpen von Comersee bis ins westliche Judikarien. Nach Nor=den bis an die kristalline Randkette, im Seriotal bis zum Rifugio Curo.

Die Art zerfällt in die beiden folgenden Unterarten:

1. subsp. **calýcina** (Duby) Pax. Pflanze kräftig. Kelch 10 bis 20 mm lang, über die Mitte gespalten, mit spitzen Zipfeln. Kronröhre gleich der Länge des Kelches; Kronsaum von 2,5 bis 3 cm Durchmesser. Hauptform, verbreitet im ganzen Areal der Art.

2. subsp. **Langobárda** (Porta) Widmer. Pflanze kleiner. Kelch 7 bis 9 mm lang, auf $^1/_3$ bis $^2/_5$ gespalten; Zipfel stumpf (nach andern Angaben manchmal spitz). Kronröhre länger als der Kelch; Kronsaum von 2 cm Durchmesser. Im Gebiet einzig am Monte Bondol; ausserhalb desselben im östlichen Teil des Areals von P. glaucescens noch im Val Cadino, zwischen Val Camonica und Bagolino, ferner angegeben für Monte Resegone, Corno di Canzo und (nach E. Furrer in litt.) bei Ambria im Val Serina.

Die Art ist innerhalb ihres Verbreitungsgebietes häufig bei grosser Ver=tikalverbreitung. Sie meidet im allgemeinen sonnige Standorte und liebt den schwarzen, mullartigen Humus auf Kalk. Man findet sie sowohl in Felsspalten als auch im Schutt und Rasen, wo sie mit Vorliebe die Ränder und Stufen der Treppen besiedelt. Eine gewisse Feuchtigkeit scheint ihr zuzusagen. Ueber ihr Vorkommen im Val Daone vgl. pag. 1771. In den zentralen Bergamaskeralpen, am Alben fand Lüdi die Art schon bei 480 m in Nordlage häufig auf feuchteren Absätzen der Trockenwiese und am Kalkfels in Begleitung von (550 bis 600 m) Asplenium Ruta muraria, Sesleria caerulea, Carex mucronata (häufig), C. refracta und C. Baldensis, Silene Saxifraga, Kernera saxatilis, Potentilla caulescens (häufig), Helianthemum Nummularia, Laserpitium nitidum, Gentiana Clusii, Erica carnea, Pedicularis gyroflexa, Globularia cordifolia, Phyteuma Scheuchzeri, Campanula rotundifolia, Valeriana saxatilis, Buphthalmum speciosissimum, Leontodon (incanus). In höheren Lagen gedeiht P. glaucescens an ähnlichen Standorten, z. T. mit den gleichen Begleitern, zu denen aber noch neue kommen, wie Carex firma, Primula Auricula subsp. ciliata, Saxifraga caesia u. a.

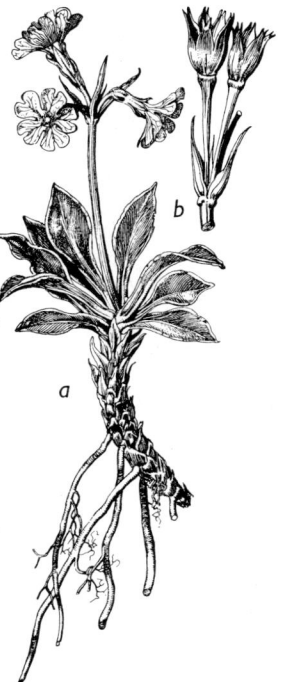

Fig. 2770. Primula glau=cescens Moretti. *a* Habitus. *b* Fruchtstand.

**2172. Prímula spectábilis** Tratt. (= P. integrifólia Tausch, = P. Carniólica Poll., = P. calýcina Rchb., = P. glaucéscens Rchb., = P. Polliniána Moretti, = P. Baldénsis Goiran, = P. Parlatórii Caruel, = Arétia spectábilis Link). Prächtige Schlüsselblume. Fig. 2771, 2772 und 2775.

Ausdauernd, mit kräftigem Wurzelstock. Grüne Teile anscheinend kahl, aber am Kelch und Blatt sehr kleine Drüsenhaare (bis $^1/_{20}$ mm lang) tragend. Laubblätter in der Knospen=lage nach vorwärts eingerollt, etwas steiflich, grasgrün, glänzend, klebrig, mit durchscheinen=den Punkten und breitem, weiss=knorpeligem, nach oben umgebogenem Rande, länglich oder

ovalrautenförmig, ± spitzlich, 3 bis 9 cm lang, 1 bis 3,5 cm breit, ganzrandig. Blüten=
schaft 2 bis 16 (meist zirka 10) cm hoch, so lang oder länger wie die Laubblätter mit 1= bis
7= (meist 2= bis 4=)blütiger Dolde. Hüllblätter ± trockenhäutig, oft rot angelaufen, lineal,
spitz, 3 bis 14 mm lang, meist kürzer als die 4 bis 15 mm langen
Blütenstiele. Kelch oberwärts rot gefärbt, röhrig bis trichterförmig,
3 bis 14 mm lang, auf weniger als die Hälfte eingeschnitten, mit
eiförmigen oder lanzettlichen, stumpflichen und oft etwas kapuzen=
förmigen, abstehenden Zipfeln. Krone rosenrot; Kronröhre 10 bis
16 mm lang, den Kelch überragend, aussen heller gefärbt als der
Saum, innen und im Schlund weisslich; Kronsaum weit trichter=
förmig, beinahe flach, von 2 bis 3 cm Durchmesser, mit auf $1/3$ bis
$1/4$ ausgerandeten Lappen; Schlund mit sehr kurzen Drüsenhärchen.
Kapsel 6 mm lang, halb so lang als der Kelch. Samen schmal
geflügelt, beinahe glatt. — V, VI.

Auf Kalkfels der feucht=schattigen Lagen, in grösserer Höhe
auch in magere, steinige Rasen übergehend, Humushäufungen liebend;
von der montanen bis in die alpine Höhenstufe.

Im Gebiete nur in Südtirol: von der Brentagruppe an südwärts
in den Gebirgen zwischen der Talfurche von Judikarien und der Etsch, von 620 m
am Eingang zum Val Lorina bis 2500 m an der Cima Tosa. Bocca di Brenta,
Cima del Frate, überall in den Gebirgen zwischen Judikarien und dem Garda=
see, Monte Baldo, Gebirge von Ala, östlich über die Etsch hinübergreifend:
Monte Scanuppia, Lavarone, Vallarsa, Borgo di Val Sugana usw.

Allgemeine Verbreitung (Fig. 2775): Endemische Art
der Judikarischen= und Veroneser Alpen, östlich bis zum Monte
Grappa. Von älteren Autoren vielfach irrtümlich angegeben für
weiter östlich und westlich gelegene Gebiete und selbst für die nord=
östlichen Kalkalpen (z. T. infolge der Synonymie).

Fig. 2771. Primula spectabilis Tratt. Habitus.

Primula spectabilis ist ein
prächtiges Gegenbild zu der westlich
anschliessenden Primula glaucescens.
Ihr Blattwerk ist dunkler, weicher, brei=
ter und üppiger als bei jener Art. Doch
besiedeln beide die gleichen Standorte,
scheinen die gleichen Ansprüche an
Boden und Klima zu machen und
schliessen sich daher in ihren Verbrei=
tungsgebieten aus. Innerhalb ihres
Areals ist Primula spectabilis auf den
Kalkbergen sehr häufig und steigt tief
herab, wie es ja überhaupt für jene
Gegenden charakteristisch ist, dass viele
Alpenpflanzen an schattigen, luftfeuchten
Standorten bis weit in die Stufe des
Weinbaues und der Kastanie hinunter=
gehen. So wächst Primula spectabilis
im schluchtartigen Eingang zum Val
Lorina (620 bis gegen 800 m) nach Lüdi
am Fels zusammen mit Cystopteris fra=
gilis, Asplenium Trichomanes, A. viride,

Fig. 2772. Primula spectabilis Tratt. Monte Tombea. Phot. W. Schacht,
München.

A. Ruta muraria, Dryopteris spinulosa,
Sesleria caerulea, Carex mucronata und C. firma, Tofieldia calyculata, Silene Saxifraga, Aquilegia thalictri=
folia, Arabis pumila, Saxifraga Hostii und S. mutata, Potentilla caulescens, Viola biflora, Athamanta

Cretensis, + Laserpitium peucedanoides, + Rhododendron hirsutum, + Erica carnea, Primula Auricula (subsp. ciliata und f. albocincta), + Gentiana Clusii, + Veronica Bonarota, Euphrasia tricuspidata, Pinguicula (sp.), + Valeriana saxatilis, + Phyteuma comosum und Ph. Scheuchzeri, + Bellidiastrum Michelii. Eine Aufnahme am Monte Giovo, 1320 m, in NW.-Lage zeigt keine neue Art in der Begleitflora, sondern eine Auswahl aus den oben angegebenen (mit + bezeichnet); doch ging hier Primula spectabilis mit Valeriana und Bellidiastrum auch ins Geröll über. Im Hintergrund des Val Lorina, an der Cima del Palù in 1800 bis 1900 m Höhe, wird Primula spectabilis auf der Nordseite am Fels und auf humosen Felsbändern (Hauptrasenbildner ist Carex firma) ausserordentlich häufig, am Fels in Begleitung von Cystopteris regia, Asplenium viride, Sesleria sphaerocephala, Carex firma, Juncus monanthos, Tofieldia calyculata, Silene Saxifraga und S. Elisabethae, Heliosperma quadrifida, Ranunculus montanus und R. bilobus, Arabis pumila, Saxifraga caesia, Dryas octopetala, Viola biflora, Gentiana Clusii, Veronica Bonarota, Campanula cochleariifolia und C. Scheuchzeri, Phyteuma comosum, Valeriana saxatilis, Crepis Jacquini. Aber in dieser Höhe findet sich die Art auch in den artenreichen Treppenrasen der Südseite (Carex sempervirens, C. Baldensis, Sesleria caerulea), und in den Magerrasen des Gipfels (1950 m) ist sie überall eingesprengt, manchmal in dichtem Schluss der Rosetten zusammenhängende Decken bildend, wie wir es auch für Primula Wulfeniana am Hochobir festgestellt haben. Blüht in der Kultur reichlich.

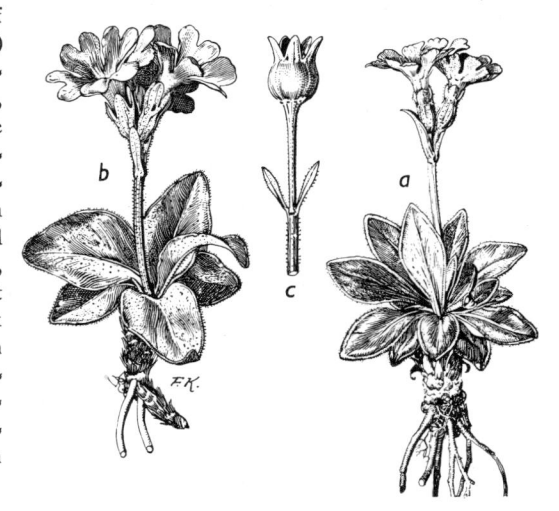

Fig. 2773. *a* Primula Wulfeniana Schott. — *b* Primula Clusiana Tausch. *c* Fruchtkapsel.

**2173. Primula Wulfeniána**[1]) Schott (= P. calýcina Rchb. ex parte, = P. glaucéscens Rchb. ex parte, = P. integrifólia Rchb. ex parte, = P. spectábilis Josch ex parte, = P. Carniólica Wulfen, = P. Clusiána E. Wein). Wulfen's Schlüsselblume. Fig. 2273a, 2274 und 2275.

Ausdauernd, mit kurzem, oft verzweigtem Wurzelstock. Oberfläche der grünen Pflanzenteile scheinbar kahl, aber Blattrand und Kelch dicht mit sehr kleinen (bis $1/20$ mm langen) Drüsenhaaren bedeckt. Laubblätter in der Knospenlage nach vorwärts eingerollt, sehr steif, dunkel-(blau-)grün, stark glänzend, nicht klebrig, mit breitem, etwas nach oben umgebogenem, weisslichem Knorpelrand, länglich-elliptisch oder lanzettlich, zugespitzt, 2 bis 3 (5) cm lang, 0,5 bis 1 cm breit, ganzrandig. Blütenschaft 1 bis 8 cm hoch, länger als die Laubblätter, 1- (bis 3-)blütig. Hüllblätter krautig oder etwas trockenhäutig, häufig rot angelaufen, lineal, spitzlich, 4 bis 10 mm lang, meist länger als die 3 bis 8 mm langen Blütenstiele. Kelch nur oberwärts oder ganz rot gefärbt, röhrenförmig, 6 bis 9 mm lang, nicht bis zur Mitte eingeschnitten mit eiförmigen und meist stumpfen, anliegenden Zähnen. Krone dunkelrosenrot; Kronröhre 7 bis 14 mm lang, den Kelch überragend, aussen

Fig. 2774. Primula wulfeniana Schott, in den Sanntaleralpen (Südsteiermark). Phot. G. Kraskovits, Wien.

---

[1]) Vgl. Wulfenia Carinthiaca Bd. VI/1, pag. 64.

heller gefärbt als der Saum, innen und im Schlund weisslich; Kronsaum weit trichterförmig, von 2½ bis 3 cm Durchmesser, mit verkehrtherzförmigen, auf ⅓ bis ⅖ eingeschnittenen Lappen. Schlund dicht mit kurzen Drüsenhärchen besetzt. Kapsel 6 mm lang, ¾ so lang als der Kelch. Samen stark geflügelt, glatt. — V bis VII.

Niedere Rasen auf Kalkschutt, seltener am feuchten Kalkfels, vor allem oberhalb der Baumgrenze, doch an feuchten Felsen und in Schluchten oft absteigend.

Nur in Südösterreich (Krain, Kärnten, Südsteiermark, Küstenland), in den Gailtaleralpen angegeben für Spitzegel bei Hermagor und Dobratsch bei Villach; Julische Alpen; häufig in den Karawanken, westlich bis zum Mittagskogel (Hoch=Obir 1200 bis 2130 m) und Sanntaleralpen (1400 bis 2100 m; im Logartale bis ins Tal absteigend). Die Ostgrenze verläuft nach A. Paulin (in litt.) vom Petzen über Radula nach Leutsch, die Südgrenze in den Julischen Alpen über Crna Prst und Rodica (Hradica).

Allgemeine Verbreitung (Fig. 2775): Endemische Art der südöstlichen Kalk=alpen vom Piave bis zu den Sanntaler Alpen. Ausserhalb der angegebenen Gebiete noch bekannt aus den Venetianeralpen (Karnische Voralpen) zwischen Piave und dem obersten Tagliamento, insbesondere auf den Gipfeln des Canale di Cimolais (M. Gortani in litt.). Ferner wurde eine hierher gehörende, etwas ab=weichende Form (subsp. Baumgarteniána Degen et Moesz 1908) in den Transsilvanischen Alpen gefunden. Sie weicht ab durch die grünen, breiteren (eiförmig=spateligen), stumpflichen Laub=blätter mit flachem Rand und die kürzeren, abgerundeten Kelchzipfel.

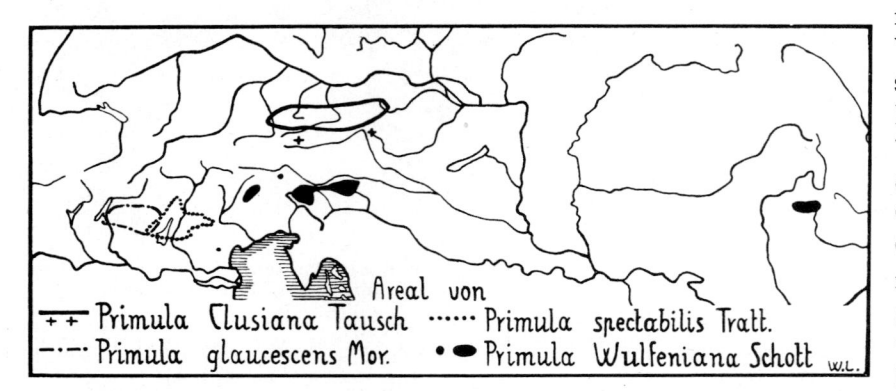

Fig. 2775. Verbreitungsareale von Primula Clusiana Tausch, P. glaucescens Moretti, P. spectabilis Tratt. und P. Wulfeniana Schott. Orig. von Dr. W. Lüdi, Bern.

Primula Wulfeniana wächst auf humusreichem, frischem und lange schneebedecktem Kalkboden oberhalb der Waldgrenze oft in dichtem Schluss und bildet zur Blütezeit prachtvolle Teppiche. Häufig ist Gentiana Froehlichii mit ihr vergesellschaftet. Am Hochobir (Karawanken), 1800 bis 2100 m, bildet sie manchmal beinahe reine Teppiche; häufiger findet sie sich aber in den dichten Polstern von Carex firma, zusammen mit Sesleria ovata, Silene acaulis, Heliosperma alpestris, Saxifraga aizoides, Lotus corniculatus f. nana, Linum alpinum, Helian=themum alpestre, Soldanella minima, Gentiana Froehlichii, Homogyne discolor, Achillea Clavenae u. a. (Lüdi).

**2174. Primula Clusiána**[1]) Tausch (= P. integrifólia L., = P. spectábilis Mert. et Koch). Clusius=Schlüsselblume. Taf. 209, Fig. 3; Fig. 2773 b und 2775.

Ausdauernd, mit kurzem, oft verzweigtem Wurzelstock. Blattränder, Schaft, Hüll=blätter und Kelch dicht mit kleinen (bis ⅕ mm langen), farblosen Drüsenhaaren besetzt, Blattflächen kahl. Laubblätter in der Knospenlage nach vorwärts eingerollt, oberseits hellgrün, glänzend, unterseits graugrün, wenig oder nicht klebrig, mit schmalem, weisslichem Knorpelrand, oval oder länglich, vorn abgerundet, stumpf oder spitzlich, 2 bis 4 (9) cm lang, 0,7 bis 1 (3) cm breit, ganzrandig. Blütenschaft 2 bis 5 (11) cm hoch, meist länger als die Laubblätter, 1= bis 2= (6=)blütig. Hüllblätter krautig, weisslichgrün, ± rot überlaufen, lanzettlich oder lineal, am Grunde oft scheidenförmig verbreitert, stumpf oder spitzlich, 4 bis 10 (18) mm lang, meist länger

---

[1]) Benannt nach Charles de l'Ecluse (lat. Clusius), geb. 1526 zu Arras, gest. 1609 als Professor der Botanik zu Leiden.

als die 2 bis 8 (15) mm langen Blütenstiele. Kelch weisslichgrün oder grün, ± braunrot überlaufen, röhrig-glockenförmig, 8 bis 10 (14) mm lang, nicht bis zur Hälfte eingeschnitten, mit eiförmigen, meist stumpfen, ± anliegenden Zipfeln. Krone rosenrot, beim Abblühen meist lila; Kronröhre 9 bis 16 mm lang, so lang oder etwas länger als der Kelch, aussen gleichgefärbt wie der Saum oder weisslich, innen und im Schlund weisslich; Kronsaum weit trichterförmig, von 2 bis 4 cm Durchmesser mit auf $^2/_5$ bis $^1/_2$ eingeschnittenen Lappen; Schlund dicht mit kurzen Drüsenhärchen besetzt. Kapsel 4 bis 7 mm lang, $^1/_2$ so lang wie der Kelch. Samen stark geflügelt, glatt. — V bis VII.

Auf magerem, kurzrasigem Humusboden der Kalkalpen, an steinigen, felsigen Stellen, in Schneegruben, an überrieselten Felsen, besonders oberhalb der Baumgrenze, doch nicht selten weit hinabsteigend, von (600) 1700 bis 2200 m; kalkbedürftig.

In Deutschland nur in Bayern, vereinzelt bei Berchtesgaden an der Grenze gegen Salzburg an den Felswänden des Königsees (Saletalpe) und des Obersees (Fischunkel 650 m). — In Oesterreich selten in Salzburg (Drachenstein, Zwieselalpe bei Abtenau, Mondsee und Schafberg), häufig und stellenweise massenhaft dagegen in Ober- und Niederösterreich und Nordsteiermark (nach Süden bis zum Lantsch) auf allen Gipfeln der Kalkalpen, von wo sie zerstreut in die Voralpentäler und Vorberge hinabsteigt, so in Steiermark in der Fölzklamm bei Aflenz 700 m, bei Gröbming, Admont, im Gesäuse, am Hochschwab usw., in Niederösterreich am Oetscher (600 m), auf der Steinalpe und in der Totenweibschlucht, in der Zimitzwildnis bei Ischl (Oberösterreich) 500 m. Isoliert in den Niederen Tauern (Taferlscharte und Speiereck).

Allgemeine Verbreitung (vgl. Fig. 2775): Endemische Art der nordöstlichen Kalkalpen vom östlichsten Bayern zum Wiener Schneeberg.

Aendert ab: var. crenigera (G. Beck) Rchb. fil. (= P. Admonténsis Gusmus). Laubblätter in der oberen Hälfte deutlich gekerbt, mit 4 bis 6 grossen Kerben. Am Kleinen Oetscher in Niederösterreich. Nach Pax eher als Bastardform P. Clusiana × P. minima zu betrachten.

Auf dem Wiener Schneeberg wächst die Art nach Lüdi und Hegi im Ochsenboden, 1900 m, flach E—Expos., auf Kalkschutt mit ziemlich dicker, schwarzmehliger, von Kalkbrocken durchsetzter Humusschicht in grosser Menge neben Selaginella selaginoides, Poa alpina, Festuca rupicaprina und F. pumila, Carex atrata und C. capillaris, Salix reticulata und S. retusa, Silene acaulis, Dianthus alpinus, Helianthemum alpestre, Ligusticum Mutellina, Viola alpina, Loiseleuria procumbens, Primula minima, Armeria (Statice) alpina, Gentiana pumila und G. Austriaca, Bartsia alpina, Campanula alpina, C. Scheuchzeri und C. pulla, Homogyne discolor usw. Der Rasen war sehr niedrig und dicht. Vierhapper stellt P. Clusiana in die Gruppe von Arten, die einen kalkreichen, ausgesprochen humusarmen Felsboden bedürfen, was nicht richtig sein kann, da sie neutralen Humus gut erträgt. Mehrfach wird auch P. Clusiana für Krummholzbestände angegeben, so von Eberwein und Hayek für das Dachsteingebirge bei Schladming; doch lassen die Angaben nicht erkennen, ob es sich um beschattete Standorte des Gebüsches oder um anschliessende Oertlichkeiten mit offenem Schutt handelt. Gewöhnlich wird hier und auf den Alpentriften in ihrer Geleitschaft Primula minima und Soldanella alpina genannt, oft auch Primula Auricula, Soldanella pusilla, S. minima, Androsace Chamaejasme. Am Gössgraben (Eisenerzeralpen) reichen Felsen und Krummholz und mit ihnen P. Clusiana bis 800 m hinab (nach Nevole), begleitet von einer Anzahl alpiner und subalpiner Arten, darunter Heliosperma quadrifidum, H. alpestre, Minuartia Gerardi, Ranunculus montanus, Thlaspi alpinum, Th. rotundifolium, Arabis alpina, A. arenosa, Saxifraga Aizoon, S. caesia, Primula Auricula, Androsace lactea, Linaria alpina, Erigeron polymorphus, Hieracium humile. Nevole zählt die Art in den Eisenerzeralpen zusammen mit Soldanella alpina, Primula Auricula und P. minima als charakteristisch für die im Juni abschmelzenden Schneeflecken und Schneegruben auf. Bei der hochalpinen Fels- und Geröllflora (des Dachsteins) dagegen wird sie von Hayek nicht erwähnt. — P. Clusiana ist seit langem in Kultur. Schon von Clusius (1583) wurde sie abgebildet. In Oberösterreich ist sie seit 1910 gesetzlich geschützt.

P. spectabilis, P. glaucescens, P. Wulfeniana und P. Clusiana bilden eine gut charakterisierte, nahe verwandte Gruppe (Subsektion Arthrítica Schott), die erst verhältnismässig spät richtig erkannt und gegliedert wurde. Die Namen wurden oft verwechselt, und die Verbreitungsangaben in den älteren Floren sind teilweise unrichtig. Zu dieser Gruppe gehörige Primeln werden von älteren Autoren mehrfach aus dem Gebiete der Zentralkarpaten angegeben, ohne dass Belege oder neuere Bestätigung vorliegen würden. Die endgültige Sicherstellung des auch seit langem angegebenen und bezweifelten Vorkommnisses in Siebenbürgen erhöht die Wahrscheinlichkeit der alten Angaben für das Tatragebiet. Trotz der nahen Verwandtschaft sind die Areale scharf in echtem regionalem Horizontalvikarismus geschieden (eine Ausnahme macht nur die subsp. Langobarda der P. glaucescens, vielleicht eine Neubildung). Die westlichste Form ist die kahlste, und die Stärke der Behaarung nimmt gegen Osten zu und erreicht bei der nördlichen Form das Maximum. Dagegen ist bei den westlichen Formen der Knorpelrand der Laubblätter am kräftigsten ausgebildet, und die Kelchzipfel sind am längsten und spitzesten.

**2175. Primula integrifólia** L. (= P. incísa Lam., = P. Candoleána Rchb., = Arétia integrifólia Link). Ganzblätterige Schlüsselblume. Taf. 209, Fig. 4; Fig. 2776a, 2777 und 2778.

Ausdauernd, mit kurzem, dickem, oft mehrköpfigem Wurzelstock. Blattrand gewimpert; Blattoberfläche (spärlich), Schaft, Hüllblätter und Kelch mit farblosen, gegliederten, bis $^3/_4$ mm langen, sehr kleine Drüsen tragenden Haaren bedeckt, aber kaum merklich klebrig. Laubblätter in der Knospenlage nach vorwärts eingerollt, weich, grasgrün, etwas glänzend, elliptisch oder länglich, ungestielt oder allmählich in den kurzen Blattstiel verschmälert, stumpf oder spitzlich, 1 bis 2 ($3^1/_2$) cm lang, 0,5 bis 1 cm breit, ganzrandig oder mit wellig verbogenem Rande. Blütenschaft 1 bis 2 (5) cm hoch, so lang wie die Laubblätter, 1= bis 3= (meist 2=)blütig. Hüllblätter krautig, oft rötlich überlaufen, lineal oder lanzettlich, stumpf oder spitz, 5 (bis 11) mm lang, länger als die 0 bis 2 mm langen Blütenstiele. Kelch meist rötlich überlaufen, röhrig=glockig, 6 bis 9 mm lang, auf weniger als die Hälfte eingeschnitten, mit ovalen oder länglichen, stumpfen, locker anliegenden Zipfeln. Krone matt rot=violett, selten weiss; Kronröhre 9 bis 15 mm lang, länger als der Kelch, gleichgefärbt wie der Saum, innen und im Schlund dicht drüsig=zottig und dadurch weisslich erscheinend; Kronsaum weit trichterförmig, von 15 (bis 25) mm Durchmesser, mit auf $^1/_4$ bis $^2/_5$ eingeschnittenen Lappen. Kapsel 5 bis 6 mm lang, $^1/_3$ bis $^1/_2$ so lang als der Kelch. Samen geflügelt, meist papillös. — VI, VII.

Fig. 2776. *a* Primula integrifolia L., *b* Primula Tirolensis Schott.

Auf tonig=humosen, wassergetränkten Böden der alpinen Stufe, besonders über 2100 m.

Fehlt in Deutschland. — In Oesterreich im südlichen Vorarlberg von den Drei Schwestern bis zur Silvretta und zum Arlberg (verbreitet), in Tirol bei St. Anton am Arlberg, im Paznaun und am Monte Tonale. — In der Schweiz verbreitet in allen Gebirgszügen der

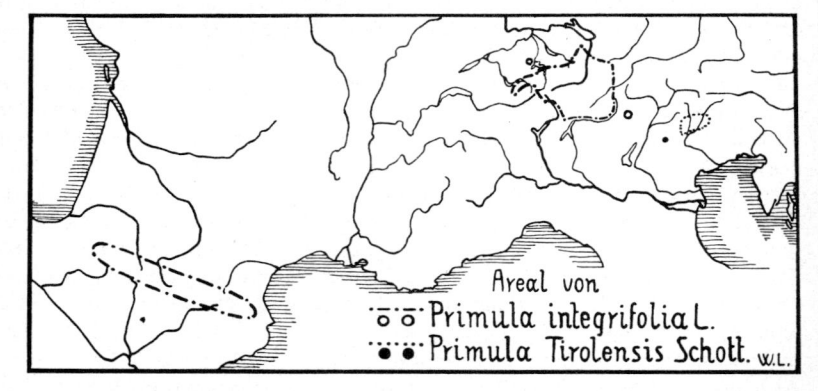

Fig. 2777. Verbreitungsareal von Primula integrifolia L. und Primula Tirolensis Schott. Original von Dr. W. Lüdi, Bern.

östlichen und mittleren Schweiz, stellenweise massenhaft auftretend: durch ganz Graubünden von 1650 m (Bernhardin) bis 3050 m (Piz Forun); St. Gallen und Appenzell auf allen Gebirgszügen von 1500 bis 2300 m, in den Nagelfluhvoralpen und an der Nordseite des Kronbergs; Glarus; Schwyz (auf Nagelfluh der Rigi=Scheidegg); Luzern am Pilatus; Uri; südliches Unterwalden, bis zum Melchsee vordringend; nordöstliches Tessin; östliches Berner Oberland. Die Westgrenze verläuft vom Camoghè über den Pizzo di Claro, Campolungo, Passo di Naret, Furka, Gadmental, Melchtal, Pilatus, Rigi. Westlichste Vorposten: Faulhorn und Lauterbrunnental (Weissbirg 2600 m, Schmadrirück).

Allgemeine Verbreitung (Fig. 2777): Pyrenäen und mittlere Teile der Alpenkette; zu den genannten Fundorten kommen noch die Alpen des Veltlin und von Bormio in Italien bis an die Adda hinzu.

Die Angaben aus den Ostalpen, die neuestens (1924) noch ihren Niederschlag in der Verbreitungskarte von Correvon (bei Marret, Ic. Fl. Alp. Plant.) gefunden haben, wo eine durchgehende Verbreitung durch die nördlichen Kalkalpen bis zum Wiener Schneeberg eingezeichnet ist, sind irrtümlich und beruhen z. T. auf der Synonymie mit P. Clusiana. — Aendert ab: f. albiflóra Sünderm. Blüten reinweiss. Rhätikon.

Primula integrifolia hat einen grossen Teil ihres Aeals in den Kalk- und Schieferalpen, ist aber nicht Kalkpflanze, sondern zieht einen tonig-humosen, also kalkarmen Boden vor. Auf kalkreicher Unterlage ohne Isolationsschicht wird sie kaum gefunden. Sie ist im Urgebirge, im Schiefer- und Kalkgebirge vor allem eine charakteristische Erscheinung der alpinen Schneetälchen, und Brockmanns Schilderung trifft nicht nur für das Puschlav, sondern für die Schweizeralpen überhaupt zu: „Hier begleitet sie in erster Linie die Schneetälchen zu beiden Seiten, meist in solcher Menge, dass zur Zeit der Schneeschmelze im Juni die jetzt vom Schneewasser durchflossenen Schneetälchen von weitem durch die vielen Blüten wie von 2 violetten Bändern begleitet erscheinen. Ebenso kommt diese Primel am Rande der (alpinen!) Sümpfe oft in Menge vor als äusserster Ring der Region, welche durch das Wasser beeinflusst ist". Wir finden sie auch im Curvuletum, gelegentlich in den feuchten Rinnen zwischen den Horsten in dichtem Schluss auftretend, auch mitten in den Horsten hervorsprossend. Doch sind diese Standorte dem Schneetälchen nahe verwandt. In der nivalen Stufe fehlt sie den Schneetälchen und geht in verschiedene Rasentypen (Curvuletum, Elynetum, Salix serpyllifolia-Teppiche) über. Sie zeigt darin ein ähnliches Verhalten wie Primula farinosa. Ausserordentlich verbreitet ist sie auf Urgestein an den Treppenstufen und -Rändern aller möglichen Pflanzengesellschaften, die Treppenrasen bilden; der reichliche Humus, die beträchtliche Feuchtigkeit und die merkliche Beschattung

Fig. 2778. Primula clusiana Tausch., auf dem Plateau der Schneealpe, Steiermark. Phot R. Fischer, Sollenau, N. Ö.

solcher Standorte scheinen sie zu begünstigen. Gelegentlich besiedelt sie auch feuchte Spalten des Silikatfelsens und kann sie mit ihren Rasen ganz ausfüllen, so am Flüelapass (Graubünden). Von Le Gessi an der Bernina wird sie als Seltenheit auf Gips angegeben; doch ist diese Fundstelle wahrscheinlich durch eine Humusschicht von der mineralischen Unterlage isoliert. Braun-Blanquet fand sie auch an Windecken. Am Flüelapass hatte ein Primula integrifolia-reiches Schneetälchen auf der Passhöhe, 2340 m, Expos. ziemlich steil nach Norden (Fig. 2778) nach Lüdi folgende Zusammensetzung: 3 Luzula spadicea, 3 Salix herbacea, 1 Minuartia biflora, 2 Polygonum viviparum, 2 bis 3 Primula integrifolia, 2 bis 3 Soldanella pusilla, + Ligusticum Mutellina, + Gnaphalium supinum (herdenweise), 2 Homogyne alpina, + Doronicum Clusii, 1 Taraxacum alpinum, 4 bis 5 div. Moose, 0 bis 2 Solorina sp. (Die Zahlen bedeuten die Häufigkeit der Arten, Skala 1 bis 5, + = sehr vereinzelt).

## 2176. Primula Tirolénsis Schott (= P. Alliónii Hausm.). Südtiroler Schlüsselblume.
### Fig. 2776b, 2777 und 2779.

Ausdauernd. Wurzelstock lang und dünn (bis über 10 cm lang), im obern Teil mit den abgestorbenen Laubblättern der letzten Jahre überdeckt. Oberfläche der grünen Pflanzenteile dicht mit farblosen, $1/10$ bis $1/5$ mm langen Drüsenhaaren bedeckt, klebrig. Laubblätter dicklich, dunkelgrün, etwas glänzend, schwach riechend, scheinbar knorpelrandig, rundlich oder verkehrteiförmig, rasch in den kurzen Blattstiel zusammengezogen, vorn abgerundet, 1 bis 2 (3,5) cm lang, 0,5 bis 2 cm breit, in der oberen Hälfte feingezähnelt oder beinahe ganzrandig. Blütenschaft 0,5 bis 2 cm lang, ungefähr so lang wie die Blätter, 1- (2-)blütig.

Hüllblätter krautig, linealisch oder lanzettlich, 3 bis 5 (9) mm lang, länger als die 0 bis 2 mm langen Blütenstiele. Kelch glockenförmig, 4 bis 7 mm lang, bis zur Mitte eingeschnitten mit ovalen, stumpfen Zähnen. Krone rosa oder rotviolett; Kronröhre 7 bis 10 mm lang, länger als der Kelch, gleichgefärbt wie der Saum oder weisslich; Schlund weisslich mit $^1/_3$ mm langen Drüsenhaaren besetzt; Kronsaum weit trichterförmig, von $1^1/_2$ bis $2^1/_2$ cm Durchmesser, mit verkehrt=herzförmigen, auf $^1/_3$ bis $^1/_2$ ausgerandeten Zipfeln. Kapsel 2,5 bis 4 mm lang, $^1/_2$= bis $^3/_4$=mal so lang als der Kelch. Samen scharfkantig, glatt. — V, VI.

In humusreichen, etwas feuchten Felsspalten und =Ritzen, an steinig=humosen Felsgehängen der Kalk= und Dolomitgebirge, schatten= und humusliebend, kalkbedürftig oder doch Kalk vorziehend, von 1000 bis 2300 m.

Allgemeine Verbreitung: Endemische Art der südöstlichen Südtiroler Dolomitalpen, vom Fleimsertal östlich bis Belluno (Italien).

Nur in Südtirol: Für das Schlerngebiet sehr zweifelhaft; Monte Castellazzo und von da östlich auf allen höheren Dolomitalpen von Fleims bis zur Vette de Feltre; Val Canali; Sasso Maggiore; Cimonega; Val Caldiera südlich von Borgo im Val Sugana (vgl. Fig. 2777).

Am Monte Castellazzo (zirka 2200 m) findet sich Primula Tirolensis in Sonn= und Schattenlage, aber stets nur am steilen Fels. In Sonnlage zeigt sie eine ausgesprochene Vorliebe für tiefe, beschattete Spalten, zusammen mit Carex firma, Minuartia sedoides, Heliosperma quadrifida, Potentilla nitida, Pinguicula alpina, Soldanella minima, Valeriana saxatilis, Phyteuma Sieberi, Campanula Morettiana. In Schattenlage geht sie in offene Spalten und sogar in Humushäufungen in den breiten Spalten über, die sie mit dichten Rasen überzieht. Auch hier ist sie vor allem mit Carex firma vergesellschaftet. Am Monte Pavione (Vette di Feltre) kommt sie am Nordhang bei 2050 m Höhe ebenfalls in steilen, humusgefüllten Spalten vor, oft reihenweise angeordnet, neben Carex firma, Ranunculus alpestris und Moospolstern. Die Art scheint Besonnung zu scheuen, vielleicht infolge eines beträchtlichen Feuchtigkeitsbedarfs (Luftfeuchtigkeit?) (Lüdi).

Fig. 2779. Primula tyrolensis Schott, in Kalkfelsspalten am Monte Castellazzo (Dolomiten), zirke 2250 m. Phot. Dr. W. Lüdi, Bern.

In die nähere Verwandtschaft von Primula integrifolia und P. Tirolensis gehören noch 2 Primeln der Randgebiete: P. Kitaibeliána Schott (Illyrische Alpen von 350 bis 1700 m, auf Kalk) von P. integrifolia verschieden durch grössere, in den langen Blattstiel verschmälerte, meist oben gezähnelte, dunkel=bläulichgrüne, drüsig=klebrige, intensiv riechende Laubblätter und flachen Kronsaum, P. Alliónii Loiseleur (Seealpen zwischen Cuneo und Nizza von 700 bis 1900 m auf Kalk), von P. Tirolensis verschieden durch die in den kürzeren oder längeren Blattstiel langsam verschmälerten Laubblätter, kaum 1 mm langen Schaft, 2 bis 3 (4) mm lange Blütenstiele und 2 mm lange, eiförmige, stumpfe, trockenhäutige Hüllblätter.

**2177. Primula glutinósa** Wulfen (= Arétia glutinósa Link). Klebrige Schlüsselblume.
Taf. 209, Fig. 5; Fig. 2780 bis 2782.

Wie verschiedene andere Alpenpflanzen (vgl. Valeriana Celtica, Achillea Clavenae) wird auch diese Art als Speik (Tirol) bezeichnet. Zum Unterschied von anderen ebenfalls „Speik" genannten Pflanzen heisst diese Primel auch blauer Speik, Ross=Speik (Ostalpen), Frauenspeik (Obersteiermark). Seltener scheint der Name (blauer) Petergstamm (Steiermark) zu sein.

Ausdauernd. Wurzelstock dick, vielköpfig, Wuchs deshalb oft dichtrasig. Oberfläche der grünen Pflanzenteile durch zahlreiche sehr kleine Drüsenhaare (kürzer als $^1/_{20}$ mm) klebrig, anscheinend kahl. Laubblätter steiflich, mattglänzend, nach der Spitze hin etwas knorpelig=

berandet, oberseits dunkelpunktiert, lanzettlich=keilförmig oder länglich=lanzettlich, langsam in den meist breiten und kurzen Stiel verschmälert, stumpf, 2 (bis 6) cm lang, 0,3 bis 0,7 cm breit, in der obern Hälfte klein= und spitz=gezähnt, selten ganzrandig. Blütenschaft bis 7 cm lang, die Blätter überragend, mit 1= bis 7= (meist 3= bis 4=)blütiger Dolde. Hüllblätter krautig, meist braunrot gefärbt, breitoval oder länglich, stumpf, unten mit den Rändern sich deckend, 7 bis 11 mm lang, oft die Kelche überragend und die Dolde wie eine Köpfchenhülle um= schliessend. Blüten beinahe sitzend. Kelch meist braunrot, oben etwas eingezogen, 4 bis 8 mm lang, auf weniger als bis auf die Hälfte eingeschnitten, mit eiförmigen, stumpfen, anliegenden Zipfeln. Krone stark duftend, anfänglich dunkelblau, später schmutzigviolett, selten weiss; Kronröhre 5 bis 9 mm lang, so lang oder wenig länger als der Kelch, heller gefärbt als der Saum, innen weisslich, im Schlund dicht drüsenhaarig, über dem Schlund mit dunklem Ring; Kronsaum deutlich von der Röhre abgesetzt, trichter= förmig, von 10 (bis 18) mm Durchmesser, mit spreizenden, auf $^1/_3$ bis $^1/_2$ eingeschnittenen Lappen. Kapsel etwas kürzer als der Kelch. Samen ziemlich stark geflügelt, glatt. — VII, VIII.

Auf feuchtem, tonigem Schutt, im Magerrasen, gele= gentlich auch in Felsritzen der Hochalpen 1800 bis 3100 m; auf kalkarmem Boden. Verlangt winterliche Schneebedeckung.

Allgemeine Verbreitung: Endemische Art der zentralen Teile der Ostalpen vom Unterengadin bis nach Kärnten und Steiermark.

Fig. 2780. Primula glutinosa Wulfen. *a* Habitus. *b* Fruchtstand mit Hüllblättern.

Fehlt in Deutschland. — In Oesterreich verbreitet in den Urgebirgen von Tirol südlich des Inn (höchste Fundorte Becher im Ridnaun 3000 bis 3100 m, Pfossental in Schnals 3100 m, Blechnerkamm 2978 m; tiefe Fundorte Hohe Salve 1829 m, Schwarzensteingletscher 2000 m) nach Norden vereinzelt bis Vorarlberg (St. Anthönierjoch); in Südtirol häufig vom Ortler zum Tonalepass, Val Genova [Adamello= gebiet], ferner auf Porphyr und Syenit bei Monzoni, am Latemar, Bocche, Colbriccone, Cavalazzo, Val Sugana; südlich von Rienz und Drau am Brunstriedl bei Toblach, Helm bei Sexten, Kreuzkofelgebiet. Nach Osten durch Salzburg (Hohe und Radstättertauern, Lungau) und Kärnten (Tauern, Gurktalenalpen, Koralpe [fehlt der Saualpe]) ins mittlere Steiermark 1800 bis 2800 m (gemein in den Niedern Tauern; Stangalpenzug, Seetaleralpen). Ostgrenze des Areals: Koralpe. Ein vorgeschobener Posten ist auf dem Vranicagebirge in Mittelbosnien. Nach Westen erreicht die Art die Schweiz in den Grenz= gebieten des Unterengadin (Piz Lat, Val d'Assa, Val Sesvenna 2840 m, Scarl Tal 2570) und in einem isolierten Vorkommen 60 km weiter westlich auf dem Parpaner Rothorn und Aroser Aelplihorn 2600 bis 2900 m, welch letztere Fundorte von Braun als Reliktstandort betrachtet wird. Findet sich ausserdem in Italien im obersten Addatal (Bormio). Vgl. Fig. 2782. — Infolge der langdauernden Schneebedeckung der meist hoch= und flach= gelegenen Standorte blüht Primula glutinosa erst im Hochsommer. Auf der Fuorcla Sesvenna bei 2840 m war sie am 11. August 1916 in schönster Blüte (Lüdi). Sie besiedelt dort einen flachen, feuchten, feinerde= reichen Granitgrusboden in grosser Menge, oft in reinem Bestand. Auf länger schneefreiem Grusboden mischte sie sich Beständen von Carex curvula bei, die folgende Zusammensetzung aufwiesen: Sesleria disticha, Poa alpina, Carex curvula, Luzula spicata, Salix herbacea, Polygonum viviparum, Gentiana Bavarica var. subacaulis, Phyteuma Pedemontanum, Chrysanthemum alpinum, Leontodon Pyrenaicus, Cladonien und Cetrarien. Den anschliessenden Curvuleta auf steil südwest gerichteten, sonnigen Halden dagegen fehlte Primula glutinosa. Braun (Vegetat. Verh. d. Schneestufe i. d. Rätisch=Lepontin. Alpen. Neue Denkschr. Schweiz. Nat. Ges. 48, 1913) bezeichnet die Art zu Unrecht als Kalkpflanze, obschon sie vielleicht einen gewissen Kalk= gehalt des Bodens gut erträgt. Er macht darauf aufmerksam, dass sie in Begleitung von Arabis caerulea, Legumi= nosen, Androsace Helvetica und Veronica aphylla vorkomme (auf kristallinen Schiefern bei Arsoa). Vierhapper (Die Kalkschieferflora der Ostalpen. Oesterr. Bot. Zeitschr. 1921) zählt die Art zu jenen, die nur auf kalkfreien oder kalkarmen Substraten gedeihen, allerdings mit der Einschränkung, dass ihm die Ansprüche der Art noch zu wenig bekannt seien und die Einreihung eine vorläufige sei. Aber auch Kerner verlangt für P. glutinosa einen kalk=

freien Boden. So werden Kalkpflanzen als ihre Begleiter nicht allzuhäufig auftreten. Vgl. auch Bd. III pag. 400, Primula glutinosa am Krimmler Törl (Pinzgau) 2860 m als Begleiter von Minuartia biflora. Vereinzelt weissblühend, z. B. am Tuxerjoch (Zillertal) 2540 m. — In Tirol werden die Pflanzen den Wiegenkindern unter das Kopfkissen gelegt, damit sie schwindelfrei werden (briefl. Mitt. v. A. Bachmann an Hegi). In Tirol geschützt.

**2178. Primula mínima** L. (= P. Sautéri Schultz, = Arétia minima Link, = Kablíkia minima Opiz). Zwerg=Schlüsselblume. Taf. 209, Fig. 7; Fig. 2782 bis 2785, 2707 d und 2720 c.

Zu Speik, Ross=Speik (Tirol), geller Speik, Gelspeik (Obersteiermark), Sauspeik (Steiermark) vgl. P. glutinosa (pag. 1780.) Andere Volksnamen sind noch Abbiss, Teufelsanbiss (Salzburg), Saupeterstamm (Kärnten), Platenigen [vgl. P. veris, pag. 1749] (Tirol), Gamsbleaml (Tirol), Habmichlieb (Riesengebirge).

Ausdauernd. Wurzelstock oft verlängert und vielköpfig. Pflanze scheinbar kahl, jedoch auf der Blattfläche und am Kelch mit sehr kleinen Drüsenhaaren (kürzer als $^1/_{20}$ mm). Laubblätter steiflich, glänzend, keilförmig oder verkehrt=3=eckig, ungestielt oder allmählich in einen kurzen Blattstiel verschmälert, 0,5 bis 1,5 (3) cm lang, 0,3 bis 0,8 cm breit, der vordere Rand gerade abgeschnitten oder etwas gebogen, mit 3 bis 9 groben, in eine Knorpelspitze verschmälerten Sägezähnen. Blütenschaft 0,2 bis 0,8 (3) cm lang, gewöhnlich kürzer als die Laubblätter 1= (bis 2=)blütig. Hüllblätter 1 bis 2, lanzettlich, 2 bis 6 mm lang, meist wenig kürzer als der Kelch. Blütenstiele sehr kurz. Fruchtstiele bis 5 mm lang. Kelch 5 bis 7 (9) mm lang, nicht bis zur Mitte eingeschnitten; Kelchzipfel oval, stumpf, meist mit aufgesetztem Spitzchen, anliegend oder abstehend. Krone leuchtend rot, beim Abblühen verblassend; Kronröhre 5 bis 11 mm lang, 1= bis 2=mal so lang als der Kelch, weisslich, innen und im Schlund weiss, von gegliederten Drüsenhaaren zottig; Kronsaum deutlich von der Röhre abgesetzt, oben flach, von 1,5 bis 3 cm Durchmesser, mit etwas keilförmigen, spreizenden, auf $^2/_5$ bis $^1/_2$ eingeschnittenen Lappen. Kapsel 3 bis 5 mm lang, kaum $^1/_2$ so lang als Kelch. Samen gegen die Endfläche stark geflügelt, glatt. — VI, VII.

Fig. 2781. Primula glutinosa Wulfen. Königstal bei Obergurgl/Tirol. Phot. Th. Arzt, Wetzlar.

Auf kalkarmem, humosem Boden in der alpinen Höhenstufe, da und dort absteigend.

In Deutschland im Riesengebirge von 1200 m an aufwärts allgemein verbreitet. Im südöstlichen Bayern auf der Frauenalpe im Wettersteingebirge (nachweisbar angepflanzt), im Karwendel (1912 von K. Maisch entdeckt in der Karwendelgrube) und von der Reiteralpe (westlich Berchtesgaden) an ostwärts allgemein verbreitet und bis 2570 m steigend. — In Oesterreich vom Brenner und Solstein an ostwärts durch die ganzen Hochalpen verbreitet, besonders in den zentralen Teilen bis zum Wiener Schneeberg: in Salzburg, in Oberösterreich seltener und auf den Gipfeln bis 2340 m (Hoher Priel, Pyrgas, Dachstein), in Niederösterreich (Schneeberg, Raxalp, Oetscher), in Steiermark 1700 bis 2700 m, selten im Toten Gebirge, zerstreut auf dem Kalbling, dem Reichenstein bei

Admont und Eisenerz, Hochschwab, Rax- und Schneealpe, häufig am Dachstein, gemein im ganzen zentralen Teil, in Südsteiermark nur auf dem Kameni-Vrh bei Laufen; in Kärnten verbreitet in den norischen Alpen bis zur Koralpe, Gailtaleralpen vom Hochstadl zum Dobratsch, zerstreut in den Karnischen Alpen (z. B. Wolaya-See, Rosskofel, Gartnerkofel, Luschariberg) und Karawanken (Petzen, Knieps); fehlt in Krain; in Tirol am Kraxentrager (Brenner) 3000 m erreichend, unterhalb Praxmar bis 1650 m, am Breitlahner bis 1250 m, bei Kitzbühel bis 1620 m absteigend.

Allgemeine Verbreitung (Fig. 2782): Ostalpen, Sudeten, Zentral-Karpaten, Rodnaer Alpen, Transsilvanische Alpen, Serbien (Scharplanina, Midžor), Bulgarien (Zentralbalkan, Rilo, Pirin); fehlt den Illyrischen Ländern. Die westliche und südliche Vegetationsgrenze geht nach Dalla Torre und Sarnthein durch Tirol entlang folgenden Punkten: Kaisergebirge, Sonnwendjoch, Stanserjoch, Solstein, Schartenjoch bei Flaurling, Gleirschtalerjöchel in Sellrain, Alpein, Langental in Stubai, Schneeberg in Ridnaun, Sprons-Lazins, Monte Tonale—Veltlin—Val di Daone—Val Fiemme — Rolle Pass—Belluno und zieht von dort zum obersten Isonzo.

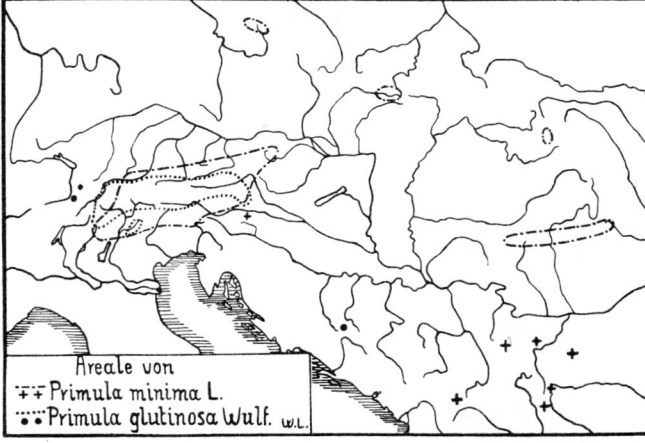

Fig. 2782. Verbreitungsareale von Primula minima L. und Primula glutinosa Wulf. Orig. von Dr. W. Lüdi, Bern.

Fig. 2783. Primula minima L. Habitus.

Abänderungen: Veränderlich ist insbesondere die Zähnung der Laubblätter; doch lässt sich diese systematisch kaum verwenden. Dagegen werden folgende Formen unterschieden: f. subacaúlis Wimm. und Grab. Blütenschaft kürzer als die Laubblätter. Krone rot (die verbreitete Normalform); f. cauléscens Wimm. und Grab. Blütenschaft zweimal so lang als die Laubblätter. Krone rot, oft kleiner (unter der Normalform in der Kleinen Schneegrube im Riesengebirge); f. álba Opiz. Wie f. subacaulis aber Krone weiss (unter der Normalform in Tirol, Niederösterreich und im Riesengebirge); f. fimbriáta Tausch. Krone mit fransig eingeschnittenen Lappen (Riesengebirge in der Kleinen und Grossen Schneegrube, Kleiner Teich, Brummberg, Fuscher Tauern); von der Lizum im Wattental (Tirol) wird auch eine Form mit vorn ausgebissen gezähnelten Kronlappen angegeben; f. multidentáta Sünderm. (Gschnitztal und Monte Castellazzo in Südtirol).

Primula minima gehört in der alpinen Stufe der Ostalpen zu den verbreitetsten Pflanzen, die vielfach zu dichten, rasigen Beständen zusammenschliesst. Sie erscheint unmittelbar nach der Schneeschmelze. Den Kalk scheint sie nicht zu fliehen, muss aber doch als Art des kalkarmen Bodens bezeichnet werden. Im Kalkgebirge ist sie zur Hauptsache auf ausgelaugte Gesteine und auf Humusböden beschränkt (insbesondere Böden mit schwarzem, mehligen Alpenhumus); im kalkarmen Gestein besiedelt sie oft den blossen Gesteinschutt oder sogar Spalten und kleine Absätze des Felsens; ihre Hauptverbreitung erhält sie auch hier auf Rohhumusboden. Mit Vorliebe findet sie sich auf flachen Böden und kleinen Mulden (Fig. 2784), wo der Schnee lange liegen bleibt und der Boden vom Schneewasser getränkt wird und mischt sich hier der Schneetälchenflora bei; ebenso häufig geht sie in das Loiseleurietum, mit dem sie die Bevorzugung der Nordhänge teilt. Auch windgepeitschte Gräte meidet sie nicht. In der Gipfelregion des Patscherkofel bei Innsbruck (2200 bis 2250 m) wächst Primula minima nach Lüdi in Nordlage am Silikatfels zusammen mit Agrostis rupestris, Festuca intercedens, Juncus trifidus, Minuartia verna, Silene rupestris, Draba dubia, Sempervivum montanum, Saxifraga Aizoon und S. bryoides, Primula hirsuta usw., ebendort im feuchten Silikatschutt mit Agrostis rupestris, Sesleria disticha, Juncus trifidus, Luzula spicata, Sagina Linnaei, Soldanella pusilla, Gentiana nivalis, Gnaphalium supinum, Chrysanthemum alpinum, Leontodon Pyrenaicus usw., häufig aber vor allem im Loiseleurietum mit Avena versicolor, Deschampsia flexuosa, Luzula spadicea, Sibbaldia procumbens, Potentilla aurea, Empetrum nigrum, Loiseleuria procumbens, Euphrasia minima, Doronicum Clusii, Leontodon Pyrenaicus. Aehnlich am Hochtenn in den Hohentauern von Salzburg von etwa 2000 m aufwärts auf den Nordhängen der Gräte im Loiseleurietum, höher auf flachen Böden in Schneetälchen mit Cerastium cerastioides, Cardamine resedifolia und C. alpina, Soldanella pusilla usw.; sie steigt hier (am Grat!) bis 2900 m. Am Wiener Schneeberg (1900 m) erscheint sie zusammen mit Primula Clusiana (vgl. pag. 1777). In den Berchtesgadener Alpen geht sie sehr häufig bis 1620 m hinunter, wächst gesellig auf Alpweiden mit Horminum, auch in Schneetälchen, ähnlich wie Primula integrifolia. Vgl. auch Bd. III pag. 348 als Begleiterin von Saponaria pumila und pag. 400 in Gesellschaft von verschiedenen anderen Primulaceen mit Minuartia biflora am Krimmler Törl, 2860 m, im Pinzgau. In der Kultur gedeiht die Zwergprimel (wie verschiedene rotblühende Alpenprimeln) in der Ebene schlecht, da sie bald vergeilt und nicht mehr blüht. In den Sudeten steht sie unter dem Schutze der Naturdenkmalpflege. Einzelne Forscher nehmen eine postglaziale Einwanderung in dieses Gebiet an; doch kann es sich auch um ein glaziales Relikt handeln.

Die Schönheit der Pflanze hat Hoffmann v. Fallersleben (wohl 1848) zu einem reizenden Gedicht angeregt (abgedruckt bei Pax. Schlesiens Pflanzenwelt, 1915).

**Bastarde** sind innerhalb der Untergattungen Vernales und Auricula zahlreich und häufig beschrieben worden. Wo zwei Arten nebeneinander wachsen, wird man in der Mehrzahl der Fälle auch ihre Bastarde finden können.

Fig. 2784. Primula minima L. Glungezer, Tirol. Phot. W. Schacht, München.

Die nachfolgende Uebersicht und die schematische Zusammenstellung lassen erkennen, welche Bastarde in Mitteleuropa gefunden worden sind, welche Arten grosse gegenseitige Affinität besitzen und welche wenig zur Bildung von Bastarden neigen. Die nur künstlich erzeugten Bastarde sind hier weggelassen worden; hingegen werden die Bastarde des Grenzgebietes erwähnt, soweit sie Arten unserer Flora betreffen, also in Mitteleuropa auch noch gefunden werden könnten. In ihrer Mehrzahl sind die Hybriden unfruchtbar, können aber trotzdem in verschiedenen Formen auftreten deren Aufführung zu weit gehen würde; sie finden sich bei Pax und Knuth, Primulaceae und bei Elise Widmer, Die europäischen Arten der Gattung Primula eingehend beschrieben. Neuerdings hat F. Sündermann in Lindau eine grössere Anzahl von Bastarden der Alpenprimeln (auch solche, die sich in der Natur nicht finden (künstlich gezüchtet. Vgl. auch pag. 1727. Mehrere Arten bilden fruchtbare Bastarde, die dann durch Aufspaltung und Rückkreuzung einen grossen Formenreichtum erzeugen und gewöhnlich alle Uebergangsformen von der einen Art zur anderen enthalten (gleitende Reihen).

Primula Auricula L. × P. Carniolica Jacq. (= P. venústa Host., = P. Jelénkae Gusm., = P. Idriána Gusm.). Julische Alpen um Idria. In Kultur seit 1833 (Wien) siehe pag. 1765.

P. Auricula L. × P. Auricula subsp. ciliata (Mor.) (= P. Obristii Stein, = P. similis Stein), s. pag. 1762.

P. Auricula L. subsp. ciliata (Moretti) × P. Tirolensis Schott (= P. obováta Huter). Südtiroler Dolomiten, bis jetzt nur am Monte Cavallo bei Belluno (Italien).

P. Auricula L. × P. hirsuta All. (= P. pubéscens Jacq.) siehe pag. 1769.

P. Auricula L. × P. integrifolia L. (= P. Eschéri Brügger). Flumseralpen (Kt. St. Gallen, Schweiz); in Kultur.

P. Auricula L. × P. Oenensis Thom. (= P. discolor Leyb.). Fruchtbarer Bastard, mit hybrider Formenreihe zwischen den Stammarten. Judikarien (Südtirol); in Kultur.

P. Auricula L. × P. villosa Jacq. (= P. Goebélii Kerner). Eisenhut bei Turrach (Kärnten). Ist sehr zweifelhaft.

P. Clusiana Tausch × P. minima L. (= P. intermédia Portenschlag, = P. Floerkeána Salz., = P. Portenschlágii Beck, = P. Wettsteinii Wiem.). Von P. Clusiana durch kleinere Gestalt und gezähnelte Laubblätter, von P. minima durch kräftigeren Wuchs und schwachen Knorpelrand der Laubblätter verschieden. Oesterreicher und Eisenerzer Kalkalpen (Wiener Schneeberg, Sparafeld und Kalbling bei Admont, Wildalm bei Marienzell u. a. O.).

P. elatior (L.) Schreb. × P. vulgaris Huds. (= P. digénea Kerner) (Fig. 2737). Unterscheidet sich von P. vulgaris durch den entwickelten Blütenschaft und durch etwas kleinere Blüten, von P. elatior durch die langen Blütenstiele und grössere Krone, von dem ähnlichen Bastard P. veris × P. vulgaris durch die fehlenden Kurzhaare, den auf den Kanten langhaarigen, zwischen den Kanten beinahe kahlen Kelch, die blassere Krone und die längere Kapsel. Der Bastard ist fruchtbar und bildet gleitende Reihen zwischen den Stammarten, aus der zahlreiche Formen beschrieben worden sind (pag. 1727 und 1748). Eine Form, die neben dem Schaft noch grundständige Blüten besitzt, wird als P. anisíaca Stapf. bezeichnet, Formen mit Blätter und Schaft mehr wie P. elatior, Blüten wie P. vulgaris als P. Falkneriána Porta. P. digenea ist im Gebiet, wo beide Arten zusammen wachsen, nicht selten: Deutschland in Schleswig (z. B. Plön), Rheinprovinz, Belvedere (Mittelthüringen, spontan entstanden), Brandenburg (Boitzenburg), Württemberg (Ravensburg), Oberbayern (Kochel, Benediktbeuern, Kleinweil, Frechensee, Nymphenburg); Oesterreich in Vorarlberg, Niederösterreich, Oberösterreich (Steyr), Steiermark (Graz u. a. Orte), Nordtirol (Thaur), Südtirol; Schweiz häufig am Genfersee, ferner Unterwallis, Jurarand bis Biel, Vierwaldstättersee, Linthebene, Rorschach, Chur, Monte Generoso. — P. elatior f. colorata × vulgaris (= P. purpuráscens [Cam.] Beck) ist eine rotblühende Kulturform, die gelegentlich verwildert.

Fig. 2785. Primula minima L. und Primula glutinosa Wulfen wachsen oft zusammen und bastardieren häufig. Deffregger-Haus (Tauern). Phot. Th. Arzt, Wetzlar.

P. elatior (L.) Schreb. × P. veris L. em. Huds. (= P. média Peterm.) (Fig. 2728) weicht von P. elatior durch den ± aufgeblasenen Kelch und kürzere Behaarung ab, von P. veris durch schwefelgelbe, grössere, flache Blumenkrone. Selten, trotzdem die Stammeltern häufig im gleichen Gebiet wachsen. Deutschland in Holstein, Thüringen, Schlesien, Bayern (Hochebene und Keupergebiet); Oesterreich in Vorarlberg, Tirol, Böhmen; Schweiz Genf (Salève), Waadt, Unterwallis, Freiburg, Berner Oberland, Aargau, Solothurn (Büsserach, Dornach), Baselland, Herrliberg bei Zürich, St. Gallen (Walenstadterberg, Linthebene), Thurgau (Steckborn, Münsterlingen). — P. elatior × P. veris subsp. canescens (= P. fállax C. Richter): Niederösterreich. — P. elatior × P. veris subsp. Columnae (= P. brévifrons Borbás): nach Borbás in Winterthur (Schweiz) [kaum richtig]. — P. elatior subsp. intricata × P. veris, in Südtirol.

Fig. 2786. Primula integrifolia L. X. P. Latifolia Lapeyr (= P. muretiana Moritzi), Bernina (Schweiz). Phot. Dr. W. Lüdi, Bern.

P. farinosa L. × P. longiflora All. (= P. Kraettliána Brügger). Nur einmal gefunden und zweifelhaft; eher anormale Form von P. longiflora.

P. glaucescens Mor. × P. hirsuta All. Bei Sondrio im Veltlin (Italien) wurde ein einziges Fruchtexemplar gefunden, dessen Bastardnatur nicht zweifellos ist.

P. glaucescens Mor. subsp. Langobarda (Porta) × P. spectabilis Tratt. (= P. Caruélii Porta). Bastard fruchtbar. Alpen von Brescia (Italien).

P. glutinosa Wulf. × P. minima L. (= P. Floerkeána Schrad.). Pflanze fruchtbar. In den östlichen Alpen (Tirol, Salzburg, Steiermark [selten: Hochgolling, Hochwildstelle], Kärnten) bald vereinzelt, bald in grosser Menge (z. B. Brenner). Von den zahlreichen Zwischenformen seien erwähnt: P. Hutéri Kern., P. Salisburgénsis Floerke, P. biflóra Huter, P. permixta Gusmus.

P. hirsuta All. × P. integrifolia L. (= P. Heérii Brügger). Schweiz (Graubünden, Tessin, Glarus, für Saas im Wallis wohl irrig angegeben); Oesterreich (Vorarlberg).

P. hirsuta All. × P. minima L. (= P. Steinii Obrist, = P. Bitékii Sünderm., = P. Forstéri Stein). Mehrere Formen bilden eine ganze Reihe von hirsuta zu minima, scheinen aber nicht fruchtbar zu sein. Oesterreich auf den Alpen südlich Innsbruck (Tirol).

P. hirsuta All. × P. viscosa All. (= P. Bernínae Kerner). Schweiz im Engadin; in Kultur.

P. integrifolia L. × P. viscosa All. (= P. Muretiána Moritzi (Fig. 2786). Schweiz im Engadin, Bernina, am Albula, Flüela, am Fimberjoch. Die Angaben für Tirolergebiet sind unrichtig.

P. minima L. × P. Oenensis Thomas (= P. alpigena Dalla Torre und Sarnth., = P. púmila Kern.). Oesterreich: Judikarien in Südtirol auf der Alpe Magiassone. Hierher auch P. Widmérae Pax.

P. minima L. × P. spectabilis Tratt. (= P. Facchínii Schott). Oesterreich: Judikarien in Südtirol (Cima del Frate, Magiassone usw.). Hierher sind auch zu stellen: P. Dumoulíni Stein, P. Fraténsis Gusmus, P. Fumána Gusm., P. Valbónae Gusm., P. várians Gusm., P. coronáta Porta, P. Floerkeána Facch., P. Maggiassónica Porta.

Fig. 2787. Primula veris Hds. × P. vulgaris Huds. (= P. brevistyla D. C.), im Unterwallis. Phot. Dr. H. Gams, Innsbruck.

P. minima L. × P. Tirolensis Schott (= P. Juribélla Sünderm.). Oesterreich am Monte Castellazzo bei Paneveggio in Südtirol; hier neben P. Juribella auch selten eine P. subminima × P. Tirolensis (= P. Schóttii Sünderm.).

P. minima L. × P. villosa Jacq. (= P. Stúrii Schott). Oesterreich in Steiermark sehr selten (Eisenhut, Sekkauer Zinken) und Kärnten (Falkert).

P. minima L. × P. Wulfeniana Schott (= P. Vochinénsis Gusm.). Oesterreich in Kärnten (Petzen, Knieps).

P. Oenensis Thom. × P. spectabilis Tratt. (= P. Judicariénsis Beyer). In Judikarien, 600 bis 700 m Meereshöhe, von Porta gesammelt und von Beyer im Herbarium erkannt (als Primula spectabilis etikettiert).

P. Oenensis Thomas × P. viscosa All. (= P. Kolbiána Widmer). Bergamaskeralpen (Italien).

P. Tirolensis Schott × P. Wulfeniana Schott (= P. Venzói Huter). Cimolais in den Venetianischen Alpen (Italien).

P. veris L. em. Huds. × P. vulgaris Huds. (= P. variábilis Goupil, = P. brevistýla DC.) (Fig. 2787). Unterscheidet sich von P. vulgaris durch entwickelten Schaft und kleinere dunklere Blüten mit etwas aufgebogenem Saum, heller gefärbten, blasig erweiterten Kelch, bis an die Spitze behaarte Kelchzipfel, von P. veris durch oft kürzeren, langbehaarten Schaft und langgestielte, grössere und heller gefärbte, weniger nickende Blüten, von P. elatior × P. veris durch kürzeren Schaft und grössere Blüten, von P. elatior × P. vulgaris durch kürzeren, aber ringsum behaarten Kelch und kürzere Kapseln. Der Bastard ist fruchtbar und erzeugt deshalb eine ganze Reihe von Zwischenformen (vgl. pag. 1727). Er ist viel weniger verbreitet als P. elatior × P. vulgaris, tritt aber gern da auf, wo sich beide Arten begegnen, also vor allem im Süden und Osten des Gebietes. Deutschland in Schleswig (z. B. Plön), Schlesien (kultiviert); Oesterreich in Nieder- und Oberösterreich, Südsteiermark, Vorarlberg, Nordtirol bei Thaur und häufiger in Südtirol; Schweiz im Tessin,

Unterwallis (bei St. Maurice sehr häufig), bei Sion, Genf, Waadt (am Genfersee und im Rhonetal), Neuenburg, Bern (Biel), Vierwaldstättersee, Linthebene (sehr zerstreut). Auch die verschiedenen Unterarten der beiden Arten kreuzen sich: P. veris subsp. canescens × P. vulgaris (= P. Austriaca Wettst.) in Niederösterreich und Steiermark (Graz); P. veris subsp. Columnae × P. vulgaris (= P. Ternoviána Kern.) die Mittelform, in der Schweiz am Genfersee und in Südösterreich bei Görz und als P. Tommasinii Godr. und Gren., von P. veris subsp. Columnae nur durch flache, schwefelgelbe Krone mit dottergelbem Schlundfleck verschieden, am Monte Maggiore in Istrien; P. veris subsp. genuina × P. vulgaris var. rubra (= P. Anglica Pax und P. tristis Pax) sind häufige rotblühende Gartenprimeln (vgl. pag. 1737); P. veris subsp. macrocalyx × P. vulgaris (= P. cupuláris Pax), Kottwitz bei Breslau in Schlesien kultiviert.

In Fig. 2788 sind die Primula-Arten zu natürlichen Gruppen zusammengestellt. Zur richtigen Wertung der Kreuzungsfähigkeit der einzelnen Arten und der Häufigkeit der Bastarde ist auch die Bastardierungsmöglichkeit, gegeben durch das Nebeneinanderwachsen der Arten zu berücksichtigen. So verdankt Primula minima die grosse Zahl der Bastarde, die sie bildet, nicht nur der Leichtigkeit, mit der sie eine Bastardverbindung eingeht, sondern auch ihrer weiten Verbreitung in den Ostalpen.

## DLXXII. Gregória[1]) Duby (= Arétia[2]) Gaud., = Douglásia[3]) Lindl.). Goldprimel.

Ausdauernde Pflanze von zwergig-rasigem Wuchs mit kugeligen Blattrosetten und 1-blütigen Sprossen. Kelch bis auf die Hälfte gespalten, glockenförmig. Krone gelb, trichterförmig, mit scharf abgesetzter, zylindrischer, den Kelch überragender Röhre; Kronschlund kaum zusammengezogen, mit 5 kurzen Schuppen. Antheren an der Kronröhre unterhalb des Schlundes angewachsen (Taf. 209, Fig. 9a), sitzend, an der Mitte der Rückenseite befestigt. Kapsel sich mit 5 Klappen von der Spitze bis zum Grunde öffnend, 2- bis 3-samig. Samen

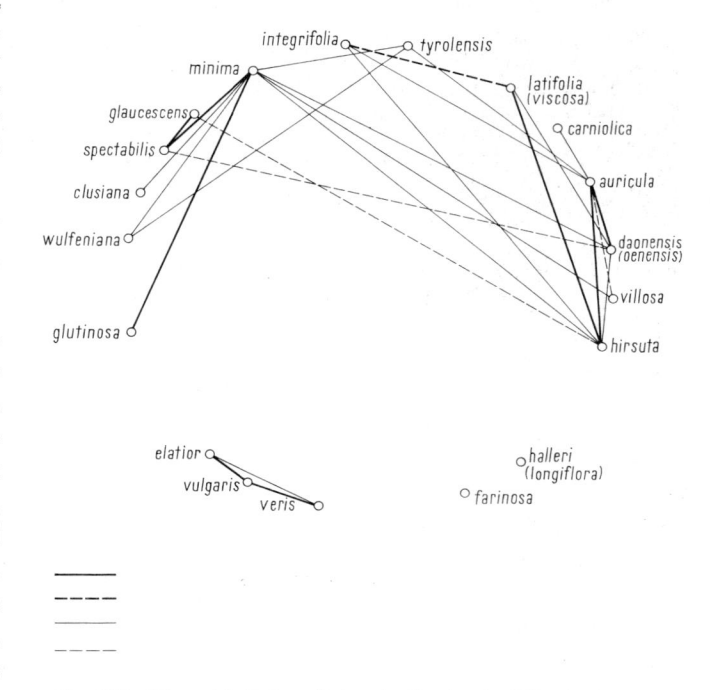

Fig. 2788. Die natürlichen Primula-Bastarde Mitteleuropas. ——— fruchtbare Bastarde, die nicht selten entstehen, wo die Elternarten zusammentreffen; — — — häufigere, weitgehend sterile Bastarde; ——— seltenere und seltene Bastarde; — — — zweifelhafte Bastarde.

länglich, auf dem Rücken schwach gewölbt, auf der Bauchseite mit stark vorspringender Kante.

Eine Art in den Gebirgen von Südwest- und Mitteleuropa. Pax und Knuth stellen sie zu dem nordamerikanischen Genus Douglásia Lindl. (5 Arten); doch besitzt unsere Pflanze wohl keine nähere Verwandtschaft mit Douglasia, sondern ist ein tertiärer Endemismus der europäischen Gebirge, der zwischen Primula und Androsace eine Mittelstellung einnimmt (vgl. auch Fr. Sündermann, Allgem. Botan. Zeitschr. 1916, pag. 58). Diels betrachtet sie als eine Bildung, die den oreophytischen Androsace-Arten parallel zu stellen sei, hervorgegangen aus der tertiären Tiefenflora des mittleren oder südwestlichen Europa (borealer Zweig des arktotertiären Stammes der Alpenflora).

**2179. Gregoria Vitaliána**[4]) Duby (= Douglásia Vitaliana [L.] Pax, = Arétia Vitaliana Lodd., = Primula Vitaliana L., = Primula sedifólia Salisb., = Andrósace Vitaliana Rchb., = An-

---

[1]) Nach J. Grégoire, einem französischen Botaniker des 17. Jahrhunderts.

[2]) Nach Benedikt Marti, genannt Aretius, geboren 1505 in Aarwangen (Kanton Bern), Professor der Sprachen und Theologie in Bern, einem der ersten Alpenwanderer.

[3]) Nach David Douglas, geboren 1799 bei Perth in Schottland, machte als Botaniker grosse Reisen durch Nordamerika und starb 1834 auf Hawai.

[4]) Nach dem im 17. Jahrhundert lebenden Botaniker Anton Vitalianus (nach Wittstein).

drosace lútea Lam., = Macrotýbus luteus Dulac, = Vitaliana primuloídes Car., = Vitaliana primuláeflora Bertol.). Vital's Goldprimel, Schlüsselspeik. Taf. 209, Fig. 9; Fig. 2789 und 2790.

Ausdauernd. Wuchs niedrig, lockerrasig. Grundachse mehrköpfig mit niederliegenden, im unteren Teil rotbraunen und blattarmen Zweigen. Stämmchen, Blütenstiele, Blattrand und Kelch mit kleinen, angedrückten Sternhaaren bedeckt; Blattflächen (bes. Oberseite) beinahe kahl. Laubblätter 5 mm lang, linealisch, ganzrandig, spitz oder spitzlich, sitzend, in übereinanderliegenden, $^1/_2$ bis $1^1/_2$ cm entfernt stehenden Rosetten meist dicht dachziegelig gestellt. Blüten zu 1 bis 5 an der Spitze der obersten Rosetten, scheinbar endständig, auf 1=blütigen, in den Achseln der obersten Rosettenblätter stehenden Blütenstielen. Blütenstiel 2 bis 4 mm lang, kürzer als die Laubblätter. Kelch röhrig=glockenförmig, 6 mm lang, ± kantig, bis zur Mitte geteilt mit linealisch=lanzettlichen, knorpelspitzigen Zipfeln. Krone gelb, beim Trocknen oft grünlich oder bläulich werdend; Kronröhre $1^1/_2$ bis $2^1/_2$=mal so lang als der Kelch; Kronzipfel eiförmig=lanzettlich, stumpf. Kapsel länglich=kugelig, kürzer als der Kelch. Samen $2 \times 1$ mm gross, schwarz. — V bis VII.

Fig. 2789. Androsace vitaliana (L.) Lapeyr. (= Vitaliana primuliflora Bertol.). (Gregoria Vitaliana Duby), Schlern, Dolomiten. Phot. W. Schacht, München.

In niederen Rasen der alpinen Stufe, besonders auf steinigem, kalkarmem, zur Blütezeit wasserdurchtränktem Boden, doch auch am Fels.

Fehlt in Deutschland. — In Oesterreich nur in Südtirol: häufig im Schlerngebiet (bis 2500 m) und im Fassatal (meist auf Porphyr), im Val Sugana, im Buchenstein und bei Ampezzo (selten), am Monte Bondone, Castel Camosci bei Stenico (2200 m), Tonalepass; auf der Raxalpe (Niederösterreich) aus dem Alpengarten beim Habsburgerhaus massenhaft verwildert. — Schweiz: Hauptverbreitung in den Penninischen Alpen des Wallis vom Matterhorn bis zum Ritterpass, meist häufig (1700 bis 3100 m), ferner am Südhang der Gemmi (Torrenthorn); im Tessin am Pianascio bei Fusio (1800 bis 1900 m) auf kalkhaltigen Schiefern und am Campolungopass; die Angabe vom Piz Aul in Graubünden hat sich nicht bestätigt.

Allgemeine Verbreitung (Fig. 2790): Endemische Art der südwesteuropäischen Hochgebirge: Spanien (Sierra Nevada, Javalambre), Pyrenäen, Westalpen vom Mont Ventoux und den Seealpen bis zum Kanton Tessin, Südtirol. Für die Bergamaskeralpen sehr zweifelhaft. Die Angabe vom Monte Pellegrino bei Cividale (Friaul) von Sesler 1750 konnte nicht bestätigt werden (M. Gortani in litt.); Abruzzen.

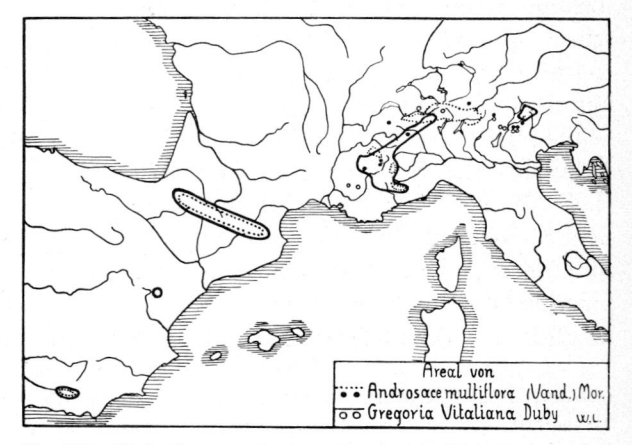

Fig. 2790. Verbreitungsareale von Gregoria Vitaliana Duby und Androsace multiflora (Vand.) Mor. Original von Dr. W. Lüdi, Bern.

Die natürlichen Standorte der Pflanze sind im Winter schneebedeckt und zur Blütezeit vom Schmelzwasser getränkt. Sie lebt auf dem blossen Schutt und (häufiger) im Rasen, meist auf kalkarmem Boden, ohne jedoch einen geringen Kalkgehalt zu scheuen. Am Bindelweg in den zentralen Dolomiten fand Lüdi Gregoria auf Augitporphyrfels in 2400 m Höhe in Südwest=Exposition zusammen mit Agrostis tenella (Zwergform) und A. alpina, Festuca pumila, Lloydia serotina, Minuartia recurva und M. verna, Cerastium strictum, Arenaria ciliata, Draba dubia, Sedum alpestre und S. roseum, Sempervivum arachnoideum, Saxifraga

Aizoon und S. moschata, Primula minima, Eritrichium nanum, Phyteuma hemisphaericum, Campanula Scheuchzeri, Erigeron uniflorus, Antennaria Carpatica, Senecio Carniolicus. Hier war Gregoria in dünnen, verlängerten Stämmchen mit wenigen Rosetten entwickelt. An günstigen Standorten bildet sie dichte Rasen, wie am Gebidem bei Visp im Wallis, 2150 m, wo sie auf kalkarmem Schutt vergesellschaftet war (nach L ü d i) mit Poa alpina, Festuca violacea, Luzula lutea, Ranunculus Pyrenaeus, Minuartia recurva, Draba aizoides, Cardamine resedifolia, Sempervivum montanum, Saxifraga moschata, Trifolium alpinum und T. pallescens, Viola rupestris und V. calcarata, Polygala alpestre, Androsace carnea, Gentiana brachyphylla, Thymus Serpyllum, Veronica bellidioides, Senecio incanus, Taraxacum alpinum, Hieracium Pilosella. Hier war Gregoria am 12. Juni in schönster Blüte in dem vom Schneewasser getränkten Boden; die Zusammensetzung der Vegetation liess aber voraussehen, dass der feuchte, blumige Frühling von einem trockenen Sommer gefolgt sein wird.

Gregoria Vitaliana ist eine Falterblume mit heterostylem Blütenbau wie Primula. Die Samen haben zur Keimung unbedingt eine langandauernde Frostwirkung notwendig. Bei Lichtbehandlung keimten K i n z e l erst nach 5 bis 6 Jahren $^1/_{10}$ bis $^1/_5$ der Samen. Dagegen halten sie sich im feuchten Keimbett jahrelang frisch, während sie getrocknet die Keimkraft ziemlich rasch verlieren. Die Art befindet sich in mehreren Formen (f. S e s l é r i Bus., Südtirol; f. p r a e t u t i á n a Bus., Abruzzen; f. c i n é r e a Sündermann, Seealpen) in Kultur. — Die Erneuerungstriebe sprossen schon zur Blütezeit aus der Spitze der blühenden Blattrosette, selten auch aus seitlichen Blattachseln. Sie sind im unteren Teile wenig beblättert, endigen mit der Blattrosette, aus deren obersten Blattachseln im nächsten Frühling Blüten und neue Triebe entstehen und drängen die reifenden Früchtchen rasch zur Seite. Je nach der Länge der blattarmen Sprossstücke wird der Wuchs lockerer oder dichter rasig. „Horstflachkissen" (H a u r i und S c h r ö t e r). Die primäre Wurzel bleibt als tiefgehende Pfahlwurzel lange bestehen; dazu kommen Adventivwurzeln aus den älteren, mehrjährigen Stämmchenstücken.

## DLXXIII. **Andrósace**[1]) L. Mannsschild.

Ausdauernde oder 1=jährige Kräuter, oft mit verzweigter Grundachse oder mit verkürzten Sprossen und ± dichte Rasen und Polster bildend. Laubblätter meist alle grundständig, in Rosetten. Blüten einzeln oder in Dolden, am Grunde der Blütenstiele mit Hüllblättern. Kelch bis zur Hälfte oder bis auf $^1/_3$ geteilt, glockenförmig oder beinahe kugelig. Krone stieltellerförmig oder trichterförmig; Röhre kurz, oft bauchig erweitert, meist kürzer als der Kelch (Fig. 2725); Kronschlund verengt, durch einen Ring oder durch kurze Schuppen verschlossen. Staubblätter in der Kronröhre eingeschlossen; Staubfäden sehr kurz; Staubbeutel stumpf. Samenanlagen wenig zahlreich, auf meist gestielter Plazenta. Griffel kurz, nicht länger als die Kronröhre. Kapsel kugelig, von der Spitze bis gegen den Grund mit 5 Klappen aufspringend. Samen von wechselnder Grösse, oft wenige und sehr gross, nie zahlreich, etwas flachgedrückt, eiförmig bis rechteckig, Rücken schwach gewölbt, Bauchseite mit ± vor= springender Kante.

Die Gattung umfasst gegen 100 Arten, die sich auf 4 Sektionen verteilen: 1. P s e u d o p r i m u l a Pax (zirka 20 Arten) mit grossen, langgestielten Laubblättern und doldigen Blüten. Die Pflanzen erwecken den Eindruck kleiner Primeln und leben sämtlich im mittleren und östlichen Asien, besonders in Westchina und im Himalayagebiet. 2. C h a m a e j á s m e Koch (zirka 30 Arten). Rasige Formen mit schmalen Laubblättern und doldigen Blüten. Die meisten Arten im östlichen Asien, 1 auf dem Balkan, 3 in den mitteleuropäischen Gebirgen (Pyrenäen bis Karpaten), 1 im arktischen Nordamerika, 2 weitverbreitet in der nördlichen Halbkugel. 3. A r é t i a (L.) Duby (zirka 30 Arten). Pflanzen von dichtrasigem oder polsterförmigem Wuchs. Laubblätter klein und schmal. Blüten einzelstehend, ohne Hüllblätter. Etwa die Hälfte der Arten im mittleren Ostasien, 3 im arktischen Ostsibirien, 1 in Vorderasien, 6 in den Alpen, 1 den Alpen und Pyrenäen gemeinsam, 1 in der Sierra Nevada, in den Pyrenäen und Alpen, 4 in den Pyrenäen, 1 in den Abruzzen. 4. A n d r á s p i s (Duby) Koch (zirka 20 Arten). Einjährige Pflanzen mit schmäleren oder breiteren Laubblättern und doldigen Blüten. 2 Arten in China und Himalaya, 1 in Sibirien, 5 in Vorderasien, 1 in den Westalpen, 5 in Nordamerika, 3 in Eurasien, 1 Eurasien und Nordamerika gemeinsam. Als Ursprungsherd für die ganze Gattung hat wohl Ostasien zu gelten (Pseudoprimula). Von der weitverbreiteten Sektion Chamaejasme lassen sich Aretia und Andraspis ableiten, die erstere als Anpassung an hochalpine Standorte, die letztere als Anpassung an Gebiete mit trockenen

---

[1]) $\dot{α}νδρόσακες$ [andrósakes] bei D i o s k u r i d e s (Mat. med. 3, 133), Name einer in Syrien am Meere wachsenden Pflanze, die nicht zu identifizieren ist. Die Bezeichnung anscheinend von $\dot{α}νήρ$ [anér] = Mann und $σάκος$ [sákos] = Schild.

Sommern (vgl. pag. 1734/35). Androsace maxima, A. septentrionalis und A. elongata aus der Sektion Andraspis sind vermutlich schon früh von Osten her in Mitteleuropa eingewandert (siehe A. maxima, pag. 1812). Unsere übrigen Arten sind Oreophyten tertiärer Entstehung (arkto-tertiärer Stamm der Alpenflora). Aus der Sektion Chamaejasme sind Androsace Chamaejasme und A. villosa nach ihrer Verbreitung zum arktisch-altaischen Element zu zählen mit Beziehungen zu Oreophyten Ostasiens und dürften gleichfalls von Osten her in die Alpen, vielleicht schon im Tertiär, jedenfalls aber vor der letzten Eiszeit, eingewandert sein. Die weiteren 3 Arten dieser Sektion (A. obtusifolia, A. carnea und A. lactea) sind auf die Alpen und Pyrenäen beschränkt. Immerhin lässt sich ihre Entstehung kaum aus A. Chamaejasme oder A. villosa annehmen; wir werden wohl ihre unbekannten Vorfahren in der Flora des jüngeren Tertiärs zu suchen haben. Heute leben ihre nächsten Verwandten in Zentral- und Ostasien; von A. carnea kommt eine nahe verwandte Art im Balkan vor (pag. 1808). Die meisten Neubildungen unter unseren Arten aus dieser Sektion sind für das Alpengebiet endemisch, z. T. zeigen sie Ausstrahlungen in die Pyrenäen, wo ebenfalls eine endemische Formbildung stattgefunden hat (4 nahe verwandte Arten) und bis in die Sierra Nevada. Einzelne Arten sind wohl als Neu-Endemismen zu betrachten, durch Mutation aus A. alpina hervorgegangen (pag. 1801). Diels weist darauf hin, dass bei Androsace in allen Gebirgen

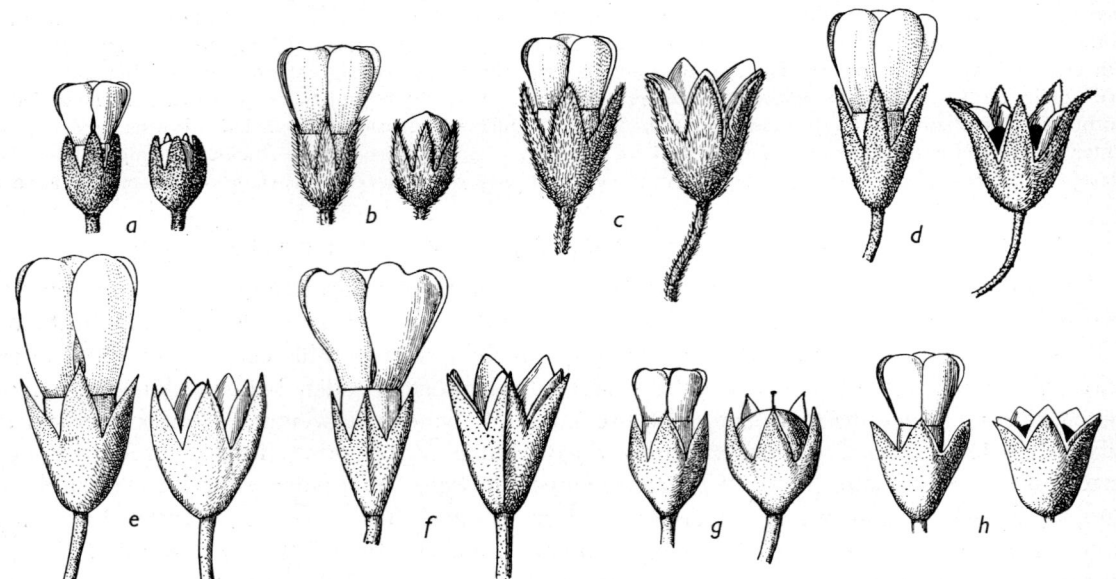

Fig. 2791. Blüten- und Fruchtformen bei den Androsace-Arten der Untergattung Aretia. *a* Androsace multiflora (Vand.) Moretti, *b* A. Helvetica (L.) Gaud., *c* A. pubescens DC., *d* A. alpina (L.) Lam., *e* A. brevis (Hegetschw.) Ces., *f* A. Wulfeniana Sieber. *g* A. Hausmannii Leyb., *h* A. Tirolensis F. Wettst. (Fig. *h* nach F. Wettstein, die übrigen Originalzeichnungen von W. Lüdi. Alle 5-mal vergrössert).

von Ostasien bis zu den Pyrenäen eine grosse Neigung zur Erzeugung extremer Oreophyten vorhanden ist (Aretia-Typus); hierher ist auch die Gattung Dionýsia zu rechnen. Manchmal ist noch die Verbindung solcher Hochgebirgsformen mit den Stammarten erhalten geblieben. Insbesondere zeigt die plastische Sektion Chamaejasme deutlich den Vorgang, der in der Vorzeit zur Bildung obligater Oreophyten führte, in der heutigen Flora durch die Ausbildung von lokalen Hochgebirgsendemismen (in den Alpen z. B. Androsace obtusifolia var. aretioides Gaud.).

Die Blüten der Androsace-Arten sind homogam oder etwas proterandrisch mit schwacher, bei ungünstiger Witterung gänzlich ausbleibender Honigabsonderung auf der Oberfläche des Fruchtknotens. Nach den Untersuchungen von R. Stäger (Beihefte zum Botan. Zentralblatt. Bd. 31, II, 1914) sind bei Androsace Helvetica die Blüten ausgesprochen proterogyn, ausserdem sind die Antheren anfänglich von den Narben auch in horizontaler Richtung entfernt. Später erfolgt Autogamie. Androsace alpina aus höheren Lagen (Rohrbachhaus in den Berneralpen 2900 m) erwies sich nach dem gleichen Autor als homogam, aus tieferer Lage (Furka, 2400 m) als proterogyn. Und zwar treten in der jungen Blüte die karminroten Narben etwa $1/2$ mm weit vor; später wachsen die Filamente weiter, so dass schliesslich die Antheren um ihre halbe Länge die Narben überragen. Dadurch ergibt sich eine scheinbare Heterostylie; in Wirklichkeit sind aber die Griffel stets zirka 1 mm lang. Gegen Ende der Blütezeit oder bei schlechtem Wetter berühren die Antheren die Narbe direkt. Bei gutem Wetter wird reichlich Nektar abgesondert. K. Amberg gibt vom Pilatus für Androsace Helvetica an, dass die Blüten bei sonnigem Wetter einen intensiven Honigduft aussenden. Nach R. Stäger duften die blühenden Polster sehr fein nach Wintergrünöl (Gaultheria procumbens). Die Blüten der Androsace-Arten sind aufgerichtet; immerhin kann der Regen wegen des engen Kronschlundes, der durch Kontrastfärbung sich deutlich abhebt, nach der Bestäubung sich aber verfärbt und der als Saftmal gedeutet wird, nicht ins Innere der Blüte gelangen. Als Bestäuber kommen Fliegen, seltener auch Falter in Betracht. Doch tritt bei mangelnder Fremdbestäubung leicht Selbstbestäubung ein. Die Aussaat der Samen geschieht meist durch den Wind, was besonders schön bei Androsace Helvetica, einer hochalpinen Polsterpflanze der Kalkfelsspalten, zu beobachten ist (vgl. R. Stäger, Mitt. Naturf. Gesellschaft Bern 1913). Die reifen Kapseln ragen hier kaum über die Polsterfläche vor. Die Oeffnungszähne sind hygroskopisch; bei feuchtem Wetter bleibt die Kapsel geschlossen, während die Zähne sich bei trockenem Wetter sternförmig zurückschlagen, so dass der über den Fels wegtreibende Wind die Samen ausschüttelt und sie in andere Felsspalten führt, wo sie dann keimen können (Winter und früher Frühling). Nach Beginn der Vegetationsperiode wird die Kapsel von dem weiter wachsenden Stämmchen zur Seite gestossen und überwachsen. Allfällig nicht ausgestreute Samen haben keine Aussicht zur Weiterentwicklung mehr und verlieren die Keimfähigkeit rasch. Im Innern eines grösseren Polsters findet man mehrere Schichten von Samenkapseln, die nach und nach in Humus übergehen. Pflanzen, die im Windschatten leben, haben keine Möglichkeit zur Samenverbreitung. Die Keimung der Samen wird bei allen Arten der Sektionen Chamaejasme und Aretia, soweit diese

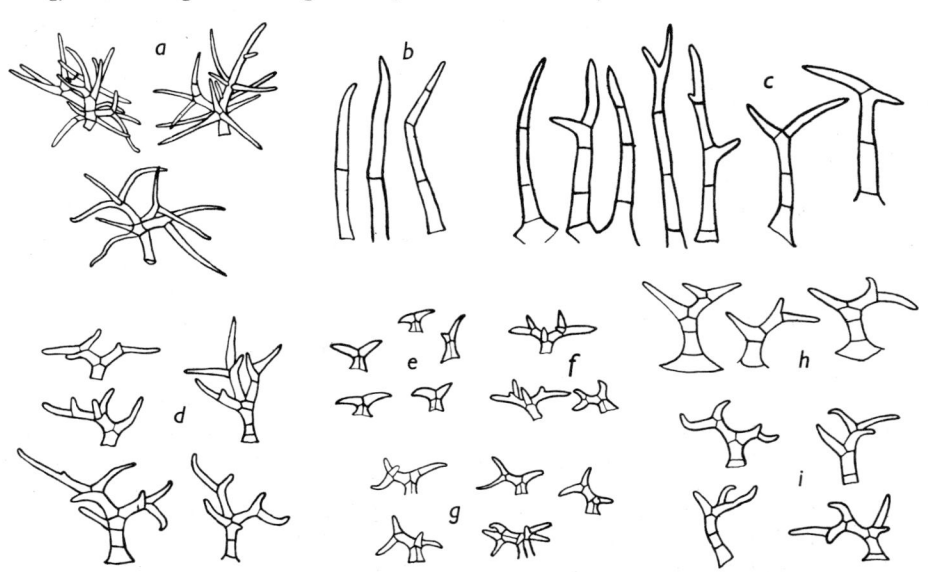

Fig. 2792. Haarbildungen der Androsace-Arten der Untergattung Aretia. *a* Androsace multiflora (Vand.) Moretti, *b* A. Helvetia (L.) Gaud., *c* A. pubescens DC., *d* A. alpina (L.) Lam., *e*, *f* A. brevis (Hegetschw.) Ces., *g* A. Wulfeniana Sieb., *h* A. Hausmannii Leyb., *i* A. Tirolensis F. Wettst. *f* Haare des Blütenstiels, die übrigen Haare der Laubblätter. Vergrösserung 90-fach. Alle Originalzeichnungen von W. Lüdi. A. brevis ist die einzige Art, bei der die Haare der Laubblätter und Blütenstiele wesentlich verschieden sind. Ausserdem finden sich kugelige Drüsenhaare mit sehr kurzem, einzelligem Stiel.

untersucht worden sind, durch Frostbehandlung beschleunigt; bei den hochalpinen Arten ist letztere beinahe unentbehrlich und kann durch Lichteinwirkung bei weitem nicht ersetzt werden. Ueber die Wuchsformen vgl. pag. 1717, sowie A. alpina und A. Chamaejasme. Die hochalpinen Polstermannsschilde erzeugen in ihrem Innern beträchtliche Mengen von schwarzem Rohhumus und dienen dann oft anderen Pflanzen, namentlich Gräsern, als Keimbett. Der Polsterwuchs ist eine Anpassung an ungünstige Lebensverhältnisse. Er ermöglicht der Pflanze eine gute Ausnützung der vom Boden ausgestrahlten Wärme, eine Herabsetzung der Verdunstung, sowie eine oberflächliche Speicherung von Wasser. M. Oettli stellte bei Androsace Helvetica folgende Wasserspeicherungskapazität fest:

| | | | |
|---|---|---|---|
| lufttrocken wog ein Exemplar | 48,4 gr | am nächsten Tage | 120,9 gr |
| mit Wasser vollgesaugt | 124,7 „ | davon enthielt das Innere (der „Schwamm") allein | 91,2 „ |

Es dient also besonders das humusreiche Innere als Wasserspeicher. Obschon zwar die tiefgehende Bewurzelung dieser Spaltenpflanzen die Möglichkeit einer guten Wasserversorgung aus den stets feuchten Spaltentiefen mit sich bringt, so kann bei intensiver Sonnenstrahlung und bei trockenem Wind die oberflächliche Wasserspeicherung doch recht vorteilhaft sein, namentlich im Winter und Frühling, wenn die Spalten bis tief hinein zugefroren sind, die starke Besonnung aber das Polster aufzutauen vermag. Unter solchen Bedingungen wird die Vertrocknungsgefahr verringert, und die Pflanzen der Sonnlage können das ganze Jahr hindurch assimilieren. Für Schattenseiten fällt allerdings der ganze Besonnungseffekt weg. Und in tiefern Lagen, die eine genügende sommerliche Vegetationsperiode darbieten, sucht gerade Androsace Helvetica meist schattige Wände auf. Die Schädigung durch die mechanische Kraft des Windes lässt sich an diesen Polstern besonders gut beobachten, indem sie auf der Windseite angeschliffen werden und absterben, während sie auf der windgeschützten Seite weiterwachsen. Wahrscheinlich spielt bei dem Absterben auf der Windseite auch die physiologische Windwirkung (Austrocknung) eine Rolle. Manche Forscher nehmen an, dass erst die durch Austrocknung abgestorbenen Gewebe angeschliffen werden können. Die Winterblätter der alpinen Androsace-Arten sind typische Reservestoffbehälter, die im Winter beinahe ganz mit Reservestärke angefüllt sind. Bei Beginn der neuen Vegetationsperiode findet die Stärke Verwendung und wandert rasch aus. Der anatomische Bau der Winterblätter ist xerophytischer als bei den Sommerblättern (dickere Epidermis, kräftigere Kutikula, dichter, meist verklebter Haarüberzug, Palisadenparenchym auf beiden Blattseiten). (Nach W. Lange. Die Winterblätter von Pinguicula und Androsace, Kiel 1913). Vgl. Blattbau pag. 1720. Die Blütenknospen sind bei den polsterbildenden Arten im Winter schon weit vorgebildet.

Einzelne Androsace-Arten eignen sich zur Kultur im Freien. Sie gedeihen in lockerem, lehmig-sandigem Erdreich, dem man mit Vorteil etwas klein zerschnittenes Sphagnum und Moorerde beimischt. Die meisten Arten wünschen einen etwas geschützten Standort (zwischen Steinen, in Ritzen oder Spalten) oder wenigstens eine leichte Bedeckung über Winter. Besonders empfehlenswert sind Androsace carnea (insbesonders var. Halleri und var. Laggeri), A. Chamaejasme und A. lactea (gedeiht leicht) von unsern einheimischen Arten, sowie A. lanuginósa Wall. (sonniger, freier Standort; wird z. B. im Stubaital, Tirol auf Gräbern kultiviert), A. sarmentósa Wall. mit var. Chumbýi hort. (halbschattig), A. sempervivoídes Jacquem und A. foliósa Duby aus den Hochgebirgen des Himalaya. Androsace lactea wird auch zur Topfkultur sehr empfohlen. (Aussaat in kräftiger Erde im Frühling, Dünggüsse; im folgenden Frühling Blühen). — Androsace sarmentosa Wall. und A. lactiflóra Pallas, letztere Art aus dem südlichen Sibirien stammend, wurden in Mannheim adventiv auf Schutt aufgefunden. A. lactiflora verwildert in Botan. Gärten leicht. — Auf Androsace-Arten sind die folgenden parasitären Pilze beobachtet worden: Uredineae: Puccínia Dúbyi Müller-Arg., Teleuto auf Androsace alpina (Walliseralpen, Schilthorn im Berner Oberland), A. obtusifolia (Walliseralpen, Albula in Graubünden, Rofanspitze in Tirol), A. lactea (Schweizerjura auf dem Chasseral), stets sehr spärlich; Puccínia Volkartiána Ed. Fischer, Teleuto auf Androsace Chamaejasme (Wäggital im Kanton Schwyz); Oomycetes: Peronóspora Andrósaces Niessl. auf Androsace elongata (Niederösterreich), Peronóspora agrórum Gäum. auf A. septentrionalis (Schweden; ob im Gebiet?). Chytridiaceae: Synchýtrium Saxifragae W. Rytz auf Androsace Chamaejasme in den Alpen. Ferner (nach Oudemans) Ascomycetes: Leptosphaería Hausmanniána Auersw. (A. sp.), Pyrenóphora Andrósaces Sacc. (A. Helvetica, A. Chamaejasme), P. Chrysóspora Sacc. (A. obtusifolia), P. Helvética Sacc. (A. Chamaejasme), Sphaerélla Prímula Wint. (A. sp.), S. Arétiae (v. Höhn.) Sacc. et Trott. (A. alpina), S. midzurénsis (Bub.) Sacc. et Trott. (A. carnea), Didymélla Chamaejásmes Berl. et Vogl. (A. Chamaejasme), Pleóspora Crandálli Ell. et Ev. (A. Chamaejasme); Deuteromycetes: Rhabdóspora midzurénsis Bub. et Ran., Cryptospórium Andrósaces Rostr. (A. septentrionalis).

1. Pflanzen 1-jährig, nichtblühende Rosetten fehlend. Laubblätter deutlich gestielt . . . . . 14.
1*. Pflanzen ausdauernd, meist rasenbildend mit nichtblühenden Rosetten. Laubblätter ungestielt . 2.
2. Blüten auf längerem oder kürzerem Schaft in Dolden stehend, aus der Achsel von Hüllblättern entspringend. Laubblätter meist 1 cm lang oder länger . . . . . . . . . . . . . . . . 10.
2*. Blüten einzeln, kurzgestielt oder sitzend, aus der Achsel von Rosettenblättern entspringend. Laubblätter selten über 7 mm lang. Alpenpflanzen . . . . . . . . . . . . . . . . . 3.
3. Haare einfach oder an der Spitze gabelig, $^1/_5$ bis $^2/_5$ mm lang, dicht stehend. Blüten weiss . 4.
3*. Haare sternförmig verzweigt oder wenn gabelig sehr kurz ($^1/_{30}$ bis $^1/_{20}$ mm lang). Blüten meist rot 5.
4. Pflanze graulich-schimmernde, kompakte Kugelpolster bildend. Stämmchen walzlich. Laubblätter 3 mm lang. Blüten sitzend. Haare nach rückwärts abstehend, stets ungeteilt (Fig. 2792 b). Hauptsächlich in den nördlichen Kalkalpen . . . . . . . . . . . . . . . . . . A. Helvetica nr. 2181.
4.* Pflanze lockere, flache Polster bildend. Stämmchen keulig. Laubblätter 7 mm lang. Blüten mit deutlichem Blütenstiel (doch die Laubblätter nicht überragend). Haare abstehend, an der Spitze oft gabelig (Fig. 2792 c). Westalpen . . . . . . . . . . . . . . . . . . . . . A. pubescens nr. 2182.
5. Pflanze meist sehr dichte, weissschimmernde Polster bildend. Stämmchen walzlich. Sternhaare $^1/_5$ mm lang, mit zahlreichen, langen, verflochtenen Aesten, einen dichten Filz bildend (Fig. 2792 a). Westliche Zentralalpen und Südtirol . . . . . . . . . . . . . . . . . . . . . . A. multiflora nr. 2180.
5*. Pflanzen meist lockere Polster bildend, mit keuligen Stämmchen. Sternhaare $^1/_{30}$ bis $^1/_{10}$ mm lang, wenig verzweigt, mit kurzen, starren Aesten, einen lockeren Flaum bildend . . . . . . . . . . . . 6.
6. Stämmchen wenigköpfig, unten nackt, verholzt, kein eigentliches Polster bildend. Laubblätter 5 bis 10 mm lang, lanzettlich. Blüten klein. Krone von 3 bis 4 mm Durchmesser, weisslich. Dolomiten . A. Hausmannii nr. 2185.
6*. Stämmchen vielköpfig, Polster bildend. Laubblätter nicht über 5 mm lang, gegen den Grund zu wenig verschmälert. Blüten grösser, rot . . . . . . . . . . . . . . . . . . . . . . 7.

7. Polster meist klein und niedrig. Blüten gewöhnlich ziemlich lang gestielt (2 mal Kelchlänge und mehr), aus dem Polster hervortretend, ziemlich gross (Krone 5 bis 8 mm breit) . . . . . . . . . . . . . 8.

7*. Polster meist grösser. Blüten kürzer gestielt (1 mal Kelchlänge) oder sitzend, wenn aus dem Polster vortretend, kleiner (Krone bis 5 mm Durchmesser) . . . . . . . . . . . . . . . . . . . . . . . . 9.

8. Kelch bis zur Mitte geteilt, ziemlich weit glockig. Kronröhre kürzer als die Kelchzipfel. Krone hellrot. Insubrische Alpen . . . . . . . . . . . . . . . . . . . . . . . . . . . . . A. brevis nr. 2184.

8*. Kelch nicht bis zur Mitte geteilt, schlank, Zipfel leicht gekielt. Kronröhre so lang wie die Kelchzipfel. Krone dunkelrosa. Norische Alpen . . . . . . . . . . . . . . . A. Wulfeniana nr. 2185.

9. Blütenstiele ungefähr so lang wie der Kelch. Kelch bis über die Mitte geteilt, mit schmalen Zipfeln, ziemlich stark behaart. Kapsel viel kürzer als der Kelch. Zentralalpen . . . . . . . A. alpina nr. 2186.

9*. Blüten beinahe sitzend. Kelch auf weniger als die Mitte geteilt, mit eiförmig=3=eckigen Zipfeln, schwach flaumig. Kapsel beinahe so lang wie der Kelch. Gschnitztal in Tirol . A. Tirolensis nr. 2187.

10. Behaarung von langen, einfachen, mit kurzen Stieldrüsen untermischten Haaren zottig . . 11.

10*. Pflanze kahl oder von kurzen Sternhaaren flaumig, ohne Stieldrüsen . . . . . . . . 12.

11. Pflanze lockerrasig. Laubblätter in flach ausgebreiteten Rosetten, auf der Fläche kahl. Nördliche Kalkalpen . . . . . . . . . . . . . . . . . . . . . . . . . . . . . . . . A. Chamaejasme nr. 2188.

11*. Pflanze dichtrasig. Laubblätter in halbkugeligen Rosetten, auch auf der Unterseite langbehaart. Kalkalpen und Südjura sehr zerstreut . . . . . . . . . . . . . . . . . . . . . . . . A. villosa nr. 2189.

12. Ganze Pflanze kahl (nur an den Blattspitzen einige Wimpern). Rasen locker. Blütenstiele meist sehr verlängert. Kalkalpen und Jura . . . . . . . . . . . . . . . . . . . . . . . . . A. lactea nr. 2192.

12*. Pflanzen von Sternhaaren flaumig . . . . . . . . . . . . . . . . . . . . . . . . 13.

13. Blattrosetten einzeln oder in lockeren Rasen. Blütenschäfte zu mehreren. Laubblätter lanzettlich, über der Mitte am breitesten. Zentralalpen . . . . . . . . . . . . . . A. obtusifolia nr. 2190.

13*. Pflanze ± dichtrasig. Blütenschäfte meist einzeln. Laubblätter linealisch oder vom Grunde an verschmälert. Krone rosa. Pennin. Alpen u. Vogesen. A. carnea nr. 2191.

14. Hüllblätter gross, laubblattartig, so lang oder länger als die Blütenstiele. Stengel bis zu den Kelchspitzen von einfachen Haaren weichhaarig zottig . . . A. maxima nr. 2193.

14*. Hüllblätter mehrfach kürzer als die Blütenstiele. Stengel bis zum Kelch von feinen Sternhärchen flaumig . . 15.

15. Blütenschaft 2 bis 5 cm lang, schwach. Dolden locker. Kelch beinahe bis zur Mitte geteilt, mit spitzen, schmalen Zähnen. Krone kürzer als der Kelch. Kapsel kürzer als der Kelch .
. . . . . . . . . . . . . . . A. elongata nr. 2194.

15*. Blütenschaft (meist) 5 bis 15 cm lang, kräftig. Dolden dicht. Kelch bis auf ein Drittel geteilt mit breit=3=eckigen Zähnen. Krone den Kelch überragend. Kapsel länger als der Kelch .
. . . . . . . . . . . . . . A. septentrionalis nr. 2195.

**2180. Androsace multiflóra** (Vand.) Moretti (= A. imbricáta Lam., = A. septentrionális L., = A. Vandéllii Chiov., = Aretia[1]) multiflóra Vand., = Aretia Vandélli Turr., = Arétia argéntea Gaertn., = Arétia tomentósa Schl.). **Vielblütiger Mannsschild.** Fig. 2793, 2790, 2791 a und 2792 a.

Ausdauernd, mit Pfahlwurzel. Wuchs niedrig, dicht polsterförmig. Sprosse säulenförmig, bis zum Grunde beblättert. Ganze Pflanze silberglänzend=weissfilzig; Haare zirka $^1/_5$ mm lang, sternförmig verzweigt, mit zahlreichen, dünnen und langen, verflochtenen Aesten. Laubblätter 3 bis 6 mm lang, zirka 1 mm breit, linealisch oder schmalspatelförmig, stumpf, in dichter, dachziegeliger Deckung die Sprosse einhüllend. Blüten an der Spitze der Stämmchen, meist einzeln, beinahe sitzend. Kelch 2 bis 3 mm lang, bis zur Hälfte ein=

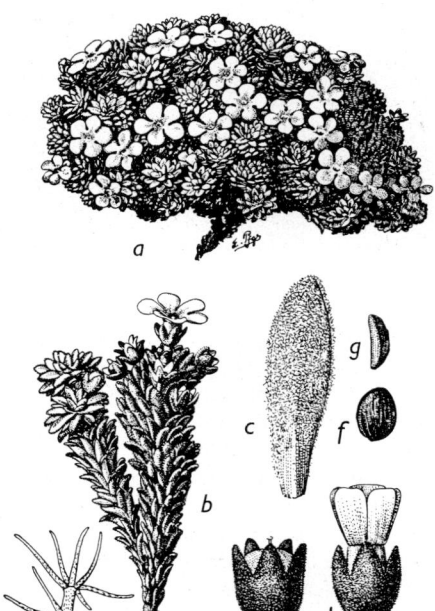

Fig. 2793. Androsace multiflora (Vand.) Moretti. *a* Habitus. *b* Sprossstück. *c* Laubblatt (vergrössert). *d* Blüte. *e* Fruchtkelch. *f, g* Samen (links unten ein Haar vergrössert).

[1]) Vgl. Fussn. 2, pag. 1787.

geschnitten, mit schmalen, stumpflichen Zipfeln. Krone weiss, mit gelbem, getrocknet rotem Schlund; Kronröhre etwas kürzer als die Kelchzipfel; Kronsaum flach, von 4 mm Durchmesser, mit rundlich=verkehrtherzförmigen Lappen. Kapsel wenig kürzer als der Kelch; Klappen etwas länger. Samen beinahe kreisrund, bisweilen etwas gestreckt, kaum zusammengedrückt, Rücken stark gewölbt, Bauch mit deutlicher Kante, schwarzbraun, $1,5 \times 1$ mm gross. — VII.

Auf kalkarmem Fels der alpinen Stufe, von 2000 bis 3000 (bis 3150) m, selten tiefer (im südlichen Tessin bis 950 m hinabsteigend).

Fehlt in Deutschland. — In Oesterreich einzig in Südtirol: Tonale, Fleims und Primör auf Porphyr; Val Sugana (Tesino, Montalone) auf Granit und Porphyr. — In der Schweiz verbreitet und z. T. häufig in den südlichen Zentralalpen: Graubünden nur vereinzelt im Süden: Misox, Bergell, Puschlav (Sassalbo), oberstes Oberengadin und 1 isolierter nördlicher Vorposten im Oberhalbstein 2700 m; Kanton Tessin 950 bis 2700 m, besonders im Westteil sehr verbreitet; Kanton Wallis verbreitet und stellenweise häufig durch die ganzen Penninischen Alpen bis 3000 m steigend, nördlich der Rhone 1 Standort in Jouxbrûlée, bei Martigny, 1600 m, und wieder im Aarmassiv (Eggishorn, Konkordia, Natersberg, Oberaletsch); Kanton Bern: im Grimselgebiet (Südhang des Ewig=Schneehorn 2700 bis 3100 m, Gerstenhorn bis 3150 m, Zinkenstöcke bis 3000 m) stets auf Silikatgestein, im Unterwallis (nach Gams) auch auf Karbonschiefern und Verrukano.

Allgemeine Verbreitung (Fig. 2790): Südtiroler Eruptivmassen, nördliche Bergamaskeralpen, Zentralalpen vom Puschlav bis ins Unterwallis, sehr lückenhaft durch die Westalpen (nördlich vom Mont Cenis nur bei Cogne und am Mont Méry in Savoyen (ob ursprünglich?); ferner in den Pyrenäen und in der Sierra Nevada Spaniens.

Fig. 2794. Androsace helvetica (L.) All. Dolomiten. Phot. W. Schacht, München.

Tritt in folgenden Rassen auf: var. tomentósa (Schl.) Fiori. Polster sehr kurz und dicht. Laubblätter etwas abstehend oder anliegend, linealisch=verkehrteilänglich, (3 bis 5 mm lang) an der Spitze gerundet. Blüten meist einzeln an der Spitze des Stämmchens, kurz aber deutlich gestielt. Kelch bis auf $1/3$ oder $1/2$ geteilt. In den Alpen die gewöhnliche Form. — var. láxa Lüdi (= var. týpica Fiori). Polster locker, 5 bis 8 cm hoch. Laubblätter bogig abstehend, die oberen verlängert (6 bis 7 mm lang), lanzettlich=linealisch, stumpflich. Blüten grösser, meist zu mehreren lang. (4 bis 6 mm) gestielt. Kelch bis auf $1/2$ bis $2/3$ geteilt, mit $\pm$ spitzen Zipfeln. Behaarung weniger dicht, Haare weniger verzweigt. Italienische Westalpen und vereinzelt auf der Distelalp bei Saas (Kanton Wallis). — In den Westalpen, Pyrenäen und spanischen Gebirgen findet sich ferner var. imbricáta (Lam.) Fiori (= A. argéntea Lap.). Polster sehr niedrig und dicht ($1 1/2$ bis 3 cm hoch). Laubblätter ausgesprochen geschichtet, länglich=spatelig. Blüten einzeln, sitzend. Kelch bis auf $1/4$ bis $1/3$ geteilt, mit stumpfen Lappen. Kapsel etwas länger als die Kelchzipfel. Es scheint, dass diese xerophytische Rasse die Penninischen Alpen nicht mehr erreicht.

Androsace multiflora ist innerhalb ihres Verbreitungsgebietes eine charakteristische Spaltenpflanze des kalkarmen Felsens. Im Ofental bei Saas (Kanton Wallis) wächst sie nach Lüdi in 2560 m Höhe auf Silikatfels sehr häufig zusammen mit Poa laxa, Festuca Halleri, Juncus trifidus, Silene acaulis, Cerastium strictum, Minuartia recurva, Arenaria ciliata, Draba dubia, Sedum roseum, Sempervivum montanum, Saxifraga bryoides und S. exarata, Bupleurum stellatum, Primula hirsuta, Eritrichium nanum, Phyteuma hemisphaericum, Campanula cochleariifolia, Achillea moschata, welcher Verein als alpines Höhenglied des Primuletum hirsutae auch Androsacetum multiflorae benannt worden ist. Im Unterwallis findet die Art sich nach Gams besonders im Festucetum variae. Die lückenhafte und nach Südspanien reichende Verbreitung weist auf einen alten Typus hin. Von allen oreophytischen Primulaceen der Alpen reicht sonst einzig noch Gregoria Vitaliana bis in die Sierra Nevada.

**2181. Androsace Helvética** (L.) Gaudin (= A. diapénsia Vill., = A. bryóides DC., = A. arétia Lapeyr., = Aretia Helvetica Murr., = A. bryoídes Lois., = Diapénsia Helvetica L.). Schweizer Mannsschild. Taf. 210, Fig. 6; Fig. 2794 bis 2796, 2791 b, 2792 b, 2711, 2712 a und 2720 a, b.

Ausdauernd, mit Pfahlwurzel. Ganze Pflanze durch abstehende oder rückwärts= abstehende, einfache, $^1/_5$ bis $^2/_5$ mm lange Haare graufilzig=schimmernd. Wuchs niedrig, dicht, halbkugelig=polsterförmig; Stämmchen wenig verzweigt; Sprosse säulenförmig, bis zum Grunde beblättert. Laubblätter 3 mm lang, lanzettlich oder lanzettlich=spatelförmig oder elliptisch, stumpf, die Stämmchen dicht dachziegelartig deckend. Blüten einzeln, ohne Hüllblatt, auf sehr kurzem (etwa 1 mm langem) Blüten= stiel, die Laubblätter nicht über= ragend. Kelch 2,5 mm lang, über die Hälfte geteilt, mit schmallan= zettlichen, zugespitzten Zipfeln. Krone weiss, selten rötlich, mit gelbem Schlund; Kronröhre wenig kürzer als die Kelchzipfel; Kron= saum flach, von 4 bis 6 mm Durch= messer, mit rundlich=verkehrteiför= migen, kaum ausgerandeten Lappen. Kapsel etwas länger als der Kelch. Samen länglich, $2 \times 1$ mm gross, auf dem Rücken schwach gewölbt, Bauch mit stark vorspringender Kante, schwarzbraun. — V bis VII.

Fig. 2795. Androsace helvetica (L.) All, Heilbronner Weg, Allgäu. Phot. Georg Eberle, Wetzlar.

Auf Kalkfels in der alpinen Stufe, bis 3500 m ansteigend, selten bis unter die Baumgrenze hinabsteigend.

In Deutschland nur in den Bayerischen Alpen, von 1850 bis 2760 m (die am höchsten steigende Blütenpflanze von Deutschland!), ziemlich verbreitet, doch meist nicht zahlreich. — In Oesterreich häufig in den westlichen Teilen der Kalkalpen, gegen Osten hin seltener werdend oder fehlend. Fehlt in Niederöster= reich; in Oberösterreich nur am Schafberggipfel (Salzkammergut) 1876 m; in Steiermark nur im nördlichsten Teil, 2200 bis 2996 m, häufig am Dachstein, ferner im Toten Gebirge, am Admonter und Eisenerzer Reichen= stein (östlichste Standorte der Art); fehlt in Kärnten; in Salzburg wenig verbreitet, nur in den Kalk= alpen, 1900 bis 2550 m, auch am Rauriser Goldberg angegeben. Ebenso in Tirol zerstreut durch die nörd= lichen und südlichen Kalkalpen (Wettersteingebirge, Sonnwendgebirge, 1866 m bis Gipfel, oberstes Inn= und Etschtal, Brenta, Bondone, Presanella, Rosengartengruppe 2200 bis 2800 m, Rodella, Padone, Val Sugana u. a. O.), fehlt bei Kitzbühel und in den zentralen Ketten; häufig in Vorarlberg. — In der Schweiz in allen Kalkgebirgen häufig und nur dem Kanton Tessin und den südlichen Alpentälern des Kantons Graubünden fehlend, in den Penninischen Alpen selten; Wallis 1600 bis 3500 m (Theodulpass); Berner Oberland 1000 m (Grindelwald) bis 3300 m (Ewigschneehorn und Oberaarhorn; hier im Gebiet des Aarmassivs sehr selten auf kalkhaltigen, kristallinen Schiefern); St. Gallen 1600 m bis Gipfelregion; Graubünden 2050 bis 3185 m.

Allgemeine Verbreitung (Fig. 2796): Endemisch=alpine Art, von den Dauphiné= Alpen bis in die Ostalpen verbreitet. Pax gibt sie auch für die Pyrenäen an (Pic de Salettes), was nicht bestätigt wird.

Androsace Helvetica ist eine ausschliessliche und charakteristische Spaltenpflanze der Kalkgesteine in der alpinen Stufe. Wir finden sie dort zusammen mit Festuca alpina, Carex firma, Draba aizoides, D. Carin= thiaca und D. tomentosa, Arabis pumila, Saxifraga oppositifolia, S. Aizoon und S. Androsacea, Athamanta Cretensis, Primula Auricula, Gentiana Clusii, Veronica fruticans, Campanula Cenisia, Artemisia laxa u. a. Diese Assoziation ist Androsacetum Helveticae benannt worden. Androsace Helvetica kann als Schulbeispiel für den Polsterwuchs von Alpenpflanzen bezeichnet werden (vgl. pag. 1717 u. 1791). Die Polster erreichen an glatten Wänden Halbkugelform; wenn sie an der starken Pfahlwurzel frei hinaushängen, so können sie sich zur vollständigen Kugel abrunden. Sie erreichen einen Durchmesser bis zu 15 cm und sind dann, nach dem jährlichen Längenzuwachs zu schliessen, 50 bis 60 Jahre alt. Die Standorte sind im Winter meist schneefrei, und die Polster müssen der stärksten Austrocknung standhalten können. Die Aussaat der Samen geschieht vorwiegend zur Winterszeit (vgl. Einleitung zur Gattung Androsace). Im Nivalgebiet findet sich die Art nur noch in Sonnlage.

**2182. Androsace pubéscens** DC. (= A. alpina Gaudin non Lam., = Arétia alpina Bub., = Aretia pubescens Lois.). Weichhaariger Mannsschild. Fig. 2797, 2796, 2791 c und 2792 c.

Ausdauernd, mit bleibender Hauptwurzel, Wuchs niedrig, locker=polsterförmig; Sprosse nur an der Spitze beblättert, keulig. Ganze Pflanze mit weichen, abstehenden, $^1/_5$ bis $^2/_5$ mm langen, an der Spitze 2=gabeligen oder einfachen Haaren bedeckt. Laubblätter 7 mm lang, $1^1/_2$ mm breit, spatelig oder länglich=lanzettlich, zugespitzt, am Grunde etwas verschmälert, dachziegelig, die obersten sternförmig ausgebreitet. Blüten einzeln, oder mehrere an der Spitze der Zweige in den Blattachseln stehend, mit deutlich ausgebildetem Blütenstiel, aber die Laubblätter kaum überragend. Kelch $3^1/_2$ mm lang, bis zur Mitte geteilt mit breit lanzettlichen, zugespitzten Zipfeln. Krone weiss, selten rötlich, mit gelbem Schlund; Kronröhre kürzer als die Kelchzähne; Kronsaum vertieft, von 4 mm Durchmesser, mit rundlich verkehrt=eiförmigen, gestutzten Lappen. Kapsel etwas kürzer als der Kelch; Fruchtklappen wenig länger. Samen wie bei A. obtusifolia, 1,5 mm lang. — VI, VII.

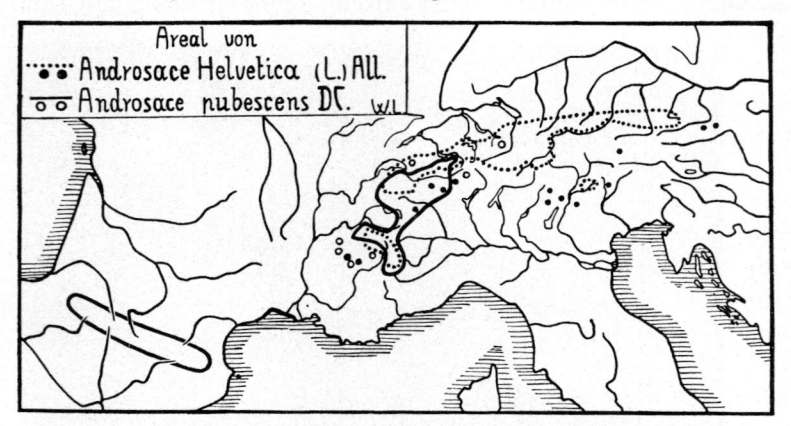

Fig. 2796. Verbreitungsareale von **Androsace Helvetica** (L.) Gaud. und **Androsace pubescens** DC. (Orig. von Dr. W. Lüdi, Bern).

Auf kalkhaltigem, feuchtem und nicht stark beweglichem Schutt der alpinen Stufe, seltener auf Fels (z. B. tonig=kalkiger Schiefer und in hohen Lagen auch auf Silikatfels).

Fehlt in Deutschland und in Oesterreich. — In der Schweiz nur in den westlichen Hochalpen: Penninische Alpen (2000 bis 3130 m) vom Genfersee bis nach Zermatt und Saas, nach Osten an Häufigkeit rasch abnehmend, vereinzelt am Bistinenpass und am Nufenen; Berneralpen östlich von der Grande Eau bei Aigle (Waadt) in der Hauptkette und den vorgelagerten hohen Ketten, nördlich angegeben für Jaman und Niesen, nach Osten bis zum Faulhorn und Schwarzhorn, von 1950 m (Mürren) bis 3700 m (am Mönchsjoch); ferner in einem isolierten Vorposten in den Grauen Hörnern im Kanton St. Gallen, 2400 bis 2800 m, auf Schiefer und weissem Verrukano.

Fig. 2797. **Androsace pubescens** DC. *a* Habitus. *b* Laubblatt.

Allgemeine Verbreitung (Fig. 2796): Pyrenäen, Westalpen von der Stura bis zum Brienzer=See.

Am Schilthorn (Berner Oberland), wo Androsace pubescens von 2400 bis 2980 m steigt, findet sie sich auf tonigem Kalkschiefer (Oxfordien) in 2640 m Höhe zusammen mit Trisetum distichophyllum, Festuca pumila und F. violacea, Salix retusa subsp. serpyllifolia, Ranunculus glacialis, Thlaspi rotundifolium, Draba aizoides, Saxifraga oppositifolia und S. aizoides, Potentilla dubia, Campanula cochleariifolia und C. Cenisia, Doronicum grandiflorum, Taraxacum alpinum. Die Art ist nicht unbedingt an kalkreiches Gestein gebunden.

So findet sie sich im Berner Oberland auch in der kristallinen Hauptkette an der Südwand des Tschingelhornes bis 3370 m auf Gneisschutt und oberhalb des obern Mönchsjoches 3700 m, hier in einer f. glabréscens Lüdi (Pflanze verkahlend, Haare einfach, nicht über ¹/₅ mm lang).

**2183. Androsace Wulfeniána** Sieber (= A. Pachéri Leyb., = Arétia Wulfeniana Car., = Aretia rúbra All.). Wulfen's Mannsschild. Fig. 2798, 2799, 2791 f und Fig. 2792 g.

Ausdauernd. Wuchs niedrig, locker polsterförmig; Sprosse unten locker beblättert, oben mit dichter, sternförmig ausgebreiteter oder etwas halbkugelig geschlossener Blattrosette, oft sehr verkürzt. Blattrand und Blattspitze, Blütenstiel und Kelch mit etwa ¹/₂₀ mm langen, kurz gestielten und wenig verzweigten Sternhaaren bestreut. Laubblätter 4 mm lang, 1¹/₂ mm breit, lanzettlich, spitzlich, schlaff, oft rötlich. Blüten einzeln, oder mehrere an der Spitze der Zweige in den Blattachseln stehend, mit deutlich ausgebildetem Blütenstiel, letzterer 1¹/₂ bis 2=mal so lang als die Laubblätter. Kelch 3 bis 4 mm lang, nicht bis zur Mitte geteilt, mit 3=eckig= lanzettlichen, zugespitzten Zipfeln. Krone dunkelrosa; Kronröhre so lang wie die Kelchzipfel; Kronsaum von 8 mm Durchmesser, mit breit= verkehrteiförmigen, leicht ausgeran= deten oder gestutzten Lappen. Frucht=

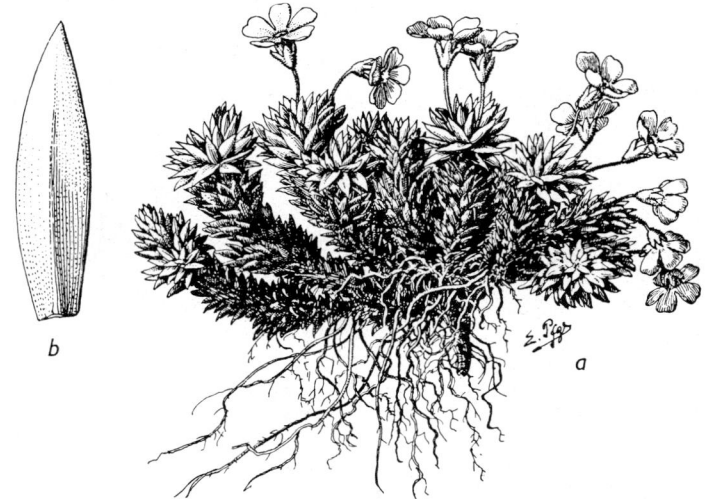

Fig. 2798. Androsace Wulfeniana Sieb. *a* Habitus. *b* Laubblatt (Haare durch ein Versehen weggelassen).

kapsel etwas kürzer als der Kelch; Klappen etwa so lang wie die Kelchzipfel. — VI, VII.

Auf kalkarmem Silikatgestein und Schiefern in der alpinen Stufe, von 2000 bis 2600 m. Nur in Oesterreich: Salzburg: im östlichen Lungau, in den vom Zentralkamm entfernten Teilen der Seitenketten, 2100 bis 2600 m (Preberkette, Kasereckkette, Hocheckkette, steirisch=lungauischer Grenzkamm); Steiermark, 2000 bis 2400 m: Rottenmannertauern, Seetaleralpen, Eisenhut (Stang= alpe); Kärnten: auf der Stangalpe (Haidnerhöhe, Reichenauergarten, Rodrer, Falkert und Klamm= nock; Südtirol: Montalone im Val Sugana, Monte Cavallazzo und Monte Colbricone am Rollepass.

Allgemeine Verbreitung (vgl. Fig. 2799): Endemische und überall seltene Art der Niederen Tauern und Kärnteralpen im Gebiete der Mur und der Gurk, nach Südtirol und bis ins Veltlin (Braulio bei Bormio) ausstrahlend.

Androsace Wulfeniana ist eine xerophile Parallelrasse zu A. alpina, mit der sie vikarisiert. So besiedelt sie in den Niederen Tauern die südlichen Seitenketten mit dem trockeneren Klima des Lungaues, während A. alpina auf die Hauptkette beschränkt ist. Die Polster sind kompakter und die Blätter etwas dicker als bei P. alpina. Sie liebt windgepeitschte Kämme und Kuppen mit trockenen Gesteinsfluren oder Uebergängen derselben zu geschlossenen Rasen von Sesleria disticha. Man findet sie besonders in Gesellschaft von Sesleria disticha, Poa laxa, Juncus trifidus, Luzula spicata, Salix retusa subsp. serpyllifolia, Silene acaulis f. Norica, Saponaria pumila, Minuartia sedoides, Saxifraga bryoides, Dryas octopetala, Primula minima, Euphrasia minima, Phyteuma globulariafolium, Senecio Carniolicus. (Nach Fr. Vierhapper in litt.). Entdeckt wurde die Art 1840 am Preber durch Ritter von Guttenberg.

**2184. Androsace brévis** (Hegetschw.) Cesati (= Androsace Charpentiéri[1]) Heer, = Arétia Charpentieri Dalla Torre). Charpentier's Mannsschild. Fig. 2800, 2799, 2791 e und 2792 e, f.

Ausdauernd, mit bleibender Hauptwurzel. Wuchs niedrig, locker polsterförmig; Polster klein; Sprosse kurz, unten entblättert, oben keulig, zirka 5 mm dick, dunkelbraun. Laubblätter,

---
[1]) Benannt nach Johann G. F. Charpentier, geb. 1786 in Freiberg, gestorben 1855 in Bex (Kt. Waadt), Professor der Geologie in Lausanne.

Blütenstiele und Kelch mit $1/30$ bis $1/20$ mm langen, kurzgestielten Gabelhaaren bestreut; letztere auf den Blättern locker stehend (besonders gegen Spitze und Rand), auf Blütenstiel und Kelch dichter stehend und etwas grösser werdend. Laubblätter 3 bis 5 mm lang, 1 bis $1^1/2$ mm breit, spatelig bis lanzettlich, am Grunde wenig verschmälert, stumpflich, steif. Blüten einzeln, seltener zu 2 bis 5 an der Spitze des Zweiges in den Blattachseln stehend. Blütenstiel gestreckt, etwas länger bis 3=mal so lang als der Kelch. Kelch zirka 4 mm lang, bis zur Mitte geteilt, mit länglich 3=eckigen, zugespitzten Zipfeln, wie die Blütenstiele meist rot gefärbt. Krone rosenrot, gegen den Schlund purpurn, Schlundhöcker gelb; Kron= röhre kürzer als die Kelchzipfel; Kron= saum flach oder etwas vertieft, von 5 bis 8 mm Durchmesser, mit verkehrt= eiförmigen, wenig ausgerandeten Lap= pen. Kapsel kürzer als der Kelch; Klappen beinahe so lang wie die Kelchzipfel. Sa= men wie bei A. multiflora, $2 \times 1,7$ mm gross, schwarzbraun. — VI, VII.

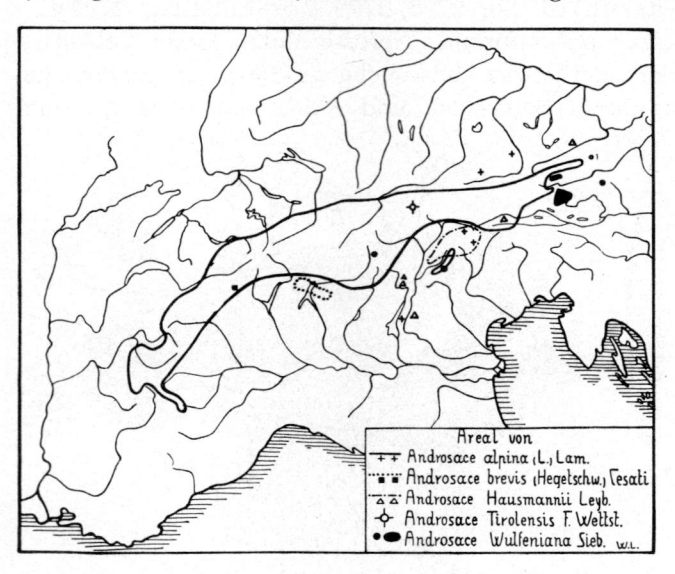

Fig. 2799. Verbreitungsareale von Androsace alpina (L.) Lam., A. brevis (Hegetschw.) Cesati, A. Hausmanni Leyb., A. Tirolensis F. Wettstein und A. Wulfeniana Sieber. Orig. von Dr. W. Lüdi, Bern.

Auf kalkarmem Fels der alpi= nen Stufe.

Nur in der Schweiz: Kanton Tessin in den Gebirgen östlich von Bellinzona, 1700 bis 2220 m (Monte Camoghè, Monte San Jorio, Monte Garzirola) und Kanton Wallis einzig im Ofental bei Saas. Doch konnte die Pflanze im Ofental, von wo Belegstücke im Herbarium Vulpius vorliegen nie wieder aufgefunden werden.

Allgemeine Verbrei= tung (Fig. 2799): Endemische Art der insubrischen Region; ausser dem angegebenen Bezirk und den anstossenden italienischen Grenz= gebiete nur noch in den Veltliner= alpen östlich vom Comersee, vom Monte Legnone (2600 m) bis zum Pizzo dei tre Signori (2200 bis 2550 m). Vgl. Fig. 2799.

Androsace brevis wurde 1833 von Oswald Heer am Camoghè ent=

Fig. 2800. Androsace brevis Hegetschw. a Habitus. b Kelch (am Stiel sind die Haare durch ein Versehen weggelassen). c Laubblatt.

deckt. Sie ersetzt in ihrem Verbreitungsgebiet die dort fehlende Androsace alpina, von der sie wohl eine xero= morphe Mutation darstellt. Die besten unterscheidenden Merkmale liegen in der Beblätterung des Stämmchens, in der Beschaffenheit von Laubblatt und Kelch, während die Blütenfarbe von bleichrötlich bis dunkelrot schwanken kann und der Blütenstiel oft nicht gestreckt ist. So weisen die von Lüdi am Pizzo dei tre Signori (zirka 2500 m) gesammelten Pflanzen, die allerdings einen besonders xeromorphen Habitus besitzen, Blütenstiele auf, welche zur Mehrzahl die Blätter kaum überragen. Zu diesen unterscheidenden Merkmalen, die Mario Jäggli (Monografia floristica del Monte Camoghè, Boll. Soc. Tic. Sc. Nat. 4, 1908) besonders hervorhebt, können wir noch einen Unterschied in der Behaarung beifügen, der vielleicht besser als alle anderen geeignet ist, Androsace alpina und A. brevis im getrockneten Zustand zu unterscheiden. Androsace alpina besitzt im allgemeinen eine stärkere Behaarung und längere Haare, und unter dem Mikroskop zeigen sich die Haare auf kurzem Stielglied mehrfach=teilig, mit ziemlich langen, spitz ausgezogenen Aesten. Bei Androsace brevis sind die Haare kleiner, in ihrer grossen Mehrzahl gabelig geteilt, das Stielglied ist länger, die 2 Aeste sind kürzer (vgl. Fig. 2792). Mario Jäggli gibt als Standorte für das Camoghègebiet an: "feinen, felsigen Detritus, dem etwas Humus beigemischt ist, dringt mit kleinen Faserwurzeln in die Felsspalten hinein, wobei sonnige Lagen bevorzugt werden. Die Art ist gegen Wind und starke Insolation unempfindlich". Am Gipfel des Pizzo dei tre Signori (2500 bis 2550 m) wächst sie nach Lüdi häufig an den kalkarmen Felsen des Grates (Verrukano), in kleinen meist der starken Besonnung ausgesetzten und im Winter schneefreien Spalten zusammen mit: Agrostis alpina, Festuca Halleri, Carex curvula und C. sempervirens, Luzula lutea, Juncus trifidus, Lloydia serotina, Silene exscapa, Minuartia sedoides und M. recurva, Draba aizoides, Sedum alpestre, Saxifraga oppositifolia, S. Aizoon, S. bryoides und S. exarata, Potentilla nitida, Androsace multiflora, Primula hirsuta und P. viscosa, Eritrichium nanum, Pedicularis Kerneri, Phyteuma hemisphaericum, Ph. Carestiae und Ph. Pedemontanum, Erigeron uniflorus, Artemisia laxa. Die Pölsterchen der Androsace brevis sind klein und niedrig, bestehen oft nur aus wenigen Rosetten, die in schmalen Spalten eine neben der anderen in einer Reihe liegen.

**2185. Androsace Hausmánnii**[1]) Leyb. (= Arétia Hausmanni Car.). **Hausmann's Mannsschild.** Fig. 2801, 2799, 2791 g und 2792 h.

Ausdauernd, mit bleibender Pfahlwurzel. Wuchs niedrig, meist nicht polsterförmig; Stämmchen zirka 1 bis 4 cm lang und 1 mm dick, verholzt, blattlos und braun; Zweige mit dichten Blattrosetten endigend, selten Pflänzchen vielköpfig und Köpfe sich zu einem halbkugeligen bis fast kugeligen Pölsterchen zusammenschliessend (Fig. 2801). Pflanze von meist 3=gabeligen, zirka $^1/_{10}$ mm langen Haaren bedeckt. Laubblätter 5 bis 10 mm lang, 1 mm

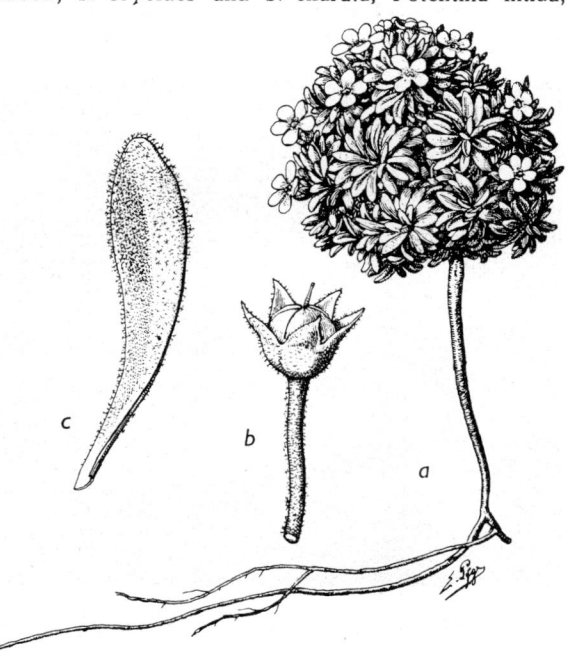

Fig. 2801. Androsace Hausmanni Leyb. *a* Habitus. *b* Fruchtkelch. *c* Laubblatt.

breit, schmal=lanzettlich, am Grunde langverschmälert, stumpflich, dicht dachziegelig, die obersten sternförmig ausgebreitet. Blüten einzeln oder zu mehreren in den Achseln der obersten Rosettenblätter, kurz (3 bis 6 mm lang) gestielt, die Blätter kaum überragend. Kelch 3 mm lang, bis zur Mitte geteilt, mit eiförmig=3=eckigen, spitzlichen Zipfeln. Krone rötlichweiss; Kronröhre wenig kürzer als die Kelchzipfel; Kronsaum flach, von 3 bis 4 mm Durchmesser, mit rundlich=verkehrteiförmigen, etwas ausgerandeten Zipfeln. Kapsel etwas kürzer als der Kelch; Klappen etwas länger — VII, VIII.

Auf Schutt und Fels der alpinen Stufe, von 1900 bis 3170 m; auf Kalk.

In Oesterreich in Südtirol: Peitlerkofel (2800 m), Dürrenstein, Ampezzo, Sexten (Drei Zinnen, Paternkofel, Kreuzkofel); Kerschbaumeralpe bei Lienz; ganzer Zug der Dolomitenkette vom Schlern zum Plattkofel und über den Rosengarten, Latemar zum Reiterjoch (1900 bis 2530 m), im Val Gardeno bei Predazzo vereinzelt bis 1500 m absteigend); Pordoi, Boë, Marmolata; Cima di Brenta (bis 3000 m), Cima Tosa (bis 3170 m), Cima Cherle di Vallarsa (2021 m). Selten in Kärnten: Gailtaleralpen bei Lienz (Rudnikkofel, Hochstadel 2200 bis 2500 m). Ferner in den nördlichen Kalkalpen am Gipfelgrat des Hochmölbling bei Liezen, 2331 m (Obersteiermark).

Die alte, viel bezweifelte Angabe dieser Art vom Hochmölbling (durch Dionys Stur um 1850, Belege in Wien), wurde 1907 durch A. v. Hayek bestätigt. Diese Disjunktion ist in ihrer Art nicht einzig; Hayek zählt 15 Arten von Gefässpflanzen auf, die in den Südalpen ihre Hauptverbreitung besitzen, dazu noch einen oder wenige Standorte in den nördlichen Ostalpen, so Asplenium Seelosii, Orchis Spitzelii, Aquilegia Einseleana, Saxifraga incrustata, Astrantia Bavarica, Horminum Pyrenaicum, Veronica Bonarota.

---

[1]) Benannt nach Franz Freiherr von Hausmann, geb. 1810 zu Bozen, gest. 1878 daselbst, Verfasser der Flora von Tirol, Innsbruck 1851 bis 1854.

Allgemeine Verbreitung (Fig. 2799): Endemische Art der Dolomiten von Südtirol von der Cima di Brenta bis nach Lienz und Ampezzo; Obersteiermark.

Am Aufstieg vom Pordoijoch zur Pordoischarte, 2500 bis 2850 m, fand Lüdi die Art spärlich in humusgefüllten und dadurch vor dem Austrocknen geschützten kleinen Felsspalten und vereinzelt auf humusreichen Feinerdehäufungen im wenig beweglichen Schutt. Sie kommt stets in Sonnenlage, auf Kalkuntergrund vor, in den Felsspalten meist allein, auf Schutt gewöhnlich mit Saxifraga sedoides vergesellschaftet. Im Gegensatz zu den Angaben von Pax war Androsace Hausmannii nicht dichtrasig, sondern bestand aus wenigköpfigen (meist 1 bis 2) Stämmchen, die mit einigen verhältnismässig grossen, flach ausgebreiteten Rosetten endigten. Die abgestorbenen Blätter verwesen rasch und fallen ab, so dass die Stämmchen bis gegen die Spitze hin nackt erscheinen. Diese Eigentümlichkeiten hat die Art mit der ihr wohl nächstverwandten A. Mathildae Levier (= A. Apennina Huet) der Abruzzen gemeinsam. Doch hat diese Art etwas grössere, ± kahle Blätter, am Kelche unverzweigte Haare, längere Blütenstiele, kürzere Griffel (nur halb so lang wie der Fruchtknoten).

**2186. Androsace alpína** (L.) Lam. (= A. gláciális Hoppe, = A. arétia Vill., = A. Pennína Gaud., = Aretia alpína L.). Alpen=Mannsschild, Gletschermoos. Taf. 210, Fig. 7; Fig. 2802, 2803, 2799, 2791 d und 2792 d.

Ausdauernd, mit erhaltener Hauptwurzel. Wuchs niedrig, locker polsterförmig; Stämmchen oft rötlich, verzweigt, oben dicht, unten locker beblättert. Ganze Pflanze mit $^1/_{10}$ bis $^1/_7$ mm langen, mehrfach verzweigten Sternhaaren bedeckt. Laubblätter 5 (2 bis 8) mm lang, $1^1/_2$ mm breit, länglich=lanzettlich, am Grunde zusammengezogen, stumpflich. Blüten einzeln oder mehrere an der Spitze der Stämmchen in den obersten Blattachseln. Blüten= stiele meist etwas länger als der Kelch. Kelch 3,5 mm lang, bis zur Mitte oder darüber hinaus geteilt, mit schmallanzettlichen, spitzlichen Zipfeln. Krone rosenrot oder weiss mit gelbem Schlund; Kronröhre kürzer als die Kelchzipfel; Kronsaum etwas trichterförmig, von 5 mm Durchmesser, mit verkehrteiförmigen, gestutzten Lappen. Kapsel und Klappen bedeutend kürzer als der Kelch. Samen wie bei A. multiflora, $1,5 \times 1$ mm gross, schwarzbraun. — VII, VIII.

Fig. 2802. Androsace alpina (L.) Lam., im Ortlergebiet. Phot. W. Schacht, München.

In der alpinen Stufe auf kalkarmem Schutt, seltener auch auf Fels.

In Deutschland in den Bayerischen Alpen angeblich am Schneibstein, 1950 m, also nahe der Grenze gegen Salzburg. — In Oesterreich selten in Vorarlberg: Arlberg (verschwunden) und Rote Wand bei Dalaas an der Lechquelle, angeblich auch am Hohen Ifer; fehlt in Tirol den nördlichen Kalkalpen, häufig in den Zentral= alpen, am Grossglockner bis 3460 m steigend, stellenweise in Südtirol, auf Porphyr, Granit, Gneis, im Vintschgau auch im Gebiet der Ortlerkalke (2480 bis 3324 m), tiefster Standort am Geisstein 2270 m; in Salzburg selten und nur in den Zentralalpen, ebenso in Kärnten (im Südwesten bis in die karnischen Alpen) und Steiermark (2300 bis 2863 m); nach Osten bis in die Niederen Tauern (Preber, Hochgolling u. a.); in Oberösterreich zweifel= haft (angegeben für die Kirchtagalpe im Innerstoder). — In der Schweiz verbreitet durch die ganzen Zentral= alpen: in den Penninischen Alpen an der Schulter des Matterhorns bis 4200 m steigend; in den Berner Alpen nach Westen bis zum Lötschenpass, am Lauteraarhorn 4043 m, am Finsteraarhorn 4000 m erreichend, am Eggishorn mit rein weissen Blüten, im St. Galler Oberland nur auf den Grauen Hörnern, in Graubünden von 2300 m (Parpaner Rothorn) bis 3400 m (Piz Kesch und Piz Linard), herabgeschwemmt am Berninabach bei 1870 m, im Tessin von 2000 bis 2860 m.

Allgemeine Verbreitung: Endemische Art der zentralen Alpenketten von der Dauphiné bis nach Steiermark. Vgl. Fig. 2799.

Androsace alpina ist eine der höchststeigenden Blütenpflanzen der Alpen, eine echte Bewohnerin des Nivalgebiets. Noch bei 3400 m sammelte Josias Braun am Piz Linard reife Früchte (IX, 1911), und am Monte Vago beobachtete der gleiche Forscher bei 3000 m Fliegen als Bestäubungsvermittler. — Sie ist Charakterpflanze des kalkarmen, schwachbeweglichen und feuchten Feingerölls in hochalpinen Lagen. Die Standorte geniessen meist winterlichen Schneeschutz. Am Südhang des Ewigschneehorn (Berner Oberland), 2870 m, wächst sie nach Lüdi auf Gneisfeingeröll in Gesellschaft von Poa alpina und P. laxa, Silene acaulis, Cerastium pedunculatum und C. uniflorum, Ranunculus glacialis, Sedum alpestre, Saxifraga bryoides, Cardamine resedifolia, Sieversia reptans, Epilobium alpinum, Linaria alpina, Veronica alpina, Chrysanthemum alpinum, Doronicum Clusii, Taraxacum alpinum. Vgl. auch die Begleitpflanzen von Cerastium uniflorum, Bd. 3, pag. 369. — Die Hauptwurzel bleibt immer erhalten und ist entweder als Pfahlwurzel ausgebildet oder spaltet sich frühzeitig in mehrere Aeste. An ihr hängt oft das ganze Polster. Die Adventivwurzeln sind meist kurzlebige, reichverzweigte Ernährungswurzeln. Die Polster bilden am häufigsten einen regelmässigen, runden Schopf, mit vielen von einem „Kopf" ausstrahlenden Zweigen (Fig. 2712). Aus ihm, doch auch aus jungen Pflanzen, gehen die unregelmässig ausgebreiteten Formen hervor. Beide finden sich häufig auf Granitgeröll. Im Herbst tragen die Zweigenden eine dichte Blattrosette, die bis zum nächsten Herbst bestehen bleibt. In den Blattachseln ruhen Knospen. Nur die obersten schlagen normalerweise aus und bilden Blüten (1 bis 8) und Laubsprosse. Die Hauptachse wächst mit 5 bis 8 gestreckten Internodien (von bis 5 mm Länge) über die Blüten hinaus, bevor sie die neue Blattrosette bildet; nur an exponierten Stellen bleibt die neue Achse so kurz, dass die Rosette von den Blüten überragt wird. Abgestorbene Blätter verwittern meist rasch (nach E. Hess, Geröllpflanzen).

Androsace alpina ist etwas veränderlich

Fig. 2803. Androsace alpina (L.) Lam. (glacialis [L.]), Schobergruppe, Kessel Keesscharte. Phot. K. Tkalcsics, Wr. Neustadt.

in der Dichte der Behaarung, in der Länge der Blütenstiele und vor allem in der Dichte des Polsters. Danach sind verschiedene kleine Formen unterschieden worden (f. pedunculáta Clairv. Pflanze schmächtiger, lockerer beblättert, weniger dicht behaart. Blüten zahlreicher Blütenstiele die Blätter weit überragend. Krone weiss. So z. B. in Südtirol; f. flexicaúlis Beauv. im Wallis; f. filifórmis Beauv.; f. incána Rouy. Pflanze graulich behaart. Krone weiss, Westalpen). — Ferner kann A. alpina als Ausgangspunkt angesehen werden für die lokalen Endemismen A. Wulfeniana, A. Tirolensis, A. brevis und A. Hausmannii. Die letztern stellen Anpassungsformen an besondere ökologische Bedingungen dar und schliessen einander in ihrem Verbreitungsgebiet meist aus. Deshalb (sie wären allerdings auch schwer zu erkennen) sind wohl noch keine Bastarde zwischen diesen Formen gefunden worden, während Hybride zwischen A. alpina und entfernter verwandten Arten (A. Helvetica, A. carnea, A. obtusifolia) keine Seltenheit sind. Auch A. pubescens schliesst sich eng an A. alpina an.

### 2187. Androsace Tiroléensis F. Wettstein. Tiroler Mannsschild. Fig. 2804, 2799, 2791 h und 2792 i.

Ausdauernd. Wuchs niedrig, polsterförmig; Stämmchen ± verzweigt; Sprosse etwas keulig, bis zum Grunde beblättert, doch nur an der Spitze grün. Laubblätter und Kelch besonders in den obern Teilen und am Rand mit etwa $1/10$ mm langen, 3- bis 5-gabeligen Sternhaaren bedeckt. Laubblätter 2 bis 4 mm lang und 1 mm breit, rundlich-lanzettlich, stumpflich, in dichten, sich dachziegelig deckenden Rosetten. Blüten einzeln, an der Spitze der Zweige, ± sitzend.

Kelch kaum 3 mm lang, nicht bis zur Mitte geteilt, mit eiförmig-dreieckigen, zugespitzten Zipfeln. Krone rot; Kronröhre dunkelgelb, wenig kürzer als die Kelchzipfel; Kronsaum von $4^{1}/_{2}$ mm Durchmesser, mit breitgerundeten Lappen. Kapsel beinahe so lang als der Kelch; Klappen der reifen Frucht die Kelchzipfel überragend. — VIII.

Auf trockenem, kalkarmem Schutt der Hochalpen. Nur in Oesterreich: Nordtirol auf dem Gipfel der äusseren Wetterspitze im Gschnitztal, 3050 m (vgl. Fig. 2791).

Androsace Tirolensis wurde von Fritz Wettstein (siehe Oesterr. Botan. Zeitschr. Bd. LXVIII, 1919 pag. 203) im August 1919 am angegebenen Fundort festgestellt, zwischen trockenen Urgesteinsblöcken zusammen mit Carex curvula, Silene acaulis f. Norica, Phyteuma hemisphaericum und Senecio Carniolicus. Bei der Kultur im botanischen Garten in Wien hat sie sich als fruchtbar und beständig erwiesen; auch die morphologischen Merkmale machen die Bastardnatur unwahrscheinlich. Wir haben es demnach mit einer wohlausgebildeten Art zu tun, die in den Formenkreis der Androsace alpina gehört. Die Art dürfte sich vermutlich auch anderwärts in den Zentralalpen finden.

**2188. Androsace Chamaejásme**[1]) Wulfen em. Host (= A. longiscápa C. Koch, = A. Lehmanniána Spreng., = A. villósa Jacq.). Zwerg-Mannsschild. Taf. 210, Fig. 3; Fig. 2805 bis 2807 und 2725.

Ausdauernd. Wuchs niedrig, lockerrasig. Grundachse verlängert, verzweigt, Sprosse 1,5 bis 4 cm lang, blattlos, steif, rötlichgelb, an der Spitze eine Blattrosette tragend; aus letzterer der Blütenschaft und neue Zweige herauswachsend (vgl. pag. 1803). Blattrand, Blütenschaft, Hüllblätter und Kelch von bis 2 mm langen, zottig abstehenden, am Blattrand steiflichen und nur halb so langen, gegliederten Haaren mit beigemischten, sehr kurzen Drüsenhaaren bedeckt. Blattfläche meist kahl. Laubblätter in flach ausgebreiteter Rosette, 5 bis 10 mm lang und 2 bis 3 mm breit, lanzettlich, spitz, ganzrandig, etwas in den Blattgrund zusammengezogen. Blütenschaft endständig, 3 bis 6 (12) cm lang, mit 2- bis 8-blütiger Dolde. Hüllblätter der Blüten so lang oder kürzer als die 6 (2 bis 15) mm langen Blütenstiele, lanzettlich oder eiförmig-lanzettlich, zugespitzt. Kelch glockenförmig, 3 mm lang, mehr als zur Hälfte geteilt mit lanzettlichen, spitzlichen Zipfeln. Krone weiss oder rötlich mit gelbem Schlund; Kronröhre so lang wie die Kelchzipfel; Kronsaum von 7 (bis 12) mm Durchmesser, mit verkehrt-herzförmigen Lappen. Kapsel länglich-eiförmig, etwas kürzer als der Kelch, mit sehr wenigen, 2 bis 3 mm langen Samen. — VI, VII.

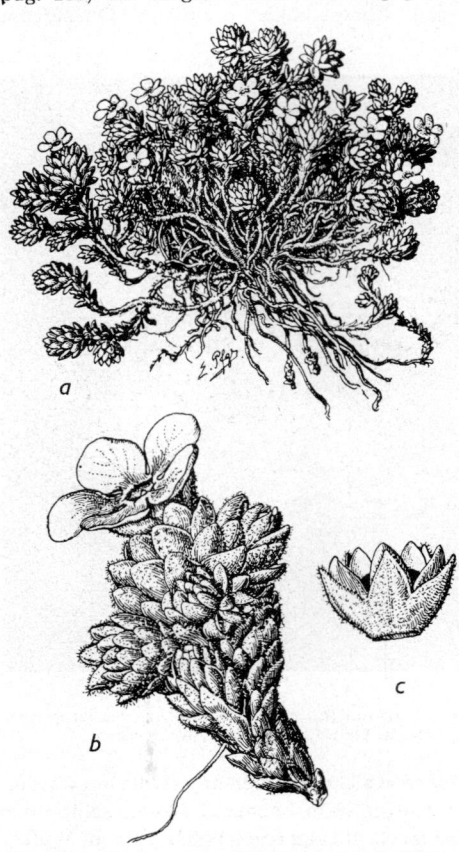

Fig. 2804. Androsace Tirolensis F. Wettstein. *a* Habitus. *b* Blühender Spross. *c* Blüte.

In den Rasen der alpinen Stufe der Alpen sehr verbreitet, hauptsächlich auf Kalkboden. Gelegentlich in die subalpine Stufe absteigend, selten noch tiefer.

In Deutschland nur im Bayrischen Alpengebiet, häufig von (1300) 1800 bis 2570 m, vereinzelt absteigend, bis 900 m am Eibsee (25. Mai blühend), bis 604 m am Eisbach (Königsee) auf Schotterflächen. — In Oesterreich verbreitet durch die nördlichen Kalkalpen: in Vorarlberg und Tirol häufig, gegen Osten seltener werdend, Salzburg (ziemlich selten), Oberösterreich (Dachstein, Schafberg, Totes Gebirge) und Niederösterreich (Schnee-

---

[1]) Von griech. χαμαί [chamaí] = am Boden liegend, niedrig und Jasmin; also wohl „Zwerg-Jasmin" bedeutend.

berg, Rax); in Steiermark (Rax, Schneealpe, Hochschwab, Eisenerzer-Alpen, Hochlantsch) von 1400 bis 2600 m. In Südsteiermark, Kärnten und Krain nur in den Sanntaler-Alpen und Karawanken westlich bis zum Loibl-pass. Selten in den zentralen Ketten von Tirol (Fimberjoch, Piz Lat, nahe der Schweizergrenze); fehlt in Südtirol. In Vorarlberg bei Gurtis bis 900 m absteigend (auf einem Heiderest mit Quercusgesträuch). — In der Schweiz häufig in den Gebirgen des nördlichen und westlichen Teiles, vor allem im Kalkgebirge, selten in den kristallinen Gebieten (im Grimselgebiet nur am Südhang des Ewigschneehorn, 2750 m); in der Süd-schweiz seltener werdend: in den Penninischen Alpen vereinzelt von den Vispertälern bis zum Binntal; dem mittleren und südlichen Tessin, sowie dem Puschlav und Berninagebiet im Kanton Graubünden völlig fehlend. Steigt im Wallis von 1700 bis 3000 m (Gornergrat), im Kanton Waadt von 1600 bis 3000 m, im Berner Oberland bis 2900 m (Jungfrau), im Kanton St. Gallen von 1600 bis 2400 m, in Graubünden von 900 m (Tiefenkastel) bis 2860 m (Parpaner Rothorn).

Allgemeine Verbreitung (vgl. Fig. 2806): Eurasiatische Hochgebirge von den Pyrenäen (selten, nur Pointe de Gavernais) durch die Alpen, Karpaten (Hohe und Niedere Tatra; sehr selten in den Ostkarpaten: Pietroszu bei Borsa, Bucsecs bei Brasso), vom Kaukasus bis in die südsibirischen Gebirge; Himalaya, Arktisches Ostsibirien bis zur Beringstrasse, Nowaja Semlja, Kurilen; im Felsengebirge Nordamerikas von der Beringstrasse bis zum Coloradofluss.

In dem weiten Verbreitungsgebiet entwickelt Androsace Chamae-jasme mehrere Varietäten; in Mitteleuropa findet sich nur die var. týpica (Derganc) Knuth, die weitverbreitetste von allen (fehlt innerhalb des Gesamtareals nur im Himalaya und auf Nowaja Semlja). In den Alpen ist das Areal dieser Art in ausgesprochener Weise an die nördlichen Kalkalpen gebunden, vom Genfersee bis zum Wiener Schneeberg, wobei sie im Westen meist sehr häufig ist und gegen Osten seltener wird. Aus-strahlungen in die zentralen Alpen sind selten, am häufigsten in den Schweizer Alpen (s. oben). In Savoyen, westlich vom Rhonetal, verschwindet die noch im untersten Wallis recht verbreitete Art beinahe plötzlich; alle die angegebenen Fundorte aus den Westalpen (z. B. Monte Cenis) sind falsch oder sehr unsicher. Das gleiche gilt auch für alle Angaben aus den Südalpen (ausgenommen Karawanken und Sanntaleralpen). Androsace Chamaejasme wird häufig mit A. obtusifolia und A. villosa verwechselt.

Androsace Chamaejasme ist in den Alpen innerhalb ihres Ver-breitungsgebietes ein konstanter, aber wenig auffallender Bestandteil der Rasenbestände. Sie ist in manchen Rasentypen verbreitet, vor allem in den Treppenrasen des Seslerieto-Semperviretums und des Caricetum firmae, sowie im Elynetum myosuroidis und in den Teppichen von Salix retusa und Dryas octopetala. Im Berner Oberland ist sie in den hohen Kalkketten ausserordentlich häufig, auch in den tieferen Lagen und in sehr verschiedenen Beständen; gegen die Randketten hin wird sie rasch seltener und schränkt ihr Vorkommen ein, besonders auf die Spalierrasen. In der nivalen Stufe zeigt sie eine besondere Vorliebe für das Elynetum. Langdauernde Schnee-bedeckung meidet sie und bevorzugt Windecken, trotzdem sie mit grünen Blattrosetten und fertig ausgebildeten Blütenknospen überwintert. Als Boden-unterlage dient dem niedrigen Mannsschild gewöhnlich Kalkgestein. Die Pflanze wurzelt aber selten direkt im Gestein, sondern in den dicken, schwarz-mehligen Humushäufungen der Kalkgebirge (Alpenhumus). Im Elynetum

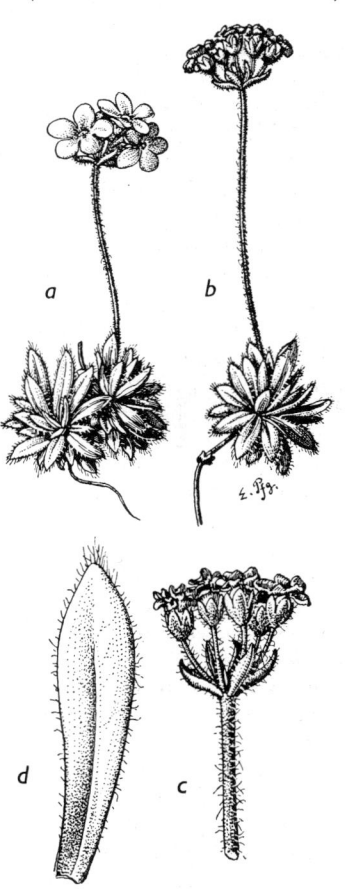

Fig. 2805. Androsace Chamae-jasme Wulfen em. Host. *a, b* Habitus. *c* Blütenstand (abgeblüht). *d* Laubblatt.

finden wir sie auch zusammen mit kalkmeidenden Arten wie Agrostis alpina, Avena versicolor, Ligusticum simplex, Veronica bellidioides, Phyteuma hemisphaericum. Ausserdem kommt An-drosace Chamaejasme gelegentlich in Beständen des ausgesprochenen Rohhumusbodens vor, so im Nardetum strictae und im Loiseleurietum procumbentis und findet sich auch in rein kristallinen Böden. Wir werden deshalb zu der Annahme geführt, dass sie zu jenen Arten gehört, die den Kalkboden nicht wegen seines chemischen, sondern wegen seiner physikalischen Eigenschaften bevorzugen, im übrigen aber ein grosses Humusbedürfnis besitzen.

Der Sprossbau ist charakterisiert durch eine regelmässige Folge von gestreckten und verkürzten Zweigstücken. Die Blätter sind zu 12 bis 20 in Rosetten vereinigt, von denen etwa die Hälfte in der Achsel eine Knospe trägt. Aus der Endknospe entsteht der Blütenschaft, der wieder mit einer Rosette kleiner

Blätter (Hüllblätter) endigt, aus deren Achseln die Blütenstiele hervorwachsen. Kommt die Pflanze nicht zum Blühen, so entsteht statt des Blütenschaftes ein gestrecktes, 15 bis 40 mm langes, gelbrotes, steifes Stengelglied, das an seiner Spitze wieder eine Blattrosette trägt. Dieses gestreckte Internodium ist blattlos, trägt aber an seinem Grunde einige derbe, schuppenförmige Tragblätter. Also folgen an der Achse viele sehr kurze, 0,1 mm lange Internodien (Ansatzstellen der Blätter) auf ein langes. Ausser der Endknospe entwickeln sich noch 1 bis 4 Knospen aus den zunächst darunterliegenden Blattachseln, die 0,5 bis 3 mm lang und grün sind. Diese Seitensprosse bilden ebenfalls das lange Internodium (ohne Tragblätter am Grunde) und endigen

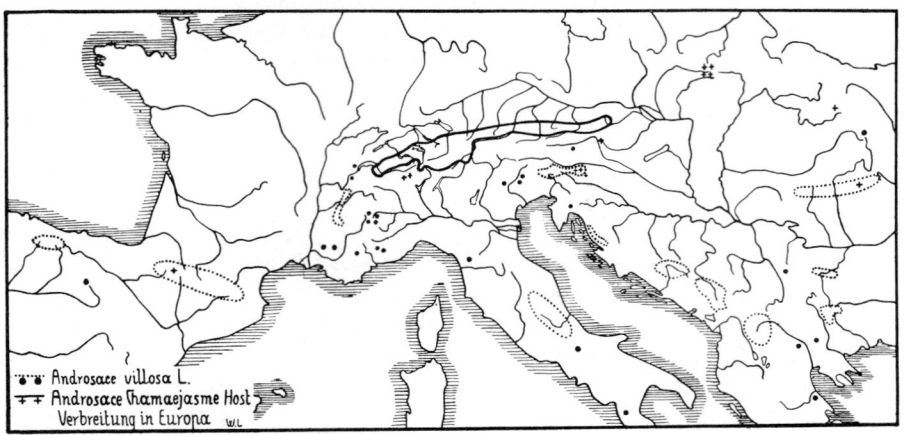

Fig. 2806. Verbreitungsareale von **Androsace Chamaejasme** Wulfen em. Host und **A. villosa** L. Orig. von Dr. W. Lüdi, Bern.

mit einer Rosette von Blättern, die nicht grösser sind, als die Hüllblätter der Blüten. Bei der verwandten **Androsace obtusifolia** dagegen, deren sämtliche Laubblätter an gleichmässig sehr kurzen Internodien stehen, entstehen an Stelle von gestielten Rosetten seitliche Blütenstände, während die Laubblattachse unbegrenzt ist. Die Blätter verwittern nach ihrem Tode in 1 bis 2 Jahren; doch bleiben ihre Grundteile bestehen. Die Knospen erhalten sich unverändert lebensfähig und ein Teil von ihnen schlägt später noch aus, so dass eine Rosette im Laufe der Jahre zum Mittelpunkt einer reichen, strahlenförmigen Verzweigung werden kann. Die Sprosse wachsen anfänglich aufgerichtet in die Höhe, senken sich aber später unter dem Gewichte der Rosette zu Boden. Falls die Aeste stark verschüttet oder überwachsen sind, schlagen sie aus den Blattinsertionen Wurzel. Trotz ihrer Wuchsform ist A. Chamaejasme keine für die Besiedlung von Schuttböden geeignete Art, da sie die Ver-

Fig. 2807. Androsace chamaejasme Wulf. Dachstein-Südwand. ca. 2000 m. Phot. Th. Arzt, Wetzlar.

schüttung nicht erträgt (Zerbrechlichkeit der Stengel und Adventivwurzeln; auf ein langes Internodium folgen regelmässig eine grössere Anzahl kurzer, mit Laubblättern, die sich nur an der Oberfläche entwickeln können). Man findet sie nur im gefestigten Geröll und auf Schwemmböden mit oberflächlicher Feinerde (nach E. Hess, Geröllpflanzen).

**2189. Androsace villósa** L. (= A. articuláta Schur, = A. odoratíssima Schreb., = A. penicilláta Schott, = Arétia villósa Bub.). Zottiger Mannsschild. Taf. 210, Fig. 2 und Fig. 2808.

Ausdauernd. Wuchs niedrig, dichtrasig. Grundachse verlängert, verzweigt. Sprosse kurz (bis zirka 2 cm lang), blattlos, steif, dunkelbraun, an der Spitze eine Blattrosette tragend;

aus der der Blütenschaft oder neue Zweige herauswachsen (vgl. A. Chamaejasme pag. 1803). Behaarung der grünen Teile dicht, seidenglänzend (durch 1 bis 2 mm lange, schlanke, weiche Haare, denen sehr kurze Drüsenhaare beigemischt sind), nur die Blattoberseite kahl. Haare des Blattrandes so breit oder etwas breiter als die grösste Breite des Blattes, an der Blattspitze pinselig gehäuft. Laubblätter sehr zahlreich, in halbkugeligen Rosetten an der Spitze der Zweige gehäuft, etwa 5 mm lang, $1^1/_2$ mm breit, lineal=lanzettlich bis eiförmig=lanzettlich, stumpflich, sitzend. Blütenschaft bis 3 cm lang oder fehlend, mit mehrblütiger Dolde. Hüllblätter der Blüten lineal=lanzettlich, spitzlich, länger als die 0 bis 4 mm langen Blütenstiele. Kelch glockenförmig, 4 mm lang, bis zur Mitte oder darüber gespalten, mit schmal= bis breitlanzettlichen, stumpflichen Zipfeln. Krone weiss oder rötlich; Schlund gelbrot; Kronröhre die Spitze der Kelchzipfel kaum erreichend; Kronsaum von 6 bis 10 mm Durchmesser, mit verkehrt=eiförmigen, ganzrandigen oder etwas ausgerandeten Lappen. Kapsel länglich=eiförmig, etwas kürzer als der Kelch, mit sehr wenigen, 2 bis 3 mm langen Samen. — VI, VII.

Rasen und Felsen der alpinen Stufe; kalkliebend.

Fehlt in Deutschland. — In Oester=reich verbreitet und teilweise häufig in den südöstlichen Kalkalpen von Kärnten, Steiermark, Krain (Karawanken, Sanntaleralpen, Julische Al=pen, Dobratsch bei Villach), ausserdem in den Zentralalpen auf der Krebenze bei St. Lambrecht, an der Grenze von Steiermark und Kärnten. Ferner für die benachbarten Gurktaleralpen angegeben (Falkert, Malnock, Klamnock). Der Standort auf der Krebenze wird als Reliktstandort betrachtet. In Steiermark von 1600 bis 2300 m. — In der Schweiz einzig im Hochjura (Dôle) im Kanton Waadt.

Allgemeine Verbreitung: Eurasiatische Gebirge, in der alpinen (sub=

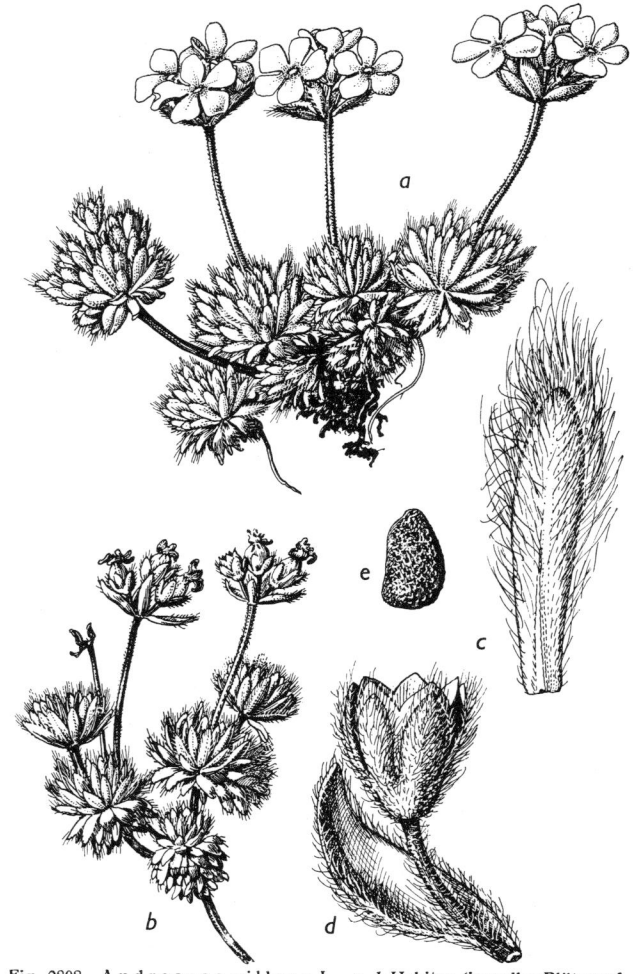

Fig. 2808. Androsace villosa L. *a, b* Habitus (in voller Blüte und abgeblüht). *c* Laubblatt von unten (vergrössert). *d* Kelch mit geöffneter Frucht und Tragblatt. *e* Samen.

alpinen) Höhenstufe. Sehr zerstreut durch die Kalkgebirge des südlichen und mittleren Europa: Nordspanien (Kantabrisches Gebirge), Pyrenäen, Westalpen (Mont Ventoux, Seealpen, Cottische Alpen, westliches Randgebirge), Hochjura (der Standort an der Dôle ist ein Ausläufer des westalpinen Areals), südöstliche Ostalpen, Balkangebirge, nach Süden bis zur Ossa; Apennin bis ins nördliche Kalabrien; Ostkarpaten; alle asiatischen Gebirge von Kleinasien und vom Kaukasus bis nach Zentral= und Nordchina. Die Art wird auch für Nordost=Sibirien und für das arktische Amerika angegeben. Sie ist oft von Androsace Chamaejasme nicht scharf unterschieden worden und einzelne Grenzformen scheinen schwierig zuzuteilen zu sein.

Innerhalb ihres Areals bildet die Art mehrere Varietäten, von denen die in Mitteleuropa vor=kommende var. týpica Trautv. am weitesten verbreitet ist. Ausserdem könnte in unserem Gebiet auch die var. dasyphýlla (Bunge) Karel. und Kiril. (= var. congésta Boiss., = var. uniflóra Duby, = A. Altáica

C. Koch) gefunden werden, die vom Typus abweicht durch dichterrasigen Wuchs, schmälere, unterseits gekielte Laubblätter, in dichten Knäueln beisammenstehende Rosetten, 1- bis 2-blütige Dolden auf sehr kurzem oder fehlendem Blütenschaft. — Am Hochobir in den Karawanken, wo A. villosa sehr häufig ist, findet sie sich nach Lüdi von 1850 m an aufwärts auf flachem oder wenig geneigtem, humusreichem Kalkschuttboden zusammen mit Sesleria ovata, Carex atrata, C. firma und C. capillaris, Chamorchis alpinus, Polygonum viviparum, Silene acaulis, Saxifraga incrustata, Helianthemum alpestre, Veronica lutea, Erigeron sp., Achillea Clavenae. In solchen Uebergangsbeständen von der offenen Schuttflur zum Rasen breitet sie sich am stärksten aus und bildet Teppiche; im geschlossenen Rasen von Carex firma oder Carex sempervirens tritt sie ganz zurück oder verschwindet überhaupt.

**2190. Androsace obtusifólia** All. (= A. aretióides Heer ex Duby, = A. brevifólia Vill., = A. Chamaejásme Wulf., = A. Lachenálii Gmel., = A. láctea Vill.). **Stumpfblätteriger Mannsschild.** Taf. 210, Fig. 1; Fig. 2809, 2810, 2813, 2731 c, d.

Ausdauernd, mit bleibender Hauptwurzel. Stämmchen niedrig (etwa 1 bis 2 cm lang), oft unverzweigt, ohne verlängerte Internodien und ohne sterile Blattrosetten (vgl. pag. 1804), in den oberen Teilen mit grünen Laubblättern dicht besetzt. Grüne Pflanzenteile dicht mit zirka $^1/_{10}$ mm langen Stern- oder Gabelhaaren bedeckt, nur Laub- und Hüllblätter auf den Flächen beinahe kahl, am Rande gewimpert. Laubblätter in ausgebreiteter Rosette, (4) 10 bis 15 (20) mm lang und 2 bis 3 mm breit, lanzettlich, stumpflich, am Grunde verschmälert, ganzrandig. Blütenschaft aus den Blattachseln, meist zu mehreren, schief aufsteigend, (1) 4 bis 6 (10) cm lang, schlank, mit mehrblütiger Dolde. Hüllblätter 3 mm lang, lineal-lanzettlich, bespitzt, kürzer als die 4 bis 6 (13) mm langen, nach oben schwach keulenförmig verdickten Blütenstiele. Kelch 3 bis 4 mm lang, bis auf $^2/_5$ geteilt, mit eiförmig-lanzettlichen, spitzen Zipfeln und rundlichen Buchten. Krone weiss oder rötlich mit gelblichem Schlund; Kronröhre etwas kürzer als die Kelchzipfel. Kronsaum flach, von 7 (9) mm Durchmesser, mit rundlichen, verkehrt-eiförmigen, kaum ausgerandeten Lappen. Kapsel länglich-eiförmig, wenig kürzer als der Kelch. Samen 6 bis 8, 2 bis 3 × 1,5 mm gross, dunkelbraun, ziemlich stark flach gedrückt, Kante auf der Bauchseite deutlich hervortretend (Fig. 2731 c, d). — VI bis VIII.

Magere, trockene Rasen der alpinen Stufe; auf kalkarmer Unterlage.

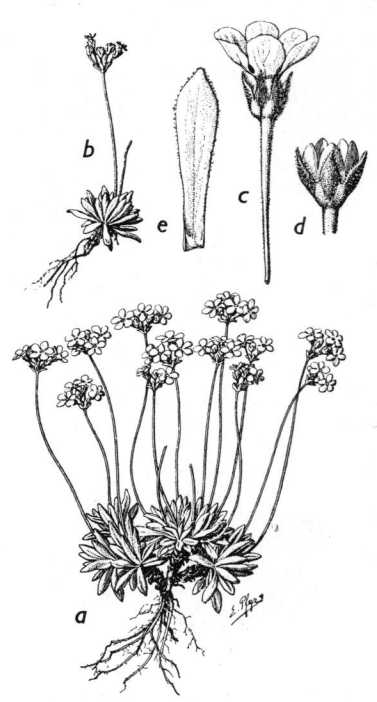

Fig. 2809. Androsace obtusifolia All. a, b Habitus (natürl. Grösse). c Blüte (vergrössert). d Fruchtkelch. e Laubblatt.

In Deutschland im Riesengebirge (nur in der Kleinen Schneegrube) und vereinzelt in den Bayerischen Alpen, 1850 bis 2150 m (Schachen und Frauenalpe im Wettersteingebirge, Watzmann und Schneibstein bei Berchtesgaden). — In Oesterreich verbreitet durch die ganzen Zentralalpen, bis in die Seetaleralpen an der Mur; zerstreut durch die nördlichen Kalkalpen: Vorarlberg im Kleinen Walsertal, an der Mohnenfluh, am Wöster, Omeshorn, am Zürsersee; Tirol am Mädelejoch bei Holzgau, Kalkgebirge nördlich Innsbruck, Pfonerjoch, Sonnwendjoch, Rofanspitze, häufig auch in den Kalkgebieten der Zentralalpen und im Schiefergebirge von Kitzbühel; in Steiermark bei Admont, Eisenerz, am Hochschwab; in Niederösterreich auf der Rax, dem Schneeberg, der Schneealpe; fehlt in Oberösterreich. In den Südalpen vom Adamello bis zum Gardasee vordringend; im Gebiete des Schlern, des Fleimsertales, im Pustertal mehrfach bis zum Kreuzkofel, in Kärnten in den Gurktaleralpen. Steigt in Tirol am Horntalerjoch bis 2790 m und erreicht die tiefsten Standorte in Obernberg 1264 m, Gurglertal (zahlreich auf Wiesen) 1600 m, Kitzbühel, Pfitscherjoch, Lienz 1900 m. — In der Schweiz durch die ganzen zentralen Alpenteile auf kalkarmem Boden verbreitet und stellenweise häufig, in Graubünden von 1600 bis 3000 m, im Tessin von 1700 bis 2700 m, in den Berner Alpen bis 3400 m steigend (Oberaarhorn), im Wallis von 1800 bis 3100 m, in St. Gallen bis 1800 m hinabreichend. Vereinzelt

in den nördlichen Kalkalpen: z. B. Dent de Jaman, Gummfluh, Vanil Noir, Sador, Hohgant, in der West‑
schweiz, Mythen, Churfirsten, Alvier, Hoherkasten (sehr vereinzelt!) in der Ostschweiz.

Allgemeine Verbreitung (vgl. Fig. 2813): Alpen von den Seealpen bis Nieder‑
österreich; Karpaten (Hohe und Niedere Tatra, Transsilvanische Alpen), Sudeten, Toskanischer
Apennin (Cusno).

Aendert ab: var. aretióides Gaud. (= var. exscápa Koch, = A. aretióides Hegetschw.) Blüten‑
schaft 1‑ bis 2‑blütig, sehr kurz oder fehlend; Blütenstiele sehr kurz oder fehlend. Laubblätter eiförmig.
Verkürzte Hochalpenform. Kals und Ai Mugoni (Rosengarten, 2370 m) in Tirol, Heiligenbluter‑
tauern in Kärnten, Chanrion und Vispertäler im Wallis, Samnaun in Graubünden.

Trotzdem Androsace ob‑ tusifolia auch auf Kalkgestein vor‑ kommt, ist sie keine Kalkpflanze, da sie sich erst dann einstellt, wenn der Kalkgehalt durch Aus‑ laugung verschwunden ist oder sich eine isolierende Rohhumus‑ schicht gebildet hat. Für die Tatra wird sie von Pax als Leitpflanze des Granites angegeben. In den Alpen ist sie den Trockenrasen eingestreut, vor allem in den Treppenrasen von Carex semper‑ virens, auch auf Rundhöckern mit Agrostis rupestris und A. alpina als Rasenbildnern. Häufig finden wir sie in den Beständen von

Fig. 2810. Androsace obtusifolia All. Rostocker Hütte (Tauern). Phot. Th. Arzt, Wetzlar.

Carex curvula, gelegentlich auch im Nardetum. Sie liebt winterliche Schneebedeckung. Besonders bemerkenswert
ist das Auftreten von Androsace obtusifolia auf dem Basaltband in der Kleinen Schneegrube des Riesengebirges
(nahe 1500 m Meereshöhe). Diesen Standort hat sie mit vielen anderen glazialen Relikten aus den Alpen und dem
Norden gemeinsam, worunter sich die allerdings im Riesengebirge weiter verbreitete Primula minima befindet.

**2191. Androsace cárnea L.** (= Arétia carnea Bub.).   Fleischroter Mannsschild.
Taf. 210, Fig. 5; Fig. 2811 bis 2813.

Ausdauernd, mit bleibender Hauptwurzel. Wuchs niedrig, dicht‑, seltener lockerrasig.
Zweige sehr kurz, unten locker beblättert, mit einer Blattrosette endigend; aus letzterer die neuen
Sprosse (Endspross und gewöhnlich Seitensprosse), sowie der Blütenschaft hervortretend. Pflanze
von kurzen ($^{1}/_{15}$ bis $^{1}/_{10}$ mm langen), meist gabelig verästelten Haaren flaumig, nur Kelch‑
und Hüllblätter, selten auch die Laubblätter beinahe kahl. Laubblätter in verlängerten Rosetten,
0,5 bis 2 cm lang, linealisch, vom Grund an verschmälert, etwas dicklich, unterseits gekielt,
bei unsern Formen ganzrandig. Blütenschaft 2 bis 8 cm lang, seitlich hervorbrechend, mit
mehrblütiger Dolde. Hüllblätter 2 bis 3 mm lang, eiförmig‑lanzettlich, zugespitzt. Blütenstiele
2 bis 5 (7) mm lang. Kelch glockenförmig, 3 bis 4 mm lang, nicht ganz bis zur Mitte geteilt,
mit eiförmig‑lanzettlichen, zugespitzten Zipfeln und schwach rundlichen Buchten, im unteren
Teil weisslich; Zipfel dunkelgrün. Krone rosenrot oder weisslich mit gelblichem Schlund; Kron‑
röhre etwas kürzer als die Kelchzipfel; Kronsaum von 5 bis 9 mm Durchmesser mit schmal‑
verkehrt‑eiförmigen, ganzrandigen Lappen. Kapsel länglich‑eiförmig, ungefähr so lang wie der
Kelch (Fruchtklappen den Kelch zirka 1 mm überragend), mit 6 bis 10 Samen. Samen dunkel‑
braun, 2 bis 2,5 × 1 mm gross, länglich, stark flach gedrückt, Rücken schwach gewölbt, Bauch‑
seite flach bis schwach konkav mit undeutlicher Kante. — VI, VII.

Auf frischem Schuttboden und in Rasen der alpinen Stufe; kalkmeidend.

Allgemeine Verbreitung (Fig. 2813): Zentrale und östliche Pyrenäen, Westalpen bis zum Simplon, französische Mittelgebirge (Mont d'Or [1600 bis 1880 m], Cantal, Mézenc), Vogesen. Die Angaben aus dem Balkan (Verwechslung mit der verwandten A. hedrae= ántha Griseb.), aus Tirol und den Appenzelleralpen (beide noch bei Pax und Knuth) sind unrichtig, diejenigen aus den Veltlineralpen (Stelvio, Tonale) und Alpen am Comersee zweifelhaft.

Die Art variiert beträchtlich, vor allem im Blattbau und in der Behaarung. Es wurden mehrere Rassen beschrieben, über deren Wertung und Verbreitung noch keine Klarheit herrscht. Während z. B. Pax und Knuth 1905 5 Formen aufführen, denen sie eine gute räumliche Trennung zuschreiben, unter= scheidet Rouy (Flore de France, 1908) 5 Unterarten und 2 Formen, die sich nur zum Teil mit denen von Pax und Knuth decken. Für das Gebiet unserer Flora scheinen die Verhältnisse ziemlich einfach zu liegen, indem nur 2 gut unterschiedene und räumlich getrennte Rassen vorhanden sind: 1. var. týpica (R. Knuth) Lüdi. Pflanze ± dichtrasig. Laubblätter schmal=linealisch, zirka 1 cm lang, spitzlich, ± flaumig, aufgerichtet oder an der Spitze aus= wärts gebogen. Nur in der Schweiz und zwar im Wallis, von 2000 bis 3100 m (häufig in den Penninischen Alpen von Trient bis zum Simplon; in den Berner Alpen am Mont Fully, auf der Restialp, Bellalui, Chermignon de Louèche, Gemmi, Torrenthorn) und im angrenzenden Teil des Kanton Waadt auf der Dent de Morcles. Ausserdem im italienischen Teil der Penninischen Alpen und in den französischen und italienischen Westalpen. Dazu als niedrige Hochgebirgsform subvar. pubérula Car. et St. Lag. Laubblätter stark flaumig behaart, graugrün. Krone blassrot. Bei Zermatt u. a. O. — 2. var. Halléri L. (= A. Lachenálii Gmel.). Pflanze meist etwas locker rasig.

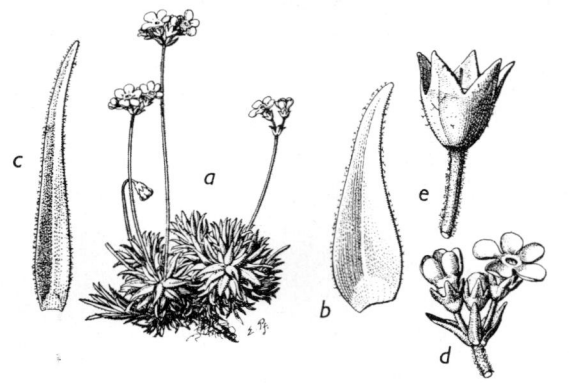

Fig. 2811. Androsace carnea L. *a* Habitus (fast natürl. Grösse). *b, c* Laubblätter. *d* Blütenstand. *e* Kelch.

Laubblätter bis 2 cm lang, bis 2 (3) mm breit und vom breiten Grund gegen die Spitze verschmä= lert, stumpflich, an der Spitze hakig zurückgebogen, glänzend grün, auf den Flächen beinahe kahl, am Rand gewimpert. Blü= tenschaft kräftig, zirka 7 cm lang. Blüten etwas grösser als beim Typus (Kelch zirka 5 mm lang). Nur auf dem Sulzer Belchen in den Vogesen (Elsass) zirka 1400 m, im Geröll, wo die Pflanze 1732 durch den Basler Professor Em= manuel König entdeckt wurde. Charakteristisch scheinen nur Blatt= form und Behaarung, vielleicht auch die Blütengrösse zu sein; die grössere und lockere Wuchsform findet sich auch bei der var. typica aus tieferen Lagen. Rouy gibt, wohl unrichtig, als Fundort den

Fig. 2812. Androsace carnea L., Fruchtstände, Schachengarten, Oberbayern. Phot. E. Günther, Freising.

westlicher gelegenen und niedrigeren Ballon d'Alsace (= Elsässer Belchen) an. — Diese Rasse wurde oft mit Androsace rósea Jord. zusammengezogen, so auch von Pax und Knuth. Rouy versteht unter diesem Namen die Rasse der Auvergne, die auch in den Pyrenäen vorkommen soll und sich durch noch breitere (am Grunde bis 4 mm breite), spitze, auf den Flächen völlig kahle Laubblätter unterscheidet. (Die Länge der Blüten= stiele wird kaum ein konstantes Unterscheidungsmerkmal liefern). Diese beiden Rassen stehen sich jedenfalls sehr nahe, so dass sie höchstens als Formen betrachtet werden können. Als weitere Rassen werden unterschieden in den Cottischen Alpen var. Brigantíaca Car. und St. Lag. mit gezähnten Laubblättern und in den zentralen und östlichen Pyrenäen var. Laggéri (Huet) eine durch kleine, sehr dicht stehende Rosetten, ganz kurze Blütenschäfte und Blütenstiele, feine und kurze, zirka 5 mm lange, beinahe kahle Laubblätter auffällige Pflanze.

In den Walliseralpen liebt Androsace carnea Böden, die im Frühjahr lange vom Schneewasser durchfeuchtet sind. Oft finden wir sie auf ruhendem oder schwachbeweglichem, kalkarmem Feinschutt, hier manchmal ganze Teppiche bildend. Häufig wächst sie zusammen mit Gregoria Vitaliana (vgl. pag. 1789), gelegentlich auch in den Schneetälchen mit Salix herbacea und in anderen niedrigen Rasen des frischen Bodens, seltener in den niedrigen Büschen des Zwergwacholders (z. B. Gebidem bei Visp im Wallis, zirka 2200 m) und hier keine dichten Rasen bildend. Am Illhorn (Wallis) 2370 m blühte sie nach Lüdi am 5. Juni an einer 30° gegen Südwest geneigten Geröllhalde von kristallinem Schutt; mit ihr zusammen wurde notiert: Botrychium Lunaria, Agrostis rupestris, Carex sempervirens, Luzula lutea, Ranunculus montanus und R. Pyrenaeus, Anemone sulphurea und A. vernalis, Sempervivum montanum, Sieversia montana, Lotus corniculatus, Laserpitium Panax, Arctostaphylos Uva-ursi, Gentiana Kochiana, Thymus Serpyllum, Pedicularis tuberosa, Phyteuma orbicularis, Antennaria dioeca, Senecio Doronicum und S. incanus, also ein Bestand, der bei engerem Rasenschluss zum Caricetum sempervirentis führt.

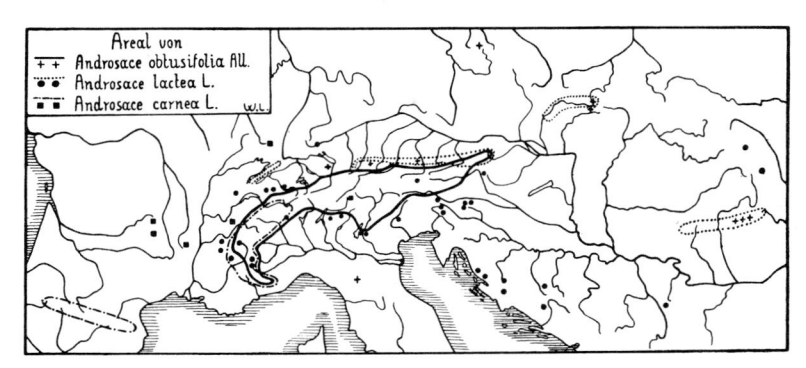

Fig. 2813. Verbreitungsareale von Androsace obtusifolia All., A. carnea L. und A. lactea L. Orig. von Dr. W. Lüdi, Bern.

**2192. Androsace láctea** L. (= A. pauciflóra Vill.). Milchweisser Mannsschild. Taf. 210, Fig. 4; Fig. 2813 bis 2815.

Ausdauernd. Wuchs niedrig, lockerrasig. Grundachse verlängert, verzweigt. Zweige $1^{1}/_{2}$ bis 4 cm lang, blattlos, steif, gelblichrot, an der Spitze eine Blattrosette tragend; aus letzterer Blütenschaft, Erneuerungsspross und gelegentlich weitere verlängerte Sprosse herauswachsend (ähnlich A. Chamaejasme, pag. 1803). Ganze Pflanze kahl; nur die Zweige und die Blattspitzen locker zerstreute Sternhaare tragend. Laubblätter in dichten Rosetten; die jüngeren abstehend, die älteren zurückgebogen, 10 bis 15 mm lang, 1 bis $1^{1}/_{2}$ mm breit, lineal oder lineal-lanzettlich, stumpflich, ganzrandig. Blütenschaft (2) 4 bis 6 (16) cm lang, schlank, mit 1- bis 6-blütiger Dolde. Hüllblätter lanzettlich oder pfriemlich, 3 bis 4 mm lang, vielmal kürzer als die 1 bis 6 cm langen, nur selten verkürzten Blütenstiele. Kelch glockenförmig, 4 bis 5 mm lang, bis auf $^{1}/_{3}$ geteilt, mit 3-eckigen, spitzen Zipfeln und breiten Buchten. Krone schneeweiss mit gelbem Schlund; Kronröhre kürzer als die Kelchzipfel; Kronsaum flach ausgebreitet, von 10 mm Durchmesser, mit verkehrt-herzförmigen, auf $^{1}/_{5}$ bis $^{1}/_{4}$ eingeschnittenen Lappen. Kapsel beinahe kugelig, so lang wie der Kelch, mit 5 bis 10 Samen. — V bis VII.

Kalkfelsen der subalpinen und alpinen Stufe, gelegentlich ins Geröll und in Rasen übergehend, zuweilen auch tiefer herabsteigend.

In Deutschland in der Schwäbischen Alb an Felsen des Donautales bei Fridingen (Bronnen und Beuron) und in den Bayerischen Kalkalpen zerstreut, gegen Osten hin verbreiteter, von 1100 bis 2260 m, selten hinabsteigend (am Fusse des Untersberg bis 950 m, des Rauschberges bei Ruhpolding bis 700 m). — In Oesterreich durch die nördlichen Kalkalpen zerstreut, gegen Osten hin häufiger werdend: in Vorarlberg wahrscheinlich fehlend; in Tirol einzig im Grenzgebirge gegen Bayern (bei Vils im Lechgebiet, im Achental, Grenzhorn bei Erl, Hinterkaiser; etwas häufiger auf Kalkbergen bei Kitzbühel); häufig auf den Kalkgebirgen von Salzburg, 1250 bis 1900 m, am Untersberg bis 950 m absteigend; auch für die Gasteiner- und Fuscheralpen auf Schiefer angegeben; in Oberösterreich zerstreut, herabgeschwemmt an der Enns bei Steyr u. a. O.; in Nieder-

Österreich häufig; im nördlichen Steiermark (1000 bis 2100 m) von den Haller Mauern und der Reichenstein=
gruppe ostwärts bis zum Sonnwendstein und auf dem Lantsch. Ferner zerstreut durch die südlichen Kalkalpen von
Steiermark, Krain, Kärnten und Tirol: Sanntaler Alpen (Raduha, Menina planina, Steinersattel, Greben u. a.),
östliche Karawanken (Ovčeva, Ursulaberg), Dobratsch bei Villach; auch für die Julischen Alpen im Gebiet
des Triglav und auf dem Črna Prst angegeben; südlichstes Südtirol (Monte Baldo, Monti Lessini). — In der
Schweiz verbreitet durch den mittleren Jura von der Aiguille de Baulmes im nördlichen Waadtländerjura
durch den Berner= und Solothurnerjura bis in den Baslerjura (Bölchenfluh), von 850 bis 1600 m steigend; ferner
in der nördlichen Randkette der Alpen vom Sigriswilerrothorn nach Westen durch die ganze Stockhornkette
(bis 2150 m Höhe, im Schwefelberg auf 1500 m absteigend), und die
äusseren Freiburger Alpen (Hochmatt, Mortheys, Dent de Broc
usw.) bis nach Albeuve. Irrtümlich für den Napf angegeben.

Allgemeine Verbreitung (Fig. 2813):
Alpen, Illyrische Gebirge bis zur Narenta, Suva Planina
bei Niš (Serbien), Zentralkarpaten, Moldauerklippenkalke
der Ostkarpaten, Transsilvanische Alpen. In den West=
alpen sehr zerstreut südlich Grenoble, von der Moucherolle
gegen den Mont Viso, ferner am Mont Méry in Savoyen
(ob ursprünglich?) und in Valdobbia südlich der Monte
Rosa. Im französischen Jura, westlich an das Areal im
Schweizer Jura anschliessend und in Rocheblanche bei
St. Claude, fehlt dagegen dem Hochjura (Reculet, Dôle
usw.). In den Südalpen ausser den angegebenen Fund=
orten noch in den Bergamaskeralpen und bei Belluno.

Das Areal von Androsace lactea ist ausserordentlich
zerstückelt. Die Art kann an einem Ort sehr häufig vorkommen
und nahe dabei ohne ersichtlichen Grund fehlen. Zusammen=
hängende Teilareale von grösserer Ausdehnung finden sich in
den Ostalpen, in den Karpaten und im Jura; aber auch hier sind
zahlreiche Disjunktionen vorhanden. Das lückenhafte Vorkommen
erinnert an die nahe verwandte A. villosa. Beides sind tertiäre
Typen, deren Areal in der Eiszeit zerstückelt wurde. In bezug
auf das jurassische Vorkommen nimmt Wirth (Flora des Travers=
tales, 1914) an, es sei präglazial im Zusammenhang mit dem
Areal der Dauphiné gestanden. Im mittleren Teile wurde

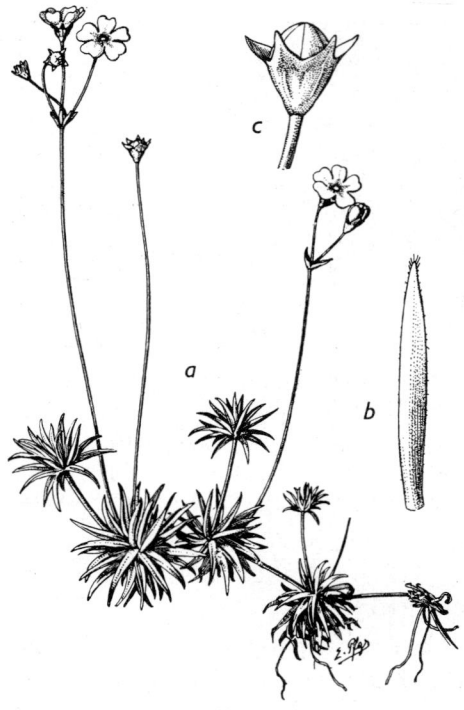

Fig. 2814. Androsace lactea L. *a* Habitus
(natürl. Grösse). *b* Laubblatt. *c* Fruchtkelch.

dieses Areal in der Eiszeit völlig vernichtet (Gebiet der stärksten Vergletscherung); von den Refugien im Nordjura
her wurde dann postglazial der mittlere Jura wieder besiedelt. Die gleiche Verbreitungseigentümlichkeit findet sich
auch bei Primula Auricula (pag. 1761). Der Fundort im Donautal bei Fridingen ist mit dem jurassischen Areal in Ver=
bindung zu bringen (vielleicht ein glazialer Reliktstandort), ebenso das Areal in der bernisch=freiburgischen Rand=
kette, indem die Art, dem zurückweichenden Eise folgend, in die benachbarten Voralpen gelangt sein kann. Doch
ist in diesem Gebiet ein Ueberdauern wenigstens in der letzten Eiszeit nicht ausgeschlossen. — Am Wiener
Schneeberg kommt A. lactea sehr häufig am Emysteig zirka 1600 bis 1700 m auf Kalkfels vor, zusammen
mit Trisetum flavescens subsp. alpestre, Sesleria caerulea, Carex firma, Juncus monanthos, Heliosperma
alpestre, Dianthus alpinus, Ranunculus hybridus, Biscutella levigata, Kernera saxatilis, Arabis pumila, Saxi=
fraga caesia, Potentilla Clusiana, Linum alpinum, Athamanta Cretensis, Pimpinella alpestris, Helianthemum
alpestre, Globularia cordifolia, Primula Auricula var. Obristii, Gentiana Clusii, Valeriana montana, V. saxatilis,
Galium pumilum, Aster alpinus, Saussurea discolor, Crepis Jacquini. In der Stockhornkette von 2000 bis
2150 m ist die Begleitflora sehr ähnlich, wenn wir uns die ostalpinen Arten wegdenken und dafür Festuca
pumila, Cerastium alpinum, Draba incana, Alchemilla Hoppeana, Astragalus australis und A. caeruleus, Bupleurum
ranunculoides u. a. einsetzen.

**2193. Androsace máxima** L. (= A. Turczanińówii Freyn, = A. Tauschéri Gand., = Arétia
maxima Bub.). Kelch=Mannsschild. Taf. 208, Fig. 5; Fig. 2816, 2817, 2818 und 2820 a bis c.

Einjährig, ohne sterile Triebe, mit Pfahlwurzel. Grüne Pflanzenteile mit langen,
gegliederten Haaren besetzt; diese Blütenschaft, Blütenstiele und Aussenseite des Kelches

weichhaarig-zottig bedeckend, auf den Laubblättern nur spärlich zerstreut; ausserdem kurze, rotköpfige Stieldrüsen am Stengel und im Blütenstand. Laubblätter in grundständiger Rosette, eiförmig oder länglich-lanzettlich, in den kurzen, breiten Blattstiel zusammengezogen, etwas fleischig, spitzlich, im oberen Teile gezähnt. Blütenschäfte meist zu mehreren in den Achseln der oberen Laubblätter, 2 bis 10 (15) cm lang, rötlich, der mittlere aufrecht, die seitlichen auswärts gebogen, mit wenigblütiger Dolde. Hüllblätter verkehrteiförmig bis breitlanzettlich, zirka 8 mm lang, laubblattartig, meist ganzrandig, so lang oder etwas länger als die Blütenstiele, zur Fruchtzeit nicht verlängert. Kelch 5 bis 6 mm lang, glockenförmig, bis über die Mitte gespalten, mit aufgerichteten, eiförmig-3-eckigen

Fig. 2815. Androsace lactea L. Phot. E. Günther, Freising.

oder breitlanzettlichen, spitzen Zipfeln, bei der Fruchtreife (Fig. 2820 b) stark vergrössert (7 bis 10 mm). Krone weiss mit gelbem Schlund, 4 mm lang, kürzer als der Kelch; Kronröhre bauchig; Schlund eng; Saum aufrecht ausgebreitet mit schmalen Lappen (2 mm lang, 1 mm breit). Kapsel kugelig, halb so lang als der Kelch; Samen wenig zahlreich, gross (2 bis 2½ mm lang), 3-kantig (Fig. 2820 c). — IV.

In Getreidefeldern und Brachäckern mit trockenem, sandigem oder erdigem Boden, auch an trockenen, unkultivierten Stellen.

In Deutschland nur am Mittelrhein: Maifeld zwischen Koblenz und Mayen und Kreuznach in der Rheinprovinz; bei Bingen, Ockelheimer Spitze, Mainz u. a. Orten in Rheinhessen; Wiesbaden (Hessler, Mosbach und Kastel) in Hessen-Nassau; Ruchheim, Ellerstadt, Grünstadt, Kallstadt, Oggersheim u. a. Orten in der Pfalz, selten verschleppt, so im Hafen von Mannheim. — In Oesterreich in Mähren bei Eibenschitz auf Lösswänden; in Niederösterreich häufig im Gebiet der pannonischen Flora, besonders im Wienerbecken und im oberen Donautal, bei Staatz, Ernstbrunn, Horn, Kottes, Stockerau; bei Innsbruck (Mühlau) wohl adventiv, 1902 und 1906 gefunden. — In der Schweiz nur im mittleren Wallis, von Conthey bis Brig, hier den Talgrund meidend und auf den Fuss der Berner Alpen beschränkt, bei Brig auch auf den südlichen Talhang übergreifend und auch für Randa im Zermattertal angegeben (1440 m).

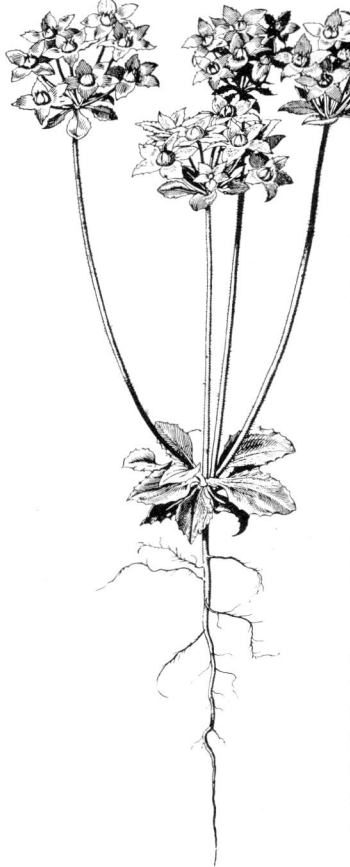

Fig. 2816. Androsace maxima L. Habitus (natürl. Grösse).

Allgemeine Verbreitung (Fig. 2818): Gemässigtes Eurasien von Marokko und Algerien durch Spanien, Frankreich, Italien, Zentral- und Osteuropa, Cypern, Kleinasien, Kaukasus, Persien, Turkestan bis an die Lena in Sibirien.

Veränderlich sind insbesondere die Kelchzipfel, die breiter oder schmäler, ganzrandig oder gezähnt sein können. Letztere Eigenschaft ist recht auffällig, und wir unterscheiden f. integricalix Lüdi. Kelchblätter ganzrandig und f. dentatocalyx Lüdi. Kelchblätter gezähnt. Die Verbreitung der beiden Formen ist näher zu studieren; f. integricalyx findet sich z. B. im Wallis, in Zentralfrankreich (Cévennen), Spanien, Sibirien, f. dentatocalyx in Zentralfrankreich (Blois), Nordspanien, Ungarn, Mazedonien. Uebergänge in der Stärke der Zähnung sind vorhanden.

Androsace maxima ist in Zentraleuropa eine östliche Einstrahlung, die mit einer pontischen Wandergenossenschaft wahrscheinlich durch den Donauweg eingewandert ist, ins Wallis vielleicht von Südwesten her. Gegenwärtig ist die Pflanze auf die trockenwarmen Gebiete beschränkt und auch dort meist selten oder gar fehlend, zudem im allgemeinen nur auf künstlichen, vom Menschen geschaffenen und unterhaltenen Standorten zu finden. Sie macht in Deutschland und in der Schweiz ganz den Eindruck eines Reliktes. Für Niederösterreich, wo sie offenbar geeignete Standortsbedingungen findet, aber meist unbeständig auftritt, wird sie auch in trockenen Bergwiesen angegeben. Sie wird vielfach als kalkliebend bezeichnet. Im Wallis ist die Art sehr spärlich geworden und findet sich in der Gegend von Sitten, wie es scheint, nur in den Getreidefeldern und Brachäckern, wo sie im Herbst keimt, im April blüht und beim Eintreten der sommerlichen Trockenheit die Samen gereift hat und abstirbt. Sie fehlt sowohl den natürlichen Pflanzengesellschaften (im Gegensatz zu A. septentrionalis, was verwunderlich ist), als auch den Reben- und Hackkulturen und dem Sommergetreide, letzteren wohl infolge der intensiven Bodenbearbeitung im Frühling. In Grimisuat bei Sitten (870 m, Expos. flach Süd, Kalkboden) fand Lüdi A. maxima in einem Acker von Winterweizen (Fig. 2817) mit folgender Unkrautflora (wegen der frühen Jahreszeit, Mitte April 1925, noch unvollständig entwickelt): Muscari comosum, Holosteum umbellatum, Arenaria serpyllifolia, Ranunculus arvensis, Adonis sp., Papaver Argemone, Sinapis arvensis, Camelina microcarpa, Alyssum Alyssoides, Vicia sp., Lathyrus hirsutus, Euphorbia Helioscopia, Scandix Pecten Veneris, Bupleurum rotundifolium, Convolvulus arvensis, Lithospermum arvense, Lamium amplexicaule, Veronica praecox, V. polita, V. hederifolia, Sherardia arvensis, Galium tricorne, Anthemis arvensis, Centaurea Cyanus, Cirsium arvense.

Fig. 2817. Androsace maxima L., auf einem Bahndamm in Sollenau. Phot. R. Fischer, Sollenau, N.Ö.

Aehnlich wie im Wallis tritt sie in den Gebirgstälern der Westalpen und im Veltlin auf, ferner in den französischen Mittelgebirgen (Côte d'Or, Auvergne, Cévennen), in den Pyrenäen, in den Abruzzen, während sie in Südosteuropa eher die Niederung vorzieht, der heissen ungarischen Ebene allerdings beinahe fehlt. Die Standorte in den Alpentälern konnten erst postglazial besiedelt werden; die Einwanderung in Zentral- und Westeuropa mag aber weiter zurückliegen, und die Art dürfte während Zeiten der Vereisung im Vorlande Refugien gefunden haben. Als solches wird für Deutschland das Gebiet des Mittelrheins (und Oberrheins) angesprochen, wo sich in bemerkenswerter Weise alle 3 mitteleuropäischen Arten der Sektion Andraspis beisammen finden. Von ihnen ist A. maxima in West- und Südeuropa am weitesten verbreitet, auch in Spanien und im mittleren Frankreich (aber nicht mehr in West- und Nordfrankreich), allerdings in Italien selten und dem Süden fehlend, wie auch in Altgriechenland, während A. septentrionalis eine nordöstliche Verbreitung hat mit Vorposten durch Deutschland und Niederösterreich bis in die Alpentäler und A. elongata von Südosten her ins mittlere Deutschland vorstösst, ohne die Alpen zu erreichen. Auch eine Einwanderung in der trockenwarmen Postglazialzeit (boreale oder subboreale Periode) mit Zerstückelung des Areals in den feuchten Zwischenperioden ist möglich. Vielleicht hat auch der Mensch zu der Verbreitung dieser Arten beigetragen (Ackerunkraut), zum Teil jedenfalls während der subatlantischen Zeit die Erhaltung ermöglicht.

**2194. Androsace elongáta** L. (= A. Boccóni Hortul., = Arétia elongata Bub.). Verlängerter Mannsschild. Fig. 2819, 2818 und 2820d bis f.

Einjährig, ohne sterile Triebe, mit Pfahlwurzel. Pflanzenteile mit Sternhaaren besetzt, Schaft und Blütenstiele dicht flaumig, Blätter und untere Kelchteile oft verkahlend oder kahl, ausserdem kurze Stieldrüsen spärlich zerstreut. Laubblätter in grundständiger Rosette, lanzettlich oder länglichlanzettlich, spitz, gezähnelt oder ganzrandig. Blütenschäfte zu mehreren aus den Achseln der oberen Laubblätter entspringend, 2 bis 5 (12) cm lang, schwach, der mittlere aufrecht, die seitlichen schief aufrecht oder nur an der Spitze aufsteigend. Dolde ausgebreitet, mehrblütig. Hüllblätter 3 bis 8 mm lang, lanzettlich oder eiförmig=lanzettlich, spitz. Blüten= stiele sehr dünn, zur Blütezeit beträchtlich länger als die Hüllblätter, zur Fruchtzeit stark ver= längert (2 bis 5 cm lang). Kelch glockenförmig, 4 bis 5 mm lang, beinahe bis zur Mitte geteilt, im verwachsenen Teil weisslichgrün und mit spitzen, 3=eckig=lanzettlichen oder 3=eckig= linealischen Zipfeln (Fig. 2820 d) und runden Buchten. Krone weiss mit gelbem Schlund, 3 mm lang, kürzer als der Kelch. Kron= röhre bauchig; Saum 2 mm breit, aufgerichtet, mit eiförmig= lanzettlichen, ausgerandeten Lappen. Kapsel kugelig, 3 mm lang, kürzer als der Kelch (Fig. 2820 e). Samen zahlreich, rundlich=eckig, $1/2 \times 2/3$ mm gross. — IV bis V, in Brach= äckern oft im August.

In trockenen Rasen son= niger Hügel, auf Felsabsätzen, auf sandigem oder lehmigem Boden der Aecker und Brach= felder, in Mitteleuropa selten.

In Deutschland nur in den mittleren Teilen zerstreut: Rheinprovinz auf den vulkanischen Bergen des Mayenfeldes und auf Tonschiefer zu Wernerseck, Kreuz= nach, Schlossböckelheim, Niederhau= sen; in Rheinhessen häufig auf dem Ockersheimerhörnchen bei Bingen; in der Rheinpfalz im unteren Alsenz= tal und adventiv bei Roxheim im Getreide (1904); in Baden adventiv im Hafen zu Mannheim 1892, 1894, 1903; im rechtsrheinischen Bayern bei Kitzingen, Windsbach, Regens=

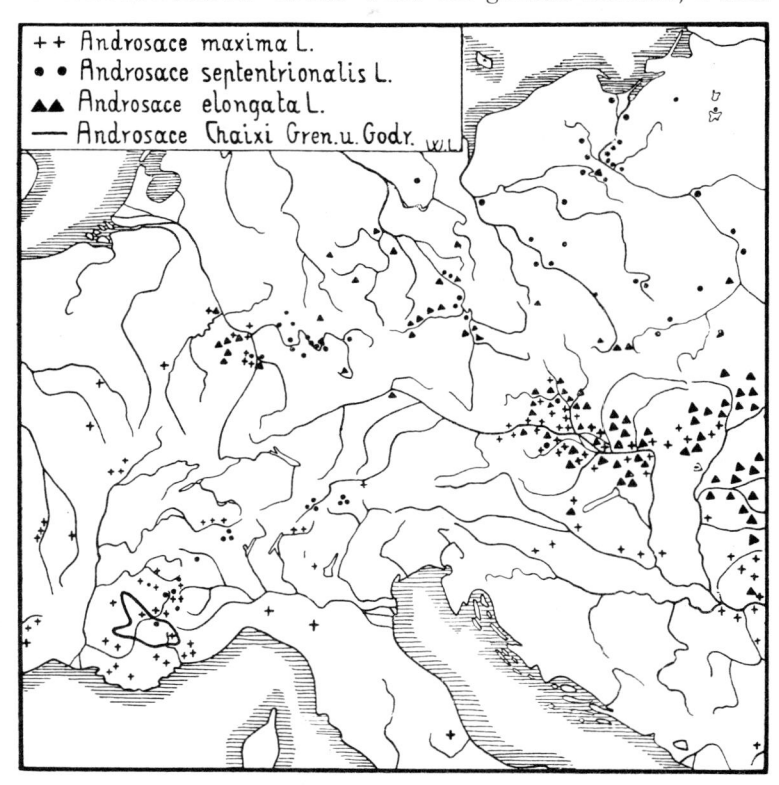

Fig. 2818. Verbreitungsareale in Mitteleuropa von Androsace maxima L., A. sep= tentrionalis L., A. elongata L., mit West- und Südwestgrenzen von A. septen= trionalis und A. elongata, sowie Areal von A. Chaixi Gren. et Godr. Orig. von Dr. W. Lüdi, Bern.

burg, Irmelshausen; bei Erfurt (Kiesgrube), Tennstedt, Halle, Barby in der Provinz Sachsen; im Freistaat Sachsen am Trinitatsfriedhof in Dresden (früher), am Dohnaer Schlossberg, bei Leipzig zwischen Neuscherbitz und Schkeuditz, in Brandenburg nur selten und unbeständig bei Kunnersdorf, zwischen Montplaisir und Glinde, ebenso in Posen (Hohensalza: Dziennitz; Lischkowo) und Schlesien (zwischen Kolbenlehne und Göhlenau bei Friedland, im Waldenburger Gebirge; 1866 von Fiek entdeckt). — In Oesterreich in Böhmen längs des Erz= gebirges von Schlackenwerth bis Teplitz, im Duppauer Basaltgebirge, im Leitmeritzer Mittelgebirge und häufig in der Ebene bei Prag; in Mähren zerstreut als Archaeophyt in sandigen Aeckern und Weinbergen, auch auf Bahndämmen bei Brünn, Mährisch=Neudorf, Znaim, Thajatal; in Schlesien bei Petrowitz a. d. Oder, Polnisch Ostrau, Troppau, Teschen; in Niederösterreich selten bei Krems, Wien, Rodaun, Mödling, Laxenburg. — Fehlt in der Schweiz.

Allgemeine Verbreitung (Fig. 2818): Mitteleuropa, Donaugebiet, mittleres und südliches Russland; Kaukasus, durch Zentralasien und das südliche Sibirien bis in die Ostmongolei, Mandschurei und nach China. In Nordamerika in nahe verwandter Rasse (var. occidentális [Pursh] Rouy), die nach Clermont (Zentralfrankreich) mit amerikanischen Reben eingeschleppt wurde.

Aendert ab: f. nána (Hornem.) Duby. Pflanze bis 20 mm hoch. Blütenschaft 1= bis 2=blütig. Hüll= blätter 1 bis 2. Mit dem Typus zusammen auf sandigen Brachäckern bei Kitzingen am Main in Unterfranken.

Androsace elongata ist eine Art der östlichen Steppengebiete, die in Mitteleuropa als Ausstrahlung des Donaugebietes auftritt und ihre Westgrenze findet. Dabei ist sie vorwiegend auf künstliche Standorte (Ackerfluren) beschränkt; die Angaben der Lokalfloren lassen nicht erkennen, in welchem Umfange sie in Deutschland noch in natürliche Bestände übergeht. Für Komotau im südlichen Vorlande des Erzgebirges (Böhmen) gibt Domin an, dass sie im natürlichen Verein der lichten Eichenwälder vorkomme, zusammen mit Dianthus Armeria, Tunica prolifera, Potentilla recta und P. canescens, Geranium Columbinum, Dictamnus alba, Peucedanum Cervaria, Veronica spicata, Orobanche caryophyllacea, Campanula Bononiensis, Inula Britannica var. sericeo=lanuginosa, Hieracium praealtum, H. cymosum u. a.

**2195. Androsace septentrionális** L. (= A. acaúlis Hort., = A. elongáta Rich., = A. lactiflóra Kar. und Kir., = A. lineáris Grah., = A. multiflóra Lam.). **Nordischer Mannsschild.** Taf. 208, Fig. 4; Fig. 2821, 2822, 2818 und 2820 g, h.

Einjährig, mit schwacher Pfahlwurzel. Schaft und Blütenstiele dicht sternhaarig=flaumig. Laubblätter vorwiegend mit gabeligen oder einfachen Haaren, auf der Fläche verkahlend. Kelch kahl. Alle Haare sehr kurz; ausserdem die ganze Pflanze mit kurzen, rötlichen Stieldrüsen bestreut. Laubblätter in grundständiger Rosette, lanzettlich oder länglich=lanzettlich, sitzend oder in den geflügelten Blattstiel zusammengezogen, spitzlich, gezähnt. Blütenschäfte einzeln oder meist zu mehreren, aus den Achseln der oberen Laubblätter entspringend, 5 bis 15 (30) cm lang, aufrecht, der mittlere länger und kräftiger. Dolde vielblütig, dicht. Hüllblätter 2 bis 3 mm lang, lineal=lanzettlich, zugespitzt. Blütenstiele aufrecht, 3= bis 6=mal länger als die Hüllblätter, zur Fruchtzeit verlängert (1 bis) 3 (bis 5) cm lang. Kelch 3 mm lang, glockenförmig, bis auf ein Drittel geteilt, gelblich oder rötlich mit grünen Rippen und kleinen, kurz=3=eckigen, spitzen Zähnen; die letzteren durch breite, runde Buchten getrennt. Krone weiss oder rötlich mit gelbem Schlund, 4 bis 5 mm lang, den Kelch überragend; Kronröhre bauchig; Saum in der Mitte vertieft, 3 bis 4 mm breit mit verkehrt=eiförmigen Lappen. Kapsel kugelig, etwas länger als der Kelch. Samen 5 bis 10, länglich=3=kantig (1 bis 1,2 × 0,5 bis 0,7 mm), leicht warzig. — V, VI.

Fig. 2819. Androsace elongata L. *a* Habitus im Fruchtstadium. *b* Blütenstand.

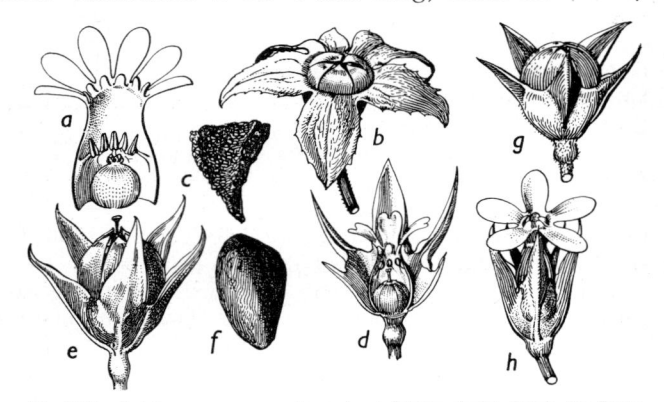

Fig. 2820. Androsace maxima L. *a* Längsschnitt durch die Blüte (ohne Kelch). *b* Frucht im Kelch. *c* Samen (stark vergrössert). — Androsace elongata L. *d* Längsschnitt durch die Blüte. *e* Frucht im Kelch. *f* Samen. — Androsace septentrionalis L. *g* Frucht im Kelch. *h* Blüte (vergrössert).

An sandigen Orten, besonders auf sonnigen Hügeln und trockenen Grasplätzen, auch an Dämmen, auf alten Mauerkronen, auf Aeckern.

In Deutschland zerstreut im Nordosten und im mittleren Teil von Schlesien bis an den Mittelrhein: Grossauheim bei Frankfurt a. M.; Schotten in Oberhessen; früher in Rheinhessen; in Baden adventiv im Hafen von Mannheim und am Neckar bei Ladenburg, früher auf sonnigen Sandfeldern bei Wertheim; in

Bayern bei Weisenheim und Obersülzen in der Rheinpfalz, ferner im Tännig bei Wertheim am linken Mainufer, bei Würzburg, Kitzingen, Grosslangheim, Ochsenfurt u. a. O. am mittleren Main, Bamberg; in Württemberg bei Finsterlohr, bei Tauberscheckenbach; im Freistaat Sachsen in Dresden am Trinitatsfriedhof (früher), bei Berggiesshübel und Liebstadt unweit Glashütte, in Brandenburg bei Neuruppin und Krossen; in Posen bei Radojewo, Olczak=Mühle, Kobylepole, Hohensalza, Schubin, Bromberg, zwischen Wymystowo und Getau; in Westpreussen an der Weichsel vielerorts von Thorn bis Graudenz, bei Marienburg und früher bei Danzig, ferner bei Briesen und Tuchel (adventiv); in Ostpreussen sehr selten am Dombrowa=Berg bei Zollerndorf (Kreis Johannisburg), ferner bei Heilsberg (s. spärlich); in Schlesien in der Ebene von Mittel= und Niederschlesien, meist gesellig, Freyhan, Wohlau, Leubus, Glogau, Guhrau, Porschwitz, Herrnstadt, Steinau, Raudten. — In Oesterreich im nördlichen Böhmen an der Elbe; in Mähren nur bei Nikolsburg; in Niederösterreich selten (Sooser und Badener Lindkogel und Raueneckerberg bei Baden); in Tirol im Hintergrunde des Oetztales zwischen Sölden und Zwieselstein 1400 m und bei Rofen 1960 bis 2050 m, selten. — In der Schweiz im Engadin bei Samaden (Kronen alter Mauern), zwischen Samaden und Zuoz, Zernez, und im Wallis im Gebiet der Vispertäler von zirka 1000 m (Albenkapelle, zwischen Visp und Zeneggen) bis 2200 m, in Trockenwiesen und auf Aeckern.

Allgemeine Verbreitung (Fig. 2818): Im gemässigten Eurasien von den Westalpen und dem mittleren Norwegen bis zur Tschuktschen= Halbinsel, Tibet und Himalaya, in Nordamerika im Gebiet des Felsengebirges nach Süden bis Colorado und Neumexiko.

In Nordamerika bildet die Art mehrere Varietäten; in Eurasien ist allgemein die var. týpica R. Knuth verbreitet. Doch wird mehrfach eine schaftlose Form beschrieben (var. acaúlis Retz., = var. sessiflóra Zmuda), so aus Oeland in Schweden, aus Galizien (Krakau), aus dem Kaukasus. Die schaftlosen Pflanzen von Oeland sind nach Versuchen, die R. Sernander in Uppsala angestellt hat, erblich konstant und nicht mit Zwergformen des Typus zu verwechseln, die mit ihnen zusammen vorkommen und nur 2 bis 3 cm hoch werden. Eine polytope Entstehung dieser schaftlosen Formen ist wohl möglich. Aus Mitteleuropa sind solche bis jetzt nicht bekannt geworden.

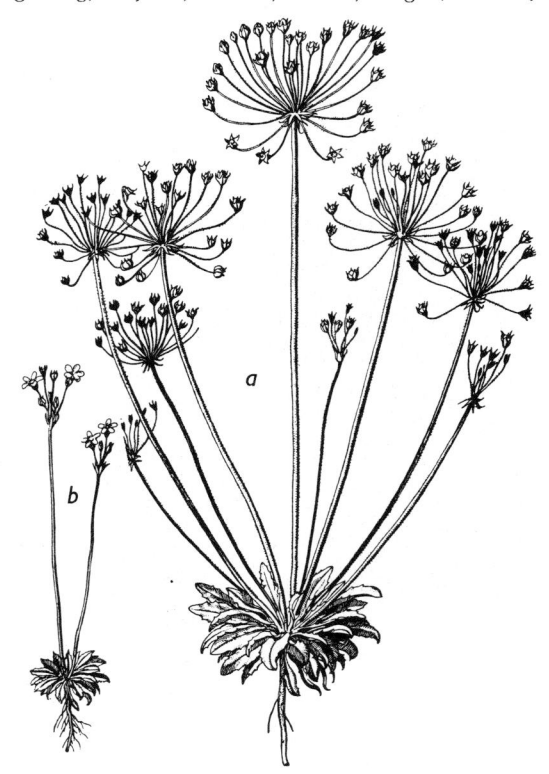

Fig. 2821. Androsace septentrionalis L. *a* Habitus im Fruchtzustand. *b* blühend.

In dem zentralen und nördlichen Europa ist Androsace septentrionalis als eine nordöstliche Einstrahlung zu werten. Nach Preuss hat sie durch das Weichseltal in Ost= und Westpreussen Eingang gefunden. Besonderes Interesse verdient die Verbreitung in den Alpen: Oetztal; Engadin; Vispertäler; Cogne im Aostatal (Italien); Maurienne (Bramans), Briançonnais und Barcelonnette in den französischen West= alpen. Es sind dies Täler im Gebiet der grossen Massenerhebungen der Alpen mit einem kontinentalen Klima, vor allem mit trockenen und verhältnismässig warmen Sommern. Eine ähnliche Verbreitung weist auch Allium strictum auf (Bd. II, pag. 220). So ist das alpine Areal trotz seiner Zerstückelung in erster Linie klimatisch bedingt und erweckt in uns den Eindruck der Disjunktion eines ehemals zusammenhängenden Gebietes infolge klimatischer Veränderungen (vgl. bei A. maxima pag. 1812).

Androsace septentrionalis findet sich in den Alpen im Gegensatze zu Androsace maxima hauptsächlich in natürlichen Beständen, so nach Jos. Braun bei Zernez im Brometum erecti, wo sie offene Stellen besiedelt, zusammen mit Myosotis micrantha und Astragalus aristatus. Bei Visperterminen (Wallis) gedeiht sie nach Lüdi reichlich in Trockenwiesen bei 1360 m, in West= bis Nordwest=Exposition auf feinerde= und humusreichem Boden. Der Rasen wird gebildet von Bromus erectus, Festuca Vallesiaca und F. ovina, Poa bulbosa, P. alpina var. brevifolia, Koeleria cristata; ihm sind eine grössere Zahl von Kräutern eingestreut, neben mehr sporadisch vorkommenden vor allem Bulbocodium vernum, Anemone montana, Biscutella levigata, Erysimum Helveticum, Sedum ochroleucum var. montanum, Sempervivum arachnoideum, Potentilla Gaudini, Medicago lupulina, Trifolium pratense, Anthyllis Vulneraria, Lotus corniculatus, Oxytropis sericea, Onobrychis montana, Pimpinella saxifraga, Primula veris, Thymus serpyllum, Plantago media, Aster alpinus,

Achillea setacea, Taraxacum levigatum. In den offenen Stellen dieser Bestände finden wir gewöhnlich Androsace septentrionalis (Fig. 2822) zusammen mit anderen Therophyten, wie Cerastium semidecandrum, Arenaria leptoclados, Erophila verna, Saxifraga tridactylites, Medicago minima, Myosotis micrantha, Veronica verna. Diese Standorte sind im Vorsommer nicht extrem trocken. Uebrigens sind nach Lüdi die Standorte im hohen Norden des europäischen Verbreitungsgebietes (die Art geht bis ins mittlere Norwegen und Schweden [63° nördl. Breite]) ähnlich beschaffen, jedoch vielleicht trockener, so auf den Karstbildungen des Alvar der Insel Oeland, wo wir die Pflanzen auf kleinen, unbeschatteten Feinerdehäufungen schon Anfang Juli völlig vertrocknet fanden, oder bei Dovre im trockenen Gudbrandstalen (Norwegen) unter 62° nördlicher Breite. Dort wächst die Art an Südhängen auf Sandboden zusammen mit anderen südlichen oder südöst-lichen Arten in Menge. Als Rasenbildner dominieren bald Poa caesia, bald Poa pratensis var. angustifolia, bald Agropyrum repens mit Calamagrostis Epigeos, in deren Beständen Androsace septentrionalis bis 25 cm hohe Exemplare ausbildet. Ferner sind reichlich beigemischt Festuca ovina, Rumex Acetosella, Erysimum hieracioides, Potentilla argentea, Astragalus alpinus, Vicia Cracca, Pimpinella saxifraga, Lappula echinata, Galium verum, Campanula rotundifolia, Erigeron acer, Achillea millefolium, Artemisia vulgaris (stellenweise vorherrschend), Leontodon autumnalis, Crepis tectorum, Hieracium umbellatum.

In Norddeutschland kommt Androsace septentrionalis nach P. Graebner in Callunaheiden vor, an sandigen, trockenen Abhängen, gern auf unbedecktem oder dünnbegrastem Boden, an den Fundorten meist in Menge, besonders in Dünenheiden. H. Wangerin (in litt.) gibt für Ostpreussen (Dombrowa-Berg) an „in hügeligem Gelände auf Sand- und Grandboden, auch auf Brachäckern".

In den französischen Westalpen südlich von Grenoble (45°) findet sich eine endemische Art der Sektion Andraspis, **Androsace Chaixii** Gren. und Godr. (Fig. 2818), die sich eng an die in Nordasien weit verbreitete Androsace lactiflora anschliesst. Von der ebenfalls nahe verwandten A. septentrionalis unterscheidet sie sich durch nickende Blüten, grössere, rötliche Kronen (8 mm Durchmesser), etwas tiefer geteilten Kelch mit spitzen Buchten zwischen den zur Fruchtzeit vergrösserten, abstehenden Zipfeln, den Kelch überragende Fruchtkapsel, kahle Blütenschäfte und Hüllblätter. Möglicherweise handelt es sich hier um eine Mutation von A. septentrionalis, wahrscheinlich aber um einen spättertiären Endemismus, der sich aus einer alten (zu A. lactiflora gehörenden?) Stammform heraus entwickelt hat.

Fig. 2822. Androsace septentrionalis L., bei Visperterminen im Wallis. Phot. W. Lüdi, Bern.

**Bastarde** sind in der Gattung Androsace viel weniger häufig als in der Gattung Primula, aber doch auch nicht selten. In Betracht kommen: Androsace alpina (L.) Lam. × A. carnea L., bei Zermatt im Wallis beobachtet. — A. alpina (L.) Lam. × A. Helvetica Gaud. (= A. Héeri Koch), in Tirol (Kleinfimberspitze m Paznaun, Tonale) und in der Schweiz (Samnaun, Graue Hörner, Martinsloch im Kanton Glarus). — A. alpina (L.) Lam. × A. multiflora (Vand.) Moretti, angeblich im Wallis (Meidenhorn). — A. alpina (L.) Lam. × A. obtusifolia All. (= A. Ebnéri Kerner), in Tirol (Stubai, Kleinfimberspitze im Paznaun, Kalser Alpen, Zaital in Sulden) und in der Schweiz (Penninische Alpen, Graubünden, St. Gallen). — A. alpina (L.) Lam. × A. pubescens DC., im Berner Oberland (Mönchsjoch) — A. carnea L. × A. obtusifolia All. (= A. Pedemontána Rchb. f.), am Illhorn im Wallis, Piemonteser und Cottische Alpen, nach Peters spontan entstanden im Botan. Garten zu Berlin. R. Beyer bestimmte aus den von Rostan in den Cottischen Alpen gesammelten Materialien eine zweite Form dieser Hybride (A. dentáta Beyer). — A. Chamaejasme Wulfen × A. obtusifolia All. (= A. Eschéri Brügger), im Raetikon (zweifelhaft). — A. Helvetica Gaud. × A. pubescens DC. (= A. hýbrida Kerner), in der Westschweiz (Alpen von Bex, Cabane Rambert am Muveran und Dents de Morcles) und im Kanton St. Gallen (Graue Hörner).

## DLXXIV. **Cortúsa** L.[1]) Glöckel.

Ausdauernde Stauden mit grundständigen, grossen und herzkreisförmigen Laubblättern; Blütenschaft mit mehrblütiger Dolde. Kelch glockenförmig, bis zur Mitte oder darüber geteilt,

---

[1]) J. A. Cortusi, Professor und Direktor des botanischen Gartens zu Padua, gestorben 1593.

nach dem Verblühen bleibend. Krone trichter= bis glockenförmig, mit 5 eiförmigen, stumpfen Lappen; Schlund kahl. Staubblätter 5, am Grunde der Krone eingefügt. Staubfäden sehr kurz, am Grunde durch ein Häutchen von 1 bis 2 mm Höhe verbunden, letzteres der Kronröhre angeheftet; Staubbeutel länger als die Staubfäden, mit hervortretendem, lang= zugespitztem Konnektiv, am Grunde herzförmig, zusammenneigend. Fruchtknoten länglich= eiförmig; Griffel fadenförmig, hervortretend; Narbe kopfförmig. Fruchtkapsel eiförmig, an der Spitze mit 5 Klappen aufspringend, vielsamig. Samen zusammengedrückt, linsenförmig, punktiert=runzelig.

Neben unserer Art besitzt das Genus noch eine zweite, gelbblühende im Turkestan (C. Seme= nóvii Herder).

**2196. Cortusa Matthioli[1] L.** (= C. glabréscens Schur, = C. grandíssima Schur, = C. Sibírica Andrz., = Andrósace primulóides Moench, = Prímula Matthioli Richter, = Primula cortusa Sandor, = Corthúsia Matthioléi Rouy). Alpen=Glöckel. Taf. 210, Fig. 8; Fig. 2823 und 2824.

Ausdauernde Staude, bis 50 cm hoch. Wurzelstock kriechend. Grüne Pflanzenteile meist zottig behaart und ausserdem drüsenhaarig. Laubblätter 3 bis 7, grundständig, gross, langgestielt, kreisrundlich mit herzförmigem Grunde und 7 bis 13 spitz=sägezähnigen Lappen. Blütenschaft 10 bis 40 cm hoch, die Laubblätter $1^{1}/_{2}$= bis 2=mal überragend, mit 5= bis 12= blütiger Dolde. Hüllblätter ± lanzettlich, ganzrandig oder gezähnt, oft ungleich, meist viel kürzer als die bis 7 cm langen, schlaffen oder aufrechten Blütenstiele. Kelch 5 bis 6 mm lang, bis zur Mitte geteilt, mit schmal=3=eckigen, spitzen Zipfeln. Krone rosafarben, zirka 1 cm lang, bis zu $^{1}/_{3}$ geteilt; Kronröhre den Kelch überragend. Staubbeutel so lang wie die Kronröhre. Kapsel schmal=eiförmig, beinahe zylindrisch, 2= bis $2^{1}/_{2}$=mal so lang wie der Kelch. — V bis VIII.

In feuchten Gebüschen der montanen und subalpinen Stufe (vor allem im Grünerlen= Gebüsch), in schattigen Schluchten und Tobeln, an überrieselten, moosigen Felspartien, am Saume von Quellen und kleinen Bächen, besonders auf Tuffablagerungen, doch auch auf Lehmboden; kalkliebend.

In Deutschland nur in den Alpen von Bayern, zwischen 1100 bis 1900 m: verbreitet in den Allgäuer Alpen im Quellgebiet des Iller (im Ostrachgebiet und östlich davon fehlend), ferner am Fockenstein bei Tegernsee 1300 m (um 1900 von Obermiller in Sarreit=Waakirchen entdeckt), früher auf dem Lechkies bei Augsburg (beim Lochhaus) herab= geschwemmt. — In Oesterreich: im Vorarlberg häufig im Lechtal

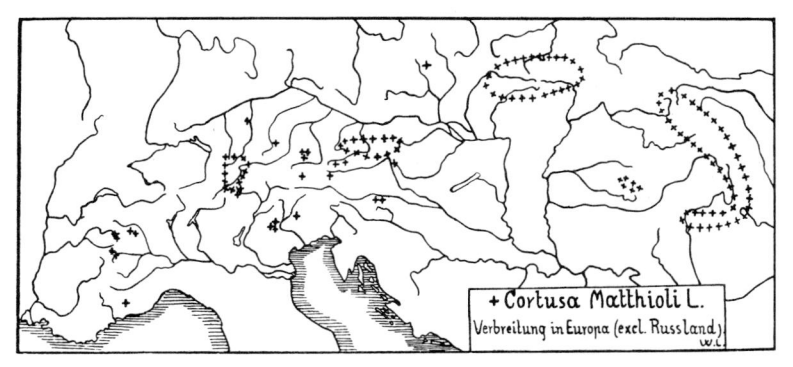

Fig. 2823. Verbreitungsgebiet von Cortusa Matthioli L. in Mittel-Europa. Original von Dr. W. Lüdi, Bern.

zwischen Warth und Zug und bei Zürs; in Tirol verbreitet im obern Lechtal bis Elmen, im obern Inntal von Imst an aufwärts (z. B. Flirsch 1100 m, Paznaun, Landeck, Nauders usw.), Kitzbüheler Schieferberge 1600 bis 1970 m, zerstreut in Südtirol (im obern Vintschgau, Val Tesino, Primiero, Prägraten am Südfuss des Gross= Venediger); in Kärnten selten: Katschtal und Ursulaberg in den Karawanken, fraglich für Petzen und Dobratsch; fehlt in Krain und im Küstenland; in Steiermark in den nördlichen Kalkalpen bis in die Krummholzstufe: Ennstal (Kalbling bei Admont, Hochtorgruppe, Gesäuse), Voralpe und Hochkar im Salzatal, Aflenz, Mariazell, Mürz= steg, Schneealpe, Sattental in den Niedern Tauern, häufig auf dem Hochlantsch, fraglich für die Judenburger

---

[1]) Siehe Bd. IV, 1, pag. 468, Fussnote 1.

Alpen, in Südsteiermark bei Windischgraz und Wöllan; in Niederösterreich in den Kalkalpen längs der steirischen Grenze (Raxalp, Oetscher, Dürrenstein, Emstaleralp u. a., jedoch nicht auf dem Schneeberg); in Oberösterreich ziemlich verbreitet, nach Westen bis zur Traun; in Salzburg nur an der Grenze gegen Tirol, Linkerkopf bei Lofer, Gaisstein, Tristelkogel und am Karek bei St. Michael im Lungau; in Mähren im Punkwatal (Macocha bei Blansko im Bezirk Brünn (hier 1921 von V. Filkuka in Rečkovice entdeckt). — In der Schweiz einzig in Graubünden im Unterengadin (hier zuerst, aber von einander unabhängig, von J. Coaz und J. L. Krättli beobachtet) und dessen Seitentäler (westlichster Standort Choglies oberhalb Ardez), sowie im Münstertal, von 1080 bis 1970 m.

Allgemeine Verbreitung (Fig. 2823): Hochgebirge Eurasiens von den Seealpen bis in den Himalaya, bis nach Nordchina und Japan. In Europa ausser an den genannten Orten noch in den Seealpen am Col di Tenda, in den Grajischen Alpen am Oberlauf der Dora Riparia (Mont Cenis, Exilles), des Orco, der Dora Baltea (Rhêmes, Cogne, Champorcher), im Arc-Gebiet am Mont Cenis (subspontan?) und an der Isère zwischen Gurra und Val d'Isère, ferner in den Venetianischen Alpen (Monte Cavallo), in den Karpaten (mit Lücke in den Waldkarpaten), im nördlichen Zentralrussland (Wologda) und im nördlichen Ural.

Cortusa Matthioli ist in der Blatt- und Kelchform, sowie in der Behaarung ziemlich veränderlich. Podpěra hat neuerdings den ganzen Formenkreis zu gliedern versucht (Beih. zum Botan. Zentralblatt. Bd. 39, 1922 Abt. II), wobei er zur Aufstellung einer Anzahl z. T. auch geographisch abgegrenzter Rassen gelangt. Dabei erwies sich die Behaarung meist als schwankendes Merkmal, stark durch lokale Verhältnisse beeinflusst (gering z. B. an geschützten Standorten, stärker in exponierten Lagen). Uebergangsformen, die manchmal reichlich vorkommen, verkleinern den systematischen Wert der unterschiedenen Rassen. Für Mitteleuropa unterscheidet Podpěra folgende Formen:

Fig. 2824. Cortusa Matthioli L., am Raueck, Gerstruber Tal bei Oberstdorf (Allgäu). Phot. O. Fröhlich, Jena.

I. Laubblätter tief eingeschnitten gelappt; Einschnitte den vierten Teil der Blattfläche erreichend. Lappen halb-elliptisch, jederseits mit 2 bis 3 groben, etwas abstehenden Zähnen, der Endzahn und meist die zwei obersten Seitenzähne grösser und vorstehend, oft kleine Zähnchen tragend.

a) Kelch meist 5 bis 6 mm lang, selten länger.

1. Buchten zwischen den Kelchzipfeln verkehrt-3-eckig, oft spitzlich, selten undeutlich gerundet: f. normális Podp. Bayern im Allgäu; Oberösterreich im Sengsengebirge, auf dem Traunstein, am Hohenock, Gross-Rauning, Almkogel; Niederösterreich am Schoberstein; Obersteiermark bei Mariazell und Admont; Kärnten am Ursulaberg in den Karawanken; Tirol im Lechtal, zwischen Reschen und Nauders, Val Sugana; Schweiz bei Fetan im Unterengadin. Mit schmal gerundeten Kelchbuchten in Oberösterreich (Katzenstein und Dürrenstein), Steiermark (Lantsch, Admont, Gesäuse, Ursulaberg), Tirol (Imst). — subf. longecalýcina Podp. (= C. Welwitschiána Gandoger). Kelch bis 7 mm lang; Zähne 4 mm, lineal-lanzettlich, bisweilen sehr schmal. Oberösterreich bei Windischgarsten, Obersteiermark bei Johnsbach und Admont. Hierher gehört auch als lokale Rasse subf. alpína Podp. mit Laubblättern wie f. Cenísia von der Schwarzau in Oberösterreich und der Lantsch-Ain Obersteiermark.

2. Buchten zwischen den Kelchzipfeln halbkreisförmig gerundet: f. Engadinénsis Podp. (= C. glabréscens Gandoger). Laubblätter bei den typischen Formen etwas tiefer eingeschnitten als bei der vorigen Form, zu der Uebergänge vorhanden sind. Niederösterreich bei Nasswald; Salzburg im Lungau; Niedersteiermark am Ursulaberg; Tirol im Pustertal, Vette di Feltre, Obladis im Oberinntal; Schweiz im Unterengadin. Ferner in Piemont (Cogne und Valle Segusina).

b) Kelch 4 bis 5 mm lang.

Tafel 210

## Tafel 210.
(Entnommen aus Hegi, Alpenflora, 20. Auflage, Tafel 22)

Fig. 1. *Androsace Chamaejasme* (pag. 1802). Habitus.
„ 2. *Androsace villosa* (pag. 1804). Habitus.
„ 3. *Androsace obtusifolia* (pag. 1806). Habitus.
„ 4. *Androsace lactea* (pag. 1809). Habitus.
„ 5. *Androsace carnea* (pag. 1807). Habitus.

Fig. 6. *Androsace Helvetica* (pag. 1795). Habitus.
„ 7. *Androsace alpina* (pag. 1800). Habitus.
„ 8. *Cortusa Matthioli* (pag. 1817). Habitus.
„ 9. *Soldanella minima* (pag. 1826). Habitus.
„ 10. *Soldanella alpina* (pag. 1827). Habitus.
„ 11. *Soldanella pusilla* (pag. 1824). Habitus.

α) Kelchbuchten spitz oder schmal gerundet.

3. Pflanze (besonders Laubblätter und Blattstiele) weich behaart. Blütenstiele meist feinzottig. Blattoberseite und -Unterseite deutlich verschieden gefärbt: f. Tatrénsis Podp. Oberösterreich bei Windischgarsten; Tirol bei Tösens im Oberinntal. Ausserdem in den Karpaten und in den Venetianer Alpen.

4. Pflanze verkahlend. Blütenstiele spärlich und kurz flaumig. Blattoberseite und -Unterseite gleichgefärbt: f. Morávica Podp. Blansko bei Brünn in Mähren.

β) Kelchbuchten halbkreisförmig gerundet: f. Sibírica (Andrz.) Podp. Vom östlichen Sibirien bis in die Karpaten, nach Westen bis zur Tatra.

II. Laubblätter leicht eingeschnitten gelappt; Einschnitte den achten bis zehnten Teil der Blattfläche erreichend.

Kelch 5 bis 6 mm lang. Pflanze wollig behaart. Blattlappen im Umriss gerundet, gezähnt (selten gegen unten gesägt), der Mittellappen die benachbarten leicht überragend. Kelchzähne breit-3-eckig, mit gerundeten Buchten, so lang als die Kelchröhre. Krone 9 bis 10 mm lang: f. Cenísia Podp. (= C. brevistýla Gandoger). Tirol bei Kitzbühel; Schweiz ohne genauere Angabe. Hauptverbreitung am Mont Cenis (Italien), angenähert an der oberen Isère (Frankreich).

In der Blattform übereinstimmend, aber mit kleinerem Kelch (4 bis 5 mm) und grösserer Krone ist die f. Brothéri Podp. in Hochasien. Bei 2 weiteren Formen f. púbens Podp. in den östlichen Karpaten und f. Pekinénsis Podp. in Nordost-Asien und Japan sind die Laubblätter tiefer (bis auf $^2/_5$) eingeschnitten gelappt.

Die Art ist ausgeprägt subalpin, verlangt einen geschützten, schattigen Standort, wahrscheinlich ziemlich hohe, gleichmässige Luftfeuchtigkeit und gedeiht unter diesen Voraussetzungen auch bei der höheren Temperatur des Tieflandes sehr gut. In bezug auf die Bodenansprüche betrachten Kerner und Vierhapper Cortusa als indifferent; immerhin ist sie in den Alpen grösstenteils im Kalkgebirge verbreitet, und da sie feuchte, wasserzügige Standorte besiedelt, besitzt der Boden auch bei kalkarmer Unterlage eine verhältnismässig hohe Jonisation. Vierhapper rechnet sie zu den Arten der ausgesprochen mineralischen, humusarmen Böden. Doch besitzen ihre gewöhnlichen Standorte einen zwar mineralkräftigen, aber meist auch humusreichen Boden. Zuweilen ist die Pflanze unter Adenostyles Alliariae und anderen grossblätterigen Stauden versteckt.

M. Noack zählt Cortusa Matthioli zu den seltenen nordischen Pflanzen in der Alpenflora, die zur Gletscherzeit eingewandert sind. Als Wanderweg kämen dabei nur die Ebenen des zentralen Russland in Betracht, südlich des Eisrandes, da die Art dem Kaukasus fehlt. Jedenfalls gehört sie, entsprechend ihrer Verbreitung, zum altaischen Element der Alpenflora und ist tertiären Ursprungs, wahrscheinlich in Zentral- oder Hochasien entstanden. Ihre heutige Verbreitung innerhalb der Alpen, wo sie auch zur Bildung kleiner Formen geschritten ist, die wiederum eine merkwürdige Verbreitung besitzen und sich teilweise an verschiedene östliche Formentypen anlehnen, ferner die Tatsache, dass sie nach Osten bis Japan geht, das seit langem isoliert ist und von den spättertiären Oreophytentypen der Primulaceen nicht erreicht wird, lässt die Vermutung aufkommen, dass Cortusa einen sehr alten Typ repräsentiert, der das Gebiet der Alpen schon zur Tertiärzeit, vor der Bildung der Oreophyten im engeren Sinne des Wortes bewohnte und sich später ohne wesentliche morphologische Veränderung mit Ausbildung einer geringen Oreophilie erhalten konnte. Wir hätten in diesem Fall einen Typus der sonst in Mitteleuropa beinahe gänzlich verschwundenen tertiären Tiefen- oder besser gesagt Bergflora erhalten. Interessant ist die hohe habituelle Uebereinstimmung mit hierher zu rechnenden ostasiatischen Primeln (z. B. der Sinenses-Gruppe). Auch anatomisch stimmt sie nach Kamienski völlig mit Primula cortusoides überein, abgesehen von der Wurzel, die wie diejenige von Primula farinosa gebaut ist.

Die Blüte von Cortusa Matthioli ist proterogyn (Kerner); die Narbe ragt schon aus der noch geschlossenen Blüte hervor. Scott gibt an, sie sei selbststeril. Nach Nestler (Berichte der Deutschen Botan. Gesellsch. 1912) ist die Pflanze stark hautreizend (vgl. pag. 1721). In Turkestan beherbergt sie eine Uredinee (Puccínia Cortúsae Tranzsch.), die aber in Europa noch nirgends gefunden worden ist. — Die Samen von Cortusa keimen unschwer und liefern auch ohne Frost im Licht gesunde Keimlinge. Rascher und vollständiger erfolgt das Auskeimen bei Anwendung mässiger Kältegrade (zirka —5°); hohe Kälte (—20°) tötet die

Mehrzahl der Samen. Beginnt man aber mit der Anwendung niedriger Kältegrade und steigert die Kälte allmählich, so werden die Samen in hohem Masse frostunempfindlich und ertragen auch niedrige Temperaturen ohne Schaden. Die Pflanzen sind im Alpengarten bei halbschattiger oder schattiger Lage und feuchtem Boden nicht schwer zu ziehen; als besonders günstige Erdmischung wird ungewaschener Flussand mit Ziegelmehl und Torfmull oder Humus, der man noch etwas Kalk zusetzen muss, empfohlen.

## DLXXV. Soldanélla[1]). Alpenglöckchen, Troddelblume.

Kleine, zierliche Stauden mit schief aufsteigender oder kriechender, knorriger, gestauchter Grundachse. Laubblätter grundständig, langgestielt; Spreite rundlich (Fig. 2829 und 2830), kahl, etwas lederig, auf der Unterseite mit zahlreichen, rötlichen Drüsengrübchen. Blüten einzeln

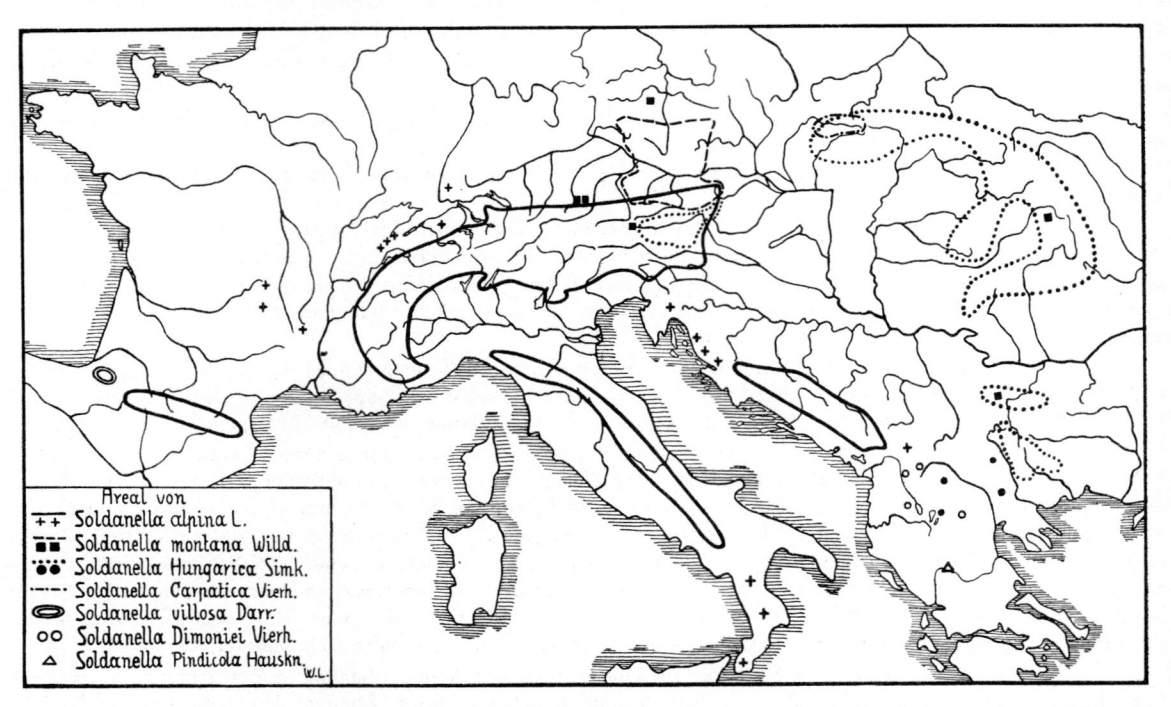

Fig. 2825. Verbreitungsareale der Arten der Sektion Soldanella-Crateriflores: Soldanella alpina L., S. montana Willd. subsp. eumontana (Willd.) Lüdi, S. montana subsp. Hungarica (Simk.) Lüdi, S. montana Willd. subsp. villosa (Darr.) Lüdi, S. Carpatica Vierh., S. Dimoniei Vierh. und S. Pindicola Hauskn. (Orig. von Dr. W. Lüdi, Bern.)

oder in mehrblütiger Dolde auf unbeblättertem Stengel in der Achsel von schuppenförmigen Hüllblättern, kurzgestielt, ± nickend. Kelch 5=teilig, bleibend. Krone glockig bis trichterförmig, in der Knospenlage gefaltet, blau, violett oder weisslich, im Schlunde kahl oder mit 5 ausgerandeten oder gezähnten Schuppen; Kronrand 5=spaltig mit fransig=zerschlitzten Lappen (Fig. 2826 und 2827). Staubblätter im Kronschlund zwischen den Schuppen befestigt; Staubfäden kurz; Staubbeutel herzförmig=länglich, oft mit spitzauslaufendem, vortretendem Träger (Fig. 2827). Fruchtknoten eiförmig, in den fädlichen Griffel allmählich verschmälert; Narbe kopfig; Samenanlagen zahlreich. Kapsel (Taf. 211, Fig. 1) verlängert=kegelförmig, durch den bleibenden verlängerten Griffel gespornt, nach Abwerfen des deckelförmig abspringenden Griffelgrundes mit 5, oft 2=spaltigen, gestutzten Zähnen aufspringend. Samen zahlreich, unregelmässig gerundet=eckig, oft beinahe plattenförmig, mit glatter, brauner Schale und quer liegendem Keimling (Fig. 2835).

---

[1]) Der Name tritt für unsere Gattung anscheinend zuerst bei Clusius auf. Vielleicht zu mittellat. sólidus (ital. soldo) = Geldmünze, nach der runden Form der Blätter. Von den alten Botanikern wurde der Name vor allem für die Meerwinde (Convolvulus Soldanella) und den Bärlapp (Lycopodium clavatum) gebraucht.

Nach den Untersuchungen von Borbás (Beihefte zum Botan. Zentralblatt. Bd. 10, 1901) und von Vierhapper (Festschrift zu Aschersons 70. Geburtstag, 1904) wird die Gattung eingeteilt in die beiden Sektionen der Tubiflóres (S. pusilla und S. minima) und Crateriflóres (S. alpina, S. montana, S. Carpatica, S. Dimoniei, S. Pindicola [nur fruchtend bekannt]). Sie umfasst insgesamt 7 Arten, die noch eine kleine Anzahl weiterer Formen einschliessen und ist auf die hohen Gebirge des mittleren Europa von den Pyrenäen bis in den Balkan beschränkt (alpin-mitteleuropäisches Element). Die grösste Formenentwicklung besitzt sie im östlichen Teile des Gattungsareals. Die der Flora von Mitteleuropa fehlenden Arten finden sich: S. Carpatica Vierh. in den nördlichen Karpaten, S. Dimoniéi Vierh. in den westmazedonischen und albanischen Gebirgen, S. Pindícola Hauskn. im Zygossattel des Pindusgebirges. Auch aus Armenien wird eine Art angegeben (S. Arména Lipky), die nach Beschreibung und Originalexemplar zu den Tubiflores zu stellen wäre, aber nie mehr gefunden werden konnte, so dass sie zweifelhaft bleibt.

Die einzelnen Arten der Gattung sind miteinander sehr nahe verwandt und berühren sich oft mit ihren extremen Varianten. So lassen sich die Crateriflores-Formen in eine beinahe lückenlose Formenreihe bringen: Soldanella montana subsp. villosa-eumontana—montana subsp. Hungarica—Dimoniei—Carpatica—alpina, an welche sich mit einem grösseren Sprung die Tubiflores anschliessen. Doch sind auch die Beziehungen zu den Tubiflores durch Variation in der Ausbildung der Blattform, Kronform und in der Form der Schlundschuppen enge. So wurde z. B. von Beck die Form der Soldanella minima mit ausgebildeten Schlundschuppen zu S. alpina gestellt.

Trotz dieser nahen Verwandtschaft hat meist eine gute Ausscheidung der Areale nahe verwandter Arten stattgefunden, wie ein Blick auf die Verbreitungskärtchen (Fig. 2825 und 2833) zeigt und wie es besonders von Vierhapper betont wurde. Es ersetzen sich innerhalb des Gebietes in regionalem Horizontalvikarismus S. minima und subsp. Austriaca, S. montana und subsp. Hungarica, in vertikalem Pseudovikarismus S. montana (resp. subsp. Hungarica var. major) und S. alpina. Standörtliche und oft auch regionale Pseudovikaristen sind S. pusilla und S. minima, manchmal auch S. alpina und S. pusilla.

Soldanella ist als Gattung jedenfalls tertiären Ursprungs (arktotertiärer Stamm der Alpenflora). Sie steht innerhalb der Primulaceenfamilie sehr isoliert da. Nach dem Fruchtbau ist sie der ostasiatischen Hochgebirgsgattung Bryocárpum Hook. und Th. mit 7-zähligen Blüten am nächsten verwandt. Habituell geben sich auch starke Anklänge an ostasiatische

Fig. 2826. Nervatur von Kelch und Krone bei Soldanella (nach S. Thenen). Volle Linie = Hauptnerv, punktiert = Nebennerv. Ansatzstellen der Staubblätter angegeben. *a* Kelch von S. minima Hoppe subsp. Austriaca (Vierh.) Lüdi. *b* Krone von S. montana Willd. subsp. Hungarica (Simk.) Lüdi. *c* Krone von S. montana subsp. eumontana (Willd.) Lüdi (Formen der subsp. Hungarica sind ähnlich). *d* Krone von S. minima Hoppe subsp. Austriaca (Vierh.) Lüdi. *e* Krone von S. alpina L.

Primeln. Diels sieht in Soldanella eine aus gemeinsamer Wurzel stammende Parallelbildung zu Primula, wie Bryocarpum in Ostasien. Die Tatsachen, dass der als primitiv anzusprechende Typus S. montana sich in den Ostalpen—Karpaten—Balkan—Gebirgen einerseits, in den Westpyrenäen andererseits findet, während der abgeleitete Typus S. alpina in beinahe lückenlosem Areal von Illyrien und dem Ostrand der Alpen bis in die Pyrenäen verbreitet ist, ferner dass die auf das Hochgebirge beschränkten Tubiflores starke Disjunktionen aufweisen, weiterhin auch die gute räumliche Scheidung von nahe verwandten Formen, deuten darauf hin, dass sich schon frühzeitig mehrere Formen ausbildeten, von denen S. alpina die Eiszeiten am besten überstehen konnte, was bei der euryözischen Einstellung dieser Art begreiflich erscheint. Als Hauptbildungszentrum kommen die Ostalpen und Balkangebirge in Betracht. Hier vereinigen sich die grösste Zahl von Arten und Formen. F. Vierhapper vermutet in dem Begleittext zu seinen Verbreitungskarten der Gattung Soldanella (Die Pflanzenareale. Reihe I/1, 1926), dass sich von dem Urtypus zuerst S. alpina abgespaltet habe, und dass die Tubiflores infolge des Mangels von Schlundschuppen der Urform am nächsten stehen dürften. Die zeitliche Folge der Entstehung der einzelnen Arten ist wohl eine Sache der reinen Hypothese, und im allgemeinen wird man eher Arten mit starken Disjunktionen als älter betrachten. Ausserdem besitzt S. alpina einen verhältnismässig stark spezialisierten Bau der Krone (s. pag. 1822). Was die Aehnlichkeit mit der Urform anbetrifft, so würde der Bearbeiter (Lüdi) eher die montana-Gruppe als primitiv ansehen, da die Tubiflores schon eine zweite und höhere Stufe von oreophytischer Anpassung erkennen lassen, und der Besitz von Schlundschuppen ebensogut eine alte wie eine neue Erwerbung sein kann.

Diese Schlundschuppen hat man früher als Rudimente des fehlenden äussern Staubblattkreises, als Staminodien, aufgefasst. Ein vertieftes Studium der Sache lässt die Verhältnisse aber etwas anders erscheinen. Die Fransen der Krone (lacinulae) sind gesetzmässig angeordnet (Fig. 2826), nämlich in 5 Lappen, die mit den Kelchblättern abwechseln (lobi) und 5 Lappen, die vor den Kelchblättern stehen (laciniae). Je nach der Art sind die lobi ± geteilt. Thenen (vgl. pag. 1723) gibt an, dass die laciniae vom Mittelast des Nebennerven versorgt werden, die lobi vom Hauptnerven und dem ihm zugekehrten Seitenast des links und rechts anstossenden Seitennerven. Nach Analogie mit den übrigen Primulaceen fasst deshalb R. v. Wettstein die lobi als Homologon der Blumenkronzipfel auf, die laciniae dagegen als Staminodialbildungen, die sich, wohl durch Mutation, der Krone so eingefügt haben, dass sie als integrierender Bestandteil derselben erscheinen. Diese Auffassung ist allgemein angenommen worden. Dabei bleibt aber nicht ausgeschlossen, dass auch die Kronschuppen sich bei der endgültigen Ausbildung der Krone aus einem Staubblatteil gebildet haben können. Betrachtet man die Arten der Gattung Soldanella unter dem Gesichtspunkt der Kronbildung, so ergeben sich als einfachste Formen S. montana subsp. Hungarica und S. Carpatica, da bei ihnen die lobi meist ungegliedert sind oder 3-zackig, anschliessend S. eumontana (lobi typisch 3-zipfelig), dann S. pusilla und S. minima (lobi 3- bis 4-zipfelig) und schliesslich S. alpina (lobi am stärksten gegliedert, mit meist 5 lacinulae). Dieser Entwicklung der Krone geht eine Veränderung der Nerven parallel: der bei den primitiven Formen unverästelte Hauptnerv (= Mittelnerv der lobi) beginnt sich zu verästeln, während der ursprünglich 3-ästige Nebennerv beinahe unverändert bleibt. Die reichlichere Gliederung der Krone geht also Hand in Hand mit der Fortentwicklung des Hauptnerven. Grintescu fand auf dem Cehalau in den Karpaten der Moldau eine Soldanella Hungarica-Form (S. Herétii Grin.), die sich durch das völlige Fehlen der laciniae auszeichnet.

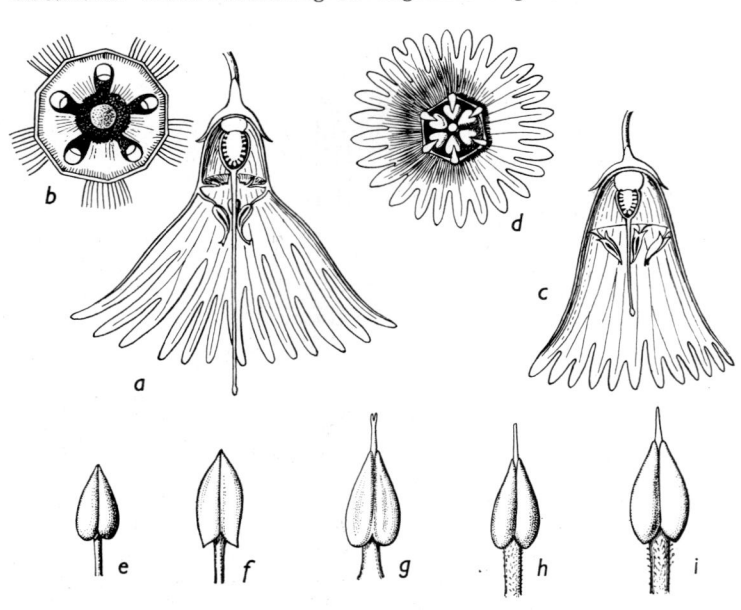

Fig. 2827. *a* Längsschnitt durch die Blüte von Soldanella alpina L. *b* Blüte dicht über der Saftdecke abgeschnitten (von oben gesehen). — *c* Längsschnitt durch die Blüte von Soldanella pusilla Baumg. *d* Dieselbe gerade von oben gesehen. — Staubblätter: *e* von Soldanella minima Hoppe. *f* S. pusilla Baumg. *g* S. alpina L. *h* S. montana Willd. subsp. Hungarica (Simk.) Lüdi. *i* S. montana Willd. subsp. eumontana (Willd.) Lüdi. (Fig. *a* bis *d* nach Müller-Lippstadt und C. Schröter, *e* bis *i* Original von W. Lüdi.)

Thenen fasst sie als regressive Mutation der subsp. Hungarica auf, bei welcher die Staminodien und der Mittelast des Nebennerven ganz unterdrückt worden sind. Für die Kelchnerven lässt sich die skizzierte Entwicklungsrichtung nicht feststellen. Die Hauptnerven sind durchwegs unverzweigt; die Nebennerven sind bei S. alpina am besten entwickelt, bei S. minima sehr schwankend (besser bei subsp. Austriaca erhalten) und fehlen bei den übrigen Arten (scheinen bei S. villosa erhalten zu sein). Also ist bei den alpinen Arten der Gattung Soldanella die xerophytische Entwicklungstendenz, die sich nach Thenen sonst besonders schön innerhalb der Androsaceae-Gattungen ausprägt, nicht vorhanden, was darauf zurückgeführt wird, dass die alpinen Soldanellen an Standorten leben, deren Boden zur Blütezeit stets wassergesättigt ist. Die Blüten sind homogam bis proterogyn und homostyl. Am Grunde der Krone wird Honig abgesondert, der durch die nickende Lage der Blüte (wie auch der Blütenstaub) gegen Benetzung und bei den Crateriflores durch die kegelig zusammenneigenden und die Zwischenräume zwischen den Staubblättern versperrenden Schlundschuppen auch gegen Honigräuber geschützt ist (Fig. 2827 a). Bei den Tubiflores ist der Honigverschluss erheblich weniger ausgebildet (Fig. 2827 c); doch wird das Fehlen der Schlundschuppen teilweise ausgeglichen durch die schlankere, weniger zerschlitzte Form der Kronröhre und die starke Neigung der Blüten. Die Innenseite der Glöckchen ist bei dieser Gruppe mit blauen oder purpurnen Längsstreifen versehen, die als Saftmale gedeutet werden. Die Soldanellen sind ausgesprochene Bienenblumen; auch Schmetterlinge und Fliegen sind auf den Blüten beobachtet worden; doch scheinen sie nach Hermann Müller keine Bestäubung herbeizuführen. Die Hummeln und Bienen klammern sich an der Krone fest und bringen durch ihr Gewicht die Blüte in eine stark hängende Lage. Wenn sie nun den Honig suchen, stossen sie mit dem Kopf zuerst an die weit vorstehende Narbe und streifen Blütenstaub, falls sie solchen mitgebracht haben, ab. Dann bringen sie den Rüssel zwischen dem Griffel und den ihn dicht umschliessenden Staubbeuteln oder auch zwischen den Staubbeuteln und den Schlundschuppen in die Tiefe. Durch diese Erschütterung werden die Staubbeutel aus ihrer Lage gebracht und der Blütenstaub, der sich oft schon vorher zwischen den geplatzten Pollensäcken und dem Griffel aufgehäuft hat, stürzt hinunter, dem Insekt auf den Kopf. Dabei ist natürlich auch Selbstbestäubung möglich. Sie wird jedoch bei proterogynen Blüten erschwert (von Ricca und Kerner für S. alpina angegeben; H. Müller dagegen fand Narben und Blütenstaub gleichzeitig entwickelt; vgl. dazu Stäger's Beobachtungen an Androsace alpina, pag. 1790).

Zur Fruchtzeit strecken sich die Blütenstiele in die Höhe und trocknen elastisch ein (vgl. Abbild.), so dass die Kapsel beinahe senkrecht steht. Der Wind schüttelt die Samen heraus. Diese sind etwas grösser als bei den Primelarten (1,5 bis 2 mm Durchmesser), eckig, ohne fädige Wülste, wellig punktiert, braun und bei den einzelnen Arten gleich gebaut.

Die Alpenglöckchen gehören zu den auffallendsten Frühblühern unserer Alpen. Insbesondere gilt dies von den hochalpinen Arten S. alpina, S. pusilla und S. minima, die unmittelbar nach der Schneeschmelze blühen, so lange der Boden noch vom Schneewasser durchtränkt ist. Häufig brechen die Blüten sogar durch die dünn gewordene Winterschneedecke durch, nachdem sie sich einen kleinen Hohlraum im Schnee ausgeschmolzen haben (Fig. 2828). Wie Josias

Fig. 2828. Soldanelle pusilla Baumg., auf dem Patscherkofel bei Innsbruck. Phot. W. Schacht, München.

Braun (Jahresber. Naturforsch. Gesellschaft Graubünden. Bd. 50, 1908) überzeugend nachgewiesen hat, beruht dieses Durchschmelzen nicht auf der Eigenwärme der Pflanze, sondern auf der Absorption der in den Schnee eindringenden Sonnenwärme, wozu die dunkelgrünen Blätter und vor allem die rotgefärbten Knospen und Blütenstiele wohl geeignet sind. Der Blütenstiel ist dabei zuerst vollständig eingekrümmt, streckt sich jedoch in dem Masse, wie der freie Raum höher wird. Voraussetzung für den ganzen Vorgang ist eine beträchtliche Luftwärme, so dass der Boden wenigstens tagsüber unter der Schneedecke aufgefroren und vom Schmelzwasser durchtränkt ist. Grisch (Pflanzengeographie der Bergünerstöcke, Dissertation, Zürich 1907) fand sogar blühende Soldanella alpina in Tusagn (Graubünden) am 2. Juni 1903 in 2000 m Meereshöhe unter einer 25 bis 30 cm dicken Winterschneedecke. Eine Blüte war völlig entwickelt, zwei andere waren in der Entwicklung weit vorgeschritten, nur etwas blasser als gewöhnlich. Der Boden war noch 4 bis 5 cm tief gefroren; doch floss über die Oberfläche Schmelzwasser, und die Pflanze hatte in unmittelbarer Nähe der Ansatzstelle der Blätter dünne, fadenförmige Wurzeln getrieben, allem Anschein nach, um die wachsenden Teile mit Wasser zu versorgen.

Die Keimung der Samen ist bei den einzelnen Arten etwas verschieden. S. montana keimt leicht und rasch im Licht; viel langsamer und unvollständiger im Dunkeln. Frost ist von geringer keimungsbefördernder Wirkung. Auch S. pusilla keimt besser im Licht; bei ihr wird aber durch Frost die Keimung sehr befördert. S. alpina dagegen keimt im Dunkeln viel besser. Bei den Versuchen von Kinzel hatten im Dunkeln schon 70 % der Samen gekeimt,

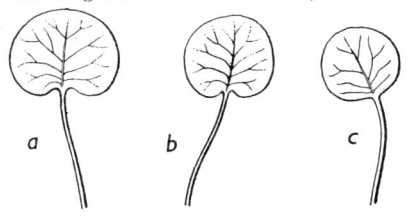

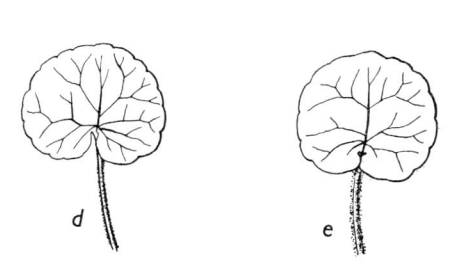

Fig. 2829. Blatt-Typen: *a, b* von Soldanella alpina L. *c* S. alpina L. var. pirolaefolia (Schott, Nyman et Kotschy). *d* S. montana Willd. subsp. Hungarica (Simk.) Lüdi. *e* S. montana Willd. subsp. eumontana (Willd.) Lüdi.

als die Keimung im Lichte begann. — Die Wurzeln aller Arten hauchen ein feines Aroma aus.

Für kleine Steinpartien der Gärten eignen sich die Soldanellen als zierliche Frühblüher. Sie verlangen einen humusreichen, feuchten Boden in etwas beschatteter Lage. S. pusilla und S. montana scheuen den Kalk. Im Winter ist eine leichte Laubbedeckung notwendig, welche die Schneedecke der Gebirgslagen ersetzen muss.

Auf den Blättern aller unserer Soldanellenarten findet sich häufig ein schmarotzender Rostpilz, Puccinia Soldanéllae (DC.) Fuck. Das Myzel dauert in den Blättern aus und ruft eine Missbildung derselben hervor. Im Sommer entstehen auf den jungen Blättern die Aecidien, im nächsten Frühling die Uredo- und Teleutosporenlager.

Ausserdem wurden noch folgende niedere Pilze auf Soldanella-Arten beobachtet (nach Oudemans): Ascomyceten: Heterosphæria lácera Fuck. (S. alpina); Deuteromyceten: Depázea soldanellǽcola Kirchn. (S. montana), Septória Soldanéllae Speg. (S. alpina, S. montana); Septória versícolor Bub. (S. montana), Botrýtis fuscáta Cda. (S. alpina), Cladospórium Soldanéllae Jaap (S. alpina).

1. Blütenschaft meist 1-blütig. Krone röhrig oder glockig-trichterförmig, gleichmässig auf höchstens $^1/_3$ ihrer Länge zerschlitzt, in der Regel ohne Schlundschuppen (Fig. 2827 c). Antheren kurz oder gar nicht zugespitzt. Kapsel 5-zähnig. Laubblatt klein (mittlerer Durchmesser kleiner als 1 cm), am Rande mit wenigen Wasserspalten . . . . . . . . . . . . . . . . . . . . . . . . . . . . . . . . . . . . . . . . . . . . . . . . . . . . . . . . . 2.

1*. Blütenschaft meist mehrblütig. Krone trichterförmig, ungleichmässig bis über $^1/_3$ ihrer Länge zerschlitzt, mit Schlundschuppen (Fig. 2827 a). Antheren lang zugespitzt. Kapsel in der Regel 10-zähnig. Laubblatt grösser (mittlerer Durchmesser grösser als 2 cm), am Rande mit zahlreichen Wasserspalten . . . 3.

2. Blatt- und Blütenstiele in der Jugend spärlich mit sitzenden Drüsen besetzt, später gänzlich verkahlend. Blattspreite dünn, mit breiter Basalbucht (Fig. 2830 a, b), oberseits vorspringenden Nerven und kleinen Drüsengrübchen. Antheren am Grunde zugespitzt (Fig. 2827 f) . . . . . . . S. pusilla nr. 2197.

2*. Blatt- und Blütenstiele in der Jugend dicht mit kürzer oder länger gestielten Drüsen besetzt, später nur teilweise verkahlend; Blattspreite dicklich, meist kreisrund und ohne Basalbucht (Fig. 2830 c bis f), oberseits ohne vorspringende Nerven, mit grösseren Drüsengrübchen. Antheren am Grunde abgerundet (Fig. 2827 e) . . . . . . S. minima nr. 2198.

3. Blatt- und Blütenstiele in der Jugend spärlich mit sitzenden Drüsen besetzt, später gänzlich verkahlend. Blattspreite dicklich, ± ganzrandig, mit breiter Basalbucht (Fig. 2829 a bis c). Schlundschuppen breiter als lang, seicht ausgebuchtet . . . . . . . . . . S. alpina nr. 2199.

3*. Blatt- und Blütenstiele in der Jugend dicht mit deutlich gestielten Drüsen besetzt, später nur die Blattstiele gelegentlich verkahlend. Blattspreite dünn, gekerbt, mit schmaler Basalbucht (Fig. 2829 d, e). Schlundschuppen länger als breit, 2-lappig . . . . . . . . . S. montana nr. 2200.

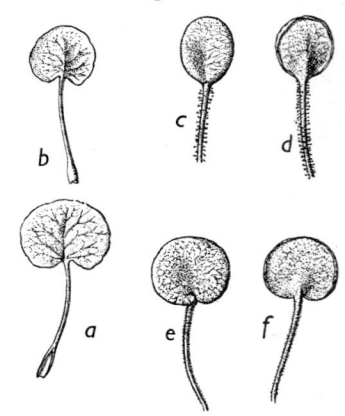

Fig. 2830. Blatt-Typen. *a, b* von Soldanella pusilla Baumg. *c, d* von S. minima Hoppe subsp. euminima (Hoppe) Lüdi, *e, f* von S. minima Hoppe subsp. Austriaca (Vierh.) Lüdi.

**2197. Soldanella pusilla** Baumg. (= S. Clúsii Gaud., = S. minima Hoppe). Kleines Alpenglöckchen. Franz.: Soldanelle délicate; engl.: Dwarf snowbell. Taf. 210, Fig. 11; Fig. 2831, 2832, 2833, 2827 c, d und f, 2828 und 2830 a, b.

Ausdauernd, mit kurzer, schiefabsteigender, etwas knotiger Grundachse. Junge Blätter und Blütenstiele sparsam mit sitzenden Drüsenhaaren bekleidet, später verkahlend; übrige Pflanzenteile kahl. Blattspreiten dünn, lederig, rundlich-nierenförmig bis rundlich, mit breiter Basalbucht (Fig. 2830 a, b), Durchmesser bis 1 cm, meistens 5 bis 8 mm, ganzrandig, auf der Unterseite mit zahlreichen, sehr kleinen Drüsengrübchen, auf der Oberseite mit vortretenden Nerven, letztere namentlich im getrockneten Zustand sehr deutlich werdend; Spaltöffnungen nur unterseits. Blütenschaft 4 bis 9 cm hoch, 1-blütig. Blüten nickend oder hängend. Krone rötlich-violett, selten weiss, getrocknet meist blau werdend, röhrig-glockenförmig, 10 bis 15 mm lang, bis auf etwa $^1/_4$ der Länge gleichmässig zerschlitzt, innen blau gestreift, ohne Schlundschuppen (Fig. 2827 c, d), doch zuweilen ein Schlundring vorhanden. Antheren $2^1/_2$ bis 3 mm lang, kurz

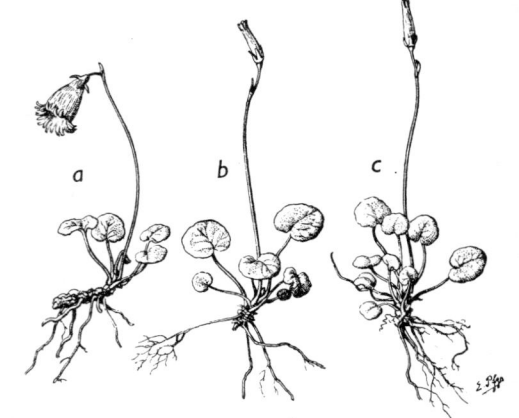

Fig. 2831. Soldanella pusilla Baumg. *a* Pflanze in Blüte, *b, c* in Frucht (Natürliche Grösse).

zugespitzt, kaum die Hälfte der Länge der Kronröhre erreichend; Staubbeutel am Grunde zugespitzt (Fig. 2827 f). Kapsel 10 bis 15 mm lang, 5-zähnig. — V bis VIII.

Häufig auf humosem, kalkarmem, lange vom Schneewasser durchfeuchtetem Boden der Hochalpen, besonders in den Schneetälchen, von 1800 m bis 3100 m (Wallis), selten herabsteigend (1500 m auf Lawinenkegel im Val Piumogna in Graubünden, bei Brixen 1200 m, Obernberg in Nord=Tirol 1300 m, 1300 in Steiermark, 1560 m in Bayern).

In Deutschland nur in den Bayerischen Alpen, auf toniger Unterlage verbreitet aber nicht häufig von 1560 bis 2380 m. — In Oesterreich häufig durch die ganzen Zentralalpen bis zur Koralpe; weniger verbreitet und stellenweise selten in den nördlichen Kalkalpen, nach Osten bis zum Hochschwab; selten in den südlichen Kalkalpen von Tirol (Sexten, Schlern, Fassa, Monte Castellazzo, Monte Baldo), Kärnten und Krain bis in die Julischen Alpen (Mangart, Triglav); steigt in Tirol bis 2800 m am Stilfserjoch, in Steiermark bis 2600 m. Fälschlich angegeben für die Karawanken und Sanntaleralpen, sowie für die Kalkalpen von Niederösterreich. Hier (nach F. Vierhapper in litt.) von Beck mit dem häufigen Bastard S. alpina × S. Austriaca verwechselt. — In der Schweiz häufig im östlichen Gebiet der Zentralalpen, nach Westen bis ins obere Wallis (vorgeschoben bei Zermatt) und zum Kandertal, in Graubünden bis 2900 m steigend (Piz Laiblau), selten in den nördlichen Kalkalpen (Alvier in St. Gallen, Altmann in Appenzell, Silbern im Kanton Schwyz u. a. O.). Im Tessin nach Süden bis zum S. Jorio=Pass und zum Pizzo di Gino.

Fig. 2832. Soldanella pusilla Baumg., an den Schladminger Tauern, Steiermark. Phot. R. Fischer, Sollenau, N.Ö.

Allgemeine Verbreitung (Fig. 2833): Alpen (vom östlichen Wallis und Berner Oberland an östlich), östliche Karpaten (Rodnaer Alpen, Transsilvanische Alpen), östliche Gebirge der Balkanhalbinsel, Apennin der Emilia.

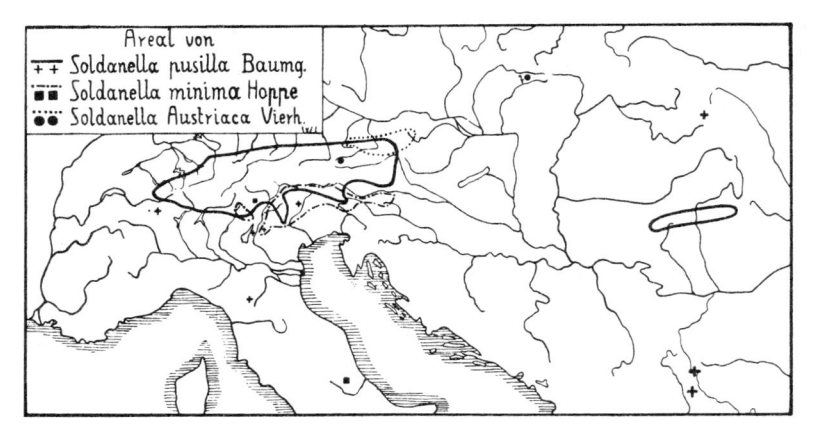

Fig. 2833. Verbreitungsareale von Soldanella pusilla Baumg., S. minima Hoppe subsp. euminima (Hoppe) Lüdi und S. minima Hoppe subsp. Austriaca (Vierh.) Lüdi. Original von Dr. W. Lüdi, Bern.

Aendert ab: var. chrysosplenifólia J. Murr. Pflanze kräftiger. Laubblätter grösser (20 bis 30 mm breit), mit tiefer Basalbucht, am Rande sehr breit und stumpf gekerbt. Rauz an der Arlbergstrasse (1600 m), in Grünerlenbeständen (1911). Nach Murr wohl Produkt des tiefen, humosen Standortes. — f. lilacina (Brügger) Lüdi. Krone lilafarben, innen purpurn gestreift. Drüsenhaare zahlreich, kurzgestielt (Graubünden: Flüela und Samnaun; Salzburg: Fuschertauern). Auf kalkreichen Böden bildet sie nach Vierhapper eine Form mit lichter gefärbter Krone und anscheinend etwas dickeren Laubblättern (f. calcicola Vierh.). — var. parviflóra Freyn vom Stilfserjoch ist nach Dalla Torre und Sarnthein nur eine durch den Standort bedingte Kümmerform. — Dagegen beschreibt R. v. Wettstein eine Form mit Calycanthemie, die sich in der Kultur konstant erhielt, und die er als eine Mutation betrachtet. Er entdeckte im Juli 1900 am Simmingerjoch im Gschnitztal 4 Individuen mit blumenkronähnlichem Kelch. Im September erntete er die Samen und säte sie in seinem dortigen Versuchsgarten (in 2390 m Höhe) aus. 1902 keimten einige Pflänzchen, die jedoch erst 1907 blühten. Unter ihnen waren wiederum 4 Exemplare mit Calyc=

anthemie. Die korollinische Ausbildung des Kelches wird als Monstrosität hin und wieder beobachtet (z. B. auch am Flüela) und ähnelt sehr derjenigen bei S. alpina; doch weisen die verbildeten Kelchzipfel stets die gleiche Farbe auf wie die Krone und erscheinen bei S. alpina feiner zerschlitzt als bei S. pusilla.

Soldanella pusilla ist in den Alpen eine Charakterpflanze der Schneetälchen und findet sich in den Polytrichum septentrionale-Teppichen, besonders aber in der Salix herbacea-Assoziation, zusammen mit Salix herbacea, Luzula spadicea, Cerastium cerastioides, Arenaria biflora, Cardamine alpina, Sibbaldia procumbens, Alchemilla pentaphyllea, Ligusticum Mutellina, Primula integrifolia (Schweizeralpen), Veronica alpina, Gnaphalium supinum, Chrysanthemum alpinum, Taraxacum alpinum. Vgl. auch Bd. III, pag. 409 S. pusilla in Schneetälchen als Begleiterin von Arenaria biflora.

Die Art ist nicht als kalkfliehend zu bezeichnen, siedelt sich aber in Kalkgebirgen in der Regel erst an, wenn in Mulden oder auf flachen Rücken der Kalkgehalt ausgelaugt worden ist und sich eine tonige oder tonigsandige, humusreiche Bodenschicht gebildet hat, die ihr auch wegen des grösseren Wasserspeicherungsvermögens günstige Lebensbedingungen bietet. In den Kalkgebieten der Ostalpen lebt Soldanella pusilla mit der dort neben ihr verbreiteten S. minima in lokalem „Pseudo-Vikarismus", d. h. sie sucht bei sonst ähnlichen Klima- und Bodenverhältnissen die kalkarme Unterlage auf, jene die kalkreiche.

**2198. Soldanella minima** Hoppe. Kleinstes Alpenglöckchen. Taf. 210, Fig. 9;
Fig. 2826 a, d, 2827 e, 2830 c bis f, 2833 bis 2836.

Ausdauernd, mit schief absteigender oder beinahe wagrechter, oft sehr verlängerter und mehrköpfiger, ziemlich glatter Grundachse. Junge Blätter- und Blütenstiele reichlich mit deutlich gestielten Drüsenhaaren bekleidet, später nur die Blattstiele teilweise oder gänzlich verkahlend; übrige Pflanzenteile kahl. Blattspreiten dicklichlederig, kreisrundlich oder sogar länger als breit, ohne oder mit ganz flacher Basalbucht, von höchstens 1 cm (meist zirka 6 mm) Durchmesser, ganzrandig mit oft nach unten umgebogenem Rand, auf der Unterseite mit zahlreichen, ziemlich grossen Drüsengrübchen, auf der Oberseite glatt, ohne vorspringende Nerven (getrocknet durch Schrumpfung runzelig). Blütenschaft 4 bis 9 cm hoch,

Fig. 2834. Soldanella minima Hoppe, Chiampatsch-Joch (Südtirol bei Colfosco). Phot. Georg Eberle, Wetzlar.

1- (selten 2-) blütig. Blüten überhängend. Krone blasslila, zuweilen fast weiss, röhrig-glockig oder trichterig-glockig, 10 bis 15 mm lang, bis auf $1/4$ bis $1/3$ der Länge gleichmässig zerschlitzt, innen blaugestreift, ohne, seltener mit zarten Schlundschuppen. Antheren zirka 2 mm lang, an der Spitze stumpflich, kaum die Hälfte der Kronröhre erreichend, am Grunde abgerundet (Fig. 2827 e). Kapsel 8 bis 15 mm lang, oft etwas gebogen, 5-zähnig. — V bis VII.

Auf humosem, feuchtem Kalkboden der östlichen Kalkhochalpen, meist erst über der Baumgrenze, doch gelegentlich weit hinabsteigend (in Friaul bei Moggio bis 300 m).

Zerfällt in 2 regional vikarierende Unterarten:

a) **subsp. euminima** (Hoppe) Lüdi. Fig. 2835, 2833 und 2830 c, d. Drüsen an den jungen Blatt- und Blütenstielen dicht stehend und langgestielt (meist etwa $1/10$ mm), daher diese kurzflaumig erscheinend; spätere Verkahlung gering. Blattspreiten ohne Basalbucht, kreisrund oder länger als breit. Spaltöffnungen nur unterseits. Gelegentlich mit 2-blütigem Schaft (f. biflóra R. Schultz). Nur in Oesterreich (Tirol, Kärnten, Krain, Steiermark); in den südlichen Kalkalpen vom Tonalepass im Westen bis in die Julischen Alpen, Karawanken und Sanntaleralpen im Osten, gegen Osten hin häufiger werdend und auf den Kalkalpen Kärntens und Südsteiermarks meist gemein. Südgrenze in den Julischen Alpen (nach A. Paulin in litt.) bei zirka $46°20'$ nördl. Breite. Am Nuvolau (Ampezzo) bis 2500 m hochsteigend; bei Moggio im Friaul bis 300 m absteigend, im tirolischen Drautal an feuchten Felsen bis auf 630 m, im Hintergrund des Logartales (Steiermark) bis 1000 m. Das Gebiet greift im westlichen Tirol (Tonale, Presanella) in die kristallinen Alpenteile hinein; doch sind hier auch kalkreiche Gesteine eingelagert. Die Angaben aus den Zentralalpen von Tirol, Kärnten, Salzburg und Steiermark sind wohl alle irrig (Verwechslung mit S. pusilla).

Allgemeine Verbreitung (Fig. 2833): Abruzzen, Südliche Kalkalpen vom obersten Veltin (Val di Vo, Monte Gavia) und vom Tonalepass und Gardasee an ostwärts bis zu den Sanntaleralpen.

Aendert ab: f. longistýla R. Schulz. Griffel die Korolle überragend. — f. biflóra R. Schulz. Pflanze 2=blütig. Beide Formen auf der Kerschbaumeralpe bei Lienz. — f. caerúlea R. Schulz. Krone aussen und innen gleichmässig blau gefärbt (Schlern, Kerschbaumeralpe). — f. cyclophýlla (Beck). Krone mit zarten Schlundschuppen (Südtiroler Dolomiten).

Am Hochobir in den Karawanken findet sich S. minima von etwa 1900 m an aufwärts häufig auf ruhendem oder schwach beweglichem Kalkschutt mit starker Einlagerung von schwarzem, mehligem Humus, gelegentlich beinahe Reinbestand bildend, häufiger aber dem dichten niedrigen Rasen beigemischt, dessen Zusammensetzung bei Primula Wulfeniana (pag. 1776) angegeben wurde.

b) subsp. **Austríaca** (Vierh.) Lüdi. Fig. 2836, 2826 a, d, 2830 e, f, 2833 und 2834. Drüsen an den jungen Blatt= und Blütenstielen weniger dicht stehend und kürzer gestielt (zirka 1/20 mm); spätere Verkahlung stärker, besonders an den Blattstielen. Blattspreiten etwas dünner, meist mit kleiner Basalbucht. Spaltöffnungen beiderseits. Krone weniger tief zerschlitzt. Im östlichen Teil der nördlichen Kalkalpen: Häufig in Niederösterreich (absteigend zur Erlaufsklause bei Wienerbrück); in Steiermark in den nördlichen Kalkalpen vom Toten Gebirge bis zum Sonnwendstein, von 1500 bis 2300 m,

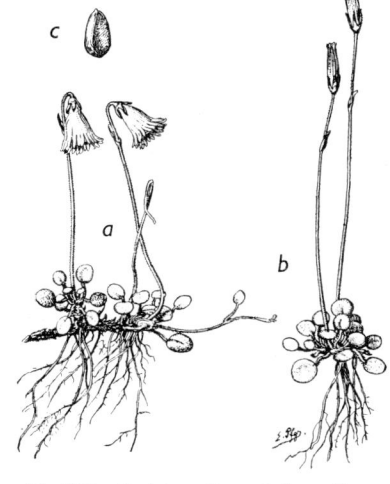

Fig. 2835. Soldanella minima Hoppe subsp. euminima (Hoppe) Lüdi. *a* in Blüte, *b* in Frucht, *c* Samen.

mitunter ins Tal absteigend, so bei Admont, bei Trieben auch in den Kalkvorbergen der Niederen Tauern; in Oberösterreich verbreitet; in Salzburg isoliert im Lungau (Radstätterpass und Kalkspitzen).

Allgemeine Verbreitung (Fig. 2833): Von der Traunlinie bis zum Sonnwendstein, also nicht über die Grenzen des für Oesterreich angegebenen Areals hinausreichend; die Angabe dieser Art aus den nördlichen Karpaten (Gyömbér in der Niederen Tatra) ist zweifelhaft.

Am Wiener Schneeberg findet sich die Unterart Austriaca in der Gipfelregion (2000 m) häufig, auf dem ruhenden oder wenig beweglichen, humusreichen Kalkschutt zwischen den grösseren Schuttbrocken ganze Zwergrasen bildend, zusammen mit Saxifraga stellaris, S. moschata und S. Aizoon, Aster Bellidiastrum, Veronica alpina, Arabis pumila u. a. Oft sind ihre Rasen von den Salix retusa=Teppichen dicht eingesponnen. Daneben mischt sie sich auch den dichten Rasen mit Primula Clusiana bei [vgl. pag. 1777] (Lüdi).

Fig. 2836. Soldanella minima Hoppe subsp. Austriaca (Vierhapper) Lüdi, blühend und fruchtend (natürliche Grösse).

**2199. Soldanella alpína** L. (= S. Clúsii F. W. Schmidt, = S. montána Lecoq und Lam.). Echtes Alpenglöckchen. Franz.: Soldanelle; engl.: Alpine gravel=bind, alpine snowbell; ital.: Soldanella. Taf. 210, Fig. 10; Fig. 2837, 2838, 2825, 2826 e, 2827 a, b, g und 2829 a, b, c.

Nach Standort und Blütenform nennt sie das Volk (ohne Unterscheidung der Arten) Schneeglöck(er)l (Ostalpen), Eisglöckl (Nordtirol), Almglöckerl (Niederösterreich), Alpeglöggli, Blaue Schneeglöggli (Berner Oberland), Schneenagelen [= =nelken] (Tirol: Imst). Andere Bezeichnungen sind noch (blaues) Schlüsselbliemli, Tüfelsgsichtli (Waldstätten), Guggerchäs (Graubünden). — Im rätoromanischen Graubünden heisst die Pflanze brunsina, bransina.

Ausdauernde Staude mit kurzer, schief absteigender, etwas knotiger Grundachse. Junge Blätter und Blütenstiele sparsam mit sitzenden Drüsenhaaren bekleidet, später verkahlend; übrige Pflanzenteile kahl. Blattspreiten dicklich, lederig, meist rundlich=nierenförmig mit breiter Basalbucht (Fig. 2829 a, b), 1,5 bis über 3,5 cm breit, ganzrandig, mit oberseits hervortretenden Nerven, getrocknet nicht runzelig. Blütenschaft 5 bis 15 cm hoch, zur Fruchtzeit verlängert, (1) 2 bis 3 Blüten tragend. Blüten schief aufrecht oder ± nickend. Kelchblätter meist 3=nervig. Krone blauviolett, selten weiss, trichterig, 8 bis 13 mm lang, bis zur Mitte oder darüber hinaus zerschlitzt, mit linealen, nicht zugespitzten, in der Länge wenig verschiedenen Zipfeln, innen ohne Längsstreifen; Schlundschuppen klein, breiter als lang, seicht ausgebuchtet (Fig. 2827 a, b); Antheren oben purpurrot, an der Spitze geschwänzt, ohne Schwänzchen zirka 3 mm lang, doppelt so lang als die Staubfäden. Kapsel verlängert=kegelförmig, 9 bis 15 mm lang, mit 10 abgerundeten Zähnen aufspringend. — IV bis VII.

Verbreitet auf frischen Wiesen der subalpinen und alpinen Stufe, gegen den Kalkgehalt des Bodens wenig empfindlich; doch im Kalkgebirge stets viel häufiger als im kalkarmen Urgebirge.

Verbreitet durch das ganze Gebiet der Alpen, aber stellenweise selten, ausserdem auf dem Feldberg (Hirschsprung) im Schwarzwald, im Hochjura der Schweiz (Dôle, Mont Tendre, Suchet, Colombier, Reculet; eingebürgert am Soliat und am Chasseron) und als Glazialrelikte auf dem Napf und im Zürcher Oberland. In den Bayrischen Alpen von 1000 bis 2880 m, im Ammergau bis auf die Hohe Bleiche bei Steingaden absteigend; in Salzburg von 1200 bis 2000 m verbreitet; in Oberösterreich im Zimmitztal bis 800 m absteigend; in Niederösterreich auf den Kalkalpen; in Steiermark von 1500 bis 2500 m, in den Zentralalpen seltener; in Kärnten verbreitet (fehlt der Saualpe); in Krain verbreitet, besonders die var. pirolaefolia; fehlt Istrien; in Tirol deutlich kalkliebend, in den Schiefergebieten nur auf kalkhaltiger Unterlage und im zentralen Gebiet nur in der Brennergegend etwas häufiger, sonst selten oder fehlend, Südtirol selten (z. B. bei Bozen [Salten oberhalb Jenesien, Ritten], Trient, Cima di Valarga, Montalone, Torcegno), absteigend am Achensee bis 930 m, am Walchsee 670 m, bei Trient 850 m, bei Tione 600 m, höchster Punkt am Hochmaderer bei 2700 m. In Graubünden von 650 m (Chur) bis 2720 m an der Bernina; in St. Gallen auf die vorgelagerten Nagelfluhberge absteigend (Gäbris, Hirschberg, Urnäsch 950 m usw.), am Wangservorberg bis 600 m absteigend, in den Alpen von 1400 bis 2200 m; im Grimsel= und Gotthardgebiet selten, bei Guttannen bis 2830 m steigend; im Wallis von 900 bis 3000 m, am Pissevache bis 460 m absteigend.

Fig. 2837. Soldanella alpina L. Sehr üppige Pflanzen.

Allgemeine Verbreitung (Fig. 2825): Zentral= und Ost=Pyrenäen, Auvergne, Alpen, Jura, Schwarzwald, Apennin bis zum Aspromonte, Karst, Illyrische Gebirge, nach Süden bis zur Weissen Drin, fehlt den Karpaten und dem östlichen Balkan.

Aendert ab: var. pirolaefólia (Schott, Nyman und Kotschy) (Fig. 2829 c). Blatt= und Blütenstiele ganz kahl; Blattspreite kreisrund, ohne Basalbucht, etwas dicker, oft blaugrün gefärbt. Krain, Kärnten (Matschacheralpe) und Illyrische Alpen, Annäherungsformen, durch das ganze Gebiet zerstreut. — var. occidentális (Vierh.) Lüdi. Krone tiefer geteilt (Nebenbucht bis zur Mitte der Kronlänge, Hauptbuchten darüber hinaus. Westliche Rasse: Pyrenäen, Apennin, westliche Alpen (ob in der Schweiz?). — var. planiflóra Murr. Krone weitgeöffnet, beinahe radförmig. Am Monte Vasone bei Trient (Südtirol).

Soldanella alpina ist so recht die Charakterart der Gattung und gehört im grössten Teile der Alpen zu den bekanntesten Frühblühern, sehr oft zusammen mit Crocus albiflorus. Im April beginnt sie in tiefen Lagen aufzublühen, und bis weit in den Hochsommer hinein hält ihr Blühen aus, indem es in immer höhere Lagen hinauf steigt. Das Pflänzchen ist auf frischen Böden sehr allgemein verbreitet, meist mit deutlicher Vorliebe für Kalk. Eine langdauernde, winterliche Schneebedeckung ist ihr notwendig. Subalpin finden wir sie in Hochstaudenfluren, Grünerlenbeständen, auch etwa im staudenreichen Fichtenwald, so von Hegi am Wendelstein beobachtet zusammen mit Lonicera alpigena, Moehringia muscosa, Saxifraga rotundifolia, Chaero=

phyllum Villarsii, Veronica latifolia, Homogyne alpina. Vielerorts ist sie für die Trisetum flavescens=Fettwiesen sehr bezeichnend, ebenso für frische Weiden (z. B. vom Festuca rubra commutata=Typus). In der alpinen Stufe ist sie eben= falls für Hochstauden, Grünerlenbestände und frische Wiesen charakteristisch (hier vor allem im Carex ferruginea= Typus), geht aber auch etwa in trockenere Wiesentypen (z. B. Sesleria caerulea=Bestände), an Stellen die wenigstens im Vorsommer relativ frisch sind. Ferner findet sie sich in den Spalierrasen von Salix retusa, besiedelt auch nicht ungern frische Schuttböden auf denen sie bis in die Montanstufe hinuntersteigt (spät ausapernde Lawinen= schuttkegel). In den Schneetälchen und andern Schneeböden begegnet sie der hier häufigeren Soldanella pusilla und bildet dann reichlich Bastarde, die, nach den zahlreichen Uebergangsformen zu urteilen, fruchtbar sind. Sie liebt auch quelligen Boden, findet sich dagegen nicht in den sauren Sumpfböden. Am Feldberg scheint sie auf leicht anmoorigen Böden vorzukommen und reichlichen Nachwuchs zu besitzen. K. Müller (Schenck und Karsten, Vegetationsbilder 9[6/7]) gibt als Begleiter an Selaginella selaginoides, Eriophorum angustifolium, Orchis Traunsteineri, Swertia perennis, Bartsia alpina, Pinguicula vulgaris, Dicranella squarrosa, Harpanthus Flotowianus, Scapania paludosa, Chiloscyphus polyanthus var. fragilis.

**2200. Soldanella montána** Willd. (= S. alpina F. W. Schmidt, = S. Clúsii Curt., = S. villósa Darracq, = S. Hungárica Simk., = S. májor [Neilr.] Vierh.). B e r g= Glöckchen. Berg=Troddelblume. Taf. 211, Fig. 1; Fig. 2839, 2840, 2707b, 2825, 2826b, c, 2827h, i, 2829d, e.

Ausdauernd, mit kurzer, schief absteigender, etwas knotiger Grund= achse. Junge Blatt= und Blütenstiele dicht, Blütenschäfte spärlicher mit ge= stielten und gegliederten Drüsenhaaren bedeckt, später meist nicht verkahlend; übrige Pflanzenteile kahl. Blattspreiten dünn=lederig, rundlich=nierenförmig, mit schmaler, meist tiefer Basalbucht, 2,5 bis 7 cm breit, am Rande entfernt gekerbt und etwas nach unten eingerollt, mit ober= seits deutlich hervortretenden Nerven, getrocknet nicht runzelig. Blütenschaft

Fig. 2838. Soldanella alpina L., am Rande einer Doline, Schneealpe, Steiermark. Phot. R. Fischer, Sollenau, N. Ö.

10 bis 20 cm lang, zur Fruchtzeit verlängert, 3= bis 6=blütig. Blüten schief aufrecht oder nickend. Krone blauviolett, selten weiss, weit glockenförmig, 10 bis 17 mm lang, bis zur Mitte oder darüber hinaus unregelmässig zerschlitzt (die Hauptbuchten tiefer als die Nebenbuchten), mit lineal=lanzettlichen, meist zugespitzten Zipfeln, innen ohne Längsstreifen. Schlundschuppen gross, meist länger als breit, durch eine tiefe Ausbuchtung 2=lappig (Taf. 211, Fig. 1a). Antheren oben purpurrot, an der Spitze geschwänzt, ohne Schwänzchen 2½ bis 3 mm lang, höchstens um die Hälfte länger als die ± drüsenhaarigen Staubfäden (Fig. 2827h, i). Frucht= kapsel zylindrisch, 8 bis 12 mm lang, mit 10 abgestutzten Zähnen aufspringend. — V, VI.

Auf kalkarmer Unterlage in humusreichen Nadelwäldern, auf Waldwiesen, seltener auch auf Mooren der Voralpen und Mittelgebirge, von 800 bis 1600 m. In Bayern und Oesterreich.

Allgemeine Verbreitung: Westliche Pyrenäen, östlichste Alpen und ihr nörd= liches Vorland bis in den Böhmerwald, Karpaten, Balkan.

Zerfällt in 3 Unterarten:

1. subsp. **Hungárica** (Simk.) Lüdi (= S. májor [Neilr.] Vierh.) Fig. 2827 h und 2829 d. Drüsen kurz gestielt, an den Blütenstielen 0,1 mm, an den Blattstielen 0,2 mm lang, im Alter oft schwindend. Basalbucht seicht oder tief; Lappen sich oft deckend. Kelchblätter 1-nervig. Hauptbuchten der Krone bis etwas über die Hälfte reichend. Diese Unterart ist im mittleren Teil der östlichsten Alpen verbreitet (Fig. 2825) und reicht durch die Karpaten in die östlichen Balkangebirge. In Italien wird sie für die Venetianischen Alpen und Bergamaskeralpen (Valle Sanguinera) angegeben, bleibt aber zweifelhaft. In unserem Gebiete findet sich nur die var. májor Neilr. und zwar in den kalkarmen Gebirgen der kristallinen Zentralketten, die südlich des Semmering beginnen und sich nach Westen ziehen, während nördlich des Semmering (schon auf dem Schneeberg) die subsp. eumontana auftritt. In Steiermark auf dem Wechsel (hier bei 1680 m noch an der Baumgrenze), der Stuhleck, dem Sonnwendstein, dem Rennfeld, der Gleinalpe und muraufwärts bis in das salzburgische Lungau; in Kärnten auf der Koralpe, Saualpe, und als Seltenheit für die Gailtaleralpen (Weissbriach, Jauken, Mussenalp, Kühwegeralm) bei Kaning und die westlichen Karawanken (Loiblzug und Julische Alpen [Raibl]) angegeben. Doch sind letztere Angaben, wie auch diejenigen aus Kroatien sehr zweifelhaft; F. Vierhapper (in litt.) sah keine Soldanella der montana-Gruppe von Lokalitäten südlich der Drau.

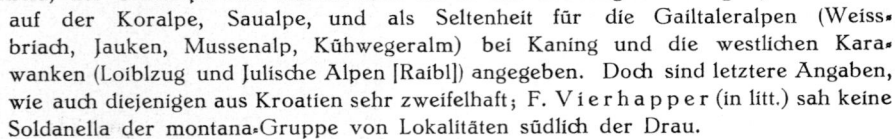

Am Rennweg bei Bruck findet sich Soldanella major als Charakterpflanze der rohhumusreichen Fichtenwälder der Voralpen zusammen mit Athyrium Filix femina, Dryopteris Filix mas, Dryopteris Linnaeana, Deschampsia flexuosa, Luzula luzulina und L. nemorosa, Veratrum album, Ranunculus platanifolius, Oxalis Acetosella, Vaccinium Myrtillus, Gentiana asclepiadea, Veronica officinalis, Melampyrum silvaticum, Senecio Fuchsii, Phyteuma spicatum. Sie geht auch in die Waldwiesen und in die Nardetum-Weide hinein, macht aber ausserhalb des Waldes meist der Soldanella alpina Platz (Lüdi).

In den siebenbürgischen Karpaten und im Balkan hat die subsp. Hungarica eine Hochgebirgsrasse abgespalten (var. minor Schur), die sich durch niedrigeren Wuchs, kleine bis mittelgrosse Blattspreiten, kurze, oft purpurn gefärbte Kapseln auszeichnet und habituell grosse Aehnlichkeit mit S. alpina besitzt. Sie besiedelt in den Rodnaer-Alpen Schneetälchen und ersetzt dadurch die hier sehr seltene S. pusilla. Ferner nach Hayek auf dem Bucsecs im Krummseggenrasen. Da sie sich verwandtschaftlich an die subsp. Hungarica anschliesst, so steht sie zu dieser Art im Verhältnis des echten, vertikalen Vikarismus, zu S. pusilla dagegen in dem des falschen, horizontalen Vikarismus. Diese Form wird auch für den Wiener Schneeberg angegeben, nach F. Vierhapper (in litt.) wohl zu Unrecht; sie fehlt den Alpen. Die Unterart Hungarica bildet in ihrer Gesamtverbreitung einen Bogen, der von den östlichen Alpen durch die Karpaten und östlichen Gebirge des Balkans in die mazedonisch-albanischen Hochgebirge reicht und mit seinen beiden Flügeln an das Areal von S. alpina anschliesst. Die beiden Rassen verhalten sich oft selbständig. So besitzt beispielsweise das Tatragebiet nur die var. major, die mazedonisch-albanischen Gebirge westlich des Vardar dagegen nur die var. minor, übrigens dem Anscheine nach als ziemliche Seltenheit. Sie teilt sich dort in den Raum mit der ihr nächstverwandten S. Dimoniei.

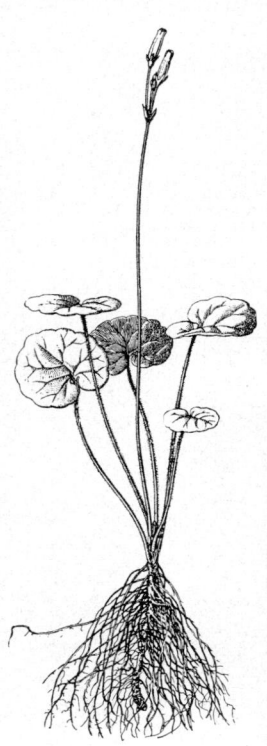

Fig. 2839. Soldanella montana Willd. Fruchtende Pflanze.

2. subsp. **eumontána** (Willd.) Lüdi. Fig. 2825, 2826 c, 2827 i, 2829 e, 2840. Drüsenhaare langgestielt, an den Blütenstielen 0,1 mm, an den Blattstielen 0,5 mm lang, bleibend; Basalbucht der Laubblätter tief, Lappen sich meist deckend, Kelchblätter 1-nervig. Hauptbuchten der Krone bis über die Hälfte reichend. Pflanze kräftiger als subsp. Hungarica. Verbreitet in den nordöstlichen Kalkalpen zwischen Salzach und Semmering und bei Tegernsee, sowie deren Vorbergen bis an die Donau, ferner im Böhmerwald und dem südböhmisch-mährischen Gebirge. Sehr vereinzelt auch in den siebenbürgischen Karpaten und auf der Stara Planina (Fig. 2825).

In Deutschland nur in Bayern am Alpenrand in feuchten Wäldern, Waldsümpfen und sogar in Mooren zwischen Tegernsee und dem Isartal bei Lenggries (Hirschstal, Neuhüttenalp, Aueralp, Bernau, Rechelberg, Bacheralp, Breitenbachklamm usw.) nördlich bis zur Dürnbachschlucht, bis Georgenried und Marienstein westlich von Gmund auf Flysch (für Berchtesgaden [Vorderbrand] und Grubenalpe am Watzmann zweifelhaft), im Neuburgerwald bei Passau (südlich der Donau), im Böhmerwald verbreitet durch den ganzen Hauptzug, nach Norden etwa bis Furth i.W., im Vorderzug am Rusel, bei Griesbach, am Hauzenberg. In Niederbayern und bei Gmund geschützt. — In Oesterreich verbreitet im südlichen Böhmen, Böhmerwald, Brdywald, im obern Sazawagebiet, in Mähren nur im äussersten Westen, nach Osten bis Iglau, Teltsch, Zlabings; in Niederösterreich häufig im Granitplateau des Waldviertels bis Geras und zur Donau, durch die Voralpen zerstreut bis zum Semmering und Wiener Schneeberg, gegen

Westen zu häufig; in Oberösterreich durch die Mühlkreisberge nördlich der Donau zwischen Sandl und Karlstift, sowie bei Mareith häufig, sonst selten, südlich der Donau mehrfach im Innkreis, im Hausruckkreis, zerstreut durch die Voralpen bis 1340 m (z. B. Windisch-Garsten, Salzachtal, Stodertal, Laudach—Eben—Mondsee); in Salzburg am Mondsee, bei Thalgau, Ebenau, Faistenau, Neumarkt, Strasswalchen und sehr isoliert am Fuss des Kareck im Lungau (1700 m); in Steiermark in den Wäldern der nördlichen Kalkvoralpen (Schneealpe, Hohe Veitsch, Hochschwab, Erzberg, Admont, Laussatal).

Das Areal der beiden Unterarten wird also durch eine Linie getrennt, die vom Semmering, der Grenze zwischen Kalkalpen und Zentralalpen folgend, zum Dachstein zieht. Südlich dieser Linie findet sich die subsp. Hungarica, nördlich die subsp. eumontana. Die Hauptverbreitung von subsp. eumontana beginnt erst am Alpenrand; ins Innere dringt sie mehr vereinzelt vor. Trotz der Verbreitung im Kalkgebiet ist subsp. eumontana nicht kalkliebend; im Gegenteil: sie zeigt Vorliebe für feuchte Rohhumusböden und besiedelt im Kalkgebiet vorwiegend kalkarmes Gestein (nach Gams, Hegi und Beger folgt sie am bayerischen Alpenrand und z. T. auch in Oberösterreich der helvetischen Flyschzone), den Kalkfels wohl erst, nachdem er ausgelaugt oder durch eine auflagernde Rohhumusschicht isoliert worden ist. Im Bayerischen- und Böhmerwald gehört die Pflanze zu den auffallendsten Erscheinungen; Drude (Herzynischer Florenbezirk, pag. 589) unterscheidet eine besondere „Region der Soldanella montana" von etwa 1000 m an aufwärts. Am häufigsten erscheint die Art dort im Fichtenwald auf humosen oder lehmigen Boden mit Dryopteris Phegopteris und D. spinulosa, Luzula maxima, Carex silvatica f. gigantea, Calamagrostis villosa, Majanthemum bifolium, Streptopus amplexifolius, Oxalis Acetosella, Chaerophyllum hirsutum, Aegopodium Podagraria, Circaea alpina und C. intermedia, Petasites albus, Vaccinium Myrtillus, Ajuga reptans, Lonicera nigra, Homogyne alpina, Senecio Fuchsii und S. crispatus, Mulgedium alpinum, Prenanthes purpurea usw. (Hegi). Andrerseits geht sie (z. B. am Arbergipfel 1458 m) nach Hegi aus dem Walde heraus und in die Borstgrasmatte und Latschenformation über, wo

Fig. 2840. Soldanella montana Mikan. Phot. W. Schacht, München.

sie dann in Gesellschaft von Trientalis Europaea und Gentiana Pannonica auftritt, wobei sie fast ganz die Tracht von Soldanella alpina annimmt. Ebenso tritt sie in Waldsphagneten auf mit Listera cordata, Epilobium anagallidifolium, Trientalis Europaea, Willemetia stipitata usw. Gams beobachtete sie am Tegernsee in Sphagnum acutifolium-Polstern mit Scapania dentata, Hylocomium loreum, Brotherella Lorentziana, Chrysosplenium alternifolium.

Eine dritte Unterart (subsp. **villósa** [Darracq] Lüdi) hat ihr Areal, weit abgelegen, in der Waldstufe der westlichsten Pyrenäen. Sie stellt den extremsten Typus der montana-Gruppe dar, von primitiver Gestaltung (Drüsenhaare lang gestielt, an den Blütenstielen 0,5 mm, an den Blattstielen 1 mm lang oder länger, so dass Blattstiele und Blütenstiele zottig behaart aussehen; Basalbucht der Laubblätter tief, Lappen sich deckend. Kelchblätter 3-nervig, mit meist verzweigten Seitennerven; Hauptbuchten der Krone bis zu $^4/_5$ reichend).

In der subalpinen und alpinen Höhenstufe der nördlichen Karpaten kommt eine weitere Soldanella-Rasse vor, Soldanella Carpática Vierh., die sich an S. montana anschliesst, aber von ihr sicher zu unterscheiden ist durch die sitzenden oder sehr kurz gestielten Drüsenhaare der Blattstiele, die schon völlig verkahlen, bevor sie ganz ausgewachsen sind. Sie nähert sich also in dieser Beziehung der S. alpina. Die Blätter sind im getrockneten Zustand runzelig, ganzrandig, ohne vortretendes Adernetz, oberseits dunkelgrün, unterseits rotviolett. Die Kapselzähne sind abgerundet. So steht S. Carpatica in der Mitte zwischen S. montana und S. alpina, ist aber von der S. montana subsp. Hungarica herzuleiten.

Die **Bastarde** sind da, wo mehrere Arten nebeneinander wachsen, häufig und an dem zum Teil (25 bis 30 %) sterilen Pollen leicht zu erkennen. Schwierig ist dagegen die morphologische Unterscheidung, da Bastarde verschiedener Arten (und vor allem Unterarten) einander ausserordentlich ähnlich sehen. Nach F. Vierhapper sind in Mitteleuropa folgende Bastarde festgestellt worden: S. alpina × S. minima subsp. euminima (= S. Ganderi Hut.) in den südlichen Kalkalpen (Fig. 2841); S. alpina × S. minima subsp. Austriaca (= S. Wettsteinii Vierh.) im östlichen Teil der nördlichen Kalkalpen; S. alpina × S. montana subsp. eumontana (= S. Wiemanniana Vierh.) in den nördlichen Kalkalpen, z. B. Göller in Niederösterreich; S. alpina × S. montana subsp. Hungarica (= S. Vierhapperi Janchen) in den nördlichen Kalkalpen am Scheibenkogel bei Mürzzuschlag; S. alpina × S. pusilla (= S. hybrida Kerner), verbreitet in den kristallinen Alpengebieten von Oesterreich und der Schweiz, in Südbayern am Linkerskopf, Rappensee, Schachen; S. minima subsp. euminima × S. pusilla (= S. Janchéni Vierh.) Wolayersee bei Mauthen, Karnische Alpen; durch ein Versehen für den Hochobir angegeben (F. Vierhapper in litt.); S. minima subsp. Austriaca × S. montana (= S. Aschersoniana Vierh.) in den nördlichen Kalkalpen am Göller in Niederösterreich; S. minima subsp. Austriaca × S. montana subsp. Hungarica (= S. Handel-Mazzétii Vierh.), in den nördlichen Kalkalpen am Sonnwendstein in Niederösterreich; S. minima subsp. Austriaca × S. pusilla (= S. mixta Vierh.) am Hochschwab und Buchstein; S. montana × S. pusilla (= S. Lungoviénsis Vierh.) im Lungau (Salzburg).

## DLXXVI. Hottónia L.[1])
### Wasserfeder.

Ausdauernde Wasserpflanzen mit im Schlamm wurzelnder Grundachse, untergetauchten, kammförmig gefiederten Laubblättern und auftauchendem Blütenschaft. Kelch 5=teilig. Krone stieltellerförmig mit kurzer Röhre und 5 ungeteilten Zipfeln. Staubblätter 5, beinahe sitzend, an der Kronröhre befestigt; Staubbeutel länglich=eiförmig. Fruchtknoten länglich=eiförmig; Griffel fadenförmig; Narbe stumpf; Samenanlagen zahlreich, anatrop, auf kugeliger, gestielter Plazenta. Fruchtkapsel eiförmig oder kugelig, sich mit 5 am Grunde und an der Spitze zusammenhängenden Klappen öffnend (Taf. 211, Fig. 2c). Samen zahlreich, mit grundständigem Nabel; Embryo orthotrop, zylindrisch; Nährgewebe reichlich.

Fig. 2841. Soldanella Ganderi Huter (= S. alpina L. × S minima Hoppe subsp. euminima) mit Dentaria enneaphylla, im Sanntal (Steiermark). Phot. G. Kraskovits, Wien.

Die Gattung umfasst 2 Arten, neben unserer H. palustris noch H. infláta Ell. im atlantischen Nordamerika von Massachusetts bis Louisiana, die durch aufgeblasene Stengelinternodien, kurze, die Hüllblätter nicht überragende Fruchtstiele und durch die Krone überragende Kelchzipfel ausgezeichnet ist.

**2201. Hottonia palústris** L. (= H. millefólium Gilib.). Sumpf=Wasserfeder. Franz.: Millefeuille aquatique, plumeau, hottone aquatique; engl.: Watervíolet; ital.: Fertro, erba scopina. Taf. 211, Fig. 2; Fig. 2842, 2707c, 2720 d und 2723.

Ausdauernd. Hauptachse meist im Wasser schwebend, 20 bis 60 (90) cm lang, oft am Grunde verzweigt, walzlich, an den Knoten beblättert, mit zahlreichen langen, fadenförmigen,

---

[1]) Von Boerhave nach seinem Vorgänger Peter Hotton (gest. 1709), Professor der Botanik zu Leiden, benannt.

weissen Wurzeln aus den Blattachseln, im Schlamme wurzelnd. Pflanze mit gestielten, rötlichen Drüsenhaaren besetzt; diese am untergetauchten Stengel und im Blütenstand besonders dicht stehend und mit vereinzelten langen, weissen, borstlichen Haaren untermischt. Laubblätter unter= getaucht, spiralig in ³/₈ Stellung angeordnet, aber oft zu unregelmässigen Quirlen vereint, zart, lanzettlich, kammförmig, einfach=fiederteilig, mit linealen, zugespitzten, manchmal am Grunde gegabelten Fiedern. Nahe der Wasseroberfläche teilt sich der Stengel in quirlig stehende, sterile, beblätterte Aeste, zwischen denen der 10 bis 30 (70) cm lange Blütenschaft erscheint und sich über das Wasser erhebt. Blütenstand traubig. Blüten in 3= bis 6=blütigen, entfernt stehenden Quirlen in der Achsel kurzer (6 bis 8 mm langer), linealer Hüllblätter. Blütenstiele etwa so lang wie die Hüll= blätter; Fruchtstiele verlän= gert, abwärts gekrümmt. Kelch 3 bis 5 mm lang, auf zirka ³/₄ eingeschnitten, mit aufrechten, später ab= stehenden, linealen, spitz= lichen Zipfeln. Krone weiss oder rötlich mit gelbem Schlund; Kronröhre so lang wie der Kelch; Kron= saum flach, von 2 cm Durchmesser, mit 7 mm langen, verkehrteiförmi= gen, stumpfen oder etwas ausgerandeten Lappen. Kapsel kürzer als der Kelch. Samen zahlreich, ellipsoid= oder kugelig=stumpfkan=

Fig. 2842. Hottonia palustris L., Heide bei Kl. Burgwedel (Hannover). Phot. Georg Eberle, Wetzlar.

tig, von zirka ¹/₂ mm Durchmesser, frisch gereift hellbraun, später schwarzbraun werdend. —V bis VII.

In stehenden oder langsam fliessenden Gewässern, in Tümpeln und Sumpfgräben, vor allem in der Ebene, die Gebirge meidend.

In Deutschland in Nordwestdeutschland verbreitet und stellenweise häufig, doch den Inseln fehlend; in Brandenburg nicht selten; in Posen häufig; in Schlesien ziemlich häufig von der Ebene bis in das Vorgebirge; in Thüringen, im Harz, am Mittelrhein selten; am Oberrhein bis Karlsruhe ziemlich selten (z. B. Istein), von da abwärts bis Mainz verbreitet. Gegen die Alpen hin selten werdend: auf der Schwäbischen Alb bei Hechingen; bei Konstanz (Salem); in Oberbayern fast fehlend (nur bei Freising und bei Memmingen, auf Württemberger Gebiet). Auch im Bayerischen Wald und in der Rhön selten, im übrigen Bayern ziemlich verbreitet. — In Oesterreich in Böhmen zerstreut an der Elbe, in Nordböhmen in der Budweiser Ebene, um Wittingau; in Schlesien und Mähren im Tal der Oder und allen ihren Nebenflüssen bis in die Sudeten, an der March von Littau abwärts bis Ungar.=Hradisch, im Thayatal von Tracht bis Eisgrub; in Oberösterreich in den Donau= altwässern zerstreut; in Salzburg, Nordtirol und Kärnten fehlend; in Südtirol nur bei Tione; in Nieder= österreich längs der Donau (Pöchlarn=Melk, Mautern, Prater in Wien usw.), Bruck an der Leitha; in Steiermark in den niederen Lagen: Lassnitztal, Fürstenfeld, Saalfeld, Radkersburg, Arnfels, Cilli, an der Save bei Prassberg und Rann; in Krain häufig bei Laibach, Wippachquelle, an der Save gegenüber Rann; im unteren Friaul verbreitet. — In der Schweiz: nur in der Ebene dem Südrand des Jura folgend von Yverdon (dort jetzt ver= schwunden) und Avenches bis Koblenz am Rhein (östlichster Punkt), ausserdem im Wauwilermoos (Luzern), am Aeschisee (Solothurn) und am Luganersee im Tessin. Im Kanton Neuenburg gesetzlich geschützt. Bei Tramelan im Berner Jura eingepflanzt und akklimatisiert.

Allgemeine Verbreitung: Gemässigtes Europa: England, Südliches Schweden, Belgien, Holland, Frankreich, Mitteleuropa, Norditalien, Ungarn, Kroatien, Galizien, Russland; Uralisches Sibirien, Kleinasien.

Die Pflanze liebt stehendes oder langsam fliessendes, mooriges Wasser und bildet in Tümpeln oder Gräben zuweilen reine Bestände (Fig. 2842). Andrerseits erscheint sie zwischen Schilf in Gesellschaft von Potamogeton-, Ranunculus- (sect. Batrachium) und Utricularia-Arten, Lysimachia thyrsiflora (pag. 1855), Carex pseudocyperus, Echinodorus ranunculoides usw.

Hottonia ist eine auffallende und zierliche Erscheinung unserer Gewässer, die allerdings auf grosse Strecken hin fehlen kann, dann aber herdenweise wieder recht häufig auftritt. Als einzige Primulacee, die in ausgesprochener Weise dem Wasserleben angepasst ist, wurde sie mehrfach zum Gegenstand eingehender Untersuchungen gemacht, so in neuerer Zeit von O. Brockschmidt (Morphologische, anatomische und biologische Untersuchungen über Hottonia palustris, Diss., Erlangen 1904), Prankerd (Ann. of Botany 25, 1911) und H. Glück (Wasser- und Sumpfgewächse, Bd. IV, 1924). Normalerweise lebt die Pflanze in 20 bis 50 cm tiefem Wasser. Die Hauptachse ist 30 bis 90 cm lang und schwimmt horizontal oder etwas geneigt, was ihr durch die grossen Lufträume des Stengels und die fein geteilten Blätter erleichtert wird. Sie ist durch Adventivwurzeln aus den Blattachseln festgewurzelt, löst sich aber nach Glück zur Blütezeit oft los, um bei Eintritt kühlerer Witterung wieder Wurzeln zu fassen, was vielleicht zu der alten Angabe, Hottonia sei wurzellos, Anlass gab. Die Hauptachse kann sich verzweigen und die grösseren Seitenzweige gelangen auch zur Blüte. Die sterilen Zweige, die den Grund des 10 bis 70 cm langen Blütenschaftes umgeben, helfen mit, diesen in seiner senkrechten Lage zu halten. In tieferem Wasser (nach Glück bis 2 m) bildet die Pflanze Tiefwasserformen aus, mit verlängerter, senkrechter Achse von 50 bis 140 cm Länge, die an ihrem Ende gewöhnlich verlängerte Achsen 2. Grades erzeugt, seltener noch solche 3. Grades und selten zur Blütenbildung gelangt. Doch wurden solche untergetauchte Blüten mehrfach beobachtet. Sie unterscheiden sich von den normalen durch kürzere Blütenstiele, rötliche Kronen (f. rósea Lange) mit kürzerer Röhre. Oft öffnen sie sich und sollen auch zur Bildung reifer Samen befähigt sein (s. unten). Auf festem Boden erzeugt Hottonia eine Landform (f. terréstris Glück), die auf sehr feuchtem Substrat tiefe, schwellende, dunkelgrüne, weiche Rasen erzeugt, mit schräg oder senkrecht aufsteigenden Sprossen und allseitig abstehenden Blättern, während auf trockenem Boden die Rasen oft nur handgross und verhältnismässig stark verzweigt sind, mit radiär angeordneten, niederliegenden, wurzelnden Sprossen und dorsiventral in eine Ebene gestellten Blättern. Die Blätter der Landform sind stets sehr klein, höchstens 2 cm lang, mit weniger zahlreichen, 7 mm langen Fiederchen (Blattlänge bei Tiefwasserpflanzen etwa 8 cm, Länge der Fiederchen 3 cm). Die Blütenstände, die übrigens auf dem festen Lande nicht häufig auftreten, sind verkürzt (10 bis 20 cm), wenigblütig mit verkürzter Kronröhre. Leicht bilden sich in der Natur und in der Kultur aus den Flachwasserformen Tiefwasserformen und Landformen und umgekehrt, entsprechend den Veränderungen des Wasserspiegels. Dies lässt sich in Mitteldeutschland namentlich in den Fischteichen, die periodisch trockengelegt werden, schön verfolgen.

In bezug auf den inneren Bau ist folgendes zu bemerken. Die Hauptwurzel stirbt schon am Keimling ab. Die Adventivwurzeln besitzen spärliche, kurze Wurzelhaare, die bei der Landform etwas länger sind. Sekundäres Dickenwachstum fehlt. Der Spross zeigt eine dicke Rinde mit Blattgrün in den Rindenzellen und schizogen entstandenen, grossen, röhrenförmigen Interzellularräumen, die in den Knoten unterbrochen sind. Unter der Rinde liegt eine Endodermis, ein parenchymatisches Perizykel und ein geschlossener Bast- und Holzzylinder. Zwischen Holz und Bast ist kein eigentliches Kambium ausgebildet, sondern Gruppen von in Teilung begriffener Zellen sind eingeschaltet. Das zentrale Mark kann nur in jungen Sprossen als einzelne Zellgruppen festgestellt werden und verschwindet später, so dass nur noch ein zentraler Holzkörper vorhanden ist. Der Blütenstengel weist den normalen Bau des Primulaceensprosses auf (vgl. pag. 1718), mit grossem zentralem Hohlraum. Unterhalb des Blütenstandes macht der Zentralzylinder rasche Veränderungen durch, wird zur ektophloischen Siphonostele und löst sich im Uebergang in eine Polystele auf. Prankerd, der diese Eigentümlichkeit feststellte, legt darauf besonders grosses Gewicht und betrachtet die Polystele als primitives Merkmal, das Hottonia mit der Sektion Auricula von Primula verbinde. Die Sprosse sind nach Prankerd für Schwerkraftreize sehr empfindlich und besitzen eine bemerkenswerte Ausbildung von Statoplasten. Die Blattepidermis führt oft Blattgrün; bei Seichtwasser- und Landformen finden sich auf der Blattoberseite und am Blattrand Spaltöffnungen (auch am Blütenstiel), ausserdem an der Spitze der jungen Blätter Wasserspalten, die später verschleimen; bei Tiefwasserformen fehlen Spaltöffnungen. Das Mesophyll besteht aus rundlichen Zellen und enthält grosse Interzellularräume; die subepidermale Schicht schliesst etwas dichter zusammen und führt auf der Oberseite reichlich Chlorophyll. Die Drüsenhaare besitzen eine kugelige oder längliche Endzelle und sondern Schleim ab.

Hottonia palustris trägt ausgesprochen heterostyle Blüten; die Heterostylie wurde gerade bei dieser Art zum erstenmal beobachtet (Sprengel 1793, vgl. pag. 1724). Dagegen wird Hottonia inflata als homostyl angegeben. Im Gegensatz zu Primula treten die Narben der langgriffeligen Blüten aus der Kronröhre hervor (1 bis 2 mm weit); bei den kurzgriffeligen sitzen sie am Eingang zur Röhre (Taf. 211, Fig. 2 a). Die Staubblätter nehmen die reziproke Stellung ein. Von M. Kuhn wurde das Verhältnis von langgriffeligen Blüten zu kurzgriffeligen wie 14 : 9 festgestellt (Verh. Bot. Ges. Brandenburg. Bd. 48). Eine gelb gefärbte Verdickungsleiste macht den Eingang

Tafel 211

## Tafel 211.

Fig. 1. *Soldanella montana* (pag. 1829). Habitus.
„ 1a. Blüte, aufgeschlitzt.
„ 1b. Frucht.
„ 1c. Columella mit Samenanlagen.
„ 2. *Hottonia palustris* (pag. 1832). Habitus.
„ 2a. Blüte (aufgeschnitten).
„ 2b. Frucht mit Kelch.
„ 2c. Frucht, aufgesprungen.
„ 3. *Cyclamen Europaeum* (pag. 1844). Habitus.
„ 3a. Querschnitt durch den jungen Fruchtknoten und das Androeceum.
„ 3b. Blüte nach Entfernung der Krone.
„ 3c. Staubblatt von aussen (Warzen zu kräftig gezeichnet).
„ 3d. Staubblatt von innen (zu spitz gezeichnet).
„ 4. *Trientalis Europaea* (pag. 1861). Habitus.

Fig. 4a, b. Staubblatt.
„ 4c. Frucht.
„ 5. *Anagallis arvensis* subsp. *phoenicea* (pag. 1869). Habitus.
„ 5a. Blüte (von oben).
„ 5b. Staubblatt.
„ 5c. Frucht (aufgesprungen).
„ 5d. Samen.
„ 5e. Staubfadenhaar.
„ 1d. Columella nach dem Ausfallen der Samen.
„ 6c. Samenköpfchen.
„ 5f. Blüte der subsp. *caerulea*.
„ 6. *Centunculus minimus* (pag. 1873). Habitus.
„ 6a. Blüte.
„ 6b. Frucht mit Kelch.
„ 6d. Samen.
„ 1e. Samen im Längsschnitt.

zur Kronröhre für das Auge auffällig. Der Grund des Fruchtknotens sondert Honig ab, der in der Kronröhre aufbewahrt wird. Als Bestäuber kommen vor allem Fliegen in Betracht (Empiden, Musciden, Syrphiden); vereinzelt sind auf den Blüten Bienen und Falter bemerkt worden. Auch Kleistogamie wird angegeben; so sollen sich die Blüten der submersen Blütenstände gewöhnlich erst nach erfolgter Bestäubung öffnen (Appel) Die Exine der Pollenkörner ist vollkommen glatt. Nach den Beobachtungen von Brockschmidt springt die reife Frucht nicht auf, sondern die äussern Fruchtschichten verfaulen, worauf die härtere innere Schicht (Widerstandsschicht) aufreisst und die Samen austreten lässt. Schon vorher hat sich die Frucht durch Verfaulen des Fruchtstieles losgelöst und schwimmt dank eingeschlossener Luft auf dem Wasser. So werden die Samen einerseits durch den Wellenschlag des Wassers verbreitet, anderseits wohl auch epizoisch durch Festhaften an Wasservögeln; namentlich scheint diese letztere Art zur Verbreitung über grössere Strecken geeignet zu sein. In manchen Gegenden ist die Art an die Hauptzugsstrassen der Vögel gebunden. Die Samen sind schwerer als Wasser und sinken unter. Sie können nach den Versuchen von Brockschmidt im Wasser, im Schlamm oder trocken überwintern; doch geht im letzteren Falle die Keimung viel langsamer vor sich. In der Natur wird trockenes Ueberwintern kaum in Betracht kommen. Nach Kinzel keimen die Samen nur im Lichte, und zwar keimen soeben reif gewordene Samen sofort, während gut ausgereifte Samen erst im Mai oder Juni des folgenden Jahres zu keimen pflegen. Dabei scheint eine kurzdauernde, tiefe Abkühlung der Samen keimungserregend zu wirken. Der Keimling ist sehr klein und schwach. Die länglichen Kotyledonen ergrünen rasch; die erstgebildeten Laubblätter sind ungeteilt oder auch 2- bis mehrlappig. Ungeteilte Blätter findet man nicht selten auch an der Basis schwach entwickelter Laubtriebe. An der Grenze zwischen Hypokotyl und Keimwurzel steht ein Kranz feiner Wurzelhaare, der von Glück auch bei Subularia aquatica gefunden worden ist. Nachdem der Keimling die Samenschale abgeworfen hat, wird er durch eine Sauerstoffblase, die sich gewöhnlich über dem Vegetationspunkt zwischen den Kotyledonen bildet, an die Oberfläche des Wassers gehoben, wo sich die Keimblätter ausbreiten und lebhaft assimilieren, während die Hauptwurzel auswächst. Die Entwicklung bis zu diesem Stadium beansprucht etwa 10 Tage; der Keimling ist vom Vegetationspunkt bis zur Wurzelspitze 6 mm lang (Brockschmidt). Jetzt beginnen sich Spross und Adventivwurzeln zu entwickeln. Doch geht die Entwicklung der frei schwimmenden Keimpflanze sehr langsam vor sich, und nach Brockschmidt's Versuchen hat die Pflanze erst nach 4 bis 6 Monaten genügend Kraft, um das Untertauchen zu ertragen. Deshalb kann nach diesem Autor die Verbreitung der Art durch Keimlinge nur da stattfinden, wo diese im sehr seichten Wasser oder auf feuchter Erde zur Entwicklung kommen, also Gelegenheit haben, frühzeitig einzuwurzeln ohne unterzusinken. Anderseits beschreibt Prankerd aus Südengland das Untersinken und Einwurzeln der Keimlinge als normalen Vorgang. Wichtiger als die Samenvermehrung ist jedenfalls die vegetative Vermehrung. Die blühende Hauptachse stirbt im Herbst ab. Dabei lösen sich Seitensprosse, die an der Basis des Blütenstengels oder an den untern Teilen der Hauptachse entstanden sind, los, sinken unter, bewurzeln sich und überwintern. Diese Sprosse sind bis 50 cm lang, 2 bis 3 mm dick und verlieren alle Blätter, mit Ausnahme der den endständigen Vegetationspunkt dicht umschliessenden, noch unentwickelten Blattorgane, die an verkürzten Internodien sitzen. Sie werden als Winterknospen bezeichnet, unterscheiden sich aber z. B. von den Winterknospen von Utricularia dadurch, dass sie festgewurzelt sind.

In andern Fällen entwickeln sich gegen Ende der Vegetationsperiode an den bereits in Fäulnis übergehenden Hauptsprossen als Axillärtriebe 2 bis 3 cm lange Sprosse mit verkürzten Internodien und dichter Beblätterung, die knospenähnlich aussehen, sich ebenfalls loslösen und festwurzeln (nach Brockschmidt). Prankerd berichtet, dass sich in Süd-England solche Zweige den Winter über freischwimmend erhalten und erst im Frühling einwurzeln. Schliesslich können sich seitliche Sprosse der Hauptachse in den Schlamm einbetten und dort überwintern, namentlich, wenn im Herbst das Wasser eintrocknet. Aus ihnen gehen eventuell im Frühling Landformen hervor. An den Uferböschungen brechen solche Triebe leicht nach oben auf den trockenen Boden durch und bilden Landformen. Auf der Wasserfeder ist ein parasitischer Pilz, Doassánsia Hottóniae (Rostr.) de Toni, der zu den Brandpilzen gehört, beschrieben worden. Er findet sich aber sehr selten. Die Wurzel wurde früher zum Schwarzfärben verwendet.

## DLXXVII. Cyclámen[1]) L. Erdscheibe, Erdbrod, Saubrod.

Ausdauernde, kahle Stauden mit knolligem, dick-scheibenförmigem oder beinahe kugeligem Wurzelstock, mit grundständigen, langgestielten, herz- oder nierenförmigen Laubblättern und blattwinkelständigem Blütenschaft; letzterer mit einer einzigen, nickenden, roten oder weissen Blüte. Kelch 5-teilig, mit eiförmigen oder 3-eckig-lanzettlichen Zipfeln. Kronröhre kurz, beinahe kugelig; Kronschlund verdickt; Kronlappen 3- bis 5-mal länger als die Röhre, lanzettlich, scharf zurückgebogen, in der Knospenlage nach links gedreht. Staubblätter 5, am Grunde der Kronröhre eingefügt; Staubfäden sehr kurz, verbreitert; Antheren pfeilförmig, oft warzig, meist in der Kronröhre eingeschlossen. Fruchtknoten kugelig, mit langem, fadenförmigem, oft vortretendem Griffel. Samenanlagen zahlreich, halbanatrop. Kapsel kugelig oder eiförmig, vom Scheitel bis zum Grunde mit 5, später zurückgebogenen Klappen aufreissend. Fruchtstiele spiralig eingerollt, bei C. Persicum nur zurückgekrümmt. Samen beinahe kugelig oder stumpfeckig. Keimling quer liegend.

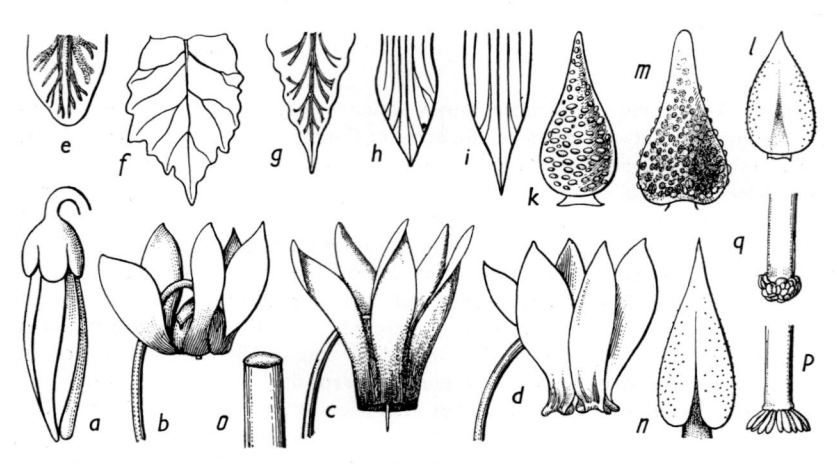

Fig. 2843. *a* Blütenknospe von Cyclamen Persicum, *b* Blüte von Cyclamen Europaeum, *c* von C. repandum, *d* von C. Neapolitanum. *e* Kelchblatt (von innen) von C. Persicum, *f* von C. Europaeum, *g* von C. repandum, *h* von C. Coum, *i* von C. Ibericum. *k* Staubblatt von C. Persicum, *l* von C. Europaeum, *m* von C. repandum, *n* von C. Neapolitanum. *o* Griffelspitze von C. Europaeum, *p* von C. Ibericum (kurz vor dem Aufgehen der Knospe, *q* nach dem Aufgehen) (nach Hildebrand, Fig. *c* Original).

Die Gattung umfasst 20, zum Teil sehr nahe verwandte Arten, die sämtlich im Mittelmeergebiete vorkommen und zwar besonders im östlichen Teile desselben, von Persien und Transkaukasien bis in die Balkanhalbinsel. Von da westlich finden wir nur wenige Arten: C. Baleáricum Willk. auf den Balearen und zerstreut in Italien und Südfrankreich, C. Africánum Boiss. et Reut. in Algier, C. Rohlfsiánum Aschers. in der Kyrenaika, und von ihrem östlichen Verbreitungsgebiete ausstrahlend C. Neapolitánum Ten. und C. repándum Sibth. et Sm., verbreitet durch Italien bis nach Südfrankreich, Mitteleuropa noch nicht gerade streifend, sowie C. Európæum L., das für Transkaukasien angegeben wird und von da mit einem mächtigen Sprung in die Alpenländer übersetzt, wo es seine Hauptverbreitung hat. Spanien wird von den Cyclamen nicht erreicht. Die Gattung ist alten (tertiären) Ursprungs und steht sehr isoliert da. Am

---

[1]) Vom griech. κύκλος [kýklos] = Kreis, runde Scheibe; wegen der scheibenförmigen Wurzelknollen. Unter κυκλάμινος [kyklámínos] verstanden die alten griechischen Aerzte wohl das griechische Saubrot (Cyclamen Graecum Link u. a.). Gelegentlich begegnet man auch der Schreibweise Cyclamínus oder Cýclamen.

nächsten verwandt ist mit ihr die nordamerikanische Gattung Dodecátheon (vgl. pag. 1732), bei der die Kronblätter in ganz entsprechender Weise zurückgeschlagen sind. Immerhin sind keine nahen Beziehungen vorhanden. Bei Dodecatheon fehlt die Wurzelknolle; die Laubblätter sind oft schmal; der Schaft ist meist mehrblütig; die Knospenlage der Krone ist dachig; die Antheren sind ungestielt oder die Staubfäden sind zu einer Röhre verwachsen und treten weit aus der Kronröhre hervor; die Frucht ist zylindrisch und springt nur an der Spitze auf.

Morphologie und Lebenserscheinungen der Cyclamen bieten viel Interessantes. Sie sind besonders von Fr. Hildebrand (Die Gattung Cyclamen, Jena 1898. — Die Cyclamen-Arten als ein Beispiel für das Vorkommen nutzloser Verschiedenheiten im Pflanzenreich. Beihefte zum Botan. Zentralblatt. Bd. 22, 1907) eingehend verfolgt worden. Die Keimung findet rascher oder langsamer statt, je nachdem die Samen nach der Keimung kürzere oder längere Zeit ausgetrocknet waren. Sät man sie gleich nach der Reife im Vorsommer aus, so erscheinen die Keimlinge meist schon im Spätsommer oder Herbst über der Erde. Eine Ausnahme macht C. Europaeum, dessen Keimlinge erst im nächstfolgenden Sommer erscheinen. C. repandum nimmt eine Mittelstellung ein: die Samen reifen im Juni, und die Keimlinge zeigen sich im Januar bis März des folgenden Jahres. C. Europaeum keimt nach Kinzel im Dunkeln viel rascher und vollständiger als im Licht. Die Keimung der Samen bleibt längere Zeit ganz unterirdisch. Aus dem Samen tritt zuerst das Würzelchen aus und dringt senkrecht in den Boden ein. Dann bildet sich der Stiel des Keimblattes und hebt an der Spitze den Samen in die Höhe. Im Samen liegt zusammengefaltet die Spreite des Keimblattes und saugt das Sameneiweiss aus. Dadurch liefert es die Stoffe für die ersten Wachstumsvorgänge. Die mobilisierten Nährstoffe wandern den Blattstiel hinunter in das Hypokotyl, das zu einem kleinen, spindelförmigen, glasigen, mit einigen Keulenhaaren versehenen Knöllchen anschwillt. Erst nachdem das Knöllchen einen Durchmesser von etwa 2 mm erreicht hat, streckt sich der Blattstiel und hebt die Samenschale über die Erde. Bald entfaltet sich die Blattspreite.

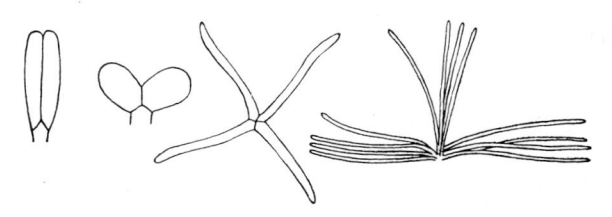

Fig. 2844. Cyclamen Creticum (Doerfler). Haarbildungen der Knolle. Links Keulenhaar, rechts entwickeltes Büschelhaar, in der Mitte Uebergangsformen (nach Hildebrand).

Das entwickelte Keimblatt besitzt eine charakteristische Gestalt, so dass manche Arten sich schon daran erkennen lassen (Fig. 2708). Bei den meisten Arten ist die erste Vegetationsperiode mit der Bildung des Keimblattes abgeschlossen; selten (C. Creticum, C. Cyprium, C. hiemale, C. Ibericum) entwickelt sich noch ein zweites Blatt und nur bei C. Europaeum folgt auf die Bildung des Kotyledos unmittelbar die Entwicklung von 3 bis 4 Laubblättern. Das zweite Blatt ist bereits im Embryo als kleiner Wulst angelegt. Wir können es als zweites Keimblatt auffassen und stehen dann vor der eigentümlichen Erscheinung, dass die beiden Keimblätter ungleich gross sind und sich eines nach dem anderen entwickeln, ja, dass mit Ausnahme der vorhin erwähnten Fälle, sich zwischen die Entwicklung der beiden Keimblätter eine Ruheperiode einschiebt, dass also das erste Keimblatt zur Zeit des zweiten schon abgefallen ist. Die folgenden Blätter erreichen rasch die normale Gestalt. Zu Beginn einer Ruheperiode, die gewöhnlich im Frühling oder Vorsommer eintritt und einige Monate dauert, werfen die Cyclamen alle Blätter ab. Wir dürfen diese Ruheperiode wohl als eine Anpassung an das sommerdürre Klima des Mittelmeergebietes auffassen. Sie ist nur bei dem mitteleuropäischen C. Europaeum wenig ausgeprägt, das nie alle Blätter verliert und im Sommer blüht. In der Kultur erhält sich diese Periodizität, hat sich aber bei dem seit langem gezüchteten C. Persicum verloren (vgl. pag. 1842).

Die Knollen sind gegen die Austrocknung in verschiedener Weise geschützt. Sie gehen beim Wachstum aus der Spindelform bald in die Kugelform über und platten sich später bei den meisten Arten wieder ab; Unregelmässigkeiten der Form sind auf Verletzungen oder Wachstumhemmungen beim Wachsen zwischen Felsgestein zurückzuführen. Die glasartige Durchsichtigkeit verliert sich bald; bei den einen Arten (z. B. C. Persicum, C. Europaeum, C. Neapolitanum) bildet sich an Stelle der Oberhaut eine dicke, braune Korkschicht, bei andern (z. B. C. repandum) ein Haarkleid, zuerst aus Keulenhaaren und bald aus braunen Büschelhaaren (Fig. 2844). Eine Zwischenstellung nimmt C. Libanoticum ein, dessen Knolle in den beiden ersten Vegetationsperioden büschelhaarig ist, im dritten Jahr aber eine Korkschicht entwickelt. Auch in bezug auf die Bewurzelung verhalten sich die einzelnen Arten verschieden. Neben der primären Hauptwurzel treten bald in der Mitte der Knollenunterseite Adventivwurzeln auf, die die erste Wurzel ersetzen. Aber während bei den Arten mit büschelhaariger Knolle die Wurzeln wenig zahlreich sind und auch später auf diese Stelle beschränkt bleiben, indem die neuen Wurzeln zwischen den alten hervorwachsen und einen Wurzelbusch bilden (Fig. 2845 a), rücken bei den andern Arten die neuen Wurzeln von den alten fort auf der Unterseite der Knolle aufwärts. Bei C. Persicum bedecken sie schliesslich die ganze untere Hälfte der Knolle (Fig. 2845 b); bei C. Europaeum sind sie über die ganze Knolle verteilt (Fig. 2845 c); bei C. Neapolitanum werden die absterbenden

Wurzeln an der untern, halbkugeligen Knollenhälfte nicht ersetzt, so dass die Wurzeln schon in der 2. Vegetationsperiode dem oberen Rande der Knolle nach einen Kranz bilden (Fig. 2845d). Hier besteht ein Zusammenhang zwischen der Lage der Knolle und der Bewurzelung. Hildebrand hat nämlich nachgewiesen, dass die kahle, untere Knollenhälfte sich wiederum bewurzelt, wenn man die Knolle so in den Boden legt, dass die untere Hälfte nach oben zu liegen kommt.

Der innere Bau der Knolle wurde von Kamienski beschrieben. Sie besteht zur Hauptsache aus einem parenchymatischen Grundgewebe, in dem durch die kreisförmig verlaufende Endodermis eine äussere Rinde und ein inneres Mark abgegrenzt werden. Im Mark zerstreut liegen zahlreiche kleine Leitbündel, zuerst nur 4 einander zu je 2 gegenüber, dann entstehen in den äusseren Teilen, nahe der Endodermis in regelloser Folge neue Bündel. Das Dickenwachstum der Bündel mittelst Kambium ist sehr unbedeutend; die Knolle wächst in die Dicke durch fortgesetzte Teilung des Grundgewebes, namentlich der an die Endodermis grenzenden Markschichten. Dadurch wird bei den Arten mit korkiger Knollenoberfläche die Epidermis, die mit zahlreichen 2-zelligen Köpfchenhaaren bedeckt ist, früh gesprengt und durch Peridermbildungen ersetzt (s. oben). Die Leitbündel verlaufen in der Knolle von unten bogig nach oben, wo sie an die regellos angelagerten Blattspurbündel Anschluss nehmen. Falls sich ein Stämmchen ausbildet (wie z. B. bei Cyclamen Europaeum), ist es nach dem Primula Sinensis-Typus (pag. 1718) gebaut. In den älteren Teilen (auch der Blätter) lagert sich ein brauner, gerbstoffhaltiger Stoff ab. Der Giftstoff der Knollen heisst Cyclamin ($C_{25}H_{42}O_{12}$) und schützt gegen das Benagt- und Gefressenwerden. Nur von Engerlingen werden sie gelegentlich angegriffen; auch sollen die Knollen von C. Europaeum für Schweine nicht giftig sein (Saubrot). Durch Rösten verliert das Gift seine Wirksamkeit, und die Knollen werden geniessbar. Hartmann erzählt, dass in der Gegend von Beirut die Knollen von C. Persicum wegen ihrer Giftigkeit zum Fischfang verwendet werden, indem die Fische kleine, aus gestampften Knollen und Sand geformte und ins Wasser geworfene Kugeln auffangen und dadurch betäubt werden (vgl. pag. 1847). Der gleiche Reisende erzählt auch, dass diese Knollen zur Bereitung des Marienräucherwerks (bachûs marjam) Verwendung finden.

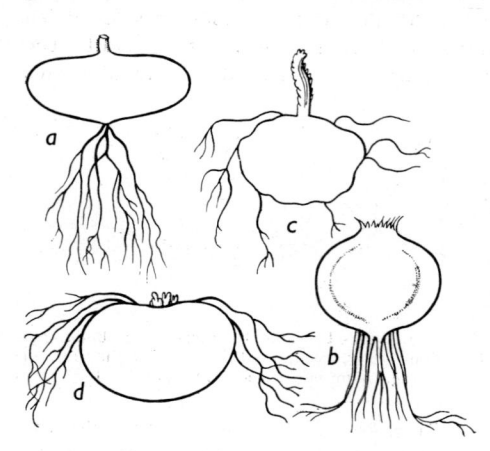

Fig. 2845. Knollen (im Längsschnitt) von: *a* C. repandum Sibth. et Sm., *b* C. Persicum Mill., *c* C. Europaeum L., *d* C. Neapolitanum Ten.

Wenn die Cyclamenpflanzen nach beendigter Ruheperiode zu neuem Leben erwachen, so verhalten sich die einzelnen Arten in bezug auf das Hervorbrechen von Blättern und Blüten in charakteristischer Weise verschieden. Bei C. Neapolitanum (u. a.) treten die ersten Blüten vor den ersten Blättern hervor (oft schon im Juli); später erscheinen die Blätter, während das Blühen noch fortdauert, bis in den Spätherbst hinein. Bei C. Persicum treiben die Blätter im Herbst aus, und die Blüten folgen vom Januar an nach; bei C. repandum treten die Blätter erst im Frühjahr auf und die Blüten folgen ihnen nach; C. Europaeum ist das ganze Jahr durch grün und die Blüten erscheinen schon im Sommer. Cyclamen Neapolitanum treibt sogar aus und blüht, wenn die Knollen trocken und aufgestapelt daliegen, mit verdorrten Wurzeln. Die Arten mit büschelhaariger Oberfläche sind gegen das Austrocknen viel empfindlicher.

An der Laubsprossachse sind die Stengelglieder immer ganz kurz, und die Blätter folgen dicht aufeinander. Bei C. repandum (und den übrigen Arten mit büschelhaariger Knolle) bleibt diese erste Achse jahrelang die einzige, indem sie bei jeder Vegetationsperiode an der Spitze weiterwächst und neue Blätter bildet; treten später Adventivsprosse auf, so entstehen sie immer auf der Knolle am Grunde dieses ersten Sprosses. Bei den Arten mit verkorkter Oberfläche dagegen bilden sich bald rings um den ersten Laubspross auf der Knolle neue Laubsprosse und in späteren Jahren sogar an beliebiger Stelle der oberen Knollenhälfte. Die Laubsprosse werden verschieden lang; gewöhnlich wachsen sie senkrecht aufwärts dem Lichte zu und können dabei mehrere cm lang werden. Sie sind stets unverzweigt und unbewurzelt; wenn sie die Bodenoberfläche erreicht haben, stellen sie das Wachstum ein und werden durch neue Sprosse ersetzt. Bei C. Graecum beobachtete Hildebrand bis 25 cm lange Sprosse und im unteren Teil verlängerte Internodien. Nur bei C. Europaeum wurde in seltenen Fällen eine Verzweigung der Laubsprosse beobachtet und soll es gelungen sein, Laubsprosse zur Bewurzelung zu bringen.

Die Laubblätter (Fig. 2846) besitzen ein charakteristisches Aussehen (Cyclamen-Typus); doch sind sie im einzelnen wieder verschieden, so dass man oft die Arten schon an ihnen erkennen kann. Nur bei C. Persicum (Fig. 2850) streben die Blattstiele direkt aufwärts dem Lichte zu; sonst aber kriechen sie zuerst eine Strecke weit durch den Boden (bis 15 cm und mehr), die zuerst entstandenen weiter als die später gebildeten, entsprechend den längeren Blattstielen, so dass die zu einer Pflanze (meist zu einem einzigen Laubspross) gehörenden Blätter eine beträchtliche Fläche bedecken können. Besonders ausgeprägt ist dieses Verhalten bei C. Neapolitanum, wo bei Exemplaren, die im freien Land kultiviert wurden, Kreisflächen der Blätter von bis 75 cm Durchmesser beobachtet wurden. Kultiviert man diese Arten in Töpfen, so wachsen die Blattstiele bis an den Topfrand und kriechen dann dem Rande nach in der Erde fort, bis sie die Länge erreicht haben, die ihnen nach ihrer inneren Anlage zukommt. In der Knospenlage sind die Blattflächen in der Mitte nach oben gefaltet und nach aufwärts und rückwärts gebogen, so dass sie auf dem Blattstiel liegen. Die Blattnervatur ist bei allen Arten annähernd gleich und sehr charakteristisch ausgebildet (vgl. die Abbildungen). Sehr auffällig ist oft die Färbung der Blattfläche. Nur eine einzige Art besitzt gleichmässig dunkelgrün gefärbte Blätter (C. Coum); in allen andern Fällen weisen die Blätter auf der Oberseite silberige oder hellgrüne Zeichnungen und Flecken auf, die in Form und Verteilung für die einzelnen Arten bezeichnend sind, aber bei ein und derselben Art doch grosse Verschiedenheiten aufweisen. Meist ist das zwischen den Nerven ausgespannte Blattgewebe hellgrün oder silberig glänzend; in einigen Fällen (z. B. C. Persicum, selten auch C. Europaeum) sind auch die Nerven silberig gezeichnet. Die Hellfärbung kommt durch Lufträume zwischen den unter der Oberhaut gelegenen Palisadenzellen zustande. Kerner u. a. suchen den Vorteil dieser Einrichtung in der Förderung der Transpiration. Die Blattunterseite ist häufig durch Anthocyan oder Erythrophyll rot gefärbt, in allen Farbabstufungen von Braunrot bis zu leuchtendem Karmin; doch verschwindet bei einzelnen Individuen die Rotfärbung beim Aelterwerden der Blätter. Der Blattbau ist mesophytisch. Die Oberhaut ist verdickt, glatt oder vorgewölbt; die Spaltöffnungen liegen sämtlich auf der Blattunterseite und auf gleicher Höhe mit der Epidermis; doch sind die äusseren Wände der Schliesszellen verdickt. Unter der Epidermis der oberen Blattseite liegen 2 (seltener 1) Schichten von Palisadenzellen; bei C. repandum fehlen die Palisaden ganz. Unter den Pali

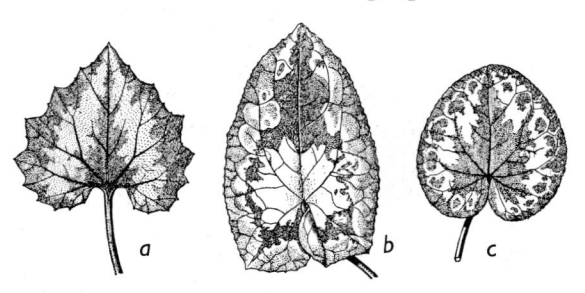

Fig. 2846. Laubblätter (Blattoberseite), *a* von Cyclamen repandum Sibth. et Sim., *b* von C. Neapolitanum Ten., *c* C. Europaeum L. (Fig. *a* nach Hildebrand, *b* und *c* Original).

saden kommt eine Reihe chlorophyllführender Trichterzellen, und darunter schliesst bis zur Oberhaut der Blattunterseite das Lückengewebe an. Am Blattrand finden sich in grösserer oder kleinerer Zahl die Wasserspalten, meist schon dem blossen Auge als heller Fleck kenntlich. Das Blatt als Ganzes hat eine lederige Struktur, am wenigsten ausgeprägt bei C. repandum. Der Mangel an Einrichtungen zur Verkleinerung der Transpiration lässt sich bei den mediterranen Arten dadurch erklären, dass die Blätter nur eine kurze Lebensdauer besitzen und in der Trockenzeit abdorren, und unser einheimisches C. Europaeum mit immergrünen Blättern ist wohl thermophil, wächst aber beinahe stets in schattiger Lage.

Die Cyclamen-Arten kommen erst zur Blüte, wenn sie nach der Keimung mehrere Wachstumsperioden durchgemacht haben. Eine Ausnahme macht das kultivierte C. Persicum, das in ununterbrochenem, beschleunigtem Wachstum sich im 1. Jahre soweit kräftigt, dass es im 2. Jahre zu blühen beginnt. Bei einigen Arten erzielte Hildebrand Blüten im 3. Jahr; Cyclamen Graecum brauchte sogar mindestens 5 Jahre. Dann blühen sie aber regelmässig jedes Jahr und gewöhnlich erscheint in jeder der aufeinanderfolgenden Blattachseln eine Blüte. Immerhin hat Wydler für C. Europaeum festgestellt, dass viele Blätter steril sind. Er fand z. B. bei einem älteren Laubspross zuerst 31 sterile Laubblätter, dann 4 fertile und wieder 7 sterile. Die Blätter sassen am Spross in $^8/_{13}$ Stellung. Blattnarben und Blütenstielnarben sind deutlich zu erkennen. Die Blütenstiele weisen wie die Blätter die Eigentümlichkeit auf, dass sie bei den einen Arten vom Ursprungsort straff aufsteigen (z. B. C. Persicum), bei andern noch eine Strecke weit durch den Boden kriechen (z. B. C. Neapolitanum). Die Blütenknospe ist nach abwärts gebogen, im Gegensatz zur Knospe der Blattspreite.

Die Blumenkrone öffnet sich in der Weise, dass die gedrehten Zipfel sich zurückdrehen und dabei am Grunde nach auswärts biegen, so dass sie vom Blütenmittelpunkt radförmig abstehen. Dann geht die Rückbiegung weiter, bis die Kronblattspitzen in einem Winkel von rund 180° zurückgebogen sind. Zu gleicher Zeit drehen sich die Kronlappen seitwärts, und zwar bei den verschiedenen Arten verschieden stark, am wenigsten bei C. Coum, wenig auch bei C. Neapolitanum, am stärksten bei den langzipfeligen Formen von C. Persicum, deren Kronlappen wie Locken aufgedreht erscheinen. Während des Blühens findet eine ausgesprochene Längenvergrösserung der Kronzipfel statt, die bei einzelnen Arten bis auf das Doppelte der Länge zur Zeit des Aufblühens gehen kann. Bei manchen Arten ist am Grunde der Kronlappen der Lappensaum verlängert, so dass links und rechts je eine Falte, ein sogenanntes Oehrchen entsteht (Fig. 2843 d). Durch die 5 Oehrchenpaare erscheint dann der Rand des Kronschlundes zierlich gefältelt. Die Farbe der Blumenkrone umfasst alle Abtönungen vom reinen Weiss (C. Creticum) durch leichtes Rosa bis zum Dunkelrot. Gewöhnlich ist der Krongrund anders gefärbt als die Zipfel, hell durchscheinend (besonders schön bei C. Persicum) und mit charakteristischen Flecken geziert (Saftmale?). R. Stäger (Naturw. Wochenschr. 1907) betrachtet diese hellen Stellen als Fenster, die den Grund der Krone, der sonst infolge der geneigten Blüte dunkel erscheint, erhellen und von innen gesehen (z. B. für ein hineinkriechendes Insekt) die Zeichnung der Innenseite hervortreten lassen. Cyclamen Europaeum und C. Persicum haben kräftig duftende Blüten. Der Duft stammt von der Krone und von den Antheren. Bei anderen Arten ist der Duft schwach oder fehlt ganz. Empfindliche Personen sollen beim Riechen an Cyclamensträussen von Nasenbluten befallen werden.

Die Antheren neigen sich kegelförmig um den Griffel herum zusammen und öffnen sich auf der Innenseite. Beim Oeffnen bildet sich in jedem Pollensack ein Riss von oben nach unten. Zugleich löst sich die Mittelwand zwischen den Pollensäcken vom Träger los. So entstehen 2 Zungen, eine innere kürzere und eine äussere längere. Der Antherenkegel tritt bei dem nordafrikanischen C. Rohlfsianum aus der Kronröhre heraus (bis 3 mm), so dass die Blüten denen von Dodecatheon ähnlich werden. Bei einigen Arten (vor allem bei C. repandum) ragt der Griffel merklich aus der Kronröhre hervor. Die pollenempfängliche Stelle (Narbe) liegt in einer endständigen Einhöhlung des Griffels, bei C. Coum und C. Ibericum auf dem kopfartig abgerundeten, schleimigen Ende (Fig. 2843 o bis q). Beim Oeffnen der Pollensäcke kann der Blütenstaub nicht ausfallen, sondern bleibt im Raume zwischen Antherenkranz und Griffel eingeschlossen (Fig. 2847). Selbstbestäubung ist zu dieser Zeit nicht möglich, da der Griffel schon vorragt. Die geöffneten Blüten werden von Insekten besucht; vor allem sind Bienen beobachtet worden, dann auch Schlammfliegen (Eristalis-Arten). Die Bienen sammeln Pollen, scheinen aber auch die keulenförmigen Härchen, mit denen der Fruchtknoten besetzt ist, anzustechen und auszusaugen. Sie strecken den Rüssel zwischen die mit feinen, zurückgebogenen Spitzchen auslaufenden Antheren hinein, bringen diese dadurch aus ihrer Lage, so dass der in Klumpen zusammenhängende, goldgelbe Pollen herausfällt, gewöhnlich hinunter auf den Kopf des Besuchers. In einem späteren

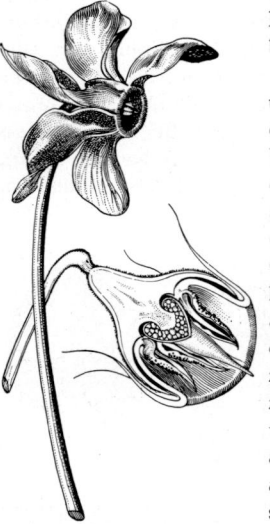

Fig. 2847. Cyclamen Persicum Mill. Blüte und Längsschnitt durch dieselbe.

Entwicklungszustand ist der Pollen weisslich und staubartig geworden, der Zusammenschluss der Antheren schwächer. Die leiseste Erschütterung genügt, um den Pollen zum Stäuben zu bringen. Zugleich ist die Neigung der Blüte stärker geworden, so dass die Narbe in die Fallinie des Blütenstaubes zu liegen kommt. Die Selbstbestäubung ist immerhin durch die ausgehöhlte Form der Narbe und bei den Formen mit abgerundeter Narbe durch einen die Narbe oben umstehenden Papillenkranz erschwert; aber die Pflanzen sind selbstfruchtbar. Die Cyclamenblüte bietet also das interessante Schauspiel, in der Jugend Insektenblume zu sein und später zum Windblütler zu werden. Die Veränderung des Pollens kommt dadurch zustande, dass die Pollenkörner ursprünglich von einer dünnen Oelschicht umgeben werden und zusammenkleben; an der Luft trocknet das Oel ein, verliert seine Klebkraft, und der Pollen wird staubig. Es sind auch kleistogame Blüten beschrieben worden (Coulter).

Der Fruchtansatz erfolgt sehr unregelmässig, namentlich auch bei den kultivierten Pflanzen. Kinzel glaubt für Cyclamen Europaeum festgestellt zu haben, dass sehr tief im Humusboden steckende Knollen

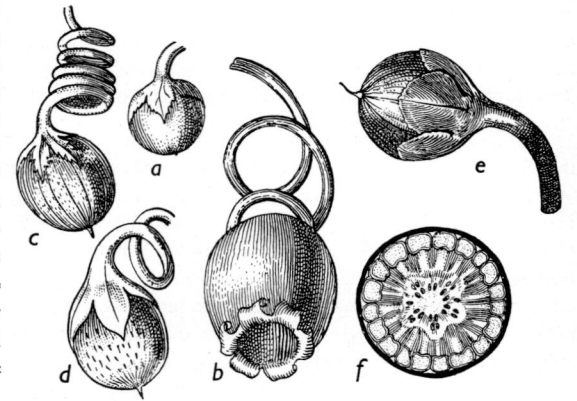

Fig. 2848. Früchte von: a und b Cyclamen Europaeum L., c C. Neapolitanum Ten., d C. repandum Sibth. et Sm., e und f C. Persicum Mill. (f Querschnitt durch die junge Frucht mit Samenanlagen). Fig. a, c und d nach Hildebrand.

schlecht fruchten, solche, die nur wenig unter der Erdoberfläche liegen, dagegen reichlich. Er erklärt das Sterilbleiben damit, dass den tiefliegenden Knollen Gelegenheit gegeben sei, zahlreiche rhizomartige Ausläufer zu treiben und so eine grosse Zahl von Tochterindividuen zu bilden. Doch dürfte auch der Zustand des Bodens (z. B. Durchlüftung, Ernährungsmöglichkeit), eine Rolle spielen, sowie das Alter der Knolle. Eine 35 cm tief im Humus steckende Knolle muss sehr alt sein. Als erstes Zeichen der erfolgten Befruchtung legen sich die Kelchblätter nach dem Abfallen der Krone dem Fruchtknoten glatt an. Dann erfolgt das charakteristische Umbiegen der Blütenstiele, das durch stärkeres postflorales Wachstum der dorsalen Seite des jungen Fruchtstieles zustande kommt (Fig. 2848). Bei C. Persicum ist es ein einfaches Umbiegen, durch das die jungen Früchte dem Boden genähert und schliesslich diesem angepresst werden. Bei allen andern Arten geht die Umbiegung viel weiter und führt zu einer spiraligen Einrollung der Fruchtstiele, oft mit 3 bis 5 vollen Umdrehungen, wodurch die Früchte ebenfalls auf den Boden gebracht und bei den Arten mit gedrängtem Wuchs unter das Blätterdach versenkt werden. Die Einrollung erfolgt entweder in einer Ebene — K. Troll fand unter 85 Früchten von Cyclamen Europaeum bei 20 eine mathematisch genaue Spirale, in deren Zentrum die Frucht steckte — oder in Form einer Drahtspule mit dicht aneinanderliegenden Windungen, wobei die Frucht seitlich neben dem obern Ende der Spirale liegt. Goebel (Entfaltungsbewegungen der Pflanzen, 1920, pag. 145) erklärte dies durch ungleichseitige Wachstumsförderung; K. Troll (Flora 1922 pag. 359) führt die Spulenwindungen nicht auf asymmetrisches Wachstum zurück, sondern auf eine gleichmässig starke Einkrümmung (sie beginnt an der Spitze des Blütenstiels und schreitet nach unten fort bei Wahrung der Symmetrieebene [Epinastie]), wodurch gleichgrosse Ringe entstehen, die sich nebeneinander lagern müssen. Werden die jüngern Ringe grösser angelegt, so führt dies zur Spirale. Solche Uhrfederspiralen fand Troll (neben Spulenspiralen) bei Cyclamen Europaeum, C. Neapolitanum, C. Graecum, C. Africanum, Košanin spiralige Einrollung bei Cyclamen Europaeum, C. Neapolitanum, C. Africanum, C. Cilicicum, während er bei Cyclamen Graecum eine unregelmässige Windung feststellte. Hildebrand gibt an, die Bewegung des Fruchtstieles bei C. Graecum und einigen verwandten Arten sei zuerst ein Niederbiegen wie bei C. Persicum, dann ein Einrollen von der Mitte des Fruchtstieles nach zwei entgegengesetzten Richtungen, nach oben gegen links, nach unten gegen rechts oder umgekehrt. Das unmittelbar unter der Frucht gelegene Stück bleibt ungerollt. Schliesslich wird die Frucht auch auf den Boden gepresst. Ueber die Ursachen der merkwürdigen Wachstumskrümmungen dieses Blüten- und Fruchtstiels hat Košanin Untersuchungen angestellt (Ref. in Botan. Zentralbl. 1922, pag. 210). Die Bewegung der Knospenstiele ist zuerst ganz unabhängig von der Gravitation; sie wird erst kurz vor der Entfaltung der Blüten für geotropische Reize empfindlich. Bei Ausschaltung der Schwerkraft auf dem Klinostaten blieben die Blütenstiele nicht ständig in horizontaler Lage, sondern richteten sich nach dem Abfallen der Krone zuerst auf, um sich dann abwärts zu biegen. Dabei wird die Scheitelkrümmung nicht gebildet. Unter dem Einfluss des geotropischen Reizes ist die Bewegung des terminalen Abschnittes der Fruchtstiele unabhängig von der geotropischen Reizung des übrigen Teiles des Stieles. Ueber den Zweck des Einrollens resp. Umbiegens der Fruchtstiele wurden allerlei Vermutungen aufgestellt: es sollte zum Schutze des Samens dienen, die Samen dem Boden zuführen usw.

Die Fruchtreife erfolgt bei den Sommer-, Herbst-, Winter- und Frühlingsblühern ungefähr zur gleichen Zeit, nämlich gegen den Sommer hin. Die Samen sind gross. Der Embryo ist von einem hornartigen Eiweiss umgeben,

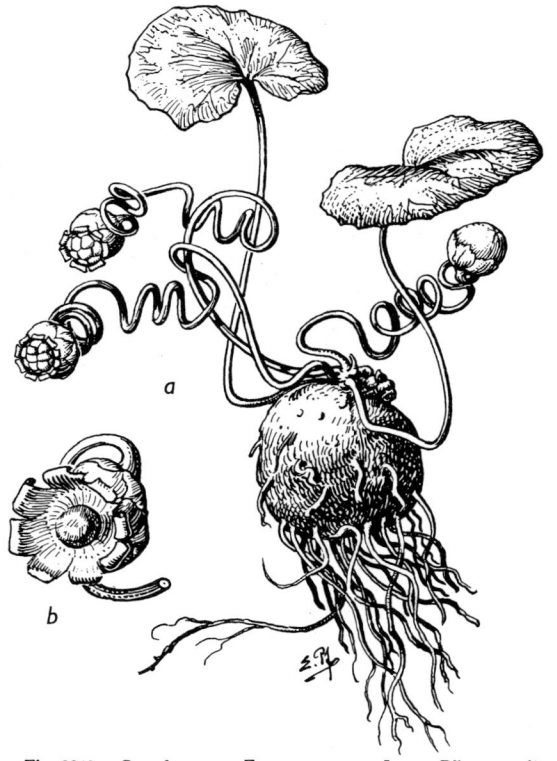

Fig. 2849. Cyclamen Europaeum L. a Pflanze mit Früchten. b Leere Fruchtkapsel mit zentraler Columella.

das aus Zellen mit stark verdickten, grosse Porenkanäle aufweisenden Wänden besteht. Die Verbreitung der Samen geschieht nach Beobachtungen von Hildebrand durch Ameisen, welche sie an alle möglichen Orte hinschleppen, selbst in Mauerritzen, Felsritzen, mehrere cm tief in die Erde hinein. Die Ausstreuung der Samen dadurch, dass die aufgerollten Fruchtstiele mit den Kapseln sich wie Krallen an vorbeistreifenden Tieren festheften, wie Kerner vermutete, dürfte kaum grosse Bedeutung haben. — Einige Cyclamen-Arten sind sehr konstant und variieren kaum merklich, so z. B. C. Coum; bei andern jedoch ist die Blattform und Blattfärbung beträchtlichen Schwankungen unterworfen (z. B. C. Europaeum, C. Persicum, vor allem aber C. Neapolitanum); bei C. Persicum sind Blütengrösse und Blütenfarbe ziemlich veränderlich, was sich die Gärtner zunutze gemacht haben.

Wegen der eigenartigen, zierlichen Blüten und des schönen, dunklen Laubwerks hat man mehrere Cyclamen-Arten schon seit langem in Kultur genommen. Zur Kultur im Freien eignen sich bei uns neben

C. Europaeum L. noch C. Neapolitanum Ten., C. repandum Sibth., sowie das nahe verwandten C. Coum Mill. (verbreitet von Ostthrazien durch Kleinasien, Syrien bis Transkaukasien und Nordpersien) und C. Ibericum Stev. (aus Transkaukasien und Nordpersien). Das, was im Handel unter dem Namen C. Graecum geht, ist beinahe stets C. Neapolitanum; die meisten C. Coum der Gärtner sind C. Ibericum oder C. Coum × C. Ibericum. Alle lieben halbschattige Lage und einen humusreichen Kalkboden. Im Winter verlangen sie eine leichte Moos-, Laub- oder Reisigdecke. In milden Lagen ertragen sie den Winter auch ungeschützt, und C Coum blüht gelegentlich schon im Januar (Blätter erscheinen im Herbst). Die gleichen Arten wurden auch in Töpfen kultiviert, und heute noch finden wir gelegentlich C. Europaeum z. B. in Bauernhäusern als Topfpflanze. Es erreicht dabei oft ein beträchtliches Alter. So hatte C. Kollmus-Stäger in Glarus einen Stock in Pflege, der über 60 Jahre erreichte und jedes Jahr reichlich blühte. Auf eine von Kollmus-Stäger ergangene Umfrage hin sind von anderer Seite ähnliche Angaben eingelaufen. Die grosse Widerstandskraft der Knollen von C. Neapolitanum wird benützt, um eine Ampelpflanze hervorzubringen. Man bringt die trockenen Knollen im Herbst in eine Ampel und hängt sie im halbdunklen Zimmer auf, worauf Blüten und Blätter hervorbrechen und infolge des geringen Lichtgenusses lang auswachsen und herabhängen.

Für die Topfblumenzucht kommt aber heute nur noch C. Persicum in Betracht (Fig. 2708 a bis c, 2732, 2733, 2843 a, e, k, 2845 b, 2847, 2848 e, f, 2850). Diese Art besitzt schon im natürlichen Zustande sehr grosse Blüten (zirka 3 cm lang und 6 mm breit); dazu kommt der gedrungene Wuchs, die schöne Blattzeichnung, der reiche Blütenansatz und die starke Variabilität. Die Zuchterfolge gehen nach verschiedenen Richtungen. Exemplare mit gefüllten Blüten (durch Umwandlung der Staubblätter in Kronblätter, „doppelblumenblätterig"), wirken meist unschön, da die Füllung selten regelmässig ist. Ebenso sind Formen mit ganz unregelmässig gestalteter Krone oder mit aufrechtstehender Blüte als Monstrositäten, die den eigentlichen Cyclamencharakter verloren haben, nicht zu empfehlen. Wertvoll sind dagegen zahlreiche Abänderungen in bezug auf Blütengrösse, Blütenfarbe (reine, leuchtende Farben!) und Beschaffenheit des Kronsaumes: f. gigantéum, Blüten bis 8 cm lang und 4 cm breit; f. álbum, Krone reinweiss; f. rúbrum, Krone rot; f. sanguíneum, Krone leuchtend blutrot; f. purpúreum, Krone purpurn mit bläulichem Schein; f. vioIáceum, Krone violett-

Fig. 2850. Cyclamen Persicum Mill. Blühende Pflanze.

rot; f. átro-rúbrum, Krone dunkelrot; f. spléndens, Krone hellrot; f. Papílio und Kriemhilde, Kronsaum gefranst; f. Roccoco bizarre, gefranste Krone mit feiner Kräuselung, entstanden durch Kreuzung von belgischen Papilio mit Alwin Richters gefransten Formen usw. Als neue Farbentöne sind lachsfarbene Blüten gezüchtet worden (z. B. Perle von Zehlendorf, Leuchtfeuer, Rosa von Wandsbeck); dagegen haben alle Versuche, gelbe Kronen zu züchten, bis jetzt fehlgeschlagen. Einzig bei Rokokoformen ist Gelb einigemale beobachtet worden. Die Cyclamenzüchtung ist besonders in Deutschland zu grosser Vollkommenheit gelangt (Alwin Richter, Dresden; E. Binnewies, Alfeld [Leine]; C. Stoldt, Wandsbeck u. a.) und gilt als schwierig, weil es Mühe macht, samenbeständige Rassen zu erhalten. Diese degenerieren rasch und müssen stets neu hochgezüchtet werden. Unsere Cyclamenzüchter erreichen mit einjährigen Pflanzen die schönsten Exemplare, die bis 100 und mehr Blüten tragen. Dazu ist aber ein ausserordentlich starkes Treiben notwendig. Die von den kräftigsten und vollkommensten Pflanzen geernteten Samen (gewöhnlich wird künstliche Bestäubung durchgeführt) werden im Hochsommer oder Herbst in flachen Tonschalen mit einer Mischung von sandiger Lauberde oder Walderde und etwas Torf sehr locker ausgesät, mit Erde leicht bedeckt und unter Glasscheiben gebracht, mit Zeitungspapier beschattet. Vorher empfiehlt sich während 24 Stunden Einlegen in warmes Wasser. Sie keimen nach 3 bis 4 Wochen. Durch Ueberdecken mit dunklem Euphosglas (gelblich-braunes Glas, das die ultravioletten Lichtstrahlen nicht durchlässt) wird die Keimung sehr stark beschleunigt und erfolgt gleichmässiger. Sobald die Keimlinge etwas gekräftigt sind (nach 6 bis 8 Wochen), werden sie in Samenschalen pikiert und dann direkt am Fenster eines warmen Zimmers auf dem Hängebrett eines temperierten Gewächshauses überwintert bei geringem Giessen. Als beste Erdmischung wird angegeben: 2 Teile Lauberde (brockig, wenig alt), 1 Teil Misterde (gut verrottet), 1 Teil Torfmull, 1 Teil Sand. Im Frühling werden sie einzeln in kleine Töpfe gepflanzt und im Laufe des Sommers mehrmals verpflanzt (die Verfilzung des Wurzelballens muss verhindert werden, sonst tritt zu frühes Blühen ein), stets in die gleiche Erdmischung aber mit Zugabe von Kuhmist und Hornspänen und gelegentlichem Giessen mittels Guano- oder Kuhdungwasser, wenn die Pflänzchen gut eingewurzelt sind. Feuchte Luft und genügende Bodenwärme (aber nicht zu hoch, vor allem nicht nach dem Umtopfen, sonst verbrennen die jungen Wurzeln!) müssen erhalten bleiben; die Pflanzen sind vor starkem Licht zu bewahren und täglich 2-mal leicht zu giessen. Im August erfolgt das letzte Umtopfen (ohne Beigabe von Hornspänen), wobei die Knolle nur zur Hälfte in die Erde hineingepflanzt wird. Nun werden die Pflanzen nach Möglichkeit abgehärtet. Gegen den Herbst hin erscheinen die Blütenknospen und die Töpfe kommen wieder ins helle Licht eines temperierten Raumes. Durch Kühlhalten kann die Blütezeit hinausgezogen werden. Nach dem Blühen sind die Pflanzen so erschöpft, dass es sich für gewöhnlich nicht lohnt, sie von neuem zur Blüte zu bringen. Es vergehen meist mehrere Jahre, bis sie wieder schön blühen; doch blühen sie dann gewöhnlich später als die einjährigen Exemplare, unter Umständen aber sehr reich. So wird in der „Gartenwelt" von einem 20-jährigen Exemplar mit 15 cm Knollendurchmesser berichtet, das jährlich gegen 200 Blüten hervorbringt. Will man die abgeblühten Pflanzen erhalten, so überlässt man die Knollen bei ganz spärlichem Giessen und eventuell leichter Moosbedeckung sich selbst, bis sie im Vorsommer, nach beendigter Ruheperiode wieder zu treiben beginnen. Dann werden sie gereinigt und ins Mistbeet verpflanzt, wo die Behandlung die gleiche ist, wie bei den einjährigen Pflanzen.

Die Cyclamen-Arten werden an natürlichen Standorten von Schmarotzern nur wenig geschädigt. Dagegen sind solche aus den Kulturen bekannt. Hildebrand erwähnt einzig Blattläuse und zwar teilt er mit, dass von all den zahlreichen, von ihm kultivierten Arten nur Cyclamen repandum von Blattläusen befallen worden sei, aber regelmässig und mit grosser Heftigkeit, kaum dass die jungen Blättchen über dem Boden erschienen. Bei der Hochzucht von Cyclamen Persicum dagegen können allerlei Schädlinge verderblich werden. Als tierische Schädlinge, die in diesen Kulturen grösseren Schaden anrichten, werden angegeben die Larve des Lappenrüsslers (Otiorrhýnchus sulcátus), welche die Wurzeln und die Knollen abfrisst. Sie können abgesucht werden. Ferner im Spätsommer und Herbst die grosse Erdraupe (Agrótis, Erdeule), die in der Nacht Blätter und Knospen abfrisst und sich tagsüber in die Erde verkriecht. Sie muss einzeln aus dem Boden herausgesucht werden. Auch andere Raupen setzen gelegentlich den Cyclamen zu, indem sie Blätter abfressen. So wurden beobachtet der grosse Fuchs (Vanéssa polychlóros), der kleine Frostspanner (Cheimatóbia brumáta), die Salateule (Maméstra olerácea). Blattläuse werden durch Räuchern abgetötet (z. B. 20 g Mantis auf 30 m$^3$). Schwer zu bekämpfen ist der Thrips. Die saugenden Larven sitzen auf der Blattunterseite, die sich rotbraun verfärbt, während der Blattrand sich nach unten rollt. Sie gehen auch auf die Blüten über. Die befallenen Pflanzen werden in eine Lösung von 30 g Dux, Herbasal oder Mantis auf 10 l Wasser getaucht oder, falls sie schon blühen, mit Mantis geräuchert (40 g auf 30 m$^3$). Gewisse Fadenwürmer (Nematoden) verursachen an den Wurzeln kleine Anschwellungen, als Folge derer die Pflanzen allgemein zu kränkeln beginnen. Eine Bekämpfung dieser mikroskopisch kleinen Würmchen ist schwierig. Da und dort machen sich sogar Nacktschnecken und Mäuse unangenehm bemerklich, letztere namentlich im Herbst. Sie beginnen mit Knospen und Blättern und gehen schliesslich auch an die Knollen. An Samenträgern fressen sie die Kapseln ab.

Noch gefährlicher können den Züchtungen von C. Persicum gewisse Pilze werden. Bei Stickstoffüberdüngung verlieren die Knollen ihre Widerstandsfähigkeit gegen pilzliche Krankheitserreger und faulen leicht, manchmal in grosser Zahl. Auch Wachstumsstockungen, die bei zu dichter Kultur und bei unvorsichtiger Behandlung der Sämlinge nach dem Verpflanzen sich einstellen (schroffe Wechsel müssen vermieden werden; schattieren), sollen zur Ursache der Knollenfäule werden. Als Folge von Wachstumsstockungen tritt auch das unerwünschte Frühblühen auf. Als Erreger der Knollenfäule bei Sämlingen wurde Moniliópsis Aderhóldi Ruhl., der sogenannte „Vermehrungspilz" festgestellt. Das Absterben wird von Schwarz- oder Braunfärbung begleitet und ergreift auch die Wurzeln und die unteren Teile der Blattstiele. Eine Heilung erkrankter Sämlinge dürfte ausgeschlossen sein. Sie müssen verbrannt, die verseuchte Erde entfernt (vergraben) und die Kästen desinfiziert werden mit Formaldehydlösung (1 Teil 40% Formaldehyd auf 200 Teile Wasser) oder 1 bis 2%iger Kupfersulfatlösung oder Kalk. Vorbeugend ist alles wirksam, was kräftige Pflanzen erzeugen kann: Nicht zu feucht halten; nicht zu viele Dunggüsse; etwas Kalk beifügen ($^1/_2$ g auf den dm$^3$ Erde wird als genügend angegeben); die Sämlinge nicht zu dicht pflanzen; für Zutritt von viel Licht sorgen; vor allem aber reichliche Durchlüftung, welche das Wachstum des Pilzes hemmt. Ganz ähnliche Erscheinungen ruft an den Wurzeln der Sämlinge und an den Knollen älterer Pflanzen die Thielávia basícola Zopf hervor, an den Knollen auch der Traubenschimmel (Botrýtis), der zudem das Abfaulen von unentwickelten Blüten bewirkt. Die vorbeugende Behandlung geschieht auf gleiche Weise, wie für Moniliopsis angegeben wurde. Septória Cyclámínis Sacc. erzeugt an Blättern und Stengeln runde, konzentrisch gezonte Flecken, die rot gefärbt sind und später in der Mitte grau werden. Sie sind aber keine ernste Schädigung, sondern eher als Schönheitsfehler zu werten. Für unsere wildlebenden Arten werden in der Zusammenstellung von Oudemans folgende Pilze angegeben: Septória Cyclámínis (C. Europaeum, C. Neapolitanum, C. repandum), Septória Coróllae Syd. (C. Europaeum), Phyllosticta Cyclaminélla Bub. (C. Neapolitanum). [Vgl. zu Schädlingen und Kultur „Die Gartenwelt" 30 (1925/26) Nr. 6 und 16]. Ueber Missbildungen siehe Seite 1730.

1. Kronzipfel am Grunde mit Oehrchen. Knolle mit Korkrinde; Wurzeln nur auf der obern Knollenhälfte. Blatt- und Blütenstiele weit durch den Boden kriechend . . C. Neapolitanum nr. 2204.

1*. Blumenkronzipfel am Grunde ohne Oehrchen . . . . . . . . . . . . . . . . . 2.

2. Knolle mit Korkschicht . . . . . . . . . . . . . . . . . . . . . . . . . . . 3.

2*. Knolle ohne Korkschicht mit Büschelhaaren. Wurzeln auf die Mitte der Unterseite beschränkt . 4.

3. Fruchtstiele abwärts gebogen, nicht eingerollt. Knollen nur auf der unteren Hälfte, besonders in der Mitte, bewurzelt. Blattspreite herzeiförmig, mit Silberflecken und Silberzeichnung der Nerven; Blattrand stark knorpelig. Kelchrand glatt. Blüten gross. Antheren aussen grob- und dichtwarzig, schwarz-violett . . . . . . . . . . . . . . . . . . . . . . . . . . . . . . . . C. Persicum (pag. 1842).

3*. Fruchtstiele eingerollt (Fig. 2849). Knollen auf der ganzen Oberfläche locker bewurzelt. Blüten klein . . . . . . . . . . . . . . . . . . . . . . . . . . . . . . C. Europaeum nr. 2202.

4. Kronzipfel verlängert. Griffel aus dem Blütenschlunde vortretend. Laubblätter dünn, herzförmig, lappig, mit bespitzten Lappen. Kelchblätter mit 1 starken, federig verzweigten Nerven  C. repandum nr. 2203.

4*. Kronzipfel oval. Griffel nicht vortretend. Laubblätter rundlich-nierenförmig, ohne Lappen. Kelchblätter mit 5 schwachen parallelen Nerven . . . . . . . . . . . . . . . . . 5.

5. Laubblätter dünn, oberseits mit Silberflecken, mit ganz kleinen Ausbuchtungen, in deren Spitze die Nerven endigen. Kelchblätter am Grunde nicht verschmälert . . . . . . C. Ibericum (pag. 1842).

5*. Laubblätter dicker, oberseits gleichmässig dunkelgrün, nie mit Silberzeichnung, ganz flach gekerbt, mit Nervenendigungen zwischen den Kerben. Kelchblätter am Grunde verschmälert  C. Coum (pag. 1842).

**2202. Cyclamen Europǽum** L. (= C. aestívum Rchb., = C. Clúsii Lindl., = C. cordifólium Stokes, = C. Cóum Rchb., = C. floribúndum Salisb., = C. litorále Sadler, = C. officinále Wender., = C. orbiculátum Mill., = C. purpuráscens Mill., = C. retroflèxum Moench). Europäische Erdscheibe, Bergveilchen. Franz.: Pain de pourceau; engl.: Sowbread; ital.: Ciclamino, pan porcino, panporcin, pan terreno, im Tessin: Erba de S. Bernard, artanita. Taf. 211, Fig. 3; Fig. 2843 b, f, l, o, 2845 c, 2846 c, 2848 a, b, 2849, 2851 bis 2853.

Die Namen Schweins-, Saubrot (auch volkstümlich) rühren daher, dass die Knollen der Pflanze von Schweinen (in Sizilien auch von Wildschweinen) gefressen werden, man gibt sie auch mancherorts diesen Tieren als Brunstmittel (ähnlich wie die „Hirschkugeln" [Elaphomýces]); daher auch in Oberösterreich Stierl, in Steiermark Hirschbrot genannt. Auf die knollige Grundachse beziehen sich ferner Erdkugeln (Niederösterreich), Scheiblkraut (Oberösterreich), Holzäpfel (Oesterreich), Goasruabn (Kärnten), Gumeli [= Kartoffel], Haselgumeli (Waldstätten), Walderdepfl (Niederösterreich), Wilde Erdäpfel (Oesterreich), Haselrübe (Steiermark), Gätziöpfel (Schweiz: Sargans). Auf die Form der Blüte beziehen sich Bischofshaube (Oberösterreich), Bischofskappl (Salzburg), Wasserschafferl (Oberösterreich), Gätzeli [Gätzi = Wasserschöpfer] (Graubünden), Milikübel, Melchsechterl [Sechter = Gefäss] (Oberösterreich), auf die der Blätter Hasenöhrli (Schweiz). Wohl nach dem Standort unter Haselsträuchern (vgl. Haselwurz = Asarum Europaeum, Bd. III, pag. 160) nennt man die Pflanze auch Haselblümel (Steiermark); Haselwörzli (St. Gallen) und Haselwürze (Berner Oberland). Nach der Verwendung gegen Ungeziefer oder gewisse Krankheiten heisst die Art Lausbleaml, -wurzn (Niederösterreich), Kreuzwehkraut, Kel'nwurzel [gegen die Kehlsucht der Pferde], Gichtapfel (Niederösterreich), Aflplotschen [Afl = Rotlauf, vgl. Bd. IV, pag. 21] (Kärnten). Andere Namen sind noch Bergmanderl (Oberösterreich), Kristleidenblume (Obersteiermark), Türk'n (Kärnten), Waldveigerl (Oberösterreich), im Puschlav (Graubünden) ciclam, im Kanton Waadt pan au puai.

Ausdauernd. Knolle 1½ bis 5 cm dick, kugelig bis plattgedrückt mit korkiger Haut, an der ganzen Oberfläche zerstreut bewurzelt (Fig. 4845 c). Blattragende Sprosse verschieden lang. Blattstiele, Blütenstiele und Kelch mit sehr kurzen Keulenhaaren bedeckt, Blattspreite kahl. Laubblätter immergrün, dicklich, nieren- bis herzförmig, selten gelappt. Basallappen meist nicht übereinander greifend; Blattrand unregelmässig schwach gekerbt, mit schmalem Knorpelrand; Blattoberseite dunkelgrün mit silberiger Fleckenzone (Fig. 2846 c), manchmal auch mit schwach silberigen Nerven; Blattunterseite karminrot, seltener schmutzig-grün. Blütenstiele etwas länger als die Blätter, zur Fruchtzeit spiralig oder schraubig eingerollt. Blüten (Fig. 2843 b) etwa 1½ cm lang, stark duftend. Kelchblätter (Fig. 2843 f) eiförmig bis 3-eckig, unregelmässig gezähnt, stachelspitzig. Kronröhre kugelig, farblos; Kronlappen länglich oder eiförmig, 2¼- bis 4-mal so lang wie die Röhre, vorn schief abgestutzt, am Grunde nicht öhrchenbildend, karminrot, am Grunde dunkler. Antheren (Fig. 2843 l) 3-

Fig. 2851. Cyclamen purpurascens (Europaeum L.) Mill. Phot. Alexander Niestle-Bavaria, Gauting.

eckig, fast ungestielt, auf dem Rücken schwach warzig und gelb mit violettem Mittelstreif. Griffel gar nicht oder höchstens 2 mm aus dem Kronschlund hervorragend. Kapsel (Fig. 2848 a, b) kugelig, von 9 mm Durchmesser, 2-mal so lang als der Kelch. Samen 2½ mm lang. — VI bis IX.

In Gebüschen, Laubwäldern und Auen mit steinigem, humusreichem Kalkboden, zuweilen verwildert, absichtlich angepflanzt und eingebürgert.

In Deutschland einzig in Bayern: verbreitet und häufig um Berchtesgaden (auf der Saletalpe angepflanzt) und Reichenhall, vereinzelt bei Sachrang, ob Brannenburg (ob ursprünglich?), Farchant bei Partenkirchen, auf der Hochebene bei Leonhardspfunzen unterhalb Rosenheim (hier einstmals eine Ansiedlung der Römer), im Alztal, bei Altötting und Laufen, bei Leutstetten nächst Starnberg (angepflanzt), im Donaugebiet bei Schwarzwöhr bei Plattling, Grünau bei Obernzell, Jochenstein (870 bis 1300 m), im Jura am Atlasberg bei Regensburg, bei Kipfenberg, angepflanzt bei Neidstein und in der Schanz bei Neumarkt, ebenso bei Erlangen im Meilwald am Ratsberg (wahrscheinlich 1897 durch L. Lindinger aus Ischl im Salzkammergut angepflanzt), im Keupergebiet zwischen Grünsberg und Burgtann, ausserdem gleichfalls angepflanzt bei Salem im badischen Bodenseegebiet (an 3 Stellen) und bei Kauffung (am Mühberg) an der Katzbach in Schlesien. — In Oesterreich in Böhmen zerstreut bei Krumau,

Fig. 2852. Verbreitungsgebiete von Cyclamen Europaeum L. in Europa. (Orig. von Dr. W. Lüdi, Bern).

Pisek, Rakonitz gegen Beraun, Sobotka, Wlaschim, Deutschbrod usw., beim Schlosse Vorlík an der Moldau verwildert; in Mähren westlich der Schwarzawa (hält sich streng an die tief eingeschnittenen Flusstäler der Thaya, Iglawa, Schwarzawa, Oslawa usw.); in Niederösterreich im Bergland und Vorland verbreitet; in Oberösterreich an der Donau östlich der Traun; in Salzburg in den Kalkvoralpen, nach Norden nur bis Unken; in Steiermark häufig im ganzen Zuge der nördlichen Kalkalpen, nur bei Aussee selten und auf der Südseite der Dachsteingruppe fehlend, Rottermanntauern, Sekkau, Murtal von Leoben abwärts, häufig in Südsteiermark, in Krain häufig; in Kärnten besonders in den Karawanken, Julischen Alpen, Gailtaleralpen, am Vellacher Egel bis 1650 m, zerstreut durch die Lavantaler Alpen auf Kalk; in Vorarlberg bei Hohenems und um Feldkirch; in Liechtenstein bei Balzers, Nendeln, ob Schaan, Masescha (bis 1200 m); in Nordtirol sehr selten am Muttekopf bei Imst (auf oberer Kreide) und am Thierberg bei Kufstein, in Südtirol im Draugebiet in der Schober- und Kreuzkofelgruppe, bei Lavant, im oberen Etschtal zwischen Juval und Staben, und bei Lana, von Bozen an abwärts, wie auch im Nonsberg, gegen Süden häufig (am Cima del Palù bis 1950 m steigend); im Küstenland besonders in den Karstgegenden häufig, bis ins nördliche Istrien, südlich von C. repandum abgelöst. — In der Schweiz im südlichen Tessin (von Locarno und Bellinzona an) häufig von 230 bis 1200 m; im Puschlav und Misox; im Wallis nur unterhalb St. Maurice und bei Gondo; bei Aigle, Vevey, Chateau d'Oex, Montbovon; am Salève und an der Rhone (1925) bei Genf; im mittleren Jura von 400 bis 1100 m an den Aiguilles de Beaumes und vom Chaumont bis Grenchen (an letzterem Orte wohl ausgerottet, wie auch in der Limmernschlucht bei Mümliswil); Thunersee und Brienzersee; Vierwaldstättersee; Muri und Jonen im Aargau; Walensee; Churer-Rheintal und isoliert bei Rüthi (Büchel) im Rheintal; ausserdem angepflanzt im Kanton Neuenburg (Chambrelien, Travers, Caroline, St. Sulpice, Vaumarcus), bei Zofingen (Bad Lauterbach und Gigerfluh) usw.

Allgemeine Verbreitung (Fig. 2852): Nördliche und südliche Kalkalpen von der Provence bis nach Niederösterreich und den Sanntaleralpen, südlicher (französischer) und mittlerer Jura, zerstreut im Vorland, kroatisches Bergland, Bosnien, Herzegowina, in den West- und Zentralkarpaten (fehlt Kleine Karpaten und Tatra) bis in die Pieninen, mittelungarisches Bergland, Matra; von Formaneck angegeben für Südserbien (Demirkapu), von Velenovsky für Bulgarien (Razgrad); ferner in Transkaukasien (Mingrelien und Abchasien).

Aendert ab: var. parvifólium Gave. Pflanze vielstengelig. Blüten rot. Laubblätter wenigstens zur Hälfte kleiner als beim Typus. Mont Vergy in Hochsavoyen (Frankreich) in 1700 m Meereshöhe.

Cyclamen Europaeum hat seine Hauptverbreitung in den südöstlichen Alpengebieten und im Illyrischen Gebirgsland. Es ist nach Braun-Blanquet submediterran und wohl thermophil, d. h. einer beträchtlichen Wärme bedürftig, aber nicht xerotherm; denn es meidet starker Besonnung ausgesetzte, trockene Oertlichkeiten und sucht vielmehr den Halbschatten oder Schatten der Gebüsche und Laubwälder auf mit deutlicher Bevorzugung von lockerem, humosem Kalkboden, obschon es gelegentlich auch auf kalkarmem Boden angegeben wird, so in der Umgebung von Locarno auf Gneis, in Liechtenstein auf Flysch, bei Feldkirch auf Gault, in Oberösterreich auf Granit und Gneis (neben Kalk). In den nördlichen Kalkalpen ist es für die Buchenwälder sehr bezeichnend, so nach Lüdi bei Sundlauinen am Thunersee, 750 m (Fig. 2851) zusammen mit Melica nutans, Festuca gigantea, Bromus ramosus, Carex digitata, Platanthera bifolia, Helleborine atropurpurea, Neottia Nidus avis, Anemone nemorosa und A. Hepatica, Ilex aquifolium, Mercurialis perennis, Viola silvatica, Hedera Helix, Sanicula Europaea, Aegopodium Podagraria, Galeobdolon luteum, Asperula odorata, Prenanthes purpurea, Hieracium silvaticum. In den Buchenmischwäldern am Vier-

Fig. 2853. Cyclamen purpurascens Mill. (Europaeum L.), bei Dtsch. Landsberg, Steiermark. Phot. Georg Eberle, Wetzlar.

waldstättersee (Fig. 2853) erscheint Cyclamen Europaeum nach Hegi in Gesellschaft von verschiedenen thermophilen Arten, u. a. Luzula nivea, Coronilla Emerus, Evonymus latifolia, Daphne Laureola, Primula vulgaris (vgl. pag. 1746). Am nordöstlichen Rande der Ostalpen gehört die Art dem Niederwuchs der Schwarzföhrenwälder an mit Genista pilosa, Polygala Chamaecistus und Daphne Cneorum. In den Südalpen finden wir die Art ebenso häufig unter Gebüsch (z. B. von Fraxinus Ornus und Ostrya carpinifolia (vgl. auch Bd. III, pag. 355, Vorkommen im Buchenwald bei Görz). Da, wo sie in die höheren Berge hinaufsteigt, verlässt sie gelegentlich den Schatten und geht auch in Rasenbestände über, so tritt sie z. B. auf dem Gipfel der Cima del Palù in Judikarien in 1950 m Höhe ziemlich häufig in den gegen Süden geneigten Trockenwiesen (Lüdi) auf, ebenso am Smogar-Gipfel (Krn-Gebiet am Isonzo), wo sie über 2000 m hinaufsteigt. Anderseits geht sie nach Angabe von A. Degen (in litt.) bei Fiume bis zum Meeresspiegel herunter.

Verschiedene der zerstreuten Fundorte sind wohl Reste eines während der postglazialen Wärmezeit geschlossenen Areales; immerhin können einzelne auch Kulturrelikte oder Gartenflüchtlinge sein, weil auch früher Cyclamen Europaeum öfters angepflanzt wurde. Da der Pflanze von Liebhabern und Gärtnern stark nachgestellt wird (um Reichenhall und im Bayer. Donaugebiet werden die Knollen massenhaft ausgegraben), ist sie in Oberbayern (seit 1914), Niederbayern, Mittelfranken, Oberösterreich, Wien (Verkaufsverbot!), Salzburg, Tirol, Vorarlberg, in den Kantonen Bern, Neuenburg und St. Gallen, ebenso im Département d'Isère behördlich geschützt. Ehedem war Cyclamen Europaeum als Radix Cyclamines arthanitae offizinell, vor allem als drastisches Purgiermittel. Die Cyclamenknolle macht einen Hauptbestandteil der alten Salbe Arthanithâ aus (Arthanithâ = früherer Name für Cyclamen), die nach einem Rezept von Lieutaud aus dem Jahre 1786 ausserdem enthielt: Spritzgurke, Koloquinte, Turpith, Skammonium, Aloë, Wolfsmilch, Myrrhe, Ingwer, Pfeffer, Ochsengalle u. a. Diese Salbe wurde eingerieben. Bei der Anwendung auf dem Magen ruft sie Erbrechen hervor und purgiert mit Heftigkeit, wenn sie im unteren Teil des Bauches eingerieben wird (nach Bergeret, Flore des Basses Pyrénées). In der Volksmedizin findet eine Tinktur aus der Knolle Verwendung bei gichtischen und rheumatischen Leiden, bei Anfällen von Kolik, bei Stuhlverstopfung, Blasenkrampf, bei bestimmten Fällen von Herzneurosen, bei Amenorrhoe, Struma, Zahnschmerzen, als Emmenagogum. Die Knollen lässt man von den Schweinen fressen, damit sie leicht trächtig werden. Der wirksame Bestandteil der Knolle scheint der stark hämolytisch wirkende, saponinartige Körper Cyclamin oder Arthanitin ($C_{25}H_{42}O_{12}$) zu sein; ausserdem enthält die frisch brennendscharf schmeckende Knolle 73,5 % Wasser, 2,45 % Roheiweiss und 1,646 % Aschenbestandteile. Durch Trocknen, längeres Rösten oder Braten kann das giftige Cyclamin entfernt werden, so dass dann die Knollen — frisch genommen bewirken sie Erbrechen, sowie Entzündung des Schlundes und Magens — ohne Nachteil genossen werden können. In Sizilien scheinen Wildschweine eine Vorliebe für die Knollen der dort heimischen Arten zu haben, andrerseits verwendet man sie in Kalabrien und Sizilien zum Betäuben der Fische (siehe auch pag. 1838).

**2203. Cyclamen repándum** Sibth. et Sm. (= C. hederifólium Ait., = C. Europǽum Savi nec L., = C. románum Griseb., = C. vérnum Lob.). **Geschweiftblättrige Erdscheibe.**
Fig. 2843 c, g, m, 2845 a, 2846 a und 2848 d.

Ausdauernd. Knolle (Fig. 2845 a) klein, 1 bis 2 cm dick, kugelig oder etwas zusammengedrückt, mit Büschelhaaren bedeckt, nur in der Mitte der Unterseite bewurzelt. Beblätterte Sprosse nur aus der Mitte der Knollenoberseite entspringend, kurz. Blattstiele, Blütenstiele und Kelch mit kurzen Keulenhaaren. Blattspreite kahl. Laubblätter (Fig. 2746 a) vor den Blüten erscheinend, herzförmig, mit offener, seltener geschlossener Basalbucht, dünn, ohne Knorpelrand, am Rande unregelmässig gelappt und gezähnt; Zähne spitz vorgezogen, mit farblosen Zäpfchen endigend. Blattoberseite hellgrün, schwach silberfleckig; Unterseite rot angehaucht.

Fig. 2854. Cyclamen creticum (Dörfl.) Hildebr. Phot. Eugen Hahn, Kirchheimbolanden.

Blütenstiele so lang oder etwas länger als die Laubblätter, zur Fruchtzeit schraubig eingerollt. Blüten (Fig. 2843c) $1^1/_2$ bis 2 cm lang, schwach duftend. Kelchblätter eilanzettlich, fast ganzrandig (Fig. 2843g). Kronröhre halbkugelig, am Schlunde zusammengezogen, rosa; Kronlappen länglich=lanzettlich, zugespitzt, $3^1/_2$ bis 5=mal länger als die Kronröhre, am Grunde nicht öhrchenbildend, leuchtend karminrot, gegen den Grund hin dunkler. Antheren (Fig. 2843 m) schmal=herzförmig, stumpflich, auf dem Rücken starkwarzig, oben gelb, unten braunrot, sehr kurz gestielt. Griffel etwa 4 mm lang, weit aus dem Kronschlund vorragend, an der Spitze braunrot gefärbt. Kapsel kugelig, von 12 mm Durchmesser, doppelt so lang als der Kelch. — III, IV.

In lichten Eichengehölzen, unter Gesträuch, in schattigen Hecken mit humusreichem Kalkboden, auch in schattigen Felsspalten.

Fehlt in Deutschland und in der Schweiz. — In Oesterreich nur an der Südspitze der Halbinsel Istrien: Medolino, Pola, Galesano, Siana, Lavarigo, Lusinamare, zwischen Pontiera und Barbana, Albona gegen Punta lunga, stellenweise in grosser Menge.

Allgemeine Verbreitung: Mittleres Mittelmeergebiet Europas: Südfrankreich, Korsika, Sardinien, Sizilien, Mittel= und Unteritalien, Istrien, Dalmatien, Peloponnes.

Die Art erreicht also die südlichste Ecke unseres Gebietes noch gerade im nördlichsten Punkt ihres geschlossenen Areals und löst hier das C. Europaeum ab. Schon auf der Insel Arbe ist sie nach Morton ausserordentlich häufig auf Kalkboden, vereinzelt auch auf Flysch und zwar sowohl in den Waldungen als auch in den immergrünen Zwergstrauchbeständen, der steinigen Trift und der Felsflur des Nordabsturzes. Hier wächst sie im Wald der immergrünen Steineiche (Quercus Ilex) neben Juniperus Oxycedrus, Crataegus monogyna, Rubus ulmifolius, Prunus spinosus, Pistacia Lentiscus, Cistus salvifolius, Myrtus Italica, Hedera Helix, Arbutus Unedo, Erica arborea, Phyllirea als Unterholz und Pteridium aquilinum, Gastridium lendigerum, Aira capillaris, Asparagus acutifolius, Smilax aspera, Tamus communis, Viola alba u. a. als Bodenvegetation. Die sehr mesophytisch gebaute Pflanze hat ihre Vegetationszeit beendigt und die Blätter abgeworfen, bevor die sommerliche Trockenperiode eintritt. — Wir bringen im Bild (Fig. 2844) das nahe verwandte, weissblühende Cyclamen Créticum Dörfl. in humusgefüllten, feinen Spalten eines senkrechten, nach Norden gerichteten Kalkfelses am Berg Juctás bei Herakleion (Kreta).

Fig. 2855. Cyclamen neapolitanum Ten., auf Korsika. Phot. stud. Burck.

**2004. Cyclamen Neapolitánum** Ten. (= C. hederifólium Ait., = C. autumnále J. Boos, = C. Europáeum Smith nec L., = C. ficariaefólium Rchb., = C. linearifólium DC., = C. subhastátum Rchb.). Neapolitaner Erdscheibe. Fig. 2843 d, n, 2845 d, 2846 b, 2848 c, 2855 und 2856.

Ausdauernd. Knollen 3 bis 5 cm dick, plattgedrückt mit korkiger Oberfläche, nur auf der oberen Knollenhälfte bewurzelt (Fig. 2845d). Blattragende Sprosse aus der Mitte der Knollenoberseite. Blattstiele, Blütenstiele, Kelch mit kleinen Keulenhaaren bedeckt, Blattspreiten kahl. Laubblätter erst nach den ersten Blüten erscheinend, ihre Stiele weit im Boden kriechend; Blattspreite sehr verschieden gestaltet meist länglich=herzförmig, etwas eckig, mit offener Basalbucht (Fig. 2846b), oft ausgeprägt 5= bis 9=eckig, seltener nierenförmig, spiessförmig; Blattrand unregelmässig gezähnt, mit schwachem Knorpelrand; Blattoberseite dunkelgrün mit Silberflecken, Unterseite braungrün oder grün. Blütenstiele im Boden weit kriechend, dann aufstrebend, zur Fruchtzeit schraubig eingerollt (Fig. 2848 c). Blüten (Fig. 2843 d) etwas über $1^1/_2$ cm lang, schwach duftend. Kelchblätter 3=eckig bis länglich, spitz, $\pm$ gezähnt (Fig. 2848 c). Kronröhre halbkugelig=glockig, durchscheinend rosa; Kronlappen länglich, $2^1/_2$= bis 3=mal so lang als die Kronröhre, kurz zugespitzt, am Grunde öhrchenbildend, rosa, mit dunkelkarminrotem, nach oben 2=schenkligem, nach unten 1=spitzigem Fleck am Grunde, Oehrchen, selten ganze Krone, weiss. Antheren (Fig. 2843n) länglich=3eckig, spitz, kurz gestielt, auf dem Rücken von feinen Warzen braunrot. Griffel die Kronröhre nicht überragend. Kapsel kugelig, zirka 1 cm Durch= messer, länger als der Kelch. — VII bis XI.

Schattige Wälder und Gebüsche mit etwas frischem, humusreichem Kalkboden.

Fehlt in Deutschland und in Oesterreich. — In der Schweiz nur im Kanton Waadt bei Roche am oberen Ende des Genfersees und (angepflanzt) bei St. Aubin (Kt. Neuenburg).

Allgemeine Verbreitung: Mittleres und östliches Südeuropa: Süd= frankreich (in Vorposten bis Evouettes in Hochsavoyen), Korsika, Ligurien, Mittel= und Süditalien, Sizilien, Dal= matien, Bosnien, Griechenland.

Die allgemeine Verbreitung deck. sich also annähernd mit der von C. repandumt Der Standort in der Schweiz ist ein weit vor= geschobener, isolierter Vorposten. Doch fand sich nach Haller (1768) bei Roche als eben= solcher Vorposten Anemone hortensis, die Christ noch in den 40er Jahren des 19. Jahr= hundert erhielt, die aber bald darauf (nach Christ) von den Gärtnern ausgerottet wurde. Ein gleiches Schicksal drohte auch Cyclamen Neapolitanum; sie ist aber in neuerer Zeit gesetzlich geschützt worden und findet sich im felsig=humosen Gehänge des Kalkvorsprunges (430 bis 450 m) sehr reichlich einerseits im Carpinus Betulus=Wald, anderseits in reich zusammengesetztem Gebüsch mit viel Labur= num alpinum, während sie dem auf flacherem Boden anschliessenden Buchenwald zu fehlen scheint. Als Begleitpflanzen notierte Lüdi im April 1926: Carpinus Betulus, Quercus sp., Sorbus Aria und S. torminalis, Laburnum alpinum, Tilia sp., Acer campestre und A. Opalus, Juniperus communis, Ruscus aculeatus, Crataegus Oxyacantha, Prunus spinosa und P. Mahaleb, Coronilla Emerus, Hedera Helix,

Fig. 2856. Cyclamen neapolitanum Ten., im Carpinus Betulus-Wald bei Roche (Kanton Waadt). Phot. Dr. W. Lüdi, Bern.

Cornus sanguinea, Ilex aquifolium (an diesen Stellen spärlich), Daphne Laureola, Ligustrum vulgare, Viburnum Lantana; Festuca heterophylla, Carex digitata, C. alba, Tamus communis, Polygonatum officinale, Orchis masculus, Helleborus foetidus, Anemone nemorosa, A. Hepatica, Fragaria vesca, Lathyrus vernus, Euphorbia dulcis und E. amygdaloides, Viola alba, Primula vulgaris, Teucrium Chamaedrys, Glechoma hederacea, Veronica latifolia; an den Blöcken Asplenium fontanum und Polypodium vulgare, Ctenodon molluscum, Neckera com= planata, Rhodobryum roseum, Anomodon viticulosus, Homalothecium sericeum, Madotheca Baueri (Fig. 2856).

Eine weit zurückliegende Anpflanzung durch den Menschen ist übrigens in diesem Gebiet alter Kultur nicht ausgeschlossen. In der Nähe befindet sich ein zerfallener Turm. Auch zufällige Einschleppung (z. B. durch Festhaften der Früchte an den Füssen von wandernden Vögeln) ist wohl möglich, während der völlige Mangel von Zwischenstationen den Gedanken an ein Relikt aus xerothermer Zeitperiode nicht recht aufkommen lässt. Die Station kann erst postglazial besiedelt worden sein.

**Bastarde** sind in der freien Natur niemals beobachtet worden und durch die räumliche Trennung und verschiedene Blütezeit beinahe ausgeschlossen. In der Kultur hat man einige Bastarde erzeugt, ausser dem häufigen C. Coum × C. Ibericum (= C. Atkinsi T. Moore) als grosse Seltenheiten.

## DLXXVIII. Lysimáchia¹) (Tourn.) L. Gilbweiderich, Friedlos, Felberich.

Aufrechte oder niederliegende Stauden, seltener Sträucher mit ganzrandigen, abwechselnden, gegenständigen oder quirligen Laubblättern. Blüten achselständig oder zu ährig-traubigen oder rispig-doldentraubigen, seiten- oder endständigen Blütenständen vereint. Kelch tief 5- (bis 7-)teilig. Krone glocken- oder radförmig, tief 5- (bis 7-)spaltig, mit gedrehten, ganzrandigen oder gezähnten Zipfeln. Staubblätter 5 (bis 7), an der Kronröhre befestigt und ± mit ihr verwachsen. Schlundschuppen bisweilen vorhanden. Antheren länglich, stumpf. Fruchtknoten kugelig oder eiförmig; Griffel ± fadenförmig; Narbe stumpf. Samenanlagen wenige oder viele, auf kugeliger Plazenta befestigt, halbanatrop. Kapsel eiförmig oder kugelig, meist an der Spitze mit 5 Klappen aufspringend; Klappen oft seitlich aneinanderhaftend. Samen länglich, kugelig oder eckig, bisweilen geflügelt, mit bauchständigem Nabel und dünner Schale. Embryo querliegend.

Die Gattung umfasst etwa 110 Arten und hat ihre Hauptentwicklung im gemässigten Ostasien (zirka 70 Arten), vor allem in Zentralchina. Einige Arten finden sich im tropischen Südasien, etwa 7 Arten in Ostafrika von Madagaskar bis Abessinien. Das Mittelmeergebiet besitzt 7, Europa 2 endemische Arten, Nordamerika 12, die Hawaii-Inseln 5, Südamerika (Chile) und Australien je 1 Art. Nur sehr wenige Arten sind über grosse Gebiete verbreitet: 1 an den Ufern des stillen Ozeans, 2 in den gemässigten Teilen der nördlichen Halbkugel. Pax und Knuth gliedern die Genus in 16 Sektionen; 5 von diesen haben je einen Vertreter in Mitteleuropa: Sekt. Nummulária (Gilib.) Klatt, charakterisiert durch blattachselständige Blüten, gegenständige Laubblätter und niederliegende Stengel (L. Nummularia L.; alle andern Arten sind ostasiatisch); Sekt. Lerouxia (Mérat) Endl., wie vorige aber mit aufsteigendem Stengel (L. némorum L.); Sekt. Verticillátae Knuth, mit aufrechtem Stengel, quirligen Laubblättern und quirligen, in den Blattachseln stehenden Blüten (L. punctáta L.; die übrigen Arten der Sektion im atlantischen Nordamerika); Sekt. Naumbúrgia (Moench) Klatt, mit aufrechtem Stengel und kurztraubigen, blattachselständigen Blütenständen (L. thyrsiflóra L. als einzige Art); Sekt. Lysimástrum Endl., mit aufrechtem Stengel und rispigen, endständigen Blütenständen (L. vulgáris L., ausserdem in dieser Sektion noch eine Art im Atlantischen Nordamerika und eine in Südostaustralien). Neben diesen einheimischen Arten finden wir in Mitteleuropa gelegentlich noch einige andere verwildert oder eingeschleppt. Erwähnung verdienen: Lysimachia ciliáta L. aus der Sektion Steironéma (Raf.) Klatt. Kahle Staude (nur Blattstiele gewimpert), mit aufrechtem, wenig verzweigtem Stengel, gegenständigen (selten quirlständigen), gestielten, eiförmig-länglichen, zugespitzten, ganzrandigen Laubblättern, blattachselständigen Blüten mit 2 bis 6 cm langen Blütenstielen, rundlichen, scharfgekerbten, goldgelben Kronlappen. Die Blüten sind etwas zweiseitig-symmetrisch ausgebildet. Abweichend von der Normalform der Lysimachien ist die Knospenlage. Der Kelch ist exakt klappig. Die Kronblätter sind mit der pfriemlichen Spitze nach einwärts gebogen und zugleich ist der eine Rand (ohne bestimmte Ordnung) nach einwärts über den andern gerollt, so dass das vor dem Blumenblatt stehende Staubblatt eingeschlossen wird. Diese gerollten Petalen lehnen sich mit ihren gewölbten Seiten klappig aneinander (nach Wydler). Die Sektion Steironema ist durch den Besitz der früher als Staminodien gedeuteten Schlundschuppen gekennzeichnet und im atlantischen Nordamerika heimisch. L. ciliata ist als verwilderte Gartenpflanze seit 1884 an der deutsch-belgischen Grenze bei Spa und Malmédy eingebürgert, ebenso im anschliessenden Belgien (zwischen Limburg und Verviers), adventiv in Charlottenburg, in Bad Meissberg (Westfalen), am Ohrberge bei Hameln (Hannover) und in Thüringen (siehe Fr. Thomas, in Mitteil. des Thüringischen Botan. Vereins. N. F. Heft XIX, 1904). — L. Ephémerum L. aus der Sektion Ephemerum (Rchb.) Endl. ist mit L. thyrsiflora verwandt, doch höher (bis über 1 m), kahl; die Blütentrauben sind terminal und verlängert (1 bis 3 dm); die gegenständigen Laubblätter lineal-lanzettlich, am Grunde umfassend und etwas herablaufend, blaugrün, mit weisslicher, dicker Mittelrippe. Blüten 5-zählig mit weisser Krone. Die Art ist einheimisch in der Pyrenäenhalbinsel und strahlt in das französische Pyrenäengebiet aus. Sie wurde adventiv angetroffen im Hafen von Mannheim, am rechten Rheinufer bei Eglisau (Kanton Zürich) und bei Clarens (Kanton Waadt). — Lysimachia atropurpúrea L., aus der gleichen Sektion wie L. Ephemerum, aber kleiner als diese Art (20 bis 60 cm). Laubblätter abwechselnd gestellt, spitz, die unteren in den langen Blattstiel verschmälert, die obern sitzend, nicht

---

¹) Nach Plinius (Nat. hist. 25, 72) Name einer Pflanze die (der König?) Lysimachus entdeckt haben soll. Bei Dioskurides (Mat. med. 4, 3) erscheint sie als λυσιμάχειος [lysimácheios] und bezeichnet anscheinend eine Lysimachia-Art.

Tafel 212

## Taf. 212.

Fig. 1. *Lysimachia thyrsiflora* (pag. 1855). Blütenspross.
" 1 a. Grundachse mit jungen Ausläufern.
" 1 b. Blüte.
" 1 c. Kapsel mit Kelch.
" 1 d. Samenköpfchen.
" 1 e, f. Samen.
" 1 g. (rechts oben) Blüte im Längsschnitt.
" 2. *Lysimachia vulgaris* (pag. 1859) Blütenspross.
" 2 a. Blüte (Kronzipfel abgeschnitten).
" 2 b. Kelch mit unreifer Frucht.

Fig. 3. *Lysimachia Nummularia* (pag. 1852). Habitus.
" 3 a. Staubblatt (stark vergrössert).
" 3 b. Staubblätter mit Stempel.
" 4. *Lysimachia nemorum* (pag. 1854). Habitus.
" 4 a. Blütenmitte von oben (vergrössert).
" 4 b. Fruchtknoten.
" 5. *Glaux maritima* (pag. 1865). Habitus.
" 5 a. Blüte.
" 5 b. Frucht.

umfassend. Blüten schwarzpurpurn. Verbreitet von Süddalmatien durch die Balkanhalbinsel und Kleinasien. Auch schon adventiv beobachtet, z. B. Solothurn (Schweiz).

Die Arten der Gattung Lysimachia sind, wie schon aus dem Angeführten hervorgeht, in ihrem Habitus ausserordentlich vielgestaltig. Besonderes Interesse beanspruchen in dieser Beziehung noch die Vertreter der Hawaii-Inseln. Bei diesen verholzen die Sprosse und es entstehen 25 cm bis 2 m hohe Sträucher (Sekt. Fruticósae), ein Fall, der in der Familie der Primulaceen vereinzelt dasteht. Die Blüten sind meist zur Fremdbestäubung und Selbstbestäubung eingerichtete homogame Pollenblüten. Nektarabsonderung scheint nur bei einigen Arten der Sektion Ephemerum vorzukommen (z. B. L. ephémerum und L. barystáchys Bunge). Die Drüsenhaare des Fruchtknotens sind zu unrecht als Ausscheidungsorgane von Nektar oder als unmittelbare Genussmittel für die Besucher betrachtet worden (nach Kirchner). Als Besucher sind vor allem Fliegen (Syrphiden), seltener Bienen beobachtet worden, bei Lysimachia vulgaris sehr häufig Macrópis labiáta Prz., eine Biene, deren Vorkommen an diese Art gebunden scheint. Bei Lysimachia nemorum sind die Staubblätter von gleicher Länge, divergieren und sind von der etwas tiefer liegenden Narbe entfernt; doch findet nach Kerner spontane Selbstbestäubung statt. Bei L. Nummularia sind die Staubblätter ungleich lang und in gleicher Höhe mit der Narbe; die Blüten sind bei dieser Art, trotzdem Fremd- und Selbstbestäubung sehr gut möglich sind, meist steril, und die Vermehrung erfolgt durch selbständiges Weiterwachsen und Anwurzelung der Verzweigungen des Stengels (vgl. pag. 1854). Bei der proterogynen L. thyrsiflora strecken sich die Staubblätter, wenn Fremdbestäubung ausbleibt und neigen sich zur Narbe der Nachbarblüte; die Vermehrung erfolgt aber auch hauptsächlich vegetativ durch ringförmig wachsende, kriechende Verzweigungen der Grundachse.

Lysimachia vulgaris tritt nach Knuth je nach dem Standort in 3 Formen auf, die in verschiedenem Masse an die Fremdbestäubung angepasst sind: a) f. áprica Knuth, an sonnigen Stellen. Krone gross (Lappen 12 mm lang und 6 mm breit, nach aussen umgebogen), goldgelb, am Grunde rot. Staubfäden nach oben hin rotgefärbt. Griffel die Staubblätter um einige mm überragend (Taf. 212, Fig. 2a). b) f. umbrósa Knuth, an schattigen Standorten. Krone kleiner (Lappen 10 mm lang, 5 mm breit, schräg aufgerichtet), hellgelb. Staubfäden grünlichgelb. Griffel so lang wie die beiden unteren, etwas längeren Staubblätter. c) f. intermédia Knuth, an sonnigen Grabenrändern, hält zwischen a) und b) die Mitte. Die f. aprica ist an Fremdbestäubung angepasst, Selbstbestäubung ist erschwert; bei f. umbrosa muss beim Ausbleiben der Fremdbestäubung Selbstbestäubung eintreten. Auch bei dieser Art spielt die Vermehrung durch kriechende, unterirdische Ausläufer eine wichtige Rolle.

Mehrere Lysimachia-Arten werden gelegentlich in Gärten als Zierpflanzen kultiviert: Lysimachia Nummulária (auch als Ampelpflanze), L. punctáta (besonders die kleinasiatische var. verticilláta [Bieb.] Boiss.), L. ciliáta, L. ephémerum, L. atropurpúrea, L. Japónica Thunb. (ostasiatische Pflanze aus der Verwandtschaft von L. nemorum), L. clethróides Duby (Ostasien, aus der Verwandtschaft von L. ephemerum). Letztere wird besonders empfohlen, da sie mit ihren langdauernden, weissen Blütensträussen einen schönen Hochsommerschmuck von Rabatten und Parks bildet. Aehnlich ist L. barystáchys Bunge aus Ostasien, deren weisse Blütenähre vor der Anthese zurückgekrümmt ist. Die Vermehrung geschieht leicht durch die Ausläufer, doch auch durch Samen. Einige Arten, so L. vulgaris, L. punctata und L. atropurpurea, letztere als Lysimachia altera Matthioli, wurden bereits im Hortus Eystettensis (1597) gezogen.

Die Keimung der Samen ist bei Lysimachia nemorum, L. thyrsiflora und L. vulgaris von Kinzel verfolgt worden. Im Dunkeln findet überhaupt keine Keimung statt. Dagegen erfolgt sie im Licht sehr unregelmässig, je nach der Reifung der Samen, stets aber langsam, jahrelang andauernd und unvollständig. In hohem Masse wird die Keimfähigkeit durch Frost gefördert. Nach Frostbehandlung keimte ein Teil der Samen auch im Dunkeln, in einigen Kulturen so viele oder mehr als ohne Frost im Licht. Die Wirkung einer einmaligen winterlichen Frostperiode machte sich noch nach mehreren Jahren durch höhere Keimzahl der im warmen Keimbett weiter gepflegten Samen geltend. Die Entwicklung des Keimlings ist sehr interessant. Irmisch (Botan. Zeitung, 1861) hat sie bei Lysimachia vulgaris verfolgt (Fig. 2862). Der Stengel des Keimlings wird nur etwa dezimeterhoch; frühzeitig entsteht aus der Achsel jedes Keimblatts ein Ausläufer, der auf der Erde kriecht, indem er einige Internodien bildet. Dann krümmt er sich nach oben und wird zu einem neuen Stengel, der an der Krümmungsstelle wurzelt, während die Keimpflanze, aus der so zwei neue Pflanzen entstanden sind, abstirbt. Vgl. ferner pag. 1718.

Auf unseren Lysimachia-Arten sind folgende parasitären Pilze beobachtet worden: Uredineae: Puccinia limosae P. Magnus, ein heterözischer Rostpilz, der seine Aecidien auf Lysimachia thyrsiflora und L. vulgaris ausbildet, die Teleutosporen (und Uredosporen) auf Carex limosa. Dieser nach Sydow durch Russland, Deutschland und England verbreitete Pilz ist im Gebiet sehr selten beobachtet worden, so in der Umgebung von Berlin an mehreren Stellen auf L. vulgaris und L. thyrsiflora, in der Schweiz im Burgäschimoos und im Lörmoos bei Bern. Auf Lysimachia ciliata wurde in Nordamerika Puccinia Daýi Clint. beschrieben. Ferner wurden folgende niedere Pilze angegeben (nach der Zusammenstellung von Oudemans): Ascomycetes: Erysiphe sp. (L. vulgaris), Sphaerélla Lysimáchiae v. Höhn. (L. vulgaris), Spaerélla vulgaris Karst. (L. thyrsiflora), Pleóspora herbárum Rab. (L. punctata, L. vulgaris), Didymosphǽria Winteri Niessl. (L. vulgaris), Massária umbrósa Rehm (L. vulgaris), Phiálea scútula Gill. (L. vulgaris), Phialea vitellina Sacc. (L. vulgaris); Phycomycetes: Synchýtrium aúreum Schröt. (L. Nummularia, L. thyrsiflora, L. vulgaris, verbreitet); Deuteromycetes: Ascochýta Lysimáchiae Lib. (L. vulgaris), Phóma Lysimáchiae Cooke (L. vulgaris), Phóma thyrsiflórae Oud. (L. thyrsiflora), Phóma pústula var. Lysimáchiae West. (L. Nummularia), Diplodína Lysimáchiae (Oud.) Sacc. (L. thyrsiflora), Depázea Lysimáchiae Auersw. (L. thyrsiflora, L. vulgaris), Phyllosticta Letendréi (Sacc.) Allesch. (L. Nummularia), Phyllosticta Lysimáchiae Allesch. (L. vulgaris), Placosphǽria Lysimáchiae Bres. (L. Nummularia), Septória Lysimáchiae West. (L. Nummularia, L. vulgaris), Septória Saccardói Ferr. (L. vulgaris), Leptothýrium macrothécium Fuck. (L. Nummularia), Leptothýrium silváticum Kab. et Bub. (L. vulgaris), Pestalózzia Nummulariae Hariot et Briard (L. Nummularia), Ramulária Lysimachiárum Lindr. (L. Nummularia), Ramulária Lysimáchiae Thüm (L. Nummularia), Coniospórium capnodióides Sacc. (L. Nummularia), Trichóstroma decípiens Strauss (L. thyrsiflora).

Bastarde sind keine bekannt.

1. Blüten einzeln, langgestielt, blattachselständig. Kleine Stauden mit niederliegendem oder aufsteigendem Stengel . . . . . . . . . . . . . . . . . . . . . . . . . . . . . . . . . . . . . . . . . . . . . . . . . . . . 2.

1*. Blüten zu mehreren oder zahlreich in Trauben, Rispen oder blattachselständigen Quirlen. Grössere Stauden mit aufrechtem Stengel . . . . . . . . . . . . . . . . . . . . . . . . . . . . . . . . . . . . . . 3.

2. Stengel kriechend. Laubblätter kreisrundlich oder elliptisch, stumpf. Blütenstiele kräftig. Kelchzipfel herzförmig. Kapsel kürzer als der Kelch . . . . . . . . . . . . L. Nummularia nr. 2205.

2*. Stengel aufsteigend. Laubblätter eiförmig, zugespitzt. Blütenstiele fadenförmig, zur Fruchtzeit zurückgekrümmt. Kelchzipfel lineal-pfriemlich. Kapsel so lang wie der Kelch . . . L. nemorum nr. 2206.

3. Blüten in Rispen oder in blattachselständigen Quirlen, zu grösseren, endständigen Blütenständen vereint. Blüten 5-zählig. Krone 10 bis 12 mm lang. Staubfäden nicht vortretend, am Grunde zu einer den Fruchtknoten einschliessenden Röhre verwachsen. Laubblätter gewöhnlich zu 3 bis 4 quirlig . . . . . . . 4.

3*. Blüten in gedrängten, gestielten Trauben, blattachselständig, 6- bis 7-zählig. Krone 4 bis 5 mm lang. Staubfäden aus der Krone vortretend, frei. Laubblätter umfassend-gegenständig. L. thyrsiflora nr. 2207.

4. Blüten quirlig, in den Blattachseln lange, beblätterte Trauben bildend. Kronzipfel drüsig gewimpert. . . . . . . . . . . . . . . . . . . . . . . . . . . . . . . . . . . . . . . . . . . . . . . L. punctata nr. 2208.

4*. Blüten in endständiger, pyramidenförmiger, unten beblätterter Rispe. Kronzipfel kahl . . . . . . . . . . . . . . . . . . . . . . . . . . . . . . . . . . . . . . . . . . . . . . . . . . . . . . L. vulgaris nr. 2209.

**2205. Lysimachia Nummulária**[1]) L. (= L. némorum Geners., = L. répens Stokes, = L. rotundifólia F. W. Schmidt, = L. suavéolens Schoenheit, = L. Zavádskii Wiesn., = Ephémerum nummulária Schur, = Nummulária centimórbia Fourr., = N. officinális Erndt, = N. prostráta Opiz, = N. répens Gilib.). Pfennigkraut. Franz.: Nummulaire, monnoyère, herbe aux écus, chassebosse, tue moutons; in der Westschweiz (Waadt) herba die volant, volan; engl.: Moneywort, creeping Jenny, buck weed; ital.: Borissa, centimorbia, quattrinella, erba quattrina. Taf. 212, Fig. 3; Fig. 2857 und 2719.

Nach den goldgelben Blüten heisst die Pflanze Wischengold [Wiesen-] (Altmark), Goldstrite, gelbe Striten [vgl. Vinca minor], Goldchrut (Schweiz), Fuchsenkraut [rötlichgelbe Blüte] (Böhmerwald, Niederösterreich), nach den am Boden umherkriechenden (kranzähnlichen) Stengeln Schlange-Otter-

---

[1]) Latein. númmus = Münze; wegen der kreisrunden Form der Laubblätter.

chrut, Natterchrut (Schweiz), Kranzkraut (Untere Weser), Kränzelkraut (Ostpreussen), Kranzlan, Brautkranz [im Kinderspiel] (Riesengebirge), nach den rundlichen Blättern Kreuzerlan (Kärnten). Im Volke wird die Art als Heilpflanze hochgeschätzt, daher Stâ up un gâ weg [vgl. Veronica officinalis, Bd. VI/1, pag. 58] (Hannover: Alteland), Immerheil (Riesengebirge), Mulfülichrut [gegen „Mundfäule"] (Schweiz: Waldstätten). Auf den Standort bezieht sich Egelchrut (Aargau), Grasgilge (Schweiz).

Ausdauernd. Stengel 10 bis 50 cm lang, niederliegend, einfach oder wenig verzweigt, 4=kantig, an den untersten Knoten wurzelnd, völlig kahl oder nur sparsam zerstreut kurz=haarig (kurze Köpfchenhaare mit 4=zelligem Köpfchen). Laubblätter kreuzweise=gegenständig, jedoch in eine Ebene ausgebreitet, kreisrundlich oder elliptisch, am Grunde zuweilen schwach herzförmig,

Fig. 2857. Lysimachia nummularia L., am Boden eines ausgetrockneten Tümpels bei Schönau a. d. Tr., N.Ö.
Phot. R. Fischer, Sollenau, N.Ö.

stumpf, ganzrandig und kurz gestielt (Stiel 2 bis 4 mm lang), rotdrüsig punktiert. Blüten einzeln, blattachselständig. Blütenstiele so lang oder etwas länger als die Laubblätter. Kelch 7 mm lang, bis zum Grunde geteilt mit herzförmigen, zugespitzten Zipfeln. Krone sattgelb, innen durch dunkelrote Drüsen punktiert, zirka 15 mm breit, 2=mal so lang wie der Kelch, bis beinahe zum Grunde gespalten, mit verkehrt=eiförmigen, stumpfen, ganzrandigen Zipfeln. Staubblätter 2= bis 3=mal kürzer als die Krone; Staubfäden drüsig behaart, am Grunde mit= einander verwachsen (Taf. 212, Fig. 3a, 3b). Griffel so lang als die Staubblätter. Kapsel nur selten ausgebildet, kugelig, 4 bis 5 mm lang, kürzer als der Kelch, gelblichweiss mit kleinen, roten Sekretbehältern. Samen 3=kantig, warzig, schwärzlich=braun, 1 bis 1$^1$/$_2$ mm lang. — V bis VII.

An und in Wassergräben, an Ufern, auf feuchten Grasplätzen und kurzgrasigen Wiesen, in Gebüschen; vor allem in der Ebene, nur wenig ins Gebirge eindringend.

Durch ganz Deutschland häufig, vielfach gemein; in den Gebirgslagen seltener (in Schlesien bis ins mittlere Vorgebirge; in den Bayerischen Alpen bis 800 m). — Ebenso in Oesterreich, in den Gebirgen meist fehlend (z. B. im oberen Inntal, obern Etschtal und Eisachtal, obern Enns=, Mur= und Drautal). — In der Schweiz verbreitet; nur in den Alpengebieten selten, aber im Berner Oberland bis 1230 m, im Unter= wallis bis 1700 m aufsteigend.

Allgemeine Verbreitung: Europa vom mittleren Schweden (62° nördl. Breite) bis ins südliche Spanien, Italien (bis Neapel), ins nördliche Griechenland und von Grossbritannien bis ins mittlere Russland; Kaukusus; ferner eingeschleppt im atlantischen Nordamerika (von Neufundland bis Illinois und Georgia) und in Japan.

Aendert etwas ab. O p i z und D o m i n unterscheiden nach der Länge des Blütenstiels 2 Rassen, var. b r e v i p e d u n c u l á t a (Opiz) Domin und l o n g e p e d u n c u l á t a (Opiz) Domin und ferner nach der Blattform mehrere Formen f. o v a l i f ó l i a, f. c o r d i f ó l i a, f. r o t u n d i f ó l i a, f. p a r v i f ó l i a. Die letztere Form, von W i e s n e r als L. Z a v a d s k i i beschrieben, ist eine verarmte, angeblich durch Mutation entstandene Rasse mit verlängerten Laubblättern, Kelch- und Kronzipfeln; die Kelchzipfel sind am Grunde kaum herzförmig. F o u r i e r beschreibt eine var. f e s t í v a, Kelch und Krone mit schmäleren, lanzettlichen Zipfeln. Ausserdem beobachtete G l ü c k eine Wasserform (f. s u b m é r s a Glück), die im 30 bis 50 (bis 100) cm tiefen Wasser vorkommt, eine kürzere, selten über 20 cm lange, undeutlich vierkantige Achse besitzt, sowie zarte, gekreuzt stehende, ungestielte, verkehrt-eiförmige oder breitspatelige Primärblätter (8 bis 17 × 5 bis 14 mm) und meist nur wenige, rundliche, kurzgestielte Folgeblätter. Die Wasserform bleibt stets steril. Wasser- und Landform können durch Wechsel des Mediums innerhalb kurzer Zeit ineinander übergeführt werden. Die Wasserform überwintert oft völlig intakt, die Landform nur mit den Stengelteilen, obschon an geschützten Oertlichkeiten die Blätter bis Mitte Januar grün bleiben können. Eine weitere Form, deren Blüten nach Pflaumen riechen, wird als f. s u a • v é o l e n s (Schönheit) bezeichnet.

Die Pflanze setzt sehr selten Früchte an, in manchen Gegenden offenbar überhaupt keine. W a r m i n g nahm an, dies rühre daher, dass die Art selbststeril sei und alle Pflanzen eines Standortes in der Regel durch Sprossung aus einem einzigen Individuum hervorgegangen seien. Die blühende Hauptachse dauert nämlich durch die fortwachsende Spitze aus und treibt aus den Achseln der Blätter Seitensprosse. Die Sprosse wurzeln und sterben hinten langsam ab. So werden die ältern Seitensprosse selbständig. D a h l g r e n hat die Frage der Selbststerilität innerhalb Klonen von Lysimachia Nummularia an Pflanzen aus Nord- und Zentraleuropa näher untersucht (Hereditas III 1922) und bestätigt gefunden. Bei Kreuzungen von Material aus weit entfernten Gebieten dagegen trat in der Regel Fruchtbildung ein, oft sogar in sehr reichlichem Masse. Blätter und Blüten sind heliotrop. — Ueber den Bau der Leitbündel in der Achse siehe Friedrich W e t t s t e i n pag. 1716, 1719 und Fig. 2719.

Ehedem galt das Pfennigkraut als ausgezeichnetes Wundmittel, das äusserlich und innerlich als N u m m u l á r i a e sive C e n t u m ó r b i a e bei Wunden, Geschwüren, Diarrhöen, Speichelfluss usw. angewandt wurde. Früher dienten Blätter und Blüten auch als Teesurrogat (D u P a s q u i e r). — Infolge der niederliegenden Stengel eignet sich die Pflanze sehr zur Bedeckung von Uferrändern in Gärten, sowie als Ampelpflanze, deren Triebe meterweit hinunter hängen, vorzüglich zum Schmuck von Balkonen, Fenstergesimsen und Ampeln. Ueber Winter werden die Wurzelstöcke, nachdem die abgestorbenen Stengel weggeschnitten worden sind, an einen frostfreien, luftigen Standort gebracht. Zur Kultur wird gewöhnliche Wiesenerde, der man etwas Laub-erde beigibt, verwendet. Feucht halten. S t ä g e r hat diese Art auch als Gelegenheits-Epiphyt auf einer Weide beobachtet. — Samen von Lysimachia Nummularia fanden sich in interglazialen Torfbildungen von Lauenburg an der Elbe.

**2206. Lysimachia némorum** L. (= L. Azórica Hornem., = L. nemorális Salisb., = Leróuxia némorum Mérat, = Ephémerum nemorósum Schur, = Nummulária silvática S. F. Gray). Wald-Gilbweiderich, Waldeinsamkeit, Hain-Felberich. Franz.: Lysimaque des bois; engl.: Yellow pimpernel oder wood loosestrife. Taf. 212, Fig. 4 und Fig. 2858.

Ausdauernd. Stengel 10 bis 30 cm lang, aufsteigend, schwach, gewöhnlich einfach. Niederliegende Stengelteile an den Gelenken wurzelnd. Behaarung sehr spärlich, aus kurzen Köpfchenhaaren mit 4-zelligen Köpfchen. Laubblätter kreuzweise-gegenständig, eiförmig bis rundlich, bis 3 × 2 cm gross, zugespitzt, ganzrandig, kurz gestielt, dicht durchscheinend punktiert. Blüten einzeln, blattachselständig. Blütenstiele bis 3,5 cm lang, meist länger als die Laubblätter, fadenförmig, zur Fruchtzeit zurückgekrümmt. Kelch 4 mm lang, bis zum Grunde geteilt, mit linealen, scharf zugespitzten Zipfeln. Krone gelb, zirka 1 cm breit, etwas länger als der Kelch, bis beinahe zum Grunde gespalten, mit rundlich-eiförmigen, stumpflichen, schwach gezähnten oder ganz-randigen Lappen. Staubblätter kürzer als die Krone; Staubfäden kahl, am Grunde frei (Taf. 212,

Fig. 4a); Staubbeutel geneigt. Griffel so lang wie die Staubblätter. Kapsel kugelig, 3 bis 4 mm lang, so lang als der Kelch. Samen tetraedrisch, grobwarzig, 1,2 bis 1,5 mm lang. — V bis VII.

In feuchten Wäldern und Gebüschen, Auen, Hochstaudenbeständen, an quelligen Orten, an feuchten Wegrändern; vor allem in der montanen und subalpinen Stufe.

In Deutschland verbreitet im Nordwesten, mit der Entfernung vom Meere sehr rasch an Häufigkeit abnehmend und meist auf das Bergland beschränkt, bei Bremen in humusreichen Wäldern der Geest, im südöstlichen Teil von Schleswig-Holstein seltener, zerstreut durch Mecklenburg und Pommern bis ins westliche Westpreussen, in Ostpreussen nur in Preussisch-Holland, in Brandenburg selten, in der Lausitz etwas verbreiteter; fehlt in Posen; in den gebirgigen Teilen von Schlesien sehr verbreitet, doch in der Ebene selten. Die östliche Vegetationsgrenze geht über Sorau—Triebel—Forst—Köpenik—Wentowersee bei Tannenwalde—Drefahl—Danzig—Putzig—Neustadt. Am Oberrhein in der Ebene fehlend; in Württemberg zerstreut; in den Bayerischen Alpen bis 1620 m; in Niederbayern, in Franken und in der Rheinpfalz zerstreut. — In Oesterreich häufig in allen Gebirgsgegenden bis 1530 m (Kufstein), selten in der Ebene; selten im Lungau; fehlt in Südtirol und im Küstenland. — In der Schweiz sehr verbreitet und meist häufig, im Berner Oberland bis 1700 m, Wallis bis 1700 m, Graubünden 1720 m; fehlt dem inneren Wallis und den zentralen Bündnertälern.

Allgemeine Verbreitung: West- und Mitteleuropa, nach Süden in das Mittelmeergebiet eindringend, vom westlichen Norwegen (62° 44′ nördl. Breite) und Südschweden (Schonen) im Norden bis ins südliche Spanien, Portugal und Sizilien; Azoren; von Grossbritannien bis in die Zentralkarpaten und das Bergland von Galizien; Kaukasus.

Lysimachia nemorum ist eine subatlantische Art, die im Binnenland rasch seltener wird, die Gebirge aufsucht und die heissen, trockenen Ebenen flieht.

Fig. 2858. Lysimachia nemorum L., Wald am Ulmtal, Kr. Wetzlar. Phot. Th. Arzt, Wetzlar.

Damit stimmt ihr Fehlen in den kontinentalen, inneren Alpentälern überein. Höck, ebenso H. Winkler, zählen sie unter den engeren Buchenbegleitern auf. Doch erreicht sie im Osten die Buchengrenze nicht. Schlatter nennt sie für St. Gallen eine Pflanze der Schlagflora, weil sie in Waldschlägen mit etwas frischem Boden sich stets einstellt und stark ausbreitet, jedenfalls vorwiegend ungeschlechtlich durch wurzelnde und infolge Absterbens der älteren Teile frei werdende Laubsprosse.

Thal kennt die Art in seiner Harzflora (1577) als Anagallis lutea foliis nummulariae; Camerarius (1588) führt sie als Anagallis flore luteo, Bauhin als Anagallis lutea auf.

**2207. Lysimachia thyrsiflóra** L. (= L. capelláta Raf., = L. thyrsántha St. Lag., = Naumbúrgia guttáta Moench, = N. thyrsiflóra Duby, = Thyrsánthus palústris Schrank). Strauss-Gilbweiderich, Straussweidenkraut. Taf. 212, Fig. 1; Fig. 2859, 2860 und 2724b.

Ausdauernd. Erneuerungsknospen am Ende unterirdischer Ausläufer sitzend. Stengel aufrecht, 30 bis 65 cm hoch, hohl am Grunde beschuppt, oberwärts beblättert, meist unverzweigt, mit einem Blattbüschel endigend, aus den unteren Gelenken wurzelnd. Ganze Pflanze kahl oder meist Stengel und Blattunterseite (besonders die Mittelrippe) braun spinnwebigwollig. Laubblätter kreuzweise gegenständig, selten quirlig, lanzettlich oder schmal=lanzettlich, bis etwa 10 cm lang, zugespitzt, sitzend und beinahe halbstengelumfassend, mit vortretendem Mittelnerv, ganzrandig, dicht rotdrüsig=punktiert. Blüten meist 6=zählig, in dichten, gedrungenen, 1,5 bis 2,5 cm langen, gestielten, im Winkel der mittleren Stengelblätter stehenden Trauben, etwa die Hälfte der Blattlänge erreichend. Hüllblätter der Blüten lineal, zirka 4 mm lang, länger als die 2 bis 3 mm langen Blütenstiele. Kelch 2 mm lang, bis zum Grunde geteilt, mit lineallanzettlichen, spitzen Zipfeln (Taf. 212, Fig. 1b). Krone goldgelb, 4 bis 5 mm lang, doppelt so lang wie der Kelch, beinahe bis zum Grunde gespalten, mit linealen, stumpflichen, oben rotdrüsigen Zipfeln. Staubfäden etwas länger als die Kronzipfel, kahl, frei, beinahe am Grunde der Krone eingefügt (Taf. 212, Fig. 1g). Fruchtknoten rotdrüsig; Griffel so lang wie die Staubfäden, an der Spitze keulig verdickt. Kapsel kugelig, 3 mm lang, kürzer als der Kelch, wenigsamig. — V bis VII.

Hie und da an Teichrändern, in schlammigen Gräben, in Sümpfen und Mooren (besonders in Zwischenmooren), in Moorwäldern und in der Verlandungszone nährstoffarmer Gewässer.

In Deutschland zerstreut, im Norden häufiger, in Nordwest=Deutschland und am Niederrhein in der Ebene ziemlich verbreitet; an der Ostsee verbreitet; Brandenburg zerstreut; Posen; Schlesien verbreitet; in Sachsen bis 550 m; Mitteldeutschland selten z. B. im Schwarzen Moor an der Rhön (meist steril), bei Saarbrücken und Zweibrücken; adventiv bei Kaiserslautern und Maudach; fehlt dem Elsass; in Baden bei Rastatt, Hintschingen, Immendingen, Ilmensee, Pfullendorf, Klosterwald im Donautal, von Möhringen bis Gutmadingen; in Württemberg bei Imnau, Schwenningen, Tuttlingen und in Oberschwaben bis an den Bodensee (Friedrichshafen), in Bayern ziemlich verbreitet, vor allem in Oberbayern. — In Oesterreich: Böhmen im Erzgebirge, in Ost= und Südböhmen, bei Prag ziemlich verbreitet, häufig im südlichsten Teile, besonders bei Wittingau und Chlumec; Mähren zerstreut: Datschitz, Zlabings, Olmütz, Hohenstadt, Littau; Schlesien ebenso: Reihwiesen, Teschen, Bielitz; in Niederösterreich nicht selten im Nordwestteil des Granitplateaus des Waldviertels, südlich bis Karlstift, an der Kamp, Waidhofen an der Thaya, bei Grafenwörth herabgeschwemmt; Oberösterreich nur an der Donau bei Hafnerzell, Linz (vorübergehend) und Mauthausen; Salzburg bei Kasern, Linzertor, Trumersee, Schleedorfermoor, Wallersee, Bürmoos, Zellersee;

Fig. 2859. Lysimachia thyrsiflora L. In der Seichtwasserzone des Mauersees, Ostpr. Phot. Georg Eberle, Wetzlar.

Steiermark selten: im Ennstal bei Selztal und Admont, bei Trieben im Palterntal, im Bachergebirge; in Kärnten am Weissensee, Wörthersee gegenüber Pörtschach, am Sittersdorfer See; Vorarlberg bei Laagsee, bei Fussach, Bregenz, Hohenems; Tirol am Seefeldersee nordwestl. Innsbruck, 1170 m, am Hechtsee und Walchsee bei Kufstein; fehlt Südtirol, Krain und Küstenland. — In der Schweiz zerstreut in den tiefergelegenen Teilen des Mittellandes vom Neuenburgersee bis an den Bodensee, gegen Osten seltener werdend: Waadt (zwischen Yvonand und la Vounaise), Freiburg (Murist, St. Aubin), Neuenburg (St. Blaise), Bern (Siselen, Epsach, Burgäschimoos, Inkwilermoos, Thunstetten, früher Madretschmoos bei Biel und Egelmoos in Bern), etwas verbreiteter im Kanton Aargau (Moosleerau, Seengermoos, Bünzermoos, Oberrüti, Hallwilersee, Sins u. a. O.) und im Kanton Luzern (Ergolzwil, Wauwilermoos, Mauensee, Sempachersee, Sursee, Wigger, Rotsee u. a. O.), selten in den Urkantonen Uri (links und rechts der Teufelsbrücke im oberen Reusstal), Schwyz (Einsiedeln, am oberen Zürichsee bei Freienbach, Pfäffikon, Hurden, Nuolen), Zug (Frauental), Zürich (Mühlenen und Bichselsee; erloschen bei Hegnau, Rifferswil, Schwerzenbach, Dübendorf), St. Gallen (in der Linthebene, bei Schmerikon am oberen Zürichsee, im Rheintal bei Rheineck und am Werdenbergersee, im Abtwilermoos).

Allgemeine Verbreitung: Nördlich gemässigte Zone (nach Norden bis 69° 16') in Europa, Asien und Nordamerika. In Europa von Nordskandinavien (Maalselv und Süd= varanger) bis ins mittlere Frankreich (Haute Loire) und an den Alpenrand.

Glück hat im 80 cm tiefen Wasser eine f. submersa Glück gezüchtet, die sich von der Landform durch längere Sprosse, längere Internodien, stark reduzierte Laubblätter völlige Kahlheit und fehlende Blüten= bildung unterscheidet. Ausserdem sind die Wasserblattspreiten im Gegensatz zu den Landblattspreiten zart und leicht benetzbar. Die Ausläuferbildung ist beinahe unterdrückt. Bei Seichtwasserformen, die sich im übrigen ähnlich den Landformen verhalten, ist die Ausläuferbildung ausserordentlich stark, und die Ausläufer können eine Länge von 50 bis 64 cm erreichen mit 20 bis 26 Stengelinternodien. Der Stengel ist bis ziemlich hoch hinauf mit schuppigen Niederblättern besetzt. Aus den basilären Niederblättern entstehen die Ausläufer, die in ihrem Knoten kreis= förmig gestellte Wurzel= fasern bilden. Nach oben am Stengel rücken die Nieder= blätter auseinander und gehen nach und nach in Laubblätter über, wobei der unten runde Stengel stumpf 4=kantig wird. Die Blüten= trauben sind auf die mitt= leren Stengelblätter be= schränkt. Da sie axillär stehen, ist die Pflanze 3= achsig. Gelegentlich finden sich in den Achseln von Laubblättern kleine Laub= blattsprosse. Klebs konnte durch Verstümmelung der Hauptachse die Umbildung der Infloreszenzen in Laub= sprosse hervorrufen. Die Krone zeigt nach Wydler die Eigentümlichkeit, dass sie in der Knospenlage nicht gedreht ist.

Fig. 2860. Lysimachia thyrsiflora L., in einem Moorgraben in Oberbayern. Phot. A. Dopfer, München.

Lysimachia thyrsiflora erlangt ihre Hauptverbreitung im Uebergangsmoor vom Flachmoor zum Hochmoor. Im Burgäschimoos (Kanton Bern) findet sie sich im Sphagnumteppich zusammen mit: Dryopteris Thelypteris, Equisetum palustre, Lycopodium inundatum, Scheuchzeria palustris, Phragmites communis, Eriophorum latifolium und E. angustifolium, Trichophorum alpinum, Rhynchospora alba, Carex Davalliana, C. echinata, C. limosa, C. flava, Orchis incarnatus, Liparis Loeselii, Salix repens, Betula pubescens, Drosera rotundifolia und D. Anglica, Potentilla erecta, Epilobium palustre, Peucedanum palustre, Andromeda poliifolia, Oxycoccus quadripetalus, Lysimachia vulgaris, Menyanthes trifoliata, Pedicularis palustris, Utricularia minor, U. intermedia, Galium palustre. Paul gibt für Bayern an, sie finde sich im Zwischenmoor und Waldmoor, besonders an Gräben und Ufern, oft in der Verlandungszone. Charakteristisch ist die Verbindung mit der ähnliche Standorte bewohnenden Carex limosa durch einen heterözischen Rostpilz (vgl. pag. 1852). K. Bertsch kennt aus Oberschwaben 48 Standorte, die mit wenigen Ausnahmen den im Mittelstück etwas erweiterten Jungmoränen= bogen zwischen äusserer und innerer Jung=Endmoräne bewohnen. Nur 3 finden sich an der Rückzugslage des Würmgletschers, und zwar bezeichnenderweise ganz im Südosten; nur ein Standort am Bodensee ist ohne erkennbaren Zusammenhang mit der Lage der ehemaligen Gletscher. Martin Noack zählt die Art zu den seltenen nordischen Pflanzen in den Alpen. Durch die Entwässerung und Trockenlegung der Moore wird sie immer seltener; bereits sind zahlreiche Vorkommnisse auf der Bayerischen und Schweizer Hochebene, ebenso in Vorarlberg und in Thüringen bei Eisenach (ehedem an der Madel) als erloschen zu betrachten.

**2203. Lysimachia punctáta** L. (= L. quadrifolia Mill., = L. verticilláris Spreng.) Tüpfel= stern, Punktierter Gilbweiderich. Fig. 2861.

Ausdauernd. Erneuerungsknospen am Ende von unterirdischen Ausläufern sitzend (Fig. 2261 b). Stengel aufrecht, bis 1 m hoch, wenig verzweigt, kantig. Ganze Pflanze behaart. Laubblätter mit feinen Flaumhaaren und spärlichen Drüsenhaaren; Stengel und Blütenstiele mit kurzen und langen, gegliederten Flaum= und Drüsenhaaren; Kelch und Blumenkrone (auf der Fläche und stärker am Rand) mit kurzen Drüsenhaaren. Laubblätter zu 3 bis 4 quirlig gestellt, die untern oft kreuzweise gegenständig, eiförmig=lanzettlich oder lanzettlich, bis 7 cm lang, $3^1/_2$ cm breit, $\pm$ zugespitzt, kurz gestielt, ganzrandig; Nerven= netz nicht erkennbar. Niederblätter abgerundet, stumpf, fast spatelig, in den Stiel verschmälert, ihr Nervennetz nicht erkennbar. Blüten zu 1 bis 4 in den Blattachseln, lange, beblätterte, endständige Trauben bildend, $^1/_2$ bis $1^1/_2$ cm lang gestielt. Kelch zirka 6 mm lang, bis zum Grunde geteilt, mit linealisch=lan= zettlichen, spitzen Zipfeln. Krone zitronengelb, 10 bis 15 mm lang, 2= bis $2^1/_2$=mal so lang als der Kelch, beinahe bis zum Grunde gespalten, mit eiförmigen, zugespitzten Zipfeln. Staubfäden halb so lang als die Krone, am Grunde der Krone befestigt, unten verbreitert und bis zur Mitte miteinander in eine den Fruchtknoten umschlies= sende Röhre verwachsen (Fig. 2861 d). Griffel fadenförmig mit kopfiger Narbe, so lang wie die Staubblätter. Kapsel 4 mm lang, kürzer als der Kelch. Samen 3=kantig, flachwarzig, schwärz= lich, 1 mm lang. — VI bis VIII.

An Bächen, Ufern, quelligen Stellen, in Hochstaudenfluren, Gebüschen, feuchten Wiesen, auch in Sümpfen, besonders in der montanen Stufe. Ursprünglich wohl nur in Oesterreich.

In Deutschland und in der Schweiz wohl ursprünglich fehlend. — In Oesterreich verbreitet durch Niederösterreich, Steiermark (bis in die Voralpen), Kärnten, Krain, Küstenland, ausstrahlend nach Salzburg (400 bis 950 m, bis zum Gaisberg und Hangendenstein), Ober= österreich, Böhmen (mittlere Elbe, Jičin, sonst verwildert), und Mähren (Eibenschitz, Koritschan). In den Jahren 1908 bis 1916 wurde sie von Othmar Kuhn in Zuckmantel in Oesterreichisch=Schlesien beobachtet, an einer Stelle, wo weder Reliktstandort noch Verwilderung in Betracht kommt, sondern nur rezente Einschleppung (durch Wasser= vögel?). Die nächsten Fundorte liegen in Mähren und bei Hirschberg in Preussisch=Schlesien. Die Art wird gelegentlich als Zierpflanze kultiviert und verwildert leicht. So hat sie sich vielerorts in Mitteleuropa angesiedelt und sogar eingebürgert; u. a. wird sie angegeben aus Schleswig=Holstein (Knicks bei Esgrus und Hattlund), aus Westfalen (Detmold, Nottuln), aus der Rheinprovinz (Düssel bei Düsseltal, Eschbachtal, Baal im Kreis Erkelenz, Elmen), aus Thüringen (Liebenstein, Hildburghausen, Grosstabarz, Georgental, Jenapriessnitz, Weimar), aus dem Harz (Oderbrück, Zellerfeld, St. Andreasberg, Schierke=Elend, Wernigerode, Würgsdorf an der Neisse), Provinz Sachsen (Wittenberg), aus der Altmark (Kirchdorf in Rechau), aus der Niederlausitz (Forst, Kl.=Jamno), Schlesien (im Vorgebirge nicht selten), aus Hessen (zwischen Lich und Hungen), aus der Pfalz (Rheininsel bei Speyer, Knittelsheim, Zweibrücken, Annweiler, Lambrecht, Kaiserslautern, zwischen Dannenfels und Bastenhaus), aus dem Elsass (Mülhausen), Baden (Fahrnau im Wiesental, Schönberg bei Freiburg, Waldkirch, Ettlingen, Rimsingen, Wenkheim, Lindenhof in Mannheim), aus Württemberg (Brackenheim, Stock= heim, Kirchheim a. N.), aus Bayern (Isarauen bei Fröttmaning und Nymphenburg bei München, bei Passau und Vilshofen [Schmalhof], in Franken bei Pleinfeld, Nagelberg bei Treuchtlingen, Grünsberg, Schmausenbuck und Herrenhütte bei Nürnberg, Eremitenhof bei Bayreuth, [früher] Burgberg bei Erlangen, Wipfeld, Klosterheiden= feld, in der Rhön an der Brend bei Bischofsheim). Früher auch bei Schellenberg nächst Berchtesgaden. — In der Schweiz im Kanton Neuenburg bei Vaumarcus (hier vor 50 Jahren von Baron von Büren angepflanzt;

Fig. 2861. Lysimachia punctata L. *a* Blühender Spross. *b* Stengelgrund mit Erneuerungspross. *c* Blüte. *d* Krone mit Staubblättern. *e* Kelch mit Fruchtknoten.

breitet sich aus), im Kanton Aargau ob Altenburg (1915), bei Basel (an der Rheinhalde [1848] und bei Klein=
Hüningen), ehedem (bereits 1822 von Hegetschweiler erwähnt) am Zürichhorn.

Allgemeine Verbreitung: Pontische Art, vom Kaukasus durch Süd= und Mittel=
russland, Kleinasien, die Balkanhalbinsel, das Donautal und Galizien bis nach Oesterreich,
Dalmatien, Oberitalien (südlich bis Toskana).

Im Gebiete nur die var. villósa (F. W. Schmidt) Klatt, auf welche obenstehende Beschreibung passt.
In Kleinasien ausserdem die var. verticilláta (Bieb.) Boiss. mit eiförmig=länglichen, stumpferen, bis 1 cm
lang gestielten Laubblättern, längeren, oft 2= bis 3=blütigen Blütenstielen
und reichblütigeren Blütenquirlen. — Glück erhielt durch Kultur eine f. sub=
mérsa Glück in 70 cm tiefem Wasser. Die Stengel waren 20 bis 30 cm
hoch, stets kahl und steril mit kleinen, zarten, kahlen Blättchen in
3= bis 4=zähligen Quirlen.

Bei Bruck an der Mur (Steiermark) findet sich in 800 m Höhe und
auf etwas wasserzügigem Boden Lysimachia punctata zusammen mit Alnus
viridis, Aruncus silvestris, Agrimonia Eupatorium, Gentiana asclepiadea,
Galeopsis pubescens, Campanula persicifolia, Senecio Jacobaea (Lüdi).

**2209. Lysimachia vulgáris** L. (= L. Guestphálica Weihe,
= L. lútea Jiraseck, = L. paludósa Baumg., = L. thyrsi=
flóra Geners., = L. tomentósa Presl.). Gold=Gilbweide=
rich. Franz.: Grand lysimaque, herbe aux corneilles, chasse
ou casse bosse; engl.:
Common loosestrife; ital.:
Mazza d'oro. Taf. 212,
Fig. 2; Fig. 2862 bis 2864.

Nach den goldgelben
Blüten heisst die Pflanze Gold=
kraut (Westböhmen), Goldregen (Baden).

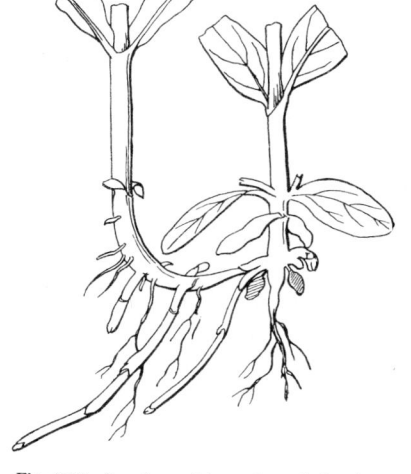

Fig. 2862. Lysimachia vulgaris L. Aus=
läuferbildung bei einer etwa 3 Monate alten
Pflanze (nach E. Warming).

Ausdauernd. Erneuerungsknospen am Ende von
langen, unterirdischen Ausläufern (Fig. 2862) sitzend. Stengel
dicht, Laubblätter schwächer flaumig behaart mit beige=
mischten Drüsenhaaren, Blütenstiele flaum= und drüsen=
haarig, Kelch feindrüsig bewimpert. Stengel aufrecht, bis
1,5 m hoch, verzweigt, stumpfkantig, beblättert. Laub=
blätter zu 3= (4=)quirlig oder gegenständig, seltener in $^5/_8$
spiraliger Anordnung abwechselnd gestellt, bis 14 cm lang
und 3,5 cm breit, kurz gestielt, ganzrandig, locker rotdrüsig=
punktiert, mit hell durchschimmerndem, engmaschigem Ner=
vennetz. Niederblätter lanzettlich, zugespitzt, sitzend, Nerven=
netz wie bei den Laubblättern. Blüten in lang gestielten Trauben
aus den Achseln der oberen Stengelblätter und in endständigem,

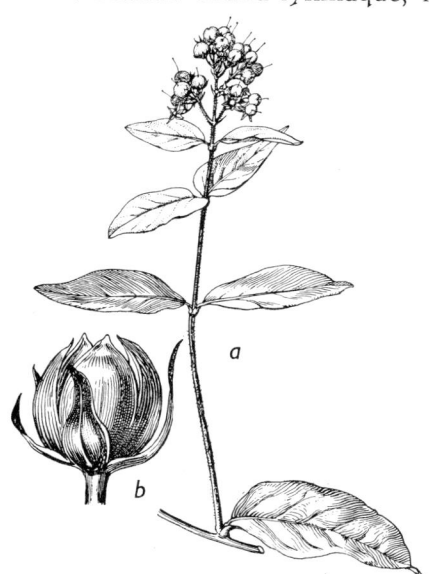

Fig. 2863. Lysimachia vulgaris L. *a* Stengel
mit Früchten. *b* Kapsel mit Kelch.

rispigem Blütenstand. Blütenstiele zirka 1 cm lang, $1^1/_2$ bis 3=mal länger als die linealen,
pfriemlich zugespitzten Hüllblätter. Kelch 3 bis 5 mm lang, bis beinahe zum Grunde geteilt,
mit breitlanzettlichen, zugespitzten, rotberandeten Zipfeln. Krone goldgelb, 10 mm lang,
beinahe bis zum Grunde geteilt, mit eiförmigen, stumpfen Lappen, kahl. Staubfäden $^2/_3$ so
lang wie die Krone, 2 etwas länger als die übrigen, drüsig behaart, am Krongrunde eingefügt,
meist bis zur Mitte miteinander in eine den Fruchtknoten umschliessende Röhre verwachsen.
(Taf. 212, Fig. 2a). Griffel fadenförmig, nach oben verbreitert, etwas länger als die Staub=
blätter. Kapsel 4 bis 5 mm lang, so lang wie der Kelch. Samen 3=kantig, dicht mit langen
Warzen bedeckt, weisslich, $1^1/_2$ mm lang. — VI bis VIII.

Auf feuchtem bis durchnässtem Boden, in Verlandungsbeständen, im Ufergebüsch, im Auenwald, in feuchten Hecken, auch an Wassergräben und im Flachmoor durch das ganze Gebiet verbreitet und meist häufig, im Gebirge wenig hoch ansteigend, bis 1840 m in den Bayerischen Alpen, 1180 m bei Bozen (Südtirol), 1200 m im Unterengadin, 1150 m im Wallis; auf Norderney und Spiekeroog in Boskettanlagen eingeschleppt.

Allgemeine Verbreitung: Durch das gemässigte Eurasien von Grossbritannien bis Japan. Fehlt in Europa nur dem hohen Norden (nördlich bis $64^{1}/_{2}°$), sowie Südspanien und Südgriechenland; in Süditalien selten. Angeblich auch in Algerien.

Aendert ab: var. pubéscens Maisch und Vollmann. Laubblätter unterseits dicht kurz- und weichhaarig (fast filzig), auch oberseits ziemlich dicht kurzhaarig; Blattrand von langen, weichen Haaren dicht zottig (Kirchseeoner Moor in Oberbayern). — var. fissa Boas. Staubblätter am Grunde frei oder kaum verwachsen (bei Ansbach in Bayern, an Weiherdämmen in grosser Menge). — f. stolonífera Rouy (= f. paludósa Baumg.). Pflanze mit $1^{1}/_{2}$ bis 3 (5) m langen, sich verzweigenden Ausläufern. Laubblätter breit, spärlich behaart, nach Baumann Seichtwasserform, die sich bei lange andauernder Ueberschwemmung bildet. Die auf dem Boden hinkriechenden Ausläufer können so zahlreich sein, dass sie ihn direkt überdecken. Die Enden der Ausläufer erheben sich zu kleinen Laubsprossen. Glück fand ausserdem die untergetauchten Stengelteile dieser Form durch den Besitz von Aërenchym ausgezeichnet. Die untergetauchten Stengelteile waren beispielsweise 8 mm dick, die auftauchenden 3 mm. An Seen und Teichen ziemlich verbreitet. — f. submérsa Glück. Stengel unverzweigt, kahl, zylindrisch, kürzer als bei der Landform. Laubblätter auf $^{1}/_{2}$ bis $^{1}/_{4}$ verkürzt, kahl, glatt, halbdurchsichtig, sitzend. Pflanze unfruchtbar. Im Freien nur einmal beobachtet, am Südende des Schluchsees im Schwarzwald (Wassertiefe 60 bis 70 cm), in Gesellschaft von Wasserformen von Menyanthes trifoliata, Ranunculus Flammula, Juncus supinus, Mentha aquatica. Die Wasserform bildet sich in kurzer Zeit zur Landform um, wenn man sie aus dem Wasser hebt und unter der Glasglocke an einem schattigen Ort kultiviert. — f. Klinggræffii Abromeit. Krone am Grunde mit braunrotem Fleck, der gegen oben allmählich in die gelbe Grundfarbe übergeht.

Fig. 2864. Lysimachia vulgaris L. Phot. A. Straus, Berlin.

Stellenweise vorwiegend. — f. Guestphálica Weihe. Blütenstand am Grunde beblättert, doldig zusammengedrängt (Westfalen, Hannover, Romont und Olivone [Schweiz] u. a. O.). — f. rotundifólia Cap. Laubblätter eirundlich. — f. stenophýlla Boiss. Laubblätter schmallanzettlich. — f. rubro-punctuláta Beauv., Marais de Rances. — Vgl. ferner die Licht- und Schattenformen (pag. 1851). Klebs hat durch künstliche Mittel die Umbildung der Infloreszenzachse in ein Rhizom erreicht.

Die Erneuerungsknospen sind an langen Trieben vollständig unter der Erde angelegt (pag. 1852, Fig. 2862) und kommen erst im Mai an die Oberfläche. Deshalb ist die Art nach ihrer Lebensform eher zu den Geophyten als zu den Hemikryptophyten zu zählen, wie auch Lysimachia punctata und Trientalis Europaea (vgl. pag. 1864). — G. Gentner (Flora, Bd. 99, 1909) macht auf den Blauglanz der Blätter dieser Art aufmerksam, der durch den Verdickungsstreifen der Epidermiszellen zustande kommen dürfte.

Die Charakterstandorte von Lysimachia vulgaris sind die Verlandungsbestände der Gewässer, insbesondere das Phragmitetum auf Sand- und Schlammboden, sobald die Bildung des festen Bodens beginnt, sowie die bei Fortgang der Sukzession sich einstellenden Gebüschformationen mit Weiden und Grauerlen. Die Pflanze erhält sich sogar im dichten Schatten des Auenwaldes, wo sie dann allerdings selten zum Blühen kommt. In Verlandungsbeständen bei Bern (Fig. 2864), z. B. finden wir sie zusammen mit Calamagrostis Epigeios, Agrostis alba, Deschampsia caespitosa, Phragmites communis, Parnassia palustris, Sanguisorba officinalis, Lathyrus pratensis, Lythrum Salicaria, Angelica silvestris, Mentha aquatica, Valeriana officinalis, Eupatorium cannabinum, Inula Vaillantii, Pulicaria dysenterica, Senecio erucifolius, Cirsium palustre, Salix alba, S. incana, S. purpurea und

S. nigricans, Populus tremula, Alnus incana, Rosa cinnamomea, Frangula Alnus, Ligustrum vulgare, Viburnum Opulus. Paul (Bayerische Moore) erwähnt sie auch aus dem Bestand von Juncus acutiflorus, einer Subformation des Molinietums. Im unteren Gailtal (Kärnten) tritt sie auch als Ackerunkraut auf.

Das schwach zusammenziehende und salzig bittere Kraut, sowie die Blüten (Hérbae et flóres Lysimáchiae lúteae) wurden früher gegen Blutflüsse, bei Skorbut, Diarrhoë, Fieber und Geschwüre innerlich und äusserlich verwendet. Junge Pflanzen werden vom Rindvieh und von Ziegen gefressen; dagegen sollen Pferde, Schafe und Schweine sie nicht berühren. Mit dem Kraut kann man gelb, mit der Wurzel braun färben. Der Rauch des angezündeten Krautes soll Fliegen töten. Thal führt die Pflanze in seiner Harzflora (1577) als Lysimachium luteum auf; im Herbarium von Rostius in Lund (1710) wird sie Salamunti, heiterisch wuntkraut genannt.

## DLXXIX. **Trientális**[1]) L. Siebenstern.

Ausdauernde Stauden mit aufrechtem Stengel und kleinen, wechselständigen, sowie mit grossen, am Stengelende zu einer quirligen Rosette vereinigten Stengelblättern. Blütenstiele einblütig, aus den Achseln der Quirlblätter entspringend. Kelch 7= (5= bis 9=)teilig, ausgebreitet, bleibend. Krone radförmig, 7= (5= bis 9=)lappig; Staubblätter 7 (5 bis 9), am Grunde der Krone auf einem schmalen, gelben, feindrüsigen Ring befestigt, mit rundlich=elliptischen Antheren, nach dem Verblühen zurückgebogen. Fruchtknoten kugelig, mit freier, kugeliger Plazenta. Griffel fadenförmig; Narbe stumpf. Kapsel kugelig, mit 7 (5 bis 9), sich bis zum Grunde zurückrollenden Klappen aufspringend. Samen wenig zahlreich, flach 3=kantig, mit bauchständigem Nabel. Samenschale locker. Keimling querliegend.

Die Gattung umfasst 3 Arten in der nördlich gemässigten und kalten Zone. Neben unserer Art kommt noch je eine im arktischen und pazifischen Nordamerika vor (T. Americána Pursh und T. latifólia Hook.).

### 2210. **Trientalis Europǽa** L. (= T. alsinæ= flora Gilib., = T. boreális Ref., = Lysimáchia Trientalis Klatt). Europäischer Siebenstern. Engl.: Chockweed wintergreen. Taf. 211, Fig. 4; Fig. 2865 bis 2868.

Ausdauernd, mit zerstreuten Köpfchenhaaren. Unterirdische Ausläufer (Fig. 2265) aus schuppenförmigen Niederblättern des beblätterten Sprosses hervorgehend, lang (bis 75 cm),

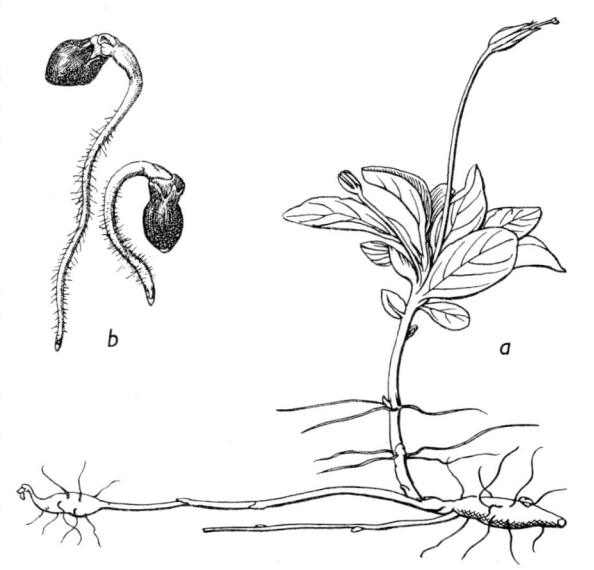

Fig. 2865. Trientalis Europaea L. *a* Fruchtende Pflanze mit Bodenausläufern. *b* Keimlinge. Die Kotyledonen stecken noch im Samen. (Fig. *a* nach E. Warming).

zart, fädlich, weiss, am Ende knollenförmig angeschwollen und wurzelnd. Neuer beblätterter Spross aus der Knolle hervorgehend, aufrecht, 8 bis 25 cm hoch, einfach. Untere Stengelblätter wenig zahlreich (0 bis 3), sehr klein, eiförmig, obere Laubblätter 5 bis 12, grösser, einander rosettig genähert, verkehrt=eilanzettlich oder lanzettlich, 1,5 bis 5 (7) cm lang und 0,7 bis 2,5 cm breit, in den kurzen Blattstiel verschmälert, stumpflich oder spitzlich, fein gekerbt=gezähnt oder ganzrandig. Blüten 1 bis 2 (4), auf 4 (2½ bis 5) cm langem, fadenförmigem, aufgerichtetem Blütenstiel. Kelch 5 bis 6 mm lang, bis zum Grunde geteilt, mit linealen, scharf zugespitzten Zipfeln. Krone weiss, 4 bis 8 mm lang (12 bis 15 mm im Durch=

---

[1]) Vielleicht von lat. triens (= Drittel), weil die Länge der Blütenstiele ⅓ der Höhe der Pflanze oder diese ⅓ Fuss betrage (?). Nach einer anderen Erklärung soll der Name „Dreifaltigkeitsblume" bedeuten. Thal kennt die Pflanze in seiner Harzflora (1577) als alsinanthemon.

messer), mit elliptischen, zugespitzten oder bespitzten Lappen. Staubblätter so lang wie der Kelch. Griffel kaum kürzer als der Kelch. Kapsel kugelig, 4 mm lang, etwas fleischig, bläulich, kürzer als der Kelch, eintrocknend und bis zum Grunde in 5 bald abfallende Klappen aufspringend. — V bis VII.

In Moorwäldern, auf Uebergangsmooren, Dünenmooren, in sandigen Föhrenwäldern, in humosen Fichtenwäldern, stets auf kalkarmem Rohhumus=Boden; von der Ebene bis in die subalpine Stufe der Alpen.

In Deutschland verbreitet durch ganz Norddeutschland, aber stellenweise (so in Brandenburg) spärlich, den Friesischen Inseln mit Ausnahme von Sylt fehlend, nach Süden rasch an Häufigkeit abnehmend und auf das Bergland beschränkt, in zusammenhängender Verbreitung bis zum Rhein und Main, durch den Böhmerwald (bis 1430 m), das Erzgebirge, Schlesien; südlich davon zerstreut: Hohes Venn und Schneifel, Odenwald, Fränkischer Jura, im Schwarzwald (Feldberg, Kandel, Kniebis, Hornisgrinde, Hohlol), auf der Bayerischen Hochebene früher bei Rottenbuch an der Ammer, in den Alpen nur am Grubenkopf bei Partenkirchen (970 m). — In Oesterreich in Böhmen, Schlesien, Mähren verbreitet durch die Gebirgsgegenden, in Ostböhmen seltener, dem südlichen Mähren fehlend; in Niederösterreich nur im Granitplateau des Waldviertels, in Salzburg und Oberösterreich fehlend; in Steiermark im Rotmoos bei Weichselboden (nördliche Kalkalpen), auf dem Trübeck und am Seetalersee bei Murau (1800 m); in Kärnten nur in Seeboden am Millstättersee spärlich auf einer Wiese, von A. Naumann aufgefunden; in Krain und Küstenland fehlend; in Tirol im Kaunertal bei Gepatsch, im Oetztal an mehreren Standorten, Sellrain, Lisens (1700 m), Stubaier Oberberg (1400 bis 1700 m), Voldertal, Tartscheralpe (1580 m), Val di San Valentino, Fassatal (ohne genauere Angabe),

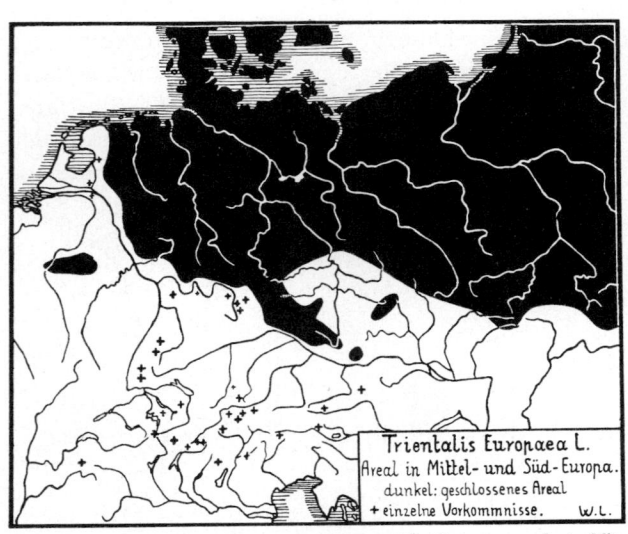

Fig. 2866. Verbreitungsgebiet von Trientalis Europaea L. in Mittel- und Südeuropa (Orig. von Dr. W. Lüdi, Bern).

Sillian. — In der Schweiz sehr zerstreut im Kanton St. Gallen beim Schwendisee nächst Wildhaus, in Graubünden auf dem Bernhardin (entdeckt von Th. Steck) 2000 m, in Morteratsch bei Pontresina (1851 von J. Coaz entdeckt) und im Puschlav bei Cavaglia 1700 bis 1760 m (1897 von Giacomo Olgiati entdeckt), im Kanton Uri bei Zumdorf im Urserental und ehedem im Bannwald von Andermatt 1530 m, im Kanton Schwyz im Moorgebiet von Einsiedeln (jetzt wohl erloschen).

Allgemeine Verbreitung (Fig. 2866): Nördliches und gemässigtes Eurasien: Island, Nordengland und Schottland, Frankreich (Ardennen und Albertville in Savoyen), Belgien, Holland, Dänemark, Skandinavien bis zum Nordkap, Mitteleuropa, nördliche Karpaten (spärlich), Polen und Russland mit Ausnahme der Steppengebiete; Sibirien, Mandschurei, Japan auf dem Fudsi=Yama; nordwestliches Nordamerika bis Oregon.

In Mitteleuropa einzig die var. Eurasiática R. Knuth, die durch das ganze Gebiet der Art verbreitet ist. Ausserdem in Ostsibirien und Nordamerika var. Árctica (Hook.) Ledeb. Iljinsky (Zeitschr. Russ. Botan. Ges. 1921) beschreibt aus einem Fichtenwald bei Petrograd zwei neue Formen (f. arcticaefórmis und f. ramósa), von denen die erstere grosse Aehnlichkeit mit der var. Arctica aufweist. — Trientalis Europaea zählt zum arktisch=zirkumpolaren=alpinen Element mit unsicherem Entstehungsherd. Alle Arten und Formen finden sich im nordwestlichen Nordamerika vereinigt. Doch muss dies nicht unbedingt das Schöpfungszentrum der Gattung sein; denn alle Rassen sind nahe verwandt und die nordamerikanischen können durch Mutation aus der vielleicht in Sibirien entstandenen Trientalis Europaea entstanden sein. In Mitteleuropa ist die rasche Abnahme in der Häufigkeit von Norden gegen Süden bemerkenswert: im nördlichsten Teil ist sie im Flachland überall verbreitet; in Mitteldeutschland und Böhmen zieht sie sich auf die Gebirge zurück und fehlt der Ebene (so u. a. vollständig im Fränkischen Muschelkalkgebiet); in Süddeutschland und den Alpenländern wird sie ausserordentlich selten mit sprungweiser Verbreitung. Die Hauptwasserscheide der Alpen überschreitet sie nur mit wenigen

Fundorten, ausser den genannten am Bernhardin, im Puschlav und in Südtirol noch im Bergell (Alpe Aurosina bei Piura) und im Veltlin (Val Viola). Eine alte Angabe von Comeglians im Tagliamentogebiet ist sehr unsicher. Die Fundstellen im südlichen Teile unseres Gebietes sind ohne Zweifel als Reliktstandorte einer grösseren glazialen und postglazialen Verbreitung aufzufassen. M. Noack stellt die Art denn auch zu den seltenen nordischen Arten der Alpen, die während der Eiszeit in die Alpen eingewandert sind. Wegen der fehlenden Ausbreitungskraft des Siebensterns, sowie infolge der zunehmenden Zerstörung der Standorte, ist er im Alpengebiet im Rückgang begriffen und an den meisten Fundorten sehr spärlich geworden oder verschwunden. In Niederbayern und in der Oberpfalz wird er gesetzlich geschützt.

Die Standorte sind ziemlich vielgestaltig; stets ist ein nährstoffarmer Boden Vorbedingung. Nur Drude gibt Trientalis für die Waldungen mit ausgeprägtem Laubholz-Auencharakter im Ueberschwemmungsgebiet der Flüsse zwischen Altenburg und Leipzig an. In Norddeutschland wird sie für Moor- und anmoorigen Sandboden erwähnt. Am reichlichsten und hochwüchsigsten gedeiht die Pflanze in der Lüneburger Heide nach Lüdi im Föhrenwald mit dicker, etwas lockerer Rohhumusschicht (Nadeldecke); auf Heidemoor bleibt sie niedrig. Ausserdem findet sie sich im Buchenwald in den Moospolstern kriechend, im Eichenwald und Gebüsch auf sandig-anmoorigem Boden, sowie in (angepflanzten) Fichtenbeständen. In ältern Föhrenwäldern der Lüneburger Heide wächst sie zusammen mit Deschampsia flexuosa, Epilobium angustifolium, Vaccinium Myrtillus, Calluna vulgaris, Hieracium Pilosella, Hypnum Schreberi (stellenweise Decken bildend), Cladonia silvatica (wenig) und vereinzelten Picea excelsa und Quercus Robur. Im Dünenmoor an der Ostsee wird sie von Preuss angegeben in Gesellschaft von Pinus silvestris, Dryopteris cristata, Lycopodium annotinum, Sieglingia decumbens, Molinia caerulea, Carex echinata, Potentilla silvestris, Viola epipsila, Empetrum nigrum, Vaccinium uliginosum, Ledum palustre, in der Schneifel (Koernicke und Roth) im Erlen besetzten Sphagnum-Moor mit Juncus conglomeratus und Equisetum silvaticum, Polygala serpyllifolia, Oxycoccus, Drosera rotundifolia, Succisa pratensis. In

Fig. 2867. Trientalis europaea L., im „Geheg" b. Weidhausen b. Coburg. Phot. O. Fröhlich, Jena.

Mitteldeutschland (herzynischer Florenbezirk) ist sie nach Drude charakteristisch für die sumpfige Borstgrasmatte und trockene Heide, für Niederungs- und Bergwälder auf Torfboden. Im Nardetum des Arber-Gipfels im Bayerischen Wald erscheint sie nach Hegi in einer kleinen Form in Gesellschaft von Ligusticum Mutellina, Gentiana Pannonica, Vaccinium Vitis-Idaea und V. uliginosum, Gymnadenia albida, Cetraria Islandica, am Kleinen Arbersee im Sphagnetum zusammen mit Epilobium anagallidifolium, Soldanella montana, Homogyne alpina, Willemetia stipitata, Oxycoccus quadripetalus, Carex canescens und C. rostrata, Listera cordata usw. Im Hochgesenke zählt Trientalis Europaea zu den Gewächsen des oberen Fichtenwaldes, sowie der Hochgebirgsmoore. Für das böhmische Erzgebirge gibt Krusch an, sie wachse auf alten Zinnerzhalden (Schlaggenwald), obschon sie der weiteren Umgebung fehle. Es scheint aber zweifelhaft, ob hier der Zinnerzgehalt ($SnO_2$) des Bodens von Einfluss ist. In Süddeutschland und in den Alpen beschränkt Trientalis sich auf Moor und auf rohhumusreiche Nadelholzwälder, gewöhnlich mit Zwergstrauchunterwuchs. In Cavaglia, einem der südlichsten Standorte der Art, findet sie sich im lockeren Lärchenwald bei 1700 m auf Rohhumusboden vergesellschaftet (Lüdi) mit 1 Anthoxanthum odoratum, 2 Deschampsia flexuosa, + Festuca rubra, 1 Nardus stricta, + Carex brunnescens, + Luzula nivea, + L. multiflora, + L. silvatica, + Polygonum viviparum, + Potentilla aurea, + Sorbus Aucuparia, + Astrantia minor, + Ligusticum Mutellina, 4 Rhododendron ferrugineum, 3 Vaccinium Myrtillus, 1 V. Vitis-Idaea, 1 V. uliginosum, 1 Gentiana punctata, + Campanula barbata, + Solidago Virga aurea, + Homogyne alpina, + Arnica montana, + Leontodon Pyrenaicus, 3 Hylocomium Schreberi, 2 H. triquetrum, 1 Dicranum scoparium, 2 Cetraria Islandica und Cladonia rangiferina und C. silvatica (die Zahlen bedeuten die Häufigkeit der Arten, Skala 1 bis 5, + = sehr vereinzelt). Hier lebt also der nordische Siebenstern im Bestande des alpinen Rhododendron. Ebenso verhält sich der Standort am Bernhardin. Etwas verschieden scheint das Verhalten im höheren Norden zu sein, wo Trientalis eine sehr verbreitete Waldpflanze ist. In Finnland geht sie nach Ilvessalo (Acta Forest. Fenn. 20, 1922) gleichmässig durch Fichten-, Föhren- und Birkenwälder und ist in den Wäldern vom Oxalis- und Vaccinium Myrtillus-Typ ausserordentlich verbreitet, seltener im Vaccinium

Vitisidaea-Typ, selten im Calluna-Typ und fehlt im Cladonia-Typ; sie ist also dort für die besseren Böden charakteristisch. Kujala (Com. instituto quaestionum forest. Finlandiae 10, 1926) in einer Abhandlung über Waldvegetation in Süd- und Mittelfinnland präzisiert genauer, indem er angibt, die Art sei am reichlichsten auf mässig frischen und frischen Heideböden, auf trockenen Heideböden nur selten; auch in sehr üppigen Hainen (Aconitum- und Farnkrauttypus) trete sie zurück, finde sich aber regelmässig auf Steinen, Stubben, Bülten. Unter Birken und Lärchen gedeiht sie gut, ebenso in Erlenbeständen am Meeresufer; sie fürchtet auch Flecken von Polytrichum und Sphagnum nicht. Auf reiserlosen Stellen unter Fichten vegetiert sie nur schwach und bleibt steril. Nach eigenen Beobachtungen (Lüdi) verhält sie sich auch in Skandinavien, wie für Finnland geschildert wurde.

Der Insektenbesuch der proterogynen bis homogamen Pollenblüten von Trientalis ist äusserst spärlich (beobachtet wurde nach H. Müller nur Meligethes). Der fleischig verdickte Ring, welcher den Fruchtknoten umschliesst und die Staubblätter trägt, ist so saftreich, dass Müller annahm, derselbe werde von manchen

Fig. 2868. Trientalis europaea L., im Bayerischen Wald. Phot. W. Schacht, München.

Besuchern des Saftes wegen angebohrt. Die Blüte ist nach aufwärts gerichtet, und die Blumenblätter breiten sich zu einem weissen Stern von 12 bis 15 mm Durchmesser aus. Die Staubblätter sind schräg nach auswärts gestellt und öffnen ihre Antheren nach innen, aber gewöhnlich erst, nachdem die etwa in gleicher Höhe in der Mitte der Blüte stehende Narbe schon einige Zeit empfängnisfähig gewesen ist. Bei Insektenbesuch muss also Fremdbestäubung eintreten. Beim Abblühen schliesst sich die Blüte wieder, wobei Selbstbestäubung möglich ist (nach Knuth). — Die Keimung der Samen geschieht im Licht; doch kann eine mehrere Winter dauernde Frostwirkung allmählich die Wirkung des Lichtes ersetzen (Kinzel). Bei der Keimung (Fig. 2865) bleiben die beiden kleinen, weissen, hörnchenartigen Kotyledonen unter der Erde. Die Ausläufer bilden sich schon im Juli. Kujala gibt an, dass regelmässig 2 Ausläufer gebildet werden. Lüdi fand auf der Lüneburger Heide vereinzelt auch 3, die ausserdem noch Verzweigungen besassen. So verdoppelt sich durch vegetative Vermehrung der Bestand jedes Jahr (die Mutterpflanze stirbt nach Bildung der Ausläufer ab), und da die Samenerzeugung stellenweise gering ist und die Sämlinge mehrere Jahre brauchen, bis sie zur Blühreife erstarkt sind, so liegt das Hauptgewicht auf der vegetativen Vermehrung. Dies zeigt sich oft in horstförmiger Verbreitung (vgl. dazu Fig. 2868). Durch die wagrechte, rosettige Stellung der oberen Stengelblätter wird eine möglichst vollkommene Ausnützung des Lichtes ermöglicht. Selten trifft man Pflanzen mit 2 übereinander gestellten Laubblattrosetten, die beide, oder nur die untere, Blüten in den Blattachseln tragen (Svanlund im Botan. Notiser 1889). Häufiger treten oberirdische, grüne, mit kleinen Blättchen versehene Ausläufer aus den Achseln der Stengelblätter auf.

Auf Trientalis Europaea wurden 2 parasitäre Basidiomyceten beschrieben, die zwar selten auftreten, eine Ustilaginee, Tuburcinia Trientális Berk. und Br. und eine Uredinee, Puccínia Karélica Tranz. (Aecidien auf Trientalis und Teleutosporen auf Carex limosa; bisher nur in Nordrussland und Finnland gefunden), ferner nach Ouemans folgende Deuteromyceten: Septória incréscens Peck, Septória Trientális Sacc., Monacrocónium Trientális Oud., Penicíllium abnórme B. et Br., Ramulária cylindróides Sacc., Ramulária Magnusiána (Sacc.) Lindau, Sclerótium Trientális Fr.

## DLXXX. Glaúx[1]) L. Milchkraut.

Ausdauernde, halbsukkulente Strandpflanzen, mit dicht beblättertem Stengel. Kelch glockenförmig, 5=zipfelig mit bleibenden, dachigen Zipfeln. Krone fehlend. Staubblätter 5, am Grunde des Kelches eingefügt, mit den Kelchzipfeln abwechselnd, eingeschlossen oder kaum vortretend; Staubfäden pfriemlich oder fadenförmig; Staubbeutel herz=eiförmig, am Rücken befestigt. Fruchtknoten länglich=eiförmig; Griffel breit=fadenförmig; Narbe kopfförmig, wenig deutlich; Samenanlagen wenig zahlreich, in die kugelige Plazenta eingesenkt, halb= anatrop. Kapsel kugelig=eiförmig oder birnenförmig, etwas geschnäbelt, am Scheitel mit 5 Klappen aufspringend, wenigsamig. Samen ellipsoid, auf dem Rücken flach, auf der Bauch= seite konvex genabelt. Embryo längs, weiss, undurchsichtig, im hornartig durchscheinenden Albumen eingebettet.

Die Gattung ist monotypisch und umfasst nur die folgende Art.

**2211. Glaux marítima** L. (= Vrœdea marítima Bub.). Meerstrand=Milchkraut. Engl.: Sea milkwort. Taf. 212, Fig. 5a; Fig. 2869 und 2870.

Ausdauernd. Pflanze graugrün, fast ganz kahl, nur mit sehr zerstreuten Köpfchen= haaren (Köpfchen mehrzellig). Grundachse weithin kriechend und sich verzweigend. Stengel aufrecht oder aufsteigend, 3 bis 20 (37) cm hoch, unten verzweigt, dicht beblättert. Laubblätter lanzettlich bis breitlanzettlich, 4 bis 6 mm lang und 2 (bis 3) mm breit, ganzrandig, 1=nervig, länger als die Internodien; die unteren gegenständig, die oberen abwechselnd gestellt. Blüten sitzend in den Achseln der mittleren Laubblätter. Kelch rötlich oder weissgefärbt, 3 (4) mm lang, bis zur Hälfte geteilt, mit breiteiförmigen, stumpflichen, ± ausgebreiteten Zipfeln. Staub= blätter rosenrot. Kapsel ± 3 mm lang. Samen dunkelbraun, 1½ mm lang, 1 mm breit. — V bis VIII.

Auf Salzboden an den Meeresküsten, insbesondere in den Strandwiesen, auf feuchtem, salzhaltigem Boden im Binnenland (auch bei Salinen).

In Deutschland sehr häufig an den Küsten der Nordsee und Ostsee. Im Binnenland verbreitet durch die Gebiete mit Salzlagern im nördlichen Deutschland: rings um den Harz, an der oberen Leine, im Kasselerlande, zwischen Salzúflen und Exter bei Loose in Westfalen (1917), Sülldorf bei Magdeburg, Schönebeck, Stassfurt, Halle (beim Bahnhof Trotha adventiv 1910), zerstreut durch Brandenburg (um Nauen, Salze, Sool= kanal, Döben, Rothmannsdorf, Mellensee bei Zossen, Kalbe in der Altmark), selten in Posen (z. B. Hohensalza, Strelno), in Sachsen bei Leipzig, im mittleren Schlesien (Kontopp, Hermannsdorf, Lissa) als Charakterart der Schwarzerde zur Gruppe der Halophyten zu zählen; am Mittelrhein in Hessen=Nassau (Neuhaus, Wisselsheim, Kloppenheim, Soden usw.), Rheinhessen (Oppenheim), Rheinpfalz (Oggersheim, Maxdorf, Frankental, Dürk= heim, Erpolzheim), in Nordbayern früher in Kissingen. — In Oesterreich in Böhmen zerstreut in der Elbeniederung zwischen Chotěschau und Cerniv, Lobositz, Saidschitz, Pullna, Brüx, Franzensbad (verdankt den Mineralquellen die Existenz), Bilin; Mähren im Süden an der Schwarzawa und Thaya bei Auspitz, Rakwitz, Czeitsch, Kobylí, Pawlowitz, Bŏretitz, Bratelsbrunn, Guttenfeld, Neuprerau; Niederösterreich im unteren Pulkatale von Markersdorf bis Laa, Staats, Retz. Fehlt den Alpenländern und der Schweiz.

Allgemeine Verbreitung: Westliches, mittleres und nördliches Europa längs der gesamten atlantischen Küste, in Nordrussland bis zur Halbinsel Kola vordringend; nördliche und nordwestliche Pyrenäenhalbinsel; im Mittelmeergebiet selten oder fehlend (angegeben bei

---

[1]) Bei Dioskurídes (Mat. med. 4, 138) erscheint γλαύξ [glaux] als Name einer Strandpflanze (viel= leicht Astragalus, Glaux L. oder Senebiera coronopus?), möglicherweise zu γλαυκός (glaukós) = bläulich= grün, nach der Farbe der Blätter oder zu γάλα (gála) = Milch gehörig, weil die Pflanze die Milchabsonderung befördern soll.

Barcelona, Perpignan, Hyères und im Litoral von Venedig, ob adventiv?); Vorderasien, Sibirien, Mandschurei, China, Tibet, Japan; Nordamerika an beiden Küsten, auf der pazifischen Seite tief ins Innere eindringend (Saskatchewan, Colorado). Die Art ist also auf der ganzen nördlichen Halbkugel in gemässigten Klimaten verbreitet.

An den Küsten der Ostsee und Nordsee ist Glaux maritima eine sehr charakteristische Art der Marschen, insbesondere im Gebiete des Wattenmeers, während sie gegen die östlichen Haffe hin spärlich wird. Zur üppigsten Entfaltung gelangt sie im Schlickboden oder sandigen Schlick, der vom Meerwasser getränkt wird, während sie den regelmässig von der Flut überschwemmten Grund der Salicornia herbacea (Bd. III, pag. 256) überlässt. In dieser feuchten Strandzone bildet sie dichte, grüne Teppiche, oft zusammen mit Minuartia peploides. Gelegentlich werden diese Rasen von Sand und Schlick überschüttet, was das mit unterirdischem Sprosssystem

Fig. 2869. Glaux maritima L., salzige Wiese bei Oberhörgern, Wetterau. Phot. Th. Arzt, Wetzlar.

versehene Milchkraut (s. unten) ohne Schaden zu nehmen ertragen kann. Dann geht sie aber auch in die Strandwiesen von Atropis maritima und Festuca arenaria hinein (vgl. Bd. I, pag. 324) als Unterwuchs, der wenig auffällt aber selten fehlt, in Begleitung von Triglochin maritima und T. palustre, Juncus Gerardi, Aster Tripolium, Plantago maritima u. a. Sie wird auch in Dünentälern gefunden.

In den Salzgebieten des Binnenlandes tritt Glaux ganz ähnlich auf: in Reinbeständen auf salzhaltigem Schutt und ausserdem als Leitart in der Atropis distans-Wiese, nach Drude zugleich mit Triglochin palustris, Melilotus dentatus, Lotus corniculatus var. tenuifolius, Samolus Valerandi, Plantago maritima, Aster Tripolium. Preuss gibt für die Salzstellen des nordostdeutschen Flachlandes die Art an zwei Standorten an, auf den Salzmooren (Salzwiesen mit Moorunterlage) in Begleitung von Triglochin maritima, Atropis distans, Carex distans, Juncus Gerardi, Aster Tripolium (an den sumpfigsten Stellen) und auf Salztriften (Salzwiesen auf sandiger bis sandig-lehmiger Unterlage, mit Pottia Heimii, Triglochin maritima f. salina, Agrostis alba f. maritima, Poa pratensis subsp. costata, Juncus Gerardi, Carex vulpina f. litoralis, Salicornia herbacea, Suaeda maritima, Sagina maritima, Bupleurum tenuissimum, Erythraea litoralis, Odontites litoralis, Plantago coronopus. Die Leitarten der böhmischen Salzwiesen siehe Bd. III, pag. 424. Glaux findet sich auch auf den mit Bittersalz ($MgSO_4 + H_2O$) und Glaubersalz ($Na_2SO_4 + 10 H_2O$) gesättigten Böden. In Niederösterreich wird sie als Salpeterpflanze angegeben. Aus der Magdeburger Gegend (Sohlen) teilt G. Niemann mit, dass Glaux den in die Sülze fliessenden Stallabwässern bis unmittelbar vor das Abflussloch der Viehställe — und zwar in üppiger Entwicklung — folgt, was darauf schliessen lässt, dass der Pflanze ein reicher Nitratgehalt des Bodens ebenso zusagt wie NaCl.

Im südlichen Mähren gedeiht sie nach H. Laus auch auf Böden, welche den Charakter von Salzböden einzubüssen beginnen und deren Vegetation in die halbruderale Hutweidenfazies übergeht.

Trotzdem Glaux Halophyt ist, werden die Samen durch Salzwasser geschädigt. Sie keimen ziemlich rasch und ausschliesslich im Licht (Kinzel); Preuss stellte fest, dass nach 36-tägiger Lagerung im Salzwasser noch 8% keimten, ohne diese Salzwasserbehandlung 23%. Deshalb nimmt Preuss an, die Art sei in das Ostseegebiet nicht dem Meeresufer nach eingewandert, sondern über die Solstellen des Binnenlandes und zwar in der Ankyluszeit.

Die sehr merkwürdigen Sprossverhältnisse bei Glaux maritima hat F. Buchenau eingehend untersucht (Verh. des Botan. Vereins Brandenburg. Bd. 6, 1864). Vgl. Fig. 2870. Die linealischen Kotyledonen treten über den Boden hervor und saugen das verflüssigte Albumen auf. Dann bildet der Spross noch mehrere Paare dekussiert gestellter, fleischiger Laubblätter und eine ziemlich lange Hauptwurzel mit einigen Nebenwurzeln. Die Keimpflanze wird selten über 3 cm lang. In der Achsel des einen Keimblattes entsteht die Erneuerungsknospe für das folgende Jahr. An ihrer Basis entspringt auf der inneren Seite eine dicke Nebenwurzel (Buchenau nennt sie „Rübenwurzel"), welche die Nährstoffe aufspeichert, während der ganze Keimling abstirbt. Erneuerungsknospe und Rübenwurzel bleiben allein übrig und überdauern den Winter. Dieses Hibernaculum steht senkrecht im Boden, wie ein Nagel mit rundem Kopf. Im 2. Frühling wächst die Knospe zu einem zarten Spross aus und braucht dabei die in der Rübenwurzel gespeicherte Stärke auf. Diese Pflanze gleicht dem Keimling ausserordentlich und kann oft nur durch die kleine, kreisförmige Narbe, welche die Stelle der Verbindung mit der Mutterpflanze (dem Keimling) bezeichnet, von diesem unterschieden werden. Im Herbst bildet die Pflanze wieder das Hibernaculum aus Knospe und Rübenwurzel und wiederholt dies mehrere Jahre, wobei sie allmählich erstarkt. Dann tritt, meist bevor die Pflanze zum Blühen kommt, eine neue Sprossform auf, der Ausläufer. Der aus der Winterknospe hervorgehende Spross wächst senkrecht aufwärts und bildet zuerst, je nach der Tiefe der Knospe unter der Erdoberfläche, kürzere oder verlängerte Internodien mit gegenständigen, schuppenförmigen Niederblättern und Nebenwurzeln (in der Regel 4 in jedem Knoten, am Rande der Niederblätter hervorbrechend). Anfangs Juni entspringen aus den Achseln von Niederblättern, nahe unter der Erdoberfläche die Ausläufer. Sie wachsen wagrecht, mit verlängerten Internodien, die gegen die Spitze hin gestaucht sind, sich aufrichten und dort kleine Laubblätter tragen. Gegen Ende Juli haben die Ausläufer ihre volle Länge erreicht. Sie sind fädlich, rötlich-weiss, mit zarten Schuppenblattpaaren besetzt und treiben an den Knoten zarte Nebenwurzeln (meist 2). Selten sind sie verzweigt. Statt dass nun in der kommenden Vegetationsperiode die Spitze des Ausläufers zum beblätterten und blühenden Spross auswachsen würde, wie dies z. B. bei Lysimachia vulgaris der Fall ist (vgl. pag. 1718), stirbt sie ab, und die zukünftigen Sprosse gehen aus Winterknospen in den Achseln der Ausläuferblätter hervor, die im Laufe des Juli angelegt werden und von denen 1 oder 2 sich stark vergrössern und eine mächtige Rübenwurzel erhalten. Diese Rübenwurzel enthält ein dickes, stärkegefülltes und eiweissarmes Rindenparenchym und ein kleines, zentrales Leitbündel. Morphologisch entspricht sie den knollenförmigen Nebenwurzeln von Ranunculus Ficaria und der Ophrydeen. Die an den Ausläufern entstehenden Hibernacula stehen ebenfalls senkrecht, wie Nägel im Boden, die Knospe gewöhnlich nahe der Erdoberfläche. Aus ihr erscheint im Frühling der beblätterte Spross, der anfänglich noch dekussierte Blattstellung aufweist, die aber gegen oben hin gewöhnlich in schräg aufsteigende Zeilen (z. B. das 9. Blattpaar wieder über dem ersten) oder in spiralige Stellung ($^2/_3$, $^3/_5$, $^5/_8$) übergeht. Die Laubäste des Sprosses stehen in den Achseln der oberen Schuppen-

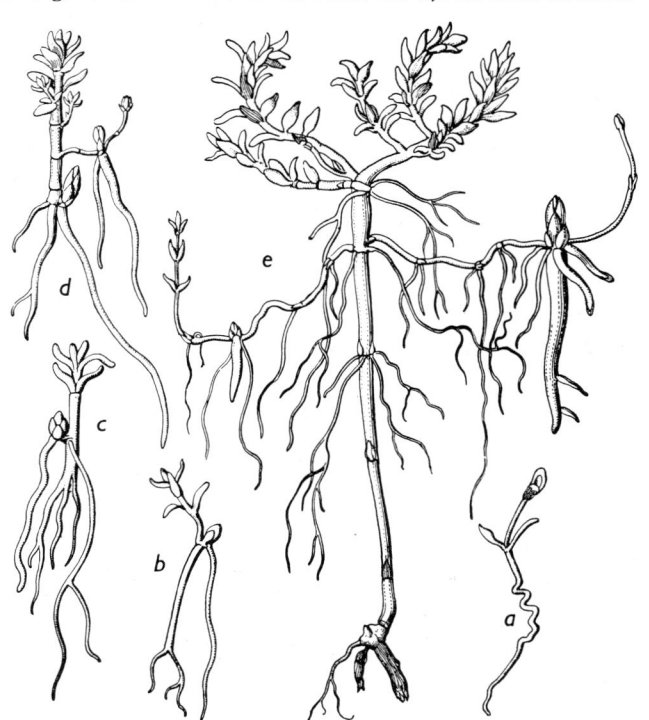

Fig. 2870. Glaux maritima L. Sprossentwicklung. *a* Junger Keimling. *b* Aelterer Keimling mit Reservewurzel und Erneuerungsknospe. *c* Junge Pflanze mit Hibernaculum. *d* Etwas ältere Pflanze mit Hibernaculum und kurzem Ausläufer. *e* Aeltere Pflanze mit längeren Ausläufern und Erneuerungssprossen (nach Buchenau).

blätter oder untersten Laubblätter, gewöhnlich paarig angeordnet (bis zu 3 Paare beisammen). Die Forscher, welche die Primulaceen von apetalen Gewächsen ableiten, haben den blumenblattlosen Glaux an die Basis des Familienstammbaumes gestellt. In bezug auf den Sprossbau ist dies jedenfalls nicht richtig; dieser lässt sich vielmehr ganz zwanglos als Fortentwicklung des einfacheren und weiter verbreiteten Sprossbaues von Lysimachia vulgaris auffassen und steht in bezug auf Kompliziertheit an der Spitze der ausläufertreibenden Formen. Ueber die anatomischen und morphologischen Verhältnisse siehe auch C. Brick, Baltische Strandpflanzen (Schriften der Naturforsch. Gesellschaft Danzig N.F. Bd. VII, 1888 pag. 144 bis 155).

Glück erzielte durch Kultur in 80 cm tiefem Wasser eine Wasserform (f. submersa Glück), die sich bei gleicher Gesamtlänge durch 2- bis 3-mal längere Internodien, straff aufrechten Wuchs und auf die Hälfte der normalen Blattlänge reduzierte, hellgrüne Laubblätter von der Landform unterscheidet. Sie stimmt in diesen Merkmalen mit der Dunkelform überein, deren Stengel aber stark gestreckt und schlaff sind.

Die Blüten sind leicht, aber deutlich proterogyn und homostyl. Doch stellte Kuhn (Verh. Botan. Ver. Brandenburg Bd. 48) eine Dimorphie fest, eine Form mit längeren und eine andere mit kürzeren Staubblättern. Honig wird nur im Jugendzustande der Blüte vom Fruchtknoten abgesondert. Der Insektenbesuch ist gering so dass gewöhnlich Selbstbestäubung eintritt.

Auf Glaux findet sich in weiter Verbreitung (Europa, Asien, Nordamerika) das Aecidium eines heterözischen Rostpilzes (Uromýces lineolátus [Desm.] Schroet.), der in Europa seine Teleutosporen auf Scirpus maritimus ausbildet, in Amerika auf Scirpus Americanus und anderen Arten. In Deutschland ist der Pilz auf Röm, in Eisleben, Wansleben, Hannover, Warnemünde, Nauen u. a. Orten gefunden worden. — Die Pflanze liefert ein gutes Gemüse und einen angenehm schmeckenden Salat. Gelegentlich wird sie auch zur Gewinnung von Soda benützt. An der Ostseeküste wird sie gegen Verdauungsbeschwerden angewendet. Ebenso soll das Kraut die Milchabsonderung (auch bei Wöchnerinnen) befördern (Galactogum). — Im Münchener Botanischen Garten gedeiht die Pflanze ohne jeden Salzzusatz vorzüglich; das Wasser ist allerdings sehr kalkhaltig.

## DLXXXI. Anagállis[1]) (Tournef.) L. Gauchheil.

Kleine, kriechende oder aufrechte, ausdauernde oder 1-jährige Pflanzen. Stengel rund oder 4-kantig. Laubblätter gegenständig oder wechselständig, selten zu dreien quirlig, sitzend oder kurzgestielt, ganzrandig. Blüten blattachselständig, gestielt, bisweilen in lockerer Traube. Kelch bis zum Grunde 5-teilig, mit schmalen Zipfeln, abstehend. Krone radförmig oder radförmig-glockig, mit 5 verkehrteiförmigen oder linealen Lappen, in der Knospenlage gedreht. Staubblätter 5, am Grunde in eine $\pm$ breite Röhre verwachsen, am Krongrunde befestigt; Staubfäden gebärtet (Taf. 211, Fig. 5b), seltener kahl; Staubbeutel elliptisch, stumpf. Fruchtknoten kugelig; Griffel fadenförmig; Narbe stumpf. Samenanlagen zahlreich, in die kugelige Plazenta eingesenkt, halbanatrop. Kapsel kugelig, vielsamig, mit einen Deckel aufspringend (Fig. 2872 d). Samen im Umriss rundlich, am Rücken flach oder in der Mitte etwas eingesenkt, auf der Bauchseite kegelförmig genabelt. Embryo querliegend.

Zu der Gattung gehören 24 Arten, die über die ganze Erde verbreitet sind und in Afrika bis 4000 m ansteigen. Davon ist 1 Art kosmopolit, 15 Arten sind im tropischen Afrika von Transvaal und Madagaskar bis Abessinien beheimatet, 5 Arten im westlichen Mittelmeergebiet, 2 Arten in Südamerika, 1 Art in der ganzen südlichen Halbkugel, nordwärts bis in die südlichen Teile der nordamerikanischen Union und bis ins Himalajagebirge vordringend. Anagallis Monélli L. (= A. linifólia L. var. Monelli [L.] Knuth) aus Spanien wurde 1909 adventiv im Hafen von Mannheim beobachtet.

Die Blüten sind homogame Pollenblumen. Sie öffnen sich bei Anagallis arvensis nur im Sonnenschein von etwa 9 (7) bis 3 (2) Uhr. In dieser Zeit ist Fremdbestäubung möglich. Nach Knuth entbehren sie aber des Insektenbesuches, während Smith in England Halictus Mório an den Blüten beobachtete. Beim jedesmaligen Schliessen der Blüte muss eine Berührung der Narbe mit den sie in gleicher Höhe umstehenden Staubbeuteln stattfinden und also Selbstbestäubung eintreten. Das Oeffnen und Schliessen jeder Blüte erfolgt nach Kerner 3-mal. Während ungünstiger Witterung erfolgt die Befruchtung in der geschlossen bleibenden Blüte. Bei Anagallis tenella überragt die Narbe die Anthere um 2 bis 3 mm; spontane Selbstbestäubung ist ausgeschlossen. Die Haare an den Staubfäden werden als „Futterhaare" angesehen. Die reifen Kapseln sind hängend; die Samen haften aber noch an der Plazenta und werden vom Winde nach und nach hinausgeschüttelt. Sie

---
[1]) ἀναγαλλίς (anagallís) bei Dioskurides (Mat. med. 2, 178) Name des Gauchheils; vgl. auch Plinius (Nat. hist. 25, 144 f.). Steht wohl in Beziehung zu griech. ἀγαλλίς [agallís], das eine Iris-Art bedeuten soll. Vielleicht zu ἀγάλλειν [agállein] = schmücken gehörig.

keimen nach Kinzel langsam und nur im Dunkel, halbreife Samen besser als ganz ausgereifte. Frostwirkung hat keine wesentliche Beeinflussung der Keimung zur Folge. Die Kotyledonen kommen bei der Keimung aus dem Boden.

1. Krone radförmig, wenig länger als der Kelch. Laubblätter eiförmig, sitzend. A. arvensis nr. 2212.
1*. Krone glockenförmig, 2- bis 3-mal so lang als der Kelch. Laubblätter rundlich, kurz gestielt.
. . . . . . . . . . . . . . . . . . . . . . . . . . . . . . . . . . . . . . . . . . A. tenella nr. 2213.

**2212. Anagallis arvénsis** L. (= A. fœmina Mill., = A. índica Sweet, = A. mas Vill., = A. Monélli Bieb., = A. orientális Hort., = A. parvifióra Loisel., = A. pulchélla Salisb., = A. punctifólia Stokes). Acker=Gauchheil, Sperlings= oder Zeisigkraut, Rotes Grundheil. Franz.: Mouron mâle, morgeline d'été; engl.: Cure all, shepherd's hourglass, scarlet pimpernel, red pimpernel, red chickweed, poor mans weather=glass, John go to bed at noon; ital.: Bellichina, mordi gallina, budello di gallina (Tessin). Taf. 211, Fig. 5; Fig. 2871 und 2707 a.

Der Name Gauchheil, der nur wenig volkstümlich ist, wird dahin erklärt, dass man mit dem Kraute Geisteskrankheiten (Gauch = Tor, Narr) heilte. Offenbar wurde auch der Name vermengt mit Gachheil (mittelhochdeutsch gâch = jäh, schnell), der Bezeichnung für ein „schnell heilendes" Kraut; vgl. Gachelkraut = Achillea Millefolium. Gähheil (Eifel) und Goarteel [Gartheil = Artemisia abrotanum] sind solche Anlehnungen an andere Pflanzennamen. Die Blüte öffnet sich erst um etwa 9 Uhr vormittags und schliesst sich bereits gegen 3 Uhr nachmittags wieder, daher die Volksnamen: Nainibleaml (Niederösterreich), Neunerle (bayer. Schwaben), Nūni-Blūemli (Luzern), Zehniblūemli (Thurgau), Firobedblūemli [„Vier Uhr zu Bett"] (Thurgau), Ful-Liese (Mecklenburg), Faule(s) Liesl (bayerisch-österreichisch), Fauli Gredl (Niederösterreich), Fulenzchen, Ful' Elschen, Faule Ma(g)d (Gotha). Nach den zierlichen, augenähnlichen Blüten heisst der Gauchheil auch Katza(n)āugla (Schwäbische Alb), Hühneraug (Schweiz: Waldstätten), roti Henna-Aeugli (St. Gallen), nach deren roter Farbe Bluetströpfli (Schweiz). Da sich die Blume bei bewölktem Himmel (also wenn Regen bevorsteht) schliesst, nennt man sie in Schleswig Regenblom, im Riesengebirge Wetterblume und in Schlesien Gewitterblume. Als Futter für Gänse bezeichnet man den Gauchheil als Gänskritche (Lothringen), Gensekreitchen (Luxemburg). Auf (vermeintliche) Heilwirkungen gehen Grundheil, Heil alle Welt (Braunschweig), Kopfwehkraut (Schwäbische Alb). Da der Gauchheil im Habitus einige Aehnlichkeit mit der Vogelmiere (Hühnerdarm, Stellaria media, vgl. Bd. III, pag. 352) hat, heisst er Heanadarm (Niederösterreich), Hühnasarb (Erzgebirge), roe Honerswarm (Oldenburg), rode Mihre (Mecklenburg, Schleswig), roter Hühnerdarm (Schweiz, Kärnten). Zu Augetrost, Augetröstla (Schwäbische Alb) vgl. Euphrasia Bd. VI, pag. 83.

Einjährig. Stengel niederliegend oder aufsteigend, 6 bis 30 cm lang, selten wurzelnd, verästelt, mit oft verlängerten, niederliegenden Zweigen, 4-kantig. Laubblätter und Stengel in der Jugend dicht mit kurzen Köpfchenhaaren bedeckt, später verkahlend. Laubblätter kreuz= weise gegenständig, selten zu 3 quirlig, eiförmig, 0,5 bis 2 cm lang, 0,3 bis 0,9 cm breit, sitzend, ganzrandig, stumpflich oder spitzlich, ausgebreitet, unterseits etwas punktiert. Blüten= stiele 1- bis $2^{1}/_{2}$-mal so lang als die Laubblätter, dünn, zur Fruchtzeit nach rückwärts gebogen. Kelchzipfel 4 (5) mm lang, schmallanzettlich, sehr spitz, mit Hautrand. Krone radförmig, so lang oder etwas länger als der Kelch, zinnoberrot oder blau, mit verkehrteiförmigen oder ovalen, stumpfen, am Rande fein gezähnten und oft gewimperten Abschnitten. Staubblätter ungefähr 2=mal kürzer als die Krone; Staubfäden fein gewimpert, am Grunde in eine breite, gewimperte Röhre verwachsen; Staubbeutel unten herzförmig, 3= bis 4=mal kürzer als die Staubfäden. Kapsel 4 bis 5 mm lang, wenig kürzer als der Kelch, vom bleibenden Griffel gekrönt; Samen 1 bis 1,7 mm lang, 1 bis 1,3 mm breit, grobwarzig, braun. — VI bis X.

Auf Aeckern, Brachland, in Gärten, Rebbergen, auf Schutt, an Wegen, durch das ganze Gebiet verbreitet bis in die Voralpen.

Tritt in 2 Unterarten auf:

1. subsp. **phoenícea** (Scop.) Schinz und Keller (= A. Arábica Duby). Krone zinnoberrot, gegen den Grund zu blutrot, am äusseren Rande feindrüsig gewimpert; Blütenstiele die Laubblätter weit überragend. Laubblätter hellgrün, stumpflich. Haare am Rande der Petalen 3-zellig (inkl. Epidermiszelle); Staubfadenhaare 5- bis 8-zellig mit kugeliger Endzelle.

Durch das ganze Gebiet verbreitet und meist häufig. In den Bayerischen Alpen bis 700 m, in Tirol bis 1600 m, in Graubünden bis 1500 m, im Berner Oberland bis 1300 m, im Wallis bis 1600 m ansteigend.

Allgemeine Verbreitung: Europa mit Ausnahme des hohen Nordens, gemässigtes West= und Mittelasien, Arabien, Nordafrika, Abessinien, Kapland, Vereinigte Staaten von Nordamerika, Mexiko, Südbrasilien, Westaustralien, Tasmanien.

Aendert ab: f. viridiflóra Stan., mit vergrünten Blüten. Eher als Monstrosität zu werten. Stockera in Niederöstereich hin und wieder. Ferner nach der Kronfarbe: fleischrot (f. cárnea [Schrank] z. B. Trient und Tisens in Südtirol), violett (f. decipiens Uechtr.), lila (f. lilacina Alefeld, Neratowitz, Böhmen), blau (f. caerúlea Lüdi, Westpreussen bei Gollub), weiss (f. álba Lüdi) oder hellschwefelgelb und hochrot berandet (f. bícolor Lüdi).

2. subsp. **caerúlea** (Schreb.) Schinz und Keller (= A. fœmina Mill., = A. verticilláta All.). Krone himmel= blau, kahl oder spärlich bewimpert. Blütenstiele meist wenig länger als die Laubblätter. Samen (nach Pospichal) glänzend, schwarz. Laubblätter dunkelgrün, spitzlich. Haare am Rande der Petalen 4=zellig; Staubfadenhaare 10= bis 13=zellig, mit länglich=elliptischer Endzelle.

Ebenfalls durch das ganze Gebiet verbreitet, aber viel seltener und nicht ins Gebirge eindringend. Häufiger in Westfalen, Mittel= und Oberrhein, bei Jena auf Kalk häufiger als die andere Unterart, Rhöngebiet auf Buntsandstein und wohl auch auf Muschelkalk, Frank= furt a. d. Oder, Donautal in Württemberg und Bayern, Niederösterreich, südlichstes Tirol (im Kardaun bei Bozen eingeschleppt 1923), Küstenland, Kanton Wallis bis Brig, Jurarand, Kanton Aargau. Steigt im Wallis bis 1200 m, im Bündner Oberland bis 1250 m, in St. Moritz adventiv auf Schutt bei 1800 m.

Allgemeine Verbreitung: Ge= samtes Mittelmeergebiet, Mittleres Europa nach Norden bis ins südliche Schweden, Vor= derasien bis zum Indus, Ceylon, Nilagiri, Japan, Abessinien, Kapland, Mexiko, mittleres und südliches Brasilien, Westaustralien.

Fig. 2871. Anagallis arvensis L., im Bereich eines Bahndammes, Sollenau, N.Ö. Phot. R. Fischer, Sollenau, N.Ö.

Die beiden Unterarten bilden einen Bastard (A. cárnea Schr., = A. Dörfléri Ronn., = A. amœna Heldr.), der aber ziemlich selten beobachtet wurde, so in Thüringen, Rheinprovinz, Hannover, Harz, St. Ludwig und Hüningen im Elsass, Bayern (Buchberg und Nymphenburg auf der Hochebene, mehrfach in Oberfranken und in der Oberpfalz), im Botan. Garten zu Innsbruck, sehr häufig bei Gross=Hadolz im Pulkatale (Niederöster= reich), Cejč in Mähren, in Basel, Solothurn. Der Bastard wurde von E. Rundkwist in Südschweden neben beiden Eltern gefunden und darauf hin künstlich gezüchtet subsp. phoenicea ♂ × subsp. caeruela ♀. Es ergab sich in der F₁=Generation eine subsp. phoenicea=ähnliche Form mit rosenroten Blüten. In der F₂=Generation trat eine Spaltung in Individuen mit blauen, rosenroten und zinnoberroten Blüten ein. Weiss (England) erhielt bei der gleichen Untersuchung in F₁ nur zinnoberfarbene Blüten, in F₂ wieder die völlige Trennung in blaue und zinnoberfarbene Blüten ohne Zwischenfarben. Bei der Kreuzung von Blassrot mit Blau war blassrot dominant. Die widersprechenden Ergebnisse lassen noch kein sicheres Urteil zu über die Wertung der verschiedenen vom Normaltypus abweichenden Farbenvarietäten der subsp. phoenicea. — Anagallis arvensis ist wahrscheinlich mediterraner Herkunft und durch den Menschen so weit verbreitet worden (also „Archaeophyt"); denn sie folgt getreulich als Unkraut allen Gärten, Hack= und Saatkulturen (siehe Bd. III, pag. 205). In Mittel= europa ist sie kaum einheimisch. Wir finden sie hier nie in natürlichen Pflanzengesellschaften; wenn die menschlichen Kulturen und die Schutthaufen von der natürlichen Pflanzenwelt überwachsen werden, so ver= schwindet das Gauchheil wieder. Dabei besitzt die Unterart phoenicea eine wesentlich grössere Fähigkeit, ungünstige Klimaverhältnisse zu ertragen und ist infolgedessen im Gebirge und im Norden viel verbreiteter. Natürliche Standorte besiedelt Anagallis arvensis im österreichischen Küstenland, wo nach Pospichal subsp. phoenicea auf den trockenen, dürren Kalkhängen (Garide) vorkommt, oft in Zwergexemplaren von kaum 3 cm Länge. Aehnlich verhält sich die Pflanze im südlichsten Tirol, etwa von Trient abwärts und im trockenen Wallis. Hier erweckt sie ganz den Eindruck einer einheimischen Pflanze. Im Mittelmeergebiet finden wir die Art aber nicht nur als Unkraut in den Kulturen und auf trockenen Hängen, sondern auch an Wassergräben und am schlammigen Meeresstrand in oft sehr üppigen Exemplaren (vor allem die subsp. caerulea).

Die Art ist durch das Vorkommen von hypokotylen Adventivknospen ausgezeichnet, aus denen beblätterte Ausläufer hervorgehen (Wydler). Diese Adventivknospen sind nach Kamienski reine Epider=

misbildungen. Daher vielleicht die Angabe, dass aus den Wurzeln Laubsprosse entspringen. Nach Wydler kommt es oft vor, dass niederliegende Stengel, trotzdem sie einjährig sind, aus den Knoten Wurzeln treiben. Ziemlich häufig sind die Keimpflanzen trikotyl; die aus ihnen hervorgehenden Sprosse besitzen gewöhnlich 6-kantige Stengel und 3-gliederige Laubblattquirle. Die Blätter stehen stets auf den Stengelflächen. Lutz konnte beobachten, wie 2 von den 3 Blattspreiten bei den oberen Quirlen in steigendem Masse verschmolzen, bis die normale Opposition zweier Blätter erreicht war (cit. nach Penzig).

Die Färbung der Kronblätter wird nach Mascré (Bull. Soc. Bot. France 70, 1923) durch Anthocyan hervorgerufen und zwar bei der subsp. phoenicea im untern Teil der Petalen durch einen gelösten violetten Farbstoff und durch einen blauen, in nadelförmigen Kristallen ausgeschiedenen, in den mittleren und oberen Teilen durch einen rot-orangen, gelösten Farbstoff, bei der subsp. caerulea durch einen blauen, z. T. gelösten z. T. in rundlichen Kügelchen ausgeschiedenen, selten kristallisierten Farbstoff.

Eine mediterrane Abart der subsp. caerulea (var. latifólia [L.] Lange) mit grösseren Blüten und breiteiförmigen, am Grunde halbumfassenden Blättern wird bei uns als schöne und reichblütige Einfassungspflanze gelegentlich kultiviert. In Mühlau (Mannheim) wurde sie adventiv aufgefunden. — Auf Anagallis arvensis schmarotzt eine Peronosporacee, Peronóspora cándida Fuck., gefunden in Thüringen, Baden, Hessen, Elsass-Lothringen, Schweiz, ferner nach Oudemans eine Chytridiacee Rhizomýxa hypogǽa Borzi und ein Deuteromycet, Septória Anagállidis Rich.

Das Kraut war ehedem als Hérba Anagállidis s. h. A. máris s. fœminae offizinell. Bereits Dioskurides, Theophrast, Galen u. a. erwähnen es als Arzneimittel. Das getrocknete blühende Kraut (ohne die Wurzeln) ist von bitterem, etwas scharfem Geschmack und enthält 2 glykosidische Saponine, ein peptonisierendes Enzym, das Enzym Primverase, sowie Bitter- und Gerbstoffe. Ehedem diente es als Resolvens, Diaphoreticum, Diureticum und Vulnerarium bei chronischer Nephritis, Ikterus, Gallensteine, Leberzirrhose; noch heute wird es gelegentlich als Volksmittel bei Wassersucht, Blutungen, Lungenleiden, Obstipation usw. gegen Warzen und Granulome angewendet. Die Homoeopathie bereitet aus der Pflanze die Urtinktur. Das Gauchheil soll schwach giftige Eigenschaften haben und genossen betäubend wirken. Es wurde auch als Geheimmittel gegen Hundetollwut (Lyssa) verkauft. Ebenso sollen die Samen für Vögel tödlich sein; eine Verwechslung mit der im Laube ähnlichen Stellaria media als Vogelfutter hat öfters nachteilige Folgen gebracht. Der Extrakt, innerlich oder äusserlich auf Wunden gebracht, soll sogar starke Hunde töten. In Luzern wurde das Kraut ehemals gegen Geisteskrankheiten, anderorts auch gegen Geistes- und Gedächtnisschwäche, sowie gegen Schlangenbiss oder als Teesurrogat verwendet. — Im Volksglauben heisst es in Mecklenburg: Breitet sich die Blüte am Morgen recht fröhlich aus, so regnet es in 24 Stunden nicht; versteckt sie sich halb unter die Blätter, so gibts einen Schauer; schliesst sie sich gar nicht auf, dann fängt es bald an, stark zu regnen.

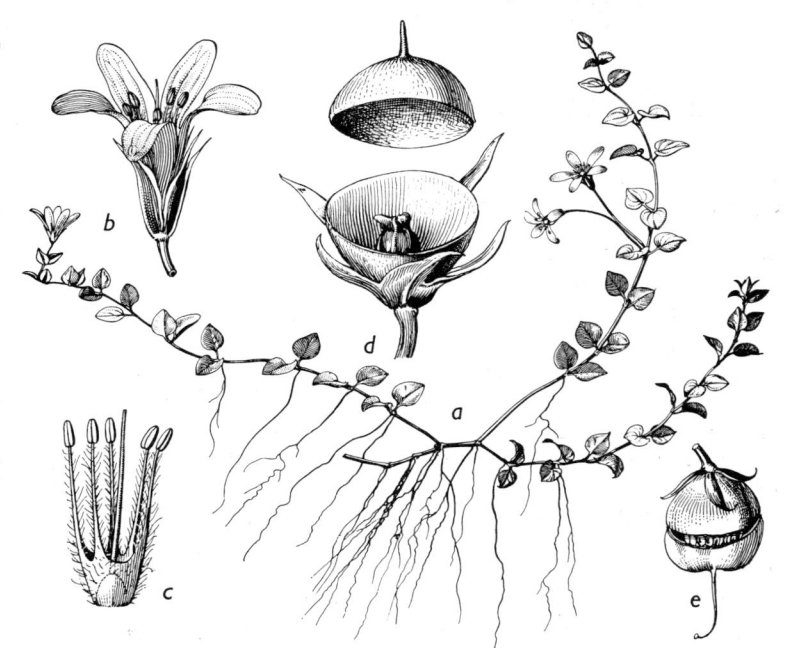

Fig. 2872. Anagallis tenella (L.) Murr. *a* Habitus. *b* Blüte. *c* Staubblätter (Verwachsung geht meist höher hinauf) mit Griffel. *d, e* Frucht (Deckelkapsel).

**2213. Anagallis tenélla** (L.) Murr. (= A. répens Pom., = A. serpyllifólia Dum., = Eupárea bracteális Baudo, = Jirasékia alpína Schmidt, = J. tenella Rchb., = Lysimáchia tenella L., = L. púmila Poepp.). **Zartes Gauchheil.** Engl.: Bog pimpernel. Fig. 2872 bis 2874.

Ausdauernd, mit fadenförmiger, kriechender Grundachse, kahl. Beblätterter Stengel dünn, niederliegend, aus den Blattachseln spärlich wurzelnd, 4 bis 20 cm lang, meist unverästelt. Laubblätter kreuzweise gegenständig, in eine Ebene gestellt, genähert, kreisrundlich, bespitzt, von 5 mm Durchmesser, kurzgestielt, ohne Punktierung. Blüten blattachselständig, auf 1 bis $3^{1}/_{2}$ cm langen, fadendünnen, zur Fruchtzeit zurückgebogenen Stielen. Kelchzipfel 3 bis 4 mm lang, schmal=lanzettlich, grannig zugespitzt. Krone glockenförmig, zirka 8 mm lang, rosenrot mit dunkleren Adern, beinahe bis zum Grunde geteilt. Kronlappen schmal=lanzettlich, an der Spitze stumpf oder etwas ausgerandet, kahl. Staubblätter von etwas ungleicher Länge (2 längere, 3 kürzere), kürzer als die Krone; Staubfäden lang und dicht bebärtet, bis auf über $^{1}/_{3}$ der Länge in eine freie Röhre verwachsen, Antheren ellipsoid. Griffel etwas länger als die Staubblätter. Kapsel klein, ungefähr so lang als der Kelch, von dem pfriemlich verlängerten Griffel gekrönt. — VII, VIII.

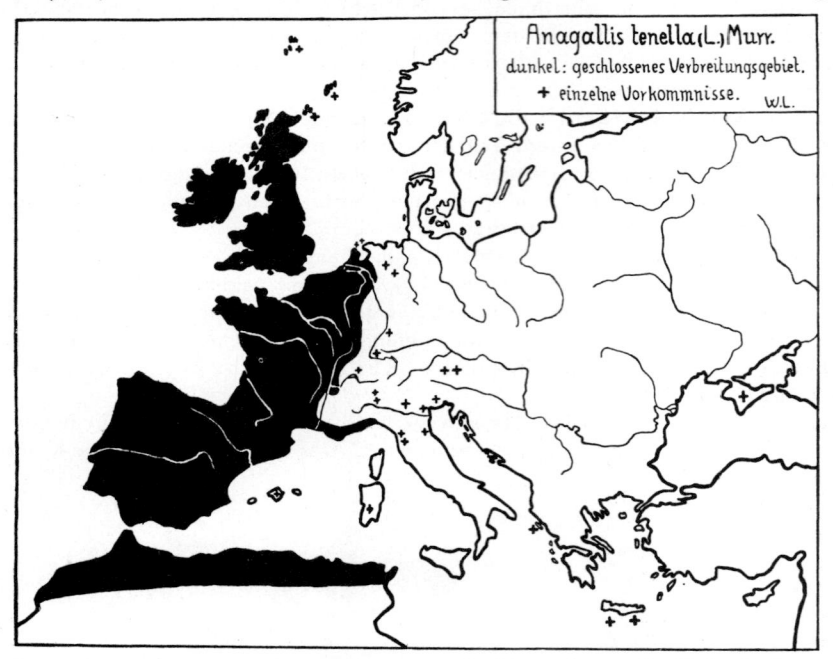

Fig. 2873. Verbreitung von Anagallis tenella (L.) Murr. Orig. von Dr. W. Lüdi, Bern.

In Sümpfen und Torfmooren, sehr selten.

In Deutschland in Westfalen in Salzkotten, Thiele, Ibbenbüren, Bockraden, in Dorsten und Schermbeck nicht mehr festzustellen, doch neuerdings nicht sehr entfernt bei Dinslaken beobachtet; Rheinlande bei Cleve, Kliedbruch, Wesel, Kleinbruck bei Krefeld (verschwunden), St. Hubert, Orbroicher Bruch, Egelberg bei Traar, Stenden, Hüls, Gangelter Bruch; im benachbarten Luxemburg bei Etalle und Virton; in der badischen Rheinebene (adventiv [?]: St. Leonerbruch [1894, 1903], Waghäusel [1881 bis 1905]); im südlichen Schwarzwald zahlreiche Standorte bis zu 800 m Höhe, noch bei Säckingen und Kleinlaufenburg. — In Oesterreich in Tirol bei Kitzbühel an einer quelligen Stelle am Waldsaume oberhalb Grünberg und am Ufer des Schwarzsees, hier ohne Zweifel durch Vögel verschleppt (Dalla Torre); Salzburg früher bei Saalfelden. — In der Schweiz im Kanton Freiburg (marais de Biordaz près d'Attalens) und Kanton Waadt bei Vevey (Charnex, Brent, Chailly, Chaulens, Blonay, Conelles, Champ de Ban, Chardonne, Lac de Brèt); wird ferner angegeben für Martigny (Wallis) und für das rechte Ufer des Lago Maggiore (wohl nicht mehr in der Schweiz). Beide Standorte sind zweifelhaft.

Fig. 2874. Anagallis tenella (L.) Murr., in Oberbaden. Phot. Prof. Fr. Meigen, Dresden.

Allgemeine Verbreitung (vgl. Fig. 2873): Atlantisches Westeuropa und westliches Mittelmeergebiet: Färöer, Grossbritannien, Holland, Belgien, Frankreich, Deutschland, Spanien,

Portugal, Marokko, Algier, Norditalien bis Toskana, Schweiz, Oesterreich, Sardinien (Duranus), Balearen, Korfu, Kreta, Krim.

Glück fand am Rande des Teiches von Cazeau (bei Bordeaux) in 15 cm tiefem Wasser eine Wasserform (f. submérsa Glück), die sich durch kleinere und verhältnismässig schmälere, kreuzweise abstehende, sitzende, zarter und heller gefärbte Laubblätter und unterdrückte Blütenbildung unterscheidet.

Anagallis tenella ist eine Art von ganz ausgeprägt atlantischer Verbreitung, die z. B. in England und Westfrankreich sehr häufig ist, aber gegen das Innere des Kontinentes hin mit ziemlich scharfer Grenze aussetzt und verhältnismässig wenige vorgeschobene Ausstrahlungen besitzt. Auch im Mittelmeergebiet fehlt sie den trockeneren östlichen Teilen mit Ausnahme weniger vereinzelter Fundstellen (die Verbreitung in Nordafrika wurde auf der Karte nur angedeutet und ist jedenfalls zu ausgedehnt angegeben) und tritt wieder in der feuchteren Krim auf. Christ betrachtet die schweizerischen Fundstellen als Reliktstandorte, ebenso August Schulz die oberrheinischen. Eine weiter in das Innere des Kontinentes reichende Ausdehnung des Areals wäre am ehesten für die atlantische Zeitperiode anzunehmen, mit eintretendem Rückgang in der folgenden warmtrockenen subborealen Zeit. Doch kann diese Erklärung nur für die mitteleuropäischen Fundorte gelten; die mediterranen Disjunktionen sind jedenfalls viel älter, die Art überhaupt ein alter Typus mit afrikanisch-südamerikanischer Verwandtschaft. Anagallis tenella findet sich hauptsächlich im Flachmoor mit ± torfigem Untergrund. P. Allorge gibt für das Pariserbecken an, dass sie die Assoziation von Schoenus nigricans und Juncus obtusiflorus bevorzuge. Er zählt sie nach der Lage der Erneuerungsknospe zu den Hemikryptophyten. Nach H. Christ findet sie sich bei Vevey im Molinietum.

## DLXXXII. Centúnculus[1]) L. Kleinling.

Kleine, 1=jährige Pflanzen mit beblättertem Stengel. Kelch bis zum Grunde 4= bis 5=teilig. Krone klein, kürzer als der Kelch, urnenförmig, tief 4= bis 5=teilig. Staubblätter 4 bis 5, im Kronschlund befestigt; Antheren klein, ellipsoidisch. Fruchtknoten kugelig; Griffel fadenförmig; Narbe stumpf. Samenanlagen zahlreich, in die kugelige Plazenta eingesenkt, halbanatrop. Kapsel kugelig, häutig, mit einem Deckel aufspringend, vielsamig. Samen klein, wenig zahlreich, auf dem Rücken etwas gerundet, auf der Bauchseite konvex und kantig genabelt. Keimling querliegend.

Die Gattung zählt nur 1 Vertreter. Sie ist mit der Gattung Anagallis nahe verwandt und unterscheidet sich von ihr vor allem durch die längere Kronröhre und die im Kronschlund befestigten Staubblätter.

**2214. Centunculus mínimus** L. (= C. lanceolátus Michx., = C. símplex Hornem., = Anagállis Centunculus Afzel., = A. pusílla Salisb., = Anagallidiástrum exíguum Bub.). Acker= Kleinling. Franz.: Centenille; engl.: Chaffweed, bastard pimpernel; ital.: Centonchio. Taf. 211, Fig. 6.

Einjährig, mit schwacher Wurzel. Stengel aufrecht, einfach oder verästelt mit niederliegenden Zweigen, 3 bis 7 cm hoch, ziemlich dicht beblättert. Ganze Pflanze kahl, nur sehr sparsam kurze Köpfchenhaare mit 4=zelligen Köpfchen tragend. Laubblätter wechselständig, rundlicheiförmig, 3 bis 6 mm lang, ganzrandig mit aufgesetzter Spitze, kurz gestielt. Blüten einzeln, blattachselständig, kurz gestielt oder sitzend. Kelch 2 bis 3 mm lang, mit lanzettlich-linealen, pfriemlich zugespitzten Zipfeln. Krone weiss oder rötlich, bis zur Mitte 4= (5=)teilig, mit fast kugeliger Röhre und ausgebreiteten, lanzettlichen, zugespitzten Lappen, etwa 1 mm kürzer als der Kelch. Staubblätter aus dem Kronschlund vortretend, aber kürzer als die Krone. Kapsel kürzer als der Kelch. Samen 0,5 mm lang, 0,3 mm breit, feinwarzig. — V bis IX.

An feuchten, tonigen oder sandigen Stellen, an schlammigen Ufern, austrocknenden Wasserlachen, Waldrändern, meist im Rasen. Gern auch in Fahrgleisen, auf sandig-lehmigen Aeckern, auf feuchtem Heideboden, in Dünentälern.

---

[1]) Bei Plinius (Nat. hist. 24, 138) Name einer niederliegenden Ackerpflanze. Lat. centúnculus heisst der „kleine Lumpen".

Die Art ist durch das ganze Gebiet von Mitteleuropa verbreitet, aber meist spärlich und auf grössere Strecken hin fehlend. Sie meidet einerseits sehr sonnige und trockene Gebiete, anderseits die Gebirge. So kommt sie z. B. in Nordtirol nur in der Gegend von Innsbruck vor (hier aber stellenweise häufig), fehlt im Böhmerwald und auf der oberbayerischen Hochebene und ist auch in Südtirol selten (steigt bei Brixen bis 1150 m). Im österreichischen Küstenland fehlt sie. In Graubünden findet sie sich nur im Vorderrheintal und im untersten Bergell (Castasegna, Soglio).

Allgemeine Verbreitung: Gemässigtes Eurasien bis zum Baikalsee oder noch weiter östlich; in Nord= und Südamerika und Afrika vielfach eingeschleppt. In Europa im Norden bis ins mittlere Skandinavien ($63^{1}/_{2}°$ nördl. Breite), im Süden bis nach Korsika, Sardinien, Mittelitalien und in die nördliche Balkanhalbinsel; fehlt der Pyrenäenhalbinsel und dem mediterranen Frankreich, jedoch noch in den Pyrenäen.

Centunculus zeigt eine Vorliebe für kalkarme Böden; doch ist dieses Verhalten vielleicht physikalisch bedingt, als Bedürfnis nach sandig=lehmiger und feuchter Unterlage. In den norddeutschen Heidebeständen ist die Art ziemlich verbreitet. Nach P. Graebner ist sie ein häufiger Bestandteil der Erica Tetralix=Heide, Sieglingia decumbens=Heide, des Molinietums, zusammen mit Cicendia filiformis, Radiola multiflora, Illecebrum verticillatum, oft massenhaft auftretend, dann wieder jahrelang ausbleibend und bei dichterer Besiedlung des Bodens verschwindend. Gelegentlich findet sie sich auch in den Calluna=, Empetrum= und Kiefernheiden. Bei der Bildung eines Heidemoores auf feuchtem Sande stellt sie sich frühzeitig ein, mit den oben genannten einjährigen Begleitern als erste Blütenpflanze auf dem von Algen durchwachsenen Sande. Von ausdauernden Arten kommen hinzu: Pilularia globulifera, Lycopodium inundatum, Agrostis canina, Molinia caerulea, Carex dioeca und C. Oederi, Scirpus setaceus, Rhynchospora alba und Rh. fusca, Juncus squarrosus und J. supinus, Drosera rotundifolia und D. intermedia, Erica Tetralix, Oxycoccus, Polytrichum juniperinum. Mit der Ansiedlung und Ausbreitung von Sphagnum, also der eigentlichen Moorbildung, verschwinden Centunculus und die übrigen Annuellen wieder. Bei Feldberg in Mecklenburg tritt Centunculus nach Fr. Koppe in Aeckern auf, in Begleitung von Riccia glauca, R. bifurcata, R. cristallina, Fossombronia Wondraczekii, Anthoceros punctatus, A. crispulus und A. levis, Pottia intermedia, P. truncatula u. P. rufescens, Physcomitrium pyriforme, Alchemilla arvensis, Hypericum humifusum. Waldner erwähnt die Art aus der Hagenauer Gegend im Elsass von Aeckern und Brachfeldern, wo sie in Begleitung von Spergula Morisonii, Brassica Cheiranthus, Medicago minima, Vicia lathyroides, Ornithopus perpusillus, Radiola multiflora, Falcaria vulgaris, Carum Bulbocastanum, Jasione montana, Gnaphalium luteo=album, Filago sp., Arnoseris minima, Anthemis Cotula, Artemisia campestris u. a. auftritt. H. A. Krauss gibt aus Tübingen an, Centunculus sei durch Umwandlung der Keuperheiden (Stubensandstein) in Ackerland verschwunden, zusammen mit Thymelaea Passerina, Alsine tenuifolia und Gnaphalium luteo=album. Auch in der Schweiz geht Centunculus nach Walo Koch (in litt.) in Kultur= und Naturformationen. In der Nordwestschweiz bis Zürich und Schaffhausen bildet er einen Bestandteil des Centunculo=Anthoceretum punctati meist auf etwas kalkarmen Getreidefeldern der diluvialen Löss= und Moränenböden nach der Ernte, zusammen mit Anthoceros punctatus, A. levis, Riccia= und Pottia=Arten, Juncus capitatus und J. bufonius, Sagina apetala, S. ciliata, S. procumbens, Gypsophila muralis, Hypericum humifusum, Plantago intermedia, Gnaphalium uliginosum var. pilulare. In der Ostschweiz dagegen findet sich die Art nach dem gleichen Forscher in der Cyperus flavescens Assoziation, welche schlammige Ufer und (sekundär) wenig befahrene, feuchte Rietwege besiedelt, und als Begleiter sind vor allem zu nennen: Triglochin palustris, Cyperus flavescens und C. fuscus, Eleocharis pauciflora, Carex Oederi, C. distans var. neglecta, Juncus bufonius und J. compressus, Trifolium fragiferum, Centaurium pulchellum, Plantago intermedia und Leontodon autumnalis. Braun=Blanquet bezeichnet Centunculus im Vorderrheintal als Charakterart der Parvocyperus=Assoziation auf lettigem, kalkarmem Boden an zeitweilig überschwemmten Stellen am Ufer von Feldbächlein, auf nassen Fusswegen, an oft betretenen Teichen und Hanfrosen, seltener sekundär in feuchten Aeckern.

Die unscheinbare, geruch= und honiglose Blüte wird kaum von Insekten aufgesucht und ist auf Selbstbestäubung angewiesen. Bei ungünstigem Wetter öffnet sie sich überhaupt nicht, und der Pollen fällt von den Staubbeuteln auf die Narbe. Die Blüten sind also in diesem Falle kleistogam. Bei gutem Wetter öffnet sie sich, und Fremdbestäubung ist möglich. Am Grunde der Krone finden sich 2 silberglänzende Stellen, die Honigtröpfchen vortäuschen können. Die Samen keimen im Licht wie im Dunkel, allerdings im Licht etwas besser. Dagegen keimen halbreife Samen viel besser als ausgereifte; bei Kinzel's Versuchen hatten bei einer halbgereiften Saat in $2^{1}/_{2}$ Monaten 98 % gekeimt, bei der ausgereiften Saat nur 24 %. Erst im folgenden Jahr holten die ausgereiften Samen den Unterschied wieder ein. Indem eine Pflanze halbreife und ausgereifte Samen erzeugt, sorgt sie also zugleich für einen raschen Nachwuchs und für kräftige, wiederstandsfähige, zur Ueberwinterung geeignete Samen, die sich in latentem Ruhezustand befinden und erst in der kommenden Vegetationsperiode keimen. Vogler nimmt für die Samen Windverbreitung an.

# DLXXXIII. Sámolus¹) L. Bunge.

Ausdauernde Stauden, oft am Grunde halbstrauchig. Laubblätter wechselständig, seltener in eine lockere, grundständige Rosette zusammengedrängt. Blütenstände traubig oder rispig, endständig. Kelch am Grunde oder bis zur Mitte dem Fruchtknoten angewachsen, oben 5=spaltig, bleibend. Röhre der Krone kurz, glockenförmig; Saum 5=teilig, abstehend. Fruchtbare Staubblätter 5, in der Kronröhre eingefügt, den Kronzipfeln gegenübergestellt und mit 5 etwas höher zwischen den Zipfeln eingefügten Schuppen (Staminodien) abwechselnd. Fruchtknoten halbunterständig (Fig. 2876 d) kugelig; Griffel kurz; Narbe stumpf oder kopf=förmig. Samenanlagen zahlreich, halbanatrop, auf gestielter Plazenta. Kapsel eiförmig oder kugelig, am Scheitel mit 5 Zähnen sich öffnend (Fig. 2875c). Samen mit bauchständigem Nabel.

Die Gattung umfasst 9 Arten, davon die unserige kos=mopolitisch, 2 im südlichen Nordamerika, die übrigen zerstreut in den extratropischen Teilen der südlichen Halbkugel.

**2215. Samolus Valerándi²)** L. (= S. aquáticus Lam., = S. beccabúnga=fácie Gilib., = S. bracteátus Stokes, = S. cauléscens Willd., = S. geniculátus Dulac, = S. parviflórus Rafin, = Anágallis aquatica Erndl., = Ana=gállis marítima J. G. Gmel.). Gemeine Bunge, Salz=punge. Franz.: Mouron d'eau; engl.: Brookweed; ital.: Lino d'aqua. Fig. 2875 und 2876.

Ausdauernd. Wurzelstock kurz, reichfaserig. Blüten=stengel einzeln oder zu mehreren, aufrecht, 15 bis 50 cm hoch, stumpfkantig, hohl, glänzend, beblättert, meist ver=zweigt. Ganze Pflanze kahl, nur vereinzelt kurze Köpfchen=haare mit mehrzelligen Köpfchen tragend. Laubblätter blaugrün, ganzrandig, stumpf oder kurz bespitzt; die grundständigen rosettig stehend, spatelig, in den langen, geflügelten Blattstiel verschmälert, 2 bis 6 cm lang und 0,5 bis 2 cm breit, die stengelständigen wenig kleiner, verkehrteiförmig, kurz gestielt, die obersten sitzend. Blüten gestielt, in endständigen Trauben. Blütenstiele dünn, steiflich, aufrecht abstehend, zirka 1 cm lang, über der Mitte mit einem lanzettlichen, spitzen Hüllblatt versehen und ober=halb desselben plötzlich nach aufwärts abgebogen. Kelch glockenförmig=halbkugelig, etwa 2 mm lang, bis zu ¹/₃,

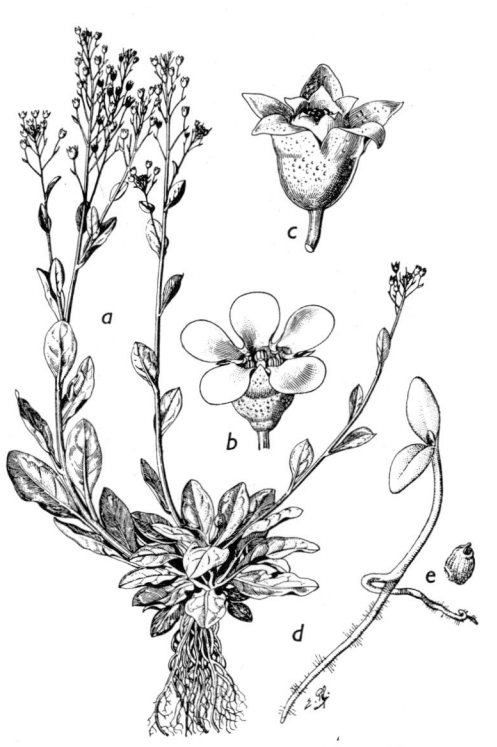

Fig. 2875. Samolus Valerandi L. *a* Habitus. *b* Blüte. *c* Frucht mit Kelch. *d* Keimpflanze. *e* Samen.

selten mehr geteilt, mit breit=eiförmigen, spitzlichen Zipfeln. Krone weiss, von 3 bis 4 mm Durchmesser; Kronröhre so lang wie der Kelch; Kronlappen rundlich=verkehrteiförmig, stumpf. Schlundschuppen so lang wie die 3=eckig=pfriemlichen Staubfäden. Kapsel kürzer als der Kelch, vielsamig (Fig. 2276 e, f). Samen 3=kantig, braun, 0,3 bis 0,4 mm lang. — VI bis IX.

Stellenweise häufig und gesellig auf Strandwiesen, an Grabenrändern, Ufern, in Dünentälern, in austrocknenden Gräben, in halbausgetrockneten Sümpfen; mit Vorliebe, doch nicht ausschliesslich, auf salzhaltigem Boden, deshalb besonders in den Küstengebieten und bei Salzquellen, Salinen und Gradierwerken im Binnenlande.

---

¹) Bei Plinius (Nat. hist. 24, 104) Name einer an feuchten Stellen wachsenden Pflanze, die von den gallischen Druiden mit einem Zauberritus gesammelt wurde. Der Name ist vielleicht keltischen Ursprungs.
²) Benannt nach Douvez Valerand, einem Botaniker aus dem 16. Jahrhundert.

In Deutschland an der Nord- und Ostseeküste ziemlich verbreitet, nach Osten hin abnehmend, immerhin noch in Westpreussen im Kreis Putzig am Wiek bei Grossendorf (dann wieder in Livland und Estland). Im Binnenland besonders in Thüringen (Stotternheim, Luisenhalle, Schwansee und Alperstedter Pferderied, Erfurt, bei der Numburg, bei Frankenhausen, Ottenhausen, Brembach), in der Mansfelder Gegend und um Halle; im Harz selten (Westerhausen und Helsunger Bruch). Ferner in Westfalen und in den Rheinlanden in der Sandebene bei Dinslaken (Dinslakener und Hiedfelder Bruch), am Dümmer, Bocholt, zwischen Wessum und Wüllen, in der Meteler Heide, bei Emsdellen, Rheine, Ratenhorn, Rodde, Tecklenburg, Lengerich bei Vortlage, Lotte, um Osnabrück und Münster (mehrfach), Körheide, Albersloh, Salzkotten, Delbrück bei Westerloh, Matinghausen, Salzuffeln, Hülser Bruch, Bärendonk bei Kempen, Stendener Bruch, Oedt, Gangelter Bruch, bei Krefeld, Viersen, in der Eifel; bei Saarbrücken; in Lothringen (mehrfach); im Elsass, in Baden, in der Rheinpfalz und in Hessen in der Rheinebene stellenweise verbreitet, so noch um Mainz, Laubenheim, Ingelheim, Rauenthal, Gross- und Kleinkarben usw. Fehlt in Württemberg; im nördlichen Bayern bei Kitzingen, Grosslangheim, zwischen Grettstadt und Oberspiesheim bei Schweinfurt; in Sachsen an der Grenze bei Dölzig, im Erzgebirge angeblich bei Hohenstein; in Brandenburg ziemlich verbreitet; in Posen früher im Kreis Wirsitz; fehlt in Schlesien. — In Oesterreich sehr vereinzelt in Böhmen (Oužic bei Kralup) und in Mähren (zwischen Grussbach und Nikolsburg), in Niederösterreich häufig im südlichen Wienerbecken, stellenweise im Marchfeld, zwischen Wülzeshofen und Zwingendorf; in Südtirol um Bozen verbreitet, ferner bei Riva und in Judikarien (Val di Ledro, V. d'Ampola, V. Vestino), im Küstenland in salzauswitternden Wiesen, in Gräben und Röhrichten in der Nähe des Meeres (Muggia, Sabba, Capodistria, Unterfriaul); im übrigen Oesterreich fehlend. — In der Schweiz sehr selten bei Genf (Roelbeau, Bellerive), bei Aigle und Bex im Kanton Waadt (also im Gebiet der ausgebeuteten Salzbrekzie), bei Altnau und Güttingen am Bodensee (Kanton Thurgau).

Allgemeine Verbreitung: Kosmopolit: Ganz Europa mit Ausnahme des hohen Nordens, mittleres Asien bis Kamtschatka und Japan, gemässigtes Nordamerika, atlantische Küste von Südamerika, Südafrika, Südwestaustralien.

Aendert ab: f. subacaúlis Justus Schmidt. Blütentrauben sehr stark verkürzt; unterste Blüte nahe der Blattrosette entspringend (bei Plön). — H. Glück erzielte durch Kultur in 20 bis 30 cm tiefem Wasser eine sterile f. submérsa mit längeren, schmäleren, zarten Laubblättern, die bei der Kultur wieder in die f. terréstris übergeht.

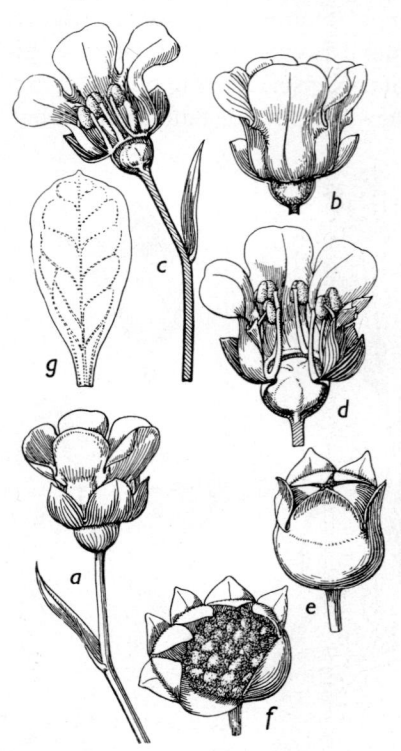

Fig. 2876. Samolus Valerandi L. *a* Blüte mit Hüllblatt. *b* Krone nach Entfernung des Kelches. *c, d* Blüte aufgeschnitten (die Schlundschuppen und der Griffel sind nicht eingezeichnet). *e, f* Frucht, bei *f* aufgerissen. *g* Laubblatt.

An den deutschen Meeresufern ist Samolus ein bezeichnendes Glied der Atropis maritima-Wiese (siehe Bd. I, pag. 324). Auf den Salzstellen des Binnenlandes bildet er eine Leitpflanze der Agrostis distans-Bestände (vgl. Glaux maritima pag. 1866). Im allgemeinen ist Samolus Valerandi als Salzpflanze zu bewerten, ohne indessen unbedingt auf Salzboden angewiesen zu sein (also „fakultativer Halophyt"). Angeblich soll er einen Rubidium-haltigen Boden bevorzugen, während die Blätter Lithium aufweisen sollen. Focke bezeichnet sein Verhalten als scheinbar launisch. So kommt die Pflanze (nach Schulz und Koenen) im Becken von Münster in Westfalen an vielen Stellen auf Chlornatrium-armem, vielleicht sogar Chlornatrium-freiem Boden vor. In der Rheinebene (bei Ludwigshafen) tritt er in Gesellschaft von Sparganium ramosum und S. simplex, Butomus umbellatus, Hydrocharis morsus ranae, Scirpus maritimus, Lemna trisulca, Nasturtium amphibium und Sium latifolium auf, andrerseits auf sumpfigen, sandigen Flächen mit Cyperus flavescens und C. fuscus, Triglochin palustre, Trifolium fragiferum, Helosciadium repens, Erythraea pulchella, Chlora serotina oder auf Sumpfwiesen mit Allium angulosum, Epipactis palustris, Orchis palustris, Thalictrum flavum, Lythrum Hyssopifolia, Viola stagnina, Hydrocotyle vulgaris, Gentiana utriculosa und G. Pneumonanthe, Teucrium Scordium, Gratiola officinalis, Senecio spathulaefolius, Cirsium tuberosum, Ophioglossum vulgatum u. a. Vom französischen Ufer des Genfersees (Sciez) nennt sie Chodat aus Cariceten mit Allium Schoenoprasum, Orchis laxiflorus, Ranunculus Flammula und R. repens var. reptabundus, Viola pumila, Hydrocotyle vulgaris und Gratiola officinalis.

Die Keimpflanzen erscheinen durch seitliche Verwachsung der Kotyledonen pseudo-monokotyl. Die Erneuerung erfolgt durch Sprosse aus den basilären Laubblättern des Stengels, welche frühzeitig Wurzel schlagen. Die Blüten sind homogame Pollenblüten mit Scheinnektarium (Fruchtknotenring); doch ist der Insektenbesuch ausserordentlich spärlich. Da die Antheren und Narben in der Kronröhre gleich hoch stehen und sich gleichzeitig entwickeln, ist spontane Selbstbestäubung unvermeidlich. Die Keimung der Samen vollzieht sich ausschliesslich im Licht; in den Versuchen von Kinzel erreichte die Keimung innerhalb 8 Monaten 100%, auf warmem Salzboden reifen in der Natur Samen von grösserer Keimungsgeschwindigkeit. Nicht völlig ausgereifte Samen keimen schlecht. Nach den Untersuchungen von Preuss werden die Samen durch das Liegen im Salzwasser geschädigt: nach 36-tägigem Lagern im Salzwasser keimten überhaupt keine Samen mehr, während im Kontrollversuch unter normalen Verhältnissen 91% keimten. Deshalb glaubt Preuss, die Einwanderung dieser Art in das Ostseegebiet (er verlegt es in eine postglaziale äquilonare Steppenperiode) sei (wie bei Glaux) durch das Binnenland erfolgt, mit Benutzung der Solstellen, wobei ihr als bedingtem Halophyt auch salzarme Standorte zur Stütze dienen konnten. Von Höck wird sie als Strand-Steppenpflanze bezeichnet. Die Pflanze dürfte durch Vögel epizoisch verbreitet werden. Am Genfersee soll sie sich nur an Stellen finden, wo Zugvögel zu lagern pflegen. P. Vogler nimmt auch Windverbreitung an. Das Kraut findet als Antiscorbuticum Verwendung; die jungen Blätter werden als Salat und Spinat gegessen. — Auf den Blättern wurde als Schmarotzer eine Ustilaginee, Entylóma Henningsiánum Syd., beschrieben, beobachtet auf der Insel Rügen, ferner nach Oudemans ein Ascomycet Pleóspora herbárum Rab. und ein Deuteromycet Phyllostícta Valerándi Brun.

## 105. Fam. Plumbagináceae. Strandnelken- oder Bleiwurzgewächse.
Bearbeitet von Dr. H. Gams (1926).

Ausdauernde (wenige 1-jährige) Rosettenstauden, Halbsträucher und Sträucher mit ungeteilten, ganzrandigen, seltener gelappten, meist zu einer grundständigen Rosette vereinigten, ± dicht mit mehrzelligen Wasser-, Schleim- oder Kalkdrüsen besetzten Laubblättern. Blütenstände einfach oder zusammengesetzt, ährig, kopfig oder rispig und dann mit dichasialen oder wickeligen Zweigen, stets mit 1 oder 2 meist trockenhäutigen Vorblättern vor jeder Blüte. Blüten radiär, 5-zählig, zwitterig (Fig. 2878 e). Kelchblätter meist hoch verwachsen (selten ± frei), meist trockenhäutig, zwischen den Zipfeln gefältelt, bleibend. Kronblätter 5, ± hoch verbunden, selten ganz frei, meist ± rosa oder violett, selten gelb, in der Knospenlage klappig eingerollt. Staubblätter 5, vor den Kronblättern stehend, meist am Grunde mit diesen verbunden. Fruchtknoten oberständig, aus 5 verwachsenen Fruchtblättern gebildet, wovon 4 steril und nur 1 mit einer grundständigen Samenanlage. Griffel in 5 ± lange Narbenäste geteilt. Samenanlage fast in der Mitte des Fruchtknotens, mit einem sehr langen, fast die ganze Samenanlage umziehenden Funiculus, 2 Integumenten und nach oben gerichteter Mikropyle, in die ein Gewebezapfen vom Griffel her hineinwächst. Frucht eine 1-samige Schliessfrucht mit papierdünner Wand oder eine mit einem Deckel sich öffnende Kapsel. Samen mit mehligem Endosperm und geradem Embryo.

Die zuerst von Jussieu als solche erkannte Familie ist mit gegen 300 auf 9 oder 10 Gattungen verteilten Arten über die Küstengebiete aller Erdteile verbreitet, weist jedoch die grösste Artenzahl im Mittelmeergebiet, besonders auf den westmediterran-lusitanischen Gebirgen und in den Salzsteppen und Wüsten Nordafrikas und Westasiens auf. So besitzt die Pyrenäenhalbinsel 31 Limonium- und 40 Statice-Arten, wovon ungefähr die Hälfte endemisch sind. Die Stellung der oft als besondere Reihe Plumbaginales bewerteten Familie hat, da sie Centrospermie (mittelständige Samenanlagen) mit Sympetalie vereinigt, zu vielen Erörterungen Anlass gegeben. Griesebach und Boissier rechneten sie neben die Plantaginaceae, die meisten Autoren jedoch entweder zu den Centrospermen oder neben die Primulaceae. Schon 1633 hatte C. Bauhin Statice neben Caryophyllus gestellt. Bentham und Hooker erkannten Beziehungen zu den Polygonaceae, andere Autoren solche zu den Caryophyllaceae (D. Oliver 1858, neuerdings besonders Hallier) und hauptsächlich auf Grund des Frucht- und Samenbaues zu den Basellaceae. Die Verwandtschaft mit den sympetalen Primulaceae betonten dagegen schon 1719 Tournefort, 1763 Adanson, dann Brongniart, Boissier, Maury, Pax u. a. Wettstein stellt die Plumbaginales an die Spitze der Sympetalen. Auf serologischem Weg fand Malligson (Bot. Archiv. Bd. I, 1922), dass beiderlei Ansichten zurecht bestehen, indem sich die Primulales (mit den nächstverwandten, bisher an die Scrophulariaceen angeschlossenen Lentibulariaceae) durch Vermittlung der (allerdings einen hochspezialisierten Seitenzweig darstellenden) Plumbaginaceae an die Centrospermen (enger an die Aizoaceae und Nyctaginaceae als an die Caryophyllaceae) anschliessen. — Näheres über Stellung, Verbreitung und Morphologie der Familie besonders bei M a u r y , P. Etudes sur l'organisation et la distribution géographique des Plombaginacées. Annales d. sc. nat., botanique 7. sér. Bd. IV, 1886.

Die Wurzeln vieler Arten sind sehr reich an Gerbstoff und finden daher technische Verwendung (vgl. Plumbago). Die Laubblätter sind häufig ± isolateral gebaut, mit Wassergewebe und dicker Cuticula versehen (z. B. bei Limonium), bei Acantholimon zu stechenden Nadeln reduziert.

Allen Plumbaginaceen gemeinsam ist das Vorkommen von 4- oder mehrzelligen, ursprünglich wohl aus Wasserspalten hervorgegangenen Sekretionsorganen auf den Laubblättern und Achsen, die Wasser, Schleim und Kalziumsalze absondern und besonders von G. L i c o p o l i (daher „Licopoli-Organe" genannt), d e B a r y , V o l c k e n s (in Ber. Deutsch. bot. Ges. Bd. II, 1884 pag. 334), W o r o n i n , M a u r y , J. W i l s o n (in Annals of Botany Bd. IV, 1890), L. S c h t s c h e r b a c k (in Ber. Deutsch. Bot. Ges. Bd. XXVIII, 1910) und W. R u h l a n d (in Pringsheims Jahrb. für wissenschaftl. Bot. Bd. LV 1915, pag. 407) untersucht worden sind (Fig. 2878c, 2880c und Fig. 2886e). Sie entstehen aus einer Epidermiszelle, die sich durch zweimalige Teilung in 4, bei manchen Arten auch in 8 und mehr Zellen teilt, von denen aber nur 4 als Drüsen wirken. Während diese bei unseren Arten nur Wasser, Schleim und wenig Kalziumkarbonat absondern, kommt es bei Steppen- und Wüstenpflanzen, wie nordafrikanischen Limonium- und Limoniastrum-Arten (nach S c h t s c h e r b a c k auch bei L. Tataricum und L. Gmelini in Südrussland) zur Bildung einer eigentlichen Kruste von Karbonat und hygroskopischem Kalziumnitrat, die Stengel, Laub- und Blütenvorblätter in ± dicker Lage überzieht und anscheinend nicht nur die Transpiration herabsetzt, sondern auch durch ihre Hygroskopizität Wasserdampf aus der Luft kondensiert. Zudem sind bei diesen Arten die Drüsen und Spaltöffnungen oft eingesenkt und bei manchen Arten durch Auswüchse der benachbarten Epidermiszellen besonders geschützt. R u h l a n d weist nach, dass der Pflanze durch Beseitigung des Kalks und Freiwerden von Oxalsäure ein Vorteil entsteht. Von sonstigen anatomischen Eigentümlichkeiten sei noch das häufige Vorkommen mark- und rindenständiger Leitbündel genannt. — Die Kronblätter wurden von E b e l , G r i s e b a c h u. a. irrtümlicherweise für petaloide Staminodien, die Blüten also für apetal gehalten. Die Pollenexine zeigt eine netzige Skulptur. Der Pollenschlauch dringt, wie zuerst M i r b e l 1828 gefunden hat, durch einen von der Fruchtknotenwand in die Mikropyle hineinwachsenden Gewebepfropfen in diese vor. Neue Untersuchungen über die Blütenökologie (z. B. die Heterostylie von Plumbago und Ceratostigma), Cytologie und Embryologie liegen von K. V. O. D a h l g r e n vor (K. Svenska Vetensk.-Akad. Handl. Bd. LVI 4, 1916 und Svensk Bot. Tidskr. Bd. XII, 1919). Das äussere Integument schliesst sich erst nach der Befruchtung. Die trockenhäutige Frucht bleibt von dem sich meist postfloral trichter- oder radförmig vergrössernden Kelch gekrönt, welcher als Fallschirm wirkt. Bei Limonium Thouini und andern nordafrikanischen Wüstenarten bleiben mehrere Früchtchen mit Teilen der breitgeflügelten Blütenstandsachsen verbunden und bilden so grössere Verbreitungseinheiten (Synaptospermie nach M u r b e c k).

Als Zierpflanzen, besonders für Trockensträusse („Immortellen"), werden ausser Arten von Limonium und Statice noch Vertreter folgender Gattungen kultiviert:

P l u m b á g o[1]) L. Bleiwurz, Zahnwurz; franz. Dentelaire, malherbe; ital. Caprinella, piombaggine. Halbsträucher mit wohl entwickelten Stengelblättern, ährigen oder traubigen Blütenständen, mit Drüsen besetzten Kelchen (epizoische Verbreitung?), ansehnlichen Kronen und ganz freien Staubblättern. Von den 10 oder 12 Arten kommen die meisten nur in den Tropen und in der südlichen gemässigten Zone vor. Im Mittelmeergebiet ist auf steinigem Boden sehr verbreitet (nördlich bis zur Riviera, Venetien, Istrien und Bulgarien bis zum Quietotal): P. E u r o p æ a L. (= P. angustifólia Spach). Sehr ästiger, ± 3 bis 12 dm hoher Halbstrauch mit stengelumfassenden Laubblättern und erst im September sich entfaltenden Blütentrauben mit dicht stieldrüsigen Kelchen und violetten Kronen. Die dicke, holzige Wurzel (Rádix Dentáriae oder R. Dentilláriae) enthält Gerb- und Bitterstoff; sie wirkt blasenziehend, dient als Ersatz für Cantharidenpflaster und wird auch bei Zahnleiden, Geschwüren, sowie innerlich als Emeticum benützt. Ausser dieser in den wärmsten Gegenden Mitteleuropas mit guter Winterbedeckung auch im Freien zu kultivierenden und selten (Mannheim 1891, 1899) adventiv gefundenen Art werden noch einige aussereuropäische gezogen: die krautige, durch Samen und Stecklinge leicht zu vermehrende und auch fürs Freiland geeignete P. C a p é n s i s Thunberg (= P. grandiflóra Ten., = P. auriculáta Lam., = Plumbagídium auriculatum Spach) mit himmelblauer Krone aus dem Kapland, sowie mehrere höhere Temperaturen fordernde, nur in Kalt- und Warmhäusern zu ziehende Arten, wie die krautige

---

[1]) Von lat. plúmbum = Blei (plumbágo bedeutet auch Graphit). Die im Altertum (z. B. bei D i o s k u r i d e s und P l i n i u s) molybdaena genannte P. Europaea wurde zur Heilung eines Plumbum genannten Augenleidens angewandt. Auch erzeugt der Wurzelsaft bleigraue Flecken. R o n d e l e t und G e s n e r zählten Plumbago zu den Dentarien (vgl. Bd. IV/1, pag. 321).

P. pulchélla DC. aus Mexiko mit lila Krone und zwei strauchige Arten aus Ostindien: P. Zeylánica L. (= P. fláccida Moench, = P. scándens Lam.) mit weisser und P. rósea L. (= P. coccínea DC.) mit scharlachroter Krone. — Ceratostigma[1]) plumbaginoides (Bois.) Bunge (= Valorádia plumbaginoides Boiss., = Plumbágo Larpéntae Lindley). Halbstrauch mit ästigen, kurz behaarten, reich beblätterten Stengeln und grossen, in dichten Büscheln stehenden Blüten mit fast bis zum Grund freien Kelchblättern und himmelblauer, später violetter Krone. Heimat: Nördliches China. Empfehlenwerte, auf lockeren Böden bei guter Winterbedeckung auch in Deutschland fortkommende, im Herbst blühende Zierpflanze. Als Gartenflüchtling 1909 bei Ilvesheim in Baden beobachtet.

Während die genannten beiden Gattungen mit 2 weitern die Unterfamilie Plumbagíneae bilden, gehört die folgende mit unseren beiden Gattungen zu den Staticeae, die grösstenteils Rosettenstauden mit ± zusammengesetzten Blütenständen umfassen. Acantholimon[2]) Boiss. „Igelpolster". Kugelpolster mit nadelförmigen Laubblättern in den Steppen- und Wüstengebieten Zentralasiens und des östlichen Mittelmeergebiets. Als Topfpflanze oder zur Bekleidung von Felsanlagen wird gelegentlich kultiviert: A. venústum (Fenzl) Boiss. (= Státice venusta Fenzl, = St. dianthifólia Jaub. et Spach, = Armeriástrum dianthifolium O. Kuntze) aus Kleinasien, Persien und Mesopotamien. Blüten in unverzweigter, lockerer, einseitswendiger Aehre, mit 1½ cm langem, am Saum purpurnem Kelch und purpurner Krone.

1. Stengel schaftartig, nur mit Hochblättern. Blütenstände meist zusammengesetzt. Griffel frei oder nur am Grunde verwachsen. Unterfamilie Staticeae . . . . . . . . . . . . . . . . . . . . 2.
1*. Stengel mit Laubblättern. Blütenstand meist einfach. Im Gebiet nur kultiviert. Unterfamilie Plumbagíneae . . . . . . . . . . . . . . . . . . . . . . . . . . . . . . . . . . . 3.
2. Blütenwickel zu Köpfen auf unverzweigten Schäften vereinigt. Krone meist rosa. Griffel behaart. . . . . . . . . . . . . . . . . . . . . . . . . . . . . . . . . . Statice DLXXXV.
2*. Blütenstand in grossen Doldenrispen. Krone meist lila. Griffel meist kahl . . . . . . . . . . . . . . . . . . . . . . . . . . . . . . . . . . . . . . . . . Limonium DLXXXIV.
3. Kelchblätter verwachsen, drüsig . . . . . . . . . . . . . . . . . Plumbago s. pag. 1878.
3*. Kelchblätter ± frei, drüsenlos . . . . . . . . . . . . . Ceratostigma s. oben.

## DLXXXIV. Limónium[3]) Miller (= Státice L. em. Willd. non Miller). Widerstoss, Strandnelke. Franz.: Lavende de mer, immortelle bleue; engl.: Sea lavender, wild marsh-beet; ital: Limonio, butola d'acqua; ungar.: Lelleg; russ.: Kermek.

Halophile, 1- bis mehrjährige Rosettenkräuter und Halbsträucher mit zu einer grundständigen Rosette vereinigten, derben, meist spatelförmigen, bei einzelnen Arten fiederlappigen oder ganz verkümmerten Laubblättern. Stengel nur mit schuppenförmigen Hochblättern, einfach oder häufiger sympodial verzweigt, mit dem meist grossen, einseitig-rispigen, aus Schraubeln oder Fächeln zusammengesetzten Blütenstand endend. Blüten sitzend, ± 3 bis 8 mm lang, mit meist 2 ungleichgrossen Vorblättern. Kelch röhrig, meist trockenhäutig, mit 5, oft in Grannen auslaufenden Zähnen. Kronblätter meist nur am Grund unter sich und mit den Staubblättern kurz (selten länger) verbunden, meist spatelig, violett oder rosa, seltener weiss oder gelb. Honig im Blütengrund abgesondert. Griffel vom Grund an frei, meist kahl, mit linealen, seltener (Sektion Goniolimon) kopfigen Narben. Frucht meist nicht aufspringend, seltener unregelmässig aufreissend oder mit einem Deckel sich öffnend.

Die Gattung ist mit über 100 z. T. unsicher begrenzten Arten über die Küsten-, Steppen- und Wüstengebiete aller Kontinente, vor allem der altweltlichen verbreitet, in Nordamerika vorwiegend an der Ostküste durch L. Caroliniánum (Walt.) Britton (= Statice Limonium var. Carolinianum A. Gray) vertreten. Die Arten werden auf 13 Sektionen verteilt, von denen in Mitteleuropa nur Eulimónium Pax vertreten ist.

---

[1]) Griech. κέρας [kéras] = Horn und στίγμα [stígma] = Narbe; wegen der gestielten Papillen auf den Narben.

[2]) Griech. ἄκανθα [ákantha] = Dorn und λειμών [leimón] = Wiese, vgl. Limonium.

[3]) Griech. λειμώνιον [leimónion] von λειμών [leimón] = Fettwiese, Marsch, also Wiesenkraut. Der im Altertum anscheinend für sehr verschiedene Pflanzen, u. a. auch Compositen gebrauchte Name wurde z. B. von Fuchs 1542 auch für Pirola und später für verschiedene Plumbaginaceen gebraucht. Limonium vulgare heisst bei Dioskurides τριπόλιον [tripólion], vgl. Aster Trípolium Bd. VI, pag. 423.

Mehrere mit unserer sehr nahe verwandte Arten treten in den pontisch-pannonischen und aralo-kaspischen Steppen- und Halbwüsten, besonders als Steppenläufer (russisch: perekati-polje) stark hervor, so besonders folgende: L. Gmelini[1]) (Willd.) O. Kuntze. Aehnlich L. vulgare subsp. serotinum, aber mit kleineren Blüten. Vom östlichen Mittelmeer und Schwarzen Meer durch die südosteuropäischen Steppen und bis Nordpersien weit verbreitet, Donau aufwärts bis in die Umgebung von Budapest, in Mitteleuropa als Zierstaude kultiviert. Von nahestehenden, oft als Unter- oder Abarten bewerteten, wohl hybridogenen Sippen seien noch L. tomentéllum (Boiss.) O. Kuntze (dem L. Cáspium [Willd.] genähert) der nassen Salzböden und L. Sareptánum (Becker) (= Statice intermédia Czern. non Guss., = St. Búngei Claus, der folgenden Art genähert)

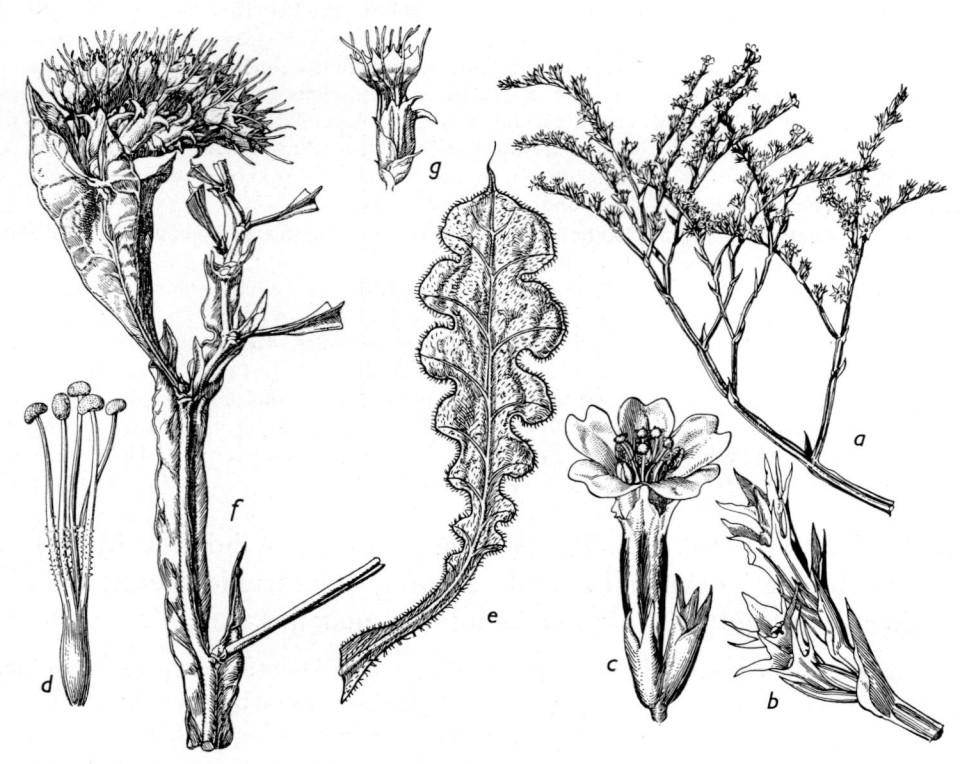

Fig. 2877. **Limonium Tataricum** (L.) Mill. *a* und *b* Teile des Blütenstands. *c* Blüte und Knospe. *d* Gynaeceum. — **Limonium Thouini** (Viv.) O. Kuntze. *e* Rosettenblatt. *f* und *g* Teile des Blütenstandes.

der pontisch-kaspischen Halbwüstensteppen genannt. — L. latifólium (Sm.) O. Kuntze (= St. latifolia Sm., = St. coriária Hoffm.) in den Gras- und Gebüschsteppen der pontischen Schwarzerdegebiete von Podolien bis zur Wolga, in Mitteleuropa zuweilen kultiviert. — Aehnlich den vorigen verbreitet und gleichfalls als Immortelle in Kultur ist aus der Sektion (Untergattung oder Gattung) Goniolímon[2]) (Boiss.): L. Tatáricum (L.) Mill. (= Statice Tatarica L., = St. trígona Boiss., = Goniolimon Tataricum Boiss.). Fig. 2877a bis d. Laubblätter ähnlich wie bei den vorigen. Blütenstand 2 bis 5 dm hoch, mit kantigen, oberwärts schmal geflügelten, doch nicht zerfallenden Achsen. Krone violett-rosa. Vom südlichen Ural und Kaukasus bis Bulgarien, Siebenbürgen, Nordafrika bis Algerien; als Gartenflüchtling 1909 in Mannheim beobachtet. — Seltener kultiviert werden aus derselben Sektion L. collínum (Griseb.) (= St. collina Griseb., = St. incána Vahl, = St. Tatarica var. trigonoides Poir., = Goniolimon c. Boiss.) aus den Steppen von Thrazien und der Türkei bis Kleinasien und Tripolis und das von den vorigen besonders durch höheren Wuchs (bis 7½ dm), 1-spitzige (statt 3-spitzige) Vorblätter und weisse Krone verschiedene L. elátum (Fischer) O. Kuntze aus den südrussischen Steppen (wird z. B. in Berlin, München usw. im Winter auf den Strassen feilgeboten). — Von asiatischen Limonien werden kultiviert: L. Suworówii (Regel) O. Kuntze. Einjährig, erst 1881 aus Westturkestan eingeführt. — L. Kauf-

---

[1]) Benannt nach der aus Württemberg stammenden Botanikerfamilie Gmelin (siehe Bd. V/2, pag. 1090).

[2]) Griech. γωνία [gonía] = Ecke, Kante und λειμών [leimón] s. vorige Seite; wegen der scharfkantigen Zweige.

manniánum (Regel) O. Kuntze aus Ostturkestan, mit mehrblütigen Aehrchen. — L. exímium (Schrank) O. Kuntze und L. callicómum (C. A. Mey.) O. Kuntze aus China und der Dsungarei, u. a., auch mehrere Bastarde, wie L. leptostáchyum (Pomel) × L. Suworówii (Regel) (= Státice supérba Regel).

Die Arten der im Mittelmeergebiet und auf den Kanaren beheimateten Sektion Pteróclados[1]) (Boiss.) sind durch ± breit geflügelte Achsen der Teilblütenstände ausgezeichnet, die bei einzelnen Arten (z. B. L. Thouíni) als ganzes abfallen und durch den Wind verbreitet werden. Aus dieser Sektion werden kultiviert: L. Thouíni (Viv.) O. Kuntze (Fig. 2887 e bis g). Heimat: Südliches Mittelmeergebiet von Marokko bis Aegypten, Kleinasien und Griechenland, eingeschleppt auch in Südfrankreich und im Rheingebiet (Mannheim, Holland). — L. Bonduéllei (Lestib.) O. Kuntze, aus der nördlichen Sahara. — L. sinuátum (L.) Mill. (= Statice sinuáta L., = St. hirsúta Presl). Heimat: Mittelmeergebiet, nördlich bis Portugal, Südfrankreich, Sizilien, Kalabrien, Türkei, Cypern, Kleinasien. In deutschen Gärten schon um 1600 kultiviert, z. B. in Eichstätt und Schlesien, jetzt auch in mehreren Hybriden. Adventiv im Hafen von Mannheim 1894/97. Leicht aus Samen zu ziehen. — Von den halbstrauchigen bis strauchigen Arten der Kanaren werden besonders L. frúticans (Webb) O. Kuntze (= Statice arbórea Willd.) und L. Bourgeauí (Webb) O. Kuntze gezogen, seltener auch L. arboréscens (Brouss.) O. Kuntze (= Státice frutéscens Lem.), L. macrophýllum (Brouss.) O. Kuntze (beide von fruticans besonders durch grössere Laubblätter verschieden) und L. pubérulum (Webb.), das sich von den vorigen durch nur 1 bis 2 (statt 3 bis 6) dm hohe Blütenstände unterscheidet. Alle Arten sind auf nährstoffreichen, warmen Böden leicht zu kultivieren und durch Wurzelstecklinge zu vermehren. Die mediterranen und kanarischen Arten verlangen Winterschutz.

1. Blütenstandsachsen nicht oder nur selten schmal geflügelt. Kronblätter meist länger wie der meist ungefärbte Kelch, blau- bis rosaviolett, selten weiss . . . . . . . . . . . . . . . 2.

1*. Obere Blütenstandachsen breit geflügelt. Kronblätter meist kürzer wie der grosse, oft lebhaft gefärbte Kelch, gelb oder weiss. Sektion Pteroclados Boiss. . . . . . . . . . . . . . 7.

2. Mehrjährige Arten mit stets ungeteilten Rosettenblättern. Kronblätter nur am Grunde verwachsen 3.

2. Einjährige Art mit meist schrotsägeförmig gelappten Rosettenblättern. Kronblätter weit verwachsen, rosa . . . . . . . . . . . . . . . . . . . . . . . . . . . L. Suworowii s. pag. 1880.

3. Blütenstandsachsen stielrund oder stumpfkantig. Griffel kahl; Narben fädlich. Sektion Eulimonium Pax . . . . . . . . . . . . . . . . . . . . . . . . . . . . . . . . . . . . . . 4.

3*. Blütenstandsachsen scharf 3-kantig bis schmal-geflügelt. Griffel behaart; Narben kopfig. Im Gebiet nur kultivierte Steppenpflanzen. Sektion Goniolimon (Boiss.) . . . . . . . . . . . 6.

4. Strandpflanzen der europäischen Küsten. Kelch 6 bis 9 mm lang, der Saum höchstens 2 bis 2½ mal kürzer als die Röhre, mit grossen, 3-eckigen Zipfeln. Vorblätter krautig, nur am Saum häutig . . . . . . . . . . . . . . . . . . . . . . . . . . . . . . . . . . . L. vulgare nr. 2216.

4*. Im Gebiet nur kultivierte Steppenpflanzen. Kelch nur 3 bis 5 mm lang . . . . . . . . 5.

5. Blütenstände unter ½ m hoch. Vorblätter grün, nur mit schmalem Hautrand. Kelchsaum nur ⅛ bis ¼ so lang wie die Röhre . . . . . . . . . . . . . . . . . . . . L. Gmelini pag. 1880.

5*. Blütenstände oft über ½ m hoch, wie bei den vorigen alle Aeste fruchtbar (bei L. Sareptanum und Caspium pag. 1880 die unteren unfruchtbar). Vorblätter fast ganz trockenhäutig. Kelchsaum nur wenig kürzer als die Röhre . . . . . . . . . . . . . . . . . . . . L. latifolium pag. 1880.

6. Rosettenblätter verkehrt-eiförmig bis spatelig. Kelchröhre ringsum kurz-flaumig. Krone lila (weiss bei L. elatum pag. 1880) . . . . . . . . . . . . . . . . . . . . . . L. Tataricum pag. 1880.

6*. Rosettenblätter schmal-lanzettlich. Kelchröhre kahl . . . . . . L. collinum pag. 1880.

7. Meist (ausser L. sinuatum) einjährige Arten aus dem Mittelmeergebiet. Laubblätter buchtig gelappt, rauhhaarig. Teilblütenstände mit den breit geflügelten Achsenteilen abfallend. Krone gelb oder gelblichweiss 8.

7*. Halbsträucher und Zwergsträucher von den Kanaren. Laubblätter ungeteilt und unbehaart. Blütenstandsachsen nur schmalgeflügelt. Krone weiss . . . . . . . . . . . . . . . . . . 10.

8. Kelch mit 5 durch 5 verlängerte Lappen getrennten Grannen mit bläulichem Saum. Meist nur 1 bis 3 dm hoch . . . . . . . . . . . . . . . . . . . . . . . . . . . . . . L. Thouini s. oben.

8*. Kelch ± ganzrandig. Grössere Arten . . . . . . . . . . . . . . . . . . . . . . 9.

9. Zwei- bis mehrjährig. Kelchsaum blau . . . . . . . . . . . . . . L. sinuatum s. oben.

9*. Ein- bis zweijährig. Kelchsaum zitronengelb . . . . . . . . . . . L. Bonduellei s. oben.

10. Blütenzweige deutlich geflügelt. Kleinstrauch . . . . . . . . . . . L. fruticans s. oben.

10*. Blütenzweige nur kantig bis 2-schneidig. Halbstrauch . . . . . L. Bourgeaui s. oben.

---

[1]) Griech. πτερόν [ptéron] = Flügel und κλάδος [kládos] = Zweig.

**2216. Limonium vulgáre** Miller (= Státice Limonium L., z. T. = St. Pseudolimónium Rchb., = St. Béhen Drejer). Widerstoss[1]), Strandheliotrop, Strandflieder (Amrum), Halligblume, Strandnelke; friesisch: Bonnestave, Bundesspagel; holländ.: Lamsooren[2]). Franz.: Lavende de mer, immortelle bleue; engl.: Sea=lavender, wild marsh=beet; dän.: Hindebäger; norweg.: Marrisp; schwed.: Ormrot; ital.: Butola d'acqua, limonio. Taf. 213, Fig. 2 und Fig. 2878 bis 2881.

Rosettenstaude mit meist dickem, knorrigem, innen oft ± rotem, oberwärts dicht von dunkelbraunen Blattresten umhülltem Wurzelstock. Sprosse kahl, ledrig, trübgrün. Laubblätter sämtlich grundständig, ± 1/2 bis 2 dm lang und 1 1/2 bis 3 cm breit, spatelig, allmählich in den am Grund scheidig verbreiterten Stiel verschmälert, meist abgerundet und mit aufgesetzter, pfriemlicher Spitze, immergrün, knorpelrandig, mit kräftigen Hauptnerven und schwachen, netzig verbundenen Fiedernerven, oft von den vorgewölbten Schleimdrüsen uneben. Blütenstand meist nur 1 pro Rosette, ± 2 bis 5 dm hoch, mit derber, stielrunder bis kantiger Achse, meist etwa von der Mitte an mehrfach schraubelig zu einer oft weit ausladenden, ± ebensträussigen Rispe mit lanzettlichen, trockenhäutigen Hochblättern an den Zweigwinkeln verästelt; Teilblütenstände lockere oder dichte Schraubel aus 1= bis 3=blütigen, kurzen Wickeln (Aehrchen, Spiculae) mit je 3 unterwärts krautigen, oberwärts schmal=trockenhautrandigen und ± zugespitzten, meist farblosen oder hell bräunlichen bis bläulichen Bracteen. Blüten sitzend, 6 bis 9 mm lang. Kelch röhrig, ± abstehend behaart, mit trichterförmigem, häutigem, kahlem, weisslich bis hell=lila gefärbtem Saum, mit 5 grossen, 3=eckigen Zipfeln. Kronblätter meist lebhaft blauviolett, spatelig, nur am Grunde unter sich und mit den Staubblättern verbunden. Staubblätter und Griffel manchmal von wechselnder Länge (Heterostylie). Frucht (Taf. 213, Fig. 2b bis d) nicht aufspringend, einsamig. — (VII) VIII, IX.

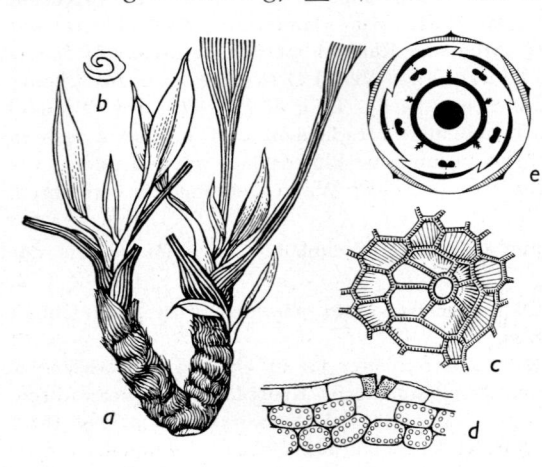

Fig. 2878. Limonium vulgare Miller. *a* Erdstock mit Rosettenblättern der subsp. Pseudolimonium (Rchb.) Gams. *b* Querschnitt durch junges Laubblatt. *c* Licopoliorgan von oben. *d* Spaltöffnung. *e* Blütendiagramm (Fig. *a*, *b* nach Warming, *e* nach Marktanner, *c, d* Orig.).

Meist gesellig auf bei der Flut ± vom Meerwasser bespülten Schlickflächen, Watten und in offenen Salzsümpfen, ausschliesslich an flachen Meeresküsten.

In Deutschland an den Nordseeküsten ziemlich verbreitet und besonders auf den Friesischen Inseln stellenweise gemein, fehlt jedoch z. B. am rechten Weserufer, von Wulsdorf bis Zingst. Um Hamburg seit 1923 geschützt. An der Ostsee viel seltener: Alsen, Fehmarn, Hohwach und Lübecker Bucht (früher auch Lütjenburg), in Mecklenburg (Sülten, Wismarer Bucht, Poel, Wustrow, zwischen Warnemünde und Moorhof) und Pommern (nur auf Darss, Zingst und Kirr, früher auch Wittow auf Rügen). Im Binnenland bisweilen als Zier= und Heilpflanze kultiviert, so in Schlesien (schon im 17. Jahrhundert, verwildert auf Schutt bei Grünberg,

---

[1]) Der Name Widerstoss (oft auch Wiederstoss geschrieben) bezieht sich auf die frühere Verwendung der Wurzel (Rádix Béhen rúbri) als Adstringens, Tonicum und Stypticum. Vgl. auch Widerton für Drosera und Polytrichum! Sowohl Widerstoss wie auch Been oder Behen heissen in den Kräuterbüchern auch Silene inflata und Melandrium=Arten. Behen ist der arabische Name einer von Serapion und Avicenna als Heilpflanze empfohlenen Caryophyllacee aus Armenien, von der eine rote und eine weisse Art unterschieden wurden.

[2]) Dieser auf die Form der Blätter bezügliche Name gilt auch für Aster Tripolium, welche Art im Gegensatz zu Limonium auf den holländischen Aussenländereien nicht gemäht werden darf. Die Namensverwechslung hat zu einem Prozess vor dem obersten Gerichtshof geführt (Mitt. von J. P. Lotsy).

ebenso 1913 bei der Blumenfabrik von Forst in der Lausitz. — An den Flachküsten der Adria die subsp. serótinum sehr verbreitet und häufig.

**Allgemeine Verbreitung:** Atlantische Küsten von Nordamerika und Europa, nördlich bis Irland, Schottland, Kragerö an der norwegischen Küste; östlich bis Dänemark, Schonen, Halland und Rügen; stärker abweichende Unterarten an den Küsten des Mittelmeers; nahe verwandte Arten (oder Unterarten?) in den Salzsteppen von Südosteuropa und Vorderasien bis Südsibirien und an der südamerikanischen Küste von Brasilien bis Patagonien (besonders L. Brasiliénse [Boiss.] Small).

Der Formenkreis des Limonium vulgare wird sehr verschieden gegliedert und oft in eine grössere Zahl von Arten zerlegt. Vgl. hierüber besonders C. E. Salmon. Notes on Limonium (in Journal of Botany. Bd. XLI bis XLVII 1903 bis 1909) und W. Wangerin. Ueber den Formenkreis der Statice Limonium und ihrer nächsten Verwandten (in Zeitschr. für Naturwissensch. Bd. LXXXII, 1912, pag. 401 bis 445, daselbst auch weitere Literatur). Die zahlreichen, viele Formen verbindenden, allerdings wohl zumeist hybriden Zwischenformen lassen es angebracht erscheinen, wenigstens vorläufig die 3 mitteleuropäischen Rassen nur als Unterarten einer Gesamtart zu bewerten. Diese unterscheiden sich folgendermassen:

1. Aehrchen lockerstehend, $\pm$ 7 bis 10 mm lang. Rispenäste wenig verzweigt, meist $\pm$ aufgerichtet, deutlich kantig. Vorblätter stumpf, mit rötlichem Saum. Nordische Rasse . . . . . . . . . subsp. humile.

1*. Aehrchen an den meist stärker bogigen Aesten genähert, nur 5 bis 6 mm lang. Vorblätter $\pm$ spitz, mit farblosem Saum . . . . . 2.

2. Rasse der Nord- und Ostsee. Rispe mittelgross, mit wenig spreizenden, meist ziemlich dichten Aesten. Beide untere Vorblätter gleich lang, das oberste höchstens doppelt so lang . . . . . . . . . . . . . . . . . . . . . . . . . . . . . subsp. Pseudolimonium.

Fig. 2879. Limonium vulgare. Insel Mellum b. Wilhelmshaven. Phot. Th. Arzt, Wetzlar.

2*. Rasse des Mittelmeers. Rispe sehr gross, mit locker stehenden, bogig spreizenden Aesten. Unteres Vorblatt kürzer als das mittlere, nur $\pm$ $^1/_3$ so lang wie das oberste . . . . subsp. serotinum.

1. subsp. **Pseudolimónium** (Rchb.) Gams (= f. pyramidále Salmon, = Statice Pseudolimonium Rchb., = St. Béhen Drejer, = St. Limonium var. Scánica Fries, var. genuína Boiss., var. típica, var. Pseudolimonium und var. Behen Rouy). Taf. 213, Fig. 2 und Fig. 2878 bis 2881. Pflanzen meist 2 bis 4 (1 bis 5) dm hoch. Rosettenblätter $\pm$ $^1/_2$ bis $1^1/_2$ (bis 2) dm lang und $1^1/_2$ bis 3 (4) cm breit, der Stiel $\pm$ $^1/_4$ bis $^1/_2$ so lang wie die Spreite, stumpf oder kurz bespitzt. Schaft $\pm$ stielrund, mit dichtstehenden, $\pm$ ausgebreiteten Aesten, ihre Zweige $\pm$ 1 bis 2 cm lang, dicht mit den meist 2-blütigen Aehrchen besetzt. Deck- und Vorblätter $\pm$ gekielt und zugespitzt. Kelch $\pm$ 7 mm lang, mit weisshäutigem oder etwas bläulichem Saum.

Die an den atlantischen Küsten Europas von Spanien bis zur Ostsee weitaus verbreitetste Rasse; scheint jedoch z. B. an den irländischen und norwegischen Küsten zu fehlen. Hierzu die var. Hallándicum (Neuman) Salmon mit schmäleren Rosettenblättern, kürzeren, nur im oberen Viertel verzweigten Schäften und sehr genäherten, kürzeren Aehrchen, so z. B. mehrfach an der Ostsee.

2. subsp. **húmile** (Miller) Gams (= Statice Bahusiénsis[1]) Fries, = St. rariflóra Drejer p. p., = St. Crouánii Lenorm. ex Nym., = St. Limonium subsp. rariflóra Hooker, = St. humilis Salmon, = Limonium rariflórum O. Kuntze). Fig. 2880 d, e.

Grundachse schwächer als bei den anderen Unterarten. Rosettenblätter länger gestielt, $\pm$ 3 bis 18 cm lang und 1,2 bis 2,6 cm breit. Stengel dünner und nur $\pm$ 1 bis 3 dm hoch, oberwärts deutlich kantig. Rispen weniger verzweigt, mit mehr aufrechten Aesten und meist nur 5 bis 8 voneinander entfernten, 1- bis 3-blütigen

---

[1]) Nach der Landschaft Bohus in Südschweden.

Aehrchen. Trag- und Vorblätter stumpf, mit breitem, $\pm$ kupferrot gefärbtem Hautrand. Kronblätter $\pm$ 7 bis 8 mm lang, lebhaft violett. — VII, VIII, IX.

An ähnlichen Orten wie vorige Unterart, bei uns nur auf der nordschleswigschen Insel Aarö (die var. boreále angeblich bei Juvre auf Röm).

Allgemeine Verbreitung: Küsten von Dänemark (besonders um das Kattegat), Schweden (Schonen, Bohus), Norwegen (sehr zerstreut von den Hvalöern bis Kragerö, besonders am Oslofjord), England und Nordfrankreich.

Umfasst 2 Formen, von denen im südlichen Dänemark wie auch z. B. an der französischen Küste nur die var. Dánicum (Fries) Gams (= Statice Bahusiensis f. nána Neuman) mit nicht über 4 cm langen und 1½ cm breiten, flachen Rosettenblättern und nur 7 bis 12 cm hohen, wenig verzweigten Rispen vorkommt, wogegen die var. boréale (Fries) Gams mit grösseren, am Rand welligen Rosettenblättern und 3 bis 6 dm hohen Rispen in Skandinavien vorherrscht. Auf Aarö kommen beide vor. Die meist mit var. Danicum identifizierte Statice rariflóra Drejer s. str. umfasst nach den Originalexemplaren auch den aus Dänemark und Schweden bekannten Bastard subsp. humile × subsp. Pseudolimonium = S. Neúmani Salmon.

3. subsp. **serótinum** (Rchb.) Gams (= var. macrócladon [Boiss.] Salmon, = Statice Limonium var. macróclada Boiss. = St. angustifólia Tausch, = St. Gmelíni Koch non Willd., = St. limonioídes Bernh. ex Link).

Von den vorigen Unterarten besonders durch die grösseren, lockeren Rispen und die kleineren Aehrchen unterschieden. In zahlreichen Formen an der europäischen Mittelmeerküste weit verbreitet, auch in Kleinasien und Algerien.

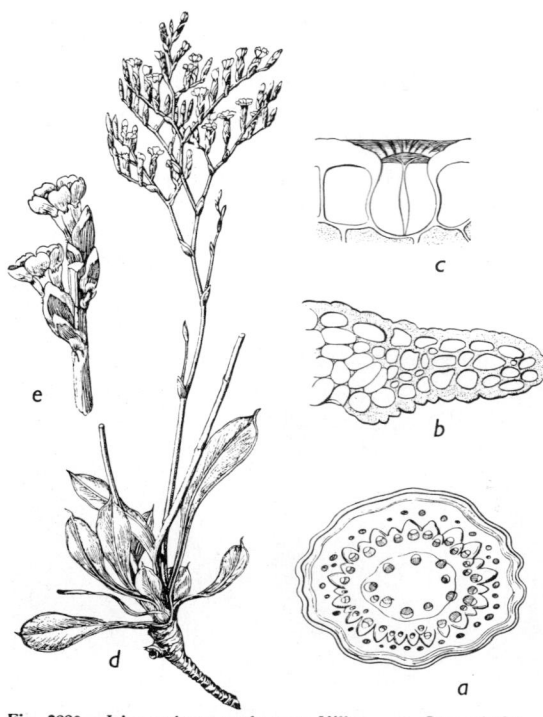

Fig. 2880. Limonium vulgare Miller. *a* Querschnitt durch den Schaft, *b* durch den Blattrand. *c* Licopoliorgan. *d* Habitus der subsp. humile (Miller) Gams. *e* Teilblütenstände derselben (*a* bis *c* nach Maury, *d*, *e* Original).

Limonium vulgare ist trotz seinem xeromorphen Bau ein hygrophiler Halophyt, der nur ausnahmsweise (besonders subsp. serotinum) auch trockenere Salzböden besiedelt. Sandboden sagt unserer häufigsten Unterart weniger zu als Lehmboden. Die bei jeder Flut überschwemmten Quellerbestände (Salicornia herbacea Bd. III, pag. 256) der Watten und sonstigen Aussendeichgelände besiedelt sie nur in deren oberem Gürtel, ganz besonders jedoch den darauffolgenden (die „Schorre" der vlämischen Küste) mit dominierender Atropis maritima und Glaux maritima, ferner mit Triglochin maritimum, Suaeda maritima, Cakile maritima, Potentilla Anserina, Plantago maritima und P. Coronopus, Aster Tripolium. Auch in dem darüber folgenden Gürtel mit herrschendem Juncus Gerardi und Agrostis alba var. stolonifera kann sie öfters

Fig. 2881. Limonium vulgare, auf dem Heller Wangerooges. Phot. F. Runge, Münster.

zum Dominieren kommen und die Gräser zurückdrängen, so z. B. auf den Halligen und auf manchen dänischen Inseln, deren Bewohner die von Badegästen als „Königin der Halligen", „Heliotrop" und „Lorbeerblätter" (dän. Laurbaerblade) bewunderte Pflanze nur ungern sehen, da die ledrigen mit sehr dicker Cuticula (Fig. 2880 b) versehenen Blätter vom Vieh verschmäht werden. Die subsp. serotinum wächst in den Salzsümpfen der Adria mit Salicornia herbacea, Atriplex portulacoides, Arthrocnemum macrostachyum usw.; an den Küsten des Schwarzen und Kaspischen Meers wird sie durch L. Caspium (pag. 1880) vertreten. — Das Mesophyll ist als grosszelliges, chlorophyllarmes Wassergewebe entwickelt und wird auf beiden Seiten von je 2 scharf abgesetzten Palisaden= schichten umgeben. Die Spaltöffnungen und Schleimdrüsen sind nicht wie bei den steppen= und wüstenbewohnenden Limonium=Arten eingesenkt, sondern sogar etwas emporgehoben (Fig. 2878 c, d). Die jungen Rosettenblätter sind eingerollt (Fig. 2878 b) und der Hohlraum (nach Warming besonders auch im Winter) mit Schleim erfüllt. Der Schaft führt 3 bis 4 Ringe von Leitbündeln, dazu mehrere kleinere in der Rinde (Fig. 2880 a.) Die kleinen, aber sehr gehäuften und darum sehr auffallenden Blüten öffnen sich erst Ende Juli oder Anfang August. Sie werden durch zahlreiche Dipteren, Apiden, auch Käfer und Wanzen, möglicherweise auch durch den Wind bestäubt. Selbstbestäubung ist ebenfalls möglich. Während Warming in Dänemark und Knuth auf den nord= friesischen Inseln nur einerlei proterandrische Blüten fanden, konnte Mac Leod an der belgischen Küste viererlei Blüten feststellen: solche mit 7 bis 8 mm langen Griffeln, kurzen Staubblättern und polygonal gefelderten Pollen= körnern (f. macróstyla Mac Leod), solche mit nur 4 bis 5 mm langen Griffeln, langen Staubblättern und nicht gefelderten Pollenkörnern (f. brachýstyla), solche mit gleichlangen Griffeln und Staubblättern (f. isóstyla) und schliesslich solche mit verkümmerten Staubblättern (gynodiœcische Form). Die Früchte werden wahrscheinlich sowohl durch den Wind wie durch das Meerwasser verbreitet, doch fehlen bisher genauere Beobachtungen darüber. Die Keimung ist epigäisch. Eine ausgiebige Vermehrung erfolgt durch Wurzelsprosse und durch die Verzweigung des Wurzelstockes. Krümmungen seiner meist senkrechten oder schief aufsteigenden Aeste bewirken, dass bei Aufschüttung oder Abtrag des Schlickbodens die Knospen stets ihre Lage an der Oberfläche beibehalten. — Auf den Blättern dieser und der verwandten Arten treten der Rostpilz Uromýces limónii (DC.) Lév. und der Mehltau Erýsibe polýgoni DC. auf.

## DLXXXV. Státice[1]) L. p. p. em. Miller (= Arméria[2]) Willd., = Polyánthemum Medikus). Grasnelke, Strandnelke. Franz.: Armelin, armérie, gazon d'Espagne; engl.: Thrift; ital.: Spilloni.

Rosettenstauden (zumeist Chamaephyten) mit mehrjähriger Pfahlwurzel und kurzem, meist rasenbildendem Erdstock, an dem die zahlreichen, schmal=linealen bis breit=lanzettlichen, parallel 1= bis 7=nervigen Laubblätter und die stets blattlosen Blütenschäfte entspringen. Blüten in kurzen, meist 3=blütigen, zu dichten, kugeligen Köpfen vereinigten Wickeln, mit je einem trockenhäutigen Deckblatt und einem, an den oberen Blüten jedes Wickels fehlendem Vorblatt. Die äusseren, eine Kopfhülle bildenden Deckblätter am Grund mit langen, abwärts gerichteten, ebenfalls trockenhäutigen Spornen; letztere frühzeitig zu einer den obersten Teil des Schaftes umhül= lenden Scheide verwachsend. Kelch trichterförmig, mit oft behaarter Röhre und trockenhäutigem, 5=spitzigem Saum. Kronblätter 5, nur am Grund unter sich und mit den 5 Staubblättern ver= wachsen. Fruchtknoten mit 5 freien, behaarten Griffeln und walzlichen Narben. Frucht am Grund sich ringförmig öffnend.

Die recht einheitliche Gattung umfasst je nach der sehr verschieden vorgenommenen Artumgrenzung etwa 10 bis 60 Arten, die nur zum kleinen Teil halophil und im Gegensatz zur vorigen Gattung vorwiegend atlantisch sind. Sowohl in den eurasiatischen und amerikanischen Gebirgsländern wie in der Arktis (u. a. durch St. Sibírica [Turcz.]) und Antarktis ist die Gattung vertreten, auf der Südhemisphäre nur in den Anden von Chile bis ins Feuerland. Aeltere monographische Bearbeitungen der Gattung liegen vor von G. Ebel (De Armeriae genere. Regimontii Prussorum 1840), F. W. Wallroth (Gattung Armeria Willd. in Wallroths

---

[1]) Gr. στατική [statiké], die hemmende, stauende, bei Plinius Name einer nicht näher bekannten Pflanze mit „rosenähnlichen Köpfen auf 7 Stengeln", die wie Achillea als Stypticum gebraucht wurde. Dale= champ, Tournefort u. a. übertrugen den Namen auf unsere Gattung, in welche Linné auch Limonium einbezog, auf welche Gattung der Name seit Willdenow 1807 von vielen Autoren beschränkt worden ist.

[2]) Soll wie Armoracia (Bd. IV, pag. 305) von einem keltischen ar mor = am Meer kommen, nach andern von franz. armoirie, Wappenschild, Wappenblume (?). Die gebräuchliche Einteilung Willdenow's (1807) in Statice (= Limonium) und Armeria muss fallengelassen werden, da nicht nur die auf Tournefort zurück= gehende in Limonium und Statice durch Moehring 1736 und Miller 1737 Rechtskraft erhalten hat, sondern auch Armeria von Linné 1735 für die heutige Gattung Phlox gebraucht worden ist. Janchen's Vorschlag, Armeria Willd. unter die Genera conservanda aufzunehmen, wurde vom Brüsseler Kongress verworfen.

Beitr. z. Botan. Bd. I2, 1845) und F. Petri (De genere Armeria, Diss., Berlin 1863); eine Neubearbeitung wäre sehr erwünscht. Die Gattung umfasst 2, nach O. Kuntze kaum berechtigte Sektionen: Plagióbasis Boiss. Kelch ungespornt. Hieher unsere und sämtliche amerikanischen Arten. — Macrocéntron Boiss. Kelche ähnlich wie die Hüllblätter mit abwärts gerichteten Spornen. Von den ausschliesslich mediterranen Arten wird St. Mauritánica [Wallr.] (= St. cephalótes Poiret non Ait., = St. Pseudo=Armería Desf. non Murr., = Armería Mauritánica Wallr., = A. cephalótes hort. non Aiton nec Lam.) aus Oran mit eiförmig=lanzettlichen, 3= bis 7=nervigen Rosettenblättern und 3 bis 6 dm hohen Schäften mit 4 bis 5 cm breiten Köpfen bisweilen als Topf= pflanze kultiviert. — Die weitaus meisten Arten beider Sektionen besitzt das westliche Mittelmeergebiet, beson= ders die portugiesische Küste. Von den 45 aus Europa bekannten Arten, Unterarten und Abarten der Gattung kommen 23, davon 12 ausschliesslich, in Portugal vor. Von den iberischen Arten der Sektion Plagiobasis werden die beiden folgenden ähnlich wie zahlreiche Formen von St. Armeria als Rabattenpflanzen kultiviert, verlangen jedoch gleich St. Mauritanica frostfreie Ueberwinterung: St. cephalótes Aiton (= St. Pseudo=Armeria Murr. non Desf., = Armeria latifólia Willd., = A. cephalótes Lam. et Hoffm.,'= A. globósa und scorzonerifólia Lam., = A. formósa hort., = A. Mauritánica hort. non Wallr.) aus Portugal. Rosettenblätter spatelig, ± 2 bis 4 cm breit. Aeussere Hüllblätter so lang wie die inneren, scharf zugespitzt. Krone lebhaft karminrot. — St. palliácea Cav. (non Willd., = Armeria allioides Boiss., = A. júncea Wallr.) aus Spanien. Laubblätter lineallanzettlich, 3=nervig. Unterste Hüllblätter schon im Knospenzustand deutlich kürzer als die oberen Blüten, rein weiss.

Die immergrünen Laubblätter sind bei den meisten Oekotypen des Binnenlandes, die mehr chamæ= phytischen als hemikryptophytischen Charakter tragen, ziemlich flach, bei der var. maritima halbstielrund, und sind auf beiden Seiten mit Spaltöffnungen und Schleimdrüsen besetzt. Das Mesophyll ist viel weniger in Palisaden und Wassergewebe differenziert als bei Limonium.

Die Bildungsweise und Funktion der die Wachstumszone am obern Schaftende umscheidenden Spornröhre war lange Zeit strittig. Ebel, A. de Candolle und Boissier hielten sie für eine anfänglich das ganze obere Schaft= ende umgebende und von dieser emporgehobene Hülle, die etwa der Calyptra der Laubmoose und der Volva mancher Blätterpilze zu vergleichen wäre. Dass sie aus Auswüchsen der Hüllblätter hervorgeht und ähnlich wie die Blattscheide der Gräser einen Schutz für die intercalare Wachstumszone bildet, haben u. a. Wester= maier (Ueber die mechanische Bedeutung der von den Involucralblättern bei Armeria gebildeten Scheide. Verh. bot. Ver. Prov. Brandenburg Bd. XXII, 1890), Schwendener, Maury (in Ann. Sc. nat. Jahrg. XVIII, Bd. IV, 1886) und P. Romano (Ricerche sulla formazione e sulla funzione della guaina delle Armerie. Malpighia Bd. XIX, 1905, pag. 153/62) dargetan. Die Wachstumszone des Schaftes ist infolge des Fehlens jeder mechanischen oder Turgorversteifung so weich, dass die Köpfe bei künstlicher Entfernung der Scheide nicken. Die Entwicklung der Blüten ist von Mirbel, Payer, Maury, van Tieghem u. a. genau untersucht worden. Unsere Arten zeichnen sich durchwegs durch eine sehr lange Blütezeit aus. Die schwach nach Cumarin duftenden Blüten sondern auf der Spitze des Fruchtknotens und angeblich auch am Grund der Kronblätter Nektar ab, der durch die Haare der Griffel geschützt wird. Die Staubbeutel reifen gleichzeitig oder etwas vor den Narben. Zuerst biegen sich die Staubblätter nach innen, nachher die Antheren nach aussen, wodurch einerseits Fremdbestäubung durch die zahlreichen Blütenbesucher (Fliegen, Immen, Schmetterlinge, auch Käfer) sehr erleichtert, andrerseits aber auch Selbstbestäubung möglich wird. Solche tritt bei ausbleibendem Insekten= besuch regelmässig dadurch ein, dass sich am Schluss der Anthese Staubblätter und Griffel zu einem von den schrumpfenden Kronblättern umschlossenen Knäuel verschlingen. Die Samenverbreitung der mit den Kelchen, jedoch ohne die häutigen Vorblätter ausfallenden Früchtchen erfolgt wohl ausschliesslich durch den Wind. Der wie bei den Dipsacaceen als Fallschirm wirkende Kelchsaum und die Haare der Kelchröhre verringern dabei die Fallgeschwindigkeit. Die Keimung erfolgt nach den Unter= und Abarten von Statice Armeria unter sehr ver= schiedenen Bedingungen. Bei der var. maritima wird sie durch Salzwasser begünstigt: bei einem Versuch Ro= strup's keimten von 36 Tage im Salzwasser gelegenen Samen 36%, von nicht gebadeten nur 13%. Bei der var. Halleri und einigen andern Formen scheinen Schwermetallsalze, bei St. montana Kalksalze eine ähnliche Wirkung auszuüben. Die am Bodensee regelmässig mehrere Monate unter Wasser vegetierende var. purpurea scheint sich ähnlich zu verhalten, da sie nur auf dem Trockenen blüht und fruchtet. Die Keimung erfolgt epigäisch.

Von Parasiten sind 3 Pilze bekannt: der Rostpilz Uromýces limónii (DC.) Lév. und der Schlauch= pilz Cibória státices Rehm auf den Blättern und Pleóspora herbárum (Pers.) auf den Stengeln. Vergrünungen und Durchwachsungen der Köpfe werden durch Aelchen (Tylénchus?) und Insektenlarven (Gallwespen?) erzeugt.

1. Rosettenblätter 3 bis 8 mm breit, 3= bis 7=nervig. Aeussere Hüllblätter meist den Kopf über= ragend, mit 3 bis 4 cm langer Spornröhre. Nur am Mittelrhein und in den Westalpen . . . . . . . . . . . . . . . . . . . . . . . . . . . . . . . . . . . . . . . . . . . St. plantaginea nr. 2219.

1*. Rosettenblätter meist unter 3 mm breit, 1= bis 3=nervig. Aeussere Hüllblätter den Kopf meist nicht überragend, mit 1 bis 2 cm langer Spornröhre . . . . . . . . . . . . . . . . . 2.

2. Rosettenblätter meist spitzlich und 1-nervig, höchstens 2 mm breit, am Rand oft gewimpert. Hüllblätter meist bleich. Strand und Sandpflanzen . . . . . . . . . . . . . . . . St. Armeria nr. 2217.

2*. Rosettenblätter stumpf, 1- oder 3-nervig, ± 2 bis 3 (selten bis 4) mm breit, höchstens am Grund gewimpert. Hüllblätter meist lebhaft braun. Kalkpflanzen des Alpengebiets . . . St. montana nr. 2218.

**2217. Statice Arméria**[1]) L. (= Armeria vulgáris Willd., = A. armeria Karsten, = A. elongáta Koch s. lat.). **Grasnelke, Sandnelke.** Franz.: Gazon d'Espagne, gazon d'Hollande, gazon d'Olympe; engl.: Thrift, sea pink, sea gilliflower; dän.: Faarelege, Engelskgraes; norwegisch: Strandnellik; isländisch: Geldingahnappur. Taf. 213, Fig. 1 und Fig. 2882 bis 2886.

Die var. maritima heisst in Ostfriesland Pingstblöme, Grasfilette [vgl. Dianthus Caryophyllus, Bd. III, S. 319], bei Bremen Strohblume, bei Butjaden Seegras. Volksnamen der var. elongata sind Kranzrusen (Friesland), Hungerkrolle (desgl., weil auf den magersten Sandböden wachsend), Federhäusche (Eifel), Pingster-blome (Ostfriesland), Strohblume, Drahtblume [zäher Stengel?], Semmelblume, Pissblume [gegen Blasenleiden], roter Hasenkopf (Anhalt), Paddenblume [Padden=Frösche] (Mark).

Ausdauernde Rosettenstaude mit kräftiger, senkrechter Pfahlwurzel und kurzem, ästigem, dicht von Blattresten umhülltem Erdstock. Rosettenblätter lineal, ± 5 bis 10 (bis 15) cm lang und 1 bis 2 (selten 3) mm lang, ± rinnig, dicklich, meist 1-nervig oder mit 2 schwachen Seitennerven, am Grunde etwas scheidig verbreitert und oft mehrnervig, am Rand oft kurz gewimpert, bleichgrün. Blütenschäfte zu 1 oder 2 in der Rosette, ± 1 bis 3 dm lang, aufrecht, stielrund, glatt, hell blaugrün, oft hohl, der obere, von der Spornhülle geschützte Teil lang wachstumsfähig. Köpfe kugelig, ± 1½ bis 2 cm breit, aus vielen, dicht gedrängten, 1- bis 3-blütigen Wickeln mit trockenhäutigen Deck- und Vorblättern gebildet. Aeussere Hülle aus ± zahlreichen, spiralig gestellten, meist breiteiförmigen und (wenigstens die äussersten) zugespitzten, ± hellbraunen, rötlichen oder grünlichen Deckblättern gebildet, deren 4 bis 6 äusserste, ± 1 bis 2 cm lange zu einer den Schaft eng umscheidenden Röhre verwachsen sind. Blüten kurzgestielt, 7 bis 11 mm lang. Kelch mit nur auf den 10 Nerven oder auf der ganzen Fläche aufrecht abstehend behaarter, derbhäutiger Röhre und trichterförmigem, wie die Vorblätter zarthäutigem und meist farblosem Saum mit 5 meist purpurnen, in haarfeine Grannen auslaufenden Nerven, dazwischen gefältelt und am Rand gezähnelt. Kronblätter spatelig, nur am Grund untereinander und mit den Staubblättern verbunden, kurz zugespitzt, abgerundet oder ausgerandet, die Kelchspitzen

Fig. 2882. Statice Armeria L. var. maritima (Miller). *a* Habitus. *b* Blütenstand. *c* Blütenknospe. *d* Fruchtkelch. *e* Aeusseres und *f* inneres Hochblatt. — *g* Blütenstand der var. Halleri (Wallroth).

etwas überragend, zarthäutig, bleich fleischrosa bis hellkarminrot, in der Knospenlage und beim Verblühen einwärts eingerollt, nicht abfallend. Staubblätter und Griffel ± so lang wie der Kelch. Staubbeutel gelb oder karminrot. Griffel bis zum Grund frei, zart bewimpert, mit walzlichen Narben. Frucht mit dem Kelch abfallend, vom Blütenstiel sich ablösend, am Grunde aufreissend und den walzlichen, ± 3 mm langen, an beiden Enden zugespitzten, glatten, graubraunen Samen entlassend. — V bis IX.

An kalkarmen Felsen, auf Geröll- und Sand der Meeresküsten und der Mittelgebirge, im Binnenland besonders auf den Sandheiden der Flusstäler bis zum Oberrhein und zur Donau weit verbreitet, im Alpengebiet nur im äussersten Osten unter 800 m. Häufig als Rabattenpflanze in Gärten und in Friedhöfen kultiviert.

---

[1]) Ein älterer Name ist z. B. Caryophyllus montanus minor Bauhin.

Allgemeine Verbreitung: Zirkumpolar, die var. Sibirica in Fennoskandien bis zum Nordkap, von Grönland bis zum Pearyland 82° nördl. Breite, südlich in Nordamerika bis Kalifornien, Ontario und Quebec, in Europa bis an den Oberrhein, die Donau und Mur (die Angaben aus Oberitalien: Castions di Strada, Tonale, Bergamo usw. beziehen sich wohl auf Formen der folgenden Art); nahe verwandte Arten (oder Unterarten) auf den mittel= und südeurasiatischen Gebirgen und in Chile.

Die zahlreichen, durchwegs schwer abzugrenzenden Formen werden sehr verschieden bewertet. Während Petri, Kuntze, Fiori und Paoletti auch die beiden folgenden Arten nur als Varietäten der St. Armeria bewerten, unterscheiden andere allein innerhalb Deutschland 5 oder 6 „Arten".

1. var. **marítima** (Miller) (= St. marítima Miller, = Armeria m. Willd. und f. týpica A. Blytt). Fig. 2882 a bis f. Meernelke. Laubblätter meist nur 2 bis 5 cm lang, stumpf, oft ohne deutliche Nerven. Schaft nur $^1/_2$ bis $1^1/_2$ dm lang, oft flaumig. Aeussere Hüllblätter wie die sehr stumpfen inneren ohne oder nur mit kurzer, dicker Stachelspitze, oft länger wie die inneren. Kelchröhre meist auch zwischen den Nerven behaart (var. genuina Godron), seltener nur auf diesen (subvar. Línkii Godron). Kronblätter meist deutlich ausgerandet, blassrosa, seltener lebhaftrot (f. purpúrea Just. Schmidt, = f. rúbra hort.) oder wie die ganze Pflanze anthocyanfrei (f. álba Voss=Vilm.). Zahlreiche Farbenspielarten auch in Kultur, so f. Laucheána hort. mit lebhaft karminroter, f. rúbra hort. mit dunkelkarminroter und „Pink=beauty" mit hellnelkenroter Krone.

Die var. marítima ist an allen Nordseeküsten verbreitet, geht dagegen an der Ostsee (z. B. bei Lübeck) rasch in die folgende var. über. G. Tures= son (The genotypical response of the plant species to the habitat. Hereditas Bd. III, 1922) unterscheidet allein für Skandinavien 5 verschiedene Oekotypen, von denen der Inland= und Ostküstentyp schon zu der var. elongata gehört. Der Oecotypus salinus der norwegischen Küste (subvar. týpica Blytt) ist niedrig, hat flaumig behaarte Schäfte und meist lebhaft gefärbte Kronen. Er ist be= sonders für epilitorale oder aerohaline Felsspalten mit Festuca rubra, Cochlearia officinalis, Plantago maritima, Matricaria maritima, auch Strandwiesen mit Juncus Gerardi bezeichnend. Eine wohl mit einem der schwe= dischen Oekotypen übereinstimmende Form fand Raun= kiaer mit hoher Konstanz auf den Sandalluvionen der dänischen Insel Fanö in einer von Juncus Gerardi, Festuca rubra, Glaux maritima und Plantago maritima beherrschten Vegetation. Auf salzärmeren Böden finden sich (z. B. auf den Ostfriesischen Inseln, an der Weser= und Elbemündung und an der westlichen Ostsee) zahlreiche Uebergangsformen zur var. elongata, die als var. intermédia (Lam.), f. húmilis G. F. W. Meyer und var. ambifária (Focke als Art von Armeria) zusammen= gefasst worden sind (Fig. 2883). Eine grosse derartige

Fig. 2883. Statice Armeria L. var. ambifaria (Focke), in Marschwiesen bei Geestemünde. Phot. Dr. Joh. Mattfeld, Berlin.

Form, f. horténsis Gaudin (= St. caespitósa Poiret, = Armeria pubéscens Link), wird seit langem als „Armeria maritima" als Rabattenpflanze kultiviert (in Böhmen bei Aussig verwildert). Sie soll angeblich aus Portugal stammen. In Kultur gedeihen alle Formen auch auf chloridfreien Böden gut. In der Asche von Strandformen ist u. a. Jod gefunden worden.

Die arktische subvar. Sibírica (Turczaninow), die die gewöhnliche maritima nördlich von etwa 69° nördl. Breite vertritt und die am weitesten nach Norden (Valmuedalen auf Pearyland 82°) reichende Plumbaginacee ist, unterscheidet sich durch oberwärts etwas verbreiterte Rosettenblätter, oft etwas längere, stets kahle Schäfte und durchwegs abgerundete, fast ganz häutige Hüllblätter.

Sowohl bei der var. marítima wie bei der var. elongata treten sehr häufig Missbildungen der Köpfe auf, besonders Verlängerung einzelner Teilblütenstände und Durchwachsungen, sodass z. B. die Hülle mit der Spornröhre 7 bis 15 cm unter dem Hauptkopf am Schaft sitzen kann. Anscheinend sind einzelne dieser Durch= wachsungen wie auch einzelne der Vergrünungen der Blüten und der Verkrümmungen und Verbänderungen des Schaftes durch Gallinsekten und Nematoden hervorgerufen (näheres hierüber in der Dissertation Petris, Berlin, 1863, bei J. Mattfeld in Verh. Bot. Ver. Prov. Brandenburg. Bd. XLVIII, 1917 und Grüning in Sitzungsber. Schles. Ges. f. vaterländ. Kultur, 1913).

2. var. **elongáta** (Hoffmann als Art) DC. (= Armeria elongata Koch, = A. campéstris Wallroth). Rosettenblätter oft über 8 bis 12 cm lang, 1 bis 2 mm breit, 1-nervig, am Rand oft gewimpert. Schaft ± 2 bis 5 dm lang. Köpfe ± 1½ bis 2 cm breit. Aeussere Hüllblätter meist zugespitzt, ± ganz hellbraun. Kronblätter meist blassrosa. Die im Binnenland verbreitetste Form ist f. vulgáris (Willd.) (= A. campestris Willd. var. Hoffmánni Wallr.) mit hohem, kahlem Schaft (verkürzt bei f. brevíscapa Uechtr., flaumig behaart bei f. pubéscens Detharding vix Lam.), derben, lang zugespitzten Hüllblättern, nur an den Kanten behaartem Kelch, meist gestutzten, blassen Kronblättern (lebhafter rot bei f. persicína Bolle (= Armeria campestris var. Kóchii Wallr., = A. vulgáris var. purpúrea Rchb. p. p. non A. purpurea Koch).

Auf Sandheiden in der weiteren Umgebung der Ostsee, östlich bis Südfinnland, Estland, Livland, Smolensk, Westgalizien und Nordwestungarn.

In Deutschland im nordöstlichen Flachland sehr verbreitet und häufig, westlich vereinzelt bis an die Weser, Westfalen (zwischen Müsen und Litfeld, früher auch bei Paderborn), Rheinprovinz (bei Mechernich und Roggendorf, ganz vereinzelt bei Düsseldorf,

Fig. 2884. Statice Armeris var. elongata., Bruchtkauer Schweiz b. Marienwerder, Westpr. Phot. Georg Eberle, Wetzlar.

Aachen und Saarbrücken, früher bei Coblenz), Rheinpfalz (Dürkheim, Ellerstadt, Landau, Godramstein, Blieskastel) und Nordbaden (um Wertheim, Rheinebene), südlich bis ins fränkische Keupergebiet (in Württemberg nur Deufstetten bei Crailsheim, in Nordbayern z. B. um Nürnberg mehrfach, bis Oberkotzau am Fichtelgebirge und vereinzelt bis in den Braunjura ausstrahlend, südlich der Donau bei Schrobenhausen, Abensberg, Vohburg und Regensburg, vorübergehend eingeschleppt bei Augsburg), ferner im obern Elbe- und Odergebiet (Fig. 2885). — In Oesterreich nur in den Sudetenländern, in Niederösterreich nördlich der Donau von der Pulka bis zur Thaya und March, sonst nur noch im steirischen Murtal von Kraubath (Gulsen, Tanzenleitengraben) bis Kaisersberg und zum Lobingtal auf Serpentin in 700 bis 800 m Höhe (mit Asplenium adulterinum und A. cuneifolium, Alyssum montanum var. Preissmanni, Sempervivum Pittoni). — Fehlt sonst den Alpen, wie auch fast dem ganzen Jura, Vogesen, Schwarzwald, Bayerischen- und Böhmerwald.

Die var. elongata ist somit die kontinentalste Sippe der sonst atlantischen Gattung. Sie wächst ausser in Calluna- und Sarothamnus-Heiden und mageren Weiden mit Festuca rubra, Agropyron repens, Koeleria cristata, Brachypodium pinnatum, Pimpinella saxifraga, Achillea Millefolium usw. ganz besonders in verschiedenen Grasheiden, in denen sie fleckweise dominieren kann („Armeria-Triften"), sowohl in den atlantischen Deschampsia flexuosa-Heiden, wie in den z. T. kontinentaleren Festuca ovina- und besonders Weingaertneria canescens-Heiden (mit Trifolium arvense, Astragalus Danicus und A. arenarius, Dianthus arenarius und D. Carthusianorum, Jasione, Helichrysum usw.), auch in Sieglingia-Cladonia-Heiden (mit Carex ericetorum, Pulsatilla u. a.) und selbst in den pannonischen Steppenheiden Südmährens und Niederösterreichs mit Festuca sulcata und Stipa capillata.

3. var. **Halléri**[1]) (Wallroth) (= Armeria Halleri Wallr., = A. vulgáris var. húmilis Rchb. vix Meyer). Fig. 2882 g und 2885. Rosettenblätter rinnig, stumpf, am Grund deutlich 3-nervig. Schaft oft nur 7 bis 20 cm hoch, meist kahl. Aeussere Hüllblätter fast ganz krautig, meist nur etwa halb so lang und halb so breit als die breit abgerundeten inneren, kurz zugespitzt, zuweilen aber auch grösser. Krone meist lebhafter gefärbt als bei var. elongata. — V, VI.

---

[1]) Benannt nach Albrecht von Haller, der die Pflanze auf seiner Harzreise 1738 fand, ohne sie freilich als besondere Form zu beschreiben. In Thals Flora Hercynica von 1577 wird sie nicht erwähnt.

Nur im westlichen Harz in den Tälern der Ecker, Olser, Grane, Innerste (bis unterhalb Hildesheim), Sieber und Sose, östlich bis Ilsenburg und Wieder. Fast ausschliesslich auf Schlackenhalden von Erzbergwerken (Zink-, Blei- und Kupfererz), angeblich auch auf Kohlenmeilern, regelmässig mit Alsine verna und der ebenfalls von Haller 1738 im Harz entdeckten Cardaminopsis Halleri (vgl. Bd. IV, pag. 425) und auf Flussgeschiebe, wo oft gleichfalls in Menge neben Alsine verna und allmählich in die vorige var. übergehend. Die var. Halleri gehört mit gewissen Rassen von Alsine verna, Cardaminopsis Halleri, Thlaspi alpestre, Viola lutea (Bd. VI/1, pag. 607) und Moosen der Gattungen Mielichhoferia, Scopelophila und Cephaloziella (vgl. Gams und Morton, Höhlenpflanzen, Spelaöl. Monogr. Bd. V, 1925) zu den scheinbar Schwermetallsalze (besonders Sulfate von Zink, Kupfer, Eisen und Blei) fordernden Pflanzen, für die jedoch wohl nur das gemeinsam ist, dass sie ausserordentlich saure Reaktion vertragen und daher besonders auf den Sulfatböden gegen Konkurrenz geschützt sind. Damit dürfte zusammenhängen, dass var. Halleri gegen Kalk weniger empfindlich sein soll als var. elongata. Ueber ihre Herkunft sind die Ansichten geteilt: Rouy hielt die var. Halleri für eine Verwandte der St. Muelleri (Huet de Pav.) aus den Pyrenäen, Aug. Schulz (Ueber die auf schwermetallhaltigem Boden wachsenden Phanerogamen Deutschlands. XI. Jahresber. Westfäl. Prov. Ver. f. Wiss. und Kunst, 1914) dagegen für einen Abkömmling einer ausgestorbenen nordischen Pflanze (St. arctica?, s. unten), andere für eine blosse Standortsmodifikation der var. elongata. Ebenfalls „schwermetallhold" scheinen einige die var. maritima und var. Halleri verbindende Zwischenformen zu sein, so die von der var. Halleri durch noch niedrigeren Wuchs (Laubblätter 3 bis 5 cm, Schäfte ± 15 bis 20 cm), unten dicht behaarte Schäfte und Laubblätter, dicht behaarte Kelche und hellere Blütenfarbe verschiedene subvar. Bottendorfensis (Aug. Schulz) (als subsp. von Armeria vulgaris) von devonischem Porphyrkonglomerat bei Bottendorf an der Unstrut (ebenfalls mit Alsine verna) und die durch ebensolchen Schaft, längere Hüllblätter und lebhaftere Blütenfarbe abweichende subvar. Hornburgensis (Aug. Schulz) von kupferhaltigem Porphyrkonglomerat am Galgenberg bei Hornburg südöstlich Eisleben. Risse fand in den Wurzeln der Statice-Form von Aachen und Südbelgien, die daselbst mit Alsine verna und Silene inflata var. glaberrima fast nur auf Galmeiboden (Zinkkarbonat) wachsen soll, 3,58 % Zinkoxyd.

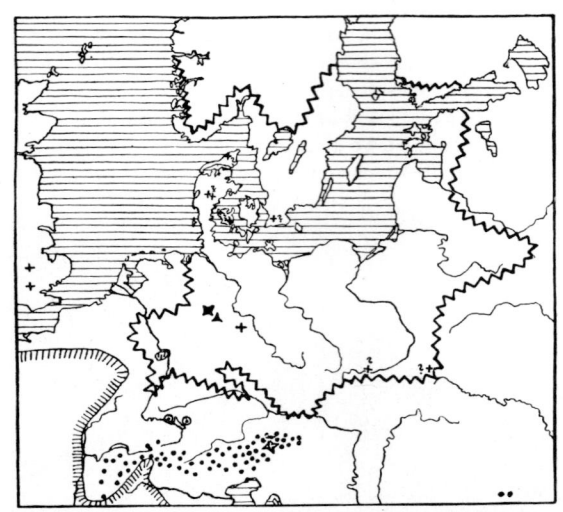

Fig. 2885. Verbreitung von Statice Armeria L. var. elongata (Koch) und var. Halleri (Wallr.) mit subvar. Bottendorfensis (Schulz), St. montana Miller var. alpina (Hoppe) und var. purpurea (Koch), St. plantaginea All., sowie der bisher als St. arctica und St. maritima (+) bestimmten Fossilfunde. Orig. von H. Gams.

Das Kraut diente ehedem als Diureticum gegen Durchfall und Blutfluss. Hugo Schulz teilt mit, dass er die getrockneten Blüten als Bestandteil eines Geheimmittels gegen Epilepsie kennengelernt habe. Die Asche der var. maritima enthält Fluor, Brom, Jod, Chlor, $SiO_2$, $CaO$ und $Na_2O$.

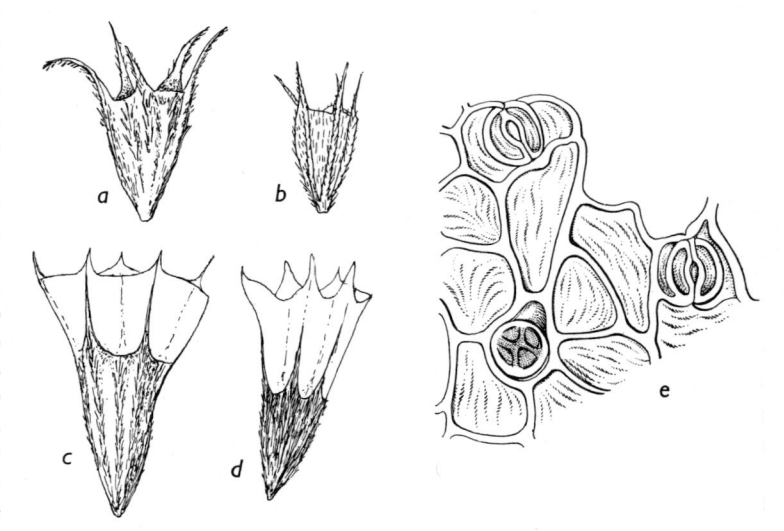

Fig. 2886. Fruchtkelche von a „Armeria arctica" aus der Mammutflora von Borna. b „Armeria maritima" aus der Glazialflora von Ludwinow, c Statice montana Miller var. purpurea rezent von Memmingen, d var. alpina rezent aus den Südalpen. — e Statice plantaginea All. Untere Blattepidermis mit Spaltöffnungen und Licopoliorgan. (Fig. a nach C. A. Weber, b nach J. Zmuda, c und d Orig. von H. Gams, e nach Maury).

Fossile Fruchtkelche von Statice sind bisher in folgenden Glazialablagerungen gefunden worden (vgl. Fig. 2886 a und b): Barnwell bei Cambridge (Chandler), Leatal bei London (Reid), Borna bei Leipzig (C. A. Weber in Abh. Naturw. Ver. Bremen. Bd. XXIII, 1914), Ludwinow bei Krakau (Zmuda), Krystynopol bei Lemberg (Szafer), Toppeladugård in Schonen (Nathorst), an 5 Orten in Vendsyssel, Jütland (z. T. interglazial) und Fühnen in Dänemark (N. Hartz). Die Funde aus der Mammutflora von Borna und den englischen Glazialfloren sind infolge der auf die Haupt- und Nebenrippen beschränkten Behaarung als „Armeria arctica Wallr." bestimmt worden, welche rein arktische Art heute auf das arktische Nordamerika, Grönland und Nordsibirien (westlich angeblich bis zum Ural) beschränkt ist. Die übrigen Fundstücke sind (mit Ausnahme des für eine Labiate gehaltenen galizischen) als St. maritima bestimmt worden; doch ist mit der Möglichkeit zu rechnen, dass in den meisten Fällen andere Sippen vorliegen, insbesondere St. montana, deren Fruchtkelche (Fig. 2886 c, d) zumal fossil von denen der St. maritima und St. arctica kaum unterscheidbar sind. Die genetischen Beziehungen der einzelnen Sippen sind noch gar nicht untersucht. Der Bearbeiter (Gams) hält es nicht für unwahrscheinlich, dass die heute um die Ostsee so weit verbreitete var. elongata (Fig. 2885) ein relativ junger Abkömmling von St. maritima einerseits und St. montana andererseits ist, deren sich heute nur in Steiermark und vielleicht in Oberitalien berührende Areale im Diluvium viel ausgedehnter waren.

**2218. Statice montána** Miller (= Arméria alpína Willd.). Alpen-Grasnelke. Fig. 2885, 2886 a bis d, 2887 bis 2890.

Die var. alpina wird Schwundkraut [Heilmittel gegen Schwindsucht], Zigeunerwurz (Niederösterreich), Zigeunerkraut (Steiermark), rote Gamswurz (Kärnten), Tauernrösel, Goldröserl (Salzburg), Schlernhex[e] (Südtiroler Dolomiten) genannt. Die var. purpurea heisst nach ihrem Standort Riednelke (Memmingen), am Untersee wie das mit ihr zusammen wachsende Allium schoenoprasum, wilder Schnittlauch.

Rosettenstaude mit meist noch kräftiger Pfahlwurzel und stärker verholztem Erdstock als bei voriger Art. Rosettenblätter 1 bis 3 (selten bis $4^{1}/_{2}$) mm breit und 3 bis 8 (bis 15) cm lang, stumpf, mit 1 oder 3 Nerven, ganz kahl oder am Grund schwach gewimpert. Schaft $\pm$ $^{1}/_{2}$ bis 3 dm lang, kahl. Hüllblätter häutig, breit, stumpf, höchstens die äusseren etwas

Fig. 2887. Statice montana. Bestand. Schlernplateau, Dolomiten. Phot. Th. Arzt, Wetzlar.

zugespitzt, meist lebhaft braun, mit oft rötlichem Saum. Kelch so lang bis doppelt so lang wie der Blütenstiel, mindestens auf den Nerven behaart. Kronblätter zugespitzt, abgerundet oder gestutzt (selten $\pm$ ausgerandet), hell bis lebhaft karminrot bis violettrot, zuweilen einzelne Individuen anthozyanfrei. — V bis X.

Auf mässig kalkreicher bis kalkarmer, trockener bis nasser Unterlage im Alpengebiet, hauptsächlich in der alpinen Stufe.

Allgemeine Verbreitung: Aragonien, Pyrenäen, von den Seealpen bis zu den Niederösterreichischen und Julischen Alpen, Ostkarpaten (Burzenländer Berge), angeblich auch in Jugoslavien (Serbien, Montenegro, Herzegowina).

Umfasst 2 Rassen: var. **alpína** [Hoppe] (= Armeria alpina Willd., = A. elongata var. alpina Parlat.). Fig. 2287 und 2285. Rosettenblätter oft 3 bis 4 mm breit und 3-nervig (doch auch öfters nur 1 bis 2 mm breit und 1-nervig). Schaft ± ½ bis 1½ (bis 2½) dm lang. Köpfe 2 bis 2½ cm breit. Kelch meist auch zwischen den Rippen behaart. — VII bis X.

Auf nacktem Schutt und in trockenen bis feuchten Magerrasen über Dolomit, Kalk- und kristallinen Schiefern, auch Serpentin der Süd- und Ostalpen, meist in 2200 bis 2700 m, doch auch tiefer (am Monte Generoso bei 1650 m, in Tirol bis 1400 m, an der Schneealpe in den österreichischen Alpen bis 1100 m hinunter) und höher (in Judikarien bis 2800, im Veltlin bis 2850, im Gotthardgebiet bis 2860 m, am Pizzo Canciano bis 3100 m, in den Grajischen Alpen (Roise des Banques) bis 3184 m.

Fehlt im grössten Teil der nördlichen Kalkalpen, so in ganz Bayern und Vorarlberg. Die Nordgrenze verläuft durch die Lemanischen (Savoyer Alpen, nur zwischen Chézery und Hautsforts die Schweizergrenze berührend), Grajischen und Penninischen Alpen (erst im Oberwallis wieder Schweizerboden erreichend: Zwischbergen am Simplon, nördlich der Rhone in der Grieskumme ob Bellwald und bis ins Berner Oberland; im Tessin in den oberen Seitentälern des Maggiatales, der Leventina und Val Blenio), Gotthardmassiv, Tödi (obere Sandalp), Rheinwaldhorn-Adulagruppe (ausserdem im Tessin nur

Fig. 2888. Statice montana Miller var. purpurea (Koch). *a* Pflanze aus dem Beninger Ried. *b* Blütenstand. *c* Blüte. *d* Fruchtkelch.

noch am Monte Generoso, in Graubünden sonst nur noch im Misox, Bergell, Puschlav, Avers [Val di Lei] und Oberhalbstein), Tirol (im Süden ziemlich verbreitet, nördlich bis zum Tonale, Cercenapass, Spronseralpen bei Meran [die Angaben vom Navistal im Inngebiet sind zweifelhaft], Wolfendorn am Brenner, Wangeralpe, Hopfgarten, Glockner), Tauerngebiet (nördlich bis in die Salzburger Schieferalpen), in Oberösterreich nur auf dem Warschenegg, der Speikwiese und dem Glöckelkamm, in Steiermark und Kärnten weit verbreitet und Niederösterreichische Kalkalpen (Oetscher, Söller, Gippl, Rax, Schneealpe, Schneeberg). Die Südgrenze verläuft von den Karawanken (in Krain auf den Steiner Bergen, Julischen Alpen und Goljakbergen) zum Ternovaner Wald, zu den Venetianischen Alpen, über Monte Baldo, Grigna und Monte Generoso zu den Grajischen und Seealpen.

Die Alpen-Grasnelke oder „Schlernhexe" ist eine alpigene Sippe, die die Eiszeiten in den Süd- und Ostalpen und auf einzelnen Nunatakkern der Nordalpen überdauert hat. Sie ist dazu sehr wohl befähigt, da sie starken Frost erträgt und vor allem steile Südhänge besiedelt. Am häufigsten wächst sie in den Rasen der Carex sempervirens und C. firma, Festuca Halleri und der Elyna myosuroides auf Kalk, Dolomit, Serpentin und kristallinen Schiefern (z. B. in Graubünden und

Fig. 2889. Statice montana var. alpina., Sellajoch, Südtirol. Phot. Georg Eberle, Wetzlar.

Salzburg selbst in den kalkmeidenden Carex curvula-Rasen). Die Angaben, dass die Art in der Schweiz streng kalkmeidend sei, sind unzutreffend. An den Felsabstürzen unterhalb des Smogargipfels am Isonzo tritt Statice Armeria nach Hruby massenhaft als Bestandteil der alpinen Fels- und Geröllflora (Karstheide) auf neben Ranunculus hybridus, Polygala Chamaebuxus, Sedum roseum und S. atratum, Saxifraga incrustata, Minuartia Austriaca und M. liniflora, Moehringia ciliata, Petrocallis Pyrenaica, Thlaspi alpinum var. Kerneri, Athamanta Cretensis, Cyclamen Europaeum, Pedicularis Oederi, Valeriana saxatilis usw. — Auffallend ist das Fehlen in den sonst artenreichsten Massenerhebungen des südlichen Wallis, des Engadins und des zentralen Tauerngebiets. Durch die Vorliebe für Kalk und Kalkschiefer ist es nicht zu erklären, da solche auch daselbst vorhanden sind und die Pflanze zudem in den Zentralalpen auch recht kalkarme (ob auch ganz kalkfreie?) Standorte zu besiedeln vermag.

Variiert in Länge und Breite der Rosettenblätter, Länge der Kopfstiele und Farbe der Blüten. Weissblühende Individuen wurden z. B. am Schlüsseljoch in Tirol gefunden.

var. **purpúrea** [Koch] (= St. purpurea Koch, = A. purpurea Koch und var. Rhenána Gremli, = A. vulgáris var. purpurea Döll und subf. Bodámica Petri, = A. elongáta var. purpurea Boiss., = A. Rhenána Gremli, = A. alpina var. purpurea Baumann). Fig. 2888 bis 2890 und 2885. Rosettenblätter meist nur ± 2 mm breit, 1- (seltener 3-) nervig. Schaft ± 1½ bis 3 (4) dm hoch. Köpfe ± 2 cm breit. Hüllblätter meist weniger lebhaft gefärbt. Kelch nur auf den Rippen behaart. Kronblätter meist abgerundet, hellrosa bis lebhaft purpurn.

Nur im Beninger Ried bei Memmingen in Schwaben (die Angabe von Dennenlohe bei Gunzenhausen in Nordbayern ist zweifelhaft) und im Bodenseegebiet, besonders um den Untersee: Wollmatinger Ried bei Konstanz (hier mindestens schon 1799 gefunden, nach Vollmann angeblich ursprünglich angepflanzte Exemplare von Memmingen), unterhalb Gottlieben und Mammern (dies die einzigen Fundorte auf Schweizerboden), beim Adlergarten unterhalb Stein angeschwemmt, mehrfach am Zellersee und Gnadensee und auf der Reichenau. Die var. purpurea ist sicher, wie schon Koch erkannt hatte und Eugen Baumann (Die Vegetation des Untersees, Stuttgart [1911], pag. 396/408) endgültig nachgewiesen hat, eine Talform der St. montana, d. h. ein seit den Eiszeiten an besondere Standorte angepasstes und zu einer eigenen Rasse umgewandeltes Glazialrelikt. Sie entspricht hierin völlig dem Allium schoenoprasum var. foliosum und der Saxifraga oppositifolia subsp. amphibia, die mit ihr den Grenzgürtel des Untersees bewohnen, und der Primula Auricula, Bartsia alpina, Gentiana Clusii und Carex sempervirens an den Grundwasserbächen der oberbayerischen Hochebene, die ebenfalls sicher nicht erst postglazial, sondern wohl schon in der vorletzten Eiszeit diese Standorte besiedelt haben. Wahrscheinlich hat sich St. montana während der Mindel-

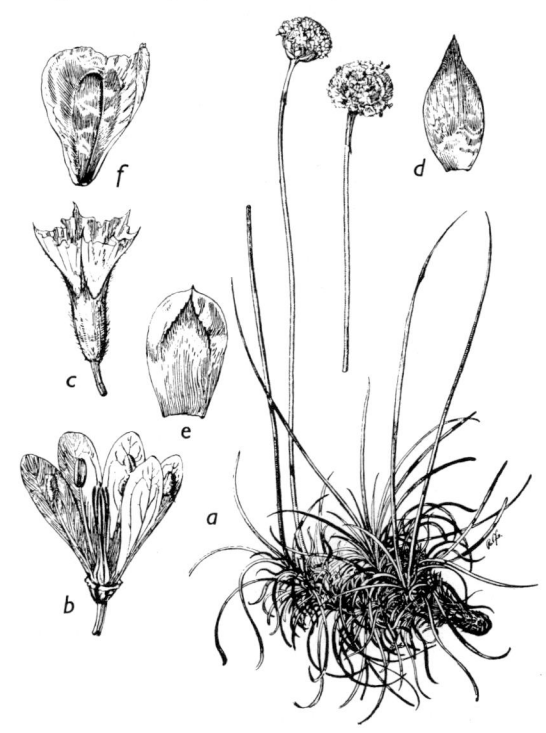

Fig. 2890. **Statice montana** Miller var. **purpurea** (Koch). *a* Habitus. *b* Blüte. *c* Fruchtkelch. *d* Aeusseres Hüllblatt. *e* und *f* innere Hochblätter.

und Risseiszeit bis Mitteldeutschland und Polen (vgl. pag. 1891) ausgebreitet und mindestens die letzte Eiszeit auch in Schwaben (vielleicht auf dem Schwarzen Grat) überdauert und von da die amphibischen Formen abgespalten (vgl. Gams in Schriften d. Ver. f. Geschichte des Bodensees. Bd. LIII [1924], 1926). Ob man St. purpurea als var. oder als „mitteleuropäische Art" bewertet, ändert an diesen Beziehungen, im Gegensatz zur Meinung Brockmanns (in Schröter Pflanzenleben der Alpen, 2. Aufl. 1926, pag. 1172) nicht das geringste. — Im jetzt geschützten Hoppenried oder Beningerried bei Memmingen (600 m ü. M.) wächst die „Riednelke" auf frisch gebildetem „Alm" (Quellkreide) sehr gesellig mit Schoenus ferrugineus, Primula farinosa, Catoscopium nigritum, Scorpidium scorpioides und S. turgescens, einer Lokalform von Lonicera caerulea u. a., auch im Cladiétum, im Schoenetum nigricantis und im Moliniétum; am Untersee auf dem im Sommer regelmässig überflutetem Kies und Sand im oberen Streifen des Grenzgürtels mit Carex Oederi und C. panicea, Deschampsia litoralis var. Rhenana, Agrostis alba var. prorepens, Juncus alpinus und J. articulatus, Allium schoenoprasum var. foliosum, Saxifraga oppositifolia und Leontodon autumnalis, seltener auch in den nur kürzere Zeit überschwemmten Sumpfwiesen mit Schoenus nigricans, Molinia caerulea, Cladium Mariscus, Allium suaveolens usw. Die Strandpflanzen, die meist einmal im Mai (bis zur Ueberflutung) und dann noch einmal bei sinkendem Wasserstand im August blühen und gewöhnlich nur im Herbst zur Fruchtreife gelangen, sind meist niedriger als die übrigen und durch besonders kräftige, bis 38 cm lange und bis 1½ cm dicke Pfahlwurzeln ausgezeichnet. Auf trockenem Kiesboden bleiben die Köpfe kleiner, manchmal nur 1- bis 3-blütig. Schon die Tatsache, dass die Früchte im Wasser sofort untersinken, spricht gegen die Annahme einer rezenten Herabschwemmung aus den Alpen. Die Rosetten arbeiten sich bei Ueberschüttung mit Sand und Schlamm durch Wachstum des Wurzelstocks wieder heraus. Die durch alljährlich 2 bis 4 Monate dauernde Ueberflutung schlaff und bleich gewordenen Rosettenblätter werden im August durch neue ersetzt, die den Winter überdauern. — Möglicherweise ist die aus dem tiefern Friaul (Castions di Strada), von Bergamo und aus der Lombardei angegebene „Armeria vulgaris var. elongata" mit purpurea identisch.

**2219. Statice plantagínea** All. (= St. arenária Pers., = Arméria plantaginea Willd., = A. rígida Wallr., = A. arenária Ebel, = A. montána Wallr. non St. montana Miller, = A. alliácea Ebel non Cav., = Statice Armeria var. elongáta Murith non auct. plur.). Wegerich-Sandnelke. Franz.: Armérie plantain. Fig. 2891 und 2885.

Rosettenstaude mit sehr kräftiger Pfahlwurzel und kurzem, verzweigtem, von zerfasernden Blattresten umhülltem Erdstock. Rosettenblätter sehr zahlreich, ± 6 bis 12 cm lang und 3 bis 8 mm breit, im oberen Drittel am breitesten, spitz oder abgerundet, am Grund scheidig verbreitert, meist völlig kahl, mit 3 bis 7 parallelen Nerven, bleichgrün. Schaft 1 in der Rosette, aufrecht, 2 bis 5 dm lang und $1^1/_2$ bis $2^1/_2$ mm dick, kahl. Köpfe kugelig, ± 2 cm breit. Hüllblätter in meist 4 Reihen, die äusseren ganz trockenhäutig, ± 1 bis $2^1/_2$ cm lang, allmählich lang zugespitzt, viel länger als die inneren, mit zu einer ± 3 bis 4 cm langen, den oberen Schaftstiel umschliessenden, unten zerschlitzten Röhre verwachsenen Spornen. Innere Hüllblätter breit abgerundet, mit kurzer, den fast farblosen Hautsaum kaum überragender Spitze. Kelch mit enger, den Stiel an Länge nicht oder wenig überragender, auf den 10 Rippen vorwärts ausgedrückt behaarter Röhre und von den 5 verlängerten, aussen behaarten Grannen ausgespanntem, farblosem Hautsaum. Kronblätter länger als der Kelch, deutlich ausgerandet, hell karminrot. Frucht geschlossen bleibend. Samen $2^1/_2$ mm lang, 2-kantig, glänzendbraun. — VI, VII.

Nur auf trockenem Sand in Heidewiesen (besonders in Weingaertnerieten) und Föhrenwäldchen im mittleren Rheintal zwischen Mainz, Budenheim und Niederingelheim (Mombacher Heide) und bei Oberstein (hier sicher als Gartenflüchtling oder absichtlich angesät), früher auch bei Sandtorf (1902 durch den Bahnbau vernichtet)

Fig. 2891. Statice plantaginea All. *a* Habitus. *b* Rosettenblatt. *c* Blütenstand. *d* Hüllblätter. *e* Kronblatt. *f* Junger Wickel (nach Maury), *g* alter Wickel mit den Deckblättern. *h* Blüte. *i* Kelch. *k* und *l* Krone präfloral.

und ferner in trockenen Magerwiesen der Penninischen Alpen: in der Schweiz nur im Eringertal zwischen Evolène und Ferpècle, besonders an kleinen Felsgräten zwischen La Forclaz und Sépey im Val de Ferpècle (hier von Chenevard und Pannatier entdeckt); häufiger erst auf der italienischen Seite (z. B. zwischen Breuil und Valtournanche und im Val d'Ollomont am Südhang des Grossen St. Bernhard).

Allgemeine Verbreitung: Portugal, Spanien, Frankreich (weit verbreitet mit Ausnahme des Nordens, des Vogesen- und Juragebiets) bis Jersey, Belgien und zum Mainzerbecken; Nordwestitalien (Piemont, Ligurien, Murge); angeblich auch in der Toscana, Mittel- und Süditalien und in Dalmatien.

Statice plantaginea ist in höherem Grad als die vorhergehenden eine atlantische Art, trotzdem sie xeromorph gebaut ist und Heidewiesen bewohnt, die zu eigentlichen Steppenheiden überleiten, vor allem die Weingaertneria-Koeleria gracilis-Assoziation, zu deren Charakterpflanzen sie Allorge für das Pariser Becken zählt und die sie bis ins Mainzer Becken begleitet. Hier wächst sie in der Mombacher Heide nicht nur mit weitverbreiteten Sandpflanzen wie Weingaertneria canescens und Helichrysum arenarium zusammen, sondern auch mit einer ganzen Reihe echter Steppenpflanzen vorwiegend östlicher Herkunft, wie Adonis vernalis, Silene conica, Onosma arenarium, Jurinea cyanoides, Carex supina u. a. Ins Wallis konnte St. plantaginea nur über heute vergletscherte Pässe aus dem Valpelline und Valtournanche einwandern.

Von den zahlreichen, z. T. der vorigen Art stark genäherten und von einigen Autoren auf mehrere Arten verteilten Formen fallen die meisten für uns ausser Betracht. Die Pflanze des Rheintals gehört zur var. týpica (Rouy) Gams mit langen, lineallanzettlichen, am Grund scheidigen, meist ganz kahlen Rosettenblättern und lang ausgezogenen äusseren Hüllblättern. — In den Westalpen (z. B. am Südfuss des Montblanc) kommt die viel niedrigere var. minor Gaudin mit sehr stumpfen Rosettenblättern, anfangs flaumigem Schaft und stumpfen Hüllblättern vor. — Mehrere andere Abarten und Farbenspielarten werden als Zierpflanzen gezogen, so die weissblühende f. leucántha (Boiss.).

Die 4. Reihe der **Ebenáles** oder Diospyráles zeichnet sich aus durch radiäre, 4- oder 5-gliederige Blüten und durch 2 oder mehr Kreise von Staubblättern (ist nur 1 Kreis ausgebildet, dann übertrifft die Zahl der Staubblätter jene der Kronblätter bezw. der Kronblattzipfel). Der Fruchtknoten ist ober- oder halbunterständig, ganz oder wenigstens unten gefächert (Fig. 2892 f); die Samenanlagen besitzen 1 oder 2 Integumente und sitzen an zentralwinkelständigen Plazenten. Im wesentlichen sind es Holzpflanzen mit einfachen Laubblättern der wärmeren Gegenden. Innerhalb der Sympetalen nimmt die Reihe eine isolierte Stellung ein; ebenso unklar ist der Anschluss an die Choripetalen. Die Reihe umfasst die Familien der Sapotáceae, Ebenáceae, Symplocáceae und Styracáceae mit zahlreichen Nutz- und Kulturpflanzen. Die Familie der Fouquieráceae wird neuerdings von Engler aus der Reihe der Parietales ausgeschieden und an den Anfang der Ebenales gestellt. Vgl. auch L. Reuter in Bot. Archiv Bd. XVI, 1926, pag. 118 bis 173.

Die Familie der **Sapotáceae** umfasst etwa 40 Gattungen mit 600, meist baumförmigen, seltener strauchigen Arten mit einfachen, fast stets ganzrandigen, abwechselnden, oft ledrigen Laubblättern und mit kleinen, einzeln oder gebüschelt in den Blattachseln stehenden, zwitterigen, strahligen, 4- bis 8-gliederigen Blüten. Die Kelchblätter, ebenso die Kronblätter, stehen zuweilen in 2 Reihen, die Staubblätter in 2 bis mehreren Wirteln; der äussere Kreis der letzteren ist zuweilen verkümmert (staminodial) oder blumenblattartig ausgebildet. Der oberständige, 4- bis vielfächerige Fruchtknoten mit einfachem Griffel und nicht verdickter Narbe enthält in jedem Fache eine ± gekrümmte, apotrope, zentral- oder grundständige Samenanlage (letztere mit 1 Integument); er entwickelt sich zu einer wenigsamigen Beere mit zuweilen verholzter Aussenschicht. Anatomisch sind die Sapotaceen durch das Vorkommen von Milchsaftschläuchen in Rinde, Mark, Blättern und Früchten und von einzelligen zweischenkeligen Haaren gekennzeichnet. Die grosse Mehrzahl bewohnt die tropischen Regenwälder; nur wenige dringen in die Steppen oder in die gemässigte Zone (so Bumélia in Amerika bis Illinois und Argentinien, Lucúma bis Peru und Chile, Argánia Sideróxylon Roem. et Schult. bis Marokko, Hormógyne cotinifólia DC. bis Neusüdwales vor. Besonders reich an Gattungen ist der Indomalayische Archipel und Westafrika; beiden Erdhälften gemeinsam sind einzig die Gattungen Mimúsops, Sideróxylon und Chrysophýllum. Viele Gattungen sind auf altisolierte Inselgruppen beschränkt. In Europa und im ganzen extratropischen Asien fehlt die Familie vollständig. Wahrscheinlich war die Familie in der Kreide von Grönland und Nordamerika, sowie im Tertiär von Nordamerika und Europa (von Südfrankreich bis zur Ostsee) vertreten. Wirtschaftlich von grösserer Bedeutung sind die Guttapercha[1] liefernden Bäume des Malayischen Archipels (bis Neu-Guinea), als deren wichtigste Paláquium oblongifólium Burck, P. Borneénse Burck, P. Treúbii Burck, P. Supfiánum Schlechter und Payéna Leérii Benth. et Hook. zu nennen sind; Palaquium Gútta Burck (= Isonándra Gutta Hook.), „Taban merah", das früher als die Stammpflanze aller Guttaperchasorten angesehen wurde, ist heute so gut wie ausgerottet. Weitere Arten liefern ein minderwertiges, im Handel bedeutungsloses Produkt. Die geographischen Grenzen der echten Guttapercha-Bäume liegen nördlich und südlich des 6. Breitegrades zwischen dem 95. und 119.° östlicher Länge (auf Java kommen echte Guttapercha-Bäume wildwachsend

---

[1] Guttapercha ist als Neutrum zu betrachten. Richtiger ist übrigens Getahpercha (sprich pertscha). Getah bedeutet bei den Malayen einen klebrigen Milchsaft, percha = Streifen.

nicht vor). Den Malayen war der Gebrauch der Guttapercha wohl schon lange bekannt. Nach Europa (London) scheint die erste Probe 1656 durch den englischen Reisenden John Tradescant gebracht worden zu sein. Immerhin blieb das Produkt unbekannt, bis 1832 der englische Arzt W. Montgomery und 1843 der spanische Arzt José d'Almeida dasselbe in Europa neuerdings einführten. Während lange Zeit durch Fällen der Bäume ein barbarischer Raubbau getrieben wurde, ist man neuerdings dazu übergegangen, wie bei den Kautschukbäumen durch rationellere Verfahren der Milchsaftgewinnung die Existenz der Bäume nicht zu gefährden. Auch hat man in Hinterindien, auf Sumatra und Java Pflanzungen angelegt. Durch Einschnitte in die Rinde wird der ausfliessende Milchsaft (Latex) in Beuteln der Pinang-Palme (Areca Catechu) gesammelt oder man lässt ihn direkt am Stamme zu einer schwammig-porösen Masse erstarren (Roh-Guttapercha = Getah muntah). Neuerdings hat man auch angefangen die Guttapercha aus den Blättern durch Extraktion mit Toluol, Petroläther oder Schwefelkohlenstoff zu gewinnen („Grüne Guttapercha"). Chemisch steht das Guttapercha dem Kautschuk sehr nahe. Es besteht aus 78 bis 82 % Gutta ($C_{10}H_{16}$) und den 3 (oder mehr) Oxydationsprodukten dieses Kohlenwasserstoffes, nämlich Fluavil ($C_{10}H_{16}O$), Alban ($C_{40}H_{64}O_2$) und aus dem sehr unbeständigen Guttan (Alban und Fluavil sind nach neueren Untersuchungen Zimmtsäureester). Ausserdem sind etwas Gerbstoff, zuckerartige Substanzen, Salze, Spuren von Fett und Farbstoffen vorhanden. Während Guttapercha an der Luft oder im Licht oxydiert, brüchig und zerbrechlich wird, erfolgt diese Oxydation im Dunkeln und unter Wasser (namentlich im Meerwasser) nicht. Im Gegensatz zum Kautschuk ist es bei gewöhnlicher Temperatur nur biegsam und wenig dehnbar, jedoch nicht elastisch. Beim Erwärmen wird es teigig, weich und knetbar und kann in Formen gepresst werden, die es dann beibehält. In der Technik hat Guttapercha als vorzügliches Isolierungsmaterial bei elektrischen Leitungen, besonders für submarine und unterirdische Kabelleitungen, Bedeutung, dann zur Herstellung von Treibriemen in nicht zu warmen Räumen, zu Röhren, Spritzen, Gefässen, Sprach- und Höhrrohren (Guttapercha ist ein guter Schall-leiter), Spielbällen, Kathedern, Ueberzügen für Walzen, zu Gaumenplatten usw. Das gelbbraune, nicht klebende, durchscheinende Guttapercha-Papier (Guttapercha lamelláta) wird durch Auswalzen in dünnen Blättern aus gereinigter, nicht gebleichter Guttapercha hergestellt. Dieses wird bekanntlich zu Verbänden, Umschlägen, Eisbeuteln, Luftkissen usw. benützt. Die weisslichen, biegsamen, 3 bis 5 mm dicken Guttapercha-Stäbchen (Guttapercha in bacillis) dienen in der Zahnmedizin zum provisorischen Füllen von Zähnen oder mit Kreosot getränkt als Heilmittel. Sie sind unter Wasser, dem 10 % Glyzerin oder 10 % Weingeist zuzusetzen sind, aufzubewahren. Wie Kautschuk lässt sich auch Guttapercha vulkanisieren und hornisieren. Eine Lösung kleingeschnittener Guttapercha in 9 Teilen Chloroform dient unter dem Namen Traumaticum (Deutsch. Arzneib. VI, 1927) als Deckmittel statt Kollodium. Auch mit Leinöl lässt sich Guttapercha zusammenbringen (zum Dichtmachen von Geweben), ebenso mit Ammoniakgummi (Defayscher Hufkitt oder künstliches Hufhorn). Surrogate werden durch Mischung von Harzen, Wachs (Karnaubawachs), Oelen oder Asphalten mit oder Zusatz von Kautschuk oder Guttapercha hergestellt; hierher gehören u. a. die Nigrite. — Der mit Guttapercha nahe verwandte Körper „Balata" stammt von dem bis 35 m hohen Urwaldbaum Mimusops Baláta Gaertn., dem bullet tree. Er wurde 1857 durch S. Bleekrode in Europa bekannt und zunächst „Surinam-Guttapercha" bezeichnet. Das Hauptproduktionsgebiet der Balata ist Guayana und Venezuela. In der deutschen und englischen Industrie wird Balata vor allem zu Treibriemen in kühlen Räumen (namentlich zum Antrieb von Dynamomaschinen) verwendet, dann zur Herstellung von Schuhsohlen, Schweissblättern, Matritzen usw. In Portugiesisch-Ostafrika wurde Mimusops Henriquésii Engler et Warburg entdeckt, welche Pflanze wie noch weitere afrikanische Arten ein leidliches Produkt abgeben. Eine ganze Anzahl von Sapotaceen liefern geniessbare Früchte und werden deshalb in den Tropen kultiviert, so Áchras Sapóta L., der Sapotillbaum, Breiapfel, Níspero der Spanier, Mispelboom der Holländer, Sapotier der Franzosen, Zapota der Eingebornen aus Westindien, Vitellária (Lucúma) mammósa (L.) Radlk., Marmelade-tree, Sapote grande aus dem tropischen Amerika, Chrysophýllum Caínito L., der Sternapfelbaum, Caíniteiro, Starapple, aus dem tropischen Amerika, Chrysophýllum monopyrénum Sw. (Damascener Pflaumen) auf den Antillen usw. Aus den wohlriechenden Blüten verschiedener Mimusops-Arten wird ein aromatisches Oel erhalten. Fettes Oel, das in der Seifen- und Kerzenfabrikation, als Speisefett und Brennöl Verwendung findet, wird seit langem aus den oft sehr grossen Samen zahlreicher Arten gewonnen, so auf Sumatra der Sunteitalg von Paláquium oleósum Blanco, von P. písang Burck der Balam- oder Siaktalg, von Payéna Bankénsis Burck das Ketianöl usw., in Nord- und Zentralindien von dem auch kultivierten Baume Illípe latifólia Engler (Moa tree der Engländer), die Mahwabutter, in Südindien und Ceylon von Illípe Malabrórum König (= Bássia longifólia L.) die Mowrabutter oder das Mé-Oel, von Illípe butyrácea Engl. die Fulwa-, Chorea- oder Gheebutter, im nördlichen tropischen Afrika (Steppenwald) von Butyrospérmum Párkii Kotschy die Shea-, Galam- oder Karitébutter, von Mimusops Elengi L. in Indien das Oel Kesava-Menon, von Mimusops Djáve Engler in West-afrika die Njave- oder Adjabbutter; Diploknéma sebífera Pierr. und verschiedene Dipterocarpaceae liefern Borneotalg. Das Oel der Samen von Argánia Sideróxylon Roem. et Schult. dient in Marokko als

Ersatz von Olivenöl. Das Holz zahlreicher Sapotaceen ist als Bau- und Werkholz geschätzt, so das „Eisenholz" (bois de fer) verschiedener Sideroxylon-Arten (besonders von S. inérme L. in Süd- und Ostafrika und von Argánia Sideróxylon L. in Marokko, das „Pferdefleischholz" von Mimusops Baláta L. in Guayana und auf den Antillen, das blutrote Holz (Galimetta wood) von Dipholis salicifólia DC. in Westindien; Mimusops eláta Fr. All. in Nordbrasilien liefert Massaranduha usw. Einige Arten haben örtlich als Heilmittel Bedeutung, so vor allem die Droge Chicle oder Chicli Gummi. Es ist dies der eingedickte Milchsaft von Áchras Sapóta L., der den Hauptbestandteil der in den Vereinigten Staaten massenhaft gebrauchten Kaugummi (chewing gum) darstellt. Die Rinde dient auch als Surrogat für Chinarinde. Von Pradósia lactéscens Radlk. (= Lucúma glycyphlœa Mart. et Eichl.) stammt Córtex Monésiae (Monesiarinde) oder C. Guaranham, die als Stromachicum, Adstringens und Expectorans Anwendung findet. In Brasilien wird die Rinde seit langem als Gerbmaterial benützt. Die Blütenblätter von Bássia latifólia Roxb. in Indien speichern nach dem Verstäuben so reichlich Zucker (bis 58 %) auf, dass diese in Bengalen ein wichtiges Nahrungsmittel liefern, andrerseits zur Destillation eines „darn" genannten Alkohols dienen. Als Garten-Ziersträucher können für Mittel-Europa und zwar für geschützte Lagen einzig die beiden nordamerikanischen Bumélia-Arten (B. lycioides Gaertn. und B. lanuginósa Pers.) in Betracht kommen.

## 106. Fam. Ebenáceae. Ebenholzgewächse.

Bis 30 m hohe Holzpflanzen mit sehr hartem, schwerem, oft verschieden gefärbtem Kernholz. Laubblätter meist wechselständig, seltener gegen- oder zu 3 quirlständig, gewöhnlich lederig, ganzrandig oder etwas buchtig oder fein gekerbt. Nebenblätter fehlend. Blüten radiär, 3- bis 7-zählig, meist 1-geschlechtig, 2-häusig, selten zwitterig oder vielehig, einzeln oder zu trugdoldigen, zuweilen stammbürtigen Blütenständen vereinigt. Kelch 3- bis 7-lappig, bleibend, nach der Blüte sich oft vergrössernd. Krone regelmässig, mit rechts gedrehter, sehr selten klappiger Knospenlage, 3- bis 7-lappig, aussen häufig seidenhaarig. Staubblätter in 1 oder 2 Wirteln stehend, soviele wie Kronlappen oder mehr, frei oder am Grunde unter sich zu Bündeln verwachsen, in den weiblichen Blüten meist staminodial. Antheren intrors, am Grunde angeheftet, mit seitlichen Längsspalten, seltener mit Gipfelporen aufspringend, zuweilen mit verlängertem Konnektiv. Fruchtknoten oberständig, in den männlichen Blüten rudimentär oder ganz fehlend, 2- bis 16-fächerig, in jedem Fach mit 1 bis 2 hängenden, umgewendeten Samenanlagen; letztere mit 2 Integumenten; Griffel 2 bis 8, ganz frei oder ± verwachsen; Narben klein, ungeteilt oder 2-lappig. Frucht meist eine 1- bis wenigsamige Beere oder seltener eine lederartige, klappig aufspringende Kapsel, durch Abort oft wenigfächerig. Samen meist länglich und seitlich zusammengedrückt, mit reichlichem, knorpeligem, oft zerklüftetem Nährgewebe. Keimling axil, gerade oder ± gekrümmt, mit laubigen Keimblättern.

Die Familie der Ebenaceen umfasst nur 6 Gattungen mit etwa 320 Arten, die fast ausschliesslich Holzgewächse der Tropen und Subtropen und zwar vorzugsweise der östlichen Halbkugel sind. Die Hauptentwicklung fällt mit den beiden Gattungen Diospýros und Mába auf Ostindien und den malayischen Archipel. Royéna und Eúclea gehören dem afrikanischen Kontinent an, während die monotypische Gattung Tetráclis auf Madagaskar und Brachynéma auf Brasilien beschränkt sind. In Europa werden einige Diospyros-Arten angepflanzt. Die nächste Verwandtschaft haben die Ebenaceen mit den Symplocaceen und den milchsaftführenden Sapotaceen, von denen sie sich aber durch den oberständigen und die meist 1-geschlechtigen Blüten leicht unterscheiden. Das Kernholz der Ebenaceen zeichnet sich durch seine ausserordentliche Festigkeit, sowie durch sein hohes spezifisches Gewicht aus; meist ist es schwarz, doch zuweilen auch weiss, grün oder rot gefärbt oder aber buntstreifig. Das Mark ist dafür meist sehr spärlich ausgebildet. Die meisten Ebenhölzer liefern zahlreiche Diospyros-Arten (siehe dort); so die schwarzen Ebenhölzer, die als Lagos-, Gabun-, Zanzibar-, Madagaskar-, Mauritius-, Indische- und Manila-Ebenhölzer in den Handel kommen, das weisse Ebenholz der Maskarenen, das buntstreifige Coromandel- oder Calamandar-Ebenholz, Philippinen Camagoon, das rote von Mauritius und das grüne aus Vorderindien. Eúclea Pseudébenus E. Mey. liefert das schwarze, im Handel als Orangefluss-Ebenholz (orange river ebony, zwarteb benhout) benannte Nutz- und Werkholz. Von mehreren Arten werden die meist wohlschmeckenden Beerenfrüchte gegessen, so diejenigen von Eúclea Pseudébenus („Embolo" der Eingeborenen) und von E. unduláta Thunb. („guarri" der Hottentotten), sowie die von Mába maior G. Forst. auf den Freundschaftsinseln.

## DLXXXVI. Diospýros[1]) Dalech. (= Cargíllia K. Br., = Leucóxylum Blume). Dattelpflaume. Franz.: Plaque-minier; engl.: Date-plum, persimon.

Bäume oder Sträucher mit meist abwechselnden, seltener gegenständigen Laubblättern. Blüten meist 4= bis 5=zählig, in achselständigen, zuweilen stammbürtigen Trugdolden, zweihäusig. Kelch zur Fruchtzeit oft sich vergrössernd. Staubblätter in den männlichen Blüten 4 bis viele (meist 16). Weibliche Blüten meist mit 4 bis 8 Staminodien. Fruchtknoten gewöhnlich 8=, seltener 4=, 6= oder 16=fächerig. Beerenfrucht gewöhnlich kugelig, 1= bis 10=samig.

Die etwa 200 Arten umfassende Gattung ist im ganzen Verbreitungsgebiet der Familie mit Ausnahme von Südafrika vertreten. Ihre wirtschaftliche Bedeutung beruht auf dem harten und schön gefärbten Kernholz verschiedener Arten, das für feine Tischler= und Drechslerarbeiten, zu Möbeln usw. beliebt ist. Die geschätztesten Arten sind das Bombay=Ebenholz von D. Ebénum König, D. melanóxylon Roxb., D. sílvática Roxb. u. a., das Madagaskar=Ebenholz von D. haplostýlis Boiv. und D. microrhómbus Hiern, das Ceylon=Ebenholz von D. ebenáster Retz., das Coromandel=Ebenholz oder Tintenholz von D. hirsúta L., das Persimonholz von D. Vírginiána L. usw. Eine ganze Anzahl von Arten liefern geniessbare Früchte, so D. Philippinénsis (Desr.) Gürke auf den Philippinen („Mabolo"), D. mespilifórmis Hochst. (in Abessinien „Aje", in Togo „dieti" genannt), D. melanóxylon Roxb. in Indien, D. Virginiána L. in den östlichen Vereinigten Staaten und D. Lótus L. (siehe unten!). Weitaus die bekannteste Frucht ist jene von Diospýros Káki L., die Kaki=Pflaume, Japanische Dattelpflaume, Chinesische Quitte (japanisch Kaki, chinesisch Shitse, englisch Persimon, französisch Raguemine). Die Art wird als kleiner, sommergrüner Obstbaum (franz.: Plaqueminier; ital.: Albero di S. Andrea, ermellino) vor allem in den subtropischen Ländern in Japan, Nordchina, Formosa, Korea, in verschiedenen, auch parthenokarpen Sorten kultiviert, neuerdings auch in Kalifornien und Florida, sowie in den Mittelmeerländern, an den oberitalienischen Seen, in der Westschweiz und im wärmeren Oberrheingebiet. Allerdings sind in Europa nur die Sorten aus dem nördlichsten Verbreitungsgebiet in Ostasien ganz hart. Die tomatenähnlichen, ziemlich rundlichen und vom Kelche gestützten Früchte sind goldgelb, orange= oder fleischfarben, glatt und erreichen etwa 5 bis 7 cm im Durchmesser. Die var. costáta (Carr.) André zeigt 4=rippige, fast kugelige, die var. Mazéli Mouillet 8=rippige Früchte. Da die Früchte erst im überreifen Zustand schmackhaft werden, werden sie gern lange (bis in den November) am Baume belassen. Wegen ihres starken Gehaltes an Gerbstoff dürfen die Früchte nicht mit eisernen Messern geschnitten werden. Dieser Gehalt ist es auch, welcher den Fruchtsaft (in Japan Kaki=Shibu genannt) in Ostasien zum Dauerhaftmachen von Netzen, Fischegeräten, von Packpapier und Anstrichfarben geeignet macht. Aus dem Fruchtfleisch wird auch ein haltbares Mus hergestellt, welches die Engländer als Kegfig, die Franzosen als Figues caques kennen. — Gelegentlich wird in der Kultur auch Diospýros Virginiána L. aus dem nordöstlichen Nordamerika angetroffen. Die Pflanze gleicht D. Lotus (Laubblätter aber stärker glänzend; Blattstiele ziemlich dünn, 1,5 bis 2 cm lang. Zweige mehr rotbraun. Früchte gelbrot). — Fossil sind verschiedene Arten aus der lybischen Kreide, sowie aus der Kreide von Nordamerika und Grönland beschrieben worden. Während der ganzen Tertiärzeit war die Gattung in Nordamerika, im arktischen Gebiet, in Europa und in Nordasien, ebenso auf Java und Sumatra vertreten. Neuweiler stellte Holzreste in der römischen Niederlassung Vindonissa (Schweiz) fest. Aus dem Holz ist eine Flöte gefertigt worden.

**2220. Diospyros Lótus**[2]) L. Lotospflaume, Italienische Dattelpflaume, Lotusbirne. Ital.: Legno santo; im Tessin: Sansövign, die Frucht Zenzuin. Fig. 2892.

5 bis 10 (20) m hoher, ausgebreiteter, rundkroniger Strauch. Verzweigung ± 2=zeilig; junge Triebe ± behaart (Fig. 2892b). Laubblätter ziemlich veränderlich (besonders in der Behaarung), wechselständig, länglich bis lang=elliptisch, lebhaft grün, glänzend, oberseits bleibend kurzhaarig, unterseits mit längeren weichen Haaren besetzt; Blattstiel verhältnismässig dick, 1 bis 1,3 cm lang. Blüten klein, grünlich, fast sitzend, 2=häusig. Männliche Blüte: Kelch etwa halb so lang als die Kronröhre (Fig. 2892b), kahl, nur kurz gewimpert. Krone ziemlich klein, kurz und breitglockig, fast oder völlig kahl. Staubblätter 6 bis 16; Staubfäden kahl;

---

[1]) Vom griech. δῖος [díos] = göttlich, von Zeus stammend und πῦρος [pýros] = Korn, Weizen, Frucht; also göttliche Frucht.

[2]) Griech. λωτός [lotós] = Name verschiedener Pflanzen, darunter auch der Lotospflaume Plinius bezeichnete sie als Faba Graeca.

Tafel 213

## Tafel 213.

Fig. 1.  *Statice Armeria* (pag. 1887). Habitus.
 „  1a. Blüte.
 „  1b. Fruchtknoten mit Narbenästen.
 „  2.  *Limonium vulgare* (pag. 1882). Habitus.
 „  2a. Blüte.
 „  2b. Fruchtknoten mit Narbenästen.
 „  2c, d. Längs- und Querschnitt durch den Samen.
 „  3.  *Fraxinus excelsior* (pag. 1926). Blüten- und Fruchtzweig.

Fig. 3a. Männliche Blüte.
 „  3b. Zwitterblüte.
 „  3c. Samen.
 „  3d. Samen (quergeschnitten).
 „  4.  *Ligustrum vulgare* (pag. 1946). Blütenzweig.
 „  4a. Fruchtzweig.
 „  4b. Blüte.
 „  4c. Samen.
 „  4d. Samen (quergeschnitten).

Konnektiv seidenhaarig. Weibliche Blüte: Kelch so lang wie die Krone, bis wenig unter die Mitte geteilt; Griffel bis zum Grunde geteilt, behaart. Fruchtbeere kugelig, Kirschen gross, anfangs gelb und hart, oft bereift, später blauschwarz, teigig, wohlschmeckend. — V, VI.

Kultiviert und an felsigen Stellen in Südtirol und in der Südschweiz verwildert; im Tessin bei Locarno (Vallon de Fregera, Madonna del Sasso), bei Lugano (bei Pazzalino, Gandria, Cassarina, San Salvatore, Monte Caprino, Cavallino), bei Chiasso usw.

Allgemeine Verbreitung: Kleinasien, Transkaukasien, Persien bis Afghanistan, nordwestliches Indien, Nordchina, Japan; im Mittelmeergebiet eingeführt.

Die ostasiatische Holzpflanze wird seit 1629 in Südeuropa in verschiedenen Formen kultiviert und deshalb auch ab und zu verwildert angetroffen. Im Tessin, wo sie Sansövign (die Frucht Zenzuin) genannt wird,

Fig. 2892. Diospyros Lotus L. *a* Zweig mit männlichen Blüten. *b* Männliche Blüte. *c* Zweig mit weiblichen Blüten. *d* Weibliche Blüte. *h* bis *k* Junger Spross mit Knospe und Knospenschuppe. — Diospyros Kaki L. *e* Reife Frucht ($^1/_8$ natürliche Grösse). *f* Querschnitt durch dieselbe. *g* Samen.

vermehrt sie sich im Garten spontan (ebenso in Bozen); zur Zeit von Schleicher und Gaudin scheint sie in der Südschweiz häufiger gewesen zu sein. In der Jugend ist der Strauch frostempfindlich. Die Früchte sind roh nur im teigigen Zustande geniessbar und haben einen der Aprikose ähnlichen Geschmack. Sie werden auch zu Firniss eingekocht oder es wird aus ihnen eine Art Wein bereitet. Das Holz ist als Wildes Franzosenholz (Lígnum Guájaci Patavíni) bekannt und eignet sich besonders zu Drechslerarbeiten. Schon zur Römerzeit wurde der Baum wegen seiner weithin schattenspendenden Zweige an Häusern gezogen; noch heute ist er in Rom als

Alleebaum beliebt. Gelegentlich kommen samenlose Früchte, gegabelte Laubblätter und tricotyle Keimpflanzen vor; auch scheinzwitterige Blüten sind beobachtet worden.

Die **Symplocáceae** mit vollständig gefächerten, unterständigen Fruchtknoten und zu Bündeln verwachsenen und vor den Kronblättern stehenden Staubblättern mit der einzigen Gattung Symplócos mit gegen 280 Arten sind gleichfalls Bewohner der Tropen und Subtropen, besonders von Amerika und Südostasien; und zwar sind es Holzpflanzen mit stets ungeteilten Laubblättern und Steinfrüchten. Am weitesten nach Norden (bis Portsmouth in Virginien, 37° nördl. Breite) reicht S. tinctória L'Hér., am weitesten nach Süden (bis Montevideo, 35° südl. Breite) S. Uruguénsis Brand. Immerhin fehlen die Symplocaceen mit Ausnahme von S. tinctoria den tropischen Tiefländern vollständig. Sie verlangen eine gewisse Erhebung über dem Meeresspiegel; einzelne kleinblätterige Arten reichen bis 4100 m Meereshöhe. Die Blätter einzelner südamerikanischer Arten dienen als Surrogat oder als Zusatz des Mategetränkes. Die alkaloidreiche Rinde mehrerer Arten (besonders die Lodhrinde von S. racémósa Roxb. in Indien) dient als Chininersatz. Andere liefern einen gelben oder roten Farbstoff. Die Blüten verschiedener Arten enthalten als feste Ablagerung in den Zellen bis gegen 50% Tonerde ($Al_2O_3$). In Nordamerika geben im Herbst die Blätter von S. tinctória L'Hér. einen Leckerbissen für Pferde (daher „horse sugar"). In Gärten befinden sich seit langem S. paniculáta Wall. (= S. crataegioídes Buch.-Ham.) aus dem Himalaya, China und Japan mit kugeligen, blauen oder blauschwarzen Beeren (die Laubblätter erinnern etwas an jene kleiner Magnolien) und S. coccínea Humb. et Bonpl. aus Mexiko mit prächtig roten Blüten in Kultur.

Die **Styracáceae** mit 6 Gattungen (Pamphília, Stýrax, Bruinsmia, Alniphýllum, Halésia, Pterostýrax) und etwa 120 Arten bewohnen die Tropen und Subtropen der alten und neuen Welt (mit Ausnahme von Afrika). Besonders reichlich sind sie in Amerika vertreten; hier reichen sie nördlich bis Virginien und Mittel-Californien, südlich bis Uruguay. Es sind wiederum Holzpflanzen mit meist ganzrandigen oder gesägten, häufig lederigen, nebenblattlosen Laubblättern und mit einzeln stehenden oder zu Trauben oder Rispen angeordneten, kleinen bis mittelgrossen, zwitterigen, meist 5- (seltener 4- bis 7-)zähligen Blüten. Die Staubblätter, doppelt so viele als Kronblätter und paarweise vor ihnen stehend, sind am Grunde miteinander verwachsen und bilden einen Quirl. Der ober- oder ± unterständige Fruchtknoten mit langem Griffel ist gewöhnlich nur im unteren Teil gefächert; jedes Fach enthält eine oder wenige umgewendete, hängende oder aufrechte, von einem Integument umgebene Samenanlagen. Die Frucht ist eine fleischige oder trockene, zuweilen 3-klappig aufspringende, seltener eine geflügelte Steinfrucht. Häufig treten weisse oder bräunliche Schuppenhaare, seltener Büschel- und Sternhaare auf. Von Stýrax officinális L., einem 4 bis 7 m hohen, laubabwerfenden Strauch mit unterseits weissfilzigen Laubblättern, stammt das ehedem (noch gegen das 18. Jahrhundert) vielfach verwendete wohlriechende Harz „Styrax" oder „Storax" (Resína stórax), auch „fester Styrax" geheissen. Das Harz wurde namentlich zu Räucherungen (Judenweihrauch) benützt und kam in Körnerform, oft in Schilf- oder Palmblätter eingerollt (daher auch Storax calamitus) in den Handel. Es gehört zu dem schon von Moses vorgeschriebenen heiligen Räucherwerk. Der Strauch bildet in Griechenland ein Bestandteil des Auenwaldes und erscheint dort in Gesellschaft von Platanus Orientalis, Myrtus communis, Nerium Oleander und verschiedenen Weiden. Das heute als Storax in den Handel gelangende Harz stammt wohl ausschliesslich von Liquidambar Orientalis Mill., einer in Kleinasien (besonders in der Landschaft Karien) vorkommenden Hamamelidacee (vgl. Bd. IV 2, pag. 656). Viel wichtiger sind die Benzoëbäume Stýrax Tonkinénse (Pierre) Craib, Stýrax benzoídes Craib und Stýrax Bénzoin Dryander (= Benzoin officinále Hayne), letzterer ein immergrüner, in Hinterindien und im Malayischen Archipel beheimateter Baum, welcher das wohlriechende, nach Vanille duftende, offizinelle (Pharm. Helv.) Harz Resína Benzoë (oder Gum Benjamin) liefert. Dasselbe wird durch Rindeneinschnitte, aus denen es als eine schnell erhärtende Flüssigkeit austritt, erhalten. Im unverletzten Stamme fehlen Harzbehälter; dieselben entstehen erst als Resultat von Verwundungen. Im Handel erscheint die Benzoë in Form loser, homogener Stücke (Tränen) oder als Mandelbenzoë. Weiter werden unterschieden: Siam-Benzoë (die beste Sorte), Calcutta-, Palembang-, Padang-, Sumatra- und Penang-Benzoë. Das Siambenzoëharz besteht aus einem Gemenge von Benzoësäure-Siaresinotannolester ($C_{12}H_{13}O_2$—O—$COC_6H_5$) und Benzoësäure-Benzoresinolester ($C_{16}H_{25}O_2$—O—$COC_6H_5$); Zimtsäure kommt weder frei noch als Ester gebunden in der Siam-Benzoë vor, wohl aber in der Sumatra-Benzoë, dagegen enthält erstere 0,15% Vanillin, freie Benzoësäure und 1,6 bis 3,3% holzige Verunreinigungen. Benzoë war bereits im alten Aegypten, anscheinend aber nicht den Griechen und Römern bekannt. 1461 wurde sie von den ägyptischen Sultanen mit anderen Kostbarkeiten dem Dogen von Venedig zum Geschenk gemacht. Im 16. Jahrhundert taucht sie als Asa dúlcis auf; 1571 wird sie in der Esslinger Arzneitaxe genannt. Heute wird sie in der Parfümerie in ausgedehnten Massen verwendet zu wohlriechenden Essenzen, Pomaden, zur Darstellung von Anilinblau, zur Parfümierung von Spirituslacken und Firnissen, als Zusatz zu Räucherpulver, in der Heilkunde seit langer Zeit zur Bereitung von Tinctura Benzoës, von Acidum benzoicum oder Benzoësäure ($C_2H_5 \cdot CO_2H$) gegen rheumatische Schmerzen, als schweisstreibendes und Auswurf beförderndes Mittel, mit Kreosot bei

Tuberkulose, zu Inhalationen, Einblasungen in die Nase (bei Pertussis), Pinselungen bei tuberkulosen Ulcerationen des Kehlkopfes, als Geruchskorrigens, zu Schönheitswässern (gegen Hautflecken und Sommersprossen), bei Verbrennungen, zu Zahnmitteln usw. Verfälschungen erfolgen durch Kolophonium, Dammar, Terpentin, Fichtenharz usw. Auch brasilianische Styracaceen (Styrax reticuláta Mart., St. ferrugínea Pohl, Pamphília aúrea Mart. u. a. erzeugen ein wohlriechendes, als Weihrauch in den Kirchen verwendetes Harz. In Gärten werden bei uns als Seltenheit Styrax Americánus Lam. aus dem nordöstlichen Nordamerika, St. Japónicus Sieb. et Zucc. aus Japan, St. Obássia Sieb. et Zucc. aus China und Japan und neuerdings St. dasyánthus Perkins aus China angetroffen, ferner Halésia diptéra Ellis mit zweiflügliger Frucht und H. Carolína L. (= H. tetráptera Ellis) mit hängenden, weissen Blüten und mit vierflügeliger, zugespitzter Frucht, beide Silver bell (Silberglocke) oder Snow-drop tree (Schneeglöckchenbaum) genannt aus dem nordöstlichen Nordamerika, Pterostýrax (Halesia) corymbósus Sieb. et Zucc. und P. híspidus Sieb. et Zucc. aus China und Japan.

Die Reihe der **Contórtae** (Drehblütler) umfasst Holzpflanzen und Kräuter mit in der Regel gegenständigen, meist ungeteilten (selten gefiederten), gewöhnlich nebenblattlosen Laubblättern. Die Blüten sind gewöhnlich 4- (seltener 2- bis 6-)gliederig und meistens sympetal (selten choripetal oder apetal). Die Krone ist aktinomorph (nur bei einzelnen Loganiaceae zygomorph) und in der Knospenlage nach rechts gedreht oder klappig. Die Staubblätter stehen in einem Kreise und sind gewöhnlich in gleicher Zahl wie die Kronblätter (meist 4 bis 5, seltener weniger) vorhanden; häufig sind sie am Grunde mit der Kronröhre vereinigt. Der oberständige Fruchtknoten wird aus 2 Fruchtblättern gebildet. Die Samenanlagen sind von einem Integument umgeben. Histologisch sind die Contortae durch den Besitz von intraxylärem Weichbast gekennzeichnet (letzteres fehlt den Buddleoideae und den Oleaceae). Zur Reihe der Contortae gehören die Familien der Oleáceae (pag. 1901), Loganiáceae (pag. 1949), Gentianáceae (pag. 1953), Apocynáceae und Asclepiadáceae. Die kleine, nur aus 9 Arten (grösstenteils Küsten- und Steppensträucher in Asien und Afrika) bestehende Familie der Salvadoráceae, mit freien Kronblättern, die früher den Oleaceae angeschlossen wurde, wird neuerdings zu den Archichlamydeen in die Nähe der Celastraceae gestellt. Von den genannten 5 Familien zeigt die Familie der Oleaceae eine gewisse Selbstständigkeit (Staubblätter in der Regel 2. Fehlen des intraxylären Phloëms. Blüten öfters choripetal) und wird deshalb auch als Typus einer besonderen Reihe (Ligustráles) aufgefasst. Die Reihe der Contortae ist eine recht natürliche und gut umgrenzte; Beziehungen und Aehnlichkeiten mit den Tubiflorae und Rubiales werden durch Vermittelung der Loganiaceae hergestellt. Beide Reihen (Contortae und Tubiflorae) stellen gewissermassen Parallelreihen dar, die auf ähnliche Urformen zurückgehen. Während bei den Contortae die Aktinomorphie beibehalten wird, ist diese bei den Tubiflorae nur bei den ursprünglichen Familien (Convolvulaceae, Polemoniaceae, Nolanaceae, Solanaceae) vorhanden, während bei den übrigen (Scrophulariaceae, Boraginaceae, Labiatae) die Anpassung an die Insektenblütigkeit eine Steigerung und Fixierung der Zygomorphie zur Folge hatte.

## 107. Fam. **Oleáceae.** Oelbaumgewächse.

Immer-, winter- oder sommergrüne Bäume und Sträucher, seltener Halbsträucher, mit meist gegen-, selten quirl- oder wechselständigen, ungeteilten oder 3-zähligen oder unpaarig gefiederten, selten fiederspaltigen oder fiederteiligen, ganzrandigen oder gezähnelten Laubblättern. Blüten in end- oder achselständigen, zusammengesetzten oder einfachen Trauben, Aehren oder endständigen Cymen, selten einzeln, zwitterig, selten 2-häusig oder vielehig, strahlig. Kelch meist vorhanden, klein, 4- oder selten mehrzähnig, glockig, seltener kreisel- oder röhrenförmig. Krone mit meist 4- bis 12, in der Regel ± hoch hinauf miteinander verbundenen, seltener freien, in der Knospenlage dachziegelig oder eingefaltet-klappigen, selten gedrehten Kronzipfeln (-blättern), teller- oder trichterförmig oder glockig, selten ganz fehlend. Staubblätter 2, selten 3 bis 5, mit den Fruchtblättern abwechselnd, der Krone eingefügt oder bei fehlender Krone dem Blütenboden aufsitzend; Staubfäden meist kurz; Staubbeutel nahe am Grunde, selten über der Mitte des Rückens angeheftet, gewöhnlich seitenwendig, bisweilen auch nach aussen oder nach innen gerichtet, mit Längsspalten aufspringend; Mittelband (Konnektiv) in der Regel über die Fächer hinaus verlängert. Fruchtknoten oberständig, 2-fächerig, mit 2 gewöhnlich medianen Fruchtblättern, in jedem Fache mit 2 bis mehreren hängenden oder aufsteigenden, seltener wagrechten, umgewendeten oder krummläufigen Samenanlagen. Griffel einfach, kurz, selten verlängert oder ganz fehlend; Narbe in der Regel etwas verdickt, 2=lappig, seltener kopfig. Frucht eine Beere, Steinfrucht, Kapsel= oder Spaltfrucht. Samen meist einzeln, selten bis 4 oder mehr, hängend oder aufrecht, mit fleischigem oder knochen= artigem oder auch fehlendem Nährgewebe und geradem Keimling, mit gewöhnlich flachen Keimblättern und mit kurzem auf= oder abwärts gerichteten Würzelchen.

Die Familie umfasst 22 Gattungen mit annähernd 400 Arten und besiedelt die ganze warme, sowie die gemässigten Zonen, besitzt aber ihren grössten Formenreichtum im südlichen und östlichen Asien. Die Hälfte ihrer Arten gehört zur Gattung Jasminum L. Dann folgt Fraxinus mit über 60 Arten und etwas weniger umfangreich die Gattungen Mayepéa Aubl., Ligústrum L., Ólea L. usw. Zu den monotypischen Gattungen zählen u. a. Hesperelǽa Gray auf der Insel Guadelupe bei Niederkalifornien, Tessarándra Miers in Brasilien und Nyctánthes L. in Ostasien. Jasminum erstreckt sich als einzige Gattung über alle 5 Erdteile; Fraxinus besiedelt fast ausschliesslich die nördlich gemässigte Zone. Olea tritt in Afrika, Asien, Polynesien und Europa auf. Die übrigen Gattungen sind auf zwei oder zumeist auf einen einzigen Kontinent beschränkt. Die Arten stellen meist Sträucher oder Bäume, selten Halbsträucher dar und sind in ihrer Tracht sehr verschieden. Ein Teil ist sommergrün, die Mehr= zahl ± winter= und immergrün, in letzterem Falle nicht selten mit dick= lederigen, am Rande eingerollten und mit Schülferhaaren bedeckten Laubblättern versehen. An auf= fallenden Erscheinungen der vege= tativen Organe sind ferner das Auf= treten von akzessorischen Knospen und Sprossen (Nebenknospen und Nebensprossen) in den Achseln der Laubblätter, extraflorale Nektarien

Fig. 2893a. Forsythia suspensa Vahl. *a* Beblätterter Zweig. *b* Geschlechtsorgane der langgriffeligen, *c* der kurzgriffeligen Blüte (nach O. Kirchner).

(Beziehungen zu den Ameisen), Ringelborkenbildung usw. zu nennen. Die extrafloralen Nektarien, die von E. Schwendt (Zur Kenntnis der extrafloralen Nektarien, Diss., Göttingen, 1906) für Ligustrum Regeli= ánum Koehne, L. vulgáre L., Syringa Chinénsis Willd. und S. Pérsica L. untersucht worden sind, finden sich in grösserer Zahl auf der Unterseite der Laubblätter, sind in eine flache Einsenkung der Epidermis eingelagert und bestehen aus einem epidermalen, sezernierenden Teile und einem darunter liegenden, wohl differenzierten Drüsengewebe (Fig. 2897). Entwicklungsgeschichtlich stellen sie Trichome dar, die aus je einer Epidermiszelle entstehen. Ob sich solche Honig abscheidende Gebilde, wie Delpino angibt, auch bei Fraxinus Pennsylvánica Marsh. finden, ist nach A. Lingelsheim sehr zweifelhaft. Vielmehr dürfte es sich um eine starke Anhäufung gewöhnlicher, nicht Honig abscheidender Drüsenhaare handeln, wie sie z. B. bei Fraxinus Americána L. und F. quadranguláta Michx. vorkommen. — Die oft farbenprächtigen Blüten werden zum grössten Teile durch Insekten bestäubt, doch sind bei Jasminum=Arten auch Kolibris fest= gestellt worden; andererseits darf die Windblütigkeit gewisser Eschen (z. B. Fraxinus excelsior) wohl als eine sekundäre Einrichtung angesprochen werden. Diese Gattung zeichnet sich überhaupt durch eine grosse Veränder= lichkeit in der Ausbildung der Blüten und der Verteilung der Geschlechter aus. Die Gattung Forsythia, sowie eine Anzahl von Jasminum=Arten besitzen heterostyle Blüten. Die Verbreitung der Samen erfolgt teils durch Tiere (bei den stein= und beerenfrüchtigen Gattungen Olea, Ligustrum usw.), teils durch den Wind (bei den flügelfrüchtigen Gattungen Fraxinus, Fontanésia Labill.) oder aber selbsttätig durch die Vorgänge beim Aufspringen der trockenen Kapseln (bei Forsythia, Syringa usw.). Die nächsten verwandtschaftlichen Beziehungen der Familie weisen auf die Loganiaceen und weiterhin auf die Gentianaceen, Apocynaceen und Asclepiadeen. Diese Familien weichen aber in anatomischer Hinsicht durch den Besitz von bikollateralen Leitbündeln, die beiden letztgenannten weiterhin durch das Vorkommen von Milchsaftröhren ab. Die nächststehenden Logani= aceen unterscheiden sich ferner besonders durch die Gleichzähligkeit von Krone und Andröceum. R. Wett= stein hält allerdings einen derartigen Anschluss auf Grund der verschiedenen Plazentation, des Fehlens von intraxylärem Phloem usw. für unwahrscheinlich und reiht die Familie daher an die Salvadoraceen (pag. 1901) an, mit denen vereinigt er die Reihe der Ligustrales bildet. Die ältesten Spuren der Familie reichen bis in die jüngere Kreide von Grönland (vgl. Fraxinus). Unter Mistelbefall scheint nach K. v. Tubeuf die Familie nur wenig zu leiden, wenngleich ein vereinzeltes Auftreten von Viscum album und auch von V. cruciatum auf Arten der Gattung Syringa, Olea und Fraxinus bekannt geworden ist.

Die Oleaceen werden eingeteilt in die Unterfamilie der Oleídeae mit in den Fruchtknotenfächern meist vom Scheitel herabhängenden Samen und an der Spitze nicht eingeschnürten Früchten und in die Unterfamilie der Jasminoídeae mit in den Fruchtknotenfächern aufsteigenden, sehr selten hängenden Samenanlagen und mit stets von der Spitze her durch eine Einschnürung in 2 Teile gegliederten Früchten. Zu der ersteren gehören folgende 3 Tribus: 1. **Fraxíneae.** Frucht eine geflügelte, selten eine zuletzt scheidewandspaltig sich öffnende Nuss. Hierzu gehören die beiden Gattungen Fráxinus L. (pag. 1919) und Fontanésia[1]) Labill., letztere monotypisch und bisweilen in wärmeren, geschützten Lagen in Mitteleuropa (z. B. in Feldkirch) angepflanzt: F. phillyreoídes Labill. Bis 3 m hoher, kahler, sparriger Strauch mit ungeteilten, am Rande etwas zurückgerollten, oberseits kahlen, unterseits sehr selten längs der Nerven spärlich behaarten Laubblättern. Blüten an seitlichen, kurzen Trieben in end- und achselständigen Rispen, klein, zwitterig. Kelch klein, 4-teilig oder ungleich 4-zähnig. Kronblätter 4, am Grunde paarweise zusammenhängend, weiss oder hellrosa. Staubblätter 2, dem Grunde der Krone eingefügt, doppelt so lang wie die Kronblätter. Frucht schmal geflügelt, 2-fächerig und 2- bis 4-samig. Zumeist wohl nur in der in Sizilien, Kleinasien, Syrien und Palästina heimischen und 1787 eingeführten, meist lineal- bis lanzettblättrigen und kurzrispigen (Blüten weiss) Sippe subsp. Mediterránea Lingelsh. (pro var.) in Kultur; seltener dürfte die ostchinesische, 1869 eingeführte, grossblättrigere (bis 12 cm lang) subsp. Fortunéi (Carr.) mit bleichrosavioletten, in lockeren Rispen stehenden Blüten anzutreffen sein. — 2. **Syríngeae.** Frucht eine fachspaltige Kapsel. Die Tribus umfasst die 3 Gattungen Syringa L. (pag. 1908), Schrebéra Roxb. = Nathúsia Hochst. (in Afrika und Ostindien heimisch) und Forsýthia[2]) Vahl. Letztere wird unter den Namen Forsythie, Goldbecher, Goldweide häufig kultiviert und besteht aus sommergrünen Sträuchern mit gegenständigen, einfachen oder 3-teiligen Laubblättern. Blüten leuchtendgelb oder rötlichgelb, im Frühjahr vor den Laubblättern erscheinend, einzeln oder bis zu 3 an beschuppten Kurztrieben. Kelchblätter 4. Kronblätter 4 bis 5, glockig, in der Knospenlage dachziegelig. Staubblätter am Grunde der Kronblätter eingefügt; Staubbeutel auswärts gerichtet. Fruchtknoten mit 4 bis 10 Samenanlagen in jedem Fache. Kapsel länglich, trocken. Samen schmal geflügelt, mit Endosperm. Zu ihr zählen 4 Arten, die alle heterostyldimorph (Fig. 2894 b, c) und homogam sind. Selbstbestäubung ist in der Regel ausgeschlossen und kann nur eintreten, wenn das Griffelende und die Staubbeutel auf gleicher Höhe stehen. Die Bestäubung erfolgt durch zahlreiche Insekten, die durch die leuchtenden Blütenfarben und den reichlich abgesonderten Honig angelockt werden. Der Fruchtansatz ist in den kühleren Gebieten sehr gering, kann

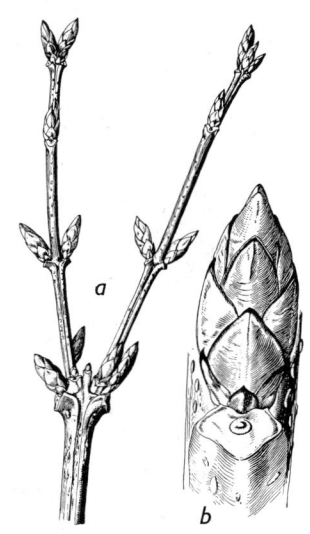

Fig. 2893 b. Forsythia suspensa Vahl. a Spross im Winter. b Sprossknospe.

aber z. T. auch darauf zurückzuführen sein, dass häufig nur Stöcke mit gleichartigen Blüten angepflanzt werden. Bis 1890 waren nur kurzgrifflige Pflanzen von F. suspensa und langgrifflige Stöcke von F. viridissima in Europa bekannt und erst in diesem Jahre erhielt Hildebrand die erste langgrifflige Form von F. suspensa, worauf sofort in Freiburg im Breisgau eine reichliche Samenbildung einsetzte. In Japan benützt man eine Abkochung der am Ende des Sommers gesammelten Früchte als Heilmittel gegen Wassersucht, Wechselfieber, bei Anschwellungen der Lymphdrüsen, gegen Abscesse, bei Hautkrankheiten und als Wurmmittel. In China, wo die Pflanze (Frucht) als Droge schon im Shen ts'ao king (einem angeblich aus dem 3. vorchristlichen Jahrtausend stammenden medizinischen Werke) als Droge aufgeführt wird, dient sie vorwiegend als abführendes und tonisches Mittel, als Diureticum, Emmenagogum, Antiphlogisticon. Schimper wies in den Laubblättern grössere Mengen löslicher Sulphate nach; auch sollen sie ein Glykosid enthalten. Die Forsythia-Arten (und ihr Bastard [s. u.]) erfreuen sich einer alljährlich zunehmenden Beliebtheit, da sie leicht zu ziehen sind, keiner besonderen Pflege bedürfen, in normalen Jahren bereits im Vorfrühling (in ungünstigen Jahren wie 1924 allerdings erst im Mai) zu reicher Blüte gelangen und sowohl als Garten-, als auch als Zimmerschmuck sehr geeignet sind. Zu Treibzwecken werden die Zweige auffallenderweise noch wenig verwendet, obgleich sie sich nach Molisch bereits im November und Dezember, wenn in den Gärtnereien grosser Blütenmangel herrscht, leicht mit Hilfe des Warmbades zum Austrieb bringen lassen. So gelangte ein Zweig von F. suspensa, der Mitte November 12 Stunden lang in Wasser von 25° bis 32° gebadet worden war, bereits nach 12 Tagen zu voller Blüte.

---

[1]) Benannt nach dem französischen Botaniker René Desfontaines, geb. 1750, gest. 1833.
[2]) Benannt nach dem Engländer A. Forsyth, geb. 1737, gest. 1804, der einige Werke über Baumkrankheiten und Obstbaumkultur schrieb.

1. Stengelglieder der meisten Zweige, besonders in ihrem oberen Teile, mit gefächertem Mark erfüllt (Fig. 2894 g) . . . . . . . . . . . . . . . . . . . . . . . . . . . . . . . . . . . . . . . . . . . . . 2.

1*. Stengelglieder stets hohl, in jedem Knoten mit einem kurzen, dichten Markpfropfen (Fig. 2894 h). Zweige anfangs aufrecht, später ± überhängend, seltener schon von Anfang an stark überhängend. Bis gegen 2 m hoher Strauch mit olivgelben oder rotbraunen, anfangs ± aufrechten, zuletzt fast hängenden, nahezu 4-kantigen, durch zahlreiche Lentizellen warzigen Zweigen. Laubblätter z. T. einfach ungeteilt, z. T. 3-spaltig bis 3-zählig, selten fussförmig 5- (7-)zählig, eiförmig bis eilänglich, $1^{1}/_{3}$ bis 2 ($2^{1}/_{2}$) mal so lang als breit, unregelmässig gekerbt-gesägt, kahl oder selten behaart, 1 bis 3 cm lang gestielt. Kelchzipfel bis 8 mm breit, eilanzettlich. Krone bis 3 cm lang; Kronzipfel bis 8 mm breit. Kapsel schmal-eiförmig zugespitzt, 15 mm lang. Heimat: Nord- und Zentralchina, in Japan nur kultiviert. In Europa 1833 durch Verkerk Pistorius (nach Holland) eingeführt. Ueber die zahlreichen Kulturformen dieser und der nachfolgenden Arten und des Bastardes vgl. C. K. Schneider. Handbuch des Laubholzkunde. Bd. 2. 1912 . . F. suspensa (Thunb.) Vahl.

2. Wuchs völlig aufrecht. Gefächertes Mark auch in den Stengelknoten, selbst wenn im unteren Teile der Zweige die Stengelglieder hohl sind. Laubblätter nie 3-spaltig oder 3-zähnig, zuletzt derb und etwas lederig . . . . . . . 3.

2*. Wuchs aufrecht bis stark sparrig und überhängend. Stets ein Teil der Stengelglieder (besonders die oberen) mit gefächertem Mark erfüllt; die stengelständigen Markpfropfen meist dicht oder von gemischter Beschaffenheit, selten ganz gefächert. Laubblätter meist einfach, an den Langtrieben vereinzelt bis reichlich auch 2- bis 3-spaltig oder 3-zählig . . . F. viridissima Lindl. × F. suspensa (Thunb.) Vahl.

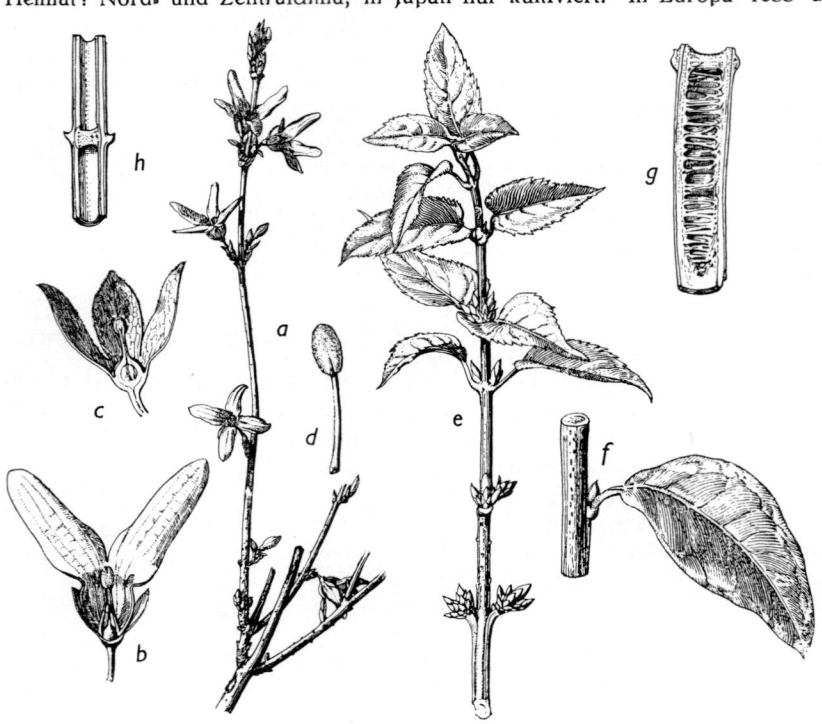

Fig. 2894. Forsythia suspensa Vahl × F. viridissima Lindl. *a* Blühender (Kurz-) Spross. *b* Kurzgriffelige Blüte. *c* Langgriffelige Blüte im Längsschnitt. *d* Staubblatt. *e* Sich belaubender Langtrieb. — *f* F. Europaea Degen et Baldacci. Stengelglied mit Laubblatt. *g* Stengelglied längs gespalten (mit dem gefächerten Marke). *h* F. suspensa (Thunb.) Vahl. Stengelglied gespalten (ohne Mark, nur mit den abschliessenden Markpfropfen).

3. Laubblätter schmallänglich oder elliptisch bis lanzettlich, 2- bis 4-mal so lang wie breit, ungleich kerbig gezähnt oder ganzrandig. Blütenstiele bis 12 mm lang. Bis über 2 m hoher Strauch mit anfangs (bis zum Anfang des 2. Jahres) grünen, später gelbbraunen, 4-eckigen, aufrechten, durch die Lenticellen rauhen Zweigen. Laubblätter einfach, stets kahl. Blüten einzeln oder bis zu 3 aus einer Knospe hervorgehend, aufrecht bis übergeneigt. Kelch etwa $^{1}/_{2}$ mal kürzer als die Kronröhre, 4-teilig; Kelchzipel 4,4 bis 5 mm lang, der Kronröhre angedrückt. Krone bis 2,5 cm lang, hellgelbgrün, mit 12 orangegelben Saftmalen. Kronzipfel am Rande nicht zurückgerollt, gegen die Spitze zu etwa zurückgebogen. Kapsel breit-eiförmig, zugespitzt, 1,5 cm lang. Heimat: Zentral- und Ostchina. In Europa seit 1846 in Kultur; auch in Nordamerika kultiviert und dort leicht verwildernd . . . . . F. viridissima Lindl.

3*. Laubblätter eiförmig bis eilänglich, 1- bis 2-mal so lang als breit, ganzrandig, selten (an Geiltrieben) klein bis grob kerbig gesägt. Blüten bis 5 mm lang gestielt. Bis über 1 m hoher, dicht verzweigter Strauch mit braungelben Zweigen. Laubblätter einfach, kahl, 0,5 bis 1 cm lang gestielt (Fig. 2894 f). Blüten einzeln oder bis zu 3 zusammenstehend, hängend. Kelch 4-teilig, mit eiförmigen oder eilanzettlichen, an der Frucht erhalten bleibenden Kelchzipfeln. Krone bis 2,5 mm lang, goldgelb, mit kurzer, weiter Röhre und 12 orangegelben Saftmalen; Kronzipfel eiförmig, seitlich am Rande zurückgerollt und deshalb sehr schmal erscheinend, gerade ausgestreckt. In den kurzgriffeligen Blüten die Staubbeutel halb so lang wie die Staubfäden. Frucht eine sehr kurze, schnabelförmig zugespitzte Kapsel. Heimat: Albanien. F. Europaea Degen et Baldacci.

F. suspensa, F. viridissima und der zwischen ihnen stehende, sehr formenreiche Bastard werden häufig gezogen, während die wenig ansehnliche F. Europaea fast nur in Botanischen Gärten anzutreffen ist. Der letztgenannten Art eng verwandt und ebenfalls nur selten (z. B. in der Pfalz) kultiviert wird die chinesische F. Giraldiána Lingelsh., die sich durch langgeschnäbelte Kapseln unterscheidet. F. Europaea wurde 1893 in Albanien im Distrikt Oroši bei Simoni und Kalyvaria von Baldacci entdeckt und 1902 von O. Froebel in die Gärten eingeführt. Die Art ist pflanzengeographisch von hoher Bedeutung, da sie gleich Aesculus Hippocastanum (Bd. V/2, pag. 303), Picea Omorica, Haberlea Rhodopensis ein tertiär-boreales Relikt darstellt, deren Verwandte in China heimisch sind. Der Strauch bildet in den albanischen Bergländern, in denen er in neuester Zeit häufiger festgestellt worden ist, dichte, zusammenhängende Gebüsche (so z. B. an den Nord- und Osthängen des Grossen Bardanjolt auf Serpentin). Die dem Lichte unmittelbar ausgesetzten Laubblätter stehen darin in regelmässig dekussierter Stellung und sind derb und oft rötlich überlaufen, die Schattenblätter hingegen ordnen sich durch Drehung der Stiele 2-zeilig an, sind weicher und dabei lichter grün. — 3. **Oleineae.** Frucht eine Steinfrucht. Aus dieser 12 Gattungen umfassenden Tribus kommen für die mitteleuropäische Flora als einheimisch oder wenigstens subspontan in Betracht die Gattungen Phillyréa L., Olea L. und Ligústrum L. (s. u.). Ausserdem werden hie und da Vertreter folgender Gattungen in Gärten gezogen· Osmánthus frágrans Lour. (= Ólea fragrans Thunb.). Ein- bis zu 2 m hoher Strauch mit immergrünen, dicklederigen, ganzrandigen oder gezähnten, oberseits glänzend dunkelgrünen Laubblättern. Blüten zwitterig oder 1-geschlechtig, in armblütigen Blütenständen, weiss oder rötlich. Frucht eine meist 1-samige Steinfrucht. V, häufig nochmals im Herbst (bis XI). Heimat: Ostasien vom Himalaya bis China und Japan. Die Laubblätter enthalten ein Phillyrin-ähnliches Glykosid. Die Blüten dienen zum Parfümieren des chinesischen Tees[1]). In Russland wird der Strauch gern als Zimmergewächs gehalten. — Aehnlich und völlig an einen Ilex erinnernd ist O. Aquifólium Sieb. et Zucc. mit kleineren, kaum bis 5 cm langen, ganzrandigen oder mit 1 bis 4 groben Stachelzähnen besetzten Laubblättern. Blüten wie bei der vorigen Art, aber grösser, grünlichweiss. Heimat: Süd- und Mittel-Japan. Seit langem in Kultur. In der Veränderlichkeit der Laubblattform schliesst sich dieser kleine Strauch an Ilex Aquifólium an, d. h. an älteren Pflanzen werden die Laubblätter meist ganzrandig (var. myrtifólia Baill.), während die jüngeren Sträucher stachelspitzige Laubblätter (var. ilicifólia Baill.) besitzen. Die Altersform lässt sich vegetativ vermehren. — Aehnlich der hinsichtlich seiner Herkunft unbekannte und vielleicht als Bastard aufzufassende O. Fortunéi Carr. (Laubblätter mit 8 bis 12 stechenden Zähnen.

Fig. 2895. Forsythia suspensa Vahl. *a* Blühender Zweig. *b* Zweig mit Laubblätter. *c* Kurzgriffelige Blüte. *d* Langgriffelige Blüte.

Kelchzähne gezähnelt, nicht ganzrandig), sowie der vor allen übrigen Arten durch unterseits dunkelpunktierte Laubblätter ausgezeichnete O. Delaváyi Franchet aus dem Yünnan. — Aus der mit etwa 14 Arten von Nordamerika bis Brasilien verbreiteten Gattung Adélia P. Br. (= Forstiéra Poir.) findet sich in Kultur A. acumináta Michx. (= F. acumináta Poir.), 1 bis 3 m hoher Strauch mit kahlen, beidseitig scharf zugespitzten und meist nur über der Mitte schwach entfernt sägezähnigen Laubblättern aus den südlichen Unionstaaten und A. ligustrína Michx. mit ± behaarten, kurz zugespitzten und am Rande ringsum ± scharf gezähnten Laubblätter aus etwa demselben Gebiete wie die vorige Art. — Aus der Gattung Chionánthus L. (mit 2 Arten) wird besonders gepflanzt: C. Virgínica L. Aufrechter, bis 3 m hoher Strauch oder bis 10 m hoher, kleiner Baum mit grau-olivgrünen, fein behaarten Zweigen. Laubblätter eiförmig, länglich bis breit lanzettlich, bis 26 cm lang und 9 cm breit, zugespitzt oder spitz, in den Grund verschmälert, oberseits glänzend dunkelgrün, unterseits ± graugrün. Blüten auf langen, schlanken Stielen in nickenden oder hängenden Rispen, zwitterig oder vielehig. Kelch mit 4-spaltigem Saum. Staubblätter 2, selten 3 bis 4. — V, VI. Heimat: Nordamerika von Pennsylvanien bis Florida und Texas. Die winterharte Pflanze wird ihrer schönen, weissen Blütenrispen, sowie der in ein lichtes Hellgelb verfärbenden Laubblätter wegen gern gezogen; Ihre Wurzelrinde wird als Córtex Chionánthi virgínicae rádicis (Chionanthusrinde, Fringe-tree bark, White fringe bark, Poison-ash bark usw.) in neuerer Zeit hie und da aus Amerika nach Europa ein-

---

[1]) In Indien, besonders auf Ceylon, ist eine derartige Parfümierung streng verpönt.

geführt und innerlich als tonisches und abführendes Mittel, gegen Fieber, als Narcoticum, bei Ikterus, Leberatrophie, Gelbsucht, Wechselfieber usw., äusserlich bei Wunden und Geschwüren verwendet. Ausserdem wird daraus ein Extráctum Chionánthi flúidum bereitet. Der wirksame Stoff darin ist das saponinartige Glykosid Chionanthin $C_{22}H_{28}C_{19}$, das hydrolisiert Dextrose und einen harzartigen Körper ergibt. — Seltener zu finden ist C. retúsa Lindl. (= C. Chinénsis Maxim., = Linociéra Chinénsis Fischer), mit kleineren, im Mittel nicht über 8 cm langen Laubblättern und endständigen und in den obersten Laubblättern achselständigen Blütenständen. Heimat: Nordchina, Formosa; in Japan wahrscheinlich nur kultiviert. — Die Unterfamilie der Jasminoideae umfasst 3 Gattungen. Einen in den Tropen viel kultivierten Baum stellt die in Indien heimische Nyctánthes árbor-tristis L., Trauerbaum, Nacht-Jasmin dar, mit grossen, weissen, am Schlunde orangefarbenen und in grossen Trauben angeordneten Blüten, welch' letztere mit starkem Dufte, aber nur eine Nacht leben und von den Hindus gern zur Herstellung von Blumengewinden verwendet werden. Nach Hill und Dirkar enthalten sie Mannit und kristallinisches Nycanthin ($C_{20}H_{22}O_4$). Man gewinnt daraus auch ein ätherisches Oel für Parfümeriezwecke, sowie den orangegelben Farbstoff zur Färbung von Speisen und Baumwolle. — Aus der mit 15 Arten in den subtropischen Gebieten von Nord- und Südamerika, sowie von Südafrika vertretenen Gattung Menodóra Humb. et Bonpl. mit an der Spitze eingeschnürter Kapselfrucht findet sich bisweilen als kleiner, kaum 25 cm hoher, frostempfindlicher Felsenstrauch von Linum-artiger Tracht und mit kantigen Sprossen M. scabra Gray aus dem westlichen Texas, Neu-Mexiko und Arizona. — Viel wichtiger ist die beerenfrüchtige Gattung Jasmínum L. Echter Jasmin. Franz.: Jasmin; engl.: Jasmine; ital.: Gelsomine. Aufrechte oder windende Sträucher mit 3-zähligen oder unpaar gefiederten, bis 9-zähligen, selten scheinbar einfachen Laubblättern. Blüten meist in endständigen, seltener achselständigen, zymösen Doldentrauben, ausnahmsweise einzeln, zwitterig, strahlig, gelb, rot oder weiss. Kelch in der Regel glockig, selten fast zylindrisch, mit 4 bis 9 Kelchzipfeln. Krone tellerförmig, mit zylindrischer Röhre und 4 bis 6 Kronzipfeln. Staubblätter sehr kurz; Staubbeutel einwärts gerichtet. Fruchtknoten mit aufrechten Samenanlagen, fädligem Griffel und kopfiger, 2-lappiger Narbe. Beere mit 1 bis 2 Samen. Die Gattung zählt etwa 200 Arten, die namentlich in den Tropen und Subtropen von Asien, Australien, Afrika und Südamerika heimisch sind. Die Bedeutung der Gattung liegt in ihren zumeist wohlriechenden Blüten, die zu Parfümeriezwecken (schon im alten Aegypten bekannt) vielseitige Verwendung finden. In Indien dient namentlich das durch ungeteilte Laubblätter und sehr stark duftenden, über Nacht blühende J. Sámbac (L.) Ait. (= Nyctánthes Sambac L.) diesen Zwecken. Der chinesische Tee erhält dadurch einen charakteristischen Geschmack. Ferner wird daraus das wohlriechende Jasminwasser und ein ätherisches Oel gewonnen. Frauen in Ober-Burma schmücken sich nach Schellenberg-Wehrli gern damit oder bringen sie, wie es auch die Inder tun, als Weihgabe auf die Buddha-Altäre. In Mitteleuropa wurde die Art früher in Töpfen gezogen, ist aber gegenwärtig ganz in Vergessen geraten [1]. Im Mittelmeergebiete, wo wohl nur J. fruticans L. heimisch ist, werden besonders J. odoratíssimum L., ein gelbblühender Endemismus der Kanaren und Madeira, J. grandiflórum L. aus dem Himalaya und J. officinale L. von Iran in grossem Massstab angepflanzt und verwildern dort häufig; Volkens empfiehlt ferner die Kultur des weissblütigen J. gardeniodórum Gilg. Die Hauptanbaugebiete liegen in Südfrankreich in den Départements Var und Alpes-Maritimes (für J. grandiflórum z. B. bei Grasse), wo die Jahresernte an Blüten etwa 600 000 kg beträgt, sowie in Tunis. In Algier wird die Kultur wegen der französischen Ueberproduktion niedergehalten. 1000 Stöcke ergeben etwa 50 kg Blüten. Aus den frischen Blüten gewinnt man nach Wiesner zunächst durch das Enfleurage-Verfahren (Aufstreuen der Blüten auf ein kaltes Fett) eine Pomade, aus welcher der duftende Stoff zumeist mit Hilfe von Alkohol, Azeton usw. ausgezogen wird. Das durch Abdampfen des Lösungsmittels gewonnene Jasminöl muss zwar infolge Unreinlichkeiten, die der Pomade entstammen, noch weiter behandelt werden, doch hat das Verfahren gegenüber der besonders früher geübten Extraktion (z. B. mit Petroleumäther) den Vorteil, dass die Ausbeute etwa 45-mal grösser wird. Als Hauptbestandteile des Oeles wurden festgestellt Jasmon ($C_{11}H_{16}O$) — ein hellgelbes Oel mit intensivem Jasmingeruch —, 60 bis 95 % Benzyl- und Linalylacetat, 6 % Benzylalkohol, 15,5 % Linalool, ferner Indol und Anthraylsäuremethylester. F. Elze fand ferner noch p-Kresol und Geraniol, Tsuchihashi und Tasaki Methylanthranilat. Die Anthranylsäure und das Indol treten nach Hesse nicht frei, sondern in komplexen Verbindungen in den Blüten auf und werden erst bei der Wasserdestillation oder bei der Enfleurage gespalten, fehlen dagegen im Petrolätherextrakt. In der Praxis werden die Blüten verschiedener Arten meist nicht getrennt behandelt. Die geschätztesten Taschentuchparfüme enthalten solche Extrakte. In Frankreich ist besonders das „huile

---

[1] Als mittelalterliche Kulturpflanzen werden genannt J. Sambac, den der Hortus Eystettensis Jasminum fl. luteo, Gelbe Veilrebe nennt (unter J. luteum verstand Schwenckfeld J. humile), J. officinale L., im Hortus Eystettensis als Jasminum fl. albo, Weisse Veilrebe und J. noctiflórum Afz. (Polemonium Monspeliensium) bekannt, ferner aus den Schlesischen Prunkgärten überdies noch J. Azóricum L., J. fruticans L., J. odoratíssimum L. und J. grandiflórum L.

antique au Jasmin" sehr beliebt, das durch Aufstreuen der Blüten auf olivenölgetränkte Wolltücher und darauffolgendes Auspressen der letzteren gewonnen wird. Als Ziergehölze für Mitteleuropa kommen in Betracht: J. officinále L. (= J. viminále Salis.). Echter Jasmin. Bis 5 m hoch kletternder oder niederliegender Strauch mit anfangs leicht behaarten, frühzeitig verkahlenden, runden oder leicht kantigen, grünen, etwas glänzenden, rutenartigen Zweigen. Laubblätter grösstenteils gegenständig, 5- bis 7-zählig gefiedert; Teilblättchen länglich-lanzettlich oder länglich-rautenförmig, spitz, am Grunde rasch verschmälert, anfangs beiderseits am Grunde und am Mittelnerven behaart, am Rande gewimpert. Blüten einzeln oder in 2- bis 12-blütigen, blattachselständigen, doldentraubigen Blütenständen, langgestielt, wohlriechend. Kelch mit 5 lineal-pfriemlichen, 6 bis 18 mm langen Zipfeln. Krone weiss; Kronröhre 15 bis 18 mm lang, mit 8 bis 9 mm langen, eiförmigen, spitzen, tellerförmig ausgebreiteten Zipfeln. — VI. Heimat: Kaschmir, Persien. Seit langem in Indien und China in Kultur; seit 1597 auch in Mitteleuropa eingeführt, und als Spalierstrauch an sonnigen Mauern und Wänden in warmen Lagen im Freien überwinternd. Der Strauch findet sich am südlichen Alpenfusse nicht selten in Hecken, in Weinbergen und an Felsen verwildert, so in Südtirol bei Meran (am Küchelberg und an der Wassermauer), Brixen (bei Neustift und am Krakofel an Weinbergsmauern und in Berberisgebüschen), Bozen (am Hörtenberg, in Felsritzen beim „Einsiedler" seit 1820 völlig eingebürgert), in Judikarien bei Stenico, um Trient wie wild gegen Martignano und ai Giardini, Monti dei Frati, Alle Laste gegen Campo Cristellotto, Borgo, ferner bei Arco, Riva, am Monte Brione und mehrfach bei Rovereto, in der Schweiz im Tessin im Centovalli, bei Salorino, Besazio usw. In chinesischen Werken aus dem 16. Jahrhundert und später wird die Pflanze als Droge (als Aphrodisiacum und Antispasmodicum) genannt. Die Zweige enthalten etwas Mannit, ferner Stachyose, nach älteren Angaben auch ein Alkaloid Jasminin. — J. nudiflórum Lindl. (Fig. 2896). Bis 1,5 m hoher Strauch mit 4-kantigen, rutenförmigen, zuletzt überhängenden, kahlen, sattgrünen Zweigen. Laubblätter gegenständig, 3-zählig, zur Blütezeit abgefallen; Teilblättchen eirund bis länglich, anfangs beiderseits spärlich behaart, am Rande gewimpert, oberseits glänzend, tiefgrün, unterseits fast weisslich.

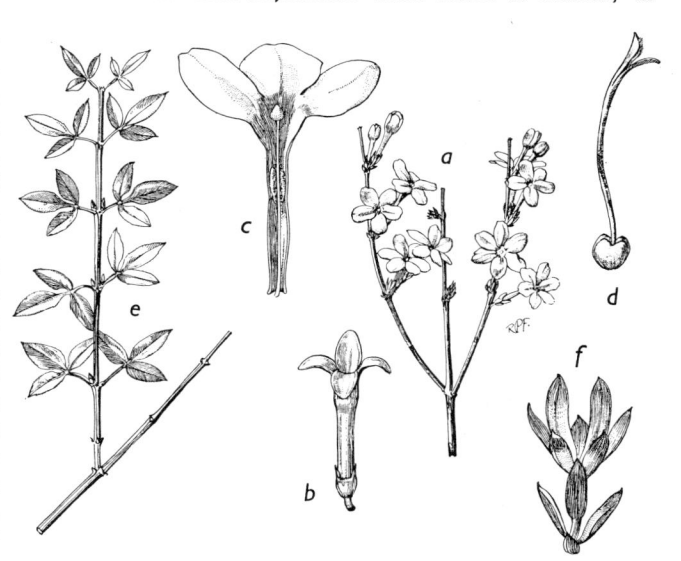

Fig. 2896. Jasminum nudiflorum Lindley. *a* Blühender Spross. *b* Blüte. *c* Blüte im Längsschnitt. *d* Fruchtknoten und Griffel. *e* Beblätterter Trieb. *f* Austreibende Laubblattknospe.

Blüten einzeln, vor den Laubblättern erscheinend. Kelch gewimpert. Krone 1,5 bis 3 cm breit, sattgelb. Griffel länger als die Staubblätter. — II bis IV, im Süden auch bereits ab XII. — Heimat: wahrscheinlich Nordchina, dort sowohl wie auch in Japan viel gebaut. Seit 1845 durch Fontane in Europa eingeführt und auch im nördlicheren Mitteleuropa, falls über Winter geschützt, gut fortkommend. Der Strauch gehört bei uns neben Hamamelis zu den ersten blühenden Freilandsgehölzen. — J. primulínum Hemsl. Der vorigen Art recht ähnlich, aber Laubblätter wenigstens z. T. auch während der Blütezeit noch vorhanden und Blüte grösser, 4 bis 6 cm breit, heller gelb, mit rötlicher Streifung am Schlund, oft ± gefüllt und Kelch vielfach innen behaart. — V, VI. Heimat: China, Yünnan. Erst in neuerer Zeit eingeführt. — J. frúticans L. (= Jasminum heterophyllum Moench, = J. húmile hort. p. p.). Bis 1,5 (2) m hoher, etwas sparriger, kahler Strauch mit scharfkantigen, rutenförmigen, grünen Zweigen. Laubblätter wechselständig, 3-zählig oder einfach, kaum über 2 cm lang, länglich-spatelförmig, vorn stumpf oder ausgerandet, lederartig, winter- bis immergrün, oberseits glänzend. Blüten heterostyl, fast geruchlos, in 2- bis 4-blütigen, an kurzen Seitensprossen stehenden Blütenständen. Kelch kahl oder fein gewimpert, mit pfriemlichen Zipfeln. Krone tiefgelb, bis 3 cm breit. V bis VII. Heimisch im Mittelmeergebiete von Südfrankreich östlich bis Persien und dort vielfach in Hecken, an sonnigen Hängen und an Felsen verwildernd, wird dieser hübsche Zierstrauch gern in Mitteleuropa in Gärten angepflanzt. Im Hortus Eystettensis wird er 1597 als Gelsíminum catalónicum, Katalonischer Jasmin, aufgeführt. Er unterscheidet sich von unseren sonst gepflanzten Jasminarten durch den fast ganz mangelnden Duft der Blüten. In den wärmeren Lagen Mitteleuropas wird er bisweilen verwildert angetroffen, so z. B. eingebürgert im Wallis bei Sitten und Tourbillon, Vaumarcus (Neuenburg; seit etwa 1760), Neuenstadt (Kanton Bern) und in Südtirol (in der Umgebung von Rovereto in Vallunga und an der Vallarsa bei San Rocco). Bei Neuenstadt am Bielersee finden sich von anderen mediterranen, eingebürgerten

Arten nach R. Probst (Die Felsenheide von Pieterlen, 1911) Cheiranthus Cheiri, Lathyrus latifolius, Centranthus ruber Vinca maior, Lavandula vera, Thymus vulgaris, Antirrhinum maius und verschiedene Iris=Arten. Am Schwarzen Meere gehört der Strauch als Unterwuchs den artenreichen Mischlaubwäldern an. — J. húmile L. (= I. revolútans Sims, = I. triumphans hort.). Ein bis 2 m hoher Strauch mit runden oder schwachkantigen, grünen Zweigen. Laubblätter wechselständig, meist 3=zählig; Teilblättchen eiförmig=rundlich bis eilänglich= rautenförmig, beidseitig stumpf oder zugespitzt. Blüten in 2 bis mehrblütigem Blütenstande. Kelchzähne 5 bis 6, kurz, spitz. Krone gelb, mit 5 ovalen Zipfeln. Heimisch wahrscheinlich nur in Nordwestindien, aber westwärts bis in das Mittelmeergebiet (bis Italien) gegenwärtig verbreitet. Als Einführungsjahr in die mittel= europäischen Gärten gilt 1731. — Eine Einführung neueren Datums ist der schlingende, rotblühende J. Beesi= anum Forrest et Diels aus dem westlichen China.

1. Laubblätter gegenständig . . . . . . . . . . . . . . . . . . . . . . 3.
1*. Laubblätter sämtlich oder grösstenteils spiralig . . . . . . . . . . . . . 2.
2. Niedriger, behaarter Strauch mit einfachen Laubblättern. Blüten gelb, fast 2 cm breit . . . . . . . . . . . . . . . . . . . . . . . . . . . . . . . . Menodora pag. 1906.
2*. Meist über 1 m hohe Sträucher. Zweige grün. Laubblätter 3= bis 11=zählig. Jasminum pag. 1906.
3. Laubblätter einfach . . . . . . . . . . . . . . . . . . . . . . . . 6.
3*. Laubblätter 3=zählig oder gefiedert . . . . . . . . . . . . . . . . . 4.
4. Pflanze baumförmig. Kelch oft fehlend. Kronblätter frei, weisslich, oft auch ganz fehlend . . . . . . . . . . . . . . . . . . . . . . . . . . Fraxinus DCXXXIX.
4*. Pflanzen strauchig. Kelch und Krone stets vorhanden. Kronblätter wenigstens am Grunde röhrenförmig verwachsen, gross, gelb . . . . . . . . . . . . . . . . . 5.
5. Zweige grün, rutenförmig, markerfüllt. Krone langröhrig; Kronzipfel kürzer als die Röhre . . . . . . . . . . . . . . . . . . . . . . . . . . . Jasminum pag. 1906.
5*. Zweige braun, hohl oder mit gefächertem Mark. Krone kurzröhrig; Kronzipfel viel länger als die Röhre . . . . . . . . . . . . . . . . . . . . . . . Forsythia pag. 1903.
6. Laubblätter immergrün . . . . . . . . . . . . . . . . . . . . . 12.
6*. Laubblätter sommergrün . . . . . . . . . . . . . . . . . . . . . 7.
7. Zweige hohl oder mit gefächertem Mark. Krone gross, gelb . . . . Forsythia pag. 1903.
7*. Zweige ganz mit Mark erfüllt. Krone nicht gelb oder ganz fehlend . . . . . . 8.
8. Krone abfallend oder fehlend. Blütenstand büscheltraubig . . . . . Adelia pag. 1905.
8*. Krone vorhanden. Blüten in behaarten, beblätterten Rispentrauben oder in end= oder seiten= ständigen Rispen . . . . . . . . . . . . . . . . . . . . . . . . 9.
9. Blüten in beblätterten Rispentrauben. Laubblätter kurzgestielt, lanzettlich oder eilanzettlich. Frucht eine flachgedrückte, schmalgeflügelte Nuss . . . . . . . . . . . . Fontanesia pag. 1903.
9*. Blüten in end= oder seitenständigen Rispen. Frucht ungeflügelt . . . . . . . . 10.
10. Kronzipfel lang=lineal, nur am Grunde miteinander verbunden, weiss. Frucht eine harte Stein= frucht, tief purpurn oder fast schwarz . . . . . . . . . . . . . Chionanthus pag. 1905.
10*. Krone röhrig; Kronzipfel nicht lineal, meist kürzer als die Kronröhre . . . . . . . 11.
11. Frucht eine 2=klappig aufspringende Kapsel. Krone violett, rot oder weiss; Kronzipfel stets länger als die Kronröhre . . . . . . . . . . . . . . . . . . . Syringa DLXXXVII.
11*. Frucht eine Beere. Krone weiss . . . . . . . . . . . . . . . Ligustrum DLXXXXI.
12. Laubblätter unterseits von sternförmigen Schildhaaren silberig schimmernd . Olea DLXXXX.
12*. Laubblätter unterseits ohne Schildhaare . . . . . . . . . . . . . . . . . 12.
13. Blüten in endständigen, daneben meist auch noch in achselständigen Rispen. Frucht eine Beere. . . . . . . . . . . . . . . . . . . . . . . . . . . . Ligustrum DLXXXXI.
13*. Blüten in blattachselständigen, büscheltraubigen Blütenständen. Frucht eine Steinfrucht . . 14.
14. Blütenstand büschelig . . . . . . . . . . . . . . . . Phillyrea DLXXXVIII.
14*. Blütenstand kurz rispentraubig . . . . . . . . . . . . . Osmanthus pag. 1905.

## DLXXXVII. Syringa L. Flieder, Syringe. Franz.: Lilac; engl.: Lilac; roman.: Gelsumin.

Sträucher oder kleine Bäume, mit ungeteilten und ganzrandigen, selten fiederteiligen, sommer=, selten immergrünen Laubblättern. Blüten an den 1=jährigen Zweigen end= oder seitenständig oder an jungen Zweigen endständig in vielblütigen, zusammengesetzten Trauben, violett, rot oder weiss, meist duftend. Kelch und Krone in der Regel 4=, selten 3=, 5= oder bis 7=zählig. Kelchzähne gewöhnlich ungleich, bisweilen undeutlich. Krone mit meist längerer Röhre und kurzen Kronzipfel. Staubblätter 2, seltener 3, im oberen Teile der Kronröhre eingefügt; Staubfäden kurz und die Röhre nicht überragend oder länglich=fadenförmig und länger als die Kronröhre; Staubbeutel seitenwendig. Fruchtknoten 2=fächerig mit je 2 hängenden Samenanlagen; Raphen derselben einander zugekehrt; Griffel in der Kronröhre eingeschlossen. Kapsel länglich, fast stielrund oder parallel der Scheidewand zusammengedrückt. Samen flach zusammengedrückt, im unteren Teile schief geflügelt, mit fleischigem Nährgewebe und flachen Keimblättern.

Die besonders in Mittel= und Nordchina artenreich vertretene Gattung umfasst rund 30 Arten und strahlt mit ihrem Verbreitungsgebiet über die Mandschurei und Korea bis Japan, sowie über den Himalaya, Afghanistan und Persien bis Osteuropa aus. Die meisten Vertreter gehören lichten Falllaubwäldern als Bäume oder Sträucher an. Die Bestäubung der vielfach zu auffallend farbigen Rispen zusammengesetzten, meist stark duftenden, honigführenden und in der Regel homogamen, seltener proterandrischen Blüten geschieht durch honigsaugende Insekten. Der Honig wird am Grunde der Kronröhre vom Fruchtknoten abgeschieden. Auch extranuptiale Nektarien kommen vor. Bei ausbleibender Fremdbestäubung kann durch Herabfallen des Pollens aus den höher stehenden Staubbeuteln auf die Narbe oder durch pollenfressende Insekten Selbstbestäubung eintreten. Die kantigen, geflügelten Samen werden beim Aufspringen, z. T. auch unter Mitwirkung des Windes, zerstreut. Auch vegetative Vermehrung durch einwurzelnde, niederhängende Zweige ist beobachtet worden.

Als beliebte Ziersträucher werden eine grössere Anzahl von Arten in Gärten, Anlagen, auf Friedhöfen usw. gezogen, zumal sie in der Kultur keinerlei Schwierigkeiten machen. In den Gärtnereien sind sie besonders dadurch geschätzt, dass sie sich leicht treiben lassen und deshalb in den blütenarmen Wintermonaten nicht nur sehr schöne, sondern auch wertvolle Schnittblumen liefern (näheres unter S. vulgaris, pag. 1915). Die kultivierten Arten entstammen den beiden, die Gattung zusammensetzenden Unterfamilien (oder Sektionen) Eusyringa Karl Koch und Ligustrina (Rupr.) Maxim. (vgl. Schlüssel). Zu der letzteren gehört nur S. Amurénsis Rupr. Strauch oder kleiner Baum mit kahlen Zweigen. Laubblätter rundlich oder eiförmig bis ± lanzettlich, oberseits kahl, unterseits behaart oder kahl, am Rande bewimpert oder kahl. Blüten in kahlen, selten spärlich behaarten Blütenständen. Kelch kahl oder behaart, nur etwa 1 mm lang, am Rande buchtig 4= oder ± unregelmässig=zähnig. Krone mit kurzer, den Kelch kaum überragender oder vom Kelch eingeschlossener Kronröhre, milchweiss oder (f. argéntea [Temple]) weissbunt. Kronzipfel eiförmig, spitz oder abgestumpft. Frucht 1,5 bis 2 cm lang, zusammengedrückt, spitz. Eine sehr formenreiche, ostasiatische Art, von der sich in Kultur befinden: var. genuína Maxim. (= S. Amurénsis Regel). Laubblätter im Umriss eiförmig, selten länglich, gegen den Grund zu verschmälert, gegen die Spitze zugespitzt, ganz kahl, unterseits deutlich netzig, etwa 2 cm lang (sehr selten länger) und grob gestielt. Heimat: Japan. In Europa seit etwa 1860 in Kultur. — var. Pekinénsis (Rupr.) Maxim. Laubblätter länglich, seltener eiförmig, am Grunde verschmälert, sehr selten fast herzförmig, vorn allmählich zugespitzt, kahl, 1,5 bis 2,5 cm lang, unterseits schwach geadert, sehr dünn gestielt. Heimat: Nordchina. Seit 1857 in Kultur. — var. Japónica (Maxim.) Franch. et Savat. Laubblätter eiförmig oder eilänglich, am Grunde abgerundet, vorn zugespitzt, oberseits kahl, unterseits deutlich netzig geadert und behaart, 1 bis 2 cm lang und grob gestielt. Heimat: Japan. Seit 1876 in Kultur. — Die Untergattung Eusyringa besitzt 2 Sektionen: die Villósae C. K. Schneider und die Vulgáres C. K. Schneider (s. Schlüssel). Von den ersteren finden sich hie und da in Gärten angepflanzt: S. Josikǽa Jacq. f. (Fig. 2897 a, d, e und Fig. 2898). Bis 1 m hoher Strauch mit aufrechten Aesten und grünen, fein behaarten, rundlichen, jungen Trieben und grauroten, kahlen, 1=jährigen Zweigen. Laubblätter auf 1,5 cm langen Stielen, breit=elliptisch, am Grunde kurz zugespitzt, ± abgerundet, ganzrandig, oberseits sattgrün, kahl, unterseits hellbläulichgrün, grobnervig, an den Hauptnerven behaart oder verkahlend, am Rande bewimpert. Blüten in endständigen, reich= und dichtblütigen Rispen. Kelch buchtig=4=zähnig oder abgestutzt, fein behaart. Krone dunkelviolett; Kronröhre 10 bis 15 mm lang. Staubblätter im Schlunde der Krone eingeschlossen. Der Strauch ist ein Endemismus des Bihargebirges und findet sich gern an Bachläufen und

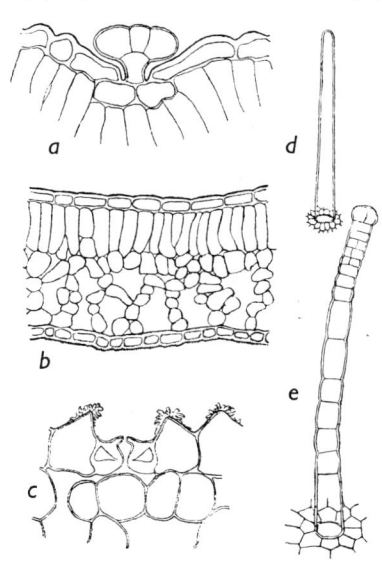

Fig. 2897. a Längsschnitt durch eine Schilddrüse der Laubblattoberseite von Syringa Josikaea Jacq. f. b Querschnitt durch ein Laubblatt. c Querschnitt durch eine Atemöffnung von S. Emodi Wallich. d Gewöhnliches und e Drüsenhaare von S. Josikaea Jacq. f. (nach Gulyás Antal).

feuchten, schattigen Hängen auf Kalk- und Silikatgestein in den niederschlagsreichen Berglagen zwischen 490 bis 700 m mit Alnus incana, Salix caprea, Sorbus Aucuparia, Spiraea ulmifolia, Atragene alpina usw. (vgl. Gulyás Antal, Syringa Josikaea Jacq. fil. és a Syringa Emodi Wallich, Muzeumi Füzetek 1907). Nach Hayek tritt er auch in den dazischen Eichenwald ein, wo er neben S. vulgaris zu den schönsten Gewächsen gehört. Die Blüten sind homogam oder schwach proterogyn. Als Bestäuber stellte Gulyás Antal Dipteren, Hymenopteren (Apis mellifica, Bombus hortorum und B. terrestris, Osmia sp. und Eucéra spec.), Lepidopteren (Pieris brassicae und P. napi), Coleopteren und Thrips sp. fest. In gewissen Gebieten, so in der Umgebung von Hemecz, ist der Strauch mit der Vernichtung der Wälder zugrunde gegangen. Die getrockneten, jungen Triebe werden als Heilmittel bei Mensch und Tier gegen Leibschmerzen und Gliederlähmung angewendet. Der darin wirksame Stoff ist das zuerst von Kromayer dargestellte Syringin $C_{17}H_{24}O_9$. Der Strauch war bereits Kitaibel und Baumgarten bekannt. Ersterer bezeichnete ihn als Syringa prunifolia, letzterer als S. vincetoxicifolia; doch gaben beide keine Beschreibung der Art. Um 1830 wurde er erneut von der Baronin Rozalia Josika-Csáky aufgefunden und dann von B. Jacquin als S. Josikaea beschrieben. Seit 1835 wird er hie und da in Mitteleuropa angepflanzt, ist aber nicht der schönste der kultivierten Syringen. Durch Hochzüchtung hat Froebel in Zürich die beiden hochwertigeren Formen f. eximia und f. Zabelii gewonnen. Viel wichtiger ist der Strauch für die Erzeugung eine Reihe sehr schöner Bastarde mit der nachfolgenden Art (S. villosa), die unter dem Namen var. Lutèce Hort. Simon Louis, S. Brettschneideri hybrida Henry und S. Josikaea hybrida Henry in den Handel gekommen sind und die die Unterscheidung der beiden Eltern oft sehr erschweren. — S. villosa Vahl. Aufrecht ästiger, bis 4 m hoher Strauch mit sehr fein behaarten, verkahlenden Zweigen. Laubblätter eiförmig, am Grunde keilig in den Stiel zusammengezogen, oberseits kahl, sattgrün, unterseits hellbläulichgrün, deutlich geadert, an den Nerven weisslich

Fig. 2898. Syringa Josikaea Jacq. J. *a* Blühender Spross. *b* Desgl. mit Früchten. *c* Blüte. *d* Junge Frucht. *e* und *f* Laubblätter von der Ober- und Unterseite. (*c* bis *f* nach Gulyás Antal).

behaart, am Rande bewimpert, derb. Blüten in reichblütigen, bis 30 cm langen und bis 10 cm breiten, sehr fein behaarten Rispen. Kelch buchtig gezähnt, behaart oder verkahlend. Krone rosa-violett, unangenehm ligusterartig duftend. Heimat: Zentralchina bis Nord-Korea und Mandschurei. Eine sehr veränderliche Art, die nach C. K. Schneider seit langem, nach Goetze seit 1888 nach Mitteleuropa eingeführt worden ist. Am häufigsten findet sich die var. rósea C. K. Schneider (= S. Emódi Wallich var. rosea Cornu), mit weisslichen, rosa angehauchten Blüten, die nur aus der Kultur bekannt ist. Der Strauch erfreut sich in Tibet als „Buddhabaum" grosser Verehrung, da auf seiner Rinde und seinen Laubblättern buddhistische Formen und Buddhabilder zur Entwicklung kommen sollen. — S. Emódi[1]) Wallich. Bis 3 m hoher Strauch mit graubraunen oder braunen, aufrechten, kahlen, höchstens anfangs leicht behaarten Zweigen. Laubblätter auf bis 1,8 cm langen Stielen, eiförmig bis eiförmig-elliptisch, vorn zugespitzt, am Grunde keilförmig, unterseits graugrün, kahl oder an den Hauptnerven etwas behaart. Blüten in dichtblütigen, feinbehaarten oder verkahlenden Rispen. Kelch 4-zähnig, leicht behaart. Krone weisslich, mit eng zylindrischer, sich nach oben allmählich erweiterter, etwa 8 mm langen Röhre; Kronzipfel wagerecht abstehend, fast so lang wie die Kronröhre. Staub-

---

[1]) Benannt nach dem „Mons Emodus" bei dem Dorfe Kordong in Ostindien.

blätter aus dem Kronschlund hervorragend. Frucht walzlich, zugespitzt. Heimat: Zentralasien von Afghanistan bis zum Nordwest-Himalaya und Neapel. Die 1828 von Wallich entdeckte Art wurde 1840 nach Europa gebracht und ist, wenn auch nicht häufig, namentlich in einer gelbbunten Form in Kultur. — Von den Vulgares seien ausser S. vulgaris L. (s. u.) genannt: S. obláta Lindl. 2 bis 4 m hoher Strauch oder (wenigstens in der Heimat) kleiner Baum mit aufrecht ausgebreitet verzweigten Aesten und kahlen oder anfangs kurzhaarigen Zweigen. Knospen kugelig, eiförmig, braun-purpurn. Laubblätter so lang wie breit, rundlich-herzförmig bis rundlich-eiförmig, plötzlich kurz zugespitzt, lederig, kahl. Blüten in einfachen oder gegabelten, grossen, lockeren, fein drüsig behaarten Rispen. Kelch fein behaart, kurz buchtig gezähnt oder fast stumpf. Krone etwa 10 bis 12 mm lang, mit ausgebreiteten Zipfeln. Frucht fein zugespitzt. Heimat: Nord-China: Tschili, Schensi, Schantung, Korea. Seit 1859 in Europa in der gross- und kahlblättrigen var. týpica Lingelsh. in Kultur und sehr beliebt, da sich die Blütenknospenzweige schon nach 3½- bis 4-wöchentlichem Treiben zum Blühen bringen lassen. Infolge der etwa 14 Tage vor S. vulgaris einsetzenden Blüte leidet aber der Strauch in Mitteleuropa unter Spätfrösten und ist daher für kalte, frostreichere Lagen nicht empfehlenswert. Nur aus Gärten bekannt ist die klein- und behaartblättrige var. affínis (Henry) Lingelsh. — S. Pérsica L. Fig. 2899. 1 bis 2 m hoher, breit aufrecht verästelter Strauch mit kantigen, kahlen oder kaum drüsig behaarten, jungen Zweigen. Laubblätter kahl, über 5 mm lang gestielt, einfach oder 3- oder fiederteiligen (var. laciniáta Ait.), 2 bis 4 cm lang, die einfachen eilanzettlich bis länglich-lanzettlich, vorn allmählich zugespitzt, in den Blattstiel verschmälert, ganzrandig, häutig oder leicht lederig. Blüten in endständigen oder aus den obersten, seitlichen Knospen sich entwickelnden, lockeren Rispen. Kelch 4-zähnig, oft tief in 2 Teile gespalten. Krone 12 bis 14 mm lang, helllila oder weiss (f. alba [Ait.]). Frucht etwa 1 cm lang, fast geflügelt, 4-kantig, an der Spitze gestutzt. Heimat nicht vollständig bekannt; wild nach Lingelsheim in Persien, Afghanistan, Kaschmir, West-Himalaya, Tibet. C. K. Schneider hält wohl mit Unrecht die Art für einen seit altersher in Persien kultivierten Bastard, als dessen Eltern S. vulgaris und die afghanische S. Afghánica C. K. Schneider oder eine der letzteren nahe

Fig. 2899. Syringa Pérsica L. Blühender Zweig.

Verwandte in Frage kommen sollen (vgl. auch Knapp, J. A., Die Heimat von Syringa Persica. Oester. Botan. Zeitschrift, 1880). In England wurde der Strauch durch Joh. Tradescant 1640 eingeführt. In Schlesien fand er sich (auch weissblühend) zur Zeit der Renaissance, 1739 auch im Hortus Cliffortianus. Seitdem ist er über ganz Europa verbreitet worden und häufig in Kultur. Nach H. L. Späth entwickelt die schlitzblätterige var. laciniata an Johannistrieben ganzrandige Laubblätter, schlägt dabei also zur Stammform zurück. Verwildert wurde die Art bei Halle an der Burg Giebichenstein, am Schlossfelsen bei Ried unweit Bozen und am Fuss der Festung Aarburg (Schweiz) festgestellt. — Ausser dem oben erwähnten Bastard S. Josikaea Jacq. × S. villosa Vahl (= S. Henrýi C. K. Schneider) werden von weiteren Hybriden kultiviert: S. obláta Lindl × S. vulgaris L. (= S. hyacinthiflóra Reh.). und häufig auch S. Persica L. × S. vulgaris L. (= S. Chinénsis Willd. × S. Rothomagénsis A. Rich. = S. correláta A. Braun, = S. dúbia Pers.). Der S. Persica meist näher stehend, von S. vulgaris abweichend

Fig. 2900. Syringa vulgaris L. *a* Blühender Zweig. *b* Längsschnitt durch die Blüte. *c* Narbe. *d* Fruchtkapsel geöffnet.

durch kleinere, schmälere Laubblätter und ± kantige Zweige. Zwei bis 3 m hoher, breitbuschiger, von Jugend an ganz kahler Strauch, mit hackig-hängenden, gelben oder graugelben Zweigen. Laubblätter eiförmig-lanzettlich oder verkehrt-eiförmig-lanzettlich, 5 bis 7 cm lang, 3 bis 4 cm breit, am Grunde zusammengezogen, gegen die Spitze zugespitzt, kahl, mit 1,5 cm langem Stiel. Blütenstände gross, ausgebreitet. Kelch 2 mm lang, ± unregelmässig, 4-teilig. Kronröhre zylindrisch, 7 bis 8 mm lang, lila; Kronzipfel eiförmig, zugespitzt oder abgerundet. Früchte selten entwickelt und dann denen von S. Persica gleichend. Diese als Bastard angesprochene Pflanze ist nach Goverts 1795 durch Williams nach Kew gebracht worden. Nach anderen Quellen soll sie 1777 von dem Handelsgärtner Varin in Rouen aus Samen der S. Persica var. laciniata erzogen worden sein. Auch späterhin will man dieselbe Entstehung festgestellt haben.

1. Kronröhre lang, den Kelch weit überragend. Staubblätter im Schlund der Blüte eingeschlossen (Untergattung Eusyringa K. Koch) . . . . . . . . . . . . . . . . . . . . . . . . . . . . 2.

1*. Kronröhre kaum länger als der Kelch. Staubblätter aus dem Schlund der Krone hervorragend (Untergattung Ligustrina [Rupr.] Maxim.) . . . . . . . . . . . . . . . . S. Amurensis s. pag. 1909.

2. Blütenstände aus den Endknospen der vorjährigen Zweige hervorgehend . . . . . . . . . . 3.

2*. Blütenstände aus Seitenknospen der vorjährigen Zweige hervorgehend (Sektion Vulgares) . . . 5.

3. Laubblätter unterseits ohne Papillen . . . . . . . . . . . 4.

3*. Laubblätter unterseits mit Papillen . . . . S. Emodi pag. 1910.

4. Kronröhre 15 bis 18 mm lang; Kronzipfel während der Blütezeit aufrecht. Frucht spitz. S. Josikaea pag. 1909.

4*. Kronröhre im Mittel 11 mm lang; Kronzipfel während der Blütezeit abstehend. Frucht stumpf . . . . . . . . . S. villosa pag. 1910.

5. Laubblätter gross, bis 16 cm lang und 8 cm breit, stets ungeteilt. 6.

5*. Laubblätter klein, bis 5 cm lang und 3 cm breit . . . . . 7.

6. Laubblätter am Grunde herz- oder nierenförmig. Kronzipfel ± zugespitzt . . . S. oblata pag. 1911.

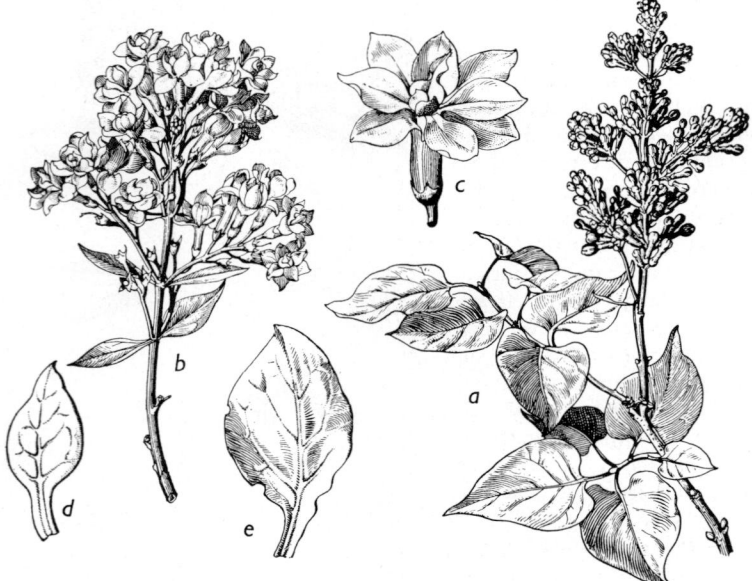

Fig. 2901. Syringa vulgaris L. *a* Zweig mit noch nicht erblühtem Blütenstand. *b* Blühender Zweig einer gefüllten Kulturform. *c* Gefüllte Blüten. *d* und *e* Laubblätter.

6*. Laubblätter am Grunde zugespitzt oder halb herzförmig. Kronzipfel ± abgerundet . . . . . . . . . . . . S. vulgaris nr. 2221.

7. Laubblätter gefiedert oder ungeteilt und dann nicht über 3 cm lang und 1 cm breit. Blütenstand klein . . . . . . . . . . . . . . . . . . . . . . . . . . . . . . . . . . . . . . . S. Persica pag. 1911.

7*. Laubblätter ungeteilt, meist 5 bis 7 cm lang und 3 bis 4 cm breit. Blütenstand gross, locker ausgebreitet . . . . . . . . . . . . . . . . . . . . . . . . . . . . . . . S. Persica × S. vulgaris pag. 1911.

## 2221. Syringa vulgaris L. Gemeiner Flieder, Spanischer Flieder (fälschlich Holunder).
### Fig. 2897 bis 2907.

Die vielfach für den Strauch üblichen Bezeichnungen Flieder, Holler (Holunder) gelten ursprünglich für den einheimischen Holunder (Sambucus nigra; vgl. Bd. VI/1, pag. 237) und sind erst später (oft mit Zusätzen wie spanisch, türkisch, welsch, um die fremde Herkunft anzudeuten) auf Syringa übertragen worden, z. B. Fliider, Flirra (plattdeutsch, Flider (Schweiz); spaensche Ellhoern [= Holunder] (Schleswig), Holunder (z. B. Braunschweig, Sachsen), (blauer, türkischer) Holler (bayrisch-österreichisch), (blauer, spanischer) Holder(e) (Schwaben, Schweiz), Baure-Holder (Franken), Schmeckholler [nach dem angenehmen Duft] (Oberfranken). Die duftenden Blüten gleichen in ihrer Form etwa den Näglein, Gewürznelken [Knospen von Caryophyllus aromaticus; vgl. auch „Nelke", Bd. III, pag. 319], daher Niágelken, Nagel(ke)bom (plattdeutsch), Nagelkes, Nägelchesblume, Nälchesblume, Nägelcher (fränkisch), Groffensnal [von „caryophyllus"] (Aachen), Nāgala (schwäbisch), Nägeli-, Essnägeli(bluost) (Schweiz). Auf die Blütezeit (Mai, Pfingsten, Christi Himmelfahrt) weisen hin: Maiblōm (bergisch), Maibluem (Elsass), Maierösli (Baden), Maiebluest (Schweiz),

Maia, Maiblūa(h) (Oberbayern), Pinksterblöme, =bloume (plattdeutsch), Pängstblum (Nieder=
rhein), Pfingstbluem (Elsass), Pfingste=Glesli [„Glesli" eigentlich = Hyazinthe], Pfeistblueme
(Schweiz), Ufertsbluest (Basel). Im Mitteldeutschen besonders im Ostmitteldeutschen (obersächsisch usw.)
treten häufig Benennungen auf, die anscheinend einen recht ominösen Ursprung haben („Huck auf die Ma(g)d"
= coire; Blütezeit im Mai, starker auf die sexuelle Sphäre wirkender Duft!). Meist sind diese Benennungen
stark verschleiert: Huckufdemad, Huppufdemad, Kufdemad, Huckauf, Huppuff (Sachsen, Nord=
thüringen), Hub=uf=de=Mè (Altenburg), Hep(e)timat (Oberhessen). Eine weitverbreitete Namengruppe
bilden (oft weitgehende) Entstellungen aus Syringa: Sirene, Siereen, Zorene, Ziereenje, Zitrène
(plattdeutsch), Zieren'n (Gotha), Zirènchen, Zitrenchen (Nordthüringen), Zitterene (Hessen),
Zerinke (Rheinpfalz), Zirinke ,(alemannisch), Zitterink, Zitterinz (Elsass), Zitrönchenbaum,
Rosinenbaum (Oberharz); das elsässische Zittelbast ist ausserdem noch an Seidelbast (ähnliche Blüten=
form!) angelehnt. Ein verstümmeltes „Je länger je lieber" (vgl. Lonicera caprifolium Bd. VI/1, pag. 258) stellen
die thüringischen Benennungen Längelieber,
Eng(e)lalieb(e)r, Liwerängl dar. Die
Bezeichnungen Lilach (Sachse), Lila (Elsass),
Lilak (Aargau) stammen aus dem französi=
schen Namen des Strauches (franz. lilas und
dies aus arab. lilak, pers. nīlā = blau; daraus
auch lila = blassviolett). Vereinzelte Volks=
namen sind Kaneelblom, =roes (Schles=
wig), Pastoren=, Studentenblom (Un=
tere Weser), Kasblōm (bergisch), Lemer=
schwenz [Gestalt der Blütenrispe] (Ober=
hessen), Mühlenblume Moselgebiet), Wein=
blume (Baden), Wietruba (St. Gallen), Hup=
pendinges (zur Anfertigung von „Huppen"=
Pfeifchen [vgl. Sorbus aucuparia Bd. IV/2.
pag. 708] (Lothringen), Zuckerblueme
(Elsass).

20 cm bis 10 m hoher Strauch
oder kleiner Baum mit kräftiger, weit=
streichender Bewurzelung und grau=
brauner, rauhrissiger, abblätternder Bor=
kenrinde. Junge Zweige rundlich, glatt,
grau oder olivgrün berindet, anfangs
drüsig kurzhaarig. Knospen eiförmig
(Fig. 2903), von wechselnder Grösse;
Schuppen rundlich, etwas gekielt, oliv=
grün, am Rande braun gesäumt; Lenti=
cellen vielfach kaum sichtbar; 2=jährige
Zweige grau. Laubblätter 2 bis 3 cm

Fig. 2902. Syringa vulgaris L. *a* Fruchtender Zweig. *b* Frucht. *c* Quer=
schnitt durch die Frucht. *d* Samen. *e* Schnitt durch den Samen.

lang gestielt, meist deutlich länger als breit, am Grunde 3=eckig=eiförmig, herzförmig, abge=
rundet oder kurz verschmälert, gegen die Spitze ziemlich lang vorgezogen, oberseits lebhaft
grün, unterseits etwas matter, kahl, dicklich. Blüten in reichblütigen, endständigen Rispen.
Kelch 2 mm lang, unregelmässig= und kurz 4=zähnig. Krone etwa 1 bis 1,5 cm lang, mit
enger, zylindrischer Röhre und 4 bis 5 mm langen, eiförmigen, vorn abgerundeten Zipfeln,
von blau= und rotviolett über rosenrot und himmelblau bis weiss, häufig in Kultur gefüllt
(Fig. 2901 c). Staubblätter 2, nicht aus der Kronröhre herausragend, im oberen Teile der
Kronröhre entspringend (Fig. 2900 b). Griffel kurz, in der Kronröhre eingeschlossen; Narbe
2=lappig (Fig. 2900 c). Kapsel 2=fächerig, länglich=eiförmig, vorn zugespitzt, 1 bis 1,5 cm
lang, zusammengedrückt, kahl (Fig. 2902 b, c), braunglänzend, holzig. Samen länglich, 8 bis
10 mm lang, hellbraun, ringsum geflügelt (Fig. 2902 d, e). — IV, V.

Heimisch in Südostungarn (Banat [bis 1580 m steigend], Südwest=Siebenbürgen), Herzegowina, Rumänien, Serbien, Bulgarien, Mazedonien, sowie nach C. K. Schneider auf kleinasiatischem Boden in Bithynien. Seit dem frühen Mittelalter in Europa in Kultur und gegenwärtig weit verbreitet (noch in Norwegen in 68° 30′ nördl. Breite gezogen) und teil= weise eingebürgert an Hecken, in Weinbergen, an Abhängen und an Felsen.

Verwildert und eingebürgert in Deutschland in Bayern auf der Garchinger Heide (kleine, 20 bis 30 cm hohe Zwergsträucher), an der Oberhauserleite bei Passau, am Schlossberg bei Berneck, um Neuburg a. d. Donau, bei Eichstätt, Rupprechtstein, zwischen Kauerlach und Häusern bei Hiltpoltstein, um Weismain, im Schwabachtal bei der Rössleinmühle, Nürnberg, Bamberg, Marienberg bei Würzburg; in Württemberg z. B. bei Stuttgart, Kemnat, Tübingen, Oberndorf, Rottweil, Freudenstadt, Tuttlingen, Spaichingen, Trochtelfingen, Zwie= falten, Blaubeuren, Ulm, Schussenried; in Baden z. B. bei Schloss Schwörstadt, an Felsen zwischen Istein und Kleinkems und vielfach rheinabwärts bis zum Unterrhein, so z. B. noch am Rhein bei Gellep und Wittlaer; in Westfalen und Hannover häufig gepflanzt (z. B. sehr häufig um Warburg), aber fast nirgends wirklich verwildert; desgleichen im Nordwestdeutschen Flachland (eingebürgert wohl nur auf Hügeln an der Strasse zwischen Baden und Achim); in Schleswig=Holstein im Sandr=Gebiete nicht selten als Knickpflanze; im Nordostdeutschen Flachlande hie und da ver= wildert, z. B. auf Kirchhöfen in Potsdam, bei Rheinsberg, Schöneberg, Arns= walde, bei Schwerin, Lübeck, ebenso in Schlesien und Sachsen; in Thüringen z. B. um Erfurt im Dreienbrunnen, am Schindleichsgraben, in der Aue und völlig eingebürgert und steile Halden und Felsbänder bedeckend bei Jena. — In Oesterreich in den ausseralpinen Gebieten vielfach verwildert, z. B. in Böhmen um Prag bei Hlubočep, Jeneralka usw.; in Mähren bei Kromau, auf dem Holstein, bei Iglau (seit langem), früher auch bei Znaim (wegen allzugrosser Wucherung ausgerottet); in den Alpenländern viel spärlicher, so im Vorarlberg bei Bregenz am Gebhardsberg und bei Feldkirch; in Tirol bei Innsbruck bei der Schrofenhütte, am Schloss bei Rattenberg, im Brixental (z. T. als stärkere Bäume), bei Meran an der Zeno=, Frags= und Leonburg, bei St. Lorenzen gegen Stegen (den ganzen Hang überdeckend), Bruneck, Winnebach (seit langem), Lienz, am Ritten (einen Felsen in 1450 m Höhe bei Pfaffstall ganz überziehend, ebenso bei Lengstein und bei Klobenstein, am Tannhof bei etwa 1520 m noch in grossen Sträuchern), bei Bozen, Fassa und San Colombano bei Rovereto; in Steiermark bei Frein, Klausleiten, Schloss Nalbenrain, Bad Neuhaus usw.; in Kärnten bei Klagenfurt, Wolfsberg, Eberstein, Tiffen, Flattach im Mölltal, Oberdrauburg, Weissbriach, Lessachtal, Laas bei Kötschach, St. Daniel, Villach, Deutsch=Bleiberg, Rosegg. — In der Schweiz verwildert z. B. im Aargau bei Kirchmoos, Attelwil, Beinwil a. S., Langele, Hornussen, Bruggerberg, Stein zu Baden, im Kanton Solo= thurn bei Grenchen, häufig auch im Kanton Neuenburg, im Wallis und im Tessin usw.

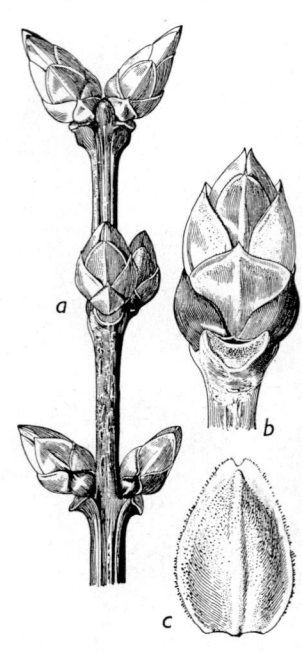

Fig. 2903. Syringa vulgaris L. *a* Spross im Winter. *b* Winter= knospe. *c* Knospenschuppe.

In wildem Zustande wenig veränderlich, aber in Kultur infolge Auslese und Züchtung kleiner Ab= weichungen und Mutationen ausserordentlich formenreich und infolge Bastardierung mit S. oblata z. T. sehr kritische Formen umfassend. Eine sehr frühblühende Form mit weissen Blüten und hellgrünen Knospen ist var. álba Ait. Geschätzt werden namentlich grossblütige und gefüllte Formen, die in der Regel einfarbig=weiss, weiss=rot, gelb, azur= bis himmelblau, rosa, purpurn, lila oder violett gezogen werden.

Syringa vulgaris gehört dem dazischen Elemente, wie z. B. Euphorbia Carniolica, Helleborus purpur= ascens usw. an und findet sich im südwestlichsten Teile von Siebenbürgen und im Banate mit Vorliebe in den artenreichen dazischen Eichenwäldern als Unterholz von Quercus Robur, Q. sessiliflora, Q. Cerris, Q. pubes= cens und Q. conferta, Tilia tomentosa, Acer Tataricum, Fraxinus Ornus, Carpinus Orientalis, Corylus Colurna, Juglans regia und mit einem Unterwuchs von Ruscus aculeatus und R. Hypoglossum, Trifolium Molineri und T. expansum, Digitalis lanata, Acanthus Hungaricus usw. Im Tale des Schyl bildet sie zusammen mit Fraxinus Ornus und Evonymus latifolia an Kalkhängen üppig blühende Gebüsche. Im äussersten Südwesten der Karpaten, wie im Czernatale bei Mehadia und Herkulesbad, tritt sie als Unterwuchs an lückigeren Stellen der dortigen uralten Buchenwälder auf, gemeinschaftlich mit Fraxinus Ornus, Crataegus melanocarpa und Cotinus Coggygria. In Mitteleuropa ist der Strauch an manchen Orten vollständig eingebürgert und findet sich nicht nur in Hecken und Gebüschen vom Rosa=Berberis=Typus, sondern auch an völlig unzugänglichen Felsen, wie auf der Alb bei Werenwag, Trochtelfingen, Blaubeuren und Ulm, wo er zwar weniger üppig als in den Gärten wird, aber alljährlich reichlich Früchte trägt. Gradmann glaubt (wohl mit Unrecht) aus derartigen Verhältnissen die Urwüchsigkeit des Flieders auch in den Karpaten verneinen zu können. Der Einbürgerung in gewissen Gegenden Mitteleuropas ist besonders dadurch Vorschub geleistet worden, dass es früher vielerorten üblich war, an Stelle der Mauern als Einfassung von Gärten und Grundstücken lebende Zäune zu verwenden, zu denen neben Craetaegus-Arten, Berberis vulgaris, Lycium halimifolium, Sambucus nigra, Ligustrum vulgare, Prunus spinosa, Prunus Mahaleb, Carpinus Betulus usw. auch der Flieder wegen seiner starken Ausbreitungskraft gewählt wurde.

Syringa vulgaris wurde nach W. J. Goverts (Mitteilungen der Deutschen Dendrologischen Gesellschaft, 1920) etwa 902 durch die Araber (woher?) nach Spanien gebracht („Spanischer Flieder"), scheint aber von dort aus zunächst nicht nach Mitteleuropa gelangt zu sein. 1544 berichtet der Leibarzt Kaiser Karls V. und Ferdinands II., Pierandrea Matthiolus, über den Flieder. In einer deutschen Uebersetzung schreibt er: „Diese Pflanze hat der berühmte Augerius von Busbecq (der kaiserliche Gesandte an der Hohen Pforte), unter der Bezeichnung Lilak mit sich hergebracht. Es ist nicht möglich, die lebende Pflanze zu sehen, wohl aber die kunstgerecht und sorgsam gemalte. Gleichwohl hat er mir in diesem Jahre aus Padua ein ganz frisches Reislein dieser Pflanze gemalt, das mit reichlichen Blüten versehen, und danach ein anderes mit Früchten. Jacobius Antonius Cortusus hat geschrieben: Diese Pflanze sei ihm aus Aphäa (auf Kreta) zugesandt, wo sie ungeheuer reichlich vorkommt; sie wird ihm mit dem heimischen Namen Seringa benannt." Um dieselbe Zeit wird er von Caesalpini aus dem Este'schen Garten genannt. Seine Hauptverbreitung soll er von 1557 an durch Quekelbeen erlangt haben. Bereits Camerarius führt ihn als häufig in Deutschland auf: „horti plerique Germaniae." Bellonius bezeichnet ihn als „Fuchsschwanz", Zwinger als „Syringsbaum". Im Jahre 1597 soll der Strauch in Mitteleuropa zum ersten Male zum Blühen gebracht worden sein. 1598 soll er nach Bauhin in Württemberg im herzoglichen Garten zu Göppingen in einer weissblühenden und in Kirchheim im Garten des Apothekers Lutz in einer rotblühenden Form zu sehen gewesen sein. Im selben Jahre wurde der Flieder auch in England von Joh. Gerarde gezogen. 1600 war er in Breslau bekannt. In den Horti Schulziani wurde er als Lilac Turicum bezeichnet. C. Schwenckfeld nennt ihn S. coerulea im Gegensatz

Fig. 2904. Syringia vulgaris L., Windschutzhecke in Theresienfeld, N.Ö.
Phot. R. Fischer, Sollenau, N.Ö.

zu S. alba, unter welchem Namen er Philadelphus coronarius verstand. Im allgemeinen blieb der Strauch aber ein Ziergewächs der vornehmen Gärten und hat erst allmählich seine allgemeine Ausbreitung und Beliebtheit erlangt. Vor 1809 fand er sich auch im Karthäusergarten zu Eisenach. Gegenwärtig wird er in den allbekannten, oft prächtigen, weissblütigen bis tiefpurpurnen Kulturformen überall gezogen, ist aber durch seinen starken, von einem ätherischen Oele stammenden Duft für empfindliche Personen unangenehm (vgl. auch die deutschen Volksnamen). Infolge der Leichtigkeit, mit der sich die Zweige im Winter zur Blüte bringen lassen, spielt er seit neuerer Zeit für die gärtnerischen Betriebe eine bedeutende Rolle. Das Austreiben kann auf sehr verschiedene Weise angeregt werden. Verbreitet sind das Aetherisierungsverfahren (H, N, $O_2$, $NO_2$, auch stark acetylenhaltige oder an Formaldehyddämpfen reiche Luft führen zum selben Ziele) und das Warmbadverfahren, mit welch letzterem sich namentlich H. Molisch eingehend befasst hat (Das Warmbad als Mittel zum Treiben der Pflanzen, Jena 1909). Mehr theoretische Bedeutung kommt den Treibversuchen von F. Weber (Quetschen der Knospen durch einen Quetschhahn), Jesenko (Baden in verdünnten Säuren, Einpressen von alkoholischen Lösungen in die Schnittfläche), Portheim und Kühn (Entschuppen von Knospen), P. Reiss (Bestrahlung mit X-Strahlen), O. Richter (Benutzung von konzentrierter Schwefelsäure) usw. zu.

Verwiesen sei auch auf Harms, Flieder und Asparagus, Lehrbuch der Anzucht, Kultur und Treiberei, Erfurt 1897, sowie auf L. Koch in Jahrbuch für wissenschaftliche Botanik, Bd. 25, 1893. — Die Blüten sind meist homogam, seltener (nach Batalin) proterandrisch oder proterogyn. Als Besucher treten namentlich Dipteren, Hymenopteren und Lepidopteren auf, die dem vom Fruchtknoten ausgeschiedenen Honig und dem Pollen nachstellen. Die Insekten berühren zunächst die dem Eingang der Blütenröhre versperrenden Staubbeutel und dann die Narbe. Der Pollen soll aber nach Knuth erst am Rüssel hängen bleiben, wenn dieser mit Honig befeuchtet ist. Danach wäre Fremdbestäubung die Regel. Nach Heinecke hingegen bleibt der Pollen ohne Beihilfe des Honigs bereits an den behaarten Mundteilen hängen. Pollenfressende Insekten verursachen in älteren Blüten wohl immer Selbstbestäubung. Letztere tritt bei ausbleibendem Besuche auch durch selbsttätiges Herabfallen von Blütenstaub ein. Das in den Blüten enthaltene ätherische Oel wird durch Destillation mit Wasser und Entziehen des Riechstoffes mittels Benzol oder aber durch die Absorptionsmethode gewonnen und dient zu den kostbarsten Parfümerien. Das Holz ist beinhart (Härtezahl 1000 bis 1500 kg/ccm), schwer spaltbar, besitzt sehr feine Struktur und lässt sich leicht polieren. Sein Lufttrockengewicht beträgt 0,93 bis 0,94. Stärkere Stammstücke werden in der Drechslerei und Tischlerei verwendet. In der Rinde wurde das Glycosid Syringin (= Oxymethylconiferin $C_{17}H_{24}O_3$ = Lilacin) festgestellt, das namentlich im März auftritt (0,7 %), während bereits im April nur noch $1/3$ davon nachweisbar ist, ferner Mannit, der amorphe Bitterstoff Syringopikrin, Emulsin, Invertin und Saccharose. Die Laubblätter enthalten ± dieselben Stoffe, ebenso die Knospen und die Früchte. In der Asche wurden bis 17,7 % $Na_2O$ nachgewiesen. — Nach Wiesner sind die an den Sträuchern aussenstehenden Laubblätter prophotometrisch, die im Inneren stehenden euphotometrisch. Die vegetative Verzweigung der Zweige ist ± gabelig und wird dadurch bedingt, dass an den diesjährigen Zweigen nach der Entwicklung von einigen Laubblattpaaren die Endknospe abstirbt und die bereits gegen Ende des Sommers stark angeschwollenen beiden Achselknospen die Sprossfortsetzung übernehmen. Bei der Blütenbildung ersetzt dann nach R. Pilger (Bericht der Freien Vereinigung für Pflanzengeographie und systematische Botanik, 1921) die Rispe einen der beiden Gabelzweige, sodass die eine der beiden Achselknospen einen sterilen, die andere einen fertilen Spross hervorbringt, oder aber es bilden sich aus beiden Knospen Rispen. Nach dem Abblühen bleibt der Rispenstand 2 bis 3 Jahre vertrocknet am Strauch stehen. —

Fig. 2905. Syringa vulgaris L., durch Eriophyes Loewi Nal. hexenbesenartig umgewandelt. *a* und *c* Sprosse. *b* und *d* Sprossknospen. *e* Blütendiagramm (nach Marktanner).

Teratologische Bildungsabweichungen sind sehr häufig. Bemerkenswert ist vor allem das gelegentliche Auftreten von adventiven Blüten oder kleiner Blütenstände auf den Wurzeln. Ferner wurden beobachtet: mannigfache Verbänderungen der Zweige, Zweiggabelungen, quirlige Anordnung der Laubblätter (namentlich bei Schösslingen), gegabelte oder in verschiedener Weise verwachsene Laubblätter (vgl. z. B. A. Lingelsheim. Beihefte zum Botanischen Zentralblatt. Bd. XXXIII, 1916), Durchblätterung der Blütenrispen, Verwachsung und Vermehrung der Blütenkreise (bei Gartenformen häufig gezogen). An den Keimpflanzen stellte Breuil Längsverwachsung der Keimblätter oder deren seitliche Spaltung fest, sodass tri-, tetra- und pentakotyle Pflänzchen entstanden. — Die Zahl der tierischen und pflanzlichen Schädlinge auf dem Flieder ist ziemlich bedeutend. Auffällig sind vor allem die durch Eriophyes Loewi Nal. verursachten Häufungen, Hemmungen und Missbildungen an den Knospen, die im Frühling zu kleinen hexenbesenartigen Sprossen auswachsen und dann verkümmerte oder auch schuppenförmige Laubblätter tragen (Fig. 2905). Die Zweige werden von zahlreichen (nach Lindau mehr als 40 verschiedenen) Ascomyceten befallen, von denen Hysterográphium fráxini (Pers.) Lisiélla syringae (Hazsl.), Massariélla lilácis Otth, Mycosphaerélla syringicola Otth, Otthia syringae (Fries), Válsa syringae Nitschke genannt seien. Als Minierer der Laubblätter tritt die Fliedermotte Gracilária syringélla) auf, stärkere Frassschädigungen werden an ihnen durch die spanische Fliege (Lýtta vesicatória L.) verursacht (vgl. F. Zacher,

Die Feinde der Syringen. Die Gartenwelt, XXVI, ferner H. Klebahn, Krankheiten des Flieders Berlin, 1909). Frucht und Rinde wurden ehedem als Tonicoadstringens und als Fiebermittel angewendet, die frischen Blätter gegen Malaria.

## DLXXXVIII. **Phillýrea** L. Steinlinde. Franz.: Philaria; ital.: Filaria.

Immergrüne, dichtbelaubte, mittelgrosse bis hohe Sträucher mit wechselständigen, ungeteilten, lederigen, beiderseits glänzenden Laubblättern. Blüten in kurzen, einfachen, in den Blattachseln stehenden Aehren oder Trauben, unscheinbar, schwefelgelb. Kelch klein, kurzglockig, 4=zähnig, bleibend. Krone glockig oder radförmig, stumpf, mit 4 am Grunde zu einer kurzen Röhre vereinigten Kronzipfeln, in der Knospenlage dachziegelig. Staubblätter 2, fast sitzend; Staubbeutel seitenständig. Fruchtknoten mit je 2 Samenanlagen in jedem Fach; Griffel sehr kurz, mit 2=spaltiger Narbe. Frucht eine kugelige oder längliche, meist 1=samige, beerenartige Steinfrucht mit papierartigem Exocarp. Samen dünnschalig.

Die Gattung umfasst je nach der Fassung der sehr formenreichen Arten 4 oder 6 Arten, die sämtlich dem Mittelmeergebiet angehören. Davon ist P. Lowéi DC. ein auf Madeira beschränkter Endemismus, P. decóra Boiss. et Bal. eine auf Laristan in Südwest=Transkaukasien beschränkte Art. In Südeuropa treten P. latifólia L. (emend.) (P. latifólia L. s. str. und P. média L. umfassend), und P. angustifólia L. auf. Erstere strahlt noch bis in die wärmsten Gebiete von Südtirol nordwärts. In Kultur befinden sich ausserdem die nachfolgenden Arten: P. angustifólia L. Fig. 2906 und 2907 a. Bis 3 m hoher, kahler Strauch mit ± langtriebigen, hellgrau oder hellgelbgrauen Zweigen. Laubblätter lineal=lanzettlich, höchstens 6 cm lang, 5= bis 12=mal so lang als breit, ganzrandig oder spärlich gezähnt, stachelspitzig, am Grunde keilförmig, mit nur 5 bis 6 (oft schwer sichtbaren) Hauptnervenpaaren; Laubblattstiel etwa 2 bis 8 mm lang. Steinfrucht kugelig, mit kurzem Spitzchen,

Fig. 2906. Phillyrea angustifolia L., Macchie des Poggio Cavella bei Monte-pescali (Toskana). Phot. Georg Eberle, Wetzlar.

schwarzblau. Heimat: Westliches Mittelmeergebiet, mit von Algerien nach Süditalien verlaufender Ostgrenze. Von dieser formenreichen Charaktergestalt der mediterranen Hartlaubgebüsche und Macchien (Fig. 2906) findet sich namentlich in Südtirol und vereinzelt im Tessin die var. rosmarinifólia Ait. mit 2 bis 3 cm langen und 5 bis 10 mm breiten Laubblättern in Kultur. Für die eigentlich mitteleuropäischen Gebiete ist der Strauch zu frostempfindlich. — Durch breitverkehrteiförmige bis rundlicheiförmige, meist gezähnte Laubblätter mit meist 6 bis 12 Nervenpaaren ist P. latifólia unterschieden (s. u.). — P. decóra Boiss. et Bal. (= P. Vilmoriána Boiss. et Bal., = P. Medwediéra Sred., = P. laurifólia hort.). Bis 3 m hoher, kahler Strauch oder bis 10 m hoher Baum mit grossen, meist über 8 (bis 16) cm langen und 2,5 bis 5 cm breiten, kirschlorbeerartigen, ganzrandigen oder entfernt gezähnten, 10 bis 15 mm lang gestielten, am Rande etwas zurückgerollten Laubblättern. Kelch und Kronzipfel schmäler als bei den vorigen Arten. Frucht länglich, schwarzpurpurn. Heimat: Laristan, wo die Art 1874 von N. Sredinsky in den Wäldern von Gurien entdeckt wurde. Sie steigt dort bis etwa 1000 m an buschigen Hängen und an lichten Waldrändern in die Höhe. In Mitteleuropa wurde sie 1886 eingeführt, hält aber nur in wärmeren Lagen im Freien aus und muss gegen die grelle Wintersonne geschützt werden.

**2222. Phillyrea latifólia** L. (emend.)[1]). Breitblätterige Steinlinde. Franz.: Philaria à feuilles large (provençalisch: Gros taradéou); ital.: Ilatro, lillatro, olivastro. Fig. 2707 b bis k.

Bis 8 m hoher Strauch oder kleiner Baum mit klein=rechteckig gefelderter Stammborke und meist aufrecht abstehenden, weisslichgrauen, glattrindigen Aesten. Junge Zweige fein filzig behaart. Laubblätter gegenständig, auf ± kurzen Stielen, breit=länglich oder eiförmig, oder rundlich=eiförmig, vorn stumpf bis spitz, am Grunde abgerundet bis fast herzförmig, am Rande gekerbt oder gesägt oder ganzrandig, oberseits glänzend grün, kahl, unterseits gelblich=grün, am Mittelnerven behaart, mit meist 6 bis 12 Seitennerven, derb, starr. Blüten auf kurzen, dicken Stielen in kleinen, bü=scheligen Trauben. Kelch klein, kurz kugelig, am Rande hell=grün. Krone bis fast zum Grunde 4=teilig, an der Frucht oft verwelkt erhalten bleibend; Kronzipfel elliptisch, stumpflich, etwa 2 mm lang, grünlich=weiss. Staubblätter 2, der Kronröhre aufsitzend; Staubbeutel gross, auf sehr kurzem Staubfaden (Fig. 2907 $g_1$). Griffel kurz; Narbe 2=lappig (Fig. 2907 f). Steinfrucht kugelig, durch den Griffelrest kurz zugespitzt, etwa erbsen=gross, blauschwarz (Fig. 2907 i). Samen einzeln, kugelig, etwa 4 mm im Durchmesser, etwas gefurcht, gelbbraun (Fig. 2907 k). — III, IV.

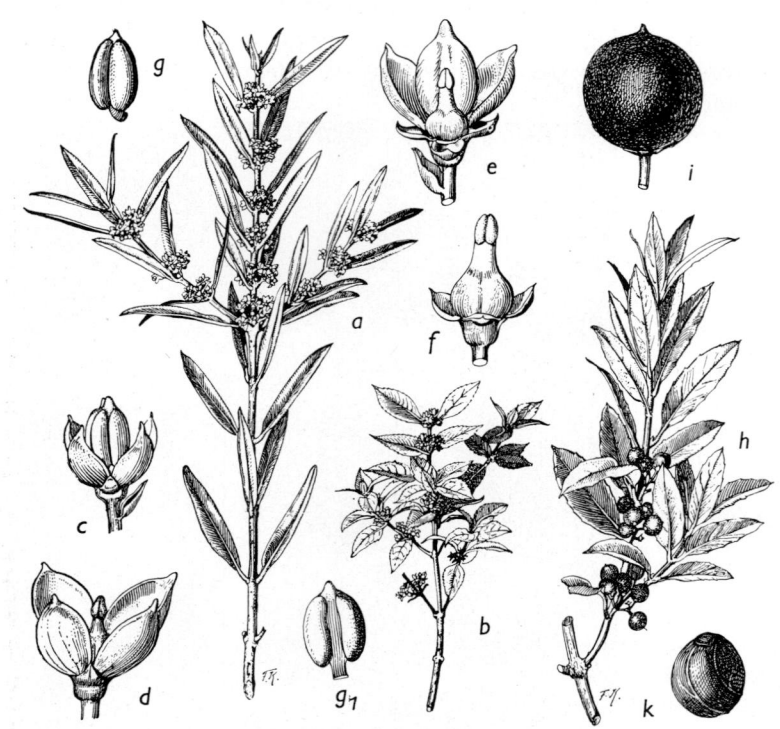

Fig. 2907. Phillyrea angustifolia L. *a* Blühender Zweig. — P. latifolia L. var. media (L.) C. K. Schneider. *b* Blühender Zweig. *c* Blüte, *d* desgl., die beiden Staubblätter entfernt. *e* desgl., die beiden vorderen Kronzipfel und ein Staubblatt entfernt, *f* desgl. Kronzipfel und Staubblätter entfernt. *g*, $g_1$ Staubblatt. *h* Fruchtender Zweig. *i* Frucht. *k* Samen.

Häufig und bisweilen herdenweise auf steinigen, sonnigen Hängen, an Felsen, in Gebüschen, in der Macchie, in lichteren Wäldern. Von der Ebene bis zur unteren Berg=stufe: in Südtirol bis 300 m, an der dalmatinischen Küste bei Spalato bis 500 m, in den Sevennen bis 700 m. Mit Vorliebe auf kalkhaltigen Unterlagen.

In Deutschland und in der Schweiz vollständig fehlend. — In Oesterreich heimisch nur in Südtirol am See von Santa Massenza und Toblino, sowie bei Riva und San Paolo unweit Arco. Bisweilen in den südlichen Alpentälern als Zierstrauch gepflanzt.

Allgemeine Verbreitung: Mittelmeergebiet, östlich bis Thracien, Syrien und Palästina, nördlich bis Albanien, Istrien, Südtirol und Südfrankreich, westlich bis Portugal, südlich bis Marokko, Algerien, Tunis und Palästina.

Die Art ist besonders in Bezug auf die Ausgestaltung der Laubblätter sehr veränderlich und bedarf hinsichtlich der Gliederung noch eingehender Untersuchungen. Ein Versuch in dieser Richtung wurde von Fliche (Bulletin de la Société botanique de France, 1908) unternommen. Eine vorläufige Einteilung nach

---

[1]) Bei Theophrast hiess die Art χήλαστρον [kélastron], ein Name, der gegenwärtig zur Bezeichnung der Gattung Celastrus L. (Bd. V/1, pag. 245) dient.

C. K. Schneider ist folgende: 1. var. týpica C. K. Schneider (= P. spinósa Mill., = P. vulgáris var. latifolia Caruel). Blattstiel etwa 1 (2) mm lang. Laubblätter eiförmig, am Grunde herzförmig oder abgerundet, scharf oder angedrückt gesägt. Frucht stumpf genabelt. Vorwiegend im westlichen Verbreitungsgebiete, im Osten sehr zurücktretend. — 2. var. média (L.) C. K. Schneider. Laubblattstiele 2 bis 3 mm lang. Laubblätter eilanzettlich, am Grunde schmal abgerundet oder in den Blattstiel kurzkeilig verschmälert, am Rande angedrückt und flach kerbig gesägt oder ganzrandig (= f. integrifólia Albert [sub P. média]). Frucht kurz zugespitzt, braun. Schwergewicht der Verbreitung im Osten, bis Syrien und Palästina reichend. Die im Gebiete allein festgestellte, höherwertige Sippe. Hierzu gehört wohl auch die P. buxifólia Ait. (= P. media var. buxifolia Koehne) mit eilänglichen, stumpfen Laubblättern, die neben der var. media in 2 Sträuchern bei Castell Toblino, sowie bei San Paola bei Arco aufgefunden worden ist.

Phillyrea latifolia ist ein echtes Mittelmeergewächs, das nur in dem klimatisch begünstigten südlichsten Südtirol in den Bereich des Gebietes eintritt. In den Mittelmeerländern bildet der immergrüne, xerophytische Hartlaubstrauch wie P. angustifolia ein charakteristisches Glied der Macchie, zusammen mit Juniperus Oxycedrus, Quercus Ilex und Q. coccifera, Calycotome spinosa, Capparis rupestris, Spartium junceum, Smilax aspera, Pistacia Terebinthus, P. Lentiscus, Myrtus communis (Bd. V/2, pag. 791), Arbutus Unedo, Erica arborea, Cistus Monspeliensis und C. villosus, Olea Europaea var. silvestris (pag. 1937) usw. Bisweilen erscheint er auch an periodisch fliessenden Wasserläufen, gemeinsam mit Platanus Orientalis, Alnus Orientalis, Salix-Arten, Oleander, Tamarix-Arten usw., ferner in Kiefern-Beständen der Pinus Halepensis und P. nigra, in immergrünen Eichenwäldern, seltener in Hecken. Infolge seines starken Ausschlagsvermögens ist der Strauch für den Niederwaldbetrieb (Brennholzgewinnung) sehr geeignet. Die Blüten sind nach Kerner proterogyn und werden in der Regel durch den Wind bestäubt; doch beobachtete Schletterer als Besucher auch Holzbienen. Rinde und Laubblätter enthalten gleich denjenigen von P. angustifolia Mannit, ein saures Harz, das Glycosid Phillyrin (Phillygenin abspaltend). Das Holz ist sehr dicht und feinfaserig und besitzt ein spezifisches Gewicht von 0,92. Es dient z. T. zu Drechslerarbeiten (zur Herstellung von Lasttiersätteln, Holzstiften), z. T. zur Herstellung einer guten Kohle, hauptsächlich aber als Brennholz. Die Samen keimen erst im 2. Jahre. Die Blätter werden in Südeuropa als Diureticum, Emmenagogum, gegen Wechselfieber, als Gurgelwasser bei Mundgeschwüren, die Blüten zu Kataplasmen bei Kopfschmerz benützt. In Kultur findet sich der Strauch seit 1597, kommt aber als Freilandpflanze nur in den wärmeren Gebietsteilen (Tessin, Südtirol) fort.

## DLXXXIX. **Fráxinus** L. Esche. Franz.: Frêne; engl.: Ash; ital.: Frassino.

Bäume, selten Hochsträucher, mit sommergrünen, gegenständigen, unpaarig gefiederten, selten einfachen, vielfach gezähnten Laubblättern. Nebenblätter fehlend. Blüten in zusammengesetzten, endständigen und mit den Laubblättern hervorbrechenden oder seitenständigen, vor den Laubblättern erscheinenden Trauben, andromonöcisch, gynomonöcisch, gynodiözisch oder triöcisch oder rein zwitterig, klein, weiss. Kelch klein, glocken- oder becherförmig, 4-spaltig oder unregelmässig eingeschnitten oder ganz fehlend. Kronblätter in der Regel 4, selten 2 oder 6, bisweilen fast frei, aber häufig am Grunde durch die der Krone eingefügten Staubblätter paarweise verbunden, oder aber ganz fehlend. Staubblätter 2, selten mehr, mit kurzen Staubfäden und ei-herzförmigen Staubbeuteln. Fruchtknoten aus 2, selten 3 bis 4 verwachsenen Fruchtblättern gebildet, in jedem Fache mit je 2 hängenden Samenanlagen. Frucht ein wenig geflügeltes, 1-samiges Nüsschen; Samen länglich-eiförmig, zusammengedrückt, mit dünner Schale, reichlichem Nährgewebe und einem flachblätterigen Keimling.

Die Gattung bewohnt vorwiegend die gemässigteren Gebiete der nördlichen Halbkugel, dringt aber in Amerika und in Asien auch in die Tropen ein und erreicht den südlichsten Punkt ihrer Verbreitung auf Sumatra. Die Zahl ihrer Arten wird von A. Lingelsheim (Das Pflanzenreich, IV. 244. I. 1920) mit 64 angegeben, doch stehen diese z. T. einander so nahe, dass ihre systematische Wertigkeit umstritten ist. Die Gattung gliedert sich in die beiden Sektionen Órnus (Blütenstände mit den Laubblättern erscheinend, endständig, ausgebreitet, auf beblätterten Stielen. Staubfäden meist länger als die Staubbeutel) und Fraxinástrum (Blütenstände vor oder mit den Laubblättern erscheinend, aber an den vorjährigen Trieben seitenständig, unbeblättert, unterhalb der Laubblatttriebe. Staubfäden meist kürzer als die Staubbeutel), erstere mit den Untersektionen Euórnus und Ornáster, letztere mit den Untersektionen Dipétalae, Pauciflórae, Sciadánthus, Melioídes und Bumelioídes umfassend. Für Europa kommt nur die erste und die letzte der genannten Untersektionen in Frage, die beide auch in Asien und Amerika verbreitet sind. Die phylogenetisch zweifellos ältere Sektion ist nach Lingelsheim Ornus, deren Sprossystem in sofern noch keine Arbeitsteilung besitzt, als der Langtrieb die Blütenbildung übernimmt, wohingegen bei der Sektion Fraxinastrum ein Fortschritt darin zu erblicken ist, dass der Langtrieb nur noch im Dienste der Assimilation steht, während die Blütenstände in Gestalt von ± armblütigen, lockeren, unbeblätterten Kurztrieben in den Achsen von vorjährigen Laubblättern erscheinen. Atavistische Rückschläge zeigen sich in den z. B. bei Fraxinus excelsior beobachteten durchblätterten Rispen. Auch in der allmählichen Verkümmerung der Blütenhülle bis zum völligen Verluste der Blütenhüllblätter liegt ein Beweis dieser phylogenetischen Ableitung. Ein wertvolles biochemisches Hilfsmittel für die Gruppierung der Untersektionen und die Zugehörigkeit einzelner Arten stellte A. Lingelsheim (Berichte der Deutschen Botan. Gesellschaft. Bd. 34, 1916) in dem Besitz, bezw. in dem Fehlen von blau bis blaugrün fluoreszierenden Rindenstoffen fest, deren Anwesenheit schon in sehr geringen Mengen (0,1 mg) geschabter Rinde durch Einbringung und Schütteln in Wasser nachweisbar ist. Diese Fluorescenz zeigt sich in der Sektion Ornus (mit Ausnahme von 3 als sehr altertümlich anzusehenden Arten) bei allen Gliedern, ferner bei den Dipetalae, Sciadanthus und ausnahmslos bei den Bumelioides, fehlt dagegen bei den Meloides bis auf F. anómala Torr. und bei den Pauciflorae.

Wirtschaftliche Bedeutung kommt bei den aussereuropäischen Arten in Amerika besonders F. Americána L. (vgl. auch unten), weiterhin F. quadranguláta Michx., F. nigra Marsh., F. Pennsylvánica Marsh., F. velútina Torr. und F. Oregóna Nutt. zu, die das Material für Zäune, Dielen, Fässer, Möbel, zum Wagenbau usw. liefern. In Japan wird besonders das auch zur Ausfuhr gelangende Holz von F. nigra Marsh. var. Mandschúrica (Rupr.) Lingelsh. geschätzt. Dem Fraxinus excelsior-Holze gleicht dasjenige des ostasiatischen F. pubinérvis Blume. Für Indien kommt F. floribúnda Wall. in Betracht. Der in Südchina und Hinterindien heimische F. Chinénsis Roxb. (Wachs-Esche; engl.: Wax-tree) ist die Nährpflanze für die wachsliefernde Schildlaus Cóccus ceriferus Fabr. Die Tiere werden in den kühleren Gebieten in geheizten Räumen überwintert und im Frühling auf die Eschen ausgesetzt. Im August und September werden dann die Zweige geerntet, die Rinde abgezogen und gleich den Laubblättern von dem anhaftenden

Fig. 2908. Fraxinus Spaethiana Lingelsh. *a* Laubblattspross. *b* Laubblattspindel (vergrössert).

Wachs befreit. Die jährliche Ernte ist in neuerer Zeit etwas zurückgegangen, beträgt aber immer noch etwa 200 000 kg. Die Hauptproduktionsgebiete liegen in Szetschuan, Anhwei und Tschekiang, in geringerem Masse auch in Hainan, Kwangtung, Hunan, Schantung und selbst noch im Amurgebiete. Das Wachs dient in China zur Herstellung von Kerzen und zum Steifen des Haares, ferner zum Einhüllen von Pillen und Boli, für Pflaster und zum Waschen von Papier und Baumwolle. In England wird es dem Walrat zugesetzt. Die natürliche Futterpflanze der Laus ist zumeist Ligústrum lúcidum (vgl. pag. 1944). In Kiautschau werden die jungen Zweige auch zum Korbflechten benutzt. Auf Java dienen die Laubblätter von F. Griffithii C. B. Clarke bei den Eingeborenen als Ersatz für Opium, dem sie beim Verbrennen im Geruche ähneln, dessen narkotisch wirkenden Stoffe sie aber nicht besitzen. — Für forstliche Zwecke hat sich in Europa keine ausländische Fraxinus-Art besonders gut bewährt. Namentlich die Anbauversuche mit F. Americana haben keine Vorteile gegenüber F. excelsior ergeben, zumal der erstgenannte Baum eine Neigung zur Doppelgipfligkeit aufweist. Für milde Moorböden, sowie als bodenfestigender Baum gegen Hochwassergefahren kann am ehesten noch F. Pennsylvánica Marsh. var. pubéscens (Lam.) Lingelsh. dienen. Der in neuerer Zeit wiederholt aus Bulgarien und Rumänien als neu aufgefunden angegebene F. coriariaefólia Scheele, dessen Heimat im Kaukasus liegt, hat sich nach den Untersuchungen von J. Mattfeld (In den Auwäldern der Kamcija in Bulgarien und über einige südöstliche Eschen. Mitteilungen der Deutschen Dendrologischen Gesellschaft, Bd. 1925) als F. Pallísae

Wilmot herausgestellt. — Als Zier-, Strassen- und Forstbäume, auf Friedhöfen, in Parkanlagen usw. sind neben den beiden heimischen Arten häufiger folgende Arten anzutreffen¹):

1. Alle Fiederblättchen ungestielt [Fig. 2914 e] . . . . . . . . . . . . . . . . . . . . . . . 2.
1*. Alle oder mindestens die unteren Fiederblättchen jeden Laubblattes gestielt [Fig. 2910a]; (bei F. Pennsylvanica und F. lanceolata mitunter sehr undeutlich gestielt; vgl. auch F. Ornus var. Garganica pag. 1924) 6.
2. Einjährige Zweige fein drüsig behaart. Fiederblättchen ganzrandig oder ± feinkerbig gezähnt, am Mittelnerven gegen den Grund zu meist ± feindrüsig behaart. Kelch und Kronblätter vorhanden. Kronblätter 4 bis 6, am Grunde in eine Röhre verwachsen . . . . . . . . . . . . . . . . . F. Mariesii s. u.
2*. Einjährige Zweige kahl. Fiederblättchen deutlich und ziemlich tief gesägt oder kerbig gezähnt. Blütenhüllblätter fehlend oder wenn vorhanden, dann Kronblätter nur wenig zusammenhängend . . . . 3.
3. Laubblattspindel am Grunde deutlich angeschwollen, verdickt (Fig. 2908). Kelch und Kronblätter vorhanden. Baum mit gelbbraunen, schwachkantigen Zweigen und dunkelbraunen Knospen. Fiederblättchen 5 bis 9, sattgrün, auch unterseits ± glänzend und nur wenig heller als oberseits. Blüten und Frucht noch unbekannt . . . . . F. Spaethiana s. u.
3*. Laubblattspindel nicht auffallend verdickt. Blütenhüllblätter fehlend. Zweige ± stielrund . . . . . . . . . . . . . . . . . . . . . 4.
4. Laubblätter am Grunde unsymmetrisch. Knospen braun. Fiederblättchen 7 bis 9, ziemlich klein, 1 bis 10 cm lang und 1 bis 5 cm breit, aus plötzlich stielartig zusammengezogenem Grunde eiförmig bis eilanzettlich, unter der Mitte am breitesten, sehr spitz oder zugespitzt, völlig kahl . . . . . F. obliqua s. u.
4*. Laubblätter am Grunde symmetrisch . . . . . . . . . . 5.
5. Knospen deutlich schwarz. Fiederblättchen breit, ± angedrückt gezähnt (Fig. 2914 f) . . . . . . . . . . . F. excelsior nr. 2224.
5*. Knospen in der Regel deutlich braun. Fiederblättchen schmal, elliptisch bis eiförmig-lanzettlich, am Grunde kurz verschmälert, deutlich geschweiftgezähnt (Fig. 2914 e, g). Frucht am Grunde ± lang in den Stiel verschmälert
. . . . . . . . . . . . . . . . . . . . . F. oxycarpa s. u.
6. 1,5 bis 2 m hoher Strauch mit anfangs ± fein behaarten Trieben und schwärzlichen Knospen. Laubblätter 3- bis 7-zählig gefiedert; Fiederblättchen klein, ± rhombisch; Spindel fein behaart. Blütenstand end- und seitenständig, fein behaart. Kelch schmal- und spitzzähnig. Kronblätter etwa 4 mm lang, so lang wie die Staubblätter oder kürzer als diese. Frucht 1,5 bis 2,5 cm lang . .
. . . . . . . . . . . . . . . . . . . . . F. Bungeana s. u.

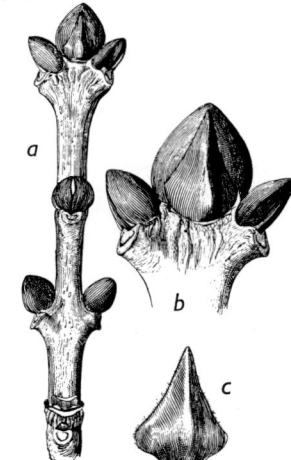

Fig. 2909. Fraxinus sp. *a* Spross im Winter. *b* Gipfelknospen. *c* Knospenschuppe.

6*. Baum oder doch mindestens über 2 m hoher Strauch. Laubblätter 5- bis 9-zählig gefiedert . 7.
7. Hochstrauch oder meist 4 bis 5 (selten bis 10 [15]) m hoher Baum. Knospen silbergrau oder bräunlich. Laubblätter 5- bis 9-zählig. Blütenstände end- oder in den Achseln der Laubblätter des nämlichen Jahres seitenständig. Kelchzipfel breit-3-eckig. Kronblätter bis 15 mm lang. Frucht glänzend, dunkelbraun F. Ornus nr. 2223.
7*. Meist über 10 m hoher Baum. Laubblätter meist 7- bis 9-zählig. Blütenstände alle aus den Achseln vorjähriger Laubblätter seitenständig hervorgehend. Kronblätter fehlend. Frucht matt . . . . 8.
8. Knospen fast schwarz, bereift. Zweige meist kahl. Laubblätter unterseits papillös, hellgrün. Flügel der Nuss an der Spitze ansetzend, seltener bis zur Mitte herablaufend. Bis 40 m hoher Baum. Laubblätter gross, bis 30 cm lang. Fiederblättchen ganzrandig oder schwach gesägt, unterseits papillös. Blüten meist 2-häusig. Frucht 25 bis 32 (50) mm lang, matt, hellrötlich-gelb oder blassbräunlich, am Grunde von dem bleibenden Kelche umhüllt. Nuss stark gewölbt, fast walzenförmig, beiderseits kurz stumpfspitzig. Flügel vorn stumpf zugespitzt, angerundet oder eingekerbt . . . . . . . . . F. Americana u. s.
8*. Knospen bräunlich oder rötlich. Laubblätter unterseits nicht papillös. Flügel der Nuss bis zum Grunde oder doch wenigstens bis zur Mitte herablaufend . . . . . . . . . . . . . . . . . 9.
9. Junge Zweige behaart. Fiederblättchen unterseits, ebenso die Blattspindel behaart. 16 bis 48 m hoher Baum mit braunen Knospen. Fiederblättchen ganzrandig oder kaum gezähnt. Blüten meist 2-häusig. Frucht (25) 40 (75) mm lang, lineal oder spatelförmig, nach dem Grunde zu lang und stielartig zugespitzt, von dem bleibenden Kelch umgeben, matt, hell oder dunkler gelbbraun. Nuss etwa 20 mm lang, stielrund; Flügel nach der Spitze zu verschmälert, stumpf, spitzig oder abgerundet, abgestutzt oder eingekerbt, so lang oder wenig länger als die Nuss. Samen schmal lineal, beiderseits zugespitzt, etwa 15 mm lang. F. Pennsylvanica s. u.

---

¹) Vgl. auch die Bestimmungstabelle der forstwirtschaftlich wichtigsten Eschen-Arten nach den Früchten von Herrmann (Mitteilungen der Deutschen Dendrologischen Gesellschaft, 1912).

9*. Junge Zweige kahl oder höchstens ganz am Anfang spärlich behaart. Fiederblättchen unterseits kahl oder höchstens an den Hauptnerven etwas behaart . . . . . . . . . . . . . . . . 10.

10. Etwa 20 m hoher Baum mit 5- bis 11-zählig gefiederten Laubblättern. Fiederblättchen unterseits gesägt, sehr kurz gestielt, teilweise sitzend. Frucht 2,3 bis 6 cm lang, 0,4 bis 0,8 mm breit; Fruchtkörper im Querschnitt rundlich oder elliptisch, sich ± deutlich von dem ± endständigen Flügel absetzend. F. lanceolata s. u.

10*. Etwa 10 bis 15 m hoher Baum mit 5- bis 7-zählig gefiederten Laubblättern. Fiederblättchen gesägt, alle deutlich gestielt. Frucht 2,5 bis 5,5 cm lang, 0,8 bis 1,5 cm breit; Fruchtkörper im Querschnitt flach, nur leicht gewölbt, deutlich vom Flügel bis zum Grunde umrandet . F. Caroliniana siehe unten.

Von den oben genannten eingeführten Arten gehören zur Untersektion Euórnus: F. Bungeána DC. Aus dem gemässigten Ostasien stammend; 1894 eingeführt. — F. Mariésii Hook. f. Heimat: Ostchina; seit 1880 in Kultur. — F. Spaethiána Lingelsh. (= F. Japónica Bürger?, = F. Sieboldiána Dippel, = F. serratifólia hort.). Heimat unbekannt, aber wahrscheinlich aus Ostasien stammend. — Zur Untersektion Melioídes (nur Kelchblätter vorhanden, Laubblattspindel nicht geflügelt) zählen: F. Americána L. (= F. ex Nóva Ánglia Miller, = F. Carolinénsis Wangenh.). Weiss-Esche; engl.: White Ash. Heimat: Atlantisches Nordamerika von Neuschottland bis Minnesota, südlich bis Florida, Kansas und Texas. Der Baum wurde 1723 in Europa eingeführt und diente ursprünglich als Zierbaum in Gärten und Anlagen, sowie als Strassenbaum. Seit etwa 100 Jahren wird er auch zu forstwirtschaftlichen Zwecken angepflanzt. Die Urteile über seine Verwertbarkeit sind verschieden. Als Nachteil wird vor allem die Neigung zur Zweigipfeligkeit hervorgehoben. Das Holz bietet gegenüber dem von F. excelsior keine Vorteile, ist ziemlich hart und nicht leicht spaltbar, dafür aber etwas zäher. Als Vorzüge gelten die Raschwüchsigkeit, die Unempfindlichkeit gegen Frostgefahren (der Baum treibt spät aus und ist dadurch gegen Nachfröste geschützt) und die Fähigkeit, sowohl auf sehr feuchten, zeitweise auch überschwemmten, als auch auf trockenen Böden gut zu gedeihen. Der Baum wird leicht von Misteln befallen; auch das südspanische Viscum cruciatum tritt auf ihm auf. In Mitteleuropa werden meist folgende 2 Varietäten gebaut: var. acumináta (Lam.) C. Koch. Fiederblättchen ± ganzrandig, oberseits ± glänzend blaugrün, unterseits durch hohe Papillen ± deutlich weiss, sonst meist kahl, im Herbste purpurrot und gelb verfärbend. — var. juglandifólia (Lam.) C. Koch. Fiederblättchen am Rande meist ± deutlich gesägt oder gekerbt-gesägt, oberseits grün; unterseits bleicher, mit weniger hohen Papillen. Eine Form soll in den Forsten von Anhalt verwildert sein. In Gärten findet sich bisweilen eine Form mit weissberandeten Fiederblättchen (f. álbo-variegáta Rehd.). — F. Pennsylvánica Marsh. Heimat: Atlantisches Nordamerika von Neu-Braunschweig, Süd-Ontario, Ost-Nebraska und Dakota südlich bis Nord-Florida, Alabama und Arkansas. In Europa finden sich in Kultur: var.: pubéscens (Lam.) Lingelsh. (= var. ováta C. Koch, = var. longifólia Dippel). Rot-Esche. Kelch klein. Frucht 3 bis 4,5 cm lang und 0,5 bis 0,65 cm breit. 1828 eingeführt, auch auf trockenen Böden gut gedeihend, aber infolge des niedrigen Wuchses für forstliche Zwecke untauglich. Verwildert bei Stift Neuburg bei Heidelberg. — F. lanceoláta Borkh. (= F. Pennsylvánica C. K. Schneider p. p.). Heimat im pazifischen Nordamerika und im mittelamerikanischen Xerophytengebiete. In Kultur befinden sich: var. víridis (Michx.) Lingelsh. (= F. Pennsylvanica Marsh. var. lanceoláta Sarg.). Grün-Esche. Laubblätter meist 7- 9-zählig. Fiederblättchen eiförmig oder lanzettlich. Früchte 2,5 bis 4 cm lang und 0,4 bis 0,6 cm breit. 1824 eingeführt. — F. Caroliniána Mill. (= F. floribúnda hort.). Heimat: Südliches Atlantisches Nordamerika und Kuba. Seit 1824 in Kultur findet sich var. platycárpa (Michx.) Lingelsh. (= F. Americána Marsh.). Laubblätter 5- bis 7-zählig gefiedert. Fliederblättchen kurz gestielt. Früchte elliptisch, 2,5 bis 5 cm lang und 0,8 bis 1,5 cm breit, vorn zugespitzt oder abgestutzt; Flügel sehr breit, bis zum Grunde herablaufend. — F. oblíqua Tausch (= F. Willdenowiána Koehne). In Vorderasien und Anatolien heimisch und seit dem Anfang des vergangenen Jahrhunderts in Mitteleuropa in Kultur. Bisweilen spontan sich aussäend. — F. oxycárpa Willd. Im ganzen Mittelmeergebiete verbreitet und bis Bulgarien und Nordpersien reichend; seit 1815 in Kultur. Die var. bilóba (Gren. et Godr.), von Varambé unweit Genf angegeben, ist nach Lingelsheim eine Form von F. excelsior. Die beiden letztgenannten Arten stehen dem F. excelsior sehr nahe und sind von ihm bisweilen nur schwer zu unterscheiden.

**2223. Fraxinus Órnus**[1]) L. (= F. florifera Scop., = Ornus Europǽa Pers.). Manna-Esche, Orne, Blumenesche, Weiss-Esche. Franz.: Orne à manne, frêne fleuri; ital.: Ornielle, avornello, frassina della manna. Fig. 2910 und 2911.

Bis 8 (15) m hoher Baum mit grauer, warzig-krustiger Rinde. Einjährige Zweige olivgrün oder ± bräunlich graugrün, etwas glänzend, rundlich oder zusammengedrückt bis

---

[1]) Die Ableitung des Wortes ist unsicher, soll aber mit ὀρεινός [oreinós] = auf Bergen (ὄρος [= óros]) in Verbindung stehen. Bei Theophrast heisst die Mannaesche μελία [melía] oder ὀρεομελία [oreomelía], bei

fast 4=kantig, mit zahlreichen, hellbräunlichen Lenticellen. Langtriebe gegen die Spitze zu dicht fein staubig behaart; Kurztriebe am Grunde meist etwas bärtig; Endknospe grösser als die abstehenden Seitenknospen, kugelig, 4=schuppig, äussere Schuppe am Rande dicht einfach= und drüsig=filzig. Seitenknospen eirundlich, 2=schuppig, silbergrau bis bräunlich, feinfilzig. Laub= blätter kreuzweise gegenständig, etwa 4 bis 8 cm lang gestielt, samt dem Stiele etwa 30 cm lang, (5) 7= bis 9=zählig gefiedert; Fiederblättchen elliptisch bis eilanzettlich oder eiförmig, am Grunde keilförmig bis abgerundet, vorn in eine ± lange Spitze auslaufend, am Rande kerbig gesägt, oberseits sattgrün, anfangs meist auf der Mittelrippe behaart, verkahlend, unterseits heller grün, am Mittelnerven und an den unteren Seitennerven rostfarben filzig behaart (vgl. auch subsp. Garganica), die untersten Blätter an den vorjährigen Trieben her= vorbrechend. Blüten in aufrechten, später überhängenden Rispen. Kelch= blätter sehr kurz, etwa 1 mm lang, tief 4=teilig, mit breit=dreieckigen Abschnitten, an der Frucht erhalten bleibend. Kron= blätter 2 oder meist 4, am Grunde paarweise miteinander verbunden, lineal bis schmal zungenförmig, etwa 7 bis 15 mm lang, weiss. Staubblätter 2, mit langen, den Fruchtknoten weit über= ragenden Staubfäden (Fig. 2910 b). Frucht hängend, zungenförmig, 3 bis 4 mm lang und 7 bis 10 mm breit, am Grunde abgerundet oder keilförmig verschmälert, glänzend, dunkelbraun, flach, queroval, längs gestreift; Flügel so lang oder kürzer als die Nuss, derb, im oberen Drittel am breitesten, vorn gerade= oder schief abgestutzt= ausgerandet oder fast spitz, seitlich bis zur Mitte der Nuss verlaufend oder nur die Spitze derselben begrenzend;

Fig. 2910. Fraxinus Ornus L. *a* Blühender Zweig. *b* Zwitterblüte. *c* Weibliche Blüte. *d* Längsschnitt durch den Fruchtknoten. *e* Querschnitt durch denselben.

Samen eiförmig, 15 bis 20 mm lang und 4 bis 5 mm breit, flach, längs gestreift, braun. — IV.

Meist zerstreut an trockenen, sonnigen Abhängen in Laubmisch=, Kastanien=, Eichen= und Buschwäldern, seltener in ± grossen Horsten oder Beständen. Von der Ebene bis in die Bergstufe: in Südtirol bis 1500 m, im Tessin bis 1165 m. Vorwiegend (an der nörd= lichen Verbreitungsgrenze nur) auf Kalk, seltener auch auf Urgestein und Alluvialböden.

In Deutschland nur in Gärten (namentlich in den wärmeren Gebiet) hie und da gepflanzt und stellenweise (z. B. bei Koblenz) sehr gut gedeihend. — In Oesterreich heimisch in den südlichen Alpen= tälern und im Karst: in Krain (besonders im Karst), Untersteiermark (bei Marburg, St. Urbani, Pettau, Sau= ritsch, auf dem Donatiberge, bei Wöllanz, Neuhaus, Cilli, Tüffer, Steinbrück, Trifail, Wisell, Prassberg, im Sanntal zwischen Sulzbach und Leutsch), Kärnten (im Lavantal nördlich bis St. Paul und bis in das Granitztal, am Südfuss der Saualpe von Griffen bis St. Johann, im Görtschtal bei Eberstein, an der Gurk, Hochosterwitz, Launsdorf, reichlich in der Sattnitz, bei Oberdrauburg, im Gail=, Kanal= und Gailitztal, bei Arnoldstein, sowie in den Karawanken) und Südtirol ([in der Verbreitung fast mit Castanea vesca übereinstimmend] im unteren

den Römern fraxinus. Davon leitet sich das Wort fraxinétum [Bestand von Eschen] ab, welchen Namen eine arabische Burg bei St. Tropez an der Riviera trägt und der von dort auf andere maurische Befestigungen übertragen worden ist.

Drautal bei Lavant und Nikolsdorf, im Eisaktal von Franzensfeste abwärts, im Rienztal von Rodeneck talabwärts, um Bozen und Meran gemein [bis 1300 m; z. B. im Ultental bis Mitterbad, im Passeier zwischen Moos und St. Leonhard, Jural bei Staben, im unteren Martelltal, im Vintschgau bis Morter], im Val di Sole bei Magras, im Nonstal aufwärts bis Don 960 m, im Fleims bei San Lugano gegen Solajol 1000 m, Cella und von dort an abwärts, im Primör noch fraglich, im Sarcatal aufwärts bis St. Stefano [Eingang in das Val Genova], bei Bleggio [1300 m], im Chiesetal, im Gebiete von Trient [bis 900 m] und Rovereto [bis 1250 m] gemein; bisweilen [z. B. in Feldkirch] gepflanzt). — In der Schweiz nur im südlichen Tessin in der Umgebung des Luganer Sees verbreitet, ferner bei Cevio im Val Maggia und bei Castione; in der Nordschweiz nur kultiviert, aber z. B. auf der Rheinhalde ob Basel und bei Weinburg alljährlich blühend und im Sagentobel am Zürichberg sich durch Selbstsaat vermehrend.

Allgemeine Verbreitung: Südeuropa, westlich bis zum östlichen Spanien (Valencia) und bis zu den Balearen, nördlich bis zur Provence und zum Südrand der Alpen (Tessin, Südtirol, Kärnten, Krain, Untersteiermark), Südungarn, Siebenbürgen, östlich bis zur europäischen Türkei; Kleinasien.

Von den Formen des Fraxinus Ornus kommen für Mitteleuropa in Betracht: var. týpica Lingelsh. Fiederblättchen breit verkehrt-eiförmig, etwa doppelt (6 cm) so lang als breit. So im ganzen Verbreitungsgebiet der Art und auch in Kultur. — var. juglandifólia Ten. (= var. rotundifólia Ten.) Fiederblättchen grösser, bis etwa 9 cm lang und 4 cm breit. So z. B. in Südtirol (Kaltern, Bozen, Meran, Loppio). — var. angustifólia Ten. Laubblätter 3-mal länger als breit. Z. B. in Südtirol bei Kastelruth, sowie in Steiermark. — var. sanguinea Hausmann et Lingelsh. Junge Zweige, Laubblätter, Laubblattstiele und Blüten rötlich oder rotbraun. So bisher nur in Südtirol bei Bozen, Brixen und Kastelruth. — Auch monophylle Bäume sind bekannt. — Systematisch wertvoller ist subsp. Gargánica Ten. (pro spec.) (= F. rotundifolia DC. non Ten., = var. rotundifolia Wenzig, = Ornus rotundifolia Loud.). Vom Typus folgendermassen abweichend: Wuchs stets niedrig. Laubblätter 10 bis 18 cm lang, 5- bis 9-zählig-gefiedert; Fiederblättchen 1,5 bis 3 cm lang und 1 bis 2 cm breit, sitzend, breit rhombisch-rundlich, meist ganz kahl, seltener auf den Hauptnerven der Unterseite (und zwar spärlich) weisslich behaart. Blütenstand locker. Samen lineal, spatelförmig. Eine in Bosnien, Dalmatien und Montenegro, sowie angeblich in Südtirol (Siegmundskron) nachgewiesene Rasse.

Fraxinus Ornus gehört dem submediterran-montanen Elemente an und findet sich vorwiegend auf warmen, trockenen Böden. Aus diesem Grunde wohl tritt der Baum an seiner nördlichen Verbreitungsgrenze ausschliesslich auf Kalk auf. In den Südalpen stellt er einen sehr charakteristischen Bestandteil der anthropogenen Buschwälder dar, aus welchen als tonangebende Arten zu nennen sind: Quercus sessiliflora, Q. pubescens, Q. lanuginosua und Q. Cerris, Ostrya carpinifolia, Celtis australis, Castanea vulgaris, Cytisus Laburnum, Prunus Mahaleb, Cotinus Coggygria, Carpinus Betulus usw. In ähnlicher Gesellschaft tritt er auch in den Illyrischen Gebirgen und in den Karpaten auf, in letzteren mit anderen Gliedern der südpontischen Waldflora, wie Epimedium alpinum, Lamium Orvala, Stellaria bulbosa (Bd. III, pag. 354) usw. Auch in Eichen-, Kastanien- und Laubmischwäldern fehlt er nicht, in den Illyrischen Gebirgen z. B. zusammen mit Tilia tomentosa und Juglans regia, im Lorbeerwalde auch zusammen mit Laurus nobilis, Quercus lanuginosa, Pistacia Terebinthus, Ficus Carica, Paliurus aculeatus, Ruscus aculeatus, Tamus communis usw. In den Sanntaler Alpen bildet er unweit Kauker reine Strauchbestände. In einem sonderbaren Gemisch von mediterranen, illyrischen, mitteleuropäischen und alpigenen Arten steht der Baum nach Beck (Vegetationsstudien in den Ostalpen, II, 1908) im Flussgebiete des Natisone im Einzugsgebiete des Isonzo, wo z. B. Pinus nigra, Salix grandifolia, Carpinus Betulus, Coronilla emeroides, Evonymus verrucosa, Rhamnus saxatilis und R. rupestris, Lonicera xylosteum, Listera ovata, Moehringia muscosa, Arabis alpina, Kernera saxatilis, Geum urbanum, Salvia glutinosa, Lamium luteum, Asperula taurina, Petasites niveus, Senecio Fuchsii usw. zusammentreffen. Ein ähnliches Artengemisch findet sich in Krain am Veldeser Schneeberg. Am Predil und anderen hochgelegenen Orten stellt sich Fraxinus Ornus im Krummholz mit Pinus montana var. Mughus und Rhododendron hirsutum, auf alpinen Weiden usw. ein.

Fig. 2911. Fraxinus Ornus L. *a* Fruchtender Zweig. *b*, *b₁* Früchte (bei *b₁* die Samenkammer frei gelegt).

Aus der sprunghaften Verteilung der Manna-Esche in Kärnten, besonders im ganzen Gailtale und im Drautale (aufwärts bis Nikolsdorf in Tirol) auf Kalkgestein darf nach G. Beck auf ein Ueberdauern während der Interglazialzeit in den Südalpen geschlossen werden. Gegenwärtig schützt vermutlich die über Sommer sehr warme Unterlage den Baum in diesen Gebieten gegen eine Verdrängung durch die mitteleuropäischen Gehölze, zumal er eine starke Bodenaustrocknung verträgt. So ist es z. B. bemerkenswert, dass gepflanzte Bäume in Teltow (Brandenburg) den heissen Sommer 1911 gut überstanden, während F. excelsior zugrunde ging. Im Niederholzbetrieb hält sich die Mannaesche gut, ist auch gegen Beweidung ziemlich unempfindlich (vgl. Paliurus aculeatus, Bd. V/1, pag. 226). — Die Blüten sind nach Kerner teilweise scheinzwitterig und besitzen einen aminoiden Duft, durch den Insekten (z. B. Hóplia argéntea Poda) angelockt werden. Die Samen keimen im nächsten Frühjahr. Das Holz hat ähnliche Eigenschaften wie dasjenige von Fraxinus excelsior. Sein spezifisches Gewicht beträgt 0,8. Die Verwendung ist jedoch beschränkter, da die Stämme weniger dick und auch weniger lang werden. Man benützt es gegenwärtig in der Wagnerei, zu Spazierstöcken, Fassreifen und besonders als Brennholz. Die antiken Völker des Mittelmeerbeckens stellten mit Vorliebe Speerschäfte daraus her, wie bereits in der Ilias und Odysee berichtet wird. Plinius erzählt ferner, dass es zu vielerlei Zwecken diene und das dasjenige auf dem Ida in der Landschaft Troas dem Cedernholz zum verwechseln ähnlich sei. Der aus den Laubblättern gepresste Saft galt getrunken und auf die schwellende Bisswunde gelegt als bestes Mittel gegen Schlangenbisse. Ueberhaupt hielt man die Manna-Esche als einen Baum, der von Schlangen gemieden werde. Nach Plinius sollen diese Tiere sogar, wenn sie in einen Kreis zwischen Eschenblätter und Feuer gelegt werden, sich lieber in letzteres stürzen, als die Laubblätter zu berühren. Er setzt hinzu: „Es ist eine grosse Wohltat der Natur, dass die Eschen früher blühen, als die Schlangen erscheinen und dass sie nicht eher die Laubblätter abwerfen, als die Schlangen zur Winterruhe gegangen sind". Columella gibt von diesem „fraxinus" an, dass das Laub den Schafen und Ziegen sehr angenehm und auch für Rindvieh sehr brauchbar sei, sodass der Baum daher in eigenen Pflanzungen angebaut werde. Die alten Griechen hingegen schrieben dem Laube tödliche Wirkung bei Pferden und Maultieren zu, was natürlich nicht der Fall ist. Die Verwendung als Laubfutterbaum hat sich bis heute erhalten. Viel wichtiger ist der Baum aber durch die Erzeugung von Manna, die in allerdings immer mehr schwindendem Masse besonders in Unteritalien (Neapel, Salerno, Avenillo, Potenza) und an der Nordküste von Sizilien gewonnen wird. Die Anbaufläche beträgt gegenwärtig noch etwa 4000 ha. Die Bäume werden in einem etwa 19- bis 32-jährigen Umtrieb gehalten und vom 7. bis 12. Lebensjahre an im Juli und August mit Einschnitten in die Rinde versehen, die bis zum Cambium reichen. Der austretende bräunliche Saft erstarrt an der Luft innerhalb weniger Stunden zu einer gelblich-weissen, kristallinischen Masse, die an der Sonne getrocknet als „Manna, Himmelsbrot oder Himmelstau" in den Handel kommt. Sie sitzt entweder der Rinde unmittelbar an oder bildet stalaktitenartige Zapfen. Abtropfender Saft wird auf Ziegeln oder auf Stengeln von Opuntia vulgaris aufgefangen. Ein ha Land mit etwa 5000 Bäumchen liefert 80 bis 1000 kg Manna. Die Ernte wird bisweilen durch Regen bedroht, der die Manna auflöst. Um dieser Gefahr vorzubeugen und wenigstens noch so viel als möglich zu retten, werden über Nacht in den Eschenhainen Wachen aufgestellt, die bei Gefahr eine Glocke läuten müssen. Die Güte der Manna scheint von der Zugehörigkeit der Bäume zu gewissen Varietäten abhängig zu sein. Die beste Manna stammt von jüngeren Bäumen des amolleo, geringere, z. T. schmierige Sorten von frassino. Im deutschen Handel wird zwischen einer Manna cannelata electa (in lacrimis, Tränenmanna) und Gerace II (frassino) unterschieden. Die Canellata ist oft doppelt so teuer als die Gerace. Die Manna enthält nach neueren Untersuchungen von Tanret Manneotetrose ($C_{24}H_{42}O_{21}$), Manninotriose ($C_{18}H_{32}O_{16}$), ferner Mannit (bis 55%), Glukose, Lävulose, Harz, Wasser, Asche usw. In guter Manna ist viel Mannit und wenig Zucker enthalten. Verfälschungen mit Stärke, Mehl, Honig, feingepulvertem Süssholz, Stärkezucker usw. sind nicht selten. Das Manna ist offizinell (D. A. VI, Pharm. Austr., et Helv.) und wird als gelinde abführendes Mittel, sowie gegen Husten angewendet. Die Droge soll mindestens 75% Mannit enthalten. Der gleichfalls offizinelle Mannasirup (Sirúpus Mánnae) besteht aus 10 Teilen Manna, 2 Teilen Weingeist, 33 Teilen Wasser und 55 Teilen Zucker. Bei dem Manna des Altertums handelt es sich nicht um Eschenmanna, sondern um persische und syrische Erzeugnisse, besonders um das Alhagi- und das Cedernmanna, die ähnlichen Zwecken wie gegenwärtig das Eschenmanna dienten. Ob die Araber, denen Sizilien 827 bis 1070 gehörte, Fraxinus Ornus als Droge bereits kannten, ist nicht erwiesen. Doch scheint sie das erste Mal im IX. Jahrhundert unter den Erzeugnissen angeführt zu sein, die auf Handelswegen von Sizilien nach Venedig gelangten. Sichére Angaben und zwar solche aus Kalabrien sind erst im 15. Jahrhundert (in Saladin's Compendium aromatariorum) anzutreffen. In Sizilien scheint die Kultur viel später (Ende des 17. Jahrhunderts) begonnen worden zu sein. Im 18. Jahrhundert erstreckten sich die Anpflanzungen über ganz Unteritalien bis zu den Maremmen von Toskana. Neuerdings ist der Wirtschaftszweig an vielen Orten aber wieder erloschen und das ehemalige Manna-Kulturland zum Anbau der wertvolleren Zitronen- und Orangenkulturen verwendet worden. Die Meinung des Altertums, dass die Manna vom Himmel falle, hielt sich teilweise bis in das 19. Jahrhundert. So heisst es z. B. in den dissertationes de Manna von A. Deusingius, Prof. Groning. und Joh. Chrysost. Magnenus, Patavinus Prof. (zitiert bei Zwinger 1696), dass Manna „ein guter und saftiger Dampf der Erden, welcher durch die Hitz der Sonnen herauf gezogen, in der Luft zu einem süssen Saft ausgekocht, durch die Kälte der Nacht zusammengedrungen und wie ein Tau auf den Blättern der Bäume, Stauden, wie auf den Kräutern, dem Erdboden und Steinen gefunden wird". Noch 1802 vertrat Klaproth eine derartige Entstehung. Andrerseits muss hervorgehoben werden, dass bereits 1543 die beiden Franziskanermönche Angelus Palea und Bartholomaeus ab urbe veteri zeigten, dass Manna nur der eingetrocknete Saft von Fraxinus Ornus sei. Ursprünglich wurde das Manna nur von den Wundstellen der Bäume abgelesen, während das Einschneiden der Rinde, wie es gegenwärtig allgemein zur Erhöhung des Ertrages geschieht, erst in der Mitte des 18. Jahrhunderts aufkam. Von den zahlreichen Schmarotzern, die auf Fraxinus Ornus anzutreffen sind, sei nur Eriophyes fráxini Karp. hervorgehoben, die durch ihre Gallen hervorrufende Tätigkeit auch eine Neubildung von Laubblättern veranlasst.

**2224. Fraxinus excélsior**[1]) L. Esche, Steinesche, Asch. Franz.: Fraisne, fresne, fraine; engl.: Ash.; ital.: Frassino, im Tessin: Frasan. Taf. 213, Fig. 3; Fig. 2912 bis 2918.

Das Wort Esche (althochdeutsch asc) ist gemeingermanisch (z. B. engl. ash, schwed. dän. ask). In anderen indogermanischen Sprachen treffen wir das Wort ebenfalls an z. B. in altbulg. jasika „Esche", griech. ὀξύη [oxýe] „Buche". Mundartliche Formen sind Eske(nboom) (niederdeutsch), Asch (Schwaben), Ische (Lothringen), Zusammensetzungen taag [zähe] Esch (Mecklenburg), Krüzesch (Schleswig), Langeschel (Böhmerwald), Schäubeschä [von schäube = beschneiteln] (St. Gallen). Manchmal finden auch Vermengungen mit dem Namen der Espe (Populus tremula, vgl. Bd. III S. 61) statt. Aschp'n (Niederösterreich), Aspalter, Agspelter (Kärnten). Gaisbaum (schwäbische Alb) geht auf die Verwendung der Blätter als Ziegenfutter, Wundbaum (Schwäbische Alb) heisst die Esche deswegen, weil man das Holz als „Sympathiemittel" zur Heilung von Wunden benutzte. In der Mark heisst der Baum Tågesch (zähe Esche) im Gegensatz zu Fulesch (Zitterpappel). Romanische Bezeichnungen Graubünden sind frasen fráschan, fressan, fräsel; grödnerisch-ladinisch sind frasina und len da bócca.

Fig. 2912. Fraxinus excelsior L. im Laubausbruch. Phot. R. Fischer, Sollenau, N.Ö.

Bis 40 m hoher Baum mit starker, reichlicher und tiefgehender Bewurzelung und kugeliger bis kugeliförmiger Krone. Borke längs= und feiner querrissig. Einjährige Zweige rundlich bis oval, glänzend=grau oder =grünlich, mit spärlichen kleinen, länglichen Lenticellen, kahl; Kurztriebe im Alter sehr zahlreich, knotig verdickt; Knospen kurz pyramidenförmig, schwarz, dicht filzig, aussen von 2 breiten Schuppen umhüllt. Primärblätter ungeteilt; spätere Laubblätter 3=teilig und unpaarig gefiedert. Ausgewachsene Laubblätter kreuzweise gegenständig, etwa 5 bis 10 cm lang gestielt, samt dem Stiele 40 cm lang, (7=) 9= bis 15=zählig gefiedert; Teilblättchen eilanzettlich, am Grunde keilförmig, lang zugespitzt, klein und scharf gesägt, (Fig. 2914 f) oberseits kahl, sattgrün, unterseits am Mittelnerven und an den stärkeren Seitennerven lockerfilzig behaart oder fast kahl, hellbläulichgrün, sehr kurz=gestielt oder sitzend,

---

[1]) Abgeleitet von lat. excelsior = hervorragend, hoch. Die Esche wird bei Hildegard von Bingen als Asch, bei Albertus Magnus als Fraxinus, bei Thal als Fraxinus fago similis s. F. dura seu lithosteos bezeichnet.

das Endblättchen länger gestielt; Blattspindel gefurcht und in der Furche behaart. Nebenblätter fehlend. Blüten meist zwitterig, seltener männlich, polygam oder zweihäusig, in reichblütigen, an den Sprossen des gleichen Jahres erscheinenden, endständigen, anfangs aufrechten, zuletzt überhängenden, vor den Laubblättern hervorbrechenden Rispen. Kelchblätter fehlend; die männlichen Blüten aus 2 (3), auf kurzen Staubfäden stehenden, eiförmigen, stumpfen, anfangs purpurroten Staubbeuteln bestehend, selten mit 4=teiliger Hülle, die weiblichen aus dem mit einer 2=lappigen Narbe versehenen Fruchtknoten und 2 spatelförmigen Staminodien gebildet; die Zwitterblüten mit eirundlichen, vorn kurz zugespitzten Staubbeuteln. Früchte an dünnen Stielen, in aufrechten oder überhängenden, dichten Rispen hängend, 19 bis 35 mm lang und 4 bis 6 mm breit, schmal=länglich bis länglich=verkehrt=keilförmig, glänzend braun, schwach gedreht, 1=samig; Nuss schmal=länglich, unten im Querschnitt rundlich, oben gewölbt=zusammengedrückt, 8 bis 15 mm lang, 2 bis 3 mm breit; Flügelsaum bis etwa zur Hälfte herablaufend oder nur die Spitze der Nuss begrenzend, zungenförmig, gerade oder schief abgestutzt, oft ausgerandet, seltener zugespitzt. Samen bis 12 mm lang, schmal=lineal, zugespitzt, stielrund oder mit geradem oder schief abgestutztem Scheitel, matt, dunkelbraun, längsgestreift. Keimblätter oberirdisch, zungenförmig (ähnlich Ahorn), aber mit verzweigten Nerven. — V, derselbe Baum meist nicht alljährlich blühend.

Ziemlich verbreitet, aber selten in grösseren Beständen auf ziemlich frischen bis feuchten, anmoorigen, selten ± trockenen, tiefgründigen Böden, am häufigsten in Auenwäldern, an Ufern, in Laubmischwäldern, eingesprengt auch in Buchen=, Eichen= und Tannenwäldern, seltener auf Felsschutt und an Felsen, vereinzelt als Ueberpflanze (z. B. auf Weiden). Vielfach auch in Wäldern, an Strassen, in Ortschaften, in Anlagen verschiedenster Art gepflanzt. Von der Ebene bis in die Bergstufe: in den mitteldeutschen Gebirgen bis 700 m, in den Bayrischen Alpen bis 1360 m, in Kärnten und Steiermark bis zirka 1000 m, in Niederösterreich bis 1120 m, in Graubünden im Rheintal bei Mathon bis 1400 m, in den Berner Alpen bis 1510 m, in den Zentralalpen (Wallis ob Brançon) bis 1630 m, in Tirol im Pustertal kultiviert, bis 1700 m, in den Südalpen bis 1400 m (Tessin), im Kaukasus bis 1800 m. Auf Unterlagen aller Art, sowohl auf Urgestein als auch auf Kalk, auf letzterem aber anscheinend etwas häufiger.

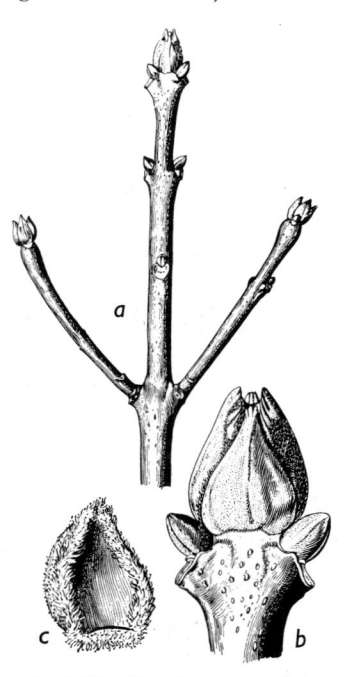

Fig. 2913. Fraxinus excelsior L. *a* Spross im Winter. *b* Gipfelknospen. *c* Knospenschuppe.

In Deutschland in den niederen Lagen namentlich in Süd=, West= und Mitteldeutschland häufig, gegen Nordosten an Menge abnehmend, in Schleswig=Holstein im Osten vielleicht noch wild, aber doch vielfach bereits nur gepflanzt, im Nordostdeutschen Flachland bis Ostpreussen zerstreut, in den Alpen und in den höheren Mittelgebirgen nicht häufig. — In Oesterreich meist verbreitet, aber z. B. an der Thaja fehlend und in den Alpenländern z. T. selten und einzelnen Talschaften wenigstens ursprünglich ganz fehlend, so z. B. in Tirol im Lech= und Oberinntale, um Bozen (aber vielfach gepflanzt) und fast ganz Südtirol, ferner z. B. in Kärnten das Gebiet der Tauern meidend und auch im Lesachtale nur vereinzelt. — In der Schweiz verbreitet, nur den hochgelegenen Alpentälern fehlend.

Allgemeine Verbreitung: Europa, nördlich und östlich (an der Nordgrenze vielfach nur als Strauch) bis Schottland, Dänemark, Skandinavien (bis Leksvik am Drontheimer Fjord, 63° 40′ nördliche Breite), Südnorrland, Satakunta, Südtawastehus, bis zur Karelischen Landenge, zum Ladogasee, zu den Kreisen Tichwin im Gouvernement Nowgorod, Poschechon'je im Gouvernement Jarosslaw, Grjasowez im Gouvernement Wologda, weiterhin an der Oborra und Kostroma bis zur Wolga, östlich dieselbe wenig überschreitend, dann bis zur Mündung der Ssura, diese aufwärts in fast nordsüdlicher Richtung bis Pensa, längs der Choper bis zu deren Mündung in den Don; südlich bis zum Dnjeprow'schen Kreise des Taurischen Gouvernements, bis Jekaterinoslaw und bis zur Krim (weiter bis zum Kaukasus, dem vorderasiatischen Bergland, Anatolien, Amasia, Ladik, Paphlagonien, Amanusgebirge), Griechenland (Pindus, Epirus) Süditalien, Nordspanien (Spanische Pyrenäen, Cantabrisch=asturische Kette, mittleres Galizien).

Fraxinus excelsior ist in wildem Zustande wenig veränderlich. Die wichtigste Abweichung ist var. diversifólia Aiton (= F. integrifólia Moench, = F. simplicifólia Willd., = F. monophýlla Desf.). Fig. 2914a. Laubblätter ungeteilt (in der Form den Primärblättern gleichend) oder am Grunde mit 1 oder 2 seitlichen Läppchen, bisweilen (f. laciniáta [Kirchner] C. K. Schneider) ± tief eingeschnitten gezähnt (Fig. 2915). Diese eigentümliche Form wird wild angegeben z. B. in Bayern von Donaumoos bei Maxfeld, in Württemberg von Sommerhausen (wenigstens früher) und zwischen Kleinsachsenheim und Rechentshofen, in Baden von Wertheim, ferner von Braunschweig, aus der Schweiz von der Lägern bei der Ruine Schartenfels, aus einem Weidengebüsch an der Birs bei Dornach (1906 gefällt), von Bönigen im Berner Oberlande und vom Zürichberg. Ferner ist sie aus England, Irland und Frankreich bekannt und dürfte wohl im ganzen Verbreitungsgebiete der Art gelegentlich auftreten. Wie weit es sich bei den mitteleuropäischen Angaben um wirklich wilde Vorkommen handelt, ist allerdings zweifelhaft, da diese interessante Form hie und da in Wäldern angepflanzt wird. Nach S. Buchet (Bulletin de la société botanique de France, 1921) vererben sich die Merkmale der völlig ganzrandigen Form ziemlich regelmässig auf die Nachkommenschaft, während die laciniate Form vielleicht durch Bastardierung entsteht. Das plötzliche Auftreten dieser Mutation ist von Springer in Haarlem

Fig. 2914. Fraxinus excelsior L. *a* Blattspross der var. diversifólia Aiton. *b* Spitze einer Laubblatt-Anlage mit den obersten Fiedern. *c* Leitbündelverlauf in einem jungen Laubblatt. *d* Querschnitt durch eine Laubblattknospe. *e* Laubblatt. *f* Zähnung des Laubblattes. — Fraxinus oxycarpa Willd. *g* Zähnung des Laubblattes (Fig. *b* bis *d* nach Deinega, die übrigen Originale).

beobachtet worden, wo unter Abkömmlingen buntflügeliger Eltern ein Pflänzchen mit ungeteilten, allerdings tiefherzförmigen und scharfgesägten Laubblättern (= f. cordáta Beissner) entstand. Nach der Pfropfung auf die Stammart sind die ersten Laubblätter stark gelappt, z. T. 2- bis 3-zählig, während die später entstehenden herzförmig-ungeteilt sind. — In der Kultur finden sich zahlreiche Abweichungen von der typischen Wildform. 1. Hinsichtlich des Wuchses seien genannt: f. nána (Pers.) Koch (= F. Theophrásti, húmilis und púmila hort.). Niedriger, rundlicher, dicht verzweigter Strauch mit kleinen Laubblättern. — f. spectábilis C. Koch (= F. excelsior fastigiáta hort.). Wuchs pyramidal. — f. horizontális (Desf.) C. Koch. Zweige anfangs wagrecht, später hängend. — f. péndula Ait. Zweige gebogen hängend. — Diese Form ist dadurch bemerkenswert, dass sie nach Baenitz (Jahrbuch der Schlesischen Gesellschaft für vaterländische Kultur, 1910) eiförmige Keimblätter besitzen soll, während die Eschenkeimlinge sonst fast lineale Keimblätter aufweisen. — f. Kincaírniae Loud. Zweige teils hängend, teils aufgerichtet. Scheint aus der Kultur verschwunden zu sein. —
2. Abänderungen der Zweige sind: f. aúrea (Pers.) C. Koch (= F. jaspidéa Desf.). Zweige goldgelb, bis-

weilen auch hängend (f. aurea péndula C. Koch). — f. purpuráscens Descemet. Zweige rot. — f. verrucósa (Desf.) C. Koch. Zweige korkig-warzig, bisweilen hängend (f. verrucosa pendula Loud.). — f. fungósa (Lodd.) C. Koch. Zweige unregelmässig korkig verdickt. — f. tortuósa hort. (= F. excelsior monstrósa C. Koch). Zweige plattgedrückt, bisweilen hängend (f. tortuosa pendula Loud.). — 3. Abänderungen in der Ausgestaltung der Laubblätter sind: f. erósa Willd. (= F. elegantíssma, salicifólia, scolopendrifólia, lineáris, aspleniifólia hort.). Laubblätter meist 7- bis 9-zählig. Spindel etwas geflügelt; Fiederblättchen schmal lanzettlich oder lineal, unregelmässig und scharf gezähnt. Nach Lingelsheim wahrscheinlich Bastard zwischen F. excelsior und F. oxycarpa. — f. verticilláta (Lodd.) C. Koch. Laubblätter quirlig gehäuft, sonst wie die vorige Form. — f. crispa Willd. (= F. excelsior cuculáta hort., = f. sambucifólia crispa hort.). Laubblätter meist 9-zählig, kürzer, dicht stehend. Fiederblättchen einander genähert, im Umriss ungleich, oft wellig gerandet, ± dütenförmig. — 4. Die Fiederblättchen sind entweder am Rande gelb (f. lútea Loud.) oder weiss (f. argéntea [Dippel] Lingelsh.), bisweilen auf der ganzen Fläche rein goldgelb bis goldgelbpunktiert (f. aúreo-variegáta hort.) oder weissfleckig (f. argénteo-variegáta hort.). — 5. Als f. leucocárpa (Beissn.) Lingelsh. werden Pflanzen mit weissgefleckten oder weissen Früchten bezeichnet.

Fraxinus excelsior gehört dem europäischen Elemente an. Zur Erreichung seiner vollen Grösse und zur Ausbildung der mächtigen, eirunden bis kegelig-eirunden Krone (Fig. 2916) verlangt der Baum mineralische, tiefgründige, frische bis feuchte Böden in spätfrostfreien, nicht zu warmen, ziemlich luftfeuchten Lagen und ziemlichen Freistand. Die starke Abhängigkeit von feuchten Böden zeigte sich z. B. in Teltow 1911 darin, dass dort in jenem heissen Sommer die Eschen infolge des ungewöhnlich tief sinkenden Grundwasserspiegels frühzeitig eine intensive Herbstfärbung annahmen, ihr Laub rasch verloren, auch später keinen nochmaligen Austrieb (proleptische Triebe fehlen anscheinend der Esche) erzeugten und abstarben (vgl. dazu F. Ornus, pag. 1925). Allerdings ist dieses Eingehen dadurch leicht erklärlich, weil die Esche

Fig. 2915. Fraxinus excelsior L. var. diversifolia Ait. f. laciniata (Kirchner) C. K. Schneider. Laubblattzweig.

zu den am meisten transpierenden Bäumen von Mitteleuropa zählt. Im Freistand und bei freiem Zutritt des Windes bilden sich oft schön kugelig abgerundete Kronen (Fig. 1912). Das Lichtbedürfnis des Baumes ist gross und ist jenem der Eiche gleich. In der Forstkultur allerdings wird sie meist in engerem Schlusse gezogen, um ein möglichst grosses Höhenwachstum zu erzielen. Das Fortkommen auf lockeren Kalkschutthalden (z. B. auf der Schwäbischen Alb und im Schweizerischen Jura), in denen das Oberflächenwasser rasch versickert, erklärt sich durch das ausserordentlich stark verzweigtes Wurzelsystem, über das die Esche verfügt. Wenig vorteilhaft sind völlig trockene Hänge mit mangelndem Grundwasser und dünner Bodenkrume. Sandböden werden infolge ihrer leichten Erhitzung fast vollständig gemieden, ebenso rauhe Gebirgslagen und lichtarme Wälder. Grössere (± natürliche?) Bestände mit vorherrschender Esche sind selten und aus England, von der Insel Oesel, im Forstrevier Everstorf bei Rhona (Mecklenburg), bei Grünhoff (Kreis Fischhausen [Ostpreussen]) und wenigen Orten in Russland bekannt geworden. In England finden sich diese Waldungen — unabhängig vom Feuchtigkeitsgehalte der Unterlage — nach A. G. Tansley (Types of British Vegetation) besonders gut entwickelt auf kalkreichen Böden im Südwesten des Landes, namentlich in Derbyshire und Somerset, während sie in Yorkshire stark mit Birken, in anderen Landesteilen auch mit der Eiche durchsetzt sind. An ihrer oberen Grenze (etwa 300 bis 380 m) gehen sie dort vielfach in Gebüschform über. Die bezeichnendsten begleitenden Gehölze sind dabei Ulmus montana und Crataegus monogyna. Weiter treten eingesprengt auf: Taxus baccata, Populus tremula, Alnus glutinosa, die beiden Tilia-Arten und im Unterholze namentlich Corylus Avellana und verschiedene Weiden (Salix fragilis, S. viminalis, S. Caprea und S. cinerea). Die Bodendecke entspricht etwa derjenigen der mitteleuropäischen Auenwälder und besteht an den feuchtesten Stellen aus Hochstaudenfluren mit Trollius Europaeus, Caltha palustris, Spiraea Ulmaria, Epilobium hirsutum, Cirsium heterophyllum, Polemonium caeruleum oder Gesellschaften mit Allium ursinum und Ranunculus Ficaraia oder Adoxa Moschatellina und Mercurialis perennis, an trockeneren Plätzen aus Melica ciliata, Urtica dioeca, Hypericum hirsutum, Teucrium Scorodonium, Glechoma hederaceum usw. Diese Eschenwälder sind insofern von pflanzengeographischer Bedeutung, als sie nach A. G. Tansley (Types of British Vegetation) als Reste ehemaliger Urwälder anzusprechen sind, die auf kalkigen Unterlagen früher das Land bis etwa zu einer Höhe von 300 bis 380 m bedeckten, während die entsprechenden Lagen auf älteren Silicatgesteinen von Quercus sessiliflora und Betula tomentosa eingenommen wurden. Auf nicht-kalkhaltigen Böden wird die Esche nur dann bestandbildend, wenn der Boden ausgiebig feucht ist. Durch den Einzug der Buche mögen diese alten Eschenwälder infolge Lichtkonkurrenz teilweise zum Weichen gebracht worden sein, ähnlich wie in Mitteleuropa die meisten Acer Pseudoplatanus-Ulmus montana- und die Tilia-Mischwälder. Tansley vertritt dabei die Anschauung, dass die Ausbreitung der Buche im Zusammenhang mit der Anwesenheit von Wildschweinen (als Verbreiter der Früchte) stehe, da durch das Verschwinden dieser Tiere die Buchenwälder sich an gewissen Orten nicht auf natürlichem Wege zu verjüngen vermögen und ihren Platz der sich durch Anflug wieder ansiedelten Esche räumen. In Schweden ist die Esche nach G. Andersson mit der Eiche eingewandert. In Mitteleuropa ist sie eine charakteristische Gestalt der Auenwälder an Flüssen. Auch im Grauerlenwald der Alpentäler ist sie fast ständig zu finden. Im Ahorn-Ulmenwald, der sich in Süd-Deutschland und in den Alpen mit Vorliebe in flachen, wasserdurchzogenen Talmulden oder an feuchtschattigen, steilen Hängen ausbreitet (Schluchtwald nach Gradmann), kann sie bisweilen 50 % aller Laubhölzer ausmachen (über die Begleiter dabei vgl. z. B. Tilia cordata Bd. V/1, pag. 440 u. f.). Auch in Eichenwäldern (z. B. in Zentralrussland und in den Illyrischen Gebirgen) kann sie gelegentlich häufig werden. In Norddeutschland findet sich der Baum namentlich gern im Marschgebiete. Nicht selten tritt er auch an Wegrainen, auf Lesesteinhaufen, bisweilen auch an trockenen, steinigen Hängen auf. In Ortschaften und deren nähere Umgebung gehört er zu den häufig gepflanzten Schattenbäumen, in futterarmen Gegenden auch zu den häufigsten Schneitelbäumen

Fig. 2916. Fraxinus excelsior. Links Frucht geöffnet und Same freigelegt; rechts ähnlich, doch Frucht abnorm mit drei Samen. Beide 2,65 × nat. Gr. Phot. Th. Arzt, Wetzlar.

(Fig. 2917). In den Südalpen, wie z. B. im Val freddo, ist die Esche infolge des Niederwaldbetriebes fast nur als Strauch anzutreffen. Auf Friedhöfen, z. T. auch in Parkanlagen, mit Vorliebe werden Trauerformen oder Bäume mit zweifarbigem Laub gepflanzt. Für die forstliche Kultur werden gern quellige Orte gewählt. Die Provenienz der Samen scheint in der Praxis keine Rolle zu spielen.

Die Mannbarkeit der Esche tritt mit dem 30. bis 40. Jahre ein. Die anemophilen Blüten, die vor dem Ausbruch der Laubblätter erscheinen, sind sehr vielgestaltig. Die weiblichen Blüten besitzen nach O. Kirchner zwar Staubblätter; doch fallen diese in der Regel frühzeitig ab, besitzen auch keine ausgebildeten Pollen. Die meisten männlichen Blüten enthalten Stempel, doch geht auch dieser frühzeitig verloren. Von den 2-geschlechtigen Blüten sind einige bisweilen unfruchtbar. Nach Aug. Schulz (Berichte der Deutschen Botan. Gesellschaft. Bd. 10, 1892) ist die Esche andromonözisch, gynodiözisch und gynomonözisch, sowie triözisch und zwar kommen meist alle Formen mit Zwitterblüten zusammen vor, sodass sich in Mitteldeutschland mindestens 10 in Bezug auf die Geschlechterverteilung verschiedene Gruppen von Individuen unterscheiden lassen. Nicht selten soll an ein und demselben Baume oder an einzelnen seiner Aeste in verschiedenen Jahren ein Geschlechtswechsel festzustellen sein, sodass die Ausbildung des Geschlechtes vermutlich von äusseren Einflüssen ± leicht beeinflussbar ist. Nach Kerner sind die

Blüten proterogyn. Die Staubbeutel öffnen sich 2 bis 4 Tage nach der Reife der Narbe. Die Bestäubung erfolgt durch den Wind. Die geflügelten Früchte zählen, ähnlich sind diejenigen von Liriodendron tulipifera, nach Dingler in die Gruppe der länglich-plattenförmigen Flugorgane mit einer belasteten Längskante. Beim Falle drehen sie sich anfangs um ihre vertikale, später um ihre horizontale Längsachse. Neben den regelmässig ausgebildeten Früchten mit nur 1 Flügel treten bisweilen solche mit 3 Flügeln auf, die ringsum verteilt sind. Meist enthalten sie 3 gut ausgebildete Samen. Die Ablösung vom Baume geschieht allmählich und den ganzen Winter (Fig. 2918) hindurch. Aus der Windverbreitung erklärt sich das gelegentliche Auftreten als Epiphyt, wie dies z. B. R. Stäger 2-mal auf Weiden und 2-mal auf Linden beobachtete. Die Keimung erfolgt nach W. Kinzel erst im Frühling des 2. Jahres, wobei im Lichte gehaltene Samen eine Beschleunigung der Keimung gegenüber dunkel gehaltenen aufweisen. Auch ein mässiger Frost wirkt beschleunigend ein. Während der vielmonatlichen Ruhezeit macht der Keimling nach Lakon eine Vorkeimung durch, die darin besteht, dass die in den Endospermzellen befindlichen, aus einem zu den Mucinen gehörigen Glykoprotein bestehenden Proteinkörner verschwinden und dafür in den anfangs stärkefreien Zellen des Keimlings Stärkekörner erscheinen. Der Embryo wächst dann auf Kosten des Endosperms und füllt zuletzt dessen ganzen Raum aus. Erst nach Erlangung dieses Zustandes beginnt die eigentliche Keimung. Bei Fraxinus Americana füllt der Keimling von Anfang an den ganzen Raum des Endosperms aus und keimt sofort nach der Aussaat. Der Nachwuchs ist in der Regel reichlich vorhanden und ist gegen starke Beschattung und Verdämmung zunächst wenig empfindlich. Die jungen Pflanzen können jahrelang als kümmerliche, etwa 0,5 m hohe Sprosse im tiefen Schatten leben, entwickeln sich aber sofort sehr kräftig weiter, sobald ihnen durch die Umgebung irgendwie Luft und Licht geschaffen wird. Nur gegen Spätfröste sind sie gleich den ausgewachsenen Bäumen empfindlich. Die ältesten Eschen erreichen ein Alter von etwa 200 Jahren, eine Höhe von etwa 30 (40) m und einen Stammdurchmesser von 1,7 m. Bei Wasen im Emmental (Kanton Bern) wurde ein kräftiger Baum, 1,3 m über dem Erdboden gemessen, mit 1,35 m Durchmesser festgestellt (Abbildung vgl. Schweizerische Zeitschrift für Forstwesen, 60, 1909). Aus England wird von alten Eschen mit 18 m Stammumfang berichtet. Das Längenwachstum ist am schnellsten zwischen dem 3. und 40. Jahre, mit 100 Jahren soll es abgeschlossen sein; das Dickenwachstum ist zwischen dem 40. und 60. Jahre am stärksten. Die Rinde enthält das bittere, kristallinische, bläulich fluoreszierende Glykosid Fraxin, ferner Mannit (der angebliche Bitterstoff Fraxinin), Gerbstoff und reichlich (bis 47 %) Wasser. Sie war früher als Córtex Fráxini oder C. Línguae ávis offizinell und diente namentlich gegen Wechselfieber, ferner gegen Würmer und als tonisches Mittel. Sie ist eines der ältesten Ersatzmittel für Chinarinde. Weiterhin wurde sie zum Gerben und zum Braun-, Blau- und Schwarzfärben benützt. Das Holz ist deutlich ringporig, ziemlich lang- und feinfaserig, ziemlich hart, schwer-, aber gerade spaltend, zähbiegsam, ziemlich elastisch, fest, sehr tragfähig und zum Polieren geeignet. Es wird gleich demjenigen von Eibe und Rotbuche zu den „harten Hölzern" gerechnet. Sein spezifisches Frischgewicht beträgt durchschnittlich 0,8, sein Lufttrockengewicht im Mittel 0,76 (0,57 bis 0,94). An den zarten Markstrahlen und dem aus grossen, fast den ganzen Jahresring ausfüllenden Gefässen gebildeten Porenring ist es leicht kenntlich. Es zählt zu den wertvollsten Hölzern des mitteleuropäischen Waldes und

Fig. 2917. Fraxinus excelsior L., geschneitelt. Phot. H. Dopfer, München.

wird besonders in der Wagnerei und Tischlerei zu Radreifen, Schlittenkufen, Achsen, Deichseln, Rudern, Schneeschuhen [1]), Ackergeräten, Gerätestielen, Möbeln (Eschenfournieren), Musikinstrumenten, Turngeräten, zur Herstellung von Flugzeugen, Kraftwagen usw. verwendet. Rotgebeizt nimmt es ein Mahagoni-artiges Aussehen an. Gemasertes Holz wird namentlich aus Ungarn eingeführt und gut bezahlt. Früher stellte man mit Vorliebe auch Waffen (Speere, Hellebarden, Pfeile, Bolzen) daraus her. Ebenso wurden die „Feuerquirle" daraus geschnitzt. In Pfahlbauten wurden eschene Bretter, Rädchen, Schalen, Löffel, Hammerstiele, Beil= schäfte, Lanzenstielspitzen usw. vorgefunden. Auch als Brennholz steht es demjenigen der Buche nicht nach. In früheren Zeiten galt es auch als Wundholz, d. h. als ein gutes Heilmittel für frische Wunden. Diese Benutzung hat sich bis gegenwärtig in dem weitverbreiteten, abergläubischen Brauch erhalten, Verwundeten zur Heilung ein Stück Eschenholz, das in der Johannisnacht geschnitten sein muss, in die Kleider zu nähen. Aus Eschenholz geschnittene Becher sollten wie jene aus Efeuholz (Bd. V/2, pag. 924) gegen die Milzsucht helfen. Dass in der Qualität des Holzes nach dem Standort ein Unterschied besteht, kommt in Eckermanns Gesprächen mit Goethe (Ausgabe Otto Harnack. Deutsche Bibliothek in Ber= lin. Bd. I, pag. 161) deutlich zum Ausdruck. Die Laubblätter waren früher als Hérba Fráxini in foliis, Fólia Fráxini s. Línguae ávis offizinell. Ihre Epidermiszellen sind beidseitig gross= wellig=buchtig und besitzen unterseits zahlreiche, grosse Spalt= öffnungen, denen die Nebenzellen fehlen. An den Polen der Spalten treten charakteristische, ankerartige Kutikularfalten auf. Ausserdem finden sich auf der Unterseite kurzgestielte Drüsen= haare mit vielzelligem, nach oben gesehen als flache Rosette erscheinendem Köpfchen, sowie kurze, 1= oder 2=zellige, derb= wandige Haare mit steiflicher Kutikula. Oxalate fehlen. An chemischen Stoffen wurden darin festgestellt: Innosit, Mannit, Quercitrin, Dextrose, i=Apfelsäure, Gummi, die Gerbsäure $C_{13}H_{16}O_7$, ätherisches Oel mit Terpenen usw., sowie 64,3 % Wasser. Sie dienten früher (z. B. nach Hippokrates und Theophrast) und gegenwärtig noch beim Landvolke als wassertreibendes und den Stuhlgang förderndes Mittel, ferner gegen Gicht, Rheu= matismus usw. Der Saft der Laubblätter galt als Schlangenmittel, das Destillat junger Sprosse gegen Ohrenschmerzen und Zittern der Hände. Die Gicht soll sich auch dadurch vertreiben lassen, dass man 9 Zweigstücke der Esche bei sich trägt, die mit einem Schlage um 12 Uhr am Karfreitag in den 3 heiligen Namen gehauen, unbeschrieben nach Hause genommen und in Lein= wand eingehüllt getragen werden. Im Bündner Vorderrheintal werden Zweige am Vigiltag (23. Juni) geschnitten und am St. Jo= hannistag als Johannisreiser an Fenstersimsen von Wohnhäusern, an Türen von Viehställen usw. als Schutz gegen Unwetter und Donner angebracht. Wichtig ist das Eschenlaub in vielen wiesenarmen Gegenden als Winterfutter für Kleinvieh, Ziegen, Schafe und Schweine. Im südlichen Tessin werden zu diesem Zwecke die Eschen auf den Wiesen zerstreut angepflanzt, so dass sie den Eindruck wie anderwärts Obstbäume erwecken. Auch in den nördlichen Alpentälern (z. B. in Graubünden, im Reusstal, Wallis und im Salzachtale) finden sich die charakteristischen Schneitel= bäume (Fig. 2917) häufig und geben dem Landschaftsbilde in der Umgebung der Ortschaften oft ein eigenartiges Gepräge. Das Abschneiden der jungen Zweige erfolgt in einzelnen Talschaften alle 2 Jahre, in anderen alljährlich im Laufe des Sommers. Das Trocknen geschieht an den Stallwänden in den „Lauben" oder auch durch Auf= hängen der mit Stroh zusammengebundenen Zweigbündel an den Schneitelbäumen selbst. Nach Brockmann= Jerosch sollen die Laubblätter früher in Frankreich in Zeiten der Not auch zur Säuerung benutzt worden sein. Jedenfalls ist die Verwendung des Eschenlaubes für Futterzwecke sehr alt, erzählt doch bereits die ger= manische Mythologie, dass die Ziege Fleidrun an der Weltesche Yggdrasil geweidet habe. Die Samen enthalten 26,6 % Fett und wurden früher als Heilmittel gegen Lebersucht, Wassersucht, Nierenleiden, Lendenweh, Gries,

Fig. 2918. Fraxinus excelsior L. Blühender Baum.
Phot. R. Fischer, Sollenau, N. Ö.

---

[1]) Für die Verwendung für Schneeschuhe (Ski) ist zu bemerken, dass das leichte und biegsame Eschenholz auch einen schweren Sturz des Läufers meist gut übersteht, aber dass es den Lauf etwas verzögert und sich leicht abnützt. Auch bleibt der Schnee leicht daran kleben. Das häufig benützte nordamerikanische Hickory=Holz besitzt diese Nachteile nicht, kommt aber infolge seiner grösseren Härte, Schwere und Sprödigkeit leichter zum Bruch.

Gelbsucht, Blasensteine benützt. Während des Krieges wurden sie als Kaffeeersatz angepriesen. Eschenwasser (Acétum pyrolignósum) ist ein Schönheitsmittel, kann aber auch gegen Wanzen (!) dienen. — Die ältesten Reste von Fraxinus excelsior reichen bis in den zwischen der Mindel- und Riss-Eiszeit liegenden Zeitabschnitt und sind z. B. bei La Celle, Lauenburg a. d. Elbe, Grunental in Holstein und in den dänischen Diatomeenlagern nachgewiesen worden. Der Riss-Würm-Zwischeneiszeit gehören z. B. die Funde von Honerdingen und Kaltbrunn ± an; jungdiluvial sind diejenigen in den Tonen von Starnina in Galizien. In Pfahlbauten wurden sie als Artefakten bei Moosseedorf, Steckborn, Niederwil, Robenhausen, Wollishofen, Zürich-Alpenquai, Wauwil, Egolzwil, Burgäschi, Inkwil usw., sowie in der römischen Niederlassung von Vindonissa (Kanton Aargau) festgestellt. In der nordischen Mythologie spielt der Baum als der mit seinen weitreichenden Aesten alles umfassende Weltbaum Yggdrasil[1]) eine grosse Rolle. Einer altgermanischen Sage entsprechend soll der Mann aus ihr hervorgegangen sein, während das Weib aus der Erle entstand. Sie überschattete mit ihren Zweigen das Weltall und war der Gerichtsort der Götter. Unter ihren Wurzeln lebten die schicksallenkenden Parzen (Näheres vgl. in den ausführlichen Darlegungen von H. Marzell in den Mitteilungen der Deutschen Dendrologischen Gesellschaft, 1925). Die Wertschätzung des Holzes zur Verfertigung von Kriegswaffen und die Verwendung des Laubes als Futtermittel wurde bereits oben erwähnt. Dennoch kann man im allgemeinen sagen, dass die Esche weniger tief in das Gemütsleben der mitteleuropäischen Völker eingedrungen ist als z. B. Eiche und Linde. Als Wetterprophet dient sie vielerorts durch folgendes Verschen: Treibt die Esche vor der Eiche, / Hält der Sommer grosse Bleiche; / Treibt die Eiche vor der Esche, / Hält der Sommer grosse Wäsche. Die Zahl der mit ihr in Verbindung zu bringenden Orts-, Flur- und Geschlechtsnamen ist nicht unbedeutend, wenngleich die Ableitungen nicht immer sicher steht. In der deutschen Sprache sind etwa zu nennen: Eschenbach, Eschenau, Eschheim, Eschenhausen, Eschenlohe (Oberbayern), Achen, Eschacker, Eschgass, Aschau, Eschwege, Eschweiler, Aschbach, Aesch. In vielen Namen steckt auch „Esch" = Ortsflur, Saatfeld. Fraglich ist auch der im Kanton Schaffhausen anzutreffende Flurname Hesslilo, der vielleicht von Espan (Eschbann, Weidebann) herrührt. Auch die Bezeichnung Eschenberg bei Winterthur soll nach A. Ziegler diesen Ursprung haben. Aus dem Slavischen jesion oder jesenika sind die Ortsnamen Jeschine und Jeseritz (= Eschendorf) entstanden, von popelu soll sich die Flurbezeichnung Pöppel am Tollensee in Mecklenburg ableiten, aus dem französischen frêne die Bezeichnungen le Frêne, Franex (Gemeinde im Kanton Freiburg), Freney, Fresney, Frenoy, Frenières, aus einem alten französischen Worte fraisse, fraîche, frêche die Namen la Frasse oder les Frasses (wiederholt), Fracettes, Frachay, Fréchaux usw. Bekannte Geschlechts-

Fig. 2919. Fraxinus excelsior L. Astwerk eines Baumes mit jungem Laub und Früchten des Vorjahres („Wintersteher"). Phot. Th. Arzt, Wetzlar.

namen sind Esche (Begründer der Strumpfwirkerei in Sachsen), Wolfram von Eschenbach, der Literaturhistoriker Eschenburg, der Philosoph Eschenmayer, das schweizer Geschlecht Escher, der Maler Eschke, der Naturforscher Eschricht, Escherich (?) usw.

Von anormalen Bildungen sind beobachtet worden: Verwachsung von Stämmen, starke Behaarung von Zweigen, Verbänderung und Spitzeneinrollung und gleichzeitige Drehung von Zweigen, spiralige oder wirtelige (zu 3) Anordnung der Laubblätter, gefingerte (nicht gefiederte) Laubblätter, mützen- oder haubenförmig ausgebauchte Fiederblättchen, bisweilen auch solche mit krauswelliger oder tief eingeschnitten-zerschlitzter oder 2-gabeliger Spreite, ferner kleine Nebenspreiten am Grunde der Fiederblättchen. Angeschwollene Zweige zeigen verkümmerte Blüten. Die Blütenrispen sind bisweilen durchblättert. Die Blüten können 3 bis 5 Fruchtblätter enthalten und bringen dann 3- bis 5-flügelige Früchte hervor. Von der Mistel wird die Esche nur selten befallen. Auch von Insektenschädlingen hat sie wenig zu leiden. In Frage dafür kommen etwa Hylesinus fráxini Fabr. (zerstört Bast und Splint), Ciónus fráxini Deg., Lýtta vesicatória L. und Catócala fraxini L. (frisst das Laub), Lithocollétis fraxinélla Zll. (tritt als Minierer auf). Hingegen ist die Zahl der sich ansiedelnden Pilze

---

[1]) Yggdrasil bedeutet soviel wie die Esche des Rosses Yggs (Odins).

sehr bedeutend. Gustav Lindau führt über 80 Arten an. Von Ascomyceten kommen etwa die Gattungen Amphisphǽria, Diapórthe, Hypóxylon, Stíctis, Válsa usw. in Betracht, als Bildner von Zoocecidien etwa Erióphyes fráxini Karp. und E. fraxinícola Nal., Perrísia fraxini Kieff., Phyllocóptes fráxini Nal. Letztere kann oft das gesamte Laub eines Baumes verunstalten. Offene Krebsbildungen erzeugt vielleicht Néctria ditíssima und verwandte Arten. Durch die Tätigkeit holzzerstörender Pilze können bisweilen eigenartige Krebsbildungen im Holze erzeugt werden (vgl. Mitteilungen der Deutschen Dendrologischen Gesellschaft, 1925).

Bastarde scheinen in der Gattung selten zu sein. In Gärten kommen hie und da vor: F. Americana L. × F. Pennsylvanica Marsh. (= F. Biltmoreána Beadle, = F. Catawbiénsis Ashe). Die Mitte zwischen den Eltern haltend. Frucht öfters 3-flügelig. Entsteht hin und wieder in Kultur. — F. lanceolata Borkh. × F. Pennsylvanica Marsh. (= F. aucubaefólia Kirchn., = F. pubéscens álbo-margináta C. Koch, = F. Americana foliis argénteo-marginátis hort. Spaeth, = F. glábra Lawson). Von F. lanceolata durch die Behaarung der Zweige und Fiederblättchen, von F. Pennsylvanica durch die scharf gesägten Fiederblättchen unterschieden. Nach A. Lingelsheim nur aus der Kultur bekannt und meist in einer panaschierten Form auftretend. — Bastarde zwischen F. excelsior L. und F. oxycarpa Willd. sind wahrscheinlich eine Reihe der unter ersterer Art angeführten Formen (pag. 1929).

## DXC. Ólea[1]) L. Oelbaum.

Bäume oder Sträucher mit immergrünen, ungeteilten, lederigen Laubblättern. Blüten in meist blattachsel-, bisweilen auch endständigen, zusammengesetzten Trauben, weiss, wohlriechend, zwitterig, getrennt-geschlechtig oder vielehig. Kelch kurz, becherförmig, 4-zähnig. Krone mit kurzer Röhre und 4 (5) Kronlappen, selten ganz fehlend. Staubblätter 2 (3), in die Kronröhre eingefügt oder in den kronenlosen Blüten hypogyn. Staubfäden kurz; Staubbeutel seitenwendig oder nach innen gekehrt. Griffel kurz, mit 2-lappiger oder kopfiger Narbe. Frucht eine pflaumen- oder kirschenähnliche Steinfrucht; Samen mit fleischigem Nährgewebe, flachen Keimblättern (Fig. 2920) und kurzem Stämmchen.

Die Gattung umfasst etwa 35 Arten, die sich namentlich im Kaplande, in Ostindien und Australien (mit Einschluss von Polynesien) vorfinden, während ein geringer Teil durch Afrika nordwärts streicht und Europa nur noch mit O. Europǽa L. erreicht. Aus gut begründeien Laubblattfunden aus den Tertiärschichten von Mitteleuropa und Nordamerika ergibt sich, dass die Gattung ehedem ein weiteres Verbreitungsareal besass und dass O. Europaea für Europa ein tertiäres Relikt darstellt. Die Gattung wird in die beiden Sektionen Gymnelǽa (Krone fehlend. Staubblätter hypogyn) und Euelǽa (Krone vorhanden. Staubblätter dem Grunde der Krone eingefügt) geteilt. Zu der ersteren zählen 4 auf Neuseeland und den Norfolkinseln heimische, wirtschaftlich bedeutungslose Arten. Von den ausser-europäischen Arten der Sektion Euelaea sind hervorzuheben: O. laurifólia Lam.

Fig. 2920. Keimpflanze von Olea Europaea L.

(= O. unduláta Jacq.). Höherer Strauch mit warzigen Aesten. Laubblätter eiförmig bis länglich, stumpf, oberseits glänzend grün, unterseits matt. Blüten in endständigen, zierlichen, rispenförmig-zusammengesetzten Trauben, weiss. Heimat: Südafrika, Abessinien. Hie und da als Kalthauspflanze gezogen. Von diesem Baum stammt das „Schwarze Eisenholz". Andere Stammpflanzen wertvoller Hölzer sind O. Capénsis L. (liefert das Bastard-Eisenholz), O. cuspidáta Wall. aus Indien (die bereits Theophrast bekannt war), O. chrysophýlla Lam. aus Abessinien, Mauritius und Bourbon usw. Die letztgenannte Art wird auch in bergigen Lagen der Tropen gern als Ziergewächs gehalten. In Abessinien gilt sie als heiliger Baum.

---

[1]) Abgeleitet von ἐλαία [elaía], dem Namen des Oelbaums bei den Griechen. Das Oel hiess ἔλαιον [élaion]. Die entsprechenden römischen Worte dafür sind olea und oleum; die Frucht hiess oliva. Ein sprachlicher Zusammenhang mit dem armenischen iul ist unsicher. Aus dem Lateinischen wurden die angeführten romanischen Formen (pag. 1935) gebildet. Im Babylonisch-semitischen fehlt eine Bezeichnung (s. Einführung pag. 1938). Im Hebräischen, Phönizischen, Aramäischen und Arabischen ist der älteste Name sait, der etwas verwandelt auch in andere orientalische Sprachen übergegangen ist. Im Gotischen hiess der Oelbaum aleva-bagms, das Oel alev, im Althochdeutschen olbir, olei, oliboum, im Mittelhochdeutschen oele, ol, olbaum, ilvyn sussolpawn, im Mittelniederdeutschen Oly, ulber, ullebom; bei Luther ole, bei Albertus Magnus oliva, bei der Heiligen Hildegard Oleybaum und Baumoleum. Der wilde Oelbaum (subsp. silvestris) wird von Theophrast als κότινος [kótinos] bezeichnet (vgl. Bd. V/1 pag. 226 Anm. 4).

**2225. Olea Európæa** L. Oelbaum, Olive. Franz.: Olivier; engl.: Olive tree; ital.: Olivo, oleastro, ulivo, im Tessin: Uliv, olivetti; Grödner ladin.: Aulif, neif. Fig. 2920 bis 2926.

Bis 10 (20) m hoher Baum oder mässig hoher Strauch mit heller Rinde und rutenförmigen, ± 4=kantigen bis rundlichen, anfangs filzigen, dornigen oder dornenlosen Zweigen. Knospen= schuppen fehlend. Laubblätter gegenständig, einfach, schmalelliptisch bis lanzettlich oder herzförmig, an der Spitze mit aufgesetzter Stachelspitze, am Grunde meist rasch in einen kurzen Stiel zusammen= gezogen, ganzrandig und leicht umgebogen, steiflederig, oberseits dunkelgrün, kahl oder mit zerstreuten Schildhaaren besetzt, unterseits von ebensolchen Haaren silbern schimmernd. Blüten in kleinen, blattachsel= ständigen, zusammen= gesetzt=traubigen Blü= tenständen. Kelch 4= zähnig, bleibend. Krone kurzröhrig, 4=lappig, weiss. Staubblätter 2, am Grunde der Kron= röhre entspringend. (Fig. 2921 c). Frucht= knoten oberständig, 2= fächerig, mit je 2 hän= genden, anatropen Sa= menanlagen in jedem Fache. Narbe 2=lappig. Steinfrucht 1=, seltener 2=samig, fleischig, pflau= menähnlich oder rund= lich, bis 3,5 cm lang, glatt, kahl, anfangs grün, dann rot, bei der Reife schwarzblau[1]); Stein= kern sehr hart, schief= länglich oder keulenför= mig, etwas zusammen= gedrückt, runzelig oder gefurcht, hellbraun. Samen länglich=zusammengedrückt, 9 bis 11 mm lang, mit reichlichem Nährgewebe und geradem Keimling (Fig. 2921 g, h). — VI.

Fig. 2921. Olea Europaea L. *a* Blühender Zweig. *b* Blüte. *c* Desgl. aufgeschnitten. *d* Längs= schnitt durch die Blüte. *e* Frucht. *f* Längsschnitt durch die Frucht. *g* und *h* Samen im Längsschnitt. *i* Fruchtzweig. *k* Laubblatt und *l* Laubblattzweig der Wildform (Fig. *b, e, d, g, h* nach Knoblauch).

Kultiviert bis etwa 600 m auf vorwiegend kalkreichen Unterlagen an sonnigen, ziemlich trockenen, geschützten Hängen: in Südtirol bei Meran (324 m), Bozen (auch verwildert, z. B. vor Runkelstein), um Trient, Beseno, Rovereto, Chizzola, Ala, Avio, im Sarcatal aufwärts bis Vezzano (371 m) und Santa Massenza, am Gardasee (bei St. Urbano unweit Arco noch bei 600 m), verwildert am Ponale bei Riva; in der Schweiz im südlichen Tessin bei Locarno, Ascona, im Val Solda, von Oria bis San Mammete (Italien), bei Gandria, am Monte Brè, bei Castagnola, San Salvatore, Monte Arbostora, von Lugano bis Melide und Morcote, Bissone, Maroggia, Melano, Chiasso usw.

Allgemeine Verbreitung (Fig. 2922): Mittelmeergebiet (± einheimisch), von den Kanarischen Inseln, Marokko, Spanien und Portugal ostwärts bis Iran (?), nordwärts bis Süd= frankreich (bis Donzère bei Valence), Ligurien, bis zum Südrand der Alpen (bis zum Tessin, Südtirol und bis zu den Lessinischen Alpen), längs der Küste der Balkanhalbinsel bis zum

---

[1]) In Syrien sollen auch weisse Früchte vorkommen.

Marmarameer, bis zur Südküste der Krim und bis zum Südabfalle des Kaukasus; südwärts von Südmarokko über Algerien, Tunesien, Barka bis Südpalästina; ausserdem kultiviert in Abessinien, Süd- und Südwestafrika, Vorderindien, Japan, Australien, Nord-, Mittel- und Südamerika, auf Jamaika und auf den Bermuda-Inseln. Als Zierbaum noch an der Südwestküste von England (Devonshire, Brest, Dublin) im Freien gezogen[1].

Als Wildform ist anzunehmen subsp. silvéstris (Hiller) Rouy (= O. Oleáster Hoffm. et Link) Fig. 1921 k, l. Meist sparriger, reichästiger Strauch oder kleiner, selten bis 20 m hoher Baum mit fast hartdornigen und ± scharfkantigen Zweigen. Laubblätter elliptisch bis verkehrt-eiförmig, bis 4 cm lang. Frucht rundlich, ölarm. Im ganzen Mittelmeergebiete verbreitet. — Von dieser Wildform abzuleiten ist subsp. satíva (Hoffm. et Link) Rouy (= O. officinárum Crantz, = O. Gállica Miller, = O. lancifólia Mnch., = var. satíva DC.) Fig. 1921 a

Fig. 2922. Verbreitung von Olea Europaea L. im Mittelmeergebiete (nach Theobald Fischer).

bis i. Meist bis 10 m hoher Baum mit runden, nicht in Dornen auslaufenden Zweigen. Laubblätter lanzettlich, weidenartig, 5 bis 8 cm lang und 1 bis 2 m breit. Frucht ± gross, meist 2 bis 3,5 cm lang, in der Form sehr mannigfaltig, länglich-eiförmig bis kugelig-eirund, am Scheitel ± stumpf oder etwas zugespitzt, ölreich, essbar. Wird in zahlreichen Rassen gezogen, in Spanien besonders in breitblätterigen, in Italien dagegen in mehr schmalblätterigen Formen.

Olea Europaea ist eine der charakteristischsten Gestalten des Mittelmeergebietes und seit der Zeit von De Candolle zur Umgrenzung der Mediterraneis benützt worden, da der Bereich ihrer Verbreitung auch denjenigen der typischen Mediterrangewächse ± umfasst. Die Polargrenze (Fig. 2922) schliesst sich nach Grisebach dem Verlaufe der 12°-Jahres-Isotherme an, ist aber nach Th. Fischer besser durch die 4° Januar-Isotherme zu kennzeichnen. Die Höhengrenzen unterliegen bedeutenden Schwankungen. In geschützten Lagen des Kastilischen Scheidegebirges steigt der Baum bis 800 m, im Tiétartale sogar bis 900 m. Im südwestlichen Galizien erreicht er nur 200 m Höhe, an der Südwestseite der Serra da Estrella 400 m, an deren Nordostseite 800 m. Der Höchstpunkt auf der Iberischen Halbinsel liegt im Paqueiratale bei 1400 m. In Frankreich liegen die oberen Grenzen im Audetal bei 150 m, bei Valence bei etwa 75 m, am Mont Ventoux bei 600 m, in den Seealpen bei 800 m, in der Schweiz im Tessin bei 600 m. In Italien werden am Gardasee 400 m, in Südtirol und in Ligurien 600 m, in Calabrien 800 m und auf Sizilien am Aetna 920 m erreicht. Im Balkan liegt die Grenze für den Kroatischen Karst bei kaum 200 m, in Istrien bei kaum 400 m (Ragusa), auf Kephallinia bei 560 m, im westlichen Pindus bei 500 m, bei Arachova bei 750 m, im östlichen Peloponnes bei 600 m, auf dessen Westseite bei 680 m. In Kleinasien schwankt die Höhengrenze zwischen 200 m am Marmarameer und 1000 m südlich vom Toten Meere. In Nordafrika steigt der Baum im algerischen Auresgebirge bis 1200 m, in Marokko bis 1500 m. Die Verwendung des Oelbaumes zur Umgrenzung des mediterranen

---

[1] Nach J. J. F. Meyen (Grundriss der Pflanzengeographie, Berlin, 1836) gelang es auch im Botanischen Garten zu Bonn ein Oelbäumchen bei geringem Winterschutz einige Zeit im Freien zu ziehen. Auch in Schlesien soll der Baum zur Renaissancezeit (wohl in Kalthäusern) kultiviert worden sein.

Florengebietes unterliegt aber, wie J. Braun-Blanquet (Les Cévennes méridionales, 1915) hervorgehoben hat, gewissen Gefahren, insofern als der Oelbaum einesteils am Südrande der Alpenkette eine Anzahl weit vorgeschobener Posten besitzt (z. B. im südlichen Tessin, in Südtirol und am Rande der Lessinischen Alpen), andererseits z. B. in den Süd-Sevennen die Florengrenze kaum erreicht und ferner namentlich in seiner Höhengrenze als Kulturbaum in weitgehendem Masse von den wirtschaftlichen Schwankungen abhängig ist. So ist z. B. seit 1793 im Département Isère und in der Umgebung von Pamiers die Kultur vollständig eingegangen. — An Klima und Boden stellt der Oelbaum nur geringe Ansprüche, gedeiht allerdings am besten in dem gleichmässigen Temperaturgang der Küstennähe und zwar auf trockenen, an Kalisalzen reichen, porösen Kalkböden (reinen Kalken, Mergeln, Moränenschutt) an sonnigen, geschützten Hängen. Andererseits wächst er aber auch auf kristallinen Schiefern, vulkanischen Böden, Granit usw. sehr gut, ebenso wie er bisweilen auf völlig nassen Böden stocken kann. In sehr trockenen Gebieten, wie in vielen Teilen Nordafrikas und Spaniens, wird er gewässert. Zum Nachteile gereichen ihm anhaltende niedere Winter- und Frühjahrstemperaturen, ferner längere Herbstregen. Kurz anhaltende Winterfröste bis — 16,7° können noch überwunden werden. Steht der Baum aber im Safte, so geht er schon bei — 8° zugrunde. Tödlich wirken ferner langanhaltende, tiefe Temperaturrückgänge. Harte Winter haben daher im Mittelmeergebiete die Olivenkulturen bisweilen in weiten Gebieten vernichtet. Nach Coutance waren z. B. solche Jahre der Frostverwüstungen in der Provence 1507, 1564, 1608, 1621, 1622, 1664, 1665, 1709, 1766, 1767, 1768 und 1770. Bis zum Winter 1829/30 besass Noyons im Département Drôme ausgedehnte Oelbaumkulturen, die dem Froste vollständig zum Opfer fielen und durch Wein ersetzt wurden. Am Gardasee wirkten die Winter 1549 und 1788 verheerend. Die in dem letztgenannten Jahre zwischen Salò und Desenzano vernichteten Kulturen wurden nicht wieder ersetzt. Frostschäden sind ferner auch aus Griechenland, Kleinasien und Syrien bis nach Aleppo bekannt geworden. — Die Olivenhaine wirken physiognomisch tiefgreifend auf das mediterrane Landschaftsbild ein. An der nördlichen Verbreitungsgrenze sind sie zwar häufig noch dürftig und unschön, im engeren Mittelmeerbecken hingegen decken sie mit ihrem mattgraugrünen, silbern schimmernden, lichten Laubdach oft weite Hänge, dessen Boden häufig mit Gerste oder Hafer bestellt ist. »Wunderbar« ist nach Julius Schmidt (Beiträge zur physischen Geographie von Griechenland, 1861) „der Anblick eines alten Oelbaumes. Mit seinem bald auseinandergeborstenen, bald torartig geöffneten, niedrigen Stamme, schraubenförmig gedreht, dann wieder pyramidal gestaltet, besetzt mit Höckern, mit halbkugeligen und ganz unregelmässigen, steinfarbigen Auswüchsen, gleicht der untere Teil oft einem gewaltigen Felsblocke, aus dessen Spalten sich laubreiches, frisches Gebüsch erhebt". Die häufige Stelzenform alter Stämme wird dadurch hervorgerufen, dass das Holz, soweit es durch das Mycel von Polyporus robustus in Zersetzung übergegangen ist, immer wieder herausgeschnitten wird, ohne dass die Wunden gegen neue Infektionen durch einen Teeranstrich geschützt werden. Auf diese Weise löst sich der Stamm schliesslich in einzelne dünnere oder dickere Säulen auf. Am Gardasee glaubt man auch, durch diese Behandlung die Tragfähigkeit erhöhen zu können. Bei Bozen sind die Oelbäume meist buschig, da ihre Aeste zu Palmzweigen oftmals geschnitten werden. Die Wildform (der Oleaster) ist eine Bewohnerin der immergrünen Macchie. Häufig ist sie dort nur als Hochstrauch vertreten, vermag aber als solcher nicht selten, z. B. in Spanien und in Dalmatien (Adamović, J., Die Pflanzenwelt Dalmatiens, 1911) tonangebend werden. An der Riviera hingegen findet sie sich nur vereinzelt eingestreut und kann sich dort nach A. Voigt (Die Riviera, Junks Naturführer, 1914) an Individuenzahl nicht im Entferntesten mit derjenigen von Pistacia Lentiscus, Phillyrea sp., Rhamnus Alaternus, Juniperus sp. und Arbutus Unedo messen. Baumförmig findet sich die Wildform in wahren Urwäldern auf der Sierra de Palma (dem zentralen Teile des Gebirges von Algesiras) zusammen mit uralten Korkeichen. Auch auf Majorka (Balearen) bildet die baumartige Form einen bedeutenden Teil der Mischwälder im Süden und Osten, während die Strauchform als Unterholz überall vertreten ist. Bemerkenswert ist, dass diese Wildformen häufig an Ort und Stelle durch Pfropfung veredelt werden, so dass die Olivenhaine dann ganz regellos über das Land verteilt erscheinen. Grosse Wälder finden sich ferner z. B. in Algerien, wo der Oleaster geradezu zu den wichtigsten Waldbäumen des immergrünen Gürtels zählt und wo man seine Zahl auf rund 400 000 Stämme schätzt (vgl. H. Lefebvre, Les forêts de l'Algérie, 1900 und L. Trabut, L'Olivier en Algérie, 1900), sowie auf Sardinien, wo er sich namentlich an die Ebene hält, und in Kleinasien, wo er oft kilometerweit die Hänge waldbildend überzieht. Sein höchstes Vorkommen soll auf dem Plateau von Belutschistan im Subabtale bei etwa 2000 m liegen. Der Baum ist sehr lichtbedürftig (Lichtgenuss nach Lämmermayr 1 bis $^1/_2$) und daher in schattigen Wäldern stets benachteiligt. Jedoch soll sein Absterben an solchen Orten zumeist durch zu grosse Bodenerschöpfung oder durch eine von einer Dematophora-Art (Pilz) hervorgerufene Wurzelfäule bedingt werden. Die Wurzeln stehen mit einer endotrophen Mykorrhiza in Verbindung. Ein Uebergreifen der Mykorrhiza der Eichen auf die Oelbäume findet nicht statt (näheres vgl. Petri, L. Ueber die Unverträglichkeit von Eiche und Oelbaum. Intern. agrar.-techn. Rundschau. Bd. VII, 1916). Gegen andere Beschädigungen ist der Baum sehr widerstandsfähig und treibt nach oberirdischer Vernichtung fortgesetzt aus dem Wurzelstock neue Schosse.

Die sich mit der Abstammung der Kulturform und mit der Entstehung der Olivenkultur befassenden Fragen bewegen sich annähernd in denselben Bahnen wie die nämlichen Fragen für das Verhältnis von Wildrebe und Kulturrebe und für die Herkunft des Weinbaues (vgl. Bd. V/1, pag. 366, 368 usw.). Namentlich die Historiker, sowie besonders Theobald Fischer (Der Oelbaum. Ergänzungsheft 147 zu Petermanns Mitteilungen, 1904), haben die Anschauung vertreten, dass der Oelbaum wie jedwedes Kulturgut aus der Wiege des Menschengeschlechtes, aus dem Oriente stammen müsse und ihre Ansicht durch sprachvergleichende oder historische Ueberlieferungen zu stützen gesucht. So wird z. B. der von Plinius genannte Fenestella als Zeuge angeführt, dass z. Z. von Tarquinius Priscus (etwa 600 v. Chr.) weder in Italien noch in Spanien oder Afrika Oelbäume vorhanden gewesen seien. Nun ist aber der Oelbaum seit uralten Zeiten eine der allerwichtigsten Kulturpflanzen, ohne den die Lebensführung der antiken Mittelmeervölker fast undenkbar erscheint und die daher auch sehr frühzeitig sakrale Verehrung genoss. Bestünde die Ueberlieferung von Fenestella, über dessen Grundlagen wir nicht unterrichtet sind, zu Recht, so müsste man annehmen, dass die Phönizier über 500 Jahre in Nordafrika und gewissen Teilen von Spanien geherrscht hätten, ohne den Baum eingeführt zu haben. Auffallenderweise hat auch Boissier (Voyage botanique dans le midi de l'Espagne, Paris 1839/45) die Heimat des Baumes im Orient gesucht und G. Schweinfurth erklärt, der Oelbaum komme in Griechenland nicht mehr wild vor. Die weitaus grössere Zahl von Botanikern ist aber für die Heimatberechtigung der Wildform im ganzen Mittelmeergebiete eingetreten, so Ball und Cosson für die Atlasländer, Battandier für Algerien, Willkomm für die iberische Halbinsel, Caruel für Italien, Th. v. Heldreich für Griechenland, De Candolle für Palästina usw. Ueberdies haben sich in pliozänen Schichten von Mongardino bei Bologna Laubblätter feststellen lassen, so dass die zweifellose Anwesenheit des Oleasters in jener Zeit sichergestellt ist. Ein späteres Aussterben in der der mitteleuropäischen Eiszeit entsprechenden Pluvialzeit erscheint, wenn auch bis gegenwärtig keine jener Zeit angehörenden fossilen Funde gemacht worden sind, dadurch unwahrscheinlich, weil eine Anzahl anderer typischer Mittelmeergewächse (z. B. die Myrte) im mediterranen Diluvium haben nachgewiesen werden können. Wie, wann und wo die Hochzüchtung der Wildlinge in die Hand genommen wurde, wissen wir nicht. Im allgemeinen wird, und wohl mit Recht, der Oleaster als die Stammform angesehen, wenngleich Theophrast den Satz ausspricht: Ein Oleaster kann nicht zum Oelbaum werden. Das andererseits Rückschläge der Kulturform gegen die Wildform nicht selten auftreten, beweisen zahlreiche verwilderte Kulturbäume. Wie weit aber diese Umformungen gehen, ist strittig. In Amerika, wo nur die Kulturform eingeführt worden sein soll (der Wildling vielleicht als Pfropfunterlage?), soll die subsp. silvestris nie entstehen. Nach O. Schrader soll die Hochzüchtung im Orient begonnen worden sein und sich die Kultur von Osten her auf der Linie Aegypten, Syrien, Kleinasien, Griechenland und dann weiter durch das ganze Mittelmeergebiet verbreitet haben. Dennoch dürfte es nicht ausgeschlossen sein, dass die Entwicklung an verschiedenen Punkten gleichzeitig einsetzte, da die Wildform im ganzen Gebiete heimisch war und auch deren Früchte essbar sind. Die Rif-Berber in Nordmarokko verwenden sie heute noch zur Bereitung eines sehr brauchbaren Speiseöles. Wildkerne sind aus neolithischen Schichten Spaniens bekannt; diesen sehr nahestehende Formen wurden z. B. in Mykene, Tiryns, im Knosospalast auf Kreta usw. festgestellt, Holz der Wildform (Bauholz, Oelpressen) in den etwa 2000 v. Chr. anzusetzenden Tuffen der Cycladeninsel Santorin aufgefunden. Im Orient sollen die Sumérer den Oelbaum schon gekannt haben, hingegen nicht die Babylonier, die das Oel von der Sesampflanze (Sesamum Indicum L., einer Pedaliacee; vgl. A. Tschirch, Handbuch der Pharmakognosie, 1. Abt., 1912) gewannen. In Aegypten reichen die Nachrichten nach Maspero in Texten bis in das 3. vorchristliche Jahrtausend zurück, während späterhin der Oelbaum dort häufig als ornamentale Vorlage für Vasen, Grabdenkmäler usw. diente. Der Oleander soll in diesem Gebiete aber fehlen. Das Oel wird oftmals in Rezepten (z. B. im Papyrus Ebers) erwähnt. Die Oel-Amphora ging in die Hieroglyphenschrift mit der Bedeutung von „Flüssigkeit" und „Wohlgeruch" über (Näheres vgl. F. Woenig, Die Pflanzen im alten Aegypten, 1897). Diese Verwendung dürfte die Angabe von Strabo widerlegen, dass der Anbau des Oelbaumes in Aegypten gering gewesen sei. Den Mumien wurden Kränze von Oelbaumzweigen um die Stirne gewunden. Uralt, aber vielleicht jünger als diejenige von Rhodos und Kretas, muss die Kultur auch in Syrien und Palästina gewesen sein. Die Juden fanden sie vor, als sie in das heilige Land zurückkehrten. Der Ueberlieferung nach kehrte die von Noah abgesandte Taube mit einem Oelblatt zurück. Der Baum galt dadurch als Symbol des Friedens, eine Bedeutung, die sich bis gegenwärtig erhalten hat, und des Wohlstandes. Die Oelgewinnung war so umfangreich, dass die Phönizier zur Zeit von Salomo einen Teil der als Nahrung, als Brennstoff, zum Opfern und Salben benützten Oeles ausführten. Auch das Pfropfen der Kulturform auf den Oleaster war bereits bekannt. Im griechischen Kulturkreis war (entgegen V. Hehn) die Kultur bereits in der vorhomerischen Zeit bekannt (s. o.). In den homerischen Dichtungen spielt allerdings besonders der Oleander eine grosse Rolle. Die Heimat desselben wurde an den Alpheios in Elis verlegt. Ein uralter Baum in Olympia lieferte das Laub für die Siegerkränze; die Axt des Peisandros besass einen aus Oleanderholz gefertigten Stiel usw. (vgl. Th. Fischer [l. c.], L. Reinhardt [Kulturgeschichte der Kulturpflanzen. Bd. IV/1, 1911] u. a.). Daneben beweist aber eine Stelle der Ilias (XVII, 53 bis 55), dass die Olivenkultur bereits allgemein in Griechenland verbreitet und sehr sorgfältig betrieben wurde. Nach O. Schrader (in Viktor Hehn, Kulturpflanzen und Haustiere, 1902) wurde das Oel schon als Appretur linnener Stoffe viel verwendet. Der Sage nach entstand der Baum auf der athenischen Akropolis aus einer Lanze der Pallas Athene und war darum auch dieser Göttin geheiligt. Seine Vernichtung wurde mit schweren Strafen belegt. In Attika wurde die Geburt eines Kindes durch das Aushängen eines Kranzes verkündet, das Grab eines Verblichenen mit Oelzweigen geschmückt. Im südlichen und östlichen Mittelmeerbecken mögen die Phönizier durch ihre friedlichen und kriegerischen Eroberungen viel zur Ausbreitung, bezw. zum Ausbau der Kultur beigetragen haben, während die Tätigkeit der Griechen sich mehr auf die nördlichen Randgebiete erstreckte. Der Ueberlieferung nach (s. o.) soll der Oelbaum erst Ende des 7. vorchristlichen Jahrhunders in Italien, und zwar in Apulien, das gegenwärtig noch das beste italienische Oel hervorbringt, eingeführt worden sein. Im 5. Jahrhundert wurde Mittelitalien erreicht, später auch Ligurien. Im 1. Jahrhundert v. Chr. stellte Italien mit seinem Reichtum an Oel und dessen Güte alle anderen Länder in den Schatten. Von der Zeit des Pompejus an begann auch die Ausfuhr, die sich z. T. in die Alpenländer erstreckte und am Südfuss der Alpenkette wohl zu den ersten Anpflanzungen am Garda-, Comer- und Luganersee Veranlassung gab. Plinius widmete dem Oelbaum in seinem 15. Buche „Von den obsttragenden Bäumen" 8 Kapitel. Auf Korsika fehlte der Baum nach den Angaben von Seneca zu seiner Zeit noch und dürfte nach Th. Fischer erst im Mittelalter dorthin gelangt sein. Sicher war aber der Olivenbau zur römischen Kaiserzeit im ganzen Mittelmeergebiet verbreitet und besass namentlich an der nordafrikanischen Küste eine gewaltige Ausdehnung. So sind z. B. auf dem Hochlande von Tebessa (Algerien), das zur Zeit fast des Oelbaumes ganz entbehrt, mehrere in grossem Stiele angelegte und technisch sehr vollkommene Oelpressen aufgefunden worden, ebenso wie sich solche in anderen Teilen dieses Landes zerstreut haben nachweisen lassen. Für die Umgebung von Sbeitla wird auf Grund derartiger Reste mit einem ehemaligen Hain von etwa 400 000 Bäumen gerechnet. Berühmt waren schon damals die Kulturen von Tunis und Barka. Der Niedergang in ganz Nordafrika wurde teils durch den Einbruch der arabischen Nomaden, teils durch die sich lösenden Handelsbeziehungen usw. bedingt und führte zwischen dem 11. und 13. Jahrhundert vielerorten zum gänzlichen Erlöschen. In unserer Zeit hat sich Frankreich durch zahlreiche Neupflanzungen um das erneute Aufblühen in Algerien grosse Verdienste erworben. In Spanien, wo die grossen römischen Kulturen durch die Stürme der Völkerwanderung sehr gelitten hatten, haben die Araber dieselbe Rolle gespielt. Nach Willkomm wurde damals vielleicht auch die Oliven-Mistel (Viscum cruciatum Sieb.) aus Palästina eingeschleppt. Im Tessin ist die Kultur durch die Einfuhr des viel billigeren italienischen Olivenöles vernichtet worden, so dass die Oelbereitung dort zu den Ausnahmen zählt (B. Freuler, Forstliche Vegetationsbilder aus dem südlichen Tessin, 1904). Im Mittelalter spielte der Oelhandel eine bedeutende Rolle. Aegypten wurde von Syrien und Tunis versorgt. In Konstantinopel gelangte viel Oel aus Venedig, den Marken, Apulien und von Gaëta zum Verkauf. Sevilla führte viel aus.

Fig. 2923. Olea Europaea L., Ölbaum-Hain auf der Athos-Halbinsel. Phot. W. Schacht, München.

Durch die Entdeckung von Amerika wurden dem Oelbaume neue Kulturstätten erschlossen. Als älteste gilt eine Pflanzung bei Tacubaya (Mexiko) in 2276 m Höhe, die auf Cortez zurückgeführt wird, die dem mexikanischen Erzbischof gehörte und noch zur Zeit von A. v. Humboldt zu sehen war. Das mexikanische Oel soll sich durch seine Güte auszeichnen. Seit den Befreiungskriegen sind die Anpflanzungen sehr erweitert worden. Nach Peru gelangte der Oelbaum durch Don Ambrosio de Rivera, der 1560 die ersten 100 Stämme aus Spanien brachte, von denen allerdings nur 3 zur Entwicklung gelangten. Einer davon wurde gestohlen und nach Chile geschmuggelt und gilt als Mutterolive der chilenischen Pflanzungen, die sich in dem Landgürtel von Copiapó bis in die Provinz Cauquénes erstrecken. Zur Zeit des Jesuitenpaters Al. de Ovalla waren sie in der Umgebung von Santiago um 1630 bereits weit verbreitet. Um 1860 ergaben sie einen Wert von 5 Millionen Pesos, abgesehen von den grossen Mengen von Salzoliven. Die Gewinnung ist jedoch in der Regel noch sehr roh. Für den Handel wird das Oel nach K. Reiche (Die Pflanzenverbreitung in Chile, 1924) erst in einer einzigen Fabrik hergestellt. Weitere Anbaugebiete auf amerikanischem Boden liegen in Kalifornien, wo die Olive durch spanische Franziskanermönche eingeführt wurde, aber zunächst keinen festen Fuss fasste. Von einer wirklichen Kultur kann dort erst seit etwa 1880 gesprochen werden. Die Hauptanbaugebiete liegen gegenwärtig bei St. Barbara, San Diego, Los Angeles, Sononia, Ventura, Fresno, San Joaquin, Alameda, Sacramento, Butte und Riverside. Der Anbau wird besonders durch das Agricultur Department unterstützt. Seit 1907 ist Kalifornien in der Lage, einen grossen Teil des nordamerikanischen Bedarfes selbst zu decken. Anbauversuche sind ferner im südöstlichen Nordamerika (Florida, Süd-Carolina), sowie auf den Bermuda-Inseln und auf Jamaika gemacht worden. Auch Argentinien besitzt im Innern seines Landes einige olivenbauende Gebiete. Mendoza wird bisweilen als die „Olivenstadt" bezeichnet. Kleinere Kulturen finden sich endlich in Vorderindien, in Süd- und Südwestafrika (teilweise mit Hilfe künstlicher Bewässerung; in letztgenanntem Gebiete um 1910, z. T. aus Tunesien eingeführt) und in Australien (Queensland, Neu-Süd-Wales), wo die ersten Versuche auf das Jahr 1878 zurückreichen.

Die Vermehrung der Kultur geschieht gegenwärtig mehr und mehr durch die Aufzucht aus Samen, die (z. B. in Südfrankreich) zur Beschleunigung der Keimung zuerst in Aschelauge gebeizt werden oder den Darmtraktus von Truthühnern durchlaufen. Die aus Samen erwachsenen Bäumchen müssen gepfropft werden und tragen erst durchschnittlich vom 12. bis 14. Jahre an; doch sind sie lebenskräftiger, im Ertrage ergiebiger als auf andere Art erzogene Pflanzen und durch ihr kräftiges und regelmässiger ausgebildetes Wurzelwerk frost- und windbeständiger. Eine sehr alte, schon dem Altertum bekannte und namentlich in Italien beliebte Vermehrungsart ist diejenige durch die Uovoli (kleine Eier), d. h. durch rundliche, holzige Auswüchse am Wurzelhals und an freiliegenden Stellen der stärkeren Wurzeln, die mit mehreren Vegetationspunkten versehen sind. Diese Uovoli werden im November abgeschnitten und in die Erde gebracht. Sie entwickeln im folgenden Frühling einige Sprosse und geben schon vom 7. Jahre an reife Früchte. Allerdings bleiben die so erzogenen Bäume schwach und treiben reichlich Wurzelschösslinge. Sehr häufig geschieht auch eine Vermehrung durch Ableger oder Wurzelschösslinge. Bei den aus ersteren sich entwickelten Bäumen ist ein späteres Pfropfen nicht notwendig. Hie und da wird auch die Wildform als Unterlage für die Kulturformen benützt (s. o.). Näheres über die Kultur vgl. besonders L. Degrully et P. Viala (L'Olivier, Annales de l'École d'Agriculture de Montpellier, Année II bis V, 1886/90), H. Semler (Die tropische Agrikultur. Bd. II, 1900), A. Coutance (L'Olivier. Paris, 1877), G. Cappi (La coltivazione dell'Olivo. San Remo, 1875), Cabrie (Der Olivenbaum, seine Cultur . . . ., 1901), Brizzi (Olivicultura, 1903), Eastmann (Olivenkultur in Californien, Pharm. Era, 1896), Bonnet (L'olivier et l'huile, Paris, 1924). In Südfrankreich, wo die Olivenkultur sehr sorgfältig betrieben wird, pflanzt man auf 1 ha ebenen Geländes etwa 125 Bäume, auf reicher gegliedertem bis 200, in Ligurien durchschnittlich 220, in der Toskana 280, in Sizilien und Spanien bei Mischkulturen bisweilen nur 80 bis 100. In dem grossen tunesischen Olivenhain von Sfax, wo die Kultur den höchsten Grad der Vollkommenheit erlangt hat, stehen auf 1 ha nur 17 Bäume. Der Boden, der dort während der ersten 6 Jahre mit Weizen, Gerste oder Bohnen bebaut wird, unterliegt späterhin einer fünfmaligen Bearbeitung während eines Jahres. Die Bäume werden auch gedüngt, wobei besonders tierische Abfälle (Leder, Hahnenfedern), ferner auch Rückstände der ausgepressten Oliven, Baumwollsamenmehl, Seetang, in Südfrankreich auch alte Lumpen sehr bevorzugt werden. Künstliche Düngung wird erst in bescheidenem Masse angewandt. Der Ertrag eines Baumes wird in Bordighera in guten Jahren mit etwa 150 kg Oliven, in Mittel mit 50 kg angegeben. In Tunesien rechnet man für einen 20-jährigen Baum 90 l Oliven durchschnittlich, maximal bis 200 l. Der Baum wird dann auf 45 bis 50 frs. bewertet. Die Zahl der Bäume wird in Italien auf reichlich 100 Millionen,

Fig. 2924. Olea Europaea L. Phot. E. Hahn, Kirchheimbolanden.

in Spanien auf 300 Millionen geschätzt. Korfu und die kleine benachbarte Insel Páxos besitzen gemeinsam gegen 4 Millionen Stämme. Eine wahre Oliveninsel ist auch Kreta. Vergleichsweise besitzt Deutschland überhaupt nur etwa 164 Millionen Obstbäume.

Die Zahl der zur Verfügung stehenden Kulturrassen ist ziemlich bedeutend. A. Gouan beschrieb zwar erst ihrer 12, doch führt die Enzyklopedie (1765) bereits 19, H. Semler 27, Duchesne 43, L. Degrully (1907) 116 (z. T. synomym) auf, während in Nordamerika etwa 70 Sorten unterschieden werden. Im Ganzen soll es etwa 300 verschiedene Formen geben, von denen die einen sich mehr zur Gewinnung von Tafeloliven, die anderen mehr zur Gewinnung von Oel eignen. In Italien werden nach H. Semler (Die tropische Agricultur. Bd. II, 1900) besonders verwendet die Olive gentile und der Frantaio (= Grassaio) (beide schwachwüchsig, reichlich fruchtend, mit vorzüglichem Oel, aber nur für warme Lagen geeignet) und der Morainolo (= Morinello) und der Leccino (beide weniger reichlich Oel liefernd, aber für klimatisch ungünstigere Gebiete geeignet). Der Gewinnung von Salzoliven dient besonders die Picholine (mit sehr wenig, aber sehr feinem Oel). Für Frankreich und Spanien kommen besonders in Betracht für klimatisch ungünstige Lagen der Verdal (= Verdan, span.: Verdejo = Verdial), die Blanquette (= span.: Varal blanco), der Bouteillan (= Boutiniene, Ribien, Rapugette, span.: Racimal), der Pruneau de Cotignac (= span.: Regalis, Sevillana); für Spanien allein sind ferner zu nennen: der Nevadillo blanco, der Redondillo und der Empeltre. Warme Lagen erfordern der Nevadillo negro und der Madrinelo = Maxima-Olivo morcal (beide in Spanien), die Atrorubens (= Salierne-Saverne), der Raymet und der Bouquettier (in Frankreich) usw. Wegen ihrer starken Fruchtbarkeit sind in Frankreich ferner sehr geschätzt der Colliasse, der Clermontais und

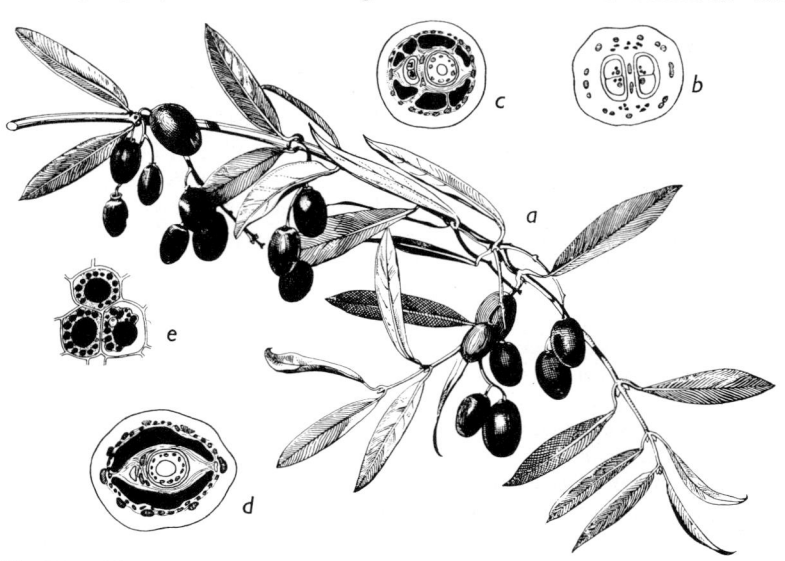

Fig. 2925. Olea Europaea L. *a* Fruchtender Zweig. *b* Querschnitt durch den Fruchtknoten. *c* und *d* Querschnitt durch die junge Frucht. *e* Oelzellen (nach W. Uhlmann).

der Gros Cornialle, in Spanien die Azuceña. Das Alter der Bäume kann sehr bedeutend werden. Der Ueberlieferung nach sollen 8 uralte Bäume im Garten zu Gethsemane schon zur Zeit Christi gestanden haben. Der älteste davon besitzt in Brusthöhe einen Durchmesser von 2 m. In Palästina heissen solche alte Stämme im Volksmunde griechische, in Sizilien sarazenische Oelbäume, in Tripolitanien rhurs Pharaon (Pflanzungen der Pharaonen). Ein 1000-jähriger Olivenbaum wurde 1867 auf der Weltausstellung in Paris gezeigt. Im Heiligen Hain bei Blidah in Algerien sah Tchihatcheff Oelbäume von 4,35 m Umfang. Auf Korsika sollen nach Rikli Bäume, die zu umspannen, 3 bis 4 Männer erforderlich sind, nicht besonders selten sein. Bei Melide unweit Lugano besitzt der stärkste Oelbaum bei einer Höhe von 10 m einen Stammumfang von 2 m; bei Cassarate steht ein ähnlicher von 13,5 m Höhe und 2,07 m Umfang 1 m über dem Boden. Die Blütezeit beginnt in den wärmsten Gebieten im März, während sie in Südtirol und im Tessin meist erst Mitte Mai einsetzt. Die Blüten zeichnen sich durch einen Reseda-artigen Duft aus und werden von zahlreichen Insekten besucht.

Die Bildung des Oeles beginnt nach den Untersuchungen von W. Uhlmann (Ueber die Entstehung, das Vorkommen und den Nachweis des fetten Oeles ..., Diss., Zürich, 1902) und entgegen der Darstellung von C. Harz (Ueber die Entstehung des fetten Oeles in den Oliven. Sitzungsberichte der K. Akad. der Wissenschaften, Wien, 1870) bereits frühzeitig im jungen Fruchtknoten. Die stark lichtbrechenden Oeltröpfchen finden sich dort besonders in der inneren und äusseren Epidermis, seltener auch in den beiden nächstfolgenden Zellreihen. Allerdings zeigen sie eine etwas andere Zusammensetzung als das Oel der reifen Oliven. Es ist aber nicht, wie Harz angibt, immer in feinster Verteilung mit dem Plasma (als sog. Oelplasma) zu finden, sondern auch in Form kleiner, regellos im ölfreien Plasma verteilter Tropfen, die von keiner Membran umgeben sind. Der Nachweis für die Oelnatur lässt sich am deutlichsten durch Verseifung mit Hilfe eines Gemisches von gesättigter Kalilauge und einer 20 % Ammoniaklösung erbringen. Reif enthalten die frischen Früchte (über deren Anatomie vgl. besonders Bottini [Sulla struttura dell'olivia, Nuov. giorn. bot. ital. XI, 1889], Piera Alquati [Stud. anatomici e morfologici sull'ulivo, Att. Soc. scienze naturali, XVII, 1906], Schimper [Anleitung zur Untersuchung der Nahrungs- und Genussmittel, 1900], ferner F. Reinitzer [Untersuchungen über das Olivenharz in Sitzungsberichte der Akademie der Wissenschaften Wien. Bd. 133, 1924]) etwa 22 % fettes Oel mit 46,6 % Wasser, 5,8 % Protein, 2,25 % Asche, ein Enzym Olease (das nach Tolomei die sog. Gärung der Oliven und die Entfärbung des Oeles hervorrufen soll), Emulsin und Oleuropein, Wachs und einen roten Farbstoff. In unreifen Früchten ist Mannit nachgewiesen worden. Die mittlere Zusammensetzung des Fruchtfleisches ist nach Dugast folgende: Wasser 24 %, Rohfett 56,4 %, Rohprotein 6,8 %, Kohlehydrate und Rohfaser 9,9 %, Asche 2,68 %. Der Gehalt an $K_2O$ kann bis 82 % erreichen. Das Olivenöl enthält an flüssigen Triglyceriden: 93 % Oelsäure und etwa 6 bis 7 % Linolsäure; an festen Triglyceriden etwa 5 bis 28 % Palmitin- und Arachinsäure, ausserdem freie Fettsäuren (1 bis 27 %, auf Oelsäure berechnet), Chlorophyll, Cholesterin (?), einen Phytosterin-ähnlichen Körper und Ampelosterin. Von Hazura und Grüssner wurden auch etwa 6 % Linolsäure gefunden. In ranzigem Oele ist Ameisen-, Essig-, Oenanthyl-, Azelain- und Korksäure, sowie Oenanthyldehyd nachgewiesen worden. Das herbschmeckende Puglia-Olivenöl enthält Eugenol, Tannin, Gallussäure, Brenzkatechin. Das aus den Olivenkernen (Steinschalen und Samen) gewonnene Oel besitzt eine ähnliche Zusammensetzung wie das Olivenöl, doch fehlt darin die Arachinsäure. Das Olivenöl ist blass- bis goldgelb, seltener durch Chlorophyll grünlich gefärbt.[1]) Sein spezifisches Gewicht beträgt 0,9141 bis 0,9203; der Erstarrungspunkt liegt bei —6° bis +10°C., der Siedepunkt bei 315°. Gute Lösungsmittel sind Benzol, Schwefelkohlenstoff und Chloroform. Dagegen löst es sich in Alkohol nur sehr wenig. Es gehört zu den nichttrocknenden Oelen und zeigt im allgemeinen wenig Neigung zum Ranzigwerden. — Das Abernten der Früchte geschieht bei hochentwickelter Kultur mit der Hand (die Bäume werden deshalb durch Beschneiden niedrig gehalten, um sie abernten zu können), wie es schon von Marcus Terentius Varro angegeben wird, oder in primitiver Weise (schon von Plinius abfällig beurteilt) durch Abschlagen mit Stangen. Letzteres geschieht in der Regel auch dann, wenn die Früchte nur zur Gewinnung von Fabrik- und Brennöl dienen sollen. Die mit der Hand gepflückten Früchte werden in besonderen Trockenapparaten oder an luftigen, schattigen Orten so lang getrocknet, bis sie leicht runzelig werden. Dann werden die Kerne entfernt und das Fruchtfleisch wird sofort in der Kälte ausgepresst. Das so erhaltene Oel heisst Jungfernöl (Huile vierge) und ist das beste Erzeugnis. Die Kerne können dann ihrerseits zu einer erneuten Oelbereitung benützt werden und ergeben das bereits im 18. Jahrhundert in Spanien bekannte Olivenkernöl. Zur Erzeugung der gewöhnlicheren Oele gelangen die Früchte in die bekannten, für das Mittelmeergebiet so charakteristischen Oelmühlen oder in Fabriken, in denen sie durch Mühlsteine zerquetscht werden; die so entstandene Masse wird in Bast- oder Jutesäcken ausgepresst. Das namentlich durch das aus den Oliven stammende Wasser (Vegetationswasser) trüb ausfliessende Oel gelangt dann in übereinandergestellte Bottiche, vor deren Spundlöchern mit Watte ausgelegte Zinkkästen stehen. Die Watte dient als Filter und wird tagsüber mehrmals erneuert. Die ablaufende Flüssigkeit wird in mit Porzellan, Marmor oder Ton ausgekleidete grosse Becken geleitet, wo sie etwa 3 Monate stehen bleibt, bis sich alle Verunreinigungen (Schleim usw.) abgesetzt haben und das so erhaltene Oel als gewöhnliches, Provence-, Genueser-, Lucca- oder Aixeröl in den Handel kommen kann.[2]) Geringere Sorten werden einesteils durch Verkürzung des Reinigungsverfahrens (nur Filtration oder Klärung durch Zusatz von Zitronensaft oder Tanninlösung), anderteils durch ein zweites und ausgiebigeres Pressen erhalten. Auch wird solches dadurch erhalten, dass die Oliven zuvor eine Gärung durchmachen müssen und dann erst gepresst werden. Es wird dabei zwar viel Oel gewonnen; doch ist dieses besonders fettsäurereich (Tournantöl) und wird leicht ranzig. Die dritte Pressung liefert nur noch Brenn- und Maschinenöl (Nachmühlenöl). Ebenso stammt solches aus den mit Schwefelkohlenstoff, Benzin, Benzoläther oder Wasserdampf ausgezogenen Pressrückständen (Sulfuröl). Letztere dienen als Düngemittel, als Schweinefutter oder in Ziegelform getrocknet als Brennmaterial. Auch die bei der Klärung der guten Oele entstehenden Abfallwässer werden weiter verarbeitet und zwar gelangen sie in Zisternen (Inferno, enfer, Hölle), wo sie während eines wochenlangen Stehens unter Entwicklung eines höchst widerlichen Geruches eine Art von Gärung durchmachen, nach deren Ablauf sich die letzten Oelreste an der Oberfläche sammeln und abgeschöpft ein noch für Fabrikzwecke taugliches Oel ergeben (Höllenöl). Ueber die Oelbereitung in Algerien vgl. Trabut (l. c.), in Tunis R. Fitzner (Die Regentschaft Tunis, Berlin 1895), in Tripolitanien H. Groth (Tripolitanien, Leipzig, 1898), in Palästina Geikie (Bildergrüsse aus dem Heiligen Lande, 1896). Die besten Oele stammen aus Südfrankreich, Ligurien, Toskana, Apulien und Tunis; die kalifornischen Oele sollen bei weitem schlechter sein. — Die Ernteergebnisse unterliegen grossen Schwankungen und betrugen für Italien in dem günstigen

---

[1]) Durch Schütteln mit Holzkohle, durch Einwirkung von Luft und Sonne usw. lässt sich das Oel entfärben, ist aber dann stets ranzig und nur für technische Zwecke verwertbar.

[2]) Es sei allerdings bemerkt, dass im Handel die Bezeichnung Provenceöl sich in der Regel auf die Güte, nicht aber auf die Herkunft bezieht.

Jahre 1911 13529 dz (Doppelzentner) Oliven und 2122 hl Oel, für Spanien 22195164 dz Oliven und 4217826 dz Oel, während 1912 in Italien nur 6097 dz Oliven und 958 hl Oel, in Spanien 3553310 dz Oel und 630012 dz Oel gewonnen wurden. Die durchschnittliche Welternte beläuft sich auf 8 Millionen hl, von denen 7 in den Erzeugungsländern selbst verbraucht werden und nur der Rest in den Welthandel kommt. Die Einfuhr nach Deutschland und Oesterreich beträgt rund je 3 Millionen kg. — Das Olivenöl wurde schon im Altertum in mannigfaltigster Weise als Genussmittel, Brennöl, zum Einfetten der Haut, zu sakralen Handlungen (Salben der Könige) usw. verwendet. Es galt ferner auch als vielseitiges Heilmittel in Form von Wundpflastern, Salben, Wund- und Samariterbalsam, gegen verhärtete Geschwüre, schlechtes Gehör und als Purgativum. Gegenwärtig dient es besonders als Speiseöl, technisch als Brenn- und Maschinenöl, zur Bereitung von Seifen (Venetianische, Marseiller Seife) zur Herstellung gewisser Webstoffe, des Türkischrotöls (namentlich des Tournantöl), usw. Offizinell ist das vollkommen reine Olivenöl (D. A. VI, 1927, Pharm. Austr. et Helv.) unter dem Namen Óleum olivárum (O. Olivae s. Oleum olivarum óptimum). Es dient innerlich als einhüllendes Mittel bei Magen- und Darmentzündungen und Vergiftungen durch ätzende und kaustische Salze usw., als schwaches Abführmittel, bei Hämorrhoidal- und Gallensteinleiden, äusserlich als reizmilderndes, deckendes und erweichendes Mittel, ferner zur Bereitung von Salben, Linimenten und Pflastern. Neben Kalilauge (7 Teile), Weingeist (30 Teile) und Wasser (17 Teile) bildet Olivenöl (6 Teile) einen Bestandteil des gleichfalls offizinellen Seifenspiritus (Spiritus saponátus). Früher wurde im D. A. auch das Baumöl (Óleum olivárum commúne, das Gemeine oder Grüne Baumöl) geführt, das aber nur äusserlich Anwendung findet. Eine andere, vielfach in ihrer Bedeutung unterschätzte Verwendung finden die Olivenfrüchte als unmittelbares Nahrungsmittel. Am bekanntesten ist die Benützung als Salzoliven (Oliven pikles), die bereits von den Römern sehr geschätzt waren und die z. B. Horaz jedem anderen Leckerbissen vorzog. In Kalifornien wird gegenwärtig fast die ganze Ernte in dieser Weise verarbeitet. Weit grösser noch ist die Menge, die nach einer künstlichen Vorbereitung (zur Entfernung des bitteren Geschmackes) besonders von den ärmeren Volksschichten des Mittelmeergebietes gegessen wird. Die Oliven werden um so wohlschmeckender, je trockener sie sind. In Algerien gibt es sogar gewisse Sorten, die ohne vorausgehende Vorbereitung genossen werden können. In Tunesien werden Tafeloliven (mellahi genannt) gezogen, die die Grösse von Aprikosen besitzen. Die besten Salzoliven stammen aus Andalusien, besonders aus Sevilla. Sie kommen in kleinen, aus Eichenholz gefertigten Tonnen in den Handel. Auch in Essig eingelegte Oliven werden versandt.

Das Holz des Oelbaumes ist schön blass-braungelb gefärbt, sehr fest und hart, feinfaserig, wenig elastisch und gut politurfähig. Sein spezifisches Lufttrocken-Gewicht beträgt 0,92. Es wird vielfach als Brennholz verwendet, eignet sich aber auch vorzüglich zu feinen Tischler-, Drechsler- und Bildhauerarbeiten. Nizza, Sorrent, Bellaggio,

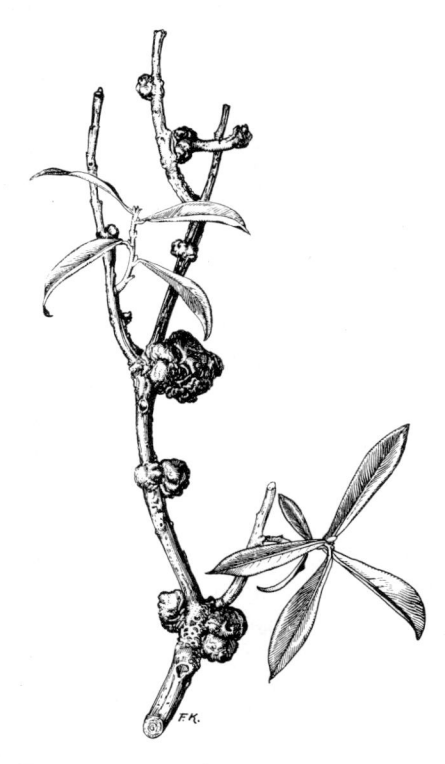

Fig. 2926. Spross eines krebskranken Oelbaumes (Olea Europaea L.) mit den durch die Krebsbakterie Pseudomonas Savastanoi hervorgerufenen Oelgallen.

Florenz und Arco sind bekannte Stätten solcher Verarbeitung. Auch gute Holzkohle wird daraus bereitet. Die Rinde enthält das Glykosid Oleuropein, ein phenolartiges Olenitol ($C_{14}H_{10}O_6$), Ipuranol ($C_{23}H_{40}O_4$), Pentatriacontan, Phytosterin ($C_{27}H_{10}O + H_2O$), Alkohol ($C_{85}H_{68}O_4$) und Säuren. In den jungen Zweigen wurde nachgewiesen Mannit, eine paraffinartige Substanz und ein Glykosid mit blauer Fluorescens (?) Die jungen Schosse wurden früher besonders in Algerien zu Spazierstöcken verarbeitet. Durch die Lebenstätigkeit eines Bakterium, das nach Trabut durch Insekten übertragen wird und im Cambium lebt, soll die Manna-Ausscheidung hervorgerufen werden, in welcher Mannit und Glukose festgestellt worden sind. Die dem typischen Hartlaubblatt-Typus entsprechenden Laubblätter führen Mannit (nur vom November bis zum Februar?), den Bitterstoff Olivamarin, wachsartige Substanzen, Harz, Säuren, fettartige Verbindungen, Carotin, ätherisches Oel, Gerbstoffe usw. Sie wurden früher gegen Skrofulose und Malaria benutzt, dienen aber gegenwärtig nur noch frisch ausgezogen in Form von Tinkturen bezw. Extrakten als Febrifugum, Antiperiodicum und besonders als Tonicum. Im Mittelmeergebiete werden sie häufig verfüttert.

An Missbildungen wurden beobachtet: Verbänderung der Zweige, Spaltung der Laubblattspreiten (2- und 3-spitzige Laubblätter), die besonders an Stockausschlägen auftritt, Uebergangsbildungen zur quirligen

Laubblattstellung und Zwillingsknospen in den Achseln gespaltener Laubblätter, die zu am Grunde verwachsenen Zweigen auswachsen. Die Bakterie Pseudomónas Savastánoi (= Bactérium Savastanoi, = Bácillus Óleae) ruft an den Stämmen und Aesten die als „Oelgallen" (ital.: Rogna) bekannten Krebsknoten (Oelbaumtuberkulose) hervor (Fig. 2926). Als Schmarotzer tritt in Palästina, Marokko und im südlichen Spanien die Oelbaum-Mistel Víscum cruciátum Sieb. auf. Von Pilzschädlingen sind namentlich hervorzuheben: Gloeospórium olivárium d'Almeida und Cylindrospórium Olívae L. Petri, die Fleckenbildungen und Schrumpfungen der Früchte hervorrufen, Cyclogónium oleagíneum Cast., das besonders auf den Laubblättern, aber auch auf den Fruchtstielen und Früchten eine ähnliche Erscheinung hervorruft, Capnódium salicínum, ein Russtaupilz und Stíctis Panízzei De Not., welch letzteres die Brusca-Krankheit hervorrufen soll. Polýporus fúlvus Scop. var. Óleae Scop. verursacht bisweilen ein vorzeitiges Faulen des Holzes. Näheres vgl. L. Degrully (L'Olivier. Montpellier 1907). Als tierische Schädlinge sind in erster Linie zu nennen: Dácus Óleae F., die Oelfliege (Mucha dell' ulivo, Mosca olearia, Mouche), deren Larven im Fruchtfleisch leben und bei zahlreichem Auftreten die Ernte in Frage stellen können. Auch verleihen sie dem Oele einen unangenehmen Beigeschmack. Man dürfte mit der Annahme nicht fehl gehen, dass die starke Vermehrung dieser Fliege in engem Zusammenhang mit dem bekannten Massenmord der kleinen Singvögel zu Speisezwecken steht. Technische Bekämpfungsmittel sind bisher nicht bekannt. Tínea oleélla Fabr. (Motte) greift die Kerne an, Pysálla óleae Forsk. die Blüten. Hylésinus oleipérda Fabr. und Phloeotríbus óleae Fabr. (zwei Käfer) leben im Holze. Näheres vgl. Paoli a Tagliaferri, La Mosca delle olive ed il modo di combatterla, Firenze, 1909. In Kalifornien sind besonders Lecánium óleae und eine Melíola-Art gefährlich geworden.

## DXCI. Ligústrum[1]) L. Liguster, Rainweide. Franz.: Troëne; engl.: Privet; ital.: Ligustro.

Sträucher oder kleine Bäume mit sommer-, winter- oder immergrünen, gegenständigen, ungeteilten Laubblättern. Blüten in breitrispigen, rispentraubigen oder ährenrispigen endständigen und daneben auch blattachselständigen Blütenständen, weiss oder gelblich. Kelch kurz, glockig, mit 4 in der Regel sehr kurzen Zähnen. Krone tellerförmig bis fast radförmig, länger oder kürzer als die Röhre, mit 4 Zipfeln. Staubblätter 2; Staubfäden kurz; Staubbeutel seiten- und auswärtswendig. Griffel meist kurz, selten verlängert, mit ausgerandeter oder 2-lappiger Narbe. Frucht eine kugelige bis länglich-eiförmige Beere. Samen mit fleischigem Endosperm. Keimling mit flachen Keimblättern und kurzem Stämmchen.

Die Gattung bewohnt vorwiegend das östliche Asien von Japan und China bis Ostindien und den Indischen Archipel und erstreckt sich — immer artenärmer werdend — bis Europa, wo als einziger Vertreter Ligustrum vulgare L. zu finden ist. Sie umfasst etwa 50 Arten, ist aber systematisch nur ungenügend bekannt (Vorarbeiten zu einer Monographie vgl. Joh. Mattfeld in Englers Botan. Jahrbücher. Bd. 69, 1924 und C. K. Schneider, Handbuch der Gehölzkunde. Bd. II, 1912) und spielt auch wirtschaftlich nur eine geringe Rolle. Auf dem chinesischen L. lúcidum Ait. (s. u.) wird in der Heimat eine Schildlaus (Cóccus ceríferus Fabr.) gezogen, von der das seit alten Zeiten in der chinesischen Heilkunde verwendete weisse Chinesische Insektenwachs (Pelawachs, Chinesisches Baumwachs, Cire d'insectes) gewonnen wird. In Südjapan verwendet man in ähnlicher Weise eine auf L. Ibóta Siebold lebende Schildlaus. Eine kleine Zahl von Arten wird bisweilen in Gärten gepflanzt. Genannt seien:

1. Junge Zweige und Laubblätter kahl; letztere lederig, immergrün oder wenigstens wintergrün. 2.

1*. Junge Zweige und Laubblätter behaart oder wenigstens die jungen Zweige, bezw. die Laubblätter ± behaart; letztere weich, meist sommergrün . . . . . . . . . . . . . . . . . 4.

2. Laubblätter immergrün. Blütenstand kahl. Kronröhre 2- bis 3-mal so lang als die Kronzipfel. 3.

2*. Laubblätter wintergrün, spitz. Blütenstand deutlich behaart. Kronröhre kürzer oder kaum länger als die Kronzipfel . . . . . . . . . . . . . . . . . . . . . . L. ovalifolium.

3. Strauch von aufrechtem Wuchs, im Frühling bräunlich austreibend. Laubblätter gross, bis 8 cm lang, wenig zugespitzt, unten wenig abgerundet, dick-lederig, glänzend. Blüten erst im September erscheinend, in

---

[1]) Name des Ligusters bei den Römern, wohl abgeleitet von lat. ligáre = binden. Den gleichen Ursprung hat das griechische, von Theophrast benützte Wort σπιραία [spiraia], das von σπειράω [speiráo] = winde abzuleiten ist. Die lateinische Bezeichnung kommt z. B. bei Mattioli, desgl. bei Thal vor. Im Hortus Eystettensis (1597) findet sich die deutsche Bezeichnung Kleines Weidenwundholz.

steifer, anfangs grüner, später oft rötlicher Rispe, gelblichgrün. Kronröhre kurz; Zipfel zurückgekrümmt. Staubbeutel kurz, querstehend. In Südeuropa bereits im Tessin als Alleebaum gehalten.   L. Japonicum.¹)

3*. Strauch von breitem Wuchs, im Frühling grün austreibend. Laubblätter fast herzförmig, dicklederig, glänzend. Blüten im Juli erscheinend, in zierlichen, braunen Rispen. Staubbeutel nach innen geneigt. Im Tessin (Morcote) verwildert . . . . . . . . . . . . . . . . . . . . . . . . . . . L. lucidum.

4. Laubblätter vollständig kahl. Kronröhre kürzer oder kaum länger die als Kronzipfel. Der heimische Strauch . . . . . . . . . . . . . . . . . . . . . . . . . . . . . . . . . . L. vulgare nr. 2226.

4*. Laubblätter unterseits an den Hauptnerven (meist auch auf der Fläche) behaart. Kronröhre 2- bis 3-mal so lang als die Kronzipfel . . . . . . . . . . . . . . . . . . . . . . . . . . . 5.

5. Bis 4 m hoher Strauch mit aufwärts gerichteten Aesten, flaumigen, zottigen, jungen Trieben und kurzzottigen Blütenzweigen. Laubblätter auf 2 bis 4 mm langen, meist behaarten Stielen, oberseits auf den Mittelnerven behaart, sonst kahl, unterseits auf dem Mittelnerven und oft auch auf der Fläche behaart, aber meist verkahlend, am Rande gewimpert, oft wintergrün. Krone 7 bis 9 mm lang; Kronzipfel fast wagrecht abstehend. Staubbeutel etwas hervorragend. Frucht leicht bereift  . . . L. Amurense.

5*. Aeste sparrig abstehend. Wuchs in die Breite gehend. Junge Zweige kurzzottig oder 2-zeilig behaart . . . . . . . . . . . . . . . 6.

6. Bis 2,5 m hoher, aufrecht ausgebreiteter Strauch mit 2-zeilig behaarten jungen Langtrieben. Laubblätter oberseits auf dem Mittelnerven (oft auch auf der Fläche) behaart, selten ganz kahl, unterseits reichlicher behaart. Blüten in dichten, scheinährigen Blütenständen, auf bis 1 mm langen Stielen. Kelch kahl. Kronzipfel zurückgekrümmt. Frucht eiförmig, 7 bis 8 mm lang . . . . . . . . . . . L. acuminatum.

6*. Junge Zweige ringsum kurzhaarig-zottig oder rauh. Blütenstiele und Kelch behaart . . . . . . . . 7.

Fig. 2927. Ligustrum vulgare L., Fruchtstand. Phot. Th. Arzt, Wetzlar.

7. Höherer Strauch oder kleiner Baum mit behaarten, nicht glänzenden, überhängenden Zweigen. Laubblätter oberseits tiefgrün, kahl oder auf dem Mittelnerven behaart, unterseits heller grün, verkahlend oder behaart (besonders am Mittelnerven). Blütenzweige abstehend behaart. Blüten in bis 5 cm langen Rispen, auf behaarten, 1 bis 1,5 mm langen Stielen, 7 bis 11 mm lang. Kronzipfel wenig ausgebreitet. Staubbeutel über doppelt so lang als breit  . L. Ibota.

7*. Niedriger, sehr breiter, sparriger Strauch mit teilweise überhängenden Zweigen. Laubblätter unterseits auch auf der Fläche kurzzottig behaart. Blüten in nur 1 bis 2 cm langen, armblütigen Rispen. Krone mit langer Röhre; Zipfel nicht ausgebreitet, sich nur wenig öffnend. Staubbeutel eiförmig, nur doppelt so lang als breit, fast ganz von der Krone eingeschlossen. Frucht nur 4 bis 6 mm lang . . . . . L. Regelianum.

Auf Grund des Verhältnisses zwischen der Länge der Kronröhre und der Kronzipfel werden die Liguster-Arten vorläufig in folgende 2 Gruppen geteilt: A. Sektion Vulgáre. Kronröhre kürzer oder kaum länger als die Kronzipfel. Hierher gehören von den oben genannten Arten ausser L. vulgare L. Japonicum Thunbg. In Japan und Korea heimisch, in Nordchina wahrscheinlich nur kultiviert. Die Art ist in Europa seit 1796, z. T. mit bunten Laubblättern (var. variegátum Hoefk.) in Kultur, gedeiht gut in milden Klimaten (z. B. in Südwestdeutschland, im südlichen Tessin in Brissago [als Alleebaum, gut fruchtend] und in Südtirol),

---

¹) Eine Mittelstellung zwischen L. Japonicum und L. lucidum nimmt L. coriáceum (= L. Japonicum Thunb. var. coriaceum Bl., = L. lucidum Ait. var. coriaceum Dcne.) ein, das sehr dicke, vorn abgestutzte oder eingekerbte, fast dachziegelig stehende, schwarzgrüne Laubblätter besitzt. Blütenrispe sehr kurz. Kronröhre lang; Kronzipfel nicht ausgebreitet. Nach H. Höfken (Uebersicht über die Gattung Ligustrum. Mitteilungen der Deutschen Dendrologischen Gesellschaft, 1915) eine gute Art; sie ist seit 1860 in Kultur (z. B. in Südtirol).

wird aber häufig mit L. lucidum verwechselt. Nach A. Entleutner soll diese meist nur als Strauch anzu≈ treffende Art in Südtirol einen Stammumfang bis zu 1 m erreichen. Häufig pflanzt man sie dort auch in Hecken. — L. lúcidum Ait. Aus China stammend und 1794 in Europa eingeführt. Eignet sich nur für wärmere Gebiete und wird in Südtirol und im Tessin häufig gepflanzt. A. Voigt stellte die Art verwildert an einer Felswand bei Morcote am Luganersee fest. In Gärten sät sie sich dort leicht selbst aus. — B. Sektion Ibóta. Kronröhre 2≈ bis 3≈mal so lang als die Kronzipfel. Hierzu gehören L. Regeliánum Koehne. Angeblich in Japan heimisch, dort aber nicht wild zu beobachten und vielleicht nur eine Kulturform von L. Ibota. Seit 1894 in Europa in Kultur. — L. Ibóta Siebold. In China, Korea und Japan heimisch, seit langem (bisweilen mit bunten Laubblättern) in Kultur, aber vielfach mit anderen Arten verwechselt. — L. Amurénse Carr. Viel≈ leicht im Amurgebiete heimisch. Seit 1861 in Europa gezogen. — L. acuminátum Koehne (= L. ciliátum Rehd., = L. médium hort. p. p.). Ebenfalls unbekannter Heimat. — L. ovalifólium Hassk. (= L. médium Franchet et Savatier). Aus Japan stammend, seit 1844 in Kultur und bisweilen mit gelbgefleckten (var. variegátum Hoefk.) oder gelbgerandeten (var. marginátum Hoefk.) Laubblättern gezogen. Die Art eignet sich besser als Pfropfunterlage für andere Oleaceen als L. vulgare. Gegen Frost ist sie sehr wenig empfindlich und überwintert nach J. Murr in den Anlagen von Feldkirch (gleich dem nur selten anzutreffenden L. obtusifólium Sieb. et Zucc.) selbst in strengen Wintern (wie 1922/23) mit fast un≈ versehrtem Laube.

### 2226. Ligustrum vulgáre L.[1]). Rainweide, Beinholz, Hartriegel, Zaunriegel, Gimpel≈ beere, Tintenbeere. Franz.: Troëne, trouille, frezillon; engl.: Privet; ital.: Ligustro, olivell (Tessin), olivello, ischio, ruischio. Taf. 213 Fig. 4; Fig. 2927, 2928a bis f₁, 2929 und 2930.

Fig. 2928. Ligustrum vulgare L. *a* Zweig mit Winterknospen. *b* Winterknospe. *c* Durch minierende Frasstätigkeit panaschiertes Laubblatt. *d* Blüte. *e* Eine sich öffnende Blüte von oben gesehen, *f, f₁* Längsschnitt durch die Blüte. — L. Regelianum Koehne. *g* Querschnitt durch ein junges Laubblatt mit einem jungen Nek≈ tarium. *h* Längsschnitt durch ein Einzeltrichom der Laubblatt≈ Unterseite (*g* und *h* nach E. Schwendt).

Der Strauch wird häufig mit seinem latei≈ nischen Namen als Líguster bezeichnet; volksetymo≈ logische Anlehnungen sind Augustrum (Untere Weser), Austhäge (Ostfriesland). Nach der Gestalt der Blätter wird er häufig mit der Weide verglichen, daher Rainweide (kaum volkstümlich), Wille Wie, Holwie (Göttingen), Widlesholz (Schwäbische Alb), Zaunweide, Wilde Weide (Henneberg), Wilde Palm (Niederrhein). Die schweizerischen Benennungen Chorngert(li), Cher(n)gert, Cháragert, Chuengert, Chillgert, Chollgert werden für verschiedene Sträucher (besonders aber für Ligustrum) mit zähen Aesten gebraucht (vgl. Cornus sanguinea, Lonicera xylosteum, Viburnum lantana); welchen Ursprung sie haben und ob sie alle zusammengehören, ist nicht recht klar. Zahlreiche Bezeichnungen gehen auf die Beeren, die als giftig oder doch wertlos (daher Benennungen nach Kröte, Hund, Geis) gelten: Chrotte≈Beri (St. Gallen), Hundsbeer (z. B. bayerisch≈österreichisch, Schwäbische Alb), Bocksbeer (Imst), Bocksbeeri (St. Gallen), Geisehecke, ≈holz (Nahegebiet), Geisse(n)≈Baum (Aargau), Geissbeeri (Schweiz), Teufels≈ kirschen (Eifel), Teufelsbeer (Schwäbische Alb). Die Beeren geben verschiedenen Vögeln Nahrung, daher Vogelbeer (Baden, Schweiz), Gimplbeer (bayerisch≈österreichisch), Bluetfinkabeeri (St. Gallen). Sehr häufig gibt ihre schwarze Färbung zu dem Namen Tintenbeer (im Oberdeutschen in vielen mundartlichen Formen) Veranlassung. Wegen des harten Holzes (vgl. Cornus sanguinea), das sich zu Holznägeln und Rechenbögen eignet, heisst der Strauch auch Hartrigel (z. B. Elsass, Niederösterreich), Hartüaetle (Elsass), Beindlholz (Westböhmen), Weiss Boaholz (Schwäbische Alb), Nagelholz (St. Gallen), Rächábögli (Waldstätten). Im Waadtland leitet sich von Fresillon der Lokalname le Frézillon bei Vallorbe ab.

---

[1]) Bei der hl. Hildegard wird der Strauch Schulbaum, im Herbar von H. Harder (1576/91) Bain Holtz oder Dintenber genannt.

Ein- bis 5 m hoher Strauch, selten kleiner Baum mit reichverzweigtem, Ausläufer treibendem Wurzelstock und mit aufrechten, grau berindeten Aesten. Jüngere Zweige kahl oder meist gegen die Spitze zu fein kurz behaart, olivgrün oder bräunlich, mit hellen, rundlichen, etwas warzig vorstehenden Lenticellen, die Kurztriebe häufig quirlig stehend. Knospen ei-kegelförmig, gekielt, die Endknospe grösser; Schuppen (2) 4 bis 6, an der Spitze braunschwarz, im unteren Teile grünlich, zerstreut feinhaarig, feinbewimpert. Laubblätter kahl, kurz (3 bis 10 mm lang) gestielt, lanzettlich bis verkehrt-eilänglich, spitz oder stumpf oder seicht ausgerandet, ganzrandig, oberseits dunkelgrün, im Herbst sich violett verfärbend, unterseits hellgrün, nach den ersten Frösten abfallend oder (besonders in den wärmeren Gebieten von Südwestdeutschland, der Südalpen, von Mähren, Niederösterreich usw., in milden Wintern auch in nördlichen Gebieten) wintergrün und erst während der Entwicklung der neuen Laubblätter abfallend. Blüten in endständigen, mit schmalen, lanzettlichen, kleinen Hochblättern versehenen, 6 bis 8 cm langen, pyramidenförmigen, feinbehaarten Rispen. Kelch meist sehr undeutlich 4-zähnig, bleichgrün, etwa 1 mm lang, erhalten bleibend. Krone trichterförmig, etwa 5 mm lang, grünlich-weiss oder weiss; Zipfel 4, flach ausgebreitet, an der Spitze grünlich, kahl. Staubblätter 2, nicht aus der Krone hervorragend, auf etwa 1,5 mm langen, der Kronröhre aufsitzenden Staubfäden; Staubbeutel etwa 2,5 mm lang, mit den Staubfäden gleichgerichtet (nicht quer zu ihnen stehend). Fruchtknoten 2-fächerig, in jedem Fache mit 2 hängenden Samenanlagen; Griffel dünn, an der Spitze mit einer 2-lappigen Narbe. Frucht eine kugelige, 5 bis 10 mm lange, schwarze, glänzende Beere. Samen 1 bis 2 in jedem Fache,

Fig. 2929. Ligustrum vulgare L., blühender Strauch, verwildert, Felixdorf, N.Ö. Phot. R. Fischer, Sollenau, N.Ö.

elliptisch-eiförmig, etwa 6 mm lang, braun (Taf. 213, Fig. 4c und 4d); Keimling etwas gekrümmt, in reichliches Nährgewebe eingebettet. — (V) VI, VII.

Ziemlich verbreitet und häufig gesellig auf frischen bis ziemlich trockenen, etwas humösen Böden, in lichten Laub- (seltener Nadel-) Wäldern, Gebüschen, an sonnigen Hängen und Rainen, in Hecken, an Ufern, auf Waldschlägen, in Weinbergen, an Mauern; vielfach auch in Anlagen aller Art gepflanzt. Von der Ebene bis in die Bergstufe: in den Herzynischen Gebirgen bis 400 m (auf Muschelkalk im Werragebirge noch höher), in den Nordalpen in Tirol bis 1100 m, im Prättigau bis 1400 m, in den Zentralalpen im Wallis bis 1500 m, in den Südalpen in Südtirol bis 1264 m (Klobenstein), im Tessin bis 1325 m; im Kaukasus bis 1500 m. Auf Kalk häufiger als auf Urgestein.

In Deutschland verbreitet und ziemlich häufig in den südlichen und mittleren Landesteilen, aber in den höheren Lagen fehlend, nördlich bis zum Niederrheinischen Hügelgebiete, bis Westfalen (Hagen, Letmatke, Iserlohn, Sundwig, Attendorn, Kühkampsberg bei Wevelsburg an der Alme, Weldaer Berge bei Warburg), bis zum Harz, Magdeburg, bis zum Mecklenburgisch-Pommerisch-Westpreussischen Höhenrücken (das Vorkommen bei Schwetz in Westpreussen ist wie das von Cotoneaster melanocarpa [Bd. IV, pag. 684] nach Abromeit zweifelhaft) und bis Ostpreussen (Osterrode); in Schlesien nur in der Umgebung von Breslau, Ohlau, am Zobten, bei Strehlen, Trebnitz und Gross-Strehlitz. Sonst vielfach kultiviert und verwildert. — In Oesterreich verbreitet und häufig, nur in den höheren Mittelgebirgen fehlend und in den Urgesteinsalpen zerstreut, so in Salzburg nur auf Kalk verbreitet, in Steiermark in Mittel- und Untersteiermark verbreitet, dagegen in Obersteiermark nur um Aussee und sehr zerstreut in den Kalkvoralpen, in Kärnten zerstreut usw. — In der Schweiz verbreitet und häufig, nur in den Zentralalpen zerstreut und den höheren Lagen ganz fehlend.

Allgemeine Verbreitung: Europa, nördlich bis Südirland, bis zu den Kanalinseln, Belgien, bis in die Norddeutsche Tiefebene (s. o.), Norwegen (Kristianafjord), Schweden (Bohus, Dalsland, Westergötland), Ostpreussen, Polen, Bessarabien, Podolien, Cherson, bis zum südlichen Gouvernement Poltawa, Charkow, Jekaterinoslaw und bis zum Unterlauf des Don, westlich bis Nord- und Zentralspanien; Nordafrika; Westasien. In Nordamerika verwildert.

Als Abänderungen sind zu nennen: var. sempérvirens Loud. (= L. Itálicum Mill.). Laubblätter ± wintergrün. Blüten grünlichweiss, spät erscheinend. So im südlichen Gebiete in günstigen Lagen. — f. microphýllum Murr. Laubblätter nur 8 bis 15 mm lang und 6 bis 8 mm breit. Form trockener, sonniger Standorte, z. B. bei Bludenz im Vorarlberg, bei Sennwald im St. Galler Rheintal, im Wallis. — f. rupícolum Rikli. Wuchs zwergig. Laubblätter schmäler, derber. Blütentraube auffällig verkürzt. So an trockenen, unfruchtbaren Orten in der Schweiz an der Lägern ob Bussberg und auf dem Burghorn ob Baden und Wettingen und wohl noch anderwärts. — f. triphýllum H. Lüscher. Laubblätter in 3-zähligen Quirlen. Im Kanton Aargau zwischen Leidikon und Rüttenen, bei Mettau. Häufiger in Gärten. — var. aurifórum Hoefk. (= f. flavifórum J. Murr). Blüten gelb Laubblätter oft rundlich. So z. B. in Tirol bei Hall, in Vorarlberg bei Bludenz (zwischen Hinterplärsch und Latz). Hierzu gehört wohl auch die von Th. J. Stomps in den Berichten der Deutschen Botanischen Gesellschaft, Bd. 35, 1917 beschriebene und besprochene Mutation Ebbingénse mit kleinen, schmalen, gelbgrünen Laubblättern, die 1916 von W. Posthumus Meyjes in den Dünen zwischen Harlem und Zandwoort (Holland) unter zahlreichen weissblühenden Ligustrum vulgare-Sträuchern aufgefunden wurde. — var. leucocárpum Loud. Frucht weisslich. — var. xanthocárpum Loud. Frucht gelblich. — var. chlorocárpum Loud. Frucht gelblichgrün, lang erhalten bleibend. So z. B. in Tirol an der Martinswand und bei Pians. — Für die Gärten kommen namentlich in Betracht: var. pyramidále Dippel. Wuchs pyramidal; Aeste aufrecht. — var. péndulum Dippel. Zweige hängend. — var. densiflórum Dippel. Blütenstand dicht, ährig. Blüten meist sitzend. — var. insulénse Decne. Laubblätter hängend. — var. glaúcum Höfk. (= var. glaúcum-albomargínatum Rehd.). Laubblätter graugrün, bereift, oft sehr klein, mit weissem Rande. — var. aúreum Dippel. Laubblätter goldgelb. — var. aúreo-variegátum hort. Laubblätter gelbgefleckt. — var. álbo-variegátum hort. Laubblätter weissgefleckt.

Ligustrum vulgare gehört dem eurasischen Elemente an und stellt in Mitteleuropa eine der Charakterpflanzen der sommergrünen Laubmischwälder vom Typus des Querceto-Tilietum dar (vgl. Bd. V/1, pag. 440). Häufig tritt der Strauch auch in Eichenwäldern (Karpaten, Sudeten, Illyrische Gebirge, Alpen, Pyrenäen), in lichten Gehölzen von der Art der Quercus-Ostrya carpinifolia-Buschwälder (vgl. Fraxinus Ornus) der Südalpen, der Corylus-Buschwälder des Karstes auf. Etwas seltener findet er sich in Erlenwäldern auf Flussalluvionen, in Föhrenwäldern, in den immergrünen Gebüschen der Adriaküste und im Wacholdergestrüpp der Karpaten und der Ungarischen Tiefebene usw. Gelegentlich stellt er sich auch auf sonnigen Felsen, an Steilküsten (z. B. an der Ostsee) und anderen Orten ein. Ausserdem verwildert er vielfach aus der Kultur, wo er als Heckenpflanze gehalten wird. Durch Verschleppung der glänzend schwarzen Beeren durch Vögel (Elstern, Nebelkrähen) erklärt sich sein Vorkommen in Dünentälern, auf Feldsteinhaufen zwischen Aeckern, an Waldrändern, in Waldschlägen, an Böschungen, an Hecken (z. T.), auf alten Mauern. Bei der Wiederbewaldung trockener Grashänge stellt er neben Prunus spinosa, Cornus sanguinea und Viburnum Lantana einen der wichtigsten Pioniere dar. — Durch das von ihm entwickelte dichte Netz feiner Wurzeln, die den Boden derartig durchwirken, dass kaum eine andere Pflanze mehr in ihrem Bereiche zu gedeihen vermag, ist der Liguster allerdings sehr unduldsam und tritt daher herdenweise auf. — Die mässig grossen, aber stark duftenden, durch ihre Häufung in Rispen an den Zweigenden auffälligen Blüten sind homogam und sondern den vom Fruchtknoten abgeschiedenen Honig am Grunde der Kronröhre ab. Die Staubblätter spreizen entweder auseinander, so dass die besuchenden Insekten Fremdbestäubung vollziehen müssen oder aber sie neigen über der Narbe zusammen, wobei die Besucher Selbstbestäubung hervorrufen. H. Müller beobachtete auf den Blüten Dipteren, Coleopteren, Hymenopteren und Lepidopteren, Knuth Falter, Musciden und Bombus terrester. Die Imker schätzen den Strauch als Bienenpflanze. Die Samen ertragen grosse Kältegrade; ihre Keimung wird durch Frosteinwirkung gefördert. So stellte Kinzel fest, dass nichtdurchfrorene Samen erst im 2. Jahre zur Keimung gelangen, während nach Frosteinwirkung der Austrieb bereits im 1. Jahre erfolgt. Auch Belichtung verursacht eine schwache Keimbeschleunigung. Vegetative Vermehrung kann nach Siegrist dadurch zustande kommen, wenn passiv (durch Schneedruck?) heruntergebogene Zweige Adventivwurzeln bilden, die nach dem Eindringen in die Erde orthotrope Sprosse emportreiben. Hin und wieder treten nach Höppner auch an den Aesten Luftwurzel-ähnliche Gebilde auf. Die Wurzeln stehen mit einer endotrophen Mycorrhiza in Verbindung. Das Holz ist beinhart und schwer spaltbar, die Markstrahlen sind nur undeutlich sichtbar. Das Lufttrockengewicht beträgt 0,92 bis 0,95 g. Man verwendet es zur Herstellung kleiner Gerätschaften, als Drechselholz, zur Bereitung von Pulver, gelegentlich auch als Brennholz. Die zum Gelbfärben von Wolle benutzbare Rinde enthält das Glykosid Syringin ($C_{17}H_{24}O_4$), den neutralen Bitterstoff Ligustron und wahrscheinlich auch Syringopikrin, ferner Mannit, Gerbstoff, Harz, Saccharose und die beiden Enzyme Emulsin und Invertin. Die Laubblätter, in denen annähernd dieselben Stoffe wie in der Rinde nachgewiesen worden sind, wurden früher in Form eines Mundwassers gegen Mund- und Halsgeschwüre verwendet, worauf sich die volkstümlichen Bezeichnungen „Faulholz, Bräunholz, Mundholz" beziehen. Vom Laube lebt auch die Raupe des bekannten Ligusterschwärmers (Sphinx Ligústri L.). Die jungen Zweige dienen ihrer Biegsamkeit wegen in der Korbmacherei. Aus den Früchten wird Tinte hergestellt (z. B. im Wallis, im Jura). Hie und da benützt man sie auch zum Schwarz- und Grünfärben. Ihre gelegentliche Verwendung als Färbemittel von Wein ist besonders deshalb abzulehnen, weil sie diesem ihren bitteren Geschmack mitteilen. Hingegen ist es zweifelhaft, ob die Samen für den Menschen giftig sind. Sie erregen allerdings Brechreiz und wurden früher in der Volksmedizin als leichtes Abführmittel benutzt. Vergiftungsfälle werden von Taylor (Die Gifte, III) und von Cheese (Jahresbericht für die Ges. Med., 1867) beschrieben, wobei Durchfall, Schmerzen im Leib, Kollaps mit Konvulsionen und sogar der Tod eintreten können. Andererseits scheinen nach Th. Sabalitschka Kinder die Beeren häufig gefahrlos zu essen. Rehe (namentlich junge) scheinen jedoch durch den Genuss getötet zu werden. Das in ihnen enthaltene fette Oel (16 %) wird technisch nicht verwertet. Zu gärtnerischen Zwecken werden gern bunte Formen gepflanzt; auch eignet sich der Strauch infolge seiner leichten Behandlung mit der Schere sehr gut zur Schaffung lebender Zäune und Hecken. In Schlesien benützt man ihn gern als Fasanenschutzgehölz. — Von Bildungsabweichungen sind festgestellt worden: 3-gliederige Laubblattquirle (= f. triphýllum Lüscher), Stauung der Stengelglieder, verwachsene oder 3- bis 5-gliederige Blüten,

Fig. 2930. Ligustrum vulgare L., fruchtend. Altenbergertal bei Wetzlar. Phot. Georg Eberle, Wetzlar.

Verwachsung der Kronzipfel, kronblattartig ausgebildete Staubblätter. Die Laubblätter werden durch Rhopalosíphus Ligústri Rübs. herabgebogen, eingerollt und entfärbt. Durch die Lebenstätigkeit der selteneren Schizomýia Ligústri Rübs. werden die Blüten aufgetrieben, verdickt und bleiben geschlossen. Die Zahl der sich auf dem Holz ansiedelnden Ascomyceten ist ziemlich bedeutend. Genannt seien z. B. Diapórthe Ligústri Allesch., Massarína Ligústri (Otth), Mycosphaerélla Ligústri (Desm.) und Tympánis Ligústri (Tul.). Ausserdem sind etwa darauf zu finden: Caeóma ligústri (Rabenh.) und Puccínia obtusáta (Otth). — Fossil ist Ligustrum vulgare nicht häufig nachgewiesen worden, z. B. in den der 2. Zwischeneiszeit zuzurechnenden Tuffen von Resson im Pariser Becken, in dem Karrestobel bei Sulpach (Oberschwaben), ferner in der neolithischen Kulturschicht von Schweizersbild bei Schaffhausen.

Die **Loganiáceae**[1]) (eine typische Alkaloidfamilie) umfassen etwa 550 vorherrschend tropische — darunter viele Giftpflanzen — krautartige oder holzige, z. T. rankende, windende oder klimmende Gewächse mit gegen- oder quirlständigen, ungeteilten, ganzrandigen, seltener gezähnten oder gelappten Laubblättern und strahligen, seltener etwas zygomorphen, zuweilen eingeschlechtigen, meist 4- bis 5-zähligen, zu Doldentrauben oder Trauben vereinigten Blüten. Gelegentlich kommen nebenblattartige Gebilde vor. Der oberständige Fruchtknoten ist gewöhnlich 2- (selten 1- oder mehr-)fächerig und trägt an den scheidewandständigen oder zentral-

---

[1]) Benannt nach James Logan (oder Loghan), einem Irländer, geb. 1674, gest. 1736 als Botaniker und Statthalter von Pennsylvanien.

winkligen Plazenten meist zahlreiche, seltener wenige, umgewendete Samenanlagen. Die Frucht ist eine septizide Kapsel, eine Beere oder Steinfrucht. Die Familie zerfällt in die beiden Unterfamilien der Loganioideae (Drüsenhaare fehlend. Holzständiges Siebgewebe vorhanden. Endosperm nukleär, ohne Haustorien) und der Buddleoideae (Drüsenhaare vorhanden. Holzständiges Siebgewebe fehlend. Endosperm zellulär, mit Haustorien). Von den in den Tropen mit über 100 Arten vertretenen Gattung Strýchnos[1]) sind zahlreiche Arten stark giftig und in der Heilkunde gebräuchlich. Strýchnos Nux vómica[2]) L. (= St. lúcida R. Br., = St. colubrína Wight), Fig. 2931 a bis i, der Brechnussbaum, ist ein 10 bis 13 m hoher Baum mit kreuzgegenständigen, rundlich-eiförmigen, gestielten, 3- bis 5-nervigen, abwerfenden Laubblättern, mit weissen, stieltellerförmigen, zu doldenartigen Dichasien vereinigten Blüten und mit kugeligen, orangegelben, graugelben, bis 5,2 (6) cm breiten Beerenfrüchten; letztere enthalten gewöhnlich 2 bis 4 (seltener 5 bis 8) aufrecht gestellte Samen (Fig. 2931 f). Der Baum wächst im ganzen tropischen Indien bis nach Nordaustralien. Offizinell (Pharm. Germ., Austr., Helv.) sind die reifen scheibenförmigen, kreisrunden, 12 bis 25 mm breiten, radial gestreiften, angedrückt behaarten, ausserordentlich (um das weissliche Fruchtfleisch) bitter schmeckenden Samen (Brechnüsse = Sémen Strýchni, s. núces vómicae), die allgemein als „Krähenaugen" bekannt sind. Sie bestehen in der Hauptsache aus einem hornartigen, derben Endosperm und lassen sich leicht in 2 Hälften spalten. Sie enthalten zu 2 bis 4 % die sehr giftigen Alkaloide Strychnin ($C_{21}H_{22}N_2O_2$) und Brucin ($C_{23}H_{26}N_2O_4$); das letztere wirkt 35-mal schwächer. Ausserdem findet sich in Spuren das erheblich weniger giftige Alkaloid Strychnicin. Diese Alkaloide sind z. T. an die sog. Igagur- (oder Strychnus-)säure gebunden, welch letztere sich als Kaffeegerbsäure (oder Chlorogensäure) erwiesen hat. Die Alkaloide werden von dem Glykosid Loganin ($C_{25}H_{34}O_{14}$ oder $C_{25}H_{36}O_{14}$) begleitet, das besonders in dem Fruchtfleisch reichlich vertreten ist. Ausserdem enthalten die Samen Cholin, Zucker, 2,5 bis 2,76 (bis 4,2 %) Fett, zirka 11 % Eiweiss, Reservekohlenhydrat (bestehend aus wasserlöslicher Mannane und Galaktane) und etwa 1,14 % Asche. Anscheinend ist die Brechnuss in Europa vor dem 15. Jahrhundert nicht bekannt gewesen. Die erste gute Beschreibung der Samen gibt Valerius Cordus

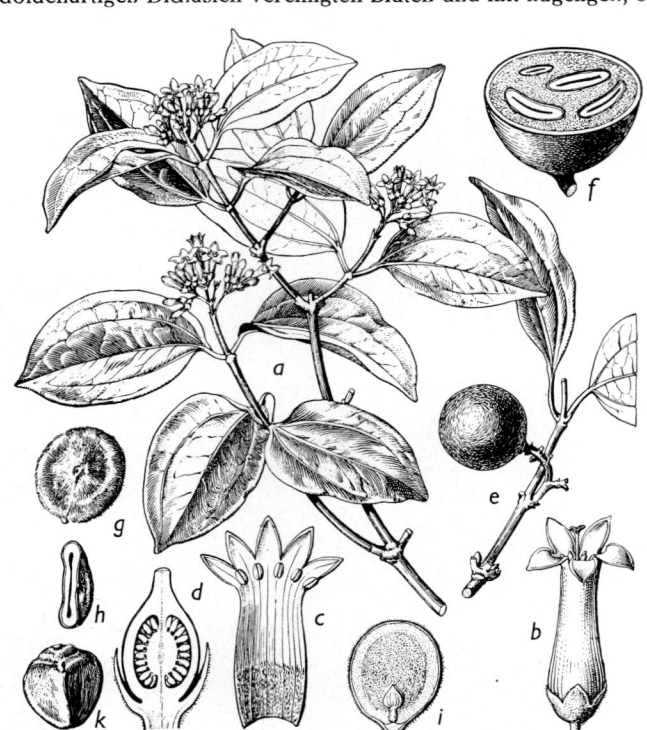

Fig. 2931. Strychnos Nux vomica L. *a* Blühender Zweig. *b* Blüte (von aussen). *c* Kronröhre aufgeschnitten. *d* Längsschnitt durch den Fruchtknoten. *e* Zweig mit Frucht. *f* Querschnitt durch dieselbe. *g, h, i* Samen, von aussen und im Längsschnitt. — *k* Samen von Strychnos Ignatii Berg (Fig. *b, c, d, f* und *i* nach Berg und Engler, die übrigen Originale).

1561, dann Tabernaemontanus 1664. Heute benützt man die sehr bitter schmeckende Droge in Indien als Tonicum und Antirheumaticum, ebenso gegen Schlangenbiss. In Europa findet sie hauptsächlich zur Steigerung der Erregbarkeit verschiedener Gebiete des Zentralnervensystems (besonders der Reflexbahnen des Rückenmarkes, früher auch bei motorischen Lähmungen) Verwendung, dann bei unvollständigen Paresen, bei Bleivergiftung, Diphtherie, bei manchen Amblyopien und Amaurosen, Kollaps, Kreislaufstörungen, Malaria, bei Atonie des Darmes (durch Erregung des Auerbachschen Plexus), gegen Incontinentia urinae, bei Verdauungsbeschwerden und Magenatonie, Blasenstörungen, bei Alkoholismus chronicus. Strychnin ist ein hervorragendes Krampfgift, während das Brucin mehr dem Thebain des Opiums gleicht. Schon in Kleindosen erzeugen die Alkaloide eine heftige Spannung der Muskeln, dann Starrkrampf (Tetanus), der zum Tode führen

---

[1]) Griech. στρύχνος [strýchnos] bei den griechischen Aerzten Name für verschiedene Giftpflanzen aus der Familie der Solanaceen.

[2]) Lat. vómo = speie; nach Tschirch findet sich die lat. Bezeichnung Nux vomica („Brechnuss") zuerst in einer lateinischen Uebersetzung des Serapion, eines mittelalterlichen Arztes. Vielleicht beruht der Name auf einer Verwechslung mit einem anderen giftigen Samen.

kann (die mittlere letale Dosis ist 0,1). Brechnuss kommt als Extractum und Tinctura Strychni, sowie als Strychninum nitricum ($C_{21}H_{22}O_2N_2$) $HNO_3$ zur Verwendung. Nach dem Deutschen Arzneibuch (6. Aufl. 1927) müssen die Samen mindestens einen Gehalt von 2,5 % Alkaloiden, berechnet auf Strychnin und Brucin, aufweisen. In der Veterinärmedizin wird die Droge ausser gegen Lähmungen auch gegen chronischen Magen- und Darmkatarrh, Anämie, Rachitis, als Antidot bei narkotischen Vergiftungen, gegen Tuberkulose usw. benützt. Allgemein bekannt ist die Verwendung der Brechnüsse (Strychninweizen) zur Vergiftung von Mäusen, Ratten, Krähen, Sperlingen usw. Uebrigens scheinen einzelne Tiere dem Strychnin gegenüber wenig empfindlich zu sein. So ertragen Katzen ziemlich viel davon; Schnecken werden damit überhaupt nicht vergiftet. Der Nashornvogel frisst Strychnossamen. Auch das Holz des Baumes, sowie die Rinde, die ehedem als falsche Angosturarinde in den Handel kam, enthalten diese giftigen Alkaloide. Aehnliche Wirkungen wie die Brechnüsse haben die Ignatiusbohnen (Sémen Ignátii[1]), Fába St. Ignátii, Faba febrifúgae), die von einem mit hakenförmigen Ranken kletternden Strauche (Strýchnos Ignátii Berg, = Ignátia amára L.) der Philippinen stammen. Die 2 bis 3 cm langen und 2 cm breiten braunen, matten, sehr unregelmässig gestalteten, ovalen oder abgerundet-eckigen, stumpfkantigen, sehr harten Samen (Fig. 2931 k) sind bis zu 40 in der grossen (bis 13 cm breiten), goldgelben Beerenfrucht vorhanden. Sie enthalten gleichfalls Strychnin und Brucin und werden, wenn auch seltener, gegen Wechselfieber, Epilepsie, als Tonicum usw. verwendet. Wahrscheinlich wird die Droge von mehreren Arten (ausser von Str. Ignatii auch von St. multiflóra Benth. und vielleicht von St. lanáta Hill.) gewonnen. Eine ganze Anzahl von Arten liefern den Eingebornen äusserst giftige Pfeilgifte, so in Hinterindien und im Malayischen Archipel Str. Tieuté Leschen. („Upas-Strauch"), Str. lanceoláris Miq., Str. Wallichiána Benth., Str. Gaultheriána Pierre; im Kongostaat Str. Kipápa Gilg, im Gebiete des Amazonenstromes und des Orinoko Str. Castelnǽi Weddel, Str. Crevauxiána Baill., Str. toxífera Schomb., Str. cógens Benth., Str. Schombúrgkii Klotzsch, Str. Gubléri Planch. usw., alles kletternde Lianen, aus deren Rinden die Indianer Curare herstellen. Die früheste Kunde von Curare gelangte um die Mitte des 16. Jahrhunderts durch Spanier nach Europa. Im Handel werden Tubo- (oder Para-), Calebassen- und Topf-Curare unterschieden, welche Sorten sich auch chemisch verschieden verhalten. Strychnin und Brucin sind in keiner Sorte nachgewiesen worden; überhaupt fehlen diese beiden Alkaloide den Südamerikanischen Strychnos-Arten. Dafür sind verschiedene Curine und Curarine, wie Curin ($C_{18}H_{19}NO_3$), Tubocurarin ($C_{19}H_{21}NO_4$), Curarin ($C_{19}H_{26}N_2O$), Protocurin ($C_{20}H_{23}NO_3$) und weitere Alkaloide vorhanden, dann der rechtsdrehende Alkohol Quercit ($C_6H_7[OH]_5$), Kalk- und Magnesiasalze organischer Säuren (besonders Bernsteinsäure) usw. Als Arzneimittel spielt Curare heute keine Rolle mehr, wohl aber im physiologischen Laboratorium. Seine Hauptwirkung (die Träger derselben sind die Curarine) besteht in der Lähmung der motorischen Nervenendplatten der quergestreiften Muskeln (inkl. der Atmungsmuskeln). Curare ist also der physiologische Antagonist des Strychnins, welches tetanische Krämpfe erzeugt. Therapeutische Anwendung fand Curare

Fig. 2932. Spigelia splendens Wendland. Blühender Spross.

gelegentlich bei den furchtbaren Krämpfen des Wundtetanus und der Lyssa (Hundetollwut). — Ehedem gelangte auch Schlangenholz (Lígnum colubrínum) aus Indien, wo es gegen Schlangenbiss verwendet wird, nach Europa. Es stammt von Str. colubrína L., Str. Gaultheriána Pierre (übrigens liefern auch Rubiaceen [Ophiorrhíza], Apocynaceen [Ophióxylon] und Simarubaceen [Eurýcoma] Schlangenholz). Die Samen des indischen Baumes Str. potatórum L. werden wegen ihres Schleimgehaltes zum Klären des Trinkwassers benützt. — In einzelnen Ländern (Pharm. Helv.) ist Rhizóma Gelsémii, die Gelsemium- oder Gelbe Jasminwurzel offizinell. Sie stammt von Gelsémium nítidum Michx. (= G. sempérvirens Ait.), dem Falschen, Gelben oder Gift-Jasmin, einem in den südlichen Staaten des atlantischen Nordamerika vorkommenden Schlingstrauche mit grossen, blattachselständigen, trichterförmig-glockigen, leuchtend gelben, wohlriechenden Blüten. Rhizom und Wurzeln enthalten 3 verschiedene Alkaloide (Gelsemin [$C_{20}N_{22}O_2N_2$], Gelseminin und Gelsemoïdin), ferner ein nach Cajuput riechendes ätherisches Oel, ein Harz (aus dem Pentatriacontan), ein Emodinmonomethyläther, das Phytosterol $C_{24}H_{46}O$, Ipuranol ($C_{23}H_{38}O_2[OH]_2$), Zucker, Scopoletin (Monomethyläther des Aesculetins) und zwar frei und in Glykosidform, dagegen kein Aesculin. Die sehr giftige Wurzel ist ein Fischgift. Die Droge gilt (in Nordamerika Volksmittel) als Nervinum, Sedativum, Antispasmodicum,

---

[1]) Benannt nach dem hl. Ignatius Loyola (1491 bis 1556), dem Gründer des Jesuitenordens.

Antipyreticum und wird mit Erfolg bei Neuralgien des Trigeminus, Zahnschmerz, Rheumatismus und Intermittens, bei akuten Entzündungen der Lunge und Pleura, bei Keuchhusten verwendet. Die Präparate üben auf die sensiblen Nerven einen lähmenden Einfluss aus und erzeugen beim Menschen Schwindel, Muskelschwäche, Zungenlähmung, Pupillenerweiterung, Dyspnoe, Magenstörung, sowie Lähmung der Atmungsorgane. In den Vereinigten Staaten von Nordamerika, in England und Portugal ist eine zweite Wurzel Rhizóma Spigéliae Marylándicae, Pinkroot, American wormroot, noch reichlich im Gebrauch; sie kam 1754 nach Europa. Als Stammpflanze kommt die krautartige, ausdauernde Spigélia[1]) Marylándica L. (= Lonicéra Marylandica L.) mit in ährenartigen Wickeln stehenden, roten, röhrenförmigen Blüten aus Nordamerika in Betracht. Die Droge enthält ein flüchtiges, sehr giftiges Alkaloid (Spigeliin), Bitterstoff, ätherisches Oel, Wachs, Harz usw. und wurde ehedem auch bei uns als Tonicum, Anthelminticum und Alternativum verwendet. Verfälschungen erfolgen durch die Wurzeln von Phlox=Arten, früher auch durch solche von Ruéllia ciliósa Pursh (Rubiaceae). Im frischen Zustande sehr giftig ist die einjährige Sp. anthélmia L. aus dem tropischen Amerika. — Als Zierpflanzen werden bei uns ausser Gelsémium sempérvirens Ait und Spigelia Marylándica L. gelegentlich angetroffen: Desfontainea spinósa Ruiz et Pavon aus den Anden von Südamerika, ein stark verästelter, Ilex=artiger, aufrechter Strauch mit dornig=gezähnten Laubblättern, scharlachroten, einzeln stehenden, röhrenförmigen Blüten und kugeligen, von dem bleibenden Kelch umgebenen Beeren. — Spigelia spléndens H. Wendland. Fig. 2932. Ausdauernde Pflanze aus Zentralamerika mit grossen karminroten, zu Aehrenwickeln vereinigten Blüten und einem mehrblätterigen Blattquirl. — Als willig= und spätblühende (bis zum Oktober) Ziersträucher werden in letzter Zeit in Gärten und Anlagen verschiedene Arten der Gattung Buddleia[2]) (richtiger wohl Buddléa) gezogen. Es sind (bei uns winterharte) Sträucher mit ganzrandigen, gezähnten oder gekerbten, zuweilen am Grunde zusammenhängenden Laubblättern, mit 4=zähligen, kleinen, zu trugdoldigen oder rispenartigen Inflorescenzen vereinigten Blüten und kapselartigen Früchten. Hierher: Buddleia globósa Lam. (= B. capitáta Jacq.), aus den Gebirgen von Chile und Peru. Fig. 2933 a. Bei uns niedriger Strauch. Laubblätter breit=lanzettlich, lang zugespitzt, kerbig=gezähnt, unterseits wie die Zweige weissfilzig, oberseits tiefgrün. Blüten klein, honiggelb, zu gestielten, kugelig=köpfigen Blütenständen vereinigt. Eignet sich nur für wärmere Lagen. — Buddleia variábilis Hemsley, aus China (Fig. 2933 b). In der Tracht sehr veränderlicher Strauch mit lanzettlichen, langzugespitzten, gesägten, unterseits $\pm$ graubehaarten Laubblättern und violetten bis purpurvioletten, 20 bis 30 cm langen Blütenrispen. Zweige drehrund. Diese und die folgende Art werden neuerdings in vielen Formen (f. Veitchiána, Wilsóni, magnífica, Davidiána, supérba) in Anlagen und Gärten angepflanzt. Die Vermehrung geschieht durch Stecklinge oder Samen; Sämlingspflanzen durch Selbstaussaat wurden noch in Plön (Holstein) beobachtet. Im Tessin zwischen Lugano und Tesserete verwildert (Alban Voigt). — B. Japónica Hemsley, aus Japan. Spärlich verzweigter, bis 1,2 m hoher, aufrechter Strauch mit $\pm$ schmal=lanzettlichen, bis 20 cm langen, kurzgestielten, gesägten, unterseits filzigen Laubblättern. Zweige $\pm$ deutlich flügelig=kantig. Blütenstand ährig=rispig, überhängend, bis 20 cm lang. Blüten trüblila bis fleischfarben (f. cárnea Wilson). — Seltener und empfindlicher sind: B. Lindleyána Fort. aus China, B. albiflóra Hemsley aus Westchina, B. nívea Duthie aus Westchina mit unterseits weissfilzigen Laubblättern und B. Colviléi Hook. et Th. mit grossen, fast 3 cm langen, rosa oder karminpurpurnen Blüten und beiderseits etwas glänzenden Laubblättern.

Fig. 2933. *a* Buddleia globosa Lam. Blühender Zweig. — *b* Buddleia variabilis Hemsley.

---

[1]) Benannt nach dem holländischen Botaniker Adrian Spiegel, der im 17. Jahrhundert lebte.
[2]) Nach einem Engländer Adam Buddle.

# 108. Fam. Gentianáceae[1]). Enziangewächse.

Meist krautartige, kahle, 1=jährige oder ausdauernde Kräuter, seltener Halbsträucher, Sträucher oder niedrige Bäume. Laubblätter meist dekussiert=gegenständig, seltener wechsel= ständig, sehr oft ungestielt, einfach und ganzrandig, seltener 3=zählig. Nebenblätter fehlend (zuweilen stark hervortretende Verbindungslinien der Blattinsertionen). Blüten meist 2=ge= schlechtig, regelmässig (sehr selten schwach zygomorph), 4= bis 5= (seltener 6= bis 12=)gliederig, meist zu echten Trugdolden (Cymen, Dichasien), zuweilen auch zu langen, vielblütigen, in Wickel oder Schraubeln auslaufenden Monochasien, zu Trauben oder Aehren vereinigt, ab und zu auch einzeln end= oder seitenständig. Kelch röhren= oder glockenförmig, verschieden tief= (zuweilen bis zum Grunde) geteilt oder scheidig=2=teilig. Krone verwachsenblätterig, trichter= oder glockenförmig, oft präsentierteller=, seltener radförmig, am Saume gelappt oder eingeschnitten=gezähnt bis gefranst oder mit Zwischenzipfeln (Kelchlappen mit den Kronlappen abwechselnd), im Knospenzustande nach rechts gedreht, auf der Innenseite zuweilen (Swertia, Lomatogonium) gefranste Honiggrübchen (Fig. 2955 c) oder Schlundschuppen (Gentiana, Nymphoides) oder Zwischenzipfel tragend. Staubblätter soviel als Kronzipfel und mit denselben abwechselnd, der Krone eingefügt, in der Regel meist alle fruchtbar; Antheren meist frei, seltener miteinander seitlich verwachsen, am Grunde (basifix) oder auf dem Rücken ange= heftet, herz= oder pfeilförmig, gewöhnlich mit 2 nach innen (seltener nach aussen) gewendeten Längsrissen sich öffnend, seltener mit 2 apikalen Poren (Exacum) aufspringend. Fruchtknoten oberständig, aus 2 Fruchtblättern gebildet, sitzend oder gestielt, meist 1=fächerig, mit 2 ein= fachen oder geteilten, wandständigen Plazenten, seltener unvollkommen oder ganz 2=fächerig, am Grunde oft einen verschieden gestalteten Drüsendiskus tragend; Griffel fadenförmig oder undeutlich und abfallend, stets einfach, mit ungeteilter, kopfiger, keulen=, trichter= oder zylinder= förmiger, 2=lappiger oder 2=schenkeliger Narbe, Griffel zuweilen ganz fehlend. Frucht eine dünnhäutige oder lederartige, fast durchweg an den Nähten mit 2 Klappen aufspringende Kapsel, selten eine Beere. Samen klein, zahlreich, mit kleinem Embryo, Samenschale holzig; Nährgewebe reichlich, nukleär oder zellulär.

Die Familie wird gewöhnlich in die beiden, sehr natürlichen Unterfamilien der Gentianoídeae und der Menyanthoídeae gegliedert; Wettstein (und andere) gibt ihnen den Rang von Familien.

Unterfamilie **Menyanthoídeae**. Meist ausdauernde Sumpf= und Wasserpflanzen. Laubblätter wechsel= ständig, gestielt, gewöhnlich am Rhizom entspringend, ungeteilt= oder 3=teilig, mehrnervig. Kronblätter am Rande eingeschlagen und klappig (induplikat=valvat). Einzelpollen von der Seite zusammengedrückt (von oben gesehen 3 eckig), in jeder Ecke mit einem Keimporus. Frucht eine zuweilen nicht oder nur unvollkommen und unregelmässig aufspringende Kapsel. Embryo klein; Epithel um den Embryosack ausgebildet. Nähr= gewebe vorhanden, zellulär. Inneres Siebgewebe fehlend.

Die Unterfamilie unterscheidet sich von der nächsten vor allem durch anatomische Merkmale (Inter= zellulare Haare oder Trichoplasten). Leitbündel kollateral, ohne inneres markständiges Siebgewebe, durch die Ausbildung der Pollenkörner, sowie durch das Fehlen einer Mykorrhiza. Die auch bei den Nymphaeaceen (siehe Bd. III, pag. 434) vorkommenden, vielästigen, in die Interzellularräume hineinragenden „inneren Haare" entbehren bei den Menyanthoídeae der Einlagerungen von Kalkoxalat. Wie Fig. 2934 deutlich zeigt, gehen sie aus einzelnen Zellen hervor.

Die Unterfamilie umfasst etwa 30 Arten, die sich auf die 5 Gattungen Menyánthes, Nymphoídes, Villársia (14 Arten in Australien und Afrika), Faúria (= Nephrophyllídium) mit 1 Art (F. crista gálli [Menzies] Makino) in Nordamerika und Japan und Liparophýllum (L. Gúnnii Hook. auf Tasmanien, Neu=Seeland und auf der Stewardinsel) verteilen. In der Tracht zeigen die einzelnen Arten (viele Wasser= pflanzen) sehr grosse Unterschiede, worauf die unsichere Stellung und die künstliche Abgrenzung der einzelnen Gattungen zurückzuführen ist. So werden neuerdings viele Arten der Gattung Nymphoídes der

---

[1]) Nach Dioskurídes (Mat. med. III, 3) soll die Pflanze γεντιάνη [gentiáne] von dem illyrischen König Gentis (gest. 167 vor Chr.) zuerst aufgefunden und nach ihm benannt worden sein.

nach unserer Auffassung monotypischen Gattung Menyanthes zugezählt. Alle Arten sind Insektenblütler und meist dimorph (verschiedengriffelig). Unsere beiden Arten sind als eurasiatisch zu bezeichnen, Menyanthes trifoliata als zirkumpolar.

Unterfamilie **Gentianoideae**. Pflanze in der Regel aufrecht. Laubblätter gegenständig, ungestielt, 1-nervig. Kronblätter vereinigt, gedreht oder dachig. Einzelpollen oder Tetradenpollen. Embryosack ohne Epithel. Endospermbildung nukleär. Markständiges und manchmal auch holzständiges Siebgewebe vorhanden.

Die Unterfamilie stellt eine habituell und morphologisch in sich und nach aussen sehr gut geschlossene Gruppe dar. Fast alle Arten besitzen einen aufrechten Wuchs und sind streng dichotomisch geteilt; viele alpine Arten sind rasen- oder polsterbildend. Eine Ausnahme vom normalen Typus machen einzig die über das tropische und subtropische Asien verbreitete Gattung Crawfúrdia (ebenso eine afrikanische Swertia-Art), die schlingende Kräuter mit verlängertem, dünnem Stengel umfasst, andererseits die chlorophyllarmen oder chlorophyllfreien Saprophyten aus den Gattungen Voýria (28 Arten im tropischen Amerika und Afrika), Cotylanthéra (3 Arten auf Java und Sikkim) usw. mit stark reduzierten Laubblättern und Samen. Die Unterfamilie der Gentianoideae zählt etwa 750 Arten, die sich auf 45 Gattungen verteilen. Die grösste Gattung ist Gentiána selbst mit rund 350 Arten, dann folgt Swertia mit über 70 Arten, Hélia (warmes Südamerika) mit 54 Arten, Centaúrium (Erythræa) mit 50 Arten, Sebǽa (Wärmeres Asien, Afrika und Arizona) mit 38 Arten, Chirónia mit 36 Arten (die Mehrzahl in Südafrika, 3 auf Madagaskar), Éxacum (Tropisches Afrika, wärmeres Asien und Neu-Guinea) mit 35 Arten usw. Die Unterfamilie ist über die ganze Erde verbreitet, zumal einzelne Gattungen oder Arten ausserordentlich weite Gebiete bewohnen, so besonders Gentiana und Swertia. Daneben gibt es — besonders in Brasilien, auf den Kanaren und auf Madagaskar — Gattungen mit sehr lokaler Verbreitung.

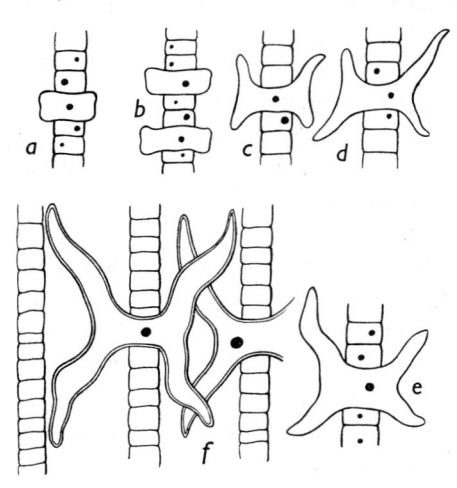

Fig. 2934. Entwicklung der innern Haare von Nymphoides peltata (Gmel.) O. Kuntze (nach Fr. Gürtler).

Die Familie der Gentianaceen, die eine habituell und morphologisch in sich sehr gut geschlossene Gruppe bildet, steht verwandtschaftlich den Loganiaceen, von denen es kaum durchgreifende anatomische oder morphologische Unterschiede gibt, am nächsten. Ein wichtiger Unterschied besteht in dem Auftreten von Bitterstoffen bei den Gentianaceen. Dagegen ist an eine Blutsverwandtschaft mit den Caryophyllaceen (bezw. Silenoideae), wie dies v. Borbás[1] behauptet hat, gar nicht zu denken (ebensowenig an eine solche mit den Saxifragaceae); denn weder in morphologischer (Ligularbildungen und Plazentation werden angeführt!), anatomischer, noch in physiologischer Hinsicht existieren irgendwelche Zusammenhänge mit den Silenoideae. Borbás hat eine solche Verwandtschaft (oder Parallelismus) lediglich auf Grund von einigen und zwar nur an mitteleuropäischen Formen beobachteten habituellen Analogien (gegenständig-dekussierte Blattstellung, ungeteilte, einfache, ungestielte, ganzrandige, armnervige Laubblätter, dichasialer Blütenstand, vierkantiger Stengel, stark entwickelte Knoten) konstruiert. — Fossil sind einzig Samen von Menyanthes trifoliata in quartären Ablagerungen von Mitteleuropa nachgewiesen.

Fast alle Gentianaceen enthalten Bitterstoffe (Glykoside), die sie gegen Weidetiere und Schnecken schützen. Wirtschaftlich sind sie deshalb als Unkräuter zu bezeichnen. Einige Arten liefern in ihren Wurzeln das Material für den Enzianbitter (vgl. Gentiana lutea). Der wichtigste Bitterstoff dürfte neben 2 weiteren Glykosiden (pag. 1992) das Glykosid Gentiopikrin ($C_{16}H_{20}O_9$) sein, das vor allem in den unterirdischen (doch vereinzelt auch in den oberirdischen) Organen von Gentiana lutea, G. purpurea, G. Pannonica, G. punctata, G. Cruciata, G. Pneumonanthe und G. Germanica, dann bei Swertia perennis, Blackstonia perfoliata und bei der nordamerikanischen Frasera Carolinensis Walt. vorkommt. Dagegen enthalten G. nivalis, G. tenella, G. campestris usw. ein anderes, ebenfalls durch Emulsin hydrolysierbares Glykosid. Aehnlich verhalten sich die Glykoside Menyanthin ($C_{60}H_{46}O_{28}$) von Menyanthes, das Erytaurin von Centaurium und das Chiratin ($C_{26}H_{48}O_{15}$) von Swertia Chirata Buch.-Ham. (pag. 1974). Bei Nymphoides scheinen die Glykoside zu fehlen. Molisch (Berichte der Deutschen Botan. Gesellsch. 1917) hat in den Blättern von Gentiana Germanica (genauer wohl

---

[1] Vgl. hierüber Borbás v., V. Der Parallelismus der Silenaceen und Gentianeen. Magyar botanik. Lapok II (1903) und Gilg, Ernst. Ueber den behaupteten Parallelismus usw., Berichte der freien Vereinigung der systematischen Botaniker und Pflanzengeographen. Wien, 1905.

Tafel 214

## Tafel 214.

Fig. 1. *Menyanthes trifoliata* (pag. 1957). Habitus.
„ 1 a. Schnitt durch eine langgriffelige Blüte.
„ 1 b. Kelchblatt. 1 c. Staubblatt.
„ 1 d. Fruchtknoten mit Griffel und Narbe.
„ 1 e. Querschnitt durch den Fruchtknoten.
„ 2. *Nymphoides peltata* (pag. 1961). Blühender Spross.
„ 2 a. Staubblatt.
„ 2 b. Junge Frucht mit Kelch.
„ 2 c. Junge Frucht ohne Kelch.
„ 3. *Blackstonia perfoliata* (pag. 1966) Habitus.
„ 3 a. Kronblatt mit Staubblatt.
„ 3 b. Fruchtknoten mit Narbe.
Fig. 3 c. Samenanlage.
„ 3 d. Pollenkorn.
„ 4. *Swertia perennis* (pag. 1974). Habitus.
„ 4 a. Kronblätter.
„ 4 b. Staubbeutel.
„ 4 c. Honigtäschchen.
„ 4 d. Fruchtknoten.
„ 4 e. Samen.
„ 5. *Lomatogonium Carinthiacum* (pag. 1977). Habitus.
„ 5 a. Staubblatt.
„ 5 b. Samen.
„ 5 c. Pollenkorn.
„ 5 d. Reife Frucht.

G. anisodonta Borb.) durch Mikrosublimation einen kristallisierbaren Körper von gelber Farbe (Gentiolutein) nachgewiesen, der vorläufig mit keinem bekannten identifiziert werden konnte.

Weitaus die grosse Mehrzahl der Gentianaceen sind ausgesprochene Insektenblütler; hierfür sprechen die meist grossen und schön gefärbten und fast immer in reichlicher Zahl auftretenden Blüten, ferner die Nektardrüsen am Grunde des Fruchtknotens oder auf den Kronblättern (Taf. 214, Fig. 4 c), die Beschaffenheit der Pollenkörner, die Proterandrie und Proterogynie (näheres bei den Gattungen). Bei einzelnen Gattungen ist Heterostylie (pag. 1958 und 1963), Di- und Pleomorphismus der Blüten, Ausbildung von Pollentetraden, thermo-, photo- und seismonastisches Oeffnen und Schliessen der Blüten (pag. 1980), Vermehrung der Antipoden in den Samenanlagen, Mykorrhiza an den Wurzeln und Samen nachgewiesen worden. Für die Systematik der einzelnen Gattungen hat sich die ausserordentlich wechselnde Form des Pollens, die im Bau der Exine begründet ist, als sehr wertvoll erwiesen (vgl. Köhler, Alwin. Der systematische Wert der Pollenbeschaffenheit bei den Gentianeen. Heft XXV [1905] der Mitteilungen aus dem Botan. Museum der Universität Zürich). Glück (Blatt- und blütenmorphologische Studien. Jena 1919) fasst die verschiedenartig ausgebildeten Schlundschuppen, die auch als paarige Organe (Swertia, Gentiana tenella) ausgebildet sein können und der Nektarabsonderung dienen, ebenso die „Zwischenzipfel" als echte Ligularbildungen auf, die von seitlichen Kronblattzipfeln, also von ursprünglich paarigen Organen abzuleiten sind. Hierbei soll das Vorhandensein oder das Fehlen von Leitbündeln keineswegs ausschlaggebend sein (siehe Swertia pag. 1977), zumal auch die Gramineen-Ligula mit Leitbündeln versehen sein kann oder nicht. Nach Glück dürften sich die leitbündellosen Bildungen bereits im Stadium der Rückbildung befinden. — Bei einzelnen Arten finden sich im Grunde der Blattachsel in reihenförmiger oder regelloser Anordnung kleine, dunkle, abgeflachte Papillen, die den Wert von Trichomen haben (so bei Gentiana Germanica, G. ciliata, G. verna und G. asclepiadea); bei den wasserbewohnenden Gentianaceen ist die Innenseite der Blattscheide (gelegentlich auch weitere Blattteile) reichlich mit Drüsenhaaren versehen. Kerner wies nach, dass besonders bei grossblütigen, stengellosen Arten sich in dem rinnenförmigen Blattstiel eigenartige Haare vorfinden, die imstande sein sollen, das dort sich ansammelnde Wasser aufzunehmen. Nach W. Lasniewski besitzen die unten verwachsenen Blätter einzelner Gentiana-Arten an der Blattbasis zu beiden Seiten des Hauptnerven kissenartige Anschwellungen, deren Zellenwand eine für Wasser stark quellungsfähige Schicht aufweist. Auch wurde wie bei manchen Primeln (allerdings nicht so reichlich) Schleimabsonderung in die Interzellularräume festgestellt. Die Frucht ist in den meisten Fällen eine trockenhäutige, 2-klappig, seltener unregelmässig oder nur an der Spitze aufspringende, vielsamige Kapsel, an deren ± weit umgeschlagenen Rändern (d. h. den Plazenten) die Samen gewöhnlich in sehr grosser Menge stehen. Selten wird die Frucht etwas fleischig und dadurch beerenartig. Die Samen sind fast durchwegs sehr klein, kugelig, eiförmig, unregelmässig würfelig, eckig-kantig, zuweilen flach, einfach geflügelt oder mit 3 Flügelleisten oder Stacheln versehen. Die Samenschale ist glatt, runzelig, grubig oder meistens mit Netzleisten versehen, dünn und krustig. Die Verbreitung der Samen geschieht in der Hauptsache durch den Wind, bei einzelnen Arten auch durch das Wasser und durch Tiere (endozoisch durch Kühe und Pferde). P. Guérin (C. R. Acad. Sc. Paris, 1924) konnte hinsichtlich der Pollenentstehung bei verschiedenen Gentianen feststellen, dass in den Pollenfächern sehr reichlich steriles Gewebe (Nährgewebe) ausgebildet ist, in dem zerstreut die Pollenmutterzellen (in späteren Stadien die Pollentetraden) liegen. Ueber die Embryologie der Gentianaceen und Menyanthaceen macht K. A. H. Stolt (in Kgl. Svenska Ventenskapsakad. Handlingar. Bd. 61, 1921) ausführliche Mitteilungen. Wohl die meisten Arten der Unterfamilie der

Gentianoideae besitzen eine Mykorrhiza, womit die geringe Wasserbilanz, das Fehlen der Wurzelhaare, der Mangel an Stärke in den Blättern (es sind „Zuckerblätter"), die schlecht ausgebildeten Gefässe und das Fehlen der Wasserporen und der Wasserausscheidung in Beziehung steht. Die Menyanthoideae dagegen entbehren einer Mykorrhiza. Nach S t a h l (Pringsheims Jahrbücher. Bd. XXXIV, 1900) gehören ihre Laubblätter zum Typus der „Stärkeblätter", in denen sich schon nach wenigstündiger Besonnung grosse Stärkemengen nachweisen lassen. Für die beträchtliche Transpirationsgrösse spricht das Vorkommen von Wasserspalten und bei Menyanthes das Vorhandensein der bei Sumpfpflanzen oft fehlenden Wurzelhaare. Im Gegensatz zu den Gentianoideen lassen sich die Menyanthoideen leicht in Kultur nehmen, so Menyanthes trifoliata, Nymphoides (pag. 1961) und Villársia (z. B. V. renifórmis R. Br.) aus Australien.

Gentiana lutea und verwandte Arten, pag. 1992, Menyanthes trifoliata, pag. 1957, Centaurium umbellatum, pag. 1969, sind offizinell oder sind als Volksmittel im Gebrauch. Ferner gehören hierher: G e n t i a n a  s c á b r a Bunge in Japan, G. C a t e s b ǽ i Elliot (blue gentian) in Nordamerika, G. T a n n i t á m i Azara in Peru, G. D a h ú r i c a Fisch. und G. K ú r r o o Royle aus Kasmir in Vorderindien, É x a c u m  p e d u n c u l á t u m L., E. t e t r á g o n u m Roxb., E. W i g h t i á n u m Arn. u. a. in Indien, S e b æ a  á l b e n s R. Br. und S. a ú r e a (L. f.) R. Br. im Capgebiet, S w é r t i a  C h i r á t a Buch.-Ham. in Ostindien (pag. 1974), S w e r t i a (Fraséra) C a r o l i n é n s i s Walt. in Nordamerika (Rádix Fraserae dient als Ersatz der Colombowurzel), C e n t a u r i u m  C h i l e n s e (pag. 1974), B l a c k s t ó n i a  p e r f o l i á t a (pag. 1966), S a b b á t i a  a n g u l á r i s Pursh (American Centaury) in Nordamerika, Sabbatia Elliottii Steud. Quinin flower in Nordamerika (Hérba Sabbátiae Elliótii gegen Malaria und Fieber), C a n s c ó r a  p e r f o l i á t a Lam. und C. d e c u s s á t a Roem. et Schult. in Indien, Lisiánthus amplíssimus Mart., L. a l á t u s Aubl., L. caeruléscens usw. im tropischen Südamerika, Haléni a Sibírica Borkh. in Sibirien, T á c h i a (Myrmécia) G u i a n é n s i s Aubl. in Brasilien und Guayana (Rádix Táchiae Guianénsis oder R. Quássiae Paraénsis als Antipyreticum und Prophylacticum gegen Malaria), C o u t o u b é a  s p i c á t a Aubl. und C. d e n s i f l ó r a Mart. in Guayana und Brasilien, Deianíra erubéscens Cham. et Schlecht. et D. nervósa Cham. et Schlecht. in Brasilien usw.

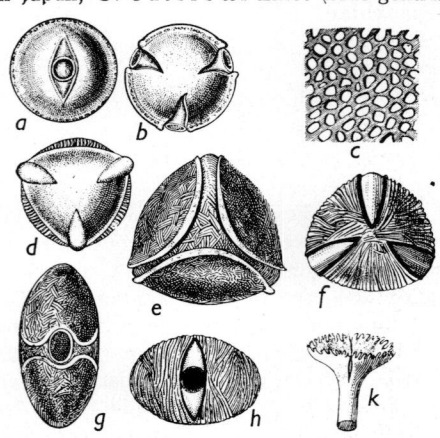

Fig. 2935. Pollenkörner: *a, b* von C e n t a u r i u m  u m b e l l a t u m Gilib. (*a* von der Seite, *b* von oben), *c* ein Stück der Exine, *d* von L o m a t o g o n i u m  C a r i n t h i a c u m (Wulf.) Rchb., *e, g* von N y m p h o i d e s  p e l t a t a (Gmel.) O. Kuntze (*e* von oben, *g* von der Seite mit Keimspalte und Keimporus), *f, h* von M e n y a n t h e s  t r i f o l i a t a L. — G e n t i a n a  v e r n a L. *k* Narbe vergrössert (Fig. *a* bis *h* nach Alwin K ö h l e r).

Als Zierpflanzen haben die Enziangewächse trotz ihrer prächtigen Blumen keine grosse Bedeutung, zumal sie sich mit Ausnahme der Menyanthoideen, die eine Mykorrhiza besitzen (siehe Nymphoides pag. 1961), oft nur schwer kultivieren lassen. Dies ist wohl darauf zurückzuführen, dass die Samen der Gentianoideen (ähnlich wie die der Orchideen) zur Keimung einer Mykorrhiza benötigen. Andererseits müssen sie (dies gilt wenigstens für die einheimischen Gentianen) nach K i n z e l neben einer ± starken Frosteinwirkung (Winterkälte) gleichzeitig auch einer ± langen Belichtung ausgesetzt sein. Diese Ansprüche sind jedoch bei den einzelnen Arten sehr verschieden, so dass also je nach der Herkunft entsprechende Kältegrade angewendet werden müssen. So ist es auch einigermassen verständlich, dass die Anzucht unserer Enziane mit grossen Schwierigkeiten verbunden ist. Verhältnismässig leicht mit einiger Aussicht auf Erfolg lassen sich G. lutea und G. asclepiadea (auch weissblühend) heranziehen, während andere perennierende Arten wie G. Kochiana, G. Clusii, G. verna, G. Pneumonanthe, ebenso Swertia perennis und S. punctata, in der Kultur meist nach kurzer Zeit eingehen. Von ausländischen Arten verdient É x a c u m  a f f i n e Balf. f. von der Insel Sokotra als Topfpflanze für Warmhäuser Erwähnung, ein reizendes, einjähriges, verzweigtes Gewächs mit schön himmelblauen Kronblättern und sehr langen, goldgelben mit 2 Poren sich öffnenden Antheren (Kontrastfärbung). Für den Staudengarten eignet sich G e n t i á n a  s e p t e m f i d a Pall. aus dem Kaukasus, Turkestan und Altai; sie gehört in die Sektion Pneumonanthe. A d v e n t i v sind ausser den bei den einzelnen Gattungen erwähnten Arten in der Pfalz bei Mundenheim (öfters zwischen 1882 und 1902) und bei Mannheim C i c é n d i a  p u s í l l a (Lam.) Griseb. (= C. Candolléi [Bat.] Griseb., = Éxacum pusillum DC., = Exáculum pusillum Caruel] aus dem westlichen Mittelmeergebiet festgestellt werden. Kleines, unscheinbares, stark verzweigtes, an Microcala filiformis erinnerndes Pflänzchen mit kleinen, gelben, weissen oder rosaroten, 4-zähligen Blüten und fadenförmigem Griffel und einer in 2 kurze, breite Lappen geteilten Narbe. Ferner (wohl gartenflüchtig) wird aus Ludwigshafen a. Rhein C h i r ó n i a  F i s c h é r i Paxton (= Ch. floribúnda Paxton) erwähnt, eine Pflanze die nach E. S c h o c h (Monographie der Gattung Chironia L. Beihefte zum Botan. Zentralblatt. Bd. XIV, 1903) nur aus Gewächshäusern bekannt ist.

1. Landpflanzen. Laubblätter gegenständig, einfach, ungeteilt . . . . . . . . . . . . . 3.
1*. Sumpf= und Wasserpflanzen. Laubblätter wechselständig, 3=zählig oder kreisrund . . . . 2.
2. Laubblätter 3=teilig. Blüten weiss, lang gebärtet, zu einer aufrechten Traube vereinigt . . .
. . . . . . . . . . . . . . . . . . . . . . . . . . . . . . . . Menyanthes DXCII.
2*. Laubblätter fast kreisrund, schwimmend. Blüten gross, goldgelb, zu einer Doldenrispe vereinigt.
. . . . . . . . . . . . . . . . . . . . . . Nymphoides (= Limnanthemum) DXCIII.
3. Stengelblätter am Grunde deutlich (aber nicht scheidig) verwachsen. Blüten 6= bis 8=zählig. Krone gelb, mit kurzer Röhre. Pflanzen blaugrün bereift . . . . . . . . . Blackstonia (= Chlora) DXCV.
3.* Stengelblätter nicht verwachsen (einzig bei Gentiana Cruciata die untersten Laubblätter scheidig verbunden). Blüten 4= bis 5= (seltener 6= bis 7=) zählig . . . . . . . . . . . . . . . . . . 4.
4. Krone radförmig, tief 5=teilig, violett oder blassblau. Kelch tief 5=teilig . . . . . . . 5.
4*. Krone glocken= oder röhrenförmig, mit deutlicher, oft langer Röhre. Kelch nicht 5=teilig, zum Teil verwachsenblätterig . . . . . . . . . . . . . . . . . . . . . . . . . . . . . . . . 6.
5. Pflanze ausdauernd. Stengel einfach. Blütenstand traubig=glockig. Narbe deutlich 2=lappig . .
. . . . . . . . . . . . . . . . . . . . . . . . . . . . . . . . . Swertia DXCVII.
5*. Pflanze 1=jährig, klein, meist vom Grunde an verzweigt. Blüten einzeln, lang gestielt. Narbe am Fruchtknoten herablaufend. Selten in den Alpen . . . . . . . . Lomatogonium DXCVIII.
6. Griffel fadenförmig, vom Fruchtknoten deutlich abgesetzt. Krone niemals blau . . . . . 7.
6*. Griffel kurz oder fehlend. Krone röhrig=glockig oder stieltellerförmig, mit 4= bis 10=spaltigem Saum, meist aber 5=spaltig oder 5=teilig . . . . . . . . . . . . . . . . . . . Gentiana DIC.
7. Staubblätter 4; Staubbeutel nicht gedreht. Krone mit 5=spaltigem Saum, gelb. Narbe 2=lappig. Unscheinbares Pflänzchen. Fast nur im nordwestlichen Deutschland. . . Microcala (= Cicendia) DXCIV.
7*. Staubblätter 5; Staubbeutel nach dem Verblühen korkzieherartig gedreht. Krone langröhrig, mit 5=teiligem Saum, rot, ausnahmsweise weiss . . . . . . . . . Centaurium (= Erythraea) DXCVI.

## DXCII. Menyánthes[1]) L. Bitterklee.

Die Gattung ist monotypisch und umfasst nach unserer Auffassung einzig die folgende sehr weit verbreitete Art. Wie alle systematisch isoliert stehenden Typen variiert die Pflanze nur sehr wenig.

**2227. Menyanthes trifoliáta** L. Sumpf=Bitterklee, Dreiblatt, Zottelblume. Franz.: Trèfle de marais, trèfle d'eau, ményanthe; engl.: Buck=bean, bog=bean, marsh=trefoil; ital.: Trifolio fibrino, trifoglione d'acqua; im Tessin: Trifeui fibrín, trefeui d'acqua. Taf. 214, Fig. 1; Fig. 2936 bis 2939, 2935f und h und 2941a, b, o.

Die Bezeichnung Bitterklee erklärt sich aus dem bitteren Geschmack dieser Gentianee und den wie beim Klee dreizähligen Blättern: Bitterblad (alte Land), Bitterkli (Nordböhmen). Das schriftdeutsche Fieberklee geht auf die Verwendung der Pflanze gegen Fieber, vgl. auch Feverkrut (Schleswig). Da mittelhochdeutsch biever = Fieber ist, so könnte Biberklee (auch volkstümlich) dasselbe wie Fieberklee sein. Offenbar ist es jedoch vielfach an Biber (Tier) angelehnt, wie auch die alte Bezeichnung trifólium fibrínum (lat. fiber = Biber) beweist. Es wäre jedoch auch möglich, dass der Name Biberklee mit Beziehung auf den Standort der Pflanze am Wasser (dem Aufenthaltsort des Biber) der ursprüngliche ist und Fieberklee der abgeleitete. Im Niederdeutschen nennt man die Pflanze mit Beziehung auf die Form der Blätter Dree= blatt; auch eine Aehnlichkeit mit denen der Bohnen [Vicia Faba] sieht das Volk daher Wille [wilde] Boonen, Boonenblad (Hannover), Wille Baunen (Osnabrück), wildi Bohna, Moosbohna (Wald= stätten). Auf dem feuchten Standort (in Moosen) des Bitterklees weisen hin: Freschekohl, =kiedl (Moselgebiet), Moospflanze (Böhmerwald), Moosklee (Kärnten), Wilda Jazingga, Moos=Zingga (St. Gallen), Riedgläsli [Gläsli = Hyazinthe] (Thurgau), Wassergläsli (Zürcher Oberland).

Ausdauernd, 15 bis 30 cm hoch, kahl. Grundachse rundlich, walzenförmig, 1 bis 1,5 cm dick, lang kriechend, gegliedert (Fig. 2941o), verzweigt, mit schuppenförmigen, später oft faserigen Niederblättern besetzt, in einen aufsteigenden Stengel übergehend. Laubblätter wechselständig, 3=teilig, grundständig, mit langem, am Grunde scheidenartig verbreitertem Stiel; Blättchen fast sitzend, verkehrt=eiförmig, ganzrandig oder ausgeschweift gekerbt, stumpflich

---

[1]) Pflanzenname bei Theophrast. Angeblich von μηνύειν [menýein] = offenbaren, anzeigen und ἄνθος [ánthos] = Blüte; soll sich wohl auf die auffallenden Blüten beziehen.

oder spitz, fiedernervig. Blüten strahlig, zwitterig, meist deutlich ungleichgriffelig. (Fig. 2936 h, i), zu einer aufrechten, endständigen, ziemlich dichten, zuerst gedrungen=kegelförmigen Traube vereinigt. Tragblätter klein, eiförmig=länglich oder fehlend. Kelchzipfel 5, länglich, stumpf. Krone sehr zart, etwas fleischig, weiss mit rosafarbenem Anfluge, kurz trichterförmig, bis zur Mitte 5=teilig, mit zurückgerollten Zipfeln, auf der Innenseite von langen, saftreichen Haaren dichtbärtig, im Knospenzustande klappig. Staubblätter 5, der Kronröhre eingefügt, mit pfeil= förmigen, spreizenden, dunkelvioletten Antheren (Taf. 214, Fig. 1a). Griffel fädlich mit zwei= spaltiger Narbe. Kapsel rundlich bis eiförmig (Fig. 2936 c), 7 bis 13 mm lang, einfächerig (Fig. 2936 d, e), mit 2 dicken, wandständigen Samenträgern, unregelmässig mit 2 Klappen ± tief aufspringend oder sich nicht öffnend. Samen zahlreich, flach scheibenförmig, ellipsoidisch bis linsenförmig (Fig. 2936 f), glatt, glänzend hellbraun, 2,5 cm breit. Keimling gerade (Fig. 2936 g). — V, VI (in den Alpen bis VIII), selten in der Ebene zum zweitenmal im VIII blühend.

Häufig und verbreitet auf Mooren (vor allem auf Flachmooren), in Gräben, Schlammpfützen, Torfstichen, auf nassen Wiesen, in der Verlandungszone der Ufer; von der Ebene bis in die alpine Stufe (in Bayern bis 1820 m, in Steier= mark bis 1700 m, im Wallis am lac Chanrion noch bei 2400 m). Selten nur im Kalkgebiet, wie im Fränkischen Jura, im Thüringer und Fränkischen Muschelkalkgebiet usw.

Allgemeine Verbreitung: Ganz Europa (nörd= lich bis Island und Magerö); gemässigtes Asien (östlich bis Japan); nördliches Nordamerika (hier längs der Anden nach Süden bis Kalifornien vordringend).

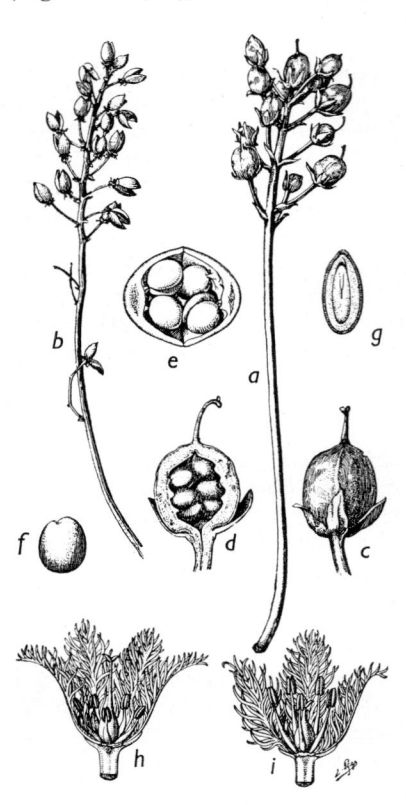

Fig. 2936. Menyanthes trifoliata L. *a*, *b* Fruchtstengel. *c* Reife Frucht. *d*, *e* Längs= und Querschnitt durch dieselbe. *f* Samen. *g* Längsschnitt durch denselben. *h*, *i* Lang= und kurzgriffelige Blüte (aufgeschnitten).

Nach Glück bildet die Pflanze eine Land=, Seichtwasser und eine submerse Wasserform (f. submérsa Glück) aus, welche Reduktions= formen entsprechen. Bei der Landform, die eine schwache Reduktion der Seichtwasserform darstellt, sind Rhizom, Laubblätter und Blüten= stände verkürzt. Die Teilblättchen zeigen einen Stich ins Graugrüne und sind beiderseits schlecht benetzbar. Die Wasserform, die Glück im Schluchsee im Schwarzwald beobachtete, unterscheidet sich von den beiden genannten Formen besonders durch die mangelnde Fruchtbildung, dann durch die langgestreckten und ziemlich schlaffen Blattstiele, sowie durch die durchschnittlich kleineren Blattspreiten.

Die schwach proterogynen Blüten werden als Hummelblumen mit verborgenem Honig angesehen. Letzterer wird am Grunde des Fruchtknotens von einem gewimperten Drüsenring abgesondert. Bewe= gungen der Blüten (Oeffnen und Schliessen) finden nicht statt. Die sehr eigenartigen Fransen der Kronzipfel erhöhen nicht nur die Augenfälligkeit, sondern dienen auch zum Schutze des Honigs gegen Regen und gegen unberufene Gäste. Meistens ist die Pflanze ausgesprochen heterostyl (Fig. 2936 h, i). So beobachtete Müller in einem kleinen Sumpfe bei Lippstadt, welcher im Ueberschwemmungsbereich der Lippe liegt und von diesem Flusse wahrscheinlich einst mit Menyanthes=Samen beschickt wurde, ausschliesslich Pflanzen mit langgriffeligen Blüten, welche aber niemals Früchte ausbildeten. Die 3=eckigen Pollenkörner sind schön gelb; deren Exine ist mit unregelmässig verlaufenden, schwach wellenförmigen Riefen besetzt. Die Pollenkörner (Fig. 2935 f, h) der langgriffeligen Form sind durchschnittlich 96 $\mu$ lang und 50 $\mu$ breit, die der kurzgriffligen Form 120 $\mu$ lang und 63 $\mu$ breit. Die Heterostylie wurde bei Menyanthes zuerst von O. K. Berg (Pflanzengenera, Berlin 1845) beobachtet. Gelegentlich können 3=, 4= oder 6= bis 7=gliederige, ausnahmsweise auch gefüllte Blüten beobachtet werden. Bis= weilen gelangt die Pflanze im Tiefland im August nochmals zur Blüte, wie dies von Otto Jaap am Cressinsee bei Klein=Pankow in der Priegnitz am 4. August 1898 festgestellt wurde. Die Samen werden in zweifacher Weise aus der an der Spitze unregelmässig aufreissenden, trockenhäutigen Kapsel entlassen. In erster Linie streut der Wind die zahlreichen Samen aus. Gelangt jedoch der langgestielte Fruchtstand zufolge Fäulnis der Stielbasis ins Wasser, so werden die Samen durch Vermoderung frei. Die weitere Verbreitung der flachen, rundlichen Samen (Fig. 2936 f) erfolgt in der Hauptsache durch das fliessende Wasser; das relativ geringe spezifische Gewicht desselben wird durch luftführende Zellen, vor allem solche der Testa bedingt. Nach Fauth besteht die Samenschale aus 2 verschiedenartigen Geweben, aus einem äusseren sklerotisierten und luftführenden und aus einem inneren dünnwandigen, im reifen Samen zusammengedrückten Parenchym. Jedenfalls wird die Schwimmfähigkeit durch die stark kutinisierte und daher schwer benetzbare Samenoberfläche unterstützt und zeitlich verlängert. Auch bleiben die Samen an dem Gefieder der auf dem Wasser schwimmenden Vögel leicht haften, wodurch sie in andere Gewässer verschleppt werden können. Gelegentlich dürften sie sogar endozoisch durch Kühe verbreitet werden. Nach Ad. Fauth gelangen die Samen erst nach einer ungefähr 1-jährigen Samenruhe zur Keimung, wobei es gleichgültig ist,

Fig. 2937. Menyanthes trifoliata L. Schwimmender Bestand. Moorteich in der Palinger Heide bei Lübeck. Phot. Georg Eberle, Wetzlar.

ob sie trocken oder feucht überwintern. Nach anderen Angaben keimen sie am besten, wenn sie in einem Fläschchen mit Wasser aufbewahrt und so dem Frost ausgesetzt werden. Die Keimungsgeschichte hat Thilo Irmisch (Botan. Zeitung, 19. Jahrg., 1861) genau verfolgt. Darnach sind die Glieder der epikotylen Achse im Gegensatz zum Hypokotyl meistens sehr kurz. Die ersten Laubblätter haben bald eine einfache, bald eine rundliche oder ovale Spreite (Fig. 2941 a, b); ihr Stiel bildet am Grunde eine gespaltene Scheide. Die junge

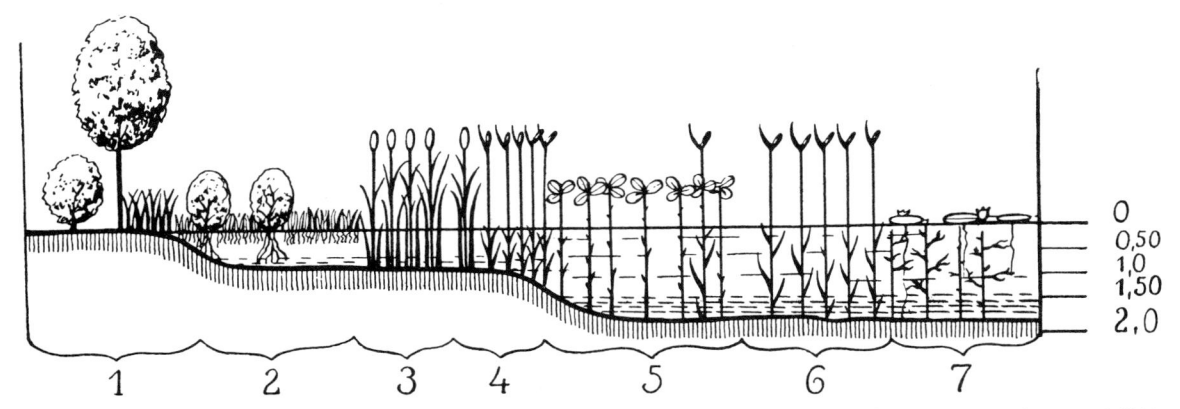

Fig. 2938. Verlandung des Grossen Plagesees. Vegetationszonen: 1 Erlenbruch. 2 Carex-Schwingrasen mit Birken und Erlen. 3 Phragmites. 4 Scirpus lacuster. 5 Menyanthes trifoliata. 6 Scirpus lacuster. 7 Nymphaea alba und Potamogeton natans (nach E. Ulbrich).

Hauptwurzel ist gewöhnlich spiralig gerollt. — In zufrierenden Gewässern überdauern ausschliesslich Rhizome (Fig. 2941 o), in offenen (Grundwasserbächen) dagegen auch assimilierende Blattstiele mit sich nicht entwickelnden Spreiten, zuweilen aber mit reichlich chlorophyllbildenden Adventivwurzeln.

Diese prächtige Zierde unserer Flora erscheint stellenweise in fast reinen Kolonien (Nebentypus des Caricetum strictae) als Bestandteil der verschiedenen Moortypen (besonders der Flachmoore, zuweilen auch der Wald-, Uebergangs- und Quellmoore, seltener auch der Hochmoore), dann als regelmässiger Bestandteil der Verlandungsbestände (vgl. Bd. I, Fig. 112 und Fig. 2938) und des Schwingrasens. Die bis 2 m langen, fingerdicken, verflochtenen Rhizome wirken verlandend. Andrerseits kann die Pflanze in Seen, Teichen, Torfstichen bis in bedeutende Tiefe vordringen. So konnte sie Ulbrich im Grossen Plagesee zusammen mit Nymphaea alba noch bei einer Wassertiefe von 1,75 bis 2 m, an einer Stelle sogar bei einer solchen von 4,35 m feststellen. Wie Phragmites besitzt auch der Bitterklee eine sehr weitgehende Anpassungsfähigkeit und Zähigkeit, so dass er bis in das letzte Verlandungsstadium (Molinietum) vordringen kann. Darauf ist auch die grosse zirkumpolare Verbreitung zurückzuführen. Nicht selten begegnet man ihm auch in Gräben, in denen sich rotbraunes Eisenoxyd abgesetzt hat. — Die linsenförmigen, derbschaligen Samen sind eines der häufigsten Fossilien vom Präglazial bis ins Neolithikum. Durch Trockenlegen der Moore oder durch Ablenkung der Gewässer kann die Pflanze zum Schwinden gebracht werden, wie dies z. B. zufolge der Mainkorrektion bei Würzburg geschehen ist.

Die Blätter von Menyanthes sind als Fólia Trifólii fíbríni (Pharm. Germ. und Austr.) oder als Fólia Menyánthidis (Pharm. Helv.) offizinell. Zu diesem Zwecke werden

Fig. 2939. Menyanthes trifoliata L. Phot. W. Schacht, München.

sie während der Blütezeit im Mai und Juni von wildwachsenden Pflanzen gesammelt und getrocknet. Infolge des in vielen Gegenden massenhaften und in reinen Beständen Auftretens der Art können die Blätter mit der Sense oder Sichel geschnitten werden. Die Droge enthält wie viele Enziangewächse das bittere Glykosid Menyanthin von der Formel $C_{60}H_{46}O_{28}$ (daneben ist vielleicht noch ein zweites Glykosid, das Meliatin [$C_{15}H_{22}O_9$] anwesend), ferner Invertin, Emulsin, Saccharose, fettes Oel, Palmitin-, Ameisen-, Essig- und Buttersäureester des Cerylalkohols und eines Phytosterin, sowie einen rotgelben Farbstoff (wahrscheinlich Carotin). Die Asche ist reich an Jod. Bitterkleeextrakt (Extráctum Trifólii fibríni) ist braun, im Wasser fast klar löslich und besteht aus 1 Teil grob gepulverter Blätter, 8 Teilen Wasser und 1 Teil Weingeist. Die Droge findet als Digestivum (verdauungsbefördernd), Stomachicum (Appetit anregend), Amarum, Antipyreticum (zur Herabsetzung von Fieber), als Volksmittel (auch zu Frühlingskuren), bei Magenleiden, Brust- und Lungenkrankheiten, Wassersucht, Leberleiden, Skorbut, sowie bei Hautkrankheiten, Anwendung. Die Ruthenen benutzten die Pflanze zum Vertreiben von Eingeweidewürmern. Versuche mit der aus den Herbstblättern bereiteten Tinktur führten nach Hugo Schulz zum Auftreten von unangenehmen Kopfschmerzen und Neuralgien, die sich besonders in der Gegend des Quintusastes bemerkbar machten. Im nordwestlichen Russland soll das Rhizom gelegentlich als Notspeise gegessen werden. In Skandinavien wurde der Bitterklee dem Bier zur Geschmacksverbesserung zugesetzt. Die Blätter geben mit Wismut gekocht eine schöne gelbe Farbe; ebenso werden sie gelegentlich als Hopfensurrogat benützt. Ehedem dienten sie auch als Teesurrogat. Den Griechen und Römern scheint diese mehr nordische Art als Heilpflanze nicht bekannt gewesen zu sein. Auch von Fuchs und Bock wird sie

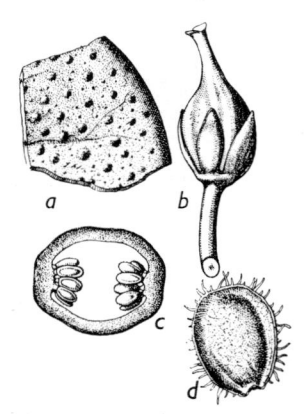

Fig. 2940. Nymphoides peltata (Gmel.) O. Kuntz. a Stück der Blattunterseite mit Hydropoten. b Junge Frucht. c Querschnitt durch den Fruchtknoten. d Samen.

noch nicht genannt, dagegen von Valerius Cordus, Thal, Tabernaemontanus u. a. als Trifolium palustre, lotus palustris, limonium, menyanthes palustre usw. Die Pflanze eignet sich gut für Teichanlagen in Gärten.

DXCIII. **Nymphoídes**[1]) Hill. (= Limnánthemum[2]) S. G. Gmel., = Schwey-
kérta C. C. Gmel.). Seekanne, Sumpfrose.

Schwimmende oder in Sümpfen kriechende Kräuter mit kreis- oder eiförmigen, tief herzförmig ausgeschnittenen, ganzrandigen oder schwach gelappten Laubblättern. Kelch tief 5-teilig. Krone mit kurzer Röhre, fast radförmig, am Rande nackt oder gefranst, im Schlunde zuweilen mit 5 epipetalen Schüppchen. Fruchtknoten 1-fächerig, mit breitlappiger, oft fast petaloider Narbe. Kapsel eiförmig oder länglich, nicht oder unregelmässig aufreissend. Samen sehr zahlreich bis wenige, hartkrustig, glatt oder grubig, mit Haaren oder schwachen Stacheln.

Die Gattung umfasst etwa 20 Arten, die über die Tropen und Subtropen verbreitet sind und mehr vereinzelt auch in den gemässigten Zonen auftreten. Sie gliedert sich in die beiden Sektionen Waldt-schmídtia Wigg. (Blüten in dichten Büscheln, von 2 fast gegenständigen Laubblättern gestützt. Samen zusammengedrückt, geflügelt und gewimpert) und Nymphaeánthe Grisebach (Blüten in wenig- bis vielblütigen Büscheln. Samen fast kugelig, ungeflügelt, glatt oder schwach höckerig bis stachelig). Zu der ersteren gehört einzig Nr. 2228. Von der zweiten werden bei uns in Kultur im Freien gelegentlich die gelbblühenden L. trachyspérmum A. Gray aus dem südlichen Nordamerika, L. lacunósum Griseb. aus Nordamerika und L. gemínatum Griseb. aus Australien angetroffen. Nur für Warmhäuser eignet sich L. Humboldtiánum Griseb. aus Westindien und Südamerika mit weissen, gefransten Blüten.

**2228. Nymphoídes peltáta** (Gmel.) O. Kuntze (= N. fláva Hill., = Limnánthemum nymphaeoídes Link, = L. peltatum Gmelin, = Menyánthes Nymphoídes L., = Villársia nymphoídes Vent., = Waldtschmídtia nymphoides Wiggers, = Schweyckérta nymphoides Gmel.). Schildblatt-Sumpfrose. Franz.: Faux nénuphar. Taf. 214, Fig. 2; Fig. 2934, 2935e, g, 2940, 2941 c bis n und 2942.

Ausdauernde Wasserpflanze mit langkriechender (0,8 bis 1,6 m lang), gegliederter, walzenförmiger, verzweigter Grundachse, lange, peitschenförmige, stielrunde Stengel treibend. Laubblätter wechselständig (oft fast gegenständig), schwimmend, kahl, lederartig, fast kreisrund, ganzrandig oder schwach ausgeschweift, am Grunde mit tiefem, schmalem Herzausschnitt, stumpf, oberseits dunkelgrün, glänzend, unterseits graugrün oder rötlichviolett, drüsig punktiert (Fig. 2940a), mit langem, am Grunde häufig scheidenförmig verbreitertem Stiele. Blüten gross, trichterförmig, lang gestielt (Stiele flutend, 5 bis 10 cm lang), zu einer von 2 scheinbar gegenständigen Laubblättern gestützten Doldenrispe vereinigt (in der Achsel des einen Laubblattes oft einen ähnlichen Blütenstand tragend), heterostyl. Kelchzipfel lanzettlich. Krone tief geteilt, goldgelb, bis 3 cm im Durchmesser; Zipfel mit dunklerem Mittelstreifen, verkehrt-eiförmig, stumpf, am Rande gewimpert-gezähnt, im Schlunde (besonders an der Einfügungsstelle der Staubblätter) bärtig (Fig. 2941 c bis e), in der Knospenlage klappig. Staubblätter 5, der Krone eingefügt. Kapsel zugespitzt-eiförmig, etwas zusammengedrückt, einfächerig, vielsamig, zuletzt unregelmässig zerreissend oder sich meist nicht öffnend, bis 2,5 cm lang, von den Kelchzipfeln umgeben. Narbe 2-lappig (Taf. 214, Fig. 2 c). Samen flach, breit-elliptisch (Fig. 2940d), am Rande strahlig-gewimpert, 6 mm lang und 3 mm breit. — VII bis IX.

Stellenweise häufig in stehenden und trägen, langsam fliessenden Gewässern, in Altwässern, Haffen; nur in der Ebene. An vielen Stellen absichtlich eingepflanzt. Fehlt in der Schweiz gänzlich.

In Deutschland zerstreut in Bayern (mehrfach im Donaugebiet zwischen Donauwörth und Neuburg, bei Ingolstadt), Sinzing, Eining, Donaustauf bis Vilshofen [bei Haidenhof nächst Passau eingepflanzt], in der Glonn, bei Landshut, im Ries bei Grosselfingen, in der Wörnitz bei Harburg bis gegen Dinkelsbühl, in der Altmühl bei Pappenheim und bei Schellneck unweit Riedenburg, bei Bayreuth [Sophienberg], in der Pfalz nicht selten am Rhein und bei Hohenecken), in Baden (einzig im Rheingebiet von Karlsruhe bis Mannheim, bei Ketsch, im St. Leoner Bruch, in den Neckarauer Sümpfen, bei Altfreistätt, Helmlingen, Abtsmoorwald, Memprechtshofen), in Elsass-Lothringen (bei Strassburg, mehrfach bei Metz, Diedenhofen, Sierck usw.),

---
[1]) Wegen der Aehnlichkeit der Schwimmblätter mit denen von Nymphaea.
[2]) Vom griech. λιμνή [limné] = Sumpf, Teich und ἄνθεμον [ánthemon] = Blume, also Teichblume.

zerstreut in Hessen-Nassau (Cassel, Landwehr bei Grebendorf, im mittleren und unteren Rheingebiet (so bei Hattenheim, Budberg, Wittlaer a. Rh., an der Lahn von Ems an, Kaiserwerth, Monheim, Deutz, Reusrath, Siegmündung, Roisdorf, Stürzelburg, Niehl, Wesselingen, Worringen, Wuppermündung, Wahn usw., Düsseldorf, Cleve [in der Niederung häufig] Wesel, Xanthen), in Westfalen (selten bei Buldern [im Schlossgraben], Anholt, Münster, Dortmund), zerstreut im nordwestdeutschen Flachland und in Hannover (bei Sedemünder und Neuenhaus angepflanzt!), in Schleswig-Holstein (nur im Elbegebiet), in Mecklenburg und Brandenburg ziemlich verbreitet (fehlt in Ostbrandenburg), so bei Oderberg, Lenzen usw., bei Berlin in der Havel bei Pichelswerder [seit zirka 1850] und Schildhorn, im Teufelssee bei Grunewald eingewandert, bei Altenhausen nächst Neu-

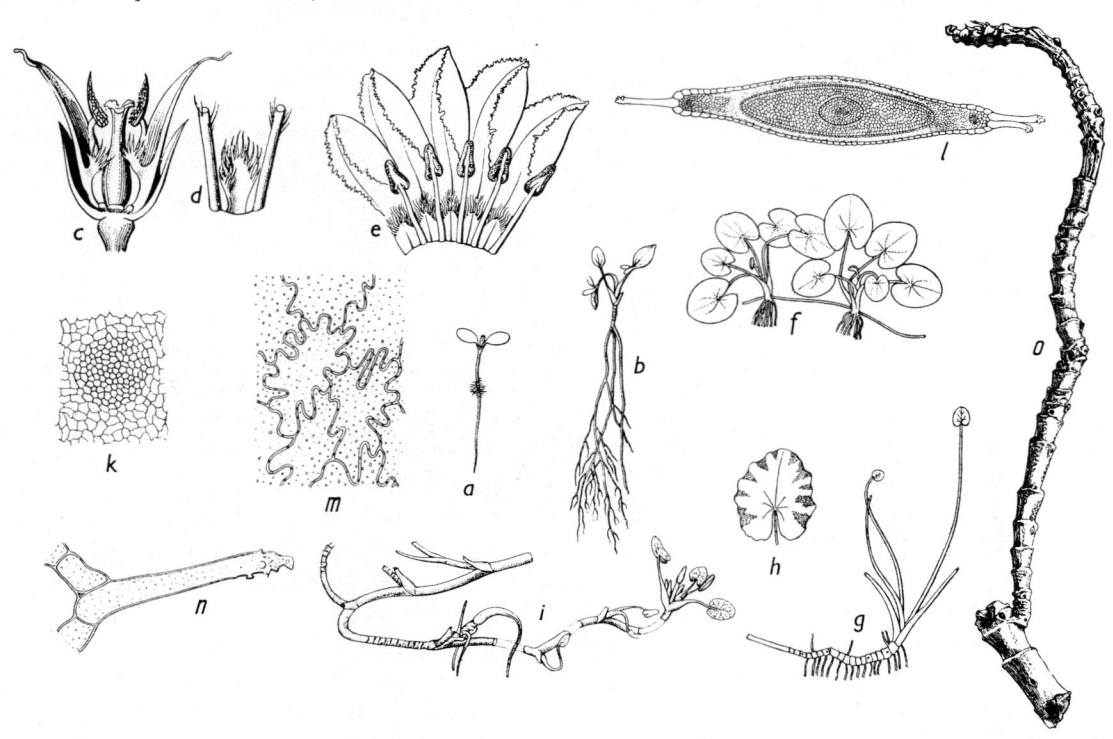

Fig. 2941. Menyanthes trifoliata L. *a* Keimpflanze. *b* Junges Pflänzchen. — Nymphoides peltata (Gmel.) O. Kuntze. *c* Blüte im Längsschnitt. *d* Grund von 2 Staubfäden mit einem Schüppchen. *e* Krone mit Staubblättern ausgebreitet. *f* Sterile Landform. *g* Rhizom bestehend aus einem Kurztrieb (in der Mitte) und 2 Langtrieben und 3 untergetauchten Laubblättern mit stark rückgebildeter Blattfläche. *h* Junges Schwimmblatt mit gebuchtetem Rand und schwarzen, keilförmigen Flecken. *i* Rhizom mit Lang- und Kurztrieben und mit einer Terminalblüte. *k* Hydropote vom Schwimmblatt in der Flächenansicht. *l* Querschnitt durch den Samen. *m* Zellen vom Rande der Samenschale in der Flächenansicht. *n* Wimperhaar (stark vergrössert.). *o* Ueberwintertes Rhizom aus der Drift. Fig. *a* und *b* nach Thilo Irmisch, *c* und *d* nach E. Werth, *e* bis *h* nach H. Glück, *i* nach Rudolf Wagner, *k* nach Franz Mayr, *l* bis *n* nach Ad. Fauth.

haldensleben seit 1884 eingepflanzt), in Ost- und Westpreussen (besonders im Gebiet der Küstenflüsse und Strandseen; tiefer im Binnenlande fehlend), in Schlesien bei Sprottau, mehrfach um Breslau, bei Landsberg, Pless, Oderberg (in Mittelschlesien angepflanzt); fehlt vollständig in Posen, im Freistaat Sachsen, sowie in Württemberg. — In Oesterreich zerstreut in Böhmen (im Polzen- und Isergebiet, Königgrätz, Pilsen, Böhmerwaldgebiet), in Mähren (Teltsch, Datschitz, Olmütz, Hohenstadt, Paskau), in Schlesien (Oderberg, Skotschau), in Niederösterreich (an der March bei Angern, Magyarfalva; ehemals auch bei Kaiser-Ebersdorf, in der Schwarzen Lacke und in der Lobau; im Fischteich von Vöslau wohl nur ausgesetzt) und in Steiermark (bei Schloss Gutenhag nächst St. Lorenzen in Windisch-Büheln; früher auch bei Schloss Wurmberg nächst Marburg). — Fehlt in der Schweiz.

Allgemeine Verbreitung: Süd- und Mitteleuropa (nördlich bis Holland, bis zur Ostsee, Kurland; in Dänemark eingeführt); gemässigtes Asien (östlich bis China und Japan).

Diese recht eigenartige, in ihrer Tracht an Seerosen oder an Hydrocharis morsus ranae erinnernde Pflanze bewohnt mit Vorliebe die Altwässer der grossen Flussläufe. In Norddeutschland bevorzugt sie die Mündungen und Haffe (Brackwasser) der Küstenflüsse, sowie die stehenden und langsam fliessenden Gewässer der Marsch, fehlt jedoch der Geest. An vielen Stellen (in Hannover, Westfalen, im Havel- und Spreegebiet ist die Pflanze nachweisbar erst in letzter Zeit eingewandert, nach Abromeit (in Ost- und Westpreussen ins Binnenland durch rückstauendes Wasser. Im Oberlauf und im Einzugsgebiet der grösseren Flüsse fehlt sie, so fast ganz auf der Bayerischen Hochebene, gänzlich in Thüringen, Sachsen, Württemberg, ebenso im ganzen Alpengebiet.

Der morphologische Aufbau der Pflanze ist ziemlich kompliziert; er wurde zuerst von J. Ch. Döll in seiner Flora von Baden (Bd. II, 1859), später von Rudolf Wagner in der Botanischen Zeitung 1895 und von H. Glück (1924) ausführlich dargestellt. Darnach setzt sich die vegetative Region (Rhizom) aus Langtrieben, die 16,5 bis 122 cm Länge erreichen, und aus Kurztrieben von 1,8 bis 21,3 cm Länge zusammen. Die ersteren bestehen aus je 1 bis 12 langen und dünnen Internodien, die 8,5 bis 22,3 (selten bis 47,5 cm) lang und (2) 3 bis 7 mm dick werden. Die Langtriebe werden meistens während des Sommers, also unter dem Einflusse reichlicher Wärmezufuhr gebildet, die Kurztriebe vorzugsweise im Herbst, unter dem Einfluss der fallenden Temperatur. Die Adventivwurzeln entstehen seitlich oder auf der Unterseite (nur ausnahmsweise bei Kurztrieben auch auf der Oberseite) des Rhizoms. Die Keimpflanze wächst im ersten Jahre in Form eines primären Kurztriebes, dessen Achse im zweiten Jahre nach Erzeugung einiger Langtriebinternodien mit einer in eine Terminalblüte endigende Inflorescenz abschliesst. Die Langtriebe, deren Internodien bis fusslang werden können, entwickeln in ihren Blattachseln im Frühjahr und Sommer gleichfalls Langtriebe vom gleichen Bau, gegen den Herbst zu dagegen Kurztriebe. Im ersten Jahre werden an der Keimlingsachse nicht mehr als 10 bis 12 Laubblätter angelegt, die spiralig angeordnet sind und mit spiraliger Basis ineinander stecken. In den Achseln der Blätter entwickeln sich dann Sprosse, die in Abhängigkeit von den klimatischen Verhältnissen wiederum in Lang- oder Kurztriebe (letztere zur Ueberwinterung) gegliedert sind. Beide beginnen mit einem adossierten Vorblatt und führen zuweilen zur Sympodienbildung. Die terminalen, Langtriebe abschliessenden Blütenstände haben cymösen Charakter; es sind Pleiochasien mit akropetal geminderten Auszweigungen. Die Pflanze erzeugt untergetauchte Wasserblätter und Schwimmblätter. Die ersteren stellen nach Glück keineswegs Primärblätter, sondern rückgebildete Folgeblätter dar; sie haben eine Länge von 15 bis 42 cm und bestehen aus einem langen Stiel und aus einer kleinen, dreieckigen bis rundlichen Spreite. Diese zurückgebildeten Blätter treten auch im Spätherbst wiederum auf. Die zuerst (Ende April bis Mitte Mai) erscheinenden Schwimmblätter zeigen eine verhältnismässig kleine Blattfläche (Fig. 2941 g), die auf der Oberseite an den Buchten meist schwärzliche, keilförmige bis radiäre Flecken (Fig. 2941 h) aufweist. Die definitiven Schwimmblätter sind bedeutend grösser, ganzrandig oder nur wenig gekerbt, auf der Oberseite dunkelgrün, auf der Unterseite zuweilen rötlich, violett und rot, mit kleinen Pünktchen (Hydropoten) bedeckt (Fig. 2940 a). Diese letzteren treten nach Franz Mayr (Hydropoten an Wasser- und Sumpfpflanzen, Dresden 1914) auch am Rhizom, Blattstiel, an der Blattscheide, ja sogar an den untergetauchten Kelchblättern auf. Diese Hydropoten („Wassertrinker") sind befähigt, Wasser und darin gelöste Stoffe aufzunehmen und ins Innere der Pflanze eintreten zu lassen. Sie stellen Gruppen von Epidermiszellen dar, die ein wenig über die Epidermisfläche vorgewölbt sind (Fig. 2941 k). E. Perrot bezeichnet sie in seiner Abhandlung über die Anatomie der Menyanthaceen (Bull. Soc. bot. France, 1897 Bd. II und in Ann. Soc. natur. 8 Série Bd. VII, 1898) als „plages tannifères", d. h. als flache, gerbstoffhaltige Vertiefungen. Die Hydropotenzellen sind nach jeder Richtung etwas verdickt und tragen an der Innenfläche sehr häufig rundliche, knotige Verdickungen; auch sind sie mit einer Imprägnierungssubstanz versehen, die den Zellen schon am frischen Blatte eine bräunlich-grüne Färbung verleiht. Die Kutikula ist chemisch vollständig verändert und geht bei älteren Hydropoten in den mittleren, vorgewölbten Teilen häufig gänzlich zugrunde. Nach W. Riede trägt die Unterseite des Schwimmblattes keine Spaltöffnungen, also ein bemerkenswertes Verhältnis zwischen Hydropoten und Spaltöffnungen. Glück macht neuerdings auf die von ihm und anderen an verschiedenen Stellen im Freien (z. B. in ausgetrockneten Teichen), ebenso durch Kultur erzeugte Landform (f. terréstris) aufmerksam. Die Laubblätter stehen bei dieser Form entweder isoliert an den Stengelknoten oder aber viel häufiger büschelweise (Fig. 2941 f) zu 3 bis 8 beisammen (zufolge Bildung von Kurztrieben), so dass Blattrosetten entstehen, die durch längere Rhizomglieder (d. h. durch einen auf ein einziges Internodium rückgebildeten Langtrieb) miteinander verkettet bleiben. Die Laubblätter sind durchschnittlich um die Hälfte oder ein Drittel kleiner als bei der typischen Wasserpflanze und zeigen auf beiden Seiten Spaltöffnungen und Hydropoten. Die Landform bleibt in den meisten Fällen unfruchtbar. Werden gleichwohl Blüten ausgebildet, so beschränkt sich der Blütenstand auf einen einzigen „Blütenquirl", bestehend aus 2 bis 4 Blüten.

Die sehr zarten, hinfälligen, goldgelben, sternförmig ausgebreiteten Blüten sind wie bei Menyanthes heterostyl, zeigen aber keine thermo- oder seismonastische Bewegung. Nach Kuhn ist die Narbe der kurzgriffeligen Form wesentlich kleiner als die der langgriffeligen. Der Honig wird am Grunde des Fruchtknotens von 5 mit den Staubblättern abwechselnden Drüsen abgesondert (Fig. 2941 c). Am Uebergange der Kronröhre in die Zipfel befindet sich ein Kranz von 5 schräg nach aufwärts gerichteten, bis an den Fruchtknoten reichenden gefransten Schüppchen. Das einzelne Schüppchen ist von innen zwischen 2 Staubfäden (Fig. 2941 d) der Krone angewachsen und schmiegt sich dem Ovarium so dicht an, dass nur 5 enge Zugänge zwischen den Schüppchen dem Insektenrüssel den Zugang zum Honig gestatten. Diese Schüppchen haben also die ihnen bei Swertia zukommende Aufgabe der Nektarausscheidung aufgegeben und nur die Aufgabe des Nektarschutzes beibehalten.

Die Pollenkörner sind ausgesprochen 3-eckig; die Exine (z. T. auch die Intine) ist mit vielen kleinen, nach allen Richtungen verlaufenden Riefen besetzt (Fig. 2935 e, g). Die Körner der langgriffeligen Form sind ungefähr 24 bis 37 $\mu$, die der kurzgriffeligen 43 bis 46 $\mu$ gross. Die Blütenknospen entwickeln sich unter Wasser, um sich zurzeit der Anthese zu erheben und auf der Wasseroberfläche zu schwimmen. Als Bestäuber kommen die Honigbiene, ferner nach Heinsius Platycheirus peltatus, Helóphilus lunulátus, Anthomýia praténsis, sowie auch Hummeln in Betracht.

Die zugespitzt-eiförmige, grüne, beerenartige, von den Kelchzipfeln eingeschlossene Frucht reift unter der Wasseroberfläche aus. Sie löst sich bei der Reife durch Verschleimen des Grundes von ihrem Stiele los und treibt kurze Zeit auf dem Wasser umher. Die zahlreich gebildeten Samen werden durch unregelmässiges, an der Stielgegend beginnendes Aufreissen der Fruchtwand oder aber durch Fäulnis oder durch Schneckenfrass frei und schwimmen eine Zeit lang auf dem Wasser, um sich dann auf den Boden zu setzen, nachdem sich die lufthaltigen Zellen der Testa mit Wasser vollgesogen haben. Die Samen sind ausgesprochene Lichtkeimer und können eine lange Trockenzeit (nach Guppy über 30 Monate) aushalten, ohne die Keimfähigkeit zu verlieren. Nach W. Kinzel waren im Dunkeln gehaltene Samen noch nach 4 Jahren „kerngesund" und keimfähig. Im Frühjahr keimen die Samen nach einer Ruhezeit von mehreren Monaten und zwar sowohl unter Wasser als auch auf dem Lande. Die Samen sind stark abgeplattet-scheibenförmig, breit-elliptisch, am Funikularende etwas zugespitzt (Fig. 2940 d), am anderen mehr abgerundet und am Rande mit einem Kranz von strahlig-abstehenden, hohlen, luftführenden Fortsätzen ausgerüstet; die letzteren sind auf der Oberfläche mit warzenförmigen Verdickungen versehen (Fig. 2941 l). Die Zellen der Samentesta sind als plasmaleere Luftkammern ausgebildet und greifen wellig ineinander über (Fig. 2941 m). Ausserdem sind sie stark kutinisiert, wodurch die Samen schwer benetzbar werden und so lange auf der Wasserfläche zu schwimmen vermögen. Die Schwimmfähigkeit wird zudem durch das zwischen Epidermis und Nährgewebe gelegene, kleinzellige und dünnwandige Gewebe erhöht (Ausführliches hierüber bei Adolf Fauth, Botan. Zentralblatt. Bd. XIV). Durch diese verschiedenen Einrichtungen ist es den Samen möglich, längere Zeit auf der Wasseroberfläche schwimmend zuzubringen (hydrochore Verbreitung), anderseits sich an dem Gefieder von Wasservögeln festzuhalten (epizöische Verbreitung). Dadurch lässt sich auch das Vorkommen von vielen zerstreuten Standorten erklären. Die Wimpern können ausserdem zum Befestigen der Samen im Schlamme dienlich sein.

Nach Preuss sollen in Westpreussen (Frische Nehrung) Kühe für die Pflanze — vom Volke „Plemper" geheissen — eine besondere Vorliebe zeigen. In Niederschlesien ist die Art im Kreis Sprottau (in der Sprotte und kleinen Sprotte) neuerdings gesetzlich geschützt worden.

Fig. 2942. Nymphoides peltata. Oberrheinische Tiefebene b. Karlsruhe. Phot. Georg Eberle, Wetzlar.

## DXCIV. Micrócala[1]) Link und Hoffmannsegg (= Cicéndia[2]) Adans., = Franquevillea Salisb., = Ischáleon Ehrh.). Zindelkraut.

Zu dieser Gattung wird ausser nr. 2229 einzig noch die in Kalifornien und im südlichen Südamerika (Chile, Montevideo) vorkommende M. quandranguláris Griseb. gerechnet, die, wie auch Gilg bemerkt, generisch wohl besser von der Gattung abgetrennt wird.

---

[1]) Nach Wittstein von gr. μικρός [mikrós] = klein und καλία [kalía] = Wohnung; die Blüten sind nur 4-gliederig und die Kapsel ist nur 1-fächerig.

[2]) In den Synonymen des Dioskurides (Mat. med. III, 3) heisst es, dass die von den Römern als gentiana bezeichnete Pflanze von den Thuskern kikenda genannt werde. Dieser Name scheint von Adanson willkürlich auf die Gentianaceengattung Cicendia übertragen worden zu sein.

**2229. Microcala filifórmis** (L.) Link (= Cicéndia¹) filiformis Delarbre, = Exacum filiforme Willd., = Gentiána filiformis L.). Heide=Zindelkraut. Fig. 2943 und 2944.

Einjähriges, zierliches, kahles, 1 bis 12 (16) cm hohes, zartes Pflänzchen. Stengel aufrecht, fadendünn, einfach oder vom Grunde an ästig, mit langen, aufrechten, entfernt beblätterten, meist 1= (selten 2= oder 3=)blütigen Aesten. Laubblätter gegenständig, ganzrandig; die untersten länglich, einander genähert. Blüten klein, wenig zahlreich, 4=zählig. Kelch weitglockig; Kelch= zipfel 4, 2 bis 4 mm breit, 3=eckig=lanzettlich, mit starker Mittel= rippe. Krone goldgelb, stieltellerförmig, mit kurzer, weiter, geöffnet 5 bis 6 mm breiter Röhre und 4=spaltigem, abstehendem Saum, nach dem Verblühen über der Kapsel zusammengedreht. Staubblätter 4, kürzer als die Kronlappen, in den Buchten der Kronlappen ange= heftet (Fig. 2943 c), mit ziemlich kurzen, fadenförmigen Staubfäden; Antheren herzförmig, die Krone nicht überragend. Griffel faden= förmig, abfallend, mit kopfförmiger, schwach ausgerandeter, 6,5 mm breiter Narbe. Kapsel rundlich=elliptisch, 1=fächerig, septizid mit 2 Klappen aufspringend. Samen rundlich, zahlreich, sehr klein (0,5 mm breit), mit netzaderiger Schale. — VII bis X.

Zerstreut, aber zuweilen gesellig auf feuchtem, sandigem Heide= und Moorboden, auf abgeplaggten Stellen, in Fahrgeleisen, in ausgetrockneten Gräben. Oft unbeständig.

In Deutschland im Westen in Baden (auf einer Rheininsel bei Ketsch, 1894), im Unterfränkischen Buntsandgebiet (bei Miltenberg, Alzenau, Streit bei Klingenberg, früher auch zwischen Sulzbach und Schweinheim bei Aschaffenburg), in der Rhön (von Ade mit Erfolg an der Schondra bei Unter= leichtersbach angesät), am Main um Hanau (Bieber, Niederrodenbach, Rückingen), in Hessen=Nassau (Altenhasslau, Kaufunger Wald bei Cassel, bei Marburg), im Westerwald (Seeburger Weiher, Montabaur), im Gebiete des Niederrheins und der Nebenflüsse (abwärts bis Emmerich, auch bei Aachen,

Fig. 2943. Microcala filiformis (L.) Link. *a, b* Habit s. *c* Blüte ohne Kelch (aufgeschnitten).

Siegburg, an der Nahe bei Birkenfeld), in Westfalen (in der ganzen Sandebene nicht selten, im Lippegebiet in den Berggegenden seltener), in Hannover, Braunschweig (Wendebrück, Rüper, Sophiental, Wolfsburg, Dann= dorf), Oldenburg, um Hamburg, Lübeck, in Schleswig= Holstein (nördlich bis Flensburg), im westlichen Mecklen= burg, in Brandenburg (zwischen Butzow und Marzahn, Putlitz, Havelberg (früher auch bei Brandenburg a. H.) und in Niederschlesien (zwischen Rietschen und Werda), jedoch nicht bei Strassburg. — In Oesterreich einzig in Istrien. — In der Schweiz gänzlich fehlend.

Allgemeine Verbreitung: Mittel= meergebiet, Westeuropa (nördlich bis England, Holland, Schleswig=Holstein und Dänemark), Orient.

Fig. 2944. Microcola filiformis (L.), Großer Roßbachgrund, Spessart. Phot. Georg Eberle, Wetzlar.

Dieses kleine, unscheinbare, leicht zu über= sehende, einjährige Pflänzchen ist in den Heidegebieten des nordwestlichen Deutschland auf sandigem, anmoo= rigen, seltener auch auf lehmigem Boden ziemlich ver= breitet und erscheint dort zuweilen gesellig in Begleitung von Juncus capitatus, Illecebrum verticillatum, Drosera rotundifolia, Radiola linoides (Bd. V/1, pag. 2), Centunculus minimus (Bd. V/3, pag. 1873) usw. Besonders gern kommt Microcala auf nacktem Boden vor, um dann jedoch bei dichterer Bodenbedeckung zu verschwin=

---

¹) Siehe Fussnote 2, pag. 1964.

den. In einzelnen Jahren tritt das Pflänzchen massenhaft, in anderen sehr spärlich auf oder bleibt vollständig aus. Wie Wahlenbergia hederacea (vgl. Bd. VI, pag. 389), Hypericum helodes, Scirpus multicaulis, Pilularia globulifera usw. gehört die Art zum atlantisch-mediterranen Element, das in Deutschland vor allem im Nordwesten vertreten ist. Ihre Ostgrenze verläuft in Deutschland von Mecklenburg (Schwaan) über Neustadt—Putlitz—Grabow—Seehausen—Salzwedel—Klötze bis Braunschweig; ausserdem findet sie sich vereinzelt auch in der Lausitz bei Rietschen (ehemals auch bei Brandenburg a. H.). Im westlichen Deutschland ist die Art im Rheingebiet und dessen Nebenflüssen, aufwärts bis zum Main ziemlich verbreitet. — Von den in der Tracht ähnlichen Alsineen (Sagina und Moenchia) unterscheidet sich Microcala leicht durch die verwachsenblätterige, gelbe Krone und durch den 4-zähnigen, nicht bis zum Grunde geteilten Kelch. Die Blüten öffnen sich nur selten vollständig und nur morgens bei Sonnenschein. Ueber die Bestäubung ist nichts näheres bekannt. Die kugeligen, 20 bis 22 $\mu$ messenden Pollenkörner zeigen nach Koehler die gleiche Beschaffenheit wie diejenigen der Gattung Centaurium. Zur Keimung der Samen ist, wie Kinzel nachwies, neben Licht Frosteinwirkung Vorbedingung. Glück beschreibt eine Seichtwasserform, deren untere Partie dem Leben im Wasser angepasst ist. Die grundständigen, dekussierten Laubblätter nehmen, wenn sie von einer 2 bis 3 cm tiefen Wasserschicht überflutet werden, etwa die 2- bis 3-fache Länge der entsprechenden Laubblätter der Landpflanze an. Das Pflänzchen erreicht dann eine Länge von 11,5 bis 16 cm und erzeugt an den Aesten 1 bis 3 Blüten (bei der Landform meist nur 1 oder sehr selten 2 Blüten).

## DXCV. Blackstónia[1]) Hudson (= Chlóra[2]) L., = Seguiéra Manetti). Bitterling.

Die Gattung, die verwandtschaftlich der Gattung Centaurium sehr nahe steht, umfasst nur wenige (4 bis 5) und zwar ziemlich veränderliche Arten, die fast ganz auf das Mittelmeergebiet beschränkt sind. Ausser Nr. 2230 mit ihrer Unterart serotina kommen noch Blackstonia (Chlora) imperfoliáta (L.) und B. grandiflóra (Viv.) im westlichen Mittelmeergebiet in Betracht.

**2230. Blackstonia perfoliáta** (L.) Hudson (= Chlóra perfoliata L., = Gentiána perfoliáta L., = Seguiéra perfoliata O. Kuntze). Durchwachs-Bitterling. Franz.: Chlorette, chlore; engl.: Yellow-wort, yellow-centaury. Taf. 214, Fig. 3; Fig. 2945 und 2946.

Im Zürcher Oberland, wo die Pflanze als Tee — dieser soll auf das Wasser lösend wirken — verwendet wird, führt sie die Bezeichnung „Durchwachs".

Pflanze 1-jährig, 10 bis 40 cm aufrecht, einfach oder im Blütenstand ästig, kahl, bläulich bereift. Wurzel dünn, spindelförmig, ästig. Stengel stielrund, mit langen Internodien. Laubblätter 3-eckig-eiförmig bis eilanzettlich; Stengelblätter spitz, miteinander $\pm$ verwachsen, die grundständigen eirund, abgerundet, stumpf, nach dem Grunde verschmälert, zuweilen eine Rosette bildend. Blütenstand fast doldentraubig. Blüten 6- bis 8-zählig. Kelch tief 5- bis 8-teilig; Kelchzipfel fast lineal, schwach 1- bis 3-nervig, kürzer (oder so lang) als die Krone. Letztere goldgelb, mit kurzer, glockenförmiger Röhre und 6- bis 8-zipfeligem, stumpfem bis spitzem Saum. Staubblätter 6 bis 8, der Kronröhre eingefügt; Antheren nach dem Verstäuben nicht korkzieherartig gedreht. Fruchtknoten 1-fächerig, mit wenig einspringenden Rändern der Fruchtblätter; Griffel 1, an der Spitze geteilt (Taf. 214, Fig. 3b). Narbe rot, tief 2-lappig, hufeisenförmig, papillös. Kapsel ellipsoidisch, bis 10 mm lang, 2-klappig aufspringend, zahlreiche, bienenwabenartige Samen enthaltend. — VI bis IX.

Zerstreut und selten auf moorigen, lehmigen oder kalkreichen, etwas feuchten, schwach bewachsenen Stellen, auf überschwemmten Wiesen, an quelligen Orten, in Kiesgruben; oft unbeständig. Nur in der Ebene und in der montanen Stufe, bis gegen 1300 m aufsteigend.

---

[1]) Benannt nach dem Engländer J. Blackstone, der 1737 über englische Pflanzen schrieb. Da seinerzeit übersehen wurde, den Namen Chlora in die Liste der „Nomina conservanda" aufzunehmen, muss die Bezeichnung Blackstonia, die ein Jahr früher publiziert wurde, den Vorzug erhalten. Hudson hat zwar selbst in der 2. Auflage (1778) seiner Flora Anglica wieder Chlora geschrieben.

[2]) Vom griech. $\chi\lambda\omega\varrho\acute{o}\varsigma$ [chlorós] = gelbgrün, blassgrün; nach der gelben Blütenfarbe.

In Deutschland einzig in der Rheinebene von Basel abwärts bis Mainz und Bingen, so in Baden im Rheingebiet (und zwar bereits bei Jestetten; früher [1848] auch bei Konstanz), Vorhügel des Schwarzwaldes, sowie bei Bruchsal; in Württemberg früher (ob noch?) bei Rot am See im Oberamt Gerabronn, in Elsass zerstreut, in der Vorderpfalz (bei Nussbach wegkultiviert); in der Rhön fraglich. — In Oesterreich zerstreut in Niederöstereich (im Gebiet der pannonischen Flora) häufig an der March zwischen Oberweiden, Zwerndorf und Baumgarten, bei Weikendorf, Engelharsstetten, Wolfstal, früher auch bei Simmering; in Steiermark (an der Mur bei Peggau, Graz und Wildon; angeblich auch bei Marburg), in Krain (so bei Gurkfeld), Küstenland, in Südtirol (nördlich bis Bozen und Nals) und in Vorarlberg (um Bregenz; früher auch im Tisener Ried und bei Dornbirn). — In der Schweiz ziemlich verbreitet, besonders auf der Hochebene, in den Alpen fehlend (die subsp. serotina wahrscheinlich auf das mittlere Wallis beschränkt).

Allgemeine Verbreitung: Mittelmeergebiet (östlich bis in den Orient und bis Persien), Westeuropa (nördlich bis Belgien, Holland und Irland), Süddeutschland (Rheinebene).

Zerfällt in die beiden Unterarten: 1. subsp. eu-perfoliáta Hegi. Pflanze kräftig, bis 40 cm hoch. Stengelblätter gross, 14 bis 18 mm breit, eirund-dreieckig, mit ihrer ganzen Breite verwachsen. Grundständige Rosette vorhanden. Kelchzipfel fast lineal, 1-nervig, kürzer als die Krone. — VI bis VIII. Verbreitet. — Hierher auch var. acumináta (Grisebach) (= Chlóra acuminata Rchb., = Chlora intermédia Ten.). Laubblätter ± grün. Kelchzipfel lineal, fast so lang als die Krone. Kronzipfel zugespitzt.

2. subsp. serótina (Koch) Beck. Fig. 2945. Stengel zart, einfach oder wenig ästig, 10 bis 30 cm hoch. Grundständige Rosette nur schwach ausgebildet oder fehlend. Stengelblätter eilanzettlich, nur am abgerundeten Grunde miteinander verwachsen. Kelchzipfel schwach 3-nervig, lanzettlich-pfriemlich, so lang wie die Krone. — VIII, IX. — Hierher scheint nach Maly und nach E. Janchen (Oester. Botan. Zeitschr. CXIX, 1920, pag. 230) eine bereits im Juni und Juli blühende Pflanze (f. aestiválís Maly) zu gehören, die im Mittelmeergebiet verbreitet sein dürfte.

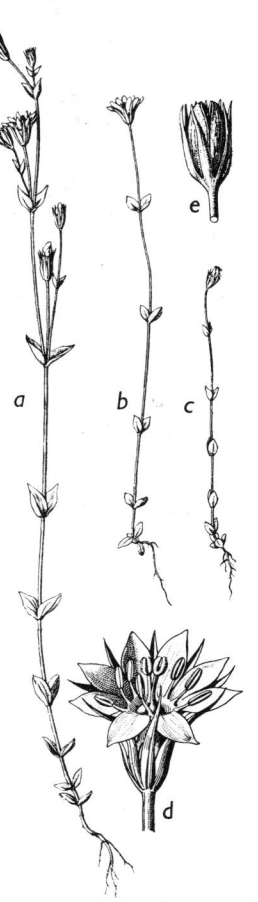

Fig. 2945. Blackstonia perfoliata (L.) Huds. subsp. serotina (Koch) Beck. *a, b, c* Habitus von verschiedenen Fundorten. *d* Blüte (geöffnet). *e* Reife Frucht (vom Kelch umgeben).

Die beiden Unterarten, die sich ausser den morphologischen Merkmalen durch die verschiedene Blütezeit unterscheiden und schon als „saisondimorphe Arten" angesprochen wurden, sind durch Uebergänge untereinander verbunden. In Niederösterreich und in Steiermark scheint einzig die subsp. serotina vorzukommen. Blackstonia perfoliata ist eine wärmeliebende Pflanze, die in Deutschland wie andere mediterrane Thermophyten (Colutea arborescens, Lepidium graminifolium, Crassula rubens, Heliotropium Europaeum, Crepis pulchra usw.) einzig in der oberrheinischen Tiefebene, dem wärmsten Striche von Deutschland, auftritt. Dem weiteren Vordringen nach Norden dürften bei Bingen die vorspringenden Gebirge eine orographische Grenze gesetzt haben. Im Rheingebiet scheint die Pflanze mit Vorliebe die warmen Alluvial- und Diluvialböden aufzusuchen, wo sie in Gesellschaft von Cyperus fuscus und C. flavescens, Juncus- und Scirpus-Arten, Triglochin palustre, Spiranthes aestivalis, Allium acutangulum, Helosciadium repens, Centunculus minimus, Centaurium pulchellum (pag. 1972), Samolus Valerandi usw. auftritt. Im Zürcher Oberland erscheint die Pflanze gern in

Fig. 2946. Blackstonia perfoliata (L.). Phot. Dr. G. Hegi, München.

Moliniëten oder auf lehmigen Stellen an Waldrändern neben Calamagrostis lanceolata, Agrostis vulgaris, Briza media, Epipactis rubiginosa, Gymnadenia conopea, Tofieldia calyculata, Parnassia palustris, Sanguisorba minor, Ononis, repens, Lathyrus pratensis, Daucus Carota, Brunella vulgaris, Origanum vulgare, Scabiosa Columbaria, Succisa pratensis, Alectorolophus angustifolius, Campanula rotundifolia, Buphthalmum salici= folium usw. In den südöstlichen Alpen gehört sie nach Vierhapper wie Andropogen Gryllus, Erythronium dens canis, Ornithogalum Pyrenaicum, Serapias longipetala, Dianthus Seguierii (Bd. III, pag. 328), Crepis incarnatus usw. der pontischen Heidewiese an. Merkwürdig ist das Zusammentreffen dieser und weiterer wärmeliebender Pflanzen (Geranium sanguineum, Asperula cynanchica) in dem extrem ozeanischen Klima von West=Irland mit alpinen und subalpinen Arten wie Dryas octopetala, Euphrasia Salisburgensis und Gentiana verna. — Die goldgelben, nektarlosen Blüten sind während der Nacht geschlossen. Die Kronröhre liegt dem Frucht= knoten dicht an. Wahrscheinlich erfolgt Selbstbestäubung. Die Exine der kugeligen, 20 bis 24 $\mu$ messenden Pollenkörner besitzt auf ihrer Oberfläche netzaderig verlaufende Membranleisten. Graber, ebenso Thellung, machten im Jahre 1910 die Beobachtung, dass die gleichen Pflanzen (subsp. eu=perfoliata) 2=mal blühten, am 15. Juli und am 18. September. Die Herbstexemplare näherten sich allerdings stark der subsp. serotina. Von Abnormitäten sind 3=blätterige Blattquirle, sowie 4= bis 12= (und noch mehr=) zählige Blüten beobachtet worden. Von Schmarotzer=Pilzen wird einzig Puccinia Chlórae De Bary genannt. Das bittere Kraut war ehedem als Hérba Centaúrii lútei offizinell. Es enthält als alleiniges Glykosid das Gentiopikrin (in der frischen Pflanze bis zu 1,5 %) und wird noch heute gelegentlich wie Tausendgüldenkraut verwendet. Im Hortus Eystettensis wurde die Pflanze 1597 als Centaurium flore luteo kultiviert.

## DXCVI. Centaúrium[1]) Hill em. Andanson ( = Erythræa[2]) Necker). Tausend- güldenkraut.

Ein= oder zweijährige bis ausdauernde, meist straff aufrechte, zuweilen stark verzweigte Kräuter. Blüten 5=zählig, in dicht gedrängten oder lockeren Trugdolden, selten auch in verlängerten Aehren, zuweilen heterostyl. Kelch röhrenförmig, mit linealen, gekielten Abschnitten. Krone trichter= oder präsentiertellerförmig, rosarot, weiss oder gelb, dünn= und langröhrig, unter dem Schlunde eingeschnürt, mit 5=teiligem, über der Kapsel zusammen= gedrehtem Saum. Staubblätter 5 (4), der Kronröhre eingefügt (Taf. 215, Fig. 1 a); Antheren nach dem Verstäuben $\pm$ stark spiralig= (korkzieherartig=) gedreht (Taf. 215, Fig. 1 c). Griffel fadenförmig, mit 2=lappiger Narbe (Taf. 215, Fig. 1 b). Kapsel linealisch=zylindrisch, 2=fächerig (Fig. 2948 c), 2=klappig septizid aufspringend. Samen sehr zahlreich, mit netzaderiger Schale (Taf. 215, Fig. 1 e).

Die Gattung umfasst etwa 50 voneinander schwer zu unterscheidende Arten, die über die nördlich gemässigte Zone, die warme und subtropische Zone, Chile und Australien verbreitet sind. In Europa kommen im Süden (auch in Istrien) ausser den auch in Mitteleuropa vertretenen Arten von rotblühenden Formen C. spicátum (L.) Fritsch und C. tenuiflórum (Hoffgg. et Link) Fritsch, von gelbblühenden C. maríti= mum (L.) Fritsch vor. Kritische Bemerkungen über die britischen Centaurium=Arten haben kürzlich J. A. Wehldon und C. E. Salmon in Journ. of Botany 63, 1925 bekannt gegeben, ebenso Ronniger über Nord= albanien in Mitteil. des Naturwiss. Vereins für Steiermark [II, 1915] und in Oesterr. Botan. Zeitschrift. Bd. CXIX, 1920, pag. 230.

    1. Stengel erst im Blütenstande verzweigt, am Grunde mit einer Blattrosette . . . . . . . . 2.

    1*. Stengel meist vom Grunde oder doch von der Mitte an gabelästig, ohne grundständige Blatt= rosette . . . . . . . . . . . . . . . . . . . . . . . . . . . . . . . . . . . . . . C. pulchellum nr. 2233.

    2. Stengelblätter länglich=eiförmig bis lanzettlich. Kelch beim Aufblühen halb so lang als die Kronröhre . . . . . . . . . . . . . . . . . . . . . . . . . . . . . . . . . . . . . . C. umbellatum nr. 2231.

    2*. Stengelblätter lineal bis lineal=länglich. Kelch beim Aufblühen so lang als die Kronröhre. Gern auf Salzboden . . . . . . . . . . . . . . . . . . . . . . . . . . . . . . . . . . . . C. vulgare nr. 2232.

---

[1]) κενταύριον το μικρόν [kentaúrion to mikrón] = kleines Kentaurion bei Dioskurides (Mat. med. III, 7), Name einer rotblühenden Pflanze, wahrscheinlich des Centaurium umbellatum. Nach Plinius (Hist. nat. XXV, 33) wurde das centaurion von dem Kentauren Chiron entdeckt; vgl. auch Tausendgüldenkraut.

[2]) Von griech. ἐρυθραῖος [erythraios] = rötlich; nach der Farbe der Krone.

**2231. Centaurium umbellátum** Gilibert (= C. mínus Moench, = C. vulgáre Raf., = Erythrǽa Centaurium Pers., = Gentiána Centaurium L., = Centauródes Centaurium O. Kuntze, = Chirónia Centaurium Curt.). E c h t e s  T a u s e n d g ü l d e n k r a u t. Franz.: Erythrée, petite centaurée, herbe à mille=florins, herbe à la fièvre, fiel de terre; engl.: Common centaury, pink centaury; ital.: Centaurea minore, caccia febbre, biondella, fiel de terra. Taf. 215, Fig. 1; Fig. 2947, 2948 und 2935a bis c.

Der Name T a u s e n d g ü(u)l d e n k r a u t, auch ein echter Volksname, wird als die missverständliche Uebersetzung des Artnamens centaurium (vgl. pag. 1968, Anm. 1) betrachtet (lat. céntum = hundert, aúrum = Gold), indem das „hundert" in das volkstümlichere „tausend" umgewandelt wurde mit Beziehung auf die (vermeintliche) hervorragende Heilkraft der Pflanze. Im Eichsfeld wird sogar ein M i l i j o n t o u z n k r u t aus dem Tausend= güldenkraut. Eine ähnliche Benennung ist das lothringische G o l d g ö l l e k r e i t c h e n [Goldguldenkräutchen] und T a u = s c h e n t k r â f t (Krain: Gottschee). G o t t e s g n â d e n k r û t (Nordthüringen), D ü l l h u n n s k r u t [gegen Tollwut] (Lüne= burg) und S t o h u p u n d g a h w e g (Mecklenburg), U n = p f e n n i g k r a u t [gegen das Ung'segnet=Rotlauf] beziehen sich auf die Heilkraft, G a l l k r a u t (Obersteiermark) auf den bitteren Geschmack der Pflanze. Mancherorts (z. B. im Elsass) ist das Tausendgüldenkraut unter den 9 Kräutern, die an Maria Himmelfahrt (15. August) in der Kirche geweiht werden, daher die Benennung M u a t t e r g o t t e s c h r u t (St. Gallen). Im Latein des Mittelalters hiess die Pflanze auch Aurina (lat. aurum = Gold), daher die niederdeutschen Namen A u r i n k e n, A u r i n i k e n, A u g e r i n k e n, G r i n k e n s (Mecklenburg), A u r i n (Wangerog), L a u r i n (Ostpreussen), O r i n k e n (Vorpommern), R o t o r i n k r u d (Altmark).

Pflanze 1= oder 2=jährig, kahl, 10 bis 50 cm hoch. Stengel aufrecht, einfach, erst oberwärts ästig, 4=kantig. Unterste Laubblätter verkehrt= eiförmig, stumpf, in einen Stiel verschmälert, meist 5=nervig, eine grundständige Rosette bildend; Stengelblätter länglich=eiförmig bis lineal=lanzettlich, spitz, sitzend, am Rande glatt. Blütenstand flach, gabelästig, doldenrispig gedrängt, später locker, stets gleich hoch bleibend, die in der Gabel stehende Blüte fast ungestielt. Kelch beim Aufblühen halb so lang als die Kronröhre; Kelchzähne lanzettlich, fein zugespitzt, 3=nervig. Krone 10 bis 15 mm

Fig. 2947. Centaurium umbellatum Gilibert, Schönramer Filz, Oberbayern. Phot. Georg Eberle, Wetzlar.

lang, rosarot (selten weiss), mit ziemlich flach ausgebreiteten, stumpfen, elliptischen, 5 bis 8 mm langen Zipfeln. Kapsel lineal=zylindrisch, 7 bis 10 mm lang, halb 2=fächerig, wenig bis $^1/_3$ länger als der Kelch. — VII bis IX.

Verbreitet und ziemlich häufig auf Waldschlägen, dürren, warmen Grasplätzen, in lichten Gebüschen, an Feldrainen, Ufern, Wegrändern, auf Aeckern, in Dünentälern; von der Ebene bis zirka 1400 m aufsteigend. Meist auf kalkreichem, lehmigem, doch auch auf san= digem und moorigem Boden.

A l l g e m e i n e  V e r b r e i t u n g: Fast ganz Europa (fehlt im Norden); Kaukasus, Persien; Nordafrika; in Nordamerika wohl nur eingeschleppt.

Aendert wenig ab. f. c a p i t á t u m (Chamisso). Trugdolde auch nach dem Verblühen dicht gedrungen (nicht verlängert). Staubblätter mit der Krone kaum verbunden (Selten). — Ausserdem gibt es zwischen kleinen, schmächtigen, wenigblütigen, auf dürrem Boden wachsenden, der Rosettenblätter entbehrenden Formen alle Uebergänge bis zu reichverästelten (bis 47 Zweigen vorhanden) und reichblütigen (bis 263 Blüten), üppigen

Formen (auf Aeckern) alle Uebergänge. Magere und schmalblätterige Formen (besonders im Herbst) nach dem Abmähen erinnern in der Tracht an die beiden folgenden Arten, von denen sie sich aber an den Blüten (Kronröhre doppelt so lang als die Kronzipfel) leicht unterscheiden lassen.

Die meist homogamen, wohl nektarlosen Blüten dieser und der beiden folgenden Arten schliessen und öffnen sich periodisch. Immerhin ist dieser Vorgang auf die Dauer von 5 bis 6 Tagen beschränkt. Die Heterostylie ist nicht oder nur wenig ausgebildet; zudem können lang- und kurzgriffelige Formen, die durch zahlreiche Mittelstufen verbunden sind, auf derselben Pflanze auftreten. Spontane Selbstbestäubung wird z. T. dadurch verhindert, dass die Narbe in gewissen Stadien seitwärts gebogen ist und die Staubblätter sich im gleichen Masse, in welchem sich die Antheren öffnen, nach der entgegengesetzten Seite biegen. Besondere Honigdrüsen fehlen; doch scheint im Grunde der Blüte saftreiches Gewebe vorhanden zu sein, das von dem Insektenrüssel angestochen wird. Nach G. Claus (Flora, 1926) wurde bei dieser Art Photo-, Thermo- und Seismonastie festgestellt. Und zwar sind die reizbaren Kronen gegen Wärme ziemlich unempfindlich, während sie auf Lichtunterschiede leicht reagieren. Das Temperaturminimum liegt bei 16 bis 17° C; doch öffnen sich die Blüten, wobei die einzelnen Kronzipfel sich nacheinander bewegen, im Freien erst bei 20 bis 22° vollständig. Abends schliessen sie sich bei 23 bis 24°, zuweilen bereits bei 26°. Während die Blüten am Spätnachmittage gegen sehr geringe Licht- und Temperaturschwankungen (ebenso gegen Stossreize) sehr empfindlich sind, lässt die Reaktion am Morgen auch bei Temperaturänderungen sehr lange auf sich warten. Die gelben Staubbeutel drehen sich beim Aufspringen (Taf. 215, Fig. 1 c) schraubenartig. Und zwar erfolgen nach W. Troll (Flora. Bd. 115, 1922) diese Drehungen offenbar postmortal und hygroskopisch; beim Befeuchten können sie rückgängig gemacht werden. Als Sitz der Torsion ist die innerste, dem Konnektiv am nächsten gelegene Schicht des Endotheciums, die aus Spiralzellen besteht, anzusehen. Die kugeligen, gelben Pollenkörner haben einen Durchmesser von 26 bis 28 $\mu$; die Exine zeigt eine feinnetzige Struktur (Fig. 2935 a, b und c). Als Bestäuber kommen pollenfressende Schwebfliegen, Fliegen, Bienen und Falter

Fig. 2948. Centaurium umbellatum Gilibert, Blütenstand. Niederkleen b. Wetzlar. Phot. Th. Arzt, Wetzlar.

in Betracht. Besonders diese letzteren bohren das saftreiche Gewebe des Blütengrundes an. Die kleinen, netzaderigen Samen werden durch den Wind verbreitet. Die Keimung derselben ist ganz vom Licht abhängig. Nach W. Kinzel's Untersuchungen keimten im Licht nach 13 bis 14 Tagen 98 bis 100%, während im Dunkeln bei der gleichen Temperatur nach 3 Jahren noch keine Keimung eingetreten war. Immerhin hatten auch diese letzteren die Keimkraft noch nicht eingebüsst. Von Abnormitäten kommen gelegentlich Pflanzen mit durchweg 3-gliederigen Blattquirlen vor, ferner 4-zählige Blüten und nach Hubert Winkler (Oesterr. Botan. Zeitschrift. Bd. CXXI, pag. 224) Fälle von Synanthie. Letztere trat besonders im Gynaeceum deutlich hervor (2 und mehr getrennte bis ± verwachsene Fruchtknoten); Kelch und Krone waren 9- bis 12-teilig. Von Schmarotzer-Pilzen wird einzig Peronóspora Chlórae De Bary genannt.

Das ganze Kraut liefert die noch heute offizinelle Droge Hérba Centaúrii minóris (Deutsches Arzneibuch VI [1927], Pharm. Austr., Helv.). Zu diesem Zwecke werden die oberirdischen Teile der blühenden Pflanze vom Juni bis September gesammelt und getrocknet. Das ziemlich bitter schmeckende Kraut enthält das durch Emulsin hydrolysierbare bittere Glykosid Erytaurin, daneben Zucker, Harz, ätherisches Oel und Schleim. In der Schulmedizin spielt das Kraut heute zwar fast keine Rolle mehr; dagegen weiss es die Volksmedizin, ebenso der Anhänger der Naturheilmethode noch sehr zu schätzen. Das Pulver darf weder Haarbildungen noch Kalziumoxalatraphiden (von Epilobium herrührend) enthalten. Der aus dem getrockneten Kraute bereitete Tee oder Likör wird getrunken bei chronischem Magenkatarrh (als Stomachicum) und den ihn begleitenden Erscheinungen, namentlich gegen die Pyrosis, sowie gegen eine etwa gleichzeitig mitbestehende Obstipation und gegen Hämorrhoidalbeschwerden, ferner gegen Impetigo und andere chronische Ekzeme, dann als Amarum, Antipyreticum, gegen Blutungen (mit Bezug auf die rote Blütenfarbe!), als blutstillendes Mittel (im Vogtlande), gegen Tollwut, Zahnschmerzen usw. In Steiermark wird gegen skrofulöse Augenleiden 6 Wochen lang täglich ein Tee von Nussblättern und Tausendgüldenkraut getrunken. Die wendischen Frauen trinken den Tausendgüldenkraut-Tee gegen Amenorrhoe. In Bayerisch-Schwaben wird dem Vieh bei Blutharnen das

Tafel 215

## Taf. 215.

Fig. 1. *Centaurium umbellatum* (pag. 1969). Habitus.
„ 1 a. Blüte aufgeschnitten.
„ 1 b. Junger Fruchtknoten.
„ 1 c. Staubbeutel.
„ 1 d, e. Samen.
„ 2. *Gentiana Pneumonanthe* (pag. 2000). Habitus.
„ 2 a. Blüte, aufgeschnitten.
„ 3. *Gentiana asclepiadea* (pag. 1998). Blühender Spross.

Fig. 4. *Gentiana Cruciata* (pag. 2004). Blühender Spross.
„ 5. *Gentiana ciliata* (pag. 2028). Habitus.
„ 6. *Gentiana utriculosa* (pag. 2023). Habitus.
„ 6 a. Fruchtknoten mit Narbe.
„ 7. *Gentiana Germanica* subsp. eu-Germanica (pag. 2038). Habitus.
„ 8. *Gentiana campestris* (pag. 2029). Habitus.
„ 8 a. Junge Frucht.
„ 8 b. Samen.

Kraut ins Futter gemischt. In Ostpreussen (Tolkemit) gilt der Tee als ein beliebtes Mittel gegen den „Kater"! Wie Bibernell gehört nach einer ostpreussischen Sage auch das „Laurin" genannte Tausendgüldenkraut zu jenen Pflanzen, deren Heilkraft während der Pestzeit von einem Vogel verkündet wurde. Dann gilt es wie viele andere rotblühende Pflanzen als antidämonisches Mittel gegen Hexen und allen bösen Zauber, ferner als Liebesorakel für die Mitgift, zur Abwehr von Unwetter (in Burgau in Schwaben soll es jedoch gerade den Blitz anziehen) usw. In der Bayreuther Gegend wird es während des Mittagläutens gepflückt und im Geldtäschchen getragen; dann geht das ganze Jahr das Geld nicht aus (Näheres hierüber bei Hrch. Marzell, Unsere Heilpflanzen 1922 und Bayerische Volksbotanik 1926). In Therwil bei Basel werden nach Christ Tausendgüldenkraut, Schafgarbe, Bibernell und Lichtnelken zusammengebunden, gesegnet und ans Vieh verfüttert, damit es gut gedeihe und nicht verhext werde. Wahrscheinlich war das Tausendgüldenkraut den antiken Aerzten als kleines Centaurium (sie unterschieden ein grosses und ein kleines) bekannt (pag. 1968 Fussn. 1). Bei Dioskurides ist es ein Wund- und Augenmittel, Emmenagogum, und führt die galligen und dicken Säfte durch den Stuhl ab. Von den Römern wird es fel terrae (= Erdgalle) genannt, wohl wegen seines sehr bitteren Geschmacks. Auch bei K. v. Megenberg ist die „Erdgallen" nicht unbekannt. Mattioli (1586) bezeichnete die Pflanze als Bleichmittel für die Haare. Leonhard Fuchs gibt in seinem New Kreuterbuch (1543) eine gute Abbildung von der Pflanze. Verfälschungen der Droge kommen gelegentlich durch Epilobium angustifolium und Silene Armeria vor. Der rote Farbstoff in den Blüten ist gegen den Einfluss des Lichtes ausserordentlich widerstandsfähig und scheint sich mehr als 30 Jahre erhalten zu können. Nach Th. Lippmaa finden sich in den Kron- (und z. T. in den Kelch-) blättern der Centaurium-Arten Anthocyanine, die nicht frei im Zellsaft gelöst sind, sondern vielmehr an einen als Anthocyanophor bezeichneten Körper (wohl eine schleimige Substanz) gebunden sind. — Aus dem Absud der Pflanze, besonders bei Zusatz von Kochsalz, Alaun oder Zinn, kann eine sattgelbe Farbe gewonnen werden.

Eine ähnliche Anwendung finden zuweilen auch unsere beiden anderen einheimischen Arten, sowie Centaurium (Erythræa) Chilénse (= Gentiána Peruviána Lam., = E. Canchaláguan R. et S.), welche Art auf den Hochgebirgen von Chile bis Mexiko vorkommt und als Hérba Canchaláguae bei den Eingebornen gegen Schlangenbiss wirksam sein soll, andrerseits als Anthelminticum (gegen Würmer), Tonicum, Stomachicum, Emmenagogum und Febrifugum benützt wird.

**2232. Centaurium vulgáre** Raf. (= Erythræa lineariifólia Pers., = E. litorális Fries, = E. compréssa Hayne). Strand-Tausendgüldenkraut. Fig. 2949.

Ein- oder zweijährig, kahl oder behaart, 5 bis 25 (40) cm. Stengel kantig, aufrecht, erst oberwärts verzweigt, seltener einfach. Untere Laubblätter stumpf, lanzettlich, rosettenartig gehäuft; Stengelblätter schmal, lineal-länglich bis linealisch, oft zungenförmig, spitz, meist 3-nervig, am Rande ziemlich glatt, etwas fleischig. Blüten der flachen Trugdolde zuerst gleich hoch, doldenrispig, später spirrenartig auseinander gezogen und die Blüten in verschiedener Höhe stehend; Äeste stark verlängert. Krone lebhaft rosarot; Kronzipfel fast so lang wie die Röhre. Kelch beim Aufblühen fast so lang als die Kronröhre (Fig. 2949 c). — VII bis IX (zuweilen nochmals im Oktober).

Sehr zerstreut auf feuchten, torfigen Wiesen (gern auf Ameisen- und Maulwurfshaufen), in flachen Dünentälern, auf Strandweiden, in ausgetrockneten Gräben, an grasigen Abhängen; mit Vorliebe auf salzhaltigem Boden.

In Deutschland verbreitet und stellenweise massenhaft an der Küste der Nord- und Ostsee (neuerdings aber in Ostpreussen nicht beobachtet); ausserdem vereinzelt im Binnenlande an salzhaltigen Stellen, so in Brandenburg, in Thüringen und in der Provinz Sachsen bei Artern, Eisleben, Borxleben, Sulza, Alperstedter Pferderried bei Erfurt, mehrfach auf Zechstein-Gips bei Frankenhausen, Schiffgraben bei Wulferstedt, Braunschweig (Uthmöden). — In Oesterreich anscheinend nur die var. uliginosum (siehe dort). — In der Schweiz ganz fehlend.

Allgemeine Verbreitung: Meeresküsten von Skandinavien, Dänemark, Finnland, Norddeutschland, Belgien, Holland, Grossbritannien und Nordwestliches Frankreich, selten auch im Binnenland, in Oesterreich, Ungarn und Südrussland.

Aendert ab: f. húmile (Zabel). Stengel zart, kurz, vom Grunde an in dichtstehende, 1- oder wenigblütige Aeste geteilt (Standortsformen. Auf alten Maulwurfshügeln beobachtet). — f. subprocúmbens (Wittrock). Pflanze mit niederliegenden, aufsteigenden Stengeln und mit langen Blütenstielen (Früher in Ostpreussen beobachtet). — f. glomerátum (Wittrock). Trugdolde dicht. Staubblätter unterhalb des Schlundes der Krone eingefügt. — f. latifólium (Marsson). Laubblätter verkehrt-eiförmig bis lanzettlich-eiförmig. — Wichtiger ist: var. uliginósum (Kit.) Wittrock (= Centaurium vulgáre Beck). Stengel, Blattränder und Kelchkanten ± dicht kurzhaarig-rauh. Anscheinend im Binnenland (ob ausschliesslich), so um Magdeburg, in der Altmark, in Brandenburg, Pommern (Pyritz, Madü-See), in Oesterreich in Mähren (Otnitz, Czeitsch), in Böhmen (Elbeniederung, Chorudim, Opočno) und in Niederösterreich (im Gebiete der pannonischen Flora), jedoch kaum in Steiermark (früher von Graf bei St. Gotthard nächst Graz angegeben).

C. vulgare ist eine salzliebende Art, die einerseits im westeuropäischen Küstengebiet, andererseits im Gebiete der pannonisch-pontischen Flora auftritt, also eine „Strand-Steppenpflanze" darstellt. Viele Autoren halten die beiden Pflanzen (C. vulgare und var. uliginosum), die morphologisch schwer auseinander zu halten (dafür spricht auch die wenig geklärte Nomenklatur) für zwei gute Spezies. — Im norddeutschen Küstengebiet tritt das Pflänzchen mit Vorliebe auf Salztriften auf sandiger bis sandiglehmiger Unterlage auf. In den flachen, nicht bewachsenen Dünentälern scheint C. vulgare das echte Tausendgüldenkraut zu vertreten und erscheint daselbst zuweilen massenhaft (so auf den Ostfriesischen Inseln, besonders auf Langeoog) neben Juncus Balticus, Rhynchospora alba und Rh. fusca, Drosera rotundifolia, Dr. Anglica und Dr. intermedia usw. Bei Frankenhausen am Kyffhäuser kommt es auf den grasigen, etwas feuchten Gipshügeln zwischen Sesleriarasen vor. Immerhin tritt es dort nach August Schulz nicht alljährlich in gleicher Individuenzahl auf und kann in einzelnen Jahren sogar ganz ausbleiben.

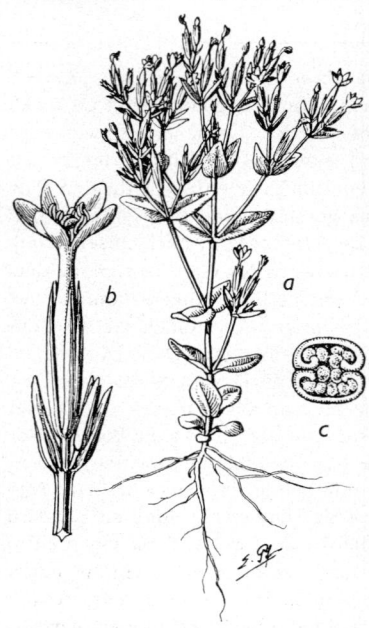

Fig. 2949. Centaurium vulgare Raf. *a* Habitus. *b* Blüte. *c* Fruchtquerschnitt.

**2233. Centaurium pulchéllum** (Sw.) Druce (= Erythræa ramosíssima Pers., = E. inapérta Schlechtend., = E. pulchélla Fries, = Gentiána ramosíssima Vill., = G. pulchella Sw., = G. ramosíssima Vill., = Centaurium inapertum Raf.). Aestiges Tausendgüldenkraut.
Fig. 2950.

Pflanze 1- oder 2-jährig, (0,9) 2 bis 15 (21) cm hoch, kahl. Stengel 4-kantig, meist vom Grunde an wiederholt gabelästig, mit aufrecht abstehenden Aesten, sehr selten einfach. Grundblätter gegenständig, nicht rosettig gehäuft, rundlich bis eiförmig, stumpf; Stengelblätter spitz, alle 5-nervig. Blüten eine lockere Trugdolde bildend, alle gestielt, 10 bis 15 cm lang. Kelchzähne schmal-lineal, anliegend, etwas kürzer als die Kronröhre (Fig. 2950 c). Krone dunkelrosa, selten weiss, 10 bis 15 mm lang; Kronzipfel elliptisch, 3 bis 5 mm lang. Kapsel walzenförmig, 7 bis 10 mm lang. — VI bis X.

Zerstreut (stellenweise fehlend) und in kleinen Gruppen auf feuchten, tonigen Aeckern, Stoppelfeldern, Wiesen, in feuchten Flurwegen, Karrengeleisen, Lehmgruben, Steinbrüchen, Gräben, Sümpfen, Lachen, auf Schwemmland, Schlickboden, in Dünentälern; fast nur in der

Ebene und in den Tälern, nur vereinzelt bis 1200 m aufsteigend. Gern auf salzhaltigem Boden, doch auch auf lehmigem, sandigem oder torfigem Grunde.

Allgemeine Verbreitung: Fast ganz Europa (fehlt nur ganz im Norden; nördlich bis zu den Hvalöern, bis Südnorrland, Åland, Nystad, Satakunta); West- und Zentral-Asien; Nordafrika.

Aendert ab: var. simplicíssimum (Schmidt) Fr. Zimmermann (= f. palústre [Gaudin] Schinz et Keller, = Erythraea simplicíssima Schmidt, = E. nána Hegetschw., = E. ramosissima Pers. var. pulchélla Grisebach). Pflänzchen 0,9 bis 5 cm hoch. Stengel einfach, sehr dünn, meist nur 1- bis 3-blütig. Blüten 5- oder 4-zählig, zuweilen heterostyl. In Sümpfen und Strandmooren. — var. Meyéri Bunge. Pflanze schlanker und höher (16 bis 21 cm hoch), langgliederiger und erst oberwärts verzweigt. Laubblätter länglich, bis 2 cm lang. Krone meist weiss (Selten in Norddeutschland).

Diese Art ist die kleinste und kleinblütigste von den einheimischen Centaurien und wechselt in der Grösse stark, von 0,9 mm bis 5 cm. Von C. vulgare und C. umbellatum unterscheidet sie sich leicht durch die dunkleren Blüten. Diese öffnen sich zwischen 10 und 12 Uhr vormittags und schliessen sich zwischen 3 und 4 Uhr nachmittags. Die Blütedauer beträgt 6 Tage. Da das Abbiegen der Narbe von den Antheren nicht so deutlich ausgesprochen ist wie bei C. umbellatum, ist Fremd- und Selbstbestäubung möglich. Nach August Schulz kommt auch Heterostylie in Betracht.

Von den auf Bittersalzboden bei den Jenaer Teufelslöchern vorkommenden Zwergformen, die der var. simplicissimum entsprechen dürften, gibt Günther Schmid (in den Berichten der Deutschen Botan. Gesellsch. Bd. XXXVIII, 1920) ausführliche Mitteilungen. Danach schwankt die Höhe der Pflänzchen von 0,9 mm bis 4 cm (im Mittel 2,2 cm). Der Stengel trägt 2 bis 3 Blattpaare und schliesst gewöhnlich mit einer einzigen Blüte ab. Es zeigt sich, dass mit dem Zwergwuchs eine Veränderung im Blütenbaue einhergeht, dass also eine Korrelation besteht. Die 5-zählige Blüte wandelt sich in eine 4-zählige um, öfters unter gleichzeitiger Verkürzung der Krone. Uebrigens gibt es alle Uebergänge zwischen der Vier- und Fünfzähligkeit. Dass es sich bei dieser Zwergform, die an verschiedenen Stellen

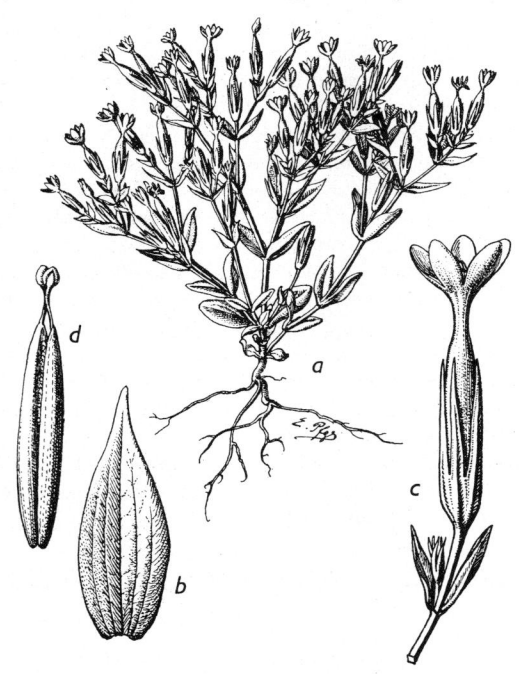

Fig. 2950. Centaurium pulchellum (Sw.) Druce. *a* Habitus. *b* Laubblatt. *c* Blüte. *d* Fruchtknoten mit Narbe.

beobachtet worden ist, um eine nicht erbliche Standsortsform handelt, geht aus den Beobachtungen von August Schulz bei Münster in Westfalen hervor. Dort kam die Art in der zweiten Hälfte der siebziger Jahre auf Heideland in einer meist 1-blütigen Zwergform vor. Nach Umwandlung des betreffenden Stück Bodens in Gartenland erhielt sich die Art, erschien jedoch bald in einer bedeutend grösseren, mehrblütigen und stark verzweigten Form. Nach Mitteilungen von K. Bernau verschwand die Art auf der neuentstandenen Salzflorenstätte bei Halle (beim Bahnhof Trotha) nach 2 bis 3 Jahren wieder vollständig.

Als Bastarde werden genannt: Centaurium vulgare Raf. × C. pulchellum (Sw.) Druce (= C. Aschersoniánum [Seemen]) von den Ostfriesischen Inseln und C. umbellatum Gilibert × C. vulgare Raf. ehemals von Klatt auf der Westerplatte unter den Eltern beobachtet. Der letztere Bastard erinnert durch die grossen Blüten, deren Kronlappen breit-eiförmig sind, an C. vulgare.

## DXCVII. Swértia[1]) L. Tarant.

Einjährige oder perennierende, aufrechte, selten auch klimmende (S. scándens Th. Fries am Kenia), einfache oder stark verzweigte Kräuter, mit gegenständigen oder zuweilen ± abwechselnden, am Grunde oft ziemlich langgestielten Laubblättern. Blüten bläulich, stahlblau, gelb oder weisslich, in lockeren oder dicht gedrängten, rispenartigen oder traubigen

---

[1]) Benannt nach dem holländischen Gärtner Emanuel Swert, welcher 1612 (Frankfurt a. M.) ein Florilegium herausgab. Die meist übliche Schreibweise Sweertia ist also unrichtig.

Cymen, oft lang gestielt. Krone mit sehr kurzer Röhre, mit 4 oder 5 radförmig ausgebreiteten, länglichen Zipfeln; letztere häufig nahe dem Grunde 1 bis 2, manchmal von einem Haarkranz oder einem Läppchen bedeckte Nektardrüsen tragend. Staubblätter 4 bis 5 in verschiedener Höhe der Kronröhre eingefügt, zuweilen in den Buchten der Kronlappen stehend; Staubbeutel am Grunde ± pfeilförmig. Fruchtknoten 1=fächerig; Griffel kurz oder fast fehlend, mit ± kopfiger oder 2=lappiger Narbe. Samen ei= oder kreisförmig, meist ± geflügelt.

Zu der Gattung zählen über 70 einander ausserordentlich nahe stehende Arten, die über Europa, Afrika und Amerika verbreitet sind. In Europa kommen ausser nr. 2234 einzig S. alpéstris Schur und die gelbblühende bis 1 m hohe S. punctáta Baumg. in Siebenbürgen (ausserdem im Kaukasus) vor. Vierhapper rechnet die Gattung allerdings zusammen mit den Gattungen Fraséra und Lomatogónium zum borealen Zweig des arktotertiären Stammes der autochthonen Flora der Alpen, ähnlich wie die Gattungen Delphinium, Aconitum und viele Primeln. In Ostasien ist der ganze Formenkreis in den niederen Zonen mit vielen wärmeliebenden Arten ausgestattet und bringt im westlichen China, Tibet und Himalaya viele Oreophyten (Gebirgspflanzen) hervor, die teils bis Westasien reichen. Nach neueren Untersuchungen spielen die Swertien in den hochmontanen und alpinen Stufen der afrikanischen Hochgebirge eine fast ebenso hervorragende Rolle wie die Gentiana=Arten in den Gebirgen von Europa, Asien und Amerika. Thore C. E. Fries (Notizblatt des Botanischen Gartens und Museums zu Berlin=Dahlem. Bd. VIII [1925] nr. 77) kennt 20 Arten, von denen die allermeisten auf verschiedenen ost= und zentralafrikanischen Gebirgen endemisch sind und einander vertreten können. So kommt auf dem Kenia und dem Mount Aberdare, deren alpine Stufen nur 50 bis 60 km von einander entfernt sind, nicht eine einzige gemeinsame Art zu.

Als Droge wird gelegentlich das „Chirata"= oder „Chiraytakraut" (Hérba Chirátae Indicae) als Tonicum, Amarum, Stomachicum (auch als Likör), Anthelminticum, Antifebrile usw. an Stelle von Gentiana oder Centaurium gebraucht. Sie stammt von S. Chiráta Buch.=Ham. (= Ophélia Chiráta Griseb., = Agathódes Chirayta D. Don.) aus den nördlichen Gebirgen von Ostindien. Bei den Hindus steht sie seit uralter Zeit als Magen=, Fieber= und Wurmmittel in hohem Ansehen. Im Sanskrit führt sie die Namen Kiráta=tikta, Rhunimba, Anárya=tikta. In England wird das Kraut seit 1829 medizinisch verwendet, ebenso in Portugal und in Amerika. Es enthält das sehr bittere Glykosid Chiratin ($C_{26}H_{48}O_{15}$). Als schwächer wirkender Ersatz des Chirayta werden S. angustifólia Buch.=Ham., S. aláta Royle, S. affinis Clarke usw. genannt.

**2234. Swertia perénnis** L. (= Gentiána palústris All., = G. paniculáta Lam.). Moor=Tragant. Taf. 214, Fig. 4; Fig. 2951 und 2952.

Im Saanenland (Berner Oberland), wo die Pflanze die Mööser stellenweise oft ganz violett färbt, führt sie den Namen „Heinggene".

Ausdauernd, (8) 15 bis 60 cm hoch, kahl. Stengel aufrecht, kantig, einfach, braunrot oder violett überlaufen. Grundachse walzlich, mit zahlreichen Nebenwurzeln. Untere Laubblätter einander genähert, eiförmig oder elliptisch, stumpf, in den Blattstiel verschmälert, mit kräftigem Mittelnerven, 1 bis 2 cm breit; die oberen entfernt, in der Regel gegen=, seltener wechselständig, ungestielt, halbstengelumfassend, länglich=lanzettlich, mehrnervig. Blüten zu einer traubenförmigen, schmalen Trugdolde vereinigt, 5=zählig. Blütenstiele geflügelt=4=kantig. Kelch 5=teilig; Kelchzipfel grünlich, lineal, zugespitzt, etwas violett überlaufen. Krone radförmig, stahlblau bis schmutzig=violett (selten gelblichgrün), dunkler punktiert oder gestrichelt, am Grunde grünlich, ausnahmsweise auch weiss; Kronzipfel 10 bis 16 mm lang, spitz, am Grunde mit 2 gefransten, offenen, dunkelvioletten Honiggrübchen (Taf. 214, Fig. 4b). Staubblätter fast doppelt so lang als die Fruchtknoten; Antheren fast pfeilförmig. Griffel fehlend; Narbe 2=lappig. Kapsel eiförmig, 10 bis 12 mm lang, 1=fächerig, 2=klappig fachspaltig aufspringend. Samen zahlreich, flach, ringsum ungleich geflügelt (Taf. 214, Fig. 4c), 2 mm breit. — VII bis IX.

Stellenweise reichlich auf Mooren, in Brüchen, auf sumpfigen, moorigen Wiesen, an Tümpeln, in Quellsümpfen der montanen und subalpinen Stufe (in Tirol [Ahrntal] bis 2260 m, in Steiermark [Gipfel des Rinsennock bis 2330 m] ansteigend), der Alpen und höheren Mittelgebirge, ausserdem im östlichen und mittleren Norddeutschen Flachlande.

In Deutschland in Bayern (besonders häufig auf der Hochebene westlich vom Inn, östlich davon nur bei Niederaschau (Bärnsee), Uebersee und Bergen, ausserdem im Alpengebiet bei Oberstdorf (bis 1450 m), im Straussbergmoos westlich des Imbacher Horns, bei Pfronten, Faulenbachertal u. a. O. bei Füssen, Pulling bei Freising [früher auch Au bei Dinkelscherben] und am Grossen Arbersee im Bayerischen Wald; fehlt sonst nördlich der Donau vollständig), in Württemberg (bei Onstmettingen im Oberamt Balingen, sonst nur im Oberland bei Langenau nächst Ulm, Pfrungen, im Wurzacher Ried, Wolfegg [ob noch?] Rot, Rötsee [ob noch?], Immenried), in Baden (im Pfrunger-, Burgweiler- und Taubried bei Pfullendorf, im Aitrachgebiet bei Riedöschingen und Kommingen, früher auch auf dem Zollhausried, im Jura in Birkenried bei Pfohren und bei Geisingen, im Schwarzwald [hier sehr gefährdet!] zwischen Seebuck und Feldsee [auf Gneis] und Osterrain und Baldenweger Buck), im höhern Erzgebirge (von Platten im Westen bis in die Gegend von Kupferberg bis 1150 m), im Isergebirge (Buchberg), Riesengebirge, Gesenke (Grosser und Kleiner Kessel, Berggeist), im Norddeutschland in Ostpreussen (zwischen Grabenhof und dem Naujokener Wald, bei Jungferndorf, Bischofstein, Nassawen, Bel. Pelkawen, Johannisburg, Snopkenbruch), in Westpreussen zwischen Guttowo und Ruda im Kreis Strasburg, bei Wilhelmstal, Zwangsbruck, Konsau, Sady und beim Abrausee im Kreis Tuchel), in Posen (Chojnica, Strzeszynomühle, Schroda, Schubin; früher auch bei Tulce), in Pommern (Regathal bei Schievelbein, Loitz bei Stolp; angeblich auch bei bei Sorkow), in Brandenburg (besonders in der Uckermark, bei Fehrbellin, Randowbruch, Uckerbruch bei Dauer, Marienfliess, Neuensun bei Strasburg, Marienbruch bei Eberswalde, Franztal bei Driesen, bei Arnswalde), in Neuvorpommern, im östlichen Mecklenburg (bis Malchin-Krivitz), westlich bis Lübeck (Rotenhausen [ob noch] und im Curauer Moor bei Schwinkenrade und Malkendorf) und bis ins Delvenautal (Lauenburg) bei Göttin und Siebeneichen, Escheburg, Ratzeburgersee und Mölln. Fehlt in Franken, Thüringen und in den Vogesen, ebenso im ganzen Westen vollständig. — In Oesterreich ziemlich verbreitet; in Mähren einzig im Hochgesenke, in Böhmen im Riesengebirge, Iser- und Erzgebirge, sowie im Böhmerwald, in den übrigen Teilen vor allem in der montanen und subalpinen Stufe der Alpen und besonders in den Tälern der Kalkzone. — In der Schweiz ziemlich verbreitet in den Bergen und Voralpen (nördlich bis zum Gurnigel, Reutigenmoos, Walchwil, Risch, Hemberg, Gonten) und im Jura, fehlt aber im Tiefland (Genf, Solothurn, Aargau, Basel, Schaffhausen und Thurgau) und z. T. in den Zentralalpen (so im Tessin und Uri; in Graubünden sehr selten: nur auf der Lenzerheide 1490 bis 1650 m und am Bual bei Lenz; für das Wallis [Thyon] fraglich). Im Kanton Zürich einzig bei Gibswil-Fischenthal (1897 von Hegi entdeckt), bei Weberrüti nächst Samstagern und neuerdings (1918) am Hüttnersee 660 m wiederum festgestellt. Am Werdenbergersee bei Buchs ausgestorben.

Fig. 2951. Swertia perennis L., Blütenstand. Am Katschbergpaß. Phot. Th. Arzt, Wetzlar.

Allgemeine Verbreitung: Pyrenäen, Frankreich (Gebirge), Nord- und Mittel-Italien, Mitteleuropa (nördlich bis Lauenburg, Pommern, Ingrien [Quellgebiet des Oredesch], Estland), Karpaten, Balkan (Montenegro), Süd- und Mittelrussland; gemässigtes und subtropisches Asien, Kaukasus, Sibirien bis Japan; Nordamerika (die var. obtúsa Ledeb. in den Rocky Mountains).

Aendert wenig ab: f. húmilis Hegi. Pflanze niedrig, nur 8 bis 15 cm hoch, gedrungen und stark verzweigt. In Oberbayern auf abgetorften Mooren als Neuansiedler.

Swertia perennis ist einerseits eine Pflanze der montanen und subalpinen Stufe der Alpenkette und der höheren Mittelgebirge (Sudeten, Böhmerwald, Schwarzwald; fehlt den Vogesen, Franken, Thüringen und dem Harz), andrerseits eine Pflanze der Norddeutschen Tiefebene (nordwestlich bis Lauenburg). In den Alpen und deren

Vorland zeigt sie wenigstens stellenweise auch eine entschiedene Vorliebe für die kalkreichen Flachmoore und erscheint daselbst zuweilen in grösseren Kolonien im Molinietum, in den Phragmites-Equisetum palustre-Beständen, im Parvocaricetum und Trichophoretum, sowie am Rande von Moorwäldern, gern in Gesellschaft von Molinia caerulea, Phalaris arundinacea, Carex flava subsp. lepidocarpa, Carex stellulata, C. Hostiana, C. panicea und C. pulicaris, Parnassia palustris, Hypericum acutum, Aconitum Napellus, Gentiana Pneumonanthe und G. asclepiadea var. cruciata, Galium boreale, Serratula tinctoria, Crepis paludosa und C. mollis, Succisa pratensis, Cirsium palustre usw. Im Murnauermoor ist sie im Phragmitetum (Fig. 2952) vergesellschaftet mit Peucedanum palustre, Saxifraga Hirculus und Aspidium cristatum. Stellenweise, so nach Aubert im südlichen Schweizer Jura und nach Nevole im Hochschwabgebiet in Obersteiermark, erscheint sie auch im Hochmoor, in den Ostalpen ferner (Lavant-aleralpen) im Alnetum viridis, in Quellfluren mit Allium foliosum, Cardamine amara, Sedum roseum und S. villosum, Saxifraga aizoides und S. stellaris, Trifolium badium, Epilobium alsinifolium, Juncus triglumis u. a., nach Scharfetter sogar im Curvuletum. Nach Domin gehört Swertia im böhmischen Erzgebirge in der Regel nicht den sich in reger Entwicklung befindenden Hochmooren an, sondern den sie meist begleitenden Torfwiesen, wie z. B. unter dem Gipfel des Keilberges. An vielen Orten der Sudeten, wo sie zuweilen wie im kleinen Kessel massenhaft auftritt, bewohnt sie quellige, durchnässte Stellen nahe oder über der oberen Waldgrenze. Solche Bestände stehen nach Alois Zlatnik ökologisch den Philonotis-Quellfluren sehr nahe und ertragen eine vorübergehende Trockenheit. Hier wächst dann Swertia auf feuchtem Geröll oder berieselten Felsen häufig zusammen mit Chiloscyphus polyanthus, Hypnum chrysophyllum, Primula minima und Pedicularis Sudetica. In der Tatra erscheint Swertia im Caricetum firmae. In Westpreussen gehört sie nach Scholz wiederum den Wiesenmooren an neben Dianthus superbus, Saxifraga Hirculus (Bd. III, pag. 621), Pedicularis sceptrum Carolinum, Epipactis palustris, Tofieldia calyculata, Liparis Loeselii; andrerseits tritt sie auch in Brüchen auf in Begleitung von Betula humilis, Salix repens, Pimpinella magna, Serratula tinctoria, Succisa pratensis usw. Hinsichtlich der Bodenunterlage scheint Swertia also nicht sehr wählerisch zu sein. — Die $\pm$ proterandrischen, stahlblauen Blumen besitzen im Grunde 10 von Fransen bedeckte, dunkelviolette Honignäpfchen, die von Fliegen und Käfern aufgesucht werden. Ein Oeffnen und Schliessen der Blüten wie bei vielen Enzianen findet nicht statt. Dagegen führen nach Celakovský die Staubblätter während der Blütezeit periodische Bewegungen aus zur Narbe und zuletzt von derselben zurück zu der ausgebreiteten Krone, und zwar geschieht dies in einer bestimmten Reihenfolge (ähnlich wie bei Parnassia). Ab und zu verkümmern einzelne Staubblätter, ebenso der Stempel. Auch können gelegentlich 4- oder 6-zählige Blüten (zuweilen mit einem dritten Stempel) auftreten, ferner vergrünte Blüten mit Sprossungen aus den Achseln der Kelch- oder Kronblattabschnitte. Wechselständige Laubblätter, sowie eine seitliche Verwachsung der Blattpaare sind gleichfalls festgestellt worden. Die Exine der eiförmigen, 26 $\mu$ breiten und 46 $\mu$ langen Pollenkörner ist mit einer gleichmässigen deutlichen Netzstruktur versehen. — Im Schweizer Jura (Kanton Neuenburg) und in Baden steht Swertia perennis auf der Liste der geschützten Pflanzen.

Fig. 2952. Swertia perennis L., im Flachmoor (Murnauermoor in Oberbayern. Phot. M. Lutz u. G. Hegi, München.

## DXCVIII. Lomatogónium[1]) A. Br. (= Pleurogýna[2]) Eschscholz, = Narkétis Rafin.). Saumnarbe, Fransenkante.

Die Stellung dieser Gattung ist eine viel umstrittene. Wulfen, der unsere Pflanze am 13. August 1775 im Mölltale in Oberkärnten entdeckte, beschrieb sie (in Jacquin Miscellan. tom. II, pag. 53) als Sweertia carin-

---

[1]) Vom griech. λῶμα [lóma] = Band und γυνή [gyné] = Weib.

[2]) Vom griech. πλευρά [pleúra] = Rippe, Seite und γυνή [gyné] = Weib (hier Fruchtknoten). Die Narben sind mit den Nähten der Fruchtblätter verwachsen.

thiaca. **Froelich** bezeichnete sie dann 1796 in seiner Dissertation „de Gentiana" als Gentiana carinthiaca. Auch in den späteren Floren von **Roth**, **Host**, **Schulthes**, **Mertens**, **Koch** usw. verblieb sie unter dieser Bezeichnung. **Eschscholz** stellte dann 1826 die Gattung Pleurogýna (nicht Pleurogyne, wie man den Namen seit **Grisebach** allgemein geschrieben hat!) auf, welche Schreibart auch G. **Don** beibehalten hat. Als dann Alexander **Braun** unsere Pflanze im Jahre 1828 in den Heiligenbluter Tauern fand, glaubte er auf Grund seiner Beobachtungen das neue Genus Lomatogónium aufstellen zu müssen. Später wies E. **Knoblauch** (Botanisches Zentralblatt. Bd. LX) darauf hin, dass sich Pleurogyna als selbstständige Gattung nicht aufrecht erhalten lasse, vielmehr mit der Gattung Swertia vereinigt werden müsse, da einerseits Swertia-Arten ohne Honiggrübchen und ohne Griffel vorkommen, während anderseits das Herablaufen der Narbe auf den Bauchnähten des Fruchtknotens bei manchen Pleurogyna-Arten fehle, nicht konstant sei oder sonst variiere. **Knoblauch** vereinigte deshalb die bis dahin bekannten Pleurogyna-Arten zu einer Sektion Pleurogyna der Gattung Swertia. Später hebt dann **Wettstein** (Oesterr. Botan. Zeitschrift. Bd. XLVI, 1896) die innigen Beziehungen der von ihm neu aufgestellten Sektion Comastoma zu Pleurogyna vor, wohin u. a. Gentiana tenella und G. nana gehören. Darnach haben die Vertreter dieser Sektion mit Lomatogonium Carinthiacum folgende Merkmale gemeinsam: die vom Grunde ausgehende Verzweigung, das sackartige Anhängsel am Grunde der breiteren Kelchblätter, die sitzende Narbe und namentlich die der Leitbündel entbehrenden, gefransten Schuppen der Krone. Diese bei einzelnen Enzianen aus der Sektion Endotricha vorkommenden Schlundschuppen enthalten Leitbündel (Fig. 2955c, e) und sind als Emergenzen zu betrachten, während die ersteren wohl in die Kategorie der Trichome gehören. Darnach scheint also Pleurogyna der Gattung Gentiana ebenso nahe zu stehen wie der Gattung Swertia. Nach **Fernald** (Rhodora. XXI, 1919) ist jedoch nur mehr die Benennung Lomatogonium zulässig. Für Europa kommt ausser nr. 2235 einzig noch L. **rotátum** (L.) Eschsch. in Betracht, ein über das ganze arktische Gebiet, über Nordasien (hier nach Süden bis China, Japan und den Altai vordringend) und Nordamerika (bis Colorado) verbreitetes Pflänzchen.

Fig. 2953. Lomatogonium Carinthiacum (Wulfen) Rchb., im Avers (Schweiz). Phot. W. Heller, Zürich.

**2235. Lomatogonium Carinthíacum** (Wulfen) Rchb. (= Pleurogýna Carinthiaca G. Don, = Pleurogyne Carinthiaca Grisebach, = Swéetia Carinthiaca Wulfen, = Gentiána Carinthiaca Froelich). **Kärntner Tauernblümchen.** Taf. 214, Fig. 5; Fig. 2953, 2954, 2955c und 2935d.

Pflanze 1-jährig, 1,5 bis 13 cm hoch, kahl. Stengel kurz, meist vom Grunde an verästelt, seltener einfach, aufrecht, 4-kantig. Grundständige Laubblätter kurz gestielt, länglich, stumpf, nicht rosettig gehäuft; die oberen eirund-länglich, spitz, ungestielt, mehrnervig. Blüten 1 bis 123, auf sehr langen, 4-kantigen Stielen einzeln endständig, 5- (selten auch 4-)zählig, 6 bis 24 mm im Durchmesser. Kelch tief 5-teilig; Kelchzipfel lanzettlich-eiförmig, 3-nervig, länger als die kurze Kronröhre, ungefähr halb so lang als die Kronzipfel, am Grunde in ein sackförmiges Anhängsel ausgehend. Krone tief 5-teilig, radförmig, 12 bis 16 mm im Durchmesser, blassblau oder weiss; Abschnitte auf der Innenseite am Grunde mit 2 gefransten, offenen Honigtäschchen. Staubblätter kürzer als der Fruchtknoten. Fruchtknoten länglich, 1-fächerig; Griffel fehlend; Narben sitzend, beiderseits am Fruchtknoten längs der Nähte leistenförmig herablaufend (Taf. 214, Fig. 5d); Samenanlagen an den Rändern der Fruchtblätter in 3 bis 5 Längsreihen sitzend. Kapsel zirka 15 mm lang, 2-klappig aufspringend. Samen zahlreich, 0,5 bis 0,7 mm lang und 0,3 bis 0,5 mm breit, glatt, ohne Hautrand. — Von Mitte VIII bis X.

Sehr selten auf kurzgrasigen Weiden, schwach berastem Schwemmland, auf erdigen, nackten Stellen der ausgetretenen Weiden der Alpen, zwischen 1400 und 2600 m. Stellenweise gesellig auf Kalk und Urgestein.

In Deutschland einzig in den Berchtesgadener Alpen in den Funtenseetauern zirka 2200 m (hier 1911 von Dr. Karl Magnus entdeckt). — In Oesterreich vereinzelt in Salzburg in der Zentralkette der Tauern, so in der Zwing auf den Knappenleiten, Rauriser- und Fuscher Tauern, Goldberg, im Nassfeldertauern [hier 1826 von Rudolphi entdeckt), Radstätter Tauern, Speyereck, Grossvenediger, Hinteralpe im Lungau, in Tirol (Schlinig, Ventertal oberhalb Winterstall im Oetztal, Vennatal, Martelltal, Brenneralpe, Hühnerspiel, Weissspitze, Platzerberg, Sengestal, Dorferalpe in Prägraten, Bergeralpe in Virgen, Alpe Kartal, Frossnitz, mehrfach im Kalsertal, Schobergruppe, Kerschbaumeralpe, Monte Roën, Plattkofel; Tschislestal, Schlern, Durontal, Alp Soricia) und in Kärnten (hier 1775 auf dem Waschgang oberhalb Döllbach im Mölltale von Wulfen entdeckt)

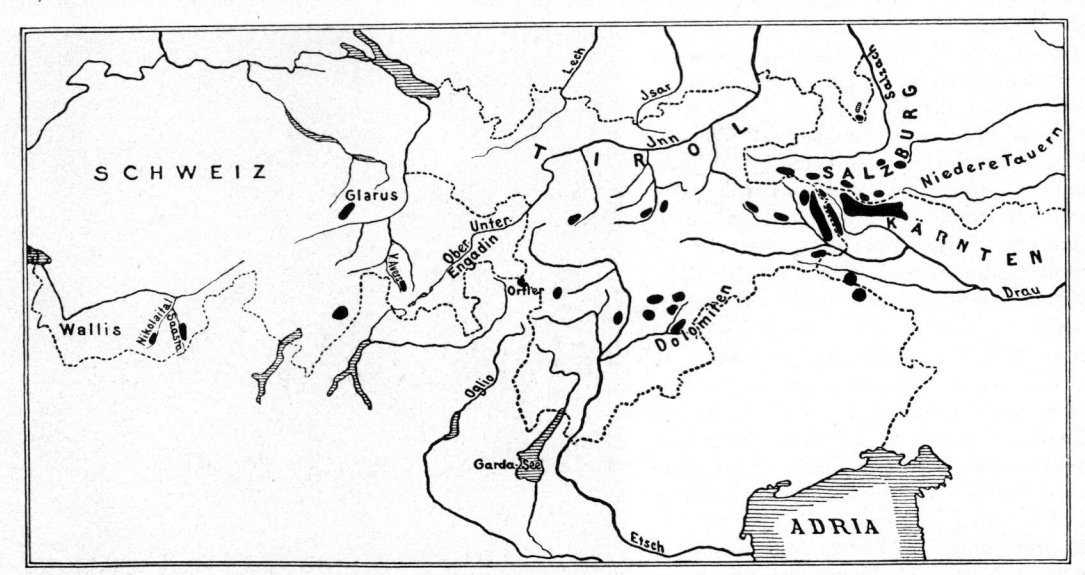

Fig. 2954. Verbreitungsgebiet von Lomatogonium Carinthiacum (Wulf.) Rchb. in den Alpen (in der Hauptsache nach Karl Magnus).

an der Zunderwand bei Kanning, Stangnock, Lanischalpe im Katschtal, Pölla 1400 m, Nassfelder- und Malnitzertauern, Schober, Mochar, Grosse Fleiss, in der Leiter, Salmshöhe, Heiligenbluter Tauern, Goldzeche, Pasterze, Gamsgrube, am Polinigg bei Mauthen in den Karnischen Alpen; im angrenzenden Venetien am Monte Peralba bei la Forca. — In der Schweiz sehr vereinzelt im Wallis im Saastal zwischen Almagel und Zenmeiggern 1600 bis 1700 m (früher auch bei Zermatt und angeblich am Simplon), am Kistenpass im Kanton Glarus 2760 m (von Rütimeyer angegeben), im Kanton Graubünden auf der Alp Robi bei Brigels (1899 von Correns festgestellt), Alp Sucruns ob Bargis bei Flims 2236 m (Eug. Meyer, 1925), Cresteralp [2300 m], am Eingang des Thäli-Weissberg (von Brügger entdeckt), bei Juppa 2000 m und Alp Bregalga im Avers und am St. Bernardinopass ob Hinterrhein zwischen 1920 und 2020 m (kürzlich von Eugster beobachtet). Ausserdem hart an der Grenze auf dem Wormserjoch (bei der IV. Cantoniera und am Schlinig).

Allgemeine Verbreitung: Alpen, Ostkarpaten (Burzenländer); Kaukasus, Afghanistan, Himalaya, Westtibet, Altai, Sibirien (Ajan, Dahurien, Baikalien, Ochotskisches Meer), Kamtschatka; nördliches Nordamerika.

Dieses kleine, spätblühende Pflänzchen gehört zu den wenigen 1-jährigen (hapaxanthen) Arten der Alpen, deren Schwergewicht in der Verbreitung in der Gegenwart in den Hohen Tauern (nordwestliches Kärnten und angrenzende Teile von Tirol und Venetien) liegt (Fig. 2954). Von diesem Hauptareal aus hat die Pflanze vereinzelte Vorposten nach Westen und Norden ausgeschickt. Zweifellos liegt die Wurzel der Gattung wie bei der naheverwandten Sektion Ophelia der Gattung Swertia in den Gebirgen von Zentralasien, von wo aus die Pflanze sich wohl in der Gletscherzeit weiter nach Norden und nach Westen ausgebreitet hat. Für die heute in den Alpen sehr zersprengten (namentlich westlichen) Standorte dürfte es sich vielleicht zum Teil um Neuansiedelungen handeln, zumal die sehr kleinen, leichten (sie wiegen durchschnittlich $1/1000$ mgr) und zahlreichen Samen (ihre Zahl schwankt zwischen 12 und 224 in der Frucht) durch den Wind sehr leicht verweht werden. Andererseits stellte Alfred Keller im Wallis fest, dass das Pflänzchen in seiner Verbreitung an die Wasserläufe gebunden ist. Im Saastale, wo die Art auf einer etwa 1800 m langen und 250 m breiten Strecke in etwa 4000 Exemplaren beobachtet werden konnte, war sie auf das schlammige Ueberschwemmungsgebiet des Vispbaches beschränkt. Offenbar gelangten hier nur diejenigen Samen zur Keimung, die auf diesem Boden durch den Bach abgelagert wurden. Die Hochwasserkatastrophe vom 23. September 1920 (Ausbruch des Mattmarksees) scheint allerdings einen grossen Teil des Bestandes vernichtet zu haben; wenigstens konnte der Bearbeiter (Hegi) im Jahre 1922 nicht ein einziges Exemplar auffinden und auch Keller schätzte 1923 den Bestand auf höchstens 200 Exemplare. An anderen Standorten trifft diese Verbreitung durch das fliessende Wasser nach Magnus sicherlich nicht zu. Schliesslich könnte auch die späte Blütezeit, während welcher in den Alpen nur noch selten Botaniker sammeln, die kurze Zeit des Oeffnens der Blüte während weniger Stunden oder die schwierige Keimung bezw. das Fehlen der zugehörigen Mykorrhiza im Boden als Erklärung für das lückenhafte Auftreten von Lomatogonium in Anspruch genommen werden. Nach W. Kinzel benötigen die Samen zur Keimung extrem tiefe Temperaturen. A. Keller gelang es bei seinen Versuchen überhaupt nicht, Samen zur Keimung zu bringen. In den Ostalpen scheint die Art öfters in Begleitung von Gentiana tenella, G. nana und G. prostrata aufzutreten. Im Saastal erscheint sie auf schwach berastem Alluvialsand in Begleitung von Trichophorum atrichum, Heleocharis pauciflora, Carex bicolor und C. incurva, Equisetum variegatum (also Schwemmsand-Assoziation). Die kugeligen Pollenkörner (Fig. 2935 d) von 30 $\mu$ Durchmesser bekommen durch die 3 hervortretenden Keimporen eine mehr 3-eckige Form. Ueber die Bestäubungseinrichtungen fehlen nähere Angaben. C. Schroeter fand im Avers 2 geschlechtlich verschiedene Formen vor, eine kleinblütige weibliche und eine grossblütige zwitterige.

## DIC. Gentiána[1]) Tournef. Enzian. Franz.: Gentiane; engl.: Gentian; ital.: Genziana.

Pflanzen 1- oder 2-jährig oder ausdauernd, 1- oder mehrstengelig, aufrecht oder rasenbildend. Laubblätter gegenständig, meist sitzend, zuweilen einzeln, selten am Grunde scheidighäutig verwachsen. Blüten strahlig (Fig. 2989 h), gross, meist auffällig, in Trugdolden oder seltener einzeln, blattwinkel- oder gipfelständig, sitzend oder gestielt, in der Regel zwitterig, seltener polygam oder diözisch. Kelch röhrig, meist 5- (seltener 4- bis 7-) spaltig oder aber scheidig-zweiteilig aufgeschlitzt. Krone trichter-, präsentierteller-, glocken- oder keulenförmig, seltener mit verkürzter Röhre, fast radförmig, mit 4- bis 5- (selten bis 8-) teiligem Saum, nackt oder im Schlunde oder am Rande mit Falten, Zähnen oder Fransen (Fig. 2955), berlinerblau, violett, rot, seltener gelb, weiss oder grün. Staubblätter so viele als Kronzipfel und mit diesen abwechselnd, der Kronröhre eingefügt; Antheren frei oder in eine Röhre verwachsen, meist nach aussen aufspringend. Pollen kugelig bis $\pm$ tetraëdrisch oder länglich, 24 bis 60 $\mu$ im Durchmesser; Exine mit netzartig verlaufenden Membranleisten. Fruchtknoten einfächerig, mit zahlreichen Samenanlagen; Griffel allmählich in den Fruchtknoten auslaufend (Fig. 2980 d), kurz oder lang, einfach oder 2-teilig, mit 2-lappiger, verschieden gestalteter Narbe. Kapsel sitzend oder gestielt, 2-klappig aufspringend. Samen zahlreich, in den Plazenten eingesenkt, geflügelt (Fig. 2969 b) oder ungeflügelt, glatt oder mit Blättchen oder Schüppchen bedeckt.

Die Gattung ist die artenreichste der Familie und umfasst je nach der Fassung des Artbegriffes (dieser wird in den Sektionen Thylacites, Cyclostigma und vor allem in der Sektion Endotricha recht verschieden beurteilt) 300 bis 400 Arten. Die Gentianen sind vorwiegend in den Gebirgen der nördlich gemässigten Zone und in den Anden von Südamerika stark vertreten; die Ebenen dieser Zonen, ebenso die Arktis beherbergen nur wenige Arten. In Afrika fehlen sie gänzlich (siehe Swertia pag. 1974). Einige Arten finden sich auch im antarktischen Gebiet, in Neu-Seeland, Tasmanien und Südaustralien, sowie auf den Gebirgen des Indischen Monsungebietes. Eine mächtige Entfaltung besitzen sie in den Alpen und in den Gebirgen von Zentral-Asien, wo sie in der alpinen und nivalen Stufe reichlich vertreten sind und zu den höchst steigenden Phanerogamen gehören. Der Kaukasus ist artenärmer als die Alpen. Wollaston fand die grossblütige Gentiana amœna Clarke am Mount Everest noch bei 5490 m. Ebenso gesellig und verbreitet sind sie in den Grasfluren der andinen mikrothermen Klimagebiete, wo sie jedoch meist nur enge Verbreitungsbezirke bewohnen.

---

[1]) Siehe Fussnote pag. 1953.

Nach Th. Herzog gehören mennigrotblühende Arten (G. primuloides, G. cérnua, G. narcissoides) zu den charaktervollsten Erscheinungen der hochandinen Grasfluren. Sehr eigenartig nimmt sich in den Schuttfluren nahe der Schneegrenze die grünblühende G. macorrhíza aus.

Die meist blauen, seltener gelben, weissen oder roten Blüten sind in besonderer Weise durch den tief geborgenen Honig an Hummeln oder Falter angepasst; einzig bei Gentiana lutea liegt der Honig frei da und ist allen Insekten leicht zugänglich. Bei den anderen Arten erfolgt die Absonderung des Nektars entweder am Grunde des Fruchtknotens oder am Grunde der Kronröhre (näheres bei den einzelnen Arten). Bei den Arten der Sektion Endotricha und Comastoma ist der Kronschlund mit starken Fransen besetzt (Fig. 2955 a, b, d); diese neigen sich über dem Blüteneingang zusammen und bilden wohl einen gewissen Schutz gegen ankriechende Honigräuber. Verschiedene einheimische Arten zeigen in auffallender Weise ein wiederholtes rasches Oeffnen und Schliessen ihrer Blütenkronen. Besonders deutlich kommt diese Erscheinung bei Gentiana nivalis zum Ausdruck, bei welcher Art ein vorübergehender Sonnenblick oder aber der Schatten einer Wolke genügt, um das Oeffnen und Schliessen, welcher Vorgang sich in einer Stunde mehrmals wiederholen kann, hervorzurufen. Eine eigentliche Lichtempfindlichkeit (Photonastie) ist bei den Gentianaceen im allgemeinen mit wenigen Ausnahmen (Centaurium umbellatum, Gentiana ciliata) nicht vorhanden. Immerhin trägt das Licht zuweilen zur vollständigen Entfaltung der Blütenknospen bei. Dagegen sind die Gentianen im allgemeinen für Temperaturschwankungen (thermonastische Reaktionsfähigkeit) überaus empfindlich. So reagiert Gentiana utriculosa bereits auf Aenderungen von 0,25 bis 0,3° C, G. verna und G. Bavarica auf etwa 1°, G. Clusii auf 1,5°. Das zur normalen Blütenöffnung erforderliche Temperaturminimum beträgt bei G. Clusii 8,5°, G. verna und G. Bavarica 10,5°, G. Germanica 13°, G. ciliata 15°, G. utriculosa 15,5°, G. asclepiadea 17°, G. Pneumonanthe 19°, G. Cruciata etwa 20°. Neuerdings ist durch Goebel (Entfaltungsbewegungen, 1920) und Bremekamp (Recueil des Traveaux botaniques Néerlandais, 1915), namentlich aber durch Friedl Weber (Umschau, 1923 und Oesterr. Botan. Zeitschrift. CXXIII, 1924) und G. Claus (Flora.

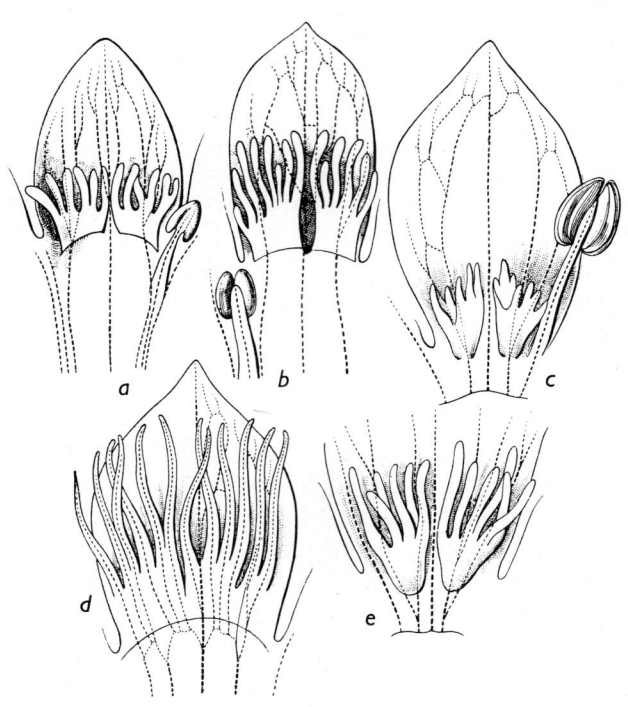

Fig. 2955. Kronblatt von innen mit den Nektarien bezw. Schlundschuppen von: *a* Gentiana tenella Rottb., *b* G. nana Wulf., *c* Lomatogonium Carinthiacum Wulfen. *d* Gentiana campestris L., *e* Lomatogonium sp. aus Kaschmir (alle Figuren nach R. v. Wettstein).

N. F. Bd. 21, 1926) auf die mechanische oder seismonastische Reizbarkeit (Stossreizbarkeit) aufmerksam gemacht worden. Nach diesen Untersuchungen ist die Empfindlichkeit bezw. das Reaktionsvermögen auf Stossreiz bei unseren Enzianen in verschiedenem Grade ausgebildet. Auch reagieren die einzelnen Blüten — wahrscheinlich je nach ihrem Alter und ihrem Standort — verschieden rasch. Im allgemeinen läuft die Stossempfindlichkeit der thermonastischen Reizbarkeit parallel (siehe G. nivalis pag. 2026), die bei einer Temperaturerniedrigung zum Blütenverschluss führt. Nach einer durchschnittlich 5 bis 10 Sekunden langen Reizdauer wurde nur in wenigen Fällen ein vollkommener Blütenverschluss beobachtet. Es steht fest, dass die seismonastischen Bewegungen um so rascher verlaufen (zuweilen beginnen sich junge Blüten an warmen, sonnigen Tagen bereits nach 20 Sekunden zu schliessen und erweisen sich nach 40 bis 60 Sekunden als vollständig geschlossen) und dass wohl auch die Empfindlichkeit um so grösser ist, je höher die Lufttemperatur ist und umgekehrt. Nach dem Grade der seismischen Empfindlichkeit bezw. der Schnelligkeit der Reaktion stehen G. nivalis, G. verna, G. Bavarica und G. utriculosa obenan; eine rasche Reaktion besitzen G. Clusii, G. Kochiana (nach Bremekamp G. quadrifaria Blume auf Java), G. straminea (ebenso Centaurium umbellatum), eine langsame, teilweise unvollständige Reaktion G. asclepiadea, G. Cruciata und G. Germanica. Ueberhaupt keine seismonastische Reizbarkeit zeigen G. lutea, G. purpurea, G. ciliata, G. Stiriaca, G. serrata, G. Amarella (sowie Swertia perennis, Menyanthes und Nymphoides peltata). Als auslösende Faktoren für den seismonastischen Blütenverschluss kommen unter natürlichen Verhältnissen nur Regen (Hagel) und starker Wind in Betracht. Dadurch dürfte der durch die Thermonastie bereits ± sicher gestellte Blütenverschluss in seiner Wirkung unterstützt werden. Dagegen wird die Schliessbewegung fast niemals durch Insekten hervorgerufen werden, ebensowenig durch einen Wundreiz, durch einen elektrischen oder einen chemischen Reiz. Wohl aber kann sie durch wiederholtes Hin- und Herstreifen mit der Hand über die Blumenkrone erzeugt werden; das blosse Schütteln der Blüten kann nicht als rein seismonastische Reizung gelten, da dieses gleichzeitig eine Abkühlung der Blüten bewirkt. Nach Claus kommen die Bewegungen durch abwechselnde Verlängerung und Verkürzung der Innenseite der Krone zustande. Und zwar sind an der Bewegung einzig die „Hauptpetalen" — und auch an diesen nur eine kurze Zone — aktiv beteiligt. Die Zwischenzipfel spielen insofern eine passive Rolle, als sie durch ihre aus der Knospenlage erhaltenen Einfaltung die Schrägstellung der Hauptpetalen und damit die regelmässige Einrollung bedingen. Einen weiteren, besonders interessanten Reizvorgang beschreibt Rud. Seeger (Sitzungsberichte der Akademie der Wissenschaften in Wien. Bd. CXXI Abt. 1, 1912) bei Gentiana prostrata; er bezeichnet ihn als „Thigmonastie" und zählt ihn biologisch zum „Klappfallen-Typus". Hier wird das Schliessen und Senken der Blüten wie bei anderen Enzianen einerseits durch Temperaturerniedrigung (jedoch nicht durch das Licht!), andrerseits aber durch Berührung — am Eingange der Kronröhre, vor allem an der Ansatzstelle der Faltenlappen — mit einem festen Körper (im Freien durch kleine Insekten) bedingt, wobei den an und für sich grossen Faltenlappen (Fig. 2979 b, d) wohl eine wichtige Rolle zukommt. Ein auffälliges, reizempfindliches Organ (Haare u. dgl.) scheint nicht vorhanden zu sein (vielleicht doch zarte Fühlpapillen?). Kaum eine halbe Minute nach erfolgter Berührung bekommt die vorher weit geöffnete Blüte das Aussehen einer Knospe.

Die durch Flügel oder durch ausserordentliche Kleinheit ausgezeichneten Samen sind der Windverbreitung angepasst. Nach

Fig. 2956. Gentiana Kochiana Willd., bei Prägraten (Tauern). Phot. Th. Arzt, Wetzlar.

den Versuchen von Kinzel müssen die Samen stets einer $\pm$ lang andauernden Belichtung bei gleichzeitiger Temperaturerniedrigung (Frosteinwirkung) ausgesetzt sein, um keimen zu können; sie sind also Lichtfrostkeimer. Bei G. Pneumonanthe setzte eine ergiebige Keimung erst nach 10 Jahren nach entsprechend starkem Frost ein. Bei G. nivalis kann man das Durchfrierenlassen während einer ganzen Reihe von Wintern fortsetzen, ohne dass bei Ausschluss des Lichtes auch nur ein einziger Samen keimen würde. Auch Gentner gelang es bei G. lutea, G. punctata, G. Pannonica und G. purpurea weder durch verschiedene Temperaturen, noch durch chemische oder physikalische Mittel eine Keimung zu erzielen; eine solche erfolgte erst durch Aussetzen der feucht im Keimbett liegenden Samen in den Winterfrost und durch nachfolgende Lichteinwirkung.

Wegen ihrer prächtigen Blüten, aber auch wegen ihrer Wurzeln, wird den Enzianen stark nachgestellt. Aus diesem Grunde sind besonders in den Alpenländern die am meisten gefährdeten Arten unter gesetzlichen Schutz gestellt, so besonders Gentiana lutea (auch in Baden und vom Forstamt Tuttlingen), G. Pannonica, G. punctata, G. purpurea, G. Clusii und G. Kochiana, in Steiermark G. Froelichii. In Wien besteht seit 1910 für alle Arten Verkaufsverbot. Am wirksamsten ist der Schutz in jenen Ländern, in denen alle Arten den behördlichen Schutz geniessen, wie in Oberbayern, Niederbayern, Schwaben, Oberfranken, Unterfranken und in der Pfalz; in Mittelfranken macht einzig G. verna eine Ausnahme. In Preussen sind seit dem 8. Juli 1920, in Hamburg seit 1923, in Anhalt seit 1923, in Lübeck seit 1924, in Oldenburg seit 1926 alle blaublühenden ausdauernden Arten geschützt. Seiner Beliebtheit verdankt wohl der Namen Enzian, ähnlich wie neuerdings Edelweiss, Erica, Alpenrose, Soldanella usw., seine Verwendung zur Bezeichnung von Fremdenpensionen in den Alpenländern. Bei Oderberg gibt es einen „Enzianhügel" (wohl nach G. Cruciata benannt), im Bayerischen Wald einen Bergrücken „Enzian" (G. Pannonica). — Gartenflüchtig wurde 1910 in Mannheim auf Schutt G. Kesselringii Regel aus Turkestan beobachtet.

Die Gattung lässt sich in die beiden Untergattungen Eugentiána Kusnezow und Gentianélla Kusnezow mit verschiedenen Sektionen gliedern, von denen für die mitteleuropäischen Arten die folgenden in Betracht kommen:

Untergattung **Eugentiána** Kusnezow. Kelchzipfel miteinander durch eine häutige, innere Membran verbunden oder aber Kelch einseitig gespalten oder $\pm$ stark verkümmert. Kronblätter 3-nervig, miteinander durch Falten in eine Röhre verwachsen. Kronschlund meist nackt, ohne Schuppen. Staubbeutel verbunden oder frei. Honigabsonderung am Grunde des Fruchtknotens.

Sektion Coelánthe Grisebach (= Astérias Ren. p. p.). Ausdauernde Arten mit grundständigen Blattbüscheln. Wurzeln kräftig. Stengel aufrecht, einzeln, dick, hohl. Laubblätter breit; die unteren gestielt. Blüten ansehnlich. Kelchröhre ungeteilt oder halbseitig aufgeschlitzt, scheidenartig. Krone fast radförmig oder glockenförmig, mit oder ohne Faltenlappen, gelb oder purpurrot, meistens punktiert. Griffel deutlich; Narbe länglich, zurückgerollt. Kapsel sitzend oder kurz gestielt. Samen linsenförmig, ringsum geflügelt. Hierher: Gentiana lutea, G. punctata, G. purpurea und G. Pannonica; ausserdem G. Burséri Lapeyr. in den Pyrenäen und G. Villársii Grisebach in den Westalpen.

Sektion Pneumonánthe Necker. Ausdauernde Arten ohne wurzelständige, gebüschelte Laubblätter. Krone röhrig-glockig bis trichterförmig, mit meist gut entwickelten, unsymmetrischen Faltenlappen (Taf. 215, Fig. 2a). Griffel deutlich; Narbe länglich, zurückgerollt. Kapsel ± deutlich gestielt. Samen linsenförmig, ringsum oder einseitig geflügelt oder ganz ohne Flügel. In Europa und Nordasien verbreitet. Hierher: G. asclepiadea und G. Pneumonanthe; ebenso G. septemfida Pall. aus dem Kaukasus und Altai.

Sektion Frígida Kusnezow. Ausdauernde oder einjährige Arten mit kurzem Stengel, rasenbildend. Krone ansehnlich, glockig oder trichterförmig, in den Falten mit einem zackenartigen Zahn. Narbe länglich, zurückgerollt oder aufrecht und einen Trichter bildend. Kapsel lang gestielt. Samen kugelig bis länglich, dicht mit weisslichen, häutigen Lamellen besetzt. Meist hochalpine Arten im Himalaya und in China, einzelne Arten in Zentralasien, Turkestan, Sibirien, Europa und Indochina. Hierher einzig G. frigida (Steiermark, Karpaten) und G. Froelichii in den Karawanken.

Sektion Aptera Kusnezow. Pflanzen mehrjährig. Grundachse schopfig. Laubblätter länglich-lanzettlich bis linealisch. Krone röhrig-glockig, selten präsentier-tellerförmig, mit allmählich in die Röhre übergehenden oder einen flachen Saum bildenden Lappen; in den Falten 1 bis 2 deutliche Zähne. Griffel fehlend oder deutlich; Narbe länglich, zurückgerollt. Samen glatt, ungeflügelt. Hauptsächlich in Zentralasien, einige Arten in Sibirien und Europa. Hierher G. Cruciata mit der Unterart phlogifólia Schott et Kotschy in den Karpaten und in Siebenbürgen.

Fig. 2957. Gentiana Germanica Willd., auf der Hohen Veitsch, Steiermark. Phot. R. Fischer, Sollenau, N.Ö.

Sektion Chondrophýlla Bunge. Meist kleine, rasenbildende Pflanzen mit ± stark verzweigten Stengeln. Laubblätter knorpelig berandet. Blüten meist klein. Kelchröhre ungeteilt. Krone blau, violett, purpurrot oder weiss, trichter- oder präsentiertellerförmig, mit deutlichen Faltenlappen. Griffel fehlend oder vorhanden; Narbe länglich, zurückgerollt. Kapsel gestielt. Samen länglich, glatt, ungeflügelt. Die meisten Arten im Himalaya und in den Hochgebirgen von Westchina, einzelne in Europa, Asien, Nord- und Südamerika. Hierher: G. prostrata.

Sektion Thylacites Ren. (= Megalánthe Gaudin). Ausdauernde, rasenbildende Arten mit stark ausgebildeter Wurzelblattrosette. Stengel fehlend bis sehr kurz. Blüten ansehnlich. Krone berlinerblau, keulenförmig, mit allmählich in die Röhre übergehenden Lappen; Faltenlappen deutlich ausgebildet. Griffel kurz; Narbe verbreitert, gefranst. Kapsel kurz gestielt. Samen länglich, ungeflügelt, mit gewunden höckeriger Schale (Fig. 2980 f, g). Diese Sektion besteht aus einer einzigen Gesamtart (Gentiana acaulis L. im weitesten Sinne), die sich in ± scharf geschiedene und auch geographisch lokalisierte Sippen (Unterarten) gespalten hat (vgl. pag. 2009).

Sektion Cyclostígma Grisebach. Einjährige oder ausdauernde, rasenbildende Pflanzen. Stengel einfach oder verästelt, sehr oft stark verkürzt. Blüten meist ansehnlich, zuweilen auch klein. Krone gewöhnlich präsentiertellerförmig, seltener trichterförmig, mit langer, enger Röhre, mit fünfspaltigem Saum und mit kleinen, in einen meist 2-spaltigen Zahn endigenden Falten. Griffel deutlich; Narbe verbreitert, gefranst, einen kreisförmigen Trichter bildend (Fig. 2989 e). Kapsel sitzend oder kurz gestielt. Samen länglich, meist ungeflügelt; Samenhaut netzartig oder gerunzelt. In den Hochgebirgen von Europa, Asien und in der arktischen Zone von Europa und Nordamerika. Hierher die beiden einjährigen G. utriculosa und G. nivalis, ferner die mehrjährigen G. verna, G. Tergestina, G. brachyphylla, G. Favrati, G. pumila, G. Terglouensis, G. Bavarica und G. Rostani.

Untergattung **Gentianélla** Kusnezow. Kelchblätter im unteren Teile dachig aufeinanderliegend und miteinander verwachsen, ohne innere Haut; Kelchröhre nie einseitig geschlitzt. Kronblätter im unteren Teile miteinander zu einer kleinen Röhre verwachsen, zwischen den Zipfeln ohne Falten, aber oft mit Schlundfransen oder Nektarien (Fig. 2935 a, b, d). Staubbeutel stets untereinander verbunden. Honigabsonderung durch die Krone (nicht durch den Fruchtknoten).

Sektion Comástoma Wettstein. Pflanzen 1-jährig. Blüten meist lang gestielt. Kelch 4- bis 5-teilig, mit sehr kurzer Röhre. Krone trichter- oder glockenförmig, 4- bis 5-lappig, im Schlunde mit Fransen (diese jedoch nicht von Leitbündeln durchzogen [vgl. Fig. 2955a, b], sind also Trichome). Wenige Arten in der Arktis, in den Alpen und in den Gebirgen von Zentralasien. Hierher: G. tenella und G. nana.

Sektion Crossópétalum Froelich. Krone trichter- oder präsentiertellerförmig, ohne Schlundfransen, aber Kronzipfel am Rande meist gefranst oder gekerbt. Griffel fehlend oder vorhanden. Narbe kreisförmig. Kapsel sitzend oder gestielt. In der arktischen und temperierten Zone, sowie in den Hochgebirgen der nördlichen Erdhälfte. Hierher einzig G. ciliata.

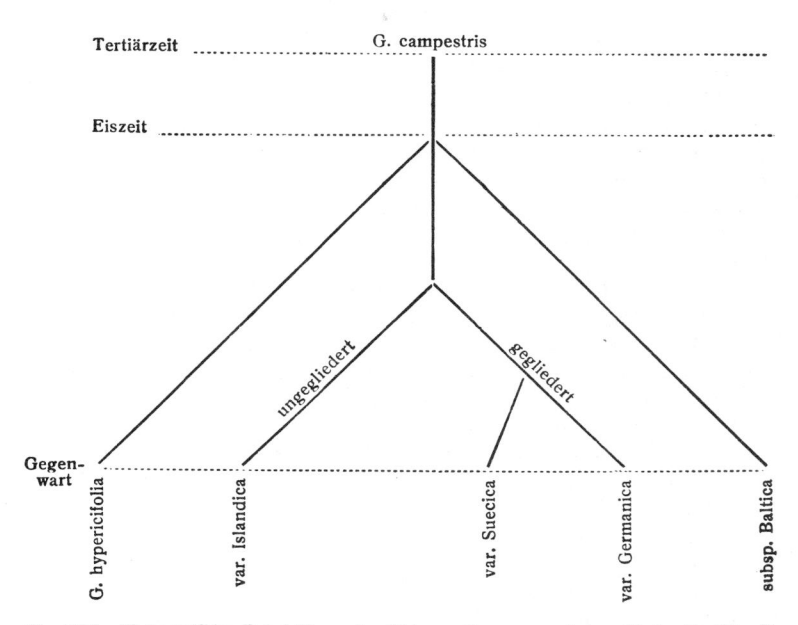

Fig. 2958. Mutmassliche Entwicklung des Urtypus G. campestris seit der Tertiärzeit.

Sektion Endotricha Froelich (Amarélla Grisebach). Pflanzen 2- oder 1-jährig (hapaxanth). Krone präsentiertellerförmig, im Schlunde (bezw. an der Innenseite des Grundes der Kronzipfel) mit Fransen (letztere von Leitbündeln durchzogen, also Emergenzen), ± rotviolett (seltener auch weiss). Staubbeutel beweglich. Griffel fehlend; Narbenlappen länglich, ganzrandig. Samen ungeflügelt. In der arktischen und temperierten Zone, sowie in den Hochgebirgen der nördlichen Hemisphäre, wenige Arten auch in Südamerika. Hierzu: G. campestris, G. anisodonta, G. Engadinensis, G. pilosa, G. aspera, G. Germanica, G. ramosa, G. Austriaca, G. praecox und G. Amarella. Viele dieser Arten zeichnen sich durch einen ± ausgeprägten „Saisondimorphismus" aus, der sich nach R. v. Wettstein (Die europäischen Arten der Gattung Gentiana aus der Section Endotricha Froel. und ihr entwicklungsgeschichtlicher Zusammenhang, 1896; ders., Die Arten der Gattung Gentiana aus der Sektion Endotricha Froel. in Oesterreichische Botanische Zeitschrift. Bd. 41/42, 1891/92) unter dem Einfluss der regelmässigen Wiesenmahd (Heuernte) herausgebildet haben soll. An Stelle des in der Zoologie anderweitig vergebenen Ausdruckes Saisondimorphismus hat Behrendsen „Saison-Diphylismus" vorgeschlagen. Die eine Form, die Sommer- oder Aestivalform, blüht vom Mai bis Juli, hat gestreckte und meist wenige (3 bis 6) Stengelglieder, die länger als die stumpfen Laubblätter sind, und verzweigt sich erst im oberen Teile. Die zweite Form, die Herbst- oder Autumnalform, blüht dagegen vom August bis zum Oktober, hat viele (bis 15), jedoch kürzere Stengelglieder und spitze Laubblätter und erscheint überhaupt in ihrer ganzen Tracht gedrungener. In den Alpen, in denen der Wiesenschnitt nicht überall durchgeführt wird, findet sich eine nicht differenzierte (monomorphe) Form vor, welche in ihren Merkmalen die Mitte zwischen der Sommer- und der Herbstform hält. Spezifisch alpine Arten höherer Lagen, wie z. B. G. ramosa, haben es überhaupt nicht zur Ausbildung von saisondimorphen Formen gebracht. Kurz bemerkt sei noch, dass die Endotrichen einen sehr schwierigen und z. T. noch näheren Untersuchungen dringend bedürftigen Formenkreis darstellen (als Hauptmerkmale kommen die Kelchzipfel in Betracht), zumal zwischen den als Arten unterschiedenen Sippen (namentlich solchen, die einander geographisch ausschliessen) an der Berührungszone der Areale zahlreiche überleitende Zwischenformen auftreten, die teils als Bastarde, teils als nicht hybride Erzeugnisse aufgefasst werden.

Bildlich mag der Entwicklungsgang der saisondimorphen (nach Behrendsen saisondiphyletischen) Aufspaltung einer Endotrichen, wie er sich etwa bei G. campestris seit der Tertiärzeit abgespielt haben dürfte, durch beifolgendes Schema veranschaulicht werden (Fig. 2958). Uebrigens sind gegen die von Wettstein und seiner Schule als artbildenden Faktor aufgestellten Theorie des Saisondimorphismus des öfteren berechtige Bedenken erhoben worden. So kommen die gegliederten Rassen nicht ausschliesslich auf Mähewiesen vor, sondern sehr häufig auf Weiden oder auf Streuewiesen (Moliniëten), Waldlichtungen usw., die gar nicht oder sehr spät gemäht werden. Anderseits ist das Mähen mit der Sense nicht sehr alt. Dieses tritt erst in der Eisenzeit auf, und es fragt sich deshalb, ob der Zeitraum von der Eisenzeit bis zur Gegenwart genügte, um eine derartige Trennung in die beiden saisondimorphen Formen unter völliger Vernichtung und Ausmerzung der dazwischen blühenden Formen durchzuführen. Zudem dürften die nicht oder spät gemähten Rasenbestände (Weiden und Streuewiesen) den ursprünglichen und den früher vielerorts wohl allein herrschenden Wiesentypus darstellen. Nach C. Schroeter hat die Heuernte zu kurz, zu unregelmässig und zu wenig allgemein gewirkt, als dass man sie einem natürlichen Selektionsfaktor gleichstellen dürfte. Es kann sich wohl ebensogut um Mutationen handeln, die nicht erst einer Fixierung durch die Heuernte bedurften.

Von den in Mitteleuropa vorkommenden 35 als „Arten" behandelten Gentianen ist die grosse Mehrzahl auf das Alpensystem beschränkt; sie stellen dort entweder weit verbreitete oder aber auf kleine Gebiete lokalisierte, z. T. phylogenetisch sehr alte „Oreophyten" dar. Auch solche Arten, die entwicklungsgeschichtlich dem mitteleuropäisch-alpinen Element nicht angehören, wie G. asclepiadea, G. Cruciata, G. verna, G. utriculosa, fast alle „Arten" und Unterarten der Endotrichen (etwa mit Ausnahme von G. Austriaca, G. praecox, G. campestris var. Baltica, G. Amarella subsp. uliginosa) sind im Alpengebiet oft so reichlich vertreten, dass sie ganz den Eindruck von alteingesessenen Formen machen. Nur verhältnismässig wenige Arten sind gleichzeitig dem Alpenvorland und den Mittelgebirgen eigen, während in der Tiefebene die Zahl in einzelnen Gegenden auf 1 bis 3 Arten herabsinken kann. So kommt im Gebiete des Niederrheins als einzig heimische Pflanze G. Pneumonanthe in Betracht. In andern Gegenden von Norddeutschland kommen G. Cruciata und G. ciliata, sowie verschiedene Vertreter der Endotrichen hinzu. Verschiedene Arten sind als kalkstet (G. Clusii, G. angustifolia, G. Froelichii, G. Tergestina, G. pumila, G. Favrati, G. pilosa, G. Engadinensis und G. aspera) oder als kalkliebend (G. lutea, G. purpurea, G. Pannonica, G. Cruciata, G. asclepiadea, G. ciliata, G. campestris, G. Terglouensis) zu bezeichnen. Als kalkfliehend können G. brachyphylla, G. Kochiana, G. alpina, G. frigida, G. nana, G. anisodonta und G. ramosa bewertet werden, als ± bodenvag G. punctata, G. prostrata, G. verna, G. Bavarica, G. nivalis, G. tenella). Einzelne Arten lieben Humus- und Moorboden, so viele Endrotrichen, ferner G. verna und gelegentlich auch andere Arten.

Die Sektion Coelanthe mit 6 scharf getrennten Arten stellt eine alte Gruppe der Europäischen Hochgebirge dar, die wohl bereits in der Glazialzeit vorhanden gewesen sein dürfte. Damals wird auch G. purpurea ihre heutigen weit abgesprengten Areale im südlichen Norwegen und in Kamtschatka erreicht haben. Von den einzelnen Arten besitzen die kalkliebende G. lutea und die bodenvage G. punctata die grösste Verbreitung; immerhin fehlen sie z. T. in den östlichen Teilen der Alpen. G. purpurea (ebenso G. Villarsii) ist als westalpine Art (sie reicht östlich bis ins Allgäu und bis ins östliche Tirol) zu betrachten, G. Pannonica als ostalpine Art (sie reicht westlich bis zu den Churfirsten und bis in die Bergamaskeralpen). Eine ähnliche selbständige, auf die Europäischen Gebirge beschränkte Gruppe stellt die Sektion Thylacites dar mit 7 Arten; sie dürfte gleichfalls spättertiären Ursprunges sein. Aus einer solchen Urform werden sich in der Glazialzeit die gegenwärtigen 7 Arten, die morphologisch und auch geographisch scharf geschieden sind, herausgebildet haben. G. Clusii und G. Kochiana zeichnen sich durch regionalen Vikarismus aus. G. alpina ist eine Urgebirgspflanze der Westalpen, der Pyrenäen und der Sierra Nevada und reicht östlich bis in den Tessin, G. angustifolia ist eine Kalkpflanze der Westalpen (siehe Fig. 2983). Von der Sektion Cyclostigma dürften sich die 3 für Mitteleuropa in Betracht kommende Stämme während oder nach der Eiszeit weiter gegliedert haben, etwa nach folgendem Schema (Fig. 2059). G. Tergestina stellt jedenfalls eine verhältnismässig junge Rasse der G. verna dar, die sich im Süden der Alpen ausbildete, wo sie noch heute den Typus stellenweise vertritt. G. brachyphylla und G. Favrati sind beides Erzeugnisse der Pyrenäen und der Alpenkette; die erstere tritt mit Vorliebe auf Urgestein auf, die zweite auf Kalkfels. G. pumila und G. Terglouensis sind Endemismen der südlichen Kalkalpen (die letztere wird in einer besonderen Rasse, var. Schleicheri, auch für die Südalpen der Schweiz und Italien angegeben). Gleichfalls ein selbständiges Erzeugnis der Alpen ist G. Bavarica, die auch dem Apennin und den Abruzzen zukommt, und die als Verwandte in den Westalpen und in den Pyrenäen die nahe stehende

G. Rostani besitzt. Der dritte Stamm der Sektion Cyclostigma wird durch die europäisch alpin-präalpine C. utriculosa (sie reicht in Deutschland nördlich bis ins Rheingebiet von Mainz, fehlt aber den Vogesen, der Hercynica und den Sudeten) und durch die arktisch-alpine G. nivalis vertreten. Von der kleinen Sektion Comastoma, deren Schwergewicht in den Gebirgen von Zentralasien liegt, hat G. tenella alpin-arktischen Charakter, G. nana alpin-asiatischen. G. Froelichii der Sektion Frigida ist ein Alt-Endemismus der Karawanken, während G. frigida der Karpaten, der Eisenerzer Alpen und den Niedern Tauern von K u s n e z o w als eine geographische Rasse der polymorphen, in Nordasien und Nordamerika weit verbreiteten G. algida Pall. gehalten wird. Eine gleichfalls sehr isolierte Stellung, als einziger Vertreter der Sektion Chondrophylla in Mittel-Europa, nimmt G. prostrata ein, die wohl in der Eiszeit aus Zentralasien nach den Alpen von Oesterreich und der Schweiz vorgedrungen ist. Dem mitteleuropäischen Florenreich gehören die folgenden Arten an: G. ciliata, die in Süd- und Mitteleuropa (sie reicht nördlich bis ins belgisch-rheinische Kalkgebirge, bis Holstein, Thüringen und Südpolen) vorkommt als einziger Vertreter der Sektion Crossopetalum, welch' letztere heute mit etwa 10 Arten in den Hochgebirgen der nördlichen Erdhälfte zu Hause ist. G. asclepiadea und G. Pneumonanthe sind Glieder der heute über Europa und Nordasien verbreiteten Sektion Pneumonanthe. G asclepiadea ist als alpin-präalpin zu bezeichnen und steigt in den Alpen bis 2200 m hinauf. Wie G. Pneumonanthe ist auch G. Cruciata, als einzige Art der hauptsächlich in Zentralasien stark ausgebildeten Sektion Aptera heute in Süd- und Mitteleuropa weit verbreitet, bewohnt aber im Gegensatz zu der mehr feuchtigkeitsliebenden G. Pneumonanthe trockene und warme Standorte (sie steigt im Engadin bis 2050 m hinauf). G. Cruciata dürfte wohl an geeigneten Stellen in Süd- und Mitteleuropa die Eiszeit überdauert haben. Von der äusserst vielgestaltigen Sektion Endotricha bildet die vorwiegend nord- und mitteleuropäische

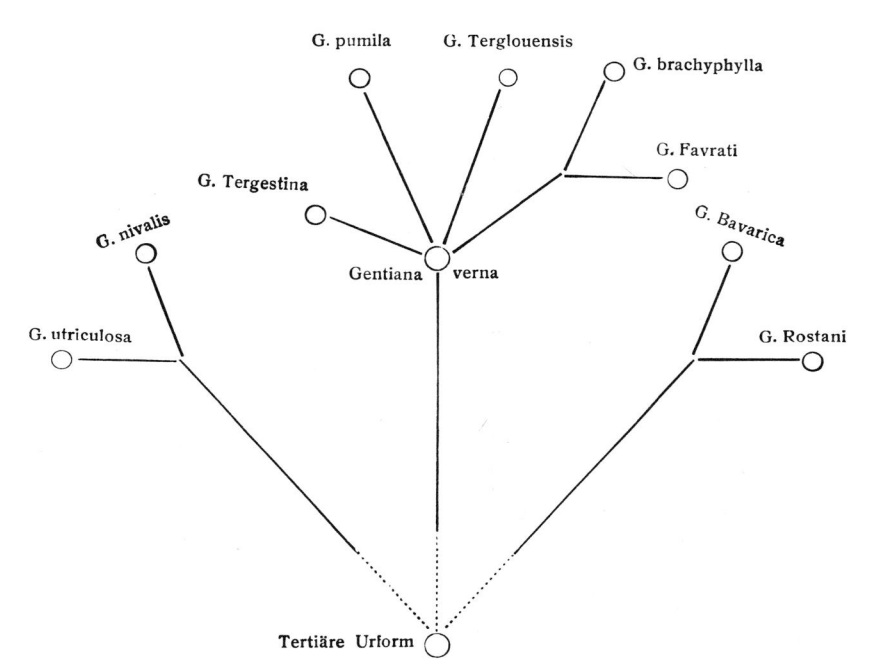

Fig. 2959. Mutmassliche Entwicklung der Sektion Cyclostigma in Mitteleuropa von einem tertiären Urtypus.

G. campestris mit der auf die Pyrenäen beschränkten O. hypericifolia einen engeren Formenkreis; sie dürfte sich aus einer tertiären Urform, z. T. unter dem Einflusse der regelmässigen Wiesenmahd (siehe pag. 1983/84) herausgebildet haben. Eine ähnliche, jedoch viel weiter gehende Gliederung hat die zweite Kollektivart — sie kann als G. polymorpha Wettst. bezeichnet werden — durchgemacht. In den Alpen hat sie die kalkfliehenden G. anisodonta und G. ramosa, dann die kalksteten G. pilosa, G. Engadinensis und G. aspera erzeugt. Eine grosse Verbreitung besitzt in Mitteleuropa G. Germanica (= G. Wettsteinii), besonders die beiden Unterarten subsp. eu-Germanica und subsp. solstitialis, die auch in der Tiefebene vorkommen, während die beiden weiteren Unterarten, subsp. Kerneri und subsp. Raetica, die Alpen bewohnen. G. Austriaca und G. præcox können dem pannonischen Florenreich zugezählt werden; die erstere erreicht westlich den Böhmerwald, Steiermark und Kärnten, die zweite das Erzgebirge, Kärnten und Krain. Von der dritten über Nord- und Mitteleuropa, sowie über Nord- und Mittelasien verbreiteten Hauptart G. Amarella, die in ihrer Gliederung stark an G. campestris erinnert, dürfte die subsp. eu-Amarella var. lingulata nach der heutigen Kenntnis auf das östliche Ostpreussen und auf Nordböhmen beschränkt sein, während die var. axillaris in Nord- und Mitteldeutschland, in der Tschechoslowakei und dann auffallenderweise im südöstlichen Graubünden und im oberen Veltlin auftritt. Die subsp. uliginosa von G. Amarella erscheint besonders in Norddeutschland, vereinzelt auch in Böhmen und Mähren.

1. Krone im Schlunde kahl . . . . . . . . . . . . . . . . . . . . . . . . . . . . 3.
1*. Krone im Schlunde bärtig oder seltener am Rande gefranst . . . . . . . . . . . . 2.
2. Kronzipfel am Rande deutlich gefranst. Blüten hellblau. Herbstblüher.   G. ciliata nr. 2262.
2*. Kronzipfel ganzrandig, aber im Schlunde bärtig (Fig. 3014 c, d). Blüten oft violett, seltener violett‑blau, weiss bis gelblich . . . . . . . . . . . . . . . . . . . . . . . . . . . . 26.
3. Krone radförmig, fast bis zum Grunde 5‑ bis 6‑teilig, goldgelb. Blüten lang gestielt. Alpen, Mittelgebirge . . . . . . . . . . . . . . . . . . . . . . . G. lutea nr. 2236.
3*. Krone keulig‑glockenförmig oder stieltellerförmig . . . . . . . . . . . . . . . . 4.
4. Krone keulig‑glockig, mit ziemlich kurzen, nicht deutlich abstehenden Zipfeln. Ausdauernde Arten. 5.
4*. Krone stieltellerförmig, mit walzlicher Röhre und abstehenden Zipfeln . . . . . . . 16.
5. Kronzipfel fast stets 4. Untere Laubblätter in eine kurze Scheide verwachsen. G. Cruciata nr. 2244.
5*. Kronzipfel meist 5. Laubblätter nicht deutlich scheidig . . . . . . . . . . . . . 6.
6. Blüten hellgelb oder rot (niemals blau), in den oberen Blattachseln und an der Spitze des Stengels kopfig oder scheinquirlig gehäuft. Alpenpflanzen . . . . . . . . . . . . . . . . . 7.
6*. Blüten blau, selten gelblichweiss oder ganz weiss, einzeln, zu 2 bis 3 gebüschelt oder ährenartig gehäuft . . . . . . . . . . . . . . . . . . . . . . . . . . . . . . . . 9.
7. Krone blassgelb, dunkelviolett punktiert . . . . . . . . . . G. punctata nr. 2237.
7*. Krone purpurrot oder bläulichrot . . . . . . . . . . . . . . . . . . . . . 8.
8. Kelch 2‑teilig, nur auf einer Seite aufgeschlitzt . . . . . . . G. purpurea nr. 2238.
8*. Kelch 5‑ bis mehrzähnig, nach aussen gekrümmt. Ostalpen, Böhmerwald. G. Pannonica nr. 2239.
9. Narbe trichterförmig, gefranst (Fig. 2980 d). Stengel normal 1‑blütig, stets mit grundständiger Blattrosette. Alpenpflanzen . . . . . . . . . . . . . . . . . . . . . . . . . 10.
9*. Narbe länglich oder lineal. Stengel 1‑ bis mehrblütig . . . . . . . . . . . . . 13.
10. Kelchzähne so lang oder länger als die halbe Kelchröhre, stets scharf zugespitzt (Fig. 2980 b), am Rande wie die oberen Stengelblätter papillös rauh . . . . . . . . . . . G. Clusii nr. 2246.
10*. Kelchzähne kürzer (selten so lang) als die halbe Kelchröhre, am Rande (wie die oberen Stengelblätter) glatt oder sehr fein papillös . . . . . . . . . . . . . . . . . . . . . . 11.
11. Ausgewachsene Rosettenblätter breit‑elliptisch, eiförmig oder verkehrt‑eiförmig, mattgrün . 12.
11*. Rosettenblätter lanzettlich oder lineal‑lanzettlich, viel länger als breit. Westliche Kalkalpen der Schweiz . . . . . . . . . . . . . . . . . . . . . . . . . G. angustifolia nr. 2249.
12. Rosettenblätter gross (4 bis 15 cm). Blüten meist deutlich gestielt . . G. Kochiana nr. 2247.
12*. Rosettenblätter klein (1½ bis 3 cm). Blüten fast stets ungestielt, sitzend. Südalpen der Schweiz
. . . . . . . . . . . . . . . . . . . . . . . . . . . . . . . G. alpina nr. 2248.
13. Stengel 1‑ bis 2‑blütig. Niedrige Alpenpflanzen mit grundständiger Blattrosette . . . . 14.
13*. Blüten meist zahlreich. Pflanzen 12 bis 15 cm hoch, ohne grundständige Blattrosette . . 15.
14. Krone weiss mit breiten, hellblauen Streifen. Einzig in den Alpen von Steiermark . . . .
. . . . . . . . . . . . . . . . . . . . . . . . . . . . . . G. frigida nr. 2242.
14*. Krone himmelblau. Karawanken . . . . . . . . . . . . G. Froelichii nr. 2243.
15. Laubblätter ei‑lanzettlich, lang zugespitzt, 5‑nervig . . . . . . G. asclepiadea nr. 2240.
15*. Laubblätter lineal oder lineal‑lanzettlich, in der Regel 1‑nervig. G. Pneumonanthe nr. 2241.
16. Einjährige Arten, ohne blütenlose Triebe. Stengel meist ästig und mehrblütig . . . . . 17.
16*. Niedrige, ausdauernde Arten mit blütenlosen Trieben. Krone verhältnismässig gross; Kronzipfel meist 8 bis 12 mm lang . . . . . . . . . . . . . . . . . . . . . . . . . 19.
17. Stengel meist niederliegend. Untere Laubblätter dachziegelig, verkehrt‑eiförmig. Griffel fehlend. Alpen, besonders im Osten . . . . . . . . . . . . . . . . . . . G. prostrata nr. 2245.
17*. Stengel aufrecht. Untere Laubblätter rosettig, eiförmig oder länglich . . . . . . . . 18.
18. Kelch aufgeblasen, an den Kanten breit geflügelt . . . . . . G. utriculosa nr. 2258.
18*. Kelch walzlich mit nur gekielten Kanten . . . . . . . . . G. nivalis nr. 2259.
19. Laubblätter am Grunde kaum verschmälert, lineal. Oestliche Kalkalpen (fehlt Tirol) . . . .
. . . . . . . . . . . . . . . . . . . . . . . . . . . . . . . G. pumila nr. 2154.
19*. Laubblätter am Grunde verschmälert, nicht lineal . . . . . . . . . . . . . . . 20.
20. Grundständige Laubblätter rosettig, grösser als die übrigen . . . . . . . . . . . 21.
20*. Unterste Laubblätter so gross oder doch nicht auffallend grösser als die übrigen und oft dicht übereinander stehend (geschindelt) . . . . . . . . . . . . . . . . . . . . . 24.
21. Kelchröhre an den Kanten deutlich geflügelt . . . . . . . . . . . . . . . . . 22.
21*. Kelchröhre fast oder ganz ungeflügelt. Hochalpen . . . . . . . . . . . . . . 23.

Tafel 216

## Tafel 216.

(Entnommen aus Hegi, Alpenflora, 20. Auflage, Tafel 24)

Fig. 1. *Gentiana purpurea* (pag. 1995). Blühender Spross.
„ 2. *Gentiana punctata* (pag. 1994). Oberster Teil des Blütensprosses.

Fig. 3. *Gentiana Pannonica* (pag. 1997). Blühender Spross.
„ 4. *Gentiana lutea* (pag. 1988). Oberster Teil des Blütensprosses.

---

22. Laubblätter elliptisch-lanzettlich, in der Mitte am breitesten (Fig. 2989 f, g). Kelch schmal geflügelt (Fig. 2989 d) . . . . . . . . . . . . . . . . . . . . . . . . . . . . . . . G. v e r n a nr. 2250.

22*. Laubblätter lanzettlich, nicht in der Mitte am breitesten (Fig. 2990 e). Kelchkanten sehr stark geflügelt (Fig. 2990 d). Besonders im Süden der Alpen . . . . . . . . . . . G. T e r g e s t i n a nr. 2251.

23. Grundblätter dicht, dachig, ± kurz zugespitzt, glänzend, mit deutlichem Knorpelrand. Kelch- und Kronröhre lang und schlank. Kronzipfel schmal . . . . . . . . . G. b r a c h y p h y l l a nr. 2252.

23*. Rosettenblätter stumpf, dunkelgrün mit schwachem Knorpelrand. Kronzipfel sehr breit, oft breiter als lang. Hochalpine Kalkfelsenpflanze . . . . . . . . . . . . . . . G. F a v r a t i nr. 2253.

24. Laubblätter verkehrt-eiförmig bis spatelförmig, im vordersten Drittel am breitesten. Pflanze dichtrasig . . . . . . . . . . . . . . . . . . . . . . . . . . . . . . . . . . . . . . . 25.

24*. Laubblätter lineal, stumpf, fast gleichbreit. Stengelblätter sehr entfernt. Nur in den Westalpen . . . . . . . . . . . . . . . . . . . . . . . . . . . . . . . . . . . . . . G. R o s t a n i nr. 2257.

25. Laubblätter abgerundet, stumpf. Stengel zuweilen mit 3 bis 4 Paar Laubblättern. Bodenvage Alpenpflanze . . . . . . . . . . . . . . . . . . . . . . . . . . . . . . . . . G. B a v a r i c a nr. 2256.

25*. Laubblätter oval-lanzettlich, in eine trockenhäutige Spitze ausgezogen, am Rande stark papillös; alle einander genähert. Südöstliche Kalkalpen . . . . . . . . . . . G. T e r g l o u e n s i s nr. 2255.

26. Kelch glockig, abstehend, tief (fast bis zum Grunde) 4- bis 5-teilig. Einjährige, kleine Alpenpflanzen . . . . . . . . . . . . . . . . . . . . . . . . . . . . . . . . . . . . . . . 27.

26*. Kelch röhrig, der Krone anliegend, 4- bis 5-spaltig. Pflanze meist 2-, selten 1-jährig . . . 28.

27. Blüten normal 5-zählig. Alpen von Oesterreich . . . . . . . . . . G. n a n a nr. 2261.

27*. Blüten normal 4-zählig, einzeln endständig. Hochalpen . . . . . . . G. t e n e l l a nr. 2260.

28. Kelch, Krone und Androeceum 4-zählig. Die beiden äusseren Kelchzipfel viel breiter als die beiden inneren (Fig. 3004 c) und sie verdeckend, am Rande sehr kurz papillös bewimpert, nicht zurückgerollt. . . . . . . . . . . . . . . . . . . . . . . . . . . . . . . . . . G. c a m p e s t r i s nr. 2263.

28*. Kelch, Krone und Androeceum 5- (nur in der Regel an schwächlichen Stücken oder an den Seitenästen bisweilen 4-)zählig (Fig. 3014 b, e) . . . . . . . . . . . . . . . . . . 29.

29. Fruchtknoten und Kapsel ungestielt. Buchten zwischen den Kelchzipfeln stets abgerundet stumpf . . . . . . . . . . . . . . . . . . . . . . . . . . . . . . . . . . . . G. A m a r e l l a nr. 2272.

29*. Fruchtknoten und Kapsel gestielt (vgl. aber G. Engadinensis pag. 2033) . . . . . . . 30.

30. Buchten zwischen den Kelchzähnen spitz. Kelchzähne am Rande papillös rauh oder bewimpert . . . . . . . . . . . . . . . . . . . . . . . . . . . . . . . . . . . . . . . . . . . . 31.

30*. Buchten zwischen den Kelchzähnen abgerundet. Kelchzähne am Rande glatt (die Wände der Oberhautzellen höchstens schwach und stumpf vorgewölbt) . . . . . . . . . . . . . . 35.

31. Kelchzähne am Rande von sehr feinen und kurzen spitzen Papillen etwas rauh. Krone der bestentwickelten Blüten verhältnismässig gross, 2 bis 3,5 cm lang, meist mindestens doppelt so lang als der Kelch . . . . . . . . . . . . . . . . . . . . . . . . . . . . G. G e r m a n i c a nr. 2268.

31*. Kelchzähne am Rande deutlich bewimpert . . . . . . . . . . . . . . . . . . . 32.

32. Zwei Kelchzähne viel breiter als die übrigen drei, am Rande stark zurückgerollt, nur am Rande bewimpert. Krone meist nur um die Hälfte länger als der Kelch . . . . . . . . . . . . . 33.

32*. Zwei Kelchzähne nur wenig breiter als die übrigen drei, am Rande nicht oder nur wenig zurückgerollt, am Rande und auf dem Mittelnerven bewimpert. Krone meist doppelt so lang als der Kelch. 34.

33. Blüten mittelgross. Krone in der Regel 20 bis 30 mm lang, blauviolett, selten weiss. Fruchtknoten und Kapsel 4 bis 6 mm lang gestielt. In den Ost- und Südalpen . . . G. a n i s o d o n t a nr. 2264.

33*. Blüten ziemlich klein. Krone kleiner als 2 cm, schmutzig weinrotviolett, häufig auch weiss. Frucht und Kapsel fast oder völlig sitzend. In den östlicheren Alpen . . . G. Engadinensis nr. 2265.

34. Mittlere Stengelblätter lanzettlich, mindestens 4-mal so lang als breit. Blüten mittelgross. Fruchtknoten sehr kurz gestielt. Nur in den östlichen Südalpen . . . . . . . . . . . G. pilosa nr. 2266.

34*. Mittlere Stengelblätter 3-eckig-eiförmig oder eilanzettlich, höchstens 3-mal so lang als breit. Blüten gross. Fruchtknoten ziemlich lang gestielt . . . . . . . . . . . . . . . G. aspera nr. 2267.

35. Stengel meist unmittelbar über dem Boden in dichtblütige Aeste aufgelöst. Pflanze daher in der Regel dicht buschig. Blüten klein, selten über 2 cm lang, weisslich oder helllila, die der untersten Aeste auffällig zwergig, klein. Kelchzipfel viel länger als die Röhre . . . . . . . . . . G. ramosa nr. 2269.

35*. Stengel in der Regel nicht unmittelbar über dem Boden verzweigt, nur bei den alpinen Formen ± buschig, meist schlank. Blüten gross, lebhaft lila, selten weiss . . . . . . . . . . . . . 36.

36. Stengel mit ziemlich langen unteren Aesten, Blütenstand daher fast ebensträussig. Blüten sehr gross, die gut entwickelten 24 bis 45 mm lang. Kelchzipfel entschieden länger als die Kelchröhre . . . . . . . . . G. Austriaca nr. 2270.

36*. Stengel schlank, mit ziemlich kurzen unteren Aesten, Blütenstand daher rispenartig. Blüten mittelgross, im Mittel 18 bis 25 mm lang. Kelchzipfel kaum länger als die Kelchröhre . . . . . . . . . . . . . . . G. praecox nr. 2271.

**2236. Gentiana lútea** L. (= Astérias lutea Borkh., = Swértia lutea Vest.). Gelber Enzian. Franz.: Grande gentiane, gentiane jaune; engl.: Yellow gentian; ital.: Genziana maggiore. Taf. 216, Fig. 1; Fig. 2960 bis 2963.

Das deutsche Enzian (althochd. genciane, encian) stammt aus dem latein. gentiana. Mundartlich finden wir das Wort oft weitgehend entstellt (schweizerisch ist häufig das anlautende g von gentiana zu j erweicht, oder das Wort in Enze u. a. verkürzt): Enza, Enzio(ne) (St. Gallen), Jenzene, Jenzele, Jenstener, Jäuse (Schweiz), Zintalwurz [ob noch?] (Zillertal). Zum Unterschied von den blauen bezw. kleineren Arten heisst G. lutea auch Wiess-Enza, Wyss-Jenzä (Schweiz), grossi, breite Jänzelä (Waldstätten). — Im romanischen Graubünden führt die Art die Bezeichnungen flur gianzauna (Remüs), giansauna mela (Oberengadin), ansanga (Bergün), die Wurzel risch gianzauna.

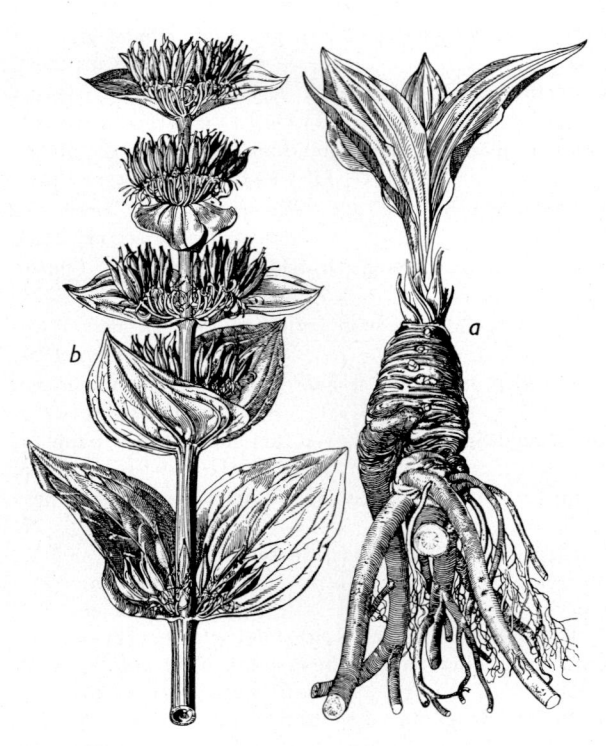

Fig. 2960. Gentiana lutea L. *a* Jüngere Pflanze mit Rhizom und Wurzelstock. *b* Fruchtender Stengel.

Pflanze ausdauernd, stattlich, 45 bis 140 cm hoch, ganz kahl. Pfahlwurzel mehr- (2- bis 10-)köpfig, bis armdick, wenig verzweigt. Stengel einfach, aufrecht, stielrund, oberwärts gerieft, bis fingerdick werdend, hohl. Laubblätter elliptisch, bläulichgrün, stark bogennervig gerippt, 5- bis 7-nervig, bis 30 cm lang und bis 15 cm breit; die unteren kurzgestielt, die oberen sitzend. Blüten langgestielt, in 3- bis 10-blütigen Trugdolden in den Achseln von schalenförmigen Tragblättern. Blütenstiele beinahe so lang wie die Krone. Kelch häutig, blassgelb, einseitig aufgeschlitzt. Krone radförmig, fast bis zum Grunde 5- bis 6- (selten 9-)teilig, goldgelb, mit kurzer Röhre; Kronzipfel spitz, schmal-lanzettlich, zuletzt sternförmig-ausgebreitet. Staubbeutel fast so lang wie die Krone, frei oder (bei der var. symphyándra) miteinander innig verwachsen. Narbe 2,5 bis 3 (5) mm lang, nach der Anthese beim Typus in eine dichte

Spirale zurückgerollt. Kapsel spitz=kegelförmig, bis 6 cm lang. Samen zahlreich (bis 100 in einer Kapsel), stark abgeflacht, länglich oder rundlich, häutig berandet. — VI bis VIII.

Stellenweise verbreitet und meist gesellig auf Weiden, ungedüngten Mähewiesen, in der Karflur, in Gebüschen, auf Schutthalden, an Felsen, in Auen, Flachmooren der Alpen, Voralpen, Jura, Vogesen, Schwarzwald, Alb und der Hochebene (bis 250 m hinabsteigend), in der alpinen Stufe vereinzelt bis 2500 m aufsteigend. Mit Vorliebe auf Kalkboden und meist gesellig. Vielerorts durch Ausgraben sehr selten geworden oder ganz verschwunden.

In Deutschland in den Bayerischen Alpen bis 2110 m (in den Allgäuer Alpen und im Mittelstock verbreitet; fehlt heute wahrscheinlich östlich vom Inn; angeblich früher auf der Ofeneralpe am Königssee und bei Berchtesgaden), zerstreut auf der oberen Hochebene bei Oberdorf nächst Immenstadt, Kempten, um Kaufbeuren, im Wertachtal (in den Niederungen meist steril), bei Lechbruck, Schongau, Weilheim, Wilzhofen, in der Pähler Schlucht, bei Andechs, Unnering, Deixlfurt, Tutzing, im Geltingermoor 620 m, auf der unteren Hochebene im Gennachmoor bei Hildefingen, zwischen Schwabmünchen und Grossaitingen, Wertachauen bei Wehringen 540 m, sowie ganz vereinzelt in Unterfranken (Köpfleinsholz nächst Eussenheim bei Karlstadt auf Muschelkalk; früher im Gerabrunnerwalde bei Würzburg. Wird übrigens bereits 1841 von Schenk aus Unterfranken [Käferhölzchen] erwähnt), jedoch nicht im Bayerischen Wald (früher für die Sonnenwand am Rachel angegeben). Ausserdem in den Hochvogesen (hier nördlich bis etwa Diedolshausen, jedoch im Abnehmen begriffen), im Kreise Altkirch (anschliessend an den Schweizer Jura), vereinzelt im Schwarzwald (Belchen, Feldberg von 1250 bis 1450 m, Schauinsland, nördlich vom Kniebis bis zur Hornisgrinde und dem Hochkopf bei Achern, im Neckargebiet auf Muschelkalk bei Freudenstadt, Horb [Isenburg] und Haiterbach bei Nagold (am Schlossberg Nagold angepflanzt?), im ganzen Jurazug (Schwäbische Alb bis 291 m herabsteigend) von der Schweizergrenze im Westen bei der Küssaburg ob Rheinheim über den Randen, Hohenhöwen, Engen, nordöstlich bis Heubach[1]); fehlt im Bodenseegebiet und im Molasseland (Liptingen bei Stockach gehört bereits zum Jura), dagegen im Oberamt Biberach bei Kirchberg und ganz vereinzelt im Gebiete der Tauber (Theobaldsberg bei Edelfingen im Oberamt Mergentheim, 291 m). Früher auch in Thüringen bei Dossdorf unweit Arnstadt und an der Gleichen (hier ausgerottet); angeblich auch bei Kalkar in der Rheinprovinz (sehr unwahrscheinlich). — In Oesterreich in Vorarlberg verbreitet im Kalkgebiet von 950 m an aufwärts, ausserdem am Pfänder und am Hirschberg bei Bregenz im Molassegebiet, bei Ludesch ins Tal hinab-

Fig. 2961. Gentiana lutea L. Phot. W. Schacht, München.

steigend; in Liechtenstein im Elltal am Fläscherberg bei Balzers bis 520 m hinabsteigend (hier mit Aster Linosyris); in Nordtirol verbreitet im Tannheimer= und Lechtal, in den Kalkalpen zerstreut östlich bis Landl nächst Kufstein, ausserdem im Stubaital (Oberriss), in Südtirol (Sulden, Val di Sole, Nonsberg, Val Bresimo, Mendel, Dolomiten, Monte Baldo); Kärnten (Lamprechtkofel, in der Plöcken [Achernach] sehr selten, Kühwegeralm, Kanaltal, Königsberg bei Raibl); in Krain (im Innerkrainer Karstgebiet am Nanos, auf der Baba bei Adelsberg, auf der Vremščica, in Baškidol bei Grafenbrunn und am Schneeberg bei Laas, in Unterkrain in den Morowitzer Bergen und auf der Göttenitzer Alp, in den Julischen Alpen) und im Küstenland; fehlt in Salzburg, Ober= und Niederösterreich und Steiermark gänzlich, ebenso in den Zentralalpen von Tirol fast vollständig. — In der Schweiz in den Alpen vor allem in den Kalkalpen verbreitet, in den Zentralalpen stellenweise ganz fehlend, so im Puschlav, Bergell (doch noch beim Fornogletscher), Misox, Calanca; im Bündner Oberland oberhalb Ilanz nur im Val Viglioz (Seitental des Somvixertal); zuweilen tief hinabsteigend

---

[1]) Vgl. Verbreitungskarte nr. 6 in Ergebnisse der Pflanzengeographischen Durchforschung von Württemberg, Baden und Hohenzollern, 1905. Bearbeitet von J. Eichler, R. Gradmann und W. Meigen.

(bei Vionnaz im unteren Wallis bis 390 m, zwischen Wallenstadt und Flums 430 m), in den Voralpen seltener (so noch an der Rothen im Zürcher Oberland, 1000 m [hier 1896 von Friedrich und Gustav Hegi entdeckt] und auf dem Hirschberg bei Gais im Appenzellerland), sehr verbreitet und gesellig im Jurazug, gemein im Waadtländer und Neuenburger Jura, doch meist erst über 1000 m, weiter östlich bis zur vorderen Schafmatt mehr vereinzelt, nordöstlich bis Bärschwil und Lützel. Fehlt im eigentlichen Aargauer Jura (unterhalb Auenstein kultiviert) und auf der Lägern; dagegen wieder bei Küssaburg nächst Rheinheim (Baden) und am Randen.

Allgemeine Verbreitung: Gebirge der Pyrenäen=Halbinsel und von Zentral= frankreich (hier fast ausschliesslich auf Gneis und Granit), Alpen (besonders in den West= und Zentralalpen; in den nördlichen Ostalpen östlich bis zum Inn), Französischer, Schweizer und Schwäbischer Jura, Vogesen, Schwarzwald, Karpaten, Siebenbürgen, Istrien, Görz, Triest, Kroatien, Apennin, Korsika, Sardinien, Balkan; Kleinasien (Bithynischer Olymp).

Aendert nur wenig ab: f. symphyándra Murbeck. Staubblätter miteinander innig verklebt. Narbe aufrecht stehend, 4 bis 5 mm lang, nach der Anthese nur an der Spitze herabgebogen und nicht spiralig zurückgerollt. In Kärnten vielleicht die ausschliessliche Form, in Krain nach A. Paulin im nordwestlichen Teil der Julischen Alpen östlich vom Mangart (doch in den südwestlichen Wocheineralpen nur der Typus). — 1. erubéscens Harz. Kronzipfel am Rande und insbesondere an den Spitzen tief karminrot. Tracht sonst ganz wie der Typus. Oberbayern: Benediktenwand.

Diese stattliche Staude, die im Frühjahr aus einem kohlkopfähnlichen, bläulich schimmernden, dichten Blattschopfbüschel hervorgeht, gehört zu den auffallendsten Erscheinungen der Kalkalpen und des Schweizer Jura, ist aber zufolge unsinnigen Ausgrabens der Wurzeln an vielen Stellen stark zurückgegangen, ja ganz verschwunden, wie an ihrem nördlichsten Standorte in Thüringen, ebenso auf der Hochfläche vom Kniebis bis zur Hornisgrinde und bei Wildbad im Schwarzwald, sowie an zahlreichen Stellen in den Alpen. Am häufigsten erscheint die Pflanze im westlichen Schweizer Jura, wo sie an vielen Stellen in dichten, fast reinen Beständen, die Krautgärten gleichen, auftritt. G. lutea, ein systematisch isoliert stehender, alter und starrer Typus, hat seine Hauptverbreitung in den West= und Zentralalpen, um in den östlichen Kalkalpen (in den nördlichen Kalkalpen bildet der Inn bei Kufstein die absolute Ostgrenze!) seltener zu werden. Während die Pflanze in den Schweizeralpen nicht ausschliesslich auf die Kalkalpen beschränkt und wie in den Sevennen und in der Auvergne, sowie vereinzelt auch in den Zentralalpen auf kalkarmer Bodenunterlage auftritt, ist sie im Osten auf die Kalkzüge beschränkt, fehlt also den Zentralalpen von Steiermark und Tirol sehr wahrscheinlich gänzlich (zwei Angaben aus dem Stubai= und Zillertal verdienen Nachprüfung). Abgesehen von dem mehr vereinzelten Vorkommen in den Vogesen, im Schwarzwald und auf der oberdeutschen Hochebene ist Gentiana lutea ausserhalb der Alpenkette auf den ganzen Jurazug und die Schwäbische Alb (hier von der Küssaburg und dem Randen im Westen bis Heubach im Osten), sowie auf wenige Standorte im Muschelkalkgebiet von Württemberg (Horb, Nagold, Theobaldsberg bei Edelfingen) und Bayern (Eussenheim bei Karlstadt) beschränkt. Am letztern Orte dürfte das Vorkommen spontan sein entgegen der Ansicht von A. Süssenguth, der die Pflanze dort als Reste eines Kräutergartens betrachtet. Auch der einst nördlichste Standort in Thüringen dürfte diesem Muschelkalkzuge angehören. In den Alpen bewohnt G. lutea auf kalkreichem Boden steinige Weiden, ungedüngte Mähewiesen, die Karfluren, Schutthalden, ausnahmsweise auch die Alpenrosen= und Grünerlenbestände. So erscheint die Art im Oberengadin auf etwas kalkhaltigem Ur= gestein stellenweise als Bestandteil der subalpinen „Geröllflur" in Gesellschaft von Veratrum album, Rumex scutatus, Oxyria digyna, Silene inflata und S. nutans, Anemone alpina subsp. sulphurea, Biscutella levigata, Thalictrum minus und Th. aquilegifolium, Cerastium arvense subsp. strictum, Dianthus superbus, Arabis alpina, Aconitum Napellus und A. Vulparia, Rubus Idaeus, Rosa alpina, Cotoneaster integerrima, Phaca alpina, Potentilla grandiflora, Trifolium pallescens, Geranium silvaticum, Euphorbia Cyparissias, Daphne striata, Peuce= danum Ostruthium, Laserpitium Panax, Astrantia minor, Chaerophyllum Villarsii, Heracleum alpinum, Thymus Serpyllum, Cerinthe alpina, Myosotis alpestris, Galium anisophyllum, Scabiosa lucida, Lonicera caerulea, Valeriana tripteris und V. montana, Campanula barbata und C. Scheuchzeri, Carduus defloratus, Achillea moschata, Senecio Doronicum, Centaurea nervosa, Cirsium spinosissimum, Carlina acaulis, Hieracum intu= baceum, Erigeron alpinus, Senecio Fuchsii, Tussilago Farfara, Solidago Virgaurea usw. Auf den Weiden der Rigi=Nagelfluh tritt die Pflanze reichlich neben Gentiana punctata, G. asclepiadea und G. ciliata, Juniperus nana und Carlina acaulis auf. Im westlichen Schweizer Jura, wo sie vorzugsweise die Berg= und Nadelwaldstufe (vereinzelt von etwa 290 m an, doch meist erst höher) bewohnt, zählt sie nach S. Aubert zu den vorherrschenden Bestandteilen der frischen, humusreichen Weiden (pâturages) und erscheint daselbst häufig in Gesellschaft von Poa alpina, Briza media, Cynosurus cristatus, Festuca rubra subsp. fallax, Agrostis vulgaris, Veratrum album, Crocus albiflorus, Pimpinella Saxifraga, Sanguisorba minor, Alchemilla vulgaris, Hippocrepis comosa, Trifo=

lium pratense und T. repens, Anthyllis Vulneria, Brunella vulgaris, Scabiosa Columbaria, Veronica serpyllifolia, Cirsium acaule, Leontodon hispidus und L. autumnalis, Achillea Millefolium, Aster Bellidiastrum usw., ferner im Nardétum und in Gesteinsfluren neben Dactylis glomerata, Silene nutans, Aconitum Napellus und A. Vulparia, Thalictrum aquilegifolium, Melandrium rubrum usw. In den Hochvogesen gehört G. lutea nach Issler der Borstgrasmatte, sowie der Heidelbeer-Alpenanemonen-Assoziation an. Am Feldberg (Baldenwegerbuck) kommt die Pflanze nach K. Müller noch fast alljährlich in vielen Tausenden von blühenden Exemplaren auf einem geröllreichen, felsigen Abhang neben Vaccinium Myrtillus, Daphne Mezereum, Athyrium filix femina und A. alpestre, Aspidium filix mas und A. montanum, Digitalis grandiflora, Campanula Scheuchzeri, Aconitum Lycoctonum, Rosa alpina, Centaurea montana, Mulgedium alpinum, Polygonum Bistorta, Lilium Martagon usw. vor. An der Seewand am Feldsee, wo der gelbe Enzian an Felswänden festen Fuss gefasst hat, trifft man ihn neben Carex frigida, Alchemilla alpina, Laserpitium latifolium, Veronica fruticans, Campanula pusilla, Carduus defloratus, Amelanchier vulgaris usw. Im Schwäbischen Jura besiedelt er besonders die Schafweiden, sowie auch die einmähdigen Wiesen, auf der Oberbayerischen Hochebene vereinzelt die Flussauen (hier zuweilen steril), dann im Moränengebiet offene Waldstellen auf lehmiger Unterlage neben Pteridium aquilinum, Molinia caerulea, Galium boreale, Phyteuma orbiculare, Knautia silvatica, Tofieldia calyculata usw., in den Südalpen öfters die Dolinen. Als ein treuer, selten fehlender Begleiter des gelben Enzian kann der Germer (Veratrum album) bezeichnet werden, mit welchem eigenartig narkotisch riechenden Weideunkraut Gentiana lutea im nichtblühenden Zustande von Unkundigen und selbst von Aelplern leicht verwechselt

Fig. 2962. Gentiana lutea L., Willersalpe bei Hinterstein, Allgäu. Phot. Georg Eberle, Wetzlar.

werden kann. Von Veratrum album unterscheidet sich Gentiana lutea sofort durch die gegenständigen, unterseits ganz kahlen Laubblätter; beim Germer sind die Laubblätter wechselständig und unterseits flaumig behaart (vgl. Bd. III, pag. 193). Auf der Hasenmatt im Schweizer Jura wird der gelbe Enzian durch Veratrum verdrängt. Uebrigens scheint sich Gentiana lutea auch im Halbschatten an Waldrändern, woselbst gelegentlich stattliche Exemplare bis zu 1,4 m Höhe beobachtet werden können, gut zu entwickeln.

Die deutlich gestielten Einzelblüten sind im Vergleiche zu denen anderer Enziane als sehr primitiv zu bezeichnen. Schliessbewegungen finden weder bei stärkstem Regenwetter noch in kalten Nächten statt. Nach G. Claus vollzieht sich lediglich bei verblühten Pflanzen eine Einkrümmung der Kronlappenzipfel. Die fast bis zum Grunde in 5 oder mehr Lappen gespaltene, sternförmig ausgebreitete goldgelbe und faltenlose Krone gehört zu den Blüten mit offenem, allgemein zugänglichem Honig; dieser letztere wird von der ringförmig angeschwollenen Basis des Fruchtknotens abgesondert. Als Besucher kommen Fliegen, Hymenopteren (besonders Hummeln), selten auch Falter und Käfer in Betracht. Nicht selten werden überzählige (bis 9) Kronblätter und bis 8 Staubblätter beobachtet, ebenso (auch in sonst normalen Blüten) eine Vermehrung der Carpelle von 2 auf 3 bis 5, ausnahmsweise auch 3-zählige Blattquirle, sowie echte Zwangsdrehung des Sprosses. Die stark abgeflachten, ringsum geflügelten, ungefähr 0,001 g schweren Samen werden durch den Wind leicht verbreitet. Da sie zu etwa 100 in einer Kapsel erzeugt werden und jede Pflanze ungefähr 100 Kapseln ausbildet, ist eine kräftige Staude imstande, alljährlich rund 10 000 Samen hervorzubringen. Die Samen sollten noch im gleichen Herbst ausgesät und in angefeuchtetem Zustande einer längeren Frostperiode ausgesetzt werden. Denn Frost und Licht sind für eine gute Keimung unbedingt notwendige Faktoren. Gentiana lutea gehört übrigens zu den wenigen Enziangewächsen, die sich mit Erfolg auch auf einem etwas feuchten, tiefgründigen Boden kultivieren lassen, weshalb die stattliche Pflanze als Zierpflanze fürs Alpinum sehr zu empfehlen ist. Allerdings brauchen die Sämlinge im Freien 10 bis 12 Jahre (in der Kultur nach Gentner nur etwa 6 Jahre), bis sie zum ersten Male zur Blüte gelangen. Trotz ihrer Schönheit ist die Pflanze als ein platzraubendes und verdämmendes Unkraut zu bezeichnen, ganz ebenso wie der Germer. Aus diesen und weiteren Gründen kommt sie für einen lohnenden Anbau nicht in Frage. Von Schmarotzer-Pilzen werden genannt Guignárdia Gentiánae Rehm, Heterosphǽria patélla (Tode) var. alpéstris Fries, Ophiólobus Morthiéri Sacc. et Berl., Pyrenopezíza Gentiánae (Pers.), Ventúria atriséda Rehm und Rhabdospóra cercospérma (Rostr.) Sacc. f. umbilicáta (Pers.). Nach E. Kissling und Ed. Fischer werden die Samen zuweilen von Botrýtis cinérea befallen, der auf ihnen ein schwarzes Dauermyzel entwickelt und an den Blütensprossen eine epidemisch auftretende Erkrankung hervorrufen kann. Die vom Pilze unterhalb der Blütenregion befallenen Stengelteile werden schwammig, sehr weich, welk und fallen um. Gentner erwähnt auch, dass die Samen mehrfach von der rotgefärbten Made einer Fliege befallen werden. Blattflecken werden durch Depázea gentianǽcola Fr., Stengelflecken durch Phóma Niesléi Sacc. verursacht.

Das Rhizom der Pflanzen geht aus dem Hypocotyl und Epikotyl hervor und treibt alljährlich einen aus etwa 8 dekussiert stehenden Blättern gebildeten Schopf. Erst vom 10. (selten schon früher) bis 20. Jahr fängt die Pflanze an zu blühen, um aber jeweilen einige Jahre im Blühen auszusetzen. Gesunde Wurzelstöcke erreichen in guten Böden ein Alter von 40 bis 60 Jahren. Das Rhizom selbst besteht aus zwei getrennten Partien; die obere hat Spross-, die untere Wurzelnatur. Die erstere ist ausgezeichnet durch das Auftreten von Knospen und durch eine charakteristische Querringelung (Fig. 2960 a), die von den Resten der alljährlich erzeugten Laubblätter gebildet wird und die Grenze der Jahrestriebe bezeichnet. Uebrigens ist die Ausbildung der dicht übereinander stehenden Querwülste auf die frühere Tätigkeit der Saugwurzeln zurückzuführen, welche das Rhizom entsprechend seinem Wachstum in die Tiefe ziehen.

Fig. 2963. Gentiana punctata L., Sellajoch, Dolomiten. Phot. W. Schacht, München.

Sehr oft stirbt die Pfahlwurzel frühzeitig ab und wird dann durch eine oder mehrere kräftige Seitenwurzeln ersetzt. Aus den Knospen der Rhizompartie gehen zuweilen neue Sprosse hervor, wodurch dann dasselbe vielköpfig wird und mehrere Blütenkandelaber erzeugen kann. Die Wurzelpartie zeigt weder Querwülste noch Knospen.

Die Wurzel des Gelben Enzians, kurzweg „Enzianwurzel", auch Bitter-, Fieber- oder Hochwurzel, Gelber oder Roter Enzian oder Zinzalwurz genannt, liefert die Droge Rádix Gentiánae (Deutsches Arzneibuch VI, 1927, Pharm. Austr., Helv.). Zu diesem Zwecke werden die starken, rübenartigen, verzweigten, tiefgehenden und bis meterlangen Wurzeln vom August bis Oktober mit einer kräftigen, langen, vorn löffelartig verbreiterten Reuthaue (Croc) aus dem Boden gegraben, um dann zumeist in die Schnapsbrennereien zu wandern. In vielen Gegenden wird das Grabrecht an berufsmässige Wurzelgräber verpachtet, die am Tage bis gegen 200 kg frische Wurzeln sammeln können. Für 100 kg werden im Schweizer Jura 4 bis 10 Franken bezahlt. Bei günstigen Bodenverhältnissen kann ein 20- bis 25-jähriges Rhizom mit seinen dicksten Wurzeln ein Frischgewicht von 6 bis 7 kg aufweisen. In der Regel geschieht das Graben in Zeitabständen von 6 bis 10 Jahren. Die frische Wurzel ist weich, fast wachsartig und innen weiss; beim Trocknen wird sie jedoch rasch gelb-bräunlich, beim Fermentieren rötlich-braun. Infolge der Abwesenheit der Stärke (im Gegensatz zur Wurzel von Veratrum und Atropa Belladonna) färbt sich die Bruchstelle durch Jodzusatz nicht blau. Beim Einlegen der Droge ins Wasser schwillt sie bis auf die doppelte Breite an. Die Chemie der Droge hat im Laufe der Zeit eine sehr vielseitige Bearbeitung erfahren wie selten eine einheimische Pflanze. Die Bitterkeit der Wurzel rührt von 3 Glykosiden her und zwar vor allem von dem intensiv bitter schmeckenden Gentiopikrin (Enzianbitter), das durch Emulsin in Glykose und in das nicht bittere Lakton Gentiogenin zerfällt nach Formel $C_{16}H_{20}O_9$ (Gentiopikrin) $+ H_2O, = C_6H_{12}O_6$ (Glukose) $+ C_{10}H_{10}O_4$ (Gentiogenin). Beim Trocknen der Wurzel verschwindet das Gentiopikrin, ebenso der Rohrzucker und die Gentianose. Das sehr unangenehm schmeckende, amorphe, gleichfalls linksdrehende Glykosid Gentiamarin ($C_{16}H_{20}O_{10}$) ist in der frischen Wurzel noch nicht enthalten, sondern entsteht erst bei der Verarbeitung, dagegen das Glykosid Gentiin. Der gelbe Farbstoff der Enzianwurzel ist auf das im Jahre 1827 von Henry und Caventon bei Gentiana lutea entdeckte Gentisin ($C_{14}H_{10}O_5$), den Monomethyläther eines Trioxyxanthons, zurückzuführen. v. Kostanecki ist es gelungen, aus dem Gentisin noch einen zweiten gelben Farbstoff, das Gentiseïn ($C_{13}H_8O_5$) herzustellen. Weiter enthält die Wurzel einige Zuckerarten, nämlich Gentianose ($C_{18}H_{32}O_{16}$), Saccharose, Glykose, Lävulose u. a., daneben Pektin, Tannin, ätherisches Oel; dagegen kommt nach W. Uhlmann ein wirklich fettes Oel in der Wurzel nicht vor. H. Guyot (Bulletin de la société botanique de Genève. Série 2, vol. 8, 1916) hat eine ganze Reihe (mindestens 11, davon 8 neue Arten) von Hefepilzen aus den Gattungen Zygosaccharomyces, Saccharomyces, Pichia, Torula mit den ihnen entsprechenden Enzymen (Catalase, Amylase, Oxydase, Peroxydase, Tyrosinase, Gentiobiase, Sucrase) in den Wurzeln festgestellt, von denen einige komplizierte Zuckerarten in einfachere überzuführen vermögen, die dann bei der Gärung weiter in aromatische Ester zerlegt werden. Auch stellte es sich dabei heraus, dass diese Hefearten in ganz verschiedenem Masse befähigt sind, die einzelnen Zuckerarten zu zerlegen und recht verschiedene Mengen von Alkohol zu erzeugen. Von dem Oïdium Gentiánae, das überhaupt keinen Alkohol erzeugt, aber gleichwohl durchgehend in allen Proben zugegen war, wird angenommen, dass es durch kräftige Bindung von Sauerstoff wahrscheinlich die Bildung von Essig verhindert

    Die Droge findet zurzeit als Extrakt, Tinktur, Pulver oder in Form von Pillen vor allem als Stomachicum (Magenmittel) und Tonicum Verwendung. Früher war sie auch als Fieber- und Gichtmittel, ferner bei Hysterie, Hypochondrie, gegen Malaria, Scrofeln, Darmparasiten gebräuchlich. Mindestens ebenso gross ist die Verwendung in der Tierheilkunde, wo Enzianpulver bei Magenkrankheiten und Verdauungsstörungen der Haustiere, zuweilen in Verbindung mit Haselwurz, Engelwurz, Eber- und Alantwurz angewendet wird. Auch in den Mast- und Milchpulvern ist Enzian vertreten. Wiederholt ist die gepulverte Enzianwurzel für sich allein oder mit anderen Substanzen zusammen als Geheimmittel gegen Trunksucht empfohlen worden. Zufolge des starken Quellungsvermögens eignet sich die Wurzel ähnlich wie die Laminarien (Stipites Laminariae) und Tupelo-Stifte (Bd. V/2, pag. 770) zur Erweiterung von Wunden, sowie als Pessarium. Verfälschungen und Verwechslungen der Droge kommen, abgesehen von den Paralleldrogen von Gentiana purpurea, G. punctata und G. Pannonica, die in den neuesten Pharmakopöen als gleichwertig zugelassen sind (neuerdings auch G. asclepiadea; die Wurzel ist jedoch verholzt!), vor mit den Wurzeln bezw. den Wurzelstöcken von Veratrum album, Aconitum Napellus, Bryonia, Peucedanum Cervaria (ging als Radix Gentianae nigrae), Laserpitium latifolium (als Radix Gentianae albae; vgl. Bd. IV/3, pag. 1481), Rumex alpinus, R. crispus oder R. obtusifolius, Sandelholz, Rhabarber, Lycopodium, Getreidemehl, Leguminosenstärke usw. Extráctum Gentiánae ist rotbraun, im Wasser schwach trübe löslich und schmeckt anfangs süss, dann bitter. Es besteht aus 1 Teil grob zerschnittener Enzianwurzel, 8 Teilen Chloroformwasser und 1 Teil Weingeist. — Sehr verbreitet ist die Herstellung und Verwendung des Enzianlikörs aus den Wurzeln. Zu diesem Zwecke werden die frisch gegrabenen Wurzeln in fingerhutgrosse Stücke zerschnitten, zuweilen zusammen mit Birnen- oder Aepfeltreber, in Fässer gefüllt und mit Wasser überschüttet. Die Tonnen werden verschlossen und dann meist (so im Berner Jura) in warmen Pferdeställen aufgestellt. In Tirol werden die ausgegrabenen Wurzeln, bevor sie weiter behandelt werden, auf Haufen geworfen und mit Zweigen bedeckt; sie bleiben dann in diesem Zustande, bis sie durch die inzwischen eingesetzte Gärung braun gefärbt worden sind. Die Gärung nimmt eine bis mehrere Wochen (bis 2 Monate) in Anspruch. Der Brei wird hierauf gesotten und ausgetrestert. Zuweilen wird das Destillieren von den Brennern im Freien vollführt.

    Der Enzianschnaps, auch Jenzer oder Enzeler geheissen (in der Westschweiz eau-de-vie), besitzt einen eigenartigen, vielen Leuten unangenehmen Geruch, schmeckt aber natürlich nicht bitter; er gilt beim Volke bei verschiedenen Magen- und Darmbeschwerden, aber auch gegen Gicht und Fieber, besonders „für den letzen (kranken) Magen" als nie versagendes Universalmittel. Wahrscheinlich war die Wurzel bereits bei den Griechen und Römern als Heilmittel bekannt. Bock widmet dem Enzian in seinem Kreuterbuch (1551) ein begeistertes Loblied. Auch Kyburg, der Nachahmer seines grossen Zeitgenossen Haller singt: „Wann einer ferner hat Ein blöd' und kalten Magen Und klagt, er könne nicht die Speisen wohl vertragen: Der nehme dies Gewürz des Morgens nüchter ein, So wird von solcher B'schwerd Er bald befreet sein". Und noch heute sagt der Tiroler: „Wia die Enzianwurzel ist koani so stark". Wieder andere rühmen ihm nach: „Im ersten Jahr ist er gut, im dritten nobel, vom zwölften an nimmt er's mit jedem sechssternigen Kognak auf". Auf dem Münchener Oktoberfest gehört die Bude des „Wurzelsepp" (mit dem riesigen Hut auf dem Dache!) zu den nie fehlenden Erscheinungen; ebenso bekannt ist die „Wurzhütte" beim Spitzingsee nächst Schliersee. Enzian mit Kress und Bibernell im Frühjahr genossen, gilt als ausgezeichnetes Blutreinigungsmittel. Uebrigens wird auch eine Abkochung der Wurzel und Blätter, die als Tinktur oder als alkoholischer Auszug bei Erschlaffung, bei mangelnder Reaktionsfähigkeit, Bleichsucht, Durchfall, bei chronischer Dyspepsie, habitueller Obstipation usw. verwendet. Im Wäggital (Schweiz) wird die Wurzel für Fussbäder gesammelt. In Steiermark legt man die grossen Blätter als kühlendes Mittel auf offene Wunden und entzündete Stellen.

## 2237. Gentiana punctáta L. Getüpfelter Enzian. Romanisch: Giansauna puncteda. Taf. 216, Fig. 2 und Fig. 2964.

Ausdauernd, 20 bis 60 cm hoch, kahl. Grundachse dick, walzlich, schief oder wagrecht, kräftige, bis 1 m lange Wurzeln treibend, mehrköpfig. Stengel einfach, aufrecht, etwas kantig, hohl, oberwärts öfters metallisch überlaufen, am Grunde mit kurzen, bis 2 cm langen Blättern. Stengelblätter eiförmig, elliptisch bis verkehrt-eiförmig, zugespitzt, meist 5-nervig; die unteren gestielt, die oberen sitzend. Blüten ansehnlich, ungestielt, aufrecht in den oberen Blattwinkeln und an der Spitze des Stengels scheinquirlig oder kopfig gehäuft. Kelch glockig, bis auf $^1/_3$ oder $^1/_4$ gespalten, etwa $^1/_3$ so lang als die Krone (zuweilen ganz verkümmert), mit 5 bis 8 grünen, aufrechten Zipfeln (Taf. 216, Fig. 2a). Krone glockig, nach oben erweitert, mit 5 bis 8 kurzen, eirunden, stumpfen Zipfeln, blassgelb, allermeist dunkelviolett getüpfelt, 1,4 bis 3,5 cm lang und 6 bis 16 mm im Durchmesser. Staubblätter zuletzt frei; Staubfäden gewöhnlich 8 mm lang.

Fig. 2964. Gentiana punctata L., Blütenstand. Franz Fischerhütte, Radstädter Tauern. Phot. Th. Arzt, Wetzlar.

Narbe schmutzig-violett, 2-lappig. Kapsel ellipsoidisch, sitzend. Samen braun, flach, linsenförmig, fast kreisrund, ringsum geflügelt, mit dem gelbbraunen Flügel 2,5 bis 3 mm lang und 2 mm breit. — VII bis IX.

Verbreitet und oft gesellig auf steinigen Weiden und Matten, Karfluren, auf Schutthalden, Moränen, Lägern, im Rhododendrongebüsch, in Nadelwäldern der Alpen, von zirka 1400 (1600) bis 2500 m; in Graubünden vereinzelt bis 3050 m aufsteigend, in Vorarlberg (Parthennen) bis 1100 m herabgehend. Auf Kalk- und Urgestein und zwar mit Vorliebe auf tiefgründigen, lehmigen Böden.

In Deutschland verbreitet in den Allgäuer und Berchtesgadener Alpen, im Mittelstock selten (Schachen, Stuibenalpe bei Garmisch, Kreuth, Rote Wand, Rossstein, Schönberg 1415 m). — In Oesterreich verbreitet in den Alpen von Vorarlberg, Tirol, Steiermark und Kärnten, dagegen in Krain, Nieder- und Oberösterreich ganz fehlend. Ausserdem vereinzelt im Hochgesenke (Hochschar, Fuhrmannstein, Brünnelheide, Altvater, Hohe Heide, Hirschkamm [hier fast ausgerottet], Oppafall). — In der Schweiz in den Alpen und vereinzelt in den Voralpen (Rigi, Speer, Hornalp, Kronberg usw.) verbreitet.

Allgemeine Verbreitung: Alpen (von den Westalpen östlich bis Salzburg [Hohe Tauern, Tennengebirge] und Kärnten), Hochgesenke, Karpaten (von der Babia Gora an), Balkan.

Aendert ab: f. cóncolor Koch (= var. lútea Rouy et Foucaud, = G. campanuláta Jacq.). Krone reingelb, ohne schwarze Punkte (Hie und da). — var. purpuráscens Vaccari et Melly. Krone reich punktiert, rötlich (Grosser St. Bernhard im Wallis).

Diese Art besitzt von den glockenblütigen Enzianen innerhalb der Alpenkette die grösste Verbreitung und kommt auf lehmiger Unterlage in den Kalk- und Urgebirgsalpen, östlich bis Salzburg (Tennengebirge,

Hohe Tauern) und bis Kärnten vor. In den Alpen von Nieder- und Oberösterreich, sowie in Krain fehlt sie ebenso wie G. purpurea. Dagegen erscheint sie als einzige Art dieser Gruppe im Hochgesenke, wo ihr allerdings wie in Kärnten (auf der Mauthneralpe und auf den umliegenden Alpen) stark nachgestellt wird. Sie ist als endemisch-alpin zu bezeichnen. G. punctata wird ebenso wie G. purpurea und G. Pannonica medizinisch (Pharm. Germ., Austr. et Helv.) verwendet. Die Wurzeln erreichen allerdings niemals die Stärke jener von Gentiana lutea. Ueber die Unterschiede der Wurzeln (berücksichtigt ist auch G. asclepiadea!) vgl. die Arbeit von Osterwalder, René. Beiträge zur Kenntnis pharmazeutisch wichtiger Gentiana-Wurzeln. Dissertation. Basel, 1919. Nach R. Stäger sind die Blüten proterogyn. Stets steht die Narbe 3 bis 5 mm über den Antheren, seien diese verklebt oder frei. Bei schlechtem Wetter sind die Blüten fast ganz geschlossen,

Fig. 2965. Gentiana purpurea L., Kleines Walsertal. Phot. Georg Eberle, Wetzlar.

indem die Kronzipfel zusammenneigen. Einzig die Narbe ragt etwas aus der kleinen Kronöffnung heraus, während die Antheren im Innern der Krone auch beim stärksten Regen und trotz der aufrechten Stellung der Blüten vollständig im Trockenen sind. Stäger konnte weder Proterandrie (nach Kerner vorhanden), noch Autogamie feststellen. Als Bestäuber kommen nach H. Müller Hymenopteren (darunter 5 Hummeln-Arten), Falter (3), Fliegen (2) und Käfer (2) in Betracht. Der Honig ist in 5 getrennten Saftlöchern am Grunde der Staubfäden geborgen. Sehr oft werden 6- und 7-zählige Blüten beobachtet. Von Schmarotzer-Pilzen wird Ventúria atriséda Rehm und Rhabdóspora cercospérma (Rostr.) Sacc. f. umbilicáta (Pers.) genannt. Die Art ist als Wintersteher zu betrachten; sie meidet schneefreie und windoffene Stellen.

## 2238. Gentiana purpúrea L. Purpurroter Enzian. Taf. 216, Fig. 3; Fig. 2965 und 2966.

Ausdauernd, (15) 20 bis 60 cm hoch. Wurzelstock dick-walzlich, schief, mehrköpfig, kräftige Wurzeln treibend. Stengel aufrecht, hohl. Laubblätter eilanzettlich, 5-nervig; die untern gestielt, die obern sitzend. Blüten ansehnlich, sitzend, aufrecht, an der Spitze des Stengels zu 5 bis 10 kopfig gehäuft, zuweilen nur in den obersten Blattwinkeln ausgebildet.

Kelch glockig, aufrecht, zweiteilig (Taf. 216, Fig. 3a), einseitig aufgeschlitzt, scheidenähnlich Krone bis 35 mm lang, glockig, nach oben erweitert, mit 5 bis 8 stumpfen, 10 mm langen Zipfeln, aussen rot, innen gelblich, getüpfelt, auf der Innenseite mit grünen Längsadern, selten ganz weiss, auf $^1/_3$ der Länge gespalten. Staubbeutel verklebt. Kapsel ellipsoidisch, sitzend. Samen braun, ringsum geflügelt, 3 bis 3,5 mm lang und 2,5 bis 3 mm breit. — VII bis IX.

Stellenweise und dann meist gesellig auf Wiesen, Weiden und Karfluren, zuweilen auch im Gebüsch oder in lichten Nadelwäldern der Alpen, von ca. (1000) 1600 bis 2750 m.

In Deutschland einzig in den Allgäuer Alpen auf Flysch und Liasschiefer zwischen 1560 und 1950 m, so am Haldewangerkopf, Warmatsgundalpe bis Fellhorn [auf Flysch], Birwangalpe, Salzbühel ob der Biberalpe, Gundalpe am Besler, im Moor bei Kristberg bei 1400 m. — In Oesterreich einzig im Vorarlberg (Starzeljoch, häufig im Kleinen Walsertal, obern Lechtal, Klostertal, bei Stuben, Purtscherkopf, Illfälle im Gross-Vermunt) und im nordwestlichen Tirol (Rosannagebiet, Paznaun, Galtür im Fermonttal, Fimberalpe, Fleiss im Urgental, Venetjoch bei Landeck). — In der Schweiz besonders in den äusseren Ketten der Alpen (östlich bis zum Rätikon und bis ins Unterengadin und Samnaun, in den Zentralalpen fast fehlend, doch am Gotthard, vereinzelt auch in den Voralpen, so noch am Gurnigel, Faulhorn, Pilatus, Rigi, Churfirsten [Sellamatt], Stockberg, Hornalp und Fläsch).

Allgemeine Verbreitung: Alpen (von Hochsavoyen durch die Schweiz und Oberitalien nordöstlich bis Vorarlberg, bis ins Allgäu [Fellhorn] und bis Landeck), Apennin, Apuanische Alpen, Norwegen (vom Säterstal bis Sogn, zwischen Valders und Hallingdal, Ringebu im Gudbrandstal) und Kamtschatka (var. Camtschática Grisebach).

Fig. 2966. Gentiana purpurea L., Großer St. Bernhard. Phot. W. Schacht, München.

Aendert ab: var. flávida Gremli. Krone gelb. Wallis (Dzéman und Fully) und wohl noch anderwärts. — var. nána Grisebach. Laubblätter elliptisch-lanzettlich. Pflanze zwergig, 1- bis 3-blütig. — f. Asini Briquet. Krone innen schön schwefelgelb, nicht getüpfelt. Stengel etwa 15 cm hoch, mit einem 4- bis 5-blütigen Kopf abschliessend. Stengelblätter spärlich, stark reduziert; die unteren und grundständigen Laubblätter verlängert, schmal-lanzettlich (Savoyen).

Gentiana purpurea bewohnt einerseits mittelfeuchte Weiden (Fig. 2965) und Mähewiesen, dann aber die Hochstaudenfluren, das Gebüsch (Alnetum viridis, Rhodoretum [und die Zwergstrauchheide], Callunetum), das Athyriētum alpestris, Calamigrostidetum tenellae und villosae. So erscheint sie in der Zwergstrauchheide in Obwalden neben Astrantia minor, Arnica montana, Coeloglossum viride, Deschampsia flexuosa, Nardus stricta, Athyrium alpestre, Sphagnum sp., im Grünerlen-Gebüsch (Fig. 2966) mit Peucedanum Ostruthium, Ligusticum Mutellina, Aconitum paniculatum, Saxifraga rotundifolia, Geranium silvaticum, Adenostyles albifrons, Cirsium spinosissimum, Campanula rhomboidalis, Rumex arifolius, Athyrium alpestre, Luzula spadicea usw. Hinsichtlich ihrer Ansprüche an den Boden verhält sich die Pflanze sehr verschieden. Im Wallis bevorzugt sie kalkarmes Gestein, in den übrigen Teilen der Schweizer Alpen erscheint sie besonders in den Voralpen, sowie im Nordosten (Rätikon, Unterengadin) und Süden (Monte Generoso, Camoghè) auf Kalkboden, am Pilatus nach Amberg auf eozänen kalkarmen Böden (fast ausschliesslich auf Quarzsandstein), im Vorarlberg und im Allgäu auf Flysch, Gault, Kössener Schichten und Liasschiefer. Auffallend ist das fast vollständige Fehlen in den Zentralalpen von Graubünden westlich der Albulalinie. Auch dieser Art wird stellenweise (Pilatus, Allgäu, ebenso in Norwegen) stark nachgestellt. So ist das Verschwinden am Fellhorn im Allgäu nach Vollmann nur eine Frage der Zeit, da ihre Wurzeln alljährlich zentnerweise nach dem benachbarten Riezlern im Walsertal auswandern.

Die Blüteneinrichtung stimmt im wesentlichen mit jener von G. punctata überein. Die Blüten, die sich durch einen feinen Honigduft auszeichnen, sind schwach proterogyn und an Hummeln angepasst. Der

Honig wird auch hier von 5 bis 6 zwischen den Staubfäden sitzenden, getrennten Nektardrüsen abgesondert. Obgleich die Narben sich später aufrollen, kommen sie doch mit den Staubbeuteln nicht in Berührung, so dass eine spontane Selbstbestäubung ausgeschlossen ist. Mehrzählige Blüten — mit oder ohne Vermehrung der Fruchtblätter — können öfters beobachtet werden. Die Pflanze verlangt winterlichen Schneeschutz. Der aus den Wurzeln dieser Art hergestellte Branntwein ist der von allen Enzianbranntweinen am meisten geschätzte.

**2239. Gentiana Pannónica** Scop. (= G. punctáta Jacq. nec L., = G. purpúrea Gebhard).
Brauner Enzian. Taf. 216, Fig. 4; Fig. 2967, 2968, 2980 q und 2963.

Ausdauernd, (10) 15 bis 60 cm hoch. Wurzelstock dick-walzlich, schief, mehrköpfig, kräftige Wurzeln treibend. Stengel aufrecht, kräftig, hohl. Laubblätter 5- bis 7-nervig; die unteren elliptisch, gestielt, die oberen eiförmig bis lanzettlich, spitz, sitzend. Blüten ansehnlich, sitzend, in den oberen Blattwinkeln und an der Spitze des Stengels scheinquirlig oder kopfig gehäuft. Kelch glockig, 4-mal kürzer als die Krone, mit 5 bis 8 nach aussen gekrümmten Zähnen (Taf. 216, Fig. 4a); letztere ungleich lang und zuweilen geteilt. Krone glockig, nach oben erweitert, 2,5 bis 5,2 cm lang, mit 5 bis 9 verkehrteiförmigen, 1,5 cm langen Zipfeln, trüb oder bläulichpurpurn, nach dem Grunde zu gelbgrün, schwarzrot punktiert, ausnahmsweise auch weiss, innen mit Ausnahme der Zähne gelblich, nicht punktiert. Staubbeutel röhrig-verklebt, 6 bis 7 mm lang. Fruchtknoten bis 3,5 cm lang, schwarzrot punktiert. Kapsel ellipsoidisch, kurz und dick gestielt (Taf. 216, Fig. 4b). Samen flach zusammengedrückt, braun, 2 mm lang und 1,5 mm breit, geflügelt (Fig. 2980 q). — (VII) VIII, IX.

Stellenweise (in den Ostalpen) verbreitet auf Wiesen, in der Borstgrasmatte (Nardétum), in Karfluren, im Geröll, im Krummholz, Nadelwald, um Almhütten, an kräuterreichen Stellen, selten auch auf Torfmooren der Alpen, von etwa (1300) 1600 bis 2275 m; ausserdem im Böhmerwald. Selten auch herabsteigend oder herabgeschwemmt, so auf dem Torfmoor bei den Waldhäusern nächst Aussee (800 m) in Ober-Steiermark und in den Oetschergräben in Niederösterreich 500 bis 700 m.

Fig. 2967. Gentiana Pannonica Scop. Pflanze mit Blütenknospen, rechts unten eine solche vergrössert.

In Deutschland in den Bayerischen Alpen von 1300 bis 1900 m (im Allgäu selten und nur am Edelsberg bei Pfronten, fehlt westlich der Wertach) und im Böhmerwald von 1200 bis 1445 m (Arber, Rachel, Bärnloch, Plattenhausen, Lusen, Blöckenstein, tief bei Bodenmais 692 m). — In Oesterreich besonders in den Kalkalpen, auf Urgestein seltener, vom Vorarlberg (selten am Freschen, an der Mittagsspitze und am Quellenjoch) östlich bis Niederösterreich (hier auf allen Kalkhochgebirgen, auch noch auf dem Unterberge, auf der Reisalpe, auf dem Torfmoor bei Neuhaus, selten auf Schiefer am Hochwechsel) und Krain (Steineralpen, Karawanken, Julische Alpen); ausserdem im Böhmerwald. — In der Schweiz sehr selten und einzig auf der nördlichen Abdachung der Churfirsten (Karrenfelder von Hinderrisi östlich vom Kaeserruck, zwischen Kaeserruck und Scheibenstoll, auf Gluris, Zustoll). In den Churfirsten bereits von Dr. Caspar Tobias Zollikofer entdeckt, doch später vergessen bis zur zweiten Entdeckung 1871 durch Dr. Feurer.

Allgemeine Verbreitung: Ostalpen (von den Churfirsten bis Niederösterreich und von den Bergamaskeralpen [Val Scalve im Dezzotal]) bis Krain, Böhmerwald, Karpaten, Siebenbürgen.

Aendert wenig ab: var. Ronnigéri Doerfler. Blütenkrone weiss bis bläulich, dunkel punktiert. In Steiermark auf dem Urgebirgsstock des Stuhleck (hier ohne die typische Form), auf dem Pyrgasgatterl und der Hohen Veitsch, auf dem östlichen Zuge des Hochschwabes (hier mit der Normalform) und beim Erlaufsee in Niederösterreich. — var. Pichléri Huter. Pflanze niedrig, 10 bis 12 cm hoch. Laubblätter eiförmig-lanzettlich, zugespitzt. Kronzipfel lanzettlich, spitz (Obir in Kärnten).

Diese auf die Ostalpen beschränkte Art ist in Oberösterreich (im Traunkreise und Salzkammergut) nur auf jene Oertlichkeiten beschränkt, wo die Wurzelgräber nicht geduldet werden. Auch im Kaisergebirge (z. B. Scharlinger Böden) ist sie ziemlich ausgerottet. Im Blütenbau stimmt sie mit den beiden vorigen Arten überein. Nach Baumgartner können 4-, 6- und 9-gliederige Blüten beobachtet werden. Auf Stossreiz scheinen die Blüten nicht zu reagieren. Wurden sie jedoch in mässig kaltes Quellwasser getaucht, so erfolgte ein Schliessen (also auf Temperatursenkung). Im nichtblühenden Zustande unterscheidet sich die Art von G. punctata durch die nach auswärts gekrümmten, grünen Kelchzipfel (Fig. 2967) der Blütenknospen. Im Böhmerwald gehört die Pflanze zu den wenigen alpinen Bestandteilen des Gebirges und erscheint daselbst im Krummholz, im Fichtenwald und im Nardetum neben Lycopodium Selago, Athyrium alpestre, Empetrum nigrum, Trientalis Europaea, Ligusticum Mutellina usw. Am

Fig. 2968. Gentiana Pannonica Scop., auf einer Wiese der Bayerischen Kalkalpen. Phot. H. Dopfer, München.

Keitersberg führt eine Kuppe nach ihr den Namen „Enzian".

**2240. Gentiana asclepiadéa**[1]) L. (= Dasystéphana asclepiadea Borkh., = Pneumonánthe asclepiadea Schmidt, = Coelánthe asclepiadea Don). Schwalbenwurz-Enzian, Würger-Enzian. Taf. 215, Fig. 3; Fig. 2969 bis 2971.

Nach der Anordnung der Blätter heisst die Pflanze (blaue) Kreuzwurz (Tirol, Kärnten), Geiss-Leitere (Schweiz), nach Farbe und Gestalt der Blüten blaua Fingerhuat (St. Gallen). Das steirische Kerzenwurz (Stainzer Gegend) bezieht sich wohl auf die Stellung der Blüten am Stengel. Schelmwurz (Schweiz: Oberes Tösstal) wird die Pflanze wegen ihrer Anwendung gegen den „Viehschelm" (eine Viehkrankheit) genannt.

Pflanze ausdauernd, 15 bis 60 (100) cm hoch, ohne grundständige Laubblattrosette, kahl. Grundachse kräftig, walzlich, knotig, mehrere einfache, vielblütige, dicht beblätterte, aufrechte bis überhängende Stengel treibend. Laub-

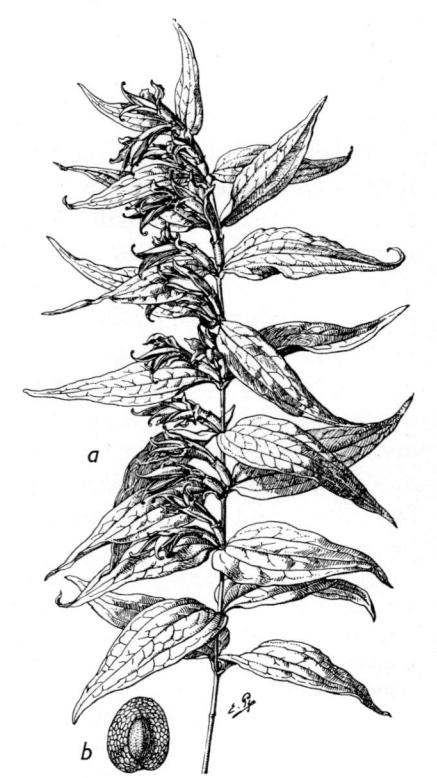

Fig. 2969. Gentiana asclepiadea L. *a* Fruchtender Stengel. *b* Samen.

blätter zahlreich, 5 bis 8 cm lang und 3 bis 5 cm breit, eilanzettlich, lang zugespitzt, ungestielt, meist 5-nervig, deutlich netzaderig, ganzrandig. Blüten 35 bis 53 mm lang, einzeln oder zu 2 bis 3 in den oberen Blattachseln gebüschelt, bei überhängendem Stengel einseitig angeordnet. Kelch glockig, häutig, viel kürzer als die Kelchröhre; Kelchzipfel länglich oder lineal. Krone

---

[1]) Wegen der Aehnlichkeit der Laubblätter mit denen vieler Asclepiadaceen.

keulenförmig=glockig, dunkelazurblau, innen rotviolett punktiert und mit hellen Längsstreifen, hie und da rein weiss, hellblau oder violett, 5=lappig, mit 3=eckigen, zugespitzten Zipfeln; in den Falten mit je 1 stumpfen Zahn. Staubbeutel verklebt. Griffel kurz, mit zurückgerollten Narben. Kapsel länglich, am Grunde verschmälert, deutlich gestielt. Samen spindelförmig, 2 mm lang, ringsum breit geflügelt (Fig. 2969 b). — (VII) VIII bis X.

Verbreitet in Wäldern, Auen, auf Holzschlägen, lehmigen, feuchten Weiden, Wald= und Sumpfwiesen, Flachmooren, feuchten Geröllhalden, im Grünerlengebüsch, an Bachufern, besonders in der montanen und subalpinen Stufe, vereinzelt bis in die Krummholzzone (bis 2200 m) aufsteigend. Mit Vorliebe in den Kalkgebieten.

In Deutschland in Bayern (verbreitet in den Alpen bis 1860 m und auf der oberen Hochebene; ausserdem vereinzelt auf der unteren Hochebene bei Au nächst Dinkelscherben, Pöttmes, Augsburg, im Dachauer und Erdinger Moor), in Württemberg (verbreitet in Ober= schwaben; sonst nur bei Nattheim und Fleinheim im Jura), in Baden (einzig in der Bodenseegegend am Gehrenberg und Höchsten, bei Ill= mensee, Ruhestetten, um Konstanz, Salem, Klosterwald, um Sipplingen, bei Stockach, Radolfszell und am Schienerberg; fehlt im Schwarzwald, in den Vogesen, im Böhmerwald und im Hercynischen Bergland; dagegen im Iser= und Riesengebirge (unter 800 m nur bei Agnetendorf und bei Seifershau), sowie im Lausitzer= gebirge. — In Oesterreich im Alpen= und Voralpengebiet (vor allem im Kalkgebirge) verbreitet, von der Talsohle (450 m im Rhein= tal, 500 m bei Kufstein und Ratten= berg) bis in die alpine Stufe (in Steiermark von 250 m [Marburg] bis 1800 m, in Südtirol [Val Ge= nova] bis 2000 m); in Böhmen und

Fig. 2970. Gentiana asclepiadea L. Phot. A. Straus, Berlin.

Mähren einzig im Iser= und Riesengebirge und Karpatengebiet; im Böhmerwald fehlend. — In der Schweiz im östlichen Gebiet verbreitet (in Schaffhausen selten: Hemmishofen, Ramsen, Rüdlingen), im Westen und im Jura (Weissenstein, Passwang bis Vogelberg, Balmfluh, Engelberg, Bürten, Reigoldswil, Lägern) sehr selten, fehlt im Oberwallis; beim Eigergletscher bis 1950 m, im Unterengadin bis 2200 m aufsteigend.

Allgemeine Verbreitung: Gebirge von Süd= und Mitteleuropa (nördlich bis zum Riesengebirge, Karpaten, Südwestpolen [Ojców], Lysa Gora, Warschau), Kaukasusländer.

Kommt in 2 durch Uebergänge verbundenen Standortsformen vor: f. pectináta Wartmann und Schlatter. Stengel bogig überhängend. Laubblätter kammartig zweizeilig angeordnet. Blüten entfernter stehend, deutlich einseitswendig (Schattenform der Wälder). — f. cruciáta Wartmann und Schlatter. Stengel aufrecht, mit kreuzweise gestellten Laubblattpaaren. Blüten gegen die Spitze zu gedrängter (Form offener Stellen). Nicht allzuselten werden auf Kalk= und Urgestein weissblühende (f. albiflóra Murr) Stöcke ange= troffen, die auch in der Kultur jahrelang konstant bleiben. In der Via mala (Graubünden) scheint die Art überhaupt nur weissblühend vorzukommen. Ausserdem werden gelegentlich 1=blütige Kümmerformen (f. uniflóra Lüscher) oder verzweigte Exemplare (f. ramósa Lüscher) beobachtet.

Diese prächtige, spätblühende, feuchtigkeitsliebende, kalkholde Art ist eine Zierde= und Charakter= pflanze der Voralpen (Bergwaldstufe), wo sie mit Vorliebe auf der offenen Weide, in Lichtungen oder in Holzschlägen neben Calamintha Clinopodium, Mentha longifolia, Origanum vulgare, Teucrium Scorodonia (Schweiz), Solidago Virgaurea, Senecio Jacobaea und S. Fuchsii, Cirsium palustre, Euphorbia Cyparissias usw. auftritt. An feuchten, kräuterreichen Abhängen erscheint sie oft herdenweise mit Aspidium filix mas, A. Phegopteris und Athyrium filix femina, Veratrum album, Aconitum Vulparia, Aruncus silvester,

Pimpinella magna, Chaerophyllum Villarsii, Laserpitium latifolium, Phyteuma spicatum, Knautia silvatica, Crepis paludosa und C. blattarioides, Solidago Virgaurea usw. In tieferen Lagen bildet sie einen akzessorischen Bestandteil der Wiesen- und Zwischenmoore und tritt häufig im Parvocaricetum, Schoenetum und Trichophoretum auf, zuweilen in Gesellschaft von Gentiana Pneumonanthe (vgl. auch Selinum Carvifolia. Bd. V/2 pag. 1313).

Die proterandrischen Blüten öffnen sich am Vormittag zwischen 8 bis 9 Uhr, um sich zwischen 5 und 6 Uhr abends wiederum zu schliessen. In einem späteren Stadium soll Selbstbestäubung erfolgen können (vgl. G. Pneumonanthe). Als Bestäuber kommen Hummeln in Betracht, die den Honig auch durch Einbruch von aussen erbohren. Ausnahmsweise werden 3-gliederige Blattquirle, sowie 4-zählige Blüten (oft mit den normalen gemischt), ebenso Synanthie beobachtet. Ombrophobe Schliessbewegungen der Blüten können jedoch nicht regelmässig vorkommen. Lämmermayr macht (Umschau 1914, pag. 40) auf das auffällige Auftreten eines fettartigen Körpers in allen peripheren Teilen dieser Pflanze aufmerksam. Ganz besonders stark ist die Fettsubstanz in den Epithelzellen der Kronblätter, in der Wandung des Fruchtknotens, sowie in den Samen enthalten. Der Zweck dieses Vorkommens ist noch unbekannt; vielleicht existiert ein ursächlicher Zusammenhang mit der intensiven Atmung der Blütenblätter im allgemeinen oder es kann ein Vikariieren von Fett an Stelle von Stärke als Reservematerial vorliegen. Jedenfalls besteht nach Friedl Weber zwischen dem Fettgehalt der Blumenkrone und der seismonastischen Reaktion kein ursächlicher Zusammenhang. Es stellt sich nämlich heraus, dass Fettreichtum und Schnelligkeit der Reaktion nicht parallel gehen. Vollkommen geöffnet sind die Blüten aber erst bei einer Lufttemperatur von 17°, meist erst von 18 bis 20°. — Die Wurzeln dieser Art wurden ehedem als Rádix Asclepiádeae medizinisch verwendet. Auch neuerdings ist diese zufolge Mangel an echter Enzianwurzel besonders in Oesterreich als Rádix Gentiánae cruciátae wiederum empfohlen worden. Sie ist jedoch weniger bitter. Nähere Mitteilungen über die Unterschiede gibt Osterwalder. Von Schmarotzer-Pilzen wurden beobachtet: Massária umbrósa (Niessl) Mycosphaerélla Gentiánae (Niessl), Puccínia Gentiánae (Strauss), Cronártium asclepiádeum, Pyrenopéziza compréssula Rehm f. Gentiánae Rehm.

Fig. 2971. Gentiana asclepiadea L., im Gebüsch. Phot. W. Heller, Zürich.

**2241. Gentiana Pneumonánthe**[1]) L. (= Pneumonanthe vulgáris Schmidt, = Ciminális Pneumonánthe Borkh.). Lungen-Enzian. Franz.: Pulmonaire des marais; ital.: Genzianella a foglie strette. Taf. 215, Fig. 2; Fig. 2972 und 2973.

Die Art heisst in Nordwestdeutschland Blauklocken (Oberneuland), Kiwietsblome (Hasegegend). In Westpreussen wird sie ab und zu als Dorant, blauer Tarant bezeichnet; vgl. dazu Antirrhinum orontium Bd. VI/1 pag. 20 und Achillea Ptarmica!

Pflanze ausdauernd, (4) 15 bis 40 (68) cm hoch, kahl, ohne grundständige Blattrosette. Grundachse kräftig, mit Niederblättern besetzt, aus deren Achseln die aufrechten, dicht beblätterten, stumpf-kantigen, meist einfachen, unterwärts verholzten Stengel entspringend

---

[1]) Griech. $\pi\nu\varepsilon\acute{\upsilon}\mu\omega\nu$ [pneúmon[ = Lunge und $\check{\alpha}\nu\vartheta\text{o}\varsigma$ [ánthos] = Blüte, weil die Pflanze gegen Lungenkrankheiten helfen sollte.

(Fig. 2972 c). Laubblätter lineal oder lineal=lanzettlich, gewöhnlich 1= (seltener 3= bis 5=)nervig, am Rande meist umgerollt, stumpf, am Grunde verschmälert, mit etwas scheidiger Basis sitzend, ganz= randig, höchstens 8 mm breit, undeutlich netzaderig; die unteren kleiner, fast schuppenförmig. Blüten ansehnlich (25 bis 53 mm lang), einzeln endständig (Fig. 2972 a, b) oder zu 2 bis 3 end= und bis zu 10 blattwinkelständig; die unteren deutlich gestielt. Kelch glockig, 5=zähnig; Kelchzähne lineal, zugespitzt, fast so lang als die Röhre, zwischen den Zähnen häutig. Blumen= krone aufrecht, glockig=trichterförmig, 4 bis 5 cm lang, tief azurblau, mit 5 grün punktierten Streifen, nach dem Grunde zu bleich, selten hellblau, weiss oder rosa, 5=lappig, in den Falten mit je einem kurzen, breiten Zahn. Staubbeutel verklebt (Taf. 215, Fig. 2 a). Griffel deutlich; Narbenlappen kurz, aufrecht. Kapsel lang gestielt. Samen spindelförmig, netz= aderig, ungeflügelt, geschwänzt, 1,5 mm lang. — VII bis X.

Häufig und verbreitet (stellenweise jedoch fehlend) auf moorigen Wiesen, Flachmooren, feuchten Heiden, sandig=torfigen oder lehmigen Böden, Waldblössen, in Brüchen; in der Ebene und in der montanen Stufe, seltener höher (bis 1200 m) aufsteigend.

Allgemeine Verbreitung: Fast ganz Europa (nördlich bis 59° 15′ nördl. Breite); Kaukasus, gemässigtes Asien.

Aendert ab. f. latifólia Scholler. Fig. 2972 b. Laubblätter länglich=eiförmig, 3= bis 5=nervig. Kelchzipfel breiter lanzettlich. Pflanze niedrig, oft 1=blütig. — f. mínor Brot. (= var. depréssa Boiss., = var. humílior Car. et St. Lag.). Fig. 2972 a. Stengel niedrig (nur 4 bis 15 cm hoch), einzeln oder gebüschelt, niederliegend bis aufsteigend. Laubblätter einander genähert, sehr kurz, am Rande nicht umgerollt, verkehrt=eiförmig oder die oberen lineal. Blüten einzeln, endständig, kleiner als beim Typus. Kelch lanzettlich. Sel= ten. — var. diffúsa Grisebach. Stengel am Grunde verzweigt, vielblütig. Laubblätter breit eiförmig=lanzettlich bis lanzettlich (Hie und da in tiefen Sümpfen). — Auf abgemähten Wiesen ist eine forma putata beobachtet worden. — Gelegentlich werden auch Pflanzen mit weisser, in den Falten grünlicher Krone (f. albiflóra Murr), sowie solche mit rosaroter (f. roseïflóra Zinserling) Krone angetroffen.

Fig. 2972. Gentiana Pneumonanthe. *a* f. minor Brot. Blütenspross. — *b* f. latifolia Scholler. Blütensprosse. — *c* Austreibende Pflanze mit Wurzelstock.

Diese in ihrer Grösse und der Zahl der Blüten (es sind Pflanzen mit bis 82 Blüten beobachtet worden!) sehr veränderliche Art hat ihre Hauptverbreitung im Tiefland und kommt als einziger Vertreter der Gattung am Niederrhein vor. Wenn sie auch mit Vorliebe auf nassem, torfigem Boden, vor allem in den Flachmooren (in Cariceten im Trichophoretum und ganz besonders im Moliniētum) auftritt, hier zuweilen in Gesellschaft mit der vorigen Art, so ist sie keineswegs auf diese Assoziationen allein angewiesen; sie ist also nicht „bestandes= treu". M. Scherrer bezeichnet sie allerdings als Charakterart des Moliniētum, deren Konstanz zwar gering ist und die bei der Trockenlegung (Drainage) sofort verschwindet. Drude gibt sie im Elbhügelland bei Meissen für Torfwiesen mit Rhynchospora alba, Salix repens, Drosera intermedia, Hydrocotyle vulgaris, Erica tetralix usw. (also z. T. subatlantischen Arten) an. In Norddeutschland tritt sie auf sandig=torfigem Boden der Heidemoore (so im Grunewald=Berlin) auf in Gesellschaft von Rhynchospora alba, Eriophorum vaginatum und E. lati= folium, Carex dioeca, C. disticha, C. echinata, C. limosa, C. panicea, Scheuchzeria palustris, Potentilla silvestris, Viola palustris, Hydrocotyle vulgaris, Vaccinium Myrtillus und V. oxycoccus, Lysimachia vulgaris, Brunella vulgaris, Pedicularis palustris, Galium uliginosum, Valeriana dioeca, Senecio paluster, Aspidium cristatum und A. spinulosum usw. In Niederbayern wird die Art auf trockenem, kalkarmem Sandboden (Fig. 2973) beobachtet in Gesellschaft von Anthoxanthum odoratum, Briza media, Agrostis vulgaris, Sieglingia decumbens, Koeleria pyramidata, Holcus mollis, Potentilla silvestris, Fragaria vesca, Sarothamnus scoparius, Lotus corniculatus, Pimpinella Saxifraga, Hypericum perforatum, Calluna vulgaris, Galium verum, Campanula rotundifolia, Thymus Serpyllum, Jasione montana, Achillea millefolium, Hieracium Pilosella usw. An der Meeresküste bewohnt sie die moorigen Stellen der Geest, fehlt aber in der Marsch, (überhaupt auf den Friesischen Inseln). S c h o l z erwähnt für Ost- und Westpreussen unter den Moor- bezw. Torfwiesen als besonderen Typus die „Enzian-Wiesen", woselbst diese Art in Begleitung von Centaurium pulchellum (pag. 1969), Radiola linoides, Centunculus minimus, Gentiana uliginosa und Cnidium venosum (vgl. Bd. V/2, pag. 1307) auftritt. Im Schweizer Jura hat sich G. Pneumonanthe nach B a u m b e r g e r da angesiedelt, wo die Erosion den lehmigen Verwitterungsrückstand der Kalke nicht zu entfernen vermag.

Die grossen tiefblauen, am Eingang 8 bis 10 mm weiten Trichterblumen sind als proterandrische Hummelblumen zu bezeichnen, die sich bei trüber Witterung und während der Nacht (bei 22° C) schliessen. Das Temperaturminimum liegt bei etwa 19°; doch sind die Blüten erst bei 25° vollständig geöffnet. Auf Stossreizung findet nach G. C l a u s im Gegensatz zu W e b e r nicht die geringste Schliessbewegung statt. Die in ihrer Mitte plötzlich verengte Kronröhre lässt die Insekten nicht weiter in die Tiefe vordringen. Spontane Selbstbestäubung kann dadurch zustande kommen, dass beim Schliessen der Blüten die mit Pollen behafteten Staubbeutel an die nach innen vorspringenden Falten der Blumenkrone Blütenstaub abgeben, der dann durch nachträgliches Wachstum der Kronröhre bis zur Höhe der Narben emporgehoben wird, so dass beim Schliessen der Krone Pollen an die Narben abgetreten werden kann. Gelegentlich kommen auch kleistogame, sowie 4- oder mehrzählige Blüten vor. Auch Zwangsdrehung des Stengels ist beobachtet worden. Wie bei der vorigen Art wird der am Grunde des Fruchtknotens abgeschiedene Nektar gelegentlich durch Honigräuber von aussen her erobert. T h a l kennt G. Pneumonanthe in seiner Harz-Flora (1577) als Viola calathiana tertia. Im Hortus Eystettensis (Eichstätt in Bayern) wird sie bereits 1592 als Campanula autumnalis (Lungenblümchen) gezogen. Wurzel und Blüten galten ehedem als R á d i x et F l ó r e s P n e u m o n á n t h e s, die Blätter als H é r b a A n t h i r r h í n i c a e r ú l e i als wirksames Heilmittel gegen Lungenkrankheiten (inde nomen!). Auch wurden die

Fig. 2973. Gentiana Pneumonante L., am „Lachenwäldchen" bei Gompertshausen (Thür.). Phot. O. Fröhlich, Jena.

Fig. 2974. G e n t i a n a f r i g i d a Haenke. *a* und *b* Habitus einer blühenden und einer fruchtenden Pflanze. — G e n t i a n a F r o e l i c h i i Jan. *c* Habitus.

Blüten zum Blaufärben benutzt. Von Schmarotzerpilz werden einzig P u c c í n i a G e n t i á n a e (Strauss) und M y c o s p h a e r é l l a D e s c h m á n n i (Voss) genannt.

**2042. Gentiana frigida** Haenke (= G. álgida Pall. var. frigida Kusnez., = Pneumonánthe frigida Schmidt). Steirischer Enzian. Taf. 217, Fig. 9; Fig. 2974 a und b und 2975.

Ausdauernd, 5 bis 10 (15) cm hoch. Grundachse kurz, walzlich, schief, mehrköpfig, faserwurzelig. Stengel aufrecht, einfach. Laubblätter lanzettlich oder ei=lanzettlich, etwas fleischig, 1=nervig, beidendig verschmälert, stumpf, ganzrandig; die grundständigen kurz gestielt, die stengelständigen mit kurz scheidigem Grunde sitzend. Blüten einzeln oder zu 2 bis 3 endständig, sitzend, 5=zählig. Kelch glockig, häutig, aufrecht; Kelchzipfel 5, eilanzett= lich, stumpf, grün, ungefähr so lang als die Kelchröhre. Krone keulig=glockig, fast trichter= förmig, im Schlunde nackt, 2 bis 3,5 cm lang, gelblich=weiss mit breiten, hellblauen Rücken= streifen und meist blau punktiertem Saum; Kronlappen sehr kurz (höchstens $^1/_5$ so lang als die Krone), breit, in den Falten mit einem zackenförmigen Zahn. Antheren frei. Griffel kurz, mit spiralig zurück= gerollten Narben. Kapsel gestielt. Samen ellipsoidisch, dicht mit weisslichen, häu= tigen Lamellen besetzt; letztere 6=eckige Waben bildend. — VII bis IX.

Selten auf steinigen Matten und an Felsen der Ostalpen, von zirka 2000 bis 2418 m; auf kalkarmer Unter= lage. Fehlt in Deutschland und in der Schweiz voll= ständig.

In Oesterreich einzig in Steiermark und zwar nur im südöstlichen Teile der Niederen Tauern auf dem Hohenwarth, Ringkogel, Seckauer Zinken, Marstecken, Saukogel, Grieskogel, Hoch=Bösenstein; ausserdem sehr selten in den Eisenerzer Alpen an der Südseite des Zeiritzkampel.

Fig. 2975. Gentiana frigida Haenke. Phot. E. Günther, Freising.

Allgemeine Verbreitung: Alpen von Steiermark, Karpaten, Siebenbürgen.

Diese sehr auffällige Art gehört zu jener interessanten Gruppe, die ihre Hauptverbreitung in den Karpaten besitzt und nur ganz vereinzelt in den Ostalpen auftritt (vgl. Anthemis Carpatica Bd. VI/1, pag. 541). In den Ostalpen ist G. frigida auf die südöstlichen Teile der Niederen Tauern und auf die Eisen= erzer Alpen (hier nur am Zeiritzkampel) beschränkt. Kusnezow hält unsere Pflanze für eine geographische Rasse der in Turkestan, Sibirien und Nordamerika verbreiteten und in mehreren Varietäten auftretenden G. álgida Pall. Blütenbiologisch stimmt G. frigida — ebenso G. Froelichii — mit dem Formenkreis von G. acaulis überein; beide Arten besitzen proterandrische Hummelblumen.

**2243. Gentiana Froelichii**[1]) Jan (= G. alpína Rchb., = G. angustifólia Rchb., = G. Hlad= nikiána Host, = G. Cárnica Welw.). Karawanken=Enzian. Fig. 2274e und 2976.

Ausdauernd, 5 bis 10 cm hoch, kahl. Wurzelstock walzlich, dick, verlängert, blühende und unfruchtbare Sprosse treibend. Stengel aufrecht, verkürzt, meist mit 2 Blattpaaren. Laub= blätter der grundständigen Rosette länglich=lanzettlich bis länglich=elliptisch, scheidig, spitz, ganz= randig, dicklich, glänzend, 3=nervig; Stengelblätter viel kürzer, lineal=lanzettlich, die obersten

---

[1]) Benannt nach Jos. Al. Froelich, Arzt zu Ellwangen (Württemberg); er schrieb eine Monographie der Gattung Gentiana.

ei=lanzettlich. Blüten einzeln (selten zu zwei), endständig, 5=zählig. Kelch röhrig=glockig, grün, vom obersten Blattpaar gestützt; Kelchzähne lanzettlich, spitz, etwas kürzer als die Kelch= röhre. Krone keulig=trichterförmig, himmelblau, ohne Punkte, 3 bis 4 cm lang, mit 5 kurzen, eiförmigen, zugespitzten Zipfeln, in den Falten mit einem zackenförmigen Zahn. Antheren zu einer Röhre verwachsen. Griffel ver= längert, mit aufrechten, zuletzt an der Spitze zurückgebogenen Narben. Kapsel gestielt. Samen ellipsoidisch, 2 mm lang, dicht mit weisslichen, häutigen Lamellen besetzt. — VII bis IX.

Selten an Felsen, im Felsschutt der Krummholzstufe, an kurzgrasigen, trockenen Stellen (Firmétum) der Kara= wanken und Steineralpen, von 1800 bis 2400 m (selten auch tiefer [Brana bis 1400 m] hinabsteigend).

In Oesterreich in den Karawanken und Steineralpen bei Korosica nächst Loibl, Baba, Košuta, Obir, Sedlo, Storžič, Strednji vrh., zwischen Zaplata und Dolga, Vellacher Alpen, Goli vrh., Obere Seeländer Kočna, Na Podeh, Brana, Kamniško sedlo, Velika planjava, Dedec, Ojstrica, Mokrica, Okrešelj, Raduha, Skuta, Grintovz, Greben, Kanker Kočna. Ausserdem im angrenzenden Venezien (Val Settimana und Alpe Valmenon zwischen Val Zellina und Val Farno).

Fig. 2976. Gentiana Froelichii Jan, auf dem Hochobir in den Kara= wanken, 2140 m. Phot. W. Lüdi, Bern.

Allgemeine Verbreitung: Karawanken und Steineralpen.

Diese Art ist als ein Alt=Endemismus der Karawanken und Steineralpen zu bezeichnen, ähnlich wie Allium kermesinum (Bd. II, pag. 288), Cerastium rupestre, Veronica lutea, Campanula Zoysii, Festuca calva und F. laxa. Sie wurde zuerst von Professor D. Hladnik in Laibach auf der höchsten Kuppe der Steineralpen (Planjava) entdeckt und erscheint nach Derganc stets in Gesellschaft von Primula Wulfeniana Schott (pag. 1775). Nach Lüdi tritt G. Froelichii auf dem Hochobir auf Kalkschutt oder in den Carex firma=Polstern mit Sesleria ovata, Saxifraga squarrosa und S. incrustata, Dryas octopetala, Helianthemum alpestre und Rhodothamnus Chamaecistus auf, jedoch ebenso häufig als Pionier auf kleinen Felsköpfchen mit etwas Schutt. — Kusnezow bringt die Art in eine eigene Gruppe der Sektion Frigida, die ein Bindeglied zwischen den Sektionen Pneu= monanthe, Thylacites, Stenogyne und Isomeria dar= stellt. Im Kankertal führt sie den Volksnamen „Cjan". Sie blüht im Spätsommer im August und September, zu=

Fig. 2977. Gentiana Cruciata L., Blütenstand. Bei Braunfels, Kr. Wetzlar. Phot. Th. Arzt, Wetzlar.

weilen auch schon Ende Juli. Von Schmarotzer=Pilzen wird einzig Puccinia Gentianae (Strauss) erwähnt.

**2244. Gentiana Cruciáta**[1]) L. (= Hippion Cruciátum Schmidt, = Tretorrhiza Cruciáta Opiz). Kreuz=Enzian. Franz.: Croisette. Taf. 215, Fig. 4; Fig. 2977 und 2978.

Der alte auf das Oberdeutsche beschränkte Name Madelger, Modelger, der heutzutage nur noch sehr selten (so im Zürcher Oberland) gebräuchlich ist, scheint mythischen Ursprungs zu sein, jedenfalls

---

[1]) Wohl nach der Anordnung der Laubblätter (diese sind deutlich kreuzweise gegenständig) oder nach dem Querschnitt der Grundachse, deren Leitbündel ein Kreuz bilden.

treffen wir dasselbe Wort auch als Personennamen in der deutschen Sage an. Auf die (vermeintliche) grosse Heilkraft der Pflanze spielen das steirische Weltheil, Allerweltheil an.

Ausdauernd, 10 bis 40 (60) cm hoch. Grundachse kurz, walzlich, federkieldick, schopfig, alljährlich eine Blattrosette und aus deren Achseln meist mehrere, aufsteigende, dicke, dicht beblätterte, zuweilen violett überlaufene, meist einfache Stengel treibend. Laubblätter länglich=lanzettlich, kreuzweise übereinander gestellt, fast lederig, beidendig verschmälert, stumpf oder die oberen spitz, 3= (selten 5=)nervig, bis 10 cm lang und 1 bis 2 cm breit; die unteren in eine lange, die oberen in eine kurze Scheide verwachsen. Blüten normal 4=zählig, in end= oder blattachselständigen Büscheln, selten auch einzeln. Kelch kurz=glockig, aufrecht, mit 4 kurzen, lineal=pfriemlichen Zähnen oder scheidenartig. Krone keulenförmig=glockig, aufrecht, kantig, aussen schmutzigblau bis grünlich, innen azurblau, 20 bis 25 mm lang, zwischen den 4 Kronzipfeln mit 1 bis mehreren Zähnen. Staubbeutel frei. Griffel fehlend; Narben mit 2 kurzen, aufrechten, zuletzt zurückgerollten Lappen. Samen ellipsoidisch, ungeflügelt, braun, 1 bis 1,3 mm lang. — VII bis X.

Verbreitet, aber nicht häufig und nur vereinzelt (fehlt stellenweise auf weite Strecken hin) auf trockenen, kurz= grasigen Wiesen, Weiden, buschigen, sonnigen Abhängen, an Waldrändern, im Süden in Kastanienhainen, gelegentlich auch auf Kohlenmeilern; von der Ebene bis in die subalpine Stufe (in Bayern bis 1200 m, in Südtirol bis 1600 m, im Engadin [Sesvenna] bis 2050 m). Mit Vorliebe auf kalkhaltigem Boden.

Fehlt im nordwestdeutschen Flachland voll= ständig, so am Niederrhein, in Oldenburg, um Osna= brück, an der Unterweser, um Hamburg, in Schles= wig=Holstein, im westlichen Mecklenburg, im grössten Teil von Brandenburg, im nördlichen Ostpreussen.

Fig. 2978. Gentiana Cruciata L., Renderode bei Jena. Phot. O. Fröhlich, Jena.

Allgemeine Verbreitung: Süd= und Mitteleuropa (nördlich bis Westholland [in Dünentälern], Belgisches Kalkgebiet, Eifel, Westfalen, Hildesheim, Deister, Altmark, Mecklen= burg, Moon, Oesel, Estland, Ingrien, Pleskau); Kleinasien, Kaukasus, Turkestan, Westsibirien.

Diese auf sehr trockenen Boden beschränkte, in vielen Gegenden spärliche oder gar fehlende Art mit den wenig auffälligen Blüten ändert fast gar nicht ab. Beckhaus erwähnt eine Form mit äusserst schmalen und langen Laubblättern (wohl wegen des üppigen Bodens) aus der Gegend von Lüdge und Pyr= mont. — Die Blüten sind proterandrische Hummelblumen, öffnen sich vormittags von 8 bis 9 Uhr, um sich abends zwischen 7 und 8 Uhr zu schliessen. Wie bei anderen Arten kann auch hier Einbruch und Honigraub durch Hummeln beobachtet werden. Die Seitenblüten sind nicht selten 5=zählig. Gentiana Cruciata gehört zu den schwach seismonastischen Blüten. Auch wurde eine schwache Photonastie festgestellt, die aber von der Temperaturwirkung leicht verdeckt wird. Das Temperaturminimum liegt ziemlich hoch (bei etwa 20° C). Auch brauchen die Blüten nach einer erfolgten Bewegung längere Zeit, um wieder die volle Reaktionsfähigkeit zu erlangen. Schur beobachtete eine Blüte mit fehlender Krone bezw. mit einfacher, grüner Blütenhülle, deren Zipfel an der Spitze blau gefärbt waren. Von Hulják wurden in Ungarn Exemplare gesammelt, deren seitliche Blütenknäuel lang (bis 8 cm) gestielt waren. Die Art ist als kalkliebend oder ± kalkstet und als Xerophyt zu bezeichnen. Sie erscheint gern, aber immer nur vereinzelt, im Brometum erecti, in trockenen Mischrasen, gelegentlich auch in lichten Föhrenwäldern (im Süden in Kastanienhainen), im Coryletum, auf berasten Alluvionen (als Seltenheit auch auf Kohlenmeilern), öfters in Begleitung von Cirsium acaule, Trifolium montanum und Veronica spicata. In einzelnen Gegenden wurde sie in der Volksheilkunde an Stelle von Gentiana lutea verwendet. Im Zürcher Oberland heilen die Blätter bei Kälbern den Durchfall. Thal kennt die Pflanze (1588) als Cruciata gentianella; im Hortus Eystettensis (1597) wurde sie als Cruciata (Peters- oder Kreuzwurz, Modelgeer, Speerenstich) kultiviert. Im Herbarium von Rostius in Lund (Schweden) ist sie 1610 als Gentiana minor (Speren-Stich) vertreten.

**2245. Gentiana prostráta** Haenke (= G. nútans Bunge, = Híppion prostratum Schmidt). Niederliegender Enzian. Fig. 2979.

Einjährig, 2 bis 5 (7) cm hoch, kahl, ohne unfruchtbare Sprosse. Wurzel dünn, fädlich. Stengel einfach oder am Grunde locker ästig, kreisförmig ausgebreitet oder aufsteigend. Laubblätter fast dachziegelig gedrängt, am Grunde etwas verwachsen-scheidig, verkehrt-eiförmig, zirka 8 mm lang und 4 mm breit, stumpf, ganzrandig, etwas dickfleischig, gekielt, knorpelig berandet. Blüten einzeln, endständig, nickend, seltener aufrecht, meist 5-, seltener 4-zählig. Kelch röhrig, grün, verhältnismässig lang (bis 1 cm), halb so lang wie die Krone, 5-zähnig; Kelchzipfel aufrecht, spitz, 3-eckig-lanzettlich (Fig. 2979 c). Krone lang, trichterförmig-röhrig, wenig erweitert, etwa 11 bis 20 mm lang und 2 mm weit, stahlblau, am Grund grünlichweiss, mit 5 lanzettlich-spitzen, 4 bis 5 mm langen, zu einem flachen Stern ausgebreiteten Zipfeln; in den Falten mit einem grossen, 3-eckigen, fast ganzrandigen oder gekerbten, selten 2-spaltigen Zahn, letzterer nur 1 mm kürzer als die Kronlappen (Fig. 2979 d) und oft mehr als halb so lang als die Kerben. Griffel kurz oder fast fehlend; Narben lineal, zurückgerollt. Kapsel gestielt, länglich-lineal, am Grunde über dem Stiel abgerundet, zurzeit der Reife halb oder ganz aus der Kronröhre herausragend. Samen länglich, netzig, zuerst geflügelt (Fig. 2979 f). — VII, VIII.

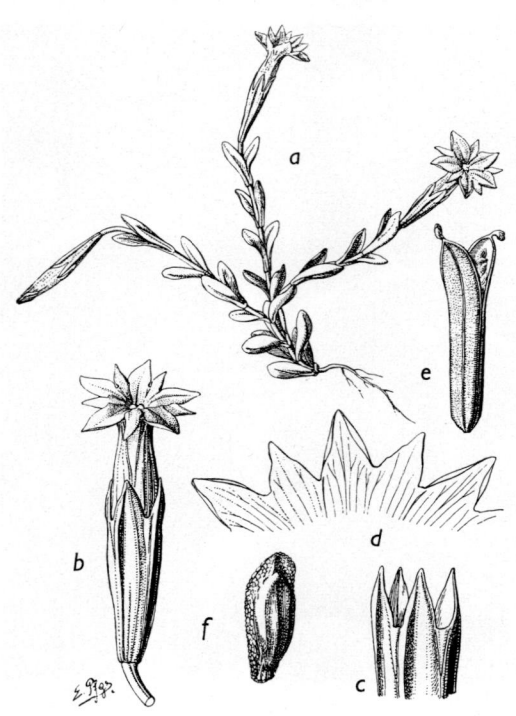

Fig. 2979. Gentiana prostrata Haenke. *a* Habitus. *b* Blüte. *c* Kelchzipfel. *d* 3 Kronzipfel mit Zwischenlappen. *e* Kapsel. *f* Samen.

Zerstreut und selten auf feuchten, kurzgrasigen, steinigen Stellen der hochalpinen Stufe, von (1600) 2200 bis 2720 m; auf Urgestein und Kalk. Selten in den Alpen von Oesterreich und der Schweiz.

In Oesterreich in Tirol (Nordtirol: Serles, Riepenspitze, Kirchdach, Muttenjoch, Hipold im Wattental Schmirnerjoch, Vennatal, Sonnenwendjoch; Brennergebiet: Daxspitze, Schlüsseljoch, Wolfendorn, Hühnerspiel, Weissspitze, Platzerberg, Prantneralpe, Finsterstern, Sengestal; Pustertal: Jagdhausalpe im Reintal und Kaserfeldspitze in Antholz; Hohe Tauern [sehr verbreitet]: Maurertal in Virgen, Dorferalpe [hier bis 1600 m herabsteigend], Petersen, Venediger, Neubrunngraben bei Prägraten, Kartal und Frossnitz, Bretterwandspitze, Möserlingwand, Kögele und Steineralpe bei Windischmatrei, Muntaniz, Grossglockner, Islitz in Kals, Fiegershorn im Bergertale, Schobergebiet; Dolomiten: Villnöss, Schlern, Palatspitze, Plattkofel, Rosengarten, Lausakofel; Fassa, Vajolon, Colfusco), in Salzburg nur auf Urgestein in der Zentralkette (Zwing, Brennkogl, Hundstein, Speiereck, Venediger, Fuschertauern, Goldberg, Bernkogel bei Rauris, Stubnerkogl und Gamskarkogl bei Gastein, Kartal, Frossnitz, Tschanek, Pasterze), in Steiermark (sehr selten in den Zentralalpen auf dem Wintertalernock und dem Eisenhut bei Turrach). Angeblich auch auf dem Hohenwarth und in den nördlichen Kalkalpen auf dem Salzofen im Todten Gebirge bei Aussee und der Hinteralpe bei Liezen) und in Kärnten (Zentralalpen: Zunderwand bei Kanning, Falkert, Klomnock, Mínsfeldeck und Stern im Katschtal, Seemannsscharte im Maltatal, Malnitzer und Heiligenbluter Tauern, Bremstatt in der grosser Fleiss, Salmshöhe, Gamsgrube, Glockner). Fehlt in Vorarlberg, Krain, Ober= und Niederösterreich. — In der Schweiz einzig im Avers in Graubünden (hier am 5. August 1917 von Walo Koch am Eingang des Thäli gegen den Weissberg bei zirka 2400 m Höhe entdeckt).

Allgemeine Verbreitung: Alpen, arktisches und nördliches Sibirien, östlich bis zum Beringsmeer und Tschuktenland, nordasiatische Gebirge, südlich bis Turkestan, bis zum Pamir und bis zur Mongolei (ausserdem vielleicht auf dem Kaukasus und im Karakorum in der var. Karelini Griseb., in Afghanistan als var. Affghánica Kusnezow, im nordöstlichen Tibet und im nordwestlichen China [Kan=su als var. púdica Maxim.]); Aleuten, nordwestliches Amerika (Kotzebue=Sund [die var. Americána]) in Nord= und Südamerika (in den Cordilleren und Anden).

Dieser einzige, sehr vielgestaltige Vertreter der Sektion Chondrophylla in Mitteleuropa hat seine Hauptverbreitung im Gebiet der Hohen Tauern, von wo die Pflanze nach Norden bis zum Achensee, im Süden bis in die Fassaner Dolomiten ausstrahlt. In Tirol verläuft die Westgrenze nach Dalla=Torre und Sarnthein von Serles bei Innsbruck über Kirchdach, Muttenjoch, Hühnerspiel nach dem Schlern und Rosengarten. Ein isolierter Standort — etwa 150 km vom Kirchdach im Inntal entfernt — liegt im Avers (Graubünden), wo die Pflanze ihre absolute Westgrenze erreicht. Es dürfte nicht ausgeschlossen sein, das Pflänzchen auch noch in dem zwischenliegenden Teilstück der Ostalpen aufzufinden. Die europäische Pflanze wurde als f. Carinthíaca Herder bezeichnet. Die Sektion Chondrophylla mit 53 Arten, 22 Varietäten und vielen Formen ist fast rein

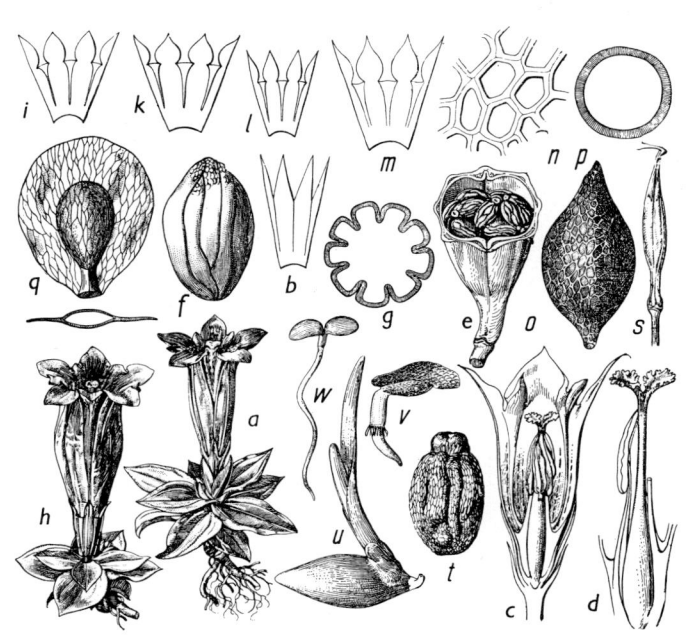

Fig. 2980. Gentiána Clusii Perr. et Song. *a* Blühende Pflanze der trockenen Heidewiese (1/2 natürl. Grösse). *b* Kelch. *c* Aufgeschnittene Blüte. *d* Blütengrund mit Gynaeceum. *e* Fruchtknoten geöffnet, mit Samen. *f* Samen (vergrössert), *g* Querschnitt durch denselben. — *h* Gentiana alpina Vill. Habitus. — Kelch ausgebreitet: *i* von Gentiana Kochiana Perr. et Song. *k* von G. excisa Presl, *l* von G. angustifolia Vill., *m* von G. alpina Vill. *n* Oberflächenstruktur des Samens von G. Clusii. *o, p* Samen von G. Bavarica L. (von aussen und im Querschnitt), ebenso *q* von G. Pannonica L. *s* Junge Frucht, *t, u, v, w* Keimung einer Enzian-Art. (Fig. *b, i, k, l* und *m* nach Jakowats, *f, g, n, o, p* und *q* nach P. Vogler, die übrigen Original).

asiatisch; nur wenige Arten reichen bis nach Nord= und Südamerika, bis in den Kaukasus und bis in die europäischen Gebirge. Aus Europa sind neben G. prostrata noch Gentiána Pyrenáica L. (Pyrenäen, Karpaten, Kleinasien, Kaukasus) und G. Borýi (endemisch in Spanien) zu nennen. — Das wenig auffällige Pflänzchen erscheint im Avers in lockeren Elyna=Sesleria disticha=Rasen, auf kalkfreien, aber durch Ziegenbesuch etwas gedüngten Boden in Begleitung von Carex curvula, Elyna myosuroides, Trisetum spicatum, Luzula spicata, Lloydia serotina, Draba Carinthiaca, Ligusticum simplex, Gentiana brachyphylla, G. tenella und G. nivalis, Veronica bellidioides usw., in Tirol in feuchten Grasmulden in Gesellschaft von Salix reticulata, S. herbacea und S. retusa, Polygonum viviparum, Alsine Gerardi, Cerastium alpinum, Saxifraga aizoides und S. oppositifolia, Ranunculus alpestris, Gentiana tenella, Primula minima usw. In Zentralasien tritt G. prostrata nach O. Paulsen in wiesenartigen Beständen an Flussläufen auf, zusammen mit Kobresia Bellardii, Cerastium trigynum, Saxifraga Hirculus, Lomatogonium Carinthiacum, Euphrasia hirtella, Erigeron uniflorus usw. Ueber die Blütenbiologie siehe pag. 1981).

**2246. Gentiána Clúsii** Perrier et Songeon (= G. acaúlis L. z. T., = G. vulgáris Beck, = G. fírma A. Kerner, = G. acaulis L. α firma Neilr., = G. grandiflóra Lam., = G. acaúlis L. var. angustifólia Rchb., = G. coriácea St. Lager). Grossblütiger Enzian. Engl.: Stemless Gentiane. Taf. 217, Fig. 1; Fig. 2980 a bis g und n, 2981 bis 2984.

Die Form der Blüte wird bald mit einer Glocke, einem Handschuh, Schuh, Fingerhut oder mit Hosen verglichen: Glogga (St. Gallen), Steigloggä (Waldstätten), Gloggablueme (Graubünden), Boden=

glocken (Tirol: Imst), Almglocken (Salzburg), Holzgluckn (Niederösterreich), Gugguhandschuh, Kukurantschen [Kuckucks=Handschuh] (Tirol, Kärnten), Guggerschuh (Tirol), blauer Fingerhut (Tirol), Fingerhuet (Schweiz), Fingerschuh (Kärnten), blaue Hosen (Oberinntal), Höseli (Solothurn), Pfaffenhosen (Trins), Pfaffenkuttel (Kaunsertal)). Die glockig aufgetriebenen Blütenkronen geben beim Draufschlagen einen klatschenden Ton (vgl. Silene inflata Bd. III, pag. 279 und Papaver Rhoeas Bd. IV/1 pag. 29), daher Pfatscher (Drautal), Schneller, Schnelln (Tirol, Oberbayern), Kesslers, Chessler, Chlepfer (Graubünden). Nach dem Geschmack der Wurzel heisst die Pflanze Bitterwurz (Nieder=österreich), Bitterwörzli (St. Gallen). Romanische Benennungen sind schlops, flur da schlops, pluffers (Berninagebiet), calderon.

  Ausdauernd, 2 bis 8 (18) cm hoch, mit grundständiger Blattrosette, kahl. Wurzel=stock walzlich, schief abgebissen. Stengel kurz (oft verschwindend klein), 1=blütig, nach der Blüte (seltener schon zur Blütezeit) meist stark verlängert (Fig. 2984 a). Grundständige Laubblätter lanzettlich oder ellip=tisch=lanzettlich (grösste Breite um oder unterhalb der Mitte), beidendig verschmälert, spitz oder zugespitzt, etwas lederig und steif, glänzend grün, am Rande papillös, beim Trocknen fein gerunzelt; Stengelblätter (1 bis 2 Paare) viel kleiner, eilanzettlich, zugespitzt. Blüten stets gestielt, 5=zählig. Kelch glockig, 5=zähnig; Kelchzähne so lang oder länger als die halbe Kelchröhre, der Krone anliegend, aus breitem Grunde ver=schmälert, lanzettlich, stets scharf zugespitzt (Fig. 2980 b), an den Rändern von Papillen rauh, am Grunde niemals eingeschnürt, nicht oder nur schwach durch eine häutige Membran von einander getrennt; Buchten zwischen den Kelchzähnen meist spitz. Krone sehr gross (5 bis 6 cm lang), trichterförmig=glockig, dunkel azurblau, im Schlunde bleicher, selten himmel=blau, violett, weiss, gelblichweiss oder blau und weiss gestreift, innen ohne olivgrüne Flecken (trüb violett gefärbt), mit 5 kurzen, zugespitzten Zipfeln. Staubfäden bandartig ver=breitert, mit der Krone verwachsen; Staubbeutel lineal, zu einer Röhre verklebt. Griffel deutlich; Narbenlappen ver=breitert, gefranst, einen kleinen Trichter bildend. Kapsel länglich, am Grunde verschmälert, 6 bis 8 cm lang (ohne Griffel), sitzend. Samen ellipsoidisch, etwas gewunden, 1,5 mm lang und 1 mm breit, braun, ungeflügelt, netzig=runzelig, mit 9 bis 10 Längswülsten (Fig. 2980 f). — (III) IV bis VIII, zuweilen im Herbst bis XII nochmals blühend.

Fig. 2981. Gentiana Clusii Perr. et Song. f. caulescens (Gaud.).

  Verbreitet und meist gesellig auf Mähe= und Magerwiesen, Weiden, im Geröll, auf Felsen der Alpen und Voralpen von 1200 bis 2760 m (oft aber in die Täler hinabsteigend), seltener auch auf Heidewiesen und auf Flachmooren. Mit Vorliebe auf Kalkboden.

  In Deutschland in den Bayerischen Alpen bis 2350 m allgemein verbreitet; ausserdem auf der Oberbayerischen Hochebene (besonders im Wertach=, Mindel= (Kirchheim), Lech= und Isargebiet, seltener im Inngebiet; nördlich bis zur Donau bis Rain, zwischen Abensberg und Ingolstadt und Roith unterhalb Regensburg). Fernerhin im Schwarzwald (Altglashütte und am Windgefällweier bei Aha). In den Vogesen (Sulzer Belchen), auf dem Feldberg und in der Provinz Sachsen bei Freiburg an der Unstrut nachweislich angepflanzt. — In Oesterreich in den nördlichen Kalkalpen allgemein verbreitet (Serles bei Innsbruck bis 2630 m aufsteigend) und oft tief hinabsteigend (Ellmulde in Liechtenstein bis 550 m, Vomperbach [herab=geschwemmt] im Inntal 550 m, bei Kufstein 500 m, Glaneggermoor bei Salzburg 500 m, Friesingwand bei Gmeingrube in Obersteiermark 900 m, Leonstein in Oberösterreich 450 m, in der Boding bei Rohr i. G., Oed 600 m und in den Oetschergräben in Niederösterreich); in den südlichen Kalkalpen seltener (zwischen Leoben und St. Michael bis 700 m, Humberg bei Tüffer in Steiermark 350 m, an der Ponalestrasse (in einer schmal=

und langblätterigen Form bis 120 m herabsteigend); in den Zentralalpen abgesehen von den ausgesprochenen Kalkgebieten selten, so mehrfach im Brennergebiet, Stilserjoch, Glockner. — In der Schweiz in den nördlichen und südlichen Kalkalpen und Voralpen (stellenweise auch in der Nagelfluhzone), in den Engadiner Dolomiten verbreitet, zuweilen tief hinabsteigend (Felsberg 650 m, am Walensee, bei Sisikon am Vierwaldstättersee 450 m, im südlichen Tessin bis 215 m, an der Reuss bei Sins und Dietwi, Devens bei Bex), in den Zentralalpen selten und nur auf kalkiger Unterlage wie z. B. am Albula; ausserdem im Jura von 600 bis 1600 m (meist aber über 1000 m), östlich bis zum Passwang, Bölchenfluh, Rumpel, Miesern, Sophières, Liesberg, Spitzbühl bei Bärschwil, doch weniger häufig als die folgende Art und mehr Felsenpflanze.

Allgemeine Verbreitung: Zentral= und Ostalpen (Fig. 2983): von Hochsavoyen bis Niederösterreich und vom Tessin bis Kroatien (Velebit, Klek); Jura, Schwarzwald, nördliche und östliche Karpaten.

Aendert wenig ab: subsp. (?) undulatifólia Sündermann. Laubblätter auffallend lang, schmal, hellgrün, am Rande ± stark gewellt. Stengel bis 10 cm lang, leicht gebogen. Südalpen (Ledrotal, Monte Tombèa und Tremalso, Corni di Canzo am Comersee. Wahrscheinlich zwischen dem Garda= und Comersee verbreitet und hier gern in Gesellschaft von Primula spectabilis (pag. 1773), Melandrium Elisabethae, Scabiosa vestina usw. Nach Fr. Sündermann bleibt die Form in der Kultur konstant. — var. Rochélii (Kerner). Laubblätter sehr schmal, lineal=lanzettlich (Seltene Standortsform). — Ausserdem zeigt die Pflanze je nach der Höhe und nach der Lage des Standortes sowohl in der Länge des Blütenstieles (= f. caulescens [Gaud.] Fig. 2981) wie in der Grösse und Länge der Laubblätter eine grosse Vielgestaltigkeit. An schattigen und feuchten Standorten erscheint sie sehr oft in einer üppigen, langstieligen, bis fast 20 cm hohen Form mit 1 bis 3 Blattpaaren, an trockenen (z. B. auf den Heidewiesen) Standorten in einer kurzstieligen bis ganz ungestielten (Fig. 2980 a), mehr xerophil gebauten Form (f. minor Koch). — Die Pflanze mit 2 Blüten wird als f. biflóra E. Steiger bezeichnet.

Fig. 2982. Gentiana Clusii P., Gartnerkofel ca. 1900 m. Phot. P. Michaelis, Köln.

Gentiana Clusii ist gegenüber ihren Verwandten sehr gut charakterisiert und viel konstanter; durch die stets spitzen, am Grunde niemals eingeschnürten Kelchzipfel lässt sie sich jederzeit unschwer unterscheiden. Hinsichtlich ihrer Bodenstetigkeit ist sie bedeutend wählerischer und anspruchsvoller als G. Kochiana, verhält sich also etwa ähnlich wie Rhododendron hirsutum gegenüber Rh. ferrugineum, d. h. sie bleibt auf den Kalkboden beschränkt. Immerhin besteht die Möglichkeit, dass beide Pflanzen auf kalkreichem Gestein nebeneinander vorkommen können, wie dies in den Nagelfluhvoralpen der Schweiz (Rigi, Zürcher Oberland), in den Kalkalpen von Appenzell, im Schweizer Jura (Soliat), im Allgäu (Nebelhorn) usw. der Fall ist. Ob es sich dann um Bastarde (vgl. G. digenea pag. 2047) handelt oder aber um nicht hybride Mittelformen, die im Kelchbau einen ganz allmählichen Uebergang zeigen, ist nicht leicht zu entscheiden. Eine solche nicht hybride Mittelform soll nach Jakowatz die seit langem besonders in England (auf dem Kontinent wird sie aus Schlesien bereits aus der Zeit Ludwigs XIV. angegeben) kultivierte G. excisa Presl sein, während Wilczek diese Gartenpflanze als Bastard G. angustifolia Vill. × G. Kochiana Perr. et Song. betrachtet und zwar mit Rücksicht auf die reichliche Ausläuferbildung. In der Praxis erfolgt die Vermehrung öfters durch Teilung der Stöcke. — Uebrigens umfasst die Sektion Thylacites nach der Auffassung verschiedener Autoren nur eine einzige, allerdings sehr polymorphe Art, die alte G. acaúlis L., welch letztere zuerst (1855) von Perrier und Songeon in mehrere Unterarten aufgelöst wurde und zwar in erster Linie auf Grund der Kelchzipfel, in zweiter Linie auf Grund der Konsistenz und Gestalt der Laubblätter. Während Kusnezow nur 2 Unterarten, die subsp. Clusii und subsp. excisa, mit 4 weiteren Varietäten unterscheidet, gliedert A. Jakowatz (Sitzungsbericht der Akademie der Wissenschaften, Wien. Bd. CVIII, 1899) die Stammart in 6 gleichwertige und gleichalterige, durch geographische Faktoren entstandene, heute jedoch morphologisch und geographisch scharf getrennte Arten auf (Fig. 2983). Neuerdings fügt Braun-Blanquet als Endemismus der Sevennen G. Costéi hinzu. Jedenfalls gehören G. Clusii und G. Costei durch ihre stets spitzen Kelchzipfel enger zusammen, während die übrigen Arten (oder Rassen) mit den am Grunde eingeschnürten Kelchzipfeln der G. Kochiana sehr nahe stehen. Wahrscheinlich reicht die ganze Artengruppe weit bis in die Tertiärzeit zurück, in welcher Periode sie in den Gebirgen von Mittel- und Südeuropa bereits vorhanden war und ehedem auch mit andern Sektionen deutliche Beziehungen aufweisen musste. In den arktischen Gebieten, ebenso in den zentralasiatischen Gebirgsketten, dürfte die Gruppe dagegen niemals zu Hause gewesen sein. Während der Eiszeit erfolgte dann eine wesentliche Einschränkung des Gesamtareales und eine Zerstückelung desselben in die heutigen „geographischen" Unterarten bezw. Arten und zwar in Anpassung an die klimatischen und edaphischen (= Boden-) Verhältnisse. Heute bewohnen Gentiana Clusii und G. Kochiana als „vikariierende Arten" grössere, zusammenhängende, allerdings im allgemeinen einander ausschliessende Areale, während die kalkfliehende G. alpina auf die Pyrenäen, Sierra Nevada und die Südwestalpen, die kalkliebende G. Dinarica G. Beck auf die Dinarischen Kalkalpen, die südlichen Karpaten und Abruzzen, G. angustifólia Villars (= G. Sabaúda Boiss. et Reuter) auf die südwestlichen Kalkalpen, G. Costei auf die Sevennen und die kalkliebende G. Occidentalis Jakow. auf die Pyrenäen beschränkt ist (Fig. 2983). In den Westalpen ist G. Clusii einzig in Hochsavoyen vertreten, in den südlichen Kalkalpen reicht sie westlich bis in die Tessiner Kalkalpen östlich bis zum Velebit in Kroatien.

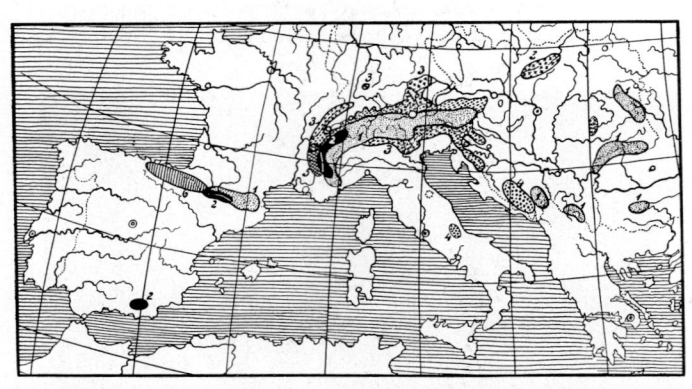

Fig. 2983. Verbreitungsgebiete von: 1 Gentiana Kochiana Perr. et Song., 2 G. alpina Villars, 3 G. Clusii Perr. et Song., 4 G. Dinarica G. Beck, 5 G. angustifolia Villars und 6 G. Occidentalis Jakow. (nach Jakowatz). — G. Costei Br.-Bl. der Sevennen ist nicht eingezeichnet.

Gentiana Clusii ist in den Kalkalpen eine gesellschaftsvage Rasenpflanze, die aber auch auf Ruhschutt und Fels übergeht. Auf der oberbayerischen Hochebene im Bereich der Jungmoränen und Niederterrassenfelder gehört diese prächtige Pflanze zu den auffälligen Erscheinungen der Flach- und Gehängemoore, wo sie vor allem im Moliniëtum und Schoenetum und zwar hier zuweilen dominierend auftritt, gern in Begleitung von Trichophorum caespitosum, Sesleria caerulea, Orchis ustulatus, Tofieldia calyculata, Ranunculus montanus, Parnassia palustris, Potentilla silvestris, Genista tinctoria, Primula farinosa und P. Auricula (!), Betonica officinalis, Pinguicula alpina, Cirsium bulbosum, Centaurea Jacea, Serratula tinctoria, Buphthalmum salicifolium, Senecio spathulaefolius, Scorzonera humilis usw. Andrerseits zählt sie neben Selaginella Helvetica, Carex sempervirens, Polygonum viviparum, Euphrasia Salisburgensis, Globularia cordifolia, Hieracium Hoppeanum subsp. testimoniale zu den alpinen Elementen der trockenen Heidewiesen. Ausserdem erscheint G. Clusii vereinzelt auch auf den Alluvialböden der grössern Flüsse (Wertach, Mindel, Lech, Isar [nördlich bis Loiching], Amper [bis Haag], und Donau), wohin sie ursprünglich als Schwemmling gelangt sein dürfte. Das letztere dürfte auch für den nördlichsten Standort bei Roith unterhalb Regensburg, wo die Art zusammen mit Juncus alpinus, Schoenus nigricans, Orchis paluster, Orchis incarnatus var. ochroleucus, Utricularia intermedia, Gentiana utriculosa usw. auftritt, zutreffen. Durch unsinniges Sammeln zur Herstellung von Kränzen ist diese Zierde der oberbayerischen Flora wie Daphne Cneorum und Primula Auricula stark bedroht. Im Schweizer Jura erscheint G. Clusii zuweilen als Bestandteil der Fels- und Schutthaldenflora, so an der Balmfluh nach Probst in Begleitung von Asplenium fontanum, Calamagrostis Lasiogrostis, Epipactis microphylla, Rumex scutatus, Thalictrum saxatile, Arabis Turrita und A. nova, Draba aizoides, Thlaspi montanum, Kernera saxatile, Fumaria Vaillantii, Dianthus caesius, Saponaria ocymoides, Acer platanoides, Rhamnus alpina, Cotoneaster integerrima und C. tomentosa, Sedum dasyphyllum, Bupleurum falcatum und B. ranunculoides, Athamanta Cretensis, Anthriscus vulgaris, Primula Auricula, Calamintha alpina und C. officinalis, Valeriana montana, Hieracium humile, also eine höchst interessante Vergesellschaftung von alpinen und jurrassisch-xerothermen Elementen.

Die Blüteneinrichtung ist bei G. Clusii, G. Kochiana, G. alpina und G. angustifolia die gleiche. Es sind proterandrische, duftlose Hummelblumen, die bei Sonnenbeleuchtung weit geöffnet sind und dadurch weithin leuchten, während sie sich bei trübem Wetter schliessen und zugleich senken. Das Oeffnen und Schliessen ist wie bei anderen Enzianen von der Wärme und nicht vom Licht abhängig. Ueber die seismonastische Empfindlichkeit siehe pag. 1980). Der rasch sich verengende Blütengrund beherbergt den Honig in 5 getrennten Kammern, welche durch die mit der Krone verwachsenen, nach innen leistenartig vorspringenden und dem Fruchtknoten anliegenden Staubfäden getrennt werden. Im Grunde jeder dieser Honigtaschen befindet sich eine vom Fruchtknoten entspringende Drüse, welche die Tasche mit Nektar füllt. Somit muss ein Insekt seinen Rüssel 5-mal eintauchen, wenn es den Honigvorrat völlig sammeln will. Kerner nannte aus diesem Grunde diesen Blütentypus „Revolverblüten-Typus". Als legitime Bestäuber können nur die Hummeln angesprochen werden, die aber auch hier von aussen her den Honig sehr oft erbohren. So fand Müller 90% der Blüten durch Bómbus mastrucátus Gerst. angebissen. Falter, Bienen, Fliegen und Käfer, welche die Blumen häufig besuchen, bewirken keine Befruchtung. Selbstbestäubung kann dann eintreten, wenn bei ungünstiger Witterung die Blüten eine hängende Stellung annehmen, wobei dann der ausfallende Pollen in den durch die Falten der Krone gebildeten Rinnen nach abwärts geleitet und so auf die gefranste Narbe gelangen kann. Gelegentlich können schon anfangs März, andrerseits im Spätherbst und Winter (15. Dez.) einzelne blühende Pflanzen beobachtet werden. Die 32 bis 34 $\mu$ messenden Pollenkörner besitzen auf der Exine netzaderig verlaufende Membranleisten (Fig. 2980 f). Ausser der Variation der Blütenfarbe können gefüllte Blüten (die Staubblätter werden petaloid), kronenartige oder blattartige Ausbildung des Kelches (Fig. 2984), gespaltene Kronen, eine Vermehrung der Blütenkreise, Vergrünung einzelner oder sämtlicher Blütenteile, Petalodie der Staub- und Fruchtblätter, röhrenförmige Ausbildung der Kronlappen, zuweilen auch Zwangsdrehung, dicht beblätterte Stengel, Prolifikation (2 Blüten stehen dann übereinander), sowie Riesenwuchskonstatiert werden. Verschiedene

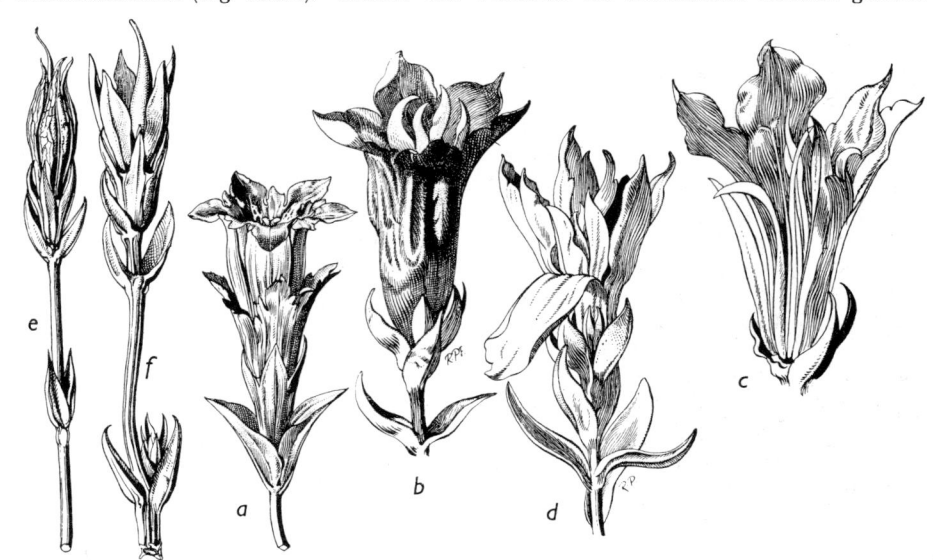

Fig. 2984. Gentiana Clusii Perr. et Song. *a* bis *f* Blütenmissbildungen (doppelte Krone, Füllung usw.), *e* normaler Fruchtstengel.

dieser Bildungsabweichungen werden durch eine Milbe (Erióphyes Kernéri Nal.) veranlasst. Die ungeflügelten, kleinen und mit Längswulsten versehenen Samen werden in grosser Zahl in den zur Fruchtreife auf stark verlängerten Stielen (Fig. 2894 e) stehenden häutigen Kapseln ausgebildet. Die Pflanze gilt als „Wintersteher". — Ehedem wurde der Wurzelstock als Rádix Gentianéllae alpínae medizinisch verwendet. Von Schmarotzer-Pilzen kommt auf dieser und der folgenden Art Puccínia Gentiánae (Strauss), von Zoocecidien Erióphyes Kernéri Nal. vor.

**2247. Gentiana Kochiána**[1]) Perrier et Songeon (= G. excísa Koch nec Presl, = G. latifólia Jakowatz, = G. acaúlis L. var. latifolia Gren. et Godron, = var. latifolia Acloque, = var. móllis Neilr., = G. alpina Strobl nec Vill.). Keulen-Enzian. Taf. 217, Fig. 2; Fig. 2956, 2985, 2986, 2980 i und 2983.

Ausdauernd, 5 bis 10 cm hoch, mit grundständiger Blattrosette, kahl. Wurzelstock walzlich, schief, abgebissen. Stengel kurz, 1-blütig, nach der Blüte meist stark verlängert. Grundständige Laubblätter weich, elliptisch-oval, eiförmig oder verkehrt-eiförmig, 4 bis 15 cm lang, 2- bis 3-mal so lang als breit, stumpf, im oberen Drittel (nur selten in der Mitte am breitesten), stumpf oder kurz spitz, mit allmählich verschmälertem Grunde, mattgrün, am Rande glatt (nicht papillös), beim Trocknen glatt bleibend. Stengelblätter (1 bis 2 Paare) viel kleiner, eiförmig. Blüten deutlich gestielt, 5-zählig. Kelch glockig, 5-zähnig; Kelchzähne kürzer (höchstens

---

[1]) Nach dem Floristen W. D. J. Koch (geb. 5. März 1771 zu Kusel in der Rheinpfalz, gest. 14. November 1849 zu Erlangen), dem Verfasser der Synopsis florae germanicae et helveticae (Leipzig 1843 bis 1845).

halb so lang) wie die Kelchröhre, aus etwas zusammengezogenem Grunde spatelförmig (wie ausgeschnitten), spitz oder selten stumpf, von der Krone etwas abstehend, am Rande glatt; Bucht zwischen den Kelchzipfeln breit, mit weisser Verbindungshaut (Fig. 2980i). Krone sehr gross (5 bis 6 cm lang), trichterförmig-glockig, dunkelazurblau, innen mit olivgrünen Flecken, selten weiss, rosa, violett oder grünlichweiss. Staubblätter, Griffel, Frucht und Samen wie bei voriger Art. — VI bis VIII (selten im Herbst nochmals blühend).

Stellenweise verbreitet auf Weiden und trockenen Matten, auf Geröll und Schutt oder in Nadelwäldern der subalpinen und alpinen Stufe der Alpen, von zirka 1700 bis 3000 m, selten auch tiefer hinabsteigend. Mit Vorliebe auf kalkarmem, lehmigem oder torfigem Boden.

Fig. 2985. Gentiana Kochiana P., Koralpe ca. 1500 m. Phot. P. Michaelis, Köln.

In Deutschland in den Bayerischen Alpen im Allgäu verbreitet, im Mittelstock im Schachengebiet (auf Raiblersandstein), in den Berchtesgaderneralpen fehlend. — In Oesterreich in den Zentralalpen (auf Gneis und Schiefer) von Tirol, Salzburg und Kärnten verbreitet, von 1700 bis 2800 m, zuweilen auch in die Täler hinabsteigend, so bei Feldkirch bis 550 m, bei Kitzbühel 790 m, Ischiazza im Avisiotal 750 m, bei Murau 900 m, Seckau, Reinbach nächst Stainz in Steiermark; selten auch in den nördlichen Kalkalpen (Lechtal, Schröcken, Plansee, Zamserjoch, Seefeld, Rofan, Lofer). Fehlt in den Alpen von Niederösterreich und Krain. — In der Schweiz in den Zentralalpen allgemein verbreitet, in den Kalkalpen und Voralpen (Flysch, Nagelfluh) seltener. Ausserdem im Waadtländer und Neuenburger Jura von 750 m (Engollon, Saint Sulpice) bis 1600 m, unweit der Aare bei Selhofen (Kanton Bern) und im Schachen bei Aarau (hinter dem Kugelfang) herabgeschwemmt.

Allgemeine Verbreitung: Pyrenäen, Alpen (von der Dauphiné bis Kärnten), Jura, Karpaten, Balkan (Bosnien, Südserbien, Bulgarien).

G. Kochiana hat ihre eigentliche Verbreitung in den Zentralalpen der Schweiz und von Oesterreich; sie ist im allgemeinen weniger wählerisch als G. Clusii und erscheint deshalb einerseits auch auf Kalkboden in den Zentralalpen, sofern ihr die Konkurrenz von

Fig. 2986. Gentiana Kochiana P., bei Prägraten (Tauern). Phot. Th. Arzt, Wetzlar.

G. Clusii fehlt, andrerseits vereinzelt in den Voralpen auf Flysch, Kreidekalk (Appenzell, Alvier), Gault, Seewenmergel, Kössener Schichten (Vorarlberg), Liasschiefer (Allgäu) oder auf tertiärer Nagelfluh (Rigi, Zürcher Oberland). Im Mittelstock der Bayerischen Alpen ist die Art auf die kalkarmen Raibler Sandsteine (diese enthalten 66,27 % $SiO_2$) beschränkt, woselbst sie im Nardetum in Begleitung von Lycopodium alpinum, Luzula spadicea und L. spicata, Geum montanum, Sibbaldia procumbens, Rhododendron ferrugineum, Vaccinium uliginosum, Euphrasia minima, Veronica bellidioides, Campanula barbata, Phyteuma hemisphaericum, Hieracium alpinum, Chrysanthemum alpinum auftritt. In den Zentralalpen bewohnt G. Kochiana in erster Linie verschiedene Assoziationen der Wiesen und Weiden (Nardetum, Festucetum variae, Semperviretum, Elynetum, seltener auch das Trisetetum flavescentis), ausserdem erscheint sie gelegentlich im Callunetum, im Vaccinietum uliginosi, in der Geröll= und Schuttflur, sowie im Lärchen= oder Bergföhrenwald. Auf dem Gäbris (Appenzell) ist die Pflanze, wo sie ehedem in der Bergheide (Callunetum) vorkam, von dem Jungwuchs des Nadelholzes verschlungen worden. — Blütenbiologisch verhält sich diese Art ganz gleich wie G. Clusiana; ebenso zeigt sie die gleichen Bildungsabweichungen.

**2248. Gentiana alpína** Villars (= G. acaúlis L. var. alpina Grisebach, = var. parvifólia Gren. et Godr., = Híppion alpínum F. W. Schmidt, = Ericóila alpina Don). S ü d a l p e n = E n z i a n. Fig. 2980 h, m und 2983.

Ausdauernd, 4 bis 7 cm hoch, mit grundständiger Blattrosette, kahl. Wurzelstock kurz, abgebissen. Stengel sehr kurz (0,3 bis 1 cm lang) bis fehlend. Grundständige Laubblätter lederig, mattgrün, klein, breitelliptisch, 1½ bis 3 (4) cm lang, wenig länger als breit, stumpf (grösste Breite in der Mitte). Stengelblätter (wenn vorhanden) elliptisch=lanzettlich, spitz, 0,9 bis 1,4 cm lang. Blüten sitzend oder kurz gestielt, selten deutlich gestielt (f. elongáta Schleicher). Kelch glockig, 5=zähnig; Kelchzähne ungefähr so lang als die halbe Kelchröhre, von der Mitte bis zum Grunde gleich breit, nur selten am Grunde zusammengezogen, stumpf, selten spitzlich. Blumenkrone gross, trichterförmig=glockig, 3 bis 4 cm lang, dunkelazurblau, mit grünen Flecken, im Schlunde heller, selten violett oder weiss, mit 5 abgerundeten Zipfeln. Staubbeutel verklebt. Narbe trichterförmig, gefranst. Kapsel länglich. Samen ellipsoidisch, etwas gewunden, ungeflügelt, netzig=runzelig. — VI bis VIII.

Selten auf Magermatten der S ü d a l p e n, von zirka 2000 bis 2590 m; auf Urgestein. Fehlt in D e u t s c h l a n d und in O e s t e r r e i c h.

In der S c h w e i z einzig in den Südalpen im Wallis (Col de Balme, Alpen von Salvan, Fully und Allesse, Val d'Anniviers, Col de Torrent, Grosser St. Bernhard usw.) und in Graubünden (zwischen Comersee und dem unteren Misox und Calanca an zahlreichen Stellen [hier zuerst von E. S t e i g e r nachgewiesen!]: Pian di Ceirett, Scaletta, Sasso della Paglia im Val Grono, Fil di Nomnome, jedoch nicht im Bernina=Gebiet); im Tessin mit Sicherheit einzig am Monte Generoso (Z o l a).

A l l g e m e i n e  V e r b r e i t u n g: Sierra Nevada, Pyrenäen, Savoyen, südwestliche Schweizer Alpen.

Die var. cauléscens Robert Keller aus dem Bleniotal gehört zu G. Kochiana. — S t e i g e r beobachtete G. alpina in Gesellschaft von Alsine recurva und Eritrichium nanum, B r a u n im Curvuletum, G a m s im Wallis in Nardus= und Poa alpina=Weiden auf Karbon und Silikaten, stets mit Trifolium alpinum und Viola calcarata.

**2249. Gentiana angustifólia** Vill. (= G. Sabaúda Boiss. et Reuter). S c h m a l b l ä t t e r i g e r  E n z i a n. Fig. 2987, 2980 l und 2983.

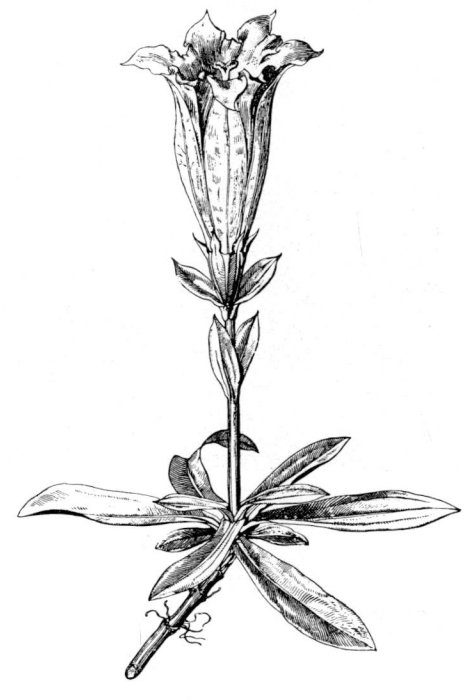

Fig. 2987. G e n t i a n a  a n g u s t i f o l i a  Villars. Habitus.

Ausdauernd, 5 bis 10 cm hoch, mit grundständiger Blattrosette, kahl. Wurzelstock walzlich, schief, abgebissen. Stengel mit 1 bis 2 Blattpaaren. Grundständige Laubblätter mattgrün, weich, lineal=lanzettlich bis lanzettlich, 2 bis 5,5 cm lang, 3= bis 5=mal so lang als breit (grösste Breite über der Mitte), schmal (5 bis 9 mm breit), stumpf oder kurz zugespitzt. Stengelblätter elliptisch, ziemlich breit. Blüten deutlich gestielt (Stiel 1,5 bis 7 cm lang). Kelch glockig, 5=zähnig; Kelch= zähne kürzer als die halbe Kelchröhre, am Grunde oft eingeschnürt, spitz, von der Krone abstehend; Kelchbuchten stumpf. Blumenkrone gross, 4 bis 5 cm lang, trichterförmig=glockig, dunkelblau (doch etwas heller blau als bei G. Clusii und G. Kochiana), mit 5 spitzen Zipfeln. Staubbeutel verklebt. Narbe trichterförmig, gefranst. Kapsel länglich. Samen ellipsoidisch, etwas gewunden, ungeflügelt, netzig=runzelig. — V bis VIII.

Sehr selten auf Magermatten der Westalpen, auf Kalk, einzig in den westlichsten Alpen der Schweiz (Mont Blanchard bei St. Gingolph am Genfersee, Sommet de Bellevue sur Morgins); jedoch kaum im Tessin (für Ghirone im Bleniotal angegeben!).

Allgemeine Verbreitung: Westliche Kalkalpen (Hautes Alpes, Dauphiné, west= liche Schweizer Alpen), Französischer Hochjura (Reculet, Crêt de la Neige).

Diese an den schmalen und langen Laubblättern sehr leicht kenntliche, kalkstete Art vertritt in den Westalpen die dort fehlende G. Clusii.

**2250. Gentiana vérna** L. (= Ericóila verna Borkh.). Frühlings=Enzian. Taf. 217, Fig. 3; Fig. 2988, 2989 und 2935k).

Das anmutige Blümchen wird vom Volke als Frühlingspflanze allgemein beachtet und meist nach Form (Schuhnagel=ähnlich, stern=, glockenförmig oder mit Veilchen und „Nagerl" [Nelke] verglichen) und Farbe (dunkelblau, Farbe des Himmels) benannt: Schusternagerl, =veigerl (bayerisch=österreichisch), Schuh= machernägala (Schwäbische Alb), Schumacherlin (Wallis: Zermatt), Guckernagerl (Steiermark: Ennstal), blaue Nagerl (Kärn= ten), Rabennagerl (Steier= mark), Krappenägeli, =vei= gele (Schwaben), Rossnägele (Schweiz, Baden), Grabser= nägeli (St. Gallen), bloa Kutt (Schwäbische Alb), Stierenäugli (St. Gallen), Stiefeli (Schweiz), Gloggäblüemli, Glöggli, Ried=, Steiglöggli (Wald= stätten), Steinägeli (Wald= stätten), Gröfli (St. Gallen), Grifle [vgl. Dianthus Caryo= phyllus. Bd. III, pag. 319] (Grau= bünden), Jörge(n)=nägele [nach der Blütezeit um Georgi] (Würt= temberg), Veigele (Tirol: Nessel= wängle), Wilde Jufenönli (Aargau), Himmelsveigerl (Oberösterreich), Himmels= bleaml (Salzburg), Himmels= blüemli, =bläueli (Schweiz), Himmelstern (Oberösterreich), Vaterunserli (Schweiz: Walenstadt), Himmelsternli, Sterne= blüemli, Stärneli (Schweiz), Tinteblüemli, =fässli (Thurgau), Rauchfangkehrer (Oberösterreich), Soldateblüemli [nach der blauen Soldatenuniform] (bayer. Schwaben). Nach der frühen Blütezeit heisst die Art auch (vgl. Primula veris, pag. 1749) Himmelschlüssele (Schwaben, Schweiz), Schlüssel= blumen (Tirol: Kaunsertal). Nach einem schwäbischen Aberglauben bekommt man, wenn man an der Blume riecht, „Rossmucken" (Sommersprossen), daher „Rossmucka, Rossmuckenveigerl". Auf der Schwäbischen Alb heisst es auch, man dürfe diese Blumen nicht über Nacht im Hause lassen, sonst brenne dies ab, daher Hausa(n)brenner. Der badische Volksname Blitznägele geht auf eine ähnliche Anschauung zurück (die Pflanze soll den Blitz „anziehen"). In Baden glaubt man auch, dass, wenn man das Toteblümli abreisse, bald jemand sterbe. — Im romanischen Graubünden wird der Frühlings= Enzian schlops, clev da tschèl [Himmelschlüssel], spazzachamins [Schornsteinfegerlein], predichantíns (Engadin) genannt.

Fig. 2988. Gentiana verna L., Wendelstein. Phot. P. Michaelis, Köln.

Ausdauernd, 3 bis 12 (26) cm hoch, kahl, lockerrasig, 1,5 cm hohe, dichtbeblätterte, blütenlose und einfache, meist 1= (selten 2= oder 3=)blütige Sprosse treibend. Grundständige Laubblätter rosettenartig, elliptisch=lanzettlich, spitz, 3=nervig, beidendig verschmälert, in der Mitte am breitesten, ganzrandig, am Rande nach vorn etwas papillös, verschieden gross, 2= bis 3=mal so lang (bis 3 cm lang) als breit. Stengel aufrecht, kurz, zur Blütezeit stark verlängert, 1 bis 3 Blattpaare tragend, letztere spatelförmig, bedeutend kürzer als die Rosetten= blätter. Blüten meist einzeln, endständig. Kelch röhrig, 1,5 bis 2 cm lang, an den Kanten schmal geflügelt; Kelchzähne lanzettlich, ziemlich spitz, 3 bis 6 mm lang, viel kürzer als die Kelchröhre, 1=nervig. Krone stieltellerförmig, tief azurblau, selten violett, rosa, gelblichweiss oder weiss, 18 bis 30 mm breit, mit enger, bis 26 mm langer Kronröhre und mit 5 eirunden, 7 bis 12 mm langen Zipfeln; zwischen den letzteren je ein 2=spitzi= ges (Fig. 2989 e), mit einer weissen Linie versehenes Anhängsel (Zwischen= zipfel). Griffel unge= teilt; Narbe trichterförmig (Fig. 2935 k), am Rande mit kegelförmigen Zähnen besetzt; letztere unregel= mässig gebuchtet und mit vereinzelten kurzen Pa= pillen besetzt. Kapsel sitzend (Fig. 2989 e). Sa= men ellipsoidisch, 0,6 bis 0,7 mm lang, ungeflügelt.

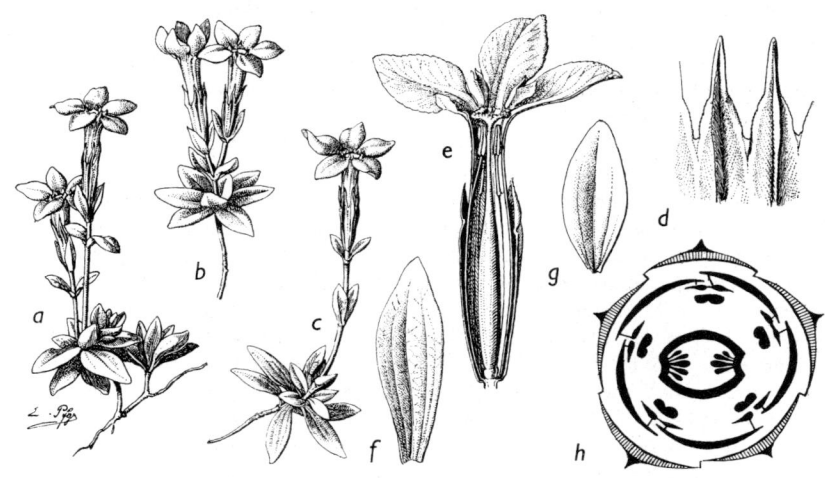

Fig. 2989. Gentiana verna L. *a, b, c* Habitus. *d* Kelch-Zipfel. *e* Längsschnitt durch die Blüte. *f, g* Laubblätter. *h* Blütendiagramm.

— III bis VI, zuweilen im VII und VIII zum zweiten Mal, gelegentlich auch im Winter blühend.

Verbreitet und meist gesellig auf trockenen und feuchten, torfigen Wiesen, Weiden, Heiden, Flachmooren, an Felsen, auf lichten Waldplätzen, in der Zwergstrauchheide, an trockenen Rainen, auf Alluvionen, in Auenwälder, Kiesgruben, auf Kohlenmeilern; von der Ebene bis in die alpine Stufe. Auf Kalk und Urgestein.

In Bayern verbreitet im Alpengebiet (bis 2570 m aufsteigend), auf der Hochebene (bei Lindau adventiv) und im Jura= und Keupergebiet (nach Norden seltener werdend), selten im Bayerischen Wald (Auerbach, am Innufer, Passau), im Oberpfälzer Wald (Waldmünchen und Perlhütte) und im Muschelkalkgebiet (Kulmbach, Erlach bei Ochsenfurt, Leuzenbronn, Schulpfendorf, Bettenfeld), in den übrigen Teilen, auch in der Pfalz fehlend; in Württemberg im Jura und Oberland verbreitet, im Unterland im östlichen Teil der Frän= kischen Platte westwärts bis Mergentheim; Niedernhall=Oehringen, auf den Keuperhöhen und im Vorland des Schwarzwaldes (bis 350 m herab), ferner in den Oberämtern Calw (Zavelstein, Bulach), Nagold (Schönbronn, Effringen, Rotfelden, Spielberg) und Freudenstadt (Pfalzgrafenweiler); in Baden im Bodenseegebiet verbreitet, im Jura von Villingen, Löffingen und Neustadt durch die ganze Baar, in den Schwarzwaldvorbergen zwischen Kandern und Schliengen und bei Pforzheim, fehlt der Rheinebene, ebenso dem Neckarland und dem Odenwald; im Elsass einzig im Pfirterland (Jura); ausserdem vereinzelt in Thüringen im oberen Werragebiet zwischen Eisfeld und Hirschendorf (anschliessend an das Bayerische Keupergebiet), bei Oettersdorf und Schleiz, im Hessischen Bergland bei Mühlhausen, Homberg (Aue, Kellergrund, Hegebronnen, Frielendorf und Wieseck bei Giessen), im Gesenke (im westlichen Teile auf der Brünnelheide, im östlichen selten) und ganz vereinzelt in der Provinz Brandenburg nordöstlich von Französisch Buchholz (hier 1838 von C. Hoffmann entdeckt, jetzt erloschen; vielleicht ursprüng= lich angepflanzt). Fehlt im eigentlichen Schwarzwald, in den Vogesen und im übrigen Deutschland vollständig. — In Oesterreich ziemlich verbreitet: in Mähren einzig im Hochgesenke, in Böhmen im Böhmerwald, Brdywald, bei Karlsbad, Příbram, Worlik und im Tepler Gebiet; im Alpengebiet allgemein verbreitet (in Steiermark bis 2500 m, in Tirol bis 2688 m aufsteigend), im Südosten seltener und südlich der Linie Wurzener Save—

Laibach—Savetal ganz fehlend (hier durch G. Tergestina ersetzt). — In der Schweiz ziemlich allgemein verbreitet, von der Ebene (wenn auch hier stellenweise fehlend) bis in die Hochalpen (bis 3550 m). Selten auch herabgeschwemmt (so zwischen Wichtrach und Münsingen an der Aare).

Allgemeine Verbreitung: Gebirge in Spanien und Zentralfrankreich, Pyrenäen, Jura, Alpen und Vorgelände (siehe oben!), Mittelgebirge (selten), Hochgesenke, Karpaten, Abruzzen, England und Irland, Norwegen, Balkan; Kleinasien, Kaukasus, Turkestan, Afghanistan, Altai- und Baikalgebirge, Ostsibirien, Mongolei.

Aendert ab: 1. var. vulgáris Kittel (= var. týpica Beck). Kelchkanten mit 5 schmalen, 1 bis 2 mm breiten, vom Grunde bis zur Spitze ziemlich gleich breiten Flügeln. Stengel kurz (1 bis 3 cm hoch). Die in Europa verbreitete Form. Hieher gehören ferner: f. grácilis E. Steiger. Rosettenblätter schmäler, 4 bis 5 mm breit, länglich-lanzettlich. Stengel dünner, die Internodien verlängert (An feuchten und schattigen Stellen). — f. elongáta (Haenke) Roem. et Schult. Stengel verlängert, fast unbeblättert. Laubblätter lanzettlich. Kelchflügel etwa 2 mm breit. — f. Villarsiána Rouy (= G. púmila Vill.). Stengel kurz, beblättert. Laubblätter lineal, am Stengel 3 oder 4 Paare (Wallis, Westalpen). — var. compácta Schroeter. Laubblätter verkürzt, zuweilen stumpf (Hochalpen). Wird öfters mit G. brachyphylla verwechselt. Sie steht der var. Tenoreána Vaccari der Abruzzen usw. durch die untereinander fast gleich grossen Rosettenblätter nahe, unterscheidet sich von ihr und der G. Favrati jedoch durch die sehr schmalen Kronzipfel. — Wichtiger ist: var. aláta Grisebach (= G. aestíva Roem. et Schultes, = G. angulósa auct. nec Bieb.). Blüten grösser und öfters heller blau. Fruchtkelch meist kaum 20 mm lang und höchstens 10 mm breit, besonders im unteren Teil geflügelt-kantig; Flügel bis 2 mm breit, in der Mitte oder im unteren Teil am breitesten (Nicht selten. Anscheinend Herbstform). [G. angulósa Bieb. (= G. verna L. var. angulosa Wahlenb.), welche Pflanze Kusnezow gleichfalls zu G. verna heranzieht, ist auf den Kaukasus, auf Sibirien, Turkestan usw. beschränkt, kommt aber in Mitteleuropa nicht vor. Es ist eine ausgesprochene asiatische Pflanze mit stumpfen Rosettenblättern, langen (3- bis 4-mal so lang als breit) Stengelblättern und mit 2 bis 3 mm breiten Kelchflügeln.] Hieher auch subvar. subacaúlis Thellung. Stengel fast fehlend. Blüten ungestielt (Westschweiz). — Ein Lusus, der ausser dem mittelständigen Blütenspross noch 2 bis 4 Blütenstengel in den Achseln der Rosettenblätter entwickelt, wurde von Glaab als var. pluricaúlis bezeichnet. Beauverd erwähnt aus Hochsavoyen und aus dem Berner Jura (Bellelay) eine Spielart mit zahlreichen unterirdischen Stolonen, die alle in fruchtbare, stark vielblütige Rosetten endigen. Für die Farbenabweichungen der Blüten schlägt X. Wengenmayr (1907) folgende Bezeichnungen vor: f. subcaerúlea. Blüten viel heller blau als beim Typus. — f. láctea. Blüten bläulich-weiss. — f. álba (= f. albiflóra Murr, = f. flavéscens Wettstein). Blüten reinweiss. — f. lilacína (= f. violácea Murr). Blüten hell-lila. — f. ianthína. Blüten dunkelviolett. — f. vária. Blüten am Schlunde weiss; Zipfel blau.

Gentiana verna mit alpin-präalpiner Verbreitung ist als bodenvag und ± düngerfliehend zu bezeichnen und kommt in recht verschiedenartigen Assoziationen (also gesellschaftsvag) vor, so im Tieflande auf trockenen (Brometum erecti, Nardetum) und frischen Wiesen (Trisetetum flavescentis, Festucetum rubrae), in Flachmooren, auf Heidewiesen, in den Alpen im Firmétum, Curvuletum, Sempervíretum, Elynetum, Festucetum váriae usw., dann in der Geröll- und Schuttflur, im Tieflande ausserdem gelegentlich als Ansiedler in Kiesgruben. In den Alpen und Voralpen bildet diese prächtige Rasenpflanze zuweilen grosse tiefblaue Flecken mit zusammenhängenden Kolonien von 4 bis 8 Quadratdezimeter. — Die Blüten sind bei G. verna und verwandten Arten als Falterblumen zu bezeichnen. Der von dem Grunde des Fruchtknotens abgesonderte Honig ist zufolge der engen und ziemlich langen (23 bis 26 mm) Kronröhre nur langrüsseligen Faltern zugänglich. Ueber den Stossreiz der Blüten siehe pag. 1980. Die kugeligen, etwa 30 bis 36 $\mu$ messenden Pollenkörner besitzen eine netzmaschige Exine. Pampanini erwähnt Polymerie der Blüten und Ausfall des Gynaeceum. Gefüllte Blüten können gleich den Farbenspielarten hie und da beobachtet werden. Im Herbst gelangen nach dem Abmähen zuweilen bedeutend kleinere Blüten zur Ausbildung. In milden Wintern kann man an apern Stellen gelegentlich im Dezember und Januar blühende Pflanzen sammeln. Von Gallenerzeugern wird einzig Erióphyes Kernéri Nal. genannt. Im Hortus Eystettensis (1613) ist G. verna als Gentianeila minima verna flore caerulea aufgeführt.

**2251. Gentiana Tergestína**[1]) Beck (= G. angulósa Rchb. pro parte, = G. aestíva Koch nec Roem. et Schult., = G. vérna Archangeli, = G. verna L. subvar. pseúdo-Tergestina Schinz et Thellung). Karst-Enzian. Fig. 2990.

Ausdauernd, 3 bis 10 cm hoch, lockerrasig, meist 1- (selten 2-)blütige und nichtblühende (diese 1 bis 4 cm hoch) Sprosse treibend. Grundständige Laubblätter rosettenartig,

---

[1]) Lat. Tergeste (Tergéstum) = Name der Stadt Triest.

lederig, lineal=lanzettlich, spitz, 1 bis 6 cm lang, nahe dem Grunde am breitesten, etwa 4=mal so lang als breit, am Rande fast gar nicht papillös; die stengelständigen (1 bis 3 Blattpaare) kleiner, die obersten dem Kelch genähert. Blüten meist einzeln, endständig. Kelch röhrig, 2 bis 2,5 cm lang, oft violett überlaufen, an den Kanten deutlich geflügelt (Flügel bis 4 mm breit); Kelchzähne 6 bis 8 mm lang, zuweilen am Rande papillös; Buchten der Kelchzähne lanzettlich spitz; Fruchtkelch 12 bis 15 mm breit. Krone stieltellerförmig, 18 bis 25 mm breit, tief azurblau, mit bis 3 cm langer Röhre und mit eiförmigen, spitzen Lappen, zwischen den letzteren mit je einer spitz vorgezogenen Falte. Kelch und Kronröhre oft violett überlaufen. Griffel ungeteilt; Narben am Rande mit kegelförmigen Zähnen besetzt. Samen ungeflügelt. — IV bis VI.

Stellenweise im Süden und Westen auf trockenen Wiesen, von 300 bis 2000 m. Nur auf Kalkboden.

Fehlt in Deutschland vollständig. — In Oesterreich vereinzelt in Steiermark (Merzlica planina bei Cilli, zirka 1000 m), in Kärnten (Drauufer bei der Schwabegger Ueberfahrt, Lavanttal), Krain (nördlich bis Idria, Uratatal, Schlossberg bei Adelsberg, Auersperg, Nanos, ferner Baggaberg bei Člana, Hl. Krenz bei Neumarktl usw.) und Küstenland (Wippachtal, Karst, Monte Spaccato bei Triest usw.). — In der Schweiz angeblich (jedenfalls kaum typisch) in den westlichen Kalkalpen (Freiburg, Ormonts, St. Bernhard, Salève usw.).

Allgemeine Verbreitung: Pyrenäen, Seealpen, Westschweiz, Italien (Apennin), Kärnten, Krain, Küstenland, Kroatien, Dalmatien, Balkan (exkl. Griechenland und Türkei).

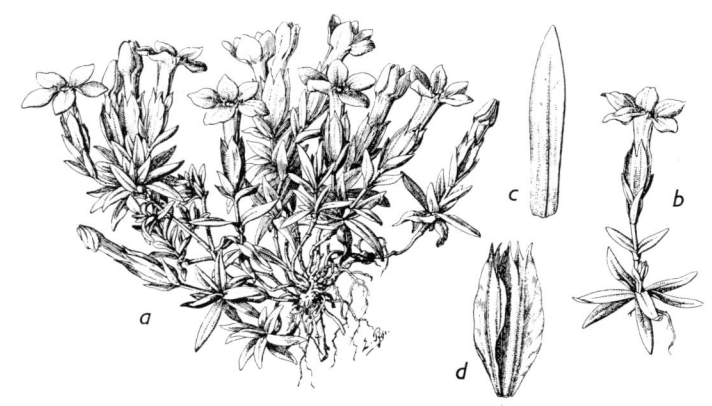

Fig. 2990. Gentiana Tergestina Beck. *a* Habitus. *b* Einzelblüte. *c* Laubblatt. *d* Kelch.

Gentiana Tergestina ist jedenfalls eine verhältnismässig junge Rasse der G. verna, welche sie im Süden der Alpen stellenweise vertritt. Während Pospichal annimmt, dass beide Arten in einander übergehen, sollen nach den Beobachtungen von E. Rogenhofer (Variationsstatistische Untersuchung der Blätter von G. verna L. und G. Tergestina. Oesterr. Botan. Zeitschrift. Bd. LV, 1905) solche Zwischenformen fehlen. Thellung (briefl.) schlägt, vor die Pflanzen der Westschweiz als subvar. pseúdo=Tergestina zu bezeichnen. Im Osten schliesst sich G. Tergestina an G. angulosa Bieb. an, für welche sie auch längere Zeit angesehen wurde. Nach Marie Soltokovič (Die perennen Arten der Gattung Gentiana aus der Sektion Cyclostigma. Oesterr. Botan. Zeitschrift. Bd. LI, 1901) dürften alle als G. verna bezeichneten Pflanzen aus dem Apennin, den Pyrenäen zu G. Tergestina zu ziehen sein. Beck zählt die Art zu seinen pontisch=illy= rischen Pflanzen, die im allgemeinen ihre Verbreitung nach Norden um Adelsberg abschliessen. Das Vorkommen auf der Merzlica planina bei Cilli — neben Asphodelus albus und Ranunculus scutatus, Orchis speciosa usw. — sieht Hayek als postglazialer Relikt an. G. Tergestina ist für die Karstwiesen bezeichnend; sie erscheint dort nach Schiffner in Gesellschaft von Narcissus radiiflorus, Crocus variegatus und C. vernus, Lathyrus versi= color, Genista sagittalis, Alectorolophus Freynii, Globularia bellidifolia, Veronica multifida, Orobanche lutea, Senecio lanatus, Jurinea mollis usw. Nach Pospichal ist die Pflanze ein beliebter Artikel der Triester Blumenmädchen.

**2252. Gentiana brachyphýlla** Vill. (= G. vérna L. var. brachyphylla Grisebach, = G. verna Bertoloni). **Kurzblätteriger Enzian.** Taf. 217, Fig. 4; Fig. 2991 und 2992.

Ausdauernd, 3 bis 6 cm hoch, rasenbildend, 1=blütige und blütenlose, bis 1 cm hohe Sprosse bildend. Alle Laubblätter grundständig, dicht dachig, glänzend, fast ziemlich gleich gross (höchstens doppelt so lang als breit), rhombisch, kurz zugespitzt, in der Mitte am breitesten, nach beiden Enden verschmälert, etwa 1 cm lang und 0,5 cm breit, mit deutlichen, stark papillösen Knorpelrand. Stengel fehlend oder sehr kurz, eine einzige endständige Blüte entwickelnd. Kelch sehr schlank, 1 bis 1,5 cm lang, halb so lang als die Kronröhre, ungeflügelt oder ganz kurz geflügelt; Kelchzähne 3=eckig=lanzettlich, 0,5 cm lang, spitz, fast halb so lang als die Kelchröhre. Krone stiel=tellerförmig, dunkelazurblau, 13 bis 22 mm breit, mit bis 2 cm langer Röhre und mit 5 langen, eilanzettlichen, stumpfen Zipfeln. Griffel ungeteilt; Narbenrand gezähnt, Zähne papillös. Samen ungeflügelt, braun=schwarz, 1,2 bis 1,5 mm lang und 1 mm breit. — VII, VIII.

Im Rasen, seltener auf Schutt und Alluvionen der alpinen und nivalen Stufe der Alpen, von 1800 bis 3100 m, selten höher (4200 m). Mit Vorliebe auf kalkarmer Unterlage.

In Deutschland selten in den Bayerischen Alpen von 1800 bis 2570 m. — In Oesterreich in den Alpen von Tirol (bis 3100 m), Vorarlberg, Liechten=stein (Falknisspitze 2560 m), Salzburg, Oberösterreich (Monsberg bei Windisch Garsten), Steiermark (Zentral=alpen von 1900 bis 2600 m, Stangalpenzug; in den nörd=lichen Kalkalpen auf dem Kabling bei Admont und dem Reiting) und in Kärnten (Malnitzer Tauern, Mölltaler=, Astner= und Flatnitzer Alpen); fehlt in den Kalkalpen von Niederösterreich und Krain. — In der Schweiz in den Zentralalpen auf Urgestein und Schiefer ver=breitet von 1800 bis 3000 m (im Wallis an der Schulter am Matterhorn noch bei 4200 m).

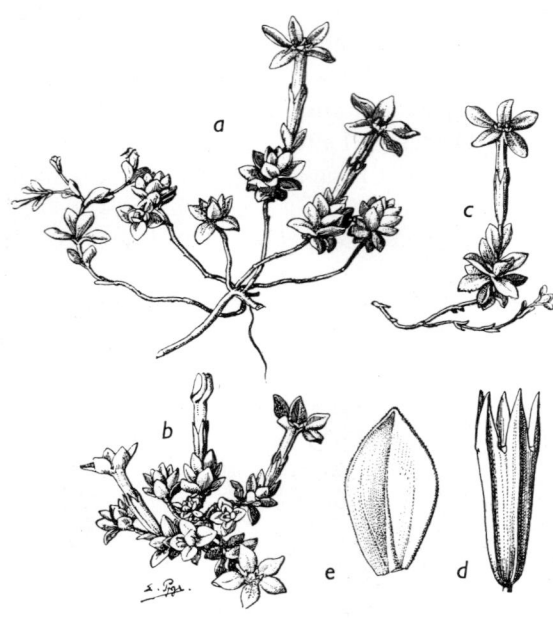

Fig. 2991. Gentiana brachyphylla Vill. *a, b, c* Habitus. *d* Kelch. *e* Laubblatt.

Allgemeine Verbreitung: Pyrenäen, Alpen (von den Seealpen bis Steiermark), Siebenbürgen (Bucsecs).

Diese Pflanze, die von vielen Autoren nur als hochalpine Form der Gen=tiana verna angesehen wird und morpholo=gisch der G. Favrati und hochalpinen Formen von G. Bavarica und G. verna (f. com=pacta) sehr nahe steht, scheint ihre Haupt=verbreitung in den Zentralalpen zu haben, wo sie besonders auf Urgestein und Schiefer auftritt. Die Angaben in den nördlichen Kalkalpen bedürfen der Nachprüfung. In den Zentralalpen erscheint G. brachyphylla als Bestandteil des nivalen Curvuletum und Elynetum, sowie der Schuttfluren und der Schneetälchenflora.

Fig. 2992. Gentiana brachyphylla Vill., neben Salix retusa, Gamsgrube, 2700 m. Phot. P. Michaelis, Köln.

**2253. Gentiana Favráti**[1]) Rittener (= G. Bavárica Schur, = G. orbiculáris Schur, = G. brachyphýlla Vill. var. subacaúlis Gremli, = G. vérna L. var. Hinterhubéri Schultz, = G. obtusifólia Boissier). Rundblätteriger Enzian. Fig. 2993.

Ausdauernd, 3 bis 6 (8) cm hoch, kahl, kurze (½ bis 3 cm hohe), blütenlose, dicht=beblätterte, einfache und 1=blütige Sprosse treibend. Alle Laubblätter rosettenartig, besonders

---

[1]) Benannt nach Louis Favrat aus Lausanne 1827/1893, einem eifrigen Erforscher der Waadtländer und Walliser Flora, der sich besonders auch um kritische Genera wie Rubus, Rosa und Hieracium bemüht hat. Vgl. die Nekrologe von R. Buser in Bull. Herb. Boissier nr. 5, 1893 und von E. Wilczek im Bull. Soc. Vaud. sc. nat. XXIX, 1893.

Tafel 217

## Tafel 217

(Entnommen aus Hegi, Alpenflora, 20. Auflage, Tafel 23)

| | |
|---|---|
| Fig. 1. *Lomatogonium Carinthiacum* (pag. 1977). Habitus. | Fig. 7. *Gentiana verna* (pag. 2014). Habitus. |
| ,, 2. *Gentiana tenella* (pag. 2026). Habitus. | ,, 8. *Gentiana brachyphylla* (pag. 2017). Habitus. |
| ,, 3. *Gentiana nana* (pag. 2027). Habitus. | ,, 9. *Gentiana orbicularis* (pag. 2018). Habitus. |
| ,, 4. *Gentiana aspera* (pag. 2035). Habitus. | ,, 10. *Gentiana Terglouensis* (pag. 2020). Habitus. |
| ,, 5. *Gentiana Clusii* (pag. 2007). Habitus. | ,, 11. *Gentiana Bavarica* (pag. 2021). Habitus. |
| ,, 6. *Gentiana Kochiana* (pag. 2011). Habitus. | ,, 12. *Gentiana rotundifolia* (pag. 2022). Habitus. |
| | ,, 13. *Gentiana nivalis* (pag. 2025). Habitus. |

am Grunde dicht dachziegelig, eiförmig bis fast kreisrund, bis 1 cm lang, im obersten Drittel am breitesten, oft nahezu so breit wie lang, stumpf, am Rande nur wenig oder gar nicht papillös, glänzend, dunkelgrün, nach unten an Grösse zunehmend. Stengel fast fehlend. Blütenstiele die Blattrosetten nur wenig überragend. Blüten einzeln, endständig. Kelch röhrig, 1 bis 2 cm lang, fast oder ganz ungeflügelt; Kelchzähne 3=eckig=lanzettlich, spitz, bis $^1/_2$ cm lang oder länger, etwa halb so lang als die Kelchröhre. Krone stieltellerförmig, intensiv blau, 18 bis 25 mm breit, mit 5 breiten, fast kreisrunden oder etwas rautenförmigen (manchmal etwas breiter als lang) Zipfeln; Kronröhre 1,5 bis 2 cm lang. Griffel kurz, ungeteilt; Narbenlappen oft papillös. — VIII, IX.

Selten auf kurzgrasigen, trockenen Stellen der Alpen, von zirka 2000 bis 2800 m. Nur auf Kalk (kalkstet).

In Deutschland selten in den Bayerischen Alpen (Hintere Wildalm in den Berchtesgadener Alpen). — In Oesterreich zerstreut in Vorarlberg (Trittkopf), Tirol, in Salzburg, Oberösterreich, Steiermark (nördliche Kalkalpen: Dachstein, Todtes Gebirge, Grimming, Pyrgas, Hochtor, Hochschwab usw.), Kärnten (Astner Alpen, Wischberg bei Raibl) und Küstenland (Alpe Krn). — In der Schweiz zerstreut in den Alpen, jedoch kaum unter 2500 m.

Allgemeine Verbreitung: Pyrenäen, Alpen (von den West= alpen bis Steiermark), Siebenbürgen (G. orbiculáris Schur); nach Kus= nezow auch im Kaukasus, in Klein= asien, Armenien und Persien.

Diese Pflanze, die erst von Rit= ener (vgl. Bulletin Soc. Vaud. Bd. XXII, 1880) richtig erkannt wurde, wird von Marie Soltokovič ganz sicher zu Unrecht — wie auch C. Schroeter hervorhebt — in die Nähe von G. Bavarica gestellt. Zweifelsohne gehört sie dem Formenkreis

Fig. 2993. Gentiana Favrati Rittener. *a*, *b* und *c* Blühende und ab= geblühte Pflanzen von verschiedenen Standorten. *d* Laubblatt. *e* Blattrand (vergrössert). *f* Narbe (stark vergrössert).

der G. verna an und dürfte vielleicht eine Parallelform zu Gentiana brachyphylla darstellen (Fig. 2959) und diese auf Kalkboden ersetzen. Jedenfalls ist G. Favrati in den Alpen viel weiter verbreitet als bisher angenommen wurde. Sie ist eine ausgesprochene Felsenpflanze des Kalkes, findet sich aber auch in Elyneten und Semper= vireten an Süd= und Westabhängen, so nach Gams am Locus classicus an der „Grand Vire" der Dents de Morcles (Wallis) 2670 m auf schieferigem Schrattenkalk neben zahlreichen Laubmoosen und Flechten in Gesellschaft von Sesleria caerulea, Festuca Halleri, Carex ferruginea, Salix retusa, Silene exscapa, Cerastium latifolium, Draba aizoides und D. dubia, Hutchinsia alpina, Arabis alpina, Saxifraga oppositifolia, S. moschata und S. androsacea, Hedysarum obscurum, Soldanella alpina, Myosotis Pyrenaica, Galium anisophyllum, Bartsia alpina, Campanula Scheuchzeri und Homogyne alpina.

**2254. Gentiana púmila** Jacq. (= G. vérna L. var. pumila Arcangeli, = G. imbricáta Willk. nec Froelich, = Ericóila pumila Don, = Híppion pumilum F. W. Schmidt). Zwerg=Enzian. Fig. 2994.

Ausdauernd, 4 bis 12 cm hoch, kahl, blütenlose, bis 5 cm hohe und 1=blütige, aufrechte bis aufsteigende Sprosse bildend. Grundständige Laubblätter rosettenartig, lineal=lanzettlich, spitz oder zugespitzt, zuweilen nach dem Grunde verschmälert, undeutlich 1=nervig, ungefähr gleich gross und bis 4=mal so lang als breit (bis 15 mm lang und 1 bis 2,5 mm breit), am Rande trockenhäutig, papillös. Stengel kurz, 1 bis 3 Blattpaare tragend. Blüten einzeln, endständig. Kelch röhrig=glockig, 8 bis 15 mm lang, schmal geflügelt, zuweilen violett überlaufen; Kelchzähne lineal=lanzettlich, fast so lang wie die Kelchröhre, 6 bis 7 mm lang, spitz, am Rande schwach papillös. Krone stieltellerförmig, azurblau, 15 bis 20 mm breit, mit 5 eilanzettlichen, spitzen, 6 bis 10 mm langen Zipfeln. Griffel ungeteilt; Narbenlappen mit langen, schlauchförmigen Papillen versehen. Samen ungeflügelt, elliptisch, netzig, 0,6 bis 0,8 mm breit. — VI bis VIII.

Stellenweise auf Matten, an kurzgrasigen, steinigen, feuchten Stellen, in Schneetälchen der Ostalpen, von zirka 1600 bis 2400 m. Nur auf Kalkunterlage. Fehlt in Deutschland und in der Schweiz.

In Oesterreich in den Kalkalpen von Salzburg (Rauriser Goldberg, Murwinkel), Oberösterreich (Hoher Nock bei Windisch Garsten, Thorstein, Grosser Pyrgas), Niederösterreich (Sonnwendstein, Rax=, Schneealpe, Schneeberg, Oetscher, Dürrenstein, Hochkor, Voralpe), in Steiermark (in den nördlichen Kalkalpen vom östlichen Teil des Todten Gebirges bis zum Sonnwendstein verbreitet; auf der Ovčeca in den Karawanken und in den Sanntaler Alpen; sehr selten auch auf Kalk in den Zentralalpen wie auf dem Hohenwarth und in den Seetaler Alpen), in Kärnten (Villacher Alpen, Kotschna, Rosskofel im Gailtal, Petzen, Wischberg bei Raibl usw.), in Krain (Steineralpen, Karawanken und Julische Alpen) und im Küstenland (Monte Prestrelenik, Isonzotal, Flitsch, Alpe Krn). Fehlt in Tirol.

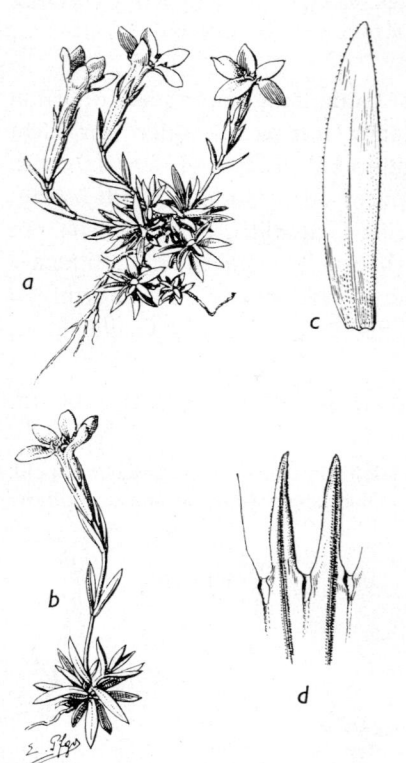

Fig. 2994. Gentiana pumila Jacq. a, b Habitus. c Laubblatt. d Kelchzipfel.

Allgemeine Verbreitung: Südöstliche Kalkalpen (inkl. Venezianer Alpen).

Auf der Karsthochfläche im Krngebiet am Isonzo tritt diese Art nach Hruby auf steinigen Triften in Gesellschaft von Dryas octopetala, Globularia cordifolia, Androsace villosa, Armeria alpina, Saxifraga aizoides und Poa alpina auf. Ueber die Begleitflora auf dem Wiener Schneeberg siehe Primula Clusiana pag. 1777.

**2255. Gentiana Terglouénsis** Hacquet (= G. imbricáta Froelich nec Schleicher, = G. Triglaviénsis Paulin, = Híppion pusíllum F. W. Schmidt). Triglav=Enzian. Fig. 2995.

Ausdauernd, 3 bis 6 cm hoch, kahl, dichtrasig, kurze, ½ bis 2 cm hohe, stets dicht=dachig beblätterte (geschindelte), blütenlose und einfache, 1=blütige Sprosse treibend. Alle Laubblätter gleichgestaltet und nahezu gleichgross, doppelt so lang als breit, oval=lanzettlich, in eine trockenhäutige Spitze ausgezogen, 3 bis 5 mm lang und 2 bis 4 mm breit, am Rande sehr schmal=häutig und durch Papillen rauh. Stengel aufrecht, sehr kurz (höchstens 1 cm lang), kaum aus der Blattrosette herausragend. Blüten einzeln, endständig. Kelch röhrig, 8 bis 11 mm lang, kaum geflügelt, etwa halb so lang als die Kronröhre; Kelchzähne 3=eckig=lanzettlich, spitz, 3 mm lang, am Rande papillös, trockenhäutig. Krone stieltellerförmig, tief azurblau,

18 bis 24 mm breit, mit 15 bis 20 mm langer Röhre und mit elliptischen, stumpfen oder spitzen Kronzipfeln. Griffel ungeteilt, sehr dünn, 5 bis 7 mm lang; Narbenlappen unregelmässig gelappt, mit Papillen versehen. Fruchtknoten 1½ bis 2 cm lang. Samen ungeflügelt. — VII, VIII.

Stellenweise auf grasigen, steinigen Stellen und Weiden der südlichen und südöstlichen Alpen, von zirka 1900 bis 2700 m. Mit Vorliebe auf Kalkboden.

Fehlt in Deutschland. — In Oesterreich in Tirol (im östlichen und südlichen Gebiet: Peitlerkofel, Durnholz, Prags, Ampezzo, Dolomiten, Geisslerspitzen, Fassa, Campobruno, Cima Tosa), in Kärnten (Kalkalpen des Lesach-, des oberen Gail- und oberen Drautales, Heiligenbluter Tauern, Polinig bei Mauthen, Ross- und Gartnerkofel, Latschur, Dobratsch, Raibl, Obir, Vellacher Kotschna, Oistriza), in Untersteiermark (Sanntaler Alpen, Planjava, Steiner Sattel, Rinka) und in Krain (Steineralpen, Karawanken und Julische Alpen). Fehlt in Salzburg, ebenso in Ober- und Niederösterreich. — In der Schweiz (in der f. Schleicheri), im Wallis (Penninische Alpen) und im Tessin (Pizzo Barone, Bedretto, Pizzo Molare).

Allgemeine Verbreitung: Süd- und Ostalpen (Italienische Seealpen, Wallis, Tessin, Aostatal, südöstliche Kalkalpen).

Aendert ab: f. Schleichéri Vaccari. Pflanze etwas kräftiger als der Typus. Laubblätter etwas grösser und breiter lanzettlich, 5 bis 8 mm lang und 2,5 bis 8 mm breit (Schweizer Alpen).

Diese Art scheint ziemlich polymorph zu sein. Nach Hayek wäre es richtiger, die Pflanze der Südtiroler Dolomiten als G. imbricata Froelich, diejenige der Julischen und Sanntaler Alpen als G. Terglouensis zu bezeichnen, während die etwas abweichende Pflanze der Schweizer und Italienischen Alpen als var. Schleicheri benannt wird. Die erstere unterscheidet sich von der zweiten durch weniger

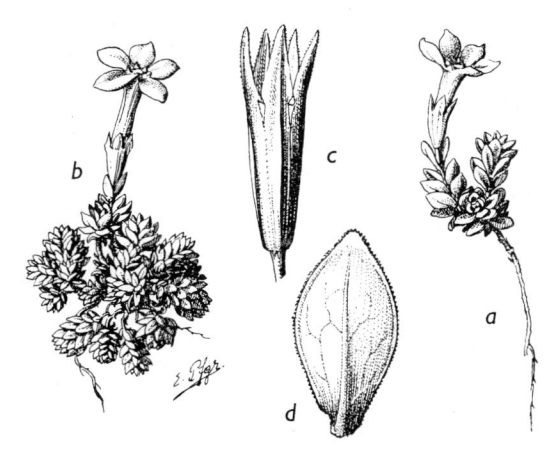

Fig. 2995. Gentiana Terglouensis Hacquet. *a, b* Habitus. *c* Kelch. *d* Laubblatt.

scharf zugespitzte und etwas breitere Laubblätter, durch lockere Rasen und durch etwas grössere Blüten mit meist stumpferen Zipfeln, während die var. Schleicheri in allen Teilen kräftiger ist. Nach L. Vaccari (Bulletin soc. Murithienne Bd. XXXVI, 1909/10) ist dies diejenige Pflanze, welche Schleicher ursprünglich unter dem Namen G. imbricata verstand, während er später unter dem gleichen Namen in seinen Exsiccaten die G. Bavarica var. subacaulis Schleicher (= G. rotundifolia Hoppe apud Koch 1837) ausgab. G. Terglouensis gilt im allgemeinen als kalkstet; doch dürfte sie gelegentlich auch auf Urgestein vorkommen (und zwar nicht allein in den westlichen Teilen des Verbreitungsgebietes), worauf übrigens bereits Marie Soltokovič hinweist. Im Triglavgebiet erscheint sie nach Derganc auf Kalkboden bei 2500 m in Gesellschaft von Eritrichium nanum, Potentilla nitida und Crepis Terglouensis. Als anatomisches Merkmal werden die auffallend der Höhe nach gestreckten Zellen der Epidermis der Blattunterseite hervorgehoben, welch' letztere bei allen anderen Arten dieser Gruppe der Länge nach gestreckt sind.

**2256. Gentiana Bavárica** L. (= Ericóila Bavarica Borkh., = Hippion Bavaricum F. W. Schmidt). Bayerischer Enzian. Taf. 217, Fig. 10a und 10b; Fig. 2996 und 2980 o und p.

Ausdauernd, 4 bis 20 cm hoch, kahl, kleine, grün überwinternde Rasen bildend, dichtbeblätterte, blütenlose, 0,5 bis 2 cm hohe und viele einfache, 1-blütige Stengel treibend. Stengel aufstrebend, einfach, kantig. Alle Laubblätter fast gleich gross oder die unteren kleiner und einander dicht genähert (geschindelt), abgerundet, stumpf, spatel- oder verkehrt-eiförmig, aber nicht deutlich rosettig, im vorderen Drittel am breitesten, 10 bis 15 mm lang und kaum doppelt so lang als breit; stengelständige Laubblätter in 3 bis 4 Paaren. Blüten einzeln, endständig. Kelch röhrig-trichterförmig, 10 bis 16 mm lang, oft violett überlaufen, sehr schmal geflügelt (Flügel 1 bis 2 mm breit) bis ungeflügelt; Kelchzähne lanzettlich, spitz, 5 bis 6 mm lang, etwa ⅔ so lang als die Kelchröhre, ohne häutigen Rand, zuweilen aber mit sehr flachen

Papillen besetzt und daher etwas wellig; Buchten der Kelchzähne meist abgerundet. Krone stieltellerförmig, 25 mm lang und 16 bis 20 mm breit, tiefblau (sehr selten weiss oder violett), mit lichtblauer Röhre und mit 5 ausgebreiteten, stumpfen, 7 bis 13 mm langen Zipfeln. Staub= blätter 4, unten breit, rinnenförmig vertieft, in der Mitte behaart. Staubbeutel gelb, frei. Fruchtknoten 15 bis 20 mm lang, deutlich gestielt (Stiel 3 bis 5 mm lang), 4=kantig; Griffel 5 bis 7 mm lang, meist schon vor Beginn der Fruchtreife sehr deutlich getrennt, tief 2=lappig; Narbenlappen unregelmässig, lang papillös. Samen spindelförmig, netzig=runzelig, 1 mm lang und 0,5 mm breit, braunschwarz, ungeflügelt (Fig. 2980 o, p). — VII bis IX.

Ziemlich verbreitet auf feuchten Matten, Weiden, berieseltem Feinschutt, an Bachrändern, quelligen Stellen der subalpinen, alpinen und nivalen Stufe der Alpen und seltener der Voralpen, von 1800 bis 3600 m, selten auch tiefer (bis 1350 m) hinabsteigend, so bei Wildhaus in der Schweiz). Auf Kalk= und Urgestein. Fehlt in Krain und Küstenland, in Südtirol selten.

Allgemeine Verbreitung: Alpen (Seealpen bis Niederösterreich [fehlt dem Wiener Schneeberg, doch auf dem Oetscher und Dürrenstein]; fehlt in Krain und Küstenland), Abruzzen, Apennin.

Aendert ab: var. subacaulis Schleicher (= G. imbricata auct. nec Froelich, = G. rotundifolia Hoppe, = G. orbicularis Schur). Taf. 217, Fig. 10 b. Pflanze niedrig, reichblütig. Alle Laubblätter an dem sehr kurzen Stengel dachziegelig gedrängt, fast kreis= rund, breit abgerundet, beinahe so breit als lang. Hochalpenform (Nivalform von zirka 2400 bis 3000 m verbreitet), mit dem Typus durch Ueber= gänge verbunden. — var. discolor Beauverd. Stengelblätter und Kelch kürzer als beim Typus (letzterer nur halb so lang als die Kronröhre). Krone innen rein weiss, nur am rechten Rande der Zipfel, wie auch auf der Aussenseite blass= lila (Schweiz: Rawyl). — Von der verlängerten

Fig. 2996. Gentiana Bavarica L., auf Urgestein, 2300 m. Steiermark.
Phot. R. Fischer, Sollenau, N.Ö.

Wiesenform mit entfernten Blattpaaren der tieferen Lagen finden sich alle Uebergänge (hieher var. alpestris Braun=Blanquet, var. elongata E. Steiger, var. intermedia E. Steiger) bis zu den gedrängten Polstern der Nivalform (var. subacaulis).

Gentiana Bavarica ist unter den ausdauernden Arten der Sektion Cyclostigma diejenige, welche zufolge der Blattform am leichtesten erkannt werden kann. In der nivalen Stufe bewohnt sie in der Form subacaulis mit Vorliebe die vom Schneewasser durchfeuchteten Mulden (Schneetälchen) und zählt daselbst zu den hochalpinen Schlickpflanzen (vgl. Bd. III, pag. 409). Gern tritt sie auch in den Quellfluren mit den Moosen Philonotis fontana und Ph. seriata, mit Epilobium anagallidifolium, Cerastium trigynum usw. auf. In tieferen Lagen gehört sie den feuchten Weiden und Wiesen an und erscheint daselbst in der Form mit verlängertem Stengel und entfernten Blattpaaren, ebenso an Bachrändern, in Quellfluren (Montia=, Cardamine amara=Assoziation und deren Moos=Varianten: Cratoneuron=Variante auf Kalk, Mniobryum albicans=Bryum Schleicheri=Variante auf Silikat), sowie im Caricetum fuscae. Die Art ist bodenvag. — Die Blüten werden von Bienen und Faltern besucht. Im Knospenzustande neigen die noch geschlossenen Antheren über der tiefer stehenden, gleichfalls noch geschlossenen Narbe zusammen. Später rücken die Antheren durch Wachstum der Krone in die Höhe, bedecken sich seitlich und nach innen zu mit Blütenstaub, um zugleich nach oben und aussen umzukippen, so dass dann ihre Spitzen nach unten schauen und ihre mit Pollen bedeckte Seite der Kronenwand zugekehrt ist. Dieses Umkippen der Staubbeutel ist deshalb notwendig, damit diese an die Eingänge zum Honig zu stehen kommen. Die Blüte befindet sich nunmehr im männlichen Zustande. Durch Wachstum des 4=kantigen Frucht=

knotens wird die Narbe durch die nach innen sich zusammenneigenden Filamente hin durchgedrängt und die beiden breiten Narbenlappen spreizen auseinander. Damit ist die Blüte ins weibliche Stadium übergetreten. Die Nektarien sind gelbgrüne, ovale, erhabene Stellen, die sich auf der Innenseite der Kronröhre — ungefähr in der Mitte zwischen dem Grunde derselben und der gewimperten Stelle von je 2 Staubblättern — befinden. Der Honig hängt in dicken Tropfen an diesen Nektarien, ohne in den Blütengrund zu fliessen. Die 4 Kanten des langen Fruchtknotens, der die enge Blütenröhre fast ganz ausfüllt, greifen in die Rinnen der Staubfäden ein, wodurch die Röhre an diesen 4 Stellen gegen den Insektenbesuch abgeschlossen wird. Es bleiben dann an den Ecken der kantigen Krone — also an den flachen Seiten des Fruchtknotens — zwischen je zwei benachbarten Staubblätter — für den dünnen Insektenrüssel nur noch 4 enge Röhren frei, die oben von je 2 benachbarten Staubbeuteln flankiert sind und unten direkt auf die Nektarien führen (nach Heineck).

**2257. Gentiana Rostáni**[1]) Reuter (= G. Bavárica L. var. Rostani Car. et St. Lag.). Rostan's Enzian. Fig. 2997.

Ausdauernd, 3 bis 14 cm hoch, kahl, dichtbeblätterte, blütenlose, bis 3 cm hohe Triebe und einfache, 1=blütige Stengel treibend. Stengel einfach, aufrecht. Alle Laubblätter fast gleich gross, lineal, stumpf, abgerundet, 0,5 bis 2 cm lang ($^1/_4$ so breit als lang), am Rande nicht trockenhäutig und meist nicht papillös, die unteren einander genähert; Stengelblätter etwas kleiner, in 2 bis 4 Paaren. Blüten einzeln, endständig. Kelch schmalröhrig=trichterförmig, 1,5 bis 2 cm lang, kaum geflügelt, oft violett überlaufen; Kelchzähne $^1/_3$= bis $^1/_2$=mal so lang als der ganze Kelch (Fig. 2997b); Buchten der Kelchzähne meistens sehr stark abgerundet. Krone stieltellerförmig, tiefblau. Fruchtknoten 2 cm lang; Griffel 0,5 cm lang; Narbenränder unregelmässig gelappt, in ziemlich lange Papillen ausgehend. — VII, VIII.

Selten auf feuchten Wiesen der Alpen. Angeblich in der Schweiz im Wallis (Mattmark im Saastal) und Tessin (Val de Peccia, Pizzo del Castello 2430 bis 2600 m, Val Bedretto zirka 1600 m, Val Cavagnola, Bleniotal, Greina). Fehlt in Deutschland und in Oesterreich vollständig.

Allgemeine Verbreitung: Pyrenäen, Westalpen, Piemont.

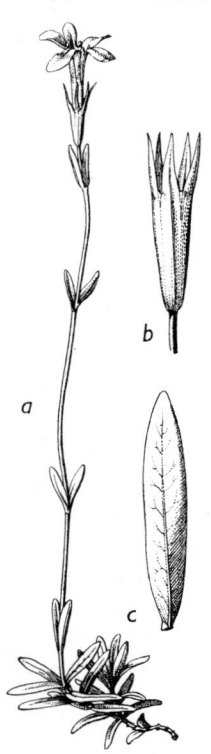

Fig. 2997. Gentiana Rostani Reuter. a Habitus. b Kelch. c Laubblatt.

Diese der G. Bavarica zweifellos am nächsten stehende Pflanze — sie unterscheidet sich von ihr hauptsächlich durch die verlängerten, schmalen Laubblätter, wird auch nur als Rasse derselben betrachtet — ist ein ausgesprochen westalpiner Typus, dessen Vorkommen in der Schweiz dringend der Bestätigung bedarf, ebenso die Angabe von Bormio.

**2258. Gentiana utriculósa** L. (= Híppion utriculosum F. W. Schmidt, = Ericóila utriculosa Borkh.). Schlauch=Enzian. Taf. 215, Fig. 6 und Fig. 2998.

Einjährig, 8 bis 25 cm hoch, kahl. Wurzel spindelförmig. Stengel aufrecht, kantig, vom Grunde an oder erst oberwärts ± ästig und mehrblütig (an kleinen Exemplaren zuweilen unverzweigt und 1= bis wenig=blütig), rötlich angelaufen; nichtblühende Sprosse fehlend. Grundständige Laubblätter rosettenartig gehäuft, 6 bis 10 mm lang, verkehrt=eiförmig, stumpf, bald verwelkend; Stengelblätter kleiner, länglich=eiförmig bis spitz=lanzettlich, 3= bis 5=nervig, stumpf oder spitz. Blüten kurzgestielt, end= und seitenständig, mittelgross. Kelch länglich=elliptisch, aufgeblasen, 10 bis 20 mm lang; Kelchröhre an den Kanten breitgeflügelt

---

[1]) Benannt nach Dr. med. Pierre Edouard Rostan, geb. 1826 in San Germano Chisone bei Pinerolo in den Waldensertälern, gest. 1895; er durchforschte botanisch die Waldenser Täler und veranlasste 1882 die Gründung einer Société Vaudoise de recherches historiques, littéraires et scientifiques (Mittel. von R. Beyer, Berlin).

(Flügel 2 bis 4 mm breit). Kelchzähne lanzettlich, spitz; Mittelnerv eines jeden Kelchzipfels auf der Kelchröhre jederseits von einem parallelen Seitennerven begleitet; letzterer mit dem Mittelnerven des eigenen Kelchblattes durch Netznerven verbunden, dagegen von dem anstossenden Seitennerven des nächsten Kelchblattes durch einen durchsichtigen, nervenlosen Längsstreifen getrennt und nur ganz an der Spitze (wenig unterhalb der Kelchbucht) von einem Quernerven unterbrochen. Krone stieltellerförmig, tief azurblau, selten weiss (f. cándida Murr), aussen oft grünlich, mit 5 länglich-elliptischen, spitzen, 5 bis 8 mm langen Zipfeln; Kronröhre wenig länger als der Kelch. Fruchtkelche 8 bis 12 mm breit; Griffel verlängert, tief gespalten; Narbe kreisrund. Samen länglich, 1 bis 1,2 mm lang, schwärzlich, warzig. — V bis VIII.

Zerstreut auf etwas torfigen und feuchten Wiesen, Matten, Flachmooren, Heidewiesen, Geröll-halden, besonders in der montanen und subalpinen Stufe der Alpen (in den Nordtiroler Kalkalpen [Mannl-spitze] bis 2340 m, bei Findelen in Zermatt bis 2440 m aufsteigend), in der Ebene seltener. Gern auf Kalkboden.

In Deutschland im Süden in Bayern (in den Alpen [bis 1860 m aufsteigend] und auf der Hochebene bis zur Donau ziemlich verbreitet; nördlich der Donau im Ries (Schwalbtal bei Huis-burg), im Jura bei Zitzelsberg bei Neuburg a. D., Schuttertal und zwischen Pettenkofen und Buxheim); in Württemberg (im Ober-land bei Biberach, Laupertshausen, Tiergarten, Rot und Langenau bei Ulm, sowie bei Allmendingen im Oberamt Ehingen), in Baden (um Konstanz, Wahlwies, Radolfzell, Iznang, Oehningen, Singen, am Hohentwiel, westwärts bis Hohentengen und Günzgen, in der Rheinebene bei Wyhl, auf der Faulen Waag bei Achkarren und am Kaiserstuhl bei Sasbach), im Ober-Elsass (nur in der Rhein-ebene bei Strassburg, Benfeld, Colmar usw.), in der Pfalz bei Schifferstadt, Maxdorf, Dürkheim (früher auch bei Oggersheim, Forst und Speyer) und im Rheingebiet bei Mainz (von Mombach bis Gonsenheim). Fehlt im Schwarzwald, in den Vogesen und in den Mittelgebirgen, ebenso in den Sudeten, in Nord- und Ost-deutschland gänzlich. — In Oesterreich im Voralpen- und Alpengebiet ziemlich verbreitet (in Tirol bis 2340 m aufsteigend), zuweilen tief herabsteigend, so im Bodenseegebiet, im Inntal bei Völs und Kematen bis 600 m; fehlt in den Sudeten, in Böhmen und Mähren ganz, dagegen im Karstgebirge. — In der Schweiz im Voralpen- und Alpengebiet und Jura ziemlich verbreitet, auf der Hochebene zerstreut, in Graubünden bis 2300 m (Giuf plan am Ofen), im Wallis bis 2440 m (Findelen gegen Stellisee) aufsteigend.

Fig. 2998. Gentiana utriculosa L., Hangmoor im Mindelseegebiet. Phot. Georg Eberle, Wetzlar.

Allgemeine Verbreitung: Alpen (von Savoyen bis Niederösterreich), Ober-deutsche Hochebene, Rheingebiet, Apennin, Kroatien, Balkan, Siebenbürgen.

Aendert wenig ab: f. simplicíssima Dittmar. Pflanze in der Tracht ähnlich der f. simplicissimum von Centaurium pulchellum. Wurzel sehr dünn, fadenförmig, unverzweigt. Stengel einfach, 1-blütig, sehr dünn, 2,5 cm hoch. Laubblätter der grundständigen Rosette eiförmig, stumpf-spitzig. Blüten klein. Kelch schwach netzaderig, nur wenig aufgeblasen, mit gekielten Kanten. Griffel länger als die Staubblätter. — f. simplex Gross. Stengel einfach, schlank, selten wenig verzweigt. Blüten in Trauben angeordnet (Wollmatinger Ried). — var. ramósa Gross. Stengel vom Grunde an reichlich verzweigt, buschig. — f. congésta Beauv. Pflanze ± 10 cm hoch. Stengel öfters am Grunde stark verzweigt; Zweige ± verlängert, gedrängt, 1-blütig oder 2- bis 3-blütig, entfernt beblättert. Blütenstand doldentraubig-zusammengezogen (Wallis, Graubünden, Kanton Zürich).

Gentiana utriculosa verdient wie G. asclepiadea als alpin-präalpin bezeichnet zu werden. In den Alpen, wo sie besonders die montane und subalpine Stufe bewohnt, zeigt sie eine entschiedene Vorliebe für den Kalkboden; in den Urgebirgsketten ist sie auf kalkreiche Stellen beschränkt und erscheint hier zuweilen auf feuchten Flachmooren, an quelligen, zuweilen etwas tuffigen Stellen in Gesellschaft von Carices (Caricetum Davallianae), Schoenus ferrugineus und Sch. nigricans, sowie von Molinia caerulea. Auf der bayerischen Hochebene findet sie sich stellenweise als Bestandteil der Heidewiesen neben Biscutella levigata, Dianthus Carthusianorum, Genista tinctoria, Cytisus nigricans, Hippocrepis comosa, Trifolium montanum, Spiraea Filipendula, Euphorbia verrucosa und E. Cyparissias, Peucedanum Oreoselinum, Orobanche gracilis, Asperula cynanchica, Globularia vulgaris, Galium boreale, Buphthalmum salicifolium, Inula hirta, Senecio campester, Crepis praemorsa und C. alpestris, Hypochoeris maculata, Polygonum viviparum, Koeleria pyramidata, Orchis ustulatus usw. — Die Blüten öffnen sich nach Kerner vormittags zwischen 8 und 9 Uhr, um sich nachmittags zwischen 3 und 4 Uhr wiederum zu schliessen (vgl. auch pag. 1980). Nach Claus liegt das Temperaturminimum zur Blütenöffnung bei 15,5° C. Abweichungen kommen in der Zahl und Gestaltung der Blütenphyllome vor. Ebenso sind Exemplare mit doppelter und 3=facher Krone, ferner solche mit einfacher oder mit wiederholter zentraler Durchwachsung der Blüte beobachtet worden. Von Gallenerzeugern und Schmarotzer=Pilzen werden Eriophyes Kernéri Nal. und Puccinia Gentianae (Strauss) erwähnt.

## 2259. Gentiana nivális L. (= G. mínima Lob., = G. húmilis Roch., = Ericóila nivalis Borkh., = Híppion nivale F. W. Schmidt). Schnee=Enzian. Taf. 217, Fig. 8 und Fig. 2999.

Einjährig, 1 bis 15 (30) cm hoch, sehr zart, kahl. Wurzel zart, spindelförmig, aufrecht. Stengel fadendünn, vom Grunde an meist ästig und mehrblütig (bei Zwergexemplaren auch einfach und 1=blütig); nichtblühende Sprosse fehlend. Grundständige Laubblätter locker rosetenartig gehäuft, klein, stumpf; Stengelblätter eiförmig bis lanzettlich, spitz, 3= bis 5=nervig. Blüten klein, sternförmig, kurz gestielt, an den Zweigen entständig. Kelch zylindrisch=

Fig. 2999. Gentiana nivalis L., auf einer Almwiese der Schneealpe, Steiermark. Phot. R. Fischer, Sollenau, N.Ö.

röhrig, 10 bis 15 cm lang, mit nur gekielten Kanten. Kelchzähne lanzettlich, spitz, so lang oder etwas kürzer als die Kelchröhre, 3=nervig; seitliche Nerven auf der Kelchröhre nur schwach herablaufend, mit dem anstossenden Seitennerven des nächsten Kelchblattes fast zusammenfliessend, Netznerven sehr schwach ausgebildet. Krone stieltellerförmig, 8 bis 12 mm breit, mit walzlicher, ziemlich gleich dicker Röhre und mit 5 eiförmigen, etwas abstehenden, 3 bis 6 mm langen, kurz zugespitzten, dunkelazurblauen (selten weiss, blassblau oder violett) Zipfeln. Kronröhre kaum länger als der Kelch. Fruchtkelch kaum 4 mm breit. Griffel ziemlich kurz; Narbe scheibenförmig, sammtartig. Samen länglich, beidendig zugespitzt, netzaderig, braun, höchstens 0,5 mm lang. — VI bis VIII.

Verbreitet und ziemlich häufig auf Wiesen, Weiden, Alluvionen, Heiden, in lichten Wäldern, auf Flachmooren, in Moospolstern der Alpen, von 1700 bis 2600 (3000) m. Auf Kalk= und Urgestein.

In Deutschland in den Bayerischen Alpen ziemlich verbreitet von 1650 bis 2400 m. — In Oesterreich in den Alpen fast überall häufig von zirka 1700 bis 3000 m (Gipfel des Aperen Feuerstein 2955 m, am Solstein bei Innsbruck 3000 m), selten auch tiefer (Pfossental in Schnals 1550 m, St. Anton am Arlberg 1380 m), seltener nur im südlichsten Tirol und in den Zentralalpen von Steiermark. — In der Schweiz in den Alpen verbreitet (in Graubünden bis 2800 m, im Wallis bis 3000 m, St. Gallen bis 2800 m), in den

Voralpen selten (so auch am Speer). Ausserdem vereinzelt im westlichen Jura von 1500 bis 1680 m (Crêt de la Neige, Marschairuz, Cunay, Mont Tendre, Chasseral 1605 m).

Allgemeine Verbreitung: Pyrenäen, Alpen, Jura, Karpaten, Abruzzen, Apennin, Balkan; Kleinasien, Island, Grönland, arktisches Nordamerika (fehlt im Ural und in Zentralasien).

Aendert nur wenig ab: f. simplex Rouy et Foucaud (= G. húmilis Rochel). Stengel einfach, 1=blütig. Blütezeit sehr früh. — f. brevifólia Rouy et Foucaud (= G. minima Vill.). Alle Laubblätter stumpf, kürzer. — f. caerúlea Trachsel. Zweige stark verlängert, 1=blütig. Krone lebhaft blau, mit verlängerten Abschnitten. — f. Trachsélii Beauv. Pflanze mit kurzen, 1= bis wenigblütigen Zweigen. Laubblätter länglich, an der Spitze ± zugespitzt. Krone tief cyanblau. — f. pállida Beauverd. Pflanze ± 5 cm hoch. Grundständige Laubblätter sehr klein, elliptisch bis rundlich, stumpf; Stengelblätter nach oben grösser werdend. Krone bleichviolett (ähnlich wie G. tenella). Im Wallis und Oberengadin. — Nach der Blütenfarbe werden weiter unterschieden: f. flávida Murr. Krone weiss, aussen gelblich (Arlberg). — f. turbidocaerúlea Louis Keller. Blüten grau= oder trübblau, an die Blütenfarbe von Swertia perennis erinnernd (Salzburg: Wildkogel). — f. violácea E. Steiger. Blüten trübviolett (Farbe von G. tenella).

Dieses zarte, unscheinbare, arktisch=alpine Pflänzchen stellt gewissermassen eine Miniaturausgabe von G. utriculosa dar und zählt wie G. prostrata und G. nana zu den wenigen 1=jährigen Erzeugnissen der Alpenflora. Die kleinen Blütensternchen sind der Wärme, d. h. der Sonnenbestrahlung gegenüber sehr empfindlich und können sich je nach der Bewölkung innerhalb einer Stunde mehrmals öffnen und schliessen (siehe auch pag. 1980). Nach F. Weber steht die Art hinsichtlich thermischer Reizbarkeit an erster Stelle, hinsichtlich seismonastischer jedoch hinter G. verna und G. Bavarica. Demnach scheint die Empfindlichkeit für beide Reize nicht genau parallel zu verlaufen. Insekten scheinen die Blüten wegen ihrer Kleinheit nur selten zu besuchen; Selbstbestäubung dürfte möglich sein. Bei grönländischen Pflanzen beobachtete Warming sogar eine Verbindung der Antheren und Narbe durch Pollenschläuche. Die 22 $\mu$ breiten und bis 30 $\mu$ langen Pollenkörner sind nach Köhler von länglicher Gestalt. Die Pflanze erzeugt sehr zahlreiche und sehr leichte (0,000015 g schwer), flugfähige Samen. Von Gallenerzeugern wird Eriophyes Kernéri Nal genannt.

Fig. 3000. Gentiana tenella, Steinernes Meer. Phot. P. Michaelis, Köln.

**2260. Gentiana tenélla** Rottboell (= G. Koenigii Gunn., = G. boreális Bunge, = G. tetrágona Roth, = Hippion longe=pedunculátum F. W. Schmidt). Zarter Enzian. Taf. 217, Fig. 7; Fig. 2955a und Fig. 3000.

Einjährig, zart, schlank, aufrecht, (2) 4 bis 8 (15) cm hoch, kahl. Stengel am Grunde verzweigt, mit langen, bogig aufsteigenden, meist 1=blütigen und fast blattlosen oder nur unterwärts beblätterten Aesten. Grundständige Laubblätter fast rosettig, spatelig, zur Blütezeit bereits verwelkt; Stengelblätter länglich=elliptisch, nach dem Grunde wenig verschmälert, ziemlich spitz. Blüten normal 4=zählig, einzeln endständig. Kelch glockig, tief (bis zum Grunde) 4=teilig, mit 4 eiförmigen, stumpfen, fast gleichlangen, abstehenden, 1=nervigen Abschnitten; letztere länger als die Kronzipfel. Krone röhrig=glockig, himmelblau, selten weiss bis gelblich (f. lutéscens Murr), mit 4 lanzettlich=zugespitzten, zur Blütezeit nur wenig auseinander neigenden Zipfeln, im Schlunde bärtig; Schlundschuppen klein, bärtig, ohne Leitbündel (Fig. 2955 a). Staubblätter 4, am Grunde zwischen 2 Staubblättern je 2 Honiggruben. Griffel fehlend; Narbe sitzend; Samenanlagen in 2 bis 3 Längsreihen angeordnet. Kapsel elliptisch, sitzend. Samen länglich, stumpf, linsenförmig, 0,7 mm lang und 0,5 mm breit, braun, fein punktiert. — VII bis IX.

Vereinzelt oder herdenweise auf kurzgrasigen Weiden, berastem Schutt, Sand, Alluvionen, im Krummholz und auf Schaflägern der Hochalpen, von zirka 1715 bis 3100 m (Rothorn bei Findelen im Wallis). Auf Kalk- und Urgestein, doch Kalk vorziehend.

In Deutschland sehr selten in den Bayerischen Alpen (im Allgäu, Westgipfel der Höfats und Krottenspitzen gegen die Kemptener Hütte) und in den Berchtesgadener Alpen (Königsbergalpe, Torrenerjoch, Stuhlwand, Funtenseetauern). — In Oesterreich vereinzelt in Vorarlberg (Rote Wand, Schafberg ob Spullers, Trittalpe am Arlberg, Scesaplana?), in Tirol (stellenweise verbreitet, besonders im Tauerngebiet), Salzburg (Zentralkette) und in Kärnten (Tauernkette); fehlt in Ober- und Niederösterreich und Steiermark gänzlich, für Krain unsicher. — In der Schweiz besonders in den Zentralalpen, seltener in den äusseren Ketten, so noch im Appenzellerland (Altmann, Rosslen, Blauer Schnee), im Alvier und Churfirsten (hier 1900 von Dr. med. Kuhn in Unterwasser am Hinterruck entdeckt).

Allgemeine Verbreitung: Gebirge von Spanien, Pyrenäen, Alpen (von den Seealpen bis Salzburg, Tirol und Kärnten), Karpaten, Siebenbürgen, arktisches und nordisches Europa, nordwestliches Sibirien; angeblich auch in den Gebirgen von Zentralasien, im arktischen Sibirien, in Kamtschatka und Nordamerika. Nach Kulczynski soll die echte G. tenella auf Europa und auf das nordwestliche Sibirien beschränkt sein, während das übrige arktische Areal zu der nahe verwandten G. minutissima Boissier gehören soll.

Aendert ab: var. typica Vaccari. Krone blau. Kelchzipfel breit, eiförmig, meist kürzer als die Kronröhre. — var. glaciális (A. Thomas) Vaccari. Krone violett. Kelchzähne schmal-lanzettlich, spitz, so lang wie die Kronröhre. — var. pulchélla Rouy et Foucaud. Pflanze sehr kräftig, 12 bis 15 cm hoch.

Gentiana tenella ist ein zierliches Seitenstück zu G. nivalis. Sie wird aber zufolge ihrer Kleinheit und ihrer ziemlich späten Blütezeit des öfteren übersehen und dürfte deshalb im allgemeinen viel verbreiteter sein als gewöhnlich angenommen wird. Rübel erwähnt sie von dem Berninagebiet aus dem Nebentypus Agrostidetum tenuis mit Trollius Europaeus, Parnassia palustris, Potentilla Gaudini, Geranium silvaticum, Hypericum maculatum, Primula farinosa, Veronica serpyllifolia, Leontodon Pyrenaicus usw. Auf dem Torrenerjoch ob Berchtesgaden tritt das Pflänzchen in Rasenbändern mit Gentiana nivalis, Primula minima, Pedicularis Jacquinii und P. incarnata, Chamaeorchis alpinus, Nigritella nigra usw. auf. In den Dolomiten erscheint es in Schuttfluren neben Potentilla nitida, Globularia cordifolia, Ranunculus hybridus, Minuartia sedoides, Cerastium latifolium, Arenaria ciliata, Helianthemum alpestre, Athamanta Cretensis, Phyteuma Sieberi, Aster alpinus, Achillea Clavenae, Leontopodium alpinum u. a. — Trotz der ziemlich reichlichen Honigabsonderung aus dem untersten Teile der Blumenkrone scheint doch Selbstbestäubung, die bei ungünstiger Witterung in der geschlossenen Blüte pseudokleistogam erfolgt, die Regel zu sein. Godron hat an dem gleichen Exemplar 4- und 5-zählige Blüten beobachtet; diese letzteren unterscheiden sich dann von den regelmässig 5-zähligen Blüten von G. nana durch das Vorkommen von 2 Nektargruben zwischen je 2 Staubblättern. Durch die bereits (s. pag. 1977) eigenartige Ausbildung der Schlundschüppchen nähert sich diese und die folgende Art den Gattungen Swertia und Lomatogonium. Von Zoocecidien wurde Erióphyes Kernéri Nal. beobachtet.

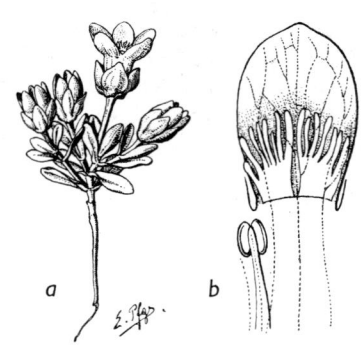

Fig. 3001. Gentiana nana Wulfen. *a* Habitus. *b* Kronblatt mit Schlundschuppen (Fig. *b* nach Wettstein).

**2261. Gentiana nána** Wulfen (= Hippion nanum Schmidt). Zwerg-Enzian. Taf. 217, Fig. 6; Fig. 3001.

Einjährig, zart, 2 bis 5 cm hoch, kahl. Wurzel spindelförmig. Stengel am Grunde verzweigt, mehrere aufstrebende, meist 1-blütige Aeste treibend. Grundständige Laubblätter fast rosettenartig, verkehrt-eiförmig bis verkehrt-länglich, stumpf, 3- bis 5-nervig; Stengelblätter wenig zahlreich (meist mit 1 Blattpaar). Blüten normal 5-zählig (ausnahmsweise auch 4-zählig). Kelch glockig, etwas bauchig, tief 5-teilig; Kelchzipfel länglich-stumpflich, bauchig, kürzer als die Kelchröhre. Krone röhrig-glockig, dunkel-violettblau, mit 5 eirunden Abschnitten, zur Blütezeit ausgebreitet, im Schlunde bärtig, so lang oder länger als die Kelchzipfel; Schlundschuppen (Fig. 3001 b) klein, bärtig, ohne Leitbündel. Staubblätter 5, am Grunde zwischen je 2 Staubblättern nur je eine Nektargrube. Fruchtknoten länglich; Griffel fehlend; Narbe sitzend. Samenanlagen in 2 bis 3 Längsreihen angeordnet. Samen linsenförmig. — VII bis IX.

Selten auf berastem, feuchtem Schutt, auf Moränen, in Moospolstern der Hochalpen, von 2200 bis 2800 m; auf Urgestein. Nur in Oesterreich.

In Oesterreich in Tirol (nur in den Zentralalpen, westlich bis zum Rosskogel, Kirchdach und Niederjoch im Schnalsertal), in Salzburg (Tauernkette: Brennkogl, Gamskar, Hochtor, Stubnerkogl) und Kärnten (Heiligenbluter und Nassfelder Tauern, Pasterze, Poisseneck und Stern im Katschtal, Ruden in der Innerfragant, Gross-Glockner usw.); fehlt in Steiermark, Nieder- und Oberösterreich, sowie in Krain.

Allgemeine Verbreitung: Alpen von Piemont, Tirol, Salzburg und Kärnten; Himalaya; West-Tibet?

Gentiana tenella und G. nana gehören zu der von R. v. Wettstein (Oesterr. Botan. Zeitschrift. Jahrgang XLVI, 1896) neu aufgestellten Sektion Comastoma, die ein Endglied der Gattung Gentiana darstellt und namentlich durch die eigenartigen Schlundschuppen innige Beziehungen zu den Gattungen Pleurogyna und Swertia aufweist (vgl. pag. 1977). Das Schwergewicht der Sektion liegt in den Gebirgen von Zentralasien, wo ausser G. tenella und G. nana noch weitere Arten (G. minutissima Boissier, G. tristriata Turczan., G. Pulmonária Turczan. und G. falcata Turczan.) auftreten. G. tenella und G. nana kommen nach R. Huter zuweilen zusammen vor, so am Brenner (auf dem Wolfendorn) und in der Hohen Tauernkette, wo sie dann auch Bastarde bilden.

**2262. Gentiana ciliáta** L. (= Hippion ciliatum Schmidt, = Gentianélla ciliata Borkh., = Crossopétalum gentianoides Roth). Gefranster Enzian. Taf. 215, Fig. 5 und Fig. 3002.

Zweijährig bis ausdauernd, 7 bis 25 (30) cm hoch. Grundachse spindelförmig, fädliche, verzweigte Adventivknospen treibend. Stengel aufsteigend bis aufrecht, kahl, etwas gebogen, kantig, 1-blütig oder mit wenigen 1-blütigen Seitenästen. Laubblätter lineal, seltener länglich-lanzettlich, spitz, kahl, 1-nervig, am Rande scharf. Blüten 4-zählig, ansehnlich, endständig. Kelch glockenförmig; Kelchzipfel aus verbreitertem Grunde lineal-lanzettlich, lang zugespitzt, $1/3$ bis $1/2$ so lang als die Kelchröhre. Krone gross, trichterförmig-röhrig, tief (bis zur Mitte) 4-spaltig, lineal, blau (sehr selten weiss), 40 bis 55 mm lang, im Schlunde nackt; Kronzipfel eiförmig, am Rande lang gefranst. Fruchtknoten keulenförmig, gestielt; Narbe sitzend, kreisförmig. Kapsel ellipsoidisch, lang gestielt. — VIII bis XI (zuweilen 2-mal blühend).

Fig. 3002. Gentiana ciliata L., Blüte. Bei Hermannstein, Krs. Wetzlar. Phot. Th. Arzt, Wetzlar.

Ziemlich verbreitet auf mageren Weiden, trockenen Wiesen, grasigen, steinigen Stellen, an Waldrändern, im Gebüsch, in Föhrenwäldern, im Krummholz, in Auen; von der Ebene bis in die subalpine Stufe, selten höher steigend (in Bayern bis 2240 m, in Tirol bis 2000 m, in Graubünden bis 2500 m [Paraits Sesvenna], im Wallis [fehlt im Oberwallis] bis 2000 m, im Schweizer Jura bis 1510 m). Fast nur auf Mineralboden (besonders auf Kalk), selten auch auf Moorboden.

In Deutschland nördlich bis in die rheinischen Kalkgebiete, Eifel, Gelepp, Lippstadt, Hagen, Brilon, Hamm, Bochum, Iserlohn, Osnabrück, Teutoburgerwald (auf Plänerkalk), Süntel, Hildesheim, Gifhorn (Sülfeld), Oschersleben, Bernburg, Magdeburg, Sandersleben, Thüringen (auf Kalk sehr verbreitet, angeblich ebenso auf Keuper), vereinzelt auch in Holstein am Lockstedter Lager nördlich von Itzehoe auf Moorboden), in Sachsen (Kürbitz bei Plauen, verschleppt in einer Lehmgrube bei Dresden-Räcknitz) und in Schlesien (im mittleren und niederen

Vorgebirge, sowie in der höheren Ebene); fehlt in Ost- und Westpreussen, in Posen, Pommern, Brandenburg, ebenso im Böhmerwald, Oberpfälzerwald, wie überhaupt in vielen Gegenden mit kalkarmen Sandböden.

Allgemeine Verbreitung: Mittel- und Südeuropa (fehlt aber stellenweise im Süden; nördlich bis Belgien, Mitteldeutschland, Südpolen); Kaukasus, Orient. In Kanada die nahestehende G. Victorínii Fern.

Aendert wenig: f. multiflóra Gaudin. Stengel ± reichlich verzweigt, mit zahlreichen (nach Paul Robert bis 32 Blüten) 1-blütigen Aesten. — f. alpína Hegetschw. (= var. Kelléri J. Murr). Pflanze stets 1-blütig. Blüten grösser. Laubblätter eirundlich-lanzettlich (Form der Hochalpen). — f. débilis Beauverd et Besse. Pflanze zart, 1-blütig, ± 20 cm hoch. Stengel etwas gedreht. Laubblätter schmal-lineal (12 bis 25 : 1 bis 2½ mm), kürzer als die Stengelinternodien. Blüten lang gestielt (Stiel 3 bis 8 cm lang). Bei Riddes im Wallis. Die Form erinnert an G. detónsa Froel. oder noch mehr an G. barbáta Froel. aus Nordasien und Himalaya. — f. acumináta Fr. Zimmermann. Kronzipfel lanzettlich zugespitzt, nicht gefranst (Baden: Nussloch).

Diese Art, der einzige europäische Vertreter der Sektion Crossopetalum, ist in vielen Gegenden ein typischer Kalkzeiger, der auch auf kalkhaltigem Löss, Urkalk, auf Basalt (Duppauer Basaltgebirge in Böhmen), ausnahmsweise auch auf Moorboden auftritt. Auf sandigen Böden fehlt die Art gänzlich; auch in den Alpen ist sie im allgemeinen auf die Kalkalpen beschränkt. — Die Blüte ist als eine ± proterandrische bis homogame Hummelblume, die zuweilen auch von Bienen und Faltern besucht wird, zu bezeichnen und dürfte meist heterostyl sein. Die Blüten gehören, wie jene vom Tausendgüldenkraut zu den wenigen Gentianaceen, die auf Lichtreiz reagieren. Das Temperaturminimum zur Blütenöffnung liegt bei etwa 15°. Seismonastische Reizbarkeit konnte nicht nachgewiesen werden. Die Staubbeutel sind ursprünglich nach innen gerichtet, springen jedoch von aussen auf und bedecken sich im ersten Blütenstadium auf der Aussenseite mit Pollen. Die Nektarien bilden im Grunde der Krone 5 erhabene, längliche, grünlich-glanzlose Flecken. Gelegentlich wurden Exemplare mit 6-spaltiger Krone und mit 3- oder 5-zähligen Blüten beobachtet. Schwarz erwähnt aus der Nürnberger Gegend (Kastel) frühblühende Pflanzen (bereits Ende Juni). Die Laubblätter können manchmal in 3-gliederigen Quirlen angeordnet sein. Die Pflanze erzeugt Wurzelsprosse.

Für Nordamerika (Canada) beschreibt Fernald (Rhodora 25/1923) eine bisher meist mit der europäischen G. ciliata bezw. der nordamerikanischen G. serráta Gunn. vereinigten Pflanze als neu unter dem Namen G. Victorínii. J. Thal kennt die Art in seiner Harzflora (1588) als Viola calathiana seu autumnalis prima. Im Herbarium von Rostius in Lund ist sie 1610 als Gramen flores, im Hortus Eystettensis (1613) als Gentianella autumnalis (blauer Himmelstengel) aufgeführt.

## 2263. Gentiana campéstris L. Feld-Enzian. Taf. 215, Fig. 8; Fig. 2958, 3003 bis 3006.

Pflanze 1- oder 2-jährig, (1) 3 bis 30 (35) cm hoch. Stengel aufrecht, in der Regel ästig, an Zwergformen auch einfach (Fig. 3003b), glänzend, im unteren Teile häufig rot überlaufen, selten vereinzelt weisse Haare tragend. Grundständige Laubblätter spatel- bis verkehrt-eiförmig; Stengelblätter ± eiförmig, stumpflich oder spitz. Kelch, Krone und Androeceum 4-zählig, nur ausnahmsweise bei einzelnen Blüten auch 5-zählig. Kelch röhrig, fast bis zum Grunde geteilt, der Krone anliegend; Kelchzipfel ungleich ausgebildet, die beiden äusseren viel breiter als die von ihnen verdeckten beiden inneren (Fig. 3006g), unterhalb der Mitte am breitesten, zugespitzt, die inneren wenig länger, lanzettlich bis lineal, alle 4 am Rande sehr kurz papillös gewimpert, nicht zurückgerollt. Krone röhrig, 15 bis 30 mm lang, so lang oder etwas länger als die Kelchröhre, mit 4 abstehenden Abschnitten, im Schlunde bärtig, violett, häufig auch weiss, selten gelblich. Kapsel zylindrisch, sitzend, nach der Spitze zu kaum verjüngt, die Krone zuletzt überragend. — VII bis X.

Fig. 3003. Gentiana campestris L. subsp. campestris (L.). *a* Habitus einer kräftigen Pflanze, *b* einer 1-blütigen Kümmerform.

Zerfällt in 2 Unterarten:

1. subsp. **campéstris** (L.). Taf. 215, Fig. 8; Fig. 3003, 3005 und 3006. Pflanze stets 2-jährig, zur Blütezeit am Grunde mit den vertrockneten Resten der vorjährigen Laubblätter bedeckt, nur ausnahmsweise die Keimblätter beibehaltend. Stengel von der Mitte oder vielfach auch schon vom Grunde an ästig. Die am Grunde stehenden Laubblätter spatelförmig, nach der Spitze zu am breitesten, mit den braunen, abgestorbenen Laubblattresten untermischt; die mittleren und die oberen Stengelblätter verkehrt-eiförmig oder lanzettlich, in der unteren Hälfte am breitesten. — (V) VII bis X.

Truppweise und vielfach sehr häufig auf grasigen Hängen, Magermatten, lichten, dürftigen Waldlichtungen. Vom Bergland bis in die nivale Stufe, selten im Hügelland: in Graubünden am Piz Forun bis 2800 m, in den Bayerischen Alpen bis 2500 m, im Wallis bis 2750 m, in Tirol bis 2630 m. Kalkliebend.

In Deutschland in den Allgäuer Alpen verbreitet bis Wangen, im Bayerischen Mittelstock bei Ammerwald, im Höllental, an der Zugspitze, Teufelsgsass am Schachen; im Fränkischen Jura bei Altdorf, Neumarkt, Schesslitz und Vierzehnheiligen; auf der Alb in der Irrendorfer Hardt, zwischen Burgfeld und Pfeffingen, am Zellerhorn und zwischen Wackerstein und Lichtenstein und bei Upflamör; im höheren Schwarzwald vom Schlüchttal bei Berau, Horben, dem Feldberg usw bis Rötenbach und Bonndorf sehr zerstreut; im Elsass in den Hochvogesen und im Kreise Altkirch; im Rheinland auf den Arzheimer Wiesen bei Koblenz, am Hochsimmer bei Mayen, Hillesheim (Eifel) und Westerburg; im Hessisch-Westfälischen Bergland bis zu den Weserbergen und in der Rhön ziemlich häufig, im Harz verbreitet, im Vorlande sehr zerstreut im Regierungsbezirk Lüneburg und in Braunschweig, Thüringen und Sachsen sehr zerstreut, in Schlesien in den niederen und mittleren Vorgebirgen von Nord- und dem angrenzenden Mittelschlesien verbreitet, sonst (so vor allem in der westlichen Ebene) nur hie und da; in der ganzen Norddeutschen Tiefebene fehlend. — In Oesterreich in Schlesien bei Skotschau, Ustron, Friedeck und Olberndorf; in Böhmen im Riesengebirge, im Iser- und Polzengebiet, Erzgebirge, Beraun, Tepl, im Kaiserwald bei Pilsen und Primbram; in Mähren im Odergebirge bei Czeladna und Weisskirchen; in den Alpen in Nordtirol verbreitet, in den Zentralalpen etwas seltener und in Südtirol z. B. für das Gebiet von Trient und das Fassatal noch nicht mit Sicherheit nachgewiesen; in Kärnten nur in den Hohen Tauern; in Salzburg einzig im Pinzgau; sonst fehlend. — In der Schweiz in den Alpen und Voralpen ziemlich verbreitet, doch in den Urgesteinsgebieten etwas zurücktretend; vereinzelt auch im Mittellande, so früher auf dem alten Kandergrien bei Thun und im oberen Sensetal (1855); im Jura ziemlich häufig, östlich bis zum Weissenstein reichend; in den Kantonen Genf, Aargau, Basel, Thurgau und Schaffhausen ganz fehlend.

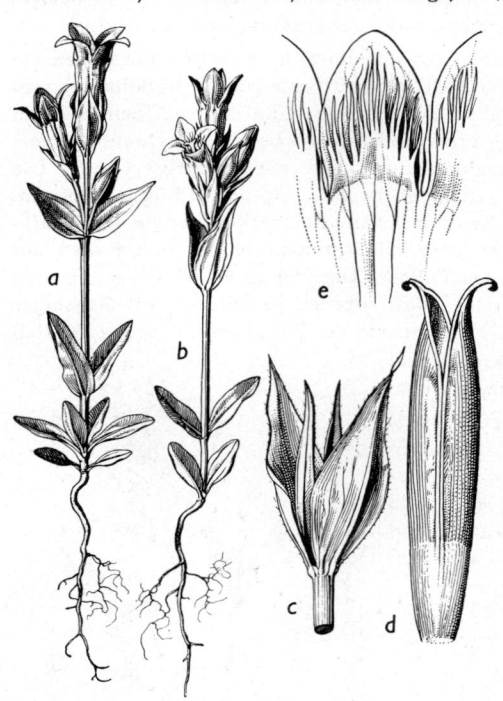

Fig. 3004. Gentiana campestris L. subsp. Baltica (Murbeck) Vollmann. *a* und *b* Habitus. *c* Kelch. *d* Frucht. *e* Kronsaum mit Schlundschuppe.

Allgemeine Verbreitung: Nordeuropa: von Island über Irland, Nordengland, Dänemark, Skandinavien bis zum westlichen Finnland; mitteleuropäische Mittel- und Hochgebirge: Pyrenäen, Alpen (von den Seealpen über die Schweiz, Bayern und Italien bis Salzburg und Kärnten), Deutsche und Oesterreichische Mittelgebirge, Jura; Nördlicher Apennin.

Die Unterart tritt in einer monophyllen, nicht saisondimorphen Form und in einem gegliederten, saisondimorphen Formenpaar (mit Sommer- und Herbstform) auf. 1. var. Islándica Murbeck. Pflanze meist niedrig, bis 10 (13) cm hoch, einfach oder verzweigt; Stengelglieder wenig zahlreich, bald lang, bald kürzer. Grund-, sowie die unteren und mittleren Stengelblätter spatelig-stumpf, nur die oberen ± eiförmig und spitz. Blüten nicht selten (zuweilen in grosser Menge) weiss (= f. albiflóra Wettstein) oder rosa (= f. róseo-discolor Beauv.) — VII, VIII. So in den höheren Alpenlagen. In Deutschland nur in Bayern. Monophylle Rasse. — 2a var. Suécica Froelich (= var. montána Griseb.). Pflanze meist höher, mit wenigen (3 bis 5) Stengelgliedern und stumpfen mittleren Stengelblättern. Stengelglieder viel länger als die Laubblätter. — V bis VIII. Sommer- (Aestival-) Form der montanen und subalpinen Stufe. — Als abweichende Form gehört hierzu f. flagellirámis Beauv. Stengel mit sehr langen (30 bis 100 mm langen) Stengelgliedern am Grunde oft mit langen, 1-, seltener 2- bis 3-blütigen, ausläuferartigen Seitenzweigen. Grundständige Laubblätter wenig zahlreich (1 bis 4). Blütenstiele ± verlängert, wenig beblättert. Blüten dunkelviolett. Bereits im VI blühend. Mehrfach im Wallis. — 2 b. var. **Germánica** Froelich (non Willd.). Pflanze mit mehreren (4 bis 11) kurzen Stengelgliedern und mit spitzen Stengelblättern. Stengelglieder kaum so lang wie die zugehörigen Laubblätter. VIII bis X. Herbst- (Autumnal-) Rasse der montanen und subalpinen Stufe.

2. subsp. **Báltica** (Murbeck) Vollmann (Fig. 3004). Pflanze stets 1-jährig, zur Blütezeit noch die Keimblätter tragend. Stengel von der Mitte oder erst noch weiter aufwärts verzweigt. Laubblätter zur Blütezeit alle frisch; die grundständigen eilanzettlich, gegen den Grund zu am breitesten, die stengelständigen eiförmig bis lanzettlich, in der unteren Hälfte am breitesten. — VIII bis X.

Gesellig auf kurzrasigen, ± trockenen Wiesen, Matten und Weiden, auf Rainen, an Hängen, auf sonnigen Hügeln, gern auf Sand-, Torf- oder sandigem Moorboden. In der Ebene und im Hügellande, seltener bis in die Bergstufe: in Sachsen bis 750 m.

In Deutschland südlich bis zum mittleren Schlesien, bis Sachsen, bis zum Fichtelgebirge und Frankenwald, bis zum Bayrischen Buntsandsteingebiet (Marktschorgast, Bayreuth), Hessen-Nassau und bis zum südlichen Rheinland reichend: am häufigsten im baltischen Gebiete, doch in Ostpreussen sehr selten (Pillkallen, Braunsberg und Angerburg), in Westpreussen viel häufiger, aber nur westlich der Weichsel, im übrigen Norddeutschen Flachland zerstreut und nach Westen zu an Häufigkeit abnehmend, westlich der Elbe in der Tiefebene nur noch vereinzelt bei Lüneburg, Bergen a. d. Dumme, Uelzen, Celle, Meppen und auf Borkum; in Mitteldeutschland zerstreut durch Posen, Schlesien, Sachsen (häufig im westlichen Teile, besonders im oberen Vogtland), Thüringen, durch das südliche Hannover (nur bei Ilfeld) bis Nordbayern (im Fichtelgebirge und im Frankenwald verbreitet), Hessen-Nassau bis zum südlichen Rheinland (Ärzheimer Wiesen bei Koblenz); in Westfalen, am Niederrhein und in ganz Süddeutschland fehlend. — In Oesterreich einzig in Böhmen (Hohenelbe, Johannestal, Niemes, Zwickau, Reichenberg, Kratzau, Böhmisch-Aicha, Grottau, Friedland, Warnsdorf, Bilin, Fugau, Stollberg, Silbergrün, Graslitz und Asch. — In der Schweiz mit Sicherheit nur im Waadtland bei Villeneuve und auf Torfmooren am Fusse des Jura zwischen Divonne und Rances; angeblich auch in Graubünden am Schafberg und bei Samaden.

Fig. 3005. Gentiana campestris L., Lindauerhütte. Phot. P. Michaelis, Köln.

Allgemeine Verbreitung: Mittel- und südliches Nordeuropa: von Süd-Schottland, England und der Normandie über Belgien, Holland, Mittel- und Norddeutschland, Dänemark und Südschweden (bis zum 57° 18′ nördliche Breite) bis Ostpreussen, Schlesien und Böhmen; vereinzelt und völlig versprengt in der Westschweiz, in Mittelfrankreich und in Siebenbürgen (?).

Beauverd (Bull. soc. bot. Genève vol. IX, 1917, pag. 351) hat durch Kulturversuche gezeigt, dass hinsichtlich des Ueberdauerns der Keimblätter, ebenso in der Form der Laubblätter, zwischen den beiden Unterarten campestris und Baltica keine scharfe Trennung besteht. So hat er wiederholt Pflanzen der subsp. campestris mit stehengebliebenen Keimblättern beobachten können.

Die vorwiegend nord- und mitteleuropäische Gentiana campestris bildet gemeinsam mit der auf die Pyrenäen beschränkten Gentiana hypericifólia Murbeck einen engeren Formenkreis, dessen Gliederung aus einer tertiären Urform in postglazialer Zeit als ein Ergebnis klimatischer Einflüsse erklärt wird (vgl. pag. 1983/84). Die 2-jährige Urform erhielt im milden, mitteleuropäischen Flach- und Hügellande die Möglichkeit, ihren ganzen Lebenslauf von der Keimung bis zur Ausbildung von Frucht und Samen in einem Jahre zu erledigen und wurde daraus dauernd 1-jährig. Das Charakteristikum der subsp. Baltica beruht auch fast ausschliesslich auf diesem biologischen Verhalten, das sich äusserlich darin ausdrückt, dass zur Blütezeit auch die Keimblätter noch grün vorhanden sind. Die Urform selbst wurde als subsp. campestris auf Nordeuropa und auf die höheren Gebirge Mittel- und Südeuropas beschränkt, wo sie ihren 2-jährigen Lebenszyklus beizuhalten vermochte.

Die vereinzelt weit ausserhalb des Verbreitungsgebietes der subsp. Baltica im Bereiche der subsp. campestris auftretenden „Baltica"-Pflanzen dürften wohl lokal bedingte, vielleicht auch nur ± vorübergehende Sprünge der subsp. campestris darstellen. Wettstein glaubt sie durch Verschleppung durch Vögel erklären zu können. Die subsp. campestris spaltete sich in jüngerer Zeit weiter auf und zwar erhielt sich der Typus in den höheren Lagen unverändert (monophyletische var. Islandica), während in tieferen Lagen namentlich infolge der Bewirtschaftungsweise der Wiesen eine sommerblütige Sippe (die unmittelbar vor der Mahd noch zur Reife gelangende var. Suecica) und eine im Herbste blühende Sippe (die zur Zeit der Mahd noch niedrige var. Germanica), gezüchtet wurden, die beide gegenwärtig bereits zu einer gewissen Konstanz gelangt sind, wenngleich Uebergänge zwischen diesen saisondimorphen Gliedern nicht allzuselten sind.

Gentiana campestris erscheint mit grosser Vorliebe auf moorigen oder humösen Böden, besitzt allerdings auch eine gewisse Vorliebe für Kalk, weshalb sie in den Zentralalpen etwas zurücktritt. Auf Torfwiesen ist sie vielfach mit Brunella vulgaris, Potentilla silvestris, Centaurea Jacea, Pastinaca sativa, Cirsium oleraceum usw. vereinigt. In grossen Scharen pflegt sie auch auf Nardus-Wiesen mit Arnica montana und Carlina acaulis oder auf Bergwiesen mit Festuca rubra, Carex verna, Ranunculus auricomus, Crepis praemorsa usw. zu wachsen. Die subsp. Baltica ist z. B. in Böhmen bei Hohenelbe auf feuchten Wiesen neben Polygonum Bistorta, Gymnadena conopea, Leucoium vernum, Laserpitium Pruthenicum, Myrrhis odorata und Euphrasia curta anzutreffen. Die als Hummel- und Falterblumen zu bezeichnenden Blüten sind schwach proterogyn, homogam oder proterandrisch. Ueberall ist später spontane Selbstbestäubung möglich. Bei den alpinen Pflanzen überragt die Narbe die Staubbeutel anfänglich und erst später rollen sich die Narbenäste soweit zurück, dass Selbstbestäubung eintreten kann. Auch findet nach Kerner ein Wachsen (d. h. eine Verlängerung) der Krone statt, wobei gleichzeitig die Staubblätter der Narbe genähert werden. Diese Angabe sei einer weiteren Prüfung empfohlen, zumal sie von R. Stäger (Beihefte zum Botanischen Centralblatt. Bd. 31, 1914) bezweifelt wird. In

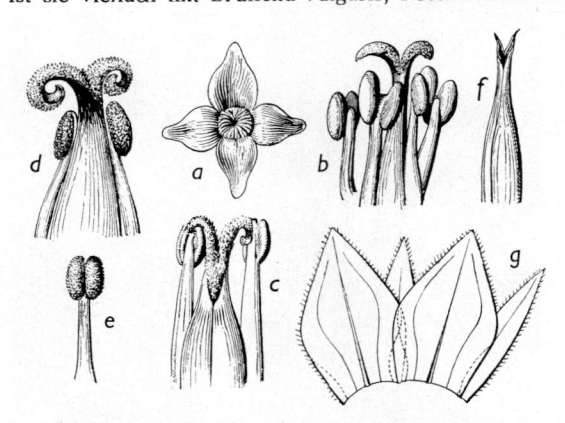

Fig. 3006. Gentiana campestris L. *a* Blüte in der Aufsicht. *b* Staubblätter und Stempel zu Beginn der Blütezeit, *c* am Schluss der Blütezeit, *d* einer homogamen Blüte. *e* Staubblatt. *f* Frucht. *g* Kelch aufgeschnitten. (*a* bis *f* nach H. Müller, *g* nach Wettstein.)

Norwegen sollen Narbe und Staubbeutel auf gleicher Höhe stehen und dadurch eine Selbstbestäubung viel leichter möglich sein. Die Wurzeln wurden früher in Skandinavien (ähnlich wie die von G. Amarella) als Hopfenersatz zur Bierwürze verwendet. Wie zahlreiche andere Enzianarten kann auch G. campestris gegen Ophthalmie und Hämaturie dienen. Als Abweichungen vom typischen Bau werden besonders Aenderungen im Blütenbau genannt, wobei die Seitenblüten vielfach trimer angetroffen werden. Nicht allzu selten sind Vergrünungen durch eine Eriophyes-Art, seltener Umwandlungen von Staubblättern in Karpelle und umgekehrt, Herabrücken einzelner Kelchblätter usw. zu beobachten. Von Zoocecidien kommt auf dieser und anderen Endotrichen Eriophyes Kernéri Nal. vor.

**2264. Gentiana anisodónta** Borbas (= G. calýcina Wettst. nec Boiss. et Haussk.). Kelch-Enzian. Fig. 3007.

Zwei- (ausnahmsweise auch 1-) jährig, 5 bis 30 (80) cm hoch. Stengel aufrecht oder aufsteigend, selten einfach und dann an der Spitze 1- oder mehrblütig, meist schon vom Grund an reichlich verzweigt. Grundständige Laubblätter verkehrt-eiförmig bis spatelig, an der Spitze ± abgerundet; die mittleren Stengelblätter elliptisch bis eiförmig, die oberen 3-eckig-lanzettlich, spitz, alle kahl oder die oberen schwach bewimpert. Kelch, Krone und Androeceum 5-zählig. Kelchzähne kürzer als die Kronröhre, stark ungleich breit, die zwei äusseren ausserdem stark bewimpert und am Rande stark umgerollt (Fig. 3007b); Buchten zwischen den Kelchzähnen spitz. Krone mittelgross, meist 20 bis 30 (33) mm lang, fast glockig-röhrig, im Schlunde bärtig, blauviolett, selten weiss. Fruchtknoten und Kapsel deutlich ([3] 4 bis 6 mm lang) gestielt. — VI bis X.

Truppweise auf Wiesen, Matten, grasigen Hängen, an Waldrändern, zwischen Gesträuch, in Zwergstrauchheiden der oberen (selten unteren) montanen, subalpinen und unteren alpinen

Stufe der Ost= und Südalpen: in Steiermark zwischen 1500 und 2000 m, in Tirol zwischen 1000 und 2540 m, in Kärnten bei Möderndorf bis 880 m herabsteigend. Nur auf Urgestein.

In Deutschland ganz fehlend. — In Oesterreich in den Alpenländern mit Ausnahme von Nieder= und Oberösterreich: in Salzburg nur auf dem Nassfeld bei Gastein, am Gamskogel, im Lungau und am Radstätter Tauern; in Tirol von Trafoi, vom Gschnitztal, Pfitsch=Ahrntal und Kals südwärts (namentlich südlich vom Vintschgau und Pustertal und der Linie Brixen=Meran) verbreitet; in Kärnten und Krain (namentlich südlich der Drau) verbreitet; in Steiermark häufig in den Karawanken und Sanntaler Alpen, ferner bei Cilli, Riez, Prassberg usw. — In der Schweiz für das Wallis fraglich (Val d'Illiez), hingegen im Tessin (z. B. am San Giorgio) und Graubünden (z. B. im Oberengadin und im Puschlav).

Allgemeine Verbreitung: Südalpen: von der Schweiz (Wallis?) ostwärts über Graubünden und die Bergamasker Alpen durch die Ostalpen bis Salzburg, Steiermark, Krain und Kro= atien; Abruzzen, Apennin (?).

Gentiana anisodonta gliedert sich in eine Hochgebirg= sippe und in ein saisondimorph geteiltes Sippenpaar, das die niedrigeren Lagen besiedelt:

1. var. calýcina (Koch) (Fig. 3007 a). Pflanze niedrig, gedrungen, aber meist nur im oberen Teile verzweigt. Stengelblätter wenige, die unteren eilänglich, stumpf, die oberen zugespitzt, so lang oder etwas länger als die Stengelglieder. — VII, VIII. — Dies die monomorphe Hochgebirgsform. — 2a. var. antécedens Wettstein. (Fig. 3007 b). Stengel schlank, zart, meist unverzweigt, in der Regel nur an der Spitze die doldentraubig geordneten Blüten tragend; Stengel= glieder wenige (3 bis 5), länger als die stumpfen Laubblätter. — VI, VII. Die frühblühende Sippe der Voralpen. Meist viel seltener als die beiden übrigen Formen. — 2b. var. ani= sodónta (Borb.) (Fig. 3007 c). Stengel oft vom Grunde auf ästig, mit zahlreichen (meist 4 bis 9) Stengelgliedern; letztere länger als die 3=eckig=eiförmigen, spitzen Laubblätter. — VIII bis X. Die im Gebiete der Art nicht seltene Herbstform. — Als Ueber= gangsform zu Gentiana Austriaca gilt die f. glabréscens Hayek. Kelchzipfel fast kahl; die beiden äusseren weniger verbreitet. So z. B. im Jezeriatale bei Sulzbach in Steiermark.

Gentiana anisodonta ist eine für die östlichen Süd= alpen sehr bezeichnende Pflanze, scheint aber nach den Darlegungen von G. Samuelsson (Vierteljahrsschrift der Naturforschenden Gesellschaft in Zürich. Bd. 67, 1922) in der

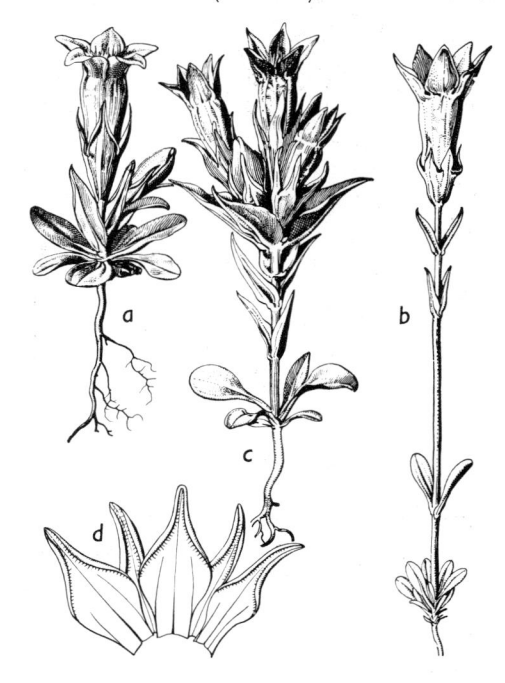

Fig. 3007. Gentiana anisodonta Borbas. *a* Habitus der var. calýcina (Koch), *b* der var. antecedens Wettst., *c* der var. anisodonta (Borb.). *d* Kelch auf= geschnitten (nach Wettstein).

obigen Fassung eine Sammelart darzustellen, zu der Wettstein früher auch die G. Engadinensis gezogen hatte. Nach G. Samuelsson dürfte in Kärnten, Krain, Istrien und auch im Piemont eine vom grossblütigen anisodonta=Kreise abweichende und sich durch kleinere, schmutzig violette (kaum weisse) Blüten, ziemlich stark umgerollte Kelchzipfel und fast sitzenden Fruchtknoten auszeichnende Rasse vorkommen, die neben der unge= gliederten Form auch eine Aestivalform besitzt, die aber nicht mit dem engeren Formenkreise der G. Enga= dinensis übereinstimmt.

**2265. Gentiana Engadinénsis** (Wettstein) Braun=Blanquet et Samuelsson (= G. calýcina [Koch] Wettstein f. Engadinensis Wettst.). Engadiner=Enzian. Fig. 3008.

Zweijährig, 4 bis 15 cm hoch. Stengel aufrecht, meist vom Grunde und vom ersten Knoten an Blüten oder Aeste tragend, grün oder purpurn überlaufen. Grundständige Laub= blätter verkehrt=eiförmig=spatelig, leicht zugespitzt; Stengelblätter eiförmig=lanzettlich, in der Regel mindestens 3=mal länger als breit, zugespitzt, meist deutlich länger als die Stengel= glieder. Kelch, Krone und Androeceum 5=zählig. Kelchzähne kürzer als die Kronröhre, stark ungleich, die 2 grösseren äusseren ausserdem am Rande deutlicher (wenn auch immer nur schwach und kurz) bewimpert und bisweilen nach aussen schwach umgerollt; Buchten zwischen den Kelchzähnen spitz (Fig. 3008b). Krone ziemlich klein, 15 bis 20 mm lang, röhrig, im Schlunde bärtig, schmutzig-weinrot-violett (trocken mehr blau), häufig auch weiss. Fruchtknoten und Kapsel sitzend (Fig. 3008c) oder nur sehr kurz gestielt. — VII, VIII.

Trupp- oder herdenweise, bisweilen in grosser Menge, auf grasigen Matten und Rasenbändern, seltener in niedrigen Zwergstrauchheiden, auf berastem Alluvialboden usw. Vorwiegend in der alpinen Stufe: im östlichen Graubünden zwischen 1800 und 2600 m. Nur auf kalkreichen Unterlagen.

In Deutschland ganz fehlend. — In Oesterreich bisher mit Sicherheit nur in der Ortlergruppe, z. B. zwischen Gomagoi und Sulden. — In der Schweiz in Graubünden im Ober- und Unterengadin, Münstertal, Albulagebiet, Puschlav und Avers verbreitet.

Allgemeine Verbreitung: Bisher nur aus dem Ostschweizer und Westtiroler Zentralalpengebiete bekannt.

Gentiana Engadinensis ähnelt in ihrer Tracht sehr stark der Gentiana Amarella, unterscheidet sich aber von ihr durch die auffallende, an Rotwein erinnernde Farbe der Krone, sowie durch die spitzen Kelchbuchten. Auch zur Gentiana anisodonta bestehen zweifellos enge Beziehungen; doch sind die Blüten dieser Art grösser und die Fruchtknoten viel deutlicher gestielt. Nach G. Samuelsson schliesst sich diesem Typus eine noch näher zu prüfende Aestivalform mit stumpfen Laubblättern und längeren Stengelgliedern an. So in der Schweiz im Bernina-Heutal und in Tirol bei Schluderbach in Valfonda.

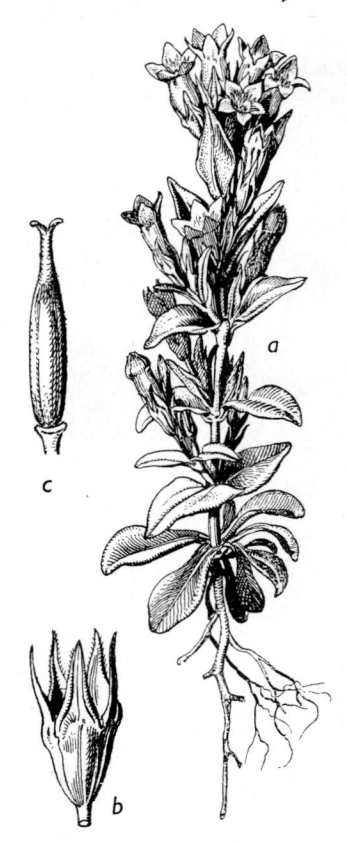

Fig. 3008. Gentiana Engadinensis (Wettstein) Braun-Blanquet et Samuelsson. *a* Habitus, *b* Kelch. *c* Fruchtknoten.

### 2266. Gentiana pilósa Wettstein. Behaarter Enzian. Fig. 3009.

Zweijährig, 4 bis 20 cm hoch. Stengel einfach oder bereits vom Grunde an ästig; Seitenäste kurz. Grundständige Laubblätter spatelig, vorn abgerundet; die unteren Stengelblätter schmal-lanzettlich, stumpflich oder spitz, die mittleren mindestens 4- (bis 7-)mal so lang als breit, die obersten lanzettlich zugespitzt, am Rande und auf dem Mittelnerven deutlich bewimpert; alle Stengelblätter länger als die Stengelglieder. Kelch, Krone und Androeceum 5-zählig. Kelchzähne viel länger als die Kelchröhre; 2 der Kelchzähne nur wenig breiter als die anderen (Fig. 3009b), am Rande nicht oder nur wenig zurückgerollt und dort, sowie auf dem Mittelnerven bewimpert; Buchten zwischen den Kelchzähnen spitz. Krone meist klein, 15 bis 26 mm lang, violett, im Schlunde bärtig. Fruchtknoten und Früchte sehr kurz gestielt. — IX.

Zerstreut auf grasigen Hängen und trockenen Weiden der südlichen Ostalpen. Wohl nur auf Kalk.

Fig. 3009. Gentiana pilosa Wettstein. *a* Habitus. *b* Kelch (ausgebreitet).

In Südtirol bei Höhlenstein, Kreuzberg in Sexten, Weisslahnbad in Tiers; in Kärnten z. B. in der Schlitzaschlucht bei Tarvis, sehr häufig zwischen Raibl und dem Predil, im Kanaltal; in Krain z. B. an der Mojstrana; ferner im angrenzenden Küstenlande bei Strasoldo.

Allgemeine Verbreitung: Oestlicher Teil der Südalpen vom Etschtal ostwärts bis Krain und Görz.

Gentiana pilosa ist eine für die südlichen Ostalpen bezeichnende Art, deren Verbreitung aber nur wenig bekannt ist. Systematisch steht sie der nachfolgenden G. aspera nahe, unterscheidet sich aber von dieser durch die kleineren Blüten, den nur sehr kurz gestielten Fruchtknoten und die viel schmäleren Laubblätter. Saisondimorphe Formen sind z. Z. nicht bekannt.

**2267. Gentiana áspera** Hegetschw. (= G. Sturmiána A. et J. Kerner p. p., = G. obtusi= fólia Willd. p. p.). Rauher Enzian. Fig. 3010 und 3011 und 3021 d.

Zweijährig, 4 bis 20 (30) cm hoch. Stengel ästig oder einfach. Stengelglieder meist kurz, wenig zahlreich (in der Regel 3 bis 5), zuweilen auch verlängert. Grundständige und untere Stengelblätter verkehrteiförmig bis spatelförmig, an der Spitze abgerundet, die mittleren 3=eckig=eiförmig oder eilanzettlich, höchstens 3=mal so lang als breit, die oberen gegen den Grund zu am breitesten und spitz, besonders die oberen am Rande und bisweilen auch auf dem Mittelnerven kurz bewimpert. Blüten 5=zählig. Kelchzähne viel länger als die Kelchröhre; 2 der Kelchzähne nur wenig breiter als die anderen (Fig. 3010 f), am Rande nicht oder nur wenig umgerollt und dort, sowie auf dem Mittelnerven rauhhaarig=papillös, zuweilen auch auf der Fläche behaart; Buchten zwischen den Kelchzähnen spitz. Blüten gross. Krone violett, lila oder selten weiss (Kronröhre beim Trocknen gelblich) oder gelb, bis 40 mm lang, im Schlunde bärtig. Fruchtknoten ziemlich lang ge= stielt. — V bis IX.

Truppweise und vielfach gesellig an grasigen, steinigen und etwas feuchten Hängen, auf Matten, zwischen Gebüsch

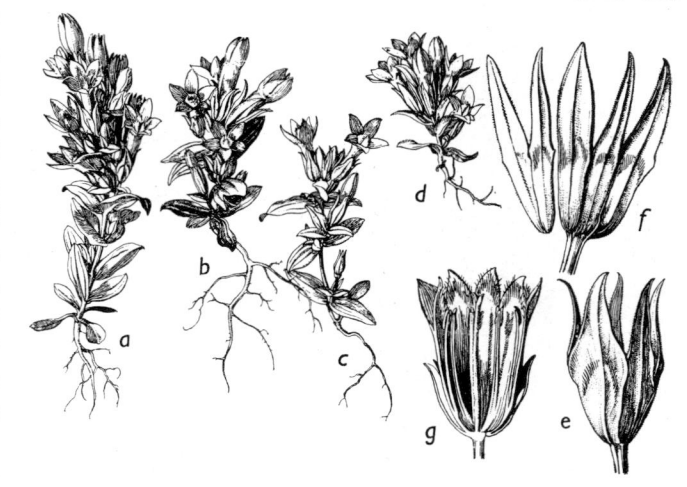

Fig. 3010. Gentiana aspera Hegetschw. *a* bis *d* Blühende Pflanzen. *e* Kelch, *f* desgl. aufgeschnitten. *g* Blüte im Längsschnitt.

in den nördlichen Kalkalpen und den vorgelagerten Gebieten. Vom oberen Hügelland bis in die alpine Stufe: in den Bayerischen Alpen bis 2500 m, in Kärnten bis 2300 m, hie und da als Schwemmling in das Flachland herabgeführt. In den Alpen wohl nur auf Kalk (daher in den Zentralalpen fast fehlend).

In Deutschland in den Berchtesgadener Alpen und im Mittelstock ziemlich verbreitet, in den Allgäuer Alpen vereinzelt, im Alpenvorlande zerstreut bis zur Donau (Regensburg, Deggendorf), ferner im Fränkischen Jura (Muggendorf, Bürtel, zwischen Klausen und Kleinmainfeld, Ossingen, Sackdilling, Ranna und Bayreuth; im Keupergebiete bei Creussen; für Coburg (Tal des Wilhelmbrunnens) fraglich; in der Provinz Sachsen und im angrenzenden Hannover (Halle, Blankenburg, Eisleben, Hildesheim, Ottendorf usw.)[1]) für den Freistaat Sachsen zwar angegeben, aber sicher fehlend. — In Oesterreich in den nördlichen Kalkalpen von Niederösterreich (bis zur Donau bei Mauters, Baumgarten und Kritzendorf reichend) über Oberösterreich, das nordwestliche Steiermark (Südgrenze zumeist das Ennstal), das nordwestliche Kärnten (Oberdrauburg, Heiligen= blut), Salzburg, Tirol (nördlich der Linie Hochfilzen=Wörgl, im ganzen Inntal und nördlich davon verbreitet, sonst nur noch im Stubaital bei Mieders) bis Vorarlberg (verbreitet); nördlich der Donau vereinzelt im Ober= österreichischen Granitgebiete (auf tertiärem Mergel) am Pfennigberge bei Linz, ferner sehr verbreitet im westlichen Böhmen vom Erzgebirge bis zur Linie Pribram=Klattau; in den übrigen österreichischen Gebieten fehlend. — In der Schweiz nur im östlichen Teile: vom Maderanertal (Uri) östlich in den Kantonen Glarus, St. Gallen, Zürich (z. B. mehrfach in der Speergruppe bis zur Schindelbergerhöhe) und im nördlichen Graubünden.

Allgemeine Verbreitung: Oestliche Kalkalpen (vom Kanton Uri bis Nieder= österreich) samt ihrem Vorlande, Fränkischer Jura, mitteldeutsches Bergland, westliches Böhmen.

---

[1]) Möglicherweise bezieht sich die von Thal in seiner Harzflora (1588) angeführte Viola calathiána áltera s. polyánthemos auf diese Art.

Auch diese alpin-präalpine Art ist trimorph. Als Typus gilt die ungegliederte, nicht saisondimorph gegliederten Form der höheren Alpen (1. var. áspera Hegetschw.), zu der als Hochalpenformen zu stellen sind: f. calycinoídea (L. Keller) Wettst. Stengel höchstens 3 cm hoch, armblütig. Kelchzipfel nur am Rande behaart (so in Oberösterreich am Grossen Pyrgas, Dachstein) und f. pygmǽa (Glaab) Wettst. Einblütige Zwergform. — In tieferen Lagen findet eine Aufspaltung in eine Sommer- und eine Herbstform statt: 2 a. var. Nórica (A. et J. Kerner). Stengel bis 30 cm hoch, einfach oder nur oberwärts verzweigt, seltener schon vom Grunde an mit dünnen, ± aufrechten Aesten; Stengelglieder meist nur 3 bis 5, länger als die zugehörigen Laubblätter. Alle Laubblätter ± spatelig, stumpf. Die Sommerform; ausserhalb des Alpengebietes anscheinend ganz fehlend. Hierzu als extreme Kümmerform: f. pusilla J. Mayer. Pflanze winzig klein, nur 1-blütig. — 2 b. var. Sturmiána A. et J. Kerner. Stengel in der Regel kräftiger und höher (bis 40 cm), meist vom Grunde an oder nur oberwärts sparrig-ästig; Stengelglieder zahlreich (5 bis 14), meist kürzer als die zugehörigen Laubblätter, nur die Keimblätter spatelig und an der Spitze abgerundet, die übrigen eilanzettlich bis lanzettlich, gegen den Grund am breitesten, spitz. Die Herbstform, vom VIII an blühend. Einblütige Zwergformen können als f. Gentianélla (Schmidt) bezeichnet werden. — Ausserhalb der Alpen scheint die Art vielfach in Zwischenformen zur Gentiana Germanica (zur subsp. solstitialis und subsp. eu-Germanica) aufzutreten. In den Alpen sind ausser solchen auch Uebergänge zur subsp. Raetica (und zwar Sturmiana-Raetica [= f. Nevoleána Hayek]) anzutreffen. Ferner wird als der G. Austriaca var. lutescens angenäherte Form der subsp. Norica beschrieben f. Anisíaca (Nevole) Hayek. Kelchzipfel weniger dicht behaart. Krone kleiner, mehr trichterig. Steiermark.

Gentiana aspera ähnelt in ihrer Oekologie der Gentiana campestris und G. Germanica, liebt aber etwas mehr Feuchtigkeit. Im Böhmerwald erscheint sie als Begleitpflanze von Phyteuma orbiculare in Bergwiesen mit Polygonum Bistorta, Arabis Halleri, Centaurea Phrygia subsp. Pseudophrygia usw. Im Alpenvorlande wächst sie gern auf torfigem Untergrunde in aufgebrochenen Moliniawiesen, in denen ihre Herbstform oft weithin auffallende Büsche bildet. In den Sudeten wird sie besonders von Nardus-Weiden mit Scleranthus perennis, Dianthus deltoides, Jasione montana, Carlina acaulis, Hieracium Pilosella usw. genannt. In den Alpen findet sie sich nicht selten auch auf anderen Matten, vereint z. B. mit Silene acaulis, Ranunculus alpestris, Gentiana Clusii, Myosotis alpestris, Pedicularis verticillata, Homogyne discolor usw. — Nach den Untersuchungen von Emil Schmid können die Blüten proterandrisch, proterogyn oder auch homogam sein. Im ersten Falle versperren die in der ersten Phase wagrecht stehenden und geöffneten Staubbeutel den Eingang der Blüte, während die Narbe noch geschlossen ist. Im zweiten Stadium nach der Entleerung der Pollenkammern beginnen sich die Narbenlappen auszubreiten und gleichzeitig etwa 2 bis 3 mm über die inzwischen herabgeklappten Staubbeutel emporzuwachsen, sodass dadurch auch der Blütengrund für die besuchenden Insekten freigegeben wird. Bei den proterogynen Blüten stehen die Narbenlappen von Anfang an 2 bis 3 mm über den Staubblättern. Bei den homogamen Blüten sind beide anfangs gleich hoch gestellt, während später die Staubblätter über den Griffel wachsen und zu einer Selbstbestäubung Veranlassung geben können.

Fig. 3011. Gentiana aspera Hegetschw. var. Sturmiana A. et J. Kerner. Habitus.

**2268. Gentiana Germánica**[1]) Willd. non Froel. (= G. Wettsteinii Murb. s. l.). Deutscher Enzian. Taf. 215, Fig. 7; Fig. 3012 bis 3016 und 2957.

Zweijährig, (2) 15 bis 30 (50) cm hoch. Stengel aufrecht, kahl, bisweilen vollkommen rot überlaufen, in der Regel ästig und meist traubig-, seltener doldentraubig-ästig; Aeste aufstrebend. Grundständige Laubblätter verkehrt-eiförmig bis spatelig, stumpf, zur Blütezeit meist schon abgestorben. Kelch, Krone und Androeceum 5-zählig, nur ausnahmsweise an einzelnen

---

[1]) Bei Bauhin wird eine zu dieser Sammelart gehörige Form als Gentiana praténsis fólio trianguláre bezeichnet.

Blüten 4=zählig. Kelchzipfel nicht oder nur wenig ungleich ausgebildet, am Rande von sehr feinen und kurzen, spitzen Papillen etwas rauh und dort bisweilen ± umgerollt; Buchten zwischen den Kelchzähnen spitz (Fig. 3012 f). Krone trichterförmig=röhrig, ziemlich gross, die der bestentwickelten Blüten 2 bis 3,5 cm lang, so lang oder länger als der Kelch, im Schlunde bärtig, violett, seltener weiss. Fruchtknoten und Frucht über dem Kelche in der Regel deutlich gestielt. — V bis X.

Truppweise und meist gesellig auf vielfach feuchten, sonnigen Matten, Rainen, unge= düngten Wiesen, Weiden, Flachmooren. Von der Ebene bis in die alpine Stufe: in die Bayerischen Alpen bis 1550 m, in Tirol bis 2400 m, im Grimselgebiet bis 2700 m (Ewigschneehorn).

Die ausserordentlich vielgestaltige und in den geographischen Grenzgebieten auch gegen die sie ablösen= den Arten abweichende Art umfasst nach der neuesten Darstellung von Schinz, Keller und Thellung (1923) folgende 4 Unterarten:

A. Sommerblütige Pflanzen mit wenigen (meist 3 bis 5) verlängerten Stengelgliedern und mit stumpfen Stengelblättern:

1. subsp. **solstitiális** (Wettst.) Vollmann (= G. chlorifólia Nees, = G. obtusifólia Koch p. p., = auct. helv. et austr. p. p., = G. Germanica strictior Vocke, = G. sol= stitialis Wettst., = G. Raetica subsp. solstitialis Wettst.). Fig. 3012 d und e. Pflanze 5 bis 30 cm hoch. Stengel einfach oder mit wenigen, ungefähr gleich langen Seiten= ästen; das 2. und 3. Stengelglied meist länger als die übrigen. Fruchtknoten und Frucht bisweilen sitzend. — V bis VII, in sehr hohen Lagen auch später.

In Deutschland sehr zerstreut in den Alpen, ferner auf der Bayerischen Hochebene am Blomberg bei Tölz und bei Kaufbeuren, im Fränkischen Jura bei Betzen= stein und zwischen Pommelsbrunn und Hartmannshof, ziem= lich verbreitet in der Rhön, in Coburg zwischen Rentwernts= hausen und Berkach, in Baden im Wollmatingerried bei Konstanz, in Thüringen bei Suhl, Frankenhausen, Neu= stadt, Bleicherode, Winterstein bei Gotha, in der Woll= mise bei Jena usw., vielleicht auch in Westfalen, hingegen für Ostpreussen (Kummerau bei Königsberg) höchstwahr= scheinlich zu Unrecht angegeben. — In Oesterreich in Vorarlberg (zerstreut), Tirol (häufig, aber in den Kalkalpen nur auf Alluvialböden mit reichlicher Silikatbeschotterung), Kärnten (Pasterze, Heiligenblut, Karawanken, Bodental, Saualpe, Speikkogel, Turracher Höhe), Salzburg (nament=

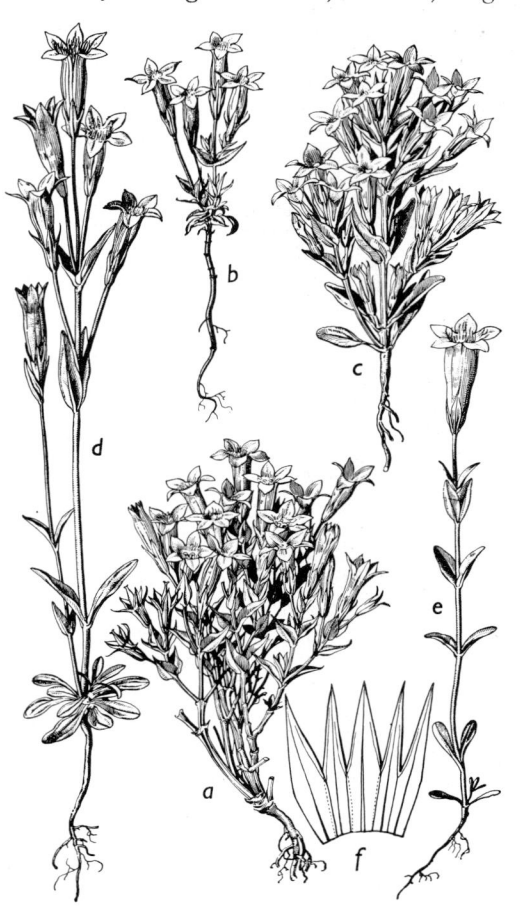

Fig. 3012. Gentiana Germanica Willd. *a* bis *c* Habitus der subsp. Raetica (Kerner) Br.-Bl., *d* und *e* Habitus der subsp. solstitialis (Wettst.) Vollmann. *f* Aufgeschnittener Kelch der subsp. Raetica (Kerner) Br.-Bl.

lich in den Radstätter Tauern und im Lungau), Steiermark (Lugauer, Gesäuse, Prebichl, St. Johann am Tauern, Rottenmanner Tauern, Trieben, Judenburg, Stubalpe, Graz, Bachergebirge) und Krain (Ratschach). — In der Schweiz in den Kantonen Waadt (Bex, Ollon), Wallis (im Val d'Illez; alle anderen Angaben beziehen sich auf G. ramosa), Tessin (im westlichen Teile), im Berner Oberland (Gasterental, Grimsel), Uri (Maderanertal), Glarus (Linthal), St. Gallen und Graubünden (verbreitet), wahrscheinlich auch im Thurgau.

Allgemeine Verbreitung: Mitteleuropa, vorzugsweise im Verbreitungsgebiet der subsp. Raetica und eu=Germanica, aber in Einzelheiten nur ungenau bekannt. Ausser in Mitteleuropa noch in Schweden.

Als Farbabweichungen wurden beschrieben: f. albiflóra Bornm. Blüten weiss. — f. („Mutation") bicolor Ronn. Jeder Kronzipfel der Länge nach zur Hälfte dunkelviolett, zur Hälfte gelblichweiss. Von Bornmüller in grosser Menge und nur von vereinzelten weissblütigen Exemplaren begleitet in der Rosengartengruppe angetroffen.

B. Ungegliederte Sippe, in den Merkmalen zwischen A und C die Mitte haltend;

subsp. **Kernéri** (Dörfler et Wettst.) Schinz et Thell. (= G. Raética subsp. Kerneri Wettst., = G. Germánica Willd. subsp. Semléri Vollm., = G. Germanica Willd. subsp. Raetica (Kerner) Br.-Bl. var. Kerneri [Dörfl. et Wettst.] Thell.). Fig. 3013. Meist 10 bis 20 cm hohe, ziemlich gedrungene Pflanze. Stengel meist erst im oberen Teile, seltener vom Grunde an verzweigt. Stengelblätter in der Regel kürzer als die Stengelglieder, die unteren eiförmig-länglich, stumpf, die oberen eiförmig-lanzettlich, spitz. — VII, VIII.

In Deutschland in den Alpen zwischen 800 und 1200 m bei Mittenwald, in den Weissachauen, Kreuth und am Lödensee südlich Ruhpolding, ferner im Alpenvorland bei Wies unweit Steingaden. — In Oesterreich (Verbreitung nur ungenügend bekannt, aber zweifellos häufig in den Alpen) von Niederösterreich über Steiermark (häufig in den Niedern Tauern, Murauer und Seetaler Alpen, auf der Kor-, Stub- und Gleialpe, sowie [vgl. var. calcicola] in den nordöstlichen Kalkalpen), Kärnten, Salzburg und Tirol (namentlich im nördlichen Teile, in Sulden bis 2400 m steigend, bei Lienz herabgeschwemmt bis etwa 800 m, in Südtirol anscheinend selten) bis Vorarlberg (am Fuss der Drei Schwestern, 1600 m). — In der Schweiz bisher nachgewiesen in den Kantonen Uri (Etzlital), St. Gallen (Kunkelspass) und Graubünden (z. B. bei Vals, 1300 bis 1700 m).

Allgemeine Verbreitung: Wohl nur in den Alpen im Verbreitungsgebiete der subsp. Raetica und subsp. eu-Germanica in Deutschland, Oesterreich und in der Schweiz; in Italien anscheinend gleich den übrigen Unterarten fehlend.

Eine leicht abweichende kalkstete Rasse ist: f. calcicola Hayek. Kelchzipfel am Rande oft zurückgerollt; Kelchbuchten weniger spitz. Krone grösser, bis 35 mm lang, heller violett. So häufig in den nordöstlichen Steirischen Kalkalpen (Grimming, Stoderzinken, Hochtorgruppe, Eisenerzer Alpen, Reiting, Kräuterin, Hochschwab, Hoher Veitsch). Gilt als Annäherungsform an Gentiana Austriaca. — Gegen G. aspera neigend wurde beschrieben: f. mixta (Nevole) Hayek. Kelchzipfel am Rande und an der Spitze leicht behaart. Am Stoderzinken in Steiermark.

C. Herbstblütige Pflanzen mit zahlreichen, verhältnismässig kurzen Stengelgliedern und mit spitzen Stengelblättern.

C. 1. Pflanze schlank oder, falls verkürzt (in hohen Lagen oder an trockenen Orten), so doch meist nur in der oberen Stengelhälfte verästelt. Stengelblätter häufig nur so lang oder kürzer als die Stengelglieder. Kelchzipfel abstehend. Krone gestreckt, in der Regel 2,5 bis 3,5 cm lang; Kronzipfel lanzettlich-eiförmig, spitz, meist mehr als 1 cm lang.

subsp. **eu-Germánica** Br.-Bl. (= G. Germanica Willd. s. str., = G. Wettsteinii Murb.). Fig. 3014, 3015 und 2957. (2) 20 bis 30 (50) cm hohe Pflanze. Stengel häufig einfach oder nur oberwärts ästig, mit zahlreichen (bei gut entwickelten Stücken bis 15) Gliedern, das 2. und 3. Glied

Fig. 3013. Habitus der Gentiana Germanica Willd. subsp. Kerneri (Dörfl. et Wettst.) Schinz et Thellung.

nicht merklich länger als die übrigen, häufig ganz rot überlaufen. Die mittleren und die oberen Stengelblätter eiförmig oder eiförmig-lanzettlich, spitz. Kanten der Kelchröhre leicht geflügelt. — VIII bis X, vereinzelt auch später.[1]

In Süd- und Mittel-Deutschland ziemlich häufig in den Alpen bis 1550 m steigend, doch z. B. im Allgäu, im Bayerischen Wald, im engeren Bodenseegebiete und im Bundsandsteingebiete fehlend, im Badischen Rheintal nur bei Karlsruhe, in der Pfalz nur bei Grünstadt, von Frankenthal bis Speyer und bei Zweibrücken, an der Nordgrenze ziemlich selten, so im Rheinland um Mainz, im Taunus und in Hessen-Nassau meist nur zerstreut, doch in den Weserbergen häufig, in der Münster-Eifel nur im Eschweiler Tale, in Westfalen z. B. in den Kreisen Altena, Bochum, Dortmund und Hagen ganz fehlend, im südlichen Hannover am Ith, zerstreut ferner im Harz[2]), im angrenzenden Braunschweig und um Magdeburg, in Sachsen nur im westlichsten Teile verbreitet, östlich vom Vogtland und vom südlichen Elsterland nur noch bei Gottesgab (1000 m), Altenberg und Meissen, völlig abgesprengt in Mecklenburg bei Ludwigslust, in Schlesien in der Ebene sehr zerstreut (Schweidnitz, Zobtengebirge, Leobschütz, Reichenbach und Beuthen), häufiger im niederen und mittleren Vorgebirge. — In Oesterreich

---

[1]) So wurde die Pflanze zu Weihnachten 1912 auf dem Gipfel des Geigelsteins in Oberbayern bei 1810 m blühend angetroffen.

[2]) Im Hortus Eystettensis (1613) erscheint sie als Gentianélla multiflóra oder Kleiner Enzian mit purpurblauen Blüten.

in Böhmen, Schlesien und Mähren (namentlich in höheren Lagen) verbreitet, ferner ziemlich häufig in Vorarlberg (bis 1100 m steigend) und in Liechtenstein (Schaanwald, Stachlerkopf). — In der Schweiz verbreitet im Jura (bis 1605 m steigend) und im Mittellande, vereinzelt auch in den Tälern in die Alpen eindringend, so im Wallis (unterhalb des Rhoneknies bis Follatères), Uri, Glarus (Sernftal bei Elm) und Graubünden (in den nördlichen Tälern nicht selten).

Allgemeine Verbreitung: West- und Mitteleuropa, nördlich bis zum südöstlichen England (York, Pembroke, Herts, Berks, Surrey und Hants), bis Nordostfrankreich, Belgien, Eifel, Westfalen, Ith, Hildesheim, Braunschweig, Magdeburg, Sachsen, Schlesien, Südpolen, versprengt im Südwestmecklenburg und auf Schonen; westlich bis zur Seinemündung, südlich bis zu den Hautes Alpes, den Schweizer und Bayerischen Alpen und bis Mähren.

Die in ihrer Tracht äusserst mannigfaltige Pflanze kann bald ausserordentlich üppig, reichästig und viel- (bis 100- und mehr-)blütig sein (= f. pyramidális Fiori), bald zwergig klein, kaum 3 cm hoch und wenigblütig (= minor G. F. Meyer [pro var.], = var. pusilla Cosson et Germ.) oder nur 1-blütig (= f. uniflóra Willd., = f. débilis Beauv.) angetroffen werden. Eine Abnormität mit 3-zähligen, quirlständigen Laubblättern wird als f. verticilláta Cosson und Germain bezeichnet. Ein Uebergangsglied zur subsp. Raetica dürfte die f. Juraténsis Beauv. (= pro subvar.) darstellen, eine vom Grunde an reichlich verzweigte Bergrasse zwischen 1000 und 1500 m, die sich ausserdem durch wenige Stengelglieder und kürzere Laubblätter auszeichnet und in der Westschweiz, besonders im Jura, auftritt.

C. 2. Pflanze gedrungen, bei verkürzten Formen meist vom Grunde an ästig. Stengelblätter in der Regel kürzer als die Stengelglieder. Kelchzipfel nicht abstehend. Krone kürzer und weiter; Kelchzipfel breiter, fast eiförmig und stumpfer, meist 7 bis 9 mm lang.

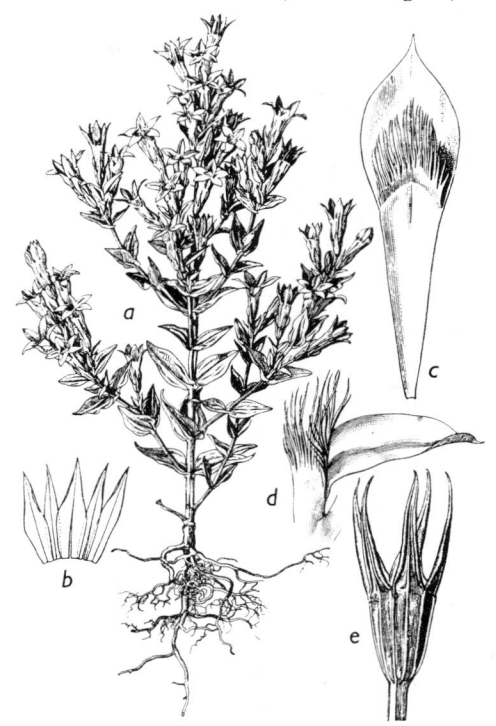

Fig. 3014. Gentiana Germanica Willd. subsp. eu-Germanica Br.-Bl. *a* Habitus. *b* Aufgeschnittener Kelch. *c* Kronblatt von der Innenseite, *d* von der Seite. *e* Kelch.

subsp. **Raética** (Kerner) Br.-Bl. (= G. Raetica A. et J. Kerner, = G. Raetica subsp. Raetica Wettst.). Fig. 3012 a bis c. (2) 12 bis 18 (25) cm hohe Pflanze. Stengel aufrecht, mit 5 bis 9 (bei gut entwickelten Stücken) Gliedern, das 2. und 3. Stengelglied nicht merklich länger als die anderen. Die mittleren und die oberen Stengelblätter eiförmig-lanzettlich bis lanzettlich, spitz, mit kürzeren, seltener etwas längeren Stengelgliedern. Kanten der Kelchröhre nicht geflügelt. — VIII bis X.

In Deutschland fehlend. — In Oesterreich in Niederösterreich (Oetscher, in der Langau, Dürrenstein), Steiermark (südlich bis zur Lantsch- und Schökelgruppe), Kärnten, Salzburg, Tirol (namentlich im mittleren Inngebiete verbreitet, im unteren Inngebiete fehlend, in Südtirol sehr zerstreut;

Fig. 3015. Gentiana Germanica Willd., Kranzbach b. Mittenwald. Phot. Georg Eberle, Wetzlar.

bis etwa 1700 m steigend), Vorarlberg (nicht häufig) und Liechtenstein. — In der Schweiz in den Kantonen Graubünden (ziemlich verbreitet), Glarus (Schilt, Sandalp) und Uri (Maderanertal).

Allgemeine Verbreitung: Alpen: vom Kanton Uri über Tirol, Salzburg und Kärnten bis Steiermark und Niederösterreich.

Eine Annäherungsform an Gentiana Austriaca stellt die f. Stiriaca Wettst. dar. Blütenstand mehr ebensträussig. Kelchzipfel am Rande umgerollt. Blütenkrone mehr röhrig=glockig, bis 4 cm lang. So in den Steirischen Alpen zwischen dem Enns=, Liesing= und Mürztal, sowie um Graz nicht selten; angeblich auch in Kärnten bei Ober=Drauburg (750 m).

Die Gründe der vorstehenden Gliederung sind folgende: die subsp. eu=Germanica und subsp. Raetica stellen ein eng verwandtes und morphologisch sehr ähnliches Sippenpaar von autumnalem Charakter dar, sind allerdings geographisch geschieden: die subsp. eu=Germanica ist west= und mitteleuropäisch und berührt die Alpen nur in beschränktem Masse und fast nur in den Tälern, die subsp. Raetica dagegen ist ein alpigenes Element. Als monophylle Rasse wohl nur von der letztgenannten Unterart abzuleiten ist die subsp. Kerneri, die ebenfalls vollkommen auf die Alpen beschränkt ist. Theoretisch ist nun anzunehmen, dass sowohl die subsp. eu=Germanica als auch die subsp. Raetica je eine Sommerform entwickelt haben. Dem Augenscheine nach treffen wir aber nur eine einzige derartige Sippe im Verbreitungsgebiete beider Unterarten an, was sich durch deren nahe Verwandtschaft erklärt, d. h. die abgeleiteten Sommerformen beider Unterarten ähneln einander derartig, dass sie in der Regel nicht voneinander zu unter= scheiden sind. Nach Wettstein soll sich allerdings in den Niederungen der Einfluss der subsp. eu=Germanica bisweilen in der Ausbildung von abstehenden Kelchzipfeln und von der relativen Höhe äussern. Die subsp. solstitialis stellt also einen interessan= ten Fall dar, in welchem ein morphologischer Formenkreis durch Konvergenz aus ver= schiedenen (wenn auch sehr nahestehen= den) Eltern hervorgegangen ist. — Oeko= logisch stimmen die einzelnen Sippen der Gentiana Germanica ± überein und wachsen wie auch die meisten der anderen Endotrichen in Rasengesellschaften verschiedenster Art, soweit sie nicht zu feucht sind oder gedüngt werden. Die subsp. Kerneri und Raetica gehören zu den charakteristischen Erscheinungen der Nardusweiden (vgl. Meum Athamanticum, Bd. V/2, pag. 1303), auf denen sie bisweilen ausserordentlich zahlreich auftreten können. Die subsp. eu=Germanica wird besonders in der vielblütigen f. pyramidalis ein Herbstschmuck der vergilbenden Moliniawiesen und Torfmoore (vgl. Selinum carvifolium, Bd. V/2, pag. 1313). Die subsp solstitialis erscheint gern an feuchteren Orten, in wasserzügigen Senken, an kalkigen Rinnsalen mit Tofieldia calyculata, Schoenus ferrugineus, Primula farinosa, Gentiana Clusii usw. — Die Blüten sind nach A. Schulz schwach oder ausgeprägt proterandrisch, nach A. Kerner proterogyn und heterostyl. In den Alpen sind die Blüten homogam. In den erstgenannten Fällen ist spontane Selbstbestäubung noch möglich, im letzten infolge der hohen Lage der Narbe (die Staubbeutel stehen etwa 2 mm tiefer) ausgeschlossen. Als Besucher kommen Honigbienen und Hummeln in Betracht. Aug. Schulz beobachtete auch Hummeleinbruch. Kerner wies nach, dass das Oeffnen der Blüten nicht vom Lichte, sondern von der Wärme abhängig ist und sich bei hohen Temperaturen (42° C) auch in dunklen Räumen sehr rasch vollzieht. Von Missbildungen wurden Zwangs= drehungen mit spiralig verwachsenen Laubblättern und aufgeblasenem Stengel, sowie 6= und 7=teilige oder auch gefüllte Blüten beobachtet. Bei Seitenblüten kann die Rechtsdrehung der Kronzipfel bisweilen durch eine Links= drehung ersetzt sein. Verlaubte Kelche sind namentlich bei durch die Mahd putierten Stücken keine Seltenheit.

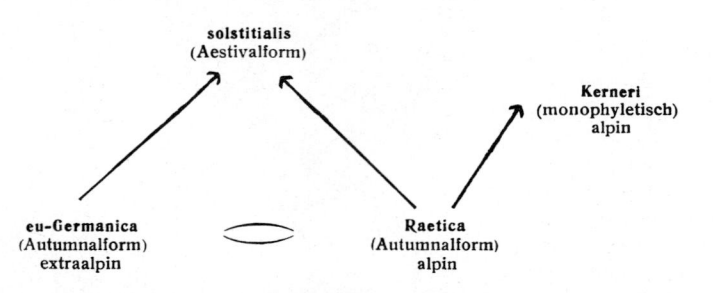

Fig. 3016. Mutmassliche Entwicklung des Formenkreises der Gentiana Germanica Willd.

**2269. Gentiana ramósa** Hegetschw. (= G. obtusifólia Rchb., = G. Murbéckii Wettst., = G. compácta Hegetschw.) Büschel=Enzian. Taf. 217, Fig. 5; Fig. 3017, 3018 und 3021 b.

Zweijährige, 1 bis 15 (30) cm hohe, meist buschig verästelte, gedrungene Pflanze. Stengel in der Regel unmittelbar über dem Grunde in zahlreiche, abstehende, dichtblütige Aeste aufgelöst, mit 3 bis 7 Stengelgliedern, seltener ± einfach. Grundständige Laubblätter spatelig, an der Spitze abgerundet; die mittleren und oberen Stengelblätter eiförmig oder eiförmig=lanzettlich, an der Spitze abgerundet, nur die Tragblätter spitz. Blütenstand dolden= traubig. Kelch, Krone und Androeceum 5=zählig. Blüten verhältnismässig klein (selten über 2 cm lang), die der untersten Aeste oft nur 5 mm lang. Kelchzähne merklich länger als die Kelchröhre, schmal=lineal (Fig. 3021 b) alle fast gleich breit, am Rande glatt (die Wände der

Oberhautzellen nur sehr schwach und stumpf vorgewölbt), nicht zurückgerollt; Buchten zwischen den Kelchzähnen abgerundet (getrocknet oft schwer feststellbar). Krone durchschnittlich 10 bis 20 mm lang (meist nur etwa $1^1/_2$=mal so lang als der Kelch), glockig=röhrenförmig, innen bärtig, helllila oder weisslich (beim Trocknen leicht bläulich werdend), selten schwefelgelb. Fruchtknoten und Kapsel gestielt. — VII bis IX.

Truppweise auf sonnigen Trocken=matten, Weiden, grasigen Halden usw. In der alpinen und nivalen Stufe: in Grau=bünden zwischen 1700 und 2800 m (Cima di Carten), im Wallis bis 3100 m. Nur auf Urgestein.

In Deutschland vollkommen fehlend. — In Oesterreich nur in Südtirol bei Lappach (2500 m), auf dem Platzerberg bei Gossensass, am Stilfserjoch und wohl noch anderwärts in den Zen=tralalpen. — In der Schweiz in den Zentralalpen der Kantone Wallis, Tessin, Bern, Uri und Grau=bünden zerstreut bis häufig.

Allgemeine Verbreitung: Zentralalpen: vom Wallis und Piemont bis Tirol.

Lockerästige, bis 30 cm hohe Pflanzen werden als f. végeta Br.=Bl. bezeichnet. Weiss=blühende Stöcke bilden die f. lactiflóra Ronniger.

Fig. 3017. Gentiana ramosa Hegetschw. Habitus.

Gentiana ramosa ist eine durch die rundlichen Kelchbuchten und schmalen Kelchzipfel sehr gut kenntliche Art, die auch bereits durch ihre meist gedrungene Tracht und die Anwesenheit auffällig kleiner Blüten an den Aesten des Stengelgrundes nicht leicht zu verwechseln ist. Die Pflanze besitzt infolge ihres Auftretens in der alpinen und nivalen Stufe keine saison=dimorphen Formen. Sie ist kieselliebend und ein sehr bezeichnender Begleiter der Festuca varia=Gesellschaft (vgl. z. B. Helianthemum nummularium Bd. V/1, pag. 570). Etwas seltener tritt sie auf den Festuca violacea= und Carex sempervirens=Halden mit Potentilla grandiflora, Daphne striata, Achillea moschata, Senecio Doronicum usw. auf. Die Ausstreuung der Samen erfolgt über Winter (Wintersteher). Die Keimung scheint sehr schwer vor sich zu gehen und dürfte eine vorherige Frost=einwirkung erfordern.

Fig. 3018. Gentiana ramosa Hegetschw., auf einer Alpenmatte im Wallis mit Euphrasia alpina (links). Phot. G. Hegi, München.

## 2270. Gentiana Austriaca A. et J. Kerner. Oesterreicher Enzian. Fig. 3019 und 3021 e.

Zweijährig, (3) 6 bis (25) 40 cm hoch. Stengel aufrecht, kahl, häufig rot überlaufen, in der Regel reichlich und dabei bis unter die Mitte (doch nur ausnahmsweise bis unmittelbar über den Grund) verzweigt, seltener einfach; Aeste ziemlich lang, schräg aufwärts gerichtet und häufig fast ebensträussig, seltener doldentraubig. Grundständige Laubblätter spatelförmig bis verkehrt=eiförmig, die mittleren und die oberen Stengelblätter 3=eckig=eiförmig bis länglich=lanzettlich und meist ziemlich lang, alle kahl. Kelch, Krone und Androeceum 5=zählig. Kelch=

zipfel lineal bis lineal-lanzettlich, bisweilen etwas ungleich, flach, selten am Rande umgerollt, vollständig kahl, in der Regel deutlich länger als die Kelchröhre, letztere nicht geflügelt; Buchten zwischen den Kelchzipfeln abgerundet. Krone trichterförmig-glockig, sehr gross, die der bestentwickelten Blüten 24 bis 45 mm lang, im Schlunde bärtig, lebhaft lila, seltener weisslich oder gelblich (getrocknet tiefgelb). Fruchtknoten und Kapsel 2 bis 4 mm lang gestielt. — VI bis X.

Gesellig auf mässig feuchten bis trockenen, ungedüngten Wiesen und Matten, an Waldrändern, auf Gehölzlichtungen usw. Vom Hügellande bis in die subalpine Stufe des östlichen mitteleuropäischen Florengebietes, in Steiermark bis 2000 m aufsteigend.

In Deutschland nur im Bayerischen Wald (Blöckenstein, Bischofsreut, Kleinphilippsreut und Freyung). — In Oesterreich in Böhmen zerstreut im südlicheren Teile (z. B. bei Krumau, Gratzen, Topitz, Steken, Wittingau), nordöstlich der Elbe, sowie im nordwestlichen Gebiete fehlend; in Mähren bei Iglau, Teltsch, Zlabings, Datschitz und an anderen Orten des Westplateaus; in Niederösterreich verbreitet und häufig von den Rodauner Kalkbergen bis an die Steirische Grenze, im Marchfeld, Lassee, im südlichen Wiener Becken usw.; in Oberösterreich bei Fürstenhut, St. Peter unweit Freistadt, Aigen und bei Linz; im nordöstlichen Steiermark häufig; für Kärnten (Sattnitz, Ebental bei Klagenfurt) sehr fraglich; ferner in Krain (z. B. bei Gottschee). — In der Schweiz fehlend.

Allgemeine Verbreitung: Südöstliches Europa: vom Ilz- und Moldaugebiete, sowie von Oberösterreich, Steiermark und Krain durch Ungarn und Serbien bis zum östlichen Bosnien, bis zu den Karpaten und Siebenbürgen.

Die Art zerfällt in eine monophyletische Sippe und in ein saisondimorph gespaltenes Formenpaar: 1. var. Neilreichii (Dörfl. et Wettst.). Stengel niedrig, gedrungen. Stengelblätter so lang oder länger als die Stengelglieder; die unteren eilänglich, stumpf, die oberen lanzettlich-eiförmig, spitz. — VII, VIII. In den höheren Lagen in den Alpen. — 2a. var. lutéscens [Velen.] (= G. praeflórens Wettst.). Stengel in der Regel nur im oberen Teile und zwar ± traubig verzweigt. Stengelblätter alle eilänglich, viel kürzer als die Stengelglieder. — VI, VII. So in höheren Lagen der Niederösterreichischen und angrenzenden Steirischen Alpen. — 2b. var. Austriaca (A. et J. Kerner) (Fig. 3019). Stengel häufig bereits im unteren Teile verzweigt, ebensträussig oder rispig-ästig. Laubblätter zahlreich, 3-eckig-eiförmig bis eilanzettlich, alle

Fig. 3019. Habitus der Gentiana Austriaca A. et J. Kerner. var. Austriaca (A. et J. Kerner).

spitz, so lang oder länger als die Stengelglieder. — VIII, IX. Auffallende Standortsformen der letztgenannten Sippe sind: f. paludósa Wiesb. (pro var.). Laubblätter und Kelchzähne auffällig lang. Auf sumpfigen, moorigen Wiesen der Ebene. — f. montána Wiesb. (pro var.). Laubblätter auffallend kurz und breit. Kelchzähne kurz. So in höheren Lagen an trockenen Orten. — f. castanetórum Borb. (sub G. Stíriaca). Stengel sehr hoch, meist nur im oberen Teile verzweigt. Laubblätter ziemlich kurz. So in warmen Niederungen. — Uebergangsformen zu G. praecox var. Carpatica werden als G. Fátrae Borb. bezeichnet; solche zu G. Germanica subsp. Raetica und G. aspera vgl. pag. 2036. Sie treten in der Grenzzone der Verbreitungsgebiete nicht selten auf und dürften teils morphologische Uebergangsformen darstellen, teils hybridogener Abstammung sein.

Gentiana Austriaca ist eine typische pannonische Pflanze, die in sehr verschiedenen Rasentypen aufzutreten vermag und in diesen die in ihrem Verbreitungsgebiete vollkommen fehlende G. Germanica ersetzt. In den Ostalpen findet sie sich gern in den Talwiesen mit Orchis maculatus, Geranium pratense, Astrantia maior, Tragopogon pratense subsp. Orientalis, Crepis biennis usw., auf den Nardusmatten der alpinen Stufe mit Thlaspi montanum, Meum athamanticum, Primula Clusiana (pag. 1776), Euphrasia picta, Valeriana Celtica, Homogyne discolor u. a. Systematisch ist die Art ziemlich gut durch die stumpfen Kelchbuchten, die unter den Endotrichen nur noch die G. praecox aufweist, gekennzeichnet.

### 2271. Gentiana præcox A. et J. Kerner. Karpaten-Enzian. Fig. 3020.

Zweijährig, 15 bis 45 cm hoch. Stengel aufrecht, kahl, bisweilen braunrot überlaufen, in der Regel nur über der Mitte und nur wenig reichlich verzweigt (vgl. aber var. Sudávica); Aeste ungleich lang, verhältnismässig kurz und rispenartig angeordnet, die ganze Pflanze dadurch schlank erscheinend. Grundständige Laubblätter spatelförmig bis verkehrt-eiförmig, die mittleren und die oberen Stengelblätter eirund oder eirund-lanzettlich, meist kürzer als die Stengelglieder; alle kahl. Kelch, Krone und Androeceum 5-zählig. Kelchzipfel lineal, bisweilen etwas ungleich, flach oder am Rande umgerollt, in der Regel kaum länger als die Kelchröhre; letztere nicht geflügelt. Buchten zwischen den Kelchzipfeln abgerundet (Fig. 3020 c). Krone trichterförmig-glockig, mittelgross, im Mittel 18 bis 25 mm lang, im Schlunde bärtig, lebhaft lila, seltener weisslich oder gelb (dann getrocknet tiefgelb). Fruchtknoten und Kapsel 2 bis 3 mm lang gestielt. — VI bis X.

Gesellig auf torfigen Wiesen und Matten, grasigen Hügeln, zwischen Gebüschen, an Waldrändern; von der Ebene bis in die subalpine Stufe. Gern auf kalkhaltigen Unterlagen.

In Deutschland im Erzgebirge bei Gottleuba (Oelsen), Altenberg (am Geising), Geising (Fürstenau, Ebersdorf, Mückenberg), im Sudetenzuge häufig bis verbreitet, ferner in Ostpreussen bei Goldap und Segeberg. — In Oesterreich in Böhmen im Erzgebirge bei Kupferberg, Zinnwald, Voigtsdorf und Adolfsgrün, ferner bei Böhmisch-Trübau, im Mittelgebirge, bei Jungbunzlau, Hohenelbe und auch sonst noch in den Sudeten; in Mähren um Brünn, Rajnochowitz, Vsetin, Roznau und wohl auch in den Beskiden; in Schlesien zerstreut; in Niederösterreich bei Sallingstadt (gegen G. Austriaca neigend), Jauerling, Ostrang, Ober-Bergern, Münichreit; in Kärnten im Oberen Silbergraben bei Oberdrauburg [1150 m], bei Mauthen [1500 m]; in Krain bei Feistritz in der Wochein. — In der Schweiz fehlend.

Allgemeine Verbreitung: Vom Erzgebirge, den Böhmisch-Mährischen Grenzgebirgen, den Beskiden und den Karpaten durch Ungarn und Galizien bis Siebenbürgen, in Niederösterreich, ferner von Kärnten, Krain und Friaul (?) über Bosnien bis Montenegro.

Zerfällt in folgendes saisondimorph gegliedertes Sippenpaar: var. præcox (A. et Kerner) (= G. obtusifólia Willd. var. Uechtritzii Sag. et Schneider, = G. spathuláta Bartl. p. p.). Stengel 3 bis 40 cm hoch, mit 3 bis 5 (6) Stengelgliedern, das 2. und 3. derselben länger als alle übrigen. Mittlere und obere Stengelblätter eirund, stumpf, nur die allerobersten zugespitzt. — VI bis Anfang VIII. Hierher alle Angaben aus dem Erzgebirge, ferner die Pflanzen aus der Hohen Eule, Scharfenberg, vom Landeshuterkamm, Wüstenröhrsdorf und Schmiedeberg in Schlesien, von Vsetin und Javornik in Mähren und die aus Niederösterreich (mit Ausnahme von Sallingstadt). — Aendert wenig ab: f. brévifrons Borb. Laubblätter auffallend kurz und verhältnismässig breit. — f. depauperáta Rochel. Pflanze 1- bis wenig-blütig. — f. flávicans Borb. Blüten gelb. — f. álba Wahlenb. Blüten weiss. — var. Carpática (Wettst.) (= G. Caucásica Janka). Fig. 3020 e. Stengel 15 bis 45 cm hoch, mit 6 bis 15 Stengelgliedern, das 2. und 3. derselben nicht auffallend länger als alle übrigen. Mittlere und obere Stengelblätter eiförmig-lanzettlich, zugespitzt. — VIII bis X. Eine Herbstform, die im Verbreitungsgebiete der Art bei weitem vorherrscht, vereinzelt auch in den Alpen (in Niederösterreich bei Sallingstadt und am Jauerling), ferner in Kärnten und Krain (s. o.) auftritt, aber im Erzgebirge fehlt. — Hierzu gehört als leicht abweichende Form: f. Sudávica Abromeit. Pflanze kräftig, vom Grunde an oder zum mindesten von der Mitte an trugdoldig-rispig verästelt, reichblütig. Stengel meist dunkelpurpurn. Laub-

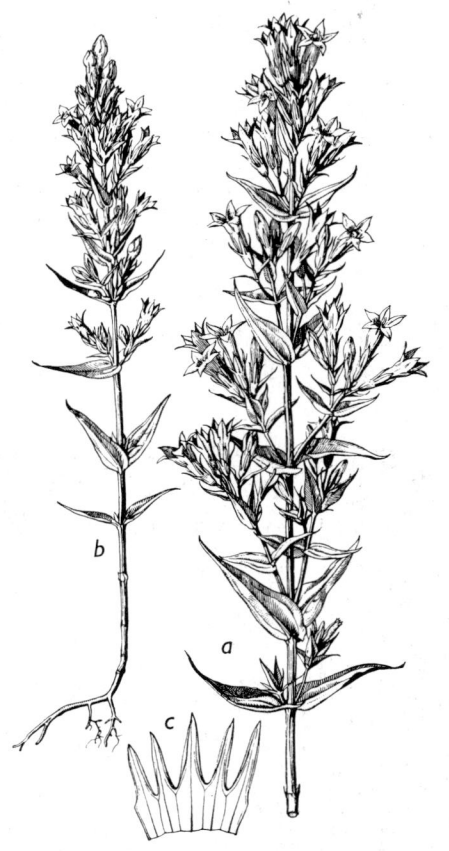

Fig. 3020. Gentiana praecox Kerner var. Carpatica (Wettst.). *a* und *b* Blühende Pflanzen. *c* Aufgeschnittener Kelch.

blätter oberseits oft rotbraun. Krone meist 22 mm lang, mit weisslicher oder gelblicher Kronröhre und violettem, purpurn überhauchtem Saume. So in Ostpreussen. In der Tracht an Gentiana Amarella var. axillaris erinnernd und ursprünglich auch mit ihr verwechselt.

Gentiana praecox ist gleich G. Austriaca dem pannonischen Florengebiete eigen und besitzt vorwiegend montanen Charakter. Der Gentiana Austriaca steht sie sehr nahe und ist auch mit ihr durch Uebergänge verbunden (= G. Fátrae Borb.). Besonders schwer zu trennen sind bisweilen die Sommerformen beider genannter Arten (var. lutescens und var. praecox); doch erscheint die Uebereinstimmung (Konvergenz) nicht so gross, um eine Zusammenfassung derselben unter einem Namen (ähnlich wie bei Gentiana Germanica subsp. solstitialis) zu gestatten. Die subsp. praecox wächst z. B. im Erzgebirge auf Frischwiesen, im Nardusrasen oder in Trockenwiesen mit Saxifraga granulata, Lathyrus montanus, Centaurea Phrygia subsp. Pseudophrygia, Crepis succisifolia usw. Durch die Mahd werden die Exemplare bisweilen verstümmelt (putiert) und treiben dann buschig neue Stengel, die etwa 14 Tage später zur Blüte gelangen. Derartige Pflanzen sind von Reichenbach als G. pyramidális bezeichnet worden. Die var. Carpatica erscheint in Böhmen in sonnigen Callunaheiden mit Dianthus deltoides, Sarothamnus scoparius, Jasione montana, Campanula rotundifolia, in den Sudeten z. B. auf torfigen Wiesen mit Trifolium spadiceum, Euphrasia stricta, Carlina acaulis und Antennaria dioica. In den Karpaten steht sie auch in den Trisetum flavescens-Wiesen höherer Lagen und steigt mit diesen bis an die Waldgrenze hinauf. Die f. Sudavica ist bisher nur von wenigen Orten in Ostpreussen bekannt.

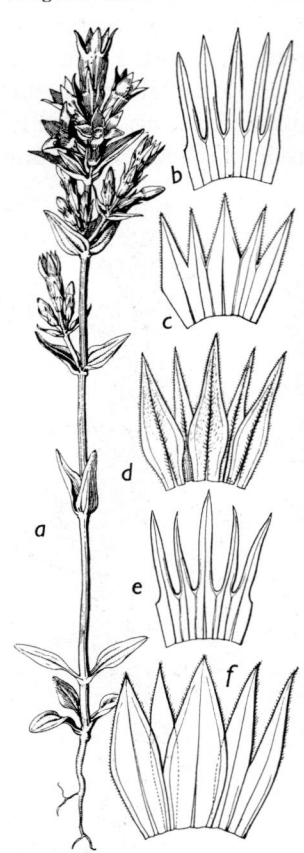

Fig. 3021. Gentiana Amarella L. subsp. eu-Amarella Murbeck var. lingulata (C. A. Agardh). *a* Habitus. — Aufgeschnittene Kelche von: *b* G ramosa Hegetschw., *c* G. Amarella L. var. lingulata (C. A Agardh), *d* G. aspera Hegetschw., *e* G. Austriaca A. et J. Kerner, *f* G. campestris L. subsp. campestris (L.) × G. Germanica Willd. subsp. eu-Germanica Br.-Bl. (= G. macrocalyx Celak.) (*b* bis *f* nach R. v. Wettstein).

## 2272. Gentiana Amarélla L. Bitterer Enzian. Franz.: Gentiana amarelle; engl.: Felwort; dän.: Smalbaegret Enzian.

Ein- oder 2-jährig, (2) 3 bis 40 (60) cm hoch. Stengel aufrecht, einfach oder verzweigt, mit steil aufwärts gerichteten Aesten. Grundständige Laubblätter spatelig-rundlich bis lanzettlich, stumpf oder stumpflich, Stengelblätter eirund-länglich bis lanzettlich; alle kahl oder die obersten am Rande scharf rauh. Blütenstand traubig bis (selten) doldentraubig. Kelch, Krone und Androeceum 5-zählig, ausnahmsweise vereinzelt eingestreute Blüten auch 4-zählig oder aber alle Blüten 4-zählig. Kelch röhrig, etwa bis zur Hälfte geteilt; Kelchzähne lanzettlich bis lineal, am Rande etwas rauh, meist flach, seltener zurückgerollt, die Buchten spitz oder stumpf. Krone röhrig, ziemlich klein, etwa 10 bis 20 mm lang, selten bis doppelt so lang wie die Kelchröhre, im Schlunde bärtig, rötlich-violett (trocken mehr blau), weiss (beim Trocknen ± gelblich) oder gelb. Fruchtknoten und Kapsel sitzend, die Krone zuletzt überragend. — VI bis X.

Zerfällt in folgende 2 Unterarten:

1. subsp. **eu-Amarélla** Murbeck. Pflanze stets 2-jährig, 3 bis 60 cm hoch. Stengel in der oberen Hälfte oder vom Grunde an verzweigt, selten ganz einfach, zur Blütezeit keine Keimblätter mehr tragend. Grundständige Laubblätter spatelförmig, stumpf; mittlere und obere Stengelblätter eirund bis lanzettlich. Krone mittelgross, meist 5-zählig; Röhre den Kelch in der Regel überragend, violett.

Truppweise auf lockerem, humosem Moorboden, auf feuchten und kurzrasigen Wiesen und Weiden, (besonders auf kleinen Erhöhungen [z. B. Maulwurfshügeln]), Waldlichtungen, Mooren, grasigen Hängen usw. Von der Ebene bis in die subalpine Stufe: in Graubünden bis 1750 m (var. axillaris).

Allgemeine Verbreitung: Nord- und Mitteleuropa: nördlich bis Island, Irland, Schottland[1]), Nord-Skandinavien (Kaafjord in Alten [70° nördl. Breite], Imandra-Land, Achangelks, westlich über das westlichste Irland bis zur Bretagne, südlich über Nordfrankreich, Belgien,

---

[1]) Näheres vgl. H. W. Pugsley, Gentiana uliginosa Willd. in Britain. Journal of Botany, 1924. Bd. 62, pag. 193/96.

Mittel=Deutschland, Böhmen, Mähren, Nord=Ungarn und Mittel=Russland, versprengt im Unter= engadin, Münstertal und um Bormio; Nord= und Mittelasien bis zum Altai und bis zur Mongolei.

Von dieser Unterart ist folgendes saisondimorph gegliedertes Rassenpaar bekannt: var. linguláta (C. A. Agardh) (= subsp. lingulata Hartm., = var. turfósa Celak., = G. Livórnica Eschscholtz, = G. obtusifólia Willd. var. Uechtritzii Sag. et Schneider p. p.). Fig. 3023 und 3021 a, c. Pflanze 3 bis 33 cm hoch, mit 3 bis 6 (8) Stengelgliedern, meist purpurrot überlaufen. Die unteren und mittleren Stengelblätter zungenförmig, die oberen stets mehrfach kürzer als die zugehörigen Stengelglieder. Kronröhre fast zylindrisch, meist grünlichgelb, die Zipfel schmutzig violett bis bläulich. Kelchzähne bisweilen ziemlich schmal, meist länger als ihre Röhre. — VI, VII. — Sommerform. Bisher beobachtet in Deutschland nur im östlichen Ostpreussen in den Kreisen Memel, Heydekrug, Tilsit, Pillau, Goldap, Oletzko und Lyck. — In Oesterreich in Nordböhmen bei Všetat, Liblic und Celakovic. Ferner verbreitet durch das ganze Gebiet der Unterart, aber gegenwärtig in Dänemark, im übrigen Mitteleuropa und in Nordfrankreich noch nicht nachgewiesen. — 2. var. axillaris (F. W. Schmidt) (= G. praténsis Froel.) Fig. 3022. Pflanze 3 bis 60 cm hoch, mit (4) 6 bis 12 Stengelgliedern. Die mittleren Stengelblätter aus eiförmigen Grunde zugespitzt, gleich den oberen kürzer oder nur wenig länger als die zugehörigen Stengelglieder. Krone 6 bis 20 mm lang; Kronröhre im oberen Teil etwas erweitert und weisslich, die Zipfel rotviolett. Kelchzähne lanzettlich. — VIII bis X.

In Deutschland im westlichen Teile der Tiefebene fehlend, auch sonst nur ziemlich spärlich: im Rheinland in der Eifel (häufig) und im Eschweilertale der Münstereifel; im Westfälischen und Hessischen Bergland zerstreut, in den hohen Lagen der Rhön nicht selten, in Thüringen z. B. bei Gera, zwischen Weida und Braunsdorf, bei Schleitz; in Sachsen am Rotstein bei Soland und bei Unterwiesental; im Harz wahrscheinlich fehlend; in Brandenburg in den Wrietzener Bergen; in Pommern bei Pyritz; in Westpreussen bei Danzig, Schwetz, Karthaus, Kulm, Marienwerder usw. (vorwiegend in der var. pyramidalis); in Ostpreussen bei Königsberg, Lötzen, Goldap, Rastenburg, Lyck, Ortelsburg, Neidenburg; in Posen bei Rokietnica; in Schlesien spärlich bei Bunzlau, Görlitz, Jauer, Siebenhufen, Bolkenhain, Schönau, Zobten, Reichenstein. — In Oesterreich in Böhmen im nördlichen Landesteile zerstreut, ferner bei Worlík; in Mähren bei Iglau, Triesch, Saar, Natin bei Gross=Meseritsch, Namiest, mehrfach um Brünn; in Schlesien sehr zerstreut. — In der Schweiz im Unter= engadin von Süs an abwärts, auf der Alp la Drosa unterhalb des Ofenberges (1750 m) und oberhalb Santa Maria im Münstertal; angrenzend in Italien vereinzelt im obersten Veltlin bei Bormio. — Als abweichende Form ist hierzu zu stellen f. pyramidális Willd. Pflanze kräftig, bis 60 cm hoch, vom Grunde auf buschig verzweigt, vielblütig. Stengel tiefpurpurn. Laubblätter und Kelchzipfel breiter. Krone grösser. So nicht selten mit dem Typus, doch auch allein (so z. B. in der Mark Brandenburg). Gern auf Kalkboden.

Fig. 3022. Gentiana Amarella L. subsp. eu-Amarella Murbeck var. axillaris (F. W. Schmidt). a Habitus. b Aufgeschnittener Kelch.

2. subsp. **uliginósa** Willd. (= G. lancifólia Rafn. nec Besser, = G. Amarella Mert. et Koch p. p., = var. uliginosa Rchb.). Pflanze stets 1=jährig. 2 bis 20 (25) cm hoch. Stengel einfach oder vom Grunde oder auch von der Mitte ab verzweigt, zur Blütezeit noch die sehr kleinen, kurzeiförmigen bis fast rundlichen Keimblätter tragend. Grund= ständige Laubblätter spitz; die unteren Stengelblätter ± zugespitzt oder spitz, die obersten eirund bis fast 3=eckig=lanzettlich, am Grunde verbreitert, meist kürzer als die Stengelblätter. Kelchzähne bisweilen (namentlich an Kümmer= und Stümmel=Formen) etwas ungleich. Blüten kleiner als bei der subsp. eu=Amarella; Kronröhre den Kelch nicht oder kaum überragend, nicht selten 4=zählig. — VIII bis X.

Fig. 3023. Habitus der Gentiana Amarella L. subsp. eu-Amarella Murbeck var. linguláta (C. A. Agardh).

Eine der Gentiana campestris subsp. Baltica entsprechende einjährige Rasse, die vorzugsweise an feuchteren Orten als die subsp. eu=Amarella auftritt. In Deutschland ziemlich verbreitet von Ostfriesland und Oldenburg östlich bis Ostpreussen, Posen und Schlesien, südlich bis Westfalen (Münster), Thüringen (Frankenhausen, Kahla), Sachsen(?) und Oberschlesien (reichlich besonders im Schwarzerdegebiet). — In Oesterreich in Böhmen bei Bösig und in Mähren. — In der Schweiz fehlend.

Gentiana Amarella ist ein gut umschriebener Formenkreis, der in seiner Gliederung an G. campestris erinnert. Auffällig in der Verbreitung der Art ist das vollkommen versprengte Teilgebiet in den Schweizerisch-Italienischen Alpen im Inn-, Adda- und Etschgebiete, das von Wettstein als durch Vögel bedingt oder als Glazialrelikt angesprochen wird, während M. Noack (Ueber die seltenen nordischen Pflanzen in den Alpen. Berlin, 1922) eine postglaziale Einwanderung vermutet. Gentiana Amarella tritt sehr gern auf humosen Böden auf und zwar die 1-jährige Sommerform uliginosa auf feuchtem Untergrunde, während die Herbstform axillaris mehr Trockenheit beansprucht und auf Kalkböden sehr üppig werden kann (= f. pyramidalis). Begleiter auf Torfwiesen sind vielfach Carex-Arten, Alopecurus aequalis, Gladiolus palustris, Selinum carvifolium, Teucrium Scordium, Achillea Ptarmica usw. Im Norddeutschen Flachland findet sie sich nicht selten auf leicht sandigen Böden (z. B. in Dünentälern) gemeinsam mit G. campestris subsp. Baltica. In Mittelböhmen sind nach Domin die Ischaemum-Steppen und die Weiden im Spätsommer und am Anfang des Herbstes von den kleinen Blüten förmlich übersät. Die 16 bis 18 mm langen Blüten der subsp. eu-Amarella sind ausgesprochene Hummelblumen. Die Staubbeutel springen bei der Blütenöffnung auf und kehren ihre pollenbedeckte Seite nach oben, so dass ein eindringender Hummelkopf sie berühren muss. Gleichzeitig sind auch bereits die beiden Narben ausgebreitet, so dass Fremdbestäubung nicht ausgeschlossen ist. Auch spontane Selbstbestäubung durch Umrollen der Narbenäste ist leicht möglich. Ungerufene Gäste (Fliegen) werden durch den Fransenbesatz im Kronschlund am Eindringen gehindert. Bei trübem Wetter schliesst sich die Krone. Als Missbildungen werden genannt: Vergrünungen, Füllung und Tetra- bezw. Polymerie der Blüten, sowie andere Unregelmässigkeiten im Blütenbau.

**Bastarde** sind namentlich in der Sektion Coelanthe stark vertreten (siehe Ronniger, K. in Verhandl. der zoolog.-botan. Gesellschaft Wien. Bd. XLIX, 1899). Einzelne davon sind fruchtbar und nicht allzuselten und bilden auffällige „Farbenbastarde". Durch Aufspaltung und Rückkreuzung sind eine ganze Anzahl von Formen bekannt und mit besonderen Namen belegt worden. Sie stehen bald in der Mitte der beiden Eltern, bald dem einen oder anderen Eltern näher. So hat K. Amberg bei G. hybrida auf der Trübseealp ob Engelberg eine gleitende Reihe goneokliner Bastarde beobachtet, neben den reinen Eltern, neben einer weissen und einer gelben G. purpurea.

G. lutea L. × G. purpurea L. mit freien (= G. hýbrida Schleich. nec. Vill., = G. Thomásii Hall. f., = G. rúbra Clairville, = G. purpuráscens Grisebach) oder mit verwachsenen Antheren (= G. pseudo-symphyándra Ronniger, = G. Hegetschweiléri Ronniger). Kronzipfel im unteren Teil deutlich verwachsen. In der Schweiz an verschiedenen Stellen: in den Alpen der Westschweiz, Berner Oberland (Gsteig bei Saanen), Rigi-Scheidegg, Trübseealp ob Engelberg, Melchsee, Frohnalpstock, Kt. Glarus (Krauchtal). — G. lutea L. × G. punctata L. (= G. Doerfléri Ronn., = G. hýbrida Vill. nec Scheich., = G. Charpentiéri Thomas, = G. Thomásii Gillaboz nec Hall. f.). Fig. 3024. Aus der Schweiz bekannt aus dem Kanton Graubünden (Beverser- und Rosegtal, Forno, Alp Tiänetsch ob Hinterrhein), aus dem Westen (Taney, Chauměny, Dent de Morcles). In Tirol im Nonsberg am Monte Roën (hier durch Wurzelgräberei sehr selten geworden). — G. lutea L. × G. Pannonica Scop. (= G. Laéngstii Hausmann, = G. intermédia Harz, = G. móntis Benedicti Harz, = G. Kummeriána Sendtner). Fig. 3025. In den Bayerischen Alpen am Kramer und auf der Hochalpe bei Garmisch, bei Hohenschwangau und an der Benediktenwand (vgl. Kurt Harz und K. Ronniger in Mitteil. der Bayer. Botan. Gesellsch. Bd. III (1921) nr. 30 und Bd. IV [1921] nr. 1). In Tirol an mehreren Stellen am Sonnwendjoch. — G. purpurea L. × G. punctáta L. (= G. spúria Lebert, = G. Gaudiniána Thomas, = G. Jaccárdii Wilczek). In der Schweiz mehrfach in den Westalpen (bis zur Furka), bei Engelberg, in Graubünden (Avers, Splügen, Zerveila),

Fig. 3024. Gentiana lutea L. × G. punctata L., Rosegtal bei Pontresina. Phot. Georg Eberle, Wetzlar.

Seewen und Matossaalp ob Flums, Silberenalp, Raedertenstock, Dürrenalp, Muttental), im Vorarlberg (Wildebene bei der Reutlingerhütte und Schröcken), im bayerischen Allgäu (Fellhorn), in Tirol (Fimbertal im Paznaun). — G. purpurea L. × G. Pannonica Scop. (= G. Kusnezowiána Ronn.) ist in einem Garten in Petersburg entstanden.

Aus der Sektion Thylacites wird genannt: G. Clusii Perr. et Song. × G. Kochiana Perr. et Song. (= G. digénea Jak.). Unterscheidet sich von G. Clusii durch die breiteren Rosettenblätter, die wesentlich kürzeren Kelchzähne und durch die stumpfen Kelchbuchten, von G. Kochiana durch die steifen, spitzen, lanzettlichen Rosettenblätter und durch die am Grunde nicht verschmälerten Kelchzähne. Angeblich in Nordtirol bei Seefeld 1200 m und unter dem Seejöchl an der Gesteinsgrenze 2200 m, in Südtirol am Schlern, im Voralberg auf der Sporeralpe im Gauertal, im Allgäu im Dietersbachtal, im Neuenburger Jura (Soliat) usw., vgl. pag. 2009.

Aus der Sektion von Cyclostigma ist nur 1 Bastard bekannt: G. brachyphylla Vill. × G. verna L. (= G. ambigua Hayek). Unterscheidet sich von G. brachyphylla durch die ungleich grossen Rosettenblätter, durch grössere Blüten und breitere Kronzipfel, von G. verna durch die verhältnismässig viel kürzeren und breiteren, mehr rhombischen und rascher zugespitzten Laubblätter (Steiermark: Giglerseen bei Schladming).

Aus der Sektion Comastoma ist zu nennen: G. tenella Rottb. × G. nana Wulfen (= G. Hellwegéri Huter). Vgl. Oesterr. Botan. Zeitschrift. Bd. LVII (1907), pag. 195. Aus Tirol (Wolfendorn am Brenner, Mullitz in Virgen und Bretterwandspitze in Kals) angegeben.

In der Sektion Endotricha sollen neben den bei den einzelnen Arten angeführten und als nichthybrid angesprochenen Uebergangsformen (namentlich an den Grenzen der Artareale) noch eine Reihe von Bastarden auftreten: 1. G. anisodonta Borb. var. calycina (Koch) Wettst. × G. campestris L. subsp. campestris (L.) var. Islandica (= G. Schinzii Ronniger). In Tirol am Stilfserjoch nahe dem Weissen Knott. Die Pflanze vom Monte Scorluzzo (Bormio) hat sich nach G. Samuelsson als G. Engadinensis (pag. 2033) erwiesen. — 2. G. anisodonta Borb. var. calycina (Koch) Wettst. × G. ramosa Hegetschw. (= G. Ruebeliána Wettst.). Z. B. im Berninagebiete und in den Oesterreichischen Alpen. — 3. G. aspera Hegetschw. var. Sturmiana

Fig. 3025. Gentiana lutea L. × G. punctata L., Rosegtal bei Pontresina. Phot. Georg Eberle, Wetzlar.

Kerner × G. campestris L. subsp. campestris (L.) (= G. Tiroliénsis Handel-Mazetti). Auf dem Haller Salzberg und auf der Rofanspitze. — 4. G. campestris L. subsp. campestris (L.) var. Suecica Froel. × G. Germanica Willd. subsp. solstitialis (Wettst.) Vollm. (= G. Guiniéri Beauv., = G. Sabaúda Beauv. nec Boiss. et Reut., = G. Dennéri Goldschmid). In der Hohen Rhön im Gebiete der Wasserkuppe und des Dammerfeld—Eierhauck-Zuges, ferner bei Aravis in Savoyen. — 5. G. campestris (L.) subsp. campestris (L.) × G. Germanica Willd. subsp. Rætica (Kerner) Br.-Bl. (= G. Richénii Wettst). In Vorarlberg und in der Ostschweiz (Vals). — 6. G. campestris L. subsp. campestris (L.) × G. Germanica Willd. subsp. eu-Germanica Br.-Bl. (= G. macrócalyx Čelak.) Fig. 3021 f. Brumbyer Heide bei Magdeburg, um Hohenelbe (Böhmen), Schruns im Montafon (?), St. Cergues im Jura. Dieser Bastard wird häufig in den Floren angegeben; doch erweisen sich die meisten der so gedeuteten Exemplare als Krüppel-(putate) Formen von G. Germanica. — 7. G. campestris L. subsp. campestris (L.) × G. ramosa Hegetschw. (= G. Schroetéri Wettst.). Im Berninagebiete. — Ueber ev. zu erwartende weitere Kombinationen in Norddeutschland vgl. Wettstein, v. R. Die europäischen Arten ... l. c. pag. 56/75). Der von Chr. Brügger vom Scarljoch, Tauferser Alp 3500 m angeführte Bastard G. ramosa Hegetschw. × G. tenella Rottb. dürfte nie existiert haben.

## 109. Fam. **Apocynáceae**[1]). Hundsgiftgewächse.

Stauden oder windende Holzgewächse (Lianen), seltener auch aufrechte Bäume, Sträucher oder Fettpflanzen, stets mit ungegliederten Milchsaftröhren, mit intraxylärem Weich= bast und bikollateralen Leitbündeln. Laubblätter einfach, in der Regel kreuzgegenständig, seltener quirl= oder wechselständig, einfach, ganzrandig, nicht selten mit sehr zahlreichen engen Seitennerven. Nebenblätter sehr selten vorhanden, interpetiolar. Blüten meist ansehnlich, 4= bis 5=gliederig, von Deck= und Vorblättern begleitet, stets strahlig, zwitterig, zu trugdoldigen Blütenständen vereinigt. Kelch meist tief, fast bis zum Grunde 5= (bezw. 4=) teilig, mit dachziegelig sich deckenden Zipfeln, kahl oder drüsig. Krone verwachsenblätterig, trichter= oder präsentiertellerförmig, seltener glockig oder krugförmig, 4= oder 5=spaltig, mit in der Knospenlage gedrehten Zipfeln; im Schlunde zuweilen mit Schuppen, Höckern oder Leisten. Staub= blätter so viele wie Kronzipfel, der Kronröhre ein= gefügt; Staubbeutel oft zu einem Kegel zusammen= neigend, frei oder dem Stempel angeklebt, zuweilen mit deutlich ausgebildetem, geschwänztem Konnektiv. Pollen einzeln, körnig. Drüsendiskus meist vorhan= den, schüsselförmig, ganz oder gelappt bis schuppen= förmig (Fig. 3030 g). Fruchtknoten oberständig (seltener bis zur Hälfte unterständig), 2=blätterig (selten bis 5=blätterig), apo= oder synkarp (im letztern Falle 1= bis 2=fächerig), zahlreiche, hängende Samenanlagen enthaltend; Griffel 1 bis 2, fadenförmig, zuweilen sehr kurz, oben häufig in einen gemeinsamen, sehr mannigfach gestalteten Narbenkopf verdickt (Fig. 3029 c). Frucht aus 2 getrennten Teilfrüchten (Balgfrucht) bestehend, seltener steinfruchtartig oder beerig. Samen flach zusammengedrückt, kahl, höckerig, geflügelt oder mit einem Haarschopf versehen (Fig. 3028 f). Nährgewebe knorpelig bis fleischig, zuweilen ganz fehlend. Keim= blätter flach (Fig. 3028 d), seltener eingerollt oder gefaltet.

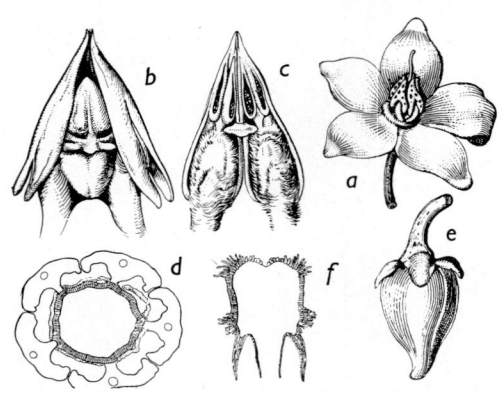

Fig. 3026. Apocynum cannabinum L. *a* Blüte (von oben). *b* Ansicht des Gynosteniums (eine Anthere ist weggenommen). *c* Zwei Antheren, von innen gesehen, mit „Teller". *d* Querschnitt durch den Griffelkopf und die Staubblätter. *e* Junge Frucht. — Lochnera rosea (L.) Rchb. *f* Längsschnitt durch den Griffelkopf (Alle Figuren nach K. Demeter).

Die Familie wird nach der Ausbildung und nach dem Verhalten der Staubblätter zum Griffelkopf in die beiden grossen Unterfamilien der Plumieroideae (Staubblätter frei oder dem Griffelkopf nur locker an= hängend. Staubbeutel meist ungeschwänzt. Samen in der Regel ohne Haarschopf) und in die der Echi= toideae (Staubbeutel mit dem Griffelkopf fest verbunden. Samen fast regelmässig mit Haarschopf) gegliedert. Durch die letztere stehen die Apocynaceen mit den Asclepiadaceen in naher verwandtschaftlicher Beziehung; doch fehlen den ersteren die für die Asclepiadaceen so bezeichneten Translatoren. Näheres hierüber bei den Asclepiadaceae pag. 2059. Von den Gentianaceen und Loganiaceae sind die Apocynaceen durch das Vor= kommen der ungegliederten Milchsaftröhren scharf geschieden. Nach Mayus begleiten bei Nerium Oleander die Milchröhren die Gefässe teils bis zur Endigung, teils treten sie schon früher aus und nehmen ihren Ver= lauf nur im Schwammparenchym. Blatteigene Milchsaftgefässe sind nicht vorhanden. Zu der Familie zählen ungefähr 1100 Arten, die sich auf 142 Gattungen verteilen. Das Schwergewicht derselben fällt auf die Tropen, wobei die alt= und neuweltlichen Arten sich nahezu die Wage halten. Recht eigenartige Formen mit un= förmigem, dickem Stamm zeigen die afrikanischen Gattungen Adénium und Pachypódium. Nur wenige Gattungen (Amsónia, Rhazýa, Vínca, Apocýnum, Poacýnum, Nérium, Gonióma) gehören hauptsächlich oder ganz den gemässigten Zonen an. Am weitesten nach Norden (d. h. bis zum 53 bis 57° nördl. Breite) geht Vinca minor; in Nordamerika reichen 2 Arten von Apocynum bis zum 55° nördl. Breite. Im Süden wird Parsónia capsuláris [Forst.] Raoul auf Neu=Seeland bis zum 45° angetroffen. In Europa ist die Familie einzig durch die Gattungen Vinca (pag. 2051), Nerium (pag. 2056), sowie durch Apocýnum Venétum L. (Südeuropa westlich bis Nord=

---

[1]) ἀπόκυνον [apókynon] bei Dioskurides (Mat. med. 4,80) Name einer Pflanze (Cynanchum erectum?), deren Blätter Hunde (griech. κύων, κυνός [kýon, kynós] töten sollen.

italien) vertreten. Die letzte Art (Fig. 3027) ist reichlich verzweigt und besitzt kleine, glockenförmige, zu Doldenrispen vereinigte Blüten. Fossil ist die Familie durch sichere Reste von Nerium in der jüngeren westfälischen Kreide, dann in dem französischen und englischen Eozän, in dem Miozän von Oesterreich und Griechenland nachgewiesen. Vinca erscheint mit Blattresten im französischen Tertiär. Weitere Blattreste aus dem europäischen, südamerikanischen und neuholländischen Tertiär werden den Gattungen Alstonia, Plumiera, Tabernaemontana, Rauwolfia, Cerbera, Allamanda zugeteilt, während andere aus dem Tertiär von Europa, Indien und Australien unter den Gattungsnamen Neritinium Unger, Apocynophyllum Heer und Echitonium beschrieben wurden.

Von den ausländischen Vertretern haben zahlreiche Arten als Kautschuk-Lieferanten Bedeutung, so verschiedene afrikanische Lianengewächse von oft enormen Dimensionen aus der Gattung Landólphia L. Comoréensis K. Schum. (so L. Owariénsis P. Beauv., L. Kírkii Dyer, L. Petersiána Thist. usw., die 1850 auf Madagaskar entdeckt wurden), ferner Kickxia (= Funtúnia) Africána Benth. und K. elástica Preuss aus dem tropischen Westafrika (letztere, welche den Lagos- bezw. Kamerunkautschuk oder Silk rubber liefert, 1898 von Preuss entdeckt), Mascarenhásia elástica K. Schum., M. lisianthiflóra DC. und andere Arten von Madagaskar und Ostafrika liefern den Mgoa-Kautschuk, Alstónia-Arten aus dem Malayischen Archipel und den pazifischen Inseln, Carpodínus chylorrhíza, C. leucántha und C. lanceoláta aus dem tropischen Westafrika liefern Wurzelkautschuk, Clitándra Kilimandscharica Warburg, Willoughbýa coriácea Wall., W. edúlis, W. flavéscens Dyer aus Ostindien usw. erzeugen den grössten Teil des aus Borneo ausgeführten Kautschukes und werden zu diesem Zwecke im malayischen Archipel kultiviert, Urcéola esculénta (Wall.) Benth. und andere Arten in Hinterindien und im malayischen Archipel (1798 auf Malakka entdeckt), Hancórnia speciósa Gom. in Brasilien liefert den Mangabeira-Kautschuk, Forsterónia floribunda und F. grácilis auf Jamaika usw. Tabernaemontána Dónnel Smithii Rosc. aus Zentralamerika soll ein gutes Guttapercha-Präparat liefern.

Eine grosse Zahl von Arten (darunter auch der Oleander) sind stark giftig; zweifellos ist der Sitz der stark wirksamen Stoffe im Milchsaft zu suchen. Zahlreiche Arten enthalten Glykoside, Alkaloide und Bitterstoffe, die sie in der Heilkunde wertvoll machen. Einige Arten sind als heftige glykosidische Herzgifte anzusehen und gehören in die Digitalis-Gruppe, so vor allem die Samen einiger im tropischen Afrika vorkommenden Strophánthus-Arten — in Deutschland ist nach der neuesten (VI.) Ausgabe des D. A. B. (1927) einzig Strophánthus grátus (Wallich et Hooker) Franchet zugelassen (in andern Ländern auch Str. híspidus DC. und S. Kómbe Oliver), welche die offizinellen, mit einem federigen Schopfe versehenen (Fig. 3028 f), spindelförmigen, sehr bitter schmeckenden Strophanthus-Samen (Sémen Strophánthi) liefern. Ihre Bitterkeit und die giftige Wirkung sind auf das stickstofffreie Glykosid „Strophanthin" zurückzuführen, das aber nicht bei allen Arten die gleiche Zusammensetzung hat; so ist bei Str. gratus das g-Strophanthin ($C_{30}H_{46}O_{12} + 9\,H_2O$) nachgewiesen worden, bei Str. Kombe das k-Strophanthin ($C_{40}H_{60}O_{19} + 3\,H_2O$), bei Str. hispidus das h-Strophanthin (vielleicht $C_{38}H_{58}O_{15}$). Ausserdem sind in den Samen (ebenso in der Wurzel) verschiedener Arten die Alkaloide Cholin und Trigonellin, fettes Oel, Harz, Schleim, Eiweiss und etwas Stärke vorhanden, wogegen Gerbstoffe fehlen. Die Strophanthus-Arten sind Klettersträucher, Halbsträucher oder Lianen, mit elliptischen bis umgekehrt-eiförmigen, ± behaarten Laubblättern und ziemlich reichblütigen, gabelspaltigen Scheindolden. Die meist gelbe, trichterförmige Krone besitzt eine lange Röhre, einen glockenförmigen Schlund (mit 5 fleischigen, in der Mitte gespaltenen Schlundschuppen) und 5 auffallend lange (15 bis 20 cm), 1 mm breite, lineale, zuerst aufrechte, später schlaff herabhängende Zipfel. Der halbunterständige, 2-blätterige Fruchtknoten entwickelt sich zu 2 langen (2 bis 40 cm), unter einem rechten Winkel spreizenden Balgkapseln, die sehr zahlreiche, an der Spitze der Granne mit einem Haarbüschel gekrönte Samen (Fig. 3028 f) enthalten. Von der Verwendung der Samen bei den Eingeborenen Afrikas als Pfeilgift (Gombi- oder Kombe-Pfeilgift) gelangte schon durch Livingstone (1853 bis 1856) Kunde nach Europa. Sein Begleiter Dr. Kirk machte bereits auf die Wirkung des Giftes auf das Herz aufmerksam. Seit 1883 wird die durch Fraser als Ersatz bezw. Ergänzung von Digitalis empfohlene Droge Semen Strophanthi, ebenso die Tinctúra Strophánthi (sie besteht aus 1 Teil gepulverter Samen und 10 Teilen Weingeist) und das Strophanthin in der Schulmedizin verwendet und zwar in solchen Fällen, wo man eine möglichst rasche Herzwirkung erzielen will, während Digitalis dort das Feld behauptet, wo auf die Nachhaltigkeit der Herz-

Fig. 3027. Apocynum Venetum L. *a* Blühender Spross. *b* Blüte.

wirkung und die Gefässwirkung (Splanchnicusgebiet) das Hauptgewicht gelegt wird. Strophanthin dringt oft schon 1 Stunde nach der innerlichen Aufnahme in das Herz ein. Oefters wird deshalb in der Praxis, um eine möglichst rasche Wirkung zu erreichen, mit Strophanthus begonnen und dann später mit Digitalis fortgefahren. Gleichfalls noch heute medizinisch von Bedeutung (Pharm. Austr., Helv. usw.) ist die Quebrachorinde (Córtex Quebrácho), White Quebracho (sprich: Kebratscho. Von hácha quebrár = Beil brechen, wegen der grossen Härte des Holzes), die von einem hohen, in Argentinien, Chile und Brasilien heimischen Baume (Aspidospérma Quebrácho blánco Schlechter) stammt. Die sehr bitterschmeckende Rinde enthält zirka 1,5 % hauptsächlich an Gerbsäure gebundene Alkaloide, nämlich 0,175 % Aspidospermin ($C_{22}H_{30}N_2O_2$), 0,275 % Quebrachin ($C_{21}H_{26}N_2O_3$), ferner Quebrachamin, Aspidospermatin ($C_{22}H_{28}N_2O_2$), Aspidosamin und das Hypoquebrachin ($C_{27}H_{26}N_2O_2$). Die 1878 von Schickedanz in den europäischen Arzneischatz eingeführte Rinde wird bei Atemnot (Dyspnoe), bei nervösem Asthma, sowie als Fiebermittel verwendet. Technisch hat diese Art als Gerbmittel im Gegensatz zu andern Arten der Gattung (unter Quebracho gehen auch Anacardiaceen [vgl. Bd. V/1, pag. 217] und Santalaceen-Hölzer) wegen des geringen (2 bis 4 %) Gerbstoffgehaltes keine Bedeutung. Von weiteren, meist obsoleten Apocynaceen-Drogen mögen genannt sein: Córtex Alstóniae von der australischen Alstónia constrícta F. v. Müll. Man vermutete in der Rinde Chinin und verwendete sie deshalb in der Heimat und in den Vereinigten Staaten als Fiebermittel (Malaria), dann als Stimulans, Adstringens, Excitans, Anthelminticum und Antisepticum. Es sind 2 oder 4 Alkaloide nachgewiesen worden, u. a. das Porphyrin ($C_{21}H_{25}N_3O_2$), das Echitamin und Ditamin. Die in Indien offizinelle Córtex Dita (Dita-Rinde) von dem indisch-javanischen Dewil tree Alstónia schólaris (L.) R. Br., ebenso die Poelérinde von Alstónia spectábilis R. Br. in Ostindien, die Peireiro-Rinde (Córtex Pereiro) von Geissopérmum Vellózii Fr. Allem., Córtex Paramériae (Tagulaway) von Paramería vulneraria Radlk., Córtex Plumiérae acutifóliae von Plumiéra acutifólia Poir. in Indien, Lignum Acokanthérae von Acocanthéra Defflérsii Schweinfurth, A. Schimpéri Benth. et Hook. und A. Quabaío Cathal. aus Ostafrika, Abessinien und den Somaliländern, die Sémen Tanghíniae von Tanghínia venenífera Poiret auf Madagaskar (sie werden von den Hovas bei Gottesurteilen gebraucht), Allamánda cathártica L. in Westindien und Südamerika, Holarrhéna Africana DC., Tabernánthe Ibóga Baill. im tropischen Afrika, Cérbera Odóllam Gaertn. in Ostindien und auf den Südseeinseln, Urechítes subérecta Jacq. in Südamerika (das Wooraragift [Herzgift] zu Gottesurteilen), sowie zahlreiche weitere Arten werden von den Eingebornen wie von Europäern gegen Fieber, Gonorrhoe, Würmer, Kolik, als Purgans, bei Hautausschlägen, Psoriasis, Warzen, bei Hydrops, gegen Schlangenbiss, dann aber besonders als Pfeil- und Fischgift benutzt. In Nordamerika ist die Wurzel (Rádix Apocýni cannábini, Canadian hemp-root, army-root, bitter-root) der bis 90 cm hohen Staude Apocýnum cannábinum L. seit 1893 offizinell und dient gewöhnlich in Form eines Fluidextraktes als Emeticum, Catharticum, Expectorans, Diaphoreticum, Cardiotonicum usw., zuweilen als Ergänzung zu Digitalis. Zu Verwechslung gibt die ähnliche Wurzel des gleichfalls in Nordamerika vorkommenden Apocýnum androsaemifólium L. Veranlassung.

Textilfasern werden aus der Rinde von Apocýnum Venétum, Venetianischer Hundstod (liefert die „Tourka" oder „Kendir"-Faser), von den in den östlichen Staaten von Nordamerika vorkommenden Apocýnum androsaemifólium L. („Indian Hemp"), A. Canadénse (Kanadischer Hanf) und A. cannábinum L., sowie von tropischen Cérbera-Arten gewonnen. Aus den sehr widerstandsfähigen und zähen Tourka-Fasern verfertigen

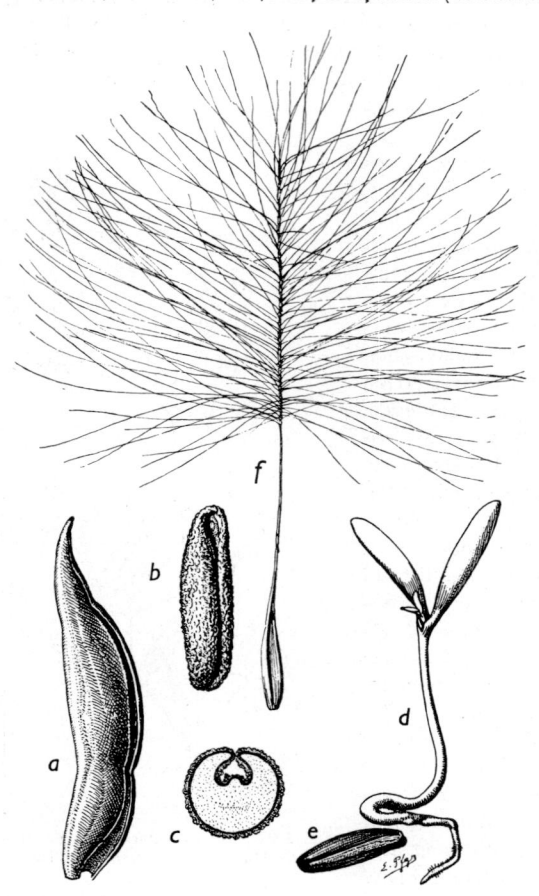

Fig. 3028. Vinca minor L. *a* Reife Frucht. *b* Samen (vergrössert), *c* Querschnitt durch denselben. — Vinca maior L. *d* Keimpflanze. *e* Samen. — Strophanthus sp. *f* Samen (natürl. Grösse).

die Turkomanen Bindfaden und Taue, ja sogar Stoffe. Seit 1895 verwendet die Russische Regierung diese zur Erzeugung von Papiergeld, weshalb seit dieser Zeit der Anbau von Apocynum Venetum in Russland (Poltawa) rationell betrieben wird. Andererseits liefern die Samenhaare von Strophanthus=Arten und von Beaumóntia grandiflóra (Rox.) Wall. eine vegetabilische Seide. Lacméllia edúlis Karst. („Leche y miel" ist aus Milch und Honig gebildet) liefert eine wohlschmeckende, kirschengrosse Beerenfrucht und einen geniessbaren Milchsaft. Auch andere im nördlichen Südamerika heimische Arten (Ambelánia ácida Aubl., Coúma útilis [Mart.] Müll.=Arg.) liefern essbare Früchte. Wegen ihrer grossen, prachtvollen Blüten werden verschiedene Arten in den Gewächshäusern kultiviert, so Allamánda grandiflóra Paxt. und verwandte Arten aus dem tropischen Südamerika mit grossen, gelben Blüten, amerikanische Plumiéra=Arten, Trachelospérmum lúcidum K. Schum. aus dem subtropischen Himalaya, Lochnéra (= Vínca) rósea (L.) Rchb.[1]) aus Westindien (in der Tracht ähnlich dem Immergrün, doch die Blütenkrone rosarot, Staubfäden dünn, mit nicht verbreitertem Konnektiv und Narbenkopf kahl), Echítes peltáta Vell. aus Brasilien, Dipladénia acumináta Hook. aus Südamerika, Kópsia=Arten aus Hinterindien usw. Als Zierpflanzen für das Freiland kommen ausser Nerium Oleander, den Vinca=Arten einzig Apocynum androsaemifólium L. und A. cannábinum L. in Betracht, 2 aufrechte Kräuter aus Nordamerika mit ziemlich kleinen, doldentraubigen Blüten, in denen unberufene Gäste (besonders Fliegen), welche nicht zur Pollenkammer vorzudringen vermögen, mit ihrem Saugrüsseln hängen bleiben. Tatsächlich beobachtet man an solchen Blüten nicht selten Reste von gefangenen oder umgekommenen Insekten, in erster Linie von Musciden und Syrphiden, zuweilen auch von kleineren Hymenopteren oder Faltern. — Apocynum androsaemifolium ist schon gelegentlich verwildert angetroffen worden, so in Mecklenburg (Weinberg) und Brandenburg (Rathenow).

Von Schmarotzer=Pilzen kommen auf den Vinca=Arten in Betracht: Puccínia Víncae (DC.) auf allen 3 Arten, Perónospora Víncae Schroet. (auf V. maior), Phacídium Víncae Fuck. auf V. maior, Helótium Víncae (Lib.), Metasphaería Víncae (Fries), Microthýrium microscópicum Desm. und Mycosphaerélla Víncae (Fries) auf Vinca minor.

 1. Laubblätter gegenständig. Stauden oder Halbsträucher . . . . . . . . . . . Vinca DC.
 1*. Laubblätter meist zu 3 quirlständig. Holzgewächse . . . . . . . . . . Nerium DCI.

## DC. Vínca[2]) L. Immergrün. Franz.: Pervenche, violette des sorciers, pucelage; engl.: Periwinkle; ital.: Pervinca, vinca pervinca, mortine.

Ausdauernde, am Grunde etwas verholzende Stauden, seltener Halbsträucher. Laubblätter immergrün, lederig, kreuzgegenständig, kurzgestielt oder sitzend. Blüten blattachselständig, gestielt, 5=gliederig. Kelch klein, bleibend, tief 5=teilig, mit schmalen, drüsenlosen Zipfeln. Krone präsentiertellerförmig, mit enger, zylindrischer Röhre und 5 breiten, in der Knospenlage schraubigen, nach links gedrehten Zipfeln. Staubblätter 5, in der Mitte der Kronröhre eingefügt, mit geknickten, verdickten, auf der Innenseite behaarten Staubfäden und mit verbreitertem, grossem, an der Spitze behaartem Konnektiv. Fruchtknoten oberständig, 2=fächerig, in jedem Fach wenige (6 bis 8), in zwei Reihen angeordnete Samenanlagen, am Grunde des Fruchtknotens 2 mit den Fruchtblättern abwechselnde, abgerundete Drüsen (Fig. 3030 g). Griffel kurz, an der Spitze zu einem häutigen Ringe, verdickt; letzterer 5 herabhängende Haarbüscheln tragend (Fig. 3030 f). Frucht 2 nur am Grunde miteinander verbundene, trockene, lineal=walzliche Balgfrüchte (Fig. 3028 a). Samen zylindrisch, höckerig=rauh, auf der Hohlseite mit wulstiger Raphe, ohne Haarschopf (Fig. 3028 b, c, e).

Zu der Gattung zählen 5 in Süd= und Mitteleuropa, im Orient und in Persien verbreitete Arten. Ausser den 3 unten näher beschriebenen Arten kommt für Südeuropa (Pyrenäen=Halbinsel, Südfrankreich und Italien) noch V. diffórmis Pourr. (= V. média Hoffg. et Link, = V. acutiflóra Bert.) in Betracht, welche Art durch längere und breitere, am Grunde und an der Spitze mehr zugespitzte Laubblätter gekennzeichnet ist. V. herbacea ist als pannonisch=pontische, V. maior als mediterrane und V. minor als mediterran=mitteleuropäische Art zu bezeichnen.

 1. Pflanze halbstrauchig. Blühende Sprosse aufrecht . . . . . . . . . . . . . . . 2.

---

[1]) A. P. Kelley (Torreya 1925, 25) empfiehlt die Pollenschläuche dieser Pflanze zur Demonstration der Protoplasmaströmung, die man leicht bekommt, wenn man die Pollenkörner im hängenden Tropfen einer 10%igen Zuckerlösung auskeimen lässt.

[2]) Vincapervinca (vicapervíca) Name des Immergrüns bei Plinius (Nat. hist. 21, 68, 172); vielleicht zu lat. vincíre = umwinden.

1*. Pflanze krautartig. Alle Sprosse liegend. Einzig in Niederösterreich. V. herbacea pag. nr. 2273.
2. Laubblätter länglich-lanzettlich, am Rande kahl. Verbreitet . . . . . . V. minor nr. 2275.
2*. Laubblätter eiförmig, am Rande bewimpert. Süd- und Westschweiz. . . V. maior nr. 2274.

### 2273. Vínca herbácea Waldst. et Kit. Krautiges Immergrün. Fig. 3029.

Pflanze krautig, 30 bis 60 cm hoch. Stengel ausläuferartig verlängert, nicht einwurzelnd, niederliegend (auch die blühenden Sprosse), alljährlich absterbend, nicht oder sehr selten verzweigt, kahl. Laubblätter krautartig, am Rande fein bewimpert; die unteren oval, die obern elliptisch, die obersten fast lineal-lanzettlich. Kelch feinbewimpert. Krone blauviolett (selten weiss), mit schief länglichen Zipfeln. Staubblätter mit löffelartig verbreitetem Konnektiv. Fruchtknoten walzlich. Narben über dem Griffelring als 5 von aufrechtabstehenden Haaren umgebene Grübchen entwickelt. Balgkapseln mehrsamig. — V und VI, zuweilen noch IX.

Selten auf trockenen, steinigen, sonnigen Abhängen. Einzig in Niederösterreich. In Niederösterreich im Gebiete der pannonischen Flora auf den südlichen und östlichen Abhängen des Bisamberges, auf der Hochleiten bei Wolkersdorf, im Bockflüsser Walde, in den Jagdremisen bei Schlosshof; am Schiefer- und Zeilerberg bei Bruck an der Leitha.

Fig. 3029. Vinca herbacea Waldst. et Kit. *a* Habitus. *b* Blüte. *c* Kelch mit Stempel. *d* Fruchtknoten mit Honigdrüsen.

Allgemeine Verbreitung: Südöstlichen Europa (Südrussland, Balkan, Rumänien, Siebenbürgen, Ungarn, Kroatien, westlich bis Wien); Orient, Transkaukasien.

Die Laubblätter sind zuweilen in einem 3-gliedrigen Quirl angeordnet, der seinerseits zu einer „Ascidie triphylle" verwachsen sein kann. Weiter ist eine Vergrünung der Blüten mit Teilung der Kronblätter und mit zentraler vegetativer Durchwachsung beobachtet worden, ebenso das Auftreten eines zweiten Fruchtblattpaares oberhalb des ersten.

### 2274. Vínca máior L. (= Pervínca maior Scop.). Grosses Immergrün. Franz.: Grande pervenche, pucelage; engl.: Greater periwinkle. Fig. 3030a bis g, 3031 und 3028d, e.

Pflanze ausdauernd, halbstrauchig, 10 bis 30 (80) cm hoch. Grundachse niederliegend, kriechend, gestreckt, an den Knoten wurzelnd, aufrechte bis aufstrebende, blühende und niederliegende, nichtblühende Sprosse entwickelnd. Laubblätter wintergrün, eiförmig, vorn verschmälert, am Grunde abgerundet und fast herzförmig, deutlich fiedernervig, bis 5 cm lang und bis 2 cm breit, gestielt, am Rande fein bewimpert, im Alter ± verkahlend; untere Stengelblätter kleiner. Blüten einzeln aus den oberen Blattachseln entspringend, lang gestielt, 45 bis 50 mm im Durchmesser; Blütenstiel kürzer als das zugehörige Laubblatt. Kelch kurz trichterförmig, mit langen, schmal linealen, spitzen, bewimperten Zipfeln (Fig. 3030d). Krone hellblau oder violett (selten weiss), mit trichterförmiger Röhre und mit 5 schiefen, vorn abgeschnittenen Zipfeln. Staubblätter mit den Staubfäden der Kronröhre ganz angeheftet. Früchte oft ungleich gross. — III bis V, zuweilen nochmals im Herbst.

Selten am Rande von Gebüschen, an Bächen, in feuchten Hecken. Ursprünglich vielleicht oder doch schon lange eingebürgert im westlichen und südlichen Gebiet der Schweiz, so im Wallis bei Conthey, um Sitten (bis Savièze), Siders und im Tessin bei Tenero, Lugano und Locarno. Einheimisch sicher im Küstenland.

Ausserdem aus Gärten und Friedhöfen selten verwildert wie in Südtirol um Meran, um Bozen (hier im Jahre 1829 von Forstmeister Bacher angepflanzt!), bei Stenico (am Castell), Rovereto, Nori, Riva; bei Saarbrücken; bei Stallikon im Kanton Zürich.

Allgemeine Verbreitung: Mittelmeergebiet, West= und Südfrankreich; Orient.

Diese im Mittelmeergebiet einheimische grossblütige, gegen starkes Sonnenlicht empfindliche Art wird auch in Deutschland ab und zu im Freien angetroffen, muss aber in den meisten Gegenden im Winter bedeckt werden. Ausserdem wird sie gern als Topf= oder Ampelpflanze gehalten. Gelegentlich begegnet man in der Kultur Formen mit weissrandigen, gelbmarmorierten oder ge= scheckten Laubblättern. Nach L. Lindinger (Botan. Archiv. Bd. IV. Heft 4) scheint die Pflanze — wenigstens auf den Kanaren — keine Früchte auszubilden, sondern sich nur vegetativ zu vermehren. Unter jedem Blatt= knoten finden sich 2 Wurzelanlagen, die bei genügender Feuchtigkeit rasch austreiben, so= fern sie mit der Erde in Berührung kommen. Gegen Trockenheit, ebenso gegen starkes Sonnenlicht ist die Art sehr widerstandsfähig. Die nach dem langen Sommer fast vertrock= neten, verschrumpft herabhängenden, jedoch grünbleibenden Blätter werden durch den ersten Regen wieder frisch und straff. Am Ende der langen Blütezeit werden die Blüten nur $^1/_3$ so gross wie zur Zeit der Vollblüte im März und April.

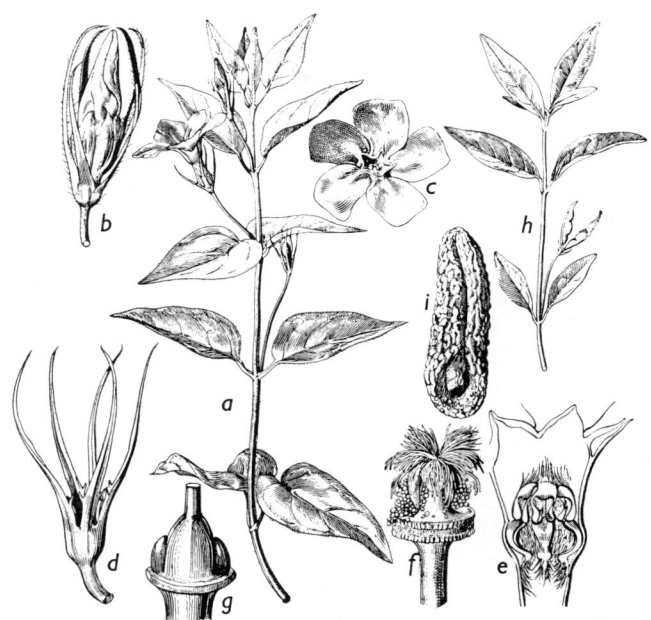

Fig. 3030. Vinca maior L. *a* Blühender Spross. *b* Blütenknospe. *c* Krone von oben. *d* Kelch. *e* Blüte im oberen Teil geöffnet. *f* Narbenkopf. *g* Fruchtknoten mit Honigdrüsen. — Vinca minor L. *h* Spross mit auf= gesprungener Frucht. *i* Samen (stark vergrössert).

— Von Abnormitäten wurden Laubblatt=Ascidien, 4=glie= derige oder gefüllte Blüten (mit petaloiden Stamina) und solche, bei denen 1 oder mehrere Kelchzipfel blumen= blattartig ausgebildet waren, beobachtet.

**2275. Vinca minor** L. (= Pervinca minor Scop.). Gemeines Immergrün. Franz.: Petite pervenche; engl.: Common periwinkle; holländ.: Maagdepalm (= Jungfrauenpalm); ital.: Pervinca, in Locarno: Oeucc da bò. Taf. 228, Fig. 1; Fig. 3032 und Fig. 3028a bis e.

Das Wort Singrün (althochdeutsch sin= gruone) zeigt als ersten Bestandteil (die jetzt nicht mehr gebräuchliche) Partikel „sin", die etwa gross, dauernd, allgemein, immer bedeutet (vgl. z. B. Sinnau = Alchemilla vulgaris Bd. IV/2, pag. 963, sowie „Sündflut", das volksetymologisch umgedeutet ist aus mittelhochdeutsch sinvluot = allgemeine Flut): Singräun (Braunschweig), Si(n)gri (Bayern: Lechrain), Sigerer (Oberbayern: Murnau). Auf die immergrünen Blätter beziehen sich ferner Immergrün (in vielen mundartlichen Formen), Wintergrün (besonders im Ober= und Mitteldeutschen); Mädepalme, Maipalm, Wilde Palm [„Palm" =Buches; vgl. auch niederl. maagdepalm] (Niederrhein);

Fig. 3031. Vinca major L., mit Anemone stellata L. und Allium triquetrum L. auf Korsika. Phot. Meta Lutz und Dr. G. Hegi, München.

Judenmyrte [= unechte Myrte] (Ostpreussen). Wegen der immergrünen Blätter wird das Singrün häufig

auf Gräbern angepflanzt, daher Grabimmergrün (Schwäbische Alb), Totenblätter, =kraut (Eifel), Tote=
blüemli (alemannisch), Toteveieli (Basel). Viele nieder= und mitteldeutsche Namen sind Entstellungen (oft
mit volksetymologischer Anlehnung) des latein. pervinca (so schon bei Plinius): Berwinkel (niederdeutsch),
Perwinkelken (Göttingen), Barwinkel (Nordböhmen), Brunwinkel (Oldenburg), Bergwinkelkraut[!]
(obersächsisch), Bamwinkel (Glatz), Berfink (rheinfränkisch), Sperrfink (Eifel), Berfang (franz.: per=
venche] (Lothringen). Vereinzelte Benennungen sind noch Himmelssternli (Thurgau), Judeveieli
[= unechtes Veilchen] (Elsass, Baden), Blaumaia (St. Gallen), Rossmuckenveigerl, Schusternägeli
[vgl. Gentiana verna] (Bayr. Schwaben), Müllerrädli [Blütenform!] (Thurgau), Steibliemli (St. Gallen),
Strite (Aargau). Im Grödnerischen Idiom heisst die Pflanze Shengruna.

Ausdauernd, halbstrauchig, 15 bis 20 cm hoch, kahl. Grundachse dünnwalzlich, bis 60 cm lang, niederliegend, lang kriechend, an den Knoten faserige Wurzeln und Büschel von Sprosse treibend; nicht= blühende Sprosse nieder= liegend, bis meterlang, ein= wurzelnd, blühende aufrecht bis aufstrebend. Stengel am Grunde verholzend, stielrund. Laubblätter kurzgestielt, läng= lich=lanzettlich bis elliptisch, stumpf oder etwas spitz, nach dem Grunde verschmälert, ausgesprochen lederartig, immergrün, auf der Oberseite glänzend und erhaben ner= vig, auf der Unterseite heller, matt, mit deutlichem Mittel= nerven, am Rande kahl, etwas umgerollt; untere Stengel= blätter kleiner. Blüten einzeln, aus den obern Blattwinkeln

Fig. 3032. Vinca minor L., Sauerbrunn, Burgenland. Phot. K. Tkalcsics, Wr. Neustadt.

entspringend, langgestielt. Kelch trichterförmig, viel kürzer als die Krone, mit lanzettlichen,
kahlen, 4 bis 5 mm langen Zipfeln. Krone präsentiertellerförmig, blauviolett, hellblau, seltener
weiss, kupferfarben oder rosarot, mit trichterförmiger, etwa 1 cm langer Röhre und schief
abgestutzten, stumpfen Abschnitten. Balgfrüchte länglich=walzlich, zugespitzt (Fig. 3028a), 15 bis
22 mm lang, 2= bis 3=samig. Samen walzlich, grobwarzig (Fig. 2028b, c), braun, 6 bis 9 mm
lang. — III bis VI, selten nochmals im Herbst.

Häufig und meist gesellig am Rande von Gebüschen, in Laubwäldern, Hecken, Auen,
auf Waldblössen, an Mauern, Felsen, in Weinbergen; von der Ebene bis in die montane
Stufe (in Tirol bis 1100 m, im Wallis bis 1200 m, in Graubünden bis 1320 m ansteigend).
Ausserdem nicht selten aus Gärten, Anlagen und Friedhöfen verwildert und eingebürgert.
Im nordwestlichen Deutschland, in Schleswig=Holstein, ebenso in Dänemark, Skandinavien und
Belgien kaum ursprünglich.

Allgemeine Verbreitung: Süd= und Mitteleuropa; nördlich bis England (53 bis
57° nördl. Breite; fehlt in Irland und Schottland, ebenso in Belgien, Holland, im Rheinlande,
an der Ostsee, in Kurland); Kaukasus, Kleinasien.

Aendert ab: f. rósea Rodegher. Blüten violettrot, zuweilen tiefer geteilt und mit weissen Adern
(Kultiviert und zuweilen bei alten Burgen verwildert). — f. atroviolácea Volkart. Blüten schwarzviolett
(Kultiviert und selten verwildert, z. B. bei Rovio im Tessin). — f. cupricolor Fr. Zimm. Blüten kupfer=
farben (Schwetzingen). — f. álba Venanzi. Blüten weiss (Kultiviert). — var. angustifólia Geisenheyner.
Laubblätter 4=mal so lang als breit (Rheinlande und Westfalen). — Ausserdem werden in Gärten Pflanzen mit

gefüllten Blüten, solche mit silberweissgerandeten oder gelbbunten Laubblätter angetroffen. Solche können gelegentlich auch verwildern. — var. nummulariaefólia F. Fournier (Bull. soc. bot. France 70, 1923). Laubblätter dimorph. Niederliegende Stengel kräftig, vollständig wurzelnd, dem Boden angedrückt, mit breit‑ eiförmigen, abgerundeten, am Grunde zuweilen fast herzförmigen Laubblättern. Blütenstengel aufrecht, zahl‑ reicher und kräftiger als beim Typus. Laubblätter wie beim Typus lanzettlich‑elliptisch, stumpf (Frankreich: Laneuvelle im Dép. Haute Marne). — Vinca minor gehört zu jenen Arten, deren Ursprünglichkeit sehr oft schwer festzustellen ist. Tatsächlich ist sie denn für eine sehr grosse Zahl von Standorten — vor allem in Norddeutschland und in den Alpentälern — als gartenflüchtig zu betrachten. Ueberhaupt findet sich die Pflanze sehr gern in der Nähe von Ortschaften, alten Gutshöfen, in der Umgebung von Kirchhöfen, Kapellen, alten Burgen, früheren Begräbnishügeln, in Parkanlagen, sodass in vielen Gegenden die Fundorte, welche auf eine nachweisbare Anpflanzung zurückgehen, überwiegen. Sie ist also vielerorts eine Charakterpflanze ver‑ lassener Wohnstätten. Andrerseits gehört sie stellenweise zu den „Buchenbegleitern". Hubert Winkler rechnet sie zu den eigentlichen Begleitpflanzen, die auch im mittleren Russland die Buchengrenze kaum über‑ schreiten. Vinca minor kommt schon in Polen sehr zerstreut vor und verhält sich ganz ähnlich auch in Italien und Spanien. In Irland und Schottland fehlt sie gleich der Buche. Aus der Eifel bilden sie Koernicke und Roth in einer Waldlichtung zwischen den hohen Horsten von Poa Chaixii und von Ajuga pyramidalis ab. In den Südalpen (Tessin) tritt sie häufig im Buschwald auf (auf Gneis) mit Sarothamnus scoparius, Hedera Helix, Lathyrus montanus, Galium silvaticum, Pteridium aquilinum usw.

Das Immergrün zählt in unsern Gärten zu den beliebtesten und anspruchslosesten Zierpflanzen, die sich infolge der leichten vegetativen Vermehrung (Teilung von Stöcken oder Stecklinge) zur Bildung dauernder Laubteppiche, dann besonders auf Kirchhöfen zur Einfassung von Gräbern eignet. Die Anzucht aus Samen ist nicht zu empfehlen, da die Keimfähigkeit gewöhnlich ziemlich mangelhaft ist. So konnte Kinzel (briefl.) von 50 Samen nur 3 zur Keimung bringen. Als Zierpflanze wird Vinca minor aus Schlesien bereits aus der Zeit Ludwig XIV. erwähnt; Lobelius, ebenso Thal (1577), führen die Pflanze unter dem Namen Clematis daphnoídes oder Vinca pervinca auf. — Die Blüten sind als vollkommen herkogame Blumen mit verborgenem Honig zu bezeichnen. Letzterer wird am Grunde des Fruchtknotens der 11 mm langen Kronröhre von 2 gelben Drüsen abgesondert und wird von den im Blüteneingange befindlichen Haaren vor Regen geschützt. Da die eigentliche als Narbe dienende, klebrige, kurzzylindrische, wagrecht stehende Griffelplatte (Fig. 3030 f) von dem 4‑teiligen Haarschopf des Griffels zugedeckt wird, der den aus den wenig höher stehenden Antheren ausfallenden Pollen aufnimmt, ist eine spontane Selbstbestäubung, die Sprengel seinerzeit annahm, aus‑ geschlossen. Als Besucher kommen besonders langrüsselige Bienen und Schmetterlinge, hie und da auch Dipteren (Bombýlius discolor Mik., B. maior L. usw.) oder Thysanóptera (Thrips) in Betracht. Im wilden Zustande werden bei uns nur höchst selten reife Früchte beobachtet. Caspary konnte solche jedoch durch künstliche Bestäubung erzeugen, Darwin solche auch bei Vinca maior.

Bei dieser Art treten gelegentlich an Stelle der Blattpaare 3‑gliederige Wirtel; auch können die beiden Spreiten eines Paares zu einem Doppelblatt verwachsen sein. Doppelblüten (Synanthien), trimere bis heptamere Blüten oder solche mit korollinischem Kelch (hose‑in‑hose) oder mit kelchartiger, grüner Krone, ferner gefüllte Blüten (die Antheren und besonders die Konnektive sind petaloid ausgebildet, zuweilen deutlich doppel‑ spreitig, die Kronblattwirtel sind vermehrt oder die Kronblätter gespalten) sind wiederholt beobachtet worden, ebenso eine Umwandlung der Staubblätter in Carpelle. P. Vogler stellte an den Blättern variationsstatistische Untersuchungen an (Beitrag zur Theorie des Flächenwachstums. Jahrbuch der St. Gallischen naturw. Gesell‑ schaft, 1907).

Das Kraut schmeckt bitter und herb. Es soll diuretisch und blutreinigend wirken. In der Volks‑ heilkunde wird es besonders bei chronischen Katarrhen benützt, innerlich früher auch als Haemostaticum bei Metrorrhagie, Hæmoptise und Hæmorrhoidalblutungen, ebenso gegen hartnäckigen Fluor albus. Auch soll das Kraut den Rotwein klar machen. Schliesslich wurde es auch als Teesurrogat empfohlen. Die Homöo‑ pathie bereitet aus der aufblühenden Pflanze eine Essenz. Nach dem Volksglauben sollen in Niedersachsen junge Mädchen, die in der Andreasnacht zwei Blätter vom Immergrün auf das Wasser in einen Eimer legen, sich noch im gleichen Jahr verheiraten, sofern diese am Morgen aneinander herangeschwommen sind. Sind die ans Fenster geklebten Blätter schwarz, so stirbt das Mädchen noch im gleichen Jahr (nach H. Marzell). In den Alpen werden geweihte Kränze gegen Blitzgefahr vor den Fenstern aufgehängt. Das im Frauendreissiger oder in der Dreisgenzeit (vom 15. August bis 15. September) gesammelte Kraut soll gegen Hexen wirksam sein. Zu einer anderen Zeit gesammelt, wird das Kraut von den Hexen zu bösem Zauber gegen das Vieh und zur Erweckung von Hass unter Ehegatten missbraucht. Vielerorts wird das Kraut zu Braut‑ und Totenkränzen (besonders bei Kindern und unverheirateten Personen) verwendet. Im Allgäu und an anderen Orten werden die aus Immergrün hergestellten „Prangerkranzeln", die von den Ministranten während der Fronleichnams‑ prozession auf dem Haupte getragen wurden, kleinen Kindern in die Wiege gelegt.

## DCI. **Nérium**¹) L. Oleander.

Zu der Gattung gehören nur wenige im Mittelmeergebiet, in Arabien, Vorderasien und Ostindien beheimatete Arten. Ausser nr. 2276 wird N. odórum Sol. (= N. odorátum Lam., = N. índicum Mill.), verbreitet von Persien bis Zentralindien (in Japan wahrscheinlich nicht einheimisch), mit lineal-lanzettlichen Laubblättern und wohlriechenden Blüten bei uns gelegentlich kultiviert. Aus Nerium (Wrightia) tinctórium Roxb. wird in Indien Indigo gewonnen.

**2276. Nerium Oleánder**²) L. Oleander, Rosenlorbeer. Franz.: Nérier à feuilles de laurier, laurier rose; engl.: Oleander; ital.: Leandro, mazza di san Giuseppe. Fig. 3033, 3034 und 3035.

Aufrechter, kahler, kleiner Baum oder bis 5 m hoher Strauch. Laubblätter meist zu 3 quirlständig, seltener gegenständig oder zu 4 quirlständig, lederartig, lanzettlich, spitz, in den Stiel verschmälert, mit starkem Mittelnerven und mit zahlreichen, fast parallelen, eng angeordneten Seitennerven, am Rande umgerollt. Blüten ansehnlich, zu endständigen, trugdoldigen Rispen vereinigt. Blütenstiele mit hinfälligen Tragblättern. Kelch trichterförmig, tief 5-spaltig, drüsig, mit abstehenden, eilanzettlichen, zugespitzten Zipfeln. Krone präsentiertellerförmig, leuchtend rot oder weiss, mit 5 nach rechts gedrehten, radförmig ausgebreiteten, schief abgeschnittenen Zipfeln; im Schlunde mit 5 gezähnten oder geschlitzten Schuppen (Nebenkrone) besetzt (Fig. 3033g). Staubblätter im Schlunde befestigt, in der Krone eingeschlossen, mit einem lang schwanzförmig über die Antheren hinaus vorgezogenen, behaarten Mittelbande (Konnektiv) und einer unter dem Antherenkegel liegenden Platte. Fruchtknoten in jedem Fach mit zahlreichen Samenanlagen, am Grunde ohne Honigdrüsen; Griffel fadenförmig, mit dickem, zylindrischem Narbenkopf. Balgkapseln schotenartig verlängert (Fig. 3033 d), gerade, etwas zusammengedrückt, aufrecht, deutlich kantig, bis 15 cm lang, längere Zeit zusammenhängend, später wenig spreizend. Samen dicht zottig, an der Spitze mit hinfälliger Haarkrone (Fig. 3033e). — VII bis IX.

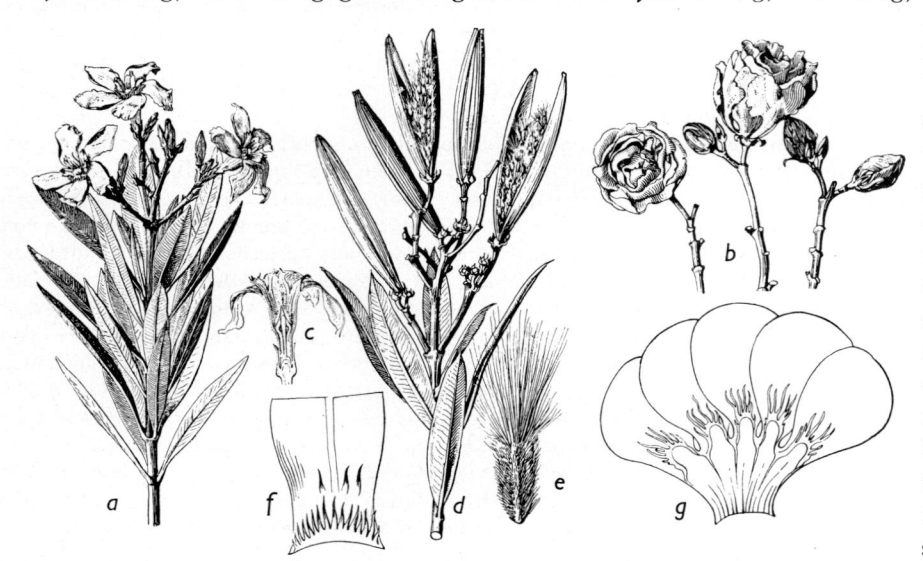

Fig. 3033. Nerium Oleander L. *a* Blühender Zweig. *b* Zweig mit gefüllten Blüten. *c* Blüte. *d* Fruchtender Zweig. *e* Samen. *f* Axilläre Papillen am Grunde eines Laubblattes. *g* Ausgebreitete Krone und Nebenkrone (Fig. *f* und *g* nach Glück).

Angeblich wild an felsigen Abhängen am Gardasee (am Westufer am Ponale bei Riva, häufiger am Ostufer). Ausserdem allgemein als Topf- und Kübelpflanze kultiviert.

Allgemeine Verbreitung: Mittelmeergebiet (von Südportugal und Nordafrika bis Palästina, Syrien und Mesopotamien).

---

¹) Griech. νήριον [nérion] bei Dioskurides (Mat. med. 4, 81) Name von Nerium odorum Sol.
²) Anscheinend zu lat. ólea = Oelbaum gehörig; wegen der ähnlichen Blätter.

Ueber die Heimat dieser wohlbekannten Zierpflanze gehen die Ansichten sehr auseinander. K. Koch und Willkomm nehmen das westliche Mittelmeergebiet (Südspanien, Portugal, Marokko) als die eigentliche Heimat des Oleanders an und betrachten das Vorkommen in den übrigen Teilen des Mittelmeergebietes als sekundär, während Carl Sprenger eher eine Wanderung aus dem Osten (Peloponnes, Kleinasien) nach dem Westen für wahrscheinlich hält. Allerdings war der Oleander Homer anscheinend nicht bekannt. Dagegen ist er auf einem kretischen Wandgemälde aus dem 14. Jahrhundert vor Chr. dargestellt. Auch wird er auf den Wandgemälden von Pompeji wiedergegeben. In Spanien findet er die Bezeichnung „adelfa", welches Wort sich von dem arabischen „difla" herleitet; auf Korsika (St. Florent) heisst er Belladonna, in Griechenland rhododaphne, in Syrien orodafni. Nerium Oleander ist in seiner Heimat an ein mildes Klima und an feuchte, wenigstens zeitweise wasserführende Orte gebunden. Am meisten sagt ihm ein fetter Alluvialboden, der auch in heissen Sommern genug Feuchtigkeit bewahrt, zu; andererseits gedeiht er ebenso üppig auf Kiesboden und auf reinem Flusssande. Aehnlich wie bei uns die Weiden, begleitet Nerium Oleander im Mittelmeergebiet in den Tälern und Trockengebieten die Wasserläufe. Stellenweise geht er auch in die umgebenden Macchien über oder bewohnt wie in Dalmatien den ganz nackten Felsboden. Fossil ist der Oleander bereits aus dem Pliozän von Südeuropa nachgewiesen. Wegen seiner prächtigen und lange andauernden Blüten wird der Strauch in Mitteleuropa allgemein, mit einfachen, hell und dunkelroten, weissen und gestreiften, wie auch mit gefüllten Blüten als Kübel- und Topfpflanze gehalten. In Südeuropa befinden sich über 20 Varietäten in Kultur. Bereits im Jahre 1560 wird er von Conrad Gesner aus dem Garten des C. S. Curio in Basel, 1597 unter dem Namen Nerion flore rubro aus dem fürstbischöflichen Garten von Eichstätt (Bayern) erwähnt. Allerdings muss der Strauch im Winter an frostgeschützte Orte gebracht werden. Der

Fig. 3034. Nerium Oleander L., Sproßende mit deutlich sichtbarem dreigliedrigem Blatt und Zweigwirtel. Phot. Th. Arzt, Wetzlar.

Oleander ist nicht nur für alle Pflanzenfresser — ganz besonders für Pferd, Esel, Ziege und Schaf, doch auch für Kaninchen, Hasen usw. — ein starkes Gift, sondern auch für den Menschen. Auch wird der Strauch im Süden von allen Weidetieren geflissentlich gemieden. Diese giftigen Eigenschaften sollen sich sogar dem Fleisch, welches an den aus Oleanderholz geschnittenen Bratspiessen aufgehängt wird, mitteilen. So ist bekannt, dass von 12 französischen Soldaten, die 1808 in Spanien ihre Fleischration an einem als Bratspiess verwendeten Oleanderbäumchen kochten, 8 starben und 4 schwer erkrankten. Als Giftpflanze wird der Oleander bereits von Theophrast auf dem Alexanderzug (334 bis 323 vor Christus) erwähnt, und zwar machte er sich besonders bei den Zugtieren, ähnlich wie Calotropis procera, als gefährlich bemerkbar. Ebenso war die Giftwirkung Plinius und Galenus bekannt. Tatsächlich sind in den

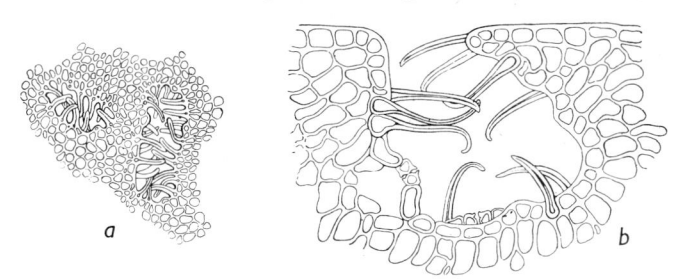

Fig. 3035. Nerium Oleander L. *a* Flächenschnitt durch das Laubblatt. *b* Querschnitt mit kesselartiger Höhlung.

Blättern (Fólia Nérii) und in der Rinde verschiedene Glykoside (Neriin, Oleandrin, Nerianthin, Pseudocurarin, Rosaginin) mit digitaleinartiger Wirkung festgestellt worden, was wegen der so nahen systematischen Verwandtschaft des Oleanders mit Strophanthus nicht allzu sehr überraschen darf. In der Heimat werden Abkochungen oder Tinkturen der Blätter als Menstruation beförderndes Mittel, sowie als Abortivum verwendet, ebenso gegen Krätze, Aussatz, Hautausschlag usw. Allerdings treten nach dem Genusse von derartigen Abkochungen nicht selten

Vergiftungserscheinungen, wie Kopfschmerzen, Uebelkeit, Erbrechen, Verlangsamung des Pulses auf. Die homöotherapeutische Schule wendet nach Hugo Schulz die Tinktur aus den Blättern in Fällen von Tachykardie und Stenokardie an. Nach dem gleichen Autor ist es K. Wiener gelungen, den Nachweis zu erbringen, dass diese Tinktur — ähnlich wie Digitalis und Gratiola — die Fähigkeit besitzt, das Vermögen, Grün zu sehen, zu beeinflussen. — Die Blüten, die abends duften, sind als homogame Falterblumen zu deuten. Die 5, mit langen, oben zusammengedrehten Fortsätzen versehenen Staubblätter bilden über der am Rande zerschlitzten Nebenkrone einen die Mitte des Blüteneinganges einnehmenden, 8 bis 9 mm langen und 4 mm breiten, lockerwolligen, weisslichen Kolben, der mit der Nebenkrone den Eingang derartig verschliesst, dass einzig langrüsselige Schmetterlinge bis zu dem etwa 10 mm tiefen, nektarhaltigen Blütengrunde vordringen können. Als Bestäuber sind grössere Falter, vor allem der Oleanderschwärmer (Sphinx Nérii), zu nennen. Glück hält die Nebenkrone für eine echte Ligula, die von Laubblattstipeln abzuleiten ist. Die Samen sind gegen ungünstige Kulturbedingungen nach Vilmorin und Kinzel sehr empfindlich. Namentlich geht im Licht ein Teil (bis 16%) allmählich zugrunde, während im Dunkeln erzogene Samen bis zu 74% gesund wachsende Pflanzen erzeugten. Bezeichnend für den xeromorph gebauten Strauch sind die in die kesselartigen, unter das Niveau der Blattunterseite eingesenkten Spaltöffnungen (Fig. 3135), ebenso das aus 2 bis 3 Zellschichten bestehende Wassergewebe im Blattinnern. Die Laubblätter können gelegentlich in Paaren oder aber in 4-gliederigen Wirteln auftreten, womit das ziemlich häufige Auftreten gegabelter Blattspreiten (mit Uebersprietung) in Zusammenhang steht. Die Füllung der Blüten (Fig. 3033 b) wird gewöhnlich durch die Petalisierung der Staubblätter bedingt (die Konnektive werden zuerst verbildet), seltener durch eine Vermehrung der Kronblätter; zuweilen können auch einige Kelchzipfel petaloid ausgebildet sein. Nach Masters sind die Schuppen der Paracorolla bisweilen in Staubblätter verwandelt. Der Oleander vermehrt sich gelegentlich durch Wurzelsprosse. Wiederholt wurde er künstlich erfolgreich mit der Mistel infiziert. Von Zoocecidien wurde Aspidiótus Nérii Bouché beobachtet.

## 110. Fam. Asclepiadáceae.[1]) Seidenpflanzen.

Ausdauernde Stauden, Halbsträucher, seltener Sträucher oder Bäume mit ungegliederten Milchsaftschläuchen und markständigem Siebgewebe. Laubblätter gegen=, seltener wechselständig oder quirlig, einfach, meist ganzrandig. Nebenblätter fehlend. Blüten in meist cymösen, oft trugdoldigen Blütenständen oder einzeln, zwitterig, strahlig und 5=gliederig. Kelchblätter 5, frei oder nur am Grunde verwachsen. Krone unterständig, verwachsenblättrig, mit in der Knospenlage gedrehten, seltener klappigen

Fig. 3036. Hoodia macrantha Dinter, in Südwestafrika (nach Goetze).

Abschnitten, bisweilen mit Anhängseln. Staubblätter frei oder am Grunde verbunden, oft auch mit dem Gynaeceum zu einem Gynostegium vereinigt, in der Regel am Grunde oder am Rücken mit kronblattartigen, eine Nebenkrone bildenden Anhängseln (Fig. 3029 c). Pollen zumeist zu Pollinien verklebt, selten in Tetraden, körnig und in löffelförmigen, einer Klebscheibe aufsitzenden Behältern; zwischen den Staubbeuteln am Narbenkopfe hornartige, durch wagrechte Arme mit den Pollinien (Fig. 3039 f) verbundene Körperchen (Translatoren). Frucht-

---

[1]) Griech. ἀσκληπιάς [asklepiás] bei Dioskurides (Mat. med. 3, 92) Name einer Pflanze (Asclepias Dioscoridis) mit efeuähnlichen Blättern und wohlriechenden Wurzeln. Als Heilpflanze vielleicht nach dem Heilgotte Asklepios (Aesculapius) oder nach einem Arzte Asklepiades benannt.

blätter 2, meist oberständig, mit gewöhnlich vielen (selten weniger oder nur 1) hängenden, umgewendeten Samenanlagen. Griffel 2, einfach oder oben zu einem flachen, 5=kantigen, kegelförmigen oder 2=schenkeligen, auf der Unterseite die Narben tragenden Kopfe verbunden. Frucht in 2 an der Bauchseite aufspringende, freie Balgfrüchte zerfallend. Samen meist viele, eiförmig oder länglich zusammengedrückt, bisweilen mit Hautrand, an der Spitze meist einen Schopf weisser, seidenglänzender Haare tragend (Fig. 3046 g).

Die rund 2200 Arten umfassende, ausserordentlich formenreiche und vorwiegend tropische Familie setzt sich aus etwa 280 Gattungen zusammen, von denen etwa die Hälfte monotypisch sind, während zu den grossen Gattungen Gomphocárpus L., Cynánchum L. (beide mit je etwa 100 Arten), Asclépias L., Ceropégia L., Oxypétalum R. Br., Stápelia L. (mit etwa 80 Arten), Hóya R. Br., Marsdénia R. Br., Gonólobus Mich. (mit 70 Arten), Secamóne R. Br. (mit 50 Arten), Carallúma R. Br. und Tylóphora R. Br. (mit rund 40 Arten) gehören. Das Hauptverbreitungsgebiet liegt in der Alten Welt, wo rund ²/₃ aller Gattungen vorkommen. Der Rest ist amerikanisch. Grössere Bildungszentren liegen im Kaplande, das etwa 400, fast zu allen Tribus und Subtribus zählenden Arten aufweist, und im südlicheren Amerika, wo die Heimat der Tribus der Gonolóbinae und Oxypetálinae liegt. Andere Gruppen sind weiter verbreitet und treten auch in Asien, Australien und Europa auf. Letzteres wird im Süden (Mittelmeergebiet) noch von den Gat= tungen Periplóca (P. Græca L. und P. levigáta Ait.) und Vincetóxicum (pag. 2067), sowie von Cynánchum acútum L. (= C. Monspelíacum L.), Marsdénia erécta (L.) R. Br. (Albanien), Gomphocárpus fruticósus (L.) R. Br., franz.: Faux cotonnier (wohl nicht ursprünglich, nur verwildert) und in Spanien von der succulenten Carallúma Europǽa (Guss.) N. E. Br. (Fig. 3043) erreicht. Vincetóxicum officinále dringt als einzige Ascle= piadacee in Mittel= und Nordeuropa bis zum 61° nördl. Breite vor. In Nordamerika wird die Nordgrenze durch Asclepias incarnáta L. bei 54° nördl. Breite gebildet. Die Südgrenze erreichen Asclepias campéstris Dcne. in Uruguay und Diplolépis R. Br. in Chile, Tylóphora barbáta R. Br. und Marsdénia viridiflóra R. Br. in Victoria und eine grössere Artenzahl in Australien. — Die Arten sind vorwiegend windende Halbsträucher, in geringerem Masse ausdauernde Stauden, während hohe Bäume und grössere, aufrechte Sträucher zu den Seltenheiten zählen. Anpassungen an trocken=warme (xerische) Klimate sind zahlreich. Hervorzuheben ist die oft weitgehende Rückbildung der Laubblätter, mit der teils Sukkulenz, teils Ephedra= oder Spartium=artige Tracht (Habitus) verknüpft ist. Nament= lich südafrikanische Gattungen (Stapélia, Hóodia Sweet

Fig. 3037. Dischidia Rafflesiana Wallich. Phot. E. Hahn, Kirchheimbolanden.

[Fig. 3036], Freréa Hook. f., Echidnópsis Hook. f., Carallúma usw. besitzen eine kaktusartige oder an fleischige Euphorbien erinnernde Tracht. Periplóca=Arten und Leptadénia pyrotéchnica (Forsk.) Dcne., Bewohner von Wüsten, haben rutenartige Zweige. Bei anderen Gattungen sind die Laubblätter dick=fleischig. Bei Dischídia R. Br., einer epiphytischen, madagassisch=malayischen und auf Kuba auftretenden Gattung ist ein Teil der Laubblätter zu grossen Taschen umgebildet (Fig. 3037), die früher von Beccari, ent= sprechend denen von Nepenthes, als Fang= und Verdauungsorgane angesprochen wurden, die aber wahrscheinlich nur Wasserbehälter für ihre Wurzeln darstellen. Auch werden sie von Ameisen bewohnt. Sehr eigenartig und äusserst mannigfaltig ist der Bau der meist kaum 1 cm langen, in der Regel weiss, grünlich oder gelblich, selten rot oder blau gefärbten Blüten. Die Kronblätter sind in der Regel tief gespalten und radförmig, seltener zu einer Röhre zusammengefügt und dann mit einem flächenartigen Saume versehen oder trichter= bis kugelförmig gestaltet. Bei einigen Gattungen sind die Kronzipfel lang ausgezogen, bei Tricho= sácme Zucc. schweifartig behaart. Die Staubblätter und der Stempel werden ursprünglich getrennt angelegt, verschmelzen aber später fest miteinander und bilden ein Gynostegium. Die Mittelsäule wird dabei von den zwei ursprünglich freien, später an der Spitze verwachsenden Fruchtblättern eingenommen. Die Krönung des Fruchtknotens führt den Namen Narbenkopf, bei welchem die eigentliche Narbe allerdings auf die Unterseite beschränkt ist, während die oberen und seitlichen Teile infolge Funktionswechsels der Bildung von Klebstoff bezw. der Ausscheidung der Translatoren dienen. In seinen Umrissen ist der Narbenkopf 5-kantig (Fig. 3038 a), eine Gestalt, die nach K. Demeter (Vergleichende Asclepiadeenstudien. Flora, N. F. Bd. 15, 1922) durch die Druckverhältnisse hervorgerufen wird, welche durch die um den Narbenkopf angeordneten (bei der Unterfamilie der Periplocoideae mit dem Narbenkopf verwachsenen und meist mit Staubfäden versehenen, bei der Unterfamilie der Cynanchoideae freien und meist staubfadenlosen) Staubbeutel bedingt wird. Diese schliessen mit ihren Seitenrändern stets eng aneinander und bilden dadurch eine Art von Staubbeutelröhre. Ihr unterer Teil ist verhärtet und bildet den Grundkörper, dessen seitliche Ränder (Leitschienen) nach aussen vorgewölbt sind. Gemeinsam mit dem Aussenrand des benachbarten Grundkörpers wird dadurch eine Rinne gebildet, die bei der Bestäubung den Fuss, bezw. Rüssel des besuchenden Insektes zu den Pollen leitet. An den Grundkörper schliesst sich nach oben durch einen Absatz getrennt der Endkörper an, den bei einer Gruppe der Familie (der Tribus der Asclepiadeae) nur ein häutiges Anhängsel (Mittelbandanhängsel, Konnektivfortsatz) bildet, das bei kegelförmigen Griffelköpfen diesen angepresst, bei flachen diesen aufgelegt ist. Die Zahl der Pollenfächer beträgt mit Ausnahme bei der Gattung Secamone bei allen Asclepiadaceen 2, was vielleicht darauf zurückzuführen ist, dass die beiden fehlenden Fächer in die Leitschienen umgewandelt worden sind. Bei Secamone dürfte die dort vorhandene normale 4-Zahl sekundär durch die Bildung falscher Scheidewände zustande gekommen sein. Der Pollen ist bei den Periplocoideae zu Tetraden, bei den Cynanchoideae dagegen zu 1 (selten 2) festen, wachsartigen, keulen- oder scheibenförmigen Körpern (Pollinien, Pollenballen) vereinigt. Die Leitschienen überwölben an ihrem oberen Ausgang die befruchtungsfähige Narbe (Narbenkammer). Gleichzeitig befinden sich an diesem Ausgang

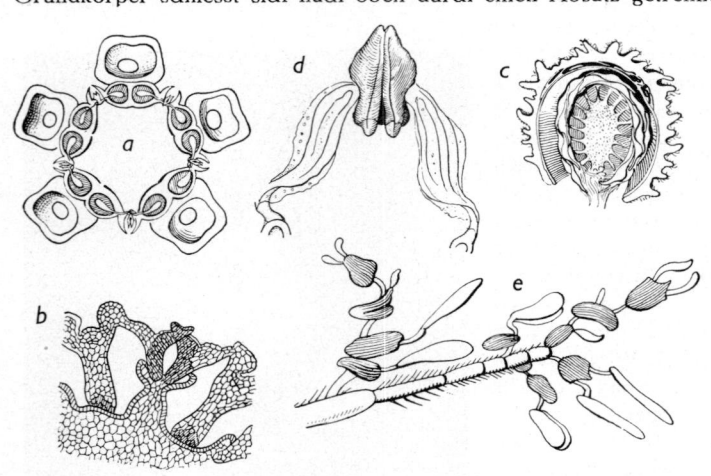

Fig. 3038. Asclepias Cornuti Dcne. *a* Querschnitt durch die Blüte. *b* Querschnitt durch einen Teil der Mittelsäule. *c* Längsschnitt durch die Frucht. — A. Curassavica L. *d* Klemmkörper. *e* Schmetterlingsfuss mit 11 Klemmkörpern und 8 Staubkölbchen (*a* nach Kerner, *b* nach Eduard Kuhn, *d* nach K. Demeter, *e* nach Knuth).

merkwürdige Gebilde, die Translatoren, die einzig im Dienst der Pollenübertragung stehen. Die ersten Andeutungen dieser Körper hat Demeter bei den Apocynaceen nachgewiesen. Bei den Asclepiadaceen finden sich die einfachsten Formen davon bei den Periplocoideae, wo sie aus 3 in engem Zusammenhang befindlichen Teilen bestehen: einem düten-, schaufel- oder füllhornartig geformten Becher (Löffel, Schaufel), der zur Aufnahme des Pollens aus den beiden benachbarten (aber verschiedenen Staubbeuteln angehörigen) Thecae dient, einem Stiele und einer Klebscheibe. Bei den Cynanchoideae hingegen wird der Translator aus 2 vollkommen verschiedenen Teilen gebildet: dem sog. Klemmkörper, der meist eiförmig abgeflacht ist, bisweilen aber (namentlich bei der Gattung Oxypetalum) hammerförmig, kahnförmig usw. sein kann und oberseits von einer an der Spitze geschlossenen Rinne durchzogen ist, und den sog. Armen, meist dünnen, fast fadenförmigen, seltener flächenförmigen und stets hygroskopischen Stäben, an denen die Pollinien ansetzen. Die Stellung der letzteren zu den Translatoren und ihrem Klemmkörper bilden eine wichtige Grundlage für die Umgrenzung der Tribus. Eine weitere Verwicklung im Aufbau der Asclepiadeenblüte wird durch das ständige Auftreten einer Nebenkrone (Parakorona) hervorgerufen, die in der Gestalt auffällig geformter Zipfel, bisweilen auch als geschlossenes ring- oder becherförmiges Gebilde in der 5-Zahl oder deren Vervielfältigung auftritt und entweder an der Krone oder an der Staubblattröhre angeheftet ist. Die korolline Parakorona ist in der Regel einfach gebaut und dürfte durch Auswüchse aus der Innenseite der Kronblätter entstehen; die staminale Korona hingegen ist ein vielfach sehr verwickelt aufgebautes Anhangsgebilde der Staubblätter und dient stets als Hilfsapparat für die Pollenübertragung, indem sie Honig enthält oder als Leitlinie dient. Sie ist bald schuppen-, kappen-, zangen-, spatel- und blattförmig oder krummhornig, bald stellt sie einen den Staubblattkegel umgebenden Hohlkörper dar, der bisweilen ausserordentlich zierliche Formen aufweisen kann. In den am verwickeltsten aufgebauten Blüten treten beide Koronen nebeneinander auf, oder aber die staminale ist doppelt vorhanden. — Das Anlocken der Insekten erfolgt teils durch angenehme, teils durch widerliche Blütendüfte. Namentlich die sukkulenten Formen zeichnen sich durch Aasgeruch aus (Aasblumen), manche so stark, dass ihre Kultur dadurch beinahe unmöglich ist. Vielfach steht auch die trübpurpurne Blütenfarbe in Einklang mit dem Geruch. Die anfliegenden Dipteren legen bisweilen in den Blüten ihre Eier ab; doch gehen deren auskriechende Maden unbedingt später infolge von Nahrungsmangel zugrunde. Die Pollenübertragung bei den Periplocoideae besitzt viel Aehnlichkeit mit derjenigen der Ophrys-Arten und ihrer Verwandten (vgl. Bd. II, pag. 336). Im männlichen Stadium der Blüte steht die von einer zähen Flüssigkeit überzogene Klebscheibe stets nach aussen. Wird diese von einem besuchenden Insekt berührt, was zumeist mit dem Kopfe geschieht, so heftet sie sich an diesen. Durch die Bewegungen des Tieres wird der ganze Translator aus der Blüte herausgezogen und damit auch die Pollenmassen, die inzwischen von den einwärts aufspringenden Staubbeuteln auf den Löffel ausgeschüttet worden sind. Gelangt das Insekt auf eine zweite Blüte, so wird es mit seiner Bürde die empfängnisfähige Narbenstelle unter dem Narbenkopfe berühren und dabei eine Uebertragung einiger Pollentetraden verursachen. Bei den Cynanchoideae ist die Uebertragung der Pollinien, da die haftende Klebscheibe durch einen nicht klebrigen, aber mit einem Spalt versehenen Klemmkörper ersetzt ist, etwas verwickelter. Entscheidend dafür, welche Teile des Insektenkörpers als Ueberträger dienen, ist die Stellung der Honig absondernden Stellen zu den Staubblättern. Stehen beide in gleicher Richtung übereinander, so heften sich die in der Regel schwarzen Klemmkörper an die Füsse der Insekten; wechseln sie miteinander ab, so heften sich die Klemmkörper an den eingeführten Insektenrüssel. Als Beispiel für den ersten Fall können die Arten der Gattung Asclepias dienen, deren Biologie von zahlreichen Forschern, wie von Delpino, Hildebrand, Herm. und Fr. Müller, Ch. Robertson (Notes on the Mode of Pollination of Asclepias. Botanical Gazette, XI) untersucht worden ist. Bei Asclepias Cornuti findet sich der Honig in den kappenförmig zusammengezogenen Kronzipfeln, aus deren Mitte ein hornförmiger Körper emporsteigt, der die Mittelbandsfortsätze auf dem Narbenkopfe festhält. Ein anfliegendes Insekt vermag sich nun auf dem glatten Narbenkopfe nicht zu halten, sondern gleitet mit seinen Beinen an die weniger glatten Flanken der Staubblattröhre, an derem oberen Ausgang der Klemmkörper sitzt. Bei dem Versuche, sich zu befreien, wird der eingeklemmte Fuss in den Spalt aufwärtsgezogen und dringt dabei in die am Klemmkörper befindliche Rinne ein. Durch den Zug des Tieres wird dieser Körper von seiner Unterlage abgelöst, wobei gleichzeitig die in den Pollentaschen befindlichen Pollinien mit herausgerissen werden. Beladen mit dieser Last gelangt das Insekt dann auf eine zweite Blüte, wo die Pollinien unter günstigen Umständen wieder in den Spalt eingeführt und bei einem erneuten Befreiungsversuch des Tieres in die Narbenkammer gezogen werden, wo sie meist abreissen und die Bestäubung vollführt wird. Der an den Füssen hängenbleibende Translator gerät nun unter Umständen wiederum in den neuen Klemmkörper und beladet sich dadurch von neuem mit Pollinien. Auf diese Weise können ganze Ketten von Klemmkörpern an den Insektenbeinen entstehen (Fig. 3038 e); Ch. Robertson beobachtete am Fusse einer Honigbiene eine solche Kette von nicht weniger als 18 Klemmkörpern. Zur Bestäubung der „Klemmfallenblüten" sind allerdings nicht alle Besucher geeignet. Robertson fand von 72 Insekten nur 27 dazu befähigt. 32 Arten konnten die Blüten nur mit grosser Lebensgefahr besuchen und 7 Arten, darunter auch die europäische Honigbiene, verfielen bei dem Besuche dem Tode, da sie zu schwach waren, sich zu befreien. Bei Asclepias Sullivántii Engelm. wurden an einer Pflanze, die 52 Samenkapseln hervorgebracht hatte, 147 tote Bienen aufgefunden, an einem anderen Stocke im Verlaufe von 14 Tagen sogar deren 671, oft 4, einmal sogar 7 in einer Dolde. Viele der gefangenen Tiere fallen den Ameisen, Spinnen usw. zum Opfer. Am geeignetsten zur Pollenübertragung sind Papilioniden und andere grosse Tagfalter; fast stets dem Tode verfallen sind grössere, schwere Dipteren. Sphingiden, Aegeriaden und Trochilus, sowie sehr leichte oder zu kurzbeinige Insekten entnehmen zwar Nektar, gelangen aber nicht an die Pollinien. In Abessinien wurden auch Honigvögel, im Amazonasgebiete Kolibris als Bestäuber beobachtet. Bei gewissen Gattungen, z. B. bei Stapélia, Araújia, Vincetoxium usw. erfolgt die Translatorenübertragung regelmässig durch

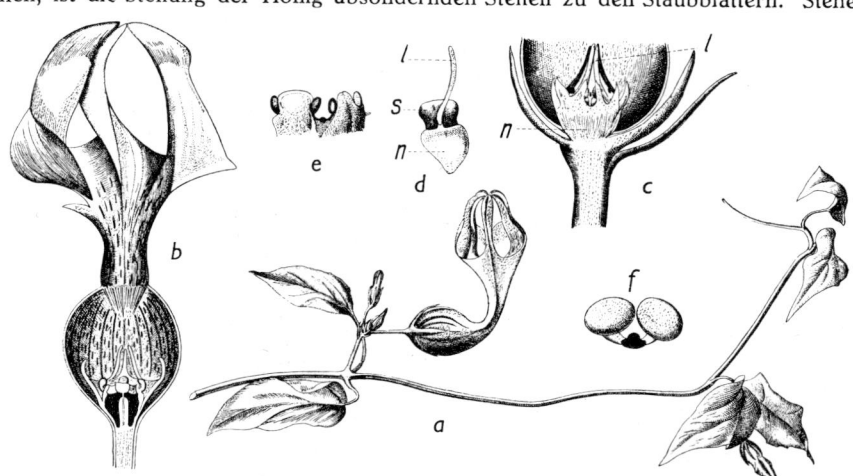

Fig. 3039. Ceropegia Sandersonii Dcne. *a* Blühender Spross. *b* Blüte aufgeschnitten, *c* unterer Teil derselben. *d* Staubblatt mit Nebenkrone. *e* Staubblatt. *f* Translator mit 2 Pollinien (*n* = Nebenkrone oder Paracorona, *l* = Ligulae oder Staminalcorona, *s* = Staubblattanlage). Orig. von Dr. G. Hegi.

den Saugrüssel (Näheres vgl. unter Vincetoxium pag. 2071). Eine dritte biologische Blütenform findet sich in der Gattung Ceropegia, deren verlängerte Kronröhre am Grunde bauchig angeschwollen ist und eine Kesselfalle von der Art darstellt, wie sie bei Aristolochia (vgl. Bd. III, pag. 163 und Bd. I, pag. CXLI) entwickelt ist. Der Blüteneingang ist durch nach unten gerichtete Haare ausgekleidet (Fig. 3039 b), so dass kleine Insekten wohl hinein, nicht aber wieder herauskriechen können. Erst einen Tag nach der Vollblüte kräuseln sich die Haare und geben dadurch den Ausgang frei. Bald darnach knickt die Krone ganz zusammen und schliesst den Blütenraum endgültig von der Aussenwelt ab (vgl. Leopoldine Müller. Zur biologischen Anatomie der Blüte von Ceropegia Woodii Schlechter. Wien, 1926).

Die Früchte der Asclepiadaceen sind sehr einfach gebaute, an der Bauchseite aufspringende Balgkapseln, die die Form von etwas einseitig abgeplatteten Spindeln, seltener von rundlichen aufgetriebener Kugeln besitzen und aussen in der Regel glatt, nur selten stachelig oder flügelig sind. Bei der Reife lösen sich die flachen, meist mit einem Haarschopf versehenen Samen nacheinander aus der aufgesprungenen Frucht; die Schopfhaare entfalten sich zu einem halbkugeligen Schirm, durch den die Samen vom Winde leicht verfrachtet werden. Die Samen von Dischidia dürften nach S. W. Bailey durch Ameisen verbreitet werden. — In anatomischer Beziehung ist die Familie durch ungegliederte Milchsaftschläuche (Fig. 3049 d bis f) und durch intraaxillären Weichbast ausgezeichnet, teilt aber diese Merkmale mit den nahe verwandten Apocynaceen, aus welchen sie durch Weiterentwicklung einzelner Merkmale hervorgegangen sein dürfte und von denen sie sich, wie bereits oben erwähnt, durchgreifend nur durch den Besitz der Translatoren unterscheidet. R. Schlechter trennt die Unterfamilie der Periplocoideae auf Grund der fehlenden Klemmkörper und der Beschaffenheit des Pollens ab und erhebt sie in den Rang einer eigenen Familie, die den Apocynaceen näherstehen soll als den Asclepiadaceen. Die Milchsaftgefässe finden sich nach Mayus stets als Begleiter der Leitbündel und sind dadurch bemerkenswert, dass sie deren Bahnen bis in die feinsten Verzweigungen folgen und infolgedessen oft Netzanastomosen bilden, dass sie ferner in den grossen Laubblattnerven zahlreiche H-förmige Verbindungen untereinander aufweisen und dass ein Austritt aus den Gefässbahnen in der Regel nicht vorkommt, ebenso wie blatteigene Milchröhren fehlen. Die Wurzeln stehen häufig in Verbindung mit einer endotrophen Mykorrhiza, die am deutlichsten bei sukkulenten Formen entwickelt ist, während sie bei anderen Lebensformen seltener ist oder ganz fehlt (Näheres vgl. Busich, E., Verhandlungen der zoologisch-botanischen Gesellschaft Wien, LXIII, 1913). — Fossil glaubt man die Familie in Laubblättern, Früchten und Samen aus der oberen Kreide von Grönland und aus dem arktischen und europäischen Tertiär (als Acerátes R. Br. znsammengefasst) nachgewiesen zu haben. Ferner wird Periploca Graeca aus quartären Tuffen der Toskana angegeben, ist aber ebenfalls nicht einwandfrei sichergestellt.

Fig. 3040. Hoya carnosa R. Br. Phot. E. Hahn, Kirchheimbolanden.

Im Verhältnis zu ihrem Umfang liefern die Asclepiadaceen wenige Nutzpflanzen. Einige sind durch spezifische, toxische Glykoside und Alkaloide ausgezeichnet, sind aber im Allgemeinen viel weniger giftig als viele Apocynaceen. Als medizinische Pflanze kommt für Mitteleuropa fast einzig Marsdénia Condurángo Rchb. f., in Betracht, ein Kletterstrauch mit behaarten Trieben aus den tropisch-andinen Gebieten von Ekuador und Kolumbia, dessen getrocknete Rinde der oberirdischen Achsen als Córtex Condurángo, Condurango- (= Geier-)Rinde, Écorce de Loxa, Condurango bark, im Deutschen Arzneibuch VI (1927) und in der Pharm. Austr. et Helv. offizinell ist und namentlich als Extractum Condurango fluidum, sowie als Condurango-Wein als gutes Magenmittel verwendet wird. Als Heilmittel gegen Magenkrebs hat es sich jedoch nicht bewährt. In ihrer Heimat wird die Rinde auch als Schlangenmittel benutzt (näheres vgl. A. Tschirch, Handbuch der Pharmakognosie pag. 1542). Nach K. Kubler (Archiv der Pharmagnosie, CCXLVI, 1908) sind die wichtigsten chemischen Stoffe das kolloidale Glykosid Condurangin $C_{40}H_{60}O_{16}$ (ein Nervengift), ferner Kondurit $C_6H_{10}O_4$ und verschiedene Kohlehydrate. Aetherisches Oel wurde in Spuren nachgewiesen. Als Verfälschungen kommen andere Arten der Gattung, sowie Aristolochia-Arten in Betracht. Obsolet ist die Kalliandrarinde, span.-mexik.: Ponbotano oder Pombotano (Córtex Calotrópidis rádicis, Rádix Múdari), die von der von Senegambien bis Hinterindien verbreiteten Calótropis procéra R. Br. und der von Vorderindien über den malayischen Archipel bis nach Südchina heimischen C. gigantéa R. Br. gewonnen wird. Sie soll das bittere Mudarin enthalten und wird in Mitteleuropa vereinzelt seit 1881 zur Bereitung einer Tinctúra Calótropis verwendet. In der Heimat dient sie als bitteres tonisches Mittel, als Ersatz für Rádix Ipecacuánha, als abführendes Mittel, gegen Wechselfieber, Gicht, als Brechmittel, gegen Elephantiasis, Lues, Würmer, Schlangenbiss usw. Der Milchsaft liefert den Mudargummi oder Madár-Guttapercha, in der Alban, Fluavil und Gutta auftritt und die als Ersatz für Guttapercha benutzt wird. Von Cynanchum acutum stammt das purgierend wirkende Scammónium gállicum (Scammonée de Montpellier). — Ebenfalls obsolet sind die Fólia Gymnémae silvéstris von Gymnéma silvéstre (Willd.) R. Br., welche schwach sauer schmecken und für Diabetiker bei bitteren Parageusien als Mundwasser empfohlen werden. In ihrer Heimat (namentlich Vorderasien und Nord- und Mittelafrika) dienen die Blätter auch als Schlangen-, Brech- und Schnupfmittel. Durch ihren Genuss soll das Gefühl für süss und bitter für 1 bis 2 Stunden verloren gehen. Diese Wirkung scheint von der Gym-

Fig. 3041. Periploca Graeca L. *a* Blühender Zweig. *b* Blüte. *c* Löffel. *d* Schema des Griffelkopfes (von unten gesehen). *e* Längsschnitt durch den Griffelkopf (*c* bis *e* nach K. Demeter).

nemasäure ($C_{32}H_{55}O_{12}$) auszugehen. Botanische Einzelheiten vgl. besonders C. Busch (Beiträge zur Kenntnis der Gymnema silvestre. Erlangen, Dissert. 1895). In Vorderindien wird Secamóne emética R. Br. als gutes Brech- und antisyphilitisches Mittel verwendet. — Die stark abführenden Laubblätter der ägyptisch-arabischen Solenostémma Argél (Del.) Hayne („Mekka Senna") finden sich bisweilen als Verunreinigung unter den Alexandrinischen Sennesblättern. — Verschiedene Asclepías-Arten, von denen z. B. A. Curassávica L. in den oberirdischen Teilen (obsolet ist Hérba Asclepíadis curassávica) Asclepiadin, Ascleoin (?) und Asclepion, in den Wurzeln Vincetoxin enthält, dienen als Volksmittel, A. Cornúti L., A. incarnáta L., A. tuberósa L. im besonderen als Heilmittel bei Lungenleiden, Asthma, als Emeticum, Haemostaticum, gegen Gonorrhoe, zu Kataplasmen bei Geschwülsten und Ausschlägen usw. (siehe auch Vincetoxicum, pag. 2073). Als Fischgift gilt der Milchsaft von Cynánchum sarcostemmoides K. Schum.; andere starke Gifte stammen von dem javanischen Sarcolóbus Spanoghéi Miq. (mit dem Giftstoff Wali Kambing von curareartiger Wirkung), von der mediterranen Periplóca Graeca L. (pag. 2064), von der madagassischen Cryptostégia grandiflóra (Roxb.) R. Br., bei der besonders die Laubblätter stark giftig sind. Der Milchsaft dieser Art, sowie der verwandten C. Madagascariénsis Boj. liefern einen, praktisch allerdings wenig benutzten Kautschuk (Palay-Kautschuk). — Sehr reichlich wird Milchsaft von verschiedenen Sarcostémma-Arten ausgeschieden, z. B. von S. viminále (L.) R.-Br., von der er in Indien als Ersatz von Kuhmilch getrunken wird, und von S. Brunoniánum W. et Arn., bei welcher er säuerlich schmeckt und als durststillendes Mittel genossen wird. — Technisch verwertbare Bastfasern entstammen z. B. der Calótropis gigantéa (Yercumfaser). Die Faser ist bis über 40 cm lang, zeichnet sich durch sehr gleichmässigen Bau aus, ist unverholzt und trotz ihrer Feinheit fester als die des Hanfs. Sie wird besonders in Indien verwendet, scheint aber auf dem europäischen Markte fast unbekannt zu sein. Eine ebenfalls sehr brauchbare Faser (der Rajemahl-Hanf, Getee oder die Jeti-Faser) wird von Marsdénia tenacíssima (Roxb.) W. et Arn. geliefert, die sehr elastisch und gegen Witterungseinflüsse widerstandsfähig ist. Weitere Bastfasern stammen von Gomphocárpus fruticósus R. Br. (vgl. Tropenpflanzer, 1912), Leptadénia pyrotéchnica (Forsk.) Dcne. (als Lunte und Deckmaterial für Dächer), Daémia cordifólia (Retz.) K. Schum. und D. Angolénsis Dcne. usw. Die durch einen hohen Seidenglanz ausgezeichneten Samenhaare einer grösseren Artenzahl werden als „vegetabilische Seide" in den Handel gebracht, eignen sich aber infolge ihrer Brüchigkeit weder zum Verspinnen noch als hochwertiges

Stopfmaterial für Kissen, Polster usw. Die wichtigsten dazu benutzten Arten sind die beiden Calótropis-Arten (mit der Ak- oder Akon-Seide), verschiedene Asclepias-Arten z. B. A. Curassávica L. und A. volúbilis L. in Westindien und Südamerika, A. Cornúti, Stephanótis florîbúnda A. Brongn., Beaumóntia grandiflóra (Roxb.) Wallr., Gomphocárpus semilunátus A. Richter, G. physocárpus E. Mey. usw. — Zu Speiseszwecken eignen sich nur wenige Asclepiadaceen und besitzen dann meist auch nur lokale Bedeutung. So werden z. B. die Knollen einiger südafrikanischer Gattungen Schizoglóssum E. Mey. und Stenostélma Schlecht., die jüngsten Zweigspitzen von Cryptolépis R. Br. und Pergulária L., die Früchte von Brachystélma fœtidum Schlecht., die Früchte von Periplóca áphylla Dcne. usw. gegessen. Die grossen, fast kugeligen, grünen, rotbackigen Blüten von Calotropis procera, der Oscherstrauch, in Indien Modâr oder Yerkum geheissen, die einen trockenen, ungeniessbaren Inhalt bergen, werden für die Sodomsäpfel der Bibel angesehen. Kultischen Zwecken als sog. Soma- oder Haoma dienen in Indien Sarcostémma ácidum (Roxb.) K. Schum., Periploca áphylla und Calotropis gigantéa.

Als Zierpflanzen für Gärten, namentlich aber in Kalt- und Warmhäusern gezogen, kommen in Betracht: Zu der oben charakterisierten Unterfamilie der Periplocoideae mit etwa 40 Gattungen gehörig: Periplóca Graéca L. (Fig. 3041), ital.: topi, einer der Vertreter der mit 12 Arten im Mittelmeergebiete, im gemässigten und subtropischen Asien und im tropischen Afrika verbreiteten Gattung. Aufrechter oder windender, 4 bis 5 m hoher Strauch mit länglich-elliptischen bis lanzettlichen, zugespitzten oder stumpfen, am Grunde abgerundeten, ganzrandigen, kahlen, oberseits glänzend dunkelgrünen, unterseits hellbläulichgrünen Laubblättern. Blüten in end- und achselständigen, lockeren, armblütigen Rispen. Kelchzipfel kurz, mit 5 Drüsen versehen. Kronzipfel 5, eilänglich bis lanzettlich, stumpf, etwa 9 mm lang, am Rande zurückgeschlagen, oberseits gegen den Rand zu weiss bebärtet, unterseits kahl; Krönchen ringförmig, kurz- und breit-10-zipfelig, mit 5 pfriemlichen, lang zugespitzten Schuppen. Staubblätter zwischen den Krönchenlappen eingefügt; Staubfäden frei; Staubbeutel auf dem Rücken behaart, mit kurzen Anhängseln, über der Narbe zusammenneigend; Translatoren löffelförmig. Balgkapseln walzlich, etwa 6 cm lang, glatt, braun. — VII, VIII. Heimisch im östlichen Mittelmeergebiete (von Dalmatien, Mittel- und Süditalien ostwärts).

Fig. 3042. Asclepias Cornúti Decsn. *a* Abgeblühter und fruchtender Spross. *b* Aufgesprungene Frucht. *c* Aus der Fruchtschale ausgelöstes Samenbündel. *d* Samen.

Der hübsche, sommergrüne, seit 1597 in Kultur befindliche Winder eignet sich zur Bekleidung von Mauern, Säulen, Baumstämmen usw., ist aber nur für warme, sonnige Lagen verwendbar. Verwildert wurde er in Bozen (im Garten von Hausmann), in Vorarlberg an der Walsertalstrasse bei Thüringerberg (1919) und unweit Genf bei Chambésy (1910) angetroffen. Im Kaukasus wächst er besonders in Auenwäldern an Wasserläufen. Die Periplocarinde (Córtex Periplócae Graécae, in welcher Gerbstoff, Gallussäure, Zucker, fettes Oel, Harz, ein nach bittern Mandeln riechender Stoff und das Glykosid Periplocin enthalten sind, wird gegenwärtig kaum noch verwendet. Infolge des Periplocins ($C_{30}H_{48}O_{12}$) stellt sie ein ziemlich starkes Herzmittel dar. Ebenso werden die Sémen Periplócae Graécae, Griechische Periplocasamen, Hundschlangensamen, Malteserkreuzsamen benützt. Ueber die anatomischen Verhältnisse der Pflanze vgl. H. Pfeffer (Schriften der Vereinigung von Freunden der Mikroskopie, 1923). — Selten gezogen wird P. sépium Bge. aus China, durch lanzettlichere, lang zugespitzte Laubblätter und zurückgerollte Kronblätter von der vorigen Art unterschieden. — Der Unterfamilie der Cynanchioideae gehören eine grössere Zahl von Zierpflanzen an. Die Tribus der Asclepiadeae mit hängenden Pollinien wird z. B. durch verschiedene Arten der Gattung Asclépias L. vertreten, deren rund 80 Arten namentlich nordamerikanisch und mexikanisch sind, während einige noch in Brasilien und 4 in Afrika leben. Für Mitteleuropa am wichtigsten ist A. Cornúti Decaisne (= A. Syriaca L.), Seidenpflanze. Franz.: Herbe à ouate. Fig. 3042 und 3038 a bis d. 1,5 bis 2,5 m hohe Staude mit kriechender Grundachse und aufrechten, einfachen, fein behaarten Stengeln. Laubblätter gegenständig oder quirlig, gross, etwa 20 cm lang, eilänglich, zugespitzt, am Grunde gestutzt-abgerundet oder kurz verlängert, ganzrandig, feinfilzig, oberseits grün, verkahlend, unterseits heller, feinfilzig, später verkahlend. Blüten in doldigen, blattachselständigen, zwischen den Laubblättern versteckten, reichblütigen Blütenständen, wohlriechend. Kelchblätter schmal-lanzettlich, zugespitzt. Kronzipfel lanzettlich, 6 bis 8 mm lang, zurückgeschlagen, in der Knospe klappig deckend, trübpurpurn, selten fast weiss. Krönchen aus 5 kappenförmigen, in der Höhlung mit einem pfriemlichen, nach innen gebogenen Hörnchen versehenen Zipfeln gebildet, flach. Balgkapsel dick, bohnenförmig, zugespitzt, filzig, stachelig, silberfarben-grau. Samen zahlreich, zusammengedrückt, mit seidenartig glänzendem Haarschopf, weisslich. — VI bis VIII. Heimat: Nordamerika, von Kanada bis Sascatchewan und Neu-Karolina. Die Pflanze findet sich seit dem 17. Jahrhundert als Zierpflanze in Kultur, ist aber nicht überall winterhart. Früher glaubte man in den seidenglänzenden Samenhaaren ein brauchbares Spinnmaterial zu besitzen. Gleditsch war der erste, der sich mit der Faser befasste und die Pflanze zum Anbau empfahl. Zur Zeit Friedrichs des Grossen wurde Asclepias Cornuti daher vielfach im Grossen gebaut; 1794 wird die Kultur in Ostpreussen durch Steinberg empfohlen. Die Hoffnungen haben sich nicht erfüllt, da die Fasern zu stark verholzen und selbst in Verbindung mit Baumwolle oder Seide nicht nutzbar sind. Die erste eingehende Untersuchung darüber liegt von H. Meitzen (Ueber die Fasern in Asclepias Cornuti,

Fig. 3043. Stapelia Cantabrigiensis Berger (links) und Caralluma Europaea (Guss.) N. E. Br. (rechts), in Kultur.

Göttingen, Diss., 1862) vor. Eine Verwendung als Stoffmaterial ist eher möglich. In Putzmachereien, Ziergeschäften, zur Herstellung künstlicher Blumen werden sowohl die Früchte, als auch die Samenhaare benützt. Nach einem von Deininger ausgearbeiteten Verfahren soll es auch möglich sein, die sehr weichen und glänzenden, aber bis dahin wegen des Milchsaftgehaltes untauglichen Stengelfasern als Ersatz für Lein und Baumwolle technisch zu verwerten. Der Milchsaft der Pflanze ist giftig. Gegenwärtig wird die Pflanze nicht mehr feldmässig gebaut, hat sich aber in grösserer Menge hie und da als Relikt (z. B. bei Neulitz bei Knaggenkrug [1910], bei Haltern am Lippeufer) gehalten. Neuerdings wird die Pflanze auch als Bienenfutterpflanze empfohlen, da sie reichlich Honig abscheidet. Ob sie sich wirklich dazu eignet, dürfte nach den von Robertson mitgeteilten blütenbiologischen Verhältnissen (vgl. pag. 2061) zweifelhaft sein. Infolge der reichlich an den Grundachsen auftretenden Adventivknospen kann Asclepias Cornuti in Gärten, namentlich in wärmeren Lagen, zu einem sehr lästigen Unkraut werden. Vielfach verwildert sie auch von da aus, so bei Hamburg, bei Schwerin auf dem Friedhof von Neu-Zittow, bei Thorn, Tuchel, bei Potsdam (Pfaueninsel, Drachenberg), Tegel, Lychen, Rheinsberg, Jüterbog, Beelitz, Lichterfelde, Züllichau, Eberswalde, Möglin, Landsberg a. W. usw., in Schlesien bei Gleiwitz, bei Neuhaldensleben, Berglust bei Bielefeld, in Baden zwischen Hesselhurst und Eckartsweier, Mombach bei Mainz (bis 1908), Rheinbischofsheim, in Bayern z. B. zwischen Moosach und Feldmoching unweit München, Schleissheim, Beilngries, Karolinenhöhe bei Lichtenfels, Parsberg (1914), in Tirol angeblich bei Zams im Oberinntal, in Steiermark unterhalb Radkersburg gegen Luttenberg, in Mähren z. B. im Maŕatitzer Weingarten, vorübergehend im Park von Gross-Ullersdorf, in Steiermark massenhaft in den Pappelauen von Rann, in der Schweiz an der alten Landstrasse in Küsnacht (Kt. Zürich, 1909). — A. Curassávica L.[1]) 30 bis 70 (200) cm hoher Halbstrauch

---

[1]) Die Pflanze wird bereits 1714 von Barrelier unter dem Namen Apocinum minus rectum canadense ex Cornut abgebildet.

mit lanzettlichen, etwa 5 bis 15 cm langen, kurzgestielten, oberseits dunkelgrünen, unterseits bläulichgrünen Laubblättern. Blüten in doldigen Blütenständen. Kronzipfel scharlachrot bis dunkelorangerot, selten weiss. Krönchen orangefarben, auf einem etwa 2,5 cm hohen Gynostegiumträger sitzend. Balgfrüchte auf aufrechten Stielen aufrecht stehend, länglich, zugespitzt. Heimat: Tropisches Amerika. Der schönen Blüten wegen als Zierpflanze über die ganze wärmere Erde verbreitet, in Mitteleuropa bereits seit dem 17. Jahrhundert als Topf- und Lauhauspflanze gezogen, im Sommer auch im Freien gedeihend. Ruderal beim Friedhof von Mannheim (1910). — A. tuberósa L. Bis 60 cm hohe Staude mit knolliger Grundachse. Laubblätter wechselständig, länglich-lanzettlich bis lineal-lanzettlich, sitzend oder kurz gestielt, rauhhaarig. Blüten in doldigen, an den Stengelspitzen stehenden Blütenständen. Kronzipfel purpurn bis grünlich-orange oder scharlachrot. Krönchen hellorangegelb. Balgkapseln an abwärts gebogenen Stielen aufrecht, grauhaarig. Heimat: Nordamerika, von Kanada bis Nordmexiko. Beliebte Gartenzierpflanze, die aber Winterschutz erfordert. — A. incarnáta L. 60 bis 100 cm hohe Staude mit gegenständigen oder 3-wirteligen, länglich-lanzettlichen, kurzgestielten Laubblättern und kleinen, in doldentraubigen Blütenständen stehenden Blüten. Kronzipfel rosa oder purpurn, länglich, 4 bis 5 mm lang. Gynostegium etwa gleichlang. Krönchen grünlich, gelblich oder weiss, seltener rot überlaufen. Balgkapseln auf aufrechten Stielen aufrecht. Heimat: Nordamerika. In Mitteleuropa seit dem 17. Jahrhundert in verschiedenen Formen gezogen. — Als Adventivpflanzen wurden im Rheinhafen von Ludwigshafen A. amœna L. aus dem Orient und A. quadrífida L. aus Nordamerika aufgefunden. — Aus der vorwiegend Brasilianischen Gattung Oxypétalum R. Br. finden sich mehrere Arten als Topfpflanzen in Pflege, vor allem O. solanoídes Hook. et Arn. Halbstrauch mit lanzettlichen oder länglich-herzförmigen, spitzen, filzig behaarten Laubblättern. Blüten klein, in ± reichblütigen, doldig-rispigen Blütenständen. Kelchblätter klein, zugespitzt. Krone mit langen, aufrechten, azurblauen, rosarot gezeichneten oder rosaroten Zipfeln. Krönchen einfach, der Staubbeutelröhre angeheftet; Zipfel tief ausgerandet, ohne innere Anhängsel. Gynostegium sitzend; Arme der Translatoren häufig verbreitert, seitlich von einem nach aussen gekrümmten Hörnchen begrenzt. Heimat: Argentinien und südlichstes Brasilien. In den Gewächshäusern vielfach unter dem Namen Tweediéa floribúnda hort. — Von der Tribus der Secamonéae, bei der die Pollinien paarweise und aufwärts gerichtet in jedem Staubbeutelfach liegen und zu der nur die Gattung Secamóne R. Br. zählt, ist keine Art als Zierpflanze von besonderer Bedeutung. — Aus der Tribus der Tylophoréae mit ebenfalls aufrechten, aber nur einzeln in den Staubbeuteltaschen liegenden Pollinien ist die grosse afrikanisch-asiatisch-australische Gattung Ceropégia L. zu nennen, aus welcher einige windende Halbsträucher nicht selten als Zimmergewächse oder in Warmhäusern anzutreffen sind: C. Cumingiána Dcne. mit eirundlichen, zugespitzten Laubblättern und hellbraunroten Blüten. Kronzipfel in der Mitte mit einem gelblichweissen oder grünlichen Querbande; C. Candelábrum L. Aehnlich der vorigen, aber mit reichlicherem Blütenstand (einem Kronleuchter ähnelnd). Krone bis 3 cm lang, im unteren Teile kugelig aufgeblasen, weiss, rot gestreift, im oberen Teile walzlich, rosarot, mit grünlichen Zipfeln; C. élegans Wall. Von beiden vorausgehenden Arten durch nur 1- bis 4-blütige Blütenstände unterschieden. Ferner Laubblätter fein bewimpert, mehr länglich und oft dunkelbraun. Kronröhre im unteren Teile bauchig-gekrümmt, weisslich oder bläulichbraun, violett gefleckt oder purpurn punktiert; C. Woódii Schlechter, C. Sandersónii Dcne. (Fig. 3039), C. stapeliifórmis Haw. — Zunehmender Beliebtheit erfreuen sich die an Kakteen erinnernden Stapelien, von denen etwa 80 Arten in Südafrika heimisch sind (vgl. Berger, Alwin. Stapelien und Kleinien. III. Handbuch sukkulenter Pflanzen. Stuttgart, 1910). Wohl die am häufigsten anzutreffende Art ist Stapélia variegáta L. Sukkulenter Strauch mit aufstrebenden, 4-kantigen, spitz- und weitzähnig bewehrten Aesten. Blüten auf zurückgekrümmten Stielen. Kronzipfel eirund, spitz, hell- oder schwefelgelb, oberseits mit purpurnen Queradern und Flecken, am Rande

Fig. 3044. Hoya carnosa R. Br. Kultiviert. Phot. H. Dopfer, München.

mit keulenförmigen Haaren gewimpert; äussere Zipfel des Krönchens 2-zähnig, die inneren zweihörnig. — Schmutzig-braune Krone mit schwarzen Strichen und Punkten besitzt S. **bufónia** Jacq., blasspurne Blüten mit langzottigen Kronzipfeln z. B. S. **grandiflóra** Mass., bis fussbreite Blüten S. **gigantéa** N. E. Br. Weiter kommen in Kultur noch etwa vor S. **Hanburyána** Rüst et Berger, S. **sorária** Mass., S. **senílis** N. E. Br. — Andere sukkulente Asclepiadaceen gehören der südafrikanisch-arabischen Gattung **Heúrnia** R. Br. (von Stapelia L. durch den Besitz von Zwischenzipfeln in der Kronröhre verschieden), so H. **pumílio** N. E. Br., die auch in einer cristaten Form bekannt ist, H. **Penzígii** N. E. Br. usw., ferner **Echidnópsis cereifórmis** Hook. f., Arten der Gattung **Hoodia** Sweet (Fig. 3044) usw. — Die Tribus der **Tylophoreae** besitzt, wie die Tribus der Secamoneae, aufrechte Pollinien, doch in jedem Fache nur in der Einzahl. Als Schlingpflanze in Warmhäusern und Zimmern ist bisweilen anzutreffen **Stephanótis floribúnda** A. Brong., aus Madagaskar. Kahler, windender Strauch mit gegenständigen, lederigen, gestielten, eiförmigen oder länglichen, kurz stachelspitzigen, ganzrandigen glänzenden, dunkelgrünen Laubblättern. Blüten in 1-achsigen, doldigen Blütenständen, etwa 4 cm lang und 5 cm breit. Kelchblätter blattartig. Krone mit walzlicher, unten erweiterter Röhre und abstehenden Zipfeln, weiss. Krönchenzipfel an den Staubblättern angeheftet, an der Spitze frei. Balgfrüchte dick. Heimat: Madagaskar. — Aus der grossen vorderindisch-australischen Gattung **Hóya** R. Br. sind mehrere Arten in Kultur, vor allem H. **carnósa** R. Br., Wachs- oder Porzellanblume (Fig. 3040 u. 3044), eine wegen ihrer Unempfindlichkeit gegen Lufttrockenheit und Staub namentlich früher vielgehaltene Zimmerpflanze. Kletterpflanze mit eiförmigen bis länglichen, stumpfen bis spitzen, am Grunde abgerundeten oder etwas herzförmigen, etwa 5 bis 8 cm langen, kurzgestielten, dickfleischigen Laubblättern. Blüten gross, auf 2 bis 4 cm langen Stielchen, in doldigen, 1-achsigen, flachgewölbten bis fast kugeligen Blütenständen. Kelchblätter 3-eckig, spitz. Krone radförmig, etwa 1,5 cm im Durchmesser, mit 5 breiten, stumpfen, wagrecht abstehenden, am Rande zurückgerollten, oberseits dicht papillösen, klappig sich deckenden, weissen oder rötlichen Zipfeln. Krönchen sternförmig, mit 5 wagrecht abstehenden, oberseits gewölbten, eirundlich-lanzettlichen, am Rande umgerollten, gelblich und rotgefleckten oder rosafarbenen, oberseits glänzenden Zipfeln. Narbenkopf flach. Balgfrüchte spitz, glatt. Heimat: China, Ostaustralien. Die Pflanze wird gern in Töpfen an einem kleinen Lattenwerke in die Höhe gezogen, kommt aber bei Sonnenmangel nur selten zur Blüte. Gegenwärtig ist sie nur noch selten zu sehen. — Aehnlich verwendet wird H. **australis** R. Br. mit kleinen Blüten. Kronzipfel weiss, glockenförmig nach oben gebogen, oberseits fast kahl, glatt. Krönchenschuppen unterwärts 2-kielig. Heimat: Ostaustralien. — In Gewächshäusern werden meist grossblumige, in der Regel malayische Arten gezogen, wie z. B. die purpurrote H. **Rúmphii** Bl., die braunviolette H. **imperiális** Lindl., die mennigrote H. **Ariádne** Dcne. und die rein weisse, mit purpurroten Coronarzipfeln versehene H. **bélla** Hook.

## DCII. Vincetóxicum[1]) Moench. Schwalbenwurz. Franz.: Domptevenin; ital.: Asclepiade.

Ausdauernde, windende Stauden oder Sträucher. Laubblätter bisweilen sehr klein, mitunter als winzige Schuppen entwickelt. Blüten in der Regel in doldenförmigen Blütenständen, selten in kreuzweise gegenständigen, achselständigen Trauben, klein, weiss, gelblich oder rötlich, selten grösser und dann meist rosenrot bis purpurn oder schwarz. Kelchblätter lanzettlich oder eiförmig, spitz oder stumpf, mit 1 bis vielen Drüsen abwechselnd, selten letztere ganz fehlend. Krone rad= oder glockenförmig, meist tief geteilt, mit nach rechts gedrehten Zipfeln. Nebenkrone sehr verschieden, oft glocken= oder fast röhren= oder krugförmig, gestutzt oder gelappt, tief geteilt oder fast oder ganz frei, in letzterem Falle unter den Staubbeuteln angeheftet, bisweilen durch innere Zipfel verdoppelt. Narbenkopf gewöhnlich buckelig, selten plump keulenförmig oder in Form eines Zylinders über die Staubbeutel hinaus verlängert und dann 2=lappig. Balgfrüchte schlank oder dick, zuweilen geflügelt oder mit Borsten besetzt, meist glatt und kahl.

Die Gattung umfasst über 100 Arten, die sich über die ganze Erde verteilen, besonders aber in Asien und in Südamerika reichlicher vertreten sind. Das europäische Mittelmeergebiet beherbergt noch etwa 10 Arten. Von diesen werden 2 hin und wieder in Gärten gezogen, besonders das mediterrane V. **nigrum** Moench. Von dem ähnlichen V. officinale ist diese Art folgendermassen verschieden: Krone rot bis braunrot, beim Trocknen schwarz werdend, innen stets behaart; Kronröhre so lang oder länger als die Kelchzipfel. Balgfrüchte

---

[1]) Vincetoxicum bei Caesalpinus Bezeichnung für den Schwalbenwurz-Enzian (Gentiana asclepiadea). Der Name bezeichnet eine Pflanze, die als Gegengift (lat. vínco = besiege und tóxicum = Gift) wirkt.

gegen dem Grunde zu verdickt. Verwildert sehr selten, so bei Potsdam auf der Pfaueninsel und bei Spandau in der Nähe von Gatow (1882), sowie in der Schweiz. Zur Zeit der Renaissance war sie in Schlesien unter dem Namen Asclepias flore nigro in Kultur.

**2277. Vincetoxicum officinále** Moench (= Cynánchum Vincetoxicum B. Br.). Schwalben=wurz, St. Lorenzkraut. Franz.: Dompte venin; engl.: Swallows wort; ital.: Vincitossico, erba seta, asclepide. Fig. 3045 bis 3049.

Der Name Schwalbenwurz, =kraut (selten mundartlich) ist kein echter Volksname, sondern nur die Uebersetzung des mittellatein. hirundinária [hérba] (lat. hirúndo = Schwalbe). Die alten Kräuterbücher (z. B. die von Lonitzer und Fuchs) erklären das damit, dass die mit einem Haarschopf versehenen Samen „fliegenden Vögeln nit ungleich" seien. Nach der Gestalt der Frucht nennt man die Pflanze auch Schwarten (Schmalkalden), nach der weissen Blütenfarbe weisse Kreuzwurz, Weisswurz (Kärnten). Im Wallis (Zermatt) ist sie als Meisterchrut bekannt. — Im rätoromanischen Graubünden heisst die Schwalbenwurz féllas da cavall, toschik, tossik.

Ausdauernde, 30 bis 120 (200) cm hohe Pflanze. Primärwurzel zuletzt schwindend, durch zahlreiche, weissliche, dicke Adventivwurzeln ersetzt. Grundachse mehrköpfig, wagrecht, 2,5 bis 5 cm lang und 0,5 bis 1 cm dick, knotig. Stengel meist zu mehreren, aufrecht, einfach, seltener im oberen Teile kurz ästig, stielrund, hohl, 2=zeilig, flaumig behaart. Laubblätter gegenständig, selten zu 3 oder 4 quirlständig, die untersten etwa 0,5 cm lang gestielt, rundlich=3=eckig, stumpf, am Grunde herzförmig, klein, entfernt=stehend, die mittleren etwa 1 cm lang gestielt, ei=länglich, gross, am Grunde herzförmig, lang zugespitzt, die obersten etwa 0,5 mm lang gestielt, lanzettlich bis lineal=lanzettlich, am Grunde abgerundet, ganzrandig, wie der Stiel besonders auf den Nerven und am Rande kurzflaumig=behaart, verkahlend, oberseits sattgrün, unterseits heller bläulich=grün. Blüten in blattachselständigen, trugdoldigen, lockeren bis ziemlich dicht kugelig=knäueligen, mit pfriemlichen Deckblättern versehenen Cymen auf

Fig. 3045. Vincetoxicum officinale Moench. *a* Blühender Spross. *b*, *b*₁ Erdstöcke. *c* Längsschnitt durch die Blüte. *d* Gynostegium. *e* Querschnitt durch die Mittelsäule und die 5 damit verwachsenen Antheren. *f* Antherenzwischenwand (sich frühzeitig von der Mittelsäule ablösend). *g*, *h* Pollinien mit Klemmkörper. *i* Querschnitt durch den Fruchtknoten (Fig. *e* und *f* nach Ed. Kuhn).

verschieden langen, kurzhaarigen Stielen, 5 bis 9 mm lang. Kelch mit 5 kleinen, spitzen Zipfeln, kahl. Krone 5 bis 15 mm im Durchmesser, mit 5 elliptischen, stumpflichen, am Rande deutlich eingerollten, 2 bis 5 mm langen, weissen, grünlichen (selten schwarzpurpurnen), hellgelblichen, in der Knospe nach rechts gedrehten Lappen, am Grunde grünlich, kahl, selten innen fein flaumig. Staub=blätter 5, mit 5 zu einem 5=kantigen, halbkugeligen Krönchen verbundenen Rückenanhängseln. Pollenballen (Pollinien) je zweier benachbarter Staubbeutel durch Klemmkörper verbunden

(Fig. 3045 g, h). Narbe breit, 5=eckig. Balgkapseln kajakartig geformt (Fig. 3046 c), lanzettlich, 5 bis 7 cm lang, am Grunde abgerundet, vorn zugespitzt, kahl. Samen eiförmig, flachgedrückt, 6 bis 7 mm lang, scharfrandig, mit weissen Haarschopf (Fig. 3046 g, h). — V bis VIII.

Gruppen= bis herdenweise an sonnigen, trockenen Orten auf Schutthängen, Sanddünen, Trockenwiesen, Weiden, an Felsen, in lichten Gebüschen und Wäldern. Von der Ebene bis in die subalpine Stufe: in den Bayerischen Alpen bis 1700 m, in Tirol bis etwa 1500 m, im Tessin und im Wallis bis 1600 m, im Unterengadin bis 1800 m, im Gotthardgebiet (Maderanertal) bis 1730 m, im Hochjura bis 1300 m, in den Sudeten bis in die Knieholzstufe aufsteigend. Im Haupt= verbreitungsgebiet bodenvag, aber mit Annäherung an die nördliche Ver= breitungsgrenze kalkliebend und auf Urgestein fast ganz fehlend.

In Deutschland ziemlich ver= breitet in der Ebene bis in die Bergstufe auf kalkreichen Unterlagen, in den höheren Mittel= gebirgen und auf kalkarmen Unterlagen der tieferen Lagen (z. B. auf Keuper) fehlend oder sehr zerstreut, nördlich bis zum Niederrhein (Hiesfeld, Wesel, Xanten, Krefeld, Kempen), Westfalen (Bodenwerder a. d. Weser, zwischen Herstelle und Carlshafen, bei Lengerich im Busch bei Colon Oberesch, Altenberge, Lotte, Liesborn), Hannover (in der Klötzschie bei Hitzacker), in der Horst bei Lauenburg, in Holstein (im Buchwerder im Dassower See bei Lübeck, früher [1780] auf den Inseln in den Preetzer Seen und [1797] Propstenwerder), in einigen Teilen der Ostseeküste fehlend. — In Oesterreich und in der Schweiz meist verbreitet, doch z. B. im Schweizerischen Mittel= lande im Molassegebiete seltener.

Allgemeine Verbreitung: Europa (Fig. 3047), nördlich bis Bel= gien, Holland, Nordwestdeutschland, Dänemark, Südost=Norwegen, Mittel= schweden, Åland, Åbo, Nyland, Oesel, Estland, Livland, Witebsk; Kaukasus, Westasien, östlich bis zum Himalaya und Altai; Nordafrika.

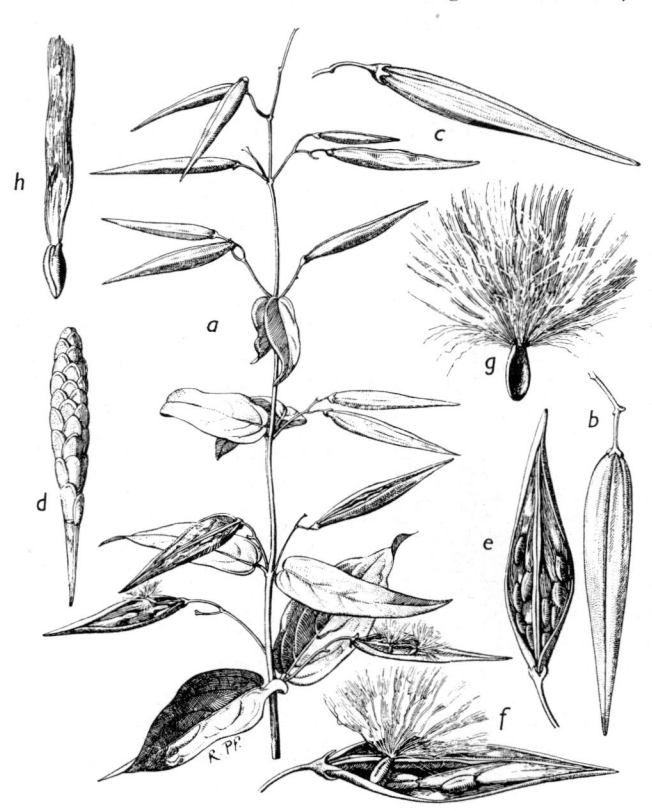

Fig. 3046. Vincetoxicum officinale Moench. *a* Stengel mit Früchten. *b* und *c* Frucht (natürliche Grösse). *d* Samenpfropf. *e* und *f* Frucht geöffnet. *g* und *h* Samen.

Vincetoxium officinale ist eine ausserordentlich formenreiche Art, deren Gliederung bis heute noch nicht erfolgreich durchgeführt worden ist. Vor allem ist die Art je nach den standörtlichen Ver= hältnissen sehr veränderungsfähig. In feuchten Gebüschen, auf nährstoffreichen Böden wird sie bisweilen bis 2 m hoch und besitzt dann windende Stengelspitzen (f. scándens Beckhaus); an schattigen Orten wird die Behaarung dichter (f. tomentósum Beckhaus); an trockenen, sonnigen Orten treten Individuen mit dichten, knäueligen Trugdolden auf (f. glomerátum Beckhaus) oder die ganze Pflanze ist purpurn über= laufen (f. purpuráscens Beckhaus). Andere Abänderungen sind: f. pubérulum (Beck). Krone innen feinflaumig. — f. stenolóbum Geisenheyner. Blüten gross. Blütenknospen etwa 3=mal so lang als breit, ei=lanzettlich. Kronzipfel lineal, $4^{1}/_{2}$ bis 6=mal so lang als breit. — f. platylóbum Geisenheyner. Blüten klein bis mittelgross. Blütenknospen breit=eiförmig bis kugelig. Kronzipfel eiförmig, vorn abgerundet, so breit bis $^{1}/_{3}$ so breit wie lang. — Thilo Irmisch (Verhandlungen des Botanischen Vereins für die Provinz Brandenburg, 1859) stellte folgende 3 Blütenformen fest: 1. Krönchen von oben gesehen fast einen Kreis bildend, auf $^{2}/_{3}$ der Länge 5=spaltig; Ränder der rundlich=eiförmigen, stumpflichen, innen schwach gewölbten Abschnitte einander anliegend. — 2. Krönchen einen stumpfeckigen Stern bildend; die 5 innern wulstigen

Abschnitte nach aussen gebogen, durch eine fast durchsichtige, ziemlich breite Bindehaut miteinander verschmolzen; die Bindehaut hie und da in ein Zähnchen auslaufend und infolgedessen dann das Krönchen 10-lappig. — 3. Krönchen einen tief geteilten Stern bildend; die 5 Abschnitte zur Hälfte von einander getrennt, eiförmig, zugespitzt, innen sehr wulstig. — Grössere systematische Bedeutung kommt dieser verschiedenartigen Ausgestaltung der Nebenkrone nicht zu, weil sich alle 3 Formen bisweilen an Individuen ein und desselben Standortes vorfinden, wie schon Irmisch bemerkte und Geisenheyner (Festschrift zu Aschersons 70. Geburtstag) bei Untersuchungen im Nahegebiet bestätigen konnte.

Nachfolgend sei folgende, im Wesentlichen von Rouy stammende Gliederung in Vorschlag gebracht: 1. var. álbidum (Jord. et Fouc.) Rouy. Mittlere Laubblätter eilänglich, am Grunde abgerundet. Krone weiss; Kronzipfel eilanzettlich, stumpflich; Krönchenabschnitte gestutzt, gelblichweiss. Frucht ± verlängert, länglich-lanzettlich. — 2. var. dumeticolum (Jord. et Fouc.) Rouy. Laubblätter breit-eiförmig, kürzer zugespitzt. Krone grünlichweiss; Kronzipfel länglich, etwas ausgerandet; Krönchenabschnitte gestutzt, grünlichweiss. Frucht ziemlich kurz, länglich-lanzettlich. — 3. var. Beugesíacum (Jord. et Fouc.) Rouy. Laubblätter eilanzettlich, am Grunde etwas herzförmig. Krone grünlich; Kronzipfel eiförmig, etwas spitz. Blütenstand dicht, vielblütig, fast zusammengesetzt. Frucht schmal-lineal-lanzettlich. — 4. var. ochroleúcum (Jord. et Fouc.) Shuttl. (= var. flávum Reinecke). Laubblätter breit und kurz eiförmig, am Grunde etwas herzförmig, bleichgrün. Blüten mittelgross. Krone lebhaft gelb, mit eiförmigen, einander fast berührenden Zipfeln. — 5. var. petróphilum (Jord. et Fouc.) Rouy (= V. láxum Godr. et Gren. p. p. max., Bartl. p. p.). Pflanze zart. Laubblätter lanzettlich, lang zugespitzt, am Grunde schwach herzförmig. Blütenstände lockerblütig. Krone bleichgelb, mit grünlichen, deutlich gestutzten Zipfeln. Früchte länglich-lanzettlich, vorn lang zugespitzt. — 6. var. luteólum (Jord. et Fouc.) Rouy. Pflanze kräftig. Laubblätter freudig grün, herzförmig. Blüten gross. Krone bleichgelb; Krönchenabschnitte von einander entfernt, eilänglich, durch eine durchscheinende Haut verbunden. So in der montanen und sub-

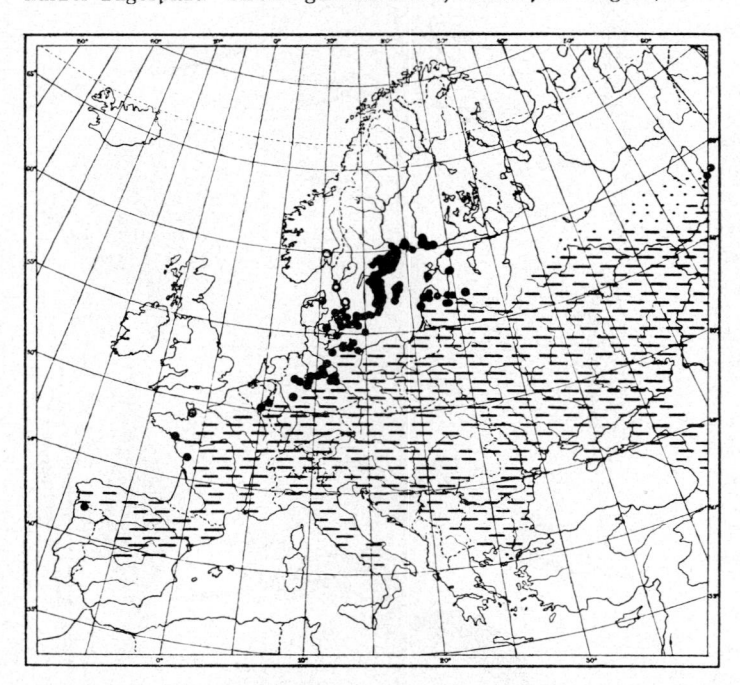

Fig. 3047. Verbreitung von Vincetoxicum officinale Moench in Europa (nach Rikard Sterner).

alpinen Stufe der Alpen und Voralpen, vielleicht auch in den Mittelgebirgen. Hierher gehört f. robústum Hegi et Schmid. Eine besonders kräftige Form mit an der Spitze häufig windenden und reichlich ästigen Stengeln. Aeste bis über 12 cm lang. Blütenstände locker, von lanzettlichen Hochblättern durchsetzt. Frucht kurz und breit. So in lichtem Gebüsch und in Laubwäldern der Südalpentäler. — 7. var. alpícolum (Jord. et Fouc.) Rouy. Laubblätter schmal-lanzettlich, lang zugespitzt, am Grunde meist abgerundet (nicht oder kaum herzförmig), freudiggrün. Stengel kahl oder verkahlend. Blüten klein. Krone schwefelgelb, mit eiförmigen, stumpfen, kahlen Zipfeln. So in den Alpen (ob auch im Gebiete?). — 8. var. Haussknéchtii Bornmüller. Blüten schwärzlich-purpurn. Thüringen (Ettersberg in den Teufelskrippen). Behält in der Kultur die Blütenfarbe bei.

Vincetoxicum officinale besitzt gegenwärtig eurasiatische Verbreitung, dürfte aber nach Mitteleuropa von Osten her eingewandert sein. Die Pflanze ist ein thermophiler Hemikryptophyt, der mit Vorliebe und vielfach herdenweise auf sonnigen, trockenen Schutthalden auftritt. Im Jura findet er sich nach Gradmann und Kelhofer zusammen mit Melica ciliata, Sesleria caerulea, Polygonatum officinale, Thlaspi montanum, Coronilla montana, Teucrium montanum und T. Chamaedrys, Carduus defloratus usw. Im Lauterbrunnentale erscheint er eingesprengt im Dryopteridetum Robertianae auf steilen Grobgeröllhalden und bereits etwas reichlicher im Stipetum Calamagrostitis auf reichlich mit Feinerde durchsetzten Hängen. Im Unterengadin bei Cresta unweit Zernez zählt die Pflanze zu den Charakterpflanzen der Vincetoxicum officinale - Rumex scutatus-

Assoziation auf beweglichem Amphibolitschutt, vereinigt mit Cerastium arvense subsp. strictum, Silene inflata, Lathyrus silvestris, Lotus corniculatus, Digitalis ambigua, Epilobium collinum, Galeopsis Ladanum subsp. intermedia, Thymus serpyllum, Campanula Trachelium usw. Im Raintale gegen die Zugspitze findet sie sich in grossen Herden in das Petasitetum nivei eingesprengt. In allen diesen Gesellschaften besitzt Vincetoxicum officinale einen stark aufbauenden Wert, indem es den Boden festigt und für die später erscheinenden Rasen- und Strauchgesellschaften vorbereitet. Mit dem allmählichen Schluss der Rasendecke bezw. mit dem Aufwachsen der Gehölze wird die Pflanze dann in ihrem weiteren Fortkommen gehindert und tritt mehr und mehr zurück. So findet sie sich meist nur noch zerstreut bis spärlich in geschlossenen Trockenrasen (Brometum erecti, Phleëtum Boehmeri, Festucetum Vallesiacae) und auf Weiden, während sie sich in der lockeren Grasnarbe in Corylus-Mischwäldern, lichten Eichen-Linden-Mischwäldern, Buchen- und Kiefernbeständen usw. leichter zu halten vermag. Als spontaner Apophyt erscheint die Art bisweilen in Hecken, auf Lesesteinhaufen, Strassenböschungen usw.

Der Aufbau der Klemmfallenblüte entspricht in vielen Teilen demjenigen von Aclepias Cornuti. Ein für den Bestäubungsvorgang aber wesentlicher Unterschied besteht darin, dass bei Vincetoxicum die Nektargruben nicht wie bei Asclepias Cornuti (pag. 2065) in abwechselnder Reihenfolge stehen, sondern unmittelbar unterhalb den Pollinien. Das durch den Honigduft angelockte Insekt, das seinen Rüssel in die Grube eingeführt hat, wird beim Zurückziehen des Rüssels mit diesem in der Regel in den sich oberwärts anschliessenden, von den Staubbeuteln gebildeten Spalt (Leitschiene) geraten und an diesem emporgleitend in den Schlitz des Klemmkörpers geraten, der dann bei den Befreiungsversuchen des Insekts von seiner Unterlage abgelöst wird. Eine Uebertragung durch die Beine scheint ausgeschlossen. Auf einer zweiten Blüte wiederholt sich der Vorgang ähnlich; nur wird zunächst der ganze Translator, dessen anfangs spreizende Pollinien sich infolge ihrer Hygroskopizität genähert haben, in den Staubbeutelspalt gelangen und bei seiner Aufwärtsbewegung auch die Narbenkammer erreichen, wo die Pollinien durch das Ziehen des Insektes von dem Klemmkörper abgerissen werden und die Bestäubung vollziehen. Nur grössere Insekten, besonders grössere Dipteren, Anthomyia-, Pyréllia-, Sarcophága-, Onésia- und Tachína-Arten vermögen die Translatorenübertragung für beide Teile erfolgreich zu vermitteln. Eine grössere Anzahl von Besuchern (gewisse Bienen, Empiden, Syrphiden, Grabwespen, Faltenwespen, Falter, Käfer, Fliegen usw.) sind nach H. Müller und Mac Leod als nutzlose Gäste zu bezeichnen, da sie sich infolge ihres Rüsselbaues nicht mit Pollinien beladen. Andere wieder (z. B. kleine Fliegen) kommen bei den Befreiungsversuchen um das Leben und können dabei bisweilen die Bestäubung vollkommen verhindern. Nach F. Heim sollen gewisse Spinnen einen Schutz gegen solche unwillkommene Gäste bilden. Die Blüten werden dementsprechend als arachnophil bezeichnet. Die reifen Früchte springen auf dem Rücken auf und krümmen sich beim Austrocknen zu einem vom Stengel meist wagrecht abstehenden Schiffchen zusammen, aus dem die Samen nacheinander entlassen werden. Letzteres erfolgt dadurch, dass sich der Haarschopf der Samen infolge der hygroskopischen Bewegungen der Fruchtwand von der Einengung durch die schmale Spitze der Balgfrucht befreit und sich sofort zu einem halbkugeligen Schirm entfaltet, der mit dem nächsten Windhauch samt dem daranhängenden Samen verweht wird. Die Ausstreuung zieht sich bis in den Winter hinein (Wintersteher). Nach Geisenheyner scheint es, als ob die Samen häufig nicht zur Reife gelangen. Auch R. Sterner (The Continental element in the flora of South Sweden, Geografiska Annaler, 1922) stellte in Skandinavien namentlich an windexponierten Orten eine geringe oder auch ganz fehlende Fruchtbarkeit fest.

Fig. 3048. Vincetoxium officinale Moench, auf dem Emmerberg, N.Ö.
Phot. R. Fischer, Sollenau, N.Ö.

Die Keimung wird durch Licht begünstigt; doch kann dieser Einfluss auch durch Frost erreicht werden. Nach G. Sennefeldner (Sitzungsberichte der k. Akademie der Wissenschaften, Wien. Bd. CXXI, 1912) tritt bei Vincetoxicum officinale nicht selten Polyembryonie auf. Sie wird dadurch hervorgerufen, dass aus den ersten, am Grunde entstehenden neuen Zellen infolge weiterer, unregelmässiger Teilungsvorgänge eine regellose Zellmasse (Vorkeimträger) entsteht, der mehrere Vorkeime hervorbringt. Diese Vorkeime stülpen sich wieder in das Endosperm zurück, wo sie sich zu Keimlingen weiter entwickeln. In den reifen Samen finden sich ihrer meist 1 oder 2, selten noch mehr. Derselbe Entwicklungsgang dürfte auch bei V. nigrum und V. medium vorliegen, wenngleich nach Chauveaud die Embryonen bei diesen Arten aus den Synergiden gebildet werden sollen. Der morphologische Aufbau der Pflanze ist von Wydler (Flora, 1837) eingehend untersucht worden (Fig. 3049a bis c). Die Pflanze ist 1-achsig. Von unten nach oben folgen auf die Niederblätter, in deren Achseln die der vegetativen Erhaltung dienenden Sprosse entspringen, die Laubblätter in $^1/_2 + ^1/_2$ Stellung und auf diese die Hochblätter in $^8/_5$ Stellung. Der Stengel endet mit der Gipfelblüte, deren Kelchblätter an die Hochblätter anschliessen. Auf jedes Laubblattpaar des Stengels fallen 2 Zweige, von denen allerdings der eine oder auch beide unterdrückt sein können. Der an den Stengelgliedern auftretende Haarstreifen befindet sich dabei stets auf der Seite des stärkeren Zweiges. Jeder fünfte Haarstreifen und der stärkere, dem ersten Laubblattpaare angehörige Zweig stehen am Stengel übereinander. Die Zweige des obersten Laubblattpaares sind die stärksten. Ist nur einer derselben stärker ausgebildet, so stellt sich dieser senkrecht, drückt die Gipfelinflorenzens zur Seite und bildet scheinbar die Fortsetzung der Hauptachse. Dieser neue Gipfelzweig setzt sich nun aus ebensovielen voneinander abstammenden Achsen, als er Blütenstände besitzt, zusammen. Jede dieser Achsen besteht aus 2 Teilen, einem unteren mit 2 laubblattartigen Vorblättern versehenen und einem oberen, die Hochblätter und Blüten tragenden Teile. Die Vorblätter

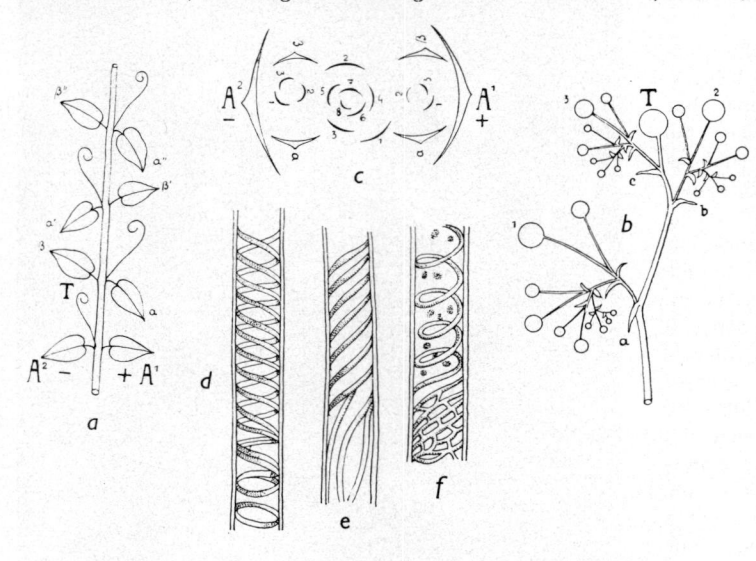

Fig. 3049. **Vincetoxicum officinale** Moench. *a* Aufbau des Laubsprosses. *b* Aufbau der Sprossspitze mit den Blütenständen. *c* Diagramm der letzten Blütenstandsverzweigungen. *d* bis *f* Milchsaftschläuche (nach H. Wydler).

sind vielfach beide fruchtbar; der kleinere Zweig entspringt dabei in der Achsel des ersten, der grössere in demjenigen des zweiten Vorblattes. Bisweilen ist nur ein Vorblatt fruchtbar und zwar stets das zweite. Die folgenden Vorblätter tragen meist nur einen Zweig in der Achsel des jeweils zweiten Vorblattes, so dass ein Sympodium entsteht. Der Blütenstand wird von 3 bis 4 traubig gestellten (oft durch Verkümmerung der Glieder doldenähnlichen) Zweigen gebildet. Die Blüten sind gestielt und besitzen 2 Vorblätter; sie stehen in Schraubeln, wobei das erste Vorblatt Förderung aufweist. Die Blütenstände bilden zumeist Wickel, wobei das zweite Vorblatt Förderung zeigt.

Die Schwalbenwurz war früher eine beliebte Arzneipflanze und wurde in Gärten gezogen. Der bis 5 cm lange und bis 1 cm dicke Wurzelstock wurde nach Wein (Deutschlands Gartenpflanzen um die Mitte des 16. Jahrhunderts. Beihefte zum Botan. Zentralblatt. XXXI, 1914) besonders gegen Pest, Vergiftungen, Herzklopfen, Wassersucht, als schweisstreibendes Mittel usw. verwendet. Auch in den Glossae Theodiscae wird die Pflanze bereits erwähnt. Thal führt sie 1577 in seiner Harzflora an. Der Wurzelstock war später als Rhizoma Vincetoxici oder Radix Hirundináriae[1]), Schwalben-, Gift-, Hundswürger- oder St. Lorenzkrautwurzel, Racin de Domptevenin, Sore-Throat root offizinell und diente als harnförderndes und antiskrofulöses Mittel, als Emeticum, Antihydropicum, bei Pest, Schlangenbiss, hat aber gegenwärtig seine Bedeutung für den menschlichen Gebrauch fast ganz verloren. Beim Volke ist der Absud oder das Pulver bisweilen noch als abführendes, wasserzerteilendes, selten auch brechenerregendes Mittel bekannt. In der Veterinärmedizin wird es zu gleichen Zwecken bei Pferden und Rindern angewandt. Die wirksamen Stoffe darin sind das Vincetoxitin, ein stark links

---

[1]) Unter diesem Namen (Hirundinaria, Schwalbenwurz) liegt die Pflanze auch im Herbar von H. Harder (1576/94).

drehendes Glykosid ($C_{50}H_{82}O_{20}$), das dem Condurangin sehr ähnlich ist, und das Asclepiadin. Beide Stoffe stellen eine gelbe, amorphe, bitter schmeckende Masse dar, die in Dosen von etwa 0,2 gr brechenerregend, in kleineren Dosen abführend wirkt. Ferner finden sich darin ein wohlriechendes ätherisches Oel, Harz, Schleim, 3% Saccharose, äpfelsaure Salze usw. Ob die Pflanze wirklich giftig ist, ist fraglich. In der Regel wird sie zum mindesten zu den stark giftverdächtigen Arten gerechnet; doch fressen die Ziegen die Sprossspitzen sehr gern und gefahrlos, Schweine hingegen rühren die Pflanze nie an. Der aus dem frischen Kraute gepresste Saft gilt äusserlich angewendet als gutes Mittel gegen veraltete Geschwüre. Die Homöopathie stellte aus den frischen Laubblättern eine bei Verstopfung und Wassersucht verwendbare Essenz her. Die Pflanze enthält ferner in den Stengeln gelbliche, sehr zarte, ziemlich lange und dabei feste Fasern, die durch Rasen- oder Wasserröste (vgl. unter Linum usitatissimum. Bd. V/1, pag. 25) gewonnen werden können. Früher wurde die Pflanze zu diesen Zwecken sogar feldmässig angebaut. Franz von Paula Schrank (Bayerische Flora, 1789) schreibt: „Die Pflanze mittels ihrer Wurzeln (weil der Bau mittels der Saamen zu langweilig ist) auf Heideland gepflanzt, giebt vielen Fachs, wenn sie im Thaue gerötet, und ferner wie Lein behandelt wird, wobey man noch den Vortheil hat, dass die Wurzel fortdauernd ist". — In Lübeck ist die Pflanze seit 1924 geschützt. Missbildungen sind nicht häufig. Festgestellt worden sind: Verwachsung der Kronzipfel, 4-, 6-, bisweilen sogar 7-zählige Blüten und Pleiotaxie, d. h. eine abnorme Vermehrung der Blattquirle, besonders in den Blüten. Als Schmarotzer treten hie und da die Uredo- und Teleutosporen des Kiefernblasenrostes (Cronártium asclepiadéum Willd.) auf, ferner Septória Vincetóxici (Schub.) Ard., die Ascomyceten Erýsibe polýgoni DC., Helótium herbárum (Pers.), Hypodérma virgultórum DC. f. vincetóxici Duby, Lachnélla barbáta (Kze.), Orbilia flavidoroséola Rehm usw. Eine Contarínia-Art und Trypéta connéxa Fabr. erzeugen Gallen. In der oberrheinischen Tiefebene findet sich nach Lauterborn der mediterrane Blattkäfer Chrýsochus pretiósus gern auf der Pflanze.

## 111. Fam. Convolvuláceae. Windengewächse.

Einjährige bis ausdauernde Kräuter, Stauden, Halbsträucher, Sträucher, selten Bäume, mit häufig windenden Stengeln oder Zweigen. Laubblätter in der Regel einfach, seltener gelappt oder geteilt, wechselständig. Nebenblätter meist fehlend. Blüten einzeln in den Blattachseln oder in gewöhnlich armblütigen, blattachselständigen, cymösen Blütenständen, meist sehr gross, weiss oder gefärbt, strahlig, in der Regel zwitterig (Fig. 3052 f). Vorblätter meist klein, an den Verzweigungen des Blütenstandes oder unter den Einzelblüten. Kelch 5-zähnig, mit freien Abschnitten, bleibend. Krone verwachsenblätterig, trichterförmig, röhrig, mit abstehendem Rande oder glockig bis fast radförmig; Saum 5-spaltig oder 5-lappig oder nur $\pm$ deutlich eckig; Kronlappen in der Knospenlage dachig oder in der Regel induplicat-valvat und durch Doppelfalten verbunden, zuweilen gedreht. Staubblätter 5, am Grunde der Kronröhre (selten höher) eingefügt, mit den Kronblättern abwechselnd, einfach oder $\pm$ deutlich gelappt, selten fast fehlend. Fruchtknoten oberständig, aus 2, 3, 4 oder 5 Fruchtblättern gebildet, 1- bis 2-fächerig oder durch falsche Scheidewände mehrfächerig; Griffel 1 bis 2, selten fast fehlend, meist fädelig oder kurz und dick, in der Regel endständig; Narbe endständig, einfach oder 2-spaltig oder mit soviel Narben als Griffel oder Griffeläste. Samenanlagen in jedem Fruchtblatte 2, seltener 1 oder 4, aufrecht, hemianatrop oder anatrop, sitzend, mit 1 Integument. Frucht einfach oder aus 2 Teilfrüchten oder aus 4 1-samigen Klausen bestehend, kapselartig, 2- bis 4-klappig (Fig. 3052 c, d) bis unregelmässig deckelartig aufspringend oder unregelmässig aufbrechend oder beerenartig bis trocken und nicht aufspringend. Samen so viele als Fruchtblätter oder durch Fehlschlagen weniger, kahl oder behaart, mit meist geringem, bisweilen fleischigem Nährgewebe; Keimling mit breiten, stark gefalteten und geknitterten Keimblättern und gegen das Hilum gerichtetem Wurzelende oder $\pm$ spiralig eingerollt und ohne Keimblätter.

Die Familie umfasst etwa 39 Gattungen mit rund 900 Arten, die fast über die ganze Erde verbreitet sind. Als alte Entwicklungszentren der Familie dürften Madagaskar (durch die monotypischen Gattungen Cardiochlámys Oliv., Humbértia Lam., Rapóna Bail. ausgezeichnet), Ostafrika (mit den monotypischen Gattungen Nephrophýllum A. Rich. und Hildebrándtia Vatke), die Kanarischen Inseln (mit der Gattung Legéndrea Webb. und der endemischen Sektion Rhodorrhíza der Gattung Convólvulus L.) und Australien (mit den endemischen Gattungen Wilsónia R. Br. und Polyméria L.) aufzufassen sein. Jüngere Bildungsherde liegen besonders im tropischen Asien, in ganz Amerika, einschliesslich der Westindischen Inseln und in Vorderasien, wo gegenwärtig die grösste Zahl polymorpher Formengruppen (den Gattungen Convólvulus L., Ipomœa L. und Verwandten, Argyreia Lour., Cuscúta L. und Evólvulus L. angehörig) zu finden sind. Fossil sicher nachgewiesen ist die Familie nur durch die Gattung Poróna Burm., von der die Kelche mehrerer Arten im nordamerikanischen Tertiär und besonders aus dem im Schweizer, Deutschen und Böhmischen Oligozän und Miozän bekannt worden sind. Andere angebliche Convolvulaceen-Funde werden nach neueren Auffassungen zu Viburnum oder Hydrangea gestellt. Die Familie besitzt demnach ein ziemlich hohes Alter, ist aber andererseits noch in vollster Entwicklung begriffen. Bäume finden sich selten, häufig dagegen Kräuter und Sträucher, die als links windende Schlinger ausgebildet sind. Eine Sonderstellung nimmt die Gattung Cuscúta L. ein, die nur aus nahezu chlorophyllosen Parasiten besteht und als ein durch Anpassung an die parasitäre Lebensweise abgespaltener Zweig der Familia anzusehen ist. Sie bildet die Unterfamilie der Cuscutoideae und unterscheidet sich von den übrigen, in der Unterfamilie der Convolvuloideae zusammengefassten Gattungen durch das Fehlen von Wurzeln und Laubblättern, durch die kollateralen Leitbündel, durch die Schuppenbildung in der Kronröhre und durch den Mangel oder die weitgehende Reduktion von Keimblättern. R. v. Wettstein bildet aus ihr eine eigene Familie (Cuscutáceae), die er früher zusammen mit übrigen Convolvulaceen zu einer besonderen Reihe der Convolvuláles zusammenfasste. Neuerdings aber (Handbuch der systematischen Botanik, 3. Aufl. 1924) löst er diese Reihe wieder auf und stellt die beiden Familien wiederum zur Reihe der Tubiflórae (siehe Bd. VI/1, pag. 175), wo sie auch von A. Engler als einheitliche Familie untergebracht sind. Nach A. Peter (Die natürlichen Pflanzenfamilien, IV, 3a, 1897) stehen die Convolvulaceen im Mittelpunkte dieser Reihe, da sich nach verschiedenen Richtungen, besonders zu den Solanaceen und Boraginaceen, ferner auch zu den Polemoniaceen engere verwandtschaftliche Beziehungen erkennen lassen. Nebenblätter fehlen, wie in der ganzen Reihe fast stets. F. Herrmann (Verhandlungen des Botanischen Vereins der Provinz Brandenburg, 1920) stellte solche ausnahmsweise bei Convolvulus sepium fest. Anatomisch zeichnet sich die Familie durch Gefässe mit stets lochartigen Wanddurchbrechungen, ferner durch in Reihen oder in gegliederten Röhren auftretenden Milchsaft- oder Harzzellen und dadurch aus, dass die 2-zelligen Haare aus einer verkorkten Stielzelle und einer einfachen oder verzweigten Endzelle bestehen. Meist tritt ein Spaltöffnungstypus auf, in dem 2 zur Schliesszellenspalte parallele Nebenzellen ausgebildet sind. Bei einer grösseren Anzahl von Ipomoea-Arten und anderen hat H. Hallier eigentümliche, aus einer Zellreihe bestehende Zellkomplexe im Palisaden- und Schwammparenchym der Laubblätter nachgewiesen, die sich durch Kleinheit der Zellen auszeichnen und als „Spikularzellenreihen" bezeichnet worden sind. Als Anomalien im Achsenbaue sind zu nennen das Auftreten von sukzessiven Zuwachsringen, von interxylärem Phloëm, Zerklüftung des Holzkörpers, die Entwicklung gewöhnlicher markständiger Leitbündel, die Entstehung von Holzbändern an der Aussenseite des intraxylären Phloëms usw. Besondere klimatische Anpassungen sind im Auftreten von Lederblättern bei einigen Arten oder in der Reduktion der Spreitenfläche, in der verdickten Kutikula, der oft filzigen Behaarung, der Bildung von Speicherorganen in den Wurzeln und Achsenteilen und dem bisweilen Spartium-artigen Wuchse zu erblicken. Die Blüten sind oft gross und leuchtend gefärbt, mit Nektar oder Blütenduft ausgestattet und daher vorwiegend auf Insektenbestäubung eingerichtet. Doch ist vielfach auch Selbstbestäubung möglich. Die in den Knospen brennend roten, offen dagegen weissen Blüten von Mina lobáta Llavé et Lex gelten als ornithophil. Dasselbe gilt für Arten der Gattung Quamoclít Tournef. und einigen anderen. Die Entwicklung der Blütenteile erfolgt in akropetaler Reihenfolge, indem die Kelchblätter den übrigen Blütenteilen weit vorauseilen, ebenso wie auch später die Kron- und Staubblätter sehr fortgeschritten sind, während die Fruchtblätter sich erst als kleine Gewebehöcker von der Mitte der Knospe abheben (Fig. 3050 d). Näheres hierüber, sowie über die Entwicklung der Samenanlagen und des Embryosackes und die Entwicklung und den Bau der Staubbeutel und des Pollen vgl. Peters, K. (Vergleichende Untersuchungen über die Ausbildung der sexuellen Reproduktionsorgane bei Convolvulus und Cuscuta. Diss., Zürich, 1908), ferner E. Strasburger (Das botanische Praktikum, 1897). Die Pollenkörner[1]) besitzen eine Exine und eine Intine; erstere ist bei Convolvulus von etwa 20 Austrittsstellen durchbrochen, weshalb die Oberfläche höckerig-grubig erscheint (vgl. auch Fischer, Hugo. Beiträge zur vergleichenden Morphologie der Pollenkörner, Breslau, 1890). Bei Ipomoea-Arten treten auch stachelige Pollen auf. In der Ausbildung der Antherenwand zeigt sich zwischen Cuscuta und Convolvulus der Unterschied, dass sich bei ersterer Gattung nur 1 Lage von Schichtzellen findet, während Convolvulus deren 2 besitzt. Der Embryo von Cuscuta entbehrt der Keimblätter, besitzt dafür aber Gewerbehöcker in 1- oder 3-Zahl, die als Anlagen echter Laubblätter zu deuten sind (Näheres vgl. unter Cuscuta pag. 2091). Nach A. Burgerstein (Berichte der Deutschen Botanischen Gesellschaft. Bd. VII, 1889) tritt

---

[1]) Die ersten Angaben über den Pollen von Convolvulus finden sich bei Koelreuter (Dritte Fortsetzung der vorläufigen Nachricht von einigen das Geschlecht der Pflanzen betreffenden Versuchen und Beobachtungen, 1766), weitere z. B. bei H. Mohl (Ueber den Bau und die Formen der Pollenkörner, Bern, 1834).

Tafel 218

## Tafel 218.

Fig. 1. *Vinca minor* (pag. 2053). Habitus.
„ 1 a. Blüte geöffnet.
„ 1 b. Staubblatt.
„ 1 c. Fruchtknoten.
„ 2. *Convolvulus sepium* (pag. 2080). Blütenspross.
„ 2 a. Fruchtknoten.
„ 2 b. Frucht.
„ 2 c. Fruchtknoten im Querschnitt.
„ 2 d. Samen im Längsschnitt.
„ 2 e. Staubblatt.

Fig. 3. *Convolvulus arvensis* (pag. 2086). Blütenspross.
„ 3 a. Fruchtknoten.
„ 3 b. Fruchtknoten im Querschnitt.
„ 4 *Cuscuta Epithymus* (pag 2094). Habitus.
„ 4 a. Blüte.
„ 4 b. Blütenkrone aufgerollt.
„ 5. *Polemonium caeruleum* (pag. 2114).
„ 5 a. Fruchtknoten quergeschnitten.
„ 5 b. Frucht.
„ 5 c. Frucht aufspringend.

---

nach der Anthese — wahrscheinlich infolge von Turgorveränderungen — eine Verkürzung der Staubfäden und des Griffels ein. Die Schliessbewegung der Blüten bei feuchtem Wetter ist nach K. Goebel durch eine Turgorverminderung an der Oberseite der Krone bedingt. Sie wird dadurch ermöglicht, dass die Krone 5 derber gebaute, an der Färbung kenntliche Streifen besitzt, die durch zarte Gewebestreifen verbunden sind und wie die Spangen eines Regenschirms wirken. Bei der Entfaltung tritt eine Turgorsteigerung ein, die die aktiven Teile der Krone nach aussen bringt. Diese überwinden dabei den Widerstand ihrer unteren Seite und breiten die ursprünglich eingefalteten Teile der Krone aus. — Extraflorale, zuckerabscheidende Nektarien sind bei einer grösseren Zahl aussereuropäischer Arten festgestellt worden. — Sehr charakteristisch für die Familie ist die durch Palisadenstruktur ausgezeichnete Samenschale, über die von Schacht, Schleiden, W. Uhloth, (Beiträge zur Physiologie der Cuscuteen. Flora, 1860), Strandmark, Haberlandt, L. Koch (Die Klee- und Flachsseide, Heidelberg, 1880), C. O. Harz (Landwirtschaftschaftliche Samenkunde, 1885), Haenlein (Landwirtschaftliche Versuchsstationen, Bd. 23), R. Karoly, H. v. Guttenberg (Naturwissenschaftliche Zeitschrift für Forst- und Landwirtschaft, Bd. 7, 1909), O. Breymann (Mitteilungen des Kaiser-Wilhelm-Instituts für Landwirtschaft in Bromberg. Bd. VI, 1914) u. a. gearbeitet worden ist. Wie bei den Leguminosen sind sie durch eng aneinanderschliessende, feinporige Palisadenreihen ausgezeichnet, die in höherem Grade die Hartschaligkeit der Samen bedingt. Namentlich die Cuscutoideen besitzen nach W. Kinzel in dieser Schicht eine ausgeprägte Lichtlinie. Sie reihen sich nach Mattirolo daher derselben Gruppe an wie die Leguminosen, d. h. Familien, deren Lichtlinien nicht verholzt sind, und stehen im Gegensatz zu den Tiliaceen und verwandten Familien, bei denen nicht nur die Lichtlinien, sondern auch die nach rückwärts anschliessenden Palisaden deutliche Ligninreaktionen ergeben.

Die Unterfamilie der Convolvuloideae zerfällt in 7 Tribus, von denen bei den ersten 4 die Streifen der Blumenkrone selten scharf abgegrenzt sind und letztere von unten nach oben gleichmässig erweitert ist (vgl. auch Coupin et Capitain. Les genres de la famille des Convolvulacées du monde entier. Le naturaliste, XXXI). Zu den Dichondreae mit freien Kelchblättern gehört u. a. die in wärmeren Gegenden als Unkraut weit verbreitete Dichondra répens Forst. mit grünen Blüten und stumpfen Kelchblättern. Die Dicranostileae mit verwachsenen Kelchblättern, 2 Griffeln und aufspringenden oder dünnen und klappenlosen Früchten umfassen etwa 12 Gattungen, von denen nur Cressa L. mit der in den wärmeren Gebieten weit verbreiteten und formenreichen C. Crética L. bis in das europäische Mittelmeergebiet reicht. Die umfangreichste Gattung dieser Tribus ist Evólvulus L. von zumeist südmexikanischer und südamerikanischer Verbreitung mit etwa 80 Arten. E. alsinoídes L. gehört zu den verbreitetsten Tropenunkräutern. — Die vornehmlich im Mittelmeergebiete und im Orient verbreitete, gattungsarme, aber artenreiche Tribus der Convolvúleae unterscheidet sich von der vorangehenden Tribus durch den Besitz von nur 1 Griffel. Hierzu gehört vor allem die Gattung Convólvulus (pag. 2078) mit rund 200 Arten (s. u.). — Durch 1-samige Kapseln mit flügelartig auswachsenden Kelchblättern ist die kleine altweltlich-tropische Tribus der Poráneae, durch beerenartige, 1-samige Früchte, tief 2-spaltige Kronblätter und fast sitzende Narben die südasiatisch-ozeanische Tribus der Erycíbeae, durch beerenartige oder harte, nicht aufspringende, meist mehrsamige Früchte, ungeteilte Kronblätter, lange Griffel und stachelige Pollen die tropische, gattungs- und artenreichere Tribus der Argyreíeae ausgezeichnet. Allen 3 Tribus kommt keinerlei wirtschaftliche Bedeutung zu. — Wichtig ist dagegen die Tribus der Ipomœeae mit Kapselfrüchten, kopfigen oder 2-knopfigen Narben und stacheligem Pollen. Sie umfasst 8 einander ziemlich nahestehende Gattungen, die von Bentham und Hooker in eine einzige Gattung Ipomœa (s. l.) zusammengefasst worden sind. Die Arten zeichnen sich vielfach durch schöne, grosse Blüten aus und sind daher seit langem gern in Gärten gesehen. Als wichtigere Zier- und Nutzpflanzen seien genannt: Mína lobáta Llavé et Lex. (= Ipomœa lobata [Cerv.] Thell.), Mina-Prunkwinde. Einjährige, 3 bis über 6 m hoch windende Pflanze. Laubblätter herzförmig, 3-lappig, buchtig gezähnt, handnervig-netzaderig. Blütenstand vielblütig. Krone 5-zipfelig, mit nur wenig ausgebreitetem Saume, etwa 2 cm lang, in der Knospenlage leuchtend rot, erblüht orange- bis blassgelb (weiteres s. Schlüssel). Heimat: Mexiko. Die Pflanze wurde 1832 nach England eingeführt und wird seitdem auch in Mitteleuropa, selbst noch in Norddeutschland, im Freilande kultiviert. Verwildert bei St. Sulpice unweit Lausanne (1913). — Calonýction speciósum Choisy (= Ipomœa aculeáta O. Kuntze, = I. bónanox L.). Einjährige, bis über 3 m hoch windende, sehr formenreiche Pflanze. Laubblätter herzförmig, gross, kahl. Blüten in 1- bis 5-blütigen Blütenständen. Kelchzipfel gehörnt. Krone sehr gross, weiss. Heimat: Tropisches Amerika. In Mitteleuropa 1733 eingeführt, beliebt als Zimmer- und Kalthauspflanze, aber für das Freiland nur in sehr warmen und geschützten Lagen brauchbar. — Quamoclit vulgáris Choisy (= Ipomœa Quamoclit L.). Gefiederte Prunkwinde. Franz.: Quamoclit cardinal, Liseron à feuilles laciniées; engl.: Indian Pink, cyress vine. Bis 2,5 m hoch windende Pflanze. Laubblätter fiederteilig, mit schmal-linealen Abschnitten. Blüten in 1- bis mehrzähligen, achselständigen Blütenständen. Krone scharlachrot oder karminrot bis purpurn. Heimat: Ostindien, in den Tropen vielfach eingebürgert, in Mitteleuropa in warmen Lagen im Freilande und in Töpfen kultiviert. Wie die nachfolgende Art bereits zur Renaissance in Schlesischen Gärten bekannt. — Q. coccínea (L.) Moench. Bis 5 m hoch windende Pflanze. Laubblätter herzförmig, handnervig, meist ± gelappt. Blüten in 3- bis mehrblütigen, die Tragblätter überragenden Blütenständen. Krone etwa 3 cm lang, orangegelb, mit scharlachrotem Saume, wohlriechend. Heimat: Tropisches und subtropisches Amerika und Asien. In Mitteleuropa als Zierpflanze im Freiland zur Bekleidung von Spalieren gezogen, härter als Q. vulgaris, aber in neuerer Zeit weniger beliebt. — Exogónium Púrga (Wenderoth) Bentham. Bis über 4 m hoch windende Pflanze mit knollig-rübenförmig verdickter Grundachse. Stengel purpurn. Laubblätter herzförmig bis breit-herzförmig, zugespitzt, ganzrandig, kahl. Blüten einzeln oder zu 2. Kelchzipfel ohne Stachelspitze, purpurn. Krone rot. Heimat: Mexiko. Sehr schöne, aber wenig gezogene Schmuckpflanze für kalkhaltige Böden. In den Tropen (Ostindien, Ceylon, Afrika, Jamaika) wird die Art vielfach ihrer Wurzelknollen wegen, die als Túbera Jálapae (Deutsch. Arzneibuch VI, Pharm. Helv.) s. Rádix Jalapae (Pharm. Austr.), echte Jalapawurzel offizinell sind, gebaut. Die bei starker Wärme getrockneten Wurzeln enthalten neben 9,5 bis 13,4 % Hart- und Weichharz Gummi, 19 % Zucker, Farbstoffe, Apfelsäure (?), Mannit (?) usw. Im Harze findet sich zu 95 % das Convolvulin ($C_{54}H_{96}O_{27}$), auf dem die stark drastisch abführende Wirkung der Droge beruht. Ferner benützt man die Résina Jálapae (Deutsch. Arzneibuch VI/1927, Pharm. Austr.) als Reizmittel gegen Gelbsucht, Wassersucht, Würmer usw. Wann die Droge nach Europa gelangte, ist unsicher, da dieselbe medizinische Wirkung einer ganzen Reihe von Convolvulaceen zukommt, so der ostmexikanischen Ipomoea Orizabénsis Ledanois (die Stípites Jalapae, Rádix Jálapae fibrósae s. lévis s. fuscifórmis oder Mexikanische Scammoniumwurzel liefernd), der I. símulans Hanbury, Tampicawurzel, der J. triflóra Velasco, Jalape von Querétaro, der brasilianischen I. operculáta Mart., Brasilianische Jalape, Batata purgante, Batata do gentio, der tropisch-amerikanischen I. panduráta (L.) Mayer, der nordamerikanischen Pharbítis purpúrea (L.) Voigt usw. (vgl. auch Dragendorff, G., Die Heilpflanzen der verschiedenen Länder und Zeiten, 1898). — Ipomœa paniculáta R. Br. Ausdauernde, windende Pflanze mit dickem, kahlem Stengel. Laubblätter tief 5- bis 7-lappig. Kelchblätter 6 bis 8 mm lang, gleichlang. Blüten in vielblütigen, kurzen Rispen, lebhaft hellpurpurrot, im Schlunde dunkler. Kronröhre 3 cm lang, mit 7 cm breitem, flach ausgebreitetem Saume. Heimat: Ostindien, Java. Nur für sonnige, warme und geschützte Lagen verwendbar. — Als Nährpflanze hat in einzelnen Ländern Ipomœa Batátas Lam. (= Batatas edúlis Thunbg.) grosse Bedeutung; es ist dies die Batate oder Süsse Kartoffel, franz.: Batate, engl.: Sweet potatoe, in Westindien und Südamerika camotes, amotes, ajes, cumar, jetica oder hetich geheissen, malayisch ubi djawa, ubi kastela, gumbilli passir, in Ostafrika kiazi geheissen. Ausdauernde, am Boden niederliegende, seltener schlingende oder aufrechte Pflanze. Grundachse mit länglich-spindelförmigen, bis faustgrossen, gelblichen oder weisslichen, 1 bis 2 (bei einzelnen Sorten bis 3,5) kg schweren Seitenwurzeln. Laubblätter tief eingeschnitten, 3- bis mehrlappig, kahl. Blüten in mehrblütigen (meist 3 bis 4), gebüschelten Blütenständen, gross, trichterförmig, purpurrot, rötlich oder weiss. Heimat nach Humboldt, Meyen, Boissier, Peter u. a. wahrscheinlich Mittelamerika, 1514 wildwachsend in Honduras angegeben (vgl. A. De Candolle, Der Ursprung der Kulturpflanzen, 1884), gegenwärtig aber nur in zahlreichen Kulturformen bekannt (vgl. Semler, H. Die tropische Agricultur, Bd. 2, 1900 und Winkler H., Botanisches Hilfsbuch, 1912) und in den warmen Gebieten der ganzen Erde bis nach Neu-Seeland, Japan, Algier und bis ins mittlere Nordamerika (bis zum 42° nördl. Breite) im grossen angebaut. Zu ihrem Gedeihen benötigt die Batate keine längere Wachstumsperiode als die gewöhnliche Kartoffel, wohl aber bedeutend mehr Wärme. Ist wenig Wärme vorhanden, so schmecken die Knollen unreif, da zu wenig Zucker ausgebildet wird. Immerhin darf das Klima nicht zu feucht sein. Mehr noch als die Kartoffel meidet die Pflanze einen nassen Boden; am besten eignen sich für die Kultur leichte Sandböden. Eine als I. chrysorrhiza (Soland.) bezeichnete Form, die nie zur Blüte gelangt, war bei den Maoris bereits zur Zeit der Entdeckung von Neuseeland in Kultur. Sie führt, wie die Batata bei den peruanischen Quichua-Indianern, den Namen Kumara. Die knolligen Wurzelstücke (nicht wie bei der Kartoffel Sprossknollen) enthalten frisch etwa 60 bis 74% $H_2O$, 1 bis 3% Stickstoffsubstanzen, 0,5 bis 2,5% Fett, 0,8 bis 5,6% reduzierten Zucker, 3 bis 8 (20%) Gesamtzucker, 20 bis 27% stickstofffreie Extraktstoffe usw. Sie sind etwas schleimig und schmecken etwa wie Artischoken. Sie ersetzen vollständig die Kartoffel und werden auch wie diese gekocht oder geröstet. Sie dienen ferner zur Herstellung von Spiritus (für Maschinen- und Automobilbetrieb) und Branntwein, als Viehfutter (auch das vor der Ernte geschnittene Laub), zur technischen Herstellung von Stärke usw. Der Anbau ist sehr einfach. Die Vermehrung erfolgt fast stets durch ganze Knollen, vereinzelt auch durch Setzlinge. In Peru sind die Sorten Porto viejo, Boca sagarto und Nina sehr geschätzt, auf den Westindischen Inseln die Sorte Providence, im Mittleren Nordamerika der Pumkin Yam und Shanghai oder California Yam, in Ostafrika die Sorten Kindolo, Schumbalino, Kitaita usw. Versuchsweise wurde die Pflanze in Frankreich in Gemüsegärten gezogen. In Ziergärten wurde sie bereits 1580 eingeführt. — Als beliebte chinesische Gemüsepflanze sei I. aquática Forsk. genannt, deren jungen Triebe gekocht oder in Oel gebacken genossen werden. Auch andere Ipomoea-Arten werden hie und da gezogen, spielen aber keine bedeutende Rolle. Genannt sei z. B. I. tr i lóba L. aus Peru, die verwildert auf einem Felde zwischen Tramin und Kaltern in Südtirol angetroffen wurde, I. sanguínea Vahl aus Südamerika (verwildert auf Schutt in Neustadt Pfalz, 1910). Eingeschleppt fand sich ferner I. eriocárpa R. Br. (= I. sessiliflóra Roth), ein pantropisches Gewächs, bei der Oelfabrik in Mannheim. — Eine in den Tropen an sandigen Küsten weitverbreitete Pflanze ist I. pes cáprae Sw., die Ziegenfuss-Winde, die meist rot gefärbte Blüten besitzt und mit bis 30 m langen, an den Knoten wurzelnden Stengeln als Festigerin der Dünen und des lockeren Meeressandes eine bedeutende Rolle spielt. — Pharbítis purpúrea (L.) Voigt (= P. híspida Choisy, = Ipomóea purpurea Lam.) Fig. 3050. Einjährige, bis über 3 m hoch windende Pflanze. Stengel ästig, steif rückwärts gerichtet behaart. Laubblätter herzförmig, zugespitzt, gestielt, weichhaarig. Blüten in 2- bis 5-blütigen, die Tragblätter weit überragenden Blütenständen. Kelchzipfel ei-lanzettlich, spitz, besonders am Grunde steifhaarig. Krone glockig-trichterförmig, gross, purpurrot. Narbe kopfig. Frucht 3- bis 4-fächerig. Heimat: Tropisches Amerika. 1629 in Europa eingeführt und in zahlreichen Farbenabweichungen im Freilande, an Hauswänden, Altanen, Lauben, Fenstern, auf Friedhöfen usw. gezogen. Im Hortus Eystettensis trug die Pflanze den Namen Convolvulus indicus, Fremde indianische veilbraune Windglöcklein. Verwildert nicht selten, so bei Mannheim (1909), auf Schutt beim Friedhof von Dürkheim (in einer zweifelhaften Form, vielleicht subsp. niválís [Lodd.] Brand [= P. nívea G. Don], 1911), im Park zu Sanssouci bei Potsdam, Strassburg, Naundorf bei Kötschenbroda (Sachsen), München, Erlangen, Zürich (1917), Basel (1908 und später mehrfach) Kirchenfeld bei Bern (1901, weissblütig), Solothurn (1915), Fully (Wallis), Intragna und Pedemonte (Tessin), bei Bozen und Riva auf Aeckern und an Wegen. — P. Nil (L.) Choisy (= Ipomóea Nil Roth, = I. punctáta Pers., = I. scábra Gmel.). Einjährige, 2 bis 3 m hoch windende Pflanze. Laubblätter herzförmig, 3-lappig, lang gestielt. Krone himmelblau. Heimat: Tropisches Amerika. In verschiedenen Kulturformen im Freiland und in Töpfen gezogen. Im Hortus Eystettensis fand sich diese Art unter dem Namen Nil Arabum, Fremde blaue Windglocken. Verwildert wurde sie im Tessin bei Fornasette (Lugano) 1904 angetroffen. — Operculína ventricósa (Choisy) Peter. Halbstrauchige, windende Pflanze. Stengel fast kantig, mit brauner Rinde, kahl. Laubblätter ungeteilt, herzförmig zugespitzt, netzaderig. Blüten meist zu 4, auf filzigen Blütenstielen. Kelchblätter sehr gross, weiss, trichterförmig. Heimat: Surinam und Guadeloupe. Als nicht winterharte Topfpflanzen für sonnige, warme Gebiete oder für geheizte Räume geeignet. — Medizinische Bedeutung besitzt O. Turpéthum (L.) Peter aus Ostindien mit glockigen Blüten, deren Wurzeln (Rádix Turpéthi) bisweilen als Ersatz oder als Verfälschung der Rádix Jálapae benutzt werden. In Indien sind sie offizinell. — O. tuberósa (L.) Meiss., aus Mittelamerika und Ostindien, ist eine geschätzte Gemüsepflanze. — Zur Unterfamilie der Cuscutoideae gehört nur die Gattung Cuscúta (pag. 2089).

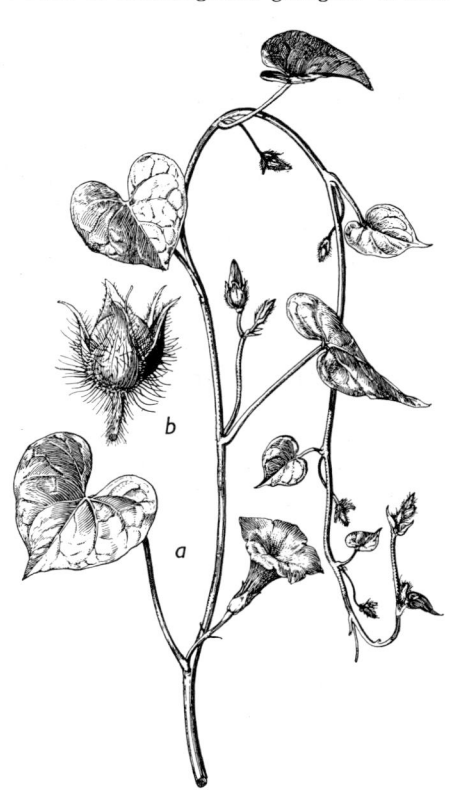

Fig. 3050. Pharbitis purpurea (L.) Voigt. *a* Blühender Spross. *b* Frucht.

1. Pflanze mit grünen Laubblättern und mit grossen Blüten . . . . . . . . . . . . . 2.
1*. Schmarotzerpflanzen ohne Laubblätter und mit kleinen Blüten . . . . . . Cuscuta DCIV.
2. Narbe 2-lappig oder 2-geteilt; Lappen eirund oder lanzettlich, fädlich oder abgeplattet . . . . . . . . . . . . . . . . . . . . . . . . . . . . . . . . . . . . . Convolvulus DCIII.
2*. Griffel fadenförmig, mit fast kugeliger, ungeteilter oder 2-kopfiger oder 2-kugeliger, dicker Narbe (Gattung Ipomœa L. s. lat.). Kultivierte Pflanzen . . . . . . . . . . . . . . . . 3.
3. Blüten in Doppelwickeln. Kelchblätter gehörnt. Krone aus kurzröhrigem Grunde plötzlich erweitert, gekrümmt-primatisch, gelb und rot. Staubblätter und Griffel hervortretend. Mit 2 Arten in Mexiko heimische Gattung, davon in Kultur . . . . . . . . . . . . . . . Mina lobata (pag. 2075).
3*. Blüten in Dichasien oder in doldenartigen bis kopfigen Blütenständen. Krone trichter-, glocken- oder flach-tellerförmig . . . . . . . . . . . . . . . . . . . . . . . . . . . . . 4.
4. Staubblätter und Griffel aus der Kronröhre hervortretend . . . . . . . . . . 5.
4*. Staubblätter und Griffel in der Kronröhre eingeschlossen . . . . . . . . . . 7.
5. Blüten sehr gross (bis 16 cm lang), flach-tellerförmig, mit enger, zylindrischer Röhre und breitem Saum. Tropisch-amerikanische Gattung mit 4 Arten, wovon häufiger in Kultur Calonyction speciosum (pag. 2075).
5*. Blüten mittelgross . . . . . . . . . . . . . . . . . . . . . . . . . . . . . . . 6.
6. Pflanzen 1-jährig. Kelchblätter meist mit plötzlich aufgesetzter Spitze. Krone röhrig, nach oben erweitert, öfters unter dem wenig ausgebreiteten oder glockigen Saume zusammengezogen, rot oder gelb. Mit etwa 10 Arten in den Tropen verbreitete Gattung . . . . . . . . . Quamoclit Tournef. nr. 2076.
6*. Pflanzen ausdauernd. Kelchblätter meist an der Spitze abgerundet. Krone röhrig, nach oben etwas erweitert, mit mittelgrossem Saume, meist rot. Mit 15 Arten im tropischen Amerika. Davon als seltenere Zierpflanze . . . . . . . . . . . . . . . . . . . . . . . . . . . Exogonium Purga (pag. 2076).
7. Kelchblätter krautig, allmählich verschmälert-zugespitzt oder lang- und schmal-zugespitzt. Fruchtknoten meist 3-fächerig und 6-samig. 50 bis 60 Arten starke Gattung aus den wärmeren und tropischen Gebieten. Häufige Zierpflanzen . . . . . . . . . . . . . . . . . Pharbitis Choisy pag. 2077.
7*. Kelchblätter häutig oder lederig, stumpf bis spitz. Fruchtknoten in der Regel 2- oder 4-fächerig und 4-samig . . . . . . . . . . . . . . . . . . . . . . . . . . . . . . . . . . 8.
8. Kapsel der Länge nach 4-, selten 2-klappig aufspringend. Mit 300 Arten in allen tropischen und wärmeren Gebieten verbreitete Gattung . . . . . . . . . . . . Ipomoea L. s. str. (pag. 2076).
8*. Kapsel quer- und unregelmässig zerreissend, bisweilen fast deckelförmig aufspringend. Mit 10 Arten im tropischen Amerika und in Ostindien heimisch . . . Operculina Silv. Manso (pag. 2077).

## DCIII. Convólvulus[1]) L. Winde. Franz.: Liseron, lizeron; engl.: Bindweed; ital.: Vilucchio.

Aufrechte oder niederliegende, windende Kräuter, Stauden, Halbsträucher und Sträucher mit meist einfachen, herz-, pfeil- oder spiessförmigen, seltener gelappten oder fiederspaltigen Laubblättern. Blüten einzeln oder in mehr- bis vielblütigen Blütenständen in den Achseln der Laubblätter, meist gross, verschiedenartig gefärbt. Vorblätter klein und schmal oder gross, laubblattartig und den Kelch einschliessend. Kelchblätter frei, meist gleichlang. Krone trichterförmig bis glockig, mit ± deutlichem, 5-eckigem Saume. Staubblätter am Grunde der Krone entspringend; Staubfäden am Grunde meist verbreitet; Staubbeutel länglich, sich nach innen öffnend[2]). Diskus ring- oder becherförmig. Fruchtknoten 1- oder 2-fächerig oder unvollkommen 2-fächerig, 4-samig. Griffel fädlich; Narbe 2-lappig, fädlich, ei-keulenförmig oder flach. Kapsel kugelig, meist 2-fächerig, 4-klappig aufspringend oder selten unregelmässig zerbrechend oder 1-samig und geschlossen bleibend. Samen 1 bis 4, kahl, glatt oder mit verschiedenartiger Skulptur.

---

[1]) Abgeleitet von lat. convólvere = zusammenwickeln; wegen der sich zusammenfaltenden Krone. Der Name findet sich bereits bei Plinius.

[2]) Die Staubbeutel werden irrtümlicherweise, wohl auf Aug. Schulz (Beiträge zur Kenntnis der Bestäubungseinrichtungen und Geschlechtsverteilung bei den Pflanzen, 1888) zurückgehend, von Knuth und Kirchner als extrors bezeichnet.

Die Gattung ist mit etwa 200 Arten über die gemässigten, subtropischen und tropischen Gebiete verbreitet, findet sich aber hauptsächlich im Mittelmeergebiete und im anschliessenden Westasien. Sie zerfällt in die zwei, häufig als eigene Gattungen betrachtete Untergattungen Calycostégia¹) R. Br. (Blütenstände 1-blütig. Vorblätter gross, breit, ± blattartig, den Kelch einschliessend. Narbenlappen abgeflacht, eiförmig oder länglich. Fruchtknoten 1-fächerig oder unregelmässig 2-fächerig. Kapsel mit vielen Längsrissen aufspringend) und Eúconvólvulus (Vorblätter klein, vom Kelche entfernt stehend, denselben nicht verdeckend. Narbenlappen fadenförmig oder dicklich. Fruchtknoten 2-fächerig. Kapsel neben der Scheidewand aufspringend oder ganz unregelmässig aufreissend). Zur Untergattung Calycostegia zählen etwa 7 Arten, unter denen als Kosmopoliten C. sépium L. (pag. 2080) und C. Soldanélla L. (s. pag. 2083) zu nennen sind. In Gärten angepflanzt findet sich nicht selten C. Dahúricus Sims (? = C. sepium L. var. Americánus Sims). Aehnlich wie C. sepium. 2 bis 4 m lang windende, kurzhaarige Pflanze. Laubblätter kurz gestielt, eilänglich, vorn kurz zugespitzt, am Grunde herzförmig oder kurzeiförmig. Blütenstiele kürzer als das Tragblatt. Blüten einzeln. Vorblätter eiförmig, 8 bis 12 mm lang, gewimpert, doppelt so lang als die lanzettlichen, spitzen, kahlen Kelchzipfel. Krone gross, hellrosa mit dunkleren Streifen. Heimat: Südrussland, Kaukasus, Sibirien. Seit der 2. Hälfte des letzten Jahrhunderts in Kultur und hie und da als Gartenflüchtling verwildert, z. B. bei Schwerin, Celle (gegenwärtig fast eingebürgert), Hamburg, Brandenburg, Goldberg, Löbau i. S.; Zürich (1882), Rheineck (1906) und Münsterlingen (1912) in der Schweiz. — C. pubéscens (Lindley) Thellung. 2 bis 4 m lange, windende, weichhaarige Pflanze mit weitkriechenden Grundachsen. Laubblätter länglich, vorn spitz oder ± abgestumpft, am Grunde eckig-gelappt, fein behaart. Blüten einzeln auf kantigen Stielen. Vorblätter eiförmig, am Rande zurückgeschlagen und gewimpert. Krone rosa. Heimat: China. Wie die vorige Art vollständig winterhart und hie und da, bisweilen mit gefüllten Blüten, gezogen. Verwildert z. B. in der Schweiz bei Zürich (1905) und Balsthal (1909). — Die Untergattung Euconvolvulus umfasst die beiden Sektionen Orthocáulon (nicht windende Arten) und Strophocáulon (Arten mit windenden Stengeln oder Aesten). Zur ersteren gehört neben dem bis Südtirol reichenden C. Cantábricus (pag. 2085) u. a. der vielfach in Gärten als Einfassung gepflanzte 1-jährige C. tricolor L. Franz.: Belle de jour (Fig. 3051). Aus niederliegendem Grunde aufsteigende, 20 bis 40 cm hohe, ästige, behaarte Pflanze. Laubblätter lanzettlich-verkehrt-eiförmig, sitzend, am Grunde gewimpert. Blüten einzeln auf zottigen, mit Vorblättern versehenen, die Tragblätter weit überragenden Stielen. Kelchzipfel eilanzettlich, etwa 5 bis 8 mm lang, spitz, zottig behaart. Krone trichterförmig, etwa 3-mal so lang wie der Kelch, am Saume blau, in der Mitte weiss, am Grunde gelb. Kapsel zottig. Heimat: Westliches Mittelmeergebiet bis Italien und Tunis, aber in Südfrankreich nicht einheimisch. In zahlreichen Farbenabänderungen seit der Renaissancezeit in Gärten, bisweilen auch als Topfpflanze gezogen. Auf Schutt verwildert z. B. bei Berlin (1842), Mannheim (1898, 1901), Genf (1875), St. Ludwig bei Basel; eine kleinblütige Wildform mit schmalen, lanzettlichen, lang zugespitzten Kelchzipfeln eingeschleppt auf dem Bahnhof Wildegg (1915) und bei der Solothurner Malzfabrik (1915 bis 1919). Die Blüten öffnen sich zwischen 7 und 8 Uhr morgens und schliessen sich gegen 5 bis 6 Uhr nachmittags. Die Keimpflanzen besitzen häufig 3 oder 4 Keimblätter. — C. Sículus L. Aehnlich C. tricolor, aber Laubblätter langgestielt. Krone etwa doppelt so lang als der Kelch. Kapsel kahl. Heimat: Südeuropa, Cypern, Nordafrika, Kanarische Inseln. Alte, schon zur Renaissancezeit in Schlesien gehaltene Zierpflanze der Gärten, adventiv z. B. in der Schweiz. — C. flóridus L., C. virgátus Webb und C. scopárius L., drei auf Teneriffa heimische niedrige Sträucher, sollen angeblich die Stammpflanzen für das Lígnum Rhódii, Rosenholz, Bois de Rhodes sein. Wahrscheinlich liegt aber eine Verwechslung mit einer Genista-Art (G. Canariénsis oder G. virgáta) vor, da die Wurzeln der genannten Convolvulus-Arten niemals die Grösse des in den Handel kommenden, zu feineren Tischlerarbeiten und zur Herstellung von Rosenholzöl verwendeten Lignum Rhodii erreichen. — Zur Sektion Strophocaulon gehört von den heimischen Arten die kosmopolitische C. arvensis L. (pag. 2086). Von Gartenpflanzen seien genannt: C. althaeoídes L. Ausdauernde, niederliegende und windende, ± angedrückt behaarte Staude. Untere Laubblätter herz-eiförmig, lang gestielt, buchtig-gekerbt bis gelappt; die oberen handförmig gespalten

Fig. 3051. Convolvulus tricolor L.

---

¹) Von χάλυξ [kálix] = Hülle und στέγω [stégo] = bedecke; wegen der grossen, den Kelch verbergenden Vorblätter.

oder geteilt, mit linealen oder lanzettlichen Zipfeln. Blütenstiele länger als die Tragblätter. Vorblätter schmal borstenförmig. Krone gross, 4- bis 5-mal so lang wie der Kelch, rosen- oder lilarosenrot, stellenweise behaart. Kapsel kahl. Heimat: Mittelmeergebiet. Meistens als nicht winterharte Topfpflanze gehalten; schon zur Renaissancezeit in Schlesischen Gärten in Kultur. Die Wurzeln liefern besonders in Syrien einen Ersatz für die von Exogónium Jálapa stammende Resina Jálapae (pag. 2076). In Spanien gilt die Pflanze als Zeiger von Phosphatlagern. — C. Mauritánicus Boiss. Halbstrauch mit niederliegenden Stengeln, kurz anliegend weiss-haarig. Laubblätter eiförmig, kurz gestielt. Blüten einzeln oder zu 2 bis 3. Krone 3-mal so lang wie der Kelch, flach und breit glockig, lila oder violettblau. Heimat: Südwestliches Mittelmeergebiet. Als Zierpflanze im Freiland und in Ampeln im Kalthause gezogen. — Eine wichtigere medizinische Pflanze ist C. Scammónia L. (= C. Syriacus Moris), heimisch im östlichen Mittelmeergebiet (besonders um Aleppo). Ausdauernde, kahle Pflanze mit 3-eckigen, pfeil- oder spiessförmigen am Grunde etwas gelappten Laubblättern. Kelchblätter ungleich; die äusseren kürzer, nach aufwärts verbreitert, oft unregelmässig kleingelappt. Blüten gelblichweiss. Der kräftige, bisweilen über 3 cm starke Erdstock liefert die Rádix Scammóniae, Scammoniawurzel, Racine de Scammoné, in der nach Wehmer 5 bis 12,5 % Harz (Scammonium), Gummi, Zucker, Gerbstoff, Salze usw., etwas 6,8 % Saccharose, 2,7 % Dextrose, 1 % Methylpentosen festgestellt worden sind. Das Scammonium enthält etwa zu 80 % das wirksame Harzglykosid Jalopin (Scammonin-Orizabin), Tannin, einen Ketonzucker, Stärke (?), Gummi usw. Das Harz (Scammónium) wirkt abführend und ist in der Pharm. Helv. offizinell. Neuerdings wird die Droge durch die Orizaba-Wurzel (vgl. unter Ipomoea Orizabensis pag. 2076) verdrängt. Die Gewinnung geschieht durch Anritzen des blossgelegten Erdstockes, an dem der reichlich sich abscheidende, weisse Milchsaft rasch zum Gerinnen kommt. Näheres hierüber vgl. Alexander Tschirch, Handbuch der Pharmakognosie, Bd. 2). — Adventiv wurden ferner festgestellt: C. pentapetaloides L. aus dem Mittelmeergebiete auf dem Güterbahnhof von Zürich (1917), C. tenuíssimum Sibth. et Sm. und C. húmilis Jacq. (= C. evolvuloides Desf.) aus dem Mittelmeergebiete im Mannheimer Hafen (1901).

    1. Kelch von 2 grossen Vorblättern eingeschlossen. Narbenlappen gross, flach. Fruchtknoten 1- oder unvollkommen 2-fächerig (Calycostegia) . . . . . . . . . . . . . . . 2.

    1*. Kelch nicht von Vorblättern umgeben. Narbenlappen fädlig oder keulig. Fruchtknoten 2-fächerig (Euconvolvulus) . . . . . . . . . . . . . . . . . . . . . . . . . . 4.

    2. Stengel niederliegend. Laubblätter nierenförmig, dicklich. Vorblätter eiförmig-stumpf. Nur an der Nordseeküste . . . . . . . . . . . . . . . . . . . . . . . C. Soldanella nr. 2280.

    2*. Stengel sehr lang, windend. Laubblätter pfeilförmig. Vorblätter herzförmig. Blüten sehr gross.   3.

    3. Vorblätter flach, die spitz-eiförmigen Kelchblätter nicht vollkommen deckend. Blüten bis 7 cm lang, zahlreich, sehr ungleichzeitig aufblühend . . . . . . . . . . . . . C. sepium nr. 2278.

    3*. Vorblätter aufgeblasen, die stumpfen Kelchblätter ganz verhüllend. Blüten gross, weniger zahlreich, aber gleichzeitig erblühend. In Krain und im östlichen Südeuropa . . . C. silvaticus nr. 2279.

    4. Stengel nicht windend, rauhhaarig. Laubblätter lineal-lanzettlich, spitz. Blüten rosa, aussen behaart. In Niederösterreich, Krain und Südtirol heimisch . . . . . . . . . . C. Cantabricus nr. 2281.

    4*. Stengel windend, kahl oder wenig behaart. Laubblätter pfeilförmig. Blüten rosa oder weiss. Weit verbreitete Pflanze . . . . . . . . . . . . . . . . . . . C. arvensis nr. 2282.

## 2278. Convolvulus sépium[1]) L. Ufer-Winde, Grosse Winde, Zaunglocke. Franz.: Grand liseron, grand lisel, manchette de la vierge, veillée; engl.: Great Bindweed, bear bind; ital.: Campanelle, vilucchio, im Tessin: Campanin. Taf. 218 Fig. 2; Fig. 3052 bis 3054, 3055c und 3056b.

    Nach dem windenden Stengel nennt man die Pflanze Stockwinn (Eifel), Schlangawenda (Schwäbische Alb), Stig-, Spinnwinde (Aargau), Ranken (Untere Weser), Slangenrank (Schleswig), Klim-up, Düfels-Neigarn [Teufels-Nähgarn] (Ostfriesland). Die Gestalt der Blüten veranlasste Benennungen wie Glogge (Graubünden), Glogge-Blueme (Schweiz), Glockawenda (Schwäbische Alb), Zaun-glocke (Eifel), Klausterklocken (Westfalen: Rheine), Muttergottes-Trinkglas (Franken), Thee-köpke [Teetasse] (Ostfriesland), Pisspott [Nachthafen] (Ostfriesland). Auf diesen letztgenannten Namen nimmt vielleicht auch der schwäbische Bettseicherli (Geislingen, Göppingen) Bezug, wenn er nicht mit dem Glauben zusammenhängt, dass das Abreissen der Blüten Regen bringe, daher auch Regeblume, -gloggä (Schweiz) genannt. Dagblöme (Emden) nennt man die Blume, weil sie (angeblich) nur bei Tag offen ist. — Im romanischen Graubünden wird die Zaun-Winde als parvénglas (Heinzenberg) bezeichnet.

---

    [1]) Bei C. Bauhin wird die Pflanze als Convolvolus major albus aufgeführt. Im Herbar von H. Harder (1576/94) liegt sie als Volubilis major oder Gros wind, Zaun glogg.

Ausdauernde, 1 bis 3 m lange, windende, kahle Pflanze. Erdstock kriechend, ästig, weisslich, fleischig. Stengel kletternd oder kriechend, am Grunde Ausläufer treibend, im oberen Teile ästig, rundlich=stumpfkantig, hohl. Laubblätter gross, etwa 5 cm lang gestielt, aus pfeilförmigem Grunde eiförmig=länglich bis 3=eckig, vorn stumpf oder lang=zungenförmig gespitzt; Oehrchen stumpflich oder spitzlich oder lappig grobzähnig=gestutzt, oberseits hell= grün, unterseits blassgrün. Blüten auf langen, etwas kantigen, im oberen Teile hie und da verdickten, die Laubblattstiele an Länge übertreffenden Stielen, einzeln in den Achseln der Laubblätter. Vorblätter gross, eiförmig oder herzeiförmig bis länglich=3=eckig, flach, den Kelch teilweise deckend, bleibend. Kelchzipfel herzförmig=lanzettlich oder schmal=eiförmig, krautig. Krone gross, 3,5 bis 6 cm lang, trichterförmig, weiss, selten rotgestreift oder rosa; Honigring am Grunde des Fruchtknotens gelb; Staubblätter kürzer als der Griffel, am Grunde verbreitert; Pollen kugelig, dicht= und kleinwarzig, weiss. Narben= lappen eilänglich, flach. Kapsel rund= lich, 1= oder nur im unteren Teile 2=fächerig, 4= oder seltener 3=samig (Fig. 3052 c, d). Samen eiförmig, etwa 5 mm lang, kantig, rauh, mit grubigem, hellem Nabel, schwarz. — VI bis IX.

Zerstreut auf ziemlich frischen bis feuchten Böden in Auenwäldern, Ufergebüschen, Riedwiesen usw., seltener auch apophytisch auf Ruderalstellen, in Weinbergen, Getreideäckern, Brachen, Hecken, an Zäunen. Von der Ebene bis in die Bergstufe: in den Baye= rischen Alpen bis 750 m, im Vorarl= berg bis 900 m, in den Glarneralpen bis 1000 m, im Schanfigg (Graubünden) bis 1440 m, im Wallis bis 1500 m, im Schweizer Jura bis 740 m. Bodenvag.

Fig. 3052. Convolvulus sepium L. *a* Blühender Spross. *b* Spross= stück mit geschlossener Blüte und Sprossspitze. *c* Blüte im Fruchtzustande. *d* Aufspringende Frucht. *e* Samen. *f* Blütendiagramm (nach Marktanner).

Im ganzen Gebiete bis in die Berg= stufe meist ziemlich verbreitet, nur in den Alpen und in den höheren Teilen der Mittelgebirge sehr zerstreut oder ganz fehlend, auf den Nordseeinseln meist nur spärlich.

Allgemeine Verbreitung: Europa, nördlich bis zu den Britischen Inseln (Berwick und Clyde in Süd=Schottland), Skandinavien (Söndmöre [62° 30´ nördl. Breite], Hvalöer, Werm= land, Upland), Oesel, Estland, Livland (Pleskau) und Süd=Finnland (nur verschleppt); West= asien, Sibirien; Nordafrika; gemässigtes Nord= und Südamerika, Australien, Java, Neu=Seeland.

An Formen können unterschieden werden: var. typicus Posp. Laubblätter 3=eckig, zugespitzt, mit eckigen Grundlappen. Blütenstiele das zugehörige Laubblatt selten überragend, meist viel kürzer. Vorblätter aus seicht herzförmigem Grunde länglich=3=eckig, ganzrandig, nicht viel breiter als der Kelch. Blüten sehr ansehnlich, an dem weit radförmig geöffneten Saume 5 cm im Durchmesser. Hierzu f. róseus DC. (= f. colorátus Lg.). Blüten blass= bis rosenrot. Selten mit dem Typus; hie und da auch in Bauerngärten gepflanzt und daraus verwildernd, z. B. in Steiermark auf Schutt bei Alt=Aussee, Ober=Tressen (Rechinger). — var. dumetórum Posp. Laubblätter eiförmig, stumpf, mit flach abgestutzten Grundlappen. Blütenstiele das zuge= hörige Laubblatt weit überragend, bis 15 cm lang. Vorblätter aus abgerundetem Grunde breit=eiförmig, flügel= artig wellig=gekerbt, breiter als der Kelch. Krone kleiner, an dem wenig ausgebogenen, nicht radförmig aus= gebreiteten Saume nur 2 cm im Durchmesser. Ob im Gebiete? — var. marítimus Lor. et Barr. Pflanze gestaucht. Stengel mit kurzen Gliedern. Laubblätter kleiner und dicker. So bisher nur von der Küste des Mittelmeers angegeben, doch vielleicht auch an der Nord- und Ostsee noch auffindbar.

Convolvulus sepium gehört dem eurasiatischen Elemente an. Die durch ihre grossen, weissen Blüten auffällige Schlingpflanze tritt in Mitteleuropa in natürlichen Pflanzengesellschaften fast ausschliesslich in den Beständen der Auenwaldserie auf; an den Ufern von Gewässern zusammen mit Phragmites communis (Fig. 3053), Geranium palustre, Rumex crispus, Ranunculus Flammula, Lythrum Salicaria, Filipendula Ulmaria, Lathyrus paluster, Valeriana officinalis usw., in den sich entwickelnden Weidengebüschen mit Saponaria officinalis, Lysimachia vulgaris, Epilobium hirsutum, Achillea Ptarmica und in dem Auenwald-Abschluss mit Quercus Robur, Alnus glutinosa und A. incana, Clematis Vitalba, Rubus caesius, Humulus Lupulus, Lithospermum officinale, Solanum Dulcamara usw. Bisweilen kann sie sich in diesen Beständen sehr üppig entwickeln und sie zu schwer durchdringbaren Dickichten verflechten. Selten findet sie sich auf dem Boden kriechend auf kiesigen Uferstrecken. An der Quarneroküste erscheint sie nach Beck auch im Lorbeerwalde, in den Illyrischen Gebirgen auch im Karstwalde. Nicht selten wächst sie ferner in Hecken, an Zäunen und als ausgesprochener Apophyt in Weinbergen, auf feuchten Mais- und anderen Getreideäckern usw. — Die Blüten sind zwar geruchlos, enthalten aber am Grunde des Fruchtknotens eine gelbe, als Diskus erscheinende Drüsenscheibe (Fig. 2154 c), die 5 mit den Staubblättern abwechselnde Vorsprünge

Fig. 3053. Convolvulus sepium L., im Ufergebüsch, Sollenau. Phot. R. Fischer, Sollenau, N.Ö.

aufweist. Diesen Vorsprüngen entsprechen gegenüberliegende Zwischenräume, die nach K. Peters lappige Drüsengebilde als konsolenartige Vorsprünge auf der Innenseite der Petala unterhalb der Abzweigungsstelle der Staubblätter zwischen sich freilassen. Diese petaloiden Nektarien sind früher übersehen worden. Die Schaufläche der leuchtend weissen Krone beträgt 6 bis 7 cm. Der Blühvorgang ist weniger abhängig vom Sonnenlichte wie bei Convolvulus arvensis und erfolgt häufig in mondhellen Nächten. Die 76 bis 84 µ grossen Pollenkörner (Fig. 3055c) sind gegen Befeuchtung sehr empfindlich. K. Peters beobachtete in der Rheinebene, dass sie bei plötzlich einsetzendem Nebel zu mehr als 50% aufplatzen. Ein Auskeimen tritt nicht ein, ist auch durch Einbringen in Rohr- und Traubenzuckerlösung, sowie in das Narbensekret nicht zu erreichen. Als Besucher kommt in erster Linie der Windenschwärmer (Sphinx convólvuli L.) in Betracht, der eine ganz ähnliche Verbreitung wie die Pflanze hat, ferner Bómbus-, Erístalis-, Sýrphus-, Émpis-Arten usw. Selbstbestäubung wird nach Knuth besonders durch Bómbus agrórum F. und pollenfressende Schwebfliegen bedingt. Wie bei C. arvensis berühren die Besucher zuerst die höherstehenden Narbenäste, hierauf die am Rissrande mit Klebstofftröpfchen umgebenen Staubbeutel und vollziehen dann in der nächsten Blüte die Bestäubung. Bei ausbleibendem Insektenbesuch soll diese spontan durch Pollenfall beim Verwelken der Krone oder bei deren Abfallen hervorgerufen werden. Bei trübem Wetter oder bei Regen schliessen sich die Blüten (ombrophob oder regenscheu). An schattigen Orten findet in der Regel keine Blütenbildung statt. Die Vermehrung der Pflanze erfolgt dann durch unterirdische, vom Rhizom abgehende, ausläuferartige Sprosse und durch oberirdische (nach Vuyk nichtwindende) Aeste, die beim Berühren des Bodens

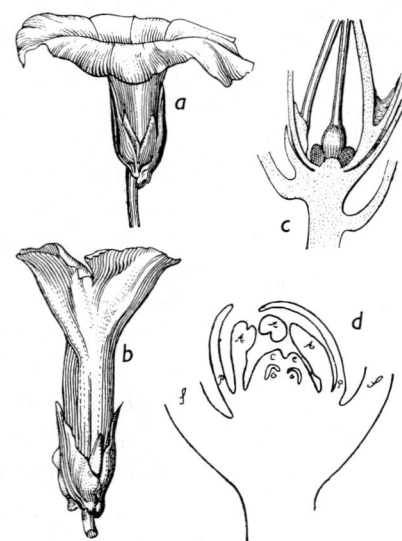

Fig. 3054. Convolvulus sepium L. *a* Blüte mit ausgebreiteter, *b* mit zusammengefalteter Krone. *c* Längsschnitt durch den Blütengrund. *d* Längsschnitt durch die Blütenknospe (*a* bis *c* nach O. Kirchner, *d* nach K. Peters).

Wurzeln treiben und zu selbständigen Pflanzen heranwachsen. Die Triebspitzen führen Zirkumnutationen aus, bei denen nach Kerner in 1 Stunde 48 Minuten bei günstigem Wetter eine Kreisbahn durchlaufen werden kann. — An Missbildungen wurden bisher beobachtet: Verbänderung des Stengels, Gabelung von Laubblättern, Entwicklung von kleinen, akzessorischen Spreiten, Verlaubung der beiden Vorblätter und im Anschluss daran Bildung neuer Blüten, Füllung von Blüten, Spaltung der Krone, Blüten mit 4 Karpellen, 4-klappig aufspringende Früchte usw. Bisweilen schlagen einige oder alle Staubbeutel einer Blüte fehl, teils infolge von Infektion von Thecáphora capsulárum (Fr.) Desm., teils ohne sichtbaren Grunde. Die Pflanze richtet in Mitteleuropa zumeist keinen grossen Schaden an. Hingegen tritt in Nordamerika eine als var. répens bezeichnete Form auf, deren etwas weichhaarige Stengel lieber kriechen als winden und die auf Aeckern (besonders auf Weizenfeldern) grösseren Schaden hervorrufen können. Näheres vgl. Cox (Farmers Bull. 368, U. S. Dep. of Agric.) und S. Franc (California Fruit Grower, 44, 1911). Im Hortus Eystettensis wurde die Uferwinde unter dem Namen Convolvolus major fl. albo, grosse weisse Winde oder Zaunglöcklein gezogen. Gegenwärtig trifft man in Gärten bisweilen gefüllte Formen, die nach Halsted auch wild nicht allzu selten sein sollen. Auf dem Stengel findet sich der Ascomycet Pleóspora herbárum (Pers.), auf den Laubblättern Erýsibe polygóni DC. — Die Wurzel wirkt etwas purgierend.

**2279. Convolvulus silváticus** Waldstein et Kitaibel (= C. inflátus Desf., = C. lucánus Ten., = C. sépium var. tubátus Choisy, = Calystégia silvéstris Röm. et Schult.). Wald=Winde.

Ausdauernde, hochwindende, kahle Pflanze. Erdstock kriechend, ästig, fleischig. Stengel kletternd, einfach, stumpfkantig, kahl, reich beblättert. Laubblätter gross, bis 8 cm lang und am Grunde bis 6 cm breit, aus herz=pfeilförmigem Grunde breit=eiförmig oder die oberen länglich=3=eckig, stumpf, durch den auslaufenden Mittelnerven bespitzt, am Rande undeutlich oder seicht gewellt, am Grunde der Lappen meist platt abgestutzt, bisweilen auch seichtbuchtig oder flach abgerundet, oberseits dunkel=grasgrün, unterseits wenig blasser. Blüten nicht zahlreich, in den oberen Laubblattachseln, gleichzeitig aufblühend, auf langen, unten stielrunden, oben deutlich kantigen bis schmalgeflügelten Stielen, einzeln. Vorblätter düten= förmig aufgeblasen, aus herzförmigem Grunde breit=eiförmig, die stumpf=eiförmigen, krautigen Kelchblätter vollständig einhüllend. Kelchzipfel herzförmig=lanzettlich oder schmal=eiförmig. Krone sehr gross, bis 7 cm lang, an dem umgestülpten Saume bis 7 cm im Durchmesser, leuchtend weiss. Kapsel rundlich, bespitzt. Samen kugelig, kantig, fein grubig=punktiert, schwarz, mit weissem grubigem Nabel. — VI.

Zerstreut in Waldgebüschen und Hecken. Im Gebiete nur in Krain.

Allgemeine Verbreitung: Oestliches Südeuropa von Mittel= und Süditalien und von Sizilien ostwärts, nördlich bis ins Küstenland, bis Krain, Slavonien, Transsilvanien, Rumänien.

Convolvulus silvaticus gehört dem pontischen Elemente an. Diese Schlingpflanze steht dem Convolvulus sepium nahe, unterscheidet sich aber leicht durch die bauchig aufgeblasenen, nie geigenförmig verengten Vorblätter, die den Kelch völlig bedecken und nach der Blüte zu einer breiten, sackartigen, am Grunde voll= ständig abgerundeten Hülle anschwellen.

**2280. Convolvulus Soldanélla**[1]) L. (= C. marítimus Lam., = Calystégia Soldanella R. Br.). Strand=Winde, Meerkohl=Winde. Ital.: Soldinella. Fig. 3055a, b und Fig. 3056a.

Ausdauernde, bis über 50 cm lange Pflanze. Erdstock kriechend, einfach, walzlich, fleischig, bis 1,5 m und tiefer in den Boden eindringend. Stengel niederliegend, an der Spitze aufsteigend, verästelt, rundlich, meist schwach=kantig, markerfüllt. Laubblätter ziemlich lang= gestielt, nierenförmig, bis 2,5 cm lang und bis 4 cm breit, undeutlich geschweift=gezähnelt oder ganzrandig, mit einem in ein Stachelspitzchen endigenden Hauptnerven, bläulichgrün bis grasgrün. Blüten einzeln oder seltener zu 2 achselständig, auf langen, die Laubblätter über= ragenden, im unteren Teile stielrunden, im oberen 4=kantigen oder schmal geflügelten und verdickten Stielen. Vorblätter gross, eiförmig, vorn stumpf, gestutzt, die etwa gleichlangen, eiförmigen, vorn abgerundeten, gestutzten oder ausgerandeten, mit einem Stachelspitzchen

---

[1]) Ueber die Ableitung vgl. Bd. V/3, pag. 1820.

endigenden Kelchblätter ganz oder zum grössten Teile verhüllend. Krone bis 5 cm lang, lila=rosenrot bis blasspurpurrot, mit 5 weissen Streifen. Kapsel eiförmig, flaschenförmig, stumpf. Samen kantig, rauh, schwarz. — VI bis VIII.

Zerstreut am Meeres= strande an und auf Dünen bei Cuxhaven, auf Borkum, Juist, Norderney, Baltrum, Lan= geoog, Wangeroog und Am= rum (1905 von Günther entdeckt). Sonst im ganzen Gebiete fehlend.

Allgemeine Ver= breitung: Mediterrane und atlantische Küsten von Europa, nördlich bis Irland, Mittelschottland, Belgien, Norddeutschland, West= jütland (Husby, Vorupor, Nissumfjord, Hanstholm); Nordafrika, Asien (auch z. B. in Tsingtau); Nord= und Südamerika, Australien, Neu=Seeland.

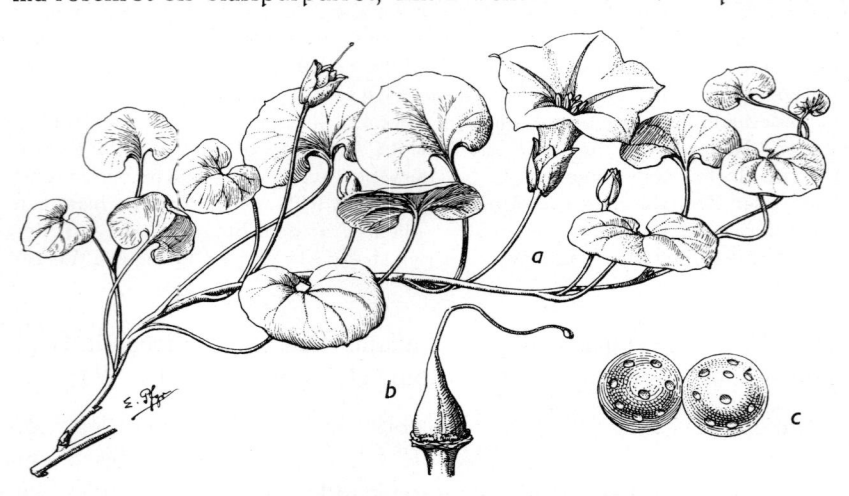

Fig. 3055. Convolvulus Soldanella L. *a* Blühender Spross. *b* Unreife Kapsel. — Con= volvulus sepium L. *c* Pollen-Körner (Fig. c nach Kerner).

Convolvulus Soldanella besitzt eine kosmopolitische Verbreitung, ist aber mit grosser Wahrschein= lichkeit ursprünglich im Mittel= meergebiet heimisch gewesen. In Nordeuropa ist das Vor= kommen der Pflanze zum grossen Teil auf Verfrachtung durch die atlantische Trift zu= rückzuführen. Von der deut= schen Nordseeküste wird sie im 18. Jahrhundert das erste Mal erwähnt, galt aber dann als verloren, weil der zuerst bekannt gewordene Fundort auf Wangeroog durch Sturm= fluten zerstört worden war. Ob das gegenwärtig bekannte Vorkommen auf Norderney (an der Strandpromenade, seit 1895 [1898?]) natürlichen Ur= sprungs ist, ist zweifelhaft. Die Pflanze besiedelt an der Nord= seeküste den sandigen Meer= strandsboden und tritt mit Vorliebe an der Leeseite von Aussendünen auf. Sie schliesst sich dort dem Ammophiletum arenariae (vgl. Bd. I, pag. 237) an und übt durch die unter= irdisch reichlich entwickelten,

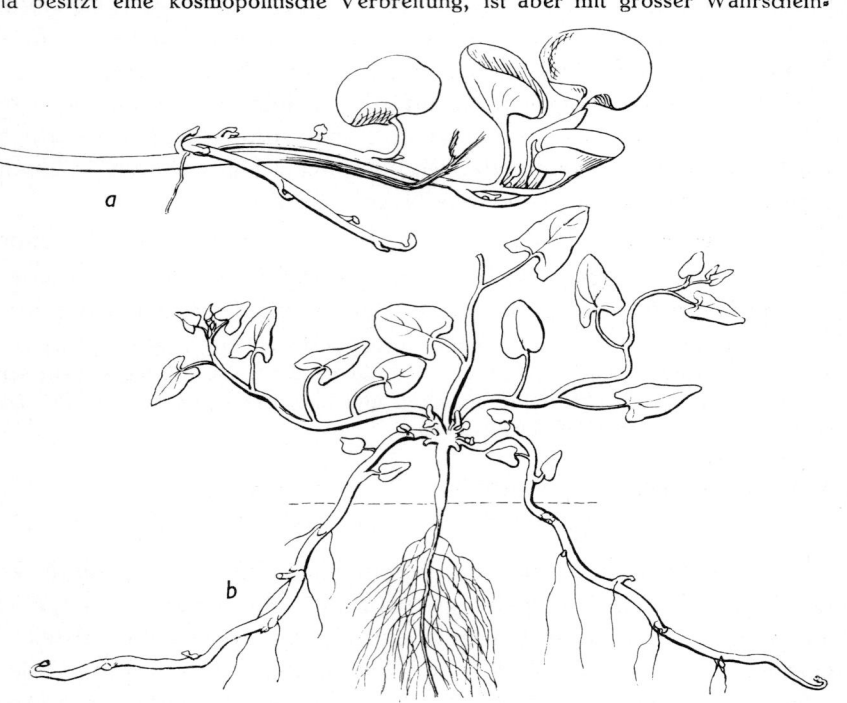

Fig. 3056. *a* Convolvulus Soldanella L. Bodenausläufer. — *b* C. sepium L. Junge Pflanze mit Bodenausläufern (nach E. Warming).

verzweigten Ausläufer eine festigende Wirkung auf die lockeren Sandmassen aus. Ausserdem fangen die schlüsselförmigen Laubblätter den Sand auf und speichern ihn nach J. Jeswiet zwischen den dicht stehenden, sehr kurzen Stengeln und Blattstielen auf. Trotz der häufigen Ueberschüttung gelangt die Pflanze alljährlich zur Blüte; doch wurden in Holland nie reife Früchte angetroffen. Nicht selten tritt dieser Pionier auch auf der Grauen Düne auf. An der atlantischen Küste findet er sich auch auf Geröllboden mit Beta maritima, Glaucium luteum, Honkenya peploides, Lathyrus maritimus, Plantago Coronopus usw. Die Wurzeln stehen mit einer Mykorrhiza in Verbindung. Der untere Teil der Pflanze speichert Soda auf. Das zur Blütezeit gesammelte, geruchlose, etwas scharf schmeckende Kraut wird unter dem Namen Hérba Soldanéllae s. Brássicae marínae, Meerkohlkraut, Meerglöckleinkraut in den Handel gebracht und enthält ein glykosidisches Harz mit ähnlichen Eigenschaften wie dasjenige von Ipomoea Orizabensis. Es dient als Diureticum gegen Skorbut, Hydrops, Wechselfieber, Würmer; ebenso wird es in Form der Tinktur als Abführmittel benützt. Die Pflanze wurde bereits 1577 im Hortus Eystettensis unter dem Namen Soldanélla marina oder Meerkohl gezogen. Als Ornament findet sie sich an der nordseitigen Bronzetüre des von Ghiberi 1403/24 erbauten Basilicums in Florenz verwendet.

**2281. Convolvulus Cantábricus** L. Cantabrische Winde. Fig. 3057 und Fig. 3058.

Ausdauernde, 20 bis 40 cm hohe, zottig behaarte Pflanze. Wurzel spindelförmig=ästig, mit mehrachsigem Holzkopf. Stengel meist zu mehreren, aufrecht, aufsteigend oder selten niederliegend, hohl, krautig, zottig behaart. Grundständige Laubblätter lang gestielt, spatelig oder verkehrt=eilänglich, stumpf, samt dem Stiele bis etwa 9 cm lang, ganzrandig, allmählich in die ungestielten, lineal=lanzettlichen, spitzen, oberen Laubblätter übergehend, alle graugrün, zottig behaart. Blüten einzeln oder zu 2 end= oder achselständig oder bis zu 5 in trugdoldigen Blütenständen, auf kurzen, mit 2 linealen Vorblättern versehenen Stielen, schwach duftend. Kelchzipfel länglich=lineal=lanzettlich, zugespitzt, zottig behaart. Krone trichterförmig, etwa 2 cm lang, an den Falten seidig behaart, rosa. Griffel zottig behaart. Kapsel rundlich=eiförmig, 6 bis 8 mm lang, durch den bleibenden Griffel bespitzt (Fig. 3057 b), behaart. Samen eiförmig, 3 bis 4 mm lang, kurzfilzig behaart. — VI, VII.

Zerstreut auf sonnigen, trockenen Hängen, an Felsen, in Schuttfluren. In der Ebene und Hügelstufe: in den Illyrischen Gebirgen am Velebit bis 390 m, bei Mostar bis 400 m aufsteigend. Mit Vorliebe auf Kalk, selten auf Sandstein.

Fig. 3057. Convolvulus Cantabricus L. *a* Blütenspross. *b* Kapsel mit Kelch. *c* Aufgesprungene Kapsel. *d* Habitus (¹/₃ natürl. Grösse).

In Deutschland und in der Schweiz wild vollständig fehlend; eingeschleppt im Mannheimer Hafen (1892). — In Oesterreich in Niederösterreich von Mödling bis Baden, auf dem Pfaffstätter Kogel, Calvarienberg, Mitterberge, Rauheneck und bei Gumpoldskirchen, angeblich (nach Putterlik) auch im Prater bei Wien; in Krain im Karstgebiete; in Südtirol am Gardasee bei Arco, Vavignano und Riva.

Allgemeine Verbreitung: Mediterrangebiet, in Frankreich nordwärts ausstrahlend bis in die Charante, Corrèze, dem Puy=de=Dôme und bis zu der Yonne, Südtirol, Niederösterreich, Krain, Ungarn, Rumänien, Balkan; Südostasien.

Convolvulus Cantabricus gehört dem mediterranen Elemente an. In Niederösterreich tritt die Pflanze sehr zerstreut im Gebiete der pontisch-pannonischen Flora in Felsfluren und in der Stipa pennata-Gesellschaft auf. Sie stellt dort wohl wie z. B. Plantago Cynops (Bd. VI, 1, pag. 193) ein Relikt aus einer wärmeren Erdperiode dar. Kerner nimmt für die Vorkommen am Ostrande der Alpen an, dass sie Reste aus der warmen (aquilonaren) Periode darstellten, während Beck für ein Ueberdauern während der Eiszeit eintritt. In Krain und in dem angrenzenden Illyrischen Gebiete findet sich die Pflanze in der Karstheide, z. B. zusammen mit Linum Narbonense, Rhamnus rupestris, Gentiana Tergestina, Senecio lanatus usw. In Spanien stellt sie sich auch gern in den aus Labiaten gebildeten Tomillares ein. Als Blütenanomalie ist Adesmie der Krone festgestellt worden.

Fig. 3058. Convolvulus Cantabricus L., im steinigen Trockenrasen des Pfaffstättener Kogels, N.Ö. Phot. R. Fischer, Sollenau, N.Ö.

**2282. Convolvulus arvénsis**[1]) L. (= C. minor Gilib.). Acker=Winde. Franz.: Petit Lizet, campanelle, clochette, vrillet; engl.: Small bind= weed; ital.: Vilucchio de'campi, filucchio, in Lo= carno: Raveggia, in Mendrisio (Tessin): coreu= gieule. Taf. 218, Fig. 3 und Fig. 3059.

Der Name Winde (althochdeutsch winda) bezieht sich auf den windenden Stengel der Pflanze. Mundartliche Formen sind z. B. Winne (Emsland); Wann (Eifel), Wind= lich (Steiermark), Windeli (Schweiz); Bend (Nieder= rhein), Bingen (Nordthüringen), Bind(e) (Elsass). Besonders in den niederdeutschen sind folgende Formen, die mit den englischen Bezeichnungen weedbind, withwind, with= wine zu vergleichen sind, gebräuchlich (der erste Bestandteil vielleicht zu weed = Unkraut): Wäwinn (Schleswig), Wêwinne (nördl. Braunschweig) Wierwinn (Westfalen), Wedewinde, =winge, Besewinde (Anhalt), Windel= wääe [Umkehrung?] (Emsland), Wiwinne (Göttingen), Pädewinde (Potsdam). Zusammensetzungen mit „Winde, winden" sind Winnposch (Nahegebiet), Sauwindeln (Altbayern), Umwindling (Oberösterreich). Ferner gehören hierher Slingenrause [= rose] (nördl. Braunschweig), Omspunnen [umspinnen] (Helgoland), Drehwurzen (Niederösterreich), Drumrumkraut (Schwäbische Alb). Sneerkrut (vgl. dän. snerre = Ackerwinde) (Schleswig), Sauschnerfling (Böhmerwald) gehört wohl zu „schnüren", „Schnur" (windender Stengel?). Ackerläuse (Oberösterreich) bezeichnet das lästige Unkraut. Auf die Gestalt der Blüte beziehen sich Haferl (Altbayern), Pisspott (Vest Reckling= hausen), Schiffermützchen (Westpreussen), Pfaffenhütchen (Braunsberg), Stirzerln [= auch Deckel von Töpfen] (Niederösterreich), Liebfrauenkelch (Böhmerwald), Gotteshemdchen (Ostpreussen). Zu Strupfe, Strumpfe (Oesterreich), Strümpfe (Oberösterreich), Straifling (Westböhmen), Stroapfele (Schwäbische Alb) vgl. Rumex obtusifolius Bd. III, S. 173! Kärntnerische Bezeichnungen sind Schlak, weisser Pflak. — Im romanischen Graubünden heisst die Pflanze curaias, im Puschlav venúdula.

Ausdauernde, (8) 20 bis 100 (125) cm lange Pflanze. Wurzel lange erhalten bleibend, spindelförmig, fein zerteilt, an den Haupt= und Nebenwurzeln Adventivwurzeln treibend; Grundachsen unterirdisch kriechend, gerade oder spiralig gebogen, mit zahlreichen normalen und mit Adventivknospen. Stengel niederliegend oder windend, ästig, stumpf=6=kantig, spärlich kurzhaarig oder kahl, locker beblättert. Laubblätter mässig langgestielt, aus pfeilförmigem, mit meist zugespitzten Oehrchen versehenem, selten fast gestutztem Grunde länglich=eiförmig bis lanzettlich oder lineal=lanzettlich, vorn abgerundet oder kurz spitzig, mit kurzem Stachel= spitzchen, bis 4 cm lang, ganzrandig oder undeutlich geschweift=gezähnt, dünn, mattgrün, oft 1=zeilig gestellt, gegen die Stengelspitze kleiner werdend und verhältnismässig kürzer gestielt,

---

[1]) Bei Bauhin heisst die Pflanze Convolvolus minor arvénsis. Im Herbar von H. Harder liegt sie als Volúbilis média oder Mittel wind. Als Volúbilis minima die klainste Wind bezeichnet dieser mittel= alterliche Botaniker Polygonum Convolvulus L.

die untersten noch vor der Blüte abfallend. Blüten einzeln in den Laubblattachseln, auf langen, in oder über der Mitte mit 2 linealen, kleinen Vorblättern versehenen, kantigen, im oberen Teile verdickten Stielen oder zu 2 bis 3; die 2. und 3. Blüte jeweils aus der Achsel des höher stehenden Vorblattes der vorausgehenden Blüte entspringend. Kelch mit 3 längeren und 2 kürzeren, elliptischen, etwa 5 mm langen, vorn stumpfen oder gestutzten, am Rande weisslich behaarten und braunhäutig gesäumten, auf der Aussenfläche kahlen oder spärlich behaarten Zipfeln. Krone breit=trichterförmig, in der Regel undeutlich zipfelig, seltener mit wenigstens 3 ausgeprägten Zipfeln, etwa 1,5 bis 2,6 cm lang, weiss mit rosafarbenen Streifen oder rosa, aussen meist dunkler (rotviolett, bräunlich bis gelblichrot). Staubblätter meist kürzer als der Griffel; Staubfäden am Grunde verbreitert, in der Regel bis über die Mitte hinaus an den seitlichen Rändern und auf der inneren Seite mit kurzen, steifen Zacken; Staubbeutel eipfeilförmig, lila, seltener gelb; Pollenkörner elliptisch, mit Papillen und am Grunde etwas vor= gewölbten Grübchen, weiss. Fruchtknoten am Grunde mit orangegelbem, die Nektarien tragendem Polster; Narbenäste $\pm$ wagrecht abstehend, seltener aufrecht. Kapsel rundlich= eiförmig, spitz, 5 bis 8 mm lang und 6 bis 6,5 mm breit, 2=fächerig, meist 4= bis 5=samig, kahl, bis $^2/_3$ vom Kelche umhüllt, hellbraun bis grau. Samen verkehrt=eiförmig, 3 bis 4 mm lang, mit einer von der Raphe gebildeten Kante, fein punktiert, dunkelbraun bis schwarz. — V bis IX (X).

Gesellig, seltener einzeln, meist auf offenen, besonders lehmigen und bindigen, aber auch auf sandigen Böden (Aeckern, Strassenrändern, Schuttstellen, Bahndämmen, Gärten, Weinbergen, Dünen usw.), in meist lockeren, seltener auch in geschlossenen Pflanzengesell= schaften, z. B. in Heiden, auf Riedwiesen, Weiden. Von der Ebene bis an die obere Grenze der Kulturpflanzen: in den Bayerischen Alpen bis 860 m, im oberen Donautale bis 990 m; im Jura bis 1100 m; in Tirol (Pustertal) bis 1540 m; im Engadin bis 1800 m, im Schanfigg bis 1850 m, im Wallis bis 1980 m. Bodenvag.

Im ganzen Gebiete bis in die untere Bergstufe sehr verbreitet, nur in den Alpen und in den höheren Mittelgebirgen zerstreut, auf den Ostfriesischen Inseln nur auf Juist.

Allgemeine Verbreitung: Fast über die ganze Erde verbreitet: in Europa nördlich bis Südost=Norwegen, Ringerike, Hadeland, Ringebu (Gudbranstal), Südnorrland, Sata= kunta, Nord=Karelien, Petrosawodsk; in grossen Teilen der Tropen und in Australien fehlend; in Ostasien z. B. in Tsingtau.

Aendert ab: f. púmilus Choisy. Pflanze in allen Teilen kleiner. Stengel etwa 8 bis 10 cm lang. — f. Abromeítii Ascherson et Graebner. Wie vorige, aber Laubblätter etwas fleischig. Blüten kurz gestielt, einzeln, nur halb so lang als beim Typus, rot. So an salzhaltigen, mässig feuchten Orten. In Pommern bei Altstadt (Kolberg), in Westpreussen auf Strandwiesen bei Karwenbruch (Kreis Putzig). — f. auriculátus Desr. (= f. linearifólius Choisy, = C. Cherléri Ag.). Laubblätter schmal=lanzettlich bis lineal, mit langen, spitzen Oehrchen. Blüten meist kleiner. Form trockener Standorte? — f. cordifólius Lasch (= f. obtusifólius Choisy, = f. emarginátus G. Frölich). Laubblätter gross, eiförmig, fast oder vollständig herzförmig. — f. hastifólius Casp. Mittlere Laubblätter wie bei f. auriculatus, aber breiter. — f. bidentátus Casp. Mittlere Stengelblätter oberhalb der Oehrchen jederseits mit einem kleinen Zahn, seltener auch am unteren Rande der Oehrchen mit 1 bis 2 grossen Zähnen (= f. duplicáto=lobátus Casp.). — f. oblongifólius Murr. Laubblätter eiförmig bis länglich oder höchstens stumpf geöhrt. — f. pubéscens Casp. Pflanze deutlich behaart, aber nicht filzig. — f. villósus Lejeune (= f. hírtus Koch?). Pflanze dicht langhaarig. So an sehr trockenen Orten, z. B. im Wallis. — f. parviflórus Lange. Wie vorige, aber Blüten langgestielt und klein.

Convolvulus arvensis ist gegenwärtig ein weit verbreiteter Weltbürger, aber vielleicht ursprünglich nur im Mittelmeergebiete und im westlichen Asien heimisch gewesen. In Mitteleuropa ist die Pflanze sicherlich seit alten Zeiten ansässig (Archäophyt) und stellt heute ein ausserordentlich lästiges und schwer zu bekämpfendes Unkraut vor, das sich in den Kulturen durch seine Raumbeanspruchung und durch das Zusammenschlingen der nebeneinander stehenden Kulturpflanzen sehr unliebsam bemerkbar macht. Namentlich Leinsaaten können auf diese Weise entwertet werden. Die Bekämpfung stösst deshalb auf grosse Schwierigkeiten, weil die sehr tief gehenden Wurzeln von dem schürfenden Pfluge nicht mehr erreicht werden und die abgetrennten Ausläufer=

stücke wieder zur Bildung neuer Pflanzen Veranlassung geben können. Verschleppungen durch Samen scheinen viel seltener zu sein, da die Acker-Winde in Mitteleuropa nicht häufig, reichlicher erst in wärmeren Gebieten zur Samenbildung gelangt. Nach C. Fruhwirth (Arbeiten der Deutschen Landwirtschafts-Gesellschaft, 268, 1914) kommen als Vertilgungsmittel in Betracht: Sorgfältige Bodenreinigung, geeigneter Wechsel im Fruchtbau, Einschaltung von Brache und deren Benützung als Weide (besonders Schweine eignen sich nach Cox [Farmers Bulletin, 368, U. S. Dep. of Agric., 1909] in Nordamerika sehr gut für die Vertilgung), während chemische Mittel sich nicht als praktisch erwiesen haben. Ueber ihre Begleiter in den Kulturen vgl. z. B. Euphorbia Peplus Bd. V/1, pag. 187. Infolge ihres Lichtbedürfnisses ist die Pflanze von allen geschlossenen, natürlichen und Halbkulturgesellschaften ausgeschlossen, erscheint aber dennoch hie und da in Bromusrasen, in Heiden, vereinzelt selbst auf Sumpfwiesen und in lückigen Hochstaudenfluren. Von grosser Bedeutung ist sie gleich G. Soldanella für die Bindung von Sand. So ist sie z. B. einer der wichtigsten Besiedlungspioniere für die frisch angewehten Flugsanddünen der kaukasischen Steppen, die sie gemeinsam mit Bromus mollis und B. sterilis, sowie zahllosen Keimpflänzchen von Xanthium spinosum festigt. In den Nordseedünen stellt sie sich mit Vorliebe auf der Grauen Düne ein, vereint mit Asparagus officinalis, Epipactis latifolius, Polygonatum officinale, Pteridium aquilinum usw. Als Wegebegleiter findet sie sich nicht selten an Strassenrändern, auf Lesesteinhaufen, an Dämmen, auf offenem Boden, an Ufern usw. — Die Keimung der Samen erfolgt epigäisch, sehr unvollständig und sehr langsam und kann sich nach K. Peters bis über 22 Jahre erstrecken. Die schwach herzförmigen Keimblätter nehmen mehrere Wochen lang an der Assimilation teil, ehe sie welken. Der oberirdische Teil der sich entwickelnden Keimpflanze wird nach Klein im 1. Jahre kaum spannenhoch. Nach Bildung von

Fig. 3059. Convolvulus arvensis L., an einem Betonsockel, Sollenau. Phot. R. Fischer, Sollenau, N. Ö.

4 bis 6 Laubblättern an der Achse treibt aus der Achsel eines jeden der beiden Keimblätter ein regelmässig beblätterter Seitentrieb hervor, während der Haupttrieb im Wachstum zurückbleibt und zugrunde geht. Die junge Pflanze überwintert mit ihrer Hauptwurzel, die sich reichlich verästelt tief in den Boden eingesenkt und einen reichen Ansatz von Adventivknospen gebildet hat. Nur ausnahmsweise (bei sehr kräftigen Stöcken) wachsen diese bereits im 1. Jahre aus. Die im nächsten Jahre zuerst erscheinenden Triebe schmiegen sich dem Boden an, während die später kommenden emporwachsen. Sprosse verletzter Pflanzen wachsen unter der Erde häufig spiralig und wechseln dabei auch vielfach die Drehrichtung. Näheres vgl. auch Thilo Irmisch, Ueber die Keimung und die Erneuerungsweise von Convolvulus sepium und C. arvensis, Botanische Zeitung. Bd. 15, 1857. Bereits an der 1-jährigen Pflanze führen die Triebspitzen, wenn 6 Laubblätter entwickelt worden sind, Zirkumnutationen aus, die nach Nienburg durch autonome, rotierende Nutation und negativen Geotropismus hervorgerufen werden. Die Spitze der Pflanze beschreibt im Verlaufe von 80 bis 100 Minuten einen Kreis und zwar erfolgt die Bewegung im Sinne des Uhrzeigers. Wird dabei eine Stütze erreicht, so erfolgt ein Umwinden des befallenen Gegenstandes, wobei zu einer Windung in der günstigsten Entwicklungszeit (ungefähr 2 Wochen vor dem Auftreten der Blütenknospen) etwa 8 bis 12 Stunden nötig sind. Mohl stellte die Grenze der Dicke, die noch ein Umwinden gestattet, mit 2 bis 4 cm fest. Erreicht der Trieb keine Stütze, so legt er sich dem Boden an, kreist aber mit der Spitze weiter. Nach Massart (bei Fruhwirth, l. c.) soll allerdings bei den Pflanzen der belgischen Dünen das Winden vollständig unterbleiben. Die Blütenbildung beginnt im 2. Jahre, ist aber dann noch sehr spärlich. Der Fruchtansatz ist, wie bereits oben bemerkt, in Mitteleuropa stets gering. Die Vermehrung der Art erfolgt daher in erster Linie auf vegetativem Wege. Die angenehm nach Vanille duftenden Blüten sind in der Regel homogam und öffnen sich bei schönem Wetter meist gegen 7 bis 8 Uhr vormittags und schliessen sich zwischen 1 und 2 Uhr nachmittags, um damit abgeblüht zu haben. Bei schlechtem Wetter oder bei tiefen Morgentemperaturen verschiebt sich die Zeit des Aufblühens um mehrere Stunden. Der Nektar

wird durch 5 dicke Schüppchen am Grunde des Fruchtknotens abgesondert und durch die am Grunde verbreiterten, 5 nur schmale Durchgänge frei lassenden Staubblätter verborgen. Die steifen Zäckchen der Staubfäden verhindern ein Eindringen des Insektenrüssels zwischen dieselben und erzwingen die Benützung der 5 Saftzugänge. Das besuchende Insekt (namentlich Musciden, Syrphiden, Bombyliden und Apiden [Bombus-Arten], Honigbiene) berühren zuerst die über den Staubbeuteln stehenden Narbenäste und vollziehen hier, wenn sie von einer anderen Blüte kommen, Fremdbestäubung. Gleichzeitig bedecken sie sich mit den von den nach innen sich öffnenden Staubbeuteln freigegebenen Pollen, die sie wieder auf eine neue Blüte übertragen. Bei ausbleibendem Insektenbesuch soll nach H. Müller dadurch Selbstbestäubung erfolgen können, dass sich die Blüten gegen Ende der Blütezeit gegen den Boden neigen oder dass die Krone abfällt oder endlich, dass sich ein Staubblatt bis zur Höhe der Narben streckt. Abweichende Bestäubungseinrichtungen sind mehrfach beschrieben worden, so z. B. von Aug. Schulz besonders an Hummeln angepasste, grosse, proterandrische Blüten, bei denen Fremdbestäubung notwendig ist und kleine, schwach proterogyne oder homogame, meist von Bienen besuchte Blüten (die Pflanze dann häufig als f. parviflorus bezeichnet), bei denen die Narbenschenkel in gleicher Höhe zwischen den Staubblättern stehen. Auch weibliche Blüten mit verkümmerten Staubblättern wurden beobachtet. Nach Fruhwirth ist Selbstbestäubung auch beim Beginn der Blütezeit möglich, wenn der Griffel mit den empfängnisfähigen Narbenästen meist schief steht und die obersten Teile der Staubbeutel berührt. Nach E. Fehér (Die blütenbiologischen Verhältnisse des Convolvulus arvensis. Magyar botanikai Lapok., IX, 1910) sollen sogar geschlossen bleibende, kleistogame Blüten vorkommen. Die biologische Bedeutung der entlang der Aufrisslinien der Staubbeutel auftretenden kugeligen, durchsichtigen Emergenzen ist gegenwärtig noch unbekannt. Als Feind der Blütenbesucher sei die Raubspinne Thomisus onustus genannt. — Der Sage nach soll die Blüte einst der Mutter Gottes als Trinkbecher für Rotwein gedient haben und zeigt deshalb seit jener Zeit im Inneren rote Streifen.

J. Parkin (The evolution of the inflorescens, Jour. Linn. Soc., XLII, 1914) fasst den ganzen beblätterten Spross von Convolvulus arvensis als ein sehr verlängertes Pleiochasium auf, dessen Partialinfloreszenzen auf eine Blüte verarmt sind. Diese Annahme kann dadurch gestützt werden, dass gelegentlich an Stelle der Einzelblüten kleine Dichasien vorkommen. Ebensogut kann man sie nach R. Pilger (Berichte der freien Vereinigung für Pflanzengeographie und systematische Botanik, 1921) als primäre 1-blütige Kurztriebe auffassen. — Der wirtschaftliche Nutzen der Pflanze ist gering. Die unterirdischen Achsen können als Schweinefutter verwendet werden, die oberirdischen Teile dienen als Rinder- und Schaffutter. Sie enthalten nach Kling 10,9% Trockensubstanz. Früher galt die Wurzel (Deutsche Scammonium-Wurzel) als leicht abführend, ist aber gegenwärtig durch die Jalapawurzel (pag. 2086) verdrängt worden. Sie enthält neben 72 bis 78% $H_2O$ ein scharfes, purgierend wirkendes Harz, ferner Zucker, Stärke usw. In Norddeutschland sollen die Samen früher von der Bevölkerung gegessen worden sein (?). Pfarrer Künzli empfiehlt die Blüten als Tee gegen Fieber. Ehedem dient die Wurzel auch als Purgans, das Kraut (Hérba Convólvuli) als Wundmittel.

Von Missbildungen wurden beobachtet: Verbänderung der Achse, Drehwüchsigkeit der unterirdischen Stengelteile, tief 2-lappige, an die Teilung der Keimblätter erinnernde Laubblätter, Häufung von Blüten, Durchwachsung des Blütenstiels, vergrünte oder gefüllte Blüten, kronblattartige Auswüchse auf dem Rücken der Staubblätter, Verwachsung von Kelch und Krone, Trennung der Kronröhre (f. laciniata Fr. Zimmermann), Bildung eines 5-paarigen, dunkelroten Fleckenkranzes im Schlunde, Bildung einer Nebenkrone aus 5-paarig angeordneten, fadenförmigen Anhängseln, 3-zählige Staubblätter, 1- oder 3-narbige Griffel usw. Der Brandpilz Thecáphora hyalína Fingerh. verursacht oft Verkürzung und Unfruchtbarkeit der Staubfäden. Das Mycel ist schon in der Keimpflanze vorhanden und wächst in den Achsen empor, um in den Staubblättern Sporen zu erzeugen. Mit gesunden Pollen befruchtete infizierte Blüten können jedoch normale Samen ergeben. Auf den Laubblättern wurde der Ascomycet Erýsibe Polýgoni DC., auf den Laubblättern und Stengeln Mycosphaerélla adústa (Niessl) beobachtet.

# DCIV. Cuscúta[1]) L. Teufelszwirn, Seide, Filzkraut. Franz.: Chevelure du diable, cheveux de Venus, barbe de moine, rache, teignasse; engl.: Dodder; ital.: Carpaterra, fracapello, granchierella, tarpigna, pittima.

Der Name Seide rührt her von dünnen, andere Pflanzen umspinnenden Stengeln: Siden, Sie, Siën, Sieren (niederdeutsch), Side (Aargau); Seidenwinde (Böhmerwald), Heidsiern [C. epithymus] (Hannover), Schlangenseid (Nahegebiet), Hexesid (Elsass), Flassiërn [Cuscuta epilinum] (Hannover).

---

[1]) Der Name stammt von H. Bock. Seine Ableitung ist unsicher. Vielleicht kommt er vom griech. κασσίω [kassýo] = zusammenflicken, weil die Arten dieser Gattung andere Pflanzen umspinnen, oder aber

Ebenfalls auf die dünnen, windenden Stengel beziehen sich Düwelstweern (Schleswig), Düwelsneigarn (Osnabrück), Teufelszwirn (z. B. thüringisch, bayrisch-österreichisch), Ringel(e) (Baden, Schweiz), Kletterhur [Schimpfname] (Baden), Zigufer [Steig auf] (Elsass), Hochfart (Oberösterreich), Flechtgras (Baden), Haseg(n)garn (Elsass), Teufelshaar (Steiermark), Flasshaor (Osnabrück), Jungfernhaar (Kärnten). Als Schmarotzer, der andere Pflanzen zugrunde richtet, nennt man die Cuscuta-Arten ferner Grind [eigentlich Ausschlag] (z. B. Baden, Elsass, Niederösterreich), Scherf [= Schorf, Grind, Ausschlag] (Hannover); Brand, Brenngras, -kraut (Niederösterreich). Nach der Wirtspflanze heisst man C. epilinum in Niederösterreich Hårkraud [Hår = Flachs], C. Europaea Nesselbrut, Esselgrün (Böhmerwald). Eine schweizerische Benennung lautet Chrömer (Aargau). — Rätoromanische Namen Graubündens sind krusa, regna, rióna, grin.

Nicht grün gefärbte Schmarotzerpflanzen ohne Wurzeln und ohne Laubblätter (letztere zu Schüppchen verkümmert), mit fadenförmigen, windenden Stengeln unter Beihilfe von Haustorien auf Kräutern, Sträucher und (selten) Bäumen festsitzend. Blüten klein, weiss, rötlich oder gelblich, in büscheligen oder kopfartigen (dichasiale Partialinfloreszenzen bildenden) Blütenständen, mit Vorblättern. Kelchblätter frei, gleichartig oder verwachsen. Krone kugelig, glockig, eiförmig oder fast kugelig, meist 4- oder 5-, seltener 3-, ausnahmsweise 10-teilig, im Inneren fast stets mit ebensovielen infrastaminalen, ± gefransten oder gelappten Schuppen, oft bis zur Fruchtreife auf der Kapsel haftend. Staubblätter an oder unter dem Schlunde, selten am Grunde eingefügt (Fig. 3064 d), nicht selten aus diesem hervorragend; Staubfäden kurz; Staubbeutel stumpf, einwärts gewendet. Fruchtknoten ± 2-fächerig, mit 4 Samenanlagen, bei C. stenoloba oben offen; Griffel 2, völlig getrennt oder ± weit miteinander verwachsen; Narbe länglich (Fig. 3164 e) bis kugelig. Frucht kapsel- oder beerenförmig, umschnitten oder unregelmässig zerbrechend. Samen 1 bis 4, kahl.

Fig. 3060. Cuscuta Europaea L., an Brennessel und Schilf. Lahn b. Wetzlar. Phot. Th. Arzt, Wetzlar.

Die den gemässigten und warmen Gebieten der ganzen Erde angehörige Gattung umfasst etwa 100 Arten, die z. T. auf enge Gebiete beschränkt sind, z. T. (auch unter dem Einfluss des Menschen) weite Verbreitung besitzen. Die systematische Stellung zahlreicher Arten ist noch unzureichend geklärt; doch liegt eine grundlegende Monographie der Gattung von G. Engelmann (Systematic arrangement of the species of Cuscuta. Transaction of the Academy of St. Louis. Bd. 1, 1858), sowie eine neuerdings erschienene Arbeit von T. G. Yuncker (Revision of the Northamerican and Westindian Cuscuta. Illinois. Biol. Monogr., 1921) vor. In ihrer Tracht ähneln die Arten einander oft sehr, zumal sie alle Schlinggewächse sind und der Laubblätter entbehren. Zu den auffallenden Arten zählt besonders C. refléxa Roxb. aus Ostindien und den benachbarten Inseln, die grosse, an Convallaria erinnernde Blüten besitzt und sich durch Pfropfen der nach dem Absterben der meisten Stengel zurückbleibenden, geschwulstartigen Wucherungen in Kultur (Indien) auf Pelargonium-Arten vermehren lassen soll. Ein gefährlicher Schmarotzer ist nach O. Paulsen C. Lehmanniána Rgl., ein transkaspischer Endemismus, welcher Zweige und selbst ganze Bäume zum Absterben zu bringen vermag. C. compácta Juss. var. adpréssa vom arab. kuchûtå. Bei Dioskurides finden sich übrigens für eine syrische Schmarotzerpflanze die Namen καδύτας und κασύτας. — Wertvolle Beiträge für die Bearbeitung der Gattung stellte Herr Dr. G. Gentner in München dankenswerterweise zur Verfügung.

Engelm. tritt in amerikanischen Weinkulturen schädigend auf, ist auch auf Rhus Toxicodendron (Bd. V/1, pag. 220) beobachtet worden (vgl. auch unter E. Epithymus pag. 2095). In der altchinesischen Heilkunde spielt C. Chinénsis Lam. eine bedeutende Rolle. Beschränkten medizinischen Wert als Wundmittel, z. T. auch bei Angina, als Tonicum usw. haben einige südamerikanische Arten wie C. umbelláta Humb., Bonpl. et Kth., die als giftig geltende C. gravéolens Humb., Bonpl. et Kth. usw.

Neben den heimischen (C. Epíthymus, C. Europaéa, C. álba und C. lupulifórmis), den alteingebürgerten (C. Epilínum) und den neuerdings in der Einbürgerung begriffenen Arten (C. arvénsis, C. austrális, C. suavéolens und C. Gronóvii) wurde vorübergehend eingeschleppt: C. Arábica Fresen. Blüten weiss, gestielt, in doldigen, von einem Hochblatt gestützten Knäueln. Griffel fehlend. Narben 2, sitzend, meist so lang als der Fruchtknoten. Samen fast kugelig oder etwas eiförmig, grösster Durchmesser etwa 1,1 mm, grubig, gelblich bis braun. Heimisch in Aegypten und Arabien. Einmal (1864) vorübergehend von A. Braun auf dem Versuchsfeld Moabit-Berlin beobachtet. Die Samen finden sich nach Stebler nicht selten als Verunreinigung in ägyptischem Trifolium Alexandrinum-Saatgut. — Ferner ist im südöstlichen Oesterreich (namentlich in Krain) nach C. globuláris Bert. (= C. Palaestína Boiss.) zu fahnden, welche Art mit C. Europaea verwandt ist. Pflanze niedrig. Blüten 4- oder 3-teilig, die mittelständigen oft 5-teilig. Kelch verhältnismässig gross, mit breiten, kurzen, gekielten Abschnitten. Spitze der Kronlappen kapuzenförmig. Schuppen ziemlich gross, breit, spatelförmig, eingekrümmt. Griffel etwas länger als der Fruchtknoten. In Südeuropa weit verbreitet, nordwärts bis in das Küstenland reichend.

Die Cuscuta-Arten sind echte Schmarotzer, die ausschliesslich auf anderen Pflanzen leben und ihnen neben Wasser und Nährsalzen auch sämtliche zum Aufbau benötigten organischen Stoffe entnehmen. Sie besitzen nur geringe Mengen von Chlorophyll, vermögen dieses aber nach O. Gertz und anderen etwas zu vermehren, wenn sie hungern (vgl. auch Robinson, J. und Zweifelt, F. Ueber den Nachweis autothropher Funktion des Chlorophyllapparates in den Blüten und Früchten von Cuscuta Epithymus. Verhandlungen der zool.-botan. Gesellschaft in Wien. Bd. 71 [1921] 1922). Aber auch in diesem Falle genügt diese stärkere Chlorophyllbildung nur so weit, dass die Pflanzen eine kurze Zeit ihr Leben noch weiter fristen können, um dann zugrunde zu gehen. Während sich bei vielen anderen Schmarotzerpflanzen ein grosser Teil des Lebens unterirdisch auf den Wurzeln der Wirtspflanze abspielt, wie z. B. bei der Schuppenwurz, den Sommerwurz-Arten, dem Fichtenspargel usw., findet bei den Cuscuta-Arten nur die Keimung und erste Entwicklung des Keimlings im Boden statt, während die übrige Zeit ihres Lebens vollständig auf den oberirdischen Teilen der Wirtspflanze ohne jede Verbindung mit dem Boden verläuft. Bei der Keimung tritt das keulenförmig angeschwollene Wurzelende (Fig. 3061), das nach L. Koch (Die Klee- und Flachseide. Heidelberg, 1880) keine Wurzelhaube besitzt, aus der Samenschale heraus und entnimmt dem Boden das für die Lösung des Samenendosperms nötige Wasser aus dem Boden. Der aus dem Samen heraustretende Keimling ist fadenförmig, langgestreckt, besitzt keine Keimblätter und liegt dem Boden auf. Nur die Stammspitze richtet sich empor und führt durch abwechselnd gesteigertes und gemindertes Wachstum der verschiedenen Seiten kreisförmige Bewegungen (Nutationen) aus, bis sie eine Nährpflanze erreicht hat. Nach der

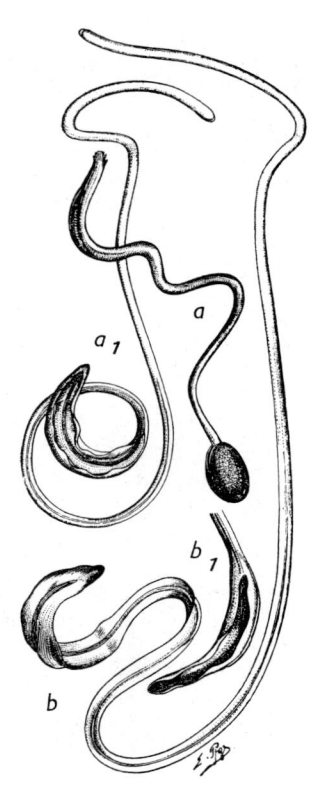

Fig. 3061. Keimlinge von $aa_1$ Cuscuta racemosa Martius und $bb_1$ C. suaveolens Séringe (Orig. von R. E. Pfenninger.)

Abwanderung der Nährstoffe des Endosperms in die Stammteile beginnt die Wurzel abzusterben und später auch die älteren Stammteile, während die in ihnen enthaltenen Nährstoffe in die vorderen Teile verlagert werden. Auf diese Weise wird es dem Keimling ermöglicht, auf Kosten der rückwärts liegenden Teile eine Zeitlang weiter zu wachsen. Bei günstigen Temperatur- und Feuchtigkeitsverhältnissen kann dieses selbständige Wachstum nach v. Degen bis 4 Wochen dauern, wobei bei Cuscuta suaveolens im Durchschnitt eine Länge von 10 bis 15 cm, in Ausnahmefällen bis 32 cm erreicht wird. K. Spisar (Berichte der Deutschen Botanischen Gesellschaft. Bd. XXVIII, 1910) hat bei Cuscuta Gronovii Keimpflanzen von 35 cm Länge gemessen. Liegen mehrere Keimpflanzen nahe beieinander und erreichen sie längere Zeit keine Wirtspflanze, so greifen sie sich gegenseitig an; der Angegriffene wird dabei als Wirtspflanze des Anderen benützt und fällt dem Angreifer zum Opfer. Die für die Entwicklung des Schmarotzers gefährlichste Zeit liegt zwischen der Keimung und der Erreichung der Wirtspflanze, da ihm dann namentlich trockene Luft oder zu starke Sonnenbestrahlung verhängnisvoll werden können. Tote Stützen werden von der keimenden Cuscuta nicht umschlungen; dagegen ist sie in den ersten Entwicklungsstadien mit den Nährpflanzen nicht wählerisch, benützt sie entweder als Stützpunkt oder sie schränkt, wenn sie keine zusagende

Nährpflanze in der Nähe findet, ihr vegetatives Wachstum bald ein und beginnt frühzeitig mit der Blüten- und Fruchtbildung. In späteren Entwicklungsstadien dagegen umspinnt sie auch tote Stützen. Sobald eine geeignete Nährpflanze vom Keimling erreicht ist, so macht sie gewöhnlich 3 bis 5 enge Windungen um den Nährstengel und entwickelt an den Berührungsstellen besondere Saugorgane, die sogen. Haustorien (vgl. besonders Zender, J. Les haustoriens de la cuscute et les réactions de l'hôte. Bulletin soc. botan. Genève 16 [1924] 1925). Gleichzeitig stirbt der Stengel im unteren Teile bis zur Anhaftungsstelle an der Nährpflanze ab. Die Sproßspitze schlingt nun weiter, die neuentstehenden Schlingen entbehren der Saugorgane; dann treten wiederum enge Windungen mit Haustorienbildung auf, diese machen wieder losen Spiralen Platz und das Wachstum schreitet auf diese Weise rasch voran. Die sich immer zahlreicher bildenden Sprossenden machen nun ähnliche Nutationen wie der Keimling und umschlingen alle Gegenstände, die ihnen nahe stehen, wachsen in den Kulturen von Pflanze zu Pflanze, umschlingen dieselben und erzeugen so sogen. „Seideherde", franz.: Barbe-de-moine, cheveux-de-Vénus, rache, teignasse (Fig. 3065), die sich immer mehr vergrössern, bis später Blüten- und Fruchtbildung eintritt. Die Nutationsbewegung der Cuscata-Arten erfolgt immer im umgekehrten Sinne des Uhrzeigers. Der Keimling vermag in einer halben Stunde 1 bis 2 Windungen auszuführen, und ähnlich wie diese verhalten sich auch die Teilstücke alter Schmarotzerpflanzen.

Die Cuscutasprosse reagieren positiv heliotropisch, negativ geotropisch und weisen ausserdem Reize auf, die auf gewisse Stellen des Stengels beschränkt sind. Im Klinostaten verlieren sie nach K. Spisar die Reizbarkeit für das Winden, nicht aber ihren Nutotropismus. A. v. Degen wies nach, dass bei einseitig starker Belichtung die jungen Seidepflanzen selbst bei direkter Berührung der Wirtspflanze diese nicht umwinden, sondern ohne Haustorien zu bilden, dem Licht entgegenwachsen, wobei es vorkommen kann, dass dabei die Seidepflanze ihre Reservestoffe aufzehrt und zugrunde geht. Die Bildung der Haustorien erfolgt durch lebhafte Teilung und Neubildung von Zellen, wobei namentlich in denen der zweiten Rindenschicht ein Gewebekomplex entsteht, der in Form von schlauchartigen Zellen in die Wirtspflanze eindringt (Fig. 3062). Der Befall der Wirtspflanze wird nach E. Küster wahrscheinlich dadurch unterstützt, dass beim Eindringen der Haustorien besondere Stoffe abgeschieden werden, die die Bildung von Wundperiderm verhindern. Die eindringenden Zellen wuchern ganz ähnlich wie Pilzfäden in der Rinde,

Fig. 3062. Cuscuta glomerata Choisy. Phot. E. Hahn, Kirchheimbolanden.

wachsen bis zum Holzkörper der Wirtspflanze und strahlen nach allen Richtungen längs und quer im Stengel aus. Die zentral gelegenen Zellen dringen in das Mark oder vereinigen sich mit dem Xylem des Wirtes, die weiter aussen liegenden mit den Siebröhren, während die äussersten in der Rinde verbleiben. — Die Hauptmasse der ursprünglich isolierten hyphenähnlichen Fäden bilden im ausgewachsenen Haustorium durch seitliche Auflösung untereinander ein geschlossenes Gewebe. Die Wandungen der Siebröhren der Wirtspflanze werden von der Spitze des eindringenden Haustorialfadens verschleimt und zur Auflösung gebracht. Die Aufnahme der Nährsubstanzen aus dem Wirt scheint nach Thoday auf dem Wege einer passiven Filtration vor sich zu gehen. Die Membranen der Zellen, die den Gefässelementen der Mutterachse des Haustoriums zu gelegen sind, verdicken sich ring- und netzförmig und schliessen sich so dem Gefässsystem des Cuscutastammes an. Bei ausländischen, auf Holzgewächsen schmarotzenden Arten haben Schacht u. a. beobachtet, dass die Haustorien innerhalb der Nährpflanze Adventivknospen bilden und auf diese Weise ausdauern. Der alljährliche Holzzuwachs der Wirtspflanze wird gleichsam überwallt; die Saugzellen verlängern sich in dem Masse, wie der Zuwachs stattfindet und sind dabei als Bündel am Holze mehrerer Jahresringe eingelagert. Bei manchen Wirtspflanzen werden durch die Haustorien ± starke Gewebeveränderungen und Wucherungen hervorgerufen. Bei Solanum nigrum und Datura Stramonium konnte O. Gertz sogar Bildung von Steinzellen in den von C. Gronovii befallenen Stengeln nachweisen. M. Mirande beobachtete bei einigen Wirtspflanzen ausgeprägte Chlorose.

Der morphologische und anatomische Aufbau ist wie bei vielen anderen Schmarotzern sehr vereinfacht und zurückgebildet. Das zeigt vor allem das Wurzelorgan. Schon am Keimungstage ist sein Wachstum gewöhnlich beendet und innerhalb 7 Tagen stirbt es ganz ab. Es fehlen im Innern die Tracheiden, ferner die mechanischen Elemente; an Stelle von Wurzelhaaren zeigen sich nur kleine sackförmige Ausstülpungen der Epidermiswände. Die Cuscutawurzel hat infolgedessen in ihrer Anatomie keine Aehnlichkeit mehr mit der der Dikotylen und ist bis zu einer Entwicklungsstufe zurückgegangen, wie sie bei Bildungen im Bereich der Pilze vorkommt. Auch der Stamm ist ausserordentlich einfach gebaut. Eine Art Markgewebe ist zwar gewöhnlich nachweisbar; doch fehlt auch dieses bei einigen Arten. Bei Cuscuta lupuliformis lassen sich Spuren einer kambialen Tätigkeit im Stamme nachweisen, während bei den übrigen Arten ein Kambium ganz fehlt. Spaltöffnungen sind nur ganz vereinzelt vorhanden. Die Laubblätter sind nur als kleine Schüppchen ausgebildet. Die Keimblätter fehlen ganz. In der Ausbildung der Sexualorgane ist dagegen die Reduktion weniger zu beobachten und es schliesst sich hierin die Gattung Cuscuta an die Gattung Convolvulus an. Die Verzweigung der Achse geschieht teils durch eine reiche Bildung von Achselsprossen, teils auch durch endogen angelegte Adventivsprosse.

Bezüglich ihrer Nährpflanzen sind die Cuscuta-Arten im allgemeinen wenig wählerisch. Zwar bevorzugen die einzelnen Arten ganz bestimmte Wirtspflanzen, so z. B. Cuscuta Epilinum den Flachs, C. Epithymus subsp. Trifolii die Klee-Arten, C. Europaea var. Viciae die Wicken-Arten, der Typus der letztgenannten Art die Nessel (Fig. 3069), C. Epithymus den Thymian, das Heidekraut und Ginster-Arten, C.

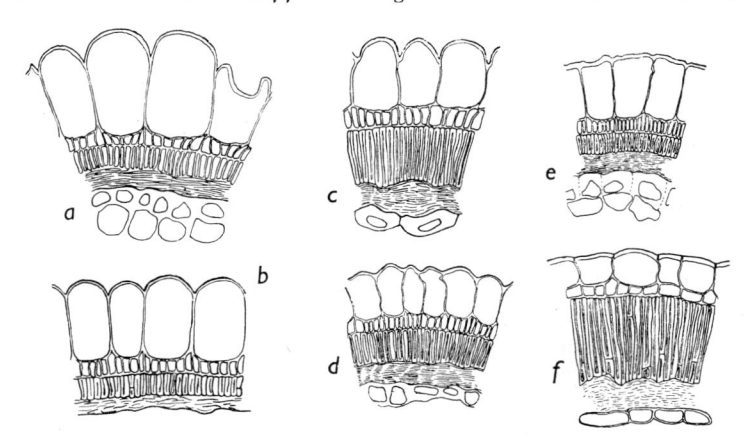

Fig. 3063. Querschnitt durch die Samenschale von: *a* Cuscuta Epilinum Weihe. *b* C. Epithymus (L.) Murr. sub p. Trifolii Bab., *c* C. Gronovii Willd., *d* C. arvensis Beyrich, *e* C. racemosa Mart., *f* C. lupuliformis Krock. (nach O. Breymann und Detzner).

lupuliformis und C. Gronovii die Weiden; immerhin ist keine davon auf diese Arten allein angewiesen. Selbst die Leinseide, die wohl bezüglich des Wirtes am meisten spezialisierte Art, vermag auch auf den begleitenden Unkräutern des Flachses vorzukommen. Für C. Europaea hat N. B. Wittrock (Svensk. bot. Tidskr. III) in Schweden wenigstens 106 Wirtspflanzen, für C. Epithymus K. Johannson (Svensk. bot. Tidskr., VIII, 1914) an 5 Orten auf Gotland über 90 Arten nachgewiesen. Die namentlich in Algerien und auf Sardinien häufige C. alba kann als subsp. amphibia sogar submers auf verschiedenen Wasserpflanzen gedeihen (vgl. pag. 2100). Sie stellt nach H. Schenck die einzige z. Z. bekannte heterotrophe Submerse dar. Andererseits gibt es eine grosse Anzahl von Pflanzen, die den Angriffen der Schmarotzer zu widerstehen vermögen. So stellt nach O. Gertz die glatte Stengeloberfläche von Quercus einen wirksamen Schutz gegen die Angriffe von C. Gronovii dar, ebenso das mechanische Gewebe von Digitalis, die verkieselte Epidermis bei Phragmites. Zu diesem mechanischen Schutzmitteln gesellen sich eine Fülle chemischer Stoffe (namentlich Oxalsäure, ätherische Oele, Alkaloide und giftige Milchsäfte). Doch sind diese Schutzmittel nicht unbedingt wirksam. So gedeiht C. Epithymus mit Vorliebe auf Thymus-Arten, trotz des dort vorhandenen ätherischen Oeles, C. lupuliformis nach W. Kinzel auf Euphorbia lucida, C. Europaea auf dem Giftlattich trotz der scharfen Milchsäfte, welche diese Pflanzen enthalten.

Die Blütenglieder entwickeln sich nach K. Peters (Vergleichende Untersuchungen über die Ausbildung der sexuellen Reproduktionsorgane bei Convolvulus und Cuscuta. Diss., Zürich, 1908) in acropetaler Reihenfolge. Die Anlage der Krone und der Staubgefässe geschieht auf gemeinschaftlicher Basis, die durch intercalares Wachstum in die Höhe gehoben wird. Die Narbe bildet sich schon sehr frühzeitig aus. Ihre äusserste Zellschicht besteht aus radial zur Längsachse gestellten, lose aneinanderliegenden, kubischen Zellen mit abgerundeten Ecken. Ueber die Entwicklung des Embryos vgl. Peters (l. c.). Die Schuppen am Grunde der Kronröhre stellen Stipularbildungen der Staubblätter dar. Die Blüten sind meist homogam und besitzen verborgenen Nektar, der vom untersten Teile des Fruchtknotens abgeschieden wird. Ueber den Bau des Nektariumgewebes vgl. W. J. Behrends, Die Nektarien der Blüten, Regensburg 1879, sowie Hanstein, Botanische Zeitung, 1868. Bei C. Epithymus und C. arvensis wird der Honig durch die sich über dem Fruchtknoten zusammenneigenden Schuppen gegen den Regen geschützt. Die Blüten werden von Grabwespen und einer Faltenwespe besucht, wobei die Narben und Staubbeutel von den Insekten meist mit entgegengesetzten Rüsselseiten berührt werden. Bei C. arvensis konnte G. Gentner einen lebhaften Besuch der Blüten durch Bienen beobachten. Bleibt der Insektenbesuch aus, so tritt leicht Selbstbestäubung ein, da die Narben in der Falllinie des Pollens liegen. Die Narben können auch, wenn die Blüten bei schlechtem Wetter geschlossen bleiben, durch den eigenen Pollen in der geschlossenen Blüte bestäubt werden. — In C. Epithymus sind das Glykosid Cuscutin, ferner Tannin, Gummi und harzige Stoffe festgestellt worden. Die Haustorien von C. Europaea scheiden verschiedene Enzyme (Cytase, Amylase) aus. Nach H. Karsten ist unter allen Cuscuta-Arten nur eine, die amerikanische C. graveolens Knth. giftig.

1. Griffel 1, mit fast kopfförmiger, 2-lappiger Narbe. Blüten einzeln oder zu 2 bis 3. Pflanze der Stromtäler . . . . . . . . . . . . . . . . . . . . . . . . . . . . . . . . . C. lupuliformis nr. 2292.
1*. Griffel und Narben 2, getrennt . . . . . . . . . . . . . . . . . . . . . . . . . . . . . . 2.
2. Krone 10-teilig, mit 5 langen und 5 (den Schlundschuppen ähnelten) kurzen Abschnitten (Fig. 3067 d), weiss. Bisher nur am Ettersberg bei Weimar beobachtet . . . . . . . . . . . C. stenoloba nr. 2284.
2*. Krone 4- oder 5-, seltener 3-teilig . . . . . . . . . . . . . . . . . . . . . . . . . . . . 3.
3. Narbe kopfig. Frucht nicht oder nur unregelmässig aufspringend . . . . . . . . . . 4.
3*. Narbe fädelig. Frucht quer aufspringend. Blüten stets in dichten Knäueln . . . . . 7.
4. Fruchtknoten und Kapsel kugelig, an der Spitze abgeplattet . . . . . . . . . . . . 5.
4*. Fruchtknoten und Kapsel gegen die Spitze zu verdickt, ± konisch zulaufend . . . . . . 6.
5. Blüten auf dicken Stielen . . . . . . . . . . . . . . . . . . . . . . . C. australis nr. 2289.
5*. Blüten auf nicht verdickten Stielen . . . . . . . . . . . . . . . . . . C. arvensis nr. 2288.
6. Stengel ziemlich dick. Blüten in dichten Knäueln oder in kurzen Rispen. In den wärmeren Gebieten von Westdeutschland . . . . . . . . . . . . . . . . . . . . . . . . . . . C. Gronovii nr. 2291.
6*. Stengel fadendünn. Blüten in ziemlich lockeren, traubigen Rispen, wohlriechend. Namentlich in den Gebieten mit Weinklima . . . . . . . . . . . . . . . . . . . . . . . . . . . C. suaveolens nr. 2290.
7. Stengel unverzweigt oder gegen den Grund zu 1- bis höchstens 2-mal verzweigt. Kronröhre deutlich bauchig, doppelt so lang als ihr Saum. Krone gelblich-weiss. In Leinfeldern . . . C. Epilinum nr. 2287.
7*. Stengel in der Regel stark verzweigt. Kronröhre so lang oder kürzer als der Saum . . . 8.
8. Griffel so lang oder kürzer als der Fruchtknoten. Staubblätter eingeschlossen. Schuppen der Kronröhre angedrückt, aufrecht . . . . . . . . . . . . . . . . . . . . . . . . . . . C. Europaea nr. 2286.
8*. Griffel länger als der Fruchtknoten. Staubbeutel ± hervortretend. Schuppen der Kronröhre meist zusammenneigend . . . . . . . . . . . . . . . . . . . . . . . . . . . . . . . . . 9.
9. Kronröhre kurz-glockig, kürzer als die Zipfel. Krone weiss. Nur in den südlichen Alpentälern. . . . . . . . . . . . . . . . . . . . . . . . . . . . . . . . . . . . . . . . . . C. alba nr. 2285.
9*. Kronröhre walzlich, so lang als die Zipfel . . . . . . . . . . . . . . . . . . . . . . . . 10.
10. Blüten 5-teilig. Krone länger als der Kelch. Verbreiteter Schmarotzer. C. Epithymus nr. 2283.
10*. Blüten (namentlich die am Rande des Knäuels) 4- oder 3-teilig. Kelch und Krone etwa gleich lang, stets rein weiss. Vielleicht im südöstlichsten Oesterreich . . . . . . C. globularis pag. 2091.

## 2283. Cuscuta Epithymus[1]) (L.) Murray. Quendel-Seide, Teufelszwirn. Fig. 3064 bis 3066.

Pflanze 1-, ausnahmsweise 2-jährig. Stengel dünn, sehr verästelt, meist rot. Blüten bis 5 mm lang, sitzend oder kurz gestielt, in 8- bis 18-blütigen Knäueln; letztere kugelig, 5 bis 12 mm im Durchmesser, in den Achseln einzelner, rötlicher Hochblätter. Kelch 5-teilig, etwa halb so lang als die Kronröhre, wie die Krone rosa bis rötlichweiss, selten ganz weiss, hellgelb oder purpurn. Kronröhre walzlich; Kronabschnitte 5, etwa so lang als die Röhre, mit zurückgeschlagenen Spitzen; Schlundschuppen stets vorhanden (Fig. 3064 d), nach innen zusammenneigend, die Krone verschliessend. Griffel 2 (bis 4), aufrecht, fädelig, getrennt, länger als der Fruchtknoten (Fig. 3064 e); Narbe fädelig, meist blassbraunrot, vertrocknet dunkelrot, selten gelb. Kapsel regelmässig quer aufspringend, immer auf oder kurz unter dem Scheitel, nie am Grunde die erhaltenbleibende Krone tragend. Samen 4, rundlich $^1/_3$ bis $1^1/_3$ mm lang, im Mittel 0,3 bis 0,35 mg schwer.

Zerfällt in die beiden folgenden Unterarten:

1. subsp. **eu-Epithymus** Beger. Echte Quendel-Seide. Fig. 3064.

Pflanze wenig kräftig. Blüten klein, gewöhnlich sitzend oder kurz gestielt, in meist 8- bis 10-blütigen, 5 bis 8 mm im Durchmesser starken Knäueln. Kelchabschnitte in der Regel ein wenig länger als die Hälfte der

---

[1]) Von ἐπίϑυμον, einem bei Dioskurides auf [ἐπί] Thymian [ϑύμος] vorkommenden Schmarotzergewächs.

Krone. Staubbeutel ± deutlich aus der Kronröhre hervorragend. Griffel 2, meist deutlich über die Staubbeutel hervorragend. Samen in der Regel alle wohl ausgebildet, im Mittel 0,3 mg schwer. — VII bis IX.

Trupp- bis herdenweise an sonnigen Orten auf Abhängen, Weiden, an trockenen Abhängen, auf Heiden, vereinzelt auch an feuchten Plätzen, Gräben usw. Schmarotzt mit Vorliebe auf Thymus Serpyllum und Calluna vulgaris, gern auch auf Labiaten (z. B. Stachys, Teucrium montanum), Papilionaceen (namentlich Genista, Sarothamnus, Genistella sagittalis, Klee-Arten, Luzerne), Compositen (Artemisia campestris, Centaurea, Achillea), Umbelliferen (Pimpinella, Silaus), ferner auf Campanula, Polygonum, Galium, Plantago, Potentilla aurea, Armeria, Rumex Acetosella usw., bisweilen selbst auf Gräsern und jungen Weiden. Von der Ebene bis in die subalpine Stufe: in Bayern im Allgäu bis 1530 m, in Salzburg bis 1200 m, in Niederösterreich bis 1450 m, im Wallis bis 1900 m, in Vorarlberg bis 1950 m, in Graubünden bis 2005 m (Schanfigg) und (Oberengadin) 2200 m (Hegi) aufsteigend.

In Deutschland meist häufig, nur in Württemberg, in einzelnen Gebieten des Rheintales, im Norddeutschen Flachlande (z. T. vielleicht nur eingebürgert) und in Sachsen zerstreut, auf den Ostfriesischen Inseln nur vereinzelt und in Westfalen z. B. bei Altena, Siegen, Winterberg, Hattingen, Bochum, Dortmund, Hagen und Hamm ganz fehlend. — In Oesterreich und in der Schweiz meist verbreitet.

Allgemeine Verbreitung: Europa, westlich bis England, nördlich bis zum südlichsten Norwegen, Halland, Schonen, Gotland, Åland, Livland, südlich bis zum nördlichen Spanien, Italien und Taurus); ferner weit nach Asien (Kaukasus, Altai) vordringend. Grönland; Südafrika (eingebürgert).

Neben dem allgemein verbreiteten Typus (var. týpica Beck) mit fehlenden oder sehr kurzen Blütenstielen, mit Kelchzipfeln von der Länge der Kronröhre und mit ellipsoidischen, abgerundeten Staubbeuteln wurde bisher nur bei Gainfahrn in Niederösterreich festgestellt: var. cordianthéra Beck. Blütenstiele verkürzt. Kelchzipfel länger als die Kronröhre. Staubbeutel herzförmig zugespitzt. Auf Umbelliferen schmarotzend. Mit zunehmender Meereshöhe nimmt beim Typus die Grösse der Blüten ab.

Cuscuta Epithymus ist ein europäisch-westasiatisches Element. Die Art ist ökologisch wenig anspruchsvoll und geht auf eine grosse Anzahl von Arten, namentlich auf solche von niederem Wuchse über (vgl. oben und pag. 2093), scheint aber nach K. Johannsen auf Moosen

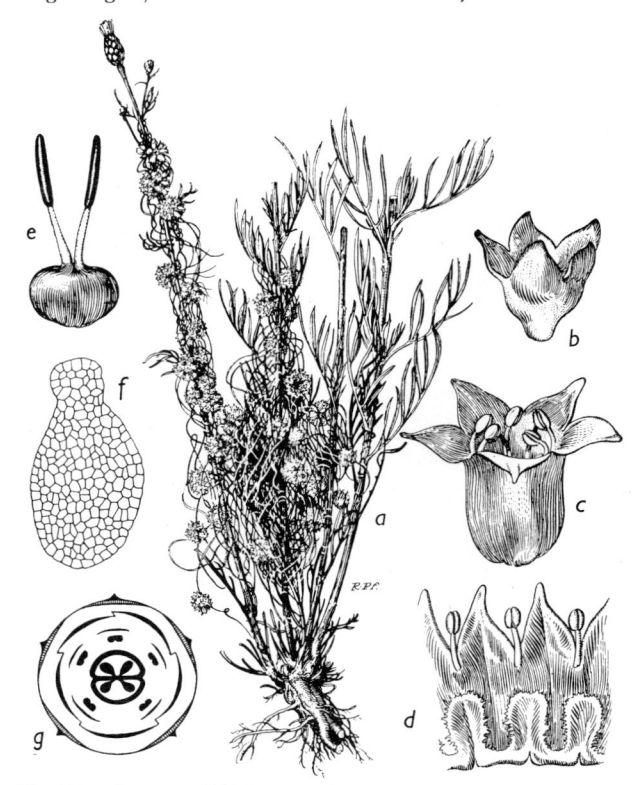

Fig. 3064. Cuscuta Epithymus (L.) Murray subsp. eu-Epithymus Beger. *a* Habitus (auf Centaurea Scabiosa L. subsp. Rhenana Boreau). *b* Kelch. *c* Krone. *d* Krone aufgerollt. *e* Fruchtknoten. *f* Keimling. *g* Blütendiagramm (*f* nach Peters, *g* nach Marktanner-Turneretscher).

vollständig zu fehlen. Auffallende Wirtspflanzen sind Solanum tuberosum, auf welcher der Schmarotzer 1917 bei Birrwil im Aargau festgestellt wurde, sowie der Weinstock, auf welchem er selbst die Trauben befällt und dann in langen Bärten herabhängt. Diese „Barttrauben" oder „Uvae barbatae", auch „Erybitrys" genannt, wurden als besonders bemerkenswerte Monstrositäten bereits in den alten Kräuterbüchern (das erste Mal 1590 in Nicolai Bassaei eiconibus plantarum) aufgeführt und abgebildet und in Baden noch in der ersten Hälfte des vorigen Jahrhunderts von Alexander Braun und anderen beobachtet. In dem Bericht der Badischen Versuchsanstalt Augustenberg 1914 geben C. Wahl und K. Müller an (siehe Bd. V/1, pag. 422), dass an Reben ausnahmsweise Cuscuta, wahrscheinlich C. lupuliformis beobachtet worden sei. Da jedoch C. lupuliformis kaum in Baden vorkommen dürfte, so werden wohl auch in diesem Falle die dort schon seit Jahrhunderten beobachteten Barttrauben von C. Epithymus vorgelegen haben. Auch bei Bozen, Eppan und Salurn sind sie festgestellt worden. Sehr charakteristisch ist C. Epithymus nach J. Jeswiet für die Callunabestände der Grauen Dünen an der holländischen Küste, wo sie grosse, im Frühling rote, im Sommer weisse Polster bildet. — Neben den pentandrischen Blüten finden sich nicht selten auch 4- oder 6-zählige.

2. subsp. **Trifólii** (Babingt. et Gibs.). Klee-Seide, Fein-Seide. Franz.: Cuscute des trèfles; engl.: Clover dodder. Fig. 3066 und 3063b.

Pflanze kräftig. Blüten 4 bis 5 mm lang, meist deutlich gestielt, in 12- bis 18-blütigen, 8 bis 12 mm im Durchmesser starken Knäueln. Kelch halb so lang als die Krone. Staubbeutel stets weit aus der Kronröhre hervorragend. Griffel 2 oder öfters auch 3 bis 4, meist nicht oder nur wenig die Staubbeutel überragend. Samen 0,8 bis 1 mm im Durchmesser, im Durchschnitt 3,5 mm schwer, staub- bis braungrau oder rotbraun. — VII, VIII.

Fast ausschliesslich in Klee-Kulturen, besonders auf Trifolium pratense, T. repens, T. hybridum, Medicago sativa, Lotus corniculatus, seltener auf Trifolium incarnatum, Anthyllis Vulneraria, Ornithopus sativus schmarotzend, bisweilen auch in Lens culinaris- und Phleum pratense-Saaten, sowie auf Unkräutern, wie Ononis spinosa, Ranunculus arvensis, Cerastium caespitosum, Daucus Carota, Matricaria Chamomilla, Chrysanthemum Leucanthemum, Carduus crispus, Plantago lanceolata, Rumex Acetosella, Holcus lanatus, Anthoxanthum odoratum, Poa pratensis, Equisetum arvense usw.

In Mitteleuropa scheinbar erst in den 40. Jahren des 19. Jahrhunderts, vermutlich mit (französischen?) Luzerne- oder Rotklee-Samengut, eingeschleppt. 1848 wurde sie bei Darmstadt beobachtet, in Westfalen 1850, in Schleswig-Holstein ebenfalls ungefähr im selben Jahre, in Ostpreussen 1855, in Westpreussen 1857. Sauter gibt sie für Salzburg seit 1866 an mit dem Bemerken, dass sie erst eingewandert zu sein scheine. In der Pfalz wurde sie bei Dürkheim im Jahre 1853 beobachtet. Im rechtsrheinischen Bayern tauchte sie anscheinend das erstemal im Nürnberger Florengebiet um das Jahr 1872 auf; 1874 wurde sie bei Landsberg a. L. gefunden. Seither hat sie sich über alle Teile Mitteleuropas verbreitet und ist zu einem der grössten Schädlinge des Klee- und Luzernebaues geworden. In Ungarn ist sie nach A. v. Degen seit 1805 bekannt.

Fig. 3065. Cuscuta Epithymus (L.) auf Galium verum L. und Euphrasia stricta Host. Heide bei Hohensolms (Krs. Wetzlar). Phot. Georg Eberle, Wetzlar.

Allgemeine Verbreitung: England, südliches Norwegen und Schweden, Dänemark, Deutschland, Frankreich, Schweiz, Oesterreich, Ungarn, Nord- und Mittelitalien, Nordamerika, Chile, Australien, Neuseeland. Heimisch wohl nur in den Mittelmeerländern.

Die subsp. Trifolii ist zwar systematisch wenig scharf von der subsp. eu-Epithymus geschieden und mit ihr auch durch Uebergänge verbunden, besitzt aber eine von letzterer etwas abweichende Lebensweise und stellt daher eine besondere biologische Rasse dar. Vielfach wird sie als besondere Art, namentlich in der landwirtschaftlichen Literatur, behandelt. Ihre ungewollte Herauszüchtung ist vermutlich im Zusammenhang mit dem Kleebau im Mittelmeergebiete erfolgt, wo ihre ursprüngliche Heimat zu liegen scheint (vgl. die Einführungsjahre oben). Allerdings ist sie nicht streng an gewisse Arten gebunden, sondern kann auch noch auf eine nicht unbedeutende Anzahl anderer Pflanzen übergehen. Als Wirtspflanzen kommen ausser den oben erwähnten Arten u. a. noch in Frage: Fenchel, Anis, Koriander und Urtica urens, auf denen sie zur Blüte- und teilweise noch zur Samenbildung kommt, ferner Beta vulgaris, Camelina sativa, Phaseolus vulgaris und Zea Mays, auf denen sie eine Zeit lang ihr Leben zu fristen vermag. Sie erfordert zu ihrer Lebensführung eine höhere Wärmesumme als die im Gebiete authochtone subsp. eu-Epithymus und gedeiht infolgedessen in erster Linie in Gegenden mit heissen Sommern, namentlich in Südeuropa, Ungarn, Böhmen, in Deutschland besonders in den Gebieten mit Weinklima. Dagegen tritt sie in Schweden, Norwegen, Dänemark und England an Menge stark zurück und spielt dort bei weitem nicht die schädigende Rolle, die ihr im Süden zukommt. An der Nordseite der Alpen soll sie nach Schweizer Meldungen besonders in denjenigen Gebieten unangenehm werden, in denen die jährliche Regenmenge 1000 mm nicht übersteigt. Nach Hiltner vermag sie in Bayern noch bei 900 m Höhe zu einmaliger Entwicklung gelangen, verschwindet aber dann im 2. Jahre vollständig. In den galizischen Karpaten soll sie nach Szyszylowicz bereits bei 800 m überhaupt nicht mehr gedeihen. Die Keimung der Samen geht infolge ihrer Hartschaligkeit ziemlich langsam vor sich. Der grösste Teil keimt zwar noch im ersten Jahre aus, der Rest aber gelangt erst im 2. Jahre zum Austrieb oder verbleibt bis zum 8. Jahre in Ruhe. Auch ist unter den Samen häufig ein grosser Teil faul. Infolge dieses langsamen Auskeimens — die untere Temperaturgrenze beträgt nach Haberlandt 10°, die obere 30° bis 35° — kommt die Kleeseide verhältnismässig spät, gewöhnlich erst nach dem ersten Kleeschnitt stärker zur Entwicklung. Durch das truppweise Auftreten entstehen zunächst in den Kulturen „Seidenstellen" oder „Seidenflecke", die, wenn sie dicht nebeneinander liegen und die Ernährungsverhältnisse günstig sind, zu grösseren „Seidenherden" zusammenfliessen können. Ein vollständiges Ueberwuchern eines Feldes tritt jedoch nur ausnahmsweise ein. Die befallenen Pflanzen leiden ± stark durch die Schmarotzer und gehen bisweilen ganz ein. Stirbt die Wirtspflanze ab und ist für die Seide keine Ersatzpflanze erreichbar, so saugt die Seide ihre eigenen Zweige an und vermag dadurch ihr Leben oft so lange zu fristen, bis sie reife Früchte gebildet hat. Selbst an abgeschnittenen Trieben sind die Blütenstände noch zur Samenbildung befähigt. Nach der Fruchtreife stirbt die Seide in der Regel ab; doch vermag sie an ausdauernden Pflanzen, namentlich an den Wurzelköpfen der Luzerne, bis zu 2 cm unter der Erdoberfläche zu überwintern und im nächsten Jahre erneut auszutreiben.

Die Verbreitung des Schmarotzers erfolgt in der Regel durch die dem Saatgute der Wirtspflanze beigemischten Samen. Bei der Ernte der befallenen Pflanzen kommt die Seide mit ihren reifen Samen in die Scheune und wird mit ausgedroschen. Da häufig alle Samen der Kapsel zur Reife gelangen und jede Seidepflanze imstande ist, eine grosse Anzahl von reifen Kapseln zu bilden, so ist auch die Menge der Seidesamen, die in das ausgedroschene Klee- oder Luzernesaatgut gelangen, ausserordentlich gross. 25 000 bis 30 000 Kleeseidekörner in 1 kg Rotkleesaatgut sind durchaus keine Seltenheit. Je nach Erntejahr und vor allem nach Herkunft ist der Prozentsatz des von Kleeseide befallenen Saatguts verschieden. Die fortgesetzte Neueinfuhr des Schmarotzers wird dadurch hervorgerufen, dass in Mitteleuropa der Kleesamen nur in günstigen Jahren in hinreichender Menge gewonnen werden kann und infolgedessen immer wieder aus klimatisch begünstigteren Ländern eingeführt werden muss. Dabei besteht aber alljährlich die Möglichkeit einer erneuten Einbringung des Schmarotzers und seiner Verbreitung über weite Gebiete. Dieser Gefahr kann z. T.

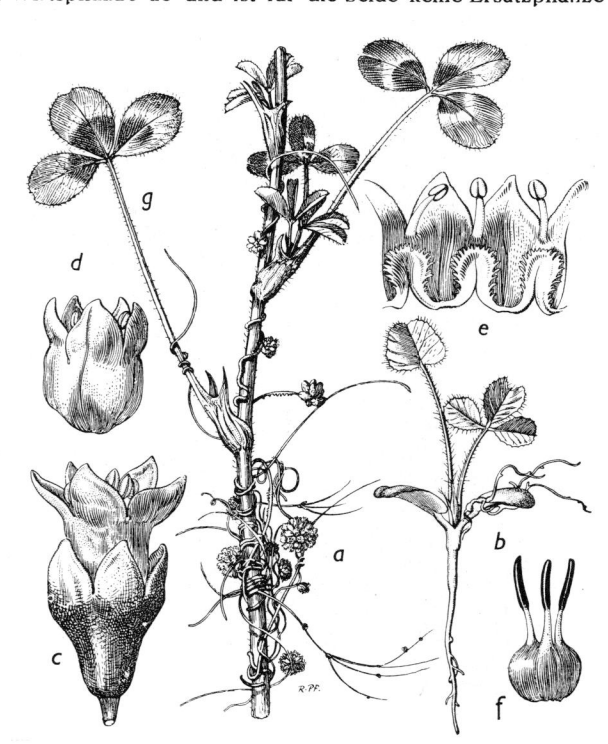

Fig. 3066. Cuscuta Epithymus (L.) Murray subsp. Trifolii (Babingt. et Gibs.). *a* Auf Rotklee schmarotzende, blühende Pflanze. *b* Desgl. eine Keimpflanze. *c* Blüte. *d* Krone. *e* Krone aufgerollt. *f* Fruchtknoten (ausnahmsweise mit 3 Narben).

dadurch gesteuert werden, dass der Landwirt nach Möglichkeit sein Saatgut von seidefreien Aeckern selbst gewinnt oder aber, dass das von auswärts bezogene Saatgut von einer Samenkontrollstation auf Reinheit geprüft wird. In Deutschland gilt dabei als Grundsatz, dass eine Ware nur dann als seidefrei gehandelt werden darf, wenn in 100 Gramm Rotkleesamen sich keine Seidesamen vorfinden, während die Bezeichnung „auf Seide gereinigt" besagt, dass sich in 100 g Rotklee nicht mehr als 1 Korn Seidesamen vorfindet. Die Reinigung des Saatgutes erfolgt durch Ausputzen in verschieden weitmaschigen Reinigungsmaschinen (Zylindersieben), wobei allerdings nicht selten gleichzeitig bis 15% an kleinen Kleesamen mit entfernt werden. Zur Vermeidung solcher Verluste ist der sehr empfehlenswerte Vorschlag gemacht worden, die Kleesamen nach dem Dreschen, jedoch vor dem Austreiben der Samen aus den Hülsen durch Sieben von den viel kleineren Seidesamen zu reinigen, was technisch keinerlei Schwierigkeiten bereitet. Allerdings müsste diese Reinigungsweise in erster Linie in den am meisten Kleesamen erzeugenden Ländern angewandt werden. In einer Reihe von Ländern (in Deutschland z. B. in 25 Regierungsbezirken und von 33 Gemeinden) sind Gesetze und Verordnungen

erlassen worden, die hauptsächlich darauf hinauslaufen, die Landwirte zu zwingen, die auf ihren Feldern auf=
tretenden Seideflecke zu vernichten; doch sind die Erfolge zumeist nur sehr bescheiden. Hingegen ist durch
strenge Ueberwachung des Kleesamenmarktes durch die Kontrollstationen und ferner durch das Plombieren
der Säcke von seidefreiem Rotklee erreicht worden, dass die Kleeseidegefahr in Mitteleuropa abgenommen
hat. Eine weitere Quelle für Verschleppungen bildet die noch häufig zu beobachtende Unsitte, die bei der
Reinigung des Saatgutes entfernten Unkrautsamen (und unter diesen auch die Kleeseidesamen) entweder
auf den Komposthaufen zu werfen oder zu verfüttern. Kühn und Holefleiss haben durch Fütterungs=
versuche nachgewiesen, dass ein grosser Teil dieser Kleeseidesamen ungeschädigt den Darm von Haus=
tieren, Hasen und Geflügel passieren können. Auch durch abgerissene Zweigstücke kann eine Verbreitung
erfolgen. Ist die Seide auf dem Felde aufgetreten, so müssen die befallenen Stellen so gründlich als möglich
abgemäht und am besten mit einem eisernen Rechen scharf gesäubert werden. Zur vollständigen Vernichtung
wird ferner bereits seit 1854 Eisenvitriol in fester oder flüssiger Form (namentlich in einer 10 bis 15%
Lösung) empfohlen, ferner Salpeter (nach J. Farcy wirken 1000 kg auf 1 ha tödlich), Kochsalz, 10% Schwefel=
säure, Kalkstickstoff, Kainit, Stassfutter Abraumsalze, besonders Kalimagnesia, schwefelsaures Kali, Chlor=
kali, Aetzkalk, Asche (namentlich Holzasche), Schwefelkaliumpulver, Schwefelkalcium oder Ueberdecken der
Seideflecke mit Schlamm, Russ, einer 2 cm hoher Erd= oder auch einer 5 bis 6 cm hoher Gerstenspreu=
Schicht, sowie Abbrennen mit Stroh, Rapsschoten oder Holz (am besten in Mischung mit Petroleum). Sehr
günstig hat auch das Abweiden der Seideflecke durch Schafe nach dem Schnitt gewirkt. Das durchgreifendste
Mittel gegen die Seide ist Umpflügen oder Umgraben der befallenen Stellen und Neusaat mit anderen Kultur=
gewächsen oder Ausstechen der Kulturpflanzen. Ist man gezwungen, seidehaltiges Saatgut zu verwenden, so
empfiehlt es sich, dieses 3 bis 4 cm unter die Erde zu bringen, da bei einer solchen Aussaattiefe der Klee
noch normal aufgeht, während die Seide die Erdschicht nicht zu durchbrechen vermag und im Boden zugrunde
geht. Der grossen Bedeutung der Seide=Bekämpfung wegen ist von der Internationalen Vereinigung für Samen=
kunde ein wissenschaftliches Komitee gegründet worden. In dem Bericht des Seidenkomitees stellt A. v. Degen
fest, dass sich verschiedene der landwirtschaftlich wichtigen Seiden in Gebieten bis 1000 mm jähr=
lichen Niederschlag durch Samen vermehren können, in feuchteren Gebieten hingegen sich nur vorüber=
gehend einstellen oder ganz fehlen. Trockene Jahre sind also seide=gefährlich, nasse ± seidefrei. In
der Schweiz sind besonders das Waadtland, Genf und das Wallis gefährdet, das sehr feuchte Tessin
hingegen ist fast seidefrei.

### 2284. Cuscuta stenóloba Bornm. et Schwarz. Thürin=ger Feinseide. Fig. 3067.

Pflanze zierlich, feinsten=gelig, weisslich, etwas an C. Epithymus erinnernd. Blüten=stände kleiner und weiter aus=einandergerückt als bei dieser Art. Blüten ebenfalls kleiner.

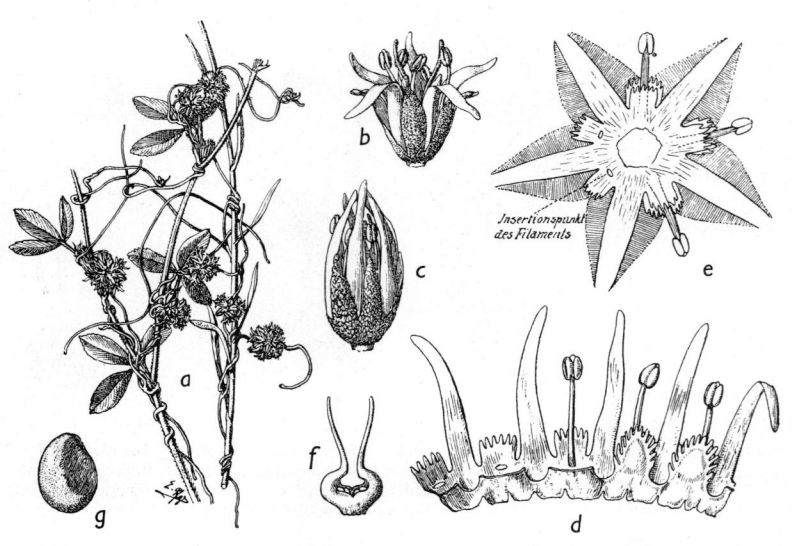

Fig. 3067. Cuscuta stenoloba Bornm. et Schwarz. *a* Habitus. *b* Blüte, *c* desgl. geschlossen. *d* Krone aufgeschnitten (in der Mitte die Schlundschuppen, links ausser=dem die Staubblätter entfernt). *e* Blüte von unten gesehen (die schwarz gestrichelten Teile zeigen den Verlauf der Kronabschnitte einer C. Epithymus-Blüte). *f* Fruchtknoten. *g* Samen (*c* nach O. Schwarz, *e* und *f* nach J. Bornmüller, die übrigen Originale).

Kelch glockenförmig, tief=5=teilig, mit schmalen Abschnitten, meist dunkelpurpurn. Krone fast rein weiss, nahezu bis zum Grunde 10=spaltig; 5 Abschnitte schmal=lang=zungenförmig, um etwa $1/3$ länger als der Kelch und an der Spitze zurückgeschlagen, die übrigen 5 (mit den langen abwechselnd) sehr kurz, den Kronschuppen fast gleichgestaltet (Fig. 3067 d). Staubblätter am Grunde (!) der kleinen Kronabschnitte eingefügt; Schlundschuppen schmal, am Rande kurzfingerig gelappt und meist aufrecht, der Krone angedrückt. Die beiden Fruchtknoten nur am Grunde miteinander verwachsen (die Samenanlagen, bezw. später die Samen daher von oben her offen sichtbar), mit völlig getrennten, langen Griffeln (Fig. 3067 f). Samen mehr als um die Hälfte kleiner als die von C. Epithymus. — VIII, IX.

Bisher einzig in Mittel=Deutschland auf einem südgelegenen, warmen Hang des Ettersberges unweit Weimar in etwa 400 m Höhe auf Trifolium pratense Ononis sp., Euphorbia Cyparissias, Gentiana Cruciata und G. ciliata usw. schmarotzend festgestellt.

Cuscuta stenoloba stellt eine der bemerkenswertesten Pflanzen von Mitteleuropa dar, da sie in den wesentlichen Zügen von allen übrigen Arten der Gattung abweicht und zudem nach den bisherigen Kenntnissen nur das oben angegebene sehr beschränkte Verbreitungsgebiet in Thüringen besitzt. Sie wurde zunächst 1917 von O. Schwarz als C. Epithymus gesammelt, später aber von ihm gemeinsam mit J. Bornmüller (vgl. Fedde, Repertorium, Beiheft 36, 1923, pag. 56/58) als besonderer Typus erkannt und beschrieben. Murbeck (vgl. Bornmüller, J. Bemerkenswertes zu Cuscuta stenoloba Bornm. et Schwarz. Mitteilungen des Thüringischen Botanischen Vereins, N. F. Heft 36, pag. 16/17) stellte weitere Eigentümlichkeiten des Blütenbaues fest. Die Eigenart der Pflanze beruht vor allem in der 10=Teiligkeit der Krone und in dem auffälligen, offenen Fruchtknoten mit den getrennten Griffeln, wie letzteres bei den Resedaceengattungen Astrocarpus und Caylusea vorkommt. Diese Kennzeichen könnten genügen, um die Pflanze zum mindesten als eine eigene, gute Art zu erklären[1]); doch ist, wie Bornmüller hervorhebt, auch die Frage zu erwägen, ob C. stenoloba nicht eine Mutation darstellt, die bereits, ohne Rückschläge zu zeigen, in ihren Merkmalen völlig konstant geworden ist. Murbeck sucht die 10=Teiligkeit der Krone durch den teilweisen Schwund von Substanz an den ehemaligen 5 Kronzipfeln zu erklären (Fig. 3067 e) und glaubt an eine Abstammung von C. Epithymus. C. stenoloba wächst am Ettersberg an einer sehr beschränkten Stelle in jungen Fichtenbeständen mit den oben angegebenen Wirtspflanzen, die sie stellenweise völlig zu vernichten vermag, sowie mit Astragalus Danicus und A. glycyphyllos, Trifolium strepens, Euphrasia lutea, Cirsium eriophorum und C. tuberosum usw. C. Epithymus fehlt dort in einem Umkreis von $1/2$ Stunde. Zu ihrem Gedeihen scheint sie der Wärme zu bedürfen, da sie durch kühles und feuchtes Wetter in ihrer Entwicklung stark leidet. 1923 wurde sie von Bornmüller massenhaft aufgefunden, in den beiden folgenden Jahren blieb sie ganz aus.

**2285. Cuscuta álba** Presl (= C. subuláta Tineo, = C. Epíthymus (L.) Murray var. angustáta subvar. alba Engelm., = C. Gussóni Gasp.). Weisse Seide. Fig. 3068.

Stengel fadenförmig, verzweigt, rötlich oder weiss. Blüten weiss, sitzend oder meist kurz gestielt, in 10= bis 15=blütigen, im Durchmesser 5 bis 8 mm breiten Knäueln. Kelchabschnitte so lang wie die Kronröhre, meist schmal. Krone 2 mm lang; Kronröhre kurzglockig, kürzer als die Kronabschnitte; Schuppen am Grunde der Kronröhre zusammenneigend. Staubblätter weiss. Griffel 2, länger als der Fruchtknoten. — VI bis VIII.

Zerstreut auf sonnig=warmen Hängen, (im Gebiete) auf Colutea arborescens, Coronilla Emerus, Fumana procumbens, Scabiosa gramuntia, Teucrium Chamaedrys, Stachys rectus, Artemisia camphorata und A. campestris, nach Pfaff (briefl.) auch auf Cytisus hirsutus und C. purpureus, Genista Germanica, Trifolium flexuosum, Oxytropis Jacquinii, Polygala Chamaebuxus, Epilobium Dodonaei, Hedera Helix, Erica carnea, Erigeron Canadensis und Inula hirta schmarotzend.

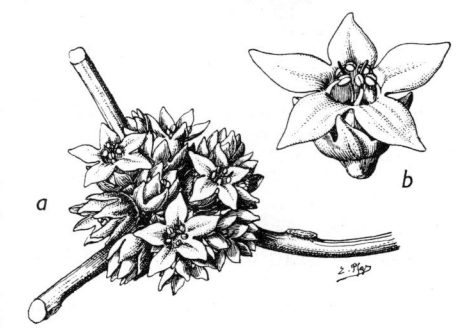

Fig. 3068. Cuscuta alba Presl. *a* Blütenknäuel. *b* Blüte.

Nur in Oesterreich in Steiermark bei Marburg und in Südtirol im Etschtale (häufig um Meran, bei Brixen, Bozen, Trient, Loppio und am Monte Baldo).

Allgemeine Verbreitung: Spanien, südliches Frankreich, Italien; Südtirol, Steiermark, Griechenland, Mazedonien; Algerien.

---

[1]) Herr Prof. J. Bornmüller, dem wir wertvolle Mitteilungen über die Pflanze verdanken, schreibt: „Hätte man eine solche (d. h. Art) aus Persien oder sonst woher aus weiter Ferne mitgebracht, würde man die Pflanze als den Typus einer neuen Sektion beschreiben und niemand daran rütteln".

Aendert ab: subvar. rubélla Engelm. (sub C. Epithymus). Blüten sehr kurz gestielt, lila gefärbt, in 6 bis 7 mm breiten Knäueln. Staubblätter karminrot. Hie und da mit dem Typus. Auf Alpentriften am Monte Baldo bei 2070 m auf Erica carnea, Anemone alpina, Galium rubrum, Genista radiata, Helianthemum nummularium subsp. alpestre, Polygala Chamaebuxus, Aposeris foetida usw., nach Pfaff (briefl.) an anderen Orten auch auf Cytisus purpureus, Ononis Columnae, Erica carnea, Thymus serpyllum und Artemisia campestris schmarotzend. Pfaff hält diese Form für eine an bestimmte Wirtspflanzen angepasste Farbvarietät.

Diese im wesentlichen mediterrane Art besitzt dieselben Lebensgewohnheiten wie die ihr nahe stehende C. Epithymus subsp. eu-Epithymus, scheint aber im Gebiete nicht schädigend in Kulturen einzudringen. Im Mittelmeergebiete ist sie auf Medicago, Vicia, Alhagi, Centaurium, Thesium, Euphorbia und Gramineen (nach Glück), sowie auf Rosmarinus, Globularia, Salvia, Elaeoselinum, Helianthemum und Trifolium (nach Trabut und Muschler) anzutreffen, als Tabakschädling auch in Dalmatien. — Eine eigentümliche biologische Rasse ist die subsp. amphibia Glück (pro spec.) (= C. alba Glück olim nec alior.), die in Algerien und Sardinien unter Wasser an Isoëtes, Litorella, Ranunculus aquatilis, Oenanthe fistulosa, Chara usw. auftritt, sowie an den Stengeln von Juncus, Echinodorus usw. an die Luft klettert und nur dort zur Blüten- und Fruchtbildung gelangt (näheres vgl. H. Glück, Biologische und morphologische Untersuchungen über Wasser- und Sumpfgewächse, Bd. 3 [1911] und Bd. 4 [1924]).

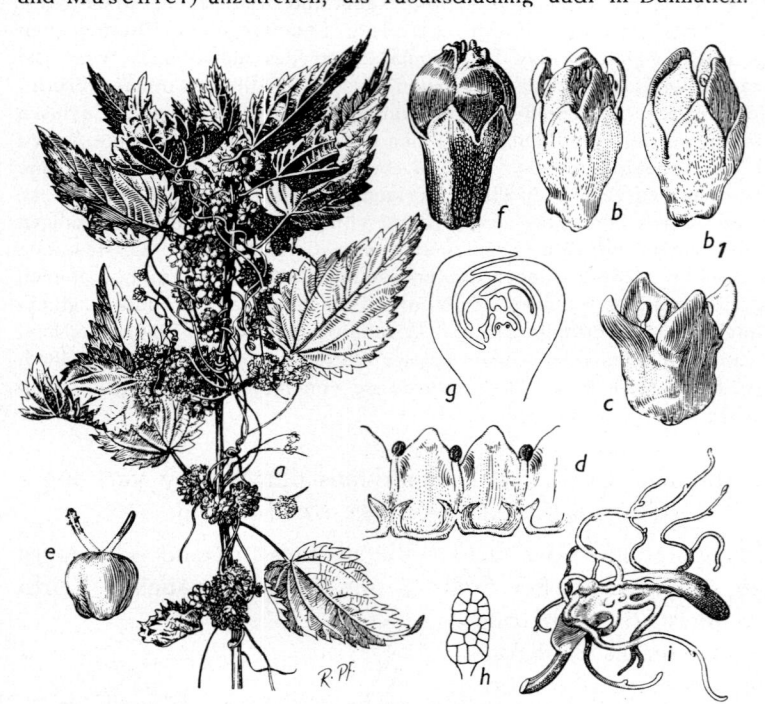

Fig. 3069. Cuscuta Europaea L. var. genuina Beger. *a* Habitus. *b, b₁* Blüten. *c* Krone, *d* dieselbe aufgeschnitten. *e* Fruchtknoten. *f* In Frucht übergehende Blüte. *g* Längsschnitt durch eine Blütenknospe. *h* Embryo. *i* Haustorien mit jungen Stengeltrieben. (*g* und *h* nach K. Peters).

**2286. Cuscuta Európǣa L.**[1]) (= C. filifórmis Lam., = C. tetrándra Moench, = C. vulgáris Pers., = C. tubulósa Presl, = C. Epicnidea Bernh., = C. halophýta Fries, = C. halóphila Sum Veg., = C. monógyna Schmidt, = C. Ligústri Aresch., = C. tetraspérma Jan., = C. hyalína Boiss., = C. ségetum Rota). **Europäische Seide, Nesselseide, Hopfenseide, Hopfenzwirn, Teufelszwirn.** Franz.: Cuscute d'Europe, ratse, ratje, rache; engl.: Nettle Dodder, great or tall dodder; ital.: Carpaterra, fracapello, granchierella, tarpigna (im Puschlav: Krusa, regua). Fig. 3069 und 3070.

Stengel fadenförmig (dicker als bei Cuscuta Epithymus), in der Regel ästig, bis 1 m hoch kletternd, grünlich- bis rötlichgelb, häufig später rot überlaufen. Blüten in vielblütigen, gedrängten, zur Reife 10 bis 15 mm breiten Blütenknäueln, meist 4-, öfters auch 5-, selten 3-zählig. Kelch verkehrt-kegelförmig, am Grunde dick-fleischig, meist stielartig verlängert, mit dünnen, abgestumpften Abschnitten, goldbronzefarben. Krone glockenförmig, dünn, mit stumpfen, abstehenden oder an der Spitze zurückgeschlagenen Abschnitten; Kronröhre so lang wie der Samen, meist rötlich, seltener weisslichgelb, sehr selten rein weiss (f. albiflóra [Peterm.]); Schuppen am Grunde der Röhre klein, zart, oder fast oder ganz fehlend, aufrecht, der Kronröhre angedrückt, nicht über dem Fruchtknoten zusammenschliessend. Staubblätter

---

[1]) Im Index Thalianus (1577) wird die Art als Cassútha bezeichnet, bei Bauhin als Cuscuta májor. Bei Harder (1576 94) führt sie die deutschen Bezeichnungen Filtzkraut und Flax seyden.

in der Blüte eingeschlossen. Griffel 2 (3, 4), kürzer oder kaum so lang als der Fruchtknoten; Narben breit=lineal, gelblich. Kapsel doppelt so lang als der Kelch und mindestens so lang als die Kronröhre, etwa 3 mm lang, länglich=eiförmig und leicht zugespitzt bis eiförmig= abgeplattet und stumpf, 4=samig, an der Spitze von der vertrockneten Krone bedeckt. Samen fast kugelig, 1 bis 1,3 mm breit, in der Regel braunrot, im Mittel 0,46 bis 0,493 mg schwer, häufig zu 2 in der Frucht. — VI bis IX.

Allgemeine Verbreitung: Europa, nördlich bis England (selten, von York bis Sussex und Devon), Dänemark, bis zum südlichsten Norwegen, Halland, Schonen, Gotland, Åland, Livland, Pleskau (vielleicht verschleppt), südlich bis Spanien, Süditalien, Griechenland, Russland; Südwestasien bis Tibet und bis zum Himalaya; Nordafrika; verschleppt in Nordamerika und auf Haiti.

Die ziemlich veränderliche Art zerfällt in eine Reihe von Sippen ver= schieden hoher systematischer Wertigkeit, die z. T. auch biologisch ± spezialisiert zu sein scheinen. Die verbreitetste davon, die als Typus betrachtet werden kann, ist die 1. var. genuína Beger. Zaun=Seide, Kartoffelseide. Fig. 3069. Pflanze wenig kräftig. Kelch wie die Krone gefärbt; Kelchabschnitte ± schmal eiförmig. Staub= fäden gegen den Grund nicht verbreitert, etwas länger als die Staubbeutel; Schuppen am Grunde der Kronröhre deutlich 2= (bis 4=)spaltig. Kapseln 3 bis 3,5 mm hoch, 2,5 bis 3 mm breit, zum grössten Teile ei= förmig=abgeplattet und stumpf (= f. týpica Rouy) oder zum grössten Teile länglich= eiförmig, zugespitzt (= f. conocárpa (Engelm.). Samen 1 bis 1,24 mm lang und im Mittel 0,493 mg schwer, häufig schwach=

Fig. 3070. Cuscuta Europaea L., bei Prägraten, Tauern, etwa 1300 m. Phot. Th. Arzt, Wetzlar.

stumpfkantig, grünlichgelb bis schwarzbraun. Im mittleren und südlichen Gebiet meist verbreitet, in Nord= deutschland hingegen in der Regel viel seltener (so z. B. in Ostfriesland nur [früher] bei Aurich), doch in Ost= und Westpreussen häufig. In Bayern bis 900 m, in Tirol bis 1330 m, in Niederösterreich bis 1000 m, im Tessin und Puschlav bis 1400 m, im Schanfigg bis 1570 m, im Wallis bis über 2000 m steigend. Meist zerstreut, bisweilen aber auch in Menge an sonnigen, lichten Orten in Auenwäldern, Gebüschen, Hecken usw. mit Vorliebe auf Urtica, Humulus und Cannabis, häufig auch in Kulturen (z. B. in Kartoffeläckern); ausserdem noch auf einer grossen Zahl anderer Pflanzen schmarotzend (s. u.). — Aehnlich, aber in ihrer Verbreitung wenig bekannt, ist 2. var. néfrens Fries. (= C. Schkuhriána Pfeiff., = var. vácua G. et G.). Schuppen am Grunde der Kronröhre äusserst klein. Kapseln in der Regel alle breit=eiförmig=niedergedrückt, stumpf. Auf Prunus insititia, Lycium halimifolium, Urtica sp., Convolvulus sp., Vicia sp., Humulus Lupulus, Cucubalus baccifer, Artemisia campestris schmarotzend, in Ungarn auch auf Sambucus Ebulus beobachtet. Sehr zerstreut im Gebiete; im Bayerischen Jura= und Keupergebiete, sowie im Nordostdeutschen Flachlande bis Ostpreussen nach= gewiesen, aber sicher auch noch anderwärts. — 3. var. Víciae Koch et Schönheit (pro subsp.). Falsche Lupinen= seide. Fig. 3071a. Pflanze kräftig. Blüten grösser als die der var. genuína, mehr gelblich. Kelchabschnitte breiter, wachsgelb, die Nerven getrocknet bronzefarben hervortretend. Schuppen am Grunde der Kronröhre deutlich (in der Regel) 2=spaltig; jeder Abschnitt mit 2 bis 4 Fransen. Staubfäden gegen den Grund ver= breitert, so lang wie die Staubbeutel. Kapseln vorwiegend eiförmig=abgeplattet, 3,5 bis 4 mm hoch und 2,8 bis 3 mm breit. Samen grösser, 1,3 bis 1,76 mm im Durchmesser, im Mittel 0,625 mm schwer, häufig 2=seitig zusammengedrückt, rötlich=tonfarben bis dunkelbraun oder schwärzlich, sehr fein grubig punktiert. Vorwiegend in Wicken=, seltener in Linsenfeldern, auf Vicia Faba, V. sativa und V. monantha, sowie auf Lens culinaris schmarotzend, ebenso auch auf den auf solchen Feldern auftretenden Unkräutern. Bisher festgestellt im nördlichen Schwaben, in Mittelfranken, bei Schleissheim (Oberbayern), hie und da in Westfalen und im Nordostdeutschen Flachland bis Ostpreussen. Wahrscheinlich weiter verbreitet; mit Saatgut auch auf Haiti eingeschleppt. — Zweifelhaft ist eine als C. Soláni I. L. Holuby beschriebene Form, die sich durch den Mangel von Kronschuppen (wie bei der var. nefrens), sowie durch die deutlich kugelige (nicht walzliche) Kronröhre unterscheidet. So einmal auf Kartoffeln bei Brückfeld unweit Höxter in Westfalen beobachtet; bekannt ferner aus Ungarn.

Cuscuta Europaea gehört dem europäisch-asiatischen Elemente an. Die als Typus angesehene Form (= var. genuina) ist gleich dem Typus der C. Epithymus ökologisch wenig spezialisiert und z. B. von V. B. Wittrock in Schweden auf 106 verschiedenen Wirtspflanzen (zu 34 di-, 2 monokotylen und 1 gefässkryptogamen Familien gehörig) festgestellt worden. Am meisten werden Papilionaceen (13 Arten), Kompositen (11 Arten) und Gramineen (9 Arten) befallen; Bäume und Sträucher sind durch 18 Arten (besonders Rubus, Rosa, Alnus, Salix, Acer campestris, Fraxinus excelsior, Sambucus racemosa) vertreten. In Nordtirol schmarotzt sie bei Spiss nach Käser auch auf Berberis, in Südtirol beim Schloss Tirol nach v. Tubeuf auf Epheu. Auch auf Giftpflanzen wie Lactuca virosa und Vincetoxicum officinale wurde sie beobachtet. In Hopfen- und Hanfkulturen vermag sie bisweilen ziemlich schädigend aufzutreten. Seltener wächst sie in Kleefeldern, auf Zuckerrüben und Kartoffeln (auf letzteren in grösserem Masstab anscheinend nur im nordöstlichen Deutschland). Auf Gefässkryptogamen wird sie z. B. von J. Abromeit auf Polypodium vulgare, von H. Gams im Wallis auf Dryopteris Filix mas und von J. Murr auf Equisetum palustre angegeben. In natürlichen Pflanzengesellschaften tritt der Schmarotzer gern in lichten Auenwäldern auf, in denen er sich vorzugsweise an Weiden, in den Urtica dioeca-Herden und an Lianen wie Humulus Lupulus und Convolvulus sepium emporschwingt und oft viele Quadratmeter überdecken kann. Die Ausbildung der Blüten ist ± stark von der Ernährung abhängig. In armblütigen Blütenknäueln treten fast nur 4-gliederige, in reichblütigen dagegen sind in der Regel 4- und 5-, seltener 3-gliederige Blüten auf. Auch 3- und 4-gliederige Pistille

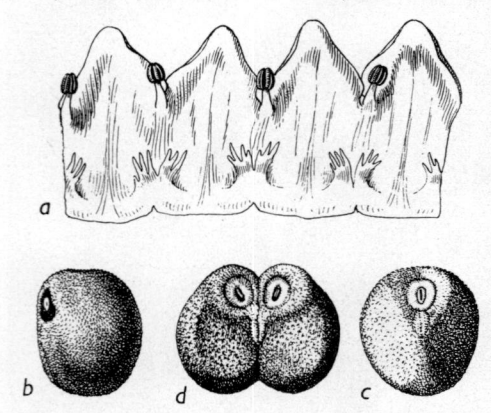

Fig. 3071. Cuscuta Europaea L. var. Viciae Koch et Schönheit. *a* Aufgeschnittene Krone. *b* Samen. — C. Epilinum L. *c* Einfacher Samen. *d* Semmelförmiger Samen.

sind hie und da beobachtet worden. Die Samen keimen ausserordentlich langsam und können nach Kühn bis 8 Jahre in Ruhe verharren. W. Kinzel fand nach 10 Monaten im Keimbett nur 1,8% gekeimter Samen. Durch Frost und Feuchtigkeit kann die Entwicklung stark gefördert werden. — Von landwirtschaftlicher Bedeutung ist die var. Viciae, die namentlich an Futterwicken und Linsen angepasst ist und die befallenen Kulturen stark zu schädigen oder auch ganz in Frage zu stellen befähigt ist. Sie stellt sehr wahrscheinlich eine systematisch noch junge Sippe dar, die im Zusammenhang mit dem Futterbau herausgezüchtet worden ist. Die Lebensweise ist im übrigen kaum von derjenigen der var. genuina verschieden. Die Samen keimen sehr langsam, können aber durch Frosteinwirkung ausserordentlich gefördert werden. Es gelang z. B. Kinzel, durch 8-tägigen Frühfrost über die Hälfte der Samen zum Auflaufen zu bringen. Verschleppungen finden teils durch das Saatgut statt, teils mögen sie auch durch befallenes Stroh erfolgen, das als Einstreue benützt worden ist und dann wieder als Dünger auf das Feld gelangt. Die sicherste Bekämpfung des Schmarotzers erfolgt dadurch, dass die befallenen Felder auf eine Reihe von Jahren nicht mit Vicia-Arten oder Linsen bestellt werden. Vielfach werden auch die befallenen Stengel unmittelbar nach der Ernte auf dem Felde verbrannt. — Das Kraut wirkt purgierend und diuretisch; auch wird es bei Fieber, Angina, Hundswut usw. verwendet.

**2287. Cuscuta Epilínum**[1]) Weihe (= C. densiflóra Soyer-Will., = C. májor Koch, = C. vulgáris Presl, = Epilinélla Cuscutoídes Pfeiff.). **Flachs-Seide**, Leinseide. Fig. 3072, 3063a und 3071c, d.

Stengel fadenförmig, einfach oder nur im unteren Teile 1- bis höchstens 2-mal verzweigt, meist grünlich-gelb. Blüten in viel- (6- bis 13-) blütigen, 10 bis 11 mm breiten Blütenknäueln, sitzend. Kelch mit 5 breit-eiförmigen Abschnitten, grünlichgelb. Krone 5-lappig, gelblichweiss; Kronröhre bauchig, bis doppelt so lang als der Saum; Abschnitte spitz, abstehend; Schuppen klein, der Kronröhre

---

[1]) Von ἐπί [epi] = auf und lat. línum; auf Lein wachsend.

angedrückt oder etwas nach innen geneigt, gefranst. Staubblätter in der Blüte eingeschlossen. Griffel 2, getrennt abstehend, so lang oder kürzer als der Fruchtknoten, kürzer als die Blumenkrone; Narben fädlich. Frucht quer aufspringend, 4=samig. Samen rundlich, etwa 1,5 mm im Durchmesser, und 0,65 mg schwer, meist einseitig abgeplattet und deutlich grubig, hell= bis dunkelbraun, nicht selten paarweise semmelförmig zusammenhängend (Fig. 8071, c, d). — VI bis VIII.

Fast ausschliesslich, bisweilen in Menge in Leinfeldern, in erster Linie auf Linum usitatissimum schmarotzend, doch auch auf Lolium temulentum, Camelina sativa usw., seltener auf Urtica sp., Humulus Lupulus, Cannabis sativa. In Südtirol bis 1420 m aufsteigend.

Im Gebiete in allen Leinbaugegenden, aber meist ziemlich zerstreut und besonders in Deutschland seit dem Rückgang des Leinbaues und der besseren Reinigung des Lein-Saatgutes seltener werdend, in Westfalen z. B. bei Brambauer, Olfen und Dorsten, am Niederrhein seit 1917 durch die Ausbreitung des Leinbaues wieder häufiger (Waldniel, Linn, Kempen, Köln, Mülheim, Neukirchen, Aachen), in der Nordwestdeutschen Tiefebene meist nur unbeständig, in Schleswig-Holstein infolge des Erlöschens des Leinbaues neuerdings ganz verschwunden, im Nordostdeutschen Flachland hingegen stellenweise noch massenhaft.

Allgemeine Verbreitung: Nord= und Mittelspanien, England, Norwegen (Orkedal 63° 15′ nördl. Breite), Schweden (Norrland), Dänemark, Holland, Belgien, Frankreich, Deutschland, Schweiz, Norditalien, Sardinien, Sizilien, Oesterreich, Ungarn, Kroatien, Bosnien, Russland; Kanarische Inseln, Nordafrika; Kleinasien, Mesopotamien, Persien; eingeschleppt in Indien (Kalkutta); eingebürgert in den östlichen Vereinigten Staaten von Nordamerika.

Cuscuta Epilinum ist ein Archaeophyt, dessen Herkunft ungewiss ist, der aber im Orient heimisch sein dürfte. In prähistorischen Niederlassungen ist die Art bis heute noch nicht aufgefunden worden; doch ist nicht ausgeschlossen, dass sie sich als Schmarotzer schon in den damaligen Leinfeldern (Linum usitatissimum bis in das 3. bis 5. Jahrhundert v. Chr. nachgewiesen) vorgefunden hat. Ascherson und Graebner halten eine Einschleppung aus dem Orient für wahrscheinlich. Im Mittelalter wird sie als Schädling des Leines in einer italienischen Handschrift „Hortus sanitatis", die gegen 1400 und 1430 verfasst sein dürfte, als Cuscuta oder Pódagra lini aufgeführt und abgebildet und hinzugesetzt, dass sie den Lein töte.[1] In John Gerardes herbal or generall historie of plantes vom Jahre 1597 wird sie als Dodder oder Podagra lini von anderen Cuscuta-Arten unterschieden. In Ost- und Westpreussen scheint sie nach J. Abromeit zur Zeit von Loesel und Helwing noch gefehlt zu haben. Sie wird

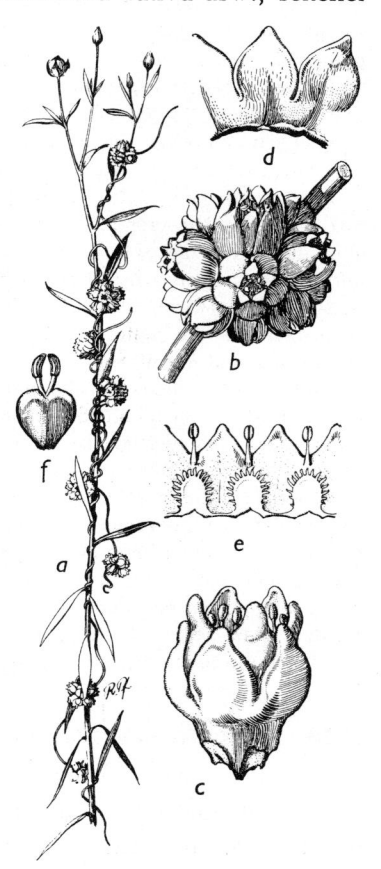

Fig. 3072. Cuscuta Epilinum Weihe. *a* Habitus (auf Linum usitatissimum L.). *b* Blütenstand. *c* Blüte. *d* Kelch aufgerollt. *e* Krone aufgerollt. *f* Fruchtknoten.

aber bereits von Bock in seinem „Versuch einer wirtschaftlichen Naturgeschichte des Königreichs Ost- und Westpreussen" (Dessau, 1783) unter Cuscuta Europaea erwähnt; denn Bock schreibt dort ausdrücklich, dass sie „besonders über den Flachs wächset". Auch Hagen zitiert unter Cuscuta Europaea den Lein als Nährpflanze. Jedenfalls wurde Cuscuta Epilinum von jenen Beobachtern noch nicht von der Quendelseide unterschieden. Eine bereits recht genaue Schilderung der Entwicklung und der Lebensweise des Schmarotzers gibt um jene Zeit auch Balthasar Erhardt in seiner ökonomischen Pflanzenhistorie (1760). Andererseits waren bei den praktischen Landwirten noch lange Zeit über die Entstehung der Leinseide recht sonderbare Vorstellungen zu finden. So heisst es in einem Schriftchen „des Herrn Amtsrathes Hiersche Erklärung über den Brand im Getreide", vom Amtsrathe Riem 1786 „Der Oelsamenkörper (des Leins) saugt schädliche Materie ein, wird krank, degeneriert und erzeugt das schädliche Unkraut, die Seide im Flachs".

---

[1] Herr Antiquar Alfred Dultz in München hatte die Freundlichkeit, uns auf diese Stelle aufmerksam zu machen.

Die Flachsseide ist ziemlich streng an die ihr den Namen gebenden Wirtspflanze gebunden, geht aber auch auf eine Anzahl der den Flachs begleitenden Unkräuter (vgl. Bd. V/3, pag. 30/31), sowie auf andere Pflanzen über. Versuchsweise konnte sie z. B. auf Trifolium pratense, Lathyrus Aphaca und Vicia hirsuta gezogen werden; doch dauert die Entwicklung auf diesen Wirtspflanzen meist sehr lang, wenngleich sie unter günstigen Umständen auf Rotklee noch mit der Blüten= und Fruchtbildung abschliessen kann. Eine nennenswerte Schädigung des Klees konnte dabei nicht festgestellt werden. Hingegen ist der Schmarotzer auf seiner eigentlichen Wirtspflanze, mit deren Entwicklung die eigene eng verknüpft ist, ein ausserordentlich gefährliches Unkraut, da sie sehr bedeutende Schädigungen, bisweilen den Verlust einer ganzen Ernte, hervor= rufen kann und eine einzige Pflanze bis über 400 Samen zu erzeugen vermag. Der Befall einer Flachspflanze erfolgt, da gewöhnlich 2 Samen semmelartig zusammenhängen, gleichzeitig durch 2 oder mehrere Seide= pflanzen. Im Gegensatz zu anderen Cuscuta=Samen keimen die Flachsseidesamen gewöhnlich schon im Ver= laufe von 7 bis 10 Tagen vollständig aus und sind dadurch in der Lage, die jungen Leinpflanzen zu einer Zeit zu befallen, in der diese in ihrem unteren Teile noch nicht verholzt und infolgedessen noch nicht widerstands= fähig gegen den Schmarotzer sind. Die Wirtspflanze wird in ihrer Entwicklung stark gehemmt und stirbt viel= fach vorzeitig ab. So wurde durch Versuche von Gentner festgestellt, dass 400 befallene Leinpflanzen ein Trockengewicht von 240 g aufwiesen, während die gleiche Zahl seidefreier Leinpflanzen von demselben Felde 619 g wogen. Die ersteren ergaben 8,5 g Samen, die letzteren 41 g. Es findet also ein Spinnfaserverlust von über die Hälfte und ein Samenverlust von etwa ⁴/₅ durch den Befall ein. Ausserdem lässt sich der Flachs infolge des frühen Absterbens nur schlecht rösten und die Faser solcher mit Seide befallener Flachspflanzen ist sehr minderwertig. Ferner haben Versuche gezeigt, dass bei Zusatz von 1000 Seidesamen zu einem Kilo Leinsamen fast die Hälfte der Pflanzen von der Flachsseide befallen waren. Eine derartig starke Verunkrautung des Leinsaatgutes mit Seide gehört leider durchaus nicht zu den Seltenheiten. So gingen im Jahre 1918 an der Münchner Samenkontrollabteilung wiederholt Proben von Leinsaatgut aus Bayern zur Untersuchung ein, die im Kilo bis zu 30 000 Seidekörner enthielten, während ein Gehalt von 3 bis 5000 Körnern durchaus nicht selten war. Am meisten befallen ist gewöhnlich das vom Landwirt selbst gewonnene Leinsaatgut, während grössere Samenhandlungen in der Regel aus dem Leinsaatgut vor dem Weiterverkauf die Seidesamen durch Reinigungsmaschinen (Rundsiebe) entfernen. Eine solche Reinigung der Leinsamen ist leichter durchzuführen als die der Kleesämereien, da der Same der Leinseide nur einen Durchmesser von 0,96 bis 1,2 mm besitzt, während der Leinsamen 4 bis 6,5 mm lang und 2,5 bis 3 mm breit sind. Von der Verwendung eines von Seide befallenen Saatgutes ist um so mehr abzuraten, als sich der Schmarotzer, wenn er einmal auf einem Felde aufgetreten ist, nur sehr schwer entfernen lässt. Die Bekämpfung kann am besten dadurch erreicht werden, dass alle mit Seide befallenen Leinpflanzen frühzeitig ausgerissen werden. Da jedoch die Seide= keimlinge oft sehr schwer zu sehen sind, so ist ein genaues Absuchen des befallenen Feldes notwendig.

### 2288. **Cuscuta arvénsis** Beyrich. Nordamerikanische Grobseide, Ungarische Grob= seide, Schweinseide. Fig. 3073 und 3063 d.

Stengel ästig, ziemlich dick, orangerot. Blüten in kugeligen Knäulen von 1 cm Durchmesser und mehr, 5=teilig, auf kurzen, dünnen Stielen, ± 3 mm lang und 2 mm breit, grünlichweiss, nicht duftend. Kelchröhre becherförmig; Kelchabschnitte kurz, sehr stumpf, fast halbkreisförmig. Krone 5=teilig; Kronlappen keilig=zugespitzt, an der Spitze nach innen gebogen, abstehend. Staubbeutel so lang als die Kronabschnitte. Schlundschuppen gross, am Rande tief gefranst, so lang oder länger als die Kronröhre, zu Beginn der Blüte über dem Fruchtknoten zusammenneigend. Letzterer kugelig=abgeplattet, nach der Befruchtung sehr rasch und stark anschwellend; Griffel 2, etwa 1,5 mm lang; Narben kugelig (Fig. 3073d). Kapsel kugelig=abgeplattet, niemals am Grunde aufspringend, dort die vertrocknete Krone tragend. Samen 2 bis 4, eiförmig, auf einer Seite etwas abgeflacht und meist etwas geschwächt, 1 bis 1,4 mm lang, 1,2 bis 1,25 mm breit und 1,15 mm dick, leicht rauh, bräunlich, seltener gelblich=grün. — VII bis IX.

In der Einbürgerung (?) begriffener, trupp= oder herdenweise auftretender Schmarotzer, namentlich in Klee= und Luzernefeldern, bisweilen auch auf heimische Pflanzen übergehend.

In Deutschland bei München, Straubing, Hochstadt a. M., ebenso bei Kolmar. — In Oesterreich bisher nur in Vorarlberg bei Tosters (1919 von J. Murr entdeckt). — Aus der Schweiz bisher nicht bekannt.

Allgemeine Verbreitung: Nordamerika, Mexiko und Westindien; eingeschleppt besonders im wärmeren Europa: Frankreich, Italien, Ungarn, Oesterreich, Deutschland und wohl noch anderwärts.

Die in Europa aufgetretene Pflanze stellt nicht die typische Form dar, sondern eine ihrer Varietäten, ohne sich mit den bisher beschriebenen vollkommen zu decken. Sie steht der var. calýcina Engelm. und der var. verrucósa Engelm. nahe. Eine ebenfalls abweichende Form wurde bei Aussaaten von südrussischen, turkestanischen und siebenbürgenschen Cuscuta-Samen gezogen, die speziell auf ungarischen Paprikapflanzen schmarotzt und die als var. Cápsici Degen et Linhard beschrieben worden ist (vgl. Zeitschrift für Pflanzenkrankheiten). Gegen Ende des letzten Krieges gelangte stark mit C. arvensis verseidete Kleesaat aus Ungarn nach Bayern; doch scheint der Schmarotzer sich nicht eingebürgert zu haben.

Cuscuta arvensis stellt in Amerika einen ausserordentlich lästigen Schädling dar und ist in neuerer Zeit auch in Europa unausrottbar geworden. Die Zeit der Einschleppung ist etwas unsicher, da die Pflanze früher häufig mit der südamerikanischen Grobseide verwechselt worden ist, von welcher sie sich aber leicht durch die breit-abgeplatteten Kapseln, die Samen, sowie auch durch den Mangel des süsslichen Blütenduftes auszeichnet. Sicherlich beziehen sich eine Reihe von Literaturangaben, die seit Anfang dieses Jahrhunderts über C. suaveolens (= C. racemosa) gemacht worden sind, auf unsere Art. Auch für C. australis var. Cesatiana ist sie öfters angesehen worden. Die Verwechslungen mit C. suaveolens dürften grossenteils darauf zurückzuführen sein, dass beide Arten mit amerikanischem Saatgut (namentlich Luzerne, seltener Klee) eingeschleppt werden. F. G. Stebler (Jahresb. der Schweizer. Untersuchungsanstalt, Zürich, 1898/99) gibt an, dass die C. arvensis-Samen besonders in Luzernesaaten aus Kansas und Kolorado nachweisbar seien, dass man aber die Pflanze selbst in Europa am Ausgang des 19. Jahrhunderts noch nicht beobachtet habe. Dagegen betont jedoch Kinzel 1903 (Naturwissenschaftliche Zeitschrift, Bd. 1), dass der grösste Teil der in Europa eingeschleppten Grobseide zu C. arvensis und nicht zu C. suaveolens gehöre. Die Hauptausbreitung scheint die Art dann in Ungarn gefunden zu haben, wo sie nach A. v. Degen (briefl.; vgl. auch A. heréseinket károsító arankákról. Math. Term. tud. Ert. [Magy. tud. Akad.] 1921 pag. 147/157) ausser auf Klee und Luzerne auch auf Rüben, sowie auf Ruderalplätzen, in Gräben usw. auf verschiedenen Pflanzen, namentlich auf Atriplex Tatarica wächst. Bezeichnend ist, dass auch G. Gentner während der letzten 10 Jahre aus Grobseidesamen ungarischer Herkunft stets nur C. arvensis erziehen konnte. C. suaveolens kann im Gegensatz zu C. arvensis anscheinend auf die Dauer in Europa nicht festen Fuss fassen und verschwindet immer wieder nach einiger Zeit. C. arvensis hat sich dagegen in den wärmeren Gebieten von Ungarn, Italien und Südfrankreich vollständig eingebürgert und wird von dort durch Saatgut fortwährend wieder nach Mitteleuropa verschleppt. In Italien wurde der Schmarotzer auf Conium maculatum und Delphinium Staphysagria beobachtet. Nach G. Gentner vermag er auch auf Medicago lupulina, Polygonum Persicaria und Sonchus oleraceus, nach J. Murr auf Chenopodium polyspermum, Solanum tuberosum und Plantago lanceolata zu wachsen.

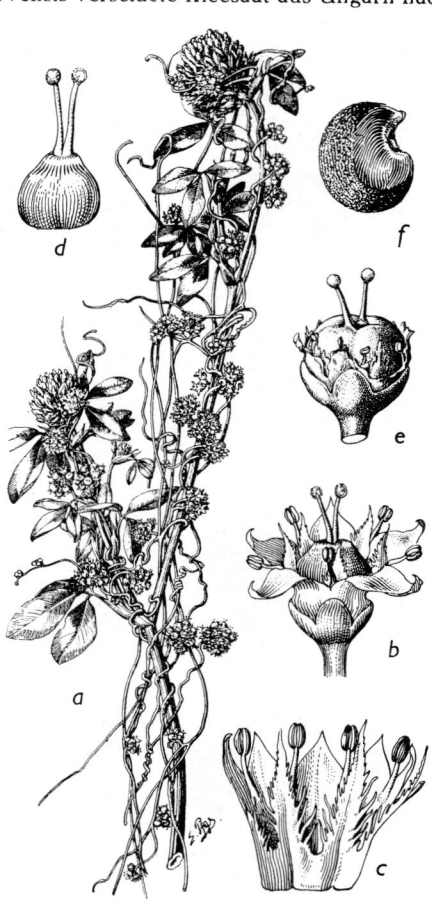

Fig. 3073. Cuscuta arvensis Beyrich. *a* Habitus der blühenden Pflanze. *b* Blüte. *c* Krone aufgeschnitten. *d* Fruchtknoten. *e* Frucht. *f* Samen.

**2289. Cuscuta austrális** R. Br. (= C. obtusiflóra Humb., Bonp. et Kunth). Basilicum-Grobseide. Ital.: Perrucche. Fig. 3074.

Stengel fadenförmig, ästig, gelb bis orangefarben. Blüten in 5- bis 8-blütigen, locker-kugeligen Blütenständen, auf kurzen, dicken Stielen oder sitzend, duftend, klein. Kelch halb so lang wie die Krone, mit kurz-kegeliger Röhre und stumpfen, zuletzt zurückgeschlagenen Abschnitten. Krone glockig, tief (bis gegen die Mitte) eingeschnitten 4- bis 5-spaltig, mit eiförmig-3-eckigen, stumpfen Zipfeln, halb zurückgebogen. Griffel 2, ungleich lang, kopfig, gegen Schluss der Blütezeit pfriemlich, aus der Blüte hervortretend. Kapsel kugelig-abgeplattet, gross, 2- bis 3-mal so lang als die Krone, geschlossen bleibend oder unregelmässig (nie nur am Grunde) aufreissend. — VI bis IX.

Gesellig in Klee- und Luzernefeldern ausländischer Herkunft (so die var. breviflora) und auf frischen bis feuchten Wiesen, Gräben, an Wasserlachen, auf feuchten Weideplätzen usw. (so die var. Cesatiána) auftretender und sich wahrscheinlich in den wärmeren Gebieten einbürgernder Schmarotzer.

Allgemeine Verbreitung: Mittelmeergebiet, warmes und tropisches Asien, Afrika und Amerika; eingeschleppt in Deutschland, Oesterreich und in der Schweiz.

Von diesem wenig bekannten Formenkreise treten im Gebiete folgende zwei Sippen auf: 1. var. breviflóra Engelm. (= C. breviflora Visiani). Fig. 3074 a. Blüten meist 4-teilig, teilweise nach vorne drüsig; Schuppen sehr klein, 2-teilig, meist auf Seitenzähnchen reduziert oder bisweilen fast abortiert. Samen etwas rauh. Stammt aus Südeuropa und wurde vereinzelt bei uns eingeschleppt, so bei München und Erfurt (hierher wahrscheinlich auch die auf dem Schmidtstedter Felde bei Erfurt auf Brassica oleracea var. gemmifera aufgefundene und als C. máior DC. bestimmte Cuscuta-Art [vgl. Mitteilungen des Thüringischen Botanischen Vereins N. F. 11. 1897). In Italien findet sich der Schmarotzer mit Vorliebe auf Ocimum Basilicum und wird durch die Verpflanzung von befallenen Stöcken verschleppt. In den Gärten von Neapel sind solche dann unter dem Namen Basilico con perrucche bekannt.

2. var. Cesatiána (Bertol.) Fiori und Paoletti (= C. Polygonórum Cesati, = C. Cesatiana Bert.). Blüten 5-teilig, drüsenlos, weisslich. Kronabschnitte schmal, länger als die Röhre; Kronschuppen meist die Röhre überragend, tief geschlitzt, 2-teilig. Samen glatt. In Norditalien auf Knöterich-Arten schmarotzend. In Deutschland einmal zwischen Wandersleben und Apfelstädt auf Polygonum lapathifolium subsp. verum var. incanum gefunden. Die übrigen Fundangaben der Floren beziehen sich auf C. Gronovii. — In Oesterreich nach Fritsch in Niederösterreich an Weideplätzen, sowie nach Pfaff (briefl.) in Südtirol bei Gratsch unweit Meran (1921). — In der Schweiz von Alban Voigt zuerst entdeckt auf einer Streuewiese bei Casoro am Luganer See (1919) auf Scutellaria galericulata und bei Agnuzzo am Lago d'Agno (nördlich der Mündung des Vedeggio) auf Polygonum Hydropiper und P. mite. — Cuscuta australis stellt also eine hygrophile Art dar. Möglicherweise dürfte auch von ihr eine biologische Wasserrasse auffindbar sein.

Fig. 3074. Cuscuta australis R. Br. var. breviflora Engelm. *a* Blühende Pflanze. *b* Blüte. *c* Krone aufgeschnitten. *d* Frucht. *e* Samen. — var. Cesatiana (Bertol.) Fiori et Paol. *f* Pflanze mit Blüten und Früchten. *g* Blüte. *h* Krone aufgeschnitten. *i* Samen.

**2290. Cuscuta suavéolens** Séringe (= C. racemósa Martius var. γ Chiliána Engelm., = C. Chilénsis Bertero, = C. corymbósa Choisy., = C. Hassíaca Pfeiffer, = Engelmánnia mígrans Pf., = C. suavéolens Pf., = C. diaphána Wend., = Cuscutína suaveolens Pf., = C. Popayanénsis Poeppig). Chilenische Grobseide, Hessische Luzerneseide, Wohlriechende Seide. Fig. 3075 und 3076 f, g.

Stengel ästig, ziemlich dünn, orangerot. Blüten in ziemlich lockeren, traubigen Rispen, gestielt, 3 bis 4 mm lang. Kelch tief-glockenförmig, allmählich verbreitert, wie die Krone 5-teilig. Kronabschnitte abstehend, keilig-zugespitzt, an der Spitze nach innen gebogen; Schlundschuppen gross, so lang oder oft auch kürzer als die Röhre, zusammenneigend. Fruchtknoten gegen die Spitze zu verdickt, ± konisch oder eiförmig; Griffel 2, kräftig;

Narben kopfig, ± abgeplattet. Kapsel in der Regel von der vertrockneten Krone umschlossen, nicht aufspringend, 2= bis 4=samig. Samen eiförmig, meist etwas geschnäbelt, 1,65 mm lang, 1,4 mm breit und 1,05 mm dick, gewöhnlich einseitig abgeplattet, rauh, gelb= bis dunkel= braun, im Mittel 0,82 mg schwer. — VIII, IX.

Trupp= oder herdenweise in Luzerne= und Rotkleefeldern in den Gebieten mit Wein= klima sich einbürgernder, sowie vorübergehend auch in anderen Gebieten auftretender Schmarotzer.

In Deutschland in Bayern bei Altenschönbach und Kieferndorf, in Baden bei Wyhlen und wahrscheinlich noch anderwärts; in Elsass=Lothringen, in der Pfalz bei Friedelsheim, Ellerstadt, Kallstadt, Wachenheim, Ruppertsberg, Dürkheim, Deidesheim, Hassloch; in Hessen (z. B. unweit Cassel bei Schönfeld= Wahlershausen [von Pfeifer 1843 aufgefunden] und Kratzenberg, sowie im Meissnergebiet bei Witzenhausen [1846] und Eschwege und im südlicheren Rheinland in heissen Sommern (seit 1842) öfters auftretend, aber wieder verschwindend, in Westfalen (?), Han= nover (z. B. unweit Göttingen bei Klein=Hagen [1844] und Lange Nacht [1894]; in der Norddeutschen Tief= ebene bei Hammerdorf unweit Hamburg (1914), so= wie früher bei Segeberg; Braunschweig, Thüringen (z. B. bei Gera); in Schlesien bei Jauer. — In Oesterreich in Tirol bei Kitzbühel und nach Fritsch in Niederösterreich. — In der Schweiz im Kanton Zürich bei Stettbach (um 1880) und bei Basel.

Allgemeine Verbreitung: Chile; eingeschleppt und eingebürgert in Mittel= und Südeuropa: Mittel= und Süd= frankreich, Korsika, Italien, Schweiz, Deutsch= land, Oesterreich, Ungarn und wahrscheinlich noch in anderen Gebieten.

Cuscuta suaveolens steht der C. racemosa Martius sehr nahe, unterscheidet sich aber von dieser namentlich durch die grösseren Blüten, die an der Spitze eingebogenen Kronlappen (Fig. 3075 b) und durch die Schlundschuppen. Sie richtet in Chile in Klee= und Luzernefeldern grossen Schaden an und ist wahr= scheinlich von dort mit Luzernesaatgut nach Europa (Belgien?) verschleppt worden. Zunächst scheint sie sich in Südfrankreich ausgebreitet zu haben. Um 1840 tauchte sie, mit südfranzösischem Saatgut ein= geschleppt, in Deutschland und in anderen europä= ischen Ländern auf. 1843 wurde sie in Nassau bei Weilburg von dem Apotheker Rudio beobachtet, wo sie im Verein mit Kleeseide in Luzernefeldern sehr schädigend auftrat und auch auf Galeopsis Te= trahit und auf Getreide überging. Im Jahre 1846 fand sie sich (ebenfalls in Luzerne) bei Halle a. S. ein. Bald

Fig. 3075. Cuscuta suaveolens Séringe. *a* Habitus der blühenden Pflanze. *b* Blüte. *c* Längsschnitt durch die Blüte. *d* Fruchtknoten.

breitete sie sich auch in anderen Gebieten Europas in starkem Masse aus und wurde neben C. arvensis in Italien und Frankreich, vor allem aber in Ungarn zum gefürchtetsten Schädling der Klee= und Luzerne= kulturen. Erneut wurde sie gegen das Ende des vergangenen Jahrhunderts mit chilenischen Honigklee (Meli= lotus sp.) und im Jahre 1904 mit chilenischen Rotklee in Oesterreich=Ungarn eingeschleppt und in verschie= denen, bis dahin verschonten Gebieten verbreitet. Erfreulicherweise vermag sie sich in den meisten mittel= europäischen Gebieten nicht zu halten, da das Keimoptimum ihrer Samen ziemlich hoch liegt (bei etwa 20°), demzufolge die Samen erst spät keimen und zwar in der Regel erst zu einer Zeit, in der der Klee oder die Luzerne schon ziemlich weit entwickelt sind, sodass der Befall bereits auf einige Schwierigkeiten stösst. Ein= zubürgern hat sich hingegen der Schmarotzer in besonders warmen Gegenden vermocht, so besonders in den

Gebieten mit Weinklima. Die Keimgeschwindigkeit ist grösser als bei der gewöhnlichen Kleeseide. Der grösste Teil der Samen keimt gewöhnlich unter sonst günstigen Bedingungen im Monat nach der Aussaat, während der Rest nur sehr langsam nachkommt und sogar Jahre lang im Boden verbleiben kann, bis er zur Entwicklung kommt. Es besteht daher bei einem einmal von Grobseidesamen befallenen Felde auf Jahre hinaus die Gefahr, dass später gebauter Klee oder Luzerne wiederum von der Seide befallen wird, auch wenn das später verwendete Saatgut seidefrei war. Die Grobseidefäden sind sehr lichtbedürftig und vermögen nach den Untersuchungen von A. v. Degen erst bei stärkerem Lichteinfluss Haustorien zu bilden. Sie wachsen infolgedessen zwischen den Kleepflanzen empor, ohne den unteren Teil des Stengels zu befallen und erst die seitlichen Verzweigungen greifen die Pflanze an. Dabei lebt eine Pflanze oft gleichzeitig auf mehreren Wirtspflanzen und beutet diese daher auch weniger aus. Ein zur richtigen Zeit vorgenommener Schnitt, der die Kleepflanze unter den untersten Haustorien des Schmarotzers trifft, kann daher eine Infektion zum Verschwinden bringen. Aus diesem Grunde kommt auch die Ueberwinterung der Grobseide an den Kleestoppeln nur selten vor. Im gemässigten Mitteleuropa entstehen nur dann ausgedehntere Grobseideherde, wenn das Saatgut sehr stark von der Seide befallen war und diese am Rand und in Lücken des Feldes die nötige Lichtmenge zu ihrer Entwicklung erhielt. Aus den gleichen Gründen tritt sie gern nach dem ersten Kleeschnitt auf. Hat sie aber einmal festen Fuss gefasst, so vermag sie infolge ihres raschen Wachstums in kurzer Zeit das ganze Feld zu überwuchern und fällt durch ihre hauptsächlich an den obersten Teilen der Kleepflanzen wachsenden, leuchtend gelbroten Fäden in viel stärkerem Masse auf, als die weit schädlichere und unscheinbarere Kleeseide. Bei günstiger Entwicklung vermag sie reichlich Blüten und in trockenwarmen Jahren auch reife Samen zu erzeugen. Wie zahlreiche Beobachtungen verschiedener Versuchsansteller in Deutschland gezeigt haben, tritt sie gewöhnlich nur im eigentlichen Anbaujahr auf, während sie im zweiten Jahr,

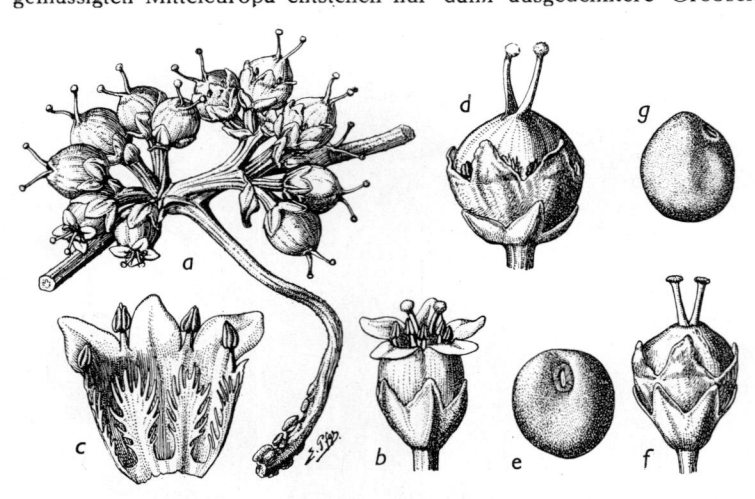

Fig. 3076. Cuscuta Gronovii Willd. *a* Stengelausschnitt mit jungen Fruchtknäueln. *b* Blüte. *c* Aufgeschnittene Krone. *d* Frucht. *e* Samen. — C. suaveolens Séringe. *f* Frucht. *g* Samen.

in dem der Klee im Gebiete hauptsächlich genutzt wird, ausbleibt. Ferner scheint sie in höheren, rauheren Lagen Mitteleuropas, namentlich im Alpenvorland, im Fichtelgebirge, Böhmerwald usw. wegen später Keimung und Entwicklung nicht mehr fortkommen zu können. Dass sie verhältnismässig wenig auf Feldern beobachtet wird, erklärt sich daraus, dass der Klee meistens unter das Getreide gesät wird und die Seide unter dem Lichtentzug dort leidet. Die Entfernung der ziemlich grossen Samen aus dem Saatgut stösst auf bedeutende technische Schwierigkeiten, sodass die Chilenische Grobseide mehr gefürchtet ist als die kleinsamigeren Seiden. Für die Bekämpfung dieses Kleeschädlings gelten im Allgemeinen die gleichen Mittel wie für Cuscuta Epithymus subsp. Trifolii. Besonders empfiehlt es sich, den Klee sofort nach den beobachteten Auftreten der Grobseide tief am Boden zu schneiden, wodurch gewöhnlich die Hauptinfektion verhindert wird. Vgl. auch R. Karoly, Die auf anatomische Basis begründete Biologie der Cuscuta suaveolens, Diss., Budapest, 1905.

**2291. Cuscuta Gronóvii**[1]) Willd. (= C. Americána L. p. p., = C. vulgivága Engelm., = C. umbrósa Beyrich p. p.). **Weiden-Würger.** Fig. 3076a bis e und 3077.

Stengel dick, fadenförmig, lebhaft orangegelb, verzweigt, meist etwas rauh. Blüten ziemlich gross, in kurzen, lockeren Rispen, gegen Ende der Blütezeit dicht geknäuelt, gestielt, weiss. Kelchabschnitte in der Regel gekielt, stumpf. Kronröhre tief glockig, länger bis doppelt so lang als der Saum und meist länger als die Schlundschuppen; Kronabschnitte stumpf, flach ausgebreitet; Schuppen gross, eiförmig, tief zerschlitzt. Fruchtknoten eiförmig; Narbe 2-köpfig. Frucht kugelig, beerenartig, gross, mit schwammig verdickter Wand, nicht aufspringend. Samen

---

[1]) Nach Johann Friedrich Gronovius (geb. 1690, gest. 1762), Senator in Leyden, einem Freund Linnés, Verfasser der „Flora virginica".

eiförmig bis schwach schief=eiförmig, selten geschnäbelt (mit meist senkrecht stehendem Schnabel), häufig einseitig abgeplattet, gelb bis (selten) dunkelbraun, matt. — VIII, IX.

Truppweise an warmen, sonnigen Orten, an Flussufern in Gebüschen (namentlich solchen der Weide), an hochgrasigen Hängen und auf Talwiesen, an Gräben usw. auftretender und besonders im westlichen Gebiete sich einbürgernder Schmarotzer.

Die Pflanze wurde in der zweiten Hälfte des vorigen Jahrhunderts aus den Atlantischen Staaten von Nordamerika nach Europa eingeschleppt und hat sich stellenweise vollständig eingebürgert, so in Bayern im Maintal (seit 1881) bei Kulmbach, Bamberg (Ebing und Hallstadt), Veitshöchheim, den ganzen Main entlang bis Wertheim in Baden, ferner am Niederrhein an den beiden Ufern zwischen Ahr= und Siegmündung vielfach und sich immer mehr ausbreitend, Lörrick bei Neuss, bei Zons, in der Altmark zwischen Haemerten und Arneburg mehrfach (seit 1893), bei Brandenburg, im Berliner Botanischen Garten, an der polnischen Grenze bei Ciechocinek, in Westpreussen bei Koschütz unweit Schneidemühl und Deutsch=Krone (1893), in Schlesien bei Proskau, ferner 1869 im Breslauer Botanischen Garten ein kaum zu vertilgendes Unkraut, jetzt verschwunden.

Allgemeine Verbreitung: Nordamerika von Neu=Schottland und Neu=Braunschweig bis Florida, Arkansas und Texas; in Europa eingeschleppt und teilweise eingebürgert in West= und Mitteldeutschland, Oberitalien, Polen und wohl noch anderwärts; Kaschmir.

Cuscuta Gronovii ist eine ökologisch wenig spezialisierte Art von thermophilem Charakter, die sich in den warmen Flussgebieten des Mains und Rheins immer mehr ausbreitet, während sie in Mitteldeutschland mehr vorübergehend auftritt. Sie ist früher meist mit C. australis var. Cesatiana (= C. Cesatiana Bert.) (vgl. pag. 2106) verwechselt worden und unter diesem Namen in einige Floren aufgenommen worden. In Mitteleuropa spielt sie bis gegenwärtig als Kulturschädling keine grössere Rolle. Sie findet sich vorwiegend auf Weiden; ferner auf amerikanischen Astern, auf Achillea=, Menta=, Melilotus=, Vicia=, Urtica= und Agropyrum=Arten, sowie gelegentlich auf Daucus Carota, Brassica nigra, Linaria vulgaris, Tanacetum vulgare, Chondrilla juncea, Equisetum arvense, Polygonaceen und Chenopodiaceen. Bei

Fig. 3077. Cuscuta Gronovii Willd., auf Weiden schmarotzend. Phot. B. Haldy, Mainz.

Wachenheim in der Pfalz stellte sie Fr. Zimmermann auch in einem Garten auf Impatiens Balsamina fest. In Italien tritt sie nach Fr. Müller (Auftreten einer neuen Kleeseideart in Italien. Mitteilungen der Deutschen Landwirtschaftlichen Gesellschaft, 1909) nicht nur auf einer Anzahl wildwachsender Pflanzen (u. a. auch Ackerunkräuter) auf, sondern befällt auch Luzerne, Rüben, Hanf, Tomaten und Kartoffeln in bedeutendem Masse.

**2292. Cuscuta lupulifórmis** Krocker (= C. monógyna auct. Flor. german.). Weiden=Seide, Pappelseide, Lupinenseide. Fig. 3078 und 3063 f.

Stengel bindfadendick, verzweigt, gelblich=rötlich oder purpurn, mit erhabenen, purpurnen Punkten und Strichen. Blütenstände in verlängerten, ährenförmigen Rispen oder bisweilen in ± zusammengesetzten Trauben. Blüten regelmässig 5=teilig, sitzend oder gestielt oder mit zum Schluss etwas verlängerten Stielen. Kelchabschnitte eiförmig, stumpf oder fast zugespitzt, um fast die Hälfte kürzer als die Kronröhre. Krone weisslich oder rötlich, oft purpurn punktiert, 4 bis 5 mm lang; Kronabschnitte länglich, stumpf, aufrecht, um die Hälfte kürzer als die Kronröhre. Staubbeutel länglich=lineal, unter dem Schlunde sitzend; Schlund= schuppen kurz, am unteren Teil der Röhre angewachsen, 2=spaltig oder auf feingekerbte Seiten= flügel reduziert. Fruchtknoten eiförmig, konisch; Griffel 1 (durch Verwachsen von 2 Griffeln entstanden), viel länger als die kugelige oder eiförmige, 2=lappige Narbe. Kapsel beerenähnlich, konisch, quer aufspringend, von der Grösse einer kleinen Erbse. Samen rundlich bis 3=eckig= eiförmig, 2 bis 3 mm lang, ± deutlich geschnäbelt, gelbbraun bis braun, anfänglich mit grün= lichem Unterton, matt, im Mittel 5,3 mg schwer. — VIII, IX.

Zerstreut, bisweilen aber auch in Menge, namentlich in feuchten Ufergebüschen im Bereiche der Stromtäler, besonders üppig auf Salix amygdalina, ferner auf Acer campestris, Ulmus= und Populus=Arten, Rosa canina, Prunus spinosa und P. Mahaleb, Humulus Lupulus, Artemisia vulgaris, Verbascum nigrum, Convol= volus sepium, Urtica dioica, Rubus sp., Euphorbia lucida usw. schmarotzend.

In Süd= und Westdeutschland und in der Schweiz vollständig fehlend. — In der Norddeutschen Tiefebene an den Hauptflüssen des ganzen Gebietes, an der Elbe erst seit jüngerer Zeit, aber jetzt am Mittel= und Unterlauf bis fast zur Mündung bei Lauenburg und Geesthacht, im Kreise Dannenberg bei Hitzacker und Wussegel, im Kreise Bleckede am Bleckeder Hafen, im Hamburger Gebiete im Elbevorland von Warwich verbreitet (in Sachsen [Böhmen s. u.] fehlend), an der Saale ober= halb Alsleben, an der Havel bei Potsdam und Spandau, an der Spree bei Berlin, an der Oder bei Breslau, Zillichau, Krossen, Frankfurt a. Oder, Wriezen, Zehden, Schwedt usw., ferner bei Bunzlau, in Posen z. B. bei Inowrazlaw, in Ost= und Westpreussen an der Memel, Weichsel und Nogat sehr verbreitet. Bisweilen auch ver= schleppt. — In Oesterreich in Böhmen bei Hohenelbe; in Mähren bei Woikowitz unweit Raigern, Fröllersdorf bei Neusiedel und Lundenburg; in Niederösterreich an der March bei Marchegg und Hohenau, am Neubache zwischen Heimberg und Münchendorf, im Windtale gegen den Eichkogel bei Mödling, an der Schwarza bei Neun= kirchen, in den Donauauen bei Mannswörth; in Steier= mark in der Terz bei Mariazell.

**Allgemeine Verbreitung:** Nord= deutschland, Böhmen, Mähren, Niederösterreich, Steiermark, Ungarn, Serbien, südliches Russland.

Fig. 3078. Cuscuta lupuliformis Krocker. *a* Habitus, auf Salix amydalina L. *b* Krone. *c* Blüte. *d* Krone aufgerollt. *e* Fruchtknoten. *f* Frucht. *g* Samen.

Cuscuta lupuliformis gehört dem pontischen Elemente an und stellt eine typische Stromtalpflanze (vgl. Euphorbia palustris, Bd. V/1, pag. 150) dar, die noch gegenwärtig in nordwestlicher Richtung im Vorrücken begriffen ist. Bemerkenswert ist, dass diese Wanderung im Bereiche der alten Urstromtäler erfolgt und dass z. B. der Elbelauf in Sachsen von ihr nicht berührt wird, während sie sich am Mittel= und Unterlauf, wo sie bereits 1828 bei Boitzenburg bekannt war, in jüngerer Zeit immer mehr ausbreitet. An der Oder ist die Art ebenfalls nicht selten, fehlt aber z. B. noch im Brieger Kreise und teilt dadurch nach E. Schalow (Ueber die Stromtalflora des Brieger Kreises. Verhandlungen des Botanischen Vereins der Provinz Brandenburg, 1912) die gegenwärtige Verbreitung von Hierochloa odorata, Scirpus Michelianus, Juncus atratus, Cerastium anomalum, Lathyrus paluster, Euphorbia palustris, E. lucida und Mentha Pulegium in Schlesien. Eine Einwanderung die Oder aufwärts von dem reichen Breslauer Gebiete aus hält Schalow infolge der ungünstigen Verhältnisse am oberen Flusslaufe für die nächste Zeit für unwahrscheinlich. In Westpreussen sind als begleitende Stromtal= pflanzen nach P. Kumm (Berichte der Freien Vereinigung für Pflanzengeographie und systematische Botanik, 1911) zu nennen: Calamagrostis pseudophragmites, Rumex Ucranicus, Silene Tatarica, Erysimum hieracifolium var. strictum, Euphorbia lucida, Senecio fluviatilis, Achillea cartilaginea. — Wirtschaftlich kommt der Art keine grosse Bedeutung zu, obgleich sie bisweilen junge Weidenpflanzungen sehr schädigen kann. Sie vermag auch Lupinen, Wicken und Pferdebohnen zu befallen und kommt bisweilen sogar auf Artischoken und Kohl-Arten vor. Ueber grössere Schädigungen an blauen Lupinen in Schlesien berichtet zum ersten Male Kühn im Jahre 1869. Es ist infolgedessen angezeigt, die Weiden-Seide, wenn sie in der Nähe von Lupinenfeldern auftritt, mitsamt den Wirtspflanzen auszurotten oder wenigstens die Sträucher so kurz als möglich zu schneiden. C. Capelle beobachtete die Weidenseide auch auf saftigen, jungen Trieben des Weinstockes. Hingegen dürfte sich die Angabe von C. v. Wahl und K. Müller über das Auftreten der Art auf Wein im Rheintal höchstwahrscheinlich auf C. Epithymus beziehen (vgl. pag. 2055). — Die Kapseln der Weide-Seide sind in jungem Zustande durch ein in Alkohol lösliches Weichwachs klebrig. Die Pflanze ist die kräftigste unserer heimischen Cuscuta-Arten und besitzt die grössten und schwersten Samen.

## 112. Fam. Polemoniáceae. Sperrkrautgewächse.

Einjährige oder ausdauernde Kräuter, seltener Holzgewächse oder kletternde Sträucher (Cobaea). Laubblätter wechselständig, seltener (besonders die unteren) gegenständig, einfach, hand- oder fiederförmig oder geteilt, kahl oder behaart. Blüten zwitterig, meist regelmässig, mit Ausnahme des Gynaeceum 5-zählig (Fig. 3079), in der Regel zu endständigen, trugdoldigen, oft köpfchenähnlichen Blütenständen vereinigt, seltener einzeln, achselständig. Kelch röhren-, kegel- oder glockenförmig, ± tief 5-teilig, bleibend oder während der Fruchtreife zerreissend. Krone rad-, stielteller-, trichter- oder trompetenförmig, mit 5 in der Knospenlage nach rechts gedrehten Abschnitten. Staubblätter 5, der Kronröhre (oft ungleich hoch) eingefügt, meist kahl; Staubbeutel eiförmig bis linealisch, öfter am Grunde pfeilförmig, am Rücken etwa in der Mitte befestigt. Pollenkörner gelblichweiss, dunkelgelb oder blau, kugelig-zusammengedrückt, mit fein netzförmiger oder fast wabenartiger Oberfläche. Fruchtknoten oberständig, meist kahl, 3- (selten 2-)fächerig, auf einem ± ausgebildeten, lappigen Diskus sitzend); Griffel 1, fadenförmig; Narben 3 (2), fadenförmig-ausgebreitet oder zurückgebogen, an der Innenseite papillös. Samenanlagen in jedem Fach 1 bis viele, oft mehrreihig, umgewendet (anatrop). Frucht eine 3- (selten 2-)fächerige, in der Regel fachspaltig, selten wandspaltig (Cobaea) aufspringende, kugelige bis längliche Kapsel. Samen flach zusammengedrückt oder angeschwollen, zuweilen geflügelt, hie und da mit verschleimender Schale; Nährgewebe meist reichlich, selten fast fehlend. Keimling gerade oder selten leicht gekrümmt, in der Mitte des Nährgewebes liegend, farblos oder ± tief grün; Keimblätter herzförmig bis lineal.

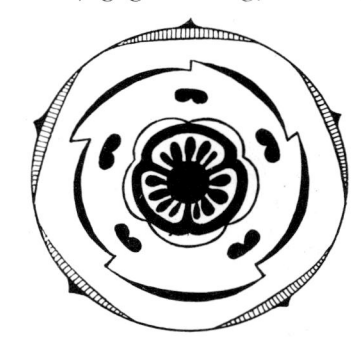

Fig. 3079. Blütendiagramm von Polemonium caeruleum L. (nach Marktanner-Turneretscher).

Die Familie der Polemoniaceen, von der lange nur eine Art (Polemonium caeruleum) bekannt war, gehört wie die Solanaceae und Nolanaceae zu den relativ ursprünglichen Familien der Tubiflorae, die durch die aktinomorphen Corollen, das vollzählige Androeceum und das mehr als 2-blätterige Gynaeceum gekennzeichnet sind. Systematisch stehen die Polemoniaceen in der Mitte zwischen den Convolvulaceen (bezw. Convolvulales) und den Hydrophyllaceae (pag. 2119). Während der Kelch bei den ersteren bis zum Grunde geteilt ist, ist er bei den Polemoniaceae verwachsen (mit Ausnahme der Gattung Cobaea); der Fruchtknoten ist bei den Convolvulaceen meist 2-fächerig, bei den Polemoniaceen dagegen 3-fächerig (Fig. 3079). Von den Hydrophyllaceen unterscheiden sich die Polemoniaceen dadurch, dass die Mikropyle der Samenanlage bei den ersteren nach oben, bei den letzteren nach unten gerichtet ist. Die 268 Arten starke Familie wird in die beiden Unterfamilien der Cobaeoideae, umfassend die beiden strauch- oder baumartigen Gattungen Cobáea und Cántua, mit weissem, farblosem Embryo, grossen herzeiförmigen Keimblättern und flachen Samen und in die der Polemonioideae (hieher die krautartigen Gattungen Phlóx, Collómia, Gília, Polemónium, Aliciélla, Gymnósteris, Langloísia, Loesélia und Bonplándia) mit grünem Embryo, eiförmigen oder linealen Keimblättern und angeschwollenen Samen. Die Familie ist fast ausschliesslich in Amerika zu Hause. Nur 2 Arten (Polemonium caeruleum und P. lanatum) kommen auch in Europa und im aussertropischen Asien (hier ausserdem noch Phlox sibirica L.) vor. Ausserdem hat sich Collomia grandiflora (pag. 2117) seit der Mitte des vorigen Jahrhunderts in einigen Gegenden von Mitteleuropa eingebürgert, während Phlox Drummondii in Südafrika zu verwildern beginnt. In Australien, in Afrika, ebenso im tropischen Asien fehlen die Polemoniaceen vollständig. Die Unterfamilie der Cobaeoideen mit z. T. rankenden Sträuchern ist im tropischen Amerika (Urwald) heimisch, während die überwiegende Mehrzahl der Polemonioideen (etwa 200 Arten) auf Nordamerika — vor allem auf der pazifischen Seite (Californien und angrenzende Staaten) — vorkommt. Die Polemoniaceen sind proterandrische Insektenblütler, denen kein grosser Nutzen zukommt. Phlox ovata dient zur Verfälschung von Spigelia Marylandica L. (pag. 1952). Dagegen sind verschiedene Arten — allerdings z. T. nur als Modeblumen — zu beliebten und dankbaren Zierpflanzen geworden, so vor allem: Cobaea scandens Cav. (Fig. 3080). Stattlicher, bis 18 m hoher Kletterstrauch (im Gebiet meist 1-jährig gezogen), mit kahlen, einfach gefiederten (jederseits 2 bis 3 Paar Fiedern) zu Ranken auslaufenden Laubblättern. Blüten gross, einzeln, an langen Stielen hängend, 15 bis 22 cm lang. Kelch tief geteilt, mit 5 breit-eiförmigen, meist violett überlaufenen Abschnitten. Krone glockenförmig, den Kelch überragend, zuerst grün, später bläulichviolett (bei der f. flóre álbido weisslich). Griffel so lang als die 5 Staubblätter. Frucht ziemlich gross (etwa 4 cm lang), länger als der Kelch (Fig. 3080d), fachspaltig (septicid) aufspringend. Samen flach, zirka 15 mm lang (Fig. 3080 e, f). Diese aus Mexiko („Yedra morada" der Mexikaner) und Costarica stammende,

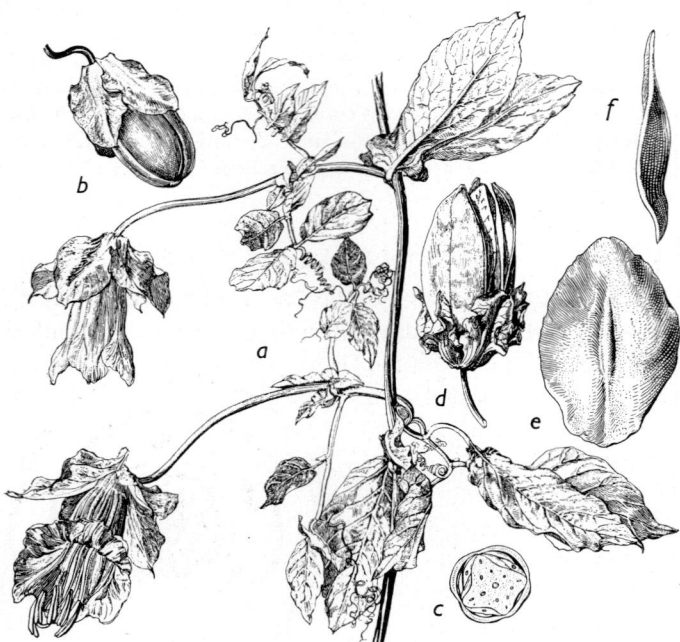

Fig. 3080. Cobaea scandens Cav. *a* Sprossstück in Blüte. *b* Blütenknospe. *c* Querschnitt durch dieselbe. *d* Reife Frucht. *e, f* Samen (stark vergrössert).

rasch wüchsige Kletterpflanze wurde 1789 in den Botanischen Gärten zu Madrid eingeführt, von wo aus sie sich sehr schnell verbreitete. Heute wird sie allgemein zur Bekleidung von Balkonen, Gitterwerk, Lauben, auch auf Gräbern, und zwar zufolge ihrer Frostempfindlichkeit als 1-jährige Pflanze gezogen. Die Vermehrung erfolgt durch Stecklinge oder Samen. Wahrscheinlich wird die Pflanze in der Heimat durch Kolibris, im Gebiet wohl durch Schwärmer oder Hummeln bestäubt. Die Blüten machen nacheinander ein männliches, weibliches und hermaphroditisches Stadium, wobei die Blüten hängend werden, durch. Nach der Blüte führen die Blütenstiele sehr auffällige, elegante Bewegungen aus. Es erfolgt einmal eine S-förmige Bewegung im vorderen Teile des Blütenstieles, dann eine Senkung des ganzen Blütenstieles, sodass die reife Frucht nach abwärts gerichtet ist. Beides dürfte nach Goebel (Entfaltungsbewegungen, pag. 117) durch die Dorsiventralität des Blütenstieles und durch die Einwirkung äusserer Faktoren bedingt sein. Gelegentlich können 2 Teilblättchen

Fig. 3081. *a* und *b* Phlox Drummondii Hook., zwei verschiedene Blütensorten. — *c* Phlox paniculata L. Blühender Spross.

eines Paares zu einem Laubblatt verwachsen sein. Ebenso können die Ranken, die metamorphosierte Teilblättchen

darstellen, zuweilen Reste einer Spreitenbildung aufweisen oder überhaupt in Blattform ausgebildet sein. Neben tetra=
meren und hexameren Blüten gibt es oft Blüten mit 2, 4 oder 5 (statt 3) Carpellen. Auch können die Petalen bis zum
Grunde getrennt sein. — Phlox Drummóndii Hook. Drummond's Flammenblume, aus Texas und Nord=
Mexiko, verwildert in Argentinien, Natal, Japan usw. (Fig. 3081 a, b). Einjährig, zottig und drüsig behaart,
5 bis 40 cm hoch. Stengel einfach oder locker ästig. Laubblätter einfach, lanzettlich, am Grunde halbstengel=
umfassend, ganzrandig. Blüten in gedrängten, trugdoldenartigen, 3= bis 5=zähligen Büscheln. Kelch röhrig=
glockig, tief 5=spaltig, mit 5 pfriemlich=lanzettlichen Abschnitten. Krone stieltellerförmig, doppelt so lang als
der Kelch, mit dünner, schmaler Röhre und mit 5 wagrecht abstehenden, ovalen, an der Spitze abgerundeten
Lappen, bei der Stammform rot, bei den Gartenformen sehr verschieden gefärbt, einfarbig rosa, purpurrot, weiss,
dunkelviolett, doch auch gestreift oder marmoriert, zuweilen gefüllt oder
Kronlappen sternförmig gefranst (f. fimbriáta Wittmack). Staubblätter
(wie bei allen Arten der Gattung) der Kronröhre sehr ungleich hoch ange=
heftet, aus dem Schlunde nicht herausragend. Griffel viel kürzer als der
Kelch. Diese 1835 aus Texas eingeführte, einjährige Art wird in zahl=
reichen, ziemlich samenbeständigen Sorten allgemein als Zierpflanze ge=
zogen. — Phlox paniculáta L. (= P. acumináta Pursh, = P. unduláta
Lam., = Lychnídea fólio salicíno Dillen.). Stauden=Phlox, Herbstflieder.
Fig. 3081 c. Heimat: Atlantisches Nordamerika. Stattliche, 50 bis 120 cm
hohe, straff aufrechte Staude. Stengel einfach oder oberwärts ästig, kahl oder
oberwärts rauh. Laubblätter eirund=lanzettlich bis elliptisch, 6 bis 12 cm
lang und 15 bis 35 mm breit, lang zugespitzt, fast sitzend, am Grunde ±
abgerundet; die unteren kreuzgegenständig, die oberen wechselständig.
Blüten zu dichten, endständigen, gewölbt=doldentraubigen oder pyramiden=
förmigen Blütenständen vereinigt. Kelch glockenförmig, tief geteilt, mit
pfriemlichen Zipfeln. Krone stieltellerförmig, 18 bis 25 mm lang, 3= bis
4=mal länger als der Kelch, mit schmaler, behaarter Röhre und mit 5
wagrecht abstehenden, abgerundeten Zipfeln, bei der Stammform hellrot,
bei Gartenformen hellrosa bis dunkelpurpurn, lachsfarben, violettrot, rein
weiss, einfarbig, gestreift oder gescheckt. Griffel so lang als die Kronröhre.
Kapsel rundlich=oval, so lang als der Kelch. Samen oval, schwarz bis
braun, rauh. Der Stauden=Phlox, in der Schweiz (Walenstadt) „Putsch=
nägeli" geheissen, wird seit der Mitte des 18. Jahrhunderts in Europa all=
gemein im Garten (auch auf Friedhöfen) oder als Topfpflanze gezogen und
erfreut sich wegen seiner späten Blütezeit (blüht von Juni bis Oktober) und
seiner Genügsamkeit allgemeiner Beliebtheit. Die als proterandrische Falter=
blumen zu bezeichnenden Blüten werden auch in Europa von Faltern (Tauben=
schwänzchen = Plusia Gamma usw.) besucht, andrerseits auch von Bienen
(Anthídium strigátum Latr., A. flávipes L. und Halíctus smeathmanéllus K.) und
(ob mit Erfolg?) von Fliegen. Der Honig wird im Grunde der engen Kron=
röhre vom Fruchtknoten, der an seiner Basis von einem wallartigen Nek=
tarium umgeben ist, abgesondert. Gelegentlich werden 3=gliederige Laub=
blatt=Quirle, sowie tri= oder tetramere Blüten (im letzteren Falle mit 4
— epipetal stehenden — Fruchtblättern) beobachtet. Ebenso ist Polyem=

Fig. 3082. Gilia densiflora Benth.
*a* Habitus. *b* Blüte mit Blattquirl.

bryome festgestellt worden. — In gleicher Weise wurde früher der habituell
sehr ähnliche, gänzlich kahle Phlox maculáta L. aus dem Atlantischen Nordamerika mit schmal zylindrischer
Doldentraube und kahler Kronröhre, sowie Bastardformen der beiden oben genannten Arten (= Phlox
pyramidális Sm.) mit breit pyramidenförmigen Doldentraube gezogen. Nur gelegentlich — besonders in
alpinen Anlagen — werden auch kleine, niedrige, rasenbildende oder halbstrauchige Arten angetroffen, so
Phlox ováta L. mit roten Blüten, Phlox amoéna Sims mit roten Blüten. Phlox divarícata L.
mit blauen Blüten (1746 eingeführt), Phlox réptans Michx. mit roten Blüten, Phlox subuláta L. mit
sparrig=spreizenden, pfriemlich=lanzettlichen Laubblättern und blaulilafarbenen Blüten usw. — Gilia tricolor
Benth., aus dem Pazifischen Nordamerika. Pflanze 1=jährig, 20 bis 50 cm hoch, klebrig=weichhaarig. Stengel
aufrecht, einfach oder oberwärts locker=ästig. Laubblätter wechselständig, einfach oder doppelt fiederspaltig,
etwas fleischig. Blüten zu wenig=zähligen, endständigen, trugdoldigen Büscheln vereinigt. Krone 2= bis 3=mal
so lang als der Kelch, breit glockig=trichterförmig, mit rundlichen, lilafarbenen oder violetten Lappen, im
Schlunde dunkelpurpurn punktiert. Staubblätter gleich hoch unter dem Schlunde angeheftet. Diese und weitere
Arten der Gattung (Gilia liniflóra Benth., G. densiflóra Benth. [Fig. 3082], G. lútea Steud., G. aggre=

gáta Spreng., G. capitáta Dougl. usw.) eignen sich wegen ihrer Reichblütigkeit gleichfalls als Gruppen= und Umfassungspflanzen. Als Zimmerpflanzen wären noch die halbstrauchige Bonplándia geminiflóra Cav. aus dem tropischen Mexiko und Guatemala, sowie die strauchige Cántua buxifólia Juss. aus dem tropischen andinen Südamerika (zwischen 3000 und 4000 m Höhe) zu nennen. Vgl. ausserdem die Gattungen Polemonium und Collomia.

Adventiv wurden als Gartenflüchtlinge beobachtet: Cobaea scandens Cav. im Schlossgarten in Schwetzingen (1909), Phlox paniculata L. (wiederholt, so im Elsass bei Pulversheim im Walde, im Kanton Zürich bei Rorbas in einer Kiesgrube), Phlox subuláta L. in der Pfalz beim Friedhof Königsbach (1912), Gilia tricolor Benth. bei Mannheim (Friedhof) und Basel (Aecker an der Delsbergerallee, 1915), G. achilleaefólia Benth. aus Süd= und Mittelkalifornien in Schlesien (mit Grassamen in Seiffersdorf Kreis Schönau [1902] eingeschleppt), Dampfmühle Wandsbeck bei Hamburg und in Basel (Güterbahnhof Wolf, 1917), G. multicaúlis Benth. aus dem westlichen Kalifornien in Zürich 1916, G. capitáta Dougl. aus dem Pazifischen= Nordamerika im Elsass (Schlosswald bei Münster, 1854), G. densiflóra Benth. aus Kalifornien bei München (Hartmannshofen, 1919), Navaréttia pubéscens (Benth.) Hook. et Arnold aus Kalifornien bei Solothurn (1918), Navarettia pusílla Mich. im Hafen von Mannheim (1910). Vgl. auch die Gattungen Polemonium (siehe unten) und Collomia (pag. 2117).

1. Laubblätter unpaarig gefiedert. Krone fast radförmig, himmelblau oder weiss . . . . . . . . Polemonium DCV.

1*. Laubblätter einfach, ungeteilt. Blüten stieltellerförmig, zu einem Köpfchen vereinigt . . . . . . . Collomia DCVI.

## DCV. Polemónium¹) (Tourn.) L. Sperrkraut.

Zu der Gattung zählen 18 verschiedene Arten, die mit Ausnahme von P. caerúleum und P. lanátum Pallas auf Nord= amerika beschränkt sind. Die letztere ziemlich vielgestaltige, auf die Arktis und den Altai beschränkte Art unterscheidet sich von P. caeruleum durch den niedrigen Wuchs, zahlreiche Stengel und durch die aus 17 bis 21 Teilblättchen zusammengesetzten Laubblättern. P. Sibíricum D. Don (= P. disséctum Rchb.) ist nach A. Brand (Polemoniaceae in Engler's Pflanzenreich. Heft 27, 1907) eine durch Kultur aus P. caeruleum entstandene „Art" mit tief fiederschnittigen Laubblättern. Adventiv wurde bei Speyer (Rheinpfalz) P. réptans L. aus dem Atlantischen Nordamerika beobachtet. Als erste sicher= gestellte Hybride der Gattung konnte im Mai 1920 im Breslauer Botanischen Garten von A. v. Lingelsheim der Bastard P. caeruleum L. × P. reptans L. (= P. Limprichtii Lingelsheim) festgestellt werden (siehe Oesterr. Botan. Zeitschrift. Bd. CXIX, 1920).

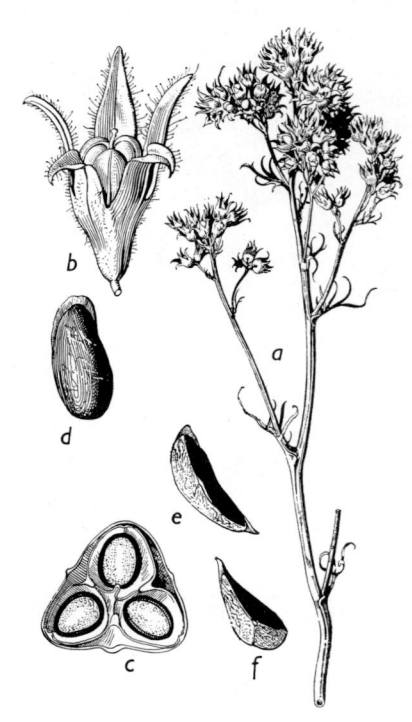

Fig. 3083. Polemonium caeruleum L. *a* Spross mit Früchten. *b* Junge Frucht vom Kelch eingeschlossen. *c* Querschnitt durch den Fruchtknoten. *d* bis *f* Samen.

**2293. Polemonium caerúleum** L. (= P. elátum Salisb., = P. vulgáre S. F. Gray, = P. lácteum Lehm., = P. valerianaefólia Gilib.). Blaues Sperrkraut, Himmelsleiter. Franz.: Valeriane grecque, polémonié; engl.: Blue Jacob's Ladder, greek valerian. Taf. 218, Fig. 5; Fig. 3079, 3083 und 3084.

Vereinzelte Volksnamen der Pflanze sind Jakobsleiter (Thurgau), blaue Sträusseln (Teplitzer Gegend), Immeblümli (Aargau), Bipölperli (St. Gallen), Glögglistock (Zürcher Oberland).

Ausdauernd, 20 bis 50 (120) cm hoch. Grundachse walzlich, reichfaserig. Stengel aufrecht, einfach oder oberwärts ästig, kantig gefurcht, hohl, kahl oder oberwärts wie die Laubblätter etwas zerstreut drüsig=flaumig. Laubblätter wechselständig, länglich, unpaarig gefiedert, 7 bis 12 cm lang; die unteren lang, die oberen kurz gestielt, die obersten sitzend; Teil=

---

¹) Soll von griech. πόλεμος [pólemos] = Krieg, Streit herkommen, weil nach Plinius (Nat. hist. 25, 64) mehrere Könige um den Ruhm, die Heilkraft Pflanze polemonia entdeckt zu haben, in Streit geraten seien.

2115

blättchen elliptisch=lanzettlich, spitz, ganzrandig, 16 bis 20 mm lang und 6 bis 10 mm breit, an den untern Laubblättern zahlreicher (25 bis 27). Blüten gynodiözisch, radiär, zu einer endständigen, reichblütigen, 13 bis 17 cm langen Rispe vereinigt. Blütenstiele drüsig behaart. Kelch glockenförmig, tief 5=spaltig (Taf. 208, Fig. 5c), wenig drüsig behaart; Kelchzipfel eiförmig=lanzettlich, stumpf, etwas länger als die Röhre. Krone aus kurz trichterförmiger Röhre glockig, fast radförmig, 2 bis $2^{1}/_{2}$=mal länger als der Kelch, 15 bis 20 mm lang, himmelblau, am Grunde weisslich (seltener weiss), mit 5 wagrecht abstehenden, sehr stumpfen, rundlich verkehrt=eiförmigen Abschnitten. Staubblätter 5, niedergebogen, am unteren Teil der Kronröhre in gleicher Höhe befestigt, am Grunde verbreitert und behaart, meist so lang wie die Krone; Staubbeutel orangegelb. Fruchtknoten 3=fächerig (Fig. 3083 c); Griffel wenig länger als die Krone. Kapsel bleibend, fast rundlich, stumpf, so lang als der Kelch, mit vielsamigen Fächern. Samen schwarz, fast spindelförmig, warzig rauh (Fig. 3083 d bis f), 3 mm lang. — VI bis IX.

Zerstreut auf feuchten, moorigen Wiesen, Flachmooren, in Auen, im Weiden= und Erlengebüsch, Brüchen, an Bachufern, auf Geröllhalden, in Karfluren, auf Lägern, Flusskies, besonders in den Gebirgsgegenden und in Flusstälern. Auf Kalk= und Urgestein. Ausserdem nicht selten aus Gärten an Wegen, Zäunen, bei Kirchhöfen, in Kiesgruben, auf Bahndämmen und Schutthaufen verwildert.

Fig. 3084. Polemonium caeruleum L., Rominter Heide. Phot. Georg Eberle, Wetzlar.

In Deutschland in Bayern im Alpengebiet (bis 1500 m aufsteigend) bei Pfronten=Kappel (verwildert?), bei den Knappenhäusern ob der Höllentalklamm, 1200 m (ob wirklich ursprünglich?), Stockelalpe bei Schliersee, Ramsau bei Berchtesgaden (gartenflüchtig), an verschiedenen Stellen auf der Hochebene (bei Aitrang und Deining in Flachmooren), doch um München, Gauting, Starnberg, Kirchseeon (Buch) sicher nicht ursprünglich, im Bayerischen Wald bei Spiegelau, Schönberg a. I., im Oberpfälzerwald bei Ast (verwildert!), im Jura (vornehmlich auf Opalinusthon), bei Öning nächst Parsberg, Neumarkt, Hersbruck, verbreitet im Gebiet der Deininger und Schwarzen Laber bis Lengenfeld, bei Waltersberg, im Ries bei Laub im Schwalbtal, bei Ebrach und Eussenheim a. W.; in Württemberg selten im Unterland (Forchtenberg und Nagold), häufiger im Gebiet der Alb und in Oberschwaben; in Baden im Bodenseegebiet im Taubenried bei Pfullendorf, zerstreut in der Juragegend (Donautal von Werenwag bis Bräunlingen und Pfohren, von Bargen bis Engen, Gauchatal und im Schwarzwald bei Neustadt, St. Peter, Mettmatal und an der Schlücht ob Witznau; im Elsass im Kreise Altkirch (bei Lützel, Pfirt, Sondersdorf, Oberdorf) und am Rhein von Hüningen bis Markolsheim, bei Ketsch auf einer Rheininsel; in Hessen=Nassau (bei Marienstadt und Kroppach bei Hachenburg); in Thüringen (im oberen Saaletal beim Heinrichstein bei Ebersdorf (früher angeblich am Kleinen Gleichberg), im Harz zwischen Liebenburg und Heissum, bei Oderbrück, Heuscheune im Bodetal, unter dem Krockstein und Bielshöhle bei Rübeland, in Braunschweig (Ehraer Höhe bei Bergfeld), häufiger wiederum in Norddeutschland, in Mecklenburg (zwischen Tangrim und Wasdow), in Pommern (längs der Küste sehr zerstreut), sowie in Ost= und Westpreussen ziemlich verbreitet. In den übrigen Gebieten wohl ausschliesslich gartenflüchtig, verwildert oder eingebürgert, so in Posen (Koschmin, Meseritz), im Westerwald (Graben der Junkernburg bei Driedorf, auf dem Brösel bei Hameln, im nördlichen Hannover (seit 1870 bei der Camper Ziegelei unweit Stade), am Niederrhein zwischen Anrath und Neersen, Hülsenstein bei Opladen und bei Wesel, in Schleswig=Holstein (am Ratzeburger See, bei Wandsbeck, Husbyer Kirchhof in Angeln, Barmstedt), im Delvenautal bei Göttin in Lauenburg, in Sachsen, Schlesien

(Greiffenberg, Friedeberg und im Gesenke) usw. — In Oesterreich ursprünglich wild wohl nur im westlichen an die Schweiz und ans Veltlin angrenzende Gebiet im Oberinntal von Landeck bis zum Ortler (bei Franzenshöhe bis gegen 2000 m aufsteigend), im Vintschgau und Nonsberg, im übrigen Tirol, in Salzburg, Steiermark, Kärnten, Krain, ebenso Böhmen (Langenbruck bei Oberplan) und Niederösterreich (in der Terz im Griestale bei Rohr i. G. jedenfalls auch nicht wild?) nur verwildert. — In der Schweiz in den Alpen (besonders in Graubünden) ziemlich verbreitet (im Wallis selten) und bis 2300 m ansteigend, ausserdem im Neuenburger Jura (600 bis 1100 m) und bei Liestal, sonst nur gartenflüchtig, so auch vereinzelt in Graubünden (Vals-Platz), im Berner Jura zwischen Crémines und Gänsbrunnen, im Bünzermoos, im Kanton Zürich bei Hettlingen und im Zollikerwald, im Kanton St. Gallen im Buchserriet (ehedem wohl angeschwemmt).

Allgemeine Verbreitung: Nördlich gemässigte Zone durch Europa, Asien (Ural, Kaukasus, Altai, Himalaya, Sibirien bis Nowaja Semlja, Mandschurei, Sachalin, Japan) und Nordamerika (einzig in Alaska und Canada und zwar nur die subsp. villósum Brand). In Europa nördlich bis Lappland; in Italien, Ungarn, im Balkan (ausgenommen Bosnien) und in Südrussland fehlend.

Die Art ist in Mitteleuropa allein durch die subsp. vulgáre (Ledeb.) Brand (Kronblätter sehr stumpf. Kelchblätter spärlich drüsenhaarig. Laubblätter kahl; die grundständigen mit 25 bis 27 Teilblättchen. Stengel oberwärts drüsig. Staubblätter so lang als die Krone) vertreten. Von Formen werden unterschieden: f. angustifólium Opiz. Teilblättchen schmal. — f. latifólium Opiz. Teilblättchen breiter, mehr eiförmig. Rispe sparrig verzweigt. — Die auch im Freien gelegentlich zu beobachtende weissblühende Pflanze wurde ehedem als P. lácteum Lehm. unterschieden (siehe auch Brand, A. Ueber den Polymorphismus von Polemonium caeruleum. Helios, Bd. XXII, 1905). Wie bei Vinca minor (pag. 2055) ist auch bei Polemonium caeruleum das ursprüngliche Vorkommen von dem nicht spontanen in vielen Fällen schwer festzustellen, zumal die Pflanze seit dem Mittelalter — früher unter der Bezeichnung Valeriána Graéca oder griechisch Baldrian, Phu Graecum seu peregrinum) allgemein als Zier- und Heilpflanze (Hérba Valeriánae Graécae) gehalten wird und deshalb vielerorts als Ergasiophygogyt (Kulturflüchtling) anzusehen ist. Noch heute gehört sie ja zu den selten fehlenden Bestandteilen der Flora der Bauerngärten. Ehedem diente das Kraut als Antisyphiliticum und gegen Tollwut. Als wirklich ursprünglich ist Polemonium caeruleum in den Alpen der Schweiz, des Veltlin und von Ost-Tirol, dann stellenweise in Süddeutschland (mit Böhmerwald) und in Norddeutschland anzusehen. In den Alpen scheint das Hauptareal auf die zentralen und östlichen Teile der Schweiz, sowie auf die angrenzenden Teile von Tirol und Italien beschränkt zu sein, während die Art in den Westalpen, im Wallis und in den Savoyer Alpen (einzig um Fourneaux angegeben) nur sehr sporadisch auftritt. Ausserdem erscheint sie vereinzelt im Französischen (Doubs) und Schweizer Jura bis 1100 m (Neuenburg: besonders um Buttes und Fleurier). In Westpreussen gehört die Pflanze neben Swertia perennis (pag. 1974), Saxifraga Hirculus, Tofieldia calyculata und Pedicularis Sceptrum Carolinum zu den bezeichnendsten Gliedern der Flachmoore. Um Johannis bieten nach Scholz die Gehängemoore (z. B. bei Gorken im Kreis Marienwerder), wenn die stattliche Himmelsleiter sich entfaltet, ein ungemein liebliches Bild. In den Schweizer Alpen erscheint P. caeruleum gern als Bestandteil der Karflur (so im Ostruthiétum), der Staudenläger, der Fettmatten, der subalpinen Geröllflur oder im feuchten Gebüsch neben Aconitum paniculatum, Rumex arifolius, Epilobium angustifolium, Lilium Martagon, Valeriana officinalis usw. In den Karpaten ist P. caeruleum nach Pax hauptsächlich Fichtenwaldpflanze mit sehr lückenhafter Verbreitung und scheint oft an Kalk gebunden zu sein. — Die sehr auffälligen proterandrischen Blumen sondern den Honig am Grunde des Fruchtknotens von einem $1/2$ mm hohen, wellig gebogenen, fleischigen Ringe ab, der in der gegen 2 mm tiefen, durch wollige Haare verschlossenen Kronröhre geborgen ist, sodass den Weg zum Nektar nur gewisse Insekten (Bienen) finden können. Diese klammern sich dann beim Anfliegen an die aus der Blüte herausragenden Staubblätter und an den Griffel. Die bei der gynodiözischen Pflanze von C. H. Ostenfeld (Hereditas 4, 1923) vorgenommenen Versuche über die Vererbung des Geschlechtes ergaben bei der Kreuzung rein weiblicher Pflanzen mit Zwittern hauptsächlich Weibchen und nur wenige (9,5 %) Hermaphroditen. Intermediäre Typen bringen bei der Kreuzung mit Zwittern mehr Weibchen als Zwitter (34 %) hervor. Das gleiche ist der Fall bei Selbstbestäubung von Zwittern, die aus Kreuzungen von Weibchen und Zwittern hervorgegangen sind; reine Zwitter bringen bei Selbstbestäubung wiederum vorwiegend Zwitter (99 %) und nur einige Weibchen hervor. K. V. Ossian Dahlgren (Hereditas 5, 1925) machte Kreuzungen zwischen verschiedenen Gartenformen. Unter anderem wurde in einer blaublühenden Pflanze ein Spross mit weissen Blüten aufgefunden. Vgl. ausserdem Brand „Ueber den Polymorphismus" in „Helios" (Organ des naturwissenschaftlichen Vereins Frankfurt a. O. Bd. XXII, 1905). Wahrscheinlich werden die Samen endozoisch durch Weidetiere verbreitet. Gelegentlich können rein weibliche Blüten, Stengelverbänderungen, Pflanzen mit verdoppelten, abwechselnden oder miteinander bezw. mit der Blattspindel $\pm$ verwachsenen Teilblättern beobachtet werden. Ebenso sind schon apetale, 4- und 6-zählige, sowie gefüllte

Blüten festgestellt worden, weiter solche mit einer vollständigen Umwandlung der Staubblätter in Carpelle. In der Kultur gibt es buntblätterige Formen (mit gelblich weiss=gestreiften oder gelblich geränderten Laubblättern). In Bayern (Mittelfranken) steht die Pflanze unter behördlichem Schutze.

## DCVI. **Collómia**[1]) Nutt. Leimsaat.

Die Gattung umfasst 9 Arten, von denen 8 auf das Pazifische Nordamerika fallen. Einzig C. biflóra (Ruiz et Pav.) Brand bewohnt das gemässigte Südamerika. Adventiv sind ausser nr. 2294 in Mitteleuropa beobachtet worden: Collomia lineáris Nutt. mit ungeteilten Laubblättern, kahlem Stengel und weisser bis lilafarbiger Krone (letztere doppelt so lang als der Kelch). In Mitteldeutschland (Reissberg, Hirschstein, Greiz, Meissen), im Hafen von Ludwigshafen und in der Schweiz bei Solothurn. — C. biflóra (Ruiz et Pav.) Brand (= C. Cavanillésii Hook. et Arn., = C. coccínea Lehm.). Aehnlich, aber mit behaartem Stengel und mit scharlach= oder orangeroten Blüten. Im Vogtland, bei Dresden (Koswig), in der Schweiz bei Solothurn (1903), jedoch nicht im Elsass. — C. heterophýlla Hook. mit fiederschnittigen, behaarten Laubblättern. Im Hafen von Mannheim (1901).

**2294. Collomia grandiflóra** Dougl. (= Gilia grandiflora A. Gray). Gelbe Leimsaat, Flachssaat, Knaulblume. Fig. 3085.

Einjährig, (5) 15 bis 70 cm hoch. Stengel einfach oder ästig, dicht beblättert, ober= wärts behaart. Laubblätter wechselständig, lineal=lanzettlich bis ei=lanzettlich, sitzend, 4 bis 5 cm lang und 5 bis 10 mm breit, zugespitzt, beidendig verschmälert, beiderseits etwas behaart, meist ganzrandig, seltener entfernt gezähnt; die obersten Laubblätter breiter. Blüten zu einem endständigen, breiten, fast kugeligen Kopf vereinigt; letzterer von ovalen, dichtdrüsigen Hüllblättern umgeben; fast regelmässig mit kleistogamen Blüten. Kelch bleibend, trichterförmig, mit 5 breit lanzettlichen, stumpfen Zipfeln; letztere kürzer als die durchscheinende Röhre. Krone zuerst gelb, später rötlich angehaucht, stieltellerförmig, lang= röhrig, 4=mal länger als der Kelch (Fig. 3085b), mit weitem Schlund und 5 abstehenden, ver= kehrt=länglichen Abschnitten. Staubblätter 5, ungleich hoch angeheftet, aus dem Schlunde herausragend, am Grunde kahl. Fruchtknoten verkehrt=eiförmig, an der Spitze abgerundet, kürzer als der Kelch; Griffel so lang als die Kronröhre. Kapselfächer einsamig. Samen läng= lich, braun, verschleimend. Keimling grün, $1^{1}/_{2}$ mm lang, den ganzen Samen ausfüllend. — VI, VII.

Stellenweise an Flussufern, im Ufergebüsch, an Wegen, Eisenbahndämmen, auf Schutt, rasigen Abhängen, in Getreidefeldern eingebürgert, oft auch nur vorübergehend eingeschleppt oder verwildert (so öfters auf Friedhöfen).

In Deutschland: In Bayern vorübergehend bei Burgwalden bei Augsburg, Wollfabrik bei Roth (1903), Herrenhütte bei Nürnberg, in Württemberg bei Ellwangen, Tübingen (1900), Haigerloch, Trillfingen, Altoberndorf, Rottweil, in Baden bei Neustadt, Kirchzarten, Freiburg i. Br. (im alten Kirchhof das gemeinste Unkraut!), in Elsass mehrfach an der Thur bei Sennheim, zwischen Bollweiler und Pulversheim (hier 1846 von Baumann ausgesät) und an der Iller bei Mülhausen und Thann bis unterhalb Schlettstadt, in der Pfalz bei Kaiserslautern, Lemberg bei Feilbingert, im Alsenztal, bei Lauterecken, im Hafen von Ludwigshafen (1909), in der Rheinprovinz (seit 1866 beobachtet, heute stellenweise völlig eingebürgert) um Düren, bei Aachen, im Nahetal, bei Kreuznach, Sobernheim usw., an der Ahrmündung bei Remagen, Bad Neuenahr, Bonn, in West= falen bei Schleiden, Halden, Hasslinghausen, Obersprockhövel, früher auch zu Höxter am Bollerbach, bei Walkmühle bei Bremervörde (unter Getreide) und Ludwigslust, Hadstedt bei Bremen (1852), in Mecklenburg (Basedow bei Malchin), in Thüringen (nach Reinecke ist das Vorkommen wahrscheinlich auf Verwilderung aus der Arnstädter, Erfurter und Ohrdrufer Gartenkultur zurückzuführen!) an der Gera bei Erfurt (hier bereits 1842 von Apotheker Baetke festgestellt), von Wechmar bis Marienthal, zwischen Wandersleben und Kühnhausen, an der Apfelstädt, an der Eisenbahn von Arnstadt bis Neudietendorf, sowie von Weimar (im wilden Graben) bis Eisenach, im Ilmtal bei Stadtilm und Berka, bei Greiz, Gotha (am Galgenberg), Schleusingen, Saalfeld, im Harz bei Wernigerode, Blechhütte bei Thale, Altenbrak, Gernrode (Haferfeld), Nordhausen und Ellrich), vorübergehend bei Berlin (von [Hanstein 1859 in der Hasenheide, von O. Reinhardt auf der

---

[1]) Vom griech. κόλλα [kólla] = Schleim; die Samenschale quillt im Wasser schleimig auf.

Pfaueninsel bei Potsdam) beobachtet, an der Spree bei Westend, bei Sorau (1875), in der Prignitz in Kyritz (auf dem Kirchhof), Hohenbuckost bei Luckau, in Westpreussen an der Weichsel zwischen Thorn und Wiesenburg bei Grünhof und im Nogat-Delta, in Sachsen bei Königstein, Herrnhut, Mügeln bei Pirna (1911, bei einem Lagerhaus: Beger), im Vogtland am Elsterberger Tunnel, bei Pausa (am Gottesacker), Zeulenroda, in Schlesien bei Zerbau unweit Glogau, Schweidnitz (Neumühlenwerk) und Gnadenfrei (Haunold) eingebürgert, Bahnhof Steingrund bei Charlottenbrunn (1918), Berthelsdorf. — In Oesterreich bisher nur vereinzelt in Böhmen (Prag, Marienbad, Beraun, an der Eger oberhalb Kaaden) beobachtet. — In der Schweiz vorübergehend auf Gartenland bei Liestal (1909) beobachtet.

Allgemeine Verbreitung: Pazifisches Nordamerika und Südliches Britisch-Columbia; ausserdem in Mitteleuropa (siehe pag. 2117/18) verschleppt und eingebürgert.

Diese in Kalifornien „Straw flower", von den Indianern der Mendocino County „Joú lish" benannte 1-jährige Pflanze dürfte ursprünglich als Gartenzierpflanze zu uns gekommen sein, hat aber stellenweise, so vor allem in den Rheinlanden und in Thüringen (seit etwa 1875 häufig), den Charakter eines Ergasiophygophyten (Kulturflüchtling) angenommen. Dazu trägt ausser der Schleudervorrichtung der Früchte das Verhalten der Samen, die durch Feuchtigkeit leicht verschleimen (Fig. 3085 f), wesentlich bei. Im übrigen erfolgt die Verbreitung der Samen durch den Wind sowohl als durch das Wasser bezw. durch Flusskies. Als Neuansiedler tritt Collomia grandiflora mit Vorliebe an Flüssen, ferner im Ufergebüsch, doch auch auf künstlichen Standorten (Eisenbahndämmen, Getreidefelder, Ruderalstellen) auf. Regelmässig sind bei dieser und verwandten Arten kleistogame Blüten ausgebildet und zwar können solche bei kultivierten und bei wildwachsenden Pflanzen nachgewiesen werden. Bitter beobachtete bei Hasstedt überhaupt nur kleistogame Blüten. Bereits F. Ludwig (Botan. Zeitung, 1877 Nr. 44) und Sharlok (Botan. Zeitung, 1878 Nr. 41), dann neuerdings Helene Ritzerow (Flora, 1907) haben die Verteilung der kleistogamen und chasmogamen Blüten eingehend beschrieben. So sind die ersten, die Mitte des Köpfchens einnehmenden Blüten meistens kleistogam und erst die späteren, oft nur die am Rande stehenden Blüten chasmogam. Anderseits scheinen die grossen chasmogamen Blüten auf die Hauptköpfe, die ja offenbar auch am besten ernährt werden, beschränkt zu sein, während die Blüten der stengelständigen Seitenköpfe meist kleistogam ausgebildet sind. An dem Verschlusse der kleistogamen Blüten ist die Blumenkrone allein beteiligt. Sie ist dann sehr klein, 8- bis 9-mal kürzer als die der chasmogamen Blüten, ziemlich farblos und sitzt tief im Kelch versteckt. Die Antheren, von denen jede nur 2 normal ausgebildete Pollensäcke aufweist, werden (während die Staubfäden sich strecken) durch die Hemmung der geschlossenen Krone an die Narbe gedrängt, bei welcher Gelegenheit der Pollen an den Narbenpapillen leicht hängen bleibt. Die Grösse der Pollenkörner der beiden Formen variiert nur wenig. Dagegen ist der Griffel der chasmogamen Form $8^{1}/_{2}$- bis $8^{3}/_{4}$-mal länger als derjenige der kleistogamen Blüten. Samen sind in den kleistogamen Blüten regelmässig vorhanden. Jedenfalls ist die verschiedene Lichtintensität (und die damit zusammenhängenden Ernährungsverhältnisse) für die Ausbildung der beiden Blütenformen ausschlaggebend, und zwar in der Weise, dass die chasmogamen an denjenigen Teilen der Köpfchen stehen, die am besten ernährt werden. Die Früchte sind als „Trockenschleuderer" zu bezeichnen. Nach F. Ludwig werden die 3 Fruchtklappen durch die Hitze an den Rändern nach aussen umgerollt und spannen zunächst den unten

Fig. 3085. Collomia grandiflora Dougl. *a* Oberes Sprosstück mit Blüten. *b* Blüte vergrössert. *c* Geöffnete Kapsel, vom Kelch umgeben. *d, e, f* Samen (z. T. mit verschleimter Hülle).

trockenhäutigen Kelch, werden dann aber bei weiterem ruckweisen Umbiegen von diesem plötzlich mit grosser Gewalt mit den übrigen Teilen der Kapsel herausgequetscht, bei welchem Vorgang die Samen bis zu 80 cm Höhe emporgeworfen werden. Die Entladung erfolgt nur um die Mittagszeit und ist mit einem auffälligen Knistern verbunden.

An die Polemoniaceae schliesst sich eng die Familie der **Hydrophylláceae,** Wasserblattgewächse an.

Ein-, 2-jährige oder ausdauernde, meist stark behaarte (bei Wigándia urens Brennhaare), niederliegende oder aufrechte Kräuter (selten Sträucher) mit wechsel- oder gegenständigen, einfachen oder fiederig-eingeschnittenen bis doppelt fiederteiligen Laubblättern. Nebenblätter fehlend. Blüten regelmässig, zwitterig (Fig. 3086 b), meist 5-zählig (mit Ausnahme des Fruchtknotens), häufig zu dichten oder lockeren, einseitswendigen und schneckenförmig-eingerollten Wickeln vereinigt. Kelchzipfel 5 (selten 10 bis 12), zur Fruchtzeit ± verlängert, selten (Nemóphila) in den Kelchbuchten kleine, lineale Anhängsel. Krone meist blau bis weiss, radförmig, glockig oder kurz trichterförmig, mit 5 (selten 4 oder 6) meist breiten, abstehenden Zipfeln, in der Knospenlage dachig, seltener gedreht. Staubblätter 5 (selten 6 bis 10), meist im Grunde der Krone eingefügt, aus der Krone hervorragend oder eingeschlossen, am Grunde zuweilen mit Schuppen. Fruchtknoten oberständig, aus 2 knorpeligen oder schwammigen Fruchtblättern gebildet, meist ± behaart, 1- seltener 2-fächerig, mit 2 wandständigen Plazenten und mit 1 oder 2 fadenförmigen (Fig. 3086 c) Griffeln. Frucht eine meist fachspaltige, 2-klappig aufspringende Kapsel. Samen 1 bis viele (800), kugelig bis eckig, öfters runzelig, netzig-grubig oder blasig-höckerig. Nährgewebe vorhanden.

Die Familie hält systematisch die Mitte zwischen den Polemoniaceen und den Boraginaceen. Bei den erstern ist der Fruchtknoten jedoch fast regelmässig aus 3 Carpellen gebildet, während die Boraginaceen eine 4-teilige Spaltfrucht und eine eigenartige Plazentation aufweisen. Allerdings haben die Hydrophyllaceen mit den Boraginaceen durch die starke Behaarung, die Wickeltendenz der Blütenstände, die 5-zähligen Blüten und den 2-knorpeligen Fruchtknoten, sowie durch anatomische Kennzeichen viele gemeinsame Merkmale, weshalb es einigermassen verständlich erscheint, dass Baillon sie als Unterfamilie der Boraginaceen auffasst. — Gegenwärtig zählen 250 Arten hieher, die sich auf 18 Gattungen und die 3 Unterfamilien der Hydrophylléae, Pacelléae und Hydroléae verteilen. Die Hydrophyllaceen sind über alle Erdteile mit Ausnahme von Europa (hier scheint sich allerdings Phacelia tanacetifolia allmählich einzubürgern) und des eigentlichen Australien verbreitet. Ebenso ist der grosse Erdteil Asien nur mit 2 Arten (Hydrólea Zeylánica [L.] Vahl und Romanzóffia Unalaschkénsis Cham.) und Afrika mit 6 Arten vertreten. Alle übrigen Arten (200 an der Zahl) bewohnen Amerika und hier wiederum vor allem Kalifornien und Mexiko. Die Nordgrenze der Vereinigten Staaten überschreiten nur wenige Arten der Gattungen Hydrophýllum, Nemóphila, Phácelia und Romanzóffia. Dem tropischen Amerika ist die Gattung Wigándia eigentümlich. Weitaus die grosse Mehrzahl sind als Xerophyten, wenige als Hydrophyten (Hydrólea) oder als Halophyten anzusprechen. In den Anden von Südamerika steigen einige als Alpenpflanzen (Phacélia Magellánica [Lam.] Coville) bis gegen 4000 m in die Höhe. Jedenfalls war die Familie ehedem im tropischen Asien und Afrika viel stärker verbreitet. Verschiedene Arten dienen in Amerika als Nahrungsmittel (Gemüse). Als Heilpflanze hat in den Vereinigten Staaten (ehedem auch in Europa) Eriodictyon glutinósum Benth. (= E. Califórnicum [Hook. et Arn.] Greene, = Wigándia Califórnica Hook. et Arn.) und verwandte Arten (E. tomentósum Benth. und E. angustifólium Benth.) aus dem westlichen Nordamerika und aus Mexiko Bedeutung. Es sind 1 bis 1,5 m hohe, immergrüne Sträucher mit 12 cm langen, länglich-lanzettlichen, sehr zerbrechlichen, oberseits harzig-glänzenden, unterseits silberig-behaarten Laubblättern, welche die Droge Hérba (fólia) Sánta, Folia Eriodictýi, Yerba Santa, bear weed, Mountain peach oder balm, holy herb liefert. Diese enthält 0,1 % ätherisches Oel, etwa 29 % Harz, 0,23 % Eriodictyol (ein kristallinisches Phenol $C_{15}H_{12}O_6$), 3 % Homo-Eriodictyol ($C_{16}H_{14}O_6$, wohl der Methyläther des Eriodictyols), ferner 0,0093 % Chrysoëriodictyol ($C_{16}H_{12}O_6$), 0,0187 % Xanthoëriodictyol ($C_{18}H_{14}O_7$) und 0,0117 % Eriodonöl ($C_{19}H_{18}O_7$), Furfurol, 0,7 % Triacontan ($C_{30}H_{62}$), Pentatriacontan ($C_{35}H_{72}$), freie Ameisen-, Essig- und Cerotinsäure, ziemlich viel Glukose und etwas Gerbstoff, jedoch kein Eriocolin. Die Droge findet als Diureticum, Expectorans, Stimulans, bei Bronchialkatarrh, Asthma (die Blätter werden wie Tabak geraucht), bei Blasenkatarrh, besonders aber (als Sirup) als Geschmackskorrigens (die bittere Geschmacksempfindung verschwindet wie bei Aloë, Chinin, Hydrastis und Aspidium filix mas) Anwendung. — Hydrophýllum Canadénse L. wird gegen Hautausschlag (u. a. als Gegenmittel bei Vergiftung durch Rhus Toxicocendron), Schlangenbiss usw. benutzt, H. capitátum Dougl. in Californien zu Kataplasmen auf Geschwüre.

**Phacélia**[1]) **tanacetifólia**[2]) Benth. Rainfarnblätteriges Büschelschön, Borstiger Bienenfreund. Fig. 3086 A.

Einjähriges, 20 bis 70 cm hohes, oberwärts ästiges, unten kahles, oberwärts steifhaariges Kraut. Stengel röhrig. Laubblätter doppelt-fiederschnittig, die oberen einfach, angedrückt behaart, nicht oder fast

---

[1]) Griech. φάκελος [phákelos] = Bündel; nach der Anordnung der Blüten.

[2]) tanacetifolia = rainfarnblätterig; nach der Gestalt der Blätter der Komposite Tanacetum.

ungestielt, am Grunde scheidig-umfassend (Fig. 3086 A d). Abschnitte erster Ordnung lineal oder oblong-lineal. Blütenstände endständig, wickelig, dicht, einseitswendig, schneckenförmig eingerollt. Blüten sitzend oder kurz gestielt. Kelch borstig, rauhhaarig, tief 5-teilig, 6 bis 7 mm lang; Kelchzipfel lanzettlich, ohne Anhängsel in den Buchten, zur Fruchtzeit kaum länger als die Kapsel. Krone glockig-radförmig (Fig. 3086 A b), blauviolett bis hell-blau, selten weiss, mit 5 abstehenden, stumpfen, ganzrandigen Lappen, wenig behaart, 7 bis 8 mm lang, auf der Innenseite am Grunde mit 10 halbmondförmigen, paarweise vor den Staubfäden stehenden Oehrchen. Staub-blätter 5, weit aus der Krone herausragend; Staubbeutel purpurrot. Fruchtknoten behaart; Griffel tief 2-spaltig. weiss, spreizend, aus der Krone wenig herausragend. Kapsel ellipsoidisch, 1-fächerig, 4-samig, 2-klappig auf-springend. Samen mit sehr schmalen, von dicken Rändern umgebenen Grübchen. — V bis X.

Vielerorts seit einigen Jahrzehnten als Futter- oder Bienenpflanze ange-baut, leicht verwildernd und öfters auf Aeckern, Wiesen, an Bahndämmen, Strassen, in Kirchhöfen, Rebbergen, auf Komposthaufen und Schutt vorübergehend er-scheinend, auch mit Getreidesamen verschleppt.

Von älteren Angaben mögen erwähnenswert sein: Oberneuland bei Bremen (1894), Zentralbahnhof Altona (1891), Rheinufer bei Arnheim (1893), Biebrich 1883, Wiesbaden (1885), Budenheim bei Mainz (1885), Neue Mühle Uetersen (1896), Töpferberg bei Liegnitz (1889), Poischwitz in Schlesien (1895), Station Wildpark bei Potsdam (vor 1870), Alt Ranft bei Frauenwalde in Bran-denburg (1886), bei Kunersdorf (1894), Luckenwalde (1890), Strehlen bei Dresden (seit 1895), bei Eisenach (1898), Ars bei Metz (1898), um Nürnberg und Fürth (seit 1898), Neuburg a. D. (1903), Regensburg (1898), um München (seit 1907). — In Oesterreich anscheinend erst spät aufgetreten, so in Böhmen 1891 bei Wittingau beim Teiche Soêt (nach einer grossen Ueberschwemmung), in Mähren 1903 am Hadiberg bei Brünn, in Niederösterreich 1904 in Weidlingau nächst Wien, in Kärnten 1903 bei Trebsing nächst Gmünd, in Steiermark 1903 bei der Station Prennstätten-Tobelbad, in Tirol etwa 1904 an der Rienz bei Niederdorf und 1904 bei Lienz an der Drau, in Vorarlberg 1907 bei Tosters, Mehrerau und Sibrats-gefäll 1034 m. — In der Schweiz 1899 in Zürich, 1898 in Dübendorf, etwa 1900 in Fällanden, 1901 in Käpfnach-Horgen, 1903 in Buchberg (Kanton Schaff-hausen), 1910 in Zuzgen (Kanton Aargau), 1912 in Solothurn, 1909 in Biel, 1912 im Wallis (Odes sur Riddes), im Jura bei Monruz zwischen Neuenburg und St. Blaise usw.

Allgemeine Verbreitung: Kalifornien (ursprüngliche Heimat wohl das „Great Valley"); in Europa vielerorts verschleppt (in Holland erst seit 1915) und in Einbürgerung begriffen. Früher wurde die Art meistens mit Ph. distans Benth. verwechselt.

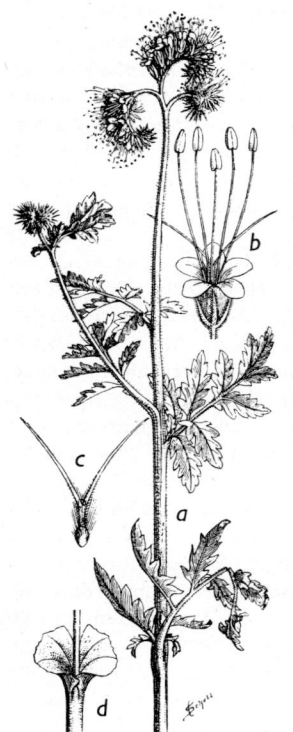

Fig. 3086 A. Phacelia tana-cetifolia Benth. *a* Blühender Spross. *b* Blüte (vergrössert). *c* Fruchtknoten mit Narbe. *d* Blattbasis.

Diese in Kalifornien unter dem Namen „Valley Vervenia" bekannte Pflanze wird seit einigen Jahrzehnten in Europa in erster Linie als Bienen-pflanze, dann auch als Futter- und Zierpflanze (auch auf Friedhöfen) angebaut. Zu diesem Zwecke wird sie am besten Ende März ausgesät, worauf sich bereits in 2 Monaten Blüten bilden. In klimatisch milden Gegenden kann die Aussaat auch im Herbst — am besten um Mitte Sep-tember — geschehen. Hat sich die Pflanze an einem Orte einmal richtig eingebürgert, so kann sie sich leicht durch Samenausfall selbst vermehren. Allerdings nützt sie den Mineral- und Stickstoffgehalt des Bodens nach Haselhoff sehr stark aus. Gelegentlich geht die Pflanze auch in natürliche Pflanzenvereine über; so wurde sie in Vorarlberg in Mooren beobachtet. Die Blüten sind schwach proterandrisch. Die Antheren öffnen sich etwas früher als die anfänglich bogig nach innen gekrümmten, nur an der äussersten Spitze Narbenpapillen tragenden, langen Griffel sich nach aussen strecken (Fig. 3086 c) Die Pollenzellen sind blassbläulich, biskuitförmig, glatt, mit mehreren Längsstreifen versehen, 16 bis 19 $\mu$ breit und 37,3 $\mu$ lang. Als Bestäubungsvermittler kommen verschiedene Bienen und anscheinend auch Käfer in Betracht. Durch seitliche Spaltung der Keimblätter kann Polycotylie entstehen. Nach den Untersuchungen von W. Remer (Berichte der Deutschen Botan. Gesellsch. 1904), E. Heinricher (Botan. Zeitung. Bd. 67, 1909), E. Kuhn (Berichte der Deutschen Botan. Gesellsch. 1915 und 1916), Mato Nikolič (Akademie der Wissenschaften in Wien. Math.-naturw. Klasse. Bd. 133, 1924), Th. Peters (Berichte der Deutsch. Botan. Gesellsch. 1924), W. Magnus usw. gehört Phacelia tanacetifolia zu den ausgesprochenen Dunkelkeimern. Und zwar erweisen sich die Samen gleich nach der Ernte als obligate Dunkelkeimer, während nach einer 4-monatlichen Lagerung noch 4 % am Tageslicht zu keimen vermögen. Sogar nach einem 6-jährigen Lagern im Dunkeln sind die Samen, die die Keimkraft nicht im mindesten eingebüsst haben, imstande zu ganz beträchtlichen Prozentsätzen im diffusen Licht zu keimen. Die hemmende Wirkung des Lichtes nimmt mit der Belichtungsstärke zu. Peters und Magnus kommen zu dem Ergebnis, dass hier ein Hemmungsstoff mit im Spiele ist, der im Lichte erst seine volle Bedeutung erlangt, im Dunkeln jedoch wirkungslos bleibt. Wahrscheinlich handelt es sich um einen lichtempfindlichen Stoff und wohl um eine sog. photokatalytische Reaktion, die im Dunkeln nicht oder doch nur gering, im Lichte dagegen sehr stark verläuft. Es scheint, dass alle Hydrophyllaceen zu den Dunkelkeimern gehören. Eine Ausnahme macht einzig Hydrolea spinosa, die ein ausgesprochener Lichtkeimer ist.

In der Heimat kommt die Art nach A. Brand in den folgenden Formen vor: var. genuína Brand. Stengel einzeln, ausgebreitet. Blattabschnitte tief und unregelmässig eingeschnitten. Staubblätter doppelt so lang als die Krone. — subvar. tenuisécta Brand. Aehnlich, aber Blattabschnitte zart und regelmässig eingeschnitten. Staubblätter 1½-mal oder kaum so lang (f. stamínea Brand) als die Krone. — var. pseúdo-dístans Brand. Stengel niedrig, zahlreich. Staubblätter 1½-mal oder kaum so lang als die Krone (f. cinérea Brand).

Als Zierpflanzen kommen ausserdem in Betracht: Phácelía Púrshii Buckley (= Ph. fimbriáta Pursh, = Cosmánthus fimbriatus Nolte) aus dem Atlantischen Nordamerika. Einjährig, 15 bis 65 cm hoch, steif, aufrecht, zerstreut kurzhaarig. Grundständige Laubblätter kurz gestielt, gefiedert, mit ungeteilten, abgerundeten Abschnitten; Stengelblätter fiederteilig. Blütenwickel locker, zuletzt verlängert. Krone hellblau bis weiss, radförmig, mit drüsig-gefransten Lappen, im Innern ohne Anhängsel. Griffel bis zur Hälfte geteilt. Kapsel kugelig, kürzer als der bewimperte Kelch, in jedem Fach 2 Samen. — Ph. víscida (Benth.) Torr. (= Eutóca víscida Benth., = Cosmánthus viscidus DC.), aus Südkalifornien. Einjährig, 7 bis 85 cm hoch, aufrecht, oberwärts drüsig-klebrig. Laubblätter eirund oder undeutlich herzförmig, doppelt gesägt. Krone glockig-radförmig, dunkelblau, in der Mitte purpurrot oder weiss, im Innern ohne Anhängsel. Kapsel plötzlich zugespitzt, vielsamig. Adventiv im Hafen von Mannheim 1901. — Ph. Whitlávia A. Gray (= Whitlavia grandiflóra Harvey, = W. gloxinoides hort.), aus Süd- und Niederkalifornien. Einjährig, aufrecht, einfach oder verzweigt, 15 bis 32 cm hoch, drüsigklebrig. Untere Laubblätter lang-, obere kurz-gestielt, eirund, grob gesägt, am Grunde abgeschnitten oder herzförmig. Wickel stark verlängert, locker. Krone violettblau oder weiss, mit zylindrischer, bauchiger Röhre, viel länger als die linealen, 9 bis 10 mm langen Kelchzipfel. Staubfäden am Grunde mit behaarten Schuppen. Kapsel mit dem oberwärts geteilten Griffel behaart, vielsamig. Hie und da als Gartenflüchtling beobachtet, so in Eppendorf bei Hamburg, Bahnhof Köpenik, Potsdam bei Berlin und bei Breslau (Ohlauer Vorstadt, 1904). — Ph. Parrýi Torr., aus Kalifornien. Aehnlich der vorigen Art, doch die Kronröhre weniger bauchig und kaum doppelt so lang als die schmalen Kelchzipfel. — Ph. congésta Hook. (= P. conférta G. Don, = P. tanacetifólia DC. nec Bentham), aus den Atlantischen Nordamerika und Mexiko (hier bis 2200 m ansteigend). Einjährig, aufrecht, 35 bis 70 cm hoch, wenig verzweigt, weichhaarig. Laubblätter unregelmässig fiederteilig, Abschnitte erster Ordnung oblong oder eiförmig, eingeschnitten oder unregelmässig gelappt; die untersten gestielt, die obersten ± zusammenfassend. Blütenstände dicht traubigtrugdoldig; Blütenstiele kurz. Kelchzipfel lanzettlich, ± weichhaarig, 3 bis 4 mm lang. Krone glockig-radförmig, 5 mm lang, blau, mit 5 ganzrandigen Lappen. Staubblätter wenig aus der Krone herausragend; Staubfäden am Grunde mit paarweise stehenden Schuppen. Kapsel kugelig, wenig kürzer als der Kelch. Hie und da auch aus Gärten verwildert, so in Brandenburg bei Priorsberg nächst Neuzelle (1907). — Ph. lineáris (Pursh) Holzinger (= Ph. Menziésii Torr.), aus dem Pazifischen Nordamerika. Pflanze 1- oder selten 2-jährig, aufrecht, 20 bis 30 cm hoch, steifhaarig. Laubblätter sitzend, lineal oder lanzettlich, ganzrandig oder seltener fiederspaltig bis gelappt. Blütenwickel straussförmig-rispig. Blüten sitzend. Krone glänzend violett, an der Innenseite mit 10 Schuppen. Fruchtknoten behaart, wenig länger als der Kelch. Samen in jedem Fach 6 bis 11. — Ph. divaricáta (Benth.) A. Gray (= Eutóca Mexicána hort.), aus Mittelkalifornien. Einjährig, 7 bis 30 cm

Fig. 3086 B. Nemophila Menziesii Hook. et Arn. *a* Habitus. *b* Blüte. *c* Frucht mit Kelch.

lang, vom Grunde an ausgebreitet-spreizend, flaumig. Laubblätter eirund bis länglich, ganzrandig, selten 3-lappig, lang gestielt. Blütenwickel zur Fruchtzeit stark verlängert. Krone glockig, blau bis violett, 8 bis 16 mm lang, bewimpert, an der Innenseite mit 10 zarten Schüppchen. Samen 5 bis 20 in jedem Fach. — Sämtliche Arten der Gattung Phacelia sind anspruchslose, willig blühende Pflanzen, die keiner besonderen Pflege bedürfen.

Als weitere Zierpflanzen mögen genannt sein: Hydrophýllum Virginiánum L., aus dem Atlantischen Nordamerika. Ausdauernd, mit 2- bis 3-paarig-fiederschnittigen Laubblättern, langgestielten, weissen Blüten und einfächeriger Kapsel. In Schlesien bereits zur Zeit Ludwig XIV. kultiviert. In Belgien (zwischen Dolheim und Pepinster) verwildert. — H. Canadénse L., aus dem Atlantischen Nordamerika. Laubblätter ahornähnlich, handnervig, 5- bis 9-lappig. In Schlesien (bei Gröditzberg) verwildert. Die Blätter werden in Newyork unter dem Namen „Johns cabbage" gegessen — Nemóphila Menziésii Hook. et Arn., aus dem Pazifischen Nordamerika (Fig. 3086 B). Einjähriges, vielseitiges, niederliegendes, später aufsteigendes behaartes Kraut mit gegenständigen, fiederteiligen Laubblättern und mit achselständigen, gestielten, 10 bis 55 mm breiten, kornblumenblauen Blüten. Wird in verschiedenen Formen mit reinweissen, lilafarbigen, gefleckten oder gestreiften Blüten (hieher als Unterart auch N. insígnis Dougl.) zu Einfassungen in Gärten verwendet. Selten auch aus Gärten verwildert beobachtet, so wiederholt um Erfurt, bei Mannheim und in der var. atomária (Fisch. et Meyer) Voss in der Hardau-Zürich (1916). — N. maculáta Bentham, aus Kalifornien. Pflanze 1-jährig, mit gegenständigen, leierförmig-fiederspaltigen Laubblättern und grossen, weissen, an der Spitze schwarzpurpurroten Flecken. Bei Ludwigshafen am Rhein (1910) verwildert. In Bayern (Oberpfalz) nach Scherzer Friedhofpflanze. — N. auríta Lindl., aus dem Pazifischen Nordamerika. Einjährig. Stengel zart, gekniet, 15 bis 90 cm hoch, behaart. Laubblätter fiederteilig, am Grunde geöhrt, mit 7 bis 11, ganzrandigen oder gelappten Abschnitten, rauhhaarig. Blüten violett, gestielt, zu 2 bis 5 zu Wickeln vereinigt. Kapsel 4-samig. Wurde 1831 in Europa eingeführt. — Wigándia Caracasána Humb., Bonpl. et Kunth, aus dem Tropischen Amerika. „Ortiga". Pflanze halbstrauchig, robust, bis 3 m hoch, rauhhaarig. Laubblätter sehr gross (bis 47 cm lang und 37 cm breit). Wickel zu einem endständigen, steifen, verlängerten Strauss vereinigt. Krone violett mit weisser Röhre. Diese mehr dem Warmhause angehörige Art kann im Sommer als effektvolle Blattpflanze ins Freie gepflanzt werden, wo sie aber selten zur Blüte gelangt. Sie wurde in den dreissiger Jahren des vorigen Jahrhunderts in Europa eingeführt. — Hydrólea spinósa L., aus dem tropischen und subtropischen Amerika. Aufrechter, 60 bis 130 cm hoher, verzweigter, meist dorniger, borstig rauher Halbstrauch mit wechselständigen, einfachen, eirund-lanzettlichen Laubblättern und mit blauen, zu lockeren Sträussen vereinigten Blüten. Eignet sich als Wasserpflanze für entsprechende Anlagen in Warmhäusern.

Adventiv wurden ausserdem beobachtet: Phacelia binnatifida Michx. aus dem Atlantischen Nordamerika bei Ludwigshafen am Rhein (1909), P. ciliáta Benth. aus Kalifornien bei Solothurn in der Schweiz und P. mínor (Harv.) Thellung comb. nov. (= Whitlávia grandiflóra et W. minor Harvey nec P. grandiflora A. Gray, = P. Whitlavia A. Gray 1875) im Hafen von Ludwigshafen am Rhein (1910).

## 113. Fam. Boragináceae.[1]) Rauhblattgewächse.

Kräuter, Sträucher und Bäume mit meist starren, oft auf mehrzelligen Knötchen sitzenden Haaren. Laubblätter ungeteilt, meist ganzrandig, lineal-lanzettlich, spatelig oder eiförmig, wechselständig, selten gegenständig, ohne Nebenblätter; die unteren bei den zwei- und mehrjährigen Arten häufig Rosetten bildend und grösser als die stengelständigen (Halb-rosettenstauden). Blütenstände ursprünglich zymös, meist jedoch durch stark einseitige Entwicklung doppelt oder einfach, trauben- oder ährenförmig, vor dem Aufblühen meist schneckenförmig eingerollte, später gestreckte und oft stark verlängerte Wickel (Boragoide) ausgebildet, durch Anwachsen der Achsen an die Hauptachse oft von den tragenden Laubblättern abgerückt. Blüten regelmässig 5- (ausnahmsweise 4-)zählig, selten schwach dorsiventral (Echium, Lycopsis u. a.), zwitterig oder gynodiözisch. Kelch meist glockig bis röhrig, ± tief in 5 eiförmig-lanzettliche bis lineale Zipfel geteilt, gewöhnlich krautig, mit offener, selten klappiger Präfloration und ebenso wie der Blütenstiel oft mit starker postfloraler Vergrösserung (vgl. besonders Asperugo, Symphytum, Nonnea, Myosotis u. a.). Krone meist trichter- oder

---

[1]) Von Adanson nach der Gattung Borago gebildet. Bezeichnender ist die z. B. von dem Monographen J. G. Lehmann (1818) gebrauchte Benennung Asperifóliae oder Asperifoliáceae. Die Familie ist von H. Gams (1926) bearbeitet, die Gattung Onosma von J. Braun-Blanquet, Lithospermum, Cerinthe und Echium von E. Schmid und H. Gams.

tellerförmig, mit kurzer oder den Kelch wenig bis um ein mehrfaches überragender, vorn meist durch 5 hohle, zuweilen behaarte oder durch Haarbüschel ersetzte, seltener ganz fehlende Ausstülpungen (Schlundschuppen) verengter Röhre (Fig. 3087 b) und becherförmigem, radförmig ausgebreitetem oder (bei nickenden Blüten) rückwärts umgerolltem Saum mit 5 (selten 4) rundlichen oder spitzen, in der Knospe sich meist dachziegelig deckenden, selten (z. B. Myosotis) rechts gedrehten Zipfeln. Staubblätter 5, mit den Kronlappen und Schlundschuppen alternierend, der Kronröhre eingefügt, gewöhnlich mit introrsen, meist kleinen und in der Kronröhre eingeschlossenen, seltener verlängerten und ± weit vorragenden Antheren (so z. B. bei Borago und bei Arten von Symphytum und Myosotis). Fruchtknoten oberständig, sitzend, von einem ± deutlichen, ringförmigen Diskus umgeben, aus 2 median gestellten, aber bald durch falsche Scheidewände in 4 Fächer geteilten und in 4 (sehr selten 2) einsamige Nüsschen (Klausen) zerfallenden Fruchtblättern gebildet.

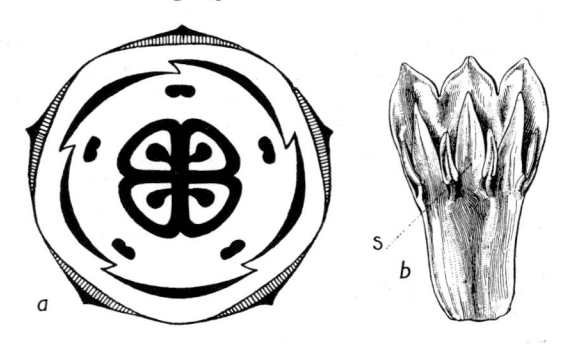

Fig. 3087. *a* Diagramm von Pulmonaria officinalis L. (nach Marktanner-Turneretscher). — *b* Krone (aufgeschnitten) mit Staubblättern und Schlundschuppen (*s*).

Griffel meist am Grunde zwischen den Klausen stehend, seltener (z. B. Heliotropium) endständig, mit meist kopfiger, seltener 2- oder 4-lappiger Narbe. Samenanlagen ± aufrecht, anatrop, mit (im Gegensatz zu den Verbenaceen und Labiaten) aufwärts gerichteter Mikropyle und aussen stehender Raphe. Frucht meist in 4 (seltener in 2 oder 10) hartschalige, zuweilen auffallend skulptierte oder bedornte Nüsschen zerfallend, oder eine ungeteilte Steinfrucht, ihre dem flachen oder gewölbtem Stempelpolster aufsitzende Ansatzfläche von sehr verschiedenartiger Form und Grösse, zuweilen mit als Oelkörper ausgebildeter Pseudostrophiole. Samen rundlich, gerade oder gekrümmt, mit flachen, gewölbten oder gefalteten Keimblättern und kurzem, aufwärts gerichtetem Würzelchen.

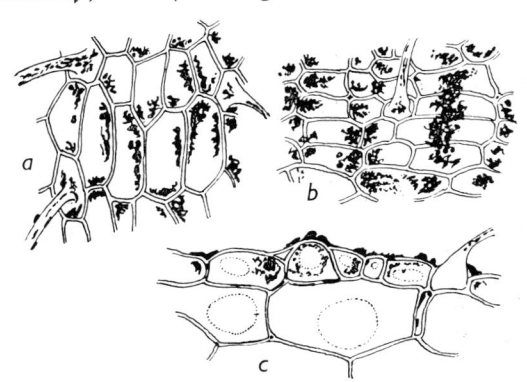

Fig. 3088. Alkannin in den Keimwurzeln von *a* Echium vulgare L., *b* Lithospermum arvense L. und *c* Lithospermum officinale L. (nach G. Pulitzer).

Die hier noch nach dem Englerschen System an den Anfang der Tubiflorenreihe gestellten Boraginaceen sind, wie sowohl aus der nur scheinbar einfachen Morphologie (z. B. des Blütenstandes) wie aus den Serumreaktionen (Alexnat, vgl. Bd. IV/3 pag. 1643) hervorgeht, eines der abgeleitetsten Glieder dieses Sympetalenastes. Am nächsten sind sie mit den Hydrophyllaceen verwandt, mit denen sie in bezug auf Behaarung, Blütenstand, Krone und Samenanlagen übereinstimmen. Im Fruchtbau gleichen sie viel mehr den Verbenaceen und Labiaten, von denen sie sich jedoch durch den vegetativen Aufbau und die ganz anders orientierten Samenanlagen scharf unterscheiden. Gewisse Aehnlichkeiten mit primitiven Sympetalen (wie den Convolvulaceen) und den erst kürzlich wieder von Schürhoff (Zur Pleiophylie der Sympetalen auf Grund ihrer Haplontenentwicklung. Beitr. z. Systematik u. Pflanzengeographie, H. III, 1926) aus embryologischen Gründen zwischen die Boraginaceae und Labiatae gestellten Callitrichaceae (Bd. V/1, pag. 193), die jedoch von den meisten Autoren (und nach den serologischen Befunden mit Recht) als nächste Verwandte der Euphorbiaceae angesehen werden, beruhen wohl nur auf Konvergenz. Abgesehen von einigen Gattungen ganz unsicherer Stellung, wie Harpagonélla (1 Art mit stark zygomorphem, Auswüchse tragendem Kelch und mit nur 2 Klausen in Kalifornien), Rochélia (10 Arten in Südasien, 1 im Mittelmeergebiet, 1 in Australien), Zoélléria (1 Art mit in 10 Klausen zerfallender Frucht in Neuguinea) und Wellstédia (1 Art mit 2-fächeriger Kapsel auf Sokotra), Ixorhóea (1 Art in Argentinien), Tetáris (2 Arten in Mesopotamien) und Spilocárpus (1 Art auf Cuba) verteilen sich die gegen 1600 Arten auf etwa 90 Gattungen und 4 Unterfamilien. Die bei uns mit einer Ausnahme

Hegi, Flora. V, 3.

(Heliotropium) allein vertretenen Boraginoideae mit einfachem, zwischen den regelmässig 4 Klausen inseriertem Griffel umfassen etwa ²/₃ aller Arten und Gattungen. Sie sind mit Ausnahme weniger Klein- und Halbsträucher (z. B. Arten von Lithospermum, Moltkia und Onosma) krautig (Hemikryptophyten und Therophyten, wenige Rhizomgeophyten) und fast über die ganze Erde mit Ausnahme der Antarktis verbreitet, in den Tropen und in der südlichen gemässigten Zone jedoch nur schwach vertreten. Ein Hauptentwicklungszentrum der Boraginoideae scheinen die Gebirgsländer des östlichen Mittelmeergebietes vom Balkan bis zum Himalaya zu bilden; ein zweites, weniger reiches, aber vielleicht älteres, liegt in Kalifornien. Einige Gattungen und Arten (z. B. Eritrichium, Myosotis, Mertensia) zeigen eine zirkumpolare Verbreitung und reichen bis in die arktische Zone; Arten der beiden erstgenannten einerseits bis Novaja Semlja, andrerseits bis in die Nivalstufe der Alpen und des Himalaya. — Im Gegensatz zu den besonders abgeleiteten Boraginoideae sind die 3 übrigen, ursprünglicheren Unterfamilien mit wenigen Ausnahmen auf die Tropen und Subtropen beschränkt und weisen zahlreiche halbstrauchige und baumförmige Vertreter auf. Die ausschliesslich Holzpflanzen umfassenden Cordioideae (Córdia¹), Patagónula, Auxémma) sind mit Ausnahme weniger altweltlicher Cordia-Arten auf Süd- und Mittelamerika beschränkt, von wo auch schon Vertreter aus der oberen Kreide und dem Alttertiär bekannt sind. Die Tribus ist durch den ungelappten Fruchtknoten mit entständigem, 2-mal 2-lappigem Griffel und durch die Steinfrucht charakterisiert. Viele der über 230 Arten von Cordia sind wertvolle Nutzhölzer und haben wohlschmeckende Steinfrüchte, so besonders die von Aegypten durch Südasien bis Australien verbreitete und in den Tropen und Subtropen häufig kultivierte Córdia Mýxa L., deren eiförmige, zugespitzte, orangerote, schleimigsüsse Früchte in Ostindien gegessen und als Hustenmittel gebraucht werden. Früher waren sie auch in Mitteleuropa (heute noch in der Türkei) als schwarze Brustbeeren, Myxae oder Sebesténae offizinell. Im 17. Jahrhundert wurden sie auch von in Italien gepflanzten Bäumen gewonnen und über Venedig nach Deutschland gebracht. — Das an Gerb- und Bitterstoffen reiche Holz von C. Boissiéri DC. wurde 1858 aus Mexiko, wo es seit langem gegen Lungenleiden gebraucht wird, als Anakahuiteholz auch nach Deutschland exportiert, kam aber bald wieder ausser Gebrauch. — Die Ehretioideae, die einen gleichfalls endständigen, aber nur einfach zweispaltigen Griffel oder 2 ungeteilte Griffel und Steinfrüchte aufweisen, zeigen eine ähnliche Verbreitung. Einige afrikanische und westindische Arten von Ehrétia sind gleichfalls Nutzhölzer. — Die Heliotropioideae, wozu ausser Heliotropium (pag. 2130) und der oft mit ihr vereinigten Gattung Cochránea nur noch die grosse, in den Subtropen und Tropen beider Hemisphären weit

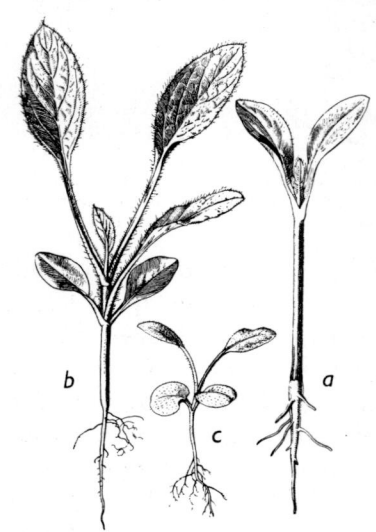

Fig. 3089. Keimpflanzen von *a* und *b* Borago officinalis L. und *c* Myosotis arvensis (L.) Hill.

verbreitete, mit einer Art (Tournefórtia Sibírica L.) bis nach Russland (häufig an den Ufern der Wolga und des Don), Sibirien und Japan reichenden Gattung Tournefórtia gehört, sind nur zum kleineren Teil Sträucher und Halbsträucher, zum grösseren aber Kräuter und durch einen breiten Haarring an dem endständigen Griffel gekennzeichnet. — Die Boraginoideae werden (abgesehen von einigen durch reduzierte oder verdoppelte Zahl der Klausen stark abweichenden, in Mitteleuropa nicht vertretenen Gattungen, vgl. die extreme Wüstenpflanzen umfassende Rochélia pag. 2128) in folgende, auf den Bau des Gynaeceums begründete, aber auch verbreitungsökologisch gut charakterisierte Tribus eingeteilt: die vorwiegend epizoochoren Cynoglósseae Bentham et Hooker mit kegelförmigem Stempelpolster, von welchen Gürke (in Engler und Prantl, Nat. Pflanzenfam. Bd. IV/3, 1897) noch die Eritrichíeae (mit Eritrichium, Amsinckia, Asperugo, Lappula usw.) abtrennt; die wohl ursprünglichsten, grossenteils autochoren und anemochoren Lithospérmeae Čelakovsky mit Klausen ohne Elaiosom und Ringwulst, von denen Gürke die Gattungen mit dorsiventralen Blüten als Echíeae absondert; die durchwegs zur Myrmekochorie übergegangenen Anchúseae Endlicher mit Klausen mit Elaiosom und oft auch mit Ringwulst.

Die meisten Boraginoideae besitzen eine kräftige Pfahlwurzel, die nur ausnahmsweise (z. B. bei Symphytum und Pulmonaria, bei Arten von Myosotis, Omphalodes und Cerinthe) frühzeitig durch Adventivwurzeln an dem Wurzelstock ersetzt wird. Die meisten sind Halbrosettenstauden, d. h. sowohl mit Rosetten-, wie mit Stengelblättern versehen und mit Ausnahme der genannten Gattungen meist nur 1- bis 2-jährig, also Therophyten. Unter unseren Arten erreichen fast nur diejenigen mit Wurzelstock und die Polsterpflanze Eritrichium nanum ein höheres Alter. Sowohl die Wurzel wie die unteren Achsenteile enthalten bei vielen

---

¹) Von Linné nach Valerius Cordus benannt, einem der hervorragendsten Kräuterbuchverfasser aus der ersten Hälfte des 16. Jahrhunderts.

Gattungen (Cynoglossum, Lithospermum, Alkanna, Onosma, Echium u. a.) in den Rindenzellen (Fig. 3088) den roten Farbstoff Alkannin oder Anchusin ($C_{15}H_{14}O_4$) oder das ähnliche Lithospermin ($C_{20}H_{30}O_{10}$), weshalb mehrere der genannten Gattungen (besonders Alkanna tinctoria) zu Färbezwecken gebraucht werden. Näheres hierüber bei Alkanna (pag. 2205) und bei Gertrud Pulitzer, Ueber die Verbreitung des Alkannins (Oesterr. bot. Zeitschr. 1915). Von anderen Inhaltskörpern sind Allantoin (bei Symphytum officinale), Cholin und einige giftige Alkaloide (Cynoglossin, Consolidin, Consolicin, Symphytocynoglossin), sowie Pflanzenschleim (besonders reichlich bei Borago und Symphytum) bemerkenswert; die bei den Labiaten so häufigen ätherischen Oele fehlen fast ganz. Drüsenhaare sind überhaupt selten; von unseren Gattungen besitzt nur Pulmonaria regelmässig solche. — Sehr charakteristisch für die ganze Familie sind hingegen die Borstenhaare, die oft schon (z. B. bei Borago, Myosotis, Onosma, Fig. 3089) die Keimblätter bekleiden und nur selten infolge Reduktion fehlen (Arten von Omphalodes, Myosotis, Mertensia, Cerinthe). Es sind einzellige, meist starkwandige, zuweilen hakig gekrümmte Trichome, deren Nachbarzellen häufig ein stark mit Kalziumkarbonat inkrustiertes Knötchen bilden, was selbst bei den im ganzen kalkmeidenden Arten (z. B. Lappula-Arten, dagegen nicht bei dem kalkfliehenden Eritrichium nanum) vorkommt. Bei manchen Cerinthe- und Mertensia-Arten sind die Trichome ganz auf diese Knötchen reduziert. Oft enthalten sie wie auch andere Epidermis- und selbst darunter liegende Parenchymzellen, bei Arten von Cynoglossum, Asperugo, Lithospermum u. a. auch die Haare selber, Cystolithen, die aus von Kalziumkarbonat imprägnierter, konzentrisch geschichteter Zellulose, seltener aus sandförmigen Körnern bestehen. Der Kalk wird aus dem von den meisten Boraginaceen in grösserer Menge benötigten Kalziumnitrat der Bodenlösungen gewonnen und in absterbende oder tote Zellen abgelagert. Näheres hierüber besonders bei Jakovljević, Stevan. Zystolithi u Boraginoidea. Diss. Belgrad 1925. — Widerhakige

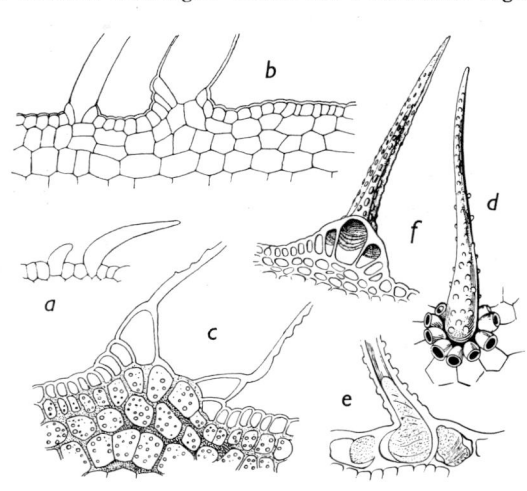

Fig. 3090. *a* bis *c* Entwicklung der Borstenhaare von Echium plantagineum L. *d* Zystolithen führendes Haar von Lithospermum officinale L., *e* dasselbe im Längsschnitt, *f* desgl. von Lithospermum arvense L. (*a* bis *c* nach Rauter, *d* und *e* nach Tschirch-Oesterle, *f* Orig.).

Stachelborsten tragen die Nüsschen von Cynoglossum und Lappula; besonders mannigfaltige Haarbildungen (auch Sternhaare, die den Boraginoideae mit Ausnahme von Onosma fehlen) weisen die Cordioideae auf. — Mit dem Schutz durch die genannten Inhaltsstoffe und Haarbildungen hängt es wohl zusammen, dass die Boraginaceen wenig unter Parasiten zu leiden haben. Von Pilzen treten häufiger auf: Erysibe cichoriaceárum DC., Peronóspora myosótidis De Bary und Synchýtrium myosótidis De Bary, dann besonders einige heterözische Puccinien aus der Gruppe der Puccinia rubígo vera (DC.), deren Aezidien und Spermogonien auf verschiedenen Boraginaceen (z. B. Symphytum, Pulmonaria, Anchusa, Lithospermum) auftreten, während die Uredo- und Teleutosporen Gramineen befallen (z. B. Puccinia sýmphyti-bromórum F. Müller und P. bromína Eriksson auf Bromus-Arten, P. dispérsa Erikss. et Hennigs. auf Getreide). Gallbildungen sind selten, am häufigsten Mückengallen der Gattung Perrisia (z. B. P. fólium-críspans Rübs. auf den Blättern und P. [Dasyneúra] sýmphyti Rübs. in den Blüten von Symphytum, P. lithospérmi Rübs. in den Stengeln von Lithospermum). — Der Stengel zeigt meist einen geschlossenen Zylinder von mechanischem Gewebe (besonders Holzfasern, Bastfasern nur bei den Cordieae, Ehretioideae und Heliotropioideae), das jedoch bei den myrmekochoren und epizoochoren Gattungen und Arten oft sehr stark reduziert ist. Verbänderungen kommen sehr häufig vor. — Die Laubblätter sind

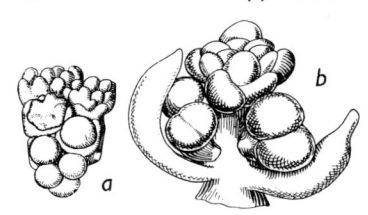

Fig. 3091. Entwicklung des Boragoides von *a* Symphytum asperum Lepechin (nach Goebel) und *b* Omphalodes linifolia (L.) Moench (nach W. Müller).

meist spiralständig, zuweilen zweireihig oder auch wenigstens z. T. gegenständig, doch nie wie bei den Labiaten dekussiert. Die gestielte oder ungestielte Spreite ist stets einfach, meist ganzrandig, doch zuweilen (besonders bei Anchusa-, Lycopsis- und Cynoglossum-Arten) etwas wellig bis kraus oder deutlich gezähnelt, die Nervatur fiederig oder netzig, nicht selten aber auch ganz auf den Mittelnerv beschränkt, bei Eritrichium- und Mertensia-Arten fast ganz fehlend. Vgl. Kragge, H. Ueber die Festigkeit der Blätter der Borraginaceae und verwandter Familien, Diss. Hamburg 1911.

Der Blütenstand der Boraginaceen hat Anlass zu lebhaften Diskussionen gegeben. Da seine Deutung bis in die letzte Zeit umstritten war, hat K. Schumann dafür den eigenen Namen Boragoid (Borragoid,

Borragoide) vorgeschlagen. Eine grosse Zahl von Forschern seit De Candolle trat für die Wickelnatur des Boragoids ein, so die Brüder L. u. A. Bravais (Disposition des inflorescences. Ann. des sc. nat., seconde série, tome VII), Wydler (Zur Morphologie hauptsächlich der dichotomen Blütenstände. Pringsheims Jahrb. f. wissenschaftl. Bot., 1878 pag. 366, und Kleinere Beiträge zur Kenntnis einheimischer Gewächse. Flora 1860, pag. 673), Döll (Flora des Grossherzogthums Baden, 1859), Wretschko (Beitrag zur Entwicklung der Infloreszenz in der Familie der Asperifolien. Jahresber. über das K. K. akad. Gymnasium in Wien f. d. Schuljahr 1865/66, pag. 19), Eichler (Blütendiagramme, 1875 pag. 196), Warming (Forgreningsforhold hos Fanerogamerne. K. Danske Videnskab. Selskab. Skrifter, 1872), Pedersen (Theilung der Vegetationsspitze bei der Verzweigung der Phanerogamen. Ref. von E. Warming in Just's botan. Jahresbericht, 1873 pag. 234/35), Kauffmann (Ueber die Bildung des Wickels bei den Asperifolien. Nouveaux mémoires de la société impériale des naturalistes de Moscou, Tome XIII, livraison III, 1871), Urban (Zur Biologie der einseitswendigen Blütenstände. Ber. d. d. bot. Ges. 1885 pag. 424), L. Čelakovský (Ueber die Infloreszenzen der Borragineen. Sitzungsber. d. math.-naturw. Klasse des K. böhm. Ges. d. Wissenschaften 1874. Ref. in Just's bot. Jahresber. 1874 pag. 542/43, und ders., Ueber die Blütenwickel der Borragineen. Flora 1880 pag. 367), K. Schumann (Untersuchungen über das Borragoid. Ber. d. Deutschen bot. Ges. Bd. VII, 1889 pag. 53, und ders., Neue Untersuchungen über den Blütenanschluss. Leipzig 1890) und Muth (Untersuchungen über die Entwicklung der Infloreszenz usw. von Symphytum officinale. Flora, Bd. XCI. [Erg.-Bd. zu Jahrg. 1902] pag. 58), wogegen Turpin, Schleiden (Grundzüge der wissenschaftl. Botanik, 3. Aufl., II. Teil, 1856, pag. 237), G. Kraus (Ueber den Aufbau wickeliger Verzweigungen, besonders der Infloreszenzen. Bot. Ztg. 1871 pag. 120) und Goebel diesen Infloreszenzen ganz oder teilweise die monopodiale Entwicklungsweise zuschreiben. Namentlich in Goebel entstand erstgenannter Auffassung ein Gegner damit, dass er die Frage aufwarf, ob sich die Wickelnatur des Boragoids in der Ontogenese noch erkennen lasse. Goebel verneint dies zunächst (Ueber die Verzweigung dorsiventraler Sprosse. Arbeit d. bot. Inst. in Würzburg, hersg. von Sachs. II. Bd. 1880), gibt aber später (Flora 1889, pag. 82; Organographie 1. Aufl. 1898, pag. 118; Zur Entwicklungsgeschichte des Borragoids. Flora, 91. Bd. [1902], pag. 255) zu, dass sein Standpunkt von 1880 einseitig entwicklungsgeschichtlich war und dass auf Grund vergleichend-morphologischer Betrachtung kein Zweifel bestehen könne, dass das Boragoid vom Wickel abzuleiten sei. Erneute Untersuchungen der Entwicklungsgeschichte durch Goebel (Zur Entwicklungsgeschichte des Borragoids. Flora 91. Bd., 1902, pag. 255) und Wilhelm Müller (Beitrag zur Entwicklungsgeschichte der Infloreszenzen der Borragineen und Solaneen. Flora 94. Bd. [1905], pag. 385) wegen der gegen die entwicklungsgeschichtlichen Feststellungen Goebels von 1880 laut gewordenen Widersprüche (Muth, Unters. über die Entw. d. Infloreszenz usw. von Symphytum officinale. Flora, 91. Bd. [Erg.Bd. zu Jahrg. 1902], pag. 58) bestätigen den Befund von damals. Seither hat sich eine Synthese beider Deutungsversuche der morphologischen Natur des Boragoids vollzogen, wie sie auch in Goebel's Organographie 2. Aufl. 1913, Bd. I pag. 101/102 niedergelegt ist. Danach ist das Boragoid aus vergleichend-morphologischen Gründen phylogenetisch aus dem Wickel abzuleiten; diese Entstehungsweise aber lassen nur mehr wenige (z. B. Omphalodes linifolia) als dorsiventrale Monopodien sich entwickelnde boragoide Infloreszenzen im individuellen Entwicklungsgang erkennen. Damit ist die Frage nach dem Zustandekommen des Boragoids aufgeklärt. [Dr. Wilh. Troll].

Die Blüten sind meist homogam, mehr oder weniger proterogyn bei Arten von Cynoglossum, Eritrichium, Lithospermum u. a., proterandisch z. B. bei Borago und Echium, in welcher Gattung auch Gynodiözie häufiger ist (seltener auch Gynomonözie). Heterostylie ist bei Pulmonaria entwickelt, bei Symphytum und Anchusa angedeutet. Die nach Glück nicht als Ligularbildungen der Staubblätter, sondern als Aus-

Fig. 3092. *a* Amsinckia intermedia Fischer et Meyer. *b* Mertensia maritima (L.) G. Don.

wüchse der Krone zu deutenden Schlundschuppen von Myosotis, Borago, Symphytum, usw. schliessen zu einem Honig bergenden Hohlkegel zusammen, die dazwischen stehenden Antheren zu einem Pollenstreukegel. Die Pollenkörner der meisten Boraginaceen sind sehr klein und meist hantelförmig. Die Embryobildung hat R. Souèges (Embryogénie des Boragacées. C. R. Acad. Paris Bd. XXIII, 1921, pag. 726 und 848) an Myosotis collina untersucht; die Mutterzelle des Sprossvegetationspunkts ist bereits im 8-Zellenstadium als „Epiphyse" erkennbar. Die Blüten von Borago, Symphytum, Onosma u. a. zeigen präflorale bis florale Nutation, diejenigen einiger epizoochorer Lappula- und Myosotis-Arten und der myrmekochoren Anchusa- und Nonnea-Arten eine postflorale, der keine Aufrichtung mehr folgt. Diese Bewegungen stehen in engstem Zusammenhang mit den Verbreitungseinrichtungen: Keine Nutationen zeigen in der Regel die Autochoren, die wie die meisten Arten von Lithospermum, Alkanna, Echium u. a. ihre meist sehr harten, langsam keimenden Klausen als „bradyspore Winterständer" (Sernander) nur sehr langsam ausstreuen, die eigentlichen Anemochoren, zu denen von unsern Arten wohl nur Eritrichium nanum zählt, und die Hydrochoren (Myosotis scorpioides, Mertensia maritima u. a.), deren Nüsschen vom Wasser verschwemmt werden. Die meisten dieser Arten (vielleicht mit Ausnahme von Lithospermum officinale) sind nach Kinzel ausgesprochene Lichtkeimer. Die Zoochoren umfassen 3 Gruppen: die gleich den vorigen meist bradysporen Cynoglossum-, Lappula- und Omphalodes-Arten, deren mit Häkelorganen versehene Nüsschen einzeln vorwiegend von Wiederkäuern und Nagern verbreitet werden, dann die ebenfalls epizoochore Asperugo und einige Myosotis-Arten, bei denen die postfloral stark vergrösserten Kelche und ganze Fruchtsprosse als Verbreitungseinheiten dienen, und schliesslich die durchwegs tachysporen Myrmekochoren, deren mit Pseudostrophiolen versehene Nüsschen von Ameisen verbreitet werden: Myosotis sparsiflora, Anchusa, Nonnea, Pulmonaria, Symphytum, Borago, vielleicht auch Omphalodes-Arten. Diese zeigen gleich vielen Epizoochoren eine starke postflorale Vergrösserung des Kelches, unterscheiden sich aber von jenen und besonders von den autochoren Winterständern durch ein rasches Erschlaffen der Frucht- und Blütenstandstiele (Sernander). Näheres über den Bau der oft sehr harten Fruchtwand bei Olbers, Alida. Om fruktväggens byggnad hos Borragineerna. Bihang t. Svenska Vet. Akad. Handl. Bd. XIII H. 3, 1887/8.

Von Arten im Gebiet nicht vertretener Gattungen kommen für uns die folgenden als Zier- und Adventivpflanzen in Betracht: Caccinia strigósa Boiss. Ausdauerndes, etwas fleischiges Kraut. Kelch tief geteilt, zur Fruchtzeit stark vergrössert. Krone blau, mit den Kelch um das doppelte überragenden Röhre und 5 lanzettlichen Lappen. Staubblätter weit vorragend, länger als die andern. Nüsschen gewölbt, nur an den Rändern von feinen Stacheln rauh. Heimat: Persien. Eingeschleppt in Ludwigshafen. — Allocárya Califórnica (Fischer et Meyer) Greene. Einjähriges, rauh behaartes Kraut mit gegenständigen Laubblättern. Blüten und Nüsschen ähnlich wie bei Eritrichium, doch die Ansatzfläche der letzteren oberhalb statt unterhalb der Mitte derselben. Heimat: Kalifornien, Oregon. Mit amerikanischer Wolle bei der Kammgarnfabrik Derendingen bei Solothurn 1916 eingeschleppt. — Amsínckia[1]) Lehm. (= Benthámia Lindley 1830 non 1833). Einjährige, meist dicht behaarte, oft niederliegende Kräuter mit armblütigen Wickeln. Krone gelb. Blüten und Nüsschen sonst ähnlich wie bei Eritrichium. Keimblätter im Gegensatz zu denen der letztgenannten Gattung 2-teilig. Die etwa 15 durchwegs pazifisch-amerikanischen Arten unterscheiden sich hauptsächlich durch die Form und Skulptur der Nüsschen, weshalb die meist nicht fruchtenden Adventivpflanzen selten mit Sicherheit bestimmt werden können. Solche sind seit etwa 1880 an den Häfen, Bahnhöfen und Mühlen des Rheingebiets wiederholt gefunden worden (am Niederrhein, in Ludwigshafen, Wachenheim, Mannheim, Strassburg, Kehl, Mutzig, Sulzbach, Basel, Schaffhausen (hier A. Menziesii und A. parviflóra Keller) usw., im Aaregebiet bei Solothurn, Wohlen und Zürich), auch im Rhonegebiet (bei Genf schon 1874 als Lithospermum pulum Déségl. non Vahl), ebenso auch in Mittel- und Norddeutschland (Crossener Mühle a. d. Mulde, vielfach bei Hamburg, Lübeck, Oranienburg, um Berlin, in der Niederlausitz, in Königsberg usw.), sowie in Frankreich, Belgien, Holland, Grossbritannien und Skandinavien. In Betracht kommen folgende Arten: A. Menziésii (Lehm.) Nelson et Macbridge (= A. intermédia A. Gray p. p. non Fischer et Meyer) aus dem pazifischen Nordamerika. Nüsschen eiförmig, 3-kantig, reif hellbraun, über 2 mm lang, schwach stachelig, aber ± deutlich runzelig. Krone nur selten über 6 mm lang. Auf diese beziehen sich wohl die meisten Angaben aus Mitteleuropa. — A. intermédia Fischer et Meyer (= A. lycopsoides auct. non Lehm., = Benthámia intermedia Druce) aus Kalifornien. Fig. 3092 a. Nüsschen eiförmig-3-kantig, reif 1 bis 1¼ mm lang, dunkelbraun bis schwarz, bekörnelt und scharf stachelig, aber nur undeutlich runzelig. Krone grösser als bei der vorigen. — A. lycopsoídes Lehm. aus dem Staate Washington. Nüsschen 3-eckig, mit flachem Rücken, schwach runzelig und bekörnelt. Die Angaben aus dem Rheingebiet und Norddeutschland beziehen sich wohl zumeist auf die vorigen Arten, auch wohl die der A. angustifólia Lehm. aus Chile. Näheres in der Monographie von J. Fr. Mac-

---

[1]) Benannt nach Wilhelm Amsinck, Bürgermeister von Hamburg und Gönner des dortigen botanischen Gartens.

bridge (Contributions Gray Herb. N. S. nr. XLIX, 1917). — Trachystémon[1]) Orientális (L.) Don. (= Borágo Orientalis L., = B. cordifólia Moench, = Psilostémon Orientalis DC.). Staude mit fleischigem Wurzelstock und sehr grossen Grundblättern. Blüten ähnlich wie bei Borago. Krone mit längerer Röhre und mit linealen, zurückgerollten Zipfeln. Staubblätter weit vorragend, ohne Anhängsel, behaart (bei der 2. Art, T. Créticum [Willd.] Don, kahl). Heimat: Griechenland, Türkei, Kleinasien. Als frühblühende Zierstaude für feuchte, schattige Orte zu empfehlen. Verwildert am Hohenheimer Friedhof bei Stuttgart. — Merténsia[2]) Roth. Habituell teils an Myosotis, teils an Pulmonaria erinnernde, oft fast kahle Stauden mit nicht oder undeutlich gestielten Laubblättern. Wickel unbeblättert. Krone lang-röhrig. Nüsschen aufrecht, glatt oder runzelig. Gegen 40 Arten in der nördlichen gemässigten Zone, besonders viele im pazifischen Nordamerika. M. marítima (L.) G. Don (= Pulmonária maritima L., = Stenhammária maritima Rchb., = Hippoglóssum maritimum Martin.). Pferdezunge; dän.: Hestetunge; norweg.: Östersurt (Austernkraut); schwed.: Fjärva; isländ.: Blalilja (Fig. 3092 b). Niederliegendes, kräftiges, fleischiges, fast kahles, nur warzig-rauhes Strandkraut mit schwarzen, aufgeblasenen, daher schwimmfähigen Nüsschen. Verbreitung zirkumpolar bis in die Arktis, in Europa an den Küsten von Island, Irland, England, Schottland, Shetlandsinseln, Norwegen, Nordwest-Jütland (an den deutschen Küsten noch nicht gefunden), Südwestschweden und Russisch-Lappland. Die fleischigen, süsslich-schleimig, ähnlich wie Austern, schmeckenden Laubblätter werden in Nordeuropa als Salat zubereitet und auch mit Fenchel und Honigwasser als Hustenmittel gebraucht. — Als frühblühende Zierstauden werden gezogen: M. Sibírica (L.) Don (= M. Pallásii Don, = Pulmonaria Sibirica L., = P. bracteáta Willd., = Lithospermum Sibiricum Lehm., = L. Pallasii Ledeb.). Laubblätter dünn (bei der vorigen fleischig). Krone wie bei der vorigen, mit 5 Längsfalten, blau. Nüsschen runzelig (bei der vorigen glatt). Waldpflanze der sibirischen Taiga bis zum Altai. Adventiv im Engadin (Schuttablagerungsplatz bei St. Moritz, 1908). — Die ähnlich verbreitete M. denticuláta (Römer et Schultes) Don unterscheidet sich hauptsächlich durch etwas fleischigere, deutlich gezähnelte (statt ganzrandige) Laubblätter; M. paniculáta (Aiton) Don (= Pulmonária paniculata Aiton, = P. élegans hort., = Lithospérmum paniculatum Lehm., = Cassélia paniculata Dum.) von der Hudsonbai durch behaarten statt kahlen Kelch. — M. Virgínica (L.) DC. (= M. pulmonarioides Roth, = Pulmonária Virginica L., = Stenhammária Virginica Rchb., = Cassélia Virginica Dum., = Lithospérmum pulchrum Lehm.). Von den vorigen besonders durch die glatte, purpurviolette Kronröhre verschieden. Heimat: Virginia. In Nordamerika offizinell. — Macroméria[3]) Don. Kalthauspflanzen aus Mittel- und Südamerika mit bis über 6 cm langen, nickenden, meist gelben Blüten. Kultiviert werden z. B. M. exsérta Don mit weit vorragenden und M. longiflóra Don mit kaum vorragenden Staubblättern, beide aus Mexiko. — Mit Onosma und Cerinthe verwandt, aber durch stumpfe, nicht zugespitzte Antheren verschieden, sind die beiden folgenden, als Freilandpflanzen gezogenen Arten: Macrotómia[4]) echioídes (L.) Boiss. (= Lycópsis echioídes L., = Anchúsa echioídes Bieb., = Arnébia echioídes DC.). Prophetenblume. Grau behaarte Staude. Blütenstand ährig. Krone mit langer Röhre, ohne Schuppen, Falten oder Nektarring, hellgelb, der trichterförmige Saum mit 5 purpurroten, nach dem Aufblühen verblassenden und ganz verschwindenden Flecken. Heimat: Kaukasusgebiet, Armenien, Persien. Als schöne Freilandstaude kultiviert. Adventiv im Hafen von Mannheim, 1909. — Arnébia[5]) decúmbens (Vent.) Cosson et Kral. (= A. cornúta Fischer et Meyer, = Lithospérmum decumbens Vent., = L. cornútum Ledeb., = Onósma Orientále Pall., = O. divaricátum et asperifólium Lehm., = O. decumbens auct.). Einjährige, gelblich behaarte Wüstenpflanze. Kelch 5-kantig, postfloral sich stark vergrössernd, bis 22 mm lang. Krone kürzer bis wenig länger, lebhaft gelb, mit honigabsonderndem Ring und aus 5 dunkelbraunen Flecken bestehendem Saftmal. Heimat: Steppen- und Wüstengebiete von Marokko durch Nordafrika und Vorderasien bis Südostrussland, Südsibirien bis zum Altai. Als Rabattenpflanze für leichte, trockene, mineralische Böden geeignet. — Rochélia dispérma (L.) Wettstein (= R. stelluláta Rchb.). Einjährige Wüstenpflanze mit sehr kleinen, blauen Blüten aus dem südlichen Mittelmeergebiet von Spanien und Marokko bis zu den Balkanländern und Westasien (bis Westtibet). Adventiv im Hafen von Mannheim, 1909. Die sonst auf Südasien und Australien beschränkte Gattung Rochelia bildet mit Harpagonélla Palméri A. Gray aus dem südlichen Kalifornien die durch das regelmässige Vorkommen von nur 2 Nüsschen ausgezeichnete Subtribus Harpagonélleae. — Von weiteren Gattungen werden Cochránea bei Heliotropium (pag. 2131), Lindelófia und Paracáryum bei Cynoglossum (pag. 2147), Lobostémon bei Echium (pag. 2193) und Alkánna bei Nonnea (pag. 2205) behandelt.

---

[1]) Von gr. τραχύς [trachýs] = rauh und στήμων [stémon] = Weberkette, Staubblatt.

[2]) Benannt nach dem Botaniker Prof. C. P. Mertens in Bremen, gest. 1831.

[3]) Gr. μακρός [makrós] = lang und μέρος [méros] = Teil; wegen der alle anderen Gattungen der Familie an Länge übertreffenden Kronen und Staubblätter.

[4]) Gr. μακρός [makrós] = lang und τόμος [tómos] = Abschnitt.

[5]) Nach dem arabischen Namen der Pflanze.

1. Griffel endständig auf dem ungeteilten Fruchtknoten, mit behaartem Ringwulst. Krone mit kurzer Röhre, ohne Schlundschuppen. Laubblätter breit, fieder- oder netznervig . . . . Heliotropium DCVII.
1*. Griffel zwischen den 4 (bei Cerinthe und der selten eingeschleppten Rochelia pag. 2128 nur 2) Teilfrüchten inseriert, ohne Ringwulst . . . . . . . . . . . . . . . . . . . . . . . . 2.
2. Krone regelmässig radiär, mit gerader Röhre . . . . . . . . . . . . . . . . . 3.
2*. Krone dorsiventral oder mit geknieter Röhre, blau, rot oder weiss (wenn gelb und bis über 6 cm lang, vgl. Macromeria pag. 2128). Zweijährige Kräuter mit ungestielten, sehr rauhen Laubblättern ohne deutliche Seitennerven . . . . . . . . . . . . . . . . . . . . . . . . . . . . 16.
3. Blüten nickend. Kronzipfel viel kürzer als die meist den Kelch überragende Röhre; wenn nur so lang oder kürzer, dann deutlich zugespitzt. Antheren lineal, spitz . . . . . . . . . . . 4.
3*. Blüten aufrecht oder abstehend oder doch erst nach dem Abfallen der Krone nickend. Kronzipfel meist länger als die oft sehr kurze Röhre; wenn nur so lang oder kürzer, dann abgerundet oder ausgerandet . . . . . . . . . . . . . . . . . . . . . . . . . . . . . . . . . 7.
4. Meist stark rauhhaarige, saftige Kräuter. Mindestens die untern Laubblätter gestielt und deutlich fieder- und netznervig. Nüsschen runzelig, mit von einem vortretenden Ring umgebenen Oelkörper . . 5.
4*. Wenig saftige oder, wenn saftige, fast kahle Kräuter. Laubblätter ungestielt, ohne oder mit sehr schwachen Seitennerven. Nüsschen ohne Oelkörper und ohne Ring. Krone stets hellgelb, mit langer Röhre und kurzen Zipfeln . . . . . . . . . . . . . . . . . . . . . . . . . . . . . 6.
5. Rhizomstauden. Krone mit langer, glockiger Röhre und sehr kleinen Zipfeln. Schlundschuppen und Staubblätter nicht oder nur wenig vorragend (wenn die Kronzipfel lineal und die Staubblätter weit vorragend, vgl. Trachystemon pag. 2128) . . . . . . . . . . . . . Symphytum DCXXII.
5*. Einjährige Gartenpflanze. Krone mit sehr kurzer Röhre und langen, spitzen, blauen oder weissen Zipfeln. Schlundschuppen und Staubblätter weit vorragend (wenn ausdauernd und mit langer Kronröhre, vgl. Caccinia pag. 2127) . . . . . . . . . . . . . . . . . . . . . Borago DCXXIII.
6. Laubblätter ± kahl, etwas fleischig, rundlich. Nüsschen zu je 2 verwachsen. Cerinthe DCXVI.
6*. Laubblätter rauhhaarig, lanzettlich. Nüsschen frei. Krone einfarbig-hellgelb. Staubbeutel lineal. (Wenn Krone mit braunem Saftmal und Antheren länglich-eiförmig, vgl. Arnebia und Macrotomia. pag. 2128) . . . . . . . . . . . . . . . . . . . . . . . . . . . Onosma DCXV.
7. Krone mit länglichen, papillösen oder behaarten oder ganz auf einen oft ziemlich tief inserierten Haarring beschränkten Schlundschuppen. Nüsschen mit von einem vortretenden Ring umgebenen Oelkörper. 8.
7*. Krone mit meist rundlichen, glatten, nur bei Lithospermum in Form behaarter Längswulste ausgebildeten Schlundschuppen (wenn diese ganz fehlend, vgl. Amsinckia mit gelber Krone pag. 2127 und Moltkia mit blauer, schmaler, von den Antheren überragter Krone bei DCXIII). Nüsschen ohne Ring und (ausser bei Myosotis sparsiflora) ohne Oelkörper . . . . . . . . . . . . . . . . 10.
8. Rhizomstauden mit meist erst nach den Blüten sich entfaltenden, zuweilen weissfleckigen Laubblattrosetten. Sprosse meist ± drüsig. Krone anfangs rosa, dann meist violett oder blau. Nüsschen glatt. . . . . . . . . . . . . . . . . . . . . . . . . . . . . . Pulmonaria DCXXI.
8*. Ein- bis mehrjährige Kräuter mit bleibender Pfahlwurzel. Laubblätter weder deutlich gestielt, noch drüsig oder weiss gefleckt. Nüsschen netzig-wulstig . . . . . . . . . . . . . . 9.
9. Schlundschuppen wohl entwickelt, zwischen den Kronbuchten. Kelch mindestens bis zur Mitte geteilt. Laubblätter oft ± wellig (wenn stark wellig und die Kronröhre deutlich gebogen, vgl. Lycopsis DCXIX). . . . . . . . . . . . . . . . . . . . . . . . . . . . . . . . . Anchusa DCXVIII.
9*. Schlundschuppen auf tief inserierte Haarbüschel reduziert. Kelch höchstens bis zu $^1/_3$ geteilt, postfloral sehr stark vergrössert (wenn weit über die Mitte geteilt, vgl. Alkanna bei DCXX). Laubblätter flach . . . . . . . . . . . . . . . . . . . . . . . . . . . . . . . . . Nonnea DCXX.
10. Nüsschen glatt, hart, mit kleiner Ansatzfläche dem flachen Stempelpolster aufsitzend. Laubblätter (ausser bei Lithospermum-Arten) nie mit deutlichen Seitennerven (wenn ganz nervenlos, vgl. auch Eritrichium DCVIII) . . . . . . . . . . . . . . . . . . . . . . . . . . . . . . 11.
10*. Nüsschen bestachelt oder gesäumt, mit ± grosser Ansatzfläche dem gewölbten Stempelpolster aufsitzend . . . . . . . . . . . . . . . . . . . . . . . . . . . . . . . . . 12.
11. Krone mit deutlichen, oft etwas ausgerandeten Schlundschuppen und in der Knospenlage gedrehtem Stamm (wenn dieser dachziegelig und die Sprosse ± fleischig, vgl. Mertensia pag. 2128). Myosotis DCXIV.
11*. Krone mit auf behaarte Längswülste reduzierten Schlundschuppen und in der Knospe dachziegeligem, weissem oder leuchtend blauem Saum . . . . . . . . . . Lithospermum DCXIII.
12. Stengel von rückwärts gekrümmten Stachelhaaren rauh, sehr schlaff. Blüten einzeln oder gepaart in den Blattachseln, sehr klein. Kelch postfloral sehr stark vergrössert, abgeflacht, mit gezähnten Zipfeln. . . . . . . . . . . . . . . . . . . . . . . . . . . . . . . . . . Asperugo DCIX.

12*. Stengel nicht so beschaffen. Blüten meist in arm- bis vielblütigen Wickeln. Kelch postfloral wenig oder nicht vergrössert, mit 5 regelmässigen, ganzrandigen Zipfeln . . . . . . . . . . . . . 13.
13. Nüsschen ohne widerhakige Stacheln. Blüten sehr ähnlich wie bei Myosotis . . . . . . 14.
13*. Nüsschen mit widerhakigen Stacheln besetzt. Blüten in sparrig abstehenden, am Grunde beblätterten Wickeln . . . . . . . . . . . . . . . . . . . . . . . . . . . . . . . . 15.
14. Laubblätter schwach behaart bis kahl, mit kräftigem Mittelnerven, mit oder ohne Seitennerven. Nüsschen mit schüsselförmig aufgekrümmtem Rand. Ein- bis 2-jährige Kräuter und -Rhizomstauden . . . . . . . . . . . . . . . . . . . . . . . . . . . . . . . . . . . . Omphalodes DCXI.
14*. Laubblätter dicht wollig behaart, ohne deutliche Nerven. Nüsschen mit gezähnten oder ganzen Flügeln. Polsterpflanze (wenn 1-jährig und mit gegenständigen Laubblättern, vgl. Allocarya pag. 2127) . . . . . . . . . . . . . . . . . . . . . . . . . . . . . . . . . . . . . . . Eritrichium DCVIII.
15. Laubblätter und Blüten denen von Myosotis sehr ähnlich. Nüsschen tetraedrisch, sitzend, meist nur auf den Kanten bedornt . . . . . . . . . . . . . . . . . . . . . . . . . Lappula DCX.
15*. Laubblätter oft deutlich fieder- oder netznervig. Krone meist braunrot, selten blau (wenn mit verlängerter Röhre, vgl. Lindelofia). Nüsschen gewölbt, mit an der Spitze liegender Ansatzfläche, daher ± hängend (wenn breit geflügelt, vgl. Paracaryum bei DCXIII) . . . . . . . Cynoglossum DCXII.
16. Wickel armblütig. Krone klein, hellblau, mit geknieter Röhre und regelmässigem Saum. Schlundschuppen vorhanden, die Staubblätter verdeckend. Griffel ungeteilt . . . . . . . Lycopsis DCXIX.
16*. Wickel reichblütig. Krone meist gross, mit gerader Röhre und schiefem Saum, ohne Schlundschuppen. Staubblätter vorragend. Griffel 2-spaltig (wenn ungeteilt, vgl. Lobostemon). Echium DCXVII.

## DCVII. Heliotrópium[1]) L. Sonnenwende, Heliotrop. Franz.: Héliotrope; ital.: Porraja.

Sträucher, Halbsträucher und Kräuter mit meist wechselständigen Laubblättern. Blüten klein, in arm- bis vielblütigen, einfachen, gegabelten oder doldentraubig zusammengesetzten Wickeln, meist ohne Hochblätter. Kelch ± tief in 5 Zipfel geteilt. Krone meist weiss oder violett, mit kurzer Röhre, ohne Schlundschuppen und mit 5 gleichen, in der Knospe meist gefalteten Zipfeln. Staubblätter 5, mit sehr kurzen Filamenten und länglichen Antheren. Fruchtknoten meist 4-fächerig, mit Drüsenring unter dem sehr verschiedenartig geformten, endständigen Griffel. Frucht meist in 4 trockene Nüsschen zerfallend.

Die Gattung ist mit etwa 220 Arten über die Subtropen und Tropen und in der südlichen gemässigten Zone beider Hemisphären verbreitet, in Europa nur im Mittelmeergebiet. Mitteleuropa erreicht nur 1 Art und auch nur als Archaeophyt. Diese und alle übrigen kultivierten und adventiven Arten gehören zur Sektion Eu-Heliotrópium DC. Eine Ausnahme bildet nur H. supinum L. aus der Sektion Piptocláina (G. Don) Endl., ein niederliegendes, 1-jähriges Kraut, das an feuchten Orten im südlichen Mittelmeergebiet (nördlich bis Südspanien, Südfrankreich, Sizilien, Griechenland, Dalmatien, Banat) und bis Senegambien, Abessynien und Vorderindien verbreitet und vereinzelt auch schon im Rheingebiet eingeschleppt beobachtet worden ist (Mannheim 1899, Solothurn 1906, Zürich 1911). Die Art war ähnlich wie bei H. Europaeum als „Hérba Heliotrópii minóris" offizinell, im alten Griechenland z. B. als Bandwurmmittel. — Aus der Verwandtschaft des H. Europaeum wird selten als Zierpflanze kultiviert und auch adventiv beobachtet: H. Boccónei Gussone (= H. Europaeum L. var. suavéolens Fiori et Paol.) aus Kalabrien und Sizilien, vielleicht auch Griechenland und Vorderasien (adventiv im Güterbahnhof Zürich, 1917). Vielleicht damit identisch ist H. suavéolens Bieb. (= H. Europaeum L. var. suavéolens Bieb., = H. odórum Steven) aus Griechenland, Mazedonien, Kleinasien und den Kaukasusländern bis Persien (adventiv im Hafen von Mannheim 1899), das sich durch eine kurz-kugelförmige statt lang-pfriemliche Narbe unterscheiden soll. Nach Thellung ist dieses Merkmal jedoch kaum stichhaltig und beruht vielleicht nur auf Heterostylie. — H. Curassávicum L. ist eine in Nord- und

---

[1]) Griech. ἡλιοτρόπιον [heliotrópion], von ἥλιος [hélios] und τρέπειν [trépein] = wenden; nach Dioskurides deshalb, weil die Pflanze ihre Blätter nach der Sonne einstelle. Dieser Autor unterschied bereits 2 Arten, eine grosse, an dürren Orten wachsende mit basilikumähnlichen, aber dichter behaarten und dunkleren Blättern und weissen bis rötlichen Blüten (H. Europaeum, H. villosum oder eine verwandte Art) und eine kleine, an feuchten Orten wachsende (H. supinum oder eine Myosotis, von manchen Kräuterbuchverfassern auch als eine Euphorbia gedeutet). Plinius unterschied ein Heliotropium helioscopium, so genannt, weil es sich immer nach dem Sonnenstand drehe, und ein Helioscopium tricoccum (wohl eine Euphorbia).

Tafel 219

## Tafel 219.

Fig. 1. *Lappula echinata* (pag. 2139). Habitus.
„ 1 a. Fruchtstachel stärker vergrössert.
„ 1 b. Fruchtknoten.
„ 1 b* und 1 c. Staubbeutel von vorn und hinten.
„ 1 d. Frucht.
„ 2. *Eritrichium nanum* (pag. 2134). Habitus.
„ 2 a. Blüte im Längsschnitt.
„ 2 b. Fruchtknoten.
„ 2 c. Laubblatt.
„ 3. *Asperugo procumbens* (pag. 2136). Habitus.
Fig. 3 a. Frucht.
„ 4. *Symphytum officinale* (pag. 2223). Habitus.
„ 4 a. Blüte im Längsschnitt.
„ 4 b. Staubblätter.
„ 4 c. Fruchtkelch.
„ 4 d. Fruchtknoten.
„ 5. *Symphytum tuberosum* (pag. 2226). Habitus.
„ 5 a. Frucht.
„ 5 b. Teilfrucht.

Südamerika von Virginia bis Chile weit verbreitete Art, die auch auf den Hawaiischen Inseln, im Kapland, in Nordwestafrika und in Australien ± eingebürgert und vereinzelt auch schon in Europa (Montpellier, Campo Marzio bei Triest, Ludwigshafen am Rhein) beobachtet worden ist. — Allgemein bekannte Zierpflanzen sind H. Peruviánum L. (= H. odorátum Moench), der Vanille-Heliotrop, franz.: Fleur des Dames, herbe du Saint Fiacre (Fig. 3093) und das nahe verwandte H. corymbósum Ruiz de Pavon (= H. grandiflórum Don), beides Halbsträucher bis Sträucher aus Peru. Beide ihres Vanilledufts wegen lange Zeit beliebte, jetzt etwas aus der Mode gekommenen Arten eignen sich sowohl als Gruppenpflanzen für Freilandbeete wie für die Zimmerkultur, in der sie bei Temperaturen von 8 bis 15° und in leichter, aber nährstoffreicher, feuchter Erde das ganze Jahr über blühen. Besonders von dem 1740 durch Jussieu eingeführten H. Peruvianum sind eine grosse Zahl von Gartensorten erzielt worden, wie die lilafarbigen „Anna Turrel", „Triomphe de Liège", „La Perle", die dunkelviolette „Roi des Noirs", die dunkelblaue „f. Voltaireanum hort.", die weisse „White Lady" u. a. Im Besitz von Thurn und Taxis in Lautsekin sind bis 50 Jahre alte Hochstammformen mit einem Stammumfang von 45 cm am Boden und 35 cm in 1 m Höhe, einem Kronendurchmesser von 2½ m und einem Kronenumfang von zirka 8 m. Im Winter empfiehlt sich Bedeckung mit Mistbeetkasten und Decken von Stroh, Mist oder Lohe. Die Vermehrung erfolgt im Gebiet fast nur durch Stecklinge, ähnlich wie bei Pelargonium. Beide Arten sind z. B. im Oberrheintal wiederholt halb verwildert gefunden worden, das weniger häufig kultivierte, weil schwächer riechende H. corymbósum z. B. beim Friedhof von Mannheim 1909. Aus den Blüten wird das herrlich duftende ätherische Oel (Heliotropiumöl) gewonnen, das in der Parfümerie zur Bereitung von Pomaden und Essenzen verwendet wird. — Mit H. corymbosum zeigt grosse Aehnlichkeit die in ähnlicher Weise kultivierte Cochránea anchusifólia (Poiret) Gürke (= Tournefórtia heliotropioídes Hooker) aus Brasilien. Die auf Südamerika beschränkte Gattung Cochránea Miers unterscheidet sich von Heliotropium hautsächlich durch die trockene oder etwas fleischige Frucht, die regelmässig in nur 2-fächerige Hälften zerfällt. Die 3. Gattung der Heliotropioídeae, Tournefórtia[1]) L., die über die Tropen beider Hemisphären verbreitet ist, hat eigentliche Steinfrüchte.

Fig. 3093. Heliotropium Peruvianum L.
a Blühender Spross, b Blüte.

1. Einjährige Kräuter mit eiförmig-lanzettlichen, flachen Laubblättern (wenn ausdauernd und mit lineal-lanzettlichen Laubblättern, siehe H. Curassavicum oben). Blüten in einfachen oder zu 2 bis 3 genäherten Wickeln. Krone weiss. Mediterrane Arten . . . . . . . . . . . . . . . . . . . . . . 2.

1*. Halbsträucher und Kleinsträucher mit etwas runzeligen Laubblättern. Blüten in doldentraubig zusammengesetzten Wickeln. Krone meist violett oder blau. Zierpflanzen aus Südamerika . . . . . 4.

2. Stengel niederliegend, graufilzig. Kelch krugförmig, mit sehr kurzen Zähnen, die meist aus einem einzigen Nüsschen bestehende Frucht fest umschliessend und mit dieser abfallend. Krone sehr klein . . . . . . . . . . . . . . . . . . . . . . . . . . . . . . . . . . . . . H. supinum pag. 2130.

---

[1]) Benannt nach dem hervorragenden Systematiker und Arzt Joseph Pitton de Tournefort, geb. 1658 zu Aix en Provence, gest. 1708 als Professor der Botanik zu Paris. Sein Pflanzensystem ist das bedeutendste vor demjenigen Linnés.

2*. Stengel aufsteigend oder aufrecht, kurz angedrückt behaart. Kelch offen, tief geteilt. Frucht in 4 einzeln ausfallende Klausen zerfallend . . . . . . . . . . . . . . . . . . . . . . . . . . 3.

3. Blüten unter ½ cm breit, geruchlos. Narbe lang pfriemlich verschmälert. Weinberg- und Ackerunkraut . . . . . . . . . . . . . . . . . . . . . . . . . . . . . . . H. Europaeum nr. 2295.

3*. Blüten über ½ cm breit, wohlriechend. Narbe meist kurz kegelförmig. Zier- und Adventivpflanzen . . . . . . . . . . . . . . . . . . . . . . . . . . H. Bocconei und H. suaveolens pag. 2130.

4. Blüten duftend. Frucht in 4 einfächerige Klausen zerfallend . . . . . . . . . . . . 5.

4*. Blüten geruchlos, in Grösse und Farbe denen von H. corymbosum gleichend. Frucht in 2 zweifächerige Hälften zerfallend . . . . . . . . . . . . . . . . . Cochranea anchusifolia pag. 2131.

5. Sprosse rauh behaart. Kelchzähne lanzettlich. Krone ± ½ cm breit, oft lebhaft violett, mit starkem Vanillegeruch . . . . . . . . . . . . . . . . . . . . . . . . . . . . H. Peruvianum pag. 2131.

5*. Sprosse flaumig behaart. Kelchzähne lang pfriemlich. Krone grösser, mindestens doppelt so lang als der Kelch, meist heller gefärbt, mit schwachem, mehr narzissenähnlichen Geruch . . . . . . . . . . . . . . . . . . . . . . . . . . . . . . . H. corymbosum pag. 2131.

**2295. Heliotropium Europæum**[1]**) L.** Skorpionskraut, Krebsblume, Wodanskraut, Warzenkraut, Sonnenwende. Franz.: Herbe aux verrues, herbe du cancer, tournesol; ital.: Porraja, porricella. Taf. 220, Fig. 1 und Fig. 3094.

Einjähriges, fast ganz geruchloses Kraut mit ziemlich kräftiger, wenig verzweigter, oft etwas verbogener Pfahlwurzel. Sprosse hellgrün, ziemlich dicht mit kurzen, angedrückten Haaren besetzt. Stengel aufrecht oder aufsteigend, ± 2 bis 3 (1 bis 3½) dm lang, stielrund, meist an allen der wenig zahlreichen Knoten wiederum ± verzweigte Aeste tragend. Laubblätter 2-zählig, wechselständig, mit ± ½ bis 2½ cm langem Stiel und elliptisch-spateliger bis ei-lanzettlicher, ± 3 bis 4 (1 bis 7) cm langer und 1 bis 2 (½ bis 4) cm breiter, ganzrandiger, am Grund verschmälerter, vorn abgerundeter, flacher, beiderseits weich behaarter Spreite, mit 3 bis 4 (bis 7) Paar bogigen, meist nur durch sehr schwache Netznerven verbundenen Fiedernerven. Blüten 3 bis 4 mm lang und ± 3 mm breit, sitzend, in blattachsel- und endständigen, ± 2 bis 6 cm langen, dichten, einseitswendig eingerollten, einfachen oder gegabelten Wickeln. Kelch fast bis zum Grund in lanzettliche, dicht weichhaarige, zuletzt sternförmig ausgebreitete Zipfel geteilt. Krone weiss bis etwas bläulichweiss, im Schlund gelb, mit den Kelch kaum überragender Röhre und gefälteltem Saum, mit 3-eckigen Zipfeln. Staubblätter in der Kronröhre eingeschlossen, mit zugespitzten, fast sitzenden Antheren. Fruchtknoten 4-teilig, fein warzig, mit kurzem Griffel und aufgesetzter, kegelförmiger, pfriemlich verlängerter, vorn kurz 2-spaltiger Narbe. Nüsschen eiförmig-birnförmig, 2¼ mm lang, grob warzig, kahl oder spärlich behaart, dunkelbraun, mit kleiner, elliptischer Ansatzfläche, rasch reifend. Endosperm vorhanden. — VII bis IX.

Fig. 3094. Heliotropium Europaeum L., in einem verwilderten Kartoffelacker. Phot. Dr. Fritz Ernst, Grünstadt (Pfalz).

---

[1]) Matthioli, Bauhin u. a. deuteten diese Art als „Heliotropium majus Dioscoridis". Aeltere Namen sind Solsequium, cauda scorpionis, herba cancri. Die meisten Namen beziehen sich auf die Form der Blütenstände.

In Weinbergen, Aeckern und Brachen auf Sand- und Kiesboden, an Wegrändern, auf Oedland im Mittelmeergebiet. Im Donau-, Rhone- und Oberrheingebiet als Archaeophyt völlig eingebürgert, anderwärts nur vorübergehend eingeschleppt. Steigt bei uns nur selten höher als der Weinbau (im Mittelwallis bis 1370 m).

In Deutschland als Archaeophyt nur im Südwesten: in der Rheinebene von Basel bis Koblenz sehr zerstreut, häufiger nur im Elsass (z. B. um Kolmar, schon von J. Bauhin daselbst ganze Felder bedeckend gefunden, seltener im Sundgau und in Lothringen, z. B. um Metz und Gross-Mövern) und am Kaiserstuhl, im Maintal bis Miltenberg und Kreuzwertheim, im Nahetal von Kreuznach bis Sobernheim, im Moseltal von Koblenz bis Trier und im angrenzenden Luxemburg, ausserdem nur vereinzelt und meist nur vorübergehend in Württemberg (Bietigheim, Hohenzollern), Bayern (um Nürnberg [mehrfach], Südbahnhof München), ganz vereinzelt und meist nur vorübergehend auch in Mittel- und Norddeutschland (z. B. Rheinwerft Uerdingen, Bernburg, Barby, Potsdam, Danzig). — In Oesterreich häufiger nur im Pannonischen Gebiet (in Niederösterreich besonders im Marchfeld und im südlichen Wiener Becken bis ins Steinfeld, in Wien selbst am alten Naschmarkt, vereinzelt z. B. bei Traismauer und Langenlois, in Steiermark z. B. bei Graz, zerstreut auch im südlichen Mähren bis Znaim und Brünn, adventiv bei Mistek), ferner in Krain, Friaul und Istrien (nur im westlichen Istrien stellenweise häufiger) und in Südtirol (mehrfach in der Umgebung des Gardasees, vorübergehend auch bei Meran und im Vintschgau). — In der Schweiz in der Umgebung des Genfersees, im Rhonetal aufwärts bis Visp, vom Genfersee bis an den Neuenburgersee und dann wieder mehrfach im Kanton Basel, ausserdem nur ganz vereinzelt und unbeständig (z. B. Freiburg, Solothurn, Mümliswil, Aarau, Brugg, Zürich).

Allgemeine Verbreitung: Im ganzen Mittelmeergebiet (im westlichen jedoch vielleicht nur als Archaeophyt) von Portugal und den Atlasländern bis Aegypten, Syrien, Mesopotamien, Persien, Kaukasien und zu den Donauländern. Eingebürgert bis Mittelfrankreich, Mitteldeutschland und Oesterreich.

Das ursprüngliche Areal dieser zirkummediterranen oder richtiger orientalisch-mediterranen Art ist sehr schwer festzustellen. Vielleicht ist es auf Vorderasien beschränkt, wo die Pflanze (z. B. am Ararat) bis in die subalpine und alpine Stufe steigt. Schon in den Balkanländern scheint die Art hauptsächlich in Kulturen (Weinbergen, Olivenhainen, Maisfeldern usw.) aufzutreten und nur vereinzelt aus diesen auch auf ± natürliche Standorte überzugehen. Im Rhone- und Rheintal tritt sie fast ausschliesslich in Weinbergen und sandigen Aeckern (z. B. Kartoffeläckern) auf, zusammen mit Eragrostis minor, Setaria viridis und S. verticillata, Portulaca oleracea, Ajuga Chamaepitys, Lappula echinata, Lycopsis arvensis, Antirrhinum Orontium, Valerianella carinata usw. Kalkarmen Boden scheint sie kalkreichem etwas vorzuziehen, ohne jedoch bodenstet zu sein. Auf Sandboden tritt sie zuweilen sehr gesellig auf, ist jedoch selbst an der Adria vielfach unbeständig. Schon für Niederösterreich wird sie dagegen als regelmässiger Bestandteil der pannonischen Federgrasheiden (Beck) angegeben. Ausser mit Getreide wird sie auch mit Luzerne (z. B. aus Südfrankreich) eingeschleppt. — Eine Verbänderung fand Geisenheyner. — Die mannigfache Verwendung, die das Kraut gefunden hat, geht grösstenteils auf „Signaturen" zurück: Die Anwendung gegen Skorpionstiche, Schlangenbiss und Krebs auf die Gestalt der Blütenstände, diejenige gegen Quartan- und Tertianfieber (gegen ersteres 4, gegen letzteres 3 Nüsschen nach Dioskurides) auf die Zahl und diejenige gegen Warzen auf die Gestalt der Nüsschen. Ausserdem wurde das bitter schmeckende Kraut auch als Wundmittel und Purgativum und (nach Mattioli) zur Vertreibung von Ameisen gebraucht. Das Seltenerwerden der Pflanze im Oberrheintal und anderwärts deutet vielleicht darauf, dass sie daselbst zur Römerzeit oder im Mittelalter absichtlich eingeführt worden und mindestens geschont worden ist. In ähnlicher Weise werden noch jetzt in den Tropen H. Indicum L., H. Curassavicum L. u. a. Arten gegen Hautkrankheiten gebraucht. In den Wurzeln und Nüsschen von H. Europaeum, H. Peruvianum u. a. ist das giftige Alkaloid Cynoglossin, das früher auch als Heliotropin bezeichnet wurde, enthalten. — Im Gebiet variiert die Art kaum. Im östlichen Mittelmeergebiet ist eine stärker behaarte Form mit kleineren Blüten und stärker behaarten Nüsschen (var. tenuiflórum [Gussone] Boiss., = H. commutátum et Carduchórum C. Koch) verbreiteter als die als Typus geltende schwach behaarte Form (= H. subcanéscens Steven). Auch grossblütige, an H. Bocconei Guss. erinnernde Formen sind aus Südeuropa bekannt.

## DCVIII. **Eritríchium**[1]) Schrader. Himmelsherold.

An Myosotis erinnernde, meist stark wollig behaarte Kräuter. Blütenstand, Kelch, Krone und Staubblätter wie bei Myosotis. Stempelpolster kegelförmig. Nüsschen unterhalb der

---

[1]) Gr. ἔριον [érion] Wolle und θρίξ, Genitiv τριχός [thrix, trichós] Haar, wegen der meist wolligen Behaarung. Die sprachlich richtigere Schreibweise Eriotrichum zieht Rouy vor.

Mitte inseriert und dasselbe überragend, auf dem Rücken meist glatt, stumpf gekielt, auf den Kanten fein borstig oder ± gezähnelt.

Die Gattung umfasst gegen 30 mit Ausnahme unserer Art und einer in Australien auf die Gebirge Asiens und Amerikas beschränkte Arten. Von den nordamerikanischen Arten wird das einjährige E. barbigerum Gray (= Krynitzkia barbigera Fischer et Meyer) mit weisser Krone zuweilen ähnlich wie Omphalodes linifolia als „Weisses Vergissmeinnicht" kultiviert. Von den asiatischen Arten sei E. densiflórum Duthie aus dem Himalaya (z. B. in der Nivalstufe des Mt. Everest) genannt. — Bei dem arktischen E. capituliflorum fand Jackson in den Achseln der Rhizomschuppen gebildete Blüten.

**2296. Eritrichium nánum**[1]) (Allioni) Schrader (= Myosótis nana All., = M. pauciflóra Vitm., = Eritrichium Terglovénse Dalla Torre et Sarnthein non Kerner). Himmelsherold. Franz.: Mousse bleue. Taf. 219, Fig. 2 und Fig. 3095, 3098e und 3104.

Polsterstaude mit langlebiger, $^1/_2$ bis $1^1/_2$ dm langer und 1 bis 3 mm dicker, stark verzweigter, holziger, schwarzer Pfahlwurzel und mit sehr ästigem, von schwarzbraunen Blattresten umscheidetem Erdstock. Sprosse von ziemlich langen, weichen Seidenhaaren graugrün, ein dichtes, halbkugeliges bis ziemlich lockeres, ± 3 bis 10 cm breites und $1^1/_2$ bis 3 (bis 5) cm hohes Polster bildend. Krautige Stengel 1 bis 2 (bis 3) cm lang, einfach, locker wechselständig beblättert, gleich den Laubblättern locker abstehend behaart. Laubblätter grösstenteils rosettig gehäuft, schmal-spatelig, ± 4 bis 10 mm lang und $1^1/_2$ bis 3 mm breit, stumpf oder kurz zugespitzt, ohne deutliche Nerven, bleichgrün, beiderseits behaart, im Winter verkahlend und sich bräunend, aber mehrere Jahre erhalten bleibend. Blüten kurz gestielt, in 3- bis 6-blütigen, beblätterten, dichten Wickeln. Kelch fast bis zum Grund in 5 lineale, stumpfe, ± 3 mm lange, seidig behaarte Zipfel gespalten. Krone mit kurzer, weisser Röhre, anfangs karmin-rotviolettem, dann leuchtend himmelblauem, selten weissem, 7 bis 9 mm breitem Saum und lebhaft gelben, glatten Schlundschuppen, spät abfallend. Staubblätter klein, von dem Schlundring verdeckt. Griffel mit kopfiger Narbe. Nüsschen eiförmig-tetraëdrisch, ± $2^1/_2$ mm lang, mit sehr kleiner Ansatzfläche dem kegelförmigen Griffelpolster aufsitzend, an den beiden äussern, fast flügelartigen Kanten fransig-gezähnt, seltener nur spärlich gewimpert, sonst glatt, glänzend braun. — VII, VIII.

Fig. 3095. Eritrichium nanum (Amann) Schrad., Dolomiten. Phot. W. Schacht, München.

In Felsspalten, auf Grus und im offenen Curvuletum der subnivalen und nivalen Stufe der zentralen und südlichen Alpen. In den West- und Zentralalpen ausschliesslich auf kristallinem Gestein, Quarzit und kalkarmem Phyllit, in den Südostalpen dagegen auf Dolomit und Kalk. Meist nur zwischen 2500 und 3000 m, doch auch hoch über die Schneegrenze steigend: am Piz Kesch in den Rätischen Alpen bis 3390 m, am Weisstor in den Penninischen Alpen bis 3620 m. In den Westalpen nur vereinzelt bis 2400 m herabgehend, in den Ostalpen öfters bis 2200 m, in der Moräne des Fornogletschers bis 2070 m, in Südtirol angeblich bis 1900 m.

---

[1]) E. nanum wurde zuerst von Boccone (vom Mt. Cenis), von J. J. Scheuchzer und Haller (unter Scorpiurus) von Allioni, Villars u. a. als eine Myosotis beschrieben.

Fehlt den Deutschen, Ober- und Niederösterreichischen Alpen. In Oesterreich in den Hohen und Niederen Tauern (in Salzburg nur auf den Gipfeln des Lungaus über 2200 m), in Steiermark auf der Gamsspitze, dem Hochgolling, Greifenberg, Zwerfenberg, Rotheck, Birgofen, Brenner-Feldeck, Ruprechtseck, Tuchmaarkaar bei Kleinsölk, Stangalpenzug (Eisenhut), Karawanken (bis zur Petzen und Ojstriza), Julischen Alpen (Triglav) und in Südtirol von den Vicentinischen und Brescianer Alpen (angeblich bis zum Monte Baldo) durch die Dolomiten bis zur Seiseralpe (früher auch auf dem Gipfel des Schlern), Kreuzkofel, Pescolleralpe, Buchenstein, westlich der Etsch nur bis in die Ortlergruppe (Piz del Mezzodì, Tonale, zwischen Pejo und Santa Catterina), im Oberinntal nur auf Schweizerboden (bis zum Fimberjoch). Die Angabe vom Arlberg ist jedenfalls unrichtig. — In der Schweiz in Graubünden (im Süden recht verbreitet, nördlich bis zum Fimberjoch, Kuh-alphorn bei Davos und Piz Badus), in den Penninischen Alpen durch den nördlichen Tessin (südlich bis zum Sasso della Paglia im unteren Misox und Monte Ghiridone ob dem Langensee) bis ins Wallis (vom Binnental bis zum Eringertal, fehlt nördlich der Rhone), ausserdem nur noch im Gotthardmassiv (ziemlich verbreitet) und im Aarmassiv (nur im Sustengebiet zwischen Reuss und Aare bis zum Maien- und Urserental, an der Steinlimmi bis 2734 m, angeblich auch in den Glarneralpen). Vgl. Fig. 3104.

Allgemeine Verbreitung: Alpen von den Seealpen (bis zum Monte Bega über Tenda) durch die Zentralmassive (mit Ausschluss fast des ganzen Montblanc- und Aigouilles-rouges-Massivs), Penninischen und Rätischen Alpen bis zu den Dolomiten, Tauern und Kara-wanken, in abweichenden Rassen in den Karpaten (Siebenbürgen und in der Bukowina) und im Kaukasus; nahe verwandte Sippen im Ural, Altai, Samojedenland, Nowaja Semlja, am Kap Tscheljuskin (bis zirka 77° 36′ nördl. Breite), in Sibirien und auf den chinesischen Gebirgen hauptsächlich die nah verwandte Arten und Unterarten darstellenden E. villósum (Ledeb.) Bunge, E. pectinátum (Pall.) DC. (beide westlich bis zum Ural), E. Chamissónis DC. und arctioídes (Cham.) DC. an der Behringstrasse und in Kamtschatka.

E. nanum ist somit eine arktisch-alpine Art, die wohl frühzeitig aus den asiatischen Gebirgen über die Karpaten in die Alpen eingewandert ist. Bei der als Typus geltenden, von den sibirischen besonders durch eine andere Behaarung abweichenden Rasse der Alpen werden zwei Formen var. odontospérmum Koch mit gezähnten Fruchtkanten und var. leiospérmum Koch mit glatten oder schwach gewimperten Fruchtkanten unterschieden. Diese Form, die nach Braun-Blanquet von jener nicht geographisch getrennt ist, wird meist (ob zu Recht?) mit var. Terglouénse (Hacquet) DC. (= Myosótis Terglouénsis Hacquet, = E. Hacquétii Koch, = E. Terglovense Putterl., = E. Tergloviense Kerner) identifiziert, die jedoch möglicherweise eine geo-graphische Rasse der Südalpen und Siebenbürgischen Karpaten darstellt und, wenn auch nicht ausschliesslich, so doch öfters auch auf Kalk (z. B. am Triglav in 2500 m Höhe mit Potentilla nitida, Gentiana Terglouensis und Crepis Terglouensis) und Dolomit (so vielfach in den Tiroler Dolomiten) vorkommt. In den ganzen West-alpen bis zu den Rätischen Alpen und auch in den Tauern ist die Art hingegen streng kalkfliehend, meidet aber auch stärker saure Böden, ist also „stenomesoxyphil". Ausnahmsweise kommt sie auf Porphyr, Amphibolit, Bündnerschiefer usw. auch mit Kalkpflanzen wie Draba aizoides (z. B. am Piz Padella im Engadin nach Gams) und Androsace Helvetica (auf Erstfelder Gneiss am Murmetsplankstock nach E. Schmid) vor. Zu ihren regel-mässigsten Begleitern zählen Androsace alpina und A. multiflora (= A. imbricata, Bd. V/3, pag. 1793), Prímula hirsuta (Bd. V/3, pag. 1767), Minuartia (Alsine) sedoides (Bd. III, pag. 393) und Saxifraga bryoides. Braun nennt diese Spaltengesellschaft an der Bernina Androsace imbricata-Phyteuma Carestiae-Assoziation (vgl. auch Bd. VI/2, pag. 383), E. Schmid im oberen Reusstal Eritrichium nanum-Felsflur (zu den konstantesten Arten zählen hier ausser mehreren der genannten Silene acaulis, Ranunculus glacialis, Chrysanthemum alpinum var. minimum, wogegen Eritrichium nur als seltene „Charakterpflanze" erscheint), Lüdi im Berner Oberland als Androsace multiflora-Variante des Primuletum hirsutae. Bei stärkerer Humusanreicherung leitet sie über einerseits zu Flechten- und Moosheiden (mit Cetraria nivalis, Solorina crocea, Rhacomitrium lanuginosum u. a.), andrerseits zu Grasheiden (Caricetum curvulae mit Potentilla frigida, Pedicularis Kerneri usw., Seslerietum distichae). Auf Geröll treten vor allem Sieversia reptans und Achillea nana dazu, und mit diesen und Androsace alpina steigt Eritrichium an einzelnen Gletscherzungen (z. B. am Roseggletscher bis 2200 m, am Fornogletscher bis 2070 m) bis unter die Baumgrenze herab. Ihren normalen Standort bilden aber die letzten Phanerogamenflecken auf Abwitterungshalden und ruhendem, mässig feuchtem Grus in der subnivalen und nivalen Stufe von 200 m unter bis 400 m über der Schneegrenze, wo die leuchtendblauen Polster neben dem Rosa der Androsace alpina und dem Gelb der Draba Hoppeana und Sieversia reptans einen prächtigen Anblick bieten. Weissblühende Individuen sind selten (f. albiflórum Sündermann), z. B. an der Cima di Boche im Val Travignolo (Tirol). Die Fransen der Nüsschen erleichtern jedenfalls die Windverbreitung (Wintersteher). Nach Vidal werden die Polster gegen 30 Jahre alt. Bei einer Dicke der Wurzeln und Erdstockachsen von nur 1 bis 3 mm beträgt die mittlere

Jahrringbreite nur 0,034 mm. Die somit sehr langsam wachsenden Sprosse werden ähnlich wie bei andern Polsterpflanzen (Androsace- und Saxifraga-Arten) durch eine Tunica aus vertrockneten Laubblättern geschützt. Die Blüten sind proterogyn und sowohl an Selbst- wie an Fremdbestäubung angepasst. Correvon gelang es, die Art bei Genf auf Sphagnumtorf zu kultivieren.

## DCIX. Asperúgo[1]) L. Scharfkraut.

Die Gattung weist nur eine Art auf.

**2297. Asperugo procúmbens** L. Scharfkraut, Schärfling, Schlangenäuglein. Franz.: Râpette, portefeuille; engl.: Madwort, madderwort, catchweed, great goose-grass; dän.: River; schwed.: Riva; norweg.: Gaasefot. Taf. 219, Fig. 2; Fig. 3096 und 3097.

Einjähriges Kraut mit sehr schwacher Wurzel und schlaffen, frischgrünen, locker rauh behaarten Sprossen. Stengel niederliegend, ± 2 bis 4 (bis 7) dm lang, meist sehr ästig, mit langgestreckten Internodien, brüchig, an den 4 bis 12 Kanten mit starren, rückwärts gebogenen Zahnhaaren besetzt. Laubblätter meist zweireihig wechselständig, oft aber auch ± gegenständig und einseitswendig, elliptisch-spatelig, in einen ± deutlichen Stiel verschmälert, ± 3 bis 6 (an Schattenformen bis 10) cm lang und 1 bis 2 ($^1/_2$ bis $2^1/_2$) cm breit, abgerundet oder kurz zugespitzt, ganzrandig oder schwach buchtig-gezähnelt, sehr dünn, dunkelgrün, netznervig, auf beiden Seiten locker abstehend rauhhaarig. Blüten einzeln (selten zu 2) in den Blattachseln, zur Blütezeit fast sitzend und kurze, sich aber bald stark verlängernde Wickel bildend; Blütenstiel postfloral sich stark vergrössernd (bis $^1/_2$ cm lang) und herabkrümmend. Kelch zur Blütezeit kaum 3 mm lang, mit 5 nur wenig ungleichen Zähnen, rauh behaart, postfloral sich sehr stark vergrössernd (Fig. 3096 c), stark dorsiventral abgeflacht, aus zwei derbhäutigen, netznervigen, 1 bis $1^1/_2$ cm langen Klappen mit lanzettlichen Hauptzähnen und 2 nur wenig kürzeren Kommissuralzähnen in jeder Bucht gebildet. Krone ± $2^1/_2$ mm lang, anfangs violett, dann lebhaft blau, selten weiss, mit sehr kurzer Röhre, stumpfen, abstehenden Zipfeln und abgerundeten, weisslichen Schlundschuppen. Staubblätter und Griffel sehr klein. Nüsschen (Fig. 3096 d) länglich-eiförmig, 3 bis $3^1/_2$ mm lang, stark

Fig. 3096. Asperugo procumbens L. *a* Normale Pflanze. *b* Schattenform aus Höhlenvorhof. *c* Fruchtkelch. *d* Nüsschen.

---

[1]) Von lat. ásper = rauh, analoge Bildung wie Borago, Plantago, Plumbago, Lappago usw. Der Name wurde früher für Galium Aparine gebraucht, mit dem z. B. Tabernaemontanus Asperugo (als Aparine maior Plinii) verglich. Aeltere Namen für Asperugo sind Buglossae sylvestris species (Thal 1577), Buglossum sylvaticum caule procumbente (C. Bauhin), Borrago minor sylvestris carpochenopos [= gänsefussfrüchtig] (Columna). Die Annahme J. Bauhins, dass Asperugo („Echium lappulatum quibusdam") die nach Plinius in römischen Gartenbeeten (topiaria) gezogene Buglossos sei, ist unbegründet.

abgeflacht, warzig=rauh und fein behaart, hell lederbraun, mit sehr kleiner Ansatzfläche dem schwach gewölbten Blütenpolster aufsitzend. — V bis VIII, vereinzelt IX bis I.

Auf Kleinvieh= und Wildlägern, an Stadeln, Ställen und Ruinen, Schanzen, auf Mist=
haufen, in Wintersaaten, auf Schutt usw. weit verbreitet, doch nur im östlichen Mitteleuropa und in einzelnen Zentralalpengebieten häufig, in den meisten anderen Gegenden nur ver=
einzelt eingeschleppt und meist unbeständig. Sowohl auf Kalk wie auf kalkarmem Boden, entschieden düngerliebend. Steigt vom Tiefland bis in die subalpine und alpine Stufe (hier nur um Sennhütten, sowie in als Schaf=, Ziegen= und Gemsläger dienenden Balmen und Höhlen), in Graubünden und Tirol bis 2000 m, im Münstertal (Alp Terza) bis 2080 m, im Wallis vielfach höher, angeblich bis 2400 m.

In Deutschland wohl kaum ursprünglich, doch im östlichen Teil bis zur mittleren Elbe und zum Harz und im Jura bis Württemberg alteingebürgert und ziemlich beständig, südlich der Donau (bis Landshut, Simbach, München, Augsburg, Dillingen) mit Ausnahme des Bodenseegebiets und Hegaus nur vorübergehend eingeschleppt, ebenso im übrigen Rheingebiet (z. B. am Kaiserstuhl, Bronnen, vielfach im Elsass, auf der Ruine Hohbarr bei Zabern seit 1793 bekannt, Krefelder Hafen) und im nordwest=
lichen Flachland (z. B. mehrfach in Hannover, Hattin=
gen, seit 1810 vielfach um Bremen, 1898 auf Norder=
ney, gemein auf Helgoland). — In Oesterreich mit Ausnahme der Nordalpen (in Oberösterreich nur um Steyr und am Mondsee im Salzkammergut, in Salzburg nur im Lungau, in Vorarlberg bei Feld=
kirch, Tosters, am Ardetzenberg und bei Bregenz) und des Küstenlandes (sehr selten) recht verbreitet und besonders in den Sudetenländern (mit Aus=
nahme des südlichen Moldautals, wo selten) und im Pannonischen Gebiet häufig, auch in Tirol ziemlich verbreitet, wenn auch wohl kaum urwüchsig. — In der Schweiz in Graubünden, im nördlichen Tessin, Wallis und Berner Ober=
land ziemlich verbreitet und in der montanen und subalpinen Stufe stellenweise häufig, im übrigen Alpengebiet, Mittelland und Jura nur vereinzelt eingeschleppt und meist unbeständig.

Fig. 3097. Asperugo procumbens L., Herbriggen bei Zermatt. Phot. Georg Eberle, Wetzlar.

Allgemeine Verbreitung: Im gemässigten Eurasien weit verbreitet, vom Mittel=
meergebiet (in der eigentlichen Mittelmeerregion jedoch selten) bis Holland (schon im 16. Jahr=
hundert), bis Grossbritannien (von Kent bis Sutherland), Fennoskandinavien (bis Bergen, Alten, Nordvaranger, Enare=Lappmarken, Karelien), Ural, Sibirien bis zum Altai, Persien und Arabien. Eingeschleppt im östlichen Nordamerika.

Die weite Verbreitung dieser wohl aus den Gebirgen Westasiens und Osteuropas stammenden, monotypischen Pflanze hängt mit ihrer leichten Verschleppbarkeit durch Wiederkäuer zusammen. Als Ver=
breitungseinheiten dienen nicht die Nüsschen, sondern ganze Stücke der sehr zerbrechlichen, wie bei Galium Aparine widerborstigen Stengel mit den festsitzenden, gleichfalls kletternden Fruchtkelchen. Die entschiedene Vorliebe der Art für Höhlenvorhöfe und Balmen (überhängende Felsen), in denen Schafe und Ziegen nächtigen, hängt ausser mit der Verbreitungsweise auch mit der raschen Entwicklung zusammen, die durch die oft grosse Feuchtigkeit, gleichmässige Wärme und starke Düngung dieser Standorte sehr gefördert wird. Meist dauert die Vegetationszeit nur wenige Monate. In milden Wintern wird im Tiefland oft eine zweite Generation gebildet. So fand Ascherson im Januar 1878 bei Berlin in Menge blühende und fruchtende Pflanzen. Während die Pflanze in Nordeuropa teils als Unkraut in Wintersaaten, teils ruderal (an Bahndämmen, Festungswällen usw.) wächst und in den unteren Donauländern auch in Wäldern vorkommt, ist sie sowohl im Jura, wie im ganzen Alpengebiet eine reine Lägerpflanze. Sie wächst mit Urtica dioeca und U. urens,

Stellaria media, Capsella Bursa pastoris, Sisymbrium Sophia, Poa annua usw. um Ställe, Stadeln, Hausruinen (Hofstätten, in der Westschweiz Chesaux) und ganz besonders in Lägerbalmen (Asperuginetum, Lappula- Asperugo-Assoziation), in tieferen Lagen (z. B. bei Saillon im Unterwallis, von wo die in Fig. 3096b abgebildete Pflanze stammt) mit Bromus tectorum und Chærefolium Cerefolium, in höheren besonders mit Urtica diœca, Sisymbrium Sophia, Arabis alpina, Lappula deflexa, Senecio viscosus, an einem der höchsten Walliser Standorte, am Grand Chavalard bei 2110 m, ausserdem mit so wärmeliebenden Arten wie Allium sphaerocephalum und Erodium cicutarium. Wenn diese Balmen im Hochsommer austrocknen, stirbt die Pflanze regelmässig ab. — Als Hérba Asperúginis wurde sie, wenn auch selten, ähnlich wie Borago gebraucht.

## DCX. Láppula[1]) Moench (= Echinospérmum Swartz). Klettenkraut, Igelsame, Klette-Vergissmeinnicht. Franz.: Bardanette, fausse bardane, fausse myosotis; ital.: Lappolini; russ.: Liputschka, turiza, koshuschka.

Ein- bis 2-, selten mehrjährige Kräuter vom Habitus der Myosotis-Arten. Laubblätter meist schmal-spatelig, wechselständig, ± rauh behaart. Blüten klein, in meist sparrig abstehenden, am Grund beblätterten Wickeln. Kelchzipfel eiförmig oder lanzettlich. Krone meist hellblau, mit sehr kurzer Röhre, stumpfen, sich dachziegelig deckenden Zipfeln und kurzen Schlundschuppen. Staubblätter und Griffel sehr kurz. Griffelpolster gewölbt. Nüsschen ± tetraëdrisch, auf den flügelartig vorspringenden Kanten mit 1 oder 2 Reihen mit Widerhaken versehener Stacheln.

Von den ungefähr 50 Arten bewohnen die meisten das gemässigte Eurasien, wenige Südafrika, Australien und Nordamerika. Durch ihre Klettfrüchte werden sie leicht epizoisch, mit Wolle, Ballast usw. verschleppt, so namentlich auch L. pátula (Lehm.) Ascherson (= Echinospérmum patulum Lehmann, = Myosótis squarrósa Bieb. non Retz, Fig. 3098 a), aus Westasien (vom Altai und der Dsungarei bis zum Kaukasusgebiet und zur Krim) und Nordafrika, die auch in der Ukraine, in Ungarn, Südfrankreich und Spanien eingebürgert ist. Adventiv wurde sie öfter auch in Deutschland gefunden (wiederholt um Hamburg und Berlin, auf

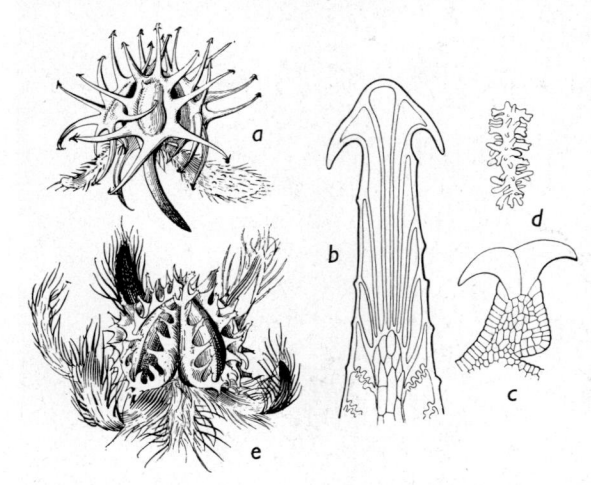

Fig. 3098. *a* Frucht von Lappula patula (Lehm.) Aschers. *b* und *c* Fruchtstacheln von Lappula echinata Gilib. im Längsschnitt stärker vergrössert. *d* Zystolith aus diesen. — *e* Frucht von Eritrichium nanum (All.) Schrader var. odontospermum Koeth. (*b* bis *d* nach Wegner, übrige Orig.)

Ballast, bei Danzig 1889, im Rangierbahnhof von Königsberg, im Rheintal bei Kreuznach, Frankfurt, Mannheim, Kehl, Strassburg [seit 1902 öfters] usw., ferner am Münchener Südbahnhof) und in der Schweiz (mehrfach in Basel seit 1902, Solothurn 1909, Getreidelagerhäuser von Brunnen 1907, um Zürich seit 1906, Luterbach und Bruggen bei St. Gallen seit 1911). Bei Zürich und St. Gallen trat die Art neben Lepidium densiflorum auf, was eine Einschleppung über Nordamerika wahrscheinlich macht. — L. Szovitsiána (Fischer et Meyer sub Echinospermo) Thellung (nach O. Kuntze nur eine Rasse der vielgestaltigen L. echinóphora [Pall.] O. Kuntze) aus Westasien (von der Dsungarei bis Kleinasien und Persien) ist in einem Hühnerhof in Mannheim gefunden worden.

1. Stengel meist nur im oberen Viertel verzweigt, starr. Blütenstiele sehr kurz, auch zur Fruchtzeit aufrecht, kürzer als die Früchte. Klausen rundlich, an den Kanten mit 2 oder 3 Reihen Stacheln (wenn nur 1, siehe L. patula oben). Kulturbegleiter . . . . . . . . . . . . . . . . . . . L. echinata nr. 2298.

1*. Stengel meist schon vom Grund an verzweigt, meist schlaff. Blütenstiele verlängert, zur Fruchtzeit herabgekrümmt, länger als die Früchte. Klausen 3-eckig, stark abgeflacht, an den flügelartigen Kanten mit je 1 Reihe Stacheln (wenn wenig abgeflacht, verlängert und unter sich und mit dem Griffel fest verwachsen, siehe L. Szovitsiana oben). Waldpflanze vom Habitus der Myosotis silvatica . . L. deflexa nr. 2299.

---

[1]) Diminutiv von Láppa, Klette, wegen der Klettfrucht, als Synonym von ἱπποφαές [ippophaés, vgl. Bd.V/2, pag. 731] schon im Codex Constantinopolitanus des Dioskurides. Der jüngere Name Echinospérmum Swartz von griech. ἐχῖνος [echínos] = Igel und σπέρμα [spérma] = Same. Beides sind Neubildungen. Die älteren Autoren zählten Lappula bald zu Cynoglossum (z. B. Haller und Wallroth), bald zu Myosotis (z. B. Linné).

**2298. Lappula echináta**[1]) Gilibert (= Myosótis Lappula L., = Echinospérmum vulgáre Sw., = E. Lappula Lehm., = Cynoglóssum Lappula Scop., = Rochélia Lappula Römer et Schultes, = Lappula Myosótis Moench, = L. Lappula Karsten, = Cynoglossospérmum Lappula O. Kuntze). Weinberg=Klettenkraut, Gemeiner Igelsame. Taf. 219, Fig. 1; Fig. 3098 b bis d, 3099 und 3100 b.

Einjähriges oder häufiger überwinternd 1=jähriges, schwach mäuseartig riechendes, im Habitus zwischen Cynoglossum und Myosotis arvensis stehendes Kraut. Wurzel meist wenig verzweigt, verbogen. Sprosse von angedrückten, auf weissen, sich später vergrössernden Knötchen sitzenden, ziemlich starren Haaren graugrün, in der Jugend fast filzig. Stengel starr, aufrecht, 1 bis 4 (selten bis 8) dm hoch, meist erst im oberen Viertel, seltener schon vom Grund an ± sparrig verzweigt, derb, unterwärts rauh zottig, oberwärts mehr flaumig behaart, dicht beblättert. Laubblätter spiralständig, die der überwinternden Rosetten im Frühling ver= trocknend, spatelig, die oberen fast lineal, un= deutlich stielartig verschmälert, ± 2 bis 5 (bis 7) cm lang und 3 bis 6 (bis 12) mm breit, abgerundet, flach, ziemlich dünn, beiderseits rauh behaart, ohne deutliche Seitennerven. Blüten an sehr kurzen, aufrechten, postfloral sich verdickenden und bis zu 3 oder 4 mm verlängernden Stielen, in der Achsel blei= bender, lanzettlicher, ± ¹/₂ bis 1 cm langer Hochblätter, zur Blütezeit gedrungene, zur Fruchtzeit ¹/₂ bis über 1¹/₂ dm lange, ± sparrig abstehende Doppelwickel bildend. Kelchzipfel elliptisch, rauhhaarig, zur Blüte= zeit 2 bis 3, zur Fruchtzeit 4 bis 5 mm lang. Krone den Kelch ein wenig überragend, 2 bis 4 mm breit, hell=himmelblau, mit kleinen, warzigen, gelblichen Schlundschuppen. Frucht eiförmig, 3 bis 4 mm lang, in 4 abgerundet tetraëdrische, hellbraune Klausen mit an den Kanten je 2 bis 3 Reihen widerhakiger Stacheln (Fig. 3098 b, c) und dazwischen stumpfen, seltener gleichfalls stachelförmigen Warzen zerfallend. — VI, VII (VIII, IX).

Fig. 3099. Lappula echinata G., am Rande eines Getreidefeldes, Sollenau. Phot. R. Fischer, Sollenau, N.Ö.

Auf Kies= und Sandboden in Weinbergen, auf Brachen, an Acker= und Wegrändern, auf Gartenmauern, Schutt, Bahndämmen, Kiesalluvionen, Dünen usw. sehr zerstreut, nur in ein= zelnen Weinbaugebieten häufiger, anderwärts oft nur vorübergehend mit Getreide oder Klee eingeschleppt, auf kalkarmem Boden eher häufiger als auf kalkreichem. Meist nur etwa bis zur Grenze des Weinstocks, doch in der zentralalpinen Föhrenregion öfters bis in die subalpine Stufe steigend, so im Inntal vereinzelt bis Maloja 1800 m, ob Ardez bis 1900 m, im Wallis bis 1700 m.

In Deutschland sehr zerstreut, wohl nirgends urwüchsig, nur in den mitteldeutschen Trocken= gebieten von Schlesien bis ins Oberrheintal etwas häufiger, südlich der Donau nur vereinzelt bis zum Hegau, bis Friedrichshafen, Dinkelsbühl, Mering, München und Landshut, im norddeutschen Flachland meist nur vorüber=

---

[1]) Bei den älteren Autoren heisst die Art Cynoglossum minus (z. B. bei J. und C. Bauhin), Elatine (Bock), Heliotropium minus III. (Tabernaemontanus), Lappula rusticorum (Dalechamp).

gehend (im Osten häufiger als im Westen, wo auf weite Strecken ganz fehlend) eingeschleppt. — In Oesterreich ziemlich verbreitet und im Süden, im Osten und in der Tiroler Föhrenregion als beständiger Archaeophyt, selten in den Nordalpen (in Salzburg z. B. nur bei Döllach) und auch in manchen Südalpentälern. — In der Schweiz häufiger nur im Westen (vom Genfersee bis zum Bielersee und rhoneaufwärts bis zum Simplon) und in der Bündner Föhrenregion, vereinzelt im Tessin, in der nordalpinen Föhnzone (fehlt jedoch z. B. den Kantonen Luzern und Zug), um Basel und im Bodenseegebiet, sonst in der Nordschweiz nur vorübergehend eingeschleppt. Auch in der Westschweiz nur Archaeophyt.

Allgemeine Verbreitung: Mittelmeergebiet und gemässigtes Asien bis Sibirien und Japan, in Mittel- und Nordeuropa (als Ballastpflanze bis England, Mittelskandinavien [bis Stjördal 63° 28′ nördl. Breite] und Mittelfinnland) und in den Atlantischen Staaten Nordamerikas häufig eingeschleppt und stellenweise eingebürgert.

Ausser in der Grösse und Behaarung (f. mollíta Murr mit weicherer, flaumiger Behaarung und dichteren Blütenständen umfasst vielleicht nur junge Individuen) variiert die Art nur wenig. Die Blütenstiele sind meist kürzer als die Kelche (f. týpica Beck), selten länger (f. pedunculáta [Opiz] Beck). Bemerkenswert ist: var. squarrósa (Retz.) O. Kuntze (= Myosótis squarrosa Retz. non Bieb. nec Kit., = Echinospérmum squarrosum Rchb., = E. Láppula var. squarrosum Lehm.). Stengel sparriger, oft schon unter der Mitte verzweigt, mit fast wagrechten Aesten, oft über $1/2$ m (bis 8 dm) hoch. Nüsschen mit längeren Stacheln, oft auch die Warzen der Mittelfelder als Stacheln ausgebildet. Seltener, z. B. da und dort in der zentralalpinen Föhrenregion (z. B. im Mittelwallis), adventiv z. B. im Hafen von Ludwigshafen. Näheres über die Formen dieser Art bei O. Kuntze in Acta Horti Petropolitani 1887 pag. 213/214.

L. echinata ist eine mediterran-orientalische, wärmeliebende Ruderalpflanze, die kalkarmen Sand- und Kiesboden kalkreichem entschieden vorzieht, wenn sie auch weniger kalkmeidend als die folgende Art ist. Die ursprüngliche Nordwestgrenze ist nicht mehr zu ermitteln, wahrscheinlich verläuft sie durch Ungarn und Italien, diejenige des archaeophytischen Vorkommens durch Ost- und Süddeutschland und die zentralalpine Föhrenregion. Bei Worms (Alzey) wurde die Pflanze bereits 1551 von Hieronymus Bock beobachtet, bei Tübingen und Genf von J. Bauhin. Viele scheinbar spontane Vorkommnisse auf von Dörfern weit abgelegenen Weiden, Schutthalden, Flussdünen usw. sind wohl lediglich auf die leichte Verschleppbarkeit der Pflanze zurückzuführen. Einen regelmässigen Bestandteil irgend einer mitteleuropäischen Pflanzengesellschaft bildet sie ebensowenig wie z. B. Cynoglossum officinale. In den Trockentälern der Westalpen tritt sie z. B. mit Setaria viridis, Panicum sanguinale, Bromus squarrosus, Cynodon, Chenopodium album, Portulaca oleracea, Lycopsis arvensis, Antirrhinum Orontium auf, in denen Tirols z. B. oft mit Reseda lutea und Salvia verticillata. In Osteuropa begleiten sie häufig Atriplex- und Chenopodium-Arten und Salsola Kali. Nördlich der Alpen wird sie zumeist nur vorübergehend mit Getreide (z. B. aus Ungarn und Russland) und Kleesaaten (besonders aus Osteuropa), auch mit russischem Anis eingeschleppt. In westrussischer Kleesaat fand sie G. Gentner z. B. neben Silene dichotoma, Lepidium campestre, Conium maculatum, Anthemis Austriaca u. a. Besonders massenhaft tritt die in Südrussland Turíza, Koshúschka, Kepjaschki usw., bei den Tataren der Krim Itapáj genannte Pflanze in den dortigen Oedländereien auf, oft zusammen mit Xanthium spinosum (Bd. VI/1, pag. 502). Die Früchtchen beider Arten hängen sich in Menge an Kleider und Felle und richten besonders in der Schafwolle und an den Wollmaschinen grossen Schaden an. Bei Bernburg in Anhalt wurde Verschleppung durch Kaninchen beobachtet. In der Regel überwintert die Pflanze mit Laubrosetten; doch kommen auch sommerannuelle Individuen vor, die meist erst im August oder September blühen und oft nur einen einzigen, langen Wickel bilden.

Als Herba Cynoglóssi minóris wurde die Pflanze früher ähnlich wie Cynoglossum officinale gebraucht.

**2299. Lappula defléxa** (Wahlenberg) Garcke (= Myosótis deflexa Wahlenberg, = Echinospérmum deflexum Lehm., = E. pátulum Schleicher non Lehm., = Hackélia deflexa Opiz, = Rochélia deflexa Römer et Schultes, = Cynoglóssum deflexum Roth, = Cynoglossospérmum deflexum O. Kuntze). Wald-Klettenkraut, Herabgebogener Igelsame. Fig. 3100a, c, d.

Ein- bis 2-jähriges, angeblich auch mehrjähriges, der Myosotis silvatica sehr ähnliches, geruchloses Kraut. Sprosse meist ziemlich schlaff, frisch-grün, locker mit weichen, abstehenden Haaren besetzt. Stengel aufsteigend oder aufrecht, $\pm$ 2 bis 6 dm hoch, meist schon am Wurzelhals verzweigt, mit fast rutenförmigen, locker beblätterten Aesten. Laubblätter lineal-lanzettlich, nur die unteren deutlich gestielt, $\pm$ 2 bis 5 (bis 9) cm lang und $1/4$ bis 1

(bis 2) cm breit, stumpf oder kurz zugespitzt, meist sehr dünn und mit sehr schwachen Netz=
nerven, beiderseits locker abstehend behaart. Blüten an 2 bis 5 mm langen, abstehenden,
postfloral herabgeschlagenen und verdickten Stielen in den Achseln ± ebenso langer Hoch=
blätter, in anfangs ziemlich dichten, bald aber sehr verlängerten, ± 1 bis 1½ dm langen,
schräg aufrechten Wickeln. Kelchzipfel lanzettlich, 1 bis 3 mm lang, an der Frucht zurück=
geschlagen. Krone meist nur ± 3, selten bis 6 mm breit, hell himmelblau, selten weiss,
mit gelben Schlundschuppen. Frucht hängend, pyramidal, ± 4 bis 5 mm lang, in 4 tetraëdrische,
glatte, nur auf den flügelartig verbreiterten Kanten mit je einer Reihe bis 2 mm langer, am
Ende hakiger Stacheln versehene, da=
zwischen glatte, olivgrüne Nüsschen zer=
fallend. — VI bis VIII.

In montanen bis subalpinen Nadel=
wäldern auf Humus und Gesteinsschutt,
besonders an Wildlägern unter überhän=
genden Felsen, in Schluchten usw. In den
Westalpen fast nur auf kalkarmer Unter=
lage, in den Ostalpen angeblich kalkhold.
In den Mittelgebirgen sehr selten, dagegen
in den Zentralalpen anscheinend ziemlich
verbreitet, aber oft übersehen, besonders
von ca. 1300 bis 1700 m, doch auch
tiefer (im Wallis z. B. bis 650 m hinunter)
und höher: im Wallis (bei Zermatt) bis
2190 m, im Oberengadin (am Bernina) bis
2070 m.

In Deutschland nur ganz vereinzelt
und unbeständig am Unterharz bei Rübeland (an
Kalkfelsen bei der Marmormühle und am Krok=
stein) und im Vogtland (Elsterberg, Auerbach,
Falkenstein, neuerdings nicht mehr gefunden), viel=
leicht aber auch an diesen Orten ebenso wie in
Schlesien (Liegnitz) und in Westfalen (bei Hattingen,
Rheine und Siegen. Die Angaben von Rudolstadt
und Birkenfeld a. d. Nahe sind zu streichen) nur
vorübergehend eingeschleppt (wohl durch Wild).
Um Nürnberg (Friedhof Bühl bei Simmelsdorf,
Adelheim bei Altdorf u. a.) in Bauerngärten kul=
tiviert. Adventiv im Hafen von Mannheim und
im Münchener Südbahnhof. — In Oesterreich
in den Sudetenländern selten (in Böhmen um Mile=
schau, bei Teplitz, am Kletschenberg und Schömitz=
stein bei Karlsbad, in Schlesien am Uhustein bei
Würbental im Gesenke und an der Schellenburg
bei Jägerndorf, in Mähren zerstreut um Namiest,

Fig. 3100. Lappula deflexa (Wahlenberg) Garcke. *a* Habitus. *c* Frucht.
*d* Fruchtstachel. — Lappula echinata Gilib. *b* Habitus.

Znaim, Brünn, Tischnowitz, Eibenschitz, Rothwasser und Goldenstein). Im Alpengebiet ziemlich verbreitet,
namentlich in Niederösterreich und Steiermark, seltener in Oberösterreich (bei Weyer, Rosenau, Feuchtauer
Almen usw.), Salzburg (bei Altenburg im Lungau) und Kärnten (Flatnitz am Weissenstein, Kapponig=Graben,
Wolligen, Döllach bei Heiligenblut usw.). In Tirol vom Inntal (abwärts bis zum Selltal und Rattenberg, aufwärts
bis ins Paznaun und Lechtal (nur zwischen Elbigenalp und Holzgau), bis zur Val Vestino, Val di Ledro und
Valsugana ziemlich verbreitet, besonders im oberen Etschgebiet, fehlt dagegen im Draugebiet, um Kitzbühel
und in Vorarlberg. Fehlt auch in Krain und im Küstenland. — In der Schweiz nur in den Alpen: ziemlich
verbreitet im Wallis (von Em. Thomas 1815 entdeckt) und in Graubünden (mit Ausnahme des Prättigaus, des

Bergells und Misox anscheinend recht verbreitet, wenn auch oft übersehen), ausserdem nur ganz vereinzelt im Linthtal (Pantenbrücke) und im Berner Oberland (Giessbach, Trümmletental).

Allgemeine Verbreitung: Ganz Sibirien von der Mandschurei und Mongolei bis Ostrussland, Ostfinnland und Kola, Norwegen von Nordvaranger und dem Tarmfjord 70° 28′ südlich bis zum Skiensfjord, in Schweden nur an einzelnen Südbergen von Torne=Lappmark bis Dalarne und zum Taberg in Småland, Karpatengebiet von Wol= hynien und Siebenbürgen bis in die Sudeten, Alpen von Niederösterreich bis zum Dauphiné (Gap), Apennin (bei Modena). Die nur wenig abweichende var. Americána (A. Gray) in Kanada und in den Nordstaaten der Union bis Nebraska und Wyoming.

Lappula deflexa ist somit eine zirkumpolar=arktisch=alpine Art mit Hauptverbreitung im holarktischen Taigagürtel. Sowohl in den Zentralalpen, wo ihre Verbreitung an diejenige von Geranium Bohemicum erinnert, wie in Schweden, wo die Vorkommnisse an den „Südbergen" ähnlich denen von Myricaria u. a. auf alter Einwan= derung aus Norwegen beruhen (nach Andersson und Birger. Den norrländska florans geografiska fördelning och invandringshistoria. Uppsala 1912, Karte pag. 361), hat die Art trotz lokaler Weiter= ausbreitung deutlichen Reliktcharakter.

Die Identität der Pflanze aus den Alpen und den Karpaten mit der nordischen ist bereits durch G. Wahlenberg, der die Art 1810 als erster beschrieben hat, festgestellt worden. Die Heimat ist wohl eher in Asien als in den Alpen oder in Fennoskandinavien zu suchen. L. deflexa ist eine typische Wildlägerpflanze, die wohl haupt= sächlich durch Wiederkäuer und Nager (z. B. Hasen) epizoisch ver= breitet wird. Oft wächst sie mit der im blühenden Zustand äusserst ähnlichen Myosotis silvatica, Geranium Robertianum, Sedum annuum, Poa nemoralis usw. in schattigfeuchten Balmen, Hochstaudenfluren, Schlagflächen und ähnlichen Orten, die das Wild häufig aufsucht. Je nach dem Standort und der Jahreszeit zeigt die wohl meist zwei= jährige Pflanze ein sehr verschiedenartiges Aussehen. Trotz des grossen Unterschiedes zwischen den starren, rauhhaarigen Pflanzen,

**Fig. 3101.** Omphalodes linifolia (L.) Moench. *a* Habitus. *b* Blüte. *c* Frucht.

wie sie z. B. an sonnigen Standorten in Niederösterreich vorkommen und den schlaffen, spärlich behaarten, breitblätterigen Formen alpiner Lägerbalmen lassen sich diese nicht als besondere Formen ausscheiden. Gaudin, der bereits auf diese grosse Variabilität aufmerksam machte, unterscheidet eine f. parviflóra (Gaudin), mit kleinen, hellblauen, denen von Myosotis collina ähnlichen Blüten (so am häufigsten) und eine f. grandiflóra (Gaudin) mit grossen, lebhafter gefärbten, an die von Myosotis scorpioides erinnernden Blüten. Von letzterer, die an feuchtere Standorte gebunden scheint und ausser in den Alpen auch im hohen Norden vorkommt, treten auch weissblühende Individuen auf (z. B. in Lägerbalmen im Unterwallis).

## DCXI. **Omphalódes**[1]) Moench. Gedenkemein, Nabelnuss. Franz.: Nombril de Vénus.

Einjährige und ausdauernde und dann oft rhizombildende, kahle oder schwach behaarte Kräuter mit meist gestielten Grundblättern und mit nicht oder undeutlich gestielten Stengelblättern. Blüten meist ± lang gestielt, in arm= bis vielblütigen, traubenförmigen Wickeln, seltener einzeln in den Blattachseln. Kelch 5=teilig, postfloral sich öfters vergrössernd. Krone blau oder weiss, mit sehr kurzer Röhre, stumpfen Schlundschuppen und ausgebreiteten, abgerundeten, in der Knospe sich dachziegelig deckenden Schuppen. Staubblätter sehr klein, mit stumpfen, nicht

---

[1]) Von griech. ὀμφαλός [omphalós] = Nabel, also nabelförmig; wegen der schüsselförmig einge= drückten Nüsschen.

vorragenden Antheren. Stempelpolster kegelförmig, mit eingezogenem, ganzem oder gezähntem Rand.

Die Gattung zählt etwa 24 Arten, wovon die meisten bis China und Japan verbreitet sind. Nur O. scorpioides, das mit einigen chinesischen Arten die durch den Blütenstand und die Fruchtform von Euomphalodes DC. abweichende Sektion Maschalanthus[1]) DC. bildet, reicht bis Mitteldeutschland. Zwei gleichfalls abweichende Arten kommen in Mexiko vor. Als Zierpflanze wird am häufigsten O. verna kultiviert, ausserdem auch die folgenden, gleichfalls mediterranen Arten: O. linifólia (L.) Moench (= Cynoglóssum linifolium L., = C. Lusitánicum Willd., = Picótia linifolia Römer et Schultes) aus Portugal, Spanien und Südfrankreich. Fig. 3091 b, Fig. 3101 und 3103 a bis c. Der ansehnlichen, rein-weissen oder lilaweissen Blüten („Weisses Vergissmeinnicht", Unschuldsblümchen)

Nüsschen schüssel- oder krugförmig, im Mittelmeergebiet und im gemässigten Asien

Fig. 3102. Omphalodes verna Moench. *a* Früchtchen mit Kelch. *b* Früchtchen. — Omphalodes scorpioides (Haenke) Schrank. *c* Früchtchen mit Kelch. *d* Früchtchen.

wegen als Rabatten- oder Topfpflanze (z. B. auf Friedhöfen), ferner zur Straussbinderei kultiviert und ziemlich leicht verwildernd, doch im Gebiet sich nicht (wie z. B. in Algerien und Südfrankreich) einbürgernd, so bei Basel (schon 1768 nach Haller), Speyer, Kulmbach, Nürnberg, Staffelstein und mehrfach in Brandenburg. — O. nítida (Willd.) Hofmgg. et Link (= Cynoglóssum nitidum Willd., = C. Lusitánicum Lam. non Willd.) aus Portugal und die ähnliche, durch flaumig behaarte Stengel abweichende O. Cappadócica (Willd.) DC. (= P. cornifólia Lehm., = O. Wittmanniána Steven) aus Kappadozien. — O. Luciliae Boiss. Rasenbildende, sehr dekorative Felsenpflanze aus den Gebirgen Griechenlands und Kleinasiens. Zur Bekleidung etwas feuchter und schattiger Felsanlagen geeignet. Es soll auch ein Bastard mit O. verna erzielt worden sein.

1. Einjährige Arten. Alle Laubblätter lineal-lanzettlich bis spatelig, ohne deutlich abgesetzten Stiel . . . . . . . . . . . 2.

1*. Ausdauernde Arten. Mindestens die unteren Laubblätter deutlich gestielt. Blüten in traubenähnlichen Wickeln, mit grosser, meist lebhaft blauer Krone . . . . . . . . . . . 3.

2. Einheimische Art mit niederliegenden Stengeln. Blüten einzeln in den Blattachseln, mit kleiner, hellblauer Krone. Nüsschen mit kleiner

Fig. 3103. Omphalodes linifolia (L.) Moench. *a* Habitus. *b* Blüte. *c* Frucht. — Omphalodes scorpioides (Haenke) Schrank. *d* Habitus.

Ansatzfläche und ungezähntem Rand . . . . . . . . . . . . . . . . . . O. scorpioides nr. 2300.

2*. Zierpflanze mit aufrechten Stengeln. Blüten in aufrechten, traubenförmigen Wickeln, mit ziemlich grosser, weisser Krone. Nüsschen mit grosser Ansatzfläche und gezähntem Rand. O. linifolia s. oben.

3. Stengel aufrecht, kahl (wenn weichhaarig, vgl. O. Cappadocica oben). Laubblätter oberseits glänzend, unterseits flaumig. Nüsschen mit gezähntem Rand . . . . . . . . . . . O. nitida s. oben.

[1]) Griech. μασχαλίζειν [maschalízein] = verstümmeln und ἄνθος [ánthos] = Blüte.

3*. Stengel kriechend. Laubblätter matt. Nüsschen ungezähnt . . . . . . . . . . . . . . . 4.
4. Laubblätter frischgrün, deutlich fiedernervig. Krone unter 1 cm breit . . . O. verna nr. 2301.
4*. Laubblätter graugrün, weiss punktiert, ohne deutliche Fiedernerven. Krone 1½ bis 2½ cm breit
. . . . . . . . . . . . . . . . . . . . . . . . . . . . . . . . . . . . . . . . O. Luciliae pag. 2143.

**2300. Omphalodes scorpioides** (Haenke) Schrank (= Cynoglóssum scorpioides Haenke, = Picótia scorpioides Römer et Schultes). Vergissmeinnichtähnliche Nabelnuss, Wildes Gedenkemein. Fig. 3102c, d, 3103d und 3104.

Ein- bis 2-jähriges Kraut mit schlaffen, frischgrünen, von auf Knötchen sitzenden, angedrückten Haaren rauhen Sprossen. Stengel niederliegend oder aufsteigend, ± 1 bis 3 dm lang, meist sehr ästig, scharf kantig. Laubblätter 2-zeilig, wechselständig, die unteren gegenständig, spatelig, ± 2 bis 5 cm lang und ½ bis 1½ cm breit, abgerundet oder kurz zugespitzt, allmählich stielartig verschmälert, ohne oder mit nur wenigen deutlichen Seitennerven. Blüten einzeln in den oberen Blattachseln an ± ½ bis 1 cm langen, postfloral verlängerten und herabgebogenen Stielen. Kelch glockig, angedrückt behaart, etwa bis zur Mitte in elliptische Abschnitte geteilt, postfloral bis 7 mm lang. Krone ± 4 mm breit, blassblau, mit gelben Schlundschuppen. Nüsschen 2½ bis 3 mm breit, kurz behaart, mit sehr kleiner Ansatzfläche und breitem, häutigem, einwärts gekrümmtem, ungezähntem Rand, braun. — IV bis VI.

In feuchten Gehölzen, besonders in Auen- und Bergwäldern, an schattigen Felsen usw., auch apophytisch auf Feldern, vom Tiefland bis in die Mittelgebirge. Anscheinend besonders auf kalkarmem Boden. In Mitteleuropa nirgends häufig und vielleicht an den meisten Orten nicht ursprünglich, sondern aus Polen und Ungarn eingeschleppt. Fehlt den Alpen.

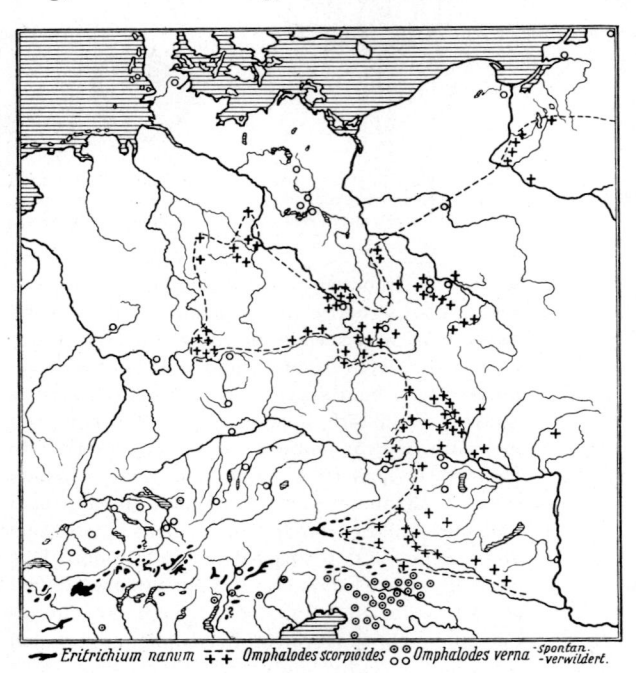

Fig. 3104. Verbreitung von Eritrichium nanum Schrad., Omphalodes scorpioides (Haenke) Schrank und Omphalodes verna Moench in Mitteleuropa. Original von H. Gams.

In Deutschland fast nur im Osten: im südwestlichen Ostpreussen (nur Osterode), im südöstlichen Westpreussen (Böslershöhe und Ossatal im Kreis Graudenz, bei Gronowo im Kreis Briesen, an der Wolfsmühle bei Thorn), in Schlesien (in Nieder- und Mittelschlesien zerstreut, in Oberschlesien bei Ottmachau), Brandenburg (Lubstdamm bei der Baudacher Mühle zwischen Gassen und Belkau, bei Sommerfeld), Magdeburg (mehrfach bei Barby und Schöneberg, vorübergehend auch in der Altmark [Billberge 1894]), Sachsen (um Dresden [Plauen, Potschappel, Tharandt, Seifersdorf bei Radeberg], bei Pirna [Kohlberg (früher), Dohna, zwischen Häselich und Maxen], in der Lausitz [Löbauer Berg, Rotstein bei Sohland, Paulsdorfer Spitzberg]), am Harz (zwischen Othfriesen und Salzgitter, bei Herzberg, Bodetal und Meiseberg im Selketal, Sandersleben) und in Unterfranken (im Muschelkalkgebiet bei Untereuerheim und Garstadt, im Keupergebiet zwischen Schweinfurt und Schwebheim, Ludwigsbad bei Wipfeld, Kreuzholz bei Horhausen, Ebnaus bei Röthlein). — In Oesterreich in Böhmen (Erzgebirge, Polzengebiet, Berauner Gebiet, Jungbunzlau, Weltrus, Jičín, Elbeniederung, Prag), Mähren (Iglau, Namiest, Thaya- und Schwarza-Auen, Nikolsburg, Brünn, Eibenschitz, Eichhorn, Ungarisch-Hradisch), Oberösterreich (Fuchsenwäldchen an der Donau zwischen Puchenau und Ottensheim), Niederösterreich (Thaya-Auen, Pommersdorferberg und Häuselberg bei Raabs, Kremstal ober Senftenberg, Gallyzinberg bei Wien, Hundsheimerberg, Lichtenwerther Au bei Wiener Neustadt) und Steiermark (bei Judenburg, Gösting, um Graz, Murauen um Kalsdorf und Radkersdorf,

Windischgrätz), im Murgebiet bis in den Lungau (bei Moosheim in Salzburg), im Draugebiet bis nach Kärnten (an der Metnitz bei Zwischenwässern). — Fehlt westlich von Isonzo, Enns, Böhmerwald, Main und Weser.

Allgemeine Verbreitung: Von der oberen Wolga (Kasan, Nishegorod), dem mittelrussischen und ukrainischen Waldsteppengebiet und der Krim westwärts bis Polen (von Galizien bis Warschau und Westpreussen), Mitteldeutschland, Oesterreich, Ungarn, Kroatien und Siebenbürgen.

Wann die somit rein sarmatische Waldpflanze ihren Weg vom Dnjepr und der Donau zur Weichsel, Oder und Elbe und zum Main angetreten hat, ist ganz unbekannt. Manche Vorkommnisse, wie die an preussischen Mühlen, beruhen sicher auf ganz junger Einschleppung, wogegen die isolierten Areale am Harz und in Unterfranken (nächste Fundorte Plauen und Karlsbad) wohl schon in prähistorischer Zeit erreicht worden sind.

Die grossen, aus den vergrösserten und herabgebogenen Fruchtkelchen rasch ausfallenden Klausen werden wohl nicht wie die von Cynoglossum, Lappula, Asperugo u. a. epizoisch, sondern wie die von Borago, Anchusa, Nonnea, Pulmonaria und Myosotis synzoisch (durch Ameisen?) verbreitet; doch scheinen hierüber noch keine Beobachtungen vorzuliegen. Sowohl die morphologische Aehnlichkeit z. B. mit Myosotis sparsiflora, wie die Art des Vorkommens machen Myrmekochorie wahrscheinlich. Von der genannten Art unterscheidet sich Omphalodes scorpioides u. a. durch das dunklere Grün ihrer Sprosse und die Grösse von Blüte und Frucht. Beide treten oft zusammen auf, so z. B. an feuchten, schattigen Stellen der Eichenniederwälder Mittelböhmens zusammen mit der gleichfalls myrmekochoren Gagea minima, in Auenwäldern ebenda

Fig. 3105. Omphalodes verna Moench. *a* Habitus. *b* Blüte. *c* Frucht von oben, *d* von der Seite.

mit Ornithogalum tenuifolium, Galanthus, Cucubalus usw. Sterner stellt die Art mit Laserpitium latifolium zur cassubisch-zentraleuropäischen Variante des sarmatischen Borealelements.

**2301. Omphalodes vérna**[1]) Moench (= Cynoglóssum Omphalodes L., = Omphalodes répens Schrank, = O. omphalodes Voss, = Picótia verna Römer et Schultes). Garten-Gedenkemein, Männertreu, Grosses oder Welsches oder Portugiesisches Vergissmeinnicht oder Vergissnichtmein, in Westfalen Blaae Aigskes. Franz.: Omphalode, petite bourrache; engl.: Garden-forget-me-not. Fig. 3102a und b, 3104 bis 3106.

Kriechstaude mit wagrechtem, 2 bis 4 dm langem, mit kräftigen Adventivwurzeln und glänzendbraunen Blattscheidenresten besetztem Wurzelstock und dünnern, bis 4 dm langen, meist oberirdischen, in Laubrosetten und Blütensprosse endenden Ausläufern. Sprosse zart, frischgrün, mit spärlichen, kurzen, weichen, angedrückten Haaren. Stengel aufsteigend oder aufrecht, $^1/_2$ bis 2 dm hoch, einfach oder erst in der schon am ersten oder zweiten Knoten beginnenden Blütenregion mit 1 bis 2 Gabelästen, unterwärts meist gleich den Ausläufern kahl und glänzend, oberwärts locker flaumig. Laubblätter mit Ausnahme weniger, an Grösse und besonders Stiellänge rasch abnehmender Stengelblätter alle grundständig, mit $\pm$ 3 bis 12 cm langem, oberwärts $\pm$ kahlem und glänzendem, an dem scheidig erweiterten Grund stärker bewimpertem Stiel und eiförmiger bis herzeiförmiger, $\pm$ 3 bis 8 cm langer und $1^1/_2$ bis $4^1/_2$ cm breiter, kurz zugespitzter, oberseits matter und unterseits hellerer, glänzender und meist weniger

---

[1]) Bei J. Bauhin als Symphytum repens sive Borrago minima herbariorum, bei Dodoens als Ander Vernagie, die altijds groen bleijft.

behaarter Spreite, mit ± 6 bis 8 Paar bogigen, netzig verbundenen Fiedernerven. Blüten an ³/₄ bis 3 cm langen, aufgerichteten, postfloral verlängerten und nickenden Stielen in sehr lockeren, 2= bis 4=blütigen, unbeblätterten, in den Achseln der 2 (bis 4) obern, meist ungestielten Stengelblätter sitzenden Trauben. Kelch bis über die Mitte in ziemlich spitze Zipfel geteilt, grau behaart, zur Blütezeit 3 bis 4, postfloral bis 7 mm lang. Krone 8 bis 12 (bis 16) mm breit, dunkel himmelblau, selten rein weiss, mit rundlichen, weissen, meist rot punktierten Schlundschuppen. Klausen ± 3 bis 4 mm breit, fein behaart, mit grosser Ansatz= fläche und wulstigem, ungezähntem Rand. — IV, V (an kühlen Standorten vereinzelt bis VII).

In feuchten Laubgehölzen in der montanen Stufe der Südostalpen und Südkarpaten, anderwärts häufig als Zierpflanze gezogen und besonders in Auenwäldern und Parks vielfach eingebürgert.

In Deutschland nur verwildert, aber an vielen Orten vollständig eingebürgert, so in Bayern (Hohenschwangau, Stockenweiler, um München, Landshut, Mangfallauen bei Rosenheim, Neuburger Wald, Berg bei Lichtenfels, zwischen Roth und Georgengmünd, Schloss Thurn, Bayreuth, Schönbusch bei Aschaffenburg usw.), Sachsen, Schlesien (Liegnitz, Goldberg, Breslau), Ostpreussen (Ragnit, Königsberg), Westpreussen (Hoch=Pa= leschken), Posen, Brandenburg (Berlin, Gransee, Rheinsberg, Nauen, Oranienburg usw.), Schles= wig (Pulverholz, Neuwerk), Westfalen (Freuden= berg, Wolbecker Tiergarten, Rheine), im Rhein= tal (besonders auf Friedhöfen mehrfach, z. B. im Elsass) usw. — In den Ostalpen wild wohl nur in der unteren Steiermark (Cilli, Tüffer, Römerbad, Steinbrück, Trifail, Gairach, Montpreis, Lichten= wald), in Kärnten (bei Klagenfurt und Feldkirchen), Krain, Friaul und Tirol (Val Vestino, bei Trient, Bozen und Wilten=Innsbruck wohl nur verwildert), im übrigen Oesterreich und in den Sudeten= ländern (z. B. Kosmanoser Park bei Jungbunzlau)

Fig. 3106. Omphalodes verna Moench. Verw ildert bei Aadorf (Schweiz) Phot. Otto Ziegler.

nur verwildert, so in Ober= und Niederösterreich (z. B. Neuwaldegg, Kalksburg, an der Ybbs bei Rosenau, Föhrenwald zwischen Neustadt und Neunkirchen), Salzburg (Heilbrunn), Vorarlberg (Feldkirch, Amerlügen) und Liechten= stein (Bendern). — In der Schweiz bis gegen 1880 häufig kultiviert und bei Basel schon von Haller verwildert gefunden, jetzt nur noch selten, ± eingebürgert in den Kantonen Thurgau (bei Aadorf), St. Gallen (Bütschwil), Aargau (z. B. um Baden), Bern und Freiburg (Montbovon, Albeuve u. a.).

Allgemeine Verbreitung: Von den nördlichen Apenninen und den Italienischen Alpen zerstreut bis zum Karst, Kroatien, für Siebenbürgen, Griechenland (Korfu) und das Schwarzmeergebiet fraglich. In Mitteleuropa vielfach eingebürgert, nördlich bis Jütland, Born= holm und Ostpreussen.

O. verna ist somit ähnlich wie z. B. Stellaria bulbosa (vgl. Bd. III, pag. 354) eine illyrische Montan= pflanze, die in ihrem ursprünglichen Areal nur ausnahmsweise bis in die colline Stufe (z. B. bei Cerovlje in Istrien) herabsteigt. Während sie durch ihre Blüten auffallend an Myosotis scorpioides erinnert, zeigen die vegetativen Merkmale viel mehr Aehnlichkeit mit denen von Pulmonaria. Gleich diesen ist wohl auch unsere Art myrmekochor; doch scheinen die Klausen nördlich der Alpen oft nicht zu reifen, sodass sich die Pflanze mit ihren langen Ausläufern nur vegetativ vermehrt. Sernander (brieflich) vermutet, dass die Pflanze selbststeril und anemochor (Bodenläufer) ist. Sie war bereits im 16. Jahrhundert als Zierstaude in Kultur, so um 1600 zu Eichstätt als „Borrago minima, die grosse Blume Vergissmeinnicht". Die Kultur bereitet auf frischem, besonntem oder etwas beschattetem Boden (besonders Lehm) keine besonderen Schwierigkeiten. Frostfrei über= winterte Topfpflanzen blühen an sonnigen Fenstern schon im Februar und März. Die Vermehrung geschieht am besten durch Ausläufer, da die Nüsschen kaum über ein Jahr keimfähig bleiben. — Bei der Gartenform mit gefüllten Blüten (f. flóre pléno hort.) werden überhaupt keine Nüsschen gebildet. Auch die Spielart ohne Anthozyan (f. álba hort.) mit rein weisser Krone wird kultiviert; doch ist die im 18. und 19. Jahrhundert sehr beliebte Pflanze in den letzten Jahrzehnten in den meisten Gegenden ganz aus der Mode gekommen. An ihrem Rückgang mag auch Schuld sein, dass sie nach Osterwalder stellenweise stark unter dem Befall von Sclerotínia Libertiána Fuckel leidet und dass sie in den meisten Gegenden Mitteleuropas nicht fruchtet.

## DCXII. Cynoglóssum[1]) L. Hundszunge. Franz.: Langue de chien, herbe au diable; engl.: Hound's tongue; ital.: Lingua canina, cinoglossa.

Ein=, 2= und mehrjährige Kräuter mit spiralständigen, meist lanzettlich=zungenförmigen, ± stark behaarten Laubblättern. Blüten gestielt, in meist reichblütigen, unbeblätterten (selten beblätterten) Wickeln. Kelch ± tief 5=teilig, postfloral etwas vergrössert, mit abstehenden oder zurückgeschlagenen Zipfeln. Krone braunrot, blau oder weisslich, mit kurzer Röhre, stumpfen Schlundschuppen und abgerundeten, in der Knospe sich dachziegelig deckenden Zipfeln. Staubblätter 5, klein, von den Schlundschuppen überragt. Griffelpolster gewölbt bis stumpf kegelförmig. Nüsschen konvex, ± abgeflacht, ringsum mit geraden oder gekrümmten, vorn widerhakigen Stacheln besetzt, mit kleiner Ansatzfläche.

Die Gattung umfasst nach Ausschluss der seit Linné zu besonderen Gattungen erhobenen Gruppen noch etwa 50 Arten, die über die gemässigten und subtropischen Zonen beider Hemisphären weit verbreitet, in den Tropen auf die Gebirge beschränkt sind. Die weite Verbreitung und zugleich die Unbeständigkeit des Auftretens vieler Arten hängt mit ihrer Epizoochorie zusammen, die vermittelst der Klettfrüchte sehr leicht erfolgt. — Mehrere mediterrane und südasiatische Arten werden als Zierpflanzen gezogen und verwildern zuweilen, so C. cheirifólium L. (= C. argénteum Lam., = Anchúsa argentea L.) aus dem westlichen Mittelmeergebiet bis Süditalien und Dalmatien, das sich von den meisten andern Arten durch fast filzige Behaarung und beblätterte Wickel unterscheidet, C. glochidiátum Wallich (= C. vesiculósum Wallich, = C. coelestinum hort. non Lindl.) aus Nepal mit am Grund blasig erweiterten Haaren und leuchtend himmelblauer Krone (adventiv in Erfurt) und das sehr ähnliche, oft mit ihm verwechselte C. Wallichii G. Don gleichfalls aus Nordindien. Dieses wurde wiederholt adventiv gefunden, so in Königsberg (mehrfach seit 1889), im Hafen von Mannheim 1905, bei einer Brauerei in Ried (Oberösterreich), in Oberdorf bei Solothurn 1909 und bei Windisch im Aargau 1914/15, (wahrscheinlich auch bei Klein=Döttingen im Aargau 1893). — C. Nebrodénse Guss. aus dem südlichen Mittelmeergebiet, das dem C. Creticum nahesteht, sich aber in Behaarung und Färbung dem C. Germanicum nähert, trat 1876 im Bahnhof Zürich auf. — Ueber C. Hungáricum Simonkai vgl. pag. 2151.

Von 1=jährigen Arten sei das mediterrane C. Colúmnae Ten. genannt, das im Habitus dem C. Creticum, in den Fruchtmerkmalen dem C. officinale gleicht und bis Istrien (Bellay, Arsatal, Albosa usw.) reicht. — Aus den mit Cynoglossum nahe verwandten Gattungen werden gleichfalls als Zierpflanzen gezogen: Lindelófia longiflóra (Bentham) Gürke (= L. spectábilis Lehm., = Cynoglóssum longiflórum Bentham, = Omphalódes longiflora DC., = Anchusópsis longiflóra Bisch.). Von Cynoglossum durch die längere (etwa 1 cm lange) Röhre der blauen oder violetten Krone und die aus dieser vorragenden, aber gleich langen Staubblätter verschieden. Fruchtkelch weniger vergrössert. Nüsschen wie bei Cynoglossum. Zierstaude aus dem Himalaya (in 3000 bis 5000 m Höhe). Als Gartenflüchtling in Ludwigshafen. — Paracáryum[2]) coelestinum (Lindley) Voss (= Cynoglossum coelestinum Lindley). Von Cynoglossum hauptsächlich durch Nüsschen mit grösserer Ansatzfläche und häutigem, gezähntem Rand verschieden. Gleichfalls aus dem Himalaya. Der himmelblauen, weissrandigen, vergissmeinnichtähnlichen Kronen wegen seit 1838 öfters kultiviert und zuweilen verschleppt, so am Hafen von Mannheim 1906, in der Kiesgrube von Ilversgehofen bei Erfurt, bei Seelbach in Westfalen 1883 und auf Helgoland.

1. Haare spärlich, weich. Laubblätter dünn, gelblichgrün, oberseits fast kahl, glänzend. Krone rotbraun. Nüsschen unberandet (wenn die Krone himmelblau und die Nüsschen mit gezähntem Rand, vgl. Paracaryum oben) . . . . . . . . . . . . . . . . . . . . . . . . . . . . . C. Germanicum nr. 2302.
1*. Haare dicht, starr. Laubblätter graugrün (wenn weisslichfilzig, siehe C. cheirifolium oben) 2.

---

[1]) Gr. κίων [kýon] = Hund und γλῶσσα [glóssa] = Zunge, also Hundszunge. κυνόγλωσσον [kynóglosson] oder (bei Nikandros) κυνόγλωσσος [kynóglossos] bezeichnete im Altertum eine ganze Reihe verschiedener Pflanzen. Dioskurides führt es als Synonym für 3 verschiedene Pflanzen an, worunter Plantago und eine Wasserpflanze (wohl Alisma), aber sicher keine Boraginee. Dagegen könnte die Cynoglossos oder lingua canina des Plinius (Nat. hist. 25, 81) sehr wohl Cynoglossum sein.

[2]) Gr. παρά [pará] = bei, daneben und κάρυον [káryon] = Nuss; wegen der abweichend gestalteten Nüsschen.

2. Krone trüb braunrot, selten rosa oder weisslich, den Kelch überragend (wenn nur ebenso lang, vgl. das einjährige C. Columnae pag. 2147). Nüsschen am Rande wulstig verdickt, mit ungleich langen Stacheln. Verbreitetste Art . . . . . . . . . . . . . . . . . . . . . . . C. officinale nr. 2303.

2*. Krone anfangs hellrosa, dann hellblau, mit blutroten Schlundschuppen (wenn himmelblau, vgl. C. Wallichii, C. glochidiatum und Lindelofia longiflora pag. 2147). Nüsschen nicht berandet, mit gleichartigen Stacheln. Mediterrane Art . . . . . . . . . . . . . . . C. Creticum nr. 2304.

**2302. Cynoglossum Germánicum** [1]) Jacquin (= C. montánum Lam. non L. [2]), = C. sylváticum Haenke, = C. virens Schreber, = C. Hǽnkei Römer et Schultes, = C. Apennínum Roth non L., = C. pellúcidum Lapeyr., = C. officinále L. var. sylvaticum Vis.). Deutsche oder Wald=Hundszunge. Fig. 3107 und 3108.

Zweijährig, mit kräftiger, spindeliger Wurzel, fast geruchlos. Stengel aufrecht, 3 bis 10 dm hoch, nur in der Blütenregion verzweigt, locker wollig behaart, dicht beblättert. Laubblätter spatelig, nach dem Grund lang stielartig verschmälert, $\pm$ $1/2$ bis $1^1/_2$ dm lang und $1^1/_3$ bis 3 cm breit, kurz zugespitzt, dünn, gelblichgrün, oberseits fast kahl, etwas glänzend, unterseits anliegend weichhaarig, mit schwachen, netzig verbundenen Fiedernerven. Blüten an $\pm$ $1/_2$ cm langen, postfloral vergrösserten Stielen nickend, in langen, lockeren, trauben= ähnlichen, nur unter den Blüten ein Hochblatt tragenden, sparrig abstehenden Wickeln in den Achseln der oberen Laubblätter. Kelch fast bis zum Grund in elliptische, $\pm$ 4 (postfloral bis 7) mm lange, ausgebreitete Zipfel gespalten. Krone diese nur wenig überragend, mit violetter Röhre, hell=braunrotem Saum und lang ge= wimperten Schlundschuppen. Nüsschen ellip= soidisch, 7 bis 8 mm lang, gleichmässig mit geraden, $\pm$ 1 mm langen, widerhakigen Stacheln besetzt, hellbraun, am Rand nicht verdickt. — V, VI.

In Hochstaudenfluren, Wildlägern in feuchten Laub= und Nadelwäldern, Auen= gebüschen usw., vorwiegend in der Buchen= und unteren Nadelwaldstufe der Mittelgebirge, zerstreut und selten, vorzugsweise auf kalk= gesättigtem, nährstoffreichem Humusboden. Steigt im Schweizerjura bis 1380 m, auch in den Alpen kaum höher.

In Deutschland nur in den Mittelgebirgen des Westens: zerstreut in den Vogesen (um Rossberg, Sulzer Belchen, Hochfeld und Nideck) bis zur Hardt (in der Pfalz am Donnersberg und im Steinalbtal), auf

Fig. 3107. Cynoglossum Germanicum Jacq. *a, a₁* Habitus. *b* Blüte. *c* Junge Frucht.

---

[1]) Zuerst von Thal 1577 aus dem Harz als Cynoglossum sylvaticum hercynicum, dann von J. Bauhin aus den Vogesen als C. folio virente und von C. Bauhin als C. sempervirens beschrieben.

[2]) Der Name C. montanum stammt von Cesalpini. Linné brauchte ihn für eine von Columna in Italien gesammelte Pflanze, die nach Grande und Lacaita von C. Germanicum spezifisch verschieden ist.

der Schwäbischen Alb (Nebelhöhle, Lichtenstein, Urach, Geisingen, Zwiefalten, Heidenheim), in der Rhön und ihren Vorbergen (Eierhauck, Galgenfirst bei Wildflecken, Gr. Auersberg, Stallberg, Huts und Neuberg) und im Harzgebiet (bei Kassel im Habichtswald, am Herzstein, Grossen Herbsthaus, Braunsberg, Hühner- und Wurmberg, in Westfalen bei Polle, Lauenstein, Ockensen, Neuhaus, Harderode, Bisperode, nördlich bis Echershausen am Ith, im eigentlichen Harz, wo von Thal entdeckt, am Sophienhof, Beratal, um Ilfeld und Neustadt, Scharzfeld, nördlich bis zum Saupark, Bielstein über Springer und Riethfeld, Ebersberg und Wolfstal im Deister), früher auch bei Halle. Adventiv im Südbahnhof von München. — In Oesterreich nur in den Voralpen von Niederösterreich (zwischen Achau und Maria-Lanzendorf, zerstreut in der Kalkzone vom Kaltenleutgebener Tal bis auf den Badener Lindkogl, bei Scheibbs, Schiltern, auf der Voralpe) bis Steiermark (Voralpe bei Altenmarkt, für Neuhaus fraglich) und angeblich auch in Südtirol (Fassatal, Val Nambron in Judicarien) und im Oetztal. — In der Schweiz in Graubünden (zerstreut fast im ganzen Rheingebiet vom Prättigau bis zum Oberhalbstein, Vorder- und Hinterrheintal) und im Jura vom Salève und Suchet bis zum Weissenstein, zur Rothenfluh, und zur Neubrunner Höhle bei Waldenburg (angeblich auch 1823 bei Augst, vielleicht adventiv), ausserdem sehr zerstreut in den Voralpen der Waadt (im Rhonetal bis Aigle und Bex, angeblich auch auf der Walliser Seite ob Monthey), von Freiburg (Bonavaud, Orgevaud, Bonaudon) und Luzern, angeblich früher auch bei Wallenstadt.

Allgemeine Verbreitung: Kaukasus, Kleinasien, Krim, nördliche Balkanländer, Karpaten bis Ostgalizien und Polen, Alpen (zerstreut von Niederösterreich bis zum Dauphiné), Apennin, Capri, Sardinien, Mittelgebirge von Süd- und Mittelfrankreich (bis Paris) bis Südbelgien, in den Jura und das Harzgebiet, Pyrenäen, Catalonien und Aragonien, Irland, Mittel- und Ostengland. Eingeschleppt in den Atlantischen Staaten Nordamerikas.

C. Germanicum kann, obwohl seine Verwandtschaft auf die orientalischen Gebirge weist, doch noch zum mitteleuropäischen Montanelement gezählt werden. Es ist eine charakteristische Wildlägerpflanze, ähnlich wie z. B. Elymus Europaeus,

Fig. 3108. Cynoglossum officinale L., links zwei einseitswendige Fruchtstände von verschiedenen Seiten, 0,8 × nat. Gr., rechts drei Einzelfrüchte, 2,3 × nat. Gr. Phot. Th. Arzt, Wetzlar.

Lappula deflexa, Myosotis silvatica, Galeopsis Tetrahit var. praecox, Carpesium cernuum u. a. Das Zurückgehen in manchen Gegenden, z. B. im Jura, hängt wohl mit dem Rückgang des Haarwildes zusammen, das die Nüsschen epizoisch verbreitet. Mit den genannten Wildlägerpflanzen und der mehr durch Kleinvieh verbreiteten Asperugo procumbens tritt die Art gern in der Nähe von als Lager benützten Höhlen auf, ausserdem aber auch in den gleichfalls an Zoochoren reichen Hochstaudenfluren der Schluchtwälder, montanen und subalpinen Schlagflächen, in den Donauländern auch in Auengehölzen usw. In den Buchenwäldern der Krim scheint sie früher besonders durch Wisente verbreitet worden zu sein. Im ersten Jahre wird eine überwinternde Laubrosette gebildet, im zweiten der nach der Fruchtreife absterbende Blütenspross.

**2303. Cynoglossum officinále**[1]) L. Gemeine Hundszunge. Taf. 219, Fig. 1; Fig. 3109 und 3110.

Der Name Hundszunge (vgl. Anm. pag. 2147) ist auch hie und da als Volksname zu finden. Die borstigen Früchte werden in Westpreussen auch als Pracherläuse bezeichnet (vgl. Bidens tripartitus. Bd. VI/1, pag. 517).

Zweijährig, mit rübenförmiger, ± 1 bis über 3 dm langer und bis 1½ cm dicker, nur spärliche Fasern tragender, durch Alkannin geröteter Pfahlwurzel. Sprosse von dichten, auf kleinen, oft undeutlichen Knötchen sitzenden, abstehenden oder ± angedrückten Haaren

---

[1]) Bei den älteren Autoren wie Mattioli, Thal, Bauhin u. a. heisst die Art C. vulgare oder C. majus vulgare, auch C. majus silvestre und C. Dodonaei, bei Brunfels und Bock schlechthin Cynoglossa, Hundszung.

graugrün, mit starkem Mäusegeruch. Stengel meist starr aufrecht, ± 3 bis 8 dm hoch und bis 1 cm dick, einzeln oder zu mehreren, kantig, locker zottig=behaart, dicht beblättert, in den Blattachseln der oberen Hälfte meist zahlreiche, in Wickel auslaufende, anfangs kurze, zur Fruchtzeit verlängerte Aeste tragend. Laubblätter in ³/₈ Stellung, die unteren rosettig gehäuft, mit ¹/₂ bis 1 dm langem, am Grund zu einer derblederigen Scheide verbreitertem, oberwärts gewimpertem Stiel und lanzettlicher, ± 1 bis 2 dm langer und 2 bis 3 (selten bis 7) cm breiter, flacher, netznerviger, beiderseits ± angedrückt behaarter Spreite; die Stengelblätter sitzend, ± stengelumfassend, ¹/₂ bis 1¹/₂ dm lang und ³/₄ bis 3 cm breit, oft stärker runzelig, unterseits reicher behaart als oberseits. Blüten an kurzen, abstehenden, postfloral sich bis zu 1 cm Länge streckenden und herabkrümmenden Stielen in unbeblätterten, anfangs köpfchenförmig gedrungenen, postfloral traubig verlängerten, sparrig pyramidale Rispen bildenden Wickeln. Kelch fast bis zum Grunde in elliptische, dicht behaarte, 4 bis 5, postfloral bis 8 mm lange Zipfel geteilt. Krone becherförmig, den Kelch deutlich überragend, ± 6 mm breit, anfangs dunkelviolett, dann trüb braunrot, selten weisslich, mit wulstigen, samtigen, purpurnen oder hellroten Schlundschuppen. Staubblätter kürzer als diese. Nüsschen abgeflacht eiförmig, 5 bis 7 mm breit und 2 bis 3 mm dick, am Rand wulstig verdickt, mit Ausnahme der 3=eckigen, oberständigen, fast die halbe Länge einnehmenden Ansatzfläche dicht mit starren, ± 1 mm langen, etwas ungleichen, vorn starke Widerhaken tragenden Stacheln besetzt, dazwischen glänzend hellbraun. — V, VI, in höheren Lagen bis VIII.

Fig. 3109. Cynoglossum officinale L. *a* und *b* Habitus. *c* Blüte, *d* diese im Längsschnitt. *e* Krone geöffnet. *f* Mittelsäule der Frucht. *g* Fruchttraube. *h* Frucht.

Meist einzeln oder in kleinen Gruppen an sonnigen, steinigen oder sandigen Orten, Weg= und Ackerrändern, trockenen Viehweiden, seltener auch in feuchten Hochstaudenfluren und in Wäldern, um Höhlen, Fuchs= und Kaninchenbauten, sowohl auf kalkreichem wie auf kalkarmem Boden. Weit verbreitet, am häufigsten in den Wein= und Ackerbaugebieten, doch auch daselbst nicht überall (z. B. im Maingebiet und in der Nordostschweiz fast ganz fehlend) und in vielen Gegenden (besonders in den Nordalpen) nur vorübergehend. Steigt vereinzelt bis in die subalpine Stufe, in Oberbayern bis 1360 m, in Südtirol bis 1500 m, in der Südschweiz bis zirka 1900 m, im Unterengadin (Viehläger im Val Sesvenna) bis 2400 m.

Allgemeine Verbreitung: Im grössten Teil Eurasiens, von den Gebirgen Südeuropas und Südasiens (dem eigentlichen Mittelmeergebiet fast ganz fehlend, so schon im grössten Teil von Istrien) bis Irland, Schottland, Nordskandinavien (östliches Norwegen bis Ringebu 61° 30′ nördl. Breite, Schweden bis Norrland), Mittelfinnland, Ingrien, Nowgorod und durch ganz Sibirien (bis Transbaikalien, am Jenisei bis 68½° nördl. Breite), auch in Kanada und in den atlantischen Staaten der Union, doch daselbst wie auch in Nordeuropa wohl nur eingebürgert.

Ausser in der Form und Behaarung der Laubblätter, der Grösse der Blüten und Früchte variiert die Art verhältnismässig wenig. Neben dem Typus (f. cóncolor Ducommun, = f. týpicum Pospichal) mit trüb= roter Krone und dunkelpurpurnen Schlundschuppen treten hie und da Individuen mit weisser Krone und hellroten Schlundschuppen auf: f. bícolor (Willd.) Lehm. (= C. hýbridum Thuill., = C. angustifólium hort.). — K. Domin (Sitzungsber. Böhm. Ges. d. Wiss., II. Kl. 1903, pag. 33) unterscheidet: var. glochidiátum Domin. Nüsschen mit widerhakigen Stacheln dicht besetzt. — var. tránsiens Domin. Nüsschen nur in der Mittel= fläche dicht widerhakig=borstig, gegen den Rand zu kahl oder nur kurz=stachelig. — var. eglochidiátum Domin (dazu C. paucisétum Borbás). Nüsschen ganz ohne Widerhaken, nur auf der Mittelfläche mit einzelnen Stacheln. Dazu eine schwach behaarte f. víride Domin und eine dicht grauhaarige f. canéscens Domin (= C. bracteo= látum Opiz p. p.). — Eine kritische, vielleicht als Unterart von C. officinale zu bewertende Pflanze ist C. Hungá= ricum Simonkai (= C. Hænkei Borb. non Schult.). Sprosse dichter mit oberwärts anliegenden, unterwärts abstehen= den Haaren bekleidet. Laubblätter schmäler. Klausen nicht gesäumt, Fruchtstacheln weniger ungleich. Ungarn und nördliche Balkanländer, im Burgenland (Haglersberg bei Jois 1924) und in Niederösterreich (Weikendorfer Remise 1924) wohl nur eingeschleppt.

Die fast zirkumpolare Verbreitung dieser Art ist sicher nicht ursprünglich. Wahrscheinlich ist sie nur in den Gebirgen des westlichen Asien und des östlichen Europa urwüchsig, westlich vielleicht nicht einmal bis zu den Ostalpen. In Mitteleuropa zeigt die Art fast überall ruderalen Charakter. Wenn sie nicht selten auch in natürlichen Pflanzengesellschaften auftritt, so verdankt sie das der leichten Verschleppbarkeit ihrer Früchte durch Haustiere und Wild. Durch letzteres gelangt sie zuweilen an ähnliche Standorte wie die vorige Art, z. B. in

Fig. 3110. Cynoglossum officinale L., Cypelletal bei Marien= werder (Wpr.). Phot. Georg Eberle, Wetzlar.

subalpine Hochstaudenfluren der Zentralalpentäler. Scholz fand sie an Fuchsbauten in Westpreussen mit Xanthium und Galium Aparine. Auf den Dünen der Nordsee wird sie besonders durch Kaninchen verbreitet, die die Nüsschen in ihre Gänge verschleppen. Nachdem diese Nager auf Langeoog ausgerottet worden waren, verschwand daselbst auch das daselbst früher häufige Cynoglossum (nach Focke). Umgekehrt erhält es sich z. B. im Rhonetal auf wieder in Wald übergeführten Buschweiden, wo die Verbreitung durch Wild besorgt werden kann. Vielleicht beruhen einzelne Vorkommnisse auch auf früherer Anpflanzung. — Die überwinternden Rosetten haben grosse Aehnlichkeit mit denen von Echium vulgare. An den Stengelblättern werden die im Frühling weichen, anliegenden Haare gegen den Herbst zu starr und durch Heranwachsen der papillös an= schwellenden Nachbarzellen wie auf einen Sockel gehoben.

Verwendung fanden in erster Linie die Wurzeln (Rádix Cynoglóssi), die zu Heilzwecken im Mai oder Juni gesammelt wurden. Ihrem Gehalt an Alkannin verdanken sie sowohl die Verwendung zum Färben wie diejenigen gegen die rote Ruhr. Ausserdem sind Gerbstoff, Harz, Gummi, Fett, Inulin usw. vorhanden. Plinius berichtet, dass die Wurzel des „Cynoglossum mit 3 Samentrauben" gegen das Tertianfieber, diejenige mit 4 gegen das Quartanfieber gebraucht wurde. Weiter wurde die Wurzel besonders auch als Adstringens gebraucht, als Pulver in Rotwein gegen Gonorrhöe, in Teig gebacken gegen Hämorrhoiden, in Form von Salben und Destillat gegen Ausschläge, namentlich gegen syphilitische Geschwüre, in Form von Pillen auch als schmerz= stillendes und Schlafmittel, in Form von Aufgüssen gegen Husten. Die jungen Blätter werden trotz ihrem üblen Mäusegeruch in einzelnen Gegenden (z. B. im Tessin) gleich denen des Boretsch als Salat oder Gemüse zubereitet. Frisch zerrieben sollen sie Ratten und Parasiten der Haustiere vertreiben. In den Nüsschen (dagegen nicht in der Wurzel und in den Sprossen) ist nach Schlagdenhauffen und Reeb zu 0,002% ein giftiges Alkaloid

Cynoglossin vorhanden, das kurareähnliche Wirkungen haben soll, ferner das ebenfalls als Nervengift wirkende Alkaloid Consolicin, das Glykosid Consolidin, Cholin usw.

## 2304. **Cynoglossum Créticum**[1]) Miller (= C. pictum Aiton, = C. cheirifólium Jacquin non L., = C. amplexicaúle Lam., = C. Apennínum Gouan non L.). Bunte Hundszunge. Fig. 3111.

Ein= oder 2=jährig, in allen Teilen kleiner als die vorige Art. Wurzel oft stärker ästig, meist mehrere, ± 2 bis 5 dm hohe Stengel treibend. Behaarung etwas dichter und feiner als bei C. officinale, in der Jugend fast seidig schimmernd, später rauh. Laubblätter schmal lanzettlich bis spatelig, ± $^1/_2$ bis 1 (die Rosettenblätter bis über $1^1/_2$) dm lang und 1 bis 3 ($^1/_2$ bis 4) cm breit, oft ohne deutliche Seitennerven, meist beiderseitig gleichmässig behaart. Blütenstände wie bei der vorigen Art, doch meist weniger reichblütig. Blütenstiele postfloral nur bogig abstehend, nicht nickend. Kelchzipfel 3 bis 4, postfloral 5 bis 7 mm lang. Krone den Kelch deutlich überragend, 5 bis 8 mm breit, anfangs hellrosa, dann blass blaulila und dunkler blau geadert, mit dunkel blut= roten Schlundschuppen. Nüsschen ähnlich denen von C. Germanicum, ± 5 mm gross, gleichmässig gewölbt, ohne verdickten Rand, dicht und gleichmässig bestachelt, hellbraun. — V, VI.

An ähnlichen Orten wie die vorige Art, diese im Mittelmeergebiet vertretend. Nur in der collinen Stufe (in Südtirol bis zirka 550 m aufsteigend).

Im Ostalpengebiet einzig im Adriatischen Küsten= land und im südlichsten Tirol (vielfach um den Gardasee und im Trentino), daselbst viel häufiger als C. officinale und in starker Ausbreitung begriffen, ebenso auch in Ungarn (z. B. bei Fünfkirchen). — In der Schweiz adventiv im Mendrisiotto bei Castello S. Pietro, schon länger am benachbarten Comersee und im Veltlin. — In Deutschland seit zirka 1600 in einzelnen Gärten kultiviert; adventiv in den Häfen von Mannheim 1907 und von Strassburg 1909.

Fig. 3111. Cynoglossum Creticum Miller. *a* Junge Pflanze. *b* Fruchtstand. *c* Kelch. *d* Früchtchen mit Kelch. *e* Mittelsäule mit einer sich loslösenden Teilfrucht. *f* Widerhaken von der Frucht.

Allgemeine Verbreitung: Im ganzen Mittelmeergebiet von Palästina und Trans= kaukasien bis zu den Atlasländern, Portugal und Kanaren, nördlich bis Oberitalien, Friaul, Istrien und Quarnero. Eingeschleppt auch in Südamerika (Chile).

In Südtirol scheint diese rein mediterrane Art noch um 1800 gefehlt zu haben. Um 1820 wurde sie zuerst von Cristofori gesammelt, und nach 1830 war sie stellenweise bereits häufiger als C. officinale. Sie ist daher auch noch in der unteren Steiermark, in Krain usw. zu erwarten.

Der Bastard C. Germanicum × C. officinale (= C. Modorénse Rechinger) ist von Rechinger bei Modore in den Kleinen Karpaten gefunden worden (Allg. Bot. Zeitschr. 1913 pag, 113 und 1914 pag. 22),

---

[1]) Die von Clusius als Cynoglossum Creticum aus Kreta beschriebene und um 1600 in verschiedenen deutschen Gärten kultivierte Art ist vielleicht eher C. cheirifolium L. Zu Eichstätt wurde C. Creticum als C. Narbonense gezogen.

später auch im Lainzer Tiergarten. — C. Hungaricum × C. officinale (= C. Austriacum Rechinger, = C. Moeszii Jav.) in Ungarn und Niederösterreich (bei der Weikendorfer Remise 1924).

## DCXIII. **Lithospérmum**[1]) L. Steinsame, Steinhirse. Franz.: Grémil, herbe aux perles; engl.: Stoneseed, gromwell; ital.: Miglio.

Klein= und Halbsträucher, Langsprossstauden und Therophyten mit wechselständigen, ganzrandigen Laubblättern. Sprosse mit kurzen, meist anliegenden, von Zystolithen erfüllten Haaren bekleidet. Untere Blüten oft einzeln in den Achseln der Laubblätter, die oberen in beblätterten Wickeln. Kelch 5=teilig, mit linealen Zipfeln. Krone trichter= oder tellerförmig, mit gerader Röhre und mit flachem oder trichterförmigem, 5=spaltigem Saum und kleinen, behaarten Hohlschuppen oder mit vorspringenden Falten; die Zipfel stumpf, abstehend. Staubblätter 5, die Kronröhre nicht überragend, mit häufig sehr kurzen Staubfäden und länglichen, stumpfen, oben kurz zu= gespitzten Staubbeuteln. Griffel fäd= lich oder ziemlich dick, mit 2 ± ge= trennten Narben. Teilfrüchtchen auf= recht, durch Verkümmerung ein= zelner oft weniger als 4, eiförmig, spitz, mit flachem Grunde dem Dis= kus aufsitzend, glatt oder grubig=warzig, steinhart, ohne Elaiosom.

Fig. 3112. Krone und Nüsschen der mitteleuropäischen Lithospermum= Arten. *a* bis *c* L. arvense L., *d* bis *f* L. officinale L., *g* bis *i* L. purpureo= caeruleum L. Die Striche bezeichnen die natürliche Länge. Nach Helene Spengler.

Wie schon das Vorhandensein strauchiger und halbstrauchiger Arten sowohl in der Alten Welt (besonders im Mittelmeergebiet) wie in der Neuen Welt (etwa 12 allerdings zumeist krautige Arten in Nord= und einige auch in Südamerika) anzeigt, gehört die etwa 40 Arten umfassende Gattung zu den ältesten und ursprünglichsten der Boraginoideen. Das äussert sich ausser im Sprossbau auch im Bau der mindestens bei einigen Arten proterogynen, z. T. gelb gefärbten Blüten und der keinerlei Anpassungen an Zoochorie auf= weisenden Früchte (vgl. Helene Spengler in Oesterr. Botan. Zeitschrift. Bd. LXVIII, 1919 und Fig. 3112). Unsere Arten sind typische bradyspore Winterständer.

Der in der Wurzel mehrerer Arten enthaltene Farbstoff wird bald als Alkannin, bald als Litho= spermin bezeichnet. Kuhara, der ihn aus L. erythrorhizon, dem „Tokiopurpur" isolierte, schreibt ihm eine Formel $C_{20}H_{30}O_{10}$ zu und stellt ihn zu den Anthrachinonen, Tschirch dagegen zu den Naphthochinonen.

Von den mediterranen Arten wurden adventiv gefunden: L. Ápulum (L.) Vahl (= Myosótis Apula L.) aus dem ganzen Mittelmeergebiet in Mannheim 1902 (die Angabe für Genf bezieht sich wohl auf eine Amsinckia, vgl. pag. 2127), L. tenuiflórum L. f. aus dem östlichen Mittelmeergebiet und Vorderasien in Mannheim 1901, auch in Südfrankreich (Port Juvénal), von den strauchigen Arten L. rosmarinifólium L. aus Italien und Griechenland ebenfalls im Hafen von Mannheim 1891. Selten und nur in den wärmeren Gegenden Mitteleuropas werden von letzteren als Ziersträucher gezogen: L. fruticósum L. aus dem west= lichen (seit 1671) und L. Leithnéri Heldreich et Sartor. aus dem östlichen Mittelmeergebiet, letzteres neuer= dings in Südtirol ± eingebürgert, so bei Riva (gegen die Bastion) und bei Bozen (Erzherzog Heinrich=Promenade, zwischen Eppan und Montiggl, am Etschgraben). An diese strauchigen Arten schliesst sich eng die durch vortretende Staubblätter ausgezeichnete Gattung Móltkia Lehmann an, von deren 6 vorwiegend mediterranen Arten eine bis hart an die ehemalige Grenze von Südtirol heranreicht: Moltkia suffruticósa (L.) Bentham et Hooker (= Pulmonária suffruticosa L., = Lithospermum graminifólium Kerner, = L. suffruticosum Kerner, = Moltkia graminifólia Nyman). Halbstrauch mit linealen, eingerollten Laubblättern. Von den Apenninen durch die Apuanischen und Venetianischen Alpen bis zu den Alpen von Bassano bei der Val Sugana (Collalti, Rivalta, Sant'Orso).

1. Kräuter . . . . . . . . . . . . . . . . . . . . . . . . . . . . . . . . . . . . . . . . . . 2.

1*. Klein= und Halbsträucher aus dem Mittelmeergebiet. Laubblätter lineal. Krone mit langer Röhre, violett bis blau (Sektionen Lithodóra Griseb. u. a.) . . . . . . . . . . . . . . . . . . . . . . 6.

---

[1]) Griech. λίθος [lithos] = Stein und σπέρμα [spérma] = Samen; wegen der steinharten Nüsschen.

2. **Langsprossstauden.** Laubblätter fiedernervig. Nüsschen glatt (Sektion Eu-Lithospérmum DC.) 3.
2\*. **Ein- bis 2-jährige Kräuter.** Laubblätter 1-nervig. Krone meist weiss. Nüsschen warzig (Sektion Rhytispérmum Link) . . . . . . . . . . . . . . . 4.

3. Wurzelstock und sterile Kriechsprosse vorhanden. Blätter weich, mit nicht vortretenden Nerven. Krone erst purpurn, dann blau . . . . . . . . . . . . . . . . L. purpureo-caeruleum nr. 2305.

3\*. Weder Wurzelstock noch Kriechtriebe vorhanden. Blätter rauh, mit unterseits stark vortretenden Netznerven. Krone weisslich . L. officinale nr. 2306.

4. Verbreitetes Ackerunkraut mit gelblich-weisser, den Kelch wenig überragender Krone. L. arvense nr. 2307.

4\*. Seltene Adventivpflanzen aus dem Mittelmeergebiet. Krone nicht weiss, mit den Kelch weit überragender Röhre . . . . . . . . . . . . . . . 5.

5. Krone gelb, aussen behaart (vgl. auch Amsinckia pag. 2127) . . . . . L. Apulum s. pag. 2153.

5\*. Krone bläulich. L. tenuiflorum s. pag. 2153.

6. Krone 3-mal so lang als der Kelch, behaart. Staubblätter nicht vorragend. Aeste kahl . . . . . . . . . . . . . . . . . L. rosmarinifolium s. pag. 2153.

6\*. Krone doppelt so lang als der Kelch, kahl. Staubblätter nicht vorragend (wenn die Staublätter vorragend vgl. Moltkia suffruticosa pag. 2153) . . . . . . . . . . . . . . . . L. fruticosum s. pag. 2153.

Fig. 3113. Lithospermum purpureo-caeruleum L.

### 2305. Lithospermum purpúreo-caerúleum [1]
L. (= Rhytispérmum purpureo-caeruleum Link). **Blauer Steinsame.** Franz.: Grémil bleu. Fig. 3112 g bis i, 3113 und 3114.

Langsprossstaude mit schiefem, holzigem, reich bewurzeltem und ästigem Wurzelstock; dieser ausser den aufrechten Blütensprossen sterile, beblätterte, niederliegende, am Ende wurzelnde ausläuferartige Achsen treibend. Stengel 1 bis 3, ± 3 bis 5 dm lang, aufsteigend oder aufrecht, oben kurzgabelig ästig, stielrundlich, abstehend rauhhaarig. Laubblätter lanzettlich, beidendig zugespitzt; die untersten in einen kurzen Stiel verschmälert, die oberen sitzend, ± 4 bis 8 cm lang und $^3/_4$ bis $1^1/_2$ cm breit, ganzrandig, dicht anliegend behaart, am Rande mit ungleich langen Wimperborsten besetzt, freudiggrün, unterseits etwas heller, undeutlich fieder-netznervig. Blüten in gedrängten, mit laubblattähnlichen Hochblättern versehenen Wickeln, fast sitzend. Kelchzipfel schmal-lineal, stumpflich, postfloral bis 8 mm lang, an der Frucht sich einrollend, mit Borsten-

Fig. 3114. Lithospermum purpureo caerulum L., im Laubwald b. Schönau a. d. Tr. Phot. R. Fischer, Sollenau, N. Ö.

---

[1] Diese oder eine verwandte Art dürfte das Lithospermon der antiken Autoren (z. B. des Dioskurides) sein. In Thal's Harzflora (1547) heisst sie Lithospermum virgatum, bei C. Bauhin Lithospermum minus repens latifolium.

haaren bewimpert. Krone 13 bis 17 mm lang, etwa 1½=mal so lang wie der Kelch, am ± ausgebissen=gekerbten, oval=lappigen Saume ± 1 cm breit, anfangs hellpurpurn, dann azurblau, mit 5 kurz behaarten Schlundleisten; Röhre innen behaart. Staubbeutel dicht drüsen= haarig. Teilfrucht oben eiförmig, aussen stärker gewölbt, 4 bis 5 mm lang, glatt, glänzend weiss. — IV, V.

Zerstreut und selten in Steppengebüschen, lichten Laubwäldern, besonders Nieder= wäldern, an trockenen, sonnigen, locker bebuschten Hängen mit ± neutralen bis alkalischen Böden; vom Tiefland bis in die montane Stufe ansteigend, in Tirol bis etwa 600 m, im Wallis bis 1200 m.

In Deutschland zerstreut im Oberrheingebiet und Jura, südlich der Donau nur im Hegau bei Aach, nördlich bis Lothringen, Pfalz (Donnersberg, Kirchheimbolanden, Winnweiler, Alsenztal), Ahrtal, Ost= Westfalen, Süntel, Hildesheim, Elm, Arne= burg in der Altmark, östlich nur bis in den Fränkischen Jura (z. B. Hesselberg) und Thü= ringerwald und bis Magdeburg, fehlt schon im ehemaligen Königreich Sachsen und in Schlesien, an der Oder nur in der Neumark zwischen Bellinchen und Markentun. Fehlt auch dem grössten Teil der süddeutschen Granit= und Buntsandsteingebiete. — In Oester= reich in Böhmen in der Umgebung von Prag und in der Elbeniederung, in Mähren bei Znaim, Namiest, Kromau, Brünn, Seelo= witz, Pausram, Auspitz, Eibenschitz, Auster= litz, Strassnitz, Ungarisch=Hradisch, Bisenz, in Niederösterreich ziemlich verbreitet, in Steier= mark in Unter= und Mittel=Steiermark zer= streut, in Krain, in Südtirol bei Meran (Gar= gazon), im Nonsberg, in der Umgebung von Bozen, von Trient, von Rovereto und am Gardasee. — In der Schweiz zerstreut und selten längs dem Jurarand von Genf bis zum Birstal und Kanton Schaffhausen (Herb= lingen, Schleitheim, Wutachtal) und von da bis Nordzürich (Rafz, Ossingen) ausstrahlend, im westlichen Alpenvorland östlich bis zum Kan= ton Freiburg und Bern (Spiegelberg bei Aar= burg), im unteren Wallis (südlich der Rhone bis Monthey, nördlich der Rhone bis Fully und Chamoson) und im Kanton Tessin (Sottoceneri). Allgemeine Verbreitung: Europa vom Mittelmeer nördlich bis Mittel= und Nordostfrankreich, Süd= england (Wales, Devon), Belgien, Mitteldeutschland, Nordböhmen, Mäh= ren, Ostgalizien, Südrussland (bis in die Gouvernements Kursk und Sara= tow); ferner rings um das Schwarze Meer bis Kleinasien und Persien.

Fig. 3115. Lithospermum officinale L. *a, a₁* und *b* Blühende Sprosse. *c* Blüte. *d* Fruchtstand. *e* Früchtchen. *f* Krone ausgebreitet.

L. purpureo=caeruleum gehört dem pontisch=submediterranen Element an. Die Art ist eine Zierde der lichten Laubwälder der montanen Stufe Südeuropas, vor allem der Festuceta heterophyllae der Quercus= Tilia=Mischwälder, Kastanienhaine, Niederwälder, Quercus pubescens=Steppengebüsche, z. B. der Felsenheiden des Oberrheintals und des Schweizer Jura mit Festuca glauca, Bupleurum falcatum, Lactuca perennis usw., des Wallis und Insubriens mit Festuca heterophylla, Trifolium rubens, Aceras, Orchis pallens usw., der süd=

russischen Steppengebüsche mit Stipa capillata, Carex Michelii, Pulmonaria officinalis und P. mollissima, Scilla bifolia usw. In ganz ähnlichen Eichenniederwäldern wächst die Art auch in Mitteldeutschland, z. B. auf dem Gipskeuper bei Altheim in Franken zusammen mit Pulmonaria angustifolia (mit dieser zusammen auch an der Oder), P. montana, Melittis melissophyllum, Dictamnus albus, Veronica Teucrium, Trifolium rubens, Geranium sanguineum, Bupleurum longifolium usw. Diese nördlichen Vorkommnisse (besonders auch das 148 km vom eigentlichen Areal entfernte an der Oder) und andrerseits auch diejenigen im Bereich der kontinentalen Waldgrenze im Mittelwallis (mit Carex depauperata, Tamus u. a.) und bis nach Südrussland sind sehr wahrscheinlich als Relikte aus der atlantischen Periode zu deuten. — Die Blüten, deren Farbwechsel ganz mit dem von Pulmonaria longifolia und P. officinalis übereinstimmt, sind nach Kirchner schwach proterogyn. Narbe und Staubbeutel stehen auf gleicher Höhe. Als Besucher wurden langrüsselige Bienen beobachtet. — Das Kraut (Hérba Lithospérmi repéntis) ist früher (vielleicht schon im Altertum) ähnlich wie Pulmonaria und Symphytum als erweichendes Mittel gebraucht worden. Die in ihrer vegetativen Vermehrung an Glechoma und Lamium Galeobdolon erinnernde Pflanze ist eine dankbare Zierstaude zur Bekleidung von Felsgruppen in milderen Gegenden. Ihre Nordgrenze wird vielleicht durch die Frostempfindlichkeit der in der Regel grün überwinternden Kriechsprosse bestimmt.

**2306. Lithospermum officinále**[1]) L. Echter Steinsame, Meergries, Steinhirse. Franz.: Millet d'amour, blé d'amour, millet perlé, perlière, herbe aux perles; engl.: Gromwell; ital.: Miglio del sole, migliasole, migliarino (bei Locarno: Thè). Fig. 3088 c, 3090 d, e, 3112 d bis f, 3115 bis 3118.

Der Name Steinsame (kaum volkstümlich) ist eine Uebersetzung von „Lithospermum" (vgl. Anm. pag. 2153). Im Volke werden die harten Früchte mit Hirsekörnern (bayer.-österr. Hirsch-Hirse) verglichen, daher Meerhirsch (bayerisch-österreichisch), Griashirsch (Kärnten). Woher rührt die merkwürdige Benennung Hemmlstitz [Himmelstütze] (Schwäbische Alb)?

Langsprossstaude ohne Ausläufer. Wurzel (Fig. 3116) spindelförmig, ästig, oft gedreht, holzig, hellbraun, einen nur kurzen, mehrköpfigen Erdstock tragend. Stengel mehrere, aufrecht, $\pm$ 3 bis 10 dm hoch, steif, reichästig, rund, von kurzen, angedrückten, auf Knötchen sitzenden Haaren

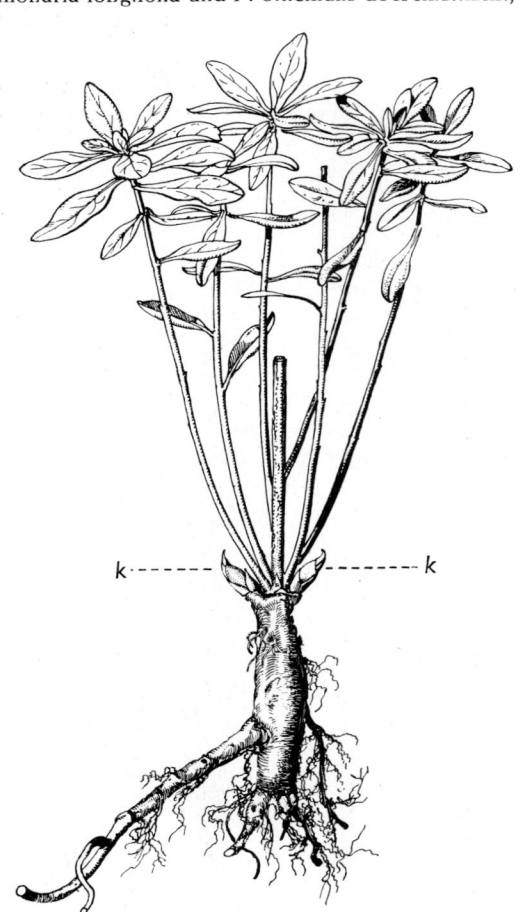

Fig. 3116. Lithospermum officinale L. Wurzel- und Sprosssystem mit Ueberwinterungsknospen (K).

rauh, zur Blütezeit am Grunde entblättert. Laubblätter lanzettlich oder länglich-lanzettlich, sitzend, spitz oder $\pm$ lang zugespitzt, $\pm$ 5 bis 10 cm lang und 1 bis 2 cm breit, ganzrandig, derb, oberseits lockerer, unterseits dicht angedrückt behaart, am Rande mit sehr kurzen Wimperborsten, etwas umgerollt, trüb-dunkelgrün, oberseits etwas dunkler, mit unterseits vorspringenden, oberseits vertieften, bogig verbundenen, wenigpaarigen Fiedernerven. Blüten in zuletzt nur wenig verlängerten, mit Hochblättern versehenen Doppelwickeln, auf kurzen, dauernd aufrechten, sich postfloral wenig verändernden Stielen. Kelchzipfel lineal, stumpf, von abstehenden Borsten zottig. Krone klein, den Kelch nicht oder nur wenig überragend, $\pm$ 5 mm lang und 3 bis

---

[1]) Als Meerhirsen bei Bock, Kleyn Steensaet oft Peerlen-cruydt bei Dodoens, Lithospermum minus bei Mattioli, L. alterum fruticosum bei Thal, L. majus erectum bei C. Bauhin, Lithospermum s. Milium solis bei J. Bauhin.

5 mm breit, stumpflappig, mit kleinen, flaumig behaarten Schlundwülsten versehen, grünlichweiss, gelblichweiss oder weiss mit grünlichem Schlund. Staubbeutel fast stumpflich. Teilfrüchtchen eiförmig, spitz, ± 3 bis 4 mm lang, glatt, glänzend, weiss, mit sehr zerstreuten Grübchen. — V bis VII.

Weit verbreitet auf feuchten oder frischen, seltener auch ziemlich trockenen Böden, in Auengehölzen, an Flussufern, Dämmen usw., auf Waldschlägen, an sonnigen Hängen, nur ausnahmsweise auch in Getreideäckern; vom Tiefland bis an die obere Grenze der montanen Stufe, in Südtirol am Monte Baldo bis 1570 m, in den Bayerischen Alpen bis 1500 m, im Wallis bis 1400 m, im Schweizer Jura bis 1205 m aufsteigend. Auf allen mineralischen Unterlagen, besonders auf kalkreicheren und auf Sand.

In Deutschland ziemlich verbreitet, nordwestlich nur bis zum Niederrhein, bis Osnabrück, Braunschweig, Elbemündung, selten auch in Schleswig-Holstein (in Schleswig wohl nur noch an der Schleswiger Rennbahn), in Ostpreussen und Posen. Fehlt auch dem grössten Teil der süd- und mitteldeutschen Buntsandstein- und Granitgebiete. — In Oesterreich und in der Schweiz ziemlich verbreitet, in den Alpen jedoch fast ganz auf die grösseren Täler beschränkt und auf weite Strecken (z. B. in Appenzell und im Zürcher Oberland) fehlend.

Allgemeine Verbreitung: Fast ganz Europa mit Ausschluss des äussersten Südwestens und Nordens, in Skandinavien nördlich bis Stavanger 68° 49' nördl. Breite, Lysterfjord in Sogn, Oslo, Gestrikland, an der Ostsee bis Kalmar, Öland, Gotland, Moon, Oesel, Estland und Ingrien; Westasien bis zum Kaukasus und Persien, Nordasien bis Baikalien. Eingebürgert in China und Nordamerika.

Aendert wenig ab: var. latifólium Gremli. Laubblätter breiter, eilanzettlich (Wallis, Tessin). — var. erythrorhízon (Sieb. et Zucc. sub spec.) Maximovicz. Von der typischen Form u. a. durch kürzere Kronröhre und kleinere Nüsschen verschieden, vertritt diese in Ostasien und wird daselbst zum Färben benützt.

Fig. 3117. Lithospermum officinale L., mit Früchten im Herbstaspekt. Phot. Meta Lutz und Dr. G. Hegi, München.

Die eurosibirische Stromtalpflanze besiedelt ausser kiesig-sandigen Fluss- und Seeufern hauptsächlich die Weiden- und Erlenauen, wo sie besonders in den Brachypodieta silvatici herdenweise auftritt, seltener auch Magerwiesen, Schlagflächen und Niederwälder trockener Berghänge und im Gegensatz zur folgenden Art nur ganz ausnahmsweise Getreide- und Brachäcker (z. B. auf Kalk in Mähren mit Scandix und Bupleurum rotundifolium) besiedelt. Die glänzenden Nüsschen bleiben oft noch lange nach dem Abdörren der Laub- und Kelchblätter an den besenförmigen Wickelästen stehen (Fig. 3117 und 3118); die Art ist somit einer der bradysporsten Wintersteher unserer Flora. Im Gegensatz zu L. purpureo-caeruleum besitzt sie keine vegetativen Verbreitungsmittel. Die harten Nüsschen werden wohl hauptsächlich durch fliessendes Wasser, vielleicht aber auch endozoisch verbreitet. Sie waren wohl nur der Signatur wegen als Sémina Mílii sólis (= Sonnenhirse) pulverisiert und mit weissem Wein getrunken gegen Steinbeschwerden in Gebrauch (schon von Dioskurides und Aetius empfohlen), auch als Fiebermittel und sollen noch heute zu Räucherungen Verwendung finden. Mit Latwerge oder Brei angerührt werden sie gegen Gicht gebraucht; auch sollen sie harntreibend und wehenbefördernd wirken. Ebenso werden sie bei Darmkatarrhen genommen und sind eines der vielen Volksmittel gegen Gonorrhoe. Der wie Schwarztee zubereitbaren Blätter wegen wird die Art besonders in Böhmen auch kultiviert und ist als Böhmischer oder Kroatischer Tee, Prwnicesky tschai in den Handel gebracht worden. Die Wurzel enthält wie bei der folgenden Art das mit dem Alkannin verwandte Lithospermin (vgl. pag. 2125), scheint aber in Europa kaum zu Färbezwecken Verwendung zu finden.

**2307. Lithospermum arvénse**[1]) L. (= Rhytispérmum arvense Link). Acker=Stein=same, Bauernschminke. Franz.: Chérie, charrée, nielle sauvage; ital.: Strigolo selvatico.
Taf. 221, Fig. 5; Fig. 3088b, 3090f, 3112a bis c und 3119.

Wegen der steinharten, weissen Samen führt die Pflanze Namen wie Iserhart, Steenhart (Westfalen), Ise(n)chrut (Schweiz), Weisskopf (Weichsel=Delta), Wirschrut (Aargau). Als Ackerunkraut heisst sie Korn= beisser (Württemberg), Hungerchrut (Aargau). Die Wurzel enthält wie die der Ochsenzungen (Anchusa usw.) einen roten Farbstoff, daher Schminke (z. B. Anhalt, Nordböhmen). Andere Namen sind noch Gais= fuss (Schwäbische Alb), Sammetblume (Nahegebiet), Brennkraut (Oberösterreich), Knabewade (Elsass).

Einjährig, überwinternd einjährig bis zweijährig. Wurzel spindelförmig, steiflich, faserig, rötlich. Stengel aufrecht, $\pm$ 1 bis 3 ($^1\!/_2$ bis 6) dm lang, oben kurz ästig, selten schon am Grunde mit langen, aufsteigenden Aesten; Stiel rundlich, von angedrückten Borsten rauh. Untere Laubblätter verkehrt= eiförmig, bis 4 cm lang, stumpf, in den kurzen Stiel verschmälert, die oberen lanzettlich oder lineal=lanzettlich, spitz, sitzend, ganzrandig, reichlich anliegend behaart, mit ungleich langen Borsten bewimpert und mit Knötchen besetzt, graugrün, 1=nervig, ohne seitliche Nerven; die unteren zur Blütezeit verwelkt. Blüten sitzend oder auf sehr kurzen Stielen in von Hochblättern umgebenen, zuletzt sehr verlängerten Wickeln. Kelchzipfel schmal= lineal, spitzlich, mit aufrecht abstehenden Borsten dicht besetzt. Krone klein, wenig länger als der Kelch, $\pm$ 6 bis 8 mm lang, am stumpflappigen Saume etwa 2 bis 4 mm breit, im Schlund mit 5 flaumig behaarten Falten, weiss oder selten etwas bläulich oder die Röhre violettlich. Staubbeutel bespitzt. Teil= früchtchen eiförmig=3=kantig, spitz, $\pm$ 3 mm lang, warzig=grubig, braun. — IV bis VII.

Fig. 3118. Lithospermum officinale L., in einem schotterigen Waldweg bei Berndorf, N.Ö. Phot. R. Fischer, Sollenau, N.Ö.

Sehr verbreitet und in fast allen Acker= baugebieten häufig an trockenen, offenen Standorten, auf Aeckern mit nicht zu sauren Böden, Brachen, in Weinbergen, an Wegrändern, Schuttplätzen, Dämmen, in trockenen Kunstwiesen, vom Tiefland bis zur oberen Grenze des Ackerbaues, in Bayern bis 800 m, in Südtirol bis zirka 1500 m, im Oberengadin segetal bis 1800, ruderal (beim Berninahospiz vorübergehend) bis 2309 m, an den Churfirsten bis 1700 m, im Wallis (in den obersten Aeckern von Findelen) bis 2120 m. Fehlt nur auf einigen Inseln (z. B. auf Föhr erst 1913 mit Roggen eingeschleppt) und in einigen feuchten Gebirgsgegenden (so in Appenzell).

Allgemeine Verbreitung: Vom ganzen Mittelmeergebiet durch Mittel= und Nord= Europa nördlich bis Grossbritannien (Irland, Ross), Fennoskandinavien (bis Drontheim, Nord= schweden, Kemi=Lappmark), Pomorisch=Karelen; Nord= und Westasien, Nordwestindien; in Nordamerika eingeschleppt.

---

[1]) Als „Lithospermum sylvestre, gantz rauch und wild Geschlecht der Meerhirsen" schon bei Bock, als „Anchusa arvensis alba" bei Thal, als „Lithospermum arvense, radice rubra" bei C. Bauhin, als „L. nigrum, flore albo, semine Echii" bei J. Bauhin.

Aendert ab: f. **caerul éscens** DC. (= f. caerúleum Cosson et Germain, = L. médium Chevalier). Krone bläulich. Im Mittelmeergebiet, doch auch z. B. bei Feldkirch, im Wallis (zw. Stalden und Kalpetran) und auf Hiddensee (Rügen). — f. **incrassátum** Gussone (= L. Gasparrinii Heldreich, = L. arvense var. incrassatum Arcang.) ist nach Caruel u. a. eine Bildungsabweichung mit einem einzigen, unterständig gewordenen Fruchtblatt. Vielfach in Italien und in den Balkanländern, eingeschleppt auch um München (bei der Mullverwertungsanstalt Puchheim und bei Starnberg 1906). — Im Gegensatz zu den meist überwinternden Ackerformen überwiegen in den Steppenwiesen die einjährigen, meist gänzlich unverzweigten wie f. **simplex** Opiz mit relativ breiten, mässig behaarten und f. **strigulósum** Domin mit linealen, nur 1 bis 2 cm langen, dicht grauhhaarigen Laubblättern. Diese tritt ebenso wie in den böhmischen Steppenheiden und in den Schwarzmeersteppen auch in den Walliser Stipeta capillatae und Festuceta Vallesiacae auf, wo sie meist nur 10 bis 15 cm hoch wird und noch zur Blütezeit die Keimblätter trägt. Eine ähnliche westmediterrane Form ist L. **Splitgerberi** Gussone.

Lithospermum arvense ist ursprünglich eine orientalisch-mediterrane Steppen- und Halbwüstenpflanze, die jedoch selbst in Südrussland, wo sie z. B. in Prunus spinosa-Gesträuppen auftritt, vorwiegend ruderalen Charakter zeigt. In Mittel-, Nord- und Westeuropa hat sie weniger ruderalen als segetalen Charakter, ist ein in vielen Gegenden konstanter Archäophyt des Wintergetreides („Charakterart der Agrostemma-Assoziation" nach Braun-Blanquet), tritt jedoch auch öfters in Hackfruchtfeldern und vorübergehend in lückigen Wiesen und Heiden auf. Der in den Wurzeln namentlich auch der Zwergformen reichlich enthaltene rote Farbstoff ist Lithospermin (vgl. pag. 2125), welches u. a. zu Schminke Verwendung gefunden hat. — Kerner fand die Blüten proterogyn; nach anderen springen die Staubbeutel schon vor dem Oeffnen der Blüte nach innen auf. Die Narbenpapillen stehen auf gleicher Höhe mit den Staubbeuteln und schliessen mit ihnen die Blütenröhre ab, so dass die Rüssel der Insekten zwischen Narbe und Staubbeutel sich durchzwängen müssen, wobei sie anfangs Fremd-, später, wenn der Pollen aus dem Staubbeutel hervorquillt, Selbstbestäubung bewirken. Die letztere erfolgt auch ohne Insektenbesuch, der zudem sehr gering ist; Besucher sind Apiden, Syrphiden und Tagfalter.

Fig. 3119. Lithospermum arvense L., fast reife Frucht, 4,1 nat. Gr. Phot. Th. Arzt, Wetzlar.

## DCXIV. Myosótis[1]) L. Vergissmeinnicht, Mausöhrchen. Franz.: Ne m'oublie pas, aimez-moi, Plus je vous vois plus je vous aime, Les yeux de l'enfant Jésus, oreille de souris, scorpion; engl.: Scorpion grass, forget me not; dän.: Forglemmigej; schwed.: Förgätmigej, fiskögon, fansögon; ital.: Non ti scordar di me, talco celeste, centocchio selvatico; im Tessin: Oecc della Madonna; in Graubünden: Calamandrin, non am sman-cher.

Ein-, zwei- und mehrjährige, dicht grauhaarige bis kahle, stets drüsenlose Kräuter mit spiralständigen, spatelförmigen, elliptischen oder linealen, ganzrandigen Laubblättern ohne Fiedernerven. Blüten im einfachen oder gegabelten, trauben- bis ährenförmigen, unbeblätterten oder am Grund beblätterten Wickeln. Kelch glockig bis trichterförmig, bis zur Mitte oder darüber

---

[1]) Gr. μυὸς ὠτίς [myós otís] oder μυὸς ὦτα [myós óta] = Mäuseohren. Nach Dioskurides im Altertum für verschiedene Pflanzen gebraucht, worunter wohl auch Myosotis- (oder Omphalodes?) Arten. Das Tertium comparationis bilden entweder die stumpfen Laubblätter (vgl. auch die Volksnamen für Hieracium Pilosella!) oder die bei manchen Arten in der Jugend wollig behaarten Wickel. Der Name Vergiss mein nicht ist früher auch für Veronica Chamædrys (vgl. Bd. VI/1, pag. 59) gebraucht worden.

in 5 eiförmig-lanzettliche Zipfel gespalten, postfloral wenig bis stark vergrössert. Krone meist anfangs rosa (selten gelb) und dann blau, seltener bleibend rosa oder weiss, mit meist kurzer, selten den Kelch deutlich überragender Röhre, meist gelben, ausgerandeten (selten ganzrandigen oder [nur bei der neuseeländischen M. spathuláta Forst.] fehlenden) Schlundschuppen und flachem oder trichterförmigem Saum aus 5 rundlichen, in der Knospenlage rechts gedrehten Zipfeln. Staubblätter klein, meist in der Kronröhre eingeschlossen, selten vorragend. Pollenkörner sehr klein ($2^{1}/_{2}$ bis $3^{1}/_{2}$ Mikron), hantelförmig. Griffel fädlich, mit kleiner, zuweilen kurz zweilappiger Narbe. Nüsschen eiförmig oder etwas abgeflacht, aufrecht sitzend, glatt und hart, mit kleiner, nur bei wenigen Arten von einem Oelkörper (Pseudostrophiole, Elaiosom) eingenommener, nie von einem Ring umgebener Ansatzfläche.

Die bis zu Dillen und Linné mit Heliotropium, Lappula und Lithospermum vereinigt gebliebene, noch von Morison und Haller als Scorpiurus bezeichnete Gattung umfasst etwa 30 Arten, die grösstenteils im gemässigten Eurasien und Nordamerika, zum kleineren Teil in Südafrika, Neuseeland und Australien verbreitet sind. Die Mehrzahl aller Arten enthält die Sektion Eumyosótis DC. mit kleinen, meist ausgerandeten, die Staubblätter (ausser bei M. variabilis) überragenden Schlundschuppen und anhängsellosen Nüsschen, die entweder einzeln durch Wasser (M. scorpioides s. lat.) oder mitsamt dem abstehend behaarten Fruchtkelch epizoisch verbreitet werden. Als Zierpflanzen werden aus dieser Sektion ausser M. scorpioides und besonders M. silvatica-Formen noch kultiviert: M. Azórica H. C. Watson von den Azoren. Stark verzweigte Staude mit grossen, meist dunkelblauen, seltener hellblauen (f. coelestina hort.) oder weissen Kronen. Im Gebiet nicht winterhart, daher trotz ihrer Mehrjährigkeit meist nur 1- oder 2-jährig kultiviert. — M. Olýmpica Boiss. (= M. nána Sm. p. p. non Vill.) aus den Gebirgen Kleinasiens. Rasenbildend, von den Gebirgsformen der M. silvatica hauptsächlich durch die stärker abstehenden, auf grossen Knötchen sitzenden Haare und die schmäleren, längeren Nüsschen verschieden. — Von den 4 andern Sektionen ist im Gebiet nur Strophióstoma (Turcz.) Endlicher, bei welcher die Nüsschen eine als Oelkörper funktionierende Pseudostrophiole (Caruncula, Elaiosom) tragen, durch M. sparsiflora vertreten. Die von dieser durch Mehrjährigkeit und lange, unbeblätterte Wickel verschiedene M. amœna (Ruprecht) Boiss. (non Schott, = Strophiostoma amoenum Ruprecht) aus dem Kaukasus wird als Zierstaude gezogen. — Seltener ist dies auch bei einigen Arten aus der durch weit vorragende Staubblätter ausgezeichneten und auf Australien und Neuseeland beschränkten Sektion Exarrhéna DC. (z. B. M. stamínea Lehmann aus Australien) der Fall.

Eumyosotis und Strophiostoma sind durch ihre Verbreitungsweise scharf geschieden. Bei den meisten Eumyosotis-Arten dient der abstehend behaarte Fruchtkelch als Verbreitungseinheit. Die Verbreitung erfolgt hauptsächlich epizoisch, seltener endozoisch oder durch den Wind. Nur bei M. scorpioides (inkl. M. caespitosa) fallen die Nüsschen regelmässig einzeln aus und werden durch Wasser verbreitet. Die Strophiostoma-Arten sind dagegen typische Myrmekochoren. — In den wenig hoch entwickelten Blüten vieler Arten tritt ähnlich wie bei Cynoglossum und Pulmonaria ein Farbenumschlag ein, indem der Blütenfarbstoff ähnlich wie Lackmus zuerst durch sauren Zellsaft gerötet, später durch alkalischen gebläut wird. Nicht selten bleibt er jedoch rosa, in einzelnen Individuen auch weiss. Die meist homogamen und namentlich bei den kleinblütigen Arten auch oft autogamen Blüten werden von zahlreichen Dipteren, Hymenopteren und Lepidopteren bestäubt. Bei einzelnen Arten wird Fremdbestäubung durch Gynodiœzie begünstigt (vgl. Fritsch, K. Ueber Gynodiœcie bei Myosotis. Berichte der deutsch. botan. Ges. Bd. XVIII, 1901). Ueber die Embryobildung vgl. die pag. 2127 genannte Arbeit von Souèges. — Eine vollständige Monographie der infolge der vielen bisher ungenügend unterschiedenen Bastarde recht kritischen Gattung liegt noch nicht vor; Vorarbeiten dazu hat A. Béguinot geliefert (Materiali per una monografia del genere Myosotis. Annali di Botanica. Bd. I, Rom 1904).

1. Kelch angedrückt behaart, zur Fruchtzeit kürzer als der Blütenstiel, offen bleibend, ± bis zur Mitte geteilt (wenn viel tiefer, vgl. M. Azorica oben). Krone meist ansehnlich, mit flachem Saum. Zwei- bis mehrjährige, meist schwach behaarte Pflanzen feuchter Standorte . . . . . . . M. scorpioides nr. 2308.

1*. Kelch abstehend behaart (zuweilen undeutlich, aber dann entweder postfloral geschlossen bleibend oder sich sehr stark vergrössernd) . . . . . . . . . . . . . . . . . . . . . . . . . . . . . . . . . . . . . 2.

2. Mehrjährige Gebirgspflanzen (im Tiefland in Wäldern oder als verwilderte Zierpflanzen). Wickel unbeblättert. Fruchtstiele mindestens so lang wie die Kelche. Krone mit flachem, ± 4 bis 8 mm breitem, meist lebhaft gefärbtem Saum. Nüsschen ohne Anhängsel (wenn mit solchem, siehe M. amoena oben) . . . . . . . . . . . . . . . . . . . . . . . . . . . . . . . . . . . . . . . . . . . . . . . . M. silvatica nr. 2309.

2*. Ein- bis 2-jährige, meist entschieden wärmeliebende Arten. Krone mit unter 4 mm breitem, trichterförmigem, blassblauem Saum . . . . . . . . . . . . . . . . . . . . . . . . . . . . . . . . . 3.

3. Sprosse sehr schlaff und zart, schwach behaart. Wickeläste nur 3= bis 5=blütig, beblättert. Frucht=
kelche sehr stark vergrössert, mit langen, sich herabschlagenden Stielen. Nüsschen mit weissem Oelkörper
. . . . . . . . . . . . . . . . . . . . . . . . . . . . . . . . . . . . . . . M. sparsiflora nr. 2314.

3*. Sprosse meist derb und stärker grauhaarig. Wickel mehrblütig, unbeblättert, oder wenn unter=
wärts beblättert (M. micrantha) dann die Fruchtstiele kurz und aufrecht. Fruchtkelche weniger vergrössert.
Nüsschen ohne Oelkörper . . . . . . . . . . . . . . . . . . . . . . . . . . . . . . . . . . . . 4.

4. Fruchtstiele ± so lang oder länger als der Kelch, abstehend, auch die unteren nie mit Trag=
blättern. Kronröhre kürzer als der Kelch . . . . . . . . . . . . . . . . . . . . . . . . . . . 5.

4*. Fruchtstiele deutlich kürzer als die Kelche . . . . . . . . . . . . . . . . . . . . . . 6.

5. Pflanze meist 2=jährig. Fruchtstiele 1½= bis 3=mal so lang als die zur Fruchtzeit meist geschlossenen
Kelche. Fruchtstand kürzer oder nur wenig länger als der beblätterte Stengelteil. Nüsschen schwarzbraun.
. . . . . . . . . . . . . . . . . . . . . . . . . . . . . . . . . . . . . . . . M. arvensis nr. 2310.

5*. Pflanze meist 1=jährig und unter 2 dm hoch. Fruchtstiele ± so lang als die bleibend offenen
Kelche. Fruchtstand viel länger als der beblätterte (meist armblätterige) Stengelteil. Nüsschen hellbraun.
. . . . . . . . . . . . . . . . . . . . . . . . . . . . . . . . . . . . . . . . M. collina nr. 2311.

6. Fruchtstiele starr aufrecht, die untersten meist mit Tragblättern. Krone nie gelb, ihre Röhre
kürzer als der Kelch . . . . . . . . . . . . . . . . . . . . . . . . . . . . . M: micrantha nr. 2312.

6*. Fruchtstiele ± abstehend, alle ohne Tragblätter. Krone beim Aufblühen meist gelb, ihre Röhre
länger als der Kelch . . . . . . . . . . . . . . . . . . . . . . . . . . . . . . . M. lutea nr. 2313.

**2308. Myosotis scorpioídes**[1]) L. em. Hill (= M. scorpioides var. palústris L., = M. palustris
Roth, = M. perénnis Moench, = Echioídes palustris Moench). Sumpf=Vergissmeinnicht.
Taf. 221, Fig. 4 und Fig. 3120 bis 3124.

Die Bezeichnung Vergissmeinnicht taucht zuerst im 15. Jahrhundert auf; obwohl sie kaum echt
volkstümlich ist, ist sie im Volk fast überall bekannt. Die niedliche Pflanze wird auch kurzweg Blümelein
(Braunschweig), Blimmechen (Nordthü=
ringen), blaues Blümelein (Anhalt)
genannt. Nach den weichbehaarten Blät=
tern (vgl. Myosotis = Mäuseohr) führt die
Pflanze Benennungen wie Museohr,
Museöhrkes (plattdeutsch), Maus=
potsch, Maische [f. M. collina] (Nahe=
gebiet). Recht anmutig werden ferner die
Blüten mit den Augen gewisser Tiere (be=
sonders von Wassertieren, wegen des
Standortes!) verglichen, z. B. Katzen=
äugelchen (Eifel), Katzenäugel
(Egerland), Katzanaegla (schwäbisch),
Chatzenäugli (Schweiz), Hennaäugli
(St. Gallen), Gänsäägela (Erzgebirg),
Froschäugel (Böhmerwald, Riesenge=
birg), Fischäugele (Württemberg),
Frösche(n)gückele, =äugeler (El=
sass), Krebsäugla (Erzgebirg), Krot=
tenäugli (Appenzell), Unserm Her=
gott seine Aug'n (Kärnten). Andere
Namen sind schliesslich noch Herrgotts=
blume (Rastatt), Goud im Pfoadl [= Gott im Hemdchen] (Böhmerwald), Muattergöttesle (Kärnten),

Fig. 3120. Myosotis scorpioides L., in einem Wassergraben bei Sollenau. Phot.
R. Fischer, Sollenau, N. Ö.

---

[1]) Gr. σκορπιοειδές [skorpioeidés] = skorpionartig, bei Dioskurides Name einer armblätterigen
Pflanze mit skorpionschwanzartigen Früchten (vielleicht Coronilla scorpioides), die deshalb gegen Skorpionstiche
gebraucht wurde. Später wurde der Name auf verschiedene Boraginaceen wegen der Form der Wickel über=
tragen. So wurde M. scorpioides um 1600 zu Eichstätt als „Scorpioides major, Vergissmeinnicht, blauer
Augentrost" kultiviert. Brunfels nannte sie „Cynoglossa minor", Valerius Cordus (und nach ihm Thal,
Bauhin u. a.) „Echium palustre", Lonitzer „Leontopodium", Tabernaemontanus „Eufragia coerulea".
Nach Fischer=Benzon dürfte sie auch mit „Friedelesauga" der heiligen Hildegard gemeint sein.

Jungfrauenmanderl (Oberösterreich), Blauer Himmelsschlüssel (Böhmerwald), Himmelsschlüssele (Baden), Himmelsblom (Oberhessen).

Ausdauernd (selten nur 1- oder 2-jährig), mit meist kurzlebiger, frühzeitig durch die Adventivwurzeln an der ± langgliedrigen, meist dünnen, weit kriechenden Grundachse ersetzter Wurzel. Sprosse weich, frischgrün, locker wollig behaart bis ganz kahl. Stengel aufsteigend oder aufrecht, einfach aber ästig, ± 1 bis 4 ($^1/_3$ bis 6) dm hoch, stielrund oder kantig, oft hohl, locker bis ziemlich dicht beblättert. Laubblätter spatelig bis lineal-lanzettlich, die unteren ± deutlich gestielt, die oberen sitzend, ± 2 bis 6 (bis 8) cm lang und $^1/_2$ bis 1 ($^1/_4$ bis 2) cm breit, abgerundet oder kurz zugespitzt, dünn, ohne deutliche Seitennerven. Blüten in traubenförmigen, blattlosen, anfangs dichten, postfloral stark verlängerten (± $^1/_2$ bis 2 dm langen) Wickeln. Blütenstiele abstehend, wenig kürzer bis 3-mal so lang als der zur Blütezeit $2^1/_2$ bis 3, postfloral 4 bis 5 mm lange, trichterförmige, zu $^1/_3$ bis zur Mitte geteilte, angedrückt behaarte bis fast kahle, nicht abgliedernde und dauernd offen bleibende Kelch. Krone anfangs rosa, dann himmelblau, an einzelnen Individuen auch bleibend rosa oder weiss, mit kurzer, höchstens kelchlanger Röhre, gelben, etwas ausgerandeten Schlundschuppen und flachem, ± 5 bis 8 (bis 10) mm breitem Saum. Staubblätter eingeschlossen, mit lanzettlichen, gelben Antheren. Griffel ± halb so lang bis so lang wie der Kelch. Nüsschen abgeflacht, eiförmig, 1 bis 2 mm lang, mit 2 oder 3 ± scharfen Kanten und sehr kleiner, rundlicher Ansatzfläche, glatt, glänzend schwarzbraun, hart, schwimmfähig. — V bis VII, oft noch einmal VIII bis X.

In nassen bis mässig trockenen Frisch- und Fettwiesen, Mooren, auf Kies, Sand und Schlamm an See-, Fluss- und Bachufern allgemein verbreitet und in den meisten Gegenden häufig. Steigt vereinzelt bis zur Waldgrenze, in Oberbayern bis 1690 m, in Tirol (am Patscherkofel) bis 1921 m, im Tessin bis 1940 m, in den zentralen Schweizeralpen mehrfach bis 2000 m (Oberengadin bis 2020 m).

Fig. 3121. **Myosotis scorpioides** L. subsp. **caespititia** (DC.) Baumann. *a* und *b* Pflanzen vom Bodenseestrand. *c* Fruchtstand. *d* Blüte.

Allgemeine Verbreitung: Fast über die ganze Nordhemisphäre verbreitet (namentlich die in Mitteleuropa selteneren subsp. caespitosa und laxa, die auch in Nordafrika, auf den Kanaren und Madeira und im östlichen Nordamerika), in Europa bis zu den Shetlandsinseln, Nordskandinavien (bis Ranen und Pasvikelv 69° 41′ nördl. Breite) und Nordlappland (die subsp. palustris nur bis Mittelskandinavien: Drontheim und Söndmöre).

Die somit holarktisch verbreitete Art umfasst eine grössere Zahl von Unterarten, deren Abgrenzung nicht nur durch Bastarde, sondern auch durch die grosse Zahl der Standortsmodifikationen (Land- und Wasserformen) wesentlich erschwert wird, weshalb dieselbe Pflanze von den einen Autoren als gute Art, von anderen dagegen als blosse Standortsform angesehen wird. Unsere Formen lassen sich auf 4 Unterarten verteilen, die sich folgendermassen unterscheiden:

1. Mehrjährige Pflanzen mit kriechendem Wurzelstock. Kelch meist nur auf $^1/_4$ bis $^1/_3$ geteilt. Krone meist über 6 mm breit . . . . . . . . . . . . . . . . . . . . . . . . . . 2.
1\*. Ein- bis zwei-, selten mehrjährige Pflanzen mit schwacher Pfahlwurzel und meist schlaffen, stielrunden Stengeln. Kelch mindestens bis zur Mitte gespalten. Krone meist unter 6 mm breit . . . . . . 3.
2. Sprosse meist aufrecht, ± 2 bis 4 dm hoch, ± behaart. Stengel meist kantig. subsp. **palustris** (L.).

Tafel 220

## Tafel 220.

Fig. 1. *Heliotropium Europaeum* (pag. 2132). Habitus.
„ 1 a. Blüte.
„ 1 b. Krone von innen.
„ 1 c. Stempel.
„ 1 d. Nüsschen im Längsschnitt.
„ 1 e. Reife Frucht (vergrössert).
„ 2. *Borago officinalis* (pag. 2230). Habitus.
„ 2 a. Blüte im Längsschnitt.
„ 2 b und c. Staubblätter.
„ 2 d. Frucht.
„ 2 e. Nüsschen mit Elaiosom.
„ 2 f. Dasselbe im Längsschnitt.
„ 2 g. Frucht.
„ 3. *Lycopsis arvensis* (pag. 2203). Habitus.
„ 3 a. Krone geöffnet.
„ 3 b. Stempel.
„ 3 c. Nüsschen.
„ 3 d. Dasselbe im Längsschnitt.
„ 4. *Anchusa officinalis* (pag. 2199). Habitus.
„ 4 a. Krone von innen.
„ 4 b. Stempel.
„ 4 c. Staubblatt.
„ 4 d. Nüsschen.
„ 4 e. Dasselbe im Längsschnitt.

2*. Sprosse kriechend-aufsteigend, unter 1 dm hoch, meist ganz kahl. Stengel stielrund. Kelch tiefer geteilt. Amphibische Strandpflanze . . . . . . . . . . . . . . . . . . . . . . . . . . . subsp. caespititia (DC.).

3. Meist zweijährig, mit reichfaseriger Wurzel und rasch welkender Blattrosette. Kelch sich floral nur wenig vergrössernd . . . . . . . . . . . . . . . . . . . . . . . . . subsp. caespitosa (K. F. Schultz).

3*. Einjährige Strandpflanze mit armfaseriger Wurzel und länger bleibender Blattrosette. Kelch sich postfloral stark vergrössernd . . . . . . . . . . . . . . . . . . . . . . . . . . . . . . . subsp. laxa (Lehm.).

1. subsp. **palústris** (L. als var.) Hermann (= M. palustris Roth et subsp. genuina Beckhaus s. str., = M. perénnis var. palustris DC.). Ausdauernd, mit weit kriechender, langgliederiger Grundachse und aufsteigenden bis aufrechten, meist 2 bis 4 dm hohen, ± kantigen Stengeln. Kelch meist nur zu $^1/_3$ geteilt, die Zipfel nicht länger als die Kronröhre. Krone meist 5 bis 8 mm breit, seltener (f. grácilis Boenningh., = f. micrántha Opiz, = var. parviflóra Čelak. non Wahlb., = M. radícans Opiz) nur 3 bis 4 mm, blau, nicht selten weiss (f. albiflóra Ducommun). Griffel meist ± so lang wie der Kelch.

Die in Mitteleuropa verbreitetste Unterart (ausserhalb Europa nur im gemässigten Asien). Hiezu werden mehrere z. T. vielleicht den Rang von Unterarten verdienende Abarten gestellt: var. mémor Kittel (als var. von M. palustris, = var. vulgáris DC., = var. genuína Rchb. und Gren. et Godron, = var. týpica Pospíchal p. p., = var. radicans Rouy an M. radicans Opiz?). Stengel und Laubblätter ± abstehend behaart bis dicht rauhhaarig (subvar. hirsúta [Al. Braun]). Besonders in trockeneren Fett- und Frischwiesen vom Flachland bis in die subalpine Stufe. Stellenweise häufig, doch auf weite Strecken (z. B. in den Zentralalpen) durch die folgende Abart ersetzt. Soll nach E. H. L. Krause dem Oberrheintal fehlen und daselbst durch subsp. caespitosa vertreten sein. — var. strigulósa (Rchb.) Mertens et Koch (= M. strigulosa Rchb., = M. palustris var. strigulosa DC., = M. commutáta Römer et Schultes?, = M. nemorósa Besser?, = M. coronária Dum.?, = M. palustris race commutata var. glabréscens et strigulosa Rouy). Stengel und Laubblätter spärlich angedrückt behaart bis fast ganz kahl (= f. glábra Schur), an nassen, öfter überschwemmten Standorten oft sehr gross und schlaff (f. laxiflóra [Rchb. als Art], = var. elátior Opiz?). Laubblätter meist kurz zugespitzt, seltener (besonders bei den Wasserformen) alle breit und stumpf (f. obtusifólia Beck) oder länger zugespitzt (f. lancifólia Beck). Stellenweise (im Val Onsernone im Tessin ausschliesslich) mit weisser Krone. — var. répens (D. Don als Art) (= M. palustris var. repens Gren. et. Godr. et subsp. repens Rouy). Stengel dünn, kantig, lange oberirdische Ausläufer treibend, angedrückt behaart. Kelch bis über die Mitte in ungleichlange, spitze Zipfel geteilt. Griffel kurz. Typisch vielleicht nur in Grossbritannien, Nordfrankreich und Belgien. Die Angaben aus Deutschland (Rheintal) und aus der Schweiz (z. B. am Genfersee) beziehen sich vielleicht nur auf Schlammformen der var. strigulosa oder auf die folgende Unterart. — Die Wasserformen (f. aquática

Fig. 3122. Myosotis scorpioides L., am Ufer des Wr. Neustädter Kanals bei Schönau a. d. Tr. Phot. R. Fischer, Sollenau, N. Ö.

Neuman, = f. submérsa Glück), die anscheinend bei der var. strigulosa besonders leicht entstehen, zeigen oft eine ungewöhnliche Ueppigkeit. Die Stengel werden bis 1½ m (bei der Landform höchstens 6 dm) lang, die meist ganz kahlen Laubblätter 25 bis 82 mm (bei der Landform 11 bis 65 mm) lang und 7 bis 21 (bei der Landform 3 bis 12) mm breit. Bei der Landform überwintern meist nur die im ersten Jahr gebildeten Laubblattrosetten in grünem Zustand, bei der Seichtwasser- und Wasserform häufig (namentlich in Grundwasserbächen) die ganze Pflanze. Wenn die Landform bei steigendem Wasserstand in die Wasserform übergeht, werden die jungen Blütenstände in der Regel in Laubsprosse umgewandelt. Die Wasserform bleibt stets steril, geht jedoch bei sinkendem Wasserspiegel wieder in die Landform über.

2. subsp. **caespitítia** (DC.) Baumann (= M. palustris var. caespititia DC., = M. caespitosa var. grandiflóra Gaudin?, = M. grandiflóra B. et K., = M. caespitítia Kerner, = M. palustris var. genuína subvar. glareósa Döll, = M. Rehsteinéri Wartmann). Fig. 3121, 3122 und 3123 e. Grundachse und Stengel sehr verkürzt, die Pflanze daher dichte Rasen bildend. Stengel meist nur 3 bis 8 (bei Wasserformen bis 12) cm hoch, stielrund, gleich den Laubblättern spärlich angedrückt behaart bis ganz kahl. Laubblätter spatelig, ± 2 bis 4 cm lang und 4 bis 12 mm breit. Pro Stengel meist nur ein ziemlich dichter, armblütiger Doppelwickel. Kelch oft bis zur Mitte geteilt, ± so lang wie der Blütenstiel. Krone ± 6 bis 10 mm breit, anfangs rosa, dann leuchtend himmelblau, zuweilen rosa bleibend. Neben homogamen Zwitterblüten auch Pflanzen mit nur weiblichen. Charakterpflanze der Litorelleten im Grenzgürtel des Bodensees (vom Rheinmündungsgebiet bis an den Untersee und rheinabwärts bis Tössegg, vereinzelt bis Basel und bis zum Kaiserstuhl, Genfersee (Promenthoux, Nyon, Coppet usw.), Langen- und Luganersees (angeblich auch am Monte Ceneri und im Maggia- und Verzascatal; doch handelt es sich wahrscheinlich bei sämtlichen Tessiner Pflanzen im Gegensatz zu denen des Bodensees nur um nicht erbliche Modifikationen der vorigen Unterart). Am Genfersee wurde die Pflanze von Gaudin, am Bodensee von Sauter entdeckt. Sie ist gänzlich unabhängig vom Kalkgehalt des Bodens; denn sie wächst ebenso gut zwischen Furchensteinen und Kalkalpenablagerungen am Boden- und Untersee, wie auf dem kalkfreien Sand- und Kiesstrand des Lago Maggiore, an beiden Seen fast ausschliesslich im Grenzgürtel des „überschwemmbaren Hanges" mit Litorella uniflora, Ranunculus reptans und Eleocharis acicularis. Während am Bodensee zufällig durch das Hochwasser in die Seewiesen geschwemmte Exemplare zugrunde gehen und sich die dortige Pflanze auch in Kultur (Versuche von Wartmann, Baumann und Gams) als völlig konstant erwies, treten am Langen- und Luganersee am Uebergang zu den Seewiesen (in Gesellschaft von Mentha Pulegium und Gratiola officinalis) Uebergänge zur var. strigulosa der vorigen Unterart auf. Ein wesentlicher Unterschied gegenüber dieser besteht darin, dass die Wasserformen stets klein bleiben und höchstens 12 cm Länge erreichen. Besonders an frühzeitig überschwemmten Orten werden oft in Menge nur 4 bis 5 mm breite, weibliche Blüten gebildet (Gynodiœzie). Auch 4-zählige

Fig. 3123. Myosotis scorpioides L. subsp. caespitosa (C. F. Schultz) Hermann. *a* Wurzel und Grundblätter. *b* Blütenspross. *c* Kelch. — Kelche der subsp. *d* palustris (L.), *e* caespititia (DC.), *f* laxa (Lehm.) floral und *g* postfloral.

Blüten kommen vor. Am Langensee blüht die Pflanze im Herbst regelmässig zum zweitenmal, am Bodensee nur sehr selten. Sie kommt hier selten zur Fruchtreife, vermehrt sich dagegen ausgiebig vegetativ (Hydrochorie). Als Zierpflanze wird sie schon seit längerer Zeit zur Bekleidung feuchter Grotten kultiviert. Die Herkunft der neoendemischen Bodenseepflanze ist unbekannt.

3. subsp. **caespitósa** (K. F. Schultz) Hermann (= M. linguláta[1] Lehm., = M. caespitósa K. F. Schultz, = M. scorpioides var. parviflóra Wahlenbg., = M. uliginósa Schrader, = M. palustris var. praténsis Wallr., subsp. caespitosa Beckhaus et f. caespitosa Beck). Fig. 3123 a bis c. Zweijährig, angeblich auch 1-jährig oder mehrjährig, doch stets mit bleibender, büschelig verzweigter Primärwurzel und ohne Ausläufer. Stengel stielrund, ± 1 bis 4 dm hoch, bei den Landformen meist aufrecht, ästig (selten einfach: f. símplex Neuman), gleich den Laubblättern ± abstehend behaart, selten fast kahl (f. glabriúscula Rouy), bei den Wasserformen

---

[1]) Dieser Name ist ein Jahr älter (1818), aber ohne Diagnose publiziert.

stets einfach und kahl. Laubblätter fast lineal, nicht so deutlich stielartig verschmälert wie bei den vorigen Unterarten, ± 2 bis 5 (1 bis 6½) cm lang und ¼ bis 1¼ cm breit, die der Wasserformen 3 bis 7 cm lang und 3 bis 8 mm breit. Blütenstand wie bei subsp. palustris. Kelch bis zur Mitte oder etwas darüber in lanzettliche Zipfel geteilt. Krone meist nur 3 bis 6, seltener bis 8 mm breit. Griffel meist sehr kurz.

Die am weitesten verbreitete Unterart, von den Atlasländern bis zum nördlichsten Norwegen, Lappland und Sibirien, auch im östlichen Nordamerika. In Mitteleuropa meist seltener als subsp. palustris vorwiegend auf kalkarmem Boden (Torf, feuchtem Quarzsand usw.), im Ostseegebiet jedoch auch auf Kalkböden. Im norddeutschen Flachland und im Ostbaltikum recht verbreitet, auch auf vielen Inseln, stellenweise sogar häufiger als subsp. palustris. Auch in Mitteldeutschland nicht gerade selten, wohl aber schon im Jura (auf der Schwäbischen Alb ganz fehlend, im Badischen und Fränkischen Jura selten) und Schwarzwald (Titisee, Hinterzarten). Südlich der Donau nur im Bodenseegebiet, Federseeried, Saulgau, Ostrach, Langenau bei Ulm, Haberskirch bei Augsburg und Landshut. — In Oesterreich in den Sudetenländern und Alpenländern sehr zerstreut und selten, scheint in Salzburg, Steiermark und im Küstenland ganz zu fehlen, in Vorarlberg nur am Bodensee vertreten. — In der Schweiz sehr zerstreut in den Mooren des Jura (fehlt Basel) und Mittellandes (fehlt Luzern und den Urkantonen), sehr selten in den Alpen (häufiger nur im Tessin, im Rhonetal mit Sicherheit nur am Genfersee, in Graubünden nur im Churer Rheintal, Domleschg und Prättigau, fehlt zwischen dem Aare- und Vorderrheintal anscheinend ganz). Steigt in Graubünden bis 1040, im Berner Oberland bis Wengen 1400 m, im Val Blenio bis 1600 m. (Am Ararat angeblich bis in die alpine Stufe). — Auch subsp. caespitosa wächst häufig amphibisch (z. B. in Gesellschaft von Nasturtium und Veronica Anagallis aquatica) und bildet ähnliche Wasserformen wie die vorigen Unterarten, zu denen auch Uebergänge (Bastarde?) zu bestehen scheinen (hieher wohl M. caespitosa f. radicans Lange mit etwas kantigen, am Grund niederliegenden und wurzelnden Stengeln von Hadersleben in Schleswig, vielleicht identisch mit dem z. B. von Magdeburg angegebenen Bastard caespitosa × palustris). Die Wasserformen unterscheiden sich von der subsp. caespitosa von denen der subsp. palustris nach Glück dadurch, dass sie stets kleiner (nur 1½ bis 2½ dm) lang und unverzweigt und ihre Laubblätter nur 3½ bis 8 mm breit sind. Der vorigen Unterart ähnliche Zwergformen sind f. púmila Chloroschkin und f. símplex Neuman.

4. subsp. láxa (Lehmann als Art, A. Gray als var. von M. palustris). Fig. 3123 f, g. Aehnlich der vorigen Unterart, aber einjährig, kleiner und schlaffer. Stengel meist schon von dem Grund an sparrig verzweigt, mit längeren Internodien als bei den vorigen. Blüten klein, in sich sehr verlängernden Trauben und mit sich postfloral stark vergrösserndem, zuletzt 6 bis 8 mm langem Kelch.

Strandpflanze des atlantischen Ozeans (auch in Nordamerika), der Nord- und Ostsee, in Nordamerika und Schweden auch an Binnenseen. In Deutschland bisher nur für die Umgebung von Berlin (Gross-Lichterfelde) nachgewiesen, aber wohl an der Ostsee weiter verbreitet; vielleicht gehört dazu die als grosse, schlaffe Schattenform beschriebene M. palustris f. laxa Ascherson.

Aehnliche ein- und zweijährige Sippen sind auch aus den Mittelmeerländern beschrieben; doch sind die genetischen Beziehungen innerhalb der ganzen Kollektivart, die besonders in Westeurpa noch weitere Unterarten ausgebildet hat, noch völlig unklar.

Die subsp. palustris wächst bald mehr helophytisch in Nasturtieten (mit Mentha aquatica usw.) und Phragmiteten, bald (oft mit Lychnis Flos cuculi zusammen) hemikryptophytisch in Holcus-, Arrhenatherum- und Trisetumwiesen, auch im Unterwuchs von Auen- und Bruchwäldern. Die ein- und zweijährigen Sippen besiedeln hauptsächlich Neuland (z.B. abgelassene Teiche), offene Strandgesellschaften usw. Die mehrjährigen bilden im ersten Jahr meist nur eine Blattrosette und blühen erst im zweiten. Die homogamen Zwitterblüten, neben denen auch (namentlich bei palustris und caespititia) rein weibliche, kleinere vorkommen (vgl. hierüber Fritsch in Ber. Deutsch. Bot. Ges. Bd. XVIII, 1900), werden ausser von Apiden und Empiden namentlich auch von Schmetterlingen besucht. Die glatten, rasch reifenden Nüsschen fallen einzeln aus und werden dank ihrer Schwimmfähigkeit wohl hauptsächlich durch Wasser (hydrochor) verbreitet. Sie gehören daher gleich denen von Lycopus und Mentha aquatica zu den regelmässigen Bestandteilen der „Herbstdrift" von Bächen, Flüssen und Seen. Kindermann beobachtete, dass sie auch von Trichopterenlarven zum Gehäusebau verwendet und so synzoisch verbreitet werden. Nicht selten werden auch ganze Pflanzen vom Wellenschlag entwurzelt und verschwemmt. Sie sind auch mehrfach aus diluvialen (z. B. aus dem Interglazial von Norfolk in England) und postglazialen Ablagerungen (z. B. aus dem neolithischen Schwemmsand von Ravensburg) bekannt geworden.

**2309. Myosotis silvática**[1]) (Ehrh.) Hoffm. (= M. scorpioides var. sylvatica Ehrh., = M. perénnis var. sylvatica DC., = M. arvénsis var. sylvatica Pers. et var. grandiflóra Wahlenb.,

---

[1]) Zuerst wohl von Barrelier als Buglossum montanum coeruleum unterschieden. Haller's Scorpiurus radice longa, fibrata perenni umfasst ebenso wie Moench's M. perennis auch die vorige Kollektivart.

= M. intermédia var. grandiflóra Ledeb., = M. Pyrenáica Pourret, = M. montána Besser, incl. M. alpéstris Schmidt et M. variabilis Angelis). Berg=Vergissmeinnicht, Wald= Vergissmeinnicht, Alpen=Vergissmeinnicht. Franz.: Myosotis des bois et des Alpes. Fig. 3125 bis 3127.

Halbrosettenstaude mit kurzgliedrigem, ± wagrechtem, meist ziemlich dünnem, mehr= köpfigem Wurzelstock. Sprosse frischgrün, ± dicht von abstehenden, weichen Haaren wollig bis kurz=zottig. Stengel aufsteigend bis aufrecht, ± ästig und 1 bis 4 ($^1/_4$ bis 5) dm lang, ± stielrund, abstehend und im Blütenstand mehr anliegend behaart, meist dicht beblättert, mehrere in blattlose Wickel auslaufende Aeste tragend. Laubblätter spatelig bis elliptisch oder lanzettlich, die grundständigen in ± 1 bis 6 cm lange Stiele rasch zusammengezogen, die obern ± sitzend, 2 bis 8 (die grundständigen bis 12) cm lang und ± $^1/_2$ bis 2 ($^1/_3$ bis $3^1/_2$) cm breit, abgerundet oder kurz zugespitzt, ohne deutliche Seitennerven, dünn, unterseits etwas glänzend, beiderseits locker behaart. Blüten an kaum kelchlangen, sich jedoch postfloral ± stark streckenden, abstehenden Stielen in reichblütigen, anfangs dichten, postfloral sich traubenförmig verlängernden Wickeln. Kelch glockig, zur Blüte= zeit $1^1/_2$ bis $2^1/_2$, zur Fruchtzeit 3 bis 5 mm lang, zu $^2/_3$ bis $^3/_4$ in lanzettliche, ziemlich spitze, gerade vorgestreckte Abschnitte geteilt, mit hakig vorwärts gekrümmten Haaren besetzt, mit den Nüsschen abfallend. Krone mit meist kurzer, zuweilen gelblicher Röhre, gelben Schlundschuppen und flachem, meist 5 bis 8 (4 bis 10) mm breitem, meist blauem, doch öfters auch bleibend rosa oder weissem Saum mit 5 (bei Gartenformen öfters auch mehr) rundlichen Lappen. Antheren be= spitzt, meist in der Kronröhre eingeschlossen, seltener (subsp. variabilis) etwas vorragend. Griffel kürzer als der Kelch. Nüsschen abgeflacht=ei=

Fig. 3124. Myosotis scorpioides L., subsp. palustris (L.) Hermann. Phot. Dr. Hrch. Marzell, Gunzenhausen (Bayern).

förmig, $1^1/_2$ bis 2 mm lang, zugespitzt, mit fast flügelartigem Saum und sehr kleiner, anhängselloser Ansatzfläche, glänzend schwarzbraun, meist mit dem Kelch abfallend. — IV bis IX, je nach der Höhenlage, im Herbst zuweilen noch einmal.

In montanen bis alpinen Hochstaudenfluren, Wildlägern, Nadelwäldern, subalpinen und alpinen Mager= und Fettwiesen, Gras= und Polsterheiden, auf den verschiedensten Böden weit verbreitet und in vielen Gegenden häufig, im Flachland nur in schattigen Laub= und Nadelwäldern; auf weite Strecken fehlend. Steigt in den Gebirgen bis zur oder etwas über die Schneegrenze, in den Bayerischen Alpen bis 1860 m, in Tirol (Kirchdach) bis 2620 m, in Steiermark bis 2700 m, in Graubünden (Piz Ot) bis 2970 m, im Tessin bis 2830 m, im Wallis (Lychenbretter am Monte Rosa) bis 3015 m, in den Südwestalpen (am Col Leynir) bis 3090 m, im Kaukasus bis über 4000 m.

Allgemeine Verbreitung: In den meisten Gebirgsländern der nördlichen gemässigten und subarktischen Zone, in Europa nördlich bis Schottland (nicht auf Irland und Island),

Nordfennoskandinavien (bis Magerö und Süd-Varanger im nördlichsten Norwegen, fehlt jedoch im nordöstlichen Finnland), Nowaja Semlja bis gegen 79° nördl. Breite, Sibirien bis Sachalin, an der Chatanga bis zu den Preobrashenie-Inseln 75° nördl. Breite; südlich bis zu den Kanaren, Marokko, bis zu den spanischen (fehlt in Portugal) und südfranzösischen Gebirgen, bis Sizilien, Süditalien, Griechenland, Kleinasien, Persien, Habesch, Abessynien, Himalayagebiet.

Die recht zahlreichen mitteleuropäischen Formen können vorläufig auf folgende 3 Unterarten verteilt werden:

1. subsp. **silvática** (Ehrh.) (= M. scorpioides var. sylvatica Ehrh. et M. sylvatica Hoffm. s. str., = M. arvénsis var. grandiflóra Wahlenb., = M. decúmbens Host?, = M. silvatica var. láxa Neilr., var. vulgáris Wartmann, var. týpica Pospichal, var. normális Voss et var. grandiflora Hermann). Stengel verlängert, schlaff, oft stark ästig, locker behaart, selten unter 1 dm hoch (var. húmilis Hagenbach apud Gaudin, = var. púmila Hausmann). Laubblätter oft über 4 cm lang und über 1 cm breit, sehr dünn. Wickel zuletzt sehr verlängert. Kelchhaare oft stark gekrümmt. Blüten geruchlos. Kronröhre wenig kürzer bis so lang als der am Grund abgerundete Kelch, weisslich. Kronsaum anfangs hellrosa, dann hellblau, seltener bleibend rosa oder weiss (f. láctea Boenningh., = l. cándida Murr, = M. suavéolens Schleicher non Waldst. et Kit.), meist über 5 mm breit, seltener (vielleicht infolge Gynodiözie?) nur 3 bis 5 mm (f. micrántha Fiori, = M. intermedia var. dumetórum Crépin?, worunter jedoch wohl auch Bastarde mit den folgenden Arten inbegriffen sind, von welchen sich die silvatica-Formen im allgemeinen durch Mehrjährigkeit und die kelchlange Kronröhre unterscheiden). Turesson (in Hereditas Bd. VI, 1925, pag. 170) beschreibt aus Skandinavien 3 Oekotypen, von denen der „Tieflandtyp" der in Mitteleuropa verbreitetsten Form entspricht, wogegen sich oecotypus subalpinus und alpinus der folgenden Unterart nähern, ohne jedoch mit ihr identisch zu sein.

Hauptsächlich in montanen bis subalpinen Hochstauden-Gehölzen, Vieh- und Wildlägern, in Nadelwäldern usw. weit verbreitet, aber doch auf grössere Strecken hin fehlend, so im nordwestdeutschen Flachland (nur Haselünne, Bilmerstrauch bei Lüneburg, angeblich auch Meppen, Papenbusch, bei Liebenau und Harburg, z. T. wohl nur als verwilderte Zierpflanze, in Schleswig-Holstein nur im Osten), auch in Brandenburg selten, ebenso im Fichtelgebirge, Bayerischen Wald, im Bodenseegebiet und in manchen Gegenden des Nordalpenvorlandes (z. B. in den Kantonen Zürich und Aargau vielleicht nur verwildert, wild angeblich bei Zofingen). Im Adriatischen Küstenland nur im nördlichen Randgebirge. Geht nach oben meist allmählich in die folgende Unterart über, in typischer Form meist nur etwa bis 1600 oder 1700 m, im Oberengadin bis 2000 m.

Wohl eher von der subsp. silvatica als von der folgenden Unterart, zu der sie meist gestellt werden, leiten sich eine grosse Zahl von Kultursorten ab, die als var. cúlta Voss-Vilmorin (= M. alpéstris hort. non Schmidt, = M. silvatica var. alpestris f. pulchérrima Beck?) zusammengefasst werden können. Zu diesen von den Wildformen meist durch kräftigeren Wuchs und grössere Blüten verschiedenen Sorten gehören: f. oblongáta (hort.) Voss. Sprosse kräftig, dicht verzweigt. Untere Laubblätter verkehrt-eiförmig. — f. elegantíssima (hort.) Voss. Sprosse aufrecht, 2 bis 3 dm hoch, regelmässig verzweigt. Besonders als Topfpflanze. — f. nána-compácta hort. Eine niedrige, rasenbildende, daher besonders zu Einfassungen und Blumenteppichen gebrauchte Form. — f. robústa hort. Sehr kräftig. Wickel doldig gehäuft, oft verbändert. Krone gross, mit meist mehr als 5 Kronblättern, schön himmelblau („Elisa Fonrobert", „Viktoria" [Fig. 3125] und „Juwel" oder „Bijou" als stärker monströse, vielleicht auf Erhöhung der Chromosomenzahl beruhende Spielarten), blau mit weissem Mittelstreif („Stern von Zürich", 1916 erzielt), dunkelblau [f. indigo hort.], rosa (subf. rósea hort.) oder weiss (subf. álba hort.) usw. Auch eine Spielart mit gelben Laubblättern (f. fóliis áureis hort.) ist in Kultur. — f. dissitiflóra (Bak.) Voss-Vilmorin. Noch kräftiger als die vorigen. Laubblätter auffallend breit. Blüten gross, in sehr lockeren, ziemlich armblütigen Wickeln. Hiezu mehrere als Schnitt-

Fig. 3125. Myosotis silvatica (Ehrh.) Hoffm. var. culta Voss-Vilmorin f. robusta hort. *a* Viktoria-Vergissmeinnicht. *b* Hypersepaler Kelch und *c* hyperpetale Krone desselben.

blumen beliebte Sorten. — Verschiedene der genannten, z. T. wohl auch aus Kreuzungen mit anderen Arten hervorgegangenen Formen verwildern zuweilen.

2. subsp. **alpéstris** (Schmidt) als Art (= M. perénnis var. alpestris DC. et var. Pyrenáica Loisel., = M. Pyrenaica Pourret (?), = M. silvatica var. alpestris Koch et var. firma Neilr., = M. rupícola Smith, = M. odoráta Poiret). Fig. 3126. Stengel meist niedriger, bei der hochalpinen f. exs cápa (DC.) nur 2 bis 5 cm hoch. Sprosse derber, dichter behaart. Wickel kurz und dicht. Blütenstiele meist kürzer als der am Grund verschmälerte Kelch. Blüten oft duftend. Krone mit kurzer, weisslicher Röhre und mit grossem, meist leuchtend-blauem, seltener weissem Saum. Staubblätter eingeschlossen.

In der subalpinen und alpinen Stufe der Gebirge von Europa, Asien und Nordamerika in zahlreichen Lokalrassen verbreitet. Von diesen seien genannt: var. alpína (Lapeyrouse als Art) (= M. Pyrenaica var. týpica Fiori). Wurzelstock kurz und dick, dichte Laubblattrosetten treibend. Stengel 3 bis 10 cm hoch. Laubblätter kurz spatelig. Blütenstiele sehr kurz, auch zur Fruchtzeit aufrecht. Kelchhaare stark gekrümmt. Typisch wohl nur auf den Pyrenäen und Korsika, angenähert auch in den Westalpen. — var. ámbigens Béguinot verbindet die vorige mit der folgenden Abart. Laubblätter breiter als bei var. alpestris. Kelchhaare stärker gekrümmt. Z. B. in den Alpen von Savoyen, Unterwallis (in Wildlägern an der Grande Garde ob Saillon), Bormio. — var. alpéstris (Schmidt) Koch (= M. alpestris Schmidt s. str. et var. genuína Ducommun, = M. Pyrenáica var. alpestris Fiori). Grundachse dünner und gestreckter. Laubblätter lanzettlich bis elliptisch, meist 3 bis 10 mm breit, auch die grundständigen kaum gestielt. Blütenstände lockerer, die Fruchtstiele aufrecht abstehend. Fruchtkelche meist sehr klein, fast ohne hakige Haare. Im ganzen Alpengebiet die verbreitetste Form, auch im Jura (vereinzelt bis auf die Rauhe Alb) und in den Vogesen, dagegen nicht im Böhmerwald und in den Sudeten. Steigt nur ausnahmsweise unter 1400 m hinunter, z. B.

Fig. 3126. Myosotis alpestris, Adamekhütte am Dachstein. Phot. Th. Arzt, Wetzlar.

im Puschlav 1220 m, bei Pontegana im südlichen Tessin bis 280 m. Vorzugsweise in etwas feuchten subalpinen und alpinen Wiesen und Grasheiden bis in die Sempervireten und Curvuleten der subnivalen Stufe, auch auf Geröll, doch meist nur an im Winter schneebedeckten Orten (mit Polygonum viviparum, Silene acaulis, Cerastium strictum usw.). Die Fruchtkelche werden bei dieser Rasse im Gegensatz zu der var. alpina und der subsp. silvatica weniger epizoisch als vielmehr durch den Wind verbreitet. Die extremen Formen sind einerseits f. elátior Gaudin (als var. von M. alpestris, = M. montána Besser an Bieb.?), die den Wuchs und die Blattform der subsp. silvatica mit dem Blütenstand und der Behaarung der var. alpestris verbindet (häufig in der subalpinen Stufe der Alpen und des Jura bis nach Franken), andrerseits die durch ihren Zwergwuchs an Eritrichium nanum erinnernde f. exscápa (DC.), die auf die subnivale Stufe der Alpen (z. B. in Savoyen, im Wallis, Tessin und Graubünden) beschränkt scheint, wo sie den Weiderasen, feuchten Felsschutt und Schneeböden von zirka 2500 m bis über die Schneegrenze besiedelt. Im Geröll entstehen Formen mit stärker ästigem, in Felsspalten solche mit einfachem Erdstamm (Hess). — Einen Uebergang zur folgenden Rasse bildet die f. pseudosuavéolens Murr, z. B. mehrfach in Voralberg. — var. suavéolens (Waldst. et Kit.) Beck (= M. suavéolens Waldst. et Kit. non Poiret[1]), = M. Cárnica Opiz, = M. lithospermifólia Tommasini an

---

[1] M. suaveolens Poiret auf Van Diemens-Land gehört zur Sektion Exarrhena.

Hornemann?, = M. cognáta Schott, = M. nemorósa Arvet-Touvet non Besser). Grundachse, Wuchs und Behaarung wie bei der vorigen Abart, aber die Laubblätter schmäler, die oberen ± lineal. Blütenstand lockerer. Kelch grösser, tiefer geteilt. Krone meist wohlriechend. Typisch nur in Heidewiesen der osteuropäischen Gebirge, auch in eigentlichen Stipa-Steppen: Karpaten und Sudeten, weniger typisch auch im Riesengebirge (nur auf dem Basalt der Kleinen Schneegrube), Erzgebirge und Böhmerwald (bis zum Bayerischen Wald: Arber, Rachel, auch sonst in Böhmen und Mähren, z. B. auf Phonolith bei Hochpetz und bei Olmütz) und in den Alpen, z. B. in Niederösterreich (Gurhofgraben bei Melk auf Serpentin, Grosses Höllental usw.) und Friaul, im Karstgebiet und auf den Dinarischen Gebirgen. Bildet zahlreiche Uebergänge zu der var. alpestris. Aehnliche Formen (M. odoráta Poiret, M. suaveolens Kirschleger et Rouy non Waldst. et Kit.) auch in den Westalpen und Mittelgebirgen Frankreichs, Italiens und Spaniens. Adventiv wurde eine derartige Form im Hafen von Mannheim 1909 gefunden.

3. subsp. **variábilis** (Angelis als Art) Nyman. Fig. 3127. Wurzelstock walzlich, kurze Ausläufer treibend. Sprosse abstehend weich behaart. Stengel bis 4 dm hoch, einfach oder ästig. Untere Laubblätter spatelig-verkehrt-eiförmig, obere sitzend. Wickel bald verlängert. Blütenstiele ± so lang als die zuletzt bis 6 mm langen Kelche. Diese tief geteilt, mit hakigen Haaren. Krone mit sich bald verlängernder, den Kelch zuletzt um das doppelte überragender, gelber Röhre, weissen Schlundschuppen und 5 bis 8 mm breitem, zuerst gelblichem, dann rosenrotem, zuletzt himmelblauem Saum. Staubblätter aus der Kronröhre etwas vorragend.

Typisch nur in montanen bis subalpinen Quellfluren, in feuchten Wäldern und Wiesen der Ostalpen von zirka 1000 bis 2000 m: in Niederösterreich auf dem Sonnwendstein und Pinkenkogl am Semmering und im Wechselgraben, in Steiermark im Kaltenbachgraben am Stuhleck, am Fuss der Raxalpe und der Bürgeralm, an den Bösensteinen und Rottenmannertauern (hier von Angelis entdeckt und zuerst 1844 beschrieben), im Braunkaar am Fuss des Geierkogel, im Hagenbachgraben bei Mautern und auf dem Hohenwarth, in Salzburg nur an der Ostgrenze (Jenner?), in Krain in der Stol-Gruppe unter dem Vajnaš zirka 2000 m. Die durch eingeschlossene Staubbeutel verschiedene, aber gleichfalls mit verlängerter Kronröhre versehene var. Kernéri (Dalla Torre et Sarnthein als Art) Gams (= M. silvatica f. umbrosa Kerner non M. umbrosa Schleicher), die zur subsp. silvatica überleitet, auch im mittleren Inntal: Schoberwald am Solstein, Arzlerscharte(?), Stubai, Gschnitztal und Vennatal, im Unterengadin bei Tarasp. — Die subsp. variabilis ist durch ihre vorragenden Staubbeutel sehr bemerkenswert. Solche kommen nämlich sonst nur noch bei den auf Neuseeland und Australien beschränkten Sektionen Exarrhéna DC. und Gymnomyosótis DC. vor.

Die Blüten der subsp. silvatica werden hauptsächlich durch Dipteren und kleinere Apiden, selten durch Schmetterlinge, die der subsp. alpestris hauptsächlich durch Schmetterlinge bestäubt. Bei beiden tritt auch leicht spontane Selbstbestäubung ein (Näheres bei R. Stäger im Beih. z. Bot. Zentralbl. Bd. XXXI 1914, pag. 310). Ueber den Bestäubungsvorgang der dritten Unterart scheinen noch keine Beobachtungen vorzuliegen. Als Verbreitungseinheiten dienen im Gegensatz zu M. scorpioides nicht die einzelnen Nüsschen, sondern die Fruchtkelche, die als ganzes abfallen, und wohl auch öfters ganze Fruchtstände. Bei subsp. silvatica, subsp. alpestris var. alpina und ambigens und subsp. variabilis werden sie wohl vorwiegend epizoisch durch Wild verbreitet (z. B. durch Hasen), bei subsp. alpestris dagegen hauptsächlich durch den Wind. Nach Heintze können die harten Nüsschen auch endozoisch (in Schweden z. B. durch Rentiere und Pferde) verschleppt werden. Durch diese Eigentümlichkeiten erklären sich die verschiedenen Standortsansprüche: subsp. silvatica gleicht hierin Lappula deflexa, subsp. alpestris mehr Eritrichium, beide sind jedoch bodenvag bis etwas kalkhold.

Missbildungen wie Fasziationen, Vergrünungen, gefüllte Blüten usw. scheinen bei dieser Art wie auch bei der vorigen besonders häufig aufzutreten, namentlich in der Kultur. Vielleicht hängt das mit dem hybriden Ursprung vieler Formen zusammen.

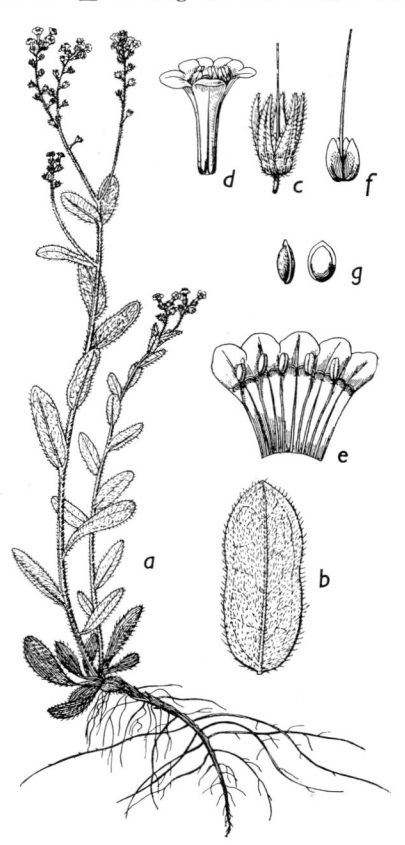

Fig. 3127. **Myosotis silvatica** (Ehrh.) Hoffm. subsp. **variabilis** (Angelis) Nyman. *a* Habitus. *b* Stengelblatt. *c* Kelch postfloral. *d* Krone, *e* diese geöffnet. *f* Fruchtknoten. *g* Nüsschen.

**2310. Myosotis arvénsis**[1]) (L.) Hill (= M. scorpioídes var. arvensis L., = M. intermédia Link, = M. heterópoda Trautv.). Acker=Vergissmeinnicht, Mausöhrlein. Franz.: Myosotis des champs; engl.: Field scorpion=grass. Taf. 221, Fig. 3 und Fig. 3089 c.

Zweijährig, seltener einjährig, mit schwacher, büschelig verzweigter Wurzel. Sprosse von ziemlich dichten und starren, abstehenden Borstenhaaren graugrün. Stengel meist (ausser bei den sommerannuellen Individuen) zu mehreren und vom Grund an ± stark verzweigt, aufsteigend bis aufrecht, ± 1 bis 4 dm lang, meist ziemlich derb, stumpfkantig, zottig, nur im Blütenstand aufrecht abstehend behaart, locker bis ziemlich dicht beblättert. Laubblätter spatelig, die unteren, meist deutlich rosettig gehäuften ± lang gestielt, die oberen sitzend, 1 bis 4 (1 bis 7) cm lang und $^1/_2$ bis 1 ($^1/_3$ bis $1^1/_4$) cm breit, kurz zugespitzt, beiderseits rauhhaarig, unterseits oft etwas glänzend. Wickel stets unbeblättert, mit Ausnahme des obersten meist einfach traubenförmig, anfangs dicht, zur Fruchtzeit oft $^1/_2$ bis 1 dm lang, doch meist bedeutend kürzer als der beblätterte Teil des Stengels. Blütenstiele aufrecht=abstehend, zur Blütezeit $^1/_2$ bis 2, postfloral 4 bis 10 mm lang, zuletzt ± 2= bis 3=mal so lang als der Kelch; letzterer glockig, zur Blütezeit $1^1/_2$ bis 2, zur Fruchtzeit 3 bis 4 mm lang, abstehend behaart, zu $^1/_2$ bis $^2/_3$ in lanzettliche, aufrechte, später meist zusammenneigende Zipfel geteilt. Krone mit höchstens kelchlanger, oft kürzerer, gelblicher Röhre, gelben, ganzrandigen Schlundschuppen und 2 bis 3 mm breitem, trichterförmig konkavem, hellblauem Saum mit meist schwach aus= gerandeten Lappen. Nüsschen abgeflacht=eiförmig, $1^1/_3$ mm lang, mit 2 scharfen Kanten und sehr kleiner Ansatzfläche, glänzend schwarzbraun, meist mit dem Kelch abfallend. — V bis VII, vereinzelt VIII bis X.

In Aeckern, Brachen, Weiden, an Ackerrainen, Wegrändern, in Kiesgruben usw., seltener auch in Gebüschen und lichten Wäldern allgemein verbreitet und im Gebiet fast überall und auf den meisten nicht zu nassen und zu sauren Böden häufig, vom Tiefland (vereinzelt auch auf den Nord= und Ostseeinseln) bis in die subalpine Stufe: in Oberbayern bis 1020 m, in Tirol bis 1640 m, in den Zentralalpen vereinzelt (besonders an Schaf= und Ziegenlägern) bis über 2000 m: Cancianoalp im Puschlav 2207 m, Riffelalp im Wallis bis 2227 m.

Allgemeine Verbreitung: In fast ganz Europa bis Island, Færöer, Nordfenno= skandinavien (bis 69°, vereinzelt adventiv bis Alten 69° 57′ nördl. Breite) und Nordasien südlich bis zum Altai und Vorderindien, östlich bis zur Amurprovinz, Korea und Japan; ausserdem in Tunis und in den nördlichen Staaten der Union (wohl nur eingebürgert).

Ziemlich veränderlich. Während die typische, 2=jährige Form mit geschlossenem (f. týpica Beck), seltener offenem (f. gymnospérma Beck, = M. intermedia var. apérta Rouy) Fruchtkelch in der Regel leicht zu erkennen ist, erinnern die 1=jährigen Individuen (var. mínima Gaudin, = f. ánnua Hayek) oft auffallend an die folgenden Arten, ebenso auch einzelne 2=jährige Ackerformen, bei denen die Fruchtstände länger als der beblätterte Stengel sein können (var. segetális [Rouy als Rasse von M. intermedia], var. agréstis Schlechtendal). Zederbauer (Versuche über Saisondimorphismus und verwandte Erscheinungen bei Acker= unkräutern. Oesterr. botan. Zeitschr. Bd. LXXII 1923, pag. 228 und Taf. X) glaubt aus seinen Versuchen ent= nehmen zu können, dass M. arvensis „Formen mit ausgesprochenem Saisondimorphismus" habe; doch dürfte dieser wohl nur phänotypisch sein. — Andrerseits existieren auch kritische, wahrscheinlich hybride Formen, die sich stark der M. silvatica subsp. silvatica und besonders deren f. micrantha Fiori nähern und auch gleich dieser in Wiesen und Wäldern wachsen. Hieher gehört var. silvéstris Schlechtendal (= var. umbrósa Babington non M. intermedia var. umbrosa Vandenb., = M. umbráta Mertens et Koch, = M. pseudosilvatica Schur, = M. intermedia race umbrata Rouy, = var. dumetórum Crépin?). Grösser als der Typus. Rosetten= blätter länger gestielt, zur Blütezeit noch frisch. Krone grösser, mit fast flachem Saum. In Hecken, Gebüschen und lichten Wäldern, anscheinend ziemlich selten, aber wohl öfters für M. silvatica gehalten. Beide Arten stehen sich wie auch der folgenden Art ohnedies sehr nahe.

---

[1]) Zu Eichstätt wurde diese Art um 1600 als „Scorpioides minor, blaue Mausöhrlein" kultiviert. L'Obel hatte sie als „Alsine Myosotis s. Auricula muris", Dodoens als „Scorpioides tertia" Tabernaemontanus als „Auricula muris coerulea", Vaillant als „Lithospermum arvense medium flore coerulea" beschrieben.

Ihre weite eurasiatische bis fast holarktische Verbreitung verdankt diese Art sicher dem Menschen und seinen Haustieren. Am häufigsten tritt sie unter Wintergetreide auf, doch auch in zahlreichen andern Feldern, an Wegrändern usw. Ihr häufiges Vorkommen auf Weiden, Kleinviehlägern usw. erklärt sich dadurch, dass die Nüsschen nicht nur mitsamt den Kelchen epizoisch (besonders durch Kleinvieh), sondern auch endozoisch (nach Heintze in Schweden durch Pferde, Kühe und Rentiere) verbreitet werden. Daneben scheint auch (z. B. am Bodensee) Hydrochorie vorzukommen. — Im ersten Jahr wird meist eine grün überwinternde Rosette gebildet und erst im folgenden die Blütensprosse; doch kommen auch sommerannuelle Individuen (f. ánnua Hayek) vor, die durch die Vergänglichkeit der Rosettenblätter und ihre Kleinheit stark an die folgenden Arten erinnern (z. B. in Steiermark und im Unterwallis). Vollmann beobachtete bei Herbstformen niederliegende Sprosse und weniger wachsende Fruchtstiele. — Die kleinen, hängenden Blüten werden von Fliegen, kleinen Apiden und Tagfaltern besucht; doch tritt auch leicht spontane Selbstbestäubung ein. Fremdbestäubung wird immerhin dadurch begünstigt, dass sich das Konnektiv der Antheren oben in einen breiten Fortsatz verlängert, so dass die Insektenrüssel meist erst beim Zurückziehen von der auf gleicher Höhe mit den Antheren stehenden Narbe mit Pollen beladen werden.

**2311. Myosotis collina**[1]) Hoffm. (= M. scorpioides collina Ehrh. p. p.?, = M. híspida Schlechtendal, = M. pygmǽa Bert., = M. arvénsis Link non L., = M. filifórmis Schleicher, = M. aprica Opiz). Hügel=Vergissmeinnicht. Fig. 3128.

Einjährig, meist überwinternd, mit dünner, kurzer, meist wenig ästiger Wurzel. Stengel einfach und aufrecht oder ± sparrig verzweigt, ± $1/2$ bis $1^{1}/_{2}$ ($1/_{5}$ bis $2^{1}/_{2}$) dm hoch, dünn, stumpfkantig, unterwärts gleich den meist wenig zahlreichen Laubblättern abstehend grauhaarig, in der zur Blütezeit $1/_{3}$ bis $1/_{2}$, zur Fruchtzeit $2/_{3}$ bis $4/_{5}$ der Gesamthöhe ausmachenden Blütenstandregion angedrückt behaart. Laubblätter abgerundet, ± $1/_{2}$ bis 2 (bis 3) cm lang und 3 bis 5 (2 bis 8) mm breit, die grundständigen spateligen deutlich gestielt, eine zur Blütezeit oft schon vertrocknete Rosette bildend, die wenigen (oft nur 5 bis 8) stengelständigen sitzend, elliptisch, beiderseits behaart, matt. Wickel stets einfach und unbeblättert, meist nur zu 1 bis 3 pro Stengel, bald verlängert, steif aufrecht. Blütenstiele aufrecht=abstehend, zu Blütezeit unter 1 mm, zur Fruchtzeit 2 bis 3 mm lang, bisweilen sich herabkrümmend. Kelch zur Blütezeit ± 2, zur Fruchtzeit 3 bis $3^{1}/_{2}$ mm lang, abstehend borstig behaart, zu $2/_{3}$ bis $3/_{4}$ in fast lineale, stumpfe, auch zur Fruchtzeit gerade vorgestreckte (nicht zusammenneigende) Zipfel geteilt. Krone den Kelch kaum überragend, mit kurzer, weisser oder gelblicher Röhre, rötlich=gelben Schlundschuppen und hellblauem, trichterförmigem, 1 bis 2 mm breitem Saum mit kurz ausgerandeten Zipfeln. Nüsschen abgeflacht=eiförmig, ± 1 mm lang, stumpfkantig, glänzend hellbraun. — IV, V (VI).

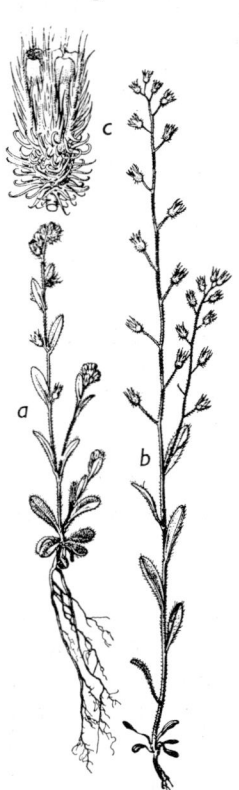

Fig. 3128. Myosotis collina Hoffm. *a* Blühende, *b* fruchtende Pflanze. *c* Blüte (vergrössert).

In trockenen, offenen Magerwiesen und Weiden, besonders auf Löss, Sand und Kies, seltener auch in Brachen und lichten Gehölzen. Im Tiefland weit verbreitet und besonders in den wärmeren Gegenden stellenweise häufig, in den Gebirgsgegenden jedoch auf weite Strecken ganz fehlend. Steigt nur ausnahmsweise höher als der Weinbau, in Graubünden bis zirka 1300 m, im Wallis bis gegen 2000 m.

In Deutschland, Oesterreich und der Schweiz ziemlich verbreitet, jedoch in den Bergländern, z. B. in den Herzynischen Gebirgen und im grössten Teil des Tafeljura und Molasselandes selten (dagegen vielfach längs des Rheines zwischen Basel und dem Hegau), fehlt im grössten Teil der Nordalpen

---

[1]) Aeltere Synonyme sind „Lithospermum arvense minus var. praecox" Vaillant und „Echium scorpioides solisequum flore minore" J. Bauhin.

vom oberen Aaretal bis Salzburg (vereinzelt eingeschleppt z. B. bei Meiringen, Altdorf und Trudelingen, Mels, Rorschach, im Vorderrheintal und Domleschg, Bonaduz, Vulpera [fehlt sonst im ganzen Inntal] und bei Salzburg), auch im nordalpinen Vorland und in den Südalpen selten (z. B. in Tirol nur vereinzelt vom Gardasee bis Bozen, Meran und Brixen), dagegen ziemlich häufig in der zentralalpinen Föhrenregion. Im norddeutschen Flachland recht verbreitet, auch auf vielen Inseln (z. B. auch auf Helgoland).

Allgemeine Verbreitung: Im grössten Teil Eurasiens, von Nordafrika bis Island, Shetlandsinseln, Südskandinavien (vereinzelt in Norwegen bis 64° 11′ nördl. Breite, in Schweden bis Südnorrland), Ålandsinseln, Südkarelien, Estland, östlich bis ins Wolgagebiet (Kasan, Ufa), Persien und Mesopotamien.

Variiert nur wenig. Eine sehr zarte Form mit auffallend kurzen Blütenstielen (f. dunénsis Buchenau) ist auf den Nordseeinseln häufig. — Die ähnliche f. stricta Gaudin (= f. nána Fr. Zimmermann) mit unverzweigten, oft nur 1½ cm hohen Stengeln ist wohl auch nur eine Kümmerform der Steppeningredientenvereine der Zentralalpentäler usw. Einige kritische Formen scheinen zu M. arvensis und M. micrantha überzuleiten, vgl. die Bastarde.

Trotzdem diese eurasiatische Art auch im Nord- und Ostseegebiet keineswegs selten ist und im Gegensatz zur vorigen viel weniger in Aeckern denn als Ingredient in ± natürlichen Heidewiesen, an beweideten Lösshängen, Küsten- und Flussdünen usw. auftritt (oft mit anderen Winterannuellen des Poa bulbosa-Vereins wie Draba verna und Veronica verna und zweijährigen Arten wie Erodium cicutarium), ist sie vielleicht doch in Nordeuropa nur als Archaeophyt zu betrachten. Im Nordalpengebiet (an Bahndämmen usw.) macht sie sogar den Eindruck eines Neophyten, wogegen sie in der zentralalpinen Föhrenregion, z. B. im Mittelwallis, wirklich einheimisch und gänzlich unabhängig von allen Kultureinflüssen scheint. Immerhin wird sie gleich den anderen Arten des „Poetum bulbosae" durch Beweidung stark begünstigt. Buchenau fand sie auf der Pfaueninsel bei Potsdam in besonderer Menge an solchen Stellen, wo der Rasen auf dem Sandboden durch Engerlinge stark gelichtet war. Die Blüteneinrichtung ist im wesentlichen dieselbe wie bei der vorigen Art. Autogamie ist häufig. Die Verbreitung dürfte ausser auf epizoischem und vielleicht auch auf endozoischem Weg wie bei vielen anderen Sandpflanzen durch den Wind erfolgen.

2312. **Myosotis micrántha**[1]) Pallas (= M. stricta Link p. p., = M. arenária Schrader, = M. vérna Opiz, = M. arvénsis Rchb. non L. nec Link, = M. basiántha und multicaúlis Gmelin). Kleinblütiges Vergissmeinnicht. Fig. 3129.

Einjährig, meist überwinternd, mit kurzer, etwas ästiger Wurzel. Sprosse abstehend grau behaart. Stengel einzeln oder zu mehreren, meist starr aufrecht und einfach oder wenig ästig, ½ bis 1½ (1/10 bis 2) dm hoch, dünn, aber ziemlich zäh, bis in den stets einfach traubigen bis ährigen, etwa ¾ der Gesamthöhe einnehmenden, unterwärts oft, aber nicht immer beblätterten Blütenstand abstehend behaart. Laubblätter elliptisch, ± ½ bis 1½ (selten bis 3) cm lang und 2 bis 6 (bis 8) mm breit, stumpf; die untersten kurz gestielt, eine zur Blütezeit oft schon vertrocknete Rosette bildend, die oberen sitzend. Blüten an sehr kurzen, auch zur Fruchtzeit kaum über 1 mm langen Stielen steif aufrecht, in sich bald bis auf ± 1 dm Länge streckenden, unten meist 1 bis 3 Tragblätter tragenden Aehren. Kelch krugförmig, zur Blütezeit ± 2, zur Fruchtzeit 3 bis 4½ mm lang, abstehend rauhhaarig, mit eiförmiger, um die Nüsschen erweiterter Röhre und ungefähr ebenso langen, linealen, zusammenneigenden Zipfeln. Krone kaum länger als der Kelch, mit sehr kurzer, gelblicher Röhre, gelben Schlundschuppen und kaum 1½ mm breitem, trichterförmigem, hellblauem Saum. Nüsschen abgeflacht eiförmig, ± 1 mm lang, zugespitzt, mit 2 ziemlich scharfen Kanten, glänzend schwarzbraun. — III bis V (VI).

Auf trockenem Kies, Sand, Löss und kalkarmem Lehm, beweideten Magerwiesen und Steppenheiden, Brachen usw., im Tiefland ziemlich verbreitet und besonders in den trockeneren Gebieten häufig, in den Bergländern auf die wärmeren und trockeneren Täler beschränkt. Steigt nur ausnahmsweise wesentlich höher als der Weinstock, im Oberrheintal bis zirka 900 m, im Oberwallis (Saastal) bis 2178 m.

---

[1]) Griech. μικρός [mikrós] = klein und ἄνθος [ánthos] = Blüte.

In Deutschland im Flachland sehr verbreitet und in den meisten Sandgebieten häufig, in den Gebirgen selten (fehlt ganz dem Fichtelgebirge und den Bayerischen Alpen) südlich bis zum Rheintal, Hegau, bis Mengen, Buchloë, Weilheim, bis zum Blomberg und bis Wasserburg am Inn. — In Oesterreich in den Sudeten- und Donauländern verbreitet und häufig, nach Westen und Süden seltener werdend, in Salzburg wohl nur vorübergehend eingeschleppt, in Kärnten, Krain, Istrien und Friaul ziemlich selten, in Tirol nur von Rovereto bis Bozen, Brixen und Meran, bei Taufers, Welsberg, Lienz, um Innsbruck und im Oetztal. Fehlt Vorarlberg. — In der Schweiz nur im Wallis (vom Trient und Outre-Rhône bis zum Fieschertal ziemlich verbreitet), Tessin (Mendrisiotto, um Lugano und Locarno), Graubünden (nur im Unterengadin bei Remüs und Zernez), und in den Kantonen Basel (um die Stadt ziemlich häufig), Aargau (Mutscheller, Biberstein, Bremgarten), Zürich (angeblich bei Eglisau, adventiv im Zürcher Bahnhof) und Thurgau (angeblich bei Diessenhofen).

Allgemeine Verbreitung: Von den Atlasländern, Mittelitalien und den nördlichen Balkanländern durch fast ganz Europa bis Island (dagegen nicht in Grossbritannien), Holland, Skandinavien (in Norwegen bis Beitstad 64° 5´ nördl. Breite, in Schweden bis Süd-Norrland), Finnland (bis Österbotten und Onega-Karelin), Nordrussland, Ural- und Altai-Sibirien, Kaukasusländer, Belutschistan, Afghanistan und Syrien. Adventiv in Nordamerika.

Diese ähnlich wie die vorigen verbreitete Art scheint kalkarmen Boden entschieden vorzuziehen, ähnlich wie die oft mit ihr vergesellschafteten Veronica verna und V. triphyllos. Geschlossenen Rasen meidet sie durchaus. Besonders charakteristisch ist sie für die Xerogeophytien (Ingredienten im Sinne Paczoskis) der offenen Weingaertneria canescens-, Festuca ovina- und Vallesiaca- und Stipa capillata-Bestände. Im norddeutschen Flachland tritt sie z. B. mit Draba verna, Teesdalea nudicaulis, Veronica arvensis, V. verna, V. Dillenii und V. triphyllos und Valerianella olitoria auf, noch in Südschweden (z. B. bei Kalmar) mit Poa bulbosa und Potentilla arenaria, im Wallis als Konstante des Poëtum concinnae mit Cerastium semidecandrum, Draba verna, Hutchinsia petraea, Arabidopsis Thaliana, Saxifraga tridactylites, Viola tricolor subsp. minima, Lamium amplexicaule, Veronica verna und V. praecox, Valerianella carinata usw. zwischen den Horsten der Festuca- und Stipa-Arten. In diesen Zwergrasen finden sich bei Branςon und Saillon oft nur 1 bis 2 cm hohe Zwergexemplare mit nur ¹/₂ mm langen Fruchtkelchen (= f. microcalyx Gremli, = M. minutiflora Boissier et Reuter?). — Eine sehr auffallende Rasse ist die bisher nur aus Südfrankreich, Mittelitalien und Kleinasien bekannte var. speluncicola (Schott als Art) Boiss., eine sehr zarte, kleine Höhlenform mit abstehenden oder herabgekrümmten Fruchtstielen, die ähnlich wie Sisymbrium Sophia, Capsella pauciflora, Asperugo procumbens und Lappula deflexa in Höhlenvorhöfen und Lägerbalmen wächst, also offenbar durch Säugetiere epizoisch oder endozoisch verbreitet wird. — Die sehr unscheinbaren Blüten sind wohl meist autogam.

Fig. 3129. Myosotis micrantha Pallas. *a* Habitus. *b* Blüte. *c* Blattspitze vergrössert.

**2313. Myosotis lútea**[1]) (Cavanilles) Persoon (= Anchúsa lútea Cavanilles, = Myosotis versicolor Smith, = M. arvénsis var. versicolor Pers., = M. scorpioides collína Ehrh. p. p.).

Buntes Vergissmeinnicht, Gelbes Mausöhrchen. Fig. 3130.

Ueberwinternd-1-jährig, mit schwacher, büschelig verzweigter Wurzel. Sprosse schlaff, frisch grün, locker abstehend behaart. Stengel oft zu mehreren, aufrecht oder aufsteigend, einfach oder ästig, ± 1 bis 3 dm hoch, locker beblättert, unterwärts ± abstehend oder angedrückt behaart, in dem höchstens die Hälfte des Stengels einnehmenden, unbeblätterten Blütenstand angedrückt behaart. Laubblätter schmal-elliptisch bis spatelig, ± 1 bis 3 cm

---

[1]) Schon vor Cavanilles wurde die Art von Tournefort beschrieben als „Lithospermum arvense minus, floribus luteis vel luteo-coeruleis" und noch früher von C. Bauhin als „Echium scorpioides minus, flosculis luteis".

lang und 2 bis 6 mm breit, abgerundet oder kurz zugespitzt, die unteren stielartig verschmälert, eine Rosette bildend, die meist wenigen stengelständigen sitzend. Wickel bald verlängert, stets einfach und unbeblättert, starr aufrecht, zur Fruchtzeit $1/2$ bis $1^1/2$ cm lang. Blütenstiele sehr kurz, postfloral sich bis $1^1/2$ bis $2^1/2$ mm streckend und ± seitwärts krümmend. Kelch zur Blütezeit 2 bis 3, zur Fruchtzeit 4 bis 5 mm lang, locker abstehend behaart, bis zur Mitte oder $2/3$ in lineale, ziemlich spitze, nicht oder kaum zusammenneigende Zipfel geteilt. Krone mit sich meist bald bis fast auf die doppelte Kelchlänge streckender, zuweilen jedoch auch kürzer bleibender, gelber Röhre, gelben Schlundschuppen und anfangs hellgelbem, dann rötlichem, zuletzt blauem bis violettem (selten [und nicht im Gebiet] bleibend gelbem), trichterförmigem, 2 bis 3 mm breitem Saum. Nüsschen abgeflacht eiförmig, ± $3/4$ mm lang, scharf 2=kantig, glänzend schwarzbraun. — V, VI.

In Magerwiesen, auf Waldblössen, seltener auch auf feuchten Aeckern (besonders in Winterroggen), an Acker= und Wegrändern, nur auf kalkarmem, nicht zu trockenem Sand=, Löss= und Lehmboden. Sehr zerstreut und nur in einzelnen Sandgebieten häufiger, anderwärts selten und auf weite Strecken ganz fehlend, namentlich im Alpengebiet und Jura. Nur in der collinen und montanen Stufe, im marokkanischen Atlas bis 1400 m aufsteigend.

Fig. 3130. Myosotis lutea (Cavanilles) Persoon var. versicolor (Pers.) Thellung. *a* Habitus. *b* Stengelblatt. *c* Blüte. *d* Fruchtkelch. *e* Nüsschen.

In Deutschland im Flachland (auch auf mehreren Nord= und Ostseeinseln, jedoch mit Ausschluss des nördlichsten Teils von Ostpreussen) ziemlich verbreitet, ebenso im Rheintal (namentlich im Oberrheintal häufig) und im Herzynischen Gebiet, selten im Jura und Schwarzwald, fehlt ganz in der Rhön und im südlichsten Alpenvorland (südlich bis Salem, Markdorf, Augsburg, Deining, in die Umgebung von München, Wasserburg am Inn, Mehring gegen die Alz). — In Oesterreich sehr zerstreut in Böhmen (z. B. bei Aussig und Leitmeritz) und Mähren, Schlesien (Teschen, Weidenau), Niederösterreich (Wienerwald, Hiesberg bei Melk, Oberbergern, um Krems und Zwettl, bei Hoheneich, Grossau und Mannersdorf, Hinterleiten bei Reichenau), Oberösterreich (nur um Weyer und Passau an der Bayerischen Grenze) und Steiermark (Zeiring, Lamming bei Bruck, Plabutsch und Gaisberg bei Graz, bei Lembach und Frauheim im Bachergebirge, Ponigl). Fehlt weiter südlich und westlich. — In der Schweiz nur im Westen und Norden sehr zerstreut, im ganzen Jura und Mittelland von Genf bis Basel und in den Aargau (Möhlin=Wallbach), längs dem Rhein bis in die Kantone Zürich, Schaffhausen und Thurgau, vereinzelt auch nur adventiv (z. B. im Bahnhof Zürich). Fehlt wahrscheinlich den ganzen Schweizeralpen (angeblich im Wallis bei Martigny und im Tessin bei Locarno und Arbedo).

Allgemeine Verbreitung: Azoren, Atlasländer (selten), atlantisches Europa von Spanien bis Grossbritannien (bis zu den Shetlandsinseln und Færöern), Skandinavien (selten, in Norwegen nur bis Finnö, in Schweden bis Süd=Norrland), Gotland, Ostpreussen, Westpolen, Sudeten= und Karpatenländer (vereinzelt bis Kroatien, Bosnien, Serbien, die Ukraine und Türkei ausstrahlend, angeblich bis zum Kaukasus), Oberitalien und Sardinien. Adventiv in Nordamerika.

Von den 3 Rassen, welche die Art umfasst, ist var. lútea (Pers.) (= Anchúsa lutea Cav. et Myosótis lutea Pers. s. str., = M. versicolor var. lutea DC., = M. Persoóni Rouy) auf Spanien, die ähnliche var. Bal= bisiána (Jordan) (= M. Balbisiana Jordan, = M. lutea Balbis non Pers., = M. versicolor var. lutea Caruel et St. Lager non DC. et var. Balbisiana Corbière) auf Frankreich (vereinzelt bis Burgund, angeblich auch in Oberitalien) beschränkt. Bei beiden bleibt die Krone dauernd lebhaft gelb, wogegen sie bei der am weitesten verbreiteten und im Gebiet allein vertretenen, vielleicht aus Kreuzungsprodukten mit den vorigen Arten bestehenden var. versicolor (Pers.) Thellung rasch in rosa und blau bis violettblau umschlägt. Auch bei dieser kommen neben überwinternden, oft sehr vielstengeligen Exemplaren auch kleine, unverzweigte vor, die wohl erst im Frühling keimen (f. minor [Gaudin] Thellung). Solang die Krone gelb gefärbt ist, bleibt die Kronröhre nur 2 mm lang, so dass die Antheren von dem gegen 3 mm langen Griffel überragt werden. Selbstbestäubung ist in diesem Stadium ausgeschlossen. Bleibt die Bestäubung (durch Fliegen, Apiden, Tagfalter) aus, so streckt sich die Kronröhre, während sich gleichzeitig der Saum umfärbt, wodurch die Antheren mit dem Griffel in Berührung kommen und Selbstbestäubung erfolgt. Bei f. fallacina (Jordan) soll die Streckung der Kronröhre unterbleiben.

Trotz ihrem weit nach Osten reichendem Areal ist diese Art dem subatlantisch=mediterranen Floren= element zuzuzählen. Sie scheint noch entschiedener als M. micrantha Kalkboden zu meiden. In ihren Standorts= ansprüchen zeigt sie manche Aehnlichkeit mit Lathyrus Nissolia und Ornithopus perpusillus, die auch erst in zweiter Linie Ackerpflanzen geworden sind. Ob die Nüsschen auf epizoischem oder endozoischem Weg ver= breitet werden, ist noch nicht bekannt.

**2314. Myosotis sparsiflóra**[1]) Mikan. Lockerblütiges Vergissmeinnicht. Fig. 3131.

Einjährig, mit schwacher, büschelig verzweigter Wurzel. Sprosse sehr schlaff, frischgrün, spärlich abstehend behaart. Stengel niederliegend, aufsteigend oder aufrecht, 1 bis 3 (bis 4) dm lang, ästig, kantig, zerbrechlich, locker beblättert. Laubblätter spa= telig, stielartig verschmälert, ± 2 bis 6 cm lang und $^1/_2$ bis $1^1/_2$ cm breit, abgerundet oder kurz zuge= spitzt, sehr dünn, mit schwachen Seitennerven, beiderseits locker behaart, unterseits glänzend. Blüten in sehr lockeren, ± 7= bis 13= blütigen Doppelwickeln, an jedem Wickelast mit meist 2 oder 3 laub= blattartigen, 1 bis 3 cm langen Tragblättern. Blütenstiele dünn, spärlich angedrückt behaart, zur Blütezeit aufrecht abstehend und 1 bis 3 mm lang, postfloral sich

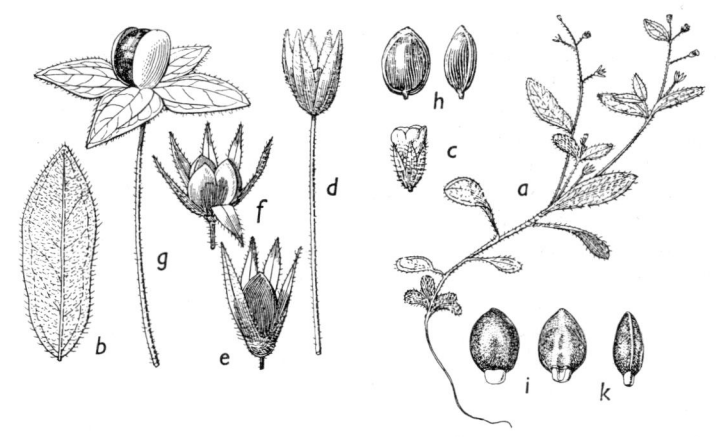

Fig. 3131. Myosotis sparsiflora Mikan. *a* Habitus. *b* Laubblatt. *c* Blüte. *d* bis *f* normale Früchte. *g* Missgebildete Frucht. *h* bis *k* Nüsschen mit Elaiosom (*i*, *k* nach Sernander, übrige Orig.).

rasch auf 6 bis 8 mm Länge streckend und herabschlagend. Kelch zur Blütezeit 2 bis $2^1/_2$ mm lang, locker angedrückt behaart, zur Fruchtzeit 5 bis 6 mm lang, mit halsartig abgeschnürter Apophyse, zu $^2/_3$ bis $^3/_4$ in lineale, stumpfe, dauernd spreizende Zipfel geteilt. Krone mit sehr kurzer, weisser Röhre, gelben Schlundschuppen und den Kelch kaum überragendem, trichterförmigem, erst rosa, dann himmelblau gefärbtem, selten weissem, 2 bis 3 mm breitem Saum. Staubbeutel eingeschlossen. Nüsschen abgeflacht=eiförmig, 2 bis $2^1/_2$ mm lang, stumpf,

---

[1]) Lat. sparsiflórus = zerstreutblütig. Die Art wurde erst 1807 von Mikan in Hoppes Taschen= buch beschrieben.

oder spitz, mit 2 scharfen und 1 stumpfen Kante, olivgrün, mit grosser, weisser, als Oelkörper wirkender Pseudostrophiole. — IV bis VI.

In feuchten Gebüschen, besonders Auengehölzern, Eichenniederwäldern, Hecken, an Zäunen usw. in der collinen und montanen Stufe. Nur im östlichen Teil des Gebiets, sehr zerstreut, nur stellenweise häufiger. Steigt in Schlesien bis 800 m.

In Deutschland einzig im Osten: sehr verbreitet vom Pregelgebiet (vereinzelt auch bei Ragnit und Lyck im östlichen Ostpreussen) und Weichselgebiet (bis zur Küste: Danzig, Zoppot, Putwig, Recknitz und Radaunetal) bis zum Odergebiet (zerstreut in Schlesien, in der Mark von Krossen bis Angermünde, in Pommern bei Stettin usw.), Ucker-, Havel- und Spreegebiet (in Mecklenburg nur bei Neustrelitz und Friedrichshof), im Elbegebiet von Böhmen durch Sachsen (Muldenland, Elbhügelland, Elstergebiet, Niederlausitz, in der Provinz von Wittenberg bis Lenzen an der Fuhne zwischen Werdershausen und Gröbsig), Anhalt (Dessau, bis in die Altmark (Salzwedel), vorübergehend auch bei Hamburg (Sachsenwald, verwildert auch im Hamburger Botanischen Garten und in Schleswig (bei Hadersleben verschleppt). Ausserdem nur noch im Harzgebiet (Schierke, Neuwerk, Wernigerodo, Elbingerode, angeblich auch bei Barsinghausen) bis Thüringen (Burgscheidungen) und im Donaugebiet in Niederbayern (Neukirchen, Lam, Zwiesel, wohl überall nur vorübergehend) und in der Oberpfalz (an der Naab unter Burglengenfeld und bei Penk). — In Oesterreich zerstreut in Böhmen, Mähren, Mährisch-Schlesien (Jägerndorf, Grätz, Weidenau), Niederösterreich (Langenlois, Horn, Kadolz, donauaufwärts nur bis ins Wienerbecken, Wiener Neustadt, Katzelsdorf, Neudörfl, Weissenbach bei Gloggnitz), durch die untere und mittlere Steiermark (stellenweise gemein, so um Peggau, Graz, Marburg und im Bachergebirge) bis in den Lungau (Werfen, Freiberg, fehlt sonst in Salzburg) und bis Kärnten (bis ins Lavanttal, Völkermarkt und Bleiberg), im Savegebiet bis nach Krain. Die Angabe aus Tirol (Güntschnaberg bei Bozen) ist sehr zweifelhaft. — Fehlt in der Schweiz ganz.

Allgemeine Verbreitung: Von der Dsungarei durch Sibirien bis nach Persien und zu den Kaukasusländern, durch den grössten Teil von Russland bis Imandra-Lappland, Nordostfinnland, Ingrien, Estland, Nord- und Mittel-Deutschland, Oesterreich, Ungarn, Kroatien, Jugoslavien, Dobrudscha.

Die somit sibirisch-sarmatische Art zeigt mit keiner unserer übrigen Myosotis-Arten nähere Verwandtschaft. Im Habitus und auch in ihren Standortsansprüchen erinnert sie auffallend an Omphalodes scorpioides und Asperugo procumbens. Mit ersterer Art kommt sie z. B. in Böhmen und Preussen zusammen in Laubgebüschen vor. Im Blütenstand fallen die gabelständigen, scheinbar 2 Tragblätter besitzenden Blüten auf; das Hauptmerkmal bildet aber die an der Ansatzstelle der Nüsschen weit vorragende Pseudostrophiole oder Caruncula, weshalb Turczaninow 1840 auf diese Art eine eigene Gattung Strophiostoma begründete. Dasselbe Merkmal findet sich auch bei M. amoena (Ruprecht) Boiss. und M. involucrata Steven in den Kaukasusländern und bei M. propinqua Fischer et Meyer in Persien, sodass also auch unsere Art aus den Kaukasusländern stammen dürfte. Der abweichende Habitus und die Vorliebe für Gebüsche hängen aufs engste mit der von Sernander nachgewiesenen Myrmekochorie der Pflanze zusammen. In den Steppengebüschen der Ukraine (z. B. in Eichengebüschen bei Tiraspol nach Paczoski) wächst die Art mit anderen Myrmekochoren wie Corydalis solida, Pulmonaria officinalis und Lamium maculatum und sonstigen Zoochoren wie Fragaria viridis, Geum urbanum, Convallaria usw. Die Nüsschen werden z. B. durch Formica rufa und F. exsecta verbreitet. Bemerkenswert ist wie bei andern Myrmekochoren die starke Reduktion des mechanischen Gewebes und die starke postflorale Vergrösserung des Blütenstiels und Kelchs. Das mechanische Gewebe des Stengels, das hauptsächlich aus einem Zylinder von Holzprosenchym besteht, wird bei M. sparsiflora aus nur 3 Holzfaser- und 1 Stereïdenschicht gebildet, bei den epizoïsch verbreiteten M. silvatica und M. arvensis dagegen aus durchschnittlich 6 Holzfaser- und 3 Stereïdenschichten. Im Fruchtstiel besteht der Holzzylinder bei M. sparsiflora aus nur 2 Schichten ($^1/_{10}$ des Querschnittradius), bei M. scorpioides aus 3 Schichten ($^1/_5$ des Radius), bei M. arvensis aus 4 oder 5 Schichten ($^1/_3$ des Radius) und bei M. silvatica aus 4 Schichten ($^2/_5$ des Radius). — Die Blüten sind homogam. Als Bestäuber wurden Fliegen beobachtet; doch tritt sehr regelmässig Selbstbestäubung ein.

Bastarde scheinen bei Myosotis sehr verbreitet zu sein, sind jedoch bei der nahen Verwandtschaft vieler Arten unter einander schwer zu erkennen. Aus Mitteleuropa werden angegeben: M. scorpioides subsp. caespitosa × subsp. palustris (= M. caespitosa f. radicans Lange?) z. B. in Schleswig, Preussen (Magdeburg) und vielleicht auch im Schweizer Jura. — M. scorpioides subsp. palustris × M. silvatica subsp. silvatica (?). Hierher vielleicht ein Teil der von manchen Autoren als M. repens (non Don) bezeichneten Pflanzen. — M. arvensis × M. silvatica. Vgl. M. silvatica f. micrantha Fiori und M. arvensis var. silvestris, die vielleicht z. T. diesem Bastard entsprechen. — M. arvensis × M. collina

Wird z. B. von Kelheim angegeben. Dazu vielleicht auch M. arvensis var. pseudohispida J. Murr (Vorarlberg). — M. arvensis × M. micrantha: z. B. Eching bei Freising und bei Wiesbaden. — M. collina × M. micrantha: z. B. aus Franken, Anhalt und Magdeburg angegeben.

## DCXV. Onósma[1]) L. Lotwurz. Franz.: Orcanette, fausse vipérine; ungar.: Vértö; russ.: Barany jäsyk (= Schafszunge).

(Bearbeitet von Dr. J. Braun-Blanquet).

Zwei- bis mehrjährige Halbrosettenstauden und Halbsträucher, selten kleine Sträucher (O. fruticósum, O. dasytrichum) mit kräftigem, steif aufrechtem Stengel, oft von sparrigem Wuchs. Ganze Pflanze mit langen, steifen, auf scheibenartigen, weissen Knötchen sitzenden Borsten= haaren (Fig. 3134 d, 3135 e) dicht bedeckt. Laubblätter mit stark vortretendem Mittelnerv, ungeteilt, ganzrandig, länglich, lineal-lanzettlich, verkehrt-keilig oder eiförmig; die stengelständigen sitzend, ± in den Grund verschmälert. Blütenstand reichblütig, pyramidenförmig oder hochgabelig mit wickeligen, nach der Blüte verlängerten Aesten. Blüten in den Achseln von Hochblättern, kurz gestielt oder sitzend, schief oder überhängend, sich postfloral aufrichtend. Kelch röhrig, tief 5-teilig (sehr selten 5-spaltig), zur Fruchtzeit aufrecht, die Nüsschen fest umschliessend, gewöhnlich beträchtlich vergrössert. Kelchzipfel lineal oder lineal-lanzettlich. Krone meist gelb, selten weiss oder rötlich bis purpurn, röhrig-glockig, gegen den Grund allmählich verschmälert, vorn schwach bauchig erweitert, im Schlunde nackt, kurz 5-zähnig mit stumpf-dreieckigen, aus= gebreiteten oder zurückgeschlagenen Zipfeln, innen etwa 1 mm über dem Grunde mit schuppen= artigem, gelapptem, ringförmigem Nektarium. Staubblätter 5, in der Mitte der Kronröhre ein= gefügt (Fig. 3195 c); der freie Teil der Filamente breit-bandförmig, gegen die Anheftungsstelle der Antheren etwas verschmälert. Antheren in der Kronröhre eingeschlossen oder etwas vor= ragend, etwas unter der Mitte angeheftet, lineal, am Grunde pfeilförmig; die pfeilförmigen Fortsätze unter sich zusammenhängend; Antherenschenkel durch ein häutiges, an der Spitze vorragendes, ausgerandet-zweisporniges Band (Konnektiv) verbunden, selten frei, ihrer ganzen Länge nach aufspringend, am Rande glatt oder fein gezähnelt. Griffel fadenförmig, glatt, weit vorragend, mit ausgerandeter oder fast zweilappiger, kopfiger Narbe. Nüsschen öfters durch Verkümmerung weniger als 4, dreikantig-eiförmig, geschnäbelt, glänzend, selten matt, glatt oder maschig-runzelig oder warzig (O. Visiánii), selten auf der Rückseite gehörnt (O. trice= rospérmum), mit flach dreikantiger Basis ohne Elaiosom dem Diskus aufsitzend.

Die Gattung umfasst, je nachdem der Artbegriff weiter oder enger gefasst wird, 70 bis 90 Arten. Ihr Verbreitungszentrum liegt in den östlichen Mittelmeerländern und in den angrenzenden Steppengebieten. Westwärts finden sich einzelne Vertreter noch in Südspanien und Mauritanien, dagegen nicht mehr in Portugal. Die nördlichsten Vorposten stehen in Mitteldeutschland (Mainz), in Mähren und Mittelrussland (Perm, 58° nördl. Breite), während die Gattung ostwärts bis weit nach Zentralasien vorstösst (Altai, Minussinsk). Reich und mannigfach entwickelt ist die Gattung namentlich in Persien, Armenien und den angrenzenden Gebieten. Die kleine Sektion Maharánga (DC.) Clarke ist auf den Himalaya beschränkt. In den amerikanischen Steppen wird die Gattung durch eine verwandte (Onosmódium Michaux) vertreten.

Das Areal der Gattung ist klimatisch sehr einheitlich. Es umfasst trockenheisse Gebiete mit bedeutenden Extremen. Sogar in der Verbreitung der einzelnen Arten und Unterarten gelangt die Bevorzugung des steppen= ähnlichen Klimas zum Ausdruck. In den Alpen z. B. werden die regenreichen Teile streng gemieden; die Onosmen halten sich hier streng an die regenarmen subkontinentalen Trockenoasen der zentralen Täler (Fig. 3132).

Der ausgesprochenen klimatischen Abhängigkeit entspricht eine weitgehende Uebereinstimmung im inneren und äusseren Bau und in den ökologischen Anpassungserscheinungen der Arten. Es sind ausnahmslos trockene, heisse Standorte bewohnende Xerophyten. Besonders ausgeprägt ist der xeromorphe Charakter bei

---

[1]) Vom griech. ὄνος [ónos] = Esel und ὀσμή [osmé] = Duft, Geruch. Bei Dioskurides Name einer der Anchusa ähnlichen, doch von ihm nur ohne Stengel und Blüten gefundenen Rosettenpflanze, für welche als weitere Synonyme ὀσμάς [osmás], φλονῖτις [phlonítis] und ὄνωνις [ónonis] (vgl. Bd. IV/3, pag. 1215) angeführt werden.

der Sektion Stelligera. Die dichte Behaarung aus einfachen und Sternhaaren, die schmalen, nach unten umgerollten Laubblätter, ihre Annäherung zum isolateralen Bau, die dicke Kutikula vermindern die Transpiration, dagegen ist der osmotische Druck verhältnismässig niedrig. Die freie Oberfläche der Epidermiszellen ist polyëdrisch, meist mit geraden Seiten. Spaltöffnungen vom Cruciferen-Typus finden sich auf der Blattoberseite kaum weniger als auf der Unterseite. Oberseits sind zwei Palisadenschichten, unterseits ist eine Palisadenschicht ausgebildet. Bezeichnend für den Stengel ist das Vorkommen einer Kollenchymschicht unter der Epidermis. Der frühzeitig sich entwickelnde Leitbündelring besteht aus meist zusammenhängenden Holzfaserringen, während die äussere Schicht des dünnen Bastes einen stellenweise unterbrochenen Bastfaserring bildet. Bei den einzelnen Arten lassen sich Unterschiede im Bau des meist holzigen Marks nachweisen. Die Dicke der Zellwände schwankt bei den einzelnen Arten zwischen 2 und 8 $\mu$; das Zellumen ist bei einigen Arten eng, bei anderen weiter; dementsprechend ist die durch gehöfte Tüpfel verdickte Zellwand im ersten Fall dünner, im zweiten dicker. Das Rhizom der ausdauernden Arten besitzt ein dickes Phelloderm.

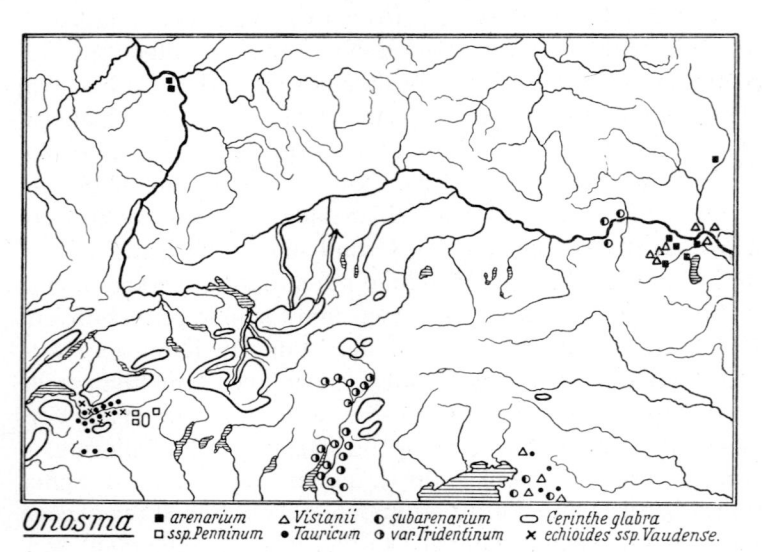

Fig. 3132. Verbreitung der mitteleuropäischen Onosma-Sippen und der Cerinthe glabra Mill. Orig. von H. Gams.

Die ganze Pflanze, namentlich aber die Laubblätter vom Echium-Typus, sind mit dicken und meist langen Stechborsten besetzt und daher gegen die Angriffe pflanzenfressender Tiere $\pm$ gewappnet. Doch darf man diesen Schutz in den pflanzenarmen Trockengebieten, die die Onosmen bewohnen, nicht zu hoch einschätzen. Recht zutreffend vergleicht Kerner die Stechborsten bei Onosma mit Stecknadeln, deren Köpfe in die Blattfläche eingesenkt sind. Die Borstenwände sind durch eingelagerte Kieselsäure gehärtet und oft dicht warzig. Die Stechborsten stehen auf dem durch cystolithartige Gebilde angefüllten und daher hellfarbigen Borstenpolster und zeigen an der Basis eine bauchige Erweiterung, den Borstenbulbus. Derselbe ist von wirtelig gestellten, über die Epidermisoberfläche erhobenen Epidermiszellen umgeben, die das Polster der Borstenhaare bilden. Zwischen den langen Stechborsten stehen öfters noch zahlreiche kleine, sich verfilzende Borstenhaare. Bei der Sektion Stelligera ist das Borstenpolster $\pm$ reichlich mit kleinen Sternbörstchen bedeckt oder eingefasst.

Die Blüten sind entomophil. Der vorragende Fortsatz des Antherenkonnektivs dient als Schüttelapparat. Der Bestäubungsmechanismus ist von Taliew näher untersucht worden. Beim Anhängen der Insekten an die Blüten wird der sonst einen Kreis darstellende Kronumfang zur Ellipse, sodass auch eine Lageveränderung der Filamente eintritt. Dies bedingt ein Auseinandergehen der Antherenenden. Da der apicale Teil der Antheren, also der über der Anheftungsstelle der Filamente liegende, bedeutend länger ist als der basale, folgt, nach dem Prinzip des ungleicharmigen Hebels, auf jede geringe Bewegung der untern Antherenteile ein bedeutendes Auseinandergehen der oberen. Den Bestäubungsvorgang hat Briquet bei O. echioides subsp. Vaudense näher verfolgt. Da der Blütenbau der einzelnen Arten eine weitgehende Uebereinstimmung aufweist, trifft seine Beschreibung wohl ziemlich allgemein zu. Als Bestäuber kommen namentlich Hummeln, Bienen und Schmetterlinge in Betracht. Von dem schuppenförmigen Nektarring am Grund der Kronröhre wird viel Honig abgeschieden. Briquet konnte öfters noch um 2 bis 3 Uhr Nachmittags 2 bis 3 mm Nektar nachweisen, trotzdem die Blüten seit dem Morgen eifrig von Insekten beflogen worden waren. Die anfliegenden Insekten hängen sich an die meist zurückgekrümmten Kronlappen und zwängen den vordern Körperteil in die Kronröhre. Dadurch schütteln sie sich den Blütenstaub auf Kopf, Leib und Beine. Im Anfliegen berühren die Hummeln, Bienen und namentlich die Schmetterlinge den vorragenden Griffel und bewirken so die Kreuzung. Während der Blüte kann der Pollen wegen der schiefen oder wagrechten Stellung der Blüten nicht von selbst auf die Narbe gelangen. Erst beim Abfallen der Krone werden die Staubblätter über den Griffel abgestreift und gelangen so mit der Narbe in Berührung. Aber in den meisten Blüten hat die Bestäubung schon lange vorher stattgefunden. Immerhin ist auf diese Weise Selbstbestäubung möglich, sofern der Insektenbesuch ausgeblieben ist. Auch Ameisenbesuch ist nachgewiesen; doch bilden die steifen

Borstenhaare ein ernstliches Hindernis für kurzbeinige Insekten. Die Borstenhaare des Kelches sind auch ein gutes Schutzmittel gegen Honigraub durch Anbeissen des Krongrundes von aussen.

Die Verbreitung der Samen geschieht namentlich durch Tiere auf epizoischem Wege. Der Frucht=
kelch mit den eingeschlossenen Nüsschen oder auch ganze Teile des Blütenstandes werden von weidenden Schafen und Ziegen abgestreift, bleiben am Felle haften und können dadurch über grössere Strecken ver=
schleppt werden. Die langen Borstenhaare, wie auch die Sternhaare, sind gute Haftapparate. Windverbreitung auf kürzere Distanzen ist möglich unter Mithilfe der als Flotteure wirkenden, die Windangriffsfläche ver=
grössernden Kelch= und Stengelteile.

Die Wurzeln mancher Onosma=Arten enthalten viel Alkannin (vgl. pag. 2125 und 2206), welcher Farbstoff früher zum Rotfärben von Oelen, Fetten und Pomaden, sowie von Baumwolle und Seide Ver=
wendung fand. Die Wurzel diente in Südfrankreich auch als Schminke (de Pouzolz). Das Kraut war unter dem Namen Radix Anchúsae lúteae offizinell. Nach alten Kräuterbüchern wurden die Blätter in Wein getrunken als Abortivum gebraucht.

Als wichtigste Unterscheidungsmerkmale der Hauptarten kommen die Art der Bewurzelung, die Wuchs=
form, die Verzweigung, die Längenverhältnisse der Antheren und die Behaarung in Betracht. Auf die Behaarung hat Schur (Enum. Transsilv. 1866, pag. 468) die 2 Sektionen Estelláta und Stellígera gegründet. Boissier (Fl. Orient. 4, pag. 180, 1879) unterschied 3 Sektionen gleichfalls nach der Behaarung (Haplotricha, Hetero=
tricha und Asterotricha). Bei den Arten der Estellata sitzen die Borstenhaare der Blätter auf kahlen Höckern, bei den Stelligera (Asterotricha und Heterotricha) sind die Höcker am Grunde der Blattborsten, wenigstens im oberen Teil der Pflanze an der Blattspitze und auf der Blattunterseite, von einfachen Haaren sternförmig besetzt (Fig. 3135 e). Obgleich die Trennung der Sektionen nicht absolut scharf durchgeführt werden kann, indem bei den Stelligera Formen mit teilweise verkahlenden Borstenhöckern und bei den Estellata solche mit vereinzelten schwach ausgebildeten Sternhaaren (besonders am Blattrand der unteren Blätter) vorkommen, bleibt die Behaarung doch das durchgreifendste Merkmal zur Unterscheidung der Arten. Die wenigen in der Behaarung weniger scharf abgegrenzten Formen, die besonders in den Grenz= und Durchdringungsgebieten der beiden Sektionen anzutreffen sind, lassen sich nach ihren übrigen Merkmalen unschwer einreihen.

Ein gutes Merkmal zur Art=Unterscheidung bildet die Verzweigung des Blütenstandes. Bei O. are=
narium und O. Visianii ist sie ausgebreitet ästig, im Umriss pyramidal; O. echioides und O. Tauricum hingegen haben fast durchgehends hochgabelig=wenigästige, nach dem Verblühen fast ebensträussige Blütenstände.

Auch die Längenverhältnisse der Antheren bleiben, unabhängig von der Blütengrösse, ziemlich konstant. So misst die Antherenlänge der grossblütigsten Formen von O. Tauricum 7 bis 8 mm (Blüten bis 28 mm lang), während sie bei der kleinstblütigen O. echioides (subsp. Pyrenaicum) immer noch 8 mm beträgt (Blüte zirka 16 mm lang). Dasselbe gilt für die Länge des Fruchtkelches.

1. Borstenhaare auf behaarten Scheiben (Fig. 3135 e) oder Höckern sitzend. Pflanzen dicht graugrün behaart. Sektion Stelligera Schur . . . . . . . . . . . . . . . . . . . . . . . . . . . 2.

1*. Borstenhaare auf kahlen Höckern (Fig. 3134 d) sitzend (sehr selten vereinzelte kurzborstige Höcker vorhanden). Sektion Estellata Schur . . . . . . . . . . . . . . . . . . . . . . . . . 3.

2. Borstenhöcker dicht sternhaarig. Pflanze ausdauernd, mit meist zahlreichen sterilen Laubblatt=
büscheln, selten 2=jährig (subsp. Dalmaticum). Blütenstand schirmförmig=hochgabelig. O. Tauricum nr. 2319.

2*. Borstenhöcker teils kahl, teils kurzborstig. Pflanze 2=jährig. Blütenstand schwach pyramiden=
förmig, mehrästig, selten ± hochgabelig (subsp. Tridentinum var. Austriacum) . . . . . . .
. . . . . . . . . . . . . . . . . . . . . . . . . . O. pseudoarenarium nr. 2318.

3. Blütenstand 2= bis 3= (selten mehr=) ästig, hochgabelig=ebensträussig, gelbborstig. Kronröhre 20= bis 23 mm lang. Antheren 7 bis 10 mm lang, bei unseren Unterarten schwach rauh. Fruchtkelch stark vergrössert, bis 25 mm lang . . . . . . . . . . . . . . . . . . . . . . . . . . . . O. echioides nr. 2315.

3*. Blütenstand vielästig, ± pyramidenförmig. Stengel oft schon vom Grunde an verzweigt. Blüten kleiner . . . . . . . . . . . . . . . . . . . . . . . . . . . . . . . . . . . . . . . . 4.

4. Antheren 5 bis 7 mm lang, besonders gegen die zweihörnige Konnektivspitze zu am Rande sehr deutlich gezähnelt. Teilfrüchtchen 3 mm lang, glatt und hellglänzend . . . . . O. arenarium nr. 2316.

4*. Antheren 7,5 bis 9 mm lang, völlig kahl. Teilfrüchtchen 4 bis 5 mm lang, mattglänzend, besonders gegen den Schnabel zu warzig. Pflanze vom Grunde an verzweigt, oft rot überlaufen. O. Visianii nr. 2317.

## 2315. Onosma echioídes L. em. Gren. et Godr. (= O. arenárium Lamotte non Waldst. et Kit.). Natterkopfartige Lotwurz.

Ausdauernd, mit dicker, walzlicher, färbender Wurzel und mit vereinzelten sterilen Laubblattbüscheln. Stengel zu mehreren, kräftig, gedrungen, niedrig, ± 10 bis 30 cm, selten höher, reich= und straff beblättert, wie die Laubblätter ± dicht abstehend borstenhaarig, am Grunde von graubraunen, vertrockneten Laubblättern umgeben. Laubblätter lineal=lanzettlich; die untern gegen den Grund keilig=verschmälert, mit stark vortretendem Mittelnerv, stumpf. Behaarung des Stengels und der Laubblätter aus zahlreichen dichtstehenden, langen, hellen Stechborsten bestehend, mit wenigen eingemischten kurzen Borsten. Borstenpolster öfter fast fehlend, kahl oder selten (bei subsp. Vaudense) mit wenigen kümmerlichen Sternhaaren. Blütenstand scharf abgegrenzt, wenig ästig, sparrig hochgabelig. Wickel einfach, unverästelt, meist zu 2 bis 3, fast gleich lang, zuletzt ebensträussig, bis zur Abzweigungsstelle dicht mit zahlreichen, fast einseitswendigen Blüten besetzt und daher ohne (selten mit wenigen) Laub= blättern. Behaarung des Blütenstandes gelblich bis intensiv strohgelb. Krone gelb, den Kelch überragend, 20 bis 23 mm lang, aussen kahl und mit feinen Höckerchen bedeckt. Antheren (7) 9 bis 10 mm lang, 2= bis 3=mal länger als der freie Teil der Staubfäden, am Rande glatt oder sehr schwach rauh. Fruchtkelch verlängert, (15) 18 bis 25 mm lang, deutlich gestielt. Teilfrüchtchen graubraun, glatt, glänzend, ± plötzlich in eine kurze und scharfe Spitze zu= sammengezogen, 3 bis 4 mm lang, — V, VI.

An trockenen, warmen, sonnigen Hängen, gern an steinigen Stellen im Magerrasen von Bromus erectus; kalkliebend.

Allgemeine Verbreitung: In verschiedenen z. T. noch unbeschriebenen Unterarten im westlichen Mittelmeergebiet (Frankreich, Spanien, Nordafrika) verbreitet, nordöstlich bis in die Südwestschweiz. Die Angaben der Art aus Deutschland, Oesterreich, Jugoslavien und aus dem Orient beruhen teils sicher, teils wahrscheinlich auf Verwechslung mit Formen von O. arenarium, O. Tauricum usw. Im östlichen und südöstlichen Mitteleuropa fehlt das echte O. echioides zweifellos.

Im Gebiet nur die subsp. **Vaudénse** (Gremli) Br.=Bl. (= O. Vaudense Gremli, = O. Helvéticum Boissier var. Vaudense Borb., = O. echioides Gaudin, = O. echioides var. Helvetica DC. p. p.). Fig. 3132.

Ausdauernd, mit zahlreichen dürren Blättern am Stengelgrund. Sterile Blattbüschel meist vorhanden. Stengel ziemlich schlank, 20 bis 40 cm hoch, nur an der Spitze 2= bis 4=gabelig. Aeste auf gleicher Höhe entspringend. Blütenstand reichblütig, ebensträussig, von langen, gelblichen Borstenhaaren dicht besetzt. Stengel= blätter aufrecht abstehend oder etwas zurückgebogen, wie der Stengel von zahlreichen abstehenden oder locker anliegenden Borstenhaaren rauh; die untern verlängert=keilig, gegen den Grund verschmälert. Borstenhaare auf kahlen Polstern aufsitzend (die untern Stengelblätter ab und zu mit einzelnen kurzborstigen Höckern). Krone 19 bis 22 mm lang, aussen kahl. Antheren 6,5 bis 8 mm, 1½= bis 2=mal so lang als die Staubfäden, am Rande fast glatt oder nur zuoberst sehr schwach rauh. — VI.

Nur im schweizerischen Rhonetal: Zahlreich am Hügel „le Tombey" zwischen Aigle und Ollon. Schon Haller erwähnt diesen Standort für sein Symphytum foliis lingulatis hispidis (Onosma) (Hist. stirp. indigen. Helv., pag. 267, 1768). Ferner im Innerwallis: Unter Tassonières bei Fully (ca. 700 m), zwischen Bramois und Nax, bei Evolène und Ram im Pfinwald bei Siders, angeblich auch zwischen Brig und Ganter.

Weitere Verbreitung besitzt im südlichen Zentralfrankreich die subsp. **fastigiátum** Br.=Bl., die sich von subsp. Vaudense unterscheidet durch den gedrungen=sparrigen und niedrigen Wuchs, die stechend= borstigen Laubblätter, das völlige Fehlen von Haaren auf den Borstenhöckern der Laubblätter, die meist intensiv strohgelbe Behaarung des Blütenstandes, die längeren Antheren, die 2= bis 3=mal länger sind als der freie Teil der Staubfäden. O. echioides subsp. Vaudense wächst an heissen trockenen Abhängen in Gesell= schaft der xerothermen Flora, wohl fast ausschliesslich in der Festuca Vallesiaca=Assoziation und im Xero= Brometum erecti.

Eine der in botanischen Gärten kultivierten Formen von O. echioides soll in Thüringen verwildert gefunden worden sein.

**2316. Onosma arenárium** Waldst. et Kit. (= O. echioides var. α L. spec. plant. ed. 1 pag. 137, = O. echioides var. δ arenaria DC.). Sand=Lotwurz. Taf. 222, Fig. 1 und Fig. 3132 bis 3134.

Pflanze zweijährig. Stengel meist einzeln, kräftig und dick, gerade aufrecht, bis über 50 cm hoch, in der obern Hälfte und oft schon von unten an reichlich verzweigt. Alle oder doch

die untern Aeste unter den Blütenwickeln reichlich beblättert. Blütenstand im Umriss pyra=
midenförmig, dicht weisslich=, hellgrau= oder gelblich=steifhaarig. Stengel dicht beblättert. Laub=
blätter lineal=lanzettlich, weicher als bei O. echioides, anliegend oder etwas abstehend borsten=
haarig. Borsten auf kahlen, öfter fast fehlenden Höckern sitzend. Krone mittelgross, 12 bis
16 (selten bis 24 bei subsp. Penninum) mm lang, aussen kahl oder behaart. Antheren 5 bis
7 mm lang, am Rande gezähnelt, so lang oder etwas länger als der freie Teil der Staubfäden.
Fruchtkelch mittelgross, 15 bis 17 (19) mm lang, kurz gestielt. Teilfrüchte graubraun mit dunkleren Flecken, glatt, glänzend, 3 bis 4 mm lang, zugespitzt. — V, VI.

In mehreren Unterarten durch das südliche und mittlere Europa verbreitet: Ost= und Südostfrankreich, Schweiz, Süddeutschland, Norditalien, Deutsch=Oesterreich, Tschechoslowakei, Ungarn, Jugoslavien, Galizien, Illyrien, Balkan=länder, Südrussland.

Im Gebiet sind folgende Unterarten vertreten:

1. subsp. **pyramidátum** Br.=Bl. (= O. arenárium auct. germ., = var. týpicum Beck). Taf. 222, Fig. 1 und Fig. 3133. Zweijährig mit dicker, walzlicher, alkanninhaltiger Wurzel und kräftigem, steifem, 30 bis 50 cm hohem Stengel; ganze Sprosse trübgrün. Blütenstand reich=verzweigt, pyramidenförmig mit weitausladen=den Wickeln; letztere am Grunde ± reichlich beblättert. Stengelblätter zahlreich, weich, lineal=lanzettlich, nach dem Grund zu wenig ver=schmälert. Borstenhaare schwach anliegend oder schief abstehend, auf kahlen Knötchen sitzend, bisweilen knötchenlos. Zwischen den langen Borstenhaaren zahlreiche kurzborstige, knotenlose Haare; Sternhaare fehlend. Blüten sehr zahlreich. Krone die lineal=lanzettlichen Kelchzipfel wenig überragend, 12 bis 15 (selten bis 18 mm) lang; Kronröhre aussen feinflaumig oder kahl. Antheren eingeschlossen oder etwas vorragend, 5 bis 7 mm lang, wenig länger als der freie Teil der Filamente, am Rande fein gezähnelt. — V, VI.

Fig. 3133. Onosma arenarium. Mainzer Sand. Phot. Th. Arzt, Wetzlar.

Hierher gehört die einzige Onosma=Art der deutschen Flora. Diese zeichnet sich namentlich aus durch schwächere, kaum stechende Behaarung, breit pyramidenförmigen, starkverzweigten Blütenstand und kleine (meist 15 mm lange) Blüten.

In Deutschland nur auf Tertiärkalk, auf Sandflächen und in sandigen Kiefernwaldungen der Umgebung von Mainz, namentlich zwischen Gonsenheim, Mombach und Budenheim. Vorübergehend ver=schleppt in Metz=Sablon (um 1885), bei Liblar in der Rheinprovinz und angeblich auch bei Pfalzburg. — In Oesterreich nur im östlichen Niederösterreich auf trockenem, meist sandigem Boden in Gesellschaft mit anderen sarmatischen Arten: Laaerberg gegen Unter=Laa, Rauherwarther= und Schwadorfer Holz, zwischen Hemberg, Velm und Ebergassing, im grossen Föhrenwald zwischen Neustadt und Neunkirchen, an der Pittner Strasse bei Hadersweth, Petronell, Leithagebirge; Tschecho=Slowakei: nur im südlichen Mähren bei Göding (var. rubricaúle Beck apud A. Wildt). — Fehlt in der Schweiz.

Allgemeine Verbreitung: Süd- und Südostfrankreich, Mainzer Becken, Niederösterreich, Tschecho-Slowakei, Jugoslawien, Ungarn, Balkanländer, Südwestrussland usw.?

Seiner allgemeinen Verbreitung nach zählt Onosma arenarium subsp. pyramidatum zum sarmatischen Element. Die wenigen Vorkommnisse in Frankreich und Westdeutschland sind vom östlichen Hauptareal weit abgetrennt. So beträgt die Lücke zwischen den niederösterreichischen und den Mainzer Fundstellen in der Luftlinie über 600 Kilometer und diejenige zwischen den Mainzer Lokalitäten und den nächsten französischen nicht viel weniger. Es frägt sich nun, ob diese disjunkten Vorkommnisse Vorposten einer in Ausbreitung begriffenen Flora, wie E. H. L. Krause angenommen hatte, oder aber Arealrelikte sind. Einschleppung durch den Menschen in jüngerer Zeit erscheint ausgeschlossen. Schon in den Kräuterbüchern von Hieronymus Bock (1557) und Lonitzer (1564 als „Rot Ochsenzung") wird Onosma als zwischen Mainz und Mombach reichlich wachsend angegeben. Seither hat es sich aber nicht ausgebreitet; es ist im Gegenteil dort nur noch ganz vereinzelt und spärlich anzutreffen, trotzdem es reichlich keimfähige Samen erzeugt und trotzdem nach Jännicke die Verhältnisse für eine weitere Ausbreitung auf dem von Pflanzen nur mässig besetzten Sandboden die denkbar günstigsten sind. Es muss freilich zugegeben werden, dass Pflanzensammler am Seltenwerden der Art mit Schuld sind (vgl. L. Geisenheyner in Naturw. Wochenschr. 1909, pag. 93). Von hohem pflanzengeographischem Interesse ist die Begleitflora und Begleitfauna unseres Onosma auf den Mainzer Sanden: Stipa capillata und St. pennata, Koeleria glauca, Carex supina, Kochia arenaria, Scorzonera purpurea, Jurinea cyanoides, Gypsophila fastigiata, Adonis vernalis, um nur die wichtigsten zu nennen. Auch sie (und ebenso nach Lauterborn viele der sie begleitenden Insekten) zählen zum sarmatischen Element, das in den Steppengebieten Südosteuropas seine beste Entwicklung erlangt; auch sie zeigen wie noch manche andere Begleitpflanzen ein sehr disjunktes mitteleuropäisches Areal und ihre Verbreitung stimmt z. T. weitgehend mit jener von O. pyramidatum überein. So erscheinen Scorzonera purpurea und Adonis vernalis in Frankreich erst viele 100 Kilometer südwestlich auf den öden steppenartigen Kalkplateau der „Causses" der Sevennen, wo erstere ihre absolute Westgrenze erreicht, während Adonis vernalis durch einen weiteren gewaltigen Hiatus getrennt auf der spanischen Meseta mit anderen Steppenpflanzen von noch zerstückelterem Areal wieder erscheint. Dass es sich hier nicht um ein vordringendes Florenelement handeln kann, liegt beim Mangel ausreichender Verbreitungsmittel und bei dem spärlichen Vorkommen an abgelegenen menschenarmen Stellen auf der Hand. Ganz ähnlich liegen die Verhältnisse bei Melica Transsilvanica und Lathyrus Pannonicus (Bd. IV/3, pag. 1579), die gleichfalls in Zentralfrankreich ihre westlichsten isolierten Fundstellen besitzen; auch Kochia arenaria (Bd. III, pag. 25 o) ist hierher zu rechnen. Diese Beispiele genügen um zu zeigen, dass die Arealzerstückelung sarmatischer Pflanzen an ihrer Westgrenze durchaus nicht selten ist; ferner ergibt sich, dass die Disjunktion gewisse gemeinsame Züge aufweist. Schon aus den gewaltigen Lücken, aber auch aus anderen Gründen muss angenommen werden, dass die Zerstückelung nicht erst in postglazialer Zeit, sondern dass sie im Verlauf der Diluvialzeit stattgefunden hat. Onosma pyramidatum und mit ihr manche andere sarmatische Steppenpflanzen mit ähnlichem disjunktem Areal wären demnach Florenüberreste vom Ende der Tertiärzeit oder doch aus dem älteren Diluvium, die sich an edaphisch und klimatisch begünstigten Stellen Mitteleuropas bis heute erhalten haben. Im südlichen und mittleren Deutschland und in Ostfrankreich bewohnen diese Arten das stets gletscherfreie Land zwischen der alpinen und der nordischen Diluvial-Vergletscherung. Auch die österreichischen und tschechoslowakischen Fundstellen von O.

Fig. 3134. Onosma arenarium Waldst. et Kit. subsp. Penninum Br.-Bl. *a* Habitus. *b* Krone. *c* Staubblatt. *d* Blatthaare vergrössert.

pyramidatum liegen übrigens ausserhalb der einstigen Gletschergrenze. Im Wienerbecken zählt O. pyramidatum zu den charakteristischen Begleitern der Federgrasflur mit Stipa capillata, St. pennata, Andropogon ischaemon, Carex nitida, Tunica saxifraga, Ranunculus Illyricus, Potentilla canescens, Astragalus pilosus, A. Onobrychis, A. Austriacus und A. vesicarius, Eryngium planum, Seseli glaucum, S. Hippomarathrum, Marubium peregrinum, Linaria genistifolia, Cephalaria Transsilvanica, Artemisia Pontica und A. Austriaca, Jurinea mollis usw. In Mähren (zwischen Bisenz und Rohatetz) beobachtete es Laus zusammen mit Weingaertneria und mehreren der vorgenannten Arten auch an Bahndämmen.

2. subsp. **Penninum** Br.-Bl. (= O. Helveticum F. O. Wolf p. p.). Fig. 3134. Pflanze schlanker, weniger ästig, oft erst im oberen Drittel verzweigt, 30 bis 50 cm hoch. Obere Stengelblätter vom Grunde bis zur Spitze allmählich verschmälert. Behaarung der ganzen Pflanze steif, ± abstehend. Blütenstand mehr-(bis 8-)wickelig-hochgabelig bis schwach pyramidal, die obersten Wickel erheblich früher aufblühend als die untern. Blütenwickel gedrängt, reichblütig, am Grunde ohne oder mit wenigen in den Achseln nicht blütentragenden Laubblättern. Brakteen am Grunde breit-herzförmig, plötzlich in eine lange Spitze zusammengezogen. Blüten ansehnlich. Kronröhre 20 bis 24 mm lang, vor dem Schlunde breitbauchig, aussen feinflaumig oder fast kahl. Antheren erst nach der Blüte vorragend, 7 bis 8 mm lang, mindestens doppelt so lang als der freie Teil des Filamentes, am Rande schwach gezähnelt. — VI, VII.

Bisher bloss von vier Standorten aus dem Wallis und von einem Standort aus der piemontesischen Valle die Vedro bekannt: Vor Stalden am Ufer der Visp, steinige, sonnige Berghänge oberhalb Visp bis Zeneggen 850 bis 1300 m, Varzo am Südfuss des Simplon. Vgl. Fig. 3132.

Auffallende Pflanze, die in einigen Punkten etwas gegen das gleichfalls im Wallis vorkommende O. echioides subsp. Vaudense neigt, von ihm aber durch Wuchsform, Verzweigung des Blütenstandes, völliges Fehlen der Borstenhöcker am Rande der untern Blätter, deutlich gezähnte Antheren und an der Basis verbreiterte, fast herzförmige, plötzlich in die ziemlich scharfe Spitze zusammengezogenen Brakteen abweicht. Von subsp. pyramidatum unterscheidet sie sich durch den oft nur im obern Drittel verzweigten Stengel, mehr abgerundeten statt pyramidalen Blütenstand, durch bedeutend grössere Blütenkrone, die fast die doppelte Länge erreicht, und durch die längeren Antheren.

Die Walliserpflanze, die auf Schutthalden und in Juniperus Sabina-Gestrüpp wächst, kann die Eiszeiten im Wallis nicht überdauert haben, sondern sie muss postglazial über die Penninenpässe eingewandert sein. Ihr Vorkommen am Südfuss des Simplon spricht gleichfalls dafür.

**2317. Onosma Visiánii**[1]) Clementi (= O. echioides Jacq. non L.). Visiani's Lotwurz.

Zweijährig, ohne nichtblühende Triebe. Wurzel dickwalzlich, mit schwärzlicher, abblätternder Rinde. Stengel ± (20) 30 bis 50 cm hoch, am Grunde von den dürren vorjährigen Laubblättern umgeben, kräftig, oft rot überlaufen, fast vom Grunde an reich verästelt. Blütenstand pyramidal, oben hin und her gebogen, mit weit-ausladenden, an der Spitze die kurzen Blütenwickel tragenden, am Grunde reich beblätterten Zweigen. Ganze Pflanze dicht steifborstig, mit langen, wagrecht abstehenden, hellen, mattschimmernden Borstenhaaren; letztere auf völlig kahlen, kleinen Höckern sitzend, bisweilen Höcker fehlend; zwischen den langen Borstenhaaren zahlreiche feine, höckerlose Börstchen. Grundblätter und untere Stengelblätter lineal-lanzettlich, bis 14 cm lang und etwa 0,8 cm breit, gegen den Grund lang verschmälert. Obere Stengelblätter eilanzettlich, aus 1 bis 2 cm breitem Grund allmählich gegen die Spitze zu verschmälert; alle steif und lichtgrün. Blütenäste einfach, selten gabelig. Kelch kurzgestielt, mit breit-linealen stumpf-spitzlichen Zipfeln, zur Fruchtzeit beträchtlich vergrössert. Blüten in deckblätterigen, traubigen Wickeln. Kronröhre (17) 18 bis 20 mm lang, zuerst weisslich, später blassgelb, aussen dicht feinhaarig, die Kelchzipfel wenig überragend. Antheren am Rande völlig kahl, 7,5 bis 9 mm lang, etwa 3-mal so lang als der freie Teil der Staubfäden. Teilfrüchtchen besonders gegen die Spitze deutlich warzig, braungrau, mattglänzend, schnabelförmig zugespitzt, 4 bis 5 mm lang, über dem abgestutzten Grund kaum merklich zusammengezogen, auf der Bauchseite gekielt. — V, VI.

Auf trockenen Grastriften, namentlich in Federgrasfluren.

---

[1]) Nach Dr. Roberto Visiani, Professor der Botanik in Padua, geboren 12. Juni 1804, † 24. April 1877, Verfasser der Flora Dalmatica, 4 Bände, 1842 bis 1852.

In Niederösterreich, östlich und südlich von Wien: Pfaffen- und Hundsheimerberg bei Hainburg, zwischen Schlosshof und Breitensee im Marchfelde, Maaberg und Jennyberg bei Mödling, Gumpoldskirchen, Mitterberg bei Baden, Vöslau, Merkenstein, Grillenbergertal bei Pottenstein, Brunn, Fischau. Südliches Mähren?

Allgemeine Verbreitung: Karst östlich von Görz, Istrien, Umgebung von Fiume, Jugoslavien, Ungarn (nördlich bis Tokay), Südrussland und Balkan?

Am Maa- und Jennyberg bei Mödling wächst O. Visianii in Stipa pennata-Beständen mit Inula Oculus Christi, Jurinea mollis usw. (Gams). Die Angaben aus Südmähren beziehen sich nach A. Wildt (in Oesterr. Botan. Zeitschr. Bd. LXVII) auf O. arenarium var. rubricaule Beck. Vgl. Fig. 3132, pag. 2178.

**2318. Onosma pseudoarenárium** Schur em. Br.-Bl. Zweifelhafte Lotwurz.

Zweijährig. Stengel 30 bis 80 cm hoch (subsp. Transsilvánicum), schlank und ziemlich dünn, öfters rutenförmig, meist ohne sterile Laubblattbüschel, über der Mitte verzweigt. Blütenstand ± pyramidal, seltener hochgabelig, mit vorwärts abstehenden oder anliegenden weissen Borstenhaaren dicht besetzt. Blütentragende Aeste am Grunde mit blütenlosen Laubblättern. Behaarung dicht, anliegend oder abstehend weissborstig. Borstenhaare teils auf kahlen, teils auf kurzborstigen Höckern sitzend, selten Borstenhöcker spärlich oder fast fehlend. Kelch dichtborstig, zur Blütezeit klein, 9 bis 12 mm lang. Krone nahezu doppelt so lang, allmählich gegen den Grund verschmälert, (16) 17 bis 23 mm lang, aussen meist feinflaumig. Antheren 6 bis 8 mm lang, stets fein und deutlich gezähnelt. Fruchtkelch vergrössert, bis 16 mm lang, deutlich gestielt. — V, VI.

In Behaarung, Grösse der Blüten, Verzweigung etwa die Mitte zwischen O. arenarium und O. Tauricum haltend und daher oft bald mit der einen, bald mit der anderen Art verwechselt. Sammelspezies, die mehrere kleine Arten (Subspezies oder Bastarde?) umfasst.

Allgemeine Verbreitung: Südliche Karpaten, Ungarn, Jugoslavien, Deutsch-Oesterreich, Norditalien, französische Alpen. Wahrscheinlich auch auf dem Balkan und in Südrussland.

Im Gebiete der mitteleuropäischen Flora sind folgende Unterarten vertreten (Fig. 3132):

1. subsp. **lingulátum** (Freyn) Br.-Bl. (= Onosma lingulatum [Freyn] Fritsch). Stengel steif aufrecht, ± 30 cm hoch, mit verholzendem Wurzelstock und öfters mit sterilen Blattbüscheln. Blütenstand schwach pyramidenförmig oder hochgabelig, mit 3 bis 10 fast gleichlangen, reichblütigen, am Grunde reichbeblätterten Wickeln. Weisse Borstenhaare dicht, steif abstehend; ganze Pflanze trüb-graugrün. Borstenhaare teils auf kahlen, besonders am Stengelgrund aber auf kurzborstigen Höckern sitzend, obere bisweilen höckerlos. Kelch zur Blütezeit ± 9 mm lang. Kronröhre doppelt so lang als die scharf zugespitzten, dichtborstigen Kelchzipfel, allmählich gegen den Grund verschmälert, kaum bauchig, 16 bis 18 mm lang, aussen dicht feinhaarig; Kronzipfel zur Blütezeit vorwärts gerichtet. Antheren 7 mm lang, am Rande sehr deutlich gezähnelt, mindestens doppelt so lang als der freie Teil der Staubfäden. Fruchtkelch gestielt, etwa dreimal so lang als der Stiel. — V, VI.

Auf trockenen, pflanzenarmen, steinigen Triften im Istrianischen Karst.

2. subsp. **Tridentínum** Wettstein (= O. echioides auct. tir.; O. stellulatum auct. tir., = O. arenarium auct. tir.; = O. echioides var. longifólium Murr, = O. echioides var. Helvéticum Béguinot non DC., = O. Austríacum Beck, = O. arenarium var. Austríacum Beck).

Zweijährig (oder mehrjährig?). Stengel mehrere, schlank, 25 bis 50 cm hoch, bogig aufsteigend, an der Spitze verästelt, schwach pyramidenförmig oder hochgabelig. Blütenwickel am Grunde mit einigen blütenlosen Laubblättern. Blütenkelch kurz gestielt (2 bis 4 mm), 10 bis 12 mm lang, nach der Blüte vergrössert (bis 16 mm). Kronröhre mittelgross, 18 bis 20 mm lang, aussen schwach flaumig, selten fast kahl. Antheren 6 bis 8 mm lang, deutlich gezähnelt, etwa doppelt so lang als der freie Teil der Staubfäden. Laubblätter lineal-lanzettlich, untere keilig, wie der Stengel von abstehenden, grauweissen Borsten dicht bedeckt. Höcker am Grunde der Borstenhaare meist schwach entwickelt, graugrünlich, kurzborstig-sternhaarig oder kahl. Ganze Pflanze hell-graugrün. — V bis VII.

Umfasst die beiden Varietäten: var. eu-Tridentínum Br.-Bl. mit meist mehr- (bis 8-)wickeligem Blütenstand, mit zahlreichen kurzborstig-sternhaarigen Borstenhöckern und 7 bis 8 mm langen Antheren. So in Südtirol von Brixen und vom mittleren Vintschgau an abwärts bis zum Gardasee ziemlich verbreitet an trockenen, sonnigen Hängen in Gesellschaft xerothermer Pflanzen. Provinz Verona. — var. Austríacum (Beck) Br.-Bl. Von voriger Varietät verschieden durch weniger verästelten Blütenstand (bis 5-wickelig), weniger zahlreiche kurzborstig-sternhaarige Borstenhöcker und kürzere Antheren (meist ± 6 mm). Im Niederösterreichischen Donautal beim Förthof bei Stein, Dürrenstein, unweit Senftenberg bei Krems, Melk.

Zu O. pseudoarenarium ist auch O. Tauricum subsp. Delphinense Br.-Bl. aus den Westalpen zu stellen. Die Pflanze hat einen schwach pyramidenförmigen, bis 6- (oder mehr-)wickeligen Blütenstand und besitzt sowohl kurzborstige, als borstenlose Höcker. Sie zeichnet sich u. a. aus durch grosse, 20 bis 23 mm lange Blütenkrone (Dractal, Dép. de l'Isère). Das echte O. pseudoarenarium Schur (= O. Transsilvanicum, = O. pseudoarenarium subsp. Transsilvanicum [Schur] Br.-Bl.) ist nach Originalexemplaren von Schur dem O. arenarium ähnlich durch den reich verzweigten hoch-pyramidenförmigen Blütenstand (8 bis 16 Wickel), unterscheidet sich aber durch den bogig-aufstehenden, rutenförmig-schlanken, bis 80 cm hohen Stengel, durch die grössere, 17 bis 18 mm lange Krone, namentlich aber durch die reichlich vorhandenen kurzborstig-sternhaarigen Borstenhöcker. Antheren 7 mm lang, gezähnelt. Kelch klein, 8 bis 10 mm lang, etwa halb so lang als die Kronröhre, angedrückt weissborstig. Siebenbürgen.

**2319. Onosma Taúricum**[1]) Willdenow (1799) (= O. stellulátum Waldst. et Kit., = O. montánum Sibth. et Smith, = O. echioides Wettst. Fl. Exsicc. Austr.-Hung. non L.).

Taurische Lotwurz. Fig. 3132 und 3135.

Ausdauernde Staude mit verholztem, kriechendem Erdstock, selten zweijährig (subsp. Dalmaticum), am Grunde mit sterilen Laubblattbüscheln. Stengel zahlreich, schlank, bogig-aufsteigend, am Grunde bisweilen niederliegend, reich und meist anliegend beblättert, nur an der Spitze verzweigt, mit wenigen (1 bis 3, selten mehr) kurzen, gedrängten, vom Grunde an Blüten tragenden Wickeln. Blütenstand schirmförmig-hochgabelig oder aus einem einzigen endständigen Wickel bestehend. Laubblätter lineallanzettlich bis schmal lineal, am Rande nach unten umgerollt, wie die ganze Pflanze dichtborstig, dunkelgraugrün. Borstenhaare vorwärts-abstehend oder anliegend auf dichtgestellten, sternhaarigen Höckern (Fig. 3135e) sitzend. Blütengrösse sehr verschieden. Kronröhre (12) 16 bis 29 mm lang, röhrig-trichterförmig, vor dem Schlund bauchig erweitert, aussen feinflaumig bis dicht kurzhaarig. Antheren 5 bis 7 (bis 8) mm lang, so lang bis doppelt so lang als der freie Teil der Staubfäden. Fruchtkelch kurz, 8 bis 15 (17) mm lang, sehr kurz gestielt oder fast sitzend, dicht borstenhaarig. Teilfrüchtchen hellgrau, dunkel gesprenkelt, glatt und glänzend, wie lackiert, 2 bis 4 mm lang, zugespitzt, gegen die flache Anheftungsstelle etwas verschmälert. — V, VI.

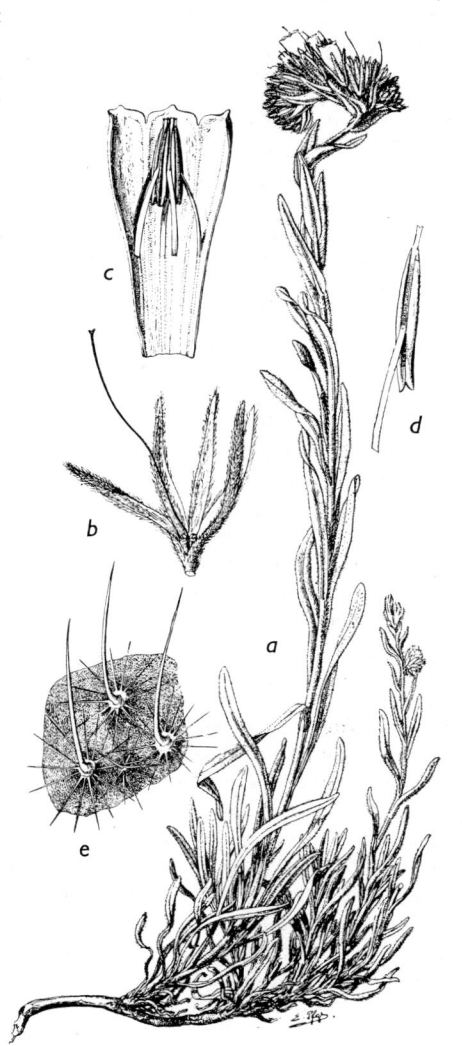

Fig. 3135. Onosma Tauricum Willd. subsp. Helveticum (Boiss.) Br.-Bl. *a* Habitus. *b* Kelch. *c* Krone aufgeschnitten. *d* Staubblatt. *e* Blatthaare vergrössert.

Allgemeine Verbreitung: Namentlich im südöstlichen Europa in zahlreichen Unterarten verbreitet: Italien, Jugoslavien, Ungarn, Balkanländer bis Griechenland, Südrussland, Kleinasien, Armenien, Kaukasusländer, Syrien. Die Westgrenze anscheinend in den französischen Westalpen. Pyrenäen?

Im Gebiet der mitteleuropäischen Flora sind folgende Unterarten an der äussersten Südgrenze vertreten:

1. subsp. **Helvéticum** (Boiss.) Br.-Bl. (= O. Helveticum Boissier quoad planta vallesiaca excl. syn. DC., = O. montánum Gaudin non Sibth. et Sm., = O. stellulátum auct. helv.). Fig. 3135.

---

[1]) Nach Tauria, dem antiken Namen der Krim.

Ausdauernd. Stengel zu mehrern aus der dicken, verholzten Grundachse entspringend, aufrecht, 20 bis 50 cm hoch, dicht anliegend beblättert, nur an der Spitze gabelig verzweigt, 2- bis 3- (bis 5-)wickelig. Blütenstand dicht weiss oder gelblich borstenhaarig. Laubblätter straff, brüchig, dicht und etwas anliegend borstenhaarig, ganze Pflanze graugrün. Runde Höcker am Grunde der Blattborsten meist deutlich entwickelt, dicht sternförmig behaart, selten teilweise verkahlend. Zwischen den Borstenhaaren noch zahlreiche feine Kurzhaare. Blüten gross, 20 bis 24 mm lang (meist 23 mm), aussen feinbehaart. Antheren 6,5 bis 8 mm lang, $1^1/_2$- bis 2-mal so lang als der freie Teil der Staubfäden, am Rande gezähnelt. Fruchtkelch fast sitzend, 12 bis 17 mm lang. Teilfrüchte glatt, glänzend, zirka 4 mm lang, hellgrau, gesprengelt, deutlich bespitzt. — V, VI.

Dem Föhrenbezirk des Walliser Talbeckens und seiner Nebentäler eigentümlich. Charakterpflanze der Festuca Vallesiaca- und besonders der Koeleria Vallesiana-Assoziation. Zerstreut vom Rhoneknie bei Martigny (La Bâtiaz) bis zum Nicolaital, im Entremont- und Eringertal bis 1300 (angeblich bis 1650) m ansteigend, angeblich auch bei Brig, doch bezieht sich diese Angabe vielleicht auf O. Penninum.

Diese Unterart gehört nebst einigen Hieracien aus der Verwandtschaft des Hieracium pictum und Clypeola Gaudini mit zu den bezeichnendsten Neoendemismen des Walliser Föhrenbezirks. Wie zahlreiche xerotherme Walliserpflanzen, so muss auch O. Tauricum subsp. Helveticum aus dem südlich angrenzenden Aostatal, am wahrscheinlichsten über den grossen St. Bernhard (2440 m) eingewandert sein. Wie anderwärts ausgeführt (vgl. Braun-Blanquet, Die Föhrenregion der Zentralalpentäler, Genf 1917), kann sich diese Einwanderung unter wenig von den heutigen abweichenden klimatischen Bedingungen vollzogen haben. An ein Ueberdauern der Eiszeiten im Wallis darf nicht gedacht werden, da auch während der letzten Eiszeit der Gletscher das Rhonetal bis zu 2000 m Höhe bedeckte. Die Pflanze des Aostatals (subsp. cinerascens) ist übrigens der Walliserpflanze nahestehend. Die subsp. cinerascens Br.-Bl. (= O. stellulatum und O. echioides auct. valdost.) kann als xerophilere Parallelrasse zu subsp. Helveticum aufgefasst werden, die sie im Aostatal vertritt. Sie unterscheidet sich von derselben durch den schmächtigeren, niedrigeren Wuchs, am Grunde niederliegend-aufsteigende, stärker verholzte Stengel, kürzere, schmälere, am Rande stärker umgerollte Laubblätter, die mit dichtstehenden, einander fast berührenden, weissen Borstenhöckern bedeckt sind und der ganzen Pflanze im Verein mit der Behaarung ein weissgraues Aussehen verleihen (subsp. Helveticum ist graugrün); ferner durch verkürzte, armblütige Wickel, etwas kleineren, ungestielten Fruchtkelch, kleinere (meist nur 16 bis 18 mm lange), aussen dichtbehaarte Krone, kleinere, 2 bis 3 mm lange Teilfrüchtchen.

2. subsp. **Dalmáticum** [Scheele] (= Cerinthe onosmoides Scop., = Onosma montánum Posp. non Sibth. et Sm., = O. Jávorkae[1]) Simonkai).

Zweijährig, 20 bis 45 cm hoch. Stengel 1 bis mehrere, am Grunde mit sterilen Laubblattbüscheln, über der Mitte oder erst an der Spitze verästelt. Laubblätter lineal-lanzettlich, sehr kurz und stumpflich zugespitzt, die der sterilen Triebe lang und allmählich verschmälert, die oberen stengelständigen mit verbreiteter Basis sitzend, steiflich, trüb- oder graugrün, die stengelständigen 4 bis 8 cm lang und etwa 6 mm breit, wie die ganze Pflanze borsten-, stern- und flaumhaarig. Borstenhaare aufrecht oder abstehend auf flachen, bleichen, sternhaarigen Höckern sitzend, knötchenlose Borstenhaare fehlend; zwischen den Borsten zahlreiche feine Flaumhärchen. Blütenstand kurzgabelig-schirmförmig; Wickel einfach. Kelchzipfel lineal-lanzettlich, stumpflich, kaum halb so lang als die wachsgelbe, aussen sehr schwach flaumhaarige bis fast kahle, bis 25 mm lange Kronröhre. Antheren glatt. Fruchtkelch fast sitzend. — VI.

Auf sonnigen, trockenen Kalktriften im südlichen Krain und im Küstenland.

Allgemeine Verbreitung: Von der Ostküste der Adria (Istrien, Quarnero, Dalmatien) angeblich bis Südwestrussland? Von der subsp. Adriáticum Br.-Bl. (= O. stellulátum auct.) des benachbarten Küstenlandes, die unser Gebiet nicht mehr betritt, nach Pospichal durch die Dauer (2-jährig statt halbstrauchig), stärker entwickelte Borstenhaare, grössere und weniger dichte Wickel, spätere Blütezeit verschieden.

Bastarde sind bei Onosma wahrscheinlich ebenso häufig und verbreitet wie bei Symphytum und Pulmonaria, sind aber bisher ebensowenig wie bei Myosotis als solche erkannt, sondern als Arten und Unterarten beschrieben worden (Gams).

# DCXVI. **Cerinthe**[2]) L. Wachsblume.

Langsprossstauden und Therophyten mit wechselständigen, herz- oder pfeilförmig stengelumfassenden Laubblättern. Haare meist ganz auf die von Kalkzystolithen weissen Basalhöcker

---

[1]) Nach Dr. Sandor Jávorka in Budapest, dem Verfasser der neuen Magyar Flora, der sich eingehend mit Onosma beschäftigt hat.

[2]) Pflanzenname bei Vergil, für eine viel von Bienen besuchte Pflanze. Gr. χήρινθον [kérinthon] bei Aristoteles und Theophrast, von χήρινθος [kérinthos] = Bienenbrot.

reduziert. Blüten in beblätterten Wickeln, oft schwach dorsiventral. Kelch 5=spaltig oder 5=teilig, mit lanzettlichen oder eiförmigen Zipfeln. Krone röhrenförmig, mit lanzettlichen, spitzen Zipfeln; Kronröhre gerade oder gekrümmt, am Schlunde häufig zusammengezogen und ohne Schuppen, gelb, oft mit purpurroten Flecken. Staubblätter die Kronröhre meist nicht oder nur wenig überragend; Staubbeutel lineal=pfeilförmig, zugespitzt, am Grunde oft mit fädlichen Anhängseln. Griffel fädlich, mit kopfiger oder etwas ausgerandeter Narbe. Fruchtknoten 2=teilig. Frücht= chen kugelig oder eiförmig, meist etwas zugespitzt, glatt, paarweise zu 2=fächerigen Nüsschen ohne Oelkörper verwachsen, in jedem Fach 1 Samen mit geradem Keimling und flachen, ziemlich dicken Keimblättern.

Die ihrem Blütenbau nach mit der vorigen nahe verwandte, aber rein mediterrane Gattung zählt je nach dem Artbegriff 6 bis 12 Arten. Während bei jener die Borstenhaare auffallend stark ent= wickelt und oft noch mit Zäckchen und einem Kranz von Nebenhaaren versehen sind, fehlen sie bei den meisten Cerinthe= Arten scheinbar ganz, indem nur noch die von Zystolithen erfüllten Basalhöcker übrig= geblieben sind, was den Pflanzen mit der breit abgerundeten Eiform und schwachen Sukkulenz der Laubblätter eine von der= jenigen unserer andern Boraginaceen (aus= genommen die habituell ähnliche, im Blüten= bau aber mehr an Myosotis erinnernde Mertensia maritima (pag. 2128) sehr ab= weichende Physiognomie verleiht. Trotz dieser Reduktion der Haare leiden die Cerinthen wenig unter Parasiten. Von Pilzen befallen sie z. B. eine Puccinia aus der rubigo vera=Gruppe (pag. 2125) und Coleosporium cerinthes Schroet. — Die Blüteneinrichtung ist ähnlich derjenigen von Symphytum; die Staubfadenzähne ver= schliessen ähnlich wie die Schlundschuppen anderer Gattungen die Lücken des von den Antheren gebildeten Streukegels. Die Pollenkörner messen 3 bis 6 Mikromm. Als Verbreitungseinheiten dienen wohl in der Regel die ganzen Fruchtstände, womit das paarweise Verwachsen der Nüsschen (Synaptospermie nach Murbeck) in Zusammenhang stehen mag.

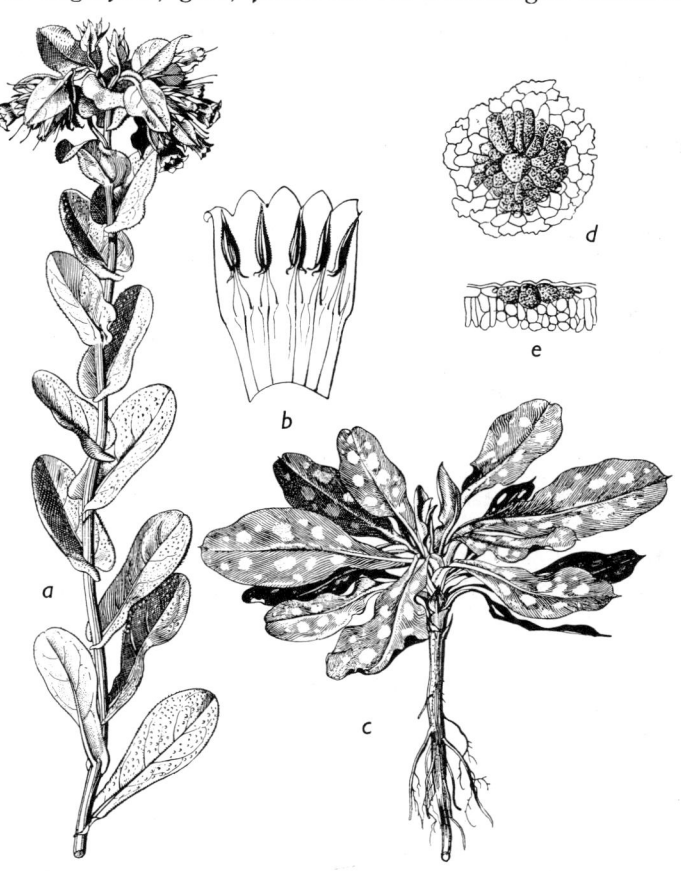

Fig. 3136. Cerinthe major L. *a* Habitus. *b* Krone geöffnet. — Cerinthe minor L. *c* Ueberwinternde Rosette mit Silberflecken. *d* Blatthöcker mit Kalkzystolithen in der Aufsicht, *e* im Querschnitt (*d* und *e* stärker vergr., nach St. Jacovlević 1925).

Seit langem in Kultur und verwildert ist:

**Cerinthe major**[1]) L. Taf. 222, Fig. 3 und 3136 a, b. Einjährig, ± 20 bis 50 cm hoch. Untere Laub= blätter verkehrt=eiförmig=spatelförmig, am Grunde stielartig verschmälert, gestutzt oder ausgerandet, die oberen eilänglich, stumpf, herzförmig=stengelumfassend. Die Höcker namentlich am Rand der untern Laubblätter oft noch kurze Borsten tragend. Krone bis 3 cm lang, am Grunde gelblich, von der Anheftungsstelle der Staub= blätter an violett, nach den Zipfeln zu rot, oft ganz blassgelb oder ganz schmutzigviolett. Staubfäden so lang wie die Staubbeutel. — VI, VII.

Im ganzen Mittelmeergebiet, besonders verbreitet im westlichen, im östlichen vielleicht nur ruderal. In Mitteleuropa im 16. Jahrhundert in Gärten als Zierpflanze gebaut, stellenweise verwildert, z. B. bei Ludwigshafen

---

[1]) Von C. Bauhin als Cerinthe sive Cynoglossum majus, von J. Bauhin als C. quorundam major versicolore flore beschrieben.

(1903), Mannheim (1901), bei Krefeld, auf Helgoland, in der Schweiz z. B. im Wallis bei Sitten (1872 bis 1875), in Pérolles bei Freiburg, Riehen bei Basel (1909) und Zürich (Güterbahnhof 1916/17). Die Angaben von der Dent d'Oche, Château d'Oex und der Stockhornkette beziehen sich auf C. glabra. — var. strigósa (Reichenb.) Rouy et Camus. Krone ± bauchig, gelb, in der Mitte purpurbraun und an beiden Enden zusammengezogen. Staubbeutel länger als die Staubfäden, den Schlund nicht erreichend. Spross kräftig. Laubblätter vorn deutlich behaart. — var. Róthii Rouy et Camus (= C. maior Roth). Krone ± purpurfarben, bauchig, gegen die Spitze gebogen, etwas keulenförmig. Staubbeutel länger als die Staubfäden, den Schlund nicht berührend. Staubblätter fast kahl, mit nur schwach vortretenden Knötchen.

Nahe verwandte westmediterrane Sippen sind: C. áspera Roth (= C. major var. áspera Rouy et Camus). Ital.: Erba tortora, scarlattina. Krone schmal-glockenförmig, wenig bauchig, fast zylindrisch, unten purpurn, im oberen Teil gelb. Staubbeutel gleichlang wie die Staubfäden oder kürzer und den Schlund der Krone berührend, aber nicht vorragend. Laubblätter mit Knötchen spärlich punktiert. Verbreitung wie bei C. major. Die Angaben aus der Westschweiz und Tirol beziehen sich auf C. glabra. Dazu var. cóncolor Ces. Pass. et Gib. Krone ganz gelb. — C. gymnándra[1]) Gasparr. (= C. áspera var. gymnandra Arcang., = C. major subsp. gymnandra Rouy et Camus). Staubblätter aus der röhrigen Krone weit hervorragend. Im westlichen Mittelmeergebiet weit verbreitet. Dazu var. Oranénsis (Batt.) Murbeck in Nordwestafrika. — C. tenuiflóra Bertol. (= C. longiflóra Viv.?, = C. glabra race tenuiflora Rouy) auf den Bergen von Korsika und Sardinien. — Vorwiegend ostmediterrane, mit C. minor näher verwandte Arten sind: C. maculáta Bieb. (adventiv z. B. am Strassburger Hafen) mit den Rassen C. macrophýlla Boiss. et Heldr., C. cleióstoma Boiss. et Spruner, C. Smíthiae Kerner (im Adriatischen Küstenland) und C. lamprocárpa Murbeck (desgl.) im Orient, C. auriculáta Ten. in Mittelitalien, C. trístis A. Teyber in Dalmatien, C. retórta Sibth. et Sm. in Griechenland (selten ihrer doppelt gekrümmten, vorn purpurnen bis violetten Krone wegen als Zierpflanze kultiviert).

1. Laubblätter mindestens am Rand mit deutlichen Borstenhaaren. Krone 2 bis 3 cm lang. Staubbeutel ± so lang wie die Staubfäden. Einjährig, in Mitteleuropa nur als Zier- und Adventivpflanze. Taf. 222, Fig. 3 . . . . . . . . . . . . . . . . . . . . . . . . . . . . . . C. major pag. 2187.
1*. Haare ganz auf die Basalhöcker reduziert. Krone unter 1½ cm lang. Staubbeutel ± 4-mal so lang wie die Staubfäden . . . . . . . . . . . . . . . . . . . . . . . . . . . . . . . 2.
2. Mehrjährige Alpenpflanze. Laubblätter mit nicht vortretenden, in frischem Zustand kaum sichtbaren Höckern, nie gefleckt. Kronzipfel ± so breit wie lang, auswärts gekrümmt. C. glabra nr. 2320.
2*. Meist zweijährige, seltener ein- oder mehrjährige Acker- und Ruderalpflanze. Laubblätter mit deutlich vortretenden Höckern, die untern (namentlich die überwinternden) oft mit weisslichen Flecken. Kronzipfel länger als breit, vorgestreckt bis zusammenneigend. Taf. 222, Fig. 2 . . . . C. minor nr. 2321.

**2320. Cerinthe glábra** Miller (= C. alpína Kit., = C. quinquemaculáta Wahlenb., = C. májor Schleicher non L., = C. áspera Gaudin non Roth). Alpen-Wachsblume. Franz.: Mélinet, langue de chien. Fig. 3132 und 3137.

Vieljährige Halbrosettenstaude mit dunkelbraunem, ästigem, neben Blütenstengeln auch sterile Blattrosetten treibendem Wurzelstock. Ganze Sprosse kahl, bläulich bis gelblichgrün, infolge völliger Reduktion der Haare und Einsenkung ihrer Basalhöcker ganz glatt. Stengel mehrere, aufrecht oder aufsteigend, ± 3 bis 6 dm hoch, dicht beblättert, oberwärts gabelästig. Grundblätter schmal-verkehrt-eiförmig, allmählich in den Blattstiel verschmälert, bis ± 30 cm lang, vorn abgerundet. Stengelblätter länglich, bis 10 cm lang und 4 cm breit, breit abgerundet, oberwärts langsam kleiner werdend, herz-eiförmig, mit herz- oder pfeilförmigem Grunde halb-stengelumfassend, alle kahl, ganzrandig, etwas dicklich, glatt, bläulich bereift. Blüten in beblätterten, zuletzt verlängerten Wickeln, nickend. Kelchzipfel ungleich, lanzettlich, kahl, halb so lang wie die Krone, postfloral etwas vergrössert (bis 1 cm lang). Krone 9 bis 12 mm lang, mit 5 kleinen, breit-eiförmigen, an der Spitze zurückgebogenen Zipfeln; Kronröhre blassgelb; Saum goldgelb mit 5 purpurroten Flecken am Grunde der Buchten. Staubbeutel ± 4-mal länger als die Staubfäden, am Grunde pfeilförmig, mit kleinen, haarförmigen Anhängseln, violett. Früchtchen eiförmig, spitzlich, ± 3 mm lang, stumpfkantig, dunkelbraun, mattglänzend. — V bis VII.

---

[1]) Gr. γυμνός [gymnós] = nackt und ἀνήρ [anér] = Mann; wegen der vorragenden Staubbeutel.

In feuchten bis frischen Hochstaudenwiesen, Hochstaudenlägern, Alneta viridis, Pineta montanae und Auen=Saliceta, in der subalpinen Stufe der Kalkalpen sehr zerstreut und in den meisten Gegenden selten, im Allgäu bis 2250 m, in Tirol bis 1740 m (Brennergebiet), im Engadin bis 2090 m, an den Tschimas da Tschitta bis 2650 m, im Wallis kaum über 1750 m, mehrfach auch auf Alluvionen herabgeschwemmt im Alpenvorland längs der Alpenflüsse. Meidet sowohl die kontinentalsten Zentralalpentäler wie die stärker vergletschert gewesenen Gebiete (Fig. 3132).

In Deutschland nur in Bayern, in den Allgäuer Alpen nicht selten, von der Iller herabgeschwemmt bis Ulm, an der Donau bis Dillingen, am Lech bis Füssen und vorübergehend bis Augsburg; östlich vom Ammergau nur am Planberg bei Kreuth. — In Oesterreich in Vorarlberg (ehedem auch bei Feldkirch und Rankweil) und in Tirol östlich bis Füssen, Navis, Brenner, Fedajapass, im Lech= und Loisachgebiet ziemlich verbreitet, im Oberinntal bei Imst, im Gschnitztal, Obernberg, Klammeralpe in Navis, Vennatal, im Eisackgebiet, am Brennersattel, auf der Postalpe, im Draugebiet angeblich am Rottenkogel (?), im Schlerngebiet, Rosengarten, Eggental, Alpe Niger, Latemar, Fassa, Fleims, Duron, Udai, Vigo, Fedaja. In Kärnten (an der Bahn zwischen Unter=bergen und Weizeldorf, Bärental) wohl erst in neuerer Zeit aus Tirol einge=schleppt. — In der Schweiz in den nördlichen Kalkalpen von Savoyen bis zum Speer, Taminatal und Rätikon sehr zerstreut (in den Urkantonen häufiger nur in Unterwalden), in den Alpen des Bündner Rheingebiets ziemlich verbrei=tet, vereinzelt herabgeschwemmt bis zum Bodensee, auch im Oberengadin und Bergell, im Tessin nur im Lukmanier=gebiet (bei Olivone und Acqua calda), im Wallis am Simplon und ganz ver=einzelt vom Lötschen= und Eringertal westwärts, häufiger erst vom Rhoneknie bis zum Genfersee. Im Jura nur im hohen Waadtländer und Neuenburger Jura (Amburnex, Marchairuz, Neuve, Reuse, Fleurier, um Chaux de Fonds, Crozet usw.).

Fig. 3137. Cerinthe glabra Miller. *a* Grundachse mit Grundblättern. *b* Grund=achse. *c* Blütenspross. *d* Blüte. *e* Kronröhre aufgerollt. *f* Staubblatt. *g* Früchtchen.

Allgemeine Verbrei=tung: Alpen vom Durancegebiet bis Bayern und Tirol, Apennin bei Neapel, Karpaten (Hohe Tatra, Siebenbürgen), Illyrisches Gebirge, Südrussland und nördliches Kleinasien, abweichende Sippen z. B. in den Pyrenäen (var. Pyrenáica [Arvet=Touvet] Rouy et Camus), auf Korsika und Sardinien (C. tenuiflóra Bertol.).

Die alpine Rasse variiert nur wenig in Grösse und Färbung. Die Art ist ein typischer Vertreter des tertiär=mediterranen Alpenelements und ist ähnlich wie z. B. Linum alpinum, Myrrhis odorata und Cepha=laria alpina an die feuchteren, aber trotzdem nur wenig vergletschert gewesenen Kalkalpengebiete gebunden. Diese Verbreitung ist so zu erklären, dass die Art die Eiszeiten nur in den besonders am Alpenrand zahl=reichen Nunatakgebieten überdauert und sich seither nur wenig ausgebreitet hat. Sie wächst vor allem in Hochstaudenwiesen auf mässigfeuchtem Kalkschutt, z. B. mit Calamagrostis varia, Phleum Michelii, Rumex arifolius, Delphinium elatum, Lathyrus luteus, Peucedanum Ostruthium, Chaerophyllum Villarsii usw., auch in Hochstaudenlägern mit Rumex alpinus, Chenopodium Bonus Henricus, Aconitum=Arten, Geranium phaeum, Senecio alpinus usw., seltener auch apophytisch in Trisetum=Wiesen, in ruderalen Urticeta usw., an Mauern und Wegen, ferner in hochstaudenreichen Alneta viridis, Pineta montanae und Auen=Saliceta mit Rumex scutatus, Thalictrum aquilegifolium, Valeriana montana, Petasites niveus usw., mit welchen sie bis ins Vorland hinunter=steigt. — Die Blüten werden durch Hummeln bestäubt, von denen nur die Arten mit einem mindestens 9 cm langen Rüssel zu dem am Grunde der Kronröhre abgeschiedenen Honig gelangen können. Die Besucher berühren an der hängenden Blüte zunächst die aus der Krone hervorragende Narbe und zwängen dann den Rüssel in den langen Schlund, wobei sie an die Staubbeutel anstossen und sich mit Pollen beladen. Ueber die Verbreitungsökologie ist noch nichts näheres bekannt; wahrscheinlich kommen sowohl Hydrochorie wie auch Endozoochorie vor. — Die Pflanze wird in den Westalpen seit langem in Bauerngärten kultiviert, da die Blätter sowohl zu Wundsalben (mit Butter gekocht) wie auch als Gemüse Verwendung finden (vgl. die ähnliche Verwendung von Mertensia maritima pag. 2128).

**2321. Cerinthe minor**[1]) L. (= C. acúta Moench). Kleine Wachsblume, Acker=Wachsblume. Ital.: Erba vajola. Taf. 222, Fig. 2; Fig. 3136c bis e und 3138.

Zweijährig, seltener ein= oder mehrjährig, ± 15 bis 60 cm hoch. Wurzel spindelförmig, einfach oder etwas ästig, mit langen und etwas steifen Fasern, dunkelbraun. Stengel aufrecht oder aufsteigend, vom Grund an oder erst im oberen Teil ästig, abgerundet=kantig oder im oberen Teil und an den Aesten von den herablaufenden Laubblättern schmalgeflügelt, kahl, bläulich bereift, oft rötlich überlaufen. Grundständige Laubblätter länglich=verkehrt=eiförmig, in den Stiel langsam verschmälert, bis 15 cm lang, stumpf (zur Blütezeit meist verdorrt), die unteren Stengelblätter langspatelförmig, am Grunde keilförmig verschmälert, pfeilförmig geöhrt, sitzend, die oberen eiförmig, mit herzförmigem Grunde stengelumfassend=sitzend, alle stumpf oder seicht ausgerandet, dünn,

Fig. 3138. Cerinthe minor L., an einem Feldweg bei Schönau a. d. Tr. Phot. R. Fischer, Sollenau, N. Ö.

mit weisslichen, vortretenden, doch keine Haare mehr tragenden Höckern (Fig. 3136 d, e) besetzt, blaugrün, oft weisslich gefleckt. Blüten in dichten, mit stumpfen bis spitzen, am Grunde herzförmigen, sitzenden Hochblättern versehenen Wickeln, auf zuletzt wagrecht abstehenden, dünnen Stielen. Kelchzipfel schmal=elliptisch bis länglich, stumpf, wie die Tragblätter ± feinborstig bewimpert. Krone röhrenförmig, ± 10 bis 14 mm lang, etwas mehr als doppelt so lang wie der Kelch, über $^1/_3$ bis fast zur Mitte gespalten, mit lineal=lanzettlichen, spitzen, aufrechten, ± zusammenneigenden Zipfeln, blass=schwefelgelb, am Grunde der Zipfel auf der Innenseite oft mit 5 braunpurpurnen Flecken. Staubbeutel mehrmals länger als die Staubblätter, etwa so lang wie die Kronzipfel, mit fädigen Anhängseln. Früchtchen eiförmig, spitz, ± 3 mm lang, matt glänzend, grau und schwarz gescheckt, zuletzt schwarz. — V bis VII.

Ziemlich zerstreut und vereinzelt, auf trockenen, offenen Böden, in beweideten Heidewiesen, Brachäckern, auf Schuttplätzen, an Wald= und Wegrändern, in Klee= und Esparsettefeldern, in Weinbergen, Gräben, Hecken, an Rainen, Dämmen, in Waldschlägen; von der

---

[1]) Unter diesem Namen bereits bei L'Obel u. a.

Ebene bis in die montane Stufe steigend. Auf kalkreichen Unterlagen, seltener auch auf kalkärmeren Böden.

In Deutschland in Bayern in den Salzburger Alpen bei Reichenhall und Berchtesgaden, zwischen Raithen und Schleching, auf der Bayerischen Hochebene östlich der Ammer ziemlich verbreitet, westlich derselben nur vorübergehend verschleppt, im Bayerischen Wald nur bei Donaustauf, Mitterfels, Obernzell bei Passau, im Jura hin und wieder, im nordöstlichsten Teil fehlend, in Mitteldeutschland bei Eisenberg, Arnstadt, Golmsdorf bei Jena, Weimar, im Unstrutgebiet, im Elbegebiet bei Burgstädtel, Pulverhäuser, Leutewitz, Cotta, am Windberg bei Dresden, Kötitz, Wölkisch, in Schlesien um Breslau z. B. bei Pilsnitz, Messelwitz, Zweibrodt, Koberwitz, um Oppeln, in Oberschlesien auf dem rechten Oderufer sehr verbreitet, auf dem linken fast nur bei Ratibor, um die Dirscheler Gipsgruben, bei Katscher und bei Zedlitz unweit Neisse; ausserdem hie und da verschleppt, so bei Pfirt im Elsass (schon von Lachenal gefunden), bei Düren und in Westfalen (Landersum bei Rheine). — In Oesterreich in Böhmen verbreitet, besonders im nördlichen Teil, in Mähren im südlichen und mittleren Teil verbreitet, ausserdem bei Kunstadt, Oels, Boskowitz, Trebitsch, Gewitsch, Milkow, Prerau, Tobitschau, Olmütz, Prossnitz, Hohenstadt, Wall.-Meseritsch, Weisskirchen, Neutitschein, Wsetin, in Schlesien bei Teschen, Troppau, Jägerndorf; in Salzburg und Oberösterreich zerstreut, in Niederösterreich und Steiermark mit Ausschluss der feuchteren Gebirge verbreitet (bis Leoben, in Fürstenfeld und Umgebung fehlend), in Kärnten und Krain zerstreut, in Nordtirol nur vorübergehend verschleppt: bei Landeck, in der Umgebung Innsbrucks, bei Kranebitten, im Zillertal bei Hopfgarten oberhalb Fügen, St. Johann bei Kitzbühel; Südtirol beständig: in der Umgebung von Meran bei Brandis, Tisens, zwischen Gargazon und Vilpian, in der Umgebung von Bozen bei Unterrain, Missian und Frangart, Eppan, Freudenstein, Tramin, Kurtatsch und Margreid, in der Umgebung von Rovereto mehrfach, bei Arco, Nago. In Vorarlberg bei Schruns, am Bahndamm bei Frastanz adventiv, in Liechtenstein bei Vaduz und Mauren. — In der Schweiz selten verschleppt, so bei Basel (mehrfach), im Aargau (zwischen Bieberstein und Kirchberg 1832), an der Orbe usw.

Allgemeine Verbreitung: Südosteuropa, westlich und nördlich bis zu den Südalpen (westlich bis zum Département Var), bis zur Bayerischen Hochebene, zum Fränkischen Jura, Thüringen, Sachsen, Mittelschlesien, Südpolen, Ungarn, Südrussland; Kleinasien, Syrien, Kaukasus, Persien.

Aendert ab: f. Alliónii Fiori et Paol. (= C. maculáta All. et Vis. non Bieb.). Laubblätter weissgefleckt, meist ausgerandet. Wuchs kräftiger, 30 bis 40 cm hoch. Krone grösser, aussen mit 5 purpurroten Flecken unterhalb der Buchten und manchmal mit ± purpurroten Zipfeln. Italien, Jugoslavien, anderwärts wohl nur adventiv, so bei Basel. — var. indigótisans (Borbas) v. Sóo. Sprosse oft blaufleckig. Krone am Saum und im Schlund mit 10 dunkelblauen Flecken. Ungarn, Siebenbürgen. — var. auriculáta (Ten.). Krone 1- bis 2-mal kleiner als beim Typus, purpurrot, mit aufrechten, nicht zusammenneigenden Zipfeln. Wurzel dünner. Adriagebiet, Mittelitalien, Südfrankreich. Adventiv im Hafen von Ludwigshafen (1909). — var. stelláta Bornmüller. Kronzipfel von der Mitte ab sternförmig-ausgebreitet, nicht zusammenneigend. In einem Esparsettefeld bei Weimar 1907 beobachtet.

Cerinthe minor gehört dem pontischen Element an. Im östlichen Teil des Gebietes hat die Art archaeophytischen Charakter und ist auf Segetal- und Ruderalstandorte beschränkt: Getreideäcker, Brachfelder, Weinberge, Wegränder usw. (oft mit Nonnea pulla, Lathyrus tuberosus und Euphorbia-Arten zusammen), von wo aus sie auf Grasplätze, Raine, Eisenbahndämme, Steinbrüche und ähnliche Orte übergeht; nur im pannonischen Gebiete kommt sie auch in ± natürlichen Grasheiden sonniger, trockener, steiniger Hänge (z. B. an den Plänerkalklehnen oder „weissen Leiten" in Böhmen), in Steppen, Gebüschen usw. vor. Auf den Matten der sonnigen Kreidemergelhügel im Kreise Cholm (Polen) erscheint C. minor nach Ed. Kriechbaum in Gesellschaft von Polygonatum officinale, Orchis purpureus, Thesium linifolium, Anemone silvestris, Potentilla alba, Cytisus Ratisbonensis, Evonymus verrucosa, Salvia verticillata, Campanula Sibirica usw., andererseits in Getreidefeldern mit Muscari comosum, Nigella arvensis, Conringia Orientalis, Nonnea pulla, Ajuga Chamaepitys usw. — Die Blüten sind homogam; während der Anthese hängen sie lotrecht oder etwas schief abwärts; die Staubbeutel umgeben kegelförmig, an den Seitenrändern sich berührend, den Griffel, welcher aus der Kronröhre hervorschaut. Die fadenförmigen Anhängsel sind untereinander lose verbunden. In der durch die Staubbeutel gebildeten Hohlpyramide sammelt sich der weisspulverige Pollen. Besuchende Insekten (meist Hummeln und Bienen) streifen Pollen an der vorstehenden Narbe ab und schieben dann mit dem Rüssel die Staubblätter auseinander, wobei sie sich an der Unterseite des Kopfes mit dem herausfallenden Pollen bepudern. Selbstbestäubung kann höchstens durch Herabfallen der Krone, wobei die Staubblätter an der Narbe vorbeistreifen, stattfinden. Der Honig wird in der Kronröhre, etwa 6 mm unterhalb der Oeffnung abgeschieden. Als Verbreitungseinheiten dienen wohl in der Regel die ganzen Fruchtstände.

## DCXVII. Échium¹) L. Natternkopf. Franz.: Vipérine; engl.: Vipers grass; ital.: Erba rogna.

Stauden und kleine Sträucher mit wechselständigen, dicht behaarten Laubblättern. Blüten in einfachen oder gabeligen Wickeln, mit ± grossen Tragblättern, deutlich dorsiventral. Kelch 5=teilig, mit linealen oder lanzettlichen Zipfeln. Krone röhrenförmig=trichterförmig, ohne Hohlschuppen, mit schiefem Saume und ungleichen Zipfeln, blau, violett, rot oder selten weiss. Staubblätter in oder unterhalb der Mitte der Kronröhre eingefügt, oft ungleich, häufig bogen= förmig und aus der Krone vorragend; Staubfäden einfach, selten verbreitert: Griffel faden= förmig, an der Spitze kurz 2=spaltig, mit kleinen Narben, oft länger als die Kronröhre. Früchtchen aufrecht, eiförmig oder zugespitzt, rundlich, ohne Oelkörper.

Die Gattung umfasst etwa 30 Arten in Makaronesien, wo wohl das Ausgangszentrum der Gattung zu suchen ist, im Mittel= und Schwarz= meergebiet; wenige Arten gehen nördlich bis Mitteleuropa und südlich bis Nubien. Die meisten Arten sind ± xeromorphe, 2=jährige Stauden oder mehrjährige Halbsträucher, seltener 1=jährige Kräuter. Die strauch= förmigen Vertreter der sicher alten Gattung sind auf die Kanaren und Madeira beschränkt. Die deutlich dorsiventralen Blüten (noch stärker ist die Dorsiventralität bei den kleinen mediterranen Gattungen Zwáckhia und Echiochílon) sind in der Regel proterandrische Pollenblumen; der Nektar wird von der fleischigen Unterlage des Fruchtknotens abgeson= dert und ist in dem verengten Grunde der trichterförmigen Kronröhre geborgen. Gynodiözie scheint sehr häufig, seltener Gynomonözie vor= zukommen. Als Bildungsabweichungen wurden wiederholt über= und unterzählige (pleio= und meiomere) Blüten und besonders in Ver= bindung mit Pleiomerie verschiedene Vergrünungen (u. a. auch Ver= wachsungen und Pistillodie der Staubblätter) beobachtet. An diesen scheint die Milbe Eriophyes échii Can. beteiligt zu sein. Blütengallen erzeugen auch die Mücken Contarinia échii Kieff. und Asphondýlia échii Löw. Von Pilzen ist besonders Mehltau durch Erysibe=Arten (pag. 2125) häufig; von den Ascomyceten der alten Stengel sei Phy= salóspora échii (Kirchner) genannt. Von nicht parasitären Bildungs= abweichungen sind bei Echium Verbänderungen besonders häufig. Nach Schlagdenhauffen und Reeb sollen Echium=Arten ein giftiges Alkaloid Echiín mit der des Kurare ähnlicher Wirkung enthalten. In den Wurzeln ist Alkannin vorhanden. Ueber das Anthozyan der Blüten vgl. Denkschr. der bayer. bot. Ges. Regensburg 1911, pag. 278. Unsere Arten sind wohl durchwegs anemochor.

Adventiv tritt öfters auf: **Echium plantagíneum** L. (= Echium violáceum Mertens et Koch). Violetter Natternkopf. Fig. 3090a bis c und 3139. Einjährig, 30 bis 100 cm hoch. Wurzel spindelförmig, braun. Stengel aufrecht, stumpfkantig, mit ungleich langen, auf hellen Knötchen sitzenden, abstehenden, weichborstigen Haaren ± dicht bekleidet.

Fig. 3139. Echium plantagineum L. *a* Habitus. *b* Blüte geöffnet. *c* Fruchtkelch. *d* Frucht.

Rosettenblätter eilanzettlich, in den kantigen Stiel keilförmig verschmälert, vorne abgerundet, stumpf, bis ± 8 cm lang, untere Stengelblätter länglich=lanzettlich, breit=stielartig verschmälert, die oberen eiländlich bis lanzettlich, mit herzförmigem Schlunde halbstengelumfassend, stumpf mit undeutlichem Knorpelspitzchen, alle ganzrandig, mit ungleichen Borstenhaaren besetzt, weich, bläulichgrün. Blüten in verlängerten, blattwinkel= ständigen, einfachen Wickeln, einen lockeren Blütenstand bildend. Kelchzipfel lineal=lanzettlich, zugespitzt, borstig

---

¹) Gr. ἔχιον [échion], von ἔχις [échis] = Schlange. Name verschiedener Boraginaceen im Altertum (z. B. bei Dioskurides), wohl wegen der eingerollten Blütenstände, auf unsere Gattung wohl in erster Linie (so schon bei Plinius) wegen der rachenförmigen Blüten übertragen, nicht wegen der Gestalt der Frucht (Dioskurides) oder der Wurzel (Brunfels) und auch nicht wegen der Verwendung gegen Schlangenbisse, die nach den Scholien ein gewisser Alkibios als erster entdeckt haben soll.

behaart. Krone schief röhrenförmig-trichterförmig, fast 2-lippig, 25 bis 30 mm lang, blauviolett, anfangs purpurn, aussen borstig behaart; Kronröhre den Kelch kaum überragend. Staubblätter wenig länger als die Krone, parallel, nicht dem Kronsaume anliegend. Griffel anliegend behaart, an der Spitze sehr kurz gespalten. Früchtchen ± 3 mm lang, spitz, grubig runzelig, glänzend, gelbbraun. — VI bis IX.

Heimat: Ganzes Mittelmeer- und Schwarzmeergebiet von den Kanaren bis zum Kaukasus, Syrien und Palästina. Verschleppt auch in Südamerika. In Mitteleuropa selten kultiviert und verwildert, mit Serradella und anderen Saaten verschleppt, aber meist bald wieder verschwindend. In Deutschland z. B. in den Rheinhäfen (Mannheim [1894], Strassburg), bei Schwerin (Gartenflüchtling), in Brandenburg, Schleswig und Thüringen (Naumburg, Gross-Furra), in Dresden (seit 1910 an der Radebergstrasse). — In Oesterreich in Steiermark, wiederholt an den Windischen Büheln (bei St. Benedikten und Schalovzen nächst Polstrau und bei Rann), angeblich bei Wildon und auf den Römerhügeln bei Leibnitz, neuerdings nicht wieder gesammelt, in Tirol adventiv bei Innsbruck (Peterbründl) und an der Val Suganabahn bei Pergine und am Caldonazzosee (1900). Regelmässiger erst um Triest. — In der Schweiz adventiv bei Chiasso, mehrfach in Basel (Rheinhafen 1916, Güterbahnhof St. Johann 1917), Solothurn (1915/18), Zürich (im Güterbahnhof 1917), Bahnhof Buchs-Rheintal (1916). — Die Wurzel wurde ehedem als Mittel gegen Schlangenbiss verwendet. In Brasilien wird die Pflanze als Burracha cimarona bei Wunden und Hautkrankheiten als schleimig-kühlendes Mittel angewendet.

Als Zierpflanzen werden selten (ausser E. plantagineum, E. vulgare und E. rubrum) kultiviert: E. seríceum Vahl (= E. prostrátum Del., = E. rubrum Forsk. non L., = E. distáchyum Viv.). Ausdauernde bis halbstrauchige Staude mit dicht grauweiss-seidiger Behaarung und angedrückten Borsten. Krone mit kürzeren und längeren, borstigen Haaren besetzt, 2½mal so lang wie der Kelch, hochrot. Heimat: Süditalien, Nordafrika. Bei Kultur vor Frost zu schützen. — Von den strauchigen Arten des Kanaren werden als Kalthauspflanzen kultiviert: E. fastuósum Jacquin (= E. nervósum Aiton, = E. cándicans DC.). 1 bis 2 m hoher Strauch mit weich-filzig behaarten Aesten und lanzettlichen Laubblättern. Blüten in walzenförmiger Rispe. Krone anfangs purpurn, später leuchtendblau. Heimat: Madeira. Beliebte Kalthauspflanze, ebenso auch weitere kanarische Arten: E. cynoglossoides Desf. (Krone blauviolett), E. gigantéum L. von Madeira (Krone weiss), E. strictum L., E. Wildpréttii Pearson (Krone scharlachrot), E. símplex Jacq. Bis 2,70 m hoher, reichblütiger Halbstrauch von den Kanaren, Azoren und Madeira. — Aus der nahe verwandten, auf Südafrika beschränkten Gattung Lobostémon[1]) Lehm. werden ebenfalls mehrere Arten als Zierpflanzen in Gärten gezogen. Die Staubfäden tragen am Grunde ein Schüppchen oder einen Haarpinsel, die Griffel sind fadenförmig, ungeteilt (bei Echium an der Spitze geteilt). Die etwa 50 Arten dieser Gattung sind Sträucher, Halbsträucher und Stauden. Als Zierpflanzen werden kultiviert: L. glaucophýllos (Pers.) Buek mit kahlen Stengeln, L. argénteus Buek mit dicht silbergrau behaarten Aesten, L. formósum Buek mit kahlen, nur an der Spitze behaarten Aesten und schmallanzettlichen Laubblättern.

1. Einjährige Adventivpflanze. Obere Stengelblätter mit herzförmigem Grunde halbstengelumfassend sitzend. Krone bis 3 cm lang, blauviolett . . . . . . . . . . . . . E. plantagineum pag. 2192.
1*. Zweijährige Halbrosettenpflanzen (wenn mehrjährig, vgl. die oben angeführten Zierpflanzen). Obere Stengelblätter in den Grund verschmälert, sitzend, nicht stengelumfassend . . . . . . . . . 2.
2. Pflanze dicht mit ziemlich derben, stechenden, weisslichen bis gelblichen Borsten besetzt. Blüten in gegabelten oder 3-ästigen Wickeln. Krone weiss oder blassrötlich . . . . . E. Italicum nr. 2323.
2*. Pflanze weisslich, lockerer borstig behaart. Blüten in einfachen Wickeln. Krone meist lebhaft gefärbt 3.
3. Pflanze stechend borstig behaart. Blütenstand walzlich kegelförmig. Krone meist blau, selten rot oder weiss, die Röhre kürzer als der Kelch. Griffel an der Spitze 2-spaltig . . . E. vulgare nr. 2322.
3*. Pflanze weich, nicht stechend borstig behaart. Blütenstand walzlich, nicht merklich verschmälert. Krone meist blutrot, die Röhre doppelt so lang wie der Kelch. Griffel ungeteilt, mit 2-köpfiger Narbe. E. rubrum nr. 2324.

**2322. Echium vulgáre**[2]) L. Gemeiner Natternkopf, Blaue Ochsenzunge. Franz.: Vipérine, herbe aux vipères, langue d'oie; im Unterwallis: Viclose, tsardon benay; engl.: Vipers grass, blue weed, blue devils; schwed.: Blåeld; ital.: Erba rogna. Taf. 222, Fig. 4 und Fig. 3140.

Der Name Natterkopf bezieht sich auf die Gestalt der Blüte, deren herausragende zweispaltige Narbe mit der einer Natternzunge verglichen wird; der gefleckte Stengel der Pflanze mag den Vergleich mit der Schlange

---

[1]) Von griech. λοβός [lobós] = Lappen und στεμών [stemón] = Staubfaden; die Staubfäden tragen am Grunde ein Schüppchen.

[2]) Unter diesem Namen schon bei C. und J. Bauhin. Brunfels und Bock nannten die Art „Buglossa sylvestris, wild Ochsenzung", L'Obel, der schon mehrere Farbenspielarten unterschied „Buglossum sylvestre", Thal „Anchusa sylvestris".

noch begünstigt haben: **Schlangakopf** (z. B. Glatz, Niederösterreich), **Natternzungl** (Nordböhmen), **Natterbloama**, **-kraut** (Schwäbische Alb). Aehnliche Benennungen nach der Blütenform sind **Löwen-**, **Froschgöscherl** (Steiermark). Nach der rauhen, fast stacheligen Behaarung nennt man die Pflanze **Ochsezung** [vgl. Anchusa officinalis] (z. B. Rheinlande, Elsass), **Ochsenmaul** (Niederösterreich), **Bettelmänner** [rauhe Kleidung des Bettler?] (Künzelsau), **Alter Knecht** (Egerland), **Fronällastängel** [Flanell?] (Waldstätten), **Stachelwurzel** (Riesengebirge), **blaue Stechnägala** (Schwäbische Alb). Hierher gehören wohl auch die Namen **Frauenkrieg** (schlesisch), **Weibertrusch** (Riesengebirge), **Mandergrimm** [Männergrimm] (Kärnten), die sich auch ähnlich für eine andere stachlige Pflanze, den Hauhechel (vgl. Bd. IV/3, pag. 1222) finden. Nach dem stattlichen Blütenstand heisst die Pflanze **Pfauenbuschen** (Steiermark), **Pferdeschwanz** (östl. Erzgebirge), **Fuchsschwanz** (Oberpfalz), **Rattenschwanz** (Riesengebirge, Böhmerwald), wohl nach den Blüten **Dragoner** (Böhmerwald). Wie manche andere Pflanzen (z. B. Chenopodium bonus Henricus, Polygonum aviculare, Lythrum Salicaria) wird die Pflanze mit den Personennamen Hans oder Heinrich belegt: **Guter Hen(e)rich** (Hunsrück), **stolzer Heinrich** (z. B. Schlesien, Baden), **Hans** (Egerland), **langa Hans**, **Summahans** (Westböhmen), **Stanhansel** (Kärnten). Andere Namen sind schliesslich noch **Salzpotsch**, **-kraut** (Nahegebiet), **Barbarawurzel** (Riesengebirge), **Eisenhart** (Eifel), **Mauchkraut** [Mauke = Fusskrankheit der Pferde und Rinder] (Nassau), **Hundskraut** (Unterfranken).

Fig. 3140. Echium vulgare L., in einem Steinbruch bei Vellern. (Krs. Beckum [Westf.]). Phot. F. Runge, München.

Zweijährige Halbrosettenstaude. Wurzel spindelförmig, ästig, dünnfaserig, dunkelbraun, etwas rübenförmig verdickt, alkanninhaltig. Stengel aufrecht, ± 2½ bis über 10 dm hoch, etwas steif, stielrund oder im oberen Teil etwas kantig, kurzhaarig, mit vereinzelten, auf schwarzen oder weissen Knötchen stehenden, steifen, stechenden, längeren Haaren. Laubblätter lineal-lanzettlich, kurz-zugespitzt; die grundständigen in einen Stiel verschmälert, die stengelständigen stielartig verschmälert, die oberen derselben am Grunde abgerundet und sitzend, die längsten bis etwa 10 cm lang, ganzrandig, wie der Stengel behaart, hell- oder grasgrün, steiflich. Blüten in zahlreichen, wagrecht abstehenden, einfachen Wickeln, einen walzlichen, kegelförmigen, rispigen Blütenstand bildend, gynodiözisch oder gynomonözisch. Kelchzipfel lineal-lanzettlich, spitzlich, langborstig behaart. Kelch zuletzt 7 bis 13 mm lang. Krone etwa 14 bis 22 mm lang, am Saum 10 bis 12 mm breit, schief trichterförmig, fast 2-lippig, aussen kurz oder nur flaumig behaart, anfangs rosa, später blau, selten nur rosa oder weiss; Kronröhre kürzer als der Kelch. Staubblätter weit heraustretend, niedergebogen, dem Kronsaume aufliegend, an den weiblichen Blüten in der Kronröhre eingeschlossen. Griffel federig behaart, an der Spitze 2-spaltig, aus der Krone herausragend. Früchtchen 3-kantig, 2,5 bis 3 mm lang, an den Kanten gezähnelt, an den Seiten gekörnelt rauh. — VI bis X.

Weit verbreitet und vor allem in den trockeneren Gegenden häufig an trockenen, offenen Standorten, wie Ufern, Schuttfluren, an Mauern, Wegrändern, Aeckern, Brachen,

Tafel 221

## Taf. 221.

Fig. 1. *Pulmonaria officinalis* subsp. *maculosa* (pag. 2213). Habitus.
„ 1 a. Stempel.
„ 2. *Pulmonaria montana* subsp. *mollis* (pag. 2216). Habitus.
„ 2 a. Langgriffelige Blüte im Längsschnitt.
„ 2 b. Kurzgriffelige Blüte im Längsschnitt.
„ 2 c. Nüsschen mit Elaiosom.
„ 3. *Myosotis arvensis* (pag. 2170). Habitus.
„ 3 a. Blüte im Längsschnitt.
„ 3 b. Kelch.

Fig. 3 c. Staubblatt.
„ 4. *Myosotis scorpioides* subsp. *palustris* (pag. 2163). Habitus.
„ 4 a. Blüte von vorn.
„ 5. *Lithospermum arvense* (pag. 2158). Habitus.
„ 5 a. Kelch.
„ 5 b. Stempel.
„ 5 c. Nüsschen.
„ 5 d und e. Staubblätter.

Ackerrainen, Dämmen, auch in trockenen Kunstwiesen, Hochstaudenwiesen, Steppenheiden; von der Ebene bis in die Fichtenstufe der Alpen, in den Bayerischen Alpen bis 850 m (verwildert bis 1860 m auf der Schachenalp), im Tiroler und Engadiner Inntal vielfach bis 1700 m, vorübergehend adventiv bis zum Berninahospiz 2306 m, im Tessin (Piz Corandoni) bis 2100, im Wallis bis zirka 2000 m, auf allen Gesteinsunterlagen, doch in einzelnen feuchten Urgesteinsgebieten fehlend.

Allgemeine Verbreitung: Im grössten Teil Europas, nördlich bis England (Sutherland), Südostnorwegen, Västerbotten, Jämtland, Gotland, Estland, Ingrien, Ural=Sibirien; südlich bis Mittelspanien, Süditalien, Sizilien (die subsp. pustulátum auch in Nordafrika), Balkanländer, Kleinasien, Armenien. Eingebürgert in Nordamerika.

Die var. parviflórum Gaudin (= var. Wierzbickii Haberle) mit kleinen Blüten und eingeschlossenen Staubblättern umfasst wohl nur weibliche Stöcke der gynodiözischen Pflanze. Auch den Individuen mit weisser und roter Krone kommt, abgesehen von den noch nicht sichergestellten Bastarden mit den folgenden Arten, kein systematischer Wert zu. — var. Vallesíacum H. Jaccard. Sprosse gestaucht, dichter weisslichgrau behaart. Laubblätter meist unter 1 cm breit. Blütenstand einfach. Kelchzipfel sehr schmal und sehr steifhaarig, weisslich= grau. Im Mittel=Wallis zwischen Brançon und Stalden häufig, angenähert auch am Bielersee bei Pieterlen und im Bündner Oberland (Fidaz bei Flims); vielleicht nur Standortsform sehr trockener Stellen. — var. dumetórum Briquet et Chenevard (= f. latifólium Fr. Zimmermann?). Pflanze kräftig, bis 80 cm hoch. Stengel aufrecht. Laubblätter gross, bis 30 cm lang und 5,5 cm breit. Blütenstand umfangreich, aber nicht gegabelt. Krone blau, 1,5 cm länger als der Kelch. Gleich voriger var. an E. Italicum erinnernd. La Bâtiaz und Vollèges im Wallis. Sehr kräftige Formen auch anderwärts, z. B. auf Schlagflächen und Oedland (P. Hager zählte bei einer 1,15 m hohen Pflanze des Vorderrheintals 118 Seitensprosse). — E. redúcta Chenevard. Alpine Kümmerform. Solche mit verkümmerten, von vergrösserten Hochblättern überragten Blüten nicht selten.

subsp. pustulátum (Sibth. et Sm.) Rouy. Laubblätter schmäler, am Grunde weniger verbreitert, am Rande ± wulstig umgerollt, mit sehr deutlich vorspringenden Mittelnerven. Krone meist länger, 13 bis 20 mm lang und schmäler; Kronröhre etwas länger oder gleichlang wie der Kelch. Früchtchen mit Höckern bedeckt. Blütenstand lockerer, rispig=pyramidenförmig. Mediterrane Rasse. Adventiv im Hafen von Mannheim, 1909.

E. vulgare hat sich aus dem mediterran=pontischen Gebiet weit ausgebreitet, in Mitteleuropa sicher schon in prähistorischer Zeit, scheint jedoch noch heute in vielen Gegenden (z. B. der Nordalpen) einigermassen an die Ackerbaugebiete gebunden zu sein. Prähistorische Funde liegen vor aus Oberitalien und aus der Oberlausitz (Ostro, spätere Eisenzeit). Es wächst vor allem an Ruderalstellen, Ackerrainen, Brachen, Schlag= flächen, in Kunstwiesen, Weiden, aber auch in natürlichen Gesellschaften wie z. B. an Strandfelsen, Fluss= alluvionen, in Steppenheiden der Alpentäler und Mittelgebirge, Hochstaudenwiesen (z. B. Calamagrostideta variae und tenellae) usw. — Die Blüten sind proterandrisch; der Honig sammelt sich im verengten Grunde der Blüte. Bei Beginn der Blüte stehen die 4 unteren Staubblätter über den unteren Rand des Blüteneingangs hervor; das obere Staubblatt biegt sich von seiner Ansatzstelle nach unten und teilt dadurch den Eingang zum Honig in 2 Hälften. Alle Staubblätter sind an ihren Enden schwach aufwärts gebogen und dienen den Besuchern als Anflugstangen, wobei sie aus den Staubbeuteln den Pollen an die Bauchseite derselben abgeben. Der Griffel erreicht anfangs den Blüteneingang noch nicht; seine die Narben tragenden Aeste liegen dicht aneinander; erst später streckt er sich bis über 10 mm über die Blütenöffnung hinaus, biegt das Ende schwach aufwärts und bildet dann die am weitesten vorragende und am meisten nach aufwärts gekrümmte Anflugstelle. Die Besucher streifen jetzt beim Betreten der Blüte die Narben und bewirken Fremdbestäubung. Ausser den Individuen mit Zwitterblüten kommen solche mit reduzierten unfruchtbaren Staubblättern vor. Sie haben kleinere Kronen und kürzere Griffel. Die häufigsten Besucher sind Apiden, Syrphiden und Falter. Einige Arten (z. B. Osmia adunca und O. caementaria) ernähren sich vorzugsweise von Echiumhonig. Die Wurzel und das Kraut waren früher offizinell (Radix et Herba Echii sive Buglossi agrestis sive Viperini) als blutreinigendes Mittel, gegen Epilepsie und Schlangenbiss (nach der Signatur der Blüte). Die Rosettenblätter und jungen Sprosse können als Spinat zubereitet werden. In Tirol wird jedoch vor dem Genuss der Pflanze gewarnt, da sie wollüstig mache.

### 2323. Echium rubrum[1]) Jacquin. Roter Natternkopf.
Fig. 3141 a und b.

Wuchs wie bei voriger Art. Wurzel spindelförmig, ästig. Stengel einfach, aufrecht, ± 3 bis 10 dm hoch, rutenförmig, mit auf Knötchen sitzenden steifen, weissen Haaren reichlich besetzt, feinere Haare nur spärlich vorhanden. Rosettenblätter lineal-lanzettlich, in den verhältnismässig langen Stiel allmählich verschmälert, stumpflich-spitzlich, die unteren Stengelblätter schmal-lineal-lanzettlich, unten stielartig verschmälert, spitz, die oberen schmal-lineal bis schmal-lineal-lanzettlich, sitzend, zugespitzt, alle ganzrandig, rauhhaarig, grün. Blüten in dichten, gedrungenen, zuletzt etwa 3 cm langen einfachen Wickeln, einen walzlichen, dichten, rispigen Blütenstand bildend. Kelchzipfel schmal-lineal, spitz, rauhbehaart. Krone 12 bis 17 mm lang; Kronröhre doppelt so lang wie der Kelch, aussen ± spärlich behaart, blutrot, selten weiss. Staubblätter meist weit aus der Krone hervorragend. Griffel behaart, ungeteilt, mit 2-köpfiger Narbe. — VI.

In Steppenheiden und Waldsteppen des pannonischen Tieflands zerstreut und selten; auf kalkreicher wie auf kalkarmer Unterlage, besonders auf Schwarzerde, vereinzelt bis in die montane Stufe.

In Deutschland nur adventiv bei Mannheim (1903). — In Oesterreich in Mähren im mittleren und südlichen Teil bei Brünn, Auspitz, Schöllschitz, Klobouk, Znaim, Czeitsch, Göding; in Niederösterreich im Gebiete der pannonischen Flora von Rauhenwart bis gegen Wiener-Herberg und Ebergassing, bei Hohenrappersdorf; in Krain. — Fehlt weiter westlich.

Allgemeine Verbreitung: Donauländer, westlich bis Niederösterreich und Mähren; Süd- und Mittelrussland (nördlich bis Orel, Tula, Rjasan, Simbirsk, Orenburg), Taurien, Kaukasus, Nordarmenien.

Fig. 3141. Echium rubrum Jacquin. *a* Habitus. *b* Blüte. — Echium Italicum L. *c* Habitus. *d* Blüte.

Echium rubrum ist eine Steppenpflanze des pontischen und pontisch-pannonischen Florengebiets. In den südmährischen Grassteppen gehören zu seinen Begleitern u. a. Koeleria gracilis, Potentilla canescens, Cytisus nigricans, Anthyllis Vulneria var. polyphylla, Coronilla varia, Seseli annuum, Euphrasia stricta, Statice Armeria var. elongata, Achillea Pannonica, Centaurea Rhenana; in den Stipeten des niederösterreichischen Hügellandes u. a.: Andropogon Gryllus und A. Ischaemum, Stipa pennata und St. capillata, Melica ciliata, Carex humilis, Gagea pusilla, Iris pumila, Alsine fasciculata, Gypsophila paniculata, Erysimum canescens, Linum flavum und L. Austriacum, Convolvulus Cantabricus, Scorzonera Austriaca usw. Aus den ukrainischen Ursteppen führt

---

[1]) Von J. Bauhin als „E. rubro flore", von C. Bauhin als „E. hirsutum sylvestre maculatum" beschrieben.

Paczoski u. a. folgende Begleiter an: Festuca sulcata, Koeleria gracilis, Bromus riparius und B. inermis, Limonium Tataricum, Filipendula hexapetala, Astragalus Onobrychis und A. dasyanthus, Onosma tinctorium, Salvia Austriaca, S. nemorosa und S. nutans, Phlomis tuberosa u. a. Ebenso findet sich die Art in lichten Steppengebüschen und an lichten Stellen der Flaumeichenwälder. — Die Wurzel wurde früher gegen Schlangenbiss verwendet.

**2324. Echium Italicum**[1]) L. (= E. altissimum Jacquin, = E. pyramidatum DC., = E. aspérrimum Lam.). **Hochwüchsiger Natternkopf.** Fig. 3141 c und d.

Wuchs wie bei den vorigen Arten. Wurzel spindelförmig, ästig. Stengel steif aufrecht, $\pm$ 4 bis 10 dm hoch, stumpfkantig, ziemlich dicht mit kurzen Haaren und auf Knötchen sitzenden, steifen, weissen oder gelblichen, stechenden Borsten besetzt. Rosettenblätter länglich-lanzettlich oder elliptisch, stumpf, in einen sehr kurzen und breiten Stiel verschmälert, bis etwa 9 cm lang, frühzeitig verschwindend, die stengelständigen lanzettlich, zugespitzt; die unteren am Grunde stielartig verschmälert, bis 15 cm lang, die oberen sitzend, an Grösse rasch abnehmend, alle mit auf weissen Knötchen sitzenden borstigen Haaren besetzt, graugrün, steiflich. Blüten in kurzen (zur Fruchtzeit bis 9 cm langen), gegabelten, zuletzt zurückgebogenen Wickeln, einen schmalen, zylindrischen, rispigen Blütenstand bildend. Kelchzipfel lineal-lanzettlich, stumpflich, steifborstig. Krone 10 bis 12 mm lang, aussen mit kurzen Börstchen und Flaumhaaren besetzt, weiss, bleich-violett bis rötlich; Kronröhre so lang wie der Kelch. Staubblätter parallel stehend, aus der Krone herausragend. Griffel kurz wimperig behaart, an der Spitze kurz-spaltig. Früchtchen 2,5 bis 3 mm lang, 3-kantig, grubig-warzig, mattglänzend, gelblich. — VI bis IX.

Zerstreut und selten in pannonischen Steppen auf Löss und Sandflächen, an Ufern, Ruderalstellen, Rainen, Wegrändern des Tieflands.

In Deutschland nur adventiv, so im Hafen von Mannheim (1898). — In Oesterreich einzig im Wiener Becken bei Simmering, um Schwechat, Fischamend, bei Petronell, am Neusiedlersee. Dann erst wieder im Küstenland. — In der Schweiz adventiv im Wallis bei Ardon (1897), angeblich schon früher im Unterwallis von Murith u. a. gefunden; doch beziehen sich die meisten Angaben auf E. vulgare var. Vallesiacum.

Allgemeine Verbreitung: Ganzes Mediterrangebiet, in Europa nördlich bis Süd-Frankreich, Norditalien, Ungarn, Niederösterreich, Bulgarien, Südrussland; Kaukausus, Kleinasien, Syrien, Mesopotamien, Persien, Turkestan.

Dazu: subsp. Pyrenaicum (L.) (= E. Italicum var. β L., = E. pyramidale Lapeyr.). Pflanze niedriger, einfach, rauher und stechend behaart. Blütenstand pyramidenförmig. Krone kleiner, dichter behaart, den Kelch kaum überragend. Westmediterrane Rasse. Adventiv im Hafen von Mannheim (1899). — E. Italicum ist im Gegensatz zum vorigen eine mediterrane Art. In Niederösterreich besiedelt es mit jenem die Stipa-Steppen des niederen Hügellandes. In Ungarn wächst es in Sandsteppen mit Iris pumila, Corispermum nitidum, Onobrychis arenaria usw.; an sandigen und kiesigen Flussufern, Ruderalstellen, Ackerrainen und Dämmen. Die Wurzel von Echium Italicum wurde früher als Wundmittel verwendet.

Der Bastard E. Italicum × E. vulgare ist bisher anscheinend noch nicht als solcher erkannt, dürfte sich aber unter den von den beiden Arten beschriebenen Varietäten verbergen.

## DCXVIII. **Anchúsa**[2]) L. Ochsenzunge. Franz.: Langue de boeuf, buglosse; engl.: Alkanet; ital.: Lingua di bue.

Ein-, zwei- und mehrjährige Kräuter mit wechselständigen, nicht oder undeutlich gestielten, lanzettlichen bis linealen, $\pm$ rauhhaarigen Laubblättern. Blüten in meist dichten,

---

[1]) Diese Art ist wohl in erster Linie das Echium der antiken Autoren und das E. pallo flore des Clusius.

[2]) Gr. ἄγχουσα [ánchusa]. Antiker Name verschiedener Boraginaceen, besonders auch (z. B. bei Aristophanes, Theophrast und Dioskurides) von Alkanna tinctoria, bei späteren Autoren auch von Onosma-Arten. Vielleicht von ἄγχειν [ánchein] = würgen, verengen, weil die Pflanze als Stypticum gebraucht wurde. Die Anchusa- und Nonnea-Arten wurden meist als βούγλωσσον [búglosson], lat. lingua bovum = Ochsenzunge bezeichnet, welcher Name für sie bis zu Linné gebräuchlicher als Anchusa war.

beblätterten Wickeln. Kelch zu ¹/₃ bis fast zum Grund in lanzettliche bis lineale Zipfel geteilt. Krone mit kurzer bis ziemlich langer Röhre, mit kleinen, papillösen bis bärtigen Schlundschuppen und rundlichen Zipfeln, blau, violett, weiss oder hellgelb. Staubblätter klein, in der Kronröhre eingeschlossen. Nüsschen aufrecht, schief eiförmig bis gebogen, mit grosser, von einer als Oelkörper ausgebildeten Pseudostrophiole eingenommener und von einem Ringwulst umgebener Ansatzfläche.

Die Gattung umfasst je nach der Artumgrenzung etwa 30 bis 40 orientalisch-mediterrane (wovon 1 in fast ganz Europa und auf Madeira) und 3 südafrikanische Arten. Sie bildet mit Lycopsis und den verwandten orientalischen Gattungen Trachystémon (vgl. pag. 2128) und Trigonocáryum, Pulmonaria, Nonnea und Alkanna (die durch das Fehlen eigentlicher Schlundschuppen abweichen), sowie Borago und Symphytum (beide durch die langen Schlundschuppen und Staubbeutel abweichend), die Subtribus Anchúseae der Boraginoideae, für die besonders die als Elaiosom ausgebildete Pseudostrophiole und der dieselbe umgebende Ringwulst der Klausen charakteristisch ist. Beides sind Anpassungen an die Myrmekochorie. Die Gattung umfasst 5 Sektionen.

Von Zier- und Adventivpflanzen sind zu nennen: a) aus der Verwandtschaft der A. officinalis (Sektion Eu-Anchúsa Griseb.): A. ochroleúca[1]) Bieb. (= A. angustifólia Sibth. et Sm. non Lehm., = A. leptophýlla Ledeb. non Römer et Schult., = A. angustíssima C. Koch). Heimat: Länder um das Schwarze Meer, von Armenien, Kleinasien und Griechenland bis Ungarn, Rumänien und in die Ukraine. Eingeschleppt mit Getreide aus Ungarn und der Ukraine in Istrien (dauernd an der Herpelje-Bahn bei Draga angesiedelt), in Niederösterreich (bei Wien), in Bayern (Puchheim bei München 1912, Forsthof bei Nürnberg 1895/96), im Oberrheintal (wiederholt in Strassburg und Metz, Hafen von Ludwigshafen seit 1900), in Norddeutschland (an Mühlen bei Bremen 1899, Uetersen in Schleswig 1888, Borsigmühle in Berlin-Moabit 1896, Brennerei von Putlitz), in der Schweiz (Yverdon 1902), in Belgien usw. — Sehr nahe verwandt und ähnlich verbreitet ist A. procéra Besser, die gleichfalls in den Rheinhäfen (Ludwigshafen, Mannheim 1905, schon länger in Metz und Strassburg), in Brandenburg (Köpenick und Rüdersdorf) und in der Schweiz (Goldachufer bei Tübach 1913, Orbe 1891, vielleicht auch Solothurn 1913/15) gefunden worden ist. Eine gleichfalls ähnliche Form (vielleicht A. ochroleuca × A. officinalis?) adventiv bei Chirlitz in Mähren. — Von 1-jährigen Arten sind im Mittelmeergebiet sehr verbreitet: A. unduláta (= A. nonneoídes Fischer et Meyer, = Lycópsis elongáta Lehm.), die in Rüdersdorf bei Berlin gefunden worden ist, sowie die zwischen dieser und A. officinalis stehende, westlich nur bis Italien und Sizilien reichende A. hýbrida Ten. (= A. undulata var. hybrida Fiori et Paol., var. ambígua [Ten.] Thellung), die bei Freiburg im Breisgau 1900 und in Solothurn 1907 zur Beobachtung gelangte. — A. Capénsis Thunberg ist 1800 als Zierpflanze aus dem Kapland eingeführt worden.

b) Aus der Verwandtschaft der A. azurea (Sektion Buglóssum Rchb.): A. Barreliéri (All.) Vitm. (= Buglóssum Barreliéri All., = Myosotis obtúsa Waldst. et Kit.). Heimat: Länder um das Schwarze Meer von Kleinasien bis Galizien und Ungarn, Ober- und Mittelitalien. Eingeschleppt in Niederösterreich (seit 1889 in einem abgetriebenen Föhrenbestand zwischen Wiener Neustadt und Steinbrückl angesiedelt) und in der Nordschweiz (Buchthalen bei Schaffhausen 1909). — Zu der auch als Zierpflanze kultivierten A. stylósa Bieb. (= A. ánnua Pall.), die ähnlich verbreitet (westlich nur bis Griechenland) ist, gehört vielleicht eine 1907 in Solothurn gefundene Pflanze.

c) Aus der Sektion Caryólopha (Fisch. et Trautv.) Bentham et Hooker: A. sempérvirens L. (= Buglóssum sempervirens All., = Caryólopha sempervirens Fisch. et Trautv., = Omphalodes sempérvirens Don). Heimat: Süd- und Westfrankreich, Spanien und Portugal, in Italien (auf den Euganeen), Belgien, Irland, England und Schottland eingebürgert, eingeschleppt auch auf Helgoland und bei Altona und in der Schweiz (Neuchâtel). Unter dem von L'Obel herrührenden Namen Buglossum sempervirens wurde die stattliche, bis 1 m hohe Staude bereits um 1600 im Garten der Fürstbischöfe von Eichstätt wie auch in England und den Niederlanden kultiviert. Nach Zwinger wurde die „Spanische Ochsenzunge mit Buretschblättern" „allda zu Speise und Arznei viel gebraucht".

1. Kelch nur bis zur Mitte bis zu ³/₄ geteilt. Schlundschuppen mit kurzen Papillen, sammtig. 2.
1*. Kelch weit über die Mitte geteilt. Krone stets blau, mit meist (ausser bei A. sempervirens und Barrelieri) bärtigen Schlundschuppen . . . . . . . . . . . . . . . . . . . . . . . . . . 6.
2. Kelchzipfel so lang wie die Kelchröhre, spitzlich . . . . . . . . . . . . . . . . 3.
2*. Kelchzipfel bei der Reife kürzer als die Kelchröhre, stumpflich bis stumpf. Adventivpflanzen. 4.
3. Mehrjährig. Kronröhre so lang wie der Kelch und der Saum. . . A. officinalis nr. 2325.
3*. Einjährige Adventivpflanze. Kronröhre länger als der Saum und der Kelch. A. hybrida s. oben.
4. Kelchzipfel nicht auffallend stumpf und nicht hellrandig. Krone meist violett. A. procera s. oben.

---

[1]) Gr. ὠχρόλευκος [ochróleukos] = gelblichweiss, blassgelb.

4\*. Kelchzipfel sehr stumpf, hell berandet. Krone fast stets gelblichweiss. A. o c h r o l e u c a pag. 2198.

5. Blüten ansehnlich. Laubblätter lineal-lanzettlich, nicht auffallend wellig.   Zierpflanze aus dem Kapland . . . . . . . . . . . . . . . . . . . . . . . . . . . . . . . . . A. C a p e n s i s pag. 2198.

5\*. Blüten klein, mit zur Fruchtzeit aufgeblasenem Kelch. Laubblätter stark wellig, ähnlich wie bei Lycopsis, graufilzig-rauh behaart (wenn lockerer, mehr zottig behaart und weniger wellig, siehe A. h y b r i d a oben) . . . . . . . . . . . . . . . . . . . . . . . . . . . . . . . . . . . . . . . . A. u n d u l a t a pag. 2198.

6. Krone klein, himmelblau, mit sehr kurzer Röhre und nicht bärtigen Schlundschuppen. Nüsschen mit sehr schiefem Ring. Zierstaude . . . . . . . . . . . . . . . . A. s e m p e r v i r e n s pag. 2198.

6\*. Krone mit den Kelch überragender Röhre und (ausser bei A. Barrelieri) lang bärtigen Schlund-schuppen. Nüsschen mit regelmässigem Ring . . . . . . . . . . . . . . . . . . . . . . . . 7.

7. Einjährige Art. Nüsschen gekrümmt und geschnäbelt . . . . . . A. s t y l o s a pag. 2198.

7\*. Zwei- bis mehrjährige Arten. Nüsschen ungeschnäbelt . . . . . . . . . . . . . 8.

8. Blüten ± 1½ cm breit und ½ cm lang. Kelchzipel lineal. Schlundschuppen bärtig . . . . . . . . . . . . . . . . . . . . . . . . . . . . . . . . . . . . . . . . . . . . . . . A. a z u r e a nr. 2326.

8\*. Blüten unter 1 cm breit und unter ½ cm lang. Kelchzipfel zur Blütezeit nach vorn verbreitert. Schlundschuppen nur sammtig . . . . . . . . . . . . . . . A. B a r r e l i e r i pag. 2198.

**2325. Anchusa officinális**[1]) L. G e m e i n e  O c h s e n z u n g e, Liebäugel, Blutwurz. Franz.: Langue de boeuf; engl.: Alkanet; ital: Lingua di bove. Taf. 220, Fig. 4 und Fig. 3142.

Wie verschiedene andere Pflanzen mit rauh behaarten Blättern heisst die Pflanze O c h s e n z u n g e (auch mundartlich); desgleichen H å s e n e h d l [Hasenöhrchen] (Niederösterreich), H u n n e t u n g e (Göttingen), K ů a m a u l (Niederösterreich). Nach den blauen Blüten heisst sie in Kärnten b l a u e r  S t ö f l [Stefan], vgl. dazu blauer Hans (Echium), roden Hinnerk (roter Heinrich, Rumex acetosa, Bd. III, pag. 180).

Zwei- bis 3- (oder mehr-?) jährig, mit kräftiger, von schwarzer, faltiger Rinde bekleideter, fast unverzweigter, meist mehrköpfiger Pfahlwurzel. Sprosse von ziemlich dichter, auf kleinen Knötchen sitzenden, wenig starren, abstehenden Haaren etwas rauh, frischgrün bis bläulichgrün. Stengel aufrecht, ± 3 bis 7 (2 bis 10) dm hoch, meist einfach, nur in den oberen Blattachseln mit sterilen Kurztrieben und Blütenachsen, kräftig, stumpfkantig, locker bis ziemlich dicht behaart, reich beblättert. Laubblätter in Spiralstellung, nur die grundständigen, zur Blütezeit oft schon vertrockneten deutlich gestielt, die oberen sitzend, ± stengelumfassend, alle lanzettlich bis fast lineal, ± ½ bis 1 (die grundständigen bis über 2) dm lang und ± 1 bis 2 (½ bis 3½) cm breit, nach oben allmählich kleiner werdend, meist kurz zugespitzt, flach und ganz-randig oder häufiger etwas wellig und ± ausgebuchtet bis ausgefressen gezähnelt, beiderseits gleichmässig behaart, mit meist sehr undeutlichen Seitennerven. Blüten fast sitzend, in dicht- und reichblütigen, kurzen, aber deutlich gestielten, postfloral stark verlängerten, beblätterten, insgesamt eine pyramidale, oft stärker verzweigte Rispe bildenden Doppelwickeln. Kelch zur Blütezeit ± 5, zur Fruchtzeit ± 7 mm lang, zur Mitte bis zu ¾ in lanzettliche bis lineale, rauh behaarte, dauernd zusammenhängende Zipfel gespalten. Krone ± 1 bis 1½ cm lang und 5 bis 9 mm breit, anfangs karminrot, dann dunkel-blauviolett, sehr selten weiss, mit den Kelch wenig überragender, ziemlich weiter, im Schlund etwas verengter Röhre, 3-eckig-eiförmigen, am Rand mit grob papillösen, weissen Schlundschuppen und fast kreisrunden Lappen. Staubblätter und Griffel (Taf. 220, Fig. 4a bis c) in der Kronröhre eingeschlossen. Nüsschen schief-eiförmig, 3 bis 4 mm lang, wulstig-runzelig und fein-warzig, hellbraun, mit die schwach vor-tretende Pseudostrophiole umsäumendem, gekerbtem Ring. — V bis IX.

In Grasheiden, auf trockenen Acker- und Wegrändern, in Hecken, Brachen, Weinbergen, auf Schutt, offenen Weiden, Flussalluvionen usw. im östlichen Teil des Gebiets, besonders in den Donauländern, allgemein verbreiteter Archaeophyt, im westlichen, namentlich im grössten Teil des Rheingebiets, meist nur vorübergehend eingeschleppt, selten auch als Heil-

---

[1]) Von B r u n f e l s als Ochsenzung, von F u c h s als Cirsium Germanicum, Teutsch Ochsenzung, von B o c k als Buglossa minor, ander zam Edel Ochsenzung, von L'O b e l als Buglossum angustifolium, von M a t t i o l i und T a b e r n a e m o n t a n als B. vulgare beschrieben.

und Zierpflanze kultiviert. Steigt meist etwa bis zur Grenze des Wintergetreides, im Inn- und Etschgebiet bis zirka 1600 m, längs den Strassen verschleppt bis 1800 m am Ofenberg, bis 1817 m auf der Maloja und bis 2309 m am Berninahospiz.

In Deutschland im Osten bis ins Elbegebiet, Thüringen und Maingebiet mit Ausnahme der meisten Gebirgsgegenden als Archaeophyt recht verbreitet, südlich der Donau nur bis in die Umgebungen von München und Augsburg und ins östliche Bodenseegebiet. Im grössten Teil des Weser- und Rheingebiets nur vorübergehend eingeschleppt, doch in den meisten Gegenden (bei Neubreisach im Elsass schon von J. Bauhin) mit Ausnahme Lothringens und der Ostfriesischen Inseln schon beobachtet. — In Oesterreich recht verbreitet, in den Sudeten und im Erzgebirge und in manchen Alpengegenden nur vereinzelt eingeschleppt. — In der Schweiz nur im Osten beständig (von der Bündner Föhrenregion bis ins St. Galler Rheintal und in den nordöstlichen Tessin ausstrahlend), ausserdem nur vereinzelt und meist nur vorübergehend eingeschleppt (so im Kanton Zürich, im Aargau, Solothurn, am Genfersee und im Mittelwallis).

Allgemeine Verbreitung: Ost- und Mitteleuropa von Griechenland und der Ukraine bis ins Baltische Gebiet (bis Ingrien, Estland, Südfinnland, Åland, Mittelschweden, Dänemark), Elbe- und Donaugebiet und Oberitalien, ausserdem vereinzelt eingeschleppt bis Südostnorwegen (von Kristianssand bis Valders und Lom, ganz vereinzelt bis Tromsö), England (vereinzelt bis Schottland), Niederlande, Frankreich und Spanien.

Fig. 3142. Anchusa officinalis L., auf Ödland bei Theresienfeld, N.Ö. Phot. R. Fischer, Sollenau, N.Ö.

Die Art variiert besonders in den Blütenmerkmalen ziemlich stark. Eine Form mit lebhaft fleischroter Krone, f. incarnáta (Schrader) Voss, wird zuweilen als Zierpflanze gezogen, ebenso die f. ochroleúca Boiss. mit gelblichweisser Krone. Im übrigen sind zu unterscheiden: var. vulgáris Kittel (= var. týpica Beck, = A. lycopsoides Besser). Laubblätter breit-lanzettlich, ± 1 bis 3 cm breit, mässig rauhhaarig. Die in Mitteleuropa häufigste Form. Hiezu gehören: subvar. minor Gaudin. Stengel stärker verzweigt. Laubblätter rauher behaart, stärker wellig. So z. B. bei Bellinzona, von Villars entdeckt. — subvar. arválís (Rchb.) (= A. arvalis Rchb., = A. arvénsis Tsch. non Bieb., = A. angustifolia auct. non L.). Laubblätter nur ± 1 cm breit, sonst wie beim Typus. — var. angustifólia (L.[1]) p. p.) DC. (= A. angustifólia Lehm., = A. leptophýlla Koch an Römer et Schultes?). Laubblätter schmal-lanzettlich, ± 4 bis 7 mm breit, mit weichen, fast seidigen Haaren. Blüten meist kleiner als bei var. vulgaris. Typisch wohl nur in den Balkanländern und in Oberitalien bis Istrien, Südtirol und in die Südschweiz (Tessin, Unterengadin). Nördlich der Alpen nur selten adventiv, z. B. bei Mannheim und im Südbahnhof München. Die meisten übrigen Angaben wie die aus Niederösterreich, Norddeutschland usw. beziehen sich wohl auf die eine Zwischenform darstellende subvar. arvalis. Vielleicht auch nur eine derartige Zwischenform ist die f. altíssima (Desf.) Voss mit bis 1 m hohen Stengeln, schmal-lanzettlichen Laubblättern und ziemlich grosser Krone. — Eine ebenfalls schmalblättrige Form, die durch ihr Aussehen und die schwächere Behaarung an A. ochroleuca (vgl. pag. 2198) erinnert, sich von dieser jedoch durch die unberandeten Kelchzipfel und die blaue Krone unterscheidet, ist bei Brünn (Chirlitz) in Mähren aufgetreten. — f. pustuláta (Schur) Gusuleac (= var. Hülsénii Ascherson et Graebner). Sprosse ganz kahl, nur etwas warzig, sonst wie bei var. vulgaris. Von Pastor Hülsen bei Staykowo in Posen ent-

---

[1]) A. angustifolia L. gehört grösstenteils zu A. hybrida Ten.

deckt, auch in Ungarn, Kroatien usw. — f. latifólia Fr. Zimmermann. Breitblättrige Adventivpflanze aus dem Rheinhafen von Ludwigshafen 1905.

A. officinalis ist eine pontisch-pannonische Art, deren Areal sich jedoch unterm Einfluss des Menschen weit nach Norden und Westen vergrössert hat. Im Donaugebiet bis ins Engadin bewohnt sie Steppenheiden (Stipeta, Brometa erecti, Phleeta Boehmeri usw.) und Steppengebüsche, hat aber doch schon in Oesterreich vorwiegend segetalen und ruderalen Charakter, wächst namentlich häufig mit Marrubium- und Artemisia-Arten, Onopordon usw. zusammen (Onopordion nach Braun-Blanquet, Marrubium peregrinum-Fazies nach Laus). Ausser als Zierpflanze wird Anchusa ähnlich wie Borago als Gemüse (junge Blätter als Spinat oder Salat) und als Heilpflanze (Destillat aus dem Kraut, Blütenzucker, jetzt kaum mehr) als erweichendes, kühlendes, besänftigendes und Auswurf beförderndes Mittel verwendet. Die Blüten wurden auch zum Gelbfärben benützt. — Die Blüteneneinrichtung ist bereits von Sprengel untersucht worden. Der Schlund wird durch die papillösen, zugleich als Saftmal dienenden Hohlschuppen ziemlich fest geschlossen, wodurch Fliegen und Ameisen vom Zugang zum Nektar abgehalten werden. Als Besucher wurden zahlreiche Apiden und einige Schmetterlinge, sowie die Bombylide Systoechus sulphúreus beobachtet. Bei ausbleibendem Insektenbesuch kann besonders bei den kurzgriffeligen Individuen leicht Selbstbestäubung eintreten. Heteranthie, die bis zu vollkommener Heterostylie, Gynomonoezie und Gynodioezie führen kann, scheint recht häufig. Der Kelch vergrössert sich nach dem Abfall der Krone und biegt sich durch Streckung des Fruchtstiels etwas nach aussen, doch bleiben seine Zipfel in der Regel geschlossen. Die grob skulptierten Nüsschen sind nach dem Ajuga-Typus der Myrmekochoren gebaut. Die Verbreitung der Nüsschen durch Ameisen (Lasius niger und Formica-Arten) hat Sernander experimentell nachgewiesen.

Von Parasiten ist Puccinia dispérsa Erikss. et Hennigs. bemerkenswert, deren Uredo- und Teleutosporen auf den Getreidearten leben. Durch Gallmücken werden die Blüten verkrüppelt.

**2326. Anchusa azúrea**[1]) Miller (= A. Itálica Retzius, = A. paniculáta Aiton, = A. amoéna Gaertner, = A. angustifólia Rchb. non L., = Buglossum elátum Moench). **Italienische Ochsenzunge.** Fig. 3143.

Zwei- bis mehrjährige, bis über 1 m hohe Staude, mit dicker, wenig verzweigter, von rissiger Borke bekleideter Pfahlwurzel. Sprosse ziemlich dicht mit starren, weissen, auf Knötchen sitzenden, abstehenden Haaren besetzt, frischgrün, die jungen Teile grau schimmernd. Stengel einzeln oder zu mehreren, steif aufrecht, $\pm$ 3 bis 8 (bis 15) dm hoch, oberwärts meist ziemlich stark ästig, fast stielrund, dicht borstig. Laubblätter ähnlich denen der vorigen Art, doch meist weniger dicht stehend und rauher behaart, die unteren $\pm$ 1 bis 2 dm lang und $\pm$ 1½ bis 3½ cm breit, die oberen oft

Fig. 3143. Anchusa azurea Miller. *a, a₁* Habitus. *b* Blüte.

rasch kleiner werdend. Blüten mit deutlichem, zuletzt bis 1 cm langem Stiel, in ziemlich lockeren, beblätterten, zu grossen Rispen vereinigten Doppelwickeln. Kelch fast bis zum Grund in $\pm$ 6 mm, zur Fruchtzeit bis 10 mm lange, lineale, spitze, rauh behaarte, auch zur Fruchtzeit

---

[1]) Vielleicht das βούγλωσσον [búglosson] des Dioskurides? Gesner, Bock, Camerarius u. a. nannten die im 16. Jahrhundert bereits in vielen deutschen Gärten kultivierte Pflanze Buglossa italica oder Buglossum vulgare, Fuchs Cirsium italicum, Dodoens Anchusa Alcibiadion.

aufrechte Zipfel geteilt. Krone ± 1 bis fast 1½ cm lang und ebenso breit, lebhaft himmelblau, mit den Kelch überragender Röhre, elliptischen, ± 4 mm langen, am Rand bärtig bewimperten, weissen Schlundschuppen und kreisrunden, flach ausgebreiteten Zipfeln. Staubblätter und Griffel eingeschlossen. Nüsschen ähnlich denen der vorigen Art, 6 bis 7 mm lang, wulstig und dicht warzig, hellbraun. — V bis IX.

An Weg= und Ackerrändern, in Brachen, auf Schutt bei Häfen, Bahnhöfen, Mühlen usw., namentlich in den wärmeren Gegenden auftretend, doch im Gebiet stets nur vorüber= gehend. Nur im Mittelmeergebiet wirklich einheimisch.

In Deutschland nur im Oberrheingebiet öfters beobachtet (vorübergehend am Kirchberg im Kaiserstuhl, im Hafen von Ludwigshafen 1905, im Elsass bei Hattstadt, Neubreisach, Siegolsheimer Berg, Herlisheim usw., neuerdings auch bei Strassburg, in Lothringen schon von H. Bock feldmässig gebaut gefunden), ausserdem ganz vereinzelt im Niederrheingebiet (Dortmund, mit Vogelsamen verschleppt?), in Bayern (Süd= bahnhof und Nymphenburg bei München, Herrnhütte bei Nürnberg), Brandenburg usw. — In Oesterreich im Küstenland häufig und beständig, öfters eingeschleppt in Niederösterreich (besonders um Wien, im südlichen Wiener Becken und im Wienerwald, zwischen Lembach und Kirchschlag, Gross=Enzersdorf und Unterwalters= dorf, bei St. Pölten und in Südtirol (Torbole, Brentonico, Ala, an der Valsuganabahn, Doss Trento, Goccia= doro, Brandzoll 1923). — In der Schweiz sicher nirgends ursprünglich, aber im Süden öfters eingeschleppt: um den Genfersee und Neuenburgersee, im Mittelwallis (nur um Sitten, besonders am Daillon bei Conthey), im Tessin (Capolago, Quinto, Castione) und in Graubünden (Misox, zwischen St. Moritz und Campfèr 1905 und bei Samaden 1913 in gegen 1800 m Höhe, Filisur 1920), ausserdem vereinzelt in den Kantonen Freiburg (Pérolles), Neuenburg (Hauterive), Solothurn (Solothurn, Lommiswil, Oensingen), Basel (Bahnhof), Zürich (Winter= thur), St. Gallen (Walenstadtberg) usw.

Allgemeine Verbreitung: Im ganzen Mittelmeergebiet (in Nordafrika wie auf den Kanaren und Madeira wohl nur eingebürgert), nördlich bis Oberitalien, Istrien und Ungarn, östlich bis zur Krim und Persien. In Mitteleuropa mindestens schon seit dem 16. Jahrhundert eingeschleppt und als Zierpflanze kultiviert. Adventiv auch in Dänemark.

Ein verbändertes, ungewöhnlich schwach behaartes Exemplar beschreibt Gaudin vom Genfersee. Von Abarten sind zu unterscheiden: var. lúcida (Vitm.). Laubblätter breit=lanzettlich, blaugrün, matt glänzend, die unteren bis 1½ dm lang und 4 cm breit, die oberen viel kleiner. — var. angustifólia Tausch. Laubblätter schmal=lanzettlich grasgrün, glanzlos, die unteren nur ± 6 cm lang und 7 mm breit, wenig grösser als die oberen. Beide Formen z. B. in Istrien häufig. — var. sublanáta Thellung. Sprosse von weichen, etwas abgeflachten Borstenhaaren weisslich zottig, mit nur sehr wenig verdickten Basen. So z. B. in der Schweiz eingeschleppt (Langendorf bei Solothurn, angenähert auch anderwärts). — Ferner gibt es Spielarten mit weisser und blassroter Krone.

Ob diese rein mediterrane Art in Istrien und Ungarn als einheimisch oder nur als Archaeophyt zu betrachten ist, kann kaum entschieden werden. Hauptunterscheidungsmerkmale gegenüber der vorhergehenden Art bilden der tiefer geteilte, auch zur Fruchtzeit aufrechte Kelch und die bärtigen Schlundschuppen, die dreierlei Trichome tragen. (Näheres hierüber und über den Bestäubungsvorgang bei K. Fritsch in Sitzungsber. Akad. Wiss. Wien. Bd. CXXIII, 1914). Die Art ist als Zierstaude sehr dekorativ (z. B. die bis ½ m hohe Garten= form Dropmore), kann aber auch durch Wuchern recht lästig werden. Im Elsass scheint sie in Aeckern (neben Phleum asperum, Iberis amara, Fumaria Vaillantii, Bupleurum rotundifolium, Linaria striata, Achillea nobilis, Anthemis tinctoria usw.) schon lange eingebürgert zu sein. Verschleppt wird sie u. a. mit syrischer Wicke.

## DCXIX. **Lycópsis**[1]) L. Krummhals, Wolfsauge.

Einjährige Kräuter. Von Anchusa nur durch die schwach dorsiventrale Krone mit herab= gekrümmter Röhre verschieden. Nüsschen netzig=runzelig, mit gefälteltem Rand und Elaiosom.

Ausser unserer Art gehört zu dieser erst 1735 durch Linné von Anchusa abgetrennten Gattung nur noch: L. variegáta L. (= L. bulláta Cyr., = Anchusa variegata Lehm., = A. perláta Lam., = A. verrucósa

---

[1]) Griech. λύκοψις [lýkopsis] oder λυκαψός [lykapsós], vielleicht von λύκος [lýkos] Wolf und ὄψις [ópsis] Gesicht, also Wolfsgesicht Dioskurides verstand darunter eine grosse, aufrechte Boraginacee mit kleinen, roten Blüten und roter Wurzel, vielleicht eine Alkanna, Nonnea oder ein Cynoglossum. Linné, Lamarck u. a. zählten auch Arten der heutigen Gattungen Nonnea und Alkanna zu Lycopsis.

Ten.). Stengel aufsteigend. Laubblätter gezähnelt. Wickel nur am Grund beblättert. Krone mit roter, nur schwach gekrümmter Röhre, weissen Schlundschuppen und stärker dorsiventralem, anfangs violettem, dann himmelblauem, weiss gestreiftem Saum. Nüsschen schwarzblau. Heimat: Armenien, Kleinasien, Balkanländer bis Dalmatien (nördlich bis zum Malio bei Pirano), vereinzelt in Italien bis Ligurien und Sizilien. Adventiv im Hafen von Ludwigshafen 1909. — Näheres über die Verbreitung, Gliederung und Geschichte der Gattung in der russischen Monographie von N. J. Kusnezow (Travaux du Musée bot. Acad. imp. Sc. St. Petersbourg Bd. VIII 1911). Die meisten der von früheren Autoren zu Lycopsis gestellten Arten (noch bei De Candolle) gehören zu Anchusa, einige zu Nonnea, Echium u. a.

**2327. Lycopsis arvénsis**[1]) L. (= Anchúsa arvensis Bieb.) Krummhals, Wolfsauge, Kleine Ochsenzunge. Franz.: Grisette, grippe des champs, petite buglosse; engl.: Little bugloss; ital.: Piccola lingua di bove. Taf. 220, Fig. 3 und Fig. 3144 und 3145.

Nach den rauh behaarten Blättern heisst auch diese Pflanze Ochsenzunge (Eifel), blaue Hundszunge (Anhalt). Im Gothaischen nennt man sie Eier on Spek (Winterstein).

Einjährig, meist überwinternd. Sprosse saftig, frischgrün, locker mit abstehenden, starren, auf Knötchen sitzenden Borstenhaaren besetzt. Stengel einfach oder ± sparrig, oft schon vom Grund an verzweigt, ± 2 bis 4 (1 bis 6) dm lang, stielrund, ziemlich dicht beblättert. Laubblätter wechselständig (spiralig oder ± zweizeilig), schmal bis breit lanzettlich, die unteren stielartig verschmälert, die oberen ± stengelumfassend, ± ½ bis 1 (bis 1½) dm lang und 1 bis 1½ (½ bis 2) cm breit, abgerundet oder kurz zugespitzt, meist deutlich wellig=runzelig und buchtig gezähnelt, ohne deutliche Seitennerven, beiderseits gleichmässig borstig. Blüten sehr kurz gestielt, in meist gedrungenen, erst zur Fruchtzeit (seltener schon zur Blütezeit) verlängerten, beblätterten, end= und seitenständigen Doppelwickeln. Kelch fast bis zum Grund in elliptisch=lanzettliche, zur Blütezeit 4 bis 5, zur Fruchtzeit 6 bis 7 mm lange, zuletzt etwas geöffnete Zipfel geteilt, dicht borstig. Krone hell himmelblau, mit ± 5 bis 7 mm langer, ziemlich weiter, meist in der Mitte auf=

Fig. 3144. Lycopsis arvensis, Blüte seitlich, die gekrümmte Blütenkronröhre freigelegt, daher „Acker-Krummhals". Phot. Th. Arzt, Wetzlar.

wärts geknieter und darüber leicht verengter Röhre, weissen, kurz bärtigen Schlundschuppen und 4 bis 5 mm breitem Saum. Staubblätter und Griffel in der Röhre eingeschlossen. Nüsschen (Taf. 220, Fig. 3c, d) schief=eiförmig, mit wulstigen Rippen, feinwarzig, hellbraun; um die auf der Ansatzfläche kurz vortretende Pseudostrophiole ein etwas eingerollter, gekerbter Ring. — V bis VII, vereinzelt auch später.

In Weinbergen, Getreide= und Hackfruchtäckern, Brachen, besonders auf trockenem bis mässig feuchtem Sand= und Kiesboden weit verbreitet, doch nur in einzelnen Gegenden häufiger, namentlich in den Gebirgen auf grosse Strecken fehlend. Scheint kalkarmen Boden kalkreichem vorzuziehen. Steigt meist nur etwa so hoch wie das Wintergetreide, im Tiroler

---

[1]) Von Fuchs als Echion, Wild Ochsenzungen, von Dodoens und C. Bauhin als Buglossum sylvestre minus, von J. Bauhin als Echium Fuchsii s. Borrago sylvestris beschrieben.

Inntal bis 1450 m, im Engadin und in Südtirol bis zirka 1700 m, ruderal an der Bernina=
strasse bis 2290 m, im Wallis bis 1530 m, in den asiatischen Gebirgen bis über 3000 m, in
Tibet bis über 4000 m.

In Deutschland ziemlich verbreitet, auch auf einzelnen Nordseeinseln (z. B. auf Juist, Norderney, Langeoog, Helgoland), fehlt jedoch manchen Mittelgebirgen, den Bayerischen Alpen und der obern Bayerischen Hochebene (adventiv früher in Memmingen) fast ganz. — In Oesterreich recht verbreitet, fehlt jedoch einzelnen Alpengegenden (so in Salzburg mit Ausnahme des Lungaus, in Vorarlberg nur einmal in Frastanz gefunden) und in Istrien. — In der Schweiz in den Zentral= und Südalpentälern, im westlichen Teil des Mittellandes und fast im ganzen Jura bis Schaffhausen und Nord=Zürich ziemlich verbreitet, fehlt dagegen dem grössten Teil der Nordalpen und dem östlichen Teil des Mittellandes.

Allgemeine Verbreitung: Im grössten Teil des gemässigten Eurasiens, von Zentralasien bis Westtibet (im nordwestlichen Vorderindien und in Westchina wohl nur ver= schleppt, bis Spanien, nördlich bis Irland, Færöer und Fennoskandinavien (bis Lekö 65° 5′ nördl. Breite, Norrland, Mittelfinnland), südlich bis Spanien, Mittelitalien (vereinzelt bis Neapel), nördliche Balkanländer und Vorderasien. In Mittel=, Nord= und Westeuropa nur als Archaeo= phyt oder Neophyt, als solcher auch in Nord= amerika.

Die Art umfasst folgende Unterarten:

subsp. **occidentális** Kusnezow (= L. hispí= dula Gandoger, = var. normális et curváta O. Kuntze). Laubblätter lanzettlich, selten bis 2 cm breit, meist stark wellig und gezähnelt. Wickel zur Blütezeit meist sehr dicht. Krone (Fig. 3145 e) mit 5 bis 7 mm langer, etwa in der Mitte geknieter, darüber etwas verengerter Röhre. Nüsschen zwischen den Rippen nur mit spärlichen Warzen. Die in Europa weitaus verbreiteteste Rasse, östlich bis zur Wolga und zum Kaukasus. Hiezu ge= hören: f. týpica Trautvetter (= var. genuína Beckhaus sub Anchusa, = var. normalis O. Kuntze). Stengel kräftig, sehr ästig. Laubblätter ziemlich breit lanzettlich,

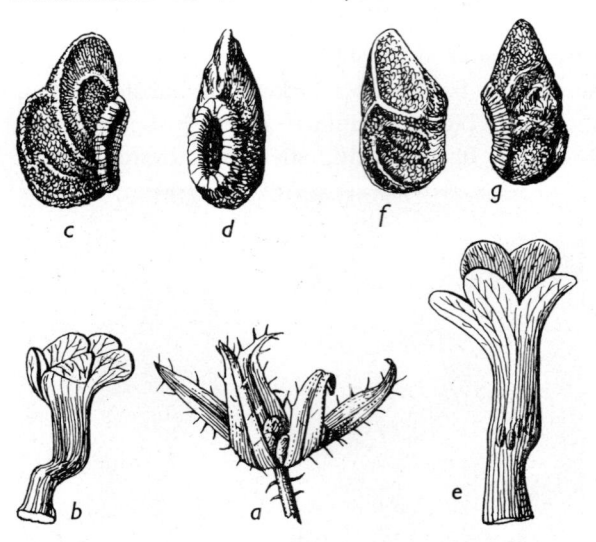

Fig. 3145. Lycopsis arvensis subsp. orientalis (L.) Kusne= zow. *a* Kelch. *b* Krone. *c, d* Nüsschen. — subsp. occiden= talis (L.) Kusnezow. *e* Krone. *f, g* Nüsschen (alle Figuren nach N. J. Kusnezow).

die oberen stengelumfassend. Wickel reichblütig. So am häufigsten. — f. stricta (Boenninghaus.). Stengel fast einfach, schlank, steif aufrecht. Laubblätter schmal=lanzettlich, auch die oberen am Grund verschmälert. Wickel armblütig. Wohl nur eine Kümmerform magerer Böden. — f. unduláta Kusnezow. Laubblätter länger, schmäler und stärker wellig. — Uebergänge zur folgenden Unterart (vgl. intermédia Kusnezow) besonders in Süd=Russland und im Kaukasus.

subsp. **orientális** (L.) Kusnezow (= L. orientalis L., = L. micrántha Ledeb., = L. erécta d'Urv., = L. Taúrica Steven, = Anchusa orientalis Rchb. f., = A. ováta Lehm., = Lycopsis arvénsis var. orientalis et ovata O. Kuntze). Laubblätter wenig wellig und fast ganzrandig, breiter lanzettlich. Wickel schon zur Blütezeit verlängert. Krone (Fig. 3145 b) kleiner, mit unter der Mitte geknieter Röhre. Nüsschen (Fig. 3145 c, d) etwas grösser und dichter warzig. Die in Südasien verbreiteteste Unterart, in Europa nur in der Ukraine, Dobrudscha und in Bulgarien, vereinzelt mit Getreide usw. an Häfen, Bahnhöfen und Mühlen eingeschleppt, in Westeuropa z. B. in Spanien, Frankreich (im Nordosten öfters unter Luzerne, Strassburger Rheinhafen), Belgien (Verviers), Deutschland (Spaa, Mannheim, Freiburg i. Br., Hamburg, Königsberg), Böhmen (Prag), Schweiz (Zürich 1889, Solothurn 1905, Langendorf 1907, Chur 1907, Freiburg 1911, Basel 1916, Rheinfelden 1920 usw.).

Kusnezow nimmt an, dass sich Lycopsis erst verhältnismässig spät im östlichen Mittelmeer= und Schwarzmeergebiet von Anchusa abgespalten hat und dass sich dann L. arvensis als Getreideunkraut (vielleicht mit den aus den Kaukasusländern stammenden Gerstenarten) über den grössten Teil von Europa verbreitet hat. Die subsp. occidentalis ist hier in den meisten Ackerbaugebieten ein Archäophyt, in einigen nur, wie auch subsp. orientalis, ein Neophyt. Gleich Lappula echinata, mit der sie oft zusammen vorkommt, zieht sie kalkarmen bis mässig kalkhaltigen Boden vor. Die jungen Laubblätter können wie die von Borago als Salat zubereitet werden. Später werden sie derb, ihre starren Borsten brechen leicht ab und können Entzündungen in der Haut hervorrufen. Die Blüten, deren Einrichtung im wesentlichen dieselbe wie bei Anchusa officinalis ist, werden gleichfalls von Apiden, Tagfaltern und Syrphiden besucht. Auf Lycopsis tritt die Aecidienform von Puccinia stráminis Fuckel auf. Die Nüsschen werden besonders durch Formica=Arten verbreitet.

## DCXX. Nónnea[1]) Medikus. Mönchskraut, Napfkraut.

Ein= und mehrjährige Kräuter mit wechselständigen, ungestielten Laubblättern. Blüten in beblätterten Doppelwickeln. Kelch glockig, höchstens bis zur Mitte geteilt, postfloral stark vergrössert. Krone trichterförmig, mit walzlicher Röhre, aufrechten, stumpfen Zipfeln und 5 kleinen, über der Mitte der Röhre inserierten Schüppchen oder Haarbüscheln. Staubblätter sehr klein, unter den Schüppchen eingefügt, meist eingeschlossen. Griffel fädlich, mit 2=lappiger bis 2=spaltiger Narbe. Nüsschen nieren= bis eiförmig, netzig=runzlig, mit breiter, von einer ölreichen Pseudostrophiole eingenommener und von einem niedrigen Ringwulst umgebener Ansatzfläche.

Die Gattung umfasst gegen 30 grösstenteils im öst= lichen Mittelmeergebiet (wenige bis Vorderindien) bis Mittel= Europa und Spanien verbreitete Arten. Beide bei uns als Zierpflanzen kultivierten und eingebürgerten Arten verwildern zufolge ihrer ausgeprägten Myrmekochorie sehr leicht, seltener auch Nonnea rósea (Bieb.) Fischer et Meyer (= N. versi= color Sweet, = Anchúsa rosea Bieb., = A. versicolor Steven, = Echioídes grandiflóra Steven) aus dem Kaukasus (bis 2000 m steigend), Armenien und der Krim. Mehrfach verwildert in Süd= und Mitteldeutschland (Hafen von Mannheim 1908, um Speyer, Neuulm seit 1898, Nymphenburg bei München seit 1876, Bayreuth 1885, Kulmbach 1885, Nürnberg 1882, Bueksberg bei Frankfurt, Dessau 1859, Runkelrübenfeld bei Op=Herdicke nur bei Holzwickede in Westfalen, seit 1880 am Gera=Ufer und auch sonst mehrfach um Arnstadt in Thüringen), auch in Böhmen (bei Marienbad, nicht bei Teplitz), Dänemark, Schweden, Nordamerika (Pennsylvania) usw. — Die mediterrane N. nigréscens DC. trat 1902 in Bayreuth auf.

Nahe mit Nonnea verwandt und hauptsächlich nur durch den fast bis zum Grund 5=spaltigen Kelch verschieden ist die Gattung Alkánna[2]) Tausch, die ebenfalls gegen 30 ähnlich verbreitete Arten zählt. Am verbreitetsten und be= kanntesten ist **Alkánna tinctória** (L.) Tausch (= Lithospérmum tinctorium L., = L. Lehmánni Tineo, = Alkanna Matthíoli Tausch, = Anchúsa tinctória Desf., = A. tuberculáta Forsk., = A. rhizóchroa Viv., = A. pusztárum Borb., = Buglóssum tinctorium Lam.). Alkannawurzel, Falsche Alkanna, Alkermeswurzel, Rotfärber= oder rote Wurzel, Rote oder Färber=Ochsenzunge; franz.: Racine d'or= canette, racine d'alcanna; engl.: Alkanet=root; ital.: Alcanetta; ungar.: Pirosító. Fig. 3146. Halbrosettenstaude mit zahlreichen, aufsteigenden, 1 bis 2 dm langen, dicht grauhaarigen Sprossen. Blüten in anfangs dichten, später sehr verlängerten Wickeln, mit blauer, den tief geteilten Kelch wenig überragender Krone, heterostyl. Heimat: Im ganzen Mittelmeergebiet häufig, nördlich bis Südfrankreich, Ligurien, Dalmatien und Ungarn (in den Stipa= und Festuca vaginata=Steppen auf Sand und Löss bis in die Gegend von Budapest). In Mitteleuropa

Fig. 3146. Alkanna tinctoria (L.) Tausch. Habitus.

---

[1]) Benannt nach dem Erfurter Arzt und Botaniker Johann Philipp Nonne, gest. 1772. Seine 1763 erschienene Flora von Erfurt enthält zahlreiche Irrtümer. Die jetzt zu Nonnea gestellten Arten wurden früher zu Buglossum, Anchusa oder Lycopsis gezählt. Medikus schrieb Nonnea.

[2]) Westarabischer, von Mattioli in die botanische Literatur eingeführter Name, von alkenna, henna oder hinnâ, das in erster Linie Lawsónia inérmis L. (Bd. V/2, pag. 748) bedeutet. Alkanna heisst bei den Westarabern hinnâ elguwalah, bei den Ostarabern schandschâr oder kahalâ. Dioskurides führt als antike Namen ἄγχουσα [ánchusa] (auch schon bei Theophrast, Hippokrates und Aristophanes, vgl. pag. 2197), Ἀλκιβιάδειον [alkibiádeion, von Alkibiades] und ὀνοχειλές [onocheilés] = Eselslippe an.

nicht frosthart, daher nur selten kultiviert (schon im 16. Jahrhundert) und verwildert (im Hafen von Mannheim 1908). Die kräftigen, 10 bis 25 cm langen und bis $1^{1}/_{2}$ cm dicken Wurzeln und der von Blattresten umhüllte, ästige Erdstock sind von einer brüchigen, leicht abblätternden, tief purpurnen bis dunkel-violettbraunen Rinde umkleidet, innen weiss oder gelblichweiss, fast geruchlos, von schleimigem, bitterlichem Geschmack. Das färbende Alkannin (Anchusin ($C_{15}H_{14}O_4$ oder $C_{15}H_{12}O_4$) ist in ihr zu 5 bis 6% und zwar nur in den äusseren Schichten und in amorphem Zustand enthalten. Es wird durch Extraktion in dunkelroten, ölglänzenden Krusten gewonnen und besteht zur Hauptsache aus dem in Aetherauszug mit Alkali sich grün färbenden Anchusarot (Anchusasäure $C_{30}H_{39}O_7$) und dem eigentlichen, im Alkohol-Aetherauszug mit Alkali sich bläuenden Alkannarot (Alkannasäure $C_{15}H_{14}O_4$), die beide durch Oxydation Anthrachinon geben und daher wohl Anthracenderivate darstellen. Der Farbstoff scheint nur im verletzten Gewebe aus dem Zellinhalt hervorzugehen und als Wandschutz zu dienen. Die Alkannawurzel wurde bereits im Altertum als Heilmittel und mit Oel und Fett als Schminke verwendet, später besonders ihres Gerbstoffgehalts wegen als Adstringens bei Diarrhöen und äusserlich zur Behandlung von Wunden, Hautkrankheiten usw. Heute wird sie nur noch als Farbstoff zum Färben von Oelen, Salben, Fetten, Likören, Konditoreiwaren, Baumwolle, Seide usw. gebraucht, in der Mikrotechnik in alkoholischer Lösung zum Nachweis von fetten und ätherischen Oelen, Harzen usw. Häufig ist sie mit der Henna oder echten Alkanna von der strauchigen Lythracee Lawsónia inérmis L. (= L. álba Lam.) [Bd. V/2, pag. 748] verwechselt worden, von der jedoch nur die Laubblätter zum Färben und als Heilmittel Verwendung finden. Zur Verfälschung der Alkannawurzeln dienen die gleichfalls Alkannin enthaltenden Wurzeln anderer Boraginaceen, besonders von Anchusa-, Onosma- und Lithospermum-Arten (z. B. L. erythrorrhízon aus Japan). Näheres bei Ella Eriksson, Ueber die Alkannawurzel (Ber. d. deutsch. pharm. Gesellsch. 1910, pag. 203). — A. primuliflóra Griseb. aus Ostrumelien, vielleicht nur eine Varietät der durch schwächere Behaarung und grössere, den Kelch überragende Krone verschiedenen A. Orientális (L.) Boiss., die im östlichen Mittelmeergebiet weit verbreitet ist, wurde in Schlesien (Haynau, Bunzlau) seit etwa 1902 mehrfach beobachtet.

1. Kelch weniger als bis zur Mitte geteilt. Nonnea . . . . . . . . . . . . . . . . . . . 2.
1\*. Kelch bis über die Mitte geteilt. Mehrjährige Arten. Alkanna . . . . . . . . . . . 4.
2. Mehrjährige, kurz grauhaarige Pflanze (wenn einjährig, siehe N. nigrescens pag. 2205). Krone meist dunkelpurpurbraun. Nüsschen fast kugelig . . . . . . . . . . . . . . . N. pulla nr. 2328.
2\*. Ein- bis zweijährige, schwächer behaarte Pflanzen. Nüsschen länglich . . . . . . . . . 3.
3. Sprosse nicht klebrig. Krone gelb . . . . . . . . . . . . . . . . . . N. lutea nr. 2329.
3\*. Sprosse klebrig, mit einzelnen längeren Haaren. Krone viel grösser als bei den vorigen, rosa, violett oder bräunlich. Zierpflanze . . . . . . . . . . . . . . . . . . . N. rosea pag. 2205.
4. Sprosse dicht grauhaarig, nicht klebrig. Krone blau . . . . . . . A. tinctoria pag. 2205.
4\*. Sprosse klebrig, flaumig behaart. Krone lebhaft gelb . . . . . A. primuliflora s. oben.

## 2328. Nonnea púlla[1]) (L.) DC. (= N. erécta Bernh., = N. Taúrica Ledeb., = N. átra Griseb., = Lycópsis pulla L., = L. vesicária Horn., = L. ciliáta C. A. Meyer, = Anchúsa pulla Bieb.). Braunes Mönchskraut. Fig. 3147.

Mehrjährig, mit spindeliger, oft mehrköpfiger Pfahlwurzel. Sprosse weich, frischgrün, von kurzen Drüsenhaaren und kurzen bis mittellangen, weichen Borstenhaaren $\pm$ grau. Stengel aufrecht, $\pm$ 3 bis 4 (2 bis 5) dm hoch, in der oberen Hälfte oft ziemlich stark ästig, stielrund, hohl, dicht beblättert. Laubblätter spiralständig, lanzettlich, die unteren stielartig verschmälert, die oberen $\pm$ stengelumfassend, $\pm$ $^1/_2$ bis 1 (bis $1^1/_2$) dm lang und 1 bis 2 cm breit, kurz zugespitzt, flach, ganzrandig oder schwach buchtig, beiderseits behaart, ohne deutliche Seitennerven. Blüten an kurzen, aufrechten, postfloral vergrösserten (3 bis 4 mm langen) und herabgekrümmten Stielen in reichblütigen, beblätterten, anfangs dichten, dann sehr verlängerten, traubenförmigen Wickeln. Kelch glockig, zur Blütezeit 6 bis 8, zur Fruchtzeit 9 bis 11 mm lang, nur zu $^1/_4$ bis $^1/_3$ in kurze, dreieckige Zähne geteilt, krautig, schwachnervig, um die Frucht etwas aufgeblasen. Krone 10 bis 14 mm lang, dunkel braunviolett bis schwarzpurpurn, selten hellbraun bis gelblichweiss, mit allmählich sich erweiternder, weisslicher Röhre, tief, doch über den sehr kleinen Staubblättern inserierten, auf kleine Haar-

---

[1]) Lat. púllus = schwarzbraun. Die Art wurde von Thal 1577 aus dem Harz als „Buglossa sylvestris nigra", dann von Ray als „Buglossum annuum pullo flore minimo vesicarium" beschrieben.

büschel reduzierten Schlundschuppen und 6 bis 8 mm breitem, von halbkreisförmigen Lappen gebildetem Saum. Narbe kurz zweilappig. Nüsschen schief eiförmig, ± 4 mm lang, warzig-runzelig, innen kantig, mit gekerbtem, die weissliche Pseudostrophiole umgebendem Ring. — V bis VIII, vereinzelt bis in den Winter.

In Magerwiesen, Weiden, Heiden, Feldrainen, Brachen, an Dämmen, Gräben, Weg= rändern usw. im Bereich der pontisch=pannonischen Flora und im Herzynischen Gebiet ziem= lich verbreitet und vereinzelt bis in die Fichtenstufe steigend, anderwärts nur verschleppt, aber an manchen Orten dauernd eingebürgert. Sowohl auf kalkreicher wie auf kalkarmer Unterlage.

In Deutschland vielleicht nirgends urwüchsig, aber im Hercynischen Gebiet alteingebürgert (am Harz schon von Thal gefunden), namentlich in Südschlesien (bis Oppeln und Tarnowitz), Sachsen (Dresden [früher], Zöschen, Leipzig, Kötzschau) und Thüringen bis zum Harz und Magdeburg, vereinzelt bis Bayern (vielfach im Donau= tal von Passau bis Regensburg, Isental, im Isargebiet bis Vater= stetten bei München, in Franken bei Eichstätt, Ansbach, Nürn= berg, Stadtsteinach, Kulmbach, Bayreuth, Lichtenfels und Würz= burg), Württemberg (selten adventiv, z. B. bei Ulm), im Rhein= tal (nur vorübergehend: mehrfach im Elsass, in Baden bei Hecklingen, Sandhaus und Kenzingen, in der Pfalz zwischen Kindenheim und Bubenheim, bei Landau und Homburg, in der Rheinprovinz in Gedesberg), in Westfalen (bei Marsberg und Unna, Holthausen bei Limburg), Hannover (nur bei Brüggen, Harzungen und Rüdigdorf am Harz), Altmark (Tanger= münde, Stendal), Posen (Inowrazlaw) und Westpreussen (Thorn, Graudenz), auch sonst in Nordostdeutschland öfters vorüber= gehend mit russischem Getreide eingeschleppt (so z. B. am Königsberger Bahnhof). — In Oesterreich in Nieder= und Oberösterreich, Mähren (bis Olmütz und Weisskirchen), Mäh= risch=Schlesien (Troppau, Skotschau) und Mittelböhmen recht verbreitet, ausserdem nur vorübergehend verschleppt (so bei Bad Neuhaus in Steiermark und an der Station Draga der Herpelje=Bahn in Istrien). — In der Schweiz erst in neuerer Zeit eingeschleppt: Kleefeld bei Orbe 1894, Vex und Bramois bei Sitten seit 1915, Ruchfeld bei Basel seit 1902, Mürren im Berner Oberland 1915 (in 1640 m Höhe, aus Abfällen von Vogelfutter), Bahnhof Buchs 1905 und mehrfach in Graubünden seit 1903 (Paspels im Domlesch, Felsberg bei Chur, Castiel).

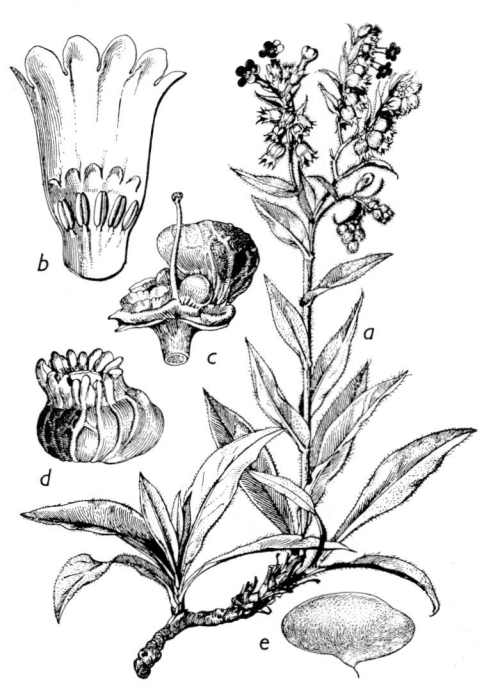

Fig. 3147. Nonnea pulla (L.) DC. *a* Habitus. *b* Krone aufgeschnitten. *c* Frucht. *d* Klause mit Elaio- som. *e* Same.

Allgemeine Verbreitung: Länder um das Schwarze Meer von Persien, Kleinasien und dem Kaukasus bis Mitteldeutschland und Polen, nordöstlich bis Kasan und Ufa, adventiv bis Dänemark und Südschweden.

Nonnea pulla ist somit eine pontisch=sarmatische Art, die sich nach Norden und Westen immer weiter ausbreitet (zumeist mit russischem und ungarischem Getreide). Ihre eigentliche Heimat bilden die pontischen Federgrassteppen (mehr die Waldsteppen als die baumfreien) mit Stipa pennata und St. capillata, Andropogon Ischaemum, Phleum phleoides, Koeleria gracilis, Festuca Vallesiaca subsp. sulcata, Dianthus Carthusianorum, Seseli annuum, Stachys rectus, Salvia nemorosa und S. pratensis usw., doch tritt sie auch in diesen vorwiegend ruderal an Wegen und Ackerrändern und besonders häufig apophytisch auf Kultur= land und Oedland auf, wie auf Festungswällen im südlichen Westpreussen und an den Bahnhöfen und Häfen des Rheingebiets. Durch Ameisen kann die myrmekochore Art dann leicht wieder in ± natürliche Trocken= wiesen gelangen, sodass sie z. B. in Schlesien und Thüringen, wo sie den Eindruck einer spontanen Pflanze macht, schwer ist, ihr Indigenat zu beweisen. Auf dem Rummelsberg im Plagefenn wächst sie u. a. zusammen mit Cynoglossum officinale, Falcaria, Euphorbia virgata, Artemisia campestris u. a., in Steinbrüchen bei Rabotein in Mähren mit Cerinthe minor, Salvia verticillata, Euphorbia virgata und E. Esula, Artemisia campestris, Tragopogon major usw. — Die Blüten werden anscheinend hauptsächlich durch Langhornbienen (Eucera=Arten) bestäubt.

Ab und zu (z. B. bei Thorn in Westpreussen, Pausram in Mähren, Mileschau bei Sennice und Lusa in Böhmen, Krems und Ottenthal in Niederösterreich) treten Individuen mit gelblichweisser Krone (f. ochro= leúca Opiz) auf. Im übrigen variiert die Art hauptsächlich in der Behaarung: var. glandulósa Opiz. Sprosse dicht drüsenhaarig, nur an den Laubblättern auch mit vereinzelten kleinen Borstenhaaren. — var. villósa Opiz. Sprosse von dichten Borstenhaaren grau, fast ohne Drüsen. Weitere Formen hat Opiz in Oekonom. techn. Flora v. Böhmen Bd. II beschrieben.

**2329. Nonnea lútea** (Desr.) Rchb. (=Lycópsis lutea Desr., = L. ciliáta Willd., = L. setósa Lehm., = Anchúsa lutea Bieb., = Nonnea setosa Roemer et Schultes). Gelbes Mönchs= kraut. Fig. 3148 und 3149.

Einjährig oder überwinternd 1=jährig. Sprosse schlaff, frischgrün, locker mit Flaum= haaren und längeren, abstehenden, mässig starren Borstenhaaren besetzt. Stengel aufsteigend bis aufrecht, ± 2 bis 3 (1½ bis 4) dm hoch. Laubblätter spatelig bis lanzettlich, die unteren stielartig verschmälert, die oberen sitzend, ± 2 bis 6 cm lang und 1 bis 2 (½ bis 2½) cm breit, allmählich in die Hochblätter des Blüten= stands übergehend, abgerundet oder kurz zugespitzt, ganz= randig oder buchtig gezähnelt, dünn, ohne deutliche Seiten= nerven, beiderseits borstig behaart. Blüten in einfachen, traubenförmigen, zur Fruchtzeit stark verlängerten, be= blätterten Wickeln, an kurzen, aufrechten, sich postfloral vergrössernden und ± herabschlagenden Stielen. Kelch glockig, zur Blütezeit 6 bis 7, zur Fruchtzeit 11 bis 17 mm lang, nicht ganz bis zur Mitte in lanzettliche, gerade vor= gestreckte Zipfel geteilt, besonders auf den 10 Nerven borstig behaart. Krone lebhaft hellgelb, 7 bis 10 mm lang, trichterförmig, aussen kahl, im oberen Drittel der Röhre mit sehr niedrigen, bärtigen Schlundschuppen; der 5 bis 7 mm breite Saum mit halb=kreisrunden Zipfeln. Staub= blätter mit länglichen, die Schlundschuppen erreichenden Antheren. Griffel mit kurz=2=lappiger Narbe. Nüsschen länglich=eiförmig, aufrecht, 4 mm lang, netzig=runzelig und sehr fein behaart, braungrün, mit ganzrandigem, die von einer vortretenden Pseudostrophiole eingenommene kreis= runde Ansatzfläche umgebendem Ring. — IV bis VI, ver= einzelt bis XI.

Zierpflanze aus den Kaukasusländern, in Gebüschen, Hecken, an Zäunen und Wegrändern, in Kiesgruben und Weinbergen leicht verwildernd und stellenweise dauernd angesiedelt.

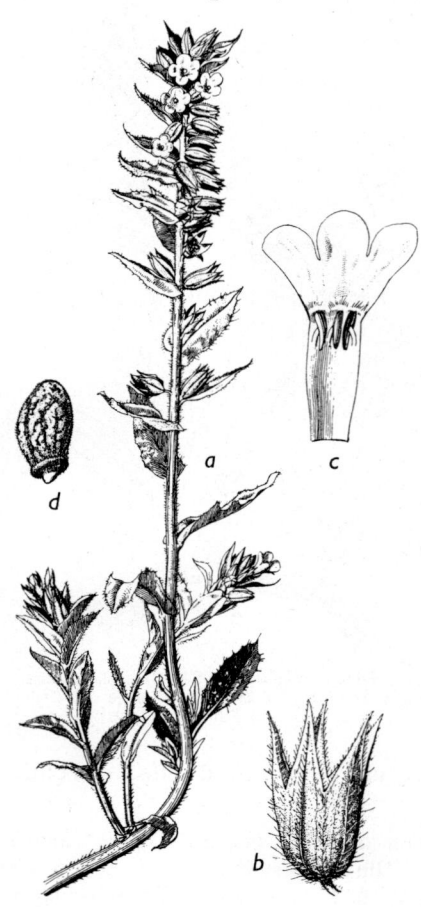

Fig. 3148. Nonnea lutea (Desr.) Rchb. *a* Blühender Spross. *b* Kelch. *c* Krone auf= geschnitten. *d* Nüsschen.

In Deutschland in einer Kiesgrube bei Heidelberg seit 1881, in Ilversgehofen bei Erfurt, mehrfach bei Erlangen und Würz= burg (1891) und beim Botanischen Garten von Breslau. — In Oester= reich erst in neuerer Zeit bei Wien und Prag (1911) verwildert. — In der Schweiz im Botanischen Garten von Zürich schon 1865 verwildert, seit zirka 1875 bei der Klusburg am Zürichberg völlig eingebürgert (Fig. 3149) und in Ausbreitung begriffen, in der Elfenau bei Bern 1907 gefunden, bei Chur im Lürlibad oberhalb Windeck (mit zirka 600 m der höchste mitteleuropäische Fundort) seit 1909 bekannt, aber wohl auch schon längst eingebürgert.

Allgemeine Verbreitung: Urwüchsig wohl nur in den Gebüschen der Steppen= täler um das Kaspische und Schwarze Meer; in Dalmatien, Italien (M. Cristo, Parma, Sardinien),

Südfrankreich (Korsika, Iles d'Hyères, Marseille usw.), auf den Balearen und in Südspanien wie in Mitteleuropa (bis Dänemark) wohl nur eingebürgert.

In Mitteleuropa scheint diese orientalische Art, die im Gegensatz zur vorigen keine eigentliche Steppenpflanze ist, zumeist aus botanischen Gärten verwildert zu sein. Dank ihrer reichlichen und raschen Fruchterzeugung und ihrer Myrmekochorie (Verbreitung durch Lasius- und Formica-Arten) dürfte sie sich immer weiter ausbreiten.

## DCXXI. Pulmonária[1]) L. Lungenkraut. Franz.: Herbe aux poumons, pulmonaire; engl.: Lungwort; ital.: Polmonaria.

Stauden mit kriechendem, oft ästigem, dicke Wurzeln, im Frühling Blütensprosse und hernach Laubblattrosetten treibendem Wurzelstock. Rosettenblätter lang gestielt. Stengel aufrecht. Stengelblätter wenig zahlreich, spiralständig, nicht oder undeutlich gestielt, ganzrandig, weichhaarig, bei mehreren Arten mit Silberflecken. Blüten deutlich gestielt, in meist armblütigen, beblätterten Doppelwickeln. Kelch mit glockiger Röhre und ± halb so langen, stumpf dreieckigen Zähnen, postfloral sich stark vergrössernd. Krone trichterförmig, anfangs karminrot, dann meist violett bis rein blau, seltener bleibend rot, mit auf Haarbüscheln reduzierten Schlundschuppen und abgerundeten Zipfeln. Staubblätter meist unter dem Haarring sitzend, mit sehr kurzen Filamenten. Griffel fädlich, mit kopfiger oder kurz zweilappiger Narbe, meist heterostyl. Nüsschen aufrecht, eiförmig, meist glatt, mit rundlicher, von einer als Elaiosom ausgebildeten Pseudostrophiole eingenommener und von einem nur schwach entwickelten, glatten Ringwall umgebener Ansatzfläche.

Die morphologisch wie ökologisch recht einheitliche Gattung ist auf Süd-, Mittel- und Osteuropa, Vorderasien und Sibirien beschränkt. Die Umgrenzung der Arten wird recht verschieden vorgenommen („De Pulmonariis quot capita tot sensus" De Candolle) und bereitet bei dem häufigen Vorkommen von Bastarden grosse Schwierigkeiten. Die 4 bis 7 (nach Kerner 10, nach den neueren österreichischen und ungarischen Autoren mindestens 12) Arten verteilte A. Kerner in seiner Monographia Pulmonariarum (Innsbruck, 1877) auf die folgenden 3 Gruppen, die bei der nahen Verwandtschaft aller Arten kaum den Rang von Sektionen verdienen: Strigósae. Sprosse rauh-borstig, nicht drüsig. Sommerblätter lanzettlich, nicht

Fig. 3149. Nonnea lutea (Desr.) Rchb., eingebürgert bei der Klusburg, Zürich. Phot. Emil Ganz, Zürich.

---

[1]) Von lat. púlmo = Lunge, für unsere Gattung zuerst bei Fuchs (Lungwurz schon bei der Heiligen Hildegard). P. officinalis wird seit dem Mittelalter (im Altertum anscheinend noch nicht) gegen Lungenleiden gebraucht (Hérba Pulmonáriae maculósae). Mit den anderen Hustenmitteln (z. B. den Flechten Lobaria pulmonaria und Cetraria Islandica, die wohl auch den Hauptbestandteil von solchen Präparaten wie „Pulmonin" usw. bilden), kann sie kaum konkurrieren. Als Pulmonaria arborea, Lungenmoos oder Lungenflechte ist seit dem Altertum (pulmonaria herba lichen bei Plinius, Pulmonaria arborea der Pharmakopöen) die Blattflechte Lobária pulmonária (L.) Hoffm. (= Sticta pulmonácea Ach.) bekannt.

deutlich gestielt. Hierher P. angustifolia und von ihr abzuleitende Sippen, worunter auch gefleckblättrige, die oft als P. saccharáta Miller (= P. grandiflóra DC.) zusammengefasst werden, sich aber nach Rouy auf (abgesehen von P. Kerneri Wettst.) mindestens 3 Sippen verteilen: P. pícta Rouy (= P. saccharata Kerner non Mill., = P. officinális var. saccharata Arcang.) aus Mittelitalien (Fig. 3151 b), seit dem 16. Jahrhundert (zuerst in Bologna) öfters kultiviert und verwildert, so beim Friedhof von Ludwigshafen in der Pfalz, bei Spaa in der Rheinprovinz und in Belgien. — P. longifólia Bastard (= P. saccharata Miller p. p., = P. angustifolia var. maculáta Gaudin) (Fig. 3150 e bis h) in Westeuropa von Portugal bis Holland und Belgien, angeblich auch in der Schweiz (von C. Bauhin in Basel und von Muralt in Zürich gefunden, an beiden Orten wohl nur verwildert). — P. confúsa Rouy. Der P. tuberosa stärker genäherte Sippe aus Mittel- und Ostfrankreich. — Asperae. Sprosse rauhhaarig. Sommerblätter mit deutlich abgesetztem Stiel. Hierher der Formenkreis der P. officinalis mit der den vorgenannten genäherten P. affínis Jordan (= P. saccharata Gren. et Godron non Mill.) in Frankreich und Belgien. — Mólles. Sprosse weich und dicht drüsig behaart. Sommerblätter mit deutlich abgesetztem Stiel. Hierher P. montana (inkl. P. mollissima und den wohl Bastarde derselben darstellenden P. Stiriaca und P. Vallarsae), ferner die ungarische P. Filarszkyána Jávorka und die ziegelrot blühende, auf die Ostkarpaten (Süd-Ungarn, Banat, Siebenbürgen und Moldau, besonders in Buchenwäldern) beschränkte, in Mitteleuropa zuweilen als Zierstaude gezogene P. rúbra Schott (= P. Transsilvánica Schur, = P. Dácica Simonkai). — Godron fasste P. angustifolia und P. montana als P. variabilis, Mérat P. angustifolia und P. officinalis als P. vulgaris zusammen, während namentlich Kerner eine grössere Zahl von Arten unterschied. — Die Pulmonarien zeichnen sich durchwegs durch frühe Blütezeit und starke postflorale Umwandlung sowohl der Laubblätter wie der Kelche aus. Die Heterostylie macht sich nach W. Bally (in Archives Sc. phys. et. nat. Genf 1909, pag. 192) erst kurz vor dem Aufblühen bemerkbar; die mikrostylen Stöcke sollen zur Blütenentfaltung mehr Nährstoffe brauchen als die makrostylen. Die Myrmekochorie ist schon von Ludwig erkannt und von Sernander experimentell untersucht worden. Bastardierung ist ausserordentlich häufig und viele Bastardderivate haben sich seit dem Tertiär über das Areal der Eltern hinaus ausgebreitet, sodass sie heute als selbständige Arten oder Unterarten erscheinen. Vielleicht lassen sich alle heute lebenden Pulmonarien auf nur 4 alte Tertiär-Arten zurückführen: die eurosibirische P. azurea (angustifolia), die submediterrane P. maculosa (officinalis), die sarmatisch-pontisch-pannonische P. mollissima und die karpatische P. rubra. Vgl. hiezu das Diagramm am Schluss der Gattung (Fig. 3157).

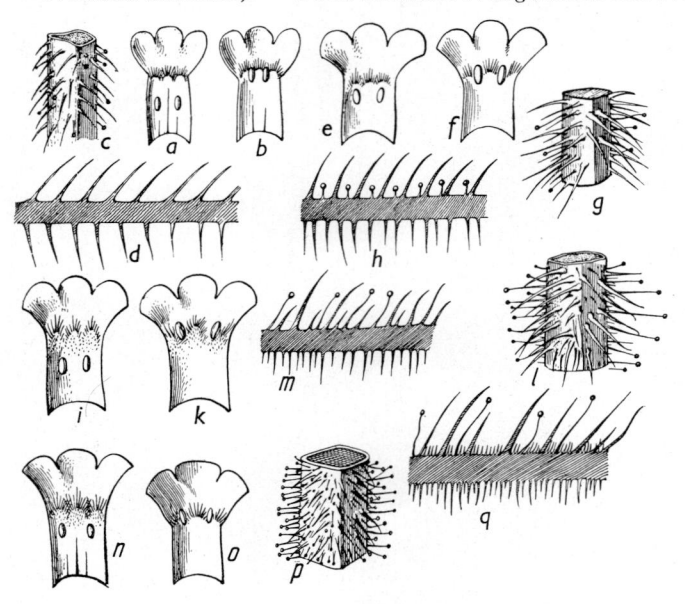

Fig. 3150. Krone, schematische Blattquerschnitte und Stengelstücke von Pulmonaria: *a* bis *d* P. angustifolia L. subsp. azurea (Besser). *e* bis *h* P. longifolia Bast. *i* bis *m* P. tuberosa Schrank. *n* bis *q* P. Vallarsae Kerner (nach Kerner).

1. Wurzelstock ziemlich dünn. Rosettenblätter und untere Stengelblätter mit scharf abgesetztem Stiel und ± herzeiförmiger, meist deutlich fiedernerviger, ziemlich rauh behaarter Spreite. Auch der Blütenstand rauhhaarig, wenig drüsig. Krone meist violett, nie rein blau . . . . . P. officinalis nr. 2331.

1*. Wurzelstock dick walzlich. Stengelblätter alle sitzend, ohne deutliche Fiedernerven. Spreite der Rosettenblätter meist nur unscharf vom Blattstiel abgesetzt, nie herzförmig . . . . . . . . . . . . 2.

2. Stengelblätter zu 4 bis 7, nur 1 bis 2 cm breit. Rosettenblätter lanzettlich, sehr allmählich in den Blattstiel verschmälert, 1½ bis 3 (bis 3½) cm breit, meist ohne deutliche Seitennerven und ohne Drüsen, ungefleckt (ausser bei der Rasse Kerneri, wenn mit grossen, verwaschenen Flecken, vgl. P. saccharata oben). Blütenstand nicht klebrig, dicht. Kelch 10-nervig. Krone nach der Entfaltung azur- bis kobaltblau, selten weiss . . . . . . . . . . . . . . . . . . . . . . . . . . . . . P. angustifolia nr. 2330.

2*. Stengelblätter zu 5 bis 8, 2 bis 4 cm breit, gleich den Rosettenblättern ± dicht weich behaart und oberseits drüsig. Rosettenblätter mit langem Stiel und eiförmiger, ± 4 bis 6 (3 bis 8) cm breiter Spreite. Blütenstand dicht drüsig, bald locker. Kelch 5-nervig. Krone nach der Entfaltung blauviolett (wenn bleibend rot, vgl. P. rubra oben) . . . . . . . . . . . . . . . . . . . . . . . . . . P. montana nr. 2332.

**2330. Pulmonaria angustifólia**[1]) L. (= P. média Host, = P. variábilis var. angustifolia Godron, = P. montána Wulfen non Lejeune). Schmalblätteriges Lungenkraut. Fig. 3150a bis m, 3151 und 3152.

Wurzelstock sehr kräftig, mehrköpfig, mit langen, dicken Wurzelfasern. Sprosse dunkelgrün, ziemlich dicht mit ungleich=langen Borstenhaaren und meist viel weniger zahl= reichen, kleinen und nicht klebrigen Drüsenhaaren besetzt. Stengel 1 bis 2 (bis 11) dm hoch. Rosettenblätter stets erst nach den Blütensprossen erscheinend, lanzettlich, $\pm$ allmählich in den Blattstiel verschmälert, $\pm$ 1 bis 2 (bis $2^{1}/_{2}$) dm lang und $1^{1}/_{2}$ bis 3 (bis $3^{1}/_{2}$) cm breit, spitz, ganzrandig oder etwas buchtig, ohne deutliche Seitennerven. Stengelblätter unterhalb dem untersten Wickel 4 bis 7, mit abgerundetem Grund sitzend, $\pm$ 3 bis 6 (bis 10) cm lang und $\pm$ 1 bis 2 cm breit, sonst wie die Rosetten= blätter. Blütenstand aus mehreren beblätterten, auch zur Fruchtzeit ziemlich dichten, weich, aber nie klebrig behaarten Wickeln zusammen= gesetzt. Blütenstiele sehr kurz, zur Fruchtzeit bis 1 (selten bis $1^{1}/_{2}$) cm lang, sich herab= krümmend. Kelch zur Blütezeit 8 bis 9, zur Fruchtzeit 10 bis 15 mm lang, fast bis zur Mitte in 3=eckig=lanzettliche, grüne oder blau über= laufene Zipfel geteilt. Krone 12 bis 20 mm lang, anfangs karminrot, später lebhaft kobalt= bis azurblau, aussen kahl. Nüsschen eiförmig, 4 mm lang, glatt, hell lederbraun. — IV, V, in höheren Lagen bis VII.

In Mager= und Fettwiesen, Zwergstrauch= heiden und lichten Wäldern von der montanen bis in die subalpine Stufe der Alpen und der Mittelgebirge, selten auch im Tiefland und in der alpinen Stufe (im Wallis bis 2280 m, in Oberengadin bis 2620 m). Sowohl auf Kalk wie auf kalkarmer Unterlage, bald nach der Schneeschmelze blühend.

Allgemeine Verbreitung: Von Spanien und Frankreich bis fast ins ganze Rhein= und Donaugebiet, nördlich bis England (Hampshire, Dorset, Wight), Mitteldeutschland, Däne= mark (selten auf Seeland und Langeland), Südschweden (Schonen, Småland, Westergötland), Estland (angeblich auch im südlichsten Finnland), Witebsk; östlich bis Mittel= und Südrussland (bis ins Wolgagebiet); südlich bis zum nördlichen Kaukasus, zur unteren Donau, Serbien, Kroatien und Norditalien.

Fig. 3151. Pulmonaria angustifolia L. subsp. azurea (Besser). *a* Habitus postfloral. — *b* Laubblatt der P. picta Rouy.

P. angustifolia gehört dem mitteleuropäischen Florenelement an. Sie umfasst mehrere, meist als Arten bewertete, aber bisher nicht scharf von den Bastarden zu trennende Unterarten, von denen für uns in Betracht kommen:

1. subsp. **azúrea** (Besser) (= P. angustifólia L. s. str. et var. azurea Neilr. et var. austrális Murr, = P. azurea Besser, = P. Clúsii Baumg., = P. angustáta Schrader, = Béssera azurea Schult.). Fig. 3151 a. Stengel $1^{1}/_{2}$ bis 3 dm hoch, gleich den Laubblättern dicht mit weichen, abstehenden, die spärlichen, kleinen Drüsenhaare weit überragenden Borstenhaaren besetzt. Laubblätter nie gefleckt, spitz lanzettlich, die

---

[1]) Von Clusius als Pulmonaria angustifolia cœruleo flore und P. III. austriaca und von C. Bauhin als Symphytum maculosum s. Pulmonaria angustifolia coerulea beschrieben.

stengelständigen nur ³/₄ bis 1¹/₂ cm, die grundständigen, allmählich in den geflügelten Blattstiel verschmälerten 1¹/₂ bis 2 cm breit, im Sommer ausnahmsweise bis über 30 cm lang und bis 4 cm breit. Krone nach der Entfaltung rein azurblau, selten weiss, innen unter dem Haarring ganz kahl. Die in Nord- und Ost-Europa allein vertretene, wohl ursprünglichste Unterart.

In Deutschland wohl nur im Rheingebiet und im Nordosten, doch infolge der häufigen Verwechslung mit Bastarden der Verbreitung nach sehr ungenügend bekannt. Zerstreut im Ober- und Mittelrheingebiet (für die Vogesen fraglich, fehlt dem Schwarzwald, in der Bayerischen Pfalz nur einmal [1901] als Gartenflüchtling in Ludwigshafen) bis in die Rheinprovinz (Mainzerbecken, Nahetal und angrenzende Gebiete), Hessen und ins Maingebiet (zerstreut im Fränkischen Keuper- und Muschelkalkgebiet bis zum Fichtelgebirge [Berneck] und in den Jura [Eichhofen, Undorf], in Unterfranken jetzt gesetzlich geschützt). Alle Angaben aus dem Donaugebiet (Hohentwiel, Eichelau bei Augsburg, Wörthsee, München, Mintraching) sind sehr fraglich und beruhen vielleicht alle auf Verwechslung, ebenso wie auch die Angaben aus Hannover (Ith bei Lauenstein), dem Harz (Huy) und Schleswig-Holstein (Lauenburg, Alsen); auch die meisten Pflanzen aus dem Mittelrhein- und Maingebiet scheinen der folgenden Unterart mindestens stark ähnlich zu sein. Sehr zerstreut in Schlesien, Brandenburg (früher auch bei Berlin, im Bredower Forst zuletzt 1919 gefunden), Pommern, West- und Ostpreussen, doch nicht in Posen. — In Oesterreich in den Sudetenländern (in Böhmen in der Elbeniederung, bei Teplitz, Saaz und im Brdywald, Duppauer Basaltgebirge, in Mähren bei Znaim, Brünn, Göding, Bisenz, Prossnitz, Rautenberg, Stramberg, Hochwald, in Schlesien bei Jägerndorf und Troppau), sehr zerstreut in Nieder- und Oberösterreich, Steiermark, Krain, Istrien und Friaul. Fehlt in Salzburg, Kärnten und Nordtirol (die Angabe von Rattenberg im Unterinntal bezieht sich wohl auf P. montana), dagegen wieder in Südtirol (von Rovereto und dem Monte Baldo zerstreut bis zur Kreuzkofelgruppe, Kals, Taufers, Bruneck, Eisacktal und Vintschgau). — In der Schweiz nur in Graubünden (in den südlichen Tälern ziemlich verbreitet, im Berninagebiet bis 2620 m steigend, im Inntal abwärts bis in die Umgebung von Schuls-Tarasp und in den Nationalpark, im Rheingebiet nur im Albula-, Hinterrhein- und Glennertal) und im Tessin (im Süden und Osten anscheinend recht verbreitet, westlich vom Verzascatal nur bei Bosco). Adventiv im Basler Bahnhof 1918. Die übrigen Angaben aus der Westschweiz beziehen sich auf die folgende Unterart. Einige Fundorte beruhen vielleicht auf ursprünglicher Anpflanzung, da die schöne Pflanze zuweilen als Zierstaude (u. a. auch mit weisser Krone, f. lactiflóra Domin) gezogen wird. P. parviflóra Knapp besteht lediglich aus kleinblütigen Individuen der zu Gynodioezie neigenden Pflanze.

Fig. 3152. Pulmonaria angostifolia L., Fahnersche Höhen bei Gotha/Thüringen. Phot. O. Fröhlich, Jena.

2. subsp. **tuberósa**[1]) (Schrank) (= var. lanceolátá et mínima Gaudin, = var. oblongáta Lehm.?, = var. áspera Kirschleger, = var. genuína Duftschmid?, = P. vulgáris[2]) Merat p. p.). Fig. 3150 i bis m und 3152. Stengel 1 bis 3 dm hoch, gleich den Laubblättern kurz und ziemlich weich behaart, die Borstenhaare die spärlichen Drüsenhaare überragend. Laubblätter nie gefleckt, breiter als bei der vorigen Unterart, die Rosettenblätter mit deutlicher, vom Blattstiel abgesetzter, 2 bis 3 (bis 3¹/₂ cm breiter) Spreite, die Stengelblätter 1 bis gegen 2 cm breit. Krone nach der Entfaltung lebhaft kobaltblau bis dunkelviolett, innen manchmal auch unter dem Haarring behaart.

---

[1]) Schon von Bock als Waldochsenzung, von C. Bauhin als Pulmonaria angustifolia fl. coeruleo rubente, von Mappus als P. Alpina, foliis mollibus, subrotundis, flore coeruleo unterschieden.

[2]) Dieser z. B. von Schinz und Keller angenommene Name kann deshalb nicht beibehalten werden, weil ihn Mérat für den gesamten Formenkreis sowohl der P. angustifólia wie der P. officinalis brauchte. Vgl. über die recht verworrene Nomenklatur auch A. Becherer in Le Monde des Plantes Bd. XXVI, 1925.

Nur in West= und Südeuropa, erreicht im Gebiet die Nord= und Ostgrenze. In Deutschland fast im ganzen Rheingebiet vom westlichen Bodenseegebiet (im Hegau) bis in die südliche Rheinprovinz (besonders verbreitet, wenn auch nicht häufig, in den Vogesen), in Hessen (Wetterau, Meisenheim), Württem=  berg (anscheinend ziemlich verbreitet, im Schwarzwald nur bei Reinerzau und Schramberg, im Oberland nur bei Isny und im Hegau) und Südbayern (nordwestliche Umgebung von München, Lenggries, Rosenheim, bei Regensburg und Regenstauf). — Scheint in Oesterreich ganz zu fehlen (Traunalluvionen in Oberösterreich?). — In der Schweiz nur im Westen vom Genfersee bis in den Neuenburger Jura (am Suchet bis gegen 1200 m steigend, die Angaben aus dem Berner Jura beziehen sich durchwegs auf P. montana subsp. mollis) und durch die Waadtländer Alpen bis ins Wallis (bis zum Col du Jorat und den Alpen von Outre=Rhône und Fully, wo bis 2280 m, angeblich auch auf denen von Sitten und Siders), und durch die Freiburger, Berner und Luzerner Alpen bis zum Vierwaldstättersee, im Tessin nur um den Luganersee und im Mendrisotto, für die Ostschweiz (angeblich Schleitheim im Kanton Schaffhausen) fraglich.

Eine in Westeuropa bis ins Rheingebiet anscheinend weitverbreitete Sippe mit breiten, eiförmigen Laub= blättern und oberwärts kahler Kronröhre ist var. ovalifólia Caruel et St. Lager (= P. tuberosa var. oblónga Grogn.).

Ziemlich sicher hybridogen sind die Sippen mit gefleckten Laubblättern, wie P. longifólia Bastard (= P. sacchárata Miller p. p. nach Rouy) in Frankreich (bis Lothringen), Belgien und Holland (Fig. 3150 e und h) und einige andere aus Frankreich beschriebene Sippen, denen sich in den Ostalpen folgende anreiht:

**P. Kernéri**[1]) Wettstein (als Art). Stengel bis 4 dm hoch, mit abstehenden Borstenhaaren und diese oberwärts überragenden Drüsenhaaren besetzt. Laubblätter ungefleckt oder häufiger weissfleckig, beider= seits anliegend steif borstig, drüsenlos, die grundständigen sehr lang (bis 5 dm), sehr allmählich in den Blatt= stiel verschmälert, die stengelständigen eiförmig=lanzettlich. Krone nach der Entfaltung blauviolett.

Nur in Niederösterreich (in den Voralpen bei Lassing und Lunz) und Steiermark (Waldwiesen um Palfau, am Tamischbachturm, Spitzenbach bei St. Gallen). Wahrscheinlich handelt es sich bei dieser von Wettstein in den Verhandl. der zool.=botan. Gesellschaft Wien 1888 (Abh. 559. Bd. XIII) als Art beschriebenen Pflanze doch nur um einen Abkömmling einer Kreuzung der subsp. azurea mit den folgenden Arten.

Pulmonaria angustifolia ist somit eine in ihrer Verbreitung und Variabilität noch recht ungenügend bekannte Art. Die Merkmale des Kelches, der Krone und der Frucht (kahl oder behaart) scheinen keine sichere Unterscheidung zu gestatten, sodass zur Abgrenzung der einzelnen Rassen untereinander und gegen= über den anderen Arten hauptsächlich auf die Gestalt und Behaarung der Laubblätter, namentlich der erst zur Fruchtzeit gebildeten Rosettenblätter abgestellt werden muss. Die Art ist durch ihre ausserordentliche Anpassungsfähigkeit an Klima und Boden bemerkenswert, die ihre lückenhafte Verbreitung um so merkwürdiger erscheinen lassen. Sie wächst ebensogut in Eichen= und Ostrya=Beständen auf Kalk und in Kastanienhainen auf kalkarmem Boden in Insubrien und in böhmischen Eichenwäldern (z. B. mit Melittis und Pleurospermum), wie in Magerwiesen des Flachlands (z. B. in Kiefernhainen auf Sand in Preussen und in den Sudetenländern und in den Brachypodium pinnatum= und Bromus erectus=Wiesen auf dem Niederterrassenschotter der Münchener Ebene) und der Gebirge, in den Alpen sowohl in den verschiedenartigsten Mager= und Fettwiesen (z. B. im Unterwallis in Trisetumwiesen mit Bulbocodium vernum) auf Kalk und kristallinem Gestein und besonders in den verschiedenartigsten Zwergstrauchheiden (Juniperus montana, Arctostaphylos Uva ursi, Erica carnea, Rhododendron usw.), sowohl auf offenem Gelände wie namentlich auch in lichten Nadelwäldern (besonders Föhren= und Lärchenwäldern). In den eigentlichen Trockengebieten scheint sie feuchtere Standorte, in feuchten Gegenden und im ganzen Ostseegebiet dagegen trockene und warme zu bevorzugen. So wächst sie am Braheufer in Westpreussen mit Carex montana und C. ericetorum, Pulsatilla=Arten, Peucedanum Cervaria und P. Oreoselinum, Veronica spicata usw. Unterschiede in den Standortsansprüchen der Unterarten scheinen nicht zu bestehen. Sowohl die subsp. azurea wie die subsp. tuberosa scheinen geographische Rassen darzustellen, die im Grenzgebiet (z. B. in Mitteldeutschland und in den Südalpen) durch Zwischenformen (Bastarde?) ver= bunden sind. Ihre genetischen Beziehungen sind noch gänzlich unklar. — Die Blüten werden hauptsächlich von Hummeln bestäubt.

**2331. Pulmonaria officinális**[2]) L. (= P. maculósa Hayne et P. obscúra Dum.). **Echtes Lungenkraut**, Hirschmangold, Hirschkohl, Unserer lieben Frauen Milchkraut, Blaue Schlüsselblume. Franz.: Pulmonaire, herbe aux poumons, herbe au lait de Notre=Dame, herbe=

---

[1]) Nach Anton Kerner von Marilaun, dem Monographen der Gattung und Schwiegervater des Autors.

[2]) „Pulmonaria maculosa" bei L'Obel, „P. vulgaris I. foliis maculatis" und „P. II. non maculosa" bei Clusius, „P. altera" bei Mattioli, „P. herba flore coeruleo punicante" bei Thal, „P. latifolia" und „Sym= phytum maculosum" bei C. Bauhin, „P. Italorum" bei J. Bauhin usw. Vielleicht die „Lungwurz" der Heiligen Hildegard und die „klein Walwurtz" Bocks.

cœur, sauge de Jérusalem; engl.: Lungwort, dage of Jerusalem; niederländ.: Onser Vrowen Melckcruydt; dän.: Lungeurt; ital.: Polmonaria. Taf. 221, Fig. 1 und Fig. 3153 a bis e.

Die Bezeichnung Lungenkraut (auch volkstümlich) bezieht sich auf die Verwendung der Pflanze gegen Lungenkrankheiten. Als Frühlingspflanze und wegen einer äusserlichen Aehnlichkeit mit der Schlüsselblume (Primula officinalis) wird das Lungenkraut genannt: blaue Kirkeschlötel (Niederrhein), râte [rote] Himmelsschlissel (Nordthüringen), (blaue, rote) Himmelsschlüssel (bayrisch-österreichisch), rote Batenke (Schwäbische Alb), Vater- und Mueterschlüssili, Brunneschlüssili (Schaffhausen). Auf die Blütenform, die bald mit einem Handschuh, bald mit weiten Hosen verglichen werden, gehen ferner: Haentscheblueme (Baden), Handschechrut, -blüemli (Aargau), Pluderhosa (Schlesien), Hoselotterer, Schlotterhose (Thurgau), Plump-Hose(n) (Aargau), Hoseschiesser, Güggelhose, Lotterhösli (Schaffhausen). Viele Bezeichnungen spielen auf die (zuerst rote, dann blaue) Blütenfarbe an, so Bayern und Franzosen [Farbe der Uniformen?] (Oberbayern), Ähnl und Ahnl [Grossvater und Grossmutter] (Niederösterreich), Fleisch und Blut (z. B. Oberösterreich, Baden), Blutkraut (Oberhessen), Bluetnägele (Schwäbische Alb), Gigeri-Hahner (Oberbayern), Güggili (Baden), Goggahe(n)la, Hääle (Schwäbische Alb). Die behaarten Blätter dürften Namen veranlasst haben wie Hundszunge (Oberösterreich), Hirschzunge (Böhmerwald), Katzedööbeli (Baden), Bettelmänner [rauhe Kleidung der Bettler?] (Mittelfranken). Andere Namen sind noch Kuckucksblumen (z. B. Mittelfranken, Sachsen), Osterblume (Oberösterreich), Wolfsblume (Pfalz), Slangenkrut (Schleswig), Annamiarl, Alte Weiber, Schneiderbleaml (Oberösterreich), Teekraut (Riesengebirge), Königsstiefeli (Schaffhausen).

Wurzelstock ziemlich dünn, ästig, unverdickte Wurzeln, Blütensprosse und fast gleichzeitig auch Laubblattrosetten treibend. Sprosse frischgrün, locker mit abstehenden, etwas starren Borstenhaaren und (namentlich im Blütenstand) kurzen, nicht klebrigen Drüsenhaaren besetzt. Stengel ± 1 bis 2 (bis 3) dm hoch, unter dem aus mehreren, dichten und oft ziemlich reichblütigen, nur am Grund mit Hochblättern versehenen Doppelwickeln zusammengesetzten Blütenstand mit 4 bis 7 Stengelblättern. Rosettenblätter (Sommerblätter) mit 5 bis 10 cm langem, ungeflügeltem, scharf abgesetztem Stiel und eiförmiger bis am Grund schwach herzförmiger, ± ebenso (4 bis 12 cm) langer und 2 bis 5 cm breiter, ziemlich scharf zugespitzter, ± deutlich fiedernerviger, unterseits bläulichgrüner und schwächer als oberseits behaarter, fast ganz drüsenloser Spreite. Untere Stengelblätter in einen kurzen, geflügelten Stiel verschmälert, die oberen sitzend, ± 4 bis 6 (2 bis 8) cm lang und 1 bis 2 (bis 3) cm breit, ± scharf bespitzt, nur die untern zuweilen mit schwachen Fiedernerven, sonst wie die Rosettenblätter. Blütenstiele kurz, ziemlich dicht drüsig, zur Fruchtzeit 4 bis 6 mm lang. Kelch röhrigglockig, zur Blütezeit 6 bis 8, zur Fruchtzeit 9 bis 12 mm lang, zuletzt etwas aufgeblasen, schwach netznervig, die dreieckigen, gerade vorgestreckten, zuweilen bläulich überlaufenen Zähne nur $1/5$ bis $1/3$ so lang als die Röhre. Krone 13 bis 18 mm lang, anfangs rosa, dann violett, selten bleibend karminrot oder weiss, kahl, nur in der Röhre mit einem Haarring. Griffel ungleich lang. Nüsschen $3^{1}/_{2}$ bis 4 mm lang, anfangs kurz behaart, reif ± kahl, glänzend braun bis schwarz, schwach gekielt, mit deutlich abgesetztem, das weissliche Elaiosom umgebendem Ring. — III bis V.

In lichten, nicht zu trockenen Laubgehölzen, seltener auch in Nadelgehölzen, sowohl auf kalkarmer wie auf kalkreicher Unterlage, gern an Bachufern, weit verbreitet und in vielen Gegenden gemein, jedoch auch auf weite Strecken fehlend. Steigt viel weniger hoch als P. angustifolia (im Bayerischen Wald bis 1150 m, in den Bayerischen Alpen bis 1230 m, im Tiroler Inntal bis 1720 m, Sexten bis 1900 m, in der Schweiz und in den Vogesen meist nur unter 1000 m, im Tessin vereinzelt bis 1700 m).

In Deutschland ziemlich verbreitet und in den meisten Gegenden häufig, fehlt jedoch auf den Nordseeinseln, in Ostfriesland, den Emsländern, auf grössere Strecken auch im nordostdeutschen Flachland, in den höheren Teilen des Harzes, Schwarzwaldes, der Alpen (im Allgäu jetzt geschützt) usw. — In Oesterreich sehr verbreitet, nur in einzelnen Alpengegenden und im südlichen Istrien selten. — In der Schweiz in den tieferen Lagen des Jura und im grössten Teil des Mittellandes nicht selten, in den Alpen nur sehr vereinzelt im Rhonetal (bis St. Maurice und Vernayaz), im Reusstal, im Kt. St. Gallen und im Tessin (nördlich bis in die Umgebung von Locarno und Bellinzona (fehlt ganz im Mittel- und Oberwallis, in den Freiburger, Berner, Unterwaldner, Glarner und Appenzeller Alpen, im Zürcher Oberland, sowie in ganz Graubünden).

Allgemeine Verbreitung: Im grössten Teil Europas, nördlich bis zu den Niederlanden (in England und Schottland nur eingebürgert), Dänemark (verbreitet und häufig), Süd- und Mittelschweden (bis Gäfle, fehlt westlich vom Vänern und in Norwegen), Südfinnland, Olonezkarelien, östlich bis Mittel- und Südrussland (bis zu den Vorbergen des Kaukasus), südlich bis zu den nördlichen Balkanländern, Nord- und Mittelitalien; westlich nur bis zu den Ardennen, dem französischen Jura, Saône- und Rhonetal (in Belgien und dem grössten Teil Frankreichs durch P. affinis Jordan ersetzt).

Die somit rein mitteleuropäische Art umfasst 2 meist geographisch geschiedene, aber durch zahlreiche Zwischenformen verbundene Unterarten:

subsp. **maculósa** (Hayne) (= var. maculáta Ascherson, = var. týpica Beck, = P. maculosa Hayne, = P. maculata Blackw., = P. Conrádi Opiz [dies das Frühlingsstadium], = P. saccharáta Koch non Miller). Laubblätter meist deutlich weissfleckig, ziemlich rauh behaart. Stiel der Rosettenblätter meist länger als die ziemlich kurze Spreite. Krone violett, selten weiss (f. álba Tausch). Nördlich vereinzelt bis Holland, Dänemark, Schonen und Estland.

In Deutschland nur im Oberrheingebiet und im südlichen Bayern häufiger als die folgende Unterart (in Württemberg nur in der Nähe des Bodensees, für das Elsass fraglich), im übrigen Gebiet sehr zerstreut, nördlich bis Westfalen (Höxter), Harzgebiet, Kiel, Mecklenburg (z. B. Rostock), Pommern, Brandenburg, Schlesien und Posen (sehr selten, z. B. bei Lischkowo). — In Oesterreich sehr verbreitet und, mit Ausnahme der Sudetenländer, viel häufiger als subsp. obscura. — In der Schweiz nur am Untersee, im Thurtal, sowie in den Kantonen St. Gallen, Schaffhausen, Aargau, Neuenburg, Freiburg, im Rhonetal (aufwärts bis Vernayaz) und im Tessin. Zu dieser, durch Zwischenformen auch noch in Schweden und um Petersburg vertretenen Unterart werden auch gestellt Formen mit nicht gefleckten, aber an ihren langen Stielen kenntlichen Rosettenblättern (f. longístipes Borb.), so z. B. in Südtirol, wo die typische obscura fehlt, sowie Formen mit gestutzten statt herzförmigen Rosettenblättern (f. heterópoda Borbás). Nördlich der Alpen sind die Blattflecken oft undeutlich (f. maculóso obscúra E. H. L. Krause).

subsp. **obscúra** (Dumort.) Murbeck (= var. immaculáta Opiz, = P. obscura Dum.). Laubblätter ungefleckt, selten längs den Nerven schwach panaschiert, meist schmäler und weicher behaart als bei voriger. Stiel der Rosettenblätter meist nur so lang oder kürzer als die oft ziemlich lang zugespitzte Spreite. Rosetten- und Stengelblätter zuweilen schmäler, fast lanzettlich (f. stenophýlla Lange, = P. angustifólia Oeder non L.). Krone meist mehr rotviolett, selten weiss. Eine Form mit dauernd rosa gefärbter Krone (f. rósea Stelzhamer) z. B. in Böhmen (Olleschau u. a. Orte).

Fig. 3153. Krone, schematische Blattquerschnitte und Stengelstücke von Pulmonaria: *a* bis *c*, *e* P. officinalis L. subsp. maculosa (Hayne). *d* und *f* bis *h* P. Stiriaca (Kerner). *i* bis *m* P. montana Lej. subsp. mollissima Kerner. *n* bis *q* P. montana Lej. subsp. mollis (Wolff). (Alle Figuren nach Kerner).

In Deutschland und in der Schweiz mit Ausnahme der genannten Gebiete mit vorherrschender subsp. maculosa (fehlt z. B. dem Wallis, Tessin und Schaffhausen) weitaus vorherrschend, doch auf grössere Strecken (z. B. im Zürcher Oberland und Toggenburg) gleich dieser fehlend. — In Oesterreich nur in den Sudetenländern und im Böhmer Wald häufiger als die z. B. im Erzgebirge fehlende subsp. maculosa, südlich nur bis Nieder- und Oberösterreich, in Steiermark, Salzburg und Tirol wohl nur angenähert. Im ganzen scheint diese in verschiedenen Merkmalen sowohl der vorigen wie der folgenden Art genäherte und vielleicht tatsächlich hybridogene Unterart eine grössere ökologische Amplitude zu besitzen als die vorige. Wie besonders G. A. Lewitsky (Ueber die nördliche und südliche Pulmonaria officinalis L. in Russland, Trav. Mus. botan. Acad. Petersburg, Bd. VIII, 1911, russ.) mit Hilfe der Variationsstatistik ausführt, sind die Merkmale beider Unterarten regional verschieden, indem z. B. die Blattlänge nach Norden zu=, die Blattbreite abnimmt und sich auch die Färbung und Behaarung schrittweise ändert. Seine schon früher ähnlich von Beck und Simonkai ausgesprochene Vermutung, dass die nördliche obscura nur durch geringen Lichtgenuss, grosse Feuchtigkeit, dichte Moosdecken und Nährstoffarmut, die südliche maculosa dagegen durch im Frühling und Herbst vollen Lichtgenuss, geringere Bodenfeuchtigkeit und Bodenbedeckung und Nährstoffreichtum aus derselben Stammart hervorgerufen sei, kann der Bearbeiter nicht teilen; er hält vielmehr die obscura=Formen ähnlich wie auch P. angustifolia subsp. tuberosa und P. montana subsp. mollis für durch Auslese aus hybriden Populationen entstandene Derivate. Im übrigen zeigen beide Unterarten sehr ähnliche Standortsansprüche. Beide bevorzugen Laubwälder (Auengehölze, Eichen= und Buchenwälder) vom Haintypus, in denen sie besonders regelmässig neben Primula elatior auftreten und auch gleichzeitig blühen, weshalb sie auch „blaue Schlüsselblumen" heissen. Häufige Begleiter sind auch Anemone nemorosa, Ranunculus Ficaria, Scilla bifolia u. a. frühblühende Geophyten (von später blühenden z. B. Stellaria holostea, vgl. Bd. III, pag. 355) und Hemikryptophyten (z. B. Symphytum tuberosum), grossenteils gleich Pulmonaria myrmekochore Arten. In den Ostalpen steigt P. officinalis bis in die subalpinen Latschenbestände. Noch häufiger kommt die subsp. obscura auch in Nadelwäldern vor. — Die auffallenden „Silberflecke" der subsp. maculosa, die sich auch bei deren Bastarden und einigen andern Pulmonarien wiederfinden und auf Verbreiterung und Lockerung der Palisadenzellen beruhen, werden wie diejenigen von Cerinthe= und Lamium=Arten, Anemone Hepatica und Cyclamen als Anpassung zur Herab= setzung der Wärmestrahlung (Stahl) und Verdunstung (Hansgirg) gedeutet. Dafür spricht, dass auf den Flecken nach Lewitsky tatsächlich weniger verdunstet wird als in ihrer Umgebung, dass die Flecken am stärksten bei den ersten Frühlings= und letzten Herbstblättern ausgebildet sind und dass gefleckte Blätter auch häufiger als ungefleckte grün überwintern; doch könnte es sich auch um Ausnutzung einer aus unbekannten Gründen zustandegekommenen Eigenschaft handeln. Nach Lewitsky sind auf den Flecken regelmässig längere Borstenhaare vorhanden als ausserhalb. Ein Volksglauben (z. B. in Frankreich, Belgien, Holland und England) lässt die Flecken aus Milchtropfen der heiligen Jungfrau entstanden sein; entsprechende Namen überliefern bereits Dodoens und J. Bauhin. Nach Glaab sollen auf Kohlenmeilern besonders stark weissfleckige Blätter auftreten.

    Die Blüten sind deutlich heterodistyl (Taf. 221, Fig. 2 a, 2 b), homogam bis schwach=proterandrisch und hochgradig selbststeril, nach Dahlgren (in Hereditas. Bd. III, 1922) die langgrifflige Form viel mehr als die kurzgrifflige. Als Bestäuber wirken zahlreiche kleinere Apiden und Bombyliden, seltener auch Tagfalter. Nach H. Müller, H. Langhoffer und G. Kostka (Farbenwechsel und Insektenbesuch bei Pulmonaria officinalis L., Oesterr. Botan. Zeitschr. Bd. LXXI 1922, pag. 246 ff.) besuchen besonders die Anthophora= und Bombylius=Arten fast ausschliesslich die noch roten Blüten; doch ist nach letzterem der Farbenumschlag weder eine Folge der Bestäubung noch von Honigverlust, sondern nur eine Azidititätsreaktion, und die blauen Kronen werden nur deshalb gemieden, weil sie viel leichter ausfallen. Die Nüsschen werden wohl hauptsächlich von der Waldameise (Formica rufa und Verwandte) verbreitet.

    Seit dem Mittelalter (Lungwurtz oder lunckvurtz der Heiligen Hildegard?) wird besonders die subsp. maculosa in Form von Tee, Pulver, Sirup, Essenz usw. (in Holland und England auch als Gebäck) als Heil= mittel (als Mucilaginosum Tonicum, Adstringens), gegen Schwindsucht, bei eitriger Bronchitis, Blutspeien, Halsent= zündung, Heiserkeit, bei Hämoptise, Hämaturie, gegen Incontinentia urinae usw. verwendet. Eine gewisse Wirkung dürften der reichlich in den Sprossen enthaltene Pflanzenschleim, Gerbstoffe und das in den Borstenhaaren in Form zystolithenartiger Körper enthaltene Kalziumoxalat ausüben; doch soll für die Verwendung auch die „Signatur" der gefleckten Rosettenblätter bestimmend gewesen sein, die an Lungen erinnern soll. Heute wird die Pflanze nur noch als Volksmittel gebraucht, öfters auch als Zierstaude kultiviert.

**2332. Pulmonária montána** Lejeune (= P. móllis Wolff et P. mollíssima Kerner, = P. tuberósa Gremblich non Schrank, = Anchúsa Cesatiána Fenzl, = Nónnea auriculáta Boiss.).
    Weiches Lungenkraut. Fig. 3153d bis q und 3154 bis 3156.

    Wurzelstock dick, schief aufsteigend, mehrköpfig, kräftige, doch nicht auffallend ver= dickte Wurzeln, auffallend grosse Blütensprosse und meist erst nach diesen seitliche Laubblatt= rosetten treibend. Sprosse dicht mit kurzen, weichen Borstenhaaren und zahlreichen, im Blütenstand etwas klebrigen, doch auch auf den Rosettenblättern vorhandenen Drüsenhaaren besetzt, oft etwas samtig. Stengel aufrecht, 2 bis 4 (bis 5) dm lang und 2 bis 4 mm dick, oberwärts dicht drüsig, unter dem grossen, aus reichblütigen, nur am Grund beblätterten, schon zur Blütezeit ziemlich lockeren Blütenstand mit 5 bis 8 Stengelblättern. Rosettenblätter mit dem wenig scharf abgesetzten, schmal geflügelten Stiel 2 bis 3 dm lang, mit etwa halb so langer, eiförmig=lanzettlicher, $\pm$ 4 bis 6 (3 bis 8) cm breiter, kurz zugespitzter Spreite mit meist wenig deutlichen Seitennerven, oberseits drüsenhaarig, auf der kaum helleren Unterseite $\pm$ samtig behaart. Stengelblätter sitzend, halb stengelumfassend (wenn die unteren stielartig verschmälert, vgl. die Bastarde mit P. officinalis!), $\pm$ 4 bis 10 cm lang und 2 bis 4 cm breit, kurz zugespitzt, ohne deutliche Seitennerven, meist gleich den Rosettenblättern einfarbig trübgrün. Blütenstiele 2 bis 5, zur Fruchtzeit 8 bis 12 mm lang, gleich den Kelchen dicht drüsig, ohne längere Borsten=haare. Kelch breitglockig, zur Blütezeit 8 bis 10, zur Fruchtzeit 14 bis 16 mm lang, 5=nervig, die 3=eckigen Zipfel $1/2$ bis $2/3$ so lang als die Röhre. Krone $1^{1}/_{2}$ bis 2 (selten bis $2^{1}/_{2}$) cm lang, anfangs rosa, dann blauviolett, innen oft auch unter dem Haarring $\pm$ behaart. Nüsschen eiförmig, $\pm$ 4 bis 5 mm lang, an=fangs kurz behaart, reif kahl, glänzend dunkel=braun bis schwarz, mit deutlichem, das Elaio=som umgebendem Ring. — IV, V.

In Bergwiesen, kräuterreichen Ge=büschen, Laub= und Nadelwäldern von der montanen bis in die subalpine Stufe (in Ober=bayern bis 1700 m, in Nordtirol bis 1900 m), öfters mit den Flüssen bis in die colline Stufe herabsteigend. Sowohl auf Kalk wie auf kalkarmer Unterlage. In den Donau=ländern und in den Südalpen recht verbreitet, anderwärts selten, vereinzelt bis in den Jura und in die Eifel.

Allgemeine Verbreitung: Von Sibirien (bis Jakutsk und in die Mongolei weit verbreitet) und dem Kaukasus durch Süd=

Fig. 3154. Pulmonaria montana.

und Mittelrussland bis zu den Karpaten, Südwestpolen (Ojcówtal), Sudeten, Mitteldeutschland, Belgien, Jura, Alpen (zerstreut bis zum Dauphiné), Pyrenäen, südlich bis Oberitalien, Kroatien, Bosnien, Siebenbürgen, Moldau.

Die somit eurosibirische Gesamtart, deren Westgrenze zufolge der Häufigkeit hybridogener Formen ungenügend bekannt ist, umfasst folgende Unterarten:

subsp. **mollissima** (Kerner als Art) Nyman (Vollmann als var.). Sprosse dicht samtig behaart. Laubblätter nie gefleckt, silbergrau schimmernd, die stengelständigen nicht herablaufend. Kelch ohne oder mit sehr wenig Borstenhaaren. Antheren meist gelb.

Sarmatische bis zum Kaukasus und durch Sibirien bis Jakutsk (am Jenisei nördlich bis $61^{1}/_{2}°$ nördl. Breite) und in die nördliche Mongolei reichende Rasse. In Deutschland nur in Bayern (südlich der Donau nur bei Berbling nächst Aibling, nördlich derselben im Ilztal von Hals bis Fürsteneck, im Keupergebiet bei Stettfeld im Bezirk Hassfurt, im Sulzheimer Wald bei Gerolzhofen, gegen Dürrfeld). — In Oesterreich in Böhmen (südlich von Königsaal bei Prag im Moldautal), Mähren (Keltsch, Bystřitz, Holleschau, Wischau, Keltschau, Eiben=schütz, Brünn, Namiest, Znaim, Frain), Niederösterreich (Spitz, Sirnitztal bei Langenlois, Zöbing, Taffatal,

Schauberg bei Horn, Plattwald bei Hausbrunn, Tennauwald bei Poisbrunn) und Steiermark (Speltenbach bei Feld, Bierbaum, bei Wildon und St. Margarethen, Radkersburg, Halbenrain, Humersdorf, Pfarrsdorf, Kellersdorf, Schrottendorf, Hengsberg, Zven bei Luttenberg). — Fehlt der Schweiz und Westeuropa.

subsp. **móllis** (Wolff) Gams (= P. montána Lej. et mollis Wolff s. str., = P. montana subsp. vulgaris Hermann non P. vulgaris Mérat). Sprosse frischgrün, locker behaart. Laubblätter meist ungefleckt, seltener mit kleinen hellgrünen Flecken (var. submaculáta Gams). Obere Stengelblätter schwach herablaufend. Kelch ausser mit Drüsenhaaren auch mit einigen Borstenhaaren. Antheren meist schwarzviolett.

Die im Westen vorherrschende Unterart. In Deutschland in Bayern (südlich der Donau auf der Hochebene und in den Alpen zwischen Lech und Inn, besonders häufig um den Schlier- und Tegernsee (neben dem Typus oft auch die var. submaculata), am Wendelstein bis 1700 m steigend, in den Isarauen bis Schäftlarn und Isarmünd, am Inn bis in die Umgebung von Rosenheim, nördlich der Donau im Bayerischen Wald (z. B. Viechtach, Schalterbach, Grosser Arbersee) und im Fränkischen Jura (zerstreut im südlichen Jura und Keupergebiet, angeblich auch bei Würzburg, in Unterfranken bei Stockstadt, daselbst geschützt), Koburg (Weitramsdorf 1894), Meiningen (Behrungen, Wolfmannshausen), Württemberg (zerstreut und selten auf der Alb [angeblich bis zum Hegau] und im Unterland), Baden (im Jura und Kaiserstuhl ziemlich verbreitet, im Schwarzwald bei Waldkirch, Freiburg und Schönberg), Elsass (um den Sulzer Belchen, an der Breusch bei Hangenbieten), Rheinprovinz (Urft und Kylltal in der Eifel, Malmedy, Simmertal unterhalb Gemünd, Winterhauch bei Oberstein) und in Westfalen (Anrieth bei Lüdenscheid). — In Oesterreich nur in Oberösterreich (auf der Gawilalpe bei Spital am Pyhrn in ca. 1400 m Höhe), Salzburg (zerstreut, z. B. am Kammerlinghorn, Sonntagshorn, Schmittenstein) und Tirol (im Unterinntal zerstreut, besonders im Sonnwendjochgebirge, aufwärts bis Schwaz und zur Ladizalpe und in der Riss, im Lechtal anscheinend verbreitet, fehlt weiter südlich). — In der Schweiz im südlichen Tessin (Mendrisiotto), im Rhonetal (im Wallis vom Mont Chemin bis zum Eringertal, um Brig und Naters, nicht bei Fully), durch die Waadtländer und Freiburger Alpen (angeblich ziemlich verbreitet, jedoch wohl öfters mit P. angustifolia subsp. tuberosa verwechselt) bis zum Fuss des Niesen (Heustrichbad), sehr zerstreut im westlichen Mittelland und Jura von Frankreich und der Dôle durch das Jouxgebiet, Val de Travers, Berner Jura (z. B. Münster, Pruntrut), Kanton Bern (Busswil, Dotzingen) bis in den Aargau (Menziken, Reinach, Aareschachen bis Wildenstein, Umiken und Klingnau, Olsberg), angeblich auch in den Kantonen Luzern (Münster) und Schaffhausen (Schleitheim?).

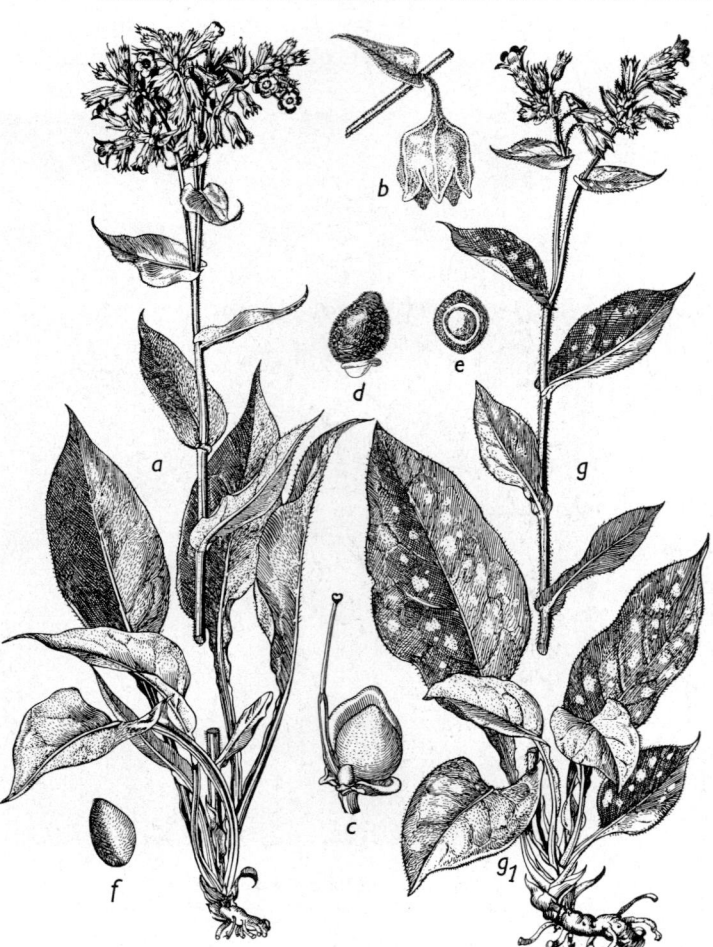

Fig. 3155. Pulmonaria montana Lejeune subsp. mollissima (Kerner) Nyman. *a* Habitus. *b* Kelch postfloral. *c* Junge Frucht. *d* und *e* Reife Klause mit Elaiosom. *f* Same. — P. Vallarsae Kerner. *g* und *g₁* Habitus.

Die subsp. mollis bewohnt hauptsächlich montane bis subalpine Hochstaudenwiesen und Hochstaudenwälder in Gesellschaft von Festuca silvatica, Carex maxima, Ranunculus lanuginosus, Aquilegia vulgaris, Saxifraga rotundifolia, Petasites albus und P. hybridus usw. Gleich Brachypodium silvaticum, Thalictrum aquilegifolium, Symphytum tuberosum, Petasites hybridus usw. ist sie auch in den Auengehölzen grösserer Flüsse stellenweise nicht selten. So erscheint sie in Auenwäldern des Lechs unterhalb Augsburg neben Orchis militaris, Cypripedium Calceolus, Thesium Bavarum, Aquilegia vulgaris, Linum viscosum, Euphorbia verrucosa, Pleurospermum Austriacum, Laserpitium latifolium usw. In den Bayerischen Kalkalpen tritt sie zuweilen (so nach Hegi auf der Fürstenalm bei Schliersee) in den Karfluren auf in Gesellschaft von Lonicera caerulea, Rosa pendulina, Ribes alpinum, Daphne Mezereum, Salix grandifolia, Ranunculus aconitifolius, Actaea spicata, Astrantia major, Pimpinella magna, Symphytum tuberosum, Veronica urticifolia, Senecio Fuchsii, Polygonatum verticillatum, Aspidium filix mas usw.

Abkömmlinge von Kreuzungen mit der vorigen Art stellen sehr wahrscheinlich dar:

**P. Vallársae** Kerner. Fig. 3150 n bis q und 3155 g. Laubblätter ausser mit langen Borsten- und Drüsenhaaren auch mit dichten, kurzen Samthaaren besetzt, weich, gefleckt oder ungefleckt, die Stiele der Rosettenblätter deutlich kürzer als ihre Spreite. Blütenstand wie bei der subsp. mollis.

Nur in den Apenninen und im südlichsten Tirol: Val Vestino, Val di Ledro, Vallarsa von 650 bis 1170 (angeblich bis 1500) m, Val Ronchi. — Eine sehr kritische, ihrer Herkunft nach noch wenig geklärte Pflanze.

**P. Stiríaca** Kerner (= P. angustifólia Maly non L. et var. móllis Murm., = P. saccharáta Koch et Malv p. p. non Miller, = P. mollissima × superofficinalis Simonkai). Fig. 3153 f bis h und 3156 f. Stengel mit kurzen Borstenhaaren und diese mit weit überragenden Drüsenhaaren dicht besetzt. Laubblätter mässig drüsenhaarig, mit rundlichen, weissen Flecken. Spreite der Rosettenblätter mindestens doppelt so lang als ihr Stiel. Stengelblätter sitzend, nicht herablaufend, die unteren kurz stielartig verschmälert. Krone 15 bis 25 mm lang, nach der Entfaltung azurblau.

Nur in Steiermark (in den Gebieten mit über 800 mm Niederschlag ziemlich verbreitet bis in die Voralpen, von Kerner 1849 vom Rennfeld bei Kapfenberg [1000 bis 1300 m] beschrieben), im südlichen Niederösterreich, Krain (um Laibach) und Friaul (bei Görz); die Angaben aus Ungarn beziehen sich nach G. Gáyer (in Bot. Közlem. Bd. XIII, pag. 62) auf eine andere Sippe.

Auch die Beurteilung dieser meist als besondere Art bewerteten Pflanze, die Kerner zu seiner Monographie der Gattung

Fig. 3156. **Pulmonaria montana** Lejeune subsp. **mollis** (Wolff) Gams. *a* und *b* Habitus zu Beginn und am Ende der Blütezeit. *c* Kelch. *d* Krone. *e* Klause mit Elaiosom. — P. Stiriaca Kerner. *f* Habitus.

veranlasste, ist unsicher; wahrscheinlich ist sie, wie schon Simonkai (in Növenyt Közlemenyek Bd. III, pag. 110) angenommen hat, ein Bastard (P. officinalis subsp. maculosa × P. montana subsp. mollissima), der eine ziemlich geschlossene Verbreitung in einem Gebiet erlangt hat, wo der eine mutmassliche Elter sehr selten ist. Einen Uebergang zur subsp. mollis stellt deren var. submaculata vor.

Bastarde scheinen überall dort zu entstehen, wo 2 Arten oder Unterarten von Pulmonaria zusammentreffen, aber vielfach auch über das Areal der Eltern hinauszugehen. Die bisher aus Mitteleuropa beschriebenen können in folgender Weise gruppiert werden (Fig. 3157): **P. angustifolia × P. officinalis** (= P. hýbrida Kerner s. lat.). Hieher gehören: P. angustifolia subsp. azurea × P. officinalis subsp. maculosa (= P. hýbrida Kerner s. str., = P. officinalis var. stricta Boenningh.). Z. B. in Niederösterreich und Südtirol. Dazu wohl auch ein grosser Teil der als P. saccharáta Mill. (vgl. pag. 2210) zusammengefassten Pflanzen. P. angustifolia subsp. azurea × P. officinalis subsp. obscura (= P. nótha Kerner). Z. B. in Franken (Spitzelberg bei Bamberg), Mecklenburg, Schlesien, Posen, West- und Ostpreussen (mehrfach), Böhmen (Kosmanoser Tiergarten), in der Schweiz (Rheineck, im Garten entstanden) und in Schweden. Dazu vielleicht auch die westeuropäische P. affinis Jordan. — **P. angustifolia subsp. azurea × P. Vallarsae**. Hiezu gehört vielleicht P. Tridentína Evers (= P. officinalis f. tridentina Dalla Torre et Sarnthein) aus der Umgebung von

Trient und der Val di Ledro, die sich besonders durch oft 3 bis 4 dm lange, verwaschen gefleckte Rosetten-blätter und grosse, dunkelblaue Kronen auszeichnet. — P. angustifolia subsp. tuberosa × P. officinalis subsp. obscura (= P. Voságica E. H. L. Krause). Bisher nur aus den Vogesen (z. B. über Barr), von Allach bei München und von Evionnaz im Unterwallis bekannt. Dazu vielleicht auch einige aus Frankreich beschriebene Sippen. P. Kernéri × P. officinalis subsp. maculosa (= P. Nórica A. Teyber). Lassing bei Göstling an der Ybbs in Niederösterreich. — P. angustifolia × P. montana (= P. oblongáta Schrader s. lat.). Scheint selten. Hiezu P. angustifolia subsp. azurea × P. montana subsp. mollissima (= P. Heinríchii Sabr.). Bei Eltendorf an der Steirisch-Ungarischen Grenze. — P. angustifolia subsp. tuberosa × P. montana subsp. mollis (= P. oblongáta Schrader s. str.). Wohl öfters in Süddeutschland, in der Schweiz und Frankreich, aber meist verkannt. Dazu vielleicht auch P. ováis Bastard. — P. montana × P. officinalis (= P. digénea Kerner s. lat.). Hierher P. montana subsp. mollis × P. officinalis subsp. obscura. Z. B. in Bayern (Kaufbeuren, Kitzingen) und Ungarn. — P. montana subsp. mollissima × P. officinalis subsp. maculosa (P. digénea Kerner). Z. B. Bierbaum in Steiermark und in Ungarn. Sehr wahrscheinlich gehört auch P. montana subsp. Stiriaca dazu. — P. montana subsp. mollissima × P. officinalis subsp. obscura (= P. intermédia Palla). In den Sudetenländern, z. B. bei Brünn. — P. montana subsp. Stiriaca × P. officinalis subsp. obscura. Sehr wahrscheinlich sind aber nicht nur diese Kombinationen hybriden Ursprungs, sondern auch die meist als „Arten" oder „Unterarten" bewerteten P. tuberosa, P. officinalis, P. mollis, P. saccharata usw. (vgl. pag. 2210 und Fig. 3157). E. H. L. Krause (in Beih. Bot. Centralbl.

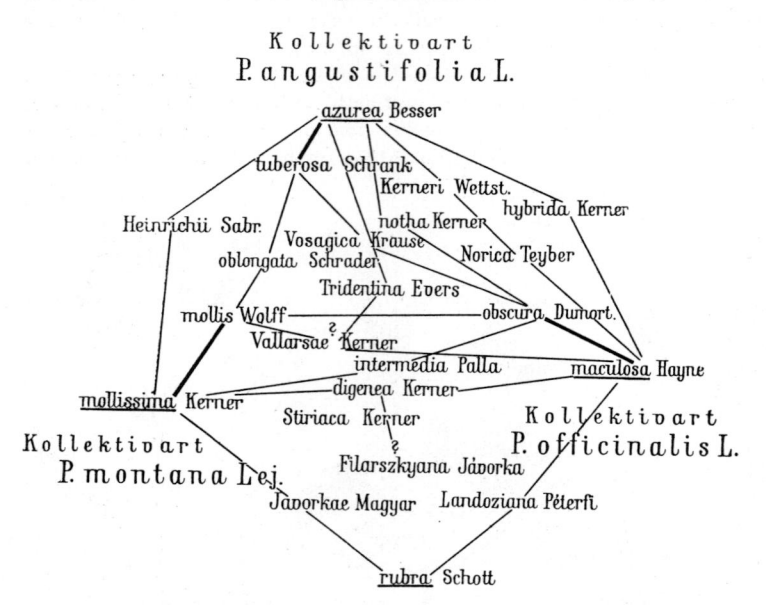

Fig. 3157. Schematische Darstellung der mutmasslichen genetischen Beziehungen zwischen den mitteleuropäischen Pulmonaria-Sippen. Die vermutlichen Ausgangsarten sind unterstrichen. Die auf Westeuropa und Italien beschränkten Sippen sind fortgelassen. Original von H. Gams.

Bd. XXXV, 1917, pag. 121) möchte P. mollis als P. obscura × P. tuberosa deuten, aber wahrscheinlicher sind auch diese beiden Sippen hybridogen.

## DCXXII. **Sýmphytum**[1]) L. Wallwurz, Beinwurz, Beinwell, Beinheil. Franz.: Consoude, herbe à la coupure, oreille d'âne; engl.: Comfrey, consound; ital.: Consolida; russ.: Okopnik.

Ausdauernde, oft grosse Kräuter mit einfachem oder ± knolligem Wurzelstock. Laubblätter lanzettlich bis eiförmig oder ± herzförmig, oft ± herablaufend, die unteren meist lang gestielt. Blüten nickend, in meist dichten, ± beblätterten Wickeln. Kelchzipfel lineal. Krone violett, blau, weiss oder gelb, mit langer, glockiger Röhre, lanzettlichen, einen spitzen Kegel bildenden Schlundschuppen und sehr kurzen Zipfeln. Staubblätter in der Mitte der Kronröhre inseriert, mit schmalen, stumpfen oder spitzen, die Schlundschuppen meist nicht oder wenig

---

[1]) Gr. σύμφυτον [sýmphyton] von συμφύειν [symphýein] = zusammenwachsen, bezeichnete im Altertum eine ganze Reihe verschiedener Pflanzen, die gegen Knochenbrüche angewandt wurden, bei Dioskurides z. B.: Symphytum officinale (= σύμφυτον ἄλλο ἡ πηκτή [sýmphyton állo e pekté]), einige Labiaten (worunter kaum die später als consolida minor bezeichnete Ajuga reptans) und Compositen (Inula Helenium, Solidago) und Glycyrrhiza. Spätere Autoren rechneten zu den Consolidae (lateinische Uebersetzung von Symphytum, deutsch Beinheil, Beinwell) u. a. auch Delphinium consolida und Dentaria. Massgebend waren gewöhnlich irgendwelche „Signaturen", bei Symphytum officinale z. B. die herablaufenden Laubblätter.

überragenden Antheren (Fig. 3158 b). Griffel fädlich, mit kleiner Narbe. Nüsschen schief=
eiförmig, oft ± warzig, dem flachen Stempelpolster mit breiter, von einer als Oelkörper aus=
gebildeten Pseudostrophiole eingenommener und von einem gezähnten Rand umgebener
Ansatzfläche aufsitzend. Samen fast kugelig.

Von den je nach der Artumgrenzung 10 bis 20 Arten sind die meisten auf die Gebirgsländer um
das Schwarze Meer beschränkt; die Gattung ist also pontisch=montanen Ursprungs. Nur wenige Arten reichen
weiter westlich und nördlich bis Süd= und Mitteleuropa, sowie bis Sibirien und Palästina, am weitesten S. officinale.

Die Grundachsen und Wurzeln enthalten im Gegensatz zu denen vieler anderer Boraginaceen kein Alkannin, dafür wenigstens bei S. officinale reichlich Allantoïn, ausserdem viel Stärke, weshalb z. B. aus denjenigen von S. offi= cinale und S. tuberosum Mehl als Notnahrung gewonnen werden kann. Ueber die Entwicklung des meist dem Stengel anwachsenden Blütenstands und der Blüten vgl. die S. 2126 genannten Arbeiten von Muth, Kolkwitz u. a. Die honigreichen Blüten werden be= sonders von Bienen besucht; der Bestäubungsmechanismus ist dem (pag. 2178) für Onosma beschrie= benen sehr ähnlich. Die als Oel= körper (Elaiosom) ausgebildeten Pseudostrophiolen der Klausen stehen im Dienst der Myrme= kochorie. S. officinale, S. tuberosum und S. bulbosum sind alte Heilpflan= zen. — Ueber die Schmarotzer vgl. S. 2125.

Als Futterpflanze wird in neuerer Zeit immer häufiger gebaut: **Symphytum ásperum** Lepechin (= S. aspérrimum Don, = S. peregrinum auct. non Ledeb., = S. orientále var. aspérrimum O. Kuntze). Comfrey. Fig. 3091 a, 3158, 3159. Sehr kräftige, ± 1 bis 1³/₄ m hohe, ± dicht mit seit= lich etwas abgeflachten, abwärts

Fig. 3158. Symphytum asperum Lepechin. *a* Habitus. *b* und *b₁* Krone geöffnet. *c* Boragoidanlage (nach Muth). *d* Blüte. *e* Stengelstück. — S. Uplandicum Nyman. *f* Habitus. *g* Stengelstück.

gebogenen Stachelhaaren besetzte Staude. Laubblätter am Grund verschmälert, gar nicht herablaufend. Kelch zu ½ bis ³/₄ in lanzettliche Zipfel gespalten. Krone ± 3= bis 5=mal so lang als der Kelch, anfangs karminrot, dann lebhaft himmelblau. Schlundschuppen kürzer als die Kronzipfel, aber länger als die Antheren. Nüsschen runzelig. Heimat: Montane und subalpine Hochstaudenfluren der Kaukasusländer (in zirka 800 bis 2000 m Höhe mit Heracleum Mantegazzianum, Polygonum alpinum, Delphinium Orientale, Aquilegia Olympica usw.) bis Armenien und Nordpersien (in den Gouvernements Moskau und Jaroslaw) nur eingebürgert). Die Pflanze wird daselbst schon seit langer Zeit als vorzügliches Schweine=, Ziegen= und Kaninchenfutter gebaut und hat als Zierstaude wie auch als Futterpflanze seit etwa 1860 unter dem englischen Namen Comfrey auch in Mitteleuropa immer mehr Anklang gefunden. Sie ist vollkommen winterhart und nimmt mit den meisten Bodenarten mit Ausnahme trockener Sand= und Kiesböden vorlieb. Für Höchsterträge ist jedoch gute Düngung mit Stallmist, Kali= und Superphosphatdünger und Lockerung des Bodens erforderlich. Der Anbau kann auch mit gutem Erfolg an sonst unbrauchbaren Ruderalstellen, an Dungstätten, in Sauerwiesen, in Ueberschwemmungs= gebieten usw. erfolgen. Die Pflanze hält 30 und mehr Jahre aus und liefert auf feuchten, humosen, nährstoff=

reichen Böden jährlich 3 bis 5 Schnitte. Durch wiederholten Schnitt vor Beginn der Blüte kann der Ertrag sehr gesteigert werden. Nach H. Weber genügt eine Fläche von 25 m$^2$, um für ein Schwein von April bis Oktober genügend Grünfutter zu liefern, wofür bei einer Pflanzweite von 35 cm Abstand 200 Stecklinge erforderlich sind. Das Austreiben der Rhizomstücke beginnt meist nach 4 bis 5 Wochen. In der Aufgangszeit muss fleissig gehackt werden. Die Zusammensetzung des Grünfutters entspricht etwa der von Zuckerrüben= blättern, Weisskraut oder grünem Mais (im Mittel 89,7 % Wasser, 1,8 % Roheiweiss, 0,3 % Rohfett, 4,7 % stickstoff= freie Extraktstoffe [wovon 0,8 % Zucker], 1,7 % Rohfaser und 1,8 % Asche). Im grossen geschieht der Anbau z. B. in England, Holland, Brandenburg, Thüringen, Bayern (wo er sich jedoch wenig bewährt hat) und Niederösterreich. Von der Münchener Landesanstalt für Pflanzenbau und Pflanzenschutz wurden in einem Jahr über 60 000 Comfrey= Stecklinge an bayerische Landwirte abgegeben, von der niederösterreichischen Plantage in Melk bereits mehrere Millionen. Daselbst und in Thüringen werden auch veredelte Rassen gezüchtet, darunter besonders auch das „Prickly comfrey" der Engländer, S. Uplándicum[1]) Nyman (= S. caerúleum Petitmengin, = S. peregrínum Botan. Mag. non Ledeb., = S. orientale auct. non L.), das sich durch weniger rauhe Behaarung (Fig. 3158 f, g), schwach herablaufende Laubblätter und etwas kleinere, bleibend violette Blüten unterscheidet und höchst wahrscheinlich einen Bastard S. asperum × S. officinale darstellt. Beide Pflanzen sind an zahlreichen Orten bereits völlig eingebürgert, besonders seit 1900, S. aspe= rum z. B. auf Helgoland, in Schleswig (Ausacker 1867, Christianfeld 1872), Mecklenburg (vielfach um Schwerin, Rostock usw.), Brandenburg (auf der Potsdamer Pfaueninsel schon seit zirka 1860), Thüringen (Eisenach seit langem, Braunschweig, Helmstedt, Rübeland, Sachsa usw.), Hessen (Darm= stadt), Bayern (bei der Tierarzneischule München 1900), Niederösterreich (im grossen gebaut in Rumburg, Spillen, Aichhof, Melk usw.) und in der Schweiz (bei Vaumarcus schon seit zirka 1870 eingebürgert, in den Ormonts seit 1886, um Frei= burg seit 1893), seit 1900 auch vielfach in der Nordschweiz (um Neuenburg, Basel, am Boden= see bei Ermatingen usw.) und in der Südschweiz (Tesserete, Lugano, Cassarate, Misox), auch in Nordamerika; S. Uplandicum z. B. in England, Belgien, Dänemark, Südschweden, Norddeutsch= land (z. B. Holzwickede in Westfalen, Kremmen in Brandenburg), Bayern (Rothenburg o. d. Tauber, Lenzenbronn, Schillingsfürst, Tölz), Niederöster=

Fig. 3159. Symphytum asperum Lepechin, angebaut. Phot. B. Haldy, Mainz.

reich (z. B. bei Unter=Gaaden) und in der Schweiz (um Sitten, Solothurn, Zürich und Schaffhausen seit zirka 1905 mehrfach). Näheres über beide Pflanzen bei C. A. Lindman (Botaniska Notiser 1911 pag. 71/77) und A. Thellung (in Vierteljahrsschr. Naturf. Ges. Zürich. Bd. LVIII 1913, pag. 78/80 und LXIV 1919 pag. 779/780 und in Verhandl. Botan. Ver. Prov. Brandenburg. Bd. LVII 1915, pag. 78), sowie in der Monographie der Gattung von Cedric Bucknall (A Revision of the Genus Symphytum. Journal Linnean Society, Botan. Bd. XLI nr. 284, 1913 pag. 491/556).

Als Zier= und Adventivpflanzen kommen für uns ausser unseren Arten noch folgende in Betracht: S. Caucásicum Bieb. (= S. racemósum Steven, = S. officinale var. Caucasicum O. Kuntze) aus dem Kaukasus (auch im Donkosakengebiet) 1816 eingeführt (die als Zierstaude empfehlenswerteste Art), S. Orientále L. aus der Türkei und Kleinasien (verwildert im Schlossgarten von Mannheim 1892, angeblich auch bei Neuchâtel), S. Taúricum Willd. (= S. Orientale Bieb. non L.) aus Kleinasien, Armenien und Süd= russland (verwildert bei Apenrade und Lundtorft in Schleswig, bei Neuchâtel und Genf in der Schweiz und in der Gironde und S. cordátum Waldst. et. Kit. (= S. Pannónicum Pal., = S. cordifólium Baumg., = S.

---

[1]) Benannt nach der Landschaft Upland in Südschweden, wo E. Fries die Pflanze zuerst gesammelt und als S. pátens (Fries non Sibth.) beschrieben hat.

Tauricum var. cordátum O. Kuntze) aus den unteren Donauländern (angeblich auch in der Ukraine) bis ins galizische und ungarische Karpatengebiet (eingeschleppt oder verwildert in Warmbrunn bei Ullersdorf in Mährisch-Schlesien, Rawitsch in Posen, Brunnental bei Freienwalde in Brandenburg und Ludwigshafen in der Pfalz). Alle diese Arten zeigen in Lebensform und Standortsansprüchen grosse Aehnlichkeit mit den unsrigen.

1. Stengel und Laubblätter rauh behaart (nur bei S. officinale var. glabrescens fast kahl). Laubblätter nie herzförmig. Kelchzähne mindestens so lang als die Kelchröhre. Wurzelstock und Wurzeln nicht knollig . . . . . . . . . . . . . . . . . . . . . . . . . . . . . . . . . . . . . 2.

1*. Stengel und Laubblätter weichhaarig (wenn stärker rauhhaarig, [S. Orientale], die Laubblätter herzförmig oder [S. Caucasicum] die Kelchzähne kürzer als die Kelchröhre). Laubblätter nicht oder nur kurz herablaufend. Krone meist gelb oder weiss (nur bei S. Caucasicum blau) . . . . . . . . . . . . 3.

2. Pflanze unter 1 m hoch, mit geraden, nicht abgeflachten Stachelborsten. Laubblätter weit herablaufend. Krone nur doppelt so lang als der Kelch, violett oder gelblichweiss. Antheren mindestens 1½mal so lang als die Staubfäden. Verbreitetste Art . . . . . . . . . . . . . . . S. officinale nr. 2333.

2*. Pflanze meist über 1 m hoch, reich mit seitlich abgeflachten, hakigen Stachelborsten besetzt. Laubblätter nicht herablaufend (wenn etwas herablaufend und weniger rauhhaarig, vgl. S. Uplandicum pag. 2222). Krone 3- bis 5-mal so lang als der Kelch. Als „Comfrey" gebaut . . . . . S. asperum pag. 2221.

3. Laubblätter in den Blattstiel verschmälert, nicht herzförmig . . . . . . . . . . . . . . . 4.

3*. Laubblätter mit deutlich herzförmiger, vom Stiel scharf abgesetzter Spreite . . . . . . . . 7.

4. Kelchzipfel viel länger als die Kelchröhre. Krone hellgelb. Wurzelstock und Wurzeln ± knollig verdickt . . . . . . . . . . . . . . . . . . . . . . . . . . . . . . . . . . . 5.

4*. Kelchzipfel kürzer als die Kelchröhre. Krone nicht gelb. Zierpflanzen . . . . . . . . . 6.

5. Schlundschuppen die Kronlappen nicht überragend. Staubbeutel doppelt so lang als der Staubfaden. Wurzelstock fleischig, stellenweise knollig verdickt, ohne Ausläufer . . . S. tuberosum nr. 2334.

5*. Schlundschuppen die Kronlappen überragend. Staubbeutel ± so lang wie der Staubfaden. Wurzelstock dünn, stellenweise kugelig angeschwollene Bodenausläufer treibend . . S. bulbosum nr. 2335.

6. Obere Laubblätter kurz herablaufend. Krone himmelblau, 3-mal so lang als der Kelch . . . . . . . . . . . . . . . . . . . . . . . . . . . . . . . . . . . . . . . . S. Caucasicum pag. 2222.

6*. Obere Laubblätter sitzend. Krone weiss, nur ± doppelt so lang als der Kelch . . . . . . . . . . . . . . . . . . . . . . . . . . . . . . . . . . . . . . . . . . . . S. Orientale pag. 2222.

7. Sprosse beinahe kahl. Krone nur etwa doppelt so lang als der nur wenig über die Mitte geteilte Kelch. Karpaten . . . . . . . . . . . . . . . . . . . . . . . . S. cordatum pag. 2222.

7*. Sprosse dicht weichhaarig. Krone 3-mal so lang als der zu ⅔ gespaltene Kelch. Orientalische Art . . . . . . . . . . . . . . . . . . . . . . . . . . . . . . . . . . . . . . . . . . S. Tauricum pag. 2222.

## 2333. Symphytum officinále[1]) L. Grosse Wallwurz, Beinwell, Schwarzwurzel. Franz.: Grande consoude, oreilles d'âne, oreilles de vache, langue de vache; engl.: Common comfrey, consound, knitback. Taf. 219, Fig. 4 und 3160 und 3161.

Der Name Beinwell (althochd. beinwalla, beinwelle) rührt daher, dass man die Pflanze in früherer Zeit als vorzügliches Mittel bei Knochenbrüchen („Wallen" = zusammenheilen von Knochen) betrachtete. Die Bezeichnung ist kaum wirklich volkstümlich, dagegen tritt das ebenfalls hiehergehörige Wallwurz, Walwürze ab und zu in alemannischen Mundarten auf. Ebenfalls auf die heilende Wirkung bei Knochenbrüchen gehen Boanwurzen (Niederösterreich), Hälwurzel [= Heil-] (Lothringen). Die fette, saftige Beschaffenheit der Wurzel, die manchmal von Kindern gegessen wird, wird angedeutet in den Volksnamen Smeerwuttel (Untere Weser), Speckwottel (Emsland), Hasenbrod, Himmelsbrod (Niederösterreich). In verschiedenen Mundarten ist die Bezeichnung Schwarzwurzel (vgl. Scorzonera Hispanica) zu finden. In der Luzerner Gegend backt man ähnlich wie beim Garten-Salbei (Salvia officinalis) die Blätter in Teig heraus, daher Chuechi-Chrut. Die honigreichen Blüten gaben zu den Namen Honnigblum (Niederrhein), Hungblueme, Imbelichrut (Aargau), Zuckerhaferl (Böhmerwald) Veranlassung. Vereinzelte Benennungen sind Schärwuttel (Untere Weser), Soldatenwuttel

---

[1]) Wahrscheinlich das σύμφυτον ἕτερον [sýmphyton héteron], die zweite Beinwell oder πηκτή [pekté] des Dioskurides, das Brochum des Galen, die Consolida der Hildegard, die consolida major des Hieronymus Bock, Thal usw., das Symphytum magnum des Fuchs, Mattioli usw. Vgl. auch Ajuga. Der von Gesner überlieferte Name Magerkraut bezieht sich auf den „Mager", eine Art Krätze, gegen welche die Pflanze gebraucht wurde. Schon Brunfels, Bock und C. Bauhin unterschieden die beiden Farbenvarietäten als „Walwurzmännlin und -weiblin" (mas = var. Bohemicum, foemina = var purpureum).

(Hannover: Achim), Glootwuttel (Untere Weser), Lauwertel (Hinterpommern), Hundszunga (nach den rauhen Blättern), Koralleblume (Baden), Zottla (St. Gallen).

Halbrosettenstaude mit senkrechter, rübenförmiger, bis 3 dm langer und 1 bis 2½ cm dicker, aussen schwärzlicher, längsrissiger, innen weisslicher, etwas fleischiger, schleimreicher, getrocknet hornartiger Pfahlwurzel und sehr kurzem, mehrköpfigem Erdstock. Sprosse frisch= grün, von ± dichten, 1 bis 2 mm langen, ziemlich geraden, abstehenden, weissen Borsten rauh. Stengel steif aufrecht, ± 3 bis 6 (bis 10) dm hoch und bis 1 cm dick, fleischig, hohl, durch die vollständig herablaufenden Laubblätter mit 2 bis 3 mm breiten Flügeln versehen, ziemlich dicht beblättert, nur oberwärts ± verzweigt; Laubblätter lanzettlich=eiförmig, die grundständigen und unteren Stengelblätter mit ± 2 bis 10 cm langem, unscharf abgesetztem Stiel, die oberen sitzend, alle herablaufend, ± 1 bis 2 dm lang und 2 bis 6 (1½ bis 7) cm breit, spitz, netznervig= runzelig, dünn, oberseits zerstreut, unterseits besonders auf den Nerven rauhhaarig. Blüten an 2 bis 6 mm langen Stielen nickend, in nur am Grund beblätterten, ziemlich reich= und dichtblütigen Doppelwickeln in den Achseln der oberen Laubblätter, die oberen mit ihren Achsen oft ± weit angewachsen. Kelch zur Blütezeit 4 bis 5, postfloral bis 7 mm lang, zur Mitte bis zu ³/₄ in lan= zettliche Zipfel gespalten. Krone glockig, ± doppelt so lang als der Kelch, 1 bis 2 cm lang, schmutzig=rotviolett oder gelb= lichweiss, mit vorn stark erweiterter, aussen samtig behaarter Röhre, spitzen, am Rand papillösen, die Krone nicht überragenden Schlundschuppen und kurz dreieckigen, aus= wärts gekrümmten Zähnen. Antheren meist länger als die Staubfäden, dunkelviolett. Griffel von verschiedener Länge. Nüsschen schief=eiförmig, 4½ bis 5 mm lang, innen mit scharfer Kante, aussen glänzend glatt, fein= warzig, graubraun, mit vortretendem, gezähntem, die weisse Pseudostrophiole umgebendem Ring. — V bis VII.

Fig. 3160. Symphytum officinale L., Blüte seitlich. Phot. Th. Arzt, Wetzlar.

An Wiesengräben, in Streuewiesen, an Bachufern, an feuchten Wegrändern usw. allgemein verbreitet und im Flachland fast überall häufig, fehlt jedoch auf den Nordseeinseln, in den Alpen nur in den grösseren Tälern (in Oberbayern bis 1000 m, adventiv bis 1860 m [Schachengarten], im Inntal bis 1350 m, Kurzras im Schnalsertal bis 2000 m in Bauerngärten angebaut, im Prättigau bis 1460 m, im Tessin kaum über 300 m, im Rhonetal bis zirka 1500 m).

Allgemeine Verbreitung: Im grössten Teil Europas, südlich bis Südrussland (mit Ausschluss der Krim), bis zu den nördlichen Balkanländern, Mittelitalien und Mittelspanien, nördlich bis Irland, Schottland, Mittelskandinavien (bis Romsdal 62° 40´ und Norrland), Åland, Südfinnland, Estland, Ingrien und Olonez=Karelien; östlich bis Westsibirien und Kleinasien (Bithynien). Verwildert auch in Nordamerika.

Ziemlich veränderlich: var. purpúreum Pers. (= S. pátens Sibth., = S. officinale var. týpicum Beck em. Pospichal, = var. normále O. Kuntze p. p.). Laubblätter eiförmig=lanzettlich, völlig herablaufend, mässig rauh bis stärker rauh (f. rúde O. Kuntze) behaart. Krone meist ziemlich gross, schmutzig=violett bis purpurn (selten fast zinnoberrot: f. coccíneum hort.) oder weiss (f. albiflórum Schur). — var. Bohémicum (F. W. Schmidt) Pers. (= var. ochroleúcum DC., = var. albiflórum Kirschleger, = var. álbidum hort). Laubblätter wie bei voriger var. (f. genuínum Pospichal) oder schmäler lanzettlich, die oberen fast lineal (f. angustifólium [Opiz] Beck, = var. stenophýllum Čelak., = var. lanceolátum Weinm.). Krone gelblichweiss, oft kleiner als bei var. purpureum. Staubbeutel zuweilen vorragend (f. microcályx [Opiz]). Im nördlichen Teil des Gebiets meist seltener als var. purpureum, im südlichen stellenweise (z. B. schon in Württemberg, im mittleren Böhmen und im Mittelwallis) häufiger als diese, bald mit ihr, bald für sich allein auftretend. Eine Mutation mit ganz reduzierter Krone (m. apétala) fand Murr in Vorarlberg (Gisingen). Brunfels, Bock u. a. bezeichneten var. purpureum als das Männlein (Consolida major mas), var. Bohemicum als das Weiblein (Consolida major femina). Kerner glaubte im Nebeneinandervorkommen der beiden Sippen eine „zweckmässige Farbenverteilung" zu erblicken. — var. glabréscens Nicklès apud Kirschleger (= S. uligínosum Kerner, = S. officinale var. uliginosum O. Kuntze et subsp. uliginosum Nyman, = S. Vettéri Thellung). Stengel und Laubblätter fast kahl, nur abwärts mit vereinzelten, kleinen, gebogenen Stachelchen besetzt. Laubblätter eiförmig-lanzettlich, nur halb herablaufend. Blüten wie bei var. purpureum. Einheimisch wohl nur in den Ueberschwemmungsgebieten Südrusslands, Rumäniens und Ungarns, Annäherungsformen in Oesterreich (Drösing, Hohenau); im Elsass (Wiesen von Ried bei Benfeld) und in der Westschweiz (altes Bett der Orbe am Sécheron 1892) vielleicht nur adventiv. — Uebergangsformen zu var. purpureum sind var. inundátum Menyhárt und var. pseudópterum Borbás. Vgl. R. v. Sóo in Botanikai Közlem. Bd. XXII, 1826 und in Fedde's Repert. Europaeum Bd. I, 1926.

Die ursprüngliche Westgrenze der gleich ihren Verwandten wahrscheinlich pontischen Pflanze kann nicht mehr ermittelt werden. Schon in den Westalpen scheint sie trotz ihrer Häufigkeit in den grösseren Tälern von etwas zweifelhaftem Indigenat. Bei der Schnelligkeit, mit der sich das erst seit dem vorigen Jahrhundert in Mitteleuropa kultivierte S. asperum eingebürgert hat, muss auch bei S. officinale, das bereits die heilige Hildegard von Bingen kannte und das auch jetzt noch in manchen Gegenden als Heil- und Genusspflanze gezogen wird, mit der Möglichkeit der Einführung in historischer Zeit gerechnet werden, so dass die Art vielleicht im grössten Teil Mittel- und Nordeuropas

Fig. 3161. Symphytum officinale L., Weißblühende Form, auf dem Damm des Wr. Neustädter Kanals bei Schönau, N.Ö. Phot. R. Fischer, Sollenau, N.Ö.

nur als Archäophyt gelten kann. Sie ist recht feuchtigkeitsbedürftig und wird auch durch Düngung begünstigt. In Streuewiesen mit Agrostis alba, Holcus, Molinia, Orchis incarnatus, Vicia Cracca, Myosotis scorpioides, Mentha aquatica, Inula Britannica usw. und im Unterwuchs der Auenwälder mit Brachypodium silvaticum, Thalictrum flavum, Angelica silvestris, Lithospermum officinale, Scrophularia nodosa, Solanum dulcamara, Eupatorium cannabinum usw. macht die Wallwurz zwar häufig den Eindruck einer urwüchsigen Pflanze, was aber auch oft bei anderen sicher erst vor wenigen Jahrhunderten eingeführten Arten (Juncus tenuis, Sisyrinchium angustifolium, Oenothera biennis, amerikanische Aster- und Solidago-Arten) der Fall ist, an anderen Orten, in Strassengräben, an Dorfwegen, in Ackerrainen usw. zeigt sie jedoch deutlich halbruderalen Charakter. Im oberen Reussgebiet wird sie sogar als Topfpflanze gezogen. — Die kräftige, von schwarzem Kork bedeckte Wurzel, die als Rádix Sýmphyti vel Consólidae majóris noch jetzt in einzelnen Ländern offizinell ist, enthält grosse Mengen Pflanzenschleim mit verwertbaren Mengen von Gummi, ferner Harze, Saccharose, Gerbstoffe, geringe Mengen ätherischer Oele, das Alkaloid Symphyto-Cynoglossin und sein Spaltprodukt Consolicin, das Glykosid Consolidin, Spuren von Asparagin und namentlich auch das mit diesem verwandte Harnsäurederivat Allantoin. Dieses ist in der Wurzel vom Herbst bis in den Frühling zu 0,6 bis 0,8 %, im Sommer in viel geringerer Menge enthalten und kann durch Alkohol leicht in Form monokliner Prismen abgeschieden werden. Der zuerst von Titherley aus der Wurzel von S. officinale dargestellte und von A. Vogl (Pharmaz. Post 1918) näher untersuchte Stoff wurde von A. Stieger in viel geringeren Mengen auch bei Borago officinalis und Anchusa officinalis gefunden, während ihn Vogl weder bei anderen Symphytum-Arten, noch bei anderen Boraginaceen nachweisen konnte. Die Wurzel (Schwarzwurzel, Beinwurzel, Rainwurzel, Beerwurzel, Schmeerwurzel, Schmalzwurzel, Schamwurzel, Wallwurzel, Waldwurzel, Ledwurzel, Milchwurzel usw.) wird im Herbst oder Vorfrühling ausgegraben und in Form von Presssaft, Extrakt, Absud, Destillat oder aus solchen dargestellter Pflaster, Pastillen usw. als Adstringens und einhüllendes Mittel angewandt, äusserlich bei Quetschungen, alten Geschwüren, Gichtknoten, verhärteten Milchdrüsen, Hautkrankheiten, früher besonders auch bei Knochen- und Leistenbrüchen, innerlich gegen Blutspeien, Ruhr, Durchfall, Harnbeschwerden, Brustverschleimung, Schwindsucht usw. Besonders der aus der Wurzel durch Auskochen gewonnene Schleim war als blutstillend berühmt; mit Bleiweiss, Galmei usw. wurde daraus auch eine Wundsalbe bereitet. „Wenn man dies Kraut samt der wurtzel wol in dem wasser zu einem Bad siedet, und die jungen Wittweiber darinnen bissweilen baden macht, so werden sie wider gleich als die Jungfrauen" (Zwinger). Die jungen Sprosse können wie Spargel, die jungen Blätter als Suppenwürze und Spinat zubereitet werden, die älteren auch (z. B. in Obersteiermark) zur Tabakstreckung verwendet werden. Auch den Digitalisblättern werden sie gelegentlich beigemischt. Als Futterpflanze hat Symphytum officinale keine Bedeutung. Sie liefert ein schlechtes, rauhes Futter, das vom Vieh, sowohl frisch als getrocknet, verschmäht wird. Durch Entwässerung kann die Pflanze nach und nach vertrieben werden. Ebenso wird sie durch Beschattung, besonders auch durch Anbau von Hanf während 2 Jahren und jeweiler Aussaat von weissem Senf nach der Heuernte zu bekämpfen gesucht.

An den grauen Haaren bleiben häufig wie z. B. auch an denen von Phaseolus anfliegende oder aufkriechende Insekten hängen, nach Graebner besonders Maifliegen (Dilophus vulgaris). Die sehr nektarreichen Blüten sind homogam. Nur langrüsselige Apiden und Schwebfliegen (Rhingia) können auf normalem Weg zum Honig gelangen, indem sie den an den Antheren und Schlundschuppen gebildeten Kegel öffnen, in welchem sich der Pollen schon vor dem Oeffnen der Blüten angesammelt hat. Kurzrüsselige Hummeln und die Honigbiene rauben Nektar durch seitlichen Einbruch. Die Blütendauer schwankt nach Rossner zwischen 6 und 11 Tagen. Bei ausbleibendem Insektenbesuch kann wahrscheinlich Selbstbestäubung eintreten, wenigstens bei einzelnen Formen, von denen es lang- und kurzgriffelige gibt. Auch sehr kleinblütige Individuen (f. parviflórum Beckhaus) kommen vor. — Die Nüsschen besitzen ein wohlentwickeltes Elaiosom und werden durch Ameisen verbreitet, nach Sernanders Versuchen besonders durch Formica-Arten, im Süden auch durch Messor barbarus. Künstlich kann die Art leicht durch Stecklinge und Wurzelteilung vermehrt werden.

### 2334. Symphytum tuberósum[1]) L. Knollige Wallwurz. Taf. 219, Fig. 5 und Fig. 3162 und 3163.

Staude mit ziemlich kurzem, schiefem, auf grössere Strecken unregelmässig knollig angeschwollenem, fleischigem, hellbraunem Wurzelstock. Sprosse weich, gelblichgrün, ziemlich locker mit kurzen, abstehenden, weichen Borstenhaaren besetzt; die jungen Sprosse ± drüsig. Stengel aufrecht, ± 2 bis 3 (1½ bis 5) dm hoch, einfach oder mit wenigen, oft nur als kleine Kurztriebe ausgebildeten Aesten, nur im Blütenstand regelmässig gegabelt, schwach kantig, ungeflügelt, mit meist nur 5 bis 7 normalen und einigen hochblattartig verkleinerten Laubblättern. Grundblätter meist bald vertrocknend. Stengelblätter mit ± 1 bis 7 cm langem,

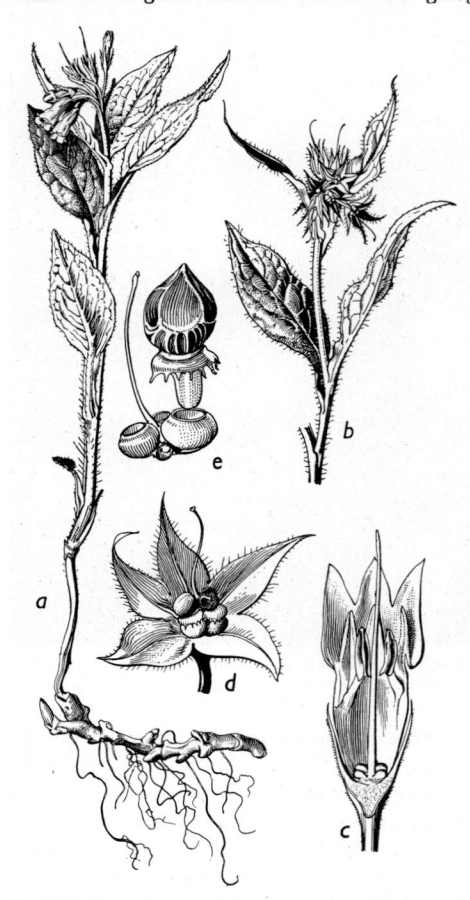

Fig. 3162. Symphytum tuberosum L. *a* Blühende Pflanze. *b* Fruchtender Spross. *c* Blüte durchschnitten. *d* Frucht. *e* Nüsschen mit Elaiosom ausfallend.

---

[1]) Unter diesem sich auf das knollige Rhizom beziehenden Namen wurde die Art bereits von Clusius, Dalechamp, Mattioli, J. Bauhin u. a. beschrieben und abgebildet.

Tafel 222

## Tafel 222.

Fig. 1. *Onosma arenarium* (pag. 2181). Habitus der subsp. *pyramidatum*.
„ 1a. Längsschnitt durch die Blüte.
„ 1b. Staubblatt.
„ 1c. Längsschnitt durch ein Haar der Laubblätter.
„ 1d. Fruchtknoten.
„ 1e. Fruchtblatt quergeschnitten.
„ 2. *Cerinthe minor* (pag. 2190). Habitus.
„ 2a. Kelchblatt.
„ 2b. Früchtchen mit Fruchtkelch.
„ 2c. Staubblatt.
„ 3. *Cerinthe major* (pag. 2187). Habitus.

Fig. 3a. Blüte, aufgeschnitten.
„ 3b. Staubblatt.
„ 3c. Fruchtknoten.
„ 3d. Früchtchen.
„ 4. *Echium vulgare* (pag. 2193). Habitus.
„ 4a. Blüte.
„ 5. *Verbena officinalis* (pag. 2240). Habitus.
„ 5a. Krone von oben.
„ 5b. Blüte aufgeschnitten.
„ 5c. Fruchtknoten.
„ 5d. Pollenkorn. Fig. 5e. Frucht.
„ 5f. Blütenknospe.
„ 5g. Haarformen des Stengels.

---

± scharf abgesetztem, nicht oder nur sehr kurz herablaufendem Stiel und eiförmig=elliptischer, an beiden Enden kurz zugespitzter, ± 5 bis 12 (bis 14) cm langer und 2 bis 5 (bis 6) cm breiter, dünner, netznerviger, beiderseits locker behaarter, etwas glänzender Spreite. Blüten an 3 bis 8 mm langen Stielen nickend, in meist 2, ± 6= bis 10= (bis 20=)blütigen, am Grund beblätterten Doppelwickeln. Kelch etwa zu $^4/_5$ in lineal=lanzettliche, ± 4 bis 5 mm lange, postfloral nur wenig vergrösserte, flaumig=borstig behaarte Zipfel gespalten. Krone ± 1$^1/_2$ bis 2 cm lang, meist blassgelb, aussen flaumig, mit weiter, vorn glockiger Röhre, mit eingeschlossenen, ± 4 mm langen, am Rand papillösen Schlundschuppen und kurz 3=eckigen, sich auswärts krümmenden Zähnen. Staubblätter ± so lang wie die Schlundschuppen, die Antheren mehrmals länger als die Filamente. Griffel oft die Krone überragend. Nüsschen 3 bis 4 mm lang, netzig=runzelig und feinwarzig, vorn und hinten mit scharfer Kante, unten mit gezähntem, die Pseudostrophiole umgebendem Ring, dunkelbraun. — IV, V (in höheren Lagen bis VII).

In feuchten Frisch=, Fett= und Hochstaudenwiesen, besonders im Unterwuchs von Auengehölzen, Erlen= und Haselgebüschen, Kastanienhainen, auf Schlagflächen usw. — Sowohl auf Kalk wie auf kalkarmem Boden vom Tiefland bis in die subalpine Stufe (Oberbayern bis 1750 m, Wiener Schneeberg bis 1500 m, Tessin bis 1100 m). Im Donaugebiet recht verbreitet und häufig, zerstreut auch im Oder= und Elbetal und in den Südalpen, anderwärts selten aus früherer Kultur verwildert.

In Deutschland im Odergebiet (im südlichen Oberschlesien häufig, vereinzelt bis Mittelschlesien [Brieg, Auras, Ohlau, Schweidnitz, Oppeln, Falkenberg]), Elbegebiet (von Böhmen bis Anhalt [zwischen Koswig und Wörlitz] und Magdeburg (Rathenow), in Brandenburg bei Lenzen und im Berliner Botanischen Garten wohl nur verwildert, ebenso auch in Thüringen (Belvedere) und Mecklenburg [Schwerin] und Mühlenberg bei Blankenese unterhalb Hamburg. Im Donaugebiet nördlich der Donau nur von Passau bis Regensburg und in der Umgebung von Parsberg, in Südbayern bis zur Isar ziemlich verbreitet, auch in den Alpen (z. B. um Reichenhall, Wendelstein, Schliersee, Kirchstein usw.), vereinzelt bis zum Lech. Im Rheingebiet nur selten verwildert (z. B. bei Frankfurt a. M.). — In Oesterreich verbreitet, nur in Tirol sehr selten (Kitzbühel, Ebbs im Unterinntal, mehrfach im Draugebiet, angeblich früher auch bei Brixen und Bozen, sowie jenseits der Tirolergrenze bei Primolano und am Monte Baldo), in Vorarlberg fehlend. — In der Schweiz nur im Tessin (häufig im Sottoceneri, vereinzelt um Locarno und Bellinzona), sowie ganz vereinzelt im Unterwallis (Kastanienhain bei Massongex) und in Freiburg (La Gottalaz bei Montbovon).

Allgemeine Verbreitung: Donauländer von der Ukraine bis Bayern, bis ins südliche Weichsel=, Oder= und Elbegebiet ausstrahlend, ferner von den Balkanländern durch die Ost= und Südalpen bis Mittelitalien, Sizilien, Südfrankreich (auch auf Korsika) und Spanien; in England (selten) und Schottland wohl nur eingebürgert, ebenso auch in Connecticut.

Am häufigsten ist die Form mit breiten, rasch in den Blattstiel zusammengezogenen Laubblättern (var. latifólium Beck), seltener eine solche mit schmal=lanzettlichen, allmählich verschmälerten Laubblättern (var. longifólium Beck). Die Krone ist in der Knospe meist grünlichgelb, seltener (f. lúridum Beck) rötlich-gelb und innen schmutzig-gelbbraun. Von Bildungsabweichungen kommen zuweilen gefüllte Blüten vor. — Das nahe verwandte S. foliósum Rehmann der südlichen Karpaten unterscheidet sich u. a. durch zahlreichere (7 bis 12) Stengelblätter und durch stärker gerippte Klausen.

Symphytum tuberosum ist somit eine pontisch-nordmediterrane Art. In ihren Standortsansprüchen und ihrer Blütezeit gleicht es mehr Pulmonaria officinalis und P. montana als Symphytum officinale. Zur Blütezeit sind die Grundblätter oft schon vertrocknet. Die stärkereichen Rhizomknollen sollen in einzelnen Gegenden zum Brotstrecken Verwendung finden. Bereits um 1600 war die Art in mehreren Gärten Deutschlands und in der Schweiz in Kultur. Da sie leicht verwildert, so ist vielleicht die Arealgrenze durch den Menschen bedeutend nach Nordwesten verschoben worden. Während die Art in den Südalpen kaum höher als die zahme Kastanie steigt, in deren Hainen sie oft herdenweise auftritt, steigt sie in den Ostalpen in lichten Laub- und Nadelgehölzen bis in die Fichtenwaldstufe. In den Auenwäldern, Erlen- und Haselgebüschen des Donau-

Fig. 3163. Symphytum tuberosum L., im Straßengraben b. Piesting, N.Ö. Phot. R. Fischer, Sollenau, N.Ö.

gebiets bis Oberbayern tritt sie besonders reichlich in den Brachypodium silvaticum-Beständen (mit Arum maculatum, Ranunculus Ficaria, Adoxa, auch mit Narcissus radiiflorus usw. auf, in den Sudetenländern namentlich auch in Eichenwäldern mit Pulmonaria officinalis (mit dieser auch in Fichtenwäldern) und Campanula Cervicaria, sowie in Hochstaudenfluren mit Lilium Martagon, Polygonatum verticillatum, Aconitum Vulparia, Actaea spicata, Dentaria enneaphyllos, Mercurialis perennis, Senecio nemorensis usw., mit denselben Arten auch in Buchen- und Mischwäldern der Ostalpen, in Hochstaudenfluren insbesondere auch mit Petasites albus und P. officinalis, Pulmonaria montana, Saxifraga rotundifolia usw.

**2335. Symphytum bulbósum** Schimper (= S. punctátum Gaudin, = S. filipéndulum Bischoff, = S. bróchum Bory, = S. Clúsii[1]) Gmel., = S. Zeyhéri Schimper, = S. macrólepis Gay, = S. tuberósum var. exsértum Loisel.). Kleinblütige Wallwurz. Fig. 3164.

Der vorigen Art ähnliche Staude. Rhizom dünn, Ausläufer treibend, nur ab und zu zu kugeligen, bis haselnussgrossen, braunen Knollen angeschwollen. Stengel und Laubblätter denen der vorigen Art sehr ähnlich. Stengel ± 2½ bis 5 dm hoch, locker abstehend behaart. Blattspreiten eiförmig bis eilanzettlich, ohne den 1 bis 10 cm langen, nicht herablaufenden Stiel ± 6 bis 15 cm lang und 2½ bis 7 cm breit, fieder- und netznervig, frischgrün, unterseits nur auf den Nerven weich behaart, von den knotenförmigen Basen der auf der Oberseite

---

[1]) Gmelin hielt die Art zu Unrecht für das Symphytum tuberosum minus des Clusius.

zerstreuten Haare wie punktiert. Blüten an $^1/_2$ bis 1 cm langen Stielen abstehend oder nickend, in meist 2 nur am Grund beblätterten, wenigblütigen Doppelwickeln. Kelch fast bis zum Grund in 3 bis 5 mm lange, lineale, weichbehaarte Zipfel gespalten. Krone nur 7 bis 11 mm lang, mehr trichterförmig als glockig, blassgelb bis fast weiss, schwach flaumig oder kahl, mit die eiförmig=3=eckigen, gerade vorgestreckten Kronzipfel etwas überragenden, gezähnelten, spitzen Schlundschuppen. Staubblätter kürzer als diese, ihre Filamente nur wenig kürzer als die Antheren. Griffel die Krone meist weit überragend. Nüsschen spitzer als bei der vorigen Art, sonst sehr ähnlich. — IV (V, VI).

In Weinbergen, Baumgärten, Hecken, Gebüschen, Aeckern, an Gräben und Mauern usw. im Mittelmeergebiet bis in die Südalpen, anderwärts selten aus früherer Kultur verwildert.

In Deutschland nur eingebürgert im Oberrheingebiet: in Weinbergen über der Ultramarinfabrik bei Heidelberg 1822 von Schimper entdeckt (am Geissberg noch 1902, seit 1906 nicht mehr gefunden), im Schwetzinger Schlossgarten (von Schimper angepflanzt) und zwischen Ettlingen und Malsch, im Elsass in Weinbergen bei Weissenburg, bei Zabern und bei Florimont zwischen Ingersheim und Morschweiler (seit etwa 1860). — In Oesterreich ebenfalls nicht ursprünglich; nächste Fundorte im Küstenland: bei Monfalcone, S. Michele, am Risano bei Capodistria und bei S. Rocco unweit Muggia. — In der Schweiz nur im südlichen Tessin (an den unteren Hängen des Generoso am Luganersee, häufiger um Locarno bis Loco im Onsernone, im Tessin von L. Thomas entdeckt).

Allgemeine Verbreitung: Westliche Balkanländer von Griechenland bis Istrien, Italien, Sizilien, Korsika.

Näheres über diese mediterrane, vielleicht auch in der Südschweiz nicht wirklich urwüchsige Art bei C. Schimper in Flora, Bd. VIII 1825, Bischoff ebenda, Bd. IX 1826 und Kneucker in Allg. Botan. Zeitschr. Bd. II 1886. — Sernander beobachtete in Palermo Verschleppung der Nüsschen durch Lasius niger.

Von Bastarden kommen für uns in Betracht: S. asperum Lepechin × S. officinale L. (= S. Uplandicum Nyman (vgl. pag. 2222). — S. officinale L. × S. tuberosum L. (= S. Wettsteinii Sennholz). Von diesem in Niederösterreich und Steiermark stellenweise reichlich auftretenden Bastard sind folgende 6 Formen beschrieben: Krone gelblichweiss. — f. Béckii (Petrak). Krone ganz gelblichweiss. St. Pölten in Niederösterreich. — f. Zahlbruckneri (Beck). Kronsaum violettlich. Kelch grün. Laubblätter lanzettlich. Piestingtal in

Fig. 3164. **Symphytum bulbosum** Schimper. *a* Habitus. *b* Krone geöffnet.

Niederösterreich. — f. Wettsteinii (Sennholz). Krone ebenso. Kelch rötlich. Untere Laubblätter eiförmig. Kalksburg bei Wien, Knittelfeld in Steiermark, Rovio am Generoso im Tessin. — b) Krone blass rötlich=violett: f. dichroánthum (Teyber). Krone unten gelblich, oben trübpurpurn. Eggenburg in Niederösterreich. — f. multicaúle (Teyber). Krone unten violettrot, oben gelblich. Stengel zu mehreren. Pulkau in Niederösterreich. — Eine ähnliche, aber 1=stengelige Form beschreibt K. Fritsch (in Mitt. Naturw. Ver. f. Steiermark. Bd. XLVII 1910 pag. 11) von Hörgas in Steiermark, wobei er mit Recht bemerkt, dass es unzweckmässig ist, alle Derivate derselben Arten mit besonderen binären Namen zu belegen.

## DCXXIII. **Borágo**[1]) L. Borretsch, Gurkenkraut.

Ein= und mehrjährige Kräuter. Blüten in beblätterten Wickeln. Kelchzipfel lineal. Krone radförmig, mit kurzer Röhre, spitzen Zipfeln und meist weit vortretenden Schlund= schuppen. Staubfäden mit Anhängseln und bespitzten, die Schlundschuppen weit überragenden Antheren. Nüsschen dem flachen Griffelpolster mit konkaven Ansatzflächen aufsitzend.

Die durch ihren Blütenbau ziemlich isolierte Gattung umfasst ausser unserer Art nur noch B. laxiflóra DC. auf Korsika und Sardinien und B. longifólia Poiret in den Atlasländern, ist somit rein westmediterran.

**2336. Borago officinális** L. Borretsch, Boretsch, Burres, Borgelkraut, Gurkenkraut, Wohlgemutkraut. Franz.: Bourrache, bourroche; in der Westschweiz: Bourratse, boratse; engl.: Borage; ital.: Boragine, borana, borrandella; im Tessin: Boresena. Taf. 220, Fig. 2; Fig. 3089 a, b und 3165.

Borretsch (spätmittelhochdeutsch barretsch, borretsch) ist entlehnt aus dem ital. boragine (franz. bourrache), das auf das mittellat. borago (vgl. Anm. 1) zurückgeht. Mundartliche Formen sind z. B. Purg, Porg, Porich (rheinisch), Boragi, Boradi (Obersteiermark), Borage[n] (schwäbisch), Burrasch (Loth= ringen), Burâtsch, Borâtsch (Schweiz). Da das Kraut eingemachten Gurken beigegeben wird, heisst die Pflanze Gurkenkraut (z. B. Gotha), Gu(go)meanblêrer (Oberhessen), Guggumerechrut (Thurgau). Andere Namen sind Beinlfutter [= Bienen=] (Steiermark), Küchlikrut (Elsass), Jungferegsichtli (Churfirsten).

Einjähriges Kraut mit schwacher, $\pm$ stark verzweigter Wurzel. Sprosse sehr saftig, frischgrün, locker, mit starren, abstehenden, auf Knötchen sitzenden Borstenhaaren besetzt, von säuerlichem, schwach gurkenähnlichem Geruch und Geschmack. Stengel aufrecht, einfach oder ästig, $\pm$ 1½ bis 6 dm hoch und am Grund ½ bis gegen 1 cm dick, dicht rauhhaarig. Laub= blätter wechselständig, die untersten rosettig gehäuft, mit $\pm$ 2 bis 8 cm langem, an den oberen Stengelblättern oft undeutlichem Stiel und elliptischer bis eiförmiger, $\pm$ 3 bis 10 cm langer und 2 bis 5 (1½ bis 8) cm breiter, ganzrandiger oder etwas ausgebuchteter, oft welliger und etwas runzeliger, fieder= und netznerviger, beiderseits behaarter Spreite. Blüten an ½ bis 2 cm langen, kräftigen Stielen abstehend bis nickend, in etwas beblätterten, ziemlich arm= blütigen, aber oft zu umfangreichen Doldenrispen zusammengesetzten Wickeln. Kelch fast bis zum Grund in lineale, ziemlich spitze, dicht rauhhaarige Zipfel geteilt, zur Blütezeit ausgebreitet und $\pm$ 1½ cm breit, nach dem Abfallen der Krone sich schliessend und bis zu gegen 2 cm Länge heranwachsend. Krone rein himmelblau, selten weiss, 1½ bis 2½ cm breit, mit sehr kurzer Röhre, lanzettlichen, spitzen Zipfeln und abgerundeten, weissen, vorragenden Schlund= schuppen. Staubblätter (Taf. 220, Fig. 2a bis c) mit verbreitertem und aussen mit einem spornähnlichen, oft violetten Fortsatz versehenem Filament und linealer, $\pm$ 7 mm langer, kurz bespitzter, die Schlundschuppen weit überragender, schwarzvioletter Anthere. Griffel fädlich, mit kleiner, kopfiger Narbe, dem ziemlich flachen Griffelpolster aufsitzend. Nüsschen (Taf. 220, Fig. 2 d bis f) länglich=eiförmig, $\pm$ 7 bis 10 mm lang, gekielt, gerippt und warzig rauh, hellbraun, um die von einer halbkugelig vorgewölbten, als weisser Oelkörper ausgebil= deten Pseudostrophiole eingenommene Ansatzfläche ringförmig verdickt. — V bis IX.

Alte Kulturpflanze aus dem Mittelmeergebiet. Häufig in Bauerngärten gezogen und sich daselbst auch durch Selbstaussaat erhaltend, in Gemüsegärten, auf Komposthaufen, an Seeufern, auf wüsten Plätzen usw. im ganzen Gebiet häufig verwildernd (im Inntal noch bei

---

[1]) Die Ableitung dieses spätlateinischen, zuerst anscheinend bei Albertus Magnus, der die Pflanze auch ausführlich beschreibt, Henrik Harpestreng und in den Sumerlaten (als Bofrago oder Scarleige) vor= kommenden Namens ist unsicher. Am wahrscheinlichsten ist die von spanisch und spätlateinisch borra oder burra = struppiges Barthaar, Scherwolle. Am gebräuchlichsten ist die z. B. von Bauhin und Tournefort eingebürgerte Schreibweise Borrago; Linné schrieb jedoch, wie schon Albertus Magnus, Brunfels und Hieronymus Bock Borago, weshalb diese Schreibweise beizubehalten ist. Bei C. Bauhin heisst unsere Art Buglossum latifolium.

1400 bis 1700 m) [Samaden], sich jedoch nördlich der Alpen meist nicht dauernd haltend, wohl aber in Südeuropa bis an die oberitalienischen Seen und Istrien, namentlich in Weinbergen und an nicht zu trockenen Gartenmauern.

Allgemeine Verbreitung: Die Heimat der heute im ganzen Mittelmeergebiet als Kultur= und Ruderalpflanze verbreiteten Art liegt wohl entgegen den meisten Angaben nicht im östlichen, sondern im westlichen Teil desselben (Südspanien, Atlasländer). Fast in ganz Europa und Nordamerika kultiviert und ± halb verwildert, nördlich bis zum südlichen Skandinavien.

Als Heimat wird meist Kleinasien und Syrien angegeben, wo die Pflanze jedoch wesentlich seltener und mehr an Kulturland gebunden scheint als im westlichen Mittelmeergebiet. Zudem scheint sie im griechischen und römischen Altertum unbekannt gewesen zu sein (Buglossos oder Euphrosynum des Plinius ist wohl zu Unrecht auf sie bezogen worden). Wahrscheinlich ist der Borretsch erst von den Arabern (z. B. Ibn Alaw= wâm, der ihn lisân atstaur = Ochsenzunge nennt) in Spanien, wo er besonders im Süden an feuchten Orten häufig wild wächst, in Kultur genommen worden. Auch der Name Borago, von dem sich die meisten neusprachlichen ableiten, und die Verbreitung der übrigen Borago=Arten deuten hierauf. Das Kraut ist ziemlich bodenvag, aber entschieden feuchtigkeits= und düngerliebend. Eine besondere Pflege ist meist nicht erforderlich. Die leichte Verschleppbarkeit der Pflanze beruht auf ihrer Myrmekochorie. Die Stengel sind wie bei anderen Myrmekochoren (z. B. Viola odorata, Ajuga, Lamium u. a.) sehr wenig mechanisch versteift, und die Blüten zeigen starke postflorale Veränderungen. Vor der Anthese richten sich die Blütenstiele, deren Krümmungen schon 1837 von Dutrochet untersucht worden sind, teilweise auf, senken sich aber dann unter starkem Wachstum positiv geotropisch. Die Blüten sind schwach proterandrisch und so honigreich, dass die Pflanze als eine der besten Bienenpflanzen gilt. Der Nektar wird von der Unterseite des Fruchtknotens in die von den Staubblattbasen gebildete Röhre abgesondert. Der Pollen fällt in den von den Staubbeuteln gebildeten „Streukegel"

Fig. 3165. Borago officinalis L., Blütenstand. Phot. W. Schacht, München.

und aus diesem nur dann heraus, wenn sich eine Biene an den Zahnfortsätzen der Staubfäden anklammert und den Kopf zwischen diesen durchzwängt. Bei ausbleibendem Immenbesuch ist Selbstbestäubung möglich, aber von geringerem Erfolg als Fremdbestäubung. Nach dem Abfallen der sehr hinfälligen Krone (durchschnittliche Blütendauer nach Wacker 1 bis 2 Tage) wachsen die Kelchblätter ungefähr zur doppelten Grösse heran, worauf sie sich zuletzt wieder entfalten und dank ihrem reichlich Chlorophyll führenden Schwammparenchym und Palisadengewebe als assimilierende Laubblätter fungieren. Vom Blütengrund bleibt ein sehr fettreicher Teil als „Pseudostrophiole" an der Ansatzstelle der Nüsschen sitzen, um dessen willen diese von Ameisen aufgesucht und verschleppt werden (Sernander). Auch die Mäuse sollen sie gerne fressen. Die Keimkraft bleibt 2 bis 3 Jahre erhalten. Die Krone und die ganzen Sprosse sind reich an Schleim (fast $1/3$ der getrockneten Blätter) und Salpeter (die Asche besteht fast zur Hälfte aus $K_2O$), wodurch hauptsächlich die kühlende und lösende Wirkung der Pflanze sich erklärt. Daneben sind Harzstoffe, Kalziummalat und andere Stoffe an dem eigentümlich gurkenähnlichen, beim Trocknen verloren gehenden Geruch und Geschmack beteiligt. Sowohl die Blüten wie die zur Blütezeit gesammelten und getrockneten Sprosse (Hérba et Flóres Borráginis) werden seit dem Mittelalter in Form von Tee, Sirup, Essenz, Destillat usw. als kühlendes, fieberstillendes, erfrischendes, erweichendes und harntreibendes Mittel gebraucht, namentlich auch gegen Melancholie und Hypochondrie, in neuerer Zeit auch gegen Schleimhautentzündungen, Seitenstechen und Gelenkrheumatismus, sowie als schweisstreibendes Mittel. „Das Kraut macht Freud und guten Muth, vertreibt die Traurigkeit, wenn man es in Wein legt und trinkt". U. a. zählten die Blüten zu den „quatuor flores cordiales" (den 4 herzstärkenden Blüten).

Ein angeblich besonders heilsames „Kraftwasser" wurde aus Borretschwasser, Violenwasser, Schlehenblütenwasser, Zimmtwasser usw. zusammengesetzt. Noch allgemeiner ist aber die Verwendung der frischen Blätter (auch der zugleich dekorativ wirkenden Blüten) als Beigabe zu Salat, dem es einen angenehmen, gurkenähnlichen Geschmack verleiht. Sie lassen sich auch als Spinat zubereiten. Im Aargau und Elsass dienten sie wie die von Symphytum auch zum Küchlibacken. Andrerseits wirken aber die rauhen Haare hautreizend. Aus den Blüten wurde ehedem eine schön blaue Lackfarbe bereitet; ebenso wird Essig damit blau gefärbt.

Ausser in der Grösse und Behaarung variiert die Art nur sehr wenig. Als Zierpflanzen (u. a. als Grabschmuck, z. B. in Schwaben und Franken) werden neben den blaublütigen auch weissblühende Individuen gezogen. — Eine Blattfleckenkrankheit ruft Entylóma serótinum Schröter hervor. Schaden richten auch einige Eulenraupen (Brotolómia meticulósa und Plúsia-Arten) an.

## 114. Fam. Verbenáceae. Eisenkrautgewächse.

Kräuter, Halbsträucher, Sträucher und Bäume mit meist gegen-, selten quirl- oder ausnahmsweise mit wechselständigen Laubblättern. Nebenblätter fehlend. Blüten in botrytischen oder cymösen Blütenständen, zygomorph, seltener fast strahlig, zwitterig oder durch Fehlschlagen vielhäusig. Kelch unterständig, glockig, röhrig oder becherförmig, 4-, 5-, seltener bis 8-spaltig, -lappig oder -zipfelig, selten fast ganzrandig. Krone mit zylindrischer oder nach oben erweiterter, gerader oder gekrümmter Röhre und mit 4- bis 5-, bisweilen mit noch mehrspaltigerem Saume, seltener breit glockig ohne deutliche Röhre. Kronlappen gleich gestaltet oder 2-lippig, dachziegelig sich deckend. Staubblätter 4, 2-mächtig, seltener gleichförmig oder durch Fehlschlagen nur zu 2, sehr selten gleich viele wie die Kronlappen; Staubfäden mit den Kronzipfeln abwechselnd, frei; Staubbeutel nach einwärts gewendet, 2-fächerig; die Fächer mit einem Längsspalt aufspringend. Diskus den Grund des Fruchtknotens umgebend, meist schwach entwickelt. Fruchtknoten oberständig, in der Regel aus 2, sehr selten aus 4 (5) Fruchtblättern bestehend, ursprünglich 2- bis 4- (5-)fächerig, aber in der Regel bald durch falsche Scheidewände 4- bis 8- (10-)fächerig, selten im oberen Teile 1-fächerig; Samenanlagen in jedem Fach 1 (in den ungefächerten Fächern 2), grundständig und anatrop, seitenständig und hemianatrop oder orthotrop, gipfelständig und hängend, stets mit der Mikropyle nach abwärts gerichtet. Griffel endständig, sehr selten zwischen die Fruchtknotenlappen eingesenkt, ungeteilt oder 2- bis 4- (5-)spaltig, mit kurzen, spitzen oder stumpfen Lappen, selten kopfförmig. Steinfrucht oder Kapsel mit dünner, trockener oder saftiger bis fleischiger äusserer und harter innerer Fruchtschale, geschlossen bleibend oder in 2 ein- bis 2-fächerige oder 4, selten 8 bis 10 Teilstücke zerfallend. Samen meist ohne, selten mit fleischigem Nährgewebe. Keimling gerade, mit flachen, selten gefalteten, dicklichen Keimblättern und unterständigem Würzelchen.

Die Familie umfasst etwa 70 Gattungen mit rund 800 Arten und besitzt ihr Hauptverbreitungsgebiet in den Tropen und Subtropen, insbesondere in Südostasien, im Malayischen Archipel, in Mittel- und Südamerika und auf den Westindischen Inseln. In die gemässigten Zonen dringen nur wenige Arten ein. Auch Afrika wird nur durch verhältnismässig wenige Gattungen besiedelt, wenngleich dort die Gattungen Clerodéndron L. und Vitex L. ziemlich reichlich vertreten sind. Den mehr als 20 monotypischen und meist auf altisolierte Gebiete beschränkten Gattungen stehen neben einer grösseren Anzahl wenig artenreicher Gattungen als umfangreich gegenüber Líppia L. mit 100 Arten, Clerodéndron L. mit etwa 90 Arten, Verbéna L. und Lantána L. mit je 80 Arten, Vitex L. mit 60 Arten usw. Die 7 Unterfamilien, in die die Familie geteilt wird, sind z. T. auf geographisch eng umgrenzte Gebiete beschränkt. Die Stilboideae leben mit 5 Gattungen in Südafrika, die Symphoromoídeae mit 3 Gattungen in Vorderindien, Malesien und Nordaustralien. Auf eine frühere (lemurische) Landbrücke zwischen Südasien, Ostafrika und Australien weisen die beiden Unterfamilien der Caryopteridoídeae (vorwiegend ostasiatisch, nordwärts bis zur Mongolei und Japan reichend, mit der monotypischen Varengevíllea hispidíssima Baill. auf Madagaskar vertreten) und die Chloanthoídeae (vorwiegend westaustralisch, darunter Neogénes eufraxioídes A. DC. auf den pazifischen Inseln, während die 2. zur Gattung gehörende Art N. décumbens Balf. f. auf der Insel Rodriquez heimisch ist, ferner die monotypische Acharítea Benth. in West-Madagaskar). Die Avicennioídeae mit der einzigen Gattung Avicénnia L. (3 Arten) sind als Mangrovepflanzen an den tropischen Küsten beider Erdhälften verbreitet. Die Verbenoideae und Viticeae sind die umfangreichsten und gleichzeitig die am weitesten ausgebreiteten Unterfamilien, besitzen aber gleichfalls einige endemische Tribus. Bemerkenswert ist die monotypische Ubochéa dichótoma Baill. von den Kap Verden, deren nächste Verwandten in der südamerikanischen Gattung Stachytarphéta Vahl zu suchen sind und somit auf die alte Landverbindung der Atlantis weist. Ferner ist auch auf die Gattungen Lippia L. und Verbena L. aufmerksam zu machen, von denen die Hauptmenge der Arten im mittleren und südlichen Amerika vorkommen (von Lippia etwa 97 Arten, von Verbena etwa 58), während 3 Lippia-Arten in Afrika heimisch sind, L. répens Spr. auch im europäischen Mittelmeergebiete und 2 Verbena-Arten (V. officinális L. und V. supína L.) in Europa, Nordafrika und Westasien erscheinen. Alle diese Verbreitungsverhältnisse deuten auf ein hohes Alter der Familie, wenngleich die phytopaläontologischen Funde von Tertiärfossilien bis heute noch keine sicheren Unterlagen dafür geliefert haben. Laubblattreste aus dem böhmischen Oligozän werden mit Vitex L. und Petræa L. verglichen. Früchte aus dem deutschen Miozän gehören vielleicht zur Familie; ganz unsicher sind Laubblätter aus dem englischen Eozän und aus dem Oligozän der Provinz Sachsen, die zur Gattung Clerodéndron gestellt worden sind. Die Festlegung primärer Entwicklungsherde erscheint aussichtslos; doch können als solche 2. Grades Südostasien, der Malayische Archipel, Süd- und Mittelamerika, Westindien und Südafrika angesprochen werden.

Systematisch stehen viele Gattungen durch die Regelmässigkeit ihres Blütenbaues auf einer niederen Stufe, sodass die Familie mit zu den ältesten Sympetalen gehört. Die verwandtschaftlichen Beziehungen zu den übrigen Familien der Sympetalen sind mit Ausnahme der Labiaten nicht eng; doch bestehen derartige Uebereinstimmungen zu den Boraginaceen (die aber absteigende Samenanlagen mit oberständiger Micropyle und Würzelchen besitzen), dass Verwechslungen vorkommen können, ebenso zu den Solanaceen, die sich aber durch gleiche (nicht 2-mächtige) Staubblätter unterscheiden. Die Frage, ob eine Abtrennung von den Labiaten berechtigt ist, hängt nach Briquet von den bisher

Fig. 3166. Clerodendron Thomsonae Balfour. Blühender Zweig. Kelch weiss (petaloid), aufgeblasen.

ungeklärten Konstanzverhältnissen der Narbenstellung und der Lage des Griffels in der Labiaten-Gattung Prostanthéra Labill. ab, die in dieser Gattung nach Bentham wechselnd sein sollen. Für die Verbenaceen ist charakteristisch, dass der Griffel an der Spitze des Fruchtknotens steht, während er bei den typischen Labiaten am Grunde der Nüsschen entspringt. Nur bei den Prostantheroideae und bei den Ajugoideae (den verbenoiden Labiaten) wird dieses trennende Merkmal durchbrochen, indem der Griffel im ersten Drittel, in der Hälfte oder im letzten Viertel des Fruchtknotens eingefügt ist und die Nüsschen an der Bauchseite mit einer hohen Ansatzfläche angeheftet sind. Nach Briquet dürfte es deshalb vielleicht richtiger sein, die beiden erwähnten Labiaten-Unterfamilien zu den Verbenaceen zu ziehen, so dass die Familie dann durch einen hemigynobasischen oder terminalen Griffel ausgezeichnet wäre, während die Labiaten einen gynobasischen Griffel besitzen würden. Auf Grund der sero-diagnostischen Untersuchungen wird die Familie als Seitenzweig der Labiaten aufgefasst (Bd. IV/3, Fig. 1608). Anatomisch sind die Verbenaceen durch das einfach getüpfelte, zuweilen gefächerte Holzparenchym, durch das Auftreten einfacher (selten leiterförmiger) Gefässdurchbrechungen und durch Drüsenhaare ausgezeichnet, deren Köpfchen 1-zellig oder durch Vertikalwände geteilt sind. Die Spaltöffnungen sind in der Regel von einer grösseren Zahl einfacher Zellen unterstellt. Im übrigen sind sie nicht einheitlich gebaut, sondern gehören verschiedenen Typen (Labiaten=, Rubiaceen=, Cruciferentypus usw.) an. Bei Petraéa volúbilis Jacq. wies Haberlandt als erster das Auftreten von Ozellen (Lichtsinnesorganen) nach. M. Kunz (Systematisch=anatomische Untersuchung der Verbenoideae mit Ausschluss der Gattungen Verbena, Lantana und Lippia, Diss., Erlangen 1911) stellte ihr, Anwesenheit in der ganzen Gattung Petraea fest. Bei typischer Ausbildung handelt es sich dabei um kleine, einzellige, stark reduzierte Trichome, die nicht oder fast nicht als abgegrenzte Haargebilde hervortreten, sondern die Epidermis nur mit ihrer kleinen, kegelförmigen Spitze überragen, dafür aber mit ihrem uhrglasförmigen, mit der Wölbung dem Mesophyll zugekehrten Lumen in die dicke Aussenwand eingebettet sind. Grosse Ozellen besitzen grössere Spitzen und grössere Lumina und leiten zu den gewöhnlichen Deckhaaren über Ueber die physiologischen Vorgänge vgl. Haberlandt (Die Lichtsinnesorgane der Laubblätter, 1905), über weitere anatomische Verhältnisse der Laubblätter die oben erwähnte Arbeit von M. Kunz. Die Korkentwicklung erfolgt oberflächlich oder nahe dem Pericykel. Innere Sekretionsorgane fehlen.

Hinsichtlich der Lebensformen überwiegen die Halbsträucher und Sträucher, die z. T. als Spreizklimmer, selten als Ranker oder Schlinger erscheinen. Die Lianenstämme sind bisweilen geflügelt. Diese Ausbildung wird nach Schenck (Beitrag zur Anatomie der Lianen), Fritz Müller und Crüger schon frühzeitig durch die Anlage von 4 Längsrippen vorbereitet, von denen dann 2 oder alle 4 gleichmässig besonders stark im Wachstum gefördert werden. Auch Seitenflügel treten bisweilen auf. Später spaltet sich der Holzkörper der Länge nach auf, der Kern stirbt ab und die Flügel treten auseinander. Auffällige, an Securidáca erinnernde Anomalien entstehen bei Avicennia=Arten und sind von Schenck eingehend geschildert worden. Andere Sträucher oder Halbsträucher zeichnen sich durch erikoiden, spartium= oder ephedraartigen Wuchs aus, besitzen assimilierende, zerbrechliche Stengel, stark verkümmerte oder ganz fehlende Laubblätter, Dornenbildungen, filzige Laubblätter, Schild= und Schuppenhaare und andere xerophytische Einrichtungen. Eine Anzahl von Arten ist baumförmig und bedingt im wesentlichen den wirtschaftlichen Wert der Familie. Einjährige Kräuter fehlen fast gänzlich, wogegen die Zahl der Stauden bedeutend ist. Die Blüten sind vielfach sehr schön gefärbt und stets röhrig. Bei einigen Clerodendron=Arten erreicht die Röhre bis 15 cm Länge; ebenso kann der Kelch petaloid ausgebildet sein (Fig. 3166). Als Bestäuber solcher Blüten kommen Kolibris, Honigvögel usw. in Betracht. Die in Celebes heimische C. Minahássae T. et B. besitzt nach Koorders Wasserkelche, die

Fig. 3167. Lantana camara L., blühender Sproß.

nicht nur in der Blütenknospe, sondern auch zur Zeit der Vollblüte und an der jungen Frucht prall mit Wasser gefüllt sind und einen Schutz der umhüllten Blütenteile darstellen oder aber den Einbruch von honigsuchenden Bienen verhindern sollen. Die Wasserausscheidung wird durch zahlreiche an der Innen=, spärlicher an der Aussenseite des Kelches sitzende Hydathoden vermittelt. Eine ausgesprochene Vogelblüte besitzt auch die brennend rote Holmskioldia sanguínea Retz., über deren biologische und anatomische Einrichtungen O. Porsch (Vogelblumenstudien, Leipzig 1924) ausführlich berichtet. Bei Lantana=Arten vollzieht sich ein regelmässig 3=facher Farbenwechsel der Krone im Verlaufe des Blühevorganges. So ist L. Camára L. beim Aufblühen orange, dann gelb und beim Verblühen dunkelkarminrot. Bei L. Moritziána Otto et Dietr. ist die Farbenfolge orange, gelb, hellrot. Bei der brasilianischen Bouchéa laetevírens Schau. sind die Blüten geruchlos und violett gefärbt und stellen nach Fr. Müller Hesperidenblumen (durch Dickkopffalter [Hesperideae] bestäubt) vor. Aegíphila eláta Sw. aus Südamerika ist nach Darwin vermutlich heterostyl. Beziehungen zu Ameisen sind mehrfach nachgewiesen worden. So finden sich bei der javanischen Gmelína bracteáta Burck. und der melanesischen Faradáya Papuána Scheff an den Kelchen extraflorale Nektarien, die von Ameisen eifrig besucht werden, wobei die Blüten erfolgreich gegen räuberischen Insekteneinbruch verteidigt werden. In der Gattung Clerodéndron treten die Nektarien an der Unterseite der Laubblätter längs der Mittelrippen auf. Bemerkenswert ist, dass einzelne Arten, z. B. C. fistulósum Becc., C. myrmecophílum Ridl. und C. breviflórum Ridl. ihren Schutzgästen in ihren Stämmen, in denen hohle Stengelglieder mit festen Knoten abwechseln, dauernde Unterkunftsstätten darbieten und zwar finden sich am oberen Ende der Internodien, dicht unter den Laubblättern rundliche, aussen durch matten Glanz ausgezeichnete Stellen, die auf kleinen hornartigen Fortsätzen liegen.

Das an diesen Stellen vorhandene Gewebe ist dünner als dasjenige der Umgebung und wird von den Ameisen durchbohrt, während der dahinter liegende Hohlraum zur Wohnungsstätte gemacht wird. Näheres vgl. z. B. Schimper (Botanische Mitteilungen aus den Tropen), Beccari (Malesia LL), Ridley (Journal of Botany, XXXIII, 1895).

Die Zahl der vom Menschen in irgend einer Weise verwendeten Verbenaceen ist nicht bedeutend. Von den Gattungen und Arten der beiden durch ährige oder traubige Blütenstände ausgezeichneten Unterfamilien der Stilboideae (Samen mit Nährgewebe) und Verbenoideae (Samen ohne Nährgewebe) kommt nur die letztere dafür in Betracht. Ueber die Gattung Verbena L. vgl. pag. 2240. — Aus der vorwiegend tropisch und subtropisch-amerikanischen, aber durch Lantána viburnoídes auch in Arabien und Abessinien und durch L. álba in Vorderindien vertretenen Gattung Lantana[1]) werden einige Arten in Gärten gezogen, so besonders L. Camára L. (= L. aculeáta L.). Bis 1 m hoher, sparrig-ästiger Strauch mit eilänglichen bis fast herzförmigen, gekerbt-gesägten, netzig-runzeligen, behaarten Laubblättern und doldigen Blütenständen. Kronblätter während der Blütezeit die Farbe wechselnd, beim Aufblühen meist weiss oder gelb, beim Abblühen feuerrot, orange, lila, rosenrot usw. Samen zur Reife vollkommen voneinander getrennt. Heimat: Brasilien und Westindien. Seit langem — schon zur Zeit der Renaissance in Schlesien — in Kultur und im Freien und als Topfpflanze in zahlreichen Spielarten gezogen. Verwildert auf Schutt beim Friedhof von Mannheim (Pfalz, 1910). Auf den Hawai-Inseln, wo die Art dank ihrer fleischigen Früchte durch Vögel sehr ausgiebig verbreitet wurde und ein wahres Unkraut darstellte, ist sie mit Hilfe einer aus Mexiko eingeführten Fliegenart (Agromýce), deren Larven die Samen zerstören, erfolgreich zurückgedrängt worden. — L. involucráta L. Grauweiss behaarter, drüsig punktierter Strauch mit verkehrt-eiförmigen, rautenförmigen oder länglich-lanzettlichen, gekerbten, netzig-runzligen Laubblättern und dichten, kugeligen, mit einer aus grossen Brakteen gebildeten Hülle versehenen Blütenständen. Blütenkrone helllila mit gelbem Grunde. Samen am Grunde zusammenhängend. Heimat: Westindien. Ebenfalls häufig gezogen. Verwildert in der Stadtgärtnerei Ludwigshafen. — In Gewächshäusern ist nicht selten Lantana nívea Vent. anzutreffen (Fig. 3167). — Aus der grossen Gattung Líppia[2]) L. werden kultiviert: L. triphýlla (L'Hérit.) O. Kuntze (= L. citriodóra[3]) [Lam.] Kunth, = Aloýsia citriodora Ort. et Pal.). Zitronenstrauch, Aloysie (Fig. 3168). Angenehm duftender Strauch mit zu 3 bis 4 quirlständig stehenden, lanzettlichen, ganzrandigen, unterseits reichdrüsigen Laubblättern. Blüten in zahlreichen, ± rispig gestellten Aehren. Heimat: Chile, Peru, Argentinien. Ein namentlich früher (seit 1781), gern gezogener Strauch, der sich durch feinen zitronenartigen Duft auszeichnet und z. B. in Bozen in den Orangerien viel zusammen mit Ficus pumila, Passiflora caerulea, Myrtus communis, Rosmarinus officinale, Lavandula dentata usw. zu sehen war. Als Zimmerpflanze wird er unter umgestürzten Weingläsern aus Stecklingen leicht gross gezogen. Das namentlich in den Laubblättern enthaltene ätherische Oel besteht aus Citral, l-Limonen, Geraniol, Sesquiterpen usw. und kommt als „Spanisches Verbenaöl" zu Würzzwecken in den Handel. Vielfach wird es in neuerer Zeit durch das Ostindische aus Gräsern gewonnene Citronella- oder Lemongrasöl ersetzt. Die Pflanze lässt sich sehr leicht ziehen, auch durch Stecklinge unschwer vermehren, bedarf aber eines winterlichten Schutzes. In Brasilien dient die Art gleich der L. pseúdo-théa Schauer als Teepflanze. — Ebenfalls nur für südliche, wärmere Gebiete für das Freiland geeignet ist L. canéscens Humb., Bonpl. et Kunth. Halbstrauch mit unterwärts verholzten, niederliegenden, behaarten, weissgrauen Stengeln. Laubblätter verkehrt-eiförmig, grob gezähnt. Hochblätter 1½- bis 2mal so lang als breit, gegen die Spitze sehr allmählich verjüngt. Blütenköpfe 9 bis 12 mm im Durchmesser, dicht, eiförmig, zuletzt zylindrisch, einzeln, achselständig, auf fadenförmigen Blütenstielen. Kelch kaum bis zur Mitte eingeschnitten. Krone 5 mm lang, mit sehr ungleichen Abschnitten, meist helllila. Heimat: Peru, Chile, Süd-Brasilien, Uruguay und Argentinien.

Fig. 3168. Lippia triphylla (L'Hérit.). O. Kuntze. *a* Blühender Spross. *b* Blüte.

---

[1]) Wahrscheinlich von lat. lentáre = biegen, abzuleiten. Der Name dürfte von Viburnum Lantana L. (vgl. Bd. VI/1, pag. 242) übernommen worden sein.

[2]) Benannt nach dem Pariser Arzt und Botaniker Auguste Lippi (geb. 1678), der mit einer Expedition nach Abessinien ging und dort 1703 ermordet wurde.

[3]) Zusammengesetzt aus lat. Citrus = Citrone und odórus = riechend, duftend.

Besonders im Mittelmeergebiet viel gezogen und dort auch verschiedentlich eingebürgert. — Adventiv im Hafen zu Mannheim (1895) gefunden wurde die nahverwandte L. nudiflóra (L.) Michx., besonders unterschieden durch kleinere Blütenköpfe (5 bis 7 mm im Durchmesser), fast bis zum Grunde geteilten Kelch und durch die nur 3 mm lange Krone. Ein in den Subtropen und Tropen weit verbreitetes Unkraut, das im europäischen Mittelmeergebiete noch in Spanien, Italien, Sizilien und Griechenland ständig auftritt. — Von L. dúlcis Trev. var. Mexicána stammen die Hérbae Líppiae mexicánae, die bei akuten Erkrankungen der Atmungsorgane, chronischer Bronchitis, Asthma usw. angewendet werden. Sie enthalten neben einem ätherischen Oele eine kampferähnliche, dem Menthol verwandte Substanz (Lippiol), einen quercetinartigen Körper usw.

In Gewächshäusern sind als schönblühende Sträucher verschiedene Arten der Gattungen S t a c h y tarphéta Vahl (z. B. S. Jamaicénsis [L.] Vahl aus dem tropischen Amerika) und Duránta L. (z. B. D. Plumiéri Jacq. aus Mittelamerika) in Kultur. — Durch sehr festes Holz ausgezeichnet sind verschiedene Arten der im wärmeren Amerika heimischen und aus Bäumen und Sträuchern mit ganzrandigen, schwach oder dornig gezähnten Laubblättern bestehenden Gattung Citharéxylum L. Das Holz von C. villósum Jacq., C. cínereum L., C. quadranguláre Jacq., C. caudátum L. usw. führt den Namen Bois cotelet. — Von den 5 übrigens an der trugdoldigen Anordnung der Blüten kenntlichen Unterfamilien sind die Chloanthoídeae und die Symphoremoídeae wirtschaftlich vollständig bedeutungslos. Von den 3 anderen Unterfamilien besitzen die steinfrüchtigen Viticoídeae und die kapselfrüchtigen Carypteroídeae (wie die Chloanthoídeae) seitenständige, halb umgewendete Samenanlagen, während diese bei den Avicennioídeae (wie bei den Symphoremoídeae) gipfelständig und hängend sind. Von den 20 Gattungen der Viticoídeae sind hervorzuheben: Aegíphila L. (mit 30 Arten im warmen Amerika), von der z. B. A. verrucósa Schau., ein prächtiger, graurindiger Baum mit ledrigen, ganzrandigen, oberseits glänzenden, unterseits drüsigen Laubblättern, ein sehr widerstandsfähiges Bauholz liefert. — Aus der Gattung Callicárpa[1]) L. werden besonders 2 Arten im Freiland in geschützten Lagen gezogen: C. Americána L. aus dem östlichen Nordamerika. Bis 1,5 m hoher Strauch mit in der Jugend behaarten Trieben. Laubblätter selten unter 4 cm lang, länglich-eiförmig, gezähnelt, beidseitig reichlich, fast filzig behaart, unterseits ausserdem mit goldenen Drüsen. Blüten 3 mm lang, hellblau. Frucht kugelig, 3 mm breit, blauviolett. — C. Japónica Thunb. Bis über 1 m hoher Strauch mit kaum unter 7 cm langen, eilänglichen, gezähnelten, oberseits glatten und glänzenden Laubblättern. Blüten rosaweiss. Frucht purpurnviolett. Heimat: Japan. Meist im VIII. blühend. In Mannheim auch als Grabpflanze benützt. — Die wertvollste Pflanze der ganzen Familie ist Tectóna[2]) grándis L., der bekannte Tiekbaum, engl.: Teak, in Holländisch-Indien Djati genannt, in Bombay Tek, im übrigen Hindostan Sagwan, der mit 2 weiteren nahen Verwandten im südöstlichen Asien und im Malayischen Archipel heimisch ist. Bis 48 m hoher (bis 2 m Stammdurchmesser) Baum mit gegenständigen, sehr grossen (besonders an den Stockausschlägen), 30 bis 65 cm langen, eiförmigen bis elliptischen, ganzrandigen, zur Trockenzeit abfallenden Laubblättern. Blüten in grossen, reichblütigen, endständigen Rispen, klein, weiss oder bläulich. Frucht eine haselnussgrosse, 4-fächerige Steinfrucht, von dem ver-

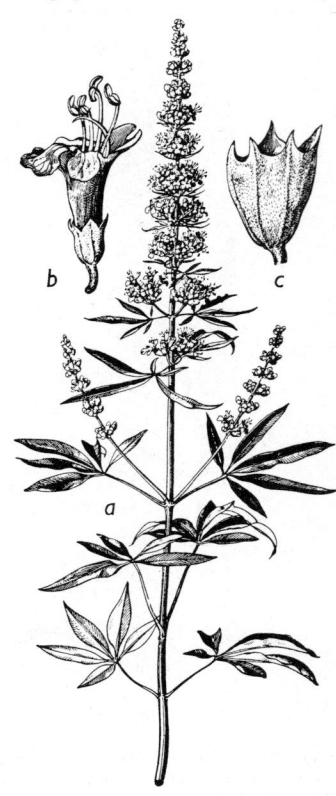

Fig. 3169. Vitex Agnus Castus L. *a* Blütenspross. *b* Blüte. *c* Kelch.

grösserten Kelche umschlossen. In Aegypten und in Kamerun setzt er niemals Früchte an. Ausser in seiner Heimat Vorder- und Hinterindien (Malabar, Pegu' und Ost-Java wird der Baum in allen Gebieten mit ausgesprochenem Wechsel von trockenem Ost- und feuchtem Westmonsum zu forstlichem Zwecke gezogen. Auf Java bedeckt er mehr als 600 000 ha Land. Sein Holz ähnelt dem Eichenholze, ist mässig hart, sehr dauerhaft, geradfaserig, leicht spaltbar, ziemlich leicht (spez. Gew. 0,680), wenig arbeitend. Als Einschlüsse darin wurden von G. Berg Knollen von Calciummagnesium-Phosphat festgestellt. Von den Eingeborenen wird er seit alter Zeit zu mannigfachen Zwecken (Fahrzeugen, Brücken, Hütten, Tempeln, Werkzeugen, Möbeln, Dachbedeckungen, Schnitzarbeiten usw.) verwendet. Beim Transport und Flössen der Stämme leisten gezähmte Elefanten die Hauptarbeit. Auf dem europäischen Markte hat das Holz erst in der 2. Hälfte des 19. Jahrhunderts

---

[1]) Gebildet aus καλλίς [kallís] = Schönheit und καρπός [karpós] = Frucht; wegen der buntfarbigen Früchte.
[2]) Latinisiert aus dem malayischen Namen des Baumes tekka oder theka.

grössere Bedeutung erlangt und wird hauptsächlich zu Schiffsbauten, Eisenbahnschwellen, Wasserbauten, Strassenpflaster, Eisenbahnwagen, in der Möbelschreinerei usw. benützt. Es ist gegen Angriffe von Seetieren (mit Ausnahme der Bohrmuschel Terédo navális), Insekten, Pilzen und Eisen sehr widerstandsfähig. Das bittere Holz, die Laubblätter und Blüten dienen als Arzneimittel. Die Laubblätter enthalten ferner einen schönen, roten Farbstoff, mit dem Seide purpurrot gefärbt wird. Die gerbstoffreiche Rinde dient zum Gerben. — Im Tessin ist vielfach T. radicans (L.) DC. in Kultur anzutreffen. — Wichtig ist auch die Gattung Vitex[1]) L., von deren etwa 100 Arten einige gute, holzliefernde Bäume darstellen, so V. altíssima L. f. aus Vorder-Indien, ein prächtiger, als Macla, Myrole oder Sampaga Palu bezeichneter Baum mit braunem, hartem Holz (spez. Gewicht 1,008), die vorderindische V. pubéscens Vahl. (Laubblätter und Rinde färben grün), die australische V. lignum-Vítae A. Cunn., die afrikanische V. Cienkówsky (letztere besonders zu Bootsbauten benützt). — V. litorális A. Cunn. aus Neuseeland liefert ein unter dem Namen Puriri bekanntes Farbholz, in dem gegenwärtig noch unbekannte Glykoside enthalten sind, deren Spaltungsprodukte die beiden von A. G. Perkin entdeckten Farbstoffe Vitexin ($C_{15}H_{17}O_7$) und Homovitexin ($C_{16}H_{18}O_7$) sind. — V. divarícáta L. aus Indochina enthält in den Laubblättern 14 % Gerbstoff und dient durch diesen als Gerbmaterial. — V. Negúndo L., im tropischen Amerika heimisch, durch die Kultur in den Tropen weiter verbreitet und in Indien Indrahusta und Indrasura genannt, dient mit seinen bitter schmeckenden Laubblättern und der Wurzel als Fiebermittel. — Essbare Früchte finden sich bei dem ostafrikanischen Vitex Mombássae und bei der afrikanischen V. cuneáta Schum. et Thonn. — Eine alte, im Freiland und in Kübeln gehaltene Kulturpflanze ist V. Ágnus[2]) Cástus[3]) L. Mönchspfeffer, Keuschstrauch, Abrahamsstrauch. Franz.: Gatilier, agneau chaste, petit poivre; engl.: Chaste tree; ital.: Agnocasto, vitice, an der Adria (Dalmatien) Konopljika (Fig. 3169). Bis 2 (4) m hoher Strauch mit hellbraunen, anfangs filzigen Zweigen. Laubblätter kreuzweise gegenständig, lang gestielt, handförmig 5- bis 7-zählig geteilt, fast ganzrandig; Blättchen lanzettlich, bis 9 cm lang. Blüten in dichten, endständigen Blütenständen, klein. Krone violett, blau, rosa oder weiss. Frucht eine 4-samige Steinbeere. — VII, VIII. — Heimat: Mittelmeergebiet, Krim und Zentralasien. Die Pflanze wächst dort in Bachbetten und an Flussufern der Ebene und der unteren Bergstufe, ferner auch an der Meeresküste und tritt häufig zusammen mit Oleander- und Tamarix-Arten auf. Bemerkenswert ist ihr Blühen im Hochsommer, in dem das Wasser in der Regel bereits versiegt ist. Das Holz ist graugelb, grobfaserig und spröde und kann nur zu Brennzwecken dienen. Aus den jungen, biegsamen und zähen Zweigen wird Flechtwerk hergestellt. Sie enthalten, wie die übrige Pflanze,

Fig. 3170. Blühender Spross und Laubblatt von Clerodendron foetidum Bunge.

ein ätherisches Oel (Mönchspfefferöl), in dem Cineol, anscheinend Sabinen und ein Chinon, nach anderen Quellen auch Pinen, ein Sesquiterpenalkohol usw. nachgewiesen worden sind. In den scharf schmeckenden Samen (Sémina ágni cásti) ist das Oel zu 0,47 % enthalten. Die Früchte dienen im Süden (früher auch bei uns) als Pfefferersatz und sollen als Antaphrodisiacum wirken. Die Pflanze war schon den Alten als Sinnbild der Keuschheit gut bekannt. Bei Homer wird sie als λύγος [lýgos] = biegsamer Zweig erwähnt. Hippokrates und Galen führen sie auf. Bei Dioskurides wird sie ausführlich beschrieben. Der bei ihm verwendete Name ἁγνός [agnós] = keusch, rein wird von ihm von α [a] weg und γόνος [gónos] = Nachkommenschaft abgeleitet, also jedenfalls im Zusammenhang mit der weitverbreiteten Ansicht einer antaphrodidischen Wirkung gebracht. Am griechischen Ceresfeste bestreuten Matronen die Strassen mit Laubblättern. Bei den Thesmophorien schmückten sich die athenischen Frauen mit den Blüten und schliefen auf den Laubblättern. In Kultur befindet sich die Art seit 1560. — Beliebte Zierpflanzen liefert die Gattung Clerodendron[4]) L. durch meist

---

[1]) Abgeleitet von lat. viere = flechten, binden; da die Zweige gleich Weidenzweigen zu Flechtarbeiten dienen.

[2]) Vgl. die obige Ableitung nach Dioskurides. Unrichtig ist wohl ein Zusammenhang mit lat. ágnus = Lamm.

[3]) Lat. cástus = keusch.

[4]) Zusammengesetzt aus κλῆρος [kléros] = Loos, Schicksal und δένδρον [déndron] = Baum, also Loosbaum; weil einige Arten der Gattung heilende, andere schädigende Eigenschaften besitzen.

strauchigen, bisweilen kletternden Arten mit häufig lang trichterförmigen Blüten. Im Freilauf werden gezogen: C. fœtidum Bunge. Fig. 3270. Bis 1,5 m hoher, unangenehm duftender Strauch oder Halbstrauch. Laubblätter breit-eiförmig, bis 20 cm lang und in der Mitte 16 cm breit, fast vom Grunde an deutlich buchtiggekerbt, anfangs auf der ganzen Fläche, später fast nur noch auf den Nerven behaart, oberseits sattgrün, unterseits heller, derb, aber weich. Blüten in dichten, doldenrispigen, endständigen Blütenständen, aussen rosapurpurn, innen etwas heller, duftend. — VIII, IX. Heimat: Nord-China. Verwildert bei Locarno. — C. trichótomum Thunb. Strauch mit meist ganzrandigen oder über der Mitte mit undeutlichen Zähnen versehenen, bis 18 cm langen und 13 cm breiten Laubblättern. Blütenstände seitenständig, zu endständigen, lockeren, bis über 20 cm breiten Doldenrispen vereinigt. — (VIII) IX. Heimat: Japan. Seit dem Anfang des 19. Jahrhunderts in Kultur. — Für Lauwarme- und Warmhäuser kommen besonders in Betracht: Cl. Thomsónae Balf. Fig. 3166. Bis 4 m hoher, windender Kletterstrauch mit länglich-eirundlichen, zugespitzten, ganzrandigen, kahlen Laubblättern. Blütenrispen blattachsel- und endständig, aus gabelteiligen, lockerblütigen, mit Deckblättern versehenen Trugdolden bestehend. Kelch weiss, häutig, aufgeblasen, 5-kantig. Krone scharlachrot, mit schlanker Röhre. Staubblätter lang hervorragend. Die Pflanze eignet sich vorzüglich zur Verkleidung von Mauern, Pfeilern usw., bildet auch an Fenstern von Wohnräumen schöne Guirlanden. Die Blütenstände lassen sich sehr gut als Schnittblumen verwenden. — Aehnlich sind die viel zartere, wohlriechende, gern gefüllt gezogene C. frágrans Vent. aus China, die ebenfalls schlingenden, westafrikanischen C. spléndens C. Don, C. scándens Beauv. (non Schauer) und C. umbellátum Poir. (= C. scandens Schauer). Als Sträucher kommen in Betracht C. fállax Lindl. aus Java, C. paniculátum L. aus Ostasien, C. Kaempféri Fisch. aus Sikkim usw. — Die 6 Gattungen umfassende Unterfamilie der Caryopteroídeae liefert in Caryópteris incána Miqu. (= C. Mastacánthus Schauer) aus Ost-China und Japan einen schönen Herbstblüher. Bis 80 cm hoher buschiger Strauch oder Halbstrauch mit eilänglichen, grob gezähnten, filzigen, aromatisch riechenden Laubblättern und violetten Blütenkronen. Besonders in Südtirol gern kultiviert. — Aehnlich ist C. Mongólica Bunge aus China und der Mongolei mit lineal-lanzettlichen, fast ganzrandigen, filzigen Laubblättern und grossen blauen Blüten. — Die 3 die Unterfamilie der Avicennioideae zusammengesetzten Avicénnia[1]-Arten sind typische Mangrovepflanzen und zwar gehört Avicennia officinális L. (in der var. álba) der asiatischen (östlichen), A. nítida Jacq. und A. tomentósa Jacq. der atlantischen (westlichen) Mangrove an. Alle 3 Arten sind kahle, graufarbene Hochsträucher mit ganzrandigen, ± lederigen Laubblättern und in fast kopfig gedrängten Trugdolden angeordneten Blüten. Sie bewohnen die seichten Küstenstriche und treten dort zusammen mit Bruguiéra-, Aegiceras-, Cárapa-Arten usw. auf. Bekannt sind sie vor allem durch die in langen Reihen angeordneten „Spargelwurzeln", die an den sumpfigen Siedelungsorten als Atemwurzeln (Pneumatophóren) wirken. Merkwürdig ist ferner das schnelle Auskeimen der Samen, das besonders bei den amerikanischen Arten bereits vor dem Abfallen vom Mutterbaume beginnt. Nach den Untersuchungen von Melchior Treub tritt dabei der Keimling mit dem Endosperm durch die Mikrophyle aus dem Samen aus und wird dann durch eine grosse, lange und verzweigte Zelle des Nährgewebes ernährt. Er stellt also gleichfalls einen Parasiten des Nuzellus dar, wobei die kotyloide Zelle die Rolle eines Haustoriums spielt. Die biologische Bedeutung dieses frühzeitigen Austriebes ist darin zu suchen, dass die Gefahr des Absterbens der Früchte in dem sauerstoffarmen Wasser damit umgangen wird. Das Holz der Avicennia-Arten ist sehr hart und dient in Westafrika den Eingeborenen zum Bootsbau. Die Laubblätter und die Rinde sind als Gerbmittel verwendbar, werden auch Geschwüren aufgelegt. In Venezuela führt A. officinalis den Namen Mangle prieto.

## DCXXIV. Verbéna[2] L. Eisenkraut. Franz.: Verveine; engl.: Vervein; ital.: Verbena.

Kräuter, Stauden, Halbsträucher oder kleine Sträucher mit niederliegenden oder aufsteigenden Stämmen. Laubblätter gegenständig, seltener quirl- oder wechselständig, gezähnt, geteilt oder eingeschnitten, selten ganzrandig. Blüten in endständigen, dicht gedrängten oder verlängerten Aehren, Rispen oder Dolden, selten achselständig, klein oder mittelgross. Kelch

---

[1]) Benannt nach dem berühmten persischen Arzt Avicenna (Ibn Sina), geb. um 980 zu Afschena bei Buchara, gest. nach einem sehr bewegten Leben 1036 (372) zu Hamadan. Er war ein äusserst scharfsinniger und vielseitiger Mann, führte den Titel Fürst der Aerzte und schuf als Polyhistor zahlreiche (nach Wüstenfeld 105) Schriften. Die berühmteste davon ist der medizinische Kanon, der jahrhundertelang bis zum Ausgang des 15. Jahrh. als Grundlage des Unterrichts diente und in dem sich Beschreibungen von Heilpflanzen vorfinden. Seine Augenheilkunde erschien in einer deutschen Uebersetzung von Hirschberg und Lippert in Leipzig (1902).

[2]) Die Bedeutung dieses wahrscheinlich keltischen Wortes ist nicht mehr bekannt. Die Römer verstanden unter verbena eine Anzahl von Pflanzen, die bei religiösen und anderen feierlichen Handlungen gebraucht wurden.

gewöhnlich röhrig, 5=rippig, 5=zähnig. Krone mit gerader oder gekrümmter Röhre und flachem, 5=zipfeligem, schwach 2=lippigem Saume. Staubblätter 4, 2=mächtig, in der Kronröhre einge= schlossen. Fruchtknoten aus 2 Fruchtblättern verwachsen, 4=lappig, 4=fächerig. Klausen mit 1 Samenanlage. Griffel kurz, an der Spitze kurz 2=lap= pig; der vordere, breitere Lappen papillös, der hintere glatt. Frucht vom Kelche eingeschlossen, hart, zuletzt in 4 Steine zerfallend.

Die Gattung umfasst etwa 80 vorwiegend in den tro= pischen und subtropischen Gebieten von Amerika heimische Arten, während die Alte Welt fast ganz gemieden ist. Für Europa kommt vor allem Verbena officinális L. in Frage, ein über die ganze Erde verschleppter Kosmopolit (s. u.), ferner die mediter= rane V. supína L. (eine sehr ähnliche, aber niederliegende, in der Regel stark behaarte, 1=jährige Pflanze, mit verlängten Kelch= zähnen), die sich z. B. an der Theiss in Ungarn zusammen mit Althaea officinalis in Glycyrrhiza echinata=Beständen vorfindet. Eine Anzahl von Arten sind in Europa als Zierpflanzen wegen ihrer schönen Blütenfarben sehr beliebt, aber in ihrer Artzuge= gehörigkeit infolge von Bastardierungen und Züchtungen vielfach nicht leicht feststellbar. Aus der Sektion Glandulária (mit geschnittenen Laubblättern, Konnektiv der oberen Staubblätter mit ± deutlichem, drüsenartigem Anhängsel) stammen dabei etwa V. sulfúrea Sweet mit blass schwefelgelben Blüten und grossen gekrümmten, violetten Staubbeutelanhängseln. In Süd= amerika heimisch. — V. Aublétia L. Fig. 3171. Bis 40 cm hohe, vom Grunde aus verästelte und am Grunde niederliegende, hie und da wurzelnde Staude mit eiförmigen oder eilänglichen, bis 7 cm langen, gezähnelten, gelappten, bisweilen 3=spaltigen Laubblättern. Krone gross, lilafarben oder purpurn; Kronröhre am Schlunde mit einem Haarring versehen. Heimat: Südwest=

Fig. 3171. Verbena Aublétia L. Blühender Spross.

liches Nordamerika. In Mitteleuropa als Beet= und Rabattenpflanze weit verbreitet. Selten verwildernd, z. B. bei Nürnberg. — V. ténera Spreng. Bis 30 cm hohe Staude oder Halbstrauch mit reichlicher, kriechender und Wurzel treibender Ver= ästelung und meist fiederförmig eingeschnittenen, mit linealen, spitzen, gewöhnlich ganzrandigen Abschnitten versehenen, zerstreut behaarten Laubblättern. Blüten in anfangs doldenförmigen, später sich ver= längernden Aehren mit breiten, zugespitzten, am Rande drüsigen Hochblättern, violettrosa, bisweilen mehr karmoisinrot, und dann die Kronlappen mit deutlich abgesetztem, weissem Rande. Heimat: Südamerika. In Mitteleuropa als Zierbeet= oder Topfpflanze beliebt und an günstigen Orten im Freien überwinternd. Eingeschleppt bei Hamburg (Dampfmühle Reihersteg, 1909) in einer nach A. Thellung vom Typus durch etwas längere Tragblätter abweichenden Form. — V. erinóides Lam. Fig. 3172. Bis 50 cm hohe, steifhaarige, stark verästelte, staudig=halbstrauchige Pflanze. Laubblätter aus keilför= migem Grunde 3=teilig oder fiederspaltig eingeschnitten und geschlitzt, mit lanzettlichen, zugespitzten, ganzrandigen oder gezähnten, am Rande schwach umgerollten Zipfeln, beiderseits (besonders auf der Unterseite an den Nerven striegelhaarig). Blüten violettrot, in end= und achselständigen, grauweiss behaarten, anfangs doldenartigen, später sich etwas verlängernden Aehren. Krone etwas länger als der 7 bis 10 mm lange, in pfriemlich begrannte Spitzen auslaufende Kelch. Heimat: Brasilien und Peru. Wie vorige verwendet und häufig

Fig. 3172. Verbena erinoides Lam. *a* Blü= hender Spross. *b* Blüte.

mit ihr verwechselt. — Zur Sektion Verbenáca (Konnektiv der oberen Antheren ohne Anhängseln) zählen als Zierpflanzen: V. chamaedryfólia Juss. Bis 15 cm hoher Halbstrauch mit kriechenden Aesten und länglichen bis eiförmigen, gekerbten oder tief=gesägten, behaarten

Laubblättern. Blüten in endständigen, langgestielten, anfangs doldenförmigen Aehren. Krone gross, scharlachrot bis zinnoberrot. Heimat: Südbrasilien. Seit 1827 in Kultur und in verschiedenen Formen gern als Gruppenpflanze oder auf Gräbern (z. B. in St. Johann im Pongau, Salzburg) gehalten. Verwildert bei Strassburg und auf dem Friedhof von Mannheim. — Aehnlich, aber durch länger gestielte und breitere Laubblätter und grössere Blüten unterschieden ist V. phlogiflóra Cham., die mit voriger gekreuzt die zu Blumenteppichen und Gruppen gern verwandte Hybride „Verbena Défiance" oder „Scharlach-Verbene" ergeben hat. Eine stattlichere Form davon ist die Sorte „Nordlicht". — V. teucrioides Gill. et Hook. Bis 30 cm hohe, halbstrauchige, weisslich behaarte Pflanze mit anfangs niederliegenden und wurzelnden, später aufstrebenden, stielrunden Zweigen. Laubblätter eirund bis länglich-3-eckig, stumpf und fast buchtig gesägt, am Rande zurückgekrümmt, stark aderig-runzlig, oberseits drüsig kurzhaarig, unterseits kurzhaarig-filzig. Blütenstände endständig, drüsig behaart. Krone weiss oder fast rosa, aussen kahl, im Schlunde an der Mündung fast pinselartig bebartet. Kronröhre doppelt so lang als der Kelch. Heimat: Südamerika. 1839 aus Chile nach Europa eingeführt und namentlich als Ausgangsmaterial für die Züchtung einer Anzahl von Bastardformen benutzt, unter denen die mit V. phlogiflóra gekreuzten — aurikelblütige Verbenen — sehr schön blau oder rot gefärbt sind und in der Mitte ein grosses, weisses Auge aufweisen. V. teucrioides wurde ruderal bei Ilvesheim (Pfalz 1919) adventiv beobachtet. — V. Bonariénsis L. Bis 1 m hoher Halbstrauch mit straff aufrechten Stengeln. Laubblätter lanzettlich, am Grunde halbstengelumfassend, undeutlich geöhrt, in der oberen Hälfte gesägt, am Rande umgerollt, beidseitig rauhhaarig. Blüten in dichten Doldenähren. Hochblätter lanzettlich, bewimpert. Krone lila oder violett, aussen feinzottig behaart. Heimat: Südamerika, aber in allen Erdteilen eingeschleppt und z. B. am Kap, in Australien und auf den Hawai eingebürgert. Adventiv auch bei Blankenese auf Kaffeeabfällen bei den Wasserwerken. Die Art ist weniger bekannt, obgleich sie in milderen Gebieten vollständig winterhart ist und sich zur Ausfüllung von Rabatten sehr gut eignet. — Sehr ähnlich ist V. venósa Gill. et Hook. (Fig. 3173), die sich durch zierlichere, verlängerte, lila- oder blaufarbene Krone unterscheidet. Aus Gärten bisweilen verwildernd (Seengen im Aargau) oder adventiv (Güterbahnhof Zürich [1913], in einer var. parviflóra Thell. et Fr. Zimmermann auf Schutt beim Friedhof von Mannheim [1913]). — Als seltener gezogene Arten seien genannt: V. urticifólia L. (Laubblätter ungeteilt, Blüten klein, alle weiss, in zierlichen, schmalen Aehren) aus Mittelamerika, die bereits zur Zeit der Renaissance nach Schube in den Schlesischen Gärten gepflegt wurde, V. Peruviana, V. bracteósa Michx. (1864 von Stocker eingeschleppt bei der Baumwollspinnerei Feldkirch gefunden), V. Lambérti Ker aus Mexiko (verwildert in der Mark Brandenburg unweit Nauen). — Als V. hýbrida hort. werden z. T. Züchtungen von V. chamaedrifolia und V. phlogifolia, z. T. Bastarde zwischen V. teucrioides und V. phlogiflora (aurikelblütige oder geäugte Verbenen) oder von V. tenera und V. incisa und V. erinoides Lam. (bunte oder italienische

Fig. 3173. Verbena venosa Gill. et Hook. Blühender Trieb.

Blumisten-Verbenen) bezeichnet. Diese Kreuzungen oder Fortzüchtungen sind vielfach farbenfreudiger, länger blühfähig und anspruchsloser als die Ausgangsformen und werden in Gärten, auf Friedhöfen, Anlagen aller Art, in Töpfen usw. als Hausschmuck viel verwendet. Die Vermehrung durch Stecklinge geht ungemein leicht vor sich. — Medizinische Bedeutung kommt nur wenigen Arten und auch diesen nur in beschränktem Masse zu. So dient V. urticaefólia gegen Ausschlag, als Tonicum, Fiebermittel usw., V. erinoides Lam., soll die Menstruationen fördern, V. callicarpiaefólia Kth. wird wie Salvia benützt, V. bracteósa Michx. und V. litorális Kunth werden gegen Scrofulose verwendet.

**2337. Verbena officinális** L. Eisenkraut, Eisenbart, Katzenblutkraut, Heiligkraut, Sagenkraut. Franz.: Herbe de verveine, herbe sacrée, herbe a tous maux; engl.: Verain, peristerian wort, holy wort; ital.: Berbena, herba di San Giovanni (in Locarno Erba de San Giovann, in Mendrisio Erba Trona, in der Toskana herba santa). Taf. 222, Fig. 5; Fig. 3174 und 3175.

Der Name Eisenkraut (althochdeutsch isarna [ergänze chrût], mittelhochdeutsch isenkrût) ist zunächst eine Uebersetzung des griechischen sideritis (Pflanzenname bei Dioskuridis; griech. sideros = Eisen). Er ist in vielen Gegenden dem Volke wohlbekannt und dürfte hauptsächlich durch Fachkundige

(Aerzte, Apotheker) bzw. durch Bücher dahin gelangt sein. Iserhark [Eisenhart] (Mecklenburg), Eisenhindrik, iserene Hendrek, iren Hendrek [eiserner Heinrich, vgl. Pflanzennamen wie guter Heinrich, stolzer Heinrich usw.] (Göttingen), Eisick (Nahegebiet).

Einjährige bis mehrjährige Pflanze mit spindelförmiger, ästiger, weisslicher Wurzel. Stengel steif, aufrecht, 30 bis 75 cm hoch, oberwärts ästig, 4=kantig, im oberen Teile an den Kanten zackig=rauh, auf 2 Seiten rinnig vertieft, kahl, im unteren Teile verholzend. Laubblätter gegenständig, die unteren klein, länglich, grob gekerbt, in den kurzen Stiel verschmälert, gegen die Mitte zu mit tieferen Einschnitten, die mittleren grösser, 3=spaltig, am Grunde keilförmig, kurz gestielt, der Mittellappen grösser, länglich, bis 6 cm lang, die seitlichen lineal=länglich, alle ungleich gekerbt, die obersten ungestielt, länglich=lanzettlich, ungeteilt, ungleichmässig gesägt bis ganzrandig, alle am Rande und auf den Flächen (besonders auf der Unterseite) an den Nerven von starren Haaren ± rauh, trübgrün, steiflich. Blüten klein, in end= und achselständigen, vielblütigen, zuletzt verlängerten, drüsig behaarten Aehren. Kelch röhrig, kurz=, 4= oder 5=zähnig, etwa 2 mm lang, dicht drüsig behaart. Krone 3 bis 5 mm lang, mit gekrümmter Röhre und abstehendem, 5=spaltigem, undeutlich 2=lippigem Saume, blasslila, selten weiss (f. albiflóra Strobl). Staubblätter 4, 2 längere und 2 kürzere, der Kronröhre eingefügt, mit sehr kurzen Staubfäden. Fruchtknoten oberständig, 4=fächerig. Griffel kurz; Narbe 2=lappig, oberer Lappen breiter. Früchte in 4 Teilfrüchte zerfallend; letztere länglich=walzlich, 1,5 bis 2 mm lang, auf der Innenseite warzig, aussen netzig gerieft, hellbraun. Samen auf der Innenseite gefurcht, mit sehr wenig Nährgewebe. — VII, VIII (IX).

Zerstreut und truppweise auf Weiden, an Flussufern, an Wegrändern (besonders gern in Dörfern), auf Schutt, an Mauern, Zäunen usw. Von der Ebene bis in die Bergstufe: in den Bayerischen Alpen bis 1112 m, in Nordtirol bis 1000 m, in Südtirol bis 1200 m, in Graubünden bis 1450 m, im Wallis bis 1500 m aufsteigend.

In der Ebene und in der Hügelstufe im Gebiete häufig, doch nach Norden zu spärlicher werdend, am Niederrhein zerstreut, in der Nordwestdeutschen Tiefebene sehr zerstreut und z. T. nicht ständig, im Nordostdeutschen Flachland nicht selten, doch in West= und Ostpreussen stellenweise ganz fehlend (besonders im Osten und Nordosten), dagegen ziemlich verbreitet im Weichselgelände; bisweilen auch unbeständig; in den Mittelgebirgen nicht häufig, in den Alpen besonders in den Haupttälern, aber meist nur zerstreut.

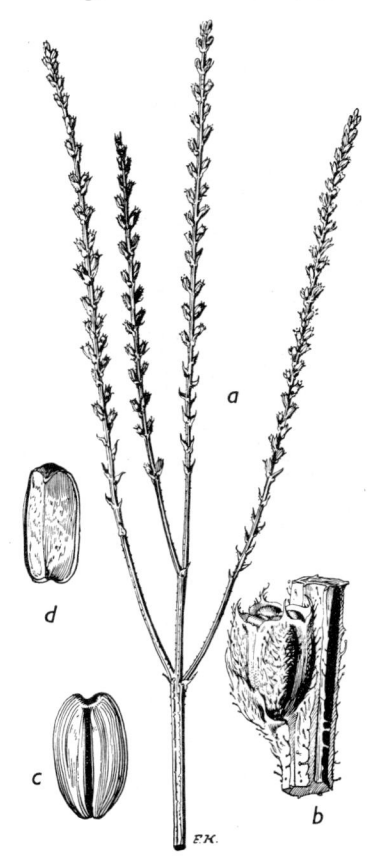

Fig. 3174. Verbena officinalis L. *a* Fruchtende Sprossspitze. *b* Am Stengel sitzende Frucht mit den 4 Samen. *c* Samen von der Rückenseite. *d* desgl. von der Innenseite.

Allgemeine Verbreitung: Europa, Nordafrika, Mittel= und Nordasien, ausserdem fast über die ganze Erde verschleppt; in Europa nördlich bis zu den Britischen Inseln (Northumberland), Dänemark, Schonen, Kowno; in Afrika südlich bis zu den Kap Verdischen Inseln und bis Abessinien, ausserdem in Südafrika, in Indien, Ostasien (z. B. Kiautschau), Australien, Neuseeland, Polynesien, auf den Loyalty=Inseln, Westindien, Süd= und Nordamerika.

Aendert ab: var. prostráta Gren. et Godr. Stengel niederliegend. So wohl nur adventiv. Bei der Malzfabrik in Solothurn (1904). — var. brachýantha Murr. Blüten alle viel kleiner als beim Typus; Lippe kürzer. So ziemlich zahlreich mit dem Typus in Vorarlberg am Fuss des Ardetzenberges. — var. anarrhinoídes Murr. Blüten zu 15 bis 25 in einem einzigen Blütenstand vereinigt, etwas bleicher und etwas grösser als beim Typus. So mit dem Typus am Ardetzenberg. — var. resedifólia Murr. Stengel=

blätter doppelt fiederspaltig, mit stumpfen, gerundeten Zipfeln. An der Valsuganabahn bei S. Cristoforo. Wahrscheinlich mit griechischen Sämereien eingeschleppt.

Verbena officinalis ist ein alter Kulturbegleiter, dessen ursprüngliche Heimat unsicher ist, aber mit grosser Wahrscheinlichkeit im Mittelmeergebiete liegt. Die Pflanze genoss vermutlich bei den antiken Völkern eine grosse Verehrung. Nach Plinius war kein Kraut im Altertum berühmter. Im alten Aegypten hiess die Pflanze die „Träne der Iris". Sie wurde bei feierlichen Gelegenheiten verbrannt (Hérba sancta) und galt als das beste Wundkraut bei Verwundungen durch eiserne Waffen. Die Hippokratiker empfahlen sie gegen Unfruchtbarkeit. Auch wurde sie gegen Blasensteine, sowie auch als allgemeines Volksmittel benützt. In Griechenland gilt sie noch gegenwärtig als Glückspflanze. Wann sie nach Mitteleuropa gelangt ist, ist unbekannt. Sie soll aber schon bei den Kelten und Germanen in hohem Rufe gestanden haben. Der Heiligen Hildegard war sie als Heilpflanze bekannt. Von Thal wird sie in der Harzflora (1577) aufgeführt, von Jungermann für Franken (1615). In dem in Lund aufbewahrten Herbar von Rostius (1610) liegt sie unter dem Namen Siteritis. Früher wurde sie viel in Gärten zu medizinischen Zwecken gebaut und die Hérba Verbénae s. H. Columbáriae s. H. sanguinális als schleimhaltiges, zusammenziehendes, bitteres Mittel, ferner bei Wechselfieber, Steinleiden und Augenentzündungen angewendet. Ferner dienen sie mit Zimmt, Nelken, Vanille und bitteren Mandeln gemischt als Ersatz für chinesischen Tee, ferner als Aufguss (3 g auf ¼ Liter Wasser) gegen Kopfschmerzen, Migräne, allgemeine Schwäche usw. Kneipp empfiehlt diesen Tee auch gegen Keuchhusten, Nieren- und Leberleiden, Wasser- und Gelbsucht. Ein früher viel benützter Haustee wurde aus 100 g Eisenkraut, 10 g Pfefferminze, 2 g Thymian, 2 g Majoran, 5 g Zimmt und 1 g Muskatblüte gemischt. Die Homöopathie bereitet aus der blühenden Pflanze eine Essenz. Gurken sollen beim Einmachen durch Zusatz von Eisenkrautwurzel schmackhafter werden. Chemisch wurde neben Gerbstoffen, Bitterstoff, Invertin, Emulsin usw. das nicht giftige Gykosid Verbenalin nachgewiesen, das sich in der frischen Pflanze in Form von Kristallnadeln findet, beim Trocknen aber zum Teil verschwindet. — Die Verbena (verbenaca, hierobotane) spielte im antiken Aberglauben eine grosse Rolle. Nach Plinius (Nat. hist. 25, 105 ff.) behaupteten die Magier, dass man, wenn man sich mit der Pflanze salbe, alles erlange, was man wolle, dass sie das Fieber vertreibe, Freundschaft erwerbe und alle möglichen Krankheiten heile, dass man sie beim Aufgang des Sirius sammeln müsse und zwar so, dass es weder der Mond noch die Sonne sehe usw. Ob allerdings unter der antiken verbena unsere Verbena officinalis zu verstehen ist, bleibt recht zweifelhaft. Unter „verbenae" verstanden die Römer ganz allgemein die Kräuter und Baumzweige, deren man sich bei Opfern und anderen Kulthandlungen bediente. Fussend auf den antiken Berichten Quellen erscheint die verbena auch im Aberglauben des deutschen Mittelalters. So sagt der Regensburger Domherr Konrad von Megenberg in seinem „Buch der Natur" (Mitte des 14. Jahrhunderts), dass das Eisenkraut „den zaubraeren gar nütz" sei. Auch Bock bemerkt in seinem Kräuterbuch (1551): „Das kraut Verbena würt noch heuttigs tags mehr zu der zauberei dann zu der Artznei gesamlet". In mittelalterlichen Handschriften sind uns verschiedene Beschwörungen der Verbena erhalten. Im heutigen Aberglauben ist das Eisenkraut so gut wie vergessen. Im Anhaltischen gehörte es noch vor einigen Jahrzehnten zu den Pflanzen, die das Gewitter abwehren sollten. Man warf es zusammen mit Hartenau (Hypericum perforatum) bei einem aufziehenden Gewitter in das Feuer und sprach: „Eisenhart und Hartenau — Brennt an, dass sich das Wetter stau". Im deutschen Volksaberglauben war das Eisenkraut wohl nie wirklich volkstümlich. Durch die Kleriker und Aerzte des Mittelalters war zwar zeitweise manches

Fig. 3175. Verbena officinalis L., auf Ödland. Phot R. Fischer, Sollenau, N.Ö.

über die geheimnisvollen Eigenschaften des Eisenkrauts ins Volk gedrungen, aber es blieb dort nicht haften. (Nach Marzell, Hrch. Das Eisenkraut als Zauberpflanze in „Der Naturforscher" 3 [1926/27], 419 bis 425).

Verbena officinalis ist ziemlich wärmebedürftig und fehlt infolgedessen im Norden von Deutschland und in den subalpinen Tälern der Alpen fast ganz. Hingegen ist sie gegen Beschädigungen, vor allem gegen den Tritt von Weidevieh und Menschen sehr unempfindlich und findet sich meist gruppenweise in den Beständen von Lolium perenne und Polygonum aviculare, auf mageren, schwach gedüngten Weiden vom Festuca rubra- oder Brachypodium pinnatum-Sieglingia decumbens-Typus. Nicht selten erscheint sie auch an Wegrändern mit Hordeum murinum und Sisymbrium officinale und S. Sophia. Auch auf stärker gedüngten Böden pflegt sie nicht auszubleiben und ist dann mit Chenopodium-Arten, Lepidium Draba, Potentilla supina, Ballota nigra, Aethusa Cynapium, Dipsacus silvestris, Chrysanthemum Parthenium usw. anzutreffen. In Rotkleeäckern ist die Pflanze in Mitteleuropa selten zu finden, obgleich ihre Samen mit französischen Rotkleesaaten häufig eingeführt werden. — Die kleinen, von Apiden, Tagfaltern, Fliegen usw. besuchten Blüten bergen im Grunde den von der Unterlage des Fruchtknotens abgeschiedenen Nektar und besitzen einen Ring von nach vorn zusammenneigender Haare. Steckt das besuchende Insekt den Rüssel in die Kronröhre, so streift dieser zunächst zwischen den Staubbeuteln vorbei und trifft erst dann auf die papillöse Fläche der tiefer stehenden Narbe. Da aber die Risse der Staubbeutel nach abwärts gerichtet sind, so wird er sich zunächst nicht mit Pollen behaften. Dies tritt vielmehr in der Regel erst beim Zurückziehen des Rüssels ein, weil dann eine Drehung der Staubbeutel bewirkt wird. In der Regel erfolgt also Fremdbestäubung. Doch stehen die beiden unteren Staubbeutel der Narbe so nahe, dass auch mit einer selbsttätigen Selbstbestäubung zu rechnen ist, die anscheinend von vollem Erfolge begleitet ist. Gelegentlich treten Blüten auf, in denen nur 2 Staubblätter vorhanden sind. Zur Fruchtzeit ist der Kelch schräg aufwärts gerichtet und gestattet dadurch ein Ausschütteln durch den Wind. Auch vorbeistreichende Tiere können dadurch, das sich die etwas einwärts gekrümmten Kelchblattspitzen an ihrem Felle reiben, zur Ausstreuung beitragen. Als Schmarotzer treten Didyméllá effúsa Niessl und D. Réhmii (Kze.), Erýsibe cichoriaceárum DC., Mollísia Verbénae (Opiz), Ophióbolus Cesatiánus (Mont.) usw. auf.

# Nachträge, Berichtigungen und Ergänzungen

### Zum unveränderten Nachdruck von Band V/3 1966

Zusammengestellt von Dr. J. Damboldt, Berlin, bzw. Dr. A. Kress, München (Primulaceae)

Mit Beiträgen von Dr. A. Becherer, Lugano, Prof. Dr. E. Janchen, Wien, Dr. H. Marzell, Gunzenhausen, Prof. Dr. H. Straka, Kiel und andere

## 101. Familie Pyrolaceae

S. 1568 ff.: Wichtige Literatur: Andres, H., 1929: Weitere Zusätze zur Monographie der rheinischen *Pirolaceae*. Sitzungsber. Naturk. Ver. Preuss. Rheinl. u. Westf. 1928, 1—12. — Böcher, T. W., 1961: Studies in *Pyrolaceae*. Two interesting wintergreens from West-Greenland. Bot. Tidsskr. *57*, 28—37. — Copeland, H. F., 1939: The structure of *Monotropsis* and the classification of the *Monotropoideae*. Madroño *5*, 105—119. — Ders., 1947: Observations on the structure and classification of the *Pyrolaceae*. Madroño *9*, 65—102. — Hagerup, O., 1928: Morphological and cytological studies of *Bicornes*. Dansk Bot. Ark. *6*, 1—26. — Ders., 1941: Zytökologische *Bicornes*-Studien. Planta *32*, 6—14. — Henderson, M. W. A., 1920: A comparative study of the structure and saprophytism of the *Pyrolaceae* and *Monotropaceae* with reference to their derivation from the *Ericaceae*. Contr. Lab. Univ. Penns. *5*, 42—109. — Schwarz, U., 1955: in „Die natürlichen Fichtenwälder der Schweiz". Beitr. geobot. Landesaufn. Schweiz *35*, 39—41. — Terechin, E. S., 1962: Der Einfluß einiger ökologischer Faktoren auf die Ausbildung der embryologischen Struktur der *Pyroleae-Monotropeae*. Bot. Zeitschr. (Moskau) *47*, 571—755 (russ.).

Vereint man die *Monotropaceae* mit den *Pyrolaceae*, so ist der gültige Familienname *Pyrolaceae*. Während die systematisch engen Beziehungen der Pyrolaceen zu den Ericaceen allgemein anerkannt werden, ist die Abgrenzung der Familie und besonders der Unterfamilien der *Pyroloideae* und der *Monotropoideae* und ihre systematische Bewertung noch nicht einheitlich. Copeland (1947) bezieht die Pyrolaceen in die Ericaceen ein, indem er die *Pyroloideae* als Tribus zu den *Ericaceae-Arbutoideae* stellt und die *Monotropoideae* von den *Ericaceae-Andromedeae* ableitet. Dagegen führt Hutchinson (1963) beide Unterfamilien als eigene Familien.

Pollen: *Pyrolaceae-Pyroloideae*: Pollen meist 3-colporat, meist zu Tetraden vereinigt. Von Beug (1961) wird er unter der Sammelgruppe vieler Ericaceen-Tetraden aufgeführt (siehe Schlüssel unter Ericaceen!). *Pyrola minor*: Tetraden, Durchmesser um 43 $\mu$, die Einzelpollenkörner tricolporat, Colpi undeutlich, eng. Sexine mit dünnem Tectum, darauf warzenähnliche Processus. Abb. bei Erdtman und Mitarb. 1961, Pl. 50, fig. 4. Ähnlich sind *P. chlorantha*, *P. rotundifolia* und *P. media*. *Moneses uniflora*: Ebenfalls Tetraden, aber Einzelpollenkörner tricolpat. Oberfläche des Tectums wellig. Abb. bei Erdtman und Mitarb. 1961, Pl. 50, fig. 1. *Chimaphila umbellata*: Tetraden, Durchmesser etwa 48 $\mu$, $\pm$ locker. Abb. Beug 1961, T. II, 1—3. *Ramischia secunda*: Pollenkörner einzeln, $\pm$ kugelig, $19 \times 17$ $\mu$, tricolporat. Tectum glatt oder nur mit kleinen Processus versehen. Abb. Erdtman und Mitarb. 1961, Pl. 50, fig. 5—7. *Pyrolaceae-Monotropoideae*: Immer Einzelpollenkörner, (2- bis) 3- bis 4- (bis 5-)colporat oder colporoid. *Monotropa hypopitys*: Pollen 2- bis 3-colporat, subolat bis kugelig, $24 \times 28$ $\mu$. Kurze ziemlich enge Colpi. Ora undeutlich begrenzt, glatte Sexine.

Fossilfunde: Pollen von *Pyrola* — oder wegen der großen Ähnlichkeit auch als *Vaccinium-Pyrola*-Typ geführt — wurde bisher nur ganz vereinzelt fossil in quartären Ablagerungen gefunden.

555 *Pyrola*

S. 1571 ff.: Wichtige Literatur: Knaben, G., 1943: Studier over norske *Pyrola*-Arter. Berg. Mus. Årbok 1943, Naturv. rekke *6*, 1—18. — Ders., 1965: Cytotaxonomical studies in *Pyrolaceae* (Autoref.). Bot. Not. *118*, 443—446. — Křísa, B., 1965: Beitrag zur Gliederung der Gattung *Pyrola* in holoarktischen Gebieten. Nov. Bot. Inst. Bot. Univ. Carol. Prag. 1965, 31—35.

Die korrekte Schreibweise ist *Pyrola*. Die drei Untergattungen werden heute meist als selbständige Gattungen angesehen, die sich auch cytologisch und karyologisch unterscheiden.

Die Arten der Gattung *Pyrola* L. besitzen bis auf *P. chlorantha* kleine Chromosomen und die Chromosomenzahl von $2n = 46$. Die Arten der Gattung *Orthilia* Pursh (= *Ramischia* Opiz) haben mittelgroße bis kleine Chromosomen und die einheitliche Zahl von $2n = 38$, während die Gattungen *Chimaphila* Pursh und *Moneses* Salisb. mittelgroße bis große Chromosomen und $2n = 26$ Chromosomen besitzen.

S. 1574: Zu Nr. 2132 *Pyrola secunda* L. Betrachtet man *P. secunda* als Vertreter einer eigenen Gattung, so ist der gültige Name *Orthilia secunda* (L.) House
Zeile 4 v. u. lies F. X. Ramisch.

S. 1583: Zu Nr. 2155 *Pyrola media* Sw. Während HAGERUP (1941) die Art als tetraploide Sippe (2 n = 92) von *P. minor* ansieht, halten KNABEN (1943) und BÖCHER (1961) *P. media* für eine amphiploide Art, die aus der Kreuzung zwischen *P. minor* und *P. rotundifolia* hervorgegangen sein soll. KŘISA (1964) glaubt auf Grund vergleichend-morphologischer Untersuchungen, daß es sich um eine autoploide Art handelt.
Kommt in der Schweiz im Kanton Zug am Hohen Ron (nicht Kanton Zürich und Hohe Rhone) vor.

S. 1585: Zu Nr. 2136 *Pyrola rotundifolia* L. em. Fernald.
Wichtige Literatur: HULTÉN, E., 1958: *Pyrola rotundifolia* in „The amphi-atlantic plants and their phytogeographical connections" Kungl. Svensk. Vet. Handl. *7*, 142—143 (mit Verbreitungskarten). — KŘISA, B., 1964: Taxonomic revision of the *Pyrola rotundifolia* complex in Fennoscandia. Bot. Not. *117*, 397—417. — Ders., 1964: *Pyrola intermedia* Schl. ein neues arktisch alpines Element der tschechoslowakischen Flora. Nov. Bot. Inst. Bot. Univ. Carol. Prag 1964, 29—33.
Eine endgültige systematische Gliederung der sehr formenreichen Art liegt noch nicht vor. Im Gebiet nachgewiesen ist nur die Typusunterart ssp. *rotundifolia*. KŘISA (1964) gliedert von dem Sippenkomplex um *P. rotundifolia* nach eingehenden statistischen Untersuchungen und quantitativen Analysen *P. intermedia* Schl. als eigene Art ab, die als arktisch-alpines Element zerstreut in den ganzen Alpen, und zwar vorwiegend auf Kalk zwischen 1640—2300 m vorkommt und ihre Hauptverbreitung in Skandinavien hat. Nach KNABEN (1965) lassen sich die nördlichen eurasiatischen Formen nicht als *P. intermedia* abtrennen.

S. 1589: Zu Nr. 2137 *Pyrola uniflora* L. Als Vertreter einer eigenen Gattung ist der gültige Name *Moneses uniflora* (L.) A. Gray. Zum Blütenbau s. ZAMELIS, A., 1928 in Acta Hort. Bot. Univ. Latv. *3*, 219—230. Zur Verbreitung in Mitteldeutschland (Punktkarte) s. Wiss. Z. Univ. Halle, math.-nat. *9*, 176 (1960).
Bastarde: Die genaue cytologische Analyse eines der vermeintlichen Bastarde steht noch aus. Die genannten Bastarde werden meist aus der intermediären Stellung der betreffenden Pflanzen geschlossen. BÖCHER (1961) untersuchte an grönländischem Material den Bastard *P. grandiflora* × *P. minor*. Die Tetraden waren z. T. abortiert. Meiosen von *P. secunda* ssp. *obtusata* von Grönland waren durch Brücken und Laggards sehr gestört, so daß die Pflanzen zumindest als Strukturhybriden zu bezeichnen sind.

556 *Chimaphila*

S. 1593: Wichtige Literatur: HOHN, T., 1929: The flower of *Chimaphila*. Rhodora *29*, 1—6.

557 *Monotropa*

S. 1597 ff.: Nach BJÖRKMANN (Phys. Plant. *13*, 308—327 [1960]) ist *Monotropa* ein Epiparasit auf Baumwurzeln. Pilzhyphen verbinden die völlig heterotrophe Pflanze mit den mykotrophen Baumwurzeln.
Zu Nr. 2139 *Monotropa hypopitys* L. — Die beiden angeführten Varietäten var. *hirsuta* Roth und var. *glabra* Roth werden heute in neueren Florenwerken meist als eigene Arten aufgefaßt, die sich auch in der Cytologie unterscheiden: Die diploide *M. hypophegea* Wallr. (= var. *glabra* Roth) mit 2 n = 16 Chromosomen und die hexaploide *M. hypopitys* L. (= var. *hirsuta* Roth) mit 2 n = 48 Chromosomen. Beide Sippen sind aber durch Übergänge miteinander verbunden, so daß JANCHEN (1959) und SOÓ und BORSOS (1964) sie als Unterarten von *M. hypopitys* führen. Eine Übersicht über den Formenkreis von *Monotropa hypopitys* s. ampl. bringen Soó und BORSOS in Ann. Univ. Sci. Bud. Sc. Biol. *7*, 157—167 (1964).

S. 1597: Zeile 8 v. u. lies *hypopitys*.

## 102. Familie Empetraceae

S. 1602 ff.: Wichtige Literatur: HAGERUP, O., 1946: Studies on the *Empetraceae*. Danske Vid. Selsk. Biol. Meddel. *205*, 1—50. — MAHESHWARI, P., 1950: *Empetraceae* in „An introduction to the embryology of Angiosperms" 359—361. — Ders., 1964: *Empetraceae* in „Vistas in Bot." *4*, 76—77.

558 *Empetrum*
Wichtige Literatur: AICHINGER, E., 1957: Die Krähenbeer-Heiden als Vegetationsentwicklungstyp (Empetretum). Angew. Pflanzensoziol. *14*, 128—144. — GOOD, R., 1927: The genus *Empetrum*. Jour. Linn. Soc. (London) *47*, 489—523. — LÖVE, Á. and LÖVE, D., 1959: Biosystematics of the black crowberries of America. Canad. Jour. Gen. Cyt. *1*, 34—38. — VASSILJEW, V. N., 1961: Die Gattung *Empetrum* (russ.) Akad. Wiss. USSR Moskau-Leningrad, 132 pag.
Pollen: *E. nigrum*: Pollenkörner deutlich in Tetraden, um 31 bis 38 $\mu$ groß, 3-colporat, Colpi schmal. Innenwände der Pollenkörner dicker als die Außenwände. Sexine tectat, ca. 2 $\mu$ dick, mit kleinen dicht stehenden Granula (scabros). Abb. BEUG 1961, T. I, 8 bis 9 und Abb. 3a; ERDTMAN und Mitarb. 1961, Pl. 23, fig. 4. *E. hermaphroditum*: Tetradendurchmesser 30—46 $\mu$, daher sind nur die über 38 $\mu$ großen Tetraden dieser Art sicher zuzuordnen. Fossiler Pollen von *Empetrum* ist in Mittel- und Westeuropa nur in mehr ozeanischen Gebieten sicher bestimmbar; in kontinentalen Mooren könnten leicht Verwechslungen mit *Ledum* vorkommen, das den gleichen Pollentyp besitzt. Allerdings streut die windblütige Krähenbeere erheblich mehr Pollen aus als der Porst. *Empetrum*-Pollentetraden werden in west-, mittel- und nordeuropäischen spätglazialen Ablagerungen vor allem während der Jüngeren Tundrenzeit und kaum vor-

her gefunden; diese Pollenfunde werden zusammen mit denen von *Calluna* dahingehend gedeutet, daß der Klimacharakter der Jüngeren Tundrenzeit ozeanischer war als der der Älteren und Ältesten Tundrenzeit, aus denen auch viele Anzeichen kontinentalen Klimas vorliegen.

S. 1603 ff.: Zu Nr. 2140 *Empetrum nigrum* L.

Wichtige Literatur: DALBY, M., 1961: The ecology of crowberry (*Empetrum nigrum*) on Ilhley Moor 1959. Naturalist *877*, 37—40. — FAVARGER, C., RICHARD, J. L., DUCKERT, M.-M., 1959: La Camarine Noire, *Empetrum nigrum* et *Empetrum hermaphroditum* en Suisse. Ber. Schweiz. Bot. Ges. *69*, 249—260. — HAGERUP, O., 1927: *Empetrum hermaphroditum* (Lge.) Hagerup, O, 1927: A new, tetraploid, bisexuell species. Dansk Bot. Ark. *5*, 1—17. — HASSELBAUM, G., 1931: Cytologische und histologische Studien zur ericoiden endotrophen Mykorrhiza von *Empetrum nigrum*. Bot. Archiv *31*, 386—440. — MARKLUND, G., 1940: Beobachtungen über *Empetrum hermaphroditum* (Lange) Hagerup und *E. nigrum* L. s. str. Mem. Soc. Fauna et Flora Fennica *16*, 74—77.

Die var. *typicum* muß nach den gültigen Nomenklaturregeln var. *nigrum* heißen. Die Sammelart gliedert sich in zwei deutlich eigenständige Arten, über deren Verbreitung in Mitteleuropa und besonders in den Alpen, im Gegensatz zu den Verhältnissen in Skandinavien, nur sehr wenig bekannt ist. *E. nigrum* s. str. ist diploid mit 2 n = 26 Chromosomen und mehr südlich verbreitet. In der Schweiz nur im zentralen Jura (Creux du Van) sicher nachgewiesen. Ob Alpen? *E. hermaphroditum* (Lge.) Hagerup ist tetraploid mit 2 n = 52 Chromosomen und geht in seiner Verbreitung wesentlich weiter nach Norden. In der Schweiz in den Alpen und im mittleren Jura nachgewiesen.

Schlüssel der beiden Arten:

1 Blüten überwiegend getrenntgeschlechtlich. Pflanze meist steril, sich vegetativ vermehrend, kräftig, mehr aufrecht. Blätter viermal so lang wie breit. Blattränder parallel. Pollen 31—38 $\mu$ $\varnothing$:
*E. nigrum* s. str.
1 Blüten meist zwittrig, Pflanze fertil mit starkem Fruchtansatz, ausgebreitet, niederliegend. Blätter zwei- bis dreimal so lang wie breit. Blattränder etwas gebogen. Pollen 30—46 $\mu$ $\varnothing$; Staubblattreste noch an der Frucht erkennbar:
*E. hermaphroditum*

## 103. Familie Ericaceae

S. 1609 ff.: Der Familienname *Ericaceae* H. L. JUSSIEU ist ein nomen conservandum.

Wichtige Literatur: BRAUN, E., 1933: Zur Pharmakognosie der Ericaceen und Primulaceen. Anatomie des Laubblattes. Diss. Basel. — BURGEFF, H., 1961: Mikrobiologie des Hochmoores mit besonderer Berücksichtigung der Erikazeen-Pilz-Symbiose (Stuttgart). — COPELAND, H. F., 1944: A study, anatomical and taxonomic, of the genera of *Rhododendroideae*. Amer. Midl. Nat. *30*, 533—625. — COX, H. T., 1948: Studies in the comparative anatomy of the *Ericales* I. *Ericaceae*-subfamily *Rhododendroideae*. Amer. Midl. Nat. *39*, 220—245. — FRANKS, J. W. and WATSON, L., 1963: The pollen morphology of some critical *Ericales*. Pollen et Spores *5*, 51—68. — HAGERUP, O., 1928: Morphological and cytological studies of *Bicornes*. Dansk Bot. Ark. *6*, 1—26. — Ders., 1941: Zytökologische *Bicornes*-Studien. Planta *32*, 6—14. — Ders., 1953: The morphology and systematics of the leaves in the *Ericales*. Phytomorphology *3*, 459—464. — LEINS, P., 1964: Entwicklungsgeschichtliche Studien an *Ericales*-Blüten. Bot. Jb. *83*, 57—88. — LEMS, K., 1964: Evolutionary studies in the *Ericaceae*. II. Leaf anatomy as a phylogenetic index in the *Andromedeae*. Bot. Gaz. (Chicago) *125*, 178—186. — MATTHEW, J. R. and KNOX, E. M., 1926: The comparative morphology of the stamen in the *Ericaceae*. Transact. Proc. Roy. Soc. Edinburgh *29*, 248—281. — OLDFIELD, F., 1959: The pollen morphology of the West European *Ericales*. Pollen et Spores *1*, 19—48. — OVERBECK, F., 1934: Zur Kenntnis der Pollen mittel- und nordeuropäischer *Ericales*. Beih. Bot. Cbl. Abtl. 2, *51*, 566—583. — PALSER, B. F., 1951—1961: Studies of floral anatomy in the *Ericales* I—V., I: Bot. Gaz. *112*, 447—485 (1951); II: Bot. Gaz. *114*, 433—452 (1952); III: Bot. Gaz. *123*, 79—111 (1953); IV: Phytomorphology *4*, 335—354 (1954); V: Transact. Acad. Sci. *51*, 24—34 (1961). — VOGEL, H., 1965: Azaleen-Eriken-Kamelien (Berlin). — WATSON, L., 1964: Some remarkable inflorescences in the *Ericales* and their taxonomic significances. Ann. Bot. N. S. *28*, 311—318. — Ders., 1965: The taxonomic significance of certain anatomical variations among *Ericaceae*. Jour. Linn. Soc. (London) *59*, 111—125.

Pollen: Die mittel- und nordeuropäischen Ericaceen haben Pollentetraden, deren Einzelpollenkörner (EPK) 3-colporat, verrucos, scabros oder glatt sind. Da sie in der Pollenanalyse eine wichtige Rolle spielen, wurden die mittel- und nordeuropäischen schon 1934 von OVERBECK, später die osteuropäischen von SLADKOV (1954) und die westeuropäischen von OLDFIELD (1959) bearbeitet. Wir drucken hier den Schlüssel von BEUG (1961) stark verkürzt und vereinfacht ab:

1 EPK gegeneinander abgesetzt, d.h. der optische Schnitt der Tetraden zeigt dort, wo die EPK aneinander stoßen, deutliche Einschnürungen . . . . . . . . . . . . . . . . . . . . . . . . . . . 4
— EPK nicht oder nur ganz schwach gegeneinander abgesetzt. Die Tetraden sind im optischen Schnitt nahezu kreisförmig oder etwas dreieckig, aber ohne deutliche Einschnürungen . . . . . . . . . . 2

2 Innenwände der Tetraden dicht perforiert  *Arctostaphylos alpina*, 43,7—51,2 μ
— Innenwände nicht oder kaum perforiert . . . . . . . . . . . . . . . . . . . . . . . . 3
3 Skulptur scabrat, Innenwände der Tetraden nur mit wenigen Perforationen
    *Arctostaphylos uva-ursi*, 38,7—46,3 μ
— Skulptur psilat, Innenwände nicht perforiert
    *Arbutus unedo*, 48,7—61,2 μ; *Arbutus andrachne* 46,4—53,7 μ
4 EPK in den meisten Fällen mit 4 kurzen, breiten Colpi. Tetraden stets unregelmäßig ausgebildet
    *Calluna vulgaris*, 38,3—53,7 μ
    Skulptur deutlich verrucat, Tetraden dickwandig, von der Kugelgestalt abweichend. Ähnlich unregelmäßig geformte Tetraden kommen auch bei *Loiseleuria procumbens* und *Pyrola uniflora* vor, gehören aber dort zu den Ausnahmen.
— EPK mit 3 Colpi . . . . . . . . . . . . . . . . . . . . . . . . . . . . . . . . . . . 5
5 Innenwände der Tetraden deutlich dicker als die Außenwände, meist über 2 μ bis 3,5 μ dick
    *Empetrum*, *Ledum palustre* 33,0—42 μ
— Innenwände der Tetraden so dick wie die Außenwände oder dünner . . . . . . . . . . . . . . . 6
6 Falten sehr kurz, Faltenindex (Tetradendurchmesser: Faltenlänge) größer als 3,3. Tetraden deutlich scabrat, nicht derbwandig
    *Moneses uniflora*
— Falten länger, Faltenindex kleiner als 3,3; falls jedoch größer, dann Tetraden fast psilat und deutlich derbwandig. Sammelgruppe: *Vaccinium* 33,7—53,7 μ; *Oxycoccus* 31,2—46,3 μ; *Erica* 27,5—52,1 μ; *Andromeda* 38,7—61,2 μ; *Cassiope* 24,0—34,1 μ; *Phyllodoce* 30,5—42,5 μ; *Chamaedaphne* 33,5—48,5 μ; *Daboecia* 31,0—39,0 μ; *Loiseleuria* 26,5—36,0 μ; *Rhodothamnus* 43,7—58,8 μ; *Rhododendron* 28,5—74,0 μ; *Pyrola* 29,9—44,0 μ.

Pollenmikrophotographien: BEUG 1961, Taf. I, 7—12; ERDTMAN und Mitarb. 1961, Pl. 23, 5—8, Pl. 24, 1—6.

Fossilfunde: Außer den Pollentetraden werden oft gut bestimmbare Makroreste fossil gefunden, die gewöhnlich der lokalen Moorvegetation entstammen: *Arctostaphylos uva-ursi*-Samen, *Andromeda polifolia*-Blätter, *Calluna vulgaris*-Zweige, -Blätter, -Blüten, *Erica*-Holz, *Erica tetralix*-Blätter, -Sprosse und -Zweige. Man hat versucht, außer dem Pollen von *Arctostaphylos alpina*, *A. uva-ursi*, *Arbutus*, *Calluna vulgaris* und *Empetrum*(s. o.!)-*Ledum* auch andere Typen zu identifizieren, z. B. den *Andromeda*-,*Daboecia*-, *Erica*-, *Erica*,*tetralix*-Typ, *Oxycoccus*, *Phyllodoce*, *Rhodendron-Vaccinium*. Doch bleiben diese Angaben meist mit einer gewissen Unsicherheit behaftet, wenn nämlich andere Gattungen der großen Sammelgruppe nicht ausgeschlossen werden können. Viele Autoren geben daher auch nur „Ericaceen" oder „Ericales" an, womit der Pollen dieser Sammelgruppe gemeint ist. *Calluna*-Pollentetraden werden, da auch vielfach durch den Wind in großen Mengen verbreitet, oft in quartären Ablagerungen gefunden. Im Spätglazial kommen sie vor allem in der Jüngeren Tundrenzeit vor und werden zusammen mit *Empetrum*-Pollentetraden als Zeiger für ein mehr ozeanisches Klima dieses Kälterückschlages angesehen. In Hochmoortorfen können sie im Verlauf der Nacheiszeit häufig von den lokalen Beständen des Heidekrautes auf den Bulten kommen; aus den Schwankungen ihrer Kurve, vor allem wenn sie mit Schlenkenzeigern jeweils gegenläufig ist, kann man zusammen mit anderen Kriterien (z. B. Torfzersetzung) auf feuchtere und trockenere Phasen der Torfbildung rückschließen. Läßt sich die lokale Herkunft der *Calluna*-Tetraden ausschließen (in Seeablagerungen oder Flachmoortorfen zum Beispiel), dann können sie als Anzeiger von Heidevegetation dienen. Tritt mit oder kurz vor ihnen Pollen von Kulturpflanzen oder Unkräutern auf, oder lassen sich vorher Anzeichen einer Waldrodung finden, dann wird man mit anthropogener Entstehung der *Calluna*-Heiden rechnen müssen. Zweifellos gilt das für den größten Teil der Heiden des westlichen Mitteleuropas. Lediglich in küstennächsten Gebieten gibt es natürliche Ericaceen-Heiden. MENKE (1963) hat nach eingehenden Untersuchungen für ein Gebiet Nordwestdeutschlands außer *Calluna* und *Empetrum* (*Ledum* kommt hier aus pflanzengeographischen Gründen nicht in Frage) auch einen *Erica tetralix*-Typus, einen *Vaccinium*-Typus und einen *Andromeda*-Typus unterschieden. Die drei letzten kann er bis zu einem gewissen Grad trennen und den genannten Arten bzw. Gattungen zuordnen. Seine Tabellen zeigen, daß zwar die einzelne Pollentetrade nicht sicher zu bestimmen ist, daß aber bei größeren Mengen eine gewisse statistische Sicherheit der Bestimmung gegeben ist. Er untersuchte „Heideauflagetorfe" und fand, daß *Erica tetralix*-Heiden z. T. sicher anthropogen, z. T. aber auch natürlich sind.

S. 1620: Zu *Kalmia angustifolia* L. Es bestehen noch heute zwei größere Vorkommen im Altwarmbüchener Moor bei Hannover. Die Art wurde neuerdings in der Nähe von Rothenburg bei Hannover wieder ausgepflanzt (vgl. PIPER, W., 1951 in Beitr. zur Naturk. Niedersachsens *2*, 58—62). Auch in Oberösterreich im Hochmoor am Krottensee bei Gmunden. 1957 von LUTZ † und SCHMEIDL in Oberbayern im südlichen Chiemseemoor aufgefunden (s. Ber. Bayer. Bot. Ges. *39*: 125—126 [1966]).

S. 1623: Zu Nr. 2141 *Ledum palustre* L.
Wichtige Literatur: GREVE, P., 1938: Der Sumpfporst, *Ledum palustre* L. Monographien alter Heilpflanzen, 2. Heft, 120 S. (Hamburg).
Eine Punktkarte der Verbreitung in Mitteldeutschland bringt MEUSEL in Hercynia *3*, 160 (1940). Das im Hagnauer Moor bei Meersburg festgestellte Vorkommen beruht auf absichtlicher Anpflanzung.

S. 1624: 12. Zeile v. o. lies Mörsach.

560 *Rhododendron*

S. 1627 ff: Wichtige Literatur: BOWERS, C. D., 1960: Rhododendrons and Azaleas. 2. ed. (London). — COWAN, J. M., 1950: The *Rhododendron* leaf. A study of the epidermal appendages (Edinburgh-London). — ENCKE, F., 1960: Die Gattung *Rhododendron* in „Pareys Blumengärtnerei" Bd. 2, 240—261 (Berlin). — GÖTTGENS, E., 1960: Untersuchungen über die Entwicklung von *Exobasidium Azaleae* Peck und seine Infektion der Wirtspflanzen unter besonderer Berücksichtigung der gallenbildenden Wirkstoffe. Phytopath. *38*, 394—426. — GRAAFLAND, W., 1960: The parasitism of *Exobasidium japonicum* Shir. on *Azalea*. Acta Bot. Neerl. *9*, 347—379. — HOFF, A. v., 1950: Beitrag zur Kenntnis der mehrzelligen Behaarung von *Rhododendron*. Variabilität, Verwandtschaftsbeziehungen und phylogenetische Folgerungen. Ber. Dtsch. Bot. Ges. *63*, 31—35. — JANAKI-AMMAL, E. K., 1950: Polyploidy in the genus *Rhododendron*. *Rhododendron* Yearbook *5*, 92—98 (London). — Ders., ENOCH, I. C. and BRIDGWATER, M., 1950: Chromosome numbers in species of *Rhododendron*. *Rhododendron* Yearbook *5*, 78—91 (London). — LEACH, D. G., 1962: Rhododendrons of the world and how to grow them (London). — NAKAMURA, M., 1931: Caryological studies on the genus *Rhododendron*. Jour. Soc. Trop. Agric. Imp. Taihoku Univ. *3*, 103—109. — SAX, K., 1930: Chromosome stability in the genus *Rhododendron*. Amer. Jour. Bot. *17*, 247—251. — SEITHE, v. HOFF, A., 1956: Bestimmungsschlüssel für die gärtnerisch wichtigsten *Rhododendron*-Arten. *Rhododendron* und immergrüne Laubgehölze, Jb. 57—92 (Bremen). — Dies., 1960: Die Haarformen der Gattung *Rhododendron* L. und die Möglichkeit ihrer taxonomischen Verwertung. Bot. Jb. *79*, 297—393. — Dies., 1962: Die Haarformen... Nomenklatorischer Nachtrag. Bot. Jb. *81*, 336. — SINCLAIR, J., 1937: The *Rhododendron* bud and its relation to the taxonomy of the genus. Not. Roy. Bot. Garden Edinburgh *19*, 267—271. — SLEUMER, H., 1949: Ein System der Gattung *Rhododendron* L. Bot. Jb. *74*, 511—553. — STEVENSON, J. B. (Herausgeb.), 1947: The species of *Rhododendron*, 2. Aufl. (London).

In der Gattung lassen sich bei den Haartypen zwei Formenkreise unterscheiden, die in je zwei Haarart-Varianten auftreten. Die sezernierende Haarart kann als Schuppe oder als Drüse ausgebildet sein, die vorwiegend nicht sezernierende als Zotte oder als Flocke, wobei die Drüsen gegenüber den Flocken als primitiver erscheinen. Nach der Kombination der Haarartvarianten lassen sich die ca. 1000 Arten der Gattung nach SEITHE (1960, 1962) auf drei Untergattungsgruppen verteilen. Die Arten der Untergattungsgruppe *Rhododendron* tragen Schuppen und Zotten, die Arten der Untergattungsgruppe *Nomazalea* Drüsen und Zotten und die der Untergattungsgruppe *Hymenanthes* Drüsen und Flocken. Nach der Behaarung und der geographischen Verbreitung wird als Ursprungsgebiet Ostchina und Japan angenommen. Die Chromosomenbasiszahl beträgt einheitlich x = 13. Die meisten Arten sind diploid mit 2 n = 26 Chromosomen. Polyploidie ist seltener, kann aber bis zur Dodekaploidie (2 n = 156) gehen.

S. 1627: Zu *Rhododendron flavum* (Hoffgg.) G. Don.
Wichtige Literatur: AICHINGER, E., 1943: Über Relikte aus der postglazialen Wärmezeit und der Klimaverschlechterung in Kärnten. Biol. General. *17*, 80—83. — MAYER, E., 1958: *Rhododendron luteum* Sweet am südöstlichen Alpenrand (slow.). Razprave Sazu *4* (Ljubljana), 38—83. — STABER, R., 1934: *Rhododendron flavum* Don (= *Rh. luteum* Sweet) und andere Pflanzenneuheiten in Oberkärnten. Carinthia II, *43/44*, 46—51. — WENDELBERGER, G., 1962: Von der gelben Alpenrose. Natur u. Land *48*, 114—119.
Der gültige Name ist *Rh. luteum* Sweet. Findet sich in Österreich in Westkärnten bei Densdorf nordwestlich Spittal a. d. Drau. Verwildert in Niederösterreich um Schloß Goldegg im Dunkelsteiner Wald und in Steiermark um Schloß Hollenegg südlich von Deutschlandsberg. Neuerdings auch am Ostfuß der Julischen Alpen in Slowenien gefunden (Verbreitungskarte s. MAYER 1958). Während MAYER (1958) die Art als Tertiärrelikt ansieht, glaubt AICHINGER (1943) an eine künstliche Einschleppung spätestens in der Römerzeit.

S. 1635: Zu Nr. 2142 *Rhododendron hirsutum* L. Die Art ist in der Tatra sicher nicht ursprünglich. Reicht in den Illyrischen Gebirgen bis in das Gebiet des Gorski Kotar und Kapela und von dort bis zur Lička Pleševica, ganz vereinzelt auch im Velebit. Die Angabe vom Vorkommen auf der Šar Planina (ADAMOVIĆ 1909) ist nicht glaubhaft (MAYER 1958). Zur Verbreitung der Art im Vorland nördlich der Alpen s. BRESINSKY, A., 1965 in Ber. Bayer. Bot. Ges. *38* (Punktkarte). Bei dem Vorkommen auf Isarkies handelt es sich um Anschwemmungen. Sie dürften heute erloschen sein. Der italienische Name für die Art ist Rosa peloso.

S. 1639: Zu Nr. 2143 *Rhododendron ferrugineum* L. In den Karnischen und Julischen Alpen ziemlich häufig, in den westlichen und östlichen Gailtaler Alpen dagegen nur noch zerstreut. (Zusammenstellung der Fundorte in den südöstlichen Kalkalpen s. MAYER 1958.) Auch auf der Šar Planina in neuerer Zeit durch Herbarbelege bestätigt. Das württembergische Teilareal ist erloschen. Westlich der Iller im Alpenvorland bayerischen Anteils etwa 15 Fundorte, dagegen im östlichen Teil des Alpenvorlandes nur ein Vorkommen in der Eggstätter Seenplatte unweit des Chiemsees. Punktkarte der Verbreitung im Alpenvorland s. BRESINSKY, A., 1965 in Ber. Bayer. Bot. Ges. *38*. Zur Verbreitung im Schweizer Jura s. DURAFOUR, H., 1930 in Bull. Soc. Nat. Archéol. Ain 33. Jahrg., 118—140. — Zur Soziologie und Ökologie s. AICHINGER, E., 1957 in Angewandte Pflanzensoziol. *13*, 30—35. — Die Embryoentwicklung behandelt VEILLET-BARTOSZEWSKA, M., 1957 in C. R. Acad. Sci. (Paris) *244*, 1952—1954.

S. 1644: Zu *Rhododendron* × *intermedium* Tausch. Zur Ökologie und Soziologie s. AICHINGER, E., 1957 in Angewandte Pflanzensoziol. *13*, 24—29.

### 561 Rhodothamnus

S. 1644: Eine zweite Art, *Rh. sessilifolius*, wurde von P. H. Davis 1964 aus der Türkei beschrieben. *Rh. chamaecistus* ist diploid mit 2n=24 (*Rhododendron* 2n=26!).

S. 1647: Zu Nr. 2145 *Loiseleuria procumbens* (L.) Desv. Zur Ökologie und Soziologie s. Aichinger, E., 1957 in Angewandte Pflanzensoziol. *13*, 61—84.

S. 1651: Zu Nr. 2146 *Andromeda polifolia* L.
Wichtige Literatur: Hirsch, W., 1962: Beobachtungen über Xeromorphie und Stickstoffgehalt in Hochmooren. Veröffentl. Geobot. Inst. Rübel, Zürich *37*, 223—233. Nach Hirsch haben die mehr xeromorphen Blätter der Schlenkenpflanzen einen geringeren Stickstoffgehalt als die der weniger xeromorphen Bultpflanzen. Zur Verbreitung in Mitteldeutschland s. Wiss. Z. Univ. Halle, math.-nat. *9*, 170 (1960).

### 565 Arctostaphylos

S. 1656ff.: Wichtige Literatur: Adams, J. E., 1940: A systematic study of the genus *Arctostaphylos* Adans. J. E. Mitchell Sci. Soc. *56*, 1—62. — Eastwood, A., 1934: A revision of *Arctostaphylos* with key and description. Leafl. West. Botany *1*, 105—127.
Zu Nr. 2148 *Arctostaphylos uva-ursi* (L.) Sprengel. Die Art ist tetraploid mit 2n = 52, *A. alpina* diploid mit 2n = 26 Chromosomen. Zur Ökologie und Soziologie s. Aichinger, E., 1957 in Angewandte Pflanzensoziol. *14*, 7—19. — Zur Pharmazie s. Kreitmair, H., 1956 in Pharmacie *8*, 346—349.

S. 1657: Zeile 7 v. o. nach Graubünden fehlt die Schlußklammer.

S. 1661: Zu Nr. 2149 *Arctostaphylos alpina* (L.) Sprengel. Wird von Löve (1961) wieder als Vertreter einer eigenen Gattung *Arctous* Niedenzu abgetrennt.
Zeile 18 v. o. lies indianischer.

### 564 Arbutus

S. 1664: Wichtige Literatur: Sealy, J. R. and Webb, D. A., 1950: *Arbutus* L. Biological Flora of the British Isles. Jour. Ecology *38*, 223—236.

### 567 Vaccinium

S. 1667ff.: Wichtige Literatur: Aalders, L. E. and Hall, L. V., 1962: *Vaccinium*, new evidence on the cytotaxonomy of *Vaccinium*. Nature (London) *196*, 694. — Darrow, G. M. et al., 1944: Chromosome numbers in *Vaccinium* and related groups. Bull. Torrey Bot. Club *71*, 498—506. — Newcomber, E. H., 1941: Chromosome number of some species and varieties of *Vaccinium* and related genera. Proc. Amer. Soc. Hort. Sci. *38*, 468—470. — Sleumer, H., 1941: Vaccinioideen-Studien. Bot. Jb. *71*, 375—510.—Die Sektion *Eu-Vaccinium* muß nach den gültigen Nomenklaturregeln *Vaccinium* heißen. Die Chromosomenbasiszahl der Gattung ist x = 12. *V. myrtillus* und *V. vitis-idaea* sind diploid mit 2n = 24, *V. uliginosum* ist tetraploid mit 2n = 48 Chromosomen. Die zahlreichen Arten der Gattung lassen sich auf 33 Sektionen verteilen, wobei *Oxycoccus* als Sektion in *Vaccinium* eingeschlossen wird, da die Spaltung der Petalen mehrfach in der Familie und auch bei der Gattung *Vaccinium* auftritt und höchstens als Sektionsmerkmal oder teilweise nur als Artmerkmal angesehen werden kann (Sleumer 1941). Gliederung der im Gebiet vorkommenden Arten nach Sleumer (1941):
Sektion 1 = *Oxycoccus*: *V. oxycoccos*
Sektion 2 = *Vitis-idaea*: *V. vitis-idaea*
Sektion 3 = *Uliginosa*: *V. uliginosum*
Sektion 4 = *Myrtillus*: *V. myrtillus*.

S. 1669: Zu Nr. 2151 *Vaccinium vitis-idaea* L. Zur Ökologie und Soziologie s. Aichinger, E., 1957 in Angewandte Pflanzensoziol. *14*, 114—127.

S. 1674: Zu Nr. 2152 *Vaccinium myrtillus* L. Zur Ökologie und Soziologie s. Aichinger, E., 1957 in Angewandte Pflanzensoziol. 1958, *14*, 27—96. — Zur Embryoentwicklung vgl. Veillet-Bartoszewska, M., in C. R. Acad. Sci. Paris *246*, 824—826.
Die f. *typicum* muß nach den gültigen Nomenklaturregeln f. *myrtillus* heißen.

S. 1675: Tafel 207, Erklärung für Fig. 2 muß heißen: *Andromeda polifolia*.

S. 1681: Zu Nr. 2153 *Vaccinium uliginosum* L. Von der tetraploiden *V. uliginosum* s. str. wird die hochnordisch-arktische, diploide Sippe *V. gaultherioides* Bigel. (= var. *microphyllum* Lange) abgetrennt, deren mögliches Vorkommen in den Alpen nachzuprüfen ist. Bei Hagerup (1933) findet sich eine Angabe aus dem Oberengadin, 2400 m. Zur Ökologie und Soziologie s. Aichinger, E., 1957 in Angewandte Pflanzensoziol. *14*, 97—113. — Zur Cytologie s. Hagerup, O., 1933 in Hereditas *18*, 122—128. — Zur Verbreitung in Mitteldeutschland s. Wiss. Z. Univ. Halle, math.-nat., *5*, 302 (1955/56).

S. 1685: Zu *Vaccinium* × *intermedium*. Zur Genetik und Morphologie, sowie Chorologie des Bastards s. Ritchie, J. C., 1955 in New Phyt. *54*, 49—67; 320—335. — Der angeführte Standort Jungfernheide liegt nicht in Berlin, sondern bei Borntin im Kreise Neu-Stettin.

568 *Oxycoccus*

Wichtige Literatur: Camp, W. H., 1945: A preliminary consideration of the biosystematics of *Oxycoccus*. Bull. Torrey Bot. Club 71, 426—437. — Hagerup, O., 1940: Studies in the significance of polyploidy IV. *Oxycoccus*. Hereditas 26, 399—410.

Zur systematischen Stellung vgl. Bemerkungen über *Vaccinium*, pag. (2246).

S. 1686: Zu Nr. 2154 *Oxycoccus quadripetalus* Gilib. Unter *Vaccinium* muß die Art *V. oxycoccos* heißen. Die systematische Gliederung der Moosbeere ist trotz zahlreicher Arbeiten immer noch unbefriedigend. Von der tetraploiden (2 n = 48) Typusart wird die diploide (2 n = 24), kleinfrüchtige, nordische Sippe als *V. microcarpon* abgetrennt. Da aber beide Arten in Skandinavien durch voll fertile Zwischenformen verbunden sind, ist die nordische Art wohl besser als Unterart ssp. *microcarpon* (Turcz.) A. Blytt zu *V. oxycoccos* zu stellen (Hylander 1945, Janchen 1959). Die ssp. *microcarpon* ist in Deutschland aus Mecklenburg, dem Erzgebirge, dem Schwarzwald und in Bayern aus dem Murnauer Moos bekannt. In der Schweiz vielfach (Jura, Mittelland, Alpen). Eine Punktkarte der Verbreitung von *V. oxycoccos* in Mitteldeutschland, s. Wiss. Z. Univ Halle, math.-nat. 5, 300 (1955).

S. 1669: Zu Nr. 5125 *Calluna vulgaris* (L.) Hull

Wichtige Literatur: Aichinger, E., 1956: Die *Calluna*-Heiden als Vegetationsentwicklungstypen. Angew. Pflanzensoziol. 12, 9—74. — Beijernick, W., 1937: Übersicht der bis jetzt bekannten Formen von *Calluna vulgaris* (L.) Hull. Ric. Trav. Bot. Neerl. 34, 445—470. — Ders., 1938: *Calluna vulgaris* (L.) Hull. Pflanzenareale, 4. Reihe, Heft 6, 55. — Ders., 1940: *Calluna*, A monograph of the Scotch Heather. Verhandl. K. Nederl Akad. Wetensch. Amsterdam, Afd. Naturk. II, 38, 1—180. — Esdorn, J. und Schanze, R., 1954: Untersuchungen über den Schleim von *Calluna vulgaris* (L.) Hull. Pharmacie 9, 995—1003. — Gorchakovsky, P. L., 1962: A contribution to the geography, the ecology and the history of formation of the distribution area of the Scotch-Heather (*Calluna vulgaris* [L.] Hull). Bot. Jour. (Moskau) 47, 1244—1257 (russ.). — Grant, S. A. and Hunter, P. F., 1962: Ecotypic differentiation of *Calluna vulgaris* L. in relation to altitude. New Phytol. 61, 44—55. — Kayner, M. C., 1929: Seedlings development in *Calluna vulgaris*. New Phytol. 28, 377—385. — Nordhagen, R., 1937/38: Studien über die monotypische Gattung *Calluna* Salisb. Bergens Mus. Årbok Naturw. rekke 4 (1937), 1 (1938).

Die var. *genuina* muß nach den gültigen Nomenklaturregeln var. *vulgaris* heißen.

570 *Erica*

S. 1700 ff.: Wichtige Literatur: Dulfer, H., 1962: Zur Nomenklatur der Gattung *Erica*. Taxon 11, 142. — Hansen, J. 1950: Die europäischen Arten der Gattung *Erica*. Bot. Jb. 75, 1—81.

Nach Hansen (1950) lassen sich die europäischen Arten der Gattung in neun Artengruppen von Sektionswert gliedern. Alle zeigen im Aufbau ihrer Blütenstände klare Reduktionsstufen, als deren Ausgangspunkt man *E. arborea* L. ansehen kann. Die gezählten europäischen Arten haben alle 2 n = 24 Chromosomen.

S. 1701: Zu Nr. 2156 *Erica carnea* L. Zur Ökologie und Soziologie s. Aichinger, E., 1956 in Angewandte Pflanzensoziol. 12, 75—128. — Zur Geschichte der *Erica*-Heiden in Nordwestdeutschland s. Menke, B., 1963 in Flora 153, 521—548. — Über das Vorkommen im Südvogtland und den angrenzenden Gebieten der ČSSR s. Knoll, S., 1961 in Ber. Arbeitsgem. Sächs. Botaniker N.F. 3, 150—152. — Zur Verbreitung in Nordbayern (Punktkarte) s. Gauckler, K., 1954 in Ber. Bayer. Bot. Ges. 30, 23—24. — Zur Verbreitung im Alpenvorland (Punktkarte) s. Bresinsky, A., 1965 in Ber. Bayer. Bot. Ges. 38.

S. 1705: Zu Nr. 2157 *Erica arborea* L.

Wichtige Literatur: Becherer, A., 1965: *Erica arborea* L. als Grenzpflanze der Schweizer Flora. Ber. Schweiz. Bot. Ges. 75, 80—91. — Weitere Literatur s. Rikli, M., 1933 in Pflanzenreale, 3. Reihe, Heft 8, 95—98. Die var. *genuina* muß nach den gültigen Nomenklaturregeln var. *arborea* heißen. Die Art findet sich in Judikarien auch oberhalb Condino gegen Brione ziemlich reichlich (Handel-Mazetti 1929). Die Nordgrenze ihres Areals erreicht *E. arborea* in der Val Bregaglia: Acqua Fraggia, Prov. Sondrio.

S. 1708: Zu Nr. 2158 *Erica tetralix* L. Kommt auch in der Schweiz vor: Mettelimoos, Entlebuch (Kanton Luzern), ist aber hier nach Becherer (briefl.) eingeführt worden. Zur Verbreitung in Südwestdeutschland, speziell Franken s. Gauckler, K., 1960 in Naturf. Ges. Bamberg 37, 53—58. — Nach Gauckler sind nicht alle Vorkommen von *E. tetralix* außerhalb Nordwesteuropas durch Verschleppung mit Forstpflanzen zu erklären. Die leichten und sehr kleinen Samen können auch als Körnchenflieger weit verweht werden. Litzelmann [Mittl. Bad. Landesver. Naturk. Natursch. N.F. 5, 193—194 (1951)] fand eine Kolonie von über 800 Stöcken im Südschwarzwald im Hirnimoos nördlich Unter-Ibach. Auch sonst im Südschwarzwald mehrfach. Eine Verbreitungskarte der Art in Mitteldeutschland bringt Meusel, H., 1940 in Hercynia 3, 161. Zur Bestäubung s. Hagerup, E. and Hagerup, O., 1953 in New Phytol. 2, 1—7.

S. 1711: Der Autor von *Erica cinerea* heißt L.

## 104. Familie Primulaceae

zusammengestellt von A. Kress*)

Die Primulaceen haben in Lüdi einen sehr gründlichen Bearbeiter gefunden. Die zahlreichen Ergänzungen betreffen mit einzelnen Ausnahmen neuere Arbeiten, deren Inhalt freilich nicht selten früheren Ergebnissen widerspricht. Damit nicht die jeweils letzte Veröffentlichung unbesehen als die allein gültige hingestellt sei, werden öfters auch ältere Arbeiten zitiert, besonders wenn größere Gegensätze vorliegen. Die Zitate wurden denen der übrigen Nachträge angepaßt; die Jahreszahlen beziehen sich bei Zeitschriften auf den Band.

Die Namen — nicht allerdings die beigefügten Synonyme — sind nach Möglichkeit den heutigen Anforderungen angeglichen worden. Für viele Sippen, vor allem für Varietäten und Formen müssen freilich die gültigen Namen erst noch gefunden oder neu kombiniert werden. Die im Nachtrag angegebenen Epitheta und die Autoren beziehen sich immer auf die im Text vorliegenden Kombinationen bzw. deren Verbesserungen. Die Namen der Sektionen werden bei der Einleitung zur betreffenden Gattung, die der Arten und niedrigeren Taxa, soweit nicht im Florengebiet heimisch, ebenfalls in der Einleitung, sonst bei der Beschreibung der jeweiligen Sippen, d. h. nur einmal richtiggestellt.

S. 1715: Zur Familien-Diagnose: Zeile 23: Die Blüten sind auch bei *Omphalogramma* zygomorph, allerdings weniger stark ausgeprägt. — Zeile 36: Über Staminodien vgl. S. 1821, Zeile 56—57. — Zeile 40: Die Samenanlagen sind tenuinucellat. — Zeile 41—43: Früchte nicht selten ohne ausgebildeten Öffnungsmechanismus, sich durch Verwesen öffnend (*Primula*, subgenus *Craibia* Wendelbo [= *Petiolares*]), selten beerenartig (*Ardisiandra*).
Pollen: (2- bis) 3- (bis 4-)colporat oder -colporoid oder 3- bis 10-colpat; bei heterostylen Arten dimorph (Straka). Fossiler Pollen von Primulaceen wird nur selten gefunden: *Androsace, Glaux, Hottonia, Primula, Samolus, Soldanella, Trientalis;* etwas häufiger wird *Lysimachia* angegeben, von dem manchmal auch Artbestimmungen versucht werden (Straka).
Embryologische Arbeiten: Dahlgren, K.V.O., 1916: Zytologische und embryologische Studien über die Reihen *Primulales* und *Plumbaginales*. Kunigl. Svenska Vetenskapsakademiens Handlingar 56, Nr. 4, 80 S. — Raju, M.V.S., 1952: Embryology of *Anagallis pumila* Swartz. Proc. Indian Acad. Sci. Sect. B 36, 34—42. — Souèges, R., 1937: Embryogénie des Primulacées. Développement de l'embryon chez le *Samolus valerandi* L. C.R.Acad. Sci. (Paris) 204, 145—147. — Veillet-Bartoszewska, M., 1957: Primulacées. Développement de l'embryon chez la *Primula auricula* L. C.R. Acad. Sci. (Paris) 245, 2363—2366.

S. 1716: Zeile 12—13: Manche Primeln bilden bis 20 cm lange oberirdische Stämmchen. — Zeile 19: Blütenachse → Blütenstandsstiel. — Zeile 30—35: Bei den europäischen Aretien im engeren Sinn stehen die Blüten einzeln auf ungegliederten Stielen in den Achseln von Laubblättern. Bei manchen Arten sind die Rosetten häufig mehrblütig. Früher rechnete man auch asiatische Arten zu den Aretien (vgl. S. 1789, Zeile 38—39); bei diesen stehen die Blüten aber, soweit untersucht, terminal auf (immer?) gegliederten Stielen.

S. 1717: Zeile 3: es → er. — Zeile 10—49: Über Polsterwuchs vgl.: Rauh, W., 1940: Die Wuchsformen der Polsterpflanzen. Bot. Arch. 40, 289—462. — Fig. 2712. b: das Polster ist sehr stark überhöht gezeichnet.

S. 1718: Zeile 34: *Mauritania* → *mauritiana*. — Zeile 37 ff.: Zum Bau der Vegetationskegel vgl.: Brulfert, J., 1962: Structure et fonctionnement du point végétatif d'*Anagallis arvensis* L. ssp. *phoenicea* Scop. en jours courts. C. R. Acad. Sci. (Paris) 254, 1475—1477. — Rauh, W. und F. Rappert, 1954: Über das Vorkommen und die Histogenese von Scheitelgruben bei krautigen Dikotylen mit besonderer Berücksichtigung der Ganz- und Halbrosettenpflanzen. Planta 43, 325—360. — Zeile 39 ff.: Meyer, F. J., 1935: Histologie und Phylogenie der Leitbündel von *Primula* Sect. *Auricula*. Planta 23, 378—383.

S. 1719: Zeile 24: seinem → ihrem. — Zeile 44 ff.: Luhan, M., 1953: Zur Wurzelanatomie unserer Alpenpflanzen. *Primulaceae*. Sitzungsber. Österr. Akad. Wiss. (Wien), Mathem.-naturw. Kl. 160, Abtlg. 1, 481—508.

S. 1720: Zeile 1 ff.: Zur Anatomie des Blattes: Dedat, E., 1961: Systematisch-anatomischer Vergleich von Blattypen aus der Familie der Caryophyllaceen und Primulaceen. Diss. TH München. — Zeile 3: Zu den Sektionen, deren Vertreter den Blattrand in der Knospe nicht zurückrollen (künstliche Gruppe der *Involutae*), zählen neben *Auriculastrum* und *Sphondylia* (*Floribundae*) noch die Sektionen *Parryi* und *Cuneifolia*. — Zeile 23—28: Chkhubianishvili, I.I., 1939: Histological investigation of leaf of *Primula nivalis* Pall. and *Cerastium ovatum* Boiss. C. R. Acad. Sci U.R.S.S.n.s. 23, 488—490. — Zeile 44—50: Macleod, M., 1943: The significance of the distribution of stomata on the leaves of the genus *Primula*. Transact. Proc. Bot. Soc. Edinburgh 33, 12—20. — Zeile 54: Toman, V., 1961: The stomata of our *Soldanella* species and their taxonomical value (deutsche Zusammenfassung). Sborník prác o Tatranskom Národnoum Parku (Bratislava) 4, 109—117.

S. 1721: Zeile 9—13: Derartige Sekretzellen fehlen den *Primuloideae*. — Guttenberg, H. v., 1928: Die Harzdrüsen von *Lysimachia vulgaris*. Planta 5, 232—238. — Fig. 2720. d nach Schenck (Hegi). — Zeile 14—20:

---

*) Für das Durchsehen der 1. Fahnenkorrektur und z. T. auch für Beiträge danke ich den Herren Dr. Th. Arzt, Dr. A. Becherer Prof. Dr. E. Janchen, Prof. Dr. H. Merxmüller, Prof. Dr. E. Oberdorfer, Prof. Dr. H. Straka, Dr. R. Wannenmacher und besonders Herrn Prof. Dr. G. Wagenitz.

Die verschiedenen Haartypen sind nicht beliebig über die Verwandtschaftskreise verteilt. Verzweigte Haare sind von wenigen Primeln (sectio *Primula*) und von den kleinchromosomigen *Androsace*-Sippen bekannt. Innerhalb der Gattung *Androsace* haben die Köpfchenhaare bei den *Chamaejasme*-Arten — soweit untersucht — fast durchweg zweizellige, bei den Aretien, Douglasien und Vitalianen einzellige Köpfchen. Bei Lysimachien treten auch Haare mit vier- und mehrzelligen Köpfchen auf. — Zeile 24 ff.: Über hautreizende Primeln: Man hat versucht, durch Auslese und Einkreuzen (von *Pr. sinolisteri*) ungiftige Kultursorten zu züchten. Die Arbeiten blieben im letzten Weltkrieg stecken. — HENNIG, K., 1935: Untersuchungen über den Primingehalt verschiedener Primelarten. Gartenbauwissensch. *9*, 427—431. — COON, N., 1965: *Primula* dermatitis. Gardeners Chronicle *158*, 423. — BRACHTENDORF, J., 1956: Untersuchungen zum Nachweis des Primins bei *Primula obconica*. Der Züchter *26*, 161—168.

S. 1722: Zeile 13—21: Mehlstaub wird auch von wenigen *Androsace*-Arten abgeschieden. Bei Dionysien kann die Ausscheidung von Flavon in fädiger Form erfolgen. Der Mehlstaub ist weiß bis (mehr oder weniger grünlich-) gelb, selten olivgrün, ausnahmsweise, bei *Primula auricula*-Hybriden mit dunkeldrüsigen Arten, auch rot gefärbt. Bisher sind im Mehlstaub Flavon (farblos: weiß), 5-Oxyflavon (gelb) und 5,8- Dioxyflavon (= Primetin: gelb) nachgewiesen. Mehlstaub wird bei einigen Aurikeln (*Primula palinuri*, *Pr. auricula*, *Pr. carniolica*, *Pr. marginata* und in geringem Maß von *Pr. latifolia*) aber auch bei Primeln anderer Sektionen (z. B. der Sektion *Sikkimensis*) im Kronschlund abgeschieden und markiert an den sonst einfarbigen Korollen dieser Taxa den Eingang zur Röhre (vgl. Nachtr. zu S. 1724, Zeile 42—43). — Zeile 32 ff.: Über Blütenstände und Blütenbau vgl.: SCHAEPPI, H., 1934: Untersuchungen über die Narben- und Antherenstellung in den Blüten der Primulaceen. Arch. J. Klaus-Stiftg. *9*, 133—236. — Zeile 49: ostasiatischen→ asiatischen.

S. 1723: Zeile 1—5: Über die Deckungsverhältnisse in der Blütenhülle vgl. auch R. SATTLER (unter Zeile 5—31). — Zeile 5: Nach O. SCHWARZ fehlt *Glaux* der Kelch. — Zeile 5—31: Zur Blütenentwicklung vgl.: CUSICK, F., 1959: Floral morphogenesis in *Primula bulleyana* Forrest. J. Linn. Soc. London Bot. *56*, 262—268. — ROTH, I., 1959: Histogenese und morphologische Deutung der Kronblätter von *Primula*. Bot. Jahrb. Syst. *79*, 1—16. — SATTLER, R., 1962: Zur frühen Infloreszenz- und Blütenentwicklung der *Primulales* sensu lato mit besonderer Berücksichtigung der Stamen-Petalum-Entwicklung. Bot. Jahrb. Syst. *81*, 358—396. — Fig. 2726. *a* kurzgrifflige, *b* langgrifflige Blüte im Längsschnitt. — Zeile 50 ff.: DOUGLAS, G. E., 1936: Studies in the vascular anatomy of the *Primulaceae*. Amer. J. Bot. *23*, 199—212.

S. 1724: Zeile 18—39: Zu Bau und Ableitung des Gynözeums vgl.: DOUGLAS, G. E., l. c. (Nachtr. zu Seite 1723, Zeile 50). — PANKOW, H., 1959: Histogenetische Untersuchungen an der Plazenta der Primulaceen. Ber. Deutsch. Bot. Ges. *72*, 111—122. — ROTH, I., 1959: Histogenese und morphologische Deutung der Plazenta von *Primula*. Flora *148*, 129—152. — SCHAEPPI, H., 1937: Vergleichend morphologische Untersuchungen am Gynoeceum der Primulaceen. Zft. gesamte Naturw. *3*, 239—250. — SCHLAGORSKY, M., 1949: Das Bauprinzip des Primulaceengynöceums bei der Gattung *Cyclamen*. Österr. Bot. Zft. *96*, 361—368. — Zeile 37—39: Der Streit um die Natur der Plazenta ist wieder aktuell (vgl. die oben zitierten Arbeiten). Sicherlich unrichtig ist es, die Primulaceen aus dem Bereich der phyllosporen Angiospermen (A. mit blattständigen Samenanlagen) herauszutheoretisieren. — Zeile 42—43: SCHARDT, H., 1965: Bienenmuster auf Blüten. Diss. Tübingen. — Vgl. auch Nachtr. zu S. 1791, Zeile 3. — Zeile 48—50: Starke Behaarung des Schlundes mag ähnliche Wirkung haben. — Zeile 50. ff.: Zur Heterostylie: Zeile 51—52: Es sind wohl gegen 10% der Primelarten monomorph. *Vitaliana* und *Douglasia* sind nicht heteropalyn und heteranther (mit klein- oder großkörnigem Pollen bzw. niedrig oder hoch inserierten Antheren wechselweise ausgestattet), hier wechselt nur die Griffellänge. — Zeile 54—55: DIJK, W. van, 1943: La découverte de l'hétérostylie chez *Primula* par Ch. de l'ECLUSE et P. RENEAULME. Nederl. Kruidk. Arch. *53*, 81—85. — Fig. 2727. Die Pollenkörner quellen bei Befeuchtung auf. Über ihre Form vgl. auch Nachtrag S. 2247c

S. 1725: Zeile 19—20: Gelegentlich finden sich an Langgriffeln einzelne kurzgrifflige Blüten oder bei Kurzgriffeln Blüten, deren Antheren auf normaler Narbenhöhe stehen. Derartige Verhältnisse mögen durch Einwirkung äußerer Faktoren (Temperatur) auf bestimmte Entwicklungsstadien der Blüten zustande kommen, haben vielleicht aber auch eine Ursache in einer gewissen genetischen Labilität. — Zeile 21—35: In natürlichen Populationen kann die Koppelung von ungünstigen Faktoren mit Heterostylie-Genen eine Abweichung vom genetisch geforderten Normalwert mit sich bringen. Da aber die Heterostylie nicht bei allen Primulaceen genetisch gleich konstruiert ist, sind mit dem ERNSTschen 1:1 Schema nicht übereinstimmende Proportionen auch auf Ursachen in der Vererbungsweise zu untersuchen, besonders bei größeren Abweichungen. — HALDANE, J. B. S., 1938: Heterostylism in natural populations of the primrose, *Primula acaulis*. Biometrica (London) *30*, 196-198. — SCHAEPPI, H., 1935: Zur Kenntnis der Heterostylie von *Gregoria Vitaliana* Duby. Ber. Schweiz. Bot. Ges. *44*, 109—132. — CROSBY, J. L., 1940: High proportions of homostyle plants in populations of *Primula vulgaris*. Nature (London) 1940, I, 672—673. — CROSBY, J. L., 1959: Outcrossing on homostyle primroses. Heredity *13*, 127—131. — Zeile 35—48: ERNST, A., 1956: Stammesgeschichtliche Untersuchungen zum Heterostylieproblem. IV. Konvergenzen und Divergenzen in der Ausprägung der Heterostyliemerkmale in *Primula*-Sektionen desselben Verbreitungsareals. Arch.

S. 1726:
: J. Klaus-Stiftg. Vererb. Forsch. *31*, 129—247.— Zeile 48—52: ERNST, A., 1962: Stammesgeschichtliche Untersuchungen zum Heterostylie-Problem. VII. Stand des Nachweises monomorpher Arten, heterostyler Sippen und anderer genetisch bedingter Abweichungen vom klassischen Blütendimorphismus in den Sektionen der Gattung *Primula*, Arch. J.-Klaus-Stiftg. Vererb.-Forsch. *37*, 1—127.

S. 1726: Zeile 2—4: Die Legitimität der Bestäubung wird bei Aurikulastren ausschließlich bestimmt durch Griffel- und Pollenqualitäten, die sich bisher mit Griffellänge und Pollenkorngröße gekoppelt zeigten. — ERNST, A., 1953: Die Relation Antherenstellung/Pollenkorngröße bei Blütendimorphismus und das Kompatibilitätsproblem. Planta *42*, 81—128. — Zeile 17 ff.: MATHER, K., 1950: The genetical architecture of heterostyly in *Primula sinensis*. Evolution *4*, 340—352. — Zeile 20—29: Die normalen Langgriffel von *Pr. auricula*, *Pr. hirsuta* und *Pr. latifolia* (*viscosa*) gelten als homozygot, ihre Heterostyliegene wie bei *Pr. sinensis* und *Pr. vulgaris* (vgl. Zeile 17—20) als rezessiv. Bei der angegebenen Selbstung sind heterostyle und homostyle Langgriffel im Verhältnis 1:3 und keinerlei Kurzgriffel zu erwarten. — Zeile 29—36: Auch Pollenkorngröße und Antherenstellung können in vertauschter Kombination vererbt werden: Solche seltenen Mutanten reifen in hochgestellten Antheren kleinkörnigen oder in tiefstehenden Staubbeuteln großkörnigen Pollen (vgl. oben unter Zeile 2—4). — Zeile 44—48: Sind Antherenstellung und Pollenkorngröße nicht auf die übliche Weise kombiniert, spielt die Antherenstellung für die Legitimität keine Rolle: Legitim ist die Bestäubung langer Griffel mit großkörnigem Pollen bzw. kurzer Griffel mit kleinkörnigem Pollen (vgl. oben unter Zeile 2—4). — Zeile 49 ff.: ERNST, A., 1957: Aberranten in Erbgängen der Heterostylie-Merkmale bei Primeln und ihre Bedeutung für Vererbungs- und Evolutionsprobleme. Arch. J. Klaus-Stiftg. Vererb. Forsch. *32*, 15—217.

S. 1727: Zeile 6: Zur Pollenmorphologie vgl.: SPANOWSKY, W., 1962: Die Bedeutung der Pollenmorphologie für die Taxonomie der *Primulaceae-Primuloideae*. Feddes Repert. *65*, 149—213. — TARNAVSCHI, I. T. und N. MITROIU, 1960: Palynologische Betrachtungen über die Vertreter der Familie *Primulaceae* in der Flora Rumäniens. Comun. Acad. Republ. Popul. Romîne *10*, 111—118. — WENDELBO, P., 1961: Studies in *Primulaceae* III. On the genera related to *Primula* with special reference to their pollen morphology. Årbok for Universitetet i Bergen, Mat.-Naturv. Serie No. *19*, 31 S. — Zeile 52 ff.: Vgl. auch Anmerkung zu S. 1715, Zeile 44.

S. 1728: Zur Zytologie vgl.: KRESS, A., 1963: Zytotaxonomische Untersuchungen an Primulaceen. Phyton *10*, 225—236. — Zur Gliederung der Familie: Zeile 18: Zur Zeit werden gegen 1000 Primulaceen-Arten unterschieden. — Zeile 21—32: *Coris monspeliensis* L. steht unter dem Verdacht eine Lythracee zu sein: SHAW, K. A., 1951: *Coris* (*Primulaceae?*) in Somaliland. Kew Bull. 29—31. — Zeile 33—38: Die Endungen auf -eae sind für Tribus reserviert. Als Unterfamilien müssen die Taxa heißen: *Primuloideae*, *Cyclaminoideae*, *Lysimachioideae*, *Samoloideae*. Der Name *Androsaceae* darf auch auf der Rangstufe einer Tribus nicht mehr für die damit belegte Gruppe verwendet werden und ist durch den Namen „*Primuleae*" zu ersetzen. — JANCHEN, E. und H. NEUMAYER, 1944: Beiträge zur Benennung, Bewertung und Verbreitung der Farn- und Blütenpflanzen Deutschlands II. Österr. Bot. Zft. *93*, 73—106. (Die Autoren halten mit guten Gründen die *Lysimachieae* für ursprünglicher als die *Primuleae* und möchten daher erstere in einer Aufzählung vorangestellt wissen). — Zeile 33 ff.: ZUKOVA, N. A., 1961: Zum System der *Primulaceae*. Wiss. Notizen der Kabardino-Balkarischen Univ. wyp. *10*, 67—78. — Zeile 41: Aus der Gattung *Ardisiandra* sind inzwischen 6 Arten bekannt: TAYLOR, P., 1958: Tropical African *Primulaceae*. Kew Bull. 133—149. — Zeile 42—43: Die amerikanischen *Aleuritia*-Sippen (*Farinosae*) gelten jetzt alle als eigene, von *Pr. farinosa* verschiedene Arten. Aus Südamerika sind bekannt: *Pr. comberi* W. W. Sm., *Pr. decipiens* Duby und *Pr. magellanica* Lehm. (vgl. auch Nachtrag zu S. 1756, Zeile 22—23). — Zeile 47: Die Gattung *Dionysia* umfaßt gegenwärtig 34 Arten, die zum Teil den Primeln der Sektion *Sphondylia* habituell sehr nahekommen, zum Teil aber auch ähnlich extremen Polsterwuchs zeigen wie manche europäischen *Aretien*. — WENDELBO, P., 1961: Studies in *Primulaceae*. I. A monograph to the genus *Dionysia*. Årbok for Universitetet i Bergen, Mat.-Naturv. Serie Nr. *3*, 83 S. — Zeile 53: Über *Douglasia* vergl. Nachtr. zu S. 1787, Zeile 19. Dem Formenkreis sind auch ostsibirische Sippen zuzurechnen. — CONSTANCE, L. A., 1938: A revision of the genus *Douglasia*. American Midland Naturalist *19*, 249—259. — Die Gattung *Dodecatheon* umfaßt nach einer neueren Bearbeitung 14 Arten und 21 Unterarten: THOMPSON, H. J., 1953: The biosystematics of *Dodecatheon*. Contrib. Dudley Herbarium Stanford Univers. *4*, 73—154. — Zeile 54: 29 → 13. — Zeile 55: 4 → 3.

S. 1729: Zeile 5: *Asterolinon adoense* Kunze — Zeile 6: *Asterolinon linum-stellatum* (L.) Duby in DC. — Zeile 9: Stern-Lein (HEGI). — Zeile 35 ff.: Zur Verbreitung der Primulaceen des Florengebietes liegen zahlreiche neue Angaben vor. Hier können nur jene Neufunde berücksichtigt werden, die weit außerhalb des angegebenen Areals gemacht wurden. Bezüglich weiterer Standorte sei auf die wichtigsten Zusammenstellungen verwiesen: BECHERER, A.: Fortschritte in der Systematik und Floristik der Schweizerflora (Gefäßpflanzen) in den Jahren ... Ber. Schweiz. Bot. Ges.; bis 1930 jährlich, von 1932 (Band *41*) ab alle zwei Jahre erschienen. — JANCHEN, E., 1956: Catalogus Florae Austriae. Teil I, Heft 1, Wien. (Mit Zusammenstellung der Literatur zur österreichischen Floristik). — MERXMÜLLER, H. & W. — ROTHMALER 1963: Floristic report on Germany. Webbia *18*, 211—236. — SUESSENGUTH, K., 1934: Neue Beobachtungen über die Phanerogamen- und Gefäßkryptogamenflora von Bayern VII. Ber. Bayer. Bot. Ges. *21*, 1—57. — HEPP, E., 1954, 1956: Neue Beobachtungen über die Phanerogamen- und Gefäßkryptogamenflora von Bayern VIII/1; VIII/2. Ber. Bayer. Bot. Ges. *29*, 37—64 (VIII/1); *30*, 24—53 (VIII/2).

Mehrere Arealkarten alpiner Arten bringt: MERXMÜLLER, H., 1952—1954: Untersuchungen zur Sippengliederung und Arealbildung in den Alpen. Jahrb. Ver. z. Schutze d. Alpenpfl. u. -Tiere *17*, 96—133 (*Primula clusiana, Pr. glaucescens, Pr. spectabilis, Pr. wulfeniana, Soldanella minima* ssp. *minima* und ssp. *austriaca*); *18*, 135—158 (*Androsace alpina, A. brevis, A. hausmannii, A. pubescens, A. wulfeniana*); *19*, 97—139 (*Androsace chamaejasme, A. villosa*). — MERXMÜLLER, H., in HEGI-MERXMÜLLER, 1963: Alpenflora (18. Auflage) München (Hanser-Verlag). (*Androsace alpina, A. chamaejasme, A. villosa, A. vitaliana, Cortusa matthioli, Primula clusiana, Pr. hirsuta, Pr. spectabilis, Soldanella minima* ssp. *minima* und ssp. *austriaca*).

S. 1730:  Zur Verwandtschaft der Primulaceen: Zeile 1—30: Die Familie wird neuerdings von mehreren Autoren zweigeteilt, wobei die Primulaceen mit den Caryophyllaceen oder Geraniaceen verglichen, die Lysimachiaceen bei den Theophrastaceen und Myrsinaceen belassen werden. Die Argumente für die Spaltung sind umstritten: BECK, E., 1963: Beiträge zur Chemosystematik einiger Centrospermen, Plumbaginaceen und Primulaceen. Dissertation Univers. München. — DICKSON, J., 1936: Studies in floral anatomy. III. An interpretation of the gynaeceum in the *Primulaceae*. Americ. J. Bot. *23*, 385—395. — FRIEDRICH, H. Ch., 1954: Studien über die natürliche Verwandtschaft der *Plumbaginales, Primulales* und *Centrospermae*. Dissertation, Univ. München. — SATTLER, R. (vgl. Nachtrag zu S. 1723, Zeile 5—31). — SCHWARZ, O. (vgl. Nachtrag zu S. 1787, Zeile 19). — Zeile 16—18: vgl. auch S. 1731, Zeile 50. — Zeile 31 ff.: Zur Teratologie vgl.: BOND, T. E. T., 1941: On abnormal flowers of *Primula vulgaris* Huds. grown in Ceylon. New Phytologist *40*, 152—156. — BRULFERT, J. & P. CHONARD, 1961: Nouvelles observations sur la production expérimentale de fleurs prolifères chez *Anagallis arvensis*. C. R. Acad. Sci. (Paris) *253*, 179—181. — ERNST, A., 1942: Vererbung durch labile Gene. 1. Teil: Genmutation als Ursache von Abänderungen in Penetranz und Expressivität einer Bildungsanomalie, nachgewiesen durch experimentelle Stammbaumforschung an calycanthemen Primeln. Archiv J. Klaus-Stiftg. *17*, 1—567. — SAUNDERS, E. R., 1941: The significance of certain morphological variation of common occurence in flowers of *Primula*. New Phytologist *40*, 64—85. — VALENTA, V., 1947: A monograph of abnormalities in *Cyclamen persicum* Mill. Studia Bot. Cechosl. *8*, 125 ff.

S. 1732:  Zeile 7: *Dodecatheon jeffreyi* van Houtte — Zeile 9: *Dodecatheon pauciflorum* (Durand) Greene gilt als Synonym von *Dodecatheon meadia* L.

Gattungsschlüssel für die Primulaceen Mitteleuropas

1   Laubblätter ungeteilt bis gelappt; Land- oder Sumpfpflanzen: . . . . . . . . . . . . . . . . 2
  1*  Laubblätter einfach-tief-fiederteilig, mit linealischen Abschnitten; Blüten meist in übereinanderstehenden Quirlen; Sprosse normalerweise untergetaucht, nur der Blütenstand überragt die Wasseroberfläche: . . . . . . . . . . . . . . . . . . . . . . . . . . . . . . . . *Hottonia*
2   Blüten gelb: . . . . . . . . . . . . . . . . . . . . . . . . . . . . . . . . . . . . . . . 3
  2*  Blüten weiß bis rot und blau: . . . . . . . . . . . . . . . . . . . . . . . . . . . . . . 4
3   Blätter linealisch, unter 4 mm breit, dichtstehend, wechselständig; Kronröhren über 5 mm lang; Alpenpflanzen: . . . . . . . . . . . . . . (*Gregoria* →) *Androsace*, sect. *Vitaliana*
  3*  Blätter ± eiförmig, über 6 mm breit, in grundständigen oder stengelendständigen Rosetten; Kronröhren über 5 mm lang: . . . . . . . . . . . . . . . . . . . . . . . . . . . . . . . *Primula*
  3** Blätter ± eiförmig oder lanzettlich, breiter als 5 mm, über einen verlängerten Stengel verteilt, wenigstens die unteren quirlig oder gegenständig; Kronen fast bis zum Grunde gespalten:
                                                                                                              *Lysimachia*
4   Laubblätter grundständig; Blattstiel (meist) länger als die Spreite und immer scharf von dieser abgesetzt, ungeflügelt; Spreite mit herzförmigem oder abgerundetem Grund: . . . . . 5
  4*  Blätter sitzend bzw. mit kurzem oder undeutlich abgesetztem (Spreiten in den Stiel verschmälert) oder wenigstens oberwärts geflügeltem Stiel: . . . . . . . . . . . . . . . . . . 6
5   Blätter weich, gelappt, grob-sägezähnig, reichlich weichhaarig; Kronen glockig, fünfspaltig, lilarosa: . . . . . . . . . . . . . . . . . . . . . . . . . . . . . . . . . . . . . . . *Cortusa*
  5*  Blattspreiten lederig, fein gezähnt, nierenförmig bis herzförmig oder gelappt, heller gezeichnet, höchstens mit vereinzelten kurzen Drüsenhaaren; Kronen tief fünfteilig; Abschnitte rosa, selten weiß, zurückgeschlagen, ungeteilt: . . . . . . . . . . . . . . . . . . . . . . *Cyclamen*
  5** Blattspreiten lederig, ganzrandig bis seicht und weit gekerbt kreisrund bis nierenförmig, kurzdrüsig oder kahl, nicht gezeichnet; Kronen hellviolett bis weißlich, am Saum in viele schmale Zipfel zerteilt: . . . . . . . . . . . . . . . . . . . . . . . . . . . . . . . . . . *Soldanella*
6   Pflanzen mit locker beblättertem, aufrechtem Stengel; Blüten weißlich, in traubigen oder aus Trauben zusammengesetzten Ständen; Tragblätter der Blüten statt am Grunde in der Mitte der Blütenstiele; Fruchtknoten halb-unterständig: . . . . . . . . . . . . . . . . . . . *Samolus*
  6*  Tragblätter am Grund der Blütenstiele; Fruchtknoten oberständig: . . . . . . . . . . . . . 7
7   Blüten einzeln in den Achseln von Laubblättern auf ungegliederten Stielen oder sitzend: . . . 8
  7*  Blüten wenigstens zum Teil in Dolden oder „Blütenstiele" durch (manchmal nur schuppenförmige Hochblätter) deutlich gegliedert: . . . . . . . . . . . . . . . . . . . . . . . . . . 11

| | | |
|---|---|---|
| 8 | Stengel dünn, meist zwischen 6 und 20 cm hoch, am Ende mit einer Rosette über 12 mm langer Blätter, darunter mit einzelnen kleinen Schuppenblättern; Blüten weiß, meist 7-zählig: *Trientalis* | |
| 8* | Blätter nicht in Rosetten oder kürzer als 12 mm, untere nicht viel kleiner als die oberen; Blüten normalerweise fünf-, seltener vierzählig (wenn Blätter größer und alle in Rosetten vgl. unter *Primula*): | 9 |
| 9 | Blätter locker stehend, durchweg gegenständig oder quirlig; Blüten gestielt, mit doppelter Blütenhülle; Kronen meist kräftig gefärbt; Staubfäden reichlich langhaarig; Kapseln öffnen sich mit Deckel: . . . . . . . . . . . . . . . . . . . . . . . . . . . . . . *Anagallis* | |
| 9* | Untere Blätter gegenständig, obere wechselständig; Blüten sitzend; Blütenhülle einfach, rosa oder weiß: . . . *Glaux* | |
| 9** | Blätter wechselständig, oft rosettig oder dicht stehend; Blüten mit Kelch und Krone: | 10 |
| 10 | Pflanzen einjährig, nur mit vereinzelten kurzen Haaren, deren Köpfchen vierzellig sind; Kapseln öffnen sich mit Deckel: . . . . . . . . . (*Centunculus* →) *Anagallis* subgenus *Centunculus* | |
| 10* | Ausdauernde Alpenflanzen mit kurzen Internodien; Haare (manchmal nur 0,03 mm lang!) verzweigt oder unverzweigt oder einfach und mit einzelligem Köpfchen endigend; Kapseln öffnen sich mit Klappen (wenn Kronröhren über 6 mm lang, vgl. unter *Primula*): *Androsace* sect. *Aretia* | |
| 11 | Pflanzen ausdauernd, häufig mit Mehlstaub; Kronröhren nur ausnahmsweise unter 6 mm lang; Kronsaum in der Regel kräftig gefärbt; Pollenkörner ± kugelig: . . . . . . . . . . *Primula* | |
| 11* | Pflanzen z. T. einjährig, nie mit Mehlstaub; Kronen weiß bis tiefrosa; Kronröhren meist 3 bis 5 mm lang, im Schlund immer ringförmig verengt; Pollenkörner viel länger als dick (prolat): *Androsace* | |

S. 1733: 571 *Primula* L.
Wichtige Literatur: Zur Systematik: SMITH, W. W. & G. FORREST, 1928: The sections of the genus *Primula*. Notes Roy. Bot. Garden Edinburgh *16*, 1—50. — WENDELBO, P., 1961: Studies in *Primulaceae*. II. An acount of *Primula* subgenus *Sphondylia* (syn. sect. *Floribundae*) with a review of the subdivisions of the genus. Årbok Univers. Bergen, Mat.-Naturv. Serie Nr. *11*, 49 S. — SMITH, W. W. & H. R. FLETCHER, 1943—1949: The genus *Primula*. Section *Farinosae*. Transact. Roy. Soc. Edinburgh *61*, 1—69. — SMITH, W. W. & H. R. FLETCHER, 1948: The genus *Primula*. Section *Vernales* Pax. Transact. Proc. Bot. Soc. Edinburgh *34*, 402—468. — SMITH, W. W. & H. R. FLETCHER, 1949: The genus *Primula*: Sections *Cuneifolia, Floribundae, Parryi*, and *Auricula*. Transact. Roy. Soc. Edinburgh *61*, 631—686. — SMITH, W. W. & H. R. FLETCHER behandeln die restlichen Primelsektionen in: Transact. Roy. Soc. Edinburgh *60* (1942) 563—627; *61* (1949) 271—314; 415—478; (*Nivales — Petiolares — Obconica, Sinensis, Reinii, Pinnatae, Malacoides, Bullatae, Carolinella, Grandis, Denticulata*). Transact. Proc. Bot. Soc. Edinburgh *33* (1943) 122—181; 209—294; 431—487; *34* (1948) 55—158; (*Candelabra — Amethystina, Minutissimae, Muscarioides — Sikkimensis, Souliei, Rotundifolia — Cortusoides, Malvacea, Pycnoloba, Dryadifolia, Capitatae*). Journ. Linn. Soc. (London), Bot. *52* (1939—1945) 321—341 (*Soldanelloideae*). — DOMIN, K., 1931: Schedae ad floram cechoslovenicam exsiccatam. Centuria III p. pte. Acta Bot. Bohem. *10*, 178—181. — LOSINA-LOSINSKAJA, A. S., 1933: *Primula acaulis* (L.) Hill, Systematik und Kultur. Bull. Acad. Sci. U.R.S.S. *7* Nr. 2, 293—307. — VOGELMANN, H. W., 1960: Chromosome numbers in some American farinose Primulas with comments on their taxonomy. Rhodora *62*, 31—42. — BECHERER, A., 1945: Bemerkungen zur Gattung *Primula*. Verhandl. Naturf. Ges. Basel *56*/II, 159—171. — Zur Zytotaxonomie: BRUUN, H., 1932: Cytological studies in *Primula* with special reference to the relation between the karyology and taxonomy of the genus. Symbolae Bot. Upsalienses *1*, 239 S. — KRESS, A., 1963: Zytotaxonomische Untersuchungen an den Primeln der Sektion *Auricula*. Österr. Bot. Zft. *110*, 52—102. — Chemische und pharmazeutische Arbeiten: KARRER, P. & R. WIDMER, 1927: Pflanzenfarbstoffe. 5. Über Primelfarbstoffe. Helv. Chim. Acta *10*, 758—763. — PARIS, R., 1959: Sur les flavonoides des primevères indigènes. Présence d'un hétéroside du kaempferol dans les fleurs de *Primula officinalis* Jacq. Ann. Pharm. Franc. *17*, 331—335. — BISCHOF, B., O. JAEGER, L. RUZICKA, 1949: Zur Kenntnis der Triterpene. 143. Mitteilung über die Lage der zweiten sekundären Hydroxyl-Gruppe in Echinocystsäure, Quillajasäure, Maniladiol und Genin A (aus *Primula officinalis* Jacquin). Über die Konstitution der Oleanolsäure. Helvet. Chim. Acta *32*, 1911—1921. — GORIS A. & H. CAVAL, 1936: Hétérosides et essences de primevère. Bull. Soc. Chim. Biol. Paris *18*, 1405—1424. — REICHSTEIN, T. & A. MARGOT, 1941: *Primula*-Saponine (Primulasäuren). Verhandl. Schweiz. Naturf. Ges. 238—239. — SCHUMANN, G., 1941: Untersuchungen an Primelarten auf Saponingehalt und dessen Schwankungen. Arch. f. Pharm. — BÜCHI, A., I. BÜCHI & R. DOLDER, 1953: Die galenischen Zubereitungen aus Rhizoma *Primulae* I und II. Pharmaz. Zentralhalle Deutschl. (Dresden) *92*, 173—174. — MESTENHAUSER, A., 1961: Die Inkulturnahme der *Primula veris* L. Wechselbeziehungen zwischen Saponin- und Stärkegehalt in der Wurzel. Pharmazie *16*, 45—49. — DROZDZ, B., 1964: Schwankungen des Saponingehaltes und der hämolytischen Aktivität bei *Saponaria officinalis* L., *Primula officinalis* (L.) Hill, *Polemonium coeruleum* L. und *Glycyrrhiza glabra* L. Pharmazie *19*, 538—540. — JUNG, J. & M. PLEMPEL, 1960: Über die Hemmwirkung des Gynözeums bei *Primula obconica* auf Bakterien und Pilze. II. Versuche zur chemischen Isolierung der Hemmstoffe. Phytopatholog. Zft. *38*, 245—249. — AUSTER, F. und J. SCHÄFER, 1961: Arzneipflanzen. Heft 59 (Primula veris). Thieme (Leipzig) (WANNENMACHER).

KARRER, W., 1958: Konstitution und Vorkommen der organischen Pflanzenstoffe. Birkhäuser (Basel-Stuttgart) (WANNENMACHER).
Zeile 21—35: Die Gattungs-Beschreibung berücksichtigt die Merkmale der asiatischen Primeln nicht vollständig. — Zeile 22: Die Rosetten sind nicht selten auf kurzen Stengeln einige Zentimeter über das Substrat gehoben. — Zeile 35: Die Gattung umfaßt jetzt gegen 500 Arten. — Zeile 35—36: PAX faßte die Taxa nicht als Untergattungen sondern als Sektionen. — Zeile 36: Gegenwärtig werden 30—36 Sektionen unterschieden. — Zeile 37: SMITH & FLETCHER unterscheiden in der Sektion *Primula* (*Vernales*) 6 Arten und zahlreiche Unterarten bzw. Varietäten. Andere Autoren behandeln viele Sippen als Kleinarten. — Zeile 39—42: In der uneinheitlichen Sektion *Aleuritia* (*Farinosae*) werden zur Zeit über 70, zum Teil einander sehr nahestehende Arten zusammengefaßt. Die Verbreitungsangaben ändern sich entsprechend. — Zeile 42—43: Über *Pr. farinosa* vergl. Nachtrag zu S. 1756. — Zeile 46: Durch LOSA und MONTSERRAT ist inzwischen eine *Pr. pedemontana* ssp. *iberica* aus Cantabrien beschrieben worden (vgl. Nachtr. zu S. 1772, Zeile 27—30). — Zeile 46—47: Über die Verbreitung von *Primula glutinosa* und *Pr. minima* vgl. bei den Arten.

S. 1734: Zeile 2—4: Die Gattung ist stark gewachsen; die Zahlen haben sich erhöht. — Zeile 25 ff.: SCHARFETTER, R., 1953: Biographien von Pflanzensippen. Wien. — Zeile 46—49: Vgl.: KRESS, A. (Zitat unter Nachtrag zu S. 1733). — Zeile 48—49: *Pseudoprimula* → *Samuelia*. — Zeile 51: Zierde → Zierden.

S. 1735: Zeile 6—7: Vgl. Nachtrag zu S. 1759. — Zeile 16—41: Die Gattung *Androsace* dürfte eine natürliche Einheit darstellen, eine Gruppe, die freilich tief im Taxon *Primula* wurzelt. Eine Abgrenzung durch Merkmalskombinationen sollte möglich sein. — Zeile 37: *Androsace* und *Dionysia* gehören wohl verschiedenen phylogenetischen Ästen an. — Zeile 56 ff.: MARSDEN-JONES, E. M., 1926: On the pollination of *Primula vulgaris* Huds. J. Linn. Soc. (London) Bot. *47*, 367—381.

S. 1736: Zeile 37—39: Nach neueren Arbeiten ist für die Myrmekochorie nicht der Öl-, sondern der Zuckergehalt ausschlaggebend.

S. 1738: Zeile 44: Die Blätter werden bis 7 cm breit. — Zeile 48: Unter dem Namen *Pr. cortusoides* ist meist *Pr. saxatilis* in Kultur. Die beiden Arten unterscheiden sich vor allem in der Länge der Blütenstiele, die bei *Pr. cortusoides* 0,5 bis 1 cm, bei *Pr. saxatilis* 2 bis 4 cm lang werden.

S. 1739: Zeile 42 f.: Die Blütenstiele von *Primula vittata* (*Pr. secundiflora*) sind 1 bis 5 cm lang.

S. 1740: Zeile 22: Statt „Langgriffel" ist „vermutlich Kurzgriffel" zu lesen. — Zeile 38—41: Vgl. S. 1721. — Zeile 42: Vgl. auch Nachtrag zu S. 1760, Zeile 6 f. und S. 1785, Zeile 55—56. Der Züchter selbst beschreibt sein Ergebnis später als Gigas-Form von *Pr. obconica* und bezweifelt deren Bastardnatur — gewiß nicht zu Unrecht.

S. 1741: Zeile 27—29: Die Stammarten von *Primula kewensis* haben beide 2 n = 18 Chromosomen. Beim diploiden (2 n = 18) Bastard paaren sich die Chromosomen zwar ziemlich regelmäßig; die Unterschiede in den Chromosomensätzen der Eltern — die Chromosomensätze werden in der Meiose beliebig aufgeteilt, fast jede Gone erhält Chromosomen beider Elternarten — bedingen aber eine weitgehende Sterilität. Gelegentlich entstandene Tetraploide haben 2 n = 36 Chromosomen, jeden Chromosomensatz der Elternarten doppelt. In der Meiose dieser allotetraploiden *Primula kewensis* paaren sich normalerweise *verticillata*-Chromosomen mit *verticillata*-Chromosomen, *floribunda*-Chromosomen mit ihresgleichen. Bei der Reifeteilung werden infolgedessen die Gonen in der Regel mit je einem vollständigen Satz jeder Elternart ausgestattet: die Genome sind ausgeglichen, der tetraploide Bastard ist weitgehend fruchtbar. *Pr. kewensis* gilt als Musterbeispiel für die Entstehung Allopolyploider. Man mißt der Allopolyploidie große Bedeutung für die Artbildung bei. Sie stellt aber eine Sackgasse der Entwicklung dar: mehrfache Allopolyploidisierung würde die Chromosomenzahl sehr rasch zu unerträglicher Höhe steigern, auch wenn sich die Einzelschritte über „phylogenetische Zeiträume" verteilten. Die Komplizierung des genetischen Apparates dürfte überdies das phylogenetische Wirkprinzip der Auslese behindern. — UPCOTT, M., 1939: The nature of tetraploidy in *Primula kewensis*. J. Genet. *39*, 79—100. — ERNST, A., 1949: Addenda, Corrigenda und Desiderata zur Genetik des amphidiploiden Artbastardes *Primula kewensis*. Arch. J. Klaus-Stiftg. *24*, 17—104. — Zeile 30 ff.: GÄUMANN, E., 1959: Die Rostpilze Mitteleuropas mit besonderer Berücksichtigung der Schweiz. Beiträge zur Kryptogamenflora der Schweiz. *12*, 1407 S. — BRANDENBURGER, W., 1963: Vademecum zum Sammeln parasitischer Pilze. Stuttgart (Ulmer-Verlag).

S. 1734 bis 1741: Für die im allgemeinen Teil erwähnten Arten und Sektionen gilt zur Zeit folgende Benennung und Gruppierung:

Liste der Arten, Sektionen in Klammern:

*Pr. beesiana* Forrest (*Proliferae*)
*Pr. boveana* Decne. ex Duby (*Sphondylia*)
*Pr. bulleyana* Forrest (*Proliferae*)
*Pr. caschmiriana* → *denticulata* Smith
  'Cachemiriana'
*Pr. capitata* Hook. (*Capitatae*)
*Pr. cockburniana* Hemsl. (*Proliferae*)
*Pr. cortusoides* L. (*Cortusoides*)
*Pr. denticulata* Smith (*Denticulata*)
*Pr. deorum* Velen. (*Auriculastrum*)
*Pr. erosa* Wall. (*Denticulata*)

*Pr. floribunda* Wall. (*Sphondylia*)
*Pr. forbesii* Franch. (*Monocarpicae*)
*Pr. frondosa* Janka (*Aleuritia*)
*Pr. grandis* Trautv. (*Sredinskya*)
*Pr. imperialis* Jungh. (*Proliferae*)
*Pr. involucrata* Wall. (*Aleuritia*)
*Pr. japonica* A. Gray (*Proliferae*)
*Pr. juliae* Kusn. (*Primula*)
*Pr. kewensis* ht. (*Sphondylia*)
*Pr. lichiangensis* → *polyneura* Franch.
*Pr. littoniana* → *vialii* Delav. ex Franch.
*Pr. malacoides* Franch. (*Monocarpicae*)
*Pr. mollis* Nutt. (*Cortusoides*)
*Pr. nivalis* Pall. (*Crystallophlomis*)
*Pr. obconica* Hance (*Obconicolisteri*)
*Pr. palinuri* Petagna (*Auriculastrum*)
*Pr. parryi* A. Gray (*Parryi*)
*Pr. polyneura* Franch. (*Cortusoides*)

*Pr. praenitens* Ker-Gawl. (*Auganthus*)
*Pr. pulverulenta* Duthie (*Proliferae*)
*Pr. rosea* Royle (*Oreophlomis*)
*Pr. saxatilis* Komar. (*Cortusoides*)
*Pr. scotica* Hook. (*Aleuritia*)
*Pr. secundiflora* Franch. (*Sikkimensis*)
*Pr. sibirica* Jacq. (*Aleuritia*)
*Pr. sikkimensis* Hook. (*Sikkimensis*)
*Pr. simensis* → *verticillata* Forsk. ssp. *simensis* (Field. & Gardn.) Smith & Forr.
*Pr. sinensis* → *praenitens* Ker-Gawl.
*Pr. verticillata* → *verticillata* Forsk. ssp. *verticillata* (*Sphondylia*)
*Pr. vialii* Delav. ex Franch. (*Muscarioides*)
*Pr. vittata* → *secundiflora* Franch.
*Pr. vulgaris* var. *rubra* → *vulgaris* Huds. ssp. *sibthorpii* (Hoffmsgg.) Smith & Forr. (*Primula*)

Liste der Sektionen, häufig gebrauchte Synonyme in Klammern:

*Aleuritia* Duby (*Farinosae*)
*Auganthus* (Link) Balf. (*Sinenses* s. str.)
*Auriculastrum* Pax (*Auricula*)
*Capitatae* Pax
*Cortusoides* Balf.
*Crystallophlomis* (*Nivales*)
*Denticulata* Watt
*Monocarpicae* Franch. ex Pax (*Malacoides*)
*Muscarioides* Balf.

*Obconicolisteri* Balf. (*Obconica*)
*Oreophlomis* Ruppr. (*Farinosae* pro parte)
*Parryi* W. W. Smith
*Primula* (*Vernales*)
*Proliferae* Pax (*Candelabra*)
*Sikkimensis* Balf.
*Sphondylia* Duby (*Floribundae*)
*Sredinskya* (*Grandis*)

Pollenformen und Chromosomenzahlen der mitteleuropäischen Primeln: Die annähernd kugeligen Pollenkörner der Arten der Sektion *Primula* haben 5 bis 10 Falten ohne erkennbare Keimporen (sind stephanocolpat). Bei *Pr. halleri* (*Pr. longiflora*) sind die Pollenkörner ebenfalls isodiametrisch, aber mit 4 Falten und deutlichen Keimporen ausgestattet (4-colporoid). *Pr. farinosa* hat etwas abgeplattete, dick-diskusförmige (oblate) Pollenkörner mit je 3 Falten. Die Ränder dieser Falten weichen gegen die Pole auseinander und vereinigen sich so mit denen der Nachbarfalten, daß sie an jedem Pol ein dreistrahliges Feld umsäumen. Keimporen sind deutlich vorgebildet. (Die Pollenkörner sind also 3-syncolporoid). Die Pollenkörner der *Auriculastrum*-Arten haben annähernd kugelige Gestalt und 3 voneinander isolierte Falten mit deutlichen Keimporen (sind 3-colporoid bis -colporat). Bei den heterostylen Arten bilden die Langgriffel kleinerkörnigen Pollen als die Kurzgriffel. In der Sektion *Primula* schwankt mit der Größe auch die Faltenzahl. Die Korn-Durchmesser liegen hier wie in der Sektion *Auriculastrum* bei langgriffligen (longistylen) Pflanzen zwischen 11 und 17 $\mu$, bei kurzgriffligen (brevistylen) Exemplaren zwischen 17 und 25 $\mu$. *Pr. farinosa* hat Pollenkörner von etwa 10 bzw. 13 $\mu$ Äquatorialdurchmesser. Für die homostyle *Pr. halleri* wird ein Wert von 17,5 $\mu$ angegeben.

Zytologisch sind die Sektionen im Florengebiet gut charakterisiert. Sämtliche bisher untersuchten Sippen der Sektion *Primula* (*Vernales*) haben kleine Chromosomen in der diploiden Anzahl von 2 n = 22. Die beiden *Aleuritia*-(*Farinosae*-)Arten *Pr. farinosa* und *Pr. halleri* sind durch die Basis x = 9 und durch mittelgroße Chromosomen gekennzeichnet. Pr. farinosa ist nach den bisherigen Ergebnissen zumeist diploid (2 n = 18), nur für die Insel Gotland werden Tetraploide (2 n = 36) angegeben; von Pr. halleri ist ausschließlich die Chromosomenzahl 2 n = 36 bekannt. Bei asiatischen Primeln, die ebenfalls zur Sektion *Aleuritia* gerechnet werden, treten auch andere Basen als x = 9 auf — ein deutlicher Hinweis, daß diese Sektion verschiedene Verwandtschaftskreise umfaßt. Die Aurikeln haben durchweg zahlreiche und sehr kleine Chromosomen. Von ihrer primären Basis x = 33 ist die sekundäre x = 31 abzuleiten. Dementsprechend haben die ursprünglicheren Arten (*Pr. deorum, Pr. glutinosa, Pr. spectabilis, Pr. glaucescens, Pr. wulfeniana, Pr. minima, Pr. kitaibeliana, Pr. integrifolia, Pr. tyrolensis, Pr. allionii, Pr. palinuri*) 2 n = 66 Chromosomen. *Pr. clusiana* ist — eine genaue Zählung steht aus — etwa hexaploid auf dieser Basis (2 n = ca. 198); In den stärker abgeleiteten Artengruppen um *Pr. auricula* und *Pr. hirsuta* (bemehlte und rotdrüsige Arten) herrscht die Chromosomenzahl 2 n = 62 vor (*Pr. carniolica, Pr. auricula, Pr. pedemontana, Pr. apennina, Pr. daonensis, Pr. hirsuta, Pr. villosa, Pr. cottia*). Die niedrigste bisher für *Pr. latifolia* (*Pr. viscosa*) nachgewiesene Chromosomenzahl ist 2 n = 64. Von *Pr. marginata* sind die Werte 2 n = 126, 2 n = 127 und 2 n = ca. 62 bekannt. Über den normalen Satz hinaus treten bei den Aurikeln häufig additive Chromosomen auf, die die Feststellung der typischen Chromosomenzahl sehr erschweren.

S. 1742:    Zeile 9 ff.: Schlüssel für die mitteleuropäischen Primeln

1   Blattnerven oberseits stark eingetieft, besonders junge Blätter daher stark runzelig; Blüten gelb, nur ausnahmsweise — häufig aber bei Gartenpflanzen — andersfarbig; Rand der jungen Blätter nach unten umgerollt; Spaltöffnungen bevorzugt auf der Blattunterseite; Pollenkörner mit fünf oder mehr Falten: . . . . . . . . . . . . . . . . . . . . . . . . Sectio *Primula*   2
1*  Blüten rosa bis tief rotviolett, selten weiß; Kronen im Schlund mit ringförmigem Kallus; Junge Blätter normalerweise unterseits stark bemehlt, in der Knospe mit zurückgerolltem Rand; Spaltöffnungen bevorzugt oder ausschließlich auf der Blattunterseite; Blütentragblätter an der Basis etwas verdickt und ausgesackt; Pollenkörner mit drei sich an den Polen erweiternden und vereinigenden Falten oder mit vier isolierten Falten: . . . . . . . . Sectio *Aleuritia*   4
1** Blüten gelb, lilarosa bis rot oder violett, selten weiß, ohne Schlundring; Blätter dicklich, eben, oft — aber nie ausschließlich unterseits — mit Mehlstaub, ihr Rand in den Knospen nicht zurückgeschlagen; Spaltöffnungen bevorzugt oder ausschließlich auf der Blattoberseite; Pollenkörner mit drei isolierten Falten: . . . . . . . . . . . . . . . . . . . . Sectio *Auriculastrum*   5
2   Blütenschaft stark reduziert, sehr kurz; Blütenstiele meist über 4 cm lang mit bis zu 2 mm langen Haaren; Blüten hellgelb, selten andersfarbig, von 2,5 bis 3,5 cm Durchmesser: . . . . *Pr. vulgaris* nr. 2160
2*  Blütenschaft normalerweise verlängert; Blütenstiele nur selten über 2,5 cm lang, mit Haaren, die kürzer als 1 mm sind; Durchmesser des Kronsaumes bis 2,5 cm: . . . . . . . . . . . . .   3
2** Bei abweichenden Merkmalskombinationen vergl.: . . . . . . . . . . *Pr. vulgaris*-Hybriden
3   Kelch zylindrisch, an den Kanten grün, sonst blaß; Krone schwefelgelb, ihr Saum ziemlich flach, ohne oder mit ringförmigem Saftmal (nach Arzt, verändert); Kapsel zylindrisch, meist länger als der Kelch: . . . . . . . . . . . . . . . . . . . . . . . . . . . . . . . . . . . . *Pr. elatior* nr. 2161
3*  Kelch etwas aufgeblasen, ziemlich einheitlich blaß; Krone tiefgelb, meist mit fünf orangefarbenen Saftmalen (nach Arzt, abgeändert), ihr Saum flach-schüsselig vertieft; Kapsel oval, etwa halb so lang wie der Kelch: . . . . . . . . . . . . . . . . . . . . . . . . . *Pr. veris* nr. 2162
4   Kronröhre etwa so lang wie der Kelch; Pollenkörner mit drei Falten: . . . *Pr. farinosa* nr. 2163
4*  Kronröhre 2 bis 3,5 mal so lang wie der Kelch; Pollenkörner mit 4 Falten: . . . . . . . . . . *Pr. halleri* (*longiflora*) nr. 2164
5   Blüten tief-gelb; Pflanzen wenigstens im Kelch mit Mehlstaub: . . . . *Pr. auricula* nr. 2165
5*  Blüten rosa bis lila, rot bis violett, selten weiß; Blätter ohne Mehlstaub: . . . . . . . . . .   6
5** Blüten weiß, hellgelb, mischfarben oder mit gelbem Schlund; Blätter mit oder ohne Mehlstaub: vgl.: . . . . . . . . . . . . . . . . . . . . . . . . . . . . . . . . . . . . . . *Pr. auricula*-Hybriden
6   Pflanzen ohne Mehlstaub, mit zahlreichen oder spärlichen, oft winzigen, farblosen Drüsenhaaren; Spaltöffnungen ausschließlich auf der Blattoberseite; Brakteen wenigstens teilweise über 4 mm lang oder länger als die Blütenstiele, oft krautig; Kelche — außer bei *Pr. tyrolensis* — meist über 6 mm lang: . . . . . . . . . . . . . . . . . . . . . . . . . . . . . . . . . . .   7
6*  Pflanzen (wenigstens im Kronschlund etwas) bemehlt; Blätter weich, ± eiförmig; Drüsenhaare farblos oder blaß gelblich; Spaltöffnungen bevorzugt auf der Blattoberseite; Brakteen bis 4 mm lang, ± eiförmig oder schuppig; Kelche bis 6 mm lang: . . . . . . . . . . . . . . . . . . . . .  14
6** Grüne Teile der Pflanzen mit reichlich gut erkennbaren (Lupe) Drüsenhaaren, deren Köpfe gelblich oder rötlich bis schwarzrot gefärbt sind; Spaltöffnungen bevorzugt auf der Blattoberseite; Brakteen meist schuppig und bräunlich, seltener einzelne linealisch und über 4 mm lang; Kelche oft unter 6 mm lang; Kronen nie tief violett; ohne Mehlstaub . . . . . . . . . . .  15
7   Blüten dunkelviolett, selten weiß; Brakteen eiförmig, stark klebrig, fast so lang wie oder länger als die Kelche; Blätter lanzettlich, lederig, steif aufrecht: . . . . . . . . *Pr. glutinosa* nr. 2177
7*  Blüten dunkelviolett; Brakteen höchstens so lang wie die Blütenstiele; Blätter über 1 cm breit, weich, mit zahlreichen z. T. über 0,5 mm langen Drüsenhaaren: . . . . . . . . . . . . . . .  14
7** Blüten hellila bis tief rosenrot, selten weiß; Blätter ± ausgebreitet; Brakteen schmallanzettlich-dreieckig, ± krautig, die längsten fast so lang wie oder länger als die Blütenstiele: . . . .   8
8   Blätter lederig, spatelig, vorne grob gezähnt; Kronsaumabschnitte oft bis zur Hälfte gespalten, mit ± V-förmig spreizenden Lappen: . . . . . . . . . . . . . . . . . . . . . *Pr. minima* nr. 2178
8*  Blätter ganzrandig oder rundlich und seicht gekerbt, selten eilanzettlich und etwas gesägt; Kronsaumabschnitte weniger tief ausgerandet: . . . . . . . . . . . . . . . . . . . . . . . . . .   9
9   Blätter lederig, knorpelrandig, lanzettlich bis breit spitz-eiförmig; Drüsenhaare bis 0,2 mm lang: . . . . . . . . . . . . . . . . . . . . . . . . . . . . . . . . . . . . . . . . . . . . . . .  10
9*  Blätter weich, anders geformt oder mit längeren Drüsenhaaren: . . . . . . . . . . . . . . . .  13
10  Drüsenhaare am Blattrand zahlreich, bis 0,2 mm lang; Nordöstliche Kalkalpen: *Pr. clusiana* nr. 2174
10* Knorpelrand der Blätter mit spärlichen oder äußerst kurzen (Mikroskop) Drüsenhaaren: . . . .  11
11  Blätter breit eirautig, ± klebrig, im durchscheinenden Licht mit dichtstehenden feinen, hellen Punkten. Bei schräger Beleuchtung oberseits mit zerstreuten dunklen Punkten (eingesenkte Drüsenhaare); Judikarische und Veroneser Alpen: . . . . . . . . . . . *Pr. spectabilis* nr. 2172
11* Blätter auf der Fläche kahl; ohne Punkte: . . . . . . . . . . . . . . . . . . . . . . . . . . .  12

| | | |
|---|---|---|
| 12 | Laubblätter kahl; Blütenstand meist 2- bis 5-blütig; Kronen bis 3 cm im Durchmesser; Bergamasker Alpen, westliches Judikarien: | *Pr. glaucescens* nr. 2171 |
| 12* | Laubblätter am Rande mit zahlreichen äußerst kurzen (ca. 0,025 mm) Drüsenhaaren (Mikroskop); Blütenstände meist 1- bis 3-blütig; Kronsaum bis zu 3,8 cm breit; Südöstliche Kalkalpen: | *Pr. wulfeniana* nr. 2173 |
| 13 | Blätter meist ganzrandig, von 0,75 mm langen Haaren gewimpert; Auf Schneeböden Vorarlbergs und der Schweiz: | *Pr. integrifolia* nr. 2175 |
| 13* | Blattspreiten rundlich bis eiförmig, vorne breit abgerundet, seicht gekerbt, reichlich mit 0,1 bis 0,2 mm langen Drüsenhaaren besetzt; Spaltenpflanze der Dolomiten: | *Pr. tyrolensis* nr. 2176 |
| 14 | Blätter reichdrüsig, klebrig; Kronen dunkelviolett; Mehlstaub um den Schlund spärlich: | *Pr. latifolia* (*viscosa*) nr. 2167 |
| 14* | Blätter fast kahl; Kronen lilarosa, um den Schlund stark bemehlt: | *Pr. carniolica* nr. 2166 |
| 15 | Drüsenhaare der Blätter mit rötlichen oder bräunlichen Köpfchen von 40—50μ Durchmesser; Schaft auch zur Fruchtzeit meist nicht länger als die oft grob gezähnten Blätter; Kelchzähne ± deutlich divergierend; Die Kapsel hat halbe bis dreiviertel Kelchlänge: | *Pr. hirsuta* nr. 2168 |
| 15* | Drüsenköpfe dunkel- bis schwarzrot, bis fast 0,1 mm dick; Blütenschäfte wenigstens zur Fruchtzeit länger als die Blätter; Kelchzähne der Kronröhre ± anliegend; Kapsel fast so lang oder länger als der Kelch: | 16 |
| 16 | Drüsenhaare höchstens 0,4 mm lang, ihre Köpfe um 90 μ dick; Blätter breitlanzettlich-spatelig: | *Pr. daonensis* (*oenensis*) nr. 2169 |
| 16* | Drüsenhaare bis 0,8 mm lang, kleinerköpfig; Blätter ± eiförmig: | *Pr. villosa* nr. 2170 |

S. 1743: Nr. 2160. *Primula vulgaris* L. em. Hudson

S. 1744/45: Smith und Fletcher unterscheiden bei *Pr. vulgaris* mehrere Unterarten, von denen im Florengebiet nur die ssp. *vulgaris* heimisch ist. Losina-Losinskaja (l. c.) spaltet *Pr. vulgaris* in sieben Kleinarten.

S. 1745: Zeile 6: *Pr. vulgaris* Huds. var. *rubra* (Sibth. & Sm.) Lüdi in Hegi: Der Name basiert nicht auf dem ältesten Epitheton und darf nicht mehr verwendet werden. Smith und Fletcher nennen die Sippe *Pr. vulgaris* ssp. *sibthorpii* (Hoffmsgg.) Sm. & Fl. — Zeile 15 f.: Über eine von Murr beschriebene f. *stenantha* vgl. Deutsche Bot. Monatsschr. (1902) 52 (Hegi).

S. 1746: Nr. 2161 *Primula elatior* (L.) Hill em. Schreber

S. 1748: Zeile 28: ssp. *genuina* (Pax) Lüdi in Hegi → ssp. *elatior*. — Zeile 30: f. *typica* Pax → f. *elatior*. — Zeile 36: f. *calycida* Schube ex Pax — Zeile 40: f. *rotundata* (Boas) Lüdi in Hegi — Zeile 41: f. *schusteriana* (Boas) Lüdi dürfte der Normalform entsprechen und muß dann f. *elatior* heißen. — f. *schoenmanniana* (Boas) Lüdi in Hegi — Zeile 48: ssp. *intricata* (Godr. & Gren.) Lüdi in Hegi — Zeile 55: *Pr. elatior* var. *carpathica* Griseb. & Schenk wird von Smith und Fletcher als Unterart betrachtet: *Pr. e.* ssp. *carpathica* (Griseb. & Schenk in Wiegmann) Sm. & Forr.; ebenso die folgende Sippe:

S. 1749: Zeile 1: *Pr. leucophylla* Pax → *Pr. elatior* ssp. *leucophylla* (Pax) Harrison — Zeile 46 f.: Poshkurlat, A. P., 1962: The analysis of the rhythm of development of *Primula veris* L. Bot. Ž. *47*, 262—267 (russisch).

Nr. 2162 *Primula veris* L. em. Hudson

S. 1751: Zeile 3 f.: *Primula veris*, brevistyl: Pollen meist 8-colpat, subprolat 30 × 25 μ; longistyl: Pollen meist 6- bis 7-colpat, suboblat 14 × 16 μ. (Straka). — Zeile 25: *Pr. veris* L. em. Huds. ssp. *genuina* (Pax) Lüdi in Hegi → *Pr. veris* L. em. Huds. ssp. *veris* — Zeile 31: var. *typica* (Pax) Lüdi → var. *veris* — Zeile 50: f. *uniflora* (Hennings) Lüdi in Hegi — Zeile 51: f. *calycida* (Schube) Lüdi in Hegi — f. *autumnalis* (Pax) Lüdi in Hegi — Zeile 52: f. *hortensis* (Pax) Lüdi in Hegi — Zeile 54: f. *albiflora* (Evers) Lüdi in Hegi — Zeile 55: f. *pallida* (Junge) Lüdi in Hegi — var. *ampliata* (Koch) Lüdi in Hegi.

S. 1752: Zeile 1: var. *ascapa* (Goir.) Lüdi in Hegi — Zeile 6: var. *praticola* (Domin) Lüdi in Hegi — Zeile 13 f.: Über *Pr. officinalis* L. f. *aurantiaca* Junge vgl.: Junge, P., 1913: Nachtr. zur Lübecker Fl. 16 (Hegi). — Zeile 14 f.: ssp. *canescens* (Opiz) Hayek (= *Pr. veris* var. *inflata* (Lehm.) Rchb.) (Hegi). — Podlech, D. und H. Vollrath, 1963: Die Verbreitung von *Primula veris* L. ssp. *canescens* (Opiz) Hayek in Bayern. Ber. Bayer. Bot. Ges. *36*, 69—70. — Zeile 48: var. *hardeggensis* (Beck) Lüdi in Hegi — Zeile 50: f. *composita* (Beck) Lüdi in Hegi — Zeile 52 f.: ssp. *columnae* (Tenore) Lüdi in Hegi — Zur Verbreitung in der Schweiz vgl.: Becherer, A., 1954: Ber. Schweiz. Bot. Ges. *64*, 355—389.

S. 1753: Zeile 8: var. *valesiaca* Lüdi in Hegi — Zeile 15: ssp. *macrocalyx* (Bunge) Lüdi in Hegi — Zeile 20: f. *virescens* (Pax) Lüdi in Hegi — Zeile 25: ssp. *velenovskyi* (Domin) Lüdi in Hegi.

S. 1754: Nr. 2163. *Primula farinosa* L.

S. 1755: Zeile 12 f.: *Primula farinosa*, brevistyl: Pollen 3-colpat, z. T. syncolpat, peroblat, 7 × 14 μ. — longistyl: Pollen 3-colpat (bis -colporoid?), oblat 7,5 × 10 μ (Straka).

S. 1756: Zeile 14—28: Das Taxon wurde inzwischen in zahlreiche Arten zerlegt. Die echte *Pr. farinosa* L. ist auf Eurasien beschränkt. Aus dem südlichen Südamerika sind zur Zeit drei Arten bekannt. — Zeile 22—23: Die ungenügend bekannte *Pr. magellanica* Lehm. wird von SMITH und FLETCHER als selbständige Art behandelt, da *Pr. farinosa* s. str. bereits in Nordamerika fehlt. Die beiden anderen aus dem südlichen Südamerika beschriebenen, mit *Pr. magellanica* vermutlich nächstverwandten Arten sind von *Pr. farinosa* s. str. leicht durch die viel längeren (8—10 mm langen) Kelche und ihre Homostylie zu unterscheiden. — Zeile 40: Auch *Pr. exigua* Velen. gilt diesen Autoren als Art. — Zeile 40—41: ssp. *davurica* (Spreng.) Pax → *Pr. farinosa* L. var. *denudata* Koch — Zeile 46: ssp. *eufarinosa* → ssp. *farinosa*; da die übrigen Unterarten als selbständige species betrachtet werden, wird es überflüssig eine ssp. *farinosa* zu führen. — Zeile 47: var. *genuina* → var. *farinosa* — Zeile 48: f. *albiflora* (Pax) Lüdi in Hegi — Zeile 50: var. *hornemanniana* (Lehm.) Pax → var. *denudata* Koch — Zeile 54: var. *flexicaulis* (Beauverd) Lüdi in Hegi

S. 1757: Zeile 3: var. *acaulis* Ahlq. → var. *pygmaea* Gaud. — Zeile 13—15: Die Sektion *Aleuritia* (*Farinosae*) besteht auch noch in der Fassung von SMITH und FLETCHER aus mehreren Verwandtschaftskreisen. — Zeile 16: *Pr. sibirica* Jacq. — Zeile 23: *Pr. scotica* Hook.

S. 1758: Nr. 2164. *Primula longiflora* All. → *Primula halleri* J. F. Gmelin

S. 1759: Zeile 9: Diese Angabe von KUSNEZOW wurde — wie andere — nie mehr bestätigt.

S. 1760: Zeile 6 f.: Bei dem Versuch *Pr. halleri* mit *Pr. farinosa* zu kreuzen erhielt ERNST nur von *Pr. halleri* Samen. Diese entwickelten sich aber nicht zu Bastard-Pflanzen, sondern zu unverfälschter *Pr. halleri* (vgl. Nachtrag zu S. 1740, Zeile 42).

Nr. 2165. *Primula auricula* L.

S. 1761: Zeile 44: var. *serratifolia* (Roch.) Lüdi in Hegi

S. 1762: Zeile 13: ssp. *bauhini* → ssp. *auricula* — Zeile 27: Die Sippe wurde von WIDMER als *Pr. auricula* var. *nuda* beschrieben. — Zeile 38: *Pr. auricula* L. var. *monacensis* Widmer — Zeile 41—42: Durch Kultivierungsmaßnahmen im Dachauer und Erdinger Moor fast völlig ausgerottet; nur noch wenige Exemplare in einem kleinen Naturschutzgebiet. — *Pr. auricula* L. f. *exscapa* Widmer — Zeile 43: ssp. *ciliata* (Moretti) Lüdi in Hegi → ssp. *balbisii* (Lehm.) Arcang. — Zeile 50: *Pr. auricula* L. var. *obristii* (Stein) Beck — Zeile 54: noch bei Grünwald.

S. 1764: Zeile 3: pH 6,3 bis 6,7 (Verb. der 2. Auflage).

Nr. 2166. *Primula carniolica* Jacq.

S. 1765: Nr. 2167. *Primula viscosa* All. → *Primula latifolia* Lapeyr.

S. 1766: Zeile 4: Die Sippe der Pyrenäen muß auf jeder Rangstufe den Namen der Art tragen; da für die alpinen Taxa nur auf der Stufe der Varietät gültige Namenskombinationen vorliegen und der taxonomische Wert der Sippen keineswegs geklärt ist, wird zweckmäßig der Name var. *latifolia* verwendet. — Zeile 6: f. *cynoglossifolia* (Widmer) Pax → var. *cynoglossifolia* Widmer — Zeile 7: f. *graveolens* (Hegetschw.) Pax → var. *cuneata* Widmer — Zeile 9—17: Die Pflanzen der Pyrenäen sind reichblütig, groß- und breitblättrig, kurzdrüsig. Für *Pr. latifolia* var. *cynoglossifolia* ist nach WIDMER ein seicht und weitschweifig gezähntes bis ganzrandiges Blatt typisch. Pflanzen vom locus classicus (Terme di Valdieri) haben Blätter mit ± eiförmigen Spreiten, deren Drüsenhaare großenteils über 0,2 oder 0,25 mm, maximal bis 0,45 mm lang werden. Zur Varietät *cynoglossifolia* rechnet WIDMER nicht alle Pflanzen des westalpinen Arealteiles, wie nach ihr PAX zu seiner gleichnamigen Form. Viele Exemplare dieses Bereiches stimmen nämlich in Blattform, Blattzähnung und Behaarung durchaus mit den Pflanzen der mittleren Alpen überein. Ein Merkmal, das erlauben würde, die Pflanzen der beiden alpinen Arealteile auseinanderzuhalten ist mir nicht bekannt. Auch in den Kronfarben werden wohl keine durchgehenden Unterschiede nachzuweisen sein. Definition und Verbreitung der var. *cynoglossifolia* sind noch sorgfältig zu prüfen und festzulegen. *Pr. latifolia* var. *cuneata* nennt WIDMER ursprünglich Pflanzen mit vorne gezähnten, schmalen, keilförmig in einen kurzen Stiel verschmälerten Blättern. In dieser engen Umgrenzung kann dem Taxon jedoch höchstens der Rang einer forma zuerkannt werden. Blattbreite wie -umriß sind auch im östlichen Arealteil ziemlich variabel. Pflanzen mit eiförmigen Spreiten scheinen sich hier besonders an geschützten Stellen zu entwickeln. Die Länge der Düsenhaare schwankt ebenfalls. Exemplare mit relativ langen Haaren treten gehäuft z. B. am Maloja oder bei Bormio auf. Doch sind auch bei den Pflanzen dieser Gebiete Drüsenhaare von über 0,2 mm Länge nur vereinzelt anzutreffen.

S. 1767: Nr. 2168. *Primula hirsuta* All. — Zeile 31—32: Die Art scheint gegen Kalk nicht besonders empfindlich zu sein. Vgl. dazu: DÜBI, H., 1952/1953: Appunti sulla flora insubrica. Boll. Soc. Tic. Sci. Nat. 47/48, 67—102. Auch auf der Grigna Meridionale wachsen nach MERXMÜLLER der *Pr. hirsuta* nahestehende Primeln in Kalkfelsen. Eine nähere Überprüfung der Formen steht noch aus. — Zeile 40—41: Im Valle Verzasca, Valle Maggia, Centovalli, Valle Vigezzo und im Valle Divedro habe ich in Höhenlagen zwischen 250 und maximal 850 m *Primula hirsuta*-Pflanzen mit abweichend kurzen Drüsenhaaren gesammelt. Andererseits fand ich am Lago Maggiore Exemplare mit Drüsenhaaren normaler Länge in etwa 210 m Höhe. Taxonomischer Wert und Verbreitung der kurzhaarigen Pflanzen werden noch untersucht. Die vertikale Differenzierung zeigt, daß die Talpopulationen von den Gipfelpopulationen weitgehend unabhängig sind und zum großen Teil nicht als das Ergebnis jüngster Herabschwemmung verstanden werden dürfen.

S. 1768:  Zeile 20: f. *typica* (Pax) Lüdi in Hegi → f. *hirsuta*. — Zeile 23: subf. *nivea* (Sims) Lüdi in Hegi — Zeile 28: f. *exscapa* (Hegetschw.) Lüdi in Hegi (Klammerautor nach BECHERER). — Zeile 33: f. *confinis* (Schott) Lüdi in Hegi — Zeile 40: var. *typica* Pax → var. *hirsuta*. — Zeile 41: f. *ciliata* (Schrank) Lüdi in Hegi — Zeile 45: f. *pallida* (Schott) Lüdi in Hegi — Zeile 49: f. *angustata* (Widmer) Lüdi in Hegi — Zeile 52: f. *serratula* (Beauv.) Lüdi in Hegi

S. 1769:  Zeile 1: f. *subalpina* (Paléz.) Lüdi in Hegi — f. *rupicola* (Paléz.) Lüdi in Hegi

S. 1770:  Zeile 6: Daß *Pr. hortensis* Chromosomen doppelter Größe habe, wird von KRESS (1963) l. c. nicht bestätigt.

Nr. 2169. *Primula oenensis* Thomas → *Primula daonensis* Leyb.

S. 1770/71: BECHERER, A., 1943: Zur Entdeckungsgeschichte und geographischen Verbreitung von *Primula daonensis* Leyb. (*Pr. oenensis* Thomas). Ber. Schweiz. Bot. Ges. *53*, 202—209.

S. 1771:  Zeile 1: Wächst nach Porta auch auf Kalk. — Zeile 29: cm → mm.

Nr. 2170. *Primula villosa* Wulfen ex Jacq.

S. 1772:  Zeile 2: Vgl. unter Nachtrag zu Zeile 20—26.

Zeile 4: f. *norica* (Kerner ex Widmer) Lüdi — Zeile 13: In der Weiz-Klamm ausgesetzt nach MELZER, H., 1959: Neues zur Flora der Steiermark (III). Mitt. Naturw. Ver. Steiermark 89, 76—86. Wild auch in der Herbersteinklamm nach MELZER, H., 1960: l. c. *90*, 85—102. — Zeile 20—26: f. *cottia* (Widmer) Lüdi in Hegi (= *Pr. cottia* Widmer) ist *Pr. villosa* ohne Zweifel sehr ähnlich, die Einstufung als Form aber wohl doch zu niedrig. — Zeile 27: *Pr. pedemontana* Thomas — Zeile 27—30: LOSA und MONTSERRAT beschrieben kürzlich in den Anales del Instituto Botanico A. J. Cavanilles Tom. 10 Vol. 2 (1951) 482—484 eine *Primula pedemontana* Thom. ssp. *iberica* aus Cantabrien. — Zeile 30: *Pr. apennina* Widmer

Nr. 2171. *Primula glaucescens* Moretti.

S. 1773:  Zeile 18: ssp. *calycina* (Duby) Pax → ssp. *glaucescens* — Zeile 22: ssp. *langobarda* (Porta) Widmer; Das Taxon wird als Unterart wohl zu hoch bewertet.
Nr. 2172. *Primula spectabilis* Tratt. — TRANTTINNICK (Ausgemahlte Tafeln aus dem Archiv der Gewächskunde 4 (1814) 34, t. 377) gibt an, daß er die von ihm beschriebene Primel von LEHMANN erhalten habe und daß sie aus den Karpaten stamme. Demnach könnte seine Beschreibung der *Pr. wulfeniana* ssp. *baumgarteniana* gelten. Diese soll der *Pr. wulfeniana* sehr nahestehen. Die Abbildung bei TRATTINNICK stellt eher die Nr. 2172 als eine der *Pr. wulfeniana* nächstverwandte Sippe dar. Für diese Identifizierung spricht auch, daß TRATTINNICKS Primel auf der Blattoberseite punktiert war. Doch zwingt genauere Kenntnis der ssp. *baumgarteniana* später vielleicht zu einer Namensänderung. Die Nr. 2172 muß dann *Pr. polliniana* Moretti heißen.

S. 1775:  Nr. 2173. *Primula wulfeniana* Schott

S. 1776:  Zeile 25: ssp. *baumgarteniana* Degen & Moesz
Nr. 2174. *Primula clusiana* Tausch — Zeile 46: CHARLES DE L'ESCLUSE (HEGI).

S. 1777:  Zeile 22: var. *crenigera* → var. *admontensis* (Gusmus) Widmer

S. 1778:  Nr. 2175. *Primula integrifolia* L. — Zeile 42: In den Nagelfluhvoralpen nur an der Nordseite des Kronbergs (Verbess. d. 2. Aufl.). — Zeile 33f.: Östlichster Standort: Lavensalpe ober Tösens (HANDEL-MAZZETTI briefl. an HEGI).

S. 1779:  Nr. 2176. *Primula tyrolensis* Schott — TOMASELLI, R., 1955: Osservazioni sulla *Primula tirolensis* Schott. Archivio Botanico (Forli) *31*, 162—177. TOMASELLI unterscheidet zwei Unterarten, zwei Varietäten und zwei Formen. Allen diesen Taxa kommt aber wohl nur der Rang von Formen zu.

S. 1780:  Nr. 2177. *Primula glutinosa* Wulfen ex. Jacq.

S. 1781:  Fig. 2780. *b*: Die Hüllblätter sind bei *Pr. glutinosa* stumpf (vgl. Text).

S. 1782:  Nr. 2178. *Primula minima* L.

S. 1783:  Zeile 31: f. *alba* Opiz in Berchth. — Zeile 33: f. *fimbriata* Tausch in Čelak.

S. 1784:  Zeile 27 ff.: Viele mitteleuropäische Primeln sind variabel. Abweichende Formen dürfen nicht ohne weiteres als B a s t a r d e gedeutet werden. Bastarde werden durch ein schräges Kreuz vor dem Epitheton gekennzeichnet; z. B.: *Primula* × *escheri* Brügger. Die Epitheta dürfen nur dann mit großen Anfangsbuchstaben geschrieben werden, wenn sie von Personennamen abgeleitet sind oder wenn lateinische Gattungsnamen oder Volksnamen als solche verwendet werden. — Über Bastarde zwischen Arten der Sektion *Primula* vgl.: VALENTINE, D. H., 1961: Evolution in the genus *Primula*. In WANSTALL, P. J.: A Darwin Centenary. London. — VALENTINE, D. H. and S. R. J. WOODELL, 1963: Studies in British Primulas X. Seed incompatibility in intraspecific and interspecific crosses at diploid and tetraploid levels. The New Phytologist *62*, 125—143. — Zeile 45: Der anerkannte Name ist „*Primula × venusta* Host". — Zeile 50 f.: BUXBAUM, F., 1937: Ein Bastard *Primula auricula* L. × *P. clusiana* Tausch. Österr. Bot. Zft. *86*, 293—296.— Zeile 51: ERNST, A. und F. MOSER, 1925: Entstehung, Erscheinungsform und Fortpflanzung des Artbastardes *Primula pubescens* Jacq. Arch. J. Klaus-Stiftg. *1*, 273—453. — *Pr. × pubescens* tritt gelegentlich als Halbwaise mit *Pr. auricula* allein auf: KARL, J., 1952: Zur Kenntnis der Reliktflora der Ammergauer Alpen. Ber. Bayer. Bot. Ges. *29*, 12—14. — Zeile 53 f.: STRUB, W., 1940: Untersuchungen zur Phänanalyse und Cytologie des Artbastardes *Primula* (*Auricula* L. × *viscosa* All.). Arch. J. Klaus-Stiftg. *15*, 105—183.

S. 1785: Zeile 1: Der anerkannte Name ist „*Pr. × intermedia* Portenschlag in Tratt".
Zeile 39: POSZWINSKA, J., 1964: Introgression between *Primula elatior* (L.) Hill and *Primula officinalis* L. Acta Soc. Bot. Poloniae *34*, 45—72. — Zeile 55—56: ERNST, A., 1952: „Maternal hybrids" nach interspezifischen Bestäubungen in der Gattung *Primula*. 2. Sektion *Farinosae*. Arch. J. Klaus-Stiftg. *26*, 187—322. Vgl. auch Nachtr. zu S. 1760, Zeile 6 f.

S. 1786: Zeile 9: Der anerkannte Name ist „*Pr. × steinii* Obrist". — *bitekii* → *bilekii*. — Zeile 15: *Pr. × berninae* Kerner — Zeile 18: *Pr. × muretiana* Moritzi. — Zeile 23: Der ältere Name ist „*Pr. alpigena* Dalla Torre & Sarnth".— Zeile 36: *Pr. × juribella* Sünderm. — Zeile 40: *Pr. × vochinensis* Gusm. — Zeile 42: *Pr. × judicariensis* Beyer — Zeile 45: *P × kolbiana* Widmer — Zeile 46: *Pr. × venzoi* Huter → *Pr. × venzoides* Venzo (nach: PAMPANINI, R., 1936: Le peripezie del binomio della *Primula Wulfeniana* × *tyrolensis*. Rend. Sem. Fac. Sci. Cagliari *6*, 77—88). — Zeile 48: Der anerkannte Name ist „*Pr. × brevistyla* DC." — FEY, L., 1927/28: Untersuchungen zur Phänanalyse des Artbastardes *Primula variabilis* Goupil (*Pr. veris* L. em Hudson × *Pr. vulgaris* Hudson), der Elternarten und von *Pr. elatior* (L.) Schreber. Arch. J. Klaus-Stiftg. *3*. — MOWAT, A. B., 1961: An investigation of mixed populations of *Primula veris* and *vulgaris*. Transact. Proc. Bot. Soc. Edinburgh *39*, 206—211.

S. 1787: Zeile 3: *Pr. × austriaca* Wettst. — Zeile 4: *Pr. × ternoviana* Kerner — Zeile 7: *Pr. × anglica* Pax

572 *Gregoria* Duby → *Androsace* sectio *Vitaliana* (Sesler) Wendelbo (= *Vitaliana* Sesler); Das mit dem Namen *Gregoria* belegte Taxon heißt als selbständige Gattung *Vitaliana* Sesler, als Mannsschild-Sektion *Androsace* sectio *Vitaliana* (Sesler) Wendelbo — Wichtige Literatur: CHIARUGI, A., 1930: *Vitaliana primulaeflora* Bertol. Studio cariologico, sistematico e fitogeografico. Nuovo Giorn. Bot. Ital. N. S. *37*, 319—368. — SCHWARZ, O., 1963: *Vitaliana* Sesl. und ihre Stellung innerhalb der Primulaceen. Feddes Repert. *67*, 16—41. — KRESS, A., 1965: Zur Zytotaxonomie der *Androsace-Vitaliana-Douglasia*-Verwandtschaft. Mitt. Bot. Staatss. München *5*, 653—674. — Zeile 24: Rosetten häufig mit mehreren aber immer einzeln stehenden Blüten. — Zeile 37—43: Nach Ergebnissen von SCHAEPPI (Nachtr. zu S. 1722), FAVARGER (Nachtr. zu S. 1789, Zeile 22) und WENDELBO (Nachtr. zu S. 1727) gehört *Vitaliana* in die *Androsace*-Verwandtschaft.

Nr. 2179. *Gregoria vitaliana* Duby → *Androsace vitaliana* (L.) Lap. (= *Vitaliana primuliflora* Bertol.).

S. 1788: Zeile 22: Die Pollenkörner gleichen denen der europäischen *Androsace*-Arten. Die Chromosomenzahl beträgt 2 n = 40, nach SCHWARZ auch 2 n = 80. — Zeile 26: In Österreich in der Karnischen Hauptkette: WARMUTH, S., 1965: Die Goldprimel — *Vitaliana primuliflora* Bertol. — neu für Kärnten und für Österreich. Carinthia II, *75*, 199. — Zeile 30—32. Nach JANCHEN nicht auf der Rax verwildert.

S. 1789: Zeile 11: Antherenstellung und Pollenkorngröße sind — anders als bei den Primeln — bei lang- und kurzgriffligen *Vitaliana*-Blüten nicht merklich verschieden. Vgl.: SCHAEPPI (Nachtr. zu S. 1725, Zeile 21—35). — Zeile 14—21: SÜNDERMANN unterschied im Bereich der Alpen drei Varietäten von „*Gregoria vitaliana*", die östliche var. *sesleri*, die mittlere var. „*vitaliana*", die er mit BUSER als die typische bezeichnete und die westliche var. *cinerea*. CHIARUGI nannte die östliche Sippe von *Vitaliana primuliflora* „var. *alpina*" f. *orientalis* subf. *tridentina*; für den West-Teil des Schweizer Verbreitungsgebietes stellte er eine subf. *lepontina* der f. *orientalis* auf. Die restlichen Taxa des mittleren und westlichen Bereiches faßte er zur f. *occidentalis* zusammen und unterschied hier entsprechend SÜNDERMANN eine subf. *genuina* (var. „*vitaliana*") und eine subf. *cinerea*. SCHWARZ hat die Gesamtsippe jüngst in fünf Arten zerlegt, von denen zwei im Bereich der Alpen vorkommen: Einmal *V. primuliflora* mit den beiden Unterarten ssp. *primuliflora* und *canescens*, die den SÜNDERMANNschen Varietäten *sesleri* und „*vitaliana*" entsprechen und in den Alpen auf den Osten bzw. auf den Mittel- und West-Teil beschränkt sind; dann *Vitaliana chionotricha*, die der var. *cinerea* SÜNDERMANNs entspricht und in den Westalpen wie in den Pyrenäen — hier wieder zusammen mit der obengenannten ssp. *canescens* — vorkommt. Die übrigen SCHWARZschen Arten sind in den Abruzzen in der Sierra Nevada und der Sierra Jabalambre endemisch.
Die meisten Pflanzen lassen sich nach den Behaarungsmerkmalen ohne Schwierigkeiten den SÜNDERMANNschen bzw. SCHWARZschen Taxa zuordnen; aber nicht alle! Stärker behaarte ostalpine Exemplare wie sie

z. B. auf der Rodella häufig sind, scheinen kaum schwächer behaart zu sein als manche Goldprimeln aus der Schweiz. CHIARUGI hat dementsprechend das Areal seiner f. *orientalis* auf Schweizer Gebiet ausgedehnt. Die beiden westlichen Sippen unterscheiden sich nach SCHWARZ durch den Polyploidiegrad. FAVARGER fand allerdings auch bei *V. chionotricha* nur 2 n = 40 Chromosomen. Nach eigenen Beobachtungen dürften diese Sippen durch Übergangsformen verbunden sein. Trotz der erwähnten Schwierigkeiten ist jedoch eine taxonomisch bedeutsame Differenzierung nicht wegzuleugnen, eine Differenzierung, die es wünschenswert erscheinen läßt, gültige Namen zur Verfügung zu haben. Zwar wurden die *Androsace vitaliana*-Sippen schon dreimal — jedesmal mit neuen Epitheta — benannt; Kombinationen für die Gattung *Androsace* fehlen jedoch. Man hat bei den Goldprimeln der Alpen teils Varietäten, teils Formen, neuerdings auch Arten unterschieden. Es handelt sich um Taxa, die der Rangstufe nach zwischen Unterart und Varietät eingestuft werden müssen. Widersprüche bestehen auch darüber, welche Sippe als die typische zu gelten hat: BUSER ex SÜNDERMANN und CHIARUGI stimmen überein; SCHWARZ dagegen bezeichnet neuerdings den ostalpinen Vertreter als den typischen. SCHWARZ teilt mit, daß der Typus von *Vitaliana primuliflora* in London liege, daß er ihn aber nicht gesehen habe. Das Exemplar in LINNÉS Herbar, das SCHWARZ mit seiner Ortsangabe vermutlich als Typ bezeichnen will, ist aber mit größter Wahrscheinlichkeit 1753 noch nicht in LINNÉS Besitz gewesen und kommt somit nur als Neotyp in Frage. Einen solchen aufzustellen ist aber nicht nötig und daher nicht möglich. LINNÉ zitiert nämlich im Protolog mit den Amoenitates Academicae *1*, 160 indirekt BURSERS Hortus Siccus, ein Herbar mit dem er viel gearbeitet hat. Der Typus liegt demnach in Uppsala. Wie mir nun Herr Professor Dr. N. HYLANDER im Auftrag der dortigen Museumsleitung in überaus freundlicher Weise mitgeteilt hat, handelt es sich bei BURSERS Pflanze (*Sanicula alpina pumila tenuifolia lutea*, non descripta) tatsächlich um ein Exemplar von *Androsace vitaliana* und zwar wahrscheinlich um jene Sippe, die BUSER ex SÜNDERMANN und CHIARUGI als die typische behandeln. Die Identifizierung ist freilich mit großen Schwierigkeiten verbunden, weil das Typusexemplar ohne Blüten ist. Da aber BURSER nach HYLANDER vermerkt, seine Pflanze stamme aus den spanischen Pyrenäen, dürfte die Bestimmung weitgehend gesichert sein. Die Namen haben demnach zu lauten:

*Androsace vitaliana* (L.) Lap. ssp. *sesleri* (Buser ex Sündermann) Kress comb. nov. (= *Gregoria vitaliana* Duby var. *sesleri* Buser ex Sündermann, 1916: Allgem. Bot. Zft. *22*, 59; = *Vitaliana primuliflora* Bertol. ssp. *primuliflora* sensu Schwarz).

*Androsace vitaliana* (L.) Lap. ssp. *vitaliana* (= *Gregoria vitaliana* Duby s. str. nach Buser ex Sündermann l. c. = *Vitaliana primuliflora* Bertol. ssp. *canescens* Schwarz).

*Androsace vitaliana* (L.) Lap. ssp. *cinerea* (Sündermann) Kress comb. nov. (= *Gregoria vitaliana* Duby var. *cinerea* Sündermann, 1916: Allgem. Bot. Zft. *22*, 59. = *Vitaliana chionotricha* Schwarz l. c.).

*Androsace vitaliana* (L.) Lap. ssp. *praetutiana* (Sündermann) Kress comb. nov. (= *Gregoria vitaliana* Duby var. *praetutiana* Sündermann, 1916: Allgem. Bot. Zft. *22*, 59. = *Vitaliana obtusifolia* Schwarz l. c.).

SCHWARZ schlüsselt die alpinen Formen wie folgt (nach meinen Erfahrungen sind allerdings die Angaben über Blütengröße und Palisadenparenchym nicht immer zutreffend):

1 Blätter beiderseits dicht sternhaarig-grauweißlich, 8—12 mm lang; Blüten groß, 16—22 mm lang; Kelch 8—10 mm lang, dicht graufilzig, mit gleichmäßig zugespitzten Zipfeln; Palisadenschicht der Blattoberseite einfach; Ost-Pyrenäen — Westalpen: . . . . . . . . . . . . . . . . ssp. *cinerea*
1* Blätter oberseits oder beiderseits kahl, 6—8 mm lang; Blüten mittelgroß, 12—16 mm lang; Kelch 7—8 mm lang, mit ziemlich plötzlich stumpflich-zugespitzten Zähnen; Palisadenzellen zweischichtig: . . . . . . . . . . . . . . . . . . . . . . . . . . . . . . . . . . . . . . . . . . . . . . . . . . . . . . . . . . . . . . 2
2 Blätter und Kelch kahl oder nur am Rande mit einzelnen Sternhaaren, lebhaft grün; Südost-Alpen: . . . . . . . . . . . . . . . . . . . . . . . . . . . . . . . . . . . . . . . . . . . . . . ssp. *sesleri*
2* Blätter unterseits und am Rande ziemlich reichlich sternhaarig, dunkel grau-grün; West-Alpen, Pyrenäen: . . . . . . . . . . . . . . . . . . . . . . . . . . . . . . . . . . . . . . ssp. *vitaliana*

573 *Androsace* L. Zeile 22 ff.: Wichtige Literatur: HANDEL-MAZZETTI, H., 1925—1927: A revision of the Chinese species of *Androsace*, with remarks on other Asiatic species. Notes Roy. Bot. Gard. Edinburgh *15*, 259—298. — HANDEL-MAZZETTI, H., 1928—1932: Supplementary notes on Chinese and other species of *Androsace*. Notes Roy. Bot. Gard. Edinburgh *16*, 161—169.— SCHISCHKIN, B. K. & E. G. BOBROW, 1952: Flora U. R. S. S. *18*, 217—242 (*Androsace*). — ROBBINS, G. Th., 1944: North American species of *Androsace*. American Midland Naturalist *32*, 137—163. — FAVARGER, Cl., 1958: Contribution à l'étude cytologique des genres *Androsace* et *Gregoria*. Veröff. Geob. Inst. Rübel Zürich *33*, 59—80. — KRESS, A., 1963: Zytotaxonomische Untersuchungen an den *Androsace*-Sippen der Sektion *Aretia* (L.) Koch. Ber. Bayer. Bot. Ges. *36*, 33—39. — Zeile 25: Blüten einzeln oder in Dolden und dann am Grunde der Blütenstiele mit Hüllblättern.

Zeile 34 ff.: Die Pollenkörner sind nach Untersuchungen von SPANOWSKY bei den überprüften *Samuelia*-Sippen fast isodiametrisch, bei den Vertretern der übrigen Sektionen und damit bei allen mitteleuropäischen Arten in der Polachse deutlich verlängert (tonnenförmig: prolat). Im äquatorialen Bereich der drei meridional verlaufenden Falten liegt je eine scharf begrenzte Keimpore, die in äquatorialer Richtung verbreitert (lalongat) ist. Die Außenhaut der Pollenkörner ist glatt oder undeutlich skulpturiert.

Die *Chamaejasme*-Arten (*A. chamaejasme, A. villosa*) haben 2 n = 20 große Chromosomen. Bei den übrigen mitteleuropäischen Sippen sind die Chromosomen deutlich kleiner. Die Arten der Sektion *Androsace* sind bei einer Basis von x = 10 diploid (*A. septentrionalis*), tetraploid (*A. elongata*) oder hexaploid (*A. maxima*). Von den einzelblütigen *Aretien* des Florenbereiches ist bis jetzt ausschließlich die Chromosomenzahl 2 n=40 bekannt geworden. Nur bei *A. ciliata*, einem Endemiten der Pyrenäen wurden 2 n = ca. 80 Chromosomen gefunden. Den *Dicranothrix*-Sippen kommt die abgeleitete Basis x=19 zu: vier Arten (darunter *A. carnea* s. l., *A. obtusifolia*) sind diploid (2 n = 38), zwei (*A. lactea, A. brigantiaca*) etwa tetraploid. Für die Vitalianen werden die Chromosomenzahlen 2 n = 40 und 2 n = 80 mitgeteilt.

Zeile 35: Die Gattung umfaßt zur Zeit gegen 150 Arten. — *Pseudoprimula* → *Samuelia* Schlchtd. — Zeile 36: Die *Samuelia*-Arten haben zahlreiche Samenanlagen.

Zeile 38—41: Von den europäischen Arten gehören nur *A. chamaejasme* und *A. villosa* zur Sektion *Chamaejasme*. Über die Verbreitung der beiden Arten vergl. unten. — Zeile 41—44: Zur Sektion *Aretia* sind nur europäische Arten zu rechnen. Den einzelblütigen *Aretien* stehen die *Dicranothrix*-Sippen (*A. hedraeantha, A. lactea, A. obtusifolia, A. carnea, A. brigantiaca* und *A. pyrenaica*) sehr nahe (sectio *Aretia* (L.) Koch subsectio *Dicranothrix* Handel-Mazzetti ex Kress). Das Areal dieser Gruppe reicht vom Balkan bis in die Pyrenäen. — Zeile 43—44: Die Zahlen sind wie folgt zu setzen: 0-4-2-1-3-1. — Zeile 44: *Andraspis* →*Androsace*. — Zeile 47: Verschiedene aus Nordamerika beschriebene Formen werden den auch in Mitteleuropa vorkommenden Arten *A. septentrionalis* bzw. *A. elongata* zugerechnet.

S. 1790: Zeile 17: ,,hierher" ist nicht phylogenetisch zu verstehen: Die Gattung *Dionysia* gehört einem von *Primula* ausgehenden Ast an, der von *Androsace* völlig unabhängig ist.

S. 1791: Zeile 3: VOGEL, S., 1950: Farbwechsel und Zeichnungsmuster bei Blüten. Österr. Bot. Zft. *97*, 44—100.

S. 1792: Zeile 21—34: Vgl. auch Nachtr. zu S. 1741, Z. 30 ff. — Zeile 35—40:

1 Pflanzen einjährig; Rosetten einzeln, ohne Ausläufer; Blüten mindestens zum Teil in Dolden: . . . 14
1* Pflanzen ausdauernd, meist rasen- oder polsterbildend und mit nichtblühenden Rosetten; Kronen nie viel kleiner als die Kelche: . . . . . . . . . . . . . . . . . . . . . . . . . . . . . . . . . . . . 2
2 Blüten wenigstens zum Teil in Dolden und aus den Achseln von Hüllblättern entspringend: . . . . 10
2* Blüten durchweg einzeln in den Achseln von Rosettenblättern; Laubblätter selten über 7 mm lang: . . . . . . . . . . . . . . . . . . . . . . . . . . . . . . . . . . . . . . . . . . . . . . . . . . 3

Zeile 42: Blüten meist rot → Blüten häufig rot oder rötlich. — Zeile 55: *A. hausmannii* kommt auch in den nordöstlichen Kalkalpen vor (vgl. unten). — Zeile 57: Blüten rot → Blüten meist rot oder rötlich.

S. 1793: Nr. 2180. *A. multiflora* → *Androsace vandellii* (Turra) Chiov.

S. 1794: Zeile 7: *Androsace vandellii* steigt im Wallis im Zwischenbergental bis 1120 m hinunter (BECHERER).

S. 1795: Nr. 2181. *Androsace helvetica* (L.) All. — Zeile 27: 1850—2760 m → 1300—2900 m (HEGI). — Zeile 42—43: LEREDDE, Cl., 1948: *Androsace helvetica* dans les Pyrénées. Bull. Soc. Bot. France *95*, 283—285 (nach briefl. Mitteilung von Prof. Dr. H. KUNZ).

S. 1797: Nr. 2183. *Androsace wulfeniana* (Sieber ex Koch) Rchb. — Zeile 32: Die Angaben Montalone und Monte Colbricone bedürfen einer Überprüfung. (H. HANDEL-MAZZETTI briefl. an HEGI). — Zeile 35: Für die Angabe Bormio gibt es anscheinend nur einen Beleg. Möglicherweise liegt eine Verwechslung vor. Vgl.: BECHERER, A., 1943: Zur Flora von Bormio. Ber. Schweiz. Bot. Ges. *53*, 200—201.

Nr. 2184. *Androsace brevis* (Hegetschw.) Cesati

S. 1798: Zeile 24—38: Angeblich auch am Col de Nivolet zwischen Valsavaranche (Aosta) und Ceresole. Vgl. BECHERER, A., 1940: Kleine Beiträge zur Flora der Schweiz. Ber. Schweiz. Bot. Ges. *50*, 239—247.

S. 1799: Nr. 2185. *Androsace hausmannii* Leyb. — Zeile 39 ff.: TURNOWSKY, F., 1953: *Androsace Hausmannii*, Verbreitung in den karnischen Alpen. Carinthia II, *63*, 40—41. — TURNOWSKY, F., 1956: *Androsace Hausmannii*: Auffindung an mehreren Stellen des Nockgebietes. Carinthia II, *66*, 63—64. — PAUL, H., 1930: *Androsace Hausmannii* Leyb. in den Bayerischen Alpen. Mitt. Bayer. Bot. Ges. *4*, 181—182. — MERXMÜLLER, H., 1950: Zur Revision einiger Verbreitungsangaben. Ber. Bayer. Bot. Ges. *28*, 240—242.

Zeile 40—41: In den nördlichen Kalkalpen noch in den Loferer Steinbergen (Waidringer Nieder, 2300 m) und den Leoganger Steinbergen (Grieser Hochbrett 1900—2100 m) sowie auf bayerischem Gebiet in den benachbarten Berchtesgadener Alpen (im Wimbachgries und auf den Bergen des südlichen Wimbachtales bis auf 1000 m herunter [nach mündlicher Mitteilung von W. LIPPERT]). Nach E. MAYER (Genusa *Aretia* L. in *Androsace* L. v. jugovzhodnih apneniških alpah. — Die Gattungen Aretia L. und Androsace L. in den südöstlichen Kalkalpen. Biol. Vestn. *5* (1956) 18—31) auch an mehreren Stellen in den Steineralpen. — Zeile 44—45: Hochmölbing (HEGI).

S. 1800: Zeile 7: PAX → KNUTH

Nr. 2186. *Androsace alpina* (L.) Lam. — Zeile 38: Am Schneibstein wächst (vgl. auch Nachtrag zu S. 1799, Zeile 39 ff. unter MERXMÜLLER) A. hausmannii, nicht A. alpina (MERXMÜLLER). — Zeile 39: *Androsace alpina* kommt in Vorarlberg nach MURR am Trittkopf vor (Ergänz. d. 2. Aufl.).

2249a

S. 1801: Zeile 41: f. *incana* (Rouy) Lüdi in Hegi

Nr. 2187. *Androsace tiroliensis* F. Wettst. (HEGI). — Das Taxon wurde am locus classicus nur einmal gefunden und in späteren Jahren hier auch von seinem Autor vergeblich gesucht. Es handelt sich schwerlich um eine „gute Art", eher um eine homozygote Mutante von *A. alpina*. HANDEL-MAZZETTI hat das Taxon zu einer Varietät dieser Art degradiert: *Androsace alpina* (L.) Lam. var. *tiroliensis* (F. Wettst.) HANDEL-MAZZETTI. Nach JANCHEN kommen Annäherungsformen in Kärnten (Ankogelgebiet) und Osttirol (bei Kals) vor.

S. 1802: Fig. 2804. *c* stellt eine geöffnete Fruchtkapsel mit dem Kelch dar (Verbess. d. 2. Aufl).

Nr. 2188. *Androsace chamaejasme* Wulfen em. Host — Zeile 38—39: Zur Form der Kronlappen vgl. Fig. 2805. *a* und Fig. 2807.

S. 1802/03: *Androsace chamaejasme* s. l. wird in zahlreiche Kleinarten zerlegt. Das Areal der *A. chamaejasme* s. str. hat seine Ostgrenze in den Karpaten. (Vgl. aber auch Nachtrag zu S. 1805, Zeile 38—47).

S. 1803: Zeile 20: var. *typica* → var. *chamaejasme*; auch diese Varietät wird in Kleinarten aufgespalten.

S. 1804: Nr. 2189. *Androsace villosa* L.

S. 1805: Zeile 38—47: *A. villosa* s. l. wird heute ebenfalls in Kleinarten zerlegt. *A. villosa* s. str. kommt nach SCHISCHKIN und BOBROW (l. c.) in der U.d.S.S.R. nicht vor. Die Sippe ist für Nordamerika anscheinend zu streichen. Nach HANDEL-MAZZETTI gibt es aber im Himalaja dem europäischen Typ sehr nahestehende Pflanzen. Nach WENDELBO tritt *A. villosa* in Persien, Afghanistan und Pakistan auf. Die *A. villosa-A. chamaejasme*-Verwandtschaft bedarf einer umfassenden Neubearbeitung.

S. 1806: Nr. 2190. *Androsace obtusifolia* All. — Fig. 2809. *a, b* verkleinert (HEGI).

S. 1807: Nr. 2191. *Androsace carnea* L. — Zeile 43: Nach RAUH (vgl. Nachtr. zu S. 1717, Zeile 10—49) stehen die Blütenstände terminal. Möglicherweise wurden die einander widerstreitenden Beobachtungen an verschiedenen *A. carnea*-Sippen gemacht. — Zeile 43: FAVARGER zählte bei den Unterarten *carnea*, *rosea* und *laggeri* 2 n = 38 Chromosomen.

S. 1808: Zeile 8—9: Nach meinen bisherigen, freilich nur an etwa 50 Aufsammlungen gewonnenen Erfahrungen sind *A. carnea*, *A. halleri*, *A. laggeri* und *A. brigantiaca* gut zu unterscheiden. Die Differenzen zwischen den Bearbeitungen von KNUTH und ROUY bestehen in der Hauptsache darin, daß ROUY zwei Sippen unter *A. carnea* führt, die KNUTH mit *A. obtusifolia* identifiziert. — Zeile 17 ff.: var. *typica* → var. *carnea*. LÜDI beschreibt diese Sippe als ± flaumig, KNUTH als verkahlend. Nach der Originaldiagnose, die Pflanzen der Schweiz und der Pyrenäen betrifft, sind die Blätter kahl. Fast kahlblättrige Formen, deren taxonomischer Wert noch zu prüfen ist, sind mir bisher nur aus den Westalpen bekannt geworden (vgl. aber oben). — Zeile 28 ff.: Nach LINNES Originaldiagnose in der 1. Auflage seiner Spec. Pl. wächst *A. halleri* in den Schweizer Alpen. LINNE zitiert HALLER, der genauere Angaben macht: ex alpibus abbatiscellanis, aus den Appenzeller Alpen. In der 2. Auflage seiner Spec. Pl. gibt LINNE *A. carnea* var. *halleri* auch für die Pyrenäen an. Die Abbildung bei HALLER und die Kennzeichnung „foliis ciliatis", mit gewimperten Blättern, passen gut auf die *A. carnea*-Verwandten der Vogesen und Cevennen bzw. der Pyrenäen. KNUTH hat den Namen „*halleri*" für die Sippe der Vogesen und Cevennen beibehalten, nachdem ihn bereits C. CH. GMELIN dafür verwendet hat. Auch wenn man annimmt, daß die Fundortsangabe bei LINNE falsch ist, dürfte schwerlich zu sichern sein, daß mit „*A. halleri*" ursprünglich die Sippe der Vogesen und Cevennen gemeint war. ROUY nennt das fragliche Taxon (*A. halleri* Gmelin) *A. carnea* L. ssp. *rosea* (Jord. & Fourr.) Rouy. Mit dieser Bezeichnung umgeht man die mit dem Namen *A. halleri* verbundenen Schwierigkeiten, stuft die Sippe freilich vielleicht etwas zu niedrig ein. — *A. lachenalii* ist kein Synonym von *A. halleri* im Sinne von GMELIN, KNUTH und LÜDI. KNUTH führt *A. lachenalii* wohl mit Recht — weder Abbildung noch Beschreibung passen auf *A. carnea* — in der Synonymie von *A. obtusifolia* auf (vgl. auch S. 1806, Zeile 11). — Zeile 49—51: ROUY gibt den Ballon d'Alsace als Fundort für *A. lachenalii* an; den Ballon de Soultz nennt er ganz richtig als Fundort seiner ssp. *rosea*, die der var. *halleri* LÜDIS entspricht. — Zeile 51—53: KNUTH und ROUY stimmen in der Abgrenzung der Sippe überein (vgl. oben).

S. 1809: Zeile 2: Die var. *brigantiaca* hat etwa doppelt so viele Chromosomen wie die übrigen Sippen der A. carnea-Verwandtschaft; sie wird besser als selbständige Art behandelt: *A. brigantiaca* Jord. & Fourr. — Zeile 3: Die var. *laggeri* verdient wenigstens den Rang einer Unterart: *A. carnea* ssp. *laggeri* (Huet) Rouy

S. 1808/09: Die angeführten Sippen sind wie folgt zu unterscheiden:

1 Blätter gezähnt oder wenigstens am Rande unterseits mit entfernt stehenden kleinen Verdickungen (Wasserspalten?): . . . . . . . . . . . . . . . . . . . . . . . . . . . . . . . . . *A. brigantiaca*
1* Blätter ohne Zähne und randständige Verdickungen: . . . . . . . . . . . *A. carnea* s. l. — 2

2 Blätter amRande nicht viel stärker behaart als auf der Fläche, dicht sternhaarig bis fast kahl; Flächen trockener Blätter besonders bei stärker behaarten Formen fein-netzig-runzelig und matt; Sternhaare meist nur bis 0,075 mm hoch, die meisten mit zwei oder mehr ±rechtwinkelig abstehenden Zweigen:
*A. carnea* ssp. *carnea*
2* Blätter auf der Fläche ± kahl, am Rande reichlich gewimpert; getrocknet nur mit wenigen großen Längsfalten, sonst glatt und glänzend: . . . . . . . . . . . . . . . . . . . . . . . . . . . . . . . . . . . . . 3
3 Blätter stark glänzend, am Rande dicht von höchstens 0,1 mm langen, großenteils einfachen, geraden Haaren gewimpert:
*A. carnea* ssp. *laggeri*
3* Blätter glänzend, meist um 2 mm breit; Wimpern größtenteils aus mehreren einseitswendig-übereinanderstehenden Zellen sichelartig zusammengesetzt, die längsten über 0,1 mm lang:
*A. carnea* ssp. *rosea*

Nr. 2192. *Androsace lactea* L. — Zeile 46: Friedingen (HEGI). — Zeile 49—50: *Androsace lactea* kommt nach MURR in Vorarlberg vor: Winterstaude im Bregenzer Wald (Ergänz. d. 2. Aufl.).

S. 1810: Zeile 37: Friedingen.

Nr. 2193. *Androsace maxima* L.

S. 1811: Zeile 39—41: SCHISCHKIN und BOBROW ordnen die russischen Pflanzen einer eigenen Kleinart zu.

S. 1812: Nr. 2194. *Androsace elongata* L.

S. 1813: Zeile 51: f. *nana* (Hornem.) Lüdi in Hegi (= ssp. nana [Hornem.] Duby in Nyman; var. nana Duby in DC.).

S. 1814: Nr. 2195. *Androsace septentrionalis* L. — Zeile 43 f.: Pollen 3-colporat, prolat ($13 \times 8\mu$) (STRAKA).

S. 1815: Zeile 27: f. *typica* → f. *septentrionalis*.

S. 1816: Zeile 38—51: Binär benannte Hybriden zwischen Arten einer Gattung werden durch ein schräges Kreuz vor dem Epitheton gekennzeichnet; z. B.: *A.* × *pedemontana* Rchb. f. — Zeile 42: Bei den Originalen des „Bastardes *A. alpina* × *A.* (*multiflora* →) *vandellii*" handelt es sich nach A. BECHERER um reine *A. alpina*.

S. 1817: 574 *Cortusa* L.

Nr. 2196. *Cortusa matthioli* L. — Zeile 9—10: *Cortusa matthioli* s. l. wird in mehrere Kleinarten zerlegt. Für *C. semenowii* wird manchmal eine eigene Gattung *Kaufmannia* geführt. — Zeile 24 f.: Die Pollenkörner sind etwa 10—13 $\mu$ hoch bei etwas größerem Äquatorialdurchmesser. Die drei Falten vereinigen sich nach oben und nach unten zu einem Polfeld (vgl. unter *Primula farinosa*). — Die Chromosomenzahl ist $2n = 24$. — Chromosomenzahl und Pollentyp sprechen nicht gegen eine Verwandtschaft mit dem *Cortusoides*-Ast der Gattung *Primula*.

S. 1818: Zeile 9—14: Die Verbreitungsangaben gelten für die Gesamtsippe. — Zeile 40: f. *normalis* → f. *villoso-hirsuta* Schur — Zeile 49: f. *engadinensis* Podp.

S. 1819: Zeile 3: f. *tatrensis* Podp. — Zeile 6: f. *moravica* Podp. — Zeile 7: Die f. *sibirica* zerfällt nach neueren Bearbeitungen in *Cortusa altaica* A. Los., *C. sibirica* Andrz. und *C. matthioli*. — Zeile 13: f. *cenisia* Podp. — Zeile 17: f. *brotheri* (Pax) Knuth → *Cortusa brotheri* Pax — f. *pubens* (Schott, Nym., Ky.) Lüdi in Hegi — Zeile 18: f. *pekinensis* Al. Richter → *Cortusa pekinensis* (Al. Richter) A. Los.

S. 1820: 575 *Soldanella* L. (HEGI).
Zeile 6 f.: Wichtige Literatur: CRISTOFOLINI G. & S. PIGNATTI, 1962: Revisione delle forme italiane del genere *Soldanella* L. Webbia 16, 443—475. — TOMAN, V. (vgl. Nachtrag zu S. 1720, Zeile 54).
Zeile 20 f.: Die Pollenkörner der Soldanellen haben drei Falten, die sich gegen die Pole vereinigen. Erkennbare Keimporen sind nicht vorhanden. — Für *Soldanella montana* und ihre Unterart *hungarica*, für *S. carpatica*, *S. alpina*, *S. pusilla* und *S. minima* ssp. *minima* wird die Chromosomenzahl $2n = 40$ angegeben. Etwa 40 Chromosomen liegen auch bei *S. dimoniei* vor. *Soldanella villosa* jedoch scheint $2n = 38$ Chromosomen zu haben.

S. 1821: Zeile 3: Sektion *Crateriflores* → Sektion *Soldanella*. — Zeile 7: *S. carpatica* Vierh. — Zeile 9: *S. pindicola* Hausskn. — Zeile 10: *S. armena* Lipsky — Zeile 36: Zwischen *Soldanella* und *Bryocarpum* bestehen wohl keine näheren verwandtschaftlichen Beziehungen.

S. 1822: Zeile 35: *S. heretii* Grinţ. wurde nur einmal gefunden und hat als abweichendes Exemplar (Mutante) zu gelten. M. GUŞULEAC (in SAVULESCU, Tr., 1960: Flora Republicii Populare Romine 7, S. 67) verwendet die Schreibweise *haretii*.

S. 1826: Nr. 2198. *Soldanella minima* Hoppe — Zeile 42: ssp. *euminima* → ssp. *minima* — Zeile 45: f. *biflora* R. Schulz

S. 1827: Zeile 2 f.: In Bayern in den Ammergauer Bergen (Schellkopf, Frieder, Kreuzspitze, Klammspitze, Notkar, Kramer) und im angrenzenden österreichischen Gebiet (Geierköpfe, Neubergalpe). — MERXMÜLLER, H., 1950: (vgl. unter Nachtrag zu S. 1799, Zeile 39 ff.). — KARL, J., 1952: Zur Kenntnis der Reliktflora der Ammergauer Alpen. Ber. Bayer. Bot. Ges. *29*, 12—14. — Zeile 9—10: f. *cyclophylla* (Beck) Lüdi in Hegi — Zeile 17: ssp. *austriaca* (Vierh.) Lüdi in Hegi

Nr. 2199. *Soldanella alpina* L.

S. 1828: Zeile 41: var. *pirolifolia* (Schott, Nym., Ky.) Vierh.

S. 1829: Nr. 2200. *Soldanella montana* Willd. — Zeile 46: Pollen 3-colporoid, syncolpat, subprolat 20,5 × 16,5 μ (STRAKA).

S. 1830: Zeile 2: ssp. *hungarica* (Simk.) Lüdi in Hegi — Zeile 7—8: var. *major* (Neilr.) Lüdi in Hegi — Zeile 26: var *minor* (Schur) Lüdi in Hegi — Zeile 43: ssp. *eumontana* → ssp. *montana*.

S. 1831: Zeile 44: ssp. *villosa* (Darracq) Duby in Nyman: Die Sippe wird auf Grund ihrer abweichenden Chromosomenzahl wohl besser als Art geführt: *Soldanella villosa* Darracq

S. 1832: Zeile 1 ff.: Binär benannte Bastarde zwischen Sippen einer Gattung werden durch ein schräges Kreuz vor dem Epitheton gekennzeichnet; z. B.: Zeile 17—18: *Soldanella* × *handel-mazzettii* Vierh. — Zeile 24: *Soldanella* × *lungoviensis* Vierh.

576 *Hottonia* L.
Zeile 12 f.: Die Pollenkörner der kurzgriffligen Pflanzen haben fast doppelt so großen Durchmesser wie die der langgriffligen; bei beiden Typen sind sie annähernd isodiametrisch und zwischen den drei getrennten Falten verhältnismäßig — im Vergleich zu den anderen *Primulaceen* — grob-netzig skulpturiert.
Für *Hottonia palustris* wird die Chromosomenzahl 2 n = 20, für *H. inflata* die Zahl 2 n = 22 angegeben.

Nr. 2201. *Hottonia palustris* L.

S. 1833: Zeile 28 f.: Pollen tricolporat bis-colporoid, prolat (15 × 11 μ), Ora undeutlich ± kreisrund. Fein und regelmäßig reticulat. Die Pollenkörner der kurzgriffligen Form sind erheblich größer. Abb. ERDTMAN und Mitarb. 1961, Pl. 49, Fig. 7 bis 9. (STRAKA). — Zeile 40: Der Standort Stele bei Tione wurde vernichtet (HANDEL-MAZZETTI briefl. an HEGI).

S. 1834: Zeile 52—57: Wie bei den Primeln sind die Kurzgriffelpollenkörner größer als die Langgriffelpollenkörner. Die Narben ragen auch bei manchen Primeln aus der Kronröhre hervor.

S. 1835: Zeile 5: Bei starken Vergrößerungen zeigen die Pollenkörner feinmaschig-netzige Skulptur.

S. 1836: 577 *Cyclamen* L.
Die *Cyclamen* werden im deutschen Sprachgebrauch vielfach als Alpenveilchen bezeichnet (HEGI). Wichtige Literatur: SCHWARZ, O., 1955: Systematische Monographie der Gattung *Cyclamen*. Feddes Repert. *58*, 234—283. — SCHWARZ, O. und L. LEPPER, 1964: Systematische Monographie der Gattung *Cyclamen* L. Teil II. Feddes Repert. *69*, 73—103. — LEGRO, R. A. H., 1959: The cytological background of *Cyclamen* breeding. Mededel. Landbouwhogeschool Wageningen, Publ. *59*, 1—51.
Zeile 36 f.: Die Pollenkörner sind annähernd isodiametrisch, bei den Arten des Florenbereichs durchweg dreifaltig, ohne deutliche Skulpturierung. Die Falten sind bei den meisten Arten getrennt, nähern sich aber bei *C. vernale* (←*repandum*) an einem Pol stärker als am anderen und vereinigen sich bei *C. purpurascens* (←*europaeum*) an einem Pol während sie am entgegengesetzten Pol getrennt bleiben. Die Keimporen sind deutlich abgegrenzt und wie bei den *Androsace*-Pollenkörnern in äquatorialer Richtung etwas breiter als in meridionaler (lalongat).
Die Gattung wurde mehrmals eingehend zytologisch untersucht. Es treten vor allem die Chromosomenzahlen 2 n = 20 (x = 5) (*C. vernale*), 2 n = 30, 2 n = 48 (x = 6) und 2 n = 34 (*C. purpurascens*, *C. neapolitanum*) auf. Die Arten mit der Basis x = 17 sind nach LEPPER allopolyploid (24 + 10 = 34).

S. 1836 bis 1842: Die aufgeführten, nicht im Florenbereich heimischen Arten heißen nach SCHWARZ:
*C. africanum* Boiss. & Reut. em. Schwarz et Lepper
*C. balearicum* Willk.
*C. cilicium* Boiss. & Heldr.
*C. coum* → *C. coum* Mill. ssp. *coum*
*C. creticum* (Dörfl.) Hildebr.
*C. cyprium* Kotschy
*C. graecum* Link
*C. hiemale* → *C. coum* Mill. ssp. *hiemale* (Hildebr.) Schwarz
*C. ibericum* → *C. coum* Mill. ssp. *caucasicum* (K. Koch) Schwarz
*C. persicum* Mill.
*C. rohlfsianum* Aschers.

Zeile 43—44: Vgl. Nachtr. zu S. 1846, Zeile 21—29.

S. 1837: Zeile 1—5: Auch Zytologie und Palynologie sprechen eher gegen als für phylogenetische Zusammenhänge zwischen *Cyclamen* und *Dodecatheon*. — Zeile 6 ff.: HAGEMANN, W., 1959: Vergleichende morphologische, anatomische und entwicklungsgeschichtliche Studien an *Cyclamen persicum* Mill. sowie einigen weiteren *Cyclamen*-Arten. Botanische Studien (Jena) Heft *9*, 88 S. — Zeile 43 ff.: AYMARD, M., 1963: Sur la nature du tubercule de *Cyclamen persicum* Mill. C. R. Acad. Sci. (Paris) *256*, 1579—1582.

S. 1838: Zeile 19 ff.: DAFERT, O., 1934: Beiträge zur Kenntnis der Saponine: Cyclamin und Cyclamiretin. Scientia pharmac. *5*, 49—56. — KUHN, A. & G. SCHÄFER, 1939/40: Zur Frage des Saponingehaltes von *Cyclamen persicum*. Madaus Jahresbericht *3*.

S. 1840: Zeile 48—53: Vgl. S. 1838, Zeile 42—53.

S. 1841: Zeile 8 ff.: KOŠANIN, N., 1930: Die Bewegungen der Blüten- und Fruchtstiele bei der Gattung *Cyclamen*. Bull. Inst. et Jard. Bot. Univ. Bergamo 1. (HEGI). — ZINSMEISTER, H. D., 1960: Das phototropische Verhalten der Blütenstiele von *Cyclamen persicum* Hybr. Planta *55*, 647—668. — Zeile 46—47: MÜLLER-SCHNEIDER, P., 1963: Neue Beobachtungen über die Samenverbreitung durch Ameisen. Ber. Schweiz. Bot. Ges. *73*, 153—160. (WAGENITZ). Ameisen verschleppen Samen und bauen die zur Zeit der Samenreife saftige Plazenta ab.

S. 1842: Zeile 26 ff.: Kulturformen werden nicht mehr durch vorgesetztes „f." als formae bezeichnet, sondern durch einfache Anführungszeichen kenntlich gemacht; z.B.: *Cyclamen persicum* Mill. 'Perle von Zehlendorf'. Lateinische Benennungen sind zu vermeiden.

S. 1844: Zeile 2—4: Vgl. Nachtr. zu S. 1741, Zeile 30 ff.

Nr. 2202. *Cyclamen europaeum* → *C. purpurascens* Mill. Neben Bergveilchen ist der vielerorts auch volkstümliche Name Alpenveilchen zu setzen (Ergänzung der 2. Aufl.). — Zeile 50: lies Fig. 2845.*c* nicht 4845.*c*.

S. 1845: Zeile 25 f.: Pollen 3-colporoid ± kugelig ($12 \times 13\ \mu$), vielleicht etwas subisopolar (STRAKA). — Zeile 30 ff.: LEONHARDT, R., 1927: Studien über die Verbreitung von *Cyclamen europaeum* in den Ostalpen und deren Umrandung. Österr. Bot. Zft. *76*, 169—194. — PODHORSKY, J., 1958: Zur Reliktfrage des Alpenveilchens im nördlichen Alpenvorland. Ber. Bayer. Bot. Ges. *32*, 94—96.

S. 1846: Zeile 9—10: Die Angabe Muttekopf bei Imst ist zu streichen: Sie beruht auf einer Veröffentlichung, in der der Fund des „Alpenveilchens" *Viola biflora* irrtümlich als Fund von *Cyclamen purpurascens* (← *europaeum*) gemeldet wurde (nach HANDEL-MAZZETTI briefl. an HEGI). — Zeile 28—29: Die transkaukasische Sippe wird von SCHWARZ als *Cyclamen colchicum* Alboff von *C. purpurascens* abgetrennt.

S. 1847: Zeile 26: Die Knollen gelten bei Schweinen als mastfördernd (HEGI).

Nr. 2203. *Cyclamen repandum* → *C. vernale* Mill.

S. 1848: Nr. 2204. *Cyclamen neapolitanum* Ten.

S. 1849: Nach BECHERER (Ber. Schweiz. Bot. Ges. *38* [1929] 127—180) kommt *C. neapolitanum* in Savoyen bei Allonzier vor, nicht aber bei Evouettes. Die Angabe Evouettes bezieht sich nach ihm auf *C. purpurascens* (← *europaeum*) und auf einen Ort im Unterwallis. FLAMARY und BEAUVERD geben dem *Cyclamen* von Allonzier einen eigenen Namen: *Cyclamen neapolitanum* Ten. var. *salesianum* (Flamary) Beauv. Es soll sich durch kleinere Blüten unterscheiden. Vgl.: Bull. Soc. Bot. Genève *20* (1928) 461—463. — Zeile 54: Was in den Gärten als *Cyclamen* × *atkinsii* Moore kultiviert wird, ist nach SCHWARZ fast ausschließlich eine *C. coum*-Form.

S. 1850: 578 *Lysimachia* L.
Wichtige Literatur: HANDEL-MAZZETTI, H., 1929: Die Subgenera, Sektionen und Subsektionen der Gattung *Lysimachia* L. Pflanzenareale *2*, 39—51; 89 (Nachtrag). — HANDEL-MAZZETTI, H., 1928—1932: A revision of the Chinese species of *Lysimachia*, with a new system of the whole genus. Notes Bot. Gard. Edinburgh *16*, 51—122. — RAY, J. D., 1956: The genus *Lysimachia* in the New World. Illin. Biol. Monogr. *24*, n. 3—4, 160 S. — INGRAM, J., 1960: Notes on the cultivated *Primulaceae*. 1. *Lysimachia*. Baileya *8*, 84—97. — Zeile 12 f.: Aus der Gattung *Lysimachia* wurden bislang die Chromosomen-Basiszahlen $x = 9$, $x = 10$, $x = 12$, $x = 14$, $x = 15$ bekannt. — Zeile 13: Die Artenzahl ist inzwischen auf etwa 175 angestiegen. — Zeile 18 ff.: HANDEL-MAZZETTI unterscheidet 20 Subgenera und Sektionen. Er ordnet die aufgeführten Taxa wie folgt an:

Subgen. *Lysimachia*
   Sectio *Lerouxia* (Mér.) Endl. (*L. nemorum* L.)
   Sectio *Seleucia* Bigel.
      Subsectio *Steironema* (Rafin.) Hand.-Mazz. (*L. ciliata* L.)
   Sectio *Lysimastrum* → *Lysimachia* (*L. vulgaris* L.)
   Sectio *Nummularia* Klatt
      Subsectio *Eunummulariae* → *Nummulariae* (*L. nummularia* L., *L. japonica* Thunb.)
      Subsectio *Elatae* Hand.-Mazz. (*L. punctata* L.)

Subgenus *Palladia* (Moench) Hand.-Mazz.
  Sectio *Spicatae* R. Kn. (*L. barystachys* Bunge)
  Sectio *Ephemerum* (Rchb.) Endl. em. Hand.-Mazz. (*L. ephemerum* L.)
  Sectio *Coxia* (Endl.) Hand.-Mazz.
    Subsectio *Violascentes* Hand.-Mazz. (*L. atropurpurea* L.)
Subgenus *Naumburgia* (Moench) Klatt (*L. thyrsiflora* L.)
Subgenus *Lysimachiopsis* (Hell.) Hand.-Mazz. (*Fruticosae*)

S. 1852: Nr. 2205. *Lysimachia nummularia* L.

S. 1853: Pollen 34×27 µ (Straka).
Für *Lysimachia nummularia* wurden bisher die Chromosomenzahlen 2 n = 32, 2 n = 36 und 2 n = 43 angegeben.

S. 1854: Zeile 3—4: Eingeschleppt auch im westlichen Nordamerika. — Zeile 5 ff.: Wakulenko, N., 1929: Zur quantitativen Anatomie des Blattes von *Lysimachia Nummularia* (Ukrainisch, deutsche Zusammenfassung). Bull. Jard. Bot. Kieff *9*, 53—61. (Hegi). — Zeile 19 ff.: Gagnepain, 1927: Why *Lysimachia nummularia*, always very floriferous is ordinarily sterile. Mem. Hortic. Soc. New York *3*, 373. (Hegi). Nach dieser Schrift fördert Trockenheit den Samensatz. Die gleiche Beobachtung macht Kinzel, W., 1926/1927: Pflanzenbau *3*, Heft 17 (z. T. nach Hegi).

Nr. 2206. *Lysimachia nemorum* L.

S. 1855: Zeile 2: Pollen 23,5×17,5 µ (Straka). — Für *Lysimachia nemorum* wurden bisher die Chromosomenzahlen 2 n = 16 und 2 n = 18 angegeben. — Zeile 5 ff.: Hendrych, R., 1966: Zur Verbreitung von *Lysimachia nemorum* L. in der Slowakei. Folia Geobotanica et Phytotaxonomica *2*, 145—153. — Zeile 30: Die Sippe der Azoren wird von Palhinha als ssp. *azorica* (Hornem.) Palh. unterschieden. — Zeile 40: Das Areal reicht bis Weißrußland, aber nicht bis in den Kaukasus.

Nr. 2207. *Lysimachia thyrsiflora* L.

S. 1856: Zeile 11 ff.: Pollen 3-colporat, subprolat (22×19 µ). Colpi schmal, crassimarginat (mindestens im Bereich der Ora). Ora lalongat, meist zu einer ringförmigen äquatorialen Zone miteinander verschmolzen. Ziemlich dicht reticulat, Muri ziemlich breit. Abb. Erdtman und Mitarb., 1961, Pl. 49, Fig. 11 und 12. (Straka).— Chromosomenzählungen an *Lysimachia thyrsiflora* führten zu den Ergebnissen 2 n = ca. 40 und 2n = 54.

S. 1857: Fig. 2860. Phot. H. Dopfer (Hegi)

Nr. 2208. *Lysimachia punctata* L.

S. 1858: Zeile 21: Die Chromosomenzahl beträgt 2 n = 30.

S. 1859: Zeile 7: var. *verticillata* (Bieb.) Klatt

Nr. 2209. *Lysimachia vulgaris* L. — Zeile 19: Presl. → Presl (Hegi). — Zeile 49: Von *Lysimachia vulgaris* wurden bislang die Chromosomenzahlen 2 n = 28 und 2 n = 56 bekannt.

S. 1860: Zeile 14: f. *stolonifera* (Rouy) Lüdi in Hegi — Zeile 38: f. *westphalica* (Weihe) Lüdi — Zeile 40: f. *stenophylla* (Boiss.) Lüdi in Hegi

579 *Trientalis* L.

S. 1861: Zeile 11 f.: Rubine, E. A., 1956: Steroid saponin from *Trientalis europaea*. I. Hemolytic activity of *Trientalis europaea*. Sbornik Nauch. Rabot. Rizhsk. Med. Inst. *5*, 77—87. — Zeile 23 f.: Chromosomenzählungen an *Trientalis*-Sippen führten bisher zu den Ergebnissen 2 n = 96, 2n > 100, 2 n = ca. 160. — Zeile 27: *Trientalis americana* → *Tr. borealis* Rafin. Die Art tritt in Holland verwildert auf: Ooststroom, S. J. van, & Th. J. Reichgelt, 1965: Aanwinsten voor de Nederlandse adventief-flora 8. Gorteria *2*, 137—143.

Nr. 2210. *Trientalis europaea* L.

S. 1862: Zeile 4: Für *Trientalis europaea* wurden bisher die Chromosomenzahlen 2 n > 100 und 2 n = ca. 160 angegeben. — Zeile 17 f.: Rohrhofer, J., 1947: Der Siebenstern (*Trientalis europaea*) in den oberösterreichischen Kalkalpen. Natur und Land *34*, 144—147. — Melzer, H., 1957: Neues zur Flora von Steiermark. Mitt. Nat. Ver. Steiermark (Graz) *87*, 114—119. — Zeile 39: In Savoyen nicht bei Albertville, aber bei Crest-Voland resp. Cohennaz (Hegi). — Zeile 43: var. *eurasiatica* → var. *europaea* — Zeile 44: var. *arctica* (Fisch. ex Hook.) Ledeb. — Zeile 45: f. *arcticaeformis* (Illj.) Lüdi in Hegi — Zeile 46: f. *ramosa* (Illj.) Lüdi in Hegi — Zeile 46 f.: Eine weitere Form (f. *parva*) stellte kürzlich Eklund auf (Bidr. t. känned. af Finl. natur o folk *101* [1958] 1—327). — Medwecka-Kornas, A., 1963: Observations on the variability of *Trientalis europaea* L. in Finland, Norway and Poland. Ber. Geobot. Inst. ETH, Stift. Rübel *34*, 28—37. (Wagenitz). Vgl. auch unter Nachtrag zu S. 1862, Zeile 46 f.

S. 1865: Zeile 1. Oudemans (Verb. d. 2. Aufl.).

580 *Glaux* L.

Zeile 6: Nach Schwarz fehlt bei *Glaux* der Kelch (vgl. Nachtr. zu S. 1787, Zeile 19).

Nr. 2211. *Glaux maritima* L. — Zeile 16 f.: Boivin, B., 1956: Notulae taxonomicae. II. *Glaux maritima* Linné (*Primulaceae*). Bull. Soc. Roy. Bot. Belg. *88*, 9—11. Nach diesem Autor kommt im Florenbereich nur die ssp. *maritima* var. *maritima* vor. — Zeile 26 f.: Die Chromosomenzahl beträgt 2 n = 30.

S. 1868: 581 *Anagallis* L.

Zeile 24: Der Name Gauchheil wird in der Regel als Maskulinum behandelt. — Zeile 35 f.: Bei *Anagallis*-Arten wurden bislang die Chromosomen-Basiszahlen x = 10 und x = 11 beobachtet. — Zeile 36: Die Gattung umfaßt jetzt knapp 50 Arten. — Zeile 40: *Anagallis monellii* L. (= *A. linifolia* L. var. *monelli* (L.) Knuth); Die Chromosomenzahl dieser Sippe beträgt nach bisherigen Untersuchungen 2 n = 20.

S. 1869: Nr. 2212. *Anagallis arvensis* L. — Zeile 42: Pollen 3-colporat, subprolat (26 × 20 $\mu$). Colpi schmal, crassimarginat. Ora lalongat, ± rechteckig, manchmal zu einer ringförmigen äquatorialen Zone miteinander vereinigt. Fein und regelmäßig reticulat. Abb. Erdtman & Mitarb., 1961, Pl. 49, Fig. 4 bis 6. (Straka). — Bisher wurde von *Anagallis arvensis* nur die Chromosomenzahl 2 n = 40 bekannt. — Zeile 45 f.: Wichtige Literatur: Nilsson, H., 1938: *Anagallis arvensis* L. s. l. und die Natur ihrer Farbvarianten. Hereditas *24*, 97—109. — Lehmann, E., 1952: Von der Erforschung einer heimischen Pflanzenart. *Anagallis arvensis* — Gauchheil. Beitr. Biol. Pfl. *29*, 208—219. — Domac, R., 1955: Beiträge zur Flora Jugoslaviens. Phyton *6*, 14—23. — Rodi, D., 1955: Die blaublütige Varietät *azurea* des Ackergauchheils in Württemberg. Jahreshefte Ver. Vaterl. Naturk. Württ. *110*, 216—220. (Wagenitz). — Lehmann, E., 1956: Zur Unterscheidung der Formen von *Anagallis arvensis* im Mitteldeutschen Raum. Wiss. Zft. Univ. Halle *6*, 928—929. — Marsden-Jones, E. M. & F. E. Weiss, 1960: The genetics and pollination of *Anagallis arvensis* subsp. *arvensis* and *Anagallis arvensis* subsp. *foemina*. Proc. Linn. Soc. London *171*, 27—29. — Kornaś, J., 1962: Rodzaj *Anagallis* L. w Polsce. — The genus *Anagallis* in Poland. Fragm. Florist. Geobot. *8*, 131—138. (Janchen und Wagenitz). — Šverepová, G., 1964: Anagallis × doerfleri Ronn. Preslia *36*, 289—293 (Janchen).

Nach Lehmann wächst *Anagallis arvensis* auf Böden vom Säuregrad 7,3 bis 4,5, *A. foemina* auf Böden vom Säuregrad 7,3 bis 7,2. Domac gibt zahlreiche Unterschiede zwischen den beiden Sippen an:

*A. arvensis* L.: Blätter hellgrün, am Rand zart drüsig gewimpert, obere eiförmig bis lanzettlich (bis 25 mm × 12 mm). Stiele der geöffneten Blüten länger als die Tragblätter. Die Kelchblätter sind ganzrandig und decken in der ausgewachsenen Knospe die Kronblätter nicht voll. Die Kronblätter greifen bis zur Hälfte übereinander (7 mm × 6 mm). Ihr Vorderrand ist nicht ganz oder wenig gekerbt, selten gesägt und mit sehr zahlreichen dreizelligen Drüsenhaaren besetzt. Die Staubfadenhaare sind 5- bis 8-zellig.

*A. foemina* Mill.: Die Blätter sind dunkelgrün, kaum drüsig gewimpert, die oberen lanzettlich (bis 13 mm × 5 mm), die Stiele der geöffneten Blüten nicht länger als ihre Tragblätter. Die am Rande feingesägten Kelchblätter decken die Kronblätter in der ausgewachsenen Knospe völlig. Die Kronblätter (6 mm × 3,5 mm) greifen nicht übereinander; sie sind am Vorderrand gesägt oder gebuchtet und mit wenigen vierzelligen Drüsenhaaren besetzt. Die Staubfadenhaare bestehen aus 11 bis 12 Zellen.

Zeile 46: ssp. *phoenicea* → ssp. *arvensis*: wird überflüssig, wenn die ssp. *coerulea* als Art gefaßt wird.

S. 1870: Zeile 5 f.: f. *carnea* (Schrank) Lüdi in Hegi; vgl. auch Zeile 30. — Zeile 6: f. *caerulea* Lüdi → f. *azurea* Hylander: Die blaublütige Form des gewöhnlichen Ackergauchheils tritt vermutlich im Florengebiet an verschiedenen Stellen auf. Vor einigen Jahren wurde das Taxon bei Schwäbisch Gmünd gefunden. Im Münchner Staatsherbar liegen vermutlich hierher gehörige Pflanzen aus der Umgebung von Hamm/Westfalen von Augsburg und aus München. — Zeile 8: ssp. *coerulea* (Gouan) Hartm. → *A. foemina* Mill.: Die Sippe scheint von *A. arvensis* genetisch weitgehend (aber nicht völlig!) isoliert zu sein: Von Marsden-Jones und Weiss (l. c.) untersuchte Bastarde erwiesen sich als steril, soweit *A. arvensis* nicht in der f. *carnea* vorlag. *A. foemina* erinnert mit manchen Merkmalen an *A. monellii*. Die Verwandtschaft bedarf einer umfassenden, gründlichen, biosystematischen Gesamtbearbeitung. — Zeile 30: Der Bastard wird *Anagallis* × *doerfleri* Ronn. genannt. *A. carnea* Schrank ist bereits in Zeile 5 als Farbvariante von *A. arvensis* ssp. *arvensis* aufgeführt. — Zeile 34 ff.: Der Bastard gilt als steril.

S. 1871: Zeile 12: var. *latifolia* (L.) Lüdi in Hegi; A. arvensis L. var. *latifolia* (L.) Lange; A. *latifolia* L.: Ob dieses Taxon nicht der A. arvensis f. *azurea* viel näher steht als der A. foemina?

Nr. 2213. *Anagallis tenella* (L.) Murr. — Zeile 53: Zarter Gauchheil (vgl. Nachtrag zu S. 1868, Zeile 24).

S. 1872: Zeile 25 f.: Pollenkörner tricolporat, trocken prolat (tonnenförmig), ca. 25 $\mu$ lang und 12 $\mu$ dick, gequollen sphäroidal (kugelig) bei etwa 23 $\mu$ Durchmesser. Die Chromosomenzahl beträgt 2 n = 22. — Zeile 39: Bei Kitzbühel noch 1908 (Handel-Mazzetti briefl. an Hegi).

582 *Centunculus* L. → *Anagallis* subgenus *Centunculus* (L.) P. Taylor

S. 1873: Zeile 27 f.: Die Chromosomenzahl beträgt 2n = 22. — Zeile 28: P. Taylor spricht sich dafür aus, *Centunculus* wieder mit *Anagallis* zu vereinen (vgl.: Taylor, P., 1955: The genus *Anagallis* in Tropical and South Africa. Kew Bull. 321—350).

S. 1874: Nr. 2214. *Anagallis minima* (L.) Krause (= *Centunculus minimus* L.) — Zeile 4: *Anagallis minima* tritt bei Ödenpullach südlich von München auf (MERXMÜLLER).

583 *Samolus* L.

S. 1875: Zeile 10 f: Aus der Gattung wurden bisher die Chromosomenzahlen 2n = 24, 2n = 26, 2n = 36 und 2 n = 54 bekannt. — Zeile 11: Die Zahl der Arten hat sich inzwischen um zwei vermehrt.

Nr. 2215. *Samolus valerandi* L. — Zeile 39 f.: Pollen sehr ähnlich *Hottonia*, subprolat $18 \times 14{,}5\,\mu$ (STRAKA). Als Chromosomenzahlen werden 2 n = 24, 2 n = 26 und 2 n = 36 angegeben.

S. 1876: Zeile 39: f. *terrestris* → f. *valerandi*.

## 105. Familie Plumbaginaceae

S. 1877 ff.: Wichtige Literatur: BAKER, H. G., 1948: Dimorphism and monomorphism in the *Plumbaginaceae*. I. A survey of the family. Ann. Bot. *12*, 207—219. — Ders., 1948: Relationship in the *Plumbaginaceae*. Nature *161*, 400. — BECK, E., MERXMÜLLER, H. und H. WAGNER, 1962: Über die Art der Anthocyane bei den Plumbaginaceen. Planta *58*, 220—224. — BOYES, J. W. and E. BATTAGLIA, 1951: Embryosac development in the *Plumbaginaceae*. Caryologia *3*, 305—310. — CSINÁDY, G., 1928: Beiträge zur Bewertung der systematischen Beziehungen der Plumbaginaceen. Diss. (Budapest). — D'AMATO, F., 1940: Contributo all'embriologia delle *Plumbaginaceae*. Nuov. Giorn. Bot. Ital. *47*, 349—392. — Ders., 1943: Nuovo contributo all'embriologia delle *Plumbaginaceae*. dto, *50*, 79—99. — FRIEDRICH, H.-C., 1956: Studien über die natürliche Verwandtschaft der *Plumbaginales* und *Centrospermae*. Phyton *6*, 220—262. — LABBÉ, A., 1962: *Plumbaginaceae*, structure, développement et systematique. Trav. Lab. Biol. Vég. Grenoble, 6—113. — SUGIURA, T., 1939: Chromosome numbers in the *Plumbaginaceae*. Cytologia *10*, 73—76. — WEBERLING, F., 1956: Weitere Untersuchungen zur Morphologie des Unterblattes bei den Dikotylen. II. *Plumbaginaceae*. Beitr. Biol. Pflanzen *33*, 17—32. Nach FRIEDRICH (1956) schließen sich die *Plumbaginaceae* (*Plumbaginales*) deutlich an die Centrospermen an, von denen sie einen stark abgeleiteten sympetalen Typ und einen phylogenetisch wohl gleichwertigen Formenkreis darstellen. Ihren Ursprung dürften sie von primitiveren Formenkreisen, deren Reste die heutigen Phytolaccaceen sind, genommen haben. Durch das Auftreten von echten Anthocyanen unterscheiden sich die Plumbaginaceen scharf von den übrigen, betacyanhaltigen Centrospermen. Embryologisch kommen bei der Familie neben anderen Typen, zwei ausschließlich auf diese beschränkte Typen vor. Der 8-kernige *Plumbago*-Typ, der im fertigen Zustand meist nur aus der haploiden Eizelle und einem tetraploiden Sekundärkern besteht und der 4-kernige *Plumbagella*-Typ, der neben der haploiden Eizelle, nur aus einem tetraploiden Sekundärkern und einer triploiden Antipodenzelle besteht. Die gefundenen Chromosomenbasiszahlen sind x = 6, 7, 8, 9.

584 *Limonium*

S. 1879 ff.: Wichtige Literatur: BAKER, H. G., 1953: The agamic complex in *Limonium* (Sections *Densiflorae* and *Dissectiflorae* Boiss.). Proc. 7. Int. Bot. Congr. (1950), 329—330. — CHOUDHURI, H. C., 1942: Chromosome studies in some British species of *Limonium*. Ann. Bot. N. S. *6*, 184—217.

Viele Arten sind heterostyl; die meisten *Limonium*-Arten sind in bezug auf Pollen und Stigmata-Morphologie dimorph, z. B. ist *L. vulgare* heterostyl. Es treten Pflanzen mit A Pollen und kolbenartigen Stigmata neben Pflanzen mit B Pollen und Stigmata mit Papillen auf. Beide Typen sind selbststeril, aber kreuzungsfertil. Apomixis tritt häufig auf.

S. 1882: Zu Nr. 2216 *Limonium vulgare* Miller. Die ssp. *pseudolimonium* (Rchb.) Gams muß als Typusunterart nach den gültigen Nomenklaturregeln ssp. *vulgare* heißen.

S. 1884: Fig. 2881 zu ergänzen: zusammen mit Artemisia maritima, Obione portulacoides, Puccinellia maritima.

585 *Statice*

S. 1886 ff.: Wichtige Literatur: BAKER, H. G., 1948: Significance of pollen dimorphism in late-glacial *Armeria*. Nature *161*, 770—771. — BERNIS, F., 1956: Revisio del genere *Armeria* Willd. con especial referencia a los grupos ibericos. Ann. Inst. Bot. Cav. *14*, 259—432. — CHRISTIANSEN, W., 1931: Die mitteldeutschen Formenkreise der Gattung *Armeria*. Bot.-Arch. *31*, 247—265. — IVERSEN, J., 1940: Blütenbiologische Studien I. Dimorphie und Monomorphie bei *Armeria*. K. Dansk. Vid. Selsk. Biol. Meddel. *15*, 1—39. — LAWRENCE, G. H., 1940: *Armeria*, native and cultivated. Gentes Herb. *4*, 391—418. — ROTH, I., 1962: Histogenese und morphologische Deutung der basilären Placenta von *Armeria*. Österr. Bot. Zeitschr. *109*, 18—20. — SZAFER, W., 1945: The fossil *Armeria* in the European pleistocene especially in Poland (poln.) Starinia *20*, 1—31. — Ders., 1946: Le genre *Armeria* in Europe (poln.) Acta Soc. Bot. Pol. *17*, 7—28.

Der gültige Gattungsname ist *Armeria* (A. P. de Candolle) Willd., ein nomen conservandum gegenüber *Statice* L. Viele Arten der Gattung *Armeria* sind dimorph und selbststeril, andere monomorph und selbstfertil. Die letzteren sind wohl abgeleitet (BAKER 1954). Die gezählten Arten der Gattung sind einheitlich diploid mit 2 n = 18 Chromosomen. Pollen, Fruchtkelche und Früchte von *Armeria* werden häufiger besonders in spätglazialen Schichten, z. T. auch aus solchen älterer Kaltzeiten gefunden. Eine Artbestimmung scheint aber beim Pollen nicht mit Sicherheit möglich zu sein.

S. 1887 ff.: Zu Nr. 2217 *Statice armeria* L.
Wichtige Literatur: BAKER, H.G., 1954: The experimental taxonomy of *Armeria maritima* (Mill.) Willd. and its close relatives. 8. Congr. Int. Bot. Rapp. R. Comm. Sect. *10*, 190—191. — ERDTMAN, G., 1940: Flower dimorphism in *Statice Armeria* L. Svensk Bot. Tidskr. *34*, 377—380. — ROTHMALER, W., 1963: *Armeria* in Exkursionsflora von Deutschland, Krit. Ergänzungsband, 246—248.
Der gültige Name ist *Armeria maritima* (Mill.) Willd. Die Systematik der sehr formenreichen Art ist noch keineswegs geklärt. BAKER (1954) unterscheidet auf Grund von ausgedehnten experimentellen Untersuchungen und Kreuzungen drei Gruppen:
1. eine westeuropäische Gruppe mit dimorphen, selbststerilen und sehr variablen Sippen;
2. eine im arktischen Eurasien und im nördlichen Nordamerika verbreitete Gruppe mit monomorphen, selbstfertilen und sehr uniformen Sippen;
3. eine Gruppe, die an den Küsten des paz. Nordamerika und nordöstlichen Asien vorkommt und ebenfalls monomorph und selbstfertil ist. Alle drei Gruppen sind durch strenge Sterilitätsbarrieren voneinander getrennt. Für Mitteleuropa faßt ROTHMALER (1963) die hier unterschiedenen Varietäten und Subvarietäten mit Einschluß von Nr. 2218 *Statice montana* Mill. (= *A. alpina* Willd.) nach ökologischen und chorologischen Besonderheiten als Unterarten auf. Eine endgültige Klärung der sicher ungleichwertigen Sippen ist erst nach weiteren experimentellen Untersuchungen möglich.
Gliederung nach ROTHMALER (1963):
1. ssp. *maritima* (= *St. maritima* var. *maritima* (Mill.) Gams);
2. ssp. *elongata* (Hoffm.) Soó (= *St. maritima* var. *elongata* (Hoffm.) DC.);
3. ssp. *halleri* (Wallr.) Löve et Löve (= *St. armeria* var. *halleri* (Wallr.) Gams);
4. ssp. *bottendorfensis* (A. Schulz) Rothmaler (= *St. armeria* subvar. *bottendorfensis* (A. Schulz) Gams);
5. ssp. *hornburgensis* (A. Schulz) Rothm. (= *St. armeria* subvar. *hornburgensis* (A. Schulz) Gams);
6. ssp. *alpina* (Willd.) Hultén (= *St. montana* var. *alpina* (Hoppe) Gams);
7. ssp. *serpentini* (Gauckler) Rothmaler, eine neuerdings von Serpentinstandorten in Nordbayern beschriebene Sippe und
8. die stärker differenzierte ssp. *purpurea* (Koch) O. Schwarz (= *St. montana* var. *purpurea* (Koch) Gams). Zur Verbreitung dieser Unterart s. BRESINSKY, A., 1965 in Ber. Bayer. Bot. Ges. *38*.
Pollen: Pollen dimorph (Abb. bei ERDTMAN und Mitarb. 1961, Pl. 44, Fig. 1—4). A. Glattgrifflige Form: Tricolpat, ± kugelig ($100 \times 90\ \mu$), in Polansicht abgerundet dreieckig, Colpi recht breit, Exine $10—13\ \mu$ dick, gegen die Colpi hin dünner werdend, crassi-sexinös (Sexine $8—10\ \mu$ dick), dichtmaschig retikulat. Muri (fast) gerade, ca. $2\ \mu$ breit, simplibaculat, tenuitegillat; Tegillum ca. $2\ \mu$ dick, mit feinen spitzen Spinulae (bis $1\frac{1}{2}\ \mu$ hoch); Lumina vieleckig, ca. $5—10\ \mu$ im Durchmesser. B. Form mit ± papillösen Narben: wie A-Pollen, aber ca. $75 \times 65\ \mu$, Exine ca. $6—7\ \mu$ dick, Sexine ca. $5\ \mu$ dick, retikulat; Tegillum ca. $1\frac{1}{2}\ \mu$ dick, mit kleinen, spitzen, weniger als $\frac{1}{2}\ \mu$ hohen Spinulae.

S. 1887: Zeile 2 v. o. lies Strand. — Zeile 12 v. o. lies Federhänsche.
S. 1891: Zu Nr. 2218 *Statice montana* Mill. Als Art ist der gültige Name *Armeria alpina* (DC.) Willd.
S. 1894: Zu Nr. 2219 *Statice plantaginea* All. Der gültige Name ist *Armeria pseudarmeria* (Murrb.) Mansf. Die Art wurde in der Schweiz im Wallis von CHENEVARD entdeckt.

## 106. Familie Ebenaceae

S. 1897: Wichtige Literatur: NAMIKAWA, J. et al., 1932: On the flower types of *Diospyros kaki* L. Jap. Jour. Bot. *6* 139—172.

586 *Diospyros*
S. 1898: Der Gattungsautor ist LINNÉ.
Zu Nr. 2220 *Diospyros lotus* L. f.
Der Autor ist L. f., nicht L. Die Art ist diploid mit 2 n = 30, *D. kaki* hexaploid mit 2n = 90 Chromosomen.
S. 1901: Die Reihe der *Contortae* wird auf Grund neuerer Untersuchungen aufgelöst und neu gegliedert (vgl. WAGENITZ, G., 1960: Die systematische Stellung der *Rubiaceae*. Bot. Jb. *79*, 17—37). Die Oleaceen werden wegen ihrer abweichenden Merkmale (Oligomerie des Androeceums, klappige Knospenanlage, Fehlen von Stipeln und intraxylärem Phloem, zellulärer Endospermbildung) wieder als eigene Reihe *Oleales* abgetrennt. Die übrigen Familien Apocynaceen, Asclepiadaceen, Gentianaceen und Loganiaceen, die eindeutig hierher gehören, werden auf Grund anatomischer, embryologischer und phytochemischer Merkmale mit den Rubiaceen in der Reihe der *Gentianales* zusammengefaßt.

## 107. Familie Oleaceae

S. 1901: Wichtige Literatur: ANDERSSON, A., 1931: Embryologie der Familien Celastraceen, Oleaceen und Apocynaceen. Lunds Univ. Årsskr. N. F. Avd. 2, *27*, 1—112. — ENCKE, F., 1960: *Oleaceae* in „Pareys Blumengärtnerei" 2. Bd., 345—364 (2. Aufl.). — GREEN, P.S., The olive family in cultivation. Arnoldia *25*,

13—27. — JOHNSON, L.A.S., 1957: A review of the family *Oleaceae*. Contr. N.S. Wales Natl. Herb. *2*, 395—418. — JOSHI, A.C. and FOTIDAR, A.N., 1940: Floral anatomy of the *Oleaceae*. Nature *145*, 354—356. — MAEKAWA, F., 1962: Major polyploidy with special reference to the phylogeny of *Oleaceae*. Jour. Jap. Bot. *37*, 25—27. — SAX, K. and ABBE, E.G., 1932: Chromosome numbers and the anatomy of the secondary xylem in the *Oleaceae*. Jour. Arnold Arb. *13*, 37—48. — TAYLOR, H., 1945: Cytotaxonomy and phylogeny of the *Oleaceae*. Brittonia *5*, 337—367. — WEBER, G.F.T., 1928: Vergleichend morphologische Untersuchungen über die Oleaceenblüte. Planta *6*, 591—658.

Die Familie ist cytologisch relativ einheitlich. Die hier wichtigen Tribus der zwei Unterfamilien der *Jasminoideae* und der *Oleoideae* (Gliederung nach JOHNSON 1957) haben folgende für die betreffende Gattung einheitliche Chromosomenzahlen (n):

*Oleoideae* — *Fraxineae:* 23 (*Fraxinus*)
         — *Oleeae:* 23 (*Ligustrum, Olea, Phillyrea, Syringa*)
*Jasminoideae* — *Jasmineae:* 13 (*Jasminum*)
         — *Forsythieae:* 14 (*Forsythia*)

Die Zahl von n = 23 ist sehr wahrscheinlich allotetraploid aus 11 und 12 entstanden.

Die Familie akkumuliert ganz deutlich Polyphenole in glycosidischer Bindung. Unter ihnen ist das Syringin besonders auffallend und in mehreren Gattungen anzutreffen (*Fraxinus, Syringa, Forsythia, Phillyrea, Olea, Ligustrum* und *Jasminum*), Cumarine in *Fraxinus*, Flavonoide in *Olea* und *Forsythia* und Lignane in *Phillyrea* (Phillyrin) und *Olea* (Olivil). Die in der älteren Literatur mehrfach erwähnten Bitterstoffe dürften z.T. unter diesen Glykosiden zu suchen sein. Andere Inhaltsstoffe treten demgegenüber stark in den Hintergrund. Das gegenwärtige Bild der chemischen Stoffe dieser Familie unterstreicht nur die isolierte Stellung derselben innerhalb der bisherigen Gliederung und die Berechtigung ihrer Abtrennung zu einer eigenen Reihe.

Pollen: Meist 3-(bis 4-)colpat, -colporoid oder -colporat. *Fraxinus excelsior:* Pollen 3-colporoid, ± kugelig $(22 \times 24 \mu)$, mit großem Polfeld; Colpi am Äquator eingeschnürt, Exine ca. 1 $\mu$ dick; retikulat, heterobrochat, simplibaculat. Abb. bei ERDTMAN und Mitarb. 1961, Pl. 40, Fig. 7 und 8. *Fraxinus ornus:* Pollen ähnlich voriger, aber mit kleinem Polfeld. *Ligustrum vulgare:* 3-colporat, ± kugelig $(32 \times 29 \mu)$, Colpi ziemlich breit, Ora ± kreisförmig, Exine ca. 3 $\mu$ dick, crassisexinös, dicht retikulat, simplibaculat. Abb. bei ERDTMAN und Mitarb., 1961, Pl. 40, Fig. 3 und 6. *Olea:* Pollen tricolpat, mit großem Polfeld, Exine über $3\frac{1}{2}$ $\mu$ dick. Abb. bei BEUG, Flora *150*, Taf. XIII/43 bis 45 (1961). *Phillyrea angustifolia:* Pollen 3-colporoid, retikulat, simplibaculat, ± kugelig, $23\frac{1}{2} \times 20\frac{1}{2}$ $\mu$. Abb. bei BEUG, Flora *154*, Taf. XII, 20—22 (1962).

Fossilfunde: Pollen von *Fraxinus* wird meist nur in geringen Mengen vor allem in Schichten der Mittleren Wärmezeit gefunden und dann zusammen mit *Quercus, Ulmus* und *Tilia* zur Summe des Eichenmischwaldes gerechnet. Aus mediterranen Ablagerungen beschreibt BEUG (1962 und 1964) auch *Fraxinus ornus*-Pollen. *Ligustrum*-Pollen wird nur ganz selten angegeben, *Olea*-Pollen bisher auch nur vereinzelt aus mediterranen Gebieten. BEUG (1962, 1964) fand in Ablagerungen mediterraner Länder, z.T. recht hohe Mengen von *Phillyrea*-Pollen.

S. 1903 ff.: *Forsythia*

Wichtige Literatur: HYDE, B., 1951: *Forsythia* polyploids. Jour. Arnold Arb. *32*, 155—156. — MARKGRAF, F., 1930: *Forsythia europaea* und die Forsythien Asiens. Mitt. Dtsch. Dendrol. Ges. *42*, 1—12. — O'MARA, J., 1930: Chromosome number in the genus *Forsythia*. Jour. Arnold Arb. *11*, 14—15. — WEIMANN, D., 1950: The Forsythias. Horticult. *42*, 62—63.

Die Gattung, die heute auf Grund anatomischer, embryologischer und cytologischer Befunde zur Unterfamilie der *Jasminoideae* gestellt wird, ist einheitlich diploid mit 2 n = 28 Chromosomen. Für Züchtungszwecke hat man künstlich durch Colchicinierung Polyploide erzeugt und diese mit den diploiden Ausgangsrassen gekreuzt. Triploide Kreuzungsprodukte haben so eine gewisse Bedeutung erlangt, da sie sich auch jederzeit durch Stecklinge vermehren lassen (HYDE, 1951).

Zeile 2 v.u. lies W. FORSYTH.

S. 1906 ff.: *Jasminum*

Wichtige Literatur: BAILEY, L.H., 1940: Neglected Jasminums. Gent. Herb. *4*, 342—348. — DUTT, M., 1952: Chromosome numbers in some ornamental Jasmines. Sci. and Cult. *17*, 527—528. — GREEN, P.S., 1961: Studies in the genus *Jasminum* I. Section *Alternifolia*. Not. Roy. Bot. Garden Edinburgh *23*, 355—384. — SHARMA, A.K. and SHARMA, A., 1958: Analysis of chromosome morphology and possible means of speciation in *Jasminum*. Cytologia *23*, 172—185.

*Jasminum odoratissimum* L. ist in der Umgebung von Monti bei Locarno (Tessin) eingebürgert.

587 *Syringa*

S. 1908 ff.: Wichtige Literatur: CRETZIOU, P., 1938: Die europäischen *Syringa*-Arten. Pflanzenareale, 4. Reihe, Heft 6, 73. — MCKELVEY, S.D., 1928: The Lilac. A monograph (London). — SAX, K., 1930: Chromosome number and behaviour in the genus *Syringa*. Jour. Arnold Arb. *11*, 7—14. — STARCS, K., 1928: Übersicht über die Arten der Gattung *Syringa* L. Mittl. Dtsch. Dendrol. Ges. *40*, 31—52. — TISCHLER, G., 1930: Über die Bastardnatur des persischen Flieders. Zeitschr. Bot. *23*, 150—162. — WEIN, K., 1928: Die Geschichte von

*Syringa persica*. Ein Beitrag zur Geschichte der Pflanzeneinführungen. Mittl. Dtsch. Dendrol. Ges. *40*, 245—257.

Der französische Name ist Lila. Die Untergattung *Eusyringa* muß nach den gültigen Nomenklaturregeln *Syringa*, die var. *genuina* von *Syringa amurensis* var. *amurensis* heißen.

S. 1911: Zu *Syringa persica* L. Die Art wird heute als Bastard zwischen *S. afghanica* und *S. laciniata* angesehen.

S. 1912: Zu Nr. 2221 *Syringa vulgaris* L. Von den rund 500 Züchtungen spielen heute nur ca. 30 Sorten im Handelssortiment eine gewisse Rolle.

### 588 *Phillyrea*

S. 1917 ff.: Wichtige Literatur: ARMENISE, V., 1957: Embryologic development of *Phillyrea latifolia* L. (ital.) Nuov. Giorn. Bot. Ital. *64*, 297—318. — REGEL, C. DE, 1949: Études biometriques sur le genre *Phillyrea*. Mém. Soc. Bot. France 1949, 20—38. — SEBASTIAN, C., 1956: Étude du genre *Phillyrea* Tournefort. Trav. Inst. Sci. Cherif. Ser. Bot. Nr. *6* (Tanger).

S. 1918: Zu Nr. 2222 *Phillyrea latifolia* L. Die var. *typica* muß nach den gültigen Nomenklaturregeln var. *latifolia* heißen.

### 589 *Fraxinus*

S. 1919 ff.: Wichtige Literatur: ABDURAKHMANOV, A. A., 1959: On the taxonomy of the genus *Fraxinus* L. (russ.). Doklady Akad. Nauk. Usbk. SSR *7*. — ANDERSON, E., and WHELDEN C. M., 1936: Studies in the genus *Fraxinus* II. Jour. Heredity *27*, 473—474. — FUKAREK, P., 1956: Contribution à la connaissance du genre *Fraxinus*. C. R. 8e Congr. Int. Bot. Paris 1954, *13*, 63—65. — Soó, R. und SIMON, T., 1960: Bemerkungen über südosteuropäische *Fraxinus* und *Dianthus*-Arten. Acta Bot. Acad. Sci. Hung. *6*, 143—153. — WRIGHT, J. W., 1957: New chromosome counts in *Acer* and *Fraxinus*. Bull. Morris Arb. *8*, 33—34.

Die systematische Abgrenzung der einzelnen unterschiedenen Arten ist auch heute noch ungenügend geklärt und weiterhin umstritten. Fast alle gezählten Arten sind diploid mit 2 n = 46 Chromosomen. Nur bei wenigen Arten z. B. *F. americana* treten mehrere Ploidiestufen (4x, 6x) auf.

Die Untersektion *Eu-Ornus* muß nach den gültigen Nomenklaturregeln *Ornus* heißen.

S. 1922: Zu *Fraxinus pennsylvanica* Marsh. In Bayern in den Eschenbeständen im Kreis Günzburg in über 1000 Stämmen neben *F. excelsior*. An mehreren Stellen tritt sogar Selbstverjüngung ein. Die Wuchsleistung ist allerdings an den feuchten Standorten, meist Altwasserrinnen, gering (vgl. DOPPELBAUR, H., 1964 in Ber. Bayer. Bot. Ges. *36*, 67). Sonst häufig als Alleebaum gepflanzt.

Zu *Fraxinus oxycarpa* Willd. Der gültige Name ist *F. angustifolia* Vahl. Kommt in Österreich im Burgenland, Leitha-Auen bei Zurndorf, bei Weiden am Neusiedler-See vor. Außerdem im östlichen Niederösterreich in den Marchauen und an der Donau bei Wolfsthal. Geht im Nordwesten bis Norditalien, Jugoslawien, Ungarn und südliche Slowakei (vgl. FUKAREK, 1954—1957, KÁRPÁTI, 1956, 1957).

Zu Nr. 2223 *Fraxinus ornus* L.

Wichtige Literatur: KÁRPÁTI, Z., 1958: Die Variabilität der Manna-Esche (*Fraxinus ornus* L.) Acta Bot. Acad. Sci. Hung. *4*, 93—112. KÁRPÁTI unterscheidet die Unterarten ssp. *ornus*, ssp. *garganica* (Ten.) Hegi und ssp. *argentea* (Lois.) Jáv. mit zahlreichen Varietäten und Formen. Die var. *typica* muß nach den gültigen Nomenklaturregeln var. *ornus* heißen. In Nordtirol bei Zirl wildwachsend. In der Schweiz auch im Puschlav (Graubünden) bei Campocologno.

S. 1926 ff.: Zu Nr. 2224 *Fraxinus excelsior* L.

Wichtige Literatur: BOVET, J., 1958: Contribution à l'étude des ,,races ecologiques'' du frêne, *Fraxinus excelsior* L. Schweiz. Zeitschr. Forst. *109*, 536—546. — FUKAREK, P., 1952: Areal der natürlichen Verbreitung der gemeinen Esche (*Fraxinus excelsior* L.) mit besonderer Berücksichtigung ihrer Standorte auf der Balkanhalbinsel (kroat.) Inst. Dendr. fac. agron. forest. Univ. Sarajevensis I, 952, 41—65. — HULTÉN, E., 1942: Studien über *Fraxinus excelsior* L. Acta Bot. Fennica *28*, 1—250 (dort weitere Lit.). — ROHMEDER, E., 1952: Untersuchungen über die Verteilung der Geschlechter bei den Blüten von *Fraxinus excelsior*. Forstwiss. Cbl. *71*, 17—29.

### 590 *Olea*

S. 1934 ff.: Die Sektion *Euelaea* muß nach den gültigen Nomenklaturregeln *Elaea* heißen.

S. 1935: Zu Nr. 2235 *Olea europaea* L.

Wichtige Literatur: BREVIGLIERI, M. e BATTAGLIA, E., 1954: Ricerche cariologiche in *Olea europaea* L. Caryologia *6*, 271—283. — MESSERI, A., 1952: Alcuni dati sulla embriologia e embriogeneri di *Olea europaea* L. Nuov. Giorn. Bot. Ital. *57*, 149—169. — NEWBERRY, E., 1937: On some African species of the genus *Olea* and the original home of the cultivated olive-tree. Proc. Linn. Soc. (London) *150*, 3—17.

Die Ölbaumblätter haben in den letzten Jahren wegen ihrer an Tieren und Menschen nachgewiesenen senkenden Wirkung auf den erhöhten Blutdruck wieder medizinisches Interesse erlangt. Die Wirkung erfolgt durch Gefäßerweiterung, doch herrscht über die eigentlichen Wirkstoffe noch keine völlige Klarheit. In den Blättern wurden bisher im wesentlichen folgende Inhaltsstoffe festgestellt: das Bitterglycosid Oleuropein, eine Monoterpenoidsäure (Oleuropeinsäure), mehrere Flavonoide (bes. Luteolinglukoside), Oleanolsäure (ein Sapogenin), Cholin, höhere Alkohole, Spuren ätherischer Öle, Harz, Tannin, Gallen-

| | |
|---|---|
| | säuren, Carotinoide und Mannit (Vgl. BEJLSMA, J., 1961 in Pharm. Weekbl. *96*, 417; BERGER, F., 1964 in Viertelj. Ztschr. Drogenforsch. *4*: 640 und BOCKOVÁ, H. und Mitarb., 1965 Ref. in Pharm. Zentralh. *104*: 94. |
| S. 1944: | Die Vorarbeiten zu einer Monographie der Gattung *Ligustrum* stammen von R. MANSFELD. |
| S. 1945: | Fig. 2927 ist um 90° gedreht zu betrachten. |
| S. 1946: | Zu Nr. 2226 *Ligustrum vulgare* L. Eine Übersicht über die verschiedenen Wild- und Gartenformen bringt KÁRPÁTI, Z., 1952 in Kert. Kut. Intez. Evkönyve *1*, 103—114. |
| S. 1949: | *Loganiaceae:* Zu *Buddleja variabilis* Hemsley. Der gültige Name ist *B. davidii* Franchet. In der Schweiz eingebürgert (häufig im Tessin, auch vielfach nördlich der Alpen). Auch in Österreich bei Salzburg verwildert. Sonst oft im Pioniergesträuch der Trümmer- und Schuttplätze (z.B. Pforzheim, Köln, Münster). |
| S. 1952: | Zeile 1 v. u. ist hinzuzufügen: BUDDLE (1660—1715). |

## 108. Familie Gentianaceae

| | |
|---|---|
| S. 1953 ff.: | Wichtige Literatur: FAVARGER, C., 1949: Contribution à l'étude caryologique et biologique des Gentianacées. Ber. Schweiz. Bot. Ges. *59*, 62—86. — Ders., 1952: Contribution à l'étude caryologique des Gentianacées II. Ber. Schweiz. Bot. Ges. *62*, 244—257. — GILG, C., 1939: Beiträge zur Morphologie und Systematik der *Gentianoideae-Gentianeae-Erythreinae*. Notizbl. Bot. Garten Berlin-Dahlem *14*, 17—430. — LINDSEY, A. A., 1938: Anatomical evidence for the *Menyanthaceae*. Amer. Jour. Bot. *25*, 480—485. — Ders., 1940: Floral anatomy in the *Gentianaceae*. Amer. Jour. Bot. *27*, 640—651. — LÖVE, D., 1953: Cytotaxonomical remarks on the *Gentianaceae*. Hereditas *39*, 225—235. — LUKAN, M., 1954: Zur Wurzelanatomie unserer Alpenpflanzen II. *Gentianaceae*. Sitzungsber. Akad. Wiss. (Wien), math.-nat., Kl. Abt. I, *163*, 89—107. — MAHESHWARI, D. H., 1962: Embryological studies in *Gentianaceae* (*Gentianoideae* and *Menyanthoideae*). Proc. Ind. Acad. Sci. sect. B, *56*, 22 s. — RORK, C. L., 1949: Cytological studies in the *Gentianaceae*. Amer. Jour. Bot. *36*, 687—701. — WILKIE, D., 1950: Gentians. 2. Aufl. (London). |
| | Die beiden Unterfamilien der *Gentianoideae* und der *Menyanthoideae* werden heute besonders wegen wesentlicher anatomischer und embryologischer Unterschiede als eigene Familien angesehen. Die Menyanthaceen unterscheiden sich auch durch das Fehlen von Gentiopikrin, einem Bitterstoff, der bei den Gentianaceen sehr verbreitet ist. |
| | Pollen: *Menyanthaceae: Menyanthes trifoliata:* Pollen 3-colporoid, prolat ($40 \times 25\ \mu$), Colpi ziemlich breit, mit äquatorialer Einschnürung. Exine ca. 1 $\mu$ dick, tectat, striat. Abb. bei ERDTMAN und Mitarb. 1961, Pl. 39, Fig. 1. *Nymphoides peltata:* Pollen tricolporoid, parasyncolpat, peroblat, $21\frac{1}{2} \times 45\ \mu$, striat. Abb. von *N. indica* bei ERDTMAN 1952, Fig. 109 C. |
| | Fossilfunde: Pollen sowie die typischen Samen von *Menyanthes* werden oft, aber meist nur in geringer Menge zu allen Zeiten des Quartärs gefunden. Der Pollen von *Nymphoides* ist dagegen bisher nur selten angetroffen worden, und zwar in interglazialen und spätglazialen (dort wohl nur sekundär?) Ablagerungen. |
| | *Gentianaceae:* Pollen meist (2- bis) 3- (bis 4-)colporat. *Gentiana pneumonanthe:* Pollen 3-colporat, subprolat bis prolat ($35 \times 26\ \mu$), Colpi ziemlich breit, Ora longat, tectat, striat. Abb. ERDTMAN und Mitarb. 1961, Pl. 27, Fig. 3 und 4. |
| | Die anderen *Gentiana*-Arten sind recht ähnlich, doch hat man auch schon verschiedene Typen unterschieden (IVERSEN, J. in Danm. Geol. Unders. 2, *80*, Kopenh. 1954; ANDERSEN, Sv. TH., Danm. Geol. Unders. 2, *75*, Kopenh. 1961). Siehe auch die Abb. von Pollen von *Gentianella baltica* bei ERDTMAN und Mitarb. 1961, Pl. 27, Fig. 5 und 6); auch *Centaurium*-Pollen ist vom gleichen Typus (Abb. ERDTMAN und Mitarb. 1961, Pl. 27, Fig. 1 und 2). |
| | Fossilfunde: Es werden vereinzelt Funde von Gentianaceen-, *Centaurium*-, *Gentiana*- (evtl. auch bestimmte Arten oder Typen) und *Swertia*-Pollen angegeben. |
| | 592 *Menyanthes* |
| S. 1957: | Einige fossile Arten werden von TRUCHANOWICZÓWNA (Acta Palaeobot. Kraków, *5*: 25—53 [1964]) aus Europa und Asien beschrieben. |
| | Zu Nr. 2227 *Menyanthes trifoliata* L. Zur Verbreitung (Punktkarte) in der ČSSR s. HADAČ, E. und H. RICHTEROVÁ 1966 in Folia Geobot. Phytotax. *2*: 129—144. Zur Ökologie s. HEWETT, D. G., 1964 in J. Ecology *53*: 723—735. |
| S. 1958: | Zeile 12 v. o.: Durchmesser 2,5 mm. |
| S. 1960: | Zeile 4 v. u.: BOCK kannte *Menyanthes*. |
| S. 1961: | Zu 593 *Nymphoides* und *Nymphoides flava* (Synonym zu Nr. 2228 *Nymphoides peltata*), hinter dem Autorennamen HILL ist der Punkt zu streichen. |
| | Zu Nr. 2228 *Nymphoides peltata* (Gmel.) O. Ktze. Durch Meliorationsarbeiten allgemein im Rückgang begriffen. Die Art besitzt wie *Menyanthes trifoliata* $2\ n = 54$ Chromosomen. Vgl. auch DÖHLER, H., 1963: Die Seekanne. Unser einziges wasserbewohnendes Enziangewächs. Kosmos *59*, 254—257. |
| | 595 *Microcala* |
| S. 1964: | Der gültige Gattungsname ist *Cicendia* Adans. |
| S. 1965: | Zu Nr. 2229 *Microcala filiformis* (L.) Link. Der gültige Name ist *Cicendia filiformis* (L.) Del. Die Art ist diploid mit $2\ n = 26$ Chromosomen. |

S. 1966: Zu Nr. 2230 *Blackstonia perfoliata* (L.) Huds.
Wichtige Literatur: CRÉTÉ, P., 1955: Embryogénie des Gentianacées. Développement de l'émbryon chez le *Chlora perfoliata* L. C. R. Acad. Sci. Paris *241*, 1825—1828. — KUNZ, H., 1960: Kleinere kritische Beiträge zur Flora von Basel und Umgebung I. Bauhinia *1*, 163—166. — ROBYNS, A., 1956: Le genre *Blackstonia* en Belgique, au Grand Duché du Luxembourg et aux Pays-Bas. Bull. Jard. Bot. Bruxelles *26*, 253—368. — SCHWIMMER, J., 1931: Der durchwachsene Bitterling (*Blackstonia perfoliata* [L.] Huds.). Heimat. Vorarlb. Monatshefte *12*, 266—268.
Die ssp. *eu-perfoliata* muß nach den gültigen Nomenklaturregeln ssp. *perfoliata* heißen. Die Autoren der ssp. *serotina* sind (Koch) Vollmann. Die var. *acuminata* (Griseb.) Hegi gehört zur ssp. *serotina*. Ein wichtiges Unterscheidungsmerkmal für die beiden Unterarten ist die Länge der Blütenstiele. Bei der ssp. *perfoliata* ca. 1 cm, bei der ssp. *serotina* von 1—4 cm schwankend (vgl. KUNZ 1960). Die beiden Unterarten umfassen je zwei Chromosomenrassen, von denen die diploide (2n = 20) der ssp. *perfoliata* in Griechenland, Calabrien und (?) Portugal, die der ssp. *serotina* in Griechenland und (?) Portugal gefunden wurden, während die betreffenden tetraploiden Sippen (2n = 40) in Zentraleuropa und Mediterrangebiet nachgewiesen wurden (S. ZELTNER, L., 1966 in Bull. Soc. Neuch. Sc. Nat. *89*: 61—73).

596 *Centaurium*

S. 1968 ff.: Wichtige Literatur: GILMOUR, J.S.L., 1937: Notes on the genus *Centaurium*. Kew Bull. *1937*, 497—502. — JONKER, F.P., 1950: Revisie der Nederlandse *Gentianaceae* I. *Centaurium* Hill. Nederl. Kruid. Arch. *57*, 170—198. — MELDERIS, A., 1931: Genetical and taxonomical studies in the genus *Erythraea* Rich. I. Acta Hort. Bot. Univ. Latv. *6*, 123—158. — ROBYNS, A., 1954: Essai d'étude systématique et ecologique des *Centaurium* de Belgique. Bull. Jard. Bot. Bruxelles. *24*, 349—398. — ZELTNER, L., 1961: Contribution à l'étude cytologique des genres *Blackstonia* Huds. et *Centaurium* Hill (Gentianacées). Ber. Schweiz. Bot. Ges. *71*, 18—24. — Ders., 1963: Deuxième contribution à l'étude cytologique des genres *Blackstonia* Huds. et *Centaurium* Hill (Gentianacées). Bull. Soc. Neuch. Sci. Nat. *85*, 83—95. — Ders., 1963: Recherches sur quelques taxa mediterranéens du genre *Centaurium* Hill (Gentianacées). Bull. Soc. Neuch. Sci. Nat. *86*, 93—100.
Eine endgültige systematische Gliederung der sehr formenreichen Arten liegt noch nicht vor. Die Basiszahl der Gattung ist x = 10. *Centaurium vulgare* und *C. minus* sind tetraploid mit 2 n = 40 Chromosomen. Von der letzteren ist als diploide mediterrane Sippe *C. grandiflorum* (2 n = 20) mit vielblütiger, dichter Infloreszenz, großen Blüten und bis 7,8 mm langen, freien Kronzipfeln abzutrennen. *C. tenuiflorum* ist mit 2 n = 20 wohl hybridogen aus *C. pulchellum* und *C. minus*-Formen entstanden. Von *C. pulchellum* existieren verschiedene Cytotypen mit 2 n = 20 (Tunesien), 2 n = 40 (Portugal) und 2 n = 36, hypotetraploid (Frankreich, Holland), wobei Beziehungen zwischen Karyotyp und Morphologie nicht aufgefunden werden konnten (ZELTNER 1963).

S. 1969: Zu Nr. 2231 *Centaurium umbellatum* Gilib. Der gültige Name ist *C. minus* Moench. ROTHMALER (1963) trennt wieder die f. *capitatum* mit auch nach dem Verblühen dicht kopfiger Trugdolde als eigene Art *C. capitatum* (Willd.) Borb. ab, die bisher im Gebiet nur auf Amrum, Sylt und bei Großenbrode nachgewiesen wurde.
Die Verbreitung der drei unterschiedenen Unterarten ssp. *minus*, ssp. *majus* (Lk. et Hffgg.) Schwarz und ssp. *austriacum* (Ronniger) Schwarz ist kaum bekannt. Nach JANCHEN (1959) dürfte in Österreich nur die ssp. *austriacum* vorkommen.
Schlüssel der drei Unterarten (gek. nach ROTHMALER 1963):
1 Krone 12—16 mm lang, Zipfel 6—8 mm lang, Staubbeutel so lang wie die Staubfäden, Kelch beim Aufblühen ½ der Länge der Kronröhre erreichend: ssp. *majus*
1 Krone 10 mm lang, Zipfel 4—5 mm lang
2 Kelch beim Aufblühen so lang wie die Kronröhre. Staubbeutel 1,8—2,6 mm lang: ssp. *austriacum*
2 Kelch beim Aufblühen $^2/_3$ der Länge der Kronröhre erreichend. Staubbeutel 1,2—1,4 mm lang: ssp. *minus*
Zur Morphologie und Anatomie s. ROBYNS, A., 1955 in Verhandl. Kgl. Kl. Acad. Wetensch. *51*, 85s. — und HALMAI, J., 1935 in Bot. Közlm. *32*, 115—125.

S. 1971: Zu Nr. 2232 *Centaurium vulgare* Rafn.
Wichtige Literatur: ROBYNS, A., 1955: Morphology and morphogenesis of the flowering apparatus of *Centaurium minus* Gars. and *C. vulgare* Rafn. Verhandl. Kgl. Acad. Wetensch. *51*, 85s. (fläm.). — STERNER, R., 1940: Polymorfin i om *Centaurium vulgare*-Gruppen. Acta Hort. Goth. *14*, 109—142 (schwed.).
Gliedert sich in die beiden Unterarten ssp. *vulgare* und ssp. *uliginosum* (W. K.) Soó. Letztere am Neusiedler-See häufig. In Deutschland in Brandenburg, Anhalt, Nord- und Mittelthüringen und Braunschweig.

S. 1972: Zu Nr. 2233 *Centaurium pulchellum* (Sw.) Druce. Die var. *meyeri* Bunge wird von O. SCHWARZ als Unterart bewertet: ssp. *meyeri* (Bunge) O. Schwarz.

597 *Swertia*

S. 1973: Zur Systematik der Gattung s. PISSJAMKOVA, V., 1961 in Not. Syst. Herb. Inst. Bot. Komarov Acad. Sci. URSS *21*, 292—313 und *22*, 202—215 (1963).

S. 1977: Zeile 15 v.u. lies *Swertia*.
Zu Nr. 2235 *Lomatogonium carinthiacum* (Wulf.) Rchb. Das Vorkommen in den Funtenseetauern wurde 1948 von MERXMÜLLER bestätigt. Kommt auch am Watzmannhaus vor. In Salzburg in den Leoganger

Steinbergen, am Viehkogl und im Tennengebirge (WEINMEISTER, Linz). Im Ötztal bei Obergurgl. Zur Verbreitung im Wallis s. BECHERER, A., 1956 in Florae Vallesiacae Suppl. S. 351 (Denkschrift. Schweiz. Naturf. Ges. *81*). Die Art ist oktoploid mit 2 n = 40 Chromosomen (FÜRNKRANZ 1965).

### 599 *Gentiana*

S. 1979 ff.: Wichtige Literatur: FAVARGER, C., 1949: Sur les caractères distinctifs de quelques *Gentiana* de la section *Thylacites*. Bull. Soc. Neuch. Sci. Nat. Bull. *7*, 5—13. — Ders., 1953: Sur la germination des Gentianes. Phyton *4*, 275—289. — Ders., 1965: Notes de caryologie alpine IV. Bull. Soc. Neuch. Sci. Nat. *88*, 1—60. — JANCHEN, E., 1953: Beiträge zur Benennung, Verbreitung und Anordnung der Farn- und Blütenpflanzen Österreichs IV. Phyton *5*, 90. — KNUZ H., 1940: Beitrag zur Revision einiger Gentianen. Verhandl. Naturf. Ges. Basel *51*, 1—20. — LÖVE, Á, and LÖVE, D., 1961: Some nomenclatural changes in the European flora. Bot. Not. *114*, 40—41. — MAYER, E., 1954: Pripravljalna dela za floro Slovenije I. *Gentiana* L. sect. *Endotricha* Froel. (slowen.) Slov. Akad. Razpr. II. Ljubljana, 47—74. — PRITCHARD, N. W., 1961: *Gentianella* in Britain. Watsonia *4*, 169—192. — RORK, C. L., 1946: A cytotaxonomic investigation of the genus *Gentiana* and related genera. Cornell Univ. Abstr. Thes. 1945, 180—183. — RYTZ, W., 1933: Neue Standorte von Gentianen aus der Schweiz. Ber. Schweiz Bot. Ges. *42*, 123—134. — SCHARFETTER, R., 1953: Die Gattung *Gentiana* in „Biographien von Pflanzensippen", 312—332. — SCHUSTLER, F., 1961: Some remarks to the system of *Gentiana*. Věstník I., 403 — 444. — SKALISŃKA, M., 1951: Cytological studies in *Gentiana* species from the Tatra and Pieniny Mts. Bull. Acad. Pol. Sci. Ser. B., *1*, 119—136. — TOYAKUNI, H., 1961: Separation de *Comastoma*, genre nouveau d'avec *Gentianella*. Bot. Mag. Tokyo *74*, 198.

Der Gattungsautor ist LINNÉ! Eine grundlegende Revision der europäischen Vertreter der Gattung *Gentiana* steht noch aus, wenn auch eine Reihe von kleineren Bearbeitungen einzelner, kritischer Gruppen (vgl. KUNZ 1940, MAYER 1954) vorliegen. Eine Aufsplitterung in mehrere, sich hauptsächlich durch ihre Chromosomenbasiszahlen unterscheidenden Gattungen nehmen LÖVE und LÖVE (1961) vor. TOYAKUNI (1961) trennt die Arten der Sektion *Comastoma* (*G. tenella* und *G. nana*) als eigene Gattung *Comastoma* ab. Einer genauen cytologischen Analyse stehen einige grundlegende Schwierigkeiten gegenüber. Die Arten keimen meist schlecht und sind oft nicht sehr leicht zu kultivieren. Außerdem sind die Chromosomen meist groß und sehr zahlreich. Im Freiland erfolgt zudem die Reduktionsteilung schon sehr früh im Winter. Die bis jetzt bekannten Basiszahlen der Sektionen und die Chromosomenzahlen (2 n) der Arten sind in folgender Aufzählung zusammengestellt:

Sektion *Coelanthe* (x = 10): *G. lutea, pannonica, purpurea, punctata* (alle 40);
Sektion *Pneumonanthe* (x = 11,13): *G. asclepiadea* (44), *G. pneumonanthe* (26);
Sektion *Frigida* (x = 6, 7): *G. frigida* (24), *G. froelichii* (42);
Sektion *Aptera* (x = 13): *G. cruciata* (52);
Sektion *Chondrophylla* (x = 9): *G. prostrata* (ca. 36);
Sektion *Thylacites* (x = 9): *G. kochiana, clusii* (beide 36);
Sektion *Cyclostigma* (x = 7, 10, 11): *G. verna* (28), *G. nivalis* (14), *G. brachyphylla* (14), *G. orbicularis* (ca. 28), *G. utriculosa* (22), *G. pumila* (20), *G. terglouensis* (ca. 40);
Sektion *Comastoma* (x = 5): *G. tenella, nana* (beide 10);
Sektion *Crossopetalum* (x = 11): *G. ciliata* (44);
Sektion *Endotricha* (x = 9): Alle Arten sind diploid mit 2 n = 36 Chromosomen.

Die Sektion *Eu-Gentiana* Kusnezow muß nach den gültigen Nomenklaturregeln *Gentiana* heißen. Das Schema auf S. 985, Fig. 2959, das die mutmaßliche Entwicklung der Sektion *Cyclostigma* in Mitteleuropa darstellt, gibt nach FAVARGER (1965) nicht den genauen Sachverhalt wieder. Die Trennung der einzelnen Phyla dürfte schon viel früher erfolgt sein.

S. 1988: Zu Nr. 2236 *Gentiana lutea* L. Zur Verbreitung der Art im Alpenvorland s. BRESINSKY, A., 1965 in Ber. Bayer. Bot. Ges. *38* (Punktkarte).

S. 1997: Zu Nr. 2239 *Gentiana pannonica* Scop. Neuerdings an fünf Stellen im Riesengebirge bekannt. Ein autochthones Vorkommen ist aber sehr zweifelhaft (vgl. ŠOUREK, J., 1963 in Preslia *35*, 18—22).

S. 1998: Zu Nr. 2240 *Gentiana asclepiadea* L. Zur Embryologie s. CRÉTÉ, P., 1949 in C. R. Acad. Sci. Paris *228*, 768—770. — Zur Verbreitung im Alpenvorland s. BRESINSKY, A., 1965 in Ber. Bayer. Bot. Ges. *38* (Punktkarte).

S. 1997: Zeile 17 v. u. lies trüb-.

S. 2000: Zu Nr. 2241 *Gentiana pneumonanthe* L. Kommt auf den nordfriesischen Inseln Sylt, Amrum und Föhr vor. Fehlt auf den ostfriesischen Inseln, während sie auf den an der Küste vorgelagerten westfriesischen Inseln wieder vorkommt. Zur Verbreitung in Mitteldeutschland s. Wiss. Z. Univ. Halle, math.-nat., *9*, 178 (1960).

S. 2003: Zu Nr. 2243 *Gentiana froelichii* Jan. Die Art ist mit 2 n = 42 Chromosomen hexaploid und als ein Paläoendemit zu bezeichnen. Die verwandte *G. frigida* ist diploid mit 2 n = 24.

S. 2007: Zu Nr. 2246 *Gentiana clusii* Perr. et Song. Zur Verbreitung im Alpenvorland (Punktkarte) s. BRESINSKY, A., 1965 in Ber. Bayer. Bot. Ges. *38*.

S. 2013: Zu Nr. 2248 *Gentiana alpina* Vill. Zur Verbreitung im Wallis s. BECHERER, A., 1956: Florae Vallesiacae Suppl., 356. Denkschr. Schweiz. Naturf. Ges. *81*. Der Standort heißt Alesse (nicht Allesse). Im Tessin auch am Passo S. Jorio.

Zu Nr. 2249 *Gentiana angustifolia* Vill. Die Angaben aus dem Französischem Jura beruhen auf einer Verwechslung mit *Gentiana clusii*. Die Art dürfte auch für die Schweiz zu streichen sein (BECHERER 1952).

| | |
|---|---|
| S. 2014: | Zu Nr. 2250 *Gentiana verna* L. Die var. *vulgaris* muß nach den gültigen Nomenklaturregeln var. *verna* heißen. |
| S. 2017: | Zu Nr. 2252 *Gentiana brachyphylla* Vill. Ist in Bayern mit Sicherheit noch nicht gefunden worden, da es sich nach MERXMÜLLER (Ber. Bayer. Bot. Ges. *28*, 242 [1950]) bei den Pflanzen aus den Bayerischen Alpen einerseits um Formen der *Gentiana verna* und *G. bavarica*, zum anderen um *Gentiana orbicularis* Schur handelt. In der Schweiz auch in den nördlichen Kalkalpen, z.B. Faulhorngruppe im Berner Oberland. |
| S. 2018: | Zu Nr. 2253 *Gentiana favratii* Rittn. Der gültige Name ist *G. orbicularis* Schur. |
| S. 2020: | Zu Nr. 2254 *Gentiana pumila* Jacq. Zum Vorkommen in den Zentralalpen s. GLANTSCHNIG, T., 1946 in Carinthia *2*, 50—56. Kommt auch in Südtirol (Canale di Primiero) vor. |
| | Zu Nr. 2255 *Gentiana terglouensis* Hacquet. Die var. *schleicheri* Vacc. wird als eigene Art *G. schleicheri* (Vacc.) Kunz abgetrennt. Sie unterscheidet sich auch durch die doppelt so großen Samen von *G. terglouensis*. Vorkommen im Wallis: vielfach in den Alpen südlich der Rhone vom Val de Bagnes östlich bis zum Rappental (s. BECHERER, A., 1956 Florae Vallesiacae Suppl., 354—355. Denkschr. Schweiz. Naturf. Ges. *81*). Die Angaben vom Vorkommen im Tessin beziehen sich nach KUNZ (1940) auf *G. orbicularis* (Pizzo Molare) und *G. brachyphylla* (Pizzo Barone). |
| S. 2023: | Zu Nr. 2257 *Gentiana rostani* Reuter. Ist für die Schweiz zu streichen. Die Angaben beziehen sich auf hochwüchsige Formen von *G. bavarica*. |
| | Zu Nr. 2258 *Gentiana utriculosa* L. Zur Verbreitung im Alpenvorland s. BRESINSKY, A., 1965 in Ber. Bayer. Bot. Ges. *38*. |
| S. 2026: | Zeile 13 v.u. lies 1613; Zeile 3 v.o. lies Niedriger Enzian. Zu Nr. 2060 *Gentiana tenella* Rottboell. Die var. *typica* muß nach den gültigen Nomenklaturregeln var. *tenella* heißen. |
| S. 2029: | Zu Nr. 2263 *Gentiana campestris* L. Die zu der ssp. *campestris* angegebenen Varietäten werden heute als Unterarten bewertet; ssp. *islandica* (Murb.) Vollm., ssp. *suecica* (Froel.) Murb. |
| S. 2032: | Zu Nr. 2264 *Gentiana anisodonta* Borb. Die drei angeführten Varietäten werden heute als Unterarten geführt; ssp. *anisodonta*, ssp. *antecedens* (Wettst.) Hayek, ssp. *calycina* (Wettst.) Hayek. Zur Verbreitung der Unterarten in Slowenien s. MAYER, E., 1954 (loc. cit.). Die Pflanzen aus dem Tessin stellen nach KUNZ (1940) eine eigene Sippe, *G. insubrica* Kunz, dar, die sich durch den straff aufrechten Habitus, den kräftigen Hauptstengel und die viel weniger ungleichen, ungewimperten, am Rand nicht oder noch nicht so stark umgerollten Kelchzipfel von *G. anisodonta* unterscheidet. |
| S. 2034: | Zu Nr. 2266 *Gentiana pilosa* Wettst. Gehört nach KUNZ (1940) in die Verwandtschaft der *G. anisodonta*. Der Fruchtknoten ist deutlich gestielt, alle Stengelblätter sind nicht länger als die Internodien. Eine Punktkarte der Verbreitung in Slowenien bringt MAYER (1954). |
| S. 2035: | Zu Nr. 2267 *Gentiana aspera* Hegetschw. Die drei Varietäten werden heute als Unterarten bewertet; ssp. *aspera*, ssp. *sturmiana* (A. et J. Kerner) Vollm., ssp. *norica* (A. et J. Kerner) Vollm. |
| S. 2036: | Zu Nr. 2268 *Gentiana germanica* Willd. Die ssp. *eu-germanica* muß nach den gültigen Nomenklaturregeln ssp. *germanica* heißen. Als Hochgebirgsrasse von ssp. *germanica* ist die monomorphe ssp. *semleri* Vollm. anzusehen. Sie unterscheidet sich dadurch, daß die Stengelblätter eilänglich und stumpf, die oberen eiförmig und lanzettlich spitz sind. Zur Verbreitung der ssp. *germanica* und ssp. *rhaetica* in Slowenien s. MAYER (1954). |
| S. 2041: | Zu Nr. 2270 *Gentiana austriaca* A. et J. Kerner. Die Varietäten sind als Unterarten zu bewerten und heißen ssp. *austriaca*, ssp. *neilreichii* (Doerfler et Wettst.) Wettst. und ssp. *lutescens* (Velen.) Wettst. *Gentiana austriaca* ist auf dem slowenischen Gebiet wesentlich weiter verbreitet, als bisher angenommen wurde. Zur Verbreitung der Unterarten in Slowenien s. MAYER (1954). |
| S. 2043: | Zu Nr. 2271 *Gentiana praecox* A. et J. Kerner. Gliedert sich im Gebiet in die Unterarten ssp. *praecox* und ssp. *carpathica* Wettst. Die letztere kommt auch in der südlichen Steiermark im Gebiet des Kreuzberges in den Windischen Bühlen vor (MELZER 1962). Die ssp. *depauperata* (Rochel) Jáv. (= f. *depauperata* Rochel) fehlt anscheinend in Österreich, kommt aber in Innerkrain und Slowenien vor. Zur Verbreitung dort s. MAYER (1954). |
| S. 2044: | Zu Nr. 2272 *Gentiana amarella* L. Die Unterart *eu-amarella* muß nach den gültigen Nomenklaturregeln ssp. *amarella* heißen. Die angeführten Varietäten zur ssp. *amarella* werden als eigene Unterarten bewertet: ssp. *lingulata* (Hartm.) und ssp. *axillaris* (F.W. Schmidt) Murb. Die ssp. *uliginosa* (Willd.) Hegi wird heute wieder als eigene Art *G. uliginosa* Willd. angesehen. |

## 109. Familie Apocynaceae

| | |
|---|---|
| S. 2048: | Wichtige Literatur: HEGNAUER, R., 1964: *Apocynaceae* in „Chemotaxonomie der Pflanzen" Bd. III, 124—163. — RAFFAUF, R.F., 1965: Some chemotaxonomic considerations in the *Apocynaceae*. Lloydia *27*, 286—298. — WOODSON, R.E., JR. and MOORE, J.A., 1938: The vascular anatomy and comparative morphology of apocynaceous flowers. Bull. Torrey Bot. Club *65*, 135—166. |
| | Eine neuere systematische Gliederung der Familie wurde von PICHON (in zahlreichen Arbeiten seit 1948) nach dem Bau des Androeceums durchgeführt. Die Unterfamilie der *Echitoideae* muß nach den gültigen Nomenklaturregeln *Apocynoideae* heißen. Die beiden Gattungen *Rauwolfia* und *Vinca* haben in den letzten Jahren dank ihrer spezifisch wirksamen Alkaloide außergewöhnliche medizinische Bedeutung erlangt. |

Obgleich *Rauwolfia serpentina* (L.) Benth. seit mehreren 100 Jahren in der indischen Volksmedizin als Gegenmittel bei Schlangenbissen und Insektenstichen, ferner bei Diarrhoeen, Fieber und Schlaflosigkeit in Gebrauch stand, setzte die intensive wissenschaftliche Erforschung der Inhaltsstoffe erst 1931 ein; 1933 wurde die blutdrucksenkende Wirkung der Droge tierexperimentell und 1949 auch am Menschen erkannt. Unter den zahlreich enthaltenen Alkaloiden des Indol-Carbolin-Typus ist Reserpin das am meisten verwendete und in zahlreichen Arzneispezialitäten gegen Hochdruck enthalten. Neuerdings findet Reserpin wegen seiner stark sedativen Wirkung auch in der Psychiatrie Verwendung. Vor einigen Jahren gelang auch die (allerdings noch nicht wirtschaftliche) Synthese des Reserpins. Die Industrie ist daher nach wie vor auf die Pflanze angewiesen, welche nun in ausgedehnten Kulturen in Indien (*R. serpentina*), Afrika (*R. vomitoria*) und Mittel- und Südamerika (*R. canescens*) gezogen wird.

*Vinca*-Arten insbesondere die auf Madagaskar heimische *Vinca rosea* L. enthalten ebenfalls Indolalkaloide mit depressiver Wirkung auf den arteriellen Blutdruck und solche mit cytostatischer Wirkung. Letztere geht auf die Alkaloide Vincaleucoblastin, Leucocristin u. a. zurück, die in den USA derzeit mit zur Standardbehandlung, besonders der kindlichen Leukämie gehören (KARRER 1965).

### 600 *Vinca*

S. 2051: Wichtige Literatur: PANNOCHIA-LAJ, F., 1937: Sulla poliploidia di *Vinca major* L. rispetto a *Vinca minor* L. Nuovo Giorn. Bot. Ital. N. S. *44*: 340—341. — Ders., 1938: Embriologia e cariologia del genere *Vinca* (*Apocynaceae*) con speciale riguardo al tetraploidismo di *Vinca major* L. e al criptopoliploidismo di *Vinca difformis* Pour. Nuov. Giorn. Bot. Ital. N. S. *45*: 157—188. — Ders., 1939: Poliploidia e criptopoliploidia. Osservazioni sul genere *Vinca*. — Arch. Ital. Anat. Embriol. *41*: 527—549.

*V. minor* und *V. herbacea* sind diploid mit 2 n = 46, *V. major* ist tetraploid mit 2 n = 92 Chromosomen.

### 602 *Vincetoxicum*

S. 2067: Der gültige Gattungsname ist *Alexitoxicum* Saint-Lager.

S. 2068: Zu Nr. 2277 *Vincetoxicum officinale* Moench. Der gültige Name ist nach H. P. FUCHS (Verhandl. Naturf. Ges. Basel *88*, 343—349 [1961]) *Alexitoxicum vincetoxicum* (L.) H. P. Fuchs.

## 110. Familie Asclepiadaceae

S. 2068: Wichtige Literatur: GOOD, R., 1952: An atlas of the *Asclepiadaceae*. New Phytol. *51*, 198—209. — HEGNAUER, R., 1964: *Asclepiadaceae* in „Chemotaxonomie der Pflanzen" Bd. III, 199—223 (dort weitere Literatur. — PARDI, P., 1933: Contributo alla cariologia delle *Asclepiadaceae*. Rendicont. R. Accad. Naz. Lincei, Cl. Sci. Fis. Mat. Nat. VI a, *17*, 1101—1104. — Ders., 1934: Studi sulla cariologia delle *Asclepiadacae*. Nuovo Giorn. Bot. Ital. N. S. *40*, 576—589. — SAWAT, F. M., 1962: Floral morphology of *Secamone* and evolution of pollinating apparatus in *Asclepiadaceae*. Ann. Miss. Bot. Garden *49*, 95—129.

Zeile 4 v. o. lies R. BR.

## 111. Familie Convolvulaceae

S. 2073 ff.: Wichtige Literatur: HEGNAUER, R., 1964: *Convolvulaceae* in „Chemotaxonomie der Pflanzen" Bd. III, 547—561. — KANO, T., 1929: Études cytologiques sur les *Convolvulaceae*. Proc. Crep. Sci. Soc. Jap. *4*, 15—21. — KNIGHT, R. J., 1958: An examination of certain evolutionary trends in the *Convolvulaceae*. Diss. Abstr. *19*, 1175—1176. — RAO, V. S., 1945: Development of the embryo-sac in the *Convolvulaceae*. Jour. Ind. Bot. Soc. *23*, 164—169. — ROBERTY, G., 1953: Genera *Convolvulacearum*. Candollea *14*, 11—60. — SOUÈGES, R., 1937: Embryogénie des Concolvulacées. Développement de l'embryon chez le *Convolvulus arvensis* L. C. R. Acad. Sci. Paris *205*, 813—814. — WOLCOTT, G. B., 1937: Chromosome numbers in the *Convolvulaceae*. Amer. Nat. *71*, 190—192.

Pollen: *Calystegia sepium*: Pollen polypantoporat (mit 15—20 Poren), kugelig (80 $\mu$), Poren rund, mit einem Durchmesser von etwa 8 $\mu$. Exine 5—7 $\mu$, Sexine 4—6 $\mu$ dick, dicht punctitegillat, Tegillum etwa $1\frac{1}{2}$ $\mu$ dick, von an der Spitze verzweigten Bacula getragen (Abb. bei ERDTMAN und Mitarb. 1961, Pl. 18, Fig. 5).

*Convolvulus arvensis*: Pollen 3-colpat, subprolat (70—55 $\mu$). Exine 5—7 $\mu$, Sexine 4—6 $\mu$ dick, punctitegillat (Abb. bei ERDTMAN und Mitarb. 1961, Pl. 19, Fig. 1—4).

*Cuscuta epilinum*: Pollen 3-colpat, selten 4-zono- oder 6-pantocolpat, subprolat ($28 \times 22$ $\mu$) (Abb. bei ERDTMAN und Mitarb. 1952, Fig. 69).

Fossilfunde: Pollen von Convolvulaceen wird nur selten fossil gefunden.

### 603 *Convolvulus*

S. 2078 ff.: Die Untergattung *Euconvolvulus* muß nach den gültigen Nomenklaturregeln *Convolvulus* heißen. Beide Untergattungen werden heute wieder als eigene Gattungen angesehen, die sich auch in ihren Chromosomenbasiszahlen unterscheiden: *Convolvulus* x = 5, *Calystegia* x = 11, 12.

S. 2080: Zu Nr. 2278 *Convolvulus sepium* L. Unter *Calystegia* ist der gültige Name *Calystegia sepium* (L.) R. Br. Die var. *typicus* muß nach den gültigen Nomenklaturregeln var. *sepium* heißen. Die Abb. Fig. 3052 auf S. 2279 ist unzutreffend und zeigt eher *C. silvatica*.

S. 2083: Zu Nr. 2279 *Convolvulus silvaticus* Waldst. et Kit.
Wichtige Literatur: Scholz, H., 1960: Notiz über *Calystegia sylvestris* (Willd.) Roem. et Schult. Willdenowia *2*, 398—401. — Ders., 1961: Ergänzende Mitteilung über Funde der Winde *Calystegia silvatica* = *C. sylvestris*. Natur u. Heimat *21*, 13—14. — Stace, C., 1961: Some studies in *Calystegia*, I. Compatibility and hybridization in *C. sepium* and *C. silvatica*. Watsonia *5*, 88—105. — Ders., 1965: Some studies in *Calystegia* II. Observations on the floral biology of the British inland taxa. Proc. Bot. Soc. Brit. Isles *6*, 21—31.
Unter *Calystegia* ist der gültige Name *C. silvatica* (W. et K.) Griseb. *Convolvulus lucanus* ist als Synonym zu streichen. Eine rosablühende Sippe trennen Brummitt and Heywood (1960) als *Calystegia pulchra* Brummitt and Heywood ab.
Verbreitung von *C. silvatica*: Nachgewiesen aus Schweden, Dänemark, Großbritannien, Niederlande, Deutschland, Schweiz, Österreich. Deutschland: Scheint in Norddeutschland keine ausgesprochene Seltenheit zu sein. Sie bevorzugt mäßig feuchte Ruderalstellen und findet sich dort häufig in Gesellschaft von *Urtica dioica*, *Artemisia vulgaris* und *Sambucus nigra*. Schleswig-Holstein: Börnsen, Kiel, Helgoland; Hamburg; Westfalen: Münster, Meiste bei Rüthen, Siegen, Tecklenburg; Berlin; Sachsen; Niederlössnitz, Dresden; Thüringen: bei Weimar; Bayern: Dachau; Schlesien; Leubus; Pommern: Schönlanke (Trzciankan) am Fließ.
Schweiz: Vielfach im südlichen Tessin.
Österreich: Eingeschleppt bei Hallein, Salzburg.
Diese und die vorhergehende Art sind selbststeril und bilden untereinander einen fertilen Bastard *C.* × *lucanus* (Ten.) G. Don. Alle drei Sippen sind miteinander voll fertil kreuzbar.
Zu Nr. 2080 *Convolvulus soldanella* L.
Wichtige Literatur: Purer, E. A., 1936: Growth behaviour in *Convolvulus soldanella* L. Jour. Ecology *17*, 541—550.
Unter *Calystegia* ist der gültige Name *C. soldanella* (L.) R. Br. Auf Amrum seit 1939 nicht mehr nachgewiesen.

S. 2085: Zu Nr. 2281 *Convolvulus cantabricus* L. Der korrekte Name ist *C. cantabrica* L.

S. 2086: Zu Nr. 2282 *Convolvulus arvensis* L.
Wichtige Literatur: Brown, E. O., 1944: Notes on some variations in field bindweed (*Convolvulus arvensis* L.) Iowa State Coll. Jour. Sci. *20*, 269—276. — Sripling, A. and Smith, F. H., 1960: Anatomy of the seed of *Convolvulus arvensis*. Amer. Jour. Bot. *47*, 386—392.

604 *Cuscuta*

S. 2089 ff.: Wichtige Literatur: Audus, L. J., 1939: Self-parasitism in *Cuscuta*. Ann. Bot. N. F. *3*, 761. — Finn, W. W., 1937: Vergleichende Embryologie und Karyologie einiger *Cuscuta*-Arten. Jour. Inst. Bot. Acad. RSS Ukraine *12*, 83—99 (russ.). — Ders., und Safijowska, L. D., 1933: Zur Embryologie und Karyologie der Gattung *Cuscuta*. Bull. Jard. Bot. Kiew *16*, 61—66. — Fogelberg, S. O., 1938: The cytology of *Cuscuta*. Bull. Torrey Bot. Club *65*, 631—645. — Gaertner, E. E., 1950: Studies of seed germination, seed identification and host relationships in dodders *Cuscuta* sp. Mem. Cornell agric. Exp. Sta. No. 294. — Kindermann, A., 1928: Haustorialstudien an *Cuscuta*-Arten. Planta *5*, 769—784. — Mitrofanova, N. S., 1961: On the significance of the embryo for the taxonomy of the genus *Cuscuta* L. (russ.) Bot. Jour. *46*, 259—262. — Pazourek, J., 1958: Anatomical observation of the parasitism of *Cuscuta*. Preslia *30*, 121—125. — Yuncker, T. G., 1932: The genus *Cuscuta*. Mem. Torr. Bot. Club *18*, 113—331.

S. 2094: Zu Nr. 2283 *Cuscuta epithymus* (L.) Murr. Die korrekte Schreibweise ist *C. epithymum* (L.) Murr. Die ssp. *eu-epithymus* muß nach den gültigen Nomenklaturregeln ssp. *epithymum*, die var. *typica* var. *epithymum* heißen.
Zur Embryologie s. Fedortschuk, W., 1931 in Planta *14*, 94—111. Zur ssp. *trifolii* s. Ooststroom, V., 1951 in Watsonia *2*, 1—7. Die Art parasitiert auch auf einer *Echinopsis*-Art (Cactaceae). Zur Kultur und Physiologie s. Bertossi, F., 1957 in Atti Ist. Bot. Univ. Pavia *14*, 174—192.

S. 2098: Zu Nr. 2284 *Cuscuta stenoloba* Bornm. et Schwarz. Wurde seit 1923 nicht mehr nachgewiesen.

S. 2100: Zu Nr. 2284 *Cuscuta europaea* L.
Wichtige Literatur: Bünning E. und Kautt, R., 1956: Über den Chemotropismus der Keimlinge von *Cuscuta europaea*. Biol. Zbl. *75*, 356—359. — Fritschè, E., Bouillenne-Walrand, M. et Bouillenne, R., 1959: Quelques observations sur la biologie de *Cuscuta europaea* L. Arch. Inst. Bot. Liège *20*, 163—187. — Gertz, O., 1933: Contribution à la liste des hôtes de *Cuscuta europaea* (schwed.) Bot. Not. 1933, 505—508.
Die aufgeführten Varietäten sind als Unterarten zu bewerten, wobei die var. *genuina* nach den gültigen Nomenklaturregeln ssp. *europaea* zu heißen hat; ssp. *nefrens* (Fr.) O. Schwarz und ssp. *viciae* Koch et Schönh.

S. 2102: Zu Nr. 2287 *Cuscuta epilinum* Weihe. In der gesamten Schweiz mit Rückgang des Flachsanbaus am Erlöschen. Zur Verbreitung s. Hartl, D., 1956 in Hess. Flor. Briefe *53*, 2—3.

S. 2106: Zu Nr. 2290 *Cuscuta suaveolens* Seringe. Der Autor schreibt sich Seringe, nicht Séringe!

S. 2108: Zu Nr. 2291 *Cuscuta gronovii* Willd.
Wichtige Literatur: Denffer, D. v., 1948: Über die Bedeutung des Blühtermins der Wirtspflanze von *Cuscuta gronovii* für die Blütenbildung des Schmarotzers. Biol. Cbl. *27*, 175—189.

S. 2109: Zu Nr. 2292 *Cuscuta lupuliformis* Krocker. Die Art hat ihr Areal bedeutend nach Westen und Norden ausgebreitet. In Holland an den Flußläufen von Rhein, Waal und Merwede. In Süddeutschland und Westdeutschland: Kaiserswerth, Wesel, Kamp, im Moseltal, oberhalb Bonn, Beuel, Rhein bei Flersheim, Sieg, Wuppermündung. Als neue Wirtspflanzen wurden *Forsythia intermedia*, *Diervillea hybrida* und *Tamarix tetranda* gefunden (vgl. SCHWINN, F. J., 1963 in Angew. Botanik *37*, 35—41). S. auch HARTL, D., 1966: Ein Beitrag zur Kenntnis von *Cuscuta lupuliformis* KROCKER. Hess. Flor. Briefe *15*, 23—25.

S. 2104: Zu Nr. 2288 *Cuscuta arvensis* Beyrich. Die bei uns eingebürgerte Art ist *C. campestris* Yuncker. *C. arvensis* Beyrich (= *C. pentagona* Engelm. s. str.) ist eine davon verschiedene Art, die bei uns wohl noch nicht eingeschleppt worden ist. Stellt in Jugoslawien einen lästigen Parasiten auf Paprika-Früchten (*Capsicum annuum*) dar. In Österreich im Burgenland (Neusiedler-See); Niederösterreich, Steiermark, Salzburg, Nordtirol und Vorarlberg eingeschleppt. In Mitteldeutschland im Gebiet von Wittenberg und Jüterbog eingebürgert und auf Wirtspflanzen zahlreicher Familien schmarotzend.

## 112. Familie Polemoniaceae

S. 2111 ff.: Wichtige Literatur: DAWSON, M. L., 1936: The floral morphology of the *Polemoniaceae*. Jour. Bot. *23*, 501—511. — FLORY, W. S., 1937: Chromosome numbers in the *Polemoniaceae*. Cytologia, Fuji Jub. *1*, 171—180. — GRANT, V., 1959: Natural history of the *Phlox* family. Syst. Bot. Vol. 1 (The Hague). — V. GRANT and K. A. GRANT, 1965: Flower pollination in the *Phlox* family (New York). — SOUÈGES, R., 1939: Embryogénie des Polemoniacées. Développement de l'embryon chez le *Polemonium coeruleum*. C. R. Acad. Sci. Paris *208*, 1228—1340. — SUNDAR, R. Y., 1940: Male and female gametophytes of *Polemonium caeruleum* L. with discussion on the affinities of the family *Polemoniaceae*. Proc. Natl. Inst. Sci. India *6*, 695—704. — WHERRY, E. T., 1955: The genus *Phlox*. Morris Arb. *3*, 1—174.

*605 Polemonium*

S. 2114: Wichtige Literatur: CLAUSEN, J., 1931: Genetic studies in *Polemonium* III. Preliminary account in the cytology of species and specific hybrids. Hereditas *15*, 62—65. — DAVIDSON, J. F., 1950: The genus *Polemonium* (Tournefort) L. Univ. Calif. Publ. Bot. *23*, 209—292. — VASILJEV, V. N., 1953: Notes on the systematics and the geography of the genus *Polemonium* (russ.) Bot. Herb. Komar. Inst. *15*, 214—228.

S. 2114: Zu Nr. 2293 *Polemonium caeruleum* L. Die ssp. *vulgare* muß nach den gültigen Nomenklaturregeln ssp. *caeruleum* heißen. Die Art ist diploid mit 2 n = 18 Chromosomen. In der Schweiz urwüchsig nur in Graubünden.
Pollen: Poly-pantoporat, mit etwa 50 Poren, kugelig, Durchmesser um 45 $\mu$. Poren kreisrund, ca. 2½ $\mu$ im Durchmesser. Exine ca. 5 $\mu$ dick, Sexine etwa so dick wie die Nexine, crassitectat, Tectum mit dicht stehenden, gewundenen, wurmförmigen Streifen (Abb. bei ERDTMAN und Mitarb. 1961, Pl. 45, Fig. 1 und 2).
Der Pollen wird nicht selten, aber meist nur vereinzelt besonders in spätglazialen Ablagerungen gefunden; man hat versucht, einen *P. caeruleum*- und einen *P. boreale*-Typ zu trennen.

S. 2119: Zu *Phacelia tanacetifolia* Benth. Die var. *genuina* muß nach den gültigen Nomenklaturregeln var. *tanacetifolia* heißen.

## 113. Familie Boraginaceae

S. 2122 ff.: Wichtige Literatur: BIDER, J., 1935: Beiträge zur Pharmakognosie der Boraginaceen und Verbenaceen. Vergleichende Anatomie des Laubblattes. Diss. (Basel). — BRAND, A., 1931: *Borraginaceae-Borraginoideae-Cryptantheae*. Pflanzenreich *97*, 1—236. — BRITTON, D. M., 1951: Cytogenetic studies on the *Boraginaceae*. Brittonia *7*, 233—256. — GUŞULEAC, M., 1929: Le systeme des Borraginées. I. Congr. Naturhist. Rum. Cluj. — HEGNAUER, R., 1964: *Boraginaceae* in „Chemotaxonomie der Pflanzen" Bd. III, 288—306. — JOHNSTON, I. M. (seit 1923 in zahlreichen Arbeiten): Studies in the *Boraginaceae*. — SCHAEFER, H., 1942: Die Hohlschuppen der Boraginaceen. Bot. Jb. *72*, 303—346. — SINGH, C. N., 1931: Studies in the morphology of pollen grains. I. *Boraginaceae*. Jour. Ind. Bot. Soc. *10*, 38—42. — SOUÈGES, R., 1938: Embryogénie des Borraginacées. Développement de l'embryon chez l'*Echium vulgare* L. C. R. Acad. Sci. Paris *207*, 871—872. — Ders., 1941: Embryogénie des Borraginacées. Développement de l'embryon chez le *Symphytum officinale* L. C. R. Acad. Sci. Paris *212*, 245—246. — STREY, M., 1931: Karyologische Untersuchungen an *Borraginoideae*. Planta *14*, 683—730. — TARNAVSCHI, J. T. und RADULESCU, T., 1960: Morphologische Untersuchungen über die Mikrosporen der Boraginaceen aus der Flora Rumäniens (rum.). Stud. Sci. Cern. Biol. B. veg. *12*, 73—93.

Die Familie umfaßt heute ca. 100 Gattungen mit rd. 2000 Arten, die sich auf fünf Unterfamilien: *Cordioideae, Ehretiooideae, Meliotropioideae, Boraginoideae* und *Wellstedioideae* verteilen, die z. T. (Unterfamilie 1—3) als eigene Familie der *Heliotropiaceae* abgetrennt werden oder alle als selbständige Familien behandelt werden. Den Versuch einer natürlichen Gliederung bringt JANCHEN, E., 1958 im Catal. flor. Austr. 462—463:

Gliederung nach JANCHEN (1958):
Unterfamilie I. *Heliotropioideae*
    Tribus 1. *Heliotropieae: Heliotropium*
Unterfamilie II. *Boraginoideae*
    Tribus 2. *Lithospermeae*
        Subtribus 2a. *Cerinthinae: Cerinthe*
        Subtribus 2b. *Onosminae: Onosma*
        Subtribus 2c. *Echiinae: Echium*
        Subtribus 2d. *Lithosperminae: Lithospermum, Myosotis*
    Tribus 3. *Eritricheae* (= *Cryptantheae*): *Eritrichium, Lappula* (incl. *Hackelia*), *Asperugo*
    Tribus 4. *Cynoglosseae: Omphalodes, Cynoglossum*
    Tribus 5. *Anchuseae*
        Subtribus 5a. *Anchusinae: Pulmonaria, Nonnea, Anchusa, Lycopsis*
        Subtribus 5b. *Symphytinae: Symphytum*
        Subtribus 5c. *Boragininae: Borago.*

Pollen: *Anchusa officinalis:* Pollen 3- bis 4-colporat, synclinorat, brevi-colpat, subprolat bis gleichachsig. Äquatoransicht ($37 \times 35\ \mu$). Colpi schmal, Exine ca. $1\frac{1}{2}\ \mu$ dick, um die Ora stellenweise 3—4 $\mu$. Tectat, glatt oder scabros. Abb. bei ERDTMAN und Mitarb. 1961, Pl. 8, Fig. 1 und 2. *Asperugo procumbens:* 3-colporat, 11 $\mu$, prolat. *Borago officinalis:* Polycolporat, meist um 10 Colpi, subprolat, $31 \times 27\ \mu$. Abb. bei ERDTMAN und Mitarb. 1961, Pl. 8, Fig. 3 und 4, ERDTMAN 1952, Fig. 35. Sowie STIX, E., 1964 in Grana pal. 5, 24—32. *Cynoglossum officinale:* 3-colporat, prolat, 11 $\mu$ lang. *Echium vulgare:* 3-colporat, prolat, 19 $\mu$ lang. *Lappula deflexa:* 3-colporat, prolat, 10 $\mu$ lang. *Lithospermum arvense:* 3-colporat, prolat, 15 $\mu$ lang. *Myosotis silvatica:* 3-colporat, prolat, sehr klein um 5 $\mu$ lang, in Äquatoransicht $\pm$ rechteckig. Abb. bei ERDTMAN 1952, Fig. 34 D. *Pulmonaria officinalis:* 4-colporat, prolat bis $\pm$ gleichachsig, 31 $\mu$ lang. *Symphytum officinale:* 8-colporat, subprolat, um 25 $\mu$ lang.

Fossilfunde von Pollen nur ganz vereinzelt, meist nur bis zur Familie bestimmt, manchmal auch Gattungsbestimmung versucht: *Borago, Echium, Lithospermum, Myosotis, Onosma* (mediterran), *Pulmonaria* und *Symphytum.*

### 607 *Heliotropium*

S. 2130: Die Sektion *Eu-Heliotropium* muß nach den gültigen Nomenklaturregeln *Heliotropium* heißen. *H. peruvianum* und *H. supinum* sind diploid mit 2 n = 18, bzw. 16 Chromosomen. *H. europeum* ist tetraploid mit 2 n = 32 Chromosomen.

S. 2132: Zu Nr. 2295 *Heliotropium europaeum* L. Zur Embryologie s. PITOT, A., 1939 in Bull. Soc. Bot. France *85*, 690—696.

### 608 *Eritrichium*

S. 2133: Nach LECHNER-POCK (1956) ist die korrekte Schreibweise *Eritrichum.*

S. 2134: Zu Nr. 2296: *Eritrichium nanum* (All.) Schrad. Die Systematik, Morphologie und Verbreitung (Punktkarte) der Art und ihrer Verwandten s. LECHNER-POCK, L., 1956 in Phyton *6*, 98—206.

S. 2136: Zeile 9 v.o. lies: Fig. 3.
Zu Nr. 2297 *Asperugo procumbens* L. Steigt im Wallis oberhalb Zermatt bis 2565 m.

S. 2139: Zu *Lappula echinata* Gilib. Der gültige Name ist *L. myosotis* Moench.

### 611 *Omphalodes*

S. 2142: Die Sektion *Euomphalodes* muß nach den gültigen Nomenklaturregeln *Omphalodes* heißen. *O. verna* ist tetraploid mit 2 n = 48 Chromosomen.

S. 2144: Zu Nr. 2300 *Omphalodes scorpioides* (Haenke) Schrank. Kommt in Bayern auch in der Oberpfalz bei Burglengenfeld und bei Penck an der Naab vor. In Thüringen nur an der Rothenburg. Zur Verbreitung in Bayern (Punktkarte) s. GAUCKLER, K., 1950 in Ber. Bayer. Bot. Ges. *28*, 239.

S. 2145: Zu Nr. 2301 *Omphalodes verna* Moench. Die Angaben aus Kärnten (Klagenfurt und Feldkirch) beziehen sich auf kultivierte Pflanzen.

### 612 *Cynoglossum*

S. 2147: Wichtige Literatur: RIEDL, H., 1962: Bemerkungen über *Cynoglossum coelestinum* Lindl. und *C. glochidiatum* Wallr., sowie Versuch einer Neugliederung der Gattung *Cynoglossum* L. Österr. Bot. Zeitschr. *109*, 385—394.
Die im Gebiet vorkommenden und gezählten Arten sind alle diploid mit 2 n = 24 Chromosomen.

S. 2148: Zu Nr. 2302 *Cynoglossum germanicum* L. Kommt in der Schweiz nur im Jura (Neuenburg, Bern, Solothurn, für Basel heute zweifelhaft) vor, alle übrigen Angaben beziehen sich auf *Cynoglossum officinale.*

S. 2149: Zu Nr. 2303 *Cynoglossum officinale* L. *C. hungaricum* Simonk. ist als gute, von *C. officinale* durch die rauhe Behaarung der schmaleren Blätter und die gleichmäßige Bestachelung der Klausen unterschiedene Art anzusehen, die im pannonischen Gebiet Österreichs sicher ursprünglich ist. Im Burgenland am Hackelsberg bei Jois, am Kalvarienberg von Neusiedl am See und bei Siegendorf. In Niederösterreich in der Weikendorfer Remise im Marchfeld und bei Hardegg an der Thaya.

### 613 *Lithospermum*

S. 2153: Wichtige Literatur: JOHNSTON, I. M., 1952: Studies in the *Boraginaceae*. 24. A survey of the genus *Lithospermum*. Jour. Arnold Arb. *33*, 299—366. — Ders., 1953: dto. 25. A revaluation of some genera of the *Lithospermeae*. dto. *34*, 258—299. — Ders., 1954: dto. 27. Some general observations concerning the *Lithospermeae*. dto. *35*, 158—166. — STROH, G., 1938: Vorläufiges Verzeichnis der altweltlichen Arten der Gattungen *Lithospermum* und *Lithodora*. Beih. Bot. Cbl. *58*, Abtl. B., 203—214.

Die Gattung *Lithospermum* im alten Umfang ist (1953, 1954) in mehrere Gattungen aufgeteilt, so daß sich bei den hier angeführten Arten einige Umstellungen ergeben. Zur Gattung *Buglossoides* werden gestellt: *L. tenuiflorum* L. f. = *B. tenuiflorum* (L. f.) Johnst.; *L. apulum* (L.) Vahl = *B. apulum* (L.) Johnst.; *L. arvense* L. = *B. arvense* (L.) Johnst.; *L. purpureo-coeruleum* L. = *B. purpureo-coeruleum* (L.) Johnst. Zur Gattung *Lithodora* werden *Lithospermum rosmarinifolium* Ten. = *Lith. rosmarinifolia* (Ten.) Johnst. und *L. fruticosum* L. = *Lith. fruticosa* (L.) Griseb. gestellt.

*Lithospermum arvense* und *officinale* sind diploid mit $2n = 28$, *L. purpureo-coeruleum* ist diploid mit $2n = 16$ Chromosomen.

S. 2158: Zu Nr. 2307 *Lithospermum arvense* L. Zur f. *coerulescens* (von de CANDOLLE als var. *coerulescens* beschrieben!) s. HANELT, P. und SCHULTZE-MOTEL, J., 1962 in Kulturpflanze *10*, 122—131. Danach nimmt die Sippe, die möglicherweise einen höheren Rang verdient, gegenüber der weitverbreiteten weißblühenden Unkrautsippe eine ursprüngliche Stellung ein.

### 614 *Myosotis*

S. 2159 ff.: Wichtige Literatur: GEITLER, L., 1936: Vergleichend-zytologische Untersuchungen an *Myosotis*. Jahrb. wiss. Bot. *83*, 707—724. — GRAU, J., 1964: Karyotypphylogenie bei *Myosotis*. Ber. Dtsch. Bot. Ges. *77*. (99)—(101). — Ders., 1964: Die Zytotaxonomie der *Myosotis alpestris* und *Myosotis silvatica*-Gruppe in Europa. Österr. Bot. Zeitschr. *111*, 561—617. — HÜLPHERS, A., 1927: *Myosotis*-Studier. Svensk Bot. Tidskr. *21*, 63—72. — MERXMÜLLER, H. und GRAU, J., 1963: Chromosomenzahlen aus der Gattung *Myosotis* L. Ber. Dtsch. Bot. Ges. *76*, 23—29. — SCHUSTER, R., 1963: Die Gattung *Myosotis* in W. ROTHMALER, Krit. Ergänzungsb. zur Flora von Deutschland, 258—261. — STROH, G., 1941: Die Gattung *Myosotis* L. Versuch einer systematischen Übersicht über die Arten. Beih. Bot. Cbl. *61*, Abtl. B., 317—345. — VESTERGREN, T., 1930: Über den Verwandtschaftskreis der *Myosotis versicolor* (Pers.) Sm. Svensk Bot. Tidskr. *24*, 449—467. — Ders., 1938: Systematische Beobachtungen über *Myosotis silvatica* (Ehrh.) Hoffm. und verwandte Formen. Ark. Bot. *29 A*, 1—39.

Die Sektion *Eumyosotis* muß nach den gültigen Nomenklaturregeln *Myosotis* heißen.

S. 2161: Zu Nr. 2308 *Myosotis scorpioides* L. em. Hill. Der gültige Name ist *M. palustris* (L.) Nath. Eine endgültige Gliederung des sehr formenreichen Polyploidkomplexes liegt noch nicht vor. Die Sippen um *M. palustris* lassen sich sowohl morphologisch als auch cytologisch auf zwei Untergruppen, die vorwiegend westatlantischen Sippen wie *M. sicula, stolonifera* etc. und die mitteleuropäischen Sippen verteilen. Letztere zeigen eine abweichende, wohl abgeleitete Grundzahl von $x = 11$, auf der eine umfangreiche und vielgestaltige Polyploidreihe aufbaut, die über alle Zwischenstufen bis zur oktoploiden Stufe ($2n = 88$) gelangt. Eine vorläufige Anordnung der mitteleuropäischen Arten bringt SCHUSTER (loc. cit. 1963), auf dessen Bestimmungsschlüssel hier verwiesen werden muß. Die hier angeführte (S. 2164) ssp. *caespititia* (DC.) Baumann wird als eigene Art *M. rehsteineri* Wartmann geführt. Diese präalpine Sippe mit stark disjunktem Areal (Karte bei BRESINSKY, A., 1965 in Ber. Bayer. Bot. Ges. *38*) wurde 1963 am Starnberger-See gefunden, der damit zugleich der nördlichste und östlichste Fundort ist (s. BRESINSKY, A. und GRAU, J., 1963 in Ber. Bayer. Bot. Ges. *36*, 64). Die Fundorte am Genfer-, Luganer- und Langensee sind erloschen (BECHERER in litt.).

S. 2165: Zu Nr. 2309 *Myosotis silvatica* (Ehrh.) Hoffm. Für die *M. silvatica*- und *alpestris*-Gruppe liegt eine genaue cytotaxonomische Bearbeitung für die europäischen Sippen von GRAU (1964, loc. cit.) vor. Danach bilden die in Europa lebenden Vertreter der beiden Gruppen zwei, sowohl morphologisch als auch cytologisch gut getrennte Komplexe, deren gemeinsame Basiszahl wahrscheinlich $x = 12$ ist. Die *silvatica*-Gruppe gliedert sich in die beiden Formenkreise um *M. silvatica* und *M. decumbens* Host und stellt einen alten Komplex dar, dessen Differenzierung durch absteigende Dysploidie, sowie durch Polyploidisierung kombiniert mit Dysploidie erfolgte, während die *M. alpestris*-Gruppe speziell in den Alpen einen jungen Polyploidkomplex bildet. Natürliche Hybriden sind selten. Die angeführten Bastarde dürften in der Mehrzahl aberrante Formen des einen angeblichen Elters sein.

Schlüssel für die im Gebiet vorkommenden Sippen der *M. silvatica*- und *M. decumbens*-Formenkreise (nach GRAU 1964):

1 Stengelblätter breit lanzettlich, Grundblätter kaum gestielt, Kelch so lang oder länger als die Kronröhre. Abstehende Hakenhaare des Kelches um 0,2 mm lang, Klausen unter 1,6 mm lang mit kleiner runder Ansatzfläche, Fruchtstiele meistens 5 mm lang:     1. *M. silvatica*

1 Stengelblätter eiförmig, Grundblätter lang gestielt, Kelch oft wenig oder bedeutend kürzer als der Krontubus und die Kelchzipfel dann dreieckig. Abstehende Hakenhaare des Kelches 0,4—0,6 mm lang. Klausen mindestens 2 mm lang, mit ovaler Ansatzfläche, Fruchtstiele meist nur 3 mm lang
  2 Kronröhre nur wenig länger oder kürzer als der Kelch:          2. *M. decumbens* ssp. *decumbens*
  2 Kronröhre doppelt so lang wie der Kelch
    3 Antheren die Krone überragend:          3. *M. decumbens* ssp. *variabilis*
    3 Antheren die Kronröhre nicht überragend:          4. *M. decumbens* ssp. *kerneri*

Verbreitung der einzelnen Sippen:

1. *M. silvatica* (Ehrh.) Hoffm. ssp. *silvatica* (2 n = 18): Eine genaue Verbreitungskarte für diese weitverbreitete Typusunterart läßt sich noch nicht geben. Ihr Areal reicht im Westen über Nordfrankreich bis nach Großbritannien, im Norden geht sie bis nach Südschweden und im Osten scheint sie weit nach Rußland hineinzureichen, während sie im Süden durch die Alpen bis in den Nordapennin verbreitet ist.

2. *M. decumbens* Host ssp. *decumbens* (2 n = 32): Nachgewiesen aus England, Deutschland, Frankreich, Schweiz, Italien, Österreich, Norwegen, Finnland, Schweden und Jugoslawien. In den Alpen scheint die Art gegen Nordosten eine Linie nicht zu überschreiten, die vom Bodensee über den Brenner nach Ljubljana führt.

3. *M. decumbens* ssp. *variabilis* (Angelis) Grau (2 n = 32): Österreich: Steiermark: Tanzmeistergraben; Rumänien: Siebenbürgen.

4. *M. decumbens* ssp. *kerneri* (D.T. et Sarnth.) Grau (2 n = 32): Das Vorkommen dieser Sippe nur in der Kontaktzone zwischen der ssp. *variabilis* und der ssp. *decumbens* und Kreuzungsversuche lassen vermuten, daß es sich dabei um einen intermediären Bastard zwischen den beiden Sippen handelt. Österreich: Nordtirol, Lungau, Oberösterreich, Steiermark.

Schlüssel für die im Gebiet vorkommenden Sippen der *M. alpestris*-Gruppe (nach GRAU 1964):
1 Fruktifizierende Pflanzen mindestens 35 cm hoch, Klausen breit (2,2 × 1,6 mm). Blüten leuchtend blau:          2. *M. alpestris* ssp. *alpestris* var. *elatior*
1 Fruktifizierende Pflanzen höchstens 25 cm hoch
  2 Klausen mit nach unten ausgezogener Ansatzstelle (2,3 × 1,5 mm) und angedeutetem Randsaum. Kelch schwach hakenhaarig, zur Fruchtzeit vergrößert (6 mm). Blüten hellblau:
         3. *M. alpestris* var. *macrocarpa*
  2 Klausen ohne nach unten ausgezogene Ansatzfläche
    3 Kelch glatt anliegend seidenhaarig, Rosettenblätter schmal gestielt (1 mm breit):     5. *M. stenophylla*
    3 Kelch schuppig behaart, Rosettenblätter, wenn gestielt, mit mindestens 2 mm breitem Stiel
      4 Rosettenblätter deutlich gestielt. Fruchtende Pflanze höher als 15 cm:     1. *M. alpestris* ssp. *alpestris*
      4 Rosettenblätter zungenförmig, fast ungestielt. Fruchtende Pflanze höchstens 10 cm hoch:
         4. *M. alpestris* var. *exscapa*

1. *M. alpestris* F.W. Schmidt ssp. *alpestris* (2 n = 24, 48, 72, 70): Frankreich, Schweiz, Italien und Deutschland. Fast im gesamten Alpengebiet, in den Pyrenäen, im Apennin und vereinzelt in Großbritannien.

2. *M. alpestris* var. *elatior* Gaudin (2 n = 48): Frankreich, Italien (Sellajoch), Österreich. Die Angabe, daß die Sippe in der subalpinen Stufe (bis nach Franken) häufig sein soll (S. 2168), muß auf einer Verwechslung mit *M. silvatica* beruhen (GRAU 1964).

3. *M. alpestris* var. *macrocarpa* Vestergren (2 n = 24): Schweiz, Italien, Österreich.

4. *M. alpestris* var. *exscapa* (DC.) Roem. et Schult. (2 n = 24): Schweiz, Italien.

5. *M. stenophylla* Knaf (2 n = 48): Österreich: Steiermark (Gulsen), Niederösterreich: Mitterbachgraben bei Aggsbach, Burgenland: Große und Kleine Plischa.

S. 2171: Zu Nr. 2311 *Myosotis collina* Hoffm. Der gültige Name ist *M. ramosissima* Rochel (vgl. STROH, G., 1930 in Notizbl. Bot. Gart. Mus. Berlin-Dahlem *12*, 421).

S. 2172: Zu Nr. 2312 *Myosotis micrantha* Pallas. Steigt im Wallis oberhalb Zermatt bis 2616 m. Die Angabe hinter Kanton Basel („um die Stadt ziemlich häufig") ist zu streichen.

S. 2173: Zu Nr. 2313 *Myosotis lutea* (Cav.) Pers. Die mitteleuropäische Sippe muß *M. versicolor* (Pers.) J.M. Smith heißen, da die echte *M. lutea* auf die Pyrenäenhalbinsel beschränkt ist (vgl. VESTERGREN, T., 1930 Svensk Bot. Tidskr. *24*, 449—467).

S. 2175: Zu Nr. 2314 *Myosotis sparsiflora* Mikan. Die Fundorte an der Naab bei Burglengenfeld und bei Penck beziehen sich auf *Omphalodes scorpioides*. Die Art wurde 1939 von HEPP in Bayern am niederbayerischen Inntalhang bei Neuburg gefunden, wo sie heute noch vorkommt.

615 *Onosma*

S. 2177: Wichtige Literatur: JÁVORKA, A., 1928: Hungarian species of *Onosma* (engl. Übers. von LACAITA). Jour. Bot. *66*, 1—9, 57—75. — JOHNSTON, I.M., 1954: Studies in the *Boraginaceae*. 26. *Onosma*. Jour. Arnold Arb. *35*, 73—78. — POPOV, M., 1951: Ad cognitionem meliorem generis *Onosma* L. Not. Syst. Herb. Inst. Bot. Nom. Komar. Acad. Sci. URSS *14*, 287—304. — RIEDL, H., 1962: Beiträge zur Kenntnis der Gattung

*Onosma* in Asien. Österr. Bot. Zeitschr. *109*, 213—249. — STROH, G., 1939: Die Gattung *Onosma* L. Versuch einer systematischen Kodifizierung der Arten. Beih. CBL. Abtl. B. *59*, 430—454.

Die Chromosomenzahlen folgender, im Gebiet vorkommender Arten wurden bis jetzt bestimmt: *O. arenaria* ssp. *arenaria* (2 n = 12); *O. tridentina* (2 n = 14).

S. 2179: Zu Nr. 2315 *Onosma echioides* L. em. Gren. et Godr. Der gültige Name ist *O. fastigiata* (Braun-Bl.) Lacaita. Im Gebiet nur die ssp. *vaudensis* (Gremli) Breistr.

S. 2180: Zu Nr. 2316 *Onosma arenaria* W. K. Die ssp. *pyramidata* Br.-Bl. muß als Typusunterart ssp. *arenaria* heißen. Die ssp. *pennina* findet sich auch im westlichen Teil des Pfynwaldes und bei Stalden im Wallis.

S. 2183: Zu Nr. 2317 *Onosma visianii* Clementi. Im Gebiet nur die ssp. *visianii*.

S. 2184: Zu Nr. 2318 *Onosma pseudorarenaria* Schur em. Br.-Bl. Die var. *eutridentina* muß nach den gültigen Nomenklaturregeln var. *tridentina* heißen.

S. 2185: Zu Nr. 2319 *Onosma taurica* Willd. Die ssp. *helvetica* (Boiss.) Br.-Bl. wird wieder als eigene Art *O. helvetica* Boiss. bewertet. Die ssp. *dalmatica* (Scheele) Br.-Bl. wird von HAYEK (1931) als subvar. *dalmatica* (Scheele) Hayek zur ssp. *javorkae* (Simonk.) Hayek von *O. aucheriana* DC. gestellt. Die Westgrenze von *O. taurica* soll das westliche Küstengebiet des ägäischen Meeres sein, so daß die von BRAUN-BLANQUET zu der Art eingezogenen Unterarten westlich des davon befindlichen Areals anders anzuordnen sind (s. LACAITA, C., 1924 in Nuov. Giorn. Bot. Ital. N.S. *3*, 18—35).

### 616 *Cerinthe*

S. 2186: *C. glabra* und *C. minor* sind diploid mit 2 n = 18, *C. major* ist diploid mit 2 n = 16 Chromosomen.

### 617 *Echium*

S. 2192 ff.: Wichtige Literatur: KLOTZ, G., 1962: Zur Systematik und Nomenklatur einiger *Echium*-Arten. I. Wiss. Z. Univ. Halle, math.-nat. *11*, 293—302. — Ders., 1962: Zur Systematik und ... II. dto. *11*, 703—711. — Ders., 1962: Zur Systematik und ... III. dto. *11*, 1087—1104. — Ders., 1963: Die *Echium*-Arten der ČSSR. Wiss. Z. Univ. Halle, math.-nat. *12*, 137—142. — LITARDIÈRE, R., D., 1943: Recherches caryologiques et cyto-taxonomiques sur les Boraginacées. Boissiera *7*, 155—165.

Die meisten gezählten Arten sind diploid mit 2 n = 16 Chromosomen. *E. vulgare* ist tetraploid mit 2 n = 32, *E. russicum* (= *E. rubrum*) diploid mit 2 n = 24 und *E. italicum* diploid mit 2 n = 16 Chromosomen. Zu *Echium plantagineum* L. Der gültige Name ist *E. lycopsis* Grufberg.

S. 2193: Zu Nr. 2322 *Echium vulgare* L.
Wichtige Literatur: JAEGER, P., 1949: Sur la structure florale, l'anthecinétique et la mechanisme de la pollination de la viperine (*Echium vulgare* L.). Ann. Univ. Montpellier Suppl. Sci. Ser. Bot. *4*, 47—57.

S. 2196: Zu Nr. 2323 *Echium rubrum* Jacq. Der gültige Name ist *E. russicum* J. F. Gmelin. Eine Punktkarte der Verbreitung in der ČSSR bringt KLOTZ, G., 1963 in Wiss. Z. Univ. Halle, math.-nat. *12*, 140.

### 618 *Anchusa*

S. 2197: Wichtige Literatur: GUŞULEAC, M., 1927: Die europäischen Arten der Gattung *Anchusa*. Bul. Fac. St. Cern. Cluj. *I.*, 73—123. — Ders., 1929: Species *Anchusae* generis L. hucusque cognitae. Repert. Spec. Nov. *26*, 286—322.

Zu *Anchusa ochroleuca* M.B. Findet sich eingeschleppt in Niederösterreich, Wiener Becken: Bahndamm bei Gramat-Neusiedl, östliches Weinviertel: zwischen Grub und Ebental.

Zu *Anchusa hybrida* Ten. In und um Mülhausen (Elsaß) seit Jahren eingebürgert und sich stark ausbreitend.

S. 2199: Zu Nr. 2325 *Anchusa officinalis* L. Die var. *vulgaris* muß nach den gültigen Nomenklaturregeln var. *officinalis* heißen. *A. officinalis* ist diploid mit 2 n = 16, *A. italica* tetraploid mit 2 n = 32 Chromosomen.

S. 2201: Zu Nr. 2326 *Anchusa azurea* Mill. Der gültige Name ist *A. italica* Retzius.

### 620 *Nonnea*

S. 2206: Die korrekte auch von I.M. JOHNSTON angenommene Schreibweise ist *Nonea*.

S. 2208: Zu Nr. 2328 *Nonea lutea* (L.) DC. Über den sterilen, interspezifischen Bastard zwischen *N. lutea* und *N. rosea* vgl. GUŞULEAC, M. und TARNAVSCHI, J.T., 1935 in Bul. Fac. St. Cern. Cluj *9*, 387—400. *N. lutea* ist diploid (2 n = 14), *N. pulla* tetraploid (2 n = 28).
Zeile 6 v.u. lies: *Nonea*.

### 621 *Pulmonaria*

S. 2209 ff.: Wichtige Literatur: MARZELL, H., 1963: Der Farbwechsel der Lungenkrautblüte. Kosmos *59*, 120—122. — PAWLOWSKI, B., 1962: Annotationes de *Pulmonariis*. Acta Soc. Bot. Pol. *31*, 229—238. — TARNAVSCHI, J.T., 1935: Studii caryo-sistematice la genul *Pulmonaria* L. accentuarea morfologiei chromosomilor sia Meiosei. Bul. Fac. St. Cern. Cluj *9*, 47—122.

Die Chromosomenbasiszahlen sind x = 7, 11. *Pulmonaria filarszkyana*, *officinalis* und *longifolia* sind diploid mit 2 n = 14, *P. mollissima* und *angustifolia* tetraploid mit 2 n = 28 und *P. tuberosa* und *saccharata*

| | tetraploid (alloploid) mit 2 n = 22 Chromosomen. Die zahlreichen angeführten Bastarde dürften eher aberrante Formen des einen oder anderen vermutlichen Elters sein. |
|---|---|
| S. 2211: | Zu Nr. 2330 *Pulmonaria angustifolia* L. Die angeführten Unterarten werden als eigene Arten bewertet: *L. angustifolia* L. (= *P. angustifolia* ssp. *azurea* [Besser] Gams) und *P. tuberosa* Schrank (= *P. angustifolia* ssp. *tuberosa* [Schrank] Gams). *L. angustifolia* s. str. kommt auch im Wallis vor. |
| S. 2213: | Zu *Pulmonaria kerneri* Wettst. Auch in Österreich im Frenzgraben bei Altenmarkt. In der Steiermark liegt das südlichste Vorkommen bei Hieflau (von Jassingau bis ins Ofenbachtal). |
| S. 2216: | Zu Nr. 2332 *Pulmonaria montana* Lej. Die Unterarten werden als eigene Arten bewertet: *P. mollis* Wolff und *P. mollissima* Kerner. Die erstere kommt in Österreich auch in Kärnten an den Abhängen des Hoch-Obir und am Počula-Sattel vor. In der Steiermark auf dem Raidling nördlich Wörschach (Ennstal). Der Fundort in Oberösterreich heißt Gowilalpe. |
| S. 2217: | Fig. 3154, zu ergänzen: Schliersee. Phot. P. Michaelis, Köln. |

*622 Symphytum*

| S. 2220: | Wichtige Literatur: PAWLOWSKI, B., 1961: Observationes ad genus *Symphytum* L. pertinentes. Fragm. Flor. Geobot. 7, 327—356.<br>Die Chromosomenbasiszahlen der Gattung sind x = 9, 10. |
|---|---|
| S. 2121: | Zu *Symphytum asperum* Lep. vgl. VILLARET, P., 1952 in Bull. Cercl. Vaud. Bot. 3, 35—36. In der Schweiz im Kanton Waadt neuerdings mehrfach festgestellt. |
| S. 2223: | Zu Nr. 2333 *Symphytum officinale* L. Die angeführten Varietäten werden als Unterarten betrachtet: ssp. *officinale* (= var. *purpureum* Pers.), ssp. *bohemicum* (F. W. Schmidt) O. Schwarz (= var. *bohemicum* [F.W. Schmidt]) Pers., und ssp. *uliginosum* (Kern) Nym. (= var. *glabrescens* Nickles). Zur Anatomie des Laubblattes s. PECK, J.M. and FELL, K.R., 1961 in Jour. Pharm. Pharmacol. 13, 154. Die ssp. *bohemicum* verdient nach HOLUB, J., 1964 in Acta Hort. Bot. Prag, 58 (1963) den Rang einer eigenen Art. Zur Verbreitung s. PÉNZES, P., 1941 in Bot. Közl. 38, 147—151. Verbreitung in Österreich: nördliches Burgenland: bei Zurndorf, Eisenstadt, Klingenbach, im Ödenburger Gebirge und zwischen Sauerbrunn und im Ort Wiesen. Niederösterreich: mehrfach (z. B. Marchauen). |
| S. 2224: | Fig. 3160 ist um 90° gegen den Uhrzeigersinn gedreht zu betrachten. |
| S. 2226: | Zu Nr. 2334 *Symphytum tuberosum* L.<br>Wichtige Literatur: PUGSLEY, H.W., 1931: The forms of *Symphytum tuberosum* L. Jour. Bot. 69, 89—97. — SUESSENGUTH, K., 1936: Kommt *S. tuberosum* in Deutschland vor? Mitt. Bayer. Bot. Ges. 4, 269—270. Gliedert sich in die beiden Unterarten ssp. *tuberosum* und ssp. *nodosum* (Schur) Soó, die von PUGSLEY (1931) als Arten angesehen werden: *S. tuberosum* L. part. restr. Pugsley und *L. leonhardtianum* Pugsley. Im Gebiet nur die ssp. *nodosum*, da die ssp. *tuberosum* als vorwiegend atlantische Pflanze nur in England, Spanien, Frankreich und Italien vorkommt. |

*623 Borago*

| S. 2230: | Wichtige Literatur: GUŞULEAC, M., 1928: Die monotypischen und artenarmen Gattungen der *Anchuseae*. Bul. Fac. St. Cern. Cluj 12, 394—461. |
|---|---|

## 114. Familie Verbenaceae

| S. 2232: | Wichtige Literatur: JUNELL, S., 1934: Zur Gynäceummorphologie und Systematik der Verbenaceen und Labiaten nebst Bemerkungen über ihre Samenentwicklung. Symb. Bot. Uppsal. 1, 1—219. — MOLDENKE, H.N. and MOLDENKE, A.L., 1946: A brief historical survey of the *Verbenaceae* and related families. Plant Life 2, 13—98. |
|---|---|

*624 Verbena*

| S. 2238: | Wichtige Literatur: BEALE, G.H., 1940: The genetics of *Verbena* I. Jour. Genetics 40, 337—358. — MOLDENKE, H.N. (seit 1961), Materials toward a monograph of the genus *Verbena*. Phytologia. |
|---|---|
| S. 2240: | Zeile 7 v. u. lies: Eisenhart. |

# I. Verzeichnis der lateinischen Pflanzennamen

## A

Acantholimon Boiss. 1879
Achras Sapota L. 1896
Adelia P. Br. 1905
Aegiceras 1714
Aleuritia longiflora Opiz 1758
Alkanna tinctoria (L.) Tausch 2205
Alstonia constricta F. v. Müll. 2050
Amelia media Alef. 1583
,, minor Alef. 1577
Amsinckia Lehm. 2127
Anagallidaceae 1715
Anagallis (Tournef. L.) 1868
,, aquatica Erndl. 1875
,, arvensis L. 1869
,, foemina Mill. 1869
,, Indica Sweet 1869
,, repens Pom. 1871
,, tenella (L.) Murr. 1871
Anchusa L. 2197
,, arvensis L. 2203
,, azurea Miller 2201
,, Italica Retzius 2201
,, ochroleuca Bieb. 2198
,, officinalis L. 2199
,, pulla Bieb. 2206
,, tinctoria Desf. 2205
Andromeda L. 1651
,, calyculata L. 1654
,, polifolia L. 1651
Androsace L. 1789
,, alpina Gaudin non Lam. 1796
,, alpina (L.) Lam. 1800
,, brevis (Hegetschw.) Cesati 1797
,, carnea L. 1807
,, Chaixii Gren. und Godr. 1816
,, Chamaejasme Wulfen em. Host 1802
,, Charpentieri Heer 1797
,, Ebneri Kerner 1816
,, elongata L. 1812
,, elongata Rich. 1814
,, glacialis Hoppe 1805
,, Hausmannii Leyb. 1799
,, Heeri Koch 1816
,, Helvetica (L.) Gaudin 1795
,, imbricata Lam. 1793
,, lactea L. 1809
,, lactiflora Pallas 1792
,, lanuginosa Wall. 1792
,, maxima L. 1810
,, multiflora (Vand.) Moretti 1793
,, obtusifolia All. 1806
,, Pacheri Leyb. 1797
,, Pedemontana Rchb. f. 1816
,, pubescens DC. 1796
,, sempervivoides Jacquem.1792
,, septentrionalis L. 1814
,, Tirolensis F. Wettstein 1801
,, vandellii (Turra) Chiov. 2249
,, villosa L. 1804
,, Vitaliana Rchb. 1787
,, Wulfeniana Sieber 1796
Apocynaceae 2048
Apocynum androsaemifolium L. 2050
,, cannabinum L. 2050
Arbutus L. 1664
,, alpina L. 1661
,, Unedo L. 1665
,, uva-ursi L. 1656

Arbutus vulgaris Bub. 1665
Arctostaphylos Adans. 1656
,, alpina (L.). Sprengel 1661
,, officinalis Wimm. et Grab. 1656
,, Uva-ursi L. 1656
Arctous alpina Niedenzu 1661
Ardisia crispa (Thunb.) DC. 1715
,, paniculata Roxb. 1715
Aretia Gaud. 1787
,, alpina Bub. 1796
,, alpina L. 1805
,, carnea Bub. 1807
,, elongata Bub. 1812
,, Hausmannii Car. 1799
,, Helvetica Murr. 1795
,, maxima Bub. 1810
,, pubescens Lois. 1796
,, Vandelli Turr. 1793
,, villosa Bub. 1804
,, Vitaliana Lodd. 1787
,, Wulfeniana Car. 1797
Argania Sideroxylon Roem. et Schult. 1896
Armeria Willd. 1885
,, alpina Willd. 1891
,, alpina var. purpurea Baumann 1893
,, armeria Karsten 1887
,, elongata Koch 1889
,, Halleri Wallr. 1889
,, plantaginea Willd. 1894
,, purpurea Koch u. var. Rhenana Gremli 1893
,, vulgaris Willd. 1887
Arnebia decumbens (Vent.) Cosson et Kral. 2128
,, echioides DC. 2128
Asclepiadaceae 2058
Asclepias Cornuti Decaisne 2065
,, Curassavica L. 2063/65
,, incarnata L. 2066
,, Syriaca L. 2065
Asperugo L. 2136
,, procumbens L. 2136
Aspidosperma Quebracho blanco Schlechter 2050
Asterias lutea Borkh. 1988
Auricula lutea Opiz 1760
Avicennia 2232
Azalea Canadensis Ktze. 1634
,, Japonica Gray 1634
,, Indica L. 1632 u. 1634
,, Pontica L. 1627
,, procumbens L. 1647

## B

Batatas edulis Thunbg. 2076
Beaumontia grandiflora (Rox.) Wall. 2051
Bessera azurea Schult. 2211
Bicornes 1713
Blackstonia Hudson 1966
,, perfoliata (L.) Hudson 1966
Boraginaceae 2122
Borago L. 2231
Borago officinalis L. 2230
Bruckenthalia spiculiflora Rchb. 1622
Buddleia globosa Lam. 1652
,, Japonica Hemsley 1952
,, Lindleyana Fort. 1952
,, variabilis Hemsley 1952

## C

Caccinia strigosa Boiss. 2127
Calluna Salisb. 1689
,, Erica DC. 1689
,, vulgaris (L.) Hull 1689
Calotropis procera R. Br. 2063
Calyptospora Goeppertiana Kühn 1668
Calystegia silvestris Röm. et Schult. 2083
,, Soldanella R. Br. 2083
Carpodinus chylorrhiza 2049
Cassandra D. Don 1654
,, calyculata Don 1654
Cassiope tetragona (L.) Don 1621
Cenangella Rhododendri (Ges.) Rehm 1631
Centaurium Hill em. Adanson 1968
,, Aschersonianum (Seemen) 1973
,, pulchellum (Sw.) Druce 1972
,, umbellatum Gilibert 1969
,, vulgare Raf. 1969/1971
Centunculus L. 1873
,, lanceolatus Michx. 1873
,, minimus L. 1873
Ceratostigma plumbaginoides (Boiss.) Bunge 1879
Cerbera Odollam Gaertn. 2050
Cerinthe L. 2186
,, alpina Kit. 2188
,, glabra Miller 2188
,, major L. 2187
,, minor L. 2190
Ceropegia L. 2066
Chamaedaphne Moench 1654
,, calyculata Moench 1654
Chimaphila Pursh 1593
,, umbellata (L.) DC. 1593
Chiogenes hispidula Torrey et Gray 1622
Chionanthus L. 1905
Chironia 1954
,, Fischeri Paxton 1956
Chlora L. 1966
,, acuminata Rchb. 1967
,, perfoliata L. 1966
Chrysomyxa Rhododendri (DC.) 1631
Cicendia Adans. 1964
,, filiformis Delarbre 1965
,, pusilla (Lam.) Griseb. 1956
Clerodendron 2237
Clethraceae 1713
Clethra alnifolia L. 1713
Cobaea scandens Cav. 2112
Cochranea anchusifolia (Poiret) Gekrü 2131
Coelanthe asclepiadea Don 1998
Collomia Nutt. 2117
,, grandiflora Dougl. 2117
Contortae 1901
Convolvulaceae 2073
Convolvulus L. 2078
,, arvensis L. 2086
,, Cantabricus L. 2085
,, maritimus Lam. 2083
,, minor Gilib. 2086
,, Scammonia L. 2080
,, sepium L. 2080
,, silvaticus Waldst. et Kit. 2083
,, Soldanella L. 2083
Cordia Myxa L. 2124

Cortusa L. 1816
,, Matthioli L. 1817
Cuscuta L. 2089
,, alba Presl 2099
,, arvensis Beyrich 2104
,, australis R. Br. 2105
,, Epilinum Weihe 2102
,, Epithymus (L.) Murray 2094
,, Europaea L. 2100
,, Gronovii Willd. 2108
,, lupuliformis Krocker 2109
,, stenoloba Bornm. et Schwarz 2098
,, suaveolens Seringe 2106
,, subulata Tineo 2099
,, vulgaris Pers. 2100
Cyclamen 1836
,, Creticum Doerfler 1847
,, Europaeum L. 1844
,, hederifolium Ait. 1847/1848
,, Neapolitanum Ten. 1848
,, Persicum Mill. 1842
,, purpurascens Mill. 2249d
,, repandum Sibth. et Sm. 1847
,, vernale Mill. 2249d
Cynanchum Vincetoxium R. Br. 2068
Cynoglossum L. 2147
,, Creticum Miller 2152
,, Germanicum Jacquin 2148
,, Modorense Rechinger 2152
,, montanum Lam. non L. 2148
,, officinale L. 2149
,, pictum Aiton 2152
,, scorpioides Haenke 2144

### D

Daboecia Cantabrica (Huds.) K. Koch 1620
,, polifolia Don 1620
Diapensiaceae 1713
Diapensia Helvetica L. 1795
,, Lapponica L. 1713
Diospyros Dalech. 1898
,, Kaki L. 1898
,, Lotus L. 1898
,, Virginiana L. 1898
Dodecatheon 1732
Douglasia Lindl. 1787
,, Vitaliana (L.) Pax. 1787

### E

Ebenaceae 1897
Ebenales 1895
Echinospermum Swartz 2138
,, deflexum Lehm. 2140
,, Lappula Lehm. 2139
,, vulgare Sw. 2139
Echium L. 2192
,, Italicum L. 2197
,, plantagineum L. 2192
,, pyramidatum DC. 2197
,, rubrum Jacquin 2196
,, violaceum Mertens et Koch 2192
,, vulgare L. 2193
Embelia Ribes Burm. 1714
Empetraceae 1602
Empetrum nigrum L. 1603
Enkianthus campanulatus (Miq.) Nichols. 1621
Epacridaceae 1712
Ephemerum nemorosum Schur 1854
,, Nummularia Schur 1852
Epigaea repens L. 1622
Ericaceae 1609
Ericales 1713
Erica L. 1700
,, arborea L. 1705

Erica carnea L. 1701
,, cinerea L. 1711
,, Tetralix L. 1708
Eriodictyon glutinosum Benth. 2119
Eritrichium Schrader 2133
,, nanum (Allioni) Schrade 2134
Erythraea Necker 1968
,, Centaurium Pers. 1969
,, lineariifolia Pers. 1971
,, litoralis Fries 1971
,, pulchella Fries 1972
,, ramosissima Pers. 1972
Exacum 1954
,, affine Balf. 1956
,, filiforme Willd. 1965
Exobasidium Rhododendri (Fuck.) Cram. 1631
,, Vaccinii (Fuckel) 1668
Exogonium Purga (Wenderoth) Bentham 2076

### F

Fontanesia Labill. 1903
Forestiera Poir. 1905
Forsythia Vahl 1903
,, Europaea Degen et Baldacci 1904
,, suspensa (Thunb.) Vahl 1904
,, viridissima Lindl. 1904
Fraxinus L. 1919
,, Americana L. 1922
,, excelsior L. 1926
,, integrifolia Moench 1928
,, lanceolata Borkh. 1922
,, monophylla Desf. 1928
,, Ornus L. 1922
,, oxycarpa Willd. 1922
,, Pennsylvanica Marsh 1922
,, Spaethiana Lingelsh. 1922

### G

Galax aphylla L. 1713
Gaultheria procumbens L. 1620
Gaylussacia resinosa Torr. et Gray 1622
Gelsemium sempervirens Ait. 1952
Gentianaceae 1953
Gentiana Tournef. 1979
,, acaulis L. var. latifolia Gren. et Godron 2011
,, acaulis var. alpina Grisebach 2013
,, acaulis L. var. angustifolia Rchb. 2007
,, algida Pall. var. frigida Kusnez. 2003
,, alpina Villars 2013
,, Amarella L. 2044
,, ambigua Hayek 2047
,, angulosa Rchb. pro parte 2016
,, angustifolia Vill. 2013
,, anisodonta Borbás 2032
,, asclepiadea L., 1998
,, aspera Hegetschw. 2035
,, Austriaca A. et J. Kerner 2041
,, axillaris F. W. Schmidt 2045
,, Bavarica L. 2021
,, Bavarica Schur 2018
,, borealis Bunge 2026
,, brachyphylla Vill. 2017
,, campestris L. 2029
,, campestris subsp. Baltica (Murbeck) Vollmann 2031
,, Carinthiaca Froelich 1977
,, Caucasica Janka 2043
,, Charpentieri Thomas 2046
,, ciliata L 2028

Gentiana Clusii Perrier et Songeon 2007
,, compacta Hegetschw. 2040
,, Cruciata L. 2054
,, digenea Jak. 2047
,, Doerfleri Ronn. 2046
,, Engadinensis (Wettstein) Braun - Blanquet et Samuelsson 2033
,, excisa Koch nec Presl 2011
,, excisa Presl 2009
,, Fatrae Borb. 2044
,, Favrati Rittener 2018
,, filiformis L. 1965
,, firma A. Kerner 2007
,, frigida Haenke 2003
,, Froelichii Jan 2003
,, Germanica Willd. non Froel. 2036
,, Guinieri Beauv. 2047
,, Hellwegeri Huter 2047
,, hybrida Schleich. nec Vill. 2046
,, hybrida Vill. nec Schleich. 2046
,, imbricata Froelich nec Schleicher 2020
,, intermedia Harz 2046
,, Kerneri (Doerfler et Wettst.) Schinz et Thell. 2038
,, Kochiana Perrier et Songeon 2011
,, Koenigii Gunn. 2026
,, Kummeriana Sendtner 2046
,, Kusnezowiana Ronn. 2047
,, Laengstii Hausmann 2046
,, latifolia Jakowatz 2011
,, lingulata C. A. Agardh 2045
,, lutea L. 1988
,, macrocalyx Čelak. 2047
,, montis Benedicti Harz 2046
,, Murbeckii Wettst. 2040
,, nana Wulfen 2027
,, nivalis L. 2025
,, obtusifolia Willd. p. p. 2035
,, Pannonica Scop. 1997
,, perfoliata L. 1966
,, pilosa Wettstein 2034
,, Pneumonanthe L. 2000
,, praecox A. et J. Kerner 2043
,, pratensis Froel. 2045
,, prostrata Haenke 2006
,, pumila Jacq. 2020
,, punctata L. 1994
,, purpurea Gebhard 1997
,, purpurea L. 1995
,, Raetica A. et J. Kerner 2039
,, ramosa Hegetschw. 2040
,, Richenii Wettst. 2047
,, Rostani Reuter 2023
,, Ruebeliana Wettst. 2047
,, Sabauda Beauv. 2047
,, Sabauda Boiss. et Reuter 2013
,, Schinzii Ronniger 2047
,, Schroeteri Wettst. 2047
,, septemfida Pall. 1956
,, Sturmiana A. u. J. Kerner p. p. 2035
,, tenella Rottboell 2056
,, Tergestina Beck 2016
,, Terglouensis Hacquet 2020
,, Thomasii Hall. f. 2046
,, Tiroliensis Handel-Mazzetti 2047
,, uliginosa Willd. 2045
,, utriculosa L. 2023
,, verna L. 2014
,, vulgaris Beck 2007
,, Wettsteinii Murb. s. l. 2036
Gentianoideae 1954
Gilia tricolor Benth. 2113
Glaux L. 1865
,, maritima L. 1865

Gomphocarpus L. 2059
Goniolimon Tataricum Boiss. 1880
Gregoria Duby 1787
  ,,    Vitaliana Duby 1787
Gymnema silvestre (Willd.) R. Br. 2063

## H

Halesia diptera Ellis 1901
Hancornia speciosa Gom. 2049
Heliotropium L. 2130
  ,,    Europaeum L. 2132
  ,,    odoratum Moench 2131
  ,,    Peruvianum L. 2131
Heurnia R. Br. 2067
Hippion ciliatum Schmidt 2028
  ,,    Cruciatum Schmidt 2004
  ,,    utriculosum F. W. Schmidt 2023
Hoodia Sweet 2067
Hottonia L. 1832
  ,,    millefolium Gilib. 1832
  ,,    palustris L. 1822
Hoya carnosa R. Br. 2067
Hydrolea spinosa L. 2122
Hydrophyllaceae 2119
Hydrophyllum Canadense L. 2119
Hypopitys Monotropa Crantz 1597

## I (J)

Jasminum L. 1906
  ,,    fruticans L. 1907
  ,,    humile L. 1908
  ,,    nudiflorum Lindl. 1907
  ,,    officinale L. 1907
  ,,    Sambac (L.) Ait. 1906
Ignatia amara L. 1951
Illipe Malabrorum König 1896
Ipomoea Batatas Lam. 2076
Isonandra Gutta Hook. 1895

## K

Kalmia angustifolia L. 1620
  ,,    latifolia L. 1620
Kickxia 2049

## L

Landolphia L. 2049
Lantana 2234
Lappula Moench 2138
  ,,    deflexa (Wahlenberg) Garcke 2140
  ,,    echinata Gilibert 2139
Ledum palustre L. 1623
Lennoaceae 1568
Ligustrum L. 1944
  ,,    acuminatum Koehne 1946
  ,,    Amurense Carr. 1946
  ,,    Italicum Mill. 1948
  ,,    ovalifolium Hassk. 1946
  ,,    Regelianum Koehne 1946
  ,,    vulgare L. 1946
Limnanthemum S. G. Gmel. 1961
  ,,    nymphaeoides Link 1961
  ,,    peltatum Gmelin 1961
Limonium Miller 1879
  ,,    Bonduellei(Lestib.)O.Kuntze 1881
  ,,    Gmelini (Willd.) O. Kuntze 1880
  ,,    latifolium (Sm.) O. Kuntze 1880
  ,,    sinuatum (L.) Mill. 1881

Limonium Suworowii (Regel) O. Kuntze 1880
  ,,    Tataricum (L.) Mill. 1880
  ,,    Thouini (Viv.) O. Kuntze 1881
  ,,    vulgare Miller 1882
Lindelofia longiflora (Bentham) Gürke 2147
Lippia 2233
Lithospermum L. 2153
  ,,    arvense L. 2158
  ,,    officinale L. 2156
  ,,    purpureo-caeruleum L. 2154
  ,,    tinctorium L. 2205
Lobostemon Lehm. 2193
Lochnera rosea (L.) Rchb. 2051
Loganiaceae 1949
Loiseleuria procumbens (L.) Desv. 1647
Lomatogonium A. Br. 1976
  ,,    Carinthiacum (Wulfen) Rchb. 1977
Lycopsis L. 2202
  ,,    arvensis L. 2203
  ,,    lutea Desr. 2208
  ,,    orientalis L. 2204
  ,,    pulla L. 2206
Lyonia calyculata Rchb. 1654
Lysimachia (Tourn.) L. 1850
  ,,    ciliata L. 1850
  ,,    Ephemerum L. 1850
  ,,    Guestphalica Weihe 1859
  ,,    Japonica Thunb. 1851
  ,,    nemoralis Salisb. 1854
  ,,    nemorum L. 1854
  ,,    Nummularia L. 1852
  ,,    punctata L. 1857
  ,,    thyrsiflora L. 1855
  ,,    Trientalis Klatt 1861
  ,,    verticillaris Spreng. 1857
  ,,    vulgaris L. 1859
  ,,    Zawadskii Wiesn. 1852

## M

Macromeria Don 2128
Macrotomia echioides (L.) Boiss. 2128
Mascarenhasia elastica K. Schum, 2049
Menyanthes L. 1957
  ,,    trifoliata L. 1957
Menyanthoideae 1953
Mertensia maritima (L.) G. Don 2128
  ,,    Sibirica (L.) Don 2128
Microcala Link u. Hoffmannsegg 1964
  ,,    filiformis (L.) Link 1965
Mimusops Balata Gaertn. 1896
Mina lobata Llavé et Lex. 2074/76
Moneses uniflora Gray 1589
Monotropaceae 1568
Monotropa L. 1596
  ,,    Hypopitys L. 1597
Myosotis L. 2159
  ,,    alpestris Schmidt 2168
  ,,    arenaria Schrader 2172
  ,,    arvensis (L.) Hill 2170
  ,,    arvensis Link 2171
  ,,    caespititia Kerner 2164
  ,,    caespitosa K. F. Schultz 2164
  ,,    collina Hoffm. 2171
  ,,    hispida Schlechtendal 2171
  ,,    intermedia Link 2170
  ,,    laxa Lehmann 2165
  ,,    lingulata Lehm. 2164
  ,,    lutea (Cavanilles) Persoon 2173
  ,,    micrantha Pallas 2172
  ,,    nana All. 2134
  ,,    palustris Roth 2161
  ,,    Rehsteineri Wartmann 2164
  ,,    scorpioides L. em. Hill. 2161
  ,,    silvatica (Ehrh.) Hoffm. 2165

Myosotis sparsiflora Mikan 2175
  ,,    stricta Link 2172
  ,,    variabilis Angelis 2169
  ,,    versicolor Smith 2173
Myrsinaceae 1714
Myrsine Africana L. 1714
Myrtillus grandis Bubani 1681

## N

Narketis Rafin. 1976
Naumburgia guttata Moench 1855
  ,,    thyrsiflora Duby 1855
Nemophila maculata Bentham 2122
  ,,    Menziesii Hook. et Arn. 2122
Nerium odorum Sol. 2056
  ,,    Oleander L. 2056
Nonnea Medikus 2205
  ,,    lutea (Desr.) Rchb. 2208
  ,,    pulla (L.) DC. 2206
  ,,    rosea (Bieb.) Fischer et Meyer 2205
  ,,    versicolor Sweet 2205
Nummularia centimorbia Fourr. 1852
  ,,    officinalis Erndt 1852
  ,,    silvatica S. F. Gray 1854
Nyctanthes arbor-tristis L. 1906
Nymphoides Hill 1961
  ,,    flava Hill 1961
  ,,    peltata (Gmel.) O. Kuntze 1961

## O

Oleaceae 1901
Olea L. 1934
  ,,  chrysophylla Lam. 1934
  ,,  Europaea L. 1935
  ,,  fragrans Thunb. 1905
Omphalodes Moench 2142
  ,,    linifolia (L.) Moench 2143
  ,,    repens Schrank 2145
  ,,    scorpioides (Haenke) Schrank 2144
  ,,    verna Moench 2145
Onosma L. 2177
  ,,    arenarium L. 2181
  ,,    arenarium Waldst. et. Kit. 2180
  ,,    Austriacum Beck 2184
  ,,    echioides L. 2179
  ,,    Helveticum Boissier 2185
  ,,    Javorkae Simonkai 2186
  ,,    lingulatum (Freyn) Fritsch 2184
  ,,    Penninum Br.-Bl. 2183
  ,,    pseudoarenarium Schur em. Br.-Bl. 2184
  ,,    stellulatum Waldst. et Kit. 2185
  ,,    Tauricum Willdenow 2185
  ,,    Visianii Clementi 2183
Ornus Europaea Pers. 1922
Osmanthus fragrans Lour. 1905
Oxycoccus Hill 1685
  ,,    macrocarpus Pursh 1685
  ,,    palustris Pers. 1686
  ,,    quadripetalus Gilibert 1686
  ,,    vulgaris Pursh 1686
Oxydendron arboreum DC. 1622

## P

Palaquium Gutta Burck 1895
  ,,    oblongifolium Burck 1895
Paracaryum coelestinum (Lindley) Voss 2147
Payena Leerii Benth. et Hook. 1895
Periploca Graeca L. 2064

Pervinca maior Scop. 2052
„  minor Scop. 2053
Phacelia tanacetifolia Benth. 2119
„  Whitlavia A. Gray 2121
Pharbitis purpurea (L.) Voigt 2077
Phillyrea L. 1917
„  latifolia L. 1917/1918
Phlox Drummondii Hook 2113
„  paniculata L. 2113
Phyllodoce caerulea (L.) Salisb. 1621
Pirolaceae 1568
Pirola L. 1571
„  chlorantha Sw. 1580
„  media Sw. 1583
„  minor L. 1577
„  rotundifolia (L.) Fernald 1585
„  secunda L. 1574
„  umbellata L. 1593
„  uniflora L. 1589
Pleurogyna Eschscholz 1976
„  Carinthiaca G. Don 1977
Plumbaginaceae 1877
Plumbago L. 1878
„  Capensis Thunberg 1878
„  Europaea L. 1878
Plumiera acutifolia Poir. 2050
Pneumonanthe vulgaris Schmidt 2000
Polemoniaceae 2111
Polemonium caeruleum L. 2114
„  vulgare S. F. Gray 2114
Primulaceae 1715
Primulales 1713
Primula 1733
„  acaulis (L.) Hill 1743
„  Allionii Hausm. 1779
„  Allionii Loisel. 1733
„  alpina Salisb. 1760
„  Arendsii Pax 1740
„  Auricula L. 1760
„  Austriaca Wettst. 1787
„  Balbisii Lehm. 1762
„  brevistyla DC. 1786
„  calycina Duby 1772
„  capitata W. J. Hooker 1738
„  Carniolica Jacq. 1764
„  Carniolica Poll. 1773
„  Caschmiriana Munro 1738
„  Clusiana Tausch 1776
„  Cockburniana Hemsl. 1739
„  Columnae Ten. 1752
„  Daonensis Leyb. 1770
„  denticulata Smith 1738
„  deorum Vel. 1733
„  digenea Kerner 1785
„  elatior (L.) Schreber 1746
„  Facchinii Schott 1786
„  farinosa L. 1754
„  Floerkeana Schrad. 1786
„  floribunda Wall. 1741
„  frondosa Janka 1738
„  glaucescens Moretti 1772
„  glutinosa Wulfen 1780
„  grandis Trautv. 1734
„  halleri J. F. Gmelin 2248a
„  hirsuta All. 1767
„  hirsuta Rchb. 1771
„  hirsuta Vill. 1765
„  Japonica A. Gray 1739
„  imperialis Jungh. 1734
„  integrifolia L. 1778
„  integrifolia Scop. 1764
„  involucrata Wall. List. 1738
„  Kewensis Jenk. 1741
„  latifolia Lapeyr. 1765
„  Littoniana Forrest. 1734, 1740
„  longifolia All. 1758
„  marginata Curt. 1733
„  media Peterm. 1785
„  minima L. 1782
„  nivalis Pallas 1738
„  obconica Hance 1740
„  Obristii Stein 1784

Primula odorata Gilib. 1749
„  Oenensis Thomas 1770
„  officinalis (L.) Hill 1749
„  Pannonica Kern. 1752
„  Parryi A. Gray 1739
„  Pedemontana Thom. 1733
„  rosea Royle 1738
„  Sibirica Jacq. 1738
„  Sieboldii E. Morren 1738
„  Sikkimensis W. J. Hooker 1738
„  Sinensis Lindl. 1740
„  spectabilis Mert. et Koch 1776
„  spectabilis Tratt. 1773
„  Stelviana Vulp. 1770
„  suaveolens Bert. 1752
„  Ternoviana Kern. 1787
„  Tirolensis Schott 1779
„  variabilis Goupil 1786
„  veris L. em. Huds. 1749
„  vernalis Salisb. 1743
„  verticillata Forsk. 1741
„  villosa Curt. 1767
„  villosa Jacq. 1771
„  viscosa All. 1765
„  viscosa Vill. 1767
„  Vitaliana L., 1787
„  vulgaris Hudson 1743
„  Wulfeniana Schott 1775
Pterostyrax 1900/1901
Pulmonaria L. 2209
„  angustifolia L. 2211
„  azurea Besser 2211
„  digenea Kerner 2220
„  hybrida Kerner 2219
„  maculosa Hayne 2215
„  mollis Wolff 2218
„  mollissima Kerner 2216
„  montana Lejeune 2216
„  notha Kerner 2219
„  oblongata Schrader 2220
„  obscura Dum. 2215
„  officinalis L. 2213
„  Stiriaca Kerner 2219
„  tuberosa Schrank 2212
„  Vallarsae Kerner 2219
Pyrola 1571

## Q

Quamoclit vulgaris Choisy 2076

## R

Ramischia secundiflora Opiz 1574
Rhododendron L. 1627
„  arboreum Sm. 1632
„  Canadense Zabel 1634
„  Caucasicum Pall. 1633
„  Chamaecistus L. 1644
„  chrysanthum Pall. 1630
„  ferrugineum L. 1639
„  flavum Don 1627
„  hirsutum L. 1635
„  Indicum Sweet 1632
„  intermedium Tausch 1644
„  Kotschyi Simk. 1642
„  maximum L. 1632
„  molle Miq. 1632
„  polifolium Scop. 1651
„  Ponticum L. 1628
Rhodora Canadensis L. 1634
Rhodothamnus Chamaecistus (L.) Rchb. 1644
Rhytispermum arvense Link 2158

## S

Samolus L. 1875
„  aquaticus Lam. 1875
„  Valerandi L. 1875

Sapotaceae 1895
Sclerotinia Rhododenri Fischer 1631
Sebaea albens R. Br. 1956
Seguiera perfoliata O. Kuntze 1966
Shortia galacifolia Torr. et Gray 1713
Soldanella 1820
„  alpina L. 1827
„  Aschersoniana Vierh. 1832
„  Austriaca Vierh. 1827
„  Carpatica Vierh. 1831
„  Clusii Gaud. 1824
„  Ganderi Hut. 1832
„  Handel-Mazzetti Vierh. 1832
„  Hungarica Simk. 1830
„  hybrida Kerner 1832
„  Janchenii Vierh. 1832
„  Lungoviensis Vierh. 1832
„  maior (Neilr.) Vierh. 1830
„  minima Hoppe 1824/1826
„  mixta Vierh. 1832
„  montana Willd. 1829
„  pusilla Baumg. 1824
„  Vierhapperi Janchen 1832
„  Wettsteinii Vierh. 1832
Spigelia Marylandica L. 1952
„  splendens H. Wendland 1952
Stachytarpheta 2233
Statice L. 1885
„  L. em. Willd. 1879
„  Armeria L. 1887
„  Bahusiensis Fries 1883
„  Limonium L. 1882
„  montana Miller 1891
„  plantaginea All. 1894
„  Pseudolimonium Rchb. pag. 1883
„  purpurea Koch 1893
„  Tatarica L. 1880
Strophanthus gratus Wallich et Hooker 2049
„  hispidus DC. 2049
„  Kombe Oliver 2049
Strychnos 1950
„  Ignatii Berg 1951
„  lucida R. Br. 1950
„  Nux vomica L. 1950
Styracaceae 1900
Styrax officinalis L. 1900
„  Tonkinense (Pierre) Craib 1900
Swertia 1973
„  perennis L. 1974
Symphytum L. 2200
„  asperrimum Lepechin 2221
„  bulbosum Schimper 2228
„  Caucasicum Bieb. 2222
„  cordatum Waldst. et Kit. 2222
„  officinale L. 2223
„  Orientale L. 2222
„  peregrinum auct. 2221
„  Tauricum Willd. 2222
„  tuberosum L. 2226
„  Uplandicum Nyman 2222
Symplocaceae 1900
Syringa L. 1908
„  Emodi Wallich 1910
„  Henryi C. K. Schneider 1911
„  hyacinthiflora Reh. 1911
„  Josikaea Jacq. 1909
„  Persica L. 1911
„  vulgaris 1912

## T

Tectona grandis L. 2236
Tetralix septentrionalis E. May. 1708
Theophrastaceae 1714
Thyrsanthus palustris Schrank 1855
Trachystemon Orientalis (L.) Don 2128
Trientalis L. 1861
„  borealis Ref. 1861
„  Europaea L. 1861

## U

Unedo edulis Hoffm. et Link 1665
Uva ursi alpina Gray 1661
,, ,, procumbens Moench 1656

## V

Vacciniaceae 1609
Vaccinium L. 1667
,, Arctostaphylos L. 1667
,, corymbosum L. 1669
,, intermedium Ruthe 1685
,, macrocarpum Ait. 1685
,, montanum Salisb. 1674
,, Myrtillus L. 1674
,, Oxycoccos L. 1686
Vaccinium rubrum Gilib. 1681
,, uliginosum L. 1681
,, Vitis-Idaea L. 1669
Verbenaceae 2232
Verbena Aubletia L. 2239
,, Bonariensis L. 2240
,, chamaedrifolia Itus. 2240
,, erinoides Lam. 2239
,, officinalis L. 2240
,, phlogiflora Cham. 2240
,. tenera Spreng. 2239
,, teucrioides Gill. et Hook. 2240
,, urticifolia L. 2240
,, venosa Gill. et Hook. 2240
Villarsia 1953
Vinca L. 2051
Vinca herbacea Waldst. et Kit. 2052
,, maior L. 2052
,, minor L. 2053
Vincetoxicum Moench 2067
,, officinale Moench 2068
Vitaliana primuliflora Bertol. s. l. 2248c
Vitex agnus Castus L. 2237
Vitis idaea punctata Moench 1669
Voyria 1954
Vroedea maritima Bub. 1865

## W

Wigandia Caracasana Humb., Bonpl. et Kunth 2122
Wyilloughba coriacea Wall. 2049

## II. Verzeichnis der deutschen Pflanzennamen

### A

Abbis 1782
Abrahamsstrauch 2237
Acker-Kleinling 1873
Acker-Läuse 2086
,, -Wachsblume 2190
Aehnl und Ahnl 2214
Aeuglbeer 1675
Afl-Plotschen 1844
Agspelter 1926
Alkanna, Falsche 2205
,, -Wurzel 2205
Alkermeswurzel 2205
Allelujablümel 1750
Allerweltheil 2005
Alm-Bux 1635
,, -Glocken 2008
,, -Glöckerl 1827
,, -Rausch 1635
,, -Rose 1635
,, -Säuling 1631
Alcysie 2235
Alpeglöggli 1827
Alpen-Aurikel 1760
,, -Bärentraube 1661
,, -Glöckchen 1820
,, -Glöckel 1817
,, -Grasnelke 1891
,, -Heide 1647
,, -Heiderich 1701
,, -Mannsschild 1800
,, -Rose 1627
,, -Veilchen 1736, 1836
,, -Vergißmeinnicht 2166
,, -Wachsblume 2188
Alperosachäs 1631
Alp-Häntscheli 1760
,, -Nägeli 1635
Amerikanischer Lorbeer 1620
Anke-Schlüsseli 1750
Annamiarl 2214
April-Bloume 1746
Arikelken 1760
Arznei-Primel 1749
Asch 1926
Aschp'n 1926
Aspalter 1926
Augä-Schlüsseli 1743
Augentrost, Blauer 2161
Augerinken 1969
Auge-Trost 1869
,, -Tröstla 1869
Augusthäge 1946
Augustrum 1946
Aurikel, Alpen- 1760
Aurikeln, Englische 1770
,, , Gefülltblütige 1770
,, , Luiker- 1770
Aurin(iken) 1969
Auswärtsbleaml 1750
Azalee, Niederliegende 1647

### B

Bach-Schlüsseli 1746
Badängeli (hoamische) 1746, 1750
Badenetli, Wältschi 1760
Badenke 1750
Badenneli 1746
Badöneli 1760
Badönikli 1746
Bären-Kraut 1574
Bärentraube 1656

Bärentraube, Alpen- 1661
Bäse-Ries(er) 1690
Bättlerruuda 1746
Bagenka 1750
Bakenga 1746
Bamwinkel 2054
Barbara-Gras-Wurzel 2194
Barwinkel 2054
Basilicum-Grobseide 2105
Batate 2076
Batenge(l) 1746, 1750
Batenke, Rote 2214
Bauern-Schminke 2158
Baum-Heide 1705
Baunen, Wille 1957
Baure-Holder 1912
Bayerischer Enzian 2021
Bayer(n) 2214
Beindlholz 1946
Beinheil 2220
Bein-Holz (Rotes) 1946
Beinlfutter 2230
Beinwell 2220, 2223
Bein-Wurz 2220
Bend 2086
Berfang 2054
Berfink 2054
Berg-Bluoma 1760
,, -Buchs 1669
,, -Glöckchen 1829
,, -Manderl 1844
,, -Mandl(n) 1574, 1681
,, -Rose(n) 1635
,, -Schlösseli 1760
,, -Troddelblume 1829
,, -Veilchen 1844
,, -Vergißmeinnicht 2166
Bergwinkelkraut 2054
Bernitzke 1669
Berwinkel 2054
Besen-Heide 1689
Besewinde 2086
Besing 1675
Besmenheide 1708
Bessenheide 1708
Bettelmänner 2194, 2214
Bettler-Schlüsseli 1746
Bibberken 1675
Biberklee 1957
Bick-Bäre 1675
,, -Beere 1675
Bienen-Freund, Borstiger 2119
Binde(n) 2086
Bingen 2086
Binnheidi 1690
Bipölperli 2114
Birnbäumchen 1574
Birngrün 1574
Bischofs-Haube 1844
,, -Kappl 1844
Bitterblad 1957
Bitter-Klee 1957
Bitterling 1966
Bitter-Wörzli 2008
,, -Wurz 2008
Blaae Aigskes 2145
Blau-Beer(e) 1674, 1675
Blaue-Ochsenzunge 2193
,, -Schlüsselblume 2213
Blauer Himmelschlüssel 2162
Blau-Klocken 2000
,, -Maia(li) 2054
Bleiwurz 1878
Bleiwurz-Gewächse 1877
Blimmechen 2161

Blitz-Nägele 2014
Bludere 1681
Bludertsche 1681
Blümelein (Blaues) 2161
Bluetfinkabeeri 1946
Bluet-Nägele 2214
Blüt-Tröpfli 1869
Blumen-Esche 1922
Blut-Wurz 2199
Boaholz, Weiß 1946
Boan-Wurzen 2223
Bocks-Beer(e) 1946
Bocks-Beeri 1946
Bodäneli 1746, 1750
Boden-Glocken 2007
Bohna, Wildi 1957
Boonen, Wille 1957
,, -Blad 1957
Boradi 2230
Borage(n) 2230
Borätsch 2230
Boretsch 2230
Borgelkraut 2230
Borretsch 2230
Brand 2090
,, -Heide 1690
Brasilianische Jalape 2076
Brauerkraut 1623
Braun-Schnitzer 1669
Brausbüa(r) 1669
Braut-Kranz 1853
Brechnußbaum 1950
Breiapfel 1896
Breinröserl 1743
Brenn-Gras 2090
,, -Kraut 2090
Breusch 1690
Brocken-Myrte 1603
Bruch 1690
Brüsch 1690
,, -Blüemeli 1701
Bruin-Schlize 1669
,, -Schnezen 1669
Brunneschlüsseli 2214
Brun-Schnetzen 1669
,, -Winkel 2054
Bruschnetzen 1669
Bube-Batenke 1746
Buchen-Spargel 1597
Buchs, Wilde(r) 1657
Buchsbaum, Wilder 1669
Buchs-Beeri 1669
Buddhabaum 1910
Büschel-Enzian 2040
Büschelschön, Rainfarnblättriges 2119
Bullgrafen 1681
Bultbeeren 1686
Bultheide 1708
Bunge 1875
Buraschlüsseli 1746
Burâtsch 2230
Burgerschlüssel 1749
Burgetschlüsseli 1749
Burrasch 2230
Burres 2230
Butändl 1750
Butler 1681
Bux, Grüner 1635
Buxbaum 1635

### C

Cantabrische Winde 2085
Chäragert 1946
Charpentier's Mannsschild 1797

Chatzenäugeli 1754, 2161
Cher(n)gert 1946
Chessler 2008
Chilenische Grobseide 2106
Chillgert 1946
Chinesische Quitte 1898
Chläbeni 1767
Chleb-Nägeli 1635
Chleckbeere 1657
Chlepfer 2008
Chlepfibeeri 1686
Chollgert 1946
Chorngert(li) 1946
Chriesi-Aeugli 1754
Chrizliberi 1647
Chrömer 2090
Chrotte-Beeri 1946
Chrotten-Aeugli 1754
Chrützbeeri 1670
Chrützli 1754
Chrütz-Blüemli 1754
Chrüzerli 1754
Chrutgarteschlüsseli 1760
Chuechi-Chrut 2223
Chuengert 1946
Clusius-Schlüsselblume 1776
Creutznaegelin 1758

### D

Dagblôme 2080
Dattelpflaume 1898
„      , Italienische 1898
„      , Japanische 1898
Dolanotsch 1760
Donderbluome 1635
Donner 1635
Donner-Blüeh 1635
„     -Staude 1635
Doppheide 1708
Dorant 2000
Dragoner 2194
Draht-Blume 1887
Dreeblatt 1957
Dreh-Blütler 1901
Drehwurz(en) 2086
Dreib'att 1957
Dröppelkes 1670
Druesnägeli 1635
Drummond's Flammenblume 2113
Drumrumkraut 2086
Drunkelbeere 1603
Düfels-Neigarn 2080
Düll-Hunnskrut 1969
„   -Kruud 1272
Düwels-Neigarn 2090
„   -Tweern 2090
Dumm(els)beer 1681
Dunkelbi(e)r 1603
Durchwachs 1966
Durstberi 1603
Duunbeere 1681

### E

Ebenholz-Gewächse 1897
Echter Jasmin 1907
Egel-Chrut 1853
Eier-Blueme 1750
Eier on Spek 2203
Eiglbeer 1675
Eisen-Bart 2240
„   -Hart 2194
„   -Hindrik 2241
„   -Kraut 2238
Eisenkraut-Gewächse 2232
Eisglöckl 1827
Eisick 2241
Ellhoern, Spaensche 1912
Eng(e)lalieb(e)r 1913
Enza 1988

Enzian 1979
„    , Feld- 2029
„    , Frühlings- 2014
„    , Getüpfelter 1994
„    , Karawanken- 2003
„    , Schnee- 2025
„    , Steirischer 2003
„    , Südalpen- 2013
„    -Gewächse 1953
Enzio(ne) 1988
Erd-Äpfel, Wilde 1844
Erdbeerbaum 1664, 1665
Erd-Brod 1836
„   -Kugeln 1844
„   -Primel 1743
„   -Scheibe 1836
Erika 1690
Esch, taag 1926
Esche 1919, 1926
„   , Grün- 1922
„   , Manna- 1922
„   , Rot- 1922
„   , Wachs- 1920
„   , Weiß- 1922
Eske(nboom) 1926
Esselgrün 2090
Essnägeli(bluost) 1912

### F

Färber-Ochsenzunge 2205
Falderen 1647
Falsche Alkanna 2205
„       Lupinenseide 2101
Falscher Jasmin 1951
Faschingwöferl 1750
Fasten-Blümel 1750
„     -Veigel 1750
Fastheide 1708
Faule Ma(g)d 1869
„   (s) Liesl 1869
Fauli Gredl 1869
Feder-Häusche 1887
Fein-Seide 2096
„   -Seide, Thüringer 2098
Felberich 1850
„       , Hain- 1854
Feld-Enzian 2029
Femmerten 1681
Fenchel 1284
Fennbeere 1686
Feuer-Aeuglan 1754
Feverkrut 1957
Fichtenspargel 1597
Fieber-Klee 1957
Filz-Kloben 1686
„   -Klobern 1681
„   -Kraut 2089, 2100
Finger-Huat, Blaua 1998
„     -Huet 2008
Fingerhut, Blauer 2008
Finger-Schuh 2008
Firobedblüemeli 1869
Fisch-Aeugele 2161
„   -Aeugli 1754
Flachs-Saat 2117
„     -Seide 2102
Flammenblume 2113
Flasshoar 2090
Flassiern 2089
Flechtgras 2090
Fleisch-Blüemli 1754
Fleisch und Blut 2214
Flider 1912
Flieder 1908, 1912
„     , Spanischer 1912
Fliider 1912
Flirra 1912
Flüen-Blüemli 1760
„    -Blueme 1760
Flueh-Buchs 1669

Forsythie 1903
Fransen-Kante 1976
Franzosen 2214
Frauen-Aeugl 1754
„      -Krieg 2194
„      -Speik 1780
Fraue-Schlüssel 1746
„      -Schüeli 1750
Fresche-Kiedl 1957
„      -Kohl 1957
Friedlos 1850
Fröschen-Aeugeler 2161
Frösche(n)-Glückele 2161
Fronällästängel 2194
Frosch-Aeugel 2161
„     -Göscherl 2194
Früehblueme 1760
Frühlings-Enzian 2014
„       -Heide 1701
„       -Schlüsselblume 1749
Fuchs-Beeri 1670
Fuchsenkraut 1852
Fuchsschwanz 1915, 2194
Fünfwundenblume 1750
Für-Blüemli 1754
Ful'Elschen 1869
Fulenzchen 1869
Fulesch 1926
Ful-Liese 1869
Fuul-Beeren 1603

### G

Gachheil 1869
Gähheil 1869
Gäls Schlüsselblüemli 1750
Gänsäägela 2161
Gäns-Kritche 1869
Gätzeli 1844
Gätziöpfel 1844
Gaisbaum 1926
Gais-Fuß 2158
Gaiss-Brüüsch 1690
Gallkraut 1969
Gams-Bleaml 1760, 1782
„    -Hadach 1647
„    -Krass 1647
„    -Wurz, Rote 1891
Gansbleaml 1746
Garten-Aurikeln 1770
Gauchheil 1868, 1869
„       , Acker- 1869
Gedenkemein 2142
„         , Garten- 2145
„         , Wildes 2144
Gefiederte Prunkwinde 2076
Geise-Hecke 1946
„    -Holz 1946
Geiss-Beeri 1946
Geisse(n)-Baum 1946
Geiss-Klee 1388
„    - „ , Bergamasker 1171
„    - „ , Österreicher 1173
„    - „ , Weißer 1175
„    -Leitere 1998
Gelbe Leimsaat 2117
Gelber Enzian 1988
„     Jasmin 1951
Gelbes Mausöhrchen 2173
Gelbsuchts-Bleamln 1750
Gelspeik 1782
Gense-Kreitchen 1869
Gewitter-Blume 1869
G'heid 1690
G'hoiderer 1690
Gicht-Apfel 1844
„    -Kraut 1593
Gift-Jasmin 1951
Gigeri-Hahner 2214
Gilb-Weiderich 1850
„    - „ , Gold- 1859
„    - „ , Wald- 1854

Gimp(e)lbeer(e) 1946
Ginster, Deutscher 1203
„ , Färber- 1200
„ , Flügel- 1196
„ , Heide- 1203
„ , Sand- 1203
„ , Seiden- 1295
„ , Spanischer 1213
„ , Zwillings- 1178
Gippe 1635
Gletscher-Moos 1800
Glockawenda 2080
Glocken-Heide 1700, 1708
Glöckchen, Berg- 1829
Glöckel 1816
„ , Alpen- 1817
Glöggli 2014
„ -Stock 2114
Glogga(blueme) 2007
Glogga-Bluemli 2014
Glogge-(Blueme) 2080
Glogitzer 1681
Glootwuttel 2224
Glozbeeri 1686
Goarteel 1869
Goas-Ruabn 1844
Götterblume 1732
Goggahe(n)la 2214
Gold-Becher 1903
„ -Chrut 1852
„ -Gilbweiderich 1859
„ -Göllekreitchen 1969
Golden-Kraut 1859
Gold-Primel 1787
Goldregen 1859
Gold-Röserl 1891
„ -Strite 1852
„ -Weide 1903
Gottesgñâdenkrût 1969
Gottes-Hemdchen 2086
Goud im Pfoadl 2161
Grab-Immergrün 2054
Grabsernägeli 2014
Gränke 1651
Grāntze 1623
Grambeer(en) 1603, 1675
Grammbäre 1686
Grandl(beer) 1669
Granken 1652, 1669
Granten 1652, 1657, 1669
Gras-Filette 1887
„ -Gilge 1853
„ -Latzbeer 1669
„ -Litzbeer 1669
Grasnelke 1885, 1887
„ , Alpen- 1891
Grefle 1669
Griashirsch 2156
Grif(f)le 1669, 2014
Grind 2090
Grinkens 1969
Grobseide, Chilenische 2106
„ , Nordamerikanische 2104
Gröfli 2014
Groffensnal 1912
Grüfle 1669
Grün-Esche 1922
Grundheil 1869
„ , Rotes 1869
Gryfeln 1669
Guckernagerl 2014
Güdelbeeri 1603
Güggel-Hose 2214
Güggili 2214
Gugge 1681
Gugger-Chäs 1827
„ -Schuh 2008
Guggu-Handschuh 2008
Guggumerechrut 2230
Gu(go)meanblerer 2230
Gumeli 1844
Gurken-Kraut 2230

# H

Haad 1690
Haarepier 1675
Habmichlieb 1782
Hâd(a)ch 1690
Häale 2214
Häd 1690
Hällbeere 1675
Hälwurzel 2223
Händscheli 1746
Häntscheblueme 2214
Häntscheli 1760
Haferl 2086
Hain-Felberich 1854
Halligblume 1882
Handschäbluemä 1760
Handschebluëmli 2214
Handschechrut 2214
Handschuh-Blüemli 1746
Hans, (Langa) 2194
Hantscheli 1760
Hårkraud 2090
Harn-Kraut 1593
Hartriegel 1946
Hartüätle 1946
Harz-Nägeli 1635
Haseg(n)garn 2090
Hasel-Blümel 1844
„ -Gumeli 1844
„ -Rübe 1844
„ -Wörzli 1844
„ -Würze 1844
Hase(n)brod 2223
Hâsenehdl 2199
Hasen-Kopf, Roter 1887
„ -Oehrli 1844
Haus-A(n)brenner 2014
Heanadarm 1869
Hedorn 1690
Heedelbeere 1675
Heeraschlösseli 1750
Heerezeicheli 1750
Heibeer(i) 1675
Heidbeën, Roë 1686
Heide-Kraut 1689
Heidekrautgewächse 1609
Heidelbeere(n) 1603, 1667, 1674
Heidelbeeri 1675
Heiderich, Alpen- 1701
Heide-Zindelkraut 1965
Heidklöckskes 1708
Heidsiern 2089
Heil alle(r) Welt 1869
Heile-Bêre 1675
Heiligkraut 2240
Heinggene 1974
Heipperi 1675
Heliotrop 1884, 2130
Heliotrop, Vanille- 2131
Hemmlstitz 2156
Hendrek, îren 2241
„ , Iserene 2241
Hen(e)rich, Guter 2194
Henna-Aeug(e)li 1754, 2161
„ -Aeugli, Roti 1869
Hep(e)timat 1913
Herbst-Flieder 2113
Herrgotts-Blume 2161
Hessische Luzerneseide 2106
Heu-Beri 1675
Hexesid 2089
Himmels-Bläueli 2014
„ -Bleaml 2014
„ -Blom 2162
„ -Blüemli 2014
Himmel(s)brod 2223
„ -Schlüssel(e) 1746, 2014
Himmels-Herold 2133, 2134
„ -Leiter(le) 2114
„ -Schlissel, Râte 2214
„ -Schlüssel 1749
„ - „ , Blauer 2162

Himmels-Schlüssel (Blaue, Rote) 2214
„ -Schlüssele 2162
„ -Sternli 2014, 2054
„ -Veigerl 2014
Hirsch-Brot 1844
„ -Kohl 2213
„ -Mangold 2213
„ -Zunge 2214
Hoabeer 1675
Hoaderer 1690, 1701
Hoadern 1701
Hoadn 1690
Hoch-Fart 2090
Hölperle 1670
Höseli 2008
Holder-Baure 1912
„ , Blauer- 1912
„ , Spanischer 1912
Holler 1912
„ , Blauer 1912
„ , Türkischer 1912
Holunder 1912
Holwie 1946
Holz-Aepfel 1844
„ -Glucken 2008
Honerswarm, Roe 1869
Honnig-Blum 2223
Hopfen-Seide 2100
„ -Zwirn 2100
Hoselotterer 2214
Hosen, Blaue 2008
Hoseschiesser 2214
Hub-uf-de-Mê 1913
Huckauf 1913
Huckufdemad 1913
Hüehnerbluemä 1635
Hüehner-Maie 1635
Hügel-Vergißmeinnicht 2171
Hühnasarb 1869
Hühner-Aug(en) 1869
„ -Blind 1746
„ -Bluest 1635
„ -Darm, Roter 186
„ -Drosli 1635
Hulperli 1670
Hummel-Chrut 1682
Hunds-Beer(e) 1946
Hundsgiftgewächse 2048
Hunds-Kraut 2194
„ -Tod, Venetianischer 2050
„ -Zunga 2224
„ -Zung(e) 2147
„ -Zunge, Blaue 2203
„ -Zunge, Wald- 2148
Hungblueme 2223
Hunger-Chrut 2158
„ -Krolle 1887
Hunnetunge(n) 2199
Huppendinges 1913
Huppufdemad 1913
Huppuff 1913

# I

Igel-Polster 1879
Igelsame 2138
Imbeli-Chrut 2223
Imme-Blümli 2114
Immer-Grea 1585
Immergrün 1669, 2051, 2053
Immer-Heil 1853
Ische 1926
Ise(n) Chrut 2158
Iserhark 2241
Iserhart 2158
Italienische Dattelpflaume 1898
„ Ochsenzunge 2201

# J

Jänzelä, Breite 1988
„ , Grossi 1988
Jäuse 1988
Jager-Beer 1670

Jakobs-Leiter 2114
Jalape, Brasilianische 2076
Japanische Dattelpflaume 1898
Jasmin, Echter 1907
„ , Gelber 1951
Jasmin, Gift 1951
„ -Wurzel, Gelbe 1951
Jazinga, Wilda 1957
Jenstener 1988
Jenzele 1988
Jenzene 1988
Jippä 1635
Jirglblume 1746
Jörge(n)-Nägele 2014
Juden-Myrte 2053
Jude-Veiele 2054
Jufenönli, Wilde 2014
Jungferegsichtli 2230
Jungfern-Haar 2090
Jungfrauen-Manderl 2162
Juppa 1635

**K**

Kärntner Tauernblümchen 1977
Kaiserli 1754
Kaki-Pflaume 1898
Kaneel-Blom 1913
„ -Roes 1913
Karawanken-Enzian 2003
Karkenslätel 1746, 1749
Karpaten-Enzian 2043
Karst-Enzian 2016
Kartoffel, Süße 2076
„ -Seide 2101
Kasblôm 1913
Katalonischer Jasmin 1907
Katzanaegla 2161
Katza(n)äugla 1869
Katze-Dööbeli 2214
Katzen-Aeugel(chen) 2161
„ -Blutkraut 2240
Keilhacke 1746, 1750
Kelch-Mannsschild 1810
Kel'nwurzel 1844
Kerzen-Wurz 1998
Kesseli 1754
Kesslers 2008
Keulen-Enzian 2011
Keuschstrauch 2237
Kienporst 1623
Kirchen-Schlüssel 1749
Kirkeschlötel 1746
Kirkeschlötel, blaue 2214
Kiwietsblome 2000
Klausterklocken 2080
Klebi 1767
Klee-Seide 2096
Kleinling 1873
Kletten-Kraut 2138
„ - „ , Wald 2140
„ - „ , Weinberg- 2139
Kletter-Hur 2090
Klette-Vergißmeinnicht 2138
Klim-up 2080
Klunderbeere 1669
Kluster-Beere 1669
Knabewade 2158
Knaul-Blume 2117
Knecht, Alter 2194
Königin der Halligen 1884
Königs-Stiefeli 2214
Kohheid 1690
Kohteken 1675
Kootecken 1681
Kopfweh-Kraut 1869
Koralleblume 2224
Korn-Beisser 2158
Krähenbeere 1603
Krähenbeergewächse 1602
Kränzelkraut 1853
Kraft-Bleaml 1760
Krahbeer 1603

Krainer-Schlüsselblume 1764
Krainogen 1675
Krambeere 1669
Kram(s)beeren 1686
Kranckeln 1681
Kranklbeer 1669
Krannbeere 1685
Kranzkraut 1853
Kranzlan 1853
Kranz-Rusen 1887
Krappenägeli 2014
Krappeveigele 2014
Krass 1701
Krebs-Aeugla 2161
„ -Blume 2132
Kreien-Beeren 1603
Kreimken 1686
Kreinôgen 1670
Krentebeer 1669
Kreuz-Beer 1670
„ -Bleaml 1754
„ -Enzian 2004
Kreuzerlan 1853
Kreuzwehkraut 1844
Kreuz-Wurz 2006
„ - „ , Blaue 1998
„ - „ , Weiße 2068
Kristleidenblume 1844
Krös(s)kes 1670, 1686
Kronäugel 1603
Kronsbeere 1669, 1681
Krosseln 1670
Krotten-Aeugli 2161
Krüzesch 1926
Krumm-Hals 2202, 2203
Krupheide 1690
Kruse Hehe 1690
Kuckucks-Blume 2214
Küamaul 2199
Küchlikrut 2230
Kufdemad 1913
Kukuksblom 1746
Kukuks-Schall 1746
„ -Schlössel 1746
Kukurantschen 2008
Kutt, Bloa 2014

**L**

Längelieber 1913
Lang-Eschel 1926
Laugeblume 1750
Laurin 1969
Laus-Bleaml 1844
„ -Wurz(n) 1844
Lauwertel 2224
Lavendel-Heide 1651
Leinsaat 2117
„ , Gelbe 2117
Lein-Seide 2102
Lemerschwenz 1913
Liebäugl 2199
Liebfrauen-Kelch 2086
Liguster 1944, 1946
Lila 1913
Lilach 1913
Lilak 1913
Liweränglm 1913
Löckerröserl 1635
Löwen-Göscherl 2194
Lorbeer, Amerikanischer 1620
„ , Blätter- 1884
„ -Rose 1620
Lotusbirne 1898
Lotuspflaume 1898
Lotwurz 2177
„ , Sand- 2180
Lungen-Enzian 2000
Lungenkraut 2209
Lungwurz 2209
Lupinenseide 2109
„ , Falsche 2101

Luppbeere 1670
Luzerne-Seide, Hessische 2106

**M**

Madäneli 1746, 1750
Madelger 2004
Madennli 1746
Mädepalm 1669, 2053
Mädlesbagenka 1750
Männertreu 2145
Märchen-Apfel 1686
„ -Birnen 1686
März-Blüemle 1760
„ -Blümcher 1760
Märzen 1746
Magerkraut 2223
Maginka 1746
Maia 1913
Mai-Blom 1912
Mai-Blüa(h) 1913
„ -Bluem 1912
„ -Blümel 1750
Maiblume, Kleine 1585
Maie-Bluest 1912
Maieri(e)sli, Wildes, 1585
Maierösli 1912
Mai-Glöckchen 1585
„ -Palm 2053
Maische 2161
Makenga 1746
Mandergrimm 2194
Manna-Esche 1922
Mannsschild 1789
„ , Alpen- 1800
„ , Charpentier's 1797
„ , Schweizer 1795
„ , Tiroler 1801
„ , Zwerg- 1802
Maradendele 1746
Mardaune 1670
Margarethenbeere 1675
Maria-Hilfsblüemli 1701
Marien-Palm 1569
Mariggeli 1754
Massiggeli 1754
Matängeli 1750
Matänneli 1750
Matengala 1746
Matenkele 1750
Mattedänli 1750
Mattedennili 1746
Mattetenneli 1750
Mauchkraut 2194
Maurbeere 1681
Maus-Oehrchen 2159
„ - „ , Gelbes 2173
„ -Oehrlein, Blaue 2170
„ -Potsch 2161
Meer-Gries 2156
„ -Hirsch 2156
„ -Hirsen 2156
„ -Köhl 2085
Meerkohl-Winde 2083
Meer-Nelke 1888
Meerstrand-Milchkraut 1865
Mehlbeere 1681
Mehlbeeri 1681
Mehl-Blümli 1754
„ -Blüemli 1760
„ -Granten 1657
„ -Primel 1754
„ -Schlüsselblume 1754
Meister-Chrut 2068
Meitli badentli 1750
Melchsechterl 1844
Merzbluem 1743
Merze-Blüemli 1750
Mihre, Rode 1869
Milch-Kraut 1865
„ - „ , Meerstrand- 1865
„ - „ , Unserer lieben Frauen 2213

Milijontouznkrut 1969
Milikübel 1844
Mina-Prunkwinde 2076
Modelge(e)r 2004, 2006
Mönchs-Kraut 2205
„ - „ , Braunes 2206
„ - „ , Gelbes 2208
„ -Pfeffer 2237
Mombeere 1675
Moor-Beën 1686
„ -Beere 1681
„ -Heide 1708
„ -Rosmarin 1623
„ -Tarant 1974
Moos-Auge 1589
„ -Beere 1685, 1686
„ -Beere, Sumpf- 1686
„ -Blüemli 1754
„ -Blümel 1754
„ -Bohna 1957
„ -Fakken 1681
„ -Guckerchen 1670
„ -Jucke 1670
„ -Klee 1957
„ -Pflanze(n) 1957
„ -Zingga 1957
Moschbeer 1686
Mostbeer(e) 1675
Mostjocke 1670
Motten-Kraut 1623
Muattergöttesle 2161
Muattergotteschrut 1969
Mühlenblume 1913
Mühlerädli 1754
Müller-Blüemli 1754
„ -Mädeln 1760
„ -Rädli 2054
Mueter-Schlüssli 2214
Mulfü(h)lichrut 1853
Munibeere 1681
Muse-Oehrkes 2161
„ -Ohr 2161
Musjucken 1670
Muttergottes-Trinkglas 2080
Myrten-Krüglein 1621

## N

Nabelkraut 1593
Nabelnuß 2142
Nägala 1912
Nägelcher 1912
Nägelchesblume 1912
Nägeli-Bluost 1912
Nälchesblume 1912
Nagel-Holz 1946
Nagel(ke)bom 1912
Nagelkes 1912
Nagerl, Blaue 2014
Nainibleaml 1869
Napfkraut 2205
Napplabeer 1670
Natter-Bloama 2194
„ -Chrut 1853
„ -Kraut 2194
Natternkopf 2192
„ , Roter 2196
„ , Violetter 2192
Natternzungl 2194
Neapolitaner Erdscheibe 1848
Nebelbeere 1681
Nebelrosen 1635
Nessel-Brut 2090
„ -Seide 2100
Neunerle 1869
Niágelken 1912
Nordamerikanische Grobseide 2104
Nordischer Mannsschild 1814
Nüni-Blüemli 1869

## O

Ochsen-Maul 2194
Ochsenzunge 2197, 2199, 2203
Ochsenzunge, Blaue 2193
„ , Färber- 2205
„ , Italienische 2201
„ , Kleine 2203
„ , Rote 2205
Ochse-Zung 2194
Ölbaum 1934
„ -Gewächse 1901
Österreicher Enzian 2041
Ohnblatt 1596, 1597
Ohr-Schlüsselblume 1760
Oleander 2056
Olive 1935
Omspunnen 2086
Orikel 1760
Orinken 1969
Orne 1922
Osterblome 1746
Oster-Blume 1746, 1760, 2214
Oswaldstaude 1635
Otter-Chrut 1852

## P

Paddenblume 1887
Padönachli 1760
Pädewinde 2086
Pängstblum 1913
Palm, Wilde 1946, 2053
Palmen, Wilder 1669
Pannkooksblume 1750
Pappel-Seide 2109
Pastoren-Blom 1913
Patenigl 1760
Perwinkelken 2054
Petergstamm (Blauer) 1780
Peter-Schlüssel 1746, 1749
„ -Stamm 1760
Peters-Wurz 2006
Pfaffen-Hosen 2008
„ -Hütchen 2086
„ -Kuttel 2008
Pfatscher 2008
Pfauen-Buschen 2194
Pfeistblueme 1913
Pfennigkraut 1852
Pferde-Schwanz 2194
Pferdezunge 2128
Pfingst-Bluem 1913
Pfingste-Glesli 1913
Pflak, Weißer 2086
Pflaume-Kaki- 1898
Pfluderbeeri 1681
Pfoffahosa 1746
Phlox, Stauden- 2113
Pickbier 1675
Pfingst-Blöme 1887
Pingster-Blome 1887
Pinkster-Blôme 1913
„ -Blume 1913
Piss-Blume 1887
„ -Pott 2080, 2086
Platenigen 1782
Platening 1760
Plemper 1964
Pluder-Hosa 2214
„ -Hose 1750
Plumerweire 1750
Plump-Hose(n) 2214
Porg 2230
Porisch 2230
Porst 1623
„ , Sumpf- 1623
Porzellan-Blümchen 1589
„ -Blume 2067
Pracherläuse 2149
Preis(s)elbeere 1669
Preißlitz 1669
Prig 1690
Primel, Arznei- 1749
„ , Mehl- 1754
Primelweer 1750

Prisch 1690
Prisi 1690
Porphetenblume 2128
Prowenkel 1669
Prunkwinde, Gefiederte 2076
Puddelbeeri 1681
Pumb'l 1670
Purg 2230
Putschnägeli 2113
Puttgnaden 1681

## Q

Quendel-Seide 2094
Quitte, Chinesische 1898

## R

Rabennagerl 2014
Radlbleaml 1746
Rächäbögli 1946
Rafausle 1635
Rain-Weide 1944, 1946
Ramhäd 1690
Ranke 2080
Ranklbeer 1669
Ratten-Schwanz 2194
Rauchfangkehrer 2014
Rauhblattgewächse 2122
Rausch 1635, 1647, 1657
„ -Beere 1603, 1681
„ -Granten 1657
„ -Kräutel 1635
Regeblume 2080
Regegloggä 2080
Regen-Blom 1869
„ -Rösli 1754
Riblehard 1701
Rickelchen 1760
Ried-Gläsli 1957
„ -Glöggli 2014
„ -Nelke 1891, 1893
„ -Schlüsseli 1754
Riesen-Zyklamen 1732
Riesheide 1690
Riet-Äugli 1754
„ -Nägeli 1754
Rifeli 1669
Riffelbeere 1669
Riffli 1669
Riisheide 1708
Rikelar 1760
Rikelen 1760
Rinds-Heide 1690
Ringel-Blümel 1743
Ringel(e) 2090
Ringheiß 1690
Rinkheide 1690
Rinkheiser 1690
Rißbeten 1681
Rosen-Lorbeer 2056
Rosinen-Baum 1913
Rosmarin, Moor- 1623
„ , Wilder 1623, 1652
„ -Heide 1651
Roß-Äugli 1754
Roß-Mucka 2014
„ -Mucken-Veigerl 2014, 2054
„ -Nägeli 2014
„ -Speik 1780, 1782
„ -Zähne 1743
Rot-Esche 1922
Rotfärberwurzel 2205
Rotorînkrud 1969
Rucha-Brug 1690
Ruess-erle-Nägeli 1635

## S

Saftäpfel 1631
Sagenkraut 2240
Salz-Kraut 2194
„ -Potsch 2194
„ -Punge 1875

Sammet-Badenetli 1760
„ -Blume 2158
Sand-Beer(e) 1665
„ -Lotwurz 2180
„ -Nelke 1887
Sanikel, Gelber 1743
Sankt Lorenzkraut 2068
Sapotillbaum 1896
Sau-Brot 1836, 1838, 1844
Saumnarbe 1976
Sau-Peterstamm 1782
„ -Schnerfling 2086
„ -Speik 1782
„ -Windeln 2086
Schab(e)nkraut 1642
Schärfling 2136
Schärwuttel 2223
Schäubeschä 1926
Schafäugli 1754
Scharfkraut 2136
Scharlach-Verbene 2240
Scharniggl, Gelber 1750, 1760
Scharnikel, Gelber 1743
Schattierhose 1564
Scheiblkraut 1844
Schelm-Wurz 1998
Scherf 2090
Schiffermützchen 2086
Schildblatt-Sumpfrose 1961
Schinder-Blüh 1635
„ -Latschen 1635
Schlak 2086
Schlanga-Kopf 2194
„ -Wenda 2080
Schlange-Chrut 1852
Schlangen-Äuglein 2136
„ -Seid 2089
Schlauch-Enzian 2023
Schlernhex(e) 1891
Schlisselbliemli, (Blaues) 1827
Schlöss(e)li 1746
Schlotter-Hose 2214
Schlüsselblume 1733, 1749
„ , Blaue 2213
„ , Frühlings- 1749
„ , Klebrige 1765, 1780
„ , Mehl- 1754
„ , Weiße 1746
„ , Zwerg- 1782
Schlüsselblumen 2014
Schlüsselblumengewächse 1715
Schlüsseli 1746
Schlüssel-Speik 1788
Schmalz-Beeri 1670
„ -Schlüsseli 1750
Schmeckholler 1912
Schmeer-Wurzel, Falsche 1597
Schminke 2158
Schnabel-Blüemli 1701
Schnee-Enzian 2025
Schneeglöck(er)l 1827
Schneeglöggli, Blaue 1827
Schnee-Heide 1701
„ -Nagelen 1827
„ -Rösl 1635
Schneider-Bleaml 2214
Schneller 2008
Schnelln 2008
Schnittlauch, Wilder 1891
Schnotzbeere 1681
Schnuder-Beere 1681
Schöckelbeere 1669
Schrofenblüemlen 1760
Schrofmadänge 1760
Schumachernägala 2014
Schumacherlin 2014
Schuster-Nägeli 2054
„ -Nagerl 2014
„ -Veigerl 2014
Schwalbenwurz(kraut) 2067, 2068
Schwarten 2068
Schwarzäugelbeer 1675

Schwarzbeer(e) 1675
Schweinsbrot 1844
Schweinseide 2104
Schweizer-Mannsschild 1795
Schwindel-Beer 1681
„ -Blüh 1760
Schwundkraut 1891
See-Bock 1686
Seefen 1690
Seegras 1887
See-Kanne 1961
Seide 2089
Seide, Flachs- 2102
„ , Klee- 2096
„ , Quendel- 2094
„ , Weiden 2109
„ , Weiße 2099
„ , Zaun 2101
Seiden-Pflanzen 2058, 2065
„ -Winde 2089
Seignbam 1690
Semmel-Blume 1887
Sendach 1690
Send(e)l 1690, 1701
Senden 1701
Senerer 1701
Sennerrosen 1635
Sepbeer 1675
Sephi (Wilde) 1690
Shengruna 2054
Side 2089
Siden 2089
Sfe 2089
Sieben-Stern 1861
Sien 2089
Siere(e)n 1913, 2089
Sigerer 2053
Si(n)gri 2053
Singrün 2053
Sirene 1913
Skorpions-Kraut 2132
Slätelblôm 1749
Slangen-Krut 2214
„ -Rank 2080
Slingenrause 2086
Slöttelblaume 1746
Smeerwuttel 2223
Sneerkrut 2086
Solanotsch 1760
Soldate-Blüemli 2014
Soldaten-Wuttel 2223
Sonnenwende 2130, 2132
Spanischer Flieder 1912
Speck-Beeri 1670
„ -Wottel 2223
Speerenstich 2006
Speik 1780, 1782
„ , Blauer 1780
„ , Gelber 1760, 1782
„ , Wilder 1760
Sperlingskraut 1869
Sperrfink 2054
Sperrkraut 2114
„ -Gewächse 2111
Spinnwinde 2080
Spreisselbeere 1669
Stachel-Wurzel 2194
Stärneli 2014
Stangranten 1657
Stânhâdach 1603
Stanhansel 2194
Staudelbeer 1675
Stauden-Phlox 2113
Stâ up un gâ weg 1853
Stech-Nägala-, Blaue 2194
Steen-Beere 1657
„ -Hart 2158
Stei-Bliemli 2054
Stei-Glöggli 2014
Stei-Gloggä 2007
„ -Nägeli 2014
Stein-Beere 1670

Stein-Blume 1760
„ -Esche 1926
„ -Hirse 2153, 2156
„ -Linde 1917
„ -Plagente 1760
„ -Rose 1635
Steinsame 2153
„ , Acker 2158
Stei-Reesli 1635
„ -Rosä 1635
„ -Schlüsseli 1760
Sternapfelbaum 1896
Stiefeli 2014
Stier(en)äugli 1754, 2014
Stierl 1844
Stig-Winde 2080
Stirzerln 2086
Stoan-Rösl 1635
Stock-Heide 1690
„ -Rösle 1635
Stockwinn 2080
Stöfl, Blauer 2199
Stoh up und gah weg 1969
Stolzer Heinrich 2194
Storaxbaum 1900
Sträusseln, Blaue 2114
Straifling 2086
Strand-Flieder 1882
„ -Heliotrop 1882
Strandnelke 1879, 1882, 1885
Strandnelkengewächse 1877
Strand-Tausengüldenkraut 1971
„ -Winde 2083
Strauß-Gilbweiderich 1855
Straußweidenkraut 1855
Streffelbeere 1669
Strickbeereb 1603
Strite 2054
Striten, Gelbe 1852
Stroapfele 2086
Strohblume 1887
Strümpfe 2086
Strumpfe 2086
Strupfe 2086
Studenten-Blom 1913
Sturlbeer 1681
Summahans 2194
Sumpf-Bitterklee 1957
„ -Mossbeere 1686
„ -Porst 1623
„ -Rose 1691
„ -Vergißmeinnicht 2161
„ Wasserfeder 1832
Suur-Been 1681
Syringe 1908
Syringsbaum 1915


T

Tâgesch 1926
Tampicawurzel 2076
Tannen-Porst 1623
Tann-Moos 1701
Tarant 1973
„ , Blauer 2000
„ , Moor 1974
Tau-Beere 1675
Tauern-Blümchen, Kärntner 1977
Tauern-Rösel 1891
Tauschentkrâft 1969
Tausendgüldenkraut 1968
„ , Echtes 1969
„ , Strand 1971
Tee-Blueme 1750
„ -Kraut 2214
„ -Schlüsselblume 1750
Teevadenteli 1750
Teufels-Anbiß 1782
„ -Beere 1946
„ -Haar 2090
„ -Kirsche(n) 1946

Teufels-Zwirn 2089, 2090
Thee-Köpke 2080
Tiekbaum 2236
Tinte-Blümli 2014
Tinte-Fäßli 2014
Tinten-Beere 1946
Tiroler Mannsschild 1801
Toppheide 1708
Torf-Gränke 1654
  ,, -Rosmarin 1652
Toteblümli 2014, 2054
Toten-Blätter 2054
  ,, -Kraut 2054
  ,, -Myrte 1657
Toteveieli 2054
Trafausle 1635
Triglav-Enzian 2020
Troddelblume 1820
Troosnägeli 1635
Trunkelbeere 1681
Tuba-Chnöpfli 1746
Tüetjebeere 1670
Tüfels-Gsichtli 1827
Tüpfel-Stern 1857
Türk(e)n 1844
Tütebeeren 1670
Tüttebeere 1686
Tunderrosen 1635

U

Ufertsbluest 1913
Ufer-Winde 2080
Umwindling 2086
Ungarische Grobseide 2104
Unpfennigkraut 1969
Unschulds-Blümchen 2143
Unserm Hergott seine Aug'n 2161
Upas-Strauch 1951

V

Vadenteli 1746
Vanille-Heliotrop 2131
Vater-Schlüssili 2214
Vaterunserli 2014
Veigele 2014
Verbene, Scharlach- 2240
Vergißmeinnicht 2159, 2161
  ,, , Acker- 2170
  ,, , Alpen- 2166
  ,, , Berg- 2166
  ,, , Großes 2145
  ,, , Hügel- 2171
  ,, , Portugiesisches 2145
  ,, , Sumpf- 2161
  ,, , Wald- 2166
  ,, , Weißes 2143
  ,, , Welsches 2145
Vital's Goldprimel 1788
Vegelbeer(i) 1946
Vogel-Nest, Gelbes 1597
Vorwitzcher 1743

W

Wabel 1675
Wachsblume 2067, 2186
Wachs-Esche 1920
Wäwinn 2086
Walbite 1675
Wald-Eisenkraut 1854
  ,, -Erdepfl 1844
  ., -Gilbweiderich 1854
  ,, -Glöckchen 1580
  ,, -Haselrausch 1585
  ,, -Hundszunge 2148
  ,, -Mandl 1574
  ,, -Mangold 1593
  ,, -Ochsenzung 2212
  ,, -Veigerl 1844
  ,, -Veilchen 1589
  ,, -Winde 2083
  ,, -Wurz 1597
Wallwurz 2220, 2223
Walwürze 2223
Wann 2086
Wanzen-Kraut 1623
Warzen-Kraut 2132
Wasserblattgewächse 2119
Wasser-Feder 1832
  ,, -Gläsli 1957
  ,, -Schafferl 1844
Wedewinde 2086
Wegerich-Sandnelke 1894
Wehle 1675
Weiber, Alte 2214
  ,, -Trusch 2194
Weide, Wilde 1946
Weiden-Seide 2109
  ,, -Würger 2108
Weinberg-Klettenkraut 2139
Wein-Blume 1913
Weiß-Esche 1922
Weiße Seide 2099
Weißes Vergißmeinnicht 2143
Weiß-Kopf 2158
  ,, -Wurzel 2068
Welsches Vergißmeinnicht 2145
Weltheil 2005
Wengtergrüen 1669
Wengterwolberte 1669
Wetter-Blume 1869
Wêwinne 2086
Widerstoß 1879, 1882
Widlesholz 1946
Wîe, Wille 1946
Wierwin(n) 2086
Wieß-Enza 1988
Wietruba 1913
Wildes Gedenkemein 2144
Winde 2078
  ,, , Acker 2086
  ,, , Cantabrische 2085
  ,, , Große 2080
  ,, , Meerkohl- 2083
  ,, , Strand- 2083
  ,, , Ufer- 2080
  ,, , Wald- 2083
  ,, , Ziegenfuß- 2077
Windeli 2086
Windelwääe 2086
Winden-Gewächse 2073
Windlich 2086
Winne 2086
Winnenbeere 1681
Winnposch 2086
Winnsbeere 1681
Wintagrüan 1669

Wintergrün 1571, 2053
  ,, , Großes 1583
  ,, , Kleines 1577
  ,, -Gewächse 1568
Winter-Lieb 1593
  ,, -Zecken 1669, 1672
Wirschrut 2158
Wischengold 1852
Wit-Büchsen 1750
Wiwinne 2086
Wodanskraut 2132
Wohlgemut-Kraut 2230
Wolber(ten) 1675
Wolfs-Auge 2202, 2203
  ,, -Blume 2214
Worbeln 1675
Wülda 1690
Würger, Weiden- 2108
  ,, -Enzian 1998
Wund-Baum 1926
Wurzel-Sauger 1597
Wyss-Jenzä 1988

Z

Zahnwurz 1878
Zaunglocke 2080
Zaun-Riegel 1946
  ,, -Seide 2101
  ,, -Weide 1946
Zehniblüemli 1869
Zeisigkraut 1869
Zerinke 1913
Zette(n) 1635
Ziegenfuß-Winde 2077
Ziereenje 1913
Zieren'n 1913
Zigeuner-Kraut 1891
  ,, -Wurz 1891
Zigufer 2090
Zimzamberla 1603
Zindelkraut 1964
Zintalwurz 1988
Zirênchen 1913
Zirinke 1913
Zitlosa, (Wildi) 1746
Zitlose 1743
Zitrenchen 1913
Zitrêne 1913
Zitrönchenbaum 1913
Zitronen-Strauch 2235
Zittelbast 1913
Zitterink 1913
Zitter-Rösli 1743
Zoglbeer 1681
Zollitsch 1760
Zorene 1913
Zottel-Blume 1957
Zottla 2224
Zucker-Blom 2438
  ,, -Blueme 1913
  ,, -Haferl 2223
Zuntern 1635
Zwengerl(ing) 1670
Zwerg-Alpenrose 1644
  ,, -Enzian 2020, 2027
  ,, -Mannsschild 1802
  ,, -Porst 1647
  ,, -Rösel 1644
  ,, -Schlüsselblume 1782

# Inhaltsverzeichnis für Band V, Teil III

Kursive Seitenzahlen beziehen sich auf den Nachtrag

| | | | |
|---|---|---|---|
| **101. Familie Pirolaceae** . . . . Seite | 1568, *2245* | | |
| Pirola . . . . . . . . . . . . . . . | 1571, *2245* | Phillyrea . . . . . . . . . . . Seite | 1917, *2251* |
| Chimaphila . . . . . . . . . . . . | 1593, *2245a* | Fraxinus . . . . . . . . . . . . . . | 1919, *2251* |
| Monotropa . . . . . . . . . . . . | 1596, *2245a* | Olea . . . . . . . . . . . . . . . . | 1934, *2251* |
| **102. Familie Empetraceae** . . . . | 1602, *2245a* | Ligustrum . . . . . . . . . . . . . | 1944, *2251a* |
| Empetrum . . . . . . . . . . . . . | 1602, *2245a* | *Familie Loganiaceae* . . . . . . . . | 1949 |
| **103. Familie Ericaceae** . . . . . . | 1609, *2245b* | **108. Familie Gentianaceae** . . . . | 1953, *2251a* |
| Ledum . . . . . . . . . . . . . . | 1623, *2245c* | Menyanthes . . . . . . . . . . . . | 1957, *2251a* |
| Rhododendron . . . . . . . . . . | 1627, *2245d* | Nymphoides . . . . . . . . . . . . | 1961, *2251a* |
| Rhodothamnus . . . . . . . . . . | 1640, *2246* | Microcala . . . . . . . . . . . . . | 1961, *2251a* |
| Loiseleuria . . . . . . . . . . . . | 1647, *2246* | Blackstonia . . . . . . . . . . . . | 1966, *2251b* |
| Andromeda . . . . . . . . . . . . | 1651, *2246* | Centaurium . . . . . . . . . . . . | 1968, *2251b* |
| Chamaedaphne . . . . . . . . . . | 1654 | Swertia . . . . . . . . . . . . . . | 1973, *2251b* |
| Arctostaphylos . . . . . . . . . . | 1656, *2246* | Lomatogonium . . . . . . . . . . | 1976, *2251b* |
| Arbutus . . . . . . . . . . . . . . | 1664, *2246* | Gentiana . . . . . . . . . . . . . | 1979, *2251c* |
| Vaccinium . . . . . . . . . . . . | 1667, *2246* | **109. Familie Apocynaceae** . . . . | 2048, *2251d* |
| Oxycoccus . . . . . . . . . . . . | 1685, *2246a* | Vinca . . . . . . . . . . . . . . . | 2051, *2252* |
| Calluna . . . . . . . . . . . . . . | 1689, *2246a* | Nerium . . . . . . . . . . . . . . | 2056 |
| Erica . . . . . . . . . . . . . . . | 1700, *2246a* | **110. Familie Asclepiadaceae** . . . | 2058, *2252* |
| *Familie Epacridaceae* . . . . . . . | 1712 | Vincetoxicum . . . . . . . . . . . | 2067, *2252* |
| *Familie Diapensiaceae* . . . . . . . | 1713 | **111. Familie Convolvulaceae** . . . | 2073, *2252* |
| *Familie Clethraceae* . . . . . . . . | 1713 | Convolvulus . . . . . . . . . . . | 2078, *2252* |
| *Familie Theophrastaceae* . . . . . | 1714 | Cuscuta . . . . . . . . . . . . . . | 2089, *2252a* |
| *Familie Myrsinacea* . . . . . . . . | 1714 | **112. Familie Polemoniaceae** . . . | 2111, *2252b* |
| **104. Familie Primulaceae** . . . . . | 1715, *2246b* | Polemonium . . . . . . . . . . . | 2114, *2252b* |
| Primula . . . . . . . . . . . . . . | 1733, *2247a* | Collomia . . . . . . . . . . . . . | 2117 |
| Gregoria . . . . . . . . . . . . . | 1787, *2248c* | *Familie Hydrophyllaceae* . . . . . . | 2219 |
| Androsace . . . . . . . . . . . . | 1789, *2248d* | Phacelia . . . . . . . . . . . . . | 2119, *2252b* |
| Cortusa . . . . . . . . . . . . . . | 1816, *2249b* | **113. Familie Boraginaceae** . . . . | 2122, *2252b* |
| Soldanella . . . . . . . . . . . . | 1820, *2249b* | Heliotropium . . . . . . . . . . . | 2130, *2252c* |
| Hottonia . . . . . . . . . . . . . | 1832, *2249c* | Eritrichium . . . . . . . . . . . . | 2133, *2225c* |
| Cyclamen . . . . . . . . . . . . . | 1836, *2249c* | Asperugo . . . . . . . . . . . . . | 2136, *2225c* |
| Lysimachia . . . . . . . . . . . . | 1850, *2249d* | Lappula . . . . . . . . . . . . . . | 2138, *2225c* |
| Trientalis . . . . . . . . . . . . . | 1861, *2250* | Omphalodes . . . . . . . . . . . . | 2142, *2225c* |
| Glaux . . . . . . . . . . . . . . . | 1865, *2250a* | Cynoglossum . . . . . . . . . . . | 2147, *2225c* |
| Anagallis . . . . . . . . . . . . . | 1868, *2250a* | Lithospermum . . . . . . . . . . | 2153, *2225d* |
| Centunculus . . . . . . . . . . . | 1873, *2250a* | Myosotis . . . . . . . . . . . . . | 2159, *2225d* |
| Samolus . . . . . . . . . . . . . . | 1875, *2250b* | Onosma . . . . . . . . . . . . . . | 2177, *2253* |
| **105. Familie Plumbaginaceae** . . . | 1877, *2250b* | Cerinthe . . . . . . . . . . . . . | 2186, *2253a* |
| Limonium . . . . . . . . . . . . . | 1879, *2250b* | Echium . . . . . . . . . . . . . . | 2192, *2253a* |
| Statice . . . . . . . . . . . . . . | 1885, *2250b* | Anchusa . . . . . . . . . . . . . | 2197, *2253a* |
| *Familie Sapotaceae* . . . . . . . . | 1895 | Lycopsis . . . . . . . . . . . . . | 2202 |
| **106. Familie Ebenaceae** . . . . . . | 1897, *2250c* | Nonnea . . . . . . . . . . . . . . | 2205, *2253a* |
| Diospyros . . . . . . . . . . . . . | 1898, *2250c* | Pulmonaria . . . . . . . . . . . . | 2209, *2253a* |
| *Familie Symplocaceae* . . . . . . . | 1900 | Symphytum . . . . . . . . . . . . | 2220, *2253b* |
| *Familie Styracaceae* . . . . . . . . | 1900 | Borago . . . . . . . . . . . . . . | 2230, *2253b* |
| **107. Familie Oleaceae** . . . . . . . | 1901, *2250d* | **114. Familie Verbenaceae** . . . . . | 2232, *2253b* |
| Syringa . . . . . . . . . . . . . . | 1908, *2250c* | Verbena . . . . . . . . . . . . . . | 2238, *2253b* |

Nachträge, Berichtigungen und Ergänzungen
    Zusammengestellt von Dr. J. Damboldt, Berlin bzw. Dr. A. Kress, München . . . . . . 2245
Verzeichnis der lateinischen Pflanzennamen . . . . . . . . . . . . . . . . . . . . . . . . . 2253c
Verzeichnis der deutschen Pflanzennamen . . . . . . . . . . . . . . . . . . . . . . . . . 2254c